7., vollständig überarbeitete Auflage

Jan Düker (Hrsg.)

SÜDOSTASIEN

Die Mekong-Region

Thailand
Von Bangkok in den Norden
Laos
Kambodscha
Vietnam

STEFAN LOOSE
TRAVEL HANDBÜCHER

Inhalt

Themen

SÜDOSTASIEN
Die Mekong-Region
Die Highlights

1

1 **BANGKOK** Laut, schnell und betörend: Wer hier die Reise startet, ist gleich mittendrin im Leben einer südostasiatischen Metropole. Es riecht nach Kokos, Jasminblüten und Gebratenem, nach Straßenverkehr und Müll, und schon morgens klebt die Kleidung an der Haut. Der Jetlag ist schnell vergessen, denn Bangkok hat alles für einen perfekten Einstieg in die Reise: Tempel, Märkte, Bars, Shoppingpaläste. Auch Foodies haben viel zu entdecken, von der Nudelsuppe am Straßenstand bis zu internationaler Top-Gastronomie. Und wer weiß, wie man auch während der Rushhour vorwärts kommt, hat in dieser riesigen Stadt schon gewonnen. S. 122

2

2 AYUTTHAYA Die Königsstadt des siamesischen Reiches besaß riesige Ausmaße. Vieles wurde zerstört, aber die Ruinen beeindrucken noch immer. S. 191

3 SUKHOTHAI Die Wiege Thailands beflügelt die Fantasie und lässt sich hervorragend per Fahrrad erkunden. Für Geschichtsfans ein Muss. S. 205

4 CHIANG MAI Die „Rose des Nordens“ hat sich in rasantem Tempo zu einer modernen Großstadt entwickelt – inklusive einer fantastischen Restaurantszene und brodelndem Nachtleben. S. 215

5 MEKONG Ohne eine Fahrt auf dem Fluss der Flüsse ist keine Reise in die Region komplett. S. 275

6 KO CHANG UND DIE UMLIEGENDEN INSELN Abseits der Hauptinsel gibt es im thailändischen Ko Chang-Archipel noch kleine Paradiese zu entdecken. S. 327

7 LUANG PRABANG Die alte Königsstadt der Lao – mit mehr als 30 aktiven Klöstern das spirituelle Herz von Laos. S. 390

7

8 **NAM OU** Einer der schönsten Trips in Nordlaos: mit dem Boot den Nam Ou hinab durch die Provinzen Phongsaly und Luang Prabang. S. 435

9 **EBENE DER TONKRÜGE** Steinalt und geheimnisvoll: Forscher gehen davon aus, dass es sich bei den Felstonnen auf dem laotischen Xieng-Khuang-Plateau um Urnen einer Megalithkultur handelt. S. 446

10 **THAM KONG LO** Mehr als sechs Kilometer zieht sich diese Wasserhöhle durch ein Bergmassiv in Zentrallaos. Die Bootsfahrt durch die pechschwarzen Hallen gleicht einer Reise ins Innere der Erde. S. 454

11 SI PHAN DON Laos hat zwar keine Küste, aber die „Viertausend Inseln" im Mekong machen das locker wett. S. 484

12 PHNOM PENH Kambodschas Hauptstadt, einst verfallen, ist heute mit viel Optimismus auf dem Weg in die Moderne. S. 512

13 BATTAMBANG Charmante Kolonialvillen, Wohn- und Geschäftshäuser zeugen von längst vergangenen Zeiten. Aber nicht nur Architekturfans sind begeistert von dieser lässigen Stadt. S. 543

14 ANGKOR (Abb. Folgeseite) Wenn es Orte auf der Welt gibt, die man gesehen haben muss, dann gehört Angkor mit Sicherheit dazu. S. 574

14

15 **BANLUNG** Vom entspannten Zentrum der Provinz Rattanakiri im äußersten Nordosten Kambodschas starten Trekkingtouren zu verschiedenen Wasserfällen und zum Virachey-Nationalpark. Vor den Toren der Stadt lockt ein Bad im Vulkansee Yeak Laom. S. 615

16 **INSELN VOR SIHANOUKVILLE** Die beiden Inseln Koh Rong und Koh Rong Samloem warten mit traumhaften Sandstränden, türkisfarbenem Wasser und jeder Menge unentdeckter Buchten auf. S. 633

16

16

17 HA NOI Auf die tausend Jahre alte, mit großen Schritten in die Zukunft eilende Hauptstadt Vietnams passt eigentlich besser ihr alter Name: Thang Long, „Aufsteigender Drache“. In den Gassen der Altstadt ist eine ungeheure Dynamik spürbar, die Altes erhält und Neues integriert. S. 666

18 HA LONG-BUCHT Das Reich der tausend Inseln: Ob mit dem Kajak oder dem Luxuscruiser – unvergessliche Eindrücke sind garantiert, vor allem bei Nebel, wenn sich die bizarren Kalksteinformationen in weiße Schatten verwandeln. S. 706

18

19

20

19 **HUE** Zitadelle, Kaisergräber, üppige Gärten: Vietnams kulturelles Highlight. S. 736

20 **HOI AN** Viele Reisende verlängern ihren Aufenthalt in dieser mittelalterlichen Handelsstadt, die heute wie ein Freilichtmuseum wirkt. S. 753

21 **HO-CHI-MINH-STADT** Die boomende Metropole ist ein heißer Tipp für alle Großstadtfans. S. 815

22 MEKONG-DELTA Wo sich der „neunarmige Drache" ins Meer ergießt, lädt eine fruchtbare Gartenlandschaft zu erholsamen Tagen ein. S. 841

23 PHU QUOC Die Insel wird zu Recht auch „Perle des Südens" genannt. Der Hauptstrand ist gut erschlossen und viel besucht. Mit dem Moped lassen sich wunderschöne Touren unternehmen und Pfefferplantagen, Urwald und einsame Strände entdecken. S. 860

Reiseziele und Routen

Reiseziele

Der Mekong – schon beim Klang des Namens überkommt viele Traveller die Reiselust. Er ist der längste Strom Südostasiens, die Lebensader einer ganzen Region. Über knapp 2400 km ziehen sich seine milchkaffeebraunen Fluten allein durch Thailand, Laos und Kambodscha, bevor sich der Fluss in Südvietnam zum fünftgrößten Delta der Welt auffächert und ins Südchinesische Meer mündet.

An seinen Ufern entstanden die ersten Reiche der Region, auf seinen Wassern drangen Mönche, Brahmanen und Kolonialherren bis weit ins Landesinnere vor. Später, nach den Indochinakriegen, trennte er die Systeme. Heute, im Zeichen der Liberalisierung, rückt seine Bedeutung als Bindeglied wieder in den Vordergrund: Neue Brücken, Straßen und Grenzübergänge stehen für das normalisierte Verhältnis der Nachbarn und machen eine Reise durch die vier Länder so einfach wie nie zuvor. Wer sich auf das Abenteuer einlässt, den erwartet eine der vielfältigsten Regionen Südostasiens: Saftig grüne Reisfelder sind hier ebenso zu finden wie zerklüftete Karstberge und kühle Hochplateaus, dichter Dschungel und fruchtbare Flussdeltas. Die Städte, Tempel und Paläste der großen südostasiatischen Hochkulturen zählen mittlerweile zum Weltkulturerbe (Ayutthaya, Sukhothai, Luang Prabang, Hue, Angkor). Und an den Küsten laden eine Reihe feiner Sandstrände zum Entspannen ein.

Die buntesten Feste

- das feuchtfröhliche **Neujahrsfest** Mitte April in Kambodscha, Laos und Thailand (S. 65)
- das Lichterfest **Loi Krathong** in Sukhothai zum Vollmond im Oktober/November (S. 205)
- **Bonn Om Touk** mit Langbootrennen in Phnom Penh im Oktober/November (S. 65)
- das chinesische Neujahrsfest in Bangkok und das **Tet-Fest** in Vietnam Ende Januar/ Anfang Februar (S. 65)
- das **Mittherbstfest** in Vietnam („Mini-Tet") mit kulinarischen Spezialitäten im September/Oktober (S. 64)

Highlights

Thailand

Das Königreich eignet sich perfekt als Ausgangs- und Endpunkt der Reise. Bangkok ist mit seinen beiden Flughäfen das Drehkreuz der Region, und auch die Landgrenzen zu Kambodscha und Laos sind im Laufe der Jahre immer durchlässiger geworden.

Allein die Megacity **Bangkok** (S. 122) ist eine eigene Reise wert: Sightseeing, Shoppen und Ausgehen ohne Grenzen. Der prächtige Königspalast wetteifert mit glitzernden Konsumtempeln und der breite Chao Phraya mit den engen Gassen der umliegenden Viertel. Wem die Millionenstadt zu voll ist, der kann die Umgebung erkunden: den schwimmenden Markt **Amphawa** (S. 179), den **Mae Klong Railway Market** (S. 177) oder die „Stadt der Todesbahn", **Kanchanaburi** (S. 179). Wer sich für Kultur und Geschichte begeistern kann, wird an den Monumenten und Ruinen von **Ayutthaya** (S. 191), **Phitsanulok** (S. 200) und **Sukhothai** (S. 205) seine Freude haben.

Wenige Reisende zieht es in den Nordosten des Landes, obwohl hier einige touristische Perlen liegen: der **Khao Yai National Park** (S. 285), die Khmer-Tempel **Prasat Phanom Rung** (S. 316) und **Phimai** (S. 291) und die vorzeitliche Stätte

Ban Chiang (S. 293). Vom Nordosten aus kann man außerdem gut nach Laos weiterreisen.

Der Norden hat landschaftlich und kulturell seinen ganz eigenen Charakter. Vom zurecht beliebten, vielseitigen Zentrum **Chiang Mai** (S. 215) mit seinen Tempeln und Einkaufsmöglichkeiten kann man das thailändisch-birmanische Grenzgebiet rings um den **Doi Inthanon** (S. 245) zwischen **Mae Sariang** (S. 246), **Mae Hong Son** (S. 247) und **Pai** (S. 254) bereisen oder weiter Richtung Norden nach **Chiang Rai** (S. 256) fahren. Von Thailands nördlichster Metropole lassen sich Trekkingtouren in die Berge und Fahrten zum Mekong arrangieren.

Zum Ausspannen bietet sich die Küste östlich von Bangkok an, etwa **Ko Samet** (S. 318), das Wochenendziel vieler Hauptstädter, oder Thailands zweitgrößte Insel **Ko Chang** (S. 327).

Laos

Das lange Zeit isolierte Laos hat sich in den letzten Jahren zum Liebling vieler Traveller entwickelt. Zu Recht: Schöne Berglandschaften, verträumte Dörfer, die vielen Flüsse und die gelassenen Laoten verströmen eine derart angenehme Stimmung, dass man mitunter die Weiterreise vergisst. Das fängt schon in **Luang Prabang** (S. 390) an, für viele Laosbesucher der erste Stopp, wenn sie über die Grenze Chiang Khong – Houay Xai mit dem Boot auf dem **Mekong** (S. 275 und S. 418) in die alte Königstadt mit ihren mehr als 30 Tempeln anreisen.

Schöne Dinge

Gute Orte zum Shoppen, für Mitbringsel oder einfach einen entspannten Bummel sind:

- **Bangkoks** Shopping Center: MBK (S. 162), Platinum Fashion Mall (S. 163), Siam Paragon (S. 163), für Bücher Kinokuniya (S. 164)
- die Märkte und Handwerkerzentren in und um **Chiang Mai** (S. 230)
- das Zentrum (S. 409) und der Nachtmarkt (S. 399) von **Luang Prabang**
- die Nachtmärkte von **Siem Reap** (S. 566)
- die Altstadt von **Ha Noi** (S. 681)
- die Gassen von **Hoi An** (S. 763)

Wer sich losreißen kann, wird im Norden wieder in Schwung kommen, wenn er in den Provinzen **Oudomxai** (S. 423), **Luang Namtha** (S. 426) oder **Phongsaly** (S. 430) zu Trekking- und Mountainbiketouren aufbricht.

Inmitten schöner Karstberge liegen **Nong Kiao** (S. 434) und **Muang Ngoi Kao** (S. 439). Im Osten, auf der rätselhaften **Ebene der Tonkrüge** (S. 446) nahe Phonsavan, zeugen Hunderte überdimensionale Steingefäße von einer jahrtausendealten Hochkultur. Die meisten Reisenden zieht es allerdings nach Süden: zur Backpacker-Hochburg **Vang Vieng** (S. 378) mit ihrem großen Angebot an Outdoorsport, und in Asiens entspannteste Hauptstadt, **Vientiane** (S. 352).

Das beste Sprungbrett für einen Trip durch Südlaos ist das unspektakuläre **Pakxe** (S. 472). Wer von Vientiane kommt, kann in den beschaulichen Mekongstädten **Thakhek** (S. 457) und **Savannakhet** (S. 464) einen Halt einlegen.

Hauptattraktionen im Süden sind der Khmer-Tempel **Vat Phou** (S. 482) nahe Champasak und die „Viertausend Inseln" **Si Phan Don** (S. 484) für ein paar Tage in der Hängematte. Von Pakxe selbst lassen sich leicht Tagesausflüge oder Rundreisen über das **Bolaven-Plateau** (S. 478) und durch die Provinzen im Osten organisieren.

Kambodscha

Für viele Besucher scheint das kleine Königreich nur aus den berühmten Tempeln von **Angkor** (S. 574) zu bestehen. Auf dem Flughafen des nahen Siem Reap landen und starten die Maschinen im Stundentakt. Die gewaltigen Ruinen stellen sicher alles in den Schatten. Aber es gibt noch viel mehr zu entdecken, etwa das Khmer-Heiligtum **Prasat Preah Vihear** (S. 602) und die verwunschene Tempelanlage **Koh Ker** (S. 600), die dank verbesserter Infrastruktur von Siem Reap relativ gut zu erreichen sind.

In der Nähe von **Kompong Thom** (S. 596) liegt die prachtvolle Ruinenstätte **Sambor Prei Kuk** (S. 599). Kambodschas kosmopolitische Hauptstadt **Phnom Penh** (S. 512) bietet mit ihrem prächtigen Königspalast und einer regen Restaurant- und Barszene eine willkommene Abwechslung zur drohenden Überdosis an Khmer-Ruinen. Alternativ kann man an den Sandstränden bei **Sihanoukville** (S. 623) und

Fragen und Antworten

Eine ausgeprägte Schwäche für ferne Kulturen, Karstberge und Kokoscurrys führen **Jan Düker** schon seit mehr als 20 Jahren immer wieder nach Südostasien. Die Mekong-Region und ihre Menschen haben es ihm dabei besonders angetan. Über die Jahre ist er dem Lauf des großen Flusses schon durch alle vier Länder und auf alle möglichen Arten gefolgt: vom Ruderboot bis zum Reifenschlauch.

Ist es kompliziert, durch die Mekong-Region zu reisen?

Überhaupt nicht. Die Zeit, als man für das Visum manchen Landes noch ein Einladungsschreiben brauchte, ist lange vorbei. Heute gibt's das Ganze bequem an der Grenze. Sogar Vietnam gewährt Bürgern mehrerer europäischer Länder, darunter Deutschland, gerade testweise die visumsfreie Einreise bei Trips bis 15 Tage. Mehr als 25 Grenzübergänge machen auch Routen durch entlegene Ecken der Region möglich. Der Transport, sowohl innerhalb der Länder als auch grenzüberschreitend, ist recht gut organisiert und an vielen Orten gibt es Angebote für Touristen. Selbst Geldautomaten, mancherorts vor wenigen Jahren noch eine Zeitungsmeldung wert, sind weit verbreitet.

Ist die Region teuer?

Im Gegenteil. Die vier Länder gehören zu den günstigsten Reisezielen Asiens. Das Tagesbudget hängt natürlich vom Reisestil ab, aber wer will, findet schon für 10 Euro ein Zimmer und für 2–3 Euro eine Mahlzeit.

Wie viel kann ich in drei Wochen sehen?

Wer seine Route mit zu vielen, zu weit auseinanderliegenden Zielen überfrachtet, verbringt einen Großteil des Urlaubs im Bus. Lieber ein, zwei Stationen weniger einplanen und mehr Zeit an einem Ort verbringen. Überlegenswert ist, sich auf den Süden oder den Norden der Region zu konzentrieren. So lassen sich auch in kurzer Zeit zwei oder drei Länder besuchen, ohne dass die Reise in Stress ausartet.

Wie erlebe ich den Mekong am besten?

Auf jeden Fall im Boot. Der öffentliche Bootsverkehr ist in den vergangenen Jahren allerdings den neuen Straßen zum Opfer gefallen. Einzig zwischen Houay Xai und Luang Prabang in Nordlaos lässt sich noch eine längere Strecke auf dem Fluss zurücklegen. Auf anderen Abschnitten bieten nur noch private Reedereien exklusive Kreuzfahrten an. Schön sind kleinere Touren rund um die Viertausend Inseln in Südlaos, zu den Irrawaddy-Delphinen nahe Kratie in Kambodscha oder von Stung Treng zur laotischen Grenze. Absolutes Highlight ist das Labyrinth des Mekong-Deltas in Vietnam mit seinen schwimmenden Märkten. Natürlich gehört auch der Sonnenuntergang am Mekongufer zu den bleibenden Eindrücken.

Ein paar Tage Strand, aber wo?

Zu unseren Favoriten gehören die Inseln des Ko Chang-Archipels an der thailändischen Ostküste und die Inseln vor Sihanoukville in Kambodscha. Tolle Strände bieten auch Phu Quoc in Südvietnam und der Küstenabschnitt zwischen Hoi An und Nha Trang. Wem es nur um Hängematte und Wasserblick geht, findet auch auf den Mekonginseln in Südlaos ein entspanntes Plätzchen.

Noch Fragen? **www.stefan-loose.de/globetrotter-forum**

Urlaub aktiv

Zip-Line auf dem Bolaven-Plateau, Laos

- **Abtauchen** vor Nha Trang (S. 787), den Cham-Inseln (S. 762), Phu Quoc (S. 863), Ko Chang (S. 333) oder Sihanoukville (S. 632)
- **Ballon fahren** mit Blick auf die Karstberge Vang Viengs (S. 386)
- **Kayaking** in der Ha Long-Bucht (S. 713), auf dem Nam Ou (S. 440) oder dem Mekong (S. 613).
- **Kitesurfen** am Strand von Mui Ne (S. 495)
- **Motorrad fahren** in der Bergwelt von Zentrallaos (S. 463), im südvietnamesischen Hochland (S. 806), in Nord-Thailand (S. 234) oder im Nordosten Kambodschas (S. 613)
- **Rafting** in Nord-Thailand (S. 234)
- **Trekken** rund um Sa Pa (S. 701 und S. 702), in Phongsaly (S. 432), im Cuc Phuong-Nationalpark (S. 727), rund um Chiang Mai (S. 232), Chiang Rai (S. 270) oder Banlung (S.617)
- **Zip-Lining** im Dschungel von Thailand (S. 233) oder Laos (S. 420 und S. 480)

den ruhigen, vorgelagerten Inseln wie **Koh Rong** (S. 634) und **Koh Rong Samloem** (S. 636) entspannen.

Östlich von Sihanoukville verbreitet die Stadt **Kampot** (S. 637) französisch-chinesisches Flair. In der Nähe liegt der kleine Badeort **Kep** (S. 642), der noch immer verblichene Noblesse austrahlt und für seiner schmackhaften Krebse bekannt.

Entspannt ist das Leben am Mekong in **Kompong Cham** (S. 605). Bei den Mekongstädten **Kratie** (S. 609) und **Stung Treng** (S. 613) kann man Irrawaddy-Delphine beobachten. Im entlegenen Nordosten birgt der hügelige Dschungel rund um **Banlung** (S. 615) und **Sen Monorom** (S. 619) romantische Wasserfälle und viele Tiere.

Entlang der N 5 von Phnom Penh in Richtung Nordwesten lohnen Stopps in **Kompong Chhnang** (S. 549), nahe dem Tonle Sap mit seinen Schwimmenden Dörfern, und in **Battambang** (S. 543), einer charmanten Provinzstadt mit Kolonialhäusern und Tempeln.

Vietnam

Als Staatswappen wäre ein schnittiges Moped passender als der goldene Stern auf rotem Grund: Überall saust und braust es, das Land scheint ständig in Bewegung zu sein. **Ha Nois** Sehenswürdigkeiten (S. 666) erzählen viel von der bewegten Vergangenheit der tausendjährigen Hauptstadt. Ausflüge führen zur mystischen **Ha Long-Bucht** (S. 706), ins Rote-Fluss-Delta mit seinen heiligen Stätten, geschäftigen Handwerksdörfern und verträumten Bilderbuchlandschaften, etwa der **Trockenen Ha Long-Bucht** (S. 719). Eine spannende Rundtour führt von Ha Noi ins nordwestliche Bergland nach **Mai Chau** (S. 692), **Dien Bien Phu** (S. 693) und **Sa Pa** (S. 695).

Die schmale, langgezogene Mitte Vietnams bietet eine interessante Mischung aus Natur und Kultur. Hier liegen gleich vier Unesco-Welterbestätten: der **Phong Nha und Ke Bang-Nationalpark** (S. 732) nordwestlich von Dong Hoi, die letzte Königsstadt **Hue** (S. 736), das religiöse Zentrum der Cham, **My Son** (S. 770), und Vietnams einstiges Tor zur Welt, **Hoi An** (S. 753). Wer mal ein paar Tage „strandesgemäß" faulenzen will, kann das am **An Bang-Strand** (S. 769), am **Cua Dai-Strand** (S. 767) bei Hoi An oder in **Quy Nhon** (S. 773) tun.

Weiter südlich zeigt sich das Land ganzjährig tropisch-heiß. Baden kann man im touristischen **Nha Trang** (S. 781) und an den Stränden zwischen Phan Thiet und **Mui Ne** (S. 790). Oder man flieht ins kühlere zentrale Hochland, wo man rund um **Kon Tum** (S. 777), **Buon Ma Thuot** (S. 811) und **Da Lat** (S. 801) Dörfer der Minderheiten besuchen kann. Oder wie wäre es mit einem Elefantenritt am schönen **Lak-See** (S. 813)?

Ho-Chi-Minh-Stadt (S. 815), diese chaotische Megacity im tiefen Süden, hat sich mit ihrer kosmopolitischen Atmosphäre zum Liebling der „Young Urbanites" entwickelt. Von hier aus bieten sich ein- bis mehrtägige Touren ins Mekong-Delta an. Boote durch das Wirrwarr der Flussarme und Kanäle starten in **My Tho** (S. 841), **Vinh Long** (S. 849), **Can Tho** (S. 844) und **Chau Doc** (S. 852).

Als Abschluss einer Nord-Süd-Tour eignet sich die nur eine Flugstunde von Ho-Chi-Minh-Stadt entfernte Insel **Phu Quoc** (S. 860) im Golf von Thailand. Seafood-Schlemmen am Strand und Abtauchen im Meer – ein besseres Finale gibt es nicht.

Unesco-Welterbe

Manche Orte schlummerten Jahrhunderte lang im dichten Dschungel verborgen, andere fristeten ein Dasein als Provinznest – bis Archäologen und Restaurateure sie aus dem Schlaf weckten und zu Denkmälern einst glorreicher Zeiten machten. Eine ganze Reihe historisch bedeutender kultureller Stätten haben nun die internationale Anerkennung als Welterbe. Darüber hinaus besitzen auch einzigartige Landschaften den wichtigen Unesco-Titel.

Thailand

Die archäologischen Parks in den einstigen Königsstädten **Ayutthaya** (S. 191) und **Sukhothai** (S. 205); die vorzeitliche Ausgrabungsstätte **Ban Chiang** (S. 293) und der Dong Phayayen-Khao Yai Forest Complex zwischen der Ebene des Chao Phraya und dem Korat-Plateau, der neben dem **Khao Yai National Park** (S. 285) vier weitere Nationalparks und Schutzgebiete einschließt.

Laos

Das Stadtensemble **Luang Prabang** (S. 390) und das Khmer-Heiligtum **Vat Phou** (S. 482).

Kambodscha

Die Tempel von **Angkor** (S. 574) und das Khmer-Heiligtum **Preah Vihear** (S. 602) unweit der thailändischen Grenze.

Vietnam

Die Inselwelt der **Ha Long-Bucht** (S. 706) und die Karstlandschaft im **Phong Nha-Ke Bang-Nationalpark** (S. 732); das Stadtensemble der einstigen Hafenstadt **Hoi An** (S. 753); die königlichen Monumente in **Hue** (S. 736) und die Cham-Heiligtümer in **My Son** (S. 770).

Fenster zur Vergangenheit

Koloniale Museumsbauten

Die Franzosen hinterließen in ihrer „Union Indochinoise" einige architektonisch bemerkenswerte Museen, allen voran das einer Pagode nachempfundene **Historische Museum** in Ha Noi (S. 669) mit seiner berühmten Sammlung von

Dong-Son-Trommeln, das **Cham-Museum** in Da Nang (S. 749) mit der weltweit größten Kollektion von Cham-Skulpturen und die bedeutendste Sammlung für Khmer-Kunst im **Nationalmuseum** von Phnom Penh (S. 514).

Khmer-Kunst

Wer sich intensiver mit der Kunst Kambodschas beschäftigen möchte, dem sei außer dem **Nationalmuseum** in Phnom Penh (S. 514) auch das **Angkor Nationalmuseum** in Siem Reap (S. 558) empfohlen.

Weniger bekannt ist, dass auch das hervorragende **Nationalmuseum** von Bangkok (S. 140) einen guten Einblick in die Khmer-Kultur gibt. Schließlich gehörten weite Landesteile lange Zeit zum Angkor-Reich. Aus diesem Grund lohnt auch in Phimai ein Besuch des **Phimai Museum** (S. 291). Ein paar Exponate zur Geschichte der frühen Khmer sind auch im **Vat Phou Museum** (S. 483) in Südlaos zu sehen.

Thai-Geschichte

An die goldenen Zeiten von Sukhothai erinnert das **Ramkhamhaeng National Museum** (S. 207). Die Rolle Ayutthayas im asiatischen Handelsgeflecht beleuchtet sehr anschaulich das bemerkenswerte **Historical Study Center** (S. 191). Glanz und Gloria des thailändischen Königshauses wiederum sind in den **Dusit-Museen** in Bangkok (S. 141) zu bewundern.

Dunkle Zeiten

Dem grausamsten Kapitel der jüngeren Geschichte Kambodschas ist in Phnom Penh das Völkermordmuseum **Tuol Sleng** (S. 520) gewidmet. Die einstige Folterstätte ist aber nichts für zarte Gemüter, denn sie veranschaulicht sehr eindringlich die Brutalität des drei Jahre, acht Monate und 20 Tage herrschenden Pol-Pot-Regimes. Ebenfalls zum Nachdenken regt das **Kriegsmuseum** in Ho-Chi-Minh-Stadt an (S. 821).

Karstwunder

In den Ländern am Mekong gibt es einige der schönsten Karstlandschaften der Welt, vor allem in Laos und Vietnam.

Laos

Rund um **Vang Vieng** (S. 378) ragen Karstberge aus der grünen Ebene, was die Stadt zu einem der beliebtesten Traveller-Treffpunkte in Laos gemacht hat – mit allen Vor- und Nachteilen. Eine ähnliche Bilderbuchlandschaft liegt weiter südlich im **Phou Hin Boun NPA** (S. 461), wo die Berge wie Kathedralen in den Himmel ragen. Das 1690 km² große Schutzgebiet erstreckt sich östlich von Thakhek und birgt einige interessante Höhlen, allen voran die 6 km lange, nur mit Booten befahrbare **Tham Kong Lo** (S. 454). Weitere schöne Landschaften finden sich in Nordlaos bei den Dörfern **Nong Kiao** (S. 343) und **Muang Ngoi Kao** (S. 439), die beide nur eine Bootsstunde voneinander entfernt am Nam Ou liegen, und rund um **Vieng Xai** (S. 443)

Vietnam

Natürlich ist die Inselwelt der **Ha Long-Bucht** (S. 706) das berühmteste unter den „Karstwundern". Weniger überlaufen, aber nicht weniger attraktiv ist die sich nordöstlich anschließende Bai Tu Long-Bucht mit weiteren Hunderten von Inseln. Bei Ninh Binh, nur etwa 100 km südlich von Ha Noi, erstreckt sich die Hügellandschaft der **Trockenen Ha Long-Bucht** (S. 719), die man per Ruderboot oder Fahrrad erkunden kann. Im Norden des Landes liegt der **Ba Be-See** (S. 705) genauso spektakulär inmitten hoher Berge wie zu Hause der oberbayerische Königssee. Kaum erschlossen ist bislang der **Phong Nha-Ke Bang-Nationalpark** nordwestlich von Dong Hoi, dessen Hauptattraktion die mit Booten befahrbare Phong Nha-Höhle ist (S. 732).

Wasserwelten

Die Flüsse, Seen und Meere prägen den Alltag der Menschen in der Region. Die historische Entwicklung ist eng mit dem Mekong verbunden. Ohne ihn wäre der Aufstieg der Thais und Laoten genauso wenig möglich gewesen wie der des gewaltigen Angkor-Reiches. Und die Geschichte Vietnams geht Hand in Hand mit der Urbarmachung des Roten-Fluss-Deltas. An folgenden Orten lässt sich das Element Wasser bei einer Reise auf besondere Weise erleben:

Städte und Nachtleben: wo am meisten los ist

Bar in Ha Noi, Vietnam

Bangkok (S. 156) ist natürlich der Hotspot der Region. Die Möglichkeiten, die Nacht zum Tag zu machen, sind so unerschöpflich wie die legendären Verkehrsstaus lang sind.
Auch in Vietnams Boomtown **Sai Gon** (S. 830) – von „Ho-Chi-Minh-Stadt" spricht kaum einer mehr – ist abends richtig was los. Ständig öffnen neue Clubs, Bars und Kneipen. Echte Nachteulen sollten aber wissen, dass die meisten Läden um Mitternacht zumachen. Und selbst in **Ha Noi** (S. 680) sind die Zeiten lange vorbei, als die Hauptstädter kollektiv um 22 Uhr in ihre harten Betten gingen. Immerhin haben jetzt viele Läden bis Mitternacht auf, ein paar noch länger. Vor allem in der Altstadt konkurrieren zahlreiche Restaurants und Bars unter dem Porträt des streng blickenden Ho Chi Minh mit originellen Ideen. Man kann in ausrangierten Cyclos essen und sogar Salsa lernen. Trotzdem wirkt Ha Noi verglichen mit Kambodschas Hauptstadt **Phnom Penh** (S. 528) wie eine Schlaftablette.
Siem Reap (S. 565) und Nachtleben? Über Jahrzehnte hinweg war der Gegensatz so groß wie der zwischen Trockenzeit und Regenzeit. Doch seit einigen Jahren gibt es zuhauf lauschige und schrille, heiße und coole Läden – denn wie lassen sich die Eindrücke des Tages besser austauschen als bei einem Angkor-Bier und Musik.

Thailand
Eine Bootsfahrt auf dem Mae Kok von Thaton nach **Chiang Rai** (S. 264), auf dem Mekong bei **Chiang Saen** (S. 275), dem Chao Phraya in **Bangkok** (S. 166), entlang der Flüsse Kwae Noi, Kwae Yai und Mae Klong bei **Kanchanaburi** (S. 185) oder durch den **Ko Chang-Archipel** (S. 333).

Laos
Bootsfahrten auf dem Mekong zwischen **Houay Xai** (S. 418) und **Luang Prabang** (S. 414), auf dem **Nam Ou** (S. 435) oder durch die Inselwelt der **Si Phan Don** (S. 487 und S. 494).

Kambodscha
Kleinere Bootstouren auf dem Mekong rund um die Städte **Kompong Cham** (S. 605) und **Stung Treng** (S. 612); auf dem riesigen Tonle Sap zu den schwimmenden Dörfern südlich von **Siem Reap** (S. 595), bei **Kompong Chhnang** (S. 550) und **Pursat** (S. 552); Bootsfahrten an der Südküste von **Sihanoukville** (S. 626), **Kep** (S. 643)

Wie reisen?

Übersetzen mit der Kahnfähre, Nord-Thailand

Mit der Eisenbahn

Thailand und Vietnam haben ein gut ausgebautes Streckennetz. Von Bangkok verlaufen die Linien sternförmig in alle Richtungen, in Vietnam von der chinesischen Grenze über Ha Noi bis nach Sai Gon und von Ha Noi gen Nordwesten nach Lao Cai. Laos war lange eines der wenigen Länder ohne Eisenbahn. Seit 2009 gibt es eine 3,5 km lange Trasse von Nong Khai (Thailand) über die Freundschaftsbrücke bis kurz vor Vientiane – ein Spaß von gerade einmal 15 Minuten. Weitere Infos im Kapitel Travelinfos von A bis Z, „Eisenbahn“, S. 53.

Per Bus

Das touristisch hochentwickelte Thailand ist mit seinem privaten und öffentlichen Bussystem unschlagbar, doch auch in Laos, Kambodscha und Vietnam fahren ganz passable Busse die wichtigsten Orte an. In Vietnam sind die privaten Open Tours wegen ihrer günstigen Ticketpreise bei relativ gutem Standard extrem populär geworden. Weitere Infos im Kapitel Travelinfos von A bis Z, „Busse und Pick-ups“, S. 50.

Im Flugzeug

Dank Billigfliegern ist man günstig zwischen den Städten der Region unterwegs, wobei Bangkok als Drehkreuz die meisten Reisevarianten bietet. Weitere Infos im Kapitel Travelinfos von A bis Z, „Anreise“, „Flüge“ und „Weiterreise“, S. 45, S. 66, S. 105.

Mit dem Boot

Vielerorts können Reisende öffentliche Fähren und Expressboote nutzen, etwa in Bangkok auf dem Chao Phraya, in Vietnam von Hai Phong nach Cat Ba oder in Kambodscha von Battambang oder Phnom Penh über den Tonle Sap nach Siem Reap.

Zwar sind die Flüsse nicht mehr die wichtigsten Transportwege der Region, aber viele Abschnitte lassen sich sehr schön per Boot bereisen, sei es mit einem schlichten Bambusfloß oder einem edlen Kolonialdampfer („Wasserwelten“, S. 32).

und **Koh Kong** aus (S. 649) zu vorgelagerten Inseln.

Vietnam

Eine Bootstour durch die **Ha Long-Bucht** (S. 718) und rund um **Cat Ba** (S. 713); per Ruderboot durch die **Trockene Ha Long-Bucht** (S. 719); auf dem von hohen Bergen umgebene **Ba Be-See** (S. 705); auf dem Huong Giang in **Hue** (S. 743); zu den Inseln vor **Nha Trang** (S. 787) und in vielen Variationen durch das Labyrinth des Mekong-Deltas, etwa bei **My Tho** (S. 843) oder **Can Tho** (S. 848).

Reiserouten

Die Möglichkeiten, die vier Länder am Mekong zu einer Reise zu verbinden, sind so zahlreich wie die Fische in dem über 4000 km langen Fluss. Zeit, Geld und Interessen sind natürlich bei jedem unterschiedlich. Daher sollen die folgenden Routen nur als Anregung dienen. Die angegebene Reisezeit ist als Mindestdauer zu verstehen.

Unesco-Welterbetour

- Länder: Vietnam, Laos, Kambodscha
- Dauer: ab 10 Tagen
- Karte S. 36

Wer mit dem Flieger von Ort zu Ort unterwegs ist, kann auch in relativ kurzer Zeit eine lohnende Drei-Länder-Reise zu einigen der schönsten Unesco-Welterbestätten in der Region unternehmen. Von **Ha Noi** (S. 666) geht es zunächst zur weltberühmten **Ha Long-Bucht** (S. 706), die seit 1993 den begehrten Welterbestatus besitzt. Zurück in Vietnams Hauptstadt, nimmt man eine weitere Maschine in die alte laotische Königsstadt am Mekong, **Luang Prabang** (S. 390).

Nach ein paar Tagen im Tempelrausch kann man von dort ebenfalls per Flugzeug in den südlichen Teil von Laos weiterreisen. **Pakxe** (S. 472) bietet sich als Ausgangspunkt für den Besuch des **Vat Phou** (S. 482) an, eines Bergtempels aus der Khmer-Zeit mit Blick über die Mekongebene. Von Pakxe aus geht es weiter nach **Siem Reap** (S. 557), der letzten Station, und mit den gewaltigen Khmer-Tempeln von **Angkor** (S. 574) sicherlich auch Höhepunkt dieser Reise.

Unbedingt probieren

Laap

- **Pho** vietnamesische Reisnudelsuppe
- **Amok trey** Fischcurry in Kambodscha
- **Som tam** thai-laotischer Papayasalat
- **Laap** laotischer Fleischsalat mit Chili
- **Gäng khiau wahn** scharfes grünes Curry in Thailand

Am Mekong entlang

- Länder: Laos, Kambodscha
- Dauer: ab 4 Wochen
- Karte S. 36

Ein wunderbarer Einstieg für Laos ist **Luang Prabang** (S. 390). Von dort führt die Reise per Bus entlang der kurvenreichen Straße 13 in die Backpacker-Hochburg **Vang Vieng** (S. 378). Nach einem Zwicchenstopp im mäßig spannenden **Vientiane** (S. 352) fährt man entlang dem Mekong in Richtung Süden. Von der nächsten Station **Thakhek** (S. 457) sollte man unbedingt einen Tagesausflug in die landschaftlich äußerst attraktive, aber wenig bekannte Provinz Khammouan einplanen und die Höhle **Tham Kong Lo** (S. 454) besuchen.

Die Mekongstadt **Savannakhet** (S. 464) lohnt wegen ihrer Kolonialatmosphäre und des verehrten Tat Ing Hang. Weitere landschaftliche und kulturelle Höhepunkte warten in der Umgebung von **Pakxe** (S. 472): das bedeutende Khmer-Heiligtum **Vat Phou** (S. 482), das **Bolaven-Plateau** (S. 478) und an der Grenze zu Kambodscha die „Viertausend Inseln", **Si Phan Don** (S. 484). Dort heißt es nach etwa zwei Wochen Abschied nehmen von Laos, denn über den Grenzübergang **Nong Nok Khian – Trapaeng Kriel** geht es weiter nach Kambodscha.

Erste Stationen sind die beschaulichen Mekongstädte **Stung Treng** (S. 613) und **Kratie** (S. 609), gute Ausgangspunkte für Bootsfahrten, um Irrawaddy-Delphine zu beobachten.

Weiter geht's entlang der Nationalstraße 7 ins geschäftige **Kompong Cham** (S. 605), von wo sich Khmer-Tempel, Kautschukplantagen und Weberdörfer besichtigen lassen. Kambodschas Hauptstadt **Phnom Penh** (S. 512) mit ihren Restaurants, Bars und Sehenswürdigkeiten ist eine willkommene Gelegenheit, einmal wieder etwas Stadtluft zu schnuppern. Mit dem Bus ist man von dort in nur sechs Stunden in **Siem Reap** (S. 557), jener Touristenhochburg, die als Startpunkt für die Khmer-Tempel von **Angkor** (S. 574) dient.

Von Bangkok nach Sai Gon

- Länder: Thailand, Kambodscha, Vietnam
- Dauer: ab 3 Wochen
- Karte s. unten

Bangkok (S. 122) ist als internationale Drehscheibe mit grenzenlosem Essens- und Shoppingangebot ein perfekter Einstieg für diese abwechslungsreiche Tour. Per Zug oder Bus geht es nach **Aranyaprathet** (S. 556) und weiter über die kambodschanische Grenze (Infos zum Übergang auf S. 315) via Poipet nach **Battambang** (S. 543). Von dieser stimmungsvollen Provinzstadt mit viel kolonialem Flair fahren Boote über den Sangkar-Fluss und Tonle Sap nach **Siem Reap** (S. 557). Drei Tage sind dort mindestens einzuplanen, um die Tempel von Angkor zu besuchen. Wer sie schon gesehen hat, kann einen Ausflug zum **Phnom Kulen** (S. 594) oder eine Bootsfahrt auf dem größten Süßwassersee Südostasiens, dem **Tonle Sap** (S. 594), unternehmen.

Bei weiterem Bedarf an Khmer-Tempeln lohnt es sich, in **Kompong Thom** (S. 596) Zwischenstation zu machen und von dort aus die Ruinenstätte **Sambor Prei Kuk** (S. 599) zu besuchen. Von Kompong Thom fahren regelmäßig Busse nach **Phnom Penh** (S. 512), das nach der langen

Phase des Bürgerkrieges in den vergangenen Jahren ungemein aufblühte.

Wer nach ein paar Tagen Stadtluft lieber die frische Meeresbrise schnuppern will, fährt Richtung Küste nach **Kampot** (S. 637) und von dort weiter in das seit geraumer Zeit wieder belebte koloniale Seebad **Kep** (S. 642). Erst seit wenigen Jahren ist die nicht weit gelegene Grenze nach Vietnam offen, weshalb die Weiterreise nach **Ha Tien** (S. 855) problemlos möglich ist. Unweit der schön gelegenen Stadt bieten sich einige, meist leere Strände zur Entspannung an.

Auch die Halbinsel Hon Chong, die man auf der Weiterreise nach **Rach Gia** (S. 858) besuchen kann, bietet sich zum Sprung ins Meer an. Weitaus attraktiver ist jedoch **Phu Quoc** (S. 860), das mit Ha Tien per Schnellboot und mit dem wenig sehenswerten Rach Gia auch per Flugzeug verbunden ist. Von Vietnams größter Insel empfiehlt sich der einstündige Flug nach **Ho-Chi-Minh-Stadt** (S. 815), das mit seinem kosmopolitischen Flair ein guter Abschluss ist.

Von Ha Noi nach Angkor

- Länder: Vietnam, Kambodscha
- Dauer: ab 3 Wochen
- Karte S. 37

Nirgends zeigt sich Vietnams Kultur so dicht wie im tausendjährigen **Ha Noi** (S. 666) und keine Landschaft wird mit dem Land so stark identifiziert wie die **Ha Long-Bucht** (S. 706) mit ihren Hunderten von Karstinseln. Beide Orte sind nur vier Autostunden voneinander entfernt. Von Ha Long kann man weiter nach **Ninh Binh** fahren, das als Sprungbrett für die **Trockene Ha Long-Bucht** (S. 719), den **Cuc Phuong-Nationalpark** (S. 727) und die Kathedrale von **Phat Diem** (S. 724) dient. Per Nachtzug gelangt man bequem nach **Hue** (S. 736), falls keine Zeit für einen Zwischenstopp in **Dong Hoi** (S. 730) bleibt, von wo aus die fantastische **Phong Nha-Höhle** (S. 733) nur etwa 50 km entfernt liegt.

Von Vietnams letzter Königsstadt geht es weiter nach **Hoi An** (S. 753) und entlang der Küste nach **Nha Trang** (S. 781). Ab hier wird es tropisch. 450 km trennen den bei Einheimischen sehr beliebten Badeort von der südvietnamesischen Metropole **Ho-Chi-Minh-Stadt** (S. 815), die aber per Zug oder Bus gut an einem Tag zu schaffen sind. Alternativ bietet sich ein 2- bis 3-tägiger Abstecher nach **Da Lat** an (S. 801). So lernt man noch die eigentümliche Landschaft des Hochlandes kennen. Von Da Lat verläuft die attraktive Straße Nr. 20 in Richtung Sai Gon.

Das Mekong-Delta sollte so viel wie möglich per Boot bereist werden. Am besten bucht man in der südvietnamesischen Metropole eine Tour über **Can Tho** (S. 844) nach **Chau Doc** (S. 852). Die Angebote reichen von billiger Open Tour zu gediegenen Bootsfahrten mit Übernachtung an Bord. Per Schnellboot geht es in wenigen Stunden von Chau Doc nach **Phnom Penh** (S. 512). Gute Busse fahren in 6 Std. weiter nach **Siem Reap** (S. 557). Wer unterwegs noch die Tempelruinen in **Sambor Prei Kuk** (S. 599) sehen will, kann in **Kompong Thom** (S. 596) übernachten.

Von Bangkok nach Ha Noi

- Länder: Thailand, Laos, Vietnam
- Dauer: ab 3 Wochen
- Karte S. 37

Die Fahrt von der thailändischen Megacity **Bangkok** (S. 122) nach Norden führt durch die fruchtbare Ebene des Chao Phraya und seiner Zuflüsse. Unterwegs bieten sich Stopps in der alten Königsmetropole **Ayutthaya** (S. 191), der Provinzstadt mit dem schönsten Buddha, **Phitsanulok** (S. 200), und der Wiege der thailändischen Nation, **Sukhothai** (S. 205), an.

Weiter geht es über das stark von Birma beeinflusste **Lampang** (S. 278) nach **Chiang Mai** (S. 215). Entlang der landschaftlich äußerst attraktiven Straße Nr. 107 führt die Reise zunächst nach **Thaton** (S. 261) und von dort mit dem Boot auf dem Mae Kok nach **Chiang Rai** (S. 266), bevor es über das historische **Chiang Saen** (S. 274) zu dem am Mekong gelegenen Städtchen **Chiang Khong** (S. 276) an der laotischen Grenze weiter geht.

Viele Traveller bevorzugen zur Übernachtung das auf der anderen Flussseite gelegene laotische **Houay Xai** (S. 418), denn von dort starten allmorgendlich die Langboote nach **Luang Prabang** (S. 414) mit Zwischenübernachtung auf halbem Weg in **Pakbeng** (S. 422).

Von Luang Prabang fährt man weiter in die Provinzstadt **Oudomxai** (S. 423). Via **Muang Khoua** (S. 433) geht es über die Grenze nach **Dien Bien Phu** (S. 693). Von der im Ersten Indochinakrieg heiß umkämpften Stadt führt einer der landschaftlich schönsten Streckenabschnitte nach **Sa Pa** (S. 695). Seit kurzem ist der etwa 300 km lange Weg mit öffentlichen Verkehrsmitteln an einem Tag zu schaffen. Ansonsten bietet sich als Zwischenübernachtung **Lai Chau** (S. 703) an. Nach verschiedenen Trekkingtouren in der Umgebung kann man von Sa Pa über den Grenzort **Lao Cai** (S. 703; Weiterreise nach China möglich!) per Zug nach **Ha Noi** (S. 666) fahren.

Das volle Programm

- Länder: Thailand, Kambodscha, Vietnam, Laos
- Dauer: ab 2 Monaten
- Karte S. 40

Nach ein paar Tagen in **Bangkok** (S. 122) geht es Richtung Osten nach **Trat** (S. 324), dem Sprungbrett zum **Ko Chang**-Archipel (S. 335), und weiter über den Grenzübergang **Ban Hat Lek – Cham Yeam** ins kambodschanische **Koh Kong** (S. 646). Von dort kann die Fahrt nach **Sihanoukville** (S. 623) weitergehen oder über die gute Nationalstraße 4 nach **Phnom Penh** (S. 512) und anschließend nach **Battambang** (S. 543). Von der sympathischen Provinzhauptstadt kann man in drei Stunden mit dem Bus – oder länger, aber reizvoller über den Sangkar-Fluss und Tonle Sap per Boot – nach **Siem Reap** (S. 557) weiterreisen, Startpunkt für einen Besuch der Tempel von Angkor. Via **Kompong Thom** (S. 596) geht es zurück nach Phnom Penh und dann per Schnellboot ins Mekong-Delta nach **Chau Doc** (S. 852).

Nach dem Besuch in **Can Tho** (S. 844) und einigen Tagen in **Ho-Chi-Minh-Stadt** (S. 815) bieten sich die Strände von **Phan Thiet** und **Mui Ne** (S. 790) zur Erholung an. Strände gibt es aber auch in **Nha Trang** (S. 781) und nur 4 km

Banteay Srei nahe Siem Reap, Kambodscha

von der Unesco-Welterbestadt **Hoi An** (S. 753) entfernt in Cua Dai. Über den Wolkenpass weiter nach **Hue** (S. 736) empfehlen sich bei der Fahrt in Richtung Norden Unterbrechungen in **Dong Hoi** (S. 730) und in **Vinh** (S. 728). **Ninh Binh** (S. 719) ist ein weiterer interessanter Halt. Von dort kann man direkt zur **Ha Long-Bucht** (S. 706) reisen und erst dann Vietnams Hauptstadt **Ha Noi** (S. 666) ansteuern. Eine mindestens einwöchige Rundtour gen Nordwesten führt von Ha Noi zunächst nach **Mai Chau** (S. 692) und von dort via **Son La** nach **Dien Bien Phu** (S. 693). Kurvenreich geht es weiter nach **Sa Pa** (S. 695). Vom nahen Lao Cai fahren Züge nach Ha Noi.

Per Flugzeug gelangt man zunächst in die alte Königstadt der Lao, **Luang Prabang** (S. 390), und folgt von dort aus dem beliebten „Touristen-Trail" nach **Vang Vieng** (S. 378) und **Vientiane** (S. 352). Anschließend geht es entlang dem Mekong nach **Thakhek** (S. 457), **Savannakhet** (S. 464) und **Pakxe** (S. 472) mit Abstechern zum **Vat Phou** (S. 482) und den „Viertausend Inseln" **Si Phan Don** (484). Von Pakxe gelangt man wieder nach Thailand. Ab **Ubon Ratchathani** (S. 306) fahren Züge und Busse über **Surin** (S. 313) und **Korat** (S. 287) – mit einem Abstecher zum **Khao Yai National Park** (S. 285) – nach Bangkok.

Klima und Reisezeit

Das Klima in der Mekong-Region ist tropisch und wird – grob gesagt – von zwei Winden bestimmt: Zwischen Mai/Juni und Oktober bringt der **Südwestmonsun** den meisten Gebieten heftige Gewitter und Regenfälle. An der Küste Zentralvietnams besteht von August bis November die Gefahr von Taifunen. Zwischen November und April führt der **Nordostmonsun** trockene Luft nach Thailand, Laos, Kambodscha und Südvietnam. Nur in Nord- und Zentralvietnam hält dann der feucht-kühle Winter Einzug.

Durch die wechselnden Winde kommt es zu drei Jahreszeiten, die regional unterschiedlich ausgeprägt sind: In der **Trockenzeit** zwischen November und Februar ist es in Nord-Thailand, Laos, Kambodscha und Südvietnam angenehm warm und trocken. Tagsüber liegen die Temperaturen bei 25–30 °C, nachts kühlt es auf bis zu 10 °C ab (in den Bergen von Laos, Thailand und Vietnam sogar noch mehr).

Ab März klettert das Quecksilber wieder und es beginnt die **heiße Zeit**. Zwar regnet es nicht, aber die Temperaturen steigen in den Ebenen auf unangenehme 40 °C. Nur in Nordvietnam ist es schön, wenn die Obstbäume, erlöst vom kalten Winter, in voller Blüte stehen. In der übrigen Region wirkt die Landschaft trocken und kahl. In den Höhenlagen von Laos und Thailand vernebelt außerdem Brandrodung die Sicht.

Die ersten Niederschläge im Mai oder Juni läuten die **Regenzeit** ein. Alles wird schlagartig grün und über die nächsten Monate schwellen die Flüsse an. Im September oder Oktober wird die Infrastruktur auf ihre härteste Probe gestellt, wenn sich die unbefestigten Straßen in tiefe Schlammpisten verwandeln und viele Flüsse über die Ufer treten.

Die ideale Reisezeit für **Thailand**, **Laos**, **Kambodscha** und **Südvietnam** ist die Trockenzeit (November bis März). Am sichersten ist es, die Reise einen Monat nach dem Ende der Regenzeit zu beginnen. Von Juni bis September gibt es in der Region kräftige Regengüsse, aber auch leuchtend grüne Reisfelder, süße Mangos und andere tropische Früchte.

Nach **Vietnam** kann man im Prinzip das ganze Jahr über reisen. Im Großen und Ganzen sind aber der Herbst (September bis Dezember) und der Frühling (März und April) die empfehlenswertesten Monate, wenn man das ganze Land bereisen möchte.

Wegen der großen Hitze sind April und Mai für Touren nach Nord- und Nordost-Thailand, Laos, Kambodscha und in das Mekong-Delta nicht geeignet. Diese Zeit ist aber gut für eine Reise durch den Norden Vietnams.

Vor allem an Feiertagen wie dem vietnamesischen Neujahr, den Neujahrsfesten in Thailand, Kambodscha und Laos (Mitte April) und den Brückentagen bis zum nächsten Wochenende, aber auch in der Zeit zwischen Weihnachten und Anfang Januar, sind die Zimmer in Badeorten und Erholungsgebieten nicht nur ausgebucht, sondern häufig sogar überbucht. Viele Bus- und Zugtickets sind dann ausverkauft.

Bangkok

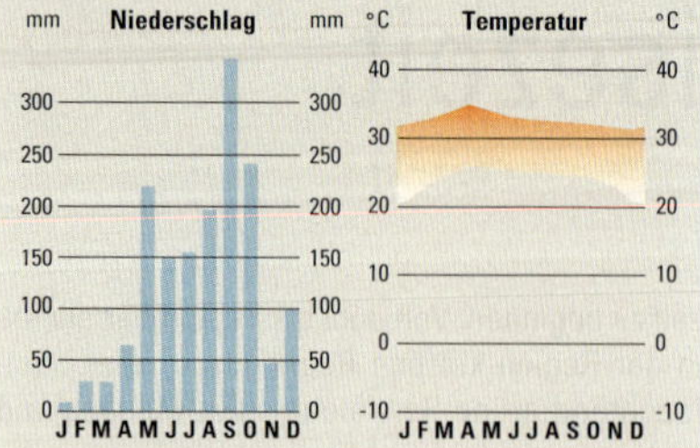

Chiang Mai

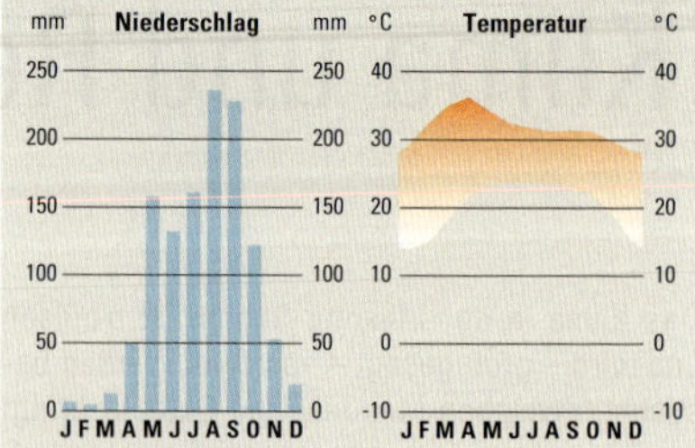

Vientiane

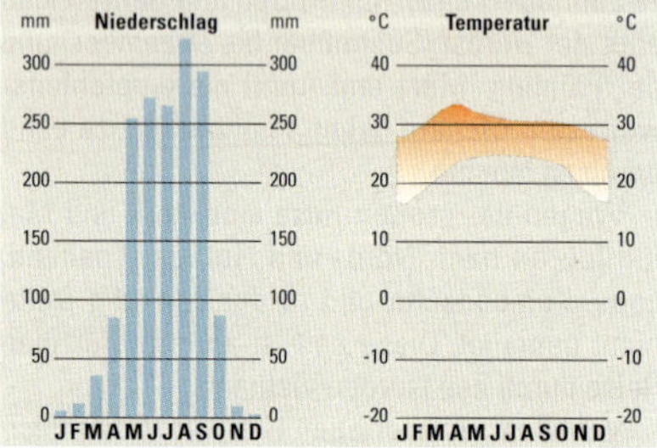

Luang Prabang

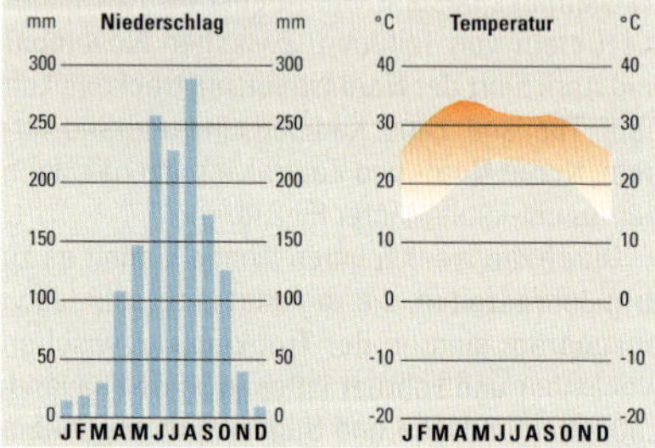

Phnom Penh

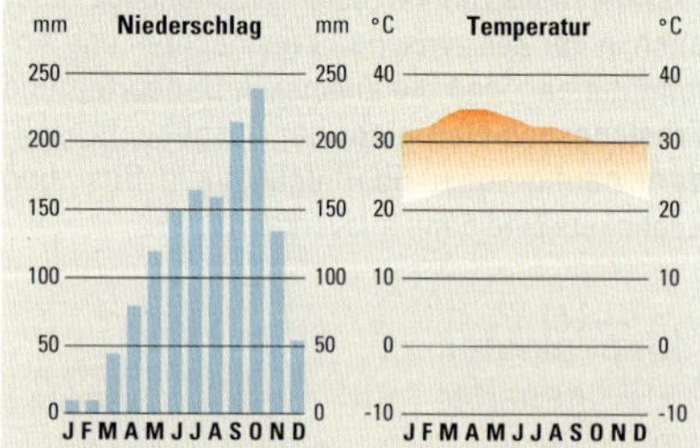

Ha Noi

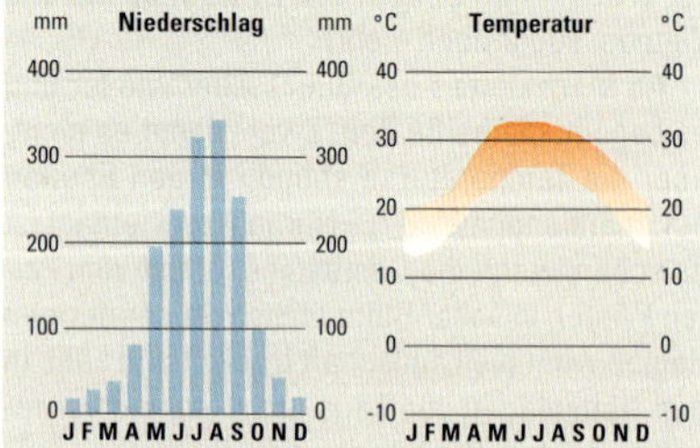

Da Nang

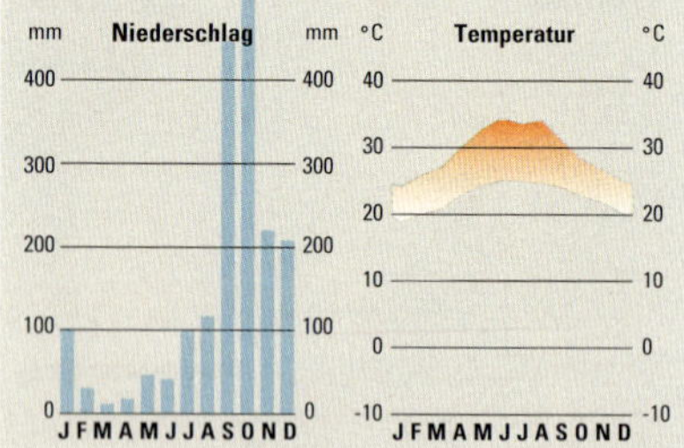

Ho-Chi-Minh-Stadt

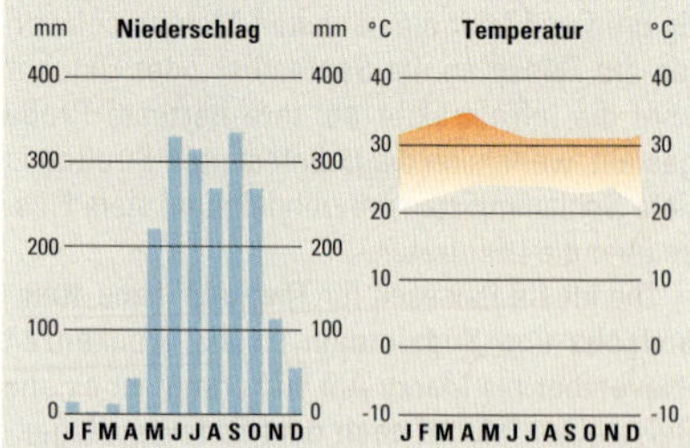

Reisekosten

Thailand, Laos, Kambodscha und Vietnam sind günstige Reiseländer. Wer in einfachen Gästehäusern übernachtet, öffentliche Verkehrsmittel benutzt und in Straßenlokalen oder auf Nachtmärkten isst, kann mit 25 € am Tag auskommen. In diesem **Budget** sind aber weder Visakosten noch Trekkingtouren, Bootscharter, Mietmopeds oder Leihwagen enthalten.

Wie überall ist das **Preisniveau** in Großstädten und Tourismuszentren höher als in den Provinzen. Allerdings gibt es regionale Unterschiede: So reist es sich etwa im Norden und Nordosten Thailands billiger als in Laos und in Kambodscha günstiger als in Vietnam. Wer vorhat, alle vier Länder zu besuchen, sollte den Tagessatz entsprechend raufsetzen.

Soll der Urlaub **komfortabler** sein, muss man mindestens 40–50 € pro Tag ansetzen. Darin sind dann auch nettere Bungalows und bessere Restaurants enthalten. Wer regelmäßig Guides bucht, längere Strecken fliegt und Wert auf Hotels mit gehobenem Standard legt, benötigt noch einiges mehr – ohne Begrenzung nach oben.

Mitunter müssen Ausländer in Kambodscha und Thailand höhere Preise als Einheimische zahlen, aber nicht in dem Maße wie in Vietnam. In Laos hat sich diese Praxis noch nicht so eingebürgert. Freundliches **Handeln** gehört in allen vier Ländern zum Alltag, etwa an Marktständen, in Souvenirgeschäften und in jedem Fall, wenn es um eine Fahrt mit dem Taxi, Tuk Tuk, Cyclo oder Moto geht.

Was kostet wie viel?

	Thailand	Laos	Kambodscha	Vietnam
Budgetzimmer	ab 250 Baht	US$7,50–15	US$6–12	US$8–15
Mittelklassezimmer	ab 600 Baht	ab US$25	ab US$25	ab US$30
Frühstück	ab 80 Baht	ab US$3	ab US$2	ab US$2,50
Nudelsuppe	20–50 Baht	US$1,80	US$0,70–1	US$1,30–3
Reisgericht	40–100 Baht	US$2,50	US$2–3,50	um US$2
Westliche Mahlzeit	ab 100 Baht	ab US$7,50	US$3–8	ab US$7
Tasse Kaffee	30 Baht	ab US$0,60	ab US$0,50	US$0,35–2
Flasche Wasser	7–20 Baht	ab US$0,25	ab US$0,40	US$0,15–0,50
Flasche Bier (groß)	40–160 Baht	US$1,25	ab US$2,50	US$0,50–1,20
1 Std. Internet	20–60 Baht	US$0,50–1,90	US$0,25–1	US$0,50–1,50
Stadtbus	2–25 Baht	US$0,40–75	US$0,40	US$0,15–0,25
Moped pro Tag	150–300 Baht	US$7,50	US$5–10	US$5–10
Fahrrad pro Tag	50–100 Baht	ab US$2,50	US$1–3	ab US$1
Auto pro Tag (*mit Fahrer)	800–1000 Baht	um US$50*	US$35–60*	ab US$60*
1 Liter Benzin	35 Baht	US$0,90	US$0,75–1,20	US$1,20

Travelinfos von A bis Z

Vier Länder, vier Millionenstädte, alte Hochkulturen, tropische Landschaften und der längste Strom Südostasiens: Die Mekong-Region verspricht pures Reiseabenteuer. Aber was ist vor Abfahrt zu beachten? Muss ich mich impfen lassen? Für welches Land brauche ich ein Visum? Wo liegen die Grenzübergänge? Und welches ist die schönste Bootsstrecke auf dem Mekong? Antworten auf diese und andere dringende Reisefragen liefern die folgenden Seiten.

WEGWEISER AUF DON DET, LAOS

Kurz und knapp

Flugdauer Frankfurt – Bangkok 11 Std., Frankfurt – Ha Noi 12–13 Std.

Einreise In Thailand, Laos und Kambodscha gibt's Visa/die Aufenthaltserlaubnis bei der Einreise. Für Vietnam muss das Visum in vielen Fällen vorher besorgt werden, bei Aufenthalten bis 15 Tage reisen Deutsche derzeit visafrei.

Smartphones WLAN ist weit verbreitet, bei längeren Reisen lohnt auch der Kauf einer lokalen SIM-Karte.

Zeitverschiebung MEZ plus 6 Std., während der Sommerzeit plus 5 Std.

Anreise

Von Europa gibt es Direktflüge nach Thailand und Vietnam – und das schon für 500 €. Drehkreuz der Region ist **Bangkok**, das unter anderem direkt von Frankfurt, München, Wien und Zürich aus angeflogen wird. Inlandflüge können bei Thai Airways als günstige Anschlussflüge mitgebucht werden. Nicht zu empfehlen sind „Open Date Tickets", da Flüge von/nach Thailand meist Monate im Voraus ausgebucht sind und für das Thai-Visum ein bestätigter Rückflug verlangt wird. Wer wenig Zeit hat, kann überlegen, den Flug zu gabeln.

Die schnellste Verbindung zwischen Europa und **Vietnam** unterhält Vietnam Airlines. Die Gesellschaft fliegt achtmal wöchentlich von Frankfurt nach Ha Noi und Ho-Chi-Minh-Stadt (12–13 Std., ab 800 €). Vietnam Airlines bietet auch Anschlussflüge innerhalb Vietnams, nach Bangkok, Luang Prabang, Vientiane, Siem Reap und Phnom Penh an.

Nach **Laos** und **Kambodscha** gibt es bislang keine direkten Verbindungen von Europa. Verschiedene Fluggesellschaften, darunter Lufthansa und Thai Airways, bieten aber Durchgangstarife nach Vientiane, Luang Prabang, Phnom Penh und Siem Reap an (mehrmals tgl., 13–14 Std., um 900 €).

Alle genannten Preise gelten für die Hochsaison. Gute **Flugsuchmaschinen** sind 💻 www.momondo.de, 💻 www.kayak.de und 💻 www.swoodoo.com. Infos zu Flugzeugtypen und **Sitzplätzen** finden sich unter 💻 www.seatguru.de.

Flüge in der Region

Je nach Ziel kann es sich lohnen, nur einen Flug nach Bangkok, Kuala Lumpur oder Singapore zu nehmen und mit einer der Regional- oder Budgetairlines das letzte Stück nach Laos, Kambodscha oder Vietnam zu fliegen. Aber aufgepasst bei Flügen von Bangkok: Viele Billigairlines starten vom alten Flughafen Don Muang.

Air Asia, 💻 www.airasia.com. Die Budgetairline verbindet Kuala Lumpur und Bangkok günstig mit Phnom Penh, Siem Reap, Vientiane, Luang Prabang, Ha Noi und HCMS, außerdem geht's tgl. von Kuala Lumpur nach Da Nang.

Flugpässe

Der **Discovery Airpass** gilt für viele Verbindungen innerhalb des Streckennetzes von Bangkok Airways, 💻 www.bangkokair.com, und Lao Airlines, 💻 www.laoairlines.com. Für jeden Flug wird ein Coupon gekauft, mindestens drei, maximal 16. Internationale Strecken kosten US$120–200, Inlandsflüge US$88. Seit 2015 hat **Air Asia**, 💻 www.airasia.com, den Asean Pass im Angebot: Man kauft Credits (10 für US$160 oder 20 für US$290) und kann damit 70 Destinationen im Asean-Raum ansteuern (Flüge kosten einen oder drei Credits).
Auch die drei großen **Luftfahrtallianzen** Star Alliance, 💻 www.staralliance.com, oneworld, 💻 www.oneworld.com, und Sky Team, 💻 www.skyteam.com, bieten Asienpässe an.

Bangkok Airways, 💻 www.bangkokair.com. Von Bangkok 5x tgl. Flüge nach Phnom Penh und Siem Reap, 2x tgl. nach Luang Prabang und 1x tgl nach Vientiane und Da Nang.
Cambodia Angkor Air, 💻 www.cambodia angkorair.com. Die kambodschanische Airline fliegt tgl. von Bangkok, Ha Noi und Ho-Chi-Minh-Stadt nach Phnom Penh und Siem Reap und ganz neu von HCMS nach Sihanoukville.
Jetstar, 💻 www.jetstar.com. Von Singapore geht's nach Phnom Penh, Siem Reap und Ho-Chi-Minh-Stadt, von Bangkok dorthin und zusätzlich nach Ha Noi.
Lao Airlines, 💻 www.laoairlines.com. Verbindet Bangkok mit Vientiane, Luang Prabang und Savannakhet und Luang Prabang mit Chiang Mai.
Nok Air, 💻 www.nokair.com. Günstige Flüge von Bangkok nach Ha Noi und Ho-Chi-Minh-Stadt, außerdem ein Fly'n'Ride-Paket von Bangkok nach Vientiane: erst mit dem Flieger nach Udon Thani, dann mit dem Bus nach Laos.
Silk Air, 💻 www.silkair.com. Fliegt von Singapore nach Phnom Penh, Siem Reap, Vientiane, Luang Prabang, Da Nang und Ha Noi.
THAI Smile, 💻 www.thaismileair.com. Preiswerte Verbindungen von Bangkok nach Siem Reap und nach Luang Prabang.

⏩ Flüge (S. 66), Visa (S. 100), Weiterreise (S. 105)

Weniger fliegen – länger bleiben! Reisen und Klimawandel

Der Klimawandel ist vielleicht das dringlichste Thema, mit dem wir uns in Zukunft befassen müssen. Wer reist, erzeugt auch CO_2: Der Flugverkehr trägt mit einem Anteil von bis zu 10 % zur globalen Erwärmung bei. Wir sehen das Reisen dennoch als Bereicherung: Es verbindet Menschen und Kulturen und kann einen wichtigen Beitrag für die wirtschaftliche Entwicklung eines Landes leisten. Reisen bringt aber auch eine Verantwortung mit sich. Dazu gehört darüber nachzudenken, wie oft wir fliegen und was wir tun können, um die Umweltschäden auszugleichen, die wir mit unseren Reisen verursachen. Wir können insgesamt weniger reisen – oder weniger fliegen, länger bleiben und Nachtflüge meiden (da sie mehr Schaden verursachen). Und wir können einen Beitrag an ein Ausgleichsprogramm wie **www.atmosfair.de** leisten.
Dabei ermittelt ein Emissionsrechner, wie viel CO_2 der Flug produziert und was es kostet, eine vergleichbare Menge Klimagase einzusparen. Mit dem Betrag werden Projekte in Entwicklungsländern unterstützt, die den Ausstoß von Klimagasen verringern helfen.

Boote

Noch immer sind Boote auf dem Mekong und anderen Flüssen wichtige Transportmittel. Außerdem schippern sie zu vorgelagerten Inseln.

Thailand

Die Hauptstadt Bangkok lässt sich prima auf dem **Menam Chao Phraya** (S. 166) durchqueren. Schön ist eine Bootsfahrt in Thonburi, wo noch dem Wasser zugewandte Holzhäuser und Tempel die Ufer säumen. Täglich verkehren Passagierboote auf dem **Mae Kok** zwischen Thaton und Chiang Rai. Für Touristen werden zudem Flusstouren in **Ayutthaya** (S. 198), **Kanchanaburi** (S. 185) und **Chiang Mai** (S. 233) angeboten. Von verschiedenen Städten entlang der Ostküste verkehren Boote zu den vorgelagerten Inseln, zum Beispiel nach **Ko Chang** (S. 333). Die oft schon etwas rostigen Riesenschiffe gelten als sicher. Autofahrer müssen sich teils auf längere Wartezeiten einstellen, Reisende ohne fahrbaren Untersatz kommen hingegen immer direkt mit.

Laos

Die Flüsse gehören seit je her zu den wichtigsten Transportwegen in Laos, auch wenn sich der Verkehr mit dem Ausbau der Straßen zunehmend dorthin verlagert hat.

Die beliebteste Strecke führt mit dem Slow Boat in zwei Tagen von Houay Xai den **Mekong** hinunter nach Luang Prabang (S. 418). Die Verbindungen auf den Strecken Paklai – Vientiane (7–8 Std.) und Pakxe – Don Khong (8–10 Std.) wurden eingestellt. Auf dem Stück von Pakxe nach Champasak verkehren nur noch Boote (2 Std.), wenn genug Touristen zusammenkommen. Weiter südlich bringen Motorpirogen Traveller immerhin regelmäßig von Don Khong nach Don Det (1 1/2 Std.). Ein paar Reedereien haben den Mekong ebenfalls für sich entdeckt.

Ein Highlight in Nordlaos ist eine Bootstour auf dem **Nam Ou** (S. 435). Wegen mehrerer Staudamm-Projekte ist von den ehemals drei Abschnitten nur noch die Strecke von Muang Khoua nach Nong Kiao (4–6 Std.) ohne Unterbrechung zu befahren.

Schöne Fahrten auf dem **Nam Khan** und anderen Flüssen lassen sich in Luang Prabang, etwa bei Tiger Trail oder Green Discovery, buchen. Die organisierten Touren auf dem **Nam Tha** zwischen Luang Namtha und Houay Xai sind momentan wegen eines Dammbaus ausgesetzt.

Kambodscha

Bevor die Nationalstraßen ausgebaut wurden, führte der Weg von Phnom Penh nach Siem Reap klassischerweise mit der Fähre übers Wasser. Diese regulären Bootsverbindungen bestehen bis heute, sind aber mit US$35 recht teuer und dauern mit sechs Stunden ähnlich lange wie die Fahrt mit dem Bus. Viel zu sehen gibt es leider auch nicht, denn der **See Tonle Sap** ist so breit, dass meist kein Land zu erkennen ist. Die Schnellboote fahren zwischen November und März.

Landschaftlich reizvoll dagegen ist die Strecke von Battambang nach Siem Reap auf dem **Sangker**. Die Fahrt dauert je nach Wasserstand zwischen fünf und neun Stunden. Von Phnom Penh aus beliebt ist auch die Tour mit dem Expressboot auf dem **Bassac** ins benachbarte vietnamesische Chau Doc (4 Std.).

Bei Kratie oder Stung Treng führen Bootsfahrten auf dem **Mekong** zu den stupsnäsigen Irrawaddy-Delphinen. Interessant sind auch Touren vorbei an Mangrovendickicht im **Ream-** und **Peam-Krasop-Nationalpark**.

Vietnam

Die meisten Reisenden fahren auf ihrer Tour in die **Ha Long-Bucht** mit einem Boot (S. 718). Hier werden auch Ausflüge angeboten, bei denen man die Nacht auf dem Schiff verbringt. Fahrten werden zudem häufig im **Mekong-Delta** unternommen. Vermehrt gibt es auch Bootsausflüge von **Hoi An** und **Nha Trang** aus.

Zu den vorgelagerten **Inseln** Phu Quoc, Nam Du, Phu Quy, Con Dao und Cat Ba verkehren regelmäßige Schiffe. Von Ho-Chi-Minh-Stadt fahren zudem Boote nach Vung Tao. Bei hohem Seegang werden die Fahrten eingestellt.

» Busse und Pick-ups (S. 50), Eisenbahn (S. 53), Flüge (S. 66), Nahverkehr (S. 85)

Botschaften und Konsulate

... in Deutschland

Kambodschanische Botschaft
Benjamin-Vogelsdorff-Str. 2, 13187 Berlin
✆ 030-48637901, 📠 48637973
💻 www.kambodscha-botschaft.de
🕒 Mo–Fr 9–12.30 und 13.30–17 Uhr

Laotische Botschaft
Bismarckallee 2a, 14193 Berlin
✆ 030-89060647, 📠 89060648
💻 www.laos-botschaft.de
🕒 Mo–Fr 9–12, 14–17 Uhr

Thailändische Botschaft
Lepsiusstr. 64-66, 12163 Berlin
✆ 030-794810, 📠 7948251
💻 www.thaiembassy.de
🕒 Mo–Fr 9–12.30 Uhr
Generalkonsulat
Kennedyallee 109, 60596 Frankfurt
✆ 069-69868205, 📠 69868228
💻 www.thaigeneralkonsulat.de
🕒 Mo–Fr 9–12.30 Uhr
Visa können nur persönlich beantragt werden.
Honorargeneralkonsulate
Friedrichstr. 27, 01067 Dresden
✆ 0351-48124916, 📠 48196706
💻 www.thaikonsulatdresden.de
🕒 Mo–Fr 9–12 Uhr
Rüttenscheider Str. 199, 45131 Essen
✆ 0201-95979334, 📠 95979445
💻 www.thai-konsulat-nrw.de
🕒 Mo–Fr 9–12, Mo, Mi und Fr 14–16 Uhr
An der Alster 85, 20099 Hamburg
✆ 040-24839118, 📠 24839206
💻 www.thaikonsulathamburg.de
🕒 Mo–Fr 9–12 Uhr
Prinzenstr. 13, 80639 München
✆ 089-1689788, 📠 13071381
💻 www.thaikonsulatmuenchen.de
🕒 Mo–Fr 9–12 Uhr
Honorarkonsulat
Pforzheimer Str. 381, 70499 Stuttgart
✆ 0711-2264844, 📠 2264856
💻 www.thaikonsulat.de
🕒 Mo, Mi, Fr 12–15 Uhr

Vietnamesische Botschaft
Elsenstr. 3, 12435 Berlin
✆ 030-53630108
💻 www.vietnambotschaft.org
🕒 Mo, Mi, Do 9–12.30, 13.30–17 Uhr
Generalkonsulat
Kennedy-Allee 49, 60596 Frankfurt
Die Visa- und Passstelle befindet sich in der Rubensstr. 30, 60596 Frankfurt, ✆ 069-7953365-0
💻 www.vietnam-generalkonsulat.de
🕒 Mo, Mi, Do 9–12, 14–17 Uhr

... in Kambodscha

Deutsche Botschaft
76-78, St. 214 (Rue Yougoslavie), Phnom Penh
✆ 023-216193, im Notfall ✆ 010-990002
Fax 217016, www.phnom-penh.diplo.de
Mo–Fr 8.30–11.30 Uhr

Laotische Botschaft
15-17 Mao Tse Tung Blvd., Phnom Penh
✆ 023-997931, Fax 720907
laoembpp@canintel.com
Mo–Fr 8.30–11.30, 14–17 Uhr

Österreichische Botschaft
Österreich unterhält keine Botschaft in Kambodscha. Die Vertretung wird von der deutschen Botschaft übernommen, die nächste österreichische Botschaft befindet sich in Thailand.

Schweizer Generalkonsulat
50, St. 334, Phnom Penh
✆ 023-218305, swissconsulate@online.com
Mo–Fr 9–11 Uhr

Thailändische Botschaft
196 Norodom Blvd., Phnom Penh
✆ 023-726306, Fax 726303
www.thaiembassy.org/phnompenh
Mo–Fr 8.30–11 Uhr

Vietnamesische Botschaft
440A Monivong Blvd., Phnom Penh
✆ 023-726274, Fax 726495
www.vietnamembassy-cambodia.org/en
Mo–Fr 8–11.30, 14–16.30 Uhr
Generalkonsulat
St. 3, Battambang
✆ 053-952894, Fax 888866
Mo–Fr 8–11.30, 14–16 Uhr
310 Ekkreach St., Sihanoukville
✆ 034-933466, Fax 933669
Mo–Fr 8–12, 14–16 und Sa 8–12 Uhr

... in Laos

Deutsche Botschaft
26 Sokpaluang Rd., Vientiane
✆ 021-312110, in Notfällen außerhalb der Öffnungszeiten ✆ 020-55515540
www.vientiane.diplo.de
Mo–Fr 9–12 Uhr, Mo nur nach Vereinbarung

Kambodschanische Botschaft
Thadeua Rd., KM 2, Vientiane
✆ 021-314950, camemb.lao@mfa.gov.kh
Mo–Fr 7.30–11, 14–17 Uhr

Österreichisches Honorarkonsulat
377 Lao-Thai Rd, Vientiane
✆ 021-480906, kc@laoconsulting.com
In Notfällen können sich Österreicher auch an die deutsche Botschaft wenden.

Schweizer Konsulat
10/2 Manthatourat Rd., Vientiane
✆ 021-264160, vientiane@honrep.ch
Mo–Fr 9–11.30 Uhr

Thailändische Botschaft
Phonekheng Rd., Vientiane
Visa gibt es nur in der Konsularabteilung und nur gegen Baht: Bourichane Rd., ✆ 021-453916
vientiane.thaiembassy.org
Visaanträge 8.30–12 Uhr, Passrückgabe 13–15 Uhr
Konsulat
Makhasavan Rd., Savannakhet
✆ 041-212373 www.thaisavannakhet.com.
Mo–Fr 8–11 Uhr

Vietnamesische Botschaft
85 23 Singha Rd., Vientiane
✆ 021-990986 oder 020-98988866
www.mofa.gov.vn/vnemb.la
Mo–Do 8.30–11.30, Fr 10–11.30 Uhr
Konsulate
Phothisarath Rd., Luang Prabang
✆ 071-254748, Fax 254746
www.vietnamconsulate-luangprabang.org
Mo–Fr 8–11.30, 13.30–17 Uhr
118 Sisavangvong Rd., Savannakhet
✆ 041-212418, Fax 212182
www.vietnamconsulate-savanakhet.org
Mo–Fr 7.30–11, 13.30–16.30 Uhr
Rd. 24, Pakxe
✆ 031-212827, Fax 214140
www.vietnamconsulate-pakse.org
Mo–Fr 7.30–11.30, 14–16.30 Uhr

... in Österreich

Kambodschanische Botschaft
Zuständig ist die Botschaft in Belgien.
264 A Avenue de Tervuren, 1150 Brüssel
✆ +32 2-7720372, Fax 7720376
amcambel@skynet.be
Mo–Fr 9–13 und 14–17 Uhr

Laotische Botschaft
Sommerhaidenweg 43, 1180 Wien
✆ 01-890231911, Fax 890231915

🖳 www.laoembassyvienna.gov.la
🕒 Mo–Do 9–11.30, 14–16.30, Fr 9–12 Uhr
Thailändische Botschaft
Cottagegasse 48, 1180 Wien
✆ 01-4783335, 📠 4782907
🖳 www.thaiembassy.at
🕒 Mo–Fr 9–12 Uhr
Honorarkonsulate
Koch-Sternfeld-Gasse 7, 5020 Salzburg
✆ 0662-8400200, 📠 8400201
🖳 www.thaiconsulate-salzburg.at
🕒 Mo–Fr 9–12 Uhr
Rieggasse 44, 6850 Dornbirn
✆ / 📠 05572-256146
🕒 Mo–Fr 9–12 Uhr
Vietnamesische Botschaft
Felix-Mottl-Str. 20, 1190 Wien
✆ 01-368075510, 🖳 www.vietnamembassy.at
🕒 Mo, Mi, Fr 9–12 und 14–17 Uhr

... in der Schweiz

Kambodschanische Botschaft
Chemin Taverney 3, 1218 Grand-Saconnex
✆ 022-7887773, 📠 7887774
🖳 www.cambodiaembassy.ch
🕒 Mo–Fr 10–12 und 14–17 Uhr
Generalkonsulat
Winterthurerstr. 549, 8051 Zürich
✆ 044-8872727, 📠 044-8884424
🖳 www.cambodiaconsulate.ch
Visaanträge 🕒 Mi–Fr 9.30–12 Uhr
Laotische Botschaft
Route de Colovrex 14bis,
1218 Le Grand-Saconnex, Genf
✆ 022-7982441, 📠 7982440
✉ laomission_geneva@bluewin.ch
🕒 Mo–Fr 9–13, 15–18 Uhr
Thailändische Botschaft
Kirchstr. 56, 3097 Bern-Liebefeld
✆ 031-9703428, 📠 9703037
🖳 www.thaiembassybern.org
🕒 Mo–Fr 9–11.30 Uhr
Generalkonsulate
Löwenstr. 42, 8001 Zürich
✆ 043-3447000, 📠 3447001
🖳 www.thai-consulate.ch
🕒 Mo–Fr 9.30–11.30 Uhr
Rue de la Serviette, 1202 Genf
✆ 022-3110723, 📠 3451208
🖳 www.thaiconsulate.ch
🕒 Mo–Do 9.15–11.45 Uhr
Aeschenvorstadt 71, 4010 Basel
✆ 061-2064565, 📠 2064546
🖳 www.thaikonsulat.ch
🕒 Mo–Do 9–11.30 Uhr
Vietnamesische Botschaft
Schlösslistr. 26, 3008 Bern
✆ 031-3887878, 🖳 www.vietnam-embassy.ch
🕒 Mo–Do 9–12, 14–17.30, Fr 9–12 Uhr

... in Thailand

Deutsche Botschaft
9 Sathon Tai Rd., Bangkok 10120
✆ 02-2879000, 📠 2876232
🖳 www.bangkok.diplo.de
Notfallnummer (meist nur zu den Dienstzeiten erreichbar) ✆ 081-8456224
🕒 Mo–Fr 8.30–11.30, Visaanträge bis 10.30 Uhr
Konsulat
Herr Hagen E. W. Dirksen
199/163 Moo 3, Ban Nai Fun
Kan Klong Chon Prathan Rd., Chiang Mai
✆ 053-838735, ✉ chiang-mai@hk-diplo.de
🕒 Mo–Fr 9–12 Uhr
Kambodschanische Botschaft
518/4 Pracha Uthit Rd., Bangkok 10310
✆ 02-9575851, 📠 9575850
✉ recbkk@cscoms.com
🕒 Mo–Fr 9–12 Uhr
Laotische Botschaft
520, 502/1–3 Soi Sahakarnpramoon
Pracha-Uthit Rd., Wang Thonglang
Bangkok 10310
✆ 02-5396667, 📠 5396678
✉ banethok@csloxinfo.com
🕒 Mo–Fr 8.30–12 Uhr
Konsulat
512/2 Tombon Sila Amphae, Khon Kaen
✆ 043-393402, 🕒 Mo–Fr 8–12, 13–16 Uhr
Österreichische Botschaft
Q House Lumpini, Sathorn Tai Rd.
Bangkok 10120
✆ 02-1056710, 📠 4016161
🖳 www.bmeia.gv.at/botschaft/bangkok
🕒 Mo–Fr 9–12 Uhr
Schweizer Botschaft
35 North Wireless Rd., Bangkok 10330
✆ 02-6746900, 📠 6746902

www.eda.admin.ch/bangkok
Mo–Fr 9–11.30 Uhr
Konsulat
Herr Marc Dumur, Frangipani Serviced Residences, 11/1 Soi 13/1, Phra Pokklao Rd. Chiang Mai, 053-225000
chiangmai@honrep.ch
Termine nach Vereinbarung

Vietnamesische Botschaft
83/1 Wireless Rd., Lumpini, Pathumwan Bangkok 10330
02 2513552, 2517201
www.vietnamembassy-thailand.org
Mo–Fr 8.30–12, 14–17.30 Uhr
Konsulat
65/6 Chatapadung Rd., Khon Kaen
043-242190
www.vietnamconsulate-khonkaen.org
Mo–Fr 9–11.30 und 14–16.30 Uhr

... in Vietnam

Deutsche Botschaft
29, Tran Phu, Ha Noi
04-332673335, 38453838
www.hanoi.diplo.de
Mo–Fr 8.30–10.30 Uhr.
Der konsularische Amtsbezirk der Botschaft in Ha Noi umfasst den nördlichen und mittleren Teil des Landes.
Generalkonsulat
126 Nguyen Dinh Chieu, D. 3, Ho-Chi-Minh-Stadt
08-38291967, 38231919
www.ho-chi-minh-stadt.diplo.de
Mo–Do 7.30–15.15, Fr bis 13.30 Uhr
Das Konsulat ist für den Landesteil südlich von Hue bis zum Mekong-Delta zuständig.

Kambodschanische Botschaft
71 A Tran Hang Dao, Ha Noi
04-39424788, 39423225
https://royalembassyofcambodia.org
Mo–Fr 8–11.30,14–17.30 Uhr
Honorarkonsulat
41 Phung Khac Khoan, Ho-Chi-Minh-Stadt
08-38292751, 3829 2744
cambocg@hcm.vnn.vn

Laotische Botschaft
22 Rue Tran Bing Trong, Ha Noi
04-39424576, 8228414
laoembassyhanoi@yahoo.com
Generalkonsulate
12 Tran Quy Cap, Da Nang
0511-3821208, 3822628
laoconsuldanang@gmail.com
93 Pasteur St, Ho-Chi-Minh-Stadt
08-38297667, 38299272
cglaohcm@gmail.com

Österreichische Botschaft
53 Quang Trung, 8. Stock, Prime Center
Hai Ba Trung District, Ha Noi
04-39433050, 39433055
www.bmeia.gv.at/botschaft/hanoi.html
Mo–Fr 10–12 Uhr
Honorarkonsulat
121/40 Nguyen Van Huong, Ho-Chi-Minh-Stadt
08-35193128, 35193122
info@austriaconsulate.vn
Mo–Fr 8–12 Uhr

Schweizer Botschaft
Central Office Building
44B Ly Thuong Kiet, Ha Noi
04-39346589, 39346591
www.eda.admin.ch/hanoi
Mo–Fr 9–12 Uhr

Thailändische Botschaft
63-65 Hoang Dieu St., Ha Noi
04-38235095, 38235088
www.thaiembassy.org/hanoi
Mo–Fr 8.30–12 Uhr
Generalkonsulat
77 Tran Quoc Thao St., Ho-Chi-Minh-Stadt
08-39327637-8, 39326002
www.thaiembassy.org/hochiminh
Mo–Fr 8.30–11.30, 13.30–15 Uhr

» Visa (S. 100), Weiterreise (S. 105)

Busse und Pick-ups

Thailands Straßennetz ist hervorragend ausgebaut. Die wichtigsten Fernstraßen nach Norden (Chiang Mai), Nordosten (Nong Khai) und Osten (Trat) sind fast durchgängig vier- bis sechsspurig. Auch in Vietnam sind die wichtigsten Straßen in einem perfekten Zustand, im Hinterland wird's dagegen weniger komfortabel. Das Straßennetz in Laos und Kambodscha gehörte lange zum schlechtesten Südostasiens, aber auch diese beiden Länder holen auf. Inzwischen reist man auf den Hauptrouten recht bequem.

Mittlerweile gibt es eine Reihe grenzüberschreitender Busverbindungen, etwa zwischen Bangkok und Siem Reap (Angkor), zwischen Vientiane und Ha Noi und zwischen Phnom Penh und Ho-Chi-Minh-Stadt (s. Regionalkapitel).

Thailand

In Thailand hat man die Wahl zwischen unterschiedlichen **Buskategorien** der staatlichen Gesellschaft Borisat Khon Song (kurz: Baw Kaw Saw oder englisch The Transport Company, 💻 www.transport.co.th, nur Thai) und zahlreicher privater Unternehmen.

Billige **lokale Busse** empfehlen sich nur für Kurzstrecken, da sie unbequem sind und überall anhalten. Klimatisierte Busse mit weniger Sitzplätzen sind auf langen Strecken bequemer.

Teils doppelstöckige **klimatisierte Busse** verkehren auf längeren Strecken zu festen Zeiten. Sie starten von staatlichen Busbahnhöfen oder Büros privater Busunternehmen. Wegen der Klimaanlage kann es nachts sehr kalt werden. In teureren Bussen werden Decken ausgeteilt. Die billigeren orangen 2.-Klasse-AC-Busse mit 48–60 enger zusammenstehenden Sitzen haben keine Toilette und sind langsamer. 1.-Klasse-AC-Busse mit Toilette und etwa 40 Sitzen holen Passagiere manchmal sogar vom Hotel ab. Für Getränke, Mahlzeiten und Unterhaltung mit DVDs ist während einer Fahrt ab 200 km Länge gesorgt.

Die **VIP-Busse** mit 24–40 Sitzplätzen bieten Toiletten und mehr Beinfreiheit. Sie legen unterwegs eine Essenspause ein, wobei bei den staatlichen Bussen das Essen im Preis inbegriffen ist. Auf Langstrecken haben sie zwei Fahrer. Es lohnt sich, Busse mit dem Zusatz **VIP-32** (vier Sitzplätze pro Reihe) oder **VIP-24** (drei Sitzplätze pro Reihe) zu buchen. Vor allem Letztere sind sehr bequem. Sie eignen sich gut für Nachtfahrten, denn die Sitze lassen sich so weit wie im Flugzeug zurückstellen. Einige haben sogar einen in den Sitz eingebauten Bildschirm.

Zwischen vielen Destinationen verkehren private 16-sitzige **AC-Minibusse**, auch Minivan oder Microvan genannt. Sie sammeln Passagiere vor Unterkünften, Buchungsbüros oder an verkehrsgünstig gelegenen Kreuzungen auf und bringen Reisende oft auch am Ziel zur Unterkunft. Die Tickets sind etwas teurer, dafür sind sie die Busse meist auch etwas schneller. Hat der Minibus einen festen Abfahrtsort, wartet der Fahrer meist, bis alle Plätze belegt sind.

Backpacker- und private VIP-Busse bedienen die Rennstrecken zwischen den beliebtesten Touristenzielen. Viele operieren ganz illegal oder zumindest am Rand der Legalität. Einige haben keine Transportgenehmigung, sondern werden von den Passagieren „gechartert", die dann nicht versichert sind. Es kommt häufig zu Unfällen durch riskantes Fahren und zu Diebstählen von Wertsachen aus dem Gepäck.

Für AC-Busse erhält man **Tickets** ab drei Tage vor Abfahrt in den Büros der Busgesellschaften und an den Busbahnhöfen. Online können sie für viele Busunternehmen mit einem kleinen Aufpreis unter 💻 www.thaiticketmajor.com und 💻 http://12go.asia gebucht werden. In lokalen Bussen wird nach dem Einsteigen abkassiert.

Laos

Das laotische Straßennetz ist relativ grobmaschig. Fernbusse fahren nur auf den Hauptstraßen. Die blau-weißen **staatlichen Busse** haben ganz passable Sitze und auf einigen Strecken Klimaanlage. Meist sind es alte japanische und koreanische Modelle. Die geringe Beinfreiheit wird zusätzlich durch Kisten, Säcke, Hühner und andere Ladung eingeschränkt, auf dem Dach fährt auch schon mal eine Ziegenherde mit.

Die **Busstationen** befinden sich in der Regel einige Kilometer außerhalb des Stadtzentrums. In vielen Terminals hängen **Fahrpläne** aus, zunehmend auch auf Englisch. **Tickets** gibt es an den Busstationen. Oft ist es günstiger, die Fahrkarte schon im Gästehaus zu kaufen, da meist der Transfer zur Busstation eingeschlossen ist. Wer irgendwo zusteigt, zahlt im Bus.

Seit ein paar Jahren werden die wichtigsten Ziele auch von privaten **VIP-Bussen** bedient. Die Tickets sind zwar etwas teurer, dafür bieten die Busse komfortable Sitze und AC. Viele haben auch eine Toilette – und eine Karaokeanlage. Die Nachtbusse verfügen zum Teil über Pritschen. In jüngerer Zeit kommen auf einigen Strecken auch private **Minibusse** zum Einsatz.

Die Arbeitstiere des laotischen Regionalverkehrs sind **Pick-ups** und **Songtheos**. Beide Fahrzeugtypen haben eine Ladefläche, auf der ein Gestänge mit Blechdach, Plane und zwei längsseitigen Bänken befestigt ist *(song theo* = zwei Bänke). Auf dem Dach werden Waren und Gepäck aufgetürmt, im Inneren nehmen bis zum Anschlag Passagiere Platz. In einigen Städten gibt es extra Stationen. Sie sind den Märkten angegliedert. Meist wird erst dann losgefahren, wenn auch der letzte Platz belegt ist.

Die **Fahrpreise** für Busse und Songtheos berechnen sich nach der Strecke und dem Straßenzustand. Tickets kosten zwischen 20 000 Kip (2,35 €) und 200 000 Kip (23,50 €). Private Busgesellschaften sind teurer, bieten aber auch mehr Komfort.

Mit **Stray** ist 2010 der erste klassische Backpackerbus in Laos angekommen. Das Prinzip: Man kauft einen Pass für eine feste Route entlang bekannter (und weniger bekannter) Sehenswürdigkeiten, kann aber bei jedem Übernachtungsstopp aus- und in den nächsten Bus wieder einsteigen. Mehr unter 💻 www.straytravel.asia und im Stray-Büro in Luang Prabang, Phommathai Rd., 🕒 Mo–Fr 8–17 Uhr.

Kambodscha

Kambodschas Busnetz ist gut ausgebaut. Etwa ein Dutzend Gesellschaften steuert die wichtigsten Ziele im Land an. Dabei werden auf den Hauptstrecken große klimatisierte Busse eingesetzt. Die sogenannten **Deluxe-** oder **VIP-Busse** sind meist neueren Datums, es gibt eine kleine Flasche Wasser für die Reise, manche haben eine Toilette oder sogar WLAN. Komfortabel und mit viel Beinfreiheit reist man in den 2012er-Bussen von Giant Ibis.

Einen zentralen **Busbahnhof** gibt es meist nicht, Busse starten vor dem Büro der jeweiligen Busgesellschaft. **Tickets** können über Hotels und Guesthouses gegen einen kleinen Aufpreis gebucht (dann inkl. Hotelabholung) oder direkt am Schalter des jeweiligen Unternehmens erworben werden. Wer unterwegs zusteigt, löst beim Schaffner. Besser einen Tag vorher das Ticket besorgen (lassen), für gewöhnlich ist auf der Fahrkarte eine Platzreservierung eingetragen.

Tickets werden in US-Dollar bezahlt. Die Haupttouristenstrecken von Phnom Penh nach Battambang, Siem Reap oder Sihanoukville kosten zwischen US$6 und US$15. Wer die günstigsten und dann auch älteren Busse wählt, muss damit rechnen, liegen zu bleiben.

Fast alle Strecken werden auch von klimatisierten **Minibussen** bedient, die sich auf Touristen spezialisiert haben. Hier hat jeder seinen eigenen Sitzplatz. Die Ticketpreise sind etwas höher, die Hotelabholung inbegriffen. Die reine Fahrzeit ist kürzer als bei den großen Bussen, allerdings dauert es eine ganze Weile, bis alle Mitfahrer eingesammelt sind.

Daneben verkehren noch **lokale Minibusse** zwischen den Städten. In touristisch abgelegenen Gebieten stellen sie manchmal die einzige Transportmöglichkeit dar. Komfortabel reist man in ihnen nicht: Auf drei Sitze zwängen sich mindestens vier Personen, dazu kommt noch jede Menge Fracht. Und die Fahrer sind bekannt für ihren halsbrecherischen Fahrstil.

Auf Nahstrecken, zwischen den Dörfern und zu abgelegenen Zielen sind **Sammeltaxis** im Einsatz. Neben den lokalen Minibussen sind sie die einzigen „öffentlichen" Verkehrsmittel. Rund um den Marktplatz oder an Ausfahrtstraßen warten die Fahrer an ihren Autos auf Passagiere. Gästehäuser vermitteln auch Taxifahrer ihres Vertrauens – inkl. Hotelabholung. Losgefahren wird oft erst, wenn der letzte Platz besetzt ist (bis zu fünf Personen auf der Rückbank, zwei auf dem Vordersitz). Es empfiehlt sich, morgens zwischen 7 und 8 Uhr am Abfahrtspunkt zu sein, denn nachmittags finden sich kaum noch Fahrgäste ein. Wer bequem fahren will, bezahlt die beiden Vorderplätze neben dem Fahrer. Natürlich kann auch das ganze Taxi für eine Fahrt gemietet werden – zu mehreren durchaus eine Alternative. Die Preise sind vergleichbar mit denen der öffentlichen Busse. Ein Taxi von Phnom Penh nach Siem Reap kostet zum Beispiel US$60 oder US$10 p. P. Bezahlt wird am Ende der Fahrt.

Vietnam

Zahlreiche Busse verkehren täglich zwischen den größeren Städten des Landes, und auch nahezu alle Kleinstädte werden regelmäßig angefahren. Je befahrener eine Strecke ist, desto mehr und desto bessere Busse stehen zur Auswahl. Es gibt große **öffentliche Busse** mit etwa 45 Sitzplätzen, manche mit AC, viele noch ohne. Die meisten kürzeren und mittleren Strecken werden auch von **Minibussen**, etwa Mercedes Sprinter und Ford Transit, bedient. Diese sind schneller und bequemer.

Größere Städte verfügen über einen **Regional-** und einen **Fernbusbahnhof**. Gestartet wird in der Regel am frühen Morgen, einige Busse fahren noch am frühen Abend los (oft sind dies sogenannte *Sleeping buses*). Es lohnt sich in jedem Fall, möglichst frühzeitig am Busbahnhof zu sein. **Tickets** gibt es an den Schaltern, manchmal auch nur im Bus (meist etwas teurer). Es empfiehlt sich, sich vorher über den üblichen Preis zu informieren. Tickets für Langstrecken sollte man einen Tag vorher besorgen. Wer den Bus verpasst, hat meist noch auf den großen Highways die Chance, einen vorbeifahrenden Überlandbus anzuhalten, um zuzusteigen.

Was einmal für Traveller mit Sinh Café als sogenannte Café-Fahrt begann, ist heute auch bei Vietnamesen sehr beliebt: **Open-Tour-Busse**. Wer es sich leisten kann, nimmt einen dieser Reisebusse, die die Hauptstrecken des Landes zwischen Ho-Chi-Minh-Stadt und Ha Noi bedienen. Dabei können Reisende ihre Fahrt an den Hauptorten entlang der Route beliebig lang unterbrechen und sie dann nach kurzfristiger Ansage fortsetzen. Je nach Qualität des Anbieters klappt dies mehr oder weniger gut. Es ist sehr gut möglich, im Ort der Wahl immer nur Teilstrecken zu kaufen. Eine durchgebuchte Tour mit geplanten Stopps ist, wenn überhaupt, nur geringfügig billiger und man muss sich auf eine Gesellschaft festlegen.

Im Süden werden die Touren in Tagesfahrten und in Nachtfahrten zurückgelegt. Immer öfter kommen **Schlafbusse** *(Sleeper)* zum Einsatz. Statt Sitzen findet man kleine Liegen vor. Allerdings ist die Länge der Liege eher auf die vietnamesische Durchschnittsgröße angepasst – Europäer über 1,80 m müssen sich in der Kunst des Selbst-Origami üben. Der Schaffner verteilt Plastiktüten für die Schuhe.

Open Tour-Busse halten am Ankunftsort nicht an einem Busbahnhof, sondern bei einem toureigenen oder Partner-Hotel. Manchmal auch an einem entlegeneren Parkplatz (dann gibt es wohl Absprachen mit der lokalen Taximafia) oder direkt im Traveller-Zentrum.

Die **Tickets** für die Open Tours bekommt man in den toureigenen Büros oder in Reisebüros (die meist mit einem speziellen Anbieter zusammenarbeiten). Alle Busse sollte man mindestens einen Tag im Voraus gebucht haben (in der Hochsaison sind sie oft bereits mehrere Tage vorher ausgebucht). Bezahlt wird sofort. Treffpunkt für die Anfahrt ist meist das Büro, wo man das Ticket gekauft hat. Einige Agenturen holen Gäste am Hotel ab. Wer mit Fahrrad reist, kann dieses meist kostenlos oder gegen die Gebühr eines Sitzplatzes im Open Tour-Bus mitnehmen. Mopeds kommen ebenfalls mit, sie kosten etwa das 1 1/2-Fache eines Personentickets.

» Boote (S. 46), Eisenbahn (S. 53), Flüge (S. 66), Nahverkehr (S. 85)

Eisenbahn

Bislang gibt es **keine grenzüberschreitenden Zugverbindungen**. Die ASEAN-Staaten und China wollen jedoch in den kommenden Jahren eine Verbindung zwischen Singapore und Kunming herstellen, indem sie eine neue Trasse durch Laos bauen und existierende Streckenabschnitte miteinander verbinden.

Die thailändischen Eisenbahnlinien gehen sternförmig von Bangkok aus bis in die äußersten Landesteile. In Kambodscha wurde die Strecke Phnom Penh – Kampot – Sihanoukville ausgebaut. Vietnams Schienennetz umfasst mehr als 2500 km und reicht von Ho-Chi-Minh-Stadt bis zur chinesischen Grenze. In Laos wurden 2009 Schienen von Nong Khai über die Freundschaftsbrücke bis kurz vor Vientiane verlegt (3,5 km), außerdem baut eine malaysische Firma derzeit eine Bahnverbindung von Savannakhet bis zur vietnamesischen Grenze.

Thailand

Ein relativ zuverlässiges Verkehrsmittel ist die Eisenbahn der **State Railway of Thailand** (SRT), Hotline ✆ 1690, 🖳 www.railway.co.th. **Tickets** lassen sich an größeren Bahnhöfen bis zu 60 Tage im Voraus kaufen, was sich vor allem für Nachtzüge empfiehlt. Im Internet kann man sie mit kleinem Aufpreis über 12.GoAsia, 💻 http://12go.asia (auch als App) buchen. Es gibt mehrere Zugkategorien:

Special Express Diesel Railcar (SP EXP DRC, Sprinter): Der schnellste und teuerste Zug mit bequemen, klimatisierten Sitzplätzen.

Special Express (SP EXP): Haben klimatisierte und nichtklimatisierte Abteile der 1. und 2. Klasse sowie Schlaf- und Speisewagen.

Express (EXP): Abteile der Schnellzüge haben Sitze in der 1., 2. und 3. Klasse sowie Schlaf- und Speisewagen. Klimatisiert sind nur Teile der 2. Klasse sowie die 1. Klasse.

Express Diesel Railcar (EXP DRC): Klimatisierte Abteile der 2. Klasse und nichtklimatisierte Abteile der 3. Klasse.

Rapid (RAP): In den recht betagten Eilzügen mit Waggons der 2. und 3. Klasse gibt es in der teils klimatisierten 2. Klasse auch Schlafwagen.

Ordinary (ORD): Bummelzüge mit 3.-Klasse-Waggons, die immer anderen Zügen Platz machen müssen, sodass Verspätungen häufig sind.

Diesel Railcars (DRC): Langsame Züge mit Holzbänken verkehren über Kanchanaburi nach Nam Tok und nach Aranyaprathet, dem Grenzübergang nach Kambodscha.

In **Nachtzügen** bieten die Zwei-Personen-Abteile in der 1. Klasse der klimatisierten Expresszüge die größte Privatsphäre. Außer den übereinander angeordneten Betten gibt es einen kleinen Tisch und ein Waschbecken mit Spiegel sowie Bettwäsche. In der klimatisierten **2. Klasse** sind die Betten durch Vorhänge abgeteilt. Hier wird ebenfalls am Abend frische Bettwäsche verteilt. In allen klimatisierten Abteilen kann es sehr kalt werden, daher sollte man immer etwas Langärmliges griffbereit haben. Die unteren Betten sind dunkler und weniger zugig. Die **nichtklimatisierte 2. Klasse** kann ziemlich heiß werden. Sprinterzüge haben keine Schlafwagen. Das **Gepäck** mit einem Fahrradschloss anschließen, Handgepäck mit Wertsachen nah am Körper verstauen.

Mittags und abends werden im Abteil **Fertiggerichte** serviert. Zwischen den Hauptmahlzeiten verkaufen das Zugpersonal und fliegende Händler Getränke und Snacks. Günstiger und lustiger ist es, im Speisewagen zu essen, den es allerdings nicht in allen Zügen gibt. Zudem kann man sich bei einem längeren Zwischenaufenthalt an Bahnhöfen mit Snacks eindecken. Die Preise für Essen variieren je nach Zugklasse.

Englischsprachige **Fahrpläne** gibt es an Bahnhofsschaltern und unter 💻 www.railway.co.th. Ein ansprechend aufbereitet ist der jährlich aktualisierte, kostenlose **Thai Railway Guide** von David M. Bernstein: 💻 www.fahrplancenter.com (unter „Weitere Bahnen"). Siehe auch S. 880.

Kambodscha

Das Schienennetz **von Phnom Penh** über die Städte Takeo und Kampot **bis Sihanoukville** ist bereits erneuert. Die Strecke wurde 2016 zunächst als Pilotprojekt befahren, zuletzt wurde der dauerhafte Betrieb für Wochenenden und Feiertage angekündigt. Der Zug erreicht eine Geschwindigkeit von 33 km/h und ist je nach gebuchter Klasse (Ventilatorabteil oder AC) etwa so teuer wie eine Busfahrt. Aktuelle Infos auf 💻 www.royal-railway.com. Einzigartig sind der **Bambuszug in Pursat** und die nur noch für Touristen eingesetzte **Bambusbahn bei Battambang**.

Vietnam

Vietnam kann der Länge nach mit dem Zug bereist werden – **von Ho-Chi-Minh-Stadt bis nach Ha Noi**. Nebenstrecken führen in die Berge bis nach Lao Cai (nahe Sa Pa) zur chinesischen Grenze und bis in die Provinz Yunnan, zudem Richtung Norden über Dong Dang ebenfalls nach China (bis Beijing). Auch nach Hai Phong in Richtung Ha Long-Bucht verkehren Züge. Ebenfalls wieder in Betrieb ist der Bahnhof Da Lat, allerdings ist die alte Route, die einst das zentrale Hochland mit der Küste verband, nur noch zwischen Phan Rang und Da Lat befahrbar.

Sehr angenehm lassen sich längere Strecken mit der Bahn zurückzulegen. Vor allem für Nachtfahrten ist der Schlafwagen besser als der Bus. Die meisten Touristen fahren auf den Strecken Hue – Da Nang (2–3 Std.), Hue – Ha Noi (nachts, 11–16 Std.) und Ha Noi – Sa Pa (8–9 Std.).

Die meisten Züge starten pünktlich und kommen auch pünktlich an. Der aktuelle **Fahrplan** findet sich unter 💻 www.vr.com.vn und auf S. 883. Die **Zugbezeichnungen** geben Auskunft über die Richtung: Züge mit gerader Zahl fahren nach Norden, Züge mit ungerader Zahl nach Süden.

Ab Ha Noi verkehren täglich drei Züge nach Hai Phong und zwei nach Dong Dang. Außerdem starten hier drei Nachtzüge und ein Tageszug nach Lao Cai. Auf kurzen Strecken kann man sich auch mal trauen, die **Hartsitzklasse** zu buchen – aber nur, wenn für einen Strapazen zum Reiseabenteuer gehören. Alle anderen sollten ein paar Dong mehr ausgeben und einen Platz in der **Weichsitzklasse** buchen.

Die Züge auf der Strecke Ha Noi – Ho-Chi-Minh-Stadt haben Schlafwagenabteile und sind 30–40 Std. unterwegs: Bei den **Softsleepern** befinden sich in einem Waggon vier sehr bequeme Betten (2 Stockbetten). In einem **Hardsleeper** sind es sechs Betten, wobei jeweils drei übereinander liegen. Die oberen sind besonders billig, aber auch am unbequemsten, und man muss klettern, um ins Bett zu gelangen.

Nachts wird das Licht komplett gelöscht, es gibt aber kleine Lampen an jeder Liege. Die Türen werden verriegelt, dennoch sollte man auf seine Wertsachen aufpassen, da die Tür auch von außen zu öffnen ist. Tagsüber werden die unteren Betten als Sitzgelegenheit genutzt, allerdings bedarf dies (außer zu Essenszeiten) der Zustimmung des Fahrgasts dieser Etage. Alle Abteile verfügen über einen kleinen Tisch. Das **Gepäck** wird unter den unteren Liegen oder ganz oben in kleinen Ablagen verstaut. **Kinder** unter 6 Jahren dürfen offiziell nur die unteren Liegen benutzen. Wenn ein Elternteil mit ihnen ein Bett teilt, ist auch die mittlere erlaubt. Kinder zahlen nichts, solange sie kein eigenes Bett benutzen. Die Züge sind ansprechend sauber, zumindest die Schlafwagen. Alle Abteile haben AC, und es werden Wasser und Essen serviert. Wer nicht typisch vietnamesisch (meist Fleisch) essen mag, sollte sich Proviant mitnehmen.

Tickets für Tageszüge und kürzere Fahrten sind kurzfristig zu haben. Nachtzüge müssen früher gebucht werden, meist reichen ein bis zwei Tage vor Fahrtantritt aus, außer an Feiertagen wie Tet, dann sollten es ein bis zwei Wochen sein. Wer ein Reisebüro mit dem Ticketkauf beauftragt, zahlt etwa US$8–10 mehr. Neuerdings lassen sich Tickets auch online buchen und bezahlen: 💻 www.dsvn.vn und 💻 www.vietnam-railway.com. Die **Preise** variieren von Zug zu Zug und orientieren sich an der Schnelligkeit des Zuges und an der Sitzkategorie.

▸▸ Boote (S. 46), Busse und Pick-ups (S. 50), Flüge (S. 66), Zugfahrpläne (S. 880)

Elektrizität

Stromstärke und Spannung betragen in Thailand und Laos 220 V, 50 Hz, in Vietnam und Kambodscha 230 V, 50 Hz.

Kambodschanische Steckdosen sind auf einen zweipoligen flachzinkigen Stecker ausgelegt. Normalerweise passen unsere europäischen Stecker ebenso. Adapter gibt es notfalls für wenige Dollar in den Supermärkten der größeren Städte. Überall in Kambodscha kann es immer wieder zu kurzzeitigen Stromausfällen kommen, die Mitnahme einer Taschenlampe ist daher ratsam.

In laotischen Städten gibt es rund um die Uhr Strom, auch immer mehr ländliche Regionen sind elektrifiziert. Jenseits der Hauptrouten kann der Strom aber auch aus dem Generator kommen (Sonnenuntergang bis 21 oder 22 Uhr). **Laotische Stecker** haben zweipolige flachzinkige Steckkontakte. Die meisten Steckdosen sind sowohl auf diese als auch auf europäische Flachstecker ausgerichtet.

Die **Stromversorgung Vietnams** ist immer noch nicht zuverlässig, das gilt selbst für Metropolen wie Ho-Chi-Minh-Stadt. Orte abseits der öffentlichen Stromversorgung beziehen ihren Strom aus Generatoren. In die meisten Steckdosen passen auch westliche Stecker. Um Strom zu sparen, wird manchmal vom Versorger auch den ganzen Tag der Strom abgestellt. Abends gegen 17 Uhr brennen die Lichter aber wieder.

Am zuverlässigsten ist die **Versorgung in Thailand**. Spannungsschwankungen treten kaum auf. Europäische Flachstecker passen in thailändische Steckdosen. Adapter sind nur für alte Steckdosen mit dem britischen „Typ G"-Steckern erforderlich

Essen

Das Essen ist ein Highlight jeder Reise in die Mekong-Region. Die verschiedenen Landesküchen sind sehr abwechslungsreich. Sie haben sich jahrhundertelang unter chinesischen, indischen und europäischen Einflüssen entwickelt. In allen vier Ländern werden gekonnt aromatische Kräuter und Gewürze eingesetzt. Die Speisen schmecken süß, sauer, bitter und pikant – und sind doch nie zu stark gewürzt. Am schärfsten ist die thailändische Küche, in Laos, Kambodscha und Vietnam wird milder gekocht.

Außer Chilis bestimmt vor allem eine ausgewogene Zusammenstellung von frischem Gemüse, Knoblauch, Zitronengras, Currygewürzen, Shrimp-Paste, Fischsoße, Tamarinde, Koriander, Kokosmilch und Palmzucker den Geschmack. Besonders lecker sind auch die frischen Fische, Shrimps, Krebse, Langusten und Muscheln.

Grundnahrungsmittel ist der Reis. Es gibt ihn zu fast jeder Mahlzeit: mal als Korn, mal zur Nudel verarbeitet oder – wie in Laos – als Klebreis.

Wie essen?

In Thailand, Laos und Kambodscha wird mit **Löffel** (rechts) und **Gabel** (links) gegessen. Mit Hilfe der Gabel werden die Speisen auf den Löffel geschoben. Auf dem Land benutzt man zum Essen die rechte Hand. Die linke gilt als unrein und sollte das Essen nie berühren. In Vietnam wird traditionell mit **Stäbchen** gegessen. In den anderen drei Ländern erhält man Stäbchen nur zu Nudelsuppen und in chinesischen Restaurants.

Für ein typisches Essen im lokalen Stil sollte man in größerer Runde in ein Restaurant gehen und sich **verschiedene Gerichte** zusammenstellen lassen. Es ist üblich, dass alle Gerichte gleichzeitig über den Tisch verteilt serviert werden und sich jeder nach Belieben bedient. Suppen zählen zum Hauptgericht und werden nicht vorher gegessen.

Wo essen?

In Thailand bekommt man zu jeder Tages- und Nachtzeit irgendwo etwas Essbares. In Laos, Kambodscha und Vietnam wird sehr früh zu Abend gegessen, so dass nicht wenige Lokale schon um 20 Uhr schließen.

Das günstigste Essen gibt es bei **fliegenden Händlern**, die ihre Spezialitäten vom Handkarren oder aus Körben verkaufen. Ähnlich günstig sind **Essenstände**. Sie werden meist am Nachmittag an Straßen, großen Plätzen oder Märkten aufgebaut. Hier kaufen viele Berufstätige auf dem Heimweg ein. Es gibt aber fast immer auch kleine Tische und Sitzplätze. Angeboten werden Salate, Suppen, Gegrilltes und andere Leckereien – oft frisch vor den Augen der hungrigen Käufer zubereitet.

Auch **Märkte** sind eine gute Adresse für preiswertes Essen. Hier gibt es gute Suppen- und Garküchen, in die vor allem morgens und mittags viele Einheimische einkehren. Nachtmärkte sind oft an einer anderen Stelle zu finden als die Tagesmärkte. Häufig haben sich einzelne Stände auf ein Gericht spezialisiert.

Lokale Restaurants fernab der Touristenzentren haben selten englische Speisekarten. Die rohen Zutaten wie Fleisch, Fisch und Gemüse

Fleisch und Fisch

	Khmer	Lao	Thai	Vietnamesisch
Rind	*sadj koo*	*ngoa*	*nüa*	*bo*
Schwein	*sadj drook*	*muh*	*muh*	*lon* (Nord), *heo* (Süd)
Ente	*sadj tia*	*pät*	*ped*	*vit*
Huhn	*sadj moan*	*kai*	*gai*	*ga*
Krebs	*k'daam*	*phu*	*puh*	*cua*
Garnelen	*bahngkia*	*kung*	*gung*	*tom*
Fisch	*trey*	*paa*	*plah*	*ca*

liegen in einer Vitrine oder im Kühlschrank und man braucht nur darauf zu deuten und das Wort für „gebraten" oder „gekocht" zu sagen.

In Thailand und Kambodscha befinden sich am Eingang häufig die Gerichte des Tages in Alutöpfen. Topfgucken ist erlaubt, und die gewünschten Speisen werden nach der Auswahl in separaten Schalen zusammen mit Reis zum Tisch gebracht. Nach dem Preis sollte man sich in jedem Fall vor dem Essen erkundigen.

Restaurants in Touristenzentren und großen Städten sind je nach Ausstattung, Lage und Qualität teurer. Hier gibt es die ganze Bandbreite, vom Fastfood-Schuppen bis zum Edelrestaurant, von chinesischer bis zu westlicher Küche.

Traveller-Unterkünften sind häufig Restaurants angeschlossen, in denen europäisches Frühstück, Standard-Gerichte, Traveller-Kost und Softdrinks angeboten werden.

Kaffee und Kuchen bekommt man in den Bäckereien und großen Hotels. In Laos, Kambodscha und Vietnam offenbart sich das französischen Erbe zudem in Form von **Cafés**, die ihren westlichen Vorbildern manchmal bis ins Detail nachempfunden sind. In Thailand gibt es Kaffee vor allem in Filialen der Coffeeshop-Ketten, die Dutzende Sorten aus allen Kontinenten anbieten.

Fast alle Restaurants sind **täglich geöffnet**. Nur manche westlich orientierte Lokale haben an einem Tag in der Woche geschlossen. Während in gehobenen Hotels und Restaurants 10 % Bedienung zum Rechnungsbetrag addiert wird, enthält die Rechnung in kleineren Restaurants kein **Trinkgeld**. Hier ist bei gutem Service ein kleiner Betrag angebracht. In Traveller-Restaurants ist das nicht üblich.

Was essen?

Die Restaurants in den Touristenzentren haben sich weitestgehend auf europäische Gaumen eingestellt. Neben schmackhaften einheimischen Speisen bekommt man hier auch Pizza, Steaks und in manchen sogar Kartoffelsalat.

Ein durchschnittliches Gericht ist für 2 € zu haben, in Touristenorten und gehobenen Restaurants ab 6 €. Etwa 1–1,50 € kosten die Speisen an den Straßenständen. Der beliebte Bratreis mit Ei, Huhn, Schweinefleisch oder Krabben kostet in Traveller-Restaurants um 2 €.

Topfgucken erlaubt

Einige Hotels und Restaurants in den Touristenzentren bieten Kochkurse an, in denen **Gerichte der Landesküche** gelehrt werden. Bevor das Kochen beginnt, geht's fast immer zum gemeinsamen Einkauf auf den Markt. Die Teilnehmer lernen exotische Gemüsesorten kennen, sind bei Verkaufsgesprächen dabei und erfahren, was gute von schlechter Ware unterscheidet. Meist wissen die Köche auch, welche Zutaten Westler zu Hause nicht bekommen können und geben Tipps, durch welches europäische Gemüse man sie ersetzen kann. Am Ende des Tages steht ein gemeinsames Mahl auf dem Programm.

Kochkurse werden unter anderem in Bangkok (S. 165), Kanchanabouri (S. 184), Chiang Mai (S. 231), Chiang Rai (S. 271), Pai (S. 258), Vientiane (S. 367), Luang Prabang (S. 411), Phnom Penh (S. 532), Siem Reap (S. 566), Ha Noi (S. 681) und Hoi An (S. 762) angeboten.

Gewürzt werden die Speisen vor allem mit Fischsoße und Glutamat. In allen vier Ländern ist es üblich, nach dem Servieren selbst nachzuwürzen. Hierzu dienen die Plastikbehälter auf den Tischen, die in der Regel Zucker, zerstoßene und getrocknete rote Chilis, Chilis in Essig und Sojasoße enthalten. Der Klassiker zum Würzen ist aber fermentierte **Fischsoße** (Thai: *prik nam plah*, Laot.: *pa daek*, Khmer: *tök trey*, Viet.: *nuoc mam*) mit vielen klein geschnittenen grünen oder roten Chilis. Sie wird wie Salz verwendet. In Kambodscha ist Fischpaste *(prahok)* beliebter. Sie sieht aus wie rosafarbene Pastete und erinnert geschmacklich an Sardellen.

An Straßenständen werden schmackhafte **Snacks** zubereitet. Die kleinen Mahlzeiten variieren je nach Land. In Thailand, Laos und Kambodscha gibt es leckeren Klebreis mit Banane, Mango oder Kokosraspeln, meist im Bananblatt oder Bambusrohr verpackt. In allen vier Ländern sind Eier in allen Varianten beliebt (auch mit angebrüteten Küken). Ein Import aus der chinesischen Küche, vor allem in Kambodscha und Vietnam, sind Dampfbrötchen mit Fleischfüllung. In beiden Ländern begegnet man dem kleinen Hun-

Obst-ABC: Früchte im Überblick

Die Mekong-Region ist ein wahres Früchteparadies:
Ananas gibt es von April–Juli und im Dezember/Januar geschält an den Straßenständen.
Bananen gibt es in 20 verschiedenen Größen und Geschmacksrichtungen das ganze Jahr über. An Straßenständen werden gegrillte und gebackene Bananen verkauft.
Durian, die Zibetfrucht, auch Stachelfrucht oder Stinkfrucht genannt, gilt als Königin der Früchte. Diese grüne, stachlige Frucht verströmt einen penetranten Geruch und ist deshalb in manchen Hotels sogar verboten. Auch während der Saison von April–Aug ist die Durian teuer.
Guaven, die ursprünglich aus Spanien stammen, erfreuen sich großer Beliebtheit. Die grüne, apfelähnliche Frucht kann reif oder grün mit Salz und Zucker genossen werden.
Jackbaumfrucht ist eine riesige, grünlich-gelbe Frucht mit runden Stacheln, die 30–90 cm lang wird. Die festen, gelben, herausgelösten Fruchtsegmente werden in der Saison von Jan–Mai auf den Straßenmärkten verkauft.
Jujube, die kleine, runde und süße Frucht, die man normalerweise ungeschält genießt, findet man von Aug–Feb auf den Märkten.
Kokosnüsse gibt es das ganze Jahr über.
Litschipflaumen (Lychee), die viele Touristen aus der Konserve kennen, werden frisch von April–Juni verkauft.
Longan hat eine dünne, feste, bräunliche Schale und weißes, leicht säuerlich-saftiges Fruchtfleisch, dessen Geschmack an Lychees erinnert. Saison ist von Juni–Aug.
Mango isst man auch unreif zu einer scharfen Soße. Saison ist von März–Juni.

ger auch gern mit Pfannkuchen, die, zusammengerollt mit Hack oder Krabben und Gemüse, in eine pikante Soße getunkt werden. Eine Spezialität, die ursprünglich aus Laos stammt, aber auch in Thailand gern gegessen wird, ist ein scharfer Salat aus unreifen grob geriebenen Papayas (Thai: *som tam*, Laot.: *tam mak hung*). Berühmtester vietnamesischer Snack sind Frühlingsrollen (*nem* im Süden, *cha gio* im Norden). Sie werden meist mit Fleisch gefüllt und kommen mal roh, mal gebraten, mal gedämpft auf den Tisch.

Reis gibt es in verschiedensten Varianten. Wie bedeutend er für die Küche aller vier Länder ist, zeigt sich daran, dass die geläufige Vokabel für „essen" in allen vier Sprachen wörtlich übersetzt „Reis essen" bedeutet.

Zu den meisten Gerichten wird gekochter körniger Reis serviert (Thai: *kao plao*, Laot.: *khao tjau*, Khmer: *bai*, Viet.: *com*). Klebreis (Thai: *kao nieo*, Laot.: *khao niau*) ist vor allem in Laos und Nordthailand verbreitet und wird sowohl zu Hauptgerichten als auch als Dessert gegessen. Kambodschaner essen zum Frühstück oder abends gern *borbor*, einen Reisbrei, der an Essensständen und in preiswerten Restaurants angeboten wird. *Borbor* ist meist ungewürzt, sodass man ihn mit den bereitgestellten Beilagen wie Fisch, Eier, gebratenem Gemüse, Ingwer und Chili selbst abschmecken kann.

Bratreis (Thai: *kao phat*, Laot.: *khao khua*, Khmer: *bai tschaa*, Nordviet.: *com rang*, Südviet.: *com chien*), das Lieblingsgericht vieler Traveller, gibt es mit Gemüse, Fleisch oder Ei, in Vietnam meist nur mit ein paar Bohnen und Tomaten.

Zu den vielen **Nudelsorten** gehören Reisnudeln (Thai: *gueh tiao*, Laot.: *sen noi*, Khmer: *kuyteav*, Viet.: *bun*), die hauptsächlich in leckere Suppen gegeben werden, und gelbe Weizenmehlnudeln *(mi)*, die es gebraten mit Fleisch und Gemüse an vielen Essensständen gibt.

Auch **Suppen** spielen in allen vier Küchen eine große Rolle. Zum Frühstück essen viele Lao, Khmer und Vietnamesen gern Nudelsuppe (Khmer: *kuyteav*, Laot./Viet.: *pho*, gesprochen „fö"). Sie enthält Fleisch. Salat und Kräuter werden frisch hinzugegeben.

Die zwei bekanntesten Thaisuppen hat wahrscheinlich jeder schon einmal zu Hause probiert: *Tom kha*, mit Ingwer, Zitronengras, Zitronenblättern, Chilis und anderen Zutaten, abgeschmeckt mit Kokosmilch. Und *tom yam*, ähnlich sauer, mit Tamarinde, aber ohne Kokosmilch.

Mangostanenfrucht, die 6–7 cm große, violett-rote Frucht mit weicher, dicker Schale enthält 5–8 weiße, leicht säuerliche Frucht-Segmente (Vorsicht – sie färben stark).
Papaya, die 7–60 cm lange, grüne bis orange-rote Frucht, schmeckt besonders gut mit frischen Limetten zum Frühstück. Die grüne Papaya, in dünne Streifen geschnitten und mit Chilis, getrockneten Krabben und Knoblauch gemischt, wird als *som tam* im Nordosten Thailands und als *tam mak hung* in Laos gegessen. Sie reifen das ganze Jahr über.
Pomelos, riesige Grapefruits, haben manchmal ein trockenes Fruchtfleisch und sind recht sauer. Saison ist von Aug–Nov.
Rambutan, auch Zwillingspflaume genannt, ist eine etwa 5 cm große, runde, rote Frucht, deren haariges Aussehen für den Namen verantwortlich ist (*rambut* = „Haar"). Unter einer weichen Schale liegt das weiße Fruchtfleisch um einen großen Kern. Saison ist von März–Sep.
Rosenapfel ist eine glockenförmige, säuerliche Frucht mit grünlicher bis roter Schale, nur kurzzeitig von April–Juni zu bekommen.
Sapodilla, die ovale Frucht mit süß-saurem, birnenähnlichem Geschmack ist von Juli–Sep zu haben.
Süßorange, eine Mischung zwischen den uns bekannten Orangen und Mandarinen, ist schlecht zu schälen, aber gut für Säfte. Es gibt sie vor allem von Sep–Nov.
Tamarinde gibt es von Dez–Feb. Die Schoten sind leicht zu essen: einfach aufbrechen, das faserige Innere entfernen, das süße Fleisch heraussaugen und die Kerne ausspucken.
Weintrauben wachsen auch in den Tropen, vor allem in den Provinzen westlich von Bangkok, und werden von April–Sep angeboten.

Einzigartig und einen Versuch wert sind die in kambodschanischen Restaurants üblichen „sauren Suppen" *(samlor machou)*. Es gibt sie mit Fisch, Fleisch, verschiedensten Gemüsesorten und Kräutern. Die typische Säure erhalten sie durch die Früchte des Tamarinden-Baumes.

In Vietnam ist eine Suppe beliebt, die *lan* genannt und in einem Feuertopf zubereitet wird: Dabei köchelt eine Gemüsebrühe direkt auf dem Tisch (auf Kohlen oder einer Herdplatte) und wird von den Gästen wie bei einem Fondue mit frischem Fleisch und Gemüse bestückt. In Laos und Kambodscha gibt es ähnlich leckere Brühefondues (Laos: *sindat*, Kambodscha: *chhnang phnom pleung*)

Fleisch gehört neben Gemüse zu jeder kompletten Mahlzeit, häufig Schwein oder Geflügel, seltener Rindfleisch. Wer durch Laos reist, sollte unbedingt das inoffizielle Nationalgericht *laap* probieren, einen Salat aus gehacktem Fleisch, der mit Kräutern, Fischsoße, Zitronengras, Limettensaft, Chilis, Schalotten, frischem Koriander und Minze verfeinert wird. *Laap* wird auf Salatblättern serviert, wer möchte, isst dazu Klebreis. Auf keiner Speisekarte in Kambodscha darf *loc lac* fehlen, ein Gericht aus kurz angebratenen Rindfleischstücken, serviert auf einem Bett aus Tomaten und Gurken. Darauf gibt es oft noch ein Spiegelei. Das Fleisch wird mit einer Sauce aus Salz, Pfeffer und Limetten gegessen – einfach und köstlich.

Für viele Bewohner der Mekong-Region ist **Fisch** eine noch wichtigere Proteinquelle als Fleisch. Auf den Tisch kommen neben Meeresfischen, Krebsen, Muscheln und anderem Seafood auch Süßwasserfische, darunter Tilapia und Wels. Ob gebraten, gegrillt, gedünstet oder getrocknet – die Zubereitungsarten sind vielfältig. In Kambodscha sollte man sich *amok trey*, ein mildes Fischcurry, nicht entgehen lassen: Die Grundzutat ist eine Paste aus Zwiebeln, Zitronengras, Chilis, Knoblauch, Ingwer, Limetten und Fischsauce. Zusammen mit Kokosnusssaft wird der Fisch gedünstet. Das Ganze wird klassisch im Bananenblatt oder in einer Kokosnuss serviert. Eine besondere Delikatesse in Ha Noi ist *cha ca*, ein in Butter gebratener Fisch, der mit Dill und Frühlingszwiebeln verfeinert und mit Reisnudeln und Erdnüssen gegessen wird. In Südlaos servieren viele Restaurants die örtliche Spezialität *mokpa*, gedämpften Fisch im Bananenblatt mit Kokosmilch – sehr zu empfehlen.

Auch **Currys** (Thai: *gäng*, Laot.: *keng*, Khmer; *karii*) gibt es in verschiedenen Zubereitungsarten und Schärfegraden: vom milden, indischen Curry bis zum extrem scharfen, grünen Curry, das Shrimp-Paste und viele Chilis enthält.

Vegetarier haben es in der Mekong-Region nicht leicht. In Touristenzentren gibt es aber mittlerweile vegetarische und sogar vegane Restaurants. Auch in anderen Lokalen, in denen Ausländer verkehren, ist die Auswahl an vegetarischen Speisen größer geworden. Auf vielen Karten ist gebratenes Gemüse mit Reis zu finden (Thai: *phat pak*, Laot.: *khoua pak*, Khmer: *tschaa bánlaä krupmuk*, Viet.: *rau xao cac loai*). Es wird aber aller Wahrscheinlichkeit nach im gleichen Wok zubereitet, in dem vorher Fisch oder Fleisch gedünstet wurde. Inder, traditionell mit dem Prinzip der fleischlosen Ernährung vertraut, servieren meist sehr gute vegetarische Küche.

▸▸ Getränke (S. 74), Trinkgeld (S. 93)

Fahrräder

In vielen Touristenorten können passable Fahrräder schon ab 1,50–2 € pro Tag gemietet werden. Wer längere Touren plant, bringt besser sein **eigenes Rad** mit (bei Reisen nach Laos, Kambodscha und Vietnam an Ersatzteile und Werkzeug denken).

Einige Airlines haben feste Tarife für den **Transport**, andere gewähren einige Kilogramm Sportgepäck extra. Meist müssen für den Transport die Pedale abgeschraubt, die Luft aus den Reifen gelassen und das Rad sicher verpackt werden. Der Wert des Fahrrads sollte beim Zoll deklariert werden, damit es bei der Ausfuhr keine Schwierigkeiten gibt.

Generell eignen sich die Großstädte nicht zum Radeln, da die Straßen stark befahren und die Bürgersteige belebt sind. Auch auf den Nationalstraßen sollte man aufpassen, da man von heranbrausenden Lkw leicht von der Fahrbahn gefegt wird.

Optimale **Wetterbedingungen** herrschen während der kühlen Jahreszeit (November bis Februar) am Morgen und späten Nachmittag.

Thailand

Auf wenig befahrenen Nebenstrecken sind sehr schöne Fahrradtouren möglich. Empfehlenswert sind die **Routen am Mekong** entlang von Chiang Khan über Nong Khai, Bueng Kan, Nakhon Phanom und Mukdahan nach Ubon Ratchathani oder von Chiang Saen auf schmalen Nebenstraßen nach Chiang Khong.

Auch die Landstraßen entlang der Flüsse und Kanäle in der **zentralen Tiefebene** eignen sich gut zum Radfahren. Die historischen Städte Ayutthaya, Sukhothai, Si Satchanalai und Kamphaeng Phet können mit gemieteten Rädern erkundet werden. Auch rings um Kanchanaburi, Amphawa, Rachaburi sowie südlich von Prachuap Khiri Khan macht Radeln Spaß. Hingegen sollte man die Steigungen auf den Bergstrecken nach Pai und Mae Hong Son oder im hohen Norden nicht unterschätzen. Ohne größere Steigungen geht es entlang der Grenze zu Myanmar von Mae Sariang nach Mae Sot.

Unattraktive Strecken in Städten, auf unvermeidlichen Highways oder an einem nicht enden wollenden steilen Berg legt man samt Rad am besten in einem Songthaew zurück. Fahrräder werden auch von einigen lokalen Bussen und Zügen befördert.

Geführte Touren werden vor allem in Chiang Mai, aber auch in Sukhothai, Nong Khai und sogar in Bangkok durchgeführt. Weitere Fahrradinfos sowie Tourenvorschläge unter 💻 http://de.wikiloc.com/routen/radfahren/thailand, 💻 www.siambiketours.com, 💻 www.thai-cycling.de und 💻 http://hermannniedermeyr.de.

Laos

Immer mehr Traveller erkunden Laos mit dem Fahrrad. Was den **Schwierigkeitsgrad der Strecke** angeht, ist es zweigeteilt: Während man von Vientiane in Richtung Süden durch die flache Mekongebene saust, erwarten einen im Norden lange und kurvenreiche Bergetappen mit teils gewaltigen Steigungen. Dafür ist es im Norden meist etwas kühler. Außerdem sind die Hauptrouten asphaltiert und lassen sich auch mit schwerem Gepäck bewältigen. Und wenn's mal zu anstrengend wird, kann das Rad jederzeit in ein Songtheo, einen Bus oder ein Boot verfrachtet werden. Die Preise sind äußerst moderat.

Theoretisch kann man Laos mit jeder Art von Rad bereisen. Wer jenseits asphaltierter Straßen unterwegs sein möchte – und es gibt viele gute Strecken – sollte mit dem **Mountainbike** reisen. Allerdings tut man sich damit auf Straßen schwerer. Wer gut auf Straßen unterwegs sein möchte, bei Bedarf aber auch mal auf unbefestigten Wegen, nimmt am besten ein **Trekkingrad**.

Außer in Vientiane, Luang Prabang und Savannakhet gibt es in Laos praktisch keine **Ersatzteile** für moderne Räder. Es finden sich aber eine Menge Werkstätten mit fähigen Schraubern, die viele kleine Probleme lösen können. Sinnvoll mitzunehmen sind: Schlauch, Flickzeug, Bremsbeläge, Ersatzschrauben, Kabelbinder, Duck Tape, Kettenöl, ein Schalt-/Bremszug, Speichen und – ganz wichtig – eine gute Luftpumpe.

Die schönsten **Routen** liegen im Norden, aber auch der „Loop" in Zentrallaos und eine Rundtour übers Bolaven-Plateau haben ihren Reiz.

Websites mit Erfahrungen und Routentipps gibt es unter 🖳 www.rad-forum.de, 🖳 www.crazyguyonabike.com, 🖳 www.velo-traumreise.de und 🖳 www.gpsies.com.

Kambodscha

Immer zahlreicher werden Touristen, die das Land mit dem Fahrrad bereisen. Die Ein- und Ausreise mit dem eigenen **Mountainbike** ist problemlos. Man sollte sich aber darüber im Klaren sein, dass Fahrradfahrer zu den schwächsten Verkehrsteilnehmern gehören. Unbedingt abzuraten ist von Fahrten nach Einbruch der Dunkelheit: Die Wahrscheinlichkeit, von anderen Verkehrsteilnehmern übersehen zu werden, ist hoch; die Einsicht, dass Alkohol und Autofahren nicht zusammenpassen, hat sich nicht bei allen Einheimischen durchgesetzt. Sofern Helme ausgeliehen werden, haben wir dies in den Regionalkapiteln vermerkt.

Für spannende Fahrradtouren bekannt ist der **Mekong Discovery Trail** zwischen Kratie (S. 609) und Stung Treng (S. 613). Auch die **Tempel von Angkor** lassen sich prima mit dem Rad erkunden. Veranstalter in Phnom Penh, Siem Reap und Battambang bieten geführte Fahrradtouren an, von der Tagesfahrt bis hin zu 15-Tage-Touren. In Chi Phat geht es mit dem Mountainbike durch das Kardamom-Gebirge.

Vietnam

Radelnde Reisende sieht man immer häufiger. Unbeschreibliche Erinnerungen haben alle, die einmal die **Berge bis Sa Pa** oder den **Wolkenpass** gemeistert haben. Es gibt aber auch schöne Strecken durch hügelige bis flache Landschaft, etwa entlang der **Zentralküste**.

Bei der **Planung** sollten die Jahreszeit und das regionale Klima bedacht werden. Anfänger sollten sich einer organisierten Tour anschließen, wenn sie längere Strecken zurücklegen wollen. Viele erfahrene Radler bringen ihr **Mountainbike** mit, aber natürlich gibt es in Vietnam auch Fahrräder zu mieten und zu kaufen. Die meisten Mietfahrräder eignen sich aber eher für Kurzausflüge. Wer in die Berge will, sollte ein Mountainbike wählen. Tourenräder mit gutem Reifenprofil eignen sich für die Zentralküste.

Einige Busgesellschaften nehmen Fahrräder kostenlos mit, bei allen anderen und im Zug muss ein geringer Aufpreis bezahlt werden.

Reflektierende Kleidung, ein Helm und eine gute Unfallversicherung sollten im Gepäck sein. Um bei einem Unfall nicht ganz auf sich allein gestellt zu sein, ist es ratsam, in einer Gruppe zu radeln. Alleinreisenden ist von einer längeren Fahrradtour auch deshalb abzuraten, weil sie auf unbefahrenen oder unbeleuchteten Straßen leicht Opfer eines Überfalls werden können.

⏩ Mietwagen (S. 80), Motorräder (S. 83), Nahverkehr (S. 85)

Fair reisen

Reisende sind im Gastland nicht bloß unbeteiligte Zuschauer. Ihr Verhalten hat Auswirkungen, auf die Umwelt und die besuchten Menschen. So verbrauchen Touristen zum Beispiel mehr Strom und Wasser als Einheimische und produzieren mehr CO_2 und Müll. Lebensmittel wie Milch oder Käse, auf die viele unterwegs nicht verzichten möchten, müssen aufwendig importiert werden.

Natürlich hat der Tourismus auch gute Seiten: Er hat vielen Menschen einen Weg aus der Armut gezeigt, ihnen ermöglicht, einen Beruf zu ergreifen, sich weiterzubilden. Er regt lokale In-

Fair und grün – gewusst wo

Ein Restaurant, das Straßenkinder ausbildet. Ein Hotel, das Sonnenenergie nutzt und den Müll recycelt. Eine Trekkingtour, von der alle Beteiligten profitieren: Immer mehr Anbieter fühlen sich dem Thema Nachhaltigkeit besonders verpflichtet. Sie sind in diesem Buch mit einem **Baum-Symbol** gekennzeichnet.

vestitionen an, verbindet Kulturen. Außerdem werden Naturräume geschützt, die ohne ihn vermutlich längst verschwunden wären. Wer mit Herz und Verstand reist, kann also einiges bewirken. Anregungen gibt es in diesem Buch und bei folgenden Initiativen:
Stefan Loose Travel Handbücher,
www.stefan-loose.de/fair-gruen
Mekong Responsible Tourism,
www.mekongresponsibletourism.org
Fair unterwegs, www.fairunterwegs.org
Tourism Watch, www.tourism-watch.de
Studienkreis für Tourismus und Entwicklung,
www.studienkreis.org

Stichwort Umweltschutz

- Die **An- und Abreise** mit dem Flugzeug verursacht CO_2. Über Kompensationsprogramme lässt sich der Ausstoß neutralisieren (S. 46); **vor Ort** lieber Bus und Boot nehmen als einen Inlandflug.
- **Klimaanlagen** sind wahre Stromfresser; vor Verlassen des Zimmers daran denken sie auszuschalten.
- Finger weg von **Souvenirs** aus bedrohten Pflanzen und Tieren. Das Washingtoner Artenschutzübereinkommen verbietet den Import nach Europa sowieso. Das gilt auch für den Schlangenschnaps und so manch traditionelle Medizin.
- In vielen Gebieten ist sauberes **Wasser** knapp, bitte sparsam damit umgehen.
- Wer **Tourismusbetriebe** nach Umweltschutzmaßnahmen fragt und auswählt, schärft das Bewusstsein für dieses Thema.
- Auch ein **kleiner Beitrag** hilft: Trinkflasche nachfüllen statt Plastikflaschen kaufen, Akkus statt Batterien verwenden, Einkaufsbeutel statt Tüte wählen und biologisch abbaubare Shampoos und Seifen mitbringen.

Mensch im Fokus

- **Respektvoll miteinander umgehen**, klar, aber nicht jedes Fettnäpfchen ist auf Anhieb zu erkennen. Tipps zur Etikette, den Besonderheiten im Kloster und beim Besuch von Bergvölkern gibt es auf S. 97–99.
- Mit dem Portemonnaie lässt sich Einfluss nehmen: Wenn möglich, **lokal** buchen; **Touren** auch danach auswählen, ob alle Beteiligten profitieren; **Souvenirs und Kunsthandwerk** direkt vom Produzenten kaufen oder darauf achten, dass die Ware **fair gehandelt** wurde.
- **Bettelnden Kindern** kein Geld geben. Besser sind Spenden an Kinderhilfsorganisationen oder Bildungseinrichtungen vor Ort.
- Das **Forum anders reisen**, www.forumandersreisen.de und **CSR-Tourism-Certified**, www.tourcert.org, listen Tourismusprojekte, Unterkünfte und Reiseveranstalter, die nachhaltig arbeiten.

Feste und Feiertage

Die meisten Feste sind buddhistischen Ursprungs und richten sich nach dem religiösen Kalender. Da sich dieser am Mondzyklus orientiert, variiert der exakte Termin der Feiertage innerhalb von 29 Tagen. Für staatliche Feste gilt der westliche Kalender. Vollmondtage s. **eXTra [4904]**.

Religiöse Feste

Makha Bucha – Vollmondtag im Feb/März
Dieser Festtag wird mit Lichterprozessionen um die Tempel zelebriert, die an Buddhas Predigt vor 1250 Zuhörern erinnern. Während die Gläubigen mit Blumen und Kerzen dreimal das Gebäude umrunden, predigen im Tempel Mönche die Lehre Buddhas. Besonders sehenswert sind die Feierlichkeiten im Marmortempel von Bangkok und am Bergtempel Vat Phou in Südlaos.

Fest der Duftpagode – meist Feb
Pagodenfest, das am 6. Tag des ersten Mondmonats beginnt und insgesamt bis zu drei Mo-

Gesetzliche Feiertage

Januar	
1.1.	Neujahr (Thailand, Laos, Kambodscha, Vietnam)
5.1.	Tag der Gründung Lane Xangs (Laos)
7.1.	Sieg über die Roten Khmer (Kambodscha)
20.1.	Tag des Militärs (Laos)
Februar	
Jan/Feb	Vietnamesisches Neujahr
3.2.	Gründungstag der Vietnamesischen Kommunistischen Partei
März	
8.3.	Internationaler Tag der Frauen (Laos, Kambodscha)
April	
6.4.	Chakri-Tag (Thailand)
um 15.4.	Neujahr (Thailand, Laos, Kambodscha)
im April	Gedenktag der Hung-Könige (Vietnam)
30.4.	Jahrestag der Befreiung Saigons (Vietnam)
Mai	
1.5.	Tag der Arbeit (Thailand, Laos, Kambodscha, Vietnam)
5.5.	Krönungstag (Thailand)
13.–15.5.	Geburtstag des Königs Norodom Sihamoni (Kambodscha)
Juni	
1.6.	Intern. Kindertag (Kambodscha)
18.6.	Geburtstag der Königin (Kambodscha)
August	
12.8.	Geburtstag der Königin (Thailand)
September	
2.9.	Nationalfeiertag (Vietnam)
24.9.	Tag der Verfassungsgebung und Krönung (Kambodscha)
Oktober	
7.10.	Tag der Lehrer (Laos)
23.10.	Chulalongkorn-Tag (Thailand), Tag des Pariser Friedensabkommens (Kambodscha)
30.10.	Geburtstag des ehemaligen Königs Sihanouk (Kambodscha)
November	
1.11.	Nationaler Unabhängigkeitstag (Laos)
9.11.	Nationaler Unabhängigkeitstag (Kambodscha)
Dezember	
2.12.	Nationalfeiertag (Laos)
5.12.	Geburtstag des verstorbenen Königs Bhumibol (Thailand)
10.12.	Verfassungstag (Thailand), Internationaler Menschenrechtstag der Vereinten Nationen (Kambodscha)
25.12.	Weihnachten (Vietnam)
31.12.	Silvester (Thailand)

Fällt in Thailand ein gesetzlicher Feiertag auf ein Wochenende, wird am darauf folgenden Montag ein Bank Holiday gefeiert. Die Büros von Firmen sind meist geschlossen und Behörden spärlich besetzt. Dadurch gibt es etwa ein Dutzend lange Wochenenden pro Jahr.

nate gefeiert wird, zieht hunderttausende Vietnamesen an, die sich Zeit für eine Wallfahrt zur Duftpagode in Huong Son, 40 km außerhalb Ha Nois, nehmen. Das Fest gilt als das längste und fröhlichste Volksfest Vietnams.

Tet Thuong Nguyen (auch Nguyen Tieu oder Trang Nguyne) – 15. Tag des ersten Mondmonats (Feb).

Thung Nguyen gilt nach Tet als das wichtigste Fest Vietnams. Es ist ein buddhistisches Fest, an dem der erste Vollmond des Jahres gefeiert und der wandernden Seelen gedacht wird. Selbst wenn man den Rest des Jahres keine Pagode mehr besucht: An diesem Tag muss man als Vietnamese eine solche Wallfahrt unternehmen.

Visakha Bucha – Vollmondtag im Mai
Heiligstes buddhistisches Fest zur Feier der Geburt und Erleuchtung Buddhas und seines endgültigen Eintretens ins Nirvana. Am Abend oder Vorabend finden in allen Tempeln Lichterprozessionen statt. Vietnamesen hängen an diesem Tag vor ihren Häusern und Pagoden Lampions auf. In Laos wird zeitgleich Boun Bang Fai gefeiert, ein krachendes Spektakel, bei dem Bambusraketen abgefeuert werden, um nach Monaten der Trockenheit den langersehnten Regen und eine reiche Ernte zu erbitten. In Kambodscha ist das Fest am eindrucksvollsten in Angkor Wat.

Königliche Zeremonie des Pflügens – Mitte Mai
Zu diesem Anlass führt ein Stellvertreter des thailändischen Königs, heute meist der Landwirtschaftsminister, eine symbolische Aussaat auf dem Sanam Luang in Bangkok aus, zu der viele Bauern aus dem ganzen Land anreisen. Für sie stellt diese Zeremonie den Beginn der Feldarbeit dar. Ein Reiskorn, das bei der Zeremonie der eigenen Saat untergemischt wird, soll eine gute Ernte gewährleisten. In Phnom Penh pflügen vier königliche Ochsengespanne symbolisch dreimal den Boden vor dem Nationalmuseum.

Asanha Bucha, Khao Phansa – Vollmond im Juli
Zu diesem Fest, das an die erste Predigt Buddhas in der Öffentlichkeit erinnert, finden Prozessionen mit Blumen und Kerzen um die Ordinationshalle statt. Am Tag nach Asanha Bucha beginnt die Einkehr Khao Phansa, die drei Monate bis zum Ende der Regenzeit dauert. Während dieser Zeit dürfen die Mönche das Kloster nachts nicht verlassen. In der Regel gehen junge Männer während dieser Zeit ins Kloster, weshalb zu Beginn des Fastenmonats überall Ordinationsfeierlichkeiten stattfinden.

Tet Trung Nguyen – im Juli/Aug
Dieser vietnamesische Festtag, auch „Tag der Seelen“ genannt, wird am 15. Tag des siebten Monats gefeiert. Die Menschen pilgern zu den Pagoden, um der wandernden Seelen zu gedenken, die noch nicht zur Ruhe gekommen sind. Ihnen werden Opfer dargebracht, um sie milde zu stimmen. Es geht zudem an diesem buddhistischen Tag darum, Sünden zu vergeben.

Bonn Pchum Ben – Mitte Sep/Anfang Okt
Das hohe buddhistische Fest für die Ahnen dauert drei Tage lang. Kambodschaner kehren in ihre Heimatdörfer zurück, um den Geistern ihrer Vorfahren Opfer in den Tempeln darzubringen: Blumen, Kerzen, Papiergeld, auch Speisen und Getränke. Die Seelen suchen in sieben Wats nach Gaben ihrer Angehörigen und verfallen in tiefe Trauer, sollten sie nichts vorfinden. Am letzten Tag des Festes versammeln sich die Menschen in den Pagoden, um gemeinsam mit den Mönchen für die Seelen der Verstorbenen zu beten.

Tet Trung Thu – im Sep/Okt
Das Mittherbstfest in Vietnam, auch Mini-Tet und „Tag der Kinder“ genannt, wird am 15. Tag des achten Mondmonats gefeiert. Dieser Tag ist den Kindern gewidmet – alle Eltern nehmen sich Zeit und feiern mit ihnen zusammen. Es werden Mythen erzählt, die Kinder lehren sollen, fleißig und achtsam zu sein. Die Kinder basteln Laternen und singen für Nguyet Lao, den Mann im Mond, und seine Dame auf lauten Straßenprozessionen.

Thot Kathin, Ok Phansa – Vollmondtag im Okt
In den Wochen nach Ende der Regenzeiteinkehr reisen die Menschen aus allen Landesteilen in ihre Heimat-Tempel, um den Mönchen neue Roben und Opfergaben zu überbringen.

Boun That Luang – Ende Okt/Anfang Nov
Während des That-Luang-Fests in Vientiane, zu dem sich tausende Pilger in die Hauptstadt aufmachen, verwandelt sich die Umgebung des goldenen Wahrzeichens eine Woche lang in ein großes Volksfest, ähnlich einem heimischen Jahrmarkt, nur um einige Dezibel lauter. Es finden Mönchsprozessionen statt, die Mönche erhalten Almosen und Blumen, außerdem gibt es ein Feuerwerk, Jahrmarktsbuden und jede Menge Musik.

Bonn Om Touk – im Okt/Nov
Das „Wasserfestival" wird an drei Tagen gefeiert. Es markiert ein einmaliges Naturschauspiel des Tonle-Sap-Flusses: den Richtungswechsel im Strömungsverlauf. Zu diesem Anlass finden Bootsrennen bei Phnom Penh und Siem Reap statt. Über 200 Boote tummeln sich dann auf dem Tonle Sap: 25 m lang, bunt bemalt und mit 20–50 Rudern besetzt. Bonn Om Touk markiert auch den Beginn der Fischfangsaison.

Loi Krathong – Vollmondtag im Nov
Am Ende der Regenzeit wird das große Lichterfest zelebriert. Hierbei werden kleine Boote, die traditionell aus Bananenstrünken gefertigt sind, mit brennenden Kerzen, Räucherstäbchen und Blumen geschmückt, auf eine Reise über die Flüsse, Seen und Klongs geschickt.

Neujahr

Thailand

Das Thai-Neujahr, besser bekannt als **Songkran**, wird vom 13.–15. April gefeiert. Schon Tage vorher bespritzen sich die Menschen auf den Straßen mit Wasser – eine angenehme Erfrischung, sofern man sich nicht in Bangkok befindet, wo man schon mal mit einer Dusche dreckigen Klong-Wassers rechnen muss. In den eigenen vier Wänden werden die Buddhafiguren gebadet, Hausputz gehalten und den älteren Familienmitgliedern durch zeremonielle Handwaschung und kleine Geschenke seine Hochachtung erwiesen. Der Höhepunkt des Songkran findet in Chiang Mai statt, wo vom 13.–15. April ein großes Fest mit vielen Veranstaltungen gefeiert wird.

Etwa eine Woche nach Songkran wird das Fest von den **Mon** in Phra Pra Daeng, südlich von Bangkok, fortgesetzt. Neben Umzügen mit der Wahl der Schönheitskönigin tragen Mädchen Fische in Behältern zum Fluss, um ihnen dort die Freiheit zurückzugeben. Vom 6.–17.4. sind Ferien und das ganze Land ist unterwegs.

Laos

Um viel Wasser geht es auch beim laotischen Neujahr (**Boun Pi Mai** oder Pi Mai Lao), das auf die Woche um den 16. April festgelegt wurde. Wasser ist ein Symbol für die Verdienste, die Buddha im Laufe seines Lebens angehäuft hat. In den Klöstern findet rituelles Übergießen von Buddhafiguren statt und auf den Straßen ist niemand vor einer Dusche sicher. Besonders bunt und nass ist Boun Pi Mai in Luang Prabang.

Kambodscha

Auch zum Neujahrsfest der Khmer (**Chaul Chnam Khmer**) Mitte April finden sich die Familien zusammen. Das Haus wird geputzt und mit Lampions, Kerzen und Räucherstäbchen geschmückt. Opfergaben werden in Tempeln dargebracht, um der Ahnen zu gedenken. Vor allem junge Kambodschaner tanzen auf den Straßen und vergnügen sich mit traditionellen Spielen. Für viele Männer in ländlichen Gebieten ist es die Gelegenheit, sich den Mädchen zu präsentieren und auf Brautschau zu gehen. Viele Geschäfte sind geschlossen, sogar in Phnom Penh sind die Straßen wie leergefegt. Die Preise für Unterkünfte, Transport und Essen steigen in diesen Tagen merklich an. Das gilt besonders für Transportmittel, die bereits viele Tage vorher ausgebucht sind. Auch Hotels in Urlaubsregionen wie Sihanoukville sind sehr teuer, spontan findet man kaum ein Zimmer.

Vietnam

Das vietnamesische Neujahrsfest **Tet Nguyen Dan** („Fest des ersten Tages") ist das wichtigste und größte Fest des Landes. Es wird oft einfach nur als „Tet" bezeichnet, obwohl Tet streng genommen lediglich „Fest" bedeutet. Aber Neujahr und mit ihm das vorangegangene Tet Ong Tao gilt als das Fest der Feste, und so hat sich die Abkürzung „Tet" (zumindest im Ausland) als Bezeichnung für dieses eine Fest durchgesetzt. Es ist, als würden wir Weihnachten, Neujahr, Ostern und Geburtstag zusammen feiern. Denn Tet beinhaltet die Idee des universellen Friedens, den Beginn des neuen Jahres, die Wiedergeburt (denn alles Leben beginnt neu) und gutes Essen.

Neujahr wird vom 1.–7. Tag des ersten Mondmonats gefeiert, meist Ende Januar/Anfang Februar. Offiziell haben die Menschen drei Tage frei, viele nehmen sich aber länger Zeit. Die Geschäfte schließen eine ganze Woche. Die Straßen sind mit Blumen geschmückt, es gibt Leckereien und ein wunderschönes Feuerwerk. Das Fest beginnt inoffiziell mit der Reise des Herdgottes zum Jadekaiser (Tet Tao Quan), geht dann ins Hauptfest Tet Ca („großes Tet") über und endet mit dem Tet Nguyen Dan, dem eigentlichen Neujahrsfest.

Das Wichtigste am ersten Tag im neuen Jahr ist, Unglück und schlechtem Benehmen aus dem Wege zu gehen: Pech am ersten Tag des Jahres bedeutet Pech im ganzen Jahr. Es wird vermieden zu streiten, etwas kaputt zu machen oder gar zu schimpfen. Das neue Jahr stellt für jeden Vietnamesen einen neuen Anfang dar und dieser soll nicht getrübt sein.

» Informationen (S. 76)

Flüge

Bangkok ist das Drehkreuz der Region, aber auch zwischen Laos, Kambodscha und Vietnam wächst die Zahl der Verbindungen. Dank diverser Budgetairlines sind Inlandsflüge vor allem in Thailand und Vietnam recht günstig.

Thailand

Der im Südosten von Bangkok gelegene Suvarnabhumi Airport (BKK), 🖳 www.suvarnabhumi airport.com, ist das Eingangstor zu Thailand. Die großen thailändischen Billigairlines fliegen aber ab dem alten Don Mueang Airport (DMK) nördlich der Stadt. Weitere internationale Flüge landen in Chiang Mai und Phuket. Anschlussflüge im Land können bei Thai Airways mit Kreditkarte günstig im Internet gebucht werden. Im Flugpreis ist die Flughafensteuer inbegriffen.

AirAsia (FD), 🖳 www.airasia.com. Die größte Billigfluggesellschaft verbindet Bangkok Don Mueang (DMK) mit Buriram, Chiang Mai, Chiang Rai, Khon Kaen, Loei, Nan, Nakhon Phanom, Phitsanulok, Udon Thani und Ubon Ratchathani. Internationale Flüge gehen nach Ha Noi, Ho-Chi-Minh-Stadt, Phnom Penh, Siem Reap, Vientiane und Luang Prabang. Aufzugebendes Gepäck, Essen und Getränke während des Flugs sowie Platzreservierungen kosten extra.

Bangkok Airways (PG), 🖳 www.bangkokair.com. Die selbst ernannte Boutique-Airline fliegt von Bangkok (BKK) (*und Chiang Mai) nach Chiang Mai, Chiang Rai, Sukhothai, Trat und Udon Thani* sowie nach Siem Reap, Phnom Penh, Vientiane, Luang Prabang und Da Nang.

Kan Air (K8), 🖳 www.kanairlines.com. Sie fliegt mit 5 kleinen Maschinen unter anderem ab Chiang Mai nach Mae Hong Son, Pai, Nan, Phitsanulok, Ubon und Korat. Zudem Flüge von U Tapao nahe Pattaya in den Nordosten.

Nok Air (DD), 🖳 www.nokair.com. Die Billigfluggesellschaft von Thai Airways verkehrt von Bangkok Don Mueang (DMK) nach Buriram, Chiang Mai, Chiang Rai, Khon Kaen, Loei, Mae Sot, Nakhon Phanom, Nan, Phitsanulok, Phrae, Roi Et, Sakon Nakhon, Trang, Ubon Ratchathani und Udon Thani.

Thai Airways (TG), 🖳 www.thaiair.de, 🖳 www.thaiairways.com. Bei internationalen Anschlussflügen empfiehlt es sich, auch den Zubringer mit Thai Airways zu buchen, da dann das Gepäck durchgecheckt werden kann und Umbuchungen bei Verspätungen unproblematischer sind. Die renommierte Airline fliegt ab Bangkok (BKK) nach Chiang Mai und Chiang Rai.

Thai Smile (WE), 🖳 www.thaismileair.com. Die Schwestergesellschaft von Thai Airways, verkehrt von Bangkok (BKK) nach Chiang Rai, Hat Yai, Ubon Ratchathani, Udon Thani, Siem Reap und Luang Prabang. Von Bangkok Don Mueang (DMK) geht es nach Chiang Mai und Khon Kaen.

Laos

Jahrzehntelang war **Lao Airlines**, 🖳 www.laoairlines.com, die einzige Fluglinie, die Strecken innerhalb des Landes bedienen durfte. 2011 erschien die private **Lao Central Airlines**, 🖳 www.flylaocentral.com, auf der Bildfläche, absolvierte ihren Jungfernflug und verschwand nach zwei Jahren wieder in der Versenkung. Ob sie ihren Flugbetrieb wieder aufnimmt, war bei Redaktionsschluss unklar. Einzige weitere Airline bleibt bis dahin die staatliche Charterfluggesellschaft **Lao Skyway**, 🖳 www.laoskyway.com.

Knotenpunkt ist der Wattay International Airport in Vientiane. **Inlandflüge** gibt es von Vientiane nach Luang Namtha, Luang Prabang, Oudomxai, Pakxe, Phonsavan und Savannakhet sowie zwischen Pakxe und Luang Prabang und Savannakhet. Abflugzeiten und Frequenzen ändern sich aber häufig, auch kommt es wegen schlechten Wetters nicht selten zu Verspätungen oder auch dem Ausfall von Flügen. In der Hauptsaison sind internationale Routen und die Strecke Vientiane – Luang Prabang schnell ausgebucht, also rechtzeitig darum kümmern.

Flugtickets gibt es online, im Airline-Büro vor Ort und in größeren Städten auch in Reisebüros. Sie können auch in US-Dollar bezahlt werden, außerdem ist der Pass vorzuzeigen (eine Kopie reicht nicht). Die Bezahlung mit Kreditkarte ist in den großen Mekongstädten möglich.

Laos hat vier internationale Flughäfen: Vientiane, Luang Prabang, Savannakhet und Pakxe. **Internationale Verbindungen** bestehen mit verschiedenen Airlines von/nach Bangkok, Chiang Mai, Phnom, Penh, Siem Reap, Ha Noi, Ho-Chi-Minh-Stadt, Da Nang, Kuala Lumpur und Singapore.

Kambodscha

Es gibt drei operierende Flughäfen in Kambodscha. Internationale Flughäfen befinden sich in Phnom Penh und Siem Reap. Von/in Sihanoukville starten und landen bisher nur nationale Flüge. Seit dem Ausbau des Straßennetzes sind die vielen Flughäfen der Provinzstädte nicht mehr in Betrieb.

Kambodschas Fluglinien sind derzeit **Cambodia Angkor Air**, 💻 www.cambodiaangkorair.com, ein Joint Venture zwischen dem Staat und Vietnam Airlines, sowie **Cambodia Bayon Airlines**, 💻 www.bayonairlines.com.

Verbindungen zwischen Phnom Penh und Siem Reap bestehen mehrmals täglich. Zwischen Siem Reap und Sihanoukville gibt es zwischen November und April täglich Flüge, sonst viermal pro Woche. Verschiedene Airlines verbinden Phnom Penh und/oder Siem Reap außerdem mit Bangkok, Vientiane, Luang Prabang, Pakxe, Ha Noi, Ho-Chi-Minh-Stadt, Kuala Lumpur und Singapore sowie Sihanoukville mit HCMS. Flughafensteuern sind im Ticketpreis enthalten.

Vietnam

Vietnam hat zahlreiche kleine und vier internationale Flughäfen: Ho-Chi-Minh-Stadt, Ha Noi, Da Nang und den Can Dao International Airport im Mekong-Delta.

Vietnam Airlines fliegt nahezu alle Flughäfen im Land an. Auch VietJet und Jetstar bieten zahlreiche Flüge in ganz Vietnam. Die Strecke Ho-Chi-Minh-Stadt – Ha Noi sowie einige andere Flugrouten werden zudem von Vasco, einem Subunternehmen von Vietnam Airlines, bedient. Stehen mehrere Flüge an einem gewünschten Datum zur Auswahl, sollte man nicht den letzten buchen – das ist der erste, der bei schwacher Auslastung storniert wird.

Vietnam Airlines ist auch Ansprechpartner für Flüge mit Vasco, 💻 www.vietnamairlines.com. Das Hauptbüro befindet sich in Ha Noi, 200 Nguyen Son, Long Bien Dist., ✆ 04-3873 2732.

Jetstar, 💻 www.jetstar.com, fliegt tgl. zwischen Ha Noi und HCMS, zwischen HCMS und Da Nang und mehrmals in der Woche zwischen HCMS und Hue, Vinh, Hai Phong, Nha Trang und Phu Quoc (auch nach Da Nang und Ha Noi). Zudem gehen Flüge von Buon Ma Thuot nach Vinh und HCMS.

VietJet, 💻 www.vietjetair.com. Verbindungen zwischen HCMS, Ha Noi und Da Nang, sowie nach Da Lat, Nha Trang, Phu Quoc und zu anderen Zielen.

Tickets sollten mindestens einen Tag vor dem Flugtermin besorgt sein, in der Hauptsaison weitaus früher. Bei Kartenzahlung wird meist eine Gebühr von 1–3 % erhoben. Alle Tickets lassen sich online buchen. Wer das nicht möchte, kann in Deutschland, Ho-Chi-Minh-Stadt und Ha Noi Tickets für alle Routen problemlos im Reisebüro oder direkt bei der Airline kaufen. In kleineren Orten kann sich das schwieriger gestalten. Nur Vietnam Airlines hat Büros in allen Städten mit Flughafen.

Alle Flüge werden in Vietnam in Dong oder US-Dollar gezahlt. Wer bereits in Deutschland bucht, zahlt in Euro. Die Preise liegen je nach Strecke bei etwa US$30–80, wobei Flüge am späten Abend sehr günstig sind und jene am Wochenende teuer. Es ist immer wieder möglich, noch am Tage des Abflugs direkt am Flughafen ein Ticket zu bekommen. Dieses Verfahren eignet sich jedoch nur für flexible Reisende, die diesen Versuch gegebenenfalls am nächsten Tag wiederholen können.

⏩ Anreise (S. 45), Weiterreise (S. 105)

Frauen

Frauen können ohne Weiteres auf eigene Faust durch die Mekong-Region reisen. In Thailand stellen sie sogar einen Großteil der Backpacker-Community. Wie überall ist es ratsam, sich eher dezent zu kleiden (S. 97) und übermäßige Vertraulichkeiten zu vermeiden, die besonders von alkoholisierten Männern missgedeutet werden könnten. Wenn jemand die persönlichen Grenzen überschreitet, genügt gewöhnlich ein resolutes „No", um die Situation zu klären. Gewalt gegen Touristinnen ist selten.

Zu weiteren Einschränkungen gehört, dass Frauen der Zutritt zum heiligen Bereich einiger buddhistischer Tempel verboten ist. Da Mönche keine Frauen berühren dürfen, sollten Frauen auf Abstand achten und sich in öffentlichen Verkehrsmitteln nicht neben Mönche setzen.

» Kinder (S. 78), Sicherheit (S. 88), Verhaltenstipps (S. 97)

Geld

Etwas Bargeld, die EC-Karte und die Kreditkarte: Damit ist man für die Reise gut aufgestellt.

Bargeld

Bargeld bekommt man in Thailand an fast jedem Geldautomaten (ATM), auch am Flughafen. Daher reicht es aus, ein paar Dollar oder Euro als Notreserve bei sich zu tragen. Auch in Laos, Kambodscha und Vietnam ist die Zahl der ATM enorm gestiegen. In diesen Ländern ist es sinnvoll, vor allem **US-Dollar** als Reserve dabeizuhaben: In allen dreien kann mit Dollar bezahlt werden (in Laos vielerorts auch mit Baht), Banken tauschen Dollar anstandslos in die lokale Währung und bei der Einreise nach Laos und Kambodscha müssen die Visagebühren sogar in Dollar bezahlt werden. Auch wer in Vietnam ein „Visa on Arrival" in Anspruch nimmt, zahlt bar in US-Dollar. US$100-Noten werden allerdings wegen zahlreicher in Umlauf befindlicher Blüten häufiger nicht akzeptiert. Gleiches gilt für schmutzige oder beschädigte Scheine. Wer über Bangkok anreist, kann am Suvarnabhumi Airport Baht und an manchen Automaten Dollar ziehen. In Kambodscha zahlen die Geldautomaten ausschließlich Dollar aus.

Fast alle Banken in der Mekong-Region tauschen auch **Euro**. Bezahlen kann man damit aber nirgendwo.

Augen auf beim Bezahlen

Die Kreditkarte darf beim Bezahlen nicht aus den Augen gelassen werden, damit kein zweiter Kaufbeleg erstellt werden kann. Sie sollte auch niemals in einem Safe, der auch anderen zugänglich ist, verwahrt werden. Wer eine Falschabbuchung bemerkt, kann innerhalb einer begrenzten Zeit die Zahlung reklamieren. Deshalb sollte man von unterwegs das Konto im Internet kontrollieren.

Infos und Sperrnummern

Zentraler Sperrnotruf
☏ +49-116 116, ☏ +49-30 4050 4050
www.sperr-notruf.de

American Express, ☏ +49-69-9797 2000
www.americanexpress.de

MasterCard, ☏ +1-636 722 7111
www.mastercard.de

Visa, ☏ +1-303 967 1096, www.visa.de

Weitere Sperrnummern unter
www.kartensicherheit.de (auch als App)

Reiseschecks

Eine aussterbende Spezies sind Travellers Cheques. In Dollar oder Euro werden sie in Thailand fast überall gewechselt, in Laos, Kambodscha und Vietnam werden sie dagegen nicht mehr gern genommen. Zwar ist der Kurs in der Regel günstiger als für Bargeld, dafür wird eine Provision pro Scheck verlangt. Bei Verlust oder Diebstahl werden Schecks im nächsten Vertragsbüro ersetzt. Wichtig ist, dass die Kaufabrechnung an einer anderen Stelle aufbewahrt wird als die Schecks. Eine Aufstellung aller eingelösten Schecks beschleunigt die Angelegenheit.

Kreditkarten

Mit Kreditkarten kann man im mittleren und oberen Preissegment bezahlen und bei vielen Banken Bargeld abheben. Der Grad der Akzeptanz ist aber regional sehr unterschiedlich.

In **Thailand** nehmen viele Geschäfte, Restaurants und Hotels Kreditkarten. In **Laos** werden sie nur in den großen Tourismuszentren akzeptiert. Dennoch gehören sie ins Gepäck, denn mit Geheimzahl kann man an internationalen Geldautomaten Kip abheben (s. Kasten). Visa hat in Laos die Nase vorn, gefolgt von MasterCard und American Express. Auch in **Kambodscha** werden Kreditkarten meist nur in größeren Hotels, westlichen Restaurants, Souvenirgeschäften und Reisebüros akzeptiert. Visa- und MasterCard sind weitverbreitet, American Express oder Diners Club werden dagegen nur selten angenommen.

In **Vietnam** werden Kreditkarten in den größeren Hotels, von Vietnam Airlines und in Banken akzeptiert. Auch in Reisebüros kann man die Rechnung mit Karte begleichen. Nicht alle Anbieter akzeptieren jedoch alle Karten, eine Zweitkarte ist also nützlich.

Geldautomaten (ATM)

Geldautomaten sind in **Thailand** weitverbreitet. An fast allen kann man mit Karte (Maestro/Cirrus/Kreditkarte) und PIN Geld abheben. Als Maximalbetrag an den meisten Geldautomaten gelten 20 000 Baht, bei einigen ist er geringer. Wer von Automaten vor einer geöffneten Bank abhebt, kann bei einem Problem gleich reklamieren. Die Thai-Bank schlägt bei ausländischen Geld- und Kreditkarten 180 Baht auf.

In **Laos** sind Vientiane und die großen Mekongstädte gut mit Geldautomaten ausgestattet, auch in vielen kleineren Orten gibt es inzwischen mindestens einen ATM. Die meisten werden von der BCEL betrieben, immer mehr auch von der Lao Development Bank, der Joint Development Bank, der Phongsavanh Bank, der Banque Franco-Lao und der ANZ. Leute mit Visa-, Master- oder Bankkarte (Maestro/Cirrus) und PIN können sich unterwegs also ganz gut mit Kip versorgen. Der Höchstbetrag pro Abhebung liegt zwischen 1 Mio. (118 €) und 2 Mio. Kip. Es sind aber mehrere Abhebungen hintereinander möglich. Die Kosten pro Abhebung betragen 20 000–40 000 Kip zzgl. der Gebühr, die das heimische Geldinstitut erhebt (vorher schlau machen).

In **Kambodscha** gibt es ebenfalls fast in jeder Stadt mindestens eine Bankniederlassung mit einem Geldautomaten. Alle akzeptieren Visa, MasterCard und Cirrus, nur wenige American Express und Diners. Die Auszahlung erfolgt immer in US-Dollar. Wer am Geldautomaten mit Kreditkarte Geld abhebt, bezahlt bei jeder Auszahlung eine Transaktionsgebühr von US$5–6, unabhängig von Betrag und Bank.

Auch in **Vietnam** gibt es mittlerweile in fast allen Städten Geldautomaten. Viele Banken nehmen 30 000 Dong Gebühr pro Transaktion. An den meisten Automaten können maximal 2 Mio. Dong (83 €) abgehoben werden, viele Banken reduzieren zudem den Zugriff auf max. fünf Abbuchungen am Tag. Bei der Abhebung am Geldautomaten muss auf *withdrawal* oder *current* gedrückt werden. Viele Kreditkartenunternehmen haben mittlerweile Angebote, die es erlauben, kostenlos Geld abzuheben, so dass die ansonsten fälligen 4–5,5 % Bearbeitungsgebühr an die heimische Bank entfallen. Mit Girokontokarten, wie der Maestro-Karte oder der Spar-Card der Post, kann man mit Glück auch Geld bekommen. Es gibt aber seltener Automaten mit diesem Service. Die jeweiligen Symbole sind an den Geldautomaten angebracht.

Vor der Reise: Kartenlimit prüfen

Viele Kunden haben ein **Abhebelimit** auf ihren Kredit- und/oder Bankkarten. Vor der Reise nach dem Limit erkundigen und es gegebenenfalls heraufsetzen lassen. Eine gute Idee ist auch, die Bank über die Reise zu informieren – es kommt immer wieder vor, dass Karten wegen „ungewöhnlicher Transaktionen" gesperrt werden. **V-Pay-Karten** sind in der Mekong-Region nicht einsetzbar.

In allen vier Ländern verlangen Geschäfte bei Kartenzahlung nicht selten entgegen den Vertragsvereinbarungen eine **Gebühr** (1–5 %) vom Kunden. In diesem Fall sollte man den Betrag auf der Rechnung ausweisen lassen und später vom Kreditkartenunternehmen zurückfordern.

Überweisungen

Sich von zu Hause Geld schicken zu lassen ist in jedem Fall kostspielig. Der schnellste Weg führt über die Zweigstellen von **MoneyGram**, 🖳 www.moneygram.de, und **Western Union**, 🖳 www.westernunion.de.

▸▸ Öffnungszeiten (S. 86), Trinkgeld (S. 93), Währungen und Wechselkurse (S. 104)

Gepäck

Kleidung

Leichte **Baumwollsachen** sind bei Hitze am angenehmsten. Außerdem gehören **robuste Hosen**, Wanderschuhe oder **Sneakers** und **Trekkingsandalen** zur Grundausstattung. **Flip-Flops** sind nicht nur beim eiligen Gang zur Gemeinschaftstoilette gut, sondern auch bei Zimmern mit Bad. Die Duschen haben selten eine Duschwanne, so dass die Bäder oft unter Wasser stehen: ein Nährboden für Pilze.

Bei Fahrten in Songtheos und Pick-ups kann ein **Tuch** vor Sonne, Staub und Abgasen schützen. Gut sind auch **Kapuzenjacken oder Hoodies**, die gleichzeitig den Nacken bedecken. In den Bergregionen im Norden sind im Winter neben einem **Pullover** und einer **Jacke** auch **Schal und Mütze** sinnvoll, besonders wenn man bei schlechtem Wetter oder in der Dämmerung unterwegs ist.

In Südostasien werden Menschen stark nach ihrem Erscheinungsbild beurteilt, und ein ungepflegtes, schmuddeliges Outfit führt schnell zu Ablehnung. Bei Frauen wird weit ausgeschnittene oder eng anliegende Kleidung als anstößig empfunden.

Wäsche wird von den meisten Unterkünften und **Wäschereien** für wenig Geld innerhalb von 24 Stunden gewaschen. Bei empfindlichen Kleidungsstücken sollte man aber vorsichtig

Dran gedacht?

Kleidung

- ☐ **Feste Schuhe** und **Trekkingsandalen**
- ☐ **Flip-Flops**
- ☐ **Allwetterjacke**, am besten mit Kapuze
- ☐ **Pullover** und **Strickmütze** im Norden zur kalten Jahreszeit, gegen Fahrtwind etc.
- ☐ **Baumwolltuch** zum Schutz vor Straßenstaub, Zugluft und Sonne
- ☐ **Sonnenschutz** (Hut, Basecap, Brille)

Für Billigunterkünfte

- ☐ **Moskitonetz**
- ☐ **Kordel** zum Aufspannen des Moskitonetzes
- ☐ **Klebeband**, um Löcher zu flicken
- ☐ **Reißzwecken** oder **kleine Nägel** zum Befestigen des Moskitonetzes
- ☐ **Handtuch**, das schnell trocknet
- ☐ **kleine Schlösser** fürs Gepäck
- ☐ **Leinenschlafsack** oder **Bettbezug**
- ☐ **Schlafsack** in höheren Regionen

Dies und das

- ☐ **Reisepass**
- ☐ **Passbilder** fürs Visum
- ☐ **Flugtickets**
- ☐ **Geld/Kreditkarten**
- ☐ **Reiseapotheke**, s. S. 72
- ☐ **Impfpass** oder eine Kopie für den Notfall
- ☐ **Kulturbeutel**
- ☐ **Taschenlampe**
- ☐ **Taschenmesser**
- ☐ **Smartphone, Tablet**
- ☐ **Powerbank**
- ☐ **USB-Stick, SD-Karten**
- ☐ **Digitalkamera**
- ☐ **Ladekabel**
- ☐ **Reiseführer, Lesestoff**

Tipp: Fotos oder PDF der Reisedokumente für den Notfall in der Cloud speichern oder an die eigene Webmail-Adresse schicken.

sein, da meist sehr aggressives Waschpulver benutzt wird.

Ausrüstung für Trekkingtouren

Bei einfachen Treks in der Trockenzeit reichen **Turnschuhe** meist aus. Gute **Wanderschuhe** machen sich immer bezahlt. Sie sollten aus einem Material bestehen, das möglichst schnell trocknet, und die Knöchel stützen, damit man nicht so leicht umknickt. In der Regenzeit ist es kaum möglich, nass gewordene Kleidung und Schuhe zu trocknen, und die Wege sind oft gefährlich rutschig. Wer dennoch trekken geht, sollte **Regenjacken** und eventuell ein Paar Zweitschuhe einpacken.

Bei mehrtägigen Touren empfiehlt sich ein warmer **Schlafsack**. Daunen sind ungeeignet, da sie bei hoher Luftfeuchtigkeit nicht trocknen. Das Gepäck zusätzlich mit einem Zelt oder einem wetterfesten Schlafsack zu belasten, lohnt nur, wenn entsprechende Abenteuer geplant sind. Für laue Tropennächte reicht ein Bettbezug, Betttuch oder Jugendherbergs-Schlafsack aus. Sinnvoll ist auch die Mitnahme von **Wasserflaschen**, die am Körper befestigt werden können.

Wertsachen

Geld, Pässe und Tickets lassen sich am besten nah am Körper in einem breiten **Bauchgurt** aus Baumwolle aufbewahren. Alle Papiere sollten unbedingt zusätzlich durch eine **Plastikhülle** vor Feuchtigkeit geschützt werden.

Keine schlechte Idee ist auch, Fotos oder PDF aller wichtigen Reisedokumente zusätzlich an die eigene Webmail-Adresse zu schicken (siehe Kasten) und nach der Einreise ein Foto von Pass, Visum und Einreisestempel zu machen. Damit gibt es schneller Ersatz, falls der Pass abhanden kommt.

Kleine **Vorhängeschlösser** an den Reißverschlüssen des Rucksacks schützen vor Dieben und sorgen dafür, dass man nicht als Kurier missbraucht wird. Eine **Rucksackhülle** ist gut, wenn man während der Regenzeit reist, denn das Gepäck wird nicht selten auf dem Dach der Busse transportiert.

▸▸ Elektrizität (S. 55), Reiseapotheke (S. 72)

Gesundheit

In Thailand sind die gesundheitlichen Risiken relativ gering, in Laos, Kambodscha und Vietnam ist die Liste der möglichen Krankheiten schon länger. Für keines des Länder sind Impfungen vorgeschrieben, außer gegen Gelbfieber, sofern man aus einem Infektionsgebiet kommt (Westafrika, Zentralafrika oder Südamerika).

Generell sollte überprüft werden, ob der Schutz gegen **Tetanus**, **Diphtherie**, **Keuchhusten** und **Kinderlähmung** (Polio) noch besteht. Viele Reisemediziner raten außerdem zu Impfungen gegen **Typhus** und **Hepatitis A**. Ob noch weitere Impfungen nötig sind, etwa gegen Tollwut, Hepatitis B, Japanische Enzephalitis oder Meningokokken ACWY und B, hängt von den besuchten Regionen, der Reiseart und -dauer und dem Alter und Gesundheitszustand des Reisenden ab.

Auf jeden Fall sollte man sich sechs bis acht Wochen vor Reiseantritt von einem Reisemediziner über Impfungen und den besten Schutz gegen Malaria und Dengue-Fieber beraten lassen. Aktuelle Adressen der **Tropenmedizinischen Institute** und eine praktische Arztsuchfunktion bietet zum Beispiel die Website der Deutschen Gesellschaft für Tropenmedizin: 🖳 www.dtg.org.

Sämtliche Impfungen sollten mit Ort, Datum und Unterschrift des Arztes in einen **Internationalen Impfpass** eingetragen werden. Näheres zu möglichen Krankheiten gibt es im Abschnitt „Reisemedizin zum Nachschlagen" auf S. 875.

Reisemedizin im Internet

Wer sich vor dem Besuch beim Reisemediziner schon mal kundig machen möchte, findet im Netz jede Menge Informationen:

Centrum für Reisemedizin
🖳 www.crm.de

Fit for Travel
🖳 www.fit-for-travel.de

Bernhard-Nocht-Institut Hamburg
🖳 www.gesundes-reisen.de

Robert-Koch-Institut
🖳 www.rki.de

Gesundheitstipps für die Reise

Essen und Trinken

Am besten hält man sich an die alte Tropenregel: kochen, braten, schälen – oder lassen. Denn ein Großteil der Infektionen wird durch unsauberes Essen übertragen. Wichtig ist auch die persönliche Hygiene: Viele Erreger trägt man mit den eigenen Fingern zum Mund.

Das Leitungswasser in der Region ist nicht zum Trinken geeignet. **Trinkwasser** in Plastikflaschen ist überall erhältlich. **Tee**, der in einfachen Restaurants gereicht wird, wurde aufgebrüht und ist unbedenklich. Vorsicht ist bei **Eis** geboten, da dieses oft aus großen Blöcken gehackt oder geraspelt wird, die zuvor durch viele Hände gewandert sind. Eine Ausnahme bildet das Eis in den meisten westlich orientierten Restaurants und Hotels.

Klima

Sonne und Hitze machen Reisenden oft als erstes zu schaffen. Wer aus Europa ins tropische Asien reist, hat nicht selten eine Temperaturdifferenz von 20 °C und mehr zu verkraften. Wichtig ist, ausreichend zu trinken, denn der Körper schwitzt gerade in den ersten Tagen sehr. Als Faustregel gilt: **drei Liter Flüssigkeit** pro Tag.

Wie überall in den Tropen ist die Sonnenstrahlung eine Gefahr. Je nach Typ braucht die Haut bis zu fünf Tage, um den Eigenschutz auf-

Tipps für eine Reiseapotheke

Von allen regelmäßig benötigten Medikamenten sollte man einen ausreichenden Vorrat mitnehmen. Nicht zu empfehlen sind Zäpfchen oder andere hitzeempfindliche Medikamente.

Basisausstattung

- ☐ **Verbandzeug**
- ☐ **Fieberthermometer**
- ☐ **Ohrstöpsel**
- ☐ **Sonnenschutz** mit UVA- und UVB-Filter
- ☐ **Beipackzettel**

Malaria-Prophylaxe

- ☐ **Malaria-Medikament*** zur Prophylaxe oder als Standby-Therapie
- ☐ **Mückenschutz** (für Kinder: Zanzarin)

Schmerzen und Fieber

- ☐ **Benuron, Dolormin** (keine acetylsalicylsäurehaltigen Medikamente wie Aspirin)
- ☐ **Buscopan** (bei krampfartigen Schmerzen)
- ☐ **Antibiotikum*** gegen bakterielle Infektionen (in Absprache mit dem Arzt)

Magen- und Darmerkrankungen

- ☐ **Tabletten gegen Durchfall** (Imodium akut oder in Thailand erhältlich Lomotil)
- ☐ **Elektrolytpulver** zum Trinken (Elotrans, für Kinder: Oralpädon)
- ☐ **Mittel gegen Verstopfung** (Dulcolax Dragees, Laxoberal Tropfen)

Erkrankungen der Haut

- ☐ **Desinfektionsmittel** (Betaisodona Lösung, Kodan Tinktur)
- ☐ **Antibiotische Salbe** für infizierte oder infektionsgefährdete Wunden (Nebacetin RP)
- ☐ **Mittel gegen Juckreiz** nach Insektenstichen und Allergien (Soventol Gel, Azaron Stift, Fenistil Tropfen, Teldane Tabletten)
- ☐ **Soventol Hydrocortison Creme, Ebenol Creme** (bei starkem Juckreiz oder stärkerer Entzündung)
- ☐ **Wund- & Heilsalbe** (Bepanthen)
- ☐ **Antimykotikum** gegen Pilzinfektionen (Fungizid ratio, Canesten)
- ☐ **Augentropfen** bei Bindehautentzündungen (Berberil, Yxin)

Reisekrankheit

- ☐ **Superpep Kaugummis, Vomex**

Bitte bei den Medikamenten Gegenanzeigen und Wechselwirkungen beachten und sich vom Arzt oder Apotheker beraten lassen.

** rezeptpflichtig in Deutschland*

zubauen. **Sonnencreme mit hohem Lichtschutzfaktor** (20 und höher) und ein Basecap bieten zusätzlich Schutz.

Auch **Erkältungen** kommen häufiger vor, als man denkt, denn in der kühlen Jahreszeit wird es nach Sonnenuntergang schnell frisch. Dann hilft ein dünner Pullover – in den Bergen ein dicker. Nachts besser die Klimaanlage oder den Ventilator ausstellen.

Medizinische Hilfe vor Ort

Die großen, internationalen Krankenhäuser in Bangkok und Chiang Mai gehören mit ihrem medizinischen Standard zur Weltklasse. Das Bangkok Hospital hat einen **Flugrettungsnotdienst**, der nicht nur in Thailand, sondern auch in den Nachbarländern hilft – Notruf: ✆ +66 2755-1777.

Thailand

Dank eines gut entwickelten Gesundheitswesens erreicht man in Thailand im Notfall von fast allen Orten aus schnell ein **Krankenhaus**. Bei ernsthaften Erkrankungen oder anstehenden Operationen sollte man ein internationales privates Krankenhaus mit Englisch sprechendem Personal in Bangkok, Chiang Mai oder auf Phuket aufsuchen. Die großen Krankenhäuser arbeiten mit vielen Versicherungen zusammen und regeln bei kostenintensiven Behandlungen die Bezahlung direkt mit der Versicherung in der Heimat. Kleinere Behandlungen werden selbst gezahlt und nach der Rückkehr mit der Versicherung abgerechnet.

Staatliche Krankenhäuser sind zwar relativ sauber und gut ausgestattet, ihr Standard entspricht jedoch oft nicht den europäischen Erwartungen. Die Behandlungskosten sind etwas günstiger als in Privatkrankenhäusern.

Gesundheitszentren (Health Centers) oder Erste-Hilfe-Stationen, die es in vielen Dörfern gibt, beschäftigen meist nur Krankenschwestern. Manche Krankenhausärzte betreiben zudem kleine Kliniken, die nach Feierabend und an Wochenenden geöffnet sind.

Laos

Das laotische Gesundheitswesen ist unterentwickelt. Zwar gibt es inzwischen in jeder Provinzhauptstadt ein staatliches Krankenhaus, doch entsprechen Ausbildung des medizinischen Personals und Ausstattung bei weitem nicht internationalen Standards. In vielen entlegenen Gebieten bekommt man nur schwer medizinische Hilfe.

In Vientiane und in den anderen großen Mekongstädten können leichtere Krankheiten gut behandelt werden. Wer schwerer erkrankt, sollte sich in Thailand versorgen lassen. Mit **Lao Skyway**, ✆ 021-513022, 💻 www.laoskyway.com, kann der Transport nach Vientiane oder Udon Thani organisiert werden. Auch Vientiane Rescue, ✆ 1623, und die Rettungswagen einiger grenznaher thailändischer Krankenhäuser bringen Patienten im Notfall über die Grenze.

Kambodscha

Auch in Kambodscha ist es um das Gesundheitswesen nicht gut bestellt. Nur in Phnom Penh, Siem Reap und Sihanoukville gibt es Kliniken, die internationalen Standard haben. In den **staatlichen Krankenhäusern** ist die technische Ausrüstung, Hygiene und Patientenbetreuung dürftig. **Privatkliniken** sind den staatlichen Häusern vorzuziehen. Sie sind meist besser ausgestattet und werden oft von einem internationalen Ärzteteam betrieben. In der Provinz bedeutet „Clinic" meist eine Arztpraxis (Empfehlungen englischsprachiger Ärzte und Privatkliniken im jeweiligen Regionalkapitel). Die Behandlung in Krankenhäusern und bei Ärzten muss bar bezahlt werden (ab US$20, in den internationalen Kliniken US$50–100 jeweils für die Erstbehandlung zzgl. Medikamente). Die internationalen Kliniken in Phnom Penh, Siem Reap und Sihanoukville klären die Abrechnung mit den heimischen Krankenkassen.

Bei ernsthaften Krankheiten sollte man sich – sofern möglich – in den hervorragend ausgestatteten Krankenhäusern in Bangkok behandeln lassen. Die vorgenannten Kliniken arbeiten mit dem Bangkok Hospital in Thailand zusammen und können einen Krankentransport veranlassen.

Die **Apotheken**, 🕒 meist 7–20 Uhr, sind oft gut ausgestattet, die Beratung lässt aber meist zu wünschen übrig. Viele Medikamente sind günstiger als in Europa, allerdings werden auch gefälschte Arzneimittel vertrieben, die für den Nicht-Mediziner kaum zu erkennen sind.

Vietnam

Die medizinische Versorgung in den staatlichen Krankenhäusern Vietnams ist nicht mit dem europäischen Standard vergleichbar. Dagegen sind die **Privatkliniken** bereits bestens ausgestattet und verfügen über ein internationales Ärzteteam. Außerhalb der Städte ist es schwierig, Englisch sprechende Ärzte zu finden.

Eine Behandlung kann ohne Versicherung sehr teuer werden. Direkt zu bezahlen sind in jedem Fall sowohl die Behandlung als auch die Medikamente.

In Vietnams **Apotheken** gibt es viele Präparate billiger als in Deutschland und auch ohne Rezept. Einige sind jedoch weitaus weniger oder gar nicht wirksam, da es sich um Kopien handelt. Leider kann man die Imitate nicht von den Originalen unterscheiden. Wer dennoch nicht umhinkommt, Medikamente vor Ort zu besorgen, sollte beim Kauf einen Blick auf das Haltbarkeitsdatum werfen. Unbedenklich sind die medizinischen Vorräte in den internationalen Krankenhäusern.

▸▸ Kinder (S. 78), Versicherungen (S. 99)

Getränke

Softdrinks, Shakes und Säfte

Fast überall gibt es eine große Auswahl an **Softdrinks** in der Flasche oder der Dose, darunter Cola, 7-Up und Sprite.

Weitaus weniger süß als allgemein vermutet und dafür herrlich erfrischend ist **Zuckerrohrsaft**. Überall sieht man die Verkäufer mit ihren Karren, die mit einer Zuckerrohrpresse ausgestattet sind. Ebenso erfrischend ist das Wasser der jungen **Kokosnuss**. Sie wird oben aufgeschlagen, sodass man den Saft direkt aus der Frucht trinken kann. Immer häufiger finden sich Fruchtshakes, frische Säfte und Kaffeeshakes auf den Karten von Bars und Restaurants. Auch auf der Straße bieten Saftstände leckere frisch gepresste oder aus Obst pürierte **Säfte** an. Ob Limette, Mango, Orange oder eine andere Frucht der Saison – diese Säfte sind prima Durstlöscher und liefern zahlreiche Vitamine.

Lecker ist auch **Sojamilch**, die an Straßenständen mit allerlei bonbonfarbenen Zutaten oder abgepackt im Tetra Pak oder in Flaschen in kleinen Läden an Bushaltestellen oder in Cafés verkauft wird.

Tee und Kaffee

Vor allem Vietnam ist für seine Teekultur bekannt. Große Teeanbaugebiete befinden sich im zentralen Hochland und im Norden. Aber auch Kambodschaner und Laoten trinken gern grünen **Tee**. Normalerweise wird er kostenlos zum Essen serviert. In Thailand gibt es Tee fast nur in Touristenzentren und zwar in Beutelform.

Kaffee ist das am weitesten verbreitete Heißgetränk in Thailand. Allerdings wird er mit süßer Kondensmilch und Instantpulver angerührt. Wahre Paradiese für Kaffeetrinker sind Laos und Vietnam, wo aromatisch-kräftiger Kaffee aus heimischem Anbau serviert wird. Der gemahlene Kaffee wird in einem Textilsieb oder Alufilter mit kochendem Wasser übergossen und etwas ziehen gelassen, bevor er mehr oder weniger gut gefiltert in ein Glas tröpfelt. Eine großzügige Portion karamellisierte Kondensmilch, deren Gehalt schon einer kleinen Mahlzeit gleichkommt, bildet den Bodensatz im Glas. Leider bekommen Touristen immer häufiger nur Nescafé serviert. In Kambodscha wird Kaffee schwarz oder mit gesüßter Kondensmilch serviert, gern auch kalt mit viel Eis.

Bier, Whisky und Wein

Biertrinker werden sich auf ihrer Reise durch die Mekong-Region abendfüllend darüber unterhalten können, welches **Bier** denn nun das beste ist.

In Thailand weitverbreitet sind Singha- und Heineken-Bier, Lagerbiere mit 5 % Alkoholgehalt und die preiswerteren Lagerbiere Chang und Leo mit 5–6,4 % Alkohol. Unter Lizenz gebraut werden auch das japanische Asahi und San Miguel von den Philippinen. Wenig verbreitet, aber ansprechend ist das einheimische Phuket-Bier. Manchmal gibt es Erdinger oder Paulaner Weißbier und zunehmend eine akzeptable Auswahl an einheimischen und importierten Weinen.

In Laos dominiert das süffige Beerlao. Außer Pils gibt es auch ein Dunkelbier und Beerlao

Getränke

	Khmer	Lao	Thai	Vietnamesisch
Bier	*bii-a*	*bia*	*bia*	*bia*
Eis zum Kühlen	*tök kák*	*nam kon*	*nam käng*	*da*
heiß	*kdaw*	*hon*	*rohn*	*nong*
Kaffee	*kaafee*	*kafe*	*gafä*	*ca phé*
kalt	*trotschiik*	*jen*	*jen*	*lanh*
Kokosmilch	*tök doung*	*nam makphao*	*nam maprao*	*nuoc dua*
Limettensaft	*tök krow-it ch'maa*	*nam maknao*	*nam manau*	*nuoc chanh*
Orangensaft	*tök krow-it poh saat*	*nam makkiang*	*nam som*	*nuoc cam*
Tee	*tai*	*namsa*	*tschah*	*tra*
Wasser	*tök*	*nam düm*	*nam*	*nuoc*

light. Beerlao Gold ist eher ein Modegetränk. Konkurrenz schafft sich die Brauerei mit den beiden im Haus produzierten Bieren Carlsberg und Lan Xang. Anders sieht es mit Tiger Beer aus Singapore aus, das den Lokalpatriotismus seit geraumer Zeit auf die Probe stellt. Aus demselben Haus stammt auch das etwas weichgespülte Nam Khong. Ein Neuling auf dem vormals geschlossenen sozialistischen Biermarkt ist das malzigere Beer Savan, das mit thailändischem Geld in Savannakhet gebraut wird.

In Kambodscha weitverbreitet ist die lokale Biermarke Angkor aus Sihanoukville, in der Flasche, Dose oder frisch gezapft. Weitere kambodschanische Marken sind Anchor und Cambodia. Singapores Tiger Beer wird ebenfalls in Kambodscha gebraut. Black Panther ist ein beliebtes dunkles Bier mit 8 % Alkoholgehalt. Ausländische Marken, auch deutsches Weißbier, sind in westlichen Restaurants in den touristischen Zentren erhältlich.

Auch in Vietnam werden viele ausländische Biere in Lizenz gebraut. Manche Orte haben aber auch ihr eigenes Bier, etwa Huda in Hue. Beliebt sind die *bia hoi* – Kneipen der vietnamesischen Art. Frisch gebrautes Bier, das maximal 24 Stunden haltbar ist, wird hier in kleinen Biergärten angeboten; manchmal reicht auch ein Brautopf, um den ein paar Stühle gruppiert sind. Das Bier wird frisch gezapft, eine Tradition, die Mitte des letzten Jahrhunderts aus der Tschechoslowakei nach Vietnam kam. In den guten *bia hoi* ist das Bier gegen 23 Uhr meist ausgetrunken. Der Alkoholgehalt liegt bei 4 %.

Gewöhnungsbedürftig ist, dass in allen vier Ländern selbst kaltes Bier oft zusätzlich mit Eiswürfeln serviert wird.

Die thailändische Alkoholdroge Nummer eins ist der **Whisky** Mekhong, der wie akzeptabler Weinbrand schmeckt und zu allen Gelegenheiten aufgetischt wird. Wir empfehlen ihn mit Wasser oder Cola zu verdünnen. In Laos, Kambodscha und Vietnam lässt **Reisschnaps oder -wein** die Männerherzen höher schlagen, oft ein hochprozentiges Feuerwasser, das sehr schnell betrunken macht.

Wein aus Trauben wird seit der Kolonialzeit in Vietnam hergestellt und dies meist gut bis weniger gut. Die Reben wachsen an sonnigen Hängen etwas unterhalb von Da Lat. Es lohnt sich vor allem, die etwas teureren Sorten zu probieren. Wer in Thailand die Region Khao Yai besucht, stößt an den Rändern des Nationalparks auf sechs der insgesamt neun thailändischen Weingüter. Als Südostasiens größte Weinkellerei produziert die als PB Valley bekannte Khao Yai Winery jährlich an die 200 000 Flaschen Weiß- und Rotwein.

Vermehrt gibt es in den Supermärkten aller vier Länder auch **Importweine** zu kaufen.

▸▸ Essen (S. 56), Trinkgeld (S. 93)

Informationen

Fremdenverkehrsämter

Fremdenverkehrsämter und Websites liefern im Vorfeld der Reise diverse Informationen. Achtung: Gewisse Reisebüros in **Thailand** mit Namen T.A.T. haben absolut nichts mit dem staatlichen Fremdenverkehrsamt TAT zu tun!

Thailändisches Fremdenverkehrsamt (TAT)
Bethmannstr. 58, 60311 Frankfurt
✆ 069-138 1390, 📠 1381 3950
📧 info@thailandtourismus.de
💻 www.tourismthailand.org
💻 www.thailandtourismus.de (allgemeine Informationen auf Deutsch)
💻 www.tatnews.org (News Room)
Zähringerstr. 16, 3012 Bern
✆ 031-300 3088, 📠 300 3077
📧 info@tourismthailand.ch
💻 www.tourismthailand.ch

Als Infobüro für Laos, Kambodscha und Vietnam in Deutschland fungiert **ICS** (Indochina Services), Steinerstr. 15, 81369 München, ✆ +49-89-219098660, 💻 www.icstravelgroup.com.

In **Laos** selbst kann man auf das Netz der staatlichen Lao National Tourism Authority, kurz LNTA, zurückgreifen. Manche Filialen sind gut aufgestellt, mit hilfreichem Personal, interessanten Broschüren und der Möglichkeit, Trekking, Homestays und andere Aktivitäten zu organisieren (s. Regionalkapitel). Die Zentrale in Vientiane, Lane Xang Ave, Vientiane, ✆ 021-212251, 💻 www.tourismlaos.org, hat allerdings außer ein paar Schautafeln nicht viel zu bieten.

In **Kambodscha** gibt es oft gute Informationen in Hotels, bei Besitzern von Guesthouses, Reisebüros und Touranbietern. Offizielle staatliche Touristeninformationen existieren in den größeren Provinzstädten. Die Mitarbeiter sprechen ein wenig Englisch oder Französisch, halten aber meist nur wenige Infos bereit, 🕒 Mo–Fr 8–11, 14–16 Uhr.

In **Vietnam** bieten ebenfalls Hotels und Reiseagenturen Informationen. Oft sind die Hoteliers gleichzeitig Betreiber einer Reiseagentur und helfen direkt mit einem Ticket weiter. Einige Reiseveranstalter arbeiten eng mit dem Staat zusammen und schmücken sich zuweilen mit der Bezeichnung „Tourist Information". Hinter diesen Büros stecken jedoch Reisebüros, die keine unabhängige Information geben, wie man es von Touristeninformationsbüros gewohnt ist. Vielmehr sind sie am Verkauf von Reisen ihrer Vertragspartner interessiert.

Websites

Infos über die **aktuelle Lage** geben die Websites der Außenministerien:
💻 www.auswaertiges-amt.de
💻 www.eda.admin.ch
💻 www.bmaa.gv.at

Stefan Loose Globetrotter-Forum
💻 www.stefan-loose.de/globetrotter-forum
Hier halten sich Reisende gegenseitig auf dem Laufenden.

Online-Reiseführer
💻 www.travelfish.org
Guter Internet-Guide zu allen vier Ländern

Mekong Commons
💻 www.mekongcommons.org
Interessante Berichte und Diskussionen zur Entwicklung der Mekong-Region

Mekong Responsible Tourism
💻 www.mekongresponsibletourism.org
Wegweiser für verantwortlichen Tourismus in den Mekonganrainern

Mekong River Commission
💻 ffw.mrcmekong.org
Infos zum Wasserstand des Mekong

New Mandala
💻 www.newmandala.org
Aktuelle Berichte zu Südostasien, betrieben von der Australian National University

Deutsche Zentrale für Globetrotter
💻 www.dzg.com

Blogs und Reiseberichte
💻 www.umdiewelt.de
Hunderte von Reiseberichten aus Südostasien
💻 www.101places.de
Reiseblog des digitalen Nomaden Patrick Hundt
💻 weltreiseforum.com
Reiseblog und Forum des schweizerischen freien Journalisten Oliver Zwahlen
💻 http://faszination-suedostasien.de
Guter Reiseblog zur Region mit etlichen Tipps

Thailand

Allgemeine Infos

- www.amazing-thailand.com
- www.asiasworld.net
- www.klick-thailand.de
- www.passplanet.com/thailand
- www.siam.de
- www.siam-info.de
- www.thailandforvisitors.com
- www.thailand-reisetipps.de
- www.thailandsun.com
- www.thaiminator.de
- www.thailand-ticket.de
- www.thaitimes.de
- www.thaivisa.com

Medien

- www.nationmultimedia.com (The Nation)
- www.bangkokpost.com (Bangkok Post)

Organisationen, Behörden und mehr

- www.thaiembassy.de (Thailändische Botschaft in Berlin)

Laos

Allgemeine Infos

- www.ecotourismlaos.com
- www.tourismlaos.org
- www.explorephongsalylaos.com
- www.khammouanetourism.com
- www.hinnamno.org
- www.hobomaps.com
- www.laos-community.de
- www.luangnamtha.com
- www.muangkhua.com
- www.namet.org
- www.oudomxay.info
- www.savannakhet-trekking.com
- www.southern-laos.com
- www.tourismluangprabang.org
- www.trekkingcentrallaos.com
- www.vatphou-champassak.com

Medien

- www.vientianetimes.org.la (Vientiane Times)
- http://kpl.gov.la (Khaosan Pathet Lao)
- www.vientianetimes.com

Organisationen, Behörden und mehr

- www.la.undp.org (UNDP in Laos)
- www.uxolao.org (Minenräumung in Laos)
- www.laos-botschaft.de (Laotische Botschaft in Berlin)

Kambodscha

Allgemeine Infos

- www.andybrouwer.co.uk
- www.ccben.org
- www.cambodia-airports.com
- www.cambodia-news.net
- www.canbypublications.com
- www.kambodscha-info.de
- www.kambodscha-reise.info
- www.kambodscha.don-kong.com

Medien

- www.cambodiadaily.com (Cambodia Daily)
- www.phnompenhpost.com (Phnom Penh Post)
- www.bayonpearnik.com (Bayon Pearnik)

Organisationen, Behörden und mehr

- http://thinkchildsafe.org (ChildSafe)
- www.concertcambodia.org (ConCert)
- www.norodomsihamoni.org (Offizielle Website des Königs)
- www.tourismcambodia.org (Tourismusministerium)
- www.eccc.gov.kh (Völkermordtribunal)
- www.cambodiatribunal.org
- emb-cambodia.active-city.net (Kambodschanische Botschaft in Berlin)

Vietnam

Allgemeine Infos

- www.vietnam-kompakt.de
- www.vietnam-guide.de
- vietnam-freunde-forum.com
- www.forum-vietnam.de
- www.cms.vietnam-infothek.de
- www.vietnam-dvg.de
- www.vietnam-travel-info.de
- www.vietnamtourism.com

Medien

- www.asialifemagazine.com (Asia Life)
- english.thesaigontimes.vn (Saigon Times)
- english.vietnamnet.vn (Vietnamnet)

Organisationen, Behörden und mehr

- www.vietnamhumanrights.net
- www.vietnam-embassy.ch (Vietnamesische Botschaft in Bern)
- www.vietnambotschaft.org (Vietnamesische Botschaft in Berlin)

» Botschaften und Konsulate (S. 47), Sicherheit (S. 88)

Internet

Die meisten Unterkünfte, Cafés und Restaurants bieten kostenlos **WLAN** an (vor Ort WiFi). Wer permanenten Zugriff auch aus Bus und Bahn braucht, steckt sich eine lokale SIM-Karte mit 3G, mitunter 4G, oder ein USB-Modem ins Gerät.

Internetcafés gehören mittlerweile zu den bedrohten Arten. Die Preise sind sehr niedrig (um 1 €/Std.). Auf vielen Rechnern ist die gängige Kommunikations-Software installiert, allerdings schwankt die Geschwindigkeit stark.

▸▸ Informationen (S. 76), Telefon (S. 91)

Kinder

Thailand, Laos, Kambodscha und Vietnam sind sehr kinderfreundlich. Vor allem **Thailand** eignet sich gut für einen Urlaub mit Kindern. Auch eine Reise nach **Vietnam** ist unproblematisch, wenn man sie gut vorbereitet und ein wenig mehr als üblich auf Hygiene achtet. Von Abenteuerreisen mit Kleinkindern durch **Laos** und **Kambodscha** ist dagegen abzuraten. Hygiene und medizinische Versorgung lassen in beiden Ländern sehr zu wünschen übrig. Stehen nur die Haupttouristenziele auf dem Programm, dürfte es bei guter Planung keine Probleme geben.

Vor der Reise

Wichtig sind eine ärztliche Untersuchung und alle notwendigen **Impfungen** – auch gegen Kinderkrankheiten. Von grundlegender Bedeutung ist die Frage, wie gereist werden soll. Flüge und – je nach Alter und Ausdauer des Kindes – ein Mietwagen (mit Fahrer) sind den lokalen Verkehrsmitteln vorzuziehen. Neuerdings brauchen alle Kinder einen eigenen **Pass**.

Sehr praktisch bei Reisen mit Kleinkindern ist die Mitnahme einer flexiblen **Rückentrage** mit Hüftgurt. Sinnvoll ist zudem ein **Buggy** (am besten mit verstellbarer Lehne), denn darin kann das Kind prima schlafen, während Mama und Papa essen oder Strecken mit Rucksack (statt Kind) auf dem Rücken zurücklegen müssen.

Anreise

Schon die Wahl der Fluglinie entscheidet, wie entspannt die Familie ankommt. Für die ganz Kleinen haben viele Airlines schwebende **Kinderbettchen** (normalerweise für Kinder bis zu einem Gewicht von 10 kg). Außerdem bietet der dazugehörende Platz den Erwachsenen mehr Beinfreiheit.

Braucht der Nachwuchs viel Bewegung, empfiehlt sich ein **Flug mit Zwischenstopp**, wo sich alle die Beine vertreten können und die Waschräume sich besser für einen Kleiderwechsel eignen als die engen Flugzeugtoiletten. Eine Nachfrage lohnt, wenn Eltern und Kind Wert auf ein **Kindermenü** legen, denn das wird vor dem der Erwachsenen ausgegeben, sodass man beim Essen helfen kann. Babynahrung gibt es fast nie, daher sollte diese ebenso ins Handgepäck gehören wie **Wechselkleidung** und Windeln. Es empfiehlt sich, diese Ausrüstung für eine 3-tägige Reise einzupacken, um für einen unvorgesehenen Aufenthalt gewappnet zu sein.

Fast jede Airline hat **Spielzeug**, Bücher oder Bastelmaterial an Bord, die für Zerstreuung sorgen. Vor allem Alleinreisende mit Kind sollten sich nicht scheuen, Mitreisende oder das Flugpersonal um Hilfe zu bitten. Bewährt haben sich aufstellbare Rückentragen oder ein Maxi Cosi. Beide leisten nicht nur beim Aufenthalt im Flughafen, im Flieger selbst und beim Zu- und Aussteigen gute Dienste, sondern sind während der ganzen Reise hilfreich. Da Kinder unter zwei Jahren zwar 10–20 % eines nicht reduzierten Tickets zahlen, ihnen aber **kein eigener Sitzplatz** zusteht, bleibt den Eltern nur die Hoffnung, dass der Flug nicht ausgebucht ist und ein Sitzplatz frei ist. Kinder zwischen 2 und 12 Jahren zahlen für einen eigenen Platz 75–80 %. Einige Airlines lassen Familien mit kleinen Kindern zuerst ins Flugzeug einsteigen.

Die etwa 12-stündige Anreise mit dem Flugzeug, die **Zeitverschiebung** und die Klimaveränderung sind in den ersten Tagen etwas beschwerlich, doch bei ruhiger Herangehensweise gut zu meistern. Es ist sinnvoll, sich nach der Ankunft ein ruhiges Zimmer zu nehmen und die ersten Tage keine großen Anstrengungen zu planen. Es ist aufregend genug, die nähere Um-

Nicht vergessen!

- ☐ **Reisepass** (Kinder jeden Alters brauchen einen Reisepass)
- ☐ **Impfpass**
- ☐ **SOS-Anhänger** mit allen wichtigen Daten
- ☐ **Kleidung** – möglichst strapazierfähige, leichte Sachen
- ☐ **Babynahrung**
- ☐ **Fläschchen** für Säuglinge
- ☐ antibakterielle **Feuchttücher**
- ☐ **MP3-Player**
- ☐ **Spiele** und **Bücher**
- ☐ **Fotos** von Daheimgebliebenen gegen Heimweh
- ☐ **Kuscheltier** (muss gehütet werden wie ein Augapfel, denn ein verloren gegangener Liebling kann allen den Rest der Reise verderben – reiseerprobte Kinder beugen vor, indem sie nur das zweitliebste Kuscheltier mitnehmen)
- ☐ **Sonnencreme** mit hohem Lichtschutzfaktor
- ☐ **Kopfbedeckung**

gebung zu erkunden, das fremde Essen zu probieren und die Menschen kennen zu lernen.

Gesundheit und Hygiene

Unbedingt zu beachten ist, dass das **Wasser** aus der Leitung nicht getrunken wird! Kinder und Eltern sollten sich öfter als daheim die **Hände waschen**. Sollte sich das Kind einmal verletzen, müssen jede offene Wunde und jeder Kratzer – sei er auch noch so klein – desinfiziert werden. Dafür eignet sich am besten alkoholfreies, farbloses **Desinfektionsspray** (aus der deutschen Apotheke). Geeignet für ein Saubermachen zwischendurch sind **antibakterielle Feuchttücher**, etwa von Sagrotan (mitbringen). Sobald sich ein Kind länger als einen Tag krank fühlt und sehr schlapp ist, sollte man einen Arzt aufsuchen. Kehrt die Energie nicht in drei bis vier Tagen zurück, sollte das Kind umgehend in einem internationalen Krankenhaus vorgestellt werden. Mit Tropenkrankheiten im Kindesalter ist nicht zu spaßen.

Gerade in den ersten Tagen haben viele Kinder Probleme mit der **Hitze** und der feuchten Luft und neigen zu Hautausschlag, der sich in Form von roten Pusteln über den ganzen Körper ausbreitet. Wickelkinder haben besonders im Windelbereich damit zu kämpfen. Dagegen hilft Talcum-Baby-Puder, das es in Supermärkten gibt. Puder hilft auch gegen vermehrtes Schwitzen. Extrem wichtig ist es für Kinder, ausreichend zu **trinken**, möglichst schon bevor der Durst kommt.

Gegen **Mücken** empfiehlt sich für Babys oder empfindliche Kleinkinder die in deutschen Apotheken erhältliche Bio-Lotion Zanzarin. Empfehlenswert ist ein Moskitonetz. Meist sind diese vorhanden, wenn nicht, kann man sie recht günstig kaufen.

Windeln gibt es in Thailand fast überall, da sich die Ketten 7-Eleven, FamilyMart und Tesco/Lotus rasant über das ganze Land ausbreiten. In Vietnam, Laos und Kambodscha bekommt man sie in den Supermärkten und Minimarts größerer Städte, ebenso Babynahrung und -milch.

Übernachtung

Viele **Unterkünfte** haben Mehrbettzimmer, in denen eine Familie gut schlafen kann. Außerdem gibt es Doppelbungalows oder nebeneinander liegende Hotelzimmer mit Verbindungstür, die sich für Familien mit älteren Kindern eignen.

Essen

An den touristischen Orten werden überall Pommes angeboten, es gibt Pizza und Nudeln und zahlreiche leckere **Reisgerichte**, die auch Kindern schmecken. Die ganz kleinen Frühlingsrollen eignen sich sogar schon für die Allerkleinsten, sofern man sie nicht in Chilisoße tunkt. **Klebreis** ist bei Kindern ebenfalls beliebt und unterwegs gut zu essen. Nach ein paar Tagen Eingewöhnungszeit können Kinder auch Obst essen (immer schälen!). Lecker und nahrhaft sind **Babybananen**, die sich leicht zerdrükken lassen.

Zur **Aufbewahrung** der Lebensmittel ist es sinnvoll, gut schließende Plastikdosen mitzubringen. So haben Ameisen und anderes Kleinvieh keine Chance. Vom Verzehr von belegten Baguettes am Straßenrand ist mit Kindern auf jeden Fall abzuraten, denn diese können selbst erprobten Travellermägen Probleme machen.

Ermäßigungen

Für Extrabetten für Kinder berechnen **Hotels** gewöhnlich weniger als bei erwachsenen Zusatzpersonen. In manchen Hotels können Kinder bis zum Alter von 12 Jahren kostenlos bei den Eltern im Bett schlafen.

In **öffentlichen Verkehrsmitteln** reisen Kinder kostenlos, wenn sie den Sitz mit einem Erwachsenen teilen, ansonsten für rund ein Drittel oder die Hälfte weniger. **Fluggesellschaften** berechnen meist 75–80 % des regulären Tarifs bei Kindern über 2 Jahren, Air Asia und Jetstar gar den Gesamtpreis. In Vietnam zahlen Kinder manchmal weniger oder keinen Eintritt. In Kambodscha ist der Zutritt zu einigen **Nationalparks** oder **Museen** für Kinder bis 10 Jahren ebenfalls frei. In **Schwimmbädern** und **Freizeitparks** hingegen wird für Kinder ab 2 Jahren meist Eintritt verlangt, oft ist dieser ermäßigt. Als Maßstab gilt die Größe: Mit 1–1,40 m gilt man als Kind.

» Gesundheit (S. 71), Gepäck (S. 70), Visa (S. 100)

Mietwagen

Um ein Auto zu mieten, benötigt man in Thailand und Laos einen internationalen Führerschein, in Kambodscha den kambodschanischen. In Vietnam ist es praktisch unmöglich, einen Wagen ohne Fahrer zu mieten.

In Thailand herrscht Links-, in Laos, Kambodscha und Vietnam Rechtsverkehr. In allen vier Ländern werden die **Verkehrsregeln** nicht sehr ernst genommen. Auf dem Land haben große Fahrzeuge immer Vorfahrt, auch Wasserbüffel, Schweine, Hühner und Enten genießen ein besonderes Recht, und man muss immer bereit sein, das Fehlverhalten anderer zu akzeptieren. Der Seitenstreifen wird von langsamen Verkehrsteilnehmern und zum Ausweichen bei entgegenkommenden überholenden Fahrzeugen genutzt.

Thailand

Dank des ausgezeichneten **Straßennetzes** lässt sich fast ganz Thailand hervorragend mit einem Mietwagen erkunden. Der Großraum Bangkok wird von mautpflichtigen Motorways und in den Außenbezirken von einer Ring Road durchzogen. Die wichtigsten Fernstraßen nach Norden (Chiang Mai, Mae Sai), Nordosten (Nong Khai) und Osten (Trat) sind fast durchgängig vier- bis sechsspurig ausgebaut. Straßen und Orte sind meist auch auf Englisch ausgeschildert. Einige Mietwagen werden sogar mit Navigationsgerät angeboten. Einzig der Linksverkehr ist anfangs gewöhnungsbedürftig.

Mietwagen der Mittelklasse kosten 1200–2200 Baht pro Tag, ab sieben Tagen Mietdauer bei 1000–2000 Baht, Sonderangebote auch darunter. Preiswerte lokale Vermieter verlangen 1000–1400 Baht. In Touristenzentren werden Jeeps, Pick-ups und Songthaew für Kleingruppen bis zehn Personen ab 1000 Baht vermietet. Bei längerer Mietdauer kann der Preis noch gedrückt werden. Als Sicherheit wird von der Kreditkarte ein Blankobeleg hinterlegt, was bei renommierten Firmen kein Problem ist.

Avis, 💻 www.avisthailand.com, Hertz, 💻 www.hertzthailand.com, und Budget, 💻 www.budget.co.th, bieten eine Einwegmiete *(one way rental service)* zwischen ihren Stationen an, ab einer Mindestmietdauer oft ohne Aufpreis.

Zu empfehlen ist eine **Probefahrt**. Schäden am Fahrzeug sollten vor dem Losfahren im Beisein des Vermieters protokolliert und evtl. fotografiert werden.

Der Preis für **Normalbenzin** schwankte in den vergangenen Jahren an großen Tankstellen zwischen 25 und 40 Baht pro Liter. Kleine Tankstellen, die das Benzin aus Fässern pumpen, verlangen etwas mehr.

Eine **Haftpflichtversicherung** ist gesetzlich vorgeschrieben. Darüber hinaus kann eine Vollkaskoversicherung mit geringer Selbstkostenbeteiligung abgeschlossen werden.

Unfallverursacher müssen bei Personenschäden den Betroffenen je nach Schwere der Verletzungen Entschädigungen von 10 000–200 000 Baht zahlen. Da Farangs meist mehr Geld als die anderen Beteiligten haben, wird erwartet, dass sie für kleinere Schäden aufkommen. Einen Rechtsbeistand empfiehlt ggf. die Deutsche Botschaft.

OBEN LINKS PHU QUOC, VIETNAM; **OBEN RECHTS** SAMUT SONGKHRAM, THAILAND; **UNTEN** FÄHRE, LAOS

SRT
1227

Navis, GPS & Co.

Smartphones und Navigationsgeräte lassen sich gut von Autofahrern wie Fußgängern einsetzen. Die für Android und iOS erhältliche, kostenlose Navigations-App von **Google Maps** leitet Reisende zuverlässig zum Ziel. Mit der Android-Version können zudem ausgewählte Kartenausschnitte mit der Funktion „OK Maps" im Voraus heruntergeladen werden, sodass beim Fahren keine Datenverbindung mehr notwendig ist. Eine Alternative sind die komplett auf dem Smartphone speicherbaren Karten der guten App **Maps.Me** für Android und iOS, die ebenfalls eine Navigationsfunktion beinhalten. Wer ein **TomTom-Navi** hat, kann bei vielen Modellen unter 💻 www.tomtom.com für knapp 30 € das Kartenmaterial Thailand oder für knapp 50 € ganz Südostasien herunterladen (allerdings ohne Laos und Kambodscha). Bei einem **Garmin-Navi** kann nur das sehr teure Kartenmaterial (119 €) für ganz Südostasien gekauft werden, 💻 www.garmin.com/de.

Für **Laos** ideal ist die aktuelle **Laos GPS Map**, 💻 www.laosgpsmap.com, eine SD-Karte für alle gängigen Navigationsgeräte, die das Straßennetz des Landes und der wichtigsten Städte abbildet, zu kaufen in Vientiane (s. Website).

Wer viel abseits der Highways fahren möchte, sollte sich den zweisprachigen **Straßenatlas** *Thailand Deluxe Atlas* von thinknet mit etlichen Stadtplänen und Karten (Maßstab 1 : 550 000) oder die Regionalkarten von thinknet besorgen, die an vielen Tankstellen erhältlich sind.

Laos

Die einzige große **Autovermietung** in Laos ist Avis mit Filialen in Vientiane, Luang Prabang, Savannakhet und Pakxe. Die Flotte umfasst Pkws, Minivans und SUV, Einwegmieten sind möglich. Selbstfahrer benötigen einen gültigen ASEAN- oder internationalen Führerschein, den Reisepass und eine Kreditkarte.

Wesentlich sicherer ist es, einen Wagen **mit Fahrer** zu mieten. So spart man sich den Stress auf der Straße, hat jemanden, der auf das geparkte Auto aufpasst, und im Falle eines Englisch sprechenden Fahrers sogar einen Übersetzer und versierten Guide.

Vor der Fahrt sollte man sich vom einwandfreien **Zustand des Fahrzeugs** überzeugen und einige Punkte abklären: Wer kommt für Kost und Logis des Fahrers auf, wer bezahlt Benzin und etwaige Reparaturen, und was passiert im Falle eines Unfalls (Telefonnummern etc.).

Die **Höchstgeschwindigkeit** beträgt innerorts 40 km/h, außerhalb 80 km/h. Nur ganz wenige Straßen haben einen Mittelstreifen. Selbst auf Straßen mit Markierung wird gern eine dritte Spur in der Mitte aufgemacht.

Entlang der Nationalstraßen und in den Städten ist das **Tankstellennetz** relativ dicht. Der Liter Normalbenzin kostet etwa 7000 Kip. In entlegenen Ecken wird Benzin am Straßenrand aus Metallfässern oder Plastikflaschen in unterschiedlicher Qualität zum Tagespreis (also meist höher) verkauft.

Eine der besten **Straßenkarten** ist die *Laos Guide Map* im Maßstab 1:1 650 000 von David Unkovich (Golden Triangle Rider). Sie ist unter 💻 www.gt-rider.com zu bestellen oder in Reisebüros und Läden in Laos zu kaufen. Gut, detailliert und GPS-kompatibel ist die Laos-Karte von Gecko Maps, 💻 www.geckomaps.com, im Maßstab 1:750 000.

Kambodscha

Es gibt fast ausschließlich **Wagen mit Fahrer** zu mieten. Am besten wendet man sich an Touranbieter, Hotels oder Guesthouses. Eine Tagesfahrt kostet – abhängig von der Entfernung – ab US$35 inkl. Benzin.

Avis ist in Phnom Penh und Siem Reap unter anderem am Flughafen vertreten, die Tagesmiete beträgt ab US$69. Zu empfehlen ist das Steuern eines eigenen Pkw nicht: Die Kosten sind höher als Wagen mit Fahrer, die Fahrweise der anderen Verkehrsteilnehmer chaotisch, und der Mieter haftet für alle Schäden. Die Hinterlegung des Reisepasses ist Pflicht, kambodschanische Polizisten verlangen in der Regel auch einen kambodschanischen Führerschein.

Vietnam

Vietnams Highways sind sehr gut ausgebaut, das gilt vermehrt auch für die abgelegenen Gebiete. Die **Geschwindigkeitsbegrenzung** liegt in Ortschaften bei 40 km/h, auf dem Highway bei 60 km/h.

Mietwagen für **Selbstfahrer** gibt es nur selten, denn nur Ausländer mit einem Geschäftsvisum, einer Aufenthaltserlaubnis und einem vietnamesischen Führerschein dürfen selbst ans Steuer. In Vietnam sind daher fast nur **Wagen mit Fahrer** zu mieten. Damit lassen sich auch anstrengende Reisetage gut organisieren. Ein Mietwagen eignet sich zudem für kurze Ausflüge, wie zum Cu Chi-Tunnel bei Ho-Chi-Minh-Stadt oder ins Mekong-Delta. Als erstes großes Unternehmen hat Avis, 💻 www.avis.com.vn, Büros in Ha Noi, Sai Gon und Da Nang eröffnet.

An den Straßen finden sich immer wieder Mautstellen, an denen **Gebühren** kassiert werden. Die Fahrer haben für gewöhnlich abgezähltes Geld dabei, da diese Kosten im Mietpreis enthalten sind.

Bei der Vermittlung eines Mietwagens helfen Reisebüros, Hotels und Gästehäuser. Besuchern werden auch immer wieder Angebote von Taxifahrern gemacht. Die **Preise** bewegen sich zwischen US$60–120 pro Tag. Die Fahrer sorgen meist selbst für ihre Unterkunft – dies sollte aber vor Reisebeginn geklärt werden. Auch die Frage, wer während der Reise für Reparaturen aufkommen muss, sollte vertraglich geregelt sein. Ist der **Vertrag** individuell aufgesetzt, ist es sinnvoll, auch eine vietnamesische Version zu verfassen, damit der Fahrer alle Vereinbarungen lesen kann. Vor der Unterschrift sollte der Wagen inspiziert werden: Wie sehen die Reifen aus, gibt es einen Ersatzreifen und Sicherheitsgurte? Wichtig ist auch, den Fahrer und gegebenenfalls den Guide, mit dem man tage- oder wochenlang unterwegs sein wird, vorher etwas näher kennenzulernen. Nachdem ein Vertrag unterschrieben wurde, muss eine Anzahlung hinterlegt werden. Viele Anbieter verlangen den vollen Preis, aber darauf sollte man sich nicht einlassen.

⏩ Busse und Pick-ups (S. 50), Fahrräder (S. 60), Motorräder (S. 83), Nahverkehr (S. 85)

Motorräder

Motorroller sind für Tagesausflüge ideal, aber nicht für lange Strecken, zu zweit oder mit Gepäck. Daran ist vor allem die mangelnde Verkehrssicherheit vieler Leihmotorräder Schuld. Unfälle sind an der Tagesordnung. Wer selbst verletzt wird und keinen **Motorradführerschein** hat, muss damit rechnen, dass die Auslandskrankenversicherung für die Behandlungskosten nicht aufkommt!

Zur **Ausrüstung** auf dem Roller gehören eine Sonnenbrille, eine lange Hose, ein Sweatshirt und Schuhe. Abends zu fahren ist riskant, da im spärlichen Scheinwerferlicht Schlaglöcher und Tiere leicht zu übersehen sind. Wer öfter mit dem Motorrad reisen möchte, sollte außerdem Schutzkleidung und seinen eigenen Helm mitbringen, da die geliehenen häufig nicht passen oder von schlechter Qualität sind. In allen vier Ländern besteht inzwischen **Helmpflicht**

In Kambodscha ist bei Ausflügen in ländliche Gebiete zu beachten, dass Landminen noch immer ein großes Problem sind. Man darf unter gar keinen Umständen die gekennzeichneten Wege und Pfade verlassen.

Thailand

In nahezu allen Touristenhochburgen im Norden und auf den meisten Inseln gibt es preiswert Motorräder und Roller zu mieten. Fast alle Maschinen haben über 50 ccm Hubraum und dürfen somit nicht ohne Motorradführerschein gefahren werden (auch wenn das in der Praxis niemanden zu interessieren scheint).

Motorradfahrer finden vor allem im Norden ab Chiang Mai ideale **Rundstrecken**. Auch entlang des Mekong lässt es sich wunderschön durch den hohen Norden und Nordosten fahren.

Bei der Motorradmiete wird verlangt, den Reisepass zu hinterlegen. Zur Sicherheit sollte man in der Gegenwart des Vermieters alle bereits bestehenden Schäden dokumentieren (am besten mit Fotos). Die **Haftpflichtversicherung** deckt Personenschäden bis 50 000 Baht ab, jedoch keine Sachschäden!

Geführte Motorradtouren mit großen Maschinen und Enduros werden vor allem ab Chiang

Mai angeboten. Viele weitere Infos findet man auf der Website des Motorradspezialisten David Unkovich, 🖳 www.gt-rider.com. Gute geführte Motorradtouren durch den Norden und Westen Thailands werden auch von Off-Road Tours, 🖳 www.off-roadtours.de, veranstaltet.

Laos

In den Tourismuszentren am Mekong gibt es für 60 000–120 000 Kip pro Tag **Motorroller** (Halbautomatik und Automatik) zu mieten. **Geländemaschinen** (250ccm) bekommt man nur in Vientiane, Luang Prabang und Thakhek. Kostenpunkt: ab US$30 aufwärts pro Tag, günstiger bei Langzeitmieten. Ein Führerschein ist auch nach laotischem Recht vorgeschrieben, wird aber von Vermietern praktisch nie verlangt. Als Pfand wird meist der Pass einbehalten.

Mietmotorräder sind in der Regel nur unzureichend **haftpflichtversichert**. Da die Versicherungssumme sehr gering ist, wird von Ausländern bei einem Unfall eine (verhandelbare) Zuzahlung erwartet. Auch bei Schäden am Motorrad oder Diebstahl kann es teuer werden – also bei der Übernahme auf Macken und ein funktionierendes Lenkradschloss achten. Außerdem ist es sinnvoll, die Beleuchtung und bei einer Probefahrt die Bremsen zu prüfen.

Für den Fall einer Polizeikontrolle ist es wichtig, Führerschein, Pass(kopie) und den Mietvertrag dabeizuhaben. Platte Reifen sind auf den steinigen Straßen fast unvermeidbar. In den meisten Orten gibt es kleine **Werkstätten** (Laan Sohm Yang), die für wenig Geld flicken. Wer ein Geländemotorrad mietet, sollte sich Ersatzschläuche und -züge mitgeben lassen, da Werkstätten für diese meist keine Teile vorrätig haben.

Eine Alternative zur Langzeitmiete ist der **Kauf** eines Motorrads. In Vientiane hängen an Supermärkten häufig Angebote von Expats aus. Das empfiehlt sich aber eher für erfahrene Biker.

Motolao in Luang Prabang organisiert mehrtägige Biketouren in Nord- und in Zentrallaos, darunter auch zur Tham Xe Bangfai. Motorräder werden zur Verfügung gestellt, außerdem Schutzkleidung und anständige Helme. Infos und Buchung unter 🖳 www.motolao.com, als Kontakt vor Ort dient das Büro von Tiger Trail.

Auch **Jules Classic Adventure**, 🖳 www.raid.bike-rental-laos.com, in Vientiane bietet Motorradtouren an, darunter Trips im Süden. Don Duvall von **LaosGPSmap** unternimmt mehrtägige Motorradtouren entlang dem Ho-Chi-Minh-Pfad. Infos unter 🖳 www.hochiminhtrail.org

Kambodscha

Motorräder können in allen touristischen Städten ausgeliehen werden. Für ein Moped sind US$5–10 pro Tag zu zahlen. Eine Harley oder große geländegängige Maschinen ab 250 ccm kosten zwischen US$15 und US$30 pro Tag. Der Nachweis eines Führerscheins wird in den seltensten Fällen verlangt. Normalerweise wird der Pass als Pfand einbehalten. Die Maschine sollte vorher unbedingt genau kontrolliert und eventuelle Schäden protokolliert werden.

Wer vorhat, das Land mit dem motorisierten Zweirad zu erkunden, sollte eine Kopie seines Reisepasses samt Visa dabeihaben, auch ein internationaler Motorradführerschein ist hilfreich. Mit eigenem Flickzeug ist man gut bedient, in Städten und Dörfern wird sich aber auch überall eine Werkstatt finden.

Eine gute Investition ist es, das Motorrad auf einem bewachten Parkplatz abzustellen oder ein gutes Schloss dabeizuhaben. Wem das Moped gestohlen wird, der muss für den Verlust aufkommen. Bei Vertragsabschluss sollte daher eine Klausel zur Wertermittlung eingefügt sein.

Motorradausflüge sind eine wunderbare Möglichkeit für geübte Fahrer, das Land kennenzulernen, abgelegenere Gebiete zu erforschen oder einsame Strände zu entdecken. Die Staubstraßen sind ein Paradies für Offroad-Fahrer. Größere Motorräder und Geländemaschinen werden in den Städten Phnom Penh, Siem Reap, Sihanoukville und Sen Monorom vermietet, die Anbieter organisieren auch Motorradtouren von bis zu drei Wochen.

Vietnam

In Vietnam darf man nur mit einem **Internationalem Motorradführerschein** ein Motorrad leihen. Wer es ohne Fahrerlaubnis tut, muss mit einer Strafe in Höhe von 1,2 Mio. Dong rechnen. Diese Regelung wurde 2015 verstärkt umgesetzt. Von Ort zu Ort wird sie allerdings unterschiedlich gehandhabt. Wer in einen Unfall verstrickt wird, hat ohne gültigen Führerschein zudem kaum Chancen, ohne weitaus höhere Zahlungen davonzukommen.

Neben den Highways gibt es natürlich auch in Vietnam noch holprige und schlechte Straßen, die nur routinierte Fahrer meistern können. **Reparaturwerkstätten** finden sich fast überall. Sie sind am Honda-Zeichen zu erkennen. Auf dem Land sind sie dünner gesät. Um bei einem Unfall nicht ganz alleine dazustehen, ist es ratsam, eine Motorradreise in einer kleinen **Gruppe** zu unternehmen, damit man sich gegenseitig helfen kann.

Eine Mietmaschine mit 80, 100 oder 125 ccm kostet am Tag US$5–10, bei längerer Mietdauer weniger. Wichtig ist eine penible **Kontrolle** der geliehenen Maschine. Dazu gehören das Profil der Reifen, die Fußpedale, der Ölstand und besonders wichtig: die Bremsen. Jeder Schaden, der nicht im Vertrag aufgelistet ist, kann später teuer werden.

Wer ein **Motorrad kaufen** will, kann Angebote an den Anschlagtafeln von Gästehäusern und Restaurants finden. Wichtig ist, dass man alle benötigten Papiere ausgehändigt bekommt. Viele Traveller verkaufen ihre gebrauchten Maschinen über Facebook-Gruppen, z. B. „Vietnam Backpacker", 💻 www.facebook.com/groups/1698351463710950.

Motorradfahrer müssen **Mautgebühren** bezahlen. Ein ausreichender Vorrat an kleinen Scheinen spart Zeit. Mopeds hingegen können ohne Bezahlung auf der rechten Spur die Schalter passieren.

Geführte **Motorradtouren** werden vor allem im Norden des Landes angeboten. Hinter einem Easy Rider kann Platz nehmen, wer nicht selber fahren kann oder will. Diese erfahrenen Biker bieten Tages-, aber auch längere Touren an, die etwa auf dem Ho Chi Minh Highway (dem ehemaligen Ho-Chi-Minh-Pfad) entlangführen – eine beliebte Strecke für alle Motorradfans. Die Standardtour führt durch das zentrale Hochland von Da Lat über den Lak-See nach Buon Ma Thuot, Kon Tum und weiter nach Hoi An.

▸▸ Busse und Pick-ups (S. 50), Fahrräder (S. 60), Motorräder (S. 83), Nahverkehr (S. 85)

Nahverkehr

In den Städten herrscht eine riesige Konkurrenz unterschiedlichster Nahverkehrsmittel – von der Fahrradrikscha bis zum Kleinlaster. Sie alle bringen einen für wenig Geld von Tür zu Tür. In Dörfern ist es allerdings nach 18 Uhr und sehr früh morgens fast unmöglich, wegzukommen. In dem Fall muss man eines der Fahrzeuge chartern.

Fahrradrikscha

Die dreirädrigen Fahrradrikschas mit überdachter Sitzbank für zwei Personen, in Laos Samlor, in Vietnam und Kambodscha Cyclo genannt, verschwinden zunehmend aus dem Stadtbild. Sie sind für kurze Strecken geeignet. Den Fahrpreis vorher aushandeln.

Motorradtaxi

Motorradtaxis werden in Städten, auf Inseln und in ländlichen Regionen genutzt. Sie bringen auf dem Sozius oder im Beiwagen ein bis zwei Fahrgäste zu beliebigen Zielen. Der Fahrpreis ist niedrig, muss aber vorher geklärt werden.

Tuk Tuk

Dreirädrige Motorroller mit überdachter Sitzbank, auch *samlor* (Thai), *jumbo* (Lao) oder *reumork* (Khmer) genannt, verkehren in großen und kleinen Städten. In Thailand haben darin kaum mehr als zwei Personen Platz. In laotischen Tuk Tuks liegen sich die Sitzbänke gegenüber und können bis zu sechs Fahrgäste aufnehmen. Den Preis muss man vorher aushandeln.

Kleinlaster und Pick-ups

In den privat betriebenen Kleinlastern, in Thailand und Laos Songthaew genannt („song-täo" gesprochen) liegen sich zwei niedrige Sitzbänke gegenüber (*song thaew* = „zwei Bänke"). Songthaew haben feste Preise. Sie fahren in größeren Städten auf festen Routen zum Einheitstarif.

Pick-ups sind Songthaew, die überall Passagiere mitnehmen. In mittleren Städten kurven sie rund um die Uhr durch die Stadt auf der Suche nach Fahrgästen. Wer sein Ziel nennt, erhält ein Zeichen zum Einsteigen oder Warten. Wenn man Zeit hat und ganz hinten sitzt, kann man auf diesem Weg die halbe Stadt kennen lernen. Manchmal fahren Songthaews auch in die Umgebung, auf diesen Strecken werden sie zunehmend durch Minibusse und Vans ersetzt.

Taxi

Taxis fahren überwiegend ohne Taxameter. In Bangkok, Ha Noi, Ho-Chi-Minh-Stadt, Vientiane und anderen Touristenorten haben sie teilweise Taxameter. Die Fahrer sind aber nicht immer dazu zu bewegen, diesen auch einzuschalten. Ein unbedarfter Tourist bezahlt für ein Flughafentaxi oft überhöhte Preise. Die Taxifahrer sprechen in der Regel kein Englisch und erhalten kein Trinkgeld – außer für besondere Gefälligkeiten. Bei Fahrten mit Taxameter kann man den Betrag jedoch aufrunden.

Stadtbusse

In Bangkok, Phnom Penh, Ha Noi und Ho-Chi-Minh-Stadt fahren nummerierte Busse auf festen Routen. Einige sind klimatisiert. In Vientiane bedienen Linienbusse die Viertel am Stadtrand.

Minibusse, Microbusse oder Microvans bedienen ländliche Regionen und nachts in Bangkok auch einige Busstrecken. Auch in kleineren Städten fahren lokale Busse durch die Stadt und stellen die Verbindung zwischen den nahe gelegenen Ortschaften sicher.

▸▸ Busse und Pick-ups (S. 50), Fahrräder (S. 60), Mietwagen (S. 80), Motorräder (S. 83)

Öffnungszeiten

Thailand

Geschäfte sind in der Regel von 8–21 Uhr geöffnet, Kaufhäuser von 9 oder 10 Uhr bis 21 oder 22 Uhr, die großen Hypermärkte haben meist bis 22, teils auch bis 23 Uhr geöffnet. Sonntags öffnen manche Läden etwas später. Auf den meisten Märkten herrscht dagegen schon vor Sonnenaufgang Hochbetrieb.

Ämter und Behörden öffnen Montag bis Freitag von 8.30–12 Uhr und 13–16.30 Uhr, wobei die Mittagspause variieren kann. Auch kurz vor Büroschluss ist mitunter keiner mehr ansprechbar.

Manipulierte Taxameter

Einige Taxifahrer in Ha Noi und Ho-Chi-Minh-Stadt haben ihre Taxameter manipuliert: Wenn auf den ersten 500 m Fahrt der Fahrpreis gleich ohne anzuhalten in großen Schritten in die Höhe schnellt, sollte man den Wagen direkt anhalten lassen und aussteigen. Mit einigen 10 000 Dong schimpfend bezahlter „Abfindung“ sollte man je nach Höhe der betrügerisch geforderten Summe aus der Situation herauskommen.

Banken öffnen Montag bis Freitag außer feiertags von 8.30–15.30 Uhr. In Touristenzentren haben Wechselstuben täglich bis spät abends geöffnet. Notfalls wechseln Hotels zu schlechten Kursen.

Laos

Die Öffnungszeiten der **Läden** richten sich nach dem Geschäftssinn des Besitzers. Am Sonntag ist wie bei uns Ruhetag.

Behörden haben offiziell von 8–12 und 13–16.30 Uhr geöffnet, wobei man von den Angestellten bereits eine halbe Stunde vor Feierabend deutliche Signale erhält, dass sie Schluss machen wollen. Die Mittagspause wird gern gestreckt, um zum Essen nach Hause zu fahren oder sich in der nahe gelegenen Suppenküche mit Kollegen und Freunden zu treffen. Für Behörden gilt: spätestens bis 11.30 Uhr und frühestens ab 14 Uhr wieder auftauchen.

Banken haben Mo–Fr von 8.30–15.30 oder 16.30 Uhr geöffnet, in Tourismuszentren auch länger und am Wochenende. In vielen Märkten gibt es Wechselschalter, die auch am Wochenende Geld tauschen (meist Juweliere).

Kambodscha

Öffnungszeiten werden generell flexibel gehandhabt. Wann **Geschäfte** öffnen und schließen, liegt im Ermessen der Besitzer. Geschäfte, die den touristischen Bedarf decken, sind an deren Einkaufsgewohnheiten angepasst, 🕒 meist 8–20 Uhr. Auf dem Land richten sich die Zeiten nach der Sonne: 🕒 6.30–18.30 Uhr. Einen Ruhetag gibt es nicht. Auch **Märkte** haben täglich von Sonnenauf- bis Sonnenuntergang geöffnet.

Manche Stände schließen bereits gegen Mittag, wenn die frische Ware verkauft ist.

Kernöffnungszeit der **Ämter** ist Mo–Fr 7.30–11.30 und 14–17 Uhr. Die Jobs im öffentlichen Dienst sind zwar begehrte Posten, werden aber schlecht bezahlt. Meist ist vor 8 Uhr niemand anzutreffen, und ab Mittag gehen Beamte häufig einem Nebenerwerb nach. An öffentlichen Feiertagen bleiben Ämter geschlossen, gern wird auch noch ein zusätzlicher Tag angehängt. Zuverlässige Öffnungszeiten haben die **Banken**. Die Kernöffnungszeiten sind: 🕒 Mo–Fr 8–15.30, Sa 8–11 Uhr, an Feiertagen ist geschlossen.

Vietnam

Geschäfte öffnen meist zwischen 8 und 9 Uhr und schließen gegen 21 Uhr. Der Samstag ist ein regulärer Arbeitstag (das gilt auch für **Behörden**). Wenn überhaupt, ist nur am Sonntag geschlossen. **Banken** haben in der Regel Mo–Fr 8–11.30 und 13–16 Uhr geöffnet. Auf den **Märkten** beginnt das Leben sehr früh, viele Stände werden bereits gegen Mittag wieder abgebaut, da dann die frische Ware verkauft ist.

» Feste und Feiertage (S. 62), Geld (S. 68), Post (S. 87), Telefon (S. 91)

Post

Briefe und Postkarten von Südostasien nach Europa sind selten länger als zwei Wochen unterwegs. Die Post ist recht zuverlässig.

Thailand

Postämter haben meist werktags von 8–16.30 und am Wochenende von 9–13 Uhr geöffnet, Hauptpostämter sowie Filialen an Flughäfen und in Einkaufszentren auch länger.

Urlaubsgrüße auf **Postkarten** erreichen den Empfänger in der Heimat per Luftpost in fünf bis sieben Tagen und kosten 15 Baht. **Briefe** bis zu 20 g kosten 24 Baht. Wichtige Post sollte man per **Einschreiben** (registered mail) oder mit **EMS** (Express Mail Service) versenden.

Viele große Postämter bieten einen **Packservice** an: Am Schalter werden günstig Kartons unterschiedlicher Größe angeboten, in denen hilfsbereite Postbeamte gegen eine geringe Gebühr alles fachmännisch verpacken. Die Zollerklärung müssen die Reisenden selbst ausfüllen und vor dem Abschicken ihren Reisepass vorlegen. Was Zeit hat, kann auf dem Land- oder Seeweg gemächlich nach Hause fahren. Soll die maximal 20 kg schwere Fracht möglichst schnell und sicher nach Europa gelangen, ist der **Kurierdienst** EMS der Post oder DHL empfehlenswert.

Beim Kauf von großen Gegenständen übernimmt das Geschäft häufig den Versand nach Europa (immer auf einer exakten Quittung bestehen) oder man beauftragt selbst eine **Spedition**. Die Speditionskosten setzen sich aus Seefracht (bis zum jeweiligen Hafen) und Landfracht (Hafen bis Heimatort) zusammen, wobei Letzteres häufig ein Vielfaches der Seefracht beträgt.

Eine übergewichtige Kiste kann auch bei der **Luftfracht** als unbegleitetes Gepäckstück *(unaccompanied baggage)* aufgegeben werden. In diesem Fall schickt sie die Fluggesellschaft, bei der man das Ticket gebucht hat, mit der nächsten unausgebuchten Maschine nach. Die Fracht muss mindestens 4 Tage vor Abflug aufgegeben werden. Zuverlässig sind beispielsweise TNT Express, 💻 www.tnt.com, oder Schenker, 💻 www.dbschenker.co.th.

Die aktuellen **Posttarife** sind unter 💻 www.thailandpost.co.th/rate.php gelistet.

Laos

Postämter – landesweit an der senfgelben Farbe zu erkennen – haben Mo–Fr von 8–16 oder 17 Uhr geöffnet, in Vientiane und Luang Prabang auch länger.

Luftpost von/nach Europa braucht selten länger als 14 Tage. Postkarten kosten 13 000 Kip, Briefe zwischen 10 g und 20 g 28 000 Kip (in den Provinzen ein paar Kip mehr). Wichtiges sollte per Einschreiben oder Express Mail Service (EMS – Kurierdienst der Post) versandt werden.

Päckchen und Pakete können als Seefracht (2 Monate) oder per Luftpost (14 Tage) verschickt werden. Einige Hauptpostämter bieten für wenige tausend Kip einen Packservice an – eine gute Idee, da die Postbeamten ohnehin den Inhalt der Sendungen kontrollieren wollen (selbst gepackte Pakete sollten offen gelassen werden).

Sperrige, aber leichte Einkäufe versendet man am besten mit der laotischen Post. Wer wertvolle oder schwere Güter nach Europa verschicken möchte, kann sich an einen der teuren **Kurierdienste** wie DHL, 🖳 www.dhl.com.la, FedEx, 🖳 www.fedex.com/la, oder Schenker 🖳 schenker.vientiane@dbschenker.com, in Vientiane wenden.

Kambodscha

Alle Post im Land wird über Phnom Penh geschickt. Briefe und Postkarten aus der Hauptstadt nach Europa sind gut zwei Wochen unterwegs, aus der Provinz eine Woche länger. Das **Porto** für eine Postkarte nach Europa beträgt 2800 Riel (aus der Provinz 200 Riel mehr). Briefe nach Europa werden mit 4100 Riel frankiert. Man sollte auf jeden Fall kontrollieren, dass die Post auch tatsächlich frankiert wird.

Der Paketdienst **EMS** (Express Mail Service), 🖳 www.ems.post, unterhält Filialen in allen großen Postämtern des Landes. Die Versendung eines 1-Kilo-Paketes nach Deutschland und in die Schweiz kostet US$45, nach Österreich US$42. Jedes weitere Kilo kostet US$12 bzw. US$10. Maximal können 30 kg verschickt werden, die Versandzeit beträgt drei bis fünf Tage.

Noch teurer sind Päckchen, die von Phnom Penh und Siem Reap mittels **DHL** verschickt werden. Wer im Anschluss nach Vietnam weiterreist, kann von dort schweres Gut günstiger in die Heimat schicken. Auf dem **Seeweg** sind Pakete etwa zwei Monate in die Heimat unterwegs, ein 1-Kilo-Paket nach Deutschland kostet US$26, nach Österreich und in die Schweiz US$19; jedes weitere Kilo US$3. Auf einem Zollformular müssen Inhalt und Wert detailliert aufgeschlüsselt werden. Die Postbeamten kontrollieren den Inhalt aber nicht.

Vietnam

Die **Postämter** sind nicht nur werktags, sondern auch am Wochenende geöffnet, meist bis spät abends: 🕒 7–21 Uhr. In kleinen Städten wird manchmal eine Stunde Mittagspause eingelegt.

Briefe und **Postkarten** erreichen Europa meist nach etwa zwei Wochen, wenn sie in Ho-Chi-Minh-Stadt oder Ha Noi eingeworfen werden. Nach etwa drei Wochen sind auch Postsendungen aus der Provinz in Europa angelangt. Pakete brauchen zwischen einer Woche und drei Monaten, je nachdem welcher Postweg gewählt wird. Auch Einschreiben sind möglich, etwa bei EMS. Dieser **Express Mail Service** verringert die Zustellzeiten und ist innerhalb des Landes, in die meisten asiatischen Länder (z. B. Thailand und Kambodscha) und in die Schweiz möglich. Deutschland und Österreich sind dagegen keine Vertragspartner von EMS. Die Zustellung von Express-Sendungen nach Deutschland übernimmt **DHL** (aufgeben auch über EMS) nur für Dokumente. FedEx hat Kooperationsverträge mit der vietnamesischen Post, sodass über FedEx Expressbriefe und Pakete in alle europäischen Länder geschickt werden können.

Größere **Frachtsendungen** werden auf dem Luft- oder Seeweg nach Europa geschickt. Neben EMS für kleinere Sendungen kann man DHL in Anspruch nehmen. Schenker, 🖳 www.dbschenker.vn, übernimmt größere Frachten.

▸▸ Internet (S. 78), Telefon (S. 91)

Sicherheit

Thailand, Laos, Kambodscha und Vietnam gelten als recht sichere Reiseländer. Das Auswärtige Amt veröffentlicht aktuelle **Sicherheitshinweise** auf der Website 🖳 www.auswaertiges-amt.de.

Tricks und Betrügereien

Zu den häufigsten Fällen in Thailand gehören Betrügereien mit **Kreditkarten**, deren Informationen in falsche Hände geraten sind. Auch mit doppelten Abbuchungen in Restaurants und Geschäften werden Touristen über den Tisch gezogen.

Andere Tricks werden vor allem in Bangkok angewandt, indem Touristen mit scheinbar einmalig günstigen Angeboten von **Edelsteinen** zum „Geschäft ihres Lebens" verführt werden. Oft sind die Schlepper und Trickbetrüger sehr gepflegt und sprechen gutes Englisch. Man sollte generell etwas misstrauisch sein, wenn man von Unbekannten direkt angesprochen wird. Besonders vorsichtig sollte man sein, wenn man in ein privates Gespräch verwickelt wird, in dem es hauptsächlich um finanzielle Verhältnisse geht (s. auch S. 123).

In allen vier Ländern sind kleinere Betrügereien wie etwa **Preistreiberei** häufig. Überhöhten Forderungen beugt man am besten vor, indem man vorher einen Preis vereinbart (etwa bei Cyclo-, Tuk Tuk- oder Taxifahrern). Bei Cyclofahrern in Sai Gon kann es nicht schaden, die Summe schriftlich zu fixieren. Sinnvoll ist es, abgezähltes Geld dabei zu haben, sollte der Fahrer kein Wechselgeld haben. Dies ist häufig der Fall, auch in Restaurants. Nicht immer sollte dahinter Betrug vermutet werden, manchmal ist wirklich kein Kleingeld da. Eine größere Rechnung im Restaurant kontrollieren auch Einheimische oft nach.

Ein oft praktizierter Trick, an Geld zu kommen, wird von Taxi- und Cyclofahrern gern angewandt: Sie behaupten kurzerhand, das Hotel der Wahl habe geschlossen. Dafür schlagen sie ein anderes vor, das natürlich „viel besser" ist – jedenfalls für die Fahrer, denn sie bekommen **Provision**.

Auch bei **Mietmotorrädern** kommt es vereinzelt zu Betrügereien, indem für angebliche Beschädigungen Schadenersatz gefordert wird. Gedroht wird mit Einbehaltung des hinterlegten Reisepasses.

Leider fallen Touristen auch immer wieder auf **Falschspieler** und **fingierte Glücksspiele** herein; die Methode ist einfach: Ein freundlicher Mann spricht Touristen auf der Straße an, erkundigt sich nach deren Herkunft und vermeldet erfreut, dass auch ein Verwandter (…) dort lebt. Bei einem Drink kommt man sich näher, wobei der Mann geschickt die finanziellen Verhältnisse des Touristen auskundschaftet und ihn zu einem Spielchen überredet, das der Fremde zunächst gewinnt. Anschließend wird in einem Privathaus mit höheren Einsätzen gespielt, und plötzlich ist es aus mit der Glückssträhne, und es besteht keine Möglichkeit, auszusteigen. Mitunter wurden Touristen sogar mit K.o.-Tropfen betäubt, um dann das Konto mittels Kreditkarte zu plündern. Noch dreister gehen Räuber vor, die gutgläubige Touristen im Haus festsetzen und ausrauben oder gar mit Waffengewalt zwingen, Geld vom eigenen Konto abzuheben.

Diebstahl

Besonders in **Schlafsälen** und billigen **Gästehäusern** kommt es hin und wieder zu Diebstählen, nicht selten durch Mitreisende. In einigen Fällen wird das Gepäck auch von Mitarbeitern durchwühlt oder Geld aus dem Safe gestohlen. Außerhalb der Hotels ist die Gefahr von Diebstählen an Orten mit vielen Touristen am größten: in überfüllten Bussen und Schiffen, an Stränden und nicht zuletzt in Travellerzentren.

Bei Fahrten im Tuk Tuk oder auf dem Zweirad, aber auch beim Stadtbummel ist es ratsam, den **Tagesrucksack** gut gesichert am Körper und zur straßenabgewandten Seite zu halten. Vor allem in Ho-Chi-Minh-Stadt, am Strand von Nha Thrang, in Vientiane, Phnom Penh, Siem Reap und Sihanoukville passiert es immer wieder, dass Mopedfahrer unachtsamen Touristen Taschen oder Smartphones entreißen.

Bei Dunkelheit sollten Frauen in **Ho-Chi-Minh-Stadt** möglichst nicht allein durch die Straßen ziehen (außer diese sind sehr belebt). Zudem ist davon abzuraten, nachts mit dem Cyclo oder dem Mopedtaxi zu fahren. Die Distrikte 4 (beginnt hinter dem Ho-Chi-Minh-Stadt-Museum) und Thi Duc (auf der anderen Seite des Saigon-Flusses) sind ohne Begleitung durch einen Führer zu jeder Tageszeit zu meiden.

In Kambodscha sind auch Fälle von bewaffnetem Raubüberfall nicht unbekannt, betroffen sind vor allem die touristische Zentren wie **Phnom Penh** und **Sihanoukville**, aber auch **Kampot**. Daher: bei Dunkelheit so wenig Geld wie möglich bei sich tragen – und doch so viel, dass ein Räuber nicht zu enttäuscht ist.

In Laos hat das zunehmende Sozialgefälle zu einem Anstieg der Raub- und Diebstahlsdelikte in **Vientiane**, **Luang Prabang** und **Vang Vieng** geführt. Reisende sollten in der Hauptstadt spätabends einsame Gegenden und unbeleuchtete Straßen meiden.

Gepäck sollte nie unbeaufsichtigt sein, was in der Praxis für Alleinreisende kaum möglich ist. Dann ist die **Gepäckaufbewahrung** an Bahnhöfen eine billige und sichere Möglichkeit (was leider nicht für den Hauptbahnhof in Bangkok gilt). Auch im Reisebüro, bei dem man sein Ticket erworben hat, kann man in der Regel großes Gepäck bis zur Abfahrt verwahren. Tipp: Gepäck mit kleinen Vorhängeschlössern und einem leichten Fahrradschloss zusätzlich absichern. Gegenüber Reisebekanntschaften ist eine gesunde Skepsis angebracht.

Unterwegs gehören **Wertsachen** ausschließlich ins Handgepäck. Handtaschen und Portemonnaies sind nur für Kleingeld geeignet, Scheine sind in Hosentaschen oder in doppelt gesicherten Brusttaschen besser aufgehoben. Unsicher sind dagegen dicke Bauch- oder Nierentaschen. Abzuraten ist ebenso vom offensichtlichen Tragen wertvollen Schmucks.

Polizei, Militär und Grenzen

Wenn etwas gestohlen wurde, muss in jedem Fall die **Polizei** verständigt werden, denn die Reisegepäckversicherung zahlt nur beim Vorliegen eines Polizeiprotokolls. In Thailand findet man in allen Touristenzentren eine Englisch sprechende Touristenpolizei als Ansprechpartner (meist in der Nähe der Tourist Information). Allerdings ist sie bei Zwischenfällen mit westlichen Ausländern auch immer daran interessiert, etwas Geld zu verdienen.

In Laos und Kambodscha nutzen manche Ordnungshüter kleine Verstöße, um eine „Geldstrafe" zu kassieren. In der Regel ist der Betrag gering, und – wenn man freundlich bleibt – sogar verhandelbar. In jedem Fall sollte man immer seinen Pass oder eine Kopie dabei haben.

Ein hohes Risiko geht ein, wer **Drogen** kaufen oder konsumieren will. In Thailand, Laos und Vietnam droht bei schweren Drogendelikten die Todesstrafe. In manchen Orten werden Touristen Drogen geradezu aufgedrängt – teils von Dealern, die von der Polizei angeheuert wurden, um Erfolge bei der Drogenbekämpfung nachzuweisen. Selbst wer nur mit einem Joint erwischt wird, muss damit rechnen, eine hohe Strafe zu zahlen und ausgewiesen zu werden.

Wie in vielen Ländern reagieren die Behörden auf alles empfindlich, was **militärische Einrichtungen** und strategisch bedeutende Gebiete betrifft, einschließlich Grenzen, Brücken, Flughäfen und Bahnhöfe. Wer in der Nähe solcher Objekte Fotos macht, setzt sich der Gefahr aus, dass der Film (und manchmal auch die Kamera) beschlagnahmt oder ein Bußgeld verhängt wird.

Banditen und Rebellen

Mehrere Attacken und Schießereien haben vor allem **Laos** jüngst in die Schlagzeilen gebracht. Zwischen Januar und März 2016 wurden auf der Straße 13 nahe Phou Khoun und auf der Straße von Kasi zur Straße 4 nachts ein paar mal Fahrzeuge beschossen. In der Provinz Xaisomboun kam es außerdem zu Kämpfen zwischen laotischen Soldaten und bewaffneten Unbekannten. In allen Fällen gab es Tote und/oder Verletzte.

Die Hintergründe sind noch unklar. Laotische Behörden machen „Banditen" für die Angriffe verantwortlich, viele vermuten Hmong-Rebellen hinter den Anschlägen (wie zuletzt bei ähnlichen Zwischenfällen Anfang der 2000er-Jahre). Medien vermuten Widerstand gegen Dammbauten oder die Ausbreitung chinesischer Bergbaufirmen als Motiv.

Laos hat die Militärpräsenz in den betroffenen Gebieten deutlich erhöht. Das Auswärtige Amt rät im Moment davon ab, bei Dunkelheit Bus- oder Autofahrten zwischen Vang Vieng und Luang Prabang zu unternehmen. Vor einer Fahrt die aktuelle Lage checken.

Blindgänger und Minen

Bis heute haben die Menschen in Vietnam, Laos und Kambodscha unter Tonnen von Blindgängern und Minen aus dem Zweiten Indochinakrieg zu leiden (*unexploded ordnance* = UXO).

In **Kambodscha** wird die Zahl der von den Amerikanern abgeworfenen Bomben und der von Vietnamesen, der kambodschanischen Regierung und den Roten Khmer gelegten Landminen noch immer auf mehrere Millionen geschätzt. Besonders stark betroffen sind die Grenzgebiete zu Thailand sowie der Süd- und Nordosten Richtung Vietnam. Zwar bemühen sich die Regierung und zahlreiche Hilfsorganisationen, die Minen zu räumen, aber das wird noch viel Zeit in Anspruch nehmen. In **Vietnam** stellen Blindgänger vor allem in der Entmilitarisierten Zone (DMZ) ein ernstes Problem dar. In **Laos** sind der Nordosten und die Südostregionen um den Ho-Chi-Minh-Pfad schwer belastet.

Für Reisende, die sich auf den Touristenpfaden bewegen, ist das Risiko aber gering. Wer in ländliche Regionen reist, sollte ein paar einfache Regeln befolgen:

- Außerhalb der Städte auf den Trampelpfaden bleiben
- Niemals metallene Gegenstände auf dem Boden berühren oder gar danach treten
- Hände weg von vermeintlich sicherem Kriegsschrott

Naturkatastrophen

Im Mekong-Delta, in Zentralvietnam und einigen Provinzen Nordvietnams kommt es zwischen Juni und Oktober immer wieder zu schweren **Stürmen und Überschwemmungen**. Wer dann diese Regionen reist, sollte sicherheitshalber die Wettervorhersage beachten. Zentralvietnam, besonders die Region um Hue, wird zwischen Oktober und Dezember von Taifunen heimgesucht, die verheerende Verwüstungen anrichten können. Auch in Hoi An kann es gegen Jahresende zu Überschwemmungen kommen.

Verkehr

Der Straßenverkehr ist vermutlich eines der größten Sicherheitsrisiken auf der Reise. Man sollte sich im Klaren darüber sein, dass eine rote Ampel für viele Verkehrsteilnehmer nicht unbedingt ein Grund ist, zu stoppen. Erhöhte Aufmerksamkeit ist, auch für Fußgänger, unabdingbar!

In den Großstädten sollten nur geübte Fahrer aufs Motorrad steigen. Wichtig zu wissen: Alle größeren Verkehrsteilnehmer haben Vorfahrt. Von Nachtfahrten mit dem Zweirad wird dringend abgeraten.

» Botschaften und Konsulate (S. 47), Geld (S. 68), Gepäck (S. 70), Informationen (S. 76)

Telefon

Dank weit verbreitetem WLAN reichen neuerdings das **Smartphone** und eine **Messaging-App**, um kostenlos übers Internet zu Hause anzurufen. Bei Diensten wie WhatsApp können ausschließlich Nutzer miteinander telefonieren, mit Skype oder Viber sind gegen Gebühr auch Verbindungen ins heimische Fest- und Mobilfunknetz möglich. Alternativ bieten Internetcafés preiswerte Telefonate über das Internet an.

Wer unterwegs nur für den Notfall erreichbar sein möchte, kann mit seinem Handy das sehr teure Roaming nutzen. Ansonsten lohnt sich der Kauf einer lokalen SIM-Karte. Dann ist es am günstigsten, wenn man sich von den Daheimgebliebenen per Call-by-Call zurückrufen lässt (Voraussetzung ist ein Telekom-Anschluss). Die aktuellen Preise erfährt man unter 💻 www.teltarif.de oder 💻 www.billigertelefonieren.de.

Thailand

Da mittlerweile fast jeder ein Handy besitzt, gibt es immer weniger öffentliche Fernsprecher. **Internationale Gespräche** können mit der CAT ThaiCard geführt werden. Es wird in Blöcken zu 6 Sekunden für 20 Baht pro Minute abgerechnet. Wer günstiger telefonieren möchte, sollte das Internet oder ein Handy mit lokaler SIM-Karte nutzen. Wer vom **Hotelzimmer** aus telefoniert, muss diesen Luxus hingegen teuer bezahlen.

In jedem 7-Eleven und an zahllosen Handyverkaufsständen können **Prepaid-SIM-Karten** der thailändischen Mobilfunkgesellschaften erworben werden. Man muss sich nach dem Kauf einmalig mit dem Reisepass registrieren lassen, um die Karten nutzen zu können.

Wegen ihrer Verbreitung sind die 1-2-Call-Karte von **AIS**, 💻 www.ais.co.th/12call/en, und die Happy-Card von **DTAC**, 💻 www.dtac.co.th/en, am empfehlenswertesten. Das Netz ist mittlerweile bei beiden sehr gut ausgebaut. Die regulären SIM-Karten kosten ab 50 Baht mit kleinem Guthaben. Die als Tourist-SIM vermarkteten, deutlich teureren Karten lohnen nicht.

Inlandsgespräche sind mit diesen Karten sehr günstig (0,5–2 Baht pro Min., 2 Baht pro SMS). Es gibt Sonderangebote für bestimmte Zielgruppen, noch günstigere Preise für festgelegte Nummern oder gewisse Tageszeiten und weitere interessante Angebote wie einen telefonischen Englisch-Thai-Dolmetscher, die auch für Touristen sehr hilfreich sein können.

Um günstig **international** zu telefonieren, sollte bei 1-2-Call die 00500, bei Happy die 007, 008 oder 009 vor der eigentlichen Telefonnummer gewählt werden (z. B. 00500-49-30-1234 5678). So kann man aus Thailand für 5–9 Baht pro Minute nach Deutschland telefonieren. Die günstigste Vorwahl ist bei AIS die 00500 mit 5 Baht pro Minute ins deutsche Handy- und Festnetz, bei DTAC die 009 mit 5 Baht pro Minute für das deutsche Festnetz und 7 Baht pro Minute für das Handynetz. Der weltweite **SMS**-Versand schlägt mit 5–9 Baht pro SMS zu Buche.

Noch einmal deutlich günstiger sind internationale Gespräche mit der Prepaid-Karte des Anbieters **True Move**, 💻 http://truemoveh.truecorp.co.th/?ln=en, dessen Netzabdeckung aber noch deutliche Lücken aufweist. Mit der Vorwahl 00600 kann man bereits ab einem Minutenpreis von unglaublichen 1 Baht das deutsche Festnetz anrufen, Handynummern kosten 6 Baht.

Höchst sinnvoll für alle Smartphone-Nutzer sind **Datenpakete**. Nach der Buchung über die Kundenservice-Hotline, die bei 1-2-Call, ✆ 1175, ebenso wie bei Happy, ✆ 1678, kann man aus zahlreichen Paketen wählen. Bei 1-2-Call gibt es 1 GB pro Monat für 350 Baht oder 300 MB pro Woche für 99 Baht. Bei DTAC kosten 1,5 GB pro Monat 199 Baht, 12 GB pro Monat 799 Baht oder 400 MB pro Woche 59 Baht. Ohne Buchung eines Pakets verlangen beide Anbieter pro Minute im Datenmodus 1 Baht. So ist ein Internetzugang günstiger und entspannter als in Internetcafés. Die erforderlichen **Zugangspunkteinstellungen** lässt man sich am besten gleich beim Kauf der SIM-Karte vor Ort im Handyladen einstellen, meist werden sie nach der Buchung eines Pakets aber auch automatisch übermittelt. Die **Geschwindigkeit** der Datenverbindungen im UMTS-Netz der beiden großen Netzanbieter ist nahezu lückenlos zufriedenstellend und liegt mit dem HSDPA-Standard (3.5G) meist bei um 400 KB pro Sekunde. In entlegenen Regionen steht allerdings teils immer noch nur EDGE, d. h. Geschwindigkeiten von ca. 20 KB pro Sekunde, zur Verfügung. Die Netzabdeckung mit dem noch schnelleren LTE-Standard soll in naher Zukunft bei allen Netzbetreibern stark ausgebaut werden.

Laos

Wer viel innerhalb von Laos telefonieren möchte, etwa um Zimmer oder Touren zu buchen, kauft sich für sein Smartphone am besten eine **laotische SIM-Karte** mit Guthaben und Datenpaket *(prepaid)*. Vier **Anbieter** teilen sich den Markt: Lao Telecom (M-Phone), 💻 www.laotel.com, Enterprise of Telecommunications Lao (ETL), 💻 www.etllao.com, Star Telecom (Unitel), 💻 www.unitel.com.la und VimpelCom (Beeline), 💻 www.beeline.la.

Preise für eine SIM-Karte mit kleinem Guthaben (5000 Kip) und Datenpaket (um 250 MB) starten bei 10 000 Kip. Gespräche ins Festnetz und in die anderen Mobilfunknetze kosten 800 Kip/Min., Telefonate nach Europa 2000 Kip/Min. Sind Guthaben oder Daten aufgebraucht, kauft man sich eine neue Guthaben-Karte oder ein neues Datenpaket. SIM- und Guthaben-Karten sind an fast jeder Ecke zu haben.

Alle Netzbetreiber bieten **mobilen Internetzugang** von GPRS bis 3G (in Vientiane, Luang Prabang und Savannakhet auch 4G). Hilfe bei den Einstellungen gibt's in den Service Centern.

Vorwahlen

von Europa nach	
Thailand	0066
Laos	00856
Kambodscha	00855
Vietnam	0084
von Thailand und Kambodscha nach	
Deutschland	00149
Österreich	00143
Schweiz	00141
von Laos und Vietnam nach	
Deutschland	0049
Österreich	0043
Schweiz	0041

Kambodscha

Die Mehrzahl der Kambodschaner telefoniert nur übers Handy. Das bietet sich auch für Reisende an, sofern sie eine kambodschanische **SIM-Karte** kaufen. Mit einer 3G-Karte kann man zugleich ins Internet. Kambodschas **Mobilfunknetz** deckt selbst die abgelegensten Provinzen ab. SIM-Karten erhält man am Flughafen in Phnom Penh oder bei zahlreichen Handy-Shops und SIM-Kartenanbietern. Am Flughafen und in den Hauptfilialen der Mobilfunkanbieter wird eine Kopie des Reisepasses angefertigt. Die SIM-Karte kostet US$1, der aufladbare Betrag (zwischen US$1 und US$50) kann selbst bestimmt werden. Nach dem Betrag richtet sich auch die Gültigkeit des Guthabens, es liegt zwischen einer Woche und drei Monaten. Die Karte kann jederzeit aufgeladen werden, die Gültigkeit verlängert sich dann. Wer zusätzlich noch **Datenvolumen** für das Internet braucht, kann zwischen 300 MB und 20 GB pro Monat wählen (US$1–25).

Am besten entscheidet man sich für einen der großen **Anbieter** wie Smart, Metfon oder Cellcard, denn dann hat man mit hoher Sicherheit fast immer einen Sendemast in der Nähe. Gespräche ins deutsche Festnetz kosten etwa US$0,15/Min. (Smart bietet sogar Gespräche nach Deutschland und Österreich für US$0,04), in die Schweiz US$0,35. Anrufe innerhalb des kambodschanischen Netzes kosten US$0,05–0,08. Ankommende Anrufe sind kostenfrei. Internationale **SMS** kosten etwa US$0,10. SIM-Karten, die kein Guthaben mehr aufweisen, bis zu einem halben Jahr nicht genutzt werden oder deren Guthabenfrist abgelaufen ist, werden deaktiviert. Wer danach seine Nummer noch verwenden will, muss sich an das Büro des jeweiligen Betreibers wenden. Nach einem halben Jahr werden deaktivierte Telefonnummern neu vergeben.

Vietnam

Auch in Vietnam lohnt es sich, vor Ort eine SIM-Karte mit vietnamesischer Nummer und eine Prepaid-Karte zu kaufen. Anbieter sind Mobiphone, 💻 www.mobiphone.com.vn, und Vinaphone, 💻 www.vinaphone.com.vn. Die Tarife sind ähnlich. So kann man nicht nur im Land oder nach Europa telefonieren, sondern sich auch kostengünstig anrufen lassen. Mit einer 3G-Karte ist man zugleich ständig online.

Nahezu jedes **Hotel** verfügt über ein IDD-Telefon, entweder in der Lobby oder sogar auf den Zimmern. Eine Minute kostet etwa US$5. Je nach Preiskategorie des Hotels wird mehr berechnet. Gebühren werden bereits nach dem Wählen fällig. Die Telefongesellschaft Vietnams berechnet also auch, wenn gar keine Verbindung zustande kommt. Etwas preiswerter sind Gespräche von der **Post** aus.

⏩ Internet (S. 78), Post (S. 87)

Trinkgeld

Trinkgeld wird in Thailand, Laos, Kambodscha und Vietnam nicht erwartet, aber sehr geschätzt. In Touristenrestaurants hat es sich eingebürgert, 10 % des Rechnungsbetrages auf dem Tisch liegen zu lassen, sofern die Rechnung nicht schon eine Service Charge ausweist. Der Bedienung einen aufgerundeten Betrag zu nennen, auf den herausgegeben werden soll, sorgt dagegen oft für Verwirrung.

Eine weitere Ausnahme bilden Fahrer und Guides. Da sie in ihrem Beruf ausschließlich mit Touristen zu tun haben, wird ein Trinkgeld als Ausdruck der Zufriedenheit ihrer Kunden erwartet. Auch Hotelpersonal sollte für Extras, etwa wenn das Gepäck ins Zimmer getragen wird, entlohnt werden.

⏩ Essen (S. 56), Geld (S. 68), Währungen und Wechselkurse (S. 104)

Übernachtung

Die Bandbreite der Unterkünfte in der Mekong-Region ist extrem groß: Sie reicht von einfachsten Fernfahrerabsteigen bis hin zu Boutiqueresorts, Designerhotels und Wellnessoasen. Im Grunde gibt es immer irgendwo ein freies Zimmer. Problematisch wird es in Touristenorten an Feiertagen, vor allem zur Weihnachtszeit und den Neujahrsfesten (S. 65). In der Nebensaison gibt es zum Teil Preisnachlässe von 50 %. Auch wer länger bleibt, kann über einen kleinen Rabatt verhandeln.

Thailand

In allen Travellerzentren finden Backpacker und Langzeitreisende günstige, einfache Zimmer. Leuten mit kleinem Budget wird in **Gästehäusern** oft ein besseres Preis-Leistungs-Verhältnis geboten als in günstigen Hotels. Ein Zimmer mit Gemeinschaftsdusche ist schon ab 200 Baht zu haben, während bessere Zimmer in Boutique-Gästehäusern bis zu 1000 Baht kosten. **Schlafsäle in Hostels** mit Stockbetten, die preiswerte Alternative für Einzelreisende, kosten mindestens 150 Baht. Besonders in Bangkok geht der Trend wieder zu Mehrbettzimmern. Viele der neueren, schickeren Backpacker-Unterkünfte haben komfortablere Schlafsäle, die allerdings bis zu 700 Baht pro Bett kosten.

Der Preis für einfache **Bambushütten** in den Bergen oder am Strand beginnt bei 250 Baht. Komfortablere **Bungalows** mit guten Matratzen sind wesentlich teurer und der Preis kann sich in der Hochsaison verdoppeln. Mit Ventilator sind sie wesentlich preiswerter als mit Klimaanlage und weiter hinten günstiger als am Meer.

In **Hotels der unteren Preisklasse** in der Provinz schläft man schon ab 300 Baht in einem sauberen Doppelzimmer mit Dusche und Ventilator. Zimmer in der **mittleren Preisklasse** sind im Norden günstiger als an der Küste und ab 900 Baht zu haben. Hotels der **oberen Preisklasse** verlangen ab 2400 Baht pro Zimmer und Nacht und verfügen meist über einen eigenen Pool. **Luxushotels**, die es in allen Touristenorten gibt, sind erheblich teurer. Allerdings lassen sich viele online zu Schnäppchenpreisen buchen.

Billigzimmer und Holzhütten sind dürftig ausgestattet, aber relativ sauber. Selbst in der unteren Preisklasse haben fast alle inzwischen ein **Bad**: eine kleine Nasszelle mit Dusche neben der Toilette und einem Wasserabfluss im Boden. Außer in Strandhütten gehört ein launischer Durchlauferhitzer zum Standard. In teureren Zimmern fließt Warmwasser auch aus dem Hahn des Waschbeckens, und die Duschen sind abgetrennt, sodass das restliche Badezimmer trocken bleibt. Viele moderne Unterkünfte sind nur noch mit (verglasten) Duschkabinen ausgestattet, Bungalows haben oft nach oben offene Badezimmer mit vielen Pflanzen.

Elektrizität ist selbst auf abgelegenen Inseln vorhanden, zumindest wenn der Generator läuft (meist 18–22 Uhr). Bungalows ohne Ventilator und Klimaanlage können sich tagsüber in der Sonne fast unerträglich aufheizen.

Preiswerte Zimmer haben selbst in Mittelklassehotels manchmal keine **Fenster**. In einigen sind die Räume nur durch Sperrholzwände abgetrennt. Dadurch können sie ebenso wie Reihenbungalows sehr **hellhörig** sein.

Viele Gästehäuser verfügen über **Aufenthaltsräume** (Dachterrassen, Cafés, Innenhöfe, Gärten), einige sogar über einen Pool. In neueren Backpackerunterkünften gehören Satelliten-TV, eine Auswahl an Filmen und Serien, Internet und WLAN in den Gemeinschaftsräumen zur Standardausstattung.

In Billigunterkünften erfolgt die **Zimmerreinigung** erst nach dem Auszug der Gäste. Handtücher und Bettwäsche werden nur kalt gewaschen und sehen nicht immer sauber aus. Wer länger bleibt und frische Bettwäsche oder eine Zimmerreinigung wünscht, sollte dieses auf nette Art dem Management mitteilen. Für den Service dankt man mit 20–50 Baht pro Tag, die man auf dem Kopfkissen hinterlässt.

Zur **Hochsaison** lohnt es, über das Internet Zimmer zu buchen oder am Vormittag anzurufen und ein Zimmer zu reservieren. Wer ohne Buchung an der Rezeption erscheint, kann nach einem Rabatt fragen und erhält vor allem in der Nebensaison ab Mitte April oft einen *discount*.

Besonders in **Nationalparks** ist das Zelten bei einheimischen Gruppen und Familien sehr beliebt. In den meisten können Zelte, Matten und Schlafsäcke ausgeliehen werden. Auch einige Gästehäuser auf dem Land und Bungalowanlagen am Strand stellen Zeltmöglichkeiten zur Verfügung. Wer mit dem eigenen Zelt reist, muss oft nur eine geringe Gebühr für die Nutzung der sanitären Anlagen und der Elektrizität zahlen. Wo große Gruppen einheimischer Jugendlicher zelten, ist Mitfeiern angesagt.

Von der Bambushütte in den Bergen bis zur Poolvilla am Strand reicht das Angebot der **Privatunterkünfte**, die über Airbnb, 💻 www.airbnb.de, vermittelt werden. Auch Couchsurfer, 💻 www.couchsurfing.com, und Wwoofer, 💻 www.wwoofthailand.com, finden über das Netz passende Gastgeber in Thailand. Selbst zum Wohnungstausch könnte sich ein Partner über 💻 www.haustauschferien.com finden.

Jede Erfahrung zählt

Da wir nicht in allen Betten geschlafen haben können, freuen wir uns über Rückmeldungen auf unserer Website 💻 www.stefan-loose.de im Travel Club oder unter Updates.

Preiskategorien

Die Unterkünfte in diesem Buch sind nach Preiskategorien eingestuft. Sie gelten für ein Doppelzimmer. Stehen Schlafsäle zur Verfügung, wird der Preis für ein Bett in der lokalen Währung oder in Dollar genannt.

	Thailand	Laos	Kambodscha	Vietnam
1	bis 300 Baht	bis US$8	bis US$10	bis US$15
2	bis 600 Baht	bis US$15	bis US$20	bis US$25
3	bis 900 Baht	bis US$25	bis US$30	bis US$35
4	bis 1200 Baht	bis US$40	bis US$50	bis US$50
5	bis 2400 Baht	bis US$80	bis US$80	bis US$80
6	über 2400 Baht	über US$80	über US$80	über US$80

Laos

Unterkünfte gibt es reichlich in Laos, allerdings nicht überall für jedes Budget. Die ganze Palette von schick bis simpel ist nur in Luang Prabang, Vientiane und Pakxe zu finden. In der Provinz fällt das Angebot bescheidener aus und in den abgelegenen Grenzorten bleiben manchmal nur die kargen Herbergen für Fernfahrer und Straßenbauer. Ein Dach überm Kopf findet sich aber immer und das meist auch zu einem guten Preis.

Reservierungen sind in den Billigbleiben nicht üblich. In allen Unterkünften müssen sich Gäste registrieren. In den günstigen fallen die Kosten für die erste Nacht sofort an. In den teureren kommen zum Zimmerpreis mitunter noch 10 % Steuern und 10 % Service Charge hinzu. Im Schnitt liegen die Übernachtungspreise in Laos höher als in Thailand.

Gästehäuser sind meist die günstigste Übernachtungsoption. Ein einfaches Zimmer mit Bad kostet zwischen 60 000 Kip und 120 000 Kip. Dank zunehmender Elektrifizierung sind inzwischen auch immer mehr Billigbleiben mit Durchlauferhitzern und Klimaanlagen ausgestattet. Die Qualität innerhalb dieser Kategorie variiert dennoch erheblich: In Touristenmagneten wie Vang Vieng gibt es schon für wenig Geld ein sauberes Zimmer mit Bad und Warmwasser in einem modernen Haus. Größere Gästehäuser haben manchmal Aufenthaltsräume und eine Veranda oder kleine Gärten mit ein paar Stühlen. Herbergen jenseits des Trampelpfades bieten dagegen oft nur einen Bambusverschlag mit Bett und Moskitonetz. Ein Blick vorab ins Zimmer ist sinnvoll, denn die Preise sind zwar niedrig, aber für das Gebotene oft noch zu hoch.

Schlafsäle *(dormitories)* gibt es nur wenige in Laos. Wer Übernachtungskosten teilen möchte, kann in vielen Gästehäusern auf 3- oder 4-Bett-Zimmer zurückgreifen.

Bei mehrtägigen Trekkingtouren schlafen die Teilnehmer in der Regel bei Familien (**Homestay**), eine prima Gelegenheit, den laotischen Alltag ein bisschen näher kennenzulernen.

In Vientiane, Luang Prabang und Pakxe erfüllen einige **Hotels** mühelos internationale Standards. Mehr noch: Mit Kolonialarchitektur und asiatischem Ambiente vermitteln sie einen Eindruck vom alten, französischen Indochina. Vor allem in Luang Prabang entstehen immer mehr **Boutiquehotels**: mal ausgefallen, mal stylisch, mal verspielt, in jedem Fall ästhetisch hochambitioniert.

Kleine Anfängerfehler beim Service sind auch in Luxusherbergen an der Tagesordnung. Aber angesichts der vergleichsweise günstigen Preise und geringer Dienstleistungserfahrung geht das als Teil des laotischen Charmes durch. Außerhalb der Tourismuszentren sind Hotels selten und nicht unbedingt besser als Gästehäuser. Die Preise für ein Hotelzimmer beginnen bei 250 000 Kip. Frühstück und Flughafentransfer sind fast immer im Preis enthalten. Die wichtigsten Kreditkarten werden akzeptiert.

Ein Mix aus familiärer Atmosphäre und gehobenem Standard zeichnet viele **Resorts** in Laos aus. Die meisten liegen dazu noch wunderschön: abgeschieden in der Natur, an Flüssen oder Wasserfällen. Die frei stehenden Bungalows sind oft landesüblich aus Bambus und Holz gebaut. Hängematten und Korbmöbel auf der Terrasse bieten zusätzlich Komfort. Ein Problem ist oft die schlechte Verkehrsanbindung. Meist pendeln resorteigene Shuttlebusse zwischen der Unterkunft und dem nächstgrößeren Ort.

Kambodscha

Vom Schlafsaal bis zur Luxusherberge: Es gibt keinen Mangel an Unterkünften, und selbst in der Hauptreisezeit ist immer noch irgendwo ein freies Zimmer zu bekommen. Empfehlenswert ist eine Zimmerreservierung in Siem Reap während der Hauptreisezeit (Nov–Feb). Im Winter (Dez, Jan, Feb) sind frühzeitige **Reservierungen** zudem auf den Inseln Koh Rong und Koh Rong Samloem anzuraten. Auch zu anderen Jahreszeiten sollte man zwei bis drei Tage vor Anreise auf diese Inseln telefonisch ein Zimmer (oder als Ausweichmöglichkeit ein Zelt) buchen, da die Auswahl an Unterkünften begrenzt ist.

Auch zu den Feiertagen Khmer-Neujahr und Bonn Phchum Ben, wenn das halbe Land unterwegs ist, ist es sinnvoll, vorab ein Zimmer zu bestellen. Die Preise sind meist in US$ ausgewiesen, gezahlt wird in US$ oder Riel. Kostenloses WLAN gehört fast überall zum Standard.

Reisende mit kleinem Budget schlafen am günstigsten in einem Mehrbettzimmer (**Dorm**). Ab US$1–2 gibt es eine Matratze mit Moskitonetz, manchmal auch eine aufgespannte Hängematte. Doch das ist wirklich nur etwas für Sparfüchse.

In **einfachen Gästehäusern** und Hotels gibt es Doppelzimmer mit Ventilator, einem Bett und Gemeinschaftsbad ab US$5. Einzel- und Doppelzimmer mit eigenem Bad kosten oft nur wenige Dollar mehr. Für US$10–15 sind im Zimmer Schrank, Nachttisch, TV und manchmal auch ein Kühlschrank vorhanden. Ab US$15 ist ein solches Zimmer mit AC ausgestattet. Die meisten Räume haben Ventilator und AC – wer sich für die Ventilator-Ausführung entscheidet, erhält einfach keine Fernbedienung fürs Kaltgebläse. Die Zimmer werden normalerweise täglich gereinigt und man erhält auch frische Handtücher (in reinen Backpacker-Unterkünften wird meist so lange auf Putzen und frische Handtücher verzichtet, bis die Gäste nachfragen).

Zimmer der **mittleren Preisklasse** sind meist ansprechend möbliert, großzügig geschnitten und mit AC, Kühlschrank oder sogar Minibar ausgestattet. Ein Fernseher, nicht selten ein moderner Flatscreen mit internationalen Sendern, gehört ebenso zum Standard wie ein Safe und ein Wasserkocher. Wer US$50 oder mehr auszugeben bereit ist, findet nette **Boutiquehotels**. In Phnom Penh und Siem Reap bietet manches Hotel seinen Gästen auch einen kleinen Pool.

Ausnahme: Auf den beiden Inseln Koh Rong und Koh Rong Samloem sind die meisten Bungalowanlagen ab US$30 nur äußerst einfach ausgestattet, oftmals mit Gemeinschaftsbad. Wer bis zu US$80 zahlen mag, wohnt jedoch auch hier sehr schön.

Die **großen Hotels** mit internationalem Standard haben einen ansprechenden Pool, Spa, Fitnessraum, vielleicht einen Tennisplatz und mehrere Restaurants. In Phnom Penh, Sihanoukville und vor allen Dingen in Siem Reap sind Hotels der Luxusklasse zu finden, aber auch in den kleineren Städten entstehen neue luxuriöse Übernachtungsmöglichkeiten zu entsprechenden Preisen.

Immer mehr Familien in den Provinzen bieten Reisenden die Möglichkeit, in ihren Häusern zu schlafen – **Homestay** genannt. Es ist eine tolle Gelegenheit, tief in den kambodschanischen Alltag einzutauchen. Die Unterkünfte sind ganz einfach. Manchmal hat man einen Raum für sich, oft wird nur ein wenig Privatsphäre mittels eines Vorhangs geschaffen. Bei Besuchen der ethnischen Minderheiten in den Provinzen Rattanakiri und Mondulkiri wird auf der Matte in dem einzigen Raum der Hütte geschlafen. Die sanitären Gegebenheiten bestehen aus einer Hocktoilette und Schöpfdusche außerhalb. Fließendes Wasser und Strom sind hier eine Ausnahme. Viele dieser Unterkünfte sind Community-based-Ecotourism-Projekte: Das heißt, die Einnahmen stehen dem ganzen Dorf zur Verfügung, 💻 www.ccben.org. Eine solche Übernachtung kostet US$3–5 p. P.

Vietnam

Der **Standard** der Zimmer ist für asiatische Verhältnisse relativ hoch. Die günstigsten sind für US$9 zu finden, aber da schon für um die US$15 Zimmer mit Minibar/Kühlschrank, AC, TV und Bad zu haben sind, entscheiden sich die meisten Reisenden für Doppelzimmer in dieser Preislage.

Bei den billigeren Unterkünften ist meist kein Frühstück enthalten. Für US$1–2 mehr kann man eines bestellen. Umgekehrt bekommt man häufig US$1–2 Rabatt, will man ein im Preis enthaltenes Frühstück nicht haben. In den besseren Hotels gibt es in der Regel ein Buffet.

Zimmerpreise sind oft noch verhandelbar, besonders in der Nebensaison. Teurere Hotels, die übers Internet gebucht werden, bieten ebenfalls Rabatt. Wer mehrere Tage zu bleiben gedenkt, kann den Preis auch in Minihotels etwas herunterhandeln, aber selten um mehr als US$1/Tag.

In Vietnam muss der Reisepass im Hotel abgegeben werden, damit das Personal die Meldung bei den örtlichen Behörden und die eigene Buchführung machen kann. Manchmal bekommt man den Pass auf Anfrage am Tag nach Einzug zurück, manche Hotels behalten ihn aber, bis der Gast auscheckt. Tipp: den Pass frühzeitig wieder abholen. In der Abreisehektik hat schon so mancher Reisende seinen Pass vergessen.

Die billigsten Betten gibt es im **Schlafsaal**. Ein Bett kostet hier zwischen US$6–8. Die meisten **Zimmer** für US$10 sind mit Badezimmer und manche überdies mit einem Schreibtisch und AC, TV und Minibar ausgestattet. Lohnend ist immer auch ein Blick in die nächsthöhere Preiskategorie desselben Hotels (das gilt vor allem für Ha Noi und Ho-Chi-Minh-Stadt). Ab US$15–25 gibt es ein Fenster, die Räume sind großzügiger gestaltet und haben manchmal sogar einen Balkon. Zimmer ab US$30 haben zudem oftmals bereits einen eigenen Safe, einen Wasserkocher und manchmal eine Wanne.

Hotels ab etwa US$60 werden in der Regel von ausländischen Investoren geführt. Sofern sie von Westlern geleitet werden, entsprechen sie dem Hotelstandard dieser Hemisphäre. Sind hingegen Asiaten die Großinvestoren und die Zielgruppe, wird es asiatischer: Große Eingangsportale, Säle für Hochzeitsempfänge und Karaoke-Angebote sind dann ein Muss. Wellnessbereich und Massageservice, Schwimmbad und ein paar Geräte zur körperlichen Ertüchtigung finden sich in allen größeren Hotels, wenngleich die Schwimmbäder oft zu klein zum Schwimmen sind. In derartigen Hotels gibt es meist auch ein Businesscenter mit Telefon und Faxanlage. Die meisten teureren Hotels berechnen zusätzlich 10 % Steuern und 10 % Servicegebühr.

Die meisten Hotels betreiben ein **Reisebüro** oder haben die Vertretung eines solchen in der Lobby. Immer häufiger betreiben auch ehemals reine Reiseagenturen der Open-Touren ein eigenes Hotel. Es ist daher immer möglich, Transfers und Ausflüge im Hotel zu buchen. Das gilt sowohl für die teuren Anlagen als auch für die billigen Minihotels. Die Preise für die Ausflüge unterscheiden sich nur marginal, denn nicht selten werden dieselben Anbieter gebucht.

▸▸ Geld (S. 68), Gepäck (S. 70), Informationen (S. 76), Trinkgeld (S. 93)

Verhaltenstipps

In den Urlaubszentren und Großstädten sind viele Traditionen von westlichen Einflüssen überlagert worden, auf dem Land werden sie dagegen noch häufig gelebt. Von Touristen wird nicht erwartet, alle Verhaltensregeln und Sitten zu kennen, aber schon das Interesse daran wird honoriert.

Allgemeines

- Überall in der Region erfahren Reisende mehr Respekt, wenn sie gut angezogen sind. In allen vier Ländern achten die Menschen auf saubere, unaufdringliche **Kleidung**. Männer tragen gewöhnlich Hemd und lange Hose. Frauen wählen lieber Bluse als T-Shirt und achten darauf, dass ihr Sarong oder Rock bis über die Knie reicht (obwohl Frauen in den Metropolen inzwischen auch häufig Hosen oder Jeans tragen und die jüngeren knappere Oberteile). An Touristenstränden können Touristinnen mittlerweile Bikinis tragen, diese sollten aber nicht zu knapp

geschnitten sein. Außerhalb der Strände in Bikinis herumzulaufen erregt dagegen Anstoß. Männer sollten keine extrem kurzen Hosen tragen und natürlich auch nicht nur in Badehose bekleidet auf die Straße gehen. Bei chinesischen Festen ist zu beachten, dass keine weiße, blaue oder schwarze Kleidung getragen werden darf.
Das Verhältnis der Kambodschaner zum Nachbarland Vietnam ist aufgrund des vietnamesischen Befreiungskrieges etwas gespalten. Reisende, die aus Vietnam kommen, sollten es vermeiden, T-Shirts oder Ähnliches mit vietnamesischen Symbolen oder Schriftzeichen zu tragen.

- Die traditionelle **Grußform** – in Thailand *wai*, in Laos *nop* und in Kambodscha *sompeyar* genannt – ist eine Geste der Höflichkeit und des Respekts. Dabei werden die Handflächen wie beim Beten gegeneinander gelegt. Je höher die gesellschaftliche Stellung des Gegenübers, desto höher werden die Hände erhoben (aber nicht über den Kopf). Niedriger gestellte Personen: Hände vor der Brust. Höher gestellte: Hände vor dem Mund. Ältere: Hände vor der Nase. Mönche: gefaltete Hände vor der Stirn. Ausländer können sich mit einem Kopfnicken aus der Affäre ziehen.
- Der **Kopf** gilt als heilig und sollte nie, auch nicht in europäisch-freundschaftlicher Geste, berührt werden. Wer zwischen hockenden oder sitzenden Menschen, etwa im Tempel oder bei Versammlungen, hindurchgehen muss, beugt den Oberkörper leicht nach vorn und hält den rechten Arm schräg nach unten gestreckt.
- Den **Fuß** als unedelstes Körperteil sollte man niemals einem anderen Menschen oder gar einer Buddhastatue entgegenstrecken.
- Da die **linke Hand** als unrein gilt, nutzt man die rechte Hand zum Essen, zum Geben und um etwas in Empfang zu nehmen. Große Achtung und ein Lächeln löst man bei Einheimischen mit der typischen „Gebe-Geste" aus: Während man mit der rechten Hand den Gegenstand übergibt, berührt die linke leicht den rechten Unterarm, um zu zeigen, dass man mit ganzem Herzen gibt.
- Vor dem Betreten eines Hauses oder eines buddhistischen Tempels ist es üblich, die **Schuhe** auszuziehen.
- Lautstarke **Auseinandersetzungen** sind unüblich und führen nicht weit. Besonnenes und ruhiges Verhalten löst Probleme weitaus schneller. Das gilt auch dann, wenn man sich ungerecht behandelt fühlt, sei es durch einen Reiseveranstalter oder eine Autorität. Unterhaltungen werden generell in leisem Ton geführt, auch im Restaurant. Bei Fragen muss man darauf gefasst sein, nie ein absolutes „Nein" zu hören. Es gilt als unhöflich, etwas direkt abzulehnen.
- Für alle **Paare**, seien sie gleichgeschlechtlich oder nicht, gilt es, Zurückhaltung in der Öffentlichkeit zu üben und die Umgebung nicht durch den Austausch von Zärtlichkeiten zu verstören. In Laos sind sexuelle Kontakte zwischen Ausländern und Laoten, sofern beide nicht miteinander verheiratet sind, verboten.
- In Laos und Vietnam sind offene **Gespräche über die Partei** und deren Politik noch immer tabu. Niemals sollten ausländische Besucher ein Gespräch in diese Richtung lenken, denn es könnte für den Gesprächspartner ernste Konsequenzen haben.
- In **Thailand** wird der **König** hoch verehrt. Ihm, seiner Familie und seinen Symbolen gebührt äußerster Respekt. Die ausgeprägte Verehrung kommt z. B. im Kino im Abspielen der Königshymne zum Ausdruck – dann erheben sich alle und lauschen andächtig. Seit 1908 gibt es im Strafgesetzbuch den Tatbestand der Majestätsbeleidung *(lèse majesté)*. Die Höchststrafe liegt bei 15 Jahren. Als Majestätsbeleidigung gilt bereits, eine Münze oder Banknote mit dem Fuß zu berühren – tragen beide doch das Porträt des Königs. Sogar Ausländer standen bereits wegen unziemlicher Aussagen über das Königshaus vor Gericht.
- Wer Menschen **fotografiert**, sollte ihre Zustimmung einholen. Meist genügt ein kurzer Blickkontakt, ein Lächeln oder Kopfnicken. Bei religiösen Zeremonien, in Tempeln und beim Besuch von ethnischen Minoritäten ist besondere Zurückhaltung geboten.

- Mit Ausnahme von körperbehinderten und alten Menschen sollte man **Bettlern**, vor allem Kindern, nichts geben. Hilfreicher ist es, Projekte durch Spenden zu unterstützen, etwa terre des hommes, 💻 www.tdh.de/was-wir-tun/projekte/suedostasien, oder die SOS-Kinderdörfer, 💻 www.sos-kinderdoerfer.de/Wo-wir-helfen/Asien.

Religiöse Stätten

- Tempel sollten nur ordentlich und **angemessen bekleidet** (Beine und Schulter bedecken) betreten werden. Auch daran denken, die Schuhe auszuziehen.
- Im Tempel darf man **keine Buddhastatuen berühren** und schon gar nicht für Erinnerungsfotos davor oder darauf posieren.
- Es ist üblich, dass Besucher eines Tempels eine **Spende** für den Erhalt der Anlage hinterlassen.
- **Mönche** werden verehrt. Man grüßt sie besonders höflich, lässt ihnen den Vortritt, bietet ihnen im voll besetzten Bus seinen Sitzplatz an und geht nicht neben, sondern einen Schritt hinter ihnen. Auch sollte man nie so stehen oder sitzen, dass der eigene Kopf den eines sitzenden Mönches überragt.
- **Frauen** sollten Mönchen gegenüber zurückhaltend sein, ihnen nichts direkt überreichen, sie nicht berühren, sich nicht neben sie setzen oder mit ihnen fotografieren lassen.
- Während die Mönche morgens durch die Straßen ziehen, um **Gaben** einzusammeln, sollte man sie nicht stören.
- Gibt man einem Kloster oder einem Mönch eine Spende, sollte man sie **mit beiden Händen geben**. Einen Dank darf man nicht erwarten. Normalerweise danken die Gläubigen für die Annahme der Spende, da ihnen so eine gute Tat ermöglicht wurde.

Besuch bei den Bergvölkern

Die Angehörigen der Bergvölker pflegen andere Sitten und Gebräuche als die Bewohner des Tieflands. Es ist sinnvoll, sich schon im Vorfeld über Konventionen und Tabus zu informieren. Am besten hat man einen einheimischen Führer dabei, der die Bewohner kennt und mit ihnen kommunizieren kann. Folgende Tipps können helfen, den Aufenthalt für beide Seiten so angenehm wie möglich zu machen:

- Moderat kleiden und zurückhaltend sein
- Ein Haus oder Dorf nur betreten, wenn man dazu eingeladen wurde. Respekt vor dem Dorftor, dem Hausaltar und Verbotsschildern (meist aus Bambus) zeigen.
- Immer fragen, bevor man jemanden fotografiert
- Berührungen vermeiden
- Kindern keine Süßigkeiten geben
- Wer eine Spende hinterlassen möchte, bespricht sich am besten mit dem Guide oder dem Dorfchef
- Das Handwerk im Dorf kann man mit dem Kauf einheimischer Produkte unterstützen, sollte aber keine Fantasiepreise bezahlen.

» Fair reisen (S. 61), Frauen (S. 68), Sicherheit (S. 88)

Versicherungen

Es gibt eine Vielzahl von Versicherungen, die alles Mögliche einschließen. Wirklich wichtig ist eine **Auslandskrankenversicherung**, die den Krankenrücktransport einschließt. Die meisten Versicherer zahlen einen Rücktransport allerdings nur, wenn er „medizinisch notwendig" ist. Bei einigen genügt es, wenn der behandelnde Arzt den Transport in die Heimat für sinn-

Spar-Tipp für längere Reisen

€ Wer einen ausgedehnten Auslandsaufenthalt plant, sollte sich bei seiner Krankenkasse über die Möglichkeiten einer **Anwartschaftsversicherung** informieren. Sie erlaubt es, die Kranken- und Pflegeversicherung für den Reisezeitraum ruhen zu lassen, dann nur noch einen stark reduzierten Beitrag zu zahlen – und garantiert nach der Rückkehr die Wiederaufnahme zu gleichen Konditionen. Gerade Selbstständige können so schnell mehr als 1000 € sparen.

voll hält. Weitere Einschränkungen gibt es bei Zahnbehandlungen (nur Notfallbehandlung) und chronischen Krankheiten (Bedingungen durchlesen). Auch Motorradunfälle oder Unfälle bei Extremsportarten oder Tauchen werden von einigen Versicherungen nicht abgedeckt.

Anfallende Behandlungskosten müssen in der Regel vorgestreckt werden. Die **Rechnung**, die später bei der Versicherung einzureichen ist, sollte folgende Angaben enthalten:

- Name, Vorname, Geburtsdatum, Behandlungsort und -datum
- Diagnose
- erbrachte Leistungen in detaillierter Aufstellung (Beratung, Untersuchungen, Behandlungen, Medikamente, Injektionen, Laborkosten, Krankenhausaufenthalt)
- Unterschrift des behandelnden Arztes
- Stempel

Auslandskrankenversicherungen werden von fast allen großen Versicherern und einigen Kreditkartenorganisationen angeboten. Es gibt auch Jahresverträge, allerdings decken die meisten nur Reisen von jeweils bis zu 42 Tagen, manche acht Wochen, ab.

Wer eine teure Reise gebucht und ein höheres Storno-Risiko hat (Familien mit kleinen Kindern, Senioren), kann über eine **Reiserücktrittsversicherung** nachdenken. Sie muss in der Regel bis 30 Tage vor dem Beginn der Reise abgeschlossen werden und sollte auch den Reiseabbruch abdecken. Die Kosten richten sich nach dem Preis der Reise und der Höhe der Stornogebühren. Wer mehrmals im Jahr verreist, sollte auch Jahresverträge checken.

⏩ Gepäck (S. 70), Gesundheit (S. 71)

Visa

Deutsche, Österreicher und Schweizer erhalten bei der Ankunft in **Laos** und **Kambodscha** ein Visum für einen Aufenthalt von einem Monat. In **Thailand** dürfen sich deutsche Touristen bis zu 30 Tage ohne Visum aufhalten, Österreicher und Schweizer ebenfalls, sofern sie über einen der Flughäfen anreisen. Kommen sie auf dem See- oder Landweg, gibt's nur 15 Tage. Für die Einreise nach **Vietnam** muss das Visum normalerweise vorher besorgt werden. Deutsche können noch bis Ende Juni 2017 bei Touren bis 15 Tage visafrei einreisen. Ob diese Regelung verlängert wird, stand bei Redaktionsschluss nicht fest.

Seit einigen Jahren diskutieren die Mekong-Anrainer über eine gemeinsame Visumszone. Thailand und Kambodscha bieten bereits ein **Gemeinschaftsvisum** an, das bei den Vertretungen beider Länder beantragt werden kann (30 €). Die Bearbeitungszeit dauert mindestens drei Monate, die maximale Aufenthaltsdauer beträgt in Kambodscha einen Monat und in Thailand 60 Tage. Die Visa-Gebühren für das zweite besuchte Land fallen dennoch an.

Für alle Länder ist ein **Reisepass** erforderlich, der bei Ausreise noch mindestens sechs Monate gültig ist (Vietnam zwei). Kinder brauchen einen eigenen Pass. Für die Einreise nach Thailand wird außerdem der Nachweis einer bestätigten Flug-, Zug- oder Busbuchung für die Weiter- oder Rückreise verlangt.

Thailand

Da sich die Visabedingungen in den vergangenen Jahren häufig geändert haben, sollte man sich vor Abreise noch einmal über die gegenwärtige Situation informieren. Aktuelles zur Visasituation s. eXTra [2670].

Deutsche, Österreicher und Schweizer erhalten bei der Ankunft am Flughafen kostenfrei eine **Aufenthaltserlaubnis** von maximal 30 Tagen. Österreicher und Schweizer, die auf dem See- oder Landweg einreisen, bekommen nur 15 Tage, Deutsche 30 Tage. Die Aufenthaltserlaubnis kann einmalig im Land verlängert werden.

Sollte der Gesamtaufenthalt länger sein, muss vor der Anreise bei einer diplomatischen Vertretung im Ausland ein **Touristenvisum** beantragt werden. Für Reisen bis zu 60 Tage kostet es 30 €. Es kann einmalig im Land um 30 Tage verlängert werden. Die Einreise muss innerhalb von 90 Tagen nach Ausstellung erfolgen.

Mit Thailändern verheiratete Ehepartner und Rentner können das **Non-Immigrant-Visum „O"** und Geschäftsreisende das **Non-Immigrant-**

Visum „B" beantragen. Diese gelten entweder für eine einmalige Einreise von 90 Tagen (60 €) oder für mehrere Einreisen innerhalb von 365 Tagen, jeweils für maximal 90 Tage (150 €). Es gibt auch ein Jahresvisum für Ausländer über 50 Jahre, für das man monatliche Einkünfte von mindestens 1500 € oder einen Minimalbetrag von 20 000 € auf dem Konto vorweisen muss.

Mit einem **Multiple-Entry-Touristenvisum** kann man in die Nachbarländer reisen und problemlos nach Thailand zurückkehren. Für zwei bzw. drei Einreisen kostet es 60 bzw. 90 € und erlaubt eine Aufenthaltsdauer von 60 Tagen pro Einreise. Jedes Visum kann um 30 Tage verlängert werden, sodass die Aufenthaltsdauer auf 90 Tage pro Einreise erhöht werden kann und dann insgesamt 270 Tage Aufenthalt im Land möglich sind. Die erste Einreise muss innerhalb von 180 Tagen nach Ausstellung erfolgen.

Eine erneute **Aufenthaltserlaubnis** für 30 Tage (Deutsche) und 15 Tage (Österreicher/ Schweizer) wird an der Grenze ausgestellt. Seit Ende Dezember 2016 ist die visafreie Einreise auf dem Land- oder Seeweg auf zwei Mal pro Kalenderjahr beschränkt. Die Regelung gilt nicht für die Einreise an Flughäfen.

Ein **erweitertes Multiple-Entry-Touristenvisum** erlaubt unbegrenzte Aus- und Einreisen in einen Zeitraum von sechs Monaten bei einer maximalen Aufenthaltsdauer von 60 Tagen pro Einreise und kostet 5000 Baht.

Wer von Bangkok in ein Nachbarland fliegen möchte, kann mit einem gültigen Touristenvisum in der Abflughalle oder zuvor bei der Immigration ein **Re-Entry-Permit** für 1000/3800 Baht für eine einmalige/mehrfache Ausreise beantragen, das aber das 60-Tage-Touristenvisum nicht verlängert. Ansonsten verfällt das Touristenvisum bei der Ausreise und muss neu beantragt werden.

Visa-Antragsformulare kann man auf den Webseiten der Botschaft, 💻 www.thaiembassy.de (deutsch), 💻 www.mfa.go.th/main/en/home (englisch), und des Konsulats, 💻 www.thaikonsulat.de (deutsch), herunterladen. Für die Beantragung werden ein Passbild, bei einigen Botschaften auch zwei, der Reisepass (bei Einreise noch mindestens sechs Monate gültig), die Visagebühr sowie eine Bestätigung, dass man das Land wieder verlassen wird, benötigt. Für deutsche Staatsbürger reicht ein Zug- oder Busticket in ein Nachbarland, Schweizer müssen die Rückreise in ihre Heimat nachweisen. Manchmal müssen zudem mindestens US$500 Vermögen nachgewiesen werden.

Eine **Beantragung per Post** ist nur noch bei den Botschaften in Berlin, Wien und Bern oder über eine Visa-Agentur, die alle Unterlagen persönlich beim entsprechenden Konsulat einreicht und wieder abholt, möglich. Bei Beantragung per Post benötigt man die Kopie der Überweisung (kein Bargeld), und einen mit 3,50 € frankierten Rückumschlag.

In Thailand können die 15- oder 30-Tage-Aufenthaltserlaubnis sowie das 60-Tage-Touristenvisum bei jedem Immigration Office einmalig für 1900 Baht um 30 Tage **verlängert** werden. Schweizer können nur eine Verlängerung der 30-Tage-Aufenthaltserlaubnis beantragen.

Werden **Aufenthaltserlaubnis** oder Visum wenige Tage **überzogen**, wird bei Ausreise ab dem zweiten überzogenen Tag eine Strafe von 500 Baht pro Tag fällig. Vor der Abreise muss ein Grenzbeamter mehrere Formulare ausfüllen, daher sollte man rechtzeitig am Immigrationsschalter erscheinen. Wer mit einem mehr als 14 Tage abgelaufenen Visum im Land ertappt wird, wird festgenommen, nach einer Gerichtsverhandlung ausgewiesen und erhält einen Vermerk in den Pass, der eine Wiedereinreise verhindert. Wer seine Strafe nicht bezahlen kann, muss ins Gefängnis. Meldet man hingegen bei der Ausreise der Immigration den Overstay, werden nur die entsprechenden Strafen berechnet.

Laos

Deutsche und Österreicher brauchen für die Einreise nach Laos einen Reisepass und ein Visum. Schweizer benötigen für einen Aufenthalt von bis zu 14 Tagen nur noch den Pass, aber kein Visum mehr. Bei längeren Reisen gelten für sie dieselben Bestimmungen wie für Deutsche und Österreicher.

Wer über einen der internationalen Flughäfen (Vientiane, Luang Prabang, Savannakhet, Pakxe) oder über Land aus Thailand (außer Bueng Kan/ Pakxan), Vietnam oder Kambodscha einreist, erhält **bei der Ankunft ein 30-Tage-Visum** (einfache Einreise, verlängerbar). Es kostet Deutsche

US$30, Österreicher und Schweizer US$35 in bar. Der Antrag wird an den Grenzübergängen ausgegeben (ein Foto). Wer kein Foto dabei hat, zahlt US$1–2 extra. An Wochenenden und außerhalb der Kernöffnungszeiten kommt eine geringe Überstundengebühr hinzu.

Es ist auch möglich, schon vor der Reise bei einer **laotischen Vertretung** (S. 47) im Ausland ein Visum zu beantragen, aber das ist in der Regel teurer. Geschäftsreisende erhalten auf Antrag ein **Geschäftsreisevisum**. Hierzu muss der laotische Geschäftspartner oder die laotische Firma das gemeinsame Anliegen beim zuständigen Ministerium in Vientiane vortragen. Bei Genehmigung faxt es eine *approval number* an die Botschaft in Berlin. Nach Zahlung von 40 € wird das 30-Tage-Visum in den Pass gestempelt. Es ist beliebig oft verlängerbar. Ein **Multiple-Entry Visum** wird nur vom laotischen Außenministerium vergeben und ist vor allem für Entwicklungshelfer, Diplomaten etc. gedacht.

Visa verlängert die **Einreisebehörde** in Vientiane und Luang Prabang. Früher wurden maximal fünf Tage gewährt, heute sind auch 30 Tage kein Problem. Kosten: US$2 pro verlängertem Tag zuzüglich der Gebühren für Antragsformular (1 Foto) und Bearbeitung.

Leute, die entlang der thai-laotischen Grenze unterwegs sind, können auch nach Thailand aus- und sofort wieder einreisen: Dann wird erneut das Visa on Arrival in den Pass gestempelt. Allerdings erlaubt Thailand nur zweimal im Kalenderjahr die visafreie Einreise auf dem Landweg. Wer die **Aufenthaltsdauer** seines Visums **überschreitet**, zahlt bei der Ausreise US$10 pro Tag. Das ist aber nur eine Kulanzregelung.

Kambodscha

Touristen erhalten **bei der Einreise** über die internationalen Flughäfen Phnom Penh und Siem Reap sowie an den Landesgrenzen von Thailand, Vietnam und Laos ein **Visum für einen Monat** zur einmaligen Einreise (Touristenvisum), Achtung: Passfoto nicht vergessen! Dabei ist unerheblich, ob der Monat 28 oder 31 Tage hat: Wer am 12. eines Monats einreist, erhält ein Visum bis zum 12. des Folgemonats. Europäische Staatsbürger bezahlen US$30. Das Geschäftsvisum (Ordinary Visa) kostet US$35. Bei einigen Grenzübergängen über Land versuchen die Grenzbeamten zusätzliche „Gebühren" zu kassieren. Wer kein Passfoto dabeihat, zahlt US$1.

Das benötigte Visum kann vor der Reise auch elektronisch beantragt werden. Bei der Einreise über die internationalen Flughäfen Phnom Penh und Siem Reap wird das **E-Visum** anerkannt, bei den Grenzübergängen über Land derzeit nur in Bavet, Poipet und Koh Kong. Infos, Beantragung und eine aktuelle Liste der Grenzübergänge, die E-Visa akzeptieren, findet man auf der Webseite des kambodschanischen Außenministeriums 🖳 www.mfaic.gov.kh. Die Kosten des elektronischen Touristenvisums betragen US$30 zzgl. US$7 Bearbeitungsgebühr. Die Bearbeitungszeit beträgt drei Tage. Das Antragsformular muss ausgefüllt werden, eine Kreditkartennummer zur Zahlung angegeben und ein aktuelles Passfoto in jpg- oder png-Format beigefügt werden. Das Visum wird per E-Mail zugeschickt, dies ist in ausgedruckter Form bei der Einreise vorzulegen. Das Touristenvisum gilt einen Monat für eine einmalige Einreise.

Wer an der Grenze Zeit sparen will, kann sein Visum auch **bei der kambodschanischen Botschaft** beantragen (S. 47), entweder direkt vor Ort oder auf dem Postweg. Antragsformulare stehen auf den Webseiten der Botschaften zum Herunterladen bereit. In Deutschland kostet das Touristenvisum 30 €, das Geschäftsvisum 40 €. Visa-Antrag, Überweisungsbeleg, Reisepass, Passfoto und ein frankierter Rückumschlag müssen zur Botschaft nach Berlin geschickt werden. Die Bearbeitungszeit beträgt drei Tage nach Eingang der Antragsunterlagen. Die Einreise muss innerhalb der nächsten drei Monate erfolgen, das Touristenvisum ist einen Monat gültig.

Wer schneller ein Visum benötigt, kann auch ein Sofortvisum beantragen: Der Antrag ist mit Reisepass, Foto sowie 45 € zwischen 9 und 10 Uhr in der Botschaft abzugeben, das Visum kann ab 16 Uhr des gleichen Tages abgeholt werden. Infos hierzu unter 🖳 www.kambodscha-botschaft.de.

Wer mit einem **Touristenvisum** unterwegs ist, kann dieses einmalig für einen Monat **verlängern**. Das kann bei der Einwanderungsbehörde in Phnom Penh, gegenüber dem internationalen Flughafen, beantragt werden. Reisebüros und

Guesthouses in Phnom Penh, Siem Reap und Sihanoukville übernehmen die Verlängerung. In Phnom Penh kostet dieser Service US$49, Dauer: vier Werktage. Von Siem Reap und Sihanoukville aus dauert es genauso lange, ist aber etwas teurer, da der Pass erst nach Phnom Penh geschickt werden muss. Wer vor Ablauf des Visums verlängert, erhält den zusätzlichen Monat nicht mit Ausstellungstag der Verlängerung, sondern im Anschluss an den ersten Monat.

Wer noch länger in Kambodscha bleiben will, muss einen sogenannten **Visa-Run** machen, d. h. er muss einmal aus- und wieder einreisen.

Geschäftsvisa sind unendlich oft verlängerbar, für einen, drei, sechs oder zwölf Monate. Die Gebühren betragen etwa US$49–290, die Verlängerung in Phnom Penh dauert ebenfalls vier Werktage.

Wird die Länge des Aufenthaltes überzogen, fällt eine Strafgebühr von US$5 pro Tag an.

Vietnam

Noch bis zum 30. Juni 2017 können Deutsche, die nur 15 Tage im Land bleiben wollen und ein gültiges Ausreiseticket vorweisen können, visumfrei nach Vietnam einreisen. Ob die Regelung verlängert und auch auf Schweizer und Österreicher erweitert wird, war bei Redaktionsschluss noch nicht bekannt. Aktuelle Entwicklungen unter **eXTra [10362]**.

Deutsche, die länger als 15 Tage oder ab Juli 2017 nach Vietnam reisen wollen, müssen sich wie Österreicher und Schweizer vorab ein Visum besorgen. Es ist innerhalb weniger Tage zu bekommen – und zwar sowohl in Deutschland als auch in Thailand, Laos oder Kambodscha. Es gibt Monats- (29 Tage) und Drei-Monats-Visa.

Wer es in Deutschland beantragt, sollte seinen Pass zusammen mit den erforderlichen **Unterlagen** möglichst früh, spätestens aber zwei Wochen vor Abflug an die **Botschaft** schicken. Das **Antragsformular** kann unter 💻 www.vietnambotschaft.org/de/pdf/visum-antrag.pdf heruntergeladen werden. Die Bearbeitung dauert eine Woche. Wer es eilig hat, kann gegen Aufpreis auch ein Express-Visum bestellen. Leute, die das Visum persönlich beantragen möchten, werden gebeten, vorher bei der Botschaft anzurufen. Visa on arrival sind eine gute Wahl für alle, die ihren Pass nicht verschicken wollen.

Wer eine Tour oder ein Hotel bei einer Reiseagentur bucht, kann auch deren Visahilfe in Anspruch nehmen. Über den Veranstalter bekommt man eine *approval number.* Unter Vorlage dieser Nummer erhält man in der Botschaft in kürzerer Zeit ein Visum und muss meist auch weniger zahlen; bei Buchung nachfragen.

Seit April 2014 ist es möglich, sein Visum **online zu beantragen**, auch in deutscher Sprache: 💻 http://visa.mofa.gov.vn/Homepage.aspx. Die Anträge kommen sofort in Ha Noi an. Nach Erhalt der Antwort wendet man sich an die Botschaft im eigenen Land. Nach insgesamt zwei Tagen soll man das beantragte Visum erhalten.

Das am meisten genutzte **Touristenvisum** berechtigt Besucher, 29 Tage im Land zu reisen. Wichtig: Es gilt der eingetragene Tag der Einreise im Visum, nicht der tatsächliche Einreisetag (sollte diese später erfolgen). Bei kombinierten Reisen, die zum Beispiel eine Weiterreise nach Kambodscha und/oder Laos und danach eine Wiedereinreise nach Vietnam vorsehen, kann ein mehrmaliges Visum beantragt werden *(multiple entry).* Mehrmalige Einreisen sind auch mit einem Drei-Monats-Visum möglich.

Kinder unter zwei Jahren benötigen rein rechtlich kein Visum. Man kann sie als Mitreisende im Visum eines Elternteils vermerken lassen. Da aber die neuen deutschen Reisepassbestimmungen einen Pass auch für die Kleinsten vorsehen, erwarten die Botschaften Vietnams nun, dass für Kinder ein Visum beantragt wird. Kinderausweise werden nicht akzeptiert.

Visa on Arrival müssen mit Hilfe eines Reiseveranstalters vor der Reise beantragt werden (ohne dass dafür eine Pauschalreise gebucht werden muss). Dabei gibt es gegen Vorlage einiger Papiere (eines *Letter of Introduction* und einer Namensliste) das 29-Tage-Visum für US$45 bei Ankunft am Flughafen (mehrmalige Einreise US$65); 3-Monatsvisa US$45 (mehrmalige Einreise US$90). Die Prozedur an sich dauert etwa eine Viertelstunde, bei viel Andrang (d.h. in der Hauptsaison) sollte man sich aber etwas zu lesen mitnehmen. Die nötigen Unterlagen gibt es gegen eine Bearbeitungsgebühr (ab 15 €) u. a. von 💻 www.vietnam-destination.de.

Zur Erteilung eines **Geschäftsvisums** benötigt der Antragsteller einen vietnamesischen Partner. Dieser beantragt in Vietnam die notwendige Einreisegenehmigung für seinen Gast. Nach erfolgter Genehmigung wird die vietnamesische Vertretung in Deutschland von den entsprechenden Behörden informiert. Der Geschäftsreisende erhält vom vietnamesischen Partner die Referenznummer für die Einreisegenehmigung. Diese muss nun zusammen mit den Antragsunterlagen bei der Botschaft in Berlin eingereicht werden.

Die **Kosten** für Visa differieren stark, je nachdem, wo das Visum beantragt wird. In Deutschland verlangt die Botschaft für ein 14 Tage gültiges Touristen-Visum mit einer Einreise derzeit 65 €, einmalige Einreise ein Monat 75 €, einmalige Einreise drei Monate 88 €, mehrmalige Einreise drei Monate 110 €. Express-Visa innerhalb von drei Tagen 24 € Aufpreis. Die Kosten in Österreich und der Schweiz sind ähnlich hoch.

In den Travellercafés von Phnom Penh in Kambodscha sind Visa innerhalb von 24 Stunden für ähnliche Preise in US-Dollar zu haben. In Bangkok gibt es Visa an der Botschaft, die Reisebüros verlangen meist etwas mehr als die offiziellen Stellen. Wer über Laos einreist, bekommt ein Visum in Vientiane, Luang Prabang, Pakxe und Savannakhet (S. 48). Man kann sich auch ein Visum in China oder Singapur besorgen. Bei diesen Botschaften dauert das Prozedere meist etwa 48 Stunden. Die Bezahlung erfolgt in der Landeswährung oder in Dollar.

Das Monatsvisum kann verlängert werden. Die 14-tägige **Verlängerung** kostet um US$25. Möglich ist dies in Reisebüros z. B. in Ha Noi, Ho-Chi-Minh-Stadt, Nha Trang und Da Nang. Die Preise variieren je nach Stadt und Bearbeitungszeit. Die Verlängerung liegt in der alleinigen Zuständigkeit der jeweiligen Provinzbehörden, sodass es theoretisch auch in anderen als den genannten Provinzen möglich ist, eine Verlängerung zu bekommen. Ob diese gewährt wird, hängt von der Laune des jeweiligen Beauftragten ab. Der Pass muss bei einer Verlängerung noch zwei Monate über den beantragten Visazeitraum hinaus gültig sein.

▸▸ Botschaften und Konsulate (S. 47), Zoll (S. 108)

Währungen und Wechselkurse

Thailand

Baht mit 100 **Satang**. In Umlauf sind Banknoten zu 1000, 500, 100, 50 und 20 Baht sowie Münzen zu 10, 5, 2 (selten) und 1 Baht. Ebenfalls selten geworden sind 50- und 25-Satang-Münzen.

1 €	=	38 Baht	10 Baht	=	0,26 €
1 sFr	=	35 Baht	10 Baht	=	0,28 sFr
1 US$	=	35 Baht	10 Baht	=	0,28 US$

Laos

Kip. Es sind Banknoten mit den Beträgen 500, 1000, 2000, 5000, 10 000, 20 000, 50 000 und 100 000 in Umlauf. Münzen liegen nur noch in den Vitrinen der Souvenirgeschäfte aus.

1 €	=	8600 Kip	10 000 Kip	=	1,16 €
1 sFr	=	8100 Kip	10 000 Kip	=	1,19 sFr
1 US$	=	8100 Kip	10 000 Kip	=	1,19 US$

Kambodscha

Riel. Banknoten gibt es in den Notierungen 100, 500, 1000, 2000, 5000, 10 000, 20 000, 50 000 und 100 000.

1 €	=	4300 Riel	1000 Riel	=	0,23 €
1 sFr	=	4000 Riel	1000 Riel	=	0,25 sFr
1 US$	=	4000 Riel	1000 Riel	=	0,25 US$

Vietnam

Dong. Es sind Münzen und Scheine im Wert von 200, 500, 1000 und 5000 Dong im Umlauf, Geldscheine zudem im Wert von 10 000, 20 000, 50 000, 100 000 und 500 000 Dong.

1 €	=	24 000 Dong	10 000 Dong	=	0,40 €
1 sFr	=	22 650 Dong	10 000 Dong	=	0,44 sFr
1 US$	=	22 650 Dong	10 000 Dong	=	0,44 US$

Die **Inflation** betrug 2016 in Thailand 0,2 %, in Laos 2 %, in Kambodscha 2,1 % und in Vietnam 1,3 %. Wechselkurse unter 💻 www.oanda.com.

▸▸ Geld (S. 68), Informationen (S. 76)

Weiterreise

... von Thailand

Nach Laos: Die wichtigsten Einreisepunkte mit Freundschaftsbrücken über den Mekong sind Chiang Khong, Nong Khai, Nakhon Phanom und Mukdahan. Chong Mek, 90 km östlich von Ubon und 44 km westlich von Pakxe, ist das Eingangstor nach Südlaos. Außerdem gibt es zwei wenig frequentierte Grenzübergänge in die laotische Provinz Xayaboury (nahe Huai Khon und Tha Li). An allen werden Visa für Laos ausgestellt (30 Tage, US$30–35).

Von Bangkoks Mo Chit Terminal fahren jeden Abend Busse nach Vientiane (10 Std.) und Pakxe (11 1/2 Std.). Wer schon im Nord(ost)en ist, kann auch einen der grenzüberschreitenden Busse nach Laos nehmen: von Udon Thani oder Nong Khai nach Vientiane oder Vang Vieng (bei den Bussen nach/über Vientiane das Visum vorher besorgen); von Chiang Rai und Chiang Khong nach Houay Xai; von Chiang Mai oder Loei nach Luang Prabang; von Mukdahan nach Savannakhet oder von Ubon Ratchathani nach Pakxe. Seit 2009 gibt es außerdem eine Zugverbindung von Nong Khai über die Freundschaftsbrücke nach Ban Thanaleng, 15 km südöstlich von Vientiane.

Flugverbindungen bestehen von Bangkok nach Vientiane, Luang Prabang, Savannakhet und Pakxe (über Savannakhet) und von Chiang Mai nach Luang Prabang. Günstiger ist meist ein Inlandflug in eine Stadt nahe der laotischen Grenze. Thai Airways, Lion Air, Air Asia und Nok Air starten tgl. nach Chiang Rai, Udon Thani und Ubon Ratchathani, Air Asia und Nok Air zusätzlich noch nach Nakhon Phanom, Nan und Loei. Eine günstige Reisevariante von Bangkok nach Vientiane ist das Fly'n'Ride-Paket von Nok Air: Es kombiniert Inlandflug und Bus über die Grenze.

Nach Kambodscha: Viele Anbieter in Bangkok organisieren Bustouren nach Kambodscha, besonders in der Khaosan Road. Bei diesen gibt es immer wieder Meldungen von Diebstählen, schlechten Bussen und langen Wartezeiten. Dabei ist die individuelle Anreise zu einem der Grenzübergänge völlig unproblematisch. Fast alle Grenzübergänge sind von 6–22 Uhr geöffnet. Visa on Arrival gibt es an der Grenze (ein Monat, US$30, Gültigkeit). E-Visa werden nur in Poipet, Koh Kong und Bavet akzeptiert.

Der vielgenutzte Übergang Aranyaprathet – Poipet bietet sich für Reisen nach Siem Reap, Battambang und Phnom Penh an. Aranyaprathet lässt sich von Bangkok mit dem Zug (2x tgl., 4–5 1/2 Std.) und mit Bussen vom Mo Chit Terminal (tgl. bis 17.30 Uhr, 4 Std.) sowie vom Ekkamai Terminal über Suvarnabhumi Airport (tgl. bis 16.30 Uhr, 4 Std.) erreichen. Besonders bequem ist die Reise mit den tgl. Bussen von Nattakan direkt von Bangkok (ab Mo Chit) nach Phnom Penh (11 Std.) oder Siem Reap (8 Std.).

Der Grenzübergang Ban Hat Lek – Cham Yeam weiter südlich eignet sich für Leute, die ihre Reise durch Kambodscha an der Küste oder den Inseln beginnen wollen. Klimatisierte Busse nach Trat starten von Bangkoks Ekkamai Terminal (12x tgl., 5–6 Std.) und vom Mo Chit Terminal (3x tgl, 4 Std.), Minibusse ab Khaosan Road. Von Trat geht's mit dem Minibus nach Ban Hat Lek (95 km) und nach dem Grenzübertritt mit dem Tuk Tuk oder Motorradtaxi ins 12 km entfernte Koh Kong. Die anderen, weniger genutzten Übergänge sind Ban Pakkad – Psar Prum (Pailin), in praktischer Entfernung zu Battambang (2 Std.), sowie Ban Laem – Kamrieng, Chong Jom – O'Smach und Chong Sa Ngam – Anlong Veng (Cho-Aam).

Thai Airways/Thai Smile, Air Asia, Cambodia Angkor Air und Bangkok Airways fliegen mehrmals tgl. von Bangkok nach Phnom Penh und Siem Reap. An beiden Flughäfen werden für US$30 Visa (30 Tage) ausgestellt.

Nach Vietnam: Viele Reisende wählen den Weg über Kambodscha nach Vietnam. Es lohnt sich allein schon wegen der Tempel von Angkor, etwas Zeit im Land der Khmer zu verbringen.

Wer direkt anreisen möchte: Thai Airways, Air Asia, Jetstar und Vietnam Airlines fliegen tgl. von Bangkok nach Ho-Chi-Minh-Stadt (1 Std.) und Ha Noi (2 Std.), Bangkok Airways von Bangkok nach Da Nang.

... von Laos

Nach Thailand: Grenzübergänge nach Thailand gibt es in Houay Xai, Muang Ngeun, Kenthao, Vientiane, Pakxan, Thakhek, Savannakhet und Vangtao nahe Pakxe.

Jeden Abend fährt ein Bus von Vientianes Terminal am Talat Sao nach Bangkok (10–11 Std.). Darüber hinaus bestehen tgl. Busverbindungen von Vientiane und Vang Vieng nach Nong Khai und Udon Thani, von Houay Xai nach Chiang Khong und Chiang Rai, von Luang Prabang nach Chiang Mai und Loei, von Thakhek nach Nakhon Phanom, von Savannakhet nach Mukdahan und von Pakxe nach Ubon Ratchathani und Bangkok.

2x tgl. verlässt zudem ein Zug Vientianes Bahnhof in Ban Thanaleng, 15 km südöstlich des Zentrums, um die 3,5 km über die Freundschaftsbrücke nach Nong Khai zu zuckeln. Dort hat man Anschluss an die Züge nach Bangkok.

Auch der Flugverkehr zwischen Thailand und Laos wurde in den vergangenen Jahren kontinuierlich ausgebaut: Mittlerweile starten regelmäßig Flieger von Vientiane, Luang Prabang, Savannakhet und Pakxe nach Bangkok und von Luang Prabang nach Chiang Mai.

Nach Kambodscha: Am einzigen Grenzübergang Nong Nok Khian – Trapaeng Kriel, 180 km südlich von Pakxe, trifft die Straße 13 auf die kambodschanische RN 7. Die Grenze ist tgl. von 6–18 Uhr geöffnet und es gibt Visa on Arrival für Kambodscha (30 Tage, US$30, 1 Foto). Jeden Tag starten von Pakxes KM-2-Busstation Busse privater Gesellschaften nach Phnom Penh, Siem Reap und in alle größeren Städte entlang der Strecke und nehmen auf ihrem Weg Reisende von den Viertausend Inseln auf. Alternativ bringen einen Anbieter von Don Det/Don Khon zur Grenze und setzen einen dort in den Bus einer kambodschanischen Partnergesellschaft.

Traveller auf dem Weg nach Siem Reap können auch auf den kambodschanischen Anbieter Asia Van Transfer zurückgreifen (US$20, 7–8 Std.). Die Buchung erfolgt unter 💻 www.asiavantransfer.com. Der Minivan sammelt seine Passagiere gegen 11.30 Uhr an der Grenze ein. Den Transfer von den Inseln dorthin muss jeder selbst organisieren.

Wer lieber das Flugzeug nimmt: Lao Airlines und/oder Vietnam Airlines starten tgl. von Vientiane nach Phnom Penh und von Luang Prabang und Pakxe nach Siem Reap.

Nach Vietnam: Touristen nutzen vor allem sechs Grenzübergänge zwischen Laos und Vietnam. Sehr unkompliziert funktioniert die Einreise über den Lao Bao Pass, rund 80 km westlich von Dong Ha, und über den Keo Neua Pass, etwa 105 km südwestlich von Vinh; die anderen Übergänge sind Muang Khoua – Dien Bien Phu im hohen Norden, Xam Neua – Na Meo, Nong Het – Ky Son, nordwestlich von Vinh, und Phou Keua – Bo Y, 80 km nordwestlich von Kon Tum. Am billigsten gelangt man mit öffentlichen Bussen zur Grenze, aber es gibt auch internationale Busdienste: Von Vientiane bestehen tgl. Verbindungen über den Keo Nua Pass nach Ha Noi (20 Std.), Hue (16 Std.), Da Nang (19 Std.) und 2–3x in der Woche nach Ho-Chi-Minh-Stadt (24 Std. plus X). Von Savannakhet fahren jeden Tag Busse über Lao Bao nach Hue (14 Std.) und Da Nang (16 Std.) und 4x wöchentl. nach Ha Noi (24 Std.). In Phongsaly startet tgl. ein Bus über Muang Khoua nach Dien Bien Phu. Es gibt auch Busse von Luang Prabang, Houay Xai, Oudomxai, Phonsavan, Xam Neua, Thakhek, Pakxe und Attapeu nach Vietnam.

Vietnam Airlines und Lao Airlines fliegen tgl. von Vientiane nach Ha Noi (1 1/4 Std.) und Ho-Chi-Minh-Stadt (3 3/4 Std., z. T. über Phnom Penh oder Pakxe), außerdem pendeln 2–3 Flieger tgl. zwischen Luang Prabang und Ha Noi (1 Std.).

Visa für Vietnam erteilen die vietnamesische Botschaft in Vientiane und die Konsulate in Luang Prabang, Savannakhet und Pakxe.

... von Kambodscha

Nach Thailand: Verschiedene Busgesellschaften und Backpackerunterkünfte bieten Fahrten von Phnom Penh, Siem Reap, Battambang und Sihanoukville nach Bangkok und zu anderen Zielen in Thailand an, meist über die Grenzübergänge Poipet – Aranyaprathet oder Cham Yeam – Ban Hat Lek. Fast alle wechseln den Bus hinter der Grenze.

Außerdem können Reisende die Grenze von Pailin nach Ban Pakkad im Osten Thailands und von O'Smach nach Chom Jong oder von Chong Sa Ngam nach Cho-Aam, beide 150–200 km nördlich von Siem Reap, überqueren.

Thai Airways, Air Asia, Cambodia Angkor Air und Bangkok Airways fliegen mehrmals tgl. von Phnom Penh nach Bangkok, Bangkok Airways und Cambodia Angkor Air bieten auch Flüge von Siem Reap nach Bangkok an.

Nach Laos: Über den Übergang Trapaeng Kriel – Nong Nok Khian, 🕒 6–18 Uhr, 57 km nördlich der kambodschanischen Stadt Stung Treng können Touristen nach Laos einreisen. Auf beiden Seiten gibt es Visa on Arrival. Die Grenzbeamten beider Länder kassieren obskure Gebühren von US$2–5 für ihren jeweiligen Stempel. Busse mehrerer Gesellschaften, darunter Phnom Penh Sorya verbinden Phnom Penh tgl. mit Pakxe (über Kratie, Stung Treng und Si Phan Don). Eine gute Verbindung (8 Std.) von Siem Reap nach Laos (Viertausend Inseln) betreibt Asia Van Transfer, 💻 www.asiavantransfer.com, über eine neue Straße, die die Strecke von 730 km auf 350 km verkürzt (Buswechsel in Stung Treng). Auch Phnom Penh Sorya steuert Laos von Siem Reap aus an.

Lao Airlines fliegt 3x wöchentl. von Siem Reap über Pakxe (1 Std.) nach Vientiane (3 Std.). Vietnam Airlines und Lao Airlines bedienen tgl. die Strecken Phnom Penh – Vientiane (1 1/2 Std.) und Siem Reap – Luang Prabang (1 3/4 Std.).

Nach Vietnam: Von Phnom Penh fahren Busse über Bavet – Moc Bai direkt nach Ho-Chi-Minh-Stadt (6–7 Std.). Zu den Anbietern gehören Giant Ibis und Mekong Express

Ein anderer häufig genutzter Grenzübergang ist Ka'm Samnar – Vinh Xuong nahe Chau Doc im Mekong-Delta. Es gibt organisierte Touren mit dem Minibus und dem Boot ab Phnom Penh (5 Std.). Aber auch auf eigene Faust ist der Übergang leicht zu erreichen: ab Phnom Penh mit Taxi oder Bus entlang der Nationalstraße 1 nach Neak Luong; von dort geht's mit der Fähre weiter den Mekong entlang nach Khorm Samnor. Nach der Ausreise aus Kambodscha fährt man mit dem Mopedtaxi zur vietnamesischen Grenzstation. Dort weiter mit dem Mopedtaxi nach Chau Doc. Von hier fahren täglich vom Markt Minibusse nach Ho-Chi-Minh-Stadt ab.

Den Grenzübergang Phnom Den – Tinh Bien, ebenfalls nahe Chau Doc, erreicht man per Bus aus Phnom Penh oder Kampot. Nach dem Übertritt geht's mit dem (Moped)taxi nach Chau Doc und mit dem Minibus weiter nach HCMS. Alternativ fährt man von der Grenze nach Ha Tien und von dort mit der Fähre nach Phu Quoc.

Der Übergang Prek Chak – Xa Xia ist gut von Sihanoukville über Kep und Kampot zu erreichen. Die nächste größere vietnamesische Stadt ist Ha Tien – bis dorthin ist es nur eine kurze Strecke mit dem Mopedtaxi, mittags ist meist noch die Weiterreise nach Phu Quoc möglich.

Weitere Grenzübergänge zwischen Kambodscha und Vietnam sind O Yadao – Le Thanh nahe Banlung im Osten, und Trapeang Phlong – Xa Mat: Diese sehr selten genutzte Route ist lediglich für diejenigen interessant, die direkt vom kambodschanischen Kampong Cham zum Cao-Dai-Heiligtum in Tay Ninh wollen.

Cambodia Angkor Air und Vietnam Airlines verbinden Siem Reap und Phnom Penh mit Ho-Chi-Minh-Stadt und Ha Noi. Seit 2016 fliegt Cambodia Angkor Air von Sihanoukville nach HCMS.

... von Vietnam

Nach Thailand: In Ho-Chi-Minh-Stadt können Bustouren über Phnom Penh und Siem Reap bis nach Thailand durchgebucht werden. Alternativ kann man auf eigene Faust von Phnom Penh über Cham Yeam – Ban Hat Lek oder über den selten benutzten Übergang bei Pailin (via Battambang) nach Thailand reisen. Air Asia, Jetstar, Thai Airways und Vietnam Airlines fliegen tgl. von Ha Noi und/oder Ho-Chi-Minh-Stadt nach Bangkok, Bangkok Airways von Da Nang.

Nach Laos: Die wichtigsten Grenzübergänge nach Laos sind von Nord nach Süd: Dien Bien Phu – Muang Khoua, Na Meo – Xam Neua, Ky Son – Nong Het, Cau Treo – Lak Xao (Keo Nua Pass), Lao Bao – Dan Savan (Lao Bao Pass) und Bo Y – Phou Keua nahe Attapeu. An allen gibt es Visa on Arrival für Laos, grenzüberschreitende Busse verbinden die größeren Städte.

Die meisten Reisenden nutzen die Übergänge Lao Bao – Dan Savan und Cau Treo – Lak Xao. Busse fahren regelmäßig von Da Nang und Hue über Lao Bao nach Savannakhet, Pakxe und Vientiane, außerdem von Ha Noi und Vinh über den Keo Nua Pass nach Vientiane. Darüber hinaus starten jeden Tag in Vinh Busse über Ky Son – Nong Het nach Phonsavan und Luang Prabang und regelmäßig von Plei Ku und Kon Tum über Bo Y – Phou Keua nach Attapeu und weiter nach Pakxe. Ganz im Norden bestehen jeden Tag Busverbindungen von Dien Bien Phu nach Houay Xai, Luang Prabang, Muang Khoua, Oudomxai und Phongsaly.

Vietnam Airlines und Lao Airlines starten 2x tgl. von Ha Noi nach Vientiane (1–1 1/4 Std.) und 2–3x tgl. von Ha Noi nach Luang Prabang (1 Std.), außerdem tgl. von Ho-Chi-Minh-Stadt, zum Teil über Phnom Penh oder Pakxe (1 1/2 Std.) nach Vientiane (3–4 Std.).

Nach Kambodscha: Ausländer können derzeit an acht Grenzübergängen von Vietnam einreisen: Moc Bai – Bavet, 200 km südöstlich von Phnom Penh; Vinh Xuong – Ka'm Samnar nach Chau Doc; Tinh Bien – Phnom Den (ebenfalls nahe Chau Doc); Xa Xia – Prek Chak östlich von Kep; Trapeang Phlong – Xa Mat östlich von Kompong Cham; Dinh Ba – Banteay Chakrei in der Provinz Prey Veng und Loc Ninh – Trapeang Sre südlich von Snuol in der Provinz Kratie. Ein selten genutzter Grenzübergang nahe Le Thanh ermöglicht die Weiterreise in die wenig besuchte Region um Banlung in Kambodschas Nordosten.

Die Grenzübergänge sind meist von 7–17 Uhr geöffnet. Visa gibt es an der Grenze (US$30 für ein Touristenvisum zur einmaligen Einreise mit einem Monat Gültigkeit), E-Visa werden nur in Bavet akzeptiert.

Viele Anbieter fahren tgl. mit Bussen von Ho-Chi-Minh-Stadt nach Phnom Penh und Siem Reap. Von Chau Doc fahren morgens Schnellboote auf dem Mekong nach Phnom Penh (5 Std.), manche Anbieter in Ho-Chi-Minh-Stadt organisieren den Transport per Minibus und Boot nach Phnom Penh (die Kombi-Touren sind allerdings weniger komfortabel und dauern etwa 8 Std.). Von Phu Quoc bestehen morgens unter anderem Verbindungen über den Übergang Xa Xia – Prek Chac nach Sihanoukville, Kampot, Kep, Phnom Penh und Siem Reap. Von Plei Ku fährt jeden Morgen ein Bus nach Banlung (5 Std.) in der Provinz Rattanakiri. Von den anderen Übergängen sind die Transportmöglichkeiten mitunter noch eingeschränkt.

Vietnam Airlines und Cambodia Angkor Air fliegen tgl. von Ha Noi und Ho-Chi-Minh-Stadt nach Phnom Penh und Siem Reap und Cambodia Angkor Air von HCMS nach Sihanoukville.

▸▸ Anreise (S. 45), Botschaften und Konsulate (S. 47), Flüge (S. 66), Geld (S. 68), Informationen (S. 76), Visa (S. 100), Zoll (S. 108)

Zeitunterschied

In der gesamten Mekong-Region beträgt der Zeitunterschied zur Mitteleuropäischen Zeit (MEZ) +6 Stunden, zur Sommerzeit +5 Stunden:

MEZ	Sommerzeit	Mekong-Region
17 Uhr	18 Uhr	23 Uhr
20 Uhr	21 Uhr	02 Uhr
23 Uhr	24 Uhr	05 Uhr
02 Uhr	03 Uhr	08 Uhr
05 Uhr	06 Uhr	11 Uhr
08 Uhr	09 Uhr	14 Uhr
11 Uhr	12 Uhr	17 Uhr
14 Uhr	15 Uhr	20 Uhr

Zoll

Thailand

Zollfrei sind neben den Gegenständen des täglichen Bedarfs 200 Zigaretten oder 250 g Tabak, 1 l Wein oder 1 l Spirituosen. Sämtliche anderen Dinge müssen bei der Einreise nach Thailand deklariert und verzollt werden. Verboten sind die Einfuhr von Waffen, Pornografie, Drogen sowie die Ausfuhr von Buddhastatuen und echten Antiquitäten. Der Handel mit Antiquitäten ist in Thailand generell verboten.

Ausländische Währung muss ab einer Höhe von US$20 000 bei der Ein- und Ausreise deklariert werden. Die Einfuhr thailändischer Währung muss nicht deklariert werden, während eine Ausfuhr von über 50 000 Baht p. P. meldepflichtig ist. Wer nach Laos, Kambodscha oder Vietnam ausreist, kann bis zu 500 000 Baht mitnehmen.

Wer sich teure Einkäufe ins Heimatland schicken lässt, muss diese versteuern, wodurch sich manches Schnäppchen nicht mehr lohnt.

Laos

Zollfrei nach Laos eingeführt werden können: 1 l Spirituosen und 2 l Wein; 200 Zigaretten oder 50 Zigarren oder 250 g Tabak; eine Kamera oder

Videokamera und zehn Filme. Die Einfuhr ausländischer Währungen ist unbegrenzt erlaubt. Waffen, Munition, Pornos und „reaktionäre" Publikationen sind nicht gern gesehen.

Die Ausfuhr der Landeswährung ist verboten (obwohl das niemanden zu interessieren scheint). Auch Buddhastatuen dürfen nicht ausgeführt werden, für Antiquitäten benötigt man eine Genehmigung des **Department of Heritage** in Vientiane (Antique Management Office), ✆ 021-212415.

Kambodscha

Zollfrei eingeführt werden dürfen (keine Deklarationspflicht): 2 l Wein, 400 Zigaretten, 100 Zigarren oder 400 g Tabak, 350 ml Parfüm, Medikamente für den eigenen Bedarf, neuwertige Gegenstände mit einem Wert bis US$300

In der Zollerklärung müssen folgende mitgeführten Gegenstände angegeben werden: Einfuhr von Devisen/Bargeld im Wert von über US$10 000, Waffen, Munition und militärischer Sprengstoff, Waren, die zum Verkauf in Kambodscha bestimmt sind

Siehe auch die Webseite der kambodschanischen Zollbehörde 💻 www.customs.gov.kh. Die Zollerklärung wird im Flugzeug ausgeteilt und liegt am Flughafen aus. Sie muss ausgefüllt werden und wird von den Zöllnern hinter der Gepäckausgabe einbehalten. Bei der Einreise über Land wird keine Zollerklärung verlangt.

Bei der Ausreise müssen Devisen/Bargeld im Wert von über US$10 000 deklariert werden. Antiquitäten dürfen nur mit einer Ausfuhrgenehmigung des **Ministry of Culture and Fine Arts**, Phnom Penh, das Land verlassen. Die Ein- und Ausfuhr von Drogen ist illegal und wird mit Gefängnis bestraft.

Vietnam

Zollfrei können pro Person ein- und ausgeführt werden: 400 Zigaretten (100 Zigarren bzw. 250 g Tabak), etwas mehr als 1,5 l Alkohol mit einem Alkoholgehalt von über 22 % oder 2 l unter 22 % oder 3 l Bier, zudem 500 ml Parfüm. Devisen dürfen bis zu einem Wert von US$500 ohne Deklaration eingeführt werden. Dong darf man offiziell nicht ausführen. Goldschmuck muss, wiegt er mehr als 300 g, deklariert werden. Bis zu 5 kg Tee und bis zu 3 kg Kaffee können zollfrei ausgeführt werden.

Neben den bekannten Beschränkungen betreffend Alkohol und Zigaretten sind es vor allem Produkte aus Tieren, die unter das Washingtoner Artenschutzübereinkommen fallen. Deren Ausfuhr aus Vietnam und Einfuhr nach Europa wird streng kontrolliert. Auch Antiquitäten kann man nur mit offizieller Genehmigung ausführen (die Papiere dafür sind nur sehr schwer zu bekommen). Wer eine nachgemachte Antiquität kauft, sollte sich bestätigen lassen, dass es sich nicht um ein Original handelt (das schützt jedoch leider nicht 100 % gegen eine Konfiszierung). Argwohn besteht auch bei CDs und DVDs: Da Pornografie weder ein- noch ausgeführt werden darf und die Grenzer nicht wissen, was auf den silbernen Scheiben drauf ist, kommt es vielleicht mal zu einer Nachfrage, wenn man selbst gebrannte Foto-CDs mit sich führt. Auch manche Bücher werden einbehalten, um sie auf pornografischen Inhalt hin zu untersuchen.

Generell verboten ist zudem die Einfuhr von Waffen, Munition und Drogen.

Mobiltelefone und Laptops können problemlos mitgenommen werden. Auch die Einfuhr von Fahrrädern stellt kein Problem dar. Man sollte sie allerdings deklarieren, um unnötigen Stress bei der Ausreise zu vermeiden.

Wer bei der Einreise Gegenstände deklarieren muss, füllt zwei Formulare aus und gibt den Wert an. Eines dieser Papiere muss bei der Ausreise vorgezeigt werden. Wird das Gerät nicht wieder ausgeführt, erhebt der Zoll eine dem Preis entsprechende Gebühr. Bei Verlust oder Diebstal dient ein Polizeiprotokoll als Nachweis.

▸▸ Anreise (S. 45), Visa (S. 100), Weiterreise (S. 105)

Mitbringsel: Was ist erlaubt?

Die **Zollbestimmungen** Deutschlands lassen sich auf der Website 💻 www.zoll.de, die der Schweiz unter 💻 www.ch.ch/de/schweizer-zoll und die Österreichs unter 💻 www.bmf.gv.at/zoll nachlesen.

PAD THAI-RESTAURANT IN BANGKOK

Thailand

Thailand ist das Drehkreuz der Region mit den meisten Besuchern und sehr guter touristischer Infrastruktur. Eine buddhistisch geprägte Kultur, traditionelle Märkte und moderne Konsumtempel, tropischer Dschungel und eine abgeschiedene Bergwelt: Das Land bietet für jeden etwas. Reisende werden von der heiteren, im Hier und Heute verankerten Lebenseinstellung der Menschen und ihrer einmaligen Kultur und Küche schnell in den Bann gezogen.

Stefan Loose Traveltipps

1 Bangkok Shopping, Tempel, Museen: In der Megametropole wird es so schnell nicht langweilig. S. 122

Kanchanaburi Geschichte hautnah: die weltberühmte Brücke am Kwai. S. 179

2 Ayutthaya Beeindruckende Ruinen und spannende Museen erinnern an das untergegangene Großreich. S. 191

3 Sukhothai Am schönsten mit dem Rad zu erkunden: die Ruinen der ersten Hauptstadt der Thai. S. 205

Nordthailand Trekking durch die Dörfer der Bergvölker. S. 213

4 Chiang Mai Kulturelles Zentrum des Nordens und Einkaufsparadies. S. 215

5 Mekong Eine Bootsfahrt auf dem Mekong gehört einfach zu jeder Reise durch die Region. S. 275

Khao Yai National Park Trekking entlang markierter Elefantenpfade. S. 285

6 Ko Chang und die umliegenden Inseln Archipel mit Bilderbuchstränden – gut zum Entspannen. S. 327

NAGAS, MYTHISCHE SCHLANGENWESEN

ERAWAN NATIONAL PARK

Wann fahren Üppig grün ist es in der Regenzeit bis Okt, ab Nov wird es trocken und im Norden angenehm kühl, ab März sehr heiß

Wie lange Zehn Tage, besser zwei Wochen

Bekannt für buddhistische Tempel und historische Städte, Elefanten und Wasserfälle, schwimmende Märkte und Nachtmärkte

Unbedingt probieren Khao Soi im Norden und Hom Mok an der Küste

Beste Feste Das chinesische Neujahr in der Chinatown von Bangkok, Loi Krathong in Sukhothai, Songkran und das Flower Festival in Chiang Mai

Thailand

Thailand – das „Land der Freien“, ein stolzer Begriff für das frühere Königreich Siam. Noch heute ist zu spüren, dass dieses Land als einziges in Südostasien zu keiner Zeit von westlichen Mächten kolonialisiert wurde. Das buddhistische Land hat von außen relativ unbeeinflusst seine eigene Kultur bewahren können. Exotische Tempel und die Bilderbuchwelt der Ferienkataloge locken immer mehr Touristen an. Mehr als 32 Mio. ausländische Besucher kamen allein im Jahr 2016.

Die meisten Besucher landen in der Hauptstadt Bangkok, von der aus alle Landesteile und Nachbarländer gut zu erreichen sind. Bei einer Überlandreise Richtung Norden lohnen Zwischenstopps in Ayutthaya und Sukhothai, wo beim Besuch der Ruinenstädte die Geschichte lebendig wird.

Im Norden ist Chiang Mai mit seiner gut erhaltenen Altstadt voller pittoreker Tempel, vielfältigen Einkaufsmöglichkeiten und einem breiten Ausflugsangebot die meistbesuchte Stadt. Etwas weniger turbulent geht es in Chiang Rai, Mae Hong Son oder Pai zu, die sich ebenfalls als Ausgangsort für Touren im Norden anbieten.

Der Nordosten Thailands (Isarn), bietet die Möglichkeit, das Land abseits der Touristenrouten kennenzulernen. Hier sind jedoch Grundkenntnisse der thailändischen Sprache nötig.

Auf dem Weg nach Kambodscha entlang der Küste östlich von Bangkok lassen sich entspannte Tage auf einer der Inseln verbringen.

Bevölkerung

In Thailand leben etwa 68,2 Mio. Menschen. Waren 1970 noch 16,5 % der Bevölkerung jünger als 5 Jahre, sind es mittlerweile weniger als 9 %. Die durchschnittliche Lebenserwartung liegt in Thailand bei 74 Jahren (1960: 52 Jahre, in Westeuropa heute etwa 80 Jahre).

Noch leben 66 % der Bevölkerung auf dem Land, doch die **Verstädterung** ist nicht zu übersehen. Die Bevölkerung der Region Bangkok hat sich während der vergangenen 25 Jahre mehr als verdoppelt und beträgt je nach Schätzungen 12–15 Mio. Menschen.

85 % der Gesamtbevölkerung sprechen eine **Thai-Sprache**. Über Jahrhunderte wanderten Thai-Völker aus Süd-China in Richtung Süden. Während die „großen Thai", die heutigen Shan, ins östliche Birma (Myanmar) zogen, ließen sich die „kleinen Thai" im Gebiet des heutigen Thailand nieder. Andere Thai-Völker siedeln in Laos und sogar im Nordosten Indiens.

Von den alten Hochkulturen der Mon und Khmer übernahm man die Grundzüge für eine eigene Schrift. Aus dem ceylonesischen Raum brachten Mönche den **Theravada-Buddhismus**, und aus China kamen Handwerker und Künstler ins Land. Da die Thais niemals kolonisiert wurden, haben sie ihre eigene kulturelle Identität bis heute weitgehend bewahrt. Während der Ayutthaya-Periode festigte sich die Rolle des Königs als Staatsoberhaupt. Ebenso wie die prunkvollen Tempel das Bild der Städte und Dörfer bestimmen, prägt der Buddhismus das gesellschaftliche Leben. Neben buddhistischen Traditionen haben Riten und Bräuche hinduistischen oder animistischen Ursprungs einen festen Platz im Leben der Menschen.

In den Nordprovinzen leben als weitere ethnische Minderheit 800 000 bis 1 Mio. **Angehörige der Bergvölker**. Ihre Zahl nimmt zu, da einerseits die Lebenserwartung steigt und andererseits viele Menschen über die Grenze aus Myanmar nach Thailand kommen. Die sieben größten Völker sind die sino-tibetischen Karen, Hmong, Yao, Lahu, Lisu und Akha sowie die zur Mon-Khmer-Gruppe gehörenden Lawa. Die alteingesessenen Völker (Lawa, Karen) siedeln weitgehend in den Tälern, wo sie sich in festen Dorfverbänden organisiert haben und überwiegend vom Nassreis-Anbau leben. Hingegen sind die Berghänge in 800–1200 m Höhe der Lebensraum später zugewanderter Völker, die Brandrodungsfeldbau betreiben und traditionell vom Bergreis- wie Opiumanbau lebten. Die Regierung fördert den Anbau von *cash crops* (Kaffee, Blumen, Gemüse, Obst) sowie die Verfeinerung der Anbaumethoden von Bergreis und Mais.

Außerdem leben in Thailand mind. 1,5 Mio. **illegale Immigranten** aus Myanmar und Indochina, manche Schätzungen sprechen von bis zu 5 Mio., von denen viele auf Baustellen und in touristischen Einrichtungen arbeiten.

Eine wirtschaftlich einflussreiche Minderheit sind die über 9 Mio. **Thai-Chinesen**. Obwohl die wirtschaftlichen Beziehungen zwischen Thailand und China bis ins 13. und 14. Jh. zurückreichen, sind die meisten erst in jüngerer Zeit eingewandert. Zwischen dem beginnenden 19. Jh. und 1950 flüchteten etwa 4 Mio. Chinesen aus ihrer krisengeschüttelten Heimat nach Thailand, wo ihre Arbeitskraft geschätzt wurde und sie in Handel und Wirtschaft zu Wohlstand gelangten.

Schon seit Jahrhunderten haben **Farang** (westliche Ausländer) das Land bereist. In der Königsstadt Ayutthaya lebten Europäer ebenso wie Chinesen und Japaner im 17. und 18. Jh. in den ihnen zugewiesenen Stadtvierteln. Europäische Missionare, Händler, Politiker und Ingenieure dienten den siamesischen Königen als Berater und Geschäftspartner.

Geschichte

Archäologische Keramik- und Waffenfunde in Ban Chiang und in der Nähe von Kanchanaburi weisen eine **Besiedlung** des Landes vor über 7000 Jahren nach. Neueren Funden in Grotten bei Krabi zufolge lebten bereits vor 43 000 Jahren Jäger und Sammler im Süden Thailands. Die Herkunft der Thais ist wissenschaftlich umstritten. Im 8.–11. Jh. wanderten sie aus dem heutigen Süd-China in ein Gebiet, das sich von Assam im äußersten Westen bis nach Vietnam erstreckt. Die ersten Thai-Reiche entstanden in Chiang Saen und Chiang Rai, aber auch in Nord-Birma (Shan-Staat) und Yunnan.

Die Khmer im Mekong-Delta und die Mon in Zentral-Thailand und Niederbirma hatten mächtige Hindu-Reiche und hoch entwickelte Kulturen geschaffen. Der Einfluss beider Völker war jedoch im 13. Jh. stark zurückgegangen. Nachdem schon Mitte des 13. Jhs. die Khmer aus der zentralen Ebene verdrängt worden waren, wurde 1249 **Sukhothai** als erste Thai-Hauptstadt gegründet, das unter **König Ramkhamhaeng** zu kultureller Blüte gelangte.

Der Nachfolgestaat Sukhothais war das um 1350 entstandene Königreich **Ayutthaya** im Zentrum der fruchtbaren Chao Phraya-Ebene. Zu Beginn des 15. Jhs. wurde Sukhothai unterworfen und das Khmer-Reich besiegt und zum Vasallen degradiert. Gegen die nördlichen Tai-Reiche Lane Xang (Laos) und Lan Na (Chiang Mai) führten König Trailoks Truppen zahlreiche Kriege. Um die militärische Position gegenüber dem nördlichen Nachbarn zu verbessern, wurde vorübergehend die Hauptstadt nach Phitsanulok verlegt. Chiang Mai konnte jedoch nicht unterworfen werden, da es sich zeitweise mit dem Königreich Birma verbündete, das zum Erzrivalen des Ayutthaya-Reiches avancierte. Erst zum Ende des 18. Jhs. sollte die Eroberung Chiang Mais gelingen. Waren die Sukhothai-Könige noch volksverbunden, so wurden jetzt am Hof Zeremonien eingeführt, die dem Herrscher göttliche Eigenschaften zusprachen.

1569 wurde Ayutthaya vom benachbarten Königreich **Birma** besiegt und ein neuer König ernannt, der die **Oberhoheit Birmas** anerkannte. In fünf Kriegszügen gelang es dem heute noch hochverehrten **Prinzen Naresuan** zwischen 1584 und 1592 die birmanische Herrschaft abzuschütteln. Mit den meisten anderen asiatischen Staaten unterhielt Ayutthaya intensive **Handelsbeziehungen**.

Bedeutsam waren auch die Kontakte Ayutthayas mit **europäischen Großmächten**. 1664 erzwang Holland unter der Androhung militärischer Gewalt den Abschluss eines Vertrags, der ihm in wichtigen Bereichen des Außenhandels ein Monopol einräumte. Um den holländischen Einfluss zu begrenzen, nahmen die Ayutthaya-Könige diplomatische Kontakte zu Frankreich auf. König **Narai** geriet durch den Kontakt zum griechischen Abenteurer Konstantin Phaulkon mehr und mehr unter europäischen Einfluss. 1688 mündete der Widerstand des Thai-Adels in einer Palastrevolte. Phaulkon wurde geköpft und die Beziehungen mit den westlichen Großmächten neu geordnet.

Nachdem Ayutthaya 1767 vom Erzfeind Birma niedergebrannt und dem Erdboden gleichgemacht worden war, versank das Land im Chaos. Der Provinzgouverneur **Taksin** versuchte mit einigen verbliebenen Soldaten das Land erneut zu einen. Er wurde 1768 in der neuen Hauptstadt Thonburi zum König ausgerufen. In den folgenden 14 Jahren gelang es ihm in zahlreichen Kriegen, das Land wieder zusammenzufügen. Wichtigster Heerführer wurde **General Chakri**, der Taksin entmachtete und sich zum **König Rama I.** krönen ließ, dem ersten König der noch heute herrschenden **Chakri-Dynastie**. Die Chakri-Könige verfolgten bis zur Mitte des 19. Jhs. eine Politik der Restauration, die den vergangenen Glanz Ayutthayas wiederherstellen sollte.

König Mongkut (Rama IV.) wird als Erneuerer und Reformer des Reiches gesehen. Seine Außenpolitik zielte darauf ab, den Einfluss der westlichen Großmächte im Gleichgewicht zu halten. In der prekären Position zwischen den Einflussgebieten Großbritanniens (Britisch-Indien, Birma und Malaya) und der französischen Kolonie Indochina (Laos, Kambodscha und Vietnam) war es eine Beschwichtigungspolitik, die Erfolg versprach. Beiden Kolonialmächten wurden Handelsprivilegien eingeräumt und Territorien an sie abgetreten. Im Gegensatz zu allen anderen Staaten Südostasiens, gelang es Thailand damit nie direkt unter koloniale Herrschaft zu geraten. Der außenpolitsche Balanceakt wurde durch ein innenpolitisches **Reformprogramm** ergänzt. Doch die Durchsetzung stieß auf Widerstand, da die Reformen Privilegien des Adels und der Königsfamilie beschnitten. Unter Mongkuts Sohn **Chulalongkorn** (Rama V.) wurde die Abschaffung der Sklaverei eingeleitet. Die Verwaltung wurde zentralisiert und nach europäischem Vorbild mit Ministerien an der Spitze umgestaltet. Steuergesetze lösten die hierarchische Abgabenordnung ab. Es entstanden Universitäten nach westlichem Vorbild. Chulalongkorn veränderte die alte Gesellschaftsordnung, hielt aber an bestimmten Traditionen fest und gilt deswegen als Begründer des modernen Siam.

1932 wurde Siam, wie die offizielle Staatsbezeichnung bis dahin lautete, durch einen unblutigen **Staatsstreich** in eine **konstitutionelle Monarchie** umgewandelt. **Pridi Phanomyong**, ein in Frankreich ausgebildeter Rechtsanwalt, war der politische Kopf der radikaldemokratischen Bewegung, die, zusammen mit den eher konservativen Militärs, den Coup durchführte. **Pibul Songgram**, Führer des konservativen Flügels, stieg zum stärksten Mann der Nation auf, die nun Thailand hieß.

1940 war das Land **Alliierter der Achsenmächte** Nazi-Deutschland, Japan und Italien. Mit japanischer Unterstützung annektierte Thailand Teile von Birma, Laos, Kambodscha und Malaya. 1944 wurde Pibul Songgram gestürzt, und Thailand verbündete sich mit seinen ehemaligen Gegnern. Pridi Phanomyong, während des Krieges Führer der antijapanischen Bewegung Freies Thailand, arbeitete mit seinen Freunden eine neue Verfassung aus. Er wurde 1947 durch einen erneuten Militärputsch unter der Führung von Songgram gestürzt und ging ins Exil.

Unter der Führung Songgrams entwickelte sich das Land streng antikommunistisch und wurde Mitglied in der Seato (South East Asia Treaty Organization), dem asiatischen Gegenstück zur Nato. 1957 stürzten Militärs unter **Marschall Sarit** die Einmann-Diktatur. Feldmarschall **Thanom Kittikachorn** wurde neuer Premier und führte Thailand noch enger in die Arme der USA. Während des Vietnamkrieges war das Land von US-Militärstützpunkten überzogen.

Die Auseinandersetzungen zwischen Parlament und Militär führten im November 1971 zur Auflösung der Nationalversammlung, Aufhebung der Verfassung und **Erklärung des Kriegsrechts**. Im Oktober 1973 protestierten Hunderttausende gegen die Verhaftung oppositioneller Studentenführer. Nach offiziellen Angaben wurden dabei 77 Menschen erschossen und mehrere Hundert verletzt; erbitterte Straßenkämpfe folgten. Das Ende der Militärclique war gekommen, als Kittikachorn, Prapas und Narong ins Ausland flohen. **König Bhumibol** verkündete die Auflösung des Militärregimes; er setzte den Rektor der Thammasat-Universität, **Sanya Dharmasakti**, als neuen Premier ein, was man als Sieg der Studentenbewegung verstand.

In der folgenden Zeit wechselten sich die Parteien mit der Bildung von Regierungen ab, bis das Militär im Oktober 1976 erneut die Macht übernahm. Beim **Massaker an der Thammasat-Universität** in Bangkok erschoss das Militär nach offiziellen Angaben 46 demonstrierende

Die wichtigsten Könige

1239 – 1311	Mengrai (Lanna)
1279 – 1298	Ramkhamhaeng
1351 – 1369	U-Thong (Ramathibodi I.)
1388 – 1395	Ramesuan
1590 – 1605	Naresuan
1629 – 1656	Prasat Thong
1656 – 1688	Narai
1767 – 1782	Taksin
1782 – 1809	Rama I. (General Chakri)
1809 – 1824	Rama II. (Phra Phutthaloetla Naphalai)
1824 – 1851	Rama III. (Phra Nangklao)
1851 – 1868	Rama IV. (Mongkut)
1868 – 1910	Rama V. (Chulalongkorn)
1910 – 1925	Rama VI. (Vichiravudh)
1925 – 1935	Rama VII. (Prajadhipok)
1935 – 1946	Rama VIII. (Ananda Mahidol)
1946 – 2016	Rama IX. (Bhumibol Adulyadej)
seit 2016	Rama X. (Maha Vajiralongkorn)

Studenten, inoffizielle Schätzungen sprechen von 100–200 Opfern. Ab 1977 war **General Kriangsak** Premier. Er unterschied sich von seinen Vorgängern durch eine **Reformpolitik** und eine realistische Ausgleichspolitik.

Im Frühjahr 1980 wurde Kriangsak gestürzt. Das Parlament bestimmte **General Prem Tinsulanond** zu seinem Nachfolger, der das Land mit einer demokratisch legitimierten Mehrparteienkoalition regierte. Viele innenpolitische Reformen verliefen im Sande. 1988 ging die Chart Thai-Partei aus den allgemeinen Parlamentswahlen als Sieger hervor. Ihr Vorsitzender, **Chatichai Choonhavan**, führte als Ministerpräsident eine Sieben-Parteien-Koalition an. Daneben behielt die Armee großen Einfluss. Durch populäre Anordnungen und den wirtschaftlichen Boom konnte die Regierung die anfängliche Skepsis in der Bevölkerung überwinden. Doch schon bald kam es besonders mit den Militärs zu Spannungen, sodass im Februar 1991 die Armee nach einem unblutigen Putsch ein **National Peace Keeping Council (NPKC)** einsetzte.

Ein Jahr später fanden Wahlen statt, bei denen die den Militärs nahestehenden Parteien vor allem im ländlichen Raum die Mehrheit der Stimmen erhielten oder kauften. Als im Mai 1992 der Anführer des Putsches, **General Suchinda Kraprayoon** zum Ministerpräsidenten ernannt wurde, gingen die Massen auf die Straße. Die Demonstrationen gipfelten in gewalttätigen Auseinandersetzungen mit zahlreichen Toten und Verhaftungen. Der König intervenierte, die Gefangenen kamen frei, und General Suchinda („Big Su") musste zurücktreten.

Unter dem Druck der Straße kam es im September 1992 zu Neuwahlen, aus denen eine Fünf-Parteien-Koalition unter dem demokratischen Premierminister **Chuan Leekpai** hervorging. Außerparlamentarische Gruppen setzten die Politiker unter Druck, die Reformen fortzuführen und die Lebensbedingungen auf dem Land zu verbessern. Aufgrund von Korruptionsvorwürfen zerbrach die Fünf-Parteien-Koalition im Mai 1995. Der Führer der Chart Thai-Partei, **Banharn Silpa-Archa**, wurde zum 21. Premierminister Thailands ernannt. Aber auch diese Sieben-Parteien-Koalition ging schnell in die Brüche, sodass Ende 1996 wieder Neuwahlen anstanden. Aus ihnen ging der ehemalige General **Chavalit Yongchaiyudh** als Sieger hervor. Die überwältigende Mehrheit der Wähler in Bangkok stimmte jedoch für die Opposition.

Zu dieser Zeit kündigte sich mit dem Verfall der Immobilienpreise und dem Zusammenbruch einiger Grundstücksgesellschaften die erste große Wirtschaftskrise an. Ein rapider Währungsverfall und der Vertrauensverlust beim IWF wie bei der Bevölkerung zwangen Chavalit, im November 1997 sein Amt niederzulegen. In dieser schwierigen Situation beauftragte König Bhumipol den demokratischen Ex-Ministerpräsidenten **Chuan Leekpai**, eine neue Koalition zu bilden, die mit einer dünnen Mehrheit wichtige Reformen durchsetzen musste.

Unter diesen Bedingungen fand **Thaksin Shinawatra** von der neu gegründeten Partei **Thai Rak Thai** („Thais lieben Thais") mit seinen großzügigen finanziellen Versprechungen und offener Polemik gegen westliche Ausländer und Minderheiten Gehör. Er gewann im Januar 2001 mit einer überwältigenden Mehrheit die Wahlen. Thaksin bildete eine Drei-Parteien-Koalition, um mit einer Zweidrittel-Mehrheit Gesetze schnell verabschieden zu können, und berief in sein Kabinett viele alte Gesichter aus gescheiterten Regierungen.

Bei der Wahl im Februar 2005 gelang es Thaksin erneut die Regierung zu bilden – diesmal sogar mit absoluter Mehrheit. Allerdings verstärkte sich nach den Wahlen in der städtischen Bevölkerung und im Süden der Widerstand gegen die zunehmend autokratisch und diktatorisch herrschende Regierung. Die Einschränkung der Pressefreiheit, die persönliche Bereicherung des Thaksin-Clans und der selbstherrliche Regierungsstil waren Anlässe für Demonstrationen. Thaksins Fall begann mit dem Verkauf seines Telekomkonzerns Shin Corp., der beim Aufbau der Mobilfunknetze von staatlichen Zuschüssen profitiert hatte. Die staatliche Singapurer Temasek Holdings Ltd. hatte für fast US$2 Mrd. knapp 50 % der Firma gekauft, wofür der Thaksin-Clan, dank entsprechend geänderter Gesetze, keine Steuern zahlen musste. Das nahm ein Großteil der Mittelschicht nicht hin.

Als am 19. September 2006 das Militär unter **General Sonthi Boonyaratkalin** putschte, wurden die Einheiten in Bangkok freundlich begrüßt. Der König bestätigte Sonthi in einer Rede als Vorsitzenden des neuen „Rates für demokratische Reformen unter der konstitutionellen Monarchie", löste das Parlament, die Regierung und das Verfassungsgericht auf, setzte die Verfassung außer Kraft und inhaftierte die noch im Land verbliebenen Mitglieder des gestürzten Kabinetts. Einen Monat später setzte Sonthi eine zivile Regierung ein. Thaksin befindet sich (mit einer kleinen Ausnahme 2008) seit dem Putsch im Ausland. Seine Thai Rak Thai-Partei wurde per Gerichtsbeschluss im Mai 2007 aufgelöst.

Nach den Wahlen 2007 bildete die Nachfolgepartei der Thai Rak Thai, die People Power-Partei (PPP) unter **Samak Sundaravej**, eine neue Regierung. Ein Großteil der Bangkoker Elite und der Bevölkerung Süd-Thailands wollte das Wahlergebnis nicht akzeptieren und gründete die **PAD (People's Alliance for Democracy)**. Mit stiller Duldung eines Teils der Polizei und des Militärs behinderte die PAD die Regierungsarbeit. Sie besetzten Ministerien und das Government House, dann die Flughäfen von Phuket, Krabi und Hat Yai.

Am 1. September 2008 verhängte die Samak-Regierung den Ausnahmezustand über Bangkok. Am 9. September verfügte das Verfassungsgericht aus vorgeschobenen Gründen die Absetzung von Samak. Da die Partei weiterhin eine Mehrheit im Parlament besaß, wurde der Schwager Thaksins, **Somchai Wongsawat**, zum neuen Premier gewählt. Unverändert gingen die Proteste der **„Gelben"** weiter und erreichten mit der Besetzung der beiden internationalen Flughäfen Bangkoks einen neuen Höhepunkt. Polizei und Militär wurden nicht aktiv. Das Verfassungsgericht entschied die Auflösung der PPP wegen Wahlbetrugs, Somchai trat zurück, und am 15. Dezember 2008 wurde der Vorsitzende der Demokraten, **Abhisit**, zum Premier gewählt.

Eine **„rote" Opposition** formierte sich während dieser Zeit aus Thaksin-Anhängern und überzeugten Demokraten, die die Macht der Bangkoker Elite und der mit ihr verbündeten Militärs sowie von Teilen des Königshofs beenden wollten. Im Frühjahr 2010 besetzten sie wochenlang mehrere Straßenzüge in der Innenstadt von Bangkok und forderten Neuwahlen. Die Auseinandersetzungen erreichten ihren Höhepunkt, als regierungstreue Armeeeinheiten mit Scharfschützen ein Blutbad anrichteten. Mindestens 88 Menschen starben und etwa 2000 wurden verletzt. Erst im Dezember 2010 wurde der Ausnahmezustand in vielen Provinzen aufgehoben.

Im tief gespaltenen Land ließ Abhisit im Juli 2011 Neuwahlen durchführen, die **Yingluck Shinawatra**, die jüngste Schwester von Thaksin, mit absoluter Mehrheit gewann. Doch im Hintergrund agierte weiterhin Thaksin Shinawatra, dem die Rückkehr nach Thailand aufgrund eines Haftbefehls verwehrt war. Ein umstrittener Amnestie-Gesetzentwurf ließ im Oktober 2013 die Straßenproteste wieder aufflammen. Monatelang waren mehrere Straßenzüge in Bangkok durch Demonstranten blockiert, 23 Menschen starben bei Anschlägen, Schießereien und gewaltsamen Auseinandersetzungen mit der Polizei. Im Mai 2014 enthob das Verfassungsgericht Yingluck und mehrere Kabinettsmitglieder ihrer Ämter. **General Prayuth Chan-ocha** rief das Kriegsrecht aus und setzt sich kurze Zeit später an die Spitze der Regierung. Am 21. August 2014 ließ er sich von einer gesetzgebenden Versammlung, die durch das Militär eingesetzt worden war, ohne Gegenkandidaten zum Premierminister wählen. Der von der Militärregierung neu begründete National Council for Peace and Order machte es sich zur Aufgabe, eine neue Verfassung auszuarbeiten, die das Volk „wieder glücklich machen" und „versöhnen" würde. Nach einer Übergangsphase sollte die Staatsgewalt an eine demokratisch gewählte Regierung übergeben werden. Der entsprechende Zeitplan wurde jedoch immer wieder verschoben. Im August 2016 wurde schließlich per Referendum ein neuer Verfassungsentwurf abgesegnet, der dem Militär umfassenden Einfluss auf die Politik des Landes sicherte.

Wirtschaft

Thailand ist mit einem **Pro-Kopf-Einkommen** von US$16 800 (PPP) kein Entwicklungsland und in mancherlei Hinsicht moderner als das alte Europa. Das wird jedem Besucher bei der Ankunft am Flughafen Bangkok deutlich vor Augen geführt. Dank der zunehmenden **Industrialisierung** ist der Wohlstand stark gestiegen. Zwischen 1985 und 1994 verdoppelte sich das **Durchschnittseinkommen** der Thais. Heute liegt es bei 16 000 Baht im Monat. Die Einkommen in Bangkok sind noch immer wesentlich höher als in der Provinz. Der staatlich festgelegte **Mindestlohn** für gewerbliche Arbeitnehmer beträgt 300–310 Baht pro Tag. Zum Vergleich: Pro Tag gibt der Durchschnittstourist gut 4000 Baht aus.

In der **Landwirtschaft** sind noch 32 % der Bevölkerung tätig, die nur 9 % des Bruttoinlandsprodukts erwirtschaften. 16,7 % arbeiten in der Industrie, die 35,9 % Anteil am Bruttoinlandsprodukt hat. Die Zahl der Tierzuchtbetriebe ist im letzten Jahrzehnt enorm gestiegen, dennoch heißt Landwirtschaft in Thailand hauptsächlich Reisanbau. Noch bis in die 1950er-Jahre wurde in erster Linie Nassreis angebaut, das Hauptnahrungsmittel. Um die rasch wachsende Bevölkerung zu ernähren, kultivierten die Bauern seit Ende des Zweiten Weltkriegs auch Berghänge und schlechte Böden. Hier pflanzten sie anspruchslosere Kulturpflanzen wie Zuckerrohr, Mais und Tapioka an. In der Umgebung der Städte und in den Bergen im Norden stieg die Produktion von Obst und Gemüse. Mittlerweile ist Thailand der weltgrößte Kautschukproduzent.

Noch konzentrieren sich über die Hälfte der **industriellen Produktionsstätten** im Großraum Bangkok. Die **bedeutendsten Industriezweige** stellen die Auto-, Computer- und Halbleiterindustrie, die arbeitsintensive Textilindustrie sowie die Verarbeitung von Nahrungsmitteln und Agrarerzeugnissen dar. Knapp die Hälfte des Bruttoinlandsprodukts werden mit **Exporten** erwirtschaftet.

Der **Tourismus** ist mit Einnahmen von rund US$70 Mrd., immerhin 18 % der gesamtwirtschaftlichen Leistung, der wichtigste Devisenbringer. 2016 kamen mit 32,6 Mio. Touristen, 761 000 davon aus Deutschland, mehr als jemals zuvor. Schätzungen gehen davon aus, dass fast 2 Mio. Menschen in Thailand direkt oder indirekt vom Tourismus leben. Besucher aus Westeuropa sind in der Minderheit. Die Mehrheit der Touristen stammt aus China, Indien, Japan, Südkorea und den Nachbarländern.

Sprachführer

Wenigstens ein paar Worte Thai sprechen zu können, weckt spontane Sympathie bei den meisten Thais. Eine Mini-Konversation mit dem Hinweis, nur ganz wenig Thai zu sprechen *(put thai dai nitnoi khrap / kha)*, zaubert immer wieder die sprichwörtliche Freundlichkeit der Thais hervor.

Selbst mit einem Wörterbuch hat man große Schwierigkeiten, die Worte richtig auszusprechen. Neben den Tonhöhen, die Anfänger nie richtig treffen, muss man sich mit 44 unterschiedlichen Konsonanten und 32 Vokalen herumschlagen, die es zum großen Teil in unserer Sprache nicht gibt. Der folgende Grundwortschatz kann hierbei nur eine kleine Hilfestellung sein.

Wer die Zahlen bis 1000 in Thai beherrscht, wird einen guten Eindruck machen – vor allem bei Taxifahrern und beim Handeln. Am besten lässt man sich die Wörter von einem Thai vorsprechen. Ein Trost für alle, die es dennoch wagen – die Grammatik ist recht einfach zu lernen, da es nur wenige Regeln und keine Ausnahmen von diesen Regeln gibt.

Tonhöhen haben wir allerdings nicht angegeben. Die Aussprache-Umschrift der ausgewählten Worte basiert weitgehend auf dem Deutschen.

Wörter und Wendungen

Zahlen

0	*suun*
1	*nöng*
2	*sohng*
3	*sahm*
4	*sie*
5	*hah*
6	*hock*
7	*dschät*
8	*bät*
9	*kao*
10	*sip*

THAILAND

11	*sip et*
12	*sip sohng*
20	*jie sip*
21	*jie sip et*
22	*jie sip sohng*
30	*sahm sip*
40	*sie sip*
100	*(nöng) roy*
101	*roy et*
200	*sohng roy*
1000	*(nöng) pan*
10 000	*(nöng) müün*
100 000	*(nöng) sähn*
1 000 000	*(nöng) laan*

Fragen und Antworten

was	*arai?*
wann	*möerai?*
wo, wohin, woher	*tienai?*
wo ist …?	*… yuh tienai?*
wie viel(e)	*tao-rai?*
warum	*tammai?*
wie	*jangrai?*
wer, wen, wem	*krai?*
ja	*dschai*
nein	*mai, plao*
nicht	*mai*

Personen

ich (weiblich)	*ditchan / tchan*
ich (männlich)	*pom / kra pom*
du, sie, ihr	*töh / khun / puak töh*
er, sie, es	*khao*
wir	*rao*
Sie / Frau / Herr …	*khun*

Zeit

Wie viel Uhr ist es?	*kih mong?*
Morgen	*tschao*
Mittag	*tiang*
Abend	*jen*
Nacht	*klang khühn*
heute	*wan-nie*
morgen	*prung-nie*
gestern	*müa wan-nie*
Minute	*natie*
Stunde	*tschua mohng*
Tag	*wan*
Woche	*sapda / noeng athit*
Monat	*düan*
Jahr	*bi*
jetzt	*däo-nie*
später	*tie-lang*
noch nicht	*yang*

Einkaufen

kaufen	*süh*
verkaufen	*khai*
Wie viel Baht?	*kih baht?*
teuer	*päng*
zu teuer	*päng pai*
billig	*mai päng*
es gibt …	*mie …*
es gibt nicht …	*mai mie …*
Wie viel kostet es?	*raka tao-rai?*
Wie viel möchten Sie?	*khun tong kahn tao-rai?*

Waren des täglichen Bedarfs

Tasche	*gapao*
Toilettenpapier	*gradad schamla*
Seife	*sabu*
Shampoo	*ja sa pom*
Handtuch	*pa set dua*
Moskito-Coils	*ja gan jung*
Streichhölzer	*mai kit fai*
Kerze	*tian kai*
Batterie	*tahn fai sai*
Briefmarke	*satäm*
Schreibpapier	*gradad klen djud mai*

Reisen

TAT (Tourist Office)	*tho tho tho*
geradeaus	*trong pai*
(nach) links	*(liao) sai*

(nach) rechts	*(liao) khwa*
Stopp!	*jut*
Welche Straße ist das?	*thanon nih arai?*
Welche Stadt ist das?	*müang nih arai?*
Wohin gehst du?	*pai nai?*
Ich gehe nach ...	*pai ...*
Ich will nicht gehen	*tschan mai pai*

Transport

Bus	*rot meh*
Busbahnhof	*sathani rot meh*
Eisenbahn	*rot fai*
Bahnhof	*sathani rot fai*
Flugzeug	*krüang bin*
Flugplatz	*sahnam bin*
Boot	*rüha*
Hafen	*tah rüha*
Taxi	*teksi*
Auto	*rot jon*
Motorrad	*mohtöhsai*
Fahrrad	*dschakrajahn*
mieten	*tschau*
Benzin	*bensin*
Normalbenzin	*tammadah*
Super	*supähr*

Übernachten

Hotel	*rong rähm*
Zimmer	*hong*
Bett	*tiang*
Schlüssel	*gun tschä*
Moskito	*jung*
Moskitonetz	*mung*
Badezimmer, Toilette	*hong nahm*
Wo ist das Hotel?	*rong rähm ju tienai?*
Wo ist die Toilette?	*hong nahm ju tienai?*
müde	*nguang noh*
allein	*kon dijo*

Essen und Trinken

hungrig	*hiju*
durstig sein	*hiju nam*
heiß	*rohn*
kalt	*jen*
süß	*wahn*
süß-sauer	*prio-wahn*
scharf	*pät*
gebraten	*tord*
gekocht	*tom*
gegrillt	*yang*
getoastet	*ping*
Fisch	*plah*
Fischküchlein	*tord man plah*
Garnelen, Krabben	*gung*
Hummer	*gung gam gram*
Krebse	*puh*
Tintenfisch	*plahmük*
Schweinefleisch	*muh*
Rindfleisch	*nüa*
Hühnerfleisch	*gai*
Entenfleisch	*ped*
Gemüse	*phak*
gelbe Nudeln	*bah mie*
weiße Nudeln	*göi tiao*
Reis	*kao*
weißer Reis	*kao plao*
gebratener Reis	*kao phat*
Ei	*khai*
Omelett	*khai dschiao*
Wasser	*nam*
Tee	*tschah*
Kaffee	*gafä*
Alkohol, Brandy	*lao*
vegetarisch	*mangsawirat*
Restaurant	*rahn ahahn*
vegetarische Kost	*ahahn jä*
kein Rindfleisch	*mai sai nüa*
kein Seafood	*mai gin ahahn thale*
essen	*gin / tahn*
essen gehen	*pai tahn ahahn*

trinken	*dühm*
Das Essen schmeckt gut	*ahahn a-roi*
Dasselbe noch einmal	*ao ik*
Ich mag ...	*pom / tschan tschoob ...*
Die Rechnung, bitte!	*tschek bin khrap (kha)*

Umwelt

Großstadt	*nakhon / müang yai*
Stadt	*müang*
Dorf	*bahn*
Berg	*doi*
Fluß	*mä nahm*
Insel	*ko*
Strand	*haht*
Bucht	*ao*
Wasserfall	*nahm tok*
Höhle	*tam*
Straße	*thanon*
Gasse	*soi*

Gesundheit

gesund, sich wohl fühlen	*sabai*
krank	*mai sabai*
Medizin	*jah*
Fieber	*kai*
Durchfall	*tong döhn*
Erbrechen	*adschian*
Krankenhaus	*rong payabahn*
wehtun	*dschep*

Gespräch

Höfliche Verstärkungsformel am Ende des Satzes von einem männlichen* / weiblichen** Sprecher: *khrap* / kha***

danke (Männer)	*kop khun khrap*
danke (Frauen)	*kop khun kha*
Willkommen!	*sawadie khrap / kha*
Wie geht es?	*sabai die mai?*
Mir geht es gut	*sabai die*
tschüss	*laa gon*
Auf Wiedersehen	*pop gan mai*
Woher kommst du?	*töh mah dschak tienai?*
Darf ich fotografieren?	*tai ruhpdai mai?*
Sprichst du Thai?	*phuht thai daai mai?*
Ich spreche etwas Thai	*phuht thai nitnoi*
Verstehen Sie?	*kao dschai mai?*
Ich verstehe (nicht)	*pom (mai) kao dschai*
Bitte sprechen Sie langsam!	*prott put cha cha*
Das macht nichts!	*mai pen rai*
bitte (fordernd)	*prott*
bitte (einladend)	*tschuhn*
Es tut mir leid	*tschan sia chai*
Entschuldigung	*kao tott*
Wie heißt du?	*dschüarai*
Ich heiße ...	*dschüa ...*
Wie alt bist du?	*ahju tao-rai*
Wo wohnst du?	*ju tienai*
Was machst du?	*tham arai*
Viel Glück!	*dschok die*
hübsch	*suäi*
schmutzig	*sockapock*
Spaß haben	*sanuk*
mögen	*schop*
gut	*die*
sehr gut	*die mahk*
nicht gut	*mai die*
verrückt	*bababobo*
gut, clever	*gäng*
Kind	*dek*
Junge	*dek phudschai*
Mädchen	*dek phujing*
müssen	*tong*
können	*dai*
wollen, möchten	*jaak, ao*
brauchen	*dongka*
haben...	*mih ..*
ein bisschen	*nitnoi*
klein	*lek*
westlicher Ausländer	*farang*

1 HIGHLIGHT

Bangkok

Krung Thep Mahanakhon, die „Stadt der Engel", ist das unbestrittene politische, wirtschaftliche, religiöse und kulturelle Zentrum Thailands. Über Bangkok werden 90 % des Außenhandels abgewickelt, hier wird über ein Drittel des Bruttoinlandsproduktes erwirtschaftet, und hier konzentrieren sich religiöse Stätten, Industrie und Administration. Die Hoffnungen vieler Thais auf ein besseres Leben sind eng mit dieser Stadt verknüpft – kein Wunder, dass die erst knapp 230 Jahre alte Metropole mittlerweile fast 9 Mio. Einwohner zählt, der Großraum Bangkok sogar über 14,5 Mio. – gut jeder fünfte Thai lebt also in Bangkok und Umgebung.

Viele ausländische Besucher fühlen sich von den gewaltigen Dimensionen und der Lebendigkeit der Stadt überfordert. Manche empfinden sie absurderweise als öde, was oft daran liegt, dass sie sich nahezu ausschließlich in dem für Bangkok untypischen Traveller-Getto der Khaosan Road aufhalten, anstatt verschiedene Stadtviertel zu erkunden. Tatsächlich gibt es kaum eine spannendere, aber auch lebenswertere Metropole in Südostasien: In kaum einer anderen Stadt treten die Gegensätze, die sich im Spannungsfeld zwischen einer traditionellen asiatischen und einer modernen westlichen Gesellschaft aufbauen, deutlicher hervor. Dicht beieinander liegen Armut und Reichtum, Hektik und Ruhe, Glanz und Elend. In den Straßen pulsiert das Leben: Mitten im Verkehrsgewimmel wird gekauft und verkauft, Bürgersteige werden zu Märkten, Menschenmassen strömen in die Geschäfte oder Verkehrsmittel, während in den schmalen, zurückversetzten Gassen Kinder spielen. Nur noch gedämpft dringt der Verkehrslärm in die von Mauern umgrenzten Tempelanlagen, deren prunkvolle Bauten im Schatten weit ausladender Bäume Oasen der Ruhe sind – sofern ihre Freiflächen nicht als Parkplätze vermietet werden. Nirgendwo sonst sprechen so viele Thais Englisch, erhält man so viele Informationen über die Geschichte und Kultur der Nation. Über 400 Tempel, zahllose Märkte und gigantische Einkaufspaläste gibt es in der Stadt. Und auch nach Sonnenuntergang wird sich niemand langweilen, denn die Restaurants, Clubs, Musikkneipen, Kinos und Kunstgalerien haben Weltstadtniveau.

Der Schlüssel zu einem gelungenen Bangkok-Aufenthalt liegt in einer offenen Einstellung, der Bereitschaft, die ausgetretenen Touristenpfade zu verlassen und sich auf das thailändische Stadtleben einzulassen, und, ganz wichtig, der richtigen Wahl der Wohngegend, denn die Hauptstadt Thailands scheint endlos. Es gibt zahlreiche weit auseinanderliegende Zentren, die im Berufsverkehr nur mit langen Fahrten zu erreichen sind. Dazwischen wälzt sich ein Strom von Autos, Taxis, qualmenden Bussen, knatternden Tuk Tuks und Motorrädern durch die Stadt und verleiht der Luft ihr typisches „Aroma". Nur die Hochbahn BTS, die U-Bahn MRT sowie die Expressboote auf dem Fluss Menam Chao Phraya, der sich durch die Stadt schlängelt, ermöglichen auch während der Rushhour (7–9.30 und 16.30–20 Uhr) ein zufriedenstellendes Reisetempo.

Der erste Tag in Bangkok

- **Gemächlich ankommen**, an einem Essensstand, in einem Tempel oder einem Restaurant in der Khaosan Road Platz nehmen und das Treiben beobachten.
- Sich vom **Expressboot** (S. 171) oder von einem **Aussichtspunkt** (S. 142) aus einen Überblick über die Stadt verschaffen.
- Den Besuch des Wat Phra Kaeo, Wat Pho und Einkäufe auf später verschieben.

Orientierung

Bangkok hat sich weit ins Umland hinaus ausgedehnt. Die wichtigsten Verkehrsadern, unter anderem der Menam Chao Phraya, die Eisenbahn und zwei Expressways, verlaufen in Nord-Süd-Richtung. Im Zentrum werden diese Trassen von in West-Ost-Richtung verlaufenden Straßen und Expressways gekreuzt. Den Menam Chao Phraya zwischen Bangkok und der Schwes-

Sicherheit in Bangkok

Keine Sorge, Bangkok ist nicht unsicherer als westliche Großstädte, solange man seinen gesunden Menschenverstand einsetzt und nicht zu leichtgläubig ist. Da seit Jahren viele Touristen auf folgende Tricks hereinfallen und dabei oft große Mengen Geld verlieren, möchten wir eindringlich darauf hinweisen.

Gewarnt sei vor jeglicher Art von **Schleppern**. Touristen werden von freundlichen Tuk-Tuk- oder Taxifahrern, gepflegt gekleideten älteren Herren, angeblichen Angestellten ihres Hotels, „offiziellen Touristenberatern", gut Englisch oder Deutsch sprechenden Studenten oder sogar anderen Ausländern angesprochen. Die übliche Masche ist die Bemerkung: „Die Sehenswürdigkeit/das Geschäft/der Club ist heute geschlossen, aber ich kenne einen tollen anderen Tempel/Laden/Pub". Besonders am Königspalast sind die Schlepper gut organisiert. Wer sich dem Eingang von der Rückseite nähert, wird ziemlich sicher angesprochen. Als Faustregel gilt, dass Thais eher schüchtern sind und selten unvermittelt mit anderssprachigen Fremden ein Gespräch suchen werden. Daher sollte man bei allzu direkten Kontaktaufnahmen immer etwas wachsam sein.

Besonders rund um die Khaosan Road sind einige zwielichtige Gestalten auf der Suche nach leichtgläubigen, unerfahrenen Travellern unterwegs. Sie bieten sich als hilfsbereite **„Retter in der Not"** an, wollen ihre Kunden aber nur um die Reisekasse erleichtern.

Laien sollten ausdrücklich auf den **Kauf von Edelsteinen** oder großen Mengen an Seide verzichten, denn hier werden viele Ausländer übers Ohr gehauen. Die meisten Betroffenen werden auf der Straße angesprochen. Mit fadenscheinigen Gründen wird man zu einer Edelsteinschleiferei gelockt und mit dem Versprechen, die Steine zum Vielfachen des Einkaufspreises zu Hause verkaufen zu können, zum Kauf überredet.

Günstig heißt nicht unbedingt gut, und das gilt besonders bei Backpacker-Bussen. Es sollten **nie die billigsten Busse** gebucht werden, da die Preise so niedrig liegen, dass ein profitabler Betrieb unmöglich ist und das Geld auf andere Art hereingeholt wird. Uns erreichen regelmäßig Berichte von Lesern, deren Gepäckstücke und sogar zwischen den Füßen verstaute Rucksäcke während der Fahrt durchsucht, aufgeschnitten und Wertgegenstände gestohlen wurden. In den schlimmsten Fällen wurden Leute sogar betäubt, die dann ohne Geld und Gepäck im Niemandsland aufwachten.

Als angebliche TAT-Reisebüros ködern **selbst ernannte „Touristeninformationen"** Kunden mit der falschen Behauptung, Lizenzunternehmen des staatlichen Fremdenverkehrsamtes zu sein. Besonders vor dem Königspalast und am Bahnhof sprechen sie Ausländer an, um überteuerte Reisen und Visa zu verkaufen. Mit der Begründung, Züge seien ausgebucht, verkaufen Reisebüros überteuerte Bustickets. Zudem kam es ebenfalls schon zu Betrügereien mit Kreditkarten.

Auf dem Suan Chatuchak Weekend Market sollte man Vorsicht vor **Taschendieben** walten lassen.

Bei Problemen wenden sich Touristen am besten an die **Tourist Police** (S. 169).

Detaillierte Beschreibungen verschiedener Abzockmaschen und Berichte von Betroffenen finden sich unter 💻 www.bangkokscams.com und auf 💻 www.virtualtourist.com unter „Bangkok" und „Warnings and Dangers"

terstadt Thonburi im Westen überbrücken sieben Brücken, die während der Rushhour ständig verstopft sind.

Von den Hauptstraßen zweigt ein unüberschaubares Netz von schmalen Gassen ab, die **Sois**. Sie sind meist nach der Hauptstraße, von der sie abgehen, benannt und durchnummeriert. Von den Sois abgehende kleinere Gassen werden wiederum mit Yaek bezeichnet, was so viel wie Kreuzung bedeutet. Bei Adressen wie 236/1–5 Sukhumvit Soi 29 sorgen neben der Nummer der Soi (29) zudem Blocknummern (236) und Hausnummern (1–5) für Verwirrung.

Im Westen der Innenstadt am Fluss liegt das Traveller-Viertel **Banglampoo**, an das südlich das historische Zentrum um den großen, ovalen

Platz **Sanam Luang** angrenzt. Hier liegen der Königspalast, einige der wichtigsten Tempel des Landes und das empfehlenswerte Museum of Siam. Etwas weiter nördlich finden sich die ruhigere, ebenfalls bei Rucksackreisenden beliebte **Sam Sen**-Gegend, das Regierungs- und Verwaltungsviertel **Thewet** sowie die Palastanlagen von **Dusit**. Weiter im Süden hat sich entlang der Charoen Krung Road, der ersten asphaltierten Straße im Königreich, die größte **Chinatown** Südostasiens ausgebreitet. Eine Flussbiegung weiter erheben sich in **Sathorn** und **Silom** die chromverkleideten Wolkenkratzer des modernen Bangkok, das Herz der thailändischen Wirtschaft, aber auch die Vergnügungsmeile Patpong. Weiter nordöstlich, im Zentrum der Stadt, locken im Haupteinkaufsviertel **Siam** schmucke Shoppingcenter und Kinos und in **Pratunam** der landesweit größte Umschlagplatz für Textilien. Östlich davon beginnt die über 400 km lange **Sukhumvit Road**, die auf den ersten 4 km ein Touristenzentrum ist, im weiteren Verlauf zur beliebten und teuren Ausländerwohngegend wird und einige der besten Restaurants und Nachtclubs des Landes beheimatet. Daneben gibt es zahlreiche weitere Stadtviertel, die ihren ganz eigenen Charakter haben.

Bangkok ist eine unübersichtliche Stadt, in der die meisten Ziele nicht zu Fuß erreichbar sind. Gerade deshalb sollte man sich bereits vor der Ankunft Gedanken machen, was man sehen möchte. Möglicherweise lohnt es sich auch, einmal innerhalb der Stadt umzuziehen, um mehr als eine Gegend kennenzulernen.

Entspannen in Bangkok

- Im nächstgelegenen **Tempel** (außer dem Wat Phra Kaeo)
- Auf einem **Spaziergang** durch die Parkanlagen der Dusit-Museen, den Lumphini Park, Chuvit Garden sowie Queen's Park (Benjasari Park) in der Sukhumvit Rd. oder den Chatuchak Park im Norden der Stadt
- Auf einer Fahrt mit dem **Expressboot** den Menam Chao Phraya hinauf bis zur Endhaltestelle und zurück
- Im **Kino**
- Bei einer **Massage**

Königspalast und Wat Phra Kaeo

Wer für Bangkok nicht viel Zeit hat, wird direkt zum Sanam Luang fahren, dem kulturellen Zentrum der Stadt. Der Bereich südlich des Platzes bis zum Fluss beherbergt auf 21,84 ha die Bauten des Königspalastes und des Königstempels Wat Phra Kaeo, die von hohen, weißen Mauern umgeben sind. Eine ungeheure märchenhafte Pracht erwartet den Besucher dort. Schon allein deswegen gilt das Palastgelände für jeden Thailand-Besucher als Muss, denn etwas Vergleichbares gibt es im ganzen Land nicht noch einmal.

Als 1782 der Königspalast nach Bangkok verlegt wurde, wählte man dafür das am höchsten gelegene Gebiet, da es vor Überschwemmungen sicher war. Die hier siedelnden chinesischen Händler mussten in die heutige Chinatown ausweichen. Der Palast wurde mehrfach erweitert und mit Bauten in verschiedenen Stilrichtungen ergänzt. Nur sein nördlicher Bereich und der königliche Wat Phra Kaeo können besichtigt werden. Während offizieller Staatsempfänge bleibt der gesamte Palast geschlossen.

Das bewachte Eingangstor befindet sich direkt südlich des Sanam Luang. Einfach mit dem Expressboot am Chang Pier aussteigen. ⌚ 8.30–16 Uhr, letzter Einlass 15.30 Uhr, Eintritt 500 Baht inkl. Informationsbroschüre (auch in Deutsch) sowie Eintritt innerhalb von einer Woche zum Dusit-Palast mit dem Vimanmek Mansion und der Ananta Samakhom-Thronhalle (S. 141, dorthin mit Bus 70), zum Textilmuseum, Tempelmuseum sowie zu den Königlichen Kroninsignien, Münzsammlungen und Dekorationen, ✆ 02-623 5500, Ext. 3100, 💻 www.palaces.thai.net/day/index_gp.htm.

Ein informativer, auch in deutscher Sprache erhältlicher Audioguide kostet 200 Baht für 2 Std., bei der Ausleihe muss ein Pass hinterlegt werden. Die Wachen am Eingang verbieten Besuchern in kurzen oder sehr weiten Hosen, Miniröcken, Leggings, schulterfreier Kleidung,

Flip-Flops u. Ä. den Zutritt. In diesem Fall muss man sich im Gebäude rechts des Eingangs einreihen, wo man gegen Hinterlegung einer Leihgebühr angemessene Kleidung bekommt. Die Bedeckung der Schultern mit einem Tuch reicht nicht aus, Dreiviertel-Hosen und Sandalen mit Fersenriemen hingegen schon.

Wat Phra Kaeo

Durch Eingangstore, die von riesigen Dämonen, den Yaks, bewacht werden, gelangt man in den Tempelbezirk. Er ist von einem überdachten **Wandelgang** umgeben, der mit besonders schönen **Wandmalereien** geschmückt ist. Sie stellen auf 178 Bildern Szenen aus dem thailändischen *Ramayana*-Epos, dem *Ramakien*, dar. Die Bildgeschichte beginnt hinter dem Phra Viharn Yod.

Im Zentrum der Anlage erhebt sich der opulent glitzernde und fürstlich dekorierte **Bot des Smaragd-Buddhas**, der – anders als der Name und die Farbe vermuten lassen – nicht aus Smaragd, sondern aus Nephrit, einer Jadeart, besteht. Ordner sorgen dafür, dass man die Schuhe vor dem Eingang abstellt und sich im Inneren des Bot (Fotografieren verboten!) auf den kühlen Boden setzt, wobei die Füße nach hinten zeigen sollten.

Die Wandmalereien, die den gesamten Innenraum bedecken, stellen das Leben Buddhas dar. Auf einem mehrstufigen Altar, dem Busabok, thront die mit einem goldenen Gewand bekleidete, 66 cm hohe Buddhastatue. Sie gilt als Beschützerin des Landes und der seit 1782 herrschenden Chakri-Dynastie und ist schon mehrfach umgezogen. Die Statue wird entsprechend der Jahreszeit (Sommer, Regenzeit und Winter) gekleidet. Der Wechsel des goldenen Gewandes wird mit einer prunkvollen Zeremonie unter königlicher Beteiligung gefeiert, zumeist im März, Juli und November.

Gegenüber dem Haupteingang zum Bot stehen auf einer hohen Marmorplattform verschiedene Gebäude. Goldene *Kinaras*, mythische Wesen (halb Vogel, halb Mensch), bewachen das von zwei vergoldeten Chedis umgebene **Königliche Pantheon**, dessen mehrfach gestaffeltes Dach von einem Prang gekrönt wird. Daneben ragt die Bibliothek für die Heiligen Schriften *(Triptaka)* mit pyramidenförmigem Dach empor.

Der große goldene **Chedi** hinter der Bibliothek enthält eine Reliquie Buddhas. Das steinerne **Modell des Tempels von Angkor Wat** nördlich der Bibliothek entstand zur Zeit von König Mongkut (Rama IV.), als Kambodscha ein Vasallenstaat Siams war. Dahinter, auf der unteren Ebene, steht die mit glasierten Tonblumen verzierte Gebetshalle **Phra Viharn Yod**. In der **Hor Phra Naga**, im Nordwesten, wird die Asche der verstorbenen Angehörigen der Chakri-Dynastie aufbewahrt. Das Gebäude **Hor Phra Monthian Dharma** in der nordöstlichen Ecke der Anlage diente zur Aufbewahrung heiliger Schriften.

Die Palastbauten

Zum Königspalast gelangt man durch das südwestliche Tor hinter dem Bot. Das erste Gebäude im Thai-Stil, die **Amarindra Winitchai-Thronhalle**, ließ Rama I. 1785 als Gerichtshalle erbauen. Später wurde sie für Krönungsfeierlichkeiten und Empfänge genutzt. In der Halle steht ein Thron mit dem neunstufigen weißen Schirm des Herrschers sowie ein Thron mit einem mehrfach gestaffelten Dach, in dem bei religiösen Zeremonien Buddhastatuen ausgestellt werden. Die reich dekorierten Throne wurden bereits von König Rama I. genutzt.

Am großen Platz erhebt sich der 1882 unter König Chulalongkorn (Rama V.) errichtete **Chakri Maha Prasat-Palast**, dessen Fassade im Renaissancestil so gar nicht zu den siamesischen Spitzdächern und Türmen passt. Die großen Empfangshallen im 1. Stock und die zentralen Räume, in denen die Urnen der letzten Könige verwahrt werden, sind ebenso wie alle anderen Räume nicht zugänglich.

Der kleine, graziöse **Umkleidepavillon** nebenan gilt als typisches Beispiel thailändischer Architektur. Dahinter steht der von Rama I. als Krönungshalle geplante **Dusit Maha Prasat-Palast**, der seit seinem Tod nur noch für Totenfeiern genutzt wird.

Im westlichen Bereich wird im **Tempelmuseum** eine interessante Ausstellung über die Restaurierungsarbeiten Anfang der 1980er-Jahre gezeigt. Im 1. Stock sind steinerne Buddhastatuen aus Java und andere Votivgaben, ein großer, gelackter Wandschirm und der Manangasila-Thron zu sehen.

Bangkok Übersicht

N
0
3 km
Ayutthaya, Saraburi, Lopburi, Korat
3119
351
ÜBERNACHTUNG
1 The Thai House
2 Airy Resort
3 W Home Bangkok
4 Kama Bangkok
BTS (Skytrain) Hochbahn
MRT U-Bahn
SRT Eisenbahn
SRT Airport Rail Link
N 1 Expressboote (mit Pier-Nr.)
TRANSPORT
1 Northern Bus Terminal (Mo Chit)
2 Southern Bus Terminal (Sai Tai Mai/Taling Chan)
3 Pinklao Bus Terminal
4 Eastern Bus Terminal (Ekkamai)
Detailpläne:
A Historisches Zentrum
B Sathorn und Silom
C Siam und Pratunam
D Sukhumvit
E Banglampoo
F Thewet
Lat Phrao
Lad Phrao Rd.
Ratchadaphisek
Sutthisan
Huai Khwang
Ratchadaphisek Rd.
Thailand Cultural Centre
Siam Niramit
Phra Ram 9
Rama IX Rd.
Nawamin Rd.
Lad Phrao Rd.
336
3278
Seri Thai Rd.
Ramkamhaeng Rd.
Ramkamhaeng Rd.
Klong Samsen
Bangkok Hospital
Petchaburi Rd.
Klong Saen Saeb
Ramkhamhaeng
Phattanakan Rd.
Srinagarinda Rd.
Hua Mak
7
Suvarnabhumi International Airport
Phrom Phong
Soi 55 (Thong Lo)
Soi 63 (Ekkamai)
Soi 71
Sukhumvit Rd.
Queen's Park (Benjasari Park)
Thong Lo
Ekkamai
D
Rama IV Rd.
Thang Rotfai Rd.
Phra Khanong
UNTERHALTUNG
1 Saxophone
2 Route66
3 Calypso Cabaret, Muay Thai Live
Soi 77 (On Nut Rd.)
SONSTIGES
1 Immigration Office, Royal Forestry Department, New Lumpinee Stadium
2 The Thai House
On Nut
3119
Soi 50
Menam Chao Phraya
Sukhumvit Rd.
Soi 32
Soi 62
Bangchak
Soi 101
Seacon Square
Talad Rod Fai
Nong Bon Reservoir
Srinagarinda Rd.
Punnawithi
Soi 64/1
3
Soi 101/1 (Wachiratham Sathit)
Rama 9 Park
Samut Prakan, Chonburi
34
Mega Bangna
3344

THAILAND

A Bangkok Historisches Zentrum

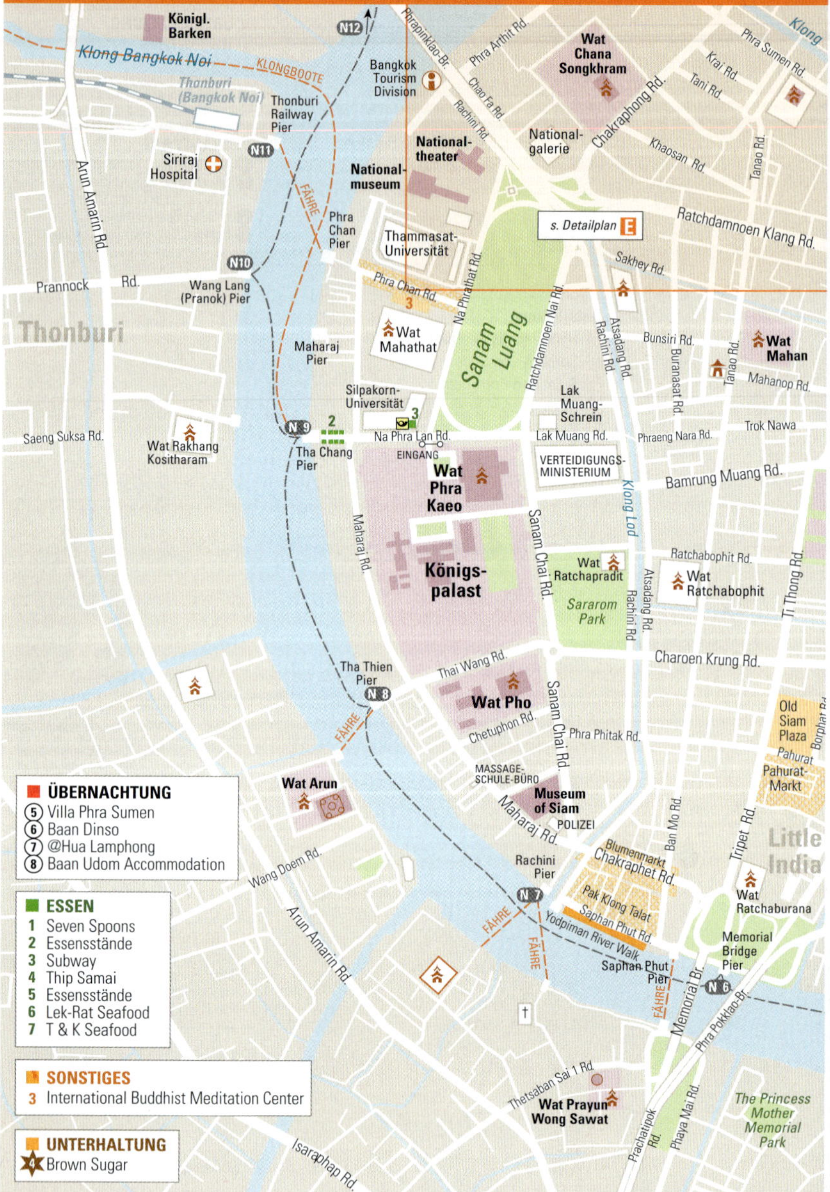

N
0
500 m
ROYAL THAI ARMY HQ.
Rajadamnern-Stadion
Wat Sommanat
Tourist Authority of Thailand
Banglampoo
Prachatipathai Rd.
Wisut Kasat Rd.
Ratchdamnoen Nok Rd.
Phra Niang Rd.
Nakhon Sawan Rd.
Luk Luang Rd.
Krung Kasem Rd.
Phitsanulok Rd.
s. Detailplan C
Dinso Rd.
Phra Sumen Rd.
Parinayok Rd.
Demokratie-Denkmal
Chakraphadipong Rd.
Lan Luang Rd.
Bo Bae Tower
Wat Ratchanaddaram
Damrong Rak Rd.
Dinso Rd.
RATHAUS
Devotionalien-markt
Wat Theptidaram
Stadtmauer
Golden Mount
Wat Saket
Trok Nak Bamrung
Klong Saen Saeb
Soi Samran Rat
Trok Rong Luang Dek
Nakharat Rd.
Anthanak Rd.
Bamrung Muang Rd.
Wat Suthat
Mahachai Rd.
Borphat Rd.
Soi Ban Bat
Woratchak Rd.
Soi Suan Mali 1
Yukol 2 Rd.
Siriphong Rd.
Unakan Rd.
Romaneenart Park
Correction Museum
Klong Ong Ang
Dismark Rd.
Soi Thewi Worayat
Soi Anusorn 2
Soi Yotse
Rama I Rd.
Luang Rd.
s. Detailplan C
Klong Wat Piren Rd.
Chao Kamrop Rd.
Yommarat Sukhum Rd.
Suapa Rd.
Phlap Phla Chai Rd.
Maitri Chit Rd.
Luang Rd.
Nakhon Kasem
Mangkon Rd.
Mitraphan Rd.
Chak Phet Rd.
Chakrawat Rd.
Yaowarat Rd.
Charoen Krung Rd.
Yisipsong Rd.
Santiphap Rd.
Krung Kasem Rd.
Liap Khlong Phadung Kasem
Rong Muang Rd.
Chinatown
Wat Chakrawat
Sampeng Lane (Soi Wanit 1)
Mahachak Rd.
Ratchawongse Rd.
Plaeng Nam Rd.
Maitri Chit Rd.
O Sathahon Rd.
Anuwong Rd.
Mangkon Rd.
Soi Issaraphap
Yaowaphanit Rd.
Phat Sai Rd.
HUA LAMPHONG
Old Market
Kuan Yin-Schrein
Chinatown Heritage Center
Wat Traimit
Traimitr Rd.
Hua Lamphong
Rama IV Rd.
N 5
Ratchawongse Pier
Menam Chao Phraya
Songwat Rd.
Songsawat Rd.
Charoen Krung Rd.
Khao Lam Rd.
Mara Phrutaram Rd.
Wat Pathum Khongka
N 4
s. Detailplan B

THAILAND

B Bangkok Sathorn und Silom

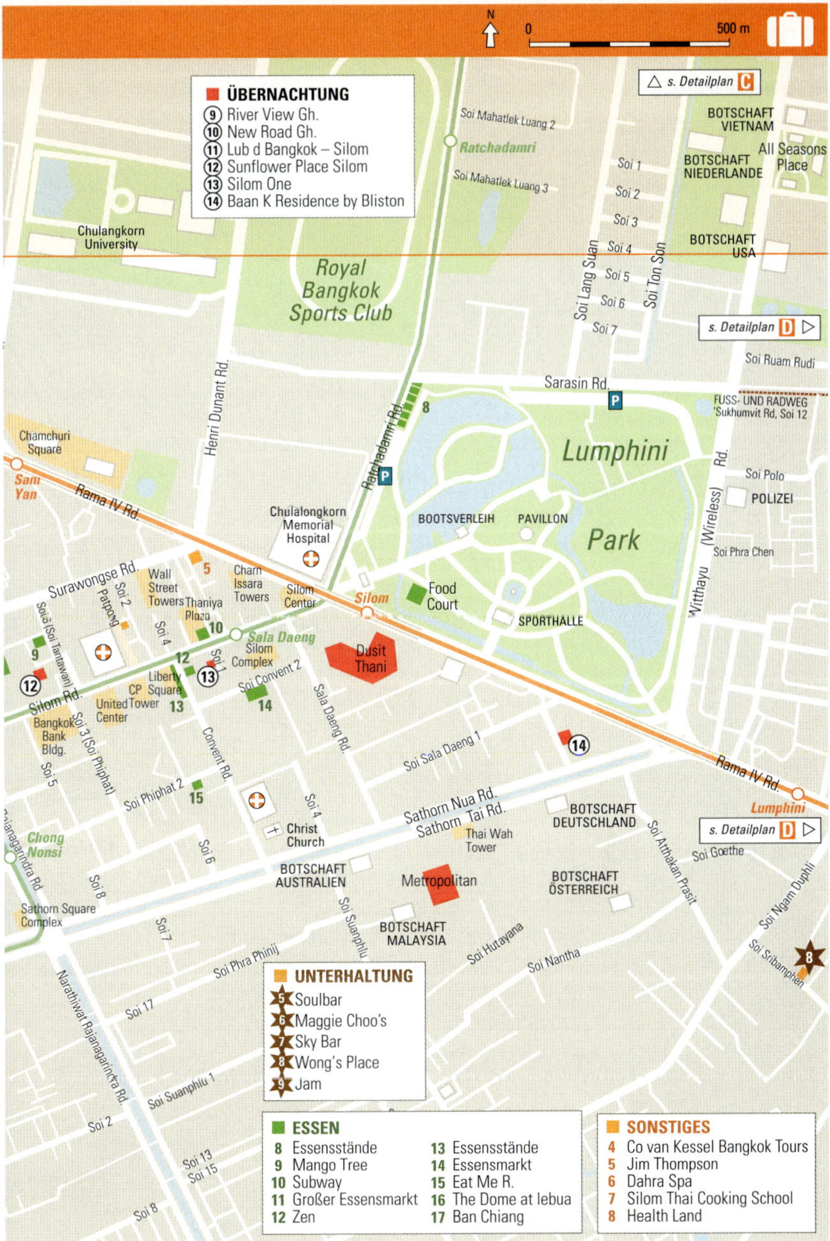
N
0 500 m
s. Detailplan C
s. Detailplan D
ÜBERNACHTUNG
9 River View Gh.
10 New Road Gh.
11 Lub d Bangkok – Silom
12 Sunflower Place Silom
13 Silom One
14 Baan K Residence by Bliston
Chulangkorn University
Royal Bangkok Sports Club
Ratchadamri
Soi Mahatlek Luang 2
Soi Mahatlek Luang 3
BOTSCHAFT VIETNAM
BOTSCHAFT NIEDERLANDE
All Seasons Place
BOTSCHAFT USA
Soi Lang Suan
Soi Ton Son
Soi Ruam Rudi
Sarasin Rd.
FUSS- UND RADWEG Sukhumvit Rd, Soi 12
Henri Dunant Rd.
Ratchadamri Rd.
Chamchuri Square
Sam Yan
Rama IV Rd.
Lumphini Park
BOOTSVERLEIH
PAVILLON
SPORTHALLE
Food Court
Witthayu (Wireless) Rd.
Soi Polo
POLIZEI
Soi Phra Chen
Chulalongkorn Memorial Hospital
Surawongse Rd.
Patpong
Wall Street Towers
Thaniya Plaza
Charn Issara Towers
Silom Center
Silom
Sala Daeng
Silom Complex
Dusit Thani
Soi Convent 2
Liberty Square
CP Tower
United Center
Bangkok Bank Bldg.
Silom Rd.
Convent Rd.
Sala Daeng Rd.
Soi Sala Daeng 1
Soi Phiphat 2
Christ Church
Sathorn Nua Rd.
Sathorn Tai Rd.
Thai Wah Tower
BOTSCHAFT DEUTSCHLAND
Lumphini
Soi Atthakan Prasit
Soi Goethe
BOTSCHAFT AUSTRALIEN
Metropolitan
BOTSCHAFT ÖSTERREICH
BOTSCHAFT MALAYSIA
Soi Suanphlu
Soi Hutayana
Soi Nantha
Soi Ngam Duphli
Soi Sribamphen
Chong Nonsi
Sathorn Square Complex
Soi Phra Phinij
Narathiwat Rajanagarindra Rd.
Soi Suanphlu 1
UNTERHALTUNG
5 Soulbar
6 Maggie Choo's
7 Sky Bar
8 Wong's Place
9 Jam
ESSEN
8 Essensstände
9 Mango Tree
10 Subway
11 Großer Essensmarkt
12 Zen
13 Essensstände
14 Essensmarkt
15 Eat Me R.
16 The Dome at lebua
17 Ban Chiang
SONSTIGES
4 Co van Kessel Bangkok Tours
5 Jim Thompson
6 Dahra Spa
7 Silom Thai Cooking School
8 Health Land

C Bangkok Siam und Pratunam

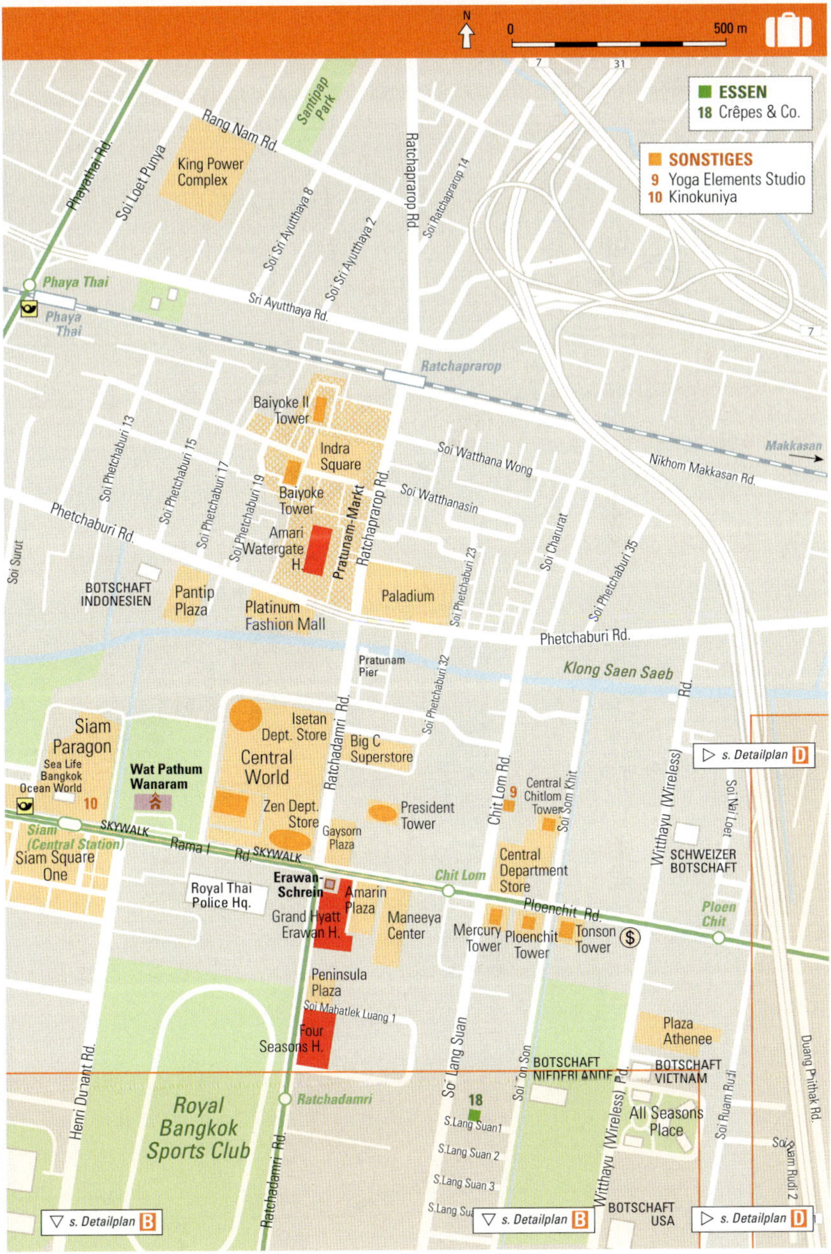

ESSEN
18 Crêpes & Co.
SONSTIGES
9 Yoga Elements Studio
10 Kinokuniya
0 500 m
N
Rang Nam Rd.
Santipap Park
King Power Complex
Phayathai Rd.
Soi Loet Punya
Soi Sri Ayutthaya 8
Soi Sri Ayutthaya 2
Ratchaprarop Rd.
Soi Ratchaprarop 14
Phaya Thai
Sri Ayutthaya Rd.
Ratchaprarop
Baiyoke II Tower
Indra Square
Baiyoke Tower
Amari Watergate H.
Pratunam-Markt
Soi Phetchaburi 13
Soi Phetchaburi 15
Soi Phetchaburi 17
Soi Phetchaburi 19
Soi Watthana Wong
Soi Watthanasin
Nikhom Makkasan Rd.
Makkasan
Phetchaburi Rd.
Soi Surut
BOTSCHAFT INDONESIEN
Pantip Plaza
Platinum Fashion Mall
Paladium
Soi Phetchaburi 23
Soi Charurat
Soi Phetchaburi 35
Pratunam Pier
Klong Saen Saeb
Soi Phetchaburi 32
Siam Paragon
Sea Life Bangkok Ocean World
Wat Pathum Wanaram
Isetan Dept. Store
Central World
Big C Superstore
Zen Dept. Store
Ratchadamri Rd.
President Tower
Gaysorn Plaza
Chit Lom Rd.
Central Chitlom Tower
Soi Som Khit
Witthayu (Wireless) Rd.
Soi Nai Loet
SCHWEIZER BOTSCHAFT
s. Detailplan D
SKYWALK
Rama I Rd.
Siam (Central Station)
Siam Square One
Royal Thai Police Hq.
Erawan-Schrein
Grand Hyatt Erawan H.
Amarin Plaza
Maneeya Center
Chit Lom
Central Department Store
Ploenchit Rd.
Mercury Tower
Ploenchit Tower
Tonson Tower
Ploen Chit
Peninsula Plaza
Soi Mahatlek Luang 1
Four Seasons H.
Plaza Athenee
Henri Dunant Rd.
Soi Lang Suan
Soi Ton Son
BOTSCHAFT NIEDERLANDE
BOTSCHAFT VIETNAM
Ratchadamri
Royal Bangkok Sports Club
S.Lang Suan 1
S.Lang Suan 2
S.Lang Suan 3
All Seasons Place
Soi Ruam Rudi
Soi Ruam Rudi 2
Duang Phithak Rd.
BOTSCHAFT USA
s. Detailplan B
s. Detailplan B
s. Detailplan D
THAILAND

D Bangkok Sukhumvit

N
0
500 m
ÜBERNACHTUNG
17 Ariyasomvilla
18 Suk 11 Hostel
19 3Howw Hostel@Sukhumvit21
20 The Atlanta
21 MHC Gh.
22 HI Sukhumvit YHA
SONSTIGES
11 Health Land
12 Sop Moei Arts
13 Divana Spa
ESSEN
19 Essensstände
20 Subway
21 Wanakarm
22 Bharani
23 Peppina
24 Suda
25 Subway
26 Isao
27 Bei Otto
28 Rang Mahal
29 Vietnamese & More
UNTERHALTUNG
10 Above Eleven/ Gramercy Park
11 The Nest
12 Levels
13 Iron Fairies
14 Funky Villa
15 Studio Lam
16 Hot Rod
Phetchaburi Rd.
Soi Thawi Suk
Soi Phop Mit
(Phrom Phong)
Soi Mit Thawon
Soi Chaiyong
Soi 49/14
Soi Phon Si
Soi 39
Khadi
Soi Prachan
Soi 49/12
Soi 49 (Klang)
Soi Saeng Ngoen
Ekkamai Soi 21
Thong Lo Soi 23
Soi 55 (Thong Lo)
S. Phrom Si 2
Soi Pian Wichan
Soi Tosak
Soi 49/11
Soi Phrom Si 1
Thong Lo S. 19
Ekkamai Soi 19
Soi Nuan Noi
Thong Lo Soi 17
Thong Lo Soi 18
Soi 63 (Ekkamai)
Thong Lo Soi 13 (Akkhara Phat)
Thong Lo Soi 16
Soi 39 (Phrom Phong)
Soi Phrom Mit
Soi 49 (Klang)
Thong Lo Soi 10
Ekkamai Soi 14
Thong Lo Soi 9
Ekkamai Soi 12 (Charoen Chai)
Soi 41 (Phirom)
Soi 43
Soi 47 (Ban Don)
Soi 49 (Klang)
Soi 51 (Chong Lom)
Soi 53 (Padi Madi)
Ekkamai Soi 10 (Charoen Mit)
Thong Lo Soi 5
Soi 55 (Thong Lo)
Thong Lo Soi 4
Sukhumvit Rd.
Soi 28 (Bannasan)
Soi 30
Soi 6
hanyung
Phuangrat Praphai
Soi 34 (Suphang)
Thong Lo
Soi 57
Soi 59 (Bun Chana)
Soi 61 (Setthabut)
Soi 63 (Ekkamai)
Soi Napha Sap 1
Soi 36 (Napha Sap)
Soi 2
Soi Napha Sap 2
S. Saeng Chai
Soi 38 (Sanit Suk)
Soi 40 (Ban Kuai Tai)
Krawi 3
Soi Saen Suk
Ekkamai
Eastern Bus Terminal (Ekkamai)
Soi 42
Gateway
Sukhumvit Rd.

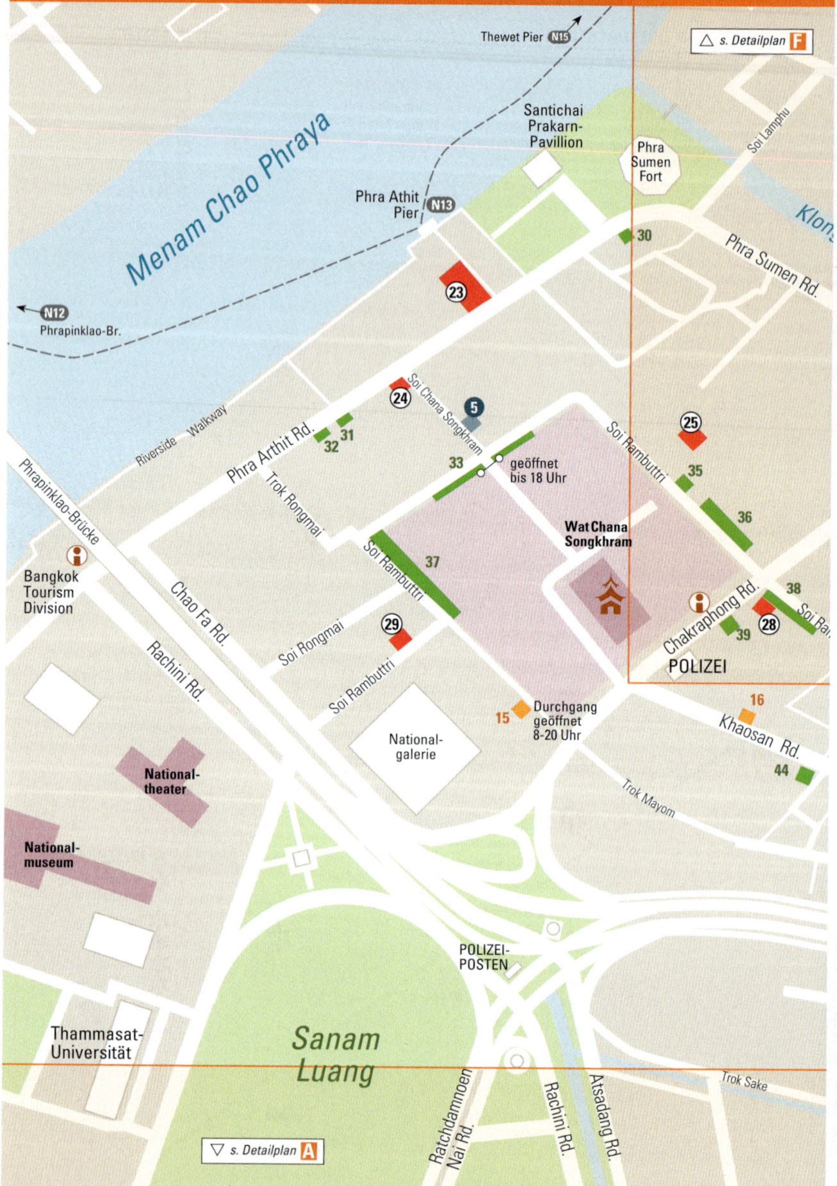
Thewet Pier N15
s. Detailplan F
Santichai Prakarn-Pavillion
Phra Sumen Fort
Soi Lamphu
Klon
Menam Chao Phraya
Phra Athit Pier N13
30
Phra Sumen Rd.
23
N12
Phrapinklao-Br.
24
Soi Chana Songkhram
5
25
Riverside Walkway
Phra Arthit Rd.
32
31
33
geöffnet bis 18 Uhr
Soi Rambuttri
35
36
Phrapinklao-Brücke
Trok Rongmai
Wat Chana Songkhram
Bangkok Tourism Division
37
38
Chakraphong Rd.
28
39
Chao Fa Rd.
29
POLIZEI
Rachini Rd.
Soi Rongmai
Soi Rambuttri
16
15
Durchgang geöffnet 8-20 Uhr
Khaosan Rd.
National-galerie
44
National-theater
Trok Mayom
National-museum
POLIZEI-POSTEN
Thammasat-Universität
Sanam Luang
Trok Sake
Ratchdamnoen Nai Rd.
Rachini Rd.
Atsadang Rd.
s. Detailplan A

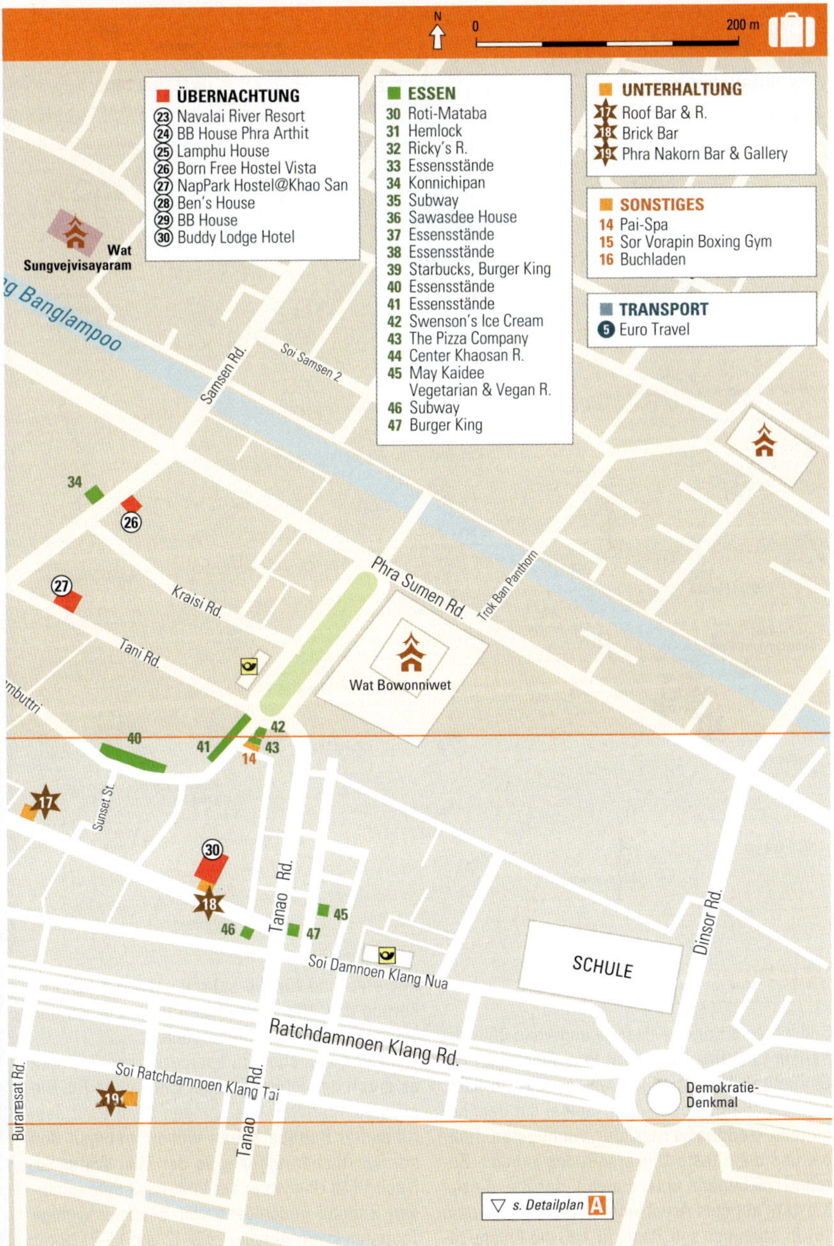
N
0
200 m
ÜBERNACHTUNG
23 Navalai River Resort
24 BB House Phra Arthit
25 Lamphu House
26 Born Free Hostel Vista
27 NapPark Hostel@Khao San
28 Ben's House
29 BB House
30 Buddy Lodge Hotel
ESSEN
30 Roti-Mataba
31 Hemlock
32 Ricky's R.
33 Essensstände
34 Konnichipan
35 Subway
36 Sawasdee House
37 Essensstände
38 Essensstände
39 Starbucks, Burger King
40 Essensstände
41 Essensstände
42 Swenson's Ice Cream
43 The Pizza Company
44 Center Khaosan R.
45 May Kaidee Vegetarian & Vegan R.
46 Subway
47 Burger King
UNTERHALTUNG
17 Roof Bar & R.
18 Brick Bar
19 Phra Nakorn Bar & Gallery
SONSTIGES
14 Pai-Spa
15 Sor Vorapin Boxing Gym
16 Buchladen
TRANSPORT
5 Euro Travel
Wat Sungvejvisayaram
Banglampoo
Samsen Rd.
Soi Samsen 2
Phra Sumen Rd.
Trok Ban Panthom
Kraisi Rd.
Tani Rd.
Wat Bowonniwet
Sunset St.
Tanao Rd.
Dinsor Rd.
SCHULE
Soi Damnoen Klang Nua
Ratchdamnoen Klang Rd.
Soi Ratchdamnoen Klang Tai
Buranasat Rd.
Tanao Rd.
Demokratie-Denkmal
s. Detailplan A

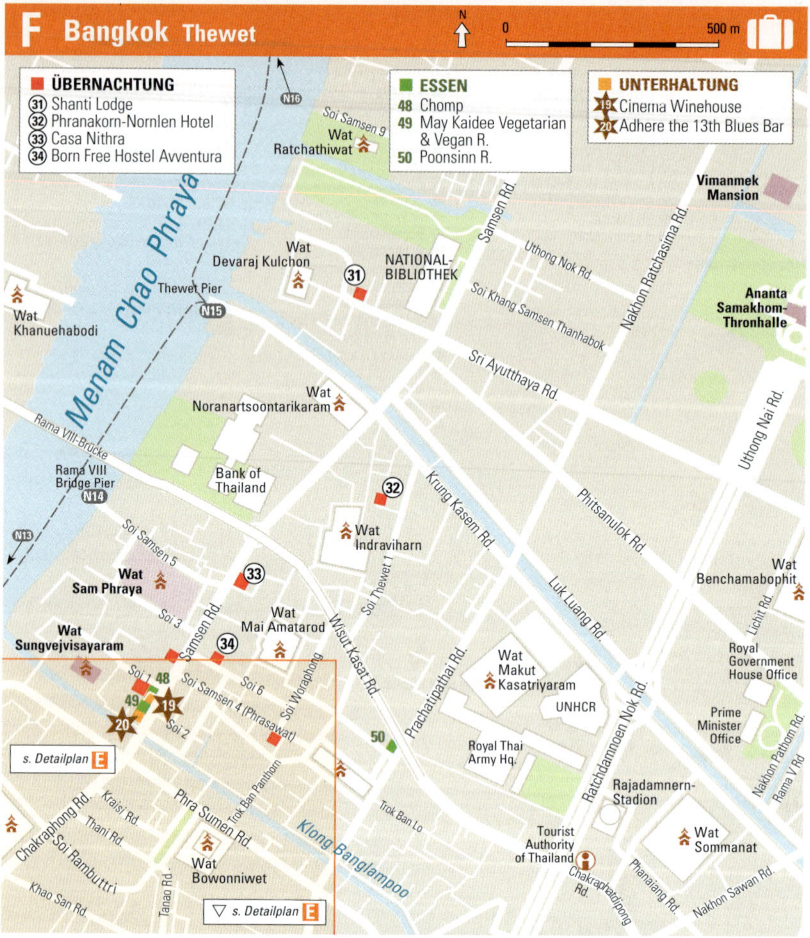

Wat Pho

Südlich vom Königspalast gelangt man über die Sanam Chai Road zum Wat Pho oder Wat Phra Chetuphon Vimolmangklaram, ✆ 02-225 9595, 💻 www.watpho.com, dem Tempel mit dem liegenden Buddha, einem der wichtigsten Tempel und die älteste Universität des Landes. Bereits 1789 begann unter Rama I. der Bau dieses Klosters auf dem Areal eines Wats, das aus dem 16. Jh. stammen soll. Rama III. ließ die Anlage renovieren und für die schreibunkundige Bevölkerung das Allgemeinwissen jener Zeit an den Tempelwänden bildhaft darstellen.

In den östlichen Tempelbezirk mit Bot geht es durch den Eingang in der Chetuphon Rd. Die meisten Touristen, die nur den Viharn mit dem ruhenden Buddha sehen wollen, nehmen den nordwestlichen Eingang in der Thai Wang Rd. Nach 18.30 Uhr, wenn der Viharn mit dem ruhenden Buddha geschlossen ist, sind nur wenige Touristen in der Anlage. ⌚ 8–12 und 13–21 Uhr.

Der Viharn mit dem **ruhenden Buddha**, ⌚ 8–18.30 Uhr, Eintritt 100 Baht, nimmt den nordwestlichen Bezirk ein. Die vergoldete, 46 m lange, liegende Statue symbolisiert Buddha bei seinem Eingang ins Nirwana. An den Fußsohlen stellen 108 Tafeln aus Perlmutt-Einlegearbeiten die Tugenden eines wahrhaften Buddhisten dar.

Südlich des Viharn, hinter dem chinesischen Pavillon, grenzt die Bibliothek an einen Teich mit einem kleinen Aussichtsberg. Östlich davon umschließt ein Wandelgang mit Buddhastatuen die vier großen, mit farbigen Kacheln bedeckten **Chedis** in Grün, Orange, Gelb und Blau. Durch zwei von furchteinflößenden Tempelwächtern bewachte Tore erreicht man den westlichen Tempelbezirk.

Gleich dahinter stehen zwei kleine Pavillons. Die Innenwände des nördlichen Gebäudes sind mit medizinischen Motiven bemalt. Während der Regentschaft von Rama III. wurde im Wat Pho eine Universität und Medizinschule gegründet, in der vor über 150 Jahren die ersten Studenten unterrichtet wurden. 24 steinerne Figuren im Hof zeigen Positionen der von indischen Gelehrten verbreiteten Massageart. Zudem wurde auf 1360 Marmorreliefs der geistliche und weltliche Wissensstand festgehalten.

In den Galerien, die an den Kardinalpunkten von vier **Viharn** unterbrochen werden, sind etwa 400 Buddhafiguren aus verschiedenen Epochen hinter schützendem Glas untergebracht. Die Eingänge zum zentralen **Bot** werden von Bronzelöwen bewacht. Die 152 Marmorreliefs auf dem Sockel und die mit Intarsienarbeiten verzierten Eingangstore stellen Episoden aus dem *Ramakien* dar. Szenen aus dem Leben Buddhas zieren die Innenwände.

Das südlich der Chetuphon Road an die Sakralbauten angrenzende **Kloster** ist mit mehr als 300 Mönchen das größte von Bangkok.

Im ruhigen östlichen Teil des Tempelgeländes stehen zwei klimatisierte Massagehäuser, in denen man für 260 Baht pro 30 Min. oder 420 Baht pro Std. eine exzellente, fachkundige Massage erhält. Auch wenn es etwas nach Massenabfertigung aussieht, zählt die **Massage** zu den besten in Bangkok. Die Lehrräume der traditionsreichen **Massageschule**, Büro in der 392/33–34 Maharaj Rd., ☏ 02-622 3551, 💻 www.watpomassage.com, liegen westlich der Tempelanlage in den von der Maharaj Road Richtung Fluss abgehenden Sois. Die meisten Ausländer belegen den empfehlenswerten fünftägigen Grundkurs zum Erlernen der Thai-Massage für 9500 Baht. Die Schule betreibt weitere Ableger in Chaengwattana (Nonthaburi), in Salaya westlich von Bangkok und in Chiang Mai. ⌚ 8–17 Uhr.

Museum of Siam

Das Museum of Siam, ☏ 02-225 2777, 💻 www.museumsiam.org (nur in Thai), www.museumofsiamproject.com (inoffiziell), im ehemaligen Gebäude des Handelsministeriums südlich vom Wat Pho verfolgt einen weitaus moderneren Ansatz als das verstaubte Nationalmuseum. Der historische und kulturelle Werdegang Thailands und seiner Einwohner wird mit aufwendigen Medieninstallationen und viel Humor dargestellt.

Ein einführender Film stellt sieben Charaktere vor, die Besucher durch die 16 chronologisch angeordneten Galerien führen. Zunächst werden einige Kulturmerkmale vorgestellt, die als „typisch Thai" gelten. Danach beginnt der historische Abschnitt, der die frühen internationalen Handelsbeziehungen, die buddhistische Lehre, die Ayutthaya-Periode und ihre Kriegsführung sowie die Gründung Bangkoks als neue Hauptstadt erläutert. Im Anschluss wird der traditionelle dörfliche Lebensstil mit den Entwicklungen der Moderne kontrastiert und ein Ausblick auf mögliche zukünftige Entwicklungen gegeben. Beliebte Fotomotive sind der bunte Nachbau eines Diners aus den 1960er-Jahren und ein alter Sportwagen.

Im Laufe des empfehlenswerten Rundgangs erfahren Besucher viel Spannendes und Wissenswertes über die thailändische Geschichte und Kultur, sodass sich eine Stippvisite gut als Einstieg in das Land, aber auch zur Vertiefung bereits vorhandenen Wissens anbietet. Neben der empfehlenswerten Dauerausstellung finden eintrittsfreie Wechselausstellungen zu Lifestyle-Themen statt.

⌚ Di–So 10–18 Uhr, Eintritt 300 Baht, ab 5 Pers. 150 Baht, Eintritt frei nach 16 Uhr, an Feiertagen und für alle unter 15 und über 60 Jahre.

Nationalmuseum

Das größte Museum Thailands, nordwestlich des Sanam Luang, ✆ 02-224 1333, 🖳 www.finearts.go.th (nur in Thai), vermittelt einen Überblick über die Kunstgeschichte des Landes und präsentiert die Meisterwerke künstlerischen Schaffens. Die bereits renovierierten Bereiche sind deutlich attraktiver als bisher. Man muss schon ein Kunstliebhaber sein, um den Rundgang durch die schlecht klimatisierten älteren Hallen mit den lieblos präsentierten und spärlich beschrifteten Sammlungen zu genießen. Es bleibt zu hoffen, dass die andauernde Renovierung, durch die zahlreiche Ausstellungsräume geschlossen sind, zeitnah beendet wird und Besserung bringt.

Die imposante **Buddhaisawan-Kapelle** rechts vom Eingang wurde für eine der am meisten verehrten Buddhastatuen, Phra Buddha Singh, errichtet. Die über 200 Jahre alten restaurierten Wandmalereien stellen 28 Szenen aus dem Leben Buddhas dar. Die ehemalige **Audienzhalle** links von der Kapelle vermittelt einen chronologischen Überblick über die Thai-Geschichte. Der zentrale Bau des Museums war das **Palastgebäude** des Zweiten Königs, der eine Art Stellvertreterfunktion innehatte. Der alte Bereich wird von zwei Museumsgebäuden aus den 1970er-Jahren umrahmt. ◷ Mi–So 9–16 Uhr, Eintritt 200 Baht. Fotografieren verboten. Mi und Do um 9.30 Uhr finden gute, zweistündige deutschsprachige Führungen zur Kunst und Kultur Thailands statt, mehr Infos unter 🖳 www.museumvolunteersbkk.net/html/germanpage.html.

Banglampoo und Sam Sen

Wer genug von Kultur und Tempeln hat, kann vom Sanam Luang die Chakraphong Road hinauflaufen und im traditionellen Schneider- und Silberschmiedebezirk Banglampoo stöbern gehen. In seinem Zentrum hat sich die **Khaosan Road** zum größten und bekanntesten Traveller-Treffpunkt Südostasiens entwickelt. Mehr Infos zu Übernachtung, Restaurants, Unterhaltung und Einkaufen ab S. 146, Karte S. 136/137.

Bis in die späten 1970er-Jahre unterschied sich die belebte Gegend mit ihren vielen Stoff- und Silbergeschäften durch nichts von anderen Altstadtstraßen. Dann eröffneten die ersten beiden Gästehäuser, die die steigende Nachfrage schnell nicht mehr decken konnten, sodass sich Traveller in den oberen Zimmern der Ladenhäuser einmieteten. Es folgten Hostels, Buchläden, Reisebüros, Restaurants, Schmuckgeschäfte und andere Läden, die sich auf die Bedürfnisse der Traveller eingestellt haben. So bekommt man hier nicht nur die obligatorischen Thailand-T-Shirts und Schlabberhosen sowie Souvenirs, sondern auch nachgemachte Ausweise jeglicher Couleur, mehr oder weniger permanente Tattoos, Geldgürtel und günstige kleine Lautsprecher oder Kopfhörer.

Hunderte von Gästehäusern füllen sich Abend für Abend mit Neuankömmlingen. Ab 17 Uhr wird die Khaosan Road für den Durchgangsverkehr gesperrt und zur Flaniermeile. Dann kommen auch Einheimische, um die bunte Traveller-Welt zu bestaunen und in den Bars einen Drink einzunehmen. Zudem lockt das einst verrufene Backpacker-Quartier mit immer schickeren Restaurants und Unterkünften.

Ebenso gut besucht sind die Gassen rings um den Wat Chai Chana Songkhram. Auf der Soi Rambuttri etwa gibt es Essensstände und in umgebauten VW-Bussen werden Cocktails gemischt. Wo sonst kann man in den frühen Morgenstunden Mönche beobachten, die Almosen sammeln, während eine westliche Familie beim Frühstück sitzt und am Nachbartisch noch das letzte Bier getrunken wird?

Nördlich des Klong Banglampoo locken rund um die **Samsen Road** in den Sois 1 bis 5 weitere Gästehäuser, Restaurants und Kneipen ein junges Publikum an, dem das Treiben auf der Khaosan Road auf Dauer etwas zu bunt, laut oder kommerziell ist. In den letzten Jahren hat sich die Gegend zu einem eigenständigen, spannenden Traveller-Zentrum gemausert.

Dusit

König Chulalongkorn (Rama V.) und sein Vater, König Mongkut (Rama IV.), waren die ersten Herrscher, die europäischen Einflüssen offen gegenüberstanden. Nach einer Europareise ließ sich Chulalongkorn von westlichen Architekten Straßen, Brücken und Paläste errichten. Noch heute lebt die Königsfamilie im weitläufigen, von einer Mauer umgrenzten **Chitralada-Palast**, der nicht besichtigt werden kann.

Die **Dusit-Museen**, ✆ 02-628 6300, zu denen 17 historische Gebäude gehören, liegen inmitten einer weitläufigen, gepflegten Parkanlage. Sie vermitteln einen guten Überblick über die Zeit der Herrschaft der Bangkok-Könige und lohnen einen mehrstündigen Besuch. ⌚ Di–So 9–16 Uhr, letzter Einlass 15.15 Uhr, Eintritt 100 Baht, Kinder 20 Baht, nur der Eintritt zur Ananta Samakhom-Thronhalle muss separat entrichtet werden.

Die Eintrittskarte zum Königspalast berechtigt zum Besuch aller Dusit-Museen sowie der Ananta Samakhom-Thronhalle und bleibt eine Woche lang gültig. Besucher sollten sich angemessen kleiden, die Vorschriften sind ähnlich wie im Königspalast (S. 126). Sollte es nötig sein, werden Wickelröcke für 50 Baht und T-Shirts für 100 Baht verkauft. Mehrere Selbstbedienungsrestaurants sorgen für das leibliche Wohl. Eine Karte des Parks gibt es auch auf Deutsch. Eingänge gegenüber dem westlichen Zoo-Eingang und von der Ratchawithi Road. Karte S. 126/127.

Vimanmek Mansion

Das größte Teakholzhaus der Welt, 💻 www.vimanmek.com, befand sich zur letzten Recherche unter Renovierung und ist eines der Highlights des Dusit-Komplexes. König Rama V. residierte 1901–06 in dem luftigen, vierstöckigen Teakholzpalast. Er wurde in den 1930er-Jahren nur kurzzeitig von einer der Nebenfrauen des Königs bewohnt und als Museum wieder hergerichtet.

Bei einem Rundgang durch einige der 81 im originalen Stil eingerichteten Zimmer und Galerien erhalten Besucher einen guten Eindruck von den Lebensverhältnissen am königlichen Hof. Historische Fotos von der langen Europareise des Königs, Möbel, Porzellan und Kristall aus Europa und China sowie die erste westliche Schreibmaschine und Badewanne des Landes zeugen von der weltoffenen Haltung des Monarchen. Das kleine Gästehaus hinter dem Palast wurde aus Teakholz errichtet. Abgesehen vom Fußboden wurden dabei keine Nägel verwendet.

⌚ Di–So 9–16 Uhr, letzter Einlass 15.15 Uhr, Eintritt 100 Baht. Englische Führungen beginnen um 11 und 14 Uhr, Dauer 90 Min. Die Kleiderordnung entspricht der im Königspalast (S. 124). Taschen und Kameras müssen in Schließfächern verstaut werden.

Ananta Samakhom-Thronhalle

Im Auftrag von König Chulalongkorn (Rama V.) entwarfen italienische Architekten im Jahr 1907 einen opulenten Kuppelbau, ✆ 02-283 9411, 💻 www.artsofthekingdom.com/en, aus glänzendem italienischem Marmor im neovenezianischen Renaissancestil. Die vom berühmten Künstler Galileo Chini geschaffenen Deckengemälde im Inneren des Doms stellen den Glanz der Chakri-Dynastie dar. König Rama V. wird auf einem Wandbild wie ein christlicher Heiliger von seinen Untertanen verehrt, während auf einem anderen Repräsentanten aller Weltreligionen dem König Mongkut (Rama IV.) ehrfürchtig Respekt zollen.

Als 1932 die absolute Monarchie abgeschafft wurde, zog das Parlament in das Gebäude ein. Mittlerweile dient die ehemalige Thronhalle ausschließlich repräsentativen Zwecken. Hier wird die beeindruckende **Sammlung der Support Foundation** von Königin Sirikit präsentiert. Die besten Handwerker des Landes schufen in aufwendiger Maßarbeit prachtvolle Kunstwerke zu Ehren des Königshauses. Überall blitzt und blinkt es golden und silbern. Die verspielte Detailfülle der Objekte offenbart sich erst bei genauerem Hinsehen: So beeindruckt der *Busabok Mala*, eine Insignie der Königswürde, aus Holz, Gold, Silber, Emaille, Niello-Arbeiten und Damaszener mit eingearbeiteten grünen Schildkäferflügeln, bunten Lackarbeiten und perfekt geschnitzten Wächterfiguren. Goldene oder mit Diamanten besetzte *Howdahs* – Sänften, die Könige früher auf den Rücken von Elefanten in die Schlacht beförderten – beeindrucken genauso wie aufwendige Nachbildungen von königlichen Barken. Auch die aufwendigen, plastischen Schnitzereien und Stickereien bezeugen die außerordentliche Fingerfertigkeit der Künstler.

⌚ Di–So 10–17 Uhr, letzter Einlass 16.20 Uhr, separater Eintritt 150 Baht, Studenten und Senioren über 60 Jahre 75 Baht, die Eintrittskarte zum Königspalast berechtigt auch zum Besuch der Thronhalle innerhalb von einer Woche. Die Räumlichkeiten können mit einem deutschsprachigen, aber leider etwas trockenen Audioguide erkundet werden. Die Kleiderordnung entspricht der im Königspalast (S. 124), ein Wickelrock wird für 50 Baht verkauft.

THAILAND

Wat Arun

Jeden Morgen lässt die aufgehende Sonne die mit chinesischem Porzellan bedeckten Prangs in vielen Farben erstrahlen, daher wird der bereits in der Ayutthaya-Periode erbaute Wat Arun, 💻 www.watarun.net, auch Tempel der Morgenröte genannt. Die verschieden hohen Türme symbolisieren das buddhistische Universum, in der Mitte der heilige Berg Meru, den die Weltmeere umgeben. Innerhalb der Tempelmauern stehen steinerne Figuren – u. a. ein europäischer Kapitän –, die als Schiffsballast aus China nach Thailand gelangten. Immer steilere Treppen führen den höchsten Prang (67 m) hinauf. Die oberen Plattformen sind für Touristen nicht zugänglich.

Auch der Bot lohnt einen Besuch. Ist der Zugang vom Tempel aus geschlossen, gelangt man über einen weiteren Eingang von der Gasse nördlich des Tempels in den Hof. Der Wandelgang ist mit bunten Blumenmotiven bemalt, und auch das Innere des Bot ist mit Wandmalereien geschmückt. Zur Zeit der letzten Recherche wurden die Türme gerade restauriert, sodass nicht alle Bereiche des Tempels zugänglich waren. 🕒 8.30–17.30 Uhr, Eintritt 50 Baht. Vom Tha Thien Pier setzen Fähren für 2 Baht zum Wat Arun über.

Die besten Aussichtspunkte

- **The Dome at lebua**, State Tower (S. 159)
- **Golden Mount** (S. 142)
- **Bayoke II Tower** (S. 145)
- **Above Eleven/Gramercy Park**, Fraser's Suites (S. 159)
- Eine **Fahrt mit der BTS** (S. 169)

Mehr zur modernen Architektur in Bangkok s. eXTra [2694].

Golden Mount und Wat Suthat

Den Zusammenfluss dreier großer Klongs überragt der 79 m hohe, von 1782–1800 künstlich aufgeschüttete **Golden Mount** mit dem goldglänzenden, 1865 erbauten Chedi von **Wat Saket**. Der Chedi enthält eine Reliquie Buddhas, die hoch verehrt wird, vor allem während des Tempelfestes im November. Nach dem Aufstieg über 318 Stufen bietet sich die luftige und ruhige obere Plattform des Chedi mit einer tollen Aussicht über die Altstadt bis zu den Hochhäusern des modernen Zentrums für eine Verschnaufpause vom Trubel und Straßenlärm an. Zum Golden Mount gelangt man am besten durch den westlichen Eingang an der südlichen Borphat Road, östlich des Klongs Ong Ang, sowie an der Chakraphadipong Road durch eine schmale Palmenallee zwischen einer kleinen Schule und dem Wat Saket. 🕒 7–17.30 Uhr, Eintritt frei (Spende erwünscht).

Südlich erhebt sich der über 200 Jahre alte **Wat Suthat**, der nach dem Schutzgott Bangkoks benannte „Palast von Indra". Seine schönen **Wandmalereien** gehören zu den bedeutendsten Zeugnissen thailändischer Kunst. Bronzepferde, Pagoden und steinerne Figuren im chinesischen Stil umgeben den großen Viharn, dessen Teakholztüren mit Schnitzereien zu Themen aus dem *Ramakien* verziert sind. Die Innenwände sind bemalt mit Szenen aus den Leben der legendären 28 Buddhas, während die Motive auf den acht Säulen der hinduistisch-buddhistischen Kosmologie entnommen sind. Im Zentrum des Raumes steht die 8 m hohe **Buddhastatue Sri Sakkayamuni** aus der Sukhothai-Periode. Den Viharn umgrenzt ein Wandelgang mit 156 Buddhastatuen. König Rama VIII., dessen Bronzestatue im Vorhof steht, wurde im Tempel beigesetzt. 🕒 9–21 Uhr, Eintritt 20 Baht.

Chinatown

Über 9 Mio. Chinesen leben zum großen Teil schon seit vielen Generationen in Thailand und haben sich weitaus stärker als in anderen Ländern in die Thai-Gesellschaft integriert. Nachdem die ersten chinesischen Siedler unter König

Rama I. aus dem Palastbezirk hierher umgesiedelt worden waren, entwickelte sich rund um die **Yaowarat Road** eine der größten Chinatowns der Welt. Weitere Infos unter 🖳 www.bangkok.com/chinatown.

Chinesische Märkte und Tempel

Von der Pahurat Road Richtung Osten gelangt man in die 1 km lange und nur 4–5 m breite **Sampeng Lane** (Soi Wanit 1), durch die sich Lastkarren, Motorräder und Einkäufer drängen. In dem einstigen verruchten Hafenviertel voller Opiumhöhlen, Spielsalons und Bordellen quellen die kleinen, offenen Geschäfte über mit preiswerten Artikeln. Da die Häuser dicht zusammenstehen und teils durch ein hohes Dach vor der Sonne abgeschirmt sind, ist es hier selbst mittags relativ kühl, aber dafür umso enger und geschäftiger. Auch noch mitten in der Nacht ist hier was los.

In den parallel verlaufenden Hauptstraßen **Yaowarat** und **Charoen Krung Road**, wo sich ein Geschäft ans nächste reiht, bauen fliegende Händler auf den schmalen Bürgersteigen ihre Stände auf. Exotisch muten Mung Ming-Stände an, an denen auf offener Straße mit feinen Fäden weibliche Gesichtshaare entfernt werden, eine alte chinesische Tradition. Welch ein Kontrast zu den dahinter liegenden, mit Gold und Jade vollgepackten Schmuckläden. Exotische Düfte weisen den Weg zu traditionellen chinesischen Apotheken. Am **Ratchawongse Pier** legen die Expressboote an.

Auf dem chinesischen Markt in der **Soi Issaraphap** werden exotische Zutaten für die chinesische Küche verkauft, von denen Hühnerfüße und Seegurken noch die harmloseren zu sein scheinen.

Wat Traimit und Chinatown Heritage Center

Der 3,91 m hohe Buddha im **Wat Traimit**, Charoen Krung, Ecke Traimitr Rd., 🖳 www.wattraimitr-withayaram.com, ist eine Statue der Superlative: Er besteht aus purem Gold, ist mit einem Gewicht von etwa 5,5 t der schwerste goldene Buddha und das vom Sachwert her wertvollste religiöse Objekt der Welt. Die 3 m hohe Statue kann im oberen Stock des dreistöckigen **Phra Maha Mondhop** bestaunt werden. Der aus dem 14. Jh. stammende Buddha im Sukhothai-Stil wurde erst 1955 durch Zufall entdeckt: Als ein vermeintlicher „Stuck"-Buddha aus einer Tempelruine in diesen neuen Tempel gebracht werden sollte, fiel er zu Boden, und unter den Rissen kam die versteckte Goldstatue zum Vorschein.

Im 1. Stock des prachtvollen Gebäudes ist das empfehlenswerte **Chinatown Heritage Center** untergebracht, dessen sechs Räume einen guten Einblick in die Kultur, Geschichte und Gegenwart der chinesischen Bevölkerung Bangkoks ermöglichen. Die Ausstellung punktet mit anschaulichen Erklärungen (auch auf Englisch), Schaubildern, Modellen und multimedialen Installationen. Leider laufen in manchen Ausstellungsräumen viele Soundeffekte gleichzeitig, sodass sich die Geschichten übertönen – was mit Blick auf das hektisch laute Treiben draußen vielleicht gar nicht so unrealistisch ist.

Das Stockwerk darüber zeichnet in der **Phra Buddha Maha Suwanna Patimakorn-Ausstellung** die bewegte Geschichte des goldenen Buddhas nach.

🕒 8–17 Uhr, Ausstellungen Mo geschl., Eintritt Wat Traimit 40 Baht, Eintritt Heritage Center 100 Baht.

Sathorn und Silom

Über die Charoen Krung Road gelangt man weiter Richtung Süden, vorbei an Silbergeschäften, in das älteste Banken- und Geschäftsviertel. Hier siedelten bereits unter Rama IV. europäische Händler und Geschäftsleute, die auch chinesisch- und indischstämmige Angestellte mitbrachten, sodass eine multiethnische und -religiöse Mischung entstand. Wer sich nicht dem Lärm und den Abgasschwaden des dichten Verkehrs aussetzen möchte, kann mit dem Expressboot bis zum Sathorn Pier fahren.

Rund um die Silom Road

Ein Heiligtum ganz besonderer Art ist der **Sri Mariamman-Tempel**, 🖳 www.srimahamariammantemplebangkok.com, ein Hindutempel der Shakti-Sekte, der 1879 von südindischen Tamilen an der Silom Road erbaut wurde. Neben der

Urmutter Uma Devi, Krishna, Kali, Rasmi, Khandakumara, einem Shiva-Lingam, Ganesh und anderen hinduistischen Gottheiten hat auch Buddha seinen Platz. Der bunte Gopuram wurde zum Zeitpunkt der letzten Recherche umfassend restauriert. Auch viele Thais beten hier für Liebe und Fruchtbarkeit. Gäste sind gern gesehen. ⏲ Mo–Do 6–20, Fr bis 21, Sa und So bis 20.30 Uhr, Fotografieren verboten. In der direkten Umgebung werden an Verkaufsständen zahlreiche hinduistische Devotionalien, Blumengirlanden und Bollywood-Musik verkauft – man fühlt sich fast wie auf dem chaotisch-liebenswerten Subkontinent.

Am östlichen Ende der Silom Road liegt eine der berühmt-berüchtigten Amüsiermeilen Bangkoks, die **Soi Patpong**. Auf den ersten Blick wirkt sie mit ihrem touristischen Straßenmarkt ab 17 Uhr fast wie eine Flaniermeile. Die Go-go-Bars im Erdgeschoss werden sogar von Reisegruppen angesteuert (S. 157). Zudem konzentrieren sich in der Umgebung einige große Einkaufszentren und viele Büros.

Lumphini Park

Am Ende der Silom Road erstreckt sich der erste öffentliche Park Thailands, der Lumphini Park (Suan Lum). Am frühen Morgen praktiziert man hier Yoga, Schattenboxen und Tai Chi oder joggt, und zum Sonnenuntergang halten sich große Gruppen von Hausfrauen mit einem geräuschvollen Aerobicprogramm fit. Während Kinder auf den Spielplätzen und über den Rasen toben, zieht es Erwachsene auf den Fitness-Parcours und die Basketball-, Fußball- oder Takraw-Plätze. Von Dezember bis Februar finden sonntags ab 17.30 Uhr kostenlose klassische Konzerte statt (weitere Infos unter 💻 www.bangkoksymphony.org). Nach Einbruch der Dunkelheit wird der Park geschlossen. ⏲ 5–19 Uhr.

Asiatique The Riverfront

In den ehemaligen Docks und Lagerhallen der East Asiatic Company entstand am Menam Chao Phraya südlich der Taksin-Brücke ein großer Nachtmarkt, 2194 Charoen Krung Rd., 💻 www.asiatiquethailand.com, eine gelungene, teils etwas kitschige Kombination aus Markt und Mall, aus Essen, Shoppen und Entertainment, Vergangenheit und Gegenwart. Die koloniale Architektur bildet eine schöne Kulisse für einen wahlweise entspannten oder ereignisreichen Abend. Die Gänge zwischen den über 1500 kleinen Geschäften sind breit angelegt und das Gelände ist übersichtlich in zehn nummerierte Lagerhallen strukturiert.

Am Fluss liegen Weinbars und teurere Restaurants, die mit der angenehmen Lage ein zahlungskräftiges Publikum anlocken, sowie das 60 m hohe Riesenrad mit toller Aussicht (💻 www.asiatique-sky.com, 300 Baht, Kinder 200 Baht). Dahinter beherbergt die ehemalige Sägemühle Modeboutiquen und Klamottenläden. Rund um den zentral gelegenen Uhrturm konzentrieren sich ein großer Biergarten und kleinere, günstigere Restaurants. Die vier großen Lagerhallen dahinter beherbergen nicht nur über 1000 kleine Geschäfte mit einem vielseitigen Angebot von Souvenirs über Möbel und Kunsthandwerk, Schmuck, Kosmetik und Lederwaren, sondern auch das Calypso Cabaret (S. 161) mit Travestie und eine Muay-Thai-Show (S. 161).

Eine günstige, empfehlenswerte Alternative zu den Restaurants des Asiatique sind die **Essensstände** östlich der Charoen Krung Road. Die freundliche Dame am Stand mit Isaan-Küche (zu erkennen an den für den *som tam*-Salat benötigten jungen Papayas in der Auslage) bereitet sehr guten, authentischen Larb-Salat zu.

⏲ 17–24 Uhr. Kostenloses Shuttleboot vom Sathon (Central) Pier an der BTS-Station Saphan Thaksin von 17–24 Uhr alle 15 Min.

Siam und Pratunam

Gläserne, chromglitzernde Einkaufspaläste, Hotel- und Bürokomplexe haben sich östlich des alten Stadtkerns ausgebreitet. Zwischen **Siam Square** und **Siam Paragon** liegt über der Rama I Road der quirlige Umsteigebahnhof der Hochbahn BTS, die sich vor dem Erawan-Schrein verzweigt.

Jim Thompson-Haus

Das tropisch grüne Areal des hübschen, bei Touristen beliebten Komplexes, ✆ 02-216 7368, 💻 www.jimthompsonhouse.com, liegt eingequetscht zwischen modernen Allerweltsfassaden am Ende der Soi Kasemsan 2 direkt am Klong. In seinem ehemaligen Wohnhaus, das aus sechs originalgetreu errichteten, traditionellen, teilweise über 200 Jahre alten Teakhäusern besteht, hat Jim Thompson südostasiatische Kunstschätze zusammengetragen. Die kleineren Häuser, teils ehemalige Reisspeicher, enthalten u. a. chinesisches Porzellan und Gemälde aus der Ayutthaya-Periode.

Die wahren Schätze verbergen sich im Haupthaus, das im Rahmen einer ausgezeichneten Führung zugänglich ist. Im Eingangsbereich wird zudem gezeigt, wie die berühmte Seide gesponnen wird. ⌚ 9–18 Uhr, die englischsprachigen 40-minütigen Führungen beginnen alle 15–30 Min., Eintritt 150 Baht, Studenten bis 25 Jahre 100 Baht. Im Inneren der Häuser darf nicht fotografiert werden. Angeschlossen ist ein gutes, hochpreisiges Restaurant. Zugang ab Rama I Road, BTS National Stadium, kostenloser Shuttleservice zur Hauptstraße. Mehr zu Jim Thompson s. eXTra [8932].

Sea Life Bangkok Ocean World

Im riesigen Einkaufszentrum **Siam Paragon**, 💻 www.siamparagon.co.th, ist das Aquarium im Untergeschoss, ✆ 02-687 2000, 💻 www.sealifebangkok.com, eine schöne Attraktion für Jung und Alt. Auf 10 000 m² Fläche leben über 400 Arten und 30 000 Tiere, darunter Haie und Pinguine. Besucher können die aufwendig gestaltete Unterwasserwelt durch gläserne Tunnel erkunden. Im größten Becken mit einem Korallenriff tummeln sich Mantas und Tigerhaie. Alles ist auf Englisch beschriftet. ⌚ 10–21 Uhr, letzter Einlass 20 Uhr, Eintritt 990 Baht, Kinder 790 Baht.

Erawan-Schrein

An der Ecke Ratchadamri Road steht vor dem Grand Hyatt Erawan Hotel, umrahmt von massigen BTS-Trassen, der kleine Erawan-Schrein (Thao Maha Brahma). Er ist einer von vielen Haustempeln der Stadt und erfreut sich größter Beliebtheit. Gott Brahma ist besonders nach Geschäftsschluss das Ziel vieler Verehrer. Sie opfern Räucherstäbchen, Früchte und Kerzen, behängen die Statue mit Blumenkränzen und erbitten den Segen der Götter, oder sie engagieren Tänzerinnen, die begleitet von traditioneller Musik klassische Tänze vorführen. Ist ein Wunsch in Erfüllung gegangen, opfert man Teakholz-Elefanten. Im August 2015 kam es direkt am Schrein zu einem folgenschweren Bombenanschlag bei dem 20 Menschen getötet und 125 verletzt wurden. Der Schrein selbst wurde wie durch ein Wunder nur gering beschädigt.

Pratunam

Im quirligen Stadtviertel Pratunam wird ein Großteil des Textilhandels in Südostasien abgewickelt. Entlang der Bürgersteige, in den Einkaufszentren, überdachten Markthallen und schmalen Sois drängen sich die Verkaufsstände. Auch im Untergeschoss des Baiyoke II Tower stapeln sich bunte T-Shirts, Jeans, Tücher und Kleider (mehr Infos S. 163).

Der **Baiyoke II Tower** war mit 304 m Gebäudehöhe plus weiteren 24 Antennen-Metern das höchste Gebäude des Landes – bis 2016 der 9 m höhere MahaNakhon-Tower in Sathorn eröffnet wurde. Von der Aussichtsplattform im 84. Stock bietet sich bei guten Wetterverhältnissen eine tolle Aussicht. Bangkok liegt einem sprichwörtlich zu Füßen – im Westen breitet sich die von Tempeltürmen überragte Altstadt (bestes Licht vormittags) aus, und im Osten und Süden sieht man die modernen Hochhäuser der Geschäftsviertel (bestes Licht nachmittags). ⌚ 10–23 Uhr, Eintritt 350 Baht, 400 Baht inkl. eines Drinks an der Bar mit Blick über die Hochhäuser der Stadt; ab 21 Uhr Tickets im 19. Stock, ✆ 02-656 3000, 💻 http://baiyokesky.baiyokehotel.com.

Sukhumvit

Die Sukhumvit Road ist eine über 400 km lange Straße, die erst an der kambodschanischen Grenze bei Trat endet. Die BTS gleitet hier über den dichten Straßenverkehr hinweg. Hinter den Einkaufszentren liegen in Seitenstraßen, den durchnummerierten Sois, kleine Geschäfte, Hotels und Restaurants. In dieses Gewirr schlagen die ausgebaute, von Hochhäusern gesäumte **Soi Asoke** (Soi 21), und weiter östlich die **Soi Thong Lo** (Soi 55) und die **Soi Ekkamai** (Soi 63), breite Schneisen.

THAILAND

Die westliche Sukhumvit ist rund um die BTS-Station Nana ein bekanntes Vergnügungsviertel mit einem turbulenten, anrüchigen Nachtleben. Zwischen Soi 1 und 5 findet sich eine Vielzahl von Geschäften, Bars und Restaurants, die sich an eine arabische und afrikanische Kundschaft richten, daher ist die Gegend auch als **Little Arabia** bekannt. In der Umgebung der **Nana Plaza** auf der Soi 4 arbeiten viele leichte Mädchen für eine ältere, größtenteils westliche Klientel. Die Atmosphäre ist nicht besonders angenehm. In der belebten **Soi 11** liegen einige der angesagtesten Clubs und Bars der Stadt. Östlich der Soi Asoke wird es zunehmend edler. Die thailändische Oberschicht sowie viele Japaner wohnen rund um die BTS-Stationen Phrom Phong und **Thong Lo**. Nirgendwo sonst in Thailand sieht man so viele teure Autos und nirgendwo sonst feiert man so dekadent wie in den Clubs rund um die Thong Lo Soi 10.

Suan Chatuchak Weekend Market

Mit der BTS und MRT kommen am Wochenende Zehntausende von Touristen in diese ansonsten wenig besuchte Gegend der Stadt und erliegen einem Kaufrausch, der seinesgleichen sucht. Vor allem am Samstag und Sonntag drängen sich täglich über 200 000 Besucher auf dem quirligen Wochenendmarkt am Suan Chatuchak, ✆ 02-272 4440-1, 💻 www.chatuchak.org, der oft auch Jatujak oder JJ Market genannt wird. Zusätzlich findet am Mittwoch und Donnerstag im hinteren Bereich ein Pflanzenmarkt und am Freitag ein Klamottengroßmarkt statt. Wer sich auf dem 35 ha großen, L-förmigen Platz mit über 15 000 Ständen zurechtfinden möchte, orientiert sich anhand der Karte, die es beim Tourist Office (Sektion 27) nahe dem Eingang 1 und an vielen Verkaufsständen gibt.

Der Markt ist zur besseren Orientierung in 27 Sektionen aufgeteilt. Hier gibt es wirklich alles. Interessant sind die Sektionen mit Amuletten (S1), Vögeln, Fischen, Hunden und anderen Tieren (S8, 9, 11, 13), Kunstgewerbe aus allen Landesteilen, Lackarbeiten und Stickereien aus Myanmar, Sarongs aus Indonesien, Holzschnitzereien, Keramik und T-Shirts mit ausgefallenen Motiven (S22–25) sowie Antiquitäten (S26). Auch die Tourist Police (S27) betreibt Sa und So von 9–17 Uhr einen Stand. Wer sich nicht gleich für etwas entscheiden kann, wird Schwierigkeiten haben, den entsprechenden Stand wiederzufinden, also am besten bei Interesse eine Visitenkarte vom Verkaufsstand geben lassen.

Eingang 1 ist an der Kamphaeng Phet 2 Road, nahe der MRT Kamphaeng Phet, Eingang 2 im Norden an der Kamphaeng Phet 3 Road und Eingang 3 an der Bushaltestelle nahe der BTS Mo Chit an der Paholyothin Road. Anreise mit der BTS oder MRT, ab Banglampoo mit Bus 3. 🕒 6–18 Uhr.

Nach dem Einkaufen bietet sich der angrenzende **Chatuchak Park** mit dem kleinen Botanischen Garten, **Queen Sirikit Park**, für eine Rast an. Die Grünfläche ist mit 280 ha die größte der Stadt. 🕒 5–20 Uhr.

ÜBERNACHTUNG

Bei der Wahl der Bleibe sollte in erster Linie die Lage entscheiden, denn jedes Viertel hat seine ganz eigene Atmosphäre. Zudem ist man bei den großen Entfernungen und dem zähen, zur Rushhour nah am Kollaps stehenden Verkehr lange unterwegs. Insgesamt gibt es schätzungsweise 50 000 Hotelzimmer in Bangkok, sodass jeder etwas Passendes finden wird.

Banglampoo

Karte „Banglampoo" S. 136/137

Rings um die Khaosan Rd. konzentrieren sich günstige Gästehäuser mit dem besten Preis-Leistungs-Verhältnis der Stadt und ein breites Angebot an Restaurants, Reisebüros und anderen auf Traveller zugeschnittenen Angeboten. In den letzten Jahren entstanden aber auch immer mehr teurere, komfortablere Unterkünfte. In den Gassen rings um den Wat Chai Chana Songkhram ist es weniger turbulent als direkt in der Khaosan Rd. Der Durchgang durch den Wat wird um 18 Uhr geschlossen. Die Hauptsehenswürdigkeiten sind von hier leicht zu Fuß zu erreichen. Expressboote auf dem Menam Chao Phraya sind eine Alternative zu den verstopften Straßen. Traveller-Busse verkehren zu den Flughäfen und vielen Zielen in Thailand, ein Taxi zum Suvarnabhumi Airport kostet etwa 350 Baht.

BB House ㉙, 45 Soi Rambuttri, ✆ 02-282 0953, 💻 www.bestbedhouse.com. Freundliches Guesthouse mit einer gelungenen Mischung aus Tradition und Moderne, top Preis-Leistungs-Verhältnis und Aufzug. Die 35 kleinen Zimmer mit AC, LCD-TV und hübschem Fliesenboden sind geschmackvoll eingerichtet, sehr sauber, aber teils leicht muffig. Der Dachgarten lädt zum Entspannen ein. Viele Gäste aus Korea. Weitere nicht ganz so einladende Filiale in 80 Phra Arthit Rd. ❷–❸

€ **Ben's House** ㉘, 74 Soi Rambuttri, ✆ 081-488 3747, 💻 www.fb.com/benhousebangkok. Der kleine, freundliche Familienbetrieb unterscheidet sich vom gewöhnlichen Einerlei der Unterkünfte in der direkten Umgebung, denn alle 6 Zimmer sind 2-stöckig und in verschiedenen Farben eingerichtet. Unten Du/WC und Kühlschrank, oben das Bett mit guter, harter Matratze und TV. Liebenswertes Besitzerpärchen. ❷–❸

Buddy Lodge Hotel ㉚, 265 Khaosan Rd., ✆ 02-629 4477, 💻 www.buddylodge.com. Großes, empfehlenswertes Hotel in der Einkaufspassage im nordöstlichen Teil der Khaosan Rd. Der Service ist etwas chaotisch, die Zimmer sind gemütlich mit viel Holz und warmen Farben gestaltet und mit guten, großen Betten, LCD-TV, Kühlschrank und sehr kleinen Du/WC ausgestattet. Die nett im alten Stil eingerichteten Deluxe-Zimmer haben schöne, riesige Balkone, teils Himmelbetten und Badewanne. Attraktiver Pool auf dem Dach, Spa und Fitnesscenter mit dicht an dicht gedrängten Geräten. Frühstück 200 Baht p. P. ❺

Lamphu House ㉕, 75–77 Soi Rambuttri, ✆ 02-629 5861-2, 💻 www.lamphuhouse.com. Der Dauerbrenner: Versteckt in einer Gasse gelegenes, freundliches, beliebtes Guesthouse mit ruhiger, entspannter Atmosphäre. Saubere, mit Bambusmöbeln eingerichtete Zimmer mit guten, harten Matratzen, die günstigeren mit Innenfenstern, Ventilator und Gemeinschaftsdusche, die teureren mit AC, Du/WC, Balkon. EZ ab 270 Baht. WLAN nur im Eingangsbereich. Reservierung empfohlen. ❷–❸

NapPark Hostel@Khao San ㉗, 5 Tani Rd., ✆ 02-282 2324, 💻 www.nappark.com. Das moderne Hostel bietet nur Schlafsaalbetten für 480–550 Baht, bei Online-Buchung günstiger. Neben einem sehr kommunikativen, gemütlichen Gemeinschaftsbereich im Thai-Stil mit Liegeflächen und netter Atmosphäre gibt es moderne, blitzsaubere, weiße Dorms mit 6–22 Betten, einige nur für Frauen. Die teuersten verfügen über kleine TV/DVD-Player-Kombinationen, kosten aber mehr als viele Zimmer in Banglampoo. Die Schlüssel sind in bunten Armbändern untergebrachte Chips. Hilfsbereites Personal. DVD-Verleih inkl.

Navalai River Resort ㉓, 45/1 Phra Arthit Rd., ✆ 02-280 9955, 💻 www.navalai.com. Direkt am Fluss gelegenes, schickes Hotel mit 74 sauberen, komfortablen, mit Holz und schönen Details eingerichteten Zimmern mit Balkon, TV, DVD-Player und Safe. Jedes Zimmer ist geschmackvoll, zum Teil sogar kunstvoll nach einem der 4 Themenbereiche gestaltet. Elegantes Restaurant und schöner Dachgarten mit Pool. In der Nebensaison deutlich günstiger. Frühstück inkl. ❻–❽

Sam Sen

Karte „Thewet" S. 138

Die Gegend nördlich des Klong Banglampoo, zu Fuß weniger als 15 Min. von der Khaosan Rd. entfernt, hat sich zu einem eigenständigen Traveller-Zentrum entwickelt und beherbergt einige sehr gute Bars, Restaurants und Unterkünfte.

€ **Born Free Hostel Avventura** ㉞, Soi Samsen 6, ✆ 02-628 5718, 💻 www.bornfreeadventures.com. Gesellige Budgetunterkunft in einer schmalen Ladenzeile mit sauberen Schlafsaalbetten ab 190 Baht, mit AC +60 Baht. Der Schweizer Kevin und seine Freundin sind sehr freundlich und hilfsbereit und schaffen eine persönliche, entspannte und kommunikative Atmosphäre. Er veranstaltet bei Interesse auch abendliche Radtouren durch die Umgebung. Kleine Gemeinschaftsküche und Dachgarten. Weiterer Ableger mit

THAILAND

2 AC-Schlafsälen (Born Free Hostel Vista ㉖) in der 214 Chakraphong Rd, Karte S. 136/137.
Casa Nithra ㉝, 176 Samsen Rd., ✆ 02-628 6228, 💻 www.casanithra.com. Schon beim Betreten der feinen, kleinen Lobby wird deutlich, dass es sich um eine gediegene Unterkunft für Flashpacker handelt. Die schicken Zimmer im Boutiquestil mit Marmortisch, sehr bequemen Betten, zentraler AC und LCD-TV stellen auch Anspruchsvolle zufrieden, die teureren Zimmer haben zudem Balkon und Badewanne. Die Aussicht vom Pool auf dem Dach mit Liegen im Wasser ist top. Internet-PCs in der Lobby. Frühstück 400 Baht p. P. ❻

Thewet

Karte „Thewet" S. 138
Weiter nördlich, zwischen Banglampoo und Ratchawithi Rd., wohnt man in einer ruhigen Wohngegend nahe dem Fluss mit Lokalkolorit und vielen Moskitos. Neben einigen Gästehäusern mit alternativer Atmosphäre locken farbenprächtige Märkte.

Phranakorn-Nornlen Hotel ㉜, 46 Thewet Soi 1, ✆ 02-628 8188-90, 💻 www.phranakorn-nornlen.com. Familienfreundliche Oase der Ruhe mitten in der Stadt ist dieses sehr lebendig und farbenfroh gestaltete Hotel mit einem ruhigen Innenhof voller Pflanzen und Reliquien vergangener Tage. Hier sollte man sich einen der exzellenten, frisch zubereiteten Smoothies schmecken lassen. Die 31 Zimmer sind mit handgemalten Motiven verziert und individuell eingerichtet, auch mit AC und CD-Player. Von einigen bietet sich ein Blick auf die riesige Buddhastatue des Wat Indraviharn. Die kreative Gestaltung zieht sich durch die gesamte Anlage. Gemüse- und Kräutergarten, Bar und Abendessen auf dem Dach (🕒 ab 18 Uhr). Sehr nettes, hilfsbereites Personal. WLAN und Frühstück inkl. ❺
Shanti Lodge ㉛, 37 Soi 16, Sri Ayutthaya Rd., ✆ 02-281 2497, 💻 www.shantilodge.com. In der gepflegten Anlage mit kleinem Garten werden von der freundlichen Kim neben sauberen, stilvoll und kreativ eingerichteten Zimmern mit Ventilator oder AC auch Schlafsaalbetten mit AC für 250 Baht angeboten. Gutes, auch vegetarisches, glutamatfreies Essen im Restaurant im Erdgeschoss. ❷–❹

Im historischen Zentrum

Karte „Historisches Zentrum" S. 128/129
Südlich der Ratchdamnoen Klang Rd., wenige hundert Meter von der Khaosan Rd. entfernt, finden sich gemütliche Unterkünfte mit historischem Charme und persönlichem Service.

Baan Dinso ⑥, 113 Trok Sin, Dinso Rd., ✆ 02-622 0560-3, 086-815 2200, 💻 www.baandinso.com. In einer Gasse mit friedlicher, dörflicher Atmosphäre werden im ansehnlichen, cremefarbenen Teakhaus klassisch im Kolonialstil eingerichtete, sehr saubere Zimmer mit dekorativen Details, großem LCD-TV und DVD-Player vermietet, die teureren mit Du/WC. Sehr freundliches, hilfsbereites Personal und nette Atmosphäre. Frühstück und Minibarinhalt inkl. ❺–❻
Villa Phra Sumen ⑤, 457 Phra Sumen Rd., ✆ 080-085 0085, 💻 www.villaphrasumen.com. Hinter der unscheinbaren Fassade versteckt sich ein modernes, komfortables und ruhiges Boutiquehotel mit schön gestalteten, relativ geräumigen und sehr sauberen Zimmern, großem Innenhof und Sitzgelegenheiten am Klong Banglampoo. Hübsche Bäder, besonders die mit freistehender Badewanne. Die Zimmer zum Innenhof sind ruhiger. Das Personal ist freundlich und hilfsbereit. Frühstück inkl. ❻

Chinatown und Hua Lamphong

Neben einigen günstigen Unterkünften rings um den Hauptbahnhof Hua Lamphong gibt es gute chinesische Mittelklassehotels. Die lebendigen Märkte, die ursprünglichen Straßenzüge und die Nähe zum Hauptbahnhof, der MRT und dem Fluss Menam Chao Phraya sind Gründe, hier zu wohnen.
@Hua Lamphong ⑦, 326/1 Rama IV Rd., ✆ 02-639 1925, 💻 www.athualamphong.hostel.com, Karte S. 128/129. In dem dezent modern gestalteten Hostel ist es trotz Bahnhofsnähe ruhig. Die sauberen Zimmer sind mit TV, AC, Kühlschrank und Du/WC ausgestattet. Schlafsaalbetten für 400 Baht und Gemeinschaftsraum mit großem LCD-TV. Sehr hilfsbereites, kompetentes Personal, freundliche Atmosphäre und

der wahrscheinlich langsamste Aufzug der Stadt. WLAN im Lobbybereich. ❹

Baan Udom Accommodation ⑧, 618/6–7 Soi Panurangsri, Songwat Rd., ✆ 02-233 2378, 081-912 7561, 💻 www.baanudom.com, Karte S. 128/129 Im ursprünglichen Stadtviertel Talat Noi wohnt man in den in Cremefarben und Weiß gehaltenen 10 Zimmern komfortabel mit kleinem LCD-TV, Kühlschrank und Du/WC. Freundlich und familiär. ❹–❺

€ **River View Gh.** ⑨, 768 Soi Panuangsri, Songwat Rd., ✆ 02-234 5429, 💻 www.riverviewbkk.com, Karte S. 130/131. Das gepflegte, beliebte Guesthouse in Talat Noi bietet 45 saubere Zimmer und aus den oberen Stockwerken einen tollen Ausblick auf den Fluss. Die kürzlich renovierten Räume punkten mit kühlem Betonboden, dicken Matratzen, Kühlschrank und TV, die teuersten mit Flussblick vom kleinen Balkon, die günstigsten nur mit Ventilator und Gemeinschaftsdusche. Schlafsaalbetten für 300 Baht, auch einer nur für Frauen. Gemütliches Dachrestaurant mit gutem Essen (🕒 7–22 Uhr). Fahrräder bis zu 4 Std. pro Tag inkl., danach 200 Baht pro Tag. ❷–❺

Sathorn und Silom

Karte „Sathorn und Silom" S. 130/131

Viele der Mittelklassehotels in der unteren Silom und Surawongse Rd. werden von asiatischen Geschäftsleuten und Reisegruppen bevorzugt. In der Gegend um Patpong haben einige auf Backpacker ausgerichtete Unterkünfte geöffnet. Die Hotels entlang der Sathorn Tai Rd. zählen zu den luxuriösesten der Stadt.

Baan K Residence by Bliston ⑭, 12/1 Soi Sala Daeng 1, ✆ 02-633 9911, 💻 www.baankresidence.com. Das gepflegte Apartmenthaus vermietet 28 moderne, komfortable Zimmer. Neben dem großen LCD-TV gehören ein Surroundsound-System und eine funktionsfähige Küche zur Standardausstattung. Die riesigen, 80 m² großen Executive-Zimmer lohnen die geringe Mehrausgabe. Sehr freundliches, hilfsbereites Personal. Fitnesscenter, Pool im nahen Bliston Hotel, Tuk Tuk-Transfers zur MRT und BTS und Frühstück inkl. ❺–❻

Lub d Bangkok – Silom ⑪, 4 Decho Rd., ✆ 02-634 7999, 💻 www.silom.lubd.com. In dem beliebten, modernen mit viel Beton und Stahl gestalteten Hostel gibt es schicke, saubere und komfortable Schlafsäle und kleine Zimmer, zum Teil mit Waschbecken im Zimmer, TV und Du/WC. Schlafsaalbetten 500 Baht. Geschäftiger Eingangsbereich mit entspannter Atmosphäre. Gemeinschaftsraum mit riesigem TV. Kompetentes, freundliches Personal, das täglich wechselnde Aktivitäten organisiert (Fr Club Crawl, So Streetfood-Tour usw.). In der Lobby Internet-PCs. Online-Buchung empfehlenswert. ❹–❺

New Road Gh. ⑩, 1216/1 Charoen Krung Rd., zwischen Soi 34 und 36, ✆ 02-630 6994-8, 💻 www.newroadguesthouse.com. In dem 3-stöckigen, zurückversetzten Haus gibt es verschiedene Zimmer. Die günstigsten sind winzig, einfach und dunkel mit Ventilator. Die teureren mit Fenster, AC, TV, Kühlschrank und nachträglich eingebauter Du/WC sind etwas einladender. Schlafsaalbetten 250 Baht. Hilfreiches, freundliches Personal und nette Atmosphäre. Frühstück 160 Baht p. P. ❶–❺

Silom One ⑬, 281/15 Silom Rd. Soi 1, ✆ 02-635 5130, 💻 www.silomone.com. Sehr zentral gelegenes, kleines, modernes und stilvolles Mittelklassehotel mit bunt gemischtem Publikum und 10 sauberen Zimmern mit LCD-TV, Wasserkocher und Du/WC. Viele japanische Gäste. Internet-PC im Eingangsbereich und einfaches Frühstück inkl. ❺–❻

Sunflower Place Silom ⑫, 39/17–19 Soi Anuman-Rajdhon, ✆ 02-235 9080, 💻 www.sunflowerplace.com. Versteckt in einer unscheinbaren, überdachten, etwas zwielichtigen, von der Silom Soi 6 abgehenden Gasse – und damit schwer zu finden –, liegen 20 sehr saubere, dunkle, in verschiedenen Farben gestrichene Zimmer mit Kühlschrank, Safe und TV. Resolute, hilfsbereite Besitzerin. ❸–❹

Siam und Pratunam

Karte „Siam und Pratunam" S. 132/133

In diesem Gebiet gibt es einige günstige Kleinhotels etwas abseits vom Trubel und dennoch verkehrsgünstig an der BTS und in der Nähe sehr guter Einkaufsmöglichkeiten.

Lub d Bangkok – Siam Square ⑯, 925/9 Rama I Rd., ✆ 02-612 4999, 💻 www.siam.lubd.com. Bereits von außen erwartet Reisende eine moderne, hippe und einladende Backpacker-Unterkunft. Neben komfortablen Betten im AC-gekühlten 4-Pers.-Schlafsaal für 570–620 Baht, einer nur für Frauen, und blitzblanken Gemeinschaftsbädern gibt es sehr cool mit viel Beton in Orange und Rot gestaltete Zimmer, teils mit TV und Du/WC. Ein geselliges Kino-Zimmer und ein Waschraum komplettieren das Angebot. Sehr freundliches, kompetentes Personal und Aktivitäten (s. Lub d Bangkok – Silom). ❺

White Lodge ⑮, 36/8 Soi Kasemsan 1, ✆ 02-216 8867. 40 kleine, einfache, ältere Zimmer mit AC und durchgelegenen oder sehr harten Matratzen, teils mit LCD-TV. Die Zimmer im Erdgeschoss können wegen der angrenzenden Waschküche laut sein. Freundlicher, wenn auch etwas resoluter Service sowie gutes Preis-Leistungs-Verhältnis. Wäscheservice. ❷–❸

Sukhumvit

Karte „Sukhumvit" S. 134/135

Hier sind viele Ausländer zu Hause – Touristen wie Geschäftsleute. Entsprechend groß ist die Auswahl an Hotels der mittleren und gehobenen Kategorien, dagegen gibt es kaum empfehlenswerte Zimmer in den unteren Preisklassen. Während der Hauptverkehrszeit wird die Sukhumvit Rd. zu einem kilometerlangen Parkplatz, über den man mit der BTS problemlos hinweggleitet. Über den Expressway ist die Verkehrsanbindung zum Flugplatz Suvarnabhumi gut, und auch der Eastern Bus Terminal (Ekkamai) liegt vor der Tür.

3Howw Hostel@Sukhumvit21 ⑲, 32/9–12 Sukhumvit Soi 21, BTS Asok, ✆ 092-520 3339, 💻 www.3howwhostel.com. Sehr moderner, stylisher und sauberer Backpacker in Top-Lage. Ansprechende, in Weiß gehaltene Zimmer mit AC und Kühlschrank sowie bequeme Schlafsaalbetten für 480 Baht, in der Kapsel mit etwas mehr Privatsphäre 520 Baht. Gemeinschaftsküche, Aufenthalts- und TV-Raum. ❺

Ariyasomvilla ⑰, 65 Sukhumvit Soi 1, BTS Ploen Chit, ✆ 02-254 8880, 💻 www.ariyasom.com. Eine außergewöhnliche Unterkunft mit toller Atmosphäre findet sich in einem Haus aus den 1940er-Jahren am Ende der Soi 1 direkt am Klong. Obwohl man mitten in der Stadt wohnt, ist es ruhig und grün. Alle 24 Zimmer sind sehr komfortabel, stilvoll und individuell antiquarisch, aber mit allem Komfort eingerichtet – zwar teuer, aber für anspruchsvolle Individualisten jeden Baht wert. Schöner Pool mit Liegen im tropischen Gartenidyll. Der Service ist sehr persönlich, aufmerksam und zuvorkommend. Spa und gutes Restaurant. Frühstück inkl. ❽

HI Sukhumvit YHA ㉒, 23 Sukhumvit Soi 38, BTS Thong Lo, Exit 4, ✆ 02-391 9338, 💻 www.hisukhumvit.com. In einem netten Haus in einer ruhigen Gasse unweit der angesagten Thong Lo entfernt gibt es kleine, saubere, teils etwas streng riechende Zimmer mit guten Matratzen, Steinboden und neuer AC, teils mit Gemeinschaftsdusche. Betten im 8-Pers.-Schlafsaal mit Vorhängen für 350 Baht. Hilfsbereites Personal, gemütlicher Dachgarten, gute Sammlung an Reiseführern und entspannte Atmosphäre. Waschmaschine, Gepäckaufbewahrung und einfaches Frühstück inkl. ❹

MHC-Gh. ㉑, 8/4 Sukhumvit Soi 28, BTS Phrom Phong, ✆ 02-259 9884, 💻 www.mhc-guesthouse.com. Die sicherlich preisgünstigste Unterkunft in der wohl teuersten Wohngegend der Stadt liegt in einer ruhigen Soi nur einen Katzensprung von der Sukhumvit Rd. entfernt. Die Zimmer sind einfach, aber sauber, mit älterer, wenig stimulierender Einrichtung, aber guten Matratzen, TV und AC. Die freundlichen Betreiber sammeln Modellflieger, sind sehr hilfsbereit und sorgen für eine angenehme Atmosphäre. ❹

Suk 11 Hostel ⑱, 1/33 Sukhumvit Soi 11, BTS Nana, ✆ 02-253 5927, 💻 www.suk11.com. Nur mit kleinen Schildern versehen, aber am Restaurant und Souvenirshop im Holzhaus zu erkennen. Das Gästehaus mit angenehmer Atmosphäre ist die beste Wahl für Budgetreisende in der Sukhumvit Rd. In 2 restaurierten Holzhäusern im ländlichen Thai-Stil liegen saubere, zweckmäßig eingerichtete Zimmer mit guten Matratzen, alter AC, teurere auch mit Du/WC. EZ ab 535 Baht. Hübsch gestalteter Innenhof, Dachterrasse und Aufenthaltsräume. Zahllose Gäste haben

OBEN CHAO PHRAYA, BANGKOK; **UNTEN** TUK TUK, BANGKOK

TAXI
Hino

sich an den Wänden verewigt. Frühstück 50 Baht p. P. ❸–❹

€ **The Atlanta** ⑳, 78 Sukhumvit Soi 2, am Ende der Soi, BTS Ploen Chit, ✆ 02-252 6069, 💻 www.theatlantahotelbangkok.com. Das 1952 eröffnete Hotel mit schönem Garten und Pool versprüht immer noch den Charme der 1950er-Jahre. Auch die Zimmer vermitteln diesen Eindruck, sind aber gut instand gehalten und sauber, die Bäder frisch renoviert. Nicht zuletzt wegen der günstigen Zimmerpreise und der Intoleranz gegenüber Sextouristen wird das Hotel von Familien und alleinreisenden Frauen geschätzt. WLAN in der Lobby. ❸–❹

In der Nähe des Flughafens Suvarnabhumi

Karte „Bangkok Übersicht" S. 126/127

Reisende, die in Bangkok einen Stopover einlegen, können in der Umgebung des internationalen Flughafens übernachten.

€ **Airy Resort** ②, 432 Latkrabang Soi 3, ✆ 02-181 2531, 💻 www.airyresort.com. Die etwas übertriebene Verwendung der Farbe Lila ist das Einzige, was in der komfortablen und dennoch günstigen Unterkunft stören könnte. Die 46 Zimmer sind zweckmäßig mit LCD-TV und Kühlschrank eingerichtet und versprechen eine geruhsame Nacht vor dem Weiterflug. Frühstück und Airporttransfer inkl. ❷–❸

In den Außenbezirken

Karte „Bangkok Übersicht" S. 126/127

Kama Bangkok ④, 3331/25 Sut Prasoet 4, BTS Saphan Taksin, ✆ 02-023 0486, 💻 www.kamabangkok.com. Der sehr freundliche US-Amerikaner Chris hat sich mit viel Eigeninitiative in einer Ladenzeile ein modernes, kreativ gestaltetes Hostel im angesagten Industrial-Look geschaffen. Fast alle der zahlreichen Kunstwerke stammen von ihm, ebenso wie die Ideen für viele kleine Details. 8 ansprechende Zimmer mit kleinen Pflänzchen, AC, LCD-TV, Kühlschrank sowie schicker Schlafsaal mit 8 Betten à 395 Baht. Der Ausbau der Dachterrasse mit Kräutergarten ist geplant. Leckere Bagels. ❹–❺

The Thai House ①, 32/4 Moo 8, Tambol Bang Muang, Bang Yai, Nonthaburi, 22 km außerhalb der Stadt im Westen, ✆ 02-997 5161, 💻 www.thaihouse.co.th. In einem wunderschönen, traditionellen Teakhaus bei einer liebenswerten Familie liegen hübsche Zimmer im Thai-Stil mit Gemeinschafts-Du/WC. Das Haus am Klong ist von Bangkok aus mit dem AC-Bus 516 zu erreichen, der alle 15 Min. ab Sanam Luang bis Bang Buatong fährt; hinter dem Mitsubishi-Gebäude und der Brücke aussteigen, 10 Min. laufen oder ein Motorradtaxi für 10 Baht nehmen. Die herzliche Gastgeberin Peep führt in die Geheimnisse der traditionellen Thai-Küche ein (S. 166). Der ideale Ort, um abseits des Stadttrubels in Thailand anzukommen. Frühstück inkl. ❺

W Home Bangkok ③, 190 Charoen Krung Rd., BTS Saphan Taksin, ✆ 02-291 5623, 086-025 6436, 💻 www.whomebangkok.com. Das hübsche alte Holzhaus liegt sehr ruhig in einer untouristischen, authentischen Gegend nahe dem Asiatique-Nachtmarkt. Die herzensguten Betreiber Nui und Puk haben lange in 5-Sterne-Hotels gearbeitet, haben zahlreiche Tipps auf Lager und sorgen mit ihrer Gastfreundschaft dafür, dass man sich schnell wie zu Hause fühlt. Die 4 Zimmer mit bequemen Matratzen, AC, LCD-TV und Gemeinschafts-Du/WC sind recht klein, aber sehr sauber. Frühstück inkl. Reservierung empfohlen. ❺

ESSEN

Aus kulinarischer Sicht ist Bangkok ein kosmopolitisches Paradies. Neben den asiatischen Küchen von Japan bis zum Vorderen Orient wird so gut wie jeder Geschmack bedient. Deutsche, französische, italienische, mexikanische und amerikanische Restaurants können oft mit den besten Restaurants ihrer Ursprungsländer mithalten – und sie manchmal sogar übertreffen. Und das alles zu niedrigeren Preisen!

Essen zu gehen kostet kein Vermögen und die meisten Einheimischen tun dies sehr häufig. An Straßenständen gibt es schon ab 20 Baht eine kräftige Suppe, in normalen Restaurants ab 100 Baht ein leckeres Thai-Gericht.

Banglampoo, Sam Sen und Thewet

Karten „Banglampoo" S. 136/137 und „Thewet" S. 138

Traveller-Bedürfnissen tragen Fastfood-Restaurants rund um die Khaosan Rd. Rechnung. Kreativ gestaltete Restaurants, Bars und Galerien, die v. a. von einheimischen Studenten besucht werden, haben sich entlang der Phra Arthit Rd. und der Phra Sumen Rd. niedergelassen. Garküchen konzentrieren sich in der Soi Rambuttri, wobei man hier wohl eher neben einem anderen Deutschen als einem Thai speisen wird.

Center Khaosan Restaurant, im Zentrum der Khaosan Rd., www.thekhaosarncenter.co.cc. Eignet sich bestens, um sich inmitten des Trubels auszuruhen und bei einem kühlen Bier das Treiben zu beobachten. Das Essen ist allerdings mäßig. 24 Std.

Chomp, 63–65 Samsen Rd., Ecke Samsen Soi 1, 02-629 2026, www.fb.com/chompcafe. Unter der Leitung der engagierten Südafrikanerin Gili Back werden in dem kreativ gestalteten Lokal mit frischen, soweit wie möglich biologisch angebauten Zutaten leckere herzhafte Gerichte in großen Portionen und gesunde, auf Bestellung frisch zubereitete Babynahrung gezaubert. Oben auch ein Kinderspielzimmer, Yogakurse, wechselnde Kunstausstellungen und Sonderveranstaltungen. 8–23 Uhr.

Hemlock, 56 Phra Arthit Rd., 02-282 7507. Hier gibt es fast 200 sehr leckere, z. T. traditionelle Thai-Gerichte zu günstigen Preisen in gepflegter Atmosphäre. Darunter wahre Geschmacksabenteuer wie *Miang Kam*, eine klassische Vorspeise, bei der zahlreiche Zutaten in Blätter gewickelt werden. Hauptgerichte 90–150 Baht. Ebenfalls im Angebot sind Weine und eine große Auswahl an Tees. Freundlicher Service und entspannte (Jazz-) Musik. Mo–Fr 16–23.30, Sa erst ab 17 Uhr.

€ **Konnichipan**, 182 Chakraphong Rd., 02-629 3270, auf Facebook. Die kleine japanisch-französische Bistro-Bäckerei überrascht mit sehr schmackhaftem, mit 20–40 Baht sehr günstigem Gebäck und Baguettes, top Kaffee und freundlichem Service. WLAN. 7.30–20 Uhr.

May Kaidee Vegetarian & Vegan Restaurant, 59 Tanao Rd. und 33 Samsen Rd. nördlich des Klong Banglampoo, 02-281 7699, www.maykaidee.com/restaurants. Seit 1988 gibt es hier sehr preiswerte, gesunde, glutamatfreie, vegetarische Kost sowie Sandwiches und Snacks. Der braune Klebreis ist sehr empfehlenswert. Bebilderte Speisekarte. In der Hauptfiliale in der Tanao Rd. jeden Sa abends ausgiebiges Buffet für 150 Baht p. P. 9–22 Uhr.

Poonsinn Restaurant, 460 Wisut Kasat Rd., 02-282 2728. Alteingesessenes, bei Thais sehr beliebtes, wenn auch etwas steriles Restaurant, das berühmt für die gerösteten Enten- und Schweinefleischgerichte ist. Auf der großen Speisekarte stehen Gerichte in 3 Größen ab 70 Baht, die von emsig umhereilenden Kellnern in weißem Hemd und Fliege serviert werden. 11–14 und 17–24 Uhr.

Ricky's Restaurant, Phra Arthit Rd., 02-629 0509. Unter dem New Merry V. Gh. liegt das

Straßenküchen

€ Bangkok ist bekannt für seine exzellenten Garküchen. Daher verwundert es nicht, dass sich auf Schritt und Tritt Gelegenheit bietet, authentische Snacks und Gerichte für wenig Geld zu probieren. Diese werden an mobilen Straßenständen, auf Märkten oder oft auch in den Food Courts von Supermärkten frisch zubereitet. Da häufig niemand Englisch spricht, schaut man am besten in die Töpfe oder bestellt, was am Nachbartisch lecker duftet. Die beliebtesten Gerichte für Einsteiger sind Klebreis mit Mango oder etwas deftiger gegrillte Hähnchenspieße sowie Nudelsuppen in allen Variationen. Es lohnt sich, über den eigenen kulinarischen Tellerrand zu schauen, denn viele der geschmacklichen Abenteuer erweisen sich als wahre Gaumenfreuden. Wenn an einem geschäftigen Essensstand fast alle das gleiche Gericht bestellen, sollte man dieses ebenfalls probieren, auch wenn es möglicherweise exotisch anmutet. Die thailändische Küche zählt nicht umsonst zu den variationsreichsten und besten der Welt!

Besonders empfehlenswert sind die Essensstände in der **Yaowarat Road** in der Chinatown, in der **Convent Road** in Silom und an der nordwestlichen Ecke des **Lumphini Parks**.

THAILAND

Mit dem Restaurantboot den Fluss hinauf

Eine romantisch dahingleitende Dinner Cruise verspricht ein besonderes Erlebnis weitab vom hektischen Treiben der Metropole. Die Boote, meist umgebaute Reisbarken, fahren für ca. 2 Std. auf dem Menam Chao Phraya an den großen Sehenswürdigkeiten vorbei und starten in der Regel zwischen 18 und 20.30 Uhr ab dem River City Pier.

Apsara Dinner Cruise, ✆ 02-679 1200, 🖳 www.banyantree.com. Die stilvolle Luxusvariante verzichtet auf laute Musik, startet um 20 Uhr und kostet 2300 Baht, inkl. Getränke sollte man aber mit mind. 3000 Baht p. P. rechnen. An Bord wird für bis zu 40 Pers. ein hochwertiges, reichhaltiges Menü serviert. Die Atmosphäre ist gediegen und der Service persönlich.

Loy Nava, ✆ 02-437 4932, 🖳 www.loynava.com. Für 1650–2060 Baht gibt es neben einem leckeren Menü traditionelle Tänze und klassische Thai-Musik. Das Boot ist etwas kleiner und persönlicher als die meisten anderen. Abfahrten um 18 und 20.10 Uhr.

beliebte, im chinesischen Kolonialstil gestaltete Café mit sehr gutem Kaffee und leckeren Baguettes, Sandwiches (um 100 Baht) und mexikanischen Gerichten. Hier gibt es das beste Frühstück in Banglampoo. Sehr freundliche Atmosphäre. ⌚ 8–22 Uhr.

€ **Roti-Mataba**, 136 Phra Arthit Rd., ✆ 02-282 2119. Eine Institution, die seit 1943 Roti, leckeres, leicht süßliches indisches Fladenbrot, anbietet, das in Malaysia zum Frühstück gegessen wird, am besten mit Hühnchen-Curry. Leider sind die Currys etwas wässrig, aber dennoch köstlich. Äußerst preiswert. ⌚ Di–So 9.30–22 Uhr, s. eXTra [2709].

Sawasdee House, Soi Rambuttri. Das riesige, gut besuchte Touri-Restaurant ist immer geöffnet und serviert annehmbares Essen. Draußen sitzt man am besten mit Blick auf die flanierenden Touristen. Große Bar. ⌚ 24 Std.

Chinatown und Golden Mount

Karte „Historisches Zentrum" S. 128/129

Entlang der Yaowarat Rd. locken authentische chinesische Restaurants und einige der besten Garküchen der Stadt. Viele verkaufen fragwürdige Spezialitäten wie Haifischflossen- und Schwalbennestsuppe, aber auch andere Köstlichkeiten aus dem Reich der Mitte.

Lek-Rat Seafood und T & K Seafood, Ecke Yaowarat Rd. und Phadung Dao Rd. Geschäftige, sehr beliebte Straßen-Restaurants mitten im Trubel. Die leckeren Seafood-Gerichte, wie z. B. die gegrillten Muscheln, lohnen das Anstehen allemal. Die englische Speisekarte weist den einen oder anderen lustigen Übersetzungsfehler auf, die Preise sind angemessen. Im T & K gibt es auch einen AC-gekühlten Innenbereich. ⌚ Lek-Rat 18–3 Uhr, T & K 16.30–22 Uhr.

Seven Spoons, 22–24 Chakraphadipong Rd., ✆ 02-629 9214, 🖳 http://sevenspoonsbkk.com/. Das Restaurant im angesagten Industrial-Look liegt etwas abseits der Touristenpfade, ist den Abstecher aber allemal wert: Die übersichtliche Karte ist mediterran geprägt und mancherorts raffiniert mit einer Thai-Note verfeinert. Die hervorragende Qualität der Speisen (unbedingt die Shrimp-Mango-Tacos probieren!) lässt keine Wünsche offen und bleibt dabei bezahlbar. Das aufmerksame Personal sorgt für ein persönliches, entspanntes Essenserlebnis, das mit ausgezeichneten Cocktails abgerundet werden kann. ⌚ 11–15 und 18–22.30, Bar bis 23.30 Uhr.

€ **Thip Samai**, 313 Mahachai Rd., zwischen Golden Mount und Riesenschaukel, ✆ 02-221 6280. Das preisgekrönte Restaurant ist stadtbekannt und so beliebt, dass bereits spätnachmittags Dutzende Hungrige anstehen. Im einfachen Ambiente wird bis früh morgens an Holztischen bzw. Plastiktischen im Freien die beste Pad Thai der Stadt serviert – extrem lecker und günstig. Die Zubereitung frisch im Wok auf Holzkohlen ist so professionalisiert, dass jeder Angestellte nur einen Arbeitsschritt ausführt. Eine Portion ist auch zu späterer Stunde die perfekte Stärkung. Auch der Orangensaft ist hervorragend. ⌚ 17–3 Uhr.

Sathorn und Silom

Karte „Sathorn und Silom" S. 130/131

In der Silom Rd. finden sich Restaurants in allen Preisklassen. Viele sind auf die flanierenden Touristen eingestellt und entsprechend teuer. Rings um die Patpong Rd. konzentrieren sich nicht nur Go-go-Bars und Nachtclubs, sondern auch gute Restaurants.

€ In zahlreichen Nebenstraßen finden sich **Essensstände**, z. B. östlich der Moschee, zwischen der Silom und Anuman Raichon Rd., neben dem Bangkok Bank Building und am Beginn der Soi Convent mit sehr guten Nudelgerichten, Chicken Rice, Suppen, gegrilltem Fisch, Meeresfrüchten u. a.

Ban Chiang, 14 Si Wiang Rd., BTS Surasak, ✆ 02-236 7045, 💻 www.banchiangthairestaurant.com. In einem schönen, alten Thai-Haus im Kolonialstil kann man in freundlicher Atmosphäre im Freien oder im AC-gekühlten Innenraum gut essen. Die Schärfe der Gerichte für 150–200 Baht ist dabei voll auf die empfindlichen Mägen der das Lokal frequentierenden Touristen eingestellt. 🕒 11.30–14 und 17.30–22.30 Uhr.

Eat Me Restaurant, Soi Phiphat 2, ✆ 02-238 0931, 💻 www.eatmerestaurant.com. Erstklassiges Restaurant, das nicht grundlos 2015 zum 25. besten Restaurant Asiens gewählt wurde. Der New Yorker Küchenchef Tim Butler zaubert aus frischen Zutaten kreative Gerichte und ausgefallene Cocktails, die jeden Baht wert sind. Hervorragender Service, lässig-stylishes Ambiente und exzellente Essensqualität. 🕒 15–1 Uhr.

Mango Tree, 37 Silom Soi 6 (Soi Tantawan), BTS Sala Daeng, ✆ 02-236 2820, 💻 www.coca.com/mangotree. Das attraktive Touristen-Restaurant befindet sich in einem alten Thai-Haus aus der Zeit von Rama VI. und verdankt seinen Namen dem Mangobaum im Innenhof. Die einladende Terrasse ist zum Abendessen beliebt. Gerichte für 200–500 Baht. Freundlicher Service. 🕒 11.30–24 Uhr.

Zen, Convent Rd., BTS Sala Daeng, ✆ 02-266 7150-1. Schickes, modern designtes japanisches Restaurant mit vernünftigen Preisen, das gute Sushi- und Sashimi-Variationen anbietet. Auch die Fleischgerichte sind lecker. Weitere Filialen u. a. im 3. Stock des Central World und im 4. Stock des Siam Center. 🕒 10–22 Uhr.

Siam und Pratunam

Karte „Siam und Pratunam" S. 132/133

Crêpes & Co., 59/4 Lang Suan Soi 1, BTS Ratchadamri, ✆ 02-652 0208, 💻 www.crepesnco.com. In einem alten Holzhaus gelegenes, kinderfreundliches und dennoch ruhiges Gartenrestaurant mit einladendem Bistro-Ambiente. Seit 1996 gibt es hier ein vielseitiges Angebot an leckeren Crêpes (herzhafte ab 190 Baht, süße ab 120 Baht) u. a. mediterranen Spezialitäten sowie viele knackige Salate (um 200 Baht). Auch eine gute Weinauswahl. Weitere Filialen im 7. Stock des Central World und in der Thong Lo Soi 8. 🕒 9–23, So ab 8 Uhr.

Sukhumvit

Karte „Sukhumvit" S. 134/135

Am preiswertesten sind die Straßenküchen und Essensmärkte in großen Einkaufszentren, z. B. im **Terminal 21** an der Sukhumvit Soi 21, BTS Asok, und im **Emporium** am Queen's Park (Benjasari Park), BTS Phrom Phong. In der **Sukhumvit Soi 7** locken überdachte Essensstände mit frischem Seafood und bebilderten Speisekarten vor allem Touristen an.

Bei Otto, 1 Sukhumvit Soi 20, BTS Asok, ✆ 02-260 0869, 💻 www.beiotto.com. Seit 1984 eine Institution in Bangkok gegen das kulinarische Heimweh. Neben dem urig, etwas verstaubt eingerichteten Restaurant mit deutschen Gerichten und thailändischer Bedienung im Dirndl gibt es die Schwarzwaldstube, eine großzügige Gaststätte mit Tischen und Bänken im Freien sowie Bier vom Fass und einen Laden vorne an der Soi, der Brot und Wurst aus eigener Herstellung sowie andere deutsche Spezialitäten verkauft. Hauptgerichte ab 300 Baht. 🕒 11–24 Uhr, Café ab 8 Uhr.

Bharani, 96/14 Sukhumvit Soi 23, BTS Asok, ✆ 02-260 1826, 💻 www.bharani1949.com. Kleines, hübsch mit Antiquitäten eingerichtetes, beliebtes Restaurant mit freundlichem Service und leckeren Gerichten für 100–200 Baht. Die Thai-Tacos mit scharfer Salsa und das rote Hühnchen-Curry sollte man auf jeden Fall probieren. 🕒 10–22 Uhr.

Isao, 5 Sukhumvit Soi 31, BTS Phrom Phong, ✆ 02-258 0645-6, 💻 www.isaotaste.com. Das kleine, 2-stöckige Sushi-Lokal ist nicht ohne Grund jeden Abend proppevoll, liefert es doch die perfekte Mischung aus hochqualitativen, frischen Meeresfrüchten und ansprechenden Preisen. Man sitzt zwar etwas beengt, aber dafür sind die Sushi und Sashimi ein Gedicht. 🕒 11–14.30 und 17.30–22 Uhr

Peppina, 27/1 Sukhumvit Soi 31, BTS Asok, ✆ 02-119 7677, 💻 www.peppinabkk.com. Wem der Sinn nach gehobener süditalienischer Küche steht, ist hier genau richtig. Neben den überragenden, preislich überraschend moderat angesiedelten Pizzas überzeugen auch die Fleischgerichte und der Industrial-Look mit skandinavischem Design, unverputzten Betonwänden und Balken. Viele Zutaten werden direkt aus Napoli eingeflogen. Reservierung empfehlenswert. 🕒 Di–So 18.30–23 Uhr.

Rang Mahal, 26. Stock Rembrandt Hotel, 19 Sukhumvit Soi 18, BTS Asok, ✆ 02-261 7100, 💻 www.rembrandtbkk.com/restaurants. Das Rang Mahal ist seit Jahrzehnten als bestes indisches Restaurant des Königreichs bekannt und bietet eine fantastische Speisekarte mit hervorragend zusammengestellten Menüs zu gehobenen Preisen. Die prachtvollen Räumlichkeiten mit toller Aussicht und die Livemusik machen das Essen zu einem Erlebnis. Reservierung empfehlenswert. 🕒 11.30–14.30 und 18.30–23 Uhr.

€ **Suda**, 6 Sukhumvit Soi 14, BTS Asok, ✆ 02-229 4664, 💻 www.fb.com/SUDArestaurantsoi14. Im familiären, urigen thai-chinesischen Restaurant servieren seit Jahrzehnten die gleichen Damen große Portionen leckerer Gerichte zu günstigen Preisen wie die in Pandanblättern gegarten Hühnchen. Fast immer voll mit Touristen. 🕒 Mo–Sa 11–23 Uhr.

Vietnamese & More, Rompo Mansion, 99/9–11 Thang Rotfai Sai Kao Pak Nam Rd., MRT Queen Sirikit National Convention Centre, ✆ 02-671 9955, 💻 www.fb.com/Vietnameseandmore. Der etwas weite Weg von der Sukhumvit Rd. lohnt allemal, denn in dem sehr sauberen Restaurant werden schmackhafte *Pho*-Nudelsuppen mit exzellenter, über 10 Std. lang ausgekochter Brühe, frisch belegte vietnamesische Baguettes *(Banh Mi)* und weitere, teils ausgefallene Spezialitäten aufgetischt. Sehr angemessene, eher günstige Preise. 🕒 Di–So 11–14 und 17–21.30 Uhr.

Wanakarm, 98 Sukhumvit Soi 23, ✆ 02-258 4241. Die angestaubte Inneneinrichtung aus Plastiktischdecken, Plastikblumen und schweren Teakstühlen zählt zu den hässlichsten in der Sukhumvit. Das Essen ist dafür umso leckerer und kommt in großen Portionen zu annehmbaren Preisen. Zu empfehlen sind der frittierte Wasserspinat und das leckere Panaeng-Curry. Gerichte 200–300 Baht. Viele japanische Gäste. 🕒 11–14.30 und 16.30–22.30 Uhr.

NACHTLEBEN

Thailands Hauptstadt bietet ein vielfältiges Nachtleben für jeden Geschmack. Neben den schummrigen Tanzbars mit und ohne Go-go-Tänzerinnen findet sich eine große Auswahl an Lokalen mit Livemusik, Bars, Biergärten, Kinos, Clubs und Discotheken, die einen Vergleich mit Europa nicht zu scheuen brauchen.

Bars und Pubs

„Bar" ist ein weitläufiger Begriff in einer Stadt, die für ihr Nachtleben berühmt und berüchtigt ist. Sowohl urige britisch beeinflusste Etablissements als auch moderne Themenbars und

Veranstaltungsinfos

Informativ sind das *Guru Magazine*, die Freitagsbeilage der *Bangkok Post*, das ebenfalls wöchentlich erscheinende *BK-Magazine*, 💻 www.bk.asia-city.com, das kostenlos in Cafés, Buchläden und einigen Hotels ausliegt, und das monatlich erscheinende, 100 Baht teure *Bangkok 101*, 💻 www.bangkok101.com. Eine sehr gute Anlaufstelle für Club- und Bar-Empfehlungen ist 💻 www.siam2nite.com, die auch einen hilfreichen und kostenlosen Live-Chat betreiben.

Tickets für Konzerte, Sportveranstaltungen und mehr finden sich auch unter 💻 www.thaiticketmajor.com.

exklusive Hotelbars gehören in diese Kategorie. Zudem gibt es einige kleinere Bars, die sich eher an mitteleuropäischen Vorbildern orientieren.

Cinema Winehouse, 59/61 Samsen Rd., ☏ 096-465 6526, 💻 www.fb.com/cinemawinehouse, Karte S. 138. Nur wenige Minuten vom Trubel der Khaosan Rd. entfernt, betreibt der sehr freundliche und gesprächige texanische Koreaner Shanik den schicken, in Weiß gehaltenen Laden mit viel Elan. Oben kann man auf Sitzkissen liegend jeden Abend andere Filme genießen (Programm auf Facebook). Gute Weinauswahl zu guten Preisen und sehr angenehme Atmosphäre. ⌚ Mi–Mo 17–24 Uhr.

Phra Nakorn Bar & Gallery, 58/2 Soi Damnoen Klang Rd., in der 1. Gasse westlich der Tanao Rd., ☏ 02-622 0282, 💻 www.fb.com/Phranakornbarandgallery, Karte S. 136/137. Nette, mit Postern der 1950er- und 60er-Jahre dekorierte Bar, die bei einheimischen Künstlern und Studenten beliebt ist. Im 2. Stock wechselnde Ausstellungen, im 3. Stock Billard und Darts, zudem Indie- und 80er-Jahre-Musik sowie eine gute Aussicht auf den Golden Mount vom Dach. Günstige Preise und reichhaltige Essensauswahl. ⌚ 18–1 Uhr.

€ **Wong's Place**, 27/3 Soi Sribamphen, Rama 4 Rd., MRT Lumphini, ☏ 081-901 0235, Karte S. 130/131. Die kleine, urige Kneipe mit sehr informeller Atmosphäre war bereits zu Zeiten des Vietnamkriegs ein Treffpunkt der US-Journalisten und ist auch heute noch extrem beliebt bei Expats. Der rustikale Besitzer sorgt bis in die frühen Morgenstunden für hohen Bierkonsum seiner Gäste und greift schon mal zum Karaokemikrofon. Der richtige Ort, um nach 2 Uhr in geselliger Runde zu schwitzen. ⌚ bis frühmorgens.

Bars und Pubs mit Livemusik

In Bangkok gibt es eine Reihe von Pubs, in denen nicht nur getrunken, sondern auch gute Musik gespielt wird. Da meist kein Eintritt verlangt wird, sind die Getränkepreise etwas höher als in Kneipen.

€ **Adhere the 13th Blues Bar**, 13 Samsen Rd., ☏ 089-769 4613, 💻 www.fb.com/adhere13thbluesbar, Karte S. 138. Bei den allabendlichen Sessions der sehr guten Jazz- und Bluesbands sitzt man fast mit auf der Bühne, so klein ist der in der einheimischen Szene angesagte Laden. Es wird brechend voll, also besser früh ankommen. Die Stimmung ist authentisch und entspannt, die Getränke sind verhältnismäßig günstig. ⌚ 18–24 Uhr.

Brick Bar, 265 Khaosan Rd., ☏ 02-629 4477, 💻 www.brickbarkhaosan.com, Karte S. 136/137. Die mit roten Ziegelwänden versehene, dunkle Bar im hinteren Teil des Buddy Boutique Hotel ist eine der bekanntesten Reggae-Bars Bangkoks und an den meisten Abenden brechend voll mit jungen Leuten. Guter Live-Reggae und -Ska in entspannter Atmosphäre. ⌚ 20–2 Uhr.

Brown Sugar, 469 Phra Sumen Rd., ☏ 085-226 5880, 💻 www.brownsugarbangkok.com, Karte S. 128/129. Der Klassiker ist umgezogen,

Patpong und Co.

Ein Patpong-Besuch gehört mittlerweile zum Programm der meisten Reisegruppen. Da hier abends einer der größten Touristenmärkte aufgebaut wird, ist die Gasse nicht mehr nur für Männer attraktiv. Die verspiegelten Go-go-Bars mit leicht bekleideten Tänzerinnen sind von Ständen mit T-Shirts, nachgemachten Designertaschen und -sonnenbrillen in den Hintergrund gedrängt worden. Allgegenwärtig sind die Schlepper, die versuchen Touristen zu Sex-Shows in die oberen Stockwerke zu locken. Dort werden Gäste des Öfteren übers Ohr gehauen und mit saftigen Getränkerechnungen konfrontiert. Die Touristenpolizei rät, im Falle einer zu hohen Rechnung auf eine Quittung zu bestehen und sie zu benachrichtigen.

Die **Soi Cowboy** parallel zur Sukhumvit Rd., zwischen Soi 21 und 23, BTS Asok, ist voll gepackt mit bunt-leuchtenden Go-go-Bars und etwas weniger touristisch als die Patpong.

Auch im **Nana Plaza**, einem der größten Sexkomplexe der Welt in der Sukhumvit Soi 4, konzentrieren sich Bars, die alle Vorurteile zu bestätigen scheinen, die gegen dieses Gewerbe bestehen.

THAILAND

Bars (und Cafés) mit Wiedererkennungswert

Der exzentrische Australier Ashley Sutton hat mit seinen aufwendigen, detailverliebten und schicken Kreationen neue Maßstäbe im Nachtleben Bangkoks gesetzt. Die Bars (und Cafés) wirken wie perfekt durchgestylte Spielplätze für Erwachsene, die hier ihre Kindheitsträume ausleben können.

Hot Rod, Erdgeschoss Park Lane, Sukhumvit Soi 63 (Ekkamai), BTS Ekkamai, ✆ 02-714 2575, 💻 www.fb.com/hotrodbangkok, Karte S. 134/135. Die klitzekleine, spärlich ausgeleuchtete Location besteht fast nur aus der viereckigen, edel in Leder und Kupfer ausgestalteten und von saftig-grünen Pflanzen überwachsenen Bar. Während man in einem Kampfjetsitz (inkl. Sicherheitsgurten) eine der exzellenten und relativ preisgünstigen Cocktailkreationen probiert, blickt man auf den riesigen, in die Wand eingelassenen Buddhakopf und fühlt sich wie Indiana Jones auf Schatzsuche. Die thailändischen Snacks sind herzhaft und lecker. 🕒 18–24 Uhr.

Iron Fairies, 404 Sukhumvit Soi 55 (Thong Lo), BTS Thong Lo, ✆ 02-714 8875, 💻 www.theironfairies.com, Karte S. 134/135. Die urige, mit viel geschwungenem Metall gestaltete Bar besitzt eine fast magische Atmosphäre. Zu späterer Stunde gibt es neben guten, potenten Cocktails, einer breiten Weinauswahl und herzhaften Burgern auch Livemusik und einen Magier, der von Tisch zu Tisch wandert. Alles erinnert an die düsteren Beschreibungen in den Romanen von Charles Dickens, allerdings ist die Klientel hier deutlich wohlhabender. 🕒 18–2 Uhr.

Maggie Choo's, Untergeschoss Novotel Silom, 320 Silom Rd., BTS Surasak, ✆ 02-635 6055, 💻 www.fb.com/maggiechoos, Karte S. 130/131. Die beeindruckendste von Suttons Kreationen entführt Besucher ins Shanghai der wilden 1930er-Jahre. Unscheinbar hinter dicken Holztüren versteckt führt eine Treppe hinab in eine Parallelwelt. Durch den mit chinesischen Fliesen und Papierschirmen gestalteten (und sogar aktiven) Nudelladen geht es in den großen, dunklen „Herrenclub". Hier passt jedes Detail inkl. vergitterter Bar, Geheimgängen, Opiumhöhlen und gelangweilt dreinblickenden, stilsicher in chinesischen Cheongsams gekleideten Damen auf Schaukeln. Tolle Cocktails und wechselnde Liveevents. Livemusik meist ab 22 Uhr. Lange Hosen erwünscht. 🕒 So–Do 19.30–2, Fr und Sa bis 3 Uhr.

überzeugt aber nach wie vor mit sehr guten Jazz- und Rhythm & Blues-Livebands ab 20 Uhr. Leider schadet die große Discokugel der intimen Jazzclub-Atmosphäre. Die Cocktails sind etwas wässrig. 🕒 So–Do 17–1, Fr und Sa bis 2 Uhr.

Roof Bar & Restaurant, 183–185 Khaosan Rd., ✆ 02-629 2301, Karte S. 136/137. Beliebte, oft volle Open-Air-Bar, von der man einen guten Überblick über das hektische Treiben in der Khaosan Rd. gewinnt. Jeden Abend Livemusik in lockerer Atmosphäre. 🕒 bis 1 Uhr.

Saxophone, 3/8 Phayathai Rd., BTS Victory Monument, ✆ 02-245 3592, 💻 www.saxophonepub.com, Karte S. 126/127. Ein Klassiker, den es bereits seit 1987 gibt. In dem dunklen, urig mit viel Holz und Ziegeln eingerichteten Pub mit guter Atmosphäre und einer großen Bar treten einige der besten Jazz-, Blues- und Big band-Musiker der Stadt auf. Livemusik ab 19.30 Uhr. 🕒 18–2 Uhr.

Soulbar, 945 Charoen Krung Rd., MRT Hua Lamphong, ✆ 095-521 1541, 💻 www.fb.com/livesoulbarbangkok, Karte S. 130/131. Freunde qualitativ hochwertiger Soul-, Funk- und Jazz-Livemusik kommen in der kleinen und freundlichen, in einer alten Ladenzeile untergebrachten Bar voll auf ihre Kosten. Neben dem meist rappelvollen Erdgeschoss lockt oben eine entspanntere Lounge mit Terrasse. Interessantes Detail: Die Barhocker sind aus Materialien der Eisenwarenläden in der direkten Umgebung gefertigt. 🕒 Di–Sa 18–24 Uhr.

Clubs und Discos

Viele der gut besuchten Clubs und Discos können locker mit ihren europäischen Kollegen mithalten. Der dominierende Einrichtungsstil ist kühl, modern und minimalistisch und die Musik zumeist elektronisch oder Hip-Hop- und R&B-lastig. Die fünf Hotspots, in denen sich die meisten Clubs befinden, sind:

Royal City Avenue, kurz RCA, eine gewundene Straße zwischen Rama IX und Phetchaburi Rd. im Osten der Innenstadt. Hier liegen die beliebtesten Clubs der unter 30-Jährigen aus der oberen Mittelschicht. Es sind auch einige Ausländer unterwegs. Besonders Fr und Sa wird es brechend voll. Die Getränkepreise sind weitgehend moderat. Den Namen Royal City Avenue kennen nur wenige Taxifahrer, es ist besser, RCA als Ziel anzugeben.

Ratchada, die Sois der Ratchadapisek Rd., etwas weiter nördlich in der Nähe der MRT-Station Thailand Cultural Centre. Hier sind fast ausschließlich junge Thai-Studenten unterwegs und die Getränke sind günstiger. Es gibt kleinere Clubs mit Livemusik, aber auch große Läden, in denen ausgiebig gefeiert wird.

Sukhumvit: In der Gegend rund um die Sukhumvit Soi 11 konzentrieren sich die bei Ausländern beliebtesten Clubs. Die Preise liegen über denen in der RCA.

Thong Lo/Ekkamai, im östlichen Bereich der Sukhumvit Road gibt es exklusive Etablissements, die besonders bei der jungen einheimischen Oberschicht beliebt sind. In den Sois zwischen Thong Lo (Sukhumvit Soi 55) und Ekkamai (Sukhumvit Soi 63) reihen sich Clubs, Restaurants und Bars aneinander. Das Preisniveau liegt über dem in der RCA.

Banglampoo: In der Khaosan Rd. feiern ausländische Traveller und Universitätsstudenten. Die Preise sind moderat.

Funky Villa, Thong Lo Soi 10, Sukhuvit Soi 55 (Thong Lo), BTS Thong Lo, ✆ 02-711 6970, 💻 www.fb.com/funkyvillabkk, Karte S. 134/135. Im edel mit dunklem Holz gestalteten Club läuft in einem Raum wie üblich Hip-Hop, der andere wird von Thai-Livemusik beschallt. Das Publikum besteht aus jungen, gutbetuchten Thais, auch einige Stars mischen sich unter die Menge. Recht hohe Getränkepreise. 🕒 bis 2 Uhr.

Levels, 6. Stock Aloft Hotel, 35 Sukhumvit Soi 11, BTS Nana, ✆ 082-308 3246, 💻 www.levelsclub.com, Karte S. 134/135. Großer, opulenter, recht teurer Club mit hohen Decken und einem gigantischen Kronleuchter im Hauptraum. Die ausgelassen Stimmung zieht viele Westler, aber auch leichte Mädchen an. Regelmäßige Showeinlagen und Themenpartys. 🕒 21–3 Uhr.

Die schönsten Rooftop-Bars

Für viele Besucher gibt es kaum eine beeindruckendere Bangkok-Erfahrung als ein Drink zum Sonnenuntergang in entspannter, gepflegter Atmosphäre mit Blick über die sich bis zum Horizont erstreckende Metropole. Immer mehr Skybars ermöglichen solch ein unvergessliches Erlebnis und bieten die Möglichkeit zu einem romantischen Dinner unter freiem Himmel.

Above Eleven/Gramercy Park, 33.–35. Stock Fraser Suites, Sukhumvit Soi 11, BTS Nana, ✆ 083-542 1111, 💻 www.aboveeleven.com, Karte S. 134/135. Schicke und stilsichere, aber dennoch gemütliche Rooftopbar mit tollem Ausblick, guter Musik und potenten Cocktails. Die Aussicht aus den Toiletten ist wohl die beste der Stadt. Gutes Preis-Leistungs-Verhältnis. Dresscode: sportlich-elegant. 🕒 18–2 Uhr.

The Nest, 8. Stock Le Fenix Sukhumvit, 33/33 Sukhumvit Soi 11, BTS Nana, ✆ 02-255 0638, 💻 www.thenestbangkok.com, Karte S. 134/135. Bunt und einladend mit viel Grün gestaltete, weniger elitäre Lounge mit entspannter Atmosphäre. Die ausfahrbare Markise sorgt dafür, dass man auch bei Regen die beeindruckende Aussicht auf die umliegenden Hochhäuser genießen kann. Es wird häufig zu Latin-Musik getanzt. Breit gefächertes Getränkeangebot zu moderateren Preisen. 🕒 17–2 Uhr.

Sky Bar, 63. Stock The Dome at lebua, State Tower, 42 Silom Rd., BTS Surasak, ✆ 02-624 9555, 💻 www.lebua.com/sky-bar, Karte S. 130/131. Sehr elegante Rooftop-Bar im 63. Stock – eine der höchsten der Welt, mit einem spektakulären Ausblick auf die Stadt und den Fluss. Einer der besten Plätze zum Sonnenuntergang. Sehr teure Cocktails. Dresscode: sportlich-elegant, Einlass für Männer nur mit langen Hosen. 🕒 18–1 Uhr.

THAILAND

Route66, RCA, ✆ 02-203 0407, 🖳 www.route66club.com, Karte S. 126/127. In dem riesigen Club in schickem Design mit 3 Dancefloors wird jeden Abend Hip-Hop, thailändische Popmusik und Techno gespielt. Junges, fröhliches Publikum und moderate Getränkepreise. Am Wochenende wird es unter den Laserstrahlen brechend voll. Ausländer zahlen 300 Baht Eintritt; darin enthalten sind Getränkegutscheine im selben Wert. ⌚ 20–3 Uhr.

Studio Lam, Sukhumvit Soi 51, 🖳 www.fb.com/studiolambangkok, Karte S. 134/135. Bei der In-Crowd angesagte Club-Bar mit entspannter Atmosphäre und guten, aber teuren Cocktails. Auf der Bühne treten manchmal einheimische Bands auf, sonst je nach Abend stilsicher ausgewählte elektronische Musik oder World Music, die nicht nach Räucherstäbchen und Rastalocken klingt. Super Soundsystem. Meist 100 Baht Eintritt. ⌚ Di–So 18–1 Uhr.

UNTERHALTUNG

Kinos

Die großen Kinos zeigen **englischsprachige Filme** immer mit Untertiteln. Vor dem Film ertönt die Königshymne, dann wird erwartet, dass alle Zuschauer als Zeichen des Respekts aufstehen.

Das aktuelle Programm ist unter 🖳 www.moveedoo.com abzurufen und wird in der *Bangkok Post* und *Nation* abgedruckt. Generell sind Kinos AC-gekühlt, ein leichter Pullover kann also nicht schaden. Eintrittspreise 100–300 Baht, für Luxussäle wird ein Vielfaches verlangt.

Thai-Boxen

Thai-Boxen ist ein Männervergnügen. Auf den Tribünen nahe dem Ring ist am meisten los. Ausländer müssen in der Regel im Touristenflügel Platz nehmen, wo sie angeblich vor

Party in Bangkok

Es gibt einige Besonderheiten, die es zu beachten gilt, wenn man ausgeht: Um nicht vor verschlossenen Türen zu stehen, sollte stets eine Kopie des Reisepasses mitgeführt werden. Türsteher achten teils strikt darauf, dass keine unter 20-Jährigen Einlass erhalten, besonders wenn ein Club berstend voll ist. Die **Einlasskriterien** werden meist locker gehandhabt. Fast immer reicht es, gepflegt zu wirken und stylish angezogen zu sein; Flip-Flops und Shorts meiden.

In der Regel öffnen Clubs ihre Pforten gegen 20 Uhr und schließen um 2 oder 3 Uhr. Wenige haben länger geöffnet – ein Privileg, das sie sich erkaufen und das sich in den Eintritts- und erhöhten Getränkepreisen niederschlägt. Die **Stimmung** ist fast immer freundlich, gelöst, ungezwungen und entspannt. Der hohe Stellenwert von *sanuk* (Spaß) in der thailändischen Gesellschaft macht sich auch beim Ausgehen bemerkbar.

Es gibt meist keinen großen, zentralen **Dancefloor**, sondern Stehtische und Hocker, an denen Besuchergruppen ihre Drinks nehmen und tanzen. Zu späterer Stunde werden die Hocker zur Seite gestellt, sodass sich mehr Platz bietet.

Der mit Abstand beliebteste Drink ist **Whiskey Cola**. Normalerweise bestellt man sich eine 1-Liter-Flasche Johnnie Walker sowie Cola, Soda und Eis dazu. Die Getränke werden am Tisch von den Bedienungen gemixt. Praktisch ist das Angebot, seine halb volle Flasche Alkohol kostenlos im Club lagern zu lassen und sie innerhalb von einem Monat beim nächsten Besuch weiter trinken zu können.

Besonders in den Läden der Ratchada und Patpong ist es normal, dass auf Herrentoiletten **Massagen** angeboten werden. So kann es schon mal dazu kommen, dass während des Wasserlassens von hinten zwei Hände beginnen, den Rücken zu massieren und den Hals zu knacken. Wenn man dies nicht möchte, sollte man es mit einem *mei au* („Ich will nicht") ablehnen. Ansonsten sind mind. 20 Baht, meist mehr, dafür zu zahlen.

Bei einer **Bestellung** ab 1000 Baht ist es üblich, mind. 80 Baht **Trinkgeld** zu geben. Bei der Bezahlung ist es ratsam, sich die in der Regel auf einem Button vermerkte Nummer oder den Namen des jeweiligen Kellners zu merken, um eine Basis für etwaige Reklamationen zu haben.

möglichen Schlägereien sicher sind, die Sicht auf den Ring und die Wetten abschließenden Thai aber nicht gut ist.

€ **MBK Fight Night**, BTS National Stadium. Eine kostenlose Alternative sind die Kämpfe, die von Okt–Feb jeden Mi ab 18 Uhr vor dem Mah Boon Krong Center ausgetragen werden. Auch hier geht es ordentlich zur Sache.

Muay Thai Live, Asiatique The Riverfront (S. 144), Warehouse 4, ✆ 02-108 5999, 💻 www.muay thailive.net, Karte S. 126/127. Die martialische Bühnenshow über die Helden des Thai-Boxens versucht die Kultur des Muay Thai auch für Ausländer fassbar zu machen. Im Anschluss treffen bei Live-Kämpfen auch Frauen aufeinander. Beginn Di–So 20 Uhr, Eintritt 1200–1500 Baht.

New Lumpinee Stadium, Ram Inthra Rd., im Norden der Stadt, ✆ 02-282 3141, 💻 www.muaythailumpinee.net, Karte S. 126/127. Kämpfe finden Di und Fr um 18.30 und Sa um 16 und 21 Uhr statt, Eintritt 2000 Baht im Touristenflügel inkl. Transfer, 1000 Baht für reguläre Tickets. Die besten Kämpfer treten gegen 21 Uhr an.

Rajadamnern-Stadion, Ratchdamnoen Nok Rd., ✆ 02-281 4205, 💻 www.rajadamnern.com, Karte S. 128/129. Kämpfe Mo, Mi und Do 18.30–22 Uhr, So 7–20 und 20.30–24 Uhr, Eintritt im Touristenblock 2000 Baht, sonst 1000 Baht.

Travestieshows

Calypso Cabaret, Asiatique The Riverfront (S. 144) Warehouse 3, 💻 www.calypsocabaret.com, Karten an der Theaterkasse oder Reservierungen unter ✆ 02-688 1415-7, Karte S. 126/127. Das 350 Besucher fassende Theater ist kleiner und weniger spektakulär als die Bühnen in Pattaya. Bei einer Travestierevue der gehobenen Klasse treten u. a. verblüffende Kopien berühmter Stars auf. Shows um 20.15 und 21.45 Uhr, Eintritt 900–1200 Baht inkl. 1 Drink oder 1500–2000 Baht inkl. Abendessen. Bei Buchung über Reisebüros ist der Transport inkl.

KUNST UND KULTUR

Alternative Kultur

€ **Jam**, 41 Charoen Rat Soi 1, BTS Surasak Exit 2, ✆ 089-889 8059, 💻 www.fb.com/jamcafebkk, Karte S. 130/131. Eine spannende Kreuzung aus Café, Bar, Restaurant, Club und Galerie wurde von zwei jungen, kreativen Thais erschaffen. In entspannter und kommunikativer, internationaler Atmosphäre finden abwechslungsreiche Veranstaltungen wie Barbecues, Partys, Flohmärkte, Filmvorführungen (Kultfilme jeden Mi um 20 Uhr) und Vernissagen statt. Sehr günstige Hausweine und faire Getränkepreise. 🕒 Di–So 18–24 Uhr.

Buddhistische Meditation

International Buddhist Meditation Center, House of Dhamma, Wat Mahathat, ✆ 02-623 5881, Ext. 1, 623 6326, 💻 www.mcu.ac.th/IBMC, Karte S. 128/129. Im ausgeschilderten **Meditationszentrum (Section 5)** im südwestlichen Tempelbereich beginnen um 7, 13 und 18 Uhr kostenlose 2- bis 3-stündige Vipassana-Meditationen. Für Anfänger eignet sich die Meditation um 13 Uhr mit einer kurzen englischsprachigen Einführung. Von 20–21 Uhr kann man zudem an religiösen Unterweisungen auf Englisch teilnehmen.

Kunstausstellungen

Gute Anregungen zu aktuellen Ausstellungen unter 💻 www.fb.com/bangkokartmap bzw. auf der monatlich erscheinenden *Bangkok Art Map*, die vielerorts ausliegt. Informationen über die Galerien unter 💻 www.rama9art.org/artisan/galleries.

Bangkok Art and Culture Centre (BACC), 939 Rama 1 Rd., BTS National Stadium, ✆ 02-214 6630-8, 💻 http://en.bacc.or.th/, Karte S. 132/133. Das riesige moderne Kunstzentrum bietet auf 11 Stockwerken viel Platz für (meist kostenlose) Ausstellungen (2. und 7.–9. Stock), Veranstaltungen und Konferenzen, aber auch für Restaurants, Läden und eine große Kunstbibliothek. Regelmäßige Opernaufführungen. Im Okt findet jährlich die National Exhibition of Art und Ende Nov/Anfang Dez das Bangkok Art Festival und das International Dance Festival statt. 🕒 Di–So 10–21 Uhr.

Nationalgalerie (National Gallery of Art), 4 Chao Fa Rd., ✆ 02-282 2639, Karte S. 136/137. Die Galerie beherbergt in der größten Kunstsammlung des Landes leider nicht sonderlich ansprechend präsentierte Werke moderner und traditioneller Künstler und das nationale Filmarchiv. ⌚ Mi–So 9–16 Uhr, Eintritt 200 Baht.

Tanz und Theater

Karten für nahezu alle Veranstaltungen können über **Thai Ticket Major**, ☏ 02-262 3456, 💻 www.thaiticketmajor.com, bestellt werden.

€ **Khlong Bang Luang Artist's House** (Baan Sinlapin), Wat Kuhasawan Soi 28, ☏ 02-868 5279, 💻 www.fb.com/Baansilapin (nur auf Thai), Karte S. 126/127. In der Künstlerkolonie führt jeden Tag außer Mi um 14 Uhr die maskierte Truppe von Kam Nai mit ihren Puppen mit Humor gewürzte Szenen aus dem *Ramakien*-Epos auf. Eine seltene Gelegenheit, die traditionelle Kunstform des *Hoon Lakorn Lek* in kleiner, aber feiner und informeller Gesellschaft zu erleben. Eintritt gegen Spende (mind. 50 Baht sind angebracht). ⌚ 9–18 Uhr. Anreise mit dem Taxi ab BTS Wongwian Yai (als Ziel Wat Kuhasawan angeben), mit Klongbooten oder Bus Nr. 57, 509 und 542 bis Charan Sanitwong Soi 3.

Nationaltheater, Somdet Phra Pin Klao Rd., ☏ 02-221 0171, Karte S. 136/137. Hier werden am 1. und 2. So im Monat ab 14 Uhr klassische Tänze (April–Juni und Okt–Dez) oder Khon-Dramen (Jan–März und Juli–Sep) aufgeführt. Programminformationen Mo–Fr 8.30–16.30 Uhr, ☏ 02-224 1342. Von Nov–Mai Sa und So ab 16.30 Uhr Aufführungen auch im Garten des Nationalmuseums statt, Eintritt 60–200 Baht.

Siam Niramit, Ratchada Theatre, 19 Tiam Ruammit Rd., MRT Thailand Cultural Centre, Exit 1, von dort 18–19.45 Uhr kostenloser Shuttleservice, ☏ 02-649 9222, 💻 www.siamniramit.com, Karte S. 126/127. Im 2000 Zuschauer fassenden Theater bieten über 150 Darsteller auf einer 65 m breiten Bühne ein höchst unterhaltsames Spektakel dar. In 3 Akten werden sehr aufwendig die Geschichte Thailands, seine Mythologie und Feste thematisiert: Teils tummeln sich bis zu 80 Personen auf der Bühne. Elefanten und andere Tiere sowie atemberaubende Bühnenbilder und spektakuläre Spezialeffekte werden in die Show integriert. Beginn um 20 Uhr, Eintritt 1500–2000 Baht. Hinter dem Theater liegt ein schön angelegtes Museumsdorf, das Touristen die traditionellen regionalen Baustile und Kulturen vorstellt. Das Buffet-Dinner für 350 Baht Aufpreis ist nur eingeschränkt zu empfehlen. ⌚ 18–22 Uhr.

EINKAUFEN

Bangkok ist das Einkaufsparadies Südostasiens: Egal ob Textilien, Kunsthandwerk, Accessoires, Bücher, Technik oder Kosmetika, man bekommt hier alles zu meist deutlich günstigeren Preisen als in der Heimat.
Die großen Einkaufszentren konzentrieren sich in der Siam-Gegend entlang der **Rama I** und **Ploenchit Road**, aber auch in der **Sukhumvit** und **Silom Road** Nahezu alle großen internationalen Marken sind hier mit Boutiquen vertreten. Gerade im **Siam Square** und auf dem **Suan Chatuchak Weekend Market** findet man viele ausgefallene Geschäfte mit interessanten, kreativen Produkten.
Die großen Touristenmärkte mit einem breiten Angebot an Souvenirs, gefälschten Markenprodukten und Accessoires befinden sich in der **Khaosan Road**, entlang der unteren **Sukhumvit Road**, und abends auf dem Nachtmarkt in der **Patpong**. Die Straßenhändler in der Patpong und Khaosan verlangen oft hoffnungslos überhöhte Preise, die mit etwas Geschick deutlich gedrückt werden können. Die meisten Preise auf dem Pratunam-Markt und außerhalb der Touristenhochburgen sind realistischer, daher wird hier deutlich weniger gehandelt.

Shoppingcenter

Siam

Karte S. 132/133

Central World, Ratchadamri, Ecke Rama I Rd., BTS Chit Lom, 💻 www.centralworld.co.th/en. Das 7-stöckige Shoppingcenter ist das drittgrößte Einkaufszentrum in Südostasien. Es befriedigt v. a. die Bedürfnisse der Oberschicht und beherbergt neben unzähligen Läden internationaler Labels auch den Zen Department Store, eine Asia Books-Filiale und ein großes Multiplexkino. ⌚ 10–21 Uhr.

MBK (Mah Boon Krong Center), Rama I Rd., Ecke Phayathai Rd., BTS National Stadium, 💻 www.mbk-center.co.th. Der riesige

Block beherbergt eine unendliche Zahl kleiner Geschäfte, die nach Stockwerken geordnet eine breite Palette an Waren zu günstigen Preisen anbieten. Klamottenläden finden sich im 1., 2., 3. und 6., Technik, besonders Handys, im 4. und Möbel im 5. Stockwerk. Außerdem gibt es den Tokyu Department Store und eine Vielzahl an Restaurants, ein Postamt im 2. Stock und den SF Cinema City Multiplex im Obergeschoss. Jeden Mi von 18–21 Uhr kostenlose Muay Thai-Kämpfe (S. 161). ⏲ 10–22 Uhr.

Siam Paragon, BTS Siam, 💻 www.siamparagon.co.th. Das Shoppingcenter ist wegen seiner Architektur und einmaligen Läden an sich schon eine Sehenswürdigkeit und bietet ein riesiges Aquarium (S. 145), ein Multiplex-Kino, Kunstgalerien sowie den größten Buchladen des Landes (S. 164). Der Food Court im Erdgeschoss ist ein Gourmetparadies. ⏲ 10–22 Uhr.

Siam Square, BTS Siam. Hier gehen die jungen, wohlhabenden und stilbewussten Stadtmenschen einkaufen. Entsprechend besteht das Angebot aus vielen kleinen Geschäften mit Modeschmuck, Taschen und anderen Accessoires sowie relativ hochpreisigen, ausgefallenen Textilien und Schuhen.

Siam Square One, BTS Siam Exit 4, 💻 www.siamsquareone.com. Der neue, 6-stöckige Konsumtempel ist so etwas wie die AC-gekühlte Variante des Siam Square mit kleinen Geschäften, Boutiquen und Restaurants. ⏲ 11–22 Uhr.

Pratunam

Karte S. 132/133

Der **Pratunam-Markt** und die angrenzenden Einkaufszentren bilden das Herz des südostasiatischen Textilhandels. Hier werden sowohl günstige Produkte minderer Qualität als auch gefälschte und originale, hochwertige Markenprodukte in großen Mengen feilgeboten. Auswahl und Ausmaß der Verkaufsfläche sind überwältigend. Manche Händler verkaufen nur in großen Mengen an die geschäftig umhereilenden Großhändler aus Indien, Afrika und Europa. Die meisten sind aber auch bereit, Einzelteile zu veräußern.

€ **Platinum Fashion Mall**, Phetchaburi Rd., 💻 www.platinumfashionmall.com. Mit über 2000 Modegeschäften richtet sich die riesige Mall vor allem an eine mode- und preisbewusste weibliche Zielgruppe: wenig Markenprodukte, dafür viele kreative Designs und sehr günstige Preise, im obersten Stockwerk ein guter Food Court. ⏲ 9–20 Uhr.

Sukhumvit

Karte S. 134/135

Emporium, Sukhumvit Rd., BTS Phrom Phong, 💻 http://emporium.co.th/. Elegantes, hochpreisiges, luxusmodernisiertes Einkaufszentrum mit Designerboutiquen auf 7 Stockwerken, einem Kinokuniya-Buchladen im 3. Stock und einer Food Hall im 5. Stock. Direkt gegenüber liegen die großen Erweiterungen **EmQuartier** und **EmSphere**. ⏲ 10–22 Uhr.

Terminal 21, Sukhumvit Rd., BTS Asok, 💻 www.terminal21.co.th. Das moderne Einkaufszentrum ist direkt mit der BTS verbunden und überzeugt sowohl mit seinem riesigen Angebot an kleinen, aber feinen Bekleidungsgeschäften als auch mit einem kreativen Konzept. In der wie ein Flughafen aufgemachten Mall ist jedes Stockwerk in einem anderen Stil entsprechend verschiedenen Städten gestaltet. So gibt es etwa ein London- oder ein Istanbul-Stockwerk. Außerdem ein großes Kino, einen guten, günstigen Food Court und Restaurants. ⏲ 10–22 Uhr.

Sathorn und Silom

Karte S. 130/131

River City am Menam Chao Phraya, neben dem Royal Orchid Sheraton Hotel, 💻 www.rivercitybangkok.com. Rings um die weite Halle, in der Stände Kunsthandwerk anbieten, reihen sich kleine Läden, u. a. viele „Antiquitäten"- und Seidengeschäfte. In manchen Läden ist die Qualität der angebotenen Waren so hoch, dass man sich wie in einem Museum fühlt. Kostenloses Shuttleboot zur BTS Saphan Thaksin. ⏲ Antiquitätengeschäfte 10–18 Uhr, Boutiquen bis 20 Uhr, Restaurants bis 22 Uhr.

Märkte

In der Millionenstadt Bangkok haben einige Märkte mit ländlichem Charakter überlebt. Sie verkaufen frisches Obst und Gemüse, Fisch und Fleisch, zudem Textilien und Drogerieartikel, aber auch Pflanzen und Souvenirs für Touristen. Schwimmende Märkte gibt es nur noch außerhalb der Metropole.

Amulettmarkt, nördlich des Wat Mahathat, Karte S. 128/129. Schutz- und Glücksamulette und religiöse buddhistische und hinduistische Statuen sowie Abbildungen der Könige werden hier verkauft. Handeln nicht üblich.

Khlong Toey-Markt, Rama IV Rd., MRT Khlong Toei, Karte S. 134/135. Der größte Frischmarkt der Stadt versorgt die Metropole täglich mit Lebensmitteln. Überwältigend sind nicht nur seine gigantischen Dimensionen, sondern auch das Warenangebot. Hier gibt es von Aalen über Frösche und Insekten bis Zitronengras alles, was in der einheimischen Küche Verwendung findet. Die Frischfleischabteilung ist nichts für Zartbesaitete, denn die Hühner werden vor den Augen der Kundschaft geschlachtet und Schweinehälften seziert. Es verirren sich nur sehr wenige Touristen hierher. 🕒 6–2 Uhr.

Pahurat-Markt, südlich der Pahurat Rd., Karte S. 128/129. Der überdachte Markt, auf dem vor allem Textilien angeboten werden, weist einen spürbaren indischen Einfluss auf. Hier findet man alles, von Saris bis zu Brokatstoffen für Tempeltänzer, Schmuck, Kurzwaren, Schreibwaren u. a. Feilschende Touristen sind nicht gern gesehen. 🕒 9–18 Uhr.

Pak Klong Talat, Chakraphet Rd., nahe der Memorial-Brücke, Karte S. 128/129. Vor der großen Markthalle in Flussnähe mit Frischwaren findet beiderseits der Chakraphet Rd. täglich ein sehens- und riechenswerter, bunter Blumengroßmarkt statt, der größte des Landes. Hier kaufen frühmorgens Großhändler ihre Waren. 🕒 2–18 Uhr.

Pratunam-Markt, entlang der Ratchaprarop Rd. sowie im und um den Baiyoke II Tower, Karte S. 132/133. Es gibt unzählige Stände, die Textilien, aber auch Souvenirs zu unschlagbar günstigen Preisen verkaufen. Nichts für Leute mit Platzangst. Die meisten Verkäufer lassen mit sich handeln.

€ **Sampeng Lane**, von der Pahurat Rd. über den Klong Richtung Südosten und in den Seitengassen, Karte S. 128/129. In den schmalen, stets vollen Gassen bieten zahllose offene Geschäfte fast rund um die Uhr eine bunte Palette an günstigen Produkten an (S. 143). 🕒 6–3 Uhr.

€ **Suan Chatuchak Weekend Market**, BTS Mo Chit, MRT Kamphaeng Phet, Karte S. 126/127. Das absolute Shopping-Highlight Bangkoks: An über 15 000 Ständen gibt es originelle Textilien, Souvenirs und Kunsthandwerk aus allen Landesteilen, Schmuck, Haushaltswaren, Porzellan, Lebensmittel, Tiere, Musik, Bücher, Elektroartikel, Pflanzen usw. (S. 146).

Nachtmärkte

Neben dem bekannten touristischen Nachtmarkt in der **Patpong** in Silom (S. 157) ist besonders **Asiatique The Riverfront** am Chao Phraya (S. 144) einen Besuch wert.

Talad Rod Fai, Chalerm Prakiat Rd., außerhalb im Osten der Stadt zwischen Seacon Square und Nong Bon Reservoir. Der Retro-Nachtmarkt wurde in die östliche Vorstadt um die Ecke vom großen Rama 9 Park verlegt. Besonders junge Kreative und Hipster verkaufen günstige Vintage-Klamotten, Spielzeuge aus längst vergangenen Zeiten, Möbel und dekorative Haushaltsgegenstände. Seit 2015 außerdem ein Ableger in Ratchada an der MRT Thailand Cultural Center, Exit 3. 🕒 Do–So 17.30–1 Uhr.

Antiquitäten

Der Handel mit echten Antiquitäten ist in Thailand verboten. Deshalb lebt eine ganze Branche von der Produktion täuschend echter „Antiquitäten". Bester Anlaufpunkt ist die **River City** (S. 163).

Weitere Informationen erteilt das **Fine Arts Department** unter ✆ 02-225 2652.

Bücher

Kinokuniya, 3. Stock Siam Paragon, 💻 www.kinokuniya.com, BTS Siam, Karte S. 132/133. Hier findet man fast alles! Die japanische Kette betreibt 3 Filialen mit einem riesigen Angebot. Die größte im Paragon mit vielen Reiseführern und Büchern zu Südostasien sowie zu anderen Sachgebieten in englischer Sprache. Weitere Filialen im Isetan

Department Store, im Central World (6. Stock), BTS Chit Lom, und im 3. Stock des EmQuartier, BTS Phrom Phong. ⌚ alle 10–22 Uhr.

Kunsthandwerk

Sop Moei Arts, 8 Raum 104, Sukhumvit Soi 49, ☏ 02-714 7269, 💻 www.sopmoeiarts.com, Karte S. 134/135. Die gemeinnützige Sop Moei Foundation vertreibt qualitativ hochwertige Erzeugnisse der Karen und trägt damit zum Erhalt des traditionellen Kunsthandwerks bei. ⌚ Di–Sa 9.30–17 Uhr.

Schmuck

Modischen Silberschmuck in großer Auswahl zu günstigen Preisen gibt es in Banglampoo in der östlichen Trokmayom Chakraphong Rd., der Gasse südlich der Khaosan Rd. Eine Vielzahl an weiteren, größeren Läden ist in der Tanao Rd. um die Ecke, angesiedelt.

Schneider

Schneider nähen Hemden, Kleider und Anzüge nach Vorlage (Katalogbilder reichen aus, die eigene Lieblingshose ist aber besser). Sie sprechen alle Englisch, wenn nicht sogar Deutsch. Selbst wenn die Kleidung innerhalb von 24 Std. fertig sein könnte, lohnt es sich, 3 Tage und mehrere Anproben zu investieren, Details genau abzusprechen, nicht auf superbillige Sonderangebote einzugehen und Änderungen zu verlangen. Handeln ist angebracht. Einen 3-teiligen Anzug inkl. maßgeschneidertem Hemd oder Hosenanzug plus Rock und Bluse gibt es bereits ab 6000 Baht, allerdings werden dann die billigsten Materialien verwendet. Bei besserer Verarbeitung und hochwertigeren Materialien wird es schnell erheblich teurer. Adressen und mehr s. eXTra [2696].

Seide

Preiswerte Seide gibt es auf dem Suan Chatuchak Weekend Market. Allerdings wird viel Kunstseide oder eine Mischung mit hohem Kunstfaseranteil als angeblich echte Seide angeboten.

Jim Thompson, 9 Surawongse Rd., nahe Rama IV Rd., BTS Sala Daeng, MRT Silom, ☏ 02-632 8100, 💻 www.jimthompson.com, Karte S. 130/131. Das führende Geschäft für qualitativ hochwertige Seidenprodukte. ⌚ 9–21 Uhr. Filialen u. a. im Jim Thompson House, Central World, Emporium und Siam Paragon. Günstiger sind die Factory Outlet-Niederlassungen neben der Hauptfiliale und in der 153 Sukhumvit Soi 93, beide ⌚ 9–18 Uhr.

AKTIVITÄTEN

Kochkurse

Was gibt es Schöneres, als nach der Rückkehr aus Thailand Freunde zu einem selbst gekochten Thai-Essen einzuladen? Wer die vorzügliche Küche auch zu Hause selbst zubereiten möchte, dem bietet sich der Besuch eines Kochkurses an. Sie sind allerdings oftmals teurer als in Kanchanaburi oder Chiang Mai. Alle Preise gelten p. P. und beinhalten ein Rezeptbuch.

Cooking with Poo (Helping Hands Thai Cooking School), Abholung um 8.30 Uhr von Emporium Suites, 622 Sukhumvit Rd., BTS Phrom Phong, ☏ 080-434 8686, 💻 www.cookingwithpoo.com. Die halbtägigen Kochkurse (1500 Baht) der lustigen und rüstigen Poo werden mitten im Slum von Khlong Toey abgehalten. Neben einem aufschlussreichen Besuch des riesigen Marktes (S. 164) lernen Teilnehmer das Kochen von 3 Gerichten sowie einem Dessert und viel über den Alltag der hier lebenden Menschen und der gemeinnützigen Arbeit der Helping Hands Foundation, einer von Anwohnern ins Leben gerufenen Selbsthilfeorganisation. Max. 12 Teilnehmer. Es wird auch von den Anwohnern hergestellter Schmuck verkauft.

€ **Silom Thai Cooking School**, 68 Silom Soi 13, ☏ 084-726 5669, 💻 www.bangkokthaicooking.com, Karte S. 130/131. Günstige, aber dennoch sehr empfehlenswerte, gut organisierte und spaßige Kochkurse, bei denen 5 Gerichte gekocht werden. Die Kurse mit max. 9 Teilnehmern starten um 9 und 13.40 Uhr (beide inkl. Marktbesuch) für 1000 Baht sowie um 18 Uhr für 900 Baht. Die groben Vorbereitungen werden bereits von den Angestellten erledigt, sodass man sich auf die Zubereitung konzentrieren kann.

The Thai House, ✆ 02-997 5161, 🖳 www.thaihouse.co.th, außerhalb des Zentrums, Karte S. 126/127. Eintägiger Kochkurs inkl. Unterkunft (S. 152), Transport, Vollverpflegung und Marktbesuch 5500 Baht, ohne Übernachtung 3800 Baht, auch mehrtägige Kurse. Die Chefin Pip bringt ihren Schülern auf liebenswerte und informelle Art die Geheimnisse der traditionellen Küche nahe.

THAILAND

Thai-Boxen

Sor Vorapin Boxing Gym, 13 Trok Kasap, am Ende der Soi südlich vom Wat Chai Chana Songkhram, gegenüber Khaosan Rd., ✆ 081-649 5704, 🖳 www.thaiboxings.com, Karte S. 136/137. Wer selbst Thai-Boxen erlernen möchte, kann sich zu Übungsstunden von 7.30–9.30 und 15–17 Uhr anmelden. Die Schule ist auf Ausländer und Anfänger eingestellt und verlangt 500 Baht pro Trainingseinheit, 7 Einheiten kosten 2500 Baht. Ein größeres Trainingscamp liegt außerhalb in Taling Chan.

Themenpark

Ancient City, im Südosten der Stadt, 🖳 www.ancientcity.com, Karte S. 178. Auf dem sehr weitläufigen Gelände können detaillierte Nachbauten von 116 Sehenswürdigkeiten Thailands besichtigt werden. ⏲ 9–18 Uhr, Eintritt 350 Baht, Kinder 150 Baht.

TOUREN

Individuelle Touren

BKK Tours, 1. Stock des Chao Phaya Tower, Zimmer 105, ✆ 085-135 9292, 🖳 www.bkktours.com. Unter der Leitung des freundlichen Holländers Michiel und seiner Frau Photjaman werden eine Fülle von persönlich geführten, informativen Touren durch die Stadt und die Umgebung angeboten. Stadtführungen kosten je nach Personenanzahl 1150–5050 Baht p. P. inkl. Essen, Trinken, Transport und Eintritten.

Green Mango, 296 Soi Indramara 45, Ratchadapisek Soi 17, 🖳 www.green-mango.net. Die professionell geführten, sehr informativen, deutschsprachigen Stadtspaziergänge für bis zu 9 Teilnehmer zeigen Bangkoks weniger bekannte Seiten. Neben Touren durch die Altstadt, Thonburi und Chinatown sowie Ausflügen nach Ayutthaya, Samut Songkhram und Amphawa können Routen auf individuelle Wünsche zugeschnitten werden. Die Touren kosten 55–70 €, Tagesausflüge in die Umgebung 90 €, und können nur online gebucht werden.

Bustouren

Bei Tagesfahrten mit dem Bus erhält man nur einen flüchtigen Eindruck, denn die Fahrt selbst dauert recht lange, sodass wenig Zeit für Besichtigungen bleibt. Zudem hält der Fahrer auf dem Rückweg meist vor einer Orchideenfarm, einem Juwelier oder einer „Fabrik", um mit der Provision sein Gehalt aufzubessern. Von den preiswerten Touren der Reisebüros in der Khaosan Rd. sollte man nicht zu viel erwarten. Preisbeispiele: Amphawa und Mae Klong Railway Market Halbtagestour 800 Baht, Ayutthaya Tagestouren 700 Baht, Damnoen Saduak Halbtagestour 350 Baht, Kanchanaburi Tagestouren je nach Aktivitäten 650–1200 Baht.

Bootstouren

Einen Überblick über fast alle Touren mit Buchungsmöglichkeit findet man unter 🖳 www.thairivercruise.com.

Chao Phraya Express Boat Service, 78/24–29 Maharaj Rd., ✆ 02-623 6001, 🖳 www.chaophrayaexpressboat.com. Das Ausflugsboot fährt So um 9 Uhr vom Sathorn Pier bis gegen 17 Uhr für 599 Baht p. P. zu 9 weniger bekannten Tempeln.

Radtouren

Sehr empfehlenswert sind geführte Radtouren, die Bangkok von einer „grüneren" Seite zeigen und auch aufs Land führen. Allerdings können die Verkehrsdichte und die Flut an Eindrücken manche Teilnehmer überfordern.

Co van Kessel Bangkok Tours, River City, Raum 164, 23 Charoen Krung Rd. Soi 24, ✆ 02-639 7351, 087-054 9878, 🖳 www.covankessel.com. Der holländische Gründer war vor über 30 Jahren der Erste, der Fahrradtouren in unberührte Ecken der Stadt anbot. Die 3-Std.-Tour um 8 und 14 Uhr durch Chinatown und Thonburi kostet 950 Baht, eine 5-Std.-Tour um

7 und 13 Uhr für 1650 Baht beinhaltet zudem den Transfer mit einem Longtail-Boot in die grünen Refugien der Vorstadt, eine 3-Std.-Nachttour für 950 Baht startet um 18 Uhr und die 9-stündige Tour in die Vorstadt für 2100 Baht beginnt um 9 Uhr. Zudem Bootstouren und Wanderungen.

SONSTIGES

Autovermietungen

Es ist kein Vergnügen, einen Wagen durch Bangkok zu steuern. Neben der Verkehrsdichte und dem Linksverkehr fordert ein verwirrendes System von Einbahnstraßen und Busspuren die volle Aufmerksamkeit. Wer das Verkehrschaos umgehen will, kann ein Auto an einem der beiden Flughäfen mieten und von dort auf der Ring Road weiterfahren. Sonn- und Feiertage sind gut zum Fahren, da vor allem vormittags wenig los ist.
Expressways in Bangkok kosten pro Abschnitt 25–70 Baht Gebühren.
Informationen über Mietwagen S. 80.
Avis, Caltex Tankstelle, 40 Sathorn Nua Rd., BTS Chong Nonsi, ✆ 084-700 8152, 💻 www.avisthailand.com, ⌚ 8–18 Uhr. Weitere Filialen an den Flughäfen, ⌚ 24 Std.
Budget, 19/23 Royal City Ave., Building A, New Phetchaburi Rd., ✆ 02-203 9294-5, 💻 www.budget.co.th. Weitere Filialen an den Flughäfen.
Hertz, 46 Sathorn Nua Rd., ✆ 02-234 3230, 💻 www.hertzthailand.com, ⌚ 7–19 Uhr. Weitere Filialen am Suvarnabhumi Airport, ⌚ 24 Std. und Don Mueang Airport, ⌚ 8–21 Uhr.
National Car Rental, 727 Srinakarin Rd., ✆ 02-722 8487, 💻 www.nationalcarthailand.com, ⌚ 8–17.30 Uhr. Weitere Filialen an den Flughäfen, ⌚ 8–20 Uhr.

Diplomatische Vertretungen

Adressen und Öffnungszeiten ausländischer Botschaften S. 47.

Immigration

Immigration Office, 2. Stock, Government Complex, Bldg. B, Chaeng Watthana Soi 7, im Norden der Stadt, am besten mit dem Taxi ab BTS Mo Chit, ✆ 02-141 9889, Call Center: ✆ 1111, 💻 www.bangkok.immigration.go.th/en, Karte S. 126/127. Früh ankommen, da sonst lange Wartezeiten drohen. ⌚ Mo–Fr 8.30–12 und 13–16.30 Uhr.
Die Filiale in Sathorn, Soi Suanphlu, ✆ 02-287 1983, ist nur für in Thailand lebende Ausländer zuständig. ⌚ Mo–Sa 8.30–12 und Mo–Fr 13–16.30 Uhr.

Informationen

Im Internet: 💻 www.bangkok.com, 💻 www.bk.asia-city.com, 💻 www.bangkok101.com.
Bangkok Tourism Division, 17/1 Phra Arthit Rd., ✆ 02-225 7612, 💻 www.bangkoktourist.com, Karte S. 136/137. Von den hilfreichen Mitarbeitern erhält man Antworten auf alle Fragen rund um die thailändische Hauptstadt und gute Straßen-, Bus- und Klongkarten. Hier gibt es einen kostenlosen, allerdings etwas unübersichtlichen Stadtplan auf Deutsch, auf dem Buslinien verzeichnet sind. ⌚ Mo–Fr 8–19, Sa und So 9–17 Uhr.
Tourist Authority of Thailand Service Center (TAT), nahe dem Demokratie-Denkmal, 4 Ratchdamnoen Nok Rd., ✆ 02-283 1556, 💻 www.tourismthailand.org, Karte S. 128/129. Am Infoschalter gibt es einen Stadtplan und mehr oder weniger aktuelle Publikationen zu einzelnen Regionen in Thailand. Die Angestellten sind nicht sehr hilfreich. ⌚ Mo–Fr 8.30–16.30 Uhr. Die Zentrale befindet sich in der 1600 New Phetchaburi Rd., ✆ 02-250 5500, ⌚ Mo–Fr 8.30–16.30 Uhr. Auch im Untergeschoss des Suvarnabhumi Airports, gegenüber der Polizeistation am westlichen Ende der Khaosan Rd. und am Chatuchak Weekend Market, ⌚ Sa und So 9–17 Uhr, verteilen TAT-Filialen Infomaterial und Stadtpläne.
Tourist Service Line, touristische Infos und Hilfe in Englisch, ✆ 1672, ⌚ 24 Std.

Massagen und Spas

Traditionelle Thai-Massage wird in der Umgebung des **Wat Pho** geboten. Hier finden zudem Massagekurse statt (S. 139). Auch in der **Khaosan Road** und ihren Seitengassen bieten Masseure ihre (teils unprofessionellen) Dienste an. 1 Std. kostet normalerweise 250 Baht. Einige Massagesalons dienen mehr sexuellen Vergnügungen mit (möglicherweise) weniger gesunden Nachwirkungen.

Dahra Spa, 154/8–9 Silom Rd., BTS Chong Nonsi, ✆ 02-235 4811, 🖳 www.dahra-spa.com, Karte S. 130/131. Kleines Spa mit breit gefächertem Angebot zum Wohlfühlen und Genießen. 1 Std. Thai-Massage für 500 Baht. ⌚ 10–23 Uhr.

Divana Spa, 7 Sukhumvit Soi 25, BTS Asok, ✆ 02-661 6784, 🖳 www.divanaspa.com, Karte S. 134/135. Das Spa mit guten Massagen und Behandlungen wirkt wie eine kleine grüne Oase inmitten der Sukhumvit-Gegend. 70 Min. Thai-Massage kosten 1100 Baht. ⌚ 11–23 Uhr.

€ **Health Land**, u. a. 120 Sathorn Nua Rd., BTS Surasak, ✆ 02-637 8883, und 55/5 Sukhumvit Soi 21 (Asoke), BTS Asok, ✆ 02-261 1110, 🖳 www.healthlandspa.com. Riesige Spa-Komplexe mit günstigen Preisen und professionellem Service. 2 Std. Thai-Massage 550 Baht. ⌚ 9–23 Uhr.

Pai-Spa, 156 Soi Rambuttri, ✆ 02-629 5155, 🖳 www.pai-spa.com, Karte S. 136/137. Etwas schickeres Spa mitten in Banglampoo, das eine Vielzahl an Massagen, Behandlungen und Schönheitsmasken anbietet. 1 Std. traditionelle Thai-Massage kostet 380 Baht, 2 Std. 680 Baht, Gesichtsbehandlungen ab 700 Baht pro Std. ⌚ 10–23 Uhr.

Medizinische Hilfe

Bangkok besitzt eine sehr hohe Dichte an Krankenhäusern, die westlichen Standards entsprechen. Englischsprachiges Personal ist immer vor Ort. Die Kosten für Behandlungen und Medikamente sind moderat und die Wartezeiten variieren stark je nach Tageszeit, Krankenhaus und Behandlungsart. Eine Behandlung muss direkt im Anschluss bezahlt werden.

Bangkok Hospital, 2 Soi Soonvijai 7, nahe New Phetchaburi Rd. Soi 47, ✆ 02-310 3000, Notruf ✆ 1719, 🖳 www.bangkokhospital.com, Karte S. 126/127. Großes Krankenhaus mit vielen Spezialisten und neuer Zahnklinik.

Bumrungrad International Hospital, 33 Sukhumvit Soi 3, BTS Ploen Chit, ✆ 02-667 1000, kurzfristige Terminvereinbarung unter ✆ 02-667 1555, 🖳 www.bumrungrad.com, Karte S. 134/135. In Thailands größtem, luxuriösestem und modernstem Privatkrankenhaus mit über 700 Ärzten, einige sprechen auch Deutsch, werden jährlich über 500 000 Ausländer behandelt. Die Preise liegen deutlich über denen anderer Krankenhäuser.

St. Louis Hospital, 27 Sathorn Tai Rd., BTS Surasak, ✆ 02-210 9999, 🖳 www.saintlouis.or.th, Karte S. 130/131. Großes katholisches Krankenhaus.

Nationalparks

Royal Forestry Department / National Parks Division, 61 Paholyothin Rd., außerhalb Richtung Don Mueang Airport, ✆ 02-561 0777, 🖳 www.dnp.go.th. Die Regierungsorganisation erteilt Informationen über die Parks und nimmt Reservierungen für die Unterkünfte in den Parks vor.

Post

Postfilialen befinden sich u. a. in Banglampoo am großen Platz nördlich der Tani Rd. und in der Soi Damnoen Klang Nua, am Hauptbahnhof links vom Haupteingang, versteckt im östlichen Siam Center am Parkhaus, im MBK Center, 2. Stock, an der BTS Phaya Thai, in der Sukhumvit Rd. nahe Soi 4, in der Soi 23 und an der BTS Thong Lo, ⌚ Mo–Fr 8–16.30, Sa 9–13 Uhr.

Reisebüros

Achtung: Unzählige Reisebüros bieten vor allem in der Khaosan-, Silom- und Sukhumvit-Gegend Touristen ihre Dienste an. Einige sind seriös und professionell geführt, andere versuchen einem schlechte Touren und billige Tickets zu überhöhten Preisen anzudrehen. Es gibt auch schwarze Schafe, die Anzahlungen kassieren, das Büro schließen und dann unter anderem Namen wieder eröffnen. Prinzipiell sind größere, etablierte Büros und solche, in denen Mitarbeiter nicht darauf drängen, gleich die komplette Thailand-Reise zu buchen, vertrauenswürdiger.

Euro Travel, im New Siam I Gh., 21 Soi Chana Songkhram, ✆ 02-627 2544, ✉ eurotravel

2011@hotmail.com. Das kleine Reisebüro in Banglampoo bietet nicht die günstigsten Preise, aber die Angestellten versuchen nicht, Leuten mehr aufzuschwatzen, als sie wollen, oder sie zu einer Entscheidung zu zwingen – und warnen vor aktuellen Betrugsmaschen.

Touristenpolizei

Tourist Police, Hotline ✆ 1155, Zentrale im 25. Stock des TPI Tower, New Chan Rd., BTS Chong Nonsi, ✆ 02-678 6800, Karte S. 126/127. Außenstellen in der Rama IV Rd., Ecke Ratchadamri Rd., am Lumphini Park, ✆ 02-253 9560, und neben dem Tourist Office nahe dem Demokratie-Denkmal.

Yoga

Yoga Elements Studio, 23. Stock, Vanissa Bldg., 29 Soi Chitlom, BTS Chit Lom, ✆ 02-655 5671, 💻 www.yogaelements.com, Karte S. 132/133. Empfehlenswertes Zentrum mit Vinyasa- und Ashtanga-Yoga für 600 Baht pro Sitzung bzw. 1500 Baht für 3 Kurse in einer Woche.

NAHVERKEHR

Das Verkehrschaos während der Rushhour (7–9.30 und 16.30–20 Uhr, am Fr und bei Regen auch länger) wird jedem, der einmal Bangkok besucht hat, bekannt sein. Wenn möglich, sollte in diesem Zeitraum jeder Transport mit Taxi, Bus oder Auto vermieden werden. Motorradtaxis schlängeln sich dann zwischen den stehenden Autos hindurch. Die Fähren, BTS- und MRT-Bahnen fahren hingegen immer mit einer vernünftigen Reisegeschwindigkeit.

BTS (Skytrain)

Die Hochbahn BTS (Bangkok Mass Transit System), ✆ 02-617 6000, 💻 www.bts.co.th, ist schnell, sauber und zuverlässig. Sie wird jeden Tag von über 650 000 Pendlern genutzt. Beide Linien kreuzen sich am Umsteigebahnhof Siam (Central Station), Umsteigemöglichkeiten in die MRT gibt es in Mo Chit/Chatuchak Park, Asok/Sukhumvit und Sala Daeng/Silom. Züge fahren von 6–24 Uhr, Ansagen in den klimatisierten Wagen erfolgen in Thai und in Englisch.

Die **Silom Line** führt in 13 Stationen vom National Stadium über die Rama I Rd., Ratchdamri Rd., obere Silom Rd. und untere Sathorn Rd. über Saphan Taksin (Taksin-Brücke) nach Thonburi (Endstation Bang Wa). Weitere Verlängerungen sind geplant.

Die **Sukhumvit Line** führt in 22 Stationen von Mo Chit am Chatuchak Weekend Market über die Paholyothin, Phayathai, Ploenchit und Sukhumvit Rd., On Nut und weiter Richtung Südosten bis Bearing. Die Sukhumvit Line soll Richtung Osten bis 2017 um 7 Stationen verlängert werden und anschließend auch gen Norden.

Tickets gibt es am Automaten. Sie kosten je nach Anzahl der Stopps 15–52 Baht, der One-Day Pass für 1 Tag 140 Baht, der 30-Tage-Pass (Rabbit Card) mit 15/25/40/50 Fahrten 450/700/1040/1250 Baht. Hinzu kommen eine Kartengebühr und ein Pfand von jeweils 50 Baht.

Einen Überblick über die Lage der BTS-Stationen bietet die Karte „Bangkok Übersicht" S. 126/127.

MRT (U-Bahn)

Die MRT (Mass Rapid Transit), 💻 www.mrta.co.th/en, ist ein eigenständiges U-Bahn-System, das tgl. über 240 000 Pendler nutzen. Die Züge verkehren von 6–24 Uhr. Umsteigemöglichkeit in die BTS bestehen an den Stationen Silom (Exit 2 und Fußweg zur BTS Sala Daeng), Sukhumvit (direkt zur BTS Asok) und Chatuchak Park (Exit 4 und Fußweg zur BTS Mo Chit).

Die **Blue Line** führt in 18 Stationen vom Hauptbahnhof Hua Lamphong entlang der Rama IV Rd. bis Khlong Toei, anschließend nach Norden über die Sukhumvit Soi 21 (Asok) und Ratchadaphisek Rd. bis Lat Phrao und gen Westen bis Bang Sue. Bis 2019 soll die Linie in beide Richtungen erweitert werden. Dann wären die beiden Streckenabschnitte kreisförmig zusammengeführt und würden durch die Stadt inkl. der Altstadt führen und den Straßenverkehr merklich entlasten.

Seit Sommer 2016 verkehrt zudem die **Purple Line** in 23 km auf 16 Stationen von Khlong Bang Phai im Nordwesten der Stadt bis Tao Poon.

THAILAND

Dort soll zukünftig Anschluss an die Blue Line bestehen. Eine Erweiterung ist ebenso wie 4 weitere Linien geplant.
Einzelfahrscheine kosten je nach Entfernung 16–42 Baht, alternativ gibt es aufladbare Stored Value Cards und Zeitkarten (1 Tag für 120 Baht, 3 Tage für 230 Baht, 30 Tage für 1400 Baht).
Einen Überblick über die Lage der MRT-Stationen bietet die Karte „Bangkok Übersicht" S. 126/127.

BRT (Expresslinie für Busse)

Das BRT-System (Bus Rapid Transit), 💻 www.transitbangkok.com/brt.html, teilt Bussen eine eigene Fahrspur zu. Die einzige Linie führt von der BTS Chong Nonsi in Sathorn alle 5–10 Min. über 12 Stationen zur BTS Talat Phlu in Thonburi. Sie folgt nach den ersten 4 km dem Verlauf der Rama III Rd. Fahrscheine kosten 12–20 Baht.

Stadtbusse

Stadtbusse sind je nach Komfort und Ausstattung unterschiedlich teuer und zunehmend mit Automaten ausgestattet. Es ist sinnvoll, das Fahrgeld passend bereitzuhalten. Die Busse verkehren i. d. R. von 5–23 Uhr. Informationen unter 💻 www.bmta.co.th.
Fahrpreise für Stadtbusse: Non-AC-Busse 7–8 Baht; AC-Busse 10–24 Baht.
Einen **Stadtplan** mit allen Buslinien, den *Bangkok Bus Guide,* erhält man für 99 Baht in den Villa Markets, in Buchhandlungen und einigen Gästehäusern.
Tipp: Karten und eine gute Übersicht über die einzelnen Linien unter 💻 www.transitbangkok.com/bangkok_buses.html.
Da die Zielorte nur in Thai auf den Stadtbussen stehen, orientieren sich Touristen am besten an den Nummern. Dabei ist darauf zu achten, dass man nicht in die falsche Richtung fährt. Im Zweifelsfall den Busfahrer beim Einsteigen fragen.

Taxis

Durch Bangkok fahren 85 000 Taxis auf der Suche nach Fahrgästen. Sie sind alle mit **Taxameter** ausgestattet. Man sollte darauf bestehen, dass es eingeschaltet wird, oder ein anderes Taxi nehmen. Manchmal wird kurz vor Ende der Fahrt oder beim Gepäckausladen das Taxameter ausgeschaltet und ein überhöhter Preis verlangt. Für derartige Fälle Kleingeld passend bereithalten. Da viele Autos mit Gas fahren, ist der Kofferraum oft zu klein für großes Gepäck.
Die Einschaltgebühr beträgt seit 1992 35 Baht einschließlich des ersten Kilometers. Seit der ersten Erhöhung in 22 Jahren kostet jeder folgende Kilometer bis zu 10 km 5,50 Baht, bis zu 20 km 6,50 Baht, bis zu 40 km 7,50 Baht, bis zu 60 km 8 Baht, bis zu 80 km 9 Baht und danach 10,50 Baht, zudem werden bei Stau (Geschwindigkeit unter 6 km/h) 2 Baht pro Min. fällig. In der Innenstadt sollte man am besten während der Rushhour (7–9.30 und 16.30–20 Uhr, am Freitag und bei Regen auch länger) gar nicht erst losfahren. Wenn ein Fahrer das Fahrziel nicht versteht, hilft die Visitenkarte des Hotels oder eine Telefonnummer, bei der der Fahrer anrufen kann.
Von den beiden Flughäfen ist ein Aufschlag von 50 Baht zu zahlen (eine Erhöhung auf 60 Baht bzw. 80 Baht für Großraumtaxis ist angedacht). Die Gebühren für die Benutzung der Expressways, pro Strecke 25–70 Baht, sind von den Passagieren zu bezahlen.
Radio Taxis können rund um die Uhr unter ☏ 1681 und ☏ 02-880 0888 für zusätzliche 20 Baht telefonisch bestellt werden. Alternativ gibt es **Apps**, mit denen Taxis und Privattransporte gerufen werden können, wie z. B. Grab Taxi, Easy Taxi oder Uber.
Beschwerden über Taxis unter Angabe des Datums, der Uhrzeit und der Registrierungsnummer unter ☏ 1661.

Motorradtaxis

Die zahllosen Fahrer (alleine in Bangkok sind mehr als 186 000 registriert), an den farbigen Westen mit Nummern zu erkennen, warten an den Abzweigungen vieler Sois und den Ausgängen der BTS und MRT. Die Preise sind in den jeweiligen „Revieren" festgelegt und an großen Tafeln (meist nur auf Thai) vermerkt. Die Kosten für kurze Strecken variieren sehr stark (10–40 Baht). Auf Hauptstraßen und für längere Strecken sind Motorradtaxis nicht zu empfehlen, da eine Fahrt recht gefährlich ist. Motorradtaxis dürfen nur eine Person befördern. Theoretisch besteht Helmpflicht.

Tuk Tuks

Die offenen Motorroller mit Sitzbank verlangen mind. 30 Baht für eine Fahrt, sind damit meist teurer als Taxis und im dichten Verkehr ein Gesundheitsrisiko. Viele Fahrer sind nicht mehr bereit, Touristen zu einem fairen Preis zu befördern, oder versuchen mit falschen Behauptungen ihre Passagiere zu „Einkaufstouren" zu überreden, um Provision zu kassieren. So schließen Touren für 20 Baht unter Garantie den Besuch von Geschäften mit ein. Auch an Betrügereien mit Edelsteinen (S. 123) sind Tuk-Tuk-Fahrer beteiligt.

Personenfähren

Mit den Booten mit Dach kann man von zahlreichen Piers aus von 8–18 Uhr für einen minimalen Betrag den Menam Chao Phraya überqueren. Die meisten Passagiere stehen.

Expressboote

Chao Phraya Express Boat Service, 02-445 8888, www.chaophrayaexpressboat.com. Die langen Boote mit vielen Sitzplätzen verkehren auf dem Menam Chao Phraya über eine Länge von 21 km zwischen Nonthaburi (Norden, Pier N30) und Wat Rajsingkorn (Süden, Pier S3) zwischen 6 und 19 Uhr.
An 34 Piers (N30–S3) halten die **Boote ohne Flaggen**, die Mo–Fr zur Rushhour (6.45–7.30 und 16–16.30 Uhr) im Einsatz sind und alle 20–25 Min. fahren.
Die **Expressboote mit orangefarbenen Flaggen**, die tgl. von 6–19 Uhr alle 5–20 Min. verkehren, halten nur an den 21 wichtigsten Piers. Boote mit **gelben Flaggen** verkehren Mo–Fr von 6–7, 8–8.30 und 17–19 Uhr und halten nur an 10 Stationen. **Boote mit grünen Flaggen** fahren Mo–Fr vom Sathorn Pier zur Rushhour abends (16–18 Uhr) flussaufwärts hinaus bis Pakkret (N33), in die andere Richtung von 6–8 Uhr.
Fahrpreis je nach Bootsflagge und Entfernung 10–32 Baht, Boote mit orangefarbenen Flaggen immer 14 Baht. Tickets aufheben, da sie an manchen Piers bei der Ankunft kontrolliert werden.
Chao Phraya Tourist Boat, 02-617 7340, pendelt halbstündlich von 9.30–17.30 Uhr zwischen Sathon Pier (Central) und Phra Arthit Pier (N13) mit Zwischenstopps an den touristisch interessanten Stationen Oriental Pier (N1), Si Phraya Pier (N3), Ratchawongse Pier (N5), Tha Tien Pier (N8), Maharaj Pier und Wang Lang Pier (N10). Eine Fahrt kostet 40 Baht und dauert etwa 30 Min.
Achtung: Das Touristen-Tagesticket für 150 Baht für unbegrenzte Fahrten lohnt nicht! Dennoch wird besonders am Central Pier versucht, Touristen die Tickets zu verkaufen. Dann kann es schon mal vorkommen, dass man auf ein Tourist Boat warten muss, während die anderen in einem Boot mit orangefarbenen Flaggen für 15 Baht davonfahren.

Linienboote auf den Klongs

Innerhalb **Bangkoks** verkehren Expressboote, http://khlongsaensaep.com/, für 10–20 Baht alle 5–20 Min. in 29 Stationen vom **Phanfa Pier** an der Ratchdamnoen Rd. am Golden Mount auf dem **Klong Saen Saeb** in Richtung Osten bis nach Bangkapi. Sie halten z. B. am Jim Thompson House, an der Phayathai Rd. nördlich vom Siam Square, der Ratchadamri Rd. am Pratunam-Markt, der Chitlom und Witthayu Rd. und in der Sukhumvit Rd. Soi 3 und 23. Mit glitschigen Stegen, Gedränge und wegen des dreckigen Spritzwassers seitlich hochgezogenen Planen ist zu rechnen. Eine schnelle und günstige Alternative zum Straßenverkehr.

Charterboote

Klongboote, in denen 6–10 Pers. Platz haben, werden ab 700 Baht pro Std., Expressboote sind deutlich teurer, u. a. an der Phra Pinklao-Brücke (Bangkok-Seito), Tha Chang (N9), Tha Thien (N8), River City Pier (teure Charterboote), Oriental **Pier** (N1, viele Touristen und Schlepper) und Sathorn (Central Pier) vermietet. Oft versuchen die Bootsfahrer, Touristen während der Tour zu Restaurantbesuchen, Einkaufstouren u. a. Fahrtpausen zu überreden.

TRANSPORT

Backpacker-Busse

Warnung: Die billigsten Angebote sollte man auf jeden Fall meiden (S. 123).

Uns schreiben immer wieder Leser, die sich über Diebstähle und unsichere Fahrzeuge beklagen.

Folgende Preise können als Anhaltspunkt dienen. Sie variieren je nach Saison und Nachfrage.

Innerhalb Thailands

CHIANG MAI, um 18 Uhr für 800 Baht in 10 Std.

KANCHANABURI, mit Minibussen, um 9, 12 und 15 Uhr für 350 Baht in 3 Std.

KO CHANG, mit Minibussen, um 8 Uhr für 550 Baht in 7 Std. inkl. Bootstransfer.

KO SAMET, mit Minibussen, um 8 Uhr für 500–550 Baht in 5 Std. inkl. Bootstransfer.

PATTAYA, mit Minibussen, um 9, 12 und 15 Uhr für 350 Baht in 3 Std.

In die Nachbarländer

SIEM REAP (Angkor, Kambodscha), um 8 Uhr ab Khaosan Rd. über Aranyaprathet (Ankunft hier 11.30 Uhr) in 12–14 Std.

VIENTIANE (Laos), große Busse ab Northern Bus Terminal (Mo Chit).

Minibusse

Von den Busbahnhöfen startet eine Vielzahl von Minibussen in Orte in der Umgebung und entlang der Ostküste. Sie fahren erst ab, wenn der letzte Platz besetzt ist, was selten länger als eine halbe Stunde dauert. Minibusse sind nicht günstiger als die großen Busse, aber schneller.

Ab Northern Bus Terminal (Mo Chit), Tickets an den Countern 15–17, Adresse S. 173:

AMPHAWA, 120 Baht in 1 1/2 Std.

AYUTTHAYA, 60 Baht in 1 Std.

BAN PHE (Fährhafen nach Ko Samet), 200 Baht in 3 Std.

CHANTABURI, 200 Baht in 3 Std.

KANCHANABURI, 120 Baht in 2 1/2 Std.

PATTAYA, 150 Baht in 2 1/2 Std.

RAYONG, 160 Baht in 3 Std.

TRAT, 300 Baht in 3 1/2 Std.

Ab Eastern Bus Terminal (Ekkamai), Adresse S. 173:

ARANYAPRATHET (Grenze Kambodscha), für 200 Baht in 4 Std.

BAN PHE (Fährhafen nach Ko Samet), 200 Baht in 4 Std.

CHANTABURI, 200 Baht in 3 Std.

PATTAYA, 130 Baht in 2 Std.

RAYONG, 160 Baht in 3 Std.

TRAT, 270 Baht in 3 1/2 Std.

Ab Southern Bus Terminal (Sai Tai Mai/ Taling Chan), Adresse S. 174:

AMPHAWA, 70 Baht in 1 1/2 Std.

DAMNOEN SADUAK, 80–90 Baht.

KANCHANABURI, 100 Baht in 2 Std.

PATTAYA, 108 Baht in 2 1/2 Std.

SAMUT SONGKHRAM, 60 Baht.

Busse

Mit einigen Ausnahmen fahren die Unternehmen von 3 großen Busbahnhöfen ab. Der Northern Bus Terminal (Mo Chit) ist der mit Abstand betriebsamste. Man sollte 30 Min. vor Abfahrt dort sein, da Busse, die voll sind, manchmal auch früher abfahren. Gelistet sind hier die AC-Busse 1. und 2. Klasse sowie bequeme VIP-Busse der staatlichen **Transport Co. Ltd.**, ✆ 1490, 💻 www.transport.co.th.

Reservierungen sind über Thai Ticket Major möglich, ✆ 02-262 3939, 💻 www.thaiticketmajor.com/bus. Man erhält für die gewünschte Verbindung eine Reser-

Neuer Busbahnhof ab 2018

Ab 2018 soll nach Regierungsplänen ein neuer Busbahnhof in Rangsit im Norden der Stadt operieren, von dem alle Busse in den Norden und Nordosten verkehren. Nur Strecken unter 300 km sollen dann noch ab dem Northern Bus Terminal (Mo Chit) bedient werden. Das letzte Wort ist allerdings noch nicht gesprochen.

vierungsnummer, mit der man innerhalb von 5 Std. bei jedem 7-Eleven bezahlen kann. Gegen die Quittung werden dann am Thai Ticket Major-Schalter am Busbahnhof die Tickets ausgehändigt. Es wird nur eine Gebühr von 20 Baht auf den Preis aufgeschlagen. Tickets können auch in allen EGV-Kinos, Postämtern und Tesco Lotus-Filialen gekauft werden.

Die Busse privater Gesellschaften fahren zu den gleichen Preisen und werden hier nicht gelistet. Langsame lokale Busse mit Ventilator sind nur zu nahe gelegenen Zielen zu empfehlen.

Richtung Norden und Nordosten
Northern Bus Terminal (Mo Chit), Kamphaengphet 2 Rd., westlich der Straße zum Don Mueang Airport, Call Center ✆ 1490, BTS Mo Chit (Exit 4), MRT Kamphaeng Phet, von dort weiter mit dem Taxi oder Bus, denn es ist zu weit zum Laufen. Am Busbahnhof gibt es Restaurants, einen Infoschalter und eine Gepäckaufbewahrung.

Die Stadtbusse fahren etwa 200 m südlich vom Terminal ab. Der Weg führt durch ein Marktgewirr, daher ist es am besten, nach „local bus" zu fragen. Bus 3 fährt von der Phra Arthit Rd. in Banglampoo nach Mo Chit, Bus 28 vom Southern Bus Terminal, Bus 77 vom Victory Monument.

ARANYAPRATHET (Grenze Kambodscha), 269/275 km, um 6 und 23.50 Uhr für 234 Baht in 4 Std.

AYUTTHAYA, 75 km, 6–19 Uhr alle 20–30 Min. für 53–65 Baht in 1 1/2–2 Std. und mit Minibussen (S. 172).

CHIANG KHONG (Grenze Laos), 875 km, um 7, 19 und 20 Uhr für 655 Baht in 12–13 Std.

CHIANG MAI, 713 km, von 5.40–21.40 Uhr regelmäßig für 419–538 Baht, VIP um 9, 19.20 und 21 Uhr für 837 Baht in 9 1/2–11 Std.

CHIANG RAI, 795–801 km, um 6.30, 7.50, 17.30, 19 und 19.30 Uhr für 598–637 Baht, VIP um 7.30 und 19.40 Uhr für 930 Baht in 11–12 Std.

KANCHANABURI, 149 km, mit Bus 9918 von 5–16 Uhr stdl. für 105–135 Baht in 3 1/2 Std., ab Southern Bus Terminal und mit Minibussen (S. 172).

KORAT (Nakhon Ratchasima), 256 km, von 7.45–21.45 Uhr regelmäßig für 162–517 Baht, VIP um 7.30 sowie viele von 19–21.35 Uhr für 613–804 Baht in 3 1/2 Std.

LAMPANG, 610 km, um 5.40, 16.30, 20, 21 und 21.40 Uhr für 361–464 Baht, VIP um 9 und 20.30 Uhr für 722 Baht in 8 Std.

LOEI, 560 km, um 7 Uhr für 428 Baht, VIP um 22 Uhr für 666 Baht in 9 Std.

MAE SARIANG, 752 km, mit Sombat Tours, ✆ 02-792 144, um 18 und 20 Uhr für 619 Baht, VIP um 17 Uhr für 722 Baht in 12 Std.

MUKDAHAN (Grenze Laos), 671 km, um 19.30 Uhr für 508 Baht, VIP um 8, 20.30 und 21.35 Uhr für 756–790 Baht in 10 Std.

NAKHON PHANOM (Grenze Laos), 727–759 km, um 6, 17 und 18 Uhr für 427–549 Baht, VIP um 7.30, 19 und 20.30 Uhr für 854 Baht in 12 Std.

NONG KHAI (Grenze Laos), 614 km, um 21.45 Uhr für 468 Baht, VIP um 20.30 Uhr für 728 Baht in 10 Std.

PAK CHONG (Khao Yai), 170 km, mit den Bussen nach Korat für 113–190 Baht in 3 Std.

PAKXE (Laos), 790 km, um 21 Uhr für 900 Baht in 11 1/2 Std.

PHITSANULOK, 368/384 km, um 8.10, 10, 14.30, 20 und 22.30 Uhr für 245–304 Baht, VIP um 24 Uhr für 473 Baht in 4 1/2–5 Std.

PHNOM PENH, um 5 Uhr für 900 Baht in 14 Std.

RAYONG, 164 km, um 12 Uhr für 211 Baht in 3 Std. und mit Minibussen (S. 172).

SIEM REAP (Angkor, Kambodscha), 401 km, um 5, 8 und 9 Uhr für 750 Baht in 7 Std., frühzeitige Reservierung empfehlenswert.

SUKHOTHAI, 440/454 km, nach Neu-Sukhothai um 9.20, 12 und 14 Uhr, nach Alt-Sukhothai um 22 Uhr für 279–358 Baht in 6–7 Std.

UBON RATCHATHANI, 614/649 km, um 6.40 und 20.30 Uhr für 468–493 Baht, VIP um 20.30 Uhr für 767 Baht in 10–11 Std.

VIENTIANE (Laos), 641 km, VIP um 20 Uhr für 900 Baht in 10 Std.

Richtung Ostküste
Eastern Bus Terminal (Ekkamai), Sukhumvit Rd., gegenüber Soi 63 (Ekkamai), Call Center ✆ 1490. Gepäckaufbewahrung 35 Baht pro Gepäckstück und Tag, ⌚ 6–18 Uhr.

BTS Ekkamai oder Anreise mit Stadtbussen, S. 170.
Einige Busse an die Ostküste halten auch am Public Transport Centre am Flughafen.
ARANYAPRATHET (Grenze Kambodscha), um 7 Uhr für 200 Baht in 4 1/2 Std.
BAN PHE (Fährhafen für Ko Samet), 194 km, um 7 Uhr für 155 Baht in 3 Std. und mit Minibussen (S. 172).
CHANTABURI, 229–249 km, um 6 und 7.45 Uhr für 184 Baht in 4–5 Std. Ab Northern Bus Terminal (Mo Chit) um 4 und 6.30 Uhr für 205 Baht in 4 Std. und mit Minibussen (S. 172).
LAEM NGOP (Fährhafen für Ko Chang), 331 km, um 7.45 Uhr für 263 Baht in 5–6 Std.
PATTAYA, 141 km, von 5–23 Uhr alle 30–40 Min. für 108 Baht in 2 1/2 Std. Weitere AC-Busse ab Public Transport Centre am Airport und Northern Bus Terminal (Mo Chit) sowie mit Minibussen (S. 172).
TRAT, 327 km, um 5 Uhr für 254 Baht in 4 Std. Ab Northern Bus Terminal (Mo Chit) um 7.30 und 8.30 Uhr für 261 Baht in 5 Std. und mit Minibussen (S. 172).

Richtung Westen

Southern Bus Terminal (Sai Tai Mai/Taling Chan), Phutthamonthon Soi 1 am H338 in der Nähe der Outer Ring Road, Call Center ✆ 1490. Anreise mit dem Stadtbus S. 170.
DAMNOEN SADUAK, 96 km, mit Bus 78 von 5.30–20 Uhr alle 10–30 Min. für 64 Baht in 1 3/4 Std.
KANCHANABURI, 129 km, von 6–22 Uhr alle 20 Min. für 110–155 Baht in 2 1/2 Std., mit Minibussen (S. 172) und Bussen ab Northern Bus Terminal (Mo Chit).

Eisenbahn

Von **Hua Lamphong**, dem überschaubaren Hauptbahnhof, MRT Hua Lamphong (Karte S. 128/129), Bus 507 ab Sanam Luang, fahren fast alle Züge Richtung Norden, Nordosten, Osten und Süden. Fahrpläne am Infoschalter vor der Bahnhofshalle. Fahrplanauskunft unter ✆ 1690, 💻 www.railway.co.th. Die englischsprachigen Anzeigetafeln in der Haupthalle erleichtern die Orientierung. Ein Food Court im Erdgeschoss, Restaurants, ein Schalter der Tourist Police, Gepäckaufbewahrung im 1. Stock, ✆ 02-214 3531, ⌚ 4–24 Uhr, pro Gepäckstück und Tag 60 Baht (zum Teil werden 100 Baht verlangt), und ein Postamt, ⌚ 7–19 Uhr. Kalte Duschen in der Bahnhofshalle neben dem Reservierungsbüro. Am besten lässt sich das Treiben vom Balkon im 1. Stock beobachten. Die Fahrpläne ab S. 880 können sich kurzfristig ändern.
Züge Richtung Kanchanaburi und Nam Tok sowie langsame Züge in den Süden verkehren ab der **Thonburi Railway Station (Bangkok Noi)** und die Züge nach Samut Sakhon (Mahachai) starten von der **Wongwian Yai Railway Station**, BTS Wongwian Yai. Frühzeitig da sein, denn hier können Tickets nur am Abfahrtstag gekauft werden.

Tickets

Tickets erhält man bis zu 60 Tage vor Abreise im **Advance Booking Office** im Hua Lamphong, ✆ 02-225 8455, ⌚ 8.30–16 Uhr, sowie über das Call Center ✆ 1690, danach sind Buchungen an den Schaltern 15–22 möglich, ⌚ 8.30–16.30 Uhr. Kreditkarten werden akzeptiert. Tickets gibt es auch in jedem thailändischen Bahnhof mit Reservierungssystem. Weitere Informationen auf S. 53.

Verbindungen

Fahrpreise (1./2./3. Klasse) ohne jegliche Zuschläge.
ARANYAPRATHET, 255 km (nur 3. Kl.), 48 Baht in 4 1/2–5 1/2 Std.
AYUTTHAYA, 71 km (nur 2./3. Kl.), 35/15 Baht in 1–2 Std.
CHIANG MAI, 751 km, 593/281/121 Baht in 12–14 1/2 Std.
KANCHANABURI, 133 km (nur 3. Kl., ab Thonburi), 100–130 Baht in 2 1/2 Std.
KORAT (Nakhon Ratchasima), 264 km, 230/115/50 Baht in 4–6 Std.
LAMPANG, 642 km, 512/244/106 Baht in 9 1/2–12 Std.
NAM TOK, 211 km (nur 3. Kl., ab Thonburi), 100–130 Baht in 4 1/2–5 Std., mit dem Excursion-Train jeden Sa und So um 6.30 Uhr mit Stopp in Nakhon Pathom, weitere Informationen S. 186.

NONG KHAI, 621 km, 497/238/103 Baht in 10 1/2–13 Std.
PAK CHONG, 180 km, 161/82/36 Baht in 3–4 1/2 Std.
PATTAYA, 155 km (nur 3. Kl.), 31 Baht in 3 1/2 Std.
PHITSANULOK, 389 km, 324/159/69 Baht in 5–8 1/2 Std.
UBON RATCHATHANI, 575 km, 460/221/95 Baht in 8–12 Std.

Flüge

Flughäfen

Vom riesigen **Suvarnabhumi Airport** östlich der Stadt fliegen alle großen Fluggesellschaften, während der ältere **Don Mueang Airport**, 🖳 www.donmuangairportonline.com, im Norden der Stadt von den Billigairlines AirAsia, Nok Air, Lion Air und Thai Smile genutzt wird.
Bei Flugbuchungen mit Umsteigen ist darauf zu achten, dass die Flieger vom gleichen Flughafen starten oder man entsprechend mehr **Umsteigezeit** (mind. 5 Std.) einplant. Die Fahrt von Suvarnabhumi zum Don Mueang dauert etwa 1 Std., ein kostenloser **Shuttlebus** verkehrt von 5–24 Uhr stdl. ab Suvarnabhumi Airport ab dem 2. Stock des Terminals, Gate 3, sowie ab Don Mueang Airport ab dem 1. Stock des Terminals.
Der **Suvarnabhumi Airport** (gespr.: Su-wanna-puhm, Abkürzung BKK), allgemeine Auskunft ✆ 1722, 02-132 1888, 🖳 www.suvarnabhumi airport.com, befindet sich 32 km außerhalb des Zentrums, östlich der Outer Ring Rd. zwischen Buraphawithi Expressway (H34 nach Chonburi) und dem Motorway H7 in der Provinz Samut Prakan. Um den mit Shops und Restaurants vollgepackten mehrstöckigen Terminal zu durchqueren, braucht man Zeit. Lange Schlangen bilden sich während der belebten Stunden vor den Immigration-Schaltern und am internationalen Transfer Counter. Das WLAN-Netz „AOT Free Wifi" kann kostenlos genutzt werden, zudem gibt es kostenlose Internet-Terminals.
Eine Aussichtsplattform befindet sich auf Level 7, eine TAT-Information, Bushaltestellen und Taxis auf Level 1 sowie die Station des Airport Rail Link im Untergeschoss auf Level 0. Gepäckaufbewahrungen (100 Baht pro Tag) liegen auf Level 2 und 4, 🕒 24 Std.

Transport vom Suvarnabhumi Airport

Ab Level 1 fahren **Taxis** mit Taxameter. Man erhält ein Ticket mit dem Fahrernamen und Nummernschild, um Beschwerden gegebenenfalls leichter melden zu können, ✆ 1722. Taxis verlangen ab dem Airport 50 Baht Zuschlag und die Bezahlung der Expressway-Maut von 75 Baht. Auf diesem Weg kostet es ungefähr 350–500 Baht, in die Stadt zu gelangen, allerdings kann es zur Rushhour (7–9.30 und 16.30–20 Uhr, am Freitag und bei Regen auch länger) sehr langwierig werden.
Zur Rushhour oder als Einzelreisender lohnt es sich, vom Suvarnabhumi Airport den **Airport Rail Link**, ✆ 1690, 🖳 www.srtet.co.th/en, zu nehmen, der mit Geschwindigkeiten von bis zu 160 km/h tgl. von 6–24 Uhr verkehrt:
Die langsamere **SA City Line** hält an 8 Stationen (u. a. Ratchaprasop in Pratunam) und verkehrt alle 12–15 Min. in 28 Min. für 45 Baht zur BTS-Station Phaya Thai (Sukhumvit Line). Von dort geht es mit der BTS weiter.
Expresszüge (SA Express Line) fahren vom Airport jeweils stdl. non-stop in 17 Min. bis zur BTS-Station Phaya Thai (Sukhumvit Line) und in 15 Min. zum Makkasan Terminal in Laufentfernung zur MRT-Station Petchaburi. Die zweite Variante ist für Reisende, die in der Sukhumvit Rd. wohnen, attraktiv. Eine Fahrt kostet 90 Baht.
Busse: Vom Public Transport Centre etwa 15 Min. vom Terminal (kostenloser Shuttle von Level 2 und 4 vor Gate 3, 6 und 9) fährt Bus 825 via Korat, Khon Kaen und Udon Thani nach Nong Khai um 21 Uhr für 472 Baht in 9 Std. Ab Terminal Level 1, Gate 8, fährt Bus 389 nach Pattaya stdl. von 7–22 Uhr für 130 Baht in 2 Std.

Transport zum Suvarnabhumi Airport

Der Airport Rail Link (s. o.) ist eine gute Möglichkeit, die Staus während der Rushhour zu umgehen. Ein Taxi kostet aus der Innenstadt zum Airport etwa 300–400 Baht. Es empfiehlt sich, auch außerhalb der Rushhour 1–1 1/2 Std.

für die Anfahrt einzukalkulieren. Wer mit dem Bus von der Ostküste kommt, kann in Bang Phli aussteigen und ein Taxi nehmen.

Transport vom Don Mueang Airport
Der Bus A1 fährt ab Gate 6 vor der Ankunftshalle von 7–24 Uhr zur vollen Stunde für 30 Baht bis zur BTS Mo Chit, Exit 3. Der 24 Std. verkehrende Bus 59 von der etwas versteckten Haltestelle hinter dem Parkplatz ist die günstigste Möglichkeit, um in 1–1 1/2 Std. zur Khaosan Rd. zu kommen, aber Achtung: Nicht alle Busse fahren bis nach Banglampoo. Zur Rushhour (7–9.30 und 16.30–20 Uhr, am Freitag und bei Regen auch länger) definitiv nicht zu empfehlen. Bis 2019 soll eine Airport Rail Link-Verbindung zwischen Don Mueang und der MRT Bang Sue gebaut werden.

Inlandflüge
AirAsia, 💻 www.airasia.com, fliegt ab Don Mueang nach BURIRAM 1x tgl., CHIANG MAI 12x tgl., CHIANG RAI 4x tgl., HAT YAI 9x tgl., KHON KAEN 4x tgl., KRABI 6x tgl., LOEI 1x tgl., NAKHON PHANOM 2x tgl., NAKHON SI THAMMARAT 4x tgl., NAN 2x tgl., NARATHIWAT 1x tgl., PHITSANULOK 2x tgl., PHUKET 16x tgl., ROI ET 2x tgl., SAKON NAKHON 1x tgl., SURAT THANI 6x tgl., TRANG 3x tgl., UBON RATCHATHANI 2x tgl. und UDON THANI 3x tgl. Flüge kosten bei rechtzeitiger Buchung 600–3000 Baht.
Bangkok Airways, 💻 www.bangkokair.com, fliegt ab Suvarnabhumi nach CHIANG MAI 6x tgl., CHIANG RAI 2x tgl., KO SAMUI 19x tgl. (dennoch oft voll), KRABI 3x tgl., LAMPANG 3x tgl., PHUKET 9x tgl., SUKHOTHAI 2x tgl. und TRAT 3x tgl. Flüge kosten bei rechtzeitiger Buchung 1200–4000 Baht.
Nok Air, 💻 www.nokair.com, fliegt ab Don Mueang nach BURIRAM 2x tgl., CHIANG MAI 7x tgl., CHIANG RAI 3x tgl., CHUMPHON 2x tgl., HAT YAI 5x tgl., KHON KAEN 2x tgl., KRABI 1x tgl., LAMPANG 4x tgl., LOEI 2x tgl., MAE SOT 4x tgl., NAKHON PHANOM 2x tgl., NAKHON SI THAMMARAT 5x tgl., NAN 5x tgl., PHITSANULOK 3x tgl., PHRAE 2x tgl., PHUKET 8x tgl., RANONG 2x tgl., ROI ET 2–3x tgl., SAKON NAKHON 2x tgl., SURAT THANI 4x tgl., TRANG 3x tgl., UBON RATCHATHANI 5x tgl. und UDON THANI 5x tgl. Flüge kosten bei rechtzeitiger Buchung 800–2000 Baht.
Thai Airways, 💻 www.thaiairways.com, fliegt ab Suvarnabhumi nach CHIANG MAI 6x tgl., KO SAMUI 2x tgl., KRABI 3x tgl. und PHUKET 8x tgl. Flüge kosten bei rechtzeitiger Buchung 1500–3500 Baht.
Thai Lion Air (SL), 💻 www.lionairthai.com, fliegt ab Don Mueang nach CHIANG MAI 11x tgl., CHIANG RAI 3x tgl., HAT YAI 9x tgl., KRABI 5x tgl., NAKHON SI THAMMARAT 3x tgl., PHUKET 5x tgl., SURAT THANI 4x tgl., UBON RATCHATHANI 5x tgl. und UDON THANI 5x tgl. Flüge kosten bei rechtzeitiger Buchung 800–1800 Baht.
Thai Smile, 💻 www.thaismileair.com, die Schwestergesellschaft von Thai Airways verkehrt von Suvarnabhumi nach CHIANG MAI 3x tgl., CHIANG RAI 3x tgl., HAT YAI 6x tgl., KHON KAEN 5x tgl., NARATHIWAT 1x tgl., PHUKET 3x tgl., SURAT THANI 2x tgl., UBON RATCHATHANI 3x tgl. und UDON THANI 5x tgl. Ab Don Mueang (DMK) nach CHIANG MAI 4x tgl., KHON KAEN 3x tgl. und PHUKET 3x tgl. Flüge kosten bei rechtzeitiger Buchung 1000–3000 Baht.

Flüge in die Nachbarländer
Kambodscha: Thai Smile fliegt nach PHNOM PENH; AirAsia und Bangkok Airways fliegen nach PHNOM PENH und SIEM REAP.
Laos: AirAsia, Bangkok Airways und Thai Airways fliegen nach LUANG PRABANG und VIENTIANE; Lao Airlines, 💻 www.laoairlines.com, nach LUANG PRABANG, PAKXE, SAVANNAKHET und VIENTIANE.
Myanmar (Birma): AirAsia und Thai Airways fliegen nach MANDALAY und YANGON; Bangkok Airways nach MANDALAY, NAY PYI TAW und YANGON; Nok Air nach YANGON.
Vietnam: AirAsia und Nok Air fliegen nach HA NOI und HO-CHI-MINH-STADT (Saigon). VietJet Air, 💻 www.vietjetair.com, fliegt nach HO-CHI-MINH-STADT (Saigon). Bangkok Airways fliegt nach DA NANG.

Adressen der **Fluggesellschaften** in Bangkok s. eXTra [2590].

Die Umgebung von Bangkok

Einige Ziele in der Umgebung Bangkoks eignen sich für einen Tagesausflug. Da es aber dauern kann, aus Bangkok heraus oder wieder hinein zu kommen, lohnt es sich, Übernachtungen außerhalb der Stadt, vor allem in Kanchanaburi oder Ayutthaya, einzuplanen. An Wochenenden und Feiertagen schwärmen viele Großstädter auf der Suche nach Grün und frischer Luft aus, sodass dann das Verkehrschaos auch das Umland erreicht und viele Hotels ausgebucht sind.

Richtung Westen

Eine schöne Tour führt nach Kanchanaburi. Auf dem Hin- oder Rückweg kann man einen Besuch des schwimmenden Marktes in Amphawa und des Mae Klong Railway Markets in Samut Songkhram einplanen. Das von Klongs durchzogene Hinterland birgt weitere reizvolle Ziele. Der „Garten Thailands" versorgt die städtische Bevölkerung mit frischem Obst und Gemüse. Entlang der Klongs erstrecken sich wahrhaft idyllische Plätze, die in starkem Kontrast zu den dicht bebauten Ausfallstraßen und gigantischen Fabriken der Lebensmittelindustrie stehen.

Damnoen Saduak

Der **Schwimmende Markt** (Talat Nam) liegt 97 km westlich von Bangkok und ist nach wie vor ein Touristenmagnet, wenn auch nicht mehr zu Recht. Den ganzen Morgen werden Reisegruppen durch die Kanäle und über die Brücken des Touristenmarktes geschleust. Durch Souvenir-, Essens- und Kaffeestände, Geldautomaten sowie Ladenzeilen beiderseits des Kanals hat der Markt seine einst beschauliche Atmosphäre komplett eingebüßt.

Halbstündige Bootstouren von den Anlegestellen sollten rund 150–200 Baht p. P. kosten. **Achtung**: Viele Taxifahrer aus Bangkok fahren vergleichsweise günstig zum Markt, um dann an den horrenden Bootspreisen von bis zu 6000 Baht pro Tour mit abzukassieren.

TRANSPORT

BANGKOK, Southern Bus Terminal, AC-Bus 78 von 3–18.30 Uhr alle 10–30 Min. für 73 Baht in 2 Std. Minibusse verkehren regelmäßig bis zur Phrapinklao-Brücke in Thonburi für 80 Baht.
KANCHANABURI, via BANG PHAE (Bus 78 oder Songthaew für 22 Baht in 20 Min. ab Markt), weiter mit gelbem Bus 461, alle 15 Min. für 30 Baht in 90 Min.

Samut Songkhram (Mae Klong)

Bekannt ist Samut Songkhram für den seit 1905 bestehenden **Mae Klong Railway Market**, einen in einer schmalen Gasse an und auf den Bahngleisen stattfindenden Obst- und Gemüsemarkt. Wenn die Eisenbahn einfährt, werden die Marktstände eiligst zur Seite geräumt, die Markisen zurückgezogen und Sonnenschirme zusammengeklappt, und der Zug gleitet zentimetergenau über die Waren hinweg und an den wartenden Händlern und Touristen vorbei. Mittlerweile kommen zwar mehr Touristen als Einheimische und der erste Coffeeshop hat direkt an den Gleisen eröffnet, aber die Einfahrt ist immer noch ein besonders fotogenes Erlebnis. Die Züge fahren tgl. gegen 9.45, 13.45 und 18.20 Uhr in Samut Songkhram ein.

TRANSPORT

Busse und Songthaew
Zahlreiche Busse von Bangkok in den Süden (z. B. Phetchaburi und Hua Hin) halten an der Bushaltestelle in Samut Songkhram (Mae Klong) nahe dem Markt.
Nach AMPHAWA, 7 km, verkehren Songthaew und Minibusse für 10–20 Baht.
BANGKOK (Southern Bus Terminal), lokale Busse bis 17.30 Uhr alle 30 Min. für 50 Baht in 2 Std., von Bangkok bis 21 Uhr zudem Minibusse für 60 Baht.

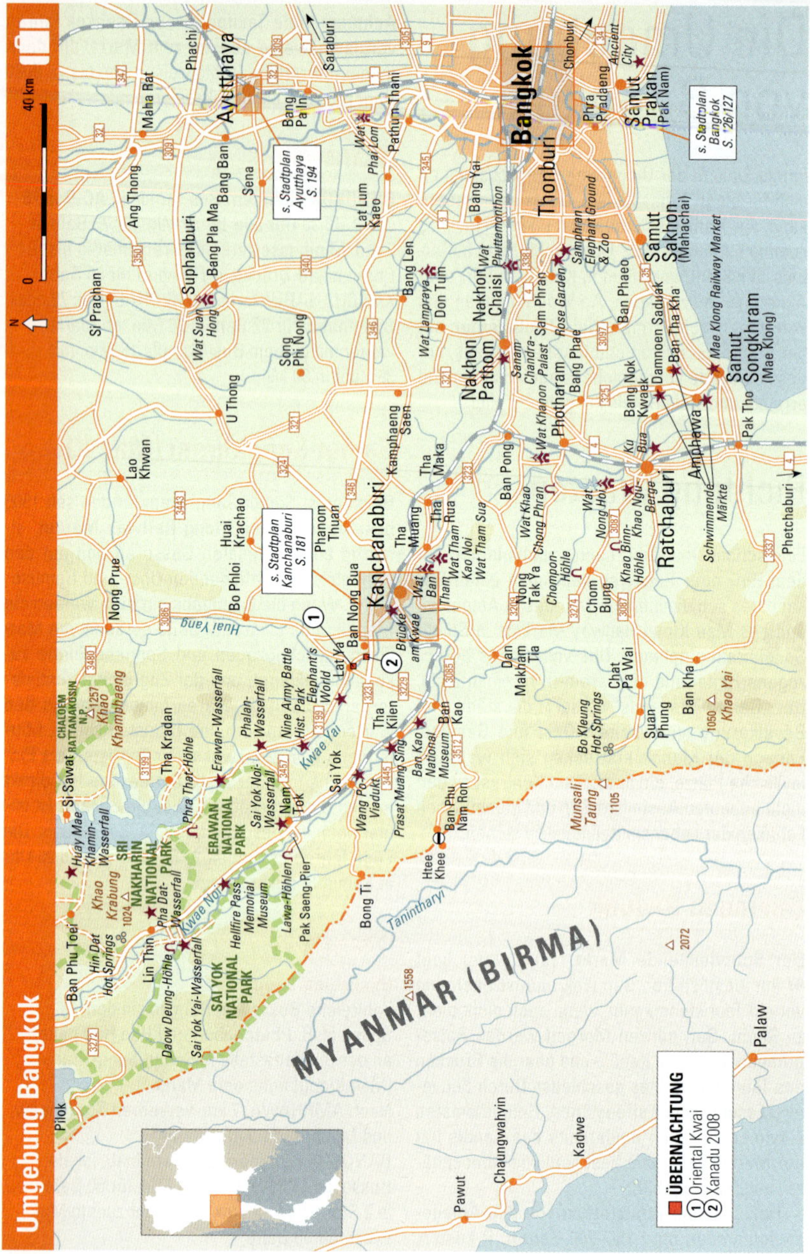
Umgebung Bangkok
0
40 km
N
MYANMAR (BIRMA)
Bangkok
Thonburi
Ayutthaya
Kanchanaburi
Nakhon Pathom
Ratchaburi
Samut Sakhon
(Mahachai)
Samut Songkhram
(Mae Klong)
Samut Prakan
(Pak Nam)
Suphanburi
Photharam
Amphawa
Phetchaburi
s. Stadtplan Ayutthaya S. 194
s. Stadtplan Kanchanaburi S. 181
s. Stadtplan Bangkok S. 126/127
Brücke am Kwae
Kwae Noi
Kwae Yai
Tanintharyi
ERAWAN NATIONAL PARK
SAI YOK NATIONAL PARK
SRI NAKHARIN NATIONAL PARK
CHALOEM RATTANAKOSIN N.P.
Erawan-Wasserfall
Hellfire Pass Memorial Museum
Mae Klong Railway Market
Damnoen Saduak
Schwimmende Märkte
Ancient City
Rose Garden
Samphran Elephant Ground & Zoo
Sanam Chandra-Palast
Nam Tok
Sai Yok
Wang Po-Viadukt
Prasat Muang Sing
Ban Kao National Museum
Ban Phu Nam Ron
Htee Khee
Bong Ti
Pawut
Chaungwahyin
Kadwe
Palaw
Pilok
Munsali Taung
Khao Yai
ÜBERNACHTUNG
1 Oriental Kwai
2 Xanadu 2008

Eisenbahn

Von Bangkoks **Wongwian Yai Railway Station** (nahe BTS Wongwian Yai) verkehrt etwa stdl. von 5.30–20.10 Uhr eine Schmalspurbahn in ca. 1 Std. nach SAMUT SAKHON (Mahachai) für 10 Baht, wo eine Fähre den Fluss überquert (3–5 Baht). Vom kleinen **Ban Laem-Kopfbahnhof** auf der anderen Seite (rechts laufen) fährt um 8.05, 12.05 und 16.40 Uhr ein Triebwagen in 1 Std. für 10 Baht weiter nach SAMUT SONGKHRAM (Mae Klong), zurück Abfahrten um 6.20, 10.20, 14.30 Uhr, der letzte Zug ab Samut Sakhon zurück nach WONGWIAN YAI fährt um 19 Uhr.

Amphawa

Die Kleinstadt **Amphawa** wurde als Geburtsort von König Rama II. auf Initiative des Königshofes hin touristisch entwickelt. Überwiegend Einheimische besuchen den **Rama II. Memorial Park** mit Tempel und Museum. Park ⌚ 8.30–17 Uhr, Eintritt 30 Baht, Museum ⌚ Mi–So 9–16 Uhr.

Am Wochenende überwältigt das Angebot an den **Essensständen** und **Garküchenbooten**. Man hat die Chance, Snacks, Seafood und regionale Spezialitäten zu probieren, die ansonsten selten angeboten werden. Kleine Läden servieren günstige Nudelsuppen. Viele haben inzwischen auch englische Speisekarten.

Wochenendziel der Bangkok-Szene

Der **Schwimmende Markt** nahe dem Wat Amphawa Chetiyaram hat sich mit seinem bunten Angebot zu einem überaus beliebten Wochenend-Ausflugsziel der Hauptstädter entwickelt. Fr von 15–22 Uhr und Sa, So sowie feiertags von 12–22 Uhr erwacht das sonst so ruhige Örtchen zum Leben. Auf dem Klong Amphawa sind dann Dutzende von Restaurant- und Ausflugsbooten unterwegs.

Entlang der Uferwege drängen sich die Besucher und lassen sich vom Angebot der schicken Lädchen im Retro-Stil, kleinen Kunstgalerien, Restaurants, Cafés und Kneipen locken. Die interessantesten Souvenirgeschäfte bieten hervorragende Postkarten, Sandalen, Taschen, kreativ bedruckte T-Shirts und handgemachten Schmuck an. Kleine Heimatmuseen mit alten Fotos, Haushaltsgegenständen und Werkzeugen ermöglichen einen Einblick in das ländliche Amphawa. Die allermeisten Geschäfte sind allerdings nur am Wochenende geöffnet.

Jenseits der Straße in einem von Kanälen durchzogenen Park laden im Schatten von Kokospalmen kleine *klae* (Bambus-Plattformen) und *salas* (Pavillons) zu einer Ruhepause ein.

TRANSPORT

Nach SAMUT SONGKHRAM, 6 km, und in andere Orte der Umgebung mit **Songthaew** und **Minibussen** für 10–20 Baht, **Tuk Tuk** 100 Baht.
BANGKOK, ab dem Tempel oder der Haltestelle an der Filiale der Thanachart Bank am H6006 östlich des Klong verkehren Minibusse zum Southern Bus Terminal für 70 Baht und zum Northern Bus Terminal für 120 Baht.

Kanchanaburi

Nicht nur die weltberühmte Brücke am Kwai, die Vorlage zu Pierre Boulles Roman und dem gleichnamigen Film, zieht einheimische wie ausländische Touristen in die Provinzhauptstadt (54 000 Einwohner). Familien japanischer und alliierter Kriegsveteranen kommen wegen der Kriegsmuseen, Soldatenfriedhöfe und anderer Spuren, die der Zweite Weltkrieg hinterlassen hat. Thailändische Familien flüchten am Wochenende aus der Metropole, um in den Resorts aufzutanken. Traveller finden hier preiswerte Gästehäuser und Restaurants sowie vielfältige Möglichkeiten für Touren und Aktivitäten.

Rings um den Busbahnhof liegt das planmäßig angelegte, touristisch unattraktive Geschäftszentrum. Es wird von der vierspurigen Fernstraße vom alten, chinesisch geprägten, quirligen Kern getrennt. Individualreisende werden sich in den Gästehäusern entlang der Straße zur Eisenbahnbrücke wohlfühlen. Die Sehenswürdigkeiten liegen weit verstreut zwischen Hauptstraße und Fluss.

Die berühmte **Brücke am Kwae**, besser bekannt als „River Kwai Bridge" bzw. „Brücke am

THAILAND

Kwai", liegt 4 km nordwestlich des Busbahnhofs. Über sie pendelt eine Touristenbahn. Zudem wird sie von Zügen überquert, die durch das Tal des Kwae Noi bis zur heutigen Endstation Nam Tok fahren. Sie machen durch lautes Pfeifen auf sich aufmerksam, sodass sich Passanten rechtzeitig in Sicherheit bringen können. Die schlichte Stahlträgerkonstruktion wurde im Krieg beschädigt und anschließend wieder aufgebaut. Sie wird von zahllosen Touristen fotografiert. Auf dem von Souvenirständen umgebenen Platz vor der Brücke stehen neben einer Informationstafel eine alte Draisine und zwei historische Lokomotiven.

Klein, aber angenehm ist das **JEATH War Museum** (JEATH = die in den Krieg verwickelten Länder: Japan, England, Australien, Amerika, Thailand und Holland) im Wat Chai Chumphon am Mae Klong-Fluss, das Ende der 1970er-Jahre in der rekonstruierten Baracke eines Kriegsgefangenenlagers eingerichtet wurde. Anhand von Fundstücken, Fotos und anderen Dokumenten vermittelt es einen Eindruck vom Leben der Gefangenen und der asiatischen Zwangsarbeiter, die 1942/43 am Bau der Eisenbahnlinie beteiligt waren. ⌚ 8.30–16.30 Uhr, 50 Baht Eintritt geht als Spende an ein Krankenhaus und eine Schule, Fotografierverbot.

Ein Teil der Toten wurde auf den beiden **Soldatenfriedhöfen** *(war cemetery)* beigesetzt, beide ⌚ 8.30–18 Uhr. Der größte, auf dem 6982 Soldaten begraben sind, befindet sich etwa 300 m südlich vom Bahnhof. An ihn grenzt ein chinesischer Friedhof. Der zweite, auf dem 1740 vornehmlich britische Soldaten begraben sind, liegt 2 km südlich der Stadt in **Khao Pun**, am Westufer des Kwae Noi.

Im **Thailand Burma Railway Centre**, ✆ 034-512 721, 💻 www.tbrconline.com, einem informativen Museum, werden der Bau der Death Railway und der Kriegsverlauf in Asien in Details und durch Videofilme dargestellt. Im Erdgeschoss werden Besuchern die mühsamen Bauarbeiten und das Lagerleben vor Augen geführt. Die Ausstellungen im Obergeschoss widmen sich den Angriffen der Alliierten, der Zerstörung der Brücke und der nach Kriegsende erfolgten Repatriierung der Kriegsgefangenen. Das Highlight ist ein 9 m langes, detailliertes Modell der Bahnstrecke. Es werden eine Karte von der gesamten Bahnlinie mit Erläuterungen verkauft und Touren für historisch Interessierte organisiert (Halbtagestouren in der Stadt 3500 Baht, 1 Tag mit Ausflug zum Hellfire Pass 7800 Baht). ⌚ 9–17 Uhr, Eintritt 140 Baht, Kinder 60 Baht.

Die Death Railway

415 km war die Strecke lang, die die Japaner während des Krieges zur Sicherung des Nachschubs als Verbindung zwischen dem thailändischen und birmanischen Eisenbahnnetz durch die Wildnis treiben ließen. Innerhalb von 17 Monaten, von Juni 1942 bis Oktober 1943, hatten 200 000 asiatische Zwangsarbeiter und 62 000 Kriegsgefangene unter großen Opfern die Trasse durch den Dschungel, die noch immer lakonisch Death Railway genannt wird, fertiggestellt. Zwangsarbeiter aus Thailand, Birma, Singapore und Malaysia sowie alliierte Kriegsgefangene lebten und arbeiteten bis zu 18 Stunden am Tag unter unmenschlichen Bedingungen. Allein von den Kriegsgefangenen starben über 12 000 durch Unfälle, Unterernährung und Krankheiten, besonders Malaria und Cholera, sowie die harte Hand der Japaner, bei den Zwangsarbeitern gab es sogar über 80 000 Opfer zu beklagen.
Wer an einer guten Aufarbeitung der Geschichte interessiert ist, sollte unbedingt zum Museum am Hellfire Pass fahren (S. 188).
Weitere Infos s. eXTra [2619].

ÜBERNACHTUNG

Kanchanaburi bietet eine vielfältige Auswahl von preiswerten Gästehäusern bis zu teureren Hotels. Samlor-Fahrer erhalten eine Provision für neue Gäste und fahren daher bevorzugt die Gästehäuser an, die ihnen das meiste Geld zahlen.

Apple's Retreat & Gh., 153/4 Moo 4 Thamakham, ✆ 034-512 017, 081- 948 4646, 💻 www.applesguesthouse.com. Die moderne Anlage liegt jenseits der Straßenbrücke in ländlicher Umgebung und beherbergt in einem 2-stöckigen Reihenhaus mit Blick über die

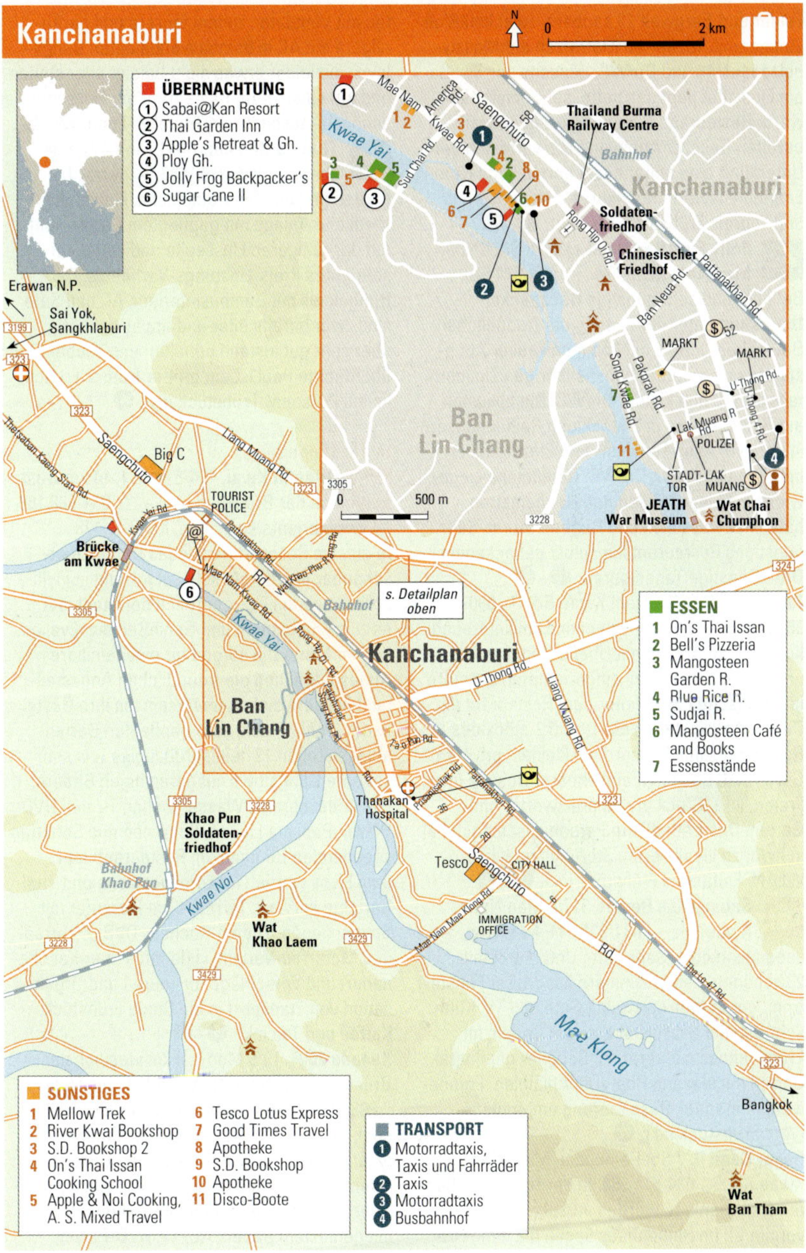

Kanchanaburi
N
0
2 km
ÜBERNACHTUNG
1 Sabai@Kan Resort
2 Thai Garden Inn
3 Apple's Retreat & Gh.
4 Ploy Gh.
5 Jolly Frog Backpacker's
6 Sugar Cane II
ESSEN
1 On's Thai Issan
2 Bell's Pizzeria
3 Mangosteen Garden R.
4 Blue Rice R.
5 Sudjai R.
6 Mangosteen Café and Books
7 Essenstände
SONSTIGES
1 Mellow Trek
2 River Kwai Bookshop
3 S.D. Bookshop 2
4 On's Thai Issan Cooking School
5 Apple & Noi Cooking, A. S. Mixed Travel
6 Tesco Lotus Express
7 Good Times Travel
8 Apotheke
9 S.D. Bookshop
10 Apotheke
11 Disco-Boote
TRANSPORT
1 Motorradtaxis, Taxis und Fahrräder
2 Taxis
3 Motorradtaxis
4 Busbahnhof
Thailand Burma Railway Centre
Bahnhof
Kanchanaburi
Soldaten-friedhof
Chinesischer Friedhof
Ban Lin Chang
MARKT
POLIZEI
STADT-TOR
LAK MUANG
JEATH War Museum
Wat Chai Chumphon
0
500 m
Mae Nam Kwae Rd.
America Rd.
Saengchuto
Kwae Yai
Sud Chai Rd.
Rong Hip Oi Rd.
Pattanakhan Rd.
Ban Neua Rd.
Song Kwae Rd.
Pakprak Rd.
U-Thong Rd.
U-Thong 4 Rd.
Lak Muang Rd.
Erawan N.P.
Sai Yok, Sangkhlaburi
Big C
Liang Muang Rd.
Thetsaban Kaeng Sian Rd.
TOURIST POLICE
Brücke am Kwae
Kwae Yai Rd.
s. Detailplan oben
Kanchanaburi
Thanakan Hospital
Khao Pun Soldaten-friedhof
Bahnhof Khao Pun
Kwae Noi
Wat Khao Laem
Tesco
CITY HALL
IMMIGRATION OFFICE
Mae Nam Mae Klong Rd.
Mae Klong
Bangkok
Wat Ban Tham

Felder und Bergwelt 16 saubere, zweckmäßige Zimmer mit AC, harten Matratzen auf Massivholzpodesten und Du/WC. Jenseits der Straße am Flussufer liegt das nette, sehr empfehlenswerte Restaurant. Die engagierten und hilfsbereiten Besitzer Apple und Noi verleihen der Unterkunft eine angenehme persönliche Note. Empfehlenswerte Kochkurse, Fahrradverleih und Touren. Frühstück 200 Baht. ❸–❹

€ **Jolly Frog Backpacker's**, 28 Soi China, Mae Nam Kwae Rd., ✆ 034-514 579. Beliebte und sehr günstige Backpacker-Unterkunft unter der Leitung der freundlichen Deutschen Christa mit kommunikativer Atmosphäre und 55 einfachen, hellhörigen Zimmern, teils mit AC und kleiner Du/WC. Die billigsten auf Rafts, andere in 2-stöckigen Reihenhäusern im Garten. Auch Familien- und Einzelzimmer mit Gemeinschafts-Du/WC. Gemütliche Liegewiese mit Liegestühlen und Hängematten, hübscher Flussblick und Badeplattform. Sehr günstiges Restaurant mit selbst gebackenem Brot. Günstige Tagestouren. ❶–❷

Ploy Gh., 79/2 Mae Nam Kwae Rd., ✆ 090-964 2653, 💻 www.ploygh.com. Familienfreundliche, kleine Anlage mit Überlaufpool am Fluss und 23 geschmackvoll eingerichteten Zimmern im asiatischen Stil. Hinter dem Restaurant mit Dachterrasse stehen ein 1- und 2-stöckiges Reihenhaus mit Zimmern mit kleinen, privaten Gärten, AC und nicht einsehbarer Dusche im Freien, im 1. Stock etwas preiswerter ohne Garten. Das freundliche Personal ist manchmal schwer zu lokalisieren. Störungsanfälliges WLAN. Einfaches Frühstück inkl. ❸–❺

Sabai@Kan Resort, 317/4 Mae Nam Kwae Rd., ✆ 034-625 544, 💻 www.sabaiatkan.com. Sehr nette Unterkunft mit 23 schönen, hellen Zimmern mit großer Fensterfront, guten Matratzen, AC, Safe und TV, Kühlschrank und Sitzkissen auf dem Boden, im Erdgeschoss mit Veranda. Schöner gepflegter Garten mit kleinem Pool zum Abkühlen. Freundliches Personal. Reservierung empfehlenswert. Frühstück inkl. ❺

Sugar Cane II, 7 Soi Cambodia, Mae Nam Kwae Rd., ✆ 034-514 988. In der relativ gepflegten Gartenanlage werden verschiedene Zimmer vermietet: Im Reihenhaus liegen die einfachsten mit Ventilator, zudem teurere und geräumigere mit AC in bambusverkleideten Bungalows, die leider etwas dicht beieinander stehen und auf einem Raft. Restaurant am Fluss mit schönem Ausblick und Traveller-Food. ❶–❷

€ **Thai Garden Inn**, 74/11 Moo 4 Thamakham, ✆ 085-819 1686, 💻 www.thaigardeninn.com. Die freundliche, kleine und friedliche Anlage mit gepflegtem Garten liegt auf der ruhigeren Flussseite und bietet ein sehr gutes Preis-Leistungs-Verhältnis. Die Bungalows mit Bambusinterieur, AC und Safe sind zwar bereits älter und etwas hellhörig, aber sehr gut instand gehalten und sauber. Der überdachte Pool ist ein großer Bonus. Freundliches Personal. Frühstück inkl. ❹

In der Umgebung

Oriental Kwai, 194/5 Moo 1, 14 km westlich der Brücke in Ladya, ✆ 034-588 168, 💻 www.orientalkwai.com, Karte S. 178. In diesem Resort stimmt jedes Detail: Überschaubar und persönlich, schick und in idyllischer Lage am Fluss nördlich der Stadt lädt es zum Entspannen und Genießen ein. Evelien und ihr Mann Djo sorgen für eine familiäre Atmosphäre, und die freundlichen Angestellten kümmern sich aufmerksam um ihre Gäste. In der weitläufigen, sehr gepflegten Gartenanlage stehen 12 helle, großzügige und sehr saubere Bungalows mit geräumigen Bädern, Fön, Kühlschrank, Wasserkocher, TV und DVD-Player. Pool mit Liegen, Schirmen und Schatten spendenden Bäumen. Im Restaurant über dem Fluss werden leckere westliche und Thai-Gerichte serviert. Terrasse am Flussufer mit Sonnenliegen. Zudem Bücher-, DVD-, Fahrrad- und Motorrad-Verleih, viele Infos über Kanchanaburi und Vorschläge für Touren und Organisation von Transport in die Stadt. Frühstück, Kaffee und Tee inkl. ❺–❻

Xanadu 2008, 19/5 Moo 1, 9 km westlich der Brücke in Ban Nong Bua nördlich des Flusses, ✆ 080-0213 346, 💻 www.xanaduresort2008.com, Karte S. 178. Außerhalb der Stadt in einer gepflegten Gartenanlage am Fluss stehen 4 sehr saubere Doppel- und 2 geräumige, zweckmäßig eingerichtete Einzelbungalows mit gefliestem Boden, AC, TV, DVD-Player,

Kühlschrank und Du/WC. Der kleine, aber feine Pool und die Terrasse am Wasser laden zum Entspannen ein. Die Gastgeber Dennis und Nee sind sehr hilfsbereit, die Atmosphäre ist persönlich und freundlich und der Schäferhund des Hauses sehr zutraulich. Gutes Restaurant. DVD-Verleih inkl. ❹–❺

ESSEN

Im Umkreis der Gästehäuser konzentrieren sich **Essensstände** und kleine Restaurants, die ein preiswertes Angebot bereithalten – auf Sauberkeit achten! Am preiswertesten sind die Nudelläden südlich und westlich des Busbahnhofs. Abends werden zudem entlang der südlichen Uferstraße Essensstände aufgebaut. Vor allem Thais essen hier.

Ein **Nachtmarkt** findet abends gegenüber vom Soldatenfriedhof im Stadtzentrum statt. ⌚ außer Mi 18–22 Uhr.

Vielen Gästehäusern sind günstige **Backpacker-Restaurants** angegliedert, in denen es Frühstück und die üblichen Standardgerichte gibt.

Bell's Pizzeria, 24/5 Mae Nam Kwae Rd., gegenüber Ploy Gh., ✆ 081-010 6614, 💻 www.bellspizzeria.com. Kleines Restaurant unter der Leitung von Thong und dem Schweizer Kinet mit leckeren Pizzas um 200 Baht und einer großen Auswahl an Pasta und Thai-Gerichten um 100 Baht. Auch Erdinger, Kickertisch und WLAN. ⌚ ab 17 Uhr.

Blue Rice Restaurant, gegenüber Apple's Retreat, 💻 www.applesguesthouse.com. In dem luftigen, ruhig gelegenen Gartenrestaurant mit herrlichem Flussblick servieren Apple und Noi ordentliche Portionen sehr schmackhafter einheimischer, ohne Glutamat gekochter Gerichte, auch vegetarische Optionen. Viele ausgesuchte lokale Zutaten. Freundlicher Service.

€ **Mangosteen Café and Books**, 13 Mae Nam Kwae Rd., ✆ 081-793 5814, 💻 www.mangosteencafe.net. Nett eingerichtetes, kleines Café-Restaurant mit entspannter Musik, Sofaecke und Büchern. Bebilderte Speisekarte mit sehr günstigen Thai- (100–130 Baht) und westlichen Gerichten, die nicht nur gut aussehen, sondern auch schmecken. ⌚ 8.30–21 Uhr. Jeden 1. und 3. Mo im Monat geschlossen.

€ **Mangosteen Garden Restaurant**, 74/12 Moo 4 Thamakham, ✆ 034-511 814. Neuer Ableger des beliebten Restaurants auf der anderen Flussseite mit viel Platz, AC-gekühltem Innenbereich und schönem Garten. Kinderfreundlich mit vielen Spielen und Platz zum Toben. Sehr günstige, leckere Gerichte (s. o.). Es wird auf Energieeffizienz geachtet: LED-Lampen und hochwertige Dämmmaterialien rund um den AC-Raum, Regenwasser- und Holzrecycling. ⌚ 11.30–22 Uhr. Jeden 1. und 3. Mo im Monat geschl.

On's Thai Issan, 36 Mae Nam Kwae Rd., ✆ 087-364 2264, 💻 www.onsthaiissan.com. Die kleine, rüstige und lustige On betreibt das einfache, aber sehr gute und beliebte vegetarische Thai-Restaurant mit überaus günstigen und zugleich leckeren Gerichten. Fleischesser werden erstaunt feststellen, wie schmackhaft Tofu und Co. sein können. Auch gute Kochkurse (s. u.). ⌚ 10–22 Uhr.

Sudjai Restaurant, Moo 4, Thamakham Rd. In dem Thai-Gartenrestaurant hinter der schmalen Straßenbrücke vor Apple's Retreat wird gutes Essen serviert. Viele Einheimische essen hier. ⌚ 10–22 Uhr.

UNTERHALTUNG

Bars

Auf der unteren Mae Nam Kwae Rd. wird mit dem Spruch geworben: „Get drunk for 10 Baht". Auch wenn es etwas teurer wird, trifft es doch den Kern der Bierbar-Szene. Viele Pubs und Bars werden von pensionierten Briten und deren thailändischen Freundinnen geführt. Sie werden auch von Prostituierten genutzt, ebenso wie einige der angrenzenden Gästehäuser.

Disco-Boote

Die Partyboote sind mit Karaoke ausgestattet und nach wie vor vor allem bei Japanern und Koreanern beliebt. Sie verkehren bis 24 Uhr meist auf dem Kwae Noi, zu späterer Stunde auch weiter den Fluss hinab, wo sie ungestört lärmen können. Mit einem Charterpreis ab 3000 Baht sind sie recht teuer.

EINKAUFEN

Bücher

River Kwai Bookshop, Mae Nam Kwae Rd. Gut sortierte Auswahl an neuen und gebrauchten Büchern, Karten sowie einigen gebrauchten deutschen Titeln. ⌚ außer Mi 12.30–21 Uhr. Zudem auch der **S.D. Bookshop**, Mae Nam Kwae Rd., mit vergleichbarem Angebot. Secondhand-Bücher kaufen und tauschen **Mangosteen Café and Books** und einige Bars.

Märkte und Einkaufszentren

Auf dem **Nachtmarkt** ggü. vom Soldatenfriedhof werden neben Snacks auch Kleidung und Kunsthandwerk verkauft. ⌚ außer Mi 18–22 Uhr.

Mi Abend findet an gleicher Stelle ein **Secondhand-Markt** statt, auf dem man den einen oder anderen Schatz entdecken kann. ⌚ Mi 18–21 Uhr.

Tesco Lotus Supermarket, 2,1 km südlich vom Tourist Office. ⌚ 9–23 Uhr.

AKTIVITÄTEN

Begegnungen mit Elefanten

Der Elefant ist nicht nur Thailands Wappentier, sondern auch eine der größten Touristenattraktionen des Landes. Zwischen Kanchanaburi und Nam Tok offerieren mehrere Camps Ausritte auf Elefanten. Busladungen von Touristen werden auf die teils völlig überarbeiteten Dickhäuter verfrachtet, um eine Runde zu drehen und sich gegenseitig zu fotografieren. Wer diesen tierquälerischen Zirkus ablehnt, hat eine Alternative:

Elephant's World, 32 km nordwestlich, von der Straße zum Erawan National Park am Nitchiko Resort & Country Club abbiegen und an der Schranke 4, 6 km nach rechts, ✆ 034-510 511, 086-335 5332, 💻 www.elephantsworld.org, weitere Informationen unter 💻 www.fb.com/elephantsworld und 💻 www.tourismlog.wordpress.com/2009/06/15/der-elefantendoktor. Das 2008 vom obersten Tierarzt der Region, Vet. Samart Prasitthiphon, gegründete und von der sehr engagierten Holländerin Agnes geleitete Camp dient als Auffanglager für alte, behinderte und kranke Tiere und beherbergt zurzeit 18 Elefanten, u. a. den größten Bullen des Landes.

Es werden keine Ausritte veranstaltet, aber man kann die Tiere füttern und gegen 15 Uhr mit ihnen baden und sie waschen. Touristen können das Camp von 10–16 Uhr besuchen. Tagesbesucher zahlen 2500 Baht inkl. Transport ab Kanchanaburi und Mittagessen, Kinder 1200 Baht. Zudem 2-Tage-Programme in Gruppen von 6–10 Pers. mit Übernachtung in einfachen Cottages am Fluss für 4500 Baht, Kinder 3200 Baht, oder 3 Tage mit einer Übernachtung im Camp und einer weiteren im Wald auf der Suche nach wilden Elefanten und anderen Dschungelbewohnern für 9800 Baht. Weiterhin gibt es speziell auf Kinder ausgelegte Programme.

Wer mit den einfachen Lebensbedingungen und der Hitze klarkommt, kann als **Freiwilliger** hier für mind. 1 Monat arbeiten: Futter ernten, bei der Zubereitung des Essens oder der Pflege der Tiere helfen und Besucher über das Gelände führen.

Kanutouren

Viele Veranstalter organisieren Tagestouren auf dem Kwae Yai und Kwae Noi in Stadtnähe inkl. Ausrüstung, Boote, Mittagessen, Guides und Transfer für 350 Baht p. P. (1 1/2 Std.) bzw. 450 Baht (3 Std.) ab Nongbua Bridge.

Safarine, 120/5 Moo 4, Nong Bua-Sayok Rd., südwestlich der Innenstadt, ✆ 086-049 1662, 💻 www.safarine.com. Tagestour ab 1950 Baht. ⌚ 8–17 Uhr.

Kochkurse

Apple & Noi Cooking, ggü. Apple's Retreat, 💻 www.applesguesthouse.com/apple-noi-cooking. Wer mehr über Apple und Nois Kochkünste erfahren möchte, kann an einem vergnüglichen **Kochkurs** von 9.30–14.30 Uhr für 1990 Baht p. P. teilnehmen, bei dem alle gemeinsam über den Markt streifen, 4 Gerichte kochen und essen und ein nettes Kochbuch erhalten. Anmeldung im Guesthouse.

€ **On's Thai Issan Cooking School**, 36 Mae Nam Kwae Rd., ✆ 087-364 2264, 💻 www.onsthaiissan.com. Bei den spaßigen vegetarischen Kochkursen können sich die Teilnehmer für 3 Gerichte aus der Speisekarte entscheiden, die dann gemeinsam gekocht und gegessen werden. Die informell gestalteten 2-stündigen Kurse starten nach Voranmeldung tgl. von 10–18 Uhr und kosten 600 Baht p. P.

TOUREN

Etwa 20 Veranstalter unterbieten sich mit preiswerten Tagestouren zur Brücke, den Höhlen, dem Erawan Nationalpark und in die nähere Umgebung. Zudem werden Bahn- und Bootsausflüge, Trekkingtouren mit Elefantenreiten und Bambus Rafting angeboten, teils alles an einem Tag, sodass zwischen den Fahrten kaum Zeit bleibt, die Natur zu erleben. Einfache Tagestouren gibt es ab 800 Baht, 2-Tage-Touren mit Elefanten und Rafting ab 2200 Baht.

Tourveranstalter

A.S. Mixed Travel, ✆ 034-512 017, 💻 www.applesguesthouse.com/a-s-mixed-travel. Tagestouren mit guter Betreuung.

Good Times Travel, 63/1 Mae Nam Kwae Rd., ✆ 034-624 441, 081-913 7758, 💻 www.good-times-travel.com. Freundliches, zuverlässiges und gut Englisch sprechendes Personal.

Mellow Trek, 295/9 Mae Nam Kwae Rd., ✆ 084-727 1959, 084-191 2509, 💻 www.mellowtrek.com/de. Der Norweger Steffen Trulsen und sein einheimischer Kollege Uzi haben sich auf individuell angepasste Touren spezialisiert. Steffen spricht auch Deutsch. Die höheren Preise sind durchaus gerechtfertigt: Hier wird mit Engagement und Begeisterung gearbeitet.

Bootstouren

Am JEATH-Museum und an der Eisenbahnbrücke werden Boote für eine Stadtrundfahrt auf dem Kwae Noi, dem Kwae Yai und flussabwärts auf dem Mae Klong angeboten. Eine Fahrt von der Brücke zum JEATH-Museum kostet 250–300 Baht, bis Wat Tham Khao Pun 500–600 Baht, eine 2-stündige Tour ab der Brücke zur Höhle, dem Friedhof und Museum ab 800 Baht pro Boot.

SONSTIGES

Die Mae Nam Kwae Rd. säumen Bars, Wäschereien, Motorrad- und Fahrradvermietungen, Büros der Tourveranstalter und Massagesalons.

Fahrradverleih

Sie werden von und in der Nähe der Gästehäuser für 50–70 Baht pro Tag vermietet. Gute Räder, wie im Oriental Kwai Resort, kosten bis 150 Baht.

Feste

Ende Nov/Anfang Dez findet das 10-tägige **River Kwai Bridge Festival** mit einem riesigen Nachtmarkt inkl. Riesenrad statt. Höhepunkt ist die Sound-and-Light-Show über die Geschichte der Brücke (1–2x tgl., 300 Baht), die trotz der vielen Darsteller, Knalleffekte und dem imposanten Feuerwerk wenig fasziniert.

Immigration

Immigration, 100/22 Mae Klong Rd., in Pak Praek, ✆ 034-564 265, 034-564 279, 💻 www.immigration.go.th. Das Office liegt 3,5 km Richtung Bangkok. An der City Hall (bis dorthin mit dem Stadtbus) geht es 800 m nach Westen. Die Visumverlängerung geht schnell vonstatten. Dafür benötigt man ein Passbild, Kopien von Pass, Visum und Einreisekarte sowie einen Nachweis von einer Unterkunft in Kanchanaburi. 🕒 Mo–Fr 8.30–16.30 Uhr.

Informationen

Tourist Office, 14 Saengchuto Rd., ✆ 034- 511 200, 512 500, ✉ tatkan@tat.or.th. Hilfsbereite Mitarbeiter verteilen einen guten Stadt- und Umgebungsplan, Hotel- und Transportlisten. 🕒 8.30–16.30 Uhr.

Die Webseite 💻 www.kanchanaburi-info.com/de von Edgar König informiert über Sehenswertes in der Stadt und die angrenzenden Provinzen.

Massagen

Mehrere Läden in der Mae Nam Kwae Rd. verlangen ab 120 Baht pro Behandlungsstunde, eine Ölmassage gibt es ab 180 Baht.

THAILAND

Eine Fahrt mit der Eisenbahn des Todes

Beliebt ist die gemächliche Fahrt mit dem Zug nach Nam Tok, die für Touristen unabhängig von der zurückgelegten Strecke 100 Baht kostet. Der interessanteste Teil der Fahrt über das Wang Po-Viadukt (S. 188) vor Nam Tok dauert nur wenige Minuten, die restliche Zeit geht es durch eine recht eintönige Landschaft. **Tipp**: Auf der linken Seite einen Platz ergattern.
In der Hochsaison und besonders am Wochenende sind die Züge manchmal so überfüllt, dass man nichts sieht.
Ein kleines, buntes Bähnchen mit offenen Wagen fährt von 9–15 Uhr in 20 Min. für 20 Baht für Touristen über die Brücke.
Ab Bangkok verkehrt jeden Sa und So um 6.30 Uhr der „Excursion Train" (3.-Kl.-Waggons) für 130 Baht mit Stopps in Nakhon Pathom (40 Min. zur Besichtigung des Chedi) und an der Brücke am Kwae (20 Min.) bis nach Nam Tok (ca. 2 1/2 Std. Aufenthalt zur Besichtigung des Wasserfalls, S. 188) und zurück mit weiterem Stopp in Kanchanaburi (1 Std.). Um 19.25 Uhr ist er wieder in Bangkok. Infos ✆ 02-620 699, ✆ 034-561 052 oder am Bahnhof.

Medizinische Hilfe

Thanakan Hospital, an der Straße nach Bangkok, ✆ 034-622 366-75. Gutes, sauberes Krankenhaus mit englischsprachigen Ärzten.

Motorradverleih

Kleinere Maschinen werden ab 180 Baht (Manual) bzw. 330 Baht (Automatik) in Gästehäusern und der Mae Nam Kwae Rd. vermietet.

Polizei

Tourist Police, Saengchuto Rd., nahe dem Isuzu Building, ✆ 034-512 795, ⌚ 24 Std.

NAHVERKEHR

Fahrrad-Rikschas

Fahrer von Fahrrad-Rikschas (Samlor) und Motorradtaxis bekommen von den Gästehäusern 50–100 Baht Provision pro Gast. Dennoch verlangen Samlor-Fahrer für kurze Strecken ab 60 Baht. Längere Strecken besser mit dem Tuk Tuk oder Songthaew fahren.

Motorradtaxis

Motorräder mit Beiwagen 10–20 Baht pro km, eine Fahrt im Stadtgebiet ab 30 Baht, zum Immigration Office 100 Baht.

Minibusse/Songthaew-Charter

Wenn man sie chartert, kostet eine kurze Strecke innerhalb des Stadtgebietes ab 100 Baht, die Fahrt zur Brücke 100 Baht, Wat Tham Khao Pun oder Wat Tham Mangkorn Thong 300–350 Baht. Chartern für Ausflüge 1700 Baht pro Tag, von 9–17 Uhr ab 1200 Baht.

Songthaew

Entlang der Hauptstraße verkehren von 6–19 Uhr alle 15 Min. orangefarbene Songthaew für 10 Baht, die an festen Haltestellen stoppen, z. B. gegenüber der Einmündung der U-Thong Rd. Linie 2 fährt an der Brücke vorbei. Zu den Gästehäusern bis zum Friedhof mitfahren und dann laufen.

Tuk Tuk

Einige Tuk Tuks stehen am Nordende des Busbahnhofs. Eine Fahrt kostet 50–100 Baht, zur Brücke 100 Baht. Charter 200 Baht pro Std.

TRANSPORT

Busse

Aktuelle Abfahrtszeiten hängen am Eingang des Busbahnhofs, ✆ 034-511 182, aus. Busse Richtung Suphanburi stoppen an der U-Thong Rd., Busse nach Norden und Nordwesten am Friedhof.
AYUTTHAYA, lokaler Bus 411 bis SUPHANBURI von 4.50–18 Uhr alle 20 Min. für 48 Baht in 2 1/2 Std. Von dort weiter mit Minibussen oder Bus 703 für 22 Baht in 1 Std.

BANGKOK, zum Southern Bus Terminal (Sai Tai Mai/Taling Chan), 129 km, mit Bus 81 von 4–20 Uhr alle 20 Min. für 110 Baht in 2 1/2 Std. Zum Northern Bus Terminal (Mo Chit), 149 km, Bus 9918 von 7–19 Uhr stdl. für 105–135 Baht in 3 1/2 Std.
DAMNOEN SADUAK (Floating Market), über BANG PHAE, Bus 461 alle 15 Min. für 50 Baht und weiter mit Bus 78 oder Bus 1733 für 10 Baht.
ERAWAN NATIONAL PARK, 65 km, Bus 8170 von 8–17 Uhr stdl. für 50 Baht in 1 1/2 Std. Zurück bis 16 Uhr.
RAYONG (für Ko Chang), via PATTAYA (4–5 Std.) mit Bus 786 um 8 und 17 Uhr für 380 Baht in 6–7 1/2 Std.

Minibusse

Nicht alle Minibusse sind lizenziert. Sie sind zeitlich nicht immer zuverlässig, daher sollte man bei knapp geplanten Verbindungen besser die großen Busse nutzen.
AYUTTHAYA, Backpacker-Bus ohne Lizenz um 13.30 Uhr für 400 Baht.
BANGKOK, offizielle Minibusse ab Busbahnhof zum Southern Bus Terminal für 100 Baht in 2 Std. und zum Northern Bus Terminal (Mo Chit) für 120 Baht in 2 1/2 Std. Inoffizielle zur Khaosan Rd. für 110 Baht. Zum Flughafen (Suvarnabhumi) mit Bussen ohne Lizenz von 8–18 Uhr alle 2 Std. für 500 Baht.

Eisenbahn

Züge nach NAM TOK (2 Std.) fahren um 10.35 und 16.26 Uhr ab, nach BANGKOK (Thonburi) um 7.19 und 14.48 Uhr in 2 1/2 Std. Informationen und Preise unter 💻 www.railway.co.th. Näheres zum Excursion Train s. Kasten.

Die Umgebung von Kanchanaburi

Die Tour zwischen Kwae Noi und Mae Klong: Kanchanaburi–Wat Ban Tham–Kao Noi–Tham Sua–Kanchanaburi ist ca. 38 km lang und mit Fahrrädern machbar, aber wegen der vorherrschenden Hitze sehr anstrengend. Frauen sollten zur Sicherheit nicht alleine fahren. Während der Zuckerrohrernte im Dezember/Januar können Lkws vor allem Radfahrern gefährlich werden.

Wat Ban Tham

Südlich der großen Brücke zweigt von der Mae Nam Mae Klong Rd. eine schmale, teilweise von Schlaglöchern übersäte Straße Richtung Südosten ab und führt parallel zum Fluss an Steinbrüchen, chinesischen Friedhöfen und Tempeln vorbei.

Bemerkenswert ist der Höhlentempel **Wat Ban Tham** nach 5,8 km. Über 115 Stufen ist der Eingang durch das 3 m hohe Maul des riesigen Drachen erreicht, der sich den Berg hinabzuschlängeln scheint. Nach weiteren 40 Stufen durch seinen „Körper" erstreckt sich eine halb offene, natürlich erleuchtete Haupthöhle mit einer großen Buddhastatue und der Statue einer Frau, die als wundertätig angesehen wird. Körbe voller Spielzeug und Kleidung sollen sie gnädig stimmen.

Steigt man die Wendeltreppe am Eingang weiter hinauf, gelangt man zu einer hübschen Tropfsteinhöhle und nach einer halbstündigen Wanderung zum Gipfel. Songthaew ab Kanchanaburi etwa 500 Baht.

Wat Tham Kao Noi und Wat Tham Sua

Nach weiteren 2 km auf der Uferstraße überquert man einen Kanal und erblickt bereits in der Ferne die roten und goldenen, mehrfach gestaffelten Tempeldächer des Bots im Thai-Stil. Eine überdimensionale Buddhafigur blickt gleichgültig auf das Land hinab. Es geht 2 km bis zu einem schmalen Zufahrtsweg, der nach 500 m am großen Parkplatz am Fuße der beiden Tempel **Wat Tham Kao Noi** und **Wat Tham Sua** endet.

Die beiden auf zwei Hügeln gelegenen Tempel sind nur separat zugänglich. Vom Fuße des Berges führt eine steile Treppe über 158 Stufen zum Thai-Tempel hinauf, oder man kann für 15 Baht die kleine Seilbahn in Betrieb setzen lassen. Von oben eröffnet sich ein fantastischer Ausblick über die Reisfelder und Flusslandschaft.

Neben dem Bot und gigantischen Buddha erhebt sich ein riesiger, brauner Chedi. Der südliche taoistische Tempel ist ganz im chinesischen Stil gehalten. Löwen bewachen das mit Schriftzeichen verzierte Eingangstor, dahinter begrüßt ein lächelnder Buddha die Besucher. Treppenaufgänge führen durch die Anlage hinauf zur runden, siebenstöckigen Pagode, deren Innenwände mit Hunderten von Votivtafeln bedeckt sind. Songthaew ab Kanchanaburi ca. 800 Baht.

Wang Po-Viadukt (Tham Krasae)

Kurz vor Nam Tok, nordwestlich von Kanchanaburi, führt die „Death Railway" zwischen steilen Felsen und dem Fluss entlang. Höhepunkt der Eisenbahnfahrt ist die Überquerung des Wang Po-Viadukts (auch Wampo), einer 200 m langen Holzbrücke, die sich eng an die steilen Felswände schmiegt und über die die Bahn im Schritttempo fährt. Kaum vorstellbar, unter welchen unsäglichen Anstrengungen dieser Streckenabschnitt einst erbaut wurde. Wer am Viadukt an der Bahnstation Tham Krasae aussteigt, kann über die Holzbrücke laufen und die tolle Aussicht genießen, die sich vor allem von der kleinen, in der Felswand gelegenen **Krasae-Höhle** bietet, in der ein großer Buddha steht. In den Restaurants kann man sich bis zur Ankunft des nächsten Zuges stärken. Mit dem eigenen Fahrzeug geht es von Sai Yok über die Brücke und dann nach links.

Nam Tok

Die Endstation der Eisenbahnlinie, 77 Bahn- und 58 Straßenkilometer von Kanchanaburi entfernt, hat mit dem Ausbau der Straßeninfrastruktur als Versorgungszentrum an Bedeutung eingebüßt. Der verschlafene Ort erwacht nur zum Leben, wenn ein Zug einfährt und Guides, Händler, Busse und Taxis zum Bahnhof strömen.

Von Nam Tok führt ein beliebter Ausflug zum **Sai Yok Noi-Wasserfall**. Taxis verlangen vom Bahnhof 20 Baht p. P., oder man läuft die Gleise entlang, vorbei an einer **alten Lokomotive**, die von den Japanern im Zweiten Weltkrieg für Truppentransporte in Thailand gebaut und bis 1976 im Passagierverkehr genutzt wurde. Am H323 geht es von der Polizeistation 800 m Richtung Norden. Der gut besuchte Wasserfall am eingefassten Pool (Baden verboten!) ist nur während der Regenzeit (Juni–Okt) wirklich schön.

Wer der Ausschilderung zur „Water Source" folgt, kommt nach 900 m zu einer **Quelle** an einem Felsen, aus dem kristallklares Wasser sprudelt. In den von hohen Bäumen, Picknickplätzen und einem Getränkestand umgebenen Strudellöchern kann man herumwaten und sich abkühlen.

TRANSPORT

Bus 8203 nach KANCHANABURI (37 Baht, 1 1/2 Std.) hält alle 30 Min. bis 17.30 Uhr an der Polizeistation an der Hauptstraße und vor dem Sai Yok Noi-Wasserfall.
Züge nach Kanchanaburi (100 Baht, 2 Std.) fahren um 5.20 und 12.55 Uhr ab.
Boote für bis zu 6 Pers. fahren ab Pak Saeng-Pier, 2 km südwestlich vom Bahnhof, zu Zielen am Fluss für 1000 Baht pro Std.
Songthaew zum Hellfire Pass kosten 800 Baht.

Hellfire Pass

Aufgrund einer Initiative ehemaliger australischer Kriegsgefangener wurde Mitte der 1980er-Jahre der Grundstein für die Gedenkstätte am KM 64,8, westlich des H323 an der ehemaligen Bahnstrecke, gelegt. Songthaew ab Kanchanaburi verlangen hin und zurück 1800 Baht. Alternativ mit Bus 8203 alle 30 Min. von 6–18.30 Uhr für 45 Baht in 2 Std. Der letzte Bus zurück fährt um 17 Uhr.

Das auf einem Bergkamm innerhalb eines Militärgeländes über der Eisenbahnstrecke gelegene **Hellfire Pass Memorial Museum**, ✆ 034-919 605, 💻 http://hellfire-pass.commemoration.gov.au, lohnt die Anfahrt allemal. Die von der australischen Regierung finanzierte Ausstellung vermittelt anhand von Fotos, Skizzen, Funden und englischen Beschreibungen die Geschichte der Zwangsarbeiter. Berichte Überlebender und historische Aufnahmen sind in einem siebenminütigen Video zusammengefasst. An dieser Stelle mussten etwa 1000 Kriegsgefangene für die Bahnlinie unter großem Zeitdruck selbst nachts bei Holzfeuerbeleuchtung eine 10 m tiefe Schneise in einen Hügel schlagen, was etwa 400 Menschen das Leben kostete. Der Verlauf

S.RUNGSIN

der Schneise lässt sich am Modell des Hellfire Passes gut nachvollziehen. 🕒 9–16 Uhr, Eintritt frei, Spenden sind gern gesehen. Ein informativer englischsprachiger Audioguide mit Augenzeugenberichten und Hintergrundinfos ist gegen eine Kaution von 200 Baht und der Hinterlegung des Passes erhältlich.

Vom Museum kann man auf einem ausgeschilderten Pfad spazieren. Der anfangs steile Fußweg führt durch schattige Bambuswälder mit schönen Ausblicken. Die meisten Besucher gehen nur bis zur 500 m entfernten Schneise **Konyu Cutting**. Dahinter geht es zu weiteren Schneisen, Bombenkratern, ehemaligen Camps und temporären Brücken. Wer auf dem Schotterbett bis Hintok (2,5 km, 1 1/2 Std.) laufen möchte, bekommt an der Rezeption zur Sicherheit ein Funkgerät und sollte für den Rückweg ein Fahrzeug an der Hintok Road organisieren. Die 1,5 km lange Strecke jenseits der Straße ist gesperrt. Wasser nicht vergessen, es gibt unterwegs keine Geschäfte.

Erawan National Park und Umgebung

Der 550 km² große Nationalpark erstreckt sich entlang einem schmalen, bewaldeten Tal beiderseits eines Nebenflusses des Kwae Yai. Der Fluss bildet eine Reihe von sieben sehr schönen **Wasserfällen** mit Sinterterrassen, an denen man weit hinauflaufen kann.

Badeplätze im Erawan National Park

Der Morgen ist die beste Zeit, um ganz hinaufzuklettern und dann langsam hinabzuwandern. Sehr pittoresk sind die zweite, vierte und fünfte Stufe des Wasserfalls. Die dritte Stufe ist die schönste und ein herrlicher Badeplatz. Nach einem 1 1/2-stündigen, schweißtreibenden Aufstieg bis zur 7. Stufe müssen alle Wanderer umkehren. Ab 15.30 Uhr werden die Wasserfälle auf den Stufen 5, 6 und 7 geschlossen, ab 16 Uhr die Stufen 3 und 4 und ab 17 Uhr auch die unteren.

Der Weg vom Parkplatz über den Markt mit vielen Essensständen und dem Parkeingang zum Headquarter ist gut ausgeschildert. Anschließend geht es in 720 m zur untersten Stufe des Wasserfalls. Lebensmittel dürfen nur bis hierher mitgenommen werden. Hier befinden sich auch Toiletten und Umkleidekabinen.

Zwei interessante **Naturlehrpfade** verlaufen beiderseits des Wasserfalls vom Campingplatz und Parkplatz zur zweiten Stufe: der erste durch immergrünen Monsunwald und der zweite durch Bambushaine. Weitere Touren von bis zu 4 km Länge sind nur in Begleitung von Rangern nach Voranmeldung unter ✆ 034-574 222 möglich. Am Wochenende wird es sehr voll.

🕒 Parkeingang 8–16.30 Uhr, Eintritt 300 Baht, Kinder 200 Baht, Auto 30 Baht. Golfbuggys, die zwischen dem Parkplatz und der Stufe 1 verkehren, kosten 30 Baht p. P. und Strecke.

TRANSPORT

Nach KANCHANABURI, 65 km, verkehrt Bus 8170 stdl. für 50 Baht in 1 1/2 Std. vom Markt im Dorf vor dem Erawan National Park. Viele Busse, u. a. der letzte um 16 Uhr, fahren direkt vom Parkplatz vor dem Parkeingang ab.
Songthaew verlangen für die Fahrt hin und zurück ab Kanchanaburi 1200 Baht, einfach 400 Baht.

Richtung Norden

Vier- bis achtspurige Highways durchqueren nördlich der Metropole die fruchtbare Ebene des Menam Chao Phraya und seiner Nebenflüsse, die „Reiskammer" des Landes. Bis weit über Ayutthaya hinaus sind viele ehemalige Reisfelder mit Industrieanlagen und neuen Wohngebieten bebaut worden. In den verbliebenen ländlichen Regionen durchziehen Dämme und baumgesäumte Kanäle die Ebene. Hier finden zahlreiche Wasservögel reichlich Nahrung, wie Pelikane und Ibisse, zu denen sich im Oktober Kraniche, Störche und andere Zugvögel zum Überwintern gesellen.

Vom 10. bis 13. Jh. wanderte das Volk der Thai von Norden in dieses Gebiet, das bereits von den Mon und Khmer besiedelt war. Vor allem für Kulturinteressierte lohnt sich ein Besuch der Ruinen von Ayutthaya und der weiter im Norden liegenden alten Königsstadt Sukhothai.

2 HIGHLIGHT

Ayutthaya

Die historische Stadt Ayutthaya, mit vollem Namen **Phra Nakhon Si Ayutthaya**, seit 1991 Unesco-Weltkulturerbe, erstreckt sich über ein weites Areal, dessen Zentrum durch die Flüsse Chao Phraya, Pa Sak und Lopburi umgrenzt wird. Die Ruinen wurden ausgegraben und vielerorts rekonstruiert.

Die 60 000 Einwohner zählende Stadt östlich der Ruinen hingegen ist nicht sehr attraktiv und während der Regenzeit oft von Überschwemmungen betroffen. Zudem wird die ländliche Umgebung immer mehr Teil des hauptstädtischen Ballungsraums. Tag und Nacht sieht man lange, schwer beladene Lastenkähne, die auf dem Chao Phraya gen Süden gezogen werden.

Wer die Stadt von Bangkok aus besuchen möchte, sollte zeitig aufbrechen und sich den ganzen Tag Zeit nehmen. Von den Museen lohnen besonders die Historical Hall of Ayutthaya, das Chao Sam Phraya National Museum und das Baan Hollanda.

Ayutthaya Historical Study Center

Das **Ayutthaya Historical Study Center**, ✆ 035-245 123, dient dem Studium der Ayutthaya-Periode und beherbergt eine Bibliothek sowie ein Museum mit zum Teil schlecht beleuchteten Schautafeln und Dioramen zu vier Themenschwerpunkten: Ayutthaya als Hauptstadt, als Handelszentrum, als zentralistischer Staat sowie das traditionelle Dorfleben. Eindrucksvolle Modelle von Palästen, Tempeln oder Schiffen peppen die vergleichsweise altbackene Ausstellung auf. 🕒 Di–Sa 8.30–16.30 Uhr, Eintritt 100 Baht, Studenten 50 Baht.

National Museum und Historical Hall

Das **Chao Sam Phraya National Museum**, ✆ 035-241 587, ist in mehreren Gebäuden in einem kleinen Park untergebracht; der Eingang befindet sich an der Rojana Road. Im Erdgeschoss werden Funde aus verschiedenen Epochen gezeigt, die in den 1950er-Jahren ausgegraben wurden. Beeindruckend sind die Goldschätze aus dem Wat Ratburana und Wat Mahathat im 1. Stock, darunter goldene Amulette, Statuen, Schmuck und ein königliches Schwert. Im zweiten Gebäude sind Funde aus verschiedenen Regionen und Epochen zu sehen. In den Thai-Häusern werden Alltagskunst und Gebrauchsgegenstände ausgestellt. 🕒 8.30–16 Uhr, Eintritt 150 Baht.

Etwas südwestlich liegt der große Neubau des **Ayutthaya Tourism Centre**, der eine Touristeninformation, eine Galerie mit Werken einheimischer Künstler (🕒 8–16 Uhr) im Obergeschoss und die **Historical Hall of Ayutthaya** vereint. Letztere stellt mit ansprechenden, etwas unsystematisch angeordneten Tafeln und Modellen die Geschichte und Alltagskultur des historischen Ayutthaya dar. Zudem werden Details zu einzelnen Sehenswürdigkeiten und den ausländischen Vierteln der Königsstadt im 18. Jh. vermittelt. 🕒 8.30–16.30 Uhr, Eintritt frei.

Rings um den Rama-Park

Der Rama-Park mit seinem See, über den sich steile Brücken spannen, bildet einen schönen Hintergrund für die umliegenden Tempel. Südwestlich erhebt sich der hohe Prang des **Wat Phra Ram**, das 1369 unter dem zweiten König Ramesuan als Begräbnisstätte für dessen Vater U-Thong, den Gründer von Ayutthaya, erbaut wurde. Die Mauerreste zieren noch Fragmente von Buddhastatuen. 🕒 8–18 Uhr, Eintritt 50 Baht.

Östlich des Parks erstreckt sich der weitläufige **Wat Mahathat**, der 1374 gegründet und mehrfach erweitert wurde. Aus der frühen Zeit sind Grundmauern erhalten. Die Ruine des zentralen Prangs lässt seine ursprüngliche Höhe von 44 m nur noch erahnen. Die Umgrenzung zieren kopflose, ursprünglich dreiteilige Buddhafiguren. Im südöstlichen Bereich ist ein von einem Feigenbaum umwachsener Buddhakopf ein beliebtes Fotomotiv. 🕒 8–18 Uhr, Eintritt 50 Baht.

THAILAND

THAILAND

Die Königsstadt von Siam

417 Jahre lang war Ayutthaya die Königsstadt des siamesischen Reiches, bis sie 1767 von birmanischen Truppen zerstört wurde. In der sicheren Hafenstadt, 80 km vom Meer entfernt, regierten 33 Könige. Unter König Narai befand sich das Reich im 17. Jh. auf dem Höhepunkt seiner Macht. Die absoluten Monarchen hatten die Bevölkerung durch Eroberungskriege und die Aufnahme von Flüchtlingen stark vermehrt und errichteten eine prunkvolle Stadt, die es als „Venedig des Ostens" mit allen europäischen Metropolen ihrer Zeit aufnehmen konnte und später als Vorbild für das junge Bangkok diente. 375 Tempel, 29 Festungen und 94 Tore zählte man auf einem riesigen Areal, dessen Ausdehnung sich heute nur noch erahnen lässt. Ein umfangreicher Beamtenapparat verwaltete die eingetriebenen Steuern und den internationalen Handel, geschützt von einer einflussreichen Militärmacht. Schiffe aus aller Welt segelten den Menam Chao Phraya hinauf, und rund 40 Nationalitäten, darunter Franzosen, Portugiesen, Holländer, Malaien, Perser, Chinesen und Japaner, siedelten teils in eigenen Stadtvierteln. Die Pracht bei Hofe und die Ausstattung der Heiligtümer waren legendär – was davon heute noch zu sehen ist, sind nur kümmerliche Überreste.

Gegenüber überragt ein stark restaurierter Prang die große Halle des **Wat Ratburana** (auch Ratchaburana). Der siebte König von Ayutthaya ließ diesen Tempel 1424 als Begräbnisstätte für seine beiden älteren Brüder bauen. Es lohnt, die steilen Treppen zu erklimmen; oben sind Fotos der bei der Plünderung von Ayutthaya durch die Birmanen geraubten Kroninsignien und Goldbuddhas sowie anderer Goldschätze zu sehen, die in den Krypten unter dem Prang entdeckt und im Chao Sam Phraya National Museum ausgestellt sind. Durch einen schmalen Gang geht es hinab in die Grabkammer, wo noch die originalen Wandgemälde zu erkennen sind. ⌚ 8–18 Uhr, Eintritt 50 Baht.

Die östlich des Palastes am **Wat Thammikarat** erhaltenen Löwenskulpturen deuten darauf hin, dass der Tempel in der frühen Ayutthaya-Periode entstanden ist. ⌚ 8–18 Uhr.

Einen anderen Blick in die Geschichte erlaubt das private **Schiffsmuseum** östlich vom Park. Aufwendig gestaltete Modelle mittelalterlicher Königsbarken und anderer traditioneller Schiffe sind in einem stilvollen Thai-Haus untergebracht. Voranmeldung unter ✆ 035-241 195, ⌚ 9–12, 13–16 Uhr, Spende erwartet.

Palastbereich

Nordwestlich des **U-Thong Memorial** mit einer Statue des ersten Königs von Ayutthaya sind auf einem weitläufigen, baumbestandenen Gelände die Mauerreste seines ehemaligen Palastes von 1350 zu besichtigen. Der Palast wurde bereits 100 Jahre später vom achten König aufgegeben, der seine Residenz nach Norden verlegte. Die zweistöckige **Suriyat Amarin-Halle** nutzte König Narai zur Beobachtung der Prozession königlicher Barken auf dem Fluss. Die angrenzende **San Phet Prasat-Halle**, von der nur die Fundamente erhalten sind, wurde 1448 als Empfangsgebäude erbaut. Unter dem 24. König von Ayutthaya entstanden Anfang des 17. Jhs. die Zeremonienhalle **Viharn Somdet** und die **Chakravatphaichayon-Halle** am östlichen Ende des Palastes, von der aus der König Paraden abnahm. Der offene, hölzerne **Trimuk-Pavillon** westlich der San Phet Prasat-Halle wurde erst 1907 unter König Chulalongkorn errichtet.

Im Süden erstreckt sich die prunkvolle Tempelanlage des **Wat Phra Si San Phet**, mit deren Bau 1448 begonnen wurde. Sie wurde mehrfach erweitert, bis die birmanischen Eroberer sie 1767 niederbrannten. Der 16 m hohe vergoldete Bronzebuddha Phra Sri San Phet, der im Viharn stand, wurde dabei zerstört. Die vielen halb verfallenen Tempeltürme werden von drei großen, restaurierten Chedis dominiert, die die Asche verstorbener Könige und eine Reliquie Buddhas enthalten. Rechts davon ragen die Säulen des früheren Viharn in den Himmel. ⌚ 7–18 Uhr, Eintritt 50 Baht.

Der Innenraum des rekonstruierten **Viharn Phra Mongkhon Bhopit** wird von einem der größten Bronzebuddhas Thailands ausgefüllt, der 12,45 m hohen Rekonstruktion einer Statue aus dem 15. Jh. Der Viharn wurde 1956 originalgetreu nachgebaut, die Figur 1991/92 anlässlich des 60. Geburtstags der Königin vergoldet. ⌚ 8.30–16.30 Uhr, Eintritt frei. Am Wochenende ist hier viel los. Um den Tempel herum warten Souvenir- und Getränkehändler auf Kunden.

Im Westen und Südwesten

Im etwas versteckten **Wat Lokayasutha** blieb neben den Resten eines Prangs und eines großen Tempels eine der größten liegenden Buddhafiguren aus Stuck erhalten, die 1954 restauriert wurde und unter freiem Himmel ruht.

Ein schwimmender Markt (Thai: Talad Nam) findet von 10–16 Uhr am westlichen Ufer, nördlich der Biegung des Menam Chao Phraya, am recht kitschigen **Wat Tha Ka Rong** statt; allerdings ist hier am Nachmittag nur noch wenig los.

Im Süden erhebt sich der um 1690 als Residenz erbaute **Wat Chai Wattanaram**, eine große Anlage im Khmer-Stil mit einem zentralen Prang, der von einem Kreuzgang mit acht kleineren Prangs umgeben ist. In ihnen stehen große Buddhas aus Ziegel und Stuck, deren Holzgerüste noch zu erkennen sind. Auch einige bemalte Deckenpaneele sind gut erhalten. ⌚ 8–18 Uhr, Eintritt 50 Baht.

König Narai stellte im 17. Jh. Land und Geld für den Bau einer Kirche im damaligen französischen Viertel zur Verfügung. Die 1695 erbaute und 1838 rekonstruierte **St. Joseph's Church** steht am südlichen Flussufer. Im hübsch anzuschauenden Kirchenschiff sind die Särge zweier französischer Missionare aus dem 17. Jh. zu sehen. Es finden regelmäßig Gottesdienste statt, und tagsüber schließen die Kirchendiener interessierten Besuchern auf. ⌚ 8–18 Uhr.

Wat Phutthai Sawan ist schon von Weitem an seinem hohen Prang zu erkennen. Hier soll die erste Siedlung König U-Thongs vor der Gründung Ayutthayas gelegen haben. Am Parkplatz stehen Statuen diverser Könige. Östlich der Neubauten liegt ein altes Gebäude mit Innenhof, dessen Wandelgang goldene Buddhas beherbergt. Dahinter bietet ein liegender Buddha in einem verfallenen Viharn ein schönes Fotomotiv.

Tipps für die Tempeltour

Eine **Sammelkarte** für die sechs Haupttempel kostet 220 Baht. Bei einer **Bootstour** legen die Boote an 3–6 Tempeln für eine kurze Besichtigung an. Am besten gegen 16 Uhr abfahren, da dann die Lichtverhältnisse gut und die Tempel noch offen sind. An den Palastruinen und am Wat Mahathat werden englischsprachige **Audioguides** für 150 Baht pro Tag vermietet (Ausgabe bis 16 Uhr). Eine zugehörige Broschüre zeigt eine Karte der 21 erläuterten Sehenswürdigkeiten. Wer nach der Tour nicht verschwitzt zurück nach Bangkok möchte, kann unweit vom Bahnhof im Baan Are Gong Riverside Homestay, S. 195, duschen.

Die beste Zeit für Fotografen

Täglich von 19–21 Uhr werden Wat Phra Si San Phet, Wat Mahathat, Wat Ratburana, Wat Phra Ram und Wat Chaiwattanaram beleuchtet. Wer für Sonnenaufgangsbilder nicht früh aufstehen mag, kann dann das ein oder andere schöne Nachtfoto schießen – allerdings nur von draußen, denn die Anlagen schließen spätestens um 18 Uhr.

Chandra Kasem-Palast

Im Nordosten der Insel befindet sich der rekonstruierte Palast des Kronprinzen Naresuan aus dem Jahre 1577. Den zerstörten Palast ließ König Mongkut im 19. Jh. wiedererrichten, um zeitweise hinter den hohen Mauern zu leben. Den großen Platz umgeben mehrere Gebäude: Das erste links vom Eingang, der **Chantara Mukh-Pavillon**, enthält das kleine **Chandra Kasem-Nationalmuseum**, ✆ 035-251 586, u. a. mit Keramiken, Buddhafiguren und Holzschnitzereien aus dem Besitz von König Mongkut. Im dahinter liegenden **Piman Rajaja-Pavillon**, der ehemaligen königlichen Residenz, sind weitere Buddhastatuen und andere Gegenstände ausgestellt. Der **Pisai Salak-Turm** hinter der Residenz diente Mongkuts astronomischen Studien. ⌚ Mi–So außer feiertags 8.30–16 Uhr, Eintritt 100 Baht.

Im Südosten

An der Einmündung des Klong in den Menam Chao Phraya, etwas weiter westlich, wurden

THAILAND

Ayutthaya
N
0
1000 m
ESSEN
1 Nachtmarkt Hua Ra
2 Ang Lek Noodle Ayutthaya, Malakor Café & R.
3 Streetlamp, Chang House, Planet Earth, Jazz Bar
4 Coffee Old City
5 Straßenmarkt
6 Pathom Soi 4 R.
7 Baan Som Tam
8 Sai Thong River R., Ban-U-Thong
SONSTIGES
1 Recreational Thailand Biking
2 417
TRANSPORT
1 Boote für Rundfahrt, Fähren
2 Bushaltestelle Naresuan Rd.
3 Minibusse nach Southern Bus Terminal
4 Minibusse nach Bangkok
5 Stadtbusse, Minibusse
6 Bushaltestelle am Chao Phrom-Markt
7 Tuk-Tuks
8 Fähren
9 Busbahnhof
ÜBERNACHTUNG
1 Tony's Place
2 Good Luck Gh.
3 Tamarind Gh.
4 Baan Thai House
5 Baan Are Gong Riverside Homestay
6 Baan Tye Wang
7 Promtong Mansion
8 Baan Tebpitak
Alter Palast:
A Trimuk-Pavillon
B Suriyat Amarin-Halle
C San Phet Prasat-Halle
D Viharn Somdet
E Chakravatphaichayon-Halle
F Wat Phra Si San Phet
Ayothaya Floating Market
Bangkok, Rajathani Hospital
Naresuan-Schrein
Wat Yai Chai Mongkol
Bahnhof
Maenam Pasak
Maenam Lopburi
KOH LOY
PONTON-BRÜCKE
Chandra Kasem-Palast
Chao Phrom-Markt
Soi Farang
Wat Suwandararam
U-Thong Rd.
Baan Hollanda
Japanese Village (1,5 km), Bang Pa In (16 km), Bangkok
Pa Maphrao Rd.
Ho Rattanachai Rd.
Naresuan Rd.
Bang Lan Rd.
Rojana Rd.
Chikun Rd.
Wat Ratburana
Wat Mahathat
Phra Ram-See
Rama Park
Pa Thon Rd.
Wat Khun Muang Chai
Chao Sam Phraya National Museum
Ayutthaya Historical Study Center
Maenam Chao Phraya
Wat Thammikarat
U-Thong Memorial
Wat Phra Ram
Alter Palast
Viharn Phra Mongkhon Bophit
Elephant Camp
TOURIST POLICE
TAT
Ayutthaya Tourism Center
Si Sanphet Rd.
Khlong Tho Rd.
Phra Nakorn Si Ayutthaya Hospital
Wat Phutthai Sawan
St. Joseph's Church
MARKT
Ang Thong, Wat Kuti Lai
Rama V.-Denkmal
Chedi Phu Khao Thong
Wat Tha Ka Rong
Wat Chai Wattanaram
Bang Pa In
309
3053
32
3477
3412
3263

1959 Teile der bereits unter U-Thong errichteten alten **Stadtbefestigung** rekonstruiert. Die originalen Ziegel waren auf Frachtkähne verladen und beim Bau der neuen Hauptstadt Bangkok verwendet worden.

Am anderen Flussufer liegt etwa 700 m Luftlinie südlich das 2013 eröffnete **Baan Hollanda**, 💻 www.baanhollanda.org, auf dem Gelände des einstigen holländischen Viertels einen Besuch. Über dem klimatisierten Café führt eine sehr ansprechend und abwechslungsreich gestaltete Ausstellung mit englischen Texten, interaktiven Stationen und interessanten historischen Einzelschicksalen durch die Geschichte der rund 1500 Einwohner zählenden holländischen Siedlung in Ayutthaya und die Entwicklung der Vereenigde Oostindische Compagnie (VOC). Um den riskanten, verlustreichen Seehandel zwischen China und Europa zu finanzieren, musste sich die mächtige Handelsgesellschaft im 17. und 18. Jh. auch im innerasiatischen Handel engagieren. 🕒 Mi–Mo 9–17 Uhr, Eintritt 50 Baht.

Wat Yai Chai Mongkol außerhalb des historischen Stadtkerns wurde in seiner heutigen Form mit einem 62 m hohen Chedi, den zahlreichen Buddhastatuen und der gepflegten Gartenanlage unter Naresuan zur Erinnerung an den Sieg über seinen Widersacher Phra Maha Uparacha umgestaltet. Naresuan soll den birmanischen Herrscher 1592 bei Nong Sarai (Provinz Saraburi) in einem Zweikampf auf dem Rücken eines Kriegselefanten besiegt haben. Ihm zu Ehren wurde neben dem Tempel jenseits des liegenden Buddhas ein über Betonbrücken zugänglicher Park angelegt. In dessen Zentrum erhebt sich ein großer gläserner Schrein mit einer von Hähnen und Kunstblumen umgebenen, überlebensgroßen Statue des Herrschers. Den zwischen Tempel und Park gelegenen Teich bewohnen Hunderte Schildkröten, die an hölzernen Plattformen von Einheimischen gefüttert werden – ein ungewöhnlicher Anblick. 🕒 8–17 Uhr, Eintritt 20 Baht.

Japanese Village

Südlich der Altstadt befand sich das **japanische Dorf** mit etwa 1500 Einwohnern, vor allem Händler und japanische Christen, die ab dem 17. Jh. in ihrer Heimat verfolgt wurden, aber auch Ronin (herrenlose Samurai), die als Söldner in der königlichen Garde dienten. Ein Video informiert über die Bedeutung des Handelszentrums Ayutthaya und eine kleine Ausstellung mit großformatigen historischen Karten über die Beziehungen zum Land der aufgehenden Sonne. In einem weiteren Gebäude werden in einer kleinen Ausstellung und einem weiteren Video die Lebensgeschichten zweier einflussreicher Mitglieder der japanischen Community jener Tage vorgestellt. Am Fluss wurde ein kleiner japanischer Garten angelegt. 📞 035-244 340, 🕒 8–17 Uhr, Eintritt 50 Baht.

Weiter außerhalb

2,5 km nordwestlich der Stadt liegt südlich vom H309 der 80 m hohe **Chedi Phu Khao Thong**. Als die Birmanen Ayutthaya 1569 erstmals eingenommen hatten, errichteten sie diesen Tempel zur Erinnerung an ihren Sieg auf einer bereits 1387 erbauten Anlage. 15 Jahre später wurden sie wieder vertrieben, und der Chedi erhielt ein neues Äußeres im Thai-Stil. Aus Anlass des 2500-jährigen Bestehens des Buddhismus wurde 1956 eine 2,5 kg schwere Goldkugel auf der Spitze der Pagode angebracht. Vor dem Chedi befinden sich ein **Monument** zu Ehren von König Naresuan und ein großer Park.

Östlich des Zentrums, Nähe Bahnhof, liegt der **Ayothaya Floating Market** mit Nippes- und T-Shirt-Läden sowie einem schwimmenden Essensmarkt; eine Touristenattraktion auf dem absteigenden Ast, der westliche Besucher nicht viel abgewinnen können. 🕒 11–17 Uhr.

ÜBERNACHTUNG

Untere Preisklasse

Baan Are Gong Riverside Homestay, Kramang Rd., in den Gassen zwischen Bahnhof und Fähre, 📞 035-235 593, 087-107 0745, 💻 www.fb.com/baanaregong. Das 2-stöckige Gästehaus unter chinesischer Leitung mit Bistro am Fluss bietet 15 saubere Zimmer mit guten Matratzen, ein paar dekorativen Details, Du/WC, zum Teil Kühlschrank und LCD-TV, oben mit Gemeinschafts-Du/WC. Auch günstige EZ. Internet-PC, Gepäckaufbewahrung und Duschen für 30 Baht inkl. Handtuch.

Asiatisches Frühstück inkl., westliches gegen Aufpreis. ❷–❸

€ **Good Luck Gh.**, Soi Farang, ✆ 089-925 1902, ✉ goodluck_travel@hotmail.com. Die freundlichen Vermieter bieten hinter dem Café mit kleinem Frühstücksmenü 18 ordentliche, vergleichsweise einladende (teils übermäßig in Rosa gehaltene) Zimmer mit guten Matratzen und Du/WC in einem hellhörigen Holzhaus, die teureren, geräumigen mit LCD-TV im nicht hellhörigen Neubau nebenan. Gutes Preis-Leistungs-Verhältnis, Motorradverleih. ❷–❹

Tamarind Gh., hinter dem Coffee Old City, ✆ 081-655 7937, 089-010 0196, ✉ tamarindthai2012@gmail.com. Zentral gelegenes, von der Straße zurückversetztes, kleines Gh. unter Leitung von Goy und Ning, die gutes Englisch spricht. In netter Atmosphäre werden 6 Zimmer mit AC, guten Matratzen, teils Open-Air-Du/WC und kräftigen Farben vermietet, auch ein Familienzimmer mit durch Vorhang abgetrenntem WC. Tee, Kaffee und Fahrräder inkl. ❷

Tony's Place, 12/18 Naresuan Rd., ✆ 035-252 578, 💻 auf Facebook.Thailand. In dem bei jungen Travellern beliebten, mit einigen Antiquitäten eingerichteten, charmanten Teakhaus gibt es 32 Zimmer mit LCD-TV, Ventilator oder AC sowie teils eigener Du/WC, die teureren, sehr geräumigen auch mit Hochbett, Balkon und Kühlschrank. Kein gutes Preis-Leistungs-Verhältnis bieten dagegen die Zimmer für 600 Baht und die billigsten im Altbau gegenüber. Gut besuchtes Restaurant mit Traveller-Food und vegetarischen Gerichten. Sitzgelegenheiten und Hängematten im Hof und auf der Terrasse im 1. Stock. Trübes Planschbecken. Irgendwo wird immer an- und umgebaut. ❶–❸

Mittlere Preisklasse

Baan Tebpitak, 15/19 Soi 3 Pathon Rd., ✆ 089-849 9817, 083-478 3114, 💻 www.baantebpitak.com. Freundliches, 2-stöckiges, familiäres Gästehaus in ruhiger Lage unter Leitung von Rita, die sehr gutes Englisch spricht. 10 geräumige, saubere Zimmer mit komfortabler Ausstattung und informativen Büchern über Ayutthaya. Offener Aufenthaltsbereich mit vielen Aquarien, außerdem ein Pool mit Liegen, viele Infos und eine kleine Snack-Karte für Hungrige. An der Zufahrt wacht Henry, die Schildkröte. Fahrräder für 50 Baht, auch Motorradverleih. Frühstück inkl. ❹–❻

Baan Thai House, 199/19 Moo 4, Pailing, ✆ 035-245 555, 080-437 4555, 💻 www.baanthaihouse.com. Nur 600 m vom Bahnhof entfernt stehen in ländlicher Umgebung in einem gepflegten Garten 12 bei europäischen Gästen beliebte Bungalows, besonders schön die Thai-Häuser auf Stelzen am Teich. Die sehr sauberen Zimmer sind relativ klein, aber gut ausgestattet mit Holzmöbeln und Teakböden, Wasserkocher, LCD-TV, Kühlschrank, Terrasse oder Balkon und separatem WC, teils mit begrünter Außendusche. Viele Sitzgelegenheiten, Pool, Spa und Restaurant. Günstige Preise in der Nebensaison. Fahrräder und Frühstück inkl. ❺–❻

Baan Tye Wang, 223/18 Pratu Chai, ✆ 035-323 001, 💻 www.baantyewang.com. Auf einem schönen Gartengrundstück in einer ruhigen Wohngegend am Fluss vermietet eine freundliche Thai-Familie in einem hinter einem traditionellen Teakhaus gelegenen Neubau 7 attraktive, modern eingerichtete Zimmer mit kühlem Steinboden, großer Fensterfront, LCD-TV, Wasserkocher, Open-Air-Regendusche und stilvollem Mobiliar mit antiquarischem Touch. Die Gastgeber sprechen gutes Englisch. Frühstück und Fahrräder inkl. ❺–❼

Promtong Mansion, 23 Soi 19, Pathon Rd., ✆ 089-165 6297, 💻 www.promtong.com. Das ruhige, zentral gelegene 4-stöckige Gästehaus wird von der freundlichen Gita geführt, die in England gelebt hat und weiß, was ihre Gäste brauchen. 15 sehr saubere, nett eingerichtete, geräumige Zimmer mit guten Matratzen, LCD-TV, Kühlschrank, Wasserkocher mit Tee und Kaffee, Du/WC und separatem Raum mit Waschbecken. Wäscheservice, viel Infomaterial über Ayutthaya, Organisation von Touren und Transport, Internet-PC und Fahrräder für 50 Baht pro Tag. Frühstück plus 150 Baht, bei Deluxe-Zimmern inkl., zudem Nutzung des Pools im Schwesterhotel Baan Tebpitak, s. o. ❸–❹

ESSEN

Essensstände

Essensstände und Straßenküchen findet man vor dem **Bahnhof**, beim Amporn Department Store, nördlich gegenüber vom Wat Ratburana und im **Rama-Park** (hier nette Atmosphäre). Einheimische frequentieren um die Mittagszeit den überdachten, betriebsamen Food Court von **Ang Lek Noodle Ayutthaya** an der Chikun Rd. wegen seiner herzhaften Nudelgerichte mit Rind- oder Schweinefleisch für um die 50 Baht.

Abends lohnt der Bummel über den kleinen **Nachtmarkt Hua Ra** am Fluss gegenüber dem Chandra Kasem-Palast oder den **Straßenmarkt** östlich vom Rama-Park und südlich vom hohen Sendemast; an etwa 30 Ständen wird von 17–22 Uhr gekocht und gebraten, das Essen an Tischen serviert oder zum Mitnehmen verpackt.

Restaurants

Auf Backpacker eingestellt sind die Restaurants in der Naresuan Rd., z. B. **Streetlamp**, **Chang House** oder **Planet Earth**.

Baan Som Tam, an der Ecke südlich der Brücke. Das beliebte Restaurant mit gelegentlicher Livemusik, Holzmöbeln und offenen Fenstern bereitet authentische Thai-Küche nach Isarn-Art zu, darunter den namensgebenden Papaya-Salat. Abends betriebsam. ⌚ 10–14 und 16–22 Uhr, Sa und So durchgehend. Ein ähnliches Angebot gibt's im Restaurant nebenan, das tgl. durchgehend geöffnet ist.

Ban-U-Thong, U-Thong Rd. östlich vom Sai Thong River Restaurant, ☏ 035-211 293, 💻 www.fb.com/banuthong2. Nettes Flussrestaurant mit eigenem Parkplatz und englischer, bebilderter Speisekarte, auf der besonders das *homok* und der Zitronengrassalat zu empfehlen und preislich angemessen sind. ⌚ 10–22 Uhr.

Coffee Old City, Chikun Rd. gegenüber dem Wat Mahathat, ☏ 089-889 9092. In entspannter Atmosphäre serviert dieses kleine Restaurant mit freundlicher Bedienung Thai-Food, aber auch Croissants, kleine Frühstück-Sets und guten Eistee. ⌚ Di–So 8–18 Uhr.

Malakor Café & Restaurant, nordöstlich vom Wat Ratburana, 💻 www.fb.com/malakorrestaurant. Über dem klimatisierten Café serviert man im offenen Restaurant des kleinen Holzhauses Thai- und Seafood-Gerichte. ⌚ 12–22 Uhr.

€ **Pathom Soi 4 Restaurant**, Pha Thon Rd. Einfaches, gut besuchtes Straßenrestaurant mit kleiner englischsprachiger Karte und sehr preisgünstigen, guten Thai-Gerichten wie *moo daeng*, *tom yam* und Seafood-Variationen. ⌚ ab 17 Uhr.

Sai Thong River Restaurant, 45 Moo 1, U-Thong Rd., ☏ 035-241 449, 💻 auf Facebook. Die englische Speisekarte des großen Restaurants listet eine gute Auswahl z. T. ungewöhnlicher Thai- und Isarn-Gerichte für 120–150 Baht, z. B. sehr gutes *homok*. Wechselhafter Service. Auch Tische im Freien am Fluss. Von hier legt ein Restaurantboot für 800 Baht die Std. ab. Einige Leser fanden das Essen enttäuschend. ⌚ 10.30–22 Uhr.

UNTERHALTUNG

Cafés und Bars in Nachbarschaft zu den Gästehäusern in der Naresuan Rd. haben sich auf westliches Publikum eingestellt. Bei Musik oder Sportübertragungen schlürft man in lockerer Atmosphäre einen Cocktail oder Kaffee.

417, Rojana Rd, 💻 auf Facebook. Moderner Vintage- und Industrial-Stil mit unverputzten Betonwänden zeichnen die einladende, innen klimatisierte Eckkneipe mit Terrasse, guter Bierauswahl (auch Craft- und Fassbiere) und kleiner Snack-Karte aus. Fr und Sa Livemusik. ⌚ 17–24 Uhr.

AKTIVITÄTEN

Fahrradfahren

Im Zentrum der Ruinenstadt lässt es sich auf den breiten Straßen gut radeln. Meiden sollte man die U-Thong Rd. und den H309, denn dort ist der Verkehr chaotisch und dicht. Fahrräder gibt es in den Unterkünften und bei der Touristenpolizei für 40–60 Baht.

Recreational Thailand Biking, 500 m nördlich vom Bahnhof in einer westlich abgehenden

Gasse, ✆ 081-170 5906, 02-285 3955, 🖳 www.thailandbiking.com/de. Geführte, um 10 Uhr startende Tagestouren zu Sehenswürdigkeiten und ins ländliche Umland inkl. Helm, Versicherung, Wasser, Mittagessen und Eintritte für 1750 Baht p. P.

THAILAND

TOUREN

Unterkünfte organisieren morgendliche und abendliche **Rundfahrten** ohne Guide zu den Ruinen und Tempeln. Hierfür wird meist ein Tuk Tuk oder Songthaew für 200–250 Baht pro Std. gechartert und eine Route vereinbart. Für eines der raren Taxis sind 400 Baht pro Std. zu veranschlagen.

Bootstouren

Bootstouren eröffnen einen Blick auf das Leben am und auf dem Fluss. Kleine Boote für bis zu 6 Pers. sind entspannter als die großen, lauten Longtails und können für 400–600 Baht pro Std. gechartert werden. 2-stündige Rundfahrten zu 3 Tempeln starten ab den Anlegestellen südlich der Ponton-Brücke, hinter dem Wat Phanan Choeng und hinter dem Hua Ra-Nachtmarkt und werden von Anbietern, Unterkünften und Reisebüros für 200 Baht p. P. ohne Eintrittsgelder verkauft. Die meisten halten am Wat Phanan Choeng, Wat Phutthai Sawan und Wat Chai Wattanaram. Bei individuellen Touren kosten 3 Std. 1200 Baht für max. 3 Pers., jede weitere Std. 300 Baht.

Elefantenreiten

Elephant Camp, im östlichen Bereich des Rama-Parks. Ein typisches Beispiel für kommerzielle, wenig artgerechte Elefanten-Attraktionen. Elefanten mit Howdahs und kostümierten Mahouts stehen bereit, um am laufenden Band Touristen für 500 Baht p. P. in 30 Min. zum alten Palast und Wat Phra Ram zu bringen – sollte man meiden! ◷ 8–17 Uhr.

Stadtrundfahrten

Das Chao Sam Phraya National Museum führte 2015 vorläufig jeden Sa und So von 9–14.30 Uhr Rundfahrten mit **Trambussen** durch, die an den wichtigsten Sehenswürdigkeiten vorbeiführten und von einem Guide kommentiert wurden. Ob dieses Angebot von Dauer ist, sollte am besten unter ✆ 035-241 587 erfragt werden.

SONSTIGES

Informationen

TAT-Tourist Office, Ayutthaya Tourism Centre, ✆ 035-246 076-7, ✉ tatyutya@tat.co.th. Gute Infos von der engagierten, ortskundigen Mrs. Chadarat. ◷ 8.30–16.30 Uhr.
Eine gute Website für historisch Interessierte ist 🖳 www.ayutthaya-history.com.

Medizinische Hilfe

Bei komplizierten Behandlungen sind die renommierten Krankenhäuser im nahen Bangkok vorzuziehen.
Phra Nakorn Si Ayutthaya Hospital, im Süden in der U-Thong Rd., ✆ 035-231 888, 241 728. Staatliches Krankenhaus.
Rajathani Hospital, Rojana Rd., östlich des Zentrums nahe dem H32, ✆ 035-335 555-71, 🖳 www.rajthanee.com (nur in Thai). Ein Privatkrankenhaus.

Motorradverleih

Motorroller sind für 200–300 Baht pro Tag gegenüber vom Bahnhof und in einigen Unterkünften zu mieten (s. Übernachtung), z. B. im **Good Luck Gh.**

Polizei

Tourist Police, Zentrale neben dem Ayutthaya Tourism Center, ✆ 1155. Einige Polizisten sind auch mit dem Fahrrad unterwegs.

NAHVERKEHR

Tuk Tuks und Songthaew

Innerhalb des Stadtgebietes kostet eine Kurzstrecke mit dem Tuk Tuk ab 50 Baht, mit dem Songthaew ab 70 Baht, vom Busbahnhof oder Ayutthaya City Park in die Stadt ab 150 Baht. Stundenweise zu chartern für 200 Baht. Nach Sonnenuntergang sind fast keine Tuk Tuks mehr unterwegs.

Motorradtaxis
An den wichtigen Straßenkreuzungen stehen Motorradtaxis, die für kurze Strecken mind. 20 Baht verlangen.

Stadtbusse
Der Stadtbus ist ein weißer Minibus mit grünem Streifen und pendelt von 6–19 Uhr etwa halbstündlich für 10 Baht zwischen dem großen Einkaufszentrum Ayutthaya City Park, dem Busbahnhof und dem Zentrum und hält am Chao Phrom-Markt.

Fähren
Vom Bahnhof kann man mit 2 Fähren von 5.30–20 Uhr alle 10–20 Min. für 5 Baht ins Zentrum übersetzen. Zudem verkehren Fähren über den Fluss zum Wat Phanan Choeng.

TRANSPORT

Achtung: Wer per Minivan anreist, wird oftmals bereits in der Rojana Rd. kurz hinter der Brücke abgesetzt, wo Tuk Tuks warten und überteuerte Preise verlangen. Man sollte daher darauf bestehen, erst an der Endstation in der Naresuan Rd. auszusteigen.

Busse und Songthaew
Die meisten Fernbusse halten am **Busbahnhof** am Highway, an der Einmündung der Soi Talat Grand, ca. 4 km östlich des Zentrums, ✆ 035-335 413. Tickets gibt es auch am zentralen Schalter in der **Naresuan Rd.**, wo auch Busse nach Bangkok abfahren. Plätze für die Weiterfahrt sollten in 1.-Kl.- und VIP-Bussen einen Tag im Voraus zwischen 9.30 und 17 Uhr gebucht werden, da die Busse aus Bangkok nicht in Ayutthaya halten, wenn sie voll sind. Unweit vom Busbahnhof fahren Songthaew etwa alle 15 Min. für 20 Baht ins Zentrum.
BANGKOK, 75 km, Northern Bus Terminal (Mo Chit), via Don Mueang Airport (41 Baht) ab Naresuan Rd. alle 20–30 Min. von 6–19 Uhr für 53–65 Baht in 1 1/2–2 Std. Die Minibusse sind schneller.
CHIANG MAI, 10x tgl. von 6.40–22.40 Uhr für 419–540 Baht, VIP-Busse um 10, 21 und 22 Uhr für 837 Baht in 9 Std.
CHIANG RAI, um 7.30, 8.50, 18.30, 19.15, 20, 20.30, 20.40 und 22.30 Uhr für 465–601 Baht, VIP um 8.30 und 20.40 Uhr für 930 Baht in 11 Std.
LAMPANG, mit Chiang Mai-Bussen für 361–464 Baht, VIP um 10 und 21.30 Uhr für 722 Baht in 8 Std.
NAN, um 7, 8.45, 9.30, 19.30, 20.20 und 21.30 Uhr für 400–515 Baht, VIP um 21 Uhr für 801 Baht in 9 Std.
PHITSANULOK, um 9, 10, 12.30, 13, 20.20, 21, 21.30 und 22 Uhr für 235–290 Baht in 5 Std.
SUKHOTHAI (keine Reservierung möglich), um 7.10, 8.45, 9.30, 11.30, 12, 13, 15, 17, 19.10, 20, 20.30, 21.40 und 22.30 Uhr für 266–342 Baht in 5–6 Std., Endstation ist Neu-Sukhothai.

Minibusse
Die meisten Minibusse fahren ab, sobald sie voll sind, und werden vor allem von Pendlern genutzt. Wer viel Gepäck hat, muss für 2 Plätze zahlen.
BANGKOK (Northern Bus Terminal), von der Bushaltestelle in der Naresuan Rd. nahe dem Kanal von 4–18 Uhr oder von der Bushaltestelle am Chao Phrom-Markt bis 19.30 Uhr für 60 Baht in 1 Std. Wer am Future Park Rangsit aussteigt, kann dort in Minibusse zu zahlreichen Zielen (z. B. Aranyaprathet) umsteigen.

Backpackerbusse verkehren zum SUVARNABHUMI AIRPORT via KHAO SAN ROAD (200 Baht) ab 8 Passagieren um 9, 13 und 17 Uhr für 400 Baht inkl. Abholung in 1 1/2 Std. Nach Kanchanaburi geht es gegen 9 Uhr für 400 Baht (zu den Unterkünften in der Umgebung gegen Aufpreis) in 2 1/2 Std. Anmeldung unter ✆ 089-661 6179 oder über die Unterkünfte.

Eisenbahn
Vom **Bahnhof**, ✆ 035-241 521, mit 24 Std. Gepäckaufbewahrung (10 Baht) fahren Songthaew und Tuk Tuks in die Stadt. Fahrplan S. 880, Zuschläge je nach Zug.
BANGKOK, für 15–65 Baht je nach Zugart und Klasse über DON MUEANG AIRPORT. Minibusse sind oft schneller.
Nach **Norden** über PHITSANULOK (2./3. Kl. ab 135/58 Baht), nach CHIANG MAI empfehlen

sich Nachtzüge in der 2. Kl. ab 366/506 Baht (Sitzplatz/ Liegewagen unten), 1. Kl. Schlafwagen oben/unten 1198/1398 Baht. Nachtzüge nach Chiang Mai sollten mind. 1 Tag im Voraus gebucht werden.
Nach **Nordosten** über PAK CHONG (Khao Yai National Park, 2. Kl. ab 53 Baht, Express mit AC ab 263 Baht) und KORAT (Nakhon Ratchasima, 2. Kl. ab 89 Baht, Express mit AC ab 299 Baht) nach Nong Khai (2. Kl. ab 322 Baht, Express mit AC ab 472 Baht, Schlafwagen 1. Kl. ab 1062 Baht).

Zentral-Thailand

Der Weg nach Norden führt durch die weite Ebene des Menam Chao Phraya. Aus den fruchtbaren Tälern des Nordens kommend, wanderten verschiedene Thai-Völker vor 1000 Jahren in die große zentrale Ebene ein. In Sukhothai wurde das erste bedeutende Reich gegründet. Nach Sukhothai wurde Phitsanulok unter König Naresuan zum Machtzentrum des Ayutthaya-Reiches.

Phitsanulok

Phitsanulok (gesprochen Pi-sanu-loh) ist eine geschäftige Stadt mit 108 000 Einwohnern und einem überschaubaren Zentrum. Ihre Wurzeln reichen bis in die Mitte des 14. Jhs. zurück, als der König von Sukhothai die seit der Khmer-Zeit existierende Stadt Song Khwae vom Zusammenfluss der Flüsse Nan und Khwae Noi hierher verlegen ließ. König Naresuan war der mächtigste Herrscher des frühen Ayutthaya-Reiches und befreite das Land 1584 aus der Abhängigkeit von Birma, wobei Phitsanulok und seine Truppen eine wichtige Rolle spielten. An seinem Geburtsort wird König Naresuan mit einem Schrein verehrt. Viele alte Häuser wurden 1959 bei einem großen Brand zerstört, doch südlich des Zentrums wohnen noch immer einige Menschen in Holzhäusern am Flussufer.

Etwas südlich der Brücke erhebt sich das wahrscheinlich aus der Sukhothai-Zeit stammende **Wat Ratcha Burana**, dessen Chedi aus der Ayutthaya-Periode teilweise zerstört ist. Im Bot sind Wandmalereien mit Szenen aus dem Ramakien zu sehen.

Zwei weitere Tempel stehen nordöstlich des Zentrums. Restauriert wurde **Wat Chedi Yot Thong** in der Soi 4 mit einer 20 m hohen Pagode. Sein Chedi aus Ziegelstein mit der typischen Lotosknospen-Spitze des Sukhothai-Stils stammt aus dem 15. Jh. Die Straße endet nach 1 km am **Wat Aranyik**, einem Waldkloster, das von einem Wassergraben umgeben ist. Der singhalesische Chedi ist allerdings stark zerstört.

Am Westufer wurden ab 1992 die Grundmauern des alten **Wang Chan-Palastes** (Chandra Palace) freigelegt, in dem 1555 König Naresuan geboren wurde. In einem kleinen Museum sind Bilder u. a. Erinnerungsstücke ausgestellt.

Das weiter im Süden an der Wisutkasat Road gelegene **Sgt. Major Thawee Folk Museum,** ✆ 055-258 715, vermittelt mit seiner Sammlung von über 10 000 Alltagsgegenständen, Antiquitäten und Fotografien einen guten Einblick in das Leben der Landbevölkerung. So werden z. B. Arbeitsmethoden oder die Tradition der Büffelkastration erläutert. Englische Erklärungen. ⌚ 8.30–16.30 Uhr, Eintritt 100 Baht, Kinder 20 Baht.

Schräg gegenüber werden hinter dem grünen Tor Nr. 26/43 in der **Buranathai Buddha Casting Factory** Buddhastatuen im Sukhothai-Stil gegossen. Bei Interesse an Workshops ist eine Anmeldung erforderlich, ✆ 055-258 715.

ÜBERNACHTUNG

Pattara Resort & Spa, 349/40 Chaiyanuparp Rd., ✆ 055-282 966, 💻 www.pattararesort.com. Moderne Anlage, die mit ihrem weitläufigen Garten voller Bambus und Bananenbäumen, Seerosenteichen, Sitzgruppen unter Bäumen, einem Fitnessraum und Spa zum Entspannen einlädt. 64 Zimmer mit Betonwänden und hochwertiger Einrichtung aus dunklem Holz sowie Wasserkocher, Safe, riesigem LCD-TV und DVD-Player. Große Fenster vom Zimmer zum Bad. Die Deluxe-Zimmer mit großzügigen Bädern mit Regendusche und separater Wanne sowie zentral im Raum stehenden Betten. Teure Villen

Zentral-Thailand

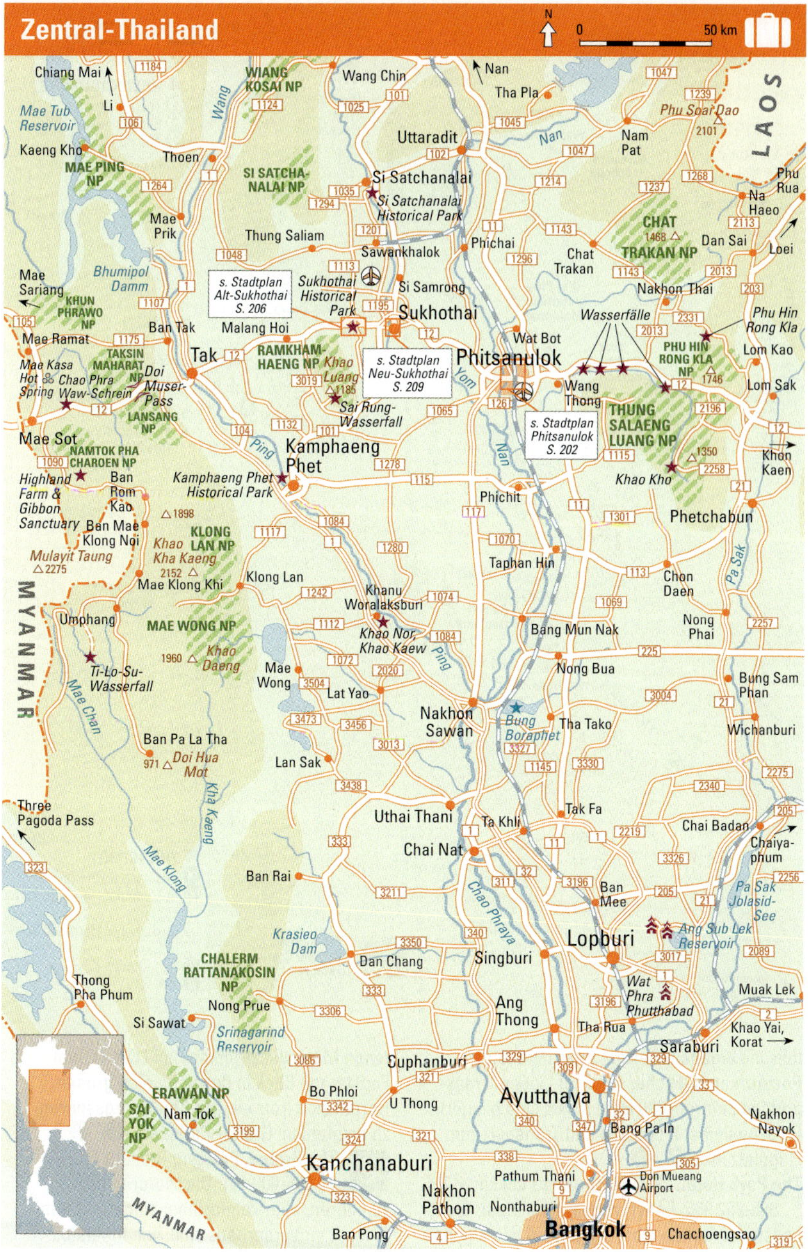

teils mit eigenem Garten. Internationales Restaurant, hübscher Pool mit Liegen. Transport ins Zentrum 300 Baht (Taxis sind billiger). DVD-Ausleihe, Frühstück und Transport zum Flugplatz inkl. ❼–❽

The Park Hotel, 227/162 Boromtra Lokkanat Rd., ✆ 055-252 955, 💻 www.tparkhotel.com. Die hellen, modernen, überwiegend in Weiß gehaltenen Mittelklassezimmer mit LCD-TV und Fenster mit Blick in den schmalen grünen Garten sind trotz einiger Abnutzungsspuren zu empfehlen. Großer Parkplatz. ❷–❸

€ **The Prince**, Prasong Prasath Rd., ✆ 055-000 191. Die teureren der 18 älteren, aber komfortabel eingerichteten Zimmer im Vorderhaus sind zum Innenhof hin deutlich ruhiger und haben gute Matratzen, AC, Kühlschrank, LCD-TV und ein gutes Preis-Leistungs-Verhältnis, teils auch Holzboden. Es gibt nur 1 Zimmer mit 2 Einzelbetten. Die billigeren Ventilator-Zimmer liegen im Haus hinter dem Parkplatz. ❶–❷

ESSEN

Cafés

Liebhaber von Kuchen und Gebäck finden zahlreiche **Bäckereien**, z. B. nahe dem Uhrturm das **Café In Love**, **My Coffee** und das **Lithai Café.**

Restaurants

Krua Nan Nam (auch Krua Nunnam), am Flussufer gegenüber vom Nachtmarkt. Beliebtes Thai-Restaurant mit Flussterrasse und kleinem Parkplatz.

Pak Bung Bin, am südlichen Ende des Nachtmarkts. Das bei Einheimischen und Touristen beliebte, offene Restaurant am Flussufer mit englischen Speisekarten tischt Thai-Küche und Seafood zu vernünftigen Preisen auf. In der Garküche am Gehweg fliegt das Gemüse buchstäblich auf den Teller. Nebenan weitere Restaurants mit ähnlichem Angebot. ⏲ ab 17 Uhr.

€ **Rimnan (Leg Hanging Restaurant)**, nördlich vom Wat Phra Sri Rattana Mahathat. Hier lassen sich mittags Angestellte aus der Umgebung auf dem Boden sitzend die regionale Nudel-Spezialität *Mie Sueh* schmecken, die mit Schweinefleisch für 35 Baht pro Schüssel sehr günstig kommt. Zur Straße hin kann man die Beine baumeln lassen. ⏲ 8–16 Uhr.

EINKAUFEN

Lohnend ist ein Bummel über den großen **Markt** östlich des Wat Phra Si Rattana Mahathat oder durch die Läden in der Ekathotsarot Rd. Beliebt ist der **Nachtmarkt** an der Uferpromenade mit einem großen Angebot an Textilien im überdachten Bereich, ⏲ bis 22 Uhr. Das nordwestlich am H12 Richtung Sukhothai gelegene **Central Plaza**, 💻 www.centralplaza.co.th, bietet u. a. Apotheken, einen Robinson Department Store, Bekleidungs-, Kosmetik- und Elektronikläden sowie ein Multiplex-Kino. ⏲ 11–21, Sa und So 10–21 Uhr.

Der schönste Buddha

Vom großen Stadtbrand verschont blieb **Wat Phra Si Rattana Mahathat**, auch Wat Yai genannt, mit seinem teils vergoldeten Prang aus der Sukhothai-Periode. Im Haupttempel, dessen Innenwände mit Wandmalereien geschmückt sind, steht der hochverehrte vergoldete Bronze-Buddha Phra Chinnarat aus dem 14. Jh. Er gilt als eine der wichtigsten und oft kopierten Buddhadarstellungen Thailands und als beispielhaft für den ausgereiften Sukhothai-Stil. Eine Kopie befindet sich im Marmortempel von Bangkok, eine weitere im Thai-Tempel in Bodh Gaya (Indien). In einem kleinen Nebengebäude wird Buddha im Sarg verehrt, eine höchst ungewöhnliche Darstellung. Nebenan sind auf Wandmalereien in einer Gebetshalle die Heldentaten von König Naresuan verewigt. Auf dem Tempelgelände wurden bei Ausgrabungen die Grundmauern und Säulen der alten Anlage freigelegt. Im kleinen Nebengebäude sind einige Ausgrabungsfunde und Klosterschätze zu sehen und in einem kleinen Museum (⏲ 8–16 Uhr) im hinteren linken Bereich rings um eine verehrte Buddhastatue wertvolle Keramik und Votivgaben. Ein Säulengang hinter dem Museum beherbergt weitere, goldene Buddhas. Im Tempel ist Kleidung erforderlich, die Knie und Schultern bedeckt. ⏲ 6.30–18 Uhr.

SONSTIGES

Immigration

Boromtra Lokkanat Rd., Ecke Soi 36 (Soi Raknat Uthit), 150 m vom Makro-Markt, ✆ 055-247 722. ⏲ Mo–Fr 8.30–12, 13–16.30 Uhr.

Informationen

Das städtische **Tourist Center** in einem hölzernen Haus an der östlichen Uferstraße hat kaum Infos. ⏲ Mo–Fr 8.30–16.30 Uhr.

Tourist Information Center, 209/7-8 Boromtra Lokkanat Rd., ✆ 055-252 742–3. Die bemühten, hilfsbereiten Mitarbeiter von der TAT halten gute Infos, Stadtpläne, Broschüren und eine Karte vom H12 bereit. ⌚ 8.30–16.30 Uhr.

Massagen

The Union of Thai Traditional Medicine Society im Wat Ratcha Burana, ✆ 089-638 5648. 1 Std. Thai-Massage für 100 Baht, Fußmassage 120 Baht. ⌚ 7–18 Uhr.

Medizinische Hilfe

Bangkok Hospital, Phra Ong Dam Rd., ✆ 055-212 222, 💻 www.bangkokhospital phitsanulok.com. Professionelle Versorgung und Betreuung von der Aufnahme bis zur Kasse durch freundliche Menschen mit guten Englisch-Kenntnissen.

Polizei

Polizisten im Stand der **Tourist Police** am alten Busbahnhof. Büro in der Ekathotsarot Rd., ✆ 055-245 357–8, Notruf ✆ 1155.

NAHVERKEHR

Rikschas

Einige alte, gut erhaltene Rikschas sind noch in Bahnhofsnähe rings um den Markt unterwegs.

Tuk Tuks

Vom Bahnhof, wo eine Preisliste aushängt, kosten mittlere Strecken um 60 Baht, zum Flugplatz und zum neuen Busbahnhof 150 Baht. Vom neuen Busbahnhof ins Zentrum für 100–120 Baht, zum alten Busbahnhof 80 Baht, Flugplatz 200 Baht.

Songthaew

Violette Songthaew fahren von 6–17.30 Uhr alle 20–30 Min. ab 10 Baht pro Strecke auf verschiedenen Routen:
Nr. 1 zwischen Bahnhof und altem Busbahnhof;
Nr. 3 zwischen Bahnhof und Wat Phra Sri Rattana Mahathat;
Nr. 6 zwischen neuem Busbahnhof und Central Plaza via altem Busbahnhof, Bahnhof und Wat Phra Sri Rattana Mahathat;
Nr. 8 zwischen neuem Busbahnhof und Sri Thamtraipidok Rd., auf Anfrage Ausstieg am Sgt. Major Thawee Folk Museum;
Nr. 12 (teils noch in blauer Farbe) zwischen neuem Busbahnhof und Textilmuseum (Naresuan Universität) via altem Busbahnhof und Bahnhof, alternativ mit roten Songthaew.

Taxis

Call Center, ✆ 055-338 888. Einstiegsgebühr 35 Baht, Fahrten in die Umgebung ab 150 Baht. Vom neuen Busbahnhof ins Zentrum 120 Baht, zum Flugplatz 180 Baht.

Stadtrundfahrten

Hotels vermitteln 45-minütige Touren mit Samlor oder Tuk Tuks für 250 Baht bei 2 Pers. Die **Phitsanulok Tour Tramway** verkehrt von 9–15 Uhr etwa alle 45 Min. für 40 Baht, Kinder 20 Baht, auf der Route Wat Mahathat, Rama I-Denkmal, Bahnhof, Stadtmauer, Stadthalle, Naresuan-Schrein und über die Naresuan-Brücke zurück. Erläuterungen nur auf Thai, aber ein Infoblatt mit englischer Übersetzung.

TRANSPORT

Busse

Vom **alten Busbahnhof** (Terminal 1) mit Essensständen, 500 m östlich des Zentrums, südlich des H12, ✆ 055-212 090, fahren violette Songthaew zum Bahnhof und ins Zentrum, s. Nahverkehr.
BANGKOK, 368/384 km, via AYUTTHAYA (5 Std.) um 7, 8.30, 9, 9.40, 10.45, 11, 12, 14.45, 20, 20.30, 21 und 22.30 Uhr für 237–304 Baht, VIP um 11, 22 und 23.30 Uhr für 416–473 Baht in 6–7 Std.
CHIANG KHONG (Grenze zu Laos), um 9 Uhr für 316 Baht in 8 Std.
CHIANG MAI, via LAMPANG (203–319 Baht) um 5.40, 9, 11, 11.40, 13.50, 15.15, 16, 16.30, 19, 20, 21.30, 22, 23.30, 0.30 und 1.30 Uhr für 232–273 Baht, viele VIP-Busse am späten Abend für 260–351 Baht in 6–7 Std.
CHIANG RAI, auf der alten Route via SUKHOTHAI um 8, 9.30 und 10.30 Uhr für 300 Baht in 8 Std.

KORAT, 13x tgl. von 9.30–24 Uhr für 270–350 Baht, VIP-Busse von 0.50–2 Uhr für 410 Baht in 6 Std.
SUKHOTHAI, alle 30–60 Min. von 5.20–18 Uhr für 42 Baht in 1 Std., bis Alt-Sukhothai 50–70 Baht. Zustieg auch in der Innenstadt südöstlich des Wat Nang Phaya, s. Stadtplan. Morgens und nachmittags dauert die Fahrt länger, da viele Schulkinder zu- und aussteigen.

Zum **neuen Busbahnhof** (Terminal 2), 6,5 km östlich des Zentrums und 500 m südlich der Indochina Intersection am H126, fahren Taxis, Tuk Tuks und Songthaew, s. Nahverkehr.
BANGKOK, 368/384 km, via AYUTTHAYA viele von 7.50–1.15 Uhr für 235–290 Baht, VIP 397–451 Baht, in 6–7 Std.
CHIANG KHONG, um 9, 13, 23.45, 0.30, 1.15 und 1.30 Uhr für 302–378 Baht, VIP um 23 Uhr für 454 Baht in 8 Std.
CHIANG MAI, viele von 5.20–2.50 Uhr für 223–286 Baht, VIP um 0.40, 1 und 2.15 Uhr für 334–445 Baht in 6–7 Std., teils via LAMPANG (262 Baht).
CHIANG RAI, um 11.30, 16, 16.50, 18.35, 20.50, 21.30, 22.30, 22.45, 22.50, 23.15, 23.40, 23.55, 0, 0.20, 1.30 und 2.30 Uhr für 260–335 Baht, VIP um 1 Uhr für 391 Baht, in 7–8 Std.
KORAT (Nakhon Ratchasima), viele von 9.25–2 Uhr für 256–329 Baht, VIP um 0.45, 1.45 und 2 Uhr für 384 Baht, in 6 Std.
SUKHOTHAI, mit Bussen Richtung Mae Sot sowie stdl. bis 18 Uhr für 42 Baht, bis Alt-Sukhothai 50–70 Baht, in 1–1 1/2 Std.

Eisenbahn

Am **Bahnhof**, ✆ 055-258 005, Tickets für die 1./2./3. Kl. nach BANGKOK und CHIANG MAI jeweils ab 324/159/69 Baht ohne Zuschläge. Fahrplan S. 880.

Flüge

Taxis fahren für max. 180 Baht zum Flugplatz.
AirAsia, 💻 www.airasia.com. 2x tgl. nach BANGKOK (Don Mueang) in 1 Std.
Kan Air, 💻 www.kanairlines.com. So nach CHIANG MAI in 1 Std.
Nok Air, 💻 www.nokair.com. 2x tgl. nach BANGKOK (Don Mueang).

3 HIGHLIGHT

Sukhothai

Sukhothai gilt als die Wiege Thailands und erstes großes Machtzentrum der Thai. Als diese aus dem Norden einwanderten, eroberten sie 1249 auch das Gebiet um die Khmer-Siedlung, aus der die spätere Königsstadt entstand. Mit Hilfe einer schlagkräftigen Armee und geschickter Diplomatie brachten sie weite Landstriche unter ihren Einfluss. Der „Vater Thailands", **König Ramkhamhaeng** (1275–1317), soll hier aus der Mon-Schrift das Thai-Alphabet entwickelt haben. Ceylonesische Mönche, die er ins Land holen ließ, sorgten für die Verbreitung der theravada-buddhistischen Lehre und drängten den Einfluss der Khmer und des Animismus zurück. Ramkhamhaeng verstand es, aus den vielfältigen Einflüssen ein einheitliches Staatsgebilde zu formen. Sukhothai wurde eine prächtige, befestigte Stadt mit vielen Tempeln und einer imposanten Palastanlage. Doch der mächtige Stadtstaat zerfiel unter Ramkhamhaengs Nachfolgern und unterlag Mitte des 14. Jhs. dem aufstrebenden Ayutthaya.

Alt-Sukhothai

In die stimmungsvolle, weitläufige Ruinenstadt mit dörflicher Umgebung kommen längst nicht so viele Touristen wie nach Ayutthaya. Der 70 km² große **Historical Park** ist in fünf Gebiete eingeteilt. Für die Zonen im Zentrum, Norden und Westen kostet der Eintritt je 100 Baht, Fahrräder 10 Baht, Motorräder 20 Baht, Tuk Tuk 30 Baht, Pkw 50 Baht, eine Tram fährt bei mindestens 10 Pers. für 40 Baht p. P. durch die Zonen, ein Audioguide für das Zentrum und den Norden kostet 150 Baht, alternativ können mit einem Smartphone die QR-Codes an den einzelnen Tempeln für weitere Infos eingescannt werden. 🕒 Zentrum 6.30–18.30, Sa 6.30–21 Uhr, Norden 8.30–16.30, Westen 8–17 Uhr. So–Fr kann der zentrale Bereich ab 18 Uhr kostenfrei besucht werden.

Zentrum

Eine **Stadtmauer** mit einem Graben im Rechteck von 1,8 x 1,4 km umgibt das von vielen Bäumen

Alt-Sukhothai (Old Sukhothai Historical Park)

beschattete Zentrum, in dem die Relikte von 16 Tempeln und vier Hinduschreinen stehen. Hinzu kommen rechteckig angelegte Wasserreservoirs *(thrapang)* sowie etwa 70 Ruinen außerhalb der Stadtmauer.

Die rund 1500 Ausstellungsstücke im Erdgeschoss des **Ramkhamhaeng National Museum** vermitteln einen Überblick über die Kunst der Sukhothai-Periode. Im Zentrum des Hauptgebäudes ist ein für den Sukhothai-Stil typischer **schreitender Buddha** aus dem 14. Jh. ausgestellt, zudem zahlreiche Buddhaköpfe, Hindustatuen, Stuckfriese, Keramiken und andere Funde. Überdies sind die Bilder aus dem geschlossenen Treppenaufgang im Wat Sri Chum zu sehen. Im 1. Stock sind Kunstwerke aus anderen Epochen, Alltagsgegenstände und Waffen ausgestellt. ⌚ 9–16 Uhr, Eintritt 150 Baht.

Im Zentrum der Stadt liegt der königliche Tempel **Wat Mahathat**, das seinerzeit größte Heiligtum des siamesischen Reiches. Auf einer Fläche von 240 x 280 m wurden neben dem zentralen Chedi, dem Unterbau der Ordinationshalle und dem Viharn die Reste von 209 kleinen Chedis und anderer Gebäude ausgegraben. Im Mittelpunkt steht der **zentrale Chedi** im Sukhothai-Stil, umgeben von vier kleineren Stupas und Vorhallen. Der quadratische Sockel ist mit Reliefs geschmückt – die andächtig schreitenden Figuren stellen Buddhas Jünger dar. Richtung Osten schließt der große Bot an, dessen sechs Säulenreihen früher einmal das hölzerne Dach trugen. Hier wird alljährlich im November das große Lichterfest Loi Krathong gefeiert. Viele der kleineren, umliegenden Bauwerke weisen Merkmale des Khmer-Stils auf, z. B. tanzende Apsaras.

Etwa 300 m westlich des Wat Mahathat befindet sich **Wat Thrapang Ngoen**. Zu ihm gehören ein Chedi mit lotosförmigem Grundriss und schlanker Spitze, ein Viharn und Reste der Ordinationshalle. Ein sitzender Buddha blickt auf den See und die Überbleibsel eines Säulengangs.

Weiter im Süden erheben sich die drei Laterit-Prasats von **Wat Sri Sawai**. Sie waren im 13. Jh. als brahmanischer Schrein im Khmer-Stil erbaut worden. Später wurde das hinduistische Heiligtum in einen buddhistischen Tempel umgewandelt. Bei Ausgrabungen fand man neben Buddha- auch Shivastatuen. Die Stuckdekorationen wurden leider wenig sensibel restauriert. Die umgebende Mauer grenzt östlich an einen imposanten alten Baum.

Nördlich des königlichen Tempels befindet sich auf einer Insel in einem Teich **Wat Sra Si**. Der Stupa im ceylonesischen Stil ist gut erhalten, während vom Bot nur Ruinen übrig geblieben sind. Das östlich nahe dem Eingang gelegene **Denkmal** stellt König Ramkhamhaeng dar und wird von Einheimischen mit Blumen verehrt. An den **Wat Trakuan** erinnert nur noch der große Chedi in Glockenform mit 12 m breiter Basis.

Das nördlich der Straße befindliche **Wat Sorasak** war im 14. Jh. wahrscheinlich ebenfalls Teil des Palastes und wurde im Gegensatz zu den meisten anderen Bauten aus Sandstein errichtet. Die restaurierte Basis seines Chedis wird von Elefanten umgrenzt.

Tipps für Fotografen

Morgens ist die beste Zeit für Fotografen, da die meisten Buddhas Richtung Osten blicken. Samstagabends werden im Zentrum die Ruinen erleuchtet, und jeden 2. Freitag von Februar bis September wird um 19 Uhr eine Light & Sound Show auf der Bühne westlich vom Wat Sra Sri geboten.

Norden

Im Ticket für den beliebten **Wat Sri Chum** (Kasten S. 208) ist der Eintritt zum weiter östlich gelegenen **Wat Phra Phai Luang** enthalten, ein wenig besuchtes Ziel für Entdeckernaturen. Im Gegensatz zu anderen Tempeln wirkt die ummauerte, weitläufige Anlage von jeweils 600 m Seitenlänge recht naturbelassen. Von den drei Prangs im Khmer-Stil aus dem 13. Jh. ist einer erhalten geblieben und weist darauf hin, dass sich hier einst ein bedeutendes hinduistisches Heiligtum befand. Hingegen stammen die anderen Klostergebäude, Gebetshallen und Chedis aus verschiedenen buddhistischen Epochen.

Westen

Wem die Ruinen innerhalb der Stadtmauer zu stark restauriert sind, der sollte sich die weitläufig verstreuten westlichen Ruinen ansehen. Die

Großer Buddha in kleinem Tempel

Etwa 400 m südwestlich vom Wat Phra Phai Luang erhebt sich **Wat Sri Chum** mit dem riesigen sitzenden Buddha Phra Atchana aus dem 14. Jh. Der quadratische, nach oben offene Mondhop mit einer Seitenlänge von 30 m, einer Höhe von über 11 m und einer Wandstärke von 3 m war ursprünglich von einem Wassergraben umgeben. Das Innere wird fast vollständig von der imposanten Buddhafigur eingenommen. Leider ist der schmale Gang in der Mauer auf den Tempel hinauf gesperrt.

THAILAND

ersten hinter dem ehemaligen Westtor **Pratu Oa**, mitten in den Feldern sind stark zerfallen. Besser erhalten ist der 2,2 km vom Westtor entfernte **Wat Mangkon** mit einem Chedi im ceylonesischen Stil. Die Ruinen am Berghang erfordern schweißtreibende Aufstiege.

Lohnend ist der 3 km vom Zentrum, nahe dem H12 befindliche **Wat Sapan Hin** mit einem 12,5 m großen, stehenden Buddha auf dem 50 m hohen Hügel – ein guter Platz zum Sonnenaufgang. Am verschmutzten Phra Ruang-Stausee vorbei lässt sich die Rundfahrt auf Fahrwegen Richtung Osten zu den südlichen Ruinen fortsetzen.

Süden

Durch das südliche Stadttor **Pratu Namo** kommt man nach ca. 1,5 km auf einer ruhigen Landstraße zum **Wat Chetuphon**. Am wuchtigen Mondhop ist auf zwei Seiten je eine Buddhafigur in stehender (Westen) und schreitender Haltung (Osten) angebracht. Auf den beiden anderen Seiten sind nur noch Körperreste der hohen Stuckfiguren erhalten, die einst einen sitzenden (Norden) und einen ruhenden Buddha (Süden) darstellten.

Neu-Sukhothai und Umgebung

In der weitgehend reizlosen, 40 000 Einwohner zählenden Stadt, 12 km östlich der Ruinen von Alt-Sukhothai, halten die meisten Busse, und hier befindet sich die Mehrzahl der Unterkünfte und Restaurants.

Der große **Markt** mit einem breiten Angebot eignet sich gut zum Bummeln. Er dient zudem als Großmarkt, auf dem bis in die späten Abendstunden Tabak, Obst und Gemüse aus der Umgebung umgeschlagen werden.

Das große, klimatisierte **Sangkhalok Museum,** ✆ 055-614 333, steht 1,5 km östlich an der Kreuzung Singhawat Road und der ersten Umgehungsstraße. Auf zwei Stockwerken vermittelt eine umfangreiche Ausstellung einen hervorragenden Überblick über die Geschichte der Sawankhalok-Keramik, ihre Fundgebiete, Verwendung und Verbreitung. 🕒 8–17 Uhr, Eintritt 100 Baht, Tuk Tuk 60 Baht.

ÜBERNACHTUNG

Viele Unterkünfte holen nach telefonischer Anmeldung Gäste kostenlos oder gegen kleines Entgelt vom Busbahnhof ab.

Alt-Sukhothai

Karte S. 206

Für diesen Ortsteil spricht die gute Lage an den Ruinen, allerdings ist das kulinarische Angebot begrenzt.

€ **Old City Gh.**, 28/7 Moo 3, Jarodvithi Thong Rd., 50 m zurückversetzt nahe der zentralen Kreuzung, ✆ 055-697 515, 081-886 4886. In den 5 kleinen Zimmern mit Ventilator oder AC und 2 Duschen im 1. Stock des alten Holzhauses kann man ab 200 Baht schlafen. In dem angrenzenden Reihenhaus mit traditionell gestalteter Fassade weitere geräumige, im hinteren Teil angenehm kühle Zimmer mit AC, TV und einem guten Preis-Leistungs-Verhältnis. Freundlichen Service sollte man nicht erwarten. Parkplatz. ❶–❷

Mit dem Rad durchs Weltkulturerbe

Sofern die Hitze nicht allzu groß ist, eignet sich die Ruinenstadt Alt-Sukhothai für eine Radtour. An allen Haupteingängen werden Fahrräder für 30 Baht vermietet. Ein königliches Dekret verbietet die Ansiedlung von Industrie im Umkreis von 12 km um die Ruinen. Daher kann man auf schmalen Landstraßen und Feldwegen durch eine wunderschöne Kulturlandschaft, an Kanälen und Flüssen entlang zu ursprünglichen Dörfern radeln, S. 211.

Thai Thai Sukhothai Gh., 95/8 Moo 3 Napho Kirimas Rd., ✆ 081-674 0505, 084-932 1006, 💻 www.thaithaisukhothai.com. In 10 geräumigen Bungalows aus Holz gibt es geschmackvoll eingerichtete, saubere Zimmer mit Kühlschrank, TV, hübschen Waschbecken und kleiner Du/WC, z. T. Himmelbetten und Moskitonetz sowie großzügiger Terrasse. Der ruhig gelegenen Anlage mit durchgehend bis vor die Bungalows gepflasterter Straße fehlt etwas Charme. Hilfsbereites Personal. Frühstück im offenen Restaurant an der Straße inkl. ❹–❺

Vieng Tawan Sukhothai Gh., 89/29 Moo 3 Napho Kirimas Rd., ✆ 088-677 299, 💻 www.fb.com/viengtawansukhothai. Die Betreiber des Thai Thai Sukhothai Gh. unterhalten nur wenige Schritte südöstlich davon ein ruhiges, schmuckes Gästehaus mit nur 11 einladenden, komfortabel eingerichteten Zimmern mit bequemen Matratzen, LCD-TV und etwas Deko, jedoch ausschließlich Doppelbetten. Fahrradvermietung. Frühstück inkl. ❸

Neu-Sukhothai

Karte S. 209

At Home, 184/1 Vichien Chamnong Rd., ✆ 055-610 172, 💻 www.athomesukhothai.com. Mit Antiquitäten dekoriertes Holzhaus in einem Garten mit 11 sauberen, gut gelüfteten Zimmern mit etwas Deko, teils auch AC, die oberen mit Holzböden. 4 Bungalows mit LCD-TV und kräftigen Farben am rückwärtigen Teich mit lauten Fontänen. Luftiges, offenes Restaurant, Tourenangebot, Motorradvermietung, Wäscheservice, Internet-PC. Fahrräder und Frühstück inkl. ❷–❹

Baan Georges Hotel, 28/54 Soi Chaiwannasut, Jarodvithi Thong Rd., ✆ 086-100 7651, 💻 www.baan-georges.com. Der freundliche, auch deutschsprachige Belgier Luc Janssens vermietet in seinem 3-stöckigen, großzügigen Wohnhaus mit Pool 8 einladend und komfortabel eingerichtete Zimmer, darunter 2 für Familien, mit kleinem LCD-TV, Bad mit großer Regendusche und Balkon. Frühstück auf der luftigen, überdachten Dachterrasse mit offener Küche, Aussicht und hausgemachtem Brot inkl. 2015 war nebenan ein Neubau mit kleinen 2-Zimmer-Apartments im Bau. ❺

Blue House, 295/3 Siri Samarung Rd., westlich vom Wat Kuha Sawan, ✆ 055-614 863, 080-506 8402, 💻 http://sukhothai bluehouse.wordpress.com. Wer keinen Wert auf einen Garten legt, findet im recht neuen, sauberen 2-stöckigen Wohnhaus ruhige und einladende Zimmer mit sehr gutem Preis-Leistungs-Verhältnis und Komfort, Kühlschrank und TV, einige mit hübschen Himmelbetten. Kleines Frühstücksrestaurant. Kaffee und Tee inkl. ❸

Nakorn de Sukhothai Hip Hotel, 35/1 Prasertpong Rd., ✆ 088-278 0450, 055-611 833, 💻 www.nakornhotel.com. Modernes, freundliches Kleinhotel in einem zentral gelegenen Stadthaus, dessen hübsche Zimmer komfortabel mit AC, LCD-TV, bequemen Matratzen, Du/WC und Kühlschrank eingerichtet und mit farbigen Akzenten versehen sind; die teureren haben Bad/WC mit Fensterläden ins Zimmer. Leider macht das Pressspanmobilar keinen sehr langlebigen oder hochwertigen Eindruck. Frühstück inkl. ❹–❺

Sabaidee House, 81/7 Jarodvithi Thong Rd., ✆ 055-616 303, 089-988 3589, 💻 www.sabaideehouse.com. Ab der Straße nach Alt-Sukhothai 100 m vor der Ring Road Richtung Süden abbiegen und nach 300 m dem schmalen Weg rechts bis zum Ende folgen. Ruhig gelegene und freundlich gestaltete Anlage am Ortsrand mit 15 einfach eingerichteten Zimmern. Die 4 günstigsten im 1. Stock eines Holzhauses mit Ventilator und Gemeinschafts-Bad/WC, sonst mit AC und Dusche. Zudem 9 Bungalows und 2 Doppelhäuser mit großen komfortablen Zimmern mit TV und Du/WC. Nette Atmosphäre, TV und DVDs im Restaurant, zudem Motorradverleih und sehr freundliche Mitarbeiter. Abholservice vom Busbahnhof und Fahrräder inkl. ❷

ESSEN UND UNTERHALTUNG

Alt-Sukhothai

Die Restaurants vor dem Eingang zum Historical Park haben englische Speisekarten und preiswertes, westliches Essen oder Thai-Küche, zudem Frühstück, Shakes und Kaffee, z. B. **The Coffee Cup** und **Thara**. 🕒 meist 8–22 Uhr.

Neu-Sukhothai

Auf dem unspektakulären, überdachten **Nachtmarkt** findet man auch tagsüber Essensstände. Ein **Walking Street** genannter Nachtmarkt findet jeden Sa von 17–21 Uhr in der westlichen Nikon Kasem Rd. statt.

Dream Café, 86/1 Singhawat Rd., ✆ 055-612 081, Kleines und verwinkeltes, klimatisiertes Restaurant mit gemütlicher Atmosphäre und antiken Kostbarkeiten, das thai-chinesische Gerichte serviert. Große Auswahl an Eisbechern und Milchshakes. Rechnung kontrollieren! 🕒 17–23 Uhr.

Mang Khon Restaurant, Jarodvithi Thong Rd., unter einer Leuchtreklame für Lactasoy und nur auf Thai beschildert. Die Köchinnen dieser kleinen, offenen und abends gut besuchten Straßenküche versorgen Hungrige mit Bier und Thai-Küche von der auch in Englisch verfassten Speisekarte. 🕒 10–22 Uhr.

Rom Pho und **J.R.**, Ramkhamhaeng Rd., am nördlichen Ende des Nachtmarkts. 2 offene, saubere Straßenrestaurants mit englisch- und sogar deutschsprachigen Speisekarten sowie glutamatfreier, guter Thai-Küche und günstigen Preisen. Die Favoriten bei westlichen Besuchern. 🕒 17–3 Uhr.

EINKAUFEN

In allen historischen Parks werden an Ständen Souvenirs verkauft, die in Sukhothai und Umgebung gefertigt werden, u. a. Holz .

schnitzereien, Bronzefiguren, Keramiken und Textilien.

Alt-Sukhothai

Suthep Sangkalok, 357/1 Moo 3, in Alt-Sukhothai, im südöstlichen Wohnviertel. In der großen Keramikwerkstatt wird sowohl grüne Keramik im Sawankhalok-Stil als auch blaugraue im chinesischen Stil in Auftragsarbeit produziert. Ausgemusterte Teile werden günstig verkauft. ⌚ 8–17 Uhr. Ähnliches Angebot im **USA Sangkalok** und **Boar Ceramics** gleich um die Ecke.

AKTIVITÄTEN UND TOUREN

Unterkünfte vermitteln Guides und Fahrzeuge für Ausflüge in die Umgebung. Neben Alt-Sukhothai stehen Si Satchanalai und Sawankhalok auf dem Programm.

Cycling Sukhothai, unweit vom Sabaidee Gh., ✆ 055-612 519, 085-083 1864, 💻 www.cycling-sukhothai.com. Von 16–18.30 Uhr bieten Mem oder Ronny ab 4 Pers. sehr empfehlenswerte geführte Radtouren durch die Umgebung von Neu-Sukhothai für 400 Baht p. P. an. Auf schmalen Feldwegen sowie kaum befahrenen Landstraßen radelt man mit gut gewarteten Mountainbikes (auch Kinderräder) durch traditionelle Dörfer und eine wundervolle Landschaft. Mem ist hier aufgewachsen und kann viel über die Landwirtschaft und das dörfliche Leben berichten. Ebenfalls im Programm sind eine halbtägige Countryside Tour ab 8 Uhr für 750 Baht sowie eine Tour durch Alt-Sukhothai für 990 Baht inkl. Mittagessen und Eintritt. Auch für Ausflüge in Eigenregie eine exzellente Anlaufstelle.

SONSTIGES

Fahrradverleih

Fahrräder sind ein ideales Transportmittel für eine Rundfahrt durch die Ruinen, wenn es nicht zu heiß ist. Bei Verleihen an den Unterkünften außerhalb kosten sie oft 50 Baht, am Historical Park 30 Baht. Die Fahrt von Neu- nach Alt-Sukhothai macht wenig Spaß, da die Straße stark befahren und langweilig ist.

Informationen

Tourist Information in Neu-Sukhothai gegenüber der Shell-Tankstelle an der Straße nach Alt-Sukhothai, 200 Jarodvithi Thong Rd., ✆ 055-616 228-9. Hilfsbereite Mitarbeiterin mit guten Englischkenntnissen. Besser erreichbar sind die Schalter des **Tourist Assistance Center** am Busbahnhof sowie an der Brücke im Zentrum, ✆ 055-610 222, die sich mit der Tourist Information koordinieren. ⌚ 8.30–16.30 Uhr.

Massagen

Sehr gute Massagen gibt es in Alt-Sukhothai in der **Schule** neben dem Museum und in Neu-Sukhothai im **Sukhothai Traditional Medicine Center**, Nikon Kasem Rd., ✆ 055-616 420, Massagen ab 250 Baht pro Std., ⌚ 8.30–18.30 Uhr.

Motorräder

Viele Gästehäuser vermieten Motorräder für 150–200 Baht, Automatik 250–300 Baht. In Neu-Sukhothai werden neben der Chopper Bar und am Poo Restaurant Motorräder verliehen.

NAHVERKEHR

Busse

Alte, offene Busse fahren von der Bushaltestelle an der Hauptstraße in Neu-Sukhothai für 13 Baht zum Historical Park nach Alt-Sukhothai.

Motorradtaxis

Im Stadtgebiet und zum Busbahnhof kosten sie 40–60 Baht, nach Alt-Sukhothai 250 Baht.

Songthaew

Von der Bushaltestelle an der Hauptstraße, 300 m östlich der Brücke, oder vom Busbahnhof fahren sie von 6–18 Uhr in 20 Min. für 250 Baht (Charter-Preis) nach Alt-Sukhothai. Zurück bis spätestens 17.45 Uhr.

Taxis

Es gibt keine regulären Taxis, aber über die Unterkunft organisierte Pkw mit Fahrer kosten nach Neu- bzw. Alt-Sukhothai 400 Baht, zum Flughafen 800 Baht, nach Phitsanulok 1500 Baht, Tagestouren ab 1800 Baht.

Tuk Tuks

Fahrten im Stadtgebiet von Neu-Sukhothai kosten 50–100 Baht, nach Alt-Sukhothai 200–300 Baht. Eine 4-stündige Rundfahrt durch Alt-Sukhothai ist für 700–800 Baht zu haben.

TRANSPORT

Busse und Songthaew

Der **Busbahnhof**, ✆ 055-614 529, liegt in Neu-Sukhothai am H101, 1,5 km nördlich der Abzweigung nach Alt-Sukhothai gegenüber vom HomeMart, und ist mit lateinischen Buchstaben ausgeschildert. Wer Schlepper und Taxifahrer, die auf Provision spekulieren, umgehen will, nimmt ein Tuk Tuk oder Motorradtaxi. Pink-blaue Minibusse fahren ab Plattform 1 am Busbahnhof für 10 Baht bis 17 Uhr alle 10–15 Min. zum Markt. Sie halten entlang der Hauptstraße und bringen die Ankommenden zum Gästehaus ihrer Wahl; zurück am besten an der Brücke zusteigen.
Viele Unterkünfte bieten kostenlosen Abholservice, wenn man vorher anruft.
BANGKOK, 440/454 km, via AYUTTHAYA (5–6 Std.) ständig von 7.50–14.10 sowie um 17, 19.30 und 22.40 Uhr für 266–358 Baht, VIP um 9.35 und 20.30 Uhr für 397 Baht in 6–7 Std. Win Tour fährt zudem ab Alt-Sukhothai gegen 8.20, 12.30 und 21.40 Uhr und verkauft Bustickets am Schalter sowie im Vitoon Gh., ✆ 082-160 8725.
CHIANG MAI, via LAMPANG (154–220 Baht) bzw. ALT-SUKHOTHAI, ständig von 6.15–17.30 Uhr für 214–239 Baht, VIP um 1.30 Uhr für 393 Baht in 5 Std.
CHIANG RAI, um 6.40, 9, 10.30 und 11.30 Uhr für 255 Baht in 9 Std.
PHITSANULOK, 61 km, alle 30–60 Min. von 8–18.30 Uhr sowie mit einigen Bangkok-Bussen für 42 Baht in 1 Std. Morgens und nachmittags dauert die Fahrt länger, da viele Schulkinder zu- und aussteigen.

Flüge

Der preisgekrönte **Flughafen**, ✆ 055-647 224, liegt 20 km nördlich nahe Sawankhalok. Allein schon die luftige, offene Abfertigungshalle ist sehenswert. Die Abfertigung erinnert an die Rezeption eines 5-Sterne-Hotels.
Der Transport zum Flughafen klappt mit Minibussen von **Sukhothai Travel Service**, 10–12 Singhawat Rd., ✆ 055-613 075, Abfahrt um 7 und 15 Uhr für 180 Baht. Mind. 1 Tag vorher buchen!
Bangkok Airways, 💻 www.bangkokair.com. 3x tgl. nach BANGKOK (Suvarnabhumi Airport).

Nord-Thailand

Der Norden ist die abwechslungsreichste Region Thailands. Zwischen weiten, von Flüssen durchzogenen Ebenen und dem Doi Inthanon, der höchsten Erhebung des Landes, erstrecken sich Berge bedeckt von dichten Wäldern. In den Tälern liegen von Reis- und Blumenfeldern, Obstplantagen, Gemüsegärten und Bambushainen umgebene Siedlungen.

Der erste Anlaufpunkt vieler Kulturreisender wie abenteuerlustiger Backpacker ist **Chiang Mai** mit einem breiten touristischen Angebot, glitzernden Tempelanlagen und einmaligen Einkaufsmöglichkeiten. Über zahllose Kurven geht es im Westen durch weite Teakwälder und Dörfer ethnischer Minoritäten. Hoch im Norden locken das Goldene Dreieck und im Südwesten entspannte Provinzstädte.

Noch bis ins 19. Jh. pflegte man engere Beziehungen zu Birma als zu Bangkok. Erst das Vorrücken der Holzwirtschaft und der Bau der Eisenbahn stellten eine Verbindung zu den südlichen Landesteilen her. In den 1980er-Jahren wurde die Region touristisch erschlossen. Wie abenteuerlich das Reisen damals war, s. **eXTra [2963]**. Längst sind es nicht mehr nur „primitive" Dörfer, die Touristen in den Norden locken, sondern einmalige Landschaften und die lebendige kulturelle Vielfalt.

Minoritäten und Einwanderung

Schon immer waren die Berge Zufluchtsorte **ethnischer Minderheiten**. Heute leben in Thailand 800 000–1 Mio. Angehörige solcher Minoritäten,

Das Leben der Bergvölker

Die Bergvölker bepflanzen zumeist steile Hänge über 800 m und bauen im **Brandrodungsfeldbau** Bergreis, Tabak, Baumwolle, Gemüse, Blumen, Kaffee, Tee und Gewürzpflanzen an; das einst wichtige Opium haben Designerdrogen aus den Labors verdrängt. Die Behörden fördern seit den 1960er-Jahren Infrastrukturmaßnahmen. Die Kinder in den Schulen lernen Thai. Dennoch werden sie von der ethnischen Mehrheit zumeist abschätzig behandelt. Trotz äußerlicher Anpassung bleiben die Bergvölker, mit Ausnahme der früh eingewanderten Lawa und Karen, ihrer jeweiligen Kultur eng verbunden. Die Geschichte ihrer langen Wanderungen und die Regeln ihres Zusammenlebens wurden teils mündlich weitergegeben. Bei den Yao sind **chinesische Schriftzeichen** in Gebrauch.

Geisterglaube und Religion

Dem Glauben an magische Kräfte und die beseelte **Natur** wird große Bedeutung beigemessen. **Medizinmänner** und **Schamanen** treten als Mittler zwischen dem Dies- und Jenseits auf. Sie beschwören Geister, vertreiben Krankheiten, legen den richtigen Zeitpunkt für den Hausbau oder die Ernte fest. In den vergangenen Jahrzehnten wurden viele Bergbewohner von Missionaren christianisiert. Mit der Einführung neuer Werte kommt es zu **Interessenkonflikten** und einem Identitätsverlust. Statt auf den Feldern, arbeiten viele junge Menschen in den Städten und finanzieren damit das Dorf.

Das **Neujahrsfest** ist das wichtigste soziale und religiöse Ereignis des Jahres. Spiele, Tanz und Gesang begleiten die mehrtägigen Zeremonien je nach Volk zu unterschiedlichen Zeitpunkten.

Kunsthandwerk

Auf Märkten und in Geschäften werden neben Silberschmuck und Bambus- sowie Rattanarbeiten Kleidung, Taschen und Decken verkauft, die von Frauen mit bunten Stickereien verziert wurden. Die in ihrer Grundfarbe überwiegend indigoblauen oder schwarzen Textilien dekorieren Hmong und Akha mit farbenfrohen Applikationen und Quasten, Muscheln, Samen oder Münzen. Von Lahu und Karen stammen die bunt gestreiften Stoffe, während Lisu-Frauen Patchwork-Arbeiten bevorzugen.

Tourismus

Der Tourismus bietet Menschen die Möglichkeit, in ihren Dörtern zu bleiben, statt in den Städten nach Arbeit zu suchen, allerdings nimmt er oft keine Rücksicht auf Traditionen. Ein Beispiel ist die Zurschaustellung der exotischen „Langhals-Frauen" der **Padaung** (S. 250), einer Karen-Gruppe. Anfangs noch Flüchtlinge aus Myanmar, werden sie mittlerweile als Touristenattraktion „importiert". Dabei wäre ein respektvoller Umgang mit den Bergvölkern sehr wichtig.

Trekking

Einen lebensnahen Einblick in die Welt der Bergvölker erhält man während guter **Trekkingtouren**. Auf schmalen Pfaden geht es durch Wald und Reisfelder, über kahle Bergrücken zu den Dörfern, wo man in einfachen Bambushütten sein Nachtlager aufschlägt. Die Touren erfordern tägliche Fußmärsche von bis zu 6 Std. Es werden aber auch bequemere Alternativen angeboten, bei denen man große Strecken in Booten, auf Flößen oder Elefanten zurücklegt. Die beliebtesten Trekkinggebiete liegen nördlich von Chiang Mai und rings um den Doi Inthanon.

Weitere Infos unter 💻 www.hilltribe.org sowie 💻 www.ttcrafts.co.th.

davon rund 500 000 in etwa 3000 nordthailändischen Dörfern, die 16 Volksgruppen angehören: Nördlich von Chiang Mai leben die **Hmong** (Meo), **Yao** (Mien), **Lisu**, **Lahu** und **Akha**, weiter südlich **Lawa** und in der Grenzregion zu Myanmar bis hinunter nach Kanchanaburi die **Karen**.

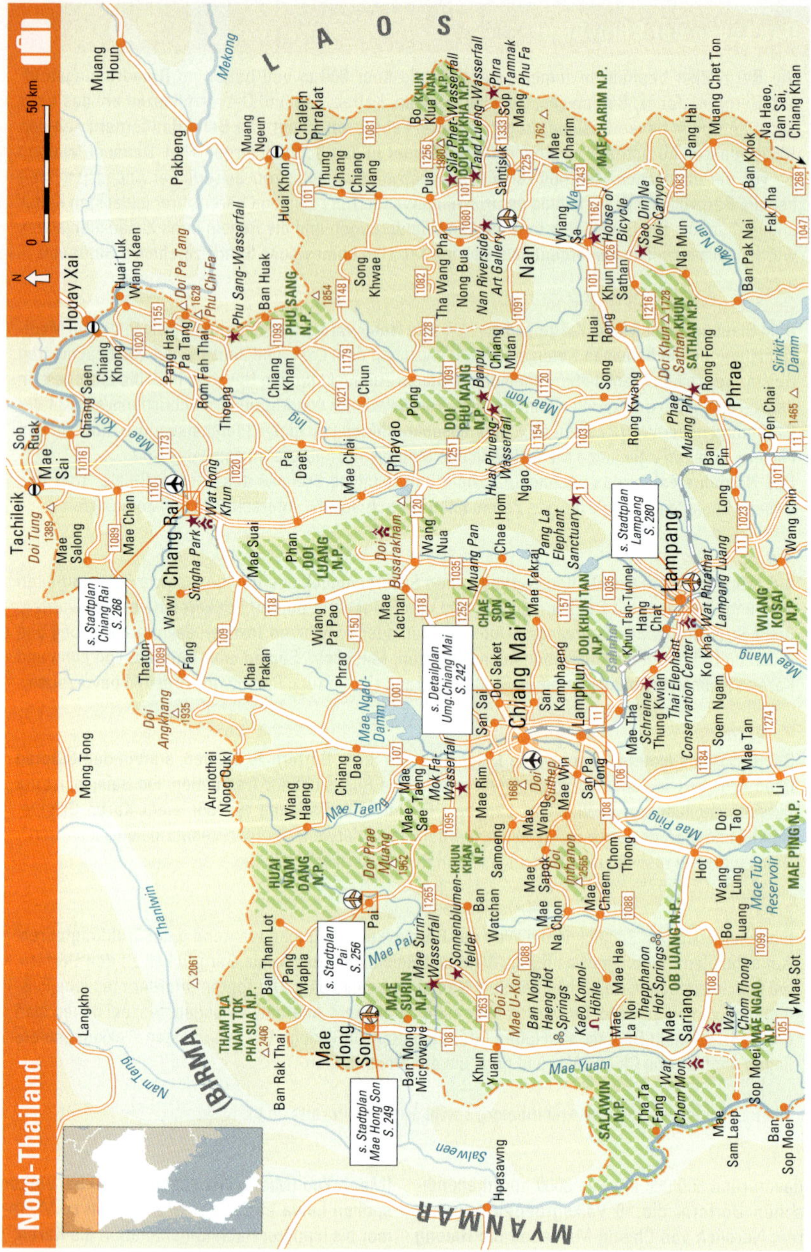
Nord-Thailand
50 km
LAOS
MYANMAR
(BIRMA)
Mekong
Salween
Thanlwin
Nam Teng
Muang Houn
Pakbeng
Houay Xai
Huai Luk Wiang Kaen
Doi Pa Tang
Phu Chi Fa
Phu Sang-Wasserfall
Ban Huak
PHU SANG N.P.
Muang Ngeun
Huai Khon
Chalerm Phrakiat
Thung Chang
Chiang Klang
Song Khwae
Bo Klua
KHUN NAN N.P.
Sila Phet-Wasserfall
DOI PHU KHA N.P.
Tard Lueng-Wasserfall
Pua
Phra Sop Tamnak
Mang Phu Fa
Santisuk
Tha Wang Pha
Nong Bua
Nan Riverside Art Gallery
Nan
Wiang Sa
House of Bicycle
Sao Din Na Noi-Canyon
MAE CHARIM N.P.
Mae Charim
Na Mun
Khun Sathan
Huai Rong
Doi Khun Sathan
KHUN SATHAN N.P.
Pang Hai
Muang Chet Ton
Ban Khok
Na Haeo, Dan Sai, Chiang Khan
Fak Tha
Ban Pak Nai
Mae Nan
Sirikit-Damm
Tachileik
Doi Tung
Mae Sai
Sob Ruak
Chiang Saen
Chiang Khong
Pang Hat
Pa Tang
Rom Fah Thai
Thoeng
Chiang Kham
Chun
Pong
DOI PHU NANG N.P.
Banpu
Chiang Muan
Mae Yom
Song
Rong Kwang
Phrae
Phae Muang Phi
Rong Fong
Den Chai
Mae Salong
Mae Chan
Chiang Rai
Singha Park
Wat Rong Khun
Pa Daet
Mae Chai
Phayao
Ing
Kok
Huai Phueng-Wasserfall
Ngao
Ban Pin
Long
Wang Chin
s. Stadtplan Chiang Rai S. 268
Wawi
Mae Suai
Phan
DOI LUANG N.P.
Doi Busarakham
Wang Nua
Muang Pan
Chae Hom
Pang La Elephant Sanctuary
s. Stadtplan Lampang S. 280
Lampang
Wat Phrathat Lampang Luang
WIANG KOSAI N.P.
Mae Wang
Thaton
Fang
Chai Prakan
Wiang Pa Pao
Mae Kachan
CHAE SON N.P.
Mae Takrai
DOI KHUN TAN N.P.
Khun Tan-Tunnel
Hang Chat
Ko Kha
Thai Elephant Conservation Center
Doi Angkhang
Mong Tong
Arunothai (Nong Ouk)
Phrao
Mae Ngad-Damm
s. Detailplan Umg. Chiang Mai S. 242
Doi Saket
San Sai
Chiang Mai
San Kamphaeng
Lamphun
Mae Tha
Schreine Thung Kwian
Soem Ngam
Mae Tan
Chiang Dao
Wiang Haeng
Mae Taeng
Mok Fa-Wasserfall
Mae Rim
Doi Suthep
Mae Wang
Mae Win
San Pa Tong
Li
Mae Ping
Doi Tao
HUAI NAM DANG N.P.
Doi Prae Muang
Mae Sae
Samoeng
Mae Sapok
Doi Inthanon
Chom Thong
Hot
Wang Lung
Mae Tub Reservoir
MAE PING N.P.
Pai
s. Stadtplan Pai S. 256
Ban Tham Lot
Pang Mapha
Mae Pai
Mae Surin-Wasserfall
Sonnenblumen-felder
Ban Watchan
Mae Na Chon
Mae Chaem
OB LUANG N.P.
Bo Luang
THAM PLA NAM TOK PHA SUA N.P.
MAE SURIN N.P.
Mae Hong Son
s. Stadtplan Mae Hong Son S. 249
Ban Rak Thai
Langkho
Ban Mong Microwave
Khun Yuam
Doi Mae U-Kor
Ban Nong Haeng Hot Springs
Kaeo Komol-Höhle
Mae Hae
Mae La Noi
Thepphanon Hot Springs
Mae Sariang
Wat Chom Thong
MAE NGAO N.P.
Mae Sot
Mae Yuam
SALAWIN N.P.
Tha Ta Fang
Wat Chom Mon
Mae Sam Laep
Sop Moei
Ban Sop Moei
Hpasawng

Zu den Thai-Völkern zählen neben den Siamesen die **Shan (Tai Yai)**, **Tai Lue**, **Tai Yong** und **Tai Yuan**. Aus dem südchinesischen Raum kommend, verdrängten sie bereits im 11. und 12. Jh. die zur Mon-Khmer-Gruppe gehörenden **Lawa**, **H'tin**, **Khamu**, **Mlabri** und andere Khon Pa-Stämme aus den fruchtbaren Tälern in die Gebirgsregionen. Ihnen folgten 600 Jahre später die aus dem Westen stammenden **Karen**. Bereits seit Jahrhunderten sind **Haw** (auch Hor) ansässig, moslemische Händler aus Yunnan. Seit Mitte des 19. Jhs. kamen zudem **Lahu**, **Akha** und **Lisu**, **Yao** und **Hmong** aus Südchina ins thailändische Staatsgebiet. Auch versprengte Reste der 1949 von ihren kommunistischen Widersachern geschlagenen **Kuomintang**-Armee (KMT) flüchteten von China über Myanmar nach Thailand und ließen sich im Grenzgebiet nieder.

4 HIGHLIGHT

Chiang Mai

Chiang Mai gehört zu den attraktivsten und bei Touristen beliebtesten Städten des Landes. Für Reisende, die aus Bangkok kommen, mag die Stadt beschaulich wirken, für die Menschen aus der Provinz ist sie mit rund 200 000 Einwohnern, einem internationalen Flughafen und dem dichten Verkehr eine pulsierende Metropole. Die Stadt bietet ein breites Angebot für jeden Geschmack und Geldbeutel: von Unterkünften jeder Preiskategorie, günstigen Essensmärkten und abwechslungsreichen Restaurants über interessante Tempel und Museen, ursprüngliche Märkte und glitzernde Shoppingcenter bis hin zu vielseitigen Aktivitäten und Ausflugsoptionen. Die interessantesten Tempel und Märkte können an ein bis zwei Tagen erkundet werden, doch das Angebot ist so vielfältig, dass man gut eine Woche und länger bleiben kann, ohne sich zu langweilen.

Chiang Mai blickt seit seiner Gründung im Jahre 1296 auf eine bewegte **Geschichte** zurück, die ihren Ausdruck in Hunderten von Tempeln fand. Die meisten sind vom Stil der mächtigen Mengrai-Dynastie (1296–1558), der Blütezeit des Lanna-Reiches, geprägt, doch auch die anschließende birmanische Besatzung (1558–1774) und die kulturellen Verstrickungen mit anderen Reichen (Khmer, Yunnan, Ceylon und Indien) haben unverkennbare Spuren hinterlassen. In den vergangenen Jahren wurden viele Tempel aufwendig restauriert und herausgeputzt.

Die quadratisch angelegte **Altstadt** war einst von einer Stadtmauer und einem Wassergraben *(moat)* von etwa 1500 m Seitenlänge umgeben. Reste der Befestigungsmauer sind rekonstruiert worden. Die quadratische Grundordnung spiegelt die in der Gründungszeit vorherrschende **Mandala-Kosmologie** wider. Der Wat Chedi Luang im Stadtkern symbolisiert den heiligen Berg Meru, das Zentrum des Universums, während die acht wichtigsten, an den Kardinalpunkten erbauten Tempel der Innenstadt die um ihn kreisenden Planeten abbilden.

Zunehmend wird die einst eigenständige **Lanna-Kultur** von der Thai-Kultur des zentralen Flachlandes überlagert und dominiert, und die typischen alten **Teakhäuser** verschwinden. Einzig innerhalb der Stadtmauern blieb, dank gesetzlicher Auflagen, das provinzielle Flair weitestgehend erhalten, doch auch hier entstehen zunehmend Hotelbauten für die vielen Touristen. In den letzten Jahren ist die Stadt besonders bei chinesischen Reisenden zunehmend beliebt, sodass immer mehr Angebote auf ein Klientel aus dem Reich der Mitte zugeschnitten sind.

Altstadt

Thapae Gate

Die zentrale Verkehrsachse, die Thapae Road, verbindet den Ping-Fluss mit der Altstadt und endet im Westen am rekonstruierten **Thapae Gate**, dem seit jeher wichtigsten Eingangstor zum historischen Stadtkern. Bereits zu Zeiten König Mengrais gelangten Händler, Mönche und Delegationen geneigter Königreiche von den Landungsstegen am Fluss durch das Tor in die Stadt. Hier schlägt Chiang Mais touristisches Herz. Der für Feste, Märkte und Paraden genutzte Platz ist umgeben von stark befahrenen Straßen und gesichtslosen Restaurants, Hotels und Geschäften.

Wat Chedi Luang

Im Zentrum der Altstadt erhebt sich der sagenumwobene, aufwendig restaurierte **Wat Chedi Luang**. Der Tempel beherbergte von 1482–1547 den Smaragd-Buddha, den wichtigsten Buddha Thailands, der nun im Wat Phra Kaeo von Bangkok steht.

Besucher erreichen zunächst den **Viharn Luang**, die zentrale Gebetshalle, mit hohen Decken, opulent verzierten Säulen und einer über 8 m hohen, anmutigen goldenen Buddhastatue, die von zwei Statuen seiner Jünger flankiert wird. Zum Jahreswechsel werden bunte Papierfähnchen mit zwölf chinesischen Tierkreiszeichen und guten Wünschen aufgehängt.

Links der Eingangspforte erhebt sich der **Lak Muang**, der dem Schutzgeist Chiang Mais gewidmete Gründungsschrein und das geografische Zentrum der Stadt. Die drei riesigen Yang-Bäume wurden um 1800 gepflanzt und sollen den Schutzgeist unterstützen.

Im weitläufigen Bereich der Tempelanlage hinter dem Viharn erhebt sich die wuchtige, 60 m hohe Ruine des zentralen **Chedi**. 1545 zerstörte ein Erdbeben das ehemals 82 m hohe Bauwerk, doch erst 1991 begann man mit der Restaurierung. Mit wenig Sachverstand und viel Zement rekonstruierte man die Elefantenstatuen, die einstmals auf der mittleren Plattform den Chedi trugen. In der östlichen Nische wurde eine Kopie des Smaragd-Buddha aus schwarzer Jade aufgestellt. Die Legende rund um den Bau des Chedi s. eXTra [2662].

In einem offenen Viharn hinter dem Chedi befindet sich ein knapp 9 m langer, vergoldeter **liegender Buddha**. Auf dem Tempelgelände leben viele Novizen und Mönche, die in der angeschlossenen **Mahamakut-Universität** unterrichtet werden. Interessierte können sich im Zuge des **Monk Chat** (S. 229) mit den Mönchen austauschen und Fragen stellen.

Wat Phan Tao

An den Wat Chedi Luang grenzt nördlich der zierliche Wat Phan Tao mit einem aus Teakholz konstruierten Viharn, der aus Resten einer 1846 erbauten und 30 Jahre später abgerissenen Thronhalle konstruiert wurde. Besonders schön sind die detaillierten Lanna-Schnitzereien an der Tempelfront, die an einigen Stellen mit bunten Glasmosaiken verfeinert sind, und der atmosphärische Innenbereich mit einem großen goldenen Buddha, der morgens vom hereinfallenden Licht angestrahlt wird. Auch ein Blick in den hinteren Tempelbereich mit einem kleinen Teich und Garten lohnt sich.

Sam Kasat-Denkmal und Museen

Rund 350 m nördlich des Wat Chedi Luang erhebt sich an der Phra Pokklao Road das **Sam Kasat-Denkmal** (Drei Könige-Monument), das an die Gründung von Chiang Mai durch König Mengrai aus Chiang Rai mit Unterstützung der mächtigen Herrscher Ngam Muang aus Phayao und Ramkhamhaeng aus Sukhothai erinnert.

Im 1924 erbauten Regierungsgebäudes dahinter vermittelt das nicht mehr ganz zeitgemäße, aber dennoch informative **Chiang Mai City Arts & Cultural Center** einen historischen Überblick. Die Ausstellung führt bis in die Frühgeschichte zurück, erläutert Chiang Mais historische und wirtschaftliche Entwicklung und stellt typische Berufe seiner Bewohner vor. Zudem wird die Geschichte der Herrscher, die Bedeutung des Ping-Flusses und das Leben der Landbevölkerung und Bergvölker beleuchtet.

Westlich davon liefert das kleinere, lohnenswertere **Chiang Mai Historical Center** eine Lanna-Perspektive auf die Vergangenheit. Die Gründungszeit der Stadt, geostrategische Hintergründe und die historische Rolle als Handelszentrum zwischen Siam im Süden und den nördlichen Nachbarn Birma, Laos und Kunming (im heutigen China) werden mit viel Herzblut ausgearbeitet, ebenso die Entwicklung von Rechtsprechung und Religion im Lanna-Reich. Lannas Niedergang, die 200-jährige birmanische Herrschaft und die Aufstände gegen die Besatzer werden ebenfalls dargestellt. Auch die neuere Geschichte sowie die Archäologie finden ihren Platz.

Im ehemaligen Gerichtsgebäude östlich des Denkmals beleuchtet das **Lanna Folklife Museum** auf zwei Etagen die Lanna-Kultur und das Kunsthandwerk. Von besonderem Interesse sind die imposanten Textilien, Lackarbeiten und Musikinstrumente.

✆ 053-217 793, 🕒 alle Museen Di–So 8.30–17 Uhr, Eintritt jeweils 90 Baht, Kinder 40 Baht,

Wochenticket für alle drei Museen 180 Baht, Kinder 80 Baht.

Wat Chiang Man

Den ältesten Tempel der Stadt ließ König Mengrai 1297 während des Aufbaus der neuen Hauptstadt an der Stelle seines Lagers errichten. Das erste Gebäude der Anlage war der wuchtige, quadratische **Chedi Chang Lom**, ein von 15 lebensgroßen Elefantenstatuen gestützter Chedi im Lanna-Stil mit einer vergoldeten, pyramidenförmigen Spitze und mehreren Nischen im Mittelbau. Der große Vihara aus dem 19. Jh. besticht mit seinem weit ausschwingenden, von Naga-Schlangen begrenzten Dach und herabgezogenen, prächtig dekorierten Giebeln.

Rechts daneben werden in dem kleineren Vihara zwei berühmte, kleine Buddhafiguren sicher, aber kaum sichtbar hinter schweren Gittern aufbewahrt. Der **Phra Setang Khamani (Phra Kaeo Khao)** ist nur rund 10 cm groß, aus weißem Bergkristall und soll der Königin des Haripunchai-Reiches (8. Jh.) gehört haben, die andere, die Marmorskulptur **Phra Sila**, soll im 8. Jh. aus Ceylon (das heutige Sri Lanka) gekommen sein. Beide Statuen werden als Schutzheilige Chiang Mais verehrt. Weiteres zum Wat Chiang Man s. eXTra [2663].

Durch den Klosterhof des schräg gegenüberliegenden, kleinen **Wat Lam Chang**, das weit weniger herausgeputzt und noch recht ursprünglich wirkt, führt eine Abkürzung zum Somphet-Markt (S. 230).

Wat Phra Singh

Der wichtigste Tempel in der westlichen Altstadt wurde 1345 von König Phayu als Grabstätte für seinen Vater Kham Fu begründet und in den 1920er-Jahren sowie 2002 umfassend restauriert. Rechts vom Eingang erhebt sich graziös der mit hervorragenden Holzschnitzereien bedeckte Mondhop. Besonders im Licht der Morgensonne bietet der Haupteingang zum Vihara von 1518 mit vergoldeten Schnitzereien, bunten Fayencen und dem dreifach gestaffelten, weit heruntergezogenen Dach ein eindrucksvolles Fotomotiv.

Die kleine, wohlproportionierte Kapelle **Viharn Lai Kham** im klassischen Lanna-Stil links daneben beherbergt die sagenumwobene **Buddhastatue Phra Singh**, die aus dem Mahabodhi-Tempel in Bodhgaya, Indien, stammen soll. Filigrane Schnitzereien schmücken das dreistufige Dach und die Giebel, Darstellungen aus den Jataka-Erzählungen die Wände im Inneren. Vergoldete Schnitzereien zieren den Haupteingang des dunklen, kleinen Bots.

Chiang Mai entdecken

Der perfekte Ausgangspunkt für einen Streifzug oder eine Fahrradtour durch die **Altstadt** ist das **Thapae Gate** an der östlichen Stadtmauer. Es macht Spaß, sich durch die Gassen innerhalb der Stadtmauer treiben zu lassen, kleine Geschäfte und Restaurants zu entdecken und die prächtigen Tempel zu besichtigen. Richtung Osten, **zwischen Altstadt und Ping-Fluss**, wird das Netz der Gassen von breiten Hauptverkehrsstraßen durchzogen. Nahe dem Fluss lockt der touristische **Night Bazaar** Backpacker wie Pauschalurlauber an. In der Umgebung konzentrieren sich große Hotels und auf Touristen zugeschnittene Restaurants und Geschäfte. **Westlich der Altstadt**, entlang der Huai Kaew Road Richtung Doi Suthep und um den Flughafen liegen die meisten großen Einkaufszentren. Junge Einheimische und ausländische Expats halten sich am liebsten in den Sois der **Nimmanhamin Road** auf, in denen die beliebtesten Clubs und Biergärten zu Hause sind.

Im Norden

Nationalmuseum

Im großen Gebäude aus den 1970er-Jahren nordwestlich des Zentrums am Super-Highway wirkt die Sammlung sehr bescheiden. Das Obergeschoss ist seit Jahren geschlossen, während im Erdgeschoss eine überschaubare Ausstellung von Lanna-Kunstschätzen besichtigt werden kann. Viel zu kurz kommen die Bergvölker und die Zeit der birmanischen Herrschaft. Im Garten stehen rekonstruierte Brennöfen, in denen Seladon-Keramik gebrannt wurde. ✆ 053-221 308, ⌚ Mi–So 8.30–16.30 Uhr, Eintritt nach Abschluss der „Renovierung" 100 Baht, bis dahin kostenlos.

Chiang Mai

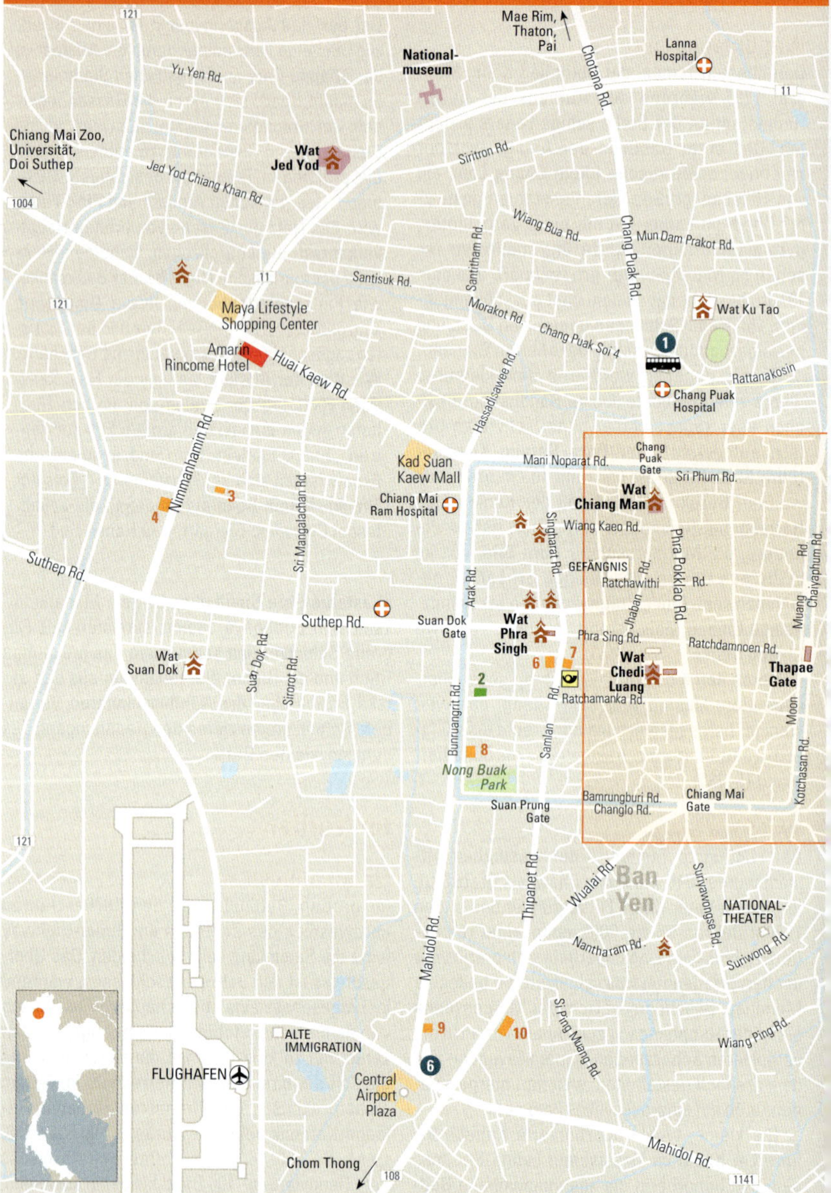

121
Mae Rim, Thaton, Pai
National-museum
Chotana Rd.
Lanna Hospital
11
Yu Yen Rd.
Chiang Mai Zoo, Universität, Doi Suthep
1004
Wat Jed Yod
Siritron Rd.
Jed Yod Chiang Khan Rd.
Wiang Bua Rd.
Mun Dam Prakot Rd.
Chang Puak Rd.
Santitham Rd.
Santisuk Rd.
Morakot Rd.
Wat Ku Tao
Maya Lifestyle Shopping Center
Chang Puak Soi 4
Amarin Rincome Hotel
Huai Kaew Rd.
Hassadisawee Rd.
Rattanakosin
Chang Puak Hospital
Nimmanhamin Rd.
Kad Suan Kaew Mall
Mani Noparat Rd.
Chang Puak Gate
Sri Phum Rd.
Wat Chiang Man
Chiang Mai Ram Hospital
Sri Mangalachan Rd.
Singharat Rd.
Wiang Kaeo Rd.
Suthep Rd.
Arak Rd.
GEFÄNGNIS
Ratchawithi Rd.
Jhaban Rd.
Phra Pokklao Rd.
Chaiyaphum Rd.
Muang Rd.
Suan Dok Gate
Wat Phra Singh
Phra Sing Rd.
Ratchdamnoen Rd.
Wat Suan Dok
Suan Dok Rd.
Sirorot Rd.
Wat Chedi Luang
Thapae Gate
Ratchamanka Rd.
Bunruangrit Rd.
Samlan Rd.
Moon
Kotchasan Rd.
Nong Buak Park
Suan Prung Gate
Bamrungburi Rd.
Changlo Rd.
Chiang Mai Gate
Ban Yen
Wualai Rd.
Thipanet Rd.
Suriyawongse Rd.
NATIONAL-THEATER
Nantharam Rd.
Suriwong Rd.
Mahidol Rd.
Si Ping Muang Rd.
ALTE IMMIGRATION
FLUGHAFEN
Central Airport Plaza
Wiang Ping Rd.
Chom Thong
108
Mahidol Rd.
1141
1 2 3 4 6 7 8 9 10

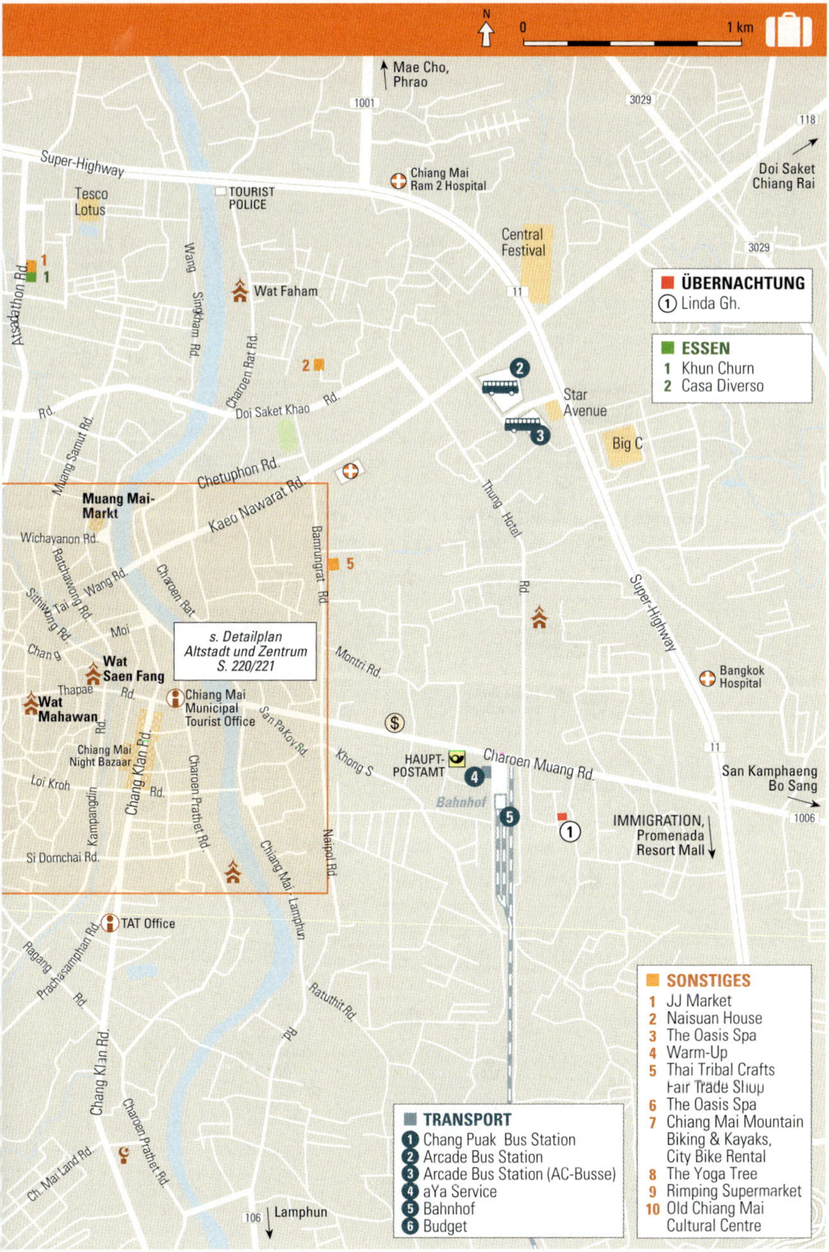
N
0
1 km
Mae Cho,
Phrao
1001
3029
118
Super-Highway
Doi Saket
Chiang Rai
Chiang Mai
Ram 2 Hospital
TOURIST
POLICE
Tesco
Lotus
Central
Festival
3029
11
Wat Faham
Wang
Singkham Rd.
Charoen Rat Rd.
Atsadathon Rd.
1
1
2
Doi Saket Khao
Rd.
Rd.
Muang Samut Rd.
Chetuphon Rd.
Kaeo Nawarat Rd.
Star
Avenue
Big C
Thung
Hotel
Rd.
Muang Mai-
Markt
Wichayanon Rd.
Ratchawong Rd.
Wang Rd.
Charoen Rat
Bamrungrat Rd.
5
Sithiwong Rd.
Tai
Moi
Chang
Wat
Saen Fang
Thapae
Rd.
Wat
Mahawan
Rd.
Chiang Mai
Municipal
Tourist Office
s. Detailplan
Altstadt und Zentrum
S. 220/221
Montri Rd.
Super-Highway
Bangkok
Hospital
San Pa Koy Rd.
Khong S
Chiang Mai
Night Bazaar
Chang Klan Rd.
Loi Kroh
Rd.
Charoen Prathet Rd.
HAUPT-
POSTAMT
Charoen Muang Rd.
Bahnhof
11
San Kamphaeng
Bo Sang
1006
IMMIGRATION,
Promenada
Resort Mall
Kampangdin
Si Dornchai Rd.
Chiang Mai - Lamphun
Naipol Rd.
TAT Office
Ragang
Prachasamphan Rd.
Rd.
Ratuthit Rd.
Rd.
Chang Klan Rd.
Charoen Prathet Rd.
Ch. Mai Land Rd.
106
Lamphun
ÜBERNACHTUNG
1 Linda Gh.
ESSEN
1 Khun Churn
2 Casa Diverso
TRANSPORT
1 Chang Puak Bus Station
2 Arcade Bus Station
3 Arcade Bus Station (AC-Busse)
4 aYa Service
5 Bahnhof
6 Budget
SONSTIGES
1 JJ Market
2 Naisuan House
3 The Oasis Spa
4 Warm-Up
5 Thai Tribal Crafts
Fair Trade Shop
6 The Oasis Spa
7 Chiang Mai Mountain
Biking & Kayaks,
City Bike Rental
8 The Yoga Tree
9 Rimping Supermarket
10 Old Chiang Mai
Cultural Centre

Chiang Mai Altstadt und Zentrum

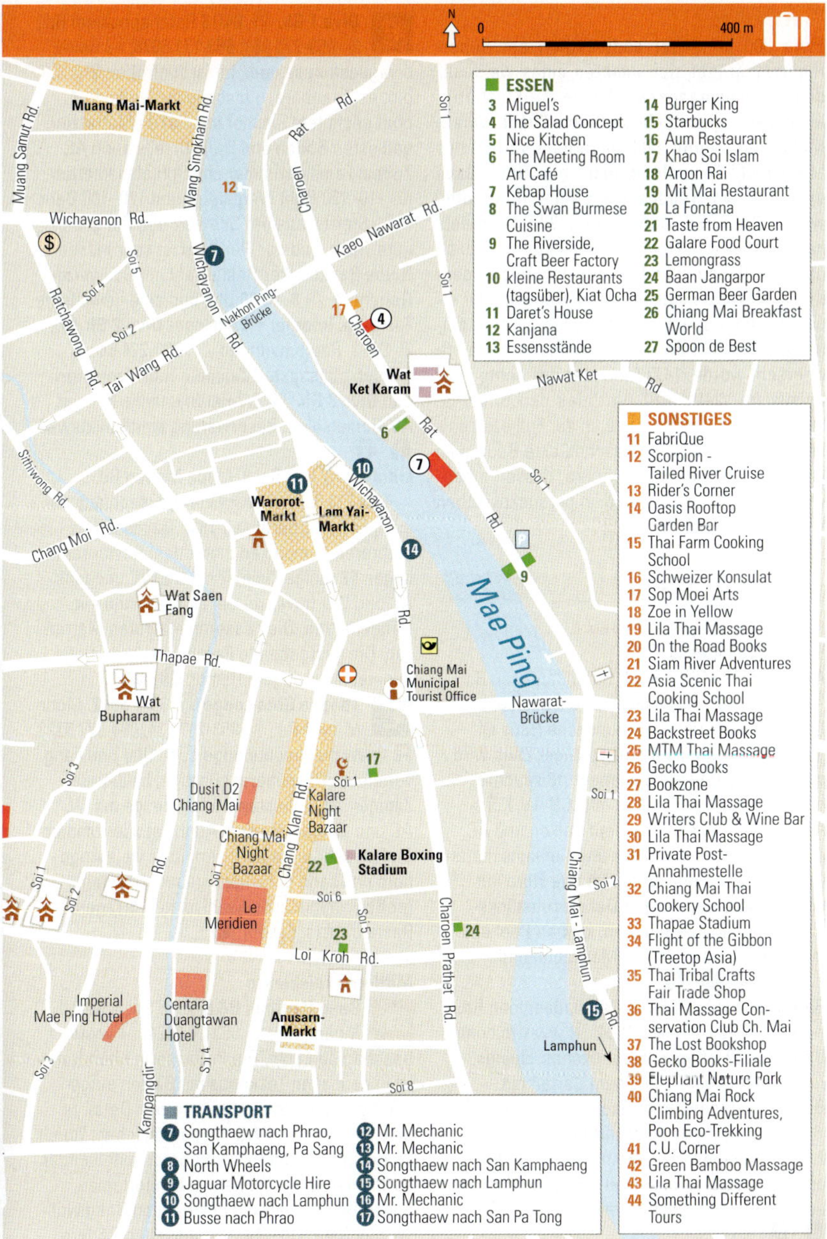
N
0
400 m
ESSEN
3 Miguel's
4 The Salad Concept
5 Nice Kitchen
6 The Meeting Room Art Café
7 Kebap House
8 The Swan Burmese Cuisine
9 The Riverside, Craft Beer Factory
10 kleine Restaurants (tagsüber), Kiat Ocha
11 Daret's House
12 Kanjana
13 Essenstände
14 Burger King
15 Starbucks
16 Aum Restaurant
17 Khao Soi Islam
18 Aroon Rai
19 Mit Mai Restaurant
20 La Fontana
21 Taste from Heaven
22 Galare Food Court
23 Lemongrass
24 Baan Jangarpor
25 German Beer Garden
26 Chiang Mai Breakfast World
27 Spoon de Best
SONSTIGES
11 FabriQue
12 Scorpion - Tailed River Cruise
13 Rider's Corner
14 Oasis Rooftop Garden Bar
15 Thai Farm Cooking School
16 Schweizer Konsulat
17 Sop Moei Arts
18 Zoe in Yellow
19 Lila Thai Massage
20 On the Road Books
21 Siam River Adventures
22 Asia Scenic Thai Cooking School
23 Lila Thai Massage
24 Backstreet Books
25 MTM Thai Massage
26 Gecko Books
27 Bookzone
28 Lila Thai Massage
29 Writers Club & Wine Bar
30 Lila Thai Massage
31 Private Post-Annahmestelle
32 Chiang Mai Thai Cookery School
33 Thapae Stadium
34 Flight of the Gibbon (Treetop Asia)
35 Thai Tribal Crafts Fair Trade Shop
36 Thai Massage Conservation Club Ch. Mai
37 The Lost Bookshop
38 Gecko Books-Filiale
39 Elephant Nature Park
40 Chiang Mai Rock Climbing Adventures, Pooh Eco-Trekking
41 C.U. Corner
42 Green Bamboo Massage
43 Lila Thai Massage
44 Something Different Tours
TRANSPORT
7 Songthaew nach Phrao, San Kamphaeng, Pa Sang
8 North Wheels
9 Jaguar Motorcycle Hire
10 Songthaew nach Lamphun
11 Busse nach Phrao
12 Mr. Mechanic
13 Mr. Mechanic
14 Songthaew nach San Kamphaeng
15 Songthaew nach Lamphun
16 Mr. Mechanic
17 Songthaew nach San Pa Tong
Muang Mai-Markt
Muang Samut Rd.
Wang Singkharn Rd.
Rat Rd.
Charoen
Soi 1
Wichayanon Rd.
Kaeo Nawarat Rd.
Soi 5
Soi 4
Soi 2
Ratchawong Rd.
Nakhon Ping-Brücke
Wichayanon Rd.
Tai Wang Rd.
Charoen
Wat Ket Karam
Nawat Ket Rd
Rat
Sithiwong Rd.
Warorot-Markt
Lam Yai-Markt
Wichayan-on
Chang Moi Rd.
Soi 1
Rd.
Mae Ping
Wat Saen Fang
Thapae Rd.
Wat Bupharam
Chiang Mai Municipal Tourist Office
Nawarat-Brücke
Soi 3
Dusit D2 Chiang Mai
Soi 1
Kalare Night Bazaar
Chang Klan Rd.
Chiang Mai Night Bazaar
Kalare Boxing Stadium
Soi 1
Soi 6
Soi 5
Soi 1
Soi 2
Le Meridien
Charoen Prathet Rd.
Chiang Mai - Lamphun Rd.
Loi Kroh Rd.
Imperial Mae Ping Hotel
Centara Duangtawan Hotel
Anusarn-Markt
Soi 4
Soi 3
Soi 8
Kampangdir
Lamphun

THAILAND

THAILAND

Wat Jed Yod

Etwa 300 m weiter südwestlich am Super-Highway erhebt sich inmitten eines weitläufigen, baumbestandenen Areals die Klosteranlage. Der ungewöhnliche **Maha Chedi** (Viharn Maha Pho) wurde 1455 nach dem Vorbild des Mahabodhi-Tempels im indischen Bodh Gaya errichtet, wo Buddha die Erleuchtung zuteil wurde. Die Außenwände zieren 70 Stuckreliefs himmlischer Wesen, deren Gesichter angeblich nach Familienmitgliedern des Tempelgründers König Tilokarat modelliert sind. Der Wat war eines der bedeutendsten religiösen Zentren seiner Zeit, in dem die reine buddhistische Lehre erforscht wurde. 1477 fand hier das achte buddhistische Weltkonzil statt, das den Buddhismus nachhaltig reformierte. In der Folgezeit entstanden weitere, reich geschmückte Bauten im Lanna-Stil, so der Haupt-Vihara, dessen Innenwände mit Wandmalereien im perspektivischen Stil bedeckt sind.

ÜBERNACHTUNG

Innerhalb der Altstadtmauern

Untere Preisklasse

Awana House ⑨, 7 Soi 1, Ratchdamnoen Rd., ✆ 053-419 005, 💻 www.awanahouse.com. Das gepflegte, familienfreundliche Haus mit angenehmer Atmosphäre in ruhiger Lage wird von Ron aus Holland gemanagt. 18 saubere, hübsch gestaltete Zimmer mit LCD-TV, Kühlschrank, fast alle mit kleinem Balkon und AC, günstige nur mit Ventilator und Gemeinschafts-Du/WC. Auch Familienzimmer. Die Flure mit grüner Farbe und floraler Deko. Frühstücksrestaurant am überdachten, kleinen Pool und Dachterrasse mit Liegen. Massagen und Internet-PC. ❷–❹

Baan Ja Ja ⑧, 7/3 Soi 1, Ratchadamnoen Rd., ✆ 053-213 329, 081-493 1034, 💻 www.fb.com/BaanJaJaChiangmai. Freundliches, kleines, ruhig gelegenes Gh. in einem Garten mit Bambus-Hängematten, Tischen und Stühlen. 6 einfache Zimmer im 3. und 14 mit AC im 2. Stock, einige mit 3 Betten, getrennte Du und WC. In der Hochsaison 2 Nächte Mindestaufenthalt und Frühstück inkl. Internet-PC. ❷–❸

€ **Diva 1 Gh.** ⑮, 84/13 Ratchaphakinai Rd., ✆ 053-273 851, 093-171 6078, 💻 www.divaguesthouse.com. Im farbenfrohen Gh. gibt es 7 saubere, hübsch individuell und bunt gestaltete Zimmer mit dicken Matratzen, gefliesten Böden und Du/WC, teils auch AC. Zudem Familienzimmer und Schlafsaalbetten für 110–120 Baht (Ventilator) und 170–180 Baht (AC). Steffen aus der Schweiz und Sai geben gute Tipps, und das Personal ist sehr hilfsbereit. Gutes Backpacker-Restaurant mit Schweizer Gerichten, ⏲ 8–20.30 Uhr, und eine gemütliche Terrasse. Internet-PC. Ableger **Diva 2 Gh.** ⑤, 25 Soi 2, Ratchawithi Rd., ✆ 053-224 648, mit den günstigsten Zimmern (nur Ventilator), und **Diva 3 Gh.** ⑭, 2/2 Ratchamanka Rd., mit AC-Schlafsälen. Reservierung empfehlenswert. ❶–❷

Libra Gh. ②, 28 Soi 9, Moon Muang Rd., ✆ 053-210 687, 💻 www.librahousechiangmai.com. Es beherbergt seit 1987 Traveller. In mehreren Komplexen hinter dem Restaurant liegen 52 ruhige Zimmer mit Du/WC und teils AC und Warmwasser um einen Garten mit Hängematten. Die besseren mit guten Matratzen. Die gastgebende Familie im Vorderhaus punktet mit rüstigem Humor. ❶–❷

€ **Thapae Gate Lodge** ⑯, 38/7 Soi 2, Moon Muang Rd., ✆ 053-207 134, 084-377 5723, 💻 www.thapaegatelodge.com. Olaf und Fong vermieten 29 saubere, günstige, hellhörige Zimmer mit gefliesten Böden, einige mit TV, AC und kleinem Balkon. Auch Familienzimmer. Olaf ist sehr engagiert, vermittelt viele Angebote und kann gute Tipps geben. Ganztags große Frühstücksauswahl im hervorragenden Restaurant (s. Essen). ❷

Mittlere Preisklasse

Baan Hanibah B&B ③, 6 Soi 8, Moon Muang Rd., ✆ 053-287 524, 💻 www.baanhanibah.com. Die Professorin Khun Nai ist in dem alten Teakhaus mit Garten aufgewachsen und hat es mit Liebe zum Detail zu einem modernen B&B mit persönlichem Touch umgebaut, in dem Holz und Beton miteinander harmonieren. 10 Zimmer mit komfortablen, hohen Betten, teils mit dekorativen Baumwollnetzen, Safe, LCD-TV und hübschen Bädern.

Erholung vor den Toren der Stadt

Karte S. 242
Baan Chai Thung ⑱, 208 Moo 4, Choengdoi Rd., 1,8 km südlich von Doi Saket, 20 km von Chiang Mai, ✆ 089-058 0496, 🖳 www.baan-chai-thung.com. Sehr gepflegtes und geruhsames Resort von Jürgen und Phoo inmitten von Reisfeldern mit Blick auf den Doi Saket. Rings um den ansehnlichen Pool mit schöner Sala stehen 1 Doppel- und 6 großzügige, komfortable Einzelbungalows, die teureren mit Innen- und Außendusche. Rustikale Bar und luftiger Aufenthaltsraum mit offener Küche. Persönlicher Service, viele deutsche Stammgäste. Fahrrad- und Motorradverleih, Abholservice, zutrauliche Hunde und Katzen. Gutes Frühstück inkl., Abendessen optional. Gutes Restaurant um die Ecke. Frühzeitige Reservierung erforderlich. ❺

Joy's House ⑲, 114 Moo 9, Sanpreesrue, im Norden der Stadt, ✆ 053-854 213, 🖳 www.guesthouse-chiangmai.com. Die engagierte Joy vermietet in ihrem umgebauten geräumigen Bauernhaus saubere, unterschiedlich eingerichtete Zimmer mit herzlichem Familienanschluss und Pool. Ausflugsmöglichkeiten, Koch- und Tanzkurse, Yoga, Meditationen, Dampfbad und Massage. Joy und Ulrike Meister leiten die Children's Shelter Foundation, 🖳 www.childrens-shelter.com, die vernachlässigte Kinder aus den Bergen aufnimmt und ihnen hier und auf einer Bio-Farm, auf der auch Gäste übernachten können, eine Ausbildung ermöglicht. Ein paar Häuser weiter lockt das von ihnen betriebene Gartenrestaurant mit leckerer Pizza und gutem Café. Abhol- und Transportservice. Frühstück inkl. ❺

Secret Garden ⑳, 54/1 Moo 5, Mae Kue Rd., Bo Sang, Abzweigung am KM 11,5, ✆ 053-339 502, 🖳 www.secretgardenchiangmai.com. Künstlerisch gestaltete, familienfreundliche Anlage mit mittelamerikanischem Touch auf einem weitläufigen Grundstück mit viel Grün und großem Teich. 18 individuell eingerichtete Zimmer für 2–6 Pers. mit Kühlschrank, Wasserkocher und Föhn, einige mit Kochecke; AC kostet extra. Pool, Bar, Billard, Pavillon mit TV. Herzliche Betreuung durch den Künstler Peter und Pai, deren Kochkünste ein Highlight sind. Abends (außer So) Thai-Buffet. In der Regenzeit 2 Monate geschlossen. Transport bis zur Kreuzung in Bo Sang, reichhaltiges Frühstück und Nachmittagskaffee inkl. ❺–❻

Einzelzimmer für 900 Baht, auch große Familienzimmer für 4 Pers. Angenehmer Innenhof mit Wasserplätschern. Frühstück inkl. ❺

Pak Chiang Mai ⑰, 39/5 Soi 2, Phra Pokklao Rd., ✆ 053-814 733, 🖳 www.pakchiangmai.com. In einem schönen Holzhaus mit Café und verträumtem Garten mit Sitzbereichen liegen 9 komfortable, geräumige und stilvoll mit dunklen Holzmöbeln gestaltete Zimmer, teils mit Stereoanlage. Freundliche Besitzerfamilie und angenehme Atmosphäre. Gutes Frühstück und Fahrräder inkl. Reservierung empfehlenswert. ❺–❻

Sabuy Gh. ⑫, 6/4 Phra Pokklao Rd., ✆ 081-208 2913, 080-133 9135, 🖳 www.sabuyguesthouse.com. Unter der unorthodoxen Leitung des freundlichen Besitzers Aun und seinen resoluten Angestellten werden mitten in der Altstadt saubere Zimmer in 2-stöckigen Neubauten mit guten, harten Matratzen, AC, TV, Kühlschrank und kleiner Du/WC, teils auch Balkon, angeboten. Zudem neuere und größere Zimmer mit stylischen Holzmöbeln. Schnelles WLAN. ❹

The 3 Sis ⑪, 1/3 Soi 8 Phra Pokklao Rd., ✆ 053-273 243, 🖳 www.the3sis.com. Im 3-stöckigen Haupthaus verbergen sich rund um den luftigen Innenhof 24 gepflegte, ruhige Zimmer, die gemütlich mit dunklen Holzmöbeln, großen Betten mit bequemen Matratzen, Kühlschrank und kleinem LCD-TV eingerichtet sind. Die preiswerteren sind kleiner. Café-Restaurant mit Terrasse und angenehmer Atmosphäre an der Straße. Reservierung empfehlenswert. Frühstück inkl. ❺

Obere Preisklasse
U Chiang Mai ⑩, 70 Ratchdamnoen Rd., 053-327 000, www.uchiangmai.com. Gepflegtes Design-Hotel mit 41 komfortablen Zimmern im modernen Lanna-Stil mit Veranda oder Balkon, iPod-Dockingstation, TV und Tropendusche, größere mit Sofa und Badewanne. Restaurant, Pool, Lesezimmer und Spa. Man kann rund um die Uhr einchecken und zahlt für 24 Std. Bei Buchung können die Art der Kissen, die iPod-Bespielung sowie die Seifen- und Teesorten im Zimmer gewählt werden. Kostenlose Aktivitäten wie Radtouren, Jogging, Yoga oder Stadtrundgänge. Fahrräder und Frühstück inkl. ❽

Östlich vom Thapae Gate

€ **Top Garden Boutique Gh.** ⑥, 13 Soi 1, Chaiyaphum Rd., 053-232 538, 082-183 8598, www.topgarden-chiangmai.com. Nettes, kleines Hotel mit 12 sehr sauberen, hellhörigen Zimmern mit gefliesten Böden, teils AC, TV und Kühlschrank unter der Leitung des sehr freundlichen Franko-Kanadiers Victor und seiner Frau. Gemütliche Terrasse mit kleinem Springbrunnen. ❷–❸
Viang Thapae Resort ⑬, 47 Soi 4, Thapae Rd., 053-283 646, www.viangthapaeresort.com. Angenehmes, ruhig und doch zentral gelegenes Boutiqueresort mit 44 Zimmern in zwei 3-stöckigen Blocks und 2 schattigen, kühlen Pools in den Innenhöfen. Die Zimmer mit großer Fensterfront, die auch als Eingang dient, sind komfortabel und geschmackvoll im Lanna-Stil eingerichtet. Sehr freundlicher Service. Vom Frühstücksrestaurant blickt man auf den kleinen Teich und ins Grüne. Parkplatz. Frühstück inkl. ❻–❼

Nahe dem Ping

Baan Orapin ④, 150 Charoen Rat Rd., 053-243 677, www.baanorapin.com. Ruhiges B&B in einem hübschen, von der Straße zurückversetzten 2-stöckigen Lanna-Haus von 1914 und separaten Cottages, umgeben von einem romantischen Garten mit alten Bäumen und Pool. 15 geräumige, stilvoll möblierte Zimmer mit Himmelbetten, zudem teure Suiten mit großen Bädern und Terrasse oder Balkon. Mindestaufenthalt 2 Nächte. Frühstück inkl. ❺–❻
Sala Lanna ⑦, 49 Charoen Rat Rd., 053-242 588, www.salaresorts.com/lanna. Edles Design-Boutiqueresort direkt am Fluss mit Rooftop-Bar und Pool mit toller Aussicht sowie 16 großzügigen, luxuriösen Zimmern im unkonventionellen, modern-nüchternen Stil, die teuren mit freistehender Badewanne. Exquisites italienisches Restaurant. Aufmerksamer Service. Am Wochenende +20%. Frühstück inkl. ❻–❽

Außerhalb des Zentrums

Karte S. 218/219
€ **Linda Gh.** ①, 454/67 Soi Banditpatana, Charoen Muang Rd., 053-246 915, www.lindaguesthouse.com. Familiäres Gästehaus in ruhiger Lage nahe dem Bahnhof mit 12 sauberen, sehr günstigen Zimmern, unten mit Fenstern zum Garten und Gemeinschafts-Du/WC, sowie Schlafsaalbetten für 100 Baht. Thedda aus Deutschland, die seit 1986 in Chiang Mai lebt, kümmert sich liebevoll um ihre Gäste und organisiert individuelle Trekkingtouren. Im offenen Restaurant werden Bio-Gerichte zubereitet. Telefonische Reservierung empfohlen. Kostenlose Abholung vom Bahnhof, vom Flughafen 150 Baht. ❶

ESSEN

Asiatisch

Mit Mai Restaurant, Ratchamanka Rd., 053-275 033. Großes, offenes Restaurant unter einem hohen Wellblechdach. Die Speisekarte ist bebildert mit Gerichten aus der chinesischen Provinz Yunnan, empfehlenswert sind der kräftige Schinken und das Farngemüse, die Würstchen sind viel zu salzig, die Portionen klein. Gerichte um 120 Baht. 10–22 Uhr.
The Swan Burmese Cuisine, 48 Chaiyaphum Rd., 087-381 7935, www.fb.com/TheSwanBurmeseCuisine. Kleines Restaurant mit hübschem, begrünten Hof und guten thai-birmanischen Gerichten um 100 Baht, darunter viel Vegetarisches und Klassiker wie Teesalat und Curry mit Aubergine, Kartoffeln und

Hühnchen. Eine gute Option, um Abwechslung ins Essen zu bringen und die Küche des Nachbarlandes kennenzulernen. Aufmerksamer Service. 🕒 12–23 Uhr.

Backpacker-Restaurants

Daret's House, Chaiyaphum Rd. Seit Jahrzehnten schlürft die Backpacker-Szene günstige Fruchtsäfte und Alkoholika an rustikalen Holzbänken. Günstiges Traveller-Food von wechselnder Qualität, die Thai-Gerichte sind besser. WLAN.

€ **Nice Kitchen**, 15/1 Soi 6, Moon Muang Rd., hinter dem Somphet Market. Gute Auswahl an leckeren Gerichten, z. B. Kürbiscurrys. Außerdem selbst gebackenes Brot, Baguettes, Sandwiches frische Säfte, guter Hilltribe-Kaffee und Tee. Beliebt zum Frühstücken. Große Portionen zu günstigen Preisen. Verkauf von Müsli, Gewürzen und Bioprodukten. WLAN. 🕒 Di–So 7–16 Uhr.

Cafés und Frühstück

Chiang Mai Breakfast World, Thapae Gate Lodge, 38/7 Soi 2, Moon Muang Rd., ✆ 053-207 134, 💻 www.chiangmaibreakfastworld.com. Die perfekte Anlaufstelle für alle mit Appetit auf deutsche Hausmannskost wie Schnitzel, Würste und Gulasch. Gigantische, sehr empfehlenswerte Frühstücksauswahl mit hervorragenden Brötchen und Croissants sowie einer tollen Bandbreite an importiertem Aufschnitt, Käse und selbst gemachter Marmelade. Zudem ein Coffeeshop mit gutem Kaffee und vom deutschen Chef Olaf selbst gebackenen Kuchen. Vollkommen zu Recht immer gut besucht. 🕒 7.30–23, So bis 14 Uhr.

The Meeting Room Art Café, 89 Charoen Rat Rd., ✆ 080-627 9219, 💻 auf Facebook. Jo und Fon haben ihr kleines Café mit Galerie-Atmosphäre, vielen Büchern und angenehmer Musik zu einem Treffpunkt für Kunstinteressierte gemacht. Hier finden Ausstellungen, Lesungen und Performances statt, und es wird moderne Kunst verkauft. Für das leibliche Wohl sorgen Kaffee, Kuchen und Sandwiches, Smoothies, Bier und Weine. 🕒 11–18 Uhr.

Essensstände und offene Restaurants

Essensstände findet man auf fast allen Märkten, auch auf dem **Saturday Market** in der Wualai Rd. und dem **Sunday Market** in der Altstadt. Tagsüber wird an zahlreichen Essensständen und in kleinen, offenen Restaurants in der **Inthawarorot Rd.**, südwestlich vom Chiang Mai City Arts & Cultural Center gekocht. Der Chicken Rice beim beliebten **Kiat Ocha** (S. 228) ist hervorzuheben.

Ein **Nachtessensmarkt** ohne Touristenrummel findet gegenüber vom Chang Puak Gate statt. Abends von 17–24 Uhr sind die Essensstände etwas weiter südlich in der **Ratchdamnoen Rd.** geöffnet, die bei Touristen großen Anklang finden.

Der **Anusarn-Markt** mit den angrenzenden Seafood-Restaurants und der nahe gelegene **Galare Food Court** im alten Kalare Night Bazaar sind abends bei Touristen beliebt, vor allem von 20.30–22.30 Uhr, wenn auf einer Bühne Tänze vorgeführt werden. Allerdings ist das Essen, besonders das Seafood, überteuert. Einige Essensstände öffnen auch tagsüber.

International

€ **Casa Diverso**, 184/1 Ratchamankha Rd., ✆ 084-174 0699, 💻 auf Facebook, Karte S. 218/219. Wer Lust auf romantisches Ambiente und exzellentes Essen hat, ohne preislich über die Stränge schlagen zu wollen, ist im freundlichen Gartenrestaurant mit Terrasse und weiß gedeckten Tischen genau richtig. Die mediterran oder thai orientierten Gerichte werden in großen Portionen serviert und überzeugen auf ganzer Linie. Vorzügliche Saucen, Steaks, Pasta, Salate und Crème brûlée. AC-gekühlter Innenbereich. Sehr freundlicher, zuvorkommender Service und informelle Atmosphäre. 🕒 Di–So 11.30–22 Uhr.

German Beer Garden, 24/1 Soi 2, Moon Muang Rd., ✆ 053-207 134, 💻 auf Facebook. Der gemütliche Biergarten serviert neben deutschen Bieren vom Fass (Bitburger, Erdinger, und Warsteiner) sogar hessischen Äppelwoi und viele aus heimischen Biergärten bekannte, deftige Spezialitäten wie Eisbein und Bratwürste. Auch Pizza aus dem Steinofen. ⌚ 12–24 Uhr. Sehr leckeres deutsches Essen auch in der **Chiang Mai Breakfast World**, s. Cafés und Frühstück.

Kebap House, Ratchawithi Rd. Kleiner Laden im Bar-Komplex von Zoe in Yellow (s. Unterhaltung) mit guten, günstigen Döner-Wraps, die deutlich kleiner als in der Heimat sind. ⌚ 16–3 Uhr.

La Fontana, 39/7-8 Ratchamanka Rd., ☎ 053-207 091, 084-150 4465, 💻 www.lafontanachiangmai.com. Sebastiano und Soraya führen dieses nette italienische Restaurant mit leckerer Pizza für 100–250 Baht, sehr guter Pasta, Risotto und einer kleinen Weinkarte. Selbst der Hauswein schmeckt. Aufmerksamer Service und sehr gutes Preis-Leistungs-Verhältnis. ⌚ 11.30–23.30 Uhr.

Miguel's, Chaiyaphum Rd., nahe Sriphum Rd., ☎ 053-874 148, 💻 www.fb.com/MiguelsCafeChiangMai. Lautes, beliebtes Tex-Mex-Restaurant an der Straße mit leckeren Tacos und Enchiladas ab 65 Baht sowie sättigenden Quesadillas und Burritos um 200 Baht. Zudem Burger, Sandwiches, Fajitas mit Steak und Margaritas. Freundliche Bedienung. Lieferservice, ☎ 084-6086 661-2. WLAN. ⌚ 9–23 Uhr.

€ **Spoon de Best**, 3/2 Ratchaphakinai Rd., ☎ 089-433 5578, 💻 www.fb.com/spoondebest. Das unscheinbare, offene Restaurant überrascht mit exzellenten Gerichten und einer familiären, freundlichen Atmosphäre. Eine kreative Mischung aus Thai-Gerichten und westlichen Klassikern wird vom Koch, der sein Handwerk versteht, auf hübsch angerichtete Teller gezaubert. Der Salat mit Lachs und scharfem Wasabi und die geröstete Ente mit Tamarind-Passionsfrucht-Sauce sind sehr gut. Auch Desserts, allen voran der schokoladige Lava-Cake, sind top. ⌚ 10–22 Uhr.

The Riverside, 9-11 Charoen Rat Rd., am Fluss, nördlich der Nawarat-Brücke, ☎ 053-243 239, 💻 www.theriversidechiangmai.com. Bei Touristen und Einheimischen beliebte Terrassen mit Blick auf den Fluss und Holztischen unter freiem Himmel. Seit rund 30 Jahren serviert man lokale und internationale Küche mit Hauptgerichten, ein breites Angebot an Cocktails und anderen Drinks. Ab 21 Uhr sorgen Bands lautstark für Stimmung. Jenseits der Straße liegt die **Craft Beer Factory** mit 16 teuren IPA-Bieren vom Fass, ⌚ 17–1 Uhr. Das Restaurantboot für 150 Baht, Kinder bis 10 Jahre 75 Baht plus Essen, fährt gegen 19 Uhr los (Dauer 75 Min.). ⌚ 10–2 Uhr.

The Salad Concept, Soi 1, Chaiyaphum Rd., 💻 www.thesaladconcept.com. Kreative können sich im modernen, klimatisierten Innenbereich oder an Tischen draußen ihren Salat nach eigenen Wünschen zusammenstellen: Beim Basissalat (69 Baht) oder einem mit Salat gefüllten Wrap (75 Baht) sind 5 Toppings und eines von 14 Dressings inkl. Zudem frisch gepresste Säfte und Smoothies. Filialen im Central Festival und in der Nimmanhamin Rd. nahe Soi 13. ⌚ 11–20 Uhr.

Lanna-Spezialitäten

Unter dem Einfluss der Küchen der Nachbarländer Myanmar und China hat sich eine eigene Lanna-Küche entwickelt. Man liebt Schweinefleisch, Klebreis, Kohl und vor allem Chili. Als Kostprobe empfehlen sich *Sai-ua*, die würzigen Würstchen aus Schweinefleisch und Kräutern. Sehr lecker ist die milde Currysuppe *Khao Soi*.

€ **Aroon Rai**, 45 Kotchasan Rd., ☎ 053-276 947. Seit den 1950er-Jahren werden im einfachen und preiswerten, bei Touristen und Einheimischen gleichermaßen beliebten Thai-Restaurant im offenen Erdgeschoss gute *Khao Soi*, leckeres Chicken Curry und der Lanna-typische, scharfe *Naam Phrik Oong-Dip mit knackigem Gemüse* sowie hausgemachte Brownies und Eis serviert. Bier ab 17 Uhr. ⌚ 11–21.30 Uhr.

Baan Jangarpor, 71 Charoen Prathet Rd., ☎ 053-275 030. Restaurant in einem 150 Jahre alten Teakhaus voller Antiquitäten, die zum Verkauf stehen, und einem teils überdachten Garten. Authentische Spezialitäten, u. a. Khantoke-Sets, Korean Barbecue und Thai-Gerichte. ⌚ außer jeden 2. und 4. So im Monat 11–23 Uhr.

Khao Soi Islam, 22–24 Soi 1, Charoen Prathet Rd., ☎ 053-271 484. Großer, überdachter, von Haw betriebener, günstiger

Essensstand. Die hervorragende *Khao Soi* in vegetarischer Variante sowie mit Hühnchen oder Seafood lockt mittags viele Hungrige an. Außerdem Wantan- und klare Suppen, Fr außerdem *Khanom Jin*, Nudeln mit Rindfleisch-Tomaten-Curry. Informative, englische, bebilderte Speisekarte. ⌚ Fr–Mi 9–17 Uhr.

Thai

Einheimische frequentieren abends gern die **Buffet-Restaurants** an der Arak Rd. sowie Bamrungburi Rd. zwischen Chiang Mai Gate und Suan Prung Gate. Hier können Unentschlossene günstig die überwiegend am Thai-Geschmack orientierten Gerichte probieren.

Kanjana, 7/2 Soi 5, Ratchdamnoen Rd., ☎ 053-418 368. Kleines, einfaches Thai-Restaurant in einer ruhigen Soi, in dem leckere, preiswerte Gerichte (bis 120 Baht) von der Chefin in der offenen Küche zubereitet werden. Umfangreiche Speisekarte, freundlicher und schneller Service. Thai-Desserts und Frühstück sowie Kochkurse. ⌚ So–Fr 8–20.30 Uhr.

Kiat Ocha, einer der Essensstände in der Inthawarorot Rd. Sehr beliebter, authentischer, einfacher Familienbetrieb. Seit 1957 werden tagtäglich zahllose Portionen der Spezialität des Hauses, zarter, saftiger Chicken Rice, serviert. Die Bestellungen werden quer durch das offene Restaurant gebrüllt.

Lemongrass, Loi Kroh Rd., ☎ 088-260 2544. Abends sehr gut besuchtes Touristen-Restaurant in einer Seitenstraße des Night Bazaar mit guter Thai-Küche, die für den westlichen Geschmack etwas abgemildert wird. Für die Gegend günstige Preise und freundlicher, flotter Service. ⌚ außer So 16–24 Uhr.

Vegetarisch

Aum, 65 Moon Muang Rd., am Thapae Gate, ☎ 053-278 315, 💻 www.fb.com/AumVegetarianRestaurant. Nettes Restaurant mit Sitzkissen im oberen Stockwerk und viele Büchern. Auch wenn es nicht so aussieht, sind alle Gerichte vegetarisch, selbst die *Khao Soi*, Sushi und Burger für 60–120 Baht. Glutamatfrei, man nimmt Rücksicht auf Allergiker. Leckere Säfte und Lassies. ⌚ 10.30–20.30 Uhr.

Khun Churn, im **JJ Market**, Atsadathon Rd., ☎ 081-881 3032, 💻 www.fb.com/khunchurn, Karte S. 218/219. Luftig, ruhig und ein exzellentes Preis-Leistungs-Verhältnis, das sind die Trümpfe des modernen vegetarischen Restaurants. Sehr beliebtes Mittagsbuffet für 179 Baht inkl. Salatbar mit großer Auswahl, Tees und Kaffee. Guter Service. ⌚ 10.30–15 Uhr.

Taste from Heaven, 34/1 Ratchamanka Rd., ☎ 091-859 8920, 💻 www.taste-from-heaven.com. Im großen Speisesaal, an der Straße oder im Garten im Hinterhof lässt man sich die glutamatfreien Currys, westliche Gerichte, Frühstück, Salate, Snacks und Kuchen mit Bio-Hochlandkaffee schmecken. Viele Gerichte unter 100 Baht. Von 11–14 Uhr günstige Menüs. ⌚ 9–22 Uhr.

UNTERHALTUNG

Bars

Bars konzentrieren sich in der östlichen Ratchawithi Rd., an der Moon Muang Rd. und der abgehenden Soi 2 sowie rings um den Night Bazaar. An der Moon Muang Rd. und am Fluss wird abends in einigen Lokalen Livemusik geboten.

C. U. Corner (Tuk Tuk Bar), 3/2 Soi 1, Moon Muang Rd. Kleine, gemütliche Bar mit einem Tuk Tuk vor der Tür. Das Publikum lauscht zu Bier, Cocktails und Wein den abendlichen Livebands. ⌚ ab 17 Uhr.

JJ Market, Atsadathon Rd., in der Nähe des Tesco Lotus im Norden der Stadt, ☎ 053-231 520-5, 💻 www.jingjaichiangmai.com. Das bei Thais beliebte Ausgehviertel wartet mit Restaurants und Bierbars auf, in denen günstige Cocktails in Eimern, Trichtern oder Shot-Gläsern serviert werden. Einige mit Livemusik, gutem Thai-Essen und Snacks.

Oasis Rooftop Garden Bar, 13/1 Soi 1, Sri Phum Rd., ☎ 081-693 5019, 💻 www.fb.com/oasisrooftopgardenbar. Auf dem Dach eines nicht fertiggestellten 2-stöckigen Hauses kann man auf Kissen und Sofas sitzend den Sundowner mit Blick auf den Doi Suthep genießen – klein und gemütlich. Die Auswahl an Bieren und Cocktails ist groß. ⌚ 18.30–24 Uhr.

The Riverside, S. 226, und nebenan das **The Good View** sind auch bei Einheimischen beliebt und bieten jeden Abend gute Livemusik.

Writers Club & Wine Bar, 141/3 Ratchdamnoen Rd., ✆ 053-814 187, 💻 auf Facebook. Kleines, charmantes Bar-Restaurant mit kleiner Terrasse, die vor allem am So von Besuchern der Walking Street (S. 230) frequentiert wird. Gute Livemusik und interessante Gesprächspartner. 🕒 So–Fr 12–24 Uhr.

Clubs

FabriQue, im President Hotel, 226 Wichayanon Rd., ✆ 053-266 779, 💻 www.fb.com/FabriqueBarRougeClubCNX. Zu späterer Stunde beliebter Club mit 3 Bereichen, in denen zu Thai-Musik, Hip-Hop oder Techno getanzt wird. Eintritt 300 Baht als Getränkegutschein. 🕒 23–4 Uhr.

Warm-Up, Nimmanhamin Rd., ✆ 053-400 677, 💻 www.fb.com/warmupcafe1999. Der Dauerbrenner in Chiang Mai. Bei der einheimischen Schickeria sehr beliebter Club in einer Gegend mit vielen stylischen Etablissements. Schöner Außenbereich mit Restaurant. Drinnen läuft Thai-Musik, Dance und Hip-Hop. An den Wochenenden wird es brechend voll, sodass man sich kaum mehr bewegen kann. 🕒 18–1.30 Uhr.

Zoe in Yellow, Soi 3, Ratchawithi Rd., ✆ 053-418 471. Beim jungen Traveller-Partyvolk beliebte Kombination aus Kneipe, Sportsbar und Club mit Billardtisch und Tanzfläche. Die Bands spielen überwiegend Rock und Blues, während DJs ab 22 Uhr vor allem Hip-Hop auflegen. Garten-Lounge mit Lampions unter alten Bäumen. 🕒 17–2 Uhr.

Kino

Englische Filme im Original laufen in Multiplex-Kinos in großen Einkaufszentren:

Major Cineplex, im 4. Stock des Central Festival und im 4. Stock der Central Airport Plaza, 💻 www.majorcineplex.com. Im Central Festival auch mit dem einzigen IMAX im Norden.

SFX Cinema, im 5. Stock des **Maya Lifestyle Shopping Center** und in der Promenada Resort Mall im Südosten der Stadt, 💻 www.sfcinemacity.com.

Thai-Boxen

Kalare Boxing Stadium am Kalare Night Bazaar, Chang Klan Rd. Di und Do ab 21 Uhr. Manchmal treten ausländische Kämpfer gegen Einheimische an. Tickets 400–600 Baht. Zudem die Möglichkeit Muay-Thai, Fitness oder klassisches Boxen zu trainieren (ab 400 Baht).

Thapae Stadium, Moon Muang Rd., ✆ 089-434 5553. In der Hochsaison jeden Abend ab 21 Uhr. Karten 400–600 Baht.

KUNST UND KULTUR

Kulturshow

Old Chiang Mai Cultural Center, 185/3 Wualai Rd., ✆ 053-202 993-5, 💻 www.oldchiangmai.com. In dem großen Haus im traditionellen Stil finden zum Khantoke-Dinner Lanna-Tanzdarbietungen statt. Anschließend Tänze der Lahu, Hmong, Yao, Lisu und Akha im Freien. Dinner und Show von 19–21.30 Uhr für 570 Baht.

Kunst und Antiquitäten

Kunstgalerien und einige Antiquitätenläden konzentrieren sich am Ostufer des Ping in der Charoen Rat Rd., südlich der Kaew Nawarat Rd. und in der Soi 1, Nimmanhamin Rd.

Monk Chat

Beim **Monk Chat** im Wat Chedi Luang (S. 216) tgl. von 9–18 Uhr bietet sich Besuchern die Gelegenheit für Gespräche in informeller Atmosphäre mit Mönchen über Thai-Kultur, Buddhismus und das Klosterleben.

EINKAUFEN

Bücher

In keiner anderen Stadt Thailands gibt es ein derart umfassendes Angebot wie in den vollgepackten Buchläden mit neuen und Secondhand-Büchern rings um das Thapae Gate.

THAILAND

Märkte in Chiang Mai

Warorot-Markt

Chinesisch ist die Atmosphäre im 1910 erbauten Warorot-Markt (Kad Luang) an der Chang Moi Rd. Von den Galerien der oberen Stockwerke lässt sich das Marktgeschehen gut überblicken. Während im Erdgeschoss die Händler auf langen Tischen eine bunte Vielfalt an Nahrungsmitteln aufgebaut haben, liegen in den oberen Stockwerken vor allem Textilien und Souvenirs aus. Nebenan werden im **Lam Yai-Markt** frische Produkte wie Fleisch und Blumen umgesetzt. Wenn die Läden abends schließen, füllen sich die Straßenränder mit Essensständen. ⌚ 6–19 Uhr.

Somphet-Markt

Auf dem kleinen Somphet-Markt in der nordöstlichen Altstadt gibt es eine große Auswahl an Thai-Gerichten und viel Obst. ⌚ 6–18 Uhr.

Muang Mai-Markt

Auf diesem Lebensmittelmarkt nordöstlich des Zentrums ist rund um die Uhr etwas los. Noch während ab Mitternacht Obst, Gemüse, Fisch, Fleisch, Gewürze u. v. a. m. zu Großhandelspreisen den Besitzer wechseln, kommt die nächste Frischware, die tagsüber an Kleinabnehmer verkauft wird. ⌚ 24 Std.

Night Bazaar

Der ganztags geöffnete, 3-stöckige Chiang Mai Night Bazaar in der Chang Klan Rd., die Verkaufsstände davor und im gegenüberliegenden Kalare Night Bazaar haben Massenware für Touristen im Angebot. Die meisten Händler versuchen etwas aufdringlich, Textilien (u. a. gefälschte Markenartikel), Holzschnitzereien, Schmuck, Keramiken und Kunstgewerbe zu verkaufen. Etwas vielfältiger ist das Angebot auf dem **Anusarn-Markt** etwas weiter südlich. ⌚ 18–24 Uhr.

Sunday Walking Street

Am Sonntagabend werden die Phra Singh und Ratchdamnoen Rd. sowie ein Teil der von ihnen abgehenden Straßen als Walking Street für den größten Straßenmarkt gesperrt. Auf etwa 2 km Länge verkaufen an über 4000 Ständen einheimische Künstler, Fotografen, Kunsthandwerker und Kleinhändler eine bunte Vielfalt an attraktivem, überwiegend preiswertem Kunsthandwerk jeglicher Stilrichtung. Dazwischen werden Snacks und Fruchtsäfte zubereitet, Porträtmaler und Straßenmusiker treten auf, und Masseurinnen bieten ihre Dienste an. Es ist der beste Ort zum Kauf von Souvenirs, Kleidung und Schmuck. Hier werden neue Trends kreiert – und bereits eine Woche später kopiert. ⌚ So 17–22 Uhr.

Wualai Walking Street

In dem traditionellen Viertel der Silberschmiede findet in der Wualai Rd. samstags ein weiterer Nachtmarkt statt. Er ist fast so gut besucht wie die Sunday Walking Street und lockt mit einem ähnlichen Angebot, Silberschmuck und lokalen Snacks. ⌚ Sa 17–22 Uhr.

Farmer's Market

Auf dem Wochenmarkt im Garten des Chiang Mai City Arts & Cultural Center, 💻 www.fb.com/cnxfm, bringen lokale Produzenten ihre Waren an den Endverbraucher. Neben Bio-Obst und -Gemüse werden Kunsthandwerk, Souvenirs und Snacks feilgeboten. Ab und zu gibt es Livemusik. ⌚ Fr 14–18 Uhr.

Backstreet Books, Chiang Moi Kao Rd., 053-874 143. 9–21 Uhr.
Bookzone, 318 Thapae Rd., 053-252 418. 10–18 Uhr.
Gecko Books, 2/6 Chang Moi Kao Rd., 053-874 066/7, www.geckobooks.net. Weitere Filiale in der Ratchamanka Rd. 9–21 Uhr.
On the Road Books, 25/1 Ratchawithi Rd., 053-418 169.
The Lost Bookshop, Ratchamanka Rd. 9.30–20 Uhr.

Einkaufszentren

Central Airport Plaza, an der Straße zum Flughafen, www.centralplaza.co.th. Der Evergreen: gut besuchtes und großes Einkaufszentrum mit Multiplex-Kino mit 7 Sälen (S. 229) und das **Northern Village** mit Kunsthandwerk, Schmuck und Textilien aus dem Norden. Mo–Fr 11–21, Sa und So 10–22 Uhr.

Central Festival, am Super-Highway nördlich der Arcade Bus Station, www.central.co.th. Riesige, moderne Lifestyle-Mall mit Multiplex-Kino mit IMAX. Mo–Do 11–21, Fr 11–22, Sa und So 10–22 Uhr.

Kunsthandwerk

Wer Kunsthandwerk einkaufen möchte, sollte sich auf der Wualai oder Sunday Walking Street umsehen oder nach Ban Tawai (S. 244) bzw. Bo Sang (S. 243) fahren.

Sop Moei Arts, 150/10 Charoen Rat Rd., 053-306 123, www.sopmoeiarts.com. 2-stöckiger Verkaufsraum. Mit dem Verkauf der kunstvollen Flechtarbeiten, Textilien und Taschen der Pwo Karen unterstützen eine schwedische NGO und der Brite Kent Gregory ein abgelegenes Dorf in der Provinz Mae Hong Son, z. B. durch Schulstipendien für Kinder. So–Fr 10–18 Uhr.

Thai Tribal Crafts Fair Trade Shop, 208 Bamrungrat Rd., 053-241 043, www.ttcrafts.co.th. Fair-Trade-Laden für Kunsthandwerk der Bergvölker. Internet-Verkauf. Filialen im Central Airport Plaza und 25/9 Moon Muang Rd. Mo–Sa 9–17 Uhr.

AKTIVITÄTEN

Klettern

Chiang Mai Rock Climbing Adventures, 55/3 Ratchapakhinai Rd., 053-207 102, www.thailandclimbing.com. Kletterwand hinter dem Laden, 13–18 Uhr, während der Woche auch länger, Tagespass 300 Baht inkl. Kletterschuhe, Kinder 240 Baht. Einführungs-Tageskurs in Mae On 3895 Baht inkl. Ausrüstung, Transport und Verpflegung. Auch Kurse für Fortgeschrittene und Ausrüstungsverleih.

Kochkurse

Kochkurse in englischer Sprache sind in Chiang Mai überaus beliebt. Schon der gemeinsame Einkauf ist ein Erlebnis. Meist haben die Schüler eine eigene Kochstation und können die Gerichte auswählen. Den Abschluss bildet ein gemeinsames Essen.

Asia Scenic Thai Cooking School, 31 Soi 5, Ratchdamnoen Rd., 053-418 657, 084-640 0988, www.asiascenic.com. Gayray und ihr lustiges Team kochen in einer offenen Küche mit bis zu 12 Schülern von 9–15 Uhr für 1000 Baht 7 (auf Wunsch vegetarische) Gerichte, zudem kurze Kurse mit 5 Gerichten von 9–13 und 17–21 Uhr für 800 Baht. Empfehlenswert sind die Kurse auf der außerhalb gelegenen Bio-Farm für 1200 Baht. Kostenloser Transport im Radius von 3 km um die Altstadt, Kochbuch, Webalbum mit Fotos und Marktbesuch inkl.

Chiang Mai Thai Cookery School, 47/2 Moon Muang Rd., 053-206 388, www.thaicookeryschool.com. In der Kochschule werden seit 1993 außerhalb von Chiang Mai Kurse (10–16 Uhr) offeriert, bei denen insgesamt 6 Gerichte gekocht werden. 1450 Baht inkl. Transport und Kochbuch, teilweise auch mit Markt- und Kräutergartenbesuch. Es kann in komfortablen Zimmern übernachtet werden.

Thai Farm Cooking School, Büro in 2/2 Soi 5, Ratchdamnoen Rd., 081-288 5989, 087-174 9285, www.thaifarmcooking.com. Kurse von 1–3 Tagen, die 17 km außerhalb auf einem Bio-Bauernhof mit vielen Obstbäumen stattfinden. Tageskurs mit 6 Gerichten für 1500 Baht, Transport und Kochbuch inkl.

Massagekurse

Renommierte Massageschulen und -lehrer bieten zumeist mehrtägige Lehrgänge an.

MTM Thai Massage, in einem grünen Haus, 7/1 Soi 5, Ratchdamnoen Rd., ✆ 089-192 1132, 💻 www.mtmthaimassage.com. Die in Heilkünsten bewanderte Ming lehrt privat. Schnellkurse für Kleingruppen von 2–3 Std. für 899–999 Baht, Tageskurse 1999 Baht., 2 Tage ab 3599 Baht.

Wat Sam Pao an der Kreuzung Ratchdamnoen Rd., Ecke Ratchaphakinai Rd. 4-stündige Kurse für 1000 Baht, Massagen für 130 Baht pro Std. ⏲ Mo–Sa 9–18.30, So bis 23 Uhr.

Meditation

Meditationszentren offerieren englischsprachige Unterweisungen und mehrtägige Vipassana-Kurse. Das Programm kann sehr straff sein und um 4 Uhr morgens beginnen, Gebete, religiöse Gespräche und mehrere 2-stündige Meditationen umfassen. Es wird erwartet, dass man sich den strengen Klosterregeln unterwirft.

International Buddhism Center im Wat Phrathat Doi Suthep, ✆ 053-295 012, 💻 www.fivethousandyears.org, Karte S. 242/243. Im Zentrum des Geländes, 300 m abseits vom Tempel, werden in den Meditationsräumen buddhistische Unterweisungen und Meditationen angeboten und Informationen über den Buddhismus geteilt. 1–2 Wochen vorher sollten die 4-, 5-, 7-, 10- oder 14-tägigen Vipassana-Kurse auf Spendenbasis gebucht werden. Büro ⏲ 9–17 Uhr.

Yoga und Tai Chi

Naisuan House, Soi 1, 3/7 Rattanakosin Rd (Doi Saket Kao Rd.), 2,5 km nordöstlich der Altstadt, ✆ 085-714 5537, 💻 www.taichithailand.com. 2 Std. Tai Chi Chuan für 1500 Baht oder 10-tägige Kurse à 60 Std. für 15 000 Baht.

The Yoga Tree, 65/1 Arak Rd., im Südwesten der Altstadt, ✆ 081-724 7308, 💻 www.theyogatree.org. Breites Angebot an Intensivkursen, Workshops und „Open Yoga" 250 Baht pro 90 Min., Privatstunden kosten 1000–1500 Baht.

TOUREN

An jeder Ecke werden Touren mit einer Mischung aus Trekking, Sightseeing und etwas Action angeboten. Oft wird man mit Interessenten aus anderen Büros zusammengepackt, die möglicherweise deutlich mehr oder weniger für die gleiche Tour gezahlt haben.

Billige Tagestouren für 900–1300 Baht finden meist im Mae Wang Valley am Fuß des Doi Inthanon (S. 245) oder am Mae Taeng statt. Sie gehen nicht in Nationalparks, wo 200–300 Baht Eintritt fällig werden, und umfassen meistens weder Elefantenreiten noch Rafting. Manchmal wird nur eines der kommerziellen Hilltribe Villages besucht, wo Bergvölker angesiedelt wurden und wie Attraktionen ausgestellt werden. Wer keine teurere Jeeptour bucht, wird im Songthaew zum Startpunkt gebracht. Für An- und Abreise ist je mind. 1 Std. einzurechnen.

Standardtouren in Großgruppen kosten 1500–2200 Baht für 3 Tage bzw. 2 Nächte und 1400–1800 Baht für 2 Tage/1 Nacht. Zur Hochsaison kann es durchaus passieren, dass in einem Dorf mehr Touristen als Einwohner schlafen.

Tourveranstalter

Wer Wert auf eine kleinere Gruppe legt, kann in die Provinz ausweichen.

Banthi Tour, ✆ 081-472 8319, 083-942 0863, 💻 auf Facebook. Eine entspannte Mischung aus Besichtigungen von Dörfern und traditionellen Handwerken, Wanderungen zu Sehenswürdigkeiten und Kochkursen bieten spaßige Tagestouren für 1500 Baht, Kinder bis 9 Jahre 750 Baht, ins 30 km entfernte Banthi.

Pooh Eco-Trekking, 59 Rachapakinai Rd., ✆ 053-208 538, 085-041 4971, 💻 www.pooh-ecotrekking.com. Eine empfehlenswerte Trekkingtouren in der Umgebung von Mae Sariang ab 3400 Baht für 2 Tage/1 Nacht ohne Elefantenreiten und Rafting. Gruppen von 2–6 Pers.

Jede Menge Zip-Lines

Der durchschlagende Erfolg vom **Flight of the Gibbon** (s. u.) hat eine ganze Heerschar von Nachahmern auf den Plan gerufen, die nicht nur mit immer längeren, höheren und schnelleren Zip-Lines um die Gunst der nach Nervenkitzel suchenden Touristen buhlen, sondern auch Abseiling, Brücken, Netze und Seile, auf denen man balancieren muss, Leitern oder Flying Skateboards und Fahrräder im Repertoire haben. Entgegen der Beteuerungen steht die Sicherheit nicht in allen 13 Zip-Line-Parks an erster Stelle. So starb im Sommer 2015 ein chinesischer Tourist, als er wegen eines technischen Defekts von der Seilrutsche fiel.

Empfehlenswert sind nach wie vor:

Eagle Track, ✆ 085-722 9090, 💻 www.eagletrackchiangmai.com. Die Verbindungen zwischen den 35 Plattformen bestehen nicht nur aus Zip-Lines. Das große Paket kostet 2400 Baht, die abgespeckten Varianten 1600–1900 Baht inkl. Transfer, Mittagessen und kurzer Wanderung zu einem Wasserfall. Touren starten um 7, 8, 9, 12 und 13 Uhr.

Flight of the Gibbon (Treetop Asia), in einem schönen Bergwald in 1300 m Höhe bei Chae Hom, zwischen dem H1230 und H1252, 1 Std. von Chiang Mai, Büro: Kotchasarn Rd., Ecke Soi 1, ✆ 053-010 660-4, 084-614 4004, 💻 www.treetopasia.com. Wie ein Gibbon klettert und gleitet man 3 Std. lang angeseilt durch den Bergwald. Die 7 km lange Tour führt über 18 Zip-Lines durch das 5,5 km lange System von Stahlseilen, über schwingende Hängebrücken und Plattformen in alten Baumriesen zu insgesamt 33 Stationen, von denen die längste beeindruckende 800 m über ein Tal führt. 7-stündige Touren um 6.30, 8, 9 und 12.30 Uhr für 3999 Baht. Ein Teil des Gewinns geht an Gibbon-Rehabilitationszentren.

Individuelle Touren

Sie kosten deutlich mehr, vor allem wenn es in untouristische Gebiete geht. Nur wenige Gästehäuser arbeiten mit eigenen Guides, z. B. das Eagle House.

Individuelle deutschsprachige Touren organisiert Thedda vom **Linda Gh.**, S. 224.

Empfehlenswerte **Trekkingguides** sind **Chan**, ✆ 084-617 8404, 💻 www.chantrekking.com, **Charan**, ✆ 093-282 4454, 💻 www.trekking-chiangmai.com, und **Piroon**, ✆ 081-961 1015, 💻 www.chiangmai-trekking.com. Sie vermitteln viel Wissenswertes, sprechen gut Englisch (zum Teil sogar ein bisschen Deutsch) und kochen hervorragend. 3-tägige Touren kosten je nach Tour und Gruppengröße 3500–5000 Baht p. P. Die Touren bieten authentische Begegnungen und binden Highlights wie Elefantenreiten und Bambusfloßfahrten ein.

Bootstouren

Bei einer Fahrt auf dem **Ping** erschließt sich ein völlig anderer Blickwinkel auf die Stadt.

Scorpion – Tailed River Cruise, Abfahrt 300 m nördlich der Nakhon Ping-Brücke, ✆ 081-960 9398, 💻 www.scorpiontailedrivercruise.com. Interessante 1 1/2-stündige Touren mit Fokus auf die Geschichte der Stadt alle 2 Std. von 9–17 Uhr für 500 Baht p. P.

Fahrradtouren

Geführte Radtouren werden in der Stadt, am Ping entlang, im Mae Sa Valley und am Doi Suthep angeboten. Weitere Informationen: 💻 www.chiangmaicycling.org.

Chiang Mai Mountain Biking & Kayaks, 1 Samlan Rd., ✆ 081-024 7046, 💻 www.mountainbikingchiangmai.com. Touren in und um Chiang Mai ab 1250 Baht sowie Mountainbike- und Downhill-Touren für 1550–2700 Baht, auch mehrtägige Trips. Die Mountainbikes sind gut gewartet, und die Guides sprechen fließendes Englisch. Beliebt sind die Downhill-Touren am Doi Suthep für 1650 Baht und die Kombination aus 3 Std. bergauf wandern und anschließendem Downhill-Biken für 1750 Baht. Mittagessen und Transport inkl.

THAILAND

Begegnungen mit Elefanten in Nord-Thailand

Seit jeher haben Elefanten in diesem Teil der Welt einen besonderen Status. Die vedische Gottheit Indra reitet auf einem weißen Elefanten, und der hinduistische Elefantengott Ganesha wird vielerorts verehrt. Seit Jahrhunderten trainieren Karen und andere Bergbewohner Elefanten für den Einsatz in der Holzwirtschaft und im Krieg. Die Tiere lernen, Befehlen zu folgen, die der **Mahout** durch Körperbewegungen, mit Füßen und durch Zurufe vermittelt.
Viele stören sich daran, dass die Befehlstreue der Tiere durch das **Brechen ihres Willens** erreicht wird. Man sollte sich darüber im Klaren sein, dass domestizierte Elefanten von klein auf zum Gehorsam gegenüber ihren Mahouts dressiert werden, was nicht ohne Zwang (und den berüchtigten Elefantenhaken) geschieht.
Während früher vor allem kräftige Bullen zum Einsatz kamen, sind in den heutigen Camps in erster Linie Kühe vorzufinden, die sich leichter trainieren lassen und nicht in die gefährliche Musth (Brunft) kommen.
Ein gutes Camp zeichnet sich durch **artgerechte Haltung** aus. Die Tiere dürfen die Nacht im Wald verbringen und stehen nicht angekettet am Straßenrand, erhalten Futter aus ihrem natürlichen Umfeld und werden zeitlich begrenzt eingesetzt. Die Jungtiere folgen die ersten vier Jahre der Mutter auf Schritt und Tritt und beginnen erst nach ihrer Ausbildung im Alter von 14 Jahren mit der Arbeit. Manche Camps trennen Mutter und Kalb hingegen viel zu früh.
Normalerweise reiten zwei Touristen in einem *Howdah* (Elefantensattel, teils mit Sicherheitsgurt) auf dem Rücken, während der Mahout im Nacken des Elefanten sitzt. Manchmal geht es für das Beweisfoto eine Runde durch das Camp, meist aber in 30–60 Min. auf ausgetretenen Pfaden in einer Karawane durch die nähere Umgebung und als Höhepunkt durch einen Bach oder See. In größeren Camps zeigen Elefanten bei Shows Kunststücke. In besseren Lagern kann man alleine reiten oder die Tiere nur baden, waschen und füttern. Dort empfiehlt es sich, zum Schutz vor der borstigen Haut und Ungeziefer lange Hosen oder Stulpen zu tragen, am besten schnell trocknende Fischerhosen, und Sandalen, die man im Wasser anbehalten kann.
Bei einem **Mahout-Kurs** lernen die Teilnehmer zudem, die Tiere zu satteln und ihnen Befehle zu erteilen sowie z. T. auch die Nahrung und Medikamente zuzubereiten. Die Kurse eignen sich für Kinder ab dem Schulalter. Keine Billigangebote buchen und darauf achten, dass man möglichst einen „eigenen" Elefanten hat!
Die beste Einführung erhält man im staatlichen **Thai Elephant Conservation Center**, S. 282 und **eXTra [2686]**, dem ein Elefanten-Krankenhaus angeschlossen ist. **Elefantencamps** gibt es z. B. im Mae Wang Valley und im Mae Tang Valley, in Pai (S. 258) und in Kanchanaburi (S. 184). In Camps, die von

Motorrad- und Jeeptouren

Die besten Tipps für Motorradtouren in Nord-Thailand und Laos hat David Unkovich von GT Rider, der Jahrzehnte durch Nord-Thailand gefahren ist, in seinen Büchern und Karten zusammengetragen. Er organisiert auch Touren. Infos zu den Provinzstädten und Fahrstrecken unter 💻 www.gt-rider.com.
Im **Rider's Corner**, ein Bar-Restaurant an der nordöstlichen Ecke der Altstadt, treffen sich Biker und tauschen ihre Erfahrungen aus.
Something Different Tours, 15 Soi 5, Kotchasarn Rd., ✆ 053-449 600, 085-106 7949, 💻 www.somethingdifferenttours.com. Kombination aus den Standard-Tagestouren in Chiang Mais Umgebung und Motorradfahren: Alle Stationen der jeweiligen Tour werden eigenständig angefahren. Tagesausflüge 1800–1950 Baht. Auch mehrtägige Rund- und Off-Road-Fahrten.

Rafting und Kayaking

Wer Rafting als Teil eines Trekkingprogramms bucht, wird vor allem in der Trockenzeit gemächlich dahintreiben. Tagestouren zum Whitewater-Rafting, z. B. auf dem Mae Wang

großen Veranstaltern angefahren werden, herrscht fast immer Massenabfertigung ohne Rücksicht auf die Elefanten.

Wer den Tieren ganz nah sein möchte, bucht am besten einen Mahout-Kurs bei

Elephant Special Tours im Mae Wang Valley, ✆ 086-193 0377, in Deutschland ✆ 0228-4097 1958, www.elephant-tours.de, eXTra [2684]. Ein einmaliges Erlebnis sind die 5- bis 14-tägigen deutschsprachigen, auch für Kinder geeigneten Mahout-Kurse in den Camps des erfahrenen Großtierpflegers Bodo Förster, der eine naturnahe Tierhaltung anstrebt. Zudem 1 1/2-tägige Touren ohne Reiten (199 €), 2 1/2-tägige (425 €) Schnupperkurse und 7-tägige Trekkingtouren. Die Gäste bekommen einen eigenen Elefanten zugewiesen. Die Einnahmen kommen u. a. der Stiftung Tong-Bai zugute, die sich für angemessene Lebensbedingungen von domestizierten Elefanten und ihren Mahouts einsetzt und Freiwillige für 400 € pro Woche aufnimmt, www.tong-bai.com.

Ein naturnahes Zusammensein mit Elefanten ermöglicht der **Elephant Nature Park** im Mae Taeng Valley, KM 13,3, www.elephantnaturepark.org, s. eXTra [4315], [4316]. Die charismatische Lek bietet 42 Elefanten mit körperlichen oder geistigen Problemen seit 1995 in dem 300 ha großen Park ein Zuhause. Angekettet werden nur Bullen in der gefährlichen Musth (Brunft). Bei der Tagestour (2500 Baht inkl. Transport ab Chiang Mai), werden die Elefanten von bis zu 80 Gästen gefüttert und gebadet, jedoch nicht geritten. Bei einer 2-tägigen Tour (5800 Baht) können bis zu 30 Gäste von den Mahouts lernen (die hier keine Haken einsetzen), abends die Tiere freilassen und im Camp übernachten. Für 15 000 Baht pro Woche kann man als Freiwilliger arbeiten. Zudem Kaffeeanbau und Verkauf von Fair-Trade-Produkten der Bergvölker. Besuch nur nach Vorbuchung in der Hochsaison mind. einen Monat im Voraus in Chiang Mai, 1 Ratchamanka Rd., ✆ 053-272 855, 208 246, www.saveelephant.org.

Die **Patara Elephant Farm**, 29 km westlich von Chiang Mai, ✆ 081-992 2551, www.pataraelephantfarm.com, züchtet auch Elefanten. Informative Tagesbesuche mit intensivem Kontakt zu den Dickhäutern kosten 5800 Baht inkl. Reiten auf dem Nacken, Waschen, Transport, Mittagessen und DVD mit Fotos und Videos des Aufenthalts.

Auch im **Ran-Tong Elephant Camp**, 60 km nördlich von Chiang Mai, ✆ 053-272 023, 095-442 4644, www.elephant-training.com, kommt man den Elefanten ganz nah. Programme für 1 Tag bei 2 Pers. pro Elefant 2400 Baht, bei 1 Pers. 4500 Baht inkl. Transport, Mittagessen, Reiten auf dem Nacken und Waschen, 2 Tage 5500/10400 Baht zusätzlich inkl. Rafting sowie Halbtagsprogramme für 1600/3000 Baht.

Ähnliche Preise hat **Elephant Discovery Chiang Mai** im Mae Wang Valley, ✆ 081-612 4172, www.elephantdiscoverychiangmai.com.

am Doi Inthanon, finden nur während und nach der Regenzeit statt. Rafting oder Kajak-Tagestouren auf dem Mae Taeng sind ganzjährig möglich. Eine größere Herausforderung sind Raftingtouren auf dem Pai (S. 259).

Chiang Mai Mountain Biking & Kayaks, 1 Samlan Rd., ✆ 081-024 7046, www.chiangmaikayaking.com. Professionell geführte Kajaktouren auf dem Mae Ping, u. a. in der reizvollen Umgebung von Chiang Dao, sowie im Mae Ngat Reservoir und in Mae Taeng ab 1750 Baht. Auch Touren für Fortgeschrittene.

Siam River Adventures, im Kona Café, 17 Ratchawithi Rd., ✆ 089-515 1917, 081-473 6839, www.siamrivers.com. Tagestouren Rafting ab 1800 Baht, Kajaking ab 2250 Baht, auch mit Übernachtung und Rafting bei Nacht.

SONSTIGES

Autovermietungen

Pkw und Pick-ups gibt es ab 1000 Baht pro Tag, Minibusse ab 1800 Baht. Bei Mietdauern ab 1 Woche werden Rabatte eingeräumt. Bei vielen Anbietern kann das Auto anschließend

auch in Chiang Rai abgegeben werden, bei einigen auch in anderen Orten.
Avis, am Flughafen, Call Center: 02-251 1131, www.avisthailand.com. 7.30–21 Uhr.
Budget, Counter am Flughafen, Büro: 201/2 Mahidol Rd., ggü. der Central Airport Plaza, 053-202 871-2, www.budget.co.th.
Hertz, 60 Moo 3, Airport Rd., 053-273 011, www.hertz.com. 7–21 Uhr.
North Wheels, 70/4–8 Chaiyaphum Rd., 053-874 478, www.northwheels.com. Van mit Fahrer für 2000 Baht pro Tag. Abgabe in Bangkok kostet 5000 Baht extra. Guter Service, aber nicht immer frische Fahrzeuge.

Fahrradverleih

Geschäfte und Gästehäuser an der Moon Muang Rd. vermieten Fahrräder, wobei die billigsten ab 50 Baht pro Tag nicht unbedingt die sichersten sind. Spiceroads (s. o.) vermietet hochklassigere Räder.
City Bike Rental, 1 Samlan Rd., südlich vom Wat Phra Singh, 053-814 207. Räder ab 150 Baht, Tourenräder 350 Baht pro Tag, Helm und Handschuhe kosten 50 Baht extra. Kostenlose Anlieferung und Abholung.

Immigration

Immigration, Gebäude A, Promenada Resort Mall, im Südosten der Stadt zwischen H1317 und Chiang Mai-Sankamphaeng Rd., www.chiangmaiimm.com/en.html, Karte S. 242/243. Hier werden Touristenvisa verlängert und Re-Entry Permits ausgestellt. Weniger überfüllt sind die Büros in Mae Hong Son (S. 251) oder Mae Sai (S. 273). Mo–Fr 8.30–16.30 Uhr.
Alte Immigration, 71 Airport Rd., 053-201 755-6, 851 356-8. Nur noch für Langzeitaufenthalte (außer Jahresvisa für Rentner) zuständig. Mo–Fr 8.30–16.30 Uhr.

Informationen

Viele Büros, die sich TAT, Tourist Information und Tourist Office nennen, haben nichts mit dem staatlichen Fremdenverkehrsbüro zu tun.
Chiang Mai Municipal Tourist Office, Thapae Rd., Ecke Wichayanon Rd., 053-276 140–2, 8.30–16.30 Uhr.
TAT Tourist Office, Chang Klan Rd., nahe Shangri-La Hotel, 053-248 604, 8.30–16.30 Uhr.

Konsulate

Deutschland, Herr Hagen E.W. Dirksen, 199/163 Moo 3, Ban Nai Fun, Kan Klong Chon Prathan Rd., 053-838 735, chiang-mai@hk-diplo.de, Karte S. 242/243. Mo–Fr 9–12 Uhr.
Schweiz, Herr Marc Dumur, Frangipani Serviced Residences, 11/1 Soi 13/1, Phra Pokklao Rd., 053-225 000, chiangmai@honrep.ch. Termine nach Vereinbarung.

Massagen und Spas

An jeder Ecke werden günstige Thai-, Fußreflexzonen- oder Ölmassagen angeboten, aber auch luxuriöse Spas locken mit Wohlfühlprogrammen.
Green Bamboo Massage, 1 Soi 1, Moon Muang Rd., 089-827 5563, www.green-bamboo-massage.com. In ruhigem Ambiente werden Massagen vom gut ausgebildeten Personal (nach Lim fragen) ab 200 Baht pro Std. durchgeführt. Bio-Produkte aus eigener Herstellung. Ölmassagen ab 250 Baht pro Std. Günstige Packages. Mo–Fr 10–21, Sa und So 11–21 Uhr.
Lila Thai Massage, 5 Filialen (Ratchadamnoen Rd. nahe Wat Chedi Luang sowie nahe Thapae Gate, Ratchaphrakinai Rd., Phra Pokklao Rd. und Ratchawithi Rd.), 053-327 243, www.chiangmaithaimassage.com. Massagen von weiblichen Häftlingen, die hier für die Zeit nach der Haft in 180 Std. Ausbildung Erfahrung sammeln. 200 Baht pro Std., Ölmassagen 400 Baht. 10–22 Uhr.
Thai Massage Conservation Club Chiang Mai, 99 Ratchamanka Rd., 053-904 452, http://thaiblindmassage.com. Sehr gute Massagen von Menschen mit Sehbehinderungen oder Blinden ab 200 Baht, Ölmassagen 300 Baht pro Std. 8–22 Uhr.
The Oasis Spa, 4 Samlan Rd., südlich des Wat Prasing, und 102 Sri Mangalachan Rd., westlich der Altstadt, 053-920 111, www.

oasisspa.net. Luxuriöses Spa mit Massagen ab 1600 Baht pro Std., zudem Gesichtsbehandlungen, Milch- und Blütenbäder, Ayurveda und Haartherapien. ⌚ 10–22 Uhr.

Medizinische Hilfe

Notruf ✆ 191, **Unfall** ✆ 1193, **Krankenwagen** ✆ 1669. Nicht immer wird Englisch gesprochen.
Bangkok Hospital, am Super-Highway östlich der Stadt, ✆ 1719, 052-089 888, 💻 www.bangkokhospital-chiangmai.com. Modernes und teures Privatkrankenhaus.
Chang Puak Hospital, 1/7 Soi 2, Chang Puak Rd., ✆ 053-220 022. Privates Krankenhaus.
Chiangmai Ram Hospital, 8 Bunruangrit Rd., ✆ 053-920 300, 💻 www.chiangmairam.com. Staatliches Krankenhaus mit englischsprachigen Ärzten.
Lanna Hospital, 103 Chiang Mai-Lampang Rd., ✆ 053-999 777, 💻 www.lanna-hospital.com. Privates Krankenhaus.

Motorradverleih

In der Moon Muang Rd. konzentrieren sich Motorradvermietungen. Für Bergtouren ist es besser, kräftige Maschinen zu mieten. Man sollte seine Maschine vor dem Losfahren gründlich untersuchen und Schäden schriftlich oder auf Fotos festhalten, da diese sonst bei Abgabe in Rechnung gestellt werden.
Die **Haftpflichtversicherungen** für Mietmotorräder kosten 50–200 Baht, decken keine Sachschäden und nur begrenzt Personenschäden (bis 50 000 Baht) ab.
Achtung: Wer sich verletzt und keinen Motorradführerschein besitzt, muss damit rechnen, dass die Reisekrankenversicherung für die Behandlungskosten nicht aufkommt! Fast alle Maschinen haben über 50 ccm Hubraum und dürfen somit nicht ohne Motorradführerschein gefahren werden. Mehr auf S. 83, Travelinfos von A bis Z.
Jaguar Motorcycle Hire, 2/Soi 1, Ratchawithi Rd., ✆ 081-882 4580. Honda Dream oder andere kleine Maschinen kosten 120–200 Baht pro Tag, Automatik 150–400 Baht. Enduros und große Motorräder wie Honda XR 250 oder Phantom 500–800 Baht. Haftpflicht inkl.
Mr. Mechanic, 135/1 Ratchaphakinai Rd., Filialen: Soi 5, Moon Muang Rd. und Ratchawithi Rd. Ecke Moon Muang Rd., ✆ 053-214 708, 082-762 8302, 💻 www.chiangmai-motorcycle-rental.info. Zuverlässig und lange im Geschäft. Stadttaugliche Halbautomatik für 200 Baht, Automatik 250 Baht, für die Berge 300 Baht. Größere Motorräder ab 600 Baht. Auch Touren. ⌚ 7.30–18 Uhr.

Polizei

Tourist Police, 608 Rimping Plaza Bldg. in der nördl. Charoen Rat Rd. am Super Highway, ✆ 053-212 146-8. Filialen am Night Bazaar in der Chang Klan Rd., am Flughafen und am Busterminal, Notruf ✆ 1155.

Post

Hauptpostamt, 402 Charoen Muang Rd., ✆ 053-248 719.
Zentraler liegen die **Postämter** in der Phra Pokklao Rd. und Samlan Rd. Zudem eine Filiale am Flughafen und eine am Night Bazaar. ⌚ Mo–Fr 8.30–16.30, Sa und So 9–12 Uhr.
Private Post-Annahmestellen sind nicht immer zuverlässig. Keine Beschwerden gab es bislang über die chaotische Filiale in der Ratchdamnoen Rd. nahe dem Thapae Gate mit Packservice. ⌚ 8–20 Uhr.

Wäschereien

Viele Wäschereien in der Soi 7, Moon Muang Rd., östlich vom Wat Lam Chang. Viele Gh. nehmen für 40–60 Baht pro kg Wäsche an.

NAHVERKEHR

Songthaew

Etwa 3000 Songthaew fahren in der Stadt. Man nennt dem Fahrer das Ziel, steigt ein und zahlt beim Aussteigen 20 Baht für kurze Strecken im Zentrum, bis 50 Baht für Fahrten nach außerhalb, oder man chartert das Fahrzeug für 1000–2000 Baht für Tagestouren.

Taxis

Es gibt nur knapp 200 Taxis in ganz Chiang Mai. Sie können für einen Aufschlag von 40 Baht unter ✆ 053-241 955, 217 411, 818 188, 922 128,

THAILAND

Songthaew-Farbenlehre

Rote Songthaew fahren für 20 Baht im Stadtgebiet.
Gelbe Songthaew verkehren ab Chiang Mai Gate und Chang Puak Bus Station nach CHOM THONG von 7–21 Uhr alle 20 Min. für 32 Baht sowie nach DOI SAKET (7.20–19 Uhr alle 20 Min. für 16 Baht), HANG DONG (15–17 Baht), MAE RIM (von 6.50–19 Uhr ca. stdl. für 16 Baht), MAE SA VALLEY (von 8–18 Uhr alle 50 Min. für 40–60 Baht) und MAE WANG (30 Baht).
Grüne Songthaew starten am Warorot-Markt nach SANSAI und MAE JO im Nordosten stdl. von 7–17 Uhr.
Weiße und blaue Songthaew fahren ab Lamyai-Markt über BO SANG nach SAN KAMPHAENG im Osten von 5–17 Uhr alle 30 Min. für 20 Baht sowie nach LAMPHUN stdl. von 5–22 Uhr für 20 Baht. Nach LAMPHUN geht es auch mit großen **lila Bussen** von 6.40–18.10 Uhr alle 30–50 Min. für 22 Baht.
Orange Songthaew verkehren ab Chang Puak Bus Station hinauf in den Norden bis nach FANG von 7.30–18.45 Uhr alle 15 Min., 80 Baht.

bestellt werden. Einige stehen am Arcade Busterminal und am Flughafen links vom Aus-gang für nationale Flüge (+50 Baht), für Fahrten in die Stadt sind Coupons für 120 Baht, die man am Taxi-Schalter bekommt, die beste Option.
Gelbe Taxis mit Taxameter verlangen für den ersten Kilometer 40 Baht, für jeden weiteren 5 Baht, Wartezeit 1 Baht pro Min. Allerdings wird das Taxameter so gut wie nie eingeschaltet und gilt nur innerhalb der Ring Rd.
Richtwerte: In der Stadt nicht mehr als 150 Baht, zum Flughafen 100–120 Baht, zum Bahnhof und der Arcade Bus Station 80–100 Baht, bis Doi Saket 300–350 Baht, Doi Suthep 600–900 Baht, Lamphun 500–600 Baht und ins Mae Sa Valley 500–700 Baht.

Tuk Tuks

Tuk Tuks eignen sich gut für die Erkundung der Altstadt, schaffen es aber nicht auf den Doi Suthep. Je nach Entfernung 40–120 Baht. Man sollte sich nicht zu einer Einkaufstour überreden lassen, die zwar nur sehr wenig kostet, aber Stopps an vielen Geschäften und „Fabriken" beinhaltet, bei denen der Fahrer eine Provision kassiert und überteuerte Produkte und Dienstleistungen angeboten werden.

TRANSPORT

Busse und Songthaew

Arcade Busterminal, Kaew Nawarat Rd., ✆ 053-242 664, 246 501. Gepäckaufbewahrung kostet 20 Baht pro Gepäckstück, ⌚ 8–21 Uhr. Nicht klimatisierte Busse fahren vom alten und AC-Busse vom modernen, AC-gekühlten Busbahnhof gegenüber ab.
Tuk Tuks ins Zentrum verlangen 120–150 Baht, Songthaew (aus dem neuen Terminal kommend links) 20 Baht p. P. oder 150 Baht Charter und Taxis (nördlich des Busbahnhofs) 150 Baht, zum Flughafen 180 Baht.
BANGKOK, 720 km, u. a. über Nakhon Sawan und Ayutthaya, zahlreiche Busse überwiegend morgens und abends von 6.30–23 Uhr für 419–538 Baht, VIP für 620–876 Baht in 10 Std.
CHIANG KHONG, um 8, 9.30 und 14.30 Uhr für 277–434 Baht in 6 Std.
CHIANG RAI, 16x tgl. von 7–17.30 Uhr für 139–178 Baht, VIP um 8.15, 10.15, 14.45 und 18 Uhr für 277 Baht in 3 1/2 Std.
CHIANG SAEN, um 11.45 Uhr für 230 Baht in 5 Std.
KANCHANABURI, um 7.30 und 20 Uhr für 594 Baht in 11 Std.
KORAT (Nakhon Ratchasima), 9x tgl. von 3.30–20 Uhr für 452–580 Baht, VIP um 18.45 und 20.30 Uhr für 671 Baht in 12 Std.
LAMPANG, um 7.30, 8.30, 8.45, 10.15, 12, 13.30, 14.30, 16, 17.30, 19, 19.30 und 20 Uhr für 95 Baht, VIP 111 Baht in 1 1/2 Std.
LUANG PRABANG (Laos), mit 999, ✆ 053-241 442, Mo, Mi, Fr und So um 9 Uhr für 1200 Baht in 18 Std.
MAE HONG SON, via MAE SARIANG (104 Baht, 4 Std.) um 6.30, 8, 11, 13.30, 15, 20 und 21 Uhr für 192 Baht in 5 Std., oder via PAI (4 Std.) und PANG MAPHA (103 Baht, 5 1/2 Std.) um 7 Uhr für 138 Baht sowie stdl.

mit Minibussen (Pai 150 Baht, Pang Mapha 250 Baht) von 6.30–14.30 Uhr für 250 Baht in 7 1/2 Std.
MAE SAI, um 6 und 16.15 Uhr für 174–234 Baht, VIP um 8, 9.30, 12.30, 14 und 15.30 Uhr für 364 Baht in 4 1/2–5 Std.
NAKHON PHANOM (Grenze zu Laos), um 17.30 und 19.30 Uhr für 848 Baht in 15 1/2 Std.
PAI, s. Mae Hong Son.
PATTAYA, um 5, 14.30, 16.30 und 17 Uhr für 535 Baht, VIP für 750 Baht in 12–15 Std.
PHITSANULOK, 13x tgl. alle 1–1 1/2 Std. von 7–20 Uhr für 232–273 Baht, VIP für 351 Baht, sowie mit Bussen nach Sukhothai in 6 Std.
SUKHOTHAI, 15x tgl. von 6–16 Uhr für 214–239 Baht, VIP um 18, 19, 20 und 21 Uhr für 393–549 Baht in 5 Std. Nach Alt-Sukhothai nur um 8.45, 10.15, 12 und 13.30 Uhr.
UBON RATCHATHANI, um 8.30, 12, 13.15, 16, 18, 19 und 20 Uhr für 792 Baht, VIP 848–872 Baht in 14–16 Std.

Chang Puak Bus Station, Chotana Rd., ✆ 053-211 586. Ab dem nördlich der Altstadt gelegenen Busbahnhof fahren Songthaew und Busse auch in die entferntere Umgebung:
CHIANG DAO, von 5.30–17.30 Uhr alle 30 Min. sowie um 19.30 Uhr für 40–50 Baht in 1 1/2 Std. oder mit den Bussen Richtung Fang und Thaton.
CHOM THONG (Doi Inthanon), von 6.30–18 Uhr alle 20 Min. für 32 Baht in 1 1/2 Std. Alternativ mit gelben Songthaew für den gleichen Preis.
LAMPHUN, alle 15–30 Min. von 6.30–18 Uhr für 20–22 Baht in 1 Std.
THATON, 177 km, um 5.30, 7.30, 9, 10.30, 11.30, 13.30 und 15.30 Uhr für 90 Baht in 4–5 Std.

Minibusse

Reisebüros und Unterkünfte verkaufen Tickets für Busse nach Bangkok in die Khaosan Rd. In diesen privaten Bussen ist die Diebstahlgefahr hoch, S. 123.
aYa Service, 444/11–12 Rodfai Rd., am Bahnhof, ✆ 053-247 889, 💻 www.ayaservice.com. Die Minibusse holen ihre Gäste ab und fahren auf der kurvigen Strecke recht riskant.
Nach PAI in der Saison stdl. von 7–22 Uhr für 150 Baht in 2 1/2 Std., ab Flughafen +50 Baht.
Nach CHIANG KHONG um 10.30 und 20 Uhr für 350 Baht (mit Übernachtung im Doppelzimmer +200 Baht). Von strapaziösen Fahrten bis NONG KHAI (19 Uhr, 750 Baht, 11 Std.) ist abzuraten. 🕒 7–22 Uhr.

Eisenbahn

Vom **Bahnhof** in der Charoen Muang Rd., ✆ 053-245 363-4, fahren 5 Eil- und Expresszüge über Phitsanulok und Ayutthaya nach Bangkok, Fahrplan S. 880. Im Bahnhof gibt es eine Gepäckaufbewahrung, 🕒 4.50–20.45 Uhr. Vor dem Bahnhof verweisen Songthaew- und Tuk Tuk-Fahrer auf Preisvorschläge, die verhandelbar sind. Besser an der Straße ein Songthaew für 30 Baht in die Stadt nehmen, Taxi 80 Baht.
Fahrpreise (1./2./3. Klasse) ohne jegliche Zuschläge.
AYUTTHAYA, 680 km, 538/256/111 Baht in 9–12 1/2 Std.
BANGKOK, 751 km, 593/281/121 Baht in 12–14 1/2 Std.
PHITSANULOK, 362 km, 305/150/65 Baht in 5 1/2–8 Std.

Flüge

Der **internationale Flughafen (CNX)**, ✆ 053-270 222, 💻 www.chiangmaiairportthai.com, ist überschaubar und nah zum Zentrum gelegenen. In die Stadt verkehren Coupon-**Taxis** für 120 Baht pro Auto. Zudem starten ab Gate 9 vor der Ankunftshalle stdl. von 8–17 Uhr **Minibusse** für 40 Baht p. P., die auf 2 Routen verkehren (Nimmanhamin Rd. und Huai Kaew Rd. sowie Mahidol Rd., Thapae Rd., Night Bazaar und Loi Khro Rd.), aber nicht innerhalb der Stadtmauer fahren. Taxis mit Taxameter sind am Schalter für 50 Baht extra buchbar. Vom Zentrum zum Flughafen per Taxi für 100–120 Baht.
AirAsia, 💻 www.airasia.com, fliegt nach BANGKOK (Don Mueang) 12x tgl., HAT YAI 2x tgl., KHON KAEN 1x tgl., KRABI 2x tgl., PHUKET 3x tgl. und SURAT THANI 1x tgl. sowie nach HANGZHOU, HONG KONG, KUALA LUMPUR, MACAU und CHANGSHA.
Air Bagan, 💻 www.airbagan.com, fliegt nach YANGON Di, Do und So.

Bangkok Airways, 🖳 www.bangkokair.com, fliegt nach BANGKOK (Suvarnabhumi) 7x tgl., KO SAMUI 1x tgl., MAE HONG SON 1–2x tgl. und PHUKET 1x tgl. sowie nach MANDALAY, YANGON und SINGAPORE.
Kan Air, ✆ 053-283 311, 02-551 6111 (Call Center), 🖳 www.kanairlines.com, fliegt nach HUA HIN am Di, Fr und So, KHON KAEN 1x tgl., MAE HONG SON 3x tgl., NAN am Fr und So, PAI 1x tgl., PHITSANULOK am So, UBON RATCHATHANI 1x tgl. und U-TAPAO am Mo, Do und Sa.
Lao Airlines, 2/107 Ratchapruek Rd., ✆ 053-223 401, 🖳 www.laoairlines.com, fliegt nach LUANG PRABANG Mo, Mi, Fr, Sa und So.
Nok Air, ✆ 053-922 183, 1318 (Call Center), 🖳 www.nokair.com, fliegt nach BANGKOK (Don Mueang) 7–8x tgl. und UDON THANI 1x tgl.
Silk Air, ✆ 053-904 985, 🖳 www.silkair.com, ⏲ Mo–Fr 8.15–17.15 Uhr, fliegt nach SINGAPORE 1x tgl.
Thai Airways, ✆ 053-920 999, 🖳 www.thaiair.com, fliegt nach BANGKOK (Suvarnabhumi) 4x tgl.
Thai Lion Air, 🖳 www.lionairthai.com, fliegt nach BANGKOK (Don Mueang) 11x tgl.
Thai Smile, 🖳 www.thaismileair.com, fliegt nach BANGKOK (Don Mueang) 4x tgl., BANGKOK (Suvarnabhumi) 4x tgl. und PHUKET 1x tgl.
Tiger Airways, 🖳 www.tigerairways.com, fliegt nach SINGAPORE Di, Do und Sa.

Die Umgebung von Chiang Mai

Richtung Westen

Chiang Mai Zoo

Der Mitte des 20. Jhs. eröffnete **Zoo**, ✆ 053-221 179, 🖳 www.chiangmaizoo.com, liegt in einer gepflegten Parkanlage am Hang mit viel Grün, einem künstlichen Wasserfall und kleinen Bächen und ist wahrscheinlich der einzige Drive-Through-Zoo der Welt. Fast alle einheimischen Besucher fahren mit dem eigenen Auto durch das weitläufige Gelände. Die Höhepunkte sind eine große Voliere mit Vögeln aus allen Erdteilen, ein Schneedom mit Pinguinen, die Pandas, Tiger sowie ein **Aquarium** mit einem Unterwassertunnel und fast 2000 Spezies, darunter vielen Mekong-Bewohnern. ⏲ 8–18, Pandas 9–17, Aquarium 9–16 Uhr, Eintritt Zoo 150 Baht, Kinder 70 Baht, Aquarium 520/390 Baht, Pandas 100/50 Baht, Schneedom 150/100 Baht.

Wat Phrathat Doi Suthep

Gut 15 km nordwestlich der Stadt liegt unübersehbar am Hang des 1676 m hohen **Doi Suthep** einer der bedeutendsten Tempel Nord-Thailands. Besonders an klaren Tagen bietet sich eine fantastische Aussicht. Mit dem Songthaew oder mit dem Taxi geht es über die kurvenreiche Straße 11 km hinauf in die kühle Bergwelt. Für seine Initiative zum Bau der Straße im Jahr 1934 wurde dem damaligen Abt ein **Denkmal** am Fuße des Berges errichtet, s. eXTra [2664].

Jenseits des Parkplatzes mit Souvenir- und Essensständen führt eine monumentale, von zwei siebenköpfigen Naga-Schlangen umrahmte Treppe mit 306 Stufen zum gut besuchten Wat Phrathat Doi Suthep hinauf, das sich in etwa 1000 m Höhe über das Plateau und den Berghang erstreckt, Eintritt 30 Baht. Obwohl eine kleine **Bergbahn** für 20 Baht hinauffährt, sollte man sich dem Heiligtum langsam auf dem Weg über die Treppe nähern. Oben bewachen zwei Dämonen den Zugang. Vor dem Hauptheiligtum stehen die Statuen des Eremiten, der im 8. Jh. die Lavu-Königstochter Chama Devi aus der Dvaravati-Hauptstadt Lopburi nach Lamphun holte, und des berühmten Weißen Elefanten. Die überwiegend aus dem 16. Jh. stammende Anlage gruppiert sich um den 32 m hohen, vergoldeten **Chedi** im birmanischen Stil. Den Innenbezirk begrenzt ein rechteckiger, mit Malereien versehener, offener **Wandelgang** mit zahlreichen Buddhafiguren. ⏲ 5.30–18 Uhr.

Im angegliederten **International Buddhism Center**, ✆ 053-295 012, 🖳 www.fivethousandyears.org, 300 m hinter dem Wat, können Ausländer Meditationskurse in englischer Sprache absolvieren (S. 232).

TRANSPORT

Bis 15 Uhr fahren Songthaew bei genügend Passagieren ab Chang Puak Bus Station für 50 Baht und ab dem Zoo für 40 Baht zum Wat Doi Suthep. Sie sind nachmittags selten voll, sodass die Fahrer versuchen, Charterfahrten für 600 Baht zu bekommen. Vom Wat bis Bhuping-Palast weitere 30 Baht und Ban Doi Pui 60 Baht. Taxis ab Somphet-Markt bis zum Tempel kosten 400–600 Baht hin und zurück.

Mae Sa Valley

Eine halbe Autostunde nördlich von Chiang Mai bietet das von bewaldeten Bergen umgebene Tal mit kleinen Feldern, Gärtnereien und Dörfern die ideale Kulisse für Aktivitäten jeder Art.

Mae Rim ist ein aufstrebender Vorort am H107, 13 km vor den Toren Chiang Mais. Hinter der Polizeistation zweigt links die Old Road ab. Auf einer schmalen Nebenstraße, die hinter der Brücke am Westufer des Kanals nach Süden verläuft, gelangt man nach 400 m zum **Wat Pha Dara Phirom** mit einer prunkvollen Gebetshalle. An der Old Road liegt zudem nach 1,8 km die **Sai Nam Phung Orchid Farm**, ✆ 053-298 771-2, 💻 www.fb.com/sainamphung, die größte Orchideenzucht Thailands, in der einige seltene Arten bewundert werden können. ⌚ 8–17 Uhr, Eintritt 100 Baht, Kinder 60 Baht.

Hinweisschilder zu Hotels und Touristenattraktionen markieren rund 1 km weiter am H107 die Hauptstraße ins Mae Sa Valley. In nördlicher Richtung weisen Schilder zum **Tiger Kingdom** (2,8 km), 💻 www.tigerkingdom.com, das man wegen seiner fragwürdigen Tierhaltung ignorieren sollte.

Am KM 3 werben riesengroße Plakate für das **Chiang Mai X-Centre**. Die **Mae Sa Snake Farm**, ✆ 053-860 719, gegenüber, soll die größte im Norden sein. Während einer kurzen Show wird den Tieren Gift entnommen. ⌚ 9–17 Uhr, Eintritt 200 Baht, Kinder 100 Baht.

Am KM 4 sind nördlich der Straße ungefähr 250 m hinter der Abzweigung im **Siam Insect Zoo**, ✆ 089-184 8475, 💻 www.siaminsectzoo.com, neben einem informativen Museum lebende Schmetterlinge und Insekten zu bewundern, darunter Stabinsekten, Gottesanbeterinnen und Skorpione. ⌚ 9–17 Uhr, Eintritt 200 Baht, Kinder 150 Baht. Etwas weiter südlich der Straße liegt die uninteressante Mae Rim Snake Farm.

Der über zehn Stufen laufende **Mae Sa-Wasserfall** hinter KM 6 links der Straße ist ein beliebter Picknickort. Auf Wanderwegen von 600 m bis 6 km Länge kann man durch den Bergwald am Fluss entlang zu kleinen Wasserfällen und Stromschnellen mit einigen Pools wandern. ⌚ bis 17 Uhr, Eintritt 100 Baht, Kinder 50 Baht, Auto 30 Baht, Zweirad 20 Baht.

500 m südlich der Hauptstraße, kurz hinter KM 9, erreicht man nach kurzer Bergauffahrt am Ende eines malerischen Seitentals **Baan Tong Luang**. Angehörige von sieben Bergvölkern (Lahu, Hmong, Weiße Karen, Akha, Kayaw, Palong und Yao/Mien) sollen Besuchern einen Einblick in ihre traditionellen Lebensweisen geben. Das auf dem Programm vieler Tagestouren stehende Projekt reduziert sich auf einen Markt mit traditionell gekleideten, für Fotos posierenden Händlerinnen. ✆ 085-711 9575, ⌚ 8.30–16.30 Uhr, Eintritt 500 Baht, Kinder 300 Baht.

2 km hinter dem Camp kann man am KM 12 im schönen **Queen Sirikit Botanical Garden**, 💻 www.qsbg.org, durch die bunten Blumenbeete spazieren. Von besonderem Interesse in dem gepflegten, 1000 ha großen Botanischen Garten und Forschungszentrum sind der Orchideengarten, das Palmenhaus, die Sammlung von Kletterpflanzen und der Garten mit einheimischen Heilpflanzen. ⌚ 8.30–16.30 Uhr, Eintritt 100 Baht, Kinder 50 Baht, Senioren über 60 Jahre kostenlos, Fahrzeug 100 Baht.

Richtung Osten bis San Kamphaeng

Sobald die äußere Ring Road H3029 überquert ist, weisen Schilder auf „Factories" und „Showrooms" mit Kunsthandwerk hin. Es wird eine Menge umgebaut, denn das Kunsthandwerk verlagert sich mehr und mehr Richtung Ban Tawai. In einigen **Silberfabriken** werden

Umgebung Chiang Mai

neben Schmuck auch Gegenstände für den religiösen Bedarf hergestellt.

Hinter KM 5 sowie KM 15 wird **Seladon-Keramik** gebrannt und im angrenzenden Showroom verkauft. Bei **Baan Celadon**, 7 Moo 3, ✆ 053-338 288, 💻 www.baanceladon.com, und **Siam Celadon**, 38 Moo 10, ✆ 053-331 526, 💻 http://siamceladon.com, kann in der Werkstatt bei der Herstellung zugeschaut werden. Die Seladon-Keramik mit der eisenhaltigen, grünlich oder bläulich schimmernden Glasur wurde in Chiang Mai bereits im 15. Jh. von chinesischen Künstlern produziert. 🕒 beide 8.30–17 Uhr.

Hinter KM 12 erstreckt sich am H1014 nach Doi Saket **Bo Sang** mit vielen Geschäften, die Kunsthandwerk anbieten. Im **Bor Sang Umbrella Center** auf dem H1014 und im **Umbrella Making Centre**, 💻 www.handmade-umbrella.com, 500 m östlich der Kreuzung mit dem H121, werden Schirme und Fächer in allen Größen und Farben hergestellt. Besucher können den Herstellungsprozess verfolgen, sich Blumen, Vögel oder ganze Landschaften auf ihre Kleidung oder Taschen malen lassen oder sie selbst bemalen. Als Bespannungsmaterial wird lackiertes Sa-Papier verwendet.

Dessen Herstellung ist vor allem in **Ton Pao**, dem Sa Paper Village, nördlich der Straße am H1014 zu beobachten. Hier wird seit über hundert Jahren die Rinde des Maulbeerbaums zerkleinert, zu einer Papierpaste verkocht und zusammen mit Leim in mehreren dünnen Lagen von Hand auf große, feine Siebe aufgetragen und geglättet. Dekorative Papiere entstehen durch die Zugabe von Farbe, Blüten, Kokosfasern und anderen Stoffen.

Rings um KM 16 liegt **San Kamphaeng**, die Stadt der **Baumwollwebereien** und -textilien. Hier wetteifern ein großer OTOP-Laden am Ortseingang sowie Hersteller filigraner Lackkunst, Seide oder Holzmöbel und Juweliere um das Geld der Touristen. Jeden Samstag ab 15 Uhr wird die H1006 im Ort gesperrt und eine **Walking Street** mit Kunsthandwerk, Essensständen und Kulturprogramm auf einer Bühne vor dem OTOP-Laden aufgebaut.

Von Chiang Mai fahren ab Lamyai-Markt weiße und blaue Songthaew bis 17 Uhr alle 30 Min. nach Bo Sang und San Kamphaeng für 20 Baht.

Richtung Süden

Chiang Mai Night Safari

Der rund 131 ha große Themenpark **Chiang Mai Night Safari**, ✆ 053-999 000, 💻 www.chiangmainightsafari.com, rings um einen See, 12 km südwestlich der Stadt, ist kommerziell, aber für Kinder empfehlenswert. Die Attraktion sind nachtaktive Raubtiere, die aus nächster Nähe bestaunt werden können. 🕒 11–22 Uhr, Eintritt inkl. der Tramfahrt durch die interessantere North Zone 800 Baht, Kinder 400 Baht, ohne Tramfahrt 100 Baht, Kinder 50 Baht. Kostenloser Shuttlebus vom Thapae Gate um 17.45 Uhr, vom Night Bazaar, gegenüber der Tourist Police Box, um 18 Uhr, zurück 21 Uhr. Im parkeigenen Resort mit 34 Zimmern kann man übernachten ❺.

Ban Tawai

Der H108 führt von Chiang Mai Richtung **Hang Dong** nach Südwesten. Entlang der Irrigation Road, die südlich des Marktes am KM 15 nach Osten ins 3 km entfernte Ban Tawai abzweigt, reihen sich Geschäfte, in denen Möbel u. a. Einrichtungsgegenstände im traditionellen wie modernen Stil, Lampen, Bilder, Bambusmatten und -körbe, Tonfiguren und Krüge für Heim und Garten verkauft werden – das „Ikea Thailands".

Zwischen Werkstätten der Holzschnitzer im Dorf Ban Tawai, 💻 www.ban-tawai.com, sind Ladenzeilen mit Hunderten von Ständen sowie klimatisierte Geschäfte entstanden, in denen Besucher von der Vielfalt an Textilien, Keramiken, Möbeln, Kunsthandwerk und Dekorationsartikeln nahezu erschlagen werden. Dazwischen werden „Antiquitäten" geschnitzt. Sperrige Einkäufe werden von Speditionen fachgerecht verpackt und verschickt, während man sich in kleinen Cafés und Restaurants vom Einkaufsbummel erholt.

Für einen Besuch sollte man eine Tour buchen oder ein Songthaew chartern, da Busse und Songthaew nur bis Hang Dong verkehren.

TRANSPORT

Auf dem H108 nach San Pa Tong verkehren ab Chiang Mai Gate und Chang Puak Bus Station **gelbe Songthaew** nach Bedarf bis gegen 17.30 Uhr für 20 Baht.

Lamphun

26 km südlich von Chiang Mai birgt die 24 000 Einwohner zählende Provinzstadt Zeugnisse einer Epoche, die lange vor der Zeit des Lanna-Reiches begann. Reste der zum Teil rekonstruierten Stadtmauer sowie ein Festungsgraben umgeben die Altstadt von Lamphun. Von der glanzvollen Vergangenheit zeugt im Zentrum das kleine **Haripunchai National Museum**, ✆ 053-511 186, mit seiner Sammlung von Buddhas aus Stein und Bronze, Votivtafeln, Töpferwaren und anderen Funden der Chiang Saen-, Haripunchai- und Lanna-Periode sowie aus jüngerer Zeit. 🕒 Mi–So 9–16 Uhr, Eintritt 100 Baht.

Hinter dem Haripunchai National Museum lohnt der Besuch des **Heimatmuseums** schon allein wegen des alten Teakhauses, in dem die bunte Sammlung von Spardosen, Streichhölzern, Blechspielzeug, alten Filmplakaten, Fotos und Kameras untergebracht ist. Höhepunkt ist das winzige Kino. 🕒 Di–So 8.30–16.30 Uhr, Spende erwünscht.

Touristischer Hauptanziehungspunkt ist der **Wat Phrathat Haripunchai**. Durch den von birmanischen Löwen flankierten Haupteingang gelangt man zum großen Vihara, dessen Wände mit Wandmalereien aus der buddhistischen Mythologie bedeckt sind. Rechts hängt in einem Glockenturm ein Bronzegong von 2 m Durchmesser. Der 51 m hohe, vergoldete Chedi wurde vermutlich Ende des 9. Jhs. errichtet und 1447 unter König Phaya Tilok zu seiner heutigen Form ausgebaut.

Östlich des Tempels verkaufen mehrere OTOP-Läden auf der überdachten Brücke über den Ping Gewürze, Lederwaren und traditionelle Stoffe.

Die schönste Allee Thailands

Den parallel zur neueren H11 verlaufenden H106 von Chiang Mai nach Lamphun säumen bis zur Provinzgrenze am KM 170 imposante, bis zu 40 m hohe Yang Na-Dschungelbäume *(Dipterocarpus alatus)* – eine lohnenswerte Strecke für Selbstfahrer.

TRANSPORT

Weiße und blaue Songthaew fahren ab der Haltestelle zwischen dem Nationalmuseum und Tempel in Lamphun bis 17.20 Uhr nach CHIANG MAI zum Lamyai-Markt stdl. für 20 Baht in 1 Std. Zudem verkehren lila AC-Busse für 22 Baht.

Der Mae Hong Son-Loop

Eine bei Selbstfahrern sehr beliebte Rundreise durch die Berge westlich von Chiang Mai führt zum höchsten Gipfel und zum längsten Höhlensystem des Landes sowie auf kurvenreichen Pisten zu verborgenen Naturschönheiten und in abgelegene Bergorte. In der kühlen Bergwelt kann man sich in naturnahen Resorts erholen und die Kulturen der Shan, Karen und Lisu kennenlernen. Für eine entspannte Tour sollte man sich mindestens fünf Tage Zeit lassen. Übernachtungen bieten sich in Mae Sariang, Mae Hong Son, Pang Mapha und Pai an.

Doi Inthanon National Park

Etwa 90 km südwestlich von Chiang Mai erstreckt sich rings um den höchsten Gipfel Thailands der 482 km^2 große Doi InTthanon National Park. Anfang der 1970er-Jahre, als das Gebiet zum Nationalpark erklärt wurde, war bereits ein Großteil der Wälder dem Brandrodungsfeldbau zum Opfer gefallen. Die verbliebenen Waldgebiete konnten nur geschützt werden, indem man andere Einkommensmöglichkeiten erschloss.

Das **Park Headquarter** am KM 31 hinter dem großen Restaurant, ☏ 053-286 729, hält Informationen zum Nationalpark bereit, ⌚ 6–21 Uhr. Am KM 35 tauchen die ersten Rhododendren auf. Mit zunehmender Höhe verändert sich auch die Landschaft – oberhalb von 1800 m erstrecken sich immergrüne Nebelwälder, deren verkrüppelte Bäume mit Orchideen, Flechten und Epiphyten bewachsen sind. Beim 2. Checkpoint am KM 37 oder an den Zufahrten zu den Wasserfällen wird dann der **Nationalpark-Eintritt** fällig.

Der höchste Spazierweg Thailands

Auf dem 360 m langen, mit Informationstafeln beschilderten Plankenweg **Angka Nature Study Trail** in 2550 m Höhe kann man durch verwunschenen Mooswald laufen. Die immerfeuchten Bergwälder überraschen mit einer großen botanischen Vielfalt, darunter zahlreichen endemischen Pflanzen, Farnen und Moosen, zehn Rhododendren- und 90 Orchideenarten.

Der **Aussichtspunkt** am KM 41 eröffnet wunderbare Ausblicke. Viele Besucher halten dahinter bei den beiden großen **Chedis** mit Blumengarten, Eintritt 30 Baht. Besucher können während der Trockenzeit 500 m weiter mit einem Guide (200 Baht) in über 2100 m Höhe auf dem 2,8 km langen Rundweg **Kieo Mae Pan Nature Study Trail** in 1 1/2–2 Std. durch Wald und Grasland, an einem Steilhang entlang, vorbei am Lan Sadet-Wasserfall und einem Aussichtspunkt wandern.

Die **Radarstation** markiert hinter KM 46 den höchsten Punkt Thailands, den **Gipfel** in 2565 m Höhe. Ziel der meisten einheimischen Besucher ist der **Stupa** auf der höchsten Stelle, 50 m oberhalb des Parkplatzes, mit der Asche des 1897 verstorbenen Herrschers von Chiang Mai, Jao Inthawichayanon.

Über einen Plankenweg sind es 100 m zum Visitor Center mit einer Ausstellung über Bergwaldtypen und endemische Arten (⌚ 7–18 Uhr) und dem am höchsten gelegenen Coffeeshop des Landes.

SONSTIGES

Der **Nationalpark-Eintritt** beträgt 300 Baht, Kinder 150 Baht, und gilt am selben Tag auch für den Ob Luang National Park (S. 302) und die Theppanon Hot Springs. Autos kosten weitere 30 Baht, Motorräder 20 Baht, Fahrräder 10 Baht.

THAILAND

TRANSPORT

Tagestouren ab Chiang Mai kosten ab 1000 Baht. Ansonsten geht es mit Bussen ab der Chang Puak Bus Station Richtung **Chom Thong** (S. 239).

Gelbe Songthaew mit der Aufschrift: „Doi Inthanon" fahren für 200 Baht zum Gipfel und halten an den wichtigsten Sehenswürdigkeiten. Sie können für 1600 Baht hin und zurück für bis zu 10 Pers. am Tempel in Chom Thong gechartert werden, bis zum Mae Klang-Wasserfall 800 Baht, mit Motorradtaxi 80 Baht p. P.

Mae Sariang

Die gut 540 Jahre alte Kleinstadt ist der ideale Ort für alle, die sich abseits der Touristenströme bewegen wollen. Von den meisten Unterkünften und einigen Restaurants bietet sich ein schöner Blick über den Fluss und die Felder bis zu den Bergen. Der Ort eignet sich gut als Ausgangspunkt für Ausflüge zu ursprünglichen Dörfern der Karen und Lawa und an den Grenzfluss **Salween**.

Im **Wat Chom Kham**, dem größten Tempel im Shan-Stil, an der Waisuksa Road, lohnt ein Blick in die große, zentrale Halle, die einen Pfauenthron, einen großen stehenden Buddha und Bilder von der Poi Sang Long-Prozession zur Mönchsordination enthält. Der **Wat Kittiwong** im Thai-Stil weiter östlich enthält eine Reliquie Buddhas. Beruhigend ist die Atmosphäre im **Wat Sri Boon Rueng** hinter dem **Wat Jong Soong**. Am Sonntag werden von 16–20 Uhr auf einem **Straßenmarkt** in der östlichen Wiang Mai Road Gemüse, Textilien und Thai-Gerichte angeboten.

ÜBERNACHTUNG

Beide Unterkünfte liegen in der **Laeng Phanit Rd.** am Fluss.

River Bank Resort, ✆ 053-682 787, 💻 www.riverbankresort.net. In dem 3-stöckigen Haus am Fluss werden hübsche, helle Zimmer mit großer Fensterfront, guten Matratzen und TV vermietet, die billigen im Erdgeschoss mit Betonwänden und Terrasse, die meisten anderen mit Holzverkleidung und -böden, großem Balkon, Kühlschrank und schönem Ausblick über den Fluss. Teurere, geräumige Zimmer mit LCD-TV im modernen, verglasten Anbau. Fahrräder, Kaffee und Tee inkl. ❷–❺

The Good View, ✆ 053-683 100, ✉ thauscrong@gmail.com. Mit viel Holz gestaltete, aber hellhörige Unterkunft am Fluss mit 15 sauberen Zimmern mit kleinem LCD-TV, Kühlschrank, Du/WC, die billigen mit Ventilator bräuchten neue Matratzen. Familienzimmer für 1000 Baht. Einfaches Frühstück, Kaffee und Tee inkl. ❸

ESSEN

Intira Restaurant, Wiang Mai Rd. In den offenen Räumen des bei Einheimischen beliebten Restaurants werden an großen, massiven Holztischen üppige Portionen leckerer thai-chinesischer Gerichte und guter Fisch serviert. Schneller Service. ⌚ 8.30–20.30 Uhr.

€ **Sawaddee Restaurant**, Laeng Phanit Rd. In dem bunt zusammengeschusterten Haus laden Holztische und eine gemütliche Sitzecke mit Kissen und Hängematte zum Ausspannen ein. Authentische Thai-Gerichte und Traveller-Favoriten für unter 100 Baht, Fisch aus dem Salween für 170–200 Baht (sehr lecker die frittierte Variante mit Mango), gute Pizza um 300 Baht, Pasta mit lokalen und westlichen Saucen. Bang, die freundliche Chefin, spricht sehr gutes Englisch. WLAN. ⌚ 17–2 Uhr.

AKTIVITÄTEN UND TOUREN

North-West Gh., Laeng Phanit Rd., ✆ 053-682 860, 💻 www.northwestgh.blogspot.com. Gute Touren organisiert die freundliche Khun Tuk-Ta, die gutes Englisch spricht und Fahrräder, Mountainbikes und Motorräder für 50/100/200 Baht vermietet. Tagestouren mit dem Motorrad und Guide für 1200–1500 Baht, Fahrradtouren 1000 Baht, Bambusfloß-Rafting bis 3 Pers. ab 4500 Baht. Ab 3 Pers. auch leichtes Wandern mit 1 Std. Elefantenreiten für 2500 Baht, Trekking mit einer Übernachtung für 1500 Baht, inkl. Bootsfahrt 3000 Baht, Elefantenreiten 3500 Baht und mit beidem 4500 Baht.

TRANSPORT

Ab dem Büro von **Sombat Tour** (in Thai beschildert), ✆ 053-681 532, 💻 www.sombattour.com:
BANGKOK (Northern Bus Terminal/Mo Chit), um 16 und 19 Uhr für 619 Baht, VIP um 19.30 Uhr für 722 Baht in 12 Std.

Ab dem **Busbahnhof**, wo auch Motorradtaxis (ab 20 Baht) stehen:
CHIANG Mai, 195 km, AC-Bus um 15 Uhr für 187 Baht, lokale Busse um 9, 10.30, 12.30 und 15 Uhr für 104 Baht, Minibusse um 7, 8, 11, 13 und 15.30 Uhr für 105–187 Baht in 4 Std.
MAE HONG SON, 134 km, um 11, 12.30, 15.30 und 17.30 Uhr für 104–190 Baht in 4 Std.

Mae Hong Son und Umgebung

Die idyllische Provinzhauptstadt liegt im Tal des Pai-Flusses und wird überwiegend von Shan bewohnt. Den Rest der Bevölkerung machen weitere Bergvölker aus, und nur 2 % sind ethnische Thais. Während die Stadt mit stimmungsvollen Tempeln (🕒 alle bis Sonnenuntergang) lockt, lassen sich in der Umgebung Ausflüge zu entlegenen Dörfern und Wanderungen im Nationalpark unternehmen.

Bei einem morgendlichen Bummel durch die große Markthalle des **Sai Yood-Marktes** und die nördlich angrenzende Straße trifft man auf Shan- und Hmong-Bauern. Birmanische Einflüsse sind überall spürbar, besonders in der Tempelarchitektur.

Im angrenzenden **Wat Hua Wiang**, mit 150 Jahren einem der ältesten der Provinz, steht in einer hohen, aus Teakholz erbauten Halle eine kleinere, in Mandalay gefertigte Kopie der in Myanmar hoch verehrten Mahamuni-Buddhastatue.

Südöstlich an der Nivet Pisarn Road, gegenüber der Touristeninformation, liegt das 1886 erbaute Teakhaus **Ban Bo Ran** im Tai Yai- und birmanischen Stil, das im Zweiten Weltkrieg von japanischen Soldaten bewohnt wurde und voller Antiquitäten steckt. Die alte Bewohnerin führt gegen eine Spende Interessierte auf Englisch durch einen Raum im Obergeschoss.

Im Wasser des Jongkam-Sees spiegeln sich die verspielt dekorierten Tempel **Wat Chong Klang** und der 1847 errichtete **Wat Chong Kam** – besonders abends ein wunderschöner Anblick. Tagsüber lohnt der **Wat Chong Klang** einen Besuch. In der zentralen Halle beeindruckt eine große, aus Rattan geflochtene Buddhastatue. Sehenswert sind auch die englisch beschrifteten Hinterglasmalereien in dem angrenzenden kleinen Ausstellungsraum, die 1857 aus Mandalay hierher gebracht wurden und Szenen aus den Jataka-Erzählungen darstellen. Einige der ursprünglich 185 Bilder wurden im Rahmen eines Crowdfunding-Projekts restauriert.

Zum Sonnenuntergang lohnt der Weg über einen steilen Fußweg oder eine Serpentinenstraße zum **Wat Phrathat Doi Kong Mu**. Die zwei Chedis auf dem Hügel liegen häufig im Nebel. Nicht grundlos nennt man Mae Hong Son „Stadt der drei nebligen Jahreszeiten". An klaren Tagen überblickt man das Tal und die Berge.

Auf dem **Sonntagsmarkt** im Süden der Stadt (🕒 7–13 Uhr) handeln Bergbewohner und Großhändler mit Gemüse, Kräutern, Gewürzen, Bambuskörben, Bergen von Plastikschuhen oder kleinen Häufchen frischer Chilis.

ÜBERNACHTUNG

Piya Gh., 1/1 Soi 3, Chamnan Satit Rd., ✆ 053-611 260, ✉ piyaguesthouse@hotmail.com. Am See neben den Tempeln und dem Nachtmarkt stehen um einen Garten 14 günstige, saubere Zimmer mit AC, TV, Kühlschrank und guten Matratzen in dicht aneinandergereihten Doppelbungalows um einen kleinen Pool mit Liegen. Von der Seeterrasse lässt sich das Geschehen vor der Tür beobachten. Frühstücksrestaurant, Parkplatz. Tee, Kaffee inkl. ❸
Sang Tong Huts, Maksanti Rd., ✆ 053-611 680, 💻 www.sangtonghuts.org. Einladendes, naturnahes Resort im lichten Wald am Hang mit vielen Hunden. Die australisch-deutsche Familie des verstorbenen Tong leitet die Anlage,

doch seine künstlerische Hand ist immer noch spürbar. 8 teils auf Pfählen stehende Bungalows, überwiegend aus Naturmaterialien mit Moskitonetz und individuell gestalteten Bädern. Eine sehr einfache, günstige Hütte mit Matratzen auf dem Boden. Kleiner, sauberer Pool mit Liegen. Abendessen nach Vorbestellung für 250 Baht, guter Kaffee und Wein. Frühstück bis 16 Uhr mit hausgemachtem Brot und Müsli, WLAN im Eingangs- und Poolbereich. ❸–❺

€ **Sarm Mork Gh.**, 16/1 Chamnan Satit Rd., ✆ 053-612 122, 💻 www.sarmmorkguesthouse.com. Hinter einem kleinen Café, das Frühstück und Shan-Gerichte serviert, vermieten freundliche, junge Leute 2 saubere Zimmer mit Ventilator, TV und Kühlschrank und 3 kleine, nett bemalte Bungalows im kleinen, ruhigen Garten mit guten Matratzen, AC und Du/WC. ❷

Außerhalb

Fern Resort, Pha Bong, 7 km südlich der Stadt, 2 km östlich der Hauptstraße, ✆ 053-686 110, 💻 www.fernresort.info. Das parkähnliche, von Reisfeldern und Wald begrenzte Grundstück mit schattigem Pool mit Liegen und Lagerfeuerplatz wird von Bächen durchzogen und punktet mit idyllischer Atmosphäre. Alle Angestellten stammen aus den umliegenden Dörfern. 36 Zimmer und Suiten in mit Naturstein verkleideten Holzbungalows mit Blätterdach, Kühlschrank, teils separaten Duschen, WC, Föhn und Waschbecken im Ankleidezimmer. Fahrräder für 150 Baht pro Tag, Touren u. a. in den nahen Nationalpark. WLAN in der Lobby, im offenen Restaurant und an der Bar, Frühstück und 3x tgl. Shuttle zum Flugplatz inkl. ❺

ESSEN

Von 17–21 Uhr verwandeln Essensstände die Strecke zwischen dem Postamt und dem See in einen **Nachtmarkt**. Auf Grills brutzeln Seafood, Satay, Fleisch, Würstchen. Gefüllte Teigtaschen und süße Reiskuchen werden gedämpft, Gemüse gedünstet und Waffeln gebacken, Gemüseplätzchen sowie Bananen brodeln im Fett. **Essensstände** zudem auf dem Sonntagsmarkt und im Sai Yood-Markt, wo **Pa Ood** seit mehr als 50 Jahren Nudeln serviert, 🕒 bis 13 Uhr.

Alawaa Coffee & Cake, neben dem Piya Gh. am See. Kleines Café mit entspannender Musik, süßen Kuchen und Smoothies. WLAN. 🕒 Mo–Sa 9–18, So 11–16 Uhr.

€ **Dee Dee Ocha**, Singharat Bamrung Rd., nur auf Thai beschildert. Kleiner, beliebter Familienbetrieb mit leckeren, reichhaltigen Nudelsuppen in großen Portionen und gutem *Moo Daeng*. Günstig. 🕒 6–14.30 Uhr.

Fern Restaurant, 87 Khunlum Prapat Rd., ✆ 053-611 374. Das riesige Restaurant besteht seit 1987 und gilt nach wie vor als das beste im Ort. Lecker ist der gebratene Farn und der Fisch aus dem Pai-Fluss mit scharfem Mangosalat sowie Hühnchen im Pandanblatt, scharfe Shan-Speisen, westliche und vegetarische Gerichte. Abends wenig begeisternde Livemusik. Mittleres Preisniveau. 🕒 10.30–22 Uhr.

Pizza Primavera, Soi 5, 4 Khunlum Prapat Rd., ✆ 053-612 820, 💻 auf Facebook. Das im europäischen Stil eingerichtete, auch bei Einheimischen beliebte Restaurant unter österreichischer Leitung lohnt den Spaziergang aus dem Zentrum, denn hier kommen sehr leckere dünne Pizzas mit einer großen Auswahl an Belägen für Preise um 300 Baht auf die Teller; außerdem Salate, selbst gemachtes Vollkornbrot, Sandwiches und Tees. Lieferservice. Kostenlose Abholung aus der Innenstadt. 🕒 10–22 Uhr.

Salween River Restaurant, 23 Pradit Jongkam Rd., 💻 auf Facebook. Das kleine, offene Restaurant mit Stühlen und Sitzkissen findet viel Zuspruch dank preiswerter internationaler, vegetarischer, birmanischer, Thai- und Shan-Gerichte sowie Frühstück. Leider sind viele Speisen wie der Burmese Green Tea Leaf Salad ziemlich fade und der Service langsam. Verkauf von Hilltribe-Kaffee und Wildhonig. WLAN und Büchertausch. 🕒 8–22 Uhr.

EINKAUFEN

In Läden und auf dem **Nachtmarkt** am See werden Textilien, Kunsthandwerk und

andere Erzeugnisse der Bergbewohner günstig angeboten.
Touristen, die die 1548 Kurven von Chiang Mai über Pai nach Mae Hong Son „überlebt" haben, tragen stolz entsprechende **T-Shirts**.

AKTIVITÄTEN UND TOUREN

Bootsfahrten

Mit Motorbooten kann man auf dem Pai von **Huai Duea**, 6 km südlich der Stadt, bis zum

THAILAND

Langhals-Frauen

Zwiespältige Gefühle hinterlässt ein Besuch bei den „Langhals-" und „Langohr-Frauen", die von der aufständischen Karenni-Armee aus Kayah State in Myanmar hierher gebracht wurden und seit 1988 in Lagern leben. Die Frauen vom Volk der Padaung-Karen, die sich selbst Kayan nennen, verlängern seit frühester Kindheit ihren Hals durch Messingringe. Die Kayin vergrößern hingegen ihre Ohrläppchen. Sie können von Touristen für 250 Baht in einem der drei „Longneck Villages" bestaunt werden. Im Gegensatz zu den Dörfern bei Chiang Rai, wo angeworbene Frauen wie im Zoo ausgestellt werden, handelt es sich hier überwiegend um „echte" Flüchtlingsfamilien. Einige junge Frauen haben sich dafür entschieden, die Ringe abzulegen. Die Dörfer bestehen aus kaum mehr als einer Reihe von Verkaufsständen, an denen Frauen und Kinder Souvenirs verkaufen und sich fotografieren lassen.

Huai Phu Keng, 💻 www.huaypukeng.com, ist mit dem Boot auf dem Pai via Huai Duea zu erreichen (s. Aktivitäten und Touren). Hier kann man übernachten und in 30 Min. durch ein Bachbett zu einer buddhistischen Meditationshöhle wandern.

Ban Nai Soi (Karen: Kayan Layar) ist ein Shan-Dorf, das etwa 2 km entfernt vom 20 000 Einwohner zählenden Flüchtlingsdorf Ban Mai Nai Soi am Ende eines schönen Seitentals des Mae Sai liegt. Ban Mai Nai Soi brannte im April 2015 zu großen Teilen ab und kann nicht besichtigt werden. Günstiger als von der ausgeschilderten, 17 km langen Abzweigung vom H1095 beim KM 202 ist die Verbindung ab der Bypass Rd. Songthaew 1200 Baht.

Huai Shua Thao, 12 km südwestlich, am Ende einer Straße, die durch einige Furten führt (ab der Brücke 7 km), ist für Selbstfahrer mit dem Motorrad am ehesten geeignet und kann im Rahmen einer Tagestour besucht werden (s. Aktivitäten und Touren). Hinter dem Karen-Dorf besteht das „Longneck Village" aus Verkaufsständen, an denen sich die Frauen fotografieren lassen und Männer die Besucher zum Armbrust-Schießen einladen. Songthaew 1200 Baht, Tuk-Tuk 650 Baht hin und zurück.

Longneck-Dorf Huai Phu Keng oder weiter Richtung Myanmar fahren. Ab der Anlegestelle kosten Boote mit Platz für 6 Pers. für einen 2-stündigen Ausflug nach Huay Pu Keng (40 Min.) 600 Baht und nach **Nam Phiang Din** (50 Min.) 1000 Baht. Touren ab Mae Hong Son für 1400–1600 Baht. Songthaew fahren bis zur Anlegestelle für 400 Baht.

Trekking und Ausflüge

Touren zu Dörfern der Bergvölker und Langhals-Frauen werden auch in Kombination mit Elefantenreiten und Bambusrafting angeboten.

Chan Nature Walks, ✆ 089-552 6899, 💻 www.trekkingthailand.com. Der Englisch sprechende Chan kennt nicht nur die Flora und Fauna, sondern ist auch ein hervorragender Koch. Tagestour in ein Karen-Dorf inkl. Bambusrafting und Elefantenritt für 3000 Baht bei 2–3 Pers., 2 Tage/1 Nacht bei Pang Mapha für 5000 Baht, 3 Tage/2 Nächte für 8000 Baht.

Rose Garden Tours, 86/4 Khunlum Prapat Rd., ✆ 053-611 681, 💻 www.rosegarden-tours.com. Verantwortungsvoll geleitete Tagestouren per Auto, Boot, Floß oder zu Fuß zu Bergdörfern inkl. Elefantenreiten. Bei 2–3 Pers. kosten halbtägige Touren 700–1400 Baht, Tagestouren 1200–1800 Baht, 2 Tage/1 Nacht Trekking ab 4200 Baht.

SONSTIGES

Auto- und Motorradverleih

Im Zentrum und in den Unterkünften werden Motorräder für 150–250 Baht (+80 Baht für eine Haftpflichtversicherung) vermietet.

P. A. Motor, 17 Pradit Jongkam Rd. am See, ✆ 086-180 7031, 💻 www.pamotorcarrent.com. Hat Motorräder sowie Pkw für 1500–3000 Baht. 🕒 8–18.30 Uhr.

J. D. Motor, Nivet Pisarn Rd., ✆ 084-372 6967. Hier nur Motorräder ohne Versicherung. ⌚ 8.30–18.30 Uhr.

Immigration

Am H1095 im Norden der Stadt, ✆ 053-612 106. Hier werden Visaverlängerungen vorgenommen. ⌚ Mo–Fr 8.30–14.30 Uhr.

Informationen

Infos zu sozial- und umweltverträglichen Projekten findet man auf der Website **Green Map**, 💻 www.maehongsongreenmap.wordpress.com.

TAT Office, 4 Rajthampitak Rd., ✆ 053-612 982-3. Der freundliche und hilfsbereite Nathakorn spricht Englisch und holt gern auch telefonisch Auskünfte ein. ⌚ 8.30–16.30 Uhr.

Living Museum Coordination Center, Singharat Bamrung Rd. Hält Infos und Stadtpläne sowie Essenstipps an Aushängen bereit. Die Mitarbeiterin spricht Englisch. ⌚ 8.30–16.30 Uhr.

Medizinische Hilfe

Srisungval Hospital, Singharat Bamrung Rd., ✆ 053-611 378.

Polizei

Tourist Police, Singharat Bamrung Rd., ✆ 053-611 812, Notruf ✆ 1115.

NAHVERKEHR

Tuk Tuks 60–80 Baht, nachts 80–150 Baht, zum Flugplatz 100 Baht; am Busbahnhof hängt eine Liste mit Festpreisen.

Motorradtaxis kosten 30–50 Baht.

Songthaew kosten ab 60 Baht, zum Sonntagsmarkt 80 Baht, bis zum Fern Resort 200 Baht. Chartern kostet etwa 250 Baht pro Std. bzw. 1200 Baht pro Tag.

TRANSPORT

Busse und Songthaew

Vom **Busbahnhof**, ✆ 053-684 100, an der mittleren Umgehungsstraße, Nauwa Ko Cha Saan Rd. südlich der Stadt, Busse nach:

BANGKOK, 928 km, mit Sombat Tour, ✆ 053-684 222, 💻 www.sombattour.com, um 15 und 16 Uhr für 726–905 Baht in 16 Std.

CHIANG MAI, AC-Busse via MAE SARIANG (104–190 Baht) um 10.30 und 21 Uhr für 346 Baht, ohne AC um 8 und 20 Uhr für 192 Baht.

Zudem Minibusse um 6, 8, 10.30, 12.30, 13.30, 20 und 21 Uhr für 187 Baht in 8–8 1/2 Std. oder via PANG MAPHA (Bus 45 Baht, Minibus 100 Baht, 2–3 Std.) und PAI (Bus 75 Baht, Minibus 150 Baht, 3–4 Std.) ohne AC um 8.30 Uhr für 138 Baht oder mit Minibussen stdl. von 7–15 sowie um 17 Uhr für 250 Baht.

Flüge

Kan Air, 💻 www.kanairlines.com, nach Chiang Mai 3x tgl.

Ein Schlammbad in den Bergen

Im **Poo Klon Mud Spa**, 7 km westlich des H1095, etwa 37 km nördlich von Mae Hong Son, ✆ 053-282 579, 💻 www.phuklon.co.th, wird schwarzer, mineralienhaltiger und schwefelarmer Schlamm von herausragender Qualität für Packungen und Schlammkuren verwendet. Ganzkörperbehandlungen für 700–900 Baht pro Std., Gesichtsmasken für 80 Baht. Zudem Massagen für 200–400 Baht pro Std. und Bäder in 35 °C warmem Wasser für 60–80 Baht pro 15 Min. ⌚ 9–18 Uhr. Gecharterte Songthaew ab Mae Hong Son kosten 400 Baht.

Pang Mapha und Umgebung

Der Marktort am Ufer des Mae Lang und die umliegenden Dörfer eignen sich hervorragend zum Entspannen, als Ausgangspunkte für einen Besuch der Bergdörfer und für Trekkingtouren zu den Wasserfällen und Höhlen der Umgebung. Zum **Markt** an der Hauptstraße kommen dienstagvormittags viele Menschen aus den Bergen.

Am westlichen Ortsausgang von Pang Mapha sind die **Coffin Caves** ausgeschildert, drei Höhlen mit über 1000 Jahre alten Holzsärgen, die 300 m oberhalb des Parkplatzes mit Guide über einen Pfad und Treppen zu erreichen sind.

THAILAND

Mae Lana

Das abgelegene Tal wird von steilen Bergen und bizarren Karstformationen umrahmt. Gut 4 km nördlich der Abzweigung am KM 149,3 erstreckt sich **Ban Jabo**, ein Dorf der Schwarzen Lahu. Hinter dem Dorf und Militärposten hält man sich an der Gabelung rechts. Nach 10 km bietet sich das kleine Shan-Dorf **Mae Lana** als Ausgangspunkt für Wanderungen an.

Am Ende der ca. 3 km langen Straße Richtung Süden über den Berg und durch ein ursprüngliches Dorf warten an der Schranke Guides, ansonsten ✆ 084-481 6670. Sie führen zu der etwa 800 m langen **Diamond Cave** und der gegenüberliegenden **Coral Cave** (je 30–40 Min.) für jeweils 200 Baht inkl. Lampe.

Ban Tham Lot

Die bekannteste Tropfsteinhöhle **Tham Lot** liegt 9 km nördlich von Pang Mapha. Guides führen Touristen durch einen 1 km langen Teil des Höhlensystems, der vom Lang-Fluss durchflossen wird. Einen Teil der Tour legt man auf Bambusflößen zurück.

Neben der **Giant Pillar Cave**, der Haupthöhle, die 200 m lang, 20 m breit und 50 m hoch ist, werden zwei Nebenhöhlen besucht, die **Doll Cave** und **Coffin Cave**, ein uralter Begräbnisplatz, in dem 1965 steinzeitliche Wandgemälde und Holzsärge der Hòa Bình-Kultur entdeckt wurden.

Am Eingang können Guides aus dem Dorf und Floßfahrten gebucht werden. Eintritt mit Guide für 1–3 Pers. 150 Baht, Floß bis zum Ausgang inkl. Guide 450 Baht, hin und zurück 550 Baht. Bei Niedrigwasser wird das Floß auf dem Weg zurück gezogen, dann sollte man besser die 15 Min. zum Ausgang laufen. ⌚ 9–17.30 Uhr.

Abenteuerliche Höhlenerkundung

Abenteuerlustigen sei die 12,6 km lange **Mae Lana Cave** ans Herz gelegt, die mit einem Guide erkundet werden kann. Nach einer kurzen Wanderung ist der Höhleneingang erreicht, wo das Klettern über große Steine in die Dunkelheit der längsten Höhle Thailands beginnt. Entlang dem kleinen Mae Lana-Fluss geht es vorbei an glitzernden Gesteinsformationen, aufstrebenden Stalagmiten und von der Decke herabhängenden Stalaktiten bis über 10 km tief in die Höhle. Die Tour ist abwechslungsreich: Mal steht man bis zu den Oberschenkeln im Wasser, mal klettert man über hoch aufragende Felsen, mal zwängt man sich durch Felsspalten oder kriecht unter ihnen hindurch. Eine Tour bis zum beeindruckenden unterirdischen Wasserfall (3–4 Std.) kostet 500 Baht p. P., bis zum Pearl Stone (6–7 Std.) 1000 Baht und durch die ganze Höhle (15 Std.) 1500 Baht. Erforderlich sind kurze Hosen, feste Schuhe, mit denen man durch das Wasser waten kann, und eine gute Kondition. Stirnlampen stellt der Guide.

ÜBERNACHTUNG

Pang Mapha

Little Eden Gh., 300 m östlich der Bushaltestelle, ✆ 053-617 054, 🖳 www.littleeden-guesthouse.com. Die hübsche und gepflegte Gartenanlage mit Pool und kleiner Sauna bei der quirligen, stets hilfsbereiten Phen, die sehr gutes Deutsch spricht und tolle Touren führt, ist eine herrliche Basis. Die Unterkünfte sind vielseitig: eine modern gestaltete Suite mit Flussterrasse, Himmelbett, Liegen, Kühlschrank und großer Du/WC, ein romantisches Apartment mit Feuerstelle und Türmchen sowie ein 2-stöckiges Familienhaus mit Balkon. Zudem 5 kleine, einfache A-Frame-Bungalows mit Ventilator und 4 hübsche Zimmer im 2-stöckigen Reihenhaus. Gemütliches Restaurant mit sehr guter deutscher und Thai-Küche. Terrasse am Flussufer. Reservierung empfehlenswert, Frühstück außer bei den A-Frame-Bungalows inkl. ❷–❺

Mae Lana

€ **Mae Lana Garden Home**, 600 m südwestlich des Tempels, ✆ 081-706 6021, 🖳 www.fb.com/maelanagarden.home. Ampha vermietet auf ihrer Farm in idyllischer, familienfreundlicher Atmosphäre 22 saubere, einfache Zimmer, teils mit Matratzen auf dem Boden und Kaltwasser-Du/WC oder Gemeinschafts-Du/WC mit Warmwasser. Am Abend Lagerfeuer und Shan-Essen mit frischem

Gemüse für 100 Baht. Tee und Kaffee aus eigenem Anbau. Liegewiese im weitläufigen Garten. Ampha ist meist im Laden gegenüber dem Dorftempel anzutreffen und organisiert Guides und Ausflüge. Abholung aus Pang Mapha 400 Baht. ❶

Ban Tham Lot

Cave Lodge, 750 m nördlich des Höhleneingangs, ☏ 053-617 203, 💻 www.cavelodge.com. Sehr beliebte Budgetunterkunft mit 3 naturnahen Schlafsälen mit 5–6 Betten mit Moskitonetz und Gemeinschaftsbad à 120–200 Baht sowie rund 20 einfachen Bungalows. Schwimmen im Fluss, Kräutersauna für 60–180 Baht. Der Besitzer John Spies lebt seit der ersten Höhlenerforschung hier und hat eine interessante Biografie geschrieben, die in der Lodge verkauft wird. Im großen Restaurant auch Backwaren, Wein, viele Infos und gute Musik. Viele Aktivitäten, Karte für Wanderungen auf eigene Faust. ❶–❸

Nam Rin

Lisu Lodge, Abzweigung am KM 129, 600 m südlich der Hauptstraße, hinter dem Dorf am Weg nach Mae U Mong, ☏ 083-582 4496, 083-054 8497, 💻 www.ameerudi.com. Eine tolle Adresse für alle, die gern auf eigene Faust trekken wollen oder Entspannung und Ruhe suchen. Am Hang in einem gepflegten Garten liegen 5 einfache Bambushütten mit Moskitonetzen und Gemeinschafts-Du/WC, 3 Natursteinbungalows mit Dusche und ein Familien-bungalow mit TV und Terrasse, einige mit schöner Aussicht. Im Restaurant deutsches Frühstück und gemeinschaftliches, preiswertes Lisu-Abendessen, manchmal Lagerfeuer. Lecker sind die Pfannkuchen, die hausgemachten Kuchen und der Maulbeerlikör. Angenehme, ruhige Atmosphäre. Der freundliche, deutsche Gastgeber Rudi hat die Gegend seit 1986 in vielen Wanderungen erkundet und gibt gute Tipps. ❶–❷

ESSEN

Vielen Unterkünften ist ein Restaurant angeschlossen. Nahe dem 7-Eleven und der Bushaltestelle in Pang Mapha sind tagsüber **Essensstände**.

Laab Fang, gegenüber dem KM 139. Großer Essensstand mit englischer Karte und preiswerten Gerichten, darunter exzellente *Khao Soi*. Die zwei Betreiberinnen sprechen kein Englisch.

Sunny's Kao Soi Shop. Der Englisch sprechende Guide Sunny versorgt Hungrige mit großen, preiswerten Nudelsuppen.

AKTIVITÄTEN UND TOUREN

Kajak fahren

Cave Lodge, s. o. Höhlen- und Kajaktouren auf dem Nam Lang ab 650 Baht. Längere Kajaktrips (45–70 km) mit Camping am Flussufer für 2100–2600 Baht, gute Kondition vorausgesetzt.

Trekking

Guides bieten für 1000 Baht bei 2 Pers. Tagestouren zu den benachbarten Karen- und Lahu-Dörfern sowie Wald- und Flusswanderungen an. Phen vom Little Eden Gh., Pen vom Pencave Homestay, Sunny von Sunny's Khao Soi Shop und die Guides der Cave Lodge sprechen gutes Englisch. 2 Tage mit Übernachtung im Dorf und Höhlenbesuch kosten 2900 Baht ab 2 Pers.

NAHVERKEHR

Songthaew fahren selten und müssen gechartert werden.

Am ehesten bekommt man vor dem **Markt** in Pang Mapha ein **Motorradtaxi** nach:
BAN THAM LOT, 70 Baht (Songthaew 300 Baht).
HUAI HANG, 350 Baht.
HUAY HEA, 300 Baht.
MAE LANA, 200 Baht (Songthaew 400–600 Baht). Bis zur Abzweigung am H1095 150 Baht.
MUANG PHAEM, 250 Baht.

TRANSPORT

Busse

Von der **Bushaltestelle** an der Tankstelle nach:
CHIANG MAI, via PAI (Bus 45 Baht, Minibus 100 Baht, 1 Std.) mit dem nicht klimatisierten, alten Bus um 10.30 Uhr für 105 Baht in 5 1/2 Std.

oder mit Minibussen stdl. von 8.30–16.30 Uhr für 250 Baht in 4 Std.
MAE HONG SON, mit dem alten Bus um 12.30 Uhr für 45 Baht oder mit Minibussen stdl. von 9.30–18.30 Uhr 100 Baht in 2–3 Std.

Taxis

Über die Unterkünfte sind Pkw für 3–4 Pers. zu chartern:
CHIANG MAI 3000 Baht, MAE HONG SON 1900 Baht und PAI 1500 Baht.

THAILAND

Pai und Umgebung

Der größte Ort zwischen Mae Hong Son und Chiang Mai ist das Traveller- und Aussteiger-Zentrum Pai im hohen Norden. Im Tal siedeln überwiegend Shan und Kuomintang-Chinesen, aber auch Moslems aus dem äußersten Süden Thailands. Bei einem Gang über den Nachtmarkt entdeckt man moslemische Essensstände und eine Moschee. Zudem haben sich Aussteiger aus aller Welt hier niedergelassen, vor allem Europäer, US-Amerikaner und Japaner. Folglich sind die Cafés und Restaurants von einem bunten internationalen Publikum bevölkert.

Im **Wat Klang** ruht im hinteren Pavillon ein 8 m langer, aus einem Baumstamm geschnitzter, liegender Buddha. Auch andere Stationen aus Buddhas Leben sind aus Holz geschnitzt und bunt bemalt dargestellt. **Wat Pa Kham** und **Wat Luang** sind Shan-Tempel. In Letzterem werden die meisten großen Feste gefeiert.

Südlich vom Wat Luang und im Westen sieht man kaum Touristen, hier wirkt Pai wie eine typische Thai-Kleinstadt. Neben der großen **Markthalle** an der Khetkelang Road mit günstigen Essensständen gibt es Reis- und Haushaltswarengeschäfte.

Wat Mae Yen

Zum auf einem Hügel etwa 1 km südöstlich des Zentrums gelegenen Wat Mae Yen gelangt man über eine 600 m lange Zufahrt, die links von der Hauptstraße abzweigt, oder über eine Treppe mit 353 Stufen. In der Gebetshalle können gruselige Höllendarstellungen bestaunt werden. Vom Parkplatz führt eine 296-stufige Treppe weiter hinauf zu einem großen, weißen, sitzenden Buddha, der nicht richtig fertiggestellt wurde und schon wieder im Verfall begriffen ist. Von oben eröffnet sich ein toller Ausblick über das Tal – ein beliebtes Ziel zum Sonnenuntergang, der allerdings von den Bergen verdeckt wird. Auf halber Strecke entlang der Zufahrtsstraße lädt ein Viewpoint Restaurant zum Abendessen mit Ausblick ein.

Mae Yen-Wasserfall

Der dreistufige **Wasserfall** (GPS 19.36697, 98.50647) befindet sich 11 km nordöstlich von Pai am Ende eines schmaler werdenden Tals. Den ersten Teil des Weges kann man mit dem Motorrad oder Pkw zurücklegen. Anschließend wandert man vom Parkplatz in rund 3 Std. 7 km entlang eines gut sichtbaren Waldpfades mit vielen Furten. Man wird kaum andere Touristen treffen und sollte zeitig und nur in der Trockenzeit aufbrechen.

Südlich von Pai

Zu den **Thapai Hot Springs** geht es gute 10 km südlich von Pai am KM 87 vom H1095 nach links ab und nach 1,1 km weitere 900 m nach rechts. Der teils eingefasste Badeplatz am Fluss, den mehrere 80 °C heiße Quellen speisen, liegt im laubabwerfenden Monsunwald, der ab März wenig Schatten bietet. Da die Quellen Teil des **Huai Nam Dang National Parks** sind, werden 300 Baht Eintritt, Kinder 150 Baht, fällig. ⌚ 7–18 Uhr, Restaurant am Eingang.

ÜBERNACHTUNG

Die Auswahl ist riesig und reicht von billigen Bambushütten bis zu edlem Luxus. Während die hier gelisteten Preiskategorien in den Wintermonaten gelten, gewähren die meisten Unterkünfte in der Nebensaison saftige Rabatte. Am Wochenende und in den thailändischen Ferien sollte man reservieren.

Untere Preisklasse

€ **Family Hut**, auf der nördlichen Flusswiese, ✆ 085-709 1306, 💻 www.fb.com/familyhut.pai. 40 sehr einfache Bambushütten mit dünnen Matratzen auf dem Boden, zum

Der Mythos Pai zwischen Kommerz und alternativer Kultur

Die hippen Großstadt-Thais, das reisefreudige Jungvolk aus China und die spaßorientierten Backpacker auf ihrer Südostasien-Rennstrecke bestaunen den Multikulti-Lebensstil und die hängengebliebenen Alt-Hippies. In Musikkneipen spielen abends sehr gute einheimische Live-Bands gemeinsam mit ausländischen Gastmusikern. Besonders zum Pai Reggae Festival, 💻 www.fb.com/PaiReggaeFestival, kommen viele Musikbegeisterte in die Stadt.

Vieles ist nur noch kommerzielle Fassade. Vermehrt verdrängen auswärtige Investoren die alten Familienbetriebe. Die städtische Mittelschicht streift mit Spiegelreflexkameras durch das Zentrum und lichtet alles ab, das beweist: Ich habe es von Chiang Mai herauf geschafft – ungeachtet der 762 Kurven.

Trotz der Kommerzialisierung gibt es noch das ursprüngliche Pai. Obwohl der einst „gesetzlose" Bergort auf den ersten Blick seine liberale Grundhaltung verloren hat und – Cocktails statt Kiffen – Mainstream geworden ist, gibt es eine eingeschworene alternative Szene. An Aushängen in Bio-Cafés werden Permakultur-Farmen, Qi-Gong, Fastentherapien, Trommel- und Flötenunterricht, Malkurse oder „Fermentation Classes" für Lebensmittel mit Bakterienkulturen beworben. Die leicht verrückte, tolerante Atmosphäre hat viele Aussteiger angezogen.

Teil mit Gemeinschafts-Du/WC. Die vorderen Massivhäuschen sind besser. Nur ein Mitarbeiter spricht Englisch. ❶–❷

Pai Country Hut, auf der nördlichen Flusswiese, ☏ 087-771 6541, 082-612 1298, 💻 www.paicountryhut.com. Um einen ruhigen Garten stehen 28 sehr einfache Bungalows mit viel Bambus, Hängematte und betonierter Du/WC mit Warmwasser. Sehr freundliches Betreiberpärchen. Tee und Kaffee inkl. ❷

Spicy Pai Backpackers, südöstlich des Ortes in Mae Yen, ☏ 085-715 9627, 💻 auf Facebook. Umgeben von Reisfeldern 3 hellhörige, rustikale Häuser aus Holz und Bambus mit einfachen Schlafsaalbetten à 150 Baht mit Gemeinschafts-Du/WC für junge, gesellige Backpacker. Offener Gemeinschaftsbereich mit Hängematten und Aussicht. Reservierung empfohlen.

€ **The Palm House,** Wanchalerm Rd., ☏ 098-786 8520, 💻 auf Facebook. Zentral und von der Straße zurückversetzt hinter einem kleinen Parkplatz 2-stöckige, nette Häuser mit Terrasse und Balkon mit 9 preisgünstigen, sauberen Zimmern mit AC, Kühlschrank und sehr harten Matratzen. ❷

Mittlere Preisklasse

Bueng Pai Farm, in Mae Hee, 1,6 km von der Hauptstraße, 15 Gehminuten vom Zentrum, ☏ 089-265 4768, 💻 www.paifarm.com. Die freundliche Buddhistin Orn und ihr moslemischer Mann Run sind überzeugte Anhänger von Slow Food und Bio. Entsprechend ist auf dem weitläufigen, mit Hingabe gepflegten Gelände alles soweit wie möglich frei von Chemikalien, selbst der kleine Pool mit Pavillons. Rings um den großen Teich mit Aquakultur wachsen Salate und Küchenkräuter, die von Gästen genutzt werden können. 14 Zimmer in Bungalows aus Naturmaterialien mit Kühlschrank, bequemen Betten und großer Terrasse. Feuerstelle mit Hängematten, gut organisierte Gemeinschaftsküche. Bis 11.30 Uhr Frühstück, gute Auswahl an Shakes, Smoothies und gutes Müsli. Transfer inkl. ❹–❺

Family House@Pai, am Fluss, ☏ 053-064 337, 💻 www.familyhousepai.com. Nette Anlage im modernen Flashpackerstil mit 13 rund um den kleinen Pool eng zusammenstehenden, unverputzten, sauberen Betonbungalows mit kleiner Terrasse, bequemen Matratzen, AC, großem LCD-TV und gemütlichen Sitzgelegenheiten. Restaurant. Freundlicher, junger Besitzer. In der Hochsaison Frühstück inkl. ❺

Pairadise Gh., etwas versteckt östlich des Flusses auf einem Hügel, 300 m abseits der Hauptstraße, ☏ 053-698 065, 💻 www.pairadise.com. Angenehmer, deutsch-thailändischer Familienbetrieb von Kathrin und Pin Zathu mit

15 älteren, individuell gestalteten Häusern mit Ventilator und Terrasse, teils kleinem Kühlschrank in einem weitläufigen Garten mit viel Platz zum Sonnen rings um einen idyllischen Teich. Freundliches, hilfsbereites Personal. Frühstücken möglich. ❷–❺

Rim Pai Cottage, in der Flussschleife hinter dem Wat Pa Kham, ✆ 053-699 133, 💻 www.rimpaicottage.com. Weitläufige, gepflegte, schattige Gartenanlage mit riesigen Bougainvilleen und einem ausladenden Baum. 19 komfortable, teils für Familien geeignete Zimmer mit TV, Kühlschrank, Audio-Docking-station in freistehenden Häuschen sowie einer bezaubernden Villa am Fluss. Die hinteren Holzhäuser sind zu bevorzugen. Professioneller Service. Frühstück inkl. ❺–❻

Obere Preisklasse

Hotel des Artists, Chaisongkram Rd., ✆ 053-699 539, 💻 www.hotelartists.com/pai. Originell gestaltetes Boutiquehotel im modernen asiatischen Stil mit geschmackvoll eingerichteten, schmalen und Zimmern mit kühlen Betonböden, Regendusche, großem LCD-TV, großen, bequemen Betten auf dunklen Holzpodesten, Wasserkocher und Minibar, die teureren mit großer Fensterfront und Flussblick. Frühstück inkl. ❻–❼

ESSEN

Der **Nachtmarkt** hat kulinarisch einiges zu bieten. Es gibt an einem Stand **Pai Herbs**, Kräutertees aus Tontassen und im **Pancake Heaven** Pfannkuchen mit diversen Füllungen.

€ **Charlie & Lek Restaurant**, Rungsiyanon Rd., ✆ 081-733 9055, 💻 auf Facebook. Ein schmaler Gang führt durch den Laden in den dahinterliegenden kleinen Garten. Auf der Karte des herzensguten Betreiberpärchens stehen gute vegetarische und Fleischgerichte für 40–80 Baht. Kochkurse s. u. 🕒 11–22 Uhr.

Na's Kitchen, Raddamrong Rd., nahe der Schule. Bei Backpackern beliebtes, sehr kleines Restaurant, vor dem schon mal auf freie Tische gewartet wird. In der offenen Küche brutzeln die freundliche Chefin Na und ihre Kolleginnen die Favoriten der Thai-Küche, die man sich an rustikalen Tischen schmecken lässt. Kleine Portionen, aber sehr günstig. 🕒 nur abends.

Nong Best, etwa 300 m nördlich des Nachtmarkts am H1095, unter einer großen Yoma-Leuchtreklame, ✆ 081-168 3326. In dem schmucklosen, bei Einheimischen beliebten Restaurant kann man an Holztischen exzellente, authentische, nordthailändische Gerichte genießen. Empfehlenswert sind Farngemüse, Cashew Chicken mit getrockneten Chillies und knuspriges Schweinefleisch.

Maya Burger Queen, Sukhapibal 1 Rd., 💻 www.fb.com/MayaBurgerQueen. Die an die Wand gekritzelten Lobpreisungen in dem kleinen Straßenrestaurant kommen nicht von ungefähr: gute Burger ab 70 Baht, Pommes für 30 Baht – lecker und günstig. 🕒 13–22 Uhr.

Silhouette Restaurant & Bar, im Reverie Siam, südlich von Pai, 💻 www.fb.com/SilhouetteBar. In dem offenen, stimmungs- und stilvoll mit europäisch anmutenden Antiquitäten gestalteten Restaurant serviert gut ausgebildetes Personal hervorragende mediterrane Kost, z. B. vielseitige Tapas, knackige Salate und imposante Wurst- und Käseplatten, abends auch Pizza und eine breite Auswahl an Weinen. Sehr gute Livemusik ab 19 Uhr. Gehobene, aber gerechtfertigte Preise. Reservierung empfehlenswert. Abholservice. 🕒 7–23 Uhr, letzte Bestellung 21.30 Uhr.

€ **The Curry Shack**, Sukhapibal 3 Rd. Einfaches, offenes Restaurant, in dem außer diversen guten Currys auch *Khao Soi* zubereitet wird. Die günstigen Preise ziehen viele Traveller an, die Portionen sind aber klein. 🕒 ab 17 Uhr, manchmal geschl.

Treffpunkte der alternativen Szene

Good Life: Herb and Health Restaurant, Sukhapibal 1 Rd., ✆ 081-031 3171, 💻 www.asiahealthsupply.com. Kreativ gestaltetes, beliebtes Restaurant der esoterischen Szene mit familiärer Wohnzimmeratmosphäre, ein paar Tischen im Freien und einer riesigen Auswahl an Kräutertees sowie gesunder Bio-Kost. Tolle Salate, Bagels und Baguettes. Sehr günstig und gut. 🕒 8–22 Uhr.

Om Garden Café, Soi 1, ✆ 082-451 5930, 💻 auf Facebook. Das ruhige Gartenrestaurant mit guter, kreativer Küche und vielen Bio-Zutaten, frischen Säften, hausgemachtem Brot, Burgern, Kuchen und Frühstück ist morgens wie nachmittags eine beliebte Adresse. 🕒 Di–So 8.30–17 Uhr.

Witching Well, Sukhapibal 1 Rd., ✆ 084-366 4269, 💻 www.witchingwellrestaurant.com. In dem kreativ gestalteten kleinen Café-Restaurant sitzt man zwischen Grünpflanzen entspannt auf rustikalen Bänken mit Blick auf die flanierenden Traveller. Zum Frühstück gibt es Müsli, Crêpes und Kräutertees. Zudem Salate, Sandwiches, sehr leckere Pasta, Snacks, Shakes und sättigende Smoothies. Unbedingt einen der Kuchen probieren! 🕒 8–21.30 Uhr.

UNTERHALTUNG

Bars mit lauter Musik, einer großen Auswahl an Drinks und entspannter Atmosphäre gibt es viele.

Über Events informiert die kostenlos in einigen Restaurants ausliegende Broschüre **Pai Events Planner**.

Almost Famous, Sukhapibal 1 Rd. Die kleine farbenfroh mit lustigen Schildern und Gemälden gestaltete Bar ist für ihre Mojitos bekannt. Zwar zaubert die resolute Chefin nicht unbedingt die potentesten Drinks, aber sie sind günstig und in zahllosen, oft mit frischem Obst gemischten Varianten erhältlich.

Edible Jazz, in der östlich des Wat Pa Kham von der Chaisongkram Rd. abgehenden Soi, www.fb.com/ediblejazz. Offene Bar mit entspannter Atmosphäre, Hängematten und einem schläfrigen Wachhund. Oft Livemusik, und jeden So Open-Mic-Abende, bei denen jeder musikalisch Begabte mitmachen kann. Auch Cocktails und einige Gerichte. WLAN. 10–24 Uhr.

AKTIVITÄTEN

Elefantenreiten

Thom's Pai Elephant Camp, Büro auf der Rungsiyanon Rd., 053-699 286, www.thomelephant.com, 8–21 Uhr, im Camp nahe den Thapai Hot Springs gute 10 km südlich von Pai, 053-065 778. Das professionell gemanagte Camp ist um eine artgerechte Haltung der Tiere bemüht. Tagestouren mit 2 Std. Reiten, Waschen der Elefanten, einer Floßfahrt und einem Bad im warmen Quellwasser kosten 1600 Baht. Mahoutkurse ab 2500 Baht mit einer Übernachtung in der eigenen, komfortablen Unterkunft (Infos s. eXTra [8802]) und Halbpension im Restaurant. Ausritte in die Umgebung kosten 800 Baht pro Std. oder 1200 Baht für 2 Std. 8.30–17 Uhr.

Ein bunter Nachtmarkt

Nach Sonnenuntergang öffnet die **Walking Street**. Dann werden die Chaisongkram Rd. und obere Rungsiyanon Rd. zur Fußgängerzone und Flaniermeile. Man kann Musikern lauschen, sich mit Kunsthandwerk, bunten Hippie-Klamotten und schrägen Outfits eindecken und etwas essen oder einen Cocktail schlürfen. Westlich des Busbahnhofs werden kitschige T-Shirts mit Pai-Aufdrucken in allen Variationen, originelle Postkarten und Thai-Pop-Art junger Künstler verkauft. Es darf kein Alkohol konsumiert und nicht geraucht werden.

Kochkurse

Charlie & Lek Restaurant, s. o. Bei den Kochkursen von 9.30–14 Uhr für 750 Baht entscheiden die Schüler, welche 5 Gerichte sie nach dem Marktbesuch mit Lek auf den Teller zaubern wollen. Angenehme und informelle Atmosphäre.

Wok'N'Roll Thai Cooking Course, BeBe Spice Restaurant, Raddamrong Rd., auf Facebook. Thom hat lange als Köchin gearbeitet und gibt ganztägige Kurse für 1100 Baht inkl. Frühstück, Marktbesuch, Zubereitung des Mittag- und Abendessens. Auch weiterführende Kurse von 9–16 Uhr für 900 Baht.

Kunststücke

Pai Circus School, nordöstlich des Ortes, der Beschilderung folgen, 085-144 2662, www.paicircusschool.com. Unter der Leitung des freundlichen Briten James werden tgl. von 15–20 Uhr Kunststücke wie Jonglieren, Stelzenlaufen, Einradfahren und Ballonknoten vermittelt. Preis erstmalig 600 Baht inkl. Burger, Feuer- und Leuchtkunststücken, jede weitere Teilnahme 100 Baht.

Massagekurse

Pai Traditional Thai Massage, Sukhapibal 1 Rd., 083-577 0498. Seit 1989 gibt Mr. Uti in einem zurückversetzten Haus mit großem Garten Mo und Fr startende, 3-tägige Kurse ab 2 Pers. für 3000 Baht. Weiterführende Kurse für 1000 Baht p. P. Thai-, Öl-, Kräuter- und Fußmassagen für 180–250 Baht pro Std., 30 Min. Kräutersauna für 100 Baht. Mo–Fr 9–21 Uhr.

Rafting

Die harmlose Variante ist, sich für 50 Baht in Gummischläuchen den Fluss hinabtreiben zu lassen. Die unten stehenden Anbieter ermöglichen auch Tubing mit Rücktransport für 250 Baht.

Thai Adventure Rafting, Büro in der Chaisongkram Rd., ✆ 053-699 111, 081-993 9674, 💻 www.thairafting.com, 🕒 10–21 Uhr. Guy Gorias veranstaltet seit 1987 bei ausreichend hohem Wasserstand von Juni/Juli–Ende Jan gute 1- bis 3-tägige Kajak- und Schlauchbootfahrten. Die Tour ab Nam Khong für 1800 Baht erstreckt sich über 45 km. Die für 3500 Baht startet südlich von Pai und geht über 70 km auf dem Khong und Pai durch ein waldreiches Gebiet, vorbei an Wasserfällen, Höhlen, heißen Quellen und durch 60 Stromschnellen bis Grad 4, während der Regenzeit bis Grad 5. Übernachtet wird in Bambushütten.
Pai Adventure, s. u., hat Tagestouren für 1500 Baht im Programm.

Schwimmen

Fluid, 1 km südöstlich der Innenstadt. Der einzige öffentliche Pool mit 25 m-Becken, Bar und Café sowie guter Musik und entspannter Atmosphäre. 60 Baht Eintritt. 🕒 9–18 Uhr.

Thai-Boxen

Charn Chai Muay Thai Gym, 200 m westlich vom Krankenhaus, ✆ 084-918 2024, 💻 www.charnchaimuaythai.com. Hier unterrichtet Master Bee Frauen und Männer mit und ohne Vorkenntnisse von 8–10 und 15–17 Uhr für 300 Baht pro Session.

Trekking

In Pai gibt es viele Guides, die von Juni–Feb Touren anbieten.
Duang Gh., Chaisongkram Rd., ✆ 053-699 101. Individuell angepasste Touren mit erfahrenen Guides für 1000 Baht pro Tag, 1600 Baht für 2 Tage inkl. Transport, Übernachtung, Essen. Bei der Tagestour zum Aussichtspunkt braucht man feste Schuhe und keine Höhenangst!
Der kernige, fließend Englisch sprechende **Aekasit** führt Naturliebhaber seit 1982 durch das Hochland. Die angesteuerten Dörfer haben in der Regel keinen Straßenanschluss.
Pai Adventure, 28 Moo 3, Chaisongkram Rd., ✆ 053-699 385, 💻 www.thailandpai.net. Tagestouren für 1000 Baht, 2 Tage 1500 Baht.

Yoga

Xhale Yoga Retreat, im In Pai Resort, 6 km nördlich vom Zentrum, 💻 www.xhaleyogapai.com. Von Juni–Feb finden 5-tägige Retreats mit Meditation und Yoga-Übungen statt für 14 000–15 000 Baht inkl. Unterkunft und Vollpension.

SONSTIGES

Autovermietung

North Wheels, Khetkelang Rd., ✆ 053-698 066, 💻 www.northwheels.com. Gegen Aufpreis können Autos in Chiang Mai oder Chiang Rai abgegeben werden. In Chiang Mai günstigere Preise. 🕒 8–18 Uhr.

Fahrrad- und Motorradverleih

Das weite Tal lässt sich gut mit dem Motorrad erkunden, während die Berge mit ihren sehr steilen, teils unbefestigten Straßen und engen Kurven erfahrenen Motorradfahrern vorbehalten sind. Weniger Erfahrene sollten sich ein Motorradtaxi mieten oder zunächst an einem Fahrkurs von Alan von G'Day, ✆ 085-041 9053, teilnehmen.
Fahrräder kosten 50–70 Baht pro Tag, Motorräder gibt es von der 100cc Honda Dream für 100 Baht bis zur Honda Super Four für 700 Baht.
AYA Service, s. Transport. Der größte Motorradverleih vermietet auch größere Enduros. Die Motorräder ggü. bei **Duan-Den** machten allerdings einen deutlich besseren Eindruck.
Good View Motorbike, 69 Moo 3, Chaisongkram Rd., ✆ 089-999 1715, 081-998 7801. Der Anbieter hat auch Fahrräder im Angebot. Leser haben mit Mr. Bee schlechte Erfahrungen gemacht.

Informationen

💻 www.paiexplorer.com,
💻 www.yellowpai.com.

Medizinische Hilfe

Pai Hospital, Chaisongkram Rd., 300 m westlich des Zentrums, ✆ 053-699 031, 699 211, Ambulanz: 1669, 💻 www.paihospital.net. Hier kennt man sich mit Motorradunfällen sehr gut aus.

THAILAND

Polizei
Rungsiyanon Rd., ✆ 191.
Tourist Police, am südlichen Ortsausgang, ✆ 053-611 812.

Post
Khetkelang Rd., ⌚ Mo–Fr 8.30–20, Sa und So 9–17 Uhr.

NAHVERKEHR

Motorradtaxis, deren Fahrer nummerierte, neongelbe Westen tragen, stehen gegenüber vom Busbahnhof. Sie kosten im Ort 20–30 Baht, zum Flughafen 40 Baht und nach außerhalb ab 40 Baht, zur World War II Memorial Bridge 100 Baht.
J. K. Pai, an der südlichen Sukhapibal Rd., ✆ 085-627 4004, vermietet **Songthaew** für 2500 Baht pro Tag, was sich für Gruppenausflüge in Eigenregie anbietet.

TRANSPORT

Busse
Vom zentralen, kleinen **Busbahnhof**, ✆ 053-064 307, verkehren nicht klimatisierte Busse nach:
CHIANG MAI, 140 km, um 12 Uhr für 80 Baht in 4 Std. Richtung Norden (Thaton) in MAE MALAI am H107 umsteigen.
MAE HONG SON, via PANG MAPHA (45 Baht, 1 1/2 Std.) um 11 Uhr für 80 Baht in 3–4 Std.

Minibusse
CHIANG MAI, ab dem Busbahnhof stdl. von 7–17 Uhr für 150 Baht (Flughafen oder Thapae Gate +50 Baht) in 3 Std.
LUANG PRABANG, via CHIANG KHONG und HUAY XAI inkl. Slowboat bzw. Speedboat für 1700 bzw. 2400 Baht.
MAE HONG SON, via PANG MAPHA (100 Baht, 1 Std.) um 8.30 Uhr für 150 Baht in 3 Std.
Der Minibus ist schnell voll, besser ein paar Tage vorher die Tickets kaufen.
Zu weiter entfernten Zielen muss man in Chiang Mai in große Busse umsteigen, z. B. BANGKOK für 650–850 Baht, CHIANG KHONG für 650 Baht oder CHIANG RAI für 500 Baht.

Taxis
Taxis, ✆ 053-699 698, warten östlich des Busbahnhofs und verlangen happige Preise. Nach CHIANG MAI 2500–3000 Baht, MAE HONG SON 2500 Baht, PANG MAPHA (Soppong) 1500 Baht und CHIANG RAI 4500 Baht. Tagesausflüge in die Umgebung 3000 Baht.

Flüge
Kan Air, ✆ 02-551 6111, 💻 www.kanairlines.com, fliegt tgl. um 11 Uhr mit 12-Sitzern nach CHIANG MAI.

Die Bergwelt im hohen Norden

Eine Reise in die Berge verband sich noch vor einer Generation mit Vorstellungen von blühenden Mohnfeldern, verwegenen Gestalten, die mit Schmuggelgut und Opium vollbepackte Maultierkarawanen leiten, oder einfachen Bambushütten, in denen bunt gekleidete Bergbewohner ein karges Dasein fristen. All das gehört der Vergangenheit an. Durch die stärkere Kontrolle des Anbauverbots wurde der Mohnanbau in die Nachbarstaaten Myanmar und Laos verlagert, wo in Fabriken außer Heroin auch synthetische Designerdrogen hergestellt werden.

Über die Straßen sind „Errungenschaften" der westlichen Zivilisation bis in die Bergdörfer vorgedrungen. Anstelle des Opiums sind der Verkauf von Kaffee, Blumen, Obst, Gemüse u. a. lokalen Produkten sowie der Tourismus zu den bedeutendsten Einkommensquellen geworden.

Chiang Dao

Durch das Tal des Ping verläuft der H107 von Chiang Mai über Mae Rim und Mae Taeng nach Norden. Vorbei an Reis- und Gemüsefeldern, Obstplantagen und Teakholzpflanzungen geht es von der Umgehungsstraße ab nach Chiang Dao, das sich fast 8 km entlang dem alten H107 erstreckt. Dienstags findet zwischen dem Bus-

Spaziergang durch den Bambuswald

Westlich vom Chiang Dao Nest 1 beginnt der **Chiang Dao Nature Trail**, der in 1 Std. über eine Bergkuppe führt und an den Höhlen endet. Der Startpunkt ist mit einem nicht zu übersehenden Schild markiert, aber recht zugewachsen. Zunächst geht es steil bergauf durch eine abwechslungsreiche Bergvegetation, die von steilen Felsen unterbrochen wird. Sobald man den höchsten Punkt passiert hat, findet man sich in einem weitläufigen Bambuswald wieder. Kurz nach der Überquerung des Grats zweigt an den Bananenstauden ein kleiner Pfad zu einer von Fledermäusen bewohnten Höhle ab. Von nun an geht es flach abfallend bergab bis zu den Chiang Dao-Höhlen. Man muss sich immer wieder unter umgefallenem Bambus hindurchzwängen, doch insgesamt ist es ein leichter Weg. In entgegengesetzter Richtung zu wandern ist nicht ratsam, da es verwirrende Weggabelungen gibt, an denen sich Besucher in der Vergangenheit verlaufen haben.

bahnhof und der Abzweigung zu den Höhlen ein großer **Markt** statt.

Eine 2,8 km lange Nebenstraße zweigt zu den religiös verehrten **Chiang Dao-Höhlen** ab. Der Haupteingang liegt jenseits eines neueren Tempels. Am Hang erkennt man verfallene Stupas und Salas mit Buddhastatuen. Über einen Karpfenteich hinweg gelangt man in das weitverzweigte Höhlensystem, in dem der Ping entspringt. Einige Bereiche mit alten Buddhastatuen sind ausgeleuchtet. ⏲ 8–17 Uhr, Eintritt 40 Baht, Guide mit Lampe 100 Baht.

Die schmale Asphaltstraße verläuft weiter zum **Wat Pha Phlong**, einem Meditations-Höhlenkloster in einem dschungelbedeckten Tal. Zum Monument mit den Relikten des hochverehrten Abts Phra Ajam führen 510 Stufen hinauf. Eine andere schmale Straße verläuft 50 km durch den **Pha Daeng National Park** (Eintritt 200 Baht) bis **Muang Khong**.

Der 2175 m hohe **Doi Luang Chiang Dao** ist der dritthöchste Berg des Landes. Die dschungelbedeckten Hänge sind ein populäres Trekkinggebiet und Heimat von rund 300 Vogelarten.

ÜBERNACHTUNG

Chiang Dao Nest 1 + 2, 700 m hinter der Abzweigung zu den Höhlen auf dem Weg zum Wat Pha Phlong, ✆ 053-456 612, 053-455 339, 💻 www.chiangdaonest.com. Auf 2 Grundstücken in 700 m Entfernung stehen in Gärten und Bambushainen 23 kleine, hübsche Bungalows, überwiegend aus Naturmaterialien. Nest 1 mit hohen Baumriesen, kleinem Pool und Spielplatz. Nest 2 ist einfacher mit schöner Aussicht auf die Berge. Stuart und seine Frau Wicha managen die gepflegten, familienfreundlichen Anlagen, kümmern sich um Gäste und veranstalten Ausflüge und Trekkingtouren. Verleih von Fahr- und Motorrädern. Reservierung empfehlenswert. WLAN im Restaurant. ❹

NAHVERKEHR

Zu den Höhlen und Resorts fahren **Songthaew** vom Markt bzw. Busbahnhof für 150 Baht, **Motorradtaxis** für 50 Baht. **Unterkünfte** vermieten Fahrräder für 100 Baht pro Tag.

TRANSPORT

Vom **Busbahnhof** am nördlichen Ortsausgang Busse nach:

CHIANG MAI, alle 30 Min. bis 18.30 Uhr für 40–50 Baht in 1 Std.

THATON, um 7, 9, 10.30, 12, 13, 15 und 17 Uhr für 75 Baht in 2 1/2 Std.

Thaton

Der beschauliche Ort, 23 km nördlich von Fang am Ufer des Mae Kok, liegt 2 km von der Grenze zu Myanmar entfernt. Er ist Ausgangspunkt für eine Flussfahrt oder Tour mit dem eigenen Fahrzeug durch die Berge nach Mae Salong oder Wawi.

Oberhalb des Ortes erstreckt sich auf neun Ebenen die riesige Tempelanlage des **Wat Thaton**, gekrönt von einem herrlichen, 45 m hohen Chedi, der von einem riesigen goldenen Drachen bewacht wird. Im Erdgeschoss des Chedi befinden sich verschiedene Buddhafiguren, darüber ein Meditationsraum und im Obergeschoss mit schöner Aussicht eine Reliquie Buddhas. ⌚ 6.30–17 Uhr.

Am Ende der Straße thront die 10 m hohe Statue eines **stehenden Buddhas**, der entsprechend des chinesischen Feng Shui das Yang auf der 9. Ebene repräsentiert.

Dazwischen erheben sich weit sichtbar auf anderen Hügeln ein auf einer Naga-Schlange sitzender **bronzener Buddha** (Ebene 4), ein chinesischer **weißer Buddha** (Ebene 3) und oberhalb der Tempelschule die **Göttin der Barmherzigkeit**, Kuan Yin (Ebene 1). Sie ist auch über eine Treppe vom Flussufer nahe der Brücke zu erreichen.

Montagvormittag findet auf dem Platz nördlich der Brücke ein **Markt** statt.

ÜBERNACHTUNG

€ **Apple Resort**, 565 Moo 14, ✆ 053-373 144, ✉ applethaton@yahoo.com. Am nördlichen Flussufer vermietet die freundliche und rüstige Thuy 9 große, lichtdurchflutete Bungalows mit AC, Kühlschrank, dicken und weichen Matratzen und hübschen Bädern mit separater Dusche. Kleinere, günstigere Häuser im Garten, die sehr alt und ungemütlich sind. Möglicherweise läuft der Pachtvertrag demnächst aus. ❷–❺

Garden Home Nature Resort, am Nordufer des Mae Kok in der Flussschleife, ✆ 053-373 015, 💻 www.thatonaccommodation.com. Im großen Garten mit Mango- und Lychee-Bäumen stehen ein Reihenhaus mit 4 preiswerten, einfachen, aber sauberen Zimmern, außerdem 18 bambusverkleidete Hütten mit AC, TV und harten Matratzen und am Flussufer 3 gemauerte, attraktive Bungalows mit AC sowie ein teures Haus mit großer Terrasse. Organisation von Bootstickets und Trekking, Motorradvermietung. WLAN im Restaurant. ❶–❺

Old Tree's House, am Hang 300 m östlich der Songthaew-Haltestelle, 200 m nördlich der Straße nach Mae Chan, ✆ 085-867 1348, 085-722 9002, 💻 www.oldtreeshouse.net. Nid, eine Shan, und der Franzose Paulo vermieten in ihrer idyllischen Gartenanlage 6 nette Bungalows für 1–3 Pers. mit Himmelbetten, großem TV, Minibar, separater Dusche und WC. Ein 4-Pers.-Zimmer kostet 2800 Baht. Abendessen für 240 Baht, Kinder 120 Baht. Pool mit Kinderbecken. Touren und Motorradverleih. Ein Teil der Einnahmen kommt u. a. Projekten zur Unterstützung von Bergdörfern zugute. Frühstück und Wäscheservice inkl. ❺

ESSEN

Apple Resort Restaurant, s. o., Das romantisch am Fluss gelegene Restaurant punktet mit einer großen Auswahl an leckeren Thai-Gerichten zu günstigen Preisen. Manchmal muss man etwas länger aufs Essen warten.

Thaton River View Resort Restaurant, 500 m flussaufwärts mit Blick auf den Chedi, ✆ 053-373 173, 💻 www.thaton-riverview-resort.chiangmai-chiangrai.com. Großes Restaurant am Fluss mit toller Sicht auf den Tempel. Leckere Thai-Gerichte, empfehlenswertes Panaeng-Curry und Grillhähnchen in üppigen Portionen.

TOUREN

Fast alle Unterkünfte organisieren kombinierte **Floß- und Trekkingtouren**. Tagesausflüge mit dem Bambusfloß kosten für bis zu 6 Pers. 6500 Baht, die Floßfahrt bis Chiang Rai mit einer Übernachtung bei den Pong Hot Springs bei 2 bzw. 4 Pers. 4000 bzw. 2800 Baht p. P., ein Tag Floßfahrt und ein Tag Trekking oder alternativ nur in der Trockenzeit Floßfahrt mit 2 Übernachtungen 5000 bzw. 3800 Baht p. P. Boote zur Grenze verlangen für bis zu 6 Pers. 600 Baht, 30 Min.

Taton Tour, nahe der Anlegestelle, ✆ 053-373 143, 089-851 7072, 💻 auf Facebook. Die Bootsführer des Anbieters an der Anlegestelle sprechen kein Englisch und fahren kommerzielle Dörfer an. ⌚ 8–18.30 Uhr.

OBEN LINKS WEBERIN VOM VOLK DER KAREN; **OBEN RECHTS** SPEZIALITÄT KHAO SOI; **UNTEN LINKS** TREKKING IN DEN BERGEN CHIANG MAIS; **UNTEN RECHTS** UHRTURM, CHIANG RAI

TRANSPORT

Busse

Von der **Bushaltestelle** nördlich der Brücke nach:
BANGKOK, um 17 Uhr für 697 Baht, VIP um 16 Uhr für 815 Baht in 14–15 Std.
CHIANG DAO, 7x tgl. für 75 Baht in 2 1/2 Std.
CHIANG MAI, um 6.25, 8, 9.25, 11.30, 13, 14.25 und 16.15 Uhr für 90 Baht in 4–5 Std.
Wer aus Chiang Mai kommend am selben Tag mit dem Boot weiterreisen möchte, sollte sich früh auf den Weg machen.

Minibusse

Von der Haltestelle, ✆ 084-809 6297, neben der Polizei nördlich des Flusses nach:
MAE SAI, via MAE CHAN (1 Std.), um 8 und 14 Uhr in 1 1/2–2 Std. Von Mae Chan gelangt man weiter nach CHIANG RAI.

Songthaew

Von der Haltestelle östlich der Bushaltestelle verkehren gelbe Songthaew nach:
MAE SALONG, 3x tgl. von 8.30–12.30 Uhr für 60 Baht in 1 1/2–2 Std.

Boote

Von der Anlegestelle, ✆ 053-053 727, ⌚ ab 8 Uhr, nach Chiang Rai, gegen 12.30 Uhr für 350 Baht in 3 Std. Zurück gegen 10.30 Uhr. Bei ausreichend Passagieren fahren weitere Boote.

Ein gechartertes Boot nach CHIANG RAI vorbei an MAE SALAK (800 Baht) und RUAM MITR (1800 Baht) kostet 2500 Baht.

Mae Salong (Santikhiri)

Das nach wie vor verschlafene Dorf auf einem Kamm mit freiem Blick in alle Richtungen scheint wie aus Südchina „importiert". Die einst im Windschatten des 1355 m hohen Doi Mae Salong erbauten Lehm- und Holzhäuser sind durch mit chinesischen Ornamenten und goldenen Schriftzeichen verzierte Neubauten ersetzt worden.

Der Ort erfreut sich bei chinesischen Touristen großer Beliebtheit. Zum Standardprogramm gehören der Besuch einer Teefabrik und eines Yunnan-Restaurants sowie des **Mausoleums** des Generals der 93. Division Duan Shi Wen und des pompösen **Chinese Martyrs' Memorial Museums** am südlichen Ortseingang. Das Museum präsentiert einen verklärten Abriss der Geschichte der Kuomintang-Truppen auf Englisch sowie viele Fotos. Keine Erwähnung finden der Drogenhandel der Generäle und die Kriege zwischen den Warlords. Eintritt 20 Baht.

Noch vor Sonnenaufgang kommen Akha- und Lisu-Frauen zum **Morgenmarkt** im Ortszentrum. Der **Nachmittagsmarkt** mit Souvenirständen am westlichen Ortsausgang wird weitgehend von Chinesen bestimmt, die traditionelle Medizin, Kräuterschnaps, Trockenfrüchte und -pilze, Tee und andere Spezialitäten offerieren.

Von Thaton nach Chiang Rai

Gegen 12.30 Uhr legen in Thaton Boote ab, die auf dem Mae Kok, einem Zufluss des Mekong, in 3 Std. 80 km hinab nach Chiang Rai fahren. Die Bootsfahrt ist eine beliebte Alternative zur Fahrt über Mae Salong, die mit öffentlichen Verkehrsmitteln recht beschwerlich ist. Erfahrene Motorradfahrer können am Südufer Richtung Chiang Rai fahren.

In der Regenzeit ist die Fahrt auf dem dann reißenden Fluss nicht ungefährlich, in der Trockenzeit muss das Boot hingegen manchmal geschoben werden. Die lauten, kleinen Boote verfügen weder über komfortable Sitze noch über ausreichenden Sonnenschutz. Kameras und Wertsachen sollten vor Spritzwasser geschützt werden.

Lisu- und Akha-Frauen verkaufen an der Anlegestelle Handarbeiten. Unterwegs stoppen die Schnellboote nach Bedarf an Dörfern der Akha, Karen und Lahu. Etwa 20 km vor Chiang Rai sind Touristenboote unterwegs, die Tagesausflügler zu den **Pong Hot Springs** oder zum **Karen Elephant Camp Ruam Mitr** bringen. Ab 6 Pers. lohnt es sich, für 2500 Baht ein Boot nach Chiang Rai zu chartern.

ÜBERNACHTUNG

Viele Unterkünfte sind auf chinesische Reisegruppen eingestellt. Außerdem finden sich einige preiswerte Gästehäuser. Im Winter wird es ziemlich kalt, daher haben alle Unterkünfte Warmwasser. Während der Sommermonate bieten viele kräftige Preisnachlässe an.

Baan See See, im Zentrum, ☏ 053-765 053, 081-8828463, 💻 www.baansee see.com. Der freundliche Herr Juang hat um einen kleinen Garten 12 betonierte, saubere Zimmer mit dicken Matratzen, TV und Du/WC in Doppelbungalows am Hang erbaut, teils mit Aussicht ins Tal. Oben an der Straße zudem ein großer Neubau mit 14 modernen, komfortablen und geräumigen Zimmern im Beton-Stil mit LCD-TV. ❸–❹

Shin Sane Gh., im Zentrum neben dem Markt, ☏ 053-765 026, 087-185 1987, 💻 www.maesalong-shinsane.blogspot.de. Im Garten von Herrn Ho stimmen Preis und Leistung: 10 kleine, ältere, einfache Bungalows mit Platz für 4 Pers. sowie 3 ältere Zimmer mit Gemeinschaftsdusche und Hocktoilette. Waschmaschinenbenutzung. Die freundliche Familie organisiert Ponyausritte in Dörfer für 500 Baht. Motorräder für 200 Baht pro Tag, Internet, aber kein WLAN. ❶

ESSEN

Die Spezialitäten der Yunnan-Küche sind gekochtes Eisbein mit *Pao* (gedämpften chinesischen Hefeklößen), gedämpfte Tee-Ente, gebratene Würstchen oder Suppen mit chinesischen Wurzeln.

Chinesische Restaurants mit Yunnan-Küche und leicht gehobenen Preisen liegen am östlichen Ortsende. Chinesische **Teehäuser** finden sich überall im Ort.

€ **Imm Pooh Channa**, etwas versteckt hinter den Ladenzeilen am westlichen Ortseingang (nur auf Thai beschildert), ☏ 053-765 297. Hier kann man aus der englischen Speisekarte mit sehr günstigen, leckeren chinesischen sowie wenigen Thai-Gerichten wählen. 🕒 8–20 Uhr.

Ein sozialverträgliches Dorfprojekt

Eine Alternative zu dem kommerziellen Ethnotourismus ist das Akha-Dorf **Ban Lorcha**, ein als Entwicklungsprojekt initiiertes „Living Museum", ☏ 053-719 167, 💻 www.pda.or.th/chiangrai/ban_lorcha.htm, KM 209,5 zwischen Thaton und Mae Salong. An der Straße werden Besucher von einem (leider nicht englischsprachigen) Dorfmitglied in Empfang genommen und in einer halbstündigen Tour durch die Siedlung geführt – ohne bettelnde Kinder oder aufdringliche Verkäuferinnen. Sie werden von einer Tanzgruppe begrüßt, können beim Spinnen, Weben, Fallenstellen und Schmieden zusehen und erhalten an einem Dutzend Stationen mit bereits etwas verblichenen englischen Infotafeln einen Einblick in den Alltag der Akha und ihre Traditionen. Den Abschluss bilden ein Tässchen Tee und die Möglichkeit, Schmuck und Taschen im Akha-Stil zu kaufen. Eintritt 50 Baht.

Salema Restaurant, mitten im Ort, ☏ 053-765 088. Seit 1965 bestehender Familienbetrieb mit moslemischer Yunnan-Küche und englischer Speisekarte. Gut sind das Curry im Yunnan-Stil mit *Pao*, der scharfe Salat mit schwarzen eingelegten Hundert Jahre-Eiern oder das Hühnchen in Bambussuppe. Beliebt zur Mittagszeit. 🕒 8.30–20 Uhr.

Sweet Maesalong, etwas östlich des Zentrums, schräg gegenüber vom Osman House, ☏ 083-096 7777, 💻 www.fb.com/sweetmaesalong. Kleines Haus aus Naturmaterialien mit 2 Terrassen und tollem Blick über das Tal. Mee und Ton aus Bangkok servieren leckere, hochwertige Kuchen, die ihren Preis wert sind. Zudem Frühstück, Panini und einige Thai-Gerichte. Gute Kaffee- und Teeauswahl sowie Cocktails und frisch gepresste Säfte. 🕒 8.30–17 Uhr, manchmal geschlossen.

EINKAUFEN

Geschäfte im Ort offerieren grünen Tee, Teekannen und -tassen, kandierte Früchte,

getrocknete Pilze und andere chinesische Lebensmittel in großer Vielfalt.
Jeden Sa findet ein großer **Wochenmarkt** am westlichen Ortseingang statt, auf dem auch kunsthandwerkliche Produkte der Bergvölker verkauft werden.

THAILAND

TRANSPORT

Nach CHIANG RAI und MAE SAI geht die Fahrt über Pa Sang am H1, 2 km nördlich von Mae Chan. Dort in einen Bus umsteigen.
THATON, mit Songthaew von 8.20–14.20 Uhr alle 2 Std. für 60 Baht in 1 1/2–2 Std.

Chiang Rai und Umgebung

Die nördlichste Provinzstadt erwachte in den 1980er-Jahren nach dem Bau der Schnellstraße Richtung Chiang Mai aus ihrem Dornröschenschlaf. Dabei wurde sie bereits 1262 gegründet und ist somit älter als Chiang Mai. Mittlerweile hat Chiang Rai gut 70 000 Einwohner, und es gibt Flugverbindungen nach Bangkok.

Der **Goldene Uhrturm** im Zentrum wurde vom selben Künstler gestaltet, der den Wat Rong Khun (S. 267) entwarf. Um 19, 20 und 21 Uhr beschallt er 15 Min. lang die Umgebung mit Musik und erstrahlt in bunten Farben.

Der westlich gelegene, 1839 erbaute **Wat Mung Muang** überzeugt vor allem mit seinem goldenen, reich verzierten Äußeren und einer über 600 Jahre alten, hochverehrten Buddhastatue. Einen Block weiter südlich steht der mit über 700 Jahren älteste Tempel der Stadt, **Wat Ming Muang** mit birmanischen und Shan-Einflüssen sowie einem hübschen hölzernen Viharn. Der Tempel ist König Mengrais Mutter gewidmet.

Vom Doi Thong, einem Hügel im Nordwesten der Stadt, hat man zum Sonnenuntergang eine schöne Aussicht. Am über tausend Jahre alten **Wat Phra That Doi Chom Thong** steht der phallusförmige, als Wohnsitz von Geistern verehrte Stadtpfeiler **Lak Muang**.

Südlich der zentralen Banpharprakan Road erstreckt sich der große **Blumen- und Früchtemarkt** *(Talat Klang)* bis dicht an den abends belebten, touristischen Night Bazaar.

Wat Phra Kaew

Wat Phra Kaew, 🖳 www.watphrakaew-chiangrai.com, in der Trirat Road im Nordwesten des Zentrums wurde in seiner jetzigen Form unter König Phra Muang Kaew (1495–1526) errichtet und ist der wichtigste Tempel der Provinz. Er erhielt seinen Namen, nachdem man 1434 im Chedi des vorangegangenen Wat Pa Yiah den Smaragd-Buddha, das nationale Heiligtum, entdeckt hatte, der heute im Wat Phra Kaeo in Bangkok verehrt wird. Eine Kopie aus 300 kg kanadischer Jade erhielt einen würdigen Platz in einem Neubau, an dessen Wänden man die ereignisreiche Geschichte des Originals verfolgen kann. Ausdrucke erläutern die Wandbilder auch auf Englisch. Vor dem Neubau thront eine lebensgroße, grüne Statue von König Mengrai. ⌚ 9–17 Uhr, Eintritt frei.

Museen

In dem kleinen, empfehlenswerten **Hilltribe Museum and Handicraft Centre**, 620/25 Tanalai Rd. (dritter Stock), ✆ 053-740 088, 🖳 www.pdacr.org/hilltribe-museum/general-information.html, vermitteln eine Ausstellung und eine PowerPoint-Präsentation in deutscher Sprache einen Überblick über sechs Bergvölker und ihr traditionelles Handwerk. Der alte Webstuhl wird noch oft benutzt. Im kleinen Shop können OTOP-Produkte und Kunsthandwerk gekauft werden. ⌚ 8.30–18, Sa und So 10–18 Uhr, Eintritt 50 Baht inkl. Kaffee.

Südwestlich des Museums erfreuen müde Augen bunte Blumenbeete auf dem ehemaligen Gefängnisgelände. Der dortige Nachbau eines großen, hölzernen Langhauses entpuppt sich als **Learning Center of 30 Tribes** mit 60 in der jeweiligen Männer- und Frauentracht kostümierten Puppen und Kunsthandwerk von 30 Volksgruppen der Region, die in englischen Steckbriefen vorgestellt werden. ⌚ 8.30–16.30 Uhr, Eintritt frei.

Außerhalb

Oub Kham Museum

Das Museum in der Na Khai Road, der verlängerten Sankhongnoi Road, ✆ 053-713 349, 🖳 www.oubkhammuseum.com, zeigt prunkvolle Schätze aus Lanna und anderen Thai-Städten in Süd-

Ein Traum in Weiß voller Symbolik

Wat Rong Khun (White Temple) ist der seit Baubeginn 1998 wahr werdende Traum des bekannten Künstlers Ajarn Chalermchai Kositpipat. Tausende Besucher bestaunen Tag für Tag die Detailfülle des einmaligen Tempels. In der Sonne funkelt die weiße Fassade des Wats. Im Inneren erblickt man zuerst das riesige Buddhabild auf einer goldenen Wand, vor der eine weiße Buddhastatue aus Marmor zu schweben scheint. Gegenüber thematisiert ein fantastisches, stetig erweitertes Wandgemälde rings um die Eingangstüren die Dämonen unserer Welt: den Krieg der Sterne, den 11. September, die Abhängigkeit von Erdöl, Alkohol und Markenwaren sowie die Macht der Waffen – einschließlich Superman, Kung Fu Panda, Avatar, Batman und den Angry Birds. Inmitten der Dämonen und Fratzen tauchen vereinzelt lichte Gestalten und Symbole des Buddhismus auf. Viele der umliegenden jüngeren Bauten wirken neben dem prunkvollen Hauptgebäude geradezu spartanisch. Rege Bautätigkeit zeigt an, dass noch Großes in Planung ist.

Vorbei an den beachtenswerten Toiletten geht es zur **Hall of Masterworks**, einer Galerie, in der viele teils surreale, buddhistische Malereien des Künstlers präsentiert werden. Im Shop kann man Drucke und Souvenirs kaufen.

Zum Tempel geht es 12 km südlich von Chiang Rai vom H1 am KM 919 kurz auf den H1208 ab. ◷ 8–17 Uhr, Eintritt 50 Baht. Anfahrt mit blauen Songthaew ab dem Markt am alten Uhrturm für 30 Baht.

THAILAND

China sowie den Shan-Gebieten in Myanmar, Laos und Vietnam. Die einmalige Sammlung von Gold- und Silberornamenten sowie Besitztümern der Fürsten, bis zu tausend Jahre alten Buddhastatuen sowie kunstvollen Textilien rechtfertigt den hohen Eintrittspreis. Beeindruckend ist der goldene Thron des Shan-Herrschers von Kengtung. ◷ 8–18 Uhr, Eintritt 300 Baht, Kinder 200 Baht.

Baandam Museum

Das „Schwarze Haus", ✆ 053-705 834, 🖳 www.thawan-duchanee.com, ist das großartige Lebenswerk des 2014 verstorbenen Künstlers Thawan Duchanee. Seine düsteren, großformatigen Bilder hängen in der Galerie aus. Im angrenzenden Park hat er archaische Skulpturen und in Schwarz gehaltene, mit Schnitzereien verzierte Häuser erbaut. Er griff dabei die Architektur von Tempeln und Reisspeichern auf, überhöhte sie und füllte Räume mit einer teils schockierenden Sammlung von Häuten, Fellen, Skeletten, Schädeln, Geweihen und Hörnern, aus denen er sogar Möbel gestaltete. Dazwischen stehen Buddhaskulpturen und Schnitzereien, Silberschalen und andere Antiquitäten. Vom H1 am KM 942,7 hinter der Universität Richtung Westen der Ausschilderung folgen. ◷ 9–12 und 13–17 Uhr, Eintritt frei.

ÜBERNACHTUNG

Baan Rub Aroon, 65 Ngam Muang Rd., ✆ 053-711 827, 🖳 www.baanrubaroon.com. Direkt neben dem großen Funkmast gelegenes, freundliches, gemütliches Guesthouse mit 6 großzügigen, hellen und sauberen Zimmern in einer hübschen, alten 2-stöckigen Villa mit Garten sowie 3 Zimmern im Annex. Saubere Gemeinschafts-Du/WC und Gemeinschaftsküche. Hilfsbereite Familie. Frühstück inkl. ❷–❺

Grandma Kaew House, 78 Moo 18, Sanpanard Rd., ✆ 081-859 9858, 🖳 www.fb.com/GrandmaKaewHouseNightBazaar. Die sehr freundliche und sehr gut Englisch spechende Sonthaya vermietet in dem ruhig am Ende einer Seitengasse gelegenen 2-stöckigen Neubau 7 saubere und einladende Zimmer mit gefliesten Böden, bequemen Betten, LCD-TV, Wasserkocher, Kühlschrank, kleiner Du/WC. Kochmöglichkeiten. Reservierung empfehlenswert. ❸

Laluna Hotel & Resort, 14 Sanambin Rd., 600 m südlich der Sathanpayaban Rd., ✆ 053-756 570, 🖳 www.lalunaresortchiangrai.com. Ruhige, schattige Gartenanlage mit großem Pool und Kinderbecken, die 79 komfortable Zimmer in großen Bungalows

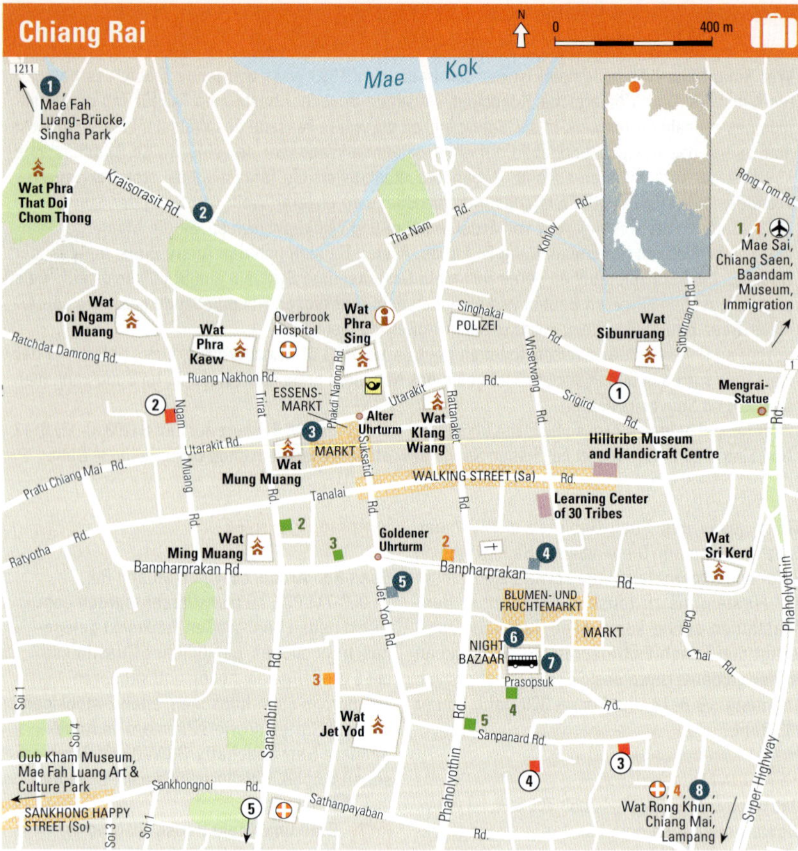

ÜBERNACHTUNG
1. Moon & Sun City Hotel
2. Baan Rub Aroon
3. Rinlada House
4. Grandma Kaew House
5. Laluna Hotel & Resort

ESSEN
1. Chivit Thamma Da Coffee House
2. Polar Boulangerie and Patisserie
3. Barrab
4. Baanchivitmai Bakery
5. Muang Thong Restaurant

SONSTIGES
1. Chivit Thamma Da Day Spa, Doy Din Daeng Pottery
2. Fat Free Bicycles
3. Orn's Bookshop
4. Central Plaza, Big C

TRANSPORT
1. Boote nach Thaton
2. Fahrradrikschas
3. Fahrradrikschas, Songthaew zum Wat Rong Khun
4. Budget, North Wheels
5. S.T. Motorbike
6. Songthaew
7. City Terminal, Tuk Tuks
8. Busbahnhof

mit Holzböden, großem LCD-TV, Kühlschrank, Wasserkocher und bequemen Betten birgt. Restaurant. Frühstück inkl. 4–5

€ **Moon & Sun City Hotel**, 632 Singhaklai Rd., ☏ 053-719 279, 🖳 auf Facebook. 3-stöckiges Stadthotel mit einem guten Preis-Leistungs-Verhältnis. Vorn dunkle Zimmer mit kleinen Fenstern, Kühlschrank, TV und Balkon mit Waschbecken. Hinten etwas teurere, saubere Zimmer mit größeren Fenstern. WLAN im Eingangsbereich. 2–3

Rinlada House, 74 Moo 18, Sanpanard Rd., 053-717 827, www.fb.com/rinlada house. Großer, weißer 2-stöckiger Neubau mit 16 komplett ausgestatteten, sauberen und geräumigen Zimmern mit bequemen Matratzen und einer luftigen durchgehenden Veranda. Nette Sitzecken. Einfaches Frühstück inkl. ❸

ESSEN

Baanchivitmai Bakery, Prasopsuk Rd., südlich vom Busbahnhof, www.bcmthai.com. Die Bäckerei verkauft Kuchen, gute Sandwiches, Thai-Standards und serviert Frühstück. Geleitet von der gleichnamigen karitativen Stiftung, die mit dem Gewinn Einrichtungen für Waisen- und mit HIV infizierte Kinder unterhält. Mo–Sa 8–21 Uhr.

Barrab, 423/3 Banpharprakan Rd., 094-812 6670, auf Facebook. Kleiner und freundlicher Familienbetrieb, auf dessen überschaubarer Speisekarte günstige, aber ausgezeichnete nordthailändische Gerichte mit chinesischem Einschlag stehen. Da ein Teil der Familie in Australien lebt, sprechen sie gutes Englisch. Besonders zu empfehlen ist das *Hung Lay Curry*, ein zartes Schweine-Curry, und der Barrab-Salat. WLAN. 10–21 Uhr.

Chivit Thamma Da Coffee House, am Nordufer des Mae Kok westlich vom H1, 1179 Moo 2, Soi Rong Suae Ten 3, 053-166 622, 081-984 2925, www.chivitthammada.com. Der Weg lohnt sich allemal ins beliebte Gartencafé, das am Mae Kok inmitten von Grün liegt. Auf der von imposanten Bäumen beschatteten Flussterrasse und in der weißen Villa im Kolonialstil werden zu entspannter Jazzmusik sehr leckere und fotogen angerichtete Gerichte, Kuchen und gute Kaffeevariationen aufgetischt. Besonders lecker sind die schwedischen Hackfleischbällchen nach Familienrezept. Das schwedisch-thailändische Besitzerpärchen ist darauf bedacht, mit lokalen, wenn möglich Bio-Produkten zu kochen. Westliche Hauptgerichte 300–400 Baht, Thai-Essen günstiger. Zudem ein Spa (s. u.). 9–20 Uhr.

€ **Muang Thong Restaurant**, Phaholyothin Rd., Ecke Sanpanard Rd. Beliebtes, preiswertes, offenes thai-chinesisches Restaurant mit frischen Zutaten in Auslagen an der Straße und einer englischen Karte. Empfehlenswert das Trockenfleisch mit Sesam, *Moo Phen, und die Tom Yam.* 24 Std.

Polar Boulangerie and Patisserie, 087-366 9366, www.fb.com/polarchiangrai. Von einem sehr freundlichen jungen Bangkoker Aussteigerpärchen geführte, mit bequemen Sesseln und Sofas ausgestattete Bäckerei, die sich ideal für ein ausgiebiges Frühstück eignet. Leckere Sandwiches (60–100 Baht), Gebäck, große Smoothies, gute Auswahl an Tees und sehr gutem Kaffee. Aufmerksamer Service und entspannte Musik. Mo–Sa 8–20 Uhr.

UNTERHALTUNG

Entlang der **Jet Yod Rd.** reihen sich zahlreiche Kneipen aneinander, von denen viele Girly-Bars sind.

Auf dem Night Bazaar (s. u.) treten abends klassische Tanzgruppen und opulent verkleidete Transvestiten auf.

EINKAUFEN

Die Stände und kleinen Läden am **Night Bazaar** und den **Walking Streets** sind die besten Adressen für Souvenirs, Modeschmuck, Kunsthandwerk der Bergvölker und Textilien.

Central Plaza, am H1, gegenüber dem Big C, www.centralplaza.co.th. Großes, modernes Einkaufszentrum mit Boutiquen, Elektronikgeschäften, Apotheke, einem großen Supermarkt, Restaurants, Food Court und einem Multiplex-Kino. 11–21, Sa und So 10–22 Uhr.

Doy Din Daeng Pottery, 12 km nördlich von Chiang Rai am KM 945,2 des H1 1,5 km nach Osten abzweigen, 053-705 291, www.dddpottery.com. Keramikkünstler Somluk Pantiboon hat das Töpfern in Japan erlernt und stellt ansehnliche, chemikalienfrei hergestellte Kunst- und Gebrauchskeramik in allen Formen und Farben her, von der Kaffeetasse bis zum Waschbecken. Ein Abstecher

Nachtmärkte

Night Bazaar (täglich)
Der offene betriebsame **Food Court** des Night Bazaar im Stadtzentrum ist beliebt. Hier werden Würstchen, Reis- und Nudelgerichte für 30–50 Baht, Sushi, frische Säfte, leckere Roti mit süßen Füllungen, am Tisch Gegartes oder – für Mutige – knusprig frittierte Maden und Heuschrecken aufgetischt. Nicht zu verwechseln mit dem Restaurant-ähnlichen, teureren, touristischen **Centrepoint** im westlichen Teil. An beiden Orten kostenlose Vorführungen klassischer Tänze und Livemusik.

Walking Streets (Samstag und Sonntag)
Am Samstagabend gibt es in der **Chiang Rai Walking Street** am östlichen Ende des Nachtmarkts in der **Thanalai Rd.** so manche hausgemachte Delikatesse zu kosten. Sonntags wird die **Sankhong Happy Street** im südlichen Stadtzentrum mit Verkaufs- und Essensständen aufgebaut. Buffet-Restaurants und Musik- oder Tanzaufführungen in der **Sankhongnoi Rd.**, westlich von Soi 3, sorgen für das leibliche Wohl und Unterhaltung. ⌚ 18–23 Uhr.

zur schönen, offenen Manufaktur mit vielen Skulpturen, Showroom, Discount-Shop und Café lohnt allein der Atmosphäre wegen. ⌚ Mo–Sa 8–17 Uhr.
Orn's Bookshop, Soi 1, Jet Yod Rd., ✆ 081-022 0818. Peter aus Deutschland hat einen guten Teil seines Hauses mit gebrauchten, auch deutschsprachigen Büchern vollgepackt, die er verkauft und tauscht. ⌚ 8–20 Uhr.

TOUREN

Ausflüge in die Umgebung werden von Gästehäusern und kleinen Tourbüros vermittelt und organisiert. Viele Wanderpfade wirken ausgetreten oder angesichts der in der Provinz kahlen Berge eintönig. Die klassische Minibus-Tagestour zum Wat Rong Khun und zum Goldenen Dreieck kostet rund 1000 Baht p. P.
Für Fahrradfahrer gibt es im Tourist Office die Chiang Rai Bike Map mit Routenvorschlägen von 6,2–53,4 km Länge, Höhendiagrammen und Beschreibungen der Sehenswürdigkeiten.
€ Eine **Sightseeing-Tram**, ✆ 053-600 570, fährt ab der Mengrai-Statue um 9.30 und 13.30 Uhr in etwa 2 Std. die Sehenswürdigkeiten der Stadt ab, sofern mind. 6 Pers. mitfahren. Die Fahrt wird auf Englisch begleitet und ist kostenlos.
Chiang Rai Bicycle Tour, ✆ 085-662 4347, 💻 www.chiangraibicycletour.com. Tgl. werden halb- und ganztägige Mountainbike-Touren durch die Landschaft um Chiang Rai in Gruppen von 2–12 Pers. für 1400–1800 Baht veranstaltet. Besuch im Wat Rong Khun, Mittagessen und Abholung vom Hotel inkl. Auch mehrtägige Touren im Mekong-Gebiet.
PDA Tour, im Hilltribe Museum, ✆ 053-740 088, 💻 www.pdacr.org/pda-tour/general-information.html. Die gemeinnützige PDA organisiert sozialverträgliche Trekkingtouren nahe Doi Chang, Halbtagestouren um Chiang Rai für 1200 Baht sowie ab 2 Pers. geführte Stadtspaziergänge für 400–600 Baht.

SONSTIGES

Autovermietungen

Avis, am Flughafen, ✆ 053-793 827, 💻 www.avisthailand.com. ⌚ 8–21 Uhr.
Budget, im Golden Triangle Inn, 590 Phaholyothin Rd., ✆ 053-740 442-3, 💻 www.budget.co.th.
North Wheels, 591 Phaholyothin Rd., neben Budget, ✆ 053-740 585, 💻 www.northwheels.com. Auch Motorräder.

Fahrradverleih

Viele Gästehäuser vermieten Fahrräder für 50 Baht pro Tag.
Fat Free Bicycles, 542/2 Banpharprakan Rd., ✆ 053-752 532, 086-430 5523, 💻 www.fb.com/fatfreebikeshop. Stadträder für 100 Baht und Mountainbikes für 200–450 Baht pro Tag. Zudem Verkauf von Fahrradzubehör sowie Karten für Fahrradtouren. ⌚ 9.30–18 Uhr.

Immigration

Die Immigration, ✆ 053-175 376, liegt nordöstlich des Zentrums, 600 m nördlich des

Mae Kok am H5023 im neuen Chiang Rai Provincial Administration Office (Aor Bor Jor). Hier können Visa verlängert werden. ⌚ Mo–Fr 8.30–12 und 13–16.30 Uhr.

Informationen

Tourist Office, 448/16 Singhaklai Rd., ✆ 053-744 674. Das bemühte junge Personal hilft mit Informationen über Chiang Rai und Phayao. Aktuelle Broschüren und Pläne. ⌚ 8.30–16.30 Uhr.

Kochkurse

Cook Thai Yourself, ✆ 081-8449 913, 💻 http://cookthaiyourself.wix.com/home. Die spaßigen Kochkurse von Tik starten um 9.30 Uhr mit einem Marktbesuch. Im Anschluss werden die Zutaten zu 3 Gerichten verarbeitet. Sie kosten bei mind. 2 Pers. 1000 Baht p. P. Abholung inkl.
Ähnlich sind die Kurse bei **Suwannee Thai Cooking**, ✆ 084-740 7119, 💻 www.thaicooking classchiangrai.com, für 1250 Baht.

Medizinische Hilfe

Kasemrad Sriburin Hospital, 111/5 Moo 13, gelegen am Super Highway H1, 3 km südlich der Stadt, ✆ 053-700 199. Gutes Privatkrankenhaus.
Overbrook Hospital, 17 Singhaklai Rd., ✆ 053-711 366, 💻 www.overbrook-hospital.com (nur in Thai). Traditionsreiches privates, christliches Krankenhaus im Nordwesten der Stadt. Die meisten Ärzte sprechen kein gutes Englisch.

Motorradverleih

Die meisten Gästehäuser vermieten Motorräder für 150–250 Baht.
S. T. Motorbike, 1025/34-35 Jet Yod Rd., ✆ 053-713 652, 084-009 7840, 💻 www.st-motor cyclorentals.com. Zuverlässige Vermietung, schwerere Maschinen kosten 700–1500 Baht pro Tag, kleinere 200–300 Baht inkl. Helm. Eine Versicherung kostet extra. ⌚ 8–19 Uhr.

Polizei

Tourist Police, südlich der Mengrai-Statue, ✆ 053-717 779, 1155.

Wellness

Chivit Thamma Da Day Spa, am Nordufer des Mae Kok direkt westlich vom H1, ✆ 053-166 622, 💻 www.chivitthammada.com. Neben dem tollen Gartenrestaurant (s. o.) werden in gediegenem Ambiente auch gute, hochpreisige Spabehandlungen angeboten. 1 Std. Massage kostet 1200 Baht, 30 Min. in der skandinavischen Sauna 700 Baht und ein 2-stündiges Package 2700 Baht. Vorbuchung empfehlenswert. ⌚ 10–20 Uhr.

NAHVERKEHR

Songthaew verkehren im Stadtgebiet für 30–50 Baht. In die Umgebung fahren sie ab dem Markt.
Tuk Tuks stehen am City Terminal 1 und können für 40–80 Baht gemietet werden.
Am Markt warten noch einige **Fahrradrikschas**, die für ca. 150 Baht pro Std. fahren.
Selbstfahrer müssen wegen der vielen Einbahnstraßen die eine oder andere Extrarunde drehen.

TRANSPORT

Busse

Am **Busbahnhof (Terminal 2)**, 6 km südlich der Stadt am KM 926,8, ✆ 053-773 989, starten alle Busse zu Zielen außerhalb der Provinz Chiang Rai. Ins Zentrum fahren blaue und grüne Songthaew für 20 Baht ab Plattform 20, und Taxis (Einschaltgebühr 35 Baht plus 10 Baht pro km). Einige Busse, die am **City Terminal (Terminal 1)**, ✆ 053-715 952, enden, halten hier.

Vom Busbahnhof nach:
BANGKOK, 829 km, 21x tgl. von 7–19.30 Uhr für 452–637 Baht, VIP um 8, 18 und 19 Uhr für 904–930 Baht in 11–13 Std.
CHIANG MAI, 180 km, 16x tgl. von 6.30–17.30 Uhr, Fr und So auch 18.30 und 19.30 Uhr für 139–178 Baht, VIP um 9.15, 13, 15.30 und 17.45 Uhr, Fr und So außerdem um 19.30 Uhr für 277 Baht in 3 1/2 Std. Tickets werden auch neben dem Busbahnhof verkauft.

HOUAY XAI (Bokeo International Bus Terminal, Laos), um 10 und 16.30 Uhr, in der Hauptsaison auch um 7 und 15 Uhr, für 220 Baht in 3 Std., der Bus wartet während der Visaausstellung an der Grenze.
KHON KAEN, 768 km, um 9, 14, 16, 18, 18.30 und 19.30 Uhr für 430–553 Baht in 12 1/2 Std.
KORAT, 834 km, mit Sombat Tour, www.sombattour.com, um 6.15, 11.15, 13.15, 15.30 und 17.30 Uhr für 473–608 Baht, VIP um 19 Uhr für 710 Baht.
LAMPANG, 225 km, um 7.45, 8.10, 12.45, 13.30, 14.45, 15.45 und 16.30 Uhr für 102–143 Baht in 4–5 Std.
LUANG PRABANG (Laos), um 13 Uhr für 950 Baht in 16 Std.
NAKHON PHANOM (Grenze zu Laos), 1044 km, via LOEI und UDON THANI, um 12.30, 15.30 und 17 Uhr für 584–751 Baht in 11 1/2–13 1/2 Std.
PHITSANULOK, 468 km, teils über Uttaradit (schneller), 16x tgl. für 260–335 Baht in 7 Std., VIP für 391 Baht in 7–8 Std.
SUKHOTHAI, 455 km, stdl. von 7.30–10.30 Uhr für 255–274 Baht in 7 1/2–9 Std.

Vom City Terminal nach:
CHIANG KHONG, von 6–17 Uhr 3x stdl. für 65 Baht in 2 1/2–3 Std.
CHIANG MAI, 180 km, 18x tgl. von 6.15–17.30, Fr und So auch 18.30 und 19.15 Uhr für 139–178 Baht, VIP um 7.45, 9, 12.45, 15.15, 17 und 18 Uhr für 277 Baht in 3 1/2 Std.
CHIANG SAEN, 60 km, von 6–18.40 Uhr alle 15–20 Min. für 37 Baht sowie mit Green Bus von 6–17 Uhr stdl. für 45 Baht in 1 1/2 Std.
GOLDENES DREIECK (Sob Ruak), 67 km, von 6–17 Uhr stdl. für 50 Baht sowie mit Green Bus um 13, 15 und 15.30 Uhr für 46–59 Baht in 1 1/2–2 Std.
LAMPANG, von 6.30–12 Uhr alle 45 Min. für 102 Baht in 5 Std.
MAE SAI, 61 km, von 5.50–20 Uhr alle 20 Min. für 30 Baht sowie schneller mit Green Bus um 9.50, 11.20, 15.50 und 17.20 Uhr für 42–84 Baht in 1–1 1/2 Std.
PA SANG (weiter nach Mae Salong), von 5.50–20 Uhr alle 20 Min für 15 Baht in 45 Min.

Boote

Die Schnellboote, 053-750 009, auf dem Mae Kok werden fast nur noch von Touristen genutzt. Sie fahren gegen 10.30 Uhr von der **Bootsanlegestelle** jenseits der Brücke nach THATON für 350 Baht, Charter für bis zu 6 Pers. 3000 Baht, in 3 Std. Teilstrecken kosten bis RUAM MITR 100 Baht, Charter 800 Baht (hin und zurück), und zu den PONG HOT SPRINGS 120 Baht, Charter 900 Baht (hin und zurück). Weiteres im Kasten S. 264.

Flüge

Zum **Mae Fah Luang-Chiang Rai International Airport**, 8 km nordöstlich der Stadt, 053-798 000, www.chiangraiairportthai.com, verkehren Taxis für 200 Baht.
AirAsia, www.airasia.com, fliegt nach BANGKOK (Don Mueang) 4x tgl. und HAT YAI 1x tgl.
Bangkok Airways, www.bangkokair.com, fliegt nach BANGKOK (Suvarnabhumi) 2x tgl.
Nok Air, www.nokair.com, nach BANGKOK (Don Mueang) 3x tgl.
Thai Airways, www.thaiair.com, nach BANGKOK (Suvarnabhumi) 3x tgl.

Mae Sai

In Mae Sai, einem unattraktiven Grenzort, der hauptsächlich aus dem in Nord-Süd-Richtung verlaufenden H1 besteht, bummeln dunkelhäutige Männer in knöchellangen *longyis*, den birmanischen Wickelröcken, genauso wie desorientierte Touristengruppen durch die geschäftigen Straßen. Frauen, die ihre Gesichter mit heller Tanaka-Paste geschminkt haben, steuern auf überladenen Motorrädern an Verkaufsständen vorbei zurück zum Grenzübergang, an dem ein wuseliges Kommen und Gehen herrscht. Rikschas, Mopeds, uralte Fahrräder und überladene Handwagen, kleine Akha-Frauen mit riesigen Lastkörben, billige Arbeitskräfte für die Baustellen und Bordelle des Landes, Händler, bettelnde Kinder und nicht immer echte Mönche drängen sich über die **Grenzbrücke**, die den Mae Sai-Fluss überspannt. Nur wenige Kilometer östlich von Mae Sai wurde für den Schwerlastverkehr die neue **Second Friendship Bridge** erbaut. Touristen werden am Grenzübergang vorgefahren, um den „nördlichsten Punkt des Landes" zu fotografieren.

ÜBERNACHTUNG UND ESSEN

€ **After Glow Hostel**, 139/5 Moo 4, KM 990,8, südlich der großen Ampelkreuzung auf der östlichen Straßenseite, 3,7 km von der Grenze, ☏ 053-734 188, www.afterglowhostel.com. Ansprechende Bleibe im modernen Stil mit lackierten Betonwänden und edlem Holz. 28 Zimmer in 3 Größen mit AC, Kühlschrank und TV, einige ohne Fenster, was sich als vorteilhaft erweist, da zur Straße hin der Verkehrslärm und hinten die benachbarte Karaokebar stören. Das Personal spricht gutes Englisch. ❷–❸

Coffee Heart, Phaholyothin Rd., ☏ 053-733 396. Café mit gemütlicher Sitzecke im hinteren Bereich. Der Kaffee ist ausgezeichnet, aber die Kuchen sind zu süß. WLAN. ⌚ 8–20 Uhr.

SONSTIGES

Einkaufen

Auf dem **Markt**, an den **Souvenirständen** an der Grenze und in den überdachten Kolonnaden parallel zum Grenzfluss erhält man viele Billigprodukte aus China und einige aus Myanmar. Die Phaholyothin Rd. ist von der Grenze bis zur Polizeistation von Verkaufsständen gesäumt.

In den **Edelsteinschleifereien** wird viel minderwertige Ware verkauft. Die **Jadeprodukte** sind überteuert.

Immigration

Zwischen Soi 13 und 15, 1,7 km südlich des Zentrums auf westlicher Seite in einem großen zurückversetzten Bau, ☏ 053 731 008-9. Schnelle und kompetente Bearbeitung von Visaverlängerungen.

Polizei

Tourist Police im kleinen Häuschen direkt vor dem Grenzübergang, ☏ 1155. ⌚ 8.30–18 Uhr.

TRANSPORT

Der **Busbahnhof** liegt 4,5 km südlich der Grenze, 250 m westlich vom H1.

Rote Songthaew fahren von hier für 15 Baht ins Zentrum und zur Grenze, mit Motorradtaxi 20 Baht.

BANGKOK, 857 km, meist um 7 und von 16.30–18 Uhr für 524–673 Baht, VIP 1000–1047 Baht, in 12–13 Std.

CHIANG MAI, um 6.15, 6.45, 7.30, 8.15, 9.45, 14, 14.30 und 15.30 Uhr für 174–234 Baht, VIP um 7.30, 8.15, 9.45, 14.30 und 15.30, Fr und So auch 16.30 und 18 Uhr für 364 Baht in 4 1/2–5 Std.

CHIANG RAI, 61 km, von 5.15–18 Uhr alle 20 Min. für 30–84 Baht in 1–1 1/2 Std.

CHIANG SAEN, via GOLDENES DREIECK (SOB RUAK) (40 Baht), blaue Songthaew nahe Soi 8 um 6.40, 9.40, 10.20, 11 und 14 Uhr für 60 Baht in 1 Std.

KORAT, via PHITSANULOK (398–464 Baht) um 5.15, 10, 12, 14.15, 16 und 18 Uhr für 707 Baht, VIP um 18 Uhr für 825 Baht in 13 Std.

LAMPANG, um 6.30, 8 und 12 Uhr für 126–248 Baht in 6 Std.

SUKHOTHAI, um 7, 9 und 10.30 Uhr für 283 Baht in 8 Std.

Das Goldene Dreieck

Touristen aus aller Welt werden vom Goldenen Dreieck, dem Dreiländereck Myanmar, Thailand und Laos, magisch angezogen. Der Name der berüchtigten Region, die einst das größte Opiumanbaugebiet der Welt war, bezieht sich vermutlich auf das ursprüngliche Zahlungsmittel im Opiumhandel, Gold. Am geografischen Grenzpunkt bei **Sob Ruak** wird das Dreieck anschaulich: Hier mündet der Ruak-Fluss, der die Grenze zu Myanmar bildet, in den Mekong, der Thailand von Laos trennt.

Das unspektakuläre Dreieck erreicht man über einen „Hintereingang" auf der Landstraße von Mae Sai Richtung Osten am Fluss entlang. Da die meisten Besucher von der anderen Seite kommen, erstrecken sich hinter dem **Dreilän-**

dereck kilometerweit Restaurants, Souvenirstände und Hotels, sogar ein Einkaufszentrum, ein kleines, uninteressantes **House of Opium**, ⌚ 7–19 Uhr, Eintritt 50 Baht, ein großes **Tor zum Goldenen Dreieck** und ein riesiger, auf einem Schiff sitzender **Goldener Buddha**, vor dem sich Touristen fotografieren lassen.

An der Anlegestelle 100 m südlich des Goldenen Buddha herrscht reger Bootsverkehr. **Boote** können für bis zu fünf Personen für 1000 Baht pro Stunde plus 30 Baht für die Immigration für eine Fahrt ins Grenzgebiet gemietet werden. Auf einer laotischen Insel mit Souvenirmarkt wird ein Zwischenstopp eingelegt. Hier gibt es laotisches Bier und exotische Alkoholika, Opiumpfeifen und ein Postamt, von dem aus man Postkarten mit laotischen Briefmarken nach Hause schicken kann. Zudem locken Casinos auf der birmanischen Seite.

Das Opium-Projekt

Unter der Patronage der verstorbenen Königinmutter entstand die überaus sehenswerte **Hall of Opium**, ✆ 053-784 444, 💻 www.maefahluang.org, im Golden Triangle Park, 400 m abseits des Flusses an der Straße nach Mae Sai. Das riesige Museum informiert über die 5000-jährige Geschichte des Opiums, über die weltweit legalen wie illegalen Handelswege, die Verflechtungen mit dem Teehandel, Opiumkriege in China und die Opiumraucher in Siam und anderen Ländern Südostasiens. Weitere Themen sind die Wirkung und medizinische Nutzung der Droge sowie der durch die Königsfamilie unterstützte Kampf gegen die Abhängigkeit von illegalen Drogen. Zu sehen sind in der ergreifenden Ausstellung u. a. eine nachgebaute Opiumhöhle, eine Galerie berühmter Drogenkonsumenten, Opiumpfeifen, eine durchaus kritische Dokumentation über die Rolle der CIA und der thailändischen Regierung, Videopräsentationen und Aussagen ehemaliger Abhängiger. Zudem dient es der Forschung. Hervorragendes Einführungsvideo in englischer Sprache. ⌚ Di–So 8.30–16 Uhr, Eintritt 300 Baht.

TRANSPORT

Blaue Songthaew fahren, sobald sie voll sind, vom Tor zum Goldenen Dreieck bis gegen 12 Uhr nach CHIANG SAEN für 20 Baht und MAE SAI für 40 Baht.

Minibusse von Green Bus fahren vom Tor zum Goldenen Dreieck 15x tgl. etwa stdl. von 5.50–12 sowie um 16 Uhr via CHIANG SAEN (20 Baht, 15 Min.) nach CHIANG RAI für 50 Baht in 1 1/2–2 Std. Fr findet ein Nachtmarkt auf dem Parkplatz statt, dann halten die Busse ab 15 Uhr an der Straße.

Chiang Saen

Das 9 km südlich vom Goldenen Dreieck am Westufer des Mekong gelegene Chiang Saen wurde 1328 gegründet und vermutlich bereits im 13. Jh. von Thais besiedelt. Es gehört damit zu einer der frühesten Siedlungen der Thai im heutigen Staatsgebiet. Aus jener Zeit stammen die gut sichtbare, rechteckige, 4,3 km lange Befestigungsmauer mit fünf Stadttoren und zwei Forts, die von Büschen und Teakbäumen überwachsen sind, sowie ein Graben, welche das Zentrum umschließen.

Nur wenige der 139 Tempelruinen stehen außerhalb dieses Bezirks, an vielen sind Infotafeln angebracht. Unter hohen Teakbäumen liegen die Überreste des 1332 erbauten **Wat Chedi Luang**. Die Ruine des ursprünglich 60 m hohen Chedi wurde mit einer hübschen, 27 m hohen bemoosten Pagode überbaut und wird um einen Viharn mit goldenem Buddha erweitert. Im angrenzenden **Chiang Saen National Museum** sind Funde aus dem Wat Pa Sak und anderen Tempeln, Steininschriften, lokale Keramiken aus dem 14.–17. Jh. und eine kleine ethnologische Abteilung mit Textilien und Lackwaren untergebracht. Einige Funde, wie das Kala-Gesicht und die Garuda-Statue würde man eher auf Bali als in Thailand vermuten. ⌚ Mi–So außer feiertags 8.30–16.30 Uhr, Eintritt 100 Baht.

Am treppenförmig abgestuften Chedi des **Wat Pa Sak** aus dem 14. Jh. in einem Teakwald blieben die verspielten Stuckverzierungen mit figürlichen Darstellungen erhalten, die birmanische

5 HIGHLIGHT Bootstouren auf dem Mekong

Eine Bootsfahrt auf dem Mekong, der „Mutter aller Gewässer", gehört auf einer Reise durch die Region einfach dazu. An verschiedenen Stellen entlang seines Laufs können Touristen Touren unternehmen – von einstündigen Ausflügen bis zu mehrtägigen Kreuzfahrten.

Ab Chiang Saen (Thailand): Wenn der Fluss genug Wasser führt, fahren Schnellboote bis 17 Uhr in 2 1/2 Std. für 3000 Baht (hin und zurück 3500 Baht) nach Chiang Khong durch schmale Schluchten und weite Ebenen, vorbei an Flussinseln und gefährlichen Felsen. Buchungen direkt am Pier, ✆ 081-952 5241. Schnellboote für max. 5 Pers. zum Goldenen Dreieck (Sob Ruak) sind ab 700 Baht zu chartern.

Ab Houay Xai (Laos): Der Klassiker aller Mekongrouten – und ziemlich überlaufen – ist die Fahrt flussabwärts nach Luang Prabang. Gemächlich reist man in der Gesellschaft vieler Touristen mit Slow Boats, rasend schnell, laut und riskant mit kleinen Speedboats und komfortabel mit exklusiven Kabinenschiffen.

Das oft sehr volle **Slow Boat** startet gegen 11 Uhr etwa 3 km stromaufwärts vom Zentrum nach Pakbeng für 110 000 Kip in 6 Std. und fährt am nächsten Tag gegen 8.30 Uhr nach Luang Prabang für 110 000 Kip in 7–8 Std. Wer zeitlich ungebunden unterwegs sein möchte, kann am Anleger ein Ticket nach Pakbeng und erst dort das Anschlussticket kaufen oder in ein Schnellboot wechseln. In Gegenrichtung sind die Boote deutlich leerer.

Kreuzfahrtfeeling in gediegenem Ambiente bieten die vom deutsch-laotischen Unternehmen Mekong River Cruises, 💻 www.cruisemekong.com, betriebene *Mekong Sun* mit luxuriösen Kabinen und anspruchsvoller Bordküche und Luang Say Mekong Cruises, 💻 www.luangsay.com.

Immer noch komfortabel und dabei günstiger sind Mekong Smile Cruise und Shompoo Cruise. Die Boote fahren 3x wöchentlich für US$150 p. P. von Houay Xai über Pakbeng nach Luang Prabang. Infos und Buchung in Houay Xai (S. 418) im Büro von Mekong Smile Cruise, 💻 www.mekongsmile cruise.com, oder unter 💻 www.shompoocruise.com. Nur bis Pakbeng kostet der Trip US$90.

Mehr zu der Fahrt auf diesem Flussabschnitt S. 414, S. 418 und S. 421. Für Mekong-Touren in Vietnam S. 833 und S. 836.

und Mon-Einflüsse zeigen. Eintritt 30 Baht. Mehr als 300 Stufen führen hinauf zum **Wat Phrathat Chom Kitti** nordwestlich der Stadtmauer, der 1480 mit einem großen Chedi versehen wurde.

An der Hauptstraße, 200 m vom Fluss entfernt, versteckt sich hinter Obst- und Essensständen ein sehenswerter **Markt**, auf dem große Mekong-Fische und ungewöhnliche Spezialitäten verkauft werden. Weiter unterhalb legen Boote aus China an. Während der Trockenzeit kommt der Schiffsverkehr zum Erliegen.

ÜBERNACHTUNG

Gin's Gh., 1 km Richtung Goldenes Dreieck, ✆ 053-650 847, 💻 www.fb.com/ginsmaekhong view. 7 nette Zimmer mit Ventilator im 1. Stock eines alten Holzhauses sowie in Bambusbungalows mit guten Matratzen, Du/WC und teils AC. Der Pool von Gin's Resort kann mitgenutzt werden. Motorradverleih und Vermittlung von Bootstouren. Kein WLAN. ❶–❷

Gin's Maekhong View Resort & Spa, Rimkhong Rd. südl. von Gin's Gh., ✆ 053-650 847, 084-485 1376, 💻 www.fb.com/ginsmaekhongview. Der Name ist Programm: Am Mekong stehen in einer netten Gartenanlage 3 frische, helle Bungalows mit Korbmöbeln, LCD-TV, großen Fenstern und Balkon mit Kamin (!), zudem 14 Zimmer im 2-stöckigen Haus und ein netter Pool. Frühstück inkl. ❺

Viang Yonok Hotel, 3,5 km östlich der Stadt nach Süden abbiegen, ✆ 053-650 444, 081-862 8727, 💻 www.viang yonok.com. Am Ostufer des Chiang Saen-Sees haben die freundlichen Gastgeber Vasana und Ian Smith aufgrund eigener Reiseerfahrung ein sehr gut durchdachtes Resort gestaltet, das

Komfort und Ruhe bietet. 7 individuell und geschmackvoll eingerichtete Bungalows mit bequemen Betten, Safe, Kühlschrank, Föhn, Wasserkocher, LCD-TV und Bädern mit Naturstein- und Holzböden, auch Familienzimmer. Sauna und Pool. Restaurant mit Thai- und westlichen Gerichten und entspannt-freundlicher Atmosphäre. Eigener Bio-Garten. Touren mit Chai sind empfehlenswert. Kajaks und Mountainbikes (schöne Tour um den See) und sehr gutes Frühstück inkl. Unbedingt die Pfannkuchen probieren! ❺–❻

TRANSPORT

Motorradrikschas im Ort kosten 20 Baht.
Nach BANGKOK verkehren **Busse** vom Büro der staatlichen Transport Company (999) um 7 (via PHITSANULOK), 15.30 und 17 Uhr oder VIPs vom Sombat Tour Büro, Call Center: ✆ 02-792 1444, 💻 www.sombattour.com, neben der Krungthai Bank in der Phaholyothin Rd., um 17 und 17.30 Uhr für 529–680 Baht, VIP 1058 Baht in 12 Std.
CHIANG KHONG, mit grünen Songthaew ab der Haltestelle an der südlichen Uferstraße, etwa stdl. von 7–13 Uhr über HAD BAI (50 Baht; dort umsteigen) für 100 Baht in 2 Std., direkt nur um 10 Uhr in 2 Std. Charter 1000 Baht.
Die meisten Busse und Songthaew fahren nahe dem Markt, 100 m von der Einmündung der Haupt- in die Uferstraße, ab:
CHIANG RAI, Busse bis 15.50 Uhr alle 15–20 Min. und um 17 Uhr für 37 Baht in 1 1/2 Std. oder mit Minibussen von Green Bus von 6.20–17 Uhr etwa stdl. für 45 Baht in 1 1/2 Std.
GOLDENES DREIECK (SOB RUAK), 9 km, Songthaew von 7.20–12 Uhr alle 40 Min. oder mit den Minibussen von Green Bus nach Chiang Rai für 20 Baht. Charter 150 Baht.
MAE SAI, blaue Songthaew bis 12 Uhr alle 40 Min. für 60 Baht in 1 Std. Charter 600 Baht.

Chiang Khong

Nach 66 km (über Kiu Kan 54 km) ist Chiang Khong erreicht. Der kleine angenehme Ort am Mekong war in der Vergangenheit für viele Backpacker Zwischenstation auf dem Weg nach Laos. Leider lassen ihn mittlerweile die meisten links liegen und reisen über die **4. Thai-Lao Friendship Bridge** 6 km südlich direkt nach **Houay Xai** auf der laotischen Seite weiter.

Als Alternative zur Durchgangsstraße lädt die **Uferpromenade** zum Flanieren ein. Zum **Wochenmarkt** am Freitag im unteren Ortszentrum finden sich Hmong und andere Bergbewohner ein. Ansonsten findet hier täglich bis 7 Uhr ein kleinerer **Morgenmarkt** statt.

Mehr s. eXTra [2719].

ÜBERNACHTUNG UND ESSEN

€ **Baan Pak Pon**, ✆ 053-655 092, 081-791 6735, 💻 www.999chiangkhong.com/baanpakpon.html. In Obhut der sehr netten Fon wohnt man in 14 ruhigen Zimmern auf mehreren Ebenen, die meisten mit Flussterrasse oder Balkon, teilweise mit etwas durchgelegenen Federkernmatratzen, kleinen Bädern oder Waschbecken im Zimmer, AC und Kühlschrank. Freundliche Atmosphäre. Frühstück inkl. ❷

Chiangkhong Teak Garden Hotel, 666 Moo 8, Saiklang Rd., ✆ 053-792 008-9, 💻 www.chiangkhongteakgarden.com. In modernen, sauberen Doppelhäusern am Hang liegen 37 Zimmer mit weiß gefliesten Böden und dunklen Möbeln, dicken Matratzen, LCD-TV, Safe, Kühlschrank, Föhn, Wasserkocher, kleinem Bad mit Tropendusche sowie Balkon, in der unteren Reihe mit Flussblick. Gepflegter Garten mit hohen Teakbäumen, Flussrestaurant. Freundliches, hilfsbereites Personal. 2015 wurde ein großer Neubau hochgezogen. Frühstück inkl. ❺–❻

Bamboo Mexican House, 1 Moo 8, Wiang Rd., ✆ 053-971 621, 💻 auf Facebook. Die aus Bangkok stammende Besitzerin des kleinen Restaurant-Cafés Taew backt leckeres Brot (gut zum Mitnehmen) und stellt ihre eigene Müslimischung aus selbst angebauten Zutaten zusammen. Neben Frühstück einheimische und einige leckere mexikanische Gerichte. 🕒 7.30–20.30 Uhr.

Rimkhong Restaurant, nur auf Thai ausgeschildert, 187 Moo 12, ✆ 053-791 105,

Über die Grenze nach Laos

Die überdimensionierten Gebäude zur Grenzabfertigung liegen beiderseits der neuen Brücke, ⌚ 8–16 Uhr, von 6–8 und 16–22 Uhr sowie an Wochenenden muss man auf laotischer Seite US$1 Überstundenzuschlag zahlen.
Tuk Tuks aus Chiang Khong fahren für 50–60 Baht zur Brücke. Nach dem Passieren der Passkontrolle auf der Thai-Seite geht es für 30 Baht / 5000–10 000 Kip mit einem Bus auf die laotische Seite. Shuttlebusse nach Houay Xai und grenzüberschreitenden Busse nach Luang Prabang verkehren ab dem neuen Busbahnhof (s. Transport).
Unkompliziert ist auch die Anreise mit dem **Bus ab Chiang Rai**, der über die Grenze zur internationalen Busstation fährt und bei der Visabeantragung wartet (S. 272).
Bei der **Einreise nach Laos** wird ein 30 Tage gültiges Visa on Arrival ausgestellt, das für Deutsche US$30 und Österreicher US$35 kostet. Schweizer erhalten kostenlos eine Aufenthaltserlaubnis für 14 Tage. 1 Passfoto oder die Fotokopie des Passes wird benötigt.
Achtung: Nicht auf offiziell aussehende Herren vor dem Abfertigungsgebäude auf Thai-Seite hereinfallen, die behaupten man müsse bereits hier US-Dollar wechseln (zu extrem schlechten Kursen versteht sich). Neben dem Visaschalter auf laotischer Seite gibt es eine Wechselstube, die benötigte US-Dollar tauscht. Hinter der Abfertigung warten Tuk Tuks, die für 100 Baht / 25 000 Kip die 8 km nach Houay Xai fahren.
Für den Grenzübertritt sollten 1–2 Std. eingeplant werden. Einreise nach Thailand s. S. 421.

THAILAND

💻 auf Facebook. Überwiegend Einheimische essen in dem netten, 3-stöckigen Flussrestaurant mit kleiner englischer und umfangreicherer Thai-Karte. Original scharfe Currys und Mekong-Fisch. ⌚ 9–21 Uhr.

SONSTIGES

Medizinische Hilfe

Somdej Phra Yupparat Hospital, 354 Moo 10, 3 km südlich der Stadt gelegen, ☎ 053-655 712. Ein größeres Provinzkrankenhaus.

Post

Direkt südlich vom Wat Phra Kaew. ⌚ Mo, Mi und Fr 8.30–16.30, Di und Do 9–12 Uhr.

Reisebüros

Easy Trip, 67/2 Moo 1, ☎ 053-655 174, 086-997 7246, 089-635 5999, 💻 www.fb.com/easytripchiangkhong. Freundliches Reisebüro unter der Leitung der sehr kompetenten Miss Noi. Buchung von Inlandflügen in Laos und Vietnam sowie Flussbooten ab Houay Xai (s. Kasten S. 418).

TRANSPORT

Weiterfahrt nach Süden s. **eXTra [6035]**.
Tuk Tuks und **Motorradtaxis** stehen am Busbahnhof und kosten im Stadtgebiet 30 Baht p. P.

Busse und Songthaew

CHIANG SAEN, mit grünen Songthaew via Had Bai (50 Baht) ab der Haltestelle ggü. der Kaserne um 8.30 Uhr für 100 Baht in 2 Std. Bei späteren Verbindungen gibt es keinen Anschluss in Had Bai mehr.
Von den Büros der privaten Gesellschaften **jenseits der Flussbrücke** geht es nach:
BANGKOK, via AYUTTHAYA und PHITSANULOK mit Sombat Tour, ☎ 053-791 644-5, 💻 www.sombattour.com, oder Budsarakam Tour, ☎ 053-791 227, 💻 www.budsarakamtour.com, um 7.25, 15, 15.15, 15.30 und 16.10 Uhr für 655 Baht, VIP um 15.30, 15.50 und 16 Uhr für 764–1010 Baht in 12 Std.
CHIANG MAI, mit Green Bus um 7.15 und 9.45 Uhr für 271–284 Baht, VIP um 9.45 Uhr für 434 Baht oder mit Minibussen, ☎ 080-673 9700, um 10.30 Uhr ab **Namkhong Riverside Hotel,** in 7–8 Std. Öfter über Chiang Rai.

CHIANG RAI, 140 km, von 5–16 Uhr etwa stdl. für 65 Baht, auch mit Green Bus für 126–162 Baht in 2–2 1/2 Std.

Vom **neuen Busbahnhof** 4 km südlich der Stadt am H1020 verkehren die Busse der staatlichen Transport Company (999), 💻 http://home.transport.co.th, nach:
BANGKOK um 7, 15.15, 15.20 und 16 Uhr für 655 Baht.
HOUAY XAI (Bokeo International Bus Terminal, Laos) um 9, 12, 17.30 und 18.30 Uhr für 30 Baht.
HOUAY XAI (Laos), Shuttlebusse von 7–18 Uhr stdl. für 20 Baht.
LUANG PRABANG (Laos), um 15 Uhr für 930 Baht in 14 Std.

Südlich von Chiang Mai

Wesentlich dünner besiedelt als die Tiefebene präsentiert sich das umgebende Bergland. Die Landschaft ist trockener und rauer, kleinere Nationalparks schützen die verbliebenen Wälder.

Lampang

Lampang, eine Gründung der Mon-Könige, liegt etwa 100 km südöstlich von Chiang Mai und blickt auf eine über 1300-jährige Geschichte zurück. Seine Blütezeit war das 19. Jh., als die riesigen Teakwälder im Norden abgeholzt wurden. In Lampang befand sich das Zentrum der Holzhändler, von deren Wohlstand bis heute prächtige Teakhäuser zeugen. Mit dem Ende des Holzbooms gerieten die Häuser in Verfall, werden aber mittlerweile restauriert und verleihen der Stadt ihr einmaliges Antlitz. Hinzu kommt, dass die Einheimischen den Frevel an der Natur mit Blick auf ihr eigenes Karma immerhin durch den Bau prächtiger Tempel wiedergutzumachen suchten. Entlang dem H1, der geschäftigen Phaholyothin Road mit ihren unscheinbaren Allerweltsbauten, ist davon nichts zu erahnen. Erst während eines Spaziergangs oder einer Rundfahrt mit einer bunt geschmückten Pferdekutsche durch die Altstadt beiderseits des Wang-Flusses erschließt sich der Charme der Stadt.

Kutschfahrten

Pferdekutschen wurden vor über hundert Jahren von Europäern als Transportmittel in Lampang eingeführt. Auch wenn ihnen der moderne Verkehr zu schaffen macht, versucht eine Vereinigung, ✆ 054-918 809, 054-224 166, diese Tradition zu erhalten. Die Kutschen stehen u. a. vor dem Bahnhof, in der Suan Dok Road und an der Zufahrt zum Thip Chang Hotel. Eine kurze Tour kostet 200–300 Baht, sonst 400 Baht pro Std.

Die südliche Uferstraße säumen Holzhäuser und zwei chinesische **Clanhäuser**. Jenseits der alten Brücken stehen, teils versteckt in verwunschenen Gärten, große Teakhäuser. Weit verstreut liegen schöne Tempel im birmanischen Stil: **Wat Si Rong Muang** aus dem Jahr 1904 mit einem wunderschönen Dach in der Tha Krao Noi Road; der große, nach einem Brand teilrekonstruierte **Wat Si Chum** und **Wat Pa Fang** mit einer goldenen Pagode zwischen der Phaholyotin Road und dem Flugplatz.

An der Talad Gao Road, der abendlichen Walking Street (s. u.), präsentiert das **Lampang Art Center**, ✆ 054-230 651, 💻 www.fb.com/lampang artscenter, in einem schönen Teakhaus Ausstellungen von Künstlern und Kunsthandwerk aus Lampang. 🕒 Di–Fr 11–18, Sa und So 13–21 Uhr, Eintritt frei, Spenden sind gern gesehen.

Der **Wat Chiang Rai** im westlichen Zentrum erstrahlt in Rot und Weiß und ist mit Tausenden Spiegelsteinen dekoriert. Die Wandmalereien im Innenraum erzählen aus dem Leben Buddhas.

Nördlich davon sind in der Wang Nua Road neben alten Teakhäusern rekonstruierte Teile der alten Stadtmauer und **Khu Chao Ya Suta** zu sehen, die Überreste eines 2010 mit Hilfe von Spenden der Anwohner freigelegten Tempels aus dem 14.–15. Jh.

ÜBERNACHTUNG

Akhamsiri Home, 54/1 Pamaikhet Rd., ✆ 054-228 791, 084-378 6549, 💻 auf Facebook. Ruhiges, kleines Gh. im modernen Thai-Stil.

14 Zimmer mit Kühlschrank und TV, harten Matratzen, hübscher Du/WC mit Regendusche und Balkon oder Terrasse mit Sitzgelegenheit. Kleines Restaurant, ⌚ 7–21 Uhr. Die Chefin spricht Englisch. Fahrräder 50 Baht, Frühstück 100 Baht. ❷

Auangkham Resort, 51 Wang Nua Rd., nur auf Thai beschildert, ✆ 054-221 305, 💻 www.auangkhamlampang.com. In ruhiger Lage laden 14 geräumige Zimmer in 2 zurückversetzten, 2-stöckigen Neubauten mit Blick in den tollen Garten zum Entspannen ein. Alle haben Korb- und Holzmöbel, LCD-TV, einen vollen Kühlschrank und kleine Balkone oder Verandas. Der freundliche Besitzer spricht sehr gutes Englisch. Fr an der Straße der Cultural Street-Nachtmarkt (s. u.). WLAN, Obst und morgens Kaffee oder Tee kostenlos. ❹–❺

City Ratsada Apartment, am östlichen Ende der Talad Gao Rd., Ecke Thip Chang Rd., ✆ 054-228 282, 082-1817 181, 💻 www.cityratsada.com. Modernes, kleines 4-stöckiges Stadthotel ohne Lobby, aber mit sauberen Zimmern, die durch weiße Fliesenböden und große Fenster sehr hell wirken. Auch kleinere, preiswertere Zimmer mit Balkon, Schreibtisch, TV und großem Kühlschrank, die teureren, großzügigen Deluxe-Zimmer zudem mit Sofa und Wasserkocher. Kaffee und Tee kostenlos, Parkplatz. ❷–❸

Riverside Gh., 286 Talad Gao Rd., ✆ 054-227 005, 💻 www.theriverside-lampang.com. In 3 2-stöckigen, von Pflanzen umgebenen Teakhäusern hat die belgisch-italienische Besitzerin Lorenza 18 hellhörige Zimmer und eine Suite individuell eingerichtet. Einige haben AC, Balkon oder Terrasse, auch 3- und 4-Bett-Zimmer. Sitzgelegenheiten am Fluss und im Garten. Fahrräder für 60 Baht, Motorräder für 200 Baht pro Tag. Frühstücken möglich. ❷–❹

ESSEN

Unter der Woche sind die meisten **Cafés** auf der Talad Gao Rd. tagsüber geschlossen.

Assawin-Nachtmarkt, östlich des Postamts in der Tha Krao Noi Rd. Viele Essensstände. ⌚ ab 16 Uhr.

Cultural Street, in der Wang Nua Rd. Traditioneller, untouristischer und überschaubarer Nachtmarkt. Jeden ersten Fr im Monat mit kulturellen Aufführungen. ⌚ Fr 17–21 Uhr.

Ratsada-Markt nördlich vom Fluss. Hier können Mutige bereits zum Frühstück lokale Delikatessen probieren, einige Stände haben auch abends geöffnet.

€ **Aroy One Baht**, 297 Thip Chang Rd., ✆ 054-219 233. Sehr preiswertes und beliebtes Thai-Restaurant mit einer Speisekarte auf Englisch. Die Gäste sitzen auf Hockern an kleinen Holztischen im teils überdachten Garten und im 1. Stock eines schönen alten Teakhauses. Für jeden einsehbar wird in der großen Küche an der Straße zur Stoßzeit gebrutzelt, was das Zeug hält. Noch immer kostet die Reissuppe nur 1 Baht, die meisten anderen Gerichte in kleinen Portionen um 50 Baht, ein ganzer Fisch 100 Baht. ⌚ 16–23 Uhr.

Khao Soi Islam, Pongsanuk Rd., ✆ 054-227 826. Mittags genießt die Stammkundschaft des kleinen Familienbetriebs Satay und die beste *Khao Soi* der Stadt. ⌚ 9–14.30 Uhr.

Long Jim New York Pizza, 1583 Charoen Mueng Rd., w 082-892 5009, 💻 www.fb.com/longjimpizza. In dem kleinen, offenen, beliebten Restaurant servieren der freundliche und hilfsbereite US-Amerikaner Kirk und seine Thai-Frau großartige und dennoch preisgünstige authentische und reichhaltig belegte New Yorker Pizzas in 2 Größen (kleine ab 115 Baht, große ab 200 Baht) sowie Chicken Wings und Pasta. Beerlao. WLAN. ⌚ Di–So 17–21 Uhr.

Maroccino, Thip Chang Rd., gegenüber von City Ratsada Apartment. Kleines, entspanntes Café mit Terrasse. Auch Smoothies, ⌚ Mo–Sa 8–18 Uhr.

Mit allen Sinnen genießen

Am Sa und So kann man von 17–22 Uhr über die beliebte **Kad Kong Ta Walking Street** in der für den Verkehr gesperrten Talad Gao Road bummeln, traditionelle Musik und Tänze genießen, shoppen und lokale Snacks probieren.

ÜBERNACHTUNG
1. Auangkham Resort
2. Akhamsiri Home
3. City Ratsada Apartment
4. Riverside Gh.

ESSEN
1. Khao Soi Islam
2. Maroccino
3. Long Jim New York Pizza
4. Aroy One Baht
5. New Seafood

SONSTIGES
1. Wäschereien
2. Pornpitak Tours

TRANSPORT
1. Pferdekutschen (4x)
2. Busbahnhof
3. Songthaew nach Muang Pan (2x)
4. Minibusse nach Chae Son
5. Taxis

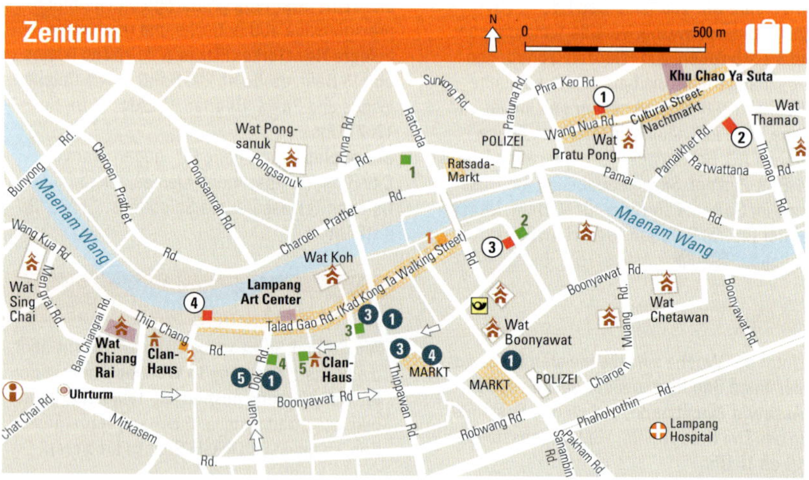

New Seafood, Thip Chang Rd. Der Beliebtheit dieses offenen, chinesischen Restaurants tun Neonlicht, Plastikstühle und die ständig laufenden Fernseher keinen Abbruch. Das Essen aus der einsehbaren Küche ist sehr gut. Die meisten Gerichte um 100 Baht. Fische und anderes Seafood sind teurer und liegen am Eingang auf Eis. Die umfangreiche bebilderte, zweisprachige Speisekarte ist nach Zubereitungsarten sortiert. Interessant und lecker schmeckt der frittierte Fisch mit Mangosalat. ⌚ 16–22 Uhr.

EINKAUFEN

Frühaufsteher können über den **Ratsada-Markt** jenseits der hübschen, alten Brücke bummeln.

Big C, westlich des Busbahnhofs, Lampang Ngao Rd., und **Tesco Lotus** am Super-Highway.

Central Plaza, gegenüber dem Tesco Lotus, www.centralplaza.co.th. Großes, modernes Einkaufszentrum mit einem Tops-Supermarkt, Multiplex-Kino und Geschäften für Bekleidung, Kosmetik und Elektronik auf 4 Etagen. ⌚ Mo–Fr 11–21, Sa und So 10–21 Uhr.

TOUREN

Pornpitak Tour, 363/1 Thip Chang Rd., ☏ 054-226 774, 084-949 8269. Tages- und Halbtagestouren zum Elephant Conservation Center, Wat Phrathat Lampang Luang und Chae Son National Park, je nach Anzahl der Teilnehmer für 800–1500 Baht. Außerdem Motorradvermietung für 250 Baht und Internet. ⌚ Mo–Sa 8–17 Uhr.

SONSTIGES

Informationen

Tourist Information Center, 230 Tha Krao Noi Rd., ☏ 054-237 229, www.lampangcity.go.th/en. Bemühte Mitarbeiter mit wenigen Informationen und einer Karte. Zudem kostenlose Fahrräder gegen Vorlage des Passes zur Kopie. ⌚ 9–16.30, zur Hochsaison bis 18, Sa und So bis 16 Uhr.

Medizinische Hilfe

Khelang-Ram Hospital, Phaholyothin Rd., nahe dem Busbahnhof, ☏ 054-325 432, www.khelangnakornramhospital.com. Professionelles, zentrales Privatkrankenhaus.

NAHVERKEHR

Grün-gelbe **Songthaew** kosten im Stadtgebiet 20–50 Baht und verkehren zwischen Busbahnhof, Bahnhof und Uhrturm. Eine Tempelrundfahrt im Stadtgebiet kostet 200–300 Baht pro Std., eine Tour zum Thai Elephant Conservation Center 600 Baht und zum Wat Phrathat Lampang Luang 500 Baht hin und zurück, beide Ziele in einer Tour 700 Baht.

Taxis, ☏ 089-321 8822, warten am Pin Hotel auf Gäste und fahren ab 50 Baht.

TRANSPORT

Busse

Vom **Busbahnhof**, ☏ 054-218 219, am H1 neben dem Big C südlich des Zentrums nach:

BANGKOK, 610 km, via AYUTTHAYA, häufig von 7.50–22.20 Uhr für 361–542 Baht, VIP um 8.45 und 20.45 Uhr für 722 Baht in 8–9 Std.

CHIANG MAI, grüne lokale Busse von 2–22 Uhr alle 30 Min. sowie mit großen Bussen 17x tgl. für 71–95 Baht, VIP für 111 Baht in 1 1/2 Std., via Lamphun 2 Std.

CHIANG RAI, 225 km, von 6.30–12 Uhr alle 45 Min. für 102 Baht und um 11.40, 12.40 und 15.30 Uhr für 102–143 Baht in 4–5 Std.

KHON KAEN, 12x tgl. von 5.15–22.30 Uhr fast stdl. für 395–508 Baht, VIP um 20.45 Uhr für 790 Baht in 10 Std.

MAE SAI, 3x tgl. für 126–248 Baht in 6 Std.

PHITSANULOK, via TAK (126–152 Baht, 3 Std.) und SUKHOTHAI (171–220 Baht, 4 Std.), von 6.30–20.30 Uhr stdl. für 203–319 Baht in 5 Std.

THAI ELEPHANT CONSERVATION CENTER, 28 km nördlich, mit grünen Chiang Mai-Bussen für 30 Baht in 30 Min.

Songthaew und Minibusse

Von **Haltestellen in der Stadt** (s. Karte) nach:

KO KHA (Wat Phrathat Lampang Luang), von 7–16.30 Uhr alle 30 Min. für 70 Baht.

THAILAND

Eisenbahn

Der **Bahnhof**, ✆ 054-217 024, ist ein deutscher Fachwerkbau mit Thai-Dekor aus dem Jahr 1916. Bis zum Ersten Weltkrieg waren deutsche Ingenieure am Eisenbahnbau beteiligt. Von hier fahren 5 Eil- und Expresszüge über Phitsanulok und Ayutthaya nach Bangkok, Fahrplan S. 880.

Fahrpreise (1./2./3. Klasse) ohne jegliche Zuschläge;
AYUTTHAYA, 571 km, 460/221/95 Baht.
BANGKOK, 642 km, 512/244/106 Baht in 9 1/2–12 Std.
CHIANG MAI, 109 km, 102/53/23 Baht.
PHITSANULOK, 253 km, 222/111/48 Baht.

Flüge

Zum kleinen **Flugplatz**, ✆ 054-226 483, südlich des Zentrums mit Songthaew für 30–50 Baht.

Bangkok Airways, 💻 www.bangkokair.com, nach BANGKOK (Suvarnabhumi) 3x tgl.

Nok Air, 💻 www.nokair.com, nach BANGKOK (Don Mueang) 3x tgl.

Wat Phrathat Lampang Luang

Wat Phrathat Lampang Luang, 15 km südwestlich der Stadt nahe dem Dorf Ko Kha, ist eine der schönsten Tempelanlagen des Landes. Die ältesten noch erhaltenen Gebäude stammen aus dem 15. Jh. Der Legende nach betete hier bereits im 8. Jh. die Mon-Prinzessin Cham Devi. Massives Teakholz dominiert die Tempelbauten innerhalb der Mauern, von den starken Stützpfeilern bis zu den mit Schindeln gedeckten Dächern. Die Eingangstore *(Prathu Khong)*, Dachfirste und Giebel zieren reiche Schnitzereien. Besonders eindrucksvoll ist der 36 m lange, offene Haupt-Vihara mit halb heruntergezogenen hölzernen Seitenwänden, die im Innern von verwitterten Wandmalereien bedeckt sind. Er beherbergt eine schöne Buddhastatue von 1563. Im 45 m hohen Chedi soll sich ein Haar von Buddha befinden.

Jenseits der Mauer links vom Eingang stehen zwei Museumsgebäude. Im Viharn Phra Kaew wird gut bewacht hinter schweren Gittern ein Smaragd-Buddha im Chiang Saen-Stil verehrt. Er wird während des Songkran-Festes in einer Prozession durch die Straßen getragen, um für den kommenden Erntezyklus um Regen zu bitten. Zudem sind Votivtafeln, alte Schriften und Almosenschalen zu sehen. Im Gebäude gegenüber finden sich alte Buddhastatuen, Lackdosen, Schriften und Münzen. 🕒 7.30–17 Uhr.

TRANSPORT

Blaue Songthaew von LAMPANG bis KO KHA für 70 Baht, man sollte dem Fahrer sagen, dass man zum Wat möchte. Taxi oder gechartertes Songthaew ab Lampang für 500 Baht.

Thai Elephant Conservation Center

Sobald der H11 nördlich von Lampang die Berge erklimmt, weisen Schilder nahe Thung Kwian auf das 1992 gegründete Conservation Center hin. Am gut ausgeschilderten Eingang zwischen KM 28 und 29 informiert im großen Konferenzzentrum die **Ausstellung** „A journey with Thai Elephants" über die Tiere, ihre mythologische Bedeutung, Rolle in der Thai-Kultur und historische Funktionen in Forstwirtschaft und Kriegsführung. Zudem werden die heutigen Probleme der Dickhäuter beleuchtet. Alles ist auf Englisch beschriftet und ein Teil der Ausstellung kindgerecht aufgearbeitet.

Mit dem Shuttlebus für 25 Baht geht es weiter ins Zentrum, in dem derzeit über 130 Tiere untergebracht sind. Neben der Haltestelle befinden sich ein kleines Restaurant und Postamt, unterhalb der Elefantenstall, wo von 8–15 Uhr kurze **Ausritte** gebucht werden können (10, 30 oder 60 Min. für 200, 500 oder 1000 Baht), und der See, in dem um 9.45 und 13.15 Uhr Elefanten gebadet werden (**Baden mit Elefanten** inkl. Ausleihe entsprechender Kleidung und Foto 1000 Baht). Danach geht es oberhalb zur Bühne für die 30-minütige **Show** um 10, 11 und 13.30 Uhr. Tickets 200 Baht, Kinder 150 Baht. Die Elefanten werden gegen 15.30 Uhr in den Dschungel geführt. Dann verlassen Tagesbesucher den Park.

Auf dem Weg zum Ausgang sollte man auf alle Fälle das **Elefantenhospital** besuchen, in dem alle Elefanten kostenlos behandelt werden, und den angrenzenden Kindergarten, wo Weibchen mit Jungtieren untergebracht sind. Mehr zur Elefantenschule s. eXTra [10080].

Wer sich intensiver mit den Tieren beschäftigen möchte, kann im Homestay oder Resort wohnen und Kurse buchen. Informationen in der kleineren Halle im Eingangsbereich, wo auch ein Elefantenskelett steht. Das Angebot reicht von 2 Std. bzw. einem Tag mit Elefanten für 2000 bzw. 4000 Baht bis zu Mahout-Kursen von 3–30 Tagen ab 12 500 Baht. Weitere Infos ✆ 054-829 334, 829 337, 💻 www.thailandelephant.org.

TRANSPORT

Grüne **Busse** Nr. 148 von CHIANG MAI (Arcade Bus Station, 50 Baht, 1–1 1/2 Std.) oder LAMPANG (30 Baht, 30 Min.) fahren stdl. am Eingang vorbei. Ein Taxi oder Songthaew ab Lampang kostet 600 Baht hin und zurück.

Der Nordosten

Anders als die Strände und Inseln im Süden Thailands führt der Nordosten noch immer ein touristisches Schattendasein. Völlig zu Unrecht, denn eine Reise durch den **Isarn** (auch Isan, I-san, Isaan oder gar Issan und E-sarn) erschließt nicht nur den größten, sondern vielleicht auch faszinierendsten Landesteil des Königreichs. Auf immer mehr neuen Reisewegen lassen sich die Reize der Region entdecken: quirlige Städte, intensive Naturerlebnisse, Traditionen und Historie, aber auch ein zunehmendes Angebot an originellen Unterkünften und Shoppingmöglichkeiten.

Der Name der 168 000 km² weiten Region wurzelt im Begriff „Ishana" – einem aus dem Sanskrit stammenden Begriff für das frühe Mon-Khmer-Königreich, das sich hier einst erstreckte, bevor es dem Imperium von Angkor einverleibt wurde. Sprache und Kultur der Bewohner sind eng verwandt mit denen des benachbarten Laos,

Insider im Isarn

Viele Deutsche und andere Europäer leben mit ihren Familien in den Dörfern des Nordostens, der oft Heimat ihrer einheimischen Ehefrauen ist. Sie haben ihren Job gekündigt oder den Ruhestand erreicht und hier eine neue Existenz gegründet. Das Leben fernab der Touristenzentren in einem fremden Kulturkreis hat viele spannende, aber auch anstrengende Seiten. Trotz Satelliten-TV und Internet bilden Kontakte mit anderen, oft weit entfernt lebenden Farangs eine wichtige Brücke zur Heimat.

Einige Aussteiger haben Restaurants oder Bars eröffnet, produzieren die vermissten Back- und Wurstwaren selbst, betreiben Unterkünfte oder eine kleine Reiseagentur, um sich mit Besuchern in ihrer Muttersprache unterhalten zu können. Die Qualität der von ihnen angebotenen Zimmer kann sogar besser sein als in vielen Hotels – und eine Übernachtung in abgelegenen Regionen bietet Reisenden die Möglichkeit, das Land auch ohne Thai-Sprachkenntnisse abseits der Touristenpfade kennenzulernen.

Einen authentischen Homestay-Urlaub mit Insider-Tipps, unterhaltsamen Abenden, Entdeckungstouren und Kochkursen oder Wellness versprechen der aus dem Taunus stammende Dieter Eppert und seine thailändische Frau Walliya (Khun Ei) mit ihrem **EiDi Homestay**, ✆ 090-840 1950, 💻 www.eidi-homestay.com, in der erst wenig bereisten Provinz Kalasin.

Als Mittler zwischen Besuchern und Besuchten versteht sich unter dem Motto „Showing you the other Thailand" die auf den gesamten Nordosten spezialisierte Agentur **Isan Explorer**, ✆ 087-643 901, 💻 www.isanexplorer.com. Der seit 2007 im Isarn lebende Amerikaner Tim Bewer und seine einheimische Frau Gukgai – sie hat sich wissenschaftlich mit der Mekong-Region beschäftigt – führen mitten in den Alltag der Einheimischen, zu beschaulichen Dörfern, Märkten und Heiligtümern.

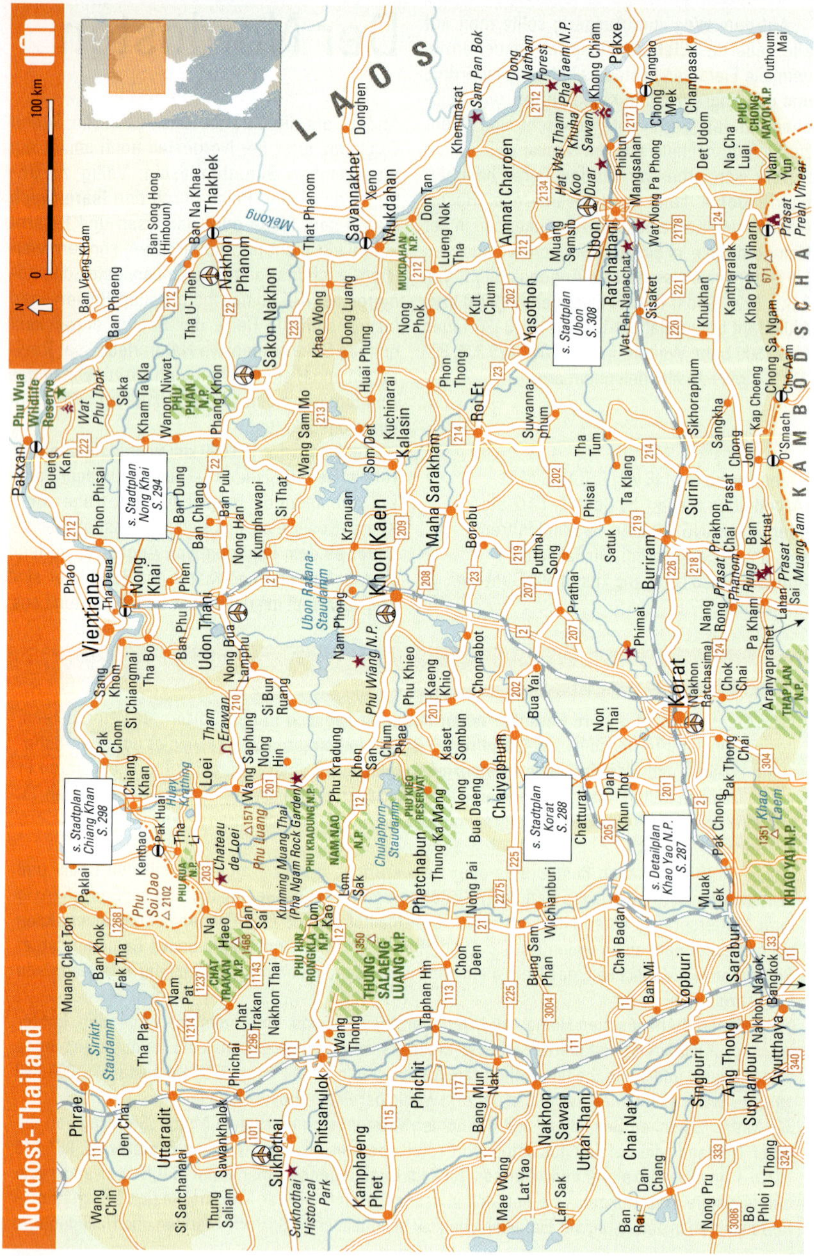

Nordost-Thailand
100 km
N
LAOS
KAMBODSCHA
Mekong
Vientiane
Tha Deua
Nong Khai
Pakxan
Thakhek
Savannakhet
Xeno
Donghen
Pakxe
Champasak
Vangtao
Chong Mek
Khong Chiam
Khemmarat
Sam Pan Bok
Dong Natham Forest
Pha Taem N.P.
Ban Na Khae
Ban Song Hong (Hinboun)
Ban Vieng Kham
Ban Phaeng
Phu Wua Wildlife Reserve
Wat Phu Thok
Bueng Kan
Seka
Kham Ta Kla
Wanon Niwat
Phu Phan N.P.
Phang Khon
Sakon Nakhon
Tha U-Then
Nakhon Phanom
That Phanom
Mukdahan
Mukdahan N.P.
Don Tan
Khao Wong
Dong Luang
Huai Phung
Nong Phok
Lueng Nok Tha
Kut Chum
Amnat Charoen
Yasothon
Muang Samsib
Hat Wat Tham Khuha Koo Sawan
Duar
Ubon Ratchathani
Phibun Mangsahan
Wat Nong Pa Phong
Wat Pah Nanachat
Sisaket
Det Udom
Na Cha Luai
Phu Chong Nayok N.P.
Nam Yun
Prasat Preah Vihear
Khao Phra Viharn
Kantharalak
Khukhan
Chong Sa Ngam
Cho-Aam
Sikhoraphum
Sangkha
Kap Choeng
O'Smach
Prasat Chong Jom
Surin
Prakhon Chai
Ban Kruat
Prasat Muang Tam
Prasat Phanom Rung
Nang Rong
Pa Kham
Lahan Sai
Aranyaprathet
Thap Lan N.P.
Chok Chai
Buriram
Satuk
Ta Klang
Tha Tum
Phisai
Suwannaphum
Roi Et
Phon Thong
Kuchinarai
Kalasin
Som Det
Wang Sam Mo
Maha Sarakham
Borabu
Putthai Song
Prathai
Phimai
Korat
Nakhon Ratchasima
Non Thai
Khon Kaen
Kranuan
Nam Phong
Ubon Ratana-Staudamm
Phu Wiang N.P.
Phu Khieo
Kaeng Khio
Chonnabot
Bua Yai
Kaset Sombun
Chum Phae
Khon San
Phu Kradung
Phu Kradung N.P.
Nam Nao N.P.
Chulaphorn-Staudamm
Phu Kieo Reservat
Chaiyaphum
Nong Bua Daeng
Thung Ka Mang
Phetchabun
Lom Sak
Lom Kao
Nong Pai
Wichianburi
Chatturat
Dan Khun Thot
Pak Chong
Khao Laem
Khao Yai N.P.
Muak Lek
Pak Thong Chai
Saraburi
Lopburi
Ban Mi
Chai Badan
Bung Sam Phan
Udon Thani
Nong Bua Lamphu
Kumphawapi
Si That
Nong Han
Ban Chiang
Ban Dung
Ban Pulu
Ban Phu
Phen
Tha Bo
Si Chiangmai
Sang Khom
Pak Chom
Chiang Khan
Huay Krathing
Pak Huai
Kenthao
Tha Li
Loei
Tham Erawan
Wang Saphung
Nong Hin
Si Bun Ruang
Phu Luang
Chateau de Loei
Phu Ruea N.P.
Kunming Muang Thai (Pha Ngam Rock Garden)
Dan Sai
Na Haeo
Phu Soi Dao
Paklai
Muang Chet Ton
Ban Khok
Fak Tha
Nam Pat
Sirikit-Staudamm
Tha Pla
Chat Trakan N.P.
Chat Trakan
Nakhon Thai
Phu Hin Rongkla N.P.
Thung Salaeng Luang N.P.
Wang Thong
Phichai
Phitsanulok
Uttaradit
Den Chai
Phrae
Wang Chin
Si Satchanalai
Thung Saliam
Sawankhalok
Sukhothai
Sukhothai Historical Park
Kamphaeng Phet
Phichit
Taphan Hin
Chon Daen
Bang Mun Nak
Nakhon Sawan
Mae Wong
Lat Yao
Lan Sak
Uthai Thani
Chai Nat
Dan Chang
Ban Rai
Singburi
Ang Thong
Suphanburi
Nong Pru
Bo Phloi
U Thong
Ayutthaya
Nakhon Nayok
Bangkok
s. Stadtplan Chiang Khan S. 298
s. Stadtplan Nong Khai S. 294
s. Stadtplan Ubon S. 308
s. Stadtplan Korat S. 288
s. Detailplan Khao Yao N.P. S. 287

das heute durch vier Mekong-Brücken und immer mehr grenzübergreifenden Busverkehr angebunden ist, weisen aber auch Einflüsse aus Kambodscha und sogar Vietnam auf.

Die Region ist reich an Menschen, aber arm an Regen und Ressourcen. Dürren, Überflutungen und Versalzungen gefährden oft die Ernten. Obwohl das Pro-Kopf-Einkommen im „Armenhaus Thailands" erheblich unter dem Landesdurchschnitt liegt, sollen die glücklichsten Menschen im Nordosten leben. Dafür sprechen nicht zuletzt die zahlreichen **Feste**, unter denen die Raketenfestivals zu den spektakulärsten zählen. Auch die enorm rhythmische und gern in der Masse getanzte **Isarn-Musik** zeugt von reichlich Lebensfreude.

Trotz radikaler Abholzung besteht der Isarn keineswegs nur aus **Reisfeldern**, sondern kann mit etlichen unvermuteten Attraktionen aufwarten. Wie den 45 Naturschutzgebieten, darunter der **Khao Yai National Park**, bedeutenden Überresten von **Dinosauriern** sowie Tempeln aus der Khmer-Epoche. Eine Reise durch den Isarn führt immer auch in beschauliche Winkel der Region, die mit Wasserbüffeln, Fahrradrikschas oder traditioneller Handwerkskunst viel Ursprünglichkeit, Ruhe und Gelassenheit ausstrahlen. Am reizvollsten zeigt sich der Nordosten während oder kurz nach der **Regenzeit**, wenn die gefluteten, herrlich grünen Reisfelder bis zum Horizont leuchten und sich allerorts von Lotus und Libellen gezierte Wasserflächen bilden.

Für Liebhaber authentischer **Küche** ist die Region ein Schlaraffenland mit vielen traditionellen Speisen, zu denen auch Insekten zählen. Zwar sprechen die Einheimischen nur vereinzelt Englisch, doch das wird mit einer bemerkenswerten Gastfreundschaft wett gemacht. Das gilt auch für die **Community** der vielen hier lebenden Ausländer. Ebenfalls für Wohlgefühl sorgen die enorm günstigen Preise der Hotels und Restaurants.

Khao Yai National Park

Zu den bedeutendsten Attraktionen des Nordostens zählt der gut erreichbare Khao Yai National Park. Der mit 2168 km² drittgrößte und älteste Nationalpark Thailands bietet alles, was man sich von einem Naturschutzgebiet in den Tropen erhofft. Bereits 1962 gegründet, erstreckt er sich zwischen Bangkok und Korat als Teil der Dongrak-Bergkette und zählt als **Dong Phayayen-Khao Yai Forest Complex** zum Weltnaturerbe der Unesco.

Ursprünglicher, dichter Dschungel jedoch findet sich auf dem 600–1000 m hohen Plateau eher selten. Meist wechselt die Landschaft zwischen immergrünem Monsunwald und grasbewachsenen Steppen mit kleinen Seen. Höchste Erhebung ist mit 1351 m der **Khao Rom**, auf dem herrliche Aussichtspunkte und eine Radarstation der Armee liegen.

Am einfachsten lässt sich der von einer Straße durchzogene Nationalpark über seine Wasserfälle erkunden. Der **Haew Suwat** gilt als der populärste, seitdem hier 1999 Schlüsselszenen für *The Beach* – mit Leonardo di Caprio in der Hauptrolle – gedreht wurden. Über 150 m stürzt der im Süden liegende **Haew Narok** in die Tiefe.

Tiger gibt es kaum noch im Kaho Yai National Park, doch bestehen gute Chancen, wilde **Elefanten**, Affen oder Rotwild zu sichten. Insgesamt leben hier 123 Säugetierarten, 200 unterschiedliche Reptilien sowie 392 Vogelarten mit der landesweit größten Population an **Nashornvögeln**. Einige Höhlen in den steil abfallenden Kalkfelsen werden von hunderttausenden **Fledermäusen** bevölkert.

Im Umfeld des Nationalparks entstehen immer mehr illustre **Themenparks**, Spaßbäder der Superlative, Vergnügungsparks mit Cowboy-Charme, Klein-Zoos mit Streichelschafen oder bunten Tieren aus Zement. Bizzar anmutende, mediterrane Disneyland-Kulissen wie die **Palio Khao Yai Village Mall** oder **Primo Piazza**, 💻 www.primopiazza.com, befinden sich in Nachbarschaft zu den hier angesiedelten Weingütern – mehr über die „Toskana Thailands" s. eXTra [5159].

ÜBERNACHTUNG UND ESSEN

Innerhalb des Parks kann lediglich in Zelten und einfachen Bungalows des Visitor's Centers übernachtet werden.

Trails und Touren im Khao Yai

Von einem 500 km langen **Wegenetz** unterschiedlicher Schwierigkeitsgrade durchzogen, eignet sich der Nationalpark bestens für **Wanderungen**. Die „Trails" sind oft unzureichend markiert und führen zuweilen sogar über Elefantenpfade. Trekking-Touren mit professionellen Guides garantieren, dass man sich nicht verläuft und mehr vom Dschungelabenteuer hat. Die meisten Resorts bieten erlebnisreiche **Tagestouren** mit englischsprachigen Guides schon ab 1200 Baht p. P. an. Sie umfassen meist mehrstündige Trekking-Etappen, Badevergnügen an Wasserfällen, wildromantische Picknicks oder auch Kletter-Einlagen.
Unter der Woche verspricht der Nationalpark deutlich mehr Einsamkeit und somit intensivere Naturerlebnisse. Je nach Jahreszeit empfehlen sich Spezialsocken gegen **Blutegel.** Eintritt 400 Baht, ⌚ 8–17 Uhr, über Fauna und Flora sowie die Wanderpfade informiert das 14 km vom Eingang liegende **Visitor's Center,** ✆ 081-877 3127, 086-092 6531, ⌚ 8–18 Uhr.

Unterwegs mit Experten

Halbtägige Exkursionen führen von 15–19 Uhr meist „nur" in Randgebiete des Nationalparks und kosten 500 Baht. Tagestouren werden gern von 8–19 Uhr angeboten und liegen je nach Anbieter bei 1300–2500 Baht p. P. inkl. Eintritt und Mittagessen. 1 1/2-tägige Touren kosten 1500–3000 Baht, 2 1/2-tägige oder speziell ausgerichtete Erkundungs-Trips bis zu 3500 Baht.
2 1/2-tägige Trips mit einer Nacht im Zelt organisiert Khao Yai-Insider Mike Ingram von **Bobby's Apartment & Jungle Tours** (s. u.) zu einem passablen Preis-Leistungs-Verhältnis.
Einen besonders guten Ruf für Vogelbeobachtungstouren genießen Mr. Nine (Spitzname: Bird Man) und sein Bruder Lek vom **Greenleaf Gh.** (s.u.), die Dschungel-Expertin Nang, ✆ 089-427 1823, 🖳 www.thailandyourway.com, oder die Guides des abgelegenen Resorts **Khao Yai Nature Life & Tours**, ✆ 089-427 1823, 🖳 www.khaoyainaturelifetours.com.
Im Süden fungiert die **Palm Garden Lodge**, ✆ 089-989 4470, 🖳 www.palmgalo.com, als wichtigster Ausgangspunkt für Touren.

In **Pak Chong** finden sich allerlei kleine **Restaurants** sowie ein attraktiver Nachtmarkt mit landestypischen Leckereien, während an der Zufahrt zum Nationalpark immer mehr Luxus-Gastronomie eröffnet. Im Schutzgebiet selbst kann man nur am Visitor's Center einkehren.

Pak Chong

Bobby's Apartment & Jungle Tours, 291 Mittapab Rd., Pak Chong, ✆ 086-262 7006 (Mike), 044-328 177, 🖳 www.bobbysjungletourkhaoyai.com. Nach einem Standortwechsel Mitte 2016 findet sich die nette Anlage mit 12 kunterbunten Bungalows nur 5 Min. Fußweg vom Tesco Lotus. Der Deutsche Mike und seine Thai-Frau Suri bieten 10 Komfort-Zimmer zu 650 Baht und 2 große Mehrbett-Zimmer sowie einen Dormitory zu 100 Baht p.P. Exzellente Küche, umfassender Service und bewährtes Tourenangebot. ❷–❸

An der nördlichen Zufahrt (H2090)

Unter Travellern ebenfalls beliebt sind die 20 günstigen Ventilator-Zimmer des **Greenleaf Gh.**, KM 7,5, ✆ 044-365 073, 🖳 www.greenleaftour.com, ❶, oder in der weitläufigen, bereits 1985 eröffneten **Khao Yai Garden Lodge**, KM 7, ✆ 044-365 178, 🖳 www.khaoyaigardenlodgekm7.com, die über 65 verschieden ausgestattete Zimmer, ein uriges Lobby-Restaurant und ein idyllisches Schwimmbad verfügt. ❷–❺
Wesentlich mehr Luxus bieten beispielsweise das elegante **Balios Resort Khao Yai**, ✆ 044-365 971-5, 🖳 www.balioskhaoyai.com, ❺–❻, das originelle **Phuwanalee Hotel & Resort**, KM 14, ✆ 044-297 111, 🖳 www.phuwanalee.com, ❻, und allen voran das herrliche, aber leider entsprechend teure **Kirimaya Golf Resort & Spa**, ✆ 044-426 000, 🖳 www.kirimaya.com. ❽

TRANSPORT

Pak Chong ist aus KORAT oder BANGKOK gut per Bahn (ca. 12 x tgl.), Bus (70/150 Baht, mittlerweile sogar von Phuket) oder Minibus

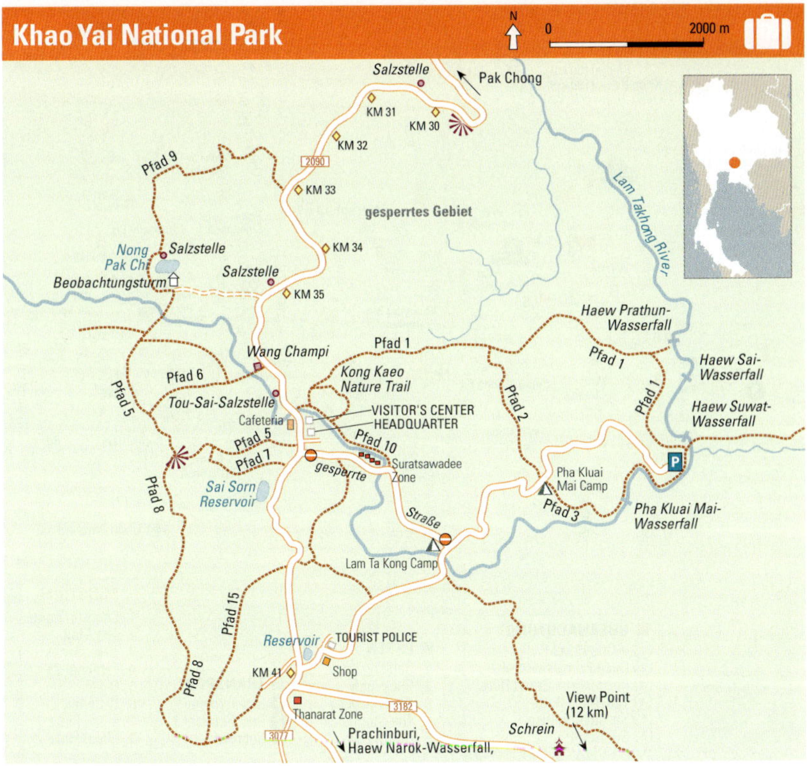

Khao Yai National Park

(60/160 Baht, in Bangkok ab Northern Bus Terminal / Mo Chit) erreichbar.

Im Nationalpark verkehren keine öffentlichen Verkehrsmittel. Wer sich nicht einer Tour anschließt, nimmt ein Songthaew (von Pak Chong bis Parkeingang ca. 40 Baht), Taxi (bis zum Visitor's Center ca. 1500 Baht) oder mietet ein eigenes Fahrzeug.

Korat (Nakhon Ratchasima)

Wer die bedeutendste Stadt des Isarn in alphabetischen Verzeichnissen sucht, wird unter K wie Korat – oder Khorat, im Volksmund „Kolat" – kaum fündig. Sie findet sich meist nur unter dem offiziellen Ortsnamen Nakhon Ratchasima, der sonst kaum benutzt wird. Die gleichnamige Provinz ist flächenmäßig die größte und von der Bevölkerung her die zweitgrößte Provinz Thailands.

Korat zählt zu den größten Städten Thailands. Großartige Sehenswürdigkeiten hat es nicht zu bieten, fungiert aber mit vielfältigen Hotellerie und Gastronomie als attraktives **Tor zum Nordosten**.

Die breiten, von Fontänen gezierten Wassergräben und das historische **Pratu Chumphon** sowie drei weitere, als Replik erschaffene Stadttore vermitteln einen Eindruck vom Umfang der einst 1,7 mal 1,5 km langen Befestigungsanlagen. Sie gehen bis auf das 8. Jh. zurück. Auf einer Terrasse steht das Bronzedenkmal von Thao Suranaree: Als listige Frau des Vizegouverneurs von Korat war **Khunying Mo** 1826 zur Nationalheldin avanciert, weil es ihr gelungen sein

soll, feindliche Truppen mithilfe eines Trinkgelages abzulenken, während die eigenen Soldaten andernorts kämpfen mussten. Das 1934 errichtete, ständig mit Blumen, Kränzen und Opfergaben geschmückte Monument soll ihre Asche enthalten.

Das 260 km nordöstlich von Bangkok liegende Korat ist für seine **Seidenproduktion** bekannt, aber auch als Heimat einer erfolgreichen **Musikband** (s. Kasten S. 289) oder der kurzhaarigen **Korat-Katzen**, die im Land als ultimative Glücksbringer gelten. Unaufhaltsam scheint der Aufstieg zum **Shopping-Mekka** des Nordostens. Die bereits im Jahr 2000 als größte Einkaufsmeile des Isarn eröffnete **The Mall** erhält Konkurrenz durch das nun entstehende Central Plaza. Ende 2016 neu eröffnet hat das avantgardistische **Terminal 21** – mit mehr als 200 Geschäften und Restaurants, acht Kino-Sälen, mehreren Themenparks sowie der landesweit längsten Rolltreppe und einem 30-stöckigen Aussichtsturm.

In der Umgebung von Korat finden sich neben den Ruinen von **Phimai** (mehr dazu s. S. 291) weitere reizvolle **Sehenswürdigkeiten**, die gut mit Bussen oder Songthaews erreichbar sind, s. **eXTra [2895]**.

ÜBERNACHTUNG

Es gibt eine überraschend große Auswahl an Hotels, die teilweise noch aus Zeiten des Vietnamkriegs stammen, aber keine Guesthouses. Als Alternative bietet es sich an, eine der netten, günstigen Unterkünfte in Phimai zu beziehen.

Dusit Princess Hotel, 1137 Suranari Rd., nordwestlicher Stadtrand, ✆ 044-256 629-35, 💻 www.dusit.com. Empfehlenswertes, überraschend erschwingliches Luxushotel mit 186 Zimmern, maximalem Komfort und exklusivem Ambiente. Schickes Restaurant, preisgekrönte Umwelt- und Sozialprojekte, nettes Einkaufszentrum in der Nachbarschaft. ❺–❻

Rachaphruk Grand Hotel, 311 Mitraphap Rd., ✆ 044-261 222. Das mit 10 Etagen einstige Flaggschiff von Korats Hotellerie soll nach Besitzerwechsel Mitte 2017 in neuem Glanz und vermutlich unter dem Namen „Fortune Rachaphruk" eröffnen.

€ **Sansabai House**, 335-7 Suranaree Rd., ✆ 044-255 144, 💻 www.sansabai-korat.com. Unscheinbarer Bau mit 5 Etagen und 40 wohltuend hellen, gefliesten Zimmern (die 7 günstigsten mit Ventilator) und angenehmem Interieur in erfreulich zentraler Lage. Gutes Preis-Leistungs-Verhältnis, freundliche Atmosphäre. ❷–❸

Siri Hotel, 688-90 Phoklang Rd., ✆ 044-341 822, 💻 www.sirihotelkorat.com. Präsentiert sich nach der Renovierung mit vielen erfrischenden Farben. Bei Ausländern beliebtes Stadthotel mit 62 Zimmern, ansprechendem Foyer, einem guten Restaurant und der SR-Karaoke. ❸

Thai Inter Hotel, 344/2 Yommarat Rd., ✆ 044-247 700, 💻 www.thaiinterhotel.com. Klein, aber fein, sauber, gepflegt und auch etwas hipp: 4-stöckiger Neubau in zentraler Lage mit 32 wohnlichen Zimmern und einladendem Biergarten. ❸

V-One Hotel, 666/6 Changphurk Rd., ✆ 044-342 444, 💻 www.v-onehotelkorat.com. Ist etwas teuer, empfiehlt sich aber als „Trendy & Boutique Hotel", modern und durchdesignt. Die 116 großen Zimmer sind nach Themen (wie Britney Spears) ausstaffiert. ❹

ESSEN UND UNTERHALTUNG

In Korat überrascht die Fülle an interessanter Gastronomie – darunter etliche romantische, hübsch gestaltete Gartenrestaurants, die meist auch über AC-Räumlichkeiten verfügen. Abends spielen oft Livebands, so dass der Übergang zum Musikpub fließend ist.

Das Nachtleben pulsiert vor allem in der Mahattai Rd., Sapphasit Rd. und Suranaree Rd. (Hotspot: **Check In Korat**, ✆ 080-779 5779, 💻 auf Facebook), sowie am Pailin Square. Ausgiebig und preiswert durch die Stände futtern kann man sich z. B. auf dem Nachtmarkt **Wat Boon**, ⌚ 17–22 Uhr.

Chez Andy, 5-7 Manat Rd., ✆ 044-289 556, 💻 www.chezandykorat.com. Ob leckere Bauernrösti, Cordon Bleu, Käse-Fondue oder knusprige Holzofenpizza, die flambierten Drehspieße *(burning skewer)* oder die originelle Schlachteplatte, die für 1850 Baht bis zu zehn Gäste pappsatt machen kann: Das kreativste und beste Ausländer-Restaurant des Isarn und sein schweizer Inhaber Andreas Müller (Andy) garantieren Schlemmerfreuden.

Hooya Café, 92 Sapphasit Rd., ✆ 044-266 928. Idyllisches, naturnah und offen gestaltetes Café mit Terrakotta-Ambiente, gemütlichem Korbmobiliar und allerlei Kaffee-Spezialitäten. ⌚ Mo–Fr 8–19, Sa und So 7.30–18 Uhr.

€ **Kaew Savoey**, 359/1 Sapphasit Rd., ✆ 081-789 5681. Riesiges Neonlicht-Restaurant für die beliebte, gesellige Hot-Pot-Brutzelei *Muka-ta* über Holzkohle-Tischgrills. ⌚ 15–23 Uhr.

Rabiang Kaew, 284/3 Yommarat Rd., ✆ 044-267 765. Beliebt und empfehlenswert: stil-

Geniale Urlaubsstimmung

Neuerdings geistert er vorwiegend als gewiefter Geschäftsmann durch die (sozialen) Medien: Bekanntester Sohn der Stadt dürfte der Songwriter und Gitarrist Sekson Sookpimay sein – Gründer der dreiköpfigen Formation **Sek Loso**, die seit den 1990er-Jahren zu den populärsten Bands des Landes zählt und zuweilen sogar in Deutschland gastiert. Die einfühlsamen bis eingängigen Songs der Gruppe können es locker mit westlicher Popmusik aufnehmen. Warum also den Thailand-Urlaub nicht mit etwas Musik als Mitbringsel – wie dem CD-Klassiker *Best of Loso* – abrunden?

und stimmungsvolles Gartenrestaurant mit viel Holz, Grün, Tongefäßen, Steinsäulen und romantischer Beleuchtung. 🕒 11–23 Uhr.

The Stories, 86 Sapphasit Rd., ✆ 044-251 181. Szene-Spot mit Wohlfühl-Charakter neben dem Kaew Savoey: originelles Interieur mit Wasserbecken, Holzterrasse, einladenden Sitzgarnituren und stimmungsvoller Beleuchtung. Exzellente Thai-Küche und abendliche Livemusik. 🕒 17–1 Uhr.

SONSTIGES

Einkaufen

Die modernistischen Einkaufs- und Erlebnismeilen konkurrieren mit Filialen von **Big C** und **Tesco Lotus** oder etablierten Kaufhäusern wie dem **Klang 1**, **Klang 2** und **IT Center**.
Am Abend lohnt ein Bummel über den Nachtmarkt **Thanon Manat**, 🕒 18–22 Uhr.

Informationen

Tourist Office, am Sima Thani Hotel, H2, 2 km westlich vom Zentrum, ✆ 044-213 666, 💻 www.tourismthailand.org/nakhonratchasima, 🕒 8.30–16.30 Uhr. Hier gibt es gutes Kartenmaterial und die nützliche Gratis-Broschüre *Khmer Cultural Route*.
Umfangreiche Informationen über Sehenswürdigkeiten und das Leben im Nordosten bieten das deutsch-englische Forum der **Farang Community**, 💻 www.korat-info.com, und die **Internet-Portale** 💻 www.isaan.com, 💻 www.koratmagazine.in.th und 💻 www.whatsonkorat.com.

NAHVERKEHR

Auf festen Routen verkehrende **Songthaew** kosten 10–20 Baht.
Tuk Tuks sind zumindest auf Kurzstrecken wesentlich teurer als die Taxis von **Taxikorat**, ✆ 044-370 999, 085-414 6777.

TRANSPORT

Busse

Vom etwas versteckt gelegenen **Bus-Terminal 1** in der Burin Rd., ✆ 044-242 899, fahren Busse nach Bangkok und zu Zielen in der Provinz ab. Vom bedeutenderen **Bus-Terminal 2**, ✆ 044-256 006 (Nakhonchai Air), am H2, schräg gegenüber von Big C, geht es ebenfalls nach Bangkok sowie zu allen anderen wichtigen Städten, teilweise auch mit Minibussen.
BAN DAN KWIAN, alle 30 Min. für 30 Baht (auch ab der südlichen Stadtmauer).
BAN TAKO (für PHANUM RUNG), alle 30 Min. in 2 Std. für 90–120 Baht.
BANGKOK, rund um die Uhr alle 15–30 Min. in 3 1/2 Std. für 200–230 Baht.
CHANTABURI, alle 30 Min. in 5–7 Std. für 280–400 Baht.
CHIANG MAI, 8–9x tgl. in 13 Std. für 440–550 Baht, VIP für 660 Baht.
KHON KAEN, stdl. in 2–3 Std. für 130–230 Baht.
NAKHON PHANOM, 3 x tgl. in 8 Std. für 250–350 Baht.
NONG KHAI, 11x tgl. in 6–7 Std. für 230–450 Baht.
PAK CHONG (Khao Yai N.P.), alle 15 Min. für 70–90 Baht in 1 1/2 Std.
PATTAYA, 6–8x tgl. in 7–8 Std. für 290–320 Baht.
PHIMAI, alle 30 Min. in 1 1/4 Std. für 60 Baht.
RAYONG (für KO SAMET), 6–8x tgl. in 7 Std. für 280–340 Baht.
SURIN, alle 30 Min. in 4 1/2 Std. für 110–160 Baht.
UBON RATCHATHANI, rund um die Uhr alle 30 Min. in 6–7 Std. für 220–280 Baht, VIP für 350 Baht.
UDON THANI, alle 30 Min. in 3 1/2 Std. für 180–230 Baht.
VIENTIANE (Laos), 1x tgl. für 320 Baht in 6 1/2 Std. mit dem Thai-Lao International Bus.

Eisenbahn

Der **Bahnhof**, ✆ 044-242 044, liegt im Westen von Korat (mit Songthaews oder Bussen 20 Baht), Fahrplan S. 882.
AYUTTHAYA, 13x tgl. in 3 1/2 Std.
BANGKOK, 12–14x tgl. in 5–6 Std. (über Ayutthaya)
KHON KAEN, 5x tgl. in 3 1/2 Std.

NONG KHAI, 3x tgl. in 5 1/2 Std.
PAK CHONG, 13x tgl. in 1–2 Std.
SURIN, 13x tgl. in 2–3 1/2 Std.
UBON RATCHATHANI, tägl. 7–9x in 5–6 Std.
UDON THANI, 4x tgl. in 5–6 Std.

Von Korat nach Nong Khai

Die Reise von Korat nach Nong Khai führt zumeist über den Friendship Highway (H2) durch weitläufige Reisfeldlandschaften.

Phimai

Ein erster Zwischenstopp lohnt sich nach rund einer Stunde (58 km) für den Besuch der buddhistisch-hinduistischen Tempelruinen von **Prasat Hin Phimai**, ✆ 044-471 568, ⌚ 7–18 Uhr, Eintritt 100 Baht.

Die gern auch „kleines Angkor von Thailand" genannten Ruinen stammen aus der Zeit der Khmer-Herrschaft des 9.–13. Jhs. und zählen zu den bedeutendsten Sehenswürdigkeiten des Nordostens. Sie verbergen sich in dem unscheinbaren, aber charmanten und trotz Fremdenverkehrs recht authentischen Ort Phimai.

Die Anlage ist vermutlich unter Jayavarman VII. (1080–1113) entstanden und könnte sogar als Modell für das berühmte Angkor Wat in Kambodscha gedient haben, mit dem sie einst auch durch den „History Highway" verbunden gewesen ist (s. **eXTra [5161]**).

Die 28 m hohe, erfreulich gut erhaltene Tempelanlage wird von einer Mauer aus **Buntsandstein** umgeben. Durch vier nach den Himmelsrichtungen ausgerichtete Tore gelangt man in den großen **Hof**. Im Mittelpunkt liegt das Hauptheiligtum. Innerhalb der zweiten Umwallung erhebt sich der monumentale, mit zahlreichen Ornamenten geschmückte **Turmbau.**

In einem kleinen **Museum**, ⌚ 9–16 Uhr, finden sich Buddhastatuen, Türstürze und andere bildhauerische Meisterwerke der Anlage sowie archäologische Funde aus neolithischer Zeit.

Beim alljährlich im November zelebrierten, historischen **Phimai Festival** werden die Tempelruinen mit einer Sound- & Light-Show und dem Tanzdrama *Wimaya Nattaka* belebt.

ÜBERNACHTUNG UND ESSEN

Nette Unterkünfte und Restaurants machen Phimai zu einer lohnenden Etappe.

Moon River Resort, ✆ 085-633 7097, 💻 www.moon-river-phimai.com. Ideal am Nordufer des Moon-Flusses liegend, bietet ein engagiertes, deutsch-thailändisches Ehepaar in einer schönen Gartenanlage 9 romantische Holzbungalows mit Terrassen und wahlweise AC sowie Badespaß von einem Floß, gute Küche und besten Service. ❷–❸

Preisgünstige **Essensstände** mit authentischer Kost finden sich auf der 1,5 km nördlich der Ruinen liegenden Fluss-Insel **Sai Ngam**. Hier fasziniert der mit rund 350 Jahren älteste und wohl auch größte Banyan-Baum Thailands. Von 6–18 Uhr kann man unter dem ausladenden Geflecht von Ästen und Luftwurzeln wandeln und picknicken. Auch der **Nachtmarkt** in der Anantajinda Rd., ⌚ 16–19 Uhr, lohnt eine Visite.

TRANSPORT

Vom Bus-Terminal 2 in KORAT starten quasi alle 30 Minuten (Mini)Busse für ca. 60 Baht, ein Charter-Taxi liegt bei 600 Baht, als Tagestour ab 1500 Baht.

Khon Kaen

Obwohl das nach 190 km erreichte **Khon Kaen** mit fast 400 000 Einwohnern als zweitgrößte Stadt des Isarn fungiert, verirren sich westliche Reisende nur selten hierher. Vier Hochhäuser – sie beherbergen die besten Hotels – prägen das Zentrum, umrahmt von Restaurants und Vergnügungsstätten. Nachts in üppigem Neonlicht erstrahlend, zeugen sie von gestiegenem Wohlstand und Amüsierbedürfnis, das der Stadt bereits spöttische Beinamen wie „Las Vegas der Reisfelder" oder „Pattaya des Nordostens“ beschert hat. Zudem unterstreichen der zehnspurig durch die Stadt führende H2, der hier mit dem H12 und H209 wichtige Querachsen kreuzt, sowie der ausgebaute Flughafen die Bedeutung als Verkehrsknotenpunkt.

In der Umgebung liegen etliche Ausflugsziele (s. eXTra [2899]), in 65 km Entfernung der wegen seiner eindrucksvollen Dinosaurier-Funde gern als „Jurassic Park“ bezeichnete **Phu Wiang National Park**, ✆ 043-249 052, Eintritt 400 Baht. Ebenfalls den Urzeit-Riesen hinterherjagen kann man im **Sirindhorn Museum** von Kalasin, ✆ 043-871 014, ⌚ 9–17 Uhr, Eintritt 100 Baht, das mit der größten und besten Sauriersammlung Südostasiens aufwartet.

Udon Thani

Das nach weiteren 100 km erreichte **Udon Thani** bietet keine Touristenattraktionen. Doch finden sich in der drittgrößten Stadt des Isarn Unterkünfte zu extrem günstigen Preisen, eine hervorragende Gastronomie und allerlei Vergnügungsangebot. All dies wurzelt natürlich, wie bei allen anderen Großstädten des Nordostens, im amerikanischen Erbe aus Zeiten des Vietnamkriegs. Damals war Udon Thani ein bedeutender US-Stützpunkt, wovon noch der überdimensionierte **Flughafen** zeugt, der als Sprungbrett nach Laos fungiert (Minibusse zum Grenzübergang bei Nong Khai 250 Baht, Charter-Limousinen ca. 1000 Baht). Sowohl von Khon Kaen als auch Udon Thani gibt es Direktverbindungen mit dem Thai-Lao International Bus nach Vientiane (in 4 bzw. 3 Std). Und: Das örtliche, rund 250 000 m² weitläufige **Central Plaza** wirbt als größtes Einkaufszentrum Südostasiens.

Nong Khai

Ausgelassen planschen die Einheimischen in den braunen Fluten des Mekong, lassen sich mit Lkw-Schläuchen auf dem Wasser treiben, bauen Sandburgen oder hocken einfach nur in den beschaulichen Bastmatten-Restaurants am Ufer, um sich fangfrischen *pla ni(l)n* im Salzmantel oder knusprige Hähnchenteile grillen zu lassen. Das vergnügliche Strandleben am **Jom Manee Beach** (Jommanee, Hat Jommanni) ist allerdings nur in der Trockenzeit möglich, wenn der Wasserpegel des Mekong niedrig genug ist. Auch sonst scheint sich der Lebensrhythmus dieser 60 km von Udon Thani und 620 km von Bangkok entfernten Stadt der trägen Strömung des mächtigen Stroms angepasst zu haben.

Nong Khai liegt am nördlichen Ende des Friendship Highway (H2), das Eisenbahnnetz jedoch reicht seit 2009 sogar bis über die **Mitraphap-Brücke**. Mit einer Länge von 1774 m wurde sie 1994 als erste internationale Verbindung über den Fluss nach Laos geschlagen. Von dort sind es noch 24 km bis zur Hauptstadt des Nachbarlands. Das macht das rund 70 000 Einwohner zählende Nong Khai zum Tor nach Laos. Davon zeugt auch das Warenangebot des weitläufigen, tunnelartigen **Indochina-Markts** (Thasadej), der sich zwischen dem Fluss und dem **Wat Sri Muang** erstreckt. Auch die Touristen sorgen für internationales Flair: Nong Khai ist im Endeffekt die einzige Isarn-Stadt mit Backpackerszene.

Manche Hausfassade des angenehmen Orts zeugt noch von französischen und laotischen Einflüssen. Im **Wat Pho Chai** wird die 1,5 m große Buddhastatue Luang Pho Phra Sai verehrt, deren Kopf aus purem Gold besteht. Im Waldkloster **Wat Noen Phra Nao** werden im Schatten von mächtigen Bäumen Meditationskurse gegeben. Das **Phra That Klang Naam** hingegen ist nur in der tiefsten Trockenzeit zu sehen, wenn der Wasserpegel um 13 m absinkt. Es ist die Chedi-Ruine eines Tempels, der 1847 im Fluss versank. Sobald sich die Spitze zeigt, werden bunte Fahnen daran befestigt, während am nahen Ufer das **Phra That Nong Khai** glitzert.

Als Lebensader der Altstadt fungiert die **Rimkhong Rd.**, beliebtester Spot ist die über 1 km lange **Promenade** am Mekong. Als Prestige-Objekt der Thaksin-Ära hat das brückenartig aufgestelzte, kolossale Bauwerk mit seinem Buntsteinpflaster, schmiedeeisernen Laternen und Geländern, das nicht zuletzt als Uferbefestigung und Hochwasserschutz dienen soll, die Silhouette der Stadt erheblich verändert. Doch spätestens zum Sonnenuntergang nutzen Einheimische wie Touristen die Promena-

Ban Chiang – Wiege der Zivilisation

Rund 50 km östlich von Udon Thani liegt das Unesco-Weltkulturerbe von Ban Chiang, wo Fundstücke von der frühesten Bronzekultur Südostasiens zeugen.
Bei erst Mitte der 1970er-Jahre begonnenen Grabungen wurden 126 menschliche Skelette und die bis dahin ältesten Nachweise für die Herstellung von Metallwerkzeugen gefunden. Das löste erheblichen Wirbel unter Wissenschaftlern aus, weil die „Wiege der Zivilisation" bis dahin ausschließlich in China und Mesopotamien vermutet worden war. 1992 erfolgte die offizielle Anerkennung: Die Unesco erklärte Ban Chiang bzw. die dort ans Licht gebrachten, jahrtausendealten Fundstücke zum **Weltkulturerbe**.
In einer hervorragenden Ausstellung zeigt das moderne **Nationalmuseum**, ✆ 042-208 340, ⌚ 8.30–17 Uhr, Eintritt 150 Baht, die kostbaren Schätze einer längst vergangenen Zeit. Es birgt die frühesten Keramikfunde Thailands, die aus einer Höhle bei Mae Hong Son im Norden stammen und an die 9000 Jahre alt sind. Auch einige bei Loei gefundene, 2800 Jahre alte Metallwerkzeuge sind zu bestaunen. Im Zentrum der Ausstellung stehen jedoch die bemerkenswerten Gebrauchskeramiken aus Ban Chiang. Im **Wat Po Sri Nai** wurden freigelegte Keramikstücke, Tier- und Menschenknochen direkt an ihrem Fundort belassen.

Transport

Die meisten Busse aus Udon Thani halten auf dem H22 nach Sakhon Nakhon an der Abzweigung nach Ban Bulu. Von hier fahren Minibusse und Tuk Tuks für 60-80 Baht, zum 7 km entfernten Ban Chiang.

de gern, um zu flanieren oder zu flirten, in eines der Freiluft-Restaurants einzukehren oder etwas Fitness zu betreiben.

ÜBERNACHTUNG

Es gibt ein üppiges, immer weiter wachsendes Angebot an attraktive und preiswerten Unterkünften, die auf Farangs zielen.

€ **Baan Kiang Khong Gh.**, 541 Rimkhong Rd., ✆ 042-422 870. In zentraler Lage zwischen Altbauten als 3-stöckiger Reihenbau mit 14 hellen, luftigen und gefliesten Balkonzimmern, davon 9 mit AC. Vom obersten Geschoss gibt es etwas Mekongblick. ❷

Baan Mai Rim Nam Gh., Promenade, ✆ 042-420 256, 💻 www.baanmaerimnam.com. Eine gute Option mit 12 gepflegten Komfortzimmern, im OG sogar teilweise mit Balkon (am besten sind Nr. 201–205) und herrlichem Mekongblick. ❸–❹

Grand Paradise Nong Khai, 589 Moo 5 Nongkhai-Ponpisai Rd., ✆ 042-420 033, 💻 auf Facebook. Das ehemalige Nong Khai Grand fungiert mit 130 Zimmern, Pool und allem Komfort als klassisches, luxuriöses Großhotel. Auf der Dachterrasse (herrlicher Ausblick) oder im angegliederten Sabaidee Pub gibt es zuweilen Livemusik. ❺–❻

Mekong Gh., 519 Rimkhong Rd., ✆ 042-460 689, 💻 www.mekongnongkhai.com. Empfehlenswert und populär, da zentral am Mekong und Markt. 20 preiswerte, behagliche Komfortzimmer mit Holzböden und Balkons, davon 5 mit Ventilator. ❷–❹

€ **Mut Mee Gh.**, 1111/4 Kaeworawut Rd., ✆ 042-460 717, 💻 www.mutmee.com. Älteste, professionellste und beliebteste Backpacker-Herberge am Mekong. Der Brite Julian Wright und seine Frau Pao bieten u. a. Yoga, Massage, Astrologie und Reiki sowie Fahrradverleih und Touren. Die 35 völlig unterschiedlich ausgestatteten Zimmer, davon die Hälfte mit AC und 7 mit Gemeinschaftsbad sowie ein Schlafsaal verteilen sich auf mehrere Bauten. Das **Garten-Restaurant**, ⌚ 8–22 Uhr, verwöhnt mit vegetarischen Gerichten, die schwimmende Mekong-Bar **Gaia** mit Cocktails und jeder Menge Romantik, ⌚ ab 17 Uhr. Von hier startet tgl. gegen 17–18 Uhr die

THAILAND

Nong Khai
0
500 m
N
LAOS
ÜBERNACHTUNG
1 Sofa Gallery Hotel
2 Mut Mee Gh.
3 Baan Kiang Khong Gh.
4 Mekong Gh.
5 Baan Mae Rim Nam Gh.
6 Pantawee Hotel
7 Grand Paradise Nong Khai
8 Royal Nakhara Hotel
ESSEN
1 Gaia
2 Gartenrestaurant (Mut Mee)
3 Apple's Place
4 Daeng Namnuang
5 Mekong Riverside
6 Cake at Toey's
7 Dee Dee Pochanah
TRANSPORT
1 Nagarina (Anleger)
2 Busbahnhof
Mekong
Phra That Klang Naam
Phra That Nong Khai
Wat Udom Mahawan
Khomkam Rd.
Pingkaew Rd.
Chaiyaphum 2 Rd.
Chaiyaphum 1 Rd.
Pho Chai Rd.
Prachak Rd.
Kum Pochai Rd.
Wat Kaeo Ku (3 km), Bung Kan (136 km), Wat Phou Tok (185 km), Nakhon Phanom (302 km)
212
Wat Pho Chai
Pho Chai-Markt
Phra Saem Rd.
Wat Lam Denn
Wat Sri Kunmuang
Ruampath Hospital
Soi Silpakorn
Prabhaw Rd.
Ho Rd.
Indochina Market
Meechai
Wat Sri Saket
Wat Sri Muang
Wan Uthit Rd.
NACHTESSEN-MARKT
Tha Sadet-Pier
Soi Watnark
Soi Sittapunya
Nitapat Rd.
Rimkhong Rd.
Bantemgjit Rd.
Promenade (jeden Sa. Walking Street Market)
Wat Srichomchuan
Soi Chuenjit
Vitharn Anusorn Rd.
Haisoke Rd.
Wat Hai Soke
Rd
POLIZEI
TOURIST POLICE
Naga-Brunnen
Chen Chopthit Rd.
TAT-Büro, Udon Thani (60 km), Phu Prabat Historical Park (80 km), Khon Kaen (160 km), Korat (350 km), Bangkok (620 km)
2
Tesco Lotus
STADION
Takai Rd.
Rd.
RATHAUS
SONNTAGS-NACHTMARKT
Wat Chaiyaporn
Prachak
Rd.
Talat Chaiyaporn Rd.
Chaiyaporn-Markt
Hua Pon Rd.
Meechai
Kaeworawut
1 (500 m)
Jom Manee Beach (3km)
211
Immigration (1,5 km), Bahnhof (2 km), Friendship Bridge (2,5 km), Laos (4 km), Wat Noen Phra Nao (5 km), Chiang Khan (220 km)
212

Nagarina, ✆ 042-412 211, 🖳 www.nagarina.com, zu einstündigen Sunset Cruises für 100 Baht (mind. 10 Gäste, das Essen an Bord muss vorbestellt werden). ❶–❹

Pantawee Hotel, 1049 Haisoke Rd., ✆ 042-411 568-9, 🖳 www.pantawee.com. Etabliert seit 1959 – die älteste Unterkunft am Ort. Mehrere Gebäude mit kleinem Pool, Spa, Restaurant und Reisebüro. Über 100 helle, luftige (viele Fenster) und saubere Wohlfühlzimmer in 6 Kategorien. Alle sogar mit eigenem PC, Internetzugang und DVD-Player. ❹–❺

Royal Nakhara Hotel, 678 Sadet Rd., ✆ 042-422 889, 🖳 www.royalnakhara.com. Zählt zu den neuesten Hotels am Ort, eine Symbiose aus klassischem Thai-Stil und moderner Eleganz mit 80 Zimmern in 3 Kategorien und einem Biergarten. ❺

Sofa Gallery Hotel, 24/2 Rimkhong Rd., ✆ 080-279 8789, 🖳 www.sofagalleryhotel.com. Nicht gerade preiswert, aber das wohl schönste Hotel am Ort. Von einem netten Team geführt, bietet das Boutique-Resort 5 stilvoll eingerichtete AC-Zimmer und eine herrliche Holzterrasse mit Zierteich, Garten und Mekongblick. ❺

ESSEN

Nicht wenige Restaurants oder Kneipen werden von Ausländern betrieben, zudem gibt es immer mehr kleine Bäckereien und Cafés. Gut einkehren kann man aber auch im Mut Mee Gh. und Pantaween Hotel. Auf dem Indochina-Markt duften deftige Isarn-Würstchen und Fisch vom Grill.

Apple's Place, 622 Rimkhong Rd., ✆ 089-843 2713. Der Österreicher Franz und seine Thai-Frau Amornlak betreiben dieses einladende Restaurant mit Bar als populären Traveller-Spot – u. a. mit großen Schnitzeln, üppigem Frühstück, Weißbier und Mekongblick. ⏲ 9–21 Uhr.

€ **Cake at Toey's**, Meechai Rd., ✆ 042-460 191. Wirkt sehr einladend – mit einem Innen- und Außenbereich. Klassische Kaffeespezialitäten und jede Menge hausgemachter Kuchen zu bezahlbaren Preisen. ⏲ 10.30–22.30 Uhr, außer Mi.

Daeng Namnuang, 526-527 Rimkhong Rd., ✆ 042-411 961, 🖳 www.daengnamnuang.net. Lange etabliert als größtes Restaurant am Ort, etwas unromantisch, aber die günstige vietnamesische Küche ist enorm beliebt (ein Renner sind die Frühlingsrollen). ⏲ 6–19.30 Uhr.

Dee Dee Pochanah, 1155/9 Prachak Rd., ✆ 042-411 548. Das Restaurant bietet drei unschlagbare Vorzüge: blitzschnelle Bedienung (sogar bei Hochbetrieb), bis nachts geöffnet, gute Qualität der Speisen ab 45 Baht. ⏲ 11–2 Uhr.

Mekong Riverside, 519 Rimkhong Rd., ✆ 042-411 889. Großes Holzterrassen-Restaurant des Mekong Gh. Stimmungsvoll zum Sonnenuntergang mit Mekongblick und Fassbier, doch die Suppen mit frischem Flussfisch sind auch ein guter Grund herzukommen. ⏲ 7–22 Uhr.

SONSTIGES

Immigration

Die Einreisebehörde liegt an der Umgehungsstraße, die zur Brücke führt, ✆ 042-420 242-4, ⏲ Mo–Fr 8.30–12 und 13–16.30 Uhr.

Informationen

Das **TAT-Büro** liegt weit außerhalb, ✆ 042-467 844. ⏲ 8.30–16.30 Uhr. Reichlich Infos finden sich auf dem Internetportal 🖳 www.nongkhaiinformation.com.

NAHVERKEHR

Tuk Tuks kosten im Stadtgebiet oder bis zur Grenzabfertigung 30–50 Baht, doch setzen sich die neu verfügbaren, wesentlich günstigeren **Taxameter-Taxis** immer mehr durch.

TRANSPORT

Beliebt und schnell ist die Anreise über den 56 km entfernten Flughafen von Udon Thani. Taxitransfers zum Flughafen mit Minibus 150–200 Baht, Charter-Taxi ca. 1000 Baht.

Busse

Der **Busbahnhof**, ✆ 042-421 264, 042-420 285 (Nakhonchai Air), 460 205 (Chan Tour),

THAILAND

412 679 (999 VIP), liegt am Pho Chai-Markt in der Prachak Rd. bzw. rund 1,5 km von den Unterkünften am Mekong entfernt. Einige aus Nong Khai startende Busse halten zudem an der **Hauptkreuzung** des H2 und H212. Zu den kleineren Orten verkehren die Busse meist nur als Non-AC.
BANGKOK, ständig von 7–20.30 Uhr in 10–11 Std. für 400–620 Baht, als VIP bis zu 760 Baht (Nachtbus zum Suvarnabhumi Airport in 9 Std. für 500 Baht).
BUENG KAN, stdl. in 2 Std.
CHIANG KHAN, mit den Bussen nach Loei.
KHON KAEN, stdl. in 3 1/2 Std. für 140–180 Baht.
KORAT ständig in 6 1/2 Std. für 230–450 Baht.
LOEI, 2–3 x tgl. in 6–7 Std. für 120–140 Baht (am Mekong entlang über Si Chiangmai, Sang Khom, Pak Chong und Chiang Khan. Komfortabler und schneller geht es über Udon Thani).
NAKHON PHANOM, 6 x tgl. in 6–7 Std. für 190–220 Baht.
RAYONG (für KO SAMET), alle 30 Min. in 12 Std. für 480–520 Baht.

Touren und Transfers

Mit spärlichem Verkehr ist die schöne Umgebung von Nong Khai perfekt für ausgedehnte **Zweiradtouren** auf eigene Faust. Fahrräder – Mountainbikes sind leider die Ausnahme – gibt es in vielen Unterkünften gratis. Zu mieten sind sie z. B. an der Zufahrt zum Mut Mee Gh., Mopeds liegen bei 200 Baht. Als Alternative empfiehlt sich **Mr. Aeh**, ✆ 089-942 9470. Mit seinem bequemen, viertürigen Toyota-Pick-up übernimmt er für 2000 Baht **Transfers** nach Vientiane (als Entdeckungstrip 3500 Baht), für rund 1800 Baht nach Sang Khom und für 2500 Baht bis Chiang Khan. Eine **Tagestour** zum Phu Prabat Historical Park liegt bei 1800 Baht, zum Wat Phu Tok (S. 304) bei 2500 Baht.
Exkursionen zur **Phu Wua Wildlife Reserve** (S. 304) lassen sich mit Homestay-Aufenthalten, Freiwilligenarbeit und meist auch dem Sichten von Elefanten verbinden, 💻 www.openmindprojects.org/phu-wua.html.
Intensivere Touren durch den Nordosten bietet **Isan Explorer** (S. 283).

SANG KHOM, 2–3x tgl. in 3 Std. für 60–80 Baht (mit den Bussen nach Pak Chong oder Loei).
UDON THANI, alle 30 Min. in 1 Std. für 40–50 Baht.
VIENTIANE (Laos), s. Kasten S. 297.

Eisenbahn

Der **Bahnhof** in Nong Khai, ✆ 042-411 592, liegt rund 2 km westlich der Stadt. Die neue Strecke auf der Brücke nach Laos kostet lediglich 20 Baht, doch endet die Reise bereits in Ban Thanaleng, von wo es noch 15 km bis nach Vientiane sind. Fahrplan S. 882.
AYUTTHAYA, 3x tgl. in 10–11 Std.
BANGKOK, 3x tgl. in 11–13 Std.
KHON KAEN, 4x tgl. in 2 1/2–3 Std.
KORAT, 1x tgl. in etwa 6 Std.
THA NALENG (in LAOS), 2x tgl. in 15–20 Min.
UDON THANI, 4x tgl. in 1Std.

Die Umgebung von Nong Khai

Neben den reizvollen Strecken direkt am Mekong und einem Abstecher nach Laos locken besonders spirituelle Ziele wie der skurrile, 4 km östlich der Stadt liegende Skulpturenpark **Wat Kaeo Ku**, 🕒 8–18 Uhr, Eintritt 20 Baht, zu erreichen als Tuk Tuk-Trip (mit 1 Std. Aufenthalt um 150 Baht) oder einfach per Fahrrad. Von der hinduistischen Mythologie beeinflusst, geht der Fantasiepark auf den 1974 aus Vietnam über Laos nach Thailand geflohenen Abt Long Pu Bun Lua zurück. Die bis zu 25 m hohen, teilweise arg makaber anmutenden Zementfiguren verstehen sich als anschauliche Parodie auf die Bedeutung von Religion und menschliche Defizite.

In dem 64 km südwestlich von Nong Khai liegenden **Phu Prabat Historical Park** finden sich mächtige Findlinge, bizarre Felsspitzen, spektakuläre Überhänge und Höhlen, mystische Symbole und prähistorische Malereien, die eine fantastische Kulisse für Heiligtümer und Legenden abgeben. Über die neun Wanderziele informiert das Visitor Center, ✆ 042-251 350, 🕒 8–16.30 Uhr, Park bis 18 Uhr, Eintritt 100 Baht. Mehr s. **eXTra [2908]**. Ebenso unvergessliche Eindrücke hinterlässt ein Trip zum **Wat Phu Tok** (s. Kasten S. 304).

Grenzübergang nach Laos

Es sind vor allem altehrwürdige Tempel, die eine Weiterreise in die „beschaulichste Hauptstadt der Welt" lohnen. Wer das Visum schon im Reisepass hat, kann von der Busstation in **Nong Khai** mit dem 46-sitzigen **Thai-Lao International Bus**, 6x tgl., 55 Baht (ab Udon Thani 6x tgl. in 2 Std. für 55 Baht, sowie auch von Khon Kaen und Korat), in 2 Std. über die 3,5 km westlich der Stadt liegende Mitraphap-Brücke direkt und bequem bis nach Vientiane gelangen. Neu ist die Route nach Vang Vieng, ab 10 Uhr für 270 Baht in 4 Std.

Der thailändische Kontrollpunkt (per Tuk Tuk 50–100 Baht) befindet sich bereits 1 km vor der Brücke. Wer **auf eigene Faust** unterwegs ist, muss von hier per Shuttlebus (20–30 Baht) oder mit der weniger empfehlenswerten Eisenbahn (2x tgl. für 20–30 Baht) über die Freundschaftsbrücke zum laotischen Ufer fahren. Am Grenzübergang, ◷ 6–22 Uhr, gibt es je nach Nationalität für US$30–35 ein 30 Tage gültiges Visa on Arrival (Schweizer gratis, aber nur 14 Tage). Zu bestimmten Tagen/Uhrzeiten werden geringe Zuschläge erhoben.

Die 22 km (30 Min.) lange Fahrt von Tha Deua bis nach Vientiane kann man per Non-AC-Bus (20–30 Baht), Minibus (100–150 Baht) oder Charter-Tuk Tuk (ca. 300 Baht) zurücklegen.

Einreise nach Thailand s. S. 373.

Jüngste Attraktion der Region ist der im März 2016 eröffnete **Skywalk**: In U-Form und mit einer Gesamtlänge von 16 m ragt eine verglaste Plattform weit über die Klippen am Wat Pha Tak Suea hinaus, um bis zu 20 (mutigen) Besuchern gleichzeitig grandiose Ausblicke in die Tiefe zu bieten.

Von Nong Khai nach Westen

Von Nong Khai kann man in Richtung Westen bis zum angesagten Touristenort Chiang Khan fahren, von wo es nicht mehr weit bis nach Loei ist. Die 220 km lange, über den H211 führende Strecke zählt zu den schönsten Thailands und wird gesäumt von ausgedehnten Tabakfeldern, sprießenden Gemüsebeeten und Gärten mit kunstvollem Baumschnitt. Sie folgt dem Lauf des Mekong, doch eröffnen sich malerische Ausblicke auf das Flussbett erst ab KM 67.

Mit einem unglaublich vielfältigen Erscheinungsbild strömt der Mekong durch den Nordosten Thailands – als fließende Grenze zum Nachbarland Laos, legendäre Schmuggelroute und Kulisse etlicher Mythen: Mal schimmert der Strom still wie ein großer See, mal schlängelt er sich geduldig durch ein Labyrinth aus Felsinselchen. Dann verkommt er scheinbar zu einem Rinnsal, um seinen Weg wenige Kilometer weiter mit schäumenden Strudeln fortzusetzen.

Doch auch so rätselhafte Bewohner wie der Riesenwels *(pla buek), der* größte Süßwasserfisch der Welt, oder das Naturphänomen des aufsteigenden Lichts von Phon Phisai (S. 303) sind Stoff für Legenden.

Chiang Khan

Vor wenigen Jahren noch war Chiang Khan ein kaum besuchter, beschaulicher Ort, der sich als Etappenziel zwischen Nong Khai und Loei anbot, um abzuhängen und etwas vom Thailand längst vergangener Zeiten zu genießen. Hier fanden sich noch die selten gewordenen traditionellen **Holzbauten** mit buntem Blumenschmuck und lauschigen Veranden, von denen sich ein schöner Blick auf den Mekong und die laotischen Berge eröffnete.

Um 2010 jedoch setzte ein Boom ein, der vorwiegend einheimische Touristen brachte und Chiang Khan rasant verwandelt hat. Die Holzhäuser wurden durch Neubauten ersetzt – oft im alten Stil, aber natürlich ohne jegliche Patina. Parallel zur **Chai Khong Road**, an der sich alle Gästehäuser des lang gestreckten Orts aufreihen und die abends als Flaniermeile für Autos

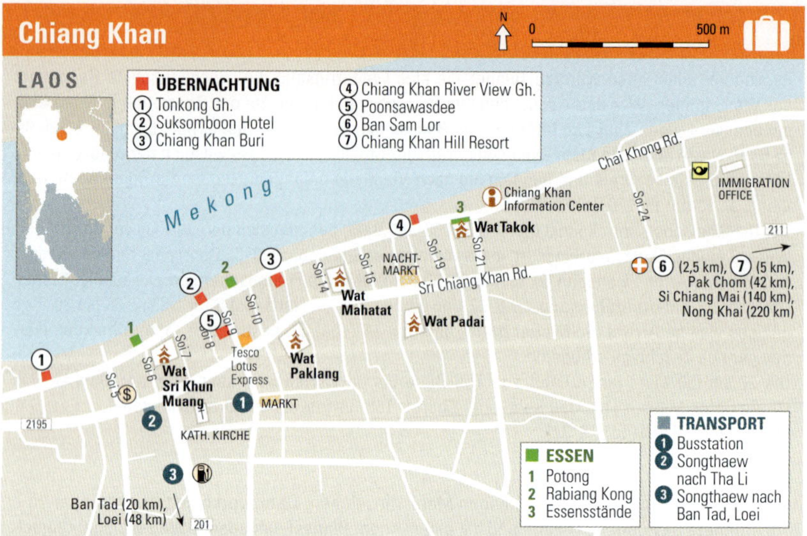

gesperrt wird, verläuft nun eine üppig betonierte Uferpromenade.

Einige der neuen Unterkünfte und Restaurants besitzen aber durchaus Charme und nach wie vor eröffnen sich herrliche Ausblicke zum Fluss, auf dem die Passagierschiffe zwischen Luang Prabang und Vientiane verkehren. Auch die Tempel können noch als Oasen fungieren – wie der 100 Jahre alte, idyllisch anmutende **Wat Paklang**. Hier wie auch im **Wat Takok** oder **Wat Sri Khun Muang** zeugen Säulenkolonnaden und lackierte Fensterläden von der französisch inspirierten Architektur des Nachbarlands. Ältestes Heiligtum ist der 1654 errichtete **Wat Mahatat**.

Von Chiang Khan führt die Weiterreise meist zur 48 km entfernten Provinzhauptstadt **Loei**. Bisher versuchen nur wenige, mit einem eigenen Fahrzeug über die verschlungenen Straßen nahe der laotischen Grenze bis zum 390 km entfernten, nordthailändischen **Nan** vorzudringen – eine überaus reizvolle Reiseroute durch unberührte Landschaften.

ÜBERNACHTUNG

Mittlerweile reihen sich parallel zum Mekong über 20 Unterkünfte mit familiärem Homestay-Flair auf, während die Zimmerpreise deutlich gestiegen sind.

Ban Sam Lor, 539/1 Moo 2 Chiangkhan Pakchom Rd., (ca. 2,5 km östlich des Orts), ✆ 042-822 227, 081-954 0994. Natürlich hat Besitzer Suchat als Wahrzeichen einige Fahrrad-Rikschas (auf Thai: Sam Lor) drapiert. Rund um 2 künstliche Seen errichtet und über Stelzenwege zugänglich, gibt es 45 AC-Zimmer in 19 Bungalows aus Holz oder Zement. ❷–❺

Chiang Khan Buri, 343 Moo. 1, Sri Chiang Khan Rd., Soi 11, ✆ 042-821 775, 082-835 9194, 💻 www.chiangkhanburi.com. Zählt zu den schönsten Neugründungen: Jedes der 9 wohnlichen Balkon-Zimmer mit AC ist durchgestylt wie ein kleines Märchenland. Das junge, freundliche Besitzerpaar Kaew und Kung sorgt für Wohlgefühl. ❹

Chiang Khan Hill Resort, 5 km westlich von Chiang Khan, ✆ 042-821 285, 💻 www.chiangkhanhill.com. Gilt als größtes Resort der Region und verfügt sogar über einen Pool. Weitläufiger, hübsch begrünter Garten mit Panoramablick auf die mächtige Flussschleife an den Stromschnellen von Kaeng Khut Ku. Rund 80 Komfortzimmer in 10 Kategorien. ❹–❺

Chiang Khan River View Gh., 277 Chai Khong Rd., ☏ 080-741 8055, 💻 auf Facebook. Zählt als Neubau alten Stils mit umlaufendem Balkon, lauschiger Terrasse zum Fluss und blitzenden Holzböden zu den besten Optionen. 10 AC-Zimmer, davon 4 im OG mit Mekongblick. ❷–❸

Poonsawasdee, Soi 9 Chai Khong Rd., ☏ 042-821 114, 080-400 8777. Die angeblich älteste Unterkunft Chiang Khans wurde stil- und stimmungsvoll mit viel buntem Holz und Antiquitäten aufgemöbelt – in der Lobby und in den 10 ansprechenden Zimmern. ❹

Suksomboon Hotel, 243/3 Chai Khong Rd., ☏ 042-821 064, 💻 www.suksomboonhotel.com. Seit 1960 eine der ältesten und besten Unterkünfte, mit viel freundlicher Atmosphäre. Der Neubau ist komplett aus Holz und bietet 27 Komfortzimmer, davon 14 mit Mekongblick. ❸–❹

€ **Tonkong Gh.**, 62/1 Soi 3-4 Chai Khong Rd., ☏ 042-821 879, 089-394 0839, ✉ ben_jama@hotmail.com. Etabliert seit 1994 und nach dem jüngsten Ortswechsel mit 8 AC-Zimmern, davon 3 mit Gemeinschaftsbad. Die freundliche Mrs. Ben spricht gut Englisch und weiß bestens, was Traveller benötigen – wie z. B. Hausmannskost und Fahrräder. ❸–❹

ESSEN

Die meisten Gästehäuser haben nur eine spärliches Essensangebot, während bei den Restaurants eine ständige Fluktuation zu verzeichnen ist.

Potong, 141 Chai Khong Rd., ☏ 083-361 8964. Gute Thai-Küche mit Gerichten für 60–150 Baht. Mekong-Fisch und entsprechende Suppen 120–150 Baht. 🕒 10–22 Uhr.

Rabiang Kong, 299 Chai Khong Rd., ☏ 042-821 532. Große Restaurant-Terrasse und günstige Thai-Küche mit englischer Speisekarte. 🕒 10–22 Uhr.

INFORMATIONEN

Informationen aller Art gibt es beim neuen **Chiang Khan Information Center**, Chai Khong Rd., Soi 21, 🕒 10–17 Uhr.

Abenteuer und Aktivitäten

Für Ausflüge, Koch- und Massagekurse oder den Verleih von Fahrzeugen (Fahrräder 50 Baht, Motorräder um 250 Baht) haben sich besonders die Guesthouses **Chiang Khan** und **Tonkong** etabliert. Einstündige Kreuzfahrten führen in den Sonnenuntergang (1000 Baht pro Boot, max, 8 Pers.), eine beliebte 2 1/2-stündige Bootstour zu den 6 km flussabwärts von Chiang Khan sprudelnden Stromschnellen Kaeng Khut Khu (1500 Baht), wo man auf lauschigen Holzplattformen mit Strohdächern und Schilfmatten relaxen kann. Manchmal lassen sich auch 3- bis 4-stündige Trips zum Big Buddha (3000 Baht) arrangieren.

TRANSPORT

BANGKOK, 8x tgl. in 10 Std. für 350–620 Baht, VIP-Bus 750 Baht – ab dem jeweiligen Ticket-Shop von 3 verschiedenen Anbietern.
KORAT, 8x tgl. in 7 Std. für ca. 300 Baht – mit AC-Bussen über Loei und Chaiyaphum.
LOEI, 8x tgl. in 45 Min. für 80–120 Baht, alternativ mit dem Songthaew von 6–17 Uhr ca. alle 20 Min. für 40 Baht in 1 1/4 Std. oder per Taxi für 600–700 Baht in 45 Min.
NONG KHAI, erstaunlich umständlich und am schnellsten über Loei und Udon Thani. Für die malerische Strecke am Mekong entlang: erst für 20 Baht mit Songthaew oder Bus in Richtung Loei bis nach Ban Tad, 20 km südlich von Chiang Khan. Dann am H201 Umstieg in den Bus von Loei nach Nong Khai, 80–100 Baht in 3 1/2 Std.
PAK CHOM, meist nur mit Bus von Loei nach Nong Khai über Ban Tad, s. o. Direkt mit Schul-Songthaew um 16 Uhr für ca. 40 Baht oder Charter-Taxi für 600 Baht in 1–1 1/2 Std.

Loei

Der Reiz von Loei offenbart sich vor allem, wenn man den vom örtlichen Tourist Office herausgegebenen Stadtplan umdreht: Dort werden neben dem Phu Kradung National Park 37 weitere, bebilderte Reiseziele in der Umgebung vorgestellt.

Die fast 35 000 Einwohner zählende, sich an einen künstlichen See schmiegende Provinzhauptstadt empfiehlt sich tatsächlich als Ausgangspunkt von Touren. Sie verfügt nicht nur über gute und günstige Unterkünfte, sondern auch über eine vielfältige Gastronomie. Zudem herrschen in dem 50 km vom Mekong (Chiang Khan), 170 km von Nong Khai und 550 km von Bangkok entfernten Loei ein angenehmes Klima und eine beschauliche Atmosphäre.

Typisch für die Region sind die zahlreichen Farmen für Blumen, Erdbeeren oder Macadamia-Nüsse. Auch wenn der rund 50 km von Loei entfernte **Phu Kradung National Park** (S. 302) als bekanntestes Reiseziel der Region schon längst passiert ist, führt der H201 Richtung Khon Kaen und Chaiyaphum noch lange durch eine üppig bewaldete Landschaft.

Zu den beliebtesten Ausflugszielen zählt der 14 km nördlich liegende **Huay Krathing**. Auf diesem großen See dümpeln überdachte Bambusflöße, auf denen man herrlich entspannen und kulinarische Köstlichkeiten genießen kann – herbeigebracht mit Booten nach dem Hissen eines Fähnchens.

Eine weitere schöne Tour lässt sich über den kurvenreichen H2115 durch die Berge zum beschaulichen **Tha Li** (23 km von Loei) unternehmen. 9 km weiter nördlich verläuft die Grenze zu Laos am Mekong-Zufluss **Huang** entlang.

Andernorts verbirgt sich das älteste Weingut Thailands, **Chateau de Loei** (60 km von Loei), www.chateaudeloei.com. Es produziert bereits seit 1995, hat seine Führungsrolle aber längst eingebüßt.

ÜBERNACHTUNG

Das Zimmerangebot ist groß, die Preise sind sagenhaft günstig.

Loei Palace Hotel, 167/4 Charoen Rat Rd., 042-815 668-73, www.mosaic-collection.com. Gehört zur Amari-Gruppe und seit 2001 zu den modernen Wahrzeichen von Loei. Monumentalbau mit Innenhof-Oval und Pool. Professionell gemanagt mit 156 luxuriösen Zimmern und Suiten in 5 teilweise erstaulich günstigen Kategorien. 6

Muanmanee Boutique Hotel, 35/59 Soi 3, Parrot Rd., 042-832 353-4, www.muanmaneehotel.com. Trotz des Namens etwas nüchtern dekoriert, aber extrem sauber und preiswert. Mit 45 großen, gut ausgestatteten Zimmern die wohl beste Option am Ort. 3. Gilt auch für das benachbarte, dem gleichen Besitzer gehörende **M(uang) T(ong) Mansion**, 042-832 411, 087-848 3131, dessen 70 Komfortzimmer extrem gut und günstig sind. 2

Orchid Hotel, 1/41 Sathon Chiangkhan Rd., 042-861 888-9, www.loeiorchidhotel.com. Gleich neben dem ebenfalls empfehlenswerten A.P. Court Hotel – mit 70 Zimmern auf 5 Etagen, darunter 9 günstige als VIP – wie die am Eck liegenden Nr. 201, 301 und 401. 3–4

€ **Royal Inn Hotel**, 22/16 Chumsai Rd., 042-830 873, www.royalinn-loei.com. 36 AC-Zimmer zu Schnäppchenpreisen (zu den besten zählt Nr. 207). 2

Sugar Gh., 4/1 Wisuttitep Rd. Soi 2, 042-812 982, 089-711 1975 (Mrs. Pat). Gepflegte und gefragte Unterkunft – geführt von einem freundlichen, gut Englisch sprechenden Ehepaar. 4 preiswerte Zimmer mit Ventilator und Gemeinschaftsbad sowie 2 mit AC. Umfassender Serviceangebot inkl. Touren (s. Kasten S. 302). 2

ESSEN UND UNTERHALTUNG

Auf dem traditionellen **Nachtmarkt** gibt es vorwiegend Früchte, wesentlich interessanter ist der neue **Walking Street Market**, im Bereich der Chumsai Rd./Ruanchit Rd., der mit etlichen Essensständen lockt. Ab 20 Uhr lockt das lange etablierte **Robot 2029** zu jeder Menge Disco-Spaß, ab 22.15 Uhr auch Livemusik.

Ban Thai, 16/8 Ruam Pattana Rd., 085-745 4005 (Chris), 083-352 8000 (Pah), auf Facebook. Populäres und inzwischen einziges Ausländer-Restaurant am Ort, mit AC- und Außenbereich. Empfehlenswert schon wegen der sympathischen Inhaber Chris aus Bernkastel und seiner Frau Pah. Üppige Speisekarte mit günstigen Leckereien

OBEN HAEW-SUWAT-WASSERFALL, KHAO YAI NATIONAL PARK; **UNTEN** KO CHANG

BUPPHA

THAILAND

Touren und Transfers

Die Backpacker-Herberge **Sugar Gh.** verfügt über einen naturnahen Ableger in Kangtone, das mit Geheimtipp-Charakter an der Grenze zu Laos liegt.
Erlebnisreiche **Tagesausflüge** führen zum 54 km entfernten Phu Rua National Park (1600 Baht, bis zu 3 Pers.) oder zum 70 km entfernt gelegenen Phu Luang National Park (2000 Baht). Fahrräder schon für 50 Baht pro Tag, Mopeds für 250 Baht. Professionellster Veranstalter ist **Loei Travel**, im Loei Palace Hotel, ✆ 085-010 2426, 💻 www.loeitravel.com. 🕒 Mo–Fr 10–17, Sa 10.30–16 Uhr.

wie griechischem Salat, Pasta mit Käse-Gratin, Knusperpizza oder Steaks. Als Beilagen gibt es Infos aller Art. 🕒 10–24 Uhr.
Saloon Loei, 💻 auf Facebook. Dem Ban Thai-Restaurants angeschlossen: wichtigster Anlaufpunkt von Ausländern, mit kaltem Bier und heißen Bikern, Rockmusik und dauerbespieltem Billardtisch. 🕒 16–1 Uhr.

INFORMATIONEN

Beim **Tourist Office**, Charoen Rat Rd. ✆ 042-812 812, 💻 www.tourismthailand.org/loei, ist ein nützlicher Plan erhältlich. 🕒 Mo–Fr 8.30–16.30 Uhr.
Gute Insider-Infos gibt es bei Chris Roemer, der bereits seit zehn Jahren in Loei lebt und meist im **Saloon** anzutreffen ist.

TRANSPORT

Der **Busbahnhof**, ✆ 042-833 586, 042-811 706 (999) oder 042-832 042 (Air Muang Loei), liegt 2 km vom King Hotel entfernt.
BANGKOK, 20x tgl. in 9–10 Std. für 320–420 Baht, als VIP bis zu 700 Baht.
CHIANG KHAN, etwa stdl. in 1 Std. für 70–90 Baht (auch mit Songthaew).
CHIANG MAI, 4x tgl. in ca. 10 Std. für 360–430 Baht, als VIP bis zu 600 Baht.
CHIANG RAI, 4x tgl. in ca. 10–11 Std. für 370–480 Baht.
KHON KAEN, alle 30 Min. in 3–4 Std. für 130–150 Baht.
KORAT, fast stdl. in 5 Std. für 230–290 Baht.
LUANG PRABANG, tgl. um 8 Uhr in 10 Std. für 700 Baht, über XAYABOURY (500 Baht).
NONG KHAI, 2–3x tgl. in 6–7 Std. (meist als Non-AC und über PAK CHOM) für 100–120 Baht. Einfacher, komfortabler und schneller geht es über Udon Thani.
PHU KRADUNG, mit Bus nach Khon Kaen. Nach 75 km bzw. 1 1/2 Std. auf dem H201 für 80–100 Baht wird der Ort Phu Kradung erreicht. Die letzten 10 km bis zum Headquarter des Parks mit Songthaew für 30 Baht, als Charter 300 Baht.
SANG KHOM, 2–3x tgl. in 3 Std. für 80–100 Baht.
UDON THANI, alle 30 Min. in 3 1/2 Std. für 80–110 Baht.

Flüge

Der Flughafen, ✆ 042-811 099, befindet sich rund 6 km außerhalb der Stadt. Mit **Nok Air** und **AirAsia** 4x tgl. von/nach BANGKOK, Don Mueang Airport.

Phu Kradung National Park

Der legendäre Ruf dieses bereits 1959 gegründeten Nationalparks basiert auf wunderschönen Wäldern, malerischen Klippen und atemberaubenden Felsüberhängen. Das bis zu 1316 m hohe, herzförmige Plateau weist extreme Temperaturschwankungen von bis zu 40 °C auf und gilt als

Grenzübergang nach Laos

Obwohl nun umfassend ausgebaut, ist der Grenzübergang **Tha Li – Kenthao**, 🕒 8–18 Uhr, unter Ausländern bisher kaum bekannt. Die thailändische Immigration, ✆ 042-889 208, liegt unmittelbar an der **Namhueng-Brücke** (Nam Huang). Sobald diese überquert ist, kann man auf einer 360 km langen Asphaltstraße in 10–12 Std. bis nach Luang Prabang gelangen (s. Transport).
Einreise nach Thailand s. S. 451.

kühlste Region Thailands: Im Winter ist sogar mit Minusgraden zu rechnen.

Neben trockenen Monsun- und ausgedehnten Pinienwäldern gedeihen hier auch Eichen und Ahornbäume, deren Blätter im März und April in herbstlichen Farben leuchten. Zur gleichen Zeit blühen Rhododendren und Azaleen. Rauschende Wasserfälle wie der **Wang Kwang**, der **Phenphop** oder der **Tat Hong** machen das Naturparadies komplett. Bevölkert wird es von Gibbons, Dammwild, Großvögeln, vielen Schmetterlingsarten und allerlei Großwild.

360 km² große Park ist von einem dichten Netz schöner Wanderwege durchzogen und bietet vielerorts grandiose Aussichten. Der Sonnenuntergang lässt sich besonders romantisch von der Klippe **Pha Lomsak** beobachten, während sich **Pha Nokaen** am besten eignet, um den Sonnenaufgang zu erleben. Spannend, aber strapaziös und schweißtreibend ist der Aufstieg zum spektakulären **Gipfel** des Phu Kradung: Er ist 6 km lang, dauert rund 3 Std. und führt teilweise über steile Treppen und Leitern. Auf dem Hochplateau sind es weitere 3 km über ebenes Terrain bis zum **Headquarter**. Entlang des Weges finden sich Essens- und Getränkeverkäufer sowie Träger, die ihre Dienste nach dem Gewicht der Last berechnen.

In letzter Zeit scheint der Plan, den Gipfel mit einer **Seilbahn** zu erschließen, Form anzunehmen. Sie soll 3,8 km lang und mit Sechser-Gondeln bestückt werden, wird aber von Umweltschützern nach wie vor heftig kritisiert.

Achtung: Die Besucherzahl ist auf 5000 pro Tag limitiert. An Wochenenden und Feiertagen kommen besonders viele Besucher. Eintritt 400 Baht, Visitor's Center ⌚ 8.30–16.30 Uhr. Von Anfang Juni bis Ende September bleibt der Park wegen zu rutschiger Pfade geschlossen.

ÜBERNACHTUNG

Am **Headquarter** und auch auf dem Hochplateau gibt es Bungalows und Zimmer für 3–12 Pers. ab 900 Baht, teilweise mit Warmwasserbad, Reservierung unter ✆ 042-871 333. Die Campingplätze bieten bis zu 500 Zelte mit Schlafsäcken. An Wochenenden, Feier- und Ferientagen kann es laut werden.

TRANSPORT

Songthaew vom Headquarter zum 10 km entfernten Busbahnhof im Ort Phu Kradung kosten als Charter für bis zu 10 Pers. 300 Baht. Der letzte Bus zurück nach LOEI startet gegen 20 Uhr, benötigt 1 1/2 Std. und kostet 50 Baht. Nach KHON KAEN in 2 Std. für 80 Baht.

Von Nong Khai nach Osten

Die von westlichen Touristen erst wenig bereiste Ostroute eignet sich perfekt, um mit Mietwagen, Motorrad oder Fahrrad erkundet zu werden. Als Alternative verbinden häufig verkehrende Busse mit und ohne AC die größeren Orte entlang des Mekongufers. Zwischen kleineren Ortschaften verkehren Songthaews als Sammeltaxis sowie Tuk Tuks und dreirädrige Motorrad-Gespanne. Die Unterkünfte (auch Homestay) der Ostroute liegen weit verstreut, oft reizvoll direkt am Mekong. In den größeren Städten wird das Zimmerangebot vorwiegend von Hotelkästen bestimmt, darunter etliche Neubauten – zuweilen auch als Boutique-Resort.

Parallel zum Mekong und der laotischen Grenze (Übergänge s. Kasten S. 307) führt der H212 von Nong Khai in Richtung Osten und dann in den Süden über das nach rund 300 km erreichte Nakhon Phanom sowie Sakhon Nakhon und That Phanom bis Mukdahan. Die meisten Orte strahlen eine authentische Thai-Atmosphäre aus und sind vom Mekong geprägt. Je weiter man nach Süden gelangt, desto deutlicher wird der vietnamesische Einfluss.

Bekanntester Ort in der unmittelbaren Umgebung von Nong Khai ist das 45 km westlich liegende **Phon Phisai**. Hier steigt jedes Jahr das spektakuläre, mit Bootsprozessionen verbundene Drachenfest: In den Vollmondnächten im Oktober strömen die Menschen in Scharen zum legendären **Naga Fireball Festival**, um ein mystisches, aus dem Mekong leuchtendes Licht zu bewundern. Der Legende nach soll es von einem Drachen stammen, doch gibt es auch eine

THAILAND

Wat Phu Tok – auf dem Holzweg zum Gipfel

Ein Besuch dieses geheimnisvollen Heiligtums südöstlich von Bueng Kan ist für manchen Traveller der Höhepunkt einer Thailand-Reise. Ein in jeder Beziehung atemberaubender Pilgerpfad aus schmalen Stegen, steilen Treppen und Leitern führt an Steilhängen entlang und hinauf zu dem in luftiger Höhe liegenden Felsentempel **Wat Phu Tok** oder Chetiya Kiri Viharn, auf Deutsch „einsamer Berg".

Wer sich auf diesen Holzweg begibt, für dessen Bau buddhistische Mönche volle fünf Jahre benötigt haben, sollte schwindelfrei sein und eine gute Kondition haben. Bis zu der 200 m aus dem flachen Land aufragenden Spitze muss der majestätische Sandsteinfelsen sieben Mal umrundet werden, was im Buddhismus der Anzahl der Stufen zur Erleuchtung entspricht.

Ist das letzte, teilweise bewaldete Stück zum Gipfel erklommen, wird man mit einer grandiosen Rundumsicht belohnt. Den Rückweg kann man über Treppen durch einen Tunnel zurücklegen. Das Heiligtum war Wirkungsstätte des bekannten Mönchs **Ajahn Juan**, der 1980 bei einem Flugzeugabsturz ums Leben kam. ⌚ 6–17 Uhr, über Songkran geschlossen, Zutritt frei (ausreichend Trinkwasser mitnehmen!).

Transport

Die bequemste, aber ca. 2500 Baht teure Lösung ist die Anreise per **Charter-Taxi** aus Nong Khai (s. Nong Khai, Touren). Als Alternative bietet sich eine Übernachtung in Bueng Kan an. Vom dortigen Glockenturm geht es per **Charter-Tuk Tuk** über Siwilai auf einer 47 km langen Strecke bis zum Heiligtum. Die Hin- und Rückfahrt mit ca. 2 Std. Aufenthalt kostet um 1000 Baht.

wissenschaftliche Erklärung. Näheres zu diesem faszinierenden Naturphänomen, das auch noch andernorts auftaucht, s. eXTra [2912].

Im weiteren Verlauf der Nationalroute 212 gelangt man nach **Ban Ahong**, wo zwischen großen, fotogenen Felsen und Stromschnellen viele Fische gefangen werden.

Bueng Kan

Als erster größerer Ort ist nach 136 km Bueng Kan (auch Bung Kann oder Bung Khan) erreicht, das an der Einmündung des Flusses Nam Xan in den Mekong liegt und als Hauptstadt von Thailands erst 2011 gegründeter 77. Provinz fungiert. Der beschauliche Ort verfügt über eine schöne Uferpromenade und in der Trockenzeit über eine große Sandbank, auf der gern gepicknickt wird. Von Bueng Kan kann man nach Laos ausreisen (S. 307) oder das Felsenabenteuer **Wat Phu Tok** (S. 304) suchen.

165 km östlich von Nong Khai erstreckt sich das rund 186 km² große, herrliche Naturschutzgebiet **Phu Wua Wildlife Reserve**, in dem u. a. der **Tham Phra-Wasserfall** (50 m hoch, 100 m breit) Badevergnügen verspricht. Die Zufahrt erfolgt über **Ban Kham Pia** bzw. das 3 km entfernte Busstop-Dorf **Ban Chik** (Touren und Freiwilligenarbeit s. Kasten S. 296).

Nakhon Phanom

Gegenüber der laotischen Stadt Thakhek, wo der Mekong eine Breite von 1 km erreicht, liegt das 34 000 Einwohner zählende **Nakhon Phanom**, eXTra [2913]. Es ist die friedliche Hauptstadt einer Provinz, in der viele ethnische Vietnamesen leben und sich noch Spuren von Revolutionär Ho Chi Minh finden. Der Ort hat sich mit Sitzbänken und Blumenbeeten am Mekong-Ufer aufgehübscht. Im Norden erheben sich die Berge wie Zuckerhüte und schaffen ein idyllisches Panorama. Seit 2011 führt 8 km nördlich die 1423 m lange, dritte Mekong-Brücke nach Laos (s. Kasten S. 307), zudem wird der Ort von AirAsia und Nok Air angeflogen.

Sakon Nakhon

Von Nakhon Phanom bietet sich ein Abstecher nach **Sakon Nakhon** (Sakhon Nakorn, eXTra [2914]) ins Landesinnere an. Die Provinz überrascht inmitten der trockenen, steppenartigen

Landschaften des Nordostens mit zahlreichen Seen. Nach den ersten 5 km auf dem H22 ist ein Zwischenstopp am sorgfältig restaurierten Holzhaus möglich, wo der vietnamesische Revolutionär Ho Chi Minh in den späten 1920er-Jahren lebte und seinen Unabhängigkeitskampf vorbereitete.

That Phanom

Nach Nakhon Phanom erreicht man im weiteren Verlauf der Ostroute nach 45 km **That Phanom** – einen beschaulichen Wallfahrtsort mit 4000 Einwohnern, eXTra [2915]. Der schöne, 57 m hohe Stupa des Wat Phra That Phanom gilt mit einem geschätzten Alter von bis zu 1500 Jahren als ältestes und wichtigstes Heiligtum im Nordosten. Der ursprüngliche Turm stürzte 1975 ein und wurde neu errichtet. Der fünfstufige Schirm besteht aus 16 kg Gold, das gut bestückte Museum, ⌚ 8.30–16 Uhr, beherbergt eine bunte Sammlung von Buddhastatuen, Antiquitäten und Keramik.

Mukdahan

Erst durch die zweite thailändisch-laotische Freundschaftsbrücke zu einem Begriff geworden ist das 650 km von Bangkok entfernte **Mukdahan**, eXTra [2916], auch gern zu „Mukda" abgekürzt. 2007 wurde die 1600 m lange Brücke eröffnet. Jenseits des Mekong liegt das laotische Savannakhet (s. Kasten S. 307), von wo eine gut ausgebaute Landroute bis nach Vietnam führt. Bester Beweis für die florierenden Geschäfte der Grenzstadt ist der große Indochina-Markt (Talad Indojin): Er bezeugt in vielen Details, dass die meisten Einwohner Mukdahans vietnamesischen Ursprungs sind. Herrliche Ausblicke auf die Umgebung eröffnen sich vom 65,5 m hohen **Mukdahan Tower**, ⌚ 8–18 Uhr, Aufzug 50 Baht. Die Stadt wird von Nok Air angeflogen.

ÜBERNACHTUNG UND ESSEN

Permanente „Promotions" machen die Unterkunft in Luxusherbergen meist erfreulich günstig. Außerdem mangelt es nirgends an hervorragenden Restaurants, viele mit Flussblick, oder Nachtmärkten mit Garküchen und Grillständen.

Zwischen Nong Khai und Bueng Kan

Ban Vas Resort, in Phon Phisai, 40 km östlich von Nong Khai, ☎ 089-570 7782. Empfehlenswerte Unterkunft bei der freundlichen Mrs. Vasana und ihrer Familie. 8 blitzsaubere AC-Bungalows mit westlichem Komfort und Mekongblick. ❸

€ **Rachavadee Hotel**, in Bueng Kan, ☎ 042-492 119, 💻 www.rachavadeehotel.com. Neu seit 2012, ansprechend und entsprechend beliebt. 26 geräumige Zimmer mit Balkon. Gutes Preis-Leistungs-Verhältnis. ❷

The One Hotel, in Bueng Kan, ☎ 042-492 234, 💻 www.theonehotel-bk.com. Der Name scheint Mission, da die 2012 eröffnete, elegante Unterkunft in der Region neue Maßstäbe setzt. 79 durchgestylte Zimmer in 4 Kategorien und ein schöner Pool. ❹–❺

Nakhon Phanom

Siam Grand Hotel, 218/3 Nakhon phanom Thauthen Rd., ☎ 042-512 750, 💻 www.siamgrandhotel.net. Neu, sauber und modern – mit ganz unterschiedlich gestylten, angemessen bepreisten Zimmern. ❸–❹

The River, 35/9 Thaphanom Rd., ☎ 042-522 999, 💻 www.therivernakhonphanom.com. Modern, durchdesignt und professionell gemanagt, zählt dieses attraktive, direkt am Mekong liegende Haus zweifellos zu den besten Optionen. ❹–❺

Sakhon Nakhon

Dusit Hotel, 1784 Yuwaphatthana Rd., ☎ 042-712 200, ✉ dusithotel@hotmail.com. Bereits 1981 eröffnet und in zentraler Lage. Hat nichts mit der edlen Hotelkette zu tun, scheint ihr aber nacheifern zu wollen. 83 ansprechend möblierte, günstige Komfortzimmer. Schöne Lobby, gutes Restaurant mit internationaler Küche und gute Informationen durch Besitzer Mr. Fiat. ❸

€ **NH The Elegant Hotel**, 1636/32 Robmuang Rd., ☎ 042-713 338, 💻 auf Facebook. Neue Unterkunft, die gern trendy sein möchte, aber etwas abseits des Zentrums liegt. Die 52 wohnlichen Komfortzimmer bieten ein gutes Preis-Leistungs-Verhältnis, Frühstück und Abendessen sind inbegriffen. ❸

THAILAND

THAILAND

That Phanom

Kritsada Rimkhong Resort, 90-93 Moo 2, Rimkhong Rd., ✆ 081-262 4111, 🖳 www.ksdresort.com. Pieksauberes Hotel direkt am Fluss mit 18 geräumigen, gut ausgestatteten Zimmern, einige sogar mit Kochgelegenheit. ❷–❸

That Phanom Riverview Hotel, 258 Moo 2, ✆ 042-541-555, 🖳 www.thatphanomriverviewhotel.com. Direkt am Mekong und empfehlenswert. 68 schöne Fliesenboden-Zimmer in 4 Kategorien – als Grand Deluxe Room mit 34 m² und großzügiger Verglasung und Balkons zum Mekong. ❹

Mukdahan

Ploy Palace, 40 Pitak Panomkhet Rd., ✆ 042-631 111, 🖳 www.ploypalace.com. Bestes Hotel am Ort – mit 10 Stockwerken, 154 gediegenen Zimmern, Pool und viel Ambiente. Die oberen Zimmer und die Sky Lounge bieten eine schöne Aussicht. Gutes Essen und manchmal auch Livemusik. ❺–❻

€ **Riverview Maekhong Mukdahan Hotel**, 49 Samran Chaikhong Thai Rd., ✆ 042-633 323. Familiär und engagiert geführte Unterkunft mit Charakter. 50 bezahlbare Zimmer – teilweise großzügig verglast, Holzterrasse mit Mekongblick und Gratis-Fahrräder. ❷–❸

SONSTIGES

Feste

Am Ende der Regenzeit werden in Nakhon Phanom beim **Ok Phansa-Fest** im Oktober kleine, mit Blumen und brennenden Kerzen dekorierte Schiffchen in den Mekong gesetzt. Außerdem gibt es Bootsrennen und einen Umzug mit kleinen, aus Bienenwachs erschaffenen Tempeln.

Immigration

Die Einreisebehörde von Mukdahan liegt in der Song Nang Sathit Rd., ✆ 042-611 074. ⌚ Mo–Fr 8.30–16.30, Sa 8.30–12 Uhr.

Informationen

Das in Nakhon Phanom ansässige **TAT-Büro**, 184/1 Suntomvijit Rd., ✆ 042-513, 🖳 www.tourismthailand.org/nakhonphanom, ist auch für Sakhon Nakhon und Mukdahan zuständig. ⌚ 8.30–16.30 Uhr.

TRANSPORT

Aktuelle Infos zur Weiterreise sind natürlich in den Unterkünften erhältlich. Ob per VIP-Bus oder Motorradgespann, nur in den nächsten Ort oder sogar hinein bis nach Laos – der öffentliche Personennahverkehr der Region ist bestens organisiert.
Von nahezu überall gibt es AC-Verbindungen zu den wichtigsten Städten des Nordostens. Nach BANGKOK geht es meist für 350–550 Baht in 10–13 Std.

Ubon Ratchathani

Im Alltag nur „Ubon" genannt – ist Ubon Ratchathani mit 230 000 Einwohnern Hauptstadt der größten Provinz im Nordosten. Die „Königliche Stadt der Lotusblüte" gilt als Tor nach Laos, Kambodscha und Vietnam, lohnt aber auch einen Besuch wegen ihrer mindestens neun außergewöhnlichen Tempelanlagen. In den 1960er- und 70er-Jahren war Ubon US-Luftwaffen-Stützpunkt und noch heute donnern häufig Kampfjets in geringer Höhe, während der ausgebaute Flughafen vom Aufschwung als Finanz-, Handels- und Ausbildungszentrum zeugt.

Die Stadt erstreckt sich 630 km von Bangkok und 420 km von Korat entfernt am Ufer des **Moon** und nennt sich in ihrem unwirtlichen, südlichen Teil jenseits des Flusses **Warin Chamrap**. Der am Ufer liegende, 1853 gegründete **Wat Supattanaram** beherbergt die größte Holzglocke Thailands, ein sehenswertes Freilichtmuseum mit bis zu 1400 Jahre alten Reliefs sowie eine Steinsäule aus der Angkor-Epoche. Im **Wat Si Ubon Rattanaram** (genannt auch Wat Si Thong – wie ein weiterer, im Nordosten der Stadt liegender Tempel) wird eine Buddhafigur verehrt, die aus Topas besteht und als landesweit größter Brocken des edlen Gesteins gilt. **Wat Thung Si Mueang** wiederum kann mit herrlichen Wandmalereien und einer Stelzen-Bibliothek im Teich aufwarten. Im restaurierten Gouverneurssitz von 1873 zeigt das **Nationalmuseum die** älteste Sammlung archäologischer Funde im Isarn, ⌚ Mi–So 9–16 Uhr.

Am H212 nach Mukdahan liegt der 1957 erbaute **Wat Nong Bua** mit einem 56 hohen Stupa im Stil des Mahabodhi-Tempels im indischen Bodh Gaya, wo Buddha die Erleuchtung fand. Hier lässt sich die Produktion von Riesenkerzen für das Candle Festival ganzjährig erleben. Der Hauptbau überrascht im Zuckerbäckerstil mit einer Kuppel und großzügiger Verglasung. Ebenfalls sehenswert ist der **Wat Sa Prasan Suk** am nordöstlichen Stadtrand: Unter einem kolossalen Betonelefanten hindurch geht es zu zwei riesigen, rot, weiß und golden bemalten Betonbarken.

ÜBERNACHTUNG

Durch das Überangebot an Zimmern kann man in den Mittelklassehotels erfreulich komfortabel und preiswert unterkommen.

€ **Pathumrat Hotel**, 377 Chayangkun Rd., ✆ 045-241 501-11. Etwas angestaubter, und gerade deshalb angenehmer Hotel-Klassiker – mit einladendem Foyer und 177 geräumigen, aber teils leider etwas abgewohnten Holzboden-Zimmern mit Wannenbädern. ❸–❹

Phadaeng Mansion, 126 Phadaeng Rd., ✆ 045-254 600, ✉ thephadaeng@gmail.com. Perfekt gelegen und auch sonst phänomenal. Moderner Hotelbau unter dem genialen Management des Besitzers, der nichts dem Zufall überlässt. 77 geräumige, behagliche und pieksaubere Komfort-Zimmer mit Flatscreen-TV, Boxspring-Matratzen und Balkons zu denkbar attraktiven Preisen. Fahrradverleih für 50 Baht. ❸

Sri Isan Hotel, 62 Ratchaboot Rd., ✆ 045-261 011, 💻 www.sriisanhotel.com. Die 33 hellen, sauberen und ganz unterschiedlich großen Fliesenzimmer dieses Innenstadt-Hotels verteilen sich in einem ansehnlichen Betonbau mit 4 Etagen bzw. rund um einen Lichthof. Auch das schöne Foyer trägt zur Wohnlichkeit bei. ❸–❹

Sunee Grand Hotel & Convention Center, 512/8 Chayangkun Rd., ✆ 045-352 900, 💻 www.suneegrandhotel.com. Das offiziell beste Haus am Ort – Bestandteil eines mondänmodernen, aber nicht sehr ansprechenden Einkaufszentrums. 222 luxuriöse Superior-

Grenzübergänge nach Laos

Bis auf Bueng Kan – Pakxan gibt es an allen Grenzübergängen **Visa on Arrival** (S. 100). Zu bestimmten Tagen/Uhrzeiten werden geringe Zuschläge erhoben. Für Fahrten mit dem staatlichen Thai-Lao International Bus muss sich das Visum schon im Reisepass befinden.

Bueng Kan – Pakxan (Pak Sane)

Der einsame, rund 2,5 km nordwestlich von Bueng Kan liegende Grenzübergang wird nicht häufig genutzt. Das könnte sich ändern, wenn die geplante fünfte Freundschaftsbrücke den Fährverkehr ersetzt (Boote fahren nur mit 20 Passagieren, ansonsten chartern für 1000 Baht). ⌚ 7–18 Uhr.

Nakhon Phanom – Thakhek

Seit hier die dritte thai-laotische Freundschaftsbrücke den Mekong überspannt, pendelt der Thai-Lao International Bus 8x tgl. von 8–17 Uhr (75 Baht, 29 km, 90 Min.) zwischen den beiden Städten. ⌚ 8–22 Uhr.

Mukdahan – Savannakhet

Am einfachsten mit dem Thai-Lao International Bus über die zweite Freundschaftsbrücke (12x tgl. von 8.15–19.30 Uhr, 45 Baht, 17 km, 1–2 Std.). ⌚ 6–22 Uhr.

Chong Mek – Vangtao (Pakxe)

Statt über den Mekong geht es von Ubon Ratchathani ca. 90 km bis zum östlich liegenden Chong Mek, dann vom laotischen Grenzort Vangtao ca. 45 km bis zur südlaotischen Provinzhauptstadt Pakxe (Pakse). Der Thai-Lao International Bus fährt 2x tgl. für 200 Baht in 3 Std. ⌚ 6–20 Uhr.

Einreise nach Thailand

Weitere Infos zum Grenzübertritt in der Gegenrichtung auf den Seiten 454, 461, 468 und 477.

THAILAND

Ubon Ratchathani

und Deluxe-Zimmer mit Schwimmbad, Sauna und Wellness-Center. 5

The Outside Inn, 11 Suriyat Rd., ☏ 088-581 2069, 💻 www.theoutsideinnubon.com. Professionell geführt von dem jungen Amerikaner Brent und seiner thailändischen Frau Tun. Ein Hideaway an der Peripherie mit Garten und 8 teils etwas dunklen Zimmern. Auch bei externen Gästen beliebtes Restaurant – u. a. mit mexikanischem Essen, preiswertem Chang-Fassbier und exklusiv geschüttelten Cocktails. Gute Tipps und Touren sowie Verleih von Fahrrädern (50 Baht) und Mopeds (um 250 Baht). 3–4

Tohsang Hotel, 251 Phalochai Rd., ☏ 045-245 531-9, 💻 www.tohsang.com. Obwohl sich die Eleganz von Auffahrt und Foyer nur bedingt in den 76 Teppichboden-Zimmern fortsetzen, ist dieses Boutique-Resort nicht zu verachten. Toller Resort-Ableger in Khong Chiam. 5

T3 House, 1/1 Soi Sapphasit 1, ☏ 045-244 911, 💻 www.t3houseubon.com. Benannt nach den 3 Baumriesen im Innenhof und eine gute Alternative, wenn das Phadaeng Mansion voll ist. Etwas nüchtern, aber viel gelobt, modern und sauber – mit 76 Balkon-Zimmern. 3

Ubonburi Hotel & Resort, 1 Simongkhon Rd., im Stadtteil Warin, nur 1 km vom farbenfroh schillernden Night Bazar, ☏ 045-266 777, 💻 www.ubonburihotel.com. Überraschend preiswertes Luxushotel mit großer Gartenanlage und schönem Pool am Moon-Fluss. 110 geräumige Wohlfühl-Zimmer, davon 30 in Bungalows. Alles stilvoll und behaglich. Taxameter-Taxis zum 5 km entfernten Zentrum 80 Baht. 4

ESSEN

Herrlich und preiswert schlemmen lässt es sich besonders auf dem Nachtmarkt **Tho Rung** im Herzen der Stadt, 🕒 16–24 Uhr. Als Spezialität der Region empfiehlt sich z. B. *larb phet* (gehacktes Entenfleisch).

Indochine & Intro-Pub, 168-170 Saphasit Rd., ☏ 045-245 584. Seit mehr als 40 Jahren existiert das urige Restaurant mit vietnamesischer Küche. In dem Holzhaus, das einst über den Wasserweg aus Vietnam gekommen sein soll, serviert der nette Khun Noy in der dritten Generation unter anderem exotische Wickelgerichte für 80–100 Baht – wie *nuea yang hap lu* oder *nam nueang*. 🕒 9–18.30 Uhr. Pubartiges Obergeschoss, differenzierte Speisekarte und Piano-Musik. 🕒 18–23 Uhr.

Jumpa-Hom, 49/3 Pichit Rangsan Rd., ☏ 045-260 398. Das beliebte Restaurant trägt seinen lieblichen Namen „Duft der Jumpa-Blume" völlig zu Recht: Es bietet eine romantische Atmosphäre und Livemusik (19.30–22 Uhr), im Garten gruppieren sich Holzmöbel und Bodenkissen zwischen Springbrunnen, Schilf und Lotus. Die Karte birgt allerlei Leckereien zu angemessen Preisen. 🕒 17–24 Uhr.

€ **Pornthip Gai Yang**, Saphasit Rd., ☏ 089-720 8101. In der Speisekarte finden sich mehr Schnappschüsse von Promi-Gästen als Speisen... Seit 40 Jahren bietet das lauschige, halboffene Restaurant günstige Isarn-Küche – wie knuspriges Holzkohle-Hühnchen, scharfe Papaya-Salaten, leckeres Thai-Gyros *nam tok mou* oder *Larb Phet*. 🕒 8–19 Uhr.

Risotto, 2/3 Soi Chaiyang Khun, ☏ 086-259 5289. Nach dem Umzug etwas abgelegen, aber immer einen Besuch wert. Gepflegtes AC-Restaurant mit guter italienischer Küche. 🕒 11–22 Uhr.

Sincere Steak Restaurant, 126/1 Saphasit Rd., ☏ 045-245 061. Klein, aber sehr fein mit nur 4 Tischen und gehobenem Preisniveau. Bereits seit 25 Jahren serviert hier ein liebenswürdiges, älteres Ehepaar perfekte Steaks sowie kreative thailändisch-französische Fusionsküche mit hochwertigen Zutaten und frischen Gewürzen. 🕒 Mo–Sa 11–22 Uhr.

Tee Amnuaaychok, 377-379 Saphasit Rd., ☏ 045-241 809. Populäres, halb offenes Wellblechdach-Restaurant, das vor allem Nachtschwärmer anzieht. Große Auswahl, bebilderte Speisekarte. 🕒 16.30–4 Uhr.

UNTERHALTUNG

Wie in allen größeren Städten des Isarn pulsiert auch hier das Nachtleben – als minimale Empfehlung:

Chill Pub & Restaurant, 140/1-2 Chayangkhun Rd., ✆ 09-0880 7719, 💻 auf Facebook. Populärer Nachtclub mit häufigen Themenpartys. ⌚18–1 Uhr.
U-Bar, Yothi Rd., ✆ 045-265 141. Lange etabliert mit stets vibrierender Stimmung – oft populäre Bands aus Bangkok, ⌚ 21–2.30 Uhr.

THAILAND

SONSTIGES

Einkaufen

Natürlich hat sich mittlerweile auch in Ubon ein **Walking Street Market** etabliert, östlich des Thung Si Muang Parks, ⌚ Fr, Sa, So 17–22 Uhr.
Südlich des Parks finden sich interessante Geschäfte – wie der von einem freundlichen Ehepaar geführte **Rawang Thang Shop**, 301 Keuan Thani, ✆ 080-464 0600, der mit seinem kreativen Angebot zu den attraktivsten Souvenir- und Stöberläden der Stadt gehört. ⌚ 8–20, Fr–So 21 Uhr.

Feste

Beim 3–4-tägigen **Candle Festival** jährlich im Juli/August werden bei Prozessionen bis zu 2 m hohe Kerzen sowie kunstvoll gearbeitete mythische Figuren aus Bienenwachs in die stadtweit etwa 50 Tempel gebracht, begleitet von Zeremonien, Volkstänzen und Miss-Wahlen.

Informationen

Im örtlichen **Tourist Office**, 264/1 Kheuan Thani Rd., ✆ 045-243 770, ✉ tatubon@tat.or.th, 💻 www.tourismthailand.org/ubonratchathani, ⌚ 8.30–16.30 Uhr, oder im **Internet** unter 💻 www.weloveubon.com.

Touren, Tickets und Transfers

Alle Touren oder Transfers lassen sich z. B. vom **The Outside Inn** arrangieren. Bewährt hat sich auch **Sakda Tour**, 234 Palorungrit Rd., ✆ 045-321 937 (Mrs. Phom spricht gut Englisch), 💻 www.sakdatour.com. Tickets, Transfers und Touren aller Art, Mietwagen mit Fahrer je nach Entfernung 1500–2000 Baht pro Tag plus Spritkosten. ⌚ 8–18 Uhr.

NAHVERKEHR

Es gibt 10 feste, zwischen 5 und19 Uhr bediente **Songthaew-Linien** für 10 Baht p. P. Statt überteuerter **Tuk Tuks** empfehlen sich die neuen **Taxameter-Taxis**, ✆ 045-265 5999, eine Tages-Charter liegt bei 1300–1800 Baht.

TRANSPORT

Busse

Der größte **Busbahnhof** Satani Konsong, ✆ 045-316 085, 314 299, befindet sich fast 4 km nordwestlich der Stadt an der Chayangkun Rd. (mit Songthaew-Linie Nr. 2, 3 und 10 in 15 Min.).
Für die wichtigsten und weitesten Strecken empfehlen sich die 24-sitzigen VIP-Busse von **Nakhonchai Air**, ✆ 045-269 777, die von mehreren Orten abfahren – wie einer neuen Busstation gegenüber dem Busbahnhof.
BANGKOK, stdl. (mittags weniger häufig) für 450–600 Baht in 7–9 Std., am besten und bequemsten als VIP für 700 Baht,
CHIANG MAI, tgl. 6x in 14–15 Std. für 600–750 Baht, als VIP bis zu 950 Baht.
CHONG MEK (Grenzübergang) über PHIBUN MANGSAHAN, ab dort verkehren Songthaew (1 Std., ca. 60 Baht).
KHONG CHIAM, über PHIBUN MANGSAHAN, 2x tgl. in 2 Std. mit Non-AC-Bussen für 100–120 Baht.
RAYONG (über PATTAYA), 13x tgl. in 13 Std. für 440–570 Baht, als VIP bis zu 700 Baht.
PAKXE (in Laos), 2x tgl. in 3 Std. für 200 Baht (s. Kasten S. 307).
Außerdem fahren Busse regelmäßig nach KHON KAEN, KORAT, MUKDAHAN, SAKHON NAKHON, SISAKET, SURIN, UDON THANI, THAT PHANOM oder YASOTHON.

Eisenbahn

Der **Bahnhof**, ✆ 045-321 558, liegt 2,5 km vom Zentrum im Stadtteil Warin. Es verkehren Express- und Bummelzüge, Fahrplan S. 882.
AYUTTHAYA, 7x tgl. in 7–10 1/2 Std.
BANGKOK, 6x tgl. in 8 1/2–12 Std.
KORAT, 9 x tgl. in 4–6 Std.
SURIN, 11x tgl. in 2–3 Std.

Flüge

Der 2015 umfassend renovierte **Flughafen**, ✆ 045-263 916, liegt im Nordosten der Stadt (Taxi 60–70 Baht) und wird aus BANGKOK 2x tgl. bedient von **Thai Airways** (bzw. **Thai Smile**), ✆ 045-313 340 (Büro: 364 Chayangkun Rd.), 263 916-7 (Flughafen).
Zum DON MUEANG-Airport fliegen 9x tgl. **AirAsia**, ✆ 045-255 762, und **Nok Air**, ✆ 045-245 612-4.
Mit **Kan Air**, ✆ 02-551 6111, bzw. kleinen Maschinen (6 Passagiere) geht es 2x wöchtl. nach CHIANG MAI.

Die Umgebung von Ubon Ratchathani

Weit mehr Attraktionen als im Zentrum liegen in der Umgebung der Provinzhauptstadt – meistens sind es reizvolle Naturerlebnisse. Das üppige Grün ihrer ausgedehnten Wälder hat der Region Ubon den Namen „Smaragddreieck" eingebracht.

Bereits 12 km flussaufwärts erstreckt sich am Nordufer des Moon mit dem **Hat Koo Duar** eine Art Badestrand (mit Minibus Nr. 9). Noch als Geheimtipp gilt der 687 km² große **Phu Chong Nayoi National Park**. Er zeichnet sich durch einen 40 m hohen Wasserfall, zahlreiche Berge und das Vorkommen der vom Aussterben bedrohten Weißflügel-Moschusente aus.

Auf den Weg zum 92 km von Ubon Ratchathani und 22 km von Khong Chiam entfernten **Pha Taem National Park** kann man sich auch als Kulturmuffel machen, denn hier lockt außer den erst 1987 entdeckten, prähistorischen Felszeichnungen auch ein grandioses Naturerlebnis. Mit dem Parkplatz am **Visitor's Center**, ✆ 045-318 026, 266 332-3, ⌚ 8–17 Uhr, Eintritt 400 Baht, ist auch schon das obere Ende der Sehenswürdigkeit erreicht. Das steil aufragende Sandsteinmassiv bietet eine faszinierende Aussicht über den Mekong und nach Südlaos – das beste Licht für Fotos gibt es nachmittags. Um die **prähistorischen Malereien** zu sehen, folgt man einfach der Ausschilderung. An dem 500 m langen Pfad tauchen unter überhängenden Felsen etwa 300 rotbraune Zeichnungen auf. Über 3000 Jahre alt, zeigen sie Menschen, Tiere, Werkzeuge, Töpfe und Reusen. Mehr s. **eXTra [2917]**.

Gleich zwei idyllische Waldklöster finden sich im Südwesten von Ubon Ratchathani. Sie wurden einst von dem charismatischen Meditationsmeister Ajahn Cha gegründet. Zum 12 km von der Stadt entfernten, über den H2178 erreichbaren **Wat Nong Pa Phong**, ✆ 045-322 729, gehören ein Museum und ein Stupa mit der Asche des Mönchs. Am H2193 nach Sisaket liegt der ebenfalls von westlichen Mönchen bewohnte „International Forest Monastery" **Wat Pah Nanachat**, 💻 www.watpahnanachat.org. Auch wenn es den Spitznamen „Wat Farang" trägt, empfiehlt sich eine vorherige Anmeldung.

Sam Pan Bok: Löcher im Mekong

Der Mekong vermag sich in seinem Verlauf mit völlig unterschiedlichen Gesichtern zu präsentieren. Rund 2 1/2 Fahrtstunden (118 km) nordöstlich von Ubon Ratchathani klaffen die spektakulären **Sam Pan Bok** (auch Saam Pan Bohk, Boak oder Bow) – auf Deutsch: 3000 Löcher. Hier haben die Stromschnellen des Mekong das steinige Flussbett zu bizarren Formen erodiert, die in der Trockenzeit frei liegen und zahllose Wasserlöcher ausbilden. Eine überaus fotogene Felslandschaft, die zum Wandern und Klettern einlädt. Zu erreichen ist dieses Naturphänomen nur mit Mietfahrzeugen oder Charter-Taxis (z. B. von Sakda Tour, s. Ubon).

Khong Chiam

Von Ubon führt der breite H217 in Richtung Osten, um nach 45 km **Phibun Mangsahan** zu erreichen. Obwohl die Strecke parallel am Moon entlang führt, kommt der Fluss leider nicht in Sicht. Nachdem die Brücke erreicht ist, in deren Bereich die Stromschnellen von **Kaeng Sapheu** liegen, geht es über den H2222 rund 30 km in Richtung Nordosten bis nach Khong Chiam. Eine landschaftlich schöne, beschauliche Strecke, an der vielerorts in der Region gefertigte, große Messing-Gongs zum Verkauf in der Sonne blitzen.

Etwa 2,5 km vor Khong Chiam sollte man am **Wat Tham Khuha Sawan** anhalten, von dem sich ein grandioser Blick auf den Mekong und die bunten Wellblechdächer des Orts eröffnet. Das Tempelgelände ist gespickt mit faszinierenden Busch-Skulpturen, bunten Orchideen-Arrangements und mächtigen Wurzelstöcken von Urwaldriesen. In einer großen, an den Hang gebauten Halle beeindrucken acht von Felsen überragte, vergoldete Buddhastatuen, im Inneren des Heiligtums wird der Mönch Long Pu Kam Kanung verehrt: 1988 im Alter von 92 Jahren verstorben, findet sich sein einbalsamierter, vergoldeter Leichnam in einem Glasschrein. Von hier lässt sich eine schöne, 2,5 km lange Wanderung zur Höhle **Heo Sin Chai** beim gleichnamigen Wat oder zu den **Kaeng Tana Rapids** (ca. 3 km) unternehmen.

Das kleine **Khong Chiam** (Khong Jiam) liegt auf einer idyllischen Halbinsel am Zusammenfluss von **Mekong** und **Moon**. Es zählt zu den reizvollsten Orten Thailands und wird gerühmt für das Naturschauspiel des **Mae Nam Song Si** – des „zweifarbigen Flusses". Denn hier vereint sich das trübe Braun des Mekong mit den grünlichen Fluten des Moon. Bei Niedrigwasser werden malerische Sandbänke, Felsen und Inselchen mit Bäumchen sichtbar.

Entlang des Ufers erstreckt sich eine Promenade, die von einigen Baumriesen, Verkaufsständen und Schnappschuss-Spots mit bunten Kitschfiguren flankiert wird. Für 300–400 Baht sind halbstündige Bootsfahrten möglich, bei längeren Touren auch Besuche in einem laotischen Dorf, wo sogar „zollfrei" eingekauft werden kann. Offiziell nach Laos übersetzen dürfen Ausländer aber erst im 32 km entfernten **Chong Mek** (Kasten S. 307). Der Weg dorthin führt vorbei am 1971 eingeweihten **Sirindhorn-Stausee**, für den einst viele Menschen umgesiedelt werden mussten.

ÜBERNACHTUNG

Es bieten sich viele einfache, aber trotzdem gepflegte Quartiere mit Atmosphäre an – viele verleihen auch Fahrräder und Mopeds:

€ **Apple Gh.**, 267 Kaew Pradit Rd. (5 Min. vom Fluss), ✆ 045-351 160. Ältestes Guesthouse und wichtigster Traveller-Spot. 17 preiswerte, angenehme Zimmer mit traditionellen Thai-Toiletten und teilweise AC, von denen sich besonders die im Obergeschoss der 3 grün getünchten Holzbauten empfehlen. ❶–❷

Araya River Resort, Phukamchai Rd., ✆ 045-351 385. Empfehlenswerte Anlage mit 65 gepflegten Komfort-Zimmern, die sich teilweise um das einzige Schwimmbad am Ort gruppieren, auch 3 idyllische Bungalows mit Terrassen am Moon. ❹

Ban Rim Khong Resort, 37 Kaew Pradit Rd., ✆ 045-351 101. 14 von einem schönen Bougainvilleen-Garten umrahmte Zimmer. Die 3 originellen, geräumigen Holz-Bungalows an der Promenade bieten große Terrassen mit herrlichem Flussblick. ❹

Ban Pak Mongkhon Resort, 595 Kaew Pradit Rd. (ca. 10 Min. vom Fluss), ✆ 045-351 352, 💻 www.banmongkhon.net. Charmante, freundlich geführte Anlage aus 2-stöckigen Holzbauten mit 33 gepflegten AC-Zimmern (zu den schönsten zählen die mit lauschiger Terrasse im Obergeschoss liegenden Nr. 12, 13 und 14). ❸

Tohsang Khong Jiam Resort, 68 Moo 7, Ban Huaimak Tay (ca. 3 km vom Ort), ✆ 045-351 174-6, 💻 www.tohsang.com. Origineller Stilmix aus Thai, Khmer und Bali – mit Panoramablick auf den Mekong. Beste Option der Region mit 48 behaglichen Zimmern, 7 gediegenen Villen, Pool und Spa. Das angegliederte **Sedhapura by Thosang** ist das ultimative Hideaway mit 4 traumhaften Pool-Villen für 15 000–20 000 Baht. ❻

ESSEN

In den Restaurants am Flussufer – oder auch romantisch als großes Floß auf dem Wasser treibend – ist fangfrischer Mekong-Fisch natürlich besonders beliebt. Suppen mit etwas *pla buek* liegen bei 180–220 Baht – egal, ob der legendäre Riesenwels aus dem Mekong kommt oder von einer professionellen Zuchtanlage im 700 km entfernten Chainat.

Araya, auf dem Mekong, ✆ 045-351 015. Professionell, etabliert seit 1972 – und damit die älteste Gastronomie am Ort. Hier wurden einst die US-Soldaten verköstigt, die die Toten des Vietnamkriegs aus Laos über den Fluss holten. ◷ 9–22 Uhr
Chonlada, auf dem Mekong, ✆ 045-351 135. Wirkt – vertäut direkt neben dem Araya – etwas profan, aber urig. ◷ 10–22 Uhr
Le Moon, auf dem Moon ✆ 089-010 3151. Noch relativ jung und besonders einladend. ◷ 10.30–23 Uhr.

FAHRRAD- UND MOTORRADVERLEIH

Im **Ban Steak @ Khongchiam**, Kaew Pradit Rd., ✆ 045-351 328, bietet die freundliche Mrs. Jane nicht nur günstiges Essen, sondern auch Fahrräder für 100 Baht am Tag sowie Mopeds für 200 Baht und Enduro-Maschinen für 500 Baht. ◷ 11–22 Uhr.

TRANSPORT

BANGKOK, regelmäßig mit AC-Bussen aus Ubon oder Phibun.
PHIBUN MANGSAHAN, mit Songthaew in 1 Std. für 50 Baht, oder mit Non-AC-Bus 80 Baht.
UBON RATCHATHANI, mit direkter Busverbindung 5x tgl. in 2 Std. für 80–100 Baht.

Von Ubon Ratchathani nach Bangkok

Der im Grenzgebiet thronende Felsentempel **Prasat Khao Phra Viharn** und die Tempelruinen **Prasat Phanum Rung** und **Prasat Muang Tam** bei Buriram sind lediglich die bekanntesten unter den Zeugen der Blütezeit des Khmer-Reichs, die sich am Weg von Ubon Ratchathani über Surin nach Korat und Bangkok verbergen (mehr dazu ab S. 316).

Die Hauptstadt der Grenzprovinz **Surin** indes lohnt besonders am dritten November-Wochenende einen Besuch, wenn sie im Zeichen des spektakulären, mit einer gewaltigen Toureninvasion verbundenen **Elephant Roundups** steht (Kasten S. 314). Ganzjährig indes bietet sich ein Besuch des Dorfs **Ban Ta Lang** an, wo die *Suay* – die traditionellen Elefantenfänger von einst – ihre Dickhäuter ausbilden (tgl. mehrmals mit großem Sammel-Songthaew ab Busstation für 40 Baht).

Auf der Strecke führen zahlreiche Abzweigungen zu Städten, die jenseits der üblichen Touristenroute liegen. Wie **Buriram**, wo 2014 als erste Rennstrecke Thailands der von Hermann Tilke entworfene, 4,5 km Chang International Circuit (CIC) eröffnet wurde, oder auch **Sisaket** (s. **eXTra [2920]**). Und wer mal eine Bombenstimmung erleben möchte, sollte sich auf den Weg zum alljährlichen Raketenfestival in **Yasothon** machen (**eXTra [10516]**).

Von den hier liegenden Grenzübergängen nach Kambodscha ist der von **Aranyaprathet/ Poipet** der betriebsamste. Auf dem riesigen **Thai-Cambodian Border Friendship Market** wird massenhaft Billigware feilgeboten und die Spielkasinos auf kambodschanischer Seite haben regen Zulauf. Neueste Attraktion ist das hippe **The Velo's Hotel**, das u. a. mit einem „BMX Pumptrack" und 25 m-Pool aufwarten kann.

ÜBERNACHTUNG UND ESSEN

Surin

Sogar nagelneue Hotels sind mit 400–500 Baht verblüffend günstig, doch zum Elefantenauftrieb – wie fast alle Unterkünfte – wesentlich teurer und frühzeitig ausgebucht.
Fortune Mansion, 111 Lak Muang Rd., ✆ 044-521 151-2, 💻 www.fortunemansionsurin.com. Zählt mit 15 schönen, modernen Zimmern zu den empfehlenswerten Unterkünften der neuen Generation. ❷
Maneerote Hotel, 11/1 Soi Poytangko, Krung Sri Nai Rd., ✆ 044-539 477, 💻 www.maneerotehotel.com. 72 Komfortzimmer mit großzügiger Verglasung und Balkons, davon 28 als VIP. ❷–❸
€ **Pirom & Aree's House**, Soi Arunee / Thungpo Rd., ✆ 044-515 140. Schon lange etablierte, populäre Traveller-Herberge am Stadtrand. 10 spartanische Ventilator-

THAILAND

Talentshow für Dickhäuter

Alljährlich im November ziehen in Surin über 300 Elefanten zum großen **Elephant Round-up** auf. Einst wurden die Dickhäuter als Reittiere in Kriegen und zum Einfangen wilder Artgenossen eingesetzt. Bis zum landesweiten Verbot von Holzeinschlag 1989 mussten sie bei der Vernichtung ihres eigenen Lebensraums helfen. Zwar geht es auch bei diesem Elefanten-Festival nicht gerade ohne Zwang zu, doch darüber vermag die Talentshow der Rüsseltiere leicht hinwegzutäuschen. Denn hier beweisen die Tiere bei Paraden, Schaukämpfen und Spielen ihre Intelligenz, Kraft und Geschicklichkeit. Umrahmt wird der einwöchige Elefantenauftrieb von einem großen Markt, etlichen Essensständen und Bühnenshows.
Eintritt ab 80 Baht, VIP-Plätze auf der Tribüne des Stadions 150–1200 Baht (buchbar z. B. bei Saren Travel & Tour, s. u.). Kostenfrei zusehen kann man den Massenbuffets, bei denen die Wappentiere öffentlich gefüttert werden.

Zimmer mit Gemeinschaftsbad in 2 Holzhäusern und Garten sowie Homestay-Flair und strenger Hausordnung. Der betagte Ex-Reiseleiter Khun Pirom spricht ebenso gut Englisch wie Gattin Aree kocht. Professionelle Infos und Entdeckungstouren. ❶
Auch in Surin bietet sich der größte **Nachtmarkt**, in der Kungsri Nai Rd., für einen Schlemmer-Streifzug an, 🕒 17–22 Uhr. An der vom Stadtgraben flankierten Lak Muang Rd. bzw. in der Nähe des Parks Chaloerm Prakiet hat sich eine neue Touristenmeile mit verlockenden Restaurants entwickelt.
Lorenzino's Swiss Cuisine, 30/26 Lak Muang Rd., ✆ 081-790 2073, 💻 www.lorenzinos.net. Zweigliedriges Restaurant des schon seit 40 Jahren in Thailand lebenden, sympathischen Schweizers Willi Beer mit seiner engagierten Frau Thanawan, die im Obergeschoss eine Anwaltskanzlei betreibt. Kreative Schweizer und mediterrane Küche sowie leckere Backwaren, reichhaltiges Frühstück und massenhaft Insider-Infos. 🕒 8–21 Uhr.

Aranyaprathet

Wer spät ankommt, sollte auf der thailändischen Seite übernachten, wo es rund ein Dutzend Hotels gibt. Alternativ bieten sich die Kasino-Hotels hinter der Grenze an.
Auf zwei **Märkten** am Busbahnhof und in der Altstadt kann man preiswert essen oder Obst kaufen.
@ **Border Hotel**, 654 Rong Kluea Markt, ✆ 082-454 2121, 💻 www.atborder.com. Dichter an der Grenze geht nicht. Neu, modern und professionell geführt mit 64 originell ausstaffierten Wohlfühlzimmern die wohl beste Wahl – zumal auch erstaunlich günstig. ❷
Indochina Hotel, 154 Moo 6, Thanavitee Rd., am H348, ✆ 037-232 588, 💻 auf Facebook. Etabliert seit 1994 und 3 km vom Zentrum bietet das lange Zeit beste Hotel am Ort 115 überraschend preiswerte Zimmer und einem Pool. ❹
€ **Market Motel**, 105/30-32 Raduthit Rd., ✆ 037-232 302, 💻 www.aranyaprathethotel.com. Mitten im Zentrum und dennoch ruhig. 55 saubere, günstige Zimmer, wahlweise mit AC. Halb offene Lobby mit einladendem Restaurant und Pool. Besitzerin Kornwipa spricht gut Englisch, sorgt für familiäres Flair und guten Service. ❷–❸
The Velos's Hotel & Pumptrack, Nähe Busbahnhof, ✆ 037-231458-9, ✉ rsvn-thevelo@gmail.com. Auch für Nicht-Radler ein ultimatives Erlebnis! 90 Zimmer und Suiten ab 1500 Baht. ❹–❺

Touren und Tickets

Erlebnisreiche Entdeckungstouren (ab 1400 Baht p. P.) organisiert **Pirom & Aree's House** in Surin, s. o. Ebenfalls im Umgang mit Farangs bewährt hat sich **Saren Travel & Tour**, 202/1-4 Thesban 2 Rd., Surin, ✆ 044-713 828, 089-949 1185, ✉ sarentour@yahoo.com. Vermittelt werden Tickets (auch für das Elefanten-Festival), Transfers aller Art (bis nach Siem Reap in Kambodscha), Mietfahrzeuge (ab 1600 Baht pro Tag) und individuelle Tagestouren nach Phanom Rung oder Prasat Muang Tham (2800 Baht für 4 Pers.). 🕒 Mo–Sa 8.30–17 Uhr.

Grenzübergänge nach Kambodscha

Alle Übergänge, 🕒 6–22 Uhr, bieten das **Visa on Arrival** (S. 100) für US$30, wobei man sich meist rigoros gegen hartnäckige Schlepper und gern erhobene Extra-Gebühren oder überhöhte Baht-Preise wehren muss. Das über 💻 https://www.evisa.gov.kh erhältliche **E-Visum** (US$30 zzgl. US$7 Service-Charge) gilt nicht für Chong Sa Ngam–Anlong Veng.

Chong Sa Ngam – Anlong Veng (Cho-Aam)

Der Grenzübergang in der Provinz Sisaket, 70 km südlich von Surin, wird wenig frequentiert. Sammeltaxis nach Siem Reap kosten etwa 3000 Baht, die Fahrtzeit beträgt mit Pause in Anlong Veng ca. 5 Std. Da nur wenige Busse von der Grenze nach Surin fahren, sollten Ankömmlinge den Minibus für 40 Baht bis **Prasat** an der Kreuzung H214 / H24 nehmen, um dort in einen Bus umzusteigen. Dieser wie auch der zur Provinz Surin gehörende Grenzübergang von **Chong Jom** nach **O'Smach** können wegen des Preah Vihear-Konflikts zeitweise geschlossen sein.
Einreise nach Thailand S. 604.

Aranyaprathet – Poipet

Vom Busbahnhof fahren Mopeds und Tuk Tuks für 60–100 Baht in 15 Min. zur 6 km östlich der Stadt liegenden Grenze. Diese wird von riesigen Kasinos flankiert und muss zu Fuß überquert werden. Nach dem Erhalt des Thai-Ausreise-Stempels im 1. Stock sollte man zielstrebig das gelbliche Gebäude mit dem tempelartigen Dach ansteuern, wo das Visum zu beantragen ist (Passbild erforderlich), an weiteren Schaltern erhält man Formular und Stempel für die Einreise. Von der Hauptstraße hinter dem Grenzübergang in **Poipet** fahren große AC- und Minibusse in 4 Std. für US$8–10 p. P. über das 35 km entfernte **Sisophon** bis nach **Siem Reap/Angkor Wat**. Individueller geht es mit den weißen Toyota Camry als Charter-Taxis: Für bis zu 4 Pers. kosten sie US$30–40 und brauchen nur 2 1/2 Std. Für US$5–7 geht es mit dem Bus oder für US$25–30 mit dem Taxi in 2 Std. nach Battambang, für ca. US$80 bis nach Phnom Penh.
Einreise nach Thailand S. 556.

INFORMATIONEN

Das **Tourist Office** in Surin, 355/3-6 Thetsabarn Rd. 1, 📞 044-514 447-8, 💻 www.tourismthailand.org/surin, 🕒 8.30–16.30 Uhr, ist auch für Buriram und Sisaket zuständig.
Nützliche Informationen, auch zum schillernden Nachtleben, findet man auf 💻 www.surinfarang.com.

TRANSPORT

Ab Surin

Die meisten Verbindungen starten vom nordöstlich des zentralen Kreisverkehrs liegenden Busbahnhof, 📞 044-511 756.
Busse nach Bangkok, 📞 044-595 151 (Nakhonchai Air), 515 344 (999 VIP), fahren 200 m westlich vom Bahnhof ab.

ARANYAPRATHET, 3x tgl. in 6 Std. für 150–180 Baht, als VIP 420 Baht.
BANGKOK, fast stdl. in 6–8 Std. für 380–520 Baht.
CHIANG MAI, 5x tgl. in 15–18 Std. für bis zu 1000 Baht.
CHONG SA NGAM (Grenze), mehrmals ab 6 Uhr in 90 Min. für 80 Baht.
KORAT, alle 30 Min. in 3–4 Std. für 110–170 Baht.
PRASAT PHANOM RUNG (Ban Tako), Bus Richtung Korat, 1 1/2 Std. für 80 Baht.
RAYONG, 9x tgl. in 10–12 Std. für 480–600 Baht.
SISAKET, stdl. in 1–2 Std. für 80 Baht (meist mit Minibussen).
PATTAYA, 9x tgl. in 8–9 Std. für 430–520 Baht.
UBON RATCHATHANI, mehrmals tgl. in 3 Std. für 120–210 Baht.

THAILAND

Der **Bahnhof**, ✆ 044-511 295, liegt im nördlichen Zentrum.
AYUTTHAYA, 10x tgl. in 5–7 1/2 Std.
BANGKOK, 10x tgl. in 7–9 Std.
KORAT, 13x tgl. in 2–3 Std.
UBON RATCHATHANI (über SISAKET), 11x tgl. in 2–3 Std.

Ab Aranyaprathet

Der Busbahnhof liegt 500 m westlich des Zentrums in einem Neubauviertel, doch werden bereits von der Grenze viele lukrative Direktverbindungen mit (Mini)Bussen angeboten.
BANGKOK, mehrmals tgl., v. a. vormittags in 3–4 Std., für 170–230 Baht.
CHANTABURI, stdl. in 4 Std. für 170–190 Baht.
KORAT, 6x tgl. in 4 Std. für 200–220 Baht.
PATTAYA, bis KABINBURI, dann mit einem Bus aus dem Nordosten.
SURIN, 3x tgl. in 6 Std. für 160–190 Baht.

Der **Bahnhof** liegt rund 1 km nördlich vom Zentrum, doch sind die (Mini)Busse wesentlich schneller und bequemer als die Bummelzüge.
BANGKOK, 2x tgl. in 5 1/2–6 Std.

Khmer-Tempel in der Grenzregion

Entlang der thailändisch-kambodschanischen Grenze finden sich weit verstreut etliche Tempelruinen aus der Khmer-Epoche, aber auch Heiligtümer neueren Datums wie der im Neo-Khmer-Stil errichtete **Wat Khao Angkan** oder **Wat Lan Kuat** (Tempel aus einer Million Flaschen). Je nach Interesse lassen sie sich in die Reiseroute zwischen Ubon Ratchathani und dem Nationalpark Khao Yai oder Bangkok einfügen.

Als Ausgangspunkt für interessante Tagestouren zu mehreren Tempeln bietet sich das 100 km vor Korat liegende **Nang Rong** an (Unterkunftstipp s. Kasten). Etwa 35 km südlich der Ortschaft erstreckt sich der Stausee **Lang Rong Nong**, an dessen Ufer sich ein verlockender Badestrand befindet sowie die erst wenig besuchten Khmer-Ruinen von **Prasat Nong Hong**.

Wer mit **Prasat Phanom Rung** die wichtigste Tempelanlage direkt erreichen will, sollte in dem 14 km östlich von Nang Rong liegenden Dorf **Ban Tako** aus dem Linienbus steigen und per Moped-Taxi (150 Baht) zum Heiligtum weiterfahren. Wochentags kann man die Tempelanlagen meist in Einsamkeit genießen.

Der Hintergrund-Exkurs **History Highway** berichtet von der Dharmasala Road, die einst von Angkor über Prasat Phanom Rung und Prasat Muang Tam nach Phimai führte, s. **eXTra [5161]**

Prasat Khao Phra Viharn

Der spektakulärste aller Khmer-Tempel im thailändisch-kambodschanischen Grenzgebiet steht im Mittelpunkt eines historischen Konflikts: Obwohl das Felsenheiligtum **Prasat Khao Phra Viharn** (Khmer: Prasat Preah Vihear) vom Internationalen Gerichtshof in Den Haag 1962 eindeutig Kambodscha zugesprochen wurde, erhebt Thailand nach wie vor Anspruch darauf. Auch wenn nach Scharmützeln mit Toten und Verletzten Tauwetter und Truppenabzug angeordnet wurden, sollte man sich vorab erkundigen, ob das 2008 zum Weltkulturerbe der Unesco erklärte Heiligtum zugänglich ist. Auskunft erteilt das **Hauptquartier**, ✆ 045-661 422-3, des Nationalparks auf der thailändischen Seite, in dem ein Felsvorspung mit Blick auf die Ruinen besucht werden kann. ⌚ 8–16 Uhr, Eintritt 200 Baht. Im Steilhang unterhalb des Kontrollpostens verbergen sich die im 11. Jh. eingemeißelten Hindu-Reliefs von **Pha Mo-i-Daeng**.

Der Tempel liegt 150 km südwestlich von Ubon und 220 km von Surin entfernt und ist von Kantharalak per Moped-Taxi zu erreichen (36 km, hin und zurück ca. 500 Baht). Details zum Konflikt s. **eXTra [2918]**.

Prasat Phanom Rung

Inmitten einer weiten Ebene nahe der kambodschanischen Grenze erhebt sich auf einem erloschenen Vulkankegel eine der landesweit schönsten Tempelruinen: Prasat Phanom Rung, ein beeindruckendes Zeugnis der **Khmer-Kunst** aus rotem Sandstein. Das zwischen dem 10. und 13. Jh. errichtete Heiligtum ist Shiva gewidmet – einem der höchsten Götter des hinduistischen Pantheons. Es fungierte als spirituelles Zentrum der Region und gilt neben Phimai bei Korat als eindrucksvollstes Khmer-Bauwerk in Thailand. Von 1971–89 ist die Ruine systematisch nach der Anastylose-Methode restauriert worden, mit der jeder Stein wieder an seiner früheren Stelle positioniert werden konnte.

Vom Parkplatz am Fuß des Berges führen monumentale **Treppen**, ein langer gepflasterter Weg und von Nagaschlangen begrenzte **Brücken** zu dem in 190 m Höhe liegenden Bauwerk. Nachdem weitere steile Treppen und Naga-Brücken überquert sind, betritt man durch die äußere **Galerie**, deren Holzdecken nicht erhalten sind, und die mächtigen Torbögen der inneren Galerie den eigentlichen Tempelbereich.

In seiner Mitte symbolisiert der höchste **Prang** das Zentrum des Universums. Fein ausgearbeitete Fresken mit dem tanzenden Shiva und anderen Göttern sowie Darstellungen aus dem *Ramayana*-Epos und von religiösen Zeremonien schmücken die Wände.

Das **Tourist Information Centre**, ✆ 044-666 251, ⌚ 6–18 Uhr, informiert mit Fotos und einer Gratis-Broschüre über den Tempel und die Restaurierungsarbeiten. Tickets kosten 100 Baht, im Verbund mit Muang Tam 150 Baht.

Prasat Muang Tam

Mit dem 1000 Jahre alten, von König Jayavarman V. in Auftrag gegebenen Prasat Muang Tam findet sich 8 km südöstlich von Phanom Rung (per Moded-Taxi 150 Baht) ein weiterer Shiva geweihter Khmer-Tempel. In den 1990er-Jahren wurde er ebenfalls umfassend restauriert. Die zentrale, 100 x 100 m große Anlage spiegelt sich idyllisch in vier großen Wasserbecken mit Lotus. Besondere Aufmerksamkeit verdienen die detailliert gearbeiteten **Türstürze** mit verschiedenen Darstellungen von Shiva, Uma und Krishna.

Im **Tourist Information Centre**, ✆ 044-631 746, ⌚ 6–18 Uhr, gibt es eine kostenlose Broschüre zur Anlage. Tickets kosten 100 Baht, im Verbund mit Prasat Phanom Rung 150 Baht.

Das Tor zu den Tempeln

Als Standort bewährt hat sich das **P. California Inter Hostel** in Nang Rong, 59/11 Sangkhakrit Rd., 800 m östlich der Busstation, ✆ 044-622 214, 081-808 3347, 🖳 www.pcalifornianangrong.webs.com. Das Privathaus in ländlicher Umgebung bietet 14 angenehme Zimmer, davon 2 mit Ventilator, und verspricht einen Rundumsorglos-Aufenthalt. Besitzer Mr. Wicha spricht gut Englisch, eine seiner Töchter sogar Deutsch. Organisation von Autos, Mopeds oder Fahrrädern (zuweilen sogar gratis) sowie Touren zu sehenswerten Dörfern und den Khmer-Ruinen der Region (die 3 wichtigsten als Tagestour für 2800 Baht). ❸

Die Ostküste

Auf dem Weg von Bangkok Richtung Südosten scheint die Hauptstadt kein Ende zu nehmen. Bis zum Seebad Pattaya gehen die Küstenstädte fast nahtlos ineinander über. Danach folgen die Provinzen Rayong, Chantaburi und Trat, bis das Königreich in einem schmalen Küstenstreifen ausläuft, der sich bis zum thailändisch-kambodschanischen Grenzübergang Hat Lek / Koh Kong hinzieht. Da sich die meisten Strände der Region von der Hauptstadt aus gut über die neue Sukhumvit Road (H3) oder den weiter im Hinterland verlaufenden Bangkok-Chonburi-Motorway (M7) erreichen lassen, gehören sie überwiegend dem einheimischen Wochenend-Tourismus.

Das jedoch kann man vom berühmt-berüchtigten **Pattaya**, das alljährlich fast zehn Mio. Besucher anlockt, nicht gerade behaupten. Schon seit den 1970-er Jahren fungiert der Küstenort als Vergnügungszentrum – und Hochburg deutschsprachiger Urlauber. Mit seinem ungezügelten Wachstum und einer unüberschaubaren Anzahl von Hotels, Apartments, Einkaufszentren, Geschäften, Restaurants und Vergnügungsbetrieben gilt das schillernde Seebad als landesweit größtes Urlauberzentrum, die am stärksten boomende Stadt Südostasiens und inoffiziell sogar auch schon als zweitgrößte Metropole des Königreichs. Der Sextourismus spielt in Pattaya nach wie vor eine große Rolle, doch finden sich hier auch immer mehr

THAILAND

familientaugliche Freizeitangebote und Superlative – wie das **Sanctuary of Truth** (Heiligtum der Wahrheit), 💻 www.sanctuaryoftruth.com, als höchstes Holzbauwerk der Welt, das gigantische, von TimeWarner inspirierte Spaßbad **Cartoon Network Water Park**, 💻 www.cartoonnetworkamazone.com, das mit über 370 Geschäften sogar direkt am Meer liegende **Central Festival Beach Center**, 💻 www.centralfestival.co.th, oder der weitläufige Freizeitpark **Nong Nooch Tropical Garden**, 💻 www.nongnoochtropicalgarden.com, mit einzigartigen Sammlungen von Pflanzen und Palmen.

Jenseits von Pattaya begegnet man westlichen Reisenden meist nur auf der Reise nach Kambodscha, zur Badeinsel **Ko Samet** oder nach **Ko Chang** – dem zweitgrößten Eiland des Königreichs. Hier ist die Entwicklung seit Anfang der 1990er-Jahre enorm vorangeschritten, während sich unter die Individualreisenden immer mehr Pauschalurlauber mischen. Wer auf der Suche nach etwas mehr Robinson-Romantik ist, sollte lieber eine der kleineren Inseln an der Peripherie des Ko Chang-Archipels ansteuern – wie das paradiesische **Ko Kood**, das sich ob seiner Ursprünglichkeit durchaus als Thailands letzter großer Insel-Schatz bezeichnen lässt.

Touristisch erschlossen, aber von westlichen Travellern eher selten besucht, sind die an Wochentagen recht einsamen Strände von Chantaburi. Auch die Nationalparks und Wasserfälle im Hinterland lohnen einen Abstecher. Wer mit Familie unterwegs ist, kann in der Region Bang Saen / Si Racha erlebnisreiche Zwischenstopps einlegen – wie im international prämierten **Khao Kheow Open Zoo**, 💻 www.kkopenzoo.com, beim aufregenden **Flight of the Gibbon**, 💻 www.treetopasia.com, oder vielleicht sogar im spannenden, aber umstrittenen **Si Racha Tiger Zoo**, 💻 www.tigerzoo.com.

Ko Samet

Ihren heutigen Namen verdankt die einst Ko Kaew Phitsadan (Magic Crystal Island) genannte Insel den allgegenwärtigen, anspruchslosen Cajeput-Bäumen (Thai: *Samet*). Durch die Nähe zu Bangkok und dem Suvarnabhumi-Air-

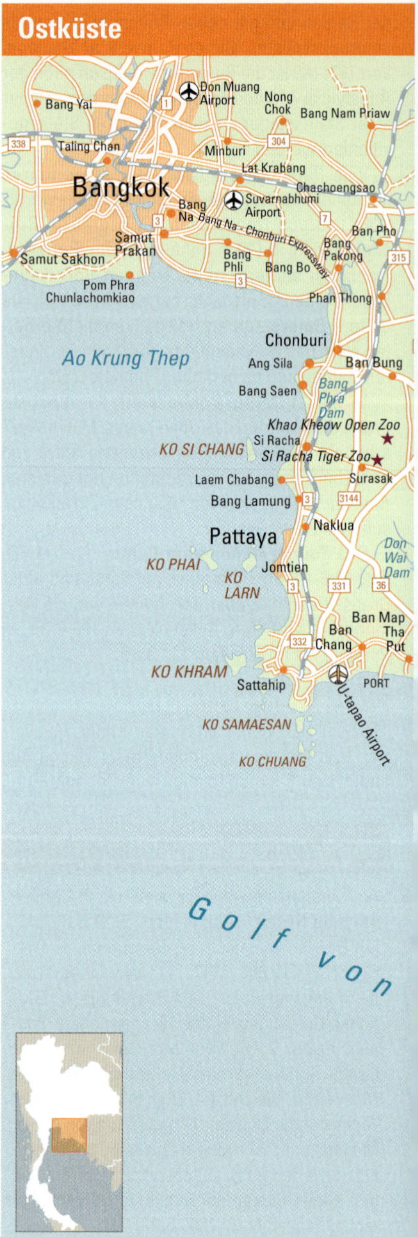

N
0
20 km
Kabinburi
Phon
33
Lam Prachinburi
Nong Mah Fai
Na Ngam
Khlong Khuan
Khok Pip
Wang Talu
Khon Eihong
348
Kouk Khvav
Ratchasan
319
Nong Bua
Khao Duan
Nong Hin
Huay Jot
Watthana Nakhon
Nong Sang
Non Mak Mun
Phanom Sarakham
Sa Kaew
Ang Sila
Yeang Dang Kum
Bangkhla
33
Aranyaprathet
304
304
Sai Yoi
Baw Nang Ching
Poipet
Kha Pa Ngam
Khao Chakan
Nimit
Sanam Cha Khet
Nong Ean
Sai Diaw
Plaeng Yao
331
317
Non Sao-Eh
Khai Dan
Thung Yai Chi
Wang Nam Yen
Phanat Nikhom
Khlong Si Yot
Khao Takrup
660
Wang Mai
Khlong Hat
349
Ko Chan
Chum Num Prok Fa
Boen Nam
Nong Samet
KAMBODSCHA
344
777
Khao Daeng
Bo Thong
Thun Khanan
Lum Borai
Sa Ton
Nong Yai
Tuol Tel
Tha Cham
Khlong Prasae
Khao Soi Dao Nua
Tamun
Laem
Kamrieng
Bung Sam Ngam
3377
Thung Yai Khong
1566
SOI DAO WILDLIFE SANCTUARY
Dei Sar
Pluak Daeng
344
KHAO CHAMAO NATIONAL PARK
Khao Soi Dao Tai
Non Kha
Pung Ngon
Khlong Rayong
3138
Wang Chang
Wongse
Khao Chamao
1028
Nam Khun
1633
Ban Pakkad
Ban Khlong Thurian
Ban Wang Wa
3193
Pong Nam Ron
Khao Phra Baht
Tan Pong
Psar Prum
Pailin
Ban Sai Rang
Treng
Na Yai Am
Wat Khao Sukim
KHAO KHITCHAKUT NATIONAL PARK
Ban Khai
Klaeng
Rayong
317
Khlong Krabi
Ban Phe
3
Nong Khla
Makham
Ban Pak Nam
Phak Klong
Tew Son
Ban Kon Ao
Laem Mae Phim
Khung Wiman
Tha Mai
Chantaburi
Ban Paa
Wang Kaeo
KO SAMET
MUN-INSELN
Laem Sadet
Wat Mungkorn Bupparam
s. Detailplan Ko Samet S. 320
Laem Sing
PHLIO NATIONAL PARK
Bo Rai
Had Chao Lao
NAM TOK KHLONG KHAEW NATIONAL PARK
Buraphachollathit Road
KO NOM SAO
KO CHULA
Khlung
1709
3
3271
Khao Saming
Trat
Ao Thammachat
Laem Ngop
318
Saphan Hin-Wasserfall
s. Detailplan Ko Chang S. 328
Ao Cho
Dan Mai
Laem Sok
KO CHANG
Salakkok
KO MAI SI
Had Mai Rood
KO KHLUM
KO WAI
Mai Rood
Had Ban Chuen
KO KRADAAT
KO RANG
KO MAK
Thailand
Khlong Yai
KO KOOD
Hat Lek

THAILAND

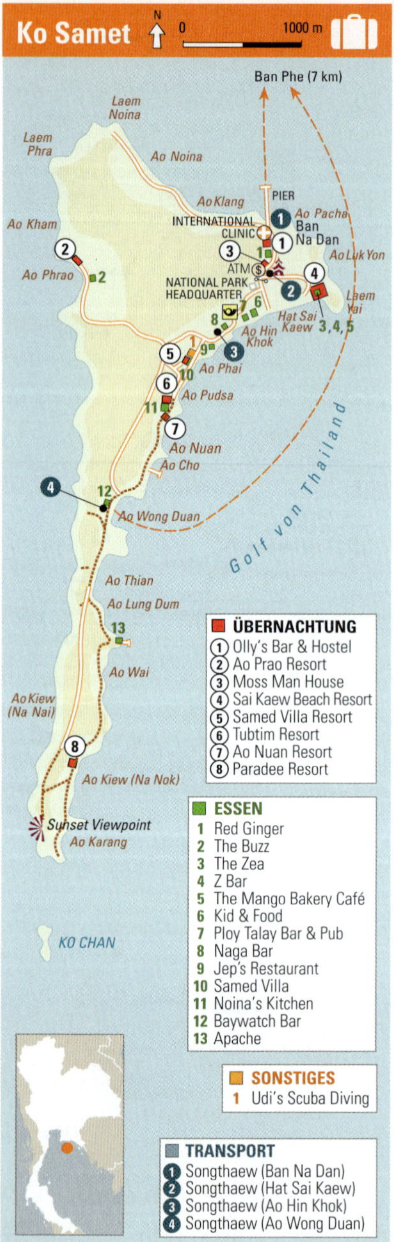

port präsentiert sich das T-förmige, 13 km² große Ko Samet (auch Samed) als ideales Ziel, um sich gleich nach der Ankunft in Thailand mit einigen Tagen Badeurlaub zu akklimatisieren oder die letzten tropischen Sonnenstrahlen vor dem Rückflug einzufangen. Denn hier locken herrliche Badestrände (teilweise sogar mit dem angeblich weißesten Sand Thailands), türkisfarbene Meeresfluten und verblüffend wenig Niederschlag.

Obwohl sich die Hausinsel der nur 200 km entfernten Hauptstadt Bangkok im neuen Gewand präsentiert, findet sie sich kaum in Reisekatalogen. Nachdem die Hotelbetreiber den 1981 verliehenen Status des Meeres-Nationalparks in zähen Verhandlungen mit den Behörden aufweichen konnten und Ko Samet mit Strom vom Festland versorgt wird, sind die heruntergekommenen Anlagen renoviert und durch stilvolle Luxusresorts ergänzt worden. Das einst eklatante Müllproblem sowie die Wasserver- und Abwasserentsorgung sind längst nicht befriedigend gelöst – und auch der imposante, moderne **Fähranleger**, der 110 m weit in das Meer hinaus geklotzt wurde, hat jüngst noch einmal für Negativ-Schlagzeilen gesorgt.

Wegen des Andrangs aus Bangkok sollte die fast 7 km lange, zwischen 200 m und 2 km breite Insel (Zutritt 200 Baht) möglichst nicht an Wochenenden oder Feiertagen besucht werden. Zudem geben die Hotels unter der Woche – erst recht jenseits der Saison – Nachlässe von 30 bis 50 %.

Die Strände

Die gesamte Ostküste Ko Samets besteht aus feinsandigen Badebuchten, eingerahmt von malerischen Felsvorsprüngen und verbunden durch einen Fußpfad, der teilweise parallel zur kürzlich betonierten Inselstraße verläuft.

Die meisten Boote legen im einzigen Inselort **Ban Na Dan** an, der von imposanten Baumriesen beschattet wird. Von hier sind es nur knapp 10 Min. Fußmarsch zum Hauptstrand **Hat Sai Kaew** (auch Kaew oder Diamond Beach), dem populärsten der insgesamt 14 Inselstrände. Trotz seines schneeweißen Puderzucker-Sands wird er von westlichen Besuchern zuweilen verschmäht, weil die zahlreichen Wochenend-Touristen aus Bangkok für eine entsprechend dichte Infrastruktur aus Hotels, Restaurants, Geschäften und Liegestühlen sorgen. Doch verstecken sich die meisten Bauten im tropischen Grün, während sich das Strandleben über rund einen Kilometer verteilt. Hier gibt es viel Baywatch und oft Beachpartys, jede Menge Sportmöglichkeiten und Serviceleistungen. Wer derartiges schätzt, aber weniger trubelig wohnen will, kann sich in den südlich benachbarten, wesentlich kleineren Sandbuchten **Ao Phai** (Bamboo Bay) oder **Ao Pudsa** einquartieren.

Eine einsamere Alternative zum Hauptstrand bietet der mit seinen Findlingen landschaftlich reizvolle, fast 1 km lange und sehr saubere **Ao Thian Beach** (auch Saengtien oder Candlelight Beach), wo die dichte Bebauung ebenfalls alles bietet, was der Inselgast begehrt. Die Geheimtipp-Bucht des **Ao Nuan Beach** indes lässt gewiss jedes Traveller-Herz höher schlagen: Sie ist so klein, dass sie auf vielen Landkarten gar nicht erst eingezeichnet ist – und lockt mit einsamer Naturidylle. Das exklusivste Strandleben der Insel bieten – jeweils nur von einem einzigen Resort flankiert – der stille **Ao Wai Beach** und der an der schmalsten Stelle der Insel im tiefen Süden gelegene, paradiesische **Ao Kiew Beach**. Gleich zwei Fünf-Sterne-Hotels machen den 250 m langen **Ao Phrao Beach** (Coconut Bay oder Paradise Beach) zum bevorzugten Ziel für Luxusurlauber. Als einziger Strand der Westküste erfreut er mit schönem Sand, stattlichen Mangrovenbäumen und spektakulären Sonnenuntergängen.

Gut und günstig wohnen

€ Es ist verlockend, aber nicht notwendig, direkt am schönen Hauptstrand zu residieren. Die dort völlig überzogenen Zimmerpreise lassen sich wunderbar umgehen: Die kleinen Hotels an der Zufahrt zum Had Sai Kaew sind bezahlbar und ideal platziert zwischen Restaurants, Geschäften und Massageläden. Nur 2 Min. Fußweg vom Meer empfiehlt sich z. B. das **Moss Man House**, ✆ 038-644 017, mit 22 sauberen, gut ausgestatteten Zimmern inkl. Terrasse oder Balkon mit Blick ins Grüne. Besonders originell präsentiert sich **Olly's Bar & Hostel**, ✆ 086-349 0064, 💻 www.ollyskohsamed.com: Der junge Brite Oliver Smith bietet 7 Einzel- (zu 350 Baht) und 2 Doppelkabinen (500 Baht) in einem von zwei Riesen-Aircons gekühlten Schlafsaal japanischen Stils an. Die höhlenartig konzipierten, viel Geborgenheit vermittelnden Abteile sind sogar mit hölzernen Lamellentüren verschließbar. Zum Hostel gehört eine einladende Lounge-Terrasse direkt an der Pulsader der Insel.

THAILAND

ÜBERNACHTUNG

Einen guten Überblick bieten die Internetportale 💻 www.kohsamed.net oder www.koh-samet.org.

Ao Nuan Resort, Ao Nuan Beach, ✆ 081-781 4875. Naturnahes und uriges Hideaway zwischen Felsen und Dschungelgrün. 8 Zimmer mit Ventilator, Gemeinschaftsbad und schönen Verandas inkl. Meerblick sowie 2 teurere Zimmer mit AC und Innenbad. Von Stimmung und Stil zur Anlage passt das benachbarte Relax-Restaurant **Noina's Kitchen**, ✆ 099-541 6549. ❸–❺

Ao Prao Resort, Ao Phrao Beach, ✆ 038-644 100-3, 💻 www.samedresorts.com. Idyllische Anlage mit 58 perfekten Boutique-Zimmern am tropisch grünenden Hang, beschauliches Terrassen-Restaurant am Meer. ❻

Paradee Resort, Ao Kiew Beach, ✆ 038-644 285-7, 💻 www.samedresorts.com. Zählt zu den landesweit schönsten Hotels und bietet ultimativen Inselgenuss. Die stilvolle Architektur der Anlage überzeugen ebenso wie ihre tropische Eingrünung und der herrliche Meeresblick. Die 40 Luxusvillen ab 14 000 Baht bieten meistens einen eigenen Pool und jede Menge Privatsphäre, was viel Prominenz anzieht. ❻

Sai Kaew Beach Resort, Hat Sai Kaew, ✆ 038-644 195-7, 💻 www.samedresorts.com. Größte, bekannteste und luxuriöseste, aber auch teuerste Anlage am Hauptstrand. 158 Komfortzimmer in einer „Hip Zone", „Hub Zone" und „Hide Zone" für 8000–18 000 Baht. Mehrere Pools, Restaurants und Bars – gestaltet teilweise in beachtlichem Design. ❻

Samed Villa Resort, Ao Phai, ✆ 038-644 094, 💻 www.samedvilla.com. Lange etabliert, professionell, beliebt. Der Schweizer Tourismus-Pionier Josef Ottiger (seit 1988 auf der Insel!) bietet 64 komfortable Bungalow-Zimmer mit Boutique-Charakter in einer üppigen Gartenanlage. Einziges Hotel mit Öko-Kläranlage. ❺–❻

Tubtim Resort, Ao Pudsa Beach, ✆ 038-644 025-7, 💻 www.tubtimresort.com. Relaxte Atmosphäre mit gutem Preis-Leistungs-Verhältnis und Restaurant direkt am schönen Sandstrand. 80 Zimmer, davon 15 mit Ventilator, in wohnlichen, gepflegten Holzbungalows. ❸–❺

ESSEN

Das Preisniveau ist deutlich höher als auf dem Festland. Fisch und Meeresfrüchte werden reichlich bei den abendlichen BBQ-Buffets der Strandrestaurants am Hat Sai Kaew geboten, zugleich wichtigster Anlaufpunkt für Nachtschwärmer. Außerdem lockt immer mehr Gourmet-Gastronomie in Restaurants mit moderner Architektur. Erheblich preiswerter isst man in den kleinen Restaurants an der Hauptstraße von **Ban Na Dan**, wo auch eine einladende Kneipenszene erblüht ist.

Apache, Ao Lung Dum/Ao Thian, ✆ 081-452 9472. Urigstes Strandbar-Restaurant der Insel – ein mit Büffelschädeln und Skulpturen im Carabao-Stil dekorierter Bambussteg im Meer, flankiert von urgemütlichen, über dem Wasser schwebenden Sala-Plattformen. ⌚ 11–22 Uhr.

Jep's Restaurant, Ao Hin Khok, ✆ 038-644 112-3. Unter hohen Bäumen mit rustikalem Holzmobiliar. Preiswerte Thai-Gerichte und viele internationale Köstlichkeiten wie Lamm-Kebab, Enchiladas – oder Wurstplatte. Bier vom Fass, Cocktails für 200 Baht. ⌚ 7–23 Uhr.

Naga Bar, Hat Sai Kaew Beach, ✆ 038-644 035. Mit Plattform und Bodenkissen erhöht über dem Hauptstrand der perfekte Baywatch-Spot. Fast jeden Tag Party, besonders Fr und Sa. Cocktails für 140–160 Baht – zur Happy Hour für sagenhafte 80 Baht! ⌚14–2 Uhr.

Ploy Talay Bar & Pub und **Kid & Food**, Hat Sai Kaew Beach, ✆ 038-644 212-3 bzw. 038-644 087. In diesen beiden benachbarten Strand-Restaurants beginnt die Vorbereitung auf das allabendliche BBQ-Buffet bereits gegen 15 Uhr mit dem Ausbreiten von Bastmatten und Bodenkissen. Es locken jede Menge Seafood und leckere Grillspieße sowie von 19–20 Uhr Livemusik am Strand und von 21.45–24 Uhr in der dazugehörigen Bar. ⌚ 6–24 Uhr.

Red Ginger, Ban Na Dan, an der Hauptstraße, ✆ 084-383 4917, 💻 im blogspot. Lauschig, familiär und farbenfroh geht es in dem kleinen, originellen Restaurant des freakigen Kanadiers Roger Lefebvre und seiner Frau Nood zu. Beliebt sind Lammcurry, Gazpacho, Backofen-Rippchen, Ziegenkäsesalat und die Brownies. ⌚ 17–22 Uhr.

Samed Villa, Ao Phai, ✆ 038-644 094. Alle Bereiche des hoteleigenen, weitläufigen Restaurants locken mit herrlichem Ambiente. Gute Küche in großen Portionen – wie Zürcher Geschnetzeltes mit Pilzrahmsauce und Rösti oder Filet Mignon, sowie allabendliches BBQ. ⌚ 7–22 Uhr.

The Buzz, Ao Phrao, ✆ 038-644 104-7, 💻 www.samedresorts.com. Gehört zum Le Vimarn Cottages & Spa. Einladendes Lounge-Bar-Restaurant mit schicker Architektur, Eleganz und Signature-Cocktails. ⌚ 11–22.30 Uhr.

The Zea, Hat Sai Kaew, ✆ 038-644 195-200, 💻 www.samedresorts.com. Gehobene Gastronomie mit avantgardistischem Design – gelegen im Sai Kaew Beach Resort, wie auch das empfehlenswerte **The Mango Bakery Café**, ⌚ 8–22 Uhr, und die schicke **Z Bar**. ⌚ 17–23 Uhr.

SONSTIGES

Geld

Im Bereich der 7-Eleven-Filialen am Pier in Ban Na Dan und am Zugang zum Nationalpark bzw. dem Hat Sai Kaew finden sich Geldautomaten.

Touren und Tauchen

Sinsamut Group Tour, ☏ 038-644 134, 081-762 8644, 💻 www.sinsamutgroup.com, bietet reizvolle Ausflüge wie „Sunset Trips" (16–18.30 Uhr, 400 Baht), „Discover Samed Island" (12–15 Uhr, 400 Baht), „Coral Island Trip Six Islands" (12–17 Uhr, 600 Baht) oder einen „Adventure-Trip" to Nine Islands (10–17 Uhr, 1500 Baht bei mind. 6 Teilnehmern).

Für die Erkundung der Unterwasserwelt empfiehlt sich **Udi's Scuba Diving**, ☏ 089-130 1014, ✉ udi.diver@gmail.com, von Khun Thanadet, der die Region seit 25 Jahren kennt. Tagestouren (mit 2 Tauchgängen, 3500 Baht) führen meistens zu den Weichkorallen von Ko Chan, den Weihnachts-Röhrenwürmern von Hin Sapan oder dem Doppelfelsen Alhambra Rock.

Motorradverleih

Wegen der hohen Taxipreise kann sich die Anmietung eines Mopeds für 100 Baht pro Std. bzw. 300 Baht pro Tag lohnen.

NAHVERKEHR

Falls kein Sammeltransport für 10–70 Baht p. P. (bei mind. 10 Passagieren) zustande kommt, muss einer der in herrlichem Grün-Metallic lackierten Pick-ups gechartert werden, was je nach Entfernung 100–650 Baht kostet. Insel-Rundtouren gibt es für 1000 und 2000 Baht. Wer nicht zu viel Gepäck hat, kann die Strecke vom Anleger zum Sai Kaew Beach auch gut laufen.

TRANSPORT

Das 20 km östlich von Rayong liegende Ban Phe fungiert als Fährhafen für Ko Samet. Alle Transfers zu Land oder Wasser vermittelt die Agentur **Tarua Phe**, ☏ 099-329 4554 (Khun Fon spricht gut Englisch), die am Hauptpier **Suphan Nuan Thip** das unübersehbare **Tourist Information Center** betreibt, ⏲ 6–19 Uhr. Der dazugehörige Parkplatz kostet 60 Baht pro Nacht.

(Mini)Busse und Taxis

Zwischen BAN PHE und RAYONG fahren Sammeltaxis für 25 Baht, als Charter kosten sie 500 Baht.

BANGKOK, vom Busbahnhof in Rayong, Phetkasem Rd. im Süden der Stadt, starten tagsüber stdl. günstige AC-Busse für 190 Baht. Von Ban Phe am bequemsten tgl. von 8–18 Uhr stdl. mit Minibussen für 200 Baht zum Busbahnhof Ekkamai sowie um 10 und 13.30 Uhr für 200 Baht zur Khaosan Rd., Taxis 2500 Baht.

PATTAYA, die häufigste und bequemste Anbindung bieten Minibusse von **Malibu Travel**, ☏ 038-415421-2, 💻 www.malibu-travel.com, für 220 Baht. Charter-Taxis kosten um 1000 Baht.

SUVARNABHUMI AIRPORT, um 10, 13.30 und 17 Uhr per Minibus für 500 Baht (hält ca. 4 km vom Airport, weiter per Airport-Link oder Taxi für 150 Baht). Charter-Taxis für 1800 Baht benötigen 2 1/2 Std.

KAMBODSCHA, Verbindungen nach Aranyaprathet oder Hat Lek kosten um 800 Baht.

Nach Ko Chang

Das Inselhopping zwischen Ko Samet und Ko Chang ist mit Minibussen zwischen den Festlandsanlegern möglich:

AO THAMMACHAT/KO CHANG, ab Ban Phe um 9 und 11 Uhr in 2 1/2 Std. für 300 Baht (plus 60 Baht Fähre) oder mit Charter-Taxi für 2500–3000 Baht.

Fähren

Wer sich nicht von Schleppern aufhalten lassen möchte, sollte die **Tickets** direkt beim Tourist Information Center am Hauptpier besorgen.

Fähren nach Ko Samet verkehren von 8–18 Uhr zwischen BAN PHE und dem Inselanleger BAN NA DAN, an dem stets etliche Sammeltaxis lauern, für 50 Baht in 30–40 Min. Die Schiffe werden von konkurrierenden Unternehmen betrieben und fahren oft, aber unregelmäßig ab, da sie erst möglichst voll werden müssen.

Eine feste Linie bedient für 70 Baht um 9.30 und 13.30 den Ao Wongduan an der Ostküste von Ko Samet, zurück geht es um 12 und 16 Uhr.

Schnellboote verkehren bei Bedarf rund um die Uhr und kosten als Sammeltransport je nach Strand 250, 350 oder 450 Baht p. P., als Charter mit bis zu 10 Pers. 1600–3000 Baht.

Von Rayong nach Chantaburi

Die 200 km von Bangkok entfernte, als Industriestandort aufstrebende Provinzhauptstadt Rayong wird von westlichen Touristen allenfalls auf dem Weg nach Ban Phe – dem Fährhafen für Ko Samet – gestreift. Es kann jedoch lohnen, den sich östlich anschließenden Küstenstreifen zu erkunden. Denn zwischen Ban Phe und Klaeng liegen etliche Hotels und Bungalow-Resorts an schönen Stränden, die bisher kaum von westlichen Urlaubern besucht werden und sich entsprechend als Reiseziel für Neulandsucher anbieten.

Der weitere Küstenverlauf in der Provinz Chantaburi wird durch tief eingeschnittene Meeresarme unterbrochen, ist jedoch seit Fertigstellung der 111 km langen Panoramastraße **Buraphachollathit Road** und ihrer imposanten Brücken bequem bereisbar, s. eXTra [5164]. Die weitläufigen Flussmündungen, Mangrovenwälder und Garnelenfarmen ziehen die Wasserqualität an den Stränden zuweilen in Mitleidenschaft. Doch wer lieber unter Einheimischen als Langnasen verweilt, kann sich hier durchaus wohl fühlen und auch schöne Radtouren unternehmen. Unter der Woche sind die Bungalowanlagen wesentlich leerer und preisgünstiger.

Die charmante Provinzhauptstadt **Chantaburi** gilt als Perle im Osten Thailands, und das nicht nur wegen ihrer Bedeutung als Edelsteinzentrum. Im **Gem and Jewelry Center** schlagen über 40 Händler Saphire und Rubine aus Afrika oder Südostasien um. Doch der 265 km von Bangkok entfernte, 140 000 Einwohner zählende Ort hat auch eine Menge Historie zu bieten. Davon zeugen chinesische Tempel, Gassen mit betagten Holzbauten und der landesweit größten **Kathedrale**, die durch französische Architektur überrascht, sowie die hier lebenden Vietnamesen. Auf Eigeninitiative der Bürger wurde die rund 1,3 km lange, durch das Herz der Stadt und parallel zum Fluss verlaufende **Sukhaphiban Road** zur **Chantaboon Waterfront** herausgeputzt. Hier hat viel neues, trendiges Leben Einzug gehalten.

Ein Abstecher ins Landesinnere kann zum **Nam Tok Krating** führen, der sich im kleinen **Kitcha-kut National Park** (200 Baht) findet. Zu erreichen ist der 28 km nordöstlich von Chantaburi liegende Wasserfall über einen steilen Fußpfad, der vom Parkplatz durch den Dschungel und vorbei an mehreren Kaskaden und kleinen Wasserbecken führt. Stufe Nr. 8 rauscht in einen herrlichen Pool, der zu paradiesischem Badevergnügen lockt.

Unterwegs auf Pilgerpfaden

Rund 20 km nördlich von Chantaburi und über den H3322 erreichbar, verbirgt sich in den Bergen die populäre Pilgerstätte **Wat Khao Sukim**. 1966 errichtet, erstreckt sich die mit einer Standseilbahn bestückte Anlage über 1320 ha. Im 4-stöckigen Klostergebäude mit seinen zahlreichen Museums- und Versammlungshallen finden sich Antiquitäten, imposante Möbelstücke, ausgestopfte Tiere und verblüffend lebensechte Wachsnachbildungen angesehener Mönche. Auf dem Areal ist mit dem Bau des gigantischen Heiligtums **Burapha Thitha Wiriya Pracha Samakkee** begonnen worden – einer jeweils 99 m langen, breiten und hohen Pagode mit vielen Türmen, die aber wohl erst in einigen Jahrzehnten vollendet sein dürfte.

Ein besonders stimmungsvolles Erlebnis verspricht der Besuch des Heiligtums **Khao Phra Baht**, das sich im Khitchakut National Park verbirgt und aus bizarren Felsformationen besteht. Der Aufstieg zu dieser Pilgerstätte ist allerdings meist nur von Januar bis März möglich.

Trat und Laem Ngop

Neben Chantaburi gilt auch **Trat** (Trad), die östlichste Provinz, als Obstgarten Thailands. Die gleichnamige, 25 000 Einwohner zählende Hauptstadt liegt 315 km von Bangkok und 75 km von Chantaburi entfernt. Von hier sind es noch

90 km bis zum tief im Südosten florierenden Grenzübergang Hat Lek, der nach Koh Kong in Kambodscha führt. Ihre Geschäftigkeit verdankt die Stadt aber vor allem der Funktion als Tor zum Ko Chang-Archipel – starten aus den nahe gelegenen Fährhäfen **Laem Ngop** und **Laem Sok** doch sämtliche Fähren in die Inselwelt.

Interessant ist ein Bummel durch den Frischfisch-Bereich der großen Markthalle, die auch mit guten Essensständen aufwartet. Schräg gegenüber kann man im **Wat Chai Mongkol** malerische Chedis und ein Museum besichtigen. Der 2 km westlich vom Zentrum liegende Wat Plai Khlong birgt sogar noch einige Holzbauten aus der Ayutthaya-Zeit.

Der 2 km lange **River Walkway** lädt zum Spaziergang oder Jogging am Flussufer ein. Als besonderes Souvenir aus Trat bietet sich gelbfarbenes **Kräuteröl** an, das seit Generationen nach einem geheimen Familienrezept hergestellt wird und gegen Beschwerden wie Arthritis, Haut- oder Magenproblemen helfen soll.

ÜBERNACHTUNG

Es gibt überraschend viele günstige Guesthouses – dicht beieinander und fast alle in Holzhäusern. Achtung: Viele Tuk-Tuk-Fahrer fungieren als hartnäckige Schlepper und karren ihre Opfer gnadenlos ins Pop Guesthouse.

Artist's Place, 132/1 Thana Charoen Rd., ✆ 082- 469 1900, 💻 auf Facebook. Neu erschaffenes Juwel des Ehepaars, das schräg gegenüber das Restaurant Pier 112 betreibt. Kleines, einfaches, aber absolut stilsicheres und erfreulich günstiges Boutique-Resort mit 10 AC-Zimmern und lauschiger Gartenanlage. ❸

Baanrimnam Resort, 88/1-3 Ban Lang Donjuan Rd., ✆ 039-524 494, 💻 www.baanrimnam.com. Liegt mit insgesamt 15 gepflegten Komfortzimmern (einige haben Panorama-Fenster) und allerlei Sitzgelegenheiten herrlich am Flussufer. ❹

€ **Ban Jaidee Gh.**, 67-69 Chaimongkol Rd., ✆ 039-520 678, 💻 auf Facebook. Einfach, aber originär: 9 saubere, angenehme Zimmer mit Warmwasser-Gemeinschaftsbad in einem mit Kleinodien, alten Möbeln und Kunst dekorierten Holzhaus. Im Untergeschoss betreibt der Franzose Serge einen Tauschhandel mit Büchern. ❶

Residence House, 87/1 Thana Charoen Rd., ✆ 039-510 560, 089-224 1866, 💻 www.trat-guesthouse.com. Der Berliner Herbert Heinze und seine Thai-Frau Kanchana (Can) bieten 9 saubere Komfortzimmer mit hochwertigen Boxspring-Matratzen, reichlich Fenstern und Kabel-TV, einige sogar mit AC und Balkon. Gutes Frühstück mit Filterkaffee. ❸

ESSEN

In der **Markthalle** gibt es erfreulich preiswerte, leckere Grillspießchen mit ortstypisch mariniertem Fleisch, vom **Nachtmarkt** indes sollte man nicht zu viel erwarten. 🕒 etwa 18–22 Uhr.

Bong Bua, am Zugang zum Baanrimnam Resort, direkt am Flussufer, ✆ 089-604 9246. Populäres, halboffenes Restaurant mit Hot Pot-Service *(mukata)* und weiteren guten, preiswerten Gerichten. 🕒 9–21 Uhr.

Goaj Tiau Phu, 15 Soi Sukhumvit, ✆ 039-511 972. Etabliert seit 30 Jahren, urtypisch, einfach und gut – vor allem natürlich die Krabben-Nudelsuppen, nach denen das Restaurant benannt ist. Alle Gerichte 30–40 Baht. 🕒 8–15 Uhr.

Joy's Pizza, 26 Chaimongkol Rd., ✆ 039-522 551. Die beste Pizza der Region und Vieles mehr – serviert im urgemütlichen Ambiente eines alten Holzhauses. 🕒 außer Mi 11–20 Uhr.

NAHVERKEHR

Innerhalb der Stadt kosten **Songthaew** meist um 20 Baht, als Charter bis zu 100 Baht. Zu den 3 Piers bei LAEM NGOP starten sie meist im Marktbereich. Ob KROM LUANG-PIER (Boote nach Ko Mak und Ko Wai), CENTER POINT (Ko Chang) oder AO THAMMACHAT (Ko Chang) – Sammel-Transporte 70–80 Baht p. P., Charter-Taxis um 300 Baht.

Zum 24 km südlich von Trat liegenden LAEM SOK-PIER (Ko Kood und Ko Mak) geht es auch per Gratis-Transfer der Fähranbieter!

THAILAND

TRANSPORT

Busse

Der **Busterminal**, ✆ 039-252 222, 532 627, liegt 2 km außerhalb des Zentrums an der Sukhumvit Rd. (Sammeltaxis 20 Baht, Charter 60 Baht).

BANGKOK, viele Busse fahren auch vom Zentrum ab (z. B. ab den Büros von **Cherdchai**, ✆ 039-511 062. Mit stündlichen Abfahrten von 6–23.30 Uhr steuern sie den Eastern Bus Terminal (315 km, 260 Baht, 4–5 Std.) an sowie um 8.30 und 14.30 Uhr den Northern Bus Terminal (390 km, 285 Baht, 5–6 Std.), wobei auf dieser Strecke am Suvarnabhumi Airport gehalten wird.

CHANTABURI, die Busse erreichen den 75 km entfernten Ort in 1 1/2 Std. Einige Verbindungen führen bis CHONBURI (220 km).

KORAT, es gibt tgl. um 4.30 und 10 Uhr für 450 Baht Verbindungen in den Isarn.

PATTAYA, um 5.30, 9.30, 12 und 15 Uhr, rund 250 km für 180 Baht.

Minibusse

BANGKOK, tgl. zwischen 6 und 19 Uhr stdl. für 300 Baht zu den Busbahnhöfen Ekkamai und Mo Chit, ✆ 087-833 7965.

BAN HAT LEK (Grenze, 95 km), tgl. 5.30–18 Uhr stdl. über KHLONG YAI (75 km, auf dem Rückweg meistens mit Umsteigen) für 120 Baht, 60–90 Min. Abfahrt von der Busstation, sobald die Fahrzeuge voll sind.

Fähren

Die Anbindung des Archipels hat sich durch den **Boon Siri Katamaran** (s. Kasten) enorm verbessert, in der Saison erleichtern etliche Speedboat-Verbindungen das Inselhopping (s. **eXTra [5165]**). Für die Anreise mit Sammeltaxis zu den Festland-Piers s. o.

Nach Ko Chang

Von AO THAMMACHAT mit großen **Fähren** für Passagiere und Fahrzeuge, ✆ 039-518 588-9. Je nach Wellengang legen die Schiffe nach 40–50 Min. in Ao Sapparot an, wo die Inseltaxis warten. Abfahrt in der Saison von 7–19 Uhr ca. alle 30 Min., 80 Baht p. P., Autos 120 Baht. Bei den Fähren von **Center Point**, ✆ 039-538 196, stdl. 6–19 Uhr, die vorwiegend von Reisenden aus Trat genutzt werden, ergeben sich z. T. längere Wartezeiten. Tickets kosten 70 Baht, Autos 150 Baht.

Nach Ko Mak

Vom KROM LUANG-PIER (alter Laem Ngop-Pier) geht es tgl., in der Regenzeit seltener, mit **Panan Speedboat**, ✆ 087-614 7641, um 9 und 16 Uhr (50 Min., 450 Baht) zum Pier des Koh Mak Resorts, **Leelavadee Speedboat**, ✆ 080-572 5294, 🖳 www.kohmakboat.com, fährt um 8 und 11.30 Uhr (50 Min., 450 Baht) zum Makathanee Resort. Ein Slowboat gibt es am Di, Do und Sa (3 Std., 250 Baht).

Nach Ko Kood

Aus LAEM SOK startet – als beliebte, preiswerte Alternative zum Katamaran (s. Kasten) – um 12.30 Uhr **Koh Kood Princess Boat**, ✆ 086-126 7860 (Mrs. Rod, hat als freundliche Chefin alles bestens im Griff), 🖳 www.kohkoodprincess.com, meist mit einem komfortablen Fährboot für bis zu 300 Passagiere.

Per Katamaran nach Ko Mak und Ko Kood

Schnell ins Archipel geht es neuerdings mit **Boon Siri High Speed Ferries**, ✆ 085-921 0111, 🖳 www.boonsiriferry.com. Der 2013 gebaute Katamaran (150 AC-Plätze im Unter- und 36 im Oberdeck sowie einige im Außenbereich) gleitet in nur 1 1/2 Std. vom Festland (Laem Sok) über Ko Mak (Ao Nid-Pier) bis nach Ko Kood (Sapan Nam Luek-Pier). Von Ko Kood startet er 2x tgl. zum Festland, von Ko Mak 1x sowie 1x nach Ko Kood. Tickets nach Ko Mak kosten 400 Baht, nach Ko Kood 500 Baht und zwischen den beiden Inseln 300 Baht, inkl. Abholung aus Bangkok oder Pattaya sind es 850 bzw. 750 Baht. Die Uhrzeiten wechseln häufig und sind aktuell zu erfragen, in der Regenzeit dreht der Katamaran nur eine Runde pro Tag.

Die Passage kostet inkl. Transfers von/nach Trat 350 Baht (hin und zurück 600 Baht) und dauert bis zu 2 Std. Als weiterer Anbieter fungiert **Koh Kut Express**, ✆ 090-506 0020, 💻 www.kokutexpress.in.th.

Flüge

Bangkok Airways, ✆ 039-525 767-8, 💻 www.bangkokair.com, nach BANGKOK vom Flughafen bei Trat, 3x tgl. in 50 Min. für 3000 Baht. Transfers mit Minibus und Fähre zu/von den Hotels auf Ko Chang ca. 500 Baht, ✆ 039-525 767.

6 HIGHLIGHT

Ko Chang

Kaum zu glauben, dass die mit 155 km² zweitgrößte Insel Thailands erst Mitte der 90er-Jahre auf die touristische Landkarte gelangte, nachdem sie lange militärisches Sperrgebiet gewesen war. Zu verdanken hatte Ko Chang den verlängerten Dornröschenschlaf der Nähe zum krisengeschüttelten Kambodscha sowie den umherstreunenden Rebellen, Schmugglern und Piraten. Obwohl sich diese herrliche Insel in kurzer Zeit rasant entwickelt hat, gilt sie noch immer als Naturparadies. Denn schon 1982 wurden 80 % Ko Changs sowie die meisten der 52 umliegenden Eilande zum **Marine National Park** erklärt. Schließlich ist die 34 km lange und bis zu 12 km breite „Elefanteninsel" gesegnet mit langen Sandstränden, geheimnisvollen Mangroven-Lagunen, bis zu 743 m hohen Bergen und rauschenden Wasserfällen (die größten sind Klong Plu und Than Mayom). Der **Regenwald** zählt zu den besterhaltenen in Südostasien und beherbergt mit 29 Säugetierarten, 74 Vogelarten und 42 verschiedenen Reptilien eine reichhaltige, exotische Tierwelt, die auf dem Festland vielerorts schon ausgestorben ist.

Leider ist Ko Chang auf dem besten Weg, dem Ausverkauf von Phuket oder Ko Samui nachzueifern. Auch wenn es bereits mehrere 5-Sterne-Resorts gibt und die Landpreise drastisch gestiegen sind, ist der **Bauboom** längst nicht zu Ende. Immer mehr namhafte Hotelketten investieren in Ko Chang, wo die einst inseltypische Bambushütten- und Hängematten-Romantik auf dem Rückzug ist. Bereits etablierte Strandresorts sind bestrebt, sich mit schicken Pools und Wellness-Oasen aufzuwerten. Selbst in den einfachen Unterkünften wird ständig am weiteren Ausbau gewerkelt, während an den Hauptstränden immer mehr Supermärkte, Souvenirshops, Maßschneider, Optiker, Service-Agenturen, Restaurants, Bars, Internet-Cafés und Massage-Shops die Straßen säumen. Auch das Angebot an Aktivitäten hat sich vervielfacht – wie z. B. mit Trekkingtouren zum **Khao Salak Phet** als höchstem der inselweit 299 Berge.

1996 wurde Ko Chang an das Festland-Stromnetz angeschlossen, seit 1998 verkehren Autofähren, 2003 ging der Flughafen von Trat in Betrieb und wenn das letzte Stück Ringstraße im Süden tatsächlich noch gebaut werden sollte, dürfte es einen weiteren Quantensprung geben. Immerhin werden hier wegen der großen Steigungen und engen Kurven auch künftig keinerlei große Reisebusse verkehren können. Mehr über die Reize und Risiken von Ko Changs **Hauptschlagader**, s. eXTra [5166].

Die Strände

Das Strandleben spielt sich fast ausschließlich an der Westküste (hier von Nord nach Süd) ab,

Die Nebensaison – und ihre Tücken

Wer das Ko Chang-Archipel in der Nebensaison bereisen möchte, kann zwar mehr Ruhe, Einsamkeit und günstigere Preise erwarten, sollte sich aber – zumindest jenseits der Hauptinsel – auf **Einschränkungen** gefasst machen. Die Boote fahren seltener, einige Resorts, Geschäfte oder Tauchbasen haben geschlossen, während Strand und Meer wegen des **Strömungswechsels** weniger sauber wirken. Zudem ertrinken – gerade am sicher wirkenden, flachen White Sand Beach, aber auch am Klong Prao und am Lonely Beach – jedes Jahr in der Monsunzeit mehrere Badende, die die tückische **Unterströmung** *(rip current)* völlig unterschätzen und abgetrieben werden.

THAILAND

Ko Chang

Ao Thammachat Anleger (5,5 km)
Center Point Anleger (8 km)
Kromluang-Pier/ Laem Ngop (10 km)
KO CHANG NOI
Ao Sapparot-Pier
Center Point-Pier
Sai Thong
Klong Son
White Sand Beach (Hat Sai Kao)
Nang Yom-Wasserfall
468
626
Khao Chom Prasat
Tha Dan Mai-Pier
HOSPITAL
Dan Mai
Nonsi-Wasserfall
Pearl Beach (Hat Kai Mook)
NATIONAL PARK HEADQUARTER
Than Mayom-Pier
Than Mayom-Wasserfälle
Klong Plu-Wasserfall
King Rama-Wasserfall
Chai Chet
Klong Prao Beach
Klong Prao
Klong Makok Beach
Ban Kai Bae
Kai Bae Beach
KO YUAK
KO PLI
KO MAN NAI
KO MAN NOK
Klong Nueng-Wasserfall
744
Khao Salak Phet
Salakhok
428
Keeri Phet (Kiri Pet)-Wasserfall
Salakphet
Lonely Beach (Thanam Beach)
Ban Bai Lan
Bailan Beach
Chaek Bae
Ruang Tan
Ban Klong Kloi
Bang Bao
KO PHRAO
Klong Kloi Beach
KO SAI KAO
Wai Chaek Beach
KO LAO YA
Ko Wai (9 km), Ko Mak (25 km), Ko Kham (25 km), Ko Kood (32 km)

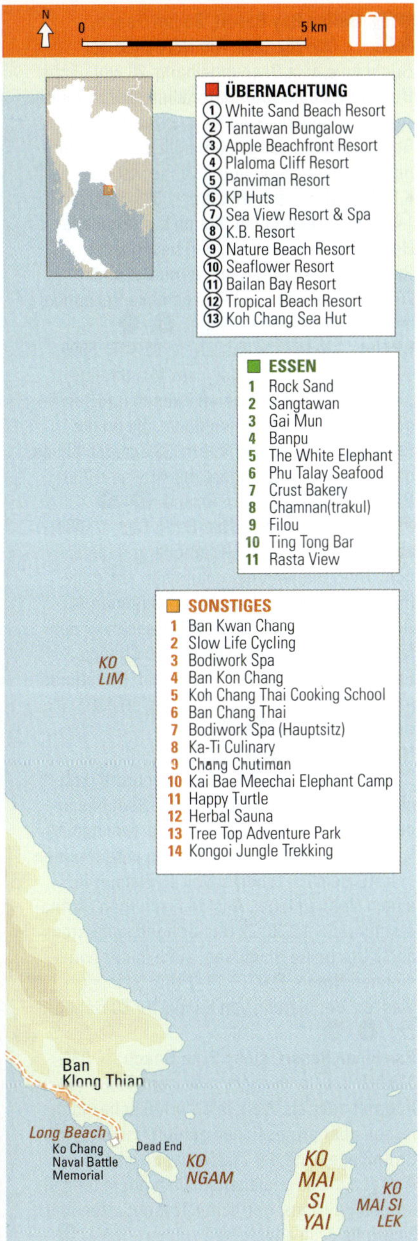

wobei, wobei der **White Sand Beach** als Zentrum fungiert. An diesem Sunset Strip begann einst der Tourismus auf Ko Chang und hier ist nach wie vor die rasanteste Entwicklung zu verzeichnen. Die Mischung der Inselgäste ist bunt – wie auch der Baustil der Unterkünfte. Bei Ebbe flaniert man am 2,5 km langen Strand oder lässt sich massieren, jongliert mit dem Volleyball oder Kokosnüssen – in Erwartung des häufig spektakulären Sonnenuntergangs und der Schlemmerfreuden in romantischen Freiluft-Restaurants.

Am 1 km langen **Pearl Beach** (Hat Kai Mook) geht es wesentlich ruhiger zu. Er bildet einen steinigen Übergang zum **Klong Prao Beach** – mit seinen fast 6 km der inselweit längste Strand. In seinem nördlichen Bereich auch gern als **Chai Chet** bezeichnet, wirkt er durch üppigen Palmenbestand und zwei Lagunen besonders einladend. Obwohl lästige Sandfliegen den Badegenuss trüben können, sind hier die meisten und größten Luxusresorts entstanden.

Mit dichtem Dschungel, überhängenden Palmen, stattlichen Laubbäumen und den drei malerisch vorgelagerten Inseln gilt der **Kai Bae Beach** als der naturbelassenste Strand Ko Changs. Während der Flut bleibt allerdings an vielen Stellen kaum noch etwas von dem langen Sandstrand übrig. Bei Ebbe indes zieht sich das Meer bis zu 300 m weit zurück. Nachdem er durch die Ringstraße erschlossen wurde und ein erstes Luxusresort entstanden ist, hat der **Lonely Beach** (Thanam Beach), 💻 http://lonely-beach.blogspot.de, erstaunlich wenig von seinem ursprünglichen Flair eingebüßt. Auf dem ersten Kilometer von gelblichem Sand und danach eher von Geröll und Mangroven geprägt, funktioniert er mitsamt Hängematten-Atmosphäre und Lagerfeuer-Romantik noch immer als internationaler Traveller-Treff. Der südlich folgende **Bailan Beach**, 💻 http://www.bailan-kohchang.com, hat sich durch eigenwillige, naturnahe Baumhaus-Resorts an bewaldeten Hängen ein eigenes Profil zugelegt.

Vom Stelzendorf **Bang Bao** am Südende Ko Changs starten die meisten Fähren zu den umliegenden Inseln und fast alle Bade-, Schnorchel- und Tauchtouren. Am Eingang grüßt ein 7/11-Supermarkt, während die einstmals beschauliche Siedlung mit wuchtigen Beton-Pieren, teils

THAILAND

etwas klotzig geratenen (Homestay-)Gästehäusern, etlichen Seafood-Restaurants, Kneipen und Tauchschulbasen enorm in die Breite gegangen ist. 3 km weiter östlich endet die Ringstraße am **Klong Kloi Beach**, der erst vor wenigen Jahren bebaut worden ist.

Die einsamen, oft von Schotter geprägten Strände der **Ostküste** indes wirken auf westliche Urlauber eher trist. Vielerorts liegt das auch an den dichten Mangrovenhainen, die z. B. auf dem 15-minütigen Mangrove Walkway in der Bucht von Salakkok durchstreift werden können. Die in diesem Inselteil liegenden Bungalow-Anlagen werden meist von einheimischen Touristen besucht – und das fast auch nur an Wochenenden oder Feiertagen.

Der entlegene, rund 800 m lange **Long Beach** ist der einzig nennenswerter Strand im Ostteil der Insel. Die letzte Etappe führt über eine atemberaubende, durch Bergdschungel geschlagene Piste (in der Regenzeit schwer passierbar) und vorbei am Marine-Mahnmal für die große Seeschlacht von 1942 bis zum **Dead End**, wo sich ein herrlicher Blick auf die Insel **Ko Ngam** eröffnet. Mehr zur Bedeutung der Seeschlacht bei Ko Chang, s. eXTra [2876].

Wie sich die Strände von Ko Chang am besten erkunden lassen, s. eXTra [10452], wo man die schönsten Sonnenuntergänge erleben kann, s. eXTra [9731].

ÜBERNACHTUNG

Die günstigsten Zimmer gibt es am Lonely Beach, aber auch in den bunten, spektakulär an Felsen klebenden Bungalow-Resorts am White Sand Beach, die noch aus Pionierzeiten stammen, s. eXTra [10454]. Besonders lauschig ist es an der Klong Prao-Lagune, s. eXTra [10455]. Online buchen kann man z. B. über 💻 www.kohchangonline.com.

Apple Beachfront Resort, White Sand Beach, ✆ 039-551 228, 085-486 8995, 💻 auf Facebook. In der Mitte des Hauptstrands als 2-stöckiger Neubau mit 49 Zimmern, die über Terrassen oder Balkone verfügen. Schön angelegt in Hufeisenform mit Innenhof-Pool und perfekt integriertem Baumbestand. ❹–❺

€ **Bailan Bay Resort**, Bailan Beach, ✆ 081-782 1710. Am Nordende der Bucht an einem Dschungelhang. 20 wohnliche Bungalows aus Naturmaterialien, davon 7 mit AC (am schönsten sind Nr. 1, 2 und 3). Stelzen-Restaurant am Hang mit Ausblick auf Dschungel und Meer sowie guter Küche. ❸

K.B. Resort, Kai Bae Beach, ✆ 039-557 125, 💻 www.kbresort.com. Schon der originelle Hotelprospekt verspricht ein besonderes Resort. 12 Bungalows mit Ventilator sowie 20 Komfortzimmer und eine schicke Rezeption im modernen Neubau-Flügel. ❹–❺

KP Huts, Klong Prao Beach, ✆ 08-4077 5995, ✉ kp_huts2599@hotmail.com. Weitläufige, originäre Anlage mit vielen Palmen und schilfgedeckten Bambus-Bungalows, die an die Pionierzeit der Insel erinnern. 33 Zimmer, einige ohne eigenes Bad, andere mit AC – und 7 in Baumhäusern direkt am Strand. ❸–❹

Koh Chang Sea Hut, Bang Bao, ✆ 098-345 5953, 💻 www.kohchang-seahut.com. Die 7 blauen und romantisch aus dem (hier leider stets trüben) Meer ragenden AC-Bungalows zählen mit ihren Terrassen zu den faszinierendsten Unterkünften Ko Changs. Ebenso viel kosten die 5 Zimmer im Haupthaus – einer imposanten Holzkonstruktion mit riesiger Terrasse. ❺–❻

Nature Beach Resort, Lonely Beach, ✆ 039-558 025, 081-803 8933, ✉ nature_kohchang@hotmail.com. Als Insider-Spot besonders beliebt bei Travellern, die Partystimmung lieben. 50 freakige Bambushütten unter Palmen (mit AC ziemlich teuer) sowie 15 Zimmer in einem Neubauflügel. Aus dem schönen Strandrestaurant, 🕒 7.30–22 Uhr, dringen spätestens ab 17 Uhr heiße Rhythmen, auch in der hoteleigenen **Nature Bar**, 🕒 17–2 Uhr, ist immer was los. Vermietung von Kajaks für 80 Baht pro Std. ❷–❹

Panviman Resort, Klong Prao Beach, ✆ 039-619 040-5, 💻 www.panviman.com. Teuer (im Internet oder als Walk-in oft erhebliche Nachlässe), aber professionell geführt und perfekte Strandlage. Eine der inselweit stilvollsten Anlagen mit 50 gediegenen Zimmern in tempelartigen Pavillons, herrlicher Tropengarten und 3 paradiesisch angelegte Lagunen-Pools. ❻

Plaloma Cliff Resort, White Sand Beach, 📞 08-1863 1305, 039-551 119-0 💻 www.plaloma-cliff.com. Das von dem eloquenten schweizer Insel-Original James Brunner 1991 gegründete Hotel gehörte einst zu den ersten drei Anlagen mit westlichem Komfort. Es liegt mit 85 ganz unterschiedlichen Zimmern (die besten sind C 70–82, neu sind Nr. 21–26 und Nr. 99) und Palmenwiese am felsigen Südende des White Sand Beach. Das Restaurant hat unter anderem die knusprigsten Röschti der Ostküste. ❹–❺

€ **Seaflower Resort**, Lonely Beach, 📞 082-213 1100, ✉ uthai.s5567@gmail.com. 28 attraktive Bungalows mit AC und großen Glas-Schiebetüren, 13 mit Meeresblick und 11 mit Dachterrassen. Kleines Restaurant, Minimarkt und fitte Kambodschaner als Personal. ❷–❸

Sea View Resort & Spa, Kai Bae Beach, 📞 039-552 888, 💻 www.seaviewkohchang.com. Lange etabliert, ständig erweitert und für originelle Überraschungen bekannt – wie eine vollautomatische Standseilbahn oder das 4-geschossige, aus Stahlträgern, Treppen und Plattformen als Restaurant errichtete Lighthouse. Herrlich eingebettet in die Landschaft. ❻

Tantawan Bungalow, White Sand Beach, 📞 039-551 178, 092-434 5179. Zählt zu den besten Optionen, weil günstig, gepflegt und hübsch bepflanzt. 17 Zimmer mit AC – als orange-braune Bungalows am Strand oder einladende Thai-Stil-Bungalows mit Holzböden und Terrassen im hinteren Bereich. Nebenan die beliebte Reggae-Bar **Tapas**, 🕒 6–24 Uhr. ❹–❺

Tropical Beach Resort, Klong Kloy Beach, 📞 081-822-2027, 💻 www.kohchang-tropicalbeach.com. Abgelegenes, ruhiges Boutique-Resort aus 27 Rund-Bungalows mit Strohdächern im Schatten eines Waldes. Imposante Restaurant-Konstruktion. ❺

💼 **White Sand Beach Resort**, White Sand Beach, 📞 086-310 5553, 💻 www.whitesandbeachkohchang.com. Älteste Anlage der Insel – auch wenn die einstigen Bambushütten längst durch Bungalows mit mehr Komfort ersetzt sind. Zwischen betagten Baumriesen und Palmen locken am ruhigen und auch sonst paradiesischen Nordende der Bucht 110 Zimmer, davon 30 als ansprechende Beachfront-Bungalows. ❺

ESSEN

Fast jede Unterkunft hat ein eigenes Restaurant und auch entlang der Ringstraße wird das gastronomische Angebot immer größer. Der White Sand Beach wird abends zur romantischen Freiluft-Schlemmermeile am Meer, im Bereich der Ringstraße gibt es neuerdings einen Nachtmarkt mit Garküchen und Grillständen. Etwas Besonderes sind die Pfahlbau-Restaurants in Klong Prao und Bang Bao sowie Salakkok (s. **eXTra [10456]**) und Salakphet.

Banpu, White Sand Beach, 📞 08-1863 7314, 💻 www.banpuresort.com. Gehört zum gleichnamigen Resort – als urgemütliches Restaurant mit viel Holz, das viel teurer wirkt, als es eigentlich ist. Exzellente, thailändische Küche. 🕒 7–22 Uhr.

€ **Chamnan(trakul)**, Klong Prao Beach / Ringstraße, 📞 089-689 2944. Ideal gelegen neben der beliebten **Crust Bakery** mit Außen- und AC-Bereich. Khun Tuerd brutzelt leckere Kost in großen Portionen – und das besonders günstig, auch die Seafood-Gerichte. 🕒 10–22 Uhr.

💼 **Filou**, 📞 087-483 7604, Kai Bae Beach / Ringstraße, 💻 www.filou.asia. Einladend durchgestylter Spot – oft auch voll in der tiefsten Nebensaison: Der Bamberger Profi-Gastronom Stefan Filou (!), lockt mit originellen Themenabenden, günstigen Cocktail-Buckets oder den beliebten „7-er"-Speisekarten. Billardtische und gute Musik. 🕒 17–2 Uhr.

€ **Gai Mun**, White Sand Beach / Ringstraße, 📞 083-751 8123. Etwas profan, aber gut und günstig: Mrs. Sao und Mr. Boy bieten allerlei Isarn-Spezialitäten wie *Som Tam* oder ganze Grillhühnchen. 🕒 10–22 Uhr.

Phu Talay Seafood, Klong Prao-Lagune, 📞 039-551 300. In diesem ehemaligen, weißblauen Fischerhaus mit Terrasse zur Lagune lässt es sich romantisch und authentisch speisen. Besitzer Seri und sein Team sind

THAILAND

engagiert, die Gerichte meist moderat bepreist. ⌚ 10–22 Uhr.

Rasta View, Bang Bao / Ringstraße, ✆ 080-042 8355. Ultimativer Szene-Spot im Schatten eines Maduea-Baum – mit Bodenkissen-Flair und Blick über Bang Bao. Die Reggae-Freaks Mr. A und Mr. Sak bieten günstige Thai-Kost, Shakes, Flaschenbier und Cocktails. ⌚ 7–24 Uhr.

Rock Sand, White Sand Beach, ✆ 084-781 0550, 💻 www.rocksand-resort.com. Thront – umrahmt von fotogenen Resorts im Hippie-Look – auf einem Felsvorsprung im Wasser und empfiehlt sich für Mahlzeiten mit Meeresblick und romantische Sunset-Drinks. ⌚ 7–23 Uhr.

Sangtawan, White Sand Beach, ✆ 039-551 475. Das Resort ist nicht besonders, aber das Restaurant die beste Option, romantisch mit den Füßen im Sand zu speisen. Tgl. ab 17 Uhr günstiges BBQ unter stattlichen Bäumen, manchmal Livemusik. ⌚ 7–22 Uhr.

Ting Tong Bar, Lonely Beach / Soi Tiang Chai 1, ✆ 039-696 655, 💻 auf Facebook. Der agile Mr. Kachaen weiß, was Traveller lieben, wie auch seine neuen Robinson-Resorts am Klong Kloi Beach und Wai Check-Beach beweisen. Schön gelegenes Restaurant mit Bar, Sport-TV im Großformat, Internetspots und günstigen Zimmern. Thai-Kost und Cocktail-Buckets, Livemusik von 19–23 Uhr oder auch mal Star-DJ Nakadia zu Gast. ⌚ 24 Std.

The White Elephant, ✆ 039-551 634, 💻 www.whiteelephantbar.com. Sports-Bar mit Live-Übertragungen, AC-Bereich und Barhockern an der Straße. Der Norweger Frank bietet 6 Sorten Fassbier, bis zu 100 Flaschenbiere aus aller Welt sowie vielfältige Kost. ⌚ 9 Uhr bis spät.

Tipps für Streifzüge nach Sonnenuntergang, s. eXTra [2878].

AKTIVITÄTEN

Elefantenreiten

Dieses Vergnügen ist in Verruf geraten, doch **Ban Kwan Chang**, ✆ 081-919 3995, bei Klong Son wird immerhin von der Asian Elephant Foundation unterstützt. 1 Std. liegt bei 800 Baht, 2 Std. kosten meist 1500 Baht und umfassen ein Bad im Fluss oder Meer. Weitere Anbieter sind: **Ban Kon Chang**, ✆ 081-940 9420, **Ban Chang Thai**, ✆ 039-551 474, 💻 www.banchangthaikohchang.com, **Chang Chutiman**, ✆ 08-939 6676, ✉ changchutiman@yahoo.com, oder **Kai Bae Meechai Elephant Camp**, ✆ 084-557 5298. ⌚ meist 8–17 Uhr.

Fahrradtouren

Radtouren organisiert **Slow Life Cycling**, White Sand Beach, ✆ 084-880 0930, 💻 www.slowlifecycling.com. Tagestouren kosten 1500 p.P., max. 6 Teilnehmer.

Klettergarten

Nervenkitzel in Baumwipfelhöhe bietet auf 2 Parcours mit atemberaubenden Hängebrücken, Tarzanschaukeln und Klettermöglichkeiten der **Tree Top Adventure Park** am Bailan Beach, ✆ 084-310 7600, 💻 www.treetopadventurepark.com, 950 Baht, ⌚ 9–17 Uhr.

Kochkurse

In der **Koh Chang Thai Cooking School**, ✆ 081-286 6740, 💻 auf Facebook, lehrt Mrs. Nam tgl. in 4-stündigen Kochkursen für 1200 Baht die Zubereitung von Thai-Kost. Weitere Anbieter sind **Ka-Ti Culinary**, ✆ 081-903 0408, 💻 www.kati-culinary.com, oder **Happy Turtle**, ✆ 089-252 9287, 💻 www.happyturtlekohchang.com.

Massage

Im Palmenschatten am Strand kosten Massagen 200–300 Baht, alternativ bietet sich die urige **Herbal Sauna** am Bailan Beach, ✆ 086-616 3785, ⌚ ab 15 Uhr, an. Wesentlich teurer, gediegener und absolut professionell geht es zu in den Niederlassungen von **Bodiwork Spa** am Klong Prao Beach – gelegen an der Ringstraße, ✆ 039-696 706, und am Coconut Resort, ✆ 039-555 1399, ⌚ 11–22 Uhr.

Trekking

Erlebnisreiche Tagestouren bietet der sympathische, drahtige Mr. Rath von **Kongoi Jungle**, ✆ 038-763 0832, 080-773 7009, ✉ kohchang_trekking@yahoo.com. Für 900–1300 Baht führt

Auf Kreuzfahrt im Archipel

Wer sich auf eine Tageskreuzfahrt durch die Inselwelt von Ko Chang begibt, kann die Ausdehnung und Schönheit dieser Meeresregion besonders intensiv erleben. Auf umfunktionierten Fischerbooten von etwa 10 Anbietern lassen sich herrliche Stunden erleben. Die **Sattra**, ✆ 087-617 0340, legt bereits für 600 Baht ab. Mit **Mr. Khai Tour**, ✆ 081-782 1710, kostet es bei bis zu 15 oder 35 Teilnehmern um 900 Baht (zuweilen plus 200 Baht Nationalpark-Gebühren), auf der 22 m langen **Kon Tiki**, ✆ 084-863 8205, sind für 1000 Baht Partytrips (18–24 Uhr) oder für 1500 Baht sogar Gourmettrips möglich. Als Speedboat-Alternative bietet sich **Bang Bao Boat**, ✆ 087-054 4300, 💻 www.kohchangbangbaoboat, an – auch mit Halbtagestouren nach Ko Wai oder Ko Mak für 500 und 700 Baht.

Die weitesten Runden mit dem meisten Komfort dreht von November bis April die schnittige **Thai Fun**, ✆ 081-003 4800, 💻 www.thaifun-kohchang.com, für 1390 Baht inkl. Verpflegung und Schnorchelausrüstung. Ein- und Ausschiffung erfolgen praktischerweise direkt am Strand und der Schiffsname ist Programm: Kreuzfahrtchefin Nok Noi und ihre routinierte, clubähnlich agierende Crew sind stets gut gelaunt, die Passagiere entspannen sich auf bequemem Mobiliar, genießen ein asiatisch-mediterranes Mittagsbuffet oder lassen sich über die Heck-Rutsche ins Meer gleiten. Obwohl die ehemalige Ko Samet-Fähre pro Tour gut 230 l (Bio)Diesel verdichtet und bis zu 100 Personen an Bord nehmen darf, gehen der deutsche Besitzer Peter und seine Frau Nok bereits ab 8 Passagieren auf Kreuzfahrt. In Sicht kommen dabei 15 Inseln – darunter Ko Yuak, Ko Khlum, Ko Rung, Ko Kra, Ko Tilang, Ko Phie, Ko Mak, Ko Kham, Ko Badeng, Ko Lao Ya und Ko Wai. Meist hängt es von den aktuellen Wetter- und Wellenbedingungen ab, wo zum Baden, Schnorcheln oder Angeln gestoppt wird.

Kreuzfahrt als Transfer: Inselhopping mit der Thai Fun präsentiert sich als ideale Alternative zu den teuren und oft unbequemen Speedboat-Transfers, da die Passagiere auf Ko Mak oder Ko Wai aussteigen und einige Tage später – ohne Aufpreis! – einfach wieder an Bord kommen können. Zudem entfallen die lästigen Taxi-Transfers nach/von Bang Bao.

THAILAND

er über Dschungelpfade durch dichten Urwald, zu rauschenden Wasserfällen und Aussichtspunkten auf den Bergen. Als Alternativen bieten sich Mr. Tan(it), ✆ 089-832 2531 von **Tan Trekking** oder **Mr. Toon**, ✆ 081-588 3324, 💻 www.junglefever.in.th, von **Jungle Fever** an.

Wassersport

Nützliche Informationen und Adressen zum Tauchen oder Segeln, s. eXTra [5167].

SONSTIGES

Geld

Die Zahl der **ATM-Automaten** wächst ständig, Bankfilialen finden sich vermehrt am White Sand und Klong Prao Beach.

Informationen

Die Insel wird mit nützlichen, kostenlosen Broschüren und Inselkarten überschwemmt, die vielerorts ausliegen – z. B. von 💻 www.whitesandsthailand.com oder 💻 www.koh-chang.com.

Zudem empfehlen sich: 💻 www.kohchangvr.de, 💻 www.kohchang2.com, 💻 www.welove-kohchang.com, 💻 www.kohchangsun.com oder 💻 www.kohchangisland.com.

Gewitzte Insiderinfos für Traveller gibt der Brite Ian auf 💻 http://iamkohchang.com.

Mietwagen und Motorradverleih

Mopeds kosten 200–250 Baht pro Tag, sind vielerorts zu mieten und empfehlen sich v. a. bei entlegenen Resorts. **Autos** werden meist als kleine Toyotas für 1300–1500 Baht angeboten. **Fahrräde**r gibt es nur selten. Vorsicht – die Ringstraße birgt allerlei Tücken!

NAHVERKEHR

Von 6–18 Uhr verkehren **Pick-ups** als Sammeltaxis. Für die Hauptroute von den Anlegern zum White Sand Beach werden 60 Baht p. P.

Grenzübergänge nach Kambodscha

Alle Übergänge, 🕒 6–22 Uhr, bieten das **Visa on Arrival** (S. 100) für US$30, wobei man sich meist rigoros gegen gern erhobene Extra-Gebühren und überhöhte Baht-Preise wehren muss – was Zeit und Nerven kostet. Das über 💻 https://www.evisa.gov.kh erhältliche E-Visum (US$30 zzgl. US$7 Service Charge) gilt bisher nicht für Ban Pakkad–Pailin.
Einreise nach Thailand S. 553, S. 556 und S. 648.

Ban Hat Lek – Koh Khong (Cham Yeam)

Von Trat auf dem H318 bis nach Ban Hat Lek. Vorbei an Spielkasinos und u. a. über eine mautpflichtige Brücke geht es per Mopedtaxi (100–150 Baht) oder Tuk Tuk/Limousine (als Charter 250–300 Baht) 12 km weit nach Koh Kong. Der Name bezeichnet die Provinz, ihre Hauptstadt und die vorgelagerte, größte Insel Kambodschas, 💻 www.koh-kong.com, www.koh-kong-cambodia.com, www.koh-kong-cambodia.de.

Ban Pakkad (Chantaburi) – Pailin (Psar Prom)

Von Chantaburi auf dem H317 nach Norden bis Wat Nam Khao und von dort über den H3210 und den H3193 dem Schild zum **Thai-Cambodian Market** folgend bis zur Grenze. Im Niemandsland finden sich mehrere Kasinos und Hotels. Zum 20 km entfernten Pailin geht es per Mopedtaxi (150–200 Baht), Sammeltaxis (um 100 Baht) oder Charter-Taxis (300–400 Baht).

Aranyaprathet – Poipet

Empfiehlt sich für eine direkte Anreise nach Siem Reap (Angkor Wat), S. 315.

berechnet, bis zum Lonely Beach um 100 Baht (40 Min.) und nach Bang Bao am Ende der Strecke 150 Baht. Charter-Fahrten sind mit 600–1000 Baht ziemlich teuer – besonders in der Dunkelheit.

TRANSPORT

Busse

Sämtliche (Mini)Bus-Transfers können in den Hotels oder etlichen kleinen Reisebüros des Ko Chang-Archipels gebucht werden. Günstig und bequem ist **Bus Nr. 999**. Er startet gegen 14 Uhr vom Festlandsanleger Ao Thammachat, um für 275 Baht gegen 18.30 Uhr den Suvarnabhumi Airport zu erreichen und etwa 1 Std. später den Busbahnhof Ekkamai. Für Busverbindungen ab Trat s. S. 326, „Transport".

Minibusse

An allen 3 Festlandsanlegern von LAEM NGOP warten Minibusse, die für 300–400 Baht nach BANGKOK fahren. Wer seinen Platz im Voraus bucht, kann sich um 7.30, 11 oder 14 Uhr für 700–800 Baht direkt von der Unterkunft auf Ko Chang abholen lassen, um nach dem Übersetzen gegen 13 Uhr auf dem Festland zu starten – zur Khaosarn-Road, zum Busbahnhof Ekkamai oder zum Suvarnabhumi Airport. Nach BAN PHE (Ko Samet, 180 km) inkl. Überfahrt zur Insel 400–500 Baht oder nach PATTAYA (250 km) 500–600 Baht. Neu sind direkte Minibus-Verbindungen in den Nordosten.
Minibusse über ARANYAPRATHET nach SIEM REAP (Fahrzeugwechsel an der Grenze) kosten 400 Baht, über KOH KONG nach PHNOM PENH oder SIHANOUKVILLE 800–900 Baht.
Auf professionelle Transfers aller Art und günstige Trips nach Kambodscha spezialisiert hat sich **Kaittipol Tour**, 📞 083-807 5623 und 087-541 8029 (Mrs. Soom), ✉ kaittipol@gmail.com, am Krom Luang-Pier, 🕒 8–20 Uhr.

Taxis

Nach BANGKOK bis zu 4000 Baht, nach PATTAYA um 3500 Baht und nach BAN PHE

(Ko Samet) 3000 Baht (bei Abholung vom Hotel auf Ko Chang und inkl. Fährkosten je 1000 Baht mehr). Als zuverlässige Fahrer von Limousinen oder Minivans haben sich **Suwit Sura** und seine Kollegen, ✆ 087-018 1734, bewährt.

Boote

Verbindungen zum Festland s. S. 326, Trat und Laem Ngop, Transport.
Als wichtigster Anbieter zwischen den Inseln fungieren **Bang Bao Boat**, ✆ 087-054 4300, 💻 www.kohchangbangbaoboat.com, und **Kai Bae Boat**, ✆ 090-506 0020, 💻 www.kohchangboat.com. Von KO CHANG (Abfahrt Bang Bao oder Kai Bae-Pier) geht es meist zwischen 9 und 12 Uhr nach Ko Wai (30 Min., 400 Baht), Ko Kham (50 Min., 600 Baht), Ko Mak (1 Std., 600 Baht), Ko Rayang (70 Min., 600 Baht) und Ko Kood (2 Std., 900 Baht). Fahrtdauer jeweils inkl. etwaiger Zwischenstopps, direkt geht's natürlich schneller

Ko Chang-Archipel

Jede der 52 Inseln im Meeres-Nationalpark von Ko Chang hat ihren ganz eigenen Charakter. Jenseits der vier Großen sind sie meist unbewohnt, andere wiederum in Privatbesitz, mit einem abgeschiedenen Bungalow-Resort bebaut oder nur im Rahmen von Pauschaltouren zu besuchen.

Fähren nach Ko Kood und Ko Mak s. S. 326, Trat und Laem Ngop, Transport.

Das einstige Schmuggler- und Piraten-Paradies **Ko Kood** (auch Ko Kud oder Ko Kut), Infos und Unterkünfte s. 💻 www.kokood.com und https://destinationkohkood.com, ist erst spät erwacht und wird nun als letzter Inselschatz Thailands gestürmt. Das exklusive Luxusresorts Soneva Kiri, 💻 www.soneva.com, mit eigenem Flughafen, hat ganz neue Maßstäbe gesetzt – und schon viel internationale Prominenz angelockt, wie Angelina Jolie oder David Beckham. Auch der Kinohit *Türkisch für Anfänger* wurde hier gedreht. Die mit 129 km² zweitgrößte und östlichste Insel des Archipels bietet Berge, Wasserfälle, Lagunen und an der Südwestküste herrliche Sandstrände – wie den 700 Meter langen Ao Klong Chao. Die 2000 Bewohner verteilen sich auf die romantischen Fischerdörfer Ao Salad, Ao Jai und Klong Mat.

Die drittgrößte Insel **Ko Mak**, 💻 www.kohmak.de, dagegen ist schon länger ein beliebtes Ziel. Verschiedene Boutique-Resorts stehen zur Auswahl – und seit Mitte 2015 gibt es (wie auch auf Ko Kood) den lange ersehnten Strom vom Festland. Die 16 km² kleine „Insel der Betelnüsse" hat die Form eines Kleeblatts und ist vulkanischen Ursprungs. Abgesehen von der Sandfliegen-Problematik bietet Ko Mak schöne Naturstrände mit rotbraunen Lava-Formationen, rauschende Palmenwälder, bunt belebte Korallenriffe und herrliche Sonnenuntergänge. Von der Nordspitze kann man bei Ebbe über eine 1 km lange Sandbank nach **Ko Kham** gelangen – eine kleine Trauminsel mit faszinierendem Sandstrand und schönen Felsformationen, die derzeit mit einem Luxusresort bebaut wird. Ähnlich paradiesisch präsentiert sich das einsame **Ko Rayang Nok** (www.rayang-island.com), das sich von Ko Mak mit einer zehnminütigen Bootsfahrt erreichen lässt und über ein einfaches, lauschiges Resort verfügt.

Auf Tagestouren wird gern **Ko Wai**, 💻 www.kohwai.com, angesteuert. Hier warten idyllische Palmenstrände und flache Schnorchelreviere mit teilweise aber leider schon abgestorbenen Korallenriffen. Bisher kaum bekannte Eilande sind **Ko Ngam**, **Ko Lao Ya** und **Ko Phrao Yai** oder **Ko Phrao Nok** in der Bucht von Salak Phet, das flache, als „Papierinsel" bezeichnete **Ko Kradaat** oder das felsige **Ko Rang**, das gute Tauchgründe zu bieten hat.

NACHTMARKT VOR DEM PALASTMUSEUM, LUANG PRABANG

Laos

Laos ist touristisch der Spätzünder der Region. Als die Nachbarländer Traveller schon in Scharen anzogen, öffnete es gerade einmal seine Pforten. Muße ist hier das Lebensprinzip. Und das steckt an: beim Schlendern durch die Gassen Luang Prabangs, im Slow Boat auf dem Nam Ou oder in der Hängematte auf einer Mekonginsel. Und wenn's doch mal turbulenter zugehen soll? Dann warten Zip-Lines, Kletterfelsen, Trekkingtouren, Rollerloops und jede Menge Natur.

Stefan Loose Traveltipps

Vientiane Die entspannteste Hauptstadt Südostasiens. S. 352

Vang Vieng Karstberge so weit das Auge reicht – wie geschaffen für Aktivitäten. S. 378

7 **Luang Prabang** Die älteste intakte Tempelstadt Südostasiens. S. 390

Mekong Eine Bootsfahrt auf dem Strom der Ströme. S. 418

Phongsaly Trekking durch Bergwälder, die den Namen noch verdienen. S. 430

8 **Nam Ou** Abenteuerliche Bootstour durch den Norden. S. 435

9 **Ebene der Tonkrüge** Mystische Spuren einer alten Megalithkultur. S. 446

10 **Tham Kong Lo** Im Boot durch den Berg. S. 454

Vat Phou Einer der schönsten Khmer-Tempel außerhalb Kambodschas. S. 482

11 **Si Phan Don** Flussinseln, Wasserfälle und Delphine. S. 484

ELEFANTENFEST IN BAN KIATNGONG, CHAMPASAK

BOOT AUF DEM MEKONG

Wann fahren? Trocken und sonnig ist es von Nov–Feb/März, ab Dez wird es in den Bergen kühl. Im April/Mai ist es in der Ebene heiß und stickig, bevor im Juni der Regen einsetzt.

Wie lange? Zwei Wochen, ideal sind drei

Bekannt für grüne Gebirgszüge, verträumte Mekongstädte und gelassene Locals

Outdoor-Tipp Die Gibbon Experience nahe Houay Xai, eine Rollertour durch Zentrallaos, eine nächtliche Bootssafari bei Vieng Thong

Unbedingt probieren Laap und Klebreis

Beste Feste Boun Ok Phansa (Nov) und das Neujahrsfest (April) in Luang Prabang

Laos

Erst 20 Jahre ist es her, dass das sozialistische Laos den Bambusvorhang ein Stück zur Seite gezogen hat und wieder einen Blick in eines der spannendsten Länder Südostasiens gewährt. Die meisten Besucher kommen, um Luang Prabang zu sehen, die älteste intakte Tempelstadt der Region. Aber das Land hat noch viel mehr zu bieten: verwitterte Kolonialarchitektur, Karstlandschaften und eine ethnische Vielfalt, die in Südostasien ihresgleichen sucht. Laos hat keinen Zugang zum Meer. Mehr als drei Viertel des Landes bestehen aus Gebirgen, Dschungel und Flüssen. Im Norden grenzt es an China (423 km), im Nordwesten an Myanmar (235 km), im Westen an Thailand (1754 km) und im Süden an Kambodscha (541 km). Den längsten Grenzabschnitt teilt es sich mit Vietnam (2130 km). Der Mekong im Westen bildet eine natürliche Grenze.

Bevölkerung

Mit fast **50 verschiedenen Volksgruppen** und bis zu 120 Untergruppen sind in Laos mehr Ethnien zu Hause als in jedem anderen Land Südostasiens. Derzeit leben auf einer Fläche von rund 236 800 km² etwa 6,5 Mio. Menschen. In keinem anderen Land der Region teilen sich so wenige Menschen so viel Fläche.

Den besten Überblick über die Völker in Laos bietet die ethno-linguistische Einteilung. So trifft man hier auf die **fünf großen Sprachfamilien** des südostasiatischen Subkontinents. Allen gemein ist das tonale Sprachsystem.

Die Mehrheit gehört der Sprachfamilie der **Tai** an (auch Tai-Kadai genannt). Insgesamt machen sie 65,5 % der Bevölkerung aus, davon sind allein zwei Drittel Lao (oder Tai-Lao). Das andere Drittel der Tai-Sprachfamilie setzt sich aus rund 20 Untergruppen zusammen, die bis auf wenige Ausnahmen in den Ebenen und Tälern des Nordens leben.

Knapp ein Viertel der Bevölkerung sind Angehörige der **Mon-Khmer**-Sprachfamilie. Zu diesem Hauptableger der austro-asiatischen Sprachfamilie werden die ältesten in Laos ansässigen Bewohner gezählt. Sie kamen im 6.–8. Jh. aus dem Gebiet des heutigen Kambodscha nach Südlaos und rückten bis zum 10. Jh. nach Zentral- und Nordlaos vor. Heute ist ihre größte Gruppe, die Khmu, im Norden angesiedelt, während etwa 30 verschiedene Mon-Khmer-Gruppen in ganz Zentral- und Südlaos verstreut leben.

Als letztes, nämlich erst im 19. Jh., sind in den nördlichen Gebirgsregionen die Angehörigen der **Miao-Yao**-Sprachfamilie aus Südchina eingewandert. Sie umfassen 6–10 % der Bevölkerung, vier Fünftel davon sind Hmong. Die in Myanmar, Thailand, Vietnam und Südchina weitverbreitete **tibeto-birmanische** Sprachfamilie ist mit ihren beiden Hauptgruppen in Laos vertreten und macht 3–4 % der Gesamtbevölkerung aus. Die **sinitische Gruppe** wird von den Ho als einziger Ethnie repräsentiert.

Alle Völker der Mon-Khmer, der Miao-Yao und der tibeto-birmanischen Sprachfamilie sind Animisten. Zwar haben einige den **Theravada-Buddhismus** der Tai-Lao angenommen, doch ihr ritueller Alltag wird weiterhin von Geisterzeremonien geprägt. Unter den Mon-Khmer im Süden gibt es vereinzelt auch christliche Gruppen.

Bis heute hält sich im allgemeinen Sprachgebrauch die offiziell abgeschaffte Unterteilung der Bevölkerung in die Gruppen **Lao Loum** (Tiefland-Laoten), **Lao Theung** (Hang-Laoten) und **Lao Soung** (Gipfel-Laoten). Die Kategorien beziehen sich auf die Höhenlagen der jeweiligen Siedlungsgebiete – von den Lao der Mekong-Ebene (Lao Loum) bis zu den Hmong (Lao Soung) in den Bergdörfen. Die Vorsilbe „Lao" sollte das Konzept eines gesamtlaotischen Staatsvolkes untermauern. Ikonographisch findet sich dieses Konstrukt bis heute im Motiv der drei traditionell gekleideten Frauen auf der 1000-Kip-Note.

Zahlreiche **soziale Indikatoren** spiegeln wider, dass Laos eines der ärmsten Länder der Welt ist: So sterben 50 von 1000 Kindern unter fünf Jahren infolge von Unterernährung und schlechten hygienischen Bedingungen. In ländlichen Regionen ist nur gut die Hälfte der Bevölkerung an die Trinkwasserversorgung angeschlossen. Viele Laoten können weder lesen noch schreiben. Die durchschnittliche Lebenserwartung liegt derzeit bei 66 Jahren. Doch die Planer sind ehrgeizig: Bis zum Jahr 2020 soll das jährliche Pro-Kopf-Einkommen von derzeit US$1700 deutlich gesteigert, die Analphabetenrate auf 10 % gesenkt und die durchschnittliche Lebenserwartung auf 70 Jahre erhöht werden.

Geschichte

Zur Frühgeschichte der Region gibt es viele Theorien. Bereits vor 4000 Jahren sollen **Mon-Khmer-Völker** die Flussniederungen und Hochplateaus besiedelt haben. Funde im Mekongbecken und auf dem Korat-Plateau belegen, dass sich zwischen 2000 und 500 v. Chr. in der Region die Bronzeverarbeitung entwickelte. In diese Zeit fällt die Blüte der **Dong-Son-Kultur**, berühmt für ihre Kesselgongs. Die rätselhaften 2000 Jahre alten **Steinkrüge** in der Provinz Xieng Khouang sind Relikte einer untergegangenen Gesellschaft, die als autochthone Bevölkerung von Laos gilt.

Frühgeschichte

Der indische Einfluss, der die Kulturen Südostasiens zutiefst geprägt hat, trat verstärkt seit der Zeitenwende auf. Erste Übermittler waren **indische Kaufleute**, die auf der Route nach China an der Küste Vietnams Station machten. Den Händlern folgten schon bald Mönche und **Brahmanen**, zuerst in eigener Mission, später vermutlich auch auf Einladung lokaler Regenten, die mit den indischen Konzepten von sozialer Ordnung und Königtum die eigene Herrschaft legitimierten.

Auf Laos wirkte sich dieser Einfluss vor allem über die Nachbarvölker aus. In den ersten nachchristlichen Jahrhunderten entstanden auf der südostasiatischen Halbinsel eine Reihe indisierter Reiche (oder vielmehr: Verbunde von Machtzentren), die sich im Laufe ihrer Geschichte bis nach Nordlaos ausdehnten. Ab dem 9. Jh. absorbierte das mächtige Khmer-Reich **Angkor** viele der Staatengebilde auf dem südostasiatischen Festland. Bis zum 13. Jh. dehnte es sich bis nach Südthailand und Birma aus. Funde aus Xai Fong nahe Vientiane belegen, dass es auch hier ein Machtzentrum unterhielt. Angkors Niedergang begann mit der Expansion der Mongolen unter Dschingis Khan und Kublai Khan. Durch den Druck, den ihre Eroberungen auf das nördliche Südostasien ausübten, begann sich das Machtgefüge in der Region zu verschieben.

Die Tai wandern nach Süden

Über die Frage, wie die Tai-Völker ins heutige Laos kamen, wird noch immer viel diskutiert. Aktuelle anthropologische, linguistische und historische Studien gehen von einem ursprünglichen Siedlungsgebiet in West-Guangxi, Südost-Yunnan, Nord-Vietnam und Nordost-Laos aus.

Im 13. Jh. füllten **Tai-Fürstentümer** langsam das Machtvakuum, das von Angkor hinterlassen worden war. 1238 wurde Sukhothai gegründet und wenig später Lanna (Nordthailand). Die kleineren Zentren in Nordlaos wechselten vorerst nur die Herren. Sie wurden Vasallen der neuen Tai-Reiche, aber es dauerte keine 100 Jahre, bis sie im ersten laotischen Großreich Lane Xang vereinigt wurden.

Lane Xang (1353–1707)

Die Gründung Lane Xangs ist untrennbar mit dem Namen **Fa Ngum** verbunden. Er wurde 1316 als Spross des Fürstengeschlechts von Luang Prabang geboren. Noch im Säuglingsalter folgte er seinem Vater, der sich ausgerechnet mit einer Konkubine seines älteren Bruders vergnügt hatte, in die Verbannung. Die Familie fand Zuflucht am Hof von Angkor, wo Fa Ngum aufwuchs, eine buddhistische Erziehung erhielt und als junger Mann eine Tochter des Königs heiratete.

Unter dem Eindruck des erstarkenden Ayutthayas wurde er um 1350 mit einer schlagkräftigen Armee ausgesandt, um wankelmütige Vasallen im Norden wieder unter den Einfluss des Khmer-Reiches zu bringen. Binnen weniger Jahre unterwarf Fa Ngum die Fürstentümer am Mekong und auf dem Xieng-Khouang-Plateau. 1353 stand er vor den Toren Luang Prabangs, das er wenig später einnahm. Dort erklärte er sich zum König und gab seinem neuen Reich den Namen Lane Xang Hom Khao, **„Eine Million Elefanten und der weiße Schirm“**. Einigen Chroniken zufolge sandte der König von Angkor auf Fa Ngums Bitte hin mehrere tausend Mönche nach Lane Xang – im Gepäck die goldene Buddhastatue **Phra Bang,** das spätere Nationalheiligtum und der Namenspatron von Luang Prabang. Als Fa Ngum 1374 starb, erstreckte sich das Reich von Süd-Yunnan über das Khorat-Plateau bis nach Zentrallaos.

Fa Ngums Sohn **Samsenthai** bestieg den Thron noch im selben Jahr. Sein Augenmerk galt der Festigung Lane Xangs. Sozial gliederte sich sein Reich damals grob in drei Gruppen: Adelige, freies Volk und so genannte *kha* (Diener/Sklave), eine bis ins 20. Jh. hinein geläufige, abwertende Bezeichnung für die Hochlandbevölkerung. Die Jahrzehnte nach Samsenthais Tod waren von innenpolitischen Wirren geprägt. In 100 Jahren bestiegen 14 Könige den Thron. Außenpolitisch war es dagegen eine Zeit relativer Ruhe, abgesehen von einem Angriff der Vietnamesen im Jahr 1479.

Das änderte sich mit König **Phothisarat** (reg. 1520–1547). Unter seiner Regierung kam es zu Auseinandersetzungen mit Ayutthaya, die Phothisarat aber für sich entschied. Außerdem

Kulturwandel im Hochland: der Preis der Modernisierung

Laos hat ein großes Ziel: bis 2020 die Ränge der Least Developed Countries zu verlassen. *Kanpatthana,* Entwicklung, lautet das Wort der Stunde. Während riesige **Investitionsprojekte** diesen Prozess beschleunigen sollen, geraten viele ethnische Gruppen ins Spannungsfeld zwischen willkommener Modernisierung und dem Verlust althergebrachter Lebensweisen.

Zwar sehnt kaum jemand die Zeiten ohne Strom-, Wasser- und Straßenanschluss zurück, und Handy wie Motorrad sind inzwischen auch in den Bergdörfern wichtige Statussymbole. Jedoch zahlen viele Gemeinschaften einen hohen Preis für Entwicklung und Modernisierung: Besonders gravierend ist der damit einhergehende **Raubbau** an natürlichen Ressourcen, vor allem die Dezimierung der ausgedehnten Bergwälder, die für viele Hochlandgesellschaften von zentraler Bedeutung für Ernährung, Handel und Kultur sind. Großflächige, auf Export ausgerichtete Monokulturen bedingen Land- und Nahrungsmittelknappheit, moderne Konsumgüter sind teuer, die Verschuldung nimmt zu und **Arbeitsmigration** löst traditionelle Familienverbände auf.

Kautschuk- und Bananenplantagen versprechen Bauern gute Einnahmen, allerdings hängen die Marktpreise von der schwankenden chinesischen Nachfrage ab. Gleiches gilt für den großflächigen Maisanbau, der oft vertraglich an vietnamesische Händler gekoppelt ist. Manch ein Bauer blieb schon auf seiner Ernte sitzen, für die er den Reisanbau – und damit die Ernährung seiner Familie – vernachlässigt hatte. Der Zukauf von Reis, bisweilen minderwertige Ware aus den Nachbarländern, ist zur Normalität geworden. Außerdem häufen sich Berichte über eine Belastung der Flüsse durch Pestizide – fatal für den Fischfang, einen essentiellen Bestandteil ländlicher Ernährung.

Wichtige Anbauflächen, gerade für Reis, sind auch von **Staudammprojekten** bedroht. Ausgerechnet die fruchtbaren Flussufer werden von den Stauseen überflutet und die Anrainer in höhere Regionen umgesiedelt. Dort verstärken sie den Druck auf die wenigen Ackerflächen und sind oft zur Waldrodung gezwungen. Ironischerweise wurden viele dieser Dörfer in den vergangenen 20 Jahren von den Bergen in die Flusstäler umgesiedelt, um sie und den Wald besser kontrollieren zu können.

Die Entwicklungen gehen nicht spurlos am sozialen und **kulturellen Leben** der Hochlandvölker vorüber. Mit veränderten landwirtschaftlichen Praktiken oder gar saisonaler Arbeitsmigration in die Städte verändert sich auch der religiöse Alltag. Bestimmte Rituale, ohnehin unter dem Sozialismus ein Stück weit rationalisiert, werden seltener, verschwinden ganz oder werden durch offiziell anerkannte buddhistische Zeremonien ersetzt. Traditionelle Trachten werden nur noch an Feiertagen getragen, entsprechende Handwerkstraditionen drohen zu verschwinden.

Allerdings gibt es auch **Gegenbewegungen**: Durch Tourismus und die Nachfrage der Auslandslaoten wird die Handwerkskunst, etwa Textilien der Hmong und Lao, vom Kulturgut zur Handelsware und damit erhalten. Gleichzeitig werden bestimmte Zeremonien und Tänze als lokales Kulturerbe wiederentdeckt und gefördert. Und die Geister begleiten ohnehin das Leben der laotischen Bevölkerung in Tief- wie Hochland: für Bauern, Busfahrer, Banker gehören das Schutzamulett oder die kleine Basi-Zeremonie zum Alltag, erst recht in der chaotischen laotischen Moderne. *Oliver Tappe*

gelang es ihm, den Thron des Nachbarreiches Lanna mit seinem ältesten Sohn Setthathirat zu besetzen und es kurz an Lane Xang zu binden.

Setthathirat hielt es jedoch nicht lange in Lanna. Nach dem Tod seines Vaters kehrte er nach Lane Xang zurück und bestieg 1548 den Thron. Setthathirats Regierungszeit war vor allem von der Bedrohung durch die Birmanen und dem Aufbau seiner Hauptstadt geprägt. Nach ersten Angriffen des westlichen Nachbarn hatte er seinen Regierungssitz im Jahr 1560 von Luang Prabang nach Vientiane verlegt. Diese Maßnahme war aber ebenso nutzlos wie das folgende Schutzbündnis mit Ayutthaya, denn schon 1569 eroberten die Birmanen die siamesische Königsstadt und unterwarfen wenig später Vientiane. Die nächsten zweieinhalb Jahrzehnte war Lane Xang ein Vasall des Nachbarreiches.

Insgesamt vergingen fast 70 Jahre, bis das Land unter **Sourigna Vongsa** (reg. 1637–1694) wieder eine Phase des inneren und äußeren Friedens erlebte. In seiner 57-jährigen Regierungszeit blühten Kunst und Kultur, Wirtschaft und Handwerk, und Vientiane wurde zu einem bedeutenden Zentrum des Buddhismus. Aber die Strenge, mit der Sourigna Vongsa regierte, hatte auch ihren Preis: Da er seinen einzigen Sohn wegen Ehebruchs hatte hinrichten lassen, verfiel das Land nach seinem Tod in Erbfolgestreitigkeiten. Die Folge war die Zweiteilung Lane Xangs in die Königreiche Luang Prabang und Vientiane, denen sich im Jahr 1713 noch das Königreich Champasak hinzugesellte.

Spielball der Mächte (1707–1893)

Mit dem Zerfall Lane Xangs endete die 350-jährige Geschichte des ersten laotischen Reiches. In der Folgezeit wurden die drei rivalisierenden Königreiche zum Spielball der großen Nachbarn.

Erster Aggressor war **Birma**, dessen Truppen Mitte des 18. Jhs. in die Tai-Welt einfielen. 1763 eroberten sie Chiang Mai, kurz darauf Luang Prabang und 1767 schließlich Ayutthaya. Aber die Siamesen brauchten nicht lange, um sich zu erholen. Binnen eines Jahrzehnts schlugen sie die Birmanen zurück und unterwarfen 1778/79 die drei laotischen Königreiche gleich mit. Unter siamesischer Herrschaft gelangten wichtige Kunstschätze nach Bangkok. Angehörige der laotischen Königshäuser folgten als Geiseln ebenso wie etliche Laoten, die gezwungen wurden, beim Aufbau der neuen Hauptstadt zu helfen.

Dem stellte sich zu Beginn des 19. Jhs. der letzte König Vientianes, **Anouvong** (reg. 1804–1828), entgegen. 1806 hatte er die Bande mit Vietnam gestärkt, 1821 gelang es ihm, den Thron von Champasak mit seinem Sohn zu besetzen, und sechs Jahre später standen die Armeen für den Feldzug gegen Bangkok bereit. Doch der König hatte sich verkalkuliert: Rama III. reagierte mit äußerster Entschlossenheit, Anouvongs Truppen wurden geschlagen und der König – nach einem zweiten Angriff 1828 – gefangen genommen.

Vientiane wurde in mehreren Feldzügen zerstört. Die Siamesen siedelten Zehntausende Laoten nach Siam und auf das Khorat-Plateau um und transportierten zahlreiche Kulturgüter nach Bangkok. Die Zerstörungen waren so erheblich, dass eine französische Expedition 1866 „die Ruinen dieser unglücklichen Stadt" von „dichtem Wald" überwuchert vorfand.

Im weiteren Verlauf des Jahrhunderts dehnte Siam seine Herrschaft auf die laotischen Territorien aus. Doch bevor es sich Laos ganz einverleiben konnte, erschien eine neue, europäische Großmacht auf der Bildfläche.

Französische Kolonie (1893–1954)

Frankreich hegte schon seit längerem ein Interesse an Laos. Im Wettlauf um den chinesischen Markt hatte es bereits in den 1860er-Jahren eine Expedition den Mekong hinaufgesandt, um den Wasserweg ins Reich der Mitte zu erkunden. Darüber hinaus galt Laos in den Gouverneurskreisen Französisch-Indochinas als rohstoffreiches Hinterland Vietnams. Politisch ließen sich die französischen Ansprüche spätestens seit der Errichtung des Protektorats über An Nam rechtfertigen, da die Grande Nation in den Verträgen nicht nur die Integrität An Nams garantierte, sondern implizit auch Anspruch auf alle ehemaligen Vasallen erhob.

Nach mehreren franko-siamesischen Zwischenfällen sandte Frankreich 1893 **Kanonenboote** den Chao Phraya hinauf. Siam, das vergeblich auf die Unterstützung Großbritanniens gehofft hatte, blieb keine andere Wahl, als zu verhandeln. In mehreren Verträgen trat es die laotischen Gebiete östlich und kleine Teile westlich des Mekong an Frankreich ab. Der Fluss selbst wurde zur Grenze erklärt, und Laos erhielt seine heutige Gestalt.

Die Ironie der Geschichte ist, dass ausgerechnet die Kolonialmacht Frankreich Laos vermutlich vor der Integration in das siamesische Reich rettete. Die Tragik liegt darin, dass das Land ohne Rücksicht auf historische und ethnische Gegebenheiten geteilt wurde. Weit mehr als drei Viertel aller Lao verblieben unter siamesischer Herrschaft.

Anders als erwartet erhielt Frankreich jedoch kein wirtschaftliches Schlaraffenland. Nachdem in Paris erkannt worden war, dass der Neuerwerb nur mit hohen Kosten zu erschließen war, verkümmerte Laos zu einem Anhängsel Französisch-Indochinas.

Der Zweite Weltkrieg

Mit dem Beginn des Zweiten Weltkrieges geriet Laos erneut ins Spannungsfeld der Mächte: 1940/41 nutzte Thailand die Besetzung Frankreichs, um Laos die Gebiete westlich des Mekong (Xayaboury und Teile Champasaks) abzutrotzen. Der Vorstoß war vor allem durch **Japan** ermöglicht worden, dessen Truppen bereits seit 1940 in Indochina standen. Im März 1945 übernahm Japan die gesamte Verwaltung Indochinas und zwang den frankophilen König Sisavangvong, die Unabhängigkeit von Frankreich zu erklären. Die Grande Nation, einst selbst ernannte Schutzmacht von Laos, verlor dadurch den letzten Rest an Glaubwürdigkeit.

Im Sommer 1945 nutzte die neu gegründete laotische Nationalbewegung **Lao Issara** („Freies Laos") die Kapitulation Japans, um Laos für vollständig unabhängig zu erklären. Einer der Mitbegründer, Vizekönig Phetsarat, übernahm das Amt des Premierministers, unterstützt von seinem Halbbruder Prinz Souvanna Phouma und Souphanouvong, einem jüngeren Halbbruder mit Verbindungen zum Viet Minh. König Sisavangvong, der weiterhin zu Frankreich hielt, wurde im Oktober abgesetzt.

Die neue Regierung befand sich jedoch in einer denkbar schlechten Ausgangsposition: Nach der japanischen Kapitulation hatten sich die Streitkräfte der Kuomintang in Nordlaos festgesetzt, die Briten kontrollierten den Süden und die Verwaltung lag brach. Als sich Frankreich Anfang 1946 mit China über den Abzug der Truppen und mit den Viet Minh über einen Modus Vivendi in Vietnam geeinigt hatte, begann es mit der Rückeroberung des Landes.

Unabhängigkeitskampf

Nach blutigen Auseinandersetzungen übernahm Frankreich im April 1946 wieder die Macht in Laos. Teile der Lao Issara, darunter die Prinzen Phetsarat, Souvanna Phouma und Souphanouvong, flüchteten nach Thailand. Andere Mitglieder gingen in den Dschungel, wo sie in der Folgezeit unter den Einfluss der kommunistischen Viet Minh gerieten.

Im August 1946 schuf Frankreich einen neuen Verwaltungsmodus für Laos und erkannte die Einheit des Landes unter der Krone von Luang Prabang an. Im November erlangte Laos außerdem die Gebiete westlich des Mekong zurück und im Mai 1947 wurde eine neue Verfassung verabschiedet. Als Frankreich Laos 1949 schließlich als unabhängigen Staat im Gefüge der Union Française anerkannte, sahen die meisten Lao-Issara-Mitglieder ihre Forderungen erfüllt und kehrten nach Laos zurück. Der verbleibende Teil schloss sich den bereits aktiven laotischen Guerillakämpfern an und baute mit Hilfe der Vietnamesen eine neue Organisation auf, die später als **Pathet Lao** bekannt wurde.

Bis 1953 brachten die Truppen von Pathet Lao und Viet Minh große Teile des Nordostens unter ihre Kontrolle. Frankreich geriet nun zunehmend unter Druck: Während in Europa der Protest gegen den „schmutzigen Krieg" wuchs, gewannen in Indochina die Befreiungsbewegungen die Oberhand. Angesichts dieser Situation änderte Frankreich seine Strategie: Zum einen zog es sich taktisch aus dem Konflikt zurück (was im Fall von Laos 1953 mit der Anerkennung der vollständigen Unabhängigkeit geschah). Zum anderen bereitete es sich auf eine Entscheidungsschlacht gegen die Viet Minh bei **Dien Bien Phu** vor. Doch die Taktik schlug fehl. Nach mehr als 50 Tagen blutiger Kämpfe mussten sich die Franzosen im Mai 1954 geschlagen geben.

Die **Genfer Konferenz** beendete im Juli 1954 die französische Kolonialzeit in Indochina. Im Genfer Abkommen wurden das **Königreich von Laos** als eigenständiger Staat anerkannt, ein Ende der Kämpfe und freie Wahlen beschlossen. Die Pathet-Lao-Kämpfer sollten in den Provinzen Houaphan und Phongsaly konzentriert und im Rahmen einer „politischen Lösung" reintegriert werden. Damit war das Land aber de facto gespalten: Im Nordosten sammelten sich die kommunistischen Kräfte. Im Westen und Süden behielt die Königliche Regierung die Oberhand – weiterhin von Frankreich militärisch beraten und unter zunehmendem Einfluss der USA.

LAOS

Zeit der Koalitionen (1954–1963)

Wie gering die Chance für einen neutralen laotischen Staat war, zeigte sich schon während der Genfer Konferenz: Die **USA** – alles andere als glücklich über den erreichten Status – weigerten sich, das Abkommen zu unterzeichnen. Für sie war Laos ein wackeliger Stein in der kommunistischen Dominokette, die Südostasien zu überrollen drohte, sollten die „vietnamesischen Marionetten" des Pathet Lao hier siegen. In den folgenden Jahren bauten sie daher ihre finanzielle und militärische Unterstützung für die antikommunistischen Kräfte aus. Bereits seit 1953 war die CIA in Laos tätig und zwei Jahre später wurde die königlich-laotische Armee vollständig mit US-Mitteln finanziert.

Die Aussichten für die „Neutralisten" um Prinz Souvanna Phouma waren alles andere als rosig. Nach schwierigen Verhandlungen bildete er im November 1957 die **erste Koalitionsregierung**. Wie vereinbart stellten auch die Pathet Lao zwei Minister. Als die linken Parteien aber ein Jahr später bei den Wahlen 20 Sitze gewannen, drehten die USA dem Land den Geldhahn zu und Souvanna Phouma musste zugunsten einer US-freundlichen Rechtsregierung zurücktreten. Damit war die Neutralitätspolitik vorerst zu Ende. Nach verschiedenen Übergriffen des Staates zogen sich die Pathet-Lao-Kämpfer wieder in die Nordostprovinzen zurück – unterstützt von Nordvietnam, das zeitgleich seine Militäraktionen gegen Südvietnam zu intensivieren begann. Laos erlebte eine neue Welle der Gewalt.

Um dem Blutvergießen ein Ende zu setzen, putschte im August 1960 der erst 26-jährige Kommandeur eines Fallschirmjäger-Bataillons, **Kong Le**. Souvanna Phouma wurde erneut mit der Regierungsbildung beauftragt, doch schon wenige Monate später holte die Rechte zum Gegenschlag aus: Mit Hilfe der USA und Thailands marschierten im Dezember Truppen von Savannakhet nach Vientiane und vertrieben Kong Le und Souvanna Phouma aus der Stadt.

Mit Kong Les Flucht auf die Ebene der Tonkrüge geriet Laos endgültig zwischen die Fronten des Kalten Krieges: Russland richtete auf Bitten Souvanna Phoumas eine Luftbrücke auf das Xieng-Khouang-Plateau ein. China belieferte die Pathet Lao mit Waffen. Nordvietnam begann, den Ho-Chi-Minh-Pfad auszubauen, und die USA rüsteten in Long Tieng eine geheime Hmong-Armee aus, die von der CIA finanziert und geschult wurde.

Um die Krise zu entschärfen, fand von 1961–1962 noch einmal eine Laos-Konferenz in Genf statt, die zur Bildung der **zweiten Koalitionsregierung** führte. Aber auch sie hielt nur ein paar Monate. Nach einer Reihe politischer Morde verließen die Pathet-Lao-Minister 1963 Vientiane. Ein Jahr später begannen die USA mit der Bombardierung des Landes, und Laos wurde in den Strudel des Zweiten Indochinakrieges gezogen.

„Geheimer Krieg" (1964–1975)

Mehr als zwei Millionen Tonnen Sprengstoff, 200 000 Tote und ein schweres Trauma sind das Ergebnis eines Krieges, den die USA erst 1970 zugaben, überhaupt zu führen (im Falle Nordvietnams geschah das sogar erst nach Kriegsende). Zu dieser Zeit waren schätzungsweise schon 12 000 Amerikaner und 40 000 Nordvietnamesen in Laos aktiv. Und das, obwohl das Genfer Abkommen die Präsenz ausländischer Truppen auf laotischem Territorium verbot.

Die **Ebene der Tonkrüge** und der **Ho-Chi-Minh-Pfad**, über den Ha Noi den Vietcong versorgte, wurden ab Mai 1964 intensiv von amerikanischen Flugzeugen bombardiert. Bis 1968 hatten die USA bereits eine Milliarde Dollar für den **Luftkrieg** ausgegeben.

Anfang 1970, nach der US-Invasion in Kambodscha (und der Zerstörung des Sihanouk-Pfades), weitete sich der Krieg auf den **Süden** aus. Zu dieser Zeit marschierten monatlich rund 8000 Mann mit 10 000 t Kriegsgerät auf dem Ho-Chi-Minh-Pfad nach Südvietnam. Parallel zu Flächenbombardements regten die USA im Februar 1971 den Einmarsch von 17 000 südvietnamesischen Soldaten nach Zentrallaos an, um die Nachschubroute der Nordvietnamesen bei Xepon zu unterbrechen. Die **Operation Lam Son 719** wurde aber verraten und schlug fehl. Nur wenige Monate später kontrollierten die laotisch-vietnamesischen Verbände den gesamten Südosten einschließlich des Bolaven-Plateaus.

Öffentlicher Druck und die Einsicht, dass der Zweite Indochinakrieg nicht zu gewinnen sei, führten in den USA schließlich zum Umdenken. Im Januar 1973 beendeten die Konfliktparteien mit dem **Pariser Abkommen** die Kampfhandlungen in Vietnam, und in Laos wurde die dritte Koalitionsregierung formiert. Die Pathet Lao waren inzwischen in einer besseren Ausgangsposition, da sie drei Viertel des Landes kontrollierten, allerdings noch keine der großen Städte am Mekong.

Machtwechsel

Nach zähen Verhandlungen kam im Mai 1974 die **dritte Koalitionsregierung** unter Souvanna Phouma zustande. Wie vereinbart bestand das Kabinett zu gleichen Teilen aus linken und rechten Kräften. Als Teil des Friedensabkommens waren zuvor bereits Vientiane und Luang Prabang neutralisiert worden. Fortan liefen hier Pathet Lao und königliche Ordnungshüter gemeinsam Streife. Damit war es den kommunistischen Kräften gelungen, friedlich in die „Vientiane-Zone" einzudringen, während sich die Gegenseite von Pathet-Lao-Gebiet fernhielt.

Diese sichere Position nutzten die Pathet Lao in der Folgezeit, um mit einer Kombination aus militärischem Druck und Massendemonstrationen auch in den großen Mekongstädten Fuß zu fassen. Mitte 1974 kam es zu ersten Streiks. Im April 1975 besiegten Pathet-Lao-Verbände bei Phou Khoun die Überreste der „Geheimen Armee", und im gleichen Monat löste König Savang Vatthana auf Druck der Kommunisten die Nationalversammlung auf. Unter dem Eindruck der kommunistischen Siege in Phnom Penh und Sai Gon übernahmen Pathet-Lao-Truppen wenig später Pakxe, Savannakhet und Thakhek, bevor sie im August 1975 in die Hauptstadt einmarschierten.

Anfang Dezember 1975 wurde die Monarchie abgeschafft und die Laotische Demokratische Volksrepublik proklamiert. Einzige regierende Partei war fortan die **Laotische Revolutionäre Volkspartei** (LRVP). Der populäre Prinz Souphanouvong erhielt das Amt des Präsidenten. Kaysone Phomvihane, der machtvolle, aber weitgehend unbekannte Parteigründer, wurde zum Premierminister ernannt.

Laotische Demokratische Volksrepublik

Der Machtwechsel in Vientiane bedeutete für Laos in vielerlei Hinsicht eine **Zäsur**: Erstmals seit 30 Jahren befand sich das Land wieder im Frieden, und erstmals seit der Teilung Lane Xangs regierte wieder eine weitgehend homogene politische Gruppe. Doch statt wie angekündigt einen „laotischen Weg" einzuschlagen, brach das neue Regime mit fest verwurzelten Traditionen wie der Monarchie und enthob den Buddhismus aus dem Status der Staatsreligion. Viele Repräsentanten des alten Regimes, die nicht rechtzeitig über den Mekong fliehen konnten, wurden in Umerziehungslagern interniert.

Das gravierendste Problem der neuen Führung war die marode Wirtschaft. Bis 1976 verstaatlichte sie den größten Teil des Privatsektors, ein Jahr später folgte die **Kollektivierung der Landwirtschaft**. Bis 1980 stieg die Zahl der Genossenschaften auf mehr als 2500. Nur: Die erhofften Produktionszuwächse blieben aus. Die Gründe dafür waren vielfältig. Neben einer Serie von Überschwemmungen, Organisationsfehlern und der schlechten Grundausrüstung vieler Genossenschaften sträubten sich vor allem die Bauern gegen eine Kollektivierung. Als die Proteste zunahmen und auch Bauern über den Mekong zu fliehen begannen, musste die laotische Führung einsehen, dass die Kampagne gescheitert war. In den Folgejahren wurden die Genossenschaften teilweise aufgelöst und in Anlehnung an Lenins **Neue Ökonomische Politik** mehr Marktwirtschaft auf dem Weg zum Sozialismus zugelassen. Einschneidende Reformen folgten jedoch erst einige Jahre später, als Kaysone Phomvihane unter dem Eindruck von *perestroika* (russ. „Umgestaltung") und *doi moi* (viet. „Erneuerung") das „Neue Denken" *(chintanakan mai)* proklamierte.

Neues Denken, alte Köpfe

Mit dem „Neuen Denken" leitete der 4. Parteikongress der LRVP 1986 den schleichenden Übergang von der Plan- zur Marktwirtschaft ein. In der ersten Hälfte der 1990er-Jahre zeigten sich die ersten **Erfolge**. Zwischen 1992 und 1997 lag das Wirtschaftswachstum im Schnitt bei 7 %. Doch auch Probleme wurden deutlich: Überbürokratisierung begünstigte die Korruption, die landwirtschaftliche Produktion stagnierte, und das Entwicklungsgefälle zwischen Stadt und Land nahm zu. Außerdem geriet Laos in wirtschaftliche Abhängigkeit von Thailand, das zwischen 1992 und 1996 drei Viertel aller Direktinvestitionen im Land tätigte und zum wichtigsten Handelspartner aufstieg. Problematisch war auch, dass die ökonomischen Reformen nicht von politischen begleitet wurden. Eine Opposition wurde nach wie vor nicht zugelassen.

Außenpolitisch nutzte Laos das Ende des Kalten Krieges, um zu allen Nachbarstaaten gute Beziehungen aufzubauen. Vor allem die schwierigen Beziehungen zu **Thailand**, mit dem Laos noch 1984 und 1987/88 Grenzkriege geführt hatte, begann sich zu verbessern. Sogar mit den **USA** wurden 1992 wieder volle diplomatische Beziehungen aufgenommen, und der Beitritt zur **ASEAN** 1997 ebnete endgültig den Weg von der Isolation zur – vor allem wirtschaftlichen – Integration.

Neue Köpfe, altes Denken

Gegenwärtig stehen noch immer einige der kampferprobten Revolutionäre an der Parteispitze – jene Generation, die in jungen Jahren von den Kommunisten rekrutiert wurde und später in der Partei aufgestiegen ist. Dazu gehört auch Staatspräsident Bounnhang Vorachit.

Zu den alten Kadern gesellte sich nach den **Wahlen zur Nationalversammlung 2006**, als 60 % der Stimmen auf neue Kandidaten entfielen, eine jüngere Generation von Technokraten. Deren mächtigster Vertreter war bis zu seinem überraschenden Rücktritt 2011 Ministerpräsident Bouason Bouphavanh mit seinen guten – manche sagen: zu guten – Beziehungen zu Vietnam und China. Seine Nachfolger Thongsing Thammavong und Thongloun Sisoulith sind ebenfalls in der Partei groß geworden und stammen aus der alten Revolutionärshochburg Houaphan. Daneben finden sich Parteimitglieder mit prominentem Familiennamen im Zentralkomitee, unter anderem Söhne von Kaysone Phomvihane, Khamtay Siphandone und Saman Vinyaket.

Der allmähliche **Generationenwechsel** setzte sich auch bei den jüngsten Wahlen 2016 fort, doch die politische Leitlinie bleibt: am Anspruch der Partei auf Alleinherrschaft wird nicht gerüttelt. Vielmehr wird den Vorbildern Vietnam und China nachgeeifert, die gegenwärtig erfolgreich Wirtschaftswachstum mit autoritärer Herrschaft kombinieren. Zudem konnte sich die Partei international mit der erfolgreichen Organisation des ASEAN-Gipfels 2004 und der Südostasienspiele 2009 profilieren. Der große ASEAN-Gipfel in Vientiane, an dem im September 2016 auch US-Präsident Obama teilnahm, bedeutete weiteres Prestige für die laotische Regierung.

Dennoch: Unter der Oberfläche brodelt es in Laos. In der Bevölkerung regt sich Unmut über den drohenden **Ausverkauf des Landes** an Vietnam und China. Während die vietnamesische Holzindustrie illegal laotische Wälder abholzen lässt, sind chinesische Bergbauunternehmen im ganzen Land aktiv auf der Suche nach Bodenschätzen. Auch die zunehmenden Konzessionen für Kautschukplantagen – aktuell vor allem im Südosten – und weitere Investitionsprojekte gehen mit versteckter bis aggressiver Landnahme einher. Steigende Grundstückspreise, eine Flut vietnamesischer und chinesischer Arbeitsmigranten und das wachsende Reichtumsgefälle tragen ihren Teil zur Unruhe bei. Gelegentlich sprechen laotische Politiker die „Herausforderungen“ der unkontrollierten Wirtschaftsentwicklung sogar an. 2014 nährte der ungeklärte Absturz einer mit hochrangigen Parteikadern besetzten Militärmaschine in Xieng Khouang Gerüchte über **parteiinterne Grabenkämpfe**. Einige der jüngsten Personalwechsel im Zentralkomitee werden von Beobachtern damit erklärt, dass sich manch hochrangiger Kader an den Investitionsprojekten allzu auffällig bereicherte. Meist reagiert die Partei auf das Rumoren im Land aber mit symbolischer Kritik an der chinesischen Investitionspolitik – der „große Bruder“ Vietnam behält indes seine Freibriefe.

Öffentliche Kritik an den Auswüchsen des „Fortschritts“ bleibt unerwünscht. Als sich der bekannte laotische NGO-Gründer **Sombath Somphone** beim Asia-Europe Meeting in Vientiane im Oktober 2012 für eine alternative Entwicklungspolitik aussprach, wurde das Treffen massiv gestört. Im Dezember entführten Unbekannte den damals 60-Jährigen auf offener Straße, seitdem ist er verschwunden. Während seine Angehörigen und die internationale Gemeinschaft unablässig versuchen, Druck auf die laotische Regierung auszuüben, verläuft die Aufklärungsarbeit der Polizei bis heute im Sand.

Seit neuestem gibt es wieder Meldungen von Überfällen auf Busse und Lastwagen entlang der Straße 13 und in der Provinz Xaisomboun. Der fast schon reflexhaft geäußerte Verdacht, es handele sich bei den Tätern um „Hmong-Rebellen", ist nicht ganz von der Hand zu weisen. Allerdings scheint sich die Aggression nun eher gegen chinesische Bergbauunternehmen zu richten, die weitgehend unkontrolliert in den laotischen Bergwäldern operieren.

Wirtschaft

Laos gehört zu den ärmsten Ländern der Welt. Im Entwicklungsbericht der Vereinten Nationen nimmt es noch immer einen der hintersten Plätze ein. Offiziell lag das **Pro-Kopf-Einkommen** 2015 bei US$1700.

Im Vergleich zu den Nachbarstaaten ist der **Agrarsektor** weiterhin ein wichtiger Faktor in der laotischen Wirtschaft. Ein Großteil der arbeitenden Bevölkerung sind in Land- und Forstwirtschaft oder in der Binnenfischerei tätig. Allerdings hat das Dienstleistungsgewerbe in den vergangenen Jahren zugelegt, auch Industrie und Handwerk haben sich peu à peu entwickelt. Zu den größten Devisenbringern zählen Bergbau, Tourismus, Textilien, Strom- und Holzexport.

Seit dem Scheitern der Kollektivierungskampagne Anfang der 1980er-Jahre verfolgt die laotische Regierung einen **Reformkurs**, der das auf zentraler Planung beruhende Wirtschaftssystem langsam in ein marktwirtschaftlich orientiertes umwandelt. Mit Unterstützung aus Thailand und Südkorea wurde 2010 in Vientiane die erste Börse des Landes geöffnet.

Seit 2000 lag das jährliche Wirtschaftswachstum zwischen 6 % und 7 %, allerdings wird es stark von ausländischer Entwicklungshilfe gestützt. Für 2016 wird wieder ein Wirtschaftswachstum von 7 % prognostiziert.

Die **Inflationsrate**, die während der Asienkrise Ende der 1990er-Jahre zeitweilig einen dreistelligen Wert erreichte, fiel 2005 erstmals deutlich unter 10 %. Zuletzt lag sie offiziell bei beachtlichen 2 %.

Zentrale **Strukturschwächen** der laotischen Wirtschaft sind die niedrige Produktivität des Agrarsektors, das wachsende Haushaltsdefizit, die anhaltende negative Handelsbilanz, eine hohe Auslandsverschuldung und die große Abhängigkeit von internationaler Entwicklungshilfe. 2015 wurde die Staatsverschuldung auf üppige 64,3 % des BIP geschätzt. Auch die schlechte Infrastruktur ist ein Handicap, da sie den Warenverkehr erschwert und sehr verteuert. Um die Staatseinnahmen zu erhöhen, hat die Regierung 2010 eine Mehrwertsteuer eingeführt.

Allen Schwierigkeiten zum Trotz schätzen Experten die mittelfristigen **Perspektiven** des Landes durchaus positiv ein. Laos sei relativ gut durch die internationale Finanzkrise gekommen, heißt es in einer Analyse der Weltbank. Mit den neuen Dammbauten und dem daraus resultierenden Stromexport, vielen Bergbauprojekten und nicht zuletzt steigenden Touristenzahlen könnte es in Zukunft weiteres Wirtschaftswachstum produzieren. Voraussetzung dafür sei allerdings die Fortsetzung der Wirtschaftsreformen.

Sprachführer

Laotisch ist die offizielle Landessprache. Es ist die Sprache der Lao, die etwas mehr als die Hälfte der Bevölkerung ausmachen. Unter den Ethnien anderer Sprachfamilien wird Laotisch oft als Zweitsprache oder Lingua Franca gesprochen. Es gehört wie Thailändisch zur Tai-Sprachfamilie.

Im Laotischen gibt es mindestens drei **Töne**. Sie schreiben eine bestimmte Tonhöhe vor, die entweder gleichbleibend, ansteigend oder abfallend intoniert wird. Je nach Ton kann eine bestimmte Silbe bis zu sechs verschiedene Bedeutungen haben. In diesem Wörterbuch ist das Tonsystem nicht berücksichtigt.

Wörter und Wendungen

Zahlen

0	*suun*
1	*nüng*
2	*song*
3	*saam*
4	*sii*
5	*haa*
6	*hok*
7	*tschät*
8	*pät*
9	*kao*
10	*sip*
11	*sip ät*
12 etc.	*sip song*
20	*sao*
21 etc.	*sao ät*
30	*saam sip*
31 etc.	*saam sip ät*
100	*nüng loi*
200	*song loi*
500	*haa loi*
1000	*nüng phan*
2000	*song phan*
2001	*song phan nüng*
2016	*song phan sip hok*
5000	*haa phan*
10 000	*sip phan/nüng mün*
30 000	*sao phan*
100 000	*nüng sän*
150 000	*sän ha sip phan*
1 Million	*nüng lan*

Fragen und Antworten

wo ist …?	*… ju sai?*
wohin (gehst du gerade)?	*(si) päi sai?*
woher (kommst du)?	*ma tä sai?*
wann?	*wäla dai?*
wer?	*phai?*
was ist das?	*annii män njang?*
wie lange (noch)?	*(njang) don pan dai?*
wie weit?	*kai pan dai?*
wie viel kostet das?	*(annii) lakha thao dai?*
ja	*tschao*
nein; nicht (als Präfix vor Verb oder Adjektiv)	*bo*
gut	*dii*
nicht gut	*bo dii*

Personen

ich	*khoi*
du/Sie (höflich)	*tschao*
er/sie/es	*lao*
wir (mit der angesprochenen Person)	*phuok hao*
ihr	*phuok tschao*
sie	*phuok khao*

Zeit

Wie spät ist es?	*tschak mong läo?*
Um wie viel Uhr?	*wäla tschak mong?*
Minute	*nathii*
Stunde	*sua mong*
jetzt	*diaonii*
gleich, etwas später	*tschak noi*
früh	*sao*
spät	*suai*
heute	*mü nii*
morgen	*mü ün*
gestern	*mü wan (wan nii)*
am Morgen	*ton sao*
am Mittag	*ton thieng*
am Nachmittag	*ton suai*
am Abend	*ton läng*
Tag	*mü*
Nacht	*kang khün*
Woche	*athit*
Wochenende	*thai athit*
Monat	*düan*
Jahr	*pii*

Einkaufen

kaufen	*söe*
verkaufen	*khai*
Markt	*talat*
Wie viel kostet das?	*anii lakha thao dai?*
Ich möchte in Baht zahlen.	*khoi jaak tschai pän ngönbath.*
billig	*thük*
teuer	*phääng*
Toilettenpapier	*tschija hong naam*
Seife	*sabu*
Shampoo	*samphu, jaa-sa-phom*
Binden	*kotäk*
Mückenspray	*jaa-siid-njung*

Bank, Post und Telefon

Bank	*thanakhan*
Geld	*ngön*
Reisescheck	*baisäk-dönthang*
Wechselkurs	*atta-läkpian*
Überweisung	*kaan-oon*
Kontonummer	*läk kong*
Post	*paisanii*
Schreibpapier	*tschija-khiau*
Briefumschlag	*song-tschotmai*
Brief	*tschotmai*
Postkarte	*batuaiphon*
Briefmarke	*stäm*
Paket	*kong*
telefonieren	*thorasab*
Telefonnummer	*läk thorasab*
R-Gespräch	*sai-thongthin*

Orientierung und Transport

geradeaus	*paisü*
(nach) links	*büang sai*
(nach) rechts	*büang khua*
flussaufwärts	*naamlaikhün*
flussabwärts	*naamlailong*
nach …	*pai thang …*
Norden	*nüa*
Süden	*tai*
Osten	*tawenok*
Westen	*tawentok*
Stopp!	*jut!*
mieten	*sao*
Motorrad	*lot tschak*
Fahrrad	*lot thiip*
Taxi	*taksi*
Tuk Tuk	*tuktuk*
Auto	*lot käng*
Benzin	*naam man ätsang*
Diesel	*naam man kasuan*
Pick-up	*lot kaba*
Lastwagen	*lot khonsong, lot songthäo*
Bus	*lot mä*
Busbahnhof	*sathanii lot mä*
Bitte hier anhalten!	*karuna, tschotnii*
Nachtbus	*lot mä kangkhün*
Welcher Bus fährt nach …?	*lot mä khan dai pai …*
Wann fährt er ab?	*wäla dai lot ok?*
Wie viele Stunden dauert die Fahrt?	*kaan dön thang sai dai?*
Fahrkarte	*pii lot*
Ticketschalter	*bon khai pii*
Gepäck	*khapao*
Straße	*hon thang*
Kreuzung	*sii njäk*
Brücke	*khua*
Grenze	*khätsaidän*
Boot	*höea*
Hafen	*thaa höea*
Flugplatz	*dönbin/sanambin*
Flugzeug	*njon/hüabin*

Wohnen

Hotel	*hong-häm*
Gästehaus	*ban habkhäk*
Zimmer	*hong*
Einzelzimmer	*hong tiang diao*

LAOS

Zimmer für 2 Personen	*hong samlab song khon*
Haben Sie ein Zimmer?	*njang hong wang bo?*
Was kostet ein Zimmer?	*kha sao hong nüng lakha thao dai?*
Toilette, Bad	*hong naam*
Wo ist hier eine Toilette?	*hong naam ju sai?*
heißes Wasser	*naam hon*
Fan, Ventilator	*phatlom*
Klimaanlage	*äjien*
Schlüssel	*kuntschä*
Moskitonetz	*mung*
Handtuch	*pha-sättoo*
Decke	*pha-hoom*
Wäscheservice	*haan sakliit*

Essen und Trinken

Essen, Mahlzeit	*ahaan*
Ohne Fleisch, bitte.	*karuna bo sai siin*
Frühstück	*paan khaosao*
lockerer Reis	*khao tijao*
Klebreis	*khao niau (nio)*
Nudelsuppe	*föe*
Eier	*khai*
Omelett	*khaitschün*
Spiegelei	*khaidao*
Brot, Baguette	*khaotschii*
Fleisch	*siin*
Ente	*pät*
Fisch	*paa*
Hähnchen, Huhn	*kai, kaimä*
Rind	*siin-ngoa*
Schwein	*mu*
Gemüse	*phak*
Aubergine	*mak-khüa*
Chili	*mak-phät*
Wasserspinat	*phak-khadna*
Knoblauch	*kathijam*
Salat	*phak-salat*
Tomate	*mak-län*
Zwiebel	*phak-bua*
Obst	*mak-mai*
Ananas	*mak-nat*
Banane	*mak-kuai*
Limette	*mak-nao*
Mango	*mak-muang*
Papaya	*mak-hung*
Wassermelone	*mak-moo*
Getränke	*khüang döem*
trinken	*döem*
Wasser	*naam*
abgekochtes Wasser	*naam tom*
Kaffee	*kafe*
... schwarz	*... kafe dam*
... mit Milch	*... sai nom*
... mit Zucker	*... sai naamtaan*
Eiskaffee	*kafe olieng*
Tee	*naam-sa*
Eistee	*sa-naamkon/sa-jen*
heiß	*hon*
kalt	*jen*
Eis	*naamkon*
Fruchtsaft	*naammakmai*

Gesundheit

Gesundheit	*sukhaphaab*
Apotheke	*haankhai-jaa*
Medizin	*kaan-phät*
Zahnarzt	*phät-puakhäo*
Ich muss ins Krankenhaus.	*khoi tongpai hongmo.*
Ich brauche einen Arzt.	*khoi tongkaan phät.*
Ich bin krank.	*khoi bo sabai.*
Ich habe …	*khoi …*
Durchfall	*thokthong*
Wunde	*baat-phä*
Entzündung	*püai*
Erbrechen	*haak*
Übelkeit	*puat-haak*
Fieber	*khai-khing-hon*
Kopfweh	*tschäp-hua*

Magenschmerzen	*tschäp-kapho*
Malaria	*maläria*
Rückenschmerzen	*tschäp-lang*
Schwindel	*wiin-hua*
Zahnschmerzen	*tschäp-khäo*

Umwelt

Stadt	*tua-müang*
Dorf	*baan*
Berg	*phu*
Wald	*pa-mai*
Fluss	*mä-naam*
Flussmündung	*paak-naam*
See	*büng*
Teich, kleiner See	*nong*
Quelle (heiß)	*bo-naam (hon)*
Wasserfall	*tad*
Höhle	*thaam*
Baum	*ton-mai*
Blume, Blüte	*dok-mai, dok*
Holz	*mai*
Stein	*hiin*
Tier	*sat*
Vogel	*nog*
Sonne	*tawen*
Mond	*düan*
Regen	*fon-tok*

Notfälle

Notfall!	*kolani suksön*
Hilfe!	*suai-dä!*
Dieb!	*khon-khilak!*
Ich habe meinen Reisepass verloren.	*khoi dai hät passport sia.*
Ich bin bestohlen worden.	*khao lak khüang khoi.*
Gepäck	*khapao dönthang*
Portemonnaie	*khapao ngön*
Geld	*ngön*
Papiere	*äkasan*
Polizei, Polizist	*tamluat*
Polizeistation	*sathanii tamluat*
Botschaft	*sathanthut*
Visum	*wisa*
Unterschrift	*laisen*

Gespräch

Hallo/Guten Tag!	*sabai dii*
Tschüss	*laakon*
Wie geht es dir/Ihnen?	*tschao/thaan sabai dii bo?*
Danke, mir geht es gut.	*khoptschai, khoi sabai dii.*
Und dir/Ihnen?	*lä tschao/thaan dä?*
Vielen Dank!	*khoptschai lailai!*
Viel Glück (von Herzen)!	*sook dii (dö)!*
Bitte	*karuna*
Entschuldigung	*kho thoot, sia tschai*
Das macht nichts!	*bo pen njang!*
Guten Morgen!	*sabai dii ton sao*
Guten Abend!	*sabai dii ton läng*
Es gibt …	*mii …*
Es gibt nicht …	*bo mii …*
Gibt es …?	*mii … bo?*
Wie heißen Sie?	*tschao sü njang?*
Ich heiße …	*khoi sü …*
Wie alt sind Sie?	*tschao anju thao dai?*
Woher kommen Sie?	*tschao ma tä sai?*
... aus Deutschland	*... ma tschak ijalaman*
... Österreich, Schweiz	*... ostria, swiss*
Wo wohnen Sie?	*tschao (phamnak) ju sai?*
Darf ich fotografieren?	*khoi kho anunjat thaihub dai bo?*
Sprechen Sie Englisch?	*tschao paak phasa angkit dai bo?*
Bitte sprechen Sie langsam.	*karuna wao sasa.*
Ich verstehe nicht.	*khoi bo khaotschai.*
Was ist das?	*nan män njang?*
Wie nennt man das (auf Laotisch)?	*anni önwa njang?*
Sind Sie verheiratet?	*tschao tängaan läo bo?*
Sind Sie verlobt?	*tschao mii khu man läo bo?*
Wie viele Kinder haben Sie?	*thaan mii luk tschak khon*

LAOS

Vientiane

Als Graham Greene 1954 Vientiane besuchte, stellte er nüchtern fest: „zwei Straßen, ein europäisches Restaurant, ein Club und der übliche schmuddelige Markt" – das sei alles, was die laotische Hauptstadt zu bieten habe. Ein langweiliger Ort, „ein Jahrhundert von Saigon entfernt".

Auch heute ist „brodelnd" nicht gerade das erste Wort, das einem zu Vientiane einfällt: Klein und entspannt schmiegt es sich an eine 12 km lange Biegung des Mekong, ein Gegenentwurf zur Thai-Metropole Bangkok. Zweistöckige Ladenhäuser reihen sich an 60er-Jahre-Bauten, und nur vereinzelt erinnern französische Villen daran, dass bis vor wenigen Jahrzehnten noch eine andere Nation im Land der eine Million Elefanten das Sagen hatte.

Aber die Tage der Ruhe sind gezählt: Neue Straßen, Einkaufszentren und Bürohochhäuser lassen den Dorfcharakter langsam verblassen, etliche Großbaustellen zeugen davon, dass Vientiane (760 000 Einw.) zu den Hauptstädten der Region aufschließen will. Damit kommen aber auch die typischen Großstadtprobleme: Schon jetzt treiben Immobilienspekulationen die Grundstückspreise auf ein Rekordhoch, und im Berufsverkehr, wenn alle ins Zentrum strömen, gibt es inzwischen kaum noch ein Durchkommen. Mit der Lieblichkeit Luang Prabangs, der alten Königstadt im Norden, kann Vientiane schon lange nicht mehr mithalten. Dafür bietet es einige der besten Restaurants des Landes und die seltene Gelegenheit, einen Eindruck vom modernen Laos zu bekommen.

Für die Sehenswürdigkeiten benötigt man maximal zwei Tage. Einen Besuch lohnen der alte **Vat Sisaket**, das Museum für buddhistische Kunst, **Ho Phra Keo**, der beliebte **Vat Simuang**, das **COPE-Besucherzentrum** und natürlich der **That Luang**, Nationalsymbol und wichtigstes religiöses Monument von Laos. Schön schräg ist der **Buddha Park**, ein Skulpturengarten 24 km östlich der Stadt. Und wer zu der Aussichtsplattform des **Anousavari** (Patuxai) hochklettert, hat einen weiten Blick über die Stadt.

Orientierung

Das kleine **Zentrum** wird von den Straßen Khoun Bourom Road, Lane Xang Avenue und Fa Ngum Road markiert. In der Mitte liegt der **Nam Phou**, ein Springbrunnen, an dem es jeden Abend Livemusik gibt. Wichtigste Verkehrsadern sind zudem die **Setthathirat Road** und die **Samsenthai Road**. Zentrale Nord-Süd-Achse ist die sechsspurige **Lane Xang Avenue**. Sie führt vom Präsidentenpalast zum Anousavari (Patuxai). Am Mekong entlang verläuft die geschäftige **Fa Ngum Road**, die oft nur *khemkhong* („Mekongufer") genannt wird. Die meisten Einheimischen orientieren sich allerdings an Stadtteilen *(ban)*, Vats oder Hotels, so dass man Tuk-Tuk-Fahrern am besten markante Punkte nahe dem Zielort nennt.

Sehenswertes

That Luang

Verglichen mit der berühmten Shwedagon-Pagode in Myanmar wirkt der That Luang geradezu schlicht. Seine spirituelle Bedeutung für die Lao ist aber kaum zu überschätzen: Der „Ehrwürdige Stupa", 1,5 km östlich des Anousavari, ist das **bedeutendste religiöse Monument** des Landes. Seine heutige Form geht auf König Setthathirat (reg. 1548–1571) zurück, dessen Statue auf dem Vorplatz steht. Von den vier Vats, die den That einst umgaben, stehen nur noch zwei: das vor kurzem mit einer riesigen liegenden Buddhastatue aufgewertete Vat That Luang Tai im Süden und Vat That Luang Neua im Norden. Der mächtige Ho Thammasapha dient als Sitz der Lao Buddhist Fellowship Organization und des Oberhaupts des laotischen *sangha*.

Die meisten Besucher betreten den That Luang durch das Westtor. Die Anlage besteht aus drei Ebenen und einem Wandelgang. Gleich links des Eingangs befindet sich die **Statue von Jayavarman VII.**, einem der großen Könige Angkors. Sie wurde 1951 nahe dem heutigen Stupa gefunden. Interessant ist auch die goldene Statue in der Nordwestecke: Manche Experten sehen darin einen *dvarapala* (Khmer-Wächter).

Auf der Ostseite des That, auf der **ersten Ebene**, erhebt sich im Schatten eines Pavillons der kleine That Sithamma Haysok. Rechts da-

Rummel am That

Jedes Jahr im Oktober/November pilgern Zehntausende zum That Luang und feiern eines der größten Feste des Landes, **Boun That Luang**. Neben religiösen Zeremonien findet auf dem Vorplatz des Heiligtums eine bunte Mischung aus Haushaltsmesse und Kirmes statt, einschließlich Autoscooter, Kinderkarussell und Dosenwerfen, ganz wie ein heimischer Jahrmarkt, nur um einige Dezibel lauter.

neben steht etwas erhöht die Pancasila-Stele, so genannt wegen der eingearbeiteten fünf Lotusblüten, die die fünf buddhistischen Laienregeln symbolisieren *(pancasila)*. Die Mauer, die die erste Ebene umgibt, ist an jeder Seite mittig mit einem Gebetshäuschen versehen. Die Mauer der **zweiten Ebene** wird von 120 Lotus-Blütenblättern eingefasst und schließt mit einem Zinnenkranz ab. Im Zentrum jeder der 228 lotusförmigen Zinnen befindet sich ein Hohlraum mit einer Buddhafigur. Die **dritte Ebene** besteht aus dem gewölbten Hauptkörper *(anda)*, auf dem die Spitze thront. Sie wird von 30 Stupas umringt, die für die zehn buddhistischen Vollkommenheiten in ihren drei Graden stehen. Die jeweilige Vollkommenheit *(parami)* ist auf den Sockeln der Stupas eingraviert. Die Form der Spitze, die an eine Bananenblüte erinnert, ist typisch für Laos. Vom Boden bis zur Spitze misst der That Luang 45 m. Den schönsten Anblick bietet er zum Sonnenuntergang, wenn die goldene Oberfläche in sanftes Licht getaucht wird. ⌚ tgl. 8–12, 13–18 Uhr, Eintritt 5000 Kip.

Vat Sisaket

Das **älteste erhaltene Kloster Vientianes**, Lane Xang Ave, Ecke Setthathirat Road, ist auch das schönste. Es wurde 1818 unter König Anouvong erbaut. Die Siamesen verschonten den Tempel 1828, um ihn als Lager für ihre Truppen zu nutzen. Im Gegensatz zum Ho Phra Keo dient Vat Sisaket noch heute als Kloster. Dank früher Rekonstruktionen stehen auf dem Gelände noch einige alte Schreinbauten. Der *sim* ist an den Bangkok-Stil des späten 18. Jhs. angelehnt und von einem Wandelgang umgeben. Insgesamt werden im Vat Sisaket mehr als **10 000 Buddhastatuen und -figuren** aufbewahrt, die meisten davon im Wandelgang. Viele stammen aus Tempeln, die im Krieg zerstört wurden. Besonders schöne Beispiele für die laotische Bronzekunst des 16. und 17. Jhs. befinden sich an der Südwestseite des Wandelgangs. Fast alle stellen den Erleuchteten in der Pose der „Erdberührung" dar (*bhumisparsa*-Mudra). Viele Statuen haben noch den originalen Strahl der Weisheit *(ketu-mala)*, der sich vom Scheitelpunkt des Kopfes erhebt *(usnisa)*. In den tausenden Nischen dahinter stehen je zwei winzige Figuren aus Holz, Metall, Keramik oder Stein. Die Wände im Innern des **Sim** sind mit Jataka-Szenen verziert. Oberhalb der Nischen mit weiteren Buddhaminiaturen schließt sich eine schöne Holzdecke mit hängenden, geschnitzten Lotuskränzen an. Spektakulärer ist der vergoldete rituelle Kerzenständer (19. Jh.), der vor dem Altar steht: Er gilt als das besterhaltene Exemplar mit buddhistischer Kosmologie-Darstellung in ganz Laos. Ein weiteres Überbleibsel aus dieser Zeit ist das Portal auf der Nordseite. Es zeigt zwei Apsaras, die von Yaks getragen werden.

Bei einer Umrundung der Anlage lohnt noch ein Blick auf die seltene **Tipitaka-Bibliothek** *(ho tai)*, die auf der Westseite in die Mauer zur Lane Xang Ave integriert ist: Darin wurden früher Palmblattmanuskripte aufbewahrt. ⌚ tgl. 8–12, 13–16 Uhr, Eintritt 5000 Kip.

Ho Phra Keo

So mancher ist beim ersten Blick in den Ho Phra Keo, Setthathirat Road, schräg gegenüber Vat Sisaket, enttäuscht. Aber wer sich etwas Zeit nimmt, kann in der kleinen Halle einige der **wertvollsten Stücke laotischer Kunst** entdecken. Fast alle stammen aus zerstörten Vats, Opfer der vielen Invasionen, die die Stadt in ihrer Geschichte erlebte. 2016 wurde die Ausstellung neu gestaltet, einen Museumsplan mit kleinem Rundgang gibt es unter eXTra [4946].

Ursprünglich hieß das Kloster Vat Phra Keo und diente König Setthathirat als Stätte für den **Smaragd-Buddha** *(phra keo)*. Das Heiligtum, aus einer Art Jade, war jahrhundertelang in siamesischem Besitz, bevor es 1551 auf friedlichem

Vientiane Zentrum

N
0
300 m
SONSTIGES
1 Vientiane Orchidées
2 Houay Hong Vocational Centre
3 Nikone
4 Marktwo
5 Alliance International Medical Center
6 ETL
7 Lao Telecom
8 Vientiane Yoga Studio
9 Adina Spa
10 Big Brother Mouse
11 IT City
12 No Name Bar
13 M-Point Mart
14 Poppy's Pharmacy & Beauty
15 Wind West
16 CCC Bar
17 Seng Lao
18 Book-Café Vientiane
19 Max's Grill
20 Lao Bike
21 Unitel
22 Vientiane Yoga Studio
23 Sengdao Pharmacy
24 Vientiane Optic
25 Monument Books
26 Carol Cassidy Lao Textiles
27 Mandarina Massage & Spa
28 Paboukam & Sons
29 Kanchana
30 Sengthong Pharmacy
31 Indochine Handicraft
32 True Colour
33 Elégant
34 T'Shop Lai Gallery
35 Papaya Spa
36 Saoban
37 Malibarn
38 Lao Silk Store
39 Couleur d'Asie
40 Beeline Shop
41 Jazzy Brick
42 Mixay Boutic
43 Phimphone Market
44 Sam Jek Pakpasack
45 Friends 'n' Stuff
46 Agroasie
47 Mulberries/ Camacrafts
48 M-Point Mart
49 Galaxy
50 L'Atmosphère
51 Centre Médical de l'Ambassade de France
52 Top Cycle Zone
53 Deutsche Botschaft
54 i:cat Gallery
55 Austr. Embassy Clinic
56 April 12
LAOS
8, 9, 4, That Luang
Anousavari (Patuxai)
Khoun Bourom Rd
Sailom Rd
Kihuang Rd
Lao National Swimming Federation
Phainam Rd
MINISTERIUM FÜR ARBEIT
Lao Plaza
Pangkham Rd
Khou Vieng Rd
IMMIGRATION OFFICE
Bank of Ayudhya
Joint Development Bank
ATM
ANZ
Lane Xang Ave
Banque Franco-Lao
Lao-Viet Bank
TOURIST POLICE
Lao National Tourism Administration
Dong Palan Rd
21, 22
Mahosot Rd
23
30
That Dam
American Center @That Dam
VILLA
Bartholome Rd
Siam Commercial Bank
Samsenthai Rd
Jamia Masjid
Talat Sao Rd
Talat Sao
Talat Sao Shopping Mall
Talat Khouadin
Vientiane Center
POLIZEI
Lao Telecom
MINISTERIUM FÜR BILDUNG
MINISTERIUM FÜR INFORMATION UND KULTUR
VILLA (ADB)
Setthathirat Rd
Chantakhoummane Rd
Vat Sisaket
Präsidentenpalast
Fitness-Parcours
Chao Anouvong Park
Brunnen
Anouvong-Statue
Ho Phra Keo
MAHOSOT HOSPITAL
FRANZÖSISCHE BOTSCHAFT
Gallieni Rd
KATHOL. KIRCHE
Sakkaline Rd
35, 50, 51, 52, 53, COPE, Vat Sokpaluang
36
37, 54, 55, Vat Simuang, Xieng Khouan (Buddha Park), Freundschaftsbrücke, Nong Khai (Thailand)
56

Hilfe für UXO-Opfer

Auch 40 Jahre nach dem Krieg fordern **Blindgänger** (UXO) noch immer Opfer in Laos. Häufig sind es Kinder, die beim Spielen auf das tödliche Erbe stoßen, aber auch viele Bauern und Metallsammler sind unter den Betroffenen. Wer überlebt, verliert nicht selten Hände, Arme oder Beine.

Diesen Menschen versucht **COPE** (Cooperative Orthotic and Prosthetic Enterprise), 021-218427, www.copelaos.org, zu helfen: Die Organisation unterstützt das staatliche National Rehabilitation Centre, den einzigen Anbieter maßgefertigter Prothesen und Gehhilfen. COPE organisiert Finanzhilfen, koordiniert Schulungen, betreibt Öffentlichkeitsarbeit – alles unter dem Leitsatz „Hightech for low cost". Aber ganz ohne Geld geht es nicht.

Eine Spende von nur US$75 ermöglicht den Kauf einer Beinprothese. Aber auch ein geringerer Beitrag hilft: US$10 finanzieren ein therapeutisches Spielzeug, US$15 eine Woche Patientenverpflegung, US$30 ein Reha-Gerät und US$40 einen speziellen Kinderstuhl. Man kann auch online spenden.

Das überaus sehenswerte **Besucherzentrum** auf dem Gelände des National Rehabilitation Centre, Khou Vieng Rd., dokumentiert eindringlich die Situation der Betroffenen und die Hilfsmaßnahmen. Inzwischen kommen die Prothesen auch Opfern von Verkehrsunfällen zugute. Es gibt ein kleines Kino und ein Café. Viele Infos liefert auch die Website, darunter bewegende Geschichten von Opfern. 9–18 Uhr.

Weg nach Laos kam. 1779 erbeuteten die Siamesen die Statue zurück. Heute wird sie im Vat Phra Keo in Bangkok verehrt. Das Gebäude selbst wurde 1828 von den Siamesen zerstört, von 1936–42 mit viel Beton wieder aufgebaut und zuletzt 2013–16 renoviert. Einziges Überbleibsel des alten *sim* von 1565 ist das hölzerne Portal an der Ostseite.

Zu den Highlights der Ausstellung zählen kunstvolle **Buddhastatuen** aus fünf Jahrhunderten, eine **Stele aus Xai Fong** mit Sanskrit-Inschrift, eine **Kopie des Phra Bang** und ein bronzener **Naga-Thron** aus Xieng Khouang, der als einzigartig in Südostasien gilt.

Im **Säulengang** rund um die Halle sind zahlreiche **laotische Bronzen** (16–18. Jh.) aufgereiht. Auf dem Gartengelände stehen außerdem noch zwei weltliche Objekte: ein **Steinkrug** aus Xieng Khouang und die **Skulpturen zweier Laoten**, die früher einmal mit der Statue Auguste Pavies ein Ensemble bildeten, bevor diese in den 1940er-Jahren zum Pavie-Platz umgesetzt wurde und 1961 schließlich hinter den Mauern der französischen Botschaft verschwand. tgl. 8–12, 13–16 Uhr, Eintritt 5000 Kip.

Vat Simuang

An kaum einem anderen Ort lässt sich die **religiöse Hingabe** der Vientianer besser erleben als im Vat Simuang am Ostende von Samsenthai und Setthathirat Road. Als König Setthathirat Vientiane 1560 zur Hauptstadt erklärte, ließ er hier die **Stadtsäule** *(lak muang)* aufstellen.

Wer den *sim* betritt, erreicht zunächst einen großen **Vorraum**, in dem ein Mönch Segnungen erteilt, versinnbildlicht durch Schnüre, die er um die Handgelenke der Gläubigen bindet. Auch ein anderes typisches Ritual ist zu beobachten: Dabei wird eine Dose mit Holzstäbchen geschüttelt und eines herausgezogen. Die Nummer darauf verweist auf ein Fach in einem Setzkasten voller kleiner Zettel. Sie enthalten Prophezeihungen oder alltägliche Hinweise – mit erheblichem Interpretationsspielraum. Erst im zweiten Raum befindet sich das vergoldete Stadtheiligtum. Im kleinen Park vor Vat Simuang steht die **Statue Sisavangvongs**, des ersten laotischen Königs nach der Unabhängigkeit.

Laotisches Nationalmuseum

Zur Zeit der Recherche war das Nationalmuseum noch in einem hübschen Kolonialbau an der Samsenthai Road, Souvanna Phoumas ehemaliger Residenz, untergebracht. In Kürze soll es in einen Neubau am Stadtrand nahe dem Kaysone Phomvihane Memorial umziehen. Das alte Gebäude soll einem Fünf-Sterne-Hotel weichen.

Die Sammlung besteht aus alten **Kesselgongs**, einem typischen **Steinkrug** aus Xieng Khouang, prähistorischen Werkzeugen und Kunstwerken aus der Khmer-Zeit und einer

Sandstein-Skulptur von Ganesh (7. Jh). Ein anderer Bereich thematisiert die ethnische Vielfalt des Landes. Die neuere Geschichte seit den 1940er-Jahren wird durch unkommentierte Fotoserien dargestellt. Interessant ist der Abschnitt über die Arbeit von **UXO Lao**, der Organisation, die im ganzen Land Blindgänger beseitigt. ⌚ tgl. 8–12, 13–16 Uhr, feiertags geschlossen, Eintritt 10 000 Kip.

Anousavari (Patuxai)

Das Anousavari („Denkmal"), offiziell Patuxai („Siegestor") genannt, steht wie eine asiatische Version des Pariser **Triumphbogens** mitten im Kreisverkehr am nordöstlichen Ende der Lane Xang Avenue. Der Bau des Monuments, das laotische, indische und europäische Elemente vereint, wurde Ende der 1950er-Jahre begonnen. Es sollte an die vielen Soldaten erinnern, die in den Kriegen vor 1975 auf königlicher Seite gefallen waren. Gerüchten zufolge wurde das „Betonmonstrum", wie es auf der Tafel am Südeingang genannt wird, mit Zement errichtet, den die USA Laos für den Ausbau des Flughafens zur Verfügung gestellt hatten.

Treppen führen über sieben Etagen hinauf zur oberen Plattform. Götter aus der Hindu-Mythologie schmücken die Decke des Torbogens. Die Fresken darunter stellen Szenen des *Phra Lak Phra Lam* dar. Von ganz oben eröffnet sich ein Rundblick über die Stadt. ⌚ 8–17.30, Sa und So bis 17 Uhr, Eintritt 3000 Kip.

Textilmuseum

Das Textilmuseum, ✆ 021-213467, im Norden Vientianes ist nicht ganz leicht zu finden, lohnt aber die Anreise. Denn hier erschließt sich, was dem Blick oft verborgen bleibt – dass die Kultur des Landes, vor allem die **Webkunst**, von etlichen verschiedenen Volksgruppen hervorgebracht wurde.

Im Obergeschoss werden Textilien ausgestellt, unten gibt es Haushaltsgegenstände, Spinnräder und Webstühle zu sehen. Betrieben wird das Museum von Bouasonkham und Hansana Sisane vom Kanchana (S. 366) und Bouavanh Phouminh, der Besitzerin, die auch die Webmeisterin ist. ⌚ 9–16 Uhr, eine Wegbeschreibung erhält man im Kanchana.

Talat Thong Khan Kham

500 m nördlich des Anouvong-Stadions lässt sich laotisches Markttreiben erleben: Neben dem Talat Khouadin ist der Talat Thong Khan Kham *die* Adresse, wo sich die Hauptstädter mit Obst, Gemüse, Fisch, Fleisch und allen möglichen Leckereien eindecken. Ein Teil des Marktes wird nach einem Brand 2014 zu einer weiteren Shopping Mall umgewandelt. ⌚ ganztägig, besten Besuchszeit: frühmorgens oder spätnachmittags.

Weitere Ziele im Zentrum

Vats

Bei einem Bummel durchs Zentrum durchquert man zwangsläufig die Anlagen vieler bedeutender Vats. Nicht nur geografisch den Mittelpunkt bildet **Vat Ongteu**. Neben der größten Novizenschule beherbergt er auch die meisten Mönche. Der Tempel stammt aus dem 16. Jh., wurde im 19. Jh. zerstört und anschließend wieder aufgebaut. In Laos ist Vat Ongteu wegen seines großen Bronzebuddhas Phra Ongteu berühmt (*ongteu* bedeutet „tonnenschwer"): Die Statue ist fast 6 m hoch und 3,5 m breit.

Vat Inpeng im Westen steht beispielhaft für die Vat-Architektur Vientianes. An der Nordseite erhebt sich die älteste der aus dem 19. Jh. erhaltenen Bibliotheken der Stadt *(ho tai)*. Eine der größten aktiven Klosterbibliotheken befindet sich im **Vat Mixai**. Etwas zurückversetzt und nördlich der Setthathirat Rd. türmt sich das außergewöhnlich hohe Staffeldach von **Vat Haisok** auf. Bemerkenswert ist auch der Trommelturm.

Mekongufer und Chao Anouvong Park

Wenn die Sonne am Horizont versinkt, verwandelt sich die Uferpromenade in eine riesige **Sportstätte**: Hier wird gewalkt, gejoggt und Gymnastik gemacht, die Kleineren vergnügen sich auf dem **Spielplatz** und Fitnessbegeisterte probieren die von Südkorea aufgestellten Geräte im Chao Anouvong Park aus. Wer Strandflair sucht, kann sich während der Trockenzeit auf die vorgelagerte **Sandbank** wagen und die Füße in den Mekong tauchen. Wem nicht nach Bewegung ist, der schlendert über den **Nachtmarkt** gegenüber von Vat Chan, auf dem am Abend T-Shirts, Souvenirs, Schmuck, Handarbeiten und Haushaltsgegenstände verkauft werden.

ÜBERNACHTUNG

Wer mit kleinem Budget reist, findet in Vientiane einfache **Doppelzimmer mit Bad** für 120 000 Kip. Dormitorys sind wie überall in Laos Mangelware, aber die wenigen Herbergen, die sie anbieten, liegen relativ zentral. Viel fürs Geld bieten die **Mittelklassehotels**: Ab 250 000 Kip bekommt man Holzmöbel, Kabel-TV, Frühstück und WLAN. In der Nebensaison (März–Okt) und bei Aufenthalten ab einer Woche lohnt es, nach Rabatt zu fragen.

LAOS

Untere Preisklasse

Mixay Paradise ⑭, François Ngin Rd., ✆ 021-254223, ✉ laomixayparadise@yahoo.com. Beliebt, zentral und ruhig, mit freundlichem Personal und gutem Preis-Leistungs-Verhältnis. Die Zimmer sind sauber, wenn auch nicht sehr geräumig, die besten mit Bad, AC und teilweise sogar Balkon. Manche Räume blicken direkt aufs Nachbarhaus, also vorher anschauen. WLAN. ❷–❸

Saysouly Gh. ㉕, 23 Manthatourat Rd., ✆ 021-218383, 💻 www.saysouly.com. Ein Oldie unter den Travellerherbergen, mit 3 Stockwerken, vielen Sesseln und Balkonen. 3-Bett-Zimmer ohne Bad 100 000 Kip, EZ 50 000 Kip. Okay, aber Zimmer vorher zeigen lassen, WLAN. ❷

Mixok Inn ⑰, Setthathirat Rd., Ecke Nokeokoummane Rd., ✆ 021-254781. Die sauberen Zimmer (AC, Bad, LCD-TV) verteilen sich über mehrere Etagen, sind gefliest, ausreichend groß und angenehm unspektakulär. Im hauseigenen Restaurant ist immer was los. Für den Preis eine gute Wahl. Frühstück und WLAN inkl. ❸

Soukchaleun Gh. ⑯, daneben, ✆ 021-218104. Solides Gästehaus der ersten Stunde an der lauten Setthathirat Rd. Die Zimmer haben Ventilator und AC, ein anständiges Bad und TV, WLAN. ❷–❸

Bayern Gh. ①, Chao Anou Rd., ✆ 021-255046. Die netten deutschsprachigen Besitzer Pham und Pheng haben 30 Jahre in Süddeutschland gelebt. Sehr beliebte, blitzblanke Unterkunft mit AC, TV, Kühlschrank und WLAN. ❷–❸

Moonlight Champa ④, 13 Pangkham Rd., ✆ 021-264114, 💻 www.moonlight-champa.com. Farbenfrohe Unterkunft mit gemütlichen Sitzgelegenheiten im Eingangsbereich und Innenhof. Kleine, saubere und helle Zimmer. Preis inkl. Frühstück, AC, TV, WLAN, ❸–❹

Wenn nur der Preis zählt

€ Wer auf den Kip schauen muss, kann auf eines dieser zentralen Backpacker-Hostels zurückgreifen:

Dream Home Hostel 1 & 2 ⑤, 049/56 Sihome Rd., ✆ 030-9553855, ✉ dreamhomehostel1@gmail.com, dreamhomehostel2@gmail.com. Schlafsaal mit AC und Frühstück 50 000 Kip, auch teurere DZ für 200 000 Kip. Mit hauseigenem Pool und Bar um die Ecke! WLAN.

Vientiane Backpackers Hostel ㉑, 13 Nokeokoummane Rd., ✆ 020-97484227, 💻 www.vientianebackpackershostel.com. Die Schlafsäle bieten Platz für 12–20 Pers., außer dem schmalen Etagenbett bekommt man für 40 000 Kip p. P. noch WLAN und AC. Unbedingt vorher auf Bettwanzen checken!

Lucky Backpackers Hostel ㉔, 15 Manthatourat Rd., ✆ 021-255636 oder 020-99111182, 💻 www.luckybackpacker.com. Schlafsaal mit AC für 40 000 Kip p. P., auch teurere DZ, WLAN.

Mittlere Preisklasse

Mali Namphou Gh. ⑱, 114 Pangkham Rd., ✆ 021-215093, 💻 www.malinamphu.com. Freundliches, zentrales Gästehaus mit 40 gefliesten Zimmern um einen begrünten Innenhof, alle mit AC, Bad und Kabel-TV und WLAN. Die Räume oben sind am schönsten, allerdings gibt es inzwischen Besseres. Frühstück; WLAN. ❹

Day Inn Hotel ⑦, 59/3 Pangkham Rd., nördlich der Samsenthai Rd., ✆ 021-223848. Über die knallbunten Wände lässt sich streiten, ansonsten hat das Day Inn angenehme geflieste Zimmer mit AC, Kabel-TV, Minibar und Telefon. Viele internationale Organisationen bringen hier ihre Gäste unter. WLAN, inkl. Frühstück. ❹

Benacam Gh. ⑳, Querstraße zwischen Chao Anou und François Ngin Rd., ✆ 021-241538 ✉ benacam_gt@hotmail.com. Das Gästehaus wird für sein gutes Preis-Leistungs-Verhältnis geschätzt. Es lohnt sich, etwas mehr für die schöneren Zimmer mit Fenster auszugeben, die Räume ohne sind muffig. Mittendrin und dennoch ruhig. Die 5 Zimmer mit Kochnische bieten sich für Langzeitaufenthalte an. ❸

Vayakorn Gh. ⑮, 091 Nokeokoummane Rd., nördlich der Setthathirat Rd., ✆ 021-241911, 💻 www.vayakorn.biz. Die Zimmer des Vayakorn Gh. verteilen sich auf 3 Etagen, haben alle Stabparkett, AC und TV. Frühstück gibt's auf Wunsch im Erdgeschoss. WLAN. ❸

Vayakorn Inn ⑩, 19 Heng Boun Noi, ✆ 021-215348, 💻 www.vayakorn.biz. In einer ruhigen Parallelstraße gleich westlich liegt das rauchfreie Schwesterhotel des Vayakorn Gh. Die glänzenden Holzböden, das dezente Mobiliar und die liebevoll begrünten Balkone sorgen für Wohlgefühl wie auf Knopfdruck. Es gibt WLAN, Frühstück (nicht inkl.) und ein freundliches Management. ❹

Chanthapanya Hotel ⑧, 138 Nokeokoummane Rd., gegenüber der Kulturhalle, ✆ 021-244284, 💻 www.chanthapanyahotel.com. Zur Ausstattung gehören Parkett, AC, TV, Bad und WLAN. Außerdem gibt es einen Pool (oft schattig), eine Sauna und einen Fitnessraum. Preis inkl. Frühstück. Empfehlenswert. ❺–❻

Sala Inpeng ㉒, 63/6 Inpeng Rd., ✆ 021-242021, 💻 www.salalao.com. Eine Oase mitten in Vientiane: Die Sala Inpeng hat ein knappes Dutzend ruhiger Zimmer in traditionellen Holzhäusern mit kleinen Balkonen in einem Tropengarten. Alle Räume sind individuell mit Rattan, Palisander und laotischen Accessoires eingerichtet, haben Moskitonetze und Minibar. Unbedingt reservieren. WLAN. ❸–❺

Hotel Khamvongsa ⑫, Khoun Bourom Rd., ✆ 021-223257, 💻 www.hotelkhamvongsa.com. Wie eine Trutzburg gegen den Lärm der Stadt wirkt dieses Boutiquehotel am Rand des Zentrums: Die meisten Zimmer befinden sich, gut abgeschirmt, in einem mehrstöckigen Haus hinter dem Haupteingang mit Dielen, asiatisch-modernen Holzmöbeln, TV, Minibar und WLAN. Kein Aufzug; Preis inkl. Frühstück und WLAN. ❺

Avalon Hotel ②, 070 Phnom Penh Rd., ✆ 021-263597, 💻 www.avalonbooking.com. Ein Stück vom Zentrum entfernt. Die kompakten Zimmer des ruhigen Avalon sind sauber und gut ausgestattet. Ein Traum ist der Wasserdruck. Die unteren Räume sind allerdings dunkel. WLAN, Fahrstuhl, Preis inkl. Frühstück. ❹

Vientiane Garden Hotel ⑥, Sihome Rd., ✆ 021-241964, 💻 www.vientianegardenhotel.com. Etwas zurückversetztes, ruhiges Hotel mit nett eingerichteten Zimmern, die um einen Pool angeordnet sind. Es lohnt sich, nach Angeboten zu schauen. Frühstück inkl. WLAN. ❹–❺.

Beau Rivage Mekong ⑲, Fa Ngum Rd., direkt an der neuen Uferpromenade, ✆ 021-243350, 💻 www.hbrm-laos.com. Die Fassade ist ein wenig verspielt, aber innen bietet das Hotel wirklich etwas anderes: individuelle und funktionale Zimmer, mit gläsernen Duschkabinen im Raum und großen Fensterfronten. Alle Zimmer haben AC, Kabel-TV, Minibar, Telefon und WLAN. In den Superior-Räumen fällt der Blick vom Bett auf den Mekong. Preis inkl. Frühstück. ❺

Obere Preisklasse

Salana Boutique Hotel ⑬, 112 Chao Anou Rd., gegenüber Vat Ongteu, ✆ 021-254254, 💻 www.salanaboutique.com. Schönes, stilvoll eingerichtetes Hotel mit hervorragendem Service nahe der Uferpromenade und dem Zentrum. DZ ab US$100, gutes Frühstücksbuffet inkl., Flughafentransfer US$8/Minibus. WLAN. ❻

Ansara Hotel ㉓, Nähe Mekong, hinter Vat Chan, ✆ 021-213514, 💻 www.ansarahotel.com. Ein echtes Kleinod: Kolonialbau mit schönem Garten umgeben von zwei Tempeln mitten im Zentrum. Die Zimmer haben dunkles Parkett, Holzmöbel, Notebooks, TV, Hifi-Anlage, WLAN und komfortable Bäder. Mit dem La Signature gehört zudem ein anständiges französi-

Apartments und Ferienwohnungen

Wer ein Apartment sucht, dem seien das **AO Apartment** ⑨, am Vat Haisok, ✆ 020-2213122, 💻 auf Facebook, oder das **Faa Apartment** ⑪, Nokeokoummane Rd., neben der Kulturhalle, ✆ 021-254190 oder 020-55612174, empfohlen. Auch **Airbnb**, 💻 www.airbnb.com, ist in Vientiane im Kommen, außerdem lohnt ein Blick auf 💻 **www.couchsurfing.com**.

LAOS

sches Restaurant dazu, was das Verlassen dieses Paradieses nicht gerade erleichtert. Pool. ❻

Settha Palace Hotel ③, 6 Pangkham Rd., Ecke Khoun Bourom, im Norden des Zentrums, ✆ 021-217581, 💻 www.setthapalace.com. Das geschichtsträchtigste Hotel der Stadt mit palmenbeschatteter Auffahrt und Marmordekor in der Lobby. Die stilvollen Zimmer mit TV, Telefon und Minibar haben trotz moderner Ausstattung kolonialen Charme. 2 Bars, ein Café und das Belle Epoque Restaurant befinden sich ebenso auf dem Gelände wie ein geschwungener Pool im tropischen Garten; WLAN. ❻

ESSEN

Von Asiatisch bis Tex-Mex, vom Edelfranzosen bis zum Essensstand – nirgendwo sonst in Laos gibt es auf so engem Raum ein vergleichbar breites kulinarisches Spektrum. **Mittags** lässt sich selbst in den teuren Lokalen für 80 000 Kip ein Drei-Gänge-Menü bestellen. Das Mittagsbuffet beim Italiener **Acqua**, François Ngin Rd., 💻 http://acqua.la, ist gut und günstig, wenn man mal wieder Appetit auf westliche Küche hat.

Cafés und Frühstückslokale

Joma Bakery, Setthathirat Rd., Dong Paina Rd. und am That Luang, 💻 www.joma.biz. Waffeln, Bagels oder Obst mit hausgemachtem Joghurt, dazu einen Becher Kaffee oder Cappuccino und der Tag kann beginnen. WLAN. ⌚ 7–21 Uhr.

Le Trio Coffee, Setthathirat Rd, 💻 www.facebook.com/letriocoffe. Eine Liebeserklärung an die schwarze Bohne: Hier gibt es den besten Kaffee der Stadt, frisch gebrüht oder abgepackt zum Mitnehmen. ⌚ 8–17 Uhr.

Coco & Co, an das Le Trio Coffee angeschlossen. Hier gibt es nicht nur guten Kaffee, sondern auch guten Wein und vegane Speisen. 8–21 Uhr, am Wochenende sogar bis 24 Uhr.

Café Sinouk, Fa Ngum Rd., 💻 www.sinouk-cafe.com. Gemütliches Café mit einer feinen Kaffee- und Kuchenauswahl. ⌚ 7.30–22 Uhr.

Le Banneton, Nokeokoummane Rd. Die beste Brotauswahl und leckere Patisserie. Besonders gefragt sind die Panini und Tartines mit Salat; außerdem starker Kaffee und selbstgemachtes Eis. ⌚ Mo–Sa 7–18.30, So 7–13.30 Uhr.

Kung's Café Lao, am Ende einer kleinen Gasse gegenüber dem Gesundheitsministerium, Höhe Vat Simuang, 💻 www.facebook.com/KungsCafeLao. In den vergangenen 20 Jahren ist das kleine, versteckte Café für viele Einheimische eine Oase im Trubel der Großstadt geworden. Sie lassen sich hier mit Kaffee, leckeren Shakes oder Mango-Pancakes verwöhnen. ⌚ 7–15 Uhr.

Garküchen und Essensstände

€ Tagsüber sind die günstigen **Garküchen** am westlichen Ende der Heng Boun Rd. erste Adresse für eine Suppe oder Bratnudeln, etwa **Han Nang Thod** (Pepsi-Schild nur auf Laotisch), Khoun Bourom Rd. ⌚ 5–22 Uhr.

Wenn die Sonne über dem Mekong untergeht, bieten sich die **Essensstände** an der neuen Uferpromenade westlich des Zentrums für schmackhafte Gerichte in schöner Atmosphäre an.

Viele Laoten versorgen sich nach Feierabend in der **Phai Nam Road** zwischen Swedish Pizza & Baking House und dem Lao-Nippon Budo Center mit Gegrilltem.

Auch der **Essensmarkt** auf dem Talat Siloihasip Pi (450 Years Market), Khoun Bourom Rd., mit seinen Currys und Grillhappen ist zu empfehlen.

Frische Früchtchen

Zum Frühstück oder als Vitaminkick zwischendurch: Bei 30 °C im Schatten schmecken Fruchtshakes eigentlich immer. Gängige Sorten sind Papaya, Limette, Ananas und Mango. Der Saft kommt in den Mixer, dazu viel Eis, quirlen, fertig.

House of Fruit Shake, Samsenthai Rd. Der Laden ganz links. Alle Sorten, immer voll – der erste und beste Saftladen dieser Art.

Noi's Fruit Heaven, Heng Boun Rd., links neben dem Café Ango. Alteingesessene Fruchtoase, auch gutes Frühstück!

Centre Point wird die Kreuzung Heng Boun Rd., Chao Anou Rd., nach einem gleichnamigen Ort in Bangkok genannt. An Ständen schlürft die Jugend abends ihre warme Sojamilch mit Gummibärchen-farbener Soja-Einlage und supersüße Fruchtshakes.

Chinesisch

In Vientianes **Chinatown** rund um Heng Boun und Chao Anou Rd. ist die Stimmung abends fast großstädtisch: Frauen preisen vor den Restaurants ihr Essen an, und es stapelt sich das Fleisch in den vielen grell beleuchteten Vitrinen. Viele der einfachen Lokale haben sich auf Entensuppe mit gelben Nudeln spezialisiert.

Liaoning Dumpling, Fa Ngum Rd. Super Teigtaschen) mit verschiedenen Füllungen, gedünstet oder gebraten. ⏲ 8.30–14, 16.30–22 Uhr.

International

Khop Chai Deu, Setthathirat Rd., Ecke Nam Phou, 💻 www.inthira.com. Touri-Klassiker in einem Kolonialhaus mit Gartenterrasse. Laotische und einfallsreiche europäische Küche, Beerlao vom Fass, BBQ und dazu frittierte Heuschrecken. Werktags großes Mittagsbuffet (11–14 Uhr), abends Livemusik. ⏲ tgl. bis 24 Uhr.

Chok Dee Café, Fa Ngum Rd., 💻 www.chokdeecafe.com. Der Belgier Vincent kam als Tourist und blieb als Restaurantbesitzer. Neben belgischer Küche – natürlich begleitet von Fritten – gibt es eine beachtliche Auswahl an belgischen Bieren. Am beliebtesten sind die freitäglichen Muschelabende, dann versammelt sich dort die Vientianer Expatszene. Ein Eimerchen der Weichtiere kostet 75 000 Kip. ⏲ 10–22 Uhr, Mo geschlossen.

Pimentón, Nokeokoummane Rd. ✆ 021-215506, 💻 www.pimentonrestaurant-vte.com. Das todschicke Restaurant könnte sich auch in Manhattan befinden. Und die exzellenten Steaks verstärken den Eindruck noch. Mittagsmenü für rund 75 000 Kip, ein Besuch am Abend wird wesentlich teurer. ⏲ 11–14.30, 17–22 Uhr, So geschlossen.

Via Via, Nokeokoummane Rd., 💻 www.viaviapizza.com. Bei Expats und Touristen gleichermaßen beliebt für großartige Steinofenpizza, Salate, Suppen und Fleischgerichte. Pizza um 60 000 Kip. ⏲ 10–22, Sa 16–22 Uhr.

Istanbul, François Ngin Rd. Erstes türkisches Restaurant in Laos. Freunde von Kebab, Lahmacun und Dolma mit Cacik oder Hummus kommen hier voll auf ihre Kosten. ⏲ 11–23 Uhr.

Sticky Fingers Café & Bar, François Ngin Rd. Das deftige Essen passt gut zum Cantina-Look: Nacho- oder Kichererbsensalat, „Banger and Mash", Satay oder Burger, danach den mit Chili garnierten Tom Yum Cocktail nicht verpassen. ⏲ Mo–Fr 17–23, Sa, So 10–23 Uhr.

Le Silapa, Setthathirat Rd., gegenüber Vat Ongteu, ✆ 021-219689. Das Edelrestaurant über der I-Beam Bar lockt mit extravaganten Kreationen. Empfehlenswerte Mittagsmenüs siehe 💻 www.facebook.com/LeSilapa Vientiane. ⏲ 11–14, 18–22 Uhr.

Le Vendôme, Inpeng Rd. Mit seiner schmalen Eckterrasse, dem warmen Licht und den roten Tischdecken liegt dieses alteingesessene Restaurant in punkto Romantik ganz weit vorn. Aber auch das Essen – Suppen, Soufflés, Gratins und Steaks – ist gut und gar nicht so teuer. ⏲ 18–22, Mo–Fr auch 10–14 Uhr.

Ray's Grille, Sihome Rd., schräg gegenüber dem Wind West, 💻 www.facebook.com/raysgrille Laopdr. Sandwiches, Burger, Falafel, faire Preise. Highlight: Philly Cheese Steak Sandwich für 35 000 Kip, auch eine Margarita, die es in sich hat. ⏲ 11.30–15, 18–21 Uhr, Sa geschlossen.

PDR (Pizza Da Roby), Sihome Rd. Bei Roby gibt's Pizza, Lasagne und Arancini, ganz nach Mamas Rezept. Ein großes Stück Pizza ab 16 000 Kip. ⏲ 11–14, 17.30–22 Uhr, So geschlossen.

Bistro 22, Samsenthai Rd., schräg gegenüber der katholischen Kirche, ✆ 021-214129. Gehobene französische Küche, übersichtliche, aber sehr exquisite Karte. Ein Geheimtipp für gute Steaks. Mittags auch für preiswertere Menüs eine gute Adresse. Reservieren! ⏲ 11–14, 18.30–22 Uhr.

Indisch/Pakistanisch

Jamil Zahid Punjabi Restaurant, an der Kreuzung Heng Boun und Khoun Bourom Rd. gegenüber M-Point die Gasse rein, 💻 www.facebook.com/JamilZahidRestaurant. Sehr leckere pakistanische Küche. Jamil postet Bilder von seinen Gästen auf seiner Facebookseite, natürlich nur, wenn man einverstanden ist. ⏲ 11–22 Uhr.

Taj Mahal, hinter der Kulturhalle. Einfaches Lokal mit Neonbeleuchtung, das mit deftigen Gerichten den Geschmack der Travellerszene trifft. Vegetarisches (mit Kartoffel probieren!), gute Currys und Naan. ⏲ 10–22.30 Uhr.

LAOS

Japanisch

Café Ango, Heng Boun Rd. Neue Besitzer, neuer Name, aber genauso liebevoll weitergeführt. Bei dezenter Musik lässt sich im gemütlichen Interieur köstlich kreative japanisch-laotisch-westliche Fusion-Küche genießen. Empfehlenswert für Vegetarier. Ein sehr besonderes Café. ⌚ Fr, Sa, So 11.30–21, Di, Mi 11.30–14.30, 18–21, Do 11.30–18 Uhr.

Osaka, Nokeokoummane Rd. Ein weiterer Japaner im Zentrum mit gutem Preis-Leistungs-Verhältnis und dem ganzen Spektrum japanischer Küche. ⌚ 11–22 Uhr.

Laotisch

Amphone, kleine Gasse westlich des Jazzy Brick, 💻 www.facebook.com/amphonelao. Sehr gute laotische Küche, serviert auf einer schönen Terrasse, perfekt für einen romantischen Abend, exzellente Weinkarte! Wer hier satt werden will, sollte mindestens 70 000 Kip einplanen. ⌚ 11–22 Uhr, 11–17 Uhr Mittagsmenü, So geschlossen.

Suppenküche, schräg gegenüber dem Istanbul Restaurant führt ein Weg hinter die Kulissen des touristischen Vientianes: Die gut versteckte Suppenküche bietet je nach Wochentag eine andere Kraftbrühe. Für 20 000 Kip bekommt man eine Festtagssuppe, die es sonst nur zu besonderen Anlässen gibt. ⌚ Mo–Fr 11–15 Uhr.

Pa Kao Lao Restaurant, Parallelstraße zwischen Chao Anou Rd. und François Ngin Rd. In einem offenen Raum mit bunten Lämpchen und im stimmungsvollen Garten kommen Thai- und Lao-Klassiker auf den Tisch. Gerichte 40 000–80 000 Kip. ⌚ tgl. 11–23 Uhr.

Makphet, Inpeng Rd., 💻 www.facebook.com/Makphet. In einer ruhigen Seitenstraße kreieren junge Auszubildende eine Art laotische Nouvelle Cuisine. Das zu empfehlende Non-profit-Restaurant bereitet ehemalige Straßenkinder auf Jobs in der Gastronomie vor. Das Essen (und die Preise) sind anspruchsvoll – nicht verpassen. ⌚ 11–22.30 Uhr.

Lao Kitchen, Heng Boun Rd., gegenüber dem KP Hotel. Typisch laotisch wird man in diesem Restaurant verköstigt. Die Hauptgerichte kosten 30 000–50 000 Kip und überzeugen mit ihrem frischen Geschmack. ⌚ 11.30–22 Uhr.

Majestic View, Fa Ngum Rd., kurz hinter dem Hotel Beau Rivage Mekong. Wem der Ausblick von der neuen Uferpromenade nicht reicht, der sollte sich zur Abenddämmerung in den 5. Stock des Sengtawan Riverside Hotels aufmachen: Die Dachterrasse des Restaurants bietet eine wunderbare Aussicht. Auch die laotische Küche ist nicht übel. ⌚ 6.30–23 Uhr.

Vietnamesisch

Viengsavanh Restaurant, Heng Boun Rd., rechts neben dem Hotel Lao. Guter Ort für frische Frühlingsrollen *(nem neuang)*, aber natürlich gibt es auch andere vietnamesische Gerichte. ⌚ bis abends.

Pho Zap, Phai Nam Rd., nahe dem That Dam. Der Name ist Programm: Auch wenn noch andere Gerichte auf der Karte stehen, dreht sich hier alles um die leckere Nudelsuppe. Zum Sattwerden reicht die kleine Schüssel für 20 000 Kip. Wer nach einer Herausforderung sucht, bestellt die Jumboportion für 50 000 Kip. ⌚ 6–15 Uhr.

P.V.O., kleine Parallelstraße zwischen Khou Vieng Rd. und Samsenthai Rd. Eine Institution für alle Fans der vietnamesischen Küche. Außerdem legendär: die Baguettes (auch zum Mitnehmen).

Krabbeltiere als Knabberspaß

Zugegeben, das erste Mal kostet Überwindung, aber dann sind sie ein guter Snack zum Bier: frittierte **Grillen**, **Heuschrecken** und **Larven**. Der Geschmack des an Chitin und Protein so reichhaltigen Knabberzeugs liegt irgendwo zwischen Nachos und Nüssen. Und wenn's dazu noch scharfe Chilisoße gibt, ist der Tex-Mex-Effekt perfekt.

Für wenig Geld werden Insekten in der alteingesessenen und zum Feierabend gut besuchten Bierpinte **4 Junction Beer Vatsina** auf der Pangkham Rd. neben dem Day Inn serviert. Großartig die Heuschrecken mit Limettenblättern, muss man probiert haben. ⌚ 17–22 Uhr. Sollte mal geschlossen sein, kann man frittierte Heuschrecken auch im Khop Chai Deu knabbern.

NACHTLEBEN

Bars

Jazzy Brick, Setthathirat Rd., 💻 www.facebook.com/jazzybricklao. Gedimmtes Licht, lange Holztheke, leiser Jazz – zweifellos der gediegenste Laden der Stadt; viele Cocktails, guter Wein. 🕒 bis Mitternacht.
Max's Grill, Setthathirat Rd. In dieser Bar trifft sich die betuchte Stadtjugend und hat bei Livemusik und einer ordentlichen Drinkauswahl jede Menge Spaß. 🕒 11–23 Uhr.
No Name Bar, Heng Boun Rd, gegenüber dem Viengsavanh Restaurant. Kleine, gemütliche Bar, die für den Sundowner und mehr geöffnet hat. Vermietet Zimmer über Airbnb. 🕒 17–24 Uhr.
CCC Bar, Sihome Rd, neben Ray's Grille. Angesagter Ort für Drinks und Party, zumal bis 3 Uhr morgens geöffnet. 🕒 19–3 Uhr, So geschlossen.
April 12, Fa Ngum Rd., gegenüber dem Don Chan Palace, 💻 www.facebook.com/april12.restaurant. An Wochenenden wird die Stimmung meist durch Bands und DJs angeheizt. 🕒 17 Uhr bis nach Mitternacht, Mo geschlossen.
Sam Jek Pakpasack, Fa Ngum Rd. Die Holzterrasse im 1. Stock gibt einen wunderbaren Blick auf den Mekong frei. Wochentags kehren hier die Schüler der gegenüberliegenden Pakpasack-Berufsschule ein und lassen es sich bei Livemusik und frisch gezapftem Bier gutgehen. Dazu gibt's Snacks und laotische Küche. 🕒 9–24 Uhr.
Gute Orte für einen Drink sind auch die Restaurants **Sticky Fingers**, **Chok Dee Café** und **Khop Chai Deu.**

Clubs und Livemusik

Die meisten Clubs liegen an der **Souphanouvong Rd.** und an der **Thadeua Rd.** in Richtung Freundschaftsbrücke. Auf die Ohren gibt's Techno und Thai-Pop, einige Läden haben auch gute Hausbands. Wie fast überall sind Freitag und Samstag die besten Ausgehtage:
Wind West, Souphanouvong Rd. Eine der ersten Bars der Stadt (seit 1992), im Western-Look, mit düsterem Licht und legendär guter Livemusik. Legendär sind auch die Überschreitungen der Sperrstunde, weshalb die Behörden die Bar ab und an dichtmachen. 🕒 17–23 Uhr.

> **Wissen, was los ist**
>
> Konzert? Film? Bollywood Dancing Workshop? Aktuelle Termine listen der Veranstaltungskalender **My Vietiane**, 💻 https://de-de.facebook.com/myvientiane, und die **Vientiane Times**, 💻 www.vientianetimes.org.la/Whats_on.htm.

Marktwo, Souphanouvong Rd., 1,5 km westlich des Zentrums. Stylische Bar des Musiklabels Indee Records, in der regelmäßig Bands auftreten. Die Bandbreite reicht von Hip-Hop bis Punkrock. 🕒 20–1 Uhr.
Pack Luck, Souphanouvong Rd., kurz hinter Vat Oup Moung. Die Tanzfläche des legendären Vientianer Gay-Clubs ist zu später Stunde voll mit ausgelassenem Partyvolk. 🕒 meist nur am Wochenende, 20–24 Uhr.
Galaxy, Fa Ngum Rd. Hier singen die Gäste erst selbst, danach gehört die Bühne den Profis. Schon das Talent der laotischen Darbieter aus dem Publikum lohnt den Besuch. 🕒 bis 23 Uhr.
L'Atmosphère, Simuang Rd., Ecke Khou Vieng Rd., 💻 www.facebook.com/latmosphere. Kleine offene Bar, die am Wochenende vor allem Vientianes Expats zu Konzerten, DJs und Open Space anzieht.

UNTERHALTUNG UND KULTUR

Galerien

i:cat Gallery, Setthathirat Rd., schräg gegenüber dem City Pilar Shrine. Lesungen, Filmabende und zeitgenössische Kunst – eine Abwechslung zu den meist traditionellen Motiven anderswo. 🕒 14–18 Uhr oder je nach Event.
Wechselnde Ausstellungen gibt es auch im **Le Banneton** (S. 360), bei **Monument Books** (S. 365), in der **T'Shop Lai Gallery** (S. 365) und auf dem Campus der **National Faculty of Fine Arts**, Khoun Bourom Rd.

Kinos

Vientiane Center, Khou Vieng Rd., 💻 www.majorplatinumcineplex.la/en. Popcorn-Kino, wie's im Buche steht: Gezeigt werden thailändisches Mainstream-Kino, laotische Filme und das neueste aus Hollywood.

Filmfestivals

Zeitgleich mit dem Erwachen einer laotischen Filmindustrie sind in Vientiane und Luang Prabang zwei internationale Filmfeste entstanden: 2009 die Vientianale und ein Jahr später das Luang Prabang Film Festival.

Die **Vientianale** ist ein internationales Filmfest, das alljährlich im März in der Hauptstadt stattfindet. Ein Kurzfilmwettbewerb bietet laotischen Filmemachern eine Plattform, um ihre Arbeiten zu zeigen. Mit ihrem Programm „Vientianale on the Road" bringt die Vientianale außerdem die neuesten laotischen Kurz- und Spielfilme in Schulen und Dörfer auf dem Land.

Das **Luang Prabang Film Festival** präsentiert jedes Jahr im Dezember einen Querschnitt südostasiatischen Filmschaffens vor der malerischen Kulisse der Weltkulturerbe-Stadt.

Mehr Informationen zu beiden Festivals unter:
💻 www.vientianale.org,
💻 www.facebook.com/vientianale
💻 www.lpfilmfest.org,
💻 www.facebook.com/lpfilmfest

Deutsche Botschaft, Sokpaluang Rd.
Ein- bis zweimal im Monat am Di um 19.30 Uhr deutsche Filme oder internationale Produktionen, Eintritt frei. Programm unter 💻 www.vientiane.diplo.de.

Klassische Tänze und Musik

Das Restaurant des **Lane Xang Hotels** bietet tgl. von 19–21.30 Uhr zu wechselnden Menüs laotische Folklore (Gesang, Musik, Tanz). Eintritt frei. Ab und an finden auch in der **Kulturhalle** Tanzveranstaltungen statt.

FESTE UND FEIERTAGE

Vientianes Kulturleben blüht zu religiösen und staatlichen Feiertagen auf, wenn sich die laotischen Künste bei Umzügen und Aufführungen zeigen. Buddhistische Feste werden nach dem Mondkalender gefeiert, in der Regel während des Vollmondes. Die Daten ändern sich von Jahr zu Jahr.

Januar/Februar

Tet: Chinesisches und vietnamesisches Neujahr. Auf der Bühne des Ho Kang am Mekong und in der Chinatown um die Heng Boun Rd. wird ausgelassen gefeiert. Besonders schön sind die typischen Drachentänze. Chinesische und vietnamesische Geschäfte bleiben mind. 3 Tage lang geschlossen. Viele nutzen diese Zeit auch, um nach Hause zu fahren.

Boun Makha Bousa: Tempelfest zum Gedenken an Buddhas Rede über die ersten Mönchsregeln und die Ankündigung seines Todes.

April

Boun Pi Mai: Laotisches Neujahr (Mitte April). Der erste Tag des neuen Jahres ist immer der 16.4., das Fest wird vor allem auf den Straßen Vientianes und Luang Prabangs mit viel Wasserschütten gefeiert. In den Vats werden die Buddhastatuen mit Wasser übergossen.

Mai

Boun Visakha Bousa und **Boun Bang Fai** (Raketenfest): Der Geburts-, Todes- und Erleuchtungstag Buddhas wird zeitgleich mit Bambusraketen und Umzügen zur Regenanrufung begangen.

Juli

Boun Khao Phansa: Beginn der 3-monatigen buddhistischen Einkehr zum Anfang der Regenzeit, viele Mönchsordinationen.

August/September

Boun Khao Salak: Mit Opfergaben wird in den Tempeln der Verstorbenen gedacht.

September/Oktober

Boun Ok Phansa: Am Vorabend werden geschmückte, mit Lämpchen bestückte Bambusboote und kleine Bananenblattschalen mit Kerzen auf den Mekong gesetzt. Mit den treibenden Lichtern wird den Flussgeistern gedankt.

Boun Souang Heua/Boun Nam: Bootsrennen und Wasserfest, einen Tag nach Boun Ok Phansa. Großes Spektakel zum Ende der Fastenzeit entlang dem Mekong. In Ruderbooten paddeln Teams von 30–50 Frauen und Männern um die Wette.

Oktober/November

Boun That Luang: Eine Woche lang ist Volksfeststimmung um das nationale Wahrzeichen in Vientiane. Höhepunkt des Festes sind am Sonntag die Lichterprozession und das Feuerwerk (s. auch S. 353).
Im Anschluss an Boun That Luang feiern **Vat Ongteu** und **Vat Inpeng** im Zentrum ihr jährliches Tempelfest.

EINKAUFEN

An jeder Ecke in Vientiane schießen derzeit Einkaufszentren aus dem Boden. Wer auf der Suche nach laotischen **Textilien und Kunsthandwerk** ist, findet die schönsten Boutiquen im Moment noch in der Setthathirat Rd., der Nokeokoummane Rd. sowie zwischen Chao Anou und Francois Ngin Rd.
Kleine Souvenirs, Kunsthandwerk und Beerlao-Shirts verkaufen auch die Stände auf dem **Nachtmarkt** am Mekong – schön für einen abendlichen Bummel. tgl. 17–21 Uhr.
Auch der alte **Talat Sao** eignet sich trotz Ausbau noch gut zum Stöbern.

Antiquitäten und Kunsthandwerk

T'Shop Lai Gallery, hinter Vat Inpeng, www.laococo.com/tshoplai.htm. 2 Etagen voller Artefakte, fein gearbeiteter Gebrauchsgegenstände und Möbel. Wechselnde Ausstellungen von Fotografie bis Installationskunst in der 1. Etage. Mo–Sa 8–20, So 10–18 Uhr.
Indochine Handicraft, 086/02 und 086/11 Setthathirat Rd. Buddhastatuen und allerlei verstaubter Krimskrams, darunter Rolex-Fälschungen, Schachspiele, Hmong-Silber und Metallarbeiten, Opiumgewichte. Interessant zum Stöbern. Visa und Mastercard. 9–20 Uhr.
Friends 'n' Stuff, im Makphet Restaurant, Inpeng Rd. Bunte Stofftiere und allerhand Gebasteltes von den Kids der Straßenkinder-NGO Friends International. 11–22.30 Uhr.

Bücher und Landkarten

Monument Books, Nokeokoummane Rd., neben dem Vayakorn Gh., www.monument-books.com. Vientianes einziger internationaler Buchladen: Romane, Reiseführer, Karten

> **Daran denken**
>
> Die Ausfuhr von Antiquitäten und Buddhabildnissen, die älter als 40 Jahre sind, ist verboten. Infos gibt es auf der Website www.laocustoms.laopdr.net.

Lohnend sind auch die häufigen Ausstellungen und Lesungen. Mo–Sa 9–20, So bis 18 Uhr.
Book-Café Vientiane, Heng Boun Rd.
Hier hat der Buchhändler, Autor und langjährige Wahl-Laote Robert Cooper seinen Verlag Lao-Insight Books, der auch die Siri-Krimis (S. 874) von Colin Cotterill verlegt. Daneben weitere Laos- und Südostasien-Titel. 8–20 Uhr.
Big Brother Mouse, Phai Nam Rd., Ecke Haiphong Rd., 021-264513, www.bigbrothermouse.com. Hier werden viele Übersetzungen dieser Kinderbuchreihe angefertigt, aber es steht auch das gesamte Programm zum Verkauf (Details s. S. 412).

Fahrräder und Zubehör

Top Cycle Zone, That Khao Rd. 021-263871. Fahrradfreak Wilfrid („Willy") aus Südfrankreich verkauft in seiner kleinen Werkstatt nicht nur anständige Räder (Trek, Giant, Merida), sondern kann laut Eigenaussage auch fast jedes Ersatzteil innerhalb von drei Tagen besorgen. Mo–Sa 7–12, 14–16 Uhr.
Lao Bike, Ecke Setthathirat Rd., Chao Anou Rd. Kleiner Fahrradladen mit Werkstatt, der auch Räder vermietet. Sind Reparaturen nötig, ist man hier in guten Händen.

Lebensmittel

Agroasie, Chao Anou Rd., www.agroasie.com. Seit 2010 zertifizierte Bioprodukte von einem Betrieb 45 km außerhalb Vientianes. 9–19 Uhr, So geschlossen.
Phimphone Market, Setthathirat Rd. Beachtliche Auswahl an westlichen Lebensmitteln und Toilettenartikeln; auch Briefmarken, Zeitschriften und Landkarten. 7.30–21 Uhr.
M-Point Mart, Samsenthai Rd., Khoun Bourom Rd. und Fa Ngum Rd., www.mpointmart.com/index_en.php. Der 7-Eleven von Laos. Große Drogerieabteilung, lange offen. 6–24 Uhr.

Feinstes aus laotischer Seide

Während andernorts Handwebstühle längst verdrängt wurden, ist in Laos eine Seidentradition wiedererwacht, die sich langsam zur hochwertigsten Südostasiens entwickelt.

Carol Cassidy Lao Textiles, Nokeokoummane Rd., ✆ 021-212123, 💻 www.laotextiles.com. Die amerikanische Designerin Carol Cassidy hat laotische Techniken und traditionelle Muster im Ausland bekannt gemacht. In einem Kolonialbau im Zentrum stellt sie ihre sehr hochwertigen Seidentextilien aus; Färberei und Weberei können besichtigt werden. Teuer! ⌚ Mo–Fr 8–12, 14–17 Uhr, Sa 8–12 Uhr.

Nikone, Ban Dongmieng, östlich des Zirkus' an der Thongkhankham Rd., ✆ 021-212191. Nikone bildet Weberinnen aus und arbeitet mit Tai-Deng-Frauen in Nordlaos zusammen. Die eleganten Schals, Kissenbezüge und Wandbehänge sind mit Naturfarben gefärbt.

Kanchana, Samsenthai Rd., Ecke That Dam, ✆ 021-213467. Ihre Textilien werden als die besten von allen gehandelt. ⌚ 9–21 Uhr. Das dazugehörige Textilmuseum (S. 357) in Ban Nongthatai stellt mehr als 1000 Webstücke aller Volksgruppen aus. Anmeldung im Laden oder unter ✆ 020-59985985.

Houey Hong Vocational Center, Ban Houey Hong, etwa 7 km nördlich der Stadt, nur mit Ortskundigem zu finden, ✆ 021-560006, 💻 www.houeyhongvientiane.com. Von Japanern unterstütztes Ausbildungszentrum für junge Weberinnen, das in einem kleinen Laden schöne Arbeiten zu angemessenen Preisen verkauft. Shop in der Stadt: True Colour, Setthathirat Rd., gegenüber Vat Mixay. Webkurse. ⌚ 8.30–12 und 13.30–16.30 Uhr, So geschlossen.

Mai Savanh Lao, Ban Salakham, 8 km in Richtung Freundschaftsbrücke weist ein Schild etwa 500 m vor der Beerlao-Brauerei an einem Tempel nach rechts, am zweiten Tempel wieder rechts abbiegen, ✆ 021-812256, 💻 www.maisavanhlao.org. Ein Ehepaar aus dem Elsass hat das ehemalige Projekt zur Seidenproduktion mit schweizer Technologie ausgestattet. Es unterstützt mehr als 300 Bauernfamilien in Südlaos, die mit Maulbeerbäumen und Seidenraupen Einkommen erzielen. Der gesamte Prozess von der Gewinnung der Rohseide bis zum fertigen Produkt wird bei Interesse erklärt. 2009 hat Mai Savanh Lao das Fair-Trade-Siegel erhalten. ⌚ Mo–Fr 8–12, 13–17 Uhr.

Organic Market, jeden Mi und Sa von 6–12 Uhr versteckt am Paradeplatz vor dem That Luang und jeden Mo und Do 12–18 Uhr vor der Fa-Ngum-Statue. Neben allerlei Obst und Gemüse von zertifizierten Biobauern kann man Besonderheiten wie Spirulina aus laotischer Produktion und ganz hervorragenden Wildhonig erwerben.

Mobiltelefone

IT City, Lane Xang Ave, Ecke Sailom Rd. Markenprodukte, das meiste davon aus dem Sortiment der Thai-Kette i-mobile; relativ große Auswahl, Preise wie in Thailand. ⌚ 8–20 Uhr.

Münzen und Briefmarken

Paboukam & Sons, 328 Samsenthai Rd. Briefmarken, Münzen und Banknoten aus der Kolonialära, der Zeit des Königreiches und der Lao P.D.R. Außerdem schöne Postkarten. Der nächste Briefkasten steht direkt nebenan.

Musik und Filme

Seng Lao, Chao Anou Rd. Einer von zwei Läden in der Straße, randvoll mit günstigen DVDs, CDs und PC-Spielen. ⌚ 10–22 Uhr.

Textilien und Home Accessoires

Saoban, Chao Anou Rd., 💻 www.saobancrafts.com. 2005 begann die laotische Nichtregierungsorganisation PADETC die Arbeit mit Weberinnen aus kleinen Dörfern und entwickelte die ersten Produkte. Den Dorfbewohnern ermöglicht die faire Bezahlung bescheidenen Wohlstand. Schöne Webarbeiten, Kleidung und verschiedene Accessoires im Ethno-Design. ⌚ 9–20 Uhr, So geschlossen.

Malibarn, Querstraße zwischen Chao Anou und François Ngin Rd., Blumenladen mit fairem Konzept, Café und Boutique in einem. Ein schöner Stopp zum Kaffeetrinken und Stöbern nach kleinen Souvenirs. ⌚ Mo–Sa 10–19 Uhr.

Mulberries/Camacrafts, Nokeokoummane Rd., www.camacrafts.org. Das gemeinnützige Projekt widmet sich der Förderung des Textilhandwerks der Hmong. Anders als auf dem Nachtmarkt in Luang Prabang sind die bestickten Wohntextilien von bester Qualität. 10–18 Uhr, So geschlossen.
Couleur d'Asie, Nokeokoummane Rd. Tropenchic aus Seide und Baumwolle – nicht ganz billig, aber schön. Des Öfteren stellen im Laden mit Restaurant und Café Künstler aus. Mo–Sa 8–22 Uhr, Apr–Sep So geschlossen.
Mixay Boutic, Nokeokoummane Rd., Filiale: Setthathirat Rd., www.artofmekong.com. Edelste Accessoires, viele Importe aus Thailand, Damen- und Herrenbekleidung mit asiatischem Touch. Teuer. 9–20 Uhr.
Lao Silk Store, Setthathirat Rd., Ecke Nokeokoummane Rd. Silberschmuck, Stoffe und einfallsreiche Kleidung aus traditionellen Textilien. Schneidern auch Lieblingsstücke nach. Für Traveller interessant: Seidenschlafsäcke. Mo–Sa 8.30–18.30, So 9–18.30 Uhr.
Elégant, Pangkham Rd., Nähe Nam Phou. Bei Expats beliebte Schneiderin stillvoller traditioneller bis moderner Kleidung. Mo-Sa 9.30–20, So 11–20 Uhr.

AKTIVITÄTEN UND TOUREN

Kochkurse

Lao Experiences, www.lao-experiences.com. Morgens wird auf dem Markt eingekauft und dann in einem Garten am Mekong unter Anleitung laotischer Köche gekocht. Tolles Angebot, das einheimische Händler unterstützt und das Wissen um die lokale Kochkunst weitergibt, US$55 p. P. inkl. Kaffee im Café Sinouk, Buchung am Vortag auf der Website oder bei Ms. Nouk, 020-55699429.
Tuk Tuk Safari (s. Kasten), www.tuktuksafari.com, bietet jeden Samstagabend einen Kochkurs mit Einkauf auf dem Markt an. US$45 p. P. Anmeldung am Vortag auf der Website.

Massage und Wellness

Mandarina Massage & Spa, Pangkham Rd., schräg gegenüber dem Mali Namphou Gh. Wohlfühlmassagen in schönem Ambiente.

Vientiane mal anders

Tuk Tuk Safari, 020-54333089, www.tuktuksafari.com. Mit Mr. Ere, Tuk-Tuk-Fahrer mit Leib und Seele, lässt sich Vientiane aus vielen verschiedenen Perspektiven entdecken. Von kulinarischen Touren zu Straßenmärkten und Essensständen bis hin zur etwas anderen Stadtrundfahrt – der Name ist Programm. Besondere Touren, etwa zum Thema Webkunst oder ein Tag im Reisfeld, sorgen für ungewöhnliche Einblicke. Buchung über die Website.

Papaya Spa, Parallelstraße zwischen Souphanouvong Rd. und Mekong, 020-55610565. Kräutersauna, Laotische und schwedische Massage, Fußreflexzonen-Massage, Aromatherapie und Kosmetik – für einen süßen Tag Nichtstun. 9.30–19.30 Uhr, Mo geschlossen.
Adina Spa, Kaysone Phomvihane Ave, etwa 1 km hinterm Anousavari, www.adinaspalao.com. Etwas ab von Schuss, aber professioneller Service, umfassendes Spa-Programm, modernste Räumlichkeiten mit Jacuzzi. 10–21 Uhr.

Meditation und Yoga

Im **Vat Sokpaluang**, 4 km südöstlich an der Sokpaluang Rd., findet jeden Sa um 16 Uhr ein Meditationskurs statt. Außerdem werden Kräutersauna (15 000 Kip) und Massagen angeboten (35 000–50 000 Kip/Std.). 17–20 Uhr.
Vientiane Yoga Studio, nahe dem Anousavari, bietet fast jeden Tag 90-minütige Yoga-Kurse diverser Stile an (Hatha, Vinyasa, Gentle Yoga). Infos und Preise: http://vientianeyogastudio.weebly.com.

Motorradtouren, Trekking, Tagesausflüge

Jules Classic Adventure, im Papaya Spa, Parallelstraße zwischen Souphanouvong Rd. und Mekong, 020-59511295, www.raid.bike-rental-laos.com. Jean Louis ist ein Abenteurer, wie er im Buche steht: Bevor er 1992 nach Laos kam, segelte er eine chinesische Dschunke bis nach Paris. Nun bietet der Franzose 1- bis 2-wöchige Motorradtouren für Gruppen bis max. 12 Pers. an: 4 Touren à la carte, auch Sonderwünsche kann man gern äußern. 7–18 Uhr.

Green Discovery, Setthathirat Rd., neben dem Khop Chai Deu Restaurant, ✆ 021-223022, 💻 www.greendiscoverylaos.com. Bester Anbieter von Abenteuertouren. Das Programm reicht von Tagesausflügen in das Phou Khao Khouay NPA bis zu 2-wöchigen Trips durch ganz Laos. Trekking, Rafting, Kajaking, Klettern, Mountainbiking und Motorradtouren werden hier ganz groß geschrieben; Büros gibt's in Vang Vieng, Luang Prabang, Luang Namtha, Nong Kiao, Thakhek und Pakxe. 🕒 8–22 Uhr.

Vientiane Orchidées, 4 km nördlich in Ban Phonethong Chommany, ✆ 020-22201580 oder 021-560444, 💻 www.vientianeorchidees.com/en. Der passionierte Orchideenexperte Bertrand organisiert spannende Ausflüge (1–2 Tage) zum Thema Orchideen ins nahe gelegene Phou Khao Khouay NPA (S. 453), auch in Kombination mit Trekking, Camping und einem Besuch der Wasserfälle. Die Tagestour kostet bei 1 Pers. US$130, 2 Tage US$260, bei 4 Pers. sind es US$250/550 für alle zusammen (alles inkl.).

Schwimmen

Lao National Swimming Federation, Kihuang Rd., östlich des Anouvong-Stadions. Sauberer, aber stark gechlorter Pool in Zentrumsnähe. Eintritt 15 000 Kip. 🕒 8–19 Uhr. Für etwas mehr Geld kann man auch in einen der zentralen **Hotelpools** springen.

Inpeng Riverside, Thadeua Rd., auf Höhe der Freundschaftsbrücke. Spaßbad mit diversen Rutschen – die perfekte Erfrischung nach einem Besuch im Buddha Park (S. 375). Mit Restaurant, Eintritt 30 000/15 000 p. P., 🕒 9–22 Uhr.

SONSTIGES

Apotheken

Eine Handvoll Apotheken befinden sich in der Mahosot Rd., unmittelbar östlich des Morgenmarkts. Gut sortiert sind die **Sengdao Pharmacy**, deren Apothekerin auch in Englisch berät, und die **Sengthong Pharmacy**.

Poppy's Pharmacy & Beauty in der Hengboun Rd. ist eine gute Wahl für Reisende, die nach einem Äquivalent zum thailändischen Boots (Drogerie/Apotheke) suchen.

Autovermietungen

Die meisten Autovermietungen und Reisebüros bieten Wagen mit Fahrer an. Wer selbst fahren möchte, braucht einen Internationalen Führerschein. Als Pfand wird meist der Pass, die Kreditkarte oder ein größerer Geldbetrag verlangt.

Avis, Setthathirat Rd., ✆ 021-223867, 💻 www.avis.la. In Kooperation mit Asia Vehicle Rental ist die Kette am Wattay Airport und im Zentrum Vientianes vertreten. Die Flotte umfasst Pkws, Minivans und SUV; alle Wagen sind Vollkasko versichert mit Selbstbeteiligung bei Selbstfahrern. Wer einen Wagen mit Fahrer mietet, zahlt zusätzlich einen Betrag für Kost und Logis. 🕒 Mo–Fr 8.30–18 Uhr, Sa und So 9–13 Uhr.

Diplomatische Vertretungen

Siehe „Traveltipps von A bis Z" S. 48.

Fahrrad- und Motorradverleih

Viele Gästehäuser verleihen Räder für 10 000–20 000 Kip/Tag. Als Pfand wird oft der Pass verlangt, es reicht aber ein Dokument mit Foto. Wer ein Motorrad mietet, *muss* den Pass hinterlegen (für den Fall einer Polizeikontrolle unbedingt Passkopie und Mopedpapiere dabeihaben).

P.V.O., Fa Ngum Rd., ✆ 021-214444, ✉ laopvo@hotmail.com. Anständige Suzuki für 70 000–80 000 Kip/24 Std. je nach Hubraum, auch Automatik, und 250 ccm Honda Baja ab 230 000 Kip/Tag.

Mixay Bike, Nokeokoummane Rd., ✆ 020-77777983. Gute Mountainbikes und gewartete Roller (Halbautomatik) für 70 000 Kip/Tag. Richtige Crossmaschinen (250ccm) sind ebenfalls zu haben. 🕒 7.30–19.30 Uhr.

Fahrradkauf und Reparaturen s. S. 365.

Geld

Inzwischen gibt es in Vientiane etliche **Geldautomaten** (ATM), die Kredit- und Bankkarten akzeptieren (Visa, Mastercard, Maestro/Cirrus). Ausgezahlt wird in Kip, das Limit ist je nach Betreiber verschieden (S. 69). Es sind aber mehrere Abhebungen hintereinander möglich. Die Banken kassieren pro Abhebung

OBEN ANOUSAVARI, VIENTIANE; **UNTEN** KAJAKS AUF DEM NAM XONG, VANG VIENG

20 000–40 000 Kip. Hinzu kommt eventuell die Gebühr, die das Geldinstitut zu Hause berechnet. Die meisten **Banken** wechseln neben Barem auch Travellers Cheques (Gebühr). Der Wechsel von Kip in Dollar ist ebenfalls möglich.
⏲ in der Regel Mo–Fr 8.30–15 oder 15.30 Uhr. Der **Wechselschalter** der BCEL an der Fa Ngum Rd., Ecke Pangkham Rd., hat länger und auch am Wochenende geöffnet.

LAOS

BCEL, 1 Pangkham Rd., ✆ 021-213200, 💻 www.bcellaos.com. Vertragspartner von Visa und Mastercard.
Lao Development Bank, 13 Souphanouvong Rd., ✆ 021-213400, 💻 www.ldb.org.la. Filiale und Wechselschalter in der Setthathirat Rd., Ecke François Ngin Rd.
Banque Franco-Lao, Lane Xang Ave, ✆ 021-285111, 💻 www.banquefrancolao.com.
ANZ, 33 Lane Xang Ave, ✆ 021-222700, 💻 www.anz.com.
Joint Development Bank, 75/1-5 Lane Xang Ave, ✆ 021-213531, 💻 www.jdbbank.com.la.
Phongsavanh Bank, Kaysone Phomvihane Ave, ✆ 021-711522, 💻 www.phongsavanhbank.com.
Lao-Viet Bank, 5 Lane Xang Ave, ✆ 021-214377, 💻 www.lao-vietbank.com. Hier bekommt man vietnamesische Dong und wird sie auch wieder los.
Zu den thailändischen Banken gehören:
Bank of Ayudhya, 79/6 Lane Xang Ave, ✆ 021-213521, 💻 www.krungsri.com.
Siam Commercial Bank, 117 Lane Xang Ave, ✆ 021-213500, 💻 www.scb.co.th.

Informationen

Die **Touristeninformation** im Erdgeschoss der Lao National Tourism Administration, Lane Xang Ave, ✆ 021-212251, 💻 www.tourism laos,org, hat außer ein paar Broschüren und Aushängen zu jeder Provinz nicht viel zu bieten. ⏲ Mo–Fr 8.30–12, 13.30–16 Uhr.

Internet

Fast alle Unterkünfte und viele Cafés bieten inzwischen kostenfrei **WLAN** an.
Wer doch noch ein **Internetcafé** mit Computern, Headset und Webcam benötigt, sollte die Setthathirat Rd., westlich des Kop Chai Deu, oder die Khoun Bourum Rd. ansteuern.

Medizinische Hilfe

Harmlose Krankheiten und Verletzungen können in Vientiane behandelt werden. Bei schweren Unfällen **Vientiane Rescue** kontaktieren ✆ 1623, bisher die einzige Notfallambulanz der Stadt mit ausgebildeten Freiwilligen.
Wer schwerer erkrankt oder operiert werden muss, sollte sich in Thailand versorgen lassen. Udon Thani ist weniger als 2 Autostunden entfernt. Die **Rettungswagen** des Bangkok Hospitals Udon Thani, ✆ 0066-42-343-111, des Aek Udon International Hospitals, ✆ 0066-42-342555, und des Nong Khai Wattana Hospitals, ✆ 0066-42-465201, kommen in Notfällen über die Grenze. Nottransporte sind auch außerhalb der Öffnungszeiten möglich.
Ambulante Behandlungen sind sofort und bar zu bezahlen. **Daran denken**, die erforderlichen Daten und Bescheinigungen für die Versicherung zu verlangen (S. 100).
Centre Médical de l'Ambassade de France, Seitenstraße südlich der Khou Vieng Rd., ✆ 021-214150, 💻 www.ambafrance-laos.org/Centre-medical-de-l-Ambassade-de. Modernes, sauberes Ärztehaus, in dem ein belgischer Tropenmediziner, eine Allgemeinmedizinerin, ein Zahnarzt und eine Physiotherapeut arbeiten; Laboranalysen, Impfungen, Tests auf Denguefieber und Malaria, 24-Std.-Notruf ✆ 020-56554794. Dr. Hospied spricht Deutsch, Englisch und Französisch. ⏲ 8.30–12, 13.30–19, Mi bis 17, Sa, So 9–12, 13.30–17 Uhr.
Alliance International Medical Center, Souphanouvong Rd., im Honda-Komplex kurz vor dem Flughafen, ✆ 021-513095, 💻 www.aimclao.com. Das Ärztezentrum wird in Kooperation mit dem Wattana Hospital in Nong Khai betrieben. Einige Ärzte kommen aus Thailand, es wird Englisch gesprochen. Neben allgemeinmedizinischer Versorgung auch Neonatologie, Pädiatrie, Gynäkologie, Kardiologie, Augenheilkunde, Gesundheitschecks und Laboruntersuchungen. ⏲ Mo–Fr 8–20 Uhr, Sa 8–17 Uhr.
Australian Embassy Clinic, Thadeua Rd., KM 4, auf dem Gelände der australischen Botschaft, ✆ 021-353840. Die allgemeinmedizinische Praxis kümmert sich v. a. um Botschaftsmitarbeiter, behandelt aber auch in kleinem Rahmen andere Patienten. ⏲ Mo–Fr 8.30–12.30, 13.30–17 Uhr.

Notfall	
Touristenpolizei	✆ 021-251128
Polizei und Feuerwehr	✆ 021-212703
Vientiane Rescue (Krankenwagen)	✆ 1623

International Clinic, Fa Ngum Rd., ✆ 021-214022, auf dem Gelände des Mahosot Hospitals, Eingang Fa Ngum Rd. Einige Ärzte sprechen Englisch. Nur für kleinere Verletzungen. ⌚ 24 Stunden.

Optiker

Vientiane Optic, neben der Kulturhalle führt Kontaktlinsenflüssigkeit und Brillengestelle, macht auch computergestützte Sehtests.

Post

Hauptpost, an der Ecke zum Morgenmarkt, und eine Filiale des Brief- und Paketdienstes der Post in der **Sailom Rd.**, gleich gegenüber dem Lao-Telecom-Gebäude. ⌚ Mo–Fr 8–17, Sa bis 12 Uhr, So geschlossen.

Reisebüros

Viele Reisebüros in der **Setthathirat Rd.** und der **François Ngin Rd.** Im Angebot sind Flug- und Bahntickets, Visaservice und Bustickets privater Gesellschaften.

Sicherheit

Vientiane ist eine der sichersten Hauptstädte Südostasiens, aber auch sie ist nicht gegen Kriminalität immun.

Diebstahl: Die Zahl der Diebstahl- und Raubdelikte hat in den vergangenen Jahren stark zugenommen. Zu jeder Zeit ist Vorsicht vor Taschendieben geboten. Wer ein Fahrrad oder Moped mietet, sollte seinen Tagesrucksack nicht in den Frontkorb legen oder am Lenker befestigen. Es hat schon schwere Unfälle gegeben, als Motorrad-Diebe mit der Tasche gleich das ganze Fahrrad wegrissen.

Straßenverkehr: Abends und zu Festen gibt es viele betrunkene Fahrer auf den Straßen. Also: trotz grüner Ampel vorsichtig an Kreuzungen heranfahren.

Trickbetrüger: In jüngster Zeit ist es immer wieder vorgekommen, dass Reisende in ein nettes Gespräch verwickelt werden, man Telefonnummern austauscht, zum Essen eingeladen wird und sich nach einer Weile herausstellt, dass ein Mitglied der Familie professioneller Kartengeber ist und dem Gast ein paar Tricks beibringt, um später gemeinsam gegen eine andere Person zu spielen.

Polizeikontrollen: Nach 18 Uhr kontrolliert die Polizei verstärkt Auto- und Motorradfahrer an den Hauptkreuzungen und Ausfallstraßen. Wer angehalten wird, sollte die „Strafe" freundlich runterhandeln und vor Ort begleichen. Auch Verkehrsverstöße, etwa gegen die Helmpflicht, werden geahndet.

Telefon

In den Service Centern der **Lao Telecom**, Chantakhoummane Rd. und Sailom Rd., kosten internationale Ferngespräche 2000 Kip/Min. (erste Minute 3000 Kip). ⌚ Mo–Fr 8–17, Sa 8.30–15 Uhr. Etwas teurer sind Telefonate nach Europa in den **Internetcafés** (3000–4000 Kip/Min). Wer sein **Smartphone** mitgebracht hat, kann per Messaging-Dienst übers WLAN telefonieren oder sich eine lokale SIM-Karte kaufen (ETL, M-Phone, Beeline oder Unitel) und dann ebenfalls für 2000 Kip zu Hause anrufen. SIM-Karten gibt's fast überall, bei Fragen zum mobilen Internet helfen die Service Center:

ETL, Sailom Rd., 💻 www.etllao.com, ⌚ Mo–Fr 8–17, Sa 8–12 Uhr.

Unitel, Nong Bon Rd., 💻 www.unitel.com.la, ⌚ 8–17 Uhr.

Beeline, Setthathirat Rd., neben dem Khop Chai Deu, 💻 www.beeline.la, ⌚ 8.30–20.30 Uhr.

Visumsverlängerung

Das **Immigration Office**, Hathsadi Rd., verlängert Visa für US$2 pro Tag. Wer morgens kommt, kann den Pass normalerweise nachmittags wieder abholen. ⌚ Mo–Fr 8–12, 13–16 Uhr.

NAHVERKEHR

Vientiane ist klein. Die meisten Sehenswürdigkeiten liegen so dicht beieinander, dass sie gut auf einem Rundgang besichtigt werden können. Ideal sind **Fahrräder**. Wer es rasanter mag, kann sich einen **Roller** mieten, allerdings ist Vientiane kein guter Ort für Anfänger.

Busse

Moderne grün-weiße und ein paar uralte blaue **Stadtbusse** verbinden die Vororte mit dem Talat-Sao-Terminal. Fahrten zum Flughafen, zur Universität oder zur Freundschaftsbrücke kosten 3000–6000 Kip. Die Stadt betreibt auch ein gutes Dutzend **Elektrobusse**.

Tuk Tuks

Mobiler als Busse sind Tuk Tuks. Sie kreuzen die Straßen von morgens bis abends.
Fahrten innerhalb des Zentrums sollten nicht mehr als 25 000 Kip kosten.
Die **Festpreise** auf den laminierten Listen, die einem überall unter die Nase gehalten werden, haben bis zu 25 % Spiel nach unten. Am ehesten lässt sich mit Fahrern handeln, die man unterwegs anhält. Ziemlich hartnäckig sind die Jungs an den Sammelstellen um Nam Phou, Setthathirat Rd. und Fa Ngum Rd.
Tuk Tuks auf festen Routen, etwa entlang der Souphanouvong Rd., kosten 5000–10 000 Kip p. P.

Taxis

Taxis sind eine weitere Option. Die gelben Wagen der **Taxi Vientiane Group**, ✆ 021-454168, haben Taxameter (Grundgebühr 15 000 Kip, dann 2000 Kip pro 300 m).
Bei **Wagen ohne Taxameter** sind die Preise Verhandlungssache. Fahrten vom Flughafen ins Zentrum kosten 57 000 Kip/US$8, von der Freundschaftsbrücke etwa 300 Baht/US$9,50.

TRANSPORT

Busse

Vientiane hat **drei Busstationen**:
Vom ehemals größten Terminal am **Talat Sao**, Mahosot Rd., Ecke Khou Vieng Rd., ✆ 021-216507 oder 020-22222772, werden nur noch Ziele innerhalb der Provinz Vientiane sowie Thailand angefahren.
Busse in den Norden, auch nach China, starten von der **Nördlichen Busstation**, ✆ 021-612384, 11,5 km nördlich des Zentrums. Wer nach Südlaos, Phonsavan, Kambodscha oder Vietnam möchte, muss zur neuen **Südlichen Busstation**, ✆ 021-740522, 11 km nördlich des Zentrums an der 450 Year Road, fahren.
An allen drei Stationen gibt es **Ticketschalter**. Wer seine Fahrkarte schon im Gästehaus kauft, zahlt zwar etwas mehr, wird am Abreisetag aber zur Busstation gebracht (was insgesamt günstiger sein kann). Lange Strecken sollten ruhig einen Tag vorher gebucht werden, besonders an Wochenenden und laotischen Feiertagen. Traveller mit Ziel Vang Vieng können auch einen der **privaten Minibusse** nutzen (60 000 Kip), die in zahlreichen Gästehäusern und Reisebüros zu buchen sind.

Nördliche Busstation (Ziele in Nordlaos)
Tuk Tuk vom/ins Zentrum etwa 60 000–70 000 Kip.
HOUAY XAI (884 km, 30 Std, als Ziel steht „Bokeo" ausgeschrieben) um 10 Uhr (VIP/Schlafbus) für 250 000 Kip und um 17.30 Uhr (AC) für 230 000 Kip.
LUANG NAMTHA (690 km, 15–17 Std.) um 8.30 (AC) und 17 Uhr (AC) für 200 000 Kip.
LUANG PRABANG (383 km, 9–10 Std.) um 6.30, 7.30, 8 (VIP), 8.30, 9 (VIP), 11, 13.30, 16, 18, 19.30 (VIP) und 20 Uhr (Schlafbus) sowie 20.30 (Schlafbus); regulär (alle AC) 110 000 Kip, VIP 130 000 Kip, Schlafbus 150 000 Kip.
OUDOMXAI (576 km, 16 Std.) um 6.45 (AC), 13.45 (AC), 16 (Schlafbus) und 17 Uhr (AC); 6.45 für 150 000 Kip, AC 170 000 Kip, Schlafbus 190 000 Kip.
PAKLAI (216 km, 5–6 Std.) um 7, 8, 9 und 11 Uhr für 100 000 Kip (8 Uhr für 80 000 Kip).
PHONGSALY (793 km, 24 Std.) um 7.15 Uhr für 210 000 Kip und 18 Uhr (Schlafbus) für 230 000 Kip.
PHONSAVAN (390 km, 9–10 Std.) um 6.30, 7.30, 9.30, 16, 18.40 und 20 Uhr (VIP), regulär 110 000 Kip, VIP 150 000 Kip.
VANG VIENG (156 km, 3 Std.) mindestens stdl. zwischen 6.30 und 20 Uhr, da fast alle Busse in Richtung Norden in Vang Vieng Halt machen; regulär 60 000 Kip, AC 70 000 Kip, VIP 80 000 Kip.
XAM NEUA (612 km, 20 Std.) um 7 Uhr für 170 000 Kip über Luang Prabang und NONG

Weiterreise in die Nachbarländer

Thailand

Busse: Staatliche Busse fahren vom Terminal am Talat Sao nach **Nong Khai** (7.30, 9.30, 12.40, 14.30, 15.30 und 18 Uhr, 15 000 Kip), **Udon Thani** (8, 9, 10.30, 11.30, 14, 15, 16.30 und 18 Uhr, 22 000 Kip; hält nicht am Flughafen), **Khon Kaen** (8.15 und 14.45 Uhr, 4 Std., 50 000 Kip) und **Bangkok** (18 Uhr, 10 Std., 248 000 Kip, nur bis Korat 149 000 Kip). Die Tickets können nicht vorab gekauft werden, und die Busse sind schnell voll. Nach Feierabend und an Feiertagen kommen noch mal 2000 Kip obendrauf.
In Nong Khai startet tgl. um 20.45 Uhr ein Schlafbus zum Mo Chit Terminal und um 20 Uhr ein normaler Bus zum Suvarnabhumi Airport in Bangkok (9–11 Std.)., Zubringer ab Vientiane, buchbar in den meisten Reisebüros.
Eisenbahn: Drei Züge verbinden das thailändische Nong Khai, 27 km südöstlich von Vientiane, täglich mit Bangkok (11–13 Std.): der Express 76 um 7 Uhr, der Express 78 um 18.15, der Express 70 um 19.10 Uhr und der Rapid 134 um 18.30 Uhr. Wer nicht schon den Zug über die Freundschaftsbrücke nimmt (S. 374), muss auf eigene Faust über die Grenze (🕒 6–22 Uhr) – entweder mit dem Thai-Lao International Bus vom Morgenmarkt oder per Bus/Tuk Tuk/Taxi.
Am besten ist der Express 70 mit Schlafwagen, allerdings können die oberen Betten im AC-Abteil arktisch kalt werden. Die Züge sind oft eine Woche im Voraus ausgebucht. Fahrkarten gibt's in Laos am Bahnhof in Ban Thanaleng, in vielen Reisebüros und online unter 💻 www.thairailticket.com.
Flüge: S. 375.

Vietnam

Busse: Mehrere Unternehmen, vietnamesische und laotische, fahren tgl. gegen 18 oder 18.30 Uhr über **Vinh** (160 000 Kip, 14 Std.) nach **Ha Noi** (200 000 Kip, über Vinh, 20 Std.), nach **Hue** (180 000 Kip, 16 Std.) und nach **Da Nang** (250 000 Kip, 19 Std.).
Der Bus nach **Ho-Chi-Minh-Stadt** (500 000 Kip, 24 Std. plus X) durch Kambodscha verlässt Vientiane zwei bis dreimal in der Woche um 16 Uhr. Tickets und Abfahrt: Südliche Busstation. An das Visum für Vietnam denken.
Flüge: S. 375.

Kambodscha

Busse: Tgl. um 20.30 Uhr fahren Busse von Vientiane via Pakxe (umsteigen) nach Siem Reap (420 000 Kip, 25 Std.) oder Phnom Penh (400 000 Kip, 22 Std.). Abfahrt von der Südlichen Busstation.
Flüge: S. 375.

China

Busse: Tgl. um 14 und 18.30 Uhr starten Busse von Vientiane nach **Kunming** (635 000 Kip, 1 1/2–2 Tage) über **Mengla** (284 000 Kip, 22 Std.). Die Busse haben Pritschen. Eine Direktverbindung nach Mengla besteht jeden zweiten Tag um 11 Uhr. Infos unter ✆ 020-56855558. Abfahrt von der Nördlichen Busstation. Nur mit gültigem China-Visum.
Flüge: S. 375.

KIAO, um 9.30, 12, 14 (Schlafbus) und 17 Uhr (VIP) über Phonsavan. Regulär 190 000 Kip, VIP 210 000, Schlafbus 210 000 Kip.
XAYABOURY (380 km, 8–9 Std.) um 9, 16 und 18 Uhr (AC); regulär 110 000 Kip, AC-Bus 130 000 Kip.

Südliche Busstation (Ziele in Südlaos)
Tuk Tuk vom/ins Zentrum etwa 60 000–70 000 Kip.
ATTAPEU (876 km, 18–20 Std.) um 7.15 (Express), 9.30, 17 und 20.30 Uhr (VIP); regulär 140 000 Kip, Express 180 000 Kip, VIP 220 000 Kip.

BAN KONG LO (312 km, 7–8 Std.) um 10 Uhr für 80 000 Kip.
DON KHONG (808 km, 15–18 Std.) um 10.30 Uhr für 150 000 Kip.
LAK XAO (Grenze Vietnam, 327 km, 8 Std.) um 5, 6, 7, 11.30 und 18.30 Uhr für 85 000 Kip.
PAKXAN (143 km, 2–3 Std.) alle 30 Min. von 4 Uhr bis abends für 35 000 Kip.
PAKXE (670 km, 12–16 Std.) staatliche Busse 9x tgl. für 110 000 Kip, der erste um 10 Uhr, anschließend von 12.30–16 Uhr alle 30. Min.; AC-Busse um 5.15, 18, 18.30, 19 und 20 Uhr für 140 000 Kip; VIP-Busse mehrerer Gesellschaften um 20.30 und 21 Uhr für 170 000 Kip, Ankunft gegen 6.30 Uhr. Die VIP-Busse werden ziemlich kalt – Jacke und Socken mitnehmen.
PHONSAVAN (373 km, 9 Std.) um 6.30, 8.30 Uhr für 110 000 Kip, um 19 Uhr (VIP) für 130 000 Kip und um 20.30 Uhr (Schlafbus) für 150 000 Kip.
SALAVAN (673 km, 14 Std.) um 16.30, 19.30 (Express) und 20.30 (VIP); regulär 130 000 Kip, Express 160 000 Kip, VIP 190 000 Kip.
SAVANNAKHET (468 km, 8 Std.) alle 30 Min. von 5.30–9 Uhr für 75 000 Kip, VIP-Bus um 20.30 Uhr für 110 000/120 000 Kip (Sitz/Liege); mancher Bus nach Pakxe stoppt auch in Savan.
XEKONG (754 km, 14 Std.) um 4.30, 17.30, 20.30 (VIP) und 21.30 Uhr (Express), regulär 130 000 Kip, Express 160 000 Kip, VIP 190 000 Kip.
THAKHEK (335 km, 5–6 Std.) um 4, 5, 6, 12 und 13 Uhr (VIP); regulär 60 000 Kip, VIP 80 000 Kip. Weitere Busse s. Verbindungen nach Pakxe.
VEUN KHAM (Grenze Kambodscha, 830 km, 18–20 Std.) um 11 Uhr für 150 000 Kip.
Busse nach Pakxe, Attapeu und zum Bolaven-Plateau halten auch in Pakxan und Thakhek, aber nicht immer in Savannakhet – fragen.

Busstation am Talat Sao (Ziele in der Provinz Vientiane und Thailand)
Tuk Tuk vom/ins Zentrum höchstens 15 000 Kip.
DONG DOK (9 km, 20 Min.) alle 30 Min. bis 18 Uhr für 3000 Kip.
FREUNDSCHAFTSBRÜCKE (24 km, 45 Min.) alle 20 Min. bis 17.30 Uhr für 6000 Kip.
THALAT (84 km, 2 Std) alle 30 Min. zwischen 7 und 17.30 Uhr für 20 000 Kip.
VANG VIENG (156 km, 3–4 Std.) 5x tgl. bis 17 Uhr für 50 000 Kip.

Eisenbahn

Laos' einziger **Bahnhof** in Thanaleng, ✆ 021-820002, liegt 15 km südöstlich des Zentrums mitten im Nichts. Tgl. um 11.15 und 17 Uhr fahren Züge über die Freundschaftsbrücke nach NONG KHAI (20–50 Baht, je nach Klasse, 15. Min.). Wer den späten Zug nimmt, kann in Nong Khai um 19.10 Uhr in den bequemen Express 70 nach BANGKOK umsteigen (s. auch S. 373). Den Ausreisestempel bekommt man in Ban Thanaleng, den thailändischen Einreisestempel in Nong Khai. Tickets gibt's am Bahnhof.

Boote

Der verwaiste Anleger am Mekong, **Kao Leo**, liegt 10 km westlich der Stadt. Seit dem Ausbau der Straße 13 fahren nur noch wenige Frachtschiffe, der öffentliche Personenverkehr ist eingestellt. Wer mehrere Tage Zeit mitbringt, kann mit viel Beharrlichkeit versuchen, auf einem Frachter unterzukommen oder die Luxusvariante für Fahrten zwischen dem Goldenen Dreieck, Luang Prabang und Vientiane (je nach Wasserstand) wählen: 💻 www.cruisemekong.com.

Flüge

Der **Wattay International Airport** liegt 6 km westlich des Zentrums. Momentan wird der Internationale Terminal ausgebaut, um der steigenden Anzahl an Passagieren gerecht zu werden. Taxis vom/zum Flughafen kosten um die US$8. Wer die paar hundert Meter zur Hauptstraße läuft, kann auch für 30 000 Kip ein Tuk Tuk in die Stadt nehmen.

Inlandflüge in der Hochsaison von/nach:
HOUAY XAI (4x wöchentl., 1 Std.) mit Lao Skyway;
LUANG NAMTHA (1–2x tgl., 1 Std.) mit Lao Airlines und Lao Skyway;
LUANG PRABANG (4–5x tgl., 40 Min.) mit Lao Airlines und Lao Skyway;
OUDOMXAI (1–2x tgl., 1 Std.) mit Lao Airlines und Lao Skyway;
PAKXE (2x tgl., 1 1/4 Std.) mit Lao Airlines;
PHONSAVAN (1x tgl., 30 Min.) mit Lao Airlines und Lao Skyway;
PHONGSALY (3x wöchentl., 1 3/4 Std.) mit Lao Skyway;

SAVANNAKHET (tgl., werktags direkt, 1 Std., sonst über Pakxe) mit Lao Airlines;
XAM NEUA (4x wöchentl., 1 1/4 Std.) mit Lao Skyway;
Frequenz und Abflugzeiten ändern sich je nach Saison und Nachfrage. Flüge nach Houay Xai, Phongsaly und Xam Neua (alle Lao Skyway) fallen bei schlechtem Wetter aus.

Internationale Flüge
BANGKOK, Suvarnabhumi Airport (4–5x tgl., 1 1/4 Std.) mit Thai Airways, Bangkok Airways und Lao Airlines.
€ Neuerdings fliegt auch die Billigairline **Air Asia**, 💻 www.airasia.com, tgl. nach Bangkok, allerdings zum Flughafen Don Muang. Nok Air und THAI Smile könnten bald folgen.
CHIANG MAI (tgl. über Luang Prabang, 4 3/4 Std.) mit Lao Airlines;
GUANGZHOU (3x wöchentl., 2 1/2 Std.) mit Lao Airlines;
HA NOI (2x tgl., 1 1/4 Std.) mit Vietnam Airlines und Lao Airlines;
HO-CHI-MINH-STADT (1x wöchentl. direkt; sonst tgl. über Phnom Penh und 3x wöchentl. über Pakxe 3 3/4 Std.) mit Vietnam Airlines und Lao Airlines;
KUALA LUMPUR (3x wöchentl., 3 3/4 Std.) mit Air Asia;
KUNMING (1–2x tgl., 2 1/4 Std.) mit China Eastern Airlines und Lao Airlines;
NANNING (4x wöchentl., 1 3/4 Std.) mit China Eastern Airlines;
PHNOM PENH (1x tgl., 1 1/2 Std.) mit Vietnam Airlines;
SEOUL (1–3x wöchentl., 5 Std.) mit Lao Airlines, Jin Air, T'Way Airlines;
SIEM REAP (3x wöchentl. über Pakxe, 3 Std.) mit Lao Airlines;
SINGAPORE (3x wöchentl., 4 Std.) mit Lao Airlines und Silk Air.

Airlines
China Eastern Airlines, M&N Building, Souphanouvong Rd., ✆ 021-212300. ⌚ Mo–Sa 8–17 13.30–16.30, Sa 8–12 Uhr.
Bangkok Airways, Lao Plaza Hotel, Samsenthai Rd., ✆ 021-242557, 💻 www.bangkokair.com. ⌚ Mo–Sa 8–17 Uhr.
Lao Airlines, 2 Manthatourath Rd., ✆ 021-212051, 💻 www.laoairlines.com. Büro am Flughafen ✆ 021-512028 (international) oder 512000 (Inland) Call-Center 1626. Tickets können mit Kreditkarte oder bar bezahlt werden, auch Onlinebuchung möglich. ⌚ Mo–Fr 8–12, 13–16, Sa 8–12 Uhr.
Lao Skyway (vormals Lao Air), Sengthien Hotel, Asean Rd. und am Flughafen, ✆ 021-513022 oder Call-Center 1441, 💻 www.laoskyway.com.
Thai Airways, im selben Gebäude wie China Eastern Airlines, ✆ 021-222527, 💻 www.thaiairways.com. ⌚ Mo–Fr 8.30–12,13–17, Sa 8.30–12 Uhr.
Vietnam Airlines, Lao Plaza Hotel, Samsenthai Rd., ✆ 021-217562, 💻 www.vietnamairlines.com. ⌚ Mo–Fr 8–12, 13.30–16.30, Sa 8–12 Uhr.

Die Umgebung von Vientiane

Reisfelder und Straßendörfer prägen das Umland Vientianes, das seit Ende der 1980er-Jahre zusammen mit der Hauptstadt die **Präfektur Vientiane** bildet. In den neun Bezirken plus Stadt leben heute etwa 800 000 Menschen.

Ein Ausflug lohnt zum Buddha Park, **Xieng Khouan**, einer Ansammlung bombastischer Betonfiguren aus laotischer Folklore, Hinduismus und Buddhismus. Keine 100 km entfernt liegt außerdem das sehenswerte **Phou Khao Khouay NPA** (S. 453), in dem man gut trekken kann.

Xieng Khouan (Buddha Park)

Vientianes schrägste Sehenswürdigkeit liegt 24 km südöstlich der Stadt am Mekong. Xieng Khouan, auch Souan Phut – „Buddha Park" – genannt, ist ein fantasievoller **Skulpturengarten**, der 1958 von dem laotischen Künstler Boun Leua Soulilat geschaffen wurde, einem Philosophen und Priester, der verschiedene asiatische Religionen zu einer einzigen Weltanschauung vereinigte. Die Statuen finanzierte er mit Spenden seiner Anhängerschaft, zu der auch hochrangige Mitglieder der damaligen Gesellschaft gehörten.

Am bekanntesten ist sicher die mächtige **liegende Buddhastatue** nahe dem Eingang, die inzwischen Postkarten, Poster und Buchtitel ziert. Unweit davon ragt ein riesiger **Betonkürbis** in den Himmel, dessen drei Ebenen im Innern Hölle, Erde und Paradies symbolisieren. Vom Dach hat man einen schönen Rundblick. **Boun Leua** selbst hat sich am südlichen Ende des Areals vor dem Stupa verewigt. Im Lotussitz und mit zum *nop* gefalteten Händen wirkt er fast real.

Ein gechartertes Tuk Tuk zum Buddha Park kostet um 150 000 Kip. Wer just über die Freundschaftsbrücke nach Laos eingereist ist und sofort mit dem Sightseeing beginnen möchte, kann seinen Taxi- oder Tuk-Tuk-Fahrer bitten, vor der Fahrt in die Stadt einen kleinen Abstecher zum Park zu machen. ⌚ tgl. 8–17 Uhr, Eintritt 5000 Kip.

Provinz Vientiane

Von Flüssen durchzogen und fruchtbar erstreckt sich die Provinz Vientiane über knapp 16 000 km² vom Nam-Ngum-See im Osten über den Mekong im Westen bis kurz vor Phou Khoun im Norden. Mehr als die Hälfte der 420 000 Einwohner sind Lao. Im Grenzgebiet zu den Provinzen Luang Prabang und Xayaboury haben sich Hmong, Yao und Khmu angesiedelt.

Die geografischen Merkmale der Provinz sind zugleich ihre Highlights: die Karstberge im Norden, die vom Backpacker-Magneten **Vang Vieng** aus erkundet werden können, und der riesige **Nam-Ngum-Stausee** im Osten, der nicht so viele Touristen anzieht.

Nam-Ngum-Stausee

In der Ebene von Vientiane, 90 km nördlich der Hauptstadt, erstreckt sich inmitten bewaldeter Hügel das zweitgrößte Wasserreservoir von Laos. Und obwohl rund sieben Millionen m³ Wasser in einem Land ohne Strand ein toller Anblick sind, lassen die meisten Touristen Ang Nam Ngum links liegen.

Die erste Bauphase des **ältesten Wasserkraftwerks** von Laos wurde schon 1971 unter der königlichen Regierung beendet. Etliche Nationen, darunter die USA, Thailand und Deutschland, gaben damals Geld. Nach dem Umsturz installierte die neue Führung weitere Turbinen und errichtete auf zwei der Inseln Umerziehungslager für „dekadente Elemente" aus Vientiane. Heute exportiert das 155-MW-Kraftwerk bis zu 80 % des Stroms nach Thailand. Der Rest fließt via Hochspannungsleitung nach Vientiane und Umgebung.

Die Infrastruktur am See ist bescheiden. Die unspektakuläre Marktstadt **Thalat**, 6,5 km westlich des Damms, dient als Eingangstor. Hier halten die meisten Busse und Pick-ups aus Vientiane und Phonhong. Per Tuk Tuk besteht regelmäßig Anschluss nach **Na Keun**. Das kleine Fischerdorf am Westufer des Sees besteht aus wenig mehr als ein paar Holzhäusern und mehreren Fischrestaurants. Kurz vor dem Dorfeingang führt rechts ein kleiner Weg zum **Longngum View Resort**, ❸–❺, ✆ 030-5709922. Die meisten Zimmer (AC, WLAN) liegen am Hang mit entsprechendem Seeblick, sind aber nicht billig. Es gibt einen Pool, diverse Aktivitäten (Jetski, Kajak) und Karaoke. Wer der Straße 400 m weiter folgt, gelangt zu den romantischeren und netteren Bungalows des **Salapa Fisherman's Resort**, ✆ 030-9668041, ❹, rund um einen hübschen Garten.

Im Dorf selbst kann man kleine Fischerboote für eine Fahrt auf dem See oder zu einer der Inseln chartern. Ein guter Ansprechpartner für eine Bootsfahrt ist Mr. Ley, ✆ 020-55623954: Er hat mehrere Boote, kennt sich in der Gegend aus und stellt auf Wunsch Touren zusammen. Am schnellsten zu erreichen ist **Don Dok Khoun Kham** (15 Min.). Häufiger wird inzwischen **Don Paouan** (1 Std.) wegen ihrer Felsen und einer Höhle angesteuert. Auch das Fischerdorf auf **Don Ai Pad** (45 Min.), benannt nach „Bruder Pad", der hier schon seit einem Vierteljahrhundert lebt, sieht hin und wieder Touristen.

TRANSPORT

Auto und Motorrad

Eine Motorradtour zum Nam-Ngum-See mit Routenkarte ist im **eXTra [4947]** beschrieben.

Busse und Pick-ups

Von der Talat Sao Busstation in Vientiane starten alle 30 Min. Busse nach Thalat (2 Std., 15 000 Kip). Wer aus dem Norden kommt, muss in Phonhong in einen der regelmäßigen Pick-ups nach Thalat umsteigen (10 000 Kip). Von dort fahren Tuk Tuks nach Na Keun (15 000 Kip). Zurück kann man einen der stdl. Busse (bis 17.30 Uhr) von Thalat nach VIENTIANE nehmen und gegebenenfalls in Phonhong auf einen Anschluss in den Norden warten.

Boote

Wer eine **Alternativstrecke** für die Fahrt von Vientiane **nach Vang Vieng** oder umgekehrt sucht, kann für etwa 400 000 Kip in 2–3 Std. von Na Keun nach Tha Heua am Nordufer des Nam-Ngum-Sees an der Straße 13 schippern (nicht in der späten Trockenzeit). Dort besteht regelmäßig Anschluss nach Vang Vieng (24 km, 30–40 Min). Oder man entspannt im Blue Lagoon Resort direkt am Stausee.

Von Vientiane nach Vang Vieng

Die stark befahrende Straße 13 zwischen Vientiane und Vang Vieng führt durch Straßendörfer und Reisfelder.

Vang Xang

62 km nördlich von Vientiane liegt Vang Xang, eine Stätte mit Hautreliefs aus dem 10.–13. Jh. Sie umfasst zwei Gruppen mit je fünf **Buddha-Skulpturen** im Khmer-Stil, die direkt aus dem Fels gemeißelt wurden. Um hinzugelangen, muss man kurz hinter dem KM-61-Stein am Schild „Vangxang Resort" rechts abbiegen. Nach ein paar hundert Metern geht's vor dem Resort rechts um einen Fischteich herum, ein Stück bergauf und an der nächsten Möglichkeit wieder rechts. Nun ist es noch etwa 1 km geradeaus. Eintritt 5000.

Dane Pha

Na gut, sie ist nicht gerade der Grand Canyon. Aber ein bisschen Wildwestgefühl erzeugt die kleine **Sandsteinschlucht** Dane Pha, 70 km nördlich von Vientiane, schon. Über eine Länge von 400 m hat sich der Fluss in das rötlich-braune Gestein gefressen. An drei Stellen stehen Buddhastatuen in Felsnischen, kleine Salas spenden Schatten in der Mittagshitze.

Neue Provinz mit Tücken

Bevor es 2013 den Status einer Provinz erhielt, war **Xaisomboun** (8300 km^2) nordöstlich von Vientiane lange Zeit **militärisches Sperrgebiet**. Während des Indochinakriegs gab es in der bergigen Region heftige Gefechte, und die CIA unterhielt in **Long Tieng** ihren eigenen Flughafen. Da es dort auch nach der kommunistischen Machtübernahme noch Guerilla-Aktivitäten gab, wurde ein großes Gebiet inmitten von Laos zur militärischen Sonderzone erklärt. Nach Beruhigung der Lage löste die Regierung die „Special Zone" 2006 auf und erklärte Xaisomboun sieben Jahre später zur **17. Provinz** des Landes.

Trotz der teilweise tollen Karstlandschaft ist die Region momentan **als Reiseziel nicht geeignet**: Zwischen November 2015 und März 2016 kam es wiederholt zu Angriffen auf Fahrzeuge und Schießereien zwischen laotischem Militär und bewaffneten Gruppen. Das Auswärtige Amt rät momentan von nicht unbedingt erforderlichen Reisen in die Provinz ab.

In der Kurve in Phonhong biegt man gegenüber dem kleinen Schild „B. Huypoung" links ab und folgt dem Sandweg 2 km, bis man an ein Tor mit goldenen Vogelstatuen kommt; hier links ab und noch weitere 200 m.

Tha Heua

Das Fischerdorf Tha Heua schmiegt sich etwa 24 km südlich von Vang Vieng an eine Bucht des Nam-Ngum-Sees. Es ist vor allem für diejenigen interessant, die einen Teil der Strecke Vang Vieng – Vientiane auf dem Wasser zurücklegen wollen. Boote nach Na Keun am Westufer des Sees (S. 376) lassen sich mit etwas Hartnäckigkeit für 400 000 Kip chartern (2–3 Std.). Wer gerade von dort kommt: Busse und Pick-ups halten in Tha Heua im Norden an der Kreuzung und fahren regelmäßig nach Luang Prabang (7 Std.), Vang Vieng, (30–40 Min.) und Vientiane (2 1/2 Std.).

Es gibt aber auch einen guten Grund, ein paar Tage zu bleiben: das **Green View Resort**, 020-95698222, auf Facebook, traumhaft schön gelegen, abseits auf einer Halbinsel im Stausee (aus Richtung Vientiane in Tha Heua rechts abbiegen). Die neuen Bungalows mit AC haben eine eigene Terrasse mit Seeblick. Ein kleiner Pool und das Restaurant mit Blick auf den See runden das idyllische Bild ab. Ausflüge zu einer der unzähligen Inseln im Stausee sind ebenso möglich wie der Transport zur/von der anderen Seeseite (Na Keun). Der französische Inhaber stellt außerdem gern Kajaks und Surfbretter zur Verfügung. Unbedingt reservieren, Preis inkl. Frühstück. ❹

Falls das Green View Resort ausgebucht ist, kann man auch im neuen **Sanctuary Nam Ngum Beach Resort**, (ehemals Blue Lagoon Resort) unterkommen, ✆ 020-59861219, 💻 www.sanctuaryhotelsandresorts.com. Luxuriöse Anlage mit Pool und Strand auf einer Halbinsel gelegen. Schön, aber teuer. Preis inkl. Frühstück; WLAN. ❺–❻.

Das benachbarte **Nirvana Eco Gh.**, ✆ 020-54894272, bietet schlichtere Holz- und Bambusbungalows mit Seeblick an. ❸–❹

Vang Vieng und Umgebung

Karstkegel, Höhlen und eine ideale Lage am Fluss: Vang Vieng, 156 km nördlich von Vientiane, ist die laotische Antwort auf Chinas Yangshuo. Einst ein Dorf wie aus einer chinesischen Tuschezeichnung, liegt es heute an der Ameisenstraße des **Massentourismus**. Hier treffen Expats, Familienurlauber und asiatische Reisegruppen auf Backpacker und Partytouristen und verleihen dem Ort eine Atmosphäre wie auf Ko Samui & Co.

Die Partyexzesse, unter denen die Stadt noch vor wenigen Jahren zu leiden hatte, sind aber inzwischen Geschichte. Heute kommen die meisten wieder wegen der schönen Landschaft: Wie überdimensionale Kamelhöcker ziehen sich schroffe **Karstberge** am Horizont entlang, ein idealer Ort für Aktivitäten – von Kajakfahren über Caving bis zu Klettern. Mehr als 30 **Höhlen** wurden in den Hügeln schon entdeckt, knapp zwei Drittel davon sind für Touristen geöffnet. Viele Backpacker begnügen sich trotz allem damit, Party am Nam Xong zu machen oder sich in den austauschbaren Abhängschuppen mit Seifenopern berieseln zu lassen.

Der **Ortskern** liegt ungefähr 500 m westlich der Straße 13. Zwei namenlose Nord-Süd-Straßen und eine Handvoll Querstraßen sind alles, was Vang Vieng ausmacht. Der Fluss Nam Xong war ursprünglich Namensgeber des Ortes, bevor die Franzosen ihn im 19. Jh. in Vang Vieng umbenannten. Im Indochinakrieg war die Siedlung unter CIA-Mitarbeitern als **Lima Site 6** bekannt, der Codename für mehr als 400 nummerierte Flugpisten, von denen US-Piloten ihre Missionen flogen. Heute dient die Rollbahn an der Straße 13 als Startpunkt für Heißluftballonfahrten über die Karstberge.

Seit neuestem wird in Vang Vieng auch wieder fleißig gebaut: An vielen Stellen entstehen Hotelkästen für die zahlreichen koreanischen und japanischen Touristen, die die Stadt nach dem Ende der großen Party touristisch wiederbelebt haben.

Höhlen

Vang Viengs Höhlen sind das Highlight der Region. Sie liegen alle jenseits des Nam Xong. Die **Brücke** südlich des Riverside Boutique Resorts ist mautpflichtig. Es gibt auch ein paar, zum Teil kostenlose Bambusstege. In der Trockenzeit kann man den Fluss auch hier und da durchwaten (etwa an der Furt am Thavonsouk Resort). Für Touren eignet sich die **Hobo Map** *Vang Vieng*, die es an einigen Stellen zu kaufen gibt. Einen Vorschlag für einen Trip mit dem Rad oder Roller gibt es unter **eXTra [4948]**.

An fast allen Höhlen wird **Eintritt** verlangt. Bei vielen ist außerdem ein **Guide** mit Taschenlampe im Preis enthalten. Ein Ortskundiger sollte *immer* mitgehen. In dem zerklüfteten Gestein befinden sich nicht selten Löcher im Boden, die in der Dunkelheit kaum zu sehen sind. Als Problem haben sich allerdings manch selbsternannte Guides erwiesen: Lässt man die lampenbewehrten Jungs ungefragt neben sich herlaufen, wird beim Verlassen der Höhle ein Preis verlangt, der den normalen Eintrittspreis um ein Vielfaches übersteigt – also vorher einen kleinen Obolus aushandeln. **Wertsachen** sollten sicher im Gästehaus deponiert oder in einem wasserdichten Beutel *(dry bag)* verstaut werden. Nichts in fremde Hände geben, es kommt immer wieder zu Diebstählen.

Die Höhlen von Vang Vieng
N
0
4 km
ÜBERNACHTUNG
1 Bearlin Bungalow
2 Lao Valhalla
SONSTIGES
1 Heartbeat Pub
2 Vang Vieng Mai Gh. & Nightclub
TRANSPORT
1 Busstation
Phou Nampin
1736
Phatang
Tham Hoi
Tham Loub
Tham Nam
Tham Xang
13
Luang Prabang
Nadao
Ban Tham Xang
Phonngamneuan
Phathao
Phoxay
Phou Hok
935
Phou Namthem
1563
Viengsamay
Kaeng Nyui
Hängebrücke
Houaypasong
990
Phou Xan
Pu
Pakpo
Nampay
Nam Xong
Pha Deng
(Rote Klippe)
Organic Farm
Phoudindaeng
1363
Phou Them
Tham None
MARKT
KAYSONE DENKMAL
Phonxay
Nady
s. Stadtplan Vang Vieng S. 384
Tham Pou Kham
Tham Khanh
Tham Kiao Kham
Vang Vieng
Kaeng Nyui
1441
Pha Phoun
Naxom
Houay San
Nam Lao
1355
Phou Nang Oua
Napo
View Point
Nathong Neua
Nam Ka
Vang Vieng Resort
Khouanamloo
13
Nathong Tai
Tham Nam Bo Keo
Tham Chang
Phonxang
Naboua
Vientiane
Nam Mom
Nam Koang
Nam Xong
Namuang
LAOS

Zur **Ausrüstung** gehören stabile Schuhe, am besten griffige Trekking-Sandalen, da man mitunter durch Wasser waten und über rutschige Steine klettern muss, knielange Shorts, ein wasserdichter Beutel für Wertsachen und eine wasserfeste Taschenlampe. Wer in einen der Pools springen möchte, die sich vor vielen Höhlen befinden, sollte außerdem passende Badesachen mitnehmen (Männer: knielange Shorts, Frauen: Badeanzug und Wickelrock). Auch wenn die Tatsache von vielen Touristen ignoriert wird: Zu viel nackte Haut gilt auch in Vang Vieng als despektierlich.

Tham Chang

Tham Chang, 2 km südlich des Zentrums auf dem Gelände des **Vang Vieng Resorts**, ist die erste Höhle der Region, die für den Tourismus erschlossen wurde. Hin geht es 1,3 km entlang der Uferstraße nach Süden. Ab Straßenende sind es rechts noch 700 m bis zum Vang Vieng Resort (Gebühr). Jenseits der roten Eisenbrücke führt ein Weg links zum Kassenhäuschen im Schatten einer Felswand.

Das Innere der Höhle, 150 Zementstufen höher, wirkt durch seine rosa und grüne Ausleuchtung arg verkitscht. Ein Rundweg führt an Kalkformationen vorbei, in denen sich verschiedene **Figuren** erkennen lassen. Ein schöner **Aussichtspunkt** liegt links des Eingangs, ganz am Ende. ⏲ 7–11.30, 13–17 Uhr (in der Hochsaison durchgängig geöffnet). Eintritt 15 000 Kip.

Tham Pou Kham (Goldkrabbe)

Tham Pou Kham liegt etwa 7 km westlich von Vang Vieng und ist, nachdem man den Nam Xong überquert hat, leicht mit dem Fahrrad oder Roller zu erreichen.

Der Eingang zur Höhle befindet sich 50 m oberhalb eines türkisfarbenen Pools. Der Aufstieg über scharfe Felsen und quer liegende Äste wird mit einem fantastischen Blick in eine 200 m weite, grünlich schimmernde **Halle** belohnt. Im Zentrum befindet sich ein goldener Altar mit einer **liegenden Buddhastatue**. Wer mehrere hundert Meter in die Höhle vordringt, sieht mit viel Glück vielleicht die goldene Krabbe *(pou kham)*, die der Höhle ihren Namen gab. Ein guter Orientierungssinn ist allerdings mitzubringen. Eintritt 10 000 Kip. Stirnlampen können für 10 000 Kip geliehen werden. Wer auf Nummer sicher gehen will, nimmt einen Guide für 50 000 Kip.

Tham Xang (Elefantenhöhle)

Tham Xang, mehr eine **Grotte** als eine Höhle, befindet sich etwa 14 km nördlich von Vang Vieng und ist Teil der meisten Tagestouren. Von der Straße 13 geht es kurz hinter Nadao links ab. Die kleine Elefantenhöhle dient mit ihren Buddhafiguren, ihrem Fußabdruck Buddhas und ihrem Stalaktiten neben dem Eingang, der an einen Elefanten erinnert, in erster Linie als Dorftempel. Die beste Besuchszeit ist morgens zwischen 8 und 9 Uhr oder der Nachmittag, da ab 10 Uhr die ersten Gruppen eintreffen. Eintritt 5000 Kip.

Tham Hoi (Schneckenhöhle)

Tham Hoi ist nicht weit von Tham Xang entfernt (ausgeschildert). Sie windet sich 1,5 km in den Berg hinein. Mit ihren spitzen **Stalaktiten** und pechschwarzen **Hallen** ist sie definitiv einen Besuch wert. Man sollte auf jeden Fall Kleidung anziehen, die nass werden darf, denn die kleinen Pools, die man immer wieder durchquert, können in der Regenzeit hüfthoch stehen (Vorsicht: rutschige Steine). Abenteurer können nach Bewältigen der gesamten Strecke über einen Verbindungskanal die Wasserhöhle erreichen, ein guter Guide und eine starke Lampe vorausgesetzt. Eintritt für Tham Hoi und Tham Loub 10 000 Kip.

Tham Loub (Versunkene Höhle)

Auf dem Weg von Tham Hoi zur Tham Nam zweigt rechts nach wenigen Schritten der Pfad zur Tham Loub ab, für viele Laoten die **bedeutendste Höhle des Ensembles**. Um ins Innere zu gelangen, geht's zunächst ein Stück über Geröll hinauf und dann über eine wackelige Leiter wieder hinunter. Die 300 m lange Höhle besteht aus drei Hallen. Die erste ziert ein großer zentraler Tropfstein, am Ende der zweiten Halle erblickt man eine schöne Formation, die an ein Korallenriff erinnert.

Tham Nam (Wasserhöhle)

Der Besuch Tham Nams beginnt zu jeder Jahreszeit mit einem Bad. Das Becken eignet sich hervorragend zum **Tuben** – deshalb liegen hier auch Lkw-Schläuche der Tubing Group. Eine Suppenküche und Toilette komplettieren die touristische Ausrichtung. Der Eingang mit seinen sägezahnähnlichen Stalaktiten sieht vielversprechend aus, der anschließende schmale Gang parallel zum Bach ist allerdings rutschig und bietet im Vergleich zu Tham Hoi nicht viel Neues. Eintritt 10 000 Kip.

Tham None (Schlafhöhle)

Tham None ist von Vang Vieng aus gut zu Fuß oder mit dem Rad zu erreichen. Von der Hauptstraße geht es zunächst 2 km entlang der Straße 13 nach Norden. 200 m hinter der Busstation zweigt hinter den Schildern „Beerlao Distributor" und „Vangviengmai Gh. & Nightclub" ein Schotterpfad nach links ab (1,5 km). An der letzten Gabelung hält man sich wieder links und folgt dem Weg zwischen den alten Bungalows hindurch bis zum Nam Xong, wo einen ein kleines Boot übersetzt (Gebühr). Jetzt sind es nur noch ein paar Meter nach rechts.

Das lang gezogene **Wasserbecken** am Eingang zur Höhle muss schwimmend durchquert werden. Eine rutschige Leiter führt aus dem Wasser ins Innere, wo man sich von einer Pfütze zur nächsten teilweise auf allen Vieren fortbewegt (Vorsicht, extrem rutschig). Am anderen Ende der Höhle liegt ein alternativer, enger Ausgang. Eintritt 10 000 Kip.

Organic Farm

Am Ufer des Nam Xong bei Ban Phoudindaeng, 4 km nördlich von Vang Vieng, liegt die 6 ha große Organic Farm, www.laofarm.org. Die 1996 gegründete Biofarm produziert in erster Linie **Maulbeertee** und das auf möglichst umweltschonende Weise. Im guten Restaurant gibt's Gemüse aus biologischem Anbau, Maulbeershake, Trockenobst, Hibiskustee, Ananas-, Sternfrucht-, Maulbeer- und Zitronensaft, Maulbeerwein und Café Lao. Tipp: das Baguette mit gebratenen Ziegenkäse. Wer mag, kann sich auch in der laotischen Kochkunst üben. Außerdem bietet die Farm verschiedene Übernachtungsmöglichkeiten, etwa Dormbetten (ab 30 000 Kip), Zimmer, leicht muffige bis schöne und saubere Bungalows oder urige Lehmhäuser zwischen 70 000 und 180 000 Kip.

Vang Viengs Karstberge von oben

Ein sagenhafter Rundblick über Karstberge und Reisfelder ist der Lohn für den schweißtreibenden, 45-minütigen Aufstieg zum **View Point** bei Ban Nathong Tai. Der steile Weg durch den Wald überwindet etwa 200 Höhenmeter, stellenweise gesichert durch Seile und Holzstufen, sodass die Tour für jedermann zu schaffen ist. Immer wieder lassen sich durch die Bäume schon Blicke auf das Tal erhaschen. Für eine Verschnaufpause bietet sich die erste Hütte mit Blick nach Osten Richtung Vang Vieng an, bevor man den letzten Abschnitt bis zum Unterstand auf der Spitze des Karstbergs in Angriff nimmt. Am schönsten ist der Panoramablick am späten Nachmittag, wenn das Tal in der Abendsonne liegt. Den Abstieg sollte man aber nicht zu spät antreten – sonst tappt man im Dunkeln durch den Wald zurück.
Der Aussichtspunkt liegt 2,5 km westlich von Vang Vieng auf halber Strecke zur Tham Pou Kham. 300 m vor Ban Nathong Tai folgt man dem Wegweiser zur Primary School Phone Ngeun Village auf eine Anhöhe mit Kiosk. Hier ist der View Point ausgeschildert, zum Startpunkt des Aufstiegs sind es 250 m nach rechts. Die Anwohner erläutern dort gern noch mal den Weg und passen auf Mopeds oder Fahrräder auf. Eintritt 10 000 Kip.
Wer noch höher hinaus will, gönnt sich eine Fahrt im **Heißluftballon**, S. 386.

Mit dem Fahrrad oder Motorrad geht es zunächst auf der Straße 13 nach Norden bis ein Schild den Weg links zur Farm weist. Die Straße endet nach 300 m am Ufer des Nam Xong. Dort befindet sich auch der Einstieg für das Tubing.

Kaeng Nyui

Nachdem die Bezirksverwaltung erfolgreich Verhandlungen mit den auf dem Weg liegenden Hmong-Dörfern geführt hat, lässt sich wieder eine schöne 20-km-Rundtour mit dem Roller zum 30 m hohen **Wasserfall** Kaeng Nyui unternehmen. Dabei ist der Weg das Ziel: Der Wasserfall selbst ist in der Trockenzeit nur mäßig interessant.

LAOS

Partystadt auf Identitätssuche

Lange Zeit stand der Name „Vang Vieng" mehr für Komasaufen und Extrempartys als für seine Bilderbuchberge. Größter Spaß junger Traveller war es, in Lkw-Schläuchen den Nam Xong hinabzutreiben, sich in einer der Dutzend **Uferbars** die Kante zu geben und zwischendurch von den meterhohen Türmen, Rutschen und Lianen in den Fluss zu springen – eine riskante, enthemmte und ausgesprochen lärmige Angelegenheit. Viele Jahre hielten die Behörden still, doch nach etlichen tödlichen **Unfällen** und jeder Menge schlechter Presse mussten sie reagieren: Nachdem sich der damalige Premierminister Thongsing Thammavong vor Ort ein Bild gemacht hatte, wurden Ende 2012 sämtliche Bars entlang dem Fluss und auf Nam Xong Island abgerissen.

Heute ist **Tubing** wieder ein entspanntes Erlebnis, allerdings teilt man sich den Fluss nun mit vielen Kajakfahrern und es kann mitunter recht trubelig zugehen. Einige wenige Bars haben wieder geöffnet, aber Alkoholexzesse gibt es nicht mehr. Und ab 18 Uhr, wenn die Bars schließen und die Reifen abgegeben werden, ist es wieder ruhig. An Land sind es vor allem Quads, mit denen asiatische Tourgruppen schon frühmorgens halsbrecherisch durch die Dörfer und Karstlandschaft kacheln.

Auch wenn das Publikum ein anderes ist, in der Stadt selbst hat sich die Infrastruktur kaum geändert. Die meisten **Lokale** sind nach wie vor Café, Bar und Kino in einem. Hier treffen sich die Traveller auf Podesten und Matten zu Cocktails, westlicher Musik und Dauerbedröhnung mit alten Folgen der TV-Serien *Friends*, *Family Guy* und *Simpsons*.

Laotischer geht's da schon im **Heartbeat** zu, an der Straße 13, 3 km nördlich des Zentrums (Karte S. 379). Dies ist einer der wenigen Orte, wo sich Touristen unter Laoten mischen und nicht umgekehrt. Im **Vang Vieng Mai** gegenüber findet einmal die Woche die Vang Vieng Jungle Party mit DJs aus aller Welt statt, 💻 www.facebook.com/VangViengJungleParty. Sammeltaxis fahren vom Sakura (S. 386) hin und zurück.

Im Norden Vang Viengs biegt man von der Straße 13 rechts ab und folgt der Piste durch Reisfelder und Wald. Im Dorf Naduang sind **Homestays** möglich (Kontakt über die Tourist Information, S.388). Nach 5,5 km weisen Schilder den Weg nach rechts zum Wasserfall. Am Ticketschalter werden 10 000 Kip fällig. Dahinter befinden sich Imbissbuden und ein kleiner **Zip-Line-Parcours**. Nun müssen noch ein paar hundert Meter zu Fuß zurückgelegt werden.

Zurück geht's zunächst zurück zur Weggabelung mit den Schildern und dann rechts auf die ursprüngliche Piste. Dieser folgt man weitere 3 km geradeaus bis Ban Nakhe und hält sich hinter dem Ort links. Nun schlängelt sich die Staubstraße 3 km in ständigem Auf und Ab durch Wald und Felder mit Blick auf die Karstberge, bis sie wieder auf die Straße 13 trifft. Hier biegt man links ab für die letzten 6 km zurück nach Vang Vieng. Wer sich unsicher ist: Die *Hobo Map* ist prima für die Orientierung.

ÜBERNACHTUNG

Die Bettenzahl in Vang Vieng steigt und steigt. Wegen des Überangebots sind Zimmer schon ab 40 000 Kip zu haben. Dem Rummel entkommt man am ehesten im Süden oder auf der anderen Flussseite. Leute mit Motorrad können auch das schöne **Green View Resort** (S. 377) im 24 km südlichen Tha Heua in Betracht ziehen.

Am Fluss

Karte S. 384

Von den Unterkünften am **Ostufer** bietet sich ein einzigartiger Blick auf die Berge. Ein Manko der Gästehäuser im Norden ist die Nähe zur einstigen Partyinsel. Der Süden ist ruhiger und teurer. Am ruhigsten ist es am **Westufer**, allerdings kostet die Überquerung der Nam-Xong-Brücke bei jedem Rückweg aus der Stadt Geld.

Ostufer (Stadtseite)

Champa Lao The Villa ④, ✆ 020-55018501, 📧 champalao-villa@hotmail.com, 💻 auf Facebook. Die Räume reichen von simpel (Bastwände, Außenbad) bis hell und sauber (Bad, AC). Der üppige Garten lässt den fehlenden Karstblick verschmerzen. WLAN. ❷–❹

Champa Lao Bungalows ③, ✆ 020-55428518, ✉ bungalows_champalao9@hotmail.com. Einfache, gute Zimmer mit/ohne Bad und eine gemütliche Leseveranda. Über eine Bambusbrücke geht es auf die üppig begrünte Insel. Die netten Inhaber stammen aus Bangkok. ❶–❷

Nam Song Garden Gh. ⑤, nebenan. Zimmer in einem Gebäude an der Straße und in einem 2-stöckigen Steinbau am Ufer. Zur Zeit der Recherche wechselten gerade die Besitzer. Gemütliche Restaurantterrasse. WLAN. ❷

Mountain View Riverside Boutique Hotel ⑥ (ehem. Bountang Hotel), direkt gegenüber, ✆ 020-98003185, 💻 auf Facebook. Unspektakuläre, aber saubere Zimmer. Ab dem 2. Stock genießt man eine fantastische Aussicht auf den Nam Xong und die Berge. WLAN. ❷–❹

€ **Vang Vieng Inn** ⑦, ✆ 020-98897970. Freundliche, saubere Zimmer zum kleinen Preis – für Sparfüchse top! Kaffee und Bananen kostenlos; WLAN. ❶–❷

Grand View Gh. ⑨, am Fluss, Ende der 1. Querstraße, ✆ 020-55335599, 💻 www.grandviewguesthouse.net. Am besten sind die Balkonzimmer zum Fluss. Allerdings liegt das Haus wie alle in dieser Straße dicht an der Partyinsel. WLAN, Tee, Kaffee und Bananen frei. ❷–❸

Saysong Gh. ⑩, ✆ 023-511130, zwischen Grand View und dem Weg zum Fluss, am Ufer. Der Familienbetrieb bietet saubere geflieste DZ und 3-Bett-Zimmer mit Bad und Warmwasser. Der Panoramablick von der Terrasse wurde jedoch von den Nachbarn verbaut. ❶–❷

River View Bungalows ⑧, ✆ 020-55117757. Mit dem Saysong Gh. verwandt, aber separat geführt. Bungalows (AC/TV) im Fachwerklook auf der Südspitze der Insel (laut!). ❸–❹

Elephant Crossing Hotel ⑭, kurz vor der Nam-Xong-Furt, ✆ 023-511232, 💻 https://secure.theelephantcrossinghotel.com. Empfehlenswertes, familienfreundliches Hotel mit tollen Zimmern und perfektem Ausblick (je weiter oben, desto besser), günstige Triple (ohne Flussblick) für US$45; gutes Restaurant mit lässiger Bar. Schaukel im Garten und neuer Fahrstuhl im Haus. Preis inkl. Frühstück. WLAN. ❹–❺

Thavonsouk Resort ⑱, an der Nam-Xong-Furt, ✆ 023-511096, 💻 www.thavonsouk.com. Bungalow-Zimmer von Standard bis teuer auf einem großen Ufergelände. Im traditionell gebauten Ban Lao (bis US$150) lässt sich wie in alten Zeiten wohnen (nur komfortabler). Das Resort erhält gemischte Kritiken. ❸–❻

Villa Nam Song ⑳, schräg gegenüber, ✆ 023-511016, 💻 www.villanamsong.com. Im französischen Stil gestaltetes Hotel mit schönem Garten und teuren AC-Zimmern mit Ventilator und Kühlschrank. Vom stilvollen Terrassenrestaurant fällt der Blick auf den Fluss und die Berge; gute Weinkarte. Die ufernahen Bungalows des Thavonsouk Resort und der Villa Vangvieng River Side bieten mehr fürs Geld. Preis inkl. Frühstück. ❺–❻

Le Jardin Organique ㉑, nebenan, ✆ 023-511420. Einfache Zimmer im Haus und Hütten im Garten. Günstigere Alternative zu den hochpreisigen Anlagen in der Umgebung. Preis inkl. Frühstück. ❸

Villa Vangvieng River Side ㉒, direkt an der Nam-Xong-Brücke, ✆ 023-511460, 💻 www.villavangvieng.com. Boutiquehotel mit geschmackvoll eingerichteten, jedoch nicht sehr großen Bungalows mit Wanne und Flussblick, etwas günstiger zum großen Garten hin, ruhige Lage, Pool und Restaurant. ❺–❻

Westufer

Other Side Bungalows ⑫, über den Bambussteg westlich der Tubing Group zu erreichen, ✆ 020-56106070. Die entspannte Anlage versprüht mit ihren inzwischen über 30 einfachen Bambushütten (Bad/Warmwasser) den heimeligen Charme einer Schrebergartensiedlung. In der Regenzeit schwierig zu erreichen. Preis inkl. Frühstück. WLAN. ❷–❹

Banana Bungalows ⑪, nebenan, ✆ 020-55014937. Wie ein Klon des Other Side, mit über 20 Hütten in den Klassen „einfach" (ohne Bad) und „besser" (mit Bad). In der Regenzeit schwierig zu erreichen. Inkl. Frühstück ❷–❸

Maylyn Gh. ⑰, über die Nam-Xong-Brücke, ✆ 020-55604095, ✉ jophus_foley@hotmail.com, 💻 www.facebook.com/maylynguesthouse. Weit weg vom Getümmel liegt die üppig grüne Gartenanlage mit soliden Bambusbungalows mit und ohne Bad, schönen Zimmern (etwa im neuen Langhaus am Bach) und gutem Grill-Restaurant. Fahrradverleih. WLAN. ❶–❸

LAOS

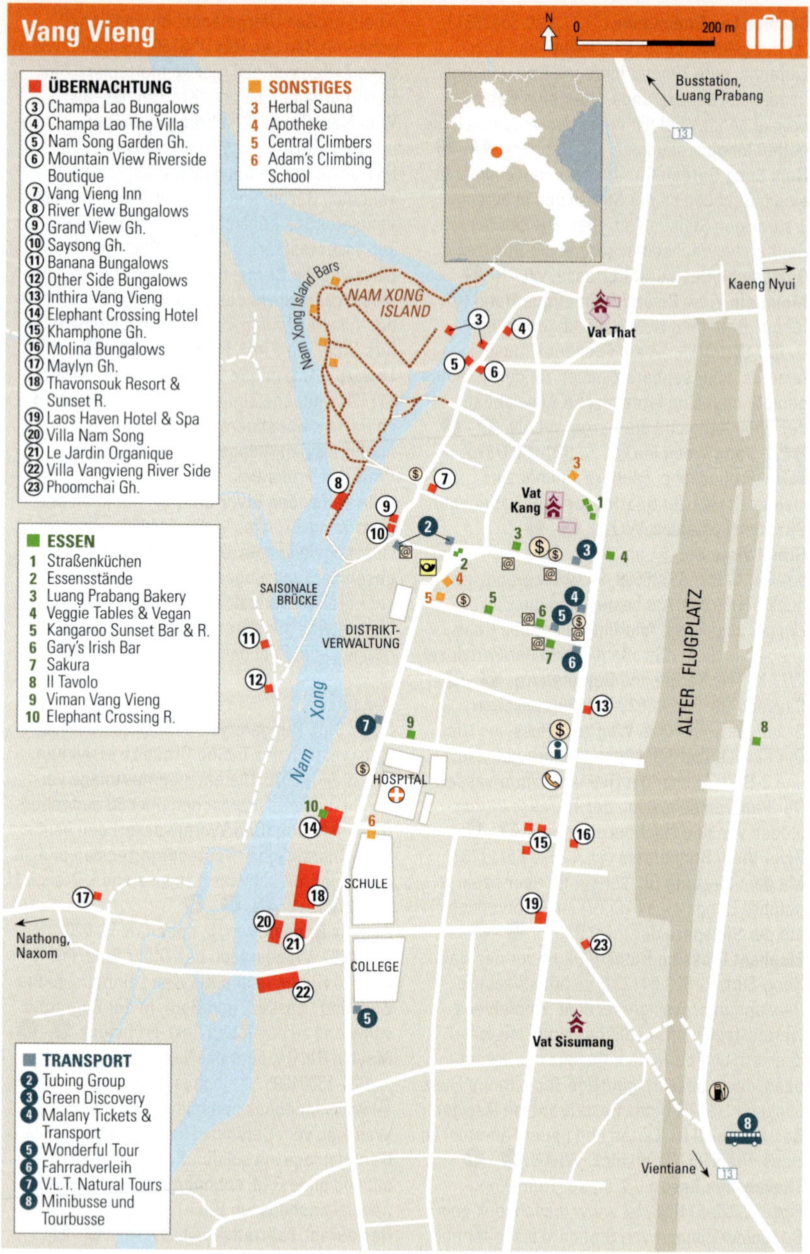
Vang Vieng
N
0
200 m
ÜBERNACHTUNG
3 Champa Lao Bungalows
4 Champa Lao The Villa
5 Nam Song Garden Gh.
6 Mountain View Riverside Boutique
7 Vang Vieng Inn
8 River View Bungalows
9 Grand View Gh.
10 Saysong Gh.
11 Banana Bungalows
12 Other Side Bungalows
13 Inthira Vang Vieng
14 Elephant Crossing Hotel
15 Khamphone Gh.
16 Molina Bungalows
17 Maylyn Gh.
18 Thavonsouk Resort & Sunset R.
19 Laos Haven Hotel & Spa
20 Villa Nam Song
21 Le Jardin Organique
22 Villa Vangvieng River Side
23 Phoomchai Gh.
SONSTIGES
3 Herbal Sauna
4 Apotheke
5 Central Climbers
6 Adam's Climbing School
ESSEN
1 Straßenküchen
2 Essensstände
3 Luang Prabang Bakery
4 Veggie Tables & Vegan
5 Kangaroo Sunset Bar & R.
6 Gary's Irish Bar
7 Sakura
8 Il Tavolo
9 Viman Vang Vieng
10 Elephant Crossing R.
TRANSPORT
2 Tubing Group
3 Green Discovery
4 Malany Tickets & Transport
5 Wonderful Tour
6 Fahrradverleih
7 V.L.T. Natural Tours
8 Minibusse und Tourbusse
Busstation, Luang Prabang
13
Kaeng Nyui
Nam Xong Island Bars
NAM XONG ISLAND
Vat That
Vat Kang
SAISONALE BRÜCKE
DISTRIKT-VERWALTUNG
ALTER FLUGPLATZ
Nam Xong
HOSPITAL
SCHULE
COLLEGE
Nathong, Naxom
Vat Sisumang
Vientiane
13

Lao Valhalla ②, 1 km ab der Mautbrücke in Richtung Tham Pou Kham, Karte S. 379, ☏ 020-55462120, 💻 www.facebook.com/lao valhalla. Kleine Bungalows am Fuß der Berge versteckt im üppigen Garten, in dem die herzliche Besitzerin Ms. Nouth Hühner hält. Restaurant mit leckerer laotischer Küche. Frühstück, Abholservice von Ms. Nouth und *lau lao* nach dem Abendessen inklusive. WLAN. ❹

Bearlin Bungalow ①, nebenan, Karte S. 379, ☏ 030-5731708, ✉ bearlinbungalow@gmail.com. Schöne Bungalowanlage im Gartenhausstil. Auch Zelten ist möglich (50 000 Kip). Preis inkl. kleinem Frühstück. Gegen einen Aufpreis bereitet Thilan, sie hat lange in Berlin gelebt, ein zünftig deutsches Frühstück zu. WLAN. ❹

An der Hauptstraße

Im Norden liegen etliche Bettenburgen, im Süden einige gute Häuser der ersten Generation.

Inthira Vang Vieng ⑬, ☏ 023-511070, 💻 www.inthira.com. Wenn's mal eine gute Matratze mit gestärktem Laken sein soll: Die Zimmer (AC, Bad, TV) sind geschmackvoll eingerichtet, oben mit Holzböden und Balkon, unten mit Fliesen. Preis inkl. Frühstück. WLAN. ❸–❺

Molina Bungalows ⑯, weiter südlich, ☏ 023-511361, ✉ phetphommachach@hotmail.com. Schlicht und sauber: Die 8 Holzbungalows im Hinterhof der Familie sind eine interessante Alternative zu den Bettenburgen weiter nördlich. AC, Ventilator, warmes Wasser, kostenloser Tee und Kaffee, WLAN. ❶–❷

Laos Haven Hotel & Spa ⑲, weiter südlich, andere Straßenseite, ☏ 023-511900, 💻 www.laoshaven.com. Empfehlenswerte Unterkunft in einem weißen Haus im Sahnetortenstil. Die Zimmer (Ventilator oder AC) sind einfach, aber sauber. Hauseigenes Spa mit Sauna. WLAN. Preis inkl. Frühstück. ❸

Phoomchai Gh. ㉓, Seitenstraße südöstlich des Laos Haven, ☏ 020-54105116, ✉ phoom chai.s@gmail.com. Vorn Motelstil, hinten schöne Bungalows: Das Phoomchai ist eine gute, ruhige Alternative für Leute, denen es nichts ausmacht, ein paar Minuten ins Zentrum zu laufen. Die Zimmer sind sauber, die Betreiber freundlich und Wasser, Tee, Kaffee und Bananen gibt's umsonst. WLAN. ❷–❸

In den Querstraßen

Eine Reihe großer Unterkünfte liegen in den Querstraßen, die die Hauptstraße mit der Flussstraße verbinden. Die meisten bieten Zimmer mit AC und Bad, sind recht preiswert, fallen aber in die Kategorie „Bettenburgen".

Khamphone Gh. ⑮, 4. Querstraße, ☏ 023-511062 oder 020-55700376. Mehr als zwei Dutzend anständige Standardfliesenzimmer in mehreren modernen Gebäuden mit Ventilator oder AC, Bad und Warmwasser; es lohnt sich, nach den Räumen oben zu fragen. Jedes der Häuser hat im 1. Stock einen Balkon. Das neueste Gebäude ist das Khamphone Hotel nebenan mit sauberen Räumen. WLAN. ❷–❸

ESSEN UND UNTERHALTUNG

Günstige **Essensstände** befinden sich auf Höhe des Vat Kang. Zum Nachtisch gibt es abends süße **Rotis** an Ständen entlang der 1. Querstraße und der Hauptstraße.

Fast alle **Restaurants** an der Hauptstraße zeigen DVD-Filme. Wer es ruhiger mag oder lieber auf die Karstberge schaut, sollte in die kleineren Lokale entlang der nördlichen Uferstraße gehen. Auch die Restaurants der besseren Resorts wie Elephant Crossing oder Thavonsouk lohnen einen Blick.

Luang Prabang Bakery, 1. Querstraße, neben der Wechselstube. Altgedienter Frühstückstreff. Wie wäre es mit Schokoladen-Pfannkuchen, leckeren Obstsalaten, Omelettes oder Baguettes? Dazu gibt's jede Menge internationale Gerichte, laotisches und indisches Essen und eine gute Auswahl an heißen Getränken wie Espresso, Cappuccino und Earl Grey. 🕒 7–22 Uhr.

Veggie Tables & Vegan, Hauptstraße. Vegetarisches Restaurant mit Kürbisburger, Falafel, Pasta und Tofugerichten. Statt Alkohol sind tolle Fruchtshakes auf der Karte. Ein wohltuender Gegenentwurf zu Pancake und Pitcher, Gerichte ab 20 000 Kip.

Kangaroo Sunset Restaurant, 2. Querstraße. Gut für ein eiskaltes Bier und eine Runde Billard.

Gary's Irish Bar, 2. Querstraße, ein Stück weiter östlich. Beliebtes Bar-Restaurant vom Iren Gary geführt, mit Billardtisch, netter Musik

LAOS

Spezielle Speisekarten und böse Überraschungen

Auch wenn die Betreiber inzwischen mit heftigen Strafen rechnen müssen: In einigen Restaurants von Vang Vieng kursieren noch immer Speisekarten, die so genannte „Happy" oder „Special" Gerichte listen. Neben der „**Happy Pizza**" mit Marihuana sind auch Pilze und Opium im Angebot. Pizza, Shakes oder Tee mit diesen Zutaten können zu Kreislaufkollaps und Schlimmerem führen. Weder Gästehausbesitzer noch Ärzte und schon gar nicht die Polizei bringen dann Verständnis für die Betroffenen auf. Ganz im Gegenteil: Die örtliche Polizei scheint sich schon länger auf naive Kiffer-Touristen als Haupteinnahmequelle spezialisiert zu haben. Junge Schutzmänner in Zivil sammeln unauffällig mit ihren Digitalkameras Beweisfotos von Drogenkonsumenten. Die unbürokratische **Zahlungsaufforderung** kommt dann auch prompt: US$700 cash, sonst Knast. Spätestens dann kapiert jeder, dass Drogen auch in Laos illegal sind.

(oft live) und Sitzkissen im Obergeschoss. Einer der wenigen Läden, die Sportsendungen mit englischem Kommentar zeigen. Auf der Karte dominieren *pub grub*, also Pasteten, Irish Stew, Kartoffelpüree und triefende Schokokuchen. Zu trinken gibt's Guinness, White Russian, Blue Hawaian, Cidre ...
🕒 tgl. bis 23 Uhr.

Sakura, 2. Querstraße, schräg gegenüber. Gerichte aus aller Welt zu DVD-Kino. Ist in erster Linie ein (guter) Partyort, bevor es am Wochenende um Mitternacht weiter in die Clubs geht.

Viman Vang Vieng, Querstraße nördlich des Krankenhauses. „Das beste Schnitzel des Landes, die knusprigsten Bratkartoffeln Asiens, das erfrischendste Radler der Welt mit selbstgemachter Limonade!" Mr. Kaz, der in Bangkok geboren wurde und drei Jahrzehnte in Deutschland gelebt hat, ist zu Recht stolz auf seine thailändische und vor allem deutsche Kost.

Elephant Crossing Restaurant, Elephant Crossing Hotel. Auf der Terrasse am Nam Xong mit Blick auf die Karstberge wird ein Mix aus Lao-Thai- und internationaler Küche serviert. Ein schöner Ort für die frühen Abendstunden.

Il Tavolo, an der Straße 13. Gute Pizza, zum Beispiel mit Ziegenkäse von der Organic Farm, die auch ohne „Happy-Zutaten" glücklich macht.

AKTIVITÄTEN

Ballonfahrten

Bei Ballonfahrten über den Karst sind sagenhafte Ausblicke garantiert. Die Fahrten starten frühmorgens und zum Sonnenuntergang, buchbar in allen Reisebüros und vielen Gästehäusern. Kosten: US$80 p. P., die reine Zeit zwischen Himmel und Erde beträgt etwa 35–45 Min.

Klettern

Vang Viengs Felsen sind wie geschaffen zum Klettern. Von Routen für Anfänger bis Multipitch in Schwindel erregenden Höhen (Schwierigkeitsgrade 4a–8a+) ist für jeden etwas dabei. Kurse, Ausrüstung, Informationen und Routenbeschreibungen gibt es bei **Green Discovery**, 💻 www.greendiscoverylaos.com, und in

Adam's Climbing School, 📞 020-55010832, 💻 www.laos-climbing.com. Sangthong alias Adam hat vier Jahre lang in Freiburg gelebt und bietet seine Kurse auch auf Deutsch an. Ein halber Tag kostet rund 180 000 Kip p. P., ein voller Tag 260 000 Kip p. P., drei Tage 1 325 000 Kip p. P. inkl. Essen und Ausrüstung, der man ansieht, dass sie ein paar Tage auf dem Buckel hat, die aber ihren Zweck erfüllt. Green Discovery hat ähnliche Preise. Profis können die Ausrüstung auch tageweise mieten und selbst losziehen. Hauptsaison ist die Trockenzeit, vom Klettern auf regennassen Felsen ist abzuraten. Ausnahme: Eine auch für Einsteiger geeignete Wand am Pha Deng, die wegen eines großen Überhangs trocken bleibt.

Etwas neuere Ausrüstung gibt es auch bei **Central Climbers**, 1. Querstraße, 📞 020-55050364, 💻 http://climbvangvieng.weebly.com. Tourangebot ähnlich wie bei Adam's Climbing School, ein halber Tag kostet 150 000 Kip p. P.

Massage und Sauna

An jeder Ecke wird inzwischen die beliebte laotische Knetkunst angeboten. Einfache Massagen gibt's ab 50 000 Kip/Std.

Wer nach dem Tubing fröstelt, kann sich in der sehr rustikalen **Herbal Sauna** am Vat Kang für ein paar tausend Kip wieder aufwärmen. Handtücher und Sarongs werden gestellt. ⌚ 16.30–20.30 Uhr. Oder die neue Sauna im **Laos Haven Hotel & Spa** ausprobieren.

Schwimmen

An vielen Höhlen in der Umgebung Vang Viengs gibt es **natürliche Pools**, in denen man sich nach einer anstrengenden Tour abkühlen kann. Besonders schön ist der Pool bei der Tham Pou Kham mit türkisfarbenem Wasser und Tarzanseil. Bei Tham None und Tham Nam besteht ebenfalls die Möglichkeit zu baden. Auch wenn sich in der direkten Umgebung Vang Viengs westliche Bademode durchgesetzt hat: Bei Pools weiter abseits sollten sich Frauen wie die Laotinnen mit einem Sarong bedecken.

Touren

Obwohl ein knappes Dutzend Touranbieter in Vang Vieng um Kunden buhlen, ist das Angebot nicht so abwechslungsreich, wie man meinen könnte. Fast alle unternehmen dieselbe **Tagestour** (Tubing oder Kayaking) zu 110 000–150 000 Kip, und damit nicht genug: Die Kunden verschiedener Agenturen werden oft zu größeren Gruppen zusammengefasst. Beim versprochenen Barbecue gibt es dann Gemüsereis aus Styroporbehältern und mitgebrachte aufgewärmte Spießchen. Treffen mehrere Gruppen aufeinander, kann ein Höhlen- oder Dorfbesuch schnell zur Massenveranstaltung werden.

Die meisten Veranstalter bieten in erster Linie die Standardtouren auf dem **Nam Xong** an. Zu höheren Preisen können sie auch individuelle **Trekkingtouren** mit dem Besuch mehrerer Höhlen organisieren.

V.L.T. Natural Tours, Uferstraße, ✆ 020-55208283, 💻 www.vangviengtour.com. Etwas kreativeres Programm, das auch Camping, Fischen und Kochkurse enthält. Staubigspaßig, aber wegen des Lärms nicht gern gesehen: Touren mit einem Buggy (300 000 Kip für einen halben Tag inkl. Guide; Buggys können am nördlichen Ende der Hauptstraße auch ohne Guide gemietet werden). Auch Touren auf dem Nam-Ngum-See.

Green Discovery, 1. Querstraße, ✆ 023-511230, 💻 www.greendiscoverylaos.com. Wer etwas mehr bezahlt, kann bei diesem Touranbieter mit einem gut ausgebildeten Guide und einfallsreich gestalteten Programm rechnen. Neben Tagestouren mit **Kajaks** auf dem Nam Xong bietet der Ökotourismus-Spezialist auch 2-tägige **Wanderungen** im Karst an (sehr zu empfehlen ist *Secret Eden*), außerdem **Kletterkurse**, **Radtouren**, **Canyoning** und die **Vang Vieng Challenge**, ein 2-tägiges Abenteuerprogramm für fitte Traveller mit anspruchsvollem Wandern, Klettersteig, Caving, Canyoning, Abseilen, bis zu 600 m langen Zip-Lines und tollen Ausblicken. ⌚ 8–22 Uhr.

Wonderful Tours, 2. Querstraße, ✆ 023-511566, 💻 www.wonderfultourslaos.la. Weiterer Touranbieter mit vielfältigem Programm, eine gute Adresse, um die Ballonfahrten zu buchen.

Tubing

Ein toller Blick auf die Karstberge bietet sich beim Tubing. Dabei treibt man in einem **Lkw-Schlauch** gemütlich den Nam Xong hinab. Touranbieter bringen ihre Kundschaft per Songtheo zum Startpunkt an der Organic Farm, 4 km nördlich der Stadt. Auf der Tour passiert man Tham None, Endpunkt ist in der Regel die Bambusbrücke zum „Other Side". Ungeduldige können auch schon vorher abbrechen – Schilder am Ufer verweisen auf Tuk Tuks zurück zum Ort.

Tubing Group, 1. Querstraße, nahe Uferstraße. Ein Projekt der besonderen Art, an dem sich jeder Bewohner der Nam-Xong-Gegend finanziell beteiligen kann: Insgesamt 300 Tubes

Gut geschützt

Wer nach dem **Tubing** nicht aussehen will wie eine Chilischote, sollte mit T-Shirt, Kappe und gut eingecremt in den Gummischlauch steigen. Eine Schwimmweste ist ebenfalls sinnvoll, denn die Strömung des Flusses wird oft unterschätzt.

LAOS

werden dort an Touristen vermietet und jeder Teilhaber erhält monatlich einen Anteil von den Gewinnen. Organisiert wird der 2- bis 4-Stunden-Trip (je nach Strömung und Wind) inkl. Schlauch und Transfer für 55 000 Kip bei mind. 4 Teilnehmern (andernfalls kleiner Aufpreis), Pfand 60 000 Kip. Rückgabe ist spätestens um 18 Uhr, sonst wird eine kleine Strafe fällig. Ein wasserdichter Beutel für Wertsachen kostet 20 000 Kip Leihgebühr. Die beiden Büros öffnen abwechselnd für je eine Woche. ⌚ 8.30–15.30 Uhr.

SONSTIGES

Fahrrad- und Motorradverleih
Fahrräder (um 20 000 Kip), Mountainbikes (um 30 000 Kip) und Motorräder (ab 50 000 Kip) lassen sich in vielen Geschäften, Reisebüros und Gästehäusern mieten.

Geld
BCEL, großes Haus in der 1. Querstraße neben einem patenten **Wechselschalter**, der auch am Wochenende geöffnet hat. **Geldautomaten** stehen vor der Filiale und an der Hauptstraße. ⌚ Mo–Fr 8.30–15.30 Uhr.

Informationen
Tourist Information, Hauptstraße. Der hilfsbereite Mr. Hompheng Meuangsenh spricht gut Englisch. Hier gibt's die Hobo Map und Infos zum Homestay in Naduang (S. 382). ⌚ Mo–Fr 9–12, 14–16 Uhr.

Internet
Fast alle Unterkünfte bieten **WLAN** an. Wer telefonieren (VoIP) oder skypen möchte, kann dies in einem der vielen **Internetcafés** tun. ⌚ tgl. bis 23 oder 24 Uhr.

Medizinische Hilfe
Das **Krankenhaus** von Vang Vieng ist 2007 komplett saniert wieder in Betrieb genommen worden. Bei ernsten Erkrankungen ist aber weiterhin die Versorgung in Vientiane oder gleich im **Aek Udon International Hospital**, ✆ +66-42-342555, 💻 www.aekudon.com, in Udon Thani (Thailand) zu empfehlen.

Visaservice
Reisebüros organisieren Visaverlängerungen für US$3/Tag; außerdem Visaservice für die Nachbarländer von Laos (teuer).

NAHVERKEHR

Vang Vieng kann ohne Probleme zu Fuß erkundet werden, für Ausflüge ins Umland bietet sich das **Fahrrad** an.
Wer ein **Tuk Tuk** braucht, findet es entlang der Hauptstraße, an der Busstation und am neuen Markt. Eine Fahrt zur Tham Pou Kham oder zum Wasserfall Kaeng Nyui kostet 150 000 Kip retour – mit etwas Verhandlungsgeschick weniger.

TRANSPORT

Busse und Songtheos
Der **Busbahnhof** liegt 2 km nördlich der Stadt an der Straße 13 (Tuk Tuk 20 000 Kip). Wer aus Vientiane kommt, kann sich schon an der alten Rollbahn absetzen lassen und die 500 m ins Dorf laufen. **Fahrkarten** gibt es auch in den meisten Gästehäusern und vielen Reisebüros in der Stadt, zum Beispiel bei **Malany Ticket & Transport**, Hauptstraße (dort auch Tickets für Schlafbusse zu den Viertausend Inseln, nach Phnom Penh und zu anderen Zielen). Vom Busbahnhof bestehen Verbindungen nach:
LUANG PRABANG (227 km, 5–6 Std.), Minibusse verlassen Vang Vieng um 9 und 14 Uhr für 100 000 Kip, um 10 Uhr fährt ein AC-Bus für 90 000 Kip, später kommen fast stdl. Busse aus Vientiane in Richtung Luang Prabang vorbei. Sie fahren über KASI (1 1/2 Std.) und PHOU KHOUN (2 1/2 Std.). Während der Regenzeit kann sich die Zahl deutlich verringern.
VIENTIANE (156 km, 3 Std., Nördliche Busstation in Vientiane), Minibus um 9 Uhr (60 000 Kip), ebenso komfortable Express-Busse um 10, 12, 13 und 14 Uhr (50 000 Kip). Tickets und Reservierungen in jedem Gästehaus, vor allem die Busse am Morgen sind schnell ausgebucht. Öffentliche Busse für 40 000 Kip brauchen nur eine Stunde länger (4 Std., 5–6x tgl., über PHONHONG). Songtheos starten alle 30 Min. bis 15 oder 16 Uhr.

PHONSAVAN (218 km, 6 Std.) Minibus um 9.30 Uhr für 100 000 Kip, anschließend bis zu 4 Busse aus Vientiane.
UDON THANI, Thailand (215 km, 6 Std.), tgl. um 9.30 Uhr für 100 000 Kip.

Minibusse

Private AC-Minibusse fahren tgl. nach
LUANG PRABANG (ab 100 000 Kip p. P.),
VIENTIANE (ab 40 000 Kip p. P.) und
PHONSAVAN (ab 100 000 Kip).
Sie sind in praktisch jedem Gästehaus und Reisebüro zu buchen. Die meisten starten vom **Busbahnhof für Minibusse** und Tourbusse gegenüber dem alten Flugplatz, an der Straße 13 unterhalb der Tankstelle. Einige fahren in Vientiane bis zur Kulturhalle.

Straße 13 nach Luang Prabang

Die **Straße 13** zwischen Vang Vieng und Luang Prabang ist ohne Zweifel eine der schönsten Strecken des Landes: Über 230 km schlängelt sie sich über mehrere Pässe an knapp 2000 m hohen Bergmassiven vorbei (und dreht dabei so manchem Busreisenden den Magen um). Eine neue Querverbindung (68 km) zwischen Kasi und der Straße 4 in der Provinz Luang Prabang umgeht viele Kurven und verkürzt die Strecke um etwa 80 km. Sie ist eine interessante Alternative für Zweiradfahrer, allerdings gibt es kaum Dörfer. In der Regenzeit wird die neue Straße immer wieder schwer beschädigt, weswegen viele Busse die alte Route nutzen.

Erster Stopp entlang der Straße 13 ist **Kasi** (60 km). Hier gibt es es neben ein paar Gästehäusern auch **Uncle Tom's Trails**, ✆ 020-29958903, 💻 www.facebook.com/uncletomstrails, einen Experten in Sachen Offroad, der Tagestouren mit dem Geländemotorrad anbietet, auch für Anfänger. Wer mit dem eigenen Gefährt unterwegs ist, kann von Kasi einen Schlenker zur **Tham Khoun Lang** machen, mit ihren hohen Tropfsteinen eine der schönsten Höhlen der Provinz. Dazu biegt man auf die Verbindungsstraße zur Straße 4 ab und folgt dieser 17 km durch grüne Hügellandschaft bis zum Yao-Dorf Ban Houay Xan (ausgeschildert). Die weitläufige Höhle sollte man nicht ohne Begleitung besichtigen, der Eingang ist außerdem normalerweise verschlossen. Am besten steuert man gleich das erste Haus links im Dorf an und fragt nach Mr. Ou, ✆ 020-58432949. Vom Dorf sind es 2,5 km über einen Schotterpfad zwischen Reisfeldern hindurch. Am Ende geht es zu Fuß durch einen dichten Wald mit zwei kleinen Wasserfällen und einer langen, steilen Treppe zum Eingang. Anfahrt und Besichtigung sind ein kleines Abenteuer, aber es lohnt sich. Der Eintrittspreis von 50 000 Kip p. P. kommt dem Dorf zugute.

Phou Khoun, 48 km weiter auf der Straße 13, kauert auf einem Berggrat an der **Kreuzung der Straßen 13 und 7**. Die kleinen Holzhäuser, dicht am Abhang zusammengedrängt, sind typisch für die bevorzugt in Höhen um 1000 m siedelnden Hmong. Die Bezirksstadt dient in erster Linie als Marktplatz. Es gibt eine Post, eine Apotheke, eine Tankstelle – und in der Nähe der Kreuzung ein paar akzeptable Unterkünfte. Busse zwischen Luang Prabang (3 1/2 Std.), Phonsavan (4 Std.), Vang Vieng (2 1/2 Std.) und Vientiane (6 Std.) halten auf ein Winken an der Kreuzung.

Im Hmong-Städtchen **Kiou Kacham**, 50 km weiter, legen die Busse häufig eine Toilettenpause ein. Bald dahinter eröffnet sich ein weiteres Panorama über das weite Tal des Houay Khan. Am östlichen Ende liegt der Nam Khan wie eine Schlange in der Landschaft. Anschließend beginnt der letzte steile Abstieg in unzähligen Serpentinen, und erst im 24 km vor Luang Prabang gelegenen Kreuzungsort **Xieng Ngeun** sind die Talsohle und der Nam Khan erreicht.

Sicherheit

In der Provinz **Xaisomboun**, auf der **Straße 13** zwischen Kasi und Phou Khoun und der neuen **Querverbindung** von Kasi zur Straße 4 (S. 90) ist es zwischen November 2015 und Mai 2016 hin und wieder zu Schießereien und nächtlichen Angriffen auf Fahrzeuge gekommen. Das Auswärtige Amt riet bei Drucklegung, die Strecken nach Einbruch der Dunkelheit zu meiden. Außerdem sollte man vor einer Fahrt, ob mit Bus oder eigenem Gefährt, unbedingt aktuelle Informationen einholen.

7 HIGHLIGHT

Luang Prabang

Am 25. Juli erreichte ich Luang Prabang, ein reizendes Städtchen, nicht größer als eine Quadratmeile und mit nicht mehr als 7000 oder 8000 Einwohnern. Die Lage ist außergewöhnlich schön. Berge [...] säumen den Mekong und formen eine Art rundes Tal oder Amphitheater [...]. Ein lieblicher Anblick, der mich an die Seenlandschaften von Como und Genf erinnert. Wäre da nicht die unaufhörlich sengende tropische Sonne, [...] wäre der Ort ein kleines Paradies.

Schon der erste westliche Besucher, Henri Mouhot, geriet 1861 beim Anblick von Luang Prabang ins Schwärmen und den meisten Touristen geht es heute nicht anders. Goldene Tempel, weiße Kolonialfassaden und ein Lebenstempo, so entspannt wie der Takt der Morgentrommeln – diese Mischung zieht alljährlich gut 500 000 Reisende in die alte Königsstadt der Lao, die wegen ihrer besonderen Bausubstanz 1995 von der Unesco zum Weltkulturerbe erklärt wurde. Die Bezeichnung „Stadt" ist dabei schon hoch gegriffen: Nur gut 30 000 Einwohner leben auf diesem verträumten Fleckchen Erde an der Mündung des Nam Khan in den Mekong, das mit seiner ruhigen Gangart ein bisschen wirkt wie aus der Zeit gefallen.

Einst war Luang Prabang Sitz der Könige Lane Xangs, des ersten laotischen Großreichs. Reichsgründer König Fa Ngum soll hier im 14. Jh. den Theravada-Buddhismus etabliert haben, und der Glaube wurde von seinen Nachfolgern über sechs Jahrhunderte hinweg mit großer Ehrfurcht praktiziert.

Von ehemals 65 Klöstern im 18. Jh. sind noch mehr als die Hälfte in Betrieb. Wie an einer Perlenschnur reihen sie sich von der Spitze der Halbinsel nach Süden aneinander, durchsetzt mit laotischen Stelzenhäusern und den stuckverzierten Villen der Franzosen. Rund 1500 Mönche und Novizen lassen die Stadt eigentlich immer in dem für den *sangha* von Luang Prabang festgelegten Orangeton erleuchten.

Nach Unesco-Vorgaben wurden in den vergangenen Jahren viele der alten Gebäude saniert, die Flussufer befestigt und sämtliche Straßen der Altstadt mit Bürgersteigen und Laternen versehen. Wer ein Haus baut, muss es nun nach einem von drei traditionellen Stilen gestalten. Auch Umbauten unterliegen strengen Richtlinien.

Den Denkmalschützern ist es gelungen, das alte Gesicht der Stadt zu bewahren. Allerdings verschwindet zunehmend das normale Leben von der Halbinsel: Mit der steigenden Besucherzahl sind in jedem Winkel Gästehäuser, Restaurants, Geschäfte und Reisebüros entstanden. Immer mehr Bewohner verkaufen oder vermieten ihre Häuser an Investoren und ziehen weg. Das könnte langfristig zum Problem für die Klöster werden, denn sie sind auf die Unterstützung der Gläubigen angewiesen. Hinzu kommt, dass sich die Mönche und Novizen beim morgendlichen Almosengang (S. 395) und in den Klöstern vom Touristenandrang gestört fühlen, so dass einige bereits in Tempel außerhalb der Stadt gezogen sind. Mit dem gelebten Buddhismus aber verlöre Luang Prabang einen großen Teil dessen, was es eigentlich zu schützen gilt.

Luang Prabang im Überblick

Drei Tage sind für den Besuch Luang Prabangs sinnvoll. Ein erster Stadtbummel könnte an der Spitze beginnen. Dort liegt das wohl schönste Kloster Luang Prabangs: **Vat Xieng Thong**. Einen Einblick in die Zeit der laotischen Monarchie vermittelt das Museum im alten **Königspalast**. Auf dem Gelände ist auch die Statue des **Phra Bang**, Namensgeber und Schutzheiliger Luang Prabangs, untergebracht. Mehr Buddhastatuen gibt es im **Vat Vixounarat** im Osten der Stadt zu sehen. Ein tolles Panorama eröffnet sich vom nahe gelegenen **Phou Si**. Auf der Südseite liegt das **Traditional Arts & Ethnology Centre**, ideal für eine Einführung in die Welt der nordlaotischen Bergvölker. Wer länger bleibt, kann ein paar schöne Abstecher ins Umland machen, etwa zu den **Wasserfällen** Tad Kuang Xi und Tad Se oder zur **Living Land Farm**.

Viele Einwohner sehen den Tourismus trotzdem auch als Chance. Sie profitieren von den neuen Jobs, und das große Interesse an ihrer Stadt erfüllt sie sichtlich mit Stolz auf ihr kulturelles Erbe.

Orientierung

Das alte Stadtzentrum auf der Halbinsel besteht aus wenig mehr als zwei Parallelstraßen und zwei **Uferpromenaden**. Kompliziert wird es, wenn man sich die vielen Querstraßen und Gassen zu merken versucht oder sich gar anhand der **Straßennamen**, die in den vergangenen Jahren immer wieder geändert wurden, zurechtfinden möchte.

Tuk-Tuk-Fahrer kennen häufig nur die Namen der Hauptverkehrsachsen (darunter die Straßen **Sisavangvong**, **Setthathirat** und **Phou Vao**). Mit dem Namen eines Gästehauses oder markanten Punktes gewappnet, kommt man am leichtesten ans Ziel.

Vats und Thats

Vat Xieng Thong

Von keinem anderen Vat in Laos geht ein vergleichbarer Zauber aus wie von Vat Xieng Thong, dem **ältesten Tempel** der Stadt. Er ist als einziger aus dem 16. Jh. erhalten geblieben und repräsentiert wie kein zweiter den klassischen Architekturstil Luang Prabangs.

Vat Xieng Thong liegt an der Spitze der Halbinsel, ganz in der Nähe des Zusammenflusses von Mekong und Nam Khan. König Setthathirat ließ den Prachtbau 1560 als königliches Kloster errichten, kurz bevor er die Hauptstadt seines Reiches nach Vientiane verlegte. 1887 blieb Vat Xieng Thong von den Zerstörungen der Ho verschont, weil ihr Anführer Deo Van Tri angeblich zuvor als Novize hier gelebt hatte und sich deshalb auf der Anlage einquartierte. Seit dieser Zeit diente Vat Xieng Thong als Vorbild bei Renovierungen oder dem Neubau von Sakralbauten – aktuellstes Beispiel ist der Ho Phra Bang auf dem Palastgelände.

Eine Besichtigung ist morgens am besten, wenn man den Ort am ehesten ungestört genießen kann. ⌚ tgl. 6–18 Uhr, Eintritt 20 000 Kip.

Sim

Die Ordinationshalle *(sim)* im Zentrum der Anlage gilt mit ihrem weitschweifigen **Staffeldach** als Musterbeispiel des Luang-Prabang-Stils. Laoten vergleichen die Form gern mit einer „Glucke, die schützend auf ihren Küken sitzt". Typisch ist auch das **Portal** mit unterschiedlich hohen Säulen, die mit üppig verzierten Blenden verbunden sind. Weitere Charakteristika sind die Dachaufbauten, elegant aufragende Nagas am Ende jedes Firsts und der **ngot so fa** („in den Himmel zeigen"), das krönende Ornament, das den Berg Meru symbolisiert. Die Anzahl der Spitzen des *ngot so fa* zeigt die rituelle Bedeutung eines Heiligtums an, wobei kein Kloster in Laos mehr aufweist als Vat Xieng Thong mit seinen 17 Spitzen.

Das Innere des *sim* prägen die mit einer **Schablonendrucktechnik** aufgetragenen goldenen Verzierungen auf rotem und schwarzem Grund. Sie erzählen die zehn wichtigsten Jatakas und die Erleuchtungsgeschichte Buddhas. Ein langer **hang lin** (Wasserrinne) hängt rechts in einiger Höhe von der Decke herab und endet über dem Waschungsschrein, der seinerseits unten durch eine Leitung mit der Außenwand verbunden ist. Beim rituellen Übergießen der Buddhafiguren zu Boun Pi Mai speit der mit Spiegelmosaik bedeckte Elefantenkopf an der nördlichen Gebäudeseite das heilige Wasser zum Hof aus. Das **Glasmosaik** auf der Rückseite des *sim* stellt einen prächtigen Flammenbaum *(mai thong)* dar, womöglich den Namensgeber des Vats. Zudem sind zahlreiche Tiere und in den beiden oberen Ecken je eine *kinnari* (mythisches Wesen, halb Frau, halb Vogel) abgebildet.

Ho Phra Mane

In der 1828 erbauten Bibliothek wird heute ein landesweit verehrtes Buddhabildnis aufbewahrt. Gläubige bekommen es nur zu Gesicht, wenn sich die Regenzeit verzögert und es in einer feierlichen Prozession durch die Stadt getragen wird.

Ho Phra None

Die so genannte „Rote Kapelle" wurde 1957 anlässlich des 2500. Geburtstags von Buddha mit dem Glasmosaik auf rotem Grund versehen. Die

LAOS

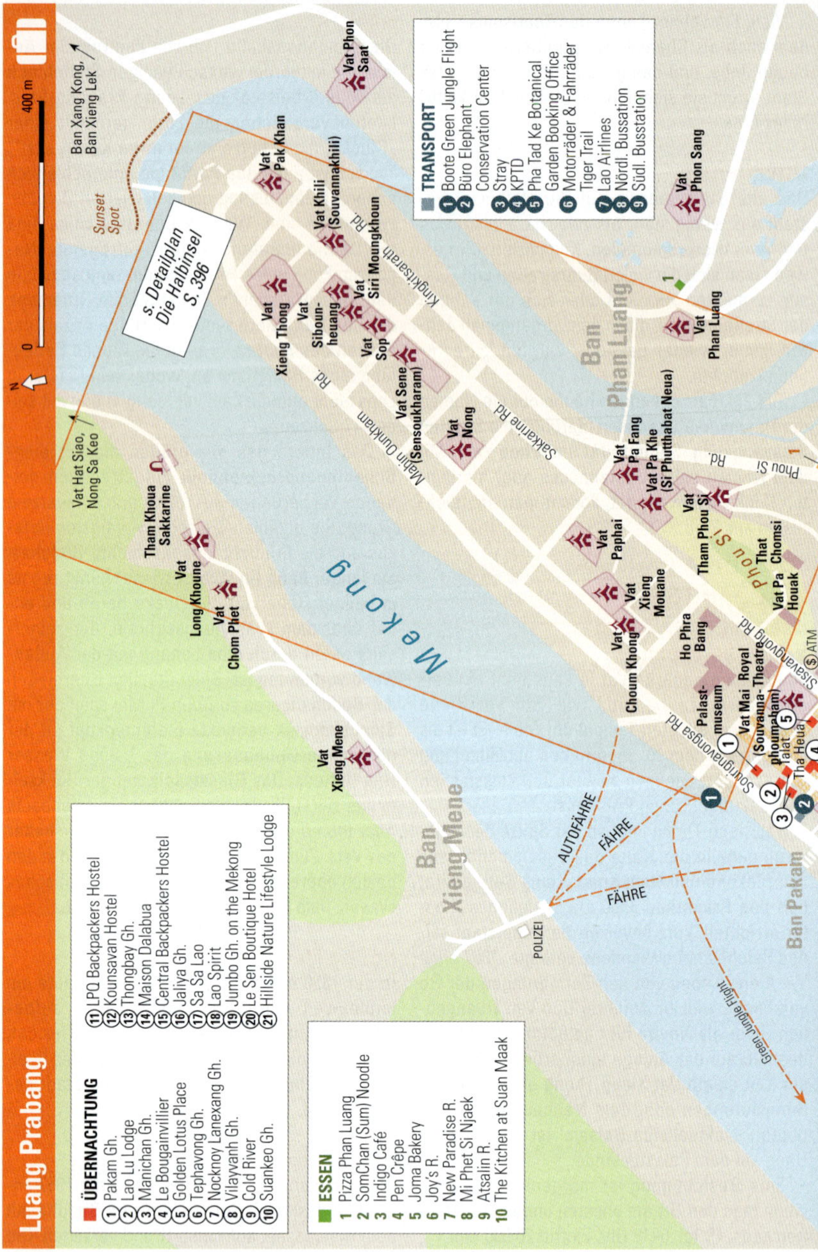
Luang Prabang
ÜBERNACHTUNG
1 Pakam Gh.
2 Lao Lu Lodge
3 Manichan Gh.
4 Le Bougainvillier
5 Golden Lotus Place
6 Tephavong Gh.
7 Nocknoy Lanexang Gh.
8 Vilayvanh Gh.
9 Cold River
10 Suankeo Gh.
11 LPQ Backpackers Hostel
12 Kounsavan Hostel
13 Thongbay Gh.
14 Maison Dalabua
15 Central Backpackers Hostel
16 Jaliya Gh.
17 Sa Sa Lao
18 Lao Spirit
19 Jumbo Gh. on the Mekong
20 Le Sen Boutique Hotel
21 Hillside Nature Lifestyle Lodge
ESSEN
1 Pizza Phan Luang
2 SomChan (Sum) Noodle
3 Indigo Café
4 Pen Crêpe
5 Joma Bakery
6 Joy's R.
7 New Paradise R.
8 Mi Phet Si Njaek
9 Atsalin R.
10 The Kitchen at Suan Maak
TRANSPORT
1 Boote Green Jungle Flight
2 Büro Elephant Conservation Center
3 Stray
4 KPTD
5 Pha Tad Ke Botanical Garden Booking Office
6 Motorräder & Fahrräder Tiger Trail
7 Lao Airlines
8 Nördl. Bussation
9 Südl. Busstation
400 m
0
N
s. Detailplan Die Halbinsel S. 396
Sunset Spot
Ban Xang Kong, Ban Xieng Lek
Vat Hat Siao, Nong Sa Keo
Vat Phon Saat
Vat Pak Khan
Vat Khili (Souvannakhili)
Vat Xieng Thong
Vat Siboun-heuang
Vat Siri Moungkhoun
Vat Sop
Vat Sene (Sensoukharam)
Vat Nong
Kingkitsarath Rd.
Mahin Ounkham Rd.
Sakkarine Rd.
Phou Si Rd.
Sisavangvong Rd.
Sourignavongsa Rd.
Ban Phan Luang
Vat Phan Luang
Vat Phon Sang
Vat Pa Fang
Vat Pa Khe (Si Phutthabat Neua)
Vat Tham Phou Si
Phou Si
That Chomsi
Vat Pa Houak
Vat Paphai
Vat Xieng Mouane
Vat Choum Khong
Ho Phra Bang
Palast-museum
Vat Mai (Souvanna-phoumaham)
Royal Theatre
Talat
Tha Heua
ATM
Mekong
Tham Khoua Sakkarine
Vat Long Khoune
Vat Chom Phet
Vat Xieng Mene
Ban Xieng Mene
AUTOFÄHRE
FÄHRE
FÄHRE
POLIZEI
Ban Pakam
Green Jungle Flight

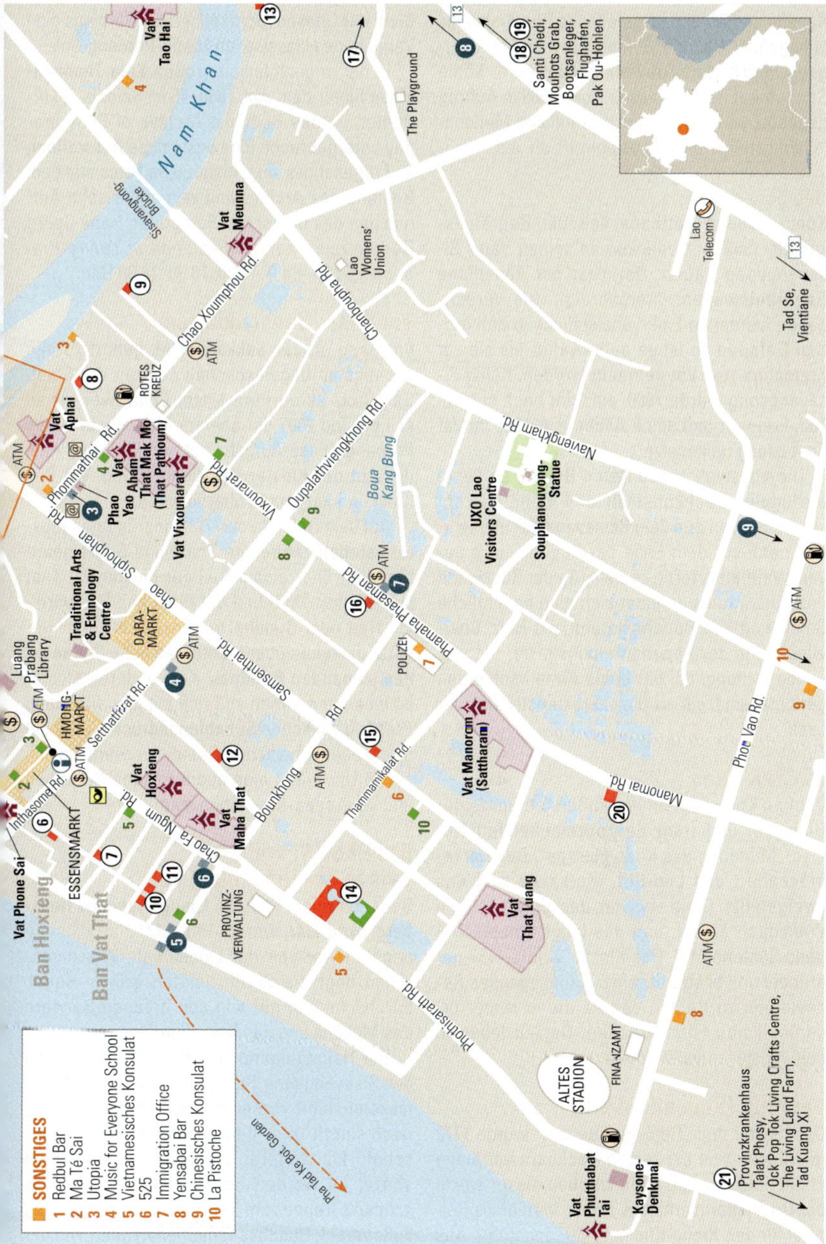
SONSTIGES
1 Redbul Bar
2 Ma Té Sai
3 Utopia
4 Music for Everyone School
5 Vietnamesisches Konsulat
6 525
7 Immigration Office
8 Yensabai Bar
9 Chinesisches Konsulat
10 La Pistoche
Nam Khan
Vat Tao Hai
Sisavangvong-Brücke
Vat Meunna
Chao Xoumphou Rd.
Chanboupha Rd.
Lao Womens' Union
The Playground
Santi Chedi, Mouhots Grab, Bootsanleger, Flughafen, Pak Ou-Höhlen
Lao Telecom
Tad Se, Vientiane
Vat Aphai
ROTES KREUZ
ATM
Phommathai Rd.
Vat Aham
Vat That Mak Mo (That Pathoum)
Vat Vixounarat
Phao Yao
Vixounarat Rd.
Oupalathviengkhong Rd.
Boua Kang Bung
Naviengkham Rd.
UXO Lao Visitors Centre
Souphanouvong-Statue
Siphouphan Rd.
Traditional Arts & Ethnology Centre
Luang Prabang Library
DARA-MARKT
Chao
Samsenthai Rd.
Phamaha Phasaman Rd.
POLIZEI
HMONG-MARKT
Setthathirat Rd.
Inthasome Rd.
ESSENSMARKT
Vat Phone Sai
Ban Hoxieng
Ban Vat That
Vat Hoxieng
Vat Maha That
Chao Fa Ngum Rd.
Bounkhong Rd.
Thammamikalat Rd.
Vat Manorom (Sattharam)
Manomai Rd.
Phou Vao Rd.
PROVINZ-VERWALTUNG
Vat That Luang
Phothisarath Rd.
Pha Tad Ke Bot. Garden
ALTES STADION
FINANZAMT
Vat Phutthabat Tai
Kaysone-Denkmal
Provinzkrankenhaus, Talat Phosy, Ock Pop Tok Living Crafts Centre, The Living Land Farm, Tad Kuang Xi
13
LAOS

Kapelle enthält ein ausgefallenes Buddhabildnis in liegender Haltung, Symbol für Buddhas Übergang ins Nirvana. Obwohl gesagt wird, König Setthathirat hätte den Phra None 1569 in Auftrag gegeben, weist die Statue wesentliche Merkmale laotischer Bronzen aus dem 18. Jh. auf.

Begräbniskapelle

König Savang Vatthana ließ die Begräbniskapelle 1962 im Gedenken an seinen Vater Sisavangvong bauen. Darin ist der königliche **Begräbniswagen** untergebracht. Die Verstorbenen werden in Embryonalstellung in den großen Gefäßen so lange aufbewahrt, bis sie zur Kremation zum Vat gebracht werden. König Sisavangvong wurde 1960, ein Jahr nach seinem Tod, kremiert und seine Asche erst 1965 im Vat That Luang beigesetzt.

Die kunstvoll geschnitzten **Reliefs** an Fensterflügeln, Dachkonsolen und Gebäudefront stellen Szenen aus dem Ramayana dar und wurden noch vor dem Ende der Regentschaft Savang Vatthanas fertig gestellt. An der Rückwand des Innenraums befindet sich eine beachtliche Sammlung von Buddhastatuen aus Holz, überwiegend in der Regenanrufungsgeste. Die stehende Haltung, bei der beide Arme nach unten gerichtet sind, gilt als die charakteristischste für Laos.

Vat Pak Khan

Vat Pak Khan liegt an der äußersten Spitze der Halbinsel und trägt den bezeichnenden Namen „Mündung des Khan-Flusses". Der *sim* repräsentiert den **Lue-Stil**. Merkmale sind das zweigeteilte Dach, wovon das untere einem Walmdach ähnelt, und das lange Hauptschiff ohne Säulenportal. Das Kloster wurde 1737 gegründet und blieb trotz einer grundlegenden Renovierung zu Beginn des 20. Jh. in seiner ursprünglichen Form erhalten. Derzeit leben in dem Kloster rund 30 Novizen.

Vat Khili (Souvannakhili)

Das Kloster des „Goldenen Berges" wurde 1773 gegründet. Wie bei seinen Nachbarn Vat Xieng Thong und Vat Pak Khan ist auch dieser *sim* in der Originalform erhalten. Häufig wird er als Beispiel für den **Xieng-Khouang-Stil** angeführt. Aus Sicht der Unesco repräsentiert er allerdings eine Variante des klassischen Luang-Prabang-Stils.

In der ungewöhnlich großen **Sala Thammavihan** hinter dem *sim*, 1930–45 im Kolonialstil errichtet, ist das Buddhist Archive of Photography untergebracht. Eine kostenlose **Ausstellung** im Erdgeschoss zeigt historische Fotos aus dem Bestand des Archivs und zeitgenössische Aufnahmen des deutschen Fotografen Hans Georg Berger zum Thema *Meditation in Luang Prabang.* 🕒 Mo–Sa 9–12.30, 13.30–16.30 Uhr.

Vat Sene (Sensoukharam)

Vat Sene an der Sakkarine Rd. gehört zu den wichtigsten buddhistischen Zentren der Stadt. Sein Abt, Satou Phra Kham Chan, war bis zu seinem Tod 2007 der oberste Mönch von Luang Prabang. Diese Aufgabe hat nun Phra One Keo, der Abt der Klöster Vat Xieng Thong, Vat Pak Khan und Vat Pha O, übernommen.

Auf dem Gelände des 1718 gegründeten Klosters stehen zahlreiche Thats und Schreinbauten, die früher einmal Teil der Klöster Vat That Noi (Kleiner That) und Vat Pha Chao (Ehrwürdiger Herr oder Buddha) waren. Zu Letzterem gehörte die heute überdachte, 6 m hohe **Statue eines stehenden Buddhas**. Kein anderes Kloster ist innen und außen so reich mit dem für Luang Prabang typischen **Schablonendruck** – Gold auf rotem oder schwarzem Grund – verziert. Täglich um 16 Uhr findet eine buddhistische Rezitation und Vipassana-Meditation statt.

Der Phou Si und die Vats in der Umgebung

Beim Blick vom Phou Si, **Luang Prabangs Hausberg**, wird klar, warum Henri Mouhot einst so angetan war von der Landschaft: Wie eingerahmt liegt die Stadt inmitten grüner Hügel, durchschnitten nur von den braunen Bändern des Mekong und des Nam Khan.

Der Hauptaufgang mit 329 Stufen beginnt an der Sisavangvong Rd., gegenüber dem Palastmuseum, führt vorbei an **Vat Pa Houak** und danach durch eine dichte tropische Parklandschaft. Ein weiterer, weniger steiler Aufstieg startet im Norden bei **Vat Pa Khe**, wo eine schmale Treppe zum Schrein mit einem heiligen **Fußabdruck Buddhas** *(phutthabat)* führt. Von der

Balustrade davor bietet sich eine schöne Aussicht auf den Nam Khan. Weiter bergauf kommt man an der Höhle von **Vat Tham Phou Si** und an mehreren **Buddhastatuen** vorbei, die den verschiedenen Wochentagen zugeordnet sind, bevor schließlich der goldene **That Chomsi** an der Spitze erreicht ist. Der dritte, lange Treppenaufgang mit Naga-Brüstung windet sich von der dem Nam Khan zugewandten Seite hinauf. Er beginnt an der Chao Siphouphan Rd.

Wer über die Haupttreppe an der Sisavangvong Rd. aufsteigt, sollte wegen der schönen Aussicht zum Nam Khan absteigen. Am besten erklimmt man den Phou Si am Morgen. Die Mittagshitze ist unangenehm, und am Nachmittag halten sich hier manchmal Horden von Schulkindern auf. Zum Sonnenuntergang herrscht – wen wundert's – Hochbetrieb. An allen Aufgängen befinden sich Kassen. Eintritt 20 000 Kip.

That Chomsi (Phou Si)

Sicher wurden am höchsten Punkt des Phou Si schon vor vielen Jahrhunderten Geister verehrt, lange bevor der erste buddhistische Schrein errichtet wurde. Der heutige, 21 m hohe That geht auf das späte 20. Jh. zurück. Seit einer Renovierung im Jahr 1796 soll der Reliquienturm immer wieder vergrößert worden sein. Die abgestufte, rechteckige Plattform, von der sich ein grandioses **Panorama** bietet, ist förmlich in die Felsspitze gemeißelt. Der That selbst hat einen quadratischen Grundriss, an jeder Ecke sitzt ein *luk that* (Kinderstupa), und die Spitze wird von einem schirmförmigen *ngot so fa* gekrönt.

Vat Pa Houak

Vat Pa Houak, das „Kloster des Bambuswaldes", datiert aus dem Jahr 1861. Der hohe, schmale Bau ist im Bangkok-Stil errichtet, mit dem auch der Vientiane-Stil verwandt ist. Charakteristisch sind die gleich hohen Säulen am Portal, Zackenverzierungen an den Dachlinien und ein großes, reich verziertes Giebelfeld.

Bekannt ist Vat Pa Houak für seine **Wandmalereien** im Innern. Sie stellen Szenen aus der Geschichte des einflussreichen und stolzen Königs Jambupati dar, dem Buddha erst selbst in prachtvollem Aufzug erscheinen musste, ehe der Regent zu einem getreuen Anhänger wurde.

Zeremonie im Blitzlichtgewitter

Jeden Morgen um 6 Uhr verwandelt sich die Sakkarine Road im Herzen Luang Prabangs in einen Laufsteg. Ehrwürdig schreiten orange gewandete Mönche in einer nicht enden wollenden Reihe die Straße entlang und nehmen schweigend Essensgaben von Gläubigen in Empfang. Der **Almosengang**, *dag bat* genannt, zählt zu den wichtigsten religiösen Handlungen im Theravada-Buddhismus. Mit ihrer Gabe können die Gläubigen Verdienste für ihre Wiedergeburt erwerben.

In Luang Prabang ist dieses Jahrtausende alte Ritual jedoch zu einer Show verkommen. Wie bei einer Modenschau rangeln unzählige Touristen um die vordersten Plätze und tauchen die Mönche jeden Tag in ein Blitzlichtgewitter. Zwar finden sich an fast jedem Kloster Hinweisschilder, die um Respekt vor den religiösen Gefühlen der Laoten bitten. Aber sie scheinen nicht zu fruchten. „Monks and Monkeys are not different", stellte ein hochstehender Mönch fest – beide lösen bei Touristen einen Fotografierreflex aus.

Keine Frage, die leuchtenden Gewänder vor den im Morgendunst mystisch wirkenden Klosteranlagen sind ein wunderschönes Motiv. Dennoch empfiehlt ein langjähriger Unesco-Berater: Touristen sollten beim *dag bat* weder fotografieren noch den Mönchen Almosen geben, sofern sie keine Buddhisten sind. „Bewundert lieber die Stille dieser Zeremonie und erlebt die Großherzigkeit der Gläubigen beim Almosengeben." Ansonsten sei es besser, nicht zum *dag bat* zu gehen. Schließlich soll der Almosengang bleiben, was er im Kern ist: eine stille religiöse Zeremonie. *Martin Petrich*

Vat Pa Khe (Si Phutthabat Neua)

Der „Vat des Waldes der Kolibribäume" liegt am Fuß des Phou Si, etwas versteckt im alten Geschäftsviertel. Er stammt aus dem Jahr 1853 und hat fast den gleichen Aufbau wie Vat Pa Houak. Beide gehören zu den jüngsten Klöstern der Stadt. Seinen zweiten Namen verdankt der Tempel dem **Heiligen Fußabdruck Buddhas** *(phutthabat)* auf halber Höhe zum Phou Si. Die Stufen

Luang Prabang Die Halbinsel
0
200 m
N
ÜBERNACHTUNG
22 Villa Somphong
23 Belle Rive
24 Thida Gh.
25 Lotus Villa
26 The Apsara / Rive Droite
27 Villa Chitdara 2
28 Alounsavath Gh.
29 Villa Oudomlith
30 Villa Chitdara
31 Pathoumphone Gh.
32 Phongboun Gh.
33 Blue Dolphin Gh.
34 Apple Gh.
35 Sanaphay Gh.
36 Kinnaly Gh.
37 Namsok 3 Gh.
38 Sackarinh Gh.
39 Levady Gh.
ESSEN
11 Le Banneton
12 Rosella Fusion
13 Sindat-Restaurant
14 Tamarind
15 Bamboo Tree R.
16 L'Eléphant
17 Tamnak Lao R. & Cooking School
18 Big Tree Café
19 Joma Bakery
20 Café Ban Vat Sène
21 Khai Phaen
22 Dyen Sabai
23 Sonphao R.
24 La Casa Lao
25 Coconut Garden
26 Luang Prabang Artisans Café
27 Tangor
28 Novelty Café
29 Blue Lagoon R.
TRANSPORT
10 Mekong River Cruises
11 Shompoo Cruise
12 Luang Say Mekong Cruises
13 Bangkok Airways
14 Green Discovery / Avis
15 Tiger Trail
SONSTIGES
11 Peninsula
12 Garavek
13 Big Brother Mouse
14 Ock Pop Top Boutique
15 Monument Books
16 Ock Pop Tok Heritage / Passa Paa Shop
17 Lao-Kids Book Exchange
18 TAEC Boutique
19 Orange Tree
20 Bouaphan Pharmacie
21 Caruso Lao
22 Chez Matt
23 Icon Klub
24 Naga Creations
25 Passa Paa Studio
SAISONALE BRÜCKE
La Maison du Patrimoine
Xieng Thong Pier
Vat Pak Khan
Vat Xieng Thong
Vat Khili (Souvannakhili)
Vat Siboun-heuang
Calao Pier
Auberge Calao Inn
Vat Siri Mounkhoun
Vat Sop
ATM
Mahin Ounkham
Rd
Vat Sene (Sensoukharam)
Vat Nong
Kingkitsarath
Vat Nong Pier
Children Cultural Center
Villa Santi
SCHULE
Sakkarine
Mekong
Pak Houay Pier
Khounsua Rd
Sisavangvatthana Rd
INSTITUT FRANÇAIS
Nam Khan
Vat Paphai
Heritage Information Centre
Ounkham
AUTO-FÄHRE
Vat Xieng Mouane
Vat Phan Luang
Vat Pa Fang
Vat Pa Khe (Si Phutthabat Neua)
Vat Choum Khong
Villa Xieng Mouane
Mahin
Phou Si
Vat Tham Phou Si
Ho Kham (Palastmuseum)
Ho Phra Bang
Königspalast
Sisavangvong
Fähre
Royal Theatre
Vat Pa Houak
That Chomsi
Vat Mai (Souvannaphoumaham)
Vat Aphai

LAOS

beginnen gleich hinter dem *sim*. Unter den Franzosen war er als „**La Pagode des Hollandais**" bekannt, was auf die Darstellungen von westlich gekleideten Personen auf den Türflügeln zweier Portale zurückzuführen ist: Auf dem linken Frontportal sind zwei Personen mit großen Hüten und langen Mänteln abgebildet. Das hintere Portal auf der rechten Längsseite zeigt zwei „Venezianer" in Renaissancekleidern. König Chantharat ließ den Vat zu Ehren seiner Delegation nach Kunming erbauen, die dort beim chinesischen König Tong Zhi um Wehrhilfe gegen die übermächtigen Siamesen angefragt hatte.

Vat Mai (Souvannaphoumaham)

Das imposante „Neue Kloster" zählt zu den größten und historisch bedeutsamsten der Stadt. Gegründet wurde es 1796, aber es galt erst 1821 als vollendet, als man die **4 m hohe Bronzestatue** des Buddha darin untergebracht hatte.

Das eindrucksvolle Dach türmt sich in fünf Lagen auf. Wichtigste Sehenswürdigkeit ist das **vergoldete Relief**, das die gesamte Front überzieht. Das traditionell aus Holz geschnitzte Basrelief wurde 1968 durch eine Modelage aus Beton, Lack und Blattgold ersetzt. Es stellt Szenen aus dem Vessantara Jataka dar, der vorletzten Inkarnation Buddhas.

Nachdem Vat Vixoun 1887 in Flammen aufgegangen war, wurde Vat Mai zur Stätte des Phra Bang. Er blieb es bis zur Unterbringung der Statue auf dem Palastgelände 1947. Bis heute finden das rituelle Übergießen des Phra Bang und andere Zeremonien zum Neujahrsfest Boun Pi Mai vor dem *sim* von Vat Mai statt.

In einem Nebengebäude des Klosters ist eine kleine Bibliothek mit alten und neuen **Palmblattmanuskripten** untergebracht. Das von Deutschland unterstützte Projekt widmet sich der Erhaltung und Reproduktion der Schriften, in denen die Lehrreden Buddhas abgefasst sind. Es werden regelmäßig Lesestunden abgehalten. Eintritt 10 000 Kip, Bibliothek frei.

Vat Vixounarat (Vat Vixoun)

Bis zu seiner Zerstörung durch die Ho 1887 war dieser Tempel südlich des Phou Si das prächtigste Bauwerk der Stadt. König Vixounarat hatte ihn extra für den Phra Bang errichten lassen, angeblich aus dem Holz von mehr als 4000 Baumstämmen.

Der heutige schlichte *sim* von 1898 hat nur noch den Grundriss und die Dachform mit seinem Vorgänger gemein. Seit Prinz Phetsarat Vat Vixoun 1942 zum Museum erklärte, ist im *sim* **buddhistische Kunst** untergebracht: Statuen, Figuren, Schnitzereien, zusammengewürfelt wie in einem Lager. Um das Hauptbildnis gruppieren sich mehrere Buddhastatuen im Khmer-Stil und sitzende Darstellungen in der Meditationshaltung (*samadhi*-Mudra). Links des Altars steht ein typischer ritueller Kerzenhalter in Form eines vergoldeten Holzreliefs. Die zentrale Buddhastatue ist mehr als 5 m hoch und nach dem Buddha von Vat Manorom das größte der Stadt.

Ein gutes Beispiel für die **Holzschnitzereien**, die den früheren Vat Vixoun außen flächendeckend schmückten, sind seine Eingangsportale. Die Türblätter der Vorderseite zeigen hinduistische Hauptgottheiten: Shiva auf dem Bullen Nandi, Indra auf auf dem mehrköpfigen Elefanten Airavata, und Vishnu auf dem Vogel Garuda. ⌚ tgl. 7–18 Uhr, Eintritt 20 000 Kip. Die Eintrittskarte gilt auch für Vat Aham und That Mak Mo.

That Mak Mo (Pathoum)

Der wuchtige, 1514 erbaute That Mak Mo befindet sich auf dem Gelände des Vat Vixoun, direkt an der Kreuzung von Vixounarat und Phommathai Rd. Der ursprüngliche Name des Reliquienmonuments ist That Pathoum („Lotus-Stupa"), angeblich in Anspielung auf einen umgedrehten Lotus. *Mak mo* bedeutet „Wassermelone" und trifft die Form besser. Sein Aufbau – eine **Halbkugel auf quadratischer Basis** – ist den frühen Stupas nachempfunden. Die runde Form schließt mit einer Flamme ab, wie man sie sonst nur von laotischen Buddhastatuen kennt. Der so genannte „Strahl der Weisheit" *(ketu-mala)* symbolisiert Buddhas vollkommene Erleuchtung.

Vat Aham

Der *sim* des „Klosters vom überströmenden Herzen" stammt aus dem Jahr 1818 und ist im klassischen Luang-Prabang-Stil erbaut. Ursprünglich befand sich hier ein Schrein zu Ehren der Schutzheiligen **Pu No und Na No**. König Phothisarat ließ die Stätte aber 1527 im Zuge seines Verbotes der Geisterverehrung beseitigen und an der Stelle einen buddhistischen Vat errichten. Noch heute verehrt man das Großelternpaar in Gestalt zweier imposanter **Bodhi-Bäume** in der Nähe der Straße. Das Säulenportal des *sim* wird von Hanuman (l.) und Ravana (r.) flankiert. Im Innern erzählen moderne **Wandmalereien** (rechter Hand, oben) die Geschichte von Vessantara, Buddhas vorletzter Inkarnation. Ihm zu Ehren wird im März ein dreitägiges Fest im Vat Aham gefeiert, zu dem die in 16 Palmblattbänden abgefasste Jataka über 17 Stunden lang vorgelesen wird.

Museen

Palastmuseum (Ho Kham)

Der Königspalast von Luang Prabang birgt das gesamte **Vermächtnis der letzten laotischen Königsfamilie** und gewährt seltene Einblicke in die Geschichte der untergegangenen Monarchie.

Das bescheiden wirkende Gebäude wurde 1904 von den Franzosen errichtet und ersetzte den erst 1895 vollendeten traditionellen Holzpalast, der in den Augen der Protektoratsmacht für den damaligen König Sisavangvong nicht mehr angemessen war. Der „Goldene Palast" *(ho kham)* weist laotische und französische Stilelemente auf: Von weitem schon erkennt man den Treppenaufgang aus weißem Marmor. Im Giebelfeld darüber thront der dreiköpfige Elefant, das Symbol des Königreichs Lane Xang, umrankt von den 15 Schutznagas Luang Prabangs. Und schließlich prangt an den äußeren Pilastern, leicht zu übersehen, die französische Lilie *fleur-de-lis*. Die Spitze mit Staffeldächern über dem Thronsaal ließ Sisavangvong noch in den 1930er-Jahren nach laotischem Vorbild ersetzen.

Die Familie des letzten Königs **Savang Vatthana** lebte hier bis zur Machtübernahme der Pathet Lao 1975. Alle Exponate sollen schon damals in den Vitrinen ihren Platz gehabt haben. Tatsächlich zieht einen der Dornröschenschlaf, in dem die **Säle** des Palasts zu verharren scheinen, in seinen Bann. Im hinteren Teil befindet sich der Wohntrakt der Königsfamilie: offene, lichte Räume, die den Eindruck erwecken, als wären Teppiche, Bettwäsche und Kleidungsstücke erst Stunden zuvor weggeräumt worden.

Bis heute hält die Regierung sämtliche Informationen über die **Todesumstände** der Familie zurück. Nach Zeugenberichten wurden der König, seine Frau und der Kronprinz 1977 in das Umerziehungslager Nr. 1 in der Provinz Houaphan gebracht. Dort starben König und Kronprinz bereits im Jahr darauf. Die Monarchin erlag Ende 1981 den Folgen von Unterernährung und mangelnder Gesundheitsversorgung. Nach offizieller Version „schenkte" der König seinen Palast dem laotischen Volk. Die Regierung eröffnete das Palastmuseum im März 1976.

Wichtigste Sehenswürdigkeit des Museums ist der **Phra Bang**, Namensgeber und Schutzpatron von Luang Prabang. Begleitet von den höchsten Würdenträgern aus Staat und *sangha* bezog die heiligste Buddhastatue des Landes im Dezember 2013 den eigens für sie geschaffenen Tempelbau auf dem Palastgelände. Die 83 cm hohe Figur in der *abhaya*-Mudra ist aus Gold, Silber und Bronze gefertigt und stattliche 43 kg schwer. Der Legende nach wurde sie in Sri Lanka gegossen und als Symbol für den Theravada-Buddhismus nach Laos gebracht. Allerdings weist sie eindeutige Merkmale des Khmer-Stils auf, was für ihre Entstehung in Kambodscha im 8. Jh. spricht. Ob es sich bei der Statue um das Original oder eine Kopie handelt, ist unklar. Verehrt wird sie jedoch wie keine andere.

🕒 8–11.30, 13.30–16, am Do nur bis 15.30 Uhr. Kameras sind nicht erlaubt, auch Taschen und Schuhe müssen draußen bleiben (im Winter Socken anziehen!). Für einen **Rundgang** mit Museumsplan s. eXTra [4949]. Eintritt 30 000 Kip.

Traditional Arts and Ethnology Centre

Das kleine, aber feine Traditional Arts and Ethnology Centre (TAEC), Setthathirat Road, vor dem Dara-Markt links hoch, ✆ 071-253364, 💻 www.taeclaos.org, füllt seit einigen Jahren eine Lücke in der Museumswelt Luang Prabangs. Als erstes seiner Art bietet das privat betriebene Haus Einblick in die Lebenswelten verschiedener **ethnischer Gruppen von Laos**, vor allem Hmong, Akha, Tai Lue und Khmu. Die Ausstellungsräume sind schön und über-

Wohin zum Sonnenuntergang?

- **Phou Si**: super Blick, aber oft auch supervoll. S. 395
- **Mekongboot**: mit Dinner, Tempeltour, Musik oder einfach nur mit Bootsmann. S. 410
- **Uferrestaurant**: An der Mekongpromenade sitzt man überall in der ersten Reihe.
- **Nam-Khan-Mündung**: freie Sicht in die Sonne am Zusammenfluss von Nam Khan und Mekong, s. Karte S. 392/393
- **Westufer des Mekong**: mal eine andere Perspektive. Gute Spots sind der erhöhte Vat Chom Phet und die Sandbank vor Tham Khoua Sakkarine. S. 400

sichtlich gestaltet: Bebilderte Infotafeln liefern Fakten und eine kurze Charakterisierung jeder Ethnie. Ausdrucksstarke Porträtfotos, ergänzt durch Zitate, vermitteln auf lebendige Weise die heutige Situation der Minderheiten und ihre Probleme. Ein Verkaufsraum, Handarbeits-Workshops und ein Café runden die Ausstellung ab. ⏲ 9–18 Uhr, Mo geschlossen, immer Fr um 15 Uhr kostenlose 30-minütige Führung. Übrigens: An der Kasse gibt's einen Ordner mit deutschen Übersetzungen der Infotafeln (fragen). Eintritt 25 000 Kip.

Villa Xieng Mouane

Die Villa Xieng Mouane, gebaut um 1900, renoviert 1998, gilt als Musterbeispiel eines **laotischen Stelzenhauses**. Seit darin eine kleine Ausstellung zur Kultur des Landes untergebracht ist, hat sie auch wieder eine würdige Funktion. Neben Infos zum Gebäude geben Alltagsgegenstände, Trachten und diverse Schautafeln einen Schnellkurs in laotischer Landeskunde. Die Villa liegt in einer hübschen Gasse in Ban Xieng Mouane, noch vor Green Discovery von der Sisavangvong Road links ab. ⏲ Mo, Di, Do, Fr 8–11.30, 13–16 Uhr. Eintritt 10 000 Kip.

UXO Lao Visitors Center

Eine kleine Schau auf dem Gelände von UXO Lao, hinter der Souphanouvong-Statue im Süden der Stadt, befässt sich mit dem dunkelsten Kapitel der laotischen Geschichte: der Massenbombardierung im Zweiten Indochinakrieg und dem tödlichen Erbe, Blindgängern. Dank der Arbeit der **Minenräumer**, die mit Info-Tafeln, Waffen und einem Deminer's Kit dargestellt wird, hat die Zahl der Unfälle in den vergangenen Jahren kontinuierlich abgenommen. Wer es nicht hierher schafft: Auch in Vientiane (S. 356) und Phonsavan (S. 445) gibt's Ausstellungen zum Thema. ⏲ Mo–Fr 8–12, 13–16 Uhr. Spende erbeten.

Märkte

Nachtmarkt

Der Hmong-Markt auf dem Platz gegenüber der Touristeninfo war früher eine Fundgrube für Textilien der nordlaotischen Bergvölker. Heute teilen sich die wenigen verbliebenen Stände den Platz mit Baguette- und Saftverkäuferinnen und so richtig was los ist erst, wenn ab 17 Uhr alle zum Nachtmarkt **auf die Sisavangvong Road** umziehen. Die Straße zwischen Touristeninfo und Königspalast wird dann zur Fußgängerzone, und obwohl es inzwischen weit über hundert Stände gibt, hat die Stimmung fast etwas Besinnliches. Außer Kleidung werden **Mitbringsel** aus Holz und Maulbeerpapier, interessante Tees, Kaffee, Schmuck, Drucke, Baumwollpuschen und andere schöne Dinge verkauft – alles zu guten Preisen, denn die Konkurrenz ist groß. Vereinzelt finden sich auch noch hochwertige Hmong-Textilien, aber vieles ist aus Thailand, China oder Vietnam importiert. Abgebaut wird gegen 22 Uhr.

Talat Tha Heua

Der so genannte **Morgenmarkt**, eigentlich Talat Tha Heua, liegt südlich des Königspalastes in einer kleinen Parallelstraße zwischen Mekong und Sisavangvong Road. Mit den ersten Sonnenstrahlen kommen die Händler und nur dann findet man an den Ständen exotische **Tiere** wie Bambusratten und Schlangen, die auf dem laotischen Speiseplan weit oben stehen. Tagsüber verkaufen Frauen aus den umliegenden Dörfern frisches **Obst und Gemüse**. Während der Trockenzeit ist Khaipen ein gefragtes Produkt: dünne Lagen getrockneter Flussalgen mit Sesam, Tomaten und Knoblauch. ⏲ ganztägig.

LAOS

Weitere Sehenswürdigkeiten

Grab von Henri Mouhot

Östlich von Luang Prabang ruht ein Mann, der eigentlich für die Wiederentdeckung Angkor Wats berühmt geworden ist: Alexandre Henri Mouhot. Sein weißes Grabmal liegt erhöht am Ufer des Nam Khan, ein seltsamer Anblick mitten im Dschungel. Mouhot war einer der ersten Europäer, der seinen Fuß in die alte Königsstadt der Lao setzte. Im Juli 1861 wurde er hier von König Chantharat mit allen Ehren empfangen. Nur drei Monate später starb er an Malaria. Henri Mouhot wurde von seinen Dienern Phrai und Deng am Ufer des Nam Khan begraben. Francis Garnier errichtete sechs Jahre später an dieser Stelle den ersten Grabstein, der 1887, nach einem Hochwasserschaden, von August Pavie erneuert wurde. Die Geburtsstadt Mouhots, Montbéliard, finanzierte 1990 die Restaurierung der Ruhestätte.

Die Rundtour kostet mit dem Tuk Tuk etwa 150 000 Kip. Wer mit Rad oder Roller unterwegs ist, folgt der Straße 13 Richtung Flughafen und biegt am Schild nach Ban Phanom (2 km) rechts ab. In Dorf hält man sich an der Weggabelung rechts, folgt der Straße 4,5 km noch an der neuen Brücke über den Nam Khan vorbei, bis kurz vor einer Kurve ein kleines weißes Schild links zum Fluss weist. Von hier sind es noch 200 m am Wasser entlang, bis die weiß getünchte Grabstätte rechts auf einem Hügel ins Blickfeld rückt. Übrigens: Die Straße entlang dem Nam Khan ist Teil der neuen Ortsumgehung von Luang Prabang – also auf Laster einstellen.

Westufer des Mekong

Eine Pause vom Touristentrubel, verträumte Tempel und einen schönen Blick auf Luang Prabang: Das bietet der halbtägige Ausflug ans Westufer des Mekong. Start ist im Dorf **Ban Xieng Mene**. Boote setzen vom Anleger Tha Heua Kham südwestlich des Palastmuseums über (5000 Kip p. P., Charter 50 000 Kip retour).

Am anderen Ufer angekommen, biegt man am Anfang einer Reihe von Verkaufsständen rechts ab und hält sich weiter geradeaus, parallel zum Fluss. Nach etwa 500 m erreicht man auf der linken Seite **Vat Xieng Mene** mit seinem liebevoll restaurierten *sim* im klassischen Luang-Prabang-Stil. Eintritt 10 000 Kip

Nach weiteren 550 m (an der Gabelung rechts halten) führt links eine lange Treppe hinauf zu **Vat Chom Phet**. Von oben hat man eine fantastische Aussicht. Eintritt 10 000 Kip.

Zurück am Fuß der Treppe beginnt ein ausgetretener Waldweg, an dessen Ende man den stimmungsvollen **Vat Long Khoun** erreicht. Die Gebäude waren die ersten, die 1994 unter Beratung der Unesco renoviert wurden. Der *sim* stammt aus dem 18. Jh. Eintritt 10 000 Kip.

Der nächste Halt ist nur ein paar Schritte entfernt: die Höhle **Tham Khoua Sakkarine** oder Vat Tham Xieng Mene. Normalerweise schließen sich einem schon in Vat Long Khoun ein paar junge Touri-Lotsen mit dem Schlüssel zur (unspektakulären) Höhle an. Der Eintritt ist im Ticketpreis für Vat Long Khoun inbegriffen.

Hinter dem Höhlentempel führt der Weg durch Papaya- und Bananenplantagen bis zum **Vat Hat Siao**. Die Anlage mit Trommelturm und Gehmeditationshalle wurde vor einiger Zeit aus dem Klammergriff des Dschungels befreit. Im *sim* gibt's schöne Wandmalereien zu sehen.

Vom hier kehrt man auf demselben Weg zurück nach Ban Xieng Mene. Wer ein Boot gechartert hat, kann den Fahrer bitten, am Vat Long Khoun zu warten. Oder man versucht, dort oder an der Höhle Tham Khoua Sakkarine ein Fischerboot zum Anleger am Vat Xieng Thong anzuheuern (20 000–40 000 Kip, je nach Größe).

ÜBERNACHTUNG

Luang Prabang ist ein **teures Pflaster**. Die Preise für ein einfaches Doppelzimmer mit Bad starten in der Hochsaison bei 120 000 Kip, das Gros kostet zwischen US$30 und US$60. Wirklich günstige Zimmer gibt es nur noch jenseits der Halbinsel. Die Unterkünfte – inzwischen mehr als 400 – konzentrieren sich in **drei Gegenden**: auf der Halbinsel, in den Vierteln südwestlich des Palastmuseums und im Gebiet südöstlich des Phou Si zwischen Nam Khan und Vat Manorom. Die meisten Unterkünfte bieten ihren Gästen kostenlos Kaffee, Tee und Wasser an. Auch **WLAN** gehört inzwischen zum Standard, reicht aber selten bis in alle Zimmer.

Die Halbinsel

Karte S. 396

Das alte Luang Prabang zwischen Mekong und Nam Khan ist das schönste Viertel der Stadt. Eine Auswahl von Nord nach Süd:

Untere Preisklasse

Thida Gh. ㉔, Ban Phoneheuang, nördlich von Vat Nong in einer Seitenstraße nahe dem Mekong, ✆ 071-213075. Geräumige Zimmer (AC/TV) mit viel Holz und ausreichend großen Bädern. Nur die Fliesenzimmer hinter der Rezeption sind etwas oll. WLAN. ❸

Pathoumphone Gh. ㉛, Kingkitsarath Rd., am Nam Khan nahe der saisonalen Brücke, ✆ 071-212946. Eins der letzten Gästehäuser der ersten Stunde mit sehr einfachen Zimmern, einige nur mit Gemeinschaftsbad. WLAN. ❷–❸

€ **Phongboun Gh.** (Song's Place) ㉜, Sisavangvatthana Rd., ✆ 020-98833459, ✉ songlpb@hotmail.com. Das verwinkelte Shophouse nahe dem Mekong bietet ein halbes Dutzend einfache, aber gemütliche Zimmer, die einen Tick geschmackvoller ausfallen als in der Preislage üblich. Bei kalter Witterung schmerzt ein wenig das fehlende Fensterglas. WLAN, keine Klimaanlage. ❷–❸

Kinnaly Gh. ㊱, Sisavangvatthana Rd., ein Stück weiter östlich, ✆ 071-212416. Alteingesessene Budget-Herberge in prima Lage mit gefliesten Zimmern unten und Räumen mit Holzböden oben, alle mit Bad, alle sauber. Preis inkl. Frühstück. WLAN. ❸

Sanaphay Gh. ㉟, Straße von Vat Xieng Mouane, ✆ 071-253295, ✉ sanaphay@yahoo.com. Die leiterartige Holztreppe in den ersten Stock ist eine Herausforderung, aber die 3 Zimmer nach vorn (Nr. 2, 3, 4) sind es wert: kompakt, sauber, mit Holzböden, guten Betten und Balkonen, vor denen frühmorgens die Mönche und Novizen auf ihrem Almosengang vorbeiziehen. Wenig Englisch. WLAN. ❷–❹

€ **Namsok 3 Gh.** ㊲, gegenüber, etwas von der Straße zurückversetzt, ✆ 071-254426. Sympathisch, sauber und für die Lage günstig – deshalb füllen sich die 6 Fliesenzimmer in dem 2-stöckigen Steinhaus auch so schnell; wer hier kein Glück hat, kann es im Schwesterhaus um die Ecke probieren. WLAN. ❷–❸

Sackarinh Gh. ㊳, etwas zurückversetzt von der Sisavangvong Rd., ✆ 071-254512, ✉ sackarinh888@hotmail.com. Schnörkellose, geflieste Zimmer auf 2 Etagen, mit Bad, AC und TV. WLAN und Wasser gehen aufs Haus. ❸

Levady Gh. ㊴, kleine Straße, die von der Sisavangvong Rd. abgeht, ✆ 071-254434. Das Beste an diesem ultraeinfachen Gästehaus ist die Gasse, in der es liegt: ruhig, grün und doch mittendrin. ❸

Mittlere Preisklasse

Villa Somphong ㉒, Kingkitsarath Rd., ✆ 071-254896, 💻 www.villasomphong.com. Nur einen Katzensprung von Vat Xieng Thong entfernt am Nam Khan liegt dieses feine Gästehaus. Die sauberen Zimmer in 2 Gebäuden haben Holzböden, Klimaanlage, wenig Stauraum und im 1. Stock Flussblick. Die Räume mit Balkon oder Terrasse lohnen die Mehrausgabe. WLAN. ❹

Villa Oudomlith ㉙, erste Querstraße südlich von Vat Sene, ✆ 020-97135583. Der jüngste Besitzerwechsel hat dem gemütlichen Guesthouse gut getan. Böden und Möbel sind aus Palisander, es gibt AC und TV und der vietnamesische Betreiber kümmert sich mit viel Elan um seine Gäste. Einige Zimmer haben allerdings nur Fenster zum Korridor. Preis inkl. Frühstück. WLAN. ❺

Alounsavath Gh. ㉘, Mahin Ounkham Rd., Höhe Vat Nong, ✆ 071-212616, 💻 www.alounsavath.com. Beste Wahl im freundlichen Alounsavath sind die beiden großen, hellen Zimmer (AC/TV) im ersten Stock mit Balkonen zum Mekong, eins davon für Familien geeignet. Frühstück und WLAN sind inkl. ❹–❺

Villa Chitdara ㉚, Khounsua Rd., Ban Vat Nong, ✆ 071-254949, 💻 www.villachitdara.com. Ein Hotel zum Wohlfühlen, ruhig und trotzdem zentral, mit kleinem Garten und kompakten Zimmern (TV, Minibar, Safe, Fön, WLAN). Die Räume nach vorn bieten am Morgen freie Sicht auf den Almosengang, nach hinten überblickt man den Garten. Ein Teil davon geht leider für einen neuen Anbau mit 10 Superior-Zimmern drauf, der 2017 fertig werden soll. ❺

Villa Chitdara 2 ㉗, 200 m Luftlinie nördlich am Mekong, Mahin Ounkham Rd., ✆ 071-212 886, 💻 www.villachitdara2.com.

LAOS

Charmanter Kolonialbau am Mekong, vor allem die oberen Zimmer zum Fluss mit ihren großen grünen Sprossenfenstern und blitzenden Holzböden sind toll; der herzliche Besitzer schafft eine persönliche Atmosphäre. WLAN. ❺

Blue Dolphin Gh. ㉝, Seitenstraße zwischen Sisavangvong Rd. und Nam Khan, ✆ 020-55457989. Der Wermutstropfen vorweg: Die Straße vor dem Haus ist zwar klein, aber ein wichtiger Zubringer zur Halbinsel. Davon abgesehen ist diese unscheinbare Unterkunft unter chinesischer Leitung eine echte Entdeckung. Die großen Zimmer (AC, TV, Kühlschrank) haben blanke Dielen, sogar im Bad, anständige Matratzen und eine individuelle Note. WLAN. ❹–❺

Apple Gh. ㉞, Gasse nordwestlich des Namsok 3, ✆ 020-59962220, ✉ www.appleguesthouselaos.com. Familiäre Atmosphäre, hübsche Gasse, herzliche Besitzer. Die aufgeräumten Zimmer (AC, TV) haben Dielen oder Fliesen, es gibt einen Lesebalkon und jederzeit kostenlos Tee, Kaffee und Wasser. Am besten sind die Räume oben, vor allem die Zimmer 7 und 8 mit eigenem Balkon. WLAN. ❹–❺

Obere Preisklasse

Belle Rive ㉓, 450 m südwestlich am Mekong, ✆ 071-260733, 🖳 www.thebellerive.com. Drei schöne Häuser im Kolonialstil mit nostalgischem Flair. Alle Räume sind zum Mekong ausgerichtet. Inkl. Frühstück (ganztägig), Fahrradverleih, WLAN und – in der kalten Jahreszeit – E-Heizungen. ❻

The Apsara / Rive Droite ㉖, Kingkitsarath Rd., am Nam Khan, ✆ 071-254670, 🖳 www.theapsara.com. Das 2005 eröffnete Haus zählt zu den Klassikern auf der Halbinsel. Schöner (und teurer) ist das Schwesterhaus auf der rechten Flussseite mit luftigen, cremefarbenen Zimmern und Pool. WLAN. ❻

Lotus Villa ㉕, Ban Phonheuang, Khounsua Rd., hinter Vat Sene, ✆ 071-255050, 🖳 www.lotusvillalaos.com. Sympathisches Boutiquehotel mit der persönlichen Note eines Gästehauses. Ein kleiner Garten verbindet die beiden laotischen Häuser, in denen sich 17 geschmackvoll eingerichtete Zimmer und zwei Suiten befinden. WLAN, Preis inkl. Frühstück. ❺–❻

Ban Pakam, Ban Hoxieng und Ban Vat That

Karte S. 392/393

Die Viertel südlich des Palastmuseums haben sich zu klassischen Backpacker-Vierteln entwickelt. Alle drei liegen nah zum Zentrum.

Untere Preisklasse

Pakam Gh. ①, hinter Vat Mai in einer Seitenstraße Richtung Mekong, Ban Pakam, ✆ 071-252679, ✉ pakamservice@gmail.com. Typisch laotisches Haus mit neuem Anbau dahinter in einem ruhigen Wohnviertel. Die Zimmer oben sind luftiger (Tipp: Zimmer Nr. 03). WLAN. ❸

€ **Tephavong Gh.** (Oudomphong 2) ⑥, Gasse gegenüber dem Talat Tha Heua, Ban Hoxieng, ✆ 020-55314459. Zentrale Lage, kleiner Garten, entspannte Betreiber: Das sind nur einige der Gründe, warum die sauberen Zimmer dieses netten Familienbetriebs so hart umkämpft sind. Vom Gemeinschaftsbalkon schweift der Blick über das geschäftige Viertel bis zum Phou Si. WLAN. ❷–❸

Nocknoy Lanexang Gh. ⑦, ein Stück weiter, Ban Hoxieng, ✆ 020-96290936. Die Zimmer im Haupthaus sind etwas überteuert, interessant wird's dahinter: In den einfachen Räumen im alten Lao-Haus lassen sich die Betten einzeln mieten: 80 000 Kip im DZ, 70 000 Kip im Triple. Im 5er-Dorm (60 000 Kip) liegen die Gäste aufgereiht wie die sieben Zwerge. WLAN. ❹

€ **Suankeo Gh.** ⑩, 3. Querstraße südlich der Post, Ban Vat That, ✆ 071-254740 (Haus 1) und ✆ 254404 (Haus 2). Ein Name, zwei Häuser: Das alte Haus 1 hat mehr Atmosphäre, aber Haus 2 liegt näher am Mekong und ist mit seinen sauberen Zimmern, glänzenden Dielen und AC ein prima Deal. WLAN. ❸

Mittlere und obere Preisklasse

Golden Lotus Place ⑤, Gasse südlich von Vat Mai, Ban Pakam, ✆ 020-99116381, ✉ goldenlotusplace@gmail.com. Die Lage in einer Seitengasse des Morgenmarkts ist klasse, die sauberen Zimmer (AC, TV, Fön) sind gemütlich und haben Bäder mit Regendusche. Das alles, zusammen mit der Herzlichkeit des vietnamesischen Betreibers Bill, machen das Golden Lotus zu einer einwandfreien Option. Preis inkl. Frühstück. ❺

NOVELTY CAFE
JDB
ATM

Schlafen zum Sparpreis

€ Günstiger als im Dormitory lässt sich in Luang Prabang nicht übernachten.

LPQ Backpackers Hostel ⑪, 3. Querstraße südlich der Post, Ban Vat That, ✆ 020-91138686. Die 5 Dorms (je 8 Betten, 50 000 Kip) definieren zwar die Bedeutung von „klein" neu, jedoch hat der Laden zwei Schlafsäle nur für Frauen. Falls voll: Im Wat That Homestay nebenan gibt es ebenfalls Dormbetten.

Kounsavan Hostel ⑫, Thomkham Rd., ✆ 020-96857399. Ein Hostel mit Pool! Dazu ein großes Gelände mit Rasenstück, nur 350 m Fußweg zum Nachtmarkt, und Frühstück ist auch mit dabei. Dorm (4 oder 8 Betten) 60 000 Kip, in den Quergebäuden gibt's auch DZ (US$35). WLAN.

Central Backpackers Hostel ⑮, Noradeth Rd., ✆ 020-95293928. Entspanntes Haus ein Stück weg vom Geschehen. 5 Dorms (8/12 Betten), 50 000 Kip inkl. Frühstück, Zimmer 200 000 Kip.

Wem Flair wichtiger ist als Zentrumsnähe, sollte das **Sa Sa Lao** (s. u.) in Betracht ziehen.

LAOS

Lao Lu Lodge ②, Seitenstraße zwischen Morgenmarkt und Mekong, Ban Pakam, ✆ 071-255678, ✉ laolulodge@gmail.com. Schöne Unterkunft mit 12 Zimmern (unten Fliesen, oben Teakböden) und geschmackvollen Bädern. Familien dürften die beiden 3-Bettzimmer (Tipp: Nr. 204) und die ruhige Lage schätzen. Preis inkl. Frühstück und WLAN. ❹

Manichan Gh. ③, gegenüber, Ban Pakam, ✆ 020-55580076, 💻 www.manichanguesthouse.com. Das gemütliche Gästehaus wird von Travellern schon wegen des guten Frühstücks angesteuert. Die Zimmer sind sauber und freundlich (Ventilator oder AC), die günstigsten oben teilen sich ein Bad. Am Ende der Straße müsste inzwischen auch das angeschlossene Mali-Haus fertig sein, ein charmantes altes Lao-Haus mit 6 einfachen individuellen Zimmern ohne Bad (hellhörig!). WLAN. ❹–❺

Le Bougainvillier ④, Souvanarath Rd., Ban Pakam, ✆ 071-212097, 💻 http://lebougainvillier.com. In einem 600 m² großen Garten liegen die beiden Häuser dieses schönen Boutiquehotels, mitten im Gewusel des Morgenmarkts und trotzdem ruhig. Alle Zimmer sind geschmackvoll eingerichtet, die teureren haben Terrasse oder Balkon. Die Triple eignen sich für Familien. Inkl. Frühstück. WLAN. ❺

Südöstlich des Phou Si am Nam Khan

Karte S. 392/393

Das dörfliche Wohngebiet am Nam Khan hat noch einen recht ursprünglichen Charakter.

Vilayvanh Gh. ⑧, Ban Aphai, ✆ 071-252757. Stimmungsvolles Gästehaus in einer Gasse östlich von Vat Aphai. Die sauberen Zimmer haben Holzböden, AC und Bad. Eine gute Alternative liegt schräg gegenüber. WLAN. ❷

Cold River Gh. ⑨, Seitenstraße der Chao Xoumphu Rd., ✆ 071-252810, 💻 www.coldriverluangprabang.com. Tolles, familienfreundliches Gästehaus, das Gemütlichkeit mit Design verbindet. Originell eingerichtete Zimmer, je nach Kategorie 16 oder 20 m² groß. Die Räume mit Terrasse oder Balkon lohnen den Aufpreis. Preis inkl. Frühstück. WLAN. ❹–❺

Thongbay Gh. ⑬, 2 km südöstlich des Zentrums am Nam Khan, ✆ 071-253234, 💻 www.thongbay-guesthouses.com. Hübsche Bungalows in einem schönen Garten, 9 mit Blick auf den Nam Khan. Frühstück wird auf den Balkonen serviert. Gratisshuttle ins Zentrum, nettes Personal, entspannte Stimmung. Klasse für Leute, denen es nichts ausmacht, etwas ab vom Schuss zu wohnen. WLAN. ❺

€ **Sa Sa Lao** ⑰, ein Stück weiter östlich, ✆ 020-55357317, 💻 www.sasalao.net. Backpackeroase aus Bambusbauten rund um einen üppigen Garten am Nam Khan. Die Schlafsäle im Haupthaus (4/6 Betten, US$8) haben stabile Holzbetten, gute Matratzen, Moskitonetze und Bad. Etwas mehr Privatsphäre bieten die oben offenen Doppelbungalows im Bambus-Ziegel-Look. Recht große Entfernung zum Zentrum. Fahrradverleih. Restaurant. WLAN. ❹

Südlich des Phou Si bis Vat Manorom

Karte S. 392/393

Südlich des Phou Si liegen ein paar tolle Boutiquehotels und einige Travellerbleiben.

€ **Jaliya Gh.** ⑯, Phamaha Phasaman Rd., ✆ 071-252154. Von außen keine Schönheit, aber die vielen Stammgäste kommen auch vor allem wegen des netten Gartens, um den sich die Fliesenzimmer gruppieren. Räume und Bäder sind akzeptabel sauber. Das WLAN reicht bis in die hinteren Ecken des Gästehauses. ❷

Maison Dalabua ⑭, Phothisarath Rd., ✆ 071-255588, 💻 www.maison-dalabua.com. Drei große Lotusteiche bilden das Herz dieses entspannten Boutiquehotels. Die Zimmer sind geschmackvoll eingerichtet, mit dunklen Holzmöbeln, Dielen oder tonfarbenen Fliesen. Entspannen kann man am schönen Pool und im Spa. Angeschlossen, aber separat gemanagt, ist das laotische Restaurant Manda de Laos, 💻 www.mandadelaos.com, super romantisch am Lotusteich. Kostenlose Fahrräder. Preis inkl. Frühstück. Ein schöner Ort. WLAN. ❺–❻

Le Sen Boutique Hotel ⑳, Manomai Rd., 💻 www.lesenhotel.com. Auf dezente Eleganz setzt diese tolle neue Unterkunft am südlichen Stadtrand: Die Inneneinrichtung ist moderner als in anderen Häusern, alle Räume haben Balkon oder Terrasse und einen Blick auf den hübschen Pool. Zu Fuß sind es 15 Min. in die Stadt, aber es gibt auch einen Pendelbus und Leihfahrräder. Frühstück, Fitnessraum, Airporttransfer, WLAN. ❻

Außerhalb

Lao Spirit Resort ⑱, 15 km östlich, nahe Ban Xieng Lom am Nam Khan, ✆ 020-58553133, 💻 www.lao-spirit.com. Traumhaft gelegenes Resort mit 7 geräumigen Bungalows samt Veranda und Open-air-Dusche. Von der Restaurantterrasse bietet sich ein tolles Panorama. Auf Wunsch Ausflüge, Trekking, Kayaking und Bootsfahrten auf dem Nam Khan. Frühstück, WLAN und Wasser sind inkl. ❻

Jumbo Gh. on the Mekong ⑲, 7 km nördlich am Mekong, ✆ 020-56856488, 💻 www.jumbo-guesthouse.com. Österreichisch geführtes Gästehaus am Mekong im Grünen mit vier Zimmern, einer Sala und zwei Terrassen. Monica kocht sehr gern und ist bekannt für ihre selbstgemachten Marmeladen. ❹

Hillside Nature Lifestyle Lodge ㉑, 12 km südwestlich, ✆ 020-58777038, 💻 www.hillsidelaos.com. Im 3 ha großen Garten, in dem die netten Bungalows und das Familienhaus (5 Pers.) stehen, wachsen alle möglichen Obstbäume, das Bio-Gemüse wird auf einem Feld nebenan gezogen und Solarenergie sorgt für warmes Wasser. Ein Riesenplus sind der große geschwungene Pool und die schönen Wandermöglichkeiten in der Umgebung, etwa zum 2 km entfernten Tad Thong, zu einer Erdbeerfarm oder zum Tad Kuang Xi (S. 415). Restaurant. Kein TV, kein WLAN. ❺–❻

ESSEN

Dank boomender Touristenzahlen ist die Gastro-Szene so vielseitig wie nie zuvor. Fast alle Cafés und Restaurants bieten kostenfrei **WLAN** an.

Cafés und Frühstückslokale

Die Halbinsel

Le Banneton, Sakkarine Rd. Buttercroissants, klasse Kaffee und ein Topblick auf Vat Sop, ein Café wie gemacht, um die Zeit zu vergessen. 🕒 6.30–20.30 Uhr.

Café Ban Vat Sène, Sakkarine Rd. Stilvolles Café in einem Kolonialgebäude mit gutem Frühstück und europäischen Snacks. Highlight sind die Spezialitäten verschiedener Ethnien. Teesalon im Obergeschoss 🕒 6.30–22.30 Uhr.

Novelty Cafe, Sisavangvong Rd. Nettes Café mit Wohnzimmeratmosphäre und vertrauten Leckereien wie Kaiserschmarrn und Ei im Glas. Ein guter Stopp für einen starken Kaffee und eine Zwischenmahlzeit. 🕒 9–22.30 Uhr.

Ban Pakam, Ban Hoxieng und Ban Vat That

Indigo Café, im Indigo House, Sisavangvong Rd., gegenüber dem alten Hmong-Markt. Blau ist die dominierende Farbe in diesem Hotelcafé, das

Häppchen auf die Hand

€ Gegen 18 Uhr öffnet ein **Essensmarkt** in der Gasse südlich des Indigo Cafés. Auf engstem Raum werden hier alle möglichen Snacks angeboten: frische Frühlingsrollen *(nem neuang)*, Würstchen *(sai ua)*, Grillfisch *(ping pa)*, Nudelsuppen. Besonders beliebt sind die Buffets, an denen sich der Teller schon für 15 000 Kip mit laotischen Köstlichkeiten füllen lässt. Verputzt wird das Ganze an kleinen Biertischen.

LAOS

mit gutem Frühstück und einer kleinen Auswahl veganer Gerichte punktet. 🕒 7–22 Uhr.

Joma Bakery, Chao Fa Ngum Rd., nahe der Post, 💻 www.joma.biz. Wer Starbucks mag, wird sich hier wie zu Hause fühlen. Die meisten Sessel zum Reinflezen stehen oben. Noch entspannter ist die Filiale in der Kingkitsarath Rd. am Nam Khan (Karte S. 392/393). 🕒 7–21 Uhr.

€ **SomChan (Sum) Noodle**, Gasse südlich des Indigo Cafés. Wer das ewige Eier-mit-Baguette-Frühstück satt hat, kann auf Som Chans köstliche Nudelsuppen umsteigen. Sie betreibt ihren Stand seit einem Vierteljahrhundert und hat inzwischen eine feste Anhängerschaft. 🕒 ab 6.30 Uhr.

LAOS

International

Blue Lagoon Restaurant, in einer kleinen Gasse nördlich des Palastmuseums, ✆ 020-59252525, 💻 www.blue-lagoon-restaurant.com. Leuchtender Stern, wenn's um deftige mitteleuropäische Kost geht, aber natürlich beherrscht der laotische Koch auch die Landesküche, darunter ganz neu: kreative Insekten-Gerichte. Hauptgerichte 55 000–178 000 Kip. 🕒 18–23 Uhr (die Küche schließt um 22 Uhr).

Coconut Garden, Sisavangvong Rd., 💻 www.elephant-restau.com. Ob europäisches Frühstück oder laotisches Menü (ab 80 000 Kip): Das stimmungsvolle Gartenlokal bietet eine gute und leckere Auswahl an Gerichten. Zentral und trotzdem ruhig. 🕒 10–23 Uhr.

La Casa Lao, Sisavangvong Rd., 💻 http://lacasalao.com. Spanische Tapas (Croquetas, Chorizo) und laotisches Fingerfood (Klebreis mit Dips, Chicken Wings) an der Flaniermeile. Preise pro Portion 15 000–125 000 Kip. 🕒 11–23 Uhr.

L'Eléphant, gegenüber Vat Nong, 💻 www.elephant-restau.com. *Cuisine française* trifft *ahaan lao*, ein Muss für Leute, denen der Sinn nach Rinderfilet, Büffel, Ente oder Lamm steht. Das L'Eléphant Vert gleich um die Ecke serviert auf gleichem Niveau vegetarische und vegane Gerichte. Hauptgerichte 70 000–230 000 Kip. 🕒 12–14.30, 18–22.30 Uhr.

The Kitchen at Suan Maak, im Süden der Stadt, 💻 https://www.facebook.com/thekitchenluangprabang. Sehnsucht nach heimischer Hausmannskost? Dieses Gartenlokal auf dem Gelände der Villa Suan Maak bietet Käsespätzle, Bratwurst, Fleischkäse und jeden Fr abend Schnitzel. Hauptgerichte 35 000–65 000 Kip. 🕒 17–22 Uhr, Mo geschlossen.

Pizza Phan Luang, rechtes Nam-Khan-Ufer nahe dem Dyen Sabai, Ban Phan Luang. Das stimmungsvolle Gartenrestaurant macht einem die Wahl leicht: Es gibt nur eine Hand voll Holzofenpizzen und alle sind gut. 🕒 17.30–22 Uhr, Mo geschlossen.

€ **Rosella Fusion**, Kingkitsarath Rd., am Nam Khan. Früher für seine Steaks gerühmt, inzwischen bei den meisten Gerichten stark: leckere Currys, klasse Bruschetta, guter griechischer Salat. Es wird glutamatfrei gekocht. Hauptgerichte 25 000–69 000 Kip. 🕒 11.30–22 oder 23 Uhr, So geschlossen.

Tangor, Sisavangvong Rd., gegenüber dem Coconut Garden. 💻 www.letangor.com. „Weniger ist mehr" hat man sich wohl in dem exquisiten Restaurant gedacht und die Karte auf ein paar westlich-asiatische Fusion-Gerichte beschränkt. Das Ambiente ist im Gegenzug angenehm nostalgisch. Hauptgerichte 65 000–135 000 Kip. 🕒 11–23 Uhr.

Laotisch und Thailändisch

€ **Atsalin Restaurant**, Phamaha Phasaman Rd. Prima Bratnudeln mit Ente, Schwein oder Shrimps gegen den kleinen Hunger. Hauptgerichte ab 15 000 Kip. 🕒 8.30–22.30 oder 23 Uhr.

Bamboo Tree Restaurant, Kingkitsarath Rd. Gute laotische Küche, kreativ zusammengestellt, in einem schönen Haus im Kolonialstil mit einladender Terrasse. Dazu gibt's ab 19 Uhr klassische laotische Musik. Hauptgerichte 40 000–89 000 Kip. 🕒 10–22 Uhr.

Big Tree Café, Mahin Ounkham Rd. Mix aus laotisch-koreanischem Restaurant und Fotogalerie: Kim Chi, koreanisches Sushi (ohne rohen Fisch!), scharfe Nudelsuppen, Laap, Salate und Frühlingsrollen. Auch die Burger sind klasse. Hauptgerichte 30 000–95 000 Kip. 🕒 9.30–21 Uhr, So geschlossen.

Dyen Sabai, jenseits des Nam Khan, Ban Phan Luang, 💻 https://dyensabairestaurant.wordpress.com. Per Ruderbootshuttle oder über die saisonale Brücke gelangt man zu diesem entspannten Gartenlokal inmitten eines Bambushains. Der perfekte Ort, um zum Bier die laotischen Gerichte zu probieren. Tipp: das leckere *sindat* (ab 90 000 Kip). Hauptgerichte 38 000–55 000 Kip. ⌚ 8–23 Uhr, Sep geschlossen.

Joy's Restaurant, 5. Querstraße südlich der Post, Ban Vat That. Das Restaurant ist prima, um einen Einblick in die laotische Küche zu bekommen. Hauptgerichte 30 000–50 000 Kip. ⌚ 12–23 Uhr.

Khaiphaen, Sisavangvatthana Rd., 💻 https://www.facebook.com/Khaiphaen. Traditionelle Rezepte, pfiffig interpretiert, und das auch noch für einen guten Zweck: Wie das Makphet (S. 362) in Vientiane bereitet das Lokal benachteiligte Jugendliche auf die Arbeit in der Tourismusbranche vor. Hauptgerichte 38 000–64 000 Kip. ⌚ Mo–Sa 11–22.30 Uhr.

Luang Prabang Artisans Café, Abzweig von der Sisavangvong Rd., noch vor Green Discovery links, 💻 www.luangprabangartisanscafe.com. Eine Oase für die Pause zwischendurch. Leckere Snacks wie frische Frühlingsrollen oder Pilze mit Sesam, bio und glutamatfrei, dazu eine Auswahl schmackhafter Tees, Shakes und Smoothies. Hauptgerichte 30 000–45 000 Kip. ⌚ Mo–Sa 9–18 Uhr.

€ **Mi Pet Si Njaek**, Phamaha Phasaman Rd. Seit einem Vierteljahrhundert schon betreibt die Familie die famose Suppenstube, die für ihre Kraftbrühe mit Nudeln und Ente *(mi pet)* bekannt ist. Die Schüssel ist für 15 000 Kip zu haben. ⌚ 10–24 Uhr.

€ **Pen Crêpe** (ohne Schild), Phommathai Rd., zwischen Schule und Vat Aham. Supergünstige Schnellküche: Suppen, Bratreis, Sandwiches, Nudeln oder Crêpes sind bei Travellern und Laoten gleichermaßen beliebt. Hauptgerichte 10 000–25 000 Kip. ⌚ 8–21 Uhr.

Sonphao, Xatikhoumman Rd., gegenüber Vat Choum Khong. Über die Jahre hat sich das japanisch geführte Restaurant einen guten Ruf erkocht. Besonders interessant: die diversen Menüs (japanisch, laotisch, vegetarisch), eine kleine Auswahl japanischer Gerichte und die tägliche Musik- und Tanzshow (19.30–20.15 Uhr, 30 000 Kip, unabhängig vom Verzehr). Hauptgerichte 36 000–55 000 Kip. ⌚ 8–21.30 Uhr.

Tamarind, Kingkitsarath Rd., neben dem Apsara, ☎ 071-213128, 020-77770484, 💻 www.tamarindlaos.com. In diesem guten Restaurant am Nam Khan wird die laotische Küche mit allen Sinnen erfahrbar. Außer den leckeren Probierplatten, Suppen und laotischen Klassikern in moderner Ausführung bietet das Tamarind Kochkurse (S. 411), und jeden Freitag „Pan Pa“, ein traditionelles Festbankett, an (ab 4 Pers.). Veranstaltungen bitte 1 Tag vorher buchen. Auch wer essen gehen möchte, sollte reservieren. Hauptgerichte 35 000–50 000 Kip. ⌚ 11–16, 17.30–21 Uhr, So geschlossen.

Tamnak Lao Restaurant, Sakkarine Rd., 💻 www.tamnaklao.net. Spezialitäten aus Luang Prabang wie grobe Schweinefleischwurst und Casserole in einer Kolonialvilla mit Blick auf Villa Santi. Die beliebten Kochkurse (S. 411) finden gleich ums Eck statt. Hauptgerichte 40 000–70 000 Kip. ⌚ 10–22 Uhr.

Sindat – Fondue auf Laotisch

Laoten lieben es, und wer es einmal probiert hat, weiß auch warum: Kaum ein Gericht ist so lecker und gesellig wie *sindat*, die laotische Variante des koreanischen Barbecues. Für einen romantischen Abend eignet sich das **Dyen Sabai** (s. links). Ein laotische Erfahrung bieten:

Sindat-Restaurant (ohne Namen), Kingkitsarath Rd. Eine Handvoll Plätze unter freiem Himmel und einen Tischgrill: Mehr braucht es nicht für einen gelungenen Abend. Günstig. ⌚ nur abends.

New Paradise, Vixounarat Rd. Was an Atmosphäre fehlt, macht der Laden mit Qualität wett. 65 000 Kip. ⌚ 17.30–23 Uhr.

UNTERHALTUNG UND KULTUR

Bars

Eine kleine **Barmeile** hat sich südlich des Phou Si in der Chao Siphouphan Rd. entwickelt. Wer nach 23 Uhr noch etwas trinken möchte, sollte ein Tuk Tuk zur **Bowlingbahn** ein paar Kilometer außerhalb nehmen (den Fahrer fragen).

Die Halbinsel

Icon Klub, Seitenstraße zwischen Sisavangvong Rd. und Nam Khan, 💻 www.iconklub.com.

LAOS

Gesellige Bar mit origineller Deko und guten Cocktails. Musik von Alternative bis Lounge. ⌚ 17.30–23.30 Uhr, wechselnder Ruhetag.
Chez Matt, schräg gegenüber. Erste Adresse für für ein Glas Rotwein. ⌚ 16.30–23.30 Uhr.

Südlich des Phou Si

Utopia, am Nam Khan, von der Phommathai Rd. ausgeschildert, 💻 www.utopialuangprabang.com. In einem Tropengarten mit Pavillon und Holzveranden treffen sich Backpacker tagsüber zum Lesen und Quatschen. Abends werden bei Shooter und Partysounds Videoclips geguckt und sich mit Travellerfood der Bauch vollgeschlagen. ⌚ bis 23.30 Uhr.
Redbul Bar, Chao Siphouphan Rd., 💻 http://redbulbarluangprabang.com. Billard, Kicker und starke laotische Cocktails (mit und ohne Red Bull) sind die Zutaten der ausgelassenen Partys in dieser lässigen Bar. Musik schlägt die Brücke von Techno zu Pop. ⌚ 17–23.30 Uhr.

Im Süden der Stadt

525, im Süden westlich von Vat Mano, 💻 http://525.rocks. Wären da nicht die Fotos mit südostasiatischen Motiven an der Wand, könnte man glatt vergessen, wo man ist. Schön ist die Terrasse mit weißen Steinsofas und entspannter Musik, dazu gibt's Cocktails und Fingerfood. Nicht billig. ⌚ 17–23.30 Uhr.
Yensabai Bar, Phou Vao Rd. Die Institution für das letzte Bier der Nacht. ⌚ 19–1 Uhr.

Klassische Tänze, Musik und Theater

Garavek, Khounsua Rd., 💻 www.garavek.com. Ein junger Geschichtenerzähler erweckt jeden Abend in einem kleinen Raum in Ban Vat Sene die laotische Sagenwelt zum Leben, begleitet von einem Musiker mit *Khene*, dem typisch laotischen Blasinstrument. Start ist tgl. um 18.30 Uhr, Eintritt 50 000 Kip.
Royal Ballet Theatre. Auf dem Gelände des Palastmuseums werden Mo, Mi, Fr und Sa um 18.30 Uhr Musik, Tanz- und Theatervorstellungen wie zu Königs Zeiten gegeben. An jedem Tag steht eine andere Episode aus dem *Phra Lak Phra Lam* auf dem Programm. Eintritt je nach Sitzplatz 100 000–150 000 Kip, genaue Programmhinweise hängen aus.

Einige **Restaurants** bieten ihren Gästen zum Abendessen klassische laotische Musik und auch Tanz, darunter das Bamboo Tree und das Sonphao. Beim Restaurantschiff Nava Mekong passiert das Ganze auf dem Wasser (S. 410).

FESTE UND FEIERTAGE

Buddhistische Feste richten sich nach dem **Mondkalender** und finden in der Regel zum Vollmond statt. Die Daten ändern sich daher von Jahr zu Jahr.

Januar/Februar

Boun Khoun Khao: Erntefest. Wird in den Vats und auf den Feldern gefeiert.

März

Boun Phra Vetsantara: Fest zu Ehren Vessantaras, Buddhas vorletzter Inkarnation, zu dem im Vat Aham die Vessantara Jataka gelesen wird.

April

Boun Pi Mai: Laotisches Neujahr. Der erste Tag des neuen Jahres ist der 16. April. Das Fest der Erneuerung und des Regens wird sechs Tage lang mit viel Wasserschütten auf den Straßen gefeiert. In allen Vats werden Buddhafiguren mit Wasser übergossen, vor Vat Mai wird die Statue des Phra Bang ab dem Neujahrstag für drei Tage zum rituellen Übergießen aufgestellt. Die junge Nang Sang Khan, die Neujahrsprinzessin, wird aufwendig geschmückt und in einer Prozession durch die Stadt getragen. Außerdem finden vor Vat Vixoun und Vat Mai Aufführungen des *Phra Lak Phra Lam* und die rituellen Tänze des Großelternpaars Pu No und Na No statt.

Mai

Boun Visakha Bousa: Das hohe Fest zum Geburts-, Todes- und Erleuchtungstag Buddhas.
Boun Bang Fai: Mit spektakulären Bambusraketen werden Erntedank und die mit dem Regen einhergehende Erneuerung gefeiert.

Juli

Boun Khao Phansa: Beginn der 3-monatigen Fastenzeit zum Anfang der Regenzeit, viele Mönchsordinationen.

August/September
Boun Khao Salak: mit besonderen Opfergaben wird in den Tempeln der Verstorbenen gedacht.
Boun Souang Heua/Boun Nam: Bootsrennen/ Wasserfest, das in Luang Prabang aufwendig am Mekong und Nam Khan gefeiert wird.

September/Oktober
Boun Ok Phansa: Am Morgen des Fests zum Ende der Fastenzeit ist die gesamte Mönchsgemeinde beim *dag bat* unterwegs. Abends findet eine Prozession mit verzierten Bambusbooten zu Vat Xieng Thong statt. Hier werden die Boote gesegnet und zusammen mit unzähligen Bananenblattschalen mit Kerzen auf den Mekong gesetzt.

EINKAUFEN

Wer stöbern möchte, ist auf dem **Nachtmarkt** (S. 399) gut aufgehoben. Allerdings mischen sich unter die vielen schönen Dinge immer mehr Fakes. Das hat auch die Handicraft Association festgestellt und das Label „**Handmade in Luang Prabang**" entwickelt. Es kennzeichnet Produkte, die mindestens zu 60 % in Luang Prabang hergestellt wurden. Im Dorf **Ban Xieng Lek**, nördlich von Luang Prabang, verkaufen Frauen die für Laos sehr typischen Seidentextilien.

Antiquitäten, Textilien und Kunsthandwerk

Caruso Lao, Sakkarine Rd., südliches Ende, 💻 www.carusolao.com. Die Holzobjekte der Designerin Sandra Yuck gehören zum dekorativsten Kunsthandwerk, das in Luang Prabang und Vientiane (Filiale) erhältlich ist. 🕒 8–22 Uhr.

Ma Té Sai, Phommathai Rd., 💻 www.matesai.com. Der Name bedeutet „Wo kommt's her?" Die Antwort: aus Laos natürlich! Der Shop ist randvoll mit Produkten aus dem ganzen Land, auf traditionelle Weise in Dörfern oder im Rahmen von NGO-Projekten hergestellt und fair gehandelt. 🕒 8.30–20.30 Uhr.

Naga Creations, Sisavangvong Rd., bietet in zwei Läden eine Sammlung fantasievoller Schmuckstücke. 🕒 10–22 Uhr.

Ock Pop Tok, zwei Läden in der Sakkarine Rd., 💻 www.ockpoptok.com. „Ock Pop Tok" heißt „Ost begegnet West" und steht für ein Projekt, das 2000 von einer Laotin und einer Engländerin gegründet wurde. Die Kleidungsstücke und Accessoires werden im Living Crafts Centre (S. 411) in Ban Saylom oder im Rahmen des Village Weaver Projects hergestellt. In der „Boutique" gibt es Mode und Wohntextilien mit traditionellen Mustern in zeitgenössischem Design, im „Heritage Shop" schräg gegenüber stehen klassische laotische Textilien im Vordergrund. Kostenloser Shuttle zum Webzentrum in Ban Saylom. 🕒 8–20 Uhr.

Orange Tree, Mahin Ounkham Rd., nahe Vat Nong Pier. Eine Fundgrube für Designklassiker aus Europa und Asien. 🕒 Mo–Sa 10–18 Uhr.

Passa Paa, Sakkarine Rd., neben dem Ock Pop Tok Heritage, 💻 www.passa-paa.com. Traditionelle Muster, modern interpretiert, auf Schals, Kissen, Taschen, Notizbüchern. Die Stücke werden im Studio in einer kleinen Gasse abgehend von der Sisavangvong Rd. gefertigt, wo Modedesignerin Heather nach Vereinbarung gern Touristen herumführt. 🕒 8–21 Uhr.

TAEC Boutique, Sakkarine Rd., 💻 www.taeclaos.org. Kleiner Shop des Traditional Arts and Ethnology Centres (S. 398) mit fair gehandeltem Kunsthandwerk. 🕒 9–21 Uhr.

Bücher und Landkarten

Monument Books, Ban Vat Nong, gegenüber Asiama, 💻 www.monument-books.com. Neue Bücher zu Südostasien und Laos (auch Kritisches). 🕒 Mo–Fr 9–21, Sa, So bis 19 Uhr.

Lao-Kids Book Exchange, in der Gasse beim Tamnak Lao Restaurant, tauscht und verkauft Bücher für einen guten Zweck. 🕒 11–18 Uhr.

TOUREN

Trekking, Kayaking, Mountainbiking

Immer mehr Touranbieter spezialisieren sich auf Aktiv- und Naturtourismus. Die gelisteten Unternehmen gehören zu den erfahrensten. Sie sind nicht billig, denn natur- und sozialverträgliche Touren haben ihren Preis.

Green Discovery, Sisavangvong Rd., ☎ 071-212093, 💻 www.greendiscoverylaos.com. Eine Fülle von Touren und Aktivitäten wie Trekking, Rafting, Kayaking, Mountainbiking und Elefantentouren. 🕒 8–23 Uhr.

LAOS

Tiger Trail, Sisavangvong Rd., ✆ 071-212311, 💻 www.laos-adventures.com. Der deutsch-laotische Veranstalter bietet Trekking-, Kajak-, Mountainbike-, Motorradtouren und Elefantenritte an. Günstige tägliche Join-in-Touren, hochwertige Ausrüstung. Tiger Trail vermittelt zudem mehrtägige Besuche in Akha-Dörfern. Sehr zu empfehlen! ⌚ 8–21 Uhr.

Zip-Line

Den inneren Tarzan ausleben kann man beim **Green Jungle Flight**, 15 km südwestlich am Westufer des Mekong: Auf einem 21 ha großen Waldstück am Hoikhua-Wasserfall hat die Lao Green Group, 💻 www.laogreengroup.com, einen Park mit Hochseilgarten (13 Elemente, ca. 1 Std.) und Zip-Line (12 Plattformen, ca. 1 Std.) angelegt, zu buchen in Reisebüros oder unter 📧 info@laogreengroup.com. Nur Seilgarten kostet US$28, nur Zip-Line US$30, beides zusammen US$45, mit Trekking US$65, Kid Adventure (ab 4 Jahren) US$20. Der **Transfer** ist im Preis enthalten: vom Hotel zum Pier hinter dem Palastmuseum, von dort per Boot nach Ban Pak Lung (30–45 Min.) und ab da die letzten 3 km im Pick-up. Wer ohne Buchung anreist: Das Boot fährt tgl. um 9, 11 und 13 hin (10 000 Kip, Ticket vor Ort gegen ein Getränk einlösbar) und um 12, 14.30 und 16.30 Uhr zurück.

Elefantenreiten

Ein halbes Dutzend Camps in der Umgebung von Luang Prabang bieten Touristen Begegnungen mit Elefanten an. Für die domestizierten Tiere, die ansonsten Schwerstarbeit in der Holzindustrie leisten müssen, kann der Tourismus eine gute Alternative sein – wenn er verantwortungsvoll betrieben wird. Woran das zu erkennen ist, erläutert die Organisation ElefantAsia in ihrem kompakten Leitfaden *Read before you ride:* 💻 www.elefantasia.org (erst auf „About us", dann auf „FAQs" klicken).
Wer keine Kompromisse beim Tierschutz eingehen möchte, muss sich in das 2 1/2 Std. entfernte Xayaboury aufmachen: Dort liegt das **Elephant Conservation Center** (S. 450), 💻 www.elephantconservationcenter.com, das sich wirklich um die Belange der Dickhäuter kümmert. Das Büro an der Souringnavongsa Rd. in Ban Vat That organisiert Buchung und Transfer. ⌚ 8–18 Uhr.

Touren mit Minibus und Tuk Tuk

Minibus- und Tuk-Tuk-Touren zu den Zielen in der Umgebung werden inzwischen von fast allen Reisebüros und Gästehäusern angeboten. Fahrten zum **Tad Kuang Xi** kosten ab 50 000 Kip, zu den **Pak-Ou-Höhlen** 80 000–90 000 Kip p. P. Allerdings lohnt der Preisvergleich.

Bootstouren

Ausflüge

Die mit Abstand beliebteste Bootstour ist die 1 1/2-stündige Mekongfahrt zu den **Pak-Ou-Höhlen** (S. 414). Das öffentliche Boot startet um 8.30 Uhr vom Vat Nong Pier (70 000 Kip p. P.) Zurück geht's gegen 11.30 und 12 Uhr. Auch fast jedes Reisebüro hat eine Tour im Programm, manche sogar günstiger.
Sunset-Touren sind nicht nur etwas für Verliebte. Die Bootsleute an den Mekong-Piers nehmen für die Stunde auf dem Wasser um 150 000 Kip bei 2 Pers. Inzwischen fährt auch eine Armada privater Anbieter mit unterschiedlichen Programmen, darunter:
Sa Sa Sunset Cruise, 💻 www.facebook.com/sasacruiselaos. Entspannt und für kleines Geld, Start je nach Jahreszeit zwischen 16 und 17 Uhr vom Pak Houay Pier, 65 000 Kip.
Bounmi, 💻 www.bounmi.com. Touren unter dem Motto „Cruise in Style". Getränke und Snacks inkl., Start vom Vat Xieng Thong Pier, Buchung über die Website oder unter ✆ 020-56169331, adele@bounmi.com.
Banana Boat, 💻 www.bananaboatlaos.com. Sunset Cruise (US$20 p. P. bei 3–4 Pers.) und mehr. Start vom Vat Xieng Thong Pier. Buchung: ✆ 071-260654 und bei Ma Té Sai (S. 409).
Nava Mekong, 💻 http://navamekong.com. 3–4-stündige Lunch- und Dinnerfahrten vom Vat Nong Pier, mittags mit Stopp an den Pak-Ou-Höhlen (US$25), abends mit Folkloreshow (US$30). Buchung in den Reisebüros oder unter ✆ 071-260319, 📧 info@navamekong.com.

Mehrtägige Kreuzfahrten auf dem Mekong

Shompoo Cruise, Mahin Ounkham Rd., ✆ 071-213189, 💻 www.shompoocruise.com.

Workshops und mehr

Das **Ock Pop Tok Living Crafts Centre**, 2 km südlich des Zentrums idyllisch am Mekong gelegen, 💻 www.ockpoptok.com, bietet spannende Workshops von Weben bis Bambusflechten an, es gibt Audio-Führungen und die Galerie **Fibre2Fabric**, http://fibre2fabric.org. Das **Silk Road Café** serviert Laotisches und ein paar Gerichte aus den Ländern der Seidenstraße und Do wird zum Abendmenü ein **Film** gezeigt. Tuk Tuks pendeln gratis zwischen Shops (S. 409) und Centre. 🕒 tgl. 9–17 Uhr.

Besser als die überfüllten öffentlichen Boote und dabei günstiger als die Luxuskreuzfahrten.
Mekong River Cruises, Gasse hinter Vat Xieng Thong, ☏ 071-254768, 💻 www.cruisemekong.com. Deutsch-laotisches Unternehmen.
Luang Say Mekong Cruises, Sakkarine Rd., ☏ 071-252553, 💻 www.luangsay.com.

SONSTIGES

Apotheken

Bouaphan Pharmacie, Sakkarine Rd., gegenüber der Grundschule. Guter Ruf, lange offen und man spricht etwas Französisch und Englisch.

Autovermietungen

Avis, Sisavangvong Rd., im selben Büro wie Green Discovery, 💻 www.avis.la. 🕒 Mo–Fr 8.30–18, Sa, So 9–13 Uhr.

Diplomatische Vertretungen

Konsulat von **Vietnam** s. S. 48.

Fahrrad- und Motorradverleih

Viele Reisebüros und Unterkünfte vermieten Fahrräder und Motorroller. Als Sicherheit wird der Pass einbehalten. Wichtig: zuvor das Zweirad auf Mängel prüfen. Die gängigen **Tagespreise**: Fahrrad um 20 000 Kip, Mountainbike um 50 000 Kip, Motorroller um 100 000/120 000 Kip (Halb-/Automatik), 250ccm um 560 000 Kip.
KPTD, Setthathirat Rd., gegenüber dem Dara-Markt, ☏ 071-212077. Zuverlässiger Anbieter. 🕒 Mo–Sa 8–17, So 8–12 Uhr.
Motorräder & Fahrräder Tiger Trail, Chao Fa Ngum Rd., am Kreisverkehr. Zwei Läden nebeneinander: Links Roller (Automatik) für 110 000 Kip, 🕒 8–18 Uhr. Rechts, in der Biking-Laos-Werkstatt, stabile Trekking- und Mountainbikes mit Helm und Schloss für 50 000 Kip/24 Std. Wer ein Problem mit dem eigenen Rad hat, findet hier auch fähige **Mechaniker**. 🕒 8–17.30 Uhr.

Geld

Geldautomaten (ATM) im Zentrum versorgen Reisende rund um die Uhr mit Kip. Zur Not gibt es in der Sisavangvong Rd. auch ein Reihe **Wechselschalter** (🕒 bis 21 oder 22 Uhr).
Banque Franco-Lao, Sisavangvong Rd., 💻 www.banquefrancolao.com. 🕒 tgl. 7–19 Uhr.
BCEL, Phou Vao Rd., 💻 www.bcellaos.com. 🕒 Mo–Fr 8.30–15.30 Uhr.
Lao Development Bank, Vixounarat Rd., 💻 www.ldb.org.la. 🕒 Mo–Fr 8.30–15.30 Uhr.

Informationen

Im **Tourism Information Center**, Sisavangvong Rd., gegenüber dem Hmong-Markt, 💻 http://tourismluangprabang.org. 🕒 Mo–Fr 8–11.30, 13.30–16, Sa, So 9–11.30, 13–15.30 Uhr.

Internet

Mittlerweile kann man sich in fast jedem Hotel, Guesthouse oder Café ins **WLAN** einloggen. Ganz vereinzelt gibt es noch **Internetcafés**. Die Kosten liegen bei 100–250 Kip/Min., Minimum 1000 Kip. 🕒 bis 22 oder 23 Uhr.

Kochkurse

Kochkurse werden in der Hauptsaison täglich angeboten. Lehrer und Teilnehmer kaufen die Zutaten morgens auf dem Markt ein, bereiten sie anschließend zu und beenden den Tag mit einem Schmaus. Gute Anbieter sind die Lokale **Bamboo Tree**, **Tamarind** und **Tamnak Lao**.

Medizinische Hilfe

Das **Provinzkrankenhaus,** südwestlich der Stadt, ☏ 071-252049, kooperiert seit 2012 mit dem Bangkok Hospital, so dass zumindest immer Englisch sprechendes Personal vor Ort ist. Auf demselben Gelände liegt auch das spendenfinanzierte **Lao Friends Hospital for Children**,

LAOS

Projekte für einen guten Zweck

Die gemeinnützige Initiative **Big Brother Mouse,** www.bigbrothermouse.com., Anfang 2006 von einem amerikanischen Verleger gemeinsam mit ein paar laotischen Studenten aus der Taufe gehoben, verlegt laotische Kinderbücher, die Lust aufs Lesen(lernen) machen sollen. Reisende können im Laden (8–19 Uhr) in der Seitenstraße nördlich Vat Nongs Bücher für 10 000–40 000 Kip und Buchpakete ab 100 000 Kip kaufen und unterwegs in den Dörfern verteilen. Oder sie sponsern für US$400 eine „Buchparty", bei der Mitarbeiter von Big Brother Mouse eine Dorfschule besuchen und jedem Kind ein Buch schenken. Man kann auch den Nachdruck oder die Neuproduktion eines Titels finanzieren (US$1000–3500) oder tgl. von 9–11 Uhr und 17–19 Uhr Jugendlichen Englischunterricht erteilen. Für das neue Lernzentrum vor den Toren der Stadt werden ebenfalls noch Unterstützer gesucht.

Einem guten Zweck hat sich auch die **Music for Everyone School**, http://meslaos.wordpress.com, verschrieben: Hier erhalten Laoten ab 8 Jahre kostenlos Musikunterricht. Unterstützung ist immer willkommen, ob als Sachspende, Unterrichtsstunde oder Freiwilligenarbeit. Die Schule liegt in Ban Mueng Nga, auf der anderen Seite des Nam Khan, erste Straße hinter der Sisavangvong-Brücke rechts. Mo–Fr 8–11, 12–16, 16.30–19.30 Uhr.

https://fwab.org/laos, mit Notaufnahme (24 Std.). Neben dem laotischen Personal sind rund um die Uhr ein ausländischer Arzt und eine ausländische Pflegekraft vor Ort. Laotische Kinder werden kostenlos behandelt, Touristen müssen sich nach den Kosten erkundigen.

Sauna und Massage

Massagesalons gibt es inzwischen an jeder Ecke. Einen guten Ruf haben:

Peninsula, Mahin Ounkam Rd., an der Spitze der Halbinsel hinter Vat Xieng Thong.

Frangipani Spa, Querstraße nördlich von Vat Nong. 10.30–21 Uhr.

Rotes Kreuz, Vixounarat Rd., gegenüber Vat Vixoun. Massagen, tgl. 13–20 Uhr und Herbal Sauna, tgl. 16–20 Uhr. Ein Teil der Einnahmen wird für humanitäre Zwecke verwendet. Es ist auch möglich, Blut zu spenden.

Schwimmen

La Pistoche, Ban Phong Pheng, von der Phou Vao Rd. ab. Heißgelaufen? Dann ist diese Bar mit Badebecken der richtige Ort zum Runterkühlen. Spaßgarant für Kids: zwei Pools mit Rutsche und Wasserspielen. WLAN. Eintritt 30 000 Kip, ab 10 Uhr.

Sicherheit

Aufgepasst auf Märkten und in belebten Ecken: Auch das sonst so sichere Luang Prabang wird nicht von **Taschendieben** verschont.

Das **(Leih)fahrrad** sollte immer an- und nicht nur abgeschlossen werden und **Motorräder** immer in geschützten Bereichen oder auf einem bewachten Parkplatz abgestellt werden.

Mehr Ärgernis als Risiko sind die **Rauchschwaden**, die im März/April den Himmel überziehen, wenn die Bauern ihre Felder abbrennen.

Visumsverlängerung

Das **Immigration Office**, Phamaha Phasaman Rd., auf dem Gelände der Polizei, Ban Mano, verlängert das Visum (1 Foto) für 20 000 Kip pro Tag plus einmalig 25 000 Kip Servicegebühr, Abholung in der Regel am nächsten Tag. Das Visum kann max. zweimal um 30 Tage verlängert werden. Mo–Fr 8–11.30, 14–16 Uhr.

NAHVERKEHR

Das Zentrum Luang Prabangs lässt sich gut zu Fuß besichtigen. Die beiden Bambusbrücken über den Nam Khan gibt es nur in der Trockenzeit (kostenpflichtig).

Elektrobusse

Seit 2015 wird in Luang Prabang ein **E-Bus-System** getestet. Es gibt 3 feste Routen: eine grüne Linie rund um die Halbinsel, eine gelbe von der Hauptpost zur zentralen E-Bus Station (s. u.) und eine rote von der zentralen E-Bus Station über die Nördliche Busstation zur Universität. **Netzplan** unter 💻 www.laogreengroup.com/p/ebus.html. Die Fahrt kostet pauschal 5000 Kip (grün/gelb) oder 10 000 Kip (rot), **Tickets** gibt's an einigen Stellen oder man zahlt beim Fahrer. Die **Haltestellen** sind leicht zu übersehen, die E-Busse lassen sich aber entlang der Route durch ein Winken anhalten. Theoretisch fahren sie innerstädtisch von 7–19 Uhr alle 10–15 Min. Es gibt auch ein paar E-Tuk-Tuks ohne feste Route. Die **E-Bus Station**, ✆ 030-9725237, liegt nahe der Südlichen Busstation, 🕒 7.30–17.30 Uhr.

Tuk Tuks

Tuk Tuks durchkämmen die Straßen von morgens bis abends. Fahrten innerhalb des Zentrums kosten max. 20 000 Kip p. P., zu den Busstationen 20 000–40 000 Kip, zu Flughafen und Bootsanleger 50 000 Kip p. P.

Boote

Fähren zum **westlichen Mekongufer** verkehren von den Anlegestellen hinter dem Palastmuseum für 5000 Kip p. P. (Autofähre 10 000 Kip).

TRANSPORT

Busse und Songtheos

Es gibt **drei Busstationen**: Die größte, Naluang Bus Station genannt, liegt im Süden, 3 km außerhalb an der Naviengkham Rd., ✆ 071-252066. Hier fahren die Busse in den Süden ab. Schräg gegenüber besteht von der Tourist and International Busstation, ✆ 071-212979, Anschluss nach China, Thailand und Vietnam. Außerdem starten hier die Minibusse der Naluang Travel Company. Verbindungen in den Norden bestehen von der Busstation 5 km nördlich des Zentrums an der Straße 13, ✆ 071-252729.

Südliche Busstation (Ziele im Süden)
Tuk Tuk vom/ins Zentrum 20 000 Kip p. P.
VIENTIANE (383 km, 8–10 Std.) um 6.30, 7, 8 (VIP), 8.30, 9 (VIP), 11, 14, 15.30, 18.30, 19.30 (VIP) und 20.30 (Schlafbus) und 21 Uhr (Schlafbus); regulär (alle AC) 100 000 Kip, VIP 120 000 Kip, Schlafbus 140 000 Kip.
VANG VIENG (227 km, 5–6 Std.) um 9.30 Uhr (VIP) für 85 000 Kip und alle Busse nach Vientiane.
PHONSAVAN (Ebene der Tonkrüge, 232 km, 6–9 Std.) um 8.30 Uhr für 85 000 Kip.
XAYABOURY (112 km, 2 1/2–3 Std.) Busse um 9, 14 und 17 Uhr für 50 000 Kip. Der Morgenbus fährt auch schon mal früher ab.
KENTHAO/Grenze Thailand (333 km, 7–8 Std.) um 9.30 Uhr für 95 000 Kip.

Nördliche Busstation (Ziele in Nordlaos)
Tuk Tuk vom/ins Zentrum um 30 000 Kip p. P.
NONG KIAO (140 km, 3–4 Std.) Bus oder Songtheo um 9, 11 und 14 Uhr für 40 000 Kip.
OUDOMXAI (193 km, 5 Std.) um 9, 12 und 16 Uhr für 60 000 Kip.
LUANG NAMTHA (307 km, 8 Std.) um 9 und 16 Uhr für 100 000 Kip.
HOUAY XAI (501 km, 12–15 Std.) Nachtbus um 17 Uhr (120 000 Kip), VIP um 19 Uhr (145 000 Kip).
PHONGSALY (410 km, 14–16 Std.) um 16.30 Uhr für 130 000 Kip.
XAM NEUA (452 km, 12–14 Std.) um 8 Uhr für 140 000 Kip und ein Nachtbus um 15 Uhr für 150 000 Kip, beide über VIENG THONG (7–9 Std.).

Tourist and International Busstation (internationale Ziele, Minibusse)
Tuk Tuk vom/ins Zentrum 20 000 Kip p. P.
CHIANG MAI (Thailand, 18 Std.) tgl. um 17.30 Uhr für 310 000 Kip über CHIANG KONG (14 Std., 190 000 Kip) und CHIANG RAI (16 Std., 250 000 Kip).
LOEI (Thailand, 10 Std.) um 7.30 Uhr für 180 000 Kip über Xayaboury und Paklai.
DIEN BIEN PHU (Vietnam, 14 Std.) tgl. um 6.30 Uhr für 190 000 Kip über Oudomxai und Muang Khoua.
HA NOI (Vietnam, 24 Std.) tgl. um 17.30 Uhr (Schlafbus) für 350 000 Kip über Phonsavan.
HUE (Vietnam, 24 Std.) Mo, Mi, Fr und Sa um 17.30 Uhr (Schlafbus) für 420 000 Kip.
VINH (Vietnam, 18 Std.) tgl. um 17.30 Uhr über Phonsavan, Sa regulärer Bus für 200 000 Kip, ansonsten Schlafbus für 250 000 Kip.
KUNMING (China, 24 Std.) Schlafbus tgl. um 6.30 Uhr für 500 000 Kip.
Außerdem starten tgl. **Minivans** nach HOUAY XAI (7.30 Uhr, 150 000 Kip), LUANG NAMTHA (8.30 Uhr, 100 000 Kip), NONG KIAO (9.30 Uhr, 50 000 Kip), PHONSAVAN (9 Uhr, 100 000 Kip),

VANG VIENG (8, 9, 10, 14, 15 Uhr, 90 000 Kip) und VIENTIANE (7.30, 8.30, 17 Uhr, 145 000 Kip).
Wer im Gästehaus bucht, zahlt mehr, wird aber zur Busstation gebracht.

Boote

Der **Anleger** für die öffentlichen Passagierboote (Slow Boats) auf dem Mekong von/nach Pakbeng und Houay Xai liegt 7,5 km nördlich der Stadt. Hier befindet sich auch das **Navigation Office**, das die Tickets verkauft, ✆ 071-212237, ⌚ Mo–Sa 7–16, Sa, So 8–11.30 Uhr. Den Transfer ins Zentrum übernehmen Tuk Tuks für fixe 20 000 Kip p. P. (in Gegenrichtung Verhandlungssache). Viele Reisebüros bieten Bootstickets schon im Voraus an – mit ordentlichem Aufschlag. Wer aber am Abfahrtstag früh am Anleger ist, findet auch zur Hauptreisezeit noch einen Platz. Die Mekongfahrt flussaufwärts ist längst nicht so überfüllt wie flussabwärts. Kinder bis 5 Jahre zahlen 30 %, 6–10 Jahre 50 %. Weitere Infos auf S. 418, private Anbieter S. 410.
PAKBENG tgl. um 8.30 Uhr in 8–9 Std. für 110 000 Kip, von dort am nächsten Morgen weiter nach Houay Xai (8–9 Std., 110 000 Kip, Tickets in Pakbeng).

Flüge

Luang Prabangs kleiner **Flughafen**, ✆ 071-212173, liegt 4 km nordöstlich der Stadt. Taxi ins Zentrum 50 000 Kip p. P. (max. 3 Pers.), zu Zielen außerhalb 80 000 Kip. Flüge nach Thailand, aber auch innerhalb von Laos, können in der Hochsaison lange im Voraus ausgebucht sein. Unbedingt bei der Airline die aktuelle Flugzeit checken, es kommt immer wieder kurzfristig zu Planänderungen. Visa on Arrival sind erhältlich.

Inlandflüge von/nach:
VIENTIANE (4–5x tgl., 40 Min.) mit Lao Airlines und Lao Skyway;
PAKXE (in der Hauptsaison tgl., 1 3/4 Std.) mit Lao Airlines;
PHONSAVAN (3x wöchentl., 30 Min.) mit Lao Skyway.
Internationale Flüge von/nach:
BANGKOK, (4–5x tgl., 1 3/4 Std.) mit Lao Airlines, Bangkok Airways und Thai Airways zum Suvarnabhumi Airport; der Billigflieger Air Asia, 💻 www.airasia.com, steuert Bangkoks alten Flughafen Don Muang und Kuala Lumpur an.
CHIANG MAI (tgl., 1 Std.) mit Lao Airlines;
HA NOI (2–3x tgl.,1 Std.) mit Lao Airlines und Vietnam Airlines;
SIEM REAP (1–2x tgl., 1 3/4 Std.) mit Vietnam Airlines und Lao Airlines, z. T. über Pakxe.

Airlines

Lao Airlines, Phamaha Phasaman Rd., ✆ 071-212172, 💻 www.laoairlines.com. Kartenzahlung möglich (Gebühr). ⌚ Mo–Fr 8–12, 13–17 Uhr.
Bangkok Airways, 57/6 Sisavangvong Rd., ✆ 071-253334, 💻 www.bangkokair.com. Kartenzahlung möglich. ⌚ tgl. 9–12, 13–18 Uhr.
Vietnam Airlines, am Flughafen, ✆ 071-213048, 💻 www.vietnamairlines.com. ⌚ tgl. 8–17 Uhr.

Ziele rund um Luang Prabang

Pak-Ou-Höhlen (Tham Ting)

Eine der bedeutendsten buddhistischen Kultstätten von Nordlaos liegt nur 25 km nördlich von Luang Prabang: die Höhlentempel von Tham Ting. Der Legende nach wurden sie von König Setthathirat 1547 anlässlich des Baus von Vat Pak Ou im gegenüberliegenden Dorf gegründet. Die untere Höhle, Tham Loum, am Fuß einer hohen Felswand, überblickt die Mündung *(pak)* des Nam Ou in den Mekong. Hier stehen **Hunderte kleiner Buddhafiguren** aus Holz, Bronze und Eisen. In Tham Theung, der oberen Höhle rund 200 m höher, befinden sich ein Stupa und weitere kleine Figuren. Beachtlicher ist allerdings der geschnitzte *hang lin* gleich links. In beiden Höhlen hat es bis heute immer wieder Diebstähle gegeben, so dass vor allem in der oberen Höhle nur noch wenige Figuren zu sehen sind.

Zu erreichen sind die Höhlentempel nur mit dem Boot. Die Mekongfahrt vom Vat Nong Pier kostet 70 000 Kip p. P. und dauert 1–1 1/2 Std. pro Strecke. Eine Tour mit dem Tuk Tuk oder Minibus (80 000–90 000 Kip p. P.) endet in Ban Pak Ou, wo man den Mekong per Fähre überquert. Da die Höhlen auf dem Programm fast aller Reiseveranstalter steht, sind sie in der Hochsaison überlaufen und die meisten Reisenden enttäuscht. Eintritt für beide Höhlen 20 000 Kip.

Tad Se

Badebecken, Zip-Line, Elefantenreiten – der Funfaktor an diesem Wasserfall steigt mit jeder Saison und hat dem Ort einiges von seinem verwunschenen Charme genommen. Über unzählige Sinterterrassen gurgelt der Houay Se hier mitten durch den Wald in den Nam Khan. Die meisten unternehmen den Trip zum Tad Se, knapp 20 km südöstlich von Luang Prabang, mit dem Tuk Tuk (200 000 Kip) oder Roller. An der Straße 13 Richtung Süden weisen nach 17 km an einem scharfen Abzweig Schilder links zum Wasserfall. Nach 1 km ist Ban En am Ufer des Nam Khan erreicht. Die kurze Bootsfahrt zum Tad Se kostet hin und zurück 20 000 Kip p. P. Nach der Erkundung erwartet einen derselbe Bootsmann am Ufer. ⏲ 8–17.30 Uhr, Eintritt 15 000 Kip, Kinder unter 8 Jahren frei.

Pha Tad Ke Botanical Garden

Einst brach Prinz Pethsarath von hier zu Jagdausflügen auf. Heute breitet sich auf dem 12 ha großen Gelände am Fuß des Pha Tad Ke, 2 km südlich des Zentrums am Westufer des Mekong, der erste botanische Garten von Laos aus. **Acht Themengärten** widmen sich der Pflanzenwelt der Region, darunter ein Bambusgarten, ein Herbarium, ein Orchideenhaus, ein Karsthabitat mit Wanderweg und ein ethnobotanischer Garten mit Nutzpflanzen. Der Ausflug (US$25) startet am Booking Office und schließt eine 15-minütige Bootsfahrt ein. Buchung und weitere Infos, auch zu Aktivitäten, im Booking Office in Ban Vat That, ✉ bookings@pha-tad-ke.com, 💻 http://pha-tad-ke.com. ⏲ 8–18 Uhr.

Living Land Farm

Wie viel Arbeit steckt eigentlich in einem Reiskorn? Die Antwort weiß man spätestens nach einer kurzweiligen Führung über die Living Land Farm, 5 km südlich von Luang Prabang in Ban Phong Van, 💻 www.livinglandlao.com. Die 8 ha große Community Farm macht so einiges anders als herkömmliche Farmen: Es wird natürlich gedüngt, kompostiert, auf Brachezeit und Fruchtfolge geachtet, fair angestellt, ausgebildet, gefördert und vieles mehr.

Die 3 1/2-stündigen **Führungen** starten um 8.30 Uhr und kosten 344 000 Kip p. P. inkl. Transfer. Es gibt auch ein Programm mit Homestay. Gebucht werden sollte mindestens ein Tag im Voraus über ein Reisebüro oder direkt bei der Farm: ✉ llivingland@yahoo.com, ☏ 020-55199208.

Tad Kuang Xi

Luang Prabangs Ausflugsziel Nummer eins liegt 32 km südwestlich der Stadt: In dichter Dschungellandschaft stürzt hier das Wasser des Kuang Xi über große Kalkformationen mehr als 30 m in die Tiefe. Der Waldweg zum Wasserfall beginnt hinter dem Ticketschalter am Ende des Dorfes Ban Thapene. Er führt zunächst am **Bear Rescue Centre**, 💻 www.freethebears.org, vorbei, einer Auffangstation für Asiatische Schwarzbären, bevor er ein Stück weiter die ersten Becken erreicht. Ein paar davon sind ausgewiesene **Badestellen** mit Umkleidekabinen. Am Wasserfall angekommen, führen rechts und links steile Wege nach oben (15 Min., anstrengend).

Am Parkplatz vor dem Ticketschalter am Ende des Khmu-Dorfes Ban Thapene buhlen Restaurants und Souvenirstände um Kunden. Hier befinden sich auch Toiletten. ⏲ 8–17.30 Uhr. Eintritt 20 000 Kip, Kinder unter 8 Jahren frei.

Kuang Si Falls Butterfly Park

300 m südlich des Wasserfalls haben sich zwei enthusiastische Niederländer einen Traum erfüllt: einen 1800 m² großen Landschaftspark am Nam Kuang Xi mit Orchideengarten, Café und einer 900 m² große Voliere mit **bis zu 50 Schmetterlingsarten** und kleinem Fish Spa. Am besten besucht man den Park an sonnigen Tagen ab dem späten Vormittag, denn die Schmetterlinge benötigen etwas Zeit zum Aufwärmen. ⏲ 10.30–16.30 Uhr, von Apr–Okt Di geschlossen, Eintritt 40 000 Kip inkl. 15-minütiger Führung.

TRANSPORT

Fast alle Besucher fahren mit dem **Tuk Tuk** (200 000 Kip) zum Kuang Xi oder schließen sich einer **Minibus-** oder **Bootstour** an (ab 50 000 Kip). Aber es lohnt sich auch die Fahrt mit dem **Roller** (1 Std.). Wer kräftige Waden hat, kann sich mit **Fahrrad** auf die bergige Strecke wagen. Dann aber: früh aufbrechen, Wasser mitnehmen und rechtzeitig zur Rückfahrt aufbrechen.

Der Norden

Wälder, Berge und Flüsse prägen den Norden von Laos. Wie die Zacken eines Sterns ragen die äußersten Punkte in die Nachbarländer China, Vietnam, Thailand und Myanmar hinein und entsprechend bunt ist der **Kulturenmix**: In allen Nordprovinzen leben Hmong und Khmu. Die wesentlich kleineren Völker der tibeto-birmanischen Sprachfamilie sind in Bokeo, Luang Namtha, Oudomxai und Phongsaly zu Hause. Im Nordosten überwiegen Hmong und verschiedene Ethnien der Tai. Immer mehr macht sich auch der Einfluss chinesischer Investoren bemerkbar. Ob nördlich von Houay Xai oder von Luang Namtha: Wo noch vor wenigen Jahren Felder, Wälder und Dörfer lagen, erstrecken sich heute Bananen- und Kautschukplantagen bis zum Horizont.

In einer Reihe von Orten hat inzwischen auch der **Tourismus** Fuß gefasst. Dazu gehören das entspannte Nong Kiao und Muang Ngoi Kao am Ufer des Nam Ou. Von Luang Namtha, Muang Sing und Vieng Phoukha im äußersten Nordwesten lassen sich Wandertouren ins nahe gelegene **Nam Ha NPA** unternehmen. Und auch in Oudomxai, Xayaboury und besonders im wilden Phongsaly gibt es spannende Treks. In Oudomxai wurde außerdem ein gewaltiges **Höhlensystem** entdeckt, die Chom-Ong-Höhle.

Historisch interessant sind die beiden an Nordvietnam grenzenden Provinzen Houaphan und Xieng Khouang. Sie waren am stärksten von den **Wirren des Zweiten Indochinakrieges** betroffen. In Vieng Xai und auf dem Xieng-Khouang-Plateau sind die Spuren bis heute sichtbar. Die **Ebene der Tonkrüge** ist aber aus einem anderen Grund ein beliebtes Ziel: Hunderte gewaltige Steinkrüge zeugen von einer Megalithkultur, die noch weitgehend unerforscht ist.

In die entlegensten Winkel des Nordens dringen häufig nur holprige **Asphalt- und Sandstraßen**. Sie werden zunehmend ausgebaut, dennoch ist die Fahrt mit Bus und Songtheo quer durch die Provinzen nur etwas für Leute mit Geduld. Das gilt auch für **Bootsfahrten** auf dem Nam Ou: Je nach Jahreszeit, Flussabschnitt und

N
0
100 km
s. Stadtplan Phongsaly S. 431
s. Ortsplan Nong Kiao S. 438
s. Stadtplan Phonsavan S. 445
s. Detailplan Ebene der Tonkrüge S. 446
VIETNAM
Lantui
Ou Neua
Pacha
Ou Tai
Ban Tang
Hat Hinh
Phou Den Din NPA
Phou Fa Conservation Area
Hat Sa
Phongsaly
Boun Neua
PHONGSALY
Pakha
Ban Yo
Mengla
Boun Tai
Samphan
Nam Lan Conservation Area
Mohan
Boten
Pak Nam Noi
Muang Khoua
Muang Mai
Sop Houn
Tay Trang
Lai Chau
Tuan Giao
Dien Bien Phu
Son La
Yen Bai
Roter Fluss
Da
Yen Chau
Moc Chau
Nateui
Ban Namo
Sop Kai
Muang La
Nam Pik
Ban Chom Ong
Tham Chom Ong
Oudomxai
Nam Bak
Muang Ngoi Kao
Pakmong
Nong Kiao
Houaylin
Song Cha
Namet
Xiangle
Ban Paknga
Bouambang
Vieng Kham
LUANG PRABANG
Muang Beng
Nam Et-Phou Loei NPA
Phou Loei
Vieng Thong
Pak Xeng
Pak Ou
Hatgna
Xieng Keuang
Muang Et
Xiengkho
Pahang
Phou Phati
Sopbao
Sobhao
Mai Chao
Muang Liat
Xam Neua
Tad Nam Noua
Vieng Xai
Nameuang Heiße Quellen
Tham Nok Aen
Nameo
Hai Xuan
Houamuang
Phonxai
Tad Saleuy
Muang Soi
Nam Xam NPA
Sao Hintang
Ban Kor Hing
HOUAPHAN
Xam Tai
Muang Houn
Tham Ting
Phousoung Noy
Luang Prabang
Tad Se
Nakout
Ban Son Khoua
Sop Lao
Xieng Ngeun
Phou Phaban
Pak Xi
Tad Kuang Xi
Nam Ming
XIENG
Tham Piu
Ban Xieng Khiao
Phou Sane
Ban Thachok
Muang Kham
Nam Dien
Que Phong
Quy Chau
Ebene der Tonkrüge
Muang Souy
Tham Xang
Ban Nasala
Ban Xang
Nong Het
Nam Can
Kiou Kacham
Phou Khoun
Muang Nan
Tha Deua
Tham Koun Lang
Nong Pet
Phonsavan
Site 1
Lat Houang
Ban Napia
Muang Khoun
KHOUANG
Xayaboury
Kasi
Elephant Conservation Center
Nam Tien
Phatang
Long Tieng
Phouviang
Phou Xamxum
Toung Duong
Ca
Con Cuong
Nam Thang 1000 Caves Area
Vang Vieng
Phou Bia
Tha Viang
Thathom
VIENTIANE
Pha Volo
Nam Peung
Hatdiat
Thasi
Anh Son
XAISOMBOUN
Muang Huang
Mekong
Tha Heua
Nam Ngum Dam
Kohai
Don
BORIKHAMXAI
Viang Thong
Hin Heup
Talat
Nam Kading NPA
Naxouang
Phonhong
Phou Khao Khouay NPA
Tad Xai
Pakthoay
Hatkham
Pakxan
Paksa
Phou Phanang NPA
Ban Keun
Tad Phou Khao Khouay
Tad Leuk
Tabok
Bung Kan
Pakkading
Napeng
Pak Kad
Siwilai
Jaiporn
Nadi
Ban Vieng Kham
Lak Xao
Tha Ngon
Phao
Phon Phisai
Phon Charoen
Vientiane
Kanakham
Namhi
Sophisai
KHAMMOUAN
Pak Chom
Tha Deua
Dongkalum
Seka
Ban Paeng
Phalat
Si Chiang Mai
Nong Khai
Ban Oudomsouk
Chiang Khan
Tha Bo
Chom Cherm
Songkhram
Nam Son
Ban Tiu
Nong Song Hong
Kham Ta Kla
Ban Song Hong
Phou Hin Boun NPA
Ban Phu
Phen
Ban Dung
Si Songkhram
Chaiburi
Loei
Wanon Niwat
Tha U-Then
Hatkham

LAOS

Wasserstand gehören Verhandlungsgeschick und etwas Glück zur Organisation.

Der meistgenutzte **Grenzübergang** im Norden führt von Houay Xai nach Chiang Khong in Thailand, noch nicht lange offen sind die beiden Übergänge in der Provinz Xayaboury. Reisende aus China kommen über Boten nach Laos. In den Provinzen Houaphan, Xieng Khouang und Phongsaly wurden vor einigen Jahren drei weitere Grenzübergänge nach Vietnam geöffnet. Seither steigen hier die Besucherzahlen.

Die **kühlen Temperaturen** im Hochland werden oft unterschätzt, gerade in der Hauptreisezeit. Schon im Bus nach Luang Prabang kann es sehr frisch werden. Weiter den Nam Ou hoch reicht das T-Shirt im Fahrtwind der Boote schon nicht mehr aus. Und spätestens in Phongsaly ist auch der in Vientiane noch belächelte Fleece-Pulli angemessen.

Provinz Bokeo

Mit nur 6196 km² ist Bokeo die kleinste Provinz des Landes. Bekannt ist sie vor allem als Teil des berüchtigten **Goldenen Dreiecks**, das an der Mündung des Mae Sai in den Mekong liegt. Heute spricht man eher von einem „Wirtschaftsviereck“, denn zu dem Dreiländereck Thailand, Myanmar und Laos hat sich China hinzugesellt. Von Thailand und zunehmend auch von Laos gelangen pro Jahr zehntausende Tonnen Kautschuk über den Oberlauf des Mekong nach China. Im Gegenzug finden chinesische Billigprodukte und Lebensmittel ihren Weg in die drei Nachbarländer.

Wichtigster Verkehrsweg ist der Mekong, der die Provinz im Westen begrenzt. Die meisten Touristen passieren Bokeo auf der beliebten Mekongroute zwischen Chiang Khong (Thailand) und Luang Prabang. Ein- und Ausreisepunkt ist das Verwaltungszentrum **Houay Xai**, wo die einzigen beiden nennenswerten Straßen der Provinz aufeinandertreffen.

Houay Xai

Auf den ersten Blick scheint die Provinzhauptstadt nur aus einer Uferstraße mit unzähligen Gästehäusern zu bestehen. Wer sich ein wenig länger in Houay Xai aufhält, stellt fest, dass es eine grüne Stadt ist, deren Wohngebiete sich

Alles im Fluss: die Mekongfahrt zwischen Houay Xai und Luang Prabang

Eine Bootsfahrt auf dem gemächlich dahinfließenden **Mekong** – für viele der Inbegriff von Zeitlosigkeit, eine Reminiszenz an das alte Indochina. Auch wenn es mit der Entspannung auf den vollen **Touristenbooten** nicht mehr weit her ist, bleiben die beiden Flussetappen zwischen Houay Xai und Luang Prabang beliebte Eckpfeiler vieler Laostrips. In der späten **Trockenzeit** (März/April) kann es vorkommen, dass der Bootsverkehr wegen Niedrigwasser eingestellt wird – in dieser Zeit besser bei einem der unten genannten Touranbieter nachfragen.

Da die beiden in Pakbeng unterbrochenen **Teilstücke** sehr ähnlich sind, können zwei Tage auf dem Wasser einer zu viel sein – auch wegen des Gedränges auf manchen Booten und dem lauten Motorengeräusch. Eine Alternative ist, in Pakbeng den Bus nach Oudomxai zu nehmen und sich dort mit Wander- oder Radtouren wieder in Schwung zu bringen.

Von Houay Xai nach Luang Prabang sind die Boote voller als in Gegenrichtung. Auf den mittlerweile recht bequemen **Sitzen** finden um die 50 Leute Platz. Das **Gepäck** wird meist unter den Planken verstaut. Wer es versäumt hat, ausreichend **Proviant** einzupacken, wird unterwegs von geschäftstüchtigen Bootsleuten mit Snacks und Beerlao versorgt (aber nicht darauf verlassen).

Wer die entspannte Mekongatmosphäre mit **mehr Komfort** genießen möchte, ist bei Mekong River Cruises, 🖳 www.cruisemekong.com, und Luang Say Mekong Cruises, 🖳 www.luangsay.com, gut aufgehoben: Deutlich günstiger, aber immer noch komfortabel sind Mekong Smile Cruise, 🖳 www.mekongsmilecruise.com, und Shompoo Cruise, 🖳 www.shompoocruise.com.

über etliche Kilometer den Mekong entlangziehen. Auch ohne viele Sehenswürdigkeiten gibt der Ort Gelegenheit, sich nach Thailand auf die spürbar gelassenere Atmosphäre in Laos einzustimmen. Das Zentrum ist gerade in den letzten Jahren durch die Restaurierung einiger alter Häuser attraktiver geworden. Die nähere Umgebung kann mühelos mit dem Rad erkundet werden. Auf zwei benachbarten Hügeln liegen das von den Franzosen errichtete **Fort Carnot**, heute eine Ruine, und der **Vat Chom Khao Manirath**, das größte Kloster Houay Xais, zu erreichen über eine lange Treppe, die von der Hauptstraße abzweigt. Wer mehr über das Leben im Kloster erfahren möchte, kann beim **Monk Chat** mit den Novizen und Mönchen plaudern. Feste Zeiten gibt es nicht, aber wer unter dem Info-Banner wartet, bleibt nicht lange allein.

ÜBERNACHTUNG

Houayxai Riverside Phonevichit Gh., am nördlichen Bootsanleger, ✆ 084-211765, www.houayxairiverside.com. Die 5 leicht abgewohnten Zimmer im Guesthouse sind überteuert, aber die im neueren, 2-stöckigen Hotelgebäude (US$35) nebenan sind erste Wahl: hell, sauber, geschmackvoll – und erst der Blick auf Fluss und Hafen! Mit Restaurant. Preis inkl. Frühstück. WLAN. ❸–❹

€ **Sabaydee Gh.**, ✆ 084-212252. Die Einrichtung ist nicht nagelneu, aber die geräumigen Zimmer, oben z. T. mit Mekongblick, sind sauber, gefliest und bieten für den Preis wirklich gute Qualität. Im 2. Stock gibt es zwei nette Terrassen. Ruhig, Wäscheservice, WLAN. ❷

Phonethip Gh., ✆ 084-211084. Spartanische Räume zu günstigem Preis. Zimmer mit/ohne Bad, Ventilator oder AC und TV; WLAN. ❶–❷

Riverside Houayxai Gh. & Restaurant, ✆ 084-211064, Kai-Riversidelitl@hotmail.com. Neues Gebäude mit schön gestalteten Zimmern (Holzböden, AC, TV, Kühlschrank). Von den oberen Stockwerken fällt der Blick auf den Mekong. WLAN. ❸

Kaup Jai Gh., ✆ 020-55683164. Ein Dutzend saubere, geflieste Zimmer mit Ventilator oder AC, TV und Bad in einem freundlichen Haus. Empfehlenswert. WLAN. ❷–❸

ESSEN

Das **Latsouly Restaurant** und die Aussichtsterrasse des **Phonevichit Gh.** bieten Frühstück und mehr mit Blick auf das Hafengeschehen
BBQ Restaurant, unmittelbar südlich der Brücke. Empfehlenswertes *Sindat*-Lokal am Mekong.
Muang Neua Restaurant. Laotisch-chinesische Gerichte und leckere Pizza, Pasta und Sandwiches. Das angrenzende Gästehaus derselben Familie hat gute Zimmer (❷–❸).
Bar How? & Restaurant. Frühstück und eine große Auswahl an Reis- und Nudelgerichten.
Sabaidee Restaurant, am Ende der Gasse gegenüber dem Tourism Office. Perfekte Terrasse für den Sonnenuntergang, dazu gute Thai-Lao-Küche zu fairen Preisen. WLAN.

Die Gibbon Experience

An Zip-Lines durch das Bokeo Nature Reserve rauschen, in Baumhäusern in den Wipfeln des Regenwalds übernachten, und all das in dem Wissen, dass Tier und Wald geschützt werden – die Gibbon Experience bietet eine gelungene Mischung aus Action, Ausruhen und Artenschutz. Gibbons wird man kaum zu Gesicht bekommen, aber schon die **Baumhäuser und Seilbahnen** garantieren ein ganz besonderes Naturerlebnis: Von den Plattformen fällt der Blick auf weite grüne Täler, die sich abends mit Nebel füllen. An den teilweise 50 m hohen Stahlkabeln gleitet man bis zu 500 m durch den Wald – viel näher kann man dem Vogeldasein nicht kommen.
Das Buchungsbüro liegt in Houay Xai, ✆ 084-212021, 💻 www.gibbonexperience.org, 🕒 8–11, 14–18.30 Uhr. Die 3-tägige **Classic Experience** kostet in der Hauptsaison US$310 p. P., inkl. Verpflegung und Transport. Bei der **Waterfall Experience** zum gleichen Preis geht's mit lokalen Guides, ehemaligen Jägern, tiefer in den Wald. Die 2-tägige **Express Tour** kostet US$190 p. P. Weil das Angebot inzwischen sehr beliebt ist, sind die Touren in der Hauptsaison oft Wochen vorher ausgebucht. Wer keinen Platz mehr ergattert, kann auf den ebenbürtigen Tree Top Explorer bei Pakxe ausweichen (S. 480).

SONSTIGES

Informationen

Tourism Office, südlich der Treppe zum Vat Chom Khao Manirath. Ein paar Poster mit Infos zur Umgebung liefern Anregungen für Touren auf eigene Faust. 🕒 tgl. 8.30–11.30, 13.30–16 Uhr.

Touranbieter

New Challenge Discovery, neben dem Aufgang zum Vat Chom Khao Manirath, ✆ 030-5209858, 💻 www.newchallengediscovery.com. Der Newcomer hat sich seinen guten Ruf redlich verdient. Wem die Gibbon Experience zu teuer ist und wer trotzdem weder auf Adrenalin noch auf Natur verzichten will, wird bei den Touren der 6 Naturburschen fündig.
An der Hauptstraße liegen Büros von **Mekong Smile Cruise** und **Luang Say Mekong Cruise**.

TRANSPORT

Busse und Pick-ups

Houay Xai hat zwei Busstationen: Ziele innerhalb des Landes werden von der **Keo Champa Busstation** 6 km südlich nahe dem Flughafen bedient. Nach Thailand, China und Vietnam geht's von der **internationalen Busstation** 7 km südlich. Von beiden Busstationen bestehen Verbindungen nach Vientiane und Luang Prabang.
Tuk Tuks zu den Busstationen (20 000 Kip) warten an der Hauptstraße im Zentrum.

Keo Champa Busstation
Tickets gibt es ab 8 Uhr.
LUANG NAMTHA (194 km, 4 Std.) um 9 und 12.30 Uhr für 60 000 Kip über VIENG PHOUKHA (127 km, 3 Std., 40 000 Kip). Gästehäuser und Reiseveranstalter verkaufen das Busticket nach Luang Namtha mit stattlichem Aufpreis, allerdings inkl. Tuk Tuk zum Busbahnhof. Ein Preisvergleich lohnt.
LUANG PRABANG (501 km, 12–15 Std.) um 11 Uhr mit dem VIP-Bus für 130 000 Kip und 16 Uhr mit dem lokalen Bus für 120 000 Kip.
OUDOMXAI (308 km, 7–8 Std.) um 9.30 Uhr für 85 000 Kip.
VIENTIANE (884 km, etwa 24 Std.) um 11.30 Uhr VIP-Bus für 230 000 Kip.

Daauw Home

Für Reisende, die sich in Houay Xai langweilen, ist das Daauw Home in einer kleinen Gasse östlich der Hauptstraße eine echte Entdeckung. Betrieben wird es von der **Kajsiab Initiative**, www.projectkajsiablaos.org, die Hmong-Frauen aus umliegenden Dörfern eine kostenlose Wohnstätte und verschiedene Ausbildungsmöglichkeiten bietet. Im Bio-Garten werden Heilkräuter angebaut, für die Frauen eine zusätzliche Einnahmequelle. Besucher sind jederzeit willkommen, ob sie in den **Bungalows** übernachten (❶–❷), im **Restaurant** essen oder als Freiwillige mit anpacken wollen.

Internationale Busstation
LUANG PRABANG (501 km, 12–15 Std.) um 18 Uhr für 145 000 Kip.
VIENTIANE (884 km, etwa 24 Std.) um 10 Uhr für 250 000 Kip über Luang Prabang und VANG VIENG (728 km, etwa 20 Std.) für 215 000 Kip.

Busse nach **Thailand** s. Kasten rechts.
Busse nach **China**
MENGLA (320 km, 10 Std.) um 8.30 Uhr für 120 000 Kip.
JINGHONG (460 km, 12 Std.) um 9 Uhr für 190 000 Kip.
KUNMING (980 km, 20 Std.) um 10.30 Uhr für 420 000 Kip.
Nachtbusse nach **Vietnam**
DIEN BIEN PHU (510 km) um 19.30 Uhr für 212 000 Kip.
HA NOI (1100 km) um 16 Uhr für 450 000 Kip.

Boote

Der **Bootsanleger** im Norden der Stadt ist vom Zentrum aus in 20 Min. zu Fuß oder per Tuk Tuk (10 000 Kip) zu erreichen. Im Ticketbüro oberhalb des Bootsanlegers sind die Preise günstiger als bei Reiseagenturen und Gästehäusern.
Auf dem Mekong: Bootstickets nach LUANG PRABANG werden ab 8 Uhr am Anleger verkauft, offizielle Abfahrtszeit in Richtung Süden ist tgl. gegen 11 Uhr. Die 2-tägige Fahrt kostet 220 000 Kip: am ersten Tag in 6 Std. bis PAKBENG für 110 000 Kip, am zweiten Tag zum gleichen Preis weiter nach Luang Prabang in 7–8 Std. (in Pakbeng besteht jeden Tag Anschluss nach OUDOMXAI). Mehr Infos zur Mekongfahrt s. Kasten S. 418.
Auf dem Nam Tha: Der 2-tägige „Namtha Boat Trip" nach Luang Namtha, den **Green Discovery**, www.greendiscoverylaos.com, lange im Programm hatte, war zur Zeit der Recherche wegen eines Dammbauprojektes ausgesetzt (fragen).

Flüge

Der **Flughafen** liegt rund 6 km südöstlich des Zentrums (20 000 Kip per Tuk Tuk). Es gibt Flüge mit Lao Skyway, www.laoskyway.com, nach VIENTIANE (4x wöchentl., 1 Std.).

Grenzübergang nach Thailand

Der nördlichste der thai-laotischen Grenzübergänge, ◷ 6–22 Uhr, verbindet die Provinz Bokeo mit der Region Chiang Rai. Die Ein- und Ausreiseschalter befinden sich an der **vierten Freundschaftsbrücke** 10 km südlich der Stadt. Der Brückenschlag über den Mekong komplettiert die wichtigste Straßenverbindung zwischen Thailand und China, den Asian Highway 3. **Busse** von Houay Xai nach Chiang Khong (8000 Kip) und Chiang Rai (60 000 Kip, 3 Std.) starten um 8, 9, 16 und 17 Uhr von der internationalen Busstation. Einige Unterkünfte wie das Houayxai Riverside bieten mit dem Van einen Rundum-sorglos-Transfer nach Thailand an. Dafür bezahlt man aber auch das Doppelte. Wer sich **auf eigene Faust zur Grenze** aufmacht: Das Tuk Tuk zur Brücke kostet 25 000 Kip, der Bus hinüber 5000–10 000 Kip, je nach Uhrzeit. Auf thailändischer Seite bringen einen Songtheos nach Chiang Khong (50–60 Baht). Von dort bestehen regelmäßig Verbindungen nach Chiang Rai (stdl. bis 16 Uhr, 2 Std.), Chiang Mai (7–8 Std.) und Bangkok (13 Std.). Nok Air, www.nokair.com, bietet außerdem ein praktisches Fly'n'Ride-Paket von Chiang Khong nach Bangkok an (Bus von Chiang Khong nach Chiang Rai, dann mit dem Flieger nach Bangkok). Informationen auf der Website.
Einreise nach Laos s. S. 277.

Provinz Oudomxai

Die Provinz Oudomxai, 15 370 km² groß und gebirgig, gehört zu den wichtigsten Regionen im Norden. Hier kreuzen sich die Wege in alle fünf Nordwestprovinzen. Es gibt ein relativ gut ausgebautes Straßennetz und Zugang zum Mekong.

Oudomxai hat 310 000 Einwohner, darunter Hmong, Akha, Yao, Khmu, Lanten und fast alle Untergruppen der Tai, insgesamt mehr als zwei Dutzend Ethnien. Obwohl die Provinz über touristisches Potenzial verfügt, legen die meisten Reisenden nur einen kurzen Stopp ein: In **Pakbeng** am Mekong übernachten diejenigen, die im Boot zwischen Houay Xai und Luang Prabang unterwegs sind. Und in der Provinzhauptstadt **Oudomxai** halten die meisten nur, um in ein anderes Gefährt weiter Richtung Norden umzusteigen. Dabei gibt es auch hier Angebote für Touristen. **Weitere Infos** unter 💻 www.oudomxay.info.

Pakbeng

In Pakbeng, an der Mündung (= *pak)* des Nam Beng in den Mekong, vermischt sich der herbe Charme eines Holzhafens mit der Atmosphäre eines Traveller-Hotspots. Der Ort liegt nicht nur auf halber Strecke der Mekongfahrt zwischen Houay Xai und Luang Prabang, sondern seit Öffnung einer Mekongbrücke 10 km südwestlich auch auf der Handelsroute zwischen Thailand und China.

Tag für Tag dient das Städtchen einer Heerschar von Bootstouristen als **Übernachtungsstopp**, und die Bevölkerung hat sich auf diese lukrative Rolle eingestellt. Laosneulinge kann der überfallartige Empfang am Landungssteg erschrecken, aber keine Sorge: So eifrig stürzen sich die Schlepper nirgendwo sonst im Land auf Traveller. Am Morgen, nach Ablegen der Boote, verfällt der Ort wieder in einen Dornröschenschlaf – bis am Abend die nächsten Boote ankommen.

ÜBERNACHTUNG

Einige gute Unterkünfte liegen am Mekong, entlang der westlichen Uferstraße (Asphaltstraße am Hafen gleich links). Größer ist die Auswahl an der Hauptstraße, die vom Hafen nach Norden verläuft. Alle Gästehäuser bereiten Baguettes als Proviant für den nächsten Tag vor.

Mekong Riverside Lodge, 📞 020-55171068, 💻 www.mekongriversidelodge.com. Die Perle von Pakbeng: hübsch gestaltete, geräumige Bambusbungalows oberhalb des Hafens mit grandioser Aussicht auf den Fluss. WLAN und Frühstück inkl. ❹–❺

Phoy Lathda Gh., 100 m westlich des Hafens, 📞 020-56642757. Traditionelles Haus mit einfachen Zimmern auf 2 Etagen. Die Happy Bar nebenan sorgt bis spät für Beschallung. ❶–❷

Duangpasert Gh., Hauptstraße, 📞 020-56999734, 💻 www.duangpasert.com. Frisch renovierte Zimmer mit Bad, nette Frühstücksterrasse, aber teuer. Hauseigene Bäckerei. WLAN. ❹–❺

Monsavan Gh., Hauptstraße, 📞 081-212619. Bessere Wahl: Früher ein Haus aus Bambus, mittlerweile in Kolonialstil neu erbaut. Saubere Zimmer mit schönen Dielen, im oben mit Zugang zum Gemeinschaftsbalkon. Frühstück (inkl.) gibt's in der Monsavan Bakery vis a vis. WLAN. ❸

ESSEN UND UNTERHALTUNG

Khopchaideu Restaurant, Uferstraße. Selber Besitzer wie Mekong Riverside Lodge und gleich gegenüber. Bunte Karte von Pancake über Papayasalat bis Pakora.

Hasan Indian Restaurant, Hauptstraße. Zieht mit konstanter Qualität und fairen Preisen seit Jahren erfolgreich hungrige Traveller an. WLAN.

Sabaidee Sivilay Restaurant, daneben. Gut geführt, mit handgeschriebener Karte, herausragender Thai-Lao-Küche und internationalen Cocktails. Toller Flussblick.

Happy Bar, Uferstraße, neben dem Phoy Lathda Gh. Auf den weitläufigen Terrassen feiern vor allem junge Traveller bis Mitternacht.

INFORMATIONEN

Das **Tourism Office** oberhalb des Anlegers gibt Tipps zu Ausflügen in die Umgebung. Außerdem organisiert es 1-tägige Trekking- und Bootstrips zur **Khamtan Buddha Cave** (225 000 Kip p. P. inkl. Verpflegung bei 5 Pers.) und zum **Mekong Ele-**

phant Camp am gegenüberliegenden Ufer (gleicher Preis). Ein neues Ziel 30 km nordöstlich von Pakbeng ist der riesige **Tad Thalae**, zu dem es aber zur Zeit der Recherche noch kein Tour gab (fragen). ⌚ Mo–Fr 8–11, 14–16 Uhr.

TRANSPORT

Busse, Songtheos und Pick-ups

Busse und andere Fahrzeuge starten von der **Haltestelle** 4 km nordöstlich des Anlegers. Ein Tuk Tuk vom Hafen kostet 20 000 Kip p. P., die Hälfte bei mehreren Leuten.

OUDOMXAI (143 km, 3 1/2–4 Std.) um 9, 11.30 und 15.30 Uhr für 50 000 Kip.

Gegen 15 Uhr kommt der Bus von Oudomxai nach MUANG NGEUN (40 000 Kip) durch, wo am nächsten Tag Anschluss nach Xayaboury und Vientiane besteht.

Boote

Abfahrt der **Slow Boats** ist morgens um 8.30 Uhr: nach HOUAY XAI in 8–9 Std. für 110 000 Kip, nach LUANG PRABANG in 7–8 Std. für 110 000 Kip. Während der Hauptsaison fahren mehrere Boote in beide Richtungen ab. Wer noch kein **Ticket** hat, kann es – am besten eine halbe Stunde vor Abfahrt – direkt am Anleger kaufen.

Oudomxai (Muang Xai)

Oudomxai bietet mehr, als es auf den ersten Blick scheint. Zugegeben: Das Antlitz der Provinzhauptstadt ist spröde. Aber im **Umland** mit seinen Hügeln und Dörfern gibt es ein paar schöne Ausflugziele.

Das Stadtbild um den Talat Luesay, den größten **Markt** des Nordens, wird von Yunnanesen geprägt, besonders die angebotenen Waren spiegeln die Nähe zu China wider. Durch den Handel hat sich Oudomxai rasant entwickelt. Im Zentrum nördlich des Nam Ko befinden sich etliche Verwaltungsgebäude und Arbeiterunterkünfte. Im weitläufigen Wohnviertel südlich des Flusses liegen das **Rote Kreuz** und das Kloster **Vat Ban Thieng** idyllisch auf Anhöhen. Der Aufstieg auf den **Phou That** wird mit einer großartigen Aussicht belohnt.

Rund um Oudomxai

Der schöne **Wasserfall** des Nam Kat versteckte sich noch vor kurzem am Ende einer abenteuerlichen Staubpiste im Dschungel des Phou Hiphi National Conservation Forest. Nun wird er zu einem Touristenziel ausgebaut. Um hinzugelangen, biegt man am südlichen Ende der Hauptstraße von Oudomxai in Richtung Flughafen links ab und fährt bis Ban Faen. Dort zweigt rechts die Piste zum Wasserfall ab (insgesamt 23 km; Gebühr).

Am Ortsrand von Ban Faen eröffnete 2016 das **Nam Kat Yola Pa** seine Pforten, ein luxuriöses **Resort** inmitten wilder Natur. In Koope-

Höhle der Superlative

Das Highlight der Provinz liegt 50 km westlich von Oudomxai: das riesige Höhlensystem **Tham Chom Ong**. Insgesamt 18 km windet sich die größte Höhle von Nordlaos in den Berg hinein. Auf eigene Faust geht's mit dem **Motorrad oder Geländewagen** von Oudomxai etwa 20 km auf der Straße 1 in Richtung Luang Namtha. Hinter Ban Nambotakay zweigt eine staubige Straße links ab, der man 18 km folgt (im ersten Dorf, das man erreicht, links halten). Die Höhle ist nirgends ausgeschildert. Ohne ein paar Brocken Laotisch kann es schwierig werden, den Weg zu finden. Auch die Strecke selbst hat's in sich: Wegen der schlechten Straße, einiger sehr steiler Passagen und kleinerer Flüsse, die zu durchqueren sind, eignet sie sich nur für geübte Biker. Sind die Bergkämme und Täler erst einmal überwunden, erreicht man das Dorf Ban Chom Ong. Von hier geht's mit dem einzigen Guide etwa eine Stunde lang durch kleine Wälder, Reisfelder und Flüsse bis zum südlichen Eingang der Höhle. Der vordere Bereich ist beleuchtet, so dass man die glitzernden Stalagmiten bewundern kann. Die Erforschung der Passagen, die ohne Ausrüstung zugänglich sind, dauert ein bis zwei Stunden. Etwas Abenteuerlust und gute Schuhe sind mitzubringen. Eintritt 10 000 Kip, Guide 40 000 Kip p. P.

Das **Provincial Tourism Office** bietet 1- bis 3-tägige Höhlentouren inkl. Sicherheitsausrüstung und Übernachtung im interessanten Dorf Ban Chom Ong.

ration mit dem Ökotourismus-Anbieter FACET werden allerhand Aktivitäten angeboten. Am spektakulärsten ist sicher die **Zip-Line** in den Baumkronen des Waldschutzgebiets (US$80). Außerdem sind **Trekkingtouren** rund um den Nam Kat und ein 2-tägiger Mahout-Kurs im Angebot. Wer im Resort übernachtet, zahlt für das Zimmer mindestens US$110. Infos und Preise unter 💻 www.namkatyolapa.net, ✆ 081-291666.

Ein lohnendes Ausflugsziel ist auch das Städtchen **Muang La,** 28 km nordöstlich an der Mündung des Nam La in den Nam Pak, mit seiner schönen Flusslage, den traditionellen Khmu-Häusern und den salzhaltigen heißen Quellen. Von dort aus kann man auch drei unterschiedliche Trips rund ums Nam-La-Tal unternehmen. Das **Tourism Office** hat offiziell von 8.30–11.30 und 13.30–16.30 Uhr geöffnet, ist tatsächlich aber häufig geschlossen. Wer eine Tour unternehmen möchte, ruft am besten bei Mr. Kit an, ✆ 020-22846667, oder meldet sich vorher im Office in Oudomxai. Übernachten kann man im wundervollen, aber teuren Muang La Resort, 💻 www.muangla.com, ❻, und im günstigen Houmpheng Gh. ✆ 020-54280029, ❶–❷.

ÜBERNACHTUNG

Die meisten Gästehäuser liegen südlich des Nam Ko an der Hauptstraße, 10 Min. zu Fuß vom Busbahnhof entfernt. Von Süd nach Nord:

Vilavong Gh., Hauptstraße, ✆ 020-55309992. Einfache Zimmer mit Bad und wahlweise TV. ❶

Vila Keo Seum Sack Gh., neben dem Aufgang zum Phou That, ✆ 081-312170, ✉ seumsack@hotmail.com. Große, saubere DZ mit AC und TV, hübsche Einrichtung. WLAN. ❸–❹

Litthavixay Gh., gegenüber dem Aufgang zum Phou That, ✆ 081-212175, ✉ litthavixay@yahoo.com. Große Zimmer mit/ohne AC, TV und Kühlschrank. Die vorderen Räume sind hell, aber laut; Verkauf von Flugtickets für Lao Airlines. WLAN. ❷

Oudomphet Gh., in der Straße südlich der Tankstelle, ✆ 020-55685455. Hübsches Guesthouse mit sehr sauberen Zimmern mit Bad, TV, wahlweise AC. Gemeinschaftsbalkon. Schöne Aussicht, ruhige Lage und entspannte Atmosphäre. WLAN. ❷

ESSEN

Souphailins Restaurant, Seitenstraße vor der Post. Das kleine Restaurant ist auf nordlaotische Küche spezialisiert. Von den vegetarischen Gerichten bis zu den Süßspeisen ist alles zu empfehlen. Kochkurse (US$20 p. P.).

Kanya's Restaurant. Laotisches Lokal südlich der Brücke in einer Seitenstraße. Schmackhafte Gerichte, große Portionen, gute Preise.

Café Friends, an der Straße zum neuen Stadium. In dem hippen koreanischen Café bekommt man guten Kaffee, leckere Sandwiches und süßes Gebäck. WLAN.

SONSTIGES

Fahrad- und Motorradverleih

Mountainbikes (50 000 Kip) und Roller (100 000 Kip) stehen beim **Provincial Tourism Office** bereit. Wer dort nicht fündig wird, kann bei den **Läden an der Hauptstraße** und der Seitenstraße südlich des Litthavixay Gh. ein Moped mieten. Kosten: 80 000–130 000 Kip/Tag.

Trekking

Das **Provincial Tourism Office**, ✆ 081-212483 oder 020-99221408, 💻 www.oudomxay.info, bietet Trekkingtouren (1–3 Tage) mit Homestay in Khmu-Dörfern, Wanderungen zur Höhle Chom Ong (S. 423) und Kochkurse an, je mehr Teilnehmer, desto günstiger. Bei 4 Pers. kostet die Tageswanderung nach Muang La z. B. 330 000 Kip p. P. inkl. Verpflegung, ein Kochkurs 100 000 Kip p. P. Wer sich für die Angebote des **Nam Kat Yola Pa** (s. links) im 23 km entfernten Ban Faen interessiert, kann vom Tourism Office dort anrufen lassen, um zu buchen. WLAN. ⏲ Mo–Fr 8–12 und 14–16 Uhr.

Geld

Die **BCEL**, an der Hauptstraße, hat einen **Geldautomaten**. ⏲ Mo–Fr 8.30–15.30 Uhr.

TRANSPORT

Busse, Minivans und Songtheos

Die **nördliche Busstation** liegt im Süden der Stadt.

HOUAY XAI (308 km, 7–8 Std.) um 9 Uhr für 90 000 Kip.
LUANG NAMTHA (114 km, 3 Std.) um 8.30, 12 und 15 Uhr für 40 000 Kip über NATEUI (75 km, 2 Std.).
MUANG KHOUA (94 km, 3 Std.) um 8.30, 12 und 15.30 Uhr für 35 000 Kip über MUANG LA (1 Std.).
PHONGSALY (232 km, 7–9 Std.) um 8.30 Uhr für 75 000 Kip über MUANG LA (1 Std.).
Um 8 Uhr fährt ein Bus nach MENGLA (162 km, 4 Std.) in **China** für 70 000 Kip.
Zudem geht's um 8.30 Uhr für 95 000 Kip nach DIEN BIEN PHU (200 km, 6–7 Std.) in **Vietnam**.

Die neue **südliche Busstation** liegt 5 km südlich des Zentrums.
LUANG PRABANG (193 km, 5 Std.) um 9, 12 und 15 Uhr für 60 000 Kip.
NONG KIAO (113 km, 4 Std.) 9 Uhr für 50 000 Kip.
PAKBENG (143 km, 3 1/2–4 Std.) um 8.30 und 10 Uhr für 40 000 Kip.
VIENTIANE (576 km, 16 Std.) um 11, 14 und 18 Uhr für 170 000 Kip, um 16 Uhr (Schlafbus) für 190 000 Kip.
Um 12 Uhr gibt es einen Bus über Pakbeng und die neue Mekongbrücke nach Muang Ngeun an der **thailändischen Grenze** (6 Std., 80 000 Kip).

Flüge

Lao Airlines fliegt tgl. von/nach VIENTIANE (1 Std.). Die etwas günstigere Alternative ist **Lao Skyway**, 💻 www.laoskyway.com, am Di, Do und Sa. Tickets für beide im Flughafengebäude, 🕒 Mo–Fr 8–11, 14–16 Uhr, und im Litthavixay Gh.

Provinz Luang Namtha

Die Provinz Luang Namtha (9325 km²) hat landschaftlich und kulturell einiges zu bieten. Gut ein Viertel der Fläche nimmt das **Nam Ha NPA** ein. In den Wäldern mit reicher Flora und Fauna siedeln eine Reihe unterschiedlicher Bergvölker. Im Nordwesten bildet der Mekong die Grenze zu Myanmar, im Norden grenzt die Provinz an China.

Luang Namtha hat 175 000 Einwohner, die 30 verschiedenen Volksgruppen angehören. Damit weist die Provinz die größte **ethnische Vielfalt** in Laos auf.

Die Stadt Luang Namtha ist längst zu einem der wichtigsten Reiseziele des Nordens geworden. Entsprechend groß ist das Angebot an **Aktivitäten**. Die Euphorie der ersten Jahre über ursprüngliche Trekkingtouren hat sich allerdings gelegt. Großflächige Plantagen überziehen die Provinz bis tief ins Naturschutzgebiet Nam Ha hinein, und man muss schon mehrere Tage wandern, um noch Urwald zu Gesicht zu bekommen.

Von Houay Xai nach Luang Namtha: Vieng Phoukha

Mit nur 252 km ist die **Straße 3** von Houay Xai über Luang Namtha bis Boten die kürzeste Verbindung zwischen China und Thailand. Vor dem Bau des panasiatischen „Express Highway" gab es hier nur eine wildromantische Piste, die sich durchs dicht bewaldete Gebirge schlängelte. Die Strecke bietet aber auch jetzt noch schöne Ausblicke. Trotz der relativ kurzen Fahrtzeit nach Luang Namtha lohnt es sich, in **Vieng Phoukha** Halt zu machen. Die aufstrebende Bezirksstadt, nur wenige Kilometer vor der Grenze des Nam Ha NPA, ist als Startpunkt für Treks eine Alternative zu Muang Sing und Luang Namtha. Hier ist man so gut wie allein in Wald und Flur. Das von Mr. Sombat geleitete Visitor Information Office bietet einige **Ökotouren** an.

12 km von Vieng Phoukha entfernt, auf der Straße 3 Richtung Luang Namtha, öffnet sich 200 m auf einem Pfad nach rechts der Schlund der **Tham Kao Rao**. Von Vieng Phoukha fahren Tuk Tuks zur Höhle. Bei vielen organisierten Touren steht sie mit auf dem Programm.

ÜBERNACHTUNG UND ESSEN

€ **Thong My Xay Gh.**, am südlichen Ortseingang, ✆ 081-212394. Hübsche Bambusbungalows mit Bad überblicken den Fluss. Gastlich, gepflegter Garten. ❶
Samlang Chai's Bungalow (auch Mountain Lodge), im Süden des Ortes auf einem Hügel, ✆ 020-55488032. Einfache Holzbungalows mit Bad und Terrasse. Tolle Lage. ❶

Sai Nam Chook Gh., an der Brücke, ✆ 020-55786277. Günstige Holzbungalows direkt am Fluss und saubere, geflieste Zimmer in einem Trakt aus Stein. ❶–❷

Restaurants gibt es nur wenige, darunter das **Muang Long Restaurant** direkt an der Brücke.

TOUREN

Visitor Information Office, ✆ 086-215041, ✉ eco-trekvpk@hotmail.com, in der letzten Parallelstraße, die an der Trinkwasseraufbereitungsanlage abzweigt. Zu den angebotenen Treks gehören mehrtägige Touren zu Akha-Dörfern und Tagesausflüge zu religiösen Stätten der Khmu.

Auch **Nam Ha Hilltribe Eco Trek**, an der Hauptstraße, ✆ 020-96619565, 💻 www.trekvieng phoukha.com, bietet 1- bis 3-tägige Treks in der Umgebung und im Nam Ha NPA an.

TRANSPORT

Die **Busstation** liegt 3 km nördlich des Zentrums an der Straße nach Luang Namtha.

Busse von Houay Xai nach LUANG NAMTHA (1 Std., 25 000 Kip), OUDOMXAI (70 000 Kip), LUANG PRABANG (130 000 Kip) und zu weiteren Zielen halten etwa 3 Std., nachdem sie in Houay Xai gestartet sind. Busse aus den Nordprovinzen nach HOUAY XAI (3 Std., 40 000 Kip) stoppen ebenfalls mehrmals tgl. Infos im Visitor Center.

Luang Namtha

Versuche, ökologisch und sozial nachhaltigen Tourismus in Laos zu etablieren, gibt es viele. Oft schläft nach Abzug der ausländischen Hilfsorganisationen alles wieder ein. Nicht so in der Provinzhauptstadt Luang Namtha: Begünstigt durch ihre Lage und mit Unterstützung des Tourismusministeriums, der Unesco und des New Zealand Aid Programme hat sich die Stadt den Ruf eines vorbildlichen **Ökotourismus-Ziels** erarbeitet. Heute lohnt ein Stopp vor allem für jene, die aus dem breiten Tourenangebot wählen wollen. Attraktive Ziele für Unternehmungen auf eigene Faust gibt es weniger, auch weil die unmittelbare Umgebung mittlerweile von ausgedehnten Kautschukplantagen bestimmt wird, die die Nachhaltigkeit des gesamten Projekts gefährden.

Luang Namtha, früher Muang Luang Houa Tha genannt, liegt in der fruchtbaren Ebene des Nam Tha auf einer Höhe von knapp 600 m. Zwei Stadtteile gruppieren sich locker um eine schmale Flugpiste und den Fluss. Der Stadtteil **Ban Luang Khone**, das frühere Handelszentrum, erstreckt sich zwischen dem Flughafen und dem Bootsanleger. Das heutige Zentrum, das die meisten Leute meinen, wenn sie von Luang Namtha sprechen, liegt nördlich der Rollbahn.

ÜBERNACHTUNG

Ban Luang Khone

The Boat Landing Gh., nahe dem Flughafen am Nam Tha, ✆ 086-312398, 💻 www.theboatlanding.com. Geräumige Bungalows aus Bambus und Holz, alle mit Flussblick und Veranda, und ein großes, offenes Restaurant; trotz Alterserscheinungen ein Ort zum Wohlfühlen. Tuk Tuks nach Luang Namtha (7 km) kosten um die 10 000 Kip p. P. ❺

Luang Namtha

Kingmala Gh. ✆, 020-23935333, ✉ kmlguest house@hotmail.com. Das Gebäude wirkt auf den ersten Blick wie ein weiterer Betonklotz chinesischer Bauart, aber die 15 gepflegten, Zimmer sind ein super Deal. WLAN. ❷

Zuela Gh., ✆ 020-55886694. Komplex aus drei schönen Holzhäusern mit stimmungsvollen Zimmern mit Ventilator oder AC und Bad. Fahrrad- und Motorradverleih. WLAN. ❷–❸

Manychan Gh., ✆ 086-312209. Der einstige Platzhirsch unter den Travellerherbergen ist in die Jahre gekommen, bietet aber im Schlafsaal noch immer die günstigsten Betten der Stadt. Im Haupthaus einfache Zimmer, dahinter im Neubau moderne Räume. WLAN. ❶–❷

Khamking Gh., gegenüber dem Nachtmarkt, ✆ 086-312238. Die guten Betten stehen auf glänzenden Fliesen; sauberes Bad. WLAN. ❷

Thoulasith Gh., ✆ 086-212166, 💻 www.facebook.com/thoulasith. Schlossähnliche Herberge mit sauberen Zimmern, Bad und TV, zurückversetzt und ruhig. WLAN. ❷–❸

Phou lu III Bungalows, vom Nachtmarkt den Schildern 400 m nach Osten folgen, ✆ 020-22390195 oder 086-212389, 💻 www.phouiubungalows.com. Die kleine Schwester des Phou lu II in Muang Sing (S. 429). Geräumige, hübsche Bungalows in traditioneller Bauart verschiedener ethnischer Gruppen. Empfehlenswert. ❸

ESSEN

Bamboo Lounge, Hauptstraße. In bequemen Sofas bekommt man die besten Sandwiches, Steinofen-Pizzas und selbst kreierten Erfrischungsgetränke der Stadt. Im Restaurant werden Angehörige ethnischer Minderheiten aus den umliegenden Dörfern geschult. Das ausliegende Guidebook enthält Tipps, wie sich Stadt und Umland auf eigene Faust erkunden lassen. WLAN.

Minority Restaurant. Schmackhafte Zubereitung von Speisen der verschiedensten Ethnien, auch der Falang.

Lai's Place. Gemütliches Lokal mit westlichen Gerichten, Salaten, Suppen und laotischen Reis- und Nudelgerichten.

€ **Nachtmarkt**. Beerlao schnappen und durchprobieren: Nudel- und Reisgerichte, ganze gegrillte Hühnchen, Schweineschwarten, Salate und mehr zum Tiefstpreis.

TOUREN UND AKTIVITÄTEN

Trekking

Die Zahl der Trekking-Anbieter wächst, ein Vergleich lohnt. Man sollte versuchen, sich mit mehreren zusammenzutun, da eine Tour für Alleinreisende teuer werden kann. Als Richtwert: Der Preis für eine Trekkingtour liegt ungefähr bei US$35 p. P./Tag.

Green Discovery, ✆ 086-211404, 💻 www.greendiscoverylaos.com. Große Palette an Ecotreks (1–3 Tage). Übernachtet wird in den Dörfern oder in Dschungelcamps; auch Mountainbiking und mehrtägige Kajaktouren sowie kombinierte Kajak-/Trekkingtrips auf dem Nam Ha und Nam Tha. ⏲ 7.30–21 Uhr.

Forest Retreat Laos, im Minority Restaurant (Karte „Essen"). ✆ 020-55680031. Ein zuverlässiger Anbieter mit großem Angebot, darunter Trekking, Kayaking, Mountainbiking, Angeln, Kochen und Dorfaufenthalte.

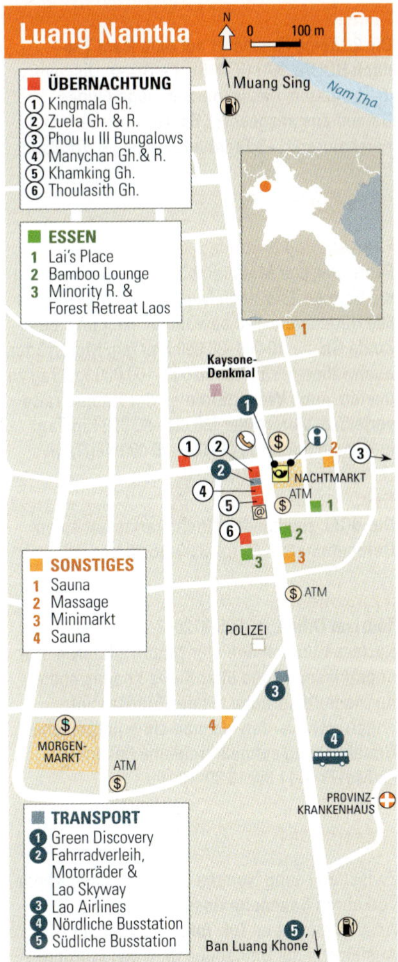

Weitere Anbieter mit interessanten Angeboten sind **The Hiker**, 💻 www.thehikerlaos.com, **Namtha River Experience** (Discovering Laos), 💻 www.discoveringlaos.com, und der etwas weniger beliebte **Jungle Eco-Guide Service**, 💻 www.thejungle-ecotour-laos.com. Alle liegen an der Hauptstraße.

Bootstouren

Die 2-tägige Flussfahrt **auf dem Nam Tha** nach HOUAY XAI (S. 418), die Green Discovery im Programm hat, ist derzeit wegen eines Dammbaus ausgesetzt. Es werden aber noch Kajaktouren (1–3 Tage) angeboten, s. Trekking.

SONSTIGES

LAOS

Fahrrad- und Motorradverleih

Fahrräder und Mountainbikes, mit denen selbst die bergige Tour nach Muang Sing (ca. 7 Std., 600 Höhenmeter) zu bewältigen ist, gibt's beim **Zuela Gh.** für 10 000–30 000 Kip/Tag. Motorräder, auch 125ccm, sind für 50 000–100 000 Kip/Tag zu mieten; auch **Werkstätten** an der Hauptstraße verleihen Motorräder (30 000–60 000 Kip/Tag) und Mountainbikes (10 000–20 000 Kip/Tag).

Geld

Die **BCEL** südlich des Nachtmarkts hat einen **Geldautomaten**. ⌚ tgl. 8.30–15.30 Uhr.

Informationen

Tourism Office, ✆ 086-312047, hinter der Post. Karte mit Vorschlägen für Motorradtouren. Der angepriesene Loop über Xieng Khaeng sollte nur nach Absprache mit der Touristeninfo angetreten werden, da man ohne polizeiliche Genehmigung schnell Probleme bekommt. ⌚ Mo–Fr 8–11.30, 13.30–16 Uhr.

TRANSPORT

Zwischen Luang Namtha und Ban Luang Khone verkehren **Sammeltaxis** für 10 000 Kip p. P. Ansonsten gibt es **Tuk Tuks**, die auch für Ausflüge in die Umgebung gemietet werden können (um 100 000 Kip für 4 Std.).

Busse, Songtheos und Pick-ups

Luang Namtha hat zwei Busbahnhöfe: einen im Ort für Ziele im Norden und einen 10 km südlich für die überregionalen Strecken nach Süden. Tuk Tuk 30 000 Kip, bei mehreren weniger.

Nördliche Busstation

BOTEN (58 km, 1 1/2 Std.) um 8, 9.30, 11.30, 12.30, 14.30 Uhr für 25 000 Kip.

Grenzübergang nach China

Der bislang einzige für Touristen offene Grenzübergang, ⌚ tgl. 7.30–16 Uhr, liegt nördlich der Straße 1 zwischen Luang Namtha und Oudomxai. Von Luang Namtha ist der 39 km entfernte Kreuzungspunkt Nateui in 1 Std. erreicht. Hier verkehren Tuk Tuks bis zur Grenze im 19 km nördlich gelegenen **Boten**. Praktisch sind die 5 Busse, die jeden Tag vom nördlichen Busbahnhof in 1 1/2 Std. direkt zur Grenze fahren, sowie die Busse von der südlichen Busstation nach Mengla und Jinghong. Es gibt auch direkte Verbindungen von Houay Xai, Oudomxai, Luang Prabang und Vientiane nach China. Auf beiden Seiten der Grenze ist Geldwechsel möglich.

MUANG SING (59 km, 2 Std.) um 8, 9.30, 11.30, 12.30, 14.30 und 15 Uhr für 25 000 Kip.
VIENG PHOUKHA (67 km, 1 Std.) um 9.30 und 12.30 Uhr für 25 000 Kip.

Südliche Busstation

HOUAY XAI (194 km, 4 Std.) um 9, 12.30 und 16 Uhr für 60 000 Kip über VIENG PHOUKHA (67 km, 1 Std., 25 000 Kip).
LUANG PRABANG (307 km, 7–8 Std.) um 9 Uhr für 90 000 Kip und VIP-Bus zur selben Zeit sowie 14.30 und 19.30 Uhr für 100 000 Kip.
OUDOMXAI (114 km, 3 Std.), 8.30, 12, 14.30 Uhr für 40 000 Kip über NATEUI (1 Std., 15 000 Kip).
VIENTIANE (690 km, 15–17 Std.) VIP-Bus um 8.30 und 14.30 Uhr für 200 000 Kip.
Nach MENGLA (115 km, 4 Std.) in **China** fährt ein Bus um 8 Uhr für 50 000 Kip, nach JINGHONG (185 km, 6 Std.) um 8 Uhr für 90 000 Kip.
Nach DIEN BIEN PHU (324 km, 8 Std.) in **Vietnam** geht's um 6.45 Uhr los für 130 000 Kip.

Flüge

Der Flughafen liegt in Ban Luang Khone, 7 km südlich der Stadt. Tickets gibt's bei **Lao Airlines** am Flughafen, im Büro südlich der Polizeistation oder unter 💻 www.laoairlines.com. Es wird nur VIENTIANE (tgl., 1 Std.) angeflogen, seit ein paar Jahren auch 3x wöchentl. von **Lao Skyway**, 💻 www.laoskyway.com.

Muang Sing

Um die Jahrtausendwende galt Muang Sing, die zweitgrößte Stadt der Provinz, als Tipp unter Trekkingtouristen, die das Dorfleben der laotischen Minderheiten kennenlernen wollten. Heute kommen in den Gästehäusern, in denen einst Backpacker übernachteten, chinesische Wanderarbeiter unter. In der Umgebung haben Kautschuk-, Bananen- und Zuckerrohrplantagen weithin Reisfelder und Dschungel verdrängt. In den meisten Dörfern tragen lediglich noch die Alten traditionelle Trachten, und die Bast- und Bambushütten werden zunehmend durch Holz- und Betonhäuser ersetzt.

Der Ort lohnt heute in erster Linie für Leute, die die Hauptreiserouten verlassen wollen. Einige traditionelle Gebäude der **Lue** und **Akha** können besichtigt werden, eines der bedeutendsten Heiligtümer der Lue, **That Xieng Tung** befindet sich 6 km südlich der Stadt. Die 60 km lange Anfahrt von Luang Namtha mit dem Rad oder Motorrad führt durch schöne Landschaft. Und auch die Trekkingtouren mit Homestays sind noch immer ein Erlebnis: jenseits verklärter Romantik und inklusive moderner Einflüsse.

ÜBERNACHTUNG

Phou lu II Bungalows, Straße vor der Polizei links rein, ✆ 020-55985557, 💻 www.muangsingtravel.com. Gepflegte, von lokalen Stilen inspirierte Bambusbungalows mit Bad um einen großen Garten. Trekkingtouren. Preis inkl. Frühstück. WLAN. ❸–❹

Tai Lue Gh., Hauptstraße. Eines der schönsten Lue-Häuser. 5 einfache, aber stimmungsvolle Zimmer mit Bad und Veranda zur Straße. Im Restaurant gibt's Lue-Spezialitäten. ❶

Daen Naue 2 Gh., Hauptstraße, ✆ 020-56753222. Großzügige Zimmer mit Bad, AC oder Ventilator und TV. Die hinteren, oberen haben eine schöne Aussicht auf Stelzenhäuser und Reisfelder. Gutes Preis-Leistung-Verhältnis. ❶–❷

ESSEN

Einige chinesische **Suppenküchen** liegen entlang der Hauptstraße. Die Nähe zu China macht sich besonders durch Nudeln und Tofu bemerkbar. Aus der Region stammen die breiten Reisnudeln *khao soi* („geschnittener Reis")

Tai Lue Restaurant, im Tai Lue Gh. Authentische Lue-Spezialitäten wie gegartes Gemüse mit verschiedenen Soßen. Zum Frühstück gibt's Kartoffelomelette, das an eine Tortilla erinnert.

View Restaurant, am südlichen Ortseingang. Strohhüttenparadies im Reisfeld mit laotischer Küche und Kräutersauna (ab 16 Uhr, 15 000 Kip).

SONSTIGES

Fahrradverleih

Tiger Man unweit der Touristeninformation verleiht Räder für 15 000 Kip/Tag und Roller für 80 000 Kip/Tag. ⌚ 8.30–17 Uhr.

Geld

Lao Development Bank mit **Geldautomat** neben dem Telecom Office. **BCEL** gegenüber dem Nachtmarkt. Beide ⌚ Mo–Fr 8.30–15.30 Uhr.

Informationen und Trekking

Das **Trekking Office**, ✆ 020-55786824, in der Touristeninformation, ✆ 086-213021, ✉ mstouroffice@yahoo.com, im Zentrum, organisiert Treks (3 Tage, 750 000 Kip p. P. bei 2 Pers.) in die Dörfer der Akha, Hmong, Tai Dam und Lue. Die Tagestouren sind eher Spaziergänge, richtige Outdoor-Abenteuer erlebt man erst bei einer 3-tägigen Tour. Außerdem gibt es interessante Aushänge über Flora, Fauna, Geschichte und Ethnien der Gegend. ⌚ Mo–Fr 8–11.30, 13.30–16.30 Uhr. Da die Zahl der Touristen sinkt, bleibt das Büro oft geschlossen.

Tiger Man, ein Stück weiter, organisiert 1- bis 3-tägige Treks, ebenso die Betreiber von **Phou lu II Bungalows** und **View Restaurant**, 💻 www.phouiu-ecotourism-laos.com.

TRANSPORT

Songtheos und Pick-ups fahren von der Busstation am neuen Markt ab. Mit viel Gepäck benötigt man ein **Tuk Tuk** für die 2 km ins Zentrum.

LUANG NAMTHA (59 km, 2 Std.) um 8, 9.30, 11, 12, 14 und 15.30 Uhr für 25 000 Kip.

Provinz Phongsaly

Die sehr dünn besiedelte Provinz Phongsaly (16 270 km^2), bergig und unwegsam, liegt ganz im Norden von Laos, zwischen Vietnam (Dien Bien Phu) und China (Yunnan). Die meisten der offiziell 28 Ethnien siedeln in Dörfern, tagelange Fußmärsche von der nächsten Straße entfernt. Wer in dieser abgelegenen Provinz unterwegs ist, braucht Gelassenheit und warme Kleidung, denn das **Klima** ist im Vergleich zu den heißen Ebenen im Süden – besonders in der Trockenzeit – recht kühl.

Die Pflanzenwelt in der Provinz ist üppig und wurde entlang der vietnamesischen Grenze im **Phou Den Din NPA** (2220 km^2) unter Schutz gestellt. Hier ist das Reich von Adler und Nebelparder, Tiger und Elefant, aber leider auch von Wilderern. Durch die undurchdringlichen Bergwälder des Schutzgebiets führen keine Straßen, der Nam Ou ist der einzige Verkehrsweg.

Der **Reisanbau** bestimmt das Leben der Menschen. Nassreis dominiert die Ebenen. In den Tälern werden zusätzlich Obst und Gemüse angebaut. An flachen Hängen, vor allem um Boun Neua, wurden in der jüngsten Vergangenheit Zuckerrohr- und Kautschukplantagen angelegt. In höheren Lagen mühen sich die Menschen mit dem Anbau von Bergreis auf den brandgerodeten Flächen. Um die Stadt Phongsaly, auf etwa 1400 m Höhe, wächst seit jeher Tee. Von 1990 an wurden vermehrt **Teegärten** angelegt (s. S. 432).

Phongsaly

Schon die Busfahrt von Oudomxai nach Phongsaly ist ein Abenteuer: Auf 232 km windet sich die erst seit 2013 vollständig asphaltierte Straße durch die bewaldete Bergwelt mit ihren schmalen Flusstälern. Sieben Stunden braucht der robuste Hyundai-Bus dafür – wenn alles gut läuft. Die letzte Stunde Fahrt hinauf auf 1400 m ist am spannendsten: Mehr als 40 km geht es durch oft dichten Dschungel, mystisch und nebelverhangen oder mit weiten Ausblicken über die Berge. In den Wintermonaten erreicht der Bus die Stadt allerdings meist erst bei Dunkelheit.

Phongsaly ist eine besondere Stadt – nicht mehr Laos, noch nicht China. Schon bei der Ankunft ist ein babylonisches Sprachengewirr zu vernehmen. Die wenigen westlichen Touristen, die bis hierher vordringen, tragen ihren Teil zum bunten Kulturenmix bei.

Phongsaly ist die höchstgelegene Stadt in Laos (1400 m). Hier gibt es keine Moskitos mehr. Die **Altstadt** wartet mit Häusern aus ungebranntem Lehm und mit hölzernen Ladenfronten auf – Architektur wie sie früher Kunming prägte, Hauptstadt der benachbarten chinesischen Provinz Yunnan. Die meisten der heute 6000 Einwohner sind buddhistische **Phounoy**. Sie besetzen viele der wichtigen politischen Posten. Die wirtschaftliche Stellung halten seit jeher die überwiegend animistischen **Ho**. Diese Händler bauten in den 1960er-Jahren die Stadt weiter aus: Sie errichteten feste Wohnhäuser in Gassen, in China Hutong genannt. Einen guten Einblick in das Ho-Viertel vermittelt ein **Spaziergang** entlang der Hauptstraße vom Phongsaly Hotel zum Basketballfeld, dem alten Markt der Stadt. Die kleineren Häuser in den verwinkelten, mit Kopfstein gepflasterten Gassen oberhalb werden von Ho und Phounoy bewohnt. Jeder freie Platz ist ein gepflegtes Gemüsebeet.

Das **Museum für Bergvölker** befindet sich neben der Telecom und beherbergt eine exzellente Ausstellung. Wer sich für die gut recherchierten Themen von Musik bis hin zu Geisterglaube interessiert, sollte im Tourism Office darum bitten, kurz bei den Kollegen im Museum anzurufen, da es auch während der Öffnungszeiten nicht selten geschlossen hat. ⌚ Mo–Fr 8–11.30, 13.30–16.30 Uhr, Eintritt 10 000 Kip.

Auf dem 1625 m hohen **Phou Fa** („Himmelsberg") erhebt sich ein eigenwillig kantiger weißer Stupa (2005 errichtet) samt neuer Buddhastatue schützend über die Stadt (5000 Kip). Die 45-minütige Wanderung hinauf führt durch Dschungel mit Lianengewirr bis zum Picknickplatz im Wald. Wer die anschließenden Treppenstufen hinter sich gebracht hat, wird mit freier Sicht über endlose Bergketten bis zum Horizont belohnt. In den Wäldern um Phongsaly wachsen Bauhinien *(dok ban)*, wilde **Orchideenbäume**, deren duftende Blüten im März pink-weiße Tupfer in den Wald zeichnen.

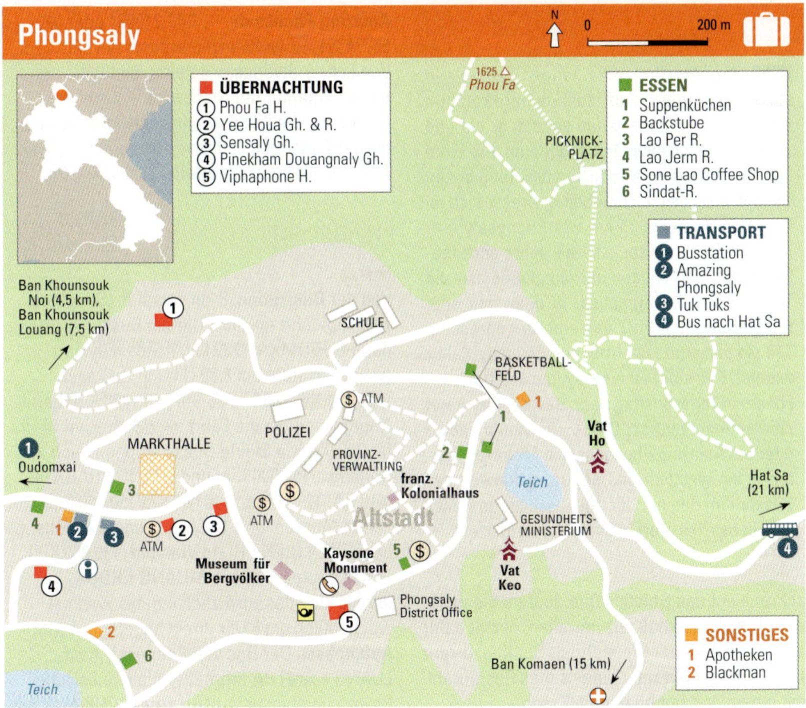

ÜBERNACHTUNG

Yee Houa Gh., gegenüber dem Markt, ✆ 088-210186. Kleine, etwas schäbige Zimmer mit/ohne Bad. Café-Restaurant mit günstigen Speisen. Rollerverleih. ❶–❷

Pinekham Douangnaly Gh., lila Gebäude unterhalb des Provincial Tourism Offices, ✆ 020-22999931. Nette Gastgeber, saubere, geflieste Zimmer inklusive Bad und TV. WLAN. ❷

€ **Sensaly Gh.**, weiter in Richtung Stadt, hinter der Kurve, ✆ 088-210165. Die 12 freundlichen Zimmer mit kleinem Bad in einem alten und einem neuen Trakt gehören zu den besseren im Ort. Ein einfacher, aber netter Familienbetrieb. ❷

Viphaphone Hotel, im Zentrum, ✆ 088-210111. Äußerlich keine Schönheit, innen 2 Dutzend große Zimmern mit Bad. Frühstück für 30 000 Kip. Flugtickets für Lao Airlines. WLAN. ❶–❷

Phou Fa Hotel, oberhalb der Stadt, ✆ 020-28766666. 26 ebenerdige Zimmer in Ziegelhäusern um zwei Höfe, inzwischen etwas in die Jahre gekommen. Zimmer mit Bad, TV, AC und Wandbild. Von der großen Terrasse herrliche Aussicht. Restaurant, hier und da WLAN. ❷–❸

ESSEN

Als Start in den Tag ist ein Gang zum **Markt** zu empfehlen, wo es Fö wie aus dem Lehrbuch gibt. Im Osten des Ortes bietet eine **Backstube** morgens kleine Baguettes und Icckore, süße *khanom* an. Nachmittags sind die Baguettes auf dem Markt zu finden. Gutes Frühstück (etwa Omelette) gibt es auch im **Sone Lao Coffee Shop**.

Lao Per Restaurant, ein Erlebnisrestaurant! Ohne Speisekarte hat die Köchin aus Yunnan alles im Griff: einfach am Gemüsestand vor ihrer Küche und dem Fleisch-Kühl-

Grün in jeder Hinsicht

Tee *(sa)* hat eine lange Tradition in Phongsaly. Auf dem mineralreichen Boden um die Stadt herum gedeiht er gut und wird meist als **Grüner Tee** angeboten. Die Ernte aus den Teegärten wird in den drei Teefabriken vor Ort verarbeitet. Daneben erstreckt sich im Dorf **Ban Komaen**, 15 km von Phongsaly entfernt, ein 69 ha großer, teils 400 Jahre alter Teebaumhain. Seit einigen Jahren gibt es hier ein Teehaus mit Rundumblick, in dem sich eine **Ausstellung** dem in Zigarrenform gepressten Tee *(sa bang)* und der örtlichen Phounoy-Kultur widmet. Betreiber ist ein Komitee des Dorfes. Für einen **Tagesausflug** nach Ban Komaen kann man sich im Tourism Office ein Mountainbike oder bei Amazing Phongsaly ein Motorrad mieten. 3 km westlich des Zentrums (unweit der Busstation) beginnt der ausgeschilderte Rundweg in das Tee-Dorf (nicht in der Regenzeit).

schrank auf das Gewünschte deuten. Sie weiß es sehr schmackhaft zuzubereiten, nimmt dafür aber auch ein paar Kip mehr als die Konkurrenz.

Lao Jerm Restaurant, chinesisches Restaurant mit gutem und reichhaltigem Essen.

Rund um den Teich im Südwesten konkurrieren Karaoke-Clubs und Bars wie der coole **Blackman** fast jeden Abend darum, wer am lautesten ist. Ganz in der Nähe liegt ein **Sindat-Lokal**, das die sonst karge Restaurantlandschaft um das allseits beliebte Tischgrillen bereichert.

SONSTIGES

Informationen und Touren

Provincial Tourism Office, weißes Haus unterhalb der Tuk-Tuk-Station. Bücherecke, Stadtpläne und **Mountainbikeverleih**, außerdem Trekkingtouren (1–5 Tage) durch Täler und Wälder zu den Dörfern der Akha, Phounoy und Mouchi. Übernachtet wird meist im Haus von Familien. Der Preis liegt bei 300 000 Kip pro Pers. und Tag. Essen und Unterkunft sind enthalten. Fitness und Wandererfahrung werden vorausgesetzt. ⌚ 8–11.30, 13.30–16.30 Uhr, außerhalb der Öffnungszeiten ✆ 020-22572373.

Amazing Phongsaly, ✆ 088-210594 oder 020-55774354, 💻 www.explorephongsalylaos.com. Von Lehrer Sivongsay geleitet, bietet die erste private Agentur der Stadt eine Vielzahl von Touren an, die ständig weiterentwickelt werden, um auf Abholzung und Umsiedlung zu reagieren. Außerdem **Motorradverleih** 120 000 Kip/Tag.

TRANSPORT

Busse

Von der **Busstation**, 3 km westlich (Songtheo 7000 Kip) fährt tgl. um 8 Uhr ein Bus für 75 000 Kip nach OUDOMXAI (232 km, 7 Std.). Für Hartgesottene steht um 8.30 Uhr ein Bus nach VIENTIANE (793 km, 26 Std., 230 000 Kip) bereit. Angenehmer ist die Fahrt im VIP-Bus um 14 Uhr für 250 000 Kip. Beide Busse stoppen auch in Oudomxai (80 000 Kip) und LUANG PRABANG (410 km, 12–14 Std., 140 000 Kip/150 000 Kip).

Jeden Morgen um 7 Uhr fährt zudem ein Bus nach DIEN BIEN PHU in **Vietnam** (130 000 Kip). Er hält nach 7–8 Std. in MUANG KHOUA (80 000 Kip), das zusätzlich ein- bis zweimal wöchentlich um 8 Uhr direkt angefahren wird.

Aufgepasst: Der Bus von Phongsaly nach LUANG NAMTHA fährt über die chinesische Grenze und nimmt nur Laoten und Chinesen mit. Alle anderen müssen über Oudomxai reisen.

Boote

Boote auf dem Nam Ou nach Süden legen in **Hat Sa** ab. Busse von Phongsaly nach HAT SA (21 km, 1 Std., 15 000 Kip) starten um 8 Uhr und 13.30 Uhr im Osten der Stadt. Den Transfer übernehmen Tuk Tuks gegen 7 Uhr von der Tuk-Tuk-Station nahe dem Markt (7000 Kip).

Die Bootsfahrt nach MUANG KHOUA (5–7 Std.) besteht aus **zwei Teilstrecken** und beginnt – bei genügend Passagieren – gegen 9.30 Uhr. Das erste Boot bringt einen für 60 000 Kip in 2 Std. zu einem **Damm** nahe Samphan, der auf der Straße umfahren werden muss (20 000 Kip). Vom Bootsanleger in Samphan geht es dann für weitere 60 000 Kip ins 2 Std. entfernte Muang Khoua. Infos zur Route auf S. 435.

Gelegentlich findet sich in Samphan kein Bootsmann, oder der Wasserstand ist zu niedrig: Dann muss auf ein Tuk Tuk oder einen

Minivan umgesattelt werden. Ein Fahrer ist immer zur Stelle, die Preise schwanken aber stark (max. 350 000 Kip pro Fahrzeug).
Für alle, die den Trip in umgekehrter Richtung machen und in Hat Sa ankommen: Die Busse nach Phongsaly fahren vom Markt gegen 9 und 14 Uhr ab. Ansonsten lässt sich für gewöhnlich ein Songtheo auftreiben.

Flüge

Der **Flughafen** von Phongsaly liegt 41 km westlich der Stadt in Boun Neua (Transfer nach Phongsaly 35 000 Kip). **Lao Skyway**, 💻 www.laoskyway.com, fliegt 3x wöchentl. in 1 3/4 Std. nach VIENTIANE. Tickets gibt's für 900 000 Kip im Viphaphone Hotel (inkl. Flughafentransfer).

Muang Khoua

Muang Khoua ist der Verkehrsknoten im Süden der Provinz. Hier kreuzen sich Straße und Wasserstraße: Die Straße verbindet Laos mit Dien Bien Phu in Vietnam. Die Wasserstraße, der **Nam Ou**, fließt von Hat Sa im Norden über Muang Ngoi Kao und Nong Kiao im Zentrum bis kurz vor Luang Prabang, wo der Fluss in den Mekong mündet. Das Städtchen liegt auf einer Landzunge an der Mündung des Nam Phak in den Nam Ou. Schön ist ein Rundgang vom Bootsanleger zum **Markt**, vorbei am bunten Tempel **Vat Si Kun** und über die Hängebrücke ins Khmu-Dorf **Ban Natoun** jenseits des Nam Phak.

ÜBERNACHTUNG

Die Unterkünfte sind vom Bootsanleger am Nam Ou ausgehend gelistet. Schräg gegenüber dem Sayfon Restaurant eröffnet 2017 ein neues Hotel.
Chaleunsouk Gh., ✆ 030-9320888. Ein Dutzend freundliche Zimmer mit/ohne Bad und eine große Aussichtsterrasse. ❷
Manhchay Gh., ✆ 020-22016810. Renoviertes Gästehaus in der Nähe des Tourism Office mit 10 sehr sauberen Zimmern samt Bad, AC und TV. Freundlich-familiäre Atmosphäre. ❷
€ **Manotham Gh.**, ✆ 020-55984546. Eine echte Backpacker-Unterkunft, inmitten des gemächlichen Dorflebens von Ban Natoun. Die einfachen Zimmer mit Bad sind hellhörig, aber wunderbar gelegen. Herzliche Atmosphäre, gute Küche, Trekking-Angebot. ❶

ESSEN

Der **Markt** bietet zum Frühstück und Mittagessen reichlich Auswahl, vor allem Fö. Entlang der Hauptstraße liegen einige **Suppenküchen**.
Nam Ou Restaurant, im gleichnamigen Gästehaus, zu erreichen über Stufen beim Anleger oder durchs Zentrum, den Wegweisern folgen. Wegen des Blicks auf das Hafengeschehen vor allem zum Frühstück zu empfehlen.
Sayfon Restaurant, Hauptstraße. Wohl das meistbesuchte Restaurant der Stadt, schnell überfordert, aber gut fürs Abendessen. Auswahl von Schwein mit Pilzen bis Fischsuppe.
Lao Samai Restaurant, ein Stück weiter Richtung Anleger. Die urige Version des Sayfon, das Angebot ist *same same but different*. Schöner Blick von der Terrasse auf den Fluss.

SONSTIGES

Geld

Die **Lao Development Bank** liegt an der Tuk-Tuk-Station, 🕒 Mo–Fr 8–11.30, 13.30–16 Uhr. Die **BCEL** schräg gegenüber hat einen **Geldautomaten**, 🕒 Mo–Fr 8.30–15.30 Uhr.

Internet

Im Eingangsbereich des **Chaleunsouk Gh.** stehen ein paar Rechner (10 000 Kip/Std.).

Trekking

Wer nicht nur die frisch mit Kautschuk bepflanzten Hänge beiderseits der Straße sehen möchte, sollte sich einer Trekkingtour anschließen. In den Bergen um Muang Khoua leben vor allem Khmu und Akha. Das kleine **Tourism Office Muang Khoua** liegt im Zentrum nahe dem Markt, 💻 www.muangkhua.com, 🕒 Mo–Fr 8–11, 13.30–16 Uhr, ansonsten bei Mr. Keo, ✆ 020-22848020, oder Mr. Bounma, ✆ 020-58021794, anrufen. Insgesamt sind 8 Touren im Angebot. Alle Treks sind Rundwanderungen von Dorf zu Dorf. Der Transfer zum Ausgangspunkt wird organisiert.

TRANSPORT

Busse

Songtheos fahren von der Tuk-Tuk-Station im Ort und manchmal schon am Bootsanleger ab. Zur **Busstation** (10 000 Kip) sind es gut 2 km.
OUDOMXAI (94 km, 3 Std.) um 8.30, 11 und 15 Uhr für 40 000 Kip. Wer nach PHONGSALY will, steigt am besten in den ersten dieser drei Busse nach Oudomxai (alternativ fährt ein lokaler Bus/Songtheo um 8 Uhr los, vorausgesetzt es finden sich mind. 10 Passagiere); nach 1 Std. in Pak Nam Noi aussteigen (15 000 Kip) und dort warten: Der Bus von Oudomxai nach Phongsaly hält hier meist zwischen 10 und 11 Uhr, ist aber oft rappelvoll.
Zwischen 12 und 13 Uhr kommt ein vietnamesischer Bus aus Dien Bien Phu durch Muang Khoua, der nach LUANG PRABANG weiterfährt (170 000 Kip).

Boote

Eine **Bootsfahrt** auf dem Nam Ou zu organisieren kann eine Bewährungsprobe für den Humor sein. Am besten tauscht man sich am Vortag mit anderen Reisenden aus. Wenn es fährt, startet das Boot nach HAT SA (6 Std.) um 9 Uhr. Wegen eines Damms auf halber Strecke ist die Fahrt nicht durchgängig möglich: Zunächst geht es auf dem Wasser nach Samphan (60 000 Kip), dort mit dem Tuk Tuk um die Staumauer herum und schließlich auf der anderen Seite mit einem weiteren Boot nach Hat Sa (60 000 Kip). Busse von hier s. S. 433.
Die fast ausschließlich mit Touristen besetzten Boote gen Süden legen, wenn sich genügend Passagiere finden, um 9.30 Uhr ab und halten in MUANG NGOI KAO (4 Std., 100 000 Kip) und NONG KIAO (5 Std., 120 000 Kip). Es ist ratsam, eine Stunde vor Abfahrt am Bootsanleger zu sein. Wer Pech hat, muss das Boot komplett chartern (um 1 200 000 Kip).

Grenzübergang nach Vietnam

Seit 2007 ist die Grenze zu Vietnam bei **Ban Hog** (Sop Houn) auch für westliche Touristen geöffnet, ⌚ 8–12, 13–17 Uhr.
Von Muang Khoua fährt fast jeden Tag ein Bus um 7 Uhr nach Dien Bien Phu/Vietnam (100 km, 5 Std., 60 000 Kip). Er hält nicht an der Busstation, sondern stoppt kurz an der Tuk-Tuk-Station. Die Alternative ist ein Bus von Oudomxai (S. 425) nach Dien Bien Phu. Dieser kommt tgl. gegen 11 Uhr durch Muang Khoua. Sicherheitshalber schon 30–60 Minuten vorher einfinden. Auch Busse aus Luang Prabang und Houay Xai passieren den Ort täglich. Die Straße bis zur Grenze (80 km) ist neu und gut, auf vietnamesischer Seite wird es holprig.
Infos zum Vietnam-Visum s. S. 103, zur Einreise nach Laos s. S. 695.

Provinz Luang Prabang

Die Provinz Luang Prabang ist zwar um einiges kleiner als das frühere Königreich, gehört aber mit knapp 17 000 km^2 immer noch zu den größten Provinzen des Landes. Die Bevölkerung besteht überwiegend aus Lao und Khmu, etwa 14 % sind Hmong und Yao. Die meisten leben in der alten Königsstadt und den Dörfern entlang dem Mekong und der Straße 13. Der Norden und Osten sind dagegen fast menschenleer, eine bergige Region, die von etlichen Flüssen durchzogen wird. **Nong Kiao** und **Muang Ngoi Kao,** eingebettet in grandiose Karstlandschaft, gehörten zu den ersten Orten, die vor einigen Jahren von abenteuerlustigen Backpackern entdeckt wurden. Heute sind die beiden Dörfer am Nam Ou ein fester Stopp auf der Nord-Süd-Route. Weiter im Osten, am Oberlauf des Nam Khan, erstreckt sich das **Nam Et-Phou Loei NPA** bis in die Provinz Houaphan. Es wird seit kurzem für sanften Tourismus erschlossen (S. 440).

Nong Kiao

In Nong Kiao hat die Natur buchstäblich geklotzt. Steile Karstberge, schroff und eindrucksvoll, rahmen das verträumte Dorf an der Mündung des Houay Houn in den Nam Ou ein. Der höchste Zacken, der Pha Kouang (1564 m), begrenzt den Ort im Norden. Die Leute nennen das Massiv

8 HIGHLIGHT Stromschnellen und Karstberge: Tour auf dem Nam Ou

Die dreitägige **Bootstour auf dem längsten Binnenfluss** des Landes gehörte lange zu den Höhepunkten einer Reise durch Nordlaos. Leider führen Arbeiten an sieben **Wasserkraftwerken** inzwischen zu erheblichen Einschränkungen: Von den drei Etappen ist nur noch das Mittelstück **Muang Khoua – Muang Ngoi Kao – Nong Kiao** durchgängig schiffbar. Auf dem ersten Abschnitt Hat Sa – Muang Khoua muss ein Damm mit dem Tuk Tuk umfahren werden, auf dem letzten Stück Nong Kiao – Luang Prabang wurde der öffentliche Bootsverkehr ganz eingestellt. Reiseagenturen bieten dort aber noch eine Kombi-Tour mit Boot und Bus an.

Es lohnt sich nach wie vor, zumindest ein **Teilstück** auf dem Nam Ou zurückzulegen. Besonders während der trockenen Monate sind die vielen Inseln, Sandbänke und Stromschnellen ein toller Anblick. Über weite Strecken windet sich der Fluss zwischen dichtbewaldeten Hängen hindurch, hier und da sieht man ein Boot am Ufer oder einen Wasserbüffel auf einer Sandbank, ansonsten nur das satte Grün des Dschungels. Mit Einsetzen der Monsunregenfälle verwandelt sich der klare Bergfluss in einen milchkaffeebraunen Strom.

Von Nord nach Süd ist die Fahrzeit pro Etappe etwa eine halbe Stunde kürzer und der Motor läuft eine Spur leiser. In der Nebensaison verkehren die Boote unregelmäßig. Die Preise sind bei den jeweiligen Orten angegeben. In der kalten Jahreszeit (Dez–Feb) gehört eine Jacke ins Gepäck.

Hat Sa – Muang Khoua (5–7 Std.)

Im Oberlauf ab Hat Sa fließt der Nam Ou zunächst durch ein enges **Kerbtal**. Über weite Strecken lassen nur Reisfelder auf eine Besiedelung schließen, und es scheint fast so, als ob die Zahl der Wasserbüffel die der Menschen übersteigt. Der Fluss weist viele **Sandbänke** und **Stromschnellen** auf, weshalb man zum Höhepunkt der Trockenzeit mit einigen Stopps und kurzen Fußmärschen rechnen muss.

Nach gut zwei Stunden passiert das Boot den ersten **Nam-Ou-Damm**. Die Staumauer muss mit einem Tuk Tuk umfahren werden, dahinter wird ein neues Bootsticket gekauft oder im nahe gelgenen Samphan auf die Straße umgestiegen. Weitere Dammbaustellen folgen. Schließlich kündigt sich der kleine Hafenort Muang Khoua durch intensiver bewirtschaftete Uferböschungen an.

Wegen der verbesserten Straßen nach Phongsaly und einer neuen Piste nach Samphan verkehren auf diesem Abschnitt **immer weniger Boote**.

Muang Khoua – Muang Ngoi Kao – Nong Kiao (4–6 Std.)

Rund 30 km südlich von Muang Khoua verläuft die Grenze zwischen den Provinzen Phongsaly und Luang Prabang. Zunächst passiert man mit Sekundärwald bewachsene Hänge und Ufer, die mit reichlich Bambus und vereinzelten silbergrauen **Urwaldriesen** gesäumt sind.

Schon von weitem kündigen sich spitze, bis zu 1900 m hohe **Karstberge** an, deren Flanken so steil aus dem Wasser ragen, dass der Urwald hier unberührt ist. Der Nam Ou durchquert diese beeindruckenden Formationen auf der südlichen Hälfte der Strecke. Etwa zwei Stunden kommt man in den Genuss einer einzigartigen Kulisse. Mit Muang Ngoi Kao ist die Zivilisation wieder erreicht. Die Karstlandschaft zieht sich noch weiter in Richtung Süden bis Nong Kiao und darüber hinaus.

Nong Kiao – Luang Prabang (4 Std.)

Die Strecke Nong Kiao – Luang Prabang wird seit 2015 nicht mehr von öffentlichen Booten bedient. **Reiseagenturen** in Nong Kiao organisieren auf Anfrage die Fahrt mit dem Boot bis zum Damm (1 1/2–2 Std.) und von dort weiter mit dem Minivan nach Luang Prabang (2 Std.). Vor allem während der ersten Stunde wird das Bild von Karstbergen geprägt.

Pha Nangnon, „Berg der schlafenden Frau". Ihre Umrisse lassen sich am besten von der Uferstraße auf Höhe Vat Nong Kiaos erkennen. Neuerdings führt von der Straße 1 ein Wanderweg hinauf (20 000 Kip, 1 1/2 Std.). Der Ausblick ist genial, besonders in den Abendstunden.

Die **Betonbrücke**, die die beiden Ortsteile Ban Nong Kiao und Ban Sophoun verbindet, wurde 1976 von China gebaut. So monströs sie auch erscheinen mag: Man freundet sich schnell mit ihr an, wenn man von oben das Panorama genießt. Den besten Blick hat man allerdings vom **Aussichtspunkt** (20 000 Kip, 1 1/2 Std., anstrengend) auf einem Hügel hinter Vat Sophoun. In der Trockenzeit kann man anschließend auf der **Sandbank** an der Brücke wieder zu Kräften kommen.

In der Umgebung von Nong Kiao gibt es sechs Höhlen, darunter **Tham Phatok** (5000 Kip), etwa 2 km östlich von Ban Sophoun, direkt an der Straße 1, und **Tham Luang** (5000 Kip), 3 km westlich von Nong Kiao im Pha Nangnon.

ÜBERNACHTUNG

Mandala Ou, südlich der Busstation am Fluss, ✆ 020-28811039, 💻 www.mandala-ou.com. Eine Oase am Nam Ou, modern und mit Liebe zum Detail errichtet; Pool, Sauna, Leihfahrräder. Gutes Restaurant, deutscher Besitzer. WLAN, Preis inkl. Frühstück. ❺

Nam Ou River Lodge, am Fluss neben der Schule, ✆ 020-55379661. Mr. Mang fängt Reisende mitunter schon an der Straße ab, um sie in sein nettes Guesthouse zu lotsen. Seine Reiseagentur NK Travel erhält gemischte Kritiken. WLAN. ❷

Nong Kiau Riverside, hinter der Brücke links ab durch den paradiesischen Garten, ✆ 020-22406677, 💻 www.nongkiau.com. Die 15 Bungalows (40 m²) mit Balkonen über dem Fluss bieten einen herrlichen Ausblick. Gutes Restaurant. Tourbüro. WLAN. ❺

Namhoun Gh., gut 100 m den Weg gegenüber von Vat Sophoun rein, ✆ 020-55774462. Einfache Bungalows mit Hängematte und Bad, 7 davon romantisch gelegen mit tollem Ausblick auf den Fluss und die Berge. WLAN. ❶–❷

Meexai Gh., hinter dem Namhoun Gh., ✆ 030-9230762, ✉ meexaiguesthouse@yahoo.com. 2-stöckiges Steinhaus mit sauberen Zimmern und prima Preis-Leistungs-Verhältnis, allerdings nur Blick auf eine verputzte Wand. ❷

Sunset Bungalows, am Ende des Weges zum Nam Ou, ✆ 020-55571033. Gute Zimmer und ein liebevoll geführtes Terrassenrestaurant, schön für den Sonnenuntergang. WLAN. ❷–❸

€ Den günstigsten Schlafplatz bietet **Delilah's** (s. „Essen") im gemütlichen Dormitory über dem Restaurant (35 000 Kip).

ESSEN

Coco Home Restaurant & Bar, oberhalb des Anlegers. Thai-Lao-Kost, Pizza und lässige Traveller-Atmosphäre. WLAN. ⌚ 7.30–22.30 Uhr.

Delilah's, ein Stück Richtung Brücke. Netter Platz zum Abhängen. Frühstück, Lunchpakete und westliche Klassiker. WLAN. ⌚ 7–22 Uhr.

Deen Restaurant, Straße 1, Ban Sophoun. Indisches Restaurant, das seine Lobeshymnen verdient hat. Das Chennai nebenan bekommt ähnlich gute Kritiken. ⌚ 7–22 Uhr.

Q-Bar, gegenüber. Treff für junge Traveller zu *sindat*, Cocktails und Musik. ⌚ 12–23 Uhr.

Alex Restaurant, am Weg zum Nam Ou. Hervorragende Speisen, auch wenn selten alles vorrätig ist und man mitunter aufs Essen warten muss. ⌚ 6–22 Uhr.

Keochampar Restaurant, nahebei. Laotisches auf luftiger Holzterrasse. WLAN. ⌚ 7–22 Uhr.

SONSTIGES

Fahrradverleih

Einfache **Räder und Mountainbikes** gibt es am östlichen Ende der Brücke für 20 000–30 000 Kip, **Roller** verleiht ein Laden in Ban Sophoun für 60 000 Kip (Halbautomatik/Automatik).

Touren

Tiger Trail, im selben Haus wie Delilah's, 💻 www.laos-adventures.com. 1/2- bis 2-tägige Trekkingtouren. Übernachtet wird in einer eigens gebauten einfachen Dorf-Lodge. Der Tagestrek zu den „100 Wasserfällen" ist inzwischen so beliebt, dass die Landschaft darunter leidet. Daher gibt's eine gleichnamige, neue Tour entlang etlicher Kaskaden zu einem Hmong-Dorf. ⌚ 7.30–21 Uhr.

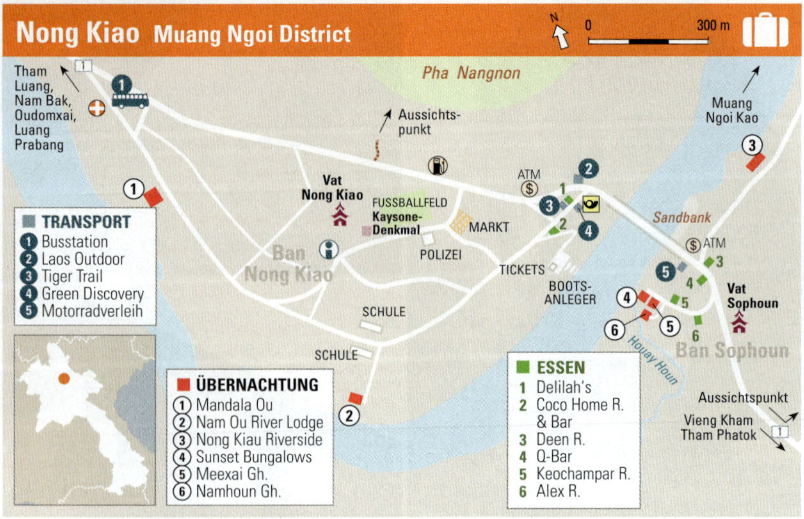

Green Discovery, neben der Post, ✆ 071-810081, 💻 www.greendiscoverylaos.com. Kayaking von Muang Ngoi nach Nong Kiao, Bootstouren, Trekking, Mountainbiking, auch kombiniert, Länge zwischen 1 und 3 Tagen. ⌚ 7–20 Uhr.
Laos Outdoor, Straße 1, ✆ 071-810086, 💻 www.laosoutdoor.com. Aktivitäten für Angler, Radler, Wanderer und Touren zu einer neuen **Zip-Line**, 💻 www.nongkhiawjunglefly.com. ⌚ 7–20 Uhr.
Die **Preise** sind vergleichbar, variieren aber stark je nach Gruppengröße. Eine Tagestour kostet etwa US$30–40 p. P. bei 4 Pers.

TRANSPORT

Busse und Songtheos

Tuk Tuks bringen Reisende vom Bootsanleger zur 1,5 km außerhalb gelegenen Busstation (5000 Kip). Mitunter warten die Minibusse auch schon direkt am Anleger auf Passagiere aus Muang Ngoi Kao und Muang Khoua.
Tickets werden nur am Abfahrtstag ausgestellt. Bei zu wenigen Fahrgästen kann es sein, das Fahrten später starten oder ganz ausfallen.
LUANG PRABANG (140 km, 4 Std.) Songtheos und auch Minibusse um 8.30, 10 und 11 Uhr für 37 000 Kip zur nördlichen und um 13.30 Uhr für 45 000 Kip zur südlichen Busstation;
OUDOMXAI (113 km, 4 Std.) Minibus um 11 Uhr für 45 000 Kip;
XAM NEUA (367 km, 12 Std.) Bus aus Luang Prabang gegen 12 Uhr für 150 000 Kip; der Nachtbus aus Vientiane trifft irgendwann zwischen 20 und 22 Uhr in Nong Kiao ein. Beide fahren über VIENG THONG (175 km, 4–5 Std).
Wer nach LUANG NAMTHA möchte, nimmt eine frühe Verbindung nach PAKMONG (regelmäßig, 30 km, 1 Std., 25 000 Kip.) und passt dort einen der Busse aus Vientiane oder Luang Prabang ab.

Boote

Das **Navigation Office** am Anleger, ⌚ 7–16 Uhr, verkauft Tickets bis zu einem Tag im Voraus.
Die **Slow Boats** flussaufwärts nach MUANG NGOI KAO (1–2 Std., 25 000 Kip p. P.) legen um 11 und 14 Uhr ab, das erste Boot fährt bei ausreichend Passagieren weiter nach MUANG KHOUA (5–6 Std., 150 000 Kip), ansonsten ist Charter möglich (1 500 000 Kip).
Die Verbindung nach LUANG PRABANG wurde 2015 eingestellt. Allerdings können Reisebüros, darunter NK Travel und Jewel Travel, die Bootsfahrt bis zum Damm (schöne Karstlandschaft, 1 1/2–2 Std.) und von dort per Minivan nach Luang Prabang (2 Std.) organisieren. Kosten: 1 500 000–2 000 000 Kip für max. 6 Pers.

Muang Ngoi Kao

Wer in Nong Kiao schon einen Gang runtergeschaltet hat, kuppelt in Muang Ngoi Kao vermutlich aus: Beim Blick von der Hängematte auf die Karstberge und den friedlich plätschernden Nam Ou kommt die Entspannung ganz von allein.

Früher war Muang Ngoi Kao nur per Boot zu erreichen, seit kurzem schlängelt sich auch eine Sandpiste von der Straße 1 hierher. Längst ist der Tourismus zur wichtigsten Einnahmequelle der Bewohner geworden. Den besten Eindruck vom Leben vor Ankunft der Traveller vermittelt der frühmorgendliche Almosengang der Mönche und Novizen des **Vat Okad Sayaram**. Dann ist außer den Gläubigen noch kaum jemand auf den Beinen.

Die grandiose Berglandschaft lässt sich am besten von einem Hügel im Norden betrachten, in den sich auch zwei **Höhlen** (Tham Phanoi) schmiegen. Ein kurzer Trampelpfad hinter Vat Okad Sayaram führt zum Kassenhäuschen (10 000 Kip), wo der steile halbstündige Aufstieg zum **Aussichtspunkt** beginnt – besonders schön im Abendlicht.

Östlich von Muang Ngoi Kao liegen die Höhle **Tham Khang** (1/2 Std. zu Fuß, 10 000 Kip) und die **Dörfer** Ban Na Kang (1 1/2 Std.), Ban Houay Sene und Ban Houay Bo (je 2 Std.), in denen es auch sehr einfache Unterkünfte gibt. Stromaufwärts am Nam Ou befindet sich das **Weberdorf** Sop Jam, stromabwärts ein **Wasserfall** – attraktive Ziele, die gern von Guides angesteuert werden.

ÜBERNACHTUNG

Die meisten Traveller entscheiden sich für eine Unterkunft am Fluss. Der Standard ist noch überwiegend einfach: Bambushütte mit Moskitonetz, Matratze und Hängematte. Aber die Aufwertung ist in vollem Gange. Von Nord nach Süd:

Phetdavanh (PDV) Bungalows. Einfache Bambushütten am Fluss mit gutem Blick und Penny's Riverbeach Bar davor. Der junge Schwede und seine Frau betreiben auch das PDV Riverview flussabwärts. Fahrradverleih. WLAN. ❶–❷

Ning Ning Gh., vom Bootsanleger aus links ✆ 020-23880122. Das höchste Gebäude des Dorfs mit einem Hammerblick. WLAN. ❸

Lattanavongsa Gh., gegenüber dem Anleger, ✆ 020-23863640. Zimmer in soliden Bambusbauten und gepflegte Bungalows für Anspruchsvolle. Preis inkl. Frühstück. WLAN. ❹

Nicksa's Place, am Fluss, ✆ 020-3665957. Nette Hütten mit Bad und Balkon vor einem kleinen Ufergarten. Nur die Durchlauferhitzer sind ein Fall für den Kummerkasten. Tourenangebot, Restaurant. WLAN. ❶–❷

PDV Riverview Bungalows, ein Stück südlich, ✆ 020-77305041. Bungalows mit Bad und tollem Blick vom Gemeinschaftsbalkon. Im Neubau dahinter sollen ein Schlafsaal (30 000 Kip) und 4 Komfortzimmer (150 000 Kip) entstehen. ❷

Lertkeo Sunset Gh., am Fluss, etwas südlich. Die erste Bungalowgeneration nach Eintreffen des Stroms: Eine Hand voll Steinhäuser über dem Nam Ou, mit Holzböden, sauberen Bädern und Topblick auf die Karstberge. ❶

Suan Phao Gh., am Südende des Orts, ✆ 020-22669940. Die Ruhe und der schöne Garten sind die Stärken dieser Anlage. Eine gute Wahl ist der etwas teurere Bungalow mit Flussblick. ❷

ESSEN UND UNTERHALTUNG

Ning Ning Restaurant, Terrasse am Nordende des Orts. Gutes laotisches Essen in kreativen Varianten. Große Frühstücksauswahl.

€ **Phetdavanh Buffet**, Dorfstraße. Morgens und abends ein preislich unschlagbares laotisches Buffet (25 000 Kip). Das Sabaidee gegenüber hat ein ähnliches Angebot.

Riverside Restaurant, am Fluss. In diesem beliebten Terrassenrestaurant sitzt es sich zu jeder Zeit nett. Das Essen (laotisch/westlich) schmeckt mitunter allerdings fade.

Gecko Bar & Shop, Seitengasse von der Dorfstraße ab. Gemütliches Restaurant mit leckeren Gerichten zu fairen Preisen. Fahrradverleih.

Bee Tree Food & Bar, am Südende des Ortes. Lässiger Traveller-Hangout, Lagerfeuer, glutamatfreie laotische Kost und Cocktails.

AKTIVITÄTEN UND SONSTIGES

Freie Guides und eine Reihe von Gästehäusern organisieren **Ausflüge** zu den nahe gelegenen Höhlen und Wasserfällen, **Trekkingtouren** zu

LAOS

Hmong- und Khmu-Dörfern und Kajaktrips durch die Karstberge. Beliebt sind auch **Tubing** und **Fishing-Touren**, ein Erlebnis ist der **Kajaktrip** (3 Std.) nach Nong Kiao. Im Shop der Gecko Bar gibt's die Möglichkeit, an einem **Kochkurs** teilzunehmen. Für etwa US$30 p. P. und Tag bietet Mr. Kai seine Dienste als Guide an.
Der Nam Ou führt während der trockenen Monate klares blau-grünes Wasser. Vor einem **Sprung in die Fluten** sollte man sich aber schlau machen: An manchen Stellen ist die Strömung ziemlich stark.

Touranbieter

Lao Youth Travel, am Anleger, ✆ 020-23882051, 🖳 www.laoyouthtravel.com. Spezialist für Trekking- und Kajaktrips (1–3 Tage) zu Dörfern am Nam Ou. Etwas Besonderes ist der 2-tägige Kajak- und Camping-Trip nach Luang Prabang.
Khao Tour, Dorfstraße, am Abzweig zum Riverview Gh. Verlässlicher Ansprechpartner für Aktivitäten in der Umgebung, darunter Trekking, Hiking und Fishing-Trips.

Geld

Bislang gibt es weder Banken noch Geldautomaten in Muang Ngoi Kao.

TRANSPORT

Boote nach NONG KIAO fahren tgl. um 9.30 Uhr in 1 Std. für 25 000 Kip p. P., gegen Mittag stoppt am Anleger noch das Boot aus Muang Khoua auf dem Weg nach Süden.
Die Fahrt in Richtung Norden nach MUANG KHOUA (4–5 Std., 100 000 Kip) startet ebenfalls um 9.30 Uhr, allerdings nur bei genügend Passagieren (mind. 10 Pers, Liste beim Ticketschalter). Für ein Charterboot werden 1 200 000 Kip veranschlagt. Wegen der geringen Nachfrage fahren die Boote unregelmäßig.

Vieng Thong

Die Straße 1 von Nong Kiao nach Osten ist eine richtige Panoramastrecke: Es geht rauf und runter, durch Dörfer und über Bergkämme, hinter jeder Kurve ein neuer Blick.

Nach 168 km erreicht die Straße Vieng Thong, offiziell Muang Hiem genannt. Der Ort ist so etwas wie das Tor zum **Nam Et-Phou Loei NPA** (4229 km²). Im Headquarter am westlichen Ortsende werden Touren in diesen entlegenen Winkel des Landes organisiert. Der Erlös fließt zum großen Teil in den Village Fond der teilnehmenden Gemeinden. Ein besonderes Erlebnis ist die **Nam Nern Night Safari** (1 200 000 Kip p. P. bei 2 Pers.). Highlight der 2-tägigen Tour ist eine nächtliche Schleichfahrt (2–3 Std.) im Longtailboot den Nam Neun hinab, bei der der Bootsmann mit einem Scheinwerfer das Ufer nach wilden Tieren absucht. Am häufigsten gesichtet werden Sambar, Zibetkatzen und Muntjaks. Übernachtet wird in halboffenen Bungalows in einem Camp im NPA. Start ist in Ban Son Khoua, 50 km östlich von Vieng Thong, der Transfer vom Headquarter erfolgt mit öffentlichen Verkehrsmitteln (30 000 Kip, nicht inkl.); von dort geht's per Boot in die Kernzone des Naturschutzgebiets. Genaue Infos zu Buchung und Bootsetappen sowie zu den anderen Trekkingtouren „The Nests" (2–3 Tage) und „Cloud Forest Climb" (4–5 Tage) gibt es unter 🖳 www.namet.org.

Ansonsten bietet Vieng Thong nur den üblichen Markt, eine Bank (ATM) und ein paar **Gästehäuser** – Seite an Seite gegenüber dem Abzweig nach Xam Neua, günstig zur Busstation und zum Markt, liegen das Dorkkhounthon Gh., ✆ 020-28600332, und das Heungkhamxay Gh., ✆ 064-810033, beide ❷. **Essen** gibt es im Markt und im Tontavanh Restaurant gegenüber an der Hauptstraße (Laap, Bratreis, Suppen).

Vieng Thongs **Busstation** befindet sich 80 m hinter dem Abzweig nach Xam Neua an der Straße 1. Zwischen 7 und 8 Uhr startet ein Minivan nach Xam Neua (154 km, 4–5 Std., 50 000 Kip), gegen 16 oder 17 Uhr kommt noch ein Bus aus Luang Prabang durch die Stadt. Busse aus Xam Neua nach Luang Prabang (7–9 Std., 110 000 Kip) und Vientiane (170 000 Kip) passieren Vieng Thong zwischen 12 und 13 Uhr. Gegen 19 oder 20 Uhr kommt noch ein Minivan nach Luang Prabang vorbei. Alle halten in Nong Kiao (4–5 Std, 80 000 Kip). Wer nach Phonsavan möchte, nimmt am Morgen den Xam-Neua-Bus bis Phou Lao (2 Std., 30 000 Kip) und wartet dort auf den Bus von Xam Neua nach Phonsavan (80 000 Kip).

Provinz Houaphan

Endlose Bergketten, beschauliches Dorfleben, Wiege der Revolution und Biker-Geheimtipp: Die Provinz Houaphan im äußersten Nordosten ist die beschwerliche Anreise wert und ein idealer Zwischenstopp auf dem langen Weg nach Ha Noi. Neben vor Jahrhunderten eingewanderten Lao leben hier viele andere **Tai-Völker**, darunter Tai Dam, Tai Deng und Tai Khao. Zweitgrößte Ethnie sind die **Hmong**, daneben gibt es kleinere **Yao**-Gruppen. Auch Dörfer der **Khmu** und **Phong**, ein buddhistisches Volk aus der Mon-Khmer-Sprachfamilie, sind hier zu finden.

Wichtigste Sehenswürdigkeit der Provinz ist das geschichtsträchtige **Vieng Xai**. Mit der Eskalation des Zweiten Indochinakriegs verlegten die Pathet Lao ihr Hauptquartier in die **Karstlandschaft** um Vieng Xai, wo sie versteckt in Höhlen neun Jahre Dauerbombardement der USA über sich ergehen lassen mussten. Nach der Machtübernahme erklärte die Partei die Stadt kurzzeitig zur provisorischen Hauptstadt von Laos. 1975 zogen die neuen Machthaber samt Entourage nach Vientiane, während in Vieng Xai Umerziehungslager entstanden. Erst 1999 wurden die Höhlen erstmalig für ausländische Besucher geöffnet.

Die Provinzhauptstadt **Xam Neua**, rund 1000 m hoch am Ufer des Nam Xam gelegen, dient dagegen bestenfalls als Sprungbrett. Wegen der Höhe steigen die **Temperaturen** in den Wintermonaten (Nov–Feb), wenn sich die Sonne hinter Wolken und Nebel versteckt, nicht über 10–15 °C. Nachts kann das Thermometer sogar auf bis zu 5 °C fallen. Während der heißen Monate (März–Mai) liegen die Temperaturen bei angenehmen 18–30 °C, im August sind starke Regenfälle an der Tagesordnung.

Xam Neua

Nur wenige laotische Städte haben ihr Gesicht in den vergangenen Jahren so stark gewandelt wie die weitläufige Provinzstadt Xam Neua (20 000 Einw.). Wo gestern noch Reisfelder lagen, breiten sich heute moderne Verwaltungsgebäude, Wohnhäuser und Hotels aus. Am Ortseingang demonstriert ein eigentümliches **Denkmal** das gewachsene Selbstbewusstsein der Stadt. Auch der vietnamesische Einfluss ist unübersehbar: Jüngster Beitrag des Nachbarn ist der zentrale **Houaphan-Kuangning-Park** mit überdimensionalem Stelen-Monument. Am Ostrand wird das Ganze vom **Stadion** flankiert, am Abend *der* Spot zum Kicken, Joggen und Fahrradfahren. Das bedeutendste Kloster, **Vat Sibounheuang**, liegt auf einem Hügel im Nordwesten und wurde erst 2013 geweiht. Im *sim* steht eine sehenswerte 3 m hohe Buddhastatue, von der es heißt, sie sei 1565 in der Tradition des **Phra Ongteu** von Vientiane zu Ehren des Sieges Setthathirats über die Birmanen gegossen worden.

ÜBERNACHTUNG

Chittavan Hotel, am Nam Xam, ✆ 064-312265. Professionelle Herberge mit gefliesten Zimmern, manche groß und dunkel, andere klein mit Balkon und Flussblick. Aufzug, WLAN. ❷–❸

Phonchalern Hotel, daneben, ✆ 064-312192. Neuer (und besser) als sein Nachbar mit überwiegend geräumigen Zimmern, fixem Fahrstuhl und einem WLAN-Signal, das bis in die Zimmer reicht. ❷–❸

Bounhom Gh., etwas weiter, Straße 6, ✆ 064-312223. Gute Herberge in einem rostroten Neubau mit gemütlichen Räumen. Die freundlichen Eigentümer sitzen gern mit ihren Gästen beim Grüntee im Ladenlokal. WLAN. ❷

ESSEN

Die Zahl der Restaurants ist begrenzt.

€ Bis mittags versorgen **Essensstände** an der Straße zum Markt die Angestellten mit Laap, Suppe, Grillhappen und Klebreis.

Mrs. Njod, Hauptstraße gegenüber der Touristeninfo, kocht klasse Fö und andere Suppen.

Dan Nao Meuang Xam Restaurant, neben der Kulturhalle. Solide laotische Gerichte und ein paar westliche Klassiker.

Chittavan Restaurant, neben dem Phonchalern Hotel im gleichnamigen Hotel. Atmosphäre zwischen Rittersaal und Warendepot, aber dank leckerer Speisen zu jeder Tageszeit gut besucht.

SONSTIGES

Geld

Geldautomaten stehen am Markt, nahe der Kulturhalle, bei der **Lao Development Bank** an der Hauptstraße und vor der Zentrale der **BCEL** etwas weiter südlich. ⌚ Mo–Fr 8.30–15.30 Uhr.

Informationen

Provincial Tourism Office, Hauptstraße, ✆ 064-312567. Infobroschüren und Aushänge, gute Tourist Map. ⌚ Mo–Fr 8–11.30, 13.30–16 Uhr.

Motorradverleih

Roller für 80 000/120 000 Kip (Halbautomatik/Automatik) bei **Meuangxam Travel** oder im **Dan Nao Meuang Xam Restaurant**.

Touranbieter

Meuangxam Travel, Hauptstraße, neben der Touristeninfo, ✆ 064-312899. Die einzige Reiseagentur von Houaphan bietet neben Touren mit englischsprachigen Führern auch einen Taxiservice an, etwa nach Vieng Xai (180 000 Kip einfach/300 000 Kip ganzer Tag) oder zur Busstation (20 000 Kip).

Visaverlängerung

Das **Immigration Office** neben der Touristeninformation verlängert Visa für 20 000 Kip pro Tag plus einmalig 50 000 Kip Service Charge (1 Arbeitstag). ⌚ Mo–Fr 8–12, 13.30–16.30 Uhr.

TRANSPORT

Busse und Songtheos

Phoutanou Bus Station

Der zentrale Busbahnhof liegt auf einem Hügel im Süden der Stadt. Überregionale Busse steuern Ziele im Südwesten und in Vietnam an.
VIENTIANE (612 km, 20 Std.) über Phonsavan um 7.30, 10, 13, 15 und 17 Uhr für 190 000 Kip sowie im Schlafbus um 14.30 Uhr für 210 000 Kip (18 Std., kurvig!); über Luang Prabang um 7.30 Uhr (835 km, 27 Std., 130 000 Kip). Wer nur bis VANG VIENG fährt, zahlt 170 000 Kip, im Schlafbus 190 000 Kip.
PHONSAVAN (239 km, 7–9 Std.) Bus um 8.30 für 80 000 Kip, Minivan um 15 Uhr für 100 000 Kip.

Grenzübergang nach Vietnam

Seit der Öffnung für Touristen 2004 wählen immer mehr Reisende die Route über **Na Meo** in die vietnamesische Provinz Thanh Hoa, was sich nach einem Besuch der Höhlen von Vieng Xai als Abschluss der Laosreise durchaus anbietet.
Jeden Morgen um 7.30 Uhr fährt ein überfüllter Bus von Xam Neua direkt nach Thanh Hoa (10–11 Std.). Nach etwa 3 Std. auf guter Straße ist die Grenze erreicht, ⌚ 7–11.30, 13.30–17 Uhr. Da der Bus keine verlässlichen Pausen macht, sollte man Proviant und Wasser mitnehmen. Wer bis nach Ha Noi durchgebucht hat, muss in Thanh Hoa das Terminal wechseln. Dann sind es noch einmal 3 Std. Ansonsten fährt von Thanh Hoa auch der Zug in die vietnamesische Hauptstadt (3 1/2 Std.).
Infos zum Vietnam-Visum s. S. 103, Einreise nach Laos s. S. 728.

LUANG PRABANG (452 km, 12–14 Std.) um 7.30 und 16 Uhr für 130 000 Kip, über VIENG THONG (154 km, 4–6 Std., 60 000 Kip) und NONG KIAO (367 km, 12 Std., 120 000 Kip).
THANH HOA/Vietnam (284 km, 10–11 Std.) tgl. um 7.30 Uhr für 180 000 Kip, mit Anschluss nach HA NOI für 300 000 Kip. Zustieg in Vieng Xai ist direkt an der Straße 6A möglich.

Nathong Bus Station

Von dieser regionalen Busstation im Osten noch hinter dem Flughafen fährt tgl. um 10 Uhr ein Bus nach XAM TAI (144 km, 6 Std., 45 000 Kip), der nach 1 Std. durch VIENG XAI (30 km, 20 000 Kip) kommt.

Flüge

Der alte Flughafen liegt 2,5 km östlich der Stadt, ✆ 064-314268. Bis zur Eröffnung des neuen, 30 km nordwestlich der Stadt, fliegt **Lao Skyway**, 💻 www.laoskyway.com, von hier 5x wöchentlich für 915 000 Kip in 1 1/4 Std. nach VIENTIANE. Den Blick auf die grüne Bergwelt mit ihrem Patchwork aus Hochlandfeldern sollte man nicht versäumen. Allerdings besteht immer die Gefahr von wetterbedingten Stornierungen.

Vieng Xai

Sei es als Alternative zum spröden Xam Neua oder zum Verschnaufen nach einem anstrengenden Vietnamtrip: Das beschauliche Vieng Xai lohnt einen Stopp jenseits der obligatorischen Höhlentour. Die schöne Umgebung mit Tai- und Hmong-Dörfern bietet sich für kleine Radtouren und Wanderungen an. Hauptattraktion sind aber ohne Zweifel die historisch bedeutsamen **Höhlenkomplexe**, die sich in der Karstlandschaft rings um die „Stadt des Sieges" verbergen.

Mehr als 200 der insgesamt 480 Höhlen wurden während des Zweiten Indochinakrieges von der Bevölkerung und den Pathet-Lao-Führern als Felsenbunker genutzt. Das zerklüftete Terrain bot ideale Bedingungen für ein Versteck vor den amerikanischen Bombenangriffen und so verlegten die Revolutionäre ihr Hauptquartier 1964 von Xam Neua nach Vieng Xai. Neun Kriegsjahre und täglichen Bombenhagel überstand die kommunistische Führungsriege in Vieng Xai, das durch Kriegsflüchtlinge auf mehr als 20 000 Bewohner anwuchs. Es entstand eine regelrechte Höhlenstadt mit einer umfangreichen **unterirdischen Infrastruktur**. Versorgt wurden die Höhlenbewohner durch Nahrungshilfen der umliegenden Dörfer und aus Nordvietnam, die auf abenteuerlichen und gefährlichen Wegen – die Straßen wurden immer wieder durch Bomben zerstört – in die Stadt gelangten.

Nach dem Waffenstillstand 1973 machten die Kommunisten Vieng Xai zum provisorischen **Regierungssitz**. Kurze Zeit darauf wurde die Stadt zu einem kommunistischen Umerziehungslager für tausende Laoten, die nach Houaphan deportiert oder unter Vortäuschung falscher Tatsachen „eingeladen" wurden. Es folgten Jahre der absoluten Geheimhaltung und Isolierung.

In den vergangenen Jahren hat die Regierung neues Selbstbewusstsein geschöpft und propagiert Vieng Xai nun als den **„Geburtsort der Laotischen Demokratischen Volksrepublik"**, besonders für laotische Besucher. Die Höhlen der obersten Funktionäre wurden 1995 erstmals für Einheimische geöffnet, seit 1999 sind sie auch offiziell für ausländische Touristen zugängig.

Vieng Xai liegt südlich der Straße 6A. Der Ort erweckt mit seinen heute kaum mehr als 4000 Einwohnern den Eindruck einer verschlafenen Kleinstadt. Der Kontrast zur dramatischen Vergangenheit könnte kaum größer sein. Agaven und Weihnachtssterne säumen die Wege, daneben gepflegte Gemüsegärten. Die zwei **Karsthügel** Phou Nang und Phou Thao („Berg der Frau" und „Berg des Mannes") mitten im Ort machen die Idylle perfekt.

Der Höhlenbesuch

Alle für Besucher geöffneten Höhlen wurden 1964, im Jahr des Kriegsbeginns, durch Sprengungen erweitert und innerhalb eines Jahres ausgebaut. Die Höhlen der obersten Funktionäre erhielten Betonböden und Zwischenwände aus Holz und Gittern. Die eingezogenen Wellblechdecken lassen sogar vergessen, dass man sich im Innern eines Felsens befindet. **Schlaf- und Aufenthaltsräume** für die Familien, Büros und Sitzungsräume deuten darauf hin, dass man trotz des Krieges den Tagesgeschäften nachging.

Als Schutz gegen Druckwellen und Schrapnelle wurden vor den Eingängen meterdicke Mauern gebaut. Für den Fall von Giftgasattacken standen besondere **Schutzräume** bereit. Unmittelbar nach Kriegsende wurden vor den Höhlen Wohn- und Gästehäuser, Konferenzgebäude und teilweise auch Garagen errichtet. Obwohl die meisten Bauten heute leer stehen oder nur noch repräsentativen Zwecken dienen, ist jede Anlage inmitten der wildromantischen Landschaft für sich beeindruckend.

Startpunkt aller Höhlenbesichtigungen ist der Ticketschalter im **Viengxay Caves Visitor Centre**, ✆ 064-315022, ⌚ tgl. 8–12, 13–16 Uhr. Um 9 und 13 Uhr beginnen exzellente **2- bis 3-stündige Audio-Führungen** in Englisch durch bis zu sechs Höhlen, mit informativen Kommentaren, spannenden O-Tönen von Zeitzeugen und authentischen Soundeffekten. Sie sollten aber nicht die Interaktion mit den begleitenden Guides ersetzen. Es ist sinnvoll, im Visitor Centre ein **Fahrrad** (20 000 Kip) zu leihen, um in der zur Verfügung stehenden Zeit wirklich alle Höhlen besuchen zu können. Die Führungen kosten 60 000 Kip p. P., Fotografieren und Filmen ist erlaubt. Gegen einen Aufpreis von 50 000 Kip werden Führungen auch zu anderen Zeiten arrangiert. Mr. Bounmisay vom Visitor Center gibt auch Tipps zu Ausflügen.

ÜBERNACHTUNG UND ESSEN

Lattanaphone Gh., schräg gegenüber dem Markt, ✆ 020-55557998. Vietnamesisches Gästehaus, saubere Fliesenzimmer nah am beschaulichen Geschehen. Kein WLAN. ❶–❷
Naxay II Gh., gegenüber dem Visitor Centre, ✆ 020-55588060. Stimmungsvolle Anlage mit Garten und anständigen Bambus- und Steinbungalows. Alle haben Bad mit Warmwasser und einen schönen Blick auf die umliegenden Karstberge. WLAN. ❷
Vieng Xai 01 Hotel, ✆ 020-59526960. Ein Haus mit Geschichte: Staatsgäste wurden hier willkommen geheißen, missliebige Vertreter des alten Regimes festgehalten. Gegenwärtig übernachten hier viele Reisegruppen. Das Gebäude hat etwas von einer Klinik, aber die Zimmer sind überraschend angenehm. ❸–❺
Sabaidee Odisha, Nordecke des Marktes. Guter Masala Chai und Rotis, ansonsten leckere laotische Küche und überraschend gute Pommes.
Am Markt gibt's zudem einfache **Restaurants**.

SONSTIGES

Fahrradverleih

Einfache Räder und Mountainbikes im **Visitor Centre** für 20 000 Kip/Tour oder 30 000 Kip/Tag.

Geld

Geldautomaten stehen am Markt.

TRANSPORT

An sonnigen Tagen ist Vieng Xai ein schönes Ziel für eine **Rollertour** von Xam Neua (1 1/2 Std. pro Strecke). Bei Wolkenbrüchen oder Winterkälte sind der Morgenbus von der Nathong Bus Station oder ein Taxi (180 000 Kip) Alternativen. In Vieng Xai startet ab und zu ein **Songtheo** von der **Straße 6A** nach Xam Neua, aber nur wenn genügend Leute mitfahren wollen. Um 11 oder 12 Uhr kommt ein Bus von Xam Tai nach Xam Neua (25 000 Kip) vorbei, am späten Nachmittag noch einer aus Vietnam. Wer nach Vietnam möchte, steigt in den rappelvollen Bus, der die Straße 6A zwischen 8.30 und 9.30 Uhr in Richtung Thanh Hoa passiert (S. 442).

Provinz Xieng Khouang

Eine weitläufige Hochebene (1100–1500 m) bildet das Zentrum der Provinz Xieng Khouangs, die im Osten an Vietnam, im Norden an Houaphan und im Süden an die Provinz Vientiane grenzt. Von den knapp 270 000 Einwohnern sind über die Hälfte **Hmong** – nur in dieser Provinz bilden sie die Mehrheit. Außerdem leben hier Phouan, Tai Dam, Khmu und in der Provinzhauptstadt eine große Zahl Vietnamesen und Chinesen.

Die **Vegetation** ist sehr abwechslungsreich, von Kiefernwäldchen und weiten Grasflächen in der Hochebene bis hin zu üppigen Bergwäldern. Während der trockenen Monate bietet das Plateau allerdings einen kargen Anblick. Besonders bizarr wirkt die mit **Bombenkratern** übersäte Landschaft aus der Luft. Viele sind inzwischen eingeebnet, andere durch Büsche und Bäume gefüllt worden, wodurch sie sich noch immer hervorheben. Von 1964–1973 war Xieng Khouang neben Houaphan einer der Hauptkriegsschauplätze. Noch heute ereignen sich viele Unfälle mit Blindgängern (UXO). Auch wenn die Zahl der Todesfälle kontinuierlich zurückgeht, bleibt die Gefahr für die Bevölkerung bestehen.

Hauptsehenswürdigkeit sind die unzähligen Monolithen, die in Gruppen auf dem Plateau verstreut liegen. **Steinkrüge**, Steinplatten und Menhire aus prähistorischer Zeit zeugen von einer hochentwickelten Megalithkultur, zu der es viele Theorien gibt.

Phonsavan

Die Provinzhauptstadt Phonsavan, häufig Xieng Khouang genannt, entstand nach 1975, als die Staatsführung beschlossen hatte, ihr Verwaltungszentrum nicht in der verwüsteten ehemaligen Königsstadt der Phouan einzurichten (heute Muang Khoun). Der Standort, 33 km nordwestlich der alten Hauptstadt Xieng Khouangs, war im Laufe der jahrtausendealten Geschichte des Plateaus schon immer von großer **strategischer Bedeutung**: In Phonsavan treffen zwei aus dem Süden kommende Straßen auf die einzige Ost-West-Achse (Straße 7).

Touristen reisen in erster Linie wegen der **Ebene der Tonkrüge** an. Geschätzte 2000 Steinkrüge sind über die Ebene verstreut, allein 300 nahe der Stadt. Die laotische Regierung ist dabei, die Anerkennung als Weltkulturerbe zu beantragen. Alle sieben Stätten, die für Touristen zugänglich sind, wurden zwischen 2004 und 2009 von UXO geräumt. Die sicheren Abschnitte sind gekennzeichnet. In den kalten Monaten Dezember, Januar, Februar können die Temperaturen tagsüber auf 10 °C und nachts auf 5 °C sinken, also ruhig eine Jacke einpacken.

Die **Mines Advisory Group** (MAG) betreibt ein hochinteressantes Infobüro an der Hauptstraße, in dem gezeigt wird, wie die Räumteams arbeiten. ⌚ Mo–Sa 8–20, So 16–20 Uhr. Zwei Häuser weiter befindet sich das **UXO Survivor Information Center**, 💻 http://qlalaos.org, das vor allem die Lebensbedingungen in den von Blindgängern betroffenen Dörfern darstellt und Gespräche mit Menschen ermöglicht, die einen Unfall überlebt haben. ⌚ Mo–Fr 8–20 Uhr, Sa, So 12–20 Uhr.

Wer mit dem Fahrrad unterwegs ist, kann im **Navang Handcraft Shop** am südlichen Stadtrand Holzschnitzern bei ihrer Arbeit über die Schulter schauen und im Shop handgewebte Stoffe und schön verarbeiteten Schmuck aus den umliegenden Dörfern kaufen. ⌚ tgl. 7.30–20 Uhr.

Einzelheiten über die **Seidenproduktion** erfährt man auf Führungen durch die Seidenraupenfarm, die Werkstätten und das Schulungszentrum von **Mulberries**, einer laotischen Fair-Trade-Kooperative am westlichen Stadtrand nahe der Northern Bus Station, 💻 www.mulberries.org. 🕒 Mo–Sa 8–16 Uhr.

9 HIGHLIGHT

Ebene der Tonkrüge

Sie stellen Archäologen bis heute vor ein Rätsel: die meterhohen **Steinkrüge**, die inmitten der kargen Hochebene von Xieng Khouang herumstehen, als wären sie von einer Horde Riesen nach einem Zechgelage hinterlassen worden. Doch auch wenn der Ursprung der mehr als 2000 Jahre alten Gefäße unklar ist – seit der Pionierarbeit der französischen Archäologin **Madeleine Colani** in den 1930er-Jahren ist sich die Forschung zumindest bei der Verwendung sicher: Die Krüge dienten als **Urnen**. Darauf deuten Spuren von Knochen und Grabbeigaben hin. Die mysteriöse Urbevölkerung von Xieng Khouang verbrannte ihre Toten vor der Bestattung in Kremationshöhlen, die heute ebenfalls besucht werden können. Der Wohlstand dieser **untergegangenen Zivilisation**, die so viel Arbeit in die Bestattung ihrer Toten steckte, gründete womöglich auf dem Handel mit Salz und Eisen.

Die Franzosen nannten die Ebene „Plaine des Jarres", Ebene der Krüge. Die deutsche Übersetzung „Ebene der Tonkrüge" ist missverständlich und ignoriert die Tatsache, dass die Monolithen aus verschiedenen Sandsteinen der Region gehauen sind (feinkörnig bis grob und quarzhaltig). Ihre **Größen und Formen** variieren und auch die Ausarbeitung ist sehr unterschiedlich. In der Regel ist ein Steinkrug etwa 2 m hoch bei einem Durchmesser von bis zu 1,50 m. Die Form ist mal bauchig, mal zylindrisch und mal sogar eckig. Die Aushöhlungen sind rund 1,50 m tief und zwar unabhängig von der Gesamthöhe des Gefäßes. Der verbleibende Teil bildet einen dicken, massiven Boden, durch den der Monolith in sich stabil wird und seine aufrechte Position beibehält.

Mit dem Krad zu den Krügen

Mit dem Roller lassen sich die Steinkrüge leicht in Eigenregie abklappern. Startpunkt in Phonsavan ist die Kreuzung der Straßen 7 und 1D. Von hier geht's knapp 6 km auf der Straße 1D nach Süden, bis rechts der Weg zur **Site 1** ausgeschildert ist. Nach 2 km sind das Besucherzentrum und der Ticketschalter erreicht.

Zurück auf der Straße 1D sind es weitere 3,5 km, bevor man in Ban Lat Huang rechts auf eine breite Asphaltstraße abbiegen muss. Dieser folgt man 10 km bis Ban Na Kho, wo ein Weg links zur **Site 2** abzweigt (ausgeschildert, noch 1,5 km bis zum Ticketschalter). Wieder zurück am Abzweig sind es noch einmal knapp 4 km nach Süden, bis es links nach Ban Xieng Di und zur **Site 3** abgeht.

Wer im Anschluss noch Energie hat, kann von der Site 3 aus noch **Ban Napia** besuchen (einfach den Schildern folgen). Für ein Picknick unterwegs bietet sich **Tad Lang** zwischen Site 2 und Site 3 an, der in der Trockenzeit allerdings kein Wasser führt.

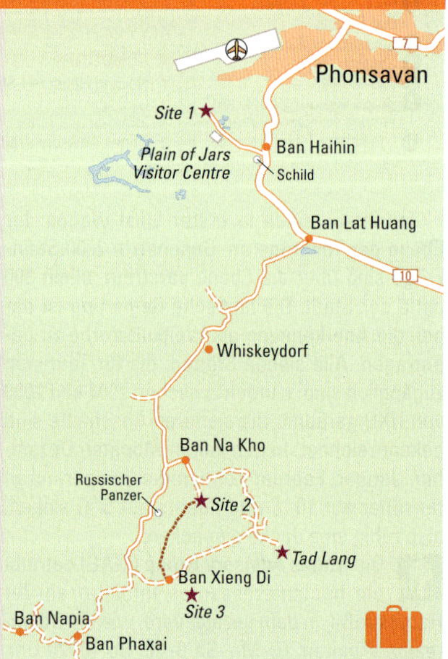

Von den 68 bekannten Stätten sind sieben für Besucher geöffnet. **Site 1** liegt nur 2 km Luftlinie vom südwestlichen Stadtrand Phonsavans entfernt. **Sites 2 und 3** befinden sich etwa 25 km südlich. Die meisten besuchen die Stätten im Rahmen einer Tagestour (S. 448) oder mit dem Roller (s. Kasten). Auf jeden Fall lohnt ein Stopp im **Plain of Jars Visitor Centre** an der Site 1, ⌚ Mo–Fr 8–16 Uhr, wo eine kleine Ausstellung über die Geschichte der Krüge und die Bombardierung der Region informiert. Eintritt frei.

Site 1 (Thong Hai Hin)

Dieses Feld ist mit **331 Steinkrügen** eines der größten. Es breitet sich über drei Hügel aus. Auf der ersten Erhebung befindet sich auch der mit Abstand größte Steinkrug der Ebene: 2,57 m hoch mit einem Durchmesser von 2,5 m. Der Hügel ist der beste Aussichtspunkt bei **Sonnenuntergang**. Richtung Südwesten, vorbei an unzähligen Steinkrügen, führt der Weg zum dritten Hügel. An einem der Krüge lässt sich (mit Mühe) das Relief einer menschlichen Figur ausmachen, von den Guides „frog man" genannt. In einem Bogen gelangt man zu einer Höhle, die einst als **Krematorium** diente. Eintritt 15 000 Kip.

Site 2 (Hai Hin Phou Salato)

Das Feld nahe Ban Na Kho erstreckt sich über zwei Hügel und zählt rund **70 Krüge**. Auf dem östlichen, der fantastische Ausblicke bietet, stehen zwei Bäume, die aus Steinkrügen herauswachsen und diese vor langer Zeit gesprengt haben. An dieser Stätte liegen auch mehrere bemerkenswerte **Steinscheiben**. Von hier aus lässt sich eine leichte, aber schlecht ausgeschilderte **Wanderung** zur Site 3 unternehmen (2 Std. hin und zurück). Eintritt 10 000 Kip.

Site 3 (Hai Hin Lat Khai)

Der reizvolle Spaziergang von Ban Xieng Di über eine Holzbrücke und einen Pfad durch die Reisfelder ist ein Teil des Ziels: In den 1930er-Jahren wurden auf dem Hügel und in dessen unmittelbarer Umgebung 155 Krüge und 22 Steinscheiben gezählt, heute sind **247 Krüge und 33 Steinscheiben** dokumentiert. Sie verteilen sich auf acht durch Pfade verbundene Gruppen. Eintritt 10 000 Kip.

Site 4 (Ban Phakeo Jar Site)

Diese Stätte, 45 km nordöstlich beim Dorf Ban Phakeo, ist ein interessantes Trekkingziel. Mit mehr als 400, wenn auch kleineren Krügen sind hier weit mehr Relikte zu finden als auf den bekannteren drei Stätten. Einige Agenturen wie Douangsaichay Travel und Jinda Travel (White Orchid Gh.) bieten eine schöne Wanderung mit Homestay in Ban Phakeo an (s. „Touren"), auch der idyllische **Wasserfall Tad Ka** wird bei dieser Tour besucht.

ÜBERNACHTUNG

Untere Preisklasse

Namchai Gh., in einer Parallelstraße der Straße 7, ✆ 061-312095. Saubere Zimmer mit kleinen Bädern (Warmwasser), anständigen Matratzen und Fernsehern. WLAN. ❷

Sabaidee Gh., selbe Straße, ein Stück westlich, ✆ 020-55068174. Eine der günstigsten Optionen mit kleinen Zimmern (Bad, wahlweise TV). Motorradverleih. WLAN. ❶–❷

Jennida Gh., Straße 7, ✆ 030-9419990, ✉ jennidaguesthouse@hotmail.com. Blitzsaubere Fliesenzimmer mit Holzmöbeln und geräumigen Bädern, zentral, aber ruhig und freundlich geführt. Fahrradverleih, WLAN. ❷

Nice Gh., Straße 7, gegenüber dem Abzweig zum alten Flugfeld, ✆ 061-312454, ✉ vuemany @hotmail.com. Beliebtes Gästehaus, ordentliche Zimmer. Touren in Zusammenarbeit mit Jinda Travel und dem White Orchid Gh. WLAN. ❷

Kong Keo Gh., Seitenstraße südöstlich des Talat Suan Phoukham, ✆ 020-28585858. Die alten Bungalows werden Stück für Stück ersetzt, außerdem geflieste Zimmer in einem Flachbau und ein Schlafsaal (40 000 Kip). Das Restaurant ist gut zum Abhängen, mit gelegentlichem Lagerfeuer und entspannter Musik. Nette Leute und gute Touren (s. „Aktivitäten"). WLAN. ❷

Mittlere und obere Preisklasse

White Orchid Gh., in der Straße zum Talat Suan Phoukham, ✆ 061-312403. Anständig geführtes Hotel mit etwas in die Jahre gekommenen Zimmern, Frühstück (inkl.) und Wäscheservice. Jinda Travel im Haus bietet gute Touren mit Hmong-Führern an. WLAN. ❷–❸

Hillside Residence, nördlich der Straße 7, ✆ 061-213300. Pittoreskes Hotel im Forsthauslook, noch in Laufweite zum Zentrum und doch ländlich ruhig. Die schönen Zimmer haben Kabelfernsehen, das Frühstück (inkl.) wird im Obergeschoss serviert. Gute Wahl. WLAN. ❹

Anoulack Khenlao Hotel, Straße zum Talat Suan Phoukham, ✆ 061-213599, 💻 www.anoulack khenlaohotel.com. Gut geführtes Asia-Hotel mit anständigem Preis-Leistungs-Verhältnis. Die Zimmer sind groß, sauber und haben Holzböden. Fahrstuhl, WLAN, Transfer vom/zum Flughafen. Preis inkl. Frühstück. ❹–❻

ESSEN

Bamboozle Restaurant & Bar, Hauptstraße, 💻 www.facebook.com/BamboozleRestaurantBar. Travellertreff mit Bambusdekor, betrieben von einem Schotten und seiner laotischen Frau. Es gibt Pizza, Ziegenkäse und gutes laotisches Essen, angepasst an den westlichen Gaumen. WLAN. 🕒 17–22.30 Uhr.

€ **Bakery Tom and Jerry**, gegenüber. Knuspriges selbstgebackenes Baguette, auch reichlich gefüllt, und diverse Kuchen zu günstigen Preisen. 🕒 5–22 Uhr.

Nisha Restaurant, ein Stück westlich. Unaufgeregtes Restaurant mit guter und reichhaltiger indischer Kost. 🕒 10–22 Uhr.

Lao-Falang Restaurant, Straße zum alten Flugplatz. In diesem laotisch-italienischen Restaurant gibt's Pizza, Pasta, Paella und WLAN. Akzeptiert Kreditkarte. 🕒 7–21 oder 22 Uhr.

Cranky-T, neben dem T-Sun-Supermarkt, 💻 www.facebook.com/CrankyTLaos. Modernes Café mit Kuchen und Eiscreme und eine kleinen Auswahl an Speisen. 🕒 7–23 Uhr.

Craters Restaurant, Hauptstraße. Zentrales Lokal mit Bombenzaun und bunter Karte. Zum Frühstück Müsli mit Joghurt und Früchten, abends diverse Fleischgerichte. Das Essen haut einen nicht um, trotzdem ist der Laden immer gut besucht. WLAN. 🕒 6.30–22 Uhr.

Simmaly Restaurant, ein Stück weiter. Leckere laotische Gerichte, Traveller-Food, guter Fisch und zum Wachwerden starker Café Lao. Riesenportionen, meist gut besucht. 🕒 6–21 Uhr.

TOUREN

Zu den Jar Sites

10 Unternehmen in der Stadt bieten Touren zu den Steinkrügen an. Es gibt Kooperationen mit den Gästehäusern, so dass man auch dort buchen kann. Die **klassische Tour** zu den 3 Jar Sites kostet bei mind. 4 Pers. um 150 000 Kip p. P. plus 10 000–15 000 Kip Eintritt pro Stätte.

Weitere Ziele

Tagestouren, die sich ausschließlich um die Steinkrüge drehen, können langatmig werden. Spannender sind kombinierte Touren.

Ban Phakeo Trek

■ 2 Tage

Das Hmong-Dorf Ban Phakeo liegt nahe einer der schönsten und größten Jar Sites. Gewandert wird auf uralten Handelswegen in den Bergen von Xieng Khouang. Im Dorf, in dem übernachtet wird, hat sich das Leben seit Jahrzehnten kaum verändert. Am besten unternimmt man die Tour mit einem Hmong-Guide. Kosten: US$50 p. P. bei 4 Teilnehmern.

Muang Khoun

Das Zentrum des alten Tai-Fürstentums **Muang Phouan** ist oft ein Programmpunkt auf der Tour zu den Steinkrügen. Heute zeugen nur noch **drei Ruinen** von der Existenz der einstigen Königsstadt, die im 16. Jh. für ihre Tempel berühmt war.

Ban Napia

In Ban Napia, dem so genannten „War Spoon Village", stellen die Dorfbewohner Besteck und **Schmuck aus Kriegsschrott** her. Bereits in den 1970ern begannen sie, aus Bombenfinnen und Treibstofftanks Alu-Löffel zu fertigen.

Phou Kheng

Eine landschaftlich schöne Tagestour führt zu einem (vermeintlichen) **Steinbruch** am Berg Phou Kheng, auch „Phu Keng Jar Quarry Site" genannt, 18 km westlich von Phonsavan. Im gleichen Hügel gibt es auch eine alte vietnamesische **Bunkeranlage**. Treppen führen auf den Berg, der im laotischen Bürgerkrieg heftig umkämpft war. Schöne Aussicht von oben.

Touranbieter

Sousath Travel, Hauptstraße. Tagestouren zu den Krügen, auch mehrtägige Touren möglich. In der Filiale mit Backpacker-Bar (Bombie Restaurant) in der Innenstadt werden täglich Dokumentationen über den Krieg gezeigt.

Das **Kong Keo Gh.** bietet eine Hand voll interessanter Tagestouren an. Die beliebteste führt zur imposanten Kraterlandschaft bei Ban Khai und zum Wasserfall Tad Ka samt kleiner Kletterei und Picknick, anschließend geht's zur Site 1.

Lao Falang Travel Service, Hauptstraße. Der kundige Mr. Kong hat seinerzeit die Touren des Kong Keo Gh. entwickelt. Nun bietet er hier ein breites Spektrum an Touren an, vor allem mit dem Motorrad. Er gibt auch gern Tipps für Trips auf eigene Faust.

Weitere empfehlenswerte Anbieter mit ähnlichem Programm sind **Douangsaychai Travel** (Ban-Napia-Wanderung, Ban Phakeo Trek) und **Jinda Travel** (kompetente Hmong-Guides für den Ban Phakeo Trek) im White Orchid Gh.

SONSTIGES

Fahrrad- und Motorradverleih

Mehrere **Läden entlang der Hauptstraße** vermieten Mountainbikes und Roller für 30 000/ 80 000 Kip pro Tag. Eine große Auswahl an Bikes hat der **Lao Falang Travel Service**.

Geld

Geldautomanten neben der BCEL, in den Nähe des Simmaly Restaurants, beim Xieng Khouang Provincial Hospital und nahe Talat Nam Ngam.

BCEL, Hauptstraße. ⌚ Mo–Fr 8.30–15.30 Uhr.

Dong tauscht man am besten an der Grenze.

Informationen

Provincial Tourism Office, schwierig zu finden im Südwesten, ✆ 061-312217, ✉ xkgtourism@yahoo.com. Anschaulich gestaltete Infotafeln und eine kleine Bomben-Ausstellung. ⌚ Mo–Fr 8–11.30, 13.30–16 Uhr.

Internet

Mekka der Facebook-Fraktion ist allabendlich der **Internetladen** neben dem Simmaly Restaurant. Kosten: 10 000 Kip/Std. ⌚ 8–20 Uhr.

TRANSPORT

Busse und Songtheos

Bei Phonsavans vielen Busstationen verliert man leicht den Überblick. Wer sein Ticket (mit Aufschlag) im Gästehaus oder Reisebüro gekauft hat, wird aber eh zum Abfahrtsort gebracht.

Die Busstation für die meisten überregionalen Ziele und Vietnam liegt gut 4 km westlich des Zentrums, sie wird landläufig **„Northern Bus Station"** genannt. Verbindungen nach Pakxan und zu weiteren Zielen im Süden starten von der privaten **Bounmixay Southern Bus Station**, nicht zu verwechseln mit der unbedeutenderen privaten **Sayphasook Bus Station** 1 km davor. Ziele im Nordteil der Provinz werden vom **Talat Suan Phoukham** am ehemaligen Flugfeld bedient. Dem Markt ist noch eine **Minivan-Station** angeschlossen.

Northern Bus Station (Fernbusse)

VIENTIANE (374 km, 9–11 Std.) AC-Busse um 8.30 und 18 und 20 Uhr für 110 000 Kip, Schlafbus um 20 Uhr für 130 000 Kip, weitere Verbindungen von der Bounmixay und der Sayphasook Bus Station. Alle Busse über VANG VIENG (218 km, 6 Std.; nur bis Vang Vieng auch um 7.30 für 95 000 Kip).

LUANG PRABANG (232 km, 7–9 Std.) um 8.30 Uhr für 95 000 Kip.

In Phou Khoun (111 km, 4 Std.) treffen diese Busse auf die Straße 13.

XAM NEUA (239 km, 9–10 Std.) um 8 Uhr für 80 000 Kip und um 18 Uhr (VIP) für 100 000 Kip. Am Abend treffen noch mehrere Nachtbusse aus Vientiane ein, in die sich Hartgesottene quetschen können.

VINH/Vietnam (403 km, 11 Std.) VIP-Bus tgl. außer Mo um 6 Uhr für 150 000 Kip.

Bounmixay Southern Bus Station
(Ziele im Süden)

PAKXAN (230 km, 6 Std.) um 6.30 und 8.30 Uhr für 100 000 Kip.

VIENTIANE (373 km, 8–9 Std.) um 6.30 und 8.30 Uhr für 110 000 Kip und um 20.30 Uhr (VIP) für 130 000 Kip, alle über Pakxan (100 000/120 000 Kip).

PAKXE (757 km, 14–15 Std.) jeden zweiten Tag um 6.45 Uhr für 170 000 Kip über
THAKHEK (10–11 Std., 150 000 Kip) und
XENO (12 Std., 150 000 Kip).
LAK XAO (414 km, 10–11 Std.) Minivan um 7.40 Uhr über Pakxan für 110 000 Kip.

Sayphasook Bus Station (Vientiane, Lak Xao)
Die Station des privaten Busunternehmens liegt am südlichen Ortseingang, ✆ 020-2234828.
Es gibt Verbindungen nach VIENTIANE (373 km, 8–9 Std.) um 7 Uhr für 110 000 Kip und nach LAK XAO (330 km, 6 Std.) um 7.30 Uhr für 100 000 Kip.

Talat Suan Phoukham
(Ziele nördliche Provinz und Minivans)
MUANG KHAM (52 km, 1–2 Std.) 7x tgl. zwischen 7 und 16 Uhr für 25 000 Kip.
NONG HET, Grenze Vietnam (130 km, 3 Std.) um 7, 8, 9, 13 und 14 Uhr für 40 000 Kip.
Minivans fahren je nach Bedarf nach LUANG PRABANG (110 000 Kip), VANG VIENG (100 000 Kip), VIENTIANE (110 000 Kip) und MUANG KHOUN (15 000 Kip).

Flüge

LUANG PRABANG, 3x wöchtlich in 30 Min. mit Lao Skyway und VIENTIANE, meist tgl. in 30 Min., mit Lao Airlines oder Lao Skyway.
Tickets online oder im Büro von **Lao Airlines**.
⌚ Mo–Fr 8.30–12 und 13–16.30 Uhr. Im Flugplan ist Phonsavan als „Xieng Khouang" aufgeführt.

Grenzübergang nach Vietnam

Seit mehr als zehn Jahren ist die Grenze zwischen **Nong Het** und **Ky Son** für Touristen geöffnet, ⌚ 7.30–16.30 Uhr. Von Phonsavan aus dauert die Fahrt auf der gut ausgebauten Straße 7 zum 130 km entfernten Übergang etwa 3 Std. Sechsmal in der Woche starten Busse in Phonsavan mit Ziel Vinh. Auch die Strecke jenseits der Grenze ist passabel, aber unspektakulär. Geldwechsler am Übergang tauschen Kip in Dong, man sollte sich aber im Voraus über den aktuellen Kurs informieren.
Infos zum Vietnam-Visum s. S. 103, Einreise nach Laos s. S. 729.

Provinz Xayaboury

Xayaboury liegt als einzige Provinz westlich des Mekong. Einige der größten zusammenhängenden Urwaldflächen und bis zu 2000 m hohe Berge sind hier zu finden. In keiner anderen Provinz leben so viele Elefanten, und man begegnet hier auch häufiger **Arbeitselefanten** als anderswo. Ein Elephant Conservation Center liegt vor den Toren der Provinzhauptstadt. Eine gute Gelegenheit, Elefanten zu sehen, ist auch das jährliche **Elefantenfest** im Februar. Infos dazu gibt es unter 💻 www.sayaboulytourism.com.

Xayaboury

Xayaboury gleichnamiges Verwaltungszentrum liegt von Bergen umgeben an einer Schleife des Nam Houng. Die Zahl der Bürogebäude übersteigt fast die der Wohnhäuser und kaum eine andere laotische Stadt wirkt so weitläufig. Bedeutende Klöster sind **Vat Sisavangvong** und der 500 Jahre alte **Vat Sibounheuang** 2,5 südlich des Zentrums. Die meisten Touristen passieren die Stadt aber nur auf dem Weg zum Elephant Conservation Center.

Elephant Conservation Center

Das malerisch gelegene Elephant Conservation Center, 8 km südwestlich von Xayaboury am **Nam Tien**, ist nicht einfach nur ein weiteres Elefantencamp: Es hat sich dem Schutz der letzten Elefanten in Laos verschrieben. Hier stehen nicht Reitausflüge im Vordergrund, sondern das **Beobachten** und Begleiten der Tiere in ihrer natürlichen Umgebung – vom Futterverstecken am Vormittag über das Baden im See bis hin zum anschließenden Spaziergang mit dem Mahout in die umgebenden Wälder. Im Elefantenhort wird sich um die trächtigen Kühe und neugeborenen Kälber gekümmert. Einen großen Teil des Tages verbringen die Tiere, die aus verschiedenen Ecken des Landes stammen, in einem **Dschungelareal**, wo sie in natürlicher Umgebung Beziehungen knüpfen und eventuell als Herde zusammenwachsen können. Möglich sind 2- und 3-tägige Aufenthalte (US$190/245),

Grenzübergänge nach Thailand

Kenthao – Tha Li

Den rund 60 km südlich von **Paklai** gelegenen Grenzübergang, ⌚ 8–18 Uhr, dürfen auch westliche Ausländer nutzen. Von Xayaboury bestehen vormittags, von Paklai (30 000 Kip) bis nachmittags Verbindungen nach Kenthao. Von dort Tuk Tuk (10 000 Kip) zum laotischen Grenzposten, anschließend zum thailändischen (20 Baht). Über Tha Li (14 km, 30 Baht) geht's dann nach **Loei** (47 km, 40 Baht), wo Busse und Flieger (Air Asia, Nok Air) nach Bangkok bereitstehen. Auch der Bus von Luang Prabang nach Loei (S. 413) hält an den südlichen Busstationen in Xayaboury (ca. 10 Uhr) und Paklai (ca. 14 Uhr). Einreise nach Lao s. S. 302

Muang Ngeun – Ban Huai Khon

Die Grenze, ⌚ 8–20 Uhr, von **Muang Ngeun**, 146 km nordwestlich von Xayaboury, nach Ban Huai Khon ist auch für Touristen geöffnet. Zwischen Muang Ngeun und laotischem Grenzposten pendeln regelmäßig Songtheos (10 000 Kip). Auf thailändischer Seite, 1 km weiter, starten 5x tgl. zwischen 9.15 und 15 Uhr Minibusse nach **Nan** (2 1/2 Std., 100 Baht). Von dort geht's mit Nok Air und Air Asia (Don Muang, 1 1/2 Std.) oder per Bus (10 Std.) nach Bangkok.

außerdem ein einwöchiges Volontärsprogramm (US$450). Inbegriffen sind alle Mahlzeiten, Abholung vom Gästehaus oder einer Anlegestelle am Nam Tien und Übernachtungen in einfachen Bambushütten. Sollte das Center wie geplant erweitert werden, sollen Familienbungalows und ein großes Haus mit etwas mehr Komfort entstehen. Zur Anlage gehören auch ein kleines Elefantenmuseum und das einzige Elefantenkrankenhaus im Land.

Das Center empfängt allerdings **keine Spontanbesucher** mehr. Aufenthalte sind nur noch nach Buchung beim Conservation Center möglich, ✆ 020-96590665, 💻 www.elephantconservationcenter.com. Es gibt auch ein Büro in Luang Prabang (S. 410). Zwischen November und März möglichst zeitig melden, ansonsten genügt auch der Vortag.

ÜBERNACHTUNG UND ESSEN

Meky Gh., Hauptstraße, 500 m nördlich des Zentrum, ✆ 074-213105. Saubere geflieste Zimmer mit Bad, Fernseher und AC. WLAN ❷
Santiphap Gh., nordwestlich der Hauptkreuzung, ✆ 074-211184. Anständige Zimmer, ähnlich wie im Meky. Schön: die günstige Lage zum Markt. WLAN ❶–❷
Kouanamhoung Restaurant, an der Brücke. Wenige Gerichte, aber lecker und günstig.
Salongsay Restaurant, 1,4 km nördlich des Zentrums. Angesagtes Lokal am Nam Houng, mit laotischer Küche, Bühne und Live-Musik.

INFORMATIONEN UND TOUREN

Das **Tourism Office** im Zentrum von Xayaboury, ✆ 074-213107, 💻 www.sayaboulytourism.com/about, ist die beste Anlaufstelle für Infos zur Stadt und Provinz. Für Ausflüge auf eigene Faust werden **Mountainbikes** (30 000 Kip) verliehen. Außerdem im Angebot Stadtführung (480 000 Kip p. P.) und 2 Touren in die Umgebung. ⌚ Mo–Fr 8–16 Uhr.

TRANSPORT

Nördliche Busstation (4–5 km nördlich)
LUANG PRABANG (112 km, 2–3 Std.) um 9, 14 und 17 Uhr für 50 000 Kip.
VIENTIANE (459 km, 11–12 Std.) um 15 Uhr (VIP oder Schlafbus) für 130 000/150 000 Kip über Luang Prabang und um 8 Uhr (380 km, 8–9 Std.) für 110 000 Kip über Paklai.
MUANG NGEUN (146 km, 3–4 Std.) Minivan um 10 Uhr für 90 000 Kip, bei mind. 5 Pers.

Südliche Busstation (4–5 km südlich)
KENTHAO (203 km, 5 Std.) Songtheo um 9 und 12 Uhr, 80 000 Kip.
PAKLAI (143 km, 3 Std.) Songtheo oder Minivan um 7.30, 9.30, 12 und 14 Uhr für 55 000 Kip.

Minivan-Station (nahe dem Markt)
VIENTIANE (380 km, 8–9 Std.) 2–3 moderne AC-Vans tgl. zwischen 8 und 10.30 Uhr für 130 000 Kip. Infos unter ✆ 020-22968000.

LAOS

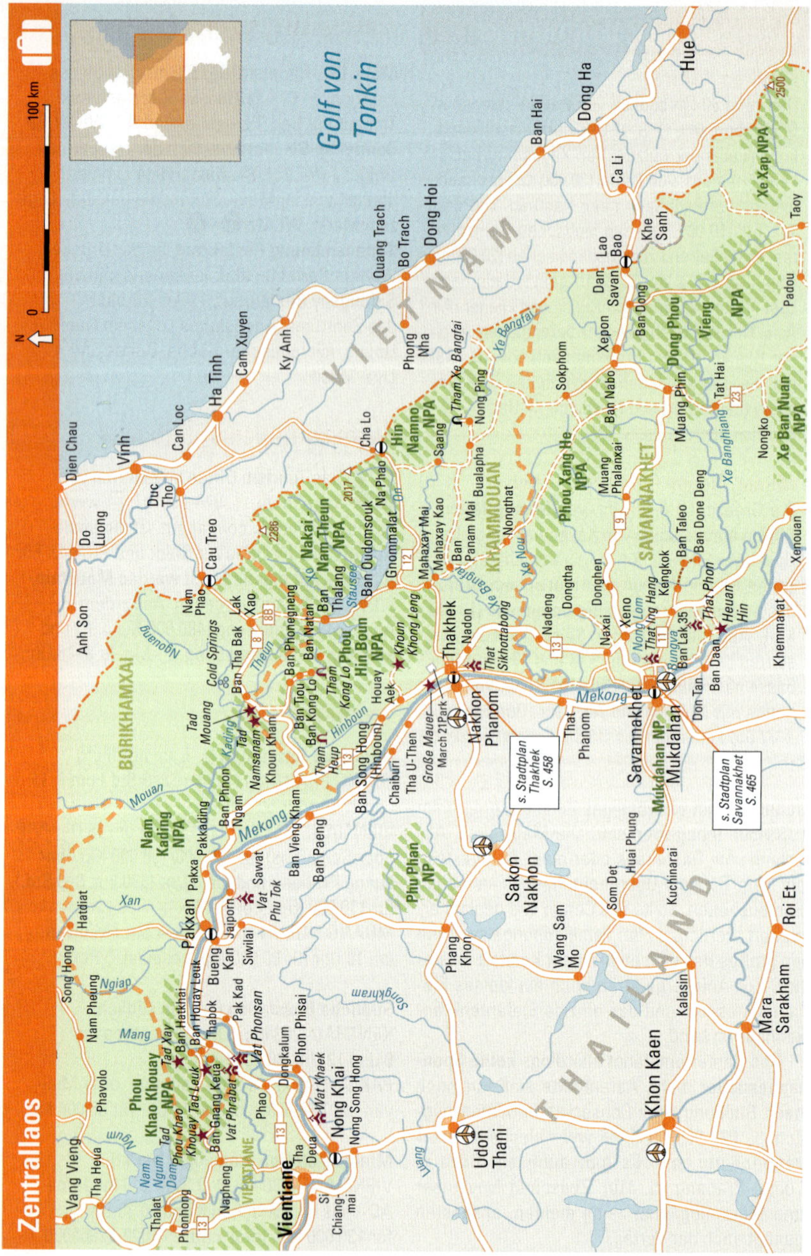
Zentrallaos
0
100 km
N
Golf von Tonkin
VIETNAM
THAILAND
BORIKHAMXAI
KHAMMOUAN
SAVANNAKHET
VIENTIANE
Vientiane
Vang Vieng
Tha Heua
Thalat
Phonhong
Nam Ngum Dam
Phou Khao Khouay NPA
Tad Xay
Tad Leuk
Ban Hatkhai
Ban Houay Leuk
Ban Gnang Keua
Vat Phrabat
Vat Phonsan
Napheng
Phao
Thabok
Pak Kad
Bueng Kan
Dongkalum
Phon Phisai
Tha Deua
Si Chiang-mai
Nong Khai
Nong Song Hong
Wat Khaek
Phavolo
Nam Pheung
Song Hong
Ngiap
Mang
Ngum
Hatdiat
Xan
Pakxan
Pakxa
Pakkading
Nam Kading NPA
Mouan
Ban Phnon Ngam
Mekong
Jaiporn
Siwilai
Sawat
Vat Phu Tok
Ban Vieng Kham
Ban Paeng
Ban Song Hong (Hinboun)
Chaiburi
Tha U-Then
Große Mauer
March 21Park
Phu Phan NP
Sakon Nakhon
Phang Khon
Udon Thani
Khon Kaen
Wang Sam Mo
Som Det
Huai Phung
Kuchinarai
Kalasin
Mara Sarakham
Roi Et
Songkhram
Tad Mouang
Kading
Tad Namsanam
Cold Springs
Khoun Kham
Ban Tha Bak
Ban Tiou
Ban Kong Lo
Tham Heup
Tham Kong Lo
Phou Hin Boun NPA
Hinboun
Houay Aek
Ban Phonegneng
Ban Natan
Theun
Lak Xao
Nam Phao
Cau Treo
Anh Son
Do Luong
Dien Chau
Vinh
Duc Tho
Can Loc
Ha Tinh
Cam Xuyen
Ky Anh
Quang Trach
Bo Trach
Dong Hoi
Phong Nha
Cha Lo
Ban Thalang
Nakai - Nam Theun NPA
Stausee
Ban Oudomsouk
Gnommalat
Na Phao
Hin Namno NPA
Saang
Tham Xe Bangfai
Nong Ping
Bualapha
Ban Panam Mai
Mahaxay Mai
Mahaxay Kao
Nongthat
Xe Bangfai
Xe Nou
Khoun Khong Leng
Thakhek
Nadon
That Sikhottabong
Nakhon Phanom
s. Stadtplan Thakhek S. 458
That Phanom
Nadeng
Dongtha
Donghen
Naxai
Xeno
Nong Lom
That Ing Hang
Bungva
Ban Lak 35
Kengkok
Ban Taleo
Ban Done Deng
That Phon
Heuan Hin
Ban Daan
Don Tan
Savannakhet
Mukdahan NP
Mukdahan
s. Stadtplan Savannakhet S. 465
Khemmarat
Xenouan
Phou Xang He NPA
Muang Phalanxai
Ban Nabo
Sokphom
Xepon
Dan Savan
Lao Bao
Ban Dong
Dong Phou Vieng NPA
Muang Phin
Tat Hai
Xe Banghiang
Nongko
Xe Ban Nuan NPA
Padou
Taoy
Xe Xap NPA
Khe Sanh
Ca Li
Dong Ha
Ban Hai
Hue
2500
2286
2017
8
8B
12
13
9
11
23

Zentrallaos

Eingebettet zwischen Mekong und Annamitischer Kordillere liegen die Provinzen Borikhamxai, Khammouan und Savannakhet. Ein Viertel der **Bevölkerung** lebt hier, auf einem Fünftel der Landesfläche. Herz der Region ist eine Kette aus **Karstbergen**, die bis an die vietnamesische Grenze heranreicht. Sechs **Naturschutzgebiete** bieten Besuchern eine artenreiche Tierwelt und die letzten großen Waldbestände des Landes.

Zentrale Nord-Süd-Achse ist die asphaltierte Straße 13, von der die Straßen 8, 9 und 12 zur vietnamesischen Grenze abzweigen. Die Übergänge am Keo Neua Pass (Straße 8) und am Lao Bao Pass (Straße 9) werden regelmäßig von Touristen genutzt. Grenzübergänge mit Thailand bestehen in Pakxan, Thakhek und Savannakhet.

Provinz Borikhamxai

Die 15 000 km² große Provinz Borikhamxai beginnt etwa 80 km östlich von Vientiane und ist für die meisten Reisenden nur eine Durchgangsstation. Die 275 000 **Einwohner** verteilen sich auf mehr als 20 ethnische Gruppen. Die Mehrheit gehört zur Tai-Sprachfamilie. Im **Phou Khao Khouay NPA** ist Trekking möglich. Das Örtchen Khoun Kham an der Straße 8 dient als Basis für Trips zur spektakulären Höhle **Tham Kong Lo**.

Von Vientiane nach Süden

Bevor die Straße 13 bei Pakkading diagonal in den Süden führt, schlägt sie einen 200 km langen Bogen in nördöstlicher Richtung. Nach 81 km erreicht sie **Vat Phrabat**, eine der wichtigsten Pilgerstätten der Provinz. Der Tempel wird vor allem wegen des Fußabdrucks von Buddha *(phra bat)* verehrt. Der weithin sichtbare Stupa, wurde Anfang der 1930er-Jahre errichtet. Südlich der Straße 13, gegenüber Vat Phrabat, führt ein 3 km langer Weg zum stimmungsvollen **Vat Phonsan**. Vom *sim* hat man einen schönen Flussblick.

Phou Khao Khouay NPA

Kurz vor Thabok, 93 km östlich von Vientiane, zweigt eine Straße nach Ban Hatkhai ab. Vom Dorf aus werden Treks ins Phou Khao Khouay NPA unternommen. Das 2000 km² große Phou Khao Khouay NPA ist eines der ältesten Naturschutzgebiete in Laos und trotz starker Abholzung einen Trip wert. Zu den Highlights zählen die **Wasserfälle** Tad Xay und Tad Leuk und der **Stausee** Ang Nam Leuk. Die Nähe zu Vientiane macht das Naturschutzgebiet zu einem idealen Tagesausflugsziel.

Viele Reisebüros in Vientiane organisieren Trips ins Phou Khao Khouay NPA. Neben klassischen **Aktivtouren** mit Trekking, Mountainbiking und Kayaking gibt es auch **Orchideentreks**, 💻 www.vientianeorchidees.com. Wer selbst anreist, sollte sich einen Tag vorher bei Mr. Bounthiang, ✆ 020-22438138, anmelden. Vor Ort kosten Treks etwa 350 000 Kip pro Pers. und Tag. Übernachtet wird bei Familien oder im Dormitory am Fluss (beides 30 000 Kip p. P.).

Pakxan

Die Provinzhauptstadt Pakxan, 143 km östlich von Vientiane, ist ein weitläufiger Flecken an der Mündung des Nam Xan in den Mekong. Seit die Straße 13 vollständig asphaltiert ist, sehen die meisten Touristen den Ort nur noch durchs Busfenster. Aber das reicht eigentlich auch.

Kommerzielles Zentrum ist die staubige Straße 13, die Pakxan am Nordrand flankiert. Der **Markt** breitet sich um die Busstation aus. Über den kleinen **Hafen** am Westende der Stadt, gegenüber dem thailändischen Bueng Kan, wird der Im- und Export abgewickelt. Hier befindet sich auch ein **Grenzübergang**.

Wer in Pakxan hängen bleibt, findet im **B.K. (Boua Khay) Gh.**, erste Teerstraße hinter der Nam-Xan-Brücke rechts (500 m), ✆ 030-9062779, und im **Saymongkhoune Gh.**, in einer kleinen Straße westlich der Busstation, ✆ 054-280413, anständige Zimmer mit Bad und WLAN, ❶–❷. Das bewährte **Saynamsan Restaurant**, Straße 13, an der Nam-Xan-Brücke bietet gute Lao-Kost, eine große Terrasse und Flussblick. **Geldautomaten** stehen vor der Busstation und der BCEL an der Straße 13 Richtung Fähranleger. Hier auch normaler Geldwechsel, 🕒 Mo–Fr 8.30–15.30 Uhr.

LAOS

Grenzübergang nach Thailand

Der einsame Grenzübergang nach **Bueng Kan**, 1,2 km südwestlich der Busstation, ist offiziell für Touristen geöffnet, ⌚ tgl. 7–18 Uhr. Wer nach Laos einreisen möchte, muss sich das Visum allerdings vorher besorgen – es gibt kein Visa on Arrival. Fähren über den Mekong pendeln während der Grenzöffnungszeiten für 15 000 Kip p. P. (bei ausreichend Passagieren), ansonsten bleibt nur Charter (250 000 Kip). All das ist Geschichte, wenn wie geplant die fünfte thai-laotische Freundschaftsbrücke gebaut wird. In Bueng Kan starten regelmäßig Busse nach Nong Khai (3 Std.) und Nakhon Phanom (4 Std.).

Von Pakxans **Busstation** bestehen 4x tgl. zwischen 5 und 11 Uhr Verbindungen nach Lak Xao (184 km, 4–5 Std.) und regelmäßig bis nachmittags nach Vientiane (143 km, 2–3 Std.). Um 7.30 Uhr startet ein Bus nach Phonsavan (230 km, 6 Std., 100 000 Kip). Busse von Vientiane nach Phonsavan kann man 1 km westlich der Busstation an der Ampelkreuzung anhalten. Busse nach Ban Vieng Kham (90 km), Thakhek (192 km), Savannakhet (325 km) und Pakxe (527 km) passieren Pakxan etwa 2–3 Std., nachdem sie in Vientiane gestartet sind. Die meisten halten an der Straße 13 gegenüber der Busstation.

Straße 8 nach Lak Xao

Von Pakxan sind es knapp 90 km bis zum Kreuzungsort Ban Vieng Kham, auch Ban Lao genannt. Hier beginnt die Straße 8 ihren kurvenreichen Anstieg zur vietnamesischen Grenze. Über mehr als 130 km schlängelt sie sich an Pfahlbauten und Karstbergen vorbei und folgt der historischen Handelsroute, die die Mekongebene einst wie heute mit Vietnam verbindet.

Ban Vieng Kham ist nur als Verkehrsknotenpunkt interessant: Alle Busse von und zur vietnamesischen Grenze (3–4 Std.) müssen hier durch, Pick-ups und Busse zwischen Nord und Süd halten hier, und man wartet in der Regel nicht länger als eine Stunde auf einen Anschluss. Wer dennoch nicht weiterkommt, findet im **Vieng Thone Gh.**, ❶–❷, am südlichen Ortseingang Zimmer mit Bad.

7,5 km vor **Khoun Kham**, auch Nahin genannt, weist ein Schild zu einem **Aussichtspunkt**, von dem der Blick weit über die schroffe Berglandschaft des 1690 km² großen **Phou Hin Boun NPA** reicht – nicht verpassen. Das unspektakuläre Dorf selbst ist ein guter Ausgangspunkt für Trips zur Tham Khong Lo, einer 6,3 km langen Höhle, durch die der Nam Hinboun fließt und die nur auf dem Wasser erkundet werden kann. Boote durch die Höhle starten nahe Ban Kong Lo, wo es seit dem Bau einer Straße von Khoun Kham immer mehr Unterkünfte gibt.

10 HIGHLIGHT

Tham Kong Lo

Man kann nur ahnen, wie viel Mut die fünf Freiwilligen aufbringen mussten, die der Legende nach einst als erste in den pechschwarzen Schlund der Tham Kong Lo paddelten. Aus Angst, nicht wieder herauszufinden, streuten sie Reishülsen ins Wasser, aber das war gar nicht nötig: Nach einem halben Tag kamen sie am anderen Ende wieder heraus – und hatten bewiesen, dass die Höhle trotz Dunkelheit, Kälte und Geistern passierbar ist.

Heutige Touristen haben es da leichter. Seit die Provinzregierung Tham Kong Lo 2003 für den Tourismus freigegeben hat, ist die Höhle Jahr für Jahr besser erschlossen worden: Inzwischen fahren Songtheos bis nach Ban Kong Lo, und es gibt einen regelmäßigen Bootsservice durch die Höhle. Selbst wenn dadurch ein Stück Abenteuer verloren gegangen ist: Nichts schmälert die weltentrückte Schönheit dieser Region.

Der Eingang täuscht mit seinen 5 m Höhe und 25 m Breite über das Ausmaß der Höhle hinweg: Etliche **Hallen**, teilweise bis zu 100 m hoch und 60 m breit, reihen sich hier auf 6,3 km aneinander. Hauptattraktion ist der so genannte **Tempelkomplex** – keine Sakralbauten, sondern meterhohe stimmungsvoll beleuchtete Tropfsteine.

Die Rundfahrt durch die Höhle dauert zwei bis drei Stunden. Bootsleute warten an einer kleinen Sala nahe dem Eingang. Da man an mehreren Stellen aus dem Boot steigen muss, um es über Stromschnellen und Kieselbänke zu schieben, sind Gummisandalen keine schlechte Idee. Der Trip kostet hin und zurück 120 000 Kip pro Boot (1–3 Pers.) plus 2000 Kip p. P. Eintritt. Außerdem wird ein paar hundert Meter vor der Sala eine Art „Maut" verlangt (5000 Kip p. P.). Stirnlampen gibt's gratis zur Tour dazu, allerdings haben diese schon bessere Tage gesehen. Wer seine eigene Lampe mitbringt, sieht mehr. Um 16 Uhr ist offiziell Schicht im Schacht.

ÜBERNACHTUNG

Sowohl in Khoun Kham als auch entlang der Straße zur Tham Kong Lo gibt es Unterkünfte.

Khoun Kham (Nahin)

Xokxay Gh., Straße 8, 500 m westlich der Dorfeinfahrt, ✆ 020-22336629. Das größte Haus am Platz, mit Restaurant und Zimmern in allen Varianten. Internetzugang. ❶–❷

Khounthavy Gh., Hauptstraße, 50 m östlich der Busstation, ✆ 020-22827696. Schlichte Bambushütten im Garten. Mopedverleih. Restaurant. ❶

Phamarnview Gh., 50 m weiter, rechte Seite, ✆ 020-99369573. Zweistöckig, sauber, mit Parkplatz – wie aus dem Handbuch für Motels. Die Räume oben haben Holzböden . WLAN. ❷

Ban Phonegneng

Im kleinen Ban Phonegneng, 7,5 km vor Tham Kong Lo, gibt es zwei anständige Unterkünfte.

Sala Hinboun, ✆ 020-56283322. Bungalows am Nam Hinboun vor einer Kulisse aus Karstbergen, alle mit Balkon. Bootstrips zur Tham Kong Lo. Preis inkl. Frühstück, besser reservieren. ❸–❹

Saynamgneng Gh., 200 m weiter, ✆ 029-5222221. Viel einfacher, aber auch günstiger, und ebenfalls schön am Fluss gelegen. Restaurant. ❶

Ban Tiou

Spring River Resort, 4 km südöstlich von Ban Phonegneng in einem Wäldchen nahe Ban Tiou, 1,5 km abseits der Hauptstraße, ✆ 020-55532999, 💻 www.springriverresort.com. Einfache Bambushütten und komfortable Bungalows. Die Lage am Nam Hinboun ist sogar noch schöner als bei den beiden Unterkünften in Ban Phonegneng. Boottrips zur Höhle. Restaurant. WLAN. Preis inkl. Frühstück. ❸–❹

Ban Kong Lo

Im Dorf, gut 1 km vor der Höhle, war früher nur **Homestay** (50 000 Kip) möglich. Inzwischen gibt es auch ein halbes Dutzend Unterkünfte:

Saylomyen Gh 1 & 2, kurz hinter dem Ortsschild links und rechts, ✆ 020-58305391. Saubere Zimmer mit/und Bad etwas abseits des Dorflebens. Restaurant. WLAN. ❶–❷

Chantha House, 200 weiter ✆ 020-22100002. Großes Haus, oben Holz, unten Fliese, schlicht, aber sauber. WLAN. ❶

Phounsouk Gh., weiter an der Hauptstraße, rechts. ✆ 020-59334360. Recht zentral mit stilvollen Zimmern mit viel Holz. WLAN. ❶

Enjoy Boy Gh., im Dorf am Ufer, ✆ 020-96663864. Einfache Zimmer mit Bad am Fluss – hier ist man mitten im Dorf; das Terrassenrestaurant überblickt das belebte Ufer. ❶

Konglo View Hotel & Resort, vor dem Eingang zur Höhle, ✆ 020-99804888, 💻 www.konglo view.com. Zur Zeit der Recherche noch im Bau: Solide Holzbungalows mit allem Komfort am Fuß des Karsts. Safe. WLAN. Restaurant. ❺–❻

TOUREN

Die meisten Touranbieter bieten Trips zur Höhle an, s. Vientiane S. 367 und Thakhek S. 460. Das Tourism Information Centre in Thakhek unternimmt eine 2-tägige Tour mit lokalen Guides, Homestay und öffentlichen Verkehrsmitteln.

TRANSPORT

Motorrad

Von Khoun Kham aus ist die Höhle in einer guten Stunde über eine Asphaltstraße zu erreichen (40 km). Sie zweigt 4,5 km westlich von der Straße 8 ab.

Busse und Songtheos

Jeden Tag um 10 Uhr fährt ein Bus von Vientiane nach Ban Kong Lo. Gegen 14.30 Uhr gibt es eine Verbindung von Thakheks Talat Pethmany nach Khoun Kham, wo am nächsten Tag gegen 10,

12.30 und 15 Uhr Anschluss per Songtheo zur Höhle (45 km, 1–2 Std., 25 000 Kip) besteht.
Von Ban Kong Lo zurück nach Khoun Kham (1–2 Std., 25 000 Kip) geht es 5x tgl. bis 15 Uhr, zudem starten gegen 6.30 und 14 Uhr Songtheos nach THAKHEK (4 Std., 75 000 Kip) und um 7 Uhr ein Bus nach VIENTIANE (7–8 Std., 80 000 Kip).

Boote

Die Anreise zur Tham Kong Lo ist mit dem Boot besonders schön, da man mitten durch die Karstkegel schippert. Allerdings ist sie nicht ganz billig. Gute Startpunkte am Nam Hinboun sind die Unterkünfte in Ban Phonegneng, 35 km südlich von Khoun Kham, und das Spring River Resort in Ban Tiou, 4 km weiter. Die Fahrt zur Höhle dauert von hier etwa 1 1/2 Std., die Sala Hin Boun nimmt für den Trip 450 000 Kip für 2 Pers. inkl. Picknick und Höhlenrundfahrt.

Lak Xao

Am Südostrand des Loyang-Gebirges, 100 km östlich von Ban Vieng Kham an der Straße 8, geizt das weitläufige Lak Xao mit Reizen. Vor 25 Jahren standen hier nur eine Hand voll Hütten mit kaum mehr als 30 Einwohnern. Dann ließ sich die Armee-eigene **Bolisat Phatthana Khet Phoudoi** („Firma zur Entwicklung der Bergregionen") in der Region nieder und stampfte die Stadt binnen kurzer Zeit aus dem Boden. Heute leben hier knapp 30 000 Menschen, darunter viele Vietnamesen. Für Touristen ist der Ort nur als Stopp auf dem Motorradloop (S. 463) oder dem Weg von/nach Vietnam (s. Kasten) interessant. Die Grenze befindet sich 35 km östlich.

Anständig übernachten lässt sich im **Souriya Hotel** an der Straße 8B, ✆ 054-341111, ❶–❷. Das große Hotel hat fast 60 Zimmer (Ventilator/AC, Bad, WLAN) in zwei nebeneinander liegenden Gebäuden. Bestes **Restaurant** ist das Toulakhom Restaurant am westlichen Ortseingang. Zentraler liegt das Only One, südlich des Souriya Hotels, hinter der Tankstelle rechts. **Lao Development Bank**, ✆ 054-341042, und **BCEL**, 054-280112, befinden sich nahe dem Markt, haben **Geldautomaten** und tauschen Bargeld und Reiseschecks (Gebühr). ⌚ Mo–Fr 8.30–15.30 Uhr.

Grenzübergang nach Vietnam

Der Grenzübergang **Nam Phao – Cau Treo** am Keo Neua Pass verbindet die laotische Provinz Borikhamxai mit der vietnamesischen Provinz Ha Tinh. Busse zwischen Vientiane und Ha Noi befahren die Route inzwischen täglich (S. 373). Der Grenzposten, ⌚ tgl. 7–17 Uhr, liegt 35 km nordöstlich von Lak Xao in den Bergen. Die Beamten erheben nach 17 Uhr und am Wochenende eine Überstundengebühr. Tuk Tuks von Lak Xao zur Grenze starten an der Busstation (nach Bedarf, beste Chancen morgens, 35 km, 45 Min., 20 000 Kip). Auf vietnamesischer Seite wartet die Transport-Mafia schon darauf, Reisende übers Ohr zu hauen.
Das umgeht, wer um 12 Uhr den direkten Bus von Lak Xao nach Vinh (120 000 Kip) nimmt, gegen 7 Uhr kommt außerdem ein Bus aus Vientiane nach Vinh vorbei.
Infos zum Vietnam-Visum s. S. 103, Einreise nach Laos s. S. 729.

Busse, Songtheos und Pick-ups starten von einem sandigen Platz südlich der Straße 8, gleich östlich des Marktes. Es bestehen Verbindungen nach Ban Vieng Kham (6x tgl., 2–3 Std., 35 000 Kip), Thakhek (7.30 Uhr, 5 Std., 70 000 Kip) und Vientiane (5.30, 6.30, 8, 11.30 und 17 Uhr, 7–8 Std., 85 000 Kip).

Provinz Khammouan

Die 16 315 km² große Provinz Khammouan ähnelt in Topografie und Ausdehnung ihren Nachbarprovinzen. Mit drei **Naturschutzgebieten** und einem spektakulären Karstgürtel, der sich über 200 km von der Straße 8 bis nach Vietnam erstreckt, hat sie Touristen aber wesentlich mehr zu bieten.

Verwaltungszentrum ist **Thakhek**, ein unaufgeregter Ort am Mekong, in dem ein paar hübsche Kolonialhäuser stehen. Einen Besuch wert ist die Provinzhauptstadt wegen ihres Umlands: Nur wenige Kilometer östlich flankiert die Straße 12 die Südgrenze des **Phou Hin Boun NPA**

(1690 km²), mit seinen Karstbergen ein Eldorado für Kletterer (S. 462). Zahlreiche **Höhlen** entlang der Straße 12 nach Osten sind leicht in einem Tagesausflug zu besichtigen, nur für die grandiose **Tham Xe Bangfai** braucht man mehr Zeit.

Die **Bevölkerung** Khammouans zählt rund 390 000 Menschen, die sich in mindestens zwölf Gruppen unterteilen, darunter Makong, Kali, Kaleun, Phoutai und Weiße Hmong.

Der größte Teil des **Verkehrs** fließt über die Straße 13. Östlich von Thakhek führt die asphaltierte Straße 12 bis zum wenig genutzten laotisch-vietnamesischen Grenzübergang Naphao – Cha Lo. Auch die Straße 8B zwischen Gnommalat und Lak Xao ist mittlerweile vollständig ausgebaut. Eine dritte thai-laotische **Freundschaftsbrücke** zwischen Thakhek und Nakhon Phanom wurde Ende 2011 eröffnet.

Thakhek (Muang Khammouan)

Seit sich herumgesprochen hat, wie schön das Umland von Thakhek ist, wird die kleinste der großen laotischen Mekongstädte ihrem Namen langsam wieder gerecht (*tha khek* = „Gäste-Hafen"). Die meisten nutzen die Stadt als Basis, um den Motorradloop zu organisieren (S. 463), eine Trekkingtour zu buchen (S. 460) oder klettern zu gehen (S. 462). Nur wenige bleiben länger als einen oder zwei Tage, und so wirkt der 50 000-Seelen-Ort verschlafen wie eh und je.

Die kleine Innenstadt **Ban Thakhek Kang** spiegelt mit ihrem rechtwinkligen Straßennetz, dem Springbrunnen und einer Reihe franko-vietnamesischer Geschäftshäuser vor allem die jüngere Geschichte wider. In den zweistöckigen **Villen**, die vereinzelt entlang der Chao Anou Road stehen, wohnten einst die französischen Kolonialbeamten. Heute dehnt sich die Stadt nach Südosten aus, wo sich die neue Elite mit pompösen **Palästen** zu übertrumpfen versucht.

5 km südlich am Ufer des Mekong erhebt sich der heilige **That Sikhottabong**, auch That Muang Kao genannt. Experten gehen davon aus, dass der Stupa zwischem dem 6. und 10. Jh. gebaut wurde. Die Könige Phothisarat (reg. 1520–1547) und Setthathirat (reg. 1548–1571) ließen ihn im 16. Jh. im Lane-Xang-Stil umgestalten, bis er unter König Anouvong (reg. 1804–1828) zu Beginn des 19. Jhs. seine heutige schlichte Form erhielt. Vom Boden bis zur Spitze misst er fast 30 m. Jedes Jahr im Februar zieht das 3-tägige **That-Sikhottabong-Fest** etliche Gläubige aus der Provinz und dem benachbarten Thailand an.

Links vor der Anlage hat die Partei Lord Sikhottabong in Bronze verewigt. Der Legende nach hat er Vientiane im 6. Jh. vor einer Elefanteninvasion geschützt und dafür nicht nur die Tochter des Königs, sondern auch ein Fürstentum in der Region erhalten.

Um zum That zu gelangen, folgt man einfach der Oungkham Rd., bis die Anlage nach 5 km rechts zu sehen ist (Tuk Tuk 100 000 Kip). Eintritt 5000 Kip.

ÜBERNACHTUNG

Thakhek Travel Lodge 1 & 2, 2,5 km östlich des Zentrums, ☏ 051-212931 oder 020-5821 5315, ✉ thakhektravellodge@gmail.com. Langjährige Backpackeroption, etwas ab vom Schuss und renovierungsbedürftig. Das Haupthaus hat Zimmer in allen Preisklassen – mit Ventilator oder AC, mit/ohne Bad, auch TV – und einen Schlafsaal (50 000 Kip p. P.). Einen Hauch von Boutiquehotel bietet Haus 2 im Garten nebenan: helle Zimmer, auch für 3 Pers., mit Bildern an den Wänden, Schreibtisch und Flachbild-TV. Vor Haus 1 kann man in der Sonne frühstücken oder am Lagerfeuer den Tag ausklingen lassen; hilfreiches Gästebuch für Leute, die den Loop fahren wollen (S. 463); Restaurant; WLAN. Lodge 1 ❷, Lodge 2 ❸

Song Lao Gh., Parallelstraße der Vientiane Rd., ☏ 020-97469922. Die Reihenhäuser liegen in einer ruhigen Seitenstraße. Auch wenn die Zimmer (AC, Bad, TV) klein ausfallen, ist die begrünte Anlage eine Option für alle, die den vielen Karaokebars entkommen wollen. ❷–❸

Phonepadith Hotel & Gh., Vientiane Rd., etwas zurückversetzt, ☏ 020-56726111. Vor allem Geschäftsleute und Projektmitarbeiter steigen in dieser Unterkunft ab, dessen Parkplatz groß genug für die obligatorischen SUV ist. Die Zimmer (AC, Bad, TV) im zurückversetzten Guesthouse sind zweckmäßig, aber sauber und ruhig. Das dazugehörige Hotel an der Straße ist neuer,

Thakhek
0
400 m
N
ÜBERNACHTUNG
1 Song Lao Gh.
2 Phonepadith H. & Gh.
3 Le Bouton D'Or Boutique H. & R.
4 Inthira Sikhotabong
5 Thakhek Travel Lodge 1&2
ESSEN
1 Malini Sindat
2 Soukmany R.
3 Kesone R.
4 La Parisian Café & Bakery
5 D. D. Bistro & Café
6 Ba Hua R.
7 Song Fang Khong R.
8 Kyoto R.
TRANSPORT
1 Busstation
2 Mad Monkey Motorbike
Mekong
Nong Bua Ngyung
Talat Nabo
GEDENK-STUPA
IMMIGRATION
Personenfähre (nur Thai & Laoten)
Tourism Information Center 2
TOURISTEN-POLIZEI
Tourism Information Center 1
PROVINZ-VERWALTUNG
Vat Nabo
Vat Chomthong
KRANKENHAUS
Chao Anou Rd
Setthathirat Rd
Vientiane Rd
Nongbuakham Rd
Ounkham Rd
Kouvoravong Rd
Captain Bounkeut Rd
Champasak Rd
ATM
Talat Lak Song
Talat Phetmany
Talat Sook-somboon
Dr. Khamtai, Freundschaftsbrücke, Praxis
13 Savannakhet
13B
That Sikhottabong, Ho Chi Minh Memorial

aber ebenso funktional (AC, Kühlschrank, TV) mit Fenstern vom Boden bis zur Decke. Wenig Englisch. WLAN. Guesthouse ❷–❸, Hotel ❸

Inthira Sikhotabong, Chao Anou Rd., ✆ 051-251237, 🖳 www.inthirahotels.com. In einem renovierten Shophouse nahe dem zentralen Platz befindet sich dieses nette Boutiquehotel. Es ist geschmackvoll eingerichtet, mit Kabel-TV (HBO) und WLAN. Am besten sind die pastellfarbenen Deluxe-Zimmer zur Front, mit Holzboden, Mauerwerk und Balkon. Im Erdgeschoss Restaurant und ein Büro von Green Discovery. ❹–❺

Le Bouton D'or Boutique Hotel, Setthathirat Rd., ✆ 051-250678, 🖳 http://boutondor-tk.wix.com/leboutondorthakhek. Gediegene Zimmer (Safe Minibar, TV) in einem hübschen Neubau im Kolonialstil mit edlen Holzvertäfelungen, Kronleuchtern und Balkon mit Mekongblick. WLAN. Restaurant. Preis inkl. Frühstück. ❺

ESSEN

Thakheks Restaurantlandschaft ist in den letzten Jahren bunter geworden. Schön ist es zum Sonnenuntergang in den **kleinen Uferlokalen** in der Setthathirat Rd., Ecke Kouvoravong Rd.

An der Westseite des zentralen Platzes verkaufen **Essensstände** abends laotische Snacks. Am Morgen bieten Händler an der Ostseite **Baguettes** mit Paté an. Die offenen Läden rund um den **Talat Sooksomboon** sind für ihre gute vietnamesische Küche bekannt.

Ba Hua Restaurant, am zentralen Platz (kein Schild). Die alteingesessene Suppenküche genießt den Ruf, eine der besten Fö der Stadt zu servieren. ⌚ 6–14 Uhr.

D.D. Bistro & Café, ein Stück Richtung Mekong. Klimatisiertes Bistro mit sehr guten thailändischen und laotischen Gerichten, außerdem leckere Steaks und Spaghetti. ⌚ 7.30–21 Uhr.

Inthira Restaurant & Bar, im Inthira Hotel. Umfangreicher Mix: Thai, Malaysisch, Chinesisch, Laotisch, Europäisch und dazu Cocktails; schönes Ambiente. ⌚ 7.30–23 Uhr

€ **Song Fang Kong**, Kouvoravong Rd. Man läuft leicht daran vorbei, aber das wäre schade. Denn im Wok von Frau Jim entstehen köstliche Thai-Gerichte und das auch noch zu äußerst moderaten Preisen. ⌚ 11–23 Uhr.

Soukmany Restaurant, Chao Anou Rd., schräg gegenüber dem Southida Gh. Das Lokal wirkt wie eine Firmenkantine, aber die Lao- und Thai-Gerichte sind vorzüglich. ⌚ 10–22 Uhr.

Kyoto Restaurant, Nebenstraße zwischen Nongbuakham Rd. und Vat Chomthong. Eigentlich produziert der japanische Besitzer Holzgeschirr. Nebenbei betreibt er auf dem Gelände noch ein Restaurant. Die Karte deckt die ganze Palette von roh (Sushi) bis frittiert (Tempura) ab. Etwas Zeit mitbringen. ⌚ Mo–Sa 7.30–17 Uhr, bei Anmeldung auch abends 19–21 Uhr.

Malini Sindat (nur laotisches Schild), Seitenstraße südlich der Provinzverwaltung. Die Grilltische sind bei Locals äußerst beliebt und das zu Recht: Das Grillgut könnte nicht frischer sein und der Service ist klasse. ⌚ 16–22 Uhr.

Kesone Restaurant, östlich der Chao Anou Rd. Bekannt für seine Eiskarte, aber es gibt auch Lao-Thai-Küche und *sindat*. ⌚ 10.30–22.30 Uhr.

La Parisian Café & Bakery, Kouvoravong Rd. Hübsches Café mit leckerem Backwerk, Eiscreme und Sandwiches. ⌚ 8–22 Uhr.

SONSTIGES

Geld

Geldautomaten stehen an der Vientiane Rd., der Kouvoravong Rd., dem zentralen Platz, der Busstation und der Freundschaftsbrücke.

BCEL, Vientiane Rd., ✆ 051-212689.

Lao Development Bank, am Kreisverkehr, ✆ 051-212089. beide ⌚ Mo–Fr 8.30–15.30 Uhr. Sollten die Banken geschlossen haben: Einen guten Kurs erhält man am Talat Lak Song in der **Geldwechselstube** direkt am Kreisverkehr.

Informationen

Thakheks **Tourism Information Centre**, ✆ 051-212512, 🖳 www.khammouanetourism.com, befindet sich etwas ab vom Schuss in der Vientiane Rd. Hier lassen sich die Ecotreks der Tourism Authority buchen (S. 460). Sollte das Büro wider Erwarten geschlossen sein: Der freundliche Somkiad Phineth ist auch unter ✆ 020-55751797 oder 🖂 somkiad@yahoo.com zu erreichen. Ein weiteres Tourist Information Centre am Mekong gegenüber der Touristenpolizei ist geplant. ⌚ 8–16.30 Uhr.

Touren in den Karst

Die **Tourismusbehörde** hat eine Hand voll Touren ausgearbeitet, die mit lokalen Guides und öffentlichen Verkehrsmitteln unternommen werden. Ein Trip zur Tham Xe Bangfai (S. 462) ist in Vorbereitung und wird ins Programm aufgenommen, sobald es die Straßenverhältnisse erlauben. Buchung mindestens einen Tag im Voraus im Tourism Office. Weitere Infos unter www.khammouanetourism.com.

Höhlen entlang der Straße 12 (1 Tag): Tuk-Tuk-Tour zu den Höhlen östlich von Thakhek. Im Anschluss: Große Mauer und – wenn Zeit ist – That Sikhottabong; 450 000 Kip p. P. bei 2 Pers.

Phou Hin Boun NPA (2 Tage): Tuk Tuk nach Ban Na, Trek entlang dem Nam Don, unterwegs Halt an mehreren Höhlen, Homestay; nächster Tag Trek nach Ban Na Kue und weiter zum See Khoun Khong Leng, Trek entlang dem Fluss Khon Keo bis zu den Khon-Keo-Stromschnellen; Rückfahrt. 900 000 Kip p. P. bei 2 Pers., alles inkl.

Tham Kong Lo (2 Tage): Bootsfahrt durch die Kong-Lo-Höhle (S. 454), Homestay, *basi*; am zweiten Tag von Khoun Kham aus Wanderung zum Tad Namsanam und Tad Mouang; Rückfahrt. 1 600 000 Kip p. P. bei 2 Pers., alles inkl.

Medizinische Hilfe

Das **Provinzkrankenhaus**, Chao Anou Rd., empfiehlt sich nur bei leichten Erkrankungen. In ernsteren Fällen nach Nakhon Phanom fahren. Einen guten Ruf hat die Praxis von **Dr. Khamtai**, 020-22324505, ktphom@gmail.com, knapp 1 km nordöstlich des Kreisverkehrs, etwa 100 m hinter der Tankstelle links. Er spricht Englisch und Französisch. Mo–Fr 7–8, 12–14, 17–19 Uhr, Sa und So 7–14 Uhr.

Motorradverleih

Mad Monkey Motorbike, am zentralen Platz, 020-59939909, douangdavanh@yahoo.com. Hier wird sich gewissenhaft um Bikes und Biker gekümmert: Der deutsche Inhaber Dirk und seine Frau Bing vermieten Roller ab 140 000 Kip (Voll- und Halbautomatik) und Geländemaschinen für 300 000 Kip pro Tag. Alle Motorräder haben ein Notfallset, zwei Schlösser und Ersatzschläuche. Dirk hilft gern mit Karten, Tipps und ist auch Retter in der Not, wenn einmal etwas schiefgehen sollte. 8–20 Uhr.

Mr. Ku, 020-22205070, hat seine Basis auf dem Gelände der Thakhek Travel Lodge, wo er Motorräder ab 80 000 Kip/Tag verleiht. Er verteilt eine gute handgezeichnete Karte zum „Loop".

Massage

Relax Massage & Spa, am zentralen Platz, 50 m westlich von Mad Monkey Motorbike. Wer den „Loop" hinter sich gebracht hat, braucht zweierlei: eine ausgiebige Dusche und eine entspannende Massage. 9–21 Uhr.

Touranbieter

Green Discovery, im Inthira Hotel, 051-251390, www.greendiscoverylaos.com. Trekking zu Tham Kong Lo, Kayaking auf dem Xe Bangfai und Nam Hinboun, auch Klettern und Mountainbiking; außerdem bislang einziger Ansprechpartner vor Ort für die 3- oder 6-tägige Tour zur Tham Xe Bangfai. Mo–So 8–22 Uhr.

Mad Monkey Motorbike (s. „Motorradverleih") organisiert Ausflüge in Zusammenarbeit mit Einheimischen. Ein Guide kostet US$30/Tag. Dirk kennt die Pisten der Umgebung wie seine Westentasche und bietet auch private Höhlentouren auf Deutsch an. 8–20 Uhr.

TRANSPORT

Fahrrad und Motorrad

Zweiradfahrer auf dem Weg nach Savannakhet sollten statt der öden und stark befahrenen Straße 13 lieber die etwas kürzere **Straße 13B** parallel zum Mekong nehmen. Auf dem Weg liegen der That Sikhottabong (S. 457) und das **Ho Chi Minh Memorial** in Xieng Vang. Wer Onkel Hos Hanteln, Brille und andere Alltagsgegenstände sehen möchte, muss nach 29 km in Ban Songmuangtai links auf einen Sandweg abbiegen. Dann sind es noch einmal 1,5 km. Zurück auf der Hauptstraße führt die Strecke hinter Nong Bok (6 km) am Mekong entlang, bevor eine einspurige Eisenbrücke (17 km) über den **Xe Bangfai** die Provinzgrenze markiert. Von hier sind es noch gut 50 km nach Savan.

Busse und Pick-ups

Die **Busstation** befindet sich 3,5 km östlich des Zentrums an der Straße 13. Hier starten alle Fernbusse in den Norden und Süden, nach Thailand und Vietnam. **Fahrkarten** werden nicht im Voraus verkauft. Tickets für die Nachtbusse gibt es am Reisetag erst ab 23 Uhr, da die Busse aus Vientiane oder Pakxe kommen und erst kurz vor Thakhek feststeht, wie viele Plätze noch frei sind. Vom **Talat Sooksomboon** bestehen Verbindungen in den Süden der Provinz und nach Savannakhet. Songtheos in den Norden und Osten der Provinz starten vom **Talat Pethmany**.

Busstation

SAVANNAKHET (133 km, 2 Std.) um 10.30 Uhr direkt, anschließend ab Mittag bis 18 Uhr alle 30–60 Min. aus Vientiane für 30 000 Kip.
PAKXE (395 km, 6–7 Std.) um 8.30 und 10 Uhr direkt, anschließend um 12 Uhr und ab dem frühen Nachmittag stdl. bis 24 Uhr aus Vientiane für 60 000 Kip. Der VIP-Bus (70 000 Kip) aus Vientiane um 1 Uhr ist oft voll.
VIENTIANE (335 km, 5–6 Std.) stdl. von 5.30–8.30 Uhr direkt, anschließend stdl. von 9.45 Uhr bis 24 Uhr Busse aus dem Süden für 60 000 Kip; ein VIP-Bus startet in Thakhek um 9.15 Uhr für 80 000 Kip. Die privaten VIP-Busse (90 000 Kip) aus Pakxe stoppen hier zwischen 1 und 2 Uhr.
Busse nach DON KHONG und NAKASANG (gegenüber Don Det) verlassen Thakhek um 10 und um 18 Uhr für 90 000 Kip.
Außerdem besteht Anschluss nach **Vietnam**:
DA NANG (15 Std.) Mo und Fr gegen 20 Uhr für 150 000 Kip.
HA NOI (18 Std.) Di, Do und Sa gegen 12.30 Uhr für 200 000 Kip.
HUE (12 Std.) tgl. um 7 Uhr für 120 000 Kip.
VINH (12 Std.) tgl. gegen 6 Uhr für 120 000 Kip.

Talat Pethmany

LAK XAO (204 km, 5 Std.) 7.30 und 8.30 Uhr für 70 000 Kip.
KHOUN KHAM (147 km, 3 Std.) 14.30 Uhr für 50 000 Kip.

Talat Sooksomboon

SAVANNAKHET (133 km, 2–3 Std.) Minivans etwa stdl. von 6–17 Uhr für 30 000 Kip.

Grenzübergang nach Thailand

Seit Ende 2011 braucht man für den Trip von Thakhek über den Mekong nach **Nakhon Phanom** nur noch in den Bus zu steigen. Möglich macht's die dritte thai-laotische Freundschaftsbrücke 13 km nördlich der Stadt. Der Grenzübertritt ist unkompliziert: Busse pendeln alle 1–2 Std. von 8–16.30 Uhr zwischen den zentralen Busstationen beider Städte (18 000 Kip, Sa und So 20 000 Kip). An der Grenze, 🕒 8–22 Uhr, gibt es die nötigen Stempel, einen Bankschalter und Geldautomaten. Der alte Übergang am Mekong ist nur noch für Thais und Laoten geöffnet. Einreise nach Laos s. S. 307.

LAOS

Die Umgebung von Thakhek

Wenige Kilometer östlich von Thakhek beginnt die Berglandschaft des Phou Hin Boun NPA. Ein schöner Tagesausflug auf der asphaltierten Straße 12 führt am Südostrand des Naturschutzgebietes entlang. Die 20 km lange Strecke ist am besten mit dem Roller zurückzulegen. Eine Alternative ist eine Trekkingtour des Tourism Information Centre. Ein Tuk Tuk kostet etwa 250 000 Kip.

Höhlen entlang der Straße 12

Eine Tour beginnt 1 km östlich des Kreisverkehrs an der Kreuzung der Straßen 12 und 13. Die Strecke führt zunächst nach Osten auf die dicht bewachsenen Sägezahnformationen zu. Nach 4 km zweigt hinter dem Schild „Buddha Cave" links ein 600 m langer Sandweg ab, an dessen Ende man rechts abbiegen muss. Die **Betonbrücke**, die wenig später erreicht ist, stammt noch aus der Kolonialzeit. Sie ist das Relikt eines ehrgeizigen Projekts, das die Franzosen in den 1920ern entwickelten: den Anschluss von Laos an das indochinesische Eisenbahnnetz. Die 188-km-Trasse von Thakhek über den Mu Gia Pass bis nach Tan Ap wurde jedoch nie realisiert.

Von hier sind es noch 7,5 km bis zur **Tham Pha Fa** (Buddha-Höhle), einem der wichtigsten Pilgerziele der Provinz. Seit Mr. Boun Nong 2004 in der Höhle statt der erhofften Fledermaus für den Grill 229 Buddhastatuen fand, erfreuen sich

Ein Heim für Kletterer

Kletterern juckt es beim Anblick der Kalksteinwände östlich von Thakhek buchstäblich in den Fingern. 2010 erschlossen deutsche Bergsportler die ersten Routen, inzwischen gibt es rund 300 (Grade 4 bis 8b), darunter drei Multipitches, und 60 Boulderrouten.

Ideale Basis ist das **Green Climbers Home**, 12 km östlich von Thakhek, idyllisch umrahmt von Karstbergen auf der Rückseite von Tham Xieng Liap. Geleitet wird es von den erfahrenen Kletterern Tanja und Uli aus Köln. Zehn Doppelbungalows mit Bad (180 000 Kip) und zwei 6er-Dorms (60 000 Kip p. P.) gruppieren sich rund um ein gemütliches Restaurant. Unbedingt im Voraus buchen, am besten unter ✉ tanja@greenclimbershome.com. Fürs kleine Budget gibt es Zelte (50 000 Kip bei 1 Pers., 60 000 Kip bei 2 Pers.).

Um dem Andrang nachzukommen, eröffnete Ende 2015 nur ein paar Seillängen entfernt das **Green Climbers Home 2**, ebenfalls mit zehn einfachen Bambushütten, allerdings ohne Bad (130 000 Kip). Reservierungen über die Website oder unter ✉ fia@greenclimbershome.com.

Wer kein Equipment mitgebracht hat, kann vor Ort Ausrüstung aus Deutschland leihen. Auch Kletterkurse (1/2–2 Tage) sind im Angebot. Mehr Infos, Bilder und Preise unter 💻 www.greenclimbershome.com. Tuk Tuks fahren von Thakhek für 100 000–150 000 Kip zum Camp. In der Regenzeit (Juni–Sep) ist es geschlossen.

täglich bis zu hundert Gläubige an einer leicht verkitschten Devotionalienschau. Die Figuren sind zwischen 15 cm und 1 m groß. Die meisten wurden aus Bronze gegossen und mit Blattgold überzogen, 16 sind aus massivem Gold. Experten schätzen ihr Alter auf 300–500 Jahre. Eintritt 5000 Kip, Fotografieren verboten.

Zurück auf der Straße 12 zweigt gut 1 km hinter einer Brücke rechts ein 2,5 km langer Weg zur **Tham Xang** ab (teilweise Sand). Größtes Heiligtum ist ein Tropfstein in Form eines Elefantenkopfes (*xang* = Elefant), der in einem dunklen Gang rechts hinter den zentralen Buddhastatuen steht (oberste Ebene). Eintritt 5000 Kip.

Wieder auf der Straße 12 geht die Reise durch die Karstkegel weiter, bis nach 5 km Ban Songkhone erreicht ist. Hier führt ein 300 m langer Pfad rechts vor der Brücke zum Eingang der **Tham Xieng Liap**, einem imposanten Stalaktitenschlund, durch den sich der Houay Xian Liap windet.

Knapp 500 m hinter dem Abzweig zur Tham Xieng Liap führt links von der Straße 12 ein Sandweg zum 1 km entfernten **Tha Falang**, einer kleinen Badestelle am Nam Don. Der Platz war in der Kolonialzeit ein beliebter Ausflugsort der Franzosen (in der Regenzeit Boot von der Brücke in Ban Songkhone nehmen).

Nur wenige hundert Meter weiter auf der Straße 12 ragen beiderseits des Weges Felsen auf, die beim Näherkommen wie ein Tor anmuten. Unmittelbar dahinter zweigt linker Hand ein Pfad zur **Tham Pha In** ab (350 m, durch einen Ziegelsteinbogen). Ein kurzer Aufstieg führt zum Eingang der Höhle, deren Decke mit Stalaktiten übersät ist. Folgt man dem Pfad nach links, gelangt man zu einer Terrasse, die einen schönen Blick auf einen natürlich beleuchteten Pool freigibt. Im Wasser soll sich einst das Konterfei des Hindugottes Indra gespiegelt haben, daher der Name „Pha In". Das Wasser gilt als heilig und darf nicht berührt werden.

Tham Xe Bangfai (Tham Nam Lot)

Die erst 2013 eröffnete Tham Xe Bangfai stellt mit ihrer schieren Größe sogar Tham Kong Lo in den Schatten: Am Rand des **Hin Namno NPA**, 153 km östlich von Thakhek nahe Ban Nong Ping, fließt der Xe Bangfai knapp **10 km durch ein Karstmassiv**. Wie Tham Kong Lo kann die Höhle nur vom Wasser aus erkundet werden. **Bootsführer** warten täglich bis zum späten Nachmittag am Parkplatz auf Besucher. Die Fahrt kostet 60 000 Kip pro Boot (2–3 Pers.) plus 30 000 Kip Eintritt und startet nach etwa 1 km Fußmarsch am Höhleneingang. Für Touristen, die mit dem Bootsführer nichts anderes ausgemacht haben, ist schon nach einer knappen Stunde vor der ersten Stromschnelle Schluss. Wer die Höhle in voller Länge erkunden möchte, muss dies vor Ort mit den Guides besprechen (100 000 Kip für den Guide, 100 000 Kip pro Kajak für 2 Pers.) oder in Thakhek eine Tour buchen.

Der „Loop": mit dem Motorrad durch die Bergwelt Khammouans

Als Ejnar, der ehemalige Besitzer der Thakhek Travel Lodge, den „**Loop**" von Thakhek über Lak Xao und Khoun Kham zurück nach Thakhek 1998 zum ersten Mal fuhr, war die Straße noch eine absolute Rumpelpiste. Heute führt die 435 km lange **Rollertour** über asphaltierte Straßen, es gibt neue Brücken und das einstmals schwierigste Stück zwischen Ban Oudomsouk und Lak Xao wurde ebenfalls ausgebaut. Das heißt nicht, dass der Trip kein Abenteuer mehr wäre. Er ist nach wie vor nur in der Trockenzeit zu empfehlen, aber Traveller können jetzt auf der Fahrt wesentlich entspannter die grandiose Bergwelt von Zentrallaos genießen.

LAOS

Die Route

Die Route beginnt in Thakhek, folgt den Straßen 12 und 8B nach Lak Xao und anschließend den Straßen 8 und 13 über Khoun Kham zurück nach Thakhek. Zwar weist schon bei Ban Oudomsouk (Nakai) ein Schild zur Tham Kong Lo, aber die unbefestigte Straße führt 56 km durch dichten Dschungel zur Rückseite der Höhle und ist zu gefährlich. Bei einer Panne wäre man völlig auf sich allein gestellt.

Thakhek – Ban Thalang: 92 km, 2–3 Std., asphaltiert, ab der NTPC Power Station kurvig und steil. Dramatische Karstberge, unbedingt die Höhlen entlang der Straße 12 ansehen.

Ban Thalang – Lak Xao: 54 km, 2 Std., Straße bei unserer Recherche noch im Bau, Lesern zufolge inzwischen fertiggestellt. Überwiegend Busch und Dschungel, sehr wenige Dörfer, zwischendurch immer wieder Blick auf den Stausee.

Lak Xao – Khoun Kham: 57 km, 1 1/2–2 Std., Asphaltstraße. Hübsche Karstkulisse, nach 43 km auf der Nam-Theun-Brücke in Ban Tha Bak nach den Booten aus Bombenhälften Ausschau halten; Aussichtspunkt kurz vor Khoun Kham. 4,5 km westlich des Orts geht es links ab zur Tham Kong Lo (40 km).

Khoun Kham – Thakhek: 147 km, 3–4 Std., Asphaltstraße. Schöner Aussichtspunkt 7,5 km hinter Khoun Kham; bis Ban Vieng Kham kurvig, dahinter flach wie ein Pfannkuchen und einschläfernd gerade. Extra-Schlenker für versierte Fahrer: etwa 30 km vor Thakhek am Ortsausgang von Ban Houay Aek links zum See Khoun Khong Leng (21 km, 2–3 Std.). Schöner und sicherer (aber auch länger) ist es, von Khoun Kham über Lak Xao zurück nach Thakhek zu fahren anstatt auf der Straße 13.

Praktische Tipps

Die **Zeitangaben** sind reine Fahrzeiten. Um gemütlich alle Sehenswürdigkeiten entlang der Straße 12 (S. 461) und Tham Kong Lo (S. 454) abzuklappern, sollten **4 Tage** eingeplant werden. Wer die erste Nacht in Ban Thalang verbracht hat, kann am zweiten Tag bis Khoun Kham durchfahren (3–4 Std.). Dann hat man im Anschluss einen ganzen Tag für die Besichtigung Tham Kong Los. Stressiger ist die Tour in nur **3 Tagen**: Dann fahrt man am ersten Tag am besten bis Lak Xao (5-Std.-Ritt), am zweiten bis Ban Kong Lo (3 Std.) und zuckelt am dritten Tag gemütlich nach Thakhek zurück (4–5 Std.). Ins **Gepäck** gehören Wasser, Regenjacke, Sonnenbrille, Mund- und Sonnenschutz (nicht zu vergessen lange Kleidung und Helm). Das Wichtigste ist ein gutes Motorrad (checken!). Pflichtlektüre vor der Abfahrt: das Logbook der Thakhek Travel Lodge (S. 457). **Benzin** gibt es nach 23 km an der Straße 12, in Mahaxai Mai (41 km), kurz vor und in Gnommalat (63 km), in Ban Oudomsouk (78 km), kurz vor Ban Thalang, in Lak Xao und entlang der Straßen 8 und 13. Es ist sicherer, nur an Tankstellen tanken.

Am Höhleneingang werden **Zelte** für 20 000 Kip pro Nacht vermietet (plus 30 000 Kip für den Gepäck-Wächter während der Höhlentour). In Ban Nong Ping gibt es **Homestay** (50 000 Kip) mit Verpflegung und ein **Gästehaus** (80 000 Kip p. P.), allerdings im Umkreis von 20 km kein Restaurant. Etwas mehr Komfort bietet das Guesthouse Inthila in Bualapha für 100 000 Kip.

Die **Anreise** zur Tham Xe Bangfai ist beschwerlich und nur in der Trockenzeit (Okt–Mai) möglich, am besten mit dem Geländemotorrad (4 Std.). Von Thakhek geht's zunächst auf der asphaltierten Straße 12 nach Mahaxai Kao (52 km) und von dort auf staubiger Sandstraße über Ban Panam Mai weiter nach Bualapha (80 km). Vom Ende der dortigen Hauptstraße sind es noch sehr holprige 21 km nach Ban Nong Ping (nur für versierte Fahrer). Gleich am Dorfeingang weist ein großes Schild den Weg zur Höhle. Insgesamt sollte man für den Trip 2–3 Tage einplanen. **Weitere Infos**: 💻 www.hinnamno.org oder bei der Tourismusverantwortlichen Ms. Vanhxay Keobounphan, ✆ 020-23478803, ✉ vanhxay9@yahoo.com. Wer die lange Motorradfahrt scheut: Green Discovery bietet mehrtägige Camping-/Kajaktouren durch die Höhle an (S. 460).

Provinz Savannakhet

Die größte der zentralen Provinzen erstreckt sich über 21 774 km² von der Annamitischen Kordillere bis zum Mekong, im Norden von Khammouan und im Süden von Saravan begrenzt. Savannakhet ist mit 970 000 Einwohnern die **bevölkerungsreichste Provinz** des Landes. Ihre ausgedehnte Mekongebene macht sie zum Reisproduzenten Nr. 1, aber auch Rohstoffe und Bodenschätze wie Kupfer, Gold, Kalkstein, Gips und Holz sind hier zu finden.

Zwei **Grenzübergänge** – im Westen mit Thailand, im Osten mit Vietnam – machen Savannakhet zu einem wichtigen Verkehrsknotenpunkt, nicht nur für Touristen: Schon jetzt vebindet die Straße 9 Thailand mit der vietnamesischen Küste, in den kommenden Jahren entsteht zudem eine Bahnverbindung zwischen Savannakhet und der vietnamesischen Hafenstadt My Thuy.

Touristen besuchen meist nur die Provinzhauptstadt und den 15 km entfernten **That Ing Hang**, einen der heiligsten Stupas des Landes. Nahe Xepon lässt sich ein Blick auf den **Ho-Chi-Minh-Pfad** werfen, allerdings lohnt die Anreise nicht ohne Guide.

Savannakhet

Die drittgrößte Stadt des Landes (120 000 Einw.), gegenüber dem thailändischen Mukdahan, ist die wichtigste Kreuzung in Zentrallaos: Hier beginnt die Ost-West-Route zwischen Thailand und Vietnam. 27 km östlich verläuft die Straße 13. Und seit vor ein paar Jahren die zweite thai-laotische Freundschaftsbrücke über den Mekong eingeweiht wurde, ist ihre Funktion als **regionaler Dreh- und Angelpunkt** perfekt. Zumindest theoretisch. Praktisch ist davon nur wenig zu merken. Zwar hat der Verkehr seit dem Brückenschlag um ein Drittel zugenommen, aber da er am Zentrum vorbeigeleitet wird, geht's in der Stadt alles andere als hektisch zu.

Schachbrettartig um einen begrünten Platz angelegt, mit katholischer Kirche und verfallenden Ladenhäusern, wirkt Savannakhet wie die Kulisse für einen Indochinafilm. Wer auf den **Spuren der Franzosen** durch die Stadt flaniert, sollte einen Blick auf das Haus der Sala Savan von 1926, das Mekong Hotel, das Provinzmuseum und die kleine Seitenstraße nördlich der Singthong Rd. werfen: Hier befand sich einst eine Unterhaltungsmeile mit Varieté und Bars. Der Flyer *Savannakhet Downtown*, erhältlich in der Touristeninfo, beschreibt einen hübschen Rundgang zu diesen und weiteren Gebäuden im Zentrum. Die kleine katholische **Kirche St. Teresia**, ein einschiffiger Bau mit achteckigem Glockenturm, wurde 1930 errichtet. Rechts des Altars befindet sich die liegende Statue der Namensgeberin, einer Heiligen aus Lisieux (Normandie).

Ältester und größer der Tempel der Stadt ist **Vat Xayaphoum** in der Chanthabouri Road, nördlich des Fährterminals. Er wurde Ende des 19. Jhs. gebaut und kürzlich renoviert. Heute leben hier fast 70 Novizen. Auf dem Gelände stehen eigentlich immer ein paar mannshohe Buddhastatuen zum Trocknen, die in der Werkstatt auf dem Tempelareal in Zement gegossen und später vergoldet werden. Klöster aus dem ganzen Land bestellen hier ihre Heiligtümer. Inzwischen werden etwa 15 pro Monat produziert.

Einen kurzen Besuch lohnt das kleine **Dinosauriermuseum**, Chanthabouri Rd., nördlich von Vat Xayaphoum. Dort werden einige Fossilien der Urtiere ausgestellt, die Laos während der Kreidezeit bevölkerten (140–65 Mio. Jahre v. Chr.). ⌚ tgl. 8–12, 13–16 Uhr. Eintritt 10 000 Kip.

Weniger interessant ist das **Provinzmuseum** in einem hübsch sanierten Kolonialbau neben der Post. Es zeigt etwas Frühgeschichte und viel über die Erfolge der Provinz und den Kampf gegen Franzosen und Amerikaner. ⌚ Mo–Fr 8–12, 13.30–16 Uhr, Eintritt 5000 Kip.

That Ing Hang

12 km östlich von Savannakhet, 3 km südlich der Straße nach Xeno, ragt der That Ing Hang in den Himmel, eine der bedeutendsten Pilgerstätten des Landes. Seine heutige Form erhielt der Stupa vermutlich im 16. Jh. unter König Setthathirat. Experten gehen davon aus, dass sich an dieser Stelle schon zu Zeiten des Sikhottabong-Reiches eine religiöse Stätte befunden hat.

Der 9 m hohe Stupa besteht aus drei **Stufen**, die mit einer geschwungenen Spitze in der klassischen Form einer Bananenblüte abschließen. Die tonfarbenen Skulpturen, die jede der vier Seiten schmücken, sind *dvarapala,* **Wächterfiguren** der Khmer. Im Innern des Stupas befindet sich eine **Kammer** mit zahlreichen Buddhafiguren, über denen eine bläulich schimmernde und mit Gold verzierte Statue thront. Frauen dürfen den inneren Kreis des Stupas und die Kammer traditionell nicht betreten. Jedes Jahr im Dezember findet um den That Ing Hang ein mehrtägiges **Fest** statt, zu dem die Kammer geöffnet wird. ⌚ 8–17 Uhr, Eintritt 5000 Kip.

Busse in Richtung Xeno setzen einen auf Wunsch am Abzweig zum That Ing Hang ab (12 km). Von hier sind es noch einmal 3 km zu laufen. Tuk Tuks vom Zentrum hin und zurück kosten 150 000 Kip. Man kann die Strecke auch problemlos mit dem Fahrrad oder Motorrad zurücklegen, am besten als Rundtour über den See Bungva (Flyer in der Touristeninfo, S. 467).

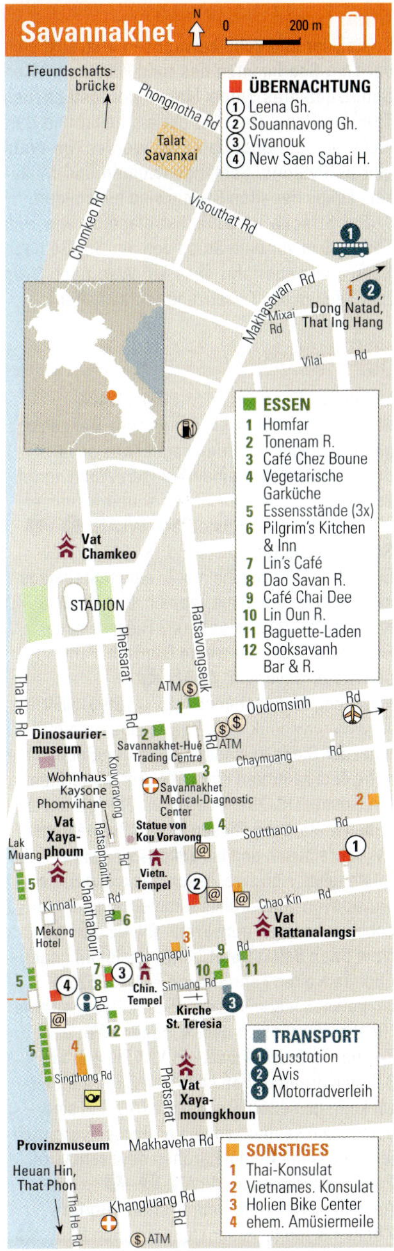

Dong Natad und Nong Lom

Kristallklar und schilfbewachsen erstreckt sich der Lom-**See** inmitten des rund 8000 ha großen Schutzgebietes Dong Natad nordöstlich des That Ing Hang. Der See gilt als heilig und darf nicht mit dem Boot befahren werden. Im **Wald** gibt es Pythons, Schlangenweihen und Makaken. Einige der alten Bäume sind beschildert.

Die Strecke ist zunächst dieselbe wie zum That. 300 m vor dem Stupa von der Straße nach Xeno kommend führt links ein Weg nach 3 km zum See (an der T-Kreuzung rechts halten).

ÜBERNACHTUNG

Leena Gh., Chao Kin Rd., ✆ 041-212404, ✉ leenaguesthouse@hotmail.com. Der zackig geführte Familienbetrieb liegt etwas abseits der Hauptstraße in einem ruhigen Wohnviertel. In den fünf Gebäuden gibt es saubere Zimmer in allen Varianten. Restaurant. WLAN. ❶–❷

Souannavong Gh., Senna Rd., ✆ 041-212600. Ein halbes Dutzend Zimmer in einem Steinhaus in guter Lage, oben mit Teppich. Der Neubau hinterm Haus bietet weitere 7 Fliesenzimmer. Freundlich, aber nur wenig Englisch. Fahrrad- und Motorradverleih. WLAN. ❷

Vivanouk, Rathsaphanith Rd., ✆ 020-91606030, 💻 www.vivanouk.com. Das einzige Boutiquehotel der Stadt, in einem 2-stöckigen Shophouse nahe dem zentralen Platz. Die drei aufgeräumten Zimmer (18–25 m²) liegen im Obergeschoss, haben tonfarbene Fliesen, große Doppelbetten, TV, Schreibtisch und bis auf das kleinste AC. Die Gäste teilen sich zwei geschmackvolle Bäder (eins davon unter freiem Himmel). Einladende Lobby, tolle Lage, gute Wahl. WLAN. ❹–❺

New Saen Sabai Hotel, zentral gelegen gegenüber dem alten Fähranleger, ✆ 041-252601, ✉ newsaensabai99@gmail.com. Das moderne Hotel erstreckt sich über 4 Etagen. Wer ein Zimmer im 2. Stock oder ein VIP-Zimmer im 3. Stock ergattert hat, kann den Blick auf den Mekong genießen. Die Räume (AC, TV) sind schick und sauber, wobei der Geruch vermuten lässt, dass mit Gummibärchen gewischt wird. Preis inkl. Frühstück. WLAN. ❹–❻

Auch die Zimmer im freundlichen **Pilgrim's Kitchen & Inn** (s. Essen) lohnen einen Blick. ❸

ESSEN UND UNTERHALTUNG

Ein gutes Dutzend **Lokale** serviert asiatische und europäische Küche, darunter auch die örtliche Spezialität *Xin Savan* (Trockenfleisch).

Essensstände, Suppen- und Garküchen

€ Ein hübsches Plätzchen für den Sonnenuntergang sind die **Essensstände** nördlich und südlich des Fähranlegers.

Das leckerste **Baguette mit Paté** verkauft ein Laden in der Ratsavongseuk Rd. Unweit davon, in der Simuang Rd., kocht das vegetarische **Lin Oun Restaurant**, 🕒 8–21 Uhr, leckere Kraftbrühen mit gedämpftem Gemüse. Eine exzellente **vegetarische Garküche,** 400 m nördlich an der Ratsavongseuk Rd., serviert von 7–18 Uhr neben Suppen auch günstige Tofu-, Pilz- und Gemüsegerichte.

Restaurants

Café Chai Dee, Ratsavongseuk Rd., 💻 www.cafechaidee.com. Das gemütliche Café hat schon zwei Mal den Besitzer gewechselt, ist seinem Konzept aber immer treu geblieben: japanisch-internationale Küche, Büchertausch, Verkauf von Handarbeiten aus Laos und Thailand. In jedem Fall: einer der nettesten Orte der Stadt. WLAN. 🕒 tgl. 9–15, 17–21.30 Uhr, So geschlossen.

Dao Savan Restaurant, am zentralen Platz, Ecke Ratsaphanith Rd. Savans bestes französisches Restaurant befindet sich stilecht in einem Kolonialbau aus den 30er-Jahren. Der Speisesaal oben macht seinem Namen alle Ehre und die Menüs sind jeden Kip wert. Teuer. 🕒 10–22 Uhr, So geschlossen.

Lin's Café, Ratsaphanith Rd., Ecke Phangnapui Rd., 💻 www.facebook.com/lincafesavan. Guter Kaffeestopp mit Infos, WLAN und prima Küche. Im Obergeschoss des chinesischen Shophouses hängt noch die Ausstellung zur Bausubstanz Savannakhets, von der im Flyer *Savannakhet Downtown* (S. 464) die Rede ist. 🕒 8.30–20 Uhr, Mi geschlossen.

Café Chez Boune, Chameuang Rd., gegenüber dem Savannakhet-Hue Trading Centre. Leckere Pizza, Mozzarella, Steaks und Crêpes, außerdem Frühstück. Guten Kaffee. 🕒 7–22 Uhr.

Touren rund um Savannakhet

Wanderungen und Radtouren

Savannakhets **Tourism Information Centre** bietet neben recht öden Tuk-Tuk-Rundfahrten spannende Trekking- und Fahrradtouren ins Schutzgebiet **Dong Natad** (s. links), vermutlich das letzte Stück Urwald vor der Grenze. Es gibt drei **Treks** mit unterschiedlichem Fokus: Sie führen zu Honigsammlern (1 Tag, 350 000 Kip p. P. bei 2–3 Pers.), ins spirituelle Herz Savannakhets (2 Tage, 700 000 Kip p. P. bei 2–3 Pers.) oder haben den Wald selbst zum Thema (2 Tage, 700 000 Kip p. P. bei 2–3 Pers.). Die lohnendste **Radtour** (2 Tage, 800 000 Kip p. P. bei 2–3 Pers.) führt quer durchs Schutzgebiet nach Ban Phonsim (Homestay) und von dort an mehreren Seen entlang bis zum That Ing Hang.

Außerdem gibt es zwei längere Touren in die Naturschutzgebiete **Dong Phou Vieng** und **Phou Xang He**: Der dreitägige **Katang Trail** beginnt 161 km östlich von Savannakhet (Anfahrt mit öffentlichen Verkehrsmitteln). Im Mittelpunkt stehen das Volk der Katang und der mystische Wald, der ihre Dörfer im Dong Phou Vieng NPA umgibt (2 600 000 Kip p. P. bei 2–3 Pers.). Die viertägige Tour ins Phou Xang He NPA führt zu einem **Poutai-Dörfer**, in dem man einen Einblick in den Alltag der Volksgruppe bekommt, außerdem werden Wanderungen in die Berge unternommen, zu Felsformationen und Höhlen (3 800 000 Kip p. P. bei 2–3 Pers.). Alle Touren starten täglich und sollten einen Tag im Voraus im Tourism Information Center (s. „Informationen") gebucht werden.

Ausflüge auf eigene Faust

Gemeinsam mit den Entwicklungshelfern der japanischen JICA hat die Tourismusbehörde eine Handvoll **Flyer für Tagestouren ins Umland** von Savannakhet erstellt, zu Sehenswürdigkeiten im Nordosten wie Bungva, Dong Natad und That Ing Hang *(Savannakhet Outskirts)*, im Südosten wie Turtle Lake (Nong Pa Fa) und Monkey Forest *(Champhone)* oder im Süden wie That Phone und Heuan Hin *(Mekong River South)*. Die Karten sind recht grob und ohne Kilometerangaben, aber man bekommt einen Eindruck von der Route. Mit Rad oder Roller lassen sich oft nur Teilstücke schaffen. Wer alles sehen will, sollte ein Tuk Tuk chartern. Zu haben sind die Flyer kostenlos in der Touristeninformation.

Pilgrim's Kitchen & Inn, Ratsaphanith Rd, 💻 www.facebook.com/pilgrimskitchenandinn. Tacos, Burritos, Burger, Pizza, Currys, Dal, Samosas – die Küche dieses guten Ladens schlägt die Brücke von Amerika nach Asien. Und auch die Zimmer (AC, Bad) bekommen ordentliche Kritiken. Gutes Frückstück. Fahrradverleih. WLAN. 🕒 8–21 Uhr.
Tonenam Restaurant, Oudomsinh Rd. Großes Thairestaurant mit vielen Plätzen draußen, viel Fisch und Seafood, aber auch Tom Yam und Currys. Die „Quick Dishes" sind ein Schnäppchen. 🕒 10–22 Uhr.
Sooksavanh Bar, am zentralen Platz. Könnte mit ihren zusammengewürfelten Flohmarktmöbeln und -accessoires in dieser Form auch in Berlin bestehen. Bier, Spy Wine Cooler, Cocktails und laotisch-thailändische Küche. 🕒 17–23 Uhr.
Homfar, Ratsavongseuk Rd., Ecke Oudomsinh Rd. ist ein populärer Biertreff mit Snacks.

SONSTIGES

Autovermietungen

Avis, Makhasavan Rd., schräg gegenüber dem Thai-Konsulat, 📞 030-2826769, 💻 www.avis.la. Diverse Mietwagen von kompakt bis SUV, die man in vielen größeren laotischen Städten und in den Nachbarländern wieder abgeben kann.

Diplomatische Vertretungen

Konsulate von **Thailand** und **Vietnam** s. S. 48.

Fahrrad- und Motorradverleih

Fahrräder (um 15 000 Kip) und **Roller** (Halbautomatik 80 000 Kip, Automatik 100 000 Kip) gibt's im Souannavong Gh. und einem kleinen Verleih, Ratsavongseuk Rd., Ecke Simuang Rd.
Holien Bike Center, Phangnapui Rd., 📞 041-213190. Der Besitzer spricht zwar kein Wort Englisch, kann aber im Zweifel als einziger

hochwertige Ersatzteile fürs Fahrrad besorgen. ⌚ 8.30–17 Uhr, So geschlossen.

Geld

Geldautomaten stehen vor der BCEL, vor der Phongsavanh Bank und in der Chanthabouri Rd., gegenüber dem Krankenhaus.
BCEL, Ratsavongseuk Rd., Ecke Oudomsinh Rd., ✆ 041-212272. ⌚ Mo–Fr 8.30–15.30 Uhr. Ein Wechselschalter vor der Bank hat in der Regel auch am Wochenende geöffnet.
Lao Development Bank, Oudomsinh Rd., um die Ecke, ✆ 041-212226. ⌚ Mo–Fr 8.30–15.30 Uhr.
Phongsavanh Bank, Ratsavongseuk Rd., ✆ 041-300888. ⌚ Mo–Fr 8.30–16, Sa 8.30–11.30 Uhr.

Informationen

Tourism Information Centre, im Provincial Tourism Department, Chaleunmuang Rd., nahe dem zentralen Platz, ✆ 041-212755. Trekkingangebote, Radtouren, viele Broschüren, auch zu Tagestouren (S. 467) und einem Stadtrundgang auf eigene Faust, aber Öffnungszeiten wie eine Behörde. ⌚ Mo–Fr 8–11, 14–16 Uhr.

Medizinische Hilfe

Das **Provinzkrankenhaus** in der Chanthabouri Rd., südlich der Post, ✆ 041-212231 (Notfall), hat einen VIP-Trakt.
Einen recht guten Ruf genießt das private **Savannaket Medical-Diagnostic Center**, Phetsarat Rd., ✆ 041-212393. Dr. Bounta spricht Englisch und verkauft **Medikamente**. ⌚ Mo–Sa 7.30–11.30, 14–17.
In ernsten Fällen ist das **Mukdahan International Hospital**, 87 Mukdahan-Dontan Rd., ✆ 0066-(0)42-633302 (Notruf), nur eine Brückenüberquerung entfernt.

Grenzübergang nach Thailand

Busse nach **Mukdahan** über die zweite thailaotische Freundschaftsbrücke, 5,5 km nördlich des Zentrums, verlassen Savans zentrale Busstation alle 45–60 Min. zwischen 8.15 und 19 Uhr (13 000 Kip, außerhalb der regulären Öffnungszeiten 14 000 Kip). An der Grenze, ⌚ 6–22 Uhr, gibt es Schalter der Lao Development Bank und der BCEL (Geldautomat). Vor 8 Uhr, nach 16 Uhr, an Wochenenden und Feiertagen verlangen die Beamten eine Überstundengebühr. Der alte Grenzübergang am Fähranleger dient nur noch dem lokalen Grenzverkehr. Einreise nach Laos s. S. 307.

TRANSPORT

Busse

Die **Busstation** liegt 4 km nördlich des Zentrums an der Makhasavan Rd. (Tuk Tuk 20 000 Kip p. P.)
DAN SAVAN/LAO BAO (Grenze Vietnam, 232 km, 6–7 Std.) um 7 und 12 Uhr für 40 000 Kip über XEPON (187 km, 5–6 Std.).
PAKXE (262 km, 4–5 Std.) um 7, 9, 10.30, 12.30 und 17.30 Uhr, 40 000 Kip.
THAKHEK (133 km, 2 Std.) stdl. von 7–16 Uhr, danach Busse aus dem Süden, 30 000 Kip.
VIENTIANE (468 km, 8 Std.) 7x tgl. zwischen 6 und 11.30 Uhr, im Anschluss bis nachmittags Busse aus dem Süden, 75 000 Kip.
Tgl. um 20.30 Uhr fährt auch ein VIP-Bus für 120 000 Kip.

Busse nach Vietnam

Von der Busstation fährt Do und Fr um 21 Uhr ein mitunter schrottreifer **öffentlicher Bus** über HUE (14 Std., 90 000 Kip) nach DA NANG (16 Std., 110 000 Kip). Viele Leser raten allerdings von dieser Fahrt ab. Die Grenze wird zwar noch in der Nacht erreicht, aber sie öffnet erst am Morgen. Und das bedeutet, im Bus zu frösteln bis zum ersten Sonnenstrahl. Eine Alternative sind die Tagesverbindungen tgl. um 9 Uhr mit dem **VIP-Bus** (keine Toilette) nach Hue für 110 000 Kip oder der **Schlafbus** am Di, Do und Sa um 7.30 Uhr nach Da Nang für 150 000 Kip. Nach HA NOI geht's Mo, Di, Do und Sa um 10 Uhr in qualvollen 24 Std. für 250 000 Kip.

Flüge

Vom **Flughafen** (Tuk Tuk 40 000 Kip), 1,5 km südöstlich der Stadt, hebt **Lao Airlines**, ✆ 041-212140, ✉ zvk@laoairlines.com, im Terminal, ⌚ 8–16.30 Uhr, zu folgenden Zielen ab:
BANGKOK (5x wöchentl., 1 1/2 Std.),
PAKXE (in der Hochsaison tgl., 30 Min.),
VIENTIANE (tgl., 1. Std., über Pakxe).

 OBEN LINKS VAT PHOU, CHAMPASAK; **OBEN RECHTS** TAD LO, SARAVAN; **UNTEN** SAVANNAKHET

Straße 9 nach Dan Savan

Östlich von Xeno windet sich die Straße 9 über 200 km bis zum Fuß der Annamitischen Kordillere, wo sie auf 200 m ansteigt, um über den **Lao Bao Pass** nach Vietnam hinüberzuführen.

190 km östlich von Savannakhet erreicht sie **Xepon**, eine winzige Bezirksstadt am Ufer des Xe Banghiang, deren Geschichte untrennbar mit dem **Ho-Chi-Minh-Pfad** verbunden ist: Bis 1975 lief hier das Geflecht aus Straßen, Flüssen und Pfaden zusammen, über das die Nordvietnamesen ihren Nachschub in den Süden transportierten. Im Februar 1971 unternahmen südvietnamesische Truppen in einem **Himmelfahrtskommando** den Versuch, die Versorgungsroute bei Xepon zu unterbrechen. Das Unternehmen wurde ein Fiasko mit mehr als 20 000 Toten. Ein ehemaliges Schlachtfeld liegt 20 km östlich bei **Ban Dong**. Hier erinnert ein Kriegsmuseum an den Sieg von Pathet Lao und Vietnamesen. ⌚ Mo–Sa 8–16 Uhr. Eintritt 10 000 Kip.

Dan Savan, das letzte Dorf vor der Grenze, 235 km östlich von Savannakhet, 2 km vor der Immigration, besteht nur aus einer lang gezogenen Straße mit Holzhäusern. Wie in Xepon gibt es ein paar Unterkünfte und Restaurants.

Grenzübergang nach Vietnam

Der geschäftigste der laotisch-vietnamesischen Grenzübergänge, ⌚ 7–21 Uhr, verbindet die Provinz Savannakhet mit der vietnamesischen Provinz Quang Tri. Zwischen Savannakhet und Hue pendeln täglich Direktbusse (S. 468). Von Xepon bestehen stdl. von 6.30 Uhr bis zum frühen Nachmittag Verbindungen zum 45 km entfernten Grenzort Dan Savan. Dort nimmt man für ein paar tausend Kip ein Motorradtaxi zur Immigration und nach der Einreise nach Vietnam ein weiteres für die kurze Fahrt nach **Lao Bao**. Hier gibt es einen großen Grenzmarkt. Den ganzen Tag lang fahren Busse oder Minibusse nach Dong Ha, dem vietnamesischen Kreuzungspunkt der Straßen 1 und 9 (80 km, 2 Std.).
Infos zum Vietnam-Visum s. S. 103, Einreise nach Laos s. S. 734.

Der Süden

Mehr besucht als Zentrallaos, aber noch weit vom Massentourismus entfernt – der Süden bietet beides: touristische Highlights und die Möglichkeit, die Trampelpfade zu verlassen.

Die Provinz Champasak besitzt mit dem Khmer-Tempel **Vat Phou** eines der ältesten Kulturdenkmäler des Landes. Im Mekong nahe der kambodschanischen Grenze liegen die **Si Phan Don**, zu Deutsch „Viertausend Inseln", ein Pflichtstopp für Backpacker. Geografisches Merkmal im Süden ist das **Bolaven-Plateau**. Die kühle Hochebene ist für ihre **Wasserfälle** und Kaffeeplantagen bekannt und Heimat zahlreicher Mon-Khmer-Völker. Landschaftlich wild und ungebändigt sind die **Südostprovinzen** Saravan, Xekong und Attapeu.

Schöne Anregungen für die Reiseroute gibt die **Website** 💻 www.southern-laos.com.

Wichtigste **Verkehrsachse** im Süden ist die Straße 13, die von Nord nach Süd durch Champasak führt und am laotisch-kambodschanischen Grenzübergang endet (S. 494). 44 km westlich von Pakxe besteht auch ein Grenzübergang mit Thailand (S. 477). Die Hauptstraßen auf dem Bolaven-Plateau sind inzwischen asphaltiert. Von Pakxes Flughafen starten Maschinen nach Bangkok, Siem Reap und Ho-Chi-Minh-Stadt. Geöffnet, aber wenig genutzt, sind die beiden Grenzübergänge nach Vietnam in den Provinzen Saravan und Attapeu (S. 497).

Provinz Champasak

Champasak, knapp 15 500 km² groß, ist das Zentrum von Südlaos, ein historischer Kreuzungspunkt der Handelsrouten nach Bangkok und Phnom Penh. Als eine der wenigen Provinzen erstreckt es sich über beide Ufer des Mekong, als einzige hat es einen Grenzübergang mit Kambodscha. Mehr als 670 000 Menschen leben hier. Die Tiefebene im Westen wird vor allem von Lao, Phoutai und anderen Mitgliedern der Tai-Sprachfamilie bewohnt. Auf dem Bolaven-Plateau im

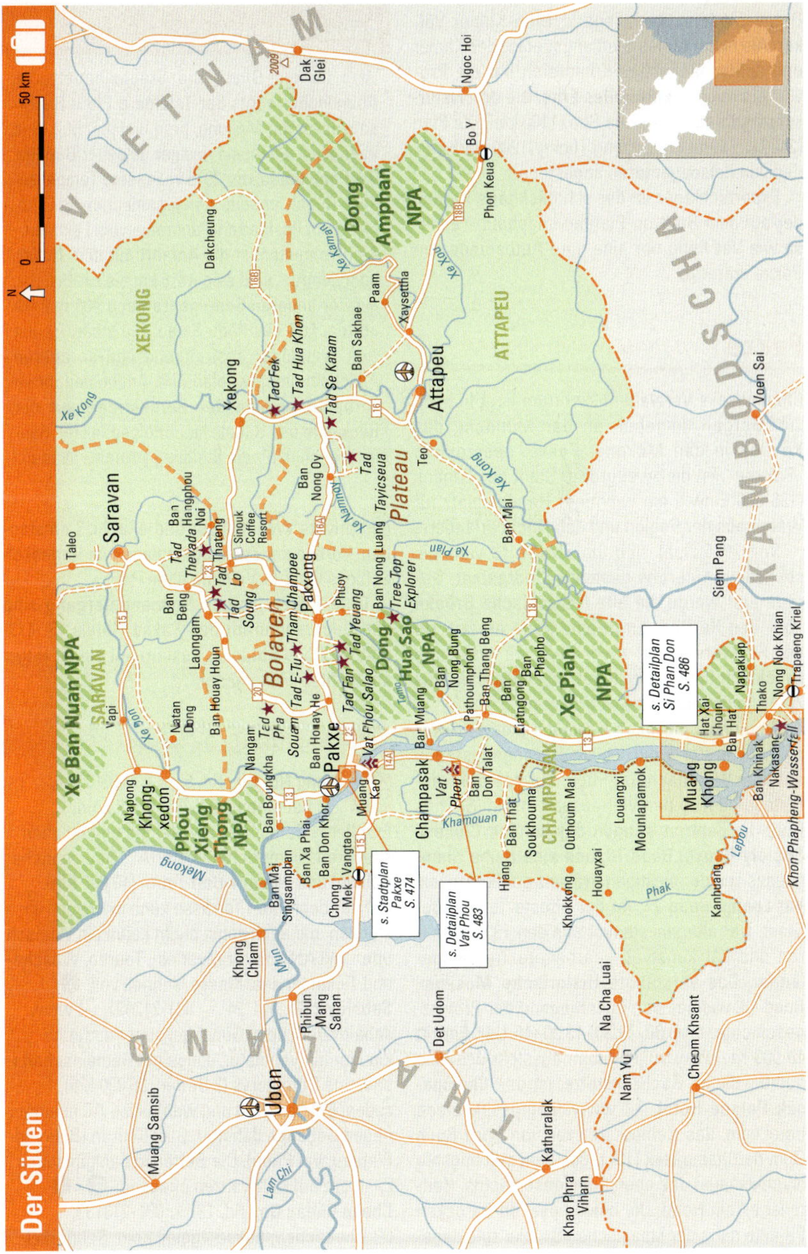
Der Süden
0
50 km
N
VIETNAM
KAMBODSCHA
THAILAND
XEKONG
SARAVAN
ATTAPEU
CHAMPASAK
Xe Ban Nuan NPA
Phou Xieng Thong NPA
Dong Amphan NPA
Dong Hua Sao NPA
Xe Pian NPA
Bolaven Plateau
Saravan
Pakxe
Attapeu
Xekong
Pakxong
Champasak
Muang Khong
Ubon
Taleo
Dakcheung
Dak Glei
Ngoc Hoi
Bo Y
Phon Keua
Paam
Xaysettha
Ban Sakhae
Teo
Ban Mai
Siem Pang
Voen Sai
Tad Fek
Tad Hua Khon
Tad Se Katam
Tad Tayicseua
Ban Nong Oy
Sinouk Coffee Resort
Ban Hangphou Noi
Thateng
Tad Thevada
Tad Lo
Tad Soung
Ban Beng
Laongam
Ban Houay Houn
Tham Champee
Phuoy
Tad Yeuang
Ban Nong Luang
Tree-Top Explorer
Tad Fan
Tad E-Tu
Tad Pha Souam
Ban Houay He
Vat Phou Salao
Ban Nong Bung
Pathoumphon
Ban Thang Beng
Ban Phapho
Ban Eatngong
Bar Muang
Vapi
Natan Dong
Nangam
Napong
Khong-xedon
Ban Boungkha
Ban Xa Phai
Ban Don Khor
Muang Kao
Vat Phou
Ban Don Talat
Ban That
Soukhouma
Outhoum Mai
Louangxi
Mounlapamok
Houayxai
Khokkong
Hiang
Kanhuang
Hat Xai Khoun
Ban Hat
Ban Khinak
Nakasang
Thako
Napakiap
Nong Nok Khian
Trapaeng Kriel
Khon Phapheng-Wasserfall
Ban Mai Singsampan
Chong Mek
Vangtao
Khong Chiam
Phibun Mang Sahan
Det Udom
Na Cha Luai
Nam Yun
Cheom Khsant
Muang Samsib
Katharalak
Khao Phra Viharn
Xe Kong
Xe Kaman
Xe Xou
Xe Namnoy
Xe Plan
Xe Don
Tomo
Mekong
Mun
Lam Chi
Khamouan
Phak
Lepou
2009
s. Stadtplan Pakxe S. 474
s. Detailplan Vat Phou S. 483
s. Detailplan Si Phan Don S. 486

Osten siedeln überwiegend Mon-Khmer-Völker. Als historisches Siedlungsgebiet der Khmer und später laotisches Königreich hat die Provinz ein reiches **kulturelles Erbe**. Die drei **Naturschutzgebiete** Dong Hua Sao (1100 km^2), Xe Pian (2400 km^2) und Phou Xieng Thong (1200 km^2) werden von Reiseagenturen angesteuert.

Exportschlager ist der schmackhafte **Kaffee**, der auf dem Bolaven-Plateau angebaut – ebenso wie Vat Phou nur eine gute Autostunde von Pakxe entfernt.

Pakxe

Champasaks Verwaltungszentrum liegt hübsch von Bergen umgeben an der Mündung des Xe Don in den Mekong. Pakxe, gesprochen „Pakxee", ist die zweitgrößte Stadt des Landes (130 000 Einw.), ein wichtiger Handelsplatz für Waren aus der Region und den Nachbarländern.

Seit 2015 zieht sich die Straße 13 vier- bis sechsspurig durchs gesamte Stadtgebiet. Gerade erst wurde die alte **französische Brücke** über den Xe Don durch eine neue ersetzt. Ob der Schwerverkehr, zuvor über die **russische Brücke** im Osten umgeleitet, nun wieder durchs Zentrum donnert, wird sich zeigen.

Sehenswürdigkeiten bietet die Stadt nur wenige. In erster Linie ist sie Durchgangstation auf dem Weg nach Vat Phou, auf das Bolaven-Plateau oder zu den Viertausend Inseln (Si Phan Don). Im Zentrum zeugen das schöne **Chinese Society House**, Road 10, und eine Reihe Shophouses von der einstigen Präsenz der Franzosen. **Vat Luang**, Road 11, ist der älteste Tempel der Stadt. Der alte *sim* stammt aus den 1930er-Jahren und hat kunstvoll gearbeitete Treppengeländer. Das verstaubte **Historische Museum**, Road 13, widmet sich überwiegend der Provinzgeschichte. ⌚ 8.30–11.30, 13.30–16 Uhr. Eintritt 10 000 Kip. Was vom weitem aussieht wie eine bombastische Hochzeitstorte, ist das **Champasak Palace Hotel**, 🖳 www.champasakpalacehotel.com, das sichtbarste Erbe von Prinz Boun Oum na Champasak (1911–80), dem mächtigsten Nachkommen des alten Königgeschlechts. Heute ist es ein Hotel. Die beiden pseudo-barocken **Paläste** nahe der japanischen Brücke sind dagegen private Wohnhäuser und erst 2013 entstanden. Vorbild der Zweiflügelanlage war angeblich Schloss Vaux-le-Vicomte nahe Paris.

Gute Plätze für den **Sonnenuntergang** sind das Dachrestaurant des Pakse Hotels (S. 473) und **Vat Phou Salao** (s. Kasten) auf einem Hügel am rechten Mekongufer.

Pakxe von oben

Was für ein Blick! Die Stadtsilhouette im Abendlicht, rechts der Tafelberg Phou Bachiang, davor der Mekong, breit und mächtig. Und über allem wacht ein riesiger goldener Buddha. **Vat Phou Salao**, der 2015 vollendete Tempel auf dem Hügel jenseits der japanischen Brücke, bietet ein Postkarten-Panorama vom Feinsten. Am leichtesten ist die Anfahrt mit dem Roller: Vom Zentrum sind es gut 2,5 km bis zur Brücke, auf der anderen Seite geht's nach 400 m links ab zum Fuß des Phou Salao. Die steile Treppe zum Tempel ist anstrengend und im oberen Abschnitt nicht ungefährlich. Am besten daran vorbeifahren und der Betonstraße auf der Rückseite des Hügels hinauffolgen (4 km). Radler brauchen für die Steigung stramme Waden.

ÜBERNACHTUNG

Nang Noi Gh., Rd. 5, ✆ 030-9562544, ✉ bounthong1978@hotmail.com. Exzellente Option für Traveller mit gemütlichen sauberen Zimmern (Ventilator/AC, Bad, manche Balkon) und einem 4-Bett-Dorm (40 000 Kip). Auf der begrünten Terrasse kann man gut frühstücken und auch sonst bleibt kaum ein Wunsch offen: WLAN, Motorradverleih, Touren, Wäsche- und Ticketservice. Klasse, schnell voll. ❷

Sabaidy 2 Gh., Rd. 24, ✆ 031-212992, 🖳 www.sabaidy2tour.com. Günstige, super einfache Zimmer mit Ventilator, einige mit Gemeinschaftsbad, und Dormitorys (3 Betten, 35 000 Kip), zudem 6 DZ mit Bad und wahlweise AC in einem neuen Gebäude dahinter. Gute Touren (Bolaven-Plateau, Vat Phou). Die Betten in den günstigen Zimmern auf Bettwanzen checken! ❶–❷

Cheap Cheap Gh., Rd. 13, ✆ 031-213133, ✉ cheapcheappakse@gmail.com. Schnörkellose Fliesenzimmer (Ventilator, wahlweise AC) in einem 4-stöckigen Reihenhaus Marke Minihotel – ein Ausweichquartier, wenn im Nang Noi alles voll ist. Kein Englisch. ❷

Alisa Gh., Rd. 13, 031-251555, www.alisa-guesthouse.com. Die aufgeräumten Zimmer (AC, TV, Kühlschrank) sind hübsch möbliert, sauber und haben große Bäder. Hinterm Haus entsteht gerade ein Neubau mit weiteren 60 Zimmern. Prima fürs Geld. ❷

Phi Dao Hotel, Rd. 13, Ecke Rd. 12, 031-215588, phidaohotel@gmail.com. Ähnlich gut wie das Alisa Gh., mit 20 komfortablen, weiß gefliesten AC-Zimmern (auch mit 3 Betten) und modernen Bädern. Beliebtes Restaurant mit überdachter Terrasse im Erdgeschoss. ❸

€ **Khaemse Gh.**, am Ende der Rd. 12, 020-23222084. Ultraeinfache, aber nette Backpackerbleibe in toller Lage am Xe Don mit Zimmern in einem klassischen Lao-Haus und einer Holzhütte daneben, alle mit Ventilator und Bad, die meisten mit Warmwasser. Charmante Terrasse am Fluss. ❶–❷

Pakse Hotel, Rd. 5, 031-212131, www.hotelpakse.com. Mehr als 60 Zimmer von Standard bis Suite mit AC, Kabel-TV, Telefon und Minibar, einige auch mit toller Aussicht. Die günstigsten Zimmer haben allerdings nur Fenster zum Korridor. Fahrstuhl, schnelles Internet, guter Service. ❹–❻

Résidence Sisouk, Rd. 9, Ecke Rd. 11, 031-214716, www.residence-sisouk.com. Die schönste Unterkunft der Stadt: 14 Zimmer im Kolonialstil, mit Holzböden und kleinen Balkonen mit Ausblick auf den Xe Don. Fahrstuhl (sensationell langsam), Internet und Restaurant; Preis inkl. Frühstück. ❺–❻

Athena Hotel, Rd. 13, 031-214888, www.athena-pakse.com. L-förmig um den einzigen Pool im Zentrum angelegt, bietet das Hotel 21 große moderne Zimmer in 2 Varianten, komfortabel und mit viel Holz eingerichtet. Restaurant. Preis inkl. Frühstück. Gute Wahl. ❺–❻

ESSEN

Cafés und Früstückslokale

Café Sinouk, Rd. 11, Ecke Rd. 6 und Rd. 9., http://sinoukcafe.com. Unterkoffeiniert? Hier gibt's starken Espresso, Cappuccino und leckeren Eiskaffee, außerdem gute Backwaren und Bistroküche. 6.30–21 Uhr.

Malisa Coffee Shop, Rd. 6, Ecke Rd. 7. Ausgezeichneter Kaffee, Smoothies, Fruchtsäfte und zwei Dutzend günstige thai-laotische Gerichte im Schatten einer Birkenfeige. 7–21 Uhr.

Champady, Seitenstraße westlich der Rd. 12. Frühstück, Thai-Lao-Kost und Schnellgerichte für weniger als 20 000 Kip. 7–20 Uhr.

Essensstände und Suppenküchen

€ Für eine **Suppe** steuert man einen der drei Läden an der Straße 13 im Zentrum an (15 000–20 000 Kip) oder das vietnamesische Viertel (Rd. 46). Gutes **Baguette mit Paté** verkauft ein Stand an der Rd. 13, Ecke Rd. 12. Frühlingsrollen und Salate gibt's im **Mae Tin** (kein Schild), Rd. 6. Und abends werden am Markt beim Champasak Shopping Centre **Essensstände** aufgebaut.

International

Jasmin Restaurant, Rd. 13, **Hasan's Restaurant**, Rd. 24. Die beiden indischen Restaurants unterscheiden sich höchstens in Nuancen. Beide bieten leckere Kost zu fairen Preisen. Hauptgerichte 20 000–30 000 Kip. 7–22 oder 23 Uhr.

Le Panorama, Rd. 5. Restaurant auf dem Dach des Pakse Hotels mit super Panoramablick über die Stadt und leckeren laotischen Klassikern und mediterranen Gerichten. Hauptgerichte 35 000–85 000 Kip. 16.30–23 Uhr.

Dok Mai Lao Restaurant, Rd. 24. Die leckeren Gerichte des toskanischen Kochs lassen einen fast vergessen, dass man sich in Laos befindet. Abends kann es voll werden. Pasta 35 000–60 000 Kip. 11–23 Uhr, wechselnder Ruhetag.

La Terrasse, Rd. 24. Die lässige Backpacker-Terrasse ist eine gute Anlaufstelle bei Lust auf Burger, Baguette, Geschnetzeltes oder Pizza. Hauptgerichte 25 000–65 000 Kip. 7–22 Uhr.

Laotisch, Thailändisch, Vietnamesisch

€ **Daolin Restaurant**, Rd. 13, Ecke Rd. 24. Riesige Auswahl günstiger Nudel- und Reisgerichte, laotische Klassiker, Frühstück, Sandwiches und Baguettes. Hauptgerichte starten bei 20 000 Kip. 6–22.30 Uhr.

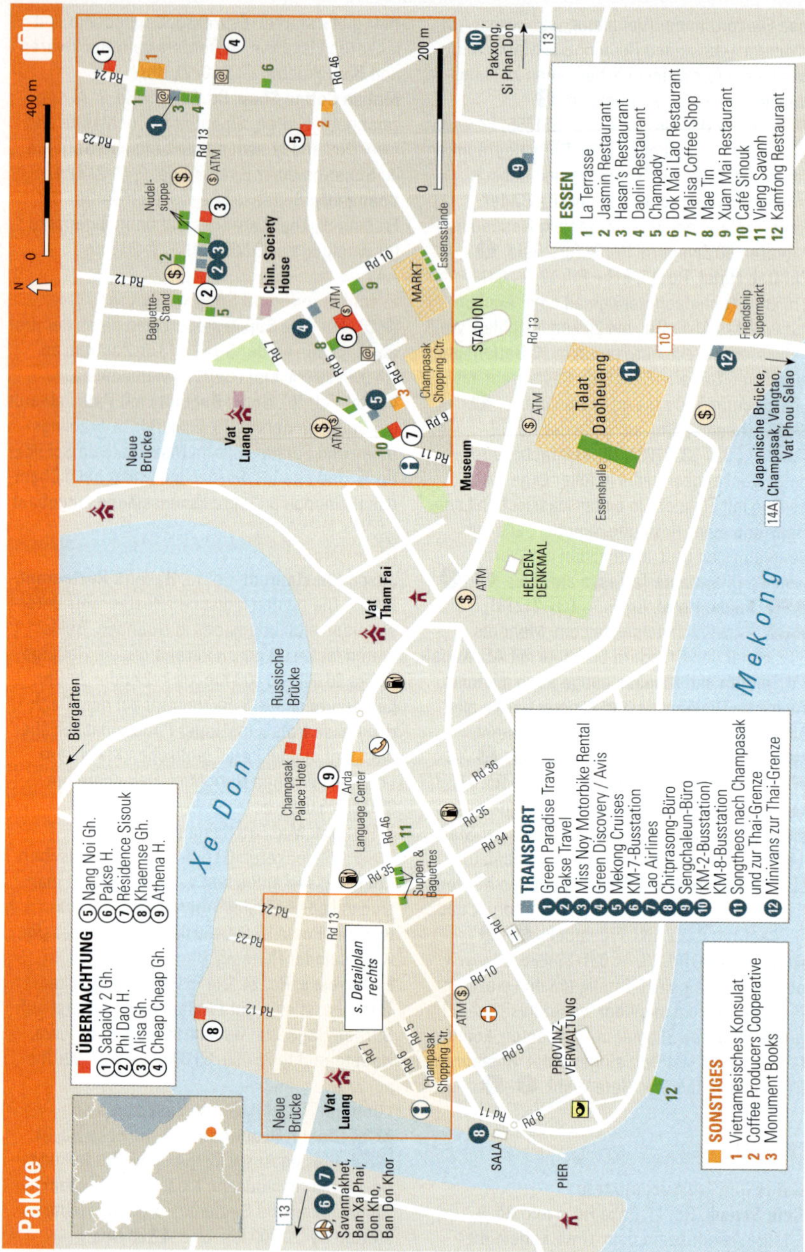

Pakxe
ÜBERNACHTUNG
1 Sabaidy 2 Gh.
2 Phi Dao H.
3 Alisa Gh.
4 Cheap Cheap Gh.
5 Nang Noi Gh.
6 Pakse H.
7 Résidence Sisouk
8 Khaemse Gh.
9 Athena H.
TRANSPORT
1 Green Paradise Travel
2 Pakse Travel
3 Miss Noy Motorbike Rental
4 Green Discovery / Avis
5 Mekong Cruises
6 KM-7-Busstation
7 Lao Airlines
8 Chitprasong-Büro
9 Sengchaleun-Büro (KM-2-Busstation)
10 KM-8-Busstation
11 Songtheos nach Champasak und zur Thai-Grenze
12 Minivans zur Thai-Grenze
SONSTIGES
1 Vietnamesisches Konsulat
2 Coffee Producers Cooperative
3 Monument Books
ESSEN
1 La Terrasse
2 Jasmin Restaurant
3 Hasan's Restaurant
4 Daolin Restaurant
5 Champady
6 Dok Mai Lao Restaurant
7 Malisa Coffee Shop
8 Mae Tin
9 Xuan Mai Restaurant
10 Café Sinouk
11 Vieng Savanh
12 Kamfong Restaurant
Xe Don
Mekong
Biergärten
Russische Brücke
Neue Brücke
Vat Luang
Vat Tham Fai
Champasak Palace Hotel
Arda Language Center
Suppen & Baguettes
s. Detailplan rechts
Champasak Shopping Ctr.
PROVINZ-VERWALTUNG
SALA
PIER
HELDEN-DENKMAL
Museum
STADION
Talat Daoheuang
Essenshalle
MARKT
Essensstände
Chin. Society House
Nudelsuppe
Baguette-Stand
Friendship Supermarkt
ATM
Rd 1
Rd 5
Rd 6
Rd 7
Rd 8
Rd 9
Rd 10
Rd 11
Rd 12
Rd 13
Rd 23
Rd 24
Rd 34
Rd 35
Rd 36
Rd 46
13
10
14A
Savannakhet, Ban Xa Phai, Don Kho, Ban Don Khor
Pakxong, Si Phan Don
Japanische Brücke, Champasak, Vangtao, Vat Phou Salao
0
400 m
200 m
N

Xuan Mai Restaurant, Rd. 5, Ecke Rd. 10. Vietnamesisch-laotisches Lokal mit Probiermenüs und allen Klassikern. Eine Besonderheit sind die Kochkurse (250 000 Kip p. P). Hauptgerichte 20 000–45 000 Kip. ⌚ 7–23 Uhr.

Vieng Savanh, Rd. 35. Außen funktional wie eine Markthalle, innen beim Tischgrillen feinste Erlebnisküche: super *sindat*, immer rappelvoll, mit Portionen, die locker für zwei reichen. ⌚ 16–23 Uhr.

Kamfong Restaurant, bei Einheimischen beliebtes Floßrestaurant auf dem Mekong und ein guter Ort in Pakxe, um Fisch zu essen; klasse ist der *pa laat pik*: Grillfisch mit süßsaurer Soße. ⌚ abends.

TOUREN UND AKTIVITÄTEN

Fast überall sind **Touren** nach Vat Phou, ins Xe Pian NPA, aufs Bolaven-Plateau und zu den Viertausend Inseln im Angebot. Inzwischen gibt es auf gute Kaffeetouren. Herunterladbare **Routenvorschläge für Radler** finden sich unter 💻 www.southern-laos.com/-Cycling.

Trekking, Kayaking, Ausflüge in der Region

Green Discovery, Rd. 10, Ecke Rd. 6, ☎ 031-252908, 💻 www.greendiscoverylaos.com. Schwerpunkt auf Aktivtourismus: Jede Menge Spaß versprechen die Kajaktrips auf dem Houay Bangliang (nicht in der Trockenzeit). Abenteuer-Highlight auf dem Bolaven-Plateau ist der **Tree Top Explorer** (S. 480), ein Zip-Line-Parcours im Dschungel samt Baumhotel.

Pakse Travel, Rd. 13, ☎ 020-22277277, 💻 www.paksetravel.com. Tagesausflüge auf das Bolaven-Plateau, nach Vat Phou und zu den Viertausend Inseln (Si Phan Don), ansonsten auf Transport spezialisiert. Motorradverleih.

Green Paradise Travel, Rd. 24, ☎ 031-214842. Breites Angebot an Touren auf das Bolaven-Plateau und zu anderen Zielen im Süden, auch Trekking, Elefantenreiten, Kajaktouren und Ticket-Service. Filiale auf Don Det.

Das **Sabaidy 2 Gh.** bietet eine gute Tagestour über das Bolaven-Plateau an, mit vielen Infos zu den dort heimischen Ethnien und zum Thema Kaffee. 160 000 Kip p. P. bei mind. 4 Pers., auch zu buchen im Nang Noi Gh.

Kaffeetouren

Das Bolaven-Plateau ist das Herz des laotischen Kaffeeanbaus. Wer mehr über die Stationen vom Strauch bis zur Tasse erfahren möchte, kann während der Erntezeit (Okt–März) an der spannenden Tagestour der **Coffee Producers Cooperative (CPC)** teilnehmen. Sie kostet US$77 p. P. bei 2 Pers., US$66 p. P. bei 3 Pers. und US$50 bei 4 Pers. Die Einnahmen kommen den Mitgliedern der Kooperative zugute. Start ist Mo–Fr um 8 Uhr am CPC-Büro in der Rd 5., Buchung mindestens einen Tag vorab dort oder unter ☎ 031-214126, ✉ cpclaos.coffeetour@gmail.com. Infos zur Kooperative: 💻 www.cpc-laos.org. Es ist auch eine 2-tägige Kaffeetour mit Homestay und Trekking im Angebot (US$88 p. P. bei 4 Pers.), außerdem ganzjährig ein Fabrikbesuch mit und ohne Kaffeeverkostung (US$31/20 p. P. bei 1–3 Pers.). Wer das Bolaven-Plateau auf eigene Faust erkundet, kann sich dem Thema Kaffee auch bei **Mr. Koffie** oder im **Jhai Coffee House** in Pakxong (S. 479) intensiver widmen.

SONSTIGES

Autovermietung

Avis, Rd. 10, Ecke Rd. 6, ☎ 031-214946, 💻 www.avis.la. ⌚ Mo–Fr 8.30–18 Uhr, Sa, So 9–13 Uhr.

Diplomatische Vertretungen

Konsulat von **Vietnam** s. S. 48

Einkaufen

Monument Books, Rd. 5, 💻 www.monument-books.com. ⌚ Mo–Sa 9–20, So bis 18 Uhr.

Fahrrad- und Motorradverleih

Mehrere Läden an der Rd.13 vermieten Fahrräder (um 15 000 Kip/Tag) und Motorroller (60 000–100 000 Kip/Tag). Zu den zuverlässigsten gehört **Miss Noy Motorbike Rental**, Rd. 13, mit gut gewartetem Gerät und jeder Menge Infos zu Ausflügen. Ebenfalls solide sind die Mietroller des **Nang Noi Gh**.

Geld

An **Geldautomaten** herrscht kein Mangel. Die meisten **Banken** öffnen Mo–Fr von 8–15.30 Uhr.

ANZ, Rd.13, vis-a-vis dem Stadion, ✆ 031-254371.
Banque Franco-Lao, Rd. 13, Ecke Rd. 12, ✆ 031-410154, 📠 410156. ⏲ bis 16.30 Uhr.
BCEL, Rd. 11, südlich Vat Luang, ✆ 031-212770.
Lao Development Bank, Rd. 13, ✆ 031-212168.
Phongsavanh Bank, Rd. 13, gegenüber dem Chinesischen Tempel, ✆ 031-260311; ⏲ auch Sa 8.30–11.30 Uhr.

Informationen

Provincial Tourism Office, Rd.11, ✆ 031-212021. Die Touren halten nicht, was sie versprechen. ⏲ Mo–Fr 8–12, 13.30–16 oder 17 Uhr.

Medizinische Hilfe

Auf dem Gelände des **Provinzkrankenhauses** liegt auch die International Hightech Polyclinic, ✆ 031-214712, deren Ausstattung aber auch nicht westlichem Standard entspricht.
In ernsten Fällen ist es besser, ein Krankenhaus in Thailand aufzusuchen. Das nächstgelegene befindet sich in Ubon Ratchathani:
Sappasit Prasong Hospital, Sappasit Rd., ✆ +66-45-240074.

TRANSPORT

Busse und Songtheos

Pakxe hat fünf Busstationen: Busse nach Norden und nach Vietnam fahren von der **KM-7-Busstation** 7 km nordwestlich der Stadt an der Straße 13 ab. Verbindungen in den Süden, nach Osten und nach Thailand bestehen von der **KM-8-Busstation** 8 km östlich an der Straße 13. Minibusse zur Thai-Grenze (Vangtao) und Songtheos zu weiteren Zielen in der Provinz starten am **Talat Daoheuang**. Die privaten **VIP-Busse** nach Vientiane fahren entweder vom Büro der Gesellschaft Chitprasong am Xe Don oder vom Büro der Gesellschaft Sengchaleun (auch KM-2-Busstation) an der Straße 13 ab. Von Letzterem geht's auch nach Kambodscha. In naher Zukunft sollen alle Busse nach Norden (öffentlich/VIP) und zu internationalen Zielen an die KM-7-Busstation verlegt werden. Für die meisten Reisenden macht das aber keinen Unterschied: Sie kaufen ihr **Ticket** im Gästehaus oder Reisebüro und werden am Abfahrtstag zur Busstation gebracht. Das ist trotz Aufschlag oft günstiger, als alles selbst zu organisieren.

> **Schnell und bequem auf die Inseln**
>
> Wer auf die Viertausend Inseln möchte und eine Pause vom öffentlichen Verkehrssystem braucht, kann einen der flinken **Minibusse** nach Don Det und Don Khon nehmen (2 Std., ab 65 000 Kip inkl. Fähre). Die Busse stoppen auf Wunsch auch in Ban Muang gegenüber Champasak und Ban Hat Xay Khoun gegenüber Don Khong. Abfahrt ist tgl. um 8 Uhr, entweder von der Rd. 13 oder vom Gästehaus (je nach Anbieter).

KM-7-Busstation (Ziele im Norden)
Tuk Tuk vom/ins Zentrum 20 000–30 000 Kip.
VIENTIANE (670 km, 12–13 Std.) etwa stdl. zwischen 6.30 und 18.30 Uhr für 110 000 Kip; Busse, die vor 12 Uhr starten, fahren auch über SAVANNAKHET (262 km, 4–5 Std., 40 000 Kip), die danach nur über THAKHEK (395 km, 6–7 Std., 60 000 Kip); AC-Busse s. „VIP-Busse".
PHONSAVAN (757 km 14–15 Std.) um 6.30 Uhr für 170 000 Kip.

KM-8-Busstation (Ziele im Süden und Osten)
Tuk Tuk vom/ins Zentrum 20 000–30 000 Kip.
ATTAPEU (206 km, 5 Std.) von 6–15 Uhr für 45 000 Kip, VIP um 15.15 Uhr für 55 000 Kip.
BAN KIATNGONG (55 km, 1–2 Std.) um 12.30 Uhr für 40 000 Kip.
DON DET/DON KHON (Busse bis Nakasang, 3–4 Std., dann mit der Fähre übersetzen) stdl. 7–17 Uhr für 40 000 Kip.
DON KHONG (138 km, 2–3 Std.) alle 1 1/2 Std. von 8–15.30 Uhr für 50 000 Kip.
PAKXONG (52 km, 1–2 Std.) regelmäßig bis nachmittags, 20 000 Kip.
SARAVAN (116 km, 3 Std.) um 6.45, 9.15, 11, 13 und 16 Uhr für 30 000 Kip über TAD LO (2 Std.).
XEKONG (133 km, 3–4 Std.) VIP-Busse um 10 und 14.30 Uhr für 40 000 Kip, ansonsten jeder Bus in Richtung Attapeu 35 000 Kip.

Talat Daoheuang (Ziele in der Umgebung)
Minibusse und Songtheos fahren nach:
CHAMPASAK (32 km, 1 Std.) regelmäßig bis

Weiterreise in die Nachbarländer

Thailand

Seit dem Bau der japanischen Brücke dauert die Fahrt von Pakxe nach Ubon Ratchathani nur noch drei Stunden. Der Grenzübergang, ⏲ tgl. 6–20 Uhr, befindet sich 44 km westlich der Stadt bei Vangtao (Songtheo oder Minibus vom Talat Daoheuang). Außerhalb der regulären Öffnungszeiten (Mo–Fr 8–16 Uhr) fällt eine Überstundengebühr von 15 000 Kip an. Von **Chong Mek** auf thailändischer Seite bestehen Verbindungen nach Bangkok (10–11 Std.), außerdem alle 30 Min. nach Phibun (1 Std.) und von dort alle 20 Min. nach Ubon/Warin (1 Std.). Ein Taxi von hier nach Ubon kostet 1000 Baht.
Von der KM-8-Busstation in Pakxe fahren Busse auch direkt nach **Ubon** (8.30 und 15.30, 200 Baht) und nach **Bangkok** (15.30 Uhr, 15 Std., 900 Baht). Bei Touranbietern in Pakxe kann man außerdem Kombi-Tickets buchen: mit dem Bus nach Ubon und dann weiter per Zug oder Flugzeug.
In Ubon selbst starten stdl. Busse nach Bangkok (8–10 Std.), mehr als ein halbes Dutzend Züge fährt tgl. dorthin (Bahnhof in Warin) und mehrmals tgl. fliegen Thai Smile, 💻 www.thaismileair.com, Lion Air, 💻 www.lionairthai.com, Air Asia, 💻 www.airasia.com, und Nok Air, 💻 www.nokair.com.

Kambodscha

Seit auch die letzten 6,5 km zur Grenze (S. 494) asphaltiert sind, gibt es eine bequeme Direktverbindung von Pakxe ins Land der Khmer. Bedient wird die Strecke von den guten Bussen der kambodschanischen Gesellschaft Phnom Penh Sorya, 💻 http://ppsoryatransport.com.kh, und den laotischen Gesellschaften Sengchaleun und Kriang Kai. Start der Busse ist täglich um 7.30 Uhr vom Büro der Gesellschaft Sengchaleun (KM-2-Busstation) nach **Stung Treng** (120 000 Kip, 4–5 Std.), **Kratie** (160 000 Kip, 6–7 Std.), **Kompong Cham** (200 000 Kip, 9–10 Std.), **Phnom Penh** (230 000 Kip, 11–12 Std.) und **Siem Reap** (280 000–300 000 Kip, 10–12 Std., Buswechsel in Stung Treng).

Vietnam

Jeden Morgen zwischen 6 und 7 Uhr starten von der KM-7-Busstation mehrere Busse unterschiedlicher Anbieter, ein Preisvergleich beim Ticketkauf lohnt; neben normalen Bussen sind gegen einen Aufpreis auch Schlafbusse im Angebot: **Lao Bao** (100 000–120 000 Kip, 8–9 Std.), **Dong Ha** (150 000–170 000 Kip, 14 Std.), **Hue** (150 000–220 000 Kip, 15 Std.) und **Da Nang** (200 000–250 000 Kip, 16–17 Std.). Außerdem bringen mehrere Busgesellschaften im Wechsel Passagiere täglich über Kambodscha nach **Ho-Chi-Minh-Stadt** (330 000 Kip, 13–15 Std.). Los geht's um 3 oder 4 Uhr.
Ein Bus über Attapeu und Bo Y nach **Kon Tum** (180 000 Kip, 9 Std.) und zu weiteren Zielen in der Region verlässt Pakxes KM-8-Busstation zwischen 6 und 6.30 Uhr.

mittags für 20 000 Kip; bequemer sind die Minibusse um 8 Uhr, die die Gästehäuser und Reiseagenturen vermitteln (ab 55 000 Kip).
VANGTAO (Grenze Thailand, 44 km, 1 Std.) Songtheos fahren stdl. bis 17 Uhr im Markt ab (20 000 Kip), Minibusse starten am Kreisverkehr (25 000 Kip p. P.).

VIP-Busse
Eine Reihe privater Gesellschaften fährt tgl. gegen 20 oder 20.30 Uhr mit bequemen AC-Bussen (Sitz oder Pritsche) von Pakxe über THAKHEK (5 Std.) nach VIENTIANE (10–12 Std., 160 000–170 000 Kip p. P.). Die meisten Pritschen in den Schlafbussen sind für 2 Pers. und recht schmal. Tickets an den jeweiligen Busstationen, in Reisebüros und vielen Gästehäusern.
Alle bis auf eine Gesellschaft fahren vom Parkplatz vor dem **Büro der Gesellschaft Chitprasong** an der Rd. 11 am Xe Don ab. Die **Gesellschaft Sengchaleun** startet vom eigenen Büro 2 km östlich der Zentrums an der Rd. 13 (auch KM-2-Busstation genannt). Alle sollen in naher Zukunft zur KM-7-Busstation umziehen.

LAOS

Boote

Seit dem Ausbau der Straße 13 wird der Mekong nicht mehr als Transportroute genutzt. Lediglich ein Kreuzfahrtschiff (Mekong Cruises, 🖳 www.vatphou.com) fährt noch bis zu den Viertausend Inseln. Auch das früher tägliche Touristenboot vom **Pier** am südlichen Ende der Rd. 11 nach CHAMPASAK (2 Std., 70 000 Kip) macht sich nur noch bei ausreichend Nachfrage auf den Weg. Infos bei den Reisebüros, der Touristeninfo oder bei **Khamlao Boat Service**, ✆ 020-97855557.

Flüge

Pakxes Flughafen liegt 2 km nordwestlich an der Straße 13. Im Terminal gibt's Filialen von **Lao Airlines**, 🖳 www.laoairlines.com, und Monument Books, aber keine Geldautomaten.
Flüge mit Lao Airlines von/nach:
BANGKOK, Suvarnabhumi Airport (5x wöchentl., über Savannakhet, 2 1/2 Std.);
VIENTIANE (1–2x tgl., 1 1/4 Std.);
HO-CHI-MINH-STADT (3x wöchentl., 1 1/2 Std.);
LUANG PRABANG (in der Hauptsaison tgl., 1 3/4 Std.);
SAVANNAKHET (in der Hochsaison tgl., 30 Min.);
SIEM REAP (1–2x tgl., 1 Std.).

Ban Kiatngong und das Xe Pian NPA

Am Nordrand des Xe Pian NPA, 55 km südlich von Pakxe, liegt Ban Kiatngong, ein Lao-Loum-Dorf, in dem Ausritte auf pensionierten **Arbeitselefanten** angeboten werden (200 000 Kip, 2 Pers., 2 Std. hin und zurück). Die schaukelige Tour führt zum **Phou Asa**, einem Sandsteinhügel, auf dessen Spitze eine mystische Ruine steht.

Das Dorf ist auch ein guter Ausgangspunkt für Trips ins **Xe Pian NPA** (2400 km²), das wegen seiner Artenvielfalt zu den zehn wichtigsten Naturschutzgebieten Südostasiens gehört (Eintritt 20 000 Kip). Das **Kiatngong Visitor Centre**, am Dorfeingang, ✆ 030-9552120, bietet auf Schautafeln Infos zum Naturschutzgebiet, zur Geschichte Vat Phou Asas und zum Dorfleben. Sollte niemand vor Ort sein, kann der gut Englisch sprechende **Mr. Toui**, ✆ 020-96999793, 🖂 toui_ps@hotmail.com, von den Kiatngong Wetland Bungalows Ausritte auf Elefanten, Tageswanderungen und Guides vermitteln. Auch eine Bootsfahrt (Juli–Okt, 2 Std., 70 000 Kip) ist im Angebot. Green Discovery in Pakxe bietet zusätzlich 2- und 3-tägige **Trekkingtouren** in eine entlegene Ecke des Naturschutzgebietes mit Camping im Dschungel an.

Familien in Ban Kiatngong bieten Touristen **Homestay** an (40 000 Kip p. P.), ein Essen bei den Gastgebern kostet rund 30 000 Kip (im Visitor Centre fragen). Es gibt auch ein **kommunales Gästehaus** (❶) und 300 m vor dem Ortskern die hübsch gelegenen **Kiatngong Wetland Bungalows**, ✆ 030-9918155 oder 020-96999793, 🖳 auf Facebook, ❷, mit schönem Blick vom Balkon auf das Feuchtgebiet.

Ein besonderes Naturerlebnis bietet die idyllische **Kingfisher Ecolodge**, in Ban Kiatngong, ✆ 020-55726315, 🖳 www.kingfisherecolodge.com, mit 7 luxuriösen (❻) und 4 einfacheren Holzbungalows (❹) am Rand des Phapho-Feuchtgebietes. Eine große Fensterfront gibt den Blick frei auf Wiesen und Wasservögel, und es kann sogar sein, dass einen morgens das Trompeten der Elefanten weckt. Restaurant und WLAN. Mai und Juni geschlossen.

Mit dem **Auto oder Motorrad** ist Ban Kiatngong leicht in 1–2 Std. von Pakxe zu erreichen: 48 km auf der Straße 13 nach Süden, dann in Ban Thang Beng links ab auf die Straße 18 und nach weiteren 7,5 km am Schild rechts ab. Von hier sind es noch 2 km. Jeden Tag um 12.30 Uhr startet ein **Songtheo** von Pakxes KM-8-Busstation nach Ban Kiatngong (30 000 Kip). Zurück geht's immer morgens gegen 8 oder 9 Uhr.

Das Bolaven-Plateau

Östlich von Pakxe beginnt die Straße 23 ihren gemächlichen Anstieg auf das Bolaven-Plateau (ø 1200 m). Das fruchtbare Hochland erstreckt sich über alle vier Südprovinzen und ist für sein **mildes Klima**, seine Mon-Khmer-Völker und die vielen Kaffeeplantagen bekannt. Der zahlenmäßig stärksten Ethnie verdankt die Region sogar ihren Namen: *bo laven* = „Ort der Laven“. Zu den weiteren **Bergvölkern** gehören Katang, Nya Heun, Alak, Ta-Oy, Souay, Nge und Katu.

Der nährstoffreiche Boden, moderate Temperaturen und viel Regen bieten seit jeher ideale Bedingungen für den Anbau von Obst, Gemüse und Gewürzen, darunter Zimt, Tee, Kardamom, Pfeffer und Durian. Die bekannteste und einträglichste Pflanze des Plateaus ist aber der **Kaffee**. Schon auf der Fahrt von Pakxe nach Paxong sieht man die weißen und roten Bohnen beiderseits der Straße zum Trocknen ausliegen.

Am einfachsten ist die Hochebene von Pakxe aus zu erreichen. Busse und Songtheos fahren regelmäßig nach **Pakxong**, dem Hauptort des Plateaus. Entlang der Strecke liegen die Wasserfälle **Tad E-Tu** (KM 35), **Tad Fan, Tham Champee** (beide KM 38) und **Tad Yeuang** (KM 40), beliebte Stopps der organisierten Tagestouren. Für den abgelegenen **Tad Tayicseua**, 49 km östlich von Pakxong, und den 100 m hohen **Tad Se Katam**, 5,5 km weiter, braucht man ein eigenes Gefährt. **Tad Lo** ist zwar weniger spektaktulär, aber schön, um ein paar Tage auszuspannen. Das abenteuerlichste Bolaven-Erlebnis bietet eine **Zip-Line** in den Baumkronen des Dong Hua Sao NPA.

Viele Traveller mieten sich mittlerweile in Pakxe einen Roller und klappern die Sehenswürdigkeiten auf einer 2- bis 3-tägigen Rundtour über das Plateau ab. Mehr dazu s. eXTra [4950].

Tad E-Tu und Tham Champee

35 km östlich von Pakxe liegt Tad E-Tu („I-Tu" gesprochen), der erste der beiden touristisch erschlossenen Fälle des Houay Champy. Ein Schild an der Straße 23 weist links zum Gelände des **E-Tu Waterfall Resorts** (800 m), 💻 www.baanetuwaterfallresort.com, ❺, wo der Fluss in zwei Stufen 62 m tief fällt. Wem Tad E-Tu zu touristisch ist, der zweigt einfach 3 km weiter gegenüber Tad Fan links von der Straße 23 zur weniger bekannten **Tham Champee** ab (2 km) – keine Höhle wie der Name sagt, sondern ein 15 m hoher Felsvorsprung, über den der Houay Champy rauscht. Eintritt 5000 Kip plus Parkgebühr.

Tad Fan und Tad Yeuang

38 km östlich von Pakxe, am Nordzipfel des Dong Hua Sao NPA, stürzt der Houay Bangliang über eine steile Klippe mehr als 150 m in die Tiefe. Besonders in der Regenzeit ist der **Zwillingswasserfall** ein schönes Fotomotiv. Der einzige Aussichtspunkt befindet sich auf dem Gelände des **Tad Fane Resorts**, 💻 www.tadfaneresort.com, ❹–❺, etwa 1 km südlich der Straße 23. Auf Wunsch wird eine 4-stündige Trekkingtour zur Fallstufe unternommen (US$15, an der Rezeption fragen). Eintritt 5000 Kip plus Parkgebühr.

Der gut besuchte **Tad Yeuang** (auch Tad Ngiang) ist nur einen Steinwurf von Tad Fan entfernt. Die Sandstraße zum Aussichtspunkt zweigt 2 km östlich von der Straße 23 in Ban Lak Sisip (KM 40) ab. Ein Pfad führt zum Fuß des Wasserfalls. Am Wochenende kann's voll werden. Eintritt 5000 Kip plus Parkgebühr.

Prima für eine Pause ist die Plantage **Tea & Coffee KM 40** direkt am Abzweig zum Tad Yeuang. ⌚ 7–16 Uhr. Leckere Fö, Laap und einen Schwatz auf Schweizerdeutsch gibt's am KM 43: Die laotischen Besitzer von **Pho 43** (Schild „Noodle Soup 43") haben 35 Jahre lang in Winterthur gelebt. ⌚ 6–20 Uhr.

Pakxong

Die inoffizielle Kaffeehauptstadt des Bolaven-Plateaus, 51 km östlich von Pakxe, wirkt weit weniger einladend, als es der Titel vermuten lässt. Der Grund trotzdem anzuhalten: Kaffeetouren.

Hinter dem Namen **„Mr. Koffie"** an der Hauptstraße, ✆ 020-22760439, 💻 www.paksong.info, verbirgt sich ein im besten Sinne kaffeeverrückter Holländer, der sein Wissen in Spaziergängen (14 Uhr, 2 Std., 50 000 Kip) und halbtägigen Workshops weitergibt (mind. 2 Pers., 180 000 Kip p. P.). Bitte kurz telefonisch oder über Whatsapp anmelden. Eine weitere Option ist das **Jhai Coffee House** 150 m weiter, 💻 www.jhaicoffeehouse.com. Das Café mit Stroh-Tipi vor der Tür brüht nicht nur starken Kaffee, sondern bietet ebenfalls Kaffeetouren an (mind. 3 Pers., 3 Std., 150 000 Kip p. P.). Bitte ein bis zwei Tage vorher anmelden unter ✆ 020-56501579 oder ✉ thaolaotranslations@gmail.com. Kurzentschlossene können auch an einer 30-minütigen Führung durch die Plantage hinterm Café teilnehmen (25 000 Kip p. P.).

Mehrere Gästehäuser (Tipp: Savanna Gh., ❷), Restaurants und Geldautomaten versorgen Traveller, die in Pakxong stranden.

Tree Top Explorer

Ban Nong Luang, 12 km südlich von Pakxong (Abzweig von der Straße 23 gegenüber den Gedenkstupas), ist Ausgangspunkt einer Tour der besonderen Art: Green Discovery hat nahe den Wasserfällen Baumhäuser und einen **Baumkronenparcours mit Zip-Lines** angelegt, den Tree Top Explorer. Die Tour, bei der die Gemeinden aktiv einbezogen und die Wälder effektiv geschützt werden, ist weniger bekannt als die ältere Gibbon Experience (S. 420), aber genauso packend. Die Baumhäuser sind etwas unspektakulärer, dafür rauscht man nach dem Trekking im Dong Hua Sao NPA an Stahlseilen von bis zu 450 m Länge durch eine sensationelle Dschungellandschaft. Hängebrücken, ein Klettersteig und Abseilen an einem 100 m hohen Wasserfall sind weitere Herausforderungen. Zur Erholung steht das **Tree-Top-Hotel** zur Verfügung. Preise für den 3-Tagestrek: ab 4 Pers. US$299 p. P., inkl. Transport, Essen, Aktivitäten, Guides und Unterkunft; auch 2 Tage (ab US$240). Buchbar über Green Discovery in Pakxe (S. 475).

Tad Tayicseua und Tad Se Katam

Die einst abenteuerliche Piste über das Bolaven-Plateau nach Ban Lak Hasipsong (70 km) an der Straße 16 ist heute ein breites Asphaltband. Von Pakxong führt sie zunächst an riesigen Kaffeeplantagen vorbei, bis sie sich nach 35,5 km in Ban Nong Oy gabelt: Hier folgt man links der Asphaltstraße und biegt nach 8 km rechts auf eine Sandstraße ab. Nun sind es nur noch 5,5 km zum Wasserfall-Ensemble **Tad Tayicseua** (sprich „Tajig-söa"), www.tayicseua.com. Das idyllische Dschungelareal rund um ein Gästehaus und eine Bio-Farm birgt insgesamt sieben Wasserfälle, fünf davon sind erschlossen. Die Unterbringung ist recht einfach (und teuer). Es gibt Zelte unter einem Bambusdach (60 000 Kip p. P.) und nette Zimmer mit Bad (Warmwasser) in einem Bungalow, ❹. Eintritt 5000 Kip plus Parkgebühr.

Zurück auf der Hauptstraße sind es nur 5,5 km, bis ein klitzekleines Schild an drei Baumriesen rechts zum **Tad Se Katam** (300 m) weist. Der Wasserfall mit einer Fallhöhe von mehr als 100 m vor toller Dschungelkulisse ist einer der imposantesten des Plateaus. Vom Tad Se Katam bis nach Ban Lak Hasipsong sind es noch 18 km.

Tad Lo

Tad Lo, 86 km nördöstlich von Pakxe, besteht gleich aus **drei Wasserfällen** (Tad Hang, Tad Lo, Tad Soung) und ist mit seinem alternativen Flair schön, um ein paar Tage auszuspannen. Freundlich und charmant ist das **Palamei Gh.**, ❶–❷, an der T-Kreuzung, 030-9620192, auf Facebook, mit mehreren Holzhütten in einem kleinen Garten. Mr. Pho bietet schöne Touren über das Bolaven-Plateau an. Ebenfalls eine gute Wahl: das **Fandee Gh.**, ❶, schräg gegenüber dem Tourism Office, www.fandee-guesthouse.webs.com. Die einfache Unterkunft, von einem französischen Paar betrieben, hat ein Haupthaus im Katu-Stil und 4 Holzhütten. Service und Instandhaltung der **Tad Lo Lodge**, ❺, oberhalb des Tad Hang, 034-211889, haben zwar nachgelassen, aber die Unterkunft ist noch immer die beste vor Ort: Ruhig am Xe Set gelegen und mit tollem Panoramablick auf Tad Lo. Wenn dann noch die hauseigenen Elefanten im Fluss baden, fühlt man sich wie in einer afrikanischen Safarilodge. Ausritte um 8, 10, 13 und 15 Uhr (100 000 Kip p. P., 1–2 Tage vorher buchen). Wer mit kleinem Budget reist, findet das billigste Bett (25 000 Kip) im Dormitory von **Mama Pap** in der Dorfmitte.

Das **Provincial Tourism Office**, gegenüber, 020-54455907 (Mr. Kouka), organisiert Wanderungen zu den Wasserfällen und Dörfern in der Umgebung: Tagestrek 160 000 Kip p. P., halber Tag 80 000 Kip p. P. Zwischen Nov und Mai ist auch der 2-tägige **Phou Tak Kao Mountain Trail** im Angebot, ein 18 km langer Rundweg südwestlich von Tad Lo (1 100 000 Kip bei 1 Pers., günstiger bei mehreren Teilnehmern, bitte 1–2 Tage im Voraus buchen. Ein 5-Tages-Trek durchs **Xe Xap NPA** war zur Zeit der Recherche in der Testphase, ebenso **Kayaking** und **Tubing** auf dem Xe Xet.

Der nächste **Geldautomat** befindet sich am Markt in Ban Khoua Set an der Straße 20.

Alle **Busse** von Pakxe nach Saravan können einen in Ban Khoua Set absetzen, dem Abzweig nach Tad Lo an der Straße 20. Es genügt, den Busfahrern „Tad Lo" als Ziel mitzuteilen. Von hier sind es noch einmal 1,5 km (ausgeschildert, Transfer 10 000 Kip). In Ban Khoua Set besteht mehrmals tgl. von morgens bis zum späten Nachmittag Anschluss nach Pakxe (2 Std., 30 000 Kip, VIP 40 000 Kip).

Champasak und Umgebung

Champasak ist wohl die einzige alte Königsstadt, in der man über die Straße gehen kann, ohne nach links und rechts zu schauen. Über 5 km zieht sie sich am Mekong entlang, kaum mehr als eine einsame Teerstraße gesäumt von hölzernen Wohnhäusern mit weitläufigen Gärten und einigen hübschen Kolonialbauten. Die meisten Reisenden nutzen Champasak als Basis für Ausflüge zu den 10 km südwestlich gelegenen Ruinen des Khmer-Tempels Vat Phou.

Lediglich ein 150 Jahre altes **Teakhaus** und zwei **Kolonialvillen** der Familie na Champasak erinnern daran, dass die Stadt selbst einmal Zentrum eines laotischen Königreichs war. Westlich der Bank verfällt noch immer die Bauruine eines weiteren, 1969 begonnenen Palastes von Prinz Boun Oum. **Vat Thong**, wenige hundert Meter südlich, war einst der königliche Tempel. Auf dem weitläufigen Gelände befinden sich viele Gräber von Mitgliedern der Königsfamilie.

Auf halber Strecke nach Vat Phou zweigt links in Ban Vat Luang Kao ein 300 m langer Uferpfad zur katholischen **Kirche St. Nom de Jesus** aus dem 19. Jh. ab. Das Gotteshaus hat einen frei stehenden Glockenturm. 2 km südlich steht **Vat Meuang Kang**, der älteste Vat der Gegend.

Don Deng

Wer glaubt, es ginge nicht entspannter, liegt falsch. Es geht und zwar gleich gegenüber. Don Deng, die große Mekonginsel mit dem breiten Sandstrand in der Trockenzeit, hat den schönsten Blick auf die Bergkulisse hinter Champasak. Die Überreste eines Prasats in der Inselmitte erinnern an die Zeit, als sich der Einfluss der Khmer bis nach Südlaos erstreckte.

Ein **kommunales Gästehaus** an der Nordspitze, am Rand von Ban Houa Don Deng, bietet Betten in zwei einfachen Schlafsälen an, auch **Homestay** ist möglich (30 000 Kip). Anmeldung im Tourism Office in Champasak, für Homestay auch bei Mr. Kham, ✆ 020-55275277.

Seit einigen Jahren gibt es auf der Insel auch die komfortable **La Folie Lodge**, ✆ 030-55347603, 💻 www.lafolie-laos.com. ❻ Fähren von/nach Champasak oder Ban Muang 10 000 Kip p. P. oder 50 000–60 000 Kip Charter (4–5 Pers.)

ÜBERNACHTUNG

Dok Champa Gh., 180 m vor dem Kreisverkehr am Fluss, ✆ 020-55350048. Ein Dutzend Zimmer in 2 einander zugewandten Gebäuden: links überaltert und etwas muffig (Ventilator), rechts mit Boutique-Note. Restaurant, WLAN. ❶–❷

€ **Kamphouy Gh.**, 150 m hinter dem Kreisverkehr, ✆ 020-22279922. Gästehaus alter Schule mit einfachen, aber sauberen Zimmern, die günstigsten mit Gemeinschaftsbad. WLAN. Gut für den Preis. ❶–❷

Inthira Champanakhone, 550 m südlich des Kreisverkehrs, ✆ 031-511011, 💻 www.inthira.com. Schönes Boutiquehotel in einem chinesischen Lagerhaus und einem Kolonialbau. Alle Zimmer sind stilvoll eingerichtet mit reichlich Komfort (AC, Safe, TV, Minibar) und schönen Bädern. In der ehemaligen Ladenfront gibt es ein stimmungsvolles Restaurant. Bootsservice. WLAN. Preis inkl. Frühstück. ❺

ESSEN

Champasak with Love, 400 m nördlich des Kreisverkehrs. Thai-laotische Küche, ergänzt durch westliche Klassiker. Schön ist die schattige Terrasse am Mekong, die um einen großen Baum herumgebaut wurde. 🕒 7–22 Uhr

Nakorn Café, 1 km südlich des Kreisverkehrs am Mekong. Guter Mix aus laotischen, thailändischen und westlichen Gerichten in einer offenen Sala. WLAN. 🕒 7.30–21.30 Uhr.

SONSTIGES

Einkaufen

Chez Maman, Hauptstraße. Schöner Souvenirladen mit kleinem Café. 🕒 8–20 Uhr.

Fahrrad- und Motorradverleih

Fahrräder In vielen Gästehäusern für 10 000 20 000 Kip/Tag, **Motorräder** im Kamphouy Gh. und dem Inthira Hotel für 70 000–100 000 Kip/Tag.

Geld

Geldautomaten stehen schräg gegenüber der Touristeninfo und vor der **Lao Development Bank** nahe der Palastruine. 🕒 Mo–Fr 8–15.30 Uhr.

LAOS

Spiel mit Licht und Schatten

Dank der 14-köpfigen Truppe der **Association du Théâtre d'Ombres de Champasak** hat die Kultur in Champasak Einzug gehalten. Im kleinen Theater neben dem Tourism Office wird jeden Di und Fr mit **Schattenpuppen** eine Episode aus dem Ramayana aufgeführt, angereichert mit südlaotischen Gedichten und Liedern. Mi und Sa gibt es den historischen **Stummfilm** *Chang* von 1927 zu sehen, über 1 1/2 Jahre hinweg in Nordthailand und Laos gedreht. Untermalt wird der Film mit Live-Musik. Die Vorstellungen beginnen um 20.30 Uhr. Eintritt 50 000 Kip, Kinder unter 10 Jahre frei, ansonsten 20 000 Kip. Infos unter www.cinema-tuktuk.org und auf Facebook.

Informationen

Tourism Office, 020-97404986 (Mr. Son), nahe dem Kreisverkehr. Buchung von Booten, Tuk Tuks zum Vat Phou und englischsprachigen Guides (250 000 Kip pro Tag). Außerdem hat die Tourismusbehörde mit französischer Unterstützung die **Vat Phou and Champasak Trails** entwickelt, 8 Routen rund ums Welterbeareal zu den Themen Natur, Kultur, Architektur und Geschichte. 5 sind so angelegt, dass sie auf eigene Faust unternommen werden können. Flyer mit grober Routenkarte und Beschreibung liegen im Tourism Office und im Vat Phou Museum aus. Guides für geführte Touren lassen sich im Tourism Office und im Vat Phou Museum buchen. Mo–Fr 8–11.30, 14–16.30 Uhr, in der Hauptsaison auch Sa.

Massage

Champasak Spa, 1 km südlich des Fähranlegers, am Mekong, 020-59094061, www.champasak-spa.com. Wohlfühlmassagen mit ganzheitlichem Ansatz. 10–19 Uhr.

TRANSPORT

Auto, Motorrad und Fahrrad

Nach dem Ausbau der **Straße 14A am rechten Mekongufer** kann man Champasak nun deutlich einfacher von Pakxe erreichen.

Busse und Songtheos

Eine Handvoll Songtheos nach PAKXE (32 km, 1 Std., 20 000 Kip) hält tgl. zwischen 6.30 und 8.30 Uhr am Kreisverkehr und am Fähranleger. Auf die VIERTAUSEND INSELN gelangt man am leichtesten mit den Minibussen aus Pakxe (S. 476), die tgl. gegen 8.45 Uhr in Ban Muang auf der anderen Seite des Mekong Passagiere aufnehmen (70 000 Kip inkl. Fährfahrt, Tickets in den Gästehäusern).

Boote

Fähren über den Mekong zwischen Ban Phapin, 2 km nördlich des Kreisverkehrs, und Ban Muang, 4,5 km westlich der Straße 13, pendeln seit Einweihung der Straße 14A nicht mehr so häufig (10 000 Kip p. P., Fahrräder und Motorräder 10 000–20 000 Kip).
Auch **Boote** nach PAKXE (2 1/2 Std., 60 000 Kip) fahren nur noch, wenn dort am Morgen ein Bootsmann genug Touristen für den Trip nach Champasak zusammenbekommen hat. Dann tritt es gegen 13 oder 14 Uhr vom Pier hinter dem Tourism Office den Rückweg an.
Private Bootsleute bieten Fahrten nach UM TOMO (250 000–350 000 Kip, max. 6 Pers.) und DON KHONG (2 000 000 Kip) an. Kontakte vermitteln das Tourism Office und einige Gästehäuser.

Vat Phou

Die Ruinen des **Khmer-Tempels** Vat Phou, 10 km südwestlich von Champasak am Hang des Phou Kao (1416 m), sind sicher nicht so spektakulär wie die Tempel von Angkor (S. 574). Aber wenn die Nachmittagssonne den Sandstein in ein warmes Licht taucht und der Blick von oben über die Anlage schweift, entsteht ein Eindruck von der gewaltigen Schaffenskraft der Khmer.

Die ältesten **Ruinen** stammen vermutlich aus dem 6. Jh. und gehen Angkor zeitlich voraus. Die meisten Bauten wurden aber zwischen dem 11. und 13. Jh. errichtet, als der Komplex über eine Straße mit dem 250 km südwestlich gelegenen Machtzentrum verbunden war.

Ursprünglich hinduistischen Göttern geweiht, wird im Bergtempel *(vat phou)* seit dem 14. Jh.

Buddha verehrt. Jährlich zum Makha Bousa am Vollmondtag des dritten Mondmonats (meist Februar) feiern hier tausende Gläubige das 4-tägige **Boun Vat Phou.**

Schon bei der Anfahrt lässt die symbolträchtige Landschaft erahnen, weshalb die Khmer ausgerechnet am **Phou Kao** eine religiöse Stätte errichteten: Der Gipfel des Berges wird von einem 16 m hohen Felsen gekrönt, den die frühen Völker als *lingam* verehrten, das phallische Symbol Shivas. Eine Quelle am Fuß gab vermutlich den Ausschlag für den Bau des Heiligtums.

Seit 2001 steht das Areal, das außer Vat Phou noch weitere Tempel, die alte Khmer-Straße und die Ruinen zweier Siedlungen umfasst, auf der Unesco-Liste des Weltkulturerbes. Ein **Museum** gegenüber dem Haupteingang zeigt Fundstücke aus der archäologischen Zone. Hier können auch Guides für einen der Vat Phou and Champasak Trails (S. 482) gebucht werden (✆ 020-55769221, Mr. Soubanh). ◷ 8–16.30 Uhr.

Für die **Anfahrt** von Champasak eignet sich ein Fahrrad, Tuk Tuks kosten 100 000 Kip (4 Pers.). Ein Rollertrip von Pakxe dauert pro Strecke etwa eine Stunde (42 km). Zum Haupteingang biegt man am Ende der Asphaltstraße rechts ab. Dort gibt es auch ein kleines Café und Toiletten.

◷ tgl. 8–16.30 Uhr, Eintritt inkl. Museum und Elektro-Shuttle 50 000 Kip plus Parkgebühren. Gegen einen Aufpreis von 5000 Kip p. P. ist es möglich, erweiterte Öffnungszeiten ab 6 Uhr und bis 18 Uhr zu nutzen. Weitere Informationen: 💻 www.vatphou-champassak.com.

Die Stätte

Vat Phou besteht aus **drei Ebenen**, die sich über eine 1,4 km lange Achse von Ost nach West erstrecken und mit einem Heiligtum auf einer Terrasse in 100 m Höhe abschließen.

Besucher betreten die Anlage traditionell von Osten. Elektro-Shuttle bringen einen zur zentralen 250 m langen **Prozessionsstraße**. Die beiden symmetrisch angeordneten Gebäude, die sich ihr anschließen, werden gemeinhin **Paläste** genannt. Archäologen datieren sie auf das 11. Jh. Ihre Funktion ist nicht ganz klar. Möglicherweise dienten sie hochrangigen Besuchern dazu, sich nach einer langen Reise auszuruhen und auf die Prozession vorzubereiten. Wahrscheinlich war

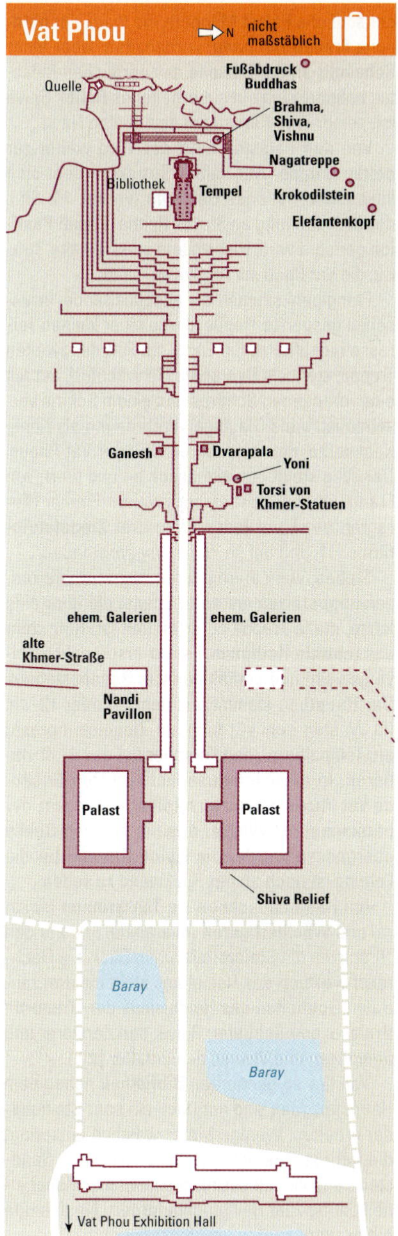

LAOS

der südliche Palast Männern *(ho thao)*, der nördliche Frauen *(ho nang)* vorbehalten. Über einer Scheintür an der Ostseite des nördlichen Palastes befindet sich ein gut erhaltenes **Relief**: Shiva mit seiner Frau Parvati auf dem Bullen Nandi.

Von den Palästen führt der Weg weiter zur ersten Treppe. Auf halber Strecke erhebt sich links ein verfallenes Gebäude (vermtl. 11. Jh.), das in Anlehnung an Shivas Reittier **Nandi Pavillon** genannt wird. Hier endete einst die alte Straße, die Vat Phou mit Angkor verband.

Frangipani säumen die anschließende, inzwischen gesperrte Treppe, die zu einer kleinen Terrasse hinaufführt. Em Ende, am Fuß der zweiten Treppe, steht ein **Dvarapala** (Torwächter), der mit einer orangenen Schärpe und einem Schirm versehen ist. Viele Gläubige verehren ihn als König Kammatha, den legendären Gründer Vat Phous. Der Weg steigt nun allmählich an und führt, von Frangipani beschattet, zur zweiten Ebene. Hier ragten einst auf jeder Seite drei **Ziegelsteintürme** (11. Jh.) auf, in denen *lingam* standen.

Sieben, von Lateritmauern begrenzte Terrassen unterstützen die dritte Ebene, die über eine letzte, steile Treppe zu erreichen ist. Hier steht das **zentrale Heiligtum**. Es war ursprünglich Shiva geweiht und enthält nun vier Buddhastatuen. Der Hauptbau stammt aus dem 11. oder 12. Jh. Im Westen schließt sich ein Ziegelsteinprasat an (Tempelturm), den Forscher auf das 6. Jh. datieren. In diesem mutmaßlich ältesten Gebäude Vat Phous befand sich früher ein *lingam*, der permanent mit Wasser aus der heiligen Quelle übergossen wurde. Die kleine Öffnung für die Leitung ist noch an der Rückwand zu sehen.

Am Hauptbau lohnen die **Tänzerinnen** *(apsara)* und **Wächterfiguren** *(dvarapala)* und auf den Türstürzen die **Steinreliefs** einen Blick. Ein Flachrelief westlich des Heiligtums stellt die drei zentralen Gottheiten des Hinduismus dar (**Trimurti**): Brahma, den Schöpfer; Shiva, den Zerstörer und Erneuerer; und Vishnu, den Erhalter (v. l.).

Von der so genannten **Bibliothek** neben dem Hauptheiligtum sind nur noch ein paar Steinquader erhalten. Wenige Meter westlich entspringt die **heilige Quelle**. Ihr Wasser wurde in Sandstein- und Ziegelbassins gesammelt und über eine Leitung zum Heiligtum befördert. Noch heute gilt es unter Laoten als glückbringend.

LAOS

11 HIGHLIGHT

Si Phan Don

Vor 150 Jahren machten sich sechs Franzosen auf, den Wasserweg von Vietnam nach China zu erkunden. In ihren Köpfen geisterte die Vision von beladenen Barken, die edle Güter zwischen dem Südchinesischen Meer und dem Reich der Mitte transportierten. Der Traum platzte im Jahr 1866, als die Expedition die unschiffbaren Wasserfälle Somphamit und Khon Phapheng nahe der heutigen laotisch-kambodschanischen Grenze erreichte. Diese Fälle, knapp 160 km südlich von Pakxe, bilden die Südgrenze eines einzigartigen Feuchtgebietes, das von Laoten *si phan don*, „**Viertausend Inseln**", genannt wird. Hier, im Bezirk Khong der Provinz Champasak, erreicht der Mekong seine größte Ausdehnung. Auf einer Länge von 50 km und einer Breite von bis zu 14 km gliedert sich der Fluss in etliche Kanäle und gibt hunderte kleiner Inseln frei. Mehr als 70 000 Menschen, überwiegend Lao, leben in dieser Wasserwelt. Studien haben ergeben, dass sich fast 200 Fischarten in diesen Gewässern tummeln, außerdem die seltenen **Irrawaddy-Delphine**.

Das Flussleben und die einmalige Landschaft machen die Si Phan Don zu einem der schönsten Reiseziele in Südlaos. Die große Hauptinsel **Don Khong** wird inzwischen von vielen Reisegruppen angesteuert, mehr Inselgefühl bieten die kleinen Inseln **Don Det** und **Don Khon**. Sie liegen näher an den **Wasserfällen**, können aber auch von Don Khong aus besucht werden. An der Nordspitze Don Dets treten sich die Backpacker in der Hochsaison auf die Füße, der Süden und die Mitte der Insel und Don Khon sind ruhiger.

Don Khong

Die größte Insel des Binnenarchipels, 138 km südlich von Pakxe, hat die Form eines gigantischen Wassertropfens: Mit 18 km Länge und 8 km Breite, asphaltierten Hauptstraßen und einer neuen Brücke zum Festland ist sie nicht ganz so idyllisch wie Don Khon oder Don Det. Dennoch lohnt sie wegen ihrer entspannten Atmosphäre und den ältesten Vats der Inselwelt einen Besuch. Don Khong hat etwa 7000 Einwohner. Die meisten leben in den beiden größten Siedlungen Muang Khong (Ostseite) und Muang Sen (Westseite).

Muang Khong, der Hauptort am Ostufer, zieht sich an zwei Teerstraßen zwischen Reisfeldern und Mekong entlang. Einzige Sehenwürdigkeit ist Vat Chom Thong am nördlichen Ende der Uferstraße. Der Tempel stammt vom Beginn des 19. Jhs. und hat einen ungewöhnlichen kreuzförmigen Grundriss. Im Süden des Dorfs erinnert eine Kolonialvilla daran, dass die Franzosen auch in dieser Ecke des Landes präsent waren. Im Gebäude bietet das Bezirksmuseum einen Einblick in die Geschichte der Insel. ⌚ Mo–Fr 8–16 Uhr, Eintritt 10 000 Kip.

Muang Sen am Westufer versprüht mit seinen vielen Geschäften und den wellblechgedeckten Häusern eine wesentlich laotischere Atmosphäre als Muang Khong. Größter Pluspunkt ist aber der freie Blick auf den Sonnenuntergang.

Inseltour

Die Größe und das Straßennetz von Don Khong sind ideal, um die Insel mit dem Motorrad oder Fahrrad zu umrunden. Die Strecke beträgt gut 42 km und kann in Muang Sen abgekürzt werden (20 km). Startpunkt ist Muang Khong, beste Richtung ist im Uhrzeigersinn, da die Sonne dann die meiste Zeit über im Rücken steht. Entlang der Straße gibt es kaum Schatten (Wasser und Basecap mitnehmen).

Der Rundweg beginnt am Tourism Office. Von hier aus folgt man dem schmalen Uferpfad und erreicht nach 3,3 km **Ban Na**. Am ehemaligen Fähranleger gelangt man auf die Teerstraße Richtung Süden, die nach 1 km auf die neue **Brücke** zum Festland trifft. Geradeaus geht es nach **Ban Hang Khong** (4 km hin und zurück). Wer Kräfte sparen möchte, sollte das unspektakuläre Örtchen auslassen und rechts abbiegen, bis nach 3,3 km **Vat Silananthalangsy** erreicht ist, ein kleiner Tempel auf schattigem Gelände, mit einem schönen, verfallenen alten Schulgebäude.

Bis **Muang Sen** ist es nicht mehr weit, wenn die Straße nach 3,5 km auf eine Kreuzung trifft. Links geht es zum Ort – mit seinen Lokalen am Fähranleger und den Essensständen am Markt ein guter Verpflegungsstopp. Rechts geht es zurück nach Muang Khong (wo man auf halber Strecke eine kaum noch zu erkennende **Rollbahn** passiert, die im Zweiten Indochinakrieg von den USA genutzt wurde).

Geradeaus führt die zunehmend marode Straße landeinwärts an Reisfeldern, Wasserbüffeln und bewaldeten Hügeln vorbei. Nach knapp 7 km rückt links ein Sandsteinplateau mit einer **liegenden Buddhastatue** ins Blickfeld. Auf dem Plateau, 200 m Richtung Mekong, steht der **Vat Phou Khao Keo**. Von den Stufen hinter dem *sim* hat man einen schönen Blick auf den Mekong.

Bananenplantagen und Kokospalmen begleiten die Straße über weitere 6 km nach **Ban Houa Khong**, dem Geburtsort des früheren Staatschefs Khamtay Siphandone. Die Renovierung des bunten Vats, der einem am Ortsausgang ins Auge sticht, geht auf sein Konto. Von hier führt die Teerstraße östlich über **Ban Dong** zurück nach Muang Khong (13 km).

Wer noch fit ist, kann der Straße weiter über **Ban Houa Khong Lem** bis zur Nordspitze der Insel folgen (4,8 km): Hier gibt der Mekong in der Trockenzeit einen kleinen **Sandstrand** frei, den man sich zuweilen mit Rindern und Wasserbüffeln teilen muss. Das von Ex-Präsident Siphandone geplante Resort an dieser Stelle wurde nie fertig gestellt – eine Brücke auf die kleine Insel **Don San** allerdings schon, so dass man nun auf dem Eiland touristisches Neuland betreten kann.

Von Houa Khong Lem sind es über Ban Dong gut 13 km zurück nach Muang Khong. Nach 7 km lohnt sich noch ein Blick auf **Vat Veun Thong**, dessen drei ungewöhnliche *kuti* an deutsche Fachwerkhäuser erinnern.

ÜBERNACHTUNG

Don Khongs Unterkünfte liegen in **Muang Khong**. Schwierig ist die Unterkunftssuche zum Bootsfestival Boun Souang Heua Anfang Dez.

Don Khong Gh., gegenüber dem Anleger, ☎ 031-214010. Gästehaus der ersten Stunde, dem man wieder mal eine Auffrischung wünscht. Die Räume im vorderen Gebäudeteil habe AC und Zugang zum Gemeinschaftsbalkon, die im

Si Phan Don
N
0
5 km
ÜBERNACHTUNG
1 Pon Arena H.
2 Souksabay Gh.
3 Ratana Gh.
4 Don Khong Gh.
5 Kongmany H.
6 Mali Gh.
7 Mekong Inn
Soukhouma, Champasak
Xiangvang
Donsan
Saphang
Mekong
Pakxe
13
DON SAN
Hang Don
Nakhan-Nua
unfertiges Resort
STRAND
Ban Houa Khong Lem
Houayhet
Houaynang
Ban Houa Khong
Ban Xongpuay
DON KOL
DON HI GNAI
Ban Dong
DON KHONG
Phangkhao
Vat Phou Khao Keo
Xanva
Houa Khamao
Vat Veun Thong
s. Detailplan Muang Khong rechts
Tham Phou Kiao
Vat Chom Thong
Hat Xai Khoun
Muang Khong
DON KHA MAO
Muang Sen
ALTE ROLLBAHN
Ban Na
Hang Khamao
Vat Silanan-thalangsy
Ban Hat
DON TAN
DON PHIMAN
Ban Hang Khong
Ban Deua
Ban Khinak
DON SOM
Ban Thamakheb
DON LONG
KAMBODSCHA
DON LOPPADI
Ban Nakasang
Ban Hang Som
DON TAN
Thako
DON XANG
DON DET
BRÜCKE
Ban Khon
Somphamit-Wasserfall
Ban Khon Tai
Vat Khon Tai
DON KHON
Ban Hang Khon
Khon-Phapheng-Wasserfall
Grenze Kambodscha (7 km)
Bungngam
DON SADAM
Veun Kham
s. Detailplan Don Det/Don Khon S. 491
Muang Khong
0
100 m
Markt
Vat Chom Thong
SCHULE
Muang Sen
Vat Phouang Keo
Kolonialvilla
Don Det, Don Khon
ESSEN
1 Pon Arena R.
2 Restaurantterrassen
3 Sabaidee R. & Café

hinteren Ventilator und dünne Wände. Bootsservice und Touren; Restaurant. WLAN. ❶–❷

Ratana Gh., erstes Gästehaus nördlich der Brücke, ✆ 020-22201618. 4 AC-Zimmer mit hübscher Möblierung und guten Bädern. Wegen der Glasfront lebt man etwas auf den Präsentierteller. WLAN. Gut fürs Geld. ❷

Souksabay Gh., 30 m weiter, über einen Weg zu erreichen, ✆ 031-214122, ✉ bl_souksabay@yahoo.com. 18 saubere Zimmer (AC, manche TV) in mehreren, um einen Hinterhof gruppierte Gebäuden. Restaurant. WLAN. ❶–❷

Pon Arena Hotel, 100 m nördlich, ✆ 031-515018, 💻 www.ponarenahotel.com. 21 Zimmer mit gehobener Ausstattung (TV, Minibar) und schönen modernen Bädern. Die 14 Suiten in einem weiteren Gebäude am Mekong bieten einen fantastischen Panoramablick und einen kleinen Pool. WLAN; Bootsservice; Restaurant. Preis inkl. Frühstück. ❺–❻

Kongmany Hotel, 250 m südlich des Anlegers, ✆ 031-212077, 💻 www.kongmany-hotel.com. In einem Garten befinden sich zwei völlig unterschiedliche Unterkünfte: ein alter Holzrahmenbau (unserem Fachwerk ähnlich) und ein großer Neubau im Neokolonialstil. Die Zimmer sind in beiden schön. Wenn die Rezeption unbesetzt ist, im Senesothxeune Hotel nebenan fragen. Preis inkl. Frühstück. WLAN. Gute Wahl. ❹–❺

Mali Gh., 250 m südlich, ✆ 030-5346621. Sauberes, persönliches Gästehaus mit Garten und allen Annehmlichkeiten. Die freundliche Gastgeberin Mali ist gelernte Köchin. Zu empfehlen. Von Mai–Nov geschlossen. ❸

Mekong Inn, neben Mali Gh., ✆ 031-213668, 💻 www.gomekonginn.com. Ebenfalls laotisch-kanadisch geführt, hier allerdings von einer ehemaligen Krankenschwester – im Krankheitsfall gut zu wissen. Auch die Zimmer (manche mit Flussblick) sind ähnlich, aber im Mekong Inn gibt es noch einen Pool und ein Restaurant. Von Mai–Nov geschlossen. ❸–❹

ESSEN

Nördlich der alten Brücke gehen die Restauranttterrassen der Gästehäuser **Ratana**, **Pon's Riverside** und **Souksabay** quasi ineinander über. Alle bieten den üblichen Mix aus Travellerkost und Asia-Klassikern und sind schön zum Sitzen. Spezialität der Region ist **mok pa**, gedämpfter Fisch im Bananenblatt mit Kokosmilch.

Pon Arena Restaurant. Schickstes Lokal im Ort mit einigen laotischen Gerichten (guter Fisch) und westlicher Küche. Außerdem: Frühstücksbuffet und gute Weinauswahl. Etwas teurer.

Sabaidee Restaurant & Café, 900 m südlich des Fähranlegers, ✆ 020-59692777. Eine Villa Kunterbunt am Mekong mit Flussterrasse und guter Küche. Gastgeber Khamla gibt Kindern nachmittags kostenlos Englischunterricht und engagiert sich auch sonst, wo er kann. Es gibt Homestay (120 000 Kip inkl. Kost) und die Möglichkeit zu Freiwilligenarbeit. Gekocht wird glutamatfrei, viel vegetarisch, viel Fisch *(mok pa, laap pa)*, auch *sindat* und *sin Jum* (Suppe im Tontopf mit Fleisch und Gemüse).

SONSTIGES

Die folgenden Einrichtungen befinden sich in Muang Khong.

Fahrrad- und Motorradverleih

Die meisten Gästehäuser verleihen Fahrräder (10 000 Kip) und Motorräder (60 000–80 000 Kip).

Geld

Der **Geldautomat** der BCEL vor dem Gebäude der Lao Telecom, knapp 200 m westlich des Mekong an der Straße nach Muang Sen, zahlt Geld auf Karte aus. 🕒 Mo–Fr 8–16 Uhr.

Information

Im **Tourism Office** gibt's Infos zur Geschichte von Don Khong und zum Inselleben und einige Broschüren. 🕒 Mo–Fr 8–12, 13.30–16 Uhr.

Medizinische Hilfe

Bei kleineren Blessuren kann die in Kanada ausgebildete **Krankenschwester** Mrs. Onkham vom Mekong Inn helfen. Im Notfall organisieren die Gästehäuser Krankentransporte nach Pakxe oder zur thailändischen Grenze.

Touren

Einige Gästehäuser, darunter das Don Khong Gh. und Pon Arena Hotel, organisieren Tagesaus-

LAOS

flüge nach **Don Det** und **Don Khon**, zu den **Irrawaddy-Delphinen** und den **Wasserfällen** Somphamit und Khon Phapheng. Ab 4–5 Teilnehmern liegt der Preis bei 150 000 Kip p. P. plus Eintritte. Dasselbe kostet eine 1 1/2-stündige **Sunset Tour**.

TRANSPORT

Fahrrad und Motorrad

Eine schöne Möglichkeit, von Don Khong nach Don Det zu gelangen, haben Zweiradfahrer: Sie können von Ban Hang Khong, im Süden der Insel, nach Ban Deua auf **Don Som** übersetzen. Dort führt ein 14 km langer Uferpfad nach Ban Hang Som. Eine Fähre bringt einen von hier an die Nordspitze Don Dets. Der Trip dauert mit dem Roller etwa 1 1/2 Std., die Fähre kostet pro Strecke 10 000 Kip. Wer gleich auf Don Som bleiben möchte: In Ban Thamakheb auf der Ostseite gibt es das **Don Som Riverside Gh.**, ✆ 030-9434108, ✉ donsomlaos@gmail.com, 💻 auf Facebook.

Busse

Minibusse von Ban Nakasang nach PAKXE halten gegen 12 Uhr in **Ban Hat Xai Khoun** auf dem Festland. Tickets gibt es in den Gästehäusern (2 1/2 Std., 70 000 Kip inkl. Tuk Tuk). Alternativ fahren tgl. zwischen 6 und 8 Uhr **Kleinbusse** und **Songtheos** von Muang Sen über Muang Khong nach Pakxe (3 Std., 60 000 Kip). Um 8.30 Uhr startet ein Bus nach VIENTIANE (200 000 Kip). **Haltestelle** ist die Ecke Vat Phouang Keo/Straße nach Muang Sen. Reisende mit Ziel DON DET und DON KHON können gegen 10 Uhr in Ban Hat Xai Khoun in einen der Minibusse aus Pakxe zusteigen.

Boote und Fähren

Viele Gästehäuser haben **Boote** für die Fahrt nach DON DET und DON KHON (250 000 Kip/ Boot für 4–5 Pers., 1 1/2 Std.). Einen tgl. Shuttle betreibt das Don Khong Gh. gegen 8 oder 8.30 Uhr vom Anleger für 40 000 Kip p. P., Buchung einen Tag im Voraus. Wer am Nachmittag wieder mit zurückfährt, zahlt 60 000 Kip. Die **Fähren** zwischen Muang Khong und Hat Xai Khoun kosten 30 000 Kip, ab 2 Pers. 15 000 Kip p. P.

Don Det und Don Khon

Kokospalmen und Holzhäuser säumen die Ufer von Don Det und Don Khon, 15 km südlich von Don Khong nahe der kambodschanischen Grenze. Seit Jahren schon zieht die Idylle der beiden Inseln einen steten Strom von Backpackern an, der vor allem an der Nordspitze **Don Dets** seine Spuren hinterlassen hat.

Je nach Saison haben die Inseln zwei sehr unterschiedliche Gesichter: Vom Ende der Regenzeit bis zur Reisernte (Sep–Mitte Nov) ist die Landschaft üppig grün, im Inselinnern leuchten die Reisfelder, und der **Mekong** ist ein brauner reißender Strom. Ganz anders in der späten Trockenzeit (Mitte Feb–Mai): Nun zeigt sich das Land in Erdtönen und der Fluss kommt gemächlicher und – dank Ablagerung der Sedimente – in Blaugrün daher.

Don Khon ist die größere der beiden Inseln. Im Hauptort Ban Khon stehen noch einige Bauten aus der französischen Kolonialzeit, darunter das alte Krankenhaus und die Zollstation. Eine **Betonbrücke**, die die Inseln seit 1920 verbindet, erinnert an die Zeit, als die Franzosen Güter und Passagiere in einer Schmalspurbahn an den Mekongfällen vorbeileiteten. Zwei Verladerampen auf Don Det und in Ban Hang Khon sind ebenfalls erhalten. Die Schienen dienen inzwischen als Brücken, man kann aber noch der Trasse folgen. Das Westufer Don Dets ist der beste Ort für den **Sonnenuntergang.**

Inseltour

Die Sehenswürdigkeiten konzentrieren sich auf Don Khon und können in einer schönen Tagestour besichtigt werden. Zu Fuß ist das Ganze recht anstrengend, allerdings sorgt die Vegetation meist für Schatten. Ein Rad verkürzt den Trip, und seit die alte Eisenbahntrasse ausgebessert wurde, sind die meisten Wege gut zu befahren.

Die Tour beginnt in Ban Khon, am Südende der **Eisenbahnbrücke**, etwa 2,5 km südlich von Ban Houa Det. Sie führt zunächst in Richtung Vat Khon Tai, bevor nach 50 m links ein Schild den Weg zu einer Lokomotive weist. Hier rostet das Skelett einer alten **Dampflok** vor sich hin, die in der ersten Hälfte des 20. Jhs. Güter von Ban Hang Khon am Südende der Insel über die Brücke bis zur Verladerampe auf Don Det und zurück transportierte. Mit dem Bau der 7 km langen Trasse wurde bereits 1897 begonnen. 20 Jahre später folgte die Brücke. Angriffe der Japaner setzten der Verbindung in den 1940er-Jahren ein Ende.

Nur 50 m südlich der Lok, schwierig zu finden inmitten von Büschen und Reisfeldern, befindet sich ein überwucherter **christlicher Friedhof**, auf dem auch der Grabstein der Familie Xavier steht („unter tragischen Umständen verschieden am 3. Oktober 1922"). Gerüchten zufolge wurden das Paar und die 11-jährige Tochter von ihren Angestellten umgebracht.

Zurück auf dem Hauptweg gelangt man nach 200 m zu **Vat Khon Tai**. Der Tempel wäre zu vernachlässigen, stünde er nicht auf dem Gelände eines alten Khmer-Heiligtums – ein Indiz für die frühe Besiedlung der Region. Hinter dem Vat befinden sich ein *lingam* und eine *yoni*. Der Stupa datiert aus dem frühen 20. Jh.

Folgt man dem Pfad links hinter dem Vat etwa 600 m parallel zum Fluss, gelangt man zum Eingangsbereich des Wasserfalls. Auf dem weitläufigen Gelände führt ein Weg zum imposanten **Somphamit-Wasserfall**, auch Khon Liphi („Geisterversteck") genannt. Hier donnert der Mekong über mehrere Felsstufen in eine 10 m tiefe Schlucht. Ein **Restaurant**, ⌚ 7.30–18 Uhr, mit tollem Blick auf den Wasserfall und hübschen kleinen Hütten bietet sich für einen ersten Stopp an. Der Platz ist auch schön für den Sonnenuntergang. Von hier ist es nicht weit zu einer kleinen **Bucht mit Sandstrand** (starke Strömung!).

Vom Wasserfall sind es noch etwa 3 km bis Ban Hang Khon. Zurück am Eingang folgt man dem Hauptweg, biegt an der T-Kreuzung rechts ab und nimmt nach 150 m den ersten Abzweig nach links zur alten **Eisenbahntrasse** nach **Ban Hang Khon**. Dort stehen im Schatten eines bewaldeten Hügels die gewaltige **Verladerampe** aus der Franzosenzeit und eine weitere, schlecht erhaltene Lokomotive. Hier ist auch ein guter Ort, um die seltenen **Irrawaddy-Delphine** zu beobachten, die sich in der Trockenzeit in einem tiefen Pool südlich der Insel aufhalten. Manchmal ist es sogar möglich, sie vom Ufer aus zu sehen. Am besten beobachtet man die Tiere aber im Rahmen einer Kajaktour (S. 494).

Schwimmen im Mekong

Wer die Viertausend Inseln in der frühen Trockenzeit besucht, wird sich kaum vorstellen können, in den braunen Fluten zu baden. Ab Februar aber, wenn die Stömung abnimmt und sich die Sedimente absetzen, zeigt sich eine andere Welt: Das **Wasser** ist klar und blaugrün, überall liegen Sandbänke und Strände frei. Und selbstverständlich wird geschwommen.

Doch auch zur Zeit des braunen Mekong ist die Wasserqualität nicht schlechter. Die Färbung kommt vom Sand, den der Fluss mit sich trägt, und nicht etwa von lokalen Abwässern. Die landen in Sickergruben.

Gefährlich kann zu jeder Zeit die **Strömung** sein. Vor allem in der Nähe von Wasserfällen und Stromschnellen gibt es starke Unterströmungen. Man sollte in jedem Fall vor Ort fragen, ob und wo das Schwimmen möglich ist. Stehende Gewässer sind wegen Bilharziosegefahr zu meiden.

Von Ban Hang Khon geht es zurück bis zur Eisenbahntrasse und dort auf den rechten Weg, vorbei am kleinen Weiler Ban Bung Kaen, gut 4 km am Mekongufer entlang nach Ban Houa Khon. Seit dem Ausbau der alten Eisenbahnstrecke ist dieser Weg etwas vernachlässigt worden und gleicht zunehmend einem Dschungelpfad, mit über dem Weg liegenden Bäumen und drei verfallenden Brücken. Nach 2 km geht es rechts ab zur kleinen Insel **Don Pa Soi**, die man über eine abenteuerliche Hängebrücke erreicht. Kurz vor der Brücke ist ein Restaurant, kurz dahinter gabelt sich der Weg: Links runter gibt es einen Blick auf den **Wasserfall** Khon Pa Soi und nach rechts geht es zu einer kleinen Bucht, wo man sich im Schatten erholen oder im Mekong erfrischen kann.

Der weitere Weg führt zunächst zurück und dann ein Stück hinter dem Restaurant rechts ab nach **Ban Sentho**, wo Betonmauern die Fluten des Mekong brechen. Mit diesem **Leitsystem** flößten die Franzosen Tropenhölzer den Fluss hinab. Von hier folgt man dem Uferpfad für etwa 2 km über Ban Houa Khon zurück zur Brücke nach Don Det.

ÜBERNACHTUNG

Don Det und Don Khon gehören zu den meistbesuchten Zielen in Laos. Viele der mittlerweile fast 100 Gästehäuser konzentrieren sich an der **Nordspitze Don Dets** (Houa Det) und dünnen sich entlang der Ufer aus. Die **Mitte** südlich von Takapan und der **Süden** (Hang Det) haben deutlich weniger Unterkünfte. **Don Khon** ist schon wegen seiner Größe fast eine andere Welt, obwohl auch Ban Khon inzwischen zugebaut ist. Der **Standard** der Unterkünfte ist noch überwiegend einfach. Ab 60 000 Kip bekommt man eine Hütte am Fluss mit Balkon und Hängematte, Moskitonetz und Ventilator. Doch der Trend zur Aufwertung ist in vollem Gange: Ein eigenes Bad entwickelt sich zum Standard, **WLAN** ist es schon, und die neuen Steinhäuser werden oft von vornherein mit Klimaanlagen ausgestattet. Da der Platz am Fluss knapp wird, entstehen die komfortablen Bungalows oft in zweiter Reihe. Mit dem Flussblick geht aber viel vom Charme des Insellebens verloren.
In der **Hochsaison** (Dez–März) kann schon mittags alles belegt sein. Am besten man reserviert oder kommt vor den Minibussen aus Pakxe an, die tgl. zwischen 11 und 12 Uhr eintrudeln. Da die meisten Leute in Houa Det anlanden und sich die Unterkünfte von Nord nach Süd füllen, ist es eine gute Idee, woanders von Bord zu gehen. Um zu den Gästehäusern am südlichen Ostufer zu gelangen, sollte man an der Verladerampe in Takapan aussteigen (Boote halten auf Anfrage, beim Ticketkauf angeben). Achtung: Hier zweigt die alte Eisenbahntrasse ins Inselinnere ab, der schlecht zu erkennende Uferpfad nach Süden führt an Mr. Tho's Gh. vorbei.
Wer im Süden Don Dets (Hang Det) oder auf Don Khon übernachten möchte, sollte sich von Nakasang gleich dorthin bringen lassen.

Don Det

Boote und Fähren nach Don Det docken zuerst in Houa Det an, der lebendigen Nordspitze. Im dicht besiedelten Zentrum von Don Det befinden sich Internetcafés, Minimärkte, Touranbieter und viele Restaurants und Bars. Je weiter man sich von hier entfernt, desto ruhiger wird es.

Westufer (Sunset Side)

Die Bungalows am Westufer haben einen großen Vorteil: den Blick auf den Sonnenuntergang.

Little Eden Gh. & Rest. ①, südwestlich des Johnny Restaurants, ✆ 020-77739045, 💻 www.littleedenguesthouse-dondet.com. Eigentlich eher Hotel als Gästehaus, mit 16 komfortablen AC-Zimmern in einem wuchtigen 2-stöckigen Steinbau und 6 weiteren in einem älteren Gebäude, keines am Fluss. Pool mit Bar. ❺

Mr. Ky Sunset Bungalows ②, daneben. So viel Türkis ist selten, ansonsten sind die Hütten am Fluss nichts Besonderes. Das Panorama macht allerdings einiges wett. ❶

Sengthavan 2 Gh. ④, gut 900 m südlich des Anlegers, nah dem Abzweig zum Vat, ✆ 030-9006395. Anständige Travellerbleibe mit einfachen Hütten mit/ohne Bad. Auch das Restaurant ist gut. Fahrradverleih. ❶–❷

The Last Resort ⑤, 600 m weiter südlich, ✆ 020-96338578, 💻 www.facebook.com/lastresortdondet. Wahrscheinlich die lässigste Unterkunft der Inseln, mit Kräuter- und Gemüsegarten, Pizzaofen, Filmprojektor, iPod-Dock und Feuerstelle fürs abendliche Lagerfeuer. Der Hit sind die schönen Bambus-Tipis, die dem Ganzen etwas Wildwest-Charme verleihen, und die benachbarte **RudiMental Holiday Lodge**, 💻 www.dondethouse.com, ✉ rudimental@live.de, ein originelles Ferienhaus für bis zu 5 Pers., mit dem das Last Resort erst 2016 zusammengelegt wurde. Beachbar, Partys, Aktivitäten und ein englisch-deutsches Management. ❷–❹

€ **Easy Go Backpackers** ⑥, 50 m südlich, 💻 www.easygohostel.com. Saubere Hütten (mit/ohne Bad) und superbillige Dormbetten (25 000 Kip p. P.). Zum kleinen Sandstrand mit Bar geht's einmal über den Uferweg. Moskitonetze, Fahrradverleih. Guter Deal, aber ab vom Schuss. ❶

Ostufer (Sunrise Side)

Nahe dem Zentrum ist es recht trubelig, doch schon hinter der Weggabelung wird es ruhiger. Auf dem 1 km langen Abschnitt bis Takapan reihen sich zahlreiche Unterkünfte aneinander. Dörflicher, mit weitem Blick, und trotzdem gut gelegen ist die Mitte südlich von Mr. Tho's Gh.

Don Det und Don Khon
N
0
1000 m
Nakasang
Ban Hang Som
s. Detailplan Ban Houa Det
Ban Houa Det
Vat Houa Det
Takapan
DON DET
ALTE EISENBAHNTRASSE
FRZ. VERLADERAMPE
DON TAN
DON EN
Hang Det
BRÜCKE
Ban Houa Khon
Vat Houa Khon
Ban Khon
Ban Sentho
DON XOM
FRIEDHOF
Alte Lokomotive
Vat Khon Tai
Ban Khon Tai
Somphamit-Wasserfall
KASSEN-HÄUSCHEN
Restaurant
DON KHON
FRZ. LEITSYSTEM
Khon Pa Soi-Wasserfall
DON PA SOI
ALTE EISENBAHNTRASSE
Ban Khon Nyai
Ban Bung Kaen
DON KHON JUAK
Ban Hang Khon
Alte Lokomotive
FRZ. VERLADERAMPE
Ban Houa Det
0
100 m
ÜBERNACHTUNG
1 Little Eden Gh. & R.
2 Mr. Ky Sunset Bungalows
3 Baba Gh.
4 Sengthavan 2 Gh.
5 The Last Resort / RudiMental Holiday Lodge
6 Easy Go Backpackers
7 Siamphone Gh.
8 Crazy Gecko Gh.
9 Mr. Tho's Bungalows
10 Phao's Bungalows
11 Mama Leuah Gh.
12 Boun Hom Gh.
13 Dhok Khoon Bungalows
14 River Garden
15 Tavendang Gh.
16 Mekong Dream Gh.
17 Sunset Paradise Gh.
18 Pa Kha Gh.
19 Dok Champa Gh. & R.
20 Auberge Sala Done Khone / Sala Phae
21 Seng Ahloune Villa
22 Pan's Gh. / Pan's Bungalows / Pan's Residence
23 Khampheng Gh.
24 Seng Ahloune Resort
25 Phonevilay Gh.
TRANSPORT
1 Green Paradise Travel
2 Wonderfull Tour
3 Mr. Mo
4 Samlors
5 Boote zu den Delphinen
ESSEN
1 Little Eden R.
2 Johnny R.
3 Kham Fong R.
4 Reggae Bar
5 Hanouman's
6 Adam's Bar
7 Jasmin R.
8 Sengthavan 2 R.
9 Street View Café
10 Mama Leuah R.
11 Lao Long R.
12 Fleur du Mekong R.
SONSTIGES
1 Minimart

Baba Gh. ③, kurz hinter der Weggabelung, ✆ 020-98893943, 💻 www.dondet.net. Schöne Unterkunft mit kleinem Garten und hellen AC-Zimmern. Beste Wahl sind die Räume oben mit großen Balkonen und freiem Blick auf den Mekong. Restaurantterrasse am Fluss. ❹

Siamphone Gh. ⑦, gut 500 m südlich, ✆ 020-22727733. Typischer Vertreter der Gästehäuser dieses Abschnitts: 6 einfache Reihen-Hütten am Fluss mit kleinem Kaltwasserbad. Die Smiling Lao Bar ist nett zum Abhängen. ❶

Crazy Gecko Gh. ⑧, 300 m nördlich von Takapan, ✆ 020-97193565, 💻 www.crazygecko.ch. Charmantes Gästehaus, das traditionelle Bauweise und Materialien mit modernen Elementen kombiniert. Im hölzernen Obergeschoss gibt es 2 Doppel- und 1 großes Familienzimmer mit Glasfronten, tollen Bädern und großem Balkon zum Fluss. Dazu kommt ein stimmungsvolles Restaurant am Mekong. ❸

Mr. Tho's Bungalows ⑨, gleich südlich des Piers, ✆ 020-56687181, ✉ mrthobungalow@gmail.com. 6 einfache nette Holzhütten mit Bad (Kaltwasser) am Fluss und ein Neubau mit 8 AC-Zimmern zum Garten (dunkel). Außerdem: Motorradverleih und ein Restaurant. ❷–❸

Phao's Bungalows ⑩, 150 m südlich der Rampe. Einfache Hütten mit und ohne Bad (Kaltwasser) – dank der Lage mit Blick auf Vat Don En und der Balkone mit je 2 Hängematten ganz nett. ❶

Mama Leuah Gh. ⑪, 450 m südlich, ✆ 020-59078792, 💻 www.mamaleuah-dondet.com. Das beliebte kleine Guesthouse in ruhiger Lage wird von einem freundlichen deutsch-laotischen Paar betrieben. Die 6 einfachen supersauberen Hütten am Mekong (mit/ohne Kaltwasserbad) mit Balkonen und Blick auf den Sonnenaufgang laden zum Relaxen ein. Viele Infos, gutes Restaurant (S. 493), gute Wahl. ❷

Boun Hom Gh. ⑫, 150 m südlich, ✆ 020-22521820. Guesthouse auf großem Grundstück am Fluss. Holz- und Bambushütten mit Ventilator, manche mit Bad (Kaltwasser). Restaurant. ❶

Im Süden

Wer in einer der folgenden Unterkünfte übernachten möchte, sollte ein Bootsticket bis nach Hang Det kaufen. Mit viel Glück bringt einen der Bootsmann sogar zum Gästehaus:

Dhok Khoon Bungalows ⑬, 350 m nördlich der Brücke. Mit den 2 Holzbungalows direkt neben dem Haus der Familie ist es eher Homestay mit eigenem Zimmer als Gästehaus. Nett. ❶

River Garden ⑭, 300 m nördlich der Brücke, ✆ 020-77701860, 💻 www.rivergardenlaos.com. 3 einfache ältere Hütten (Kaltwasser) und ein neuer Bungalow (2 DZ) mit Warmwasser. ❶–❷

Tavendang Gh. ⑮, 100 m nördlich der Brücke, ✆ 020-56152173. 7 Holzhütten mit Bad (3 mit Kaltwasser), nett sind die beiden am Fluss. ❶–❷

Mekong Dream ⑯, daneben, ✆ 020-55275728. Gelbes Gästehaus am Wasser. Die 11 Zimmer mit Bad und Warmwasser haben große Fenster und oben Zugang zum Gemeinschaftsbalkon mit Hängematten und schönem Blick auf die französische Brücke. Gute Lage. ❷

Don Khon

In Ban Khon wurde so ziemlich jede Baulücke am Fluss geschlossen. Preisniveau und Klimaanlagendichte sind höher als auf Don Det. Die Fähren legen beim Pa Kha Gh. oder zwischen Pan's Residence und Seng Ahloune Villa an.

Phonevilay Gh. ㉕, südwestlich der Brücke, ✆ 020-55133915. Gute Lage am Fluss und auch ruhig, wenn im Tempel nicht gerade der Gong geschlagen wird. 4 Zimmer, 2 davon mit Glasfront, in sauberen Holzhütten mit großen Balkonen, aber leider PVC-Böden. ❷

Seng Ahloune Resort ㉔, südwestlich neben der Brücke, ✆ 020-55831399. Viel Holz, Bast und laotische Accessoires verleihen den Doppelbungalows (AC) etwas Warmes. Balkone mit Blick auf Fluss und Brücke. Frühstück inkl. ❺

Khampheng Gh. ㉓, 100 m nordöstlich der Brücke, ✆ 020-55274989. 6 Zimmer in einfachen Holzbungalows (Bad) in guter Flusslage. ❷

Pan's Gh. & Rest. ㉒, ein Stück nordöstlich, ✆ 020-23655151, ✉ phounnavong@yahoo.com. Die AC-Zimmer in den properen Bungalows sind ansprechend, aber nicht günstig; zwei teilen sich einen Balkon (Liegestühle). Beste Wahl sind die Bungalows am Wasser (Aufpreis); die anderen stehen sehr eng beisammen und es fehlt der Ausblick. Derselbe Besitzer betreibt auch **Pan's Bunglalows** und **Pan's Residence** (Kontakt über Pan's Gh.), mit gleichem Standard und am Fluss gelegen. Preis inkl. Frühstück. ❹

Seng Ahloune Villa ㉑, neben Pan's Residence, ✆ 020-55831399, 💻 www.sengahlounevilla.com. Massiver Neubau mit großzügigen Deluxe-Zimmern zum Fluss und Standard-Räumen zum Garten ohne Balkon. Frühstück inkl. Für den Preis gibt's Besseres. ❹–❺
Auberge Sala Done Khone ⑳, ein paar hundert Meter nordöstlich, ✆ 031-260940, 💻 www.salalaoboutique.com. Teuerste Unterkunft der Insel mit 30 Zimmern in 9 Gebäuden jenseits des Flusses, darunter ein Kolonialhaus (das ehemalige Krankenhaus). Beste Wahl sind die French Studios dahinter mit Holzböden, Terrasse und Reisfeldblick. Der Swimming Pool wie auch der Garten werden mitunter vernachlässigt.
Ein Erlebnis bieten die schwimmenden Bungalows der **Sala Phae** ⑳, die ebenfalls zur Auberge gehören (*phae* = Floß): Die kleinen Balkone der Zimmer liegen förmlich auf dem Wasser. Preis inkl. kleinem Frühstück. ❺
Dok Champa Gh. & Rest. ⑲, knapp 100 m nordöstlich, ✆ 030-9863889. Die 4 Zimmer sind groß, bunt, gut möbliert und am Fluss. Gute Wahl. ❷
Pa Kha Gh. ⑱, am Abzweig zum Vat Houa Khon, ✆ 031-260939. Viele Zimmer verteilt auf mehrere Gebäude, alle mit Bad und Warmwasser. ❷
Sunset Paradise Gh. ⑰, Nordende Ban Khons, ✆ 030-5749315. Dicht gedrängte Bungalows mit freundlicher Atmosphäre. Nicht am Fluss. ❷

ESSEN UND UNTERHALTUNG

Don Det

Restaurants

Little Eden, im gleichnamigen Gästehaus. Hühnchen, Steak oder Gulasch (vorbestellen), außerdem Asiatisches. Schöner Platz für den Sonnenuntergang, aber das bezahlt man mit.
Johnny und **Kham Fong Restaurant**. Beliebte Travellerlokale am Anleger mit großer Auswahl und riesigen Terrassen zum Leutegucken.
Jasmin Restaurant, südlich der Reggae Bar. Eines von drei indischen Lokalen und Ableger des gleichnamigen Restaurants in Pakxe mit indischer und malaiischer Küche.
Street View Café, knapp 200 m nördlich des Siamphone Gh. Auf der Flussterrasse am Wegesrand steht Barbecue im Mittelpunkt: Steaks, Rippchen, Fisch, gute Burger …

Happy Shakes

Manche Bars und Restaurants servieren Gerichte und Shakes auf Wunsch mit **Drogen**. Auf der Karte steht nur der Zusatz „Special" oder „Happy". Schon einige Gäste haben sich so ungewollt in den Orbit geschossen.

Mama Leuah Restaurant, im gleichnamigen Gästehaus am Ostufer. Vielleicht das beste Restaurant der Inseln. Heimweh lässt sich kulinarisch mit leckeren heimischen Klassikern wie Frikadellen, Cordon bleu oder Zürcher Geschnetzeltem mit Rösti bekämpfen. Die asiatischen Gerichte stehen qualitativ nicht hintan. Faire Preise.
Sengthavan 2 Restaurant, im gleichnamigen Gästehaus am Westufer. Beste Anlaufstelle für Hungrige an der Sunset-Seite.

Bars

Die Barszene der Inseln befindet sich in Houa Det. Allerdings schiebt die Sperrstunde um 23.30 Uhr langen Partynächten einen Riegel vor. **Hanouman's** wirkt wie ein Vang-Vieng-Import mit Matten, Travellerfood und *Friends*, **Adam's Bar** hat Shishas und Buffetabende (50 000 Kip p. P.), und in der **Reggae Bar** wird das musikalische Erbe Jamaikas gefeiert.

Don Khon

Fleur du Mekong Restaurant, ein Stück südwestlich der Brücke. Westliche und laotische Gerichten, darunter ein gutes Entencurry mit Süßkartoffeln und *mok pa*.
Lao Long Restaurant, 20 m nordöstlich von Pan's Gh. Das gemütliche Ecklokal, seit neuestem mit großem Speisesaal im Tempelstil, serviert thailändische und laotische Gerichte sowie Burger und Baguettes (auch mit Nutella).

AKTIVITÄTEN UND TOUREN

Touranbieter und Gästehäuser haben **Barbecue-** und **Badeausflüge** auf entlegene Inseln im Angebot, einige vermieten Lkw-Schläuche zum **Tuben**, manche gehen mit ihren Gästen fischen oder unternehmen **Sonnenuntergangsfahrten**.

Grenzübergang nach Kambodscha

Am Grenzübergang **Nong Nok Khian – Trapaeng Kriel**, 19 km südöstlich von Nakasang, trifft die Straße 13 auf die kambodschanische RN 7. Die Grenze ist tgl. von 6–18 Uhr geöffnet und es gibt Visa on Arrival für Kambodscha (30 Tage, US$30, 1 Foto; Einreise nach Laos s. S. 614).
Von Pakxes KM-2-Busstation fahren täglich **Busse** privater Gesellschaften (S. 477) nach Phnom Penh, Siem Reap und in alle größeren Städte entlang der Strecke und nehmen auf ihrem Weg Reisende von den Viertausend Inseln auf. Alternativ bringen einen Anbieter von Don Det/Don Khon zur Grenze und setzen einen dort in den Bus einer kambodschanischen Partnergesellschaft. **Tickets** für beide Varianten gibt es in den Gästehäusern und bei Touranbietern, der Preis ist derselbe. Nach Stung Treng kostet die Fahrt US$18, nach Kratie US$23, nach Banlung US$24, nach Kompong Cham US$25, nach Phnom Penh US$30 und nach Siem Reap US$35. Von Don Khong sind es ein paar Dollar mehr.
Traveller auf dem Weg nach Siem Reap können auch auf den zuverlässigen kambodschanischen Anbieter **Asia Van Transfer** zurückgreifen (US$20, 7–8 Std.). Die Buchung erfolgt unter 💻 www.asia vantransfer.com. Der Minivan sammelt seine Passagiere gegen 11.30 Uhr an der Grenze ein. Den Transfer von den Inseln dorthin muss jeder selbst organisieren. Der Bus von Nakasang zur Grenze kostet horrende US$11, auf den Inseln gebucht sind es US$13 inkl. Boot. Am günstigsten ist es auf eigene Faust mit Fähre (20 000 Kip) und Samlor (50 000 Kip), allerdings versucht die lokale Transport-Mafia alles, um diese Möglichkeit zu unterbinden.
Und noch ein Wort zu den **Grenzformalitäten**: Seit Jahren sind die Grenzbeamten dafür bekannt, Reisenden eine dubiose Stempel-Gebühr abzuknöpfen, US$2 pro Posten plus US$1 Gesundheitsprüfung. Nun gibt es die Masche, dass jemand die Pässe bereits im Vorfeld einsammelt (im Bus oder an der Grenze), um die Visa zusammen zu beantragen. Die Begründung reicht von „der Bus wartet nicht" bis zu „die Grenze schließt gleich". Am Ende kostet das Ganze dann US$40–45. Manch Reisender ist ganz dankbar, sich nicht selbst am Schalter anstellen zu müssen. Andere geben ihren Pass nur ungern aus der Hand. Was immer auch behauptet wird: Es gibt keine Verpflichtung, diesen „Service" zu nutzen.

Wasserfälle und Delphine

Überall werden Touren zum **Khon-Phapheng-Wasserfall** (S. 495) und/oder den **Irrawaddy-Delphinen** angeboten, meist geht's mit dem Boot hin und im Auto zurück. Die Preise liegen bei 150 000–180 000 Kip p. P., je nach Gruppengröße. Beste Jahreszeit, um Delphine zu sehen, ist von Dez bis Mai. Dann ist der Wasserstand niedrig, und die Tiere halten sich in einem Dreieck südlich von Don Khon auf. Sie sind am ehesten morgens und spätnachmittags zu sehen. Man kann auch in Ban Hang Khon, 3 km südlich von Ban Khon, ein Boot chartern (70 000 Kip, 4 Pers., 1 Std.) oder an der kleinen Bucht in Ban Khon Nyai, knapp 800 m südlich von Ban Khon Tai (90 000 Kip, 3 Pers).
Die Delphinausflüge sind zwar eine wichtige Einnahmequelle der Bootsleute, der Motorenlärm bedeutet für die Tiere aber großen Stress. Besser ist es, die Flusssäuger im Rahmen einer Kajaktour oder von Land aus zu beobachten.

Kayaking

Auf Don Det organisieren **Green Paradise Travel**, **Wonderfull Tour** und **Mr. Mo** nahezu identische Kajaktouren. Im Angebot ist ein ganztägiger Paddeltrip zu den Delphinen und weiter bis zur kambodschanischen Grenze.
Es gibt 3 verschiedene Routen; bei allen geht's auch zum Khon-Phapheng-Wasserfall – um Kosten zu sparen aber nicht durch den Haupteingang, sondern mit etwas Kraxelei zu einem Aussichtspunkt auf einer Insel gegenüber. Der Rückweg erfolgt in allen Fällen im Van (160 000–180 000 Kip p. P.). Eine halbtägige Variante führt durch etwas wilderes Wasser an Don Tan und Don Sadam vorbei (100 000–400 000 Kip p. P.).

Mekong River Life

Das Leben am großen Fluss steht im Fokus dieser neuen Halbtagestour. Mit dem Boot geht's durch die **Inselwelt** nach Don Loppadi und Don Xang. Die Gruppen sind klein, der Erlös trägt zum Einkommen der Familien bei. Kosten: um US$40 p. P. ab 4 Pers., zu buchen bei Wonderfull Tour und Green Paradise Travel.

Tubing

Gästehäuser und Stände auf Don Det verleihen **Lkw-Schläuche**, mit denen man gemütlich den Mekong hinabtreiben kann. Bitte vorher fragen, wo man wieder anlanden sollte und gleich noch nach der Strömung, Treibholz etc. erkundigen (v. a. während und kurz nach der Regenzeit).

SONSTIGES

Fahrrad- und Motorradverleih

Fahrräder ab 10 000 Kip/Tag, manche Gästehäuser und Läden in Houa Det verleihen auch **Roller** (80 000–100 000 Kip), in Ban Khon gibt es Verleiher gegenüber dem Lao Long Restaurant.

Geld

Es gibt **keine Bank** auf Don Det oder Don Khon, Lao Development Bank und BCEL unterhalten Filialen am Markt in **Nakasang**, ⌚ Mo–Fr 8–15.30 Uhr, dort stehen auch **Geldautomaten**.

Inselgebühr

Besucher müssen an der Eisenbahnbrücke auf Don Khon 35 000 Kip für ihren Aufenthalt auf der Insel zahlen. Eigentlich ist dieses Ticket die **Eintrittskarte für den Somphamit-Wasserfall** (also nicht wegwerfen), aber mittlerweile werden alle zur Kasse gebeten. Kostenfrei kann man die Brücke vor 7 oder nach 17 Uhr überqueren.

Internet

Die meisten Unterkünfte auf beiden Inseln bieten ihren Gästen **WLAN** an. **Internetcafés** gibt es in Ban Houa Det an der Hauptstraße nahe dem Abzweig zum Westufer. 400 Kip/Min.

NAHVERKEHR

Samlors an der Verladerampe auf **Don Det** (Takapan) verlangen für die Fahrt zum Tad Somphamit und nach Ban Hang Khon (Delphine) 150 000 Kip hin und zurück (inkl. Wartezeit). Von **Don Khon** kostet der Trip 100 000 Kip. Startpunkt ist nahe dem Lao Long Restaurant.

TRANSPORT

Stdl. bis nachmittags fahren **Busse und Songtheos** von Pakxe nach Nakasang. Dort setzen **Fähren** nach Don Det (Houa Det, 15 000 Kip p. P.) und Don Khon (20 000 Kip p. P.) über; wer nach Takapan (beim Ticketkauf als Ziel nennen) oder in den Süden von Don Det möchte, muss ein Ticket nach Hang Det lösen (20 000 Kip p. P.). Nach Einbruch der Dunkelheit steigen die Preise erheblich. Die Fährfahrt zurück nach Nakasang organisieren die Gästehäuser, ebenso **Boote** nach DON KHONG: das Morgenboot von dort nach Don Det fährt gegen 14 Uhr vom Fähranleger in Houa Det zurück (40 000–50 000 Kip p. P.), Charter kostet 350 000 Kip.
Von **Nakasang** starten stdl. zwischen 6 und 12 Uhr Busse und Songtheos nach PAKXE (3–4 Std., 40 000 Kip). Bequemer und schneller sind die **Minibusse** und Busse verschiedener Anbieter, die sich in den meisten Gästehäusern buchen lassen (inkl. Abholservice). Start ist tgl. um 11.45 oder 12 Uhr in Nakasang, Kosten inkl. Fähre 70 000 Kip.
Busse zu Zielen im Norden von Laos, zur thailändischen Grenze oder nach Vietnam sowie Züge von Ubon nach Bangkok (früh buchen) und Flugtickets können bei Touranbietern gebucht worden. Infos zum Transfer zur **kambodschanischen Grenze** s. Kasten links.

Khon-Phapheng-Wasserfall

15 km südlich von Nakasang begruben die Franzosen im 19. Jh. ihre Hoffnung, den Mekong jemals als Handelsweg zwischen Vietnam und China zu nutzen. Über Felsen und Geröll tosen hier bis zu 9,5 Mio. Liter Wasser pro Sekunde in die Tiefe. Louis Delaporte schrieb 1866 über das Naturschauspiel: „Alles in dieser gigantischen Landschaft atmet Kraft".

Während sich die Franzosen dieser Kraft beugten, gelang es dem Norweger Peter Hauff 1902, den Wasserfall mit einer 16 m langen Barke von Süden nach Norden zu passieren. Die landläufige Meinung, der Fluss könne nicht als Transportroute genutzt werden, änderte sich dadurch aber nicht.

Obwohl Khon Phapheng mit gut 20 m Tiefe und einigen hundert Metern Breite als größter Wasserfall Südostasiens gilt, ist er kein „Niagara des Ostens" (Werbeslogan). In der Regenzeit sind die Wassermassen schon beeindruckend. In der späten Trockenzeit fallen die „Ahs" und „Ohs" etwas leiser aus. Der beste Blick bietet sich von der Aussichtsplattform. Geschäfte und Restaurants verkaufen Snacks, Erfrischungen und Souvenirs. Eintritt 55 000 Kip inkl. Elektro-Shuttle.

TRANSPORT

Touranbieter und die meisten Gästehäuser den Inseln organisieren den Trip zum Wasserfall. **Samlors und Motorradtaxis** von Nakasang kosten 50 000 Kip hin und zurück. Man kann die 15 km auch radeln, allerdings ist die Strecke öde.

Die Südostprovinzen

Der Südosten von Laos gehört zu den am wenigsten besuchten Regionen des Landes. Saravan (10 691 km²), Xekong (7665 km²) und Attapeu (10 320 km²) formen einen Halbkreis zwischen Annamitischer Kordillere und Bolaven-Plateau. Neben der zerklüfteten Landschaft sind es vor allem die **Mon-Khmer-Völker**, die diese Region besonders machen. In allen drei Provinzen stellen sie die Bevölkerungsmehrheit, allerdings haben sich einige schon an die Lebensweise der Lao angepasst. Zu den zahlenmäßig stärksten gehören die Katang, Souay, Laven, Ta-Oy, Taliang, Katu, Alak, Oy und Nge.

Die **Straßen** zu den Provinzhauptstädten und die wichtigsten Trassen nach Vietnam sind asphaltiert. Busse verbinden die Hauptorte mit Pakxe. In den Pronvinzen Attapeu und Saravan gibt es Grenzübergänge nach Vietnam. In den großen Städten stehen **Geldautomaten** bereit.

Saravan (Salavan)

Das kleine Verwaltungszentrum der gleichnamigen Provinz schmiegt sich 116 km nordöstlich von Pakxe an eine Biegung des Xe Don. Holzhäuser und eine Handvoll Bank- und Regierungsbauten prägen das Bild der Stadt. Kurzweilig ist ein Bummel über den **Markt**, den größten der Gegend. Wer hängen bleibt, findet im **Jindavone Gh.** im Zentrum, ✆ 034-211065, ❷, saubere, geflieste AC-Zimmer. Die Busstation liegt 2,5 km westlich des Zentrums an der Straße 23, im Nordosten der Provinz gibt es einen neuen **Grenzübergang** (s. Kasten) nach Vietnam.

Thateng

45 km von Saravan entfernt liegt Thateng, das nördliche Tor zum Bolaven-Plateau. Hier zweigt die Straße 16 nach Osten in Richtung Xekong ab. 6 km südlich erstreckt sich das schöne **Sinouk Coffee Resort**, ✆ 020-55530495, 💻 www.sinoukcoffeeresort.com, mit 20 ha großer Kaffeeplantage, Garten mit Flusslauf und kleinem Wasserfall. Im Bezirk leben viele **Alak**, eine Mon-Khmer-Minorität, die für ihre Webarbeiten bekannt ist.

Xekong (Muang Lamam)

Das unspektakuläre Verwaltungszentrum, 48 km östlich von Thateng am gleichnamigen Fluss, ist stark vietnamesisch geprägt. Im Zweiten Indochinakrieg schlängelte sich der **Ho-Chi-Minh-Pfad** durch die gesamte Provinz. Ab und zu wagen sich Motorradfahrer an die schwierige 100-km-Piste nach **Dakcheung** nahe der vietnamesischen Grenze (4–5 Std.). Hoch im Kurs bei Wochenendausflüglern steht der Wasserfall **Tad Fek** 17 km südöstlich von Xekong Richtung Attapeu (ausgeschildert). Ein schönerer Stopp ist allerdings **Tad Hua Khon** 3 km weiter. 50 m vor der Brücke über den Xe Namnoy weist von der Straße 16 links ein Schild zum **P.S. Garden Resort** (400 m), einem idyllischen Areal am Fluss, das über Stege und Pfade Zugang zur Fallstufe bietet. Für Übernachtungsgäste gibt es komfortable Bungalows im Wald (❹) und offene Hütten mit Zelten (❶). Das Café und das Restaurant (WLAN) sind im Katu-Stil angelegt, gekocht wird mit Gemüse aus dem Bio-Garten, und wer will, kann am Wasserfall auch schwimmen .

In Xekong selbst sind die sauberen Fliesenzimmer (Bad/Warmwasser) im **Xokxay Gh.**, 2 km südlich des Zentrums, ✆ 030-5256445, ein guter Deal, ❶–❷. Stände am Markt verkaufen morgens **Baguette** mit Paté oder Spiegelei, in der Seitenstraße gegenüber dem Wasserturm bietet eine **Garküche** das wahrscheinlich beste *xin savan* (Trockenfleisch) in Südlaos an. Die **Busstation** liegt 3 km nördlich des Zentrums.

Attapeu (Samakhixai)

Ein Spalier aus Bankentürmen grüßt Besucher von Attapeu, das sich in nur wenigen Jahren vom Dorf zur Stadt entwickelt hat. Auf den ersten Blick ist der Charme der „Gartenstadt" unter Beton und Asphalt begraben worden. Doch wer sich zu den Ufern des Xe Kong aufmacht, stellt fest, wie grün sie noch immer ist.

Das **Provinzmuseum** nördlich des Kaysone-Denkmals widmet sich der Geschichte und den Ethnien der Region. ⌚ 8.30–11.30, 13.30–16 Uhr, Eintritt frei. Einen kurzen Besuch lohnt auch **Vat Luang Muang Mai** aus den 1930er-Jahren. Von den günstigeren Unterkünften ist das **Vhang Namyen Hung Heuang Gh.** ✆ 030-901580, ❷, an der Mündung des Xe Kamman in den Xe Kong, wahrscheinlich die beste Wahl. Unweit davon, am ehemaligen Fähranleger, liegt auch das schwimmende Restaurant **Nang Kulap**. Das **Phor Heng** im Zentrum nahe der Bank ist seit Jahren eine gute Adresse fürs Frühstück.

TRANSPORT

Motorrad- und Fahrradfahrer

Eine abenteuerliche Route für Motorradfahrer ist die **Straße 18** von Attapeu nach Ban Thang Beng an der Straße 13 (116 km). Der Ausbau ist vor einer Weile ins Stocken geraten, so dass sie noch überwiegend aus Sand oder, nach Regen, aus Schlamm besteht. Außerdem fehlen an mehreren Flüssen Brücken. Besser die Fahrt nur in der späten Trockenzeit angehen.

Busse und Songtheos

Die **Busstation** liegt 4 km nordwestlich der Stadt.
PAKXE (206 km, 5 Std.) 5x tgl. zwischen 6.55 und 11.30 Uhr für 45 000 Kip, über XEKONG (1 1/2 Std., 20 000 Kip) und THATENG (2 1/2 Std., 30 000 Kip). Der Bus um 9 Uhr hat AC (55 000 Kip).
VIENTIANE (876 km, 16–20 Std.) 8.25 und 12.30 Uhr für 170 000 Kip, Schlafbusse um 15 und 16 Uhr für 220 000 Kip.

Flüge

Kaum fertig, schon verwaist: Attapeus neuer **Flughafen** 26 km östlich. Die einzige Verbindung nach VIENTIANE wurde 2017 wieder eingestellt.

Grenzübergänge nach Vietnam

La Lay

Der jüngste laotisch-vietnamesische Grenzübergang verbindet **Saravan** mit der Provinz Quang Tri. Die Straße 15, die von der Provinzhauptstadt bis zur Grenze führt (147 km), ist gut in Schuss. **Busse** aus Attapeu und Pakxe passieren Saravan ab 7 Uhr auf ihrem Weg nach **Hue** (5–7 Std., US$10–18) und zu weiteren Zielen. Sie stoppen entweder am vietnamesischen Restaurant links neben der Busstation oder an der Kreuzung hinter dem kleinen Park schräg gegenüber.

Phou Keua – Bo Y

Über den Grenzübergang Phou Keua – Bo Y, ⌚ 8–16 Uhr, 113 km östlich von **Attapeu**, können Reisende in die vietnamesische Provinz Kon Tum einreisen. Eine Reihe privater Busunternehmen fährt jeden Morgen von/über Attapeu nach Vietnam. Eine zentrale Haltestelle gibt es nicht. Von der Busstation startet tgl. um 7 Uhr ein Bus nach **Da Nang** (8 Std., 150 000 Kip). Außerdem bestehen morgens vom **Duc Loc Restaurant** im Zentrum Verbindungen nach **Kon Tum** (5–6 Std., 120 000 Kip), tgl. um 7 Uhr oder mit einem Bus aus Pakxe, der dort gegen 10.30 Uhr zum Frühstücken hält. Am Vormittag passieren noch weitere Busse in Richtung Vietnam das Restaurant, darunter nach Pleiku und in der Regel einer nach Ho-Chi-Minh-Stadt. Am besten wartet man dort ab 8 oder 9 Uhr. **Tickets** gibt's bei den Fahrern.
Infos zum Vietnam-Visum s. S. 103, Einreise nach Laos s. S. 779.

CAFES UND RESTAURANTS IN KAMPOT

Kambodscha

Angkor – die weltberühmten, ehrwürdigen Tempel der Khmer sind unbestritten eines der Highlights von ganz Südostasien. Doch das kleine Land hat viel mehr zu bieten: quirliges Leben auf den Straßen von Phnom Penh, abenteuerliche Dschungeltouren im wilden Osten, Delphin-Spotting auf dem Mekong, eine Pfeffer-Verkostung in Kampot oder einfach nur chillige Strandtage auf einer kleinen Insel.

Stefan Loose Traveltipps

12 **Phnom Penh** Quirlige Hauptstadt mit Tempeln, Museen, Boutiquen und einem regen Nachtleben. S. 512

13 **Battambang** Entspannte Stadt mit kolonialem Flair. S. 543

Siem Reap Die hübsche Kleinstadt nahe den Tempeln präsentiert sich abends ausgesprochen lebendig. S. 557

14 **Die Tempel von Angkor** Das einstige Herz des Khmer-Reichs. S. 574

Sambor Prei Kuk Tempelruinen der Prä-Angkor-Zeit unter schattigen Bäumen. S. 599

Kratie Hier lassen sich die Irrawaddy-Delphine am besten beobachten. S. 609

15 **Banlung** Kraterseen, Wasserfälle, Dschungel und Dörfer ethnischer Minderheiten. S. 615

16 **Die Inseln vor Sihanoukville** Koh Rong und Koh Rong Samloem: Strandidylle und Tauch-Spots. S. 633

Kampot Bezauberndes Städtchen mit kolonialen Bauten, Nationalpark und Höhlen. S. 637

BANTEAY SREI NAHE SIEM REAP

SARACEN BAY AUF KOH RONG SAMLOEN

Wann fahren? Ganzjährig; nur im September und Oktober können Straßen überflutet sein, im April und Mai ist es oft drückend heiß.

Wie lange? Ein bis zwei Wochen

Bekannt für die Tempel von Angkor, malerischen Strände auf den Inseln und kleine Dörfer mit freundlichen Bewohnern.

Outdoor-Tipp Trekkingtour bei Banlung, Tauchen vor Koh Rong, Klettern bei Kampot

Unbedingt probieren Krolan von einem der Straßenstände

Beste Feste Wasserfestival Bonn Om Touk im Okt/Nov in Phnom Penh

Es ist vor allem Angkor Wat, die größte Tempelanlage der Welt, die Besucher in Kambodscha magisch anzieht. Und tatsächlich lohnt allein dieser mystische, sagenumwobene Ort schon einen Besuch des Landes. Angkor Wat ist das Herz der Nation, und seine Türme schmücken nicht ohne Grund seit der Unabhängigkeit im Jahr 1953 die verschiedenen Landesflaggen. Doch Kambodscha ist noch viel mehr!

Das kleine Königreich bietet all das, was Reisende mit Asien verbinden: herrliche Strände, undurchdringlichen Dschungel, quirlige Märkte und hübsche Kolonialstädte. Kambodscha besitzt dabei einen ganz eigenen Charme und ist – noch – weit entfernt vom Massentourismus. Das kann sich allerdings in nicht allzu ferner Zukunft ändern, denn Kambodscha gehört zu den am schnellsten wachsenden Reisezielen in Südostasien.

Bevölkerung

Mit 15,8 Mio. Menschen ist Kambodscha relativ dünn besiedelt. Auf einem Quadratkilometer leben durchschnittlich nur knapp 100 Einwohner, jeder Fünfte wohnt in der Stadt. Die Wachstumsrate ist in den letzten Jahren auf 1,6 % gesunken, mehr als 30 % sind jünger als 15 Jahre.

Verglichen mit den Nachbarstaaten ist Kambodscha in religiöser und ethnischer Hinsicht ein homogenes Land. Über 90 % der Bevölkerung sind **Khmer**, sie dominieren das politische und kulturelle Leben. Fast alle sind Anhänger des **Theravada-Buddhismus**, was sie nicht davon abhält, gleichzeitig den Geisterglauben zu pflegen.

Hinzu kommen Chinesen und Vietnamesen (zusammen 6,5 %), die in den Städten das Wirtschaftsleben bestimmen, und ca. 200 000 **Cham**. Wegen ihres Glaubens werden sie auch „Khmer Islam" genannt. Aufgrund von Repressalien wanderten die Vorfahren der Cham ab dem 18./19. Jh. aus ihrer vietnamesischen Heimat nach Kambodscha ein. Während des Pol-Pot-Regimes wurden sie verfolgt und viele ihrer Moscheen zerstört.

Die 100 000 Angehörigen der Bergvölker werden unter den Bezeichnungen „Khmer Loeu" (Hochland-Khmer) oder „Chunchiet" (Minderheiten) zusammengefasst. Zu den größten Gruppen zählen die Tampuan, Jarai, Kreung, Kachok, Brao, Kavet und Phnong. Sie siedeln vorwiegend in den Bergen von Mondulkiri oder Rattanakiri und praktizieren unterschiedliche Formen der Geister- und Ahnenverehrung.

Zwar verbessert sich die Lebenssituation der Kambodschaner stetig, doch zählt Kambodscha nach wie vor zu den ärmsten Ländern Asiens. Ihre durchschnittliche **Lebenserwartung** von 63,8 Jahren (Frauen: 65,6 – Männer: 61) ist eine der niedrigsten in der Region. Etwa 30 % der Kinder unter fünf Jahren sind unterernährt, fast 4 % sterben kurz nach der Geburt. Hinsichtlich der Alphabetisierungsrate gibt es große Unterschiede bei den Geschlechtern: Während 85 % der erwachsenen Männer lesen und schreiben können, sind es bei den Frauen nur 70 %. Insgesamt hat sich die Lage aber seit 1990 erheblich verbessert. Damals lag die Analphabetenquote bei 40 % und nur etwa zwei Drittel der Kinder besuchte die Grundschule. Heute sind es mehr als 90 %. Ein Problem ist die hohe Abbrecherquote. Vor allem Mädchen verlassen frühzeitig die Schule, um zum Einkommen ihrer Familien beizutragen.

Auch wenn die Verfassung von 1993 die Gleichberechtigung der Geschlechter festschreibt, lässt die Lage der Frau in Kambodscha nach wie vor zu wünschen übrig. Der jahrzehntelange Bürgerkrieg hat zu einem leichten Frauenüberschuss geführt, weshalb nicht wenige unverheiratet bleiben oder sich aus ökonomischen Gründen mit der Rolle als Nebenfrau begnügen müssen. Als billige Arbeitskräfte sind sie im Dienstleistungsbereich, in Textilfabriken und auf Baustellen beschäftigt. Die Armut treibt auch viele Frauen in die Sexindustrie. Von den geschätzten 100 000 Prostituierten ist ungefähr jede Dritte jünger als 18 Jahre. In Führungspositionen hingegen sind Frauen selten zu finden, immerhin sind mehr als 20 % der Parlamentarier weiblich.

Geschichte

Die etwa 2000-jährige Geschichte Kambodschas lässt sich grob in fünf Epochen einteilen: die Vor-Angkor-Zeit, etwa von Beginn der Zeitenwende bis ins Jahr 800; die Angkor-Zeit (9.–14. Jh.); die Nach-Angkor-Zeit (spätes Mittelalter und frühe Neuzeit); die Kolonialzeit (1863–1953) und schließlich das moderne Kambodscha.

Vorgeschichte

Die Ursprünge Kambodschas liegen in grauer Vorzeit. Höhlenfunde belegen, dass die Region des heutigen Königreiches schon seit mehr als 6000 Jahren bewohnt ist. Man kann jedoch davon ausgehen, dass Jäger und Sammler schon länger durch die tropischen Wälder gestreift sind. Vermutlich etwa zweieinhalb Jahrtausende vor unserer Zeitrechnung begannen die ersten Bauern damit, Land zu bestellen; Reis und Wurzelgemüse sicherten den Lebensunterhalt (und tun dies bis heute). Umfangreiche Funde von Töpferwaren belegen ein wichtiges Siedlungsgebiet beim heutigen Samrong Sen.

Die frühen Königreiche (Prä-Angkor-Epoche)

Die einzelnen Siedlungen, getrennt durch unwegsames Gelände, standen wohl zuerst nur in losem Kontakt miteinander. Es ist aber wahrscheinlich, dass einige lokale Häuptlinge nach „Größerem" strebten und nach und nach benachbarte Siedlungen in ihren Herrschaftsbereich eingliederten. Etwa um die Zeitenwende haben sich erste kleinere Reiche etabliert.

Funan

Im Jahr 245 berichtete eine chinesische Delegation ihrem Kaiser von einem Königreich Funan, das im Bereich des Mekong-Deltas lag. Der wichtige Hafen von **Oc Eo** (beim heutigen Rach Gia) war zu dieser Zeit eine Schnittstelle im Handel zwischen Indien und China. Die Chinesen berichteten von Büchern und einer eigenen Schrift im Königreich Funan – die indischen Ursprungs war. Wann genau der indische Einfluss in Kambodscha zu wirken begann, ist unklar. Sicher ist jedoch, dass der Kontakt mit indischen Händlern, Abenteurern und Missionaren Kultur und Gesellschaft der frühen Königreiche entscheidend geprägt hat.

Händler berichteten vom Reichtum des Landes: Seine Bewohner äßen von silbernem Geschirr, Steuern würden in Gold, Perlen und Parfüm bezahlt. Bei Ausgrabungen in Oc Eo wurden römische Münzen gefunden, Indizien für ein weit gespanntes Handelsnetz.

Zhenla

Das Ende von Funan nahte, als das nördlich gelegene Reich Zhenla, das zuvor von Funan abhängig war, erstarkte. Ende des 6. Jhs. war Zhenla zu einer starken Militärmacht mit vielen Städten und dem Zentrum **Isanapura** (Sambor Prei Kuk) geworden. Im 7. Jh. übernahm es die Macht in Funan, doch schon im 8. Jh. zerfiel es wieder: in ein „Zhenla des Landes" und ein „Zhenla der See". Die Herrscher des Seereiches mussten ins Exil nach Java gehen – darunter der spätere erste König von Angkor, Jayavarman II., der dort den Bau der großen Tempelanlage von Borobudur überwachte.

Die Zeit von Angkor (802–1432)

Die Gründung des Angkor-Reiches markiert einen großen Einschnitt in der Geschichte Südostasiens. Eine so erfolgreiche, wohlorganisierte Zivilisation mit einem klug durchdachten Bewässerungssystem, das umfangreich genug war, drei Reisernten im Jahr zu ermöglichen und eine Großstadt mit 1 Mio. Einwohnern zu ernähren, hat es wohl zu dieser Zeit nirgends sonst auf der Welt gegeben. Noch heute blickt jeder Kambodschaner stolz auf diese glorreiche Vergangenheit zurück, und der Tempel von Angkor ziert die Landesflagge.

Die Anfänge des Angkor-Reiches

Als der Zhenla-Prinz **Jayavarman II.** etwa um das Jahr 770 aus Java zurückkehrte, begann er im Land Allianzen zu schmieden – bis er sich 802 am Phnom Kulen zum *chakravartin*, dem obersten Herrscher, krönen lassen konnte. Er regierte bis 850, sein Sohn trat als Jayavarman III. (reg. 850–877) seine Nachfolge an. Das Reich umfasste etwa die Größe des heutigen Kambodscha. Die Hauptstadt war Hariharalaya, das heutige Roluos. Das Reich festigte sich, und es entstanden nicht nur größere Tempelanlagen, sondern es wurden auch die ersten umfangreichen Bewässerungssysteme angelegt. Nach dem Tod von Indravarman wurde **Yashovarman I.** (reg. 889–ca. 915) zum König gekrönt. Seine Regierungszeit markiert einen Einschnitt, denn er verlegte die Hauptstadt von Hariharalaya nach Angkor.

Angkor als Großmacht

Als nach Thronstreitigkeiten im Jahre 1011 der neue Herrscher **Suryavarman I.** an die Macht kam, begann das Reich sich endgültig zu einer Großmacht zu entwickeln. Unter seiner 40-jährigen Herrschaft dehnte Angkor sich aus bis ins heutige Zentralthailand (bei Lopburi) und nach Südthailand. Hinduistischer Shiva-Kult und Buddhismus florierten nebeneinander.

In dieser Hoch-Zeit des Reiches war es schließlich **Suryavarman II.** (reg. ca. 1113–1150), welcher das bedeutendste Bauwerk Kambodschas errichten ließ: den dem hinduistischen Gott Vishnu gewidmeten Tempel **Angkor Wat** (S. 574). Zudem dehnte Suryavarman II. das Reich noch weiter aus – der Einfluss der Khmer reichte nun bis in den Nordosten Thailands und im Süden bis Nakhon Si Thammarat. Auch gegen das östlich gelegene Cham-Reich wurden einige erfolgreiche Feldzüge geführt; die Ursache für einen Rachefeldzug nur wenige Jahrzehnte später.

Krise und Wiederauferstehung

1177 schlugen die Cham zurück und griffen Angkor gleichzeitig zu Lande und zu Wasser über den Tonle Sap an. Sie drangen bis zu den inneren Heiligtümern vor und töteten den König. Unruhige Jahre folgten, denen erst **Jayavarman VII.** (reg. 1181–ca.1220) ein Ende bereitete. Er gilt vielen als der größte König von Angkor. Sicher war er der letzte große.

Jayavarman VII. veränderte das Gesicht des Landes nachhaltig. Er ließ die Stadt **Angkor Thom** bauen und verewigte seinen Sieg über die Cham mit einem großen Fresko an der Außenmauer. Der Bayon mit seinen vielen Gesichtern ist sein Werk. Auch die Infrastruktur ließ er ausbauen.

Der Niedergang von Angkor

Yayavarmans Nachfolger hatten es schwer, die erreichte Größe zu halten. Was genau den Niedergang des blühenden Reiches herbeigeführt hat, ist schwer zu sagen. Vermutlich kamen mehrere Umstände zusammen. Die großen Bauprojekte hatten das Land und seine Reserven erschöpft; unzählige Bäume waren gefällt worden, Erosion und ein absinkender Grundwasserspiegel waren vermutlich die Folge. Jedenfalls scheinen nach und nach die Bewässerungssysteme versagt zu haben, was zu Nahrungsengpässen geführt haben muss. Es wurde immer schwerer, sich gegen die Thai zur Wehr zu setzen, die ab Mitte des 12. Jhs. vor dem sich ausdehnenden Reich der Mongolen unter Kublai Khan von ihrem ursprünglichen Siedlungsgebiet in Yunnan nach Süden ausweichen mussten.

Der hinduistische Bilderstürmer **Jayavarman VIII.** (reg. 1243–1295) trug mit seiner Zerstörung fast aller Buddhastatuen im Land wahrscheinlich ebenfalls nicht zur Besserung bei, denn viele der Bauern waren inzwischen Anhänger des Theravada-Buddhismus. In diese Zeit (1296/97) fällt der Besuch des chinesischen Gesandten **Chou Ta-Kuan**, von dem die einzigen schriftlichen Zeugnisse über Angkor stammen, die nicht an Tempelwände gemeißelt die Zeiten überdauert haben. Er beschreibt noch eine recht wohlhabende, geordnete Stadt. Doch damit sollte es bald vorbei sein. Die Bedrohungen von außen wuchsen. 1353 marschierte dann erstmals eine Thai-Armee durch die Straßen von Angkor. Sie konnte zwar zurückgeschlagen werden, doch die Überfälle ließen nicht nach, und 1432 wurde Angkor endgültig von den Thai erobert. Die Khmer wichen nach Südwesten aus; König Ponhea Yat verlegte die Hauptstadt an die Stelle des heutigen Phnom Penh.

Die Post-Angkor-Periode

In der neuen Hauptstadt Phnom Penh gewannen Händler an Einfluss, deren Beziehungen nicht nur bis zu den „klassischen" Handelspartnern China und Indien reichten, sondern bis nach Japan und Europa: Spanier und Portugiesen hatten eigene Niederlassungen in der Stadt. Portugiesische Waffen waren es auch, mit deren Hilfe König **An Chan** (reg. 1516–1566) die Thai aus Angkor vertreiben konnte. Den Ort der siegreichen Schlacht nannte er Siem Reap: „Niederlage der Siamesen". 1594 schlugen die Thai jedoch zurück und setzten einen eigenen König auf den Thron.

König **Chey Chetta II.** (reg. 1618–1628) verlegte die Hauptstadt nach Oudong und verbündete sich mit den Vietnamesen, indem er eine vietnamesische Prinzessin heiratete. Er erlaubte seiner angeheirateten Verwandtschaft die Einrichtung einer Handelsniederlassung in Prey Nokor im Mekong-Delta: der Grundstein für die Entstehung des heutigen Sai Gon (Ho-Chi-Minh-Stadt) und ein tiefer Einschnitt in der Geschichte Kambodschas, denn nun begannen sich die Vietnamesen endgültig im Delta festzusetzen.

Kambodscha zwischen Vietnam und Thailand

Im 18. Jh. rangen Vietnam und Thailand um die Herrschaft in Kambodscha. Wechselnde Bündnisse mit kambodschanischen Königen ließen mal die eine, mal die andere Seite die Oberhand gewinnen – fast immer zum Nachteil Kambodschas, das für den Beistand des einen Landes gegen das andere mit Landabtretungen bezahlte. Das 19. Jh. war geprägt vom Versuch der kambodschanischen Herrscher, nicht vollständig zwischen den Nachbarstaaten Vietnam und Thailand aufgerieben zu werden.

1850 kamen die ersten französischen **Missionare** ins Land, und mit ihnen trat ein neuer Akteur im Spiel um die Macht auf den Plan. An Duon bat daraufhin 1856 Kaiser Napoleon III. um Hilfe in seiner schwierigen Lage zwischen den starken Nachbarn. Bevor es jedoch dazu kam, starb er 1860. Auf dem Thron folgte **König Norodom**, sein ältester Sohn. Er setzte die Verhandlungen fort, und 1863 schließlich wurde Kambodscha französisches Protektorat.

Französisches Protektorat (1863–1941)

1866 zog **König Norodom** mit seinem gesamten Stab nach Phnom Penh. In der neuen Hauptstadt gab es vorerst nur einen kleinen Holzpalast. Doch schon bald wurde der neue, heute noch genutzte Königspalast erbaut. Unter französischer Kontrolle stellte sich etwas Ruhe ein. Weder Thailand noch Vietnam marschierten in dieser Zeit in Kambodscha ein. 1877 sollte eine Reihe von Reformen durchgesetzt werden, die der kambodschanischen Elite viel Einfluss genommen hätte. Es kam zu Aufständen, die erst 1886 mit einem Kompromiss befriedet werden konnten.

Vor allem der König musste in den folgenden Jahren Privilegien abgeben. 1904 starb er, sein Bruder Sisovath folgte ihm auf den Thron. Nun begann die Zeit der **Modernisierung Kambodschas**. Die Ökonomie wurde vorangetrieben, es entstanden Straßen, und die Eisenbahnlinie, die Kambodscha mit Thailand verband, wurde gebaut. Phnom Penh erhielt Straßen, Elektrizität und Wasser. Besonders wichtig in dieser Zeit war die Rückgabe der von Thailand besetzten Gebiete um Battambang und Siem Reap an Kambodscha im Jahr 1907.

1927 wird **Monivong** König von Kambodscha. Unter seiner Regentschaft von 1927 bis 1941 wurde das kambodschanische Selbstbewusstsein sichtlich größer. Wichtige Verwaltungsposten wurden von Kambodschanern besetzt, beispielsweise von Lon Nol, der später noch die Geschichte Kambodschas entscheidend prägen sollte. Und es erschienen die ersten Zeitschriften in Khmer, 1927 *Kambuja Surya* und 1936 *Nagara Vatta*, die sich als Erste intensiv politischen Themen widmete.

Der Kampf um die Unabhängigkeit (1941–1953)

Der Zweite Weltkrieg zeigte seine Auswirkungen auf Kambodscha, als Frankreich 1940 Deutschland unterlag und von Thailand aufgefordert wurde, das rechte Mekong-Ufer zurückzugeben. Kambodscha musste wichtige Provinzen abgeben, Angkor blieb jedoch kambodschanisch. 1941 starb König Monivong, und die Franzosen setzten seinen Enkel, den erst 19-jährigen **Norodom Sihanouk**, auf den Thron. Im Juli 1941 besetzten die Japaner mit einer Truppenstärke von ca. 8000 Soldaten das Land, beließen die Administration jedoch in der Hand Frankreichs. Aus Angst, ihre Kolonien zu verlieren, übergaben die Franzosen immer mehr Verantwortung in die Hände der Kambodschaner.

Nachdem Japan aber endgültig geschlagen war, kehrten die Franzosen im Oktober 1945 nach Kambodscha zurück. Doch nun erfolgten einschneidende Änderungen: Frankreich erlaubte die Bildung politischer Parteien, und bereits 1946 wurden Wahlen abgehalten. Ebenfalls in diesem Jahr fielen die von Thailand okkupierten Gebiete wieder an Kambodscha zurück. Im Mai 1947 trat eine neue Verfassung in Kraft, die sich an der IV. Republik orientierte und der Nationalversammlung mehr Macht zusprach. Faktisch hatte König Norodom Sihanouk nun keine Macht mehr. Frustration über den Status quo und die weiter bestehende Abhängigkeit von Frankreich veranlassten Sihanouk im September 1949 dazu, die Nationalversammlung aufzulösen. Er setzte sich als Ministerpräsident ein und reiste nach Frankreich, um für die Unabhängigkeit seines Landes zu werben.

Kurz darauf entließ Frankreich Kambodscha in eine Vorstufe der Unabhängigkeit, indem es den Staat für unabhängig innerhalb der Französischen Union erklärte. Die Lage spitzte sich weiter zu, denn Guerilla-Gruppen setzten den Franzosen immer mehr zu. Am 9. November 1953 wurde Kambodscha schließlich vollständig unabhängig.

Die Unabhängigkeit

König Sihanouk wurde von seinem Volk bejubelt und als Nationalheld gefeiert. Im Genfer Abkommen vom Juli 1954, welches das Ende der französischen Kolonialzeit in Indochina festschrieb, sind zwei Punkte für Kambodscha relevant: Erstens wird die Auflösung der Khmer Issarak gefordert, einer Widerstandsgruppe, die sowohl gegen die Königs- als auch gegen die Kolonialherrschaft kämpfte, und zweitens Kambodscha zur Neutralität verpflichtet. Dass eine Vielzahl der Guerillas der Khmer Issarak bereits zu den Kommunisten übergelaufen war bzw. im Begriff war, sich dieser Bewegung anzuschließen, sollte für den Verlauf der folgenden Jahre große Bedeutung haben. Sihanouk reiste im Laufe des Jahres 1954 durchs Land. Die Bauern brachten ihm nach alter Tradition viel Respekt entgegen, doch die politische Bedeutung des Königs schien für immer verloren. Kurzerhand entschloss sich Sihanouk 1955, den Thron an seinen Vater abzugeben und für das Amt des Ministerpräsidenten zu kandidieren. Er gründete die Partei **Sangkum Reastr Niyum** (Volkssozialistische Gemeinschaft), gewann die Wahl, und seine Partei erhielt alle 91 Sitze der Nationalversammlung. Die Forschung ist sich sicher, dass Wahlmanipulation und massiver Einsatz von Gewalt Grund für dieses gute Resultat waren. Die folgenden Jahre von 1955 bis 1970 werden oft auch als **Ära Sihanouk** bezeichnet, denn der ehemalige König und damals amtierende Ministerpräsident dominierte die Politik des Landes.

1960 starb König Suramarit, und Sihanouk setzte seine Mutter **Sisowath Kossamak** auf den Thron. 1963 wurden die führenden Köpfe der linken Bewegung des Landes verwiesen. Saloth Sar, später als **Pol Pot** bekannt, floh und verschrieb sich nun 100 % der kommunistischen Idee. Sihanouk taktierte in dieser Zeit zwischen den Interessen der USA (und dem Verbündeten Südvietnam), die mittlerweile Krieg gegen Nordvietnam führten, den Interessen Thailands, den Einflüssen Chinas und auch Nordvietnams.

Sihanouks Macht begann zu schwinden, als 1968 Aufstände einiger Kommunisten (unter Saloth Sar und Ieng Sari) das Land in Unruhe versetzen. Nachdem amerikanische Bomber im Kampf gegen die Nachschubwege der Vietcong Kambodscha ins Visier genommen und in den Jahren 1969–1973 in 3000 Luftangriffen eine halbe Million Tonnen Bomben über Kambodscha abgeworfen hatten, erstarkte die Widerstandsbewegung in den ländlichen Gebieten, und viele der heimatlos gewordenen Bauern schlossen sich den Kommunisten an.

Das Regime Lon Nol

Ein weiterer wichtiger Aspekt für die instabile Lage, in der die Roten Khmer die Macht übernehmen konnten, ist die Absetzung Sihanouks durch den seit 1966 als Premierminister amtierenden General Lon Nol. Aufgrund von Krankheit reiste Sihanouk 1970 nach Frankreich. Lon Nol setzte sich an die Spitze einer Bewegung aus frustrierten Militärs und Angehörigen der Mittelschicht, putschte ihn in Abwesenheit aus dem Amt und gab dem Land den Namen **Khmer Republic**. Sihanouk ging daraufhin nach Peking ins Exil. Die Amerikaner erkannten die Regierung schnell an, denn sie erhofften sich Hilfe im Kampf gegen die Vietnamesen. Doch Lon Nols schlecht ausgebildete Armee konnte nichts gegen die gut organisierten Vietnamesen ausrichten. Auch dem Vormarsch der kambodschanischen Kommunisten war nichts mehr entgegenzusetzen. Das Prestige der **Roten Khmer** wuchs. 1970 kontrollierten sie bereits 20 % des Landes (im Nordosten und Nordwesten), 1972 waren nur noch Phnom Penh und einige wenige Provinzstädte nicht in ihrer Gewalt. Am 17. April 1975 schließlich marschierten die Kämpfer in Phnom Penh ein. Lon Nol floh nach Hawaii, viele seiner Mitstreiter wurden ermordet.

Die Zeit der Roten Khmer

Im Jahr 1975 begann das dunkelste Kapitel in Kambodschas Geschichte, die Herrschaft der Khmer Rouge, die drei Jahre, acht Monate und 20 Tage andauern und Tausende Opfer fordern sollte. **Pol Pot**, der als Saloth Sar zur Welt kam, und auch als Bruder Nummer 1 zu trauriger Berühmtheit gelangte, war einer jener Studenten, die in Paris studiert hatten und dort zusammen mit **Ieng Sari** (dem späteren Außenminister) und **Khieu Samphan** (später Parteivorsitzender) die **Revolutionäre Volkspartei Kampuchea** (KPRP) anführten. Ihr Ziel: die Erneuerung Kambodschas. Um dies zu erreichen, galt es, alle Gegner (oder möglichen Gegner der Idee) zu töten. Die Uhr im Land, das nun **Demokratisches Kampuchea** hieß, sollte auf Null gestellt werden.

Mitte 1975 kehrte Sihanouk nach Kambodscha zurück. Offiziell aufseiten der Roten Khmer, festigte er deren Prestige im In- und Ausland (indem er z. B. vor der Uno für Vertrauen in das neue Regime warb). Statt jedoch erneut mit an einer Regierung beteiligt zu sein, blieb Sihanouk nach ein paar kritischen Worten über die Roten Khmer drei Jahre im Palast unter Hausarrest (Januar 1976 bis Januar 1979). Dem König verdanken die Kommunisten auch ihren Namen: Er nannte sie aufgrund ihrer Kleidung, die neben den schwarzen Anzügen auch aus einem rot-weiß-gemusterten *krama* bestand, die Roten Khmer.

Die Khmer Rouge zielten auf die Vernichtung jeglicher Bildung und aller Eliten im Land. Es galt, Kambodscha zu einem hundertprozentigen Agrarland zu machen. Alle Anhänger des alten Regimes wurden hingerichtet. Aus der Hauptstadt Phnom Penh, in der man die Roten Khmer zuerst noch als Befreier begrüßt hatte, wurden die Menschen aufs Land getrieben. Tausende kamen bei der harten Arbeit auf den Feldern, an den Staudämmen und bei der Zwangsarbeit im Straßenbau ums Leben. Eine tödliche Jagd auf alle, die sich nicht 100 % dem Regime verschrieben, begann, und am Ende reichte schon die Spur eines Verdachtes aus, um getötet zu werden. Am Ende der Khmer-Rouge-Zeit waren geschätzte 2 Mio. Kambodschaner als Opfer zu beklagen, wobei Opfer aus dem Krieg gegen Vietnam nicht eingerechnet sind.

Beendet wurde diese Schreckensherrschaft erst mit dem Einmarsch der Vietnamesen, die sich von Scharmützeln an der Grenze provoziert zeigten und Kambodscha ihrerseits angriffen.

Die vietnamesische Interimsregierung

Nach der Machtübernahme durch die Vietnamesen wurde **Heng Samrin** Präsident, **Hun Sen** Außenminister. Beide waren ehemals Rote Khmer, hatten sich jedoch bereits 1978 (Heng Samrin) bzw. 1977 (Hun Sen) nach Vietnam abgesetzt. Das Land wurde nun zur **Volksrepublik Kampuchea** (VRK) umbenannt. Die Menschen atmeten spürbar auf. Sie konnten in ihre Städte und Dörfer zurückkehren, Schulen wurden wieder eröffnet, und auch die verbliebenen Mönche kehrten in die Tempel zurück. Trotz einer spürbaren Verbesserung kam es zu weiteren **Flüchtlingswellen** nach Thailand, denn vor allem die verbliebenen gebildeten Menschen lehnten eine sozialistische Führung strikt ab. Insgesamt lebten 1981 etwas 630 000 Kambodschaner in thailändischen Flüchtlingslagern, darunter viele Rote Khmer, die die meisten Lager politisch dominierten. 1985 rückt **Hun Sen** in das Amt des **Premierministers** auf; er wird dieses Amt bis zum heutigen Tage nicht mehr abgeben.

Kämpfer der Khmer Rouge konnten 1989 die Stadt Pailin erobern und 1990 ganze Gebiete an der thailändischen Grenze wieder unter ihre Kontrolle bringen. Dank eines Umdenkens von Amerikanern und Chinesen stoppte dann endlich die finanzielle Unterstützung, und der Einfluss der Roten Khmer war schnell gebrochen.

UNTAC und die ersten freien Wahlen

Im Juni des Jahres 1991 unterzeichneten alle Beteiligten einen **Waffenstillstand**, und vier Monate später wurde in Paris ein Friedensabkommen geschlossen. Ziel war die Bildung einer gemeinsamen Regierung unter Sihanouks Führung.

Die politische Macht sollte jedoch sofort an die Vereinten Nationen abgegeben werden. Bereits 1992 wurde die Übergangsverwaltung der Vereinten Nationen in Kambodscha (UNTAC) eingesetzt mit dem Ziel, nach spätestens neun Monaten demokratische Wahlen abhalten zu können. Zudem galt es, den Frieden zu wahren, die Entwaffnung voranzutreiben, Flüchtlinge nach Kambodscha zurückzuführen und eine demokratische Verfassung zu erarbeiten. Abgesandte aus über hundert Ländern nahmen an der Mission teil, über 15 000 Blauhelme kamen nach Kambodscha. Die Bundeswehr schickte 150 Sanitäter der Armee und beteiligte sich damit zum ersten Mal an einer UN-Mission.

1993 wurden Wahlen abgehalten. Sieger wurde die Partei **FUNCINPEC** mit 45 % der Stimmen unter Führung von Sihanouks Sohn **Norodom Ranariddh** (58 Sitze). Mit 38 % wurde Hun Sens Partei **CPP** (Cambodian People's Party) zweitstärkste Partei (51 Sitze). Die **BLDP** (Buddhist Liberal Democratic Party) unter **Son Sann** erhielt zehn Sitze. Ranariddh und Hun Sen übernahmen gleichberechtigt nebeneinander als Premierminister die Regierungsgeschäfte. Fast 90 % der Bevölkerung gingen zur Wahl – und dies, obwohl in einigen Gebieten die Roten Khmer gewaltsam versuchten, die Menschen von den Urnen fernzuhalten. Am 21. September 1983 wurde die neue Verfassung verabschiedet, Sihanouk erneut König in einer **konstitutionellen Monarchie**.

Die Zeit von Hun Sen und die Demokratie in Kambodscha

Die verbliebenen **Roten Khmer**, die 1994 immerhin noch etwa 20 % Kambodschas besetzten, versuchten weiterhin an der Regierung beteiligt zu werden. Nachdem alle Gespräche scheiterten, wurde die Gruppierung im Juli 1994 **für illegal erklärt**. 1995 wurde das Volk von einer **Hungersnot** heimgesucht, Kambodscha lief Gefahr, in einer tiefen Krise zu versinken. Internationale Hilfsgelder halfen das Schlimmste zu verhindern.

Auch die Roten Khmer machten in dieser Zeit von sich reden. **Ieng Sari** lief im September 1996 zu den Regierungsgruppen über. **Pol Pot** wurde von seinen eigenen Anhängern in seinem Dorf Anlong Veng angeklagt und im Juli 1987 zu **lebenslangem Hausarrest** verurteilt. Er starb am 15. April 1998. Im Dezember desselben Jahres ergaben sich die letzten Kampfverbände.

Die **Wahlen im Juli 1998** organisierte Kambodscha ohne ausländische Hilfe. Die Wahlen verliefen nicht 100 % fair, aber sie waren angeblich doch fair genug, um international anerkannt zu werden. Nach der Bildung einer Koalitionsregierung mit Hun Sen als Premierminister trat Kambodscha 1999 der ASEAN bei.

Sihanouk und sein Nachfolger auf dem Thron

Im Jahr 2004 verblüffte der 82-jährige König ein letztes Mal seine Landsleute: Er trat endgültig ab und überließ seinem 51-jährigen Sohn Norodom Sihamoni den Thron (Sihanouk stirbt 2013). Sihamoni, der Sohn Sihanouks und seiner Frau Monique Izzi, wurde einstimmig vom Thronrat ausgewählt und im Oktober 2004 gekrönt. Zuvor war Sihamoni Balletttänzer, später Unesco-Botschafter und lebte vorwiegend in Frankreich. Besonders auffällig ist der neue Herrscher bisher nicht. Er ist bestrebt, ein gutes Verhältnis zum Volk zu halten, ist häufig auf dem Lande unterwegs und erfreut sich großen Respekts.

Das Khmer-Rouge-Tribunal

Die Geschichte wollte es, dass die Roten Khmer lange Jahre Unterstützung fanden. Jene, die überliefen, wurden begnadigt, kaum einer der Täter zur Rechenschaft gezogen. Derzeit tagt mehr oder weniger erfolgreich das Khmer-Rouge-Tribunal. Kambodschanische und internationale Richter sollen Recht sprechen über ein paar wenige vor Gericht gestellte Täter.

Das Gericht, welches nach langem Gerangel zwischen Hun Sen und den Vertretern der internationalen Gemeinschaft 2003 beschlossen und 2004 gebildet wurde, nahm im Juli 2006 seine Arbeit auf. Die erste rechtskräftige Verurteilung betraf das Verfahren 001 und behandelte den Tötungsvorwurf gegen Kaing Guek Eav (auch als Duch bekannt), der als Leiter des Gefängnisses S-21 (Tuol Sleng) für die Ermordung und Folter Zigtausender Menschen verantwortlich zeichnete. 2007 begannen die Verhöre. 2010 wurde er zu einer Freiheitsstrafe von 35 Jahren verurteilt. 2012 wurde die Strafe in einem Revisionsverfahren auf lebenslänglich erhöht. Am 8. August 2014 wurden Bruder Nr. 2, Nuon Chea, und Khieu Samphan zu einer lebenslangen Freiheitsstrafe verurteilt. Aktuelle Informationen unter: www.eccc.gov.kh/en.

Die Wahlen von 2013

Am 28. Juli 2013 fanden erneut Parlamentswahlen statt, und zum ersten Mal zeigte die Macht der CPP Risse. Die oppositionelle Partei zur Rettung der Nation (CNRP) gewann 55 von 123 Sitzen. Die CPP, immer noch unter Hun Sen, kann zwar noch die Mehrheit von 68 Sitzen auf sich vereinen, doch der Verlust von 22 % der Stimmen ist gravierend. Die CNRP erkannte bis Juli 2014 das Ergebnis nicht an, vielmehr klagte sie über massiven Wahlbetrug (und erhielt Rückendeckung vonseiten der wenigen im Land anwesenden Wahlbeobachter). Im Juli 2014 einigten sich beide Parteien auf die Bildung einer neuen Regierung, die seither weitgehend stabil arbeitet. 2018 stehen die nächsten Parlamentswahlen an.

Wirtschaft

Die relativ stabile politische Lage der letzten Jahre hat zu einem kräftigen Wirtschaftswachstum geführt. Zurzeit beträgt das Wirtschaftswachstum im Durchschnitt jährlich ca. 7 %. Infolge der globalen Finanzkrise musste auch Kambodscha harte Rückschläge hinnehmen. Wirtschaftliche Motoren sind die Textilindustrie, der Bausektor, der Holzexport und der Tourismus.

Vorwiegend ostasiatische Firmen (die zum Teil auch europäische Unternehmen beliefern) haben besonders um Phnom Penh **Textilfabriken** errichtet, in denen meist junge Frauen zu schlechten Bedingungen und extrem niedrigem Lohn arbeiten (monatlich etwa US$100). Auch die Schuhproduktion hat an Bedeutung gewonnen, so lassen etwa Puma und Adidas in kambodschanischen Fabriken produzieren. Hauptabnehmer sind die USA und die EU, angeführt von Deutschland. Auch der **Tourismus** erlebt einen Boom: Seit 2000 hat sich die Zahl der internationalen Ankünfte fast verzehnfacht. Etwa 4,5 Mio. Touristen reisen jährlich nach Kambodscha. Konzentrierte sich früher der Tourismus wegen der Tempel von Angkor fast ausschließlich auf die Provinz Siem Reap, so sind heute auch die Strände und die Bergregionen Ziele von steigendem Interesse.

Ein Großteil der Bevölkerung ist von diesem Wirtschaftswachstum ausgeschlossen, allen voran jene 80 %, die auf dem Land wohnen. 20 % der Menschen leben unterhalb der Armutsgrenze, ihnen stehen täglich weniger als US$2 zur Verfügung. Das durchschnittliche **Pro-Kopf-Einkommen** beträgt etwa US$1000 im Jahr. Zur Verbesserung der Lage und zur Eindämmung der Landflucht soll der Agrarsektor – er macht ein Drittel der Gesamtwirtschaft aus – ausgeweitet werden. Aber das ist angesichts der regionalen Konkurrenz und der geringen Produktivität nicht einfach. Der wichtige Holzexport ist äußerst umstritten, denn er ist dafür verantwortlich, dass nicht einmal mehr die Hälfte der Landesfläche bewaldet ist. Zu den heutigen Wachstumssektoren zählt die Kautschukproduktion.

In den kommen Jahren soll durch die Erschließung der Erdöl- und Gasvorkommen im Golf von Thailand mehr Geld in die Staatskasse fließen. Das ist auch nötig, denn die Regierung ist angesichts der verschwindend geringen Steuereinnahmen weitgehend auf internationale Entwicklungshilfe angewiesen. Zwar verfolgt sie einen äußerst wirtschafts- und investitionsfreundlichen Kurs, doch sehen sich Unternehmer zahlreichen Hindernissen ausgesetzt. Zum einen mangelt es an qualifizierten Arbeitskräften, zum anderen ist die Korruption weitverbreitet. Kambodscha rangiert auf dem Korruptionsindex von Transparency International auf Rang 160 (von 177). Weitere Probleme sind das unterentwickelte Rechtssystem, ungeklärte Grund- und Bodenverhältnisse – was sich viele Einflussreiche und Politiker zunutze machen und was 2015 zu mehreren Demonstrationen und zahlreichen Verhaftungen führte. Auch die mangelhafte Infrastruktur ist noch immer ein Problem. Es ist noch ein weiter Weg zurückzulegen, bis das Land Anschluss an die asiatischen Tigerstaaten findet.

Sprachführer

Eine Reise durch Kambodscha, ohne die Landessprache zu beherrschen, ist problemlos möglich: Hotelangestellte, Reiseleiter, Taxifahrer, Souvenirverkäufer – sie alle sprechen mehr oder weniger gut Englisch. Vor allem die Jüngeren lernen es in der Schule oder nehmen privaten Unterricht. Wer jedoch abseits der großen Touristenströme unterwegs ist, auf lokalen Märkten einkauft und mit öffentlichen Verkehrsmitteln reist, wird schnell merken, dass die Kenntnis auch nur einiger weniger Worte der Landessprache schnell die Herzen der Menschen öffnet: Dokumentiert man doch so ganz offensichtlich sein Interesse an Land und Leuten. Und auch wenn es nicht gleich auf Anhieb klappt: Der radebrechende Gast sollte sich nicht entmutigen lassen, und es gleich noch einmal versuchen.

Als **Mon-Khmer-Sprache** unterscheidet sich Kambodschanisch von den Sprachen der Nachbarländer. Während z. B. Thai oder Vietnamesisch schwer zu erlernen sind, da jeder Vokal in fünf oder sechs verschiedenen, bedeutungstragenden Tonlagen ausgesprochen werden kann, entfällt diese Hürde im Kambodschanischen. Die **Schrift** – ohnehin ohne intensives Studium schwer zu lesen – enthält aber **33 Konsonanten** und **23 Vokale**: also viel mehr Buchstaben als unser Alphabet. Das erschwert die Umschrift, für die es kein einheitliches System gibt, sehr. Wir orientieren uns im Folgenden an gebräuchlichen Schreibweisen, die z. T. an die deutsche Aussprache angepasst wurden. Ein paar Hinweise zur Aussprache helfen bei ungewohnten Lauten.

Aussprache

Die Khmer-Sprache verfügt über einige Laute, die im Deutschen unbekannt sind; sie zu erlernen, erfordert Übung. Hinzu kommt, dass es neben dem Standard-Khmer, wie es in Phnom Penh gesprochen wird, im ganzen Land verschiedene Dialekte gibt, die z. T. stark davon abweichen. Man sollte aber die Flinte nicht zu früh ins Reisfeld werfen – die Kambodschaner helfen gern, wenn sie sehen, dass man sich für ihre Sprache interessiert.

Konsonanten

dj	wie in **Dsch**ungel
gn	wie in Champi**gn**on
ng	wie in si**ng**en
tsch	wie in Mä**dch**en

Einige Konsonanten sind mit Apostroph getrennt, um zu verdeutlichen, dass sie mit einer kleinen Pause gesprochen werden müssen.

Vokale

Die meisten Vokale können ähnlich wie im Deutschen gelesen werden. Doppelvokale oder ein angehängtes „h" bedeuten, dass ein langer Vokal gesprochen wird. Bei Kombinationen (wie „ia") werden die beiden Vokale nacheinander verschmolzen gesprochen (wie in „ihr"); ein gutes Beispiel zum Üben ist die Zahl „1": *muoi.* Als Sonderzeichen benutzen wir das „á", ein kurzes, offenes „o" wie in K**o**ch, wichtig z. B. bei dem Wort „danke": *ákun.*

Wörter und Wendungen

Zahlen

0	*soon*
1	*muoi*
2	*pih*
3	*bai*
4	*buon*
5	*pram*
6	*pram-muoi*
7	*pram-pih*
8	*pram-bai*
9	*pram-buon*
10	*dáp*
11	*dáp-muoi*
12	*dáp-pih*
20	*m'phii*
21	*m'phii-muoi*
22	*m'phii-pih*
30	*saamsihb*
40	*saisihb*
50	*haasihb*
60	*hoksihb*
70	*djetsihb*
80	*pähtsihb*

KAMBODSCHA

90	*kaosihb*
100	*muoi-roy*
200	*pih-roy*
555	*prahm-muoi-roy haasihb prahm*
1000	*muoi-poan*
10 000	*muoi-möön*
100 000	*dáp-möön*
1 000 000	*muoi-lian*

Das Wichtigste

Hallo	*djum riap sua (formell) / sua-sdey (informell)*
Auf Wiedersehen	*djum riap lia* (formell) / *lia haöy* (informell)
Bis bald!	*djua knia th'ngai kaoy*
Danke	*ákun*
Danke vielmals	*ákun djarön*
Ja	*baat* (m) / *djah* (f)
Nein	*tee*
Ich verstehe nicht	*kh'ngom sdab men baan / kh'ngom át yul*
Entschuldigung!	*som toh!*
Macht nichts	*át pagnaha*
Wie ist Ihr Name?	*neak tsch'muah ey?*
Mein Name ist ...	*kh'ngom tsch'muah ...*
Ich bin Deutscher / Österreicher / Schweizer	*kh'ngom mao pii allömang / otrih / swih*
Was kostet das?	*nii th'läy pohnmaan?*

Notfall

Hilfe!	*djuay pháng!*
Es gab einen Unfall.	*mian kruah-thnak*
Bitte rufen Sie einen Arzt!	*djuay hav kruu paet mao!*
Bitte bringen Sie mich in ein Krankenhaus	*som djuun kh'ngom öw muntii paet*
Ich habe ...	*kh'ngom ...*
.... Schmerzen	*... tschö*
.... Fieber	*... krun*
.... Durchfall	*... riak*
Ich wurde ausgeraubt.	*kh'ngom tschöw djao plahn*
Mein ... ist weg.	*... kh'ngom bat.*
... Rucksack ...	*kaaboob ...*
... Koffer ...	*vaalii ...*
... Pass ...	*paspoor ...*

Unterwegs / Orientierung

Wo ist ...?	*... nööv ai nah?*
... der Bahnhof	*s'thanii roht plööng*
... der Busbahnhof	*s'thanii laan krong*
... der Flughafen	*djonmát yun-hóh*
... eine Apotheke	*farmasii*
... eine Bank	*thoniakia*
... ein Gästehaus	*phtiah somnak*
... ein Hotel	*santhaakia / ootääl*
... der Markt	*phsaa*
... ein Restaurant	*phoodjani yathaan / restorang*
... ein Taxistand	*s'thanii laan taksii*
... eine Toilette	*toy-let*
Wann fährt / fliegt...?	*... djein maong pohnaan*
... der Bus	*laan tsch'nual*
... das Boot	*duk.*
... der Zug	*rot plööng*
... das Flugzeug	*yohn hawn*
Wo bekomme ich ein Ticket?	*kh'ngom trööv tign sambot nööv ai nah*
Wie teuer ist es nach ...?	*tööv ... pon maan*
Fahren Sie nach ...?	*tööv ... tee*
Bitte einen Stopp für die Toilette.	*kh'ngom som tschub bát djööng.*
Norden	*tih khaang djöng*
Süden	*tih khaang t'boong*
Osten	*tih khaang kaöt*
Westen	*tih khaang lek*

Übernachten

Ich möchte ein Zimmer ...	*kh'ngom sohm bantohp*
... für eine Person.	*.... samruhp muy niak.*
... für zwei Personen.	*... samruhp pii niak.*
Badezimmer	*bantub tök*
Fenster	*báng-uadj*
Klimaanlage	*masin trádjeh*
Wie viel kostet es pro Tag?	*damlay muy th'ngay pohnmaan*

Essen und Trinken

Haben Sie eine englische Speisekarte?	*mien menui djea piasaa anglay te?*
Haben Sie eine Spezialität?	*tii nih mien m'howp ei piseh te*
Bitte nicht zu scharf.	*sohm kohm tröö huhl pek*
Ich bin Vegetarier.	*kh'ngom tahm sait*

Ich bin allergisch gegen	*kohm dak*
Das ist lecker.	*nii ch'ngai nah*
Die Rechnung bitte	*sohm kut lui*

Zubereitungsarten und Zutaten

Die Bezeichnungen von Gerichten setzen sich oft aus der Zutat und der Zubereitungsart zusammen; z.B. **gebratenes Huhn**: *sdaj moan tschaa*

Gebraten	*...tschaa*
Gegrillt	*... ang*
Geschmort	*... dot*
Gedämpft	*... jamhoi*
... ohne ...	*.... át dak*

(„nicht hineintun"; z.B. **gebratenes Huhn ohne Pfeffer**: *sdaj moan tschaa át dak mrik*)

Salz	*ámbel*
Pfeffer	*mrik*
Zucker	*ská*
Glutamat (MSG)	*... bii djeeng / msaw sub*
Sojasauce	*tök sii iw*
Fischsauce	*tök trey*
Chili	*m'teh*
Knoblauch	*kh'tum sah*
Reis	*bai*
Nudeln	*mih*
Brot	*num-pang*
Ei (Huhn/Ente)	*pong moan / pong tia*

Fleisch

Rind	*sadj koo*
Schwein	*sadj drook*
Huhn	*sadj moan*
Ente	*sadj tia*
Frosch	*kángkaib*
Schnecke	*kh'jahng*
Fisch	*trey*
Tintenfisch	*trey mök*
Krebs	*k'daam*
Garnele	*bahngkia*
Aal	*ahntong*

Obst und Gemüse

Apfel	*phlai pom*
Banane	*chek*
Bohnen	*sándaik*
Drachenfrucht	*phlai srakaa neak*
Erdnuss	*sándaik dei*
Gurke	*trásák*
Jackfruit	*khnau*
Kartoffel	*dámloong barang*
Kohl	*spey*
Limone	*krow-it ch'maa*
Litschi	*phlai kuulain*
Mais	*poot*
Mango	*svay*
Mangosteen	*móngkhut*
Möhre	*karoot*
Orange	*krow-it poh saat*
Paprika	*mteh phlaok*
Pilz	*phset*
Pomelo	*krow-it th'long*
Rambutan	*sao mao*
Tomate	*peng poh*
Wassermelone	*öv luuk*
Zwiebel	*kh'töm barang*

Getränke

Flasche	*dááb*
Dose	*kámpong*
Orangensaft	*tök krow-it poh ssat*
Limonade	*tök krow-it ch'maa*
Kokosnusssaft	*tök doong*
Zuckerrohrsaft	*tök ámpöw*
Wasser	*tök*
Milch	*tök dáh koo*
Bier	*bii-a*
Tee	*tai*
Kaffee (schwarz)	*kaafee khmaw*
... mit Milch	*kaafee tök dáh koo*
... mit Eis	*... tök kák*

Zeit

Wieviel Uhr ist es?	*maong pon naam*
Jetzt	*eylöh nih*
Heute	*th'ngai nih*
Gestern	*msul-mein*
Morgen	*th'ngai saik*
Montag	*th'ngai djan*
Dienstag	*th'ngai áng kia*
Mittwoch	*th'ngai put*
Donnerstag	*th'ngai próhóh*
Freitag	*th'ngai sok*
Samstag	*th'ngai sah*
Sonntag	*th'ngai atit*

12 HIGHLIGHT

Phnom Penh und Umgebung

Breite Straßen, schattige Parks, farbenfrohe Märkte, charmante Kolonialvillen, goldene, in den Himmel ragende Stupas und ziegelgedeckte Dächer, die von himmlischen Wesen getragen werden – all das und noch viel mehr ist Phnom Penh [4402], die Hauptstadt Kambodschas, die trotz ihrer 1,5 Mio. Einwohner recht überschaubar wirkt. Im Stadtbild manifestieren sich bis heute Einflüsse der französischen Kolonialzeit: Breite Alleen und prunkvolle Villen erinnern an die Anwesenheit der europäischen Kolonialmacht. Das alles vermischt sich mit der Khmer-Architektur aus den 1950er- und 1960er-Jahren, bei der Elemente des Bauhaus-Stils mit solchen aus der Angkor-Periode zusammenkamen. Zunehmend ergänzen moderne, verglaste oder verspiegelte Fassaden und Schaufenster das Stadtbild.

Dank der überschaubaren Größe der Stadt lassen sich viele Sehenswürdigkeiten auf einem ausgedehnten Spaziergang erkunden, oder per Rundfahrt mit dem Tuk-Tuk. Den **Königspalast** und die **Silberpagode**, das **Nationalmuseum**, **Wat Phnom** und den einen oder anderen **Markt** kann man an einem Tag besichtigen. Wer mehr Zeit hat, sollte die Besichtigung auf mehrere Tage verteilen. Dann ist es auch möglich, sich näher mit der kolonialen Vergangenheit, mit den zahlreichen Tempeln und dem schrecklichen Erbe des Khmer-Rouge-Terrors zu befassen.

Orientierung

Es fällt nicht besonders schwer, sich in Phnom Penh zu orientieren, denn die Stadt ist **schachbrettartig** angelegt. Die **Hauptachsen** in Nord-Süd-Richtung sind Monireth, Monivong und Norodom Boulevard, von Ost nach West Pochentong, Sihanouk und Mao Tse Toung Boulevard.

Die meisten anderen Straßen tragen eine Nummer. Von Norden nach Süden verlaufen die Straßen mit ungeraden Nummern, vom Flussufer aus ansteigend. Ost-West-Verbindungen sind mit geraden Zahlen gekennzeichnet, deren Höhe nach Süden zunimmt.

An den meisten Häusern finden sich Hausnummer und Straßennummer. Dennoch ist es schwierig, eine bestimmte **Hausnummer** zu finden. Hilfreich ist daher immer die Angabe, zwischen welchen Querstraßen ein bestimmtes Gebäude zu finden ist.

Koh Pich („Diamant-Insel") schmiegt sich südlich an das Zentrum. Überwiegend ist und wird sie mit Eigentumswohnungen, Hotelburgen und Parks bebaut, deren Achitektur zwischen modern und kitschig schwankt.

Die 3 km lange Landzunge **Chroy Changvar** liegt direkt gegenüber der Hauptstadt; sie wird vom Mekong und dem Tonle-Sap-Fluss gebildet.

Wie Phnom Penh zu seinem Namen kam…

Eine Überlieferung erzählt von der Gründung der Stadt: Im Jahr 1434, nach den bitteren Niederlagen gegen die benachbarten Cham und Thai, die Angkor Thom verwüsteten und plünderten, zog der einzige Überlebende der Königsfamilie, Prinz **Ponhea Yat** mit einigen Würdenträgern gen Süden, um eine neue Heimat zu finden. Sie wanderten entlang dem Tonle Sap und erreichten eines Tages einen Hügel nahe dem Fluss. Am Ufer stießen sie auf eine Frau, die neben einem angespülten Banyan-Baum saß: Dort eingeschlossen fanden sich vier Buddhastatuen von großer Schönheit – von den Göttern auf wunderbare Weise aus dem zerstörten Angkor Thom an diesen Ort gebracht. Der Prinz befahl, die Statuen auf den Hügel zu bringen, und ließ einen Tempel für sie erbauen. Um den Hügel herum begann er mit der Errichtung seiner neuen Hauptstadt. Der Hügel (Khmer: *phnom*) bekam den Namen der Frau vom Flussufer: „Penh", und in der Folge wurde die ganze Stadt als Phnom Penh (Hügel der Penh) bekannt.

Wer die Uferpromenade **Sisowath Quay** entlangschlendert, dem fällt an der Südspitze das riesige Sokha Hotel auf. Sonst hat die Halbinsel bisher nicht viel zu bieten, an der Uferpromenade haben sich jedoch die ersten schicken Restaurants angesiedelt.

Königspalast und Silberpagode

Die Gebäude auf dem Gelände des Königspalasts prägen wie nur wenige andere die Silhouette der Stadt. Schon vom Flussufer aus fällt der elegante Chanchaya-Pavillon auf, der hinter der pastellgelben, zinnenbewehrten Umfassungsmauer emporragt. Das Palastgelände selbst ist ein gepflegter Park, in dem die königlichen Gebäude wie architektonische Inseln verteilt sind. Mit dem Bau wurde 1866 begonnen, als die Hauptstadt zu Beginn des französischen Protektorats von Oudong wieder nach Phnom Penh verlegt wurde. Erst um 1920 erhielt die Anlage dann ihr heutiges Aussehen. Nur ein Teil des Bereichs ist zugänglich – immerhin residiert hier noch der König.

🕒 8–11 und 14–17 Uhr, Eintritt US$10, Kinder unter sieben Jahren frei, Führer US$10.

Sicherheitshinweise

Phnom Penh ist nicht gefährlicher als andere Großstädte, sofern man ein paar Verhaltensregeln beherzigt.

In den engen Gassen der Märkte Geld, Handys und Kamera gut verstauen und festhalten. In vereinzelten Fällen kommt es auch zu **Taschenraub** aus dem Tuk-Tuk: Handtaschen und Rucksäcke möglichst nicht direkt zur Straßenseite stellen und gut festhalten. Bei Fahrten mit dem Motorradtaxi den Rucksack nicht auf dem Rücken tragen, sondern zwischen Fahrer und sich selbst platzieren.

Achtung Trickbetrüger! Touristen werden von einem gut Englisch sprechenden Einheimischen in ein Gespräch verwickelt, z. B. woher er das tolle T-Shirt hat. Es folgt eine Einladung nach Hause und die Aufforderung, an einem harmlosen Kartenspiel teilzunehmen. Vorsicht, das Spiel kann nach „Anfängerglück" nur verloren werden. Einige wurden sogar mit K.o.-Tropfen betäubt, das Konto mittels Kreditkarte geplündert. Noch dreister gehen **Räuber** vor, die gutgläubige Touristen im Haus festsetzen und ausrauben oder gar mit Waffengewalt zwingen, Geld vom eigenen Konto abzuheben.

Königspalast

Der **Thronsaal**, Preah Tineang Tevea Vinicchay, ist das größte und auffälligste Gebäude des Ensembles. Mit seinem siebenfach gestaffelten Dach, dem viergesichtigen Turm und den von Garudas gekrönten Säulen symbolisiert er die ganze Pracht und Macht des Königtums. Das Gebäude wurde 1917 von König Bat Sisowath als Nachbildung des von König Norodom hier errichteten Holzpalasts erbaut und 1919 offiziell eingeweiht. Seitdem wurden alle Könige Kambodschas hier gekrönt.

Die beiden kleinen Gebäude, die den Eingang zum Thronsaal flankieren, stammen aus der gleichen Zeit und dienen ebenfalls besonderen Zwecken: Rechts liegt der **Königliche Wartesaal**, Hor Samran Phirun, der am Krönungstag genutzt wird, wenn Seine und Ihre Majestät hier auf den Elefanten warten, von dessen Rücken aus sie während der Krönungsprozession ihren jubelnden Untertanen zuwinken. Das Gebäude links ist die **Königliche Schatzkammer**, Hor Samrith Phimean, in dessen Untergeschoss royale Gewänder und eine kleine Sammlung weiterer Gegenstände aus königlichem Besitz zu sehen sind.

Der **Chanchaya-Pavillon**, dessen markante Architektur das Palastgelände auf der Flussseite dominiert, diente als Tanzpavillon und wurde 1914 auf König Sisowaths Betreiben hin anstelle eines ähnlichen Holzgebäudes errichtet. Noch heute wird der Pavillon für besonders feierliche Anlässe genutzt, für die der kleinere **Bankettsaal** in der südöstlichen Ecke des Geländes nicht ausreicht.

Eine Besonderheit ist der gusseiserne **Pavillon Napoleons III.** Zwischen all den asiatisch anmutenden Gebäuden wirkt er in seiner europäischen Architektur etwas deplatziert. Tatsächlich war er das erste dauerhafte, nicht-hölzerne Gebäude, das auf dem Gelände fertiggestellt wurde. Gebaut wurde er 1869 für die französische Kaiserin Eugénie, die Frau Napoleons III., die ihn als Unterkunft bei der Einweihung des Suez-Kanals nutzte. Als Geschenk Napoleons an König Norodom wurde der Pavillon 1876 hierher versetzt. Die dahinterliegende **Königliche Verwaltung**, Damnak Chan, erbaut 1953, ist nicht für die Öffentlichkeit zugänglich, ebenso wie die Königliche Residenz selbst.

Nicht mehr zum Gelände des Königspalasts, aber doch zu seinem Einzugsbereich gehört der königliche Anleger **Vetika Oumtouk** am Flussufer.

Silberpagode

An das Palastgelände schließt sich der Bereich der **Silberpagode** an. Sie erhielt ihren Namen von dem Fußboden, der aus Tausenden silbernen Fliesen besteht – die wenigen, die nicht vom Teppich verdeckt sind, kann man nahe dem Eingangsbereich sehen. Innen (Fotografierverbot) befindet sich eine bedeutende Sammlung sehr wertvoller Buddhafiguren, darunter der berühmte „Smaragdbuddha", der der Pagode auch ihren eigentlichen Namen gab: **Wat Phra Keo Morokat**. Die Anlage wurde zwischen 1892 und 1902 erbaut und blieb von der Zerstörungswut der Roten Khmer weitgehend verschont. Auf dem Gelände befinden sich verschiedene Nebengebäude, Stupas und ein umgebender Wandelgang mit einer Darstellung des *Reamker*.

5329 jeweils 1,125 kg schwere Silberfliesen bilden den Fußboden im Wat Phra Keo Morokat – beim aktuellen Silberpreis ein Wert von etwa 3 Mio. €. Unschätzbar ist hingegen der Wert der über 1650 Objekte, die im Tempel aufbewahrt werden; angefangen mit dem auffälligen goldenen, 90 kg schweren stehenden Buddha, der mit 9584 Diamanten besetzt sein soll (darunter ein 25-karätiger in der Krone), über den im Zentrum stehenden Smaragdbuddha (der allerdings aus in Frankreich hergestelltem Baccarat-Kristall besteht), bis hin zu den vielen hundert Statuen und Statuetten, die von der Königsfamilie und anderen Adligen gestiftet wurden.

Äußerst sehenswert sind die **Reamker-Wandgemälde**, die die Innenseite der Umfassungsmauer schmücken. Leider sind sie zum großen Teil in einem bedauernswerten Zustand, an einigen Stellen werden jedoch Restaurierungsarbeiten durchgeführt. Die Bilder wurden von 1903 bis 1904 von einer Gruppe Studenten unter der Leitung des Künstlers Vichitre Chea und des Architekten Oknha Tep Nimit Thneak angefertigt. Den Rundgang beginnt man am besten am Osttor. Im Uhrzeigersinn wird die Geschichte erzählt: von der Entführung Sedas und den lange hin und her wogenden Schlachten, bis die Prinzessin endlich befreit und der Dämon besiegt ist.

Weitere Gebäude des Geländes umfassen einen Schrein mit **Buddhas Fußabdruck**, einen **Glockenturm**, einen **Königlichen Pavillon**, ein **Modell von Angkor Wat** und die **Bibliothek (Mondap)**, in der sich neben buddhistischen Texten auch eine angeblich antike, zum großen Teil aus Silber bestehende Statue des Stiers Nandi befindet, die 1983 in der Provinz Kandal gefunden wurde. Der kleine künstliche Hügel **Phnom Mondap** wird von einem Schrein mit einem weiteren Fußabdruck Buddhas gekrönt.

Das **Reiterstandbild von König Norodom** befindet sich seit 1892 an dieser Stelle. Hergestellt wurde es 1875 in Paris. Ursprünglich, so heißt es, sei es ein Standbild für Napoleon III. gewesen – es wurde einfach der Kopf ausgetauscht. Der umgebende Schrein wurde 1953 von König Sihanouk errichtet.

Nationalmuseum

Das Nationalmuseum nördlich des Königspalasts ist mit seinen ziegelgedeckten, geschwungenen Dächern ein imposanter Bau. 1920 wurde es nach drei Jahren Bauzeit eröffnet. Entworfen hatte es der in Kambodscha geborene französische Architekt George Groslier (1887–1945), der sich zeit seines Lebens sehr für den Erhalt des kulturellen Erbes der Khmer einsetzte.

Das Museum beherbergt die wertvollsten **Artefakte aus der Angkor-Zeit**, die im Land noch zu finden sind. Vieles wurde in der Vergangenheit nach Frankreich und in andere Länder verschleppt. Die ausgestellten Stücke geben jedoch einen guten Überblick über die verschiedenen Stilepochen und die Kunstfertigkeit der Handwerker. Das Gebäude ist in **vier Galerien** unterteilt, die einen begrünten Innenhof umschließen. Die Ausstellungsstücke sind chronologisch angeordnet.

Phnom Penh Innenstadt

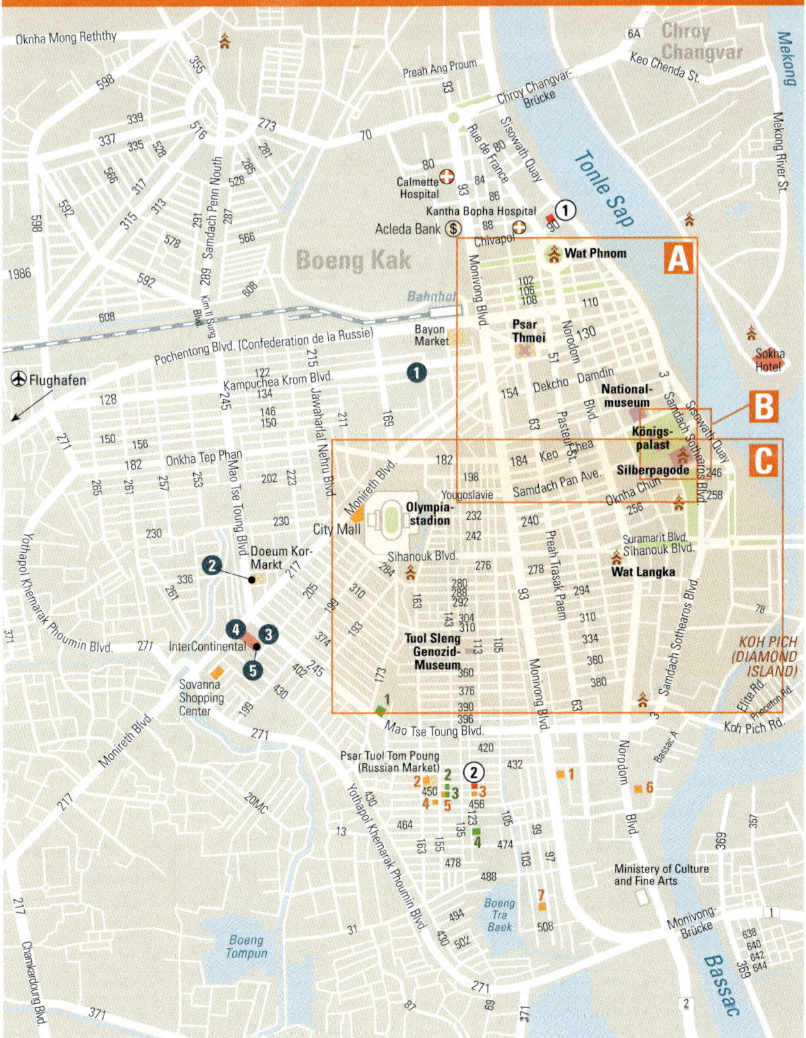

ÜBERNACHTUNG
① Me Mate's Place
② Double Leaf Boutique Hotel

ESSEN
1 Spark Café
2 Krawanh II
3 Café Yejj
4 Mr. Mab Global Street Food

SONSTIGES
1 Botschaft Vietnam
2 Friends 'n' Stuff
3 Kundalini Yoga
4 Peace Handicrafts
5 Rajana
6 Botschaft Thailand
7 Sovanna Phum Art Association

TRANSPORT
❶ Rith Mony
❷ Sammeltaxis und Minibusse
❸ Thai Airways
❹ Silk Air, Cathy Pacific, Dragon Air
❺ Eva Air

A Phnom Penh Nördliches Zentrum

■ **ÜBERNACHTUNG**

(3) Raffles Le Royal Hotel
(4) One Stop Hostel
(5) Monsoon Boutique Hotel
(6) Velkommen Backpackers
(7) Velkommen Guesthouse
(8) Harmony Hotel
(9) Royal Guesthouse
(10) The Billabong Hotel
(11) Natural Inn Backpacker Hostel
(12) Hometown Suite Hotel
(13) SLA Boutique Hostel
(14) The Artist Guesthouse
(15) Blue Lime
(16) Plantation Urban Resort & Spa

B Königspalast und Silberpagode

ESSEN
5 Van's
6 Noodle Elements
7 Bopha Phnom Penh (Titanic)
8 Mekong River Restaurant
9 Evergreen Vegetarian House
10 Noodle House
11 Sher-e-Punjab
12 Lemongrass
13 Veiyo Tonle
14 La Croisette
15 The Blue Pumpkin
16 Tinat Restaurant
17 Daughters Visitors Center
18 Friends Creative Tapas
19 Lucky Pho
20 FCC (ForeignCorrespondent Club)
21 Pop Da Giorgio Café
22 Sugar Palm Restaurant
23 Romdeng

SONSTIGES
8 Elephant Bar
9 Seeing Hands Massage
10 Tropical & Travellers Medical Clinic
11 Seeing Hands Massage
12 Pharmacie de la Gare
13 The Lounge
14 Seeing Hands Massage
15 Space Four Zero
16 U-Care Pharma
17 The Flicks 2
18 Vicious Cycle, Grasshoper Adventures
19 Spicy Green Mango
20 U-Care Pharma
21 Heart of Darkness
22 Bohr's Books
23 The Cyclo Association
24 Pontoon
25 Rooftop Reggae Bar
26 Nail Bar
27 Seeing Hands Massage
28 Daughters Visitors Center
29 Ta Prohm Souvenir
30 Garden of Desire
31 Senteurs d'Angkor
32 Colors of Life
33 Mekong Arts
34 U-Care Pharma, Bodia Spa
35 Happy Painting Gallery
36 Le Lezard Bleu
37 Plae Pakaa Cambodian Living Arts
38 La Galerie
39 Starling Farm
40 Dodo Rhum House
41 Blue Chilli Bar
42 Romeet Contemporary Art Space

TRANSPORT
6 Rith Mony
7 Touristenboote, Hang Chau Speed Boat, Blue Cruiser
8 Mekong Express
9 Gold VIP, Giant Ibis, Virak Buntham,
10 Tamarind Travel Agency, Nattakan-Bushaltestelle
11 Sammeltaxis und Minibusse
12 Vannak Motorcycle Shop
13 CTT Travel & Tours
14 Phnom Penh Sorya
15 Grease Monkey's

C Phnom Penh Südliches Zentrum

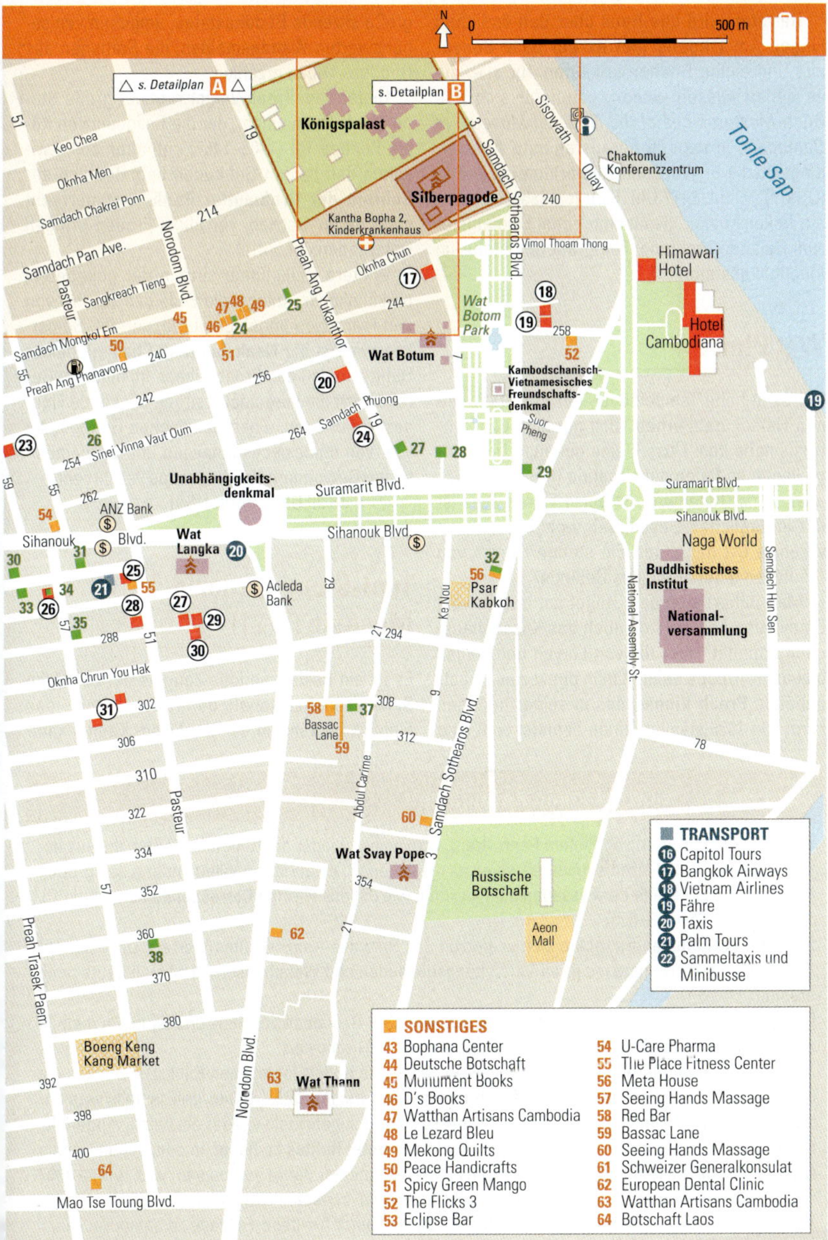
N
0
500 m
s. Detailplan A
s. Detailplan B
Königspalast
Silberpagode
Kantha Bopha 2, Kinderkrankenhaus
Chaktomuk Konferenzzentrum
Tonle Sap
Sisowath Quay
Samdach Sothearos Blvd.
Vimol Thoam Thong
Himawari Hotel
Hotel Cambodiana
Wat Botum Park
Wat Botum
Kambodschanisch-Vietnamesisches Freundschafts-denkmal
Suor Pheng
Keo Chea
Oknha Men
Samdach Chakrei Ponn
Samdach Pan Ave.
Sangkreach Tieng
Samdach Mongkol Em
Preah Ang Phanavong
Norodom Blvd.
Pasteur
Preah Ang Yukanthor
Oknha Chun
Samdach Phuong
Sinei Vinna Vaut Oum
Unabhängigkeits-denkmal
Suramarit Blvd.
Sihanouk Blvd.
ANZ Bank
Wat Langka
Acleda Bank
Psar Kabkoh
Ke Nou
Naga World
Buddhistisches Institut
National-versammlung
National Assembly St.
Semdech Hun Sen
Oknha Chrun You Hak
Bassac Lane
Abdul Carime
Wat Svay Pope
Russische Botschaft
Aeon Mall
Preah Trasek Paem
Boeng Keng Kang Market
Wat Thann
Mao Tse Toung Blvd.
TRANSPORT
16 Capitol Tours
17 Bangkok Airways
18 Vietnam Airlines
19 Fähre
20 Taxis
21 Palm Tours
22 Sammeltaxis und Minibusse
SONSTIGES
43 Bophana Center
44 Deutsche Botschaft
45 Monument Books
46 D's Books
47 Watthan Artisans Cambodia
48 Le Lezard Bleu
49 Mekong Quilts
50 Peace Handicrafts
51 Spicy Green Mango
52 The Flicks 3
53 Eclipse Bar
54 U-Care Pharma
55 The Place Fitness Center
56 Meta House
57 Seeing Hands Massage
58 Red Bar
59 Bassac Lane
60 Seeing Hands Massage
61 Schweizer Generalkonsulat
62 European Dental Clinic
63 Watthan Artisans Cambodia
64 Botschaft Laos

Betreten wird das Haus über den östlichen Flügel. Am Eingang gibt es ein paar Souvenirs und einige Bücher zu kaufen; für alle, die es genau wissen wollen, empfiehlt sich das Buch *Masterpieces of the National Museum of Cambodia*, in dem 80 herausragende Ausstellungsstücke in Wort und Bild erläutert werden (US$15). ⌚ tgl. 8–17 Uhr, Eintritt US$5, zu zahlen am Ticketschalter gleich hinter dem Eingangstor zum Gelände. Achtung: Fotografieren ist nur im Innenhof gestattet.

Wat Phnom

Der 27 m hohe Tempelhügel, der der Stadt seinen Namen gab, erhebt sich nördlich des Zentrums nahe dem Fluss. Seine genauen Ursprünge liegen im Reich der Legende (Kasten S. 512), aber seine Gegenwart ist umso klarer: Dies ist der im täglichen Geschehen wohl am meisten verehrte Ort der Stadt. Ein stetiger Strom von Gläubigen flutet durch das Gelände.

Man nähert sich dem Hügel am besten vom Osteingang her, wo sich auch das Kassenhäuschen befindet. Über die von Löwen und Nagas bewachte Treppe gelangt man direkt zum Hauptgebäude **Preah Vihear**, das in seiner heutigen Form von 1926 stammt. Innen befindet sich eine große sitzende Buddhastatue, umgeben von sehenswerten Wandgemälden, die Stationen aus Buddhas Leben erzählen.

Hinter dem Preah Vihear ragt der große Stupa **Chedi Thom** empor, der die Reliquien von König Ponhea Yat (1405–1467) enthalten soll. Zwischen den beiden Gebäuden befindet sich der **Schrein der Großmutter Penh**, hier herrscht meist reger Betrieb, vor allem Frauen bringen Opfergaben dar.

Weitere Heiligtümer sind in der gepflegten, parkähnlichen Anlage, die Ende des 19. Jhs. von den Franzosen angelegt wurde, verteilt. Bemerkenswert ist der **Neak Ta Preah Chau** auf halber Höhe nördlich des Preah Vihear. Im hinteren Bereich sitzt die vergoldete, streng blickende Figur des Preah Chau, einer taoistischen Gottheit, die v. a. von chinesischstämmigen und vietnamesischen Bewohnern Kambodschas verehrt wird.

⌚ 7–18.30 Uhr, Eintritt US$1.

Tuol-Sleng-Genozid-Museum (S-21)

Es ist ein beklemmendes Zeugnis der einstigen Schreckensherrschaft der Roten Khmer, das Einblick gewährt in das dunkelste Kapitel kam-

Das Erbe der französischen Kolonialzeit

Wer durch die Straßen von Phnom Penh streift, wird immer wieder auf Gebäude stoßen, die aus der französischen Kolonialzeit stammen – seien es die schönen restaurierten Villen entlang den großen Boulevards oder einige der Fassaden am Flussufer, wie die des **Foreign Correspondents Club** (FCC), 363 Sisowath Quay (S. 525).

Rund um Wat Phnom erstreckte sich seinerzeit das Herz des französischen Viertels. Die elegante Ausstrahlung der Gegend mit ihren Verwaltungsgebäuden und Wohnhäusern lässt sich heute noch erahnen.

Das große **Postamt** östlich des Hügels in der Street 13 z. B. stammt von 1894 und ist heute noch in dieser Funktion in Gebrauch. Es wurde zuletzt im Jahr 2001 renoviert.

Auch die **Nationalbibliothek** an der Street 92 westlich des Hügels lohnt einen Blick. Die Bücher, die hier seit 1924 gesammelt wurden, sind während des Terrors der Roten Khmer größtenteils vernichtet worden – heute sind die Bestände mit französischsprachigen Titeln wieder ein wenig aufgefüllt.

Etwas weiter an der gleichen Straße beeindruckt das **Hotel Raffles Le Royal**, in dem schon Charlie Chaplin und Bill Clinton nächtigten. Das Haus, das im Laufe der Jahre verkommen war, wurde 1997 von der Raffles-Gruppe übernommen und erstrahlt seitdem in neuem altem Glanz.

Auch der nahe gelegene **Bahnhof** von 1932 vermag mit seiner Art-déco-Fassade zu beeindrucken.

bodschanischer Geschichte: das Tuol-Sleng-Museum in der Street 113 südlich des Zentrums. Hier wurden von 1975 bis 1979 über 17 000 Menschen unter grausamsten Bedingungen inhaftiert, gefoltert und ermordet. Wer seinen Fuß über die Gefängnisschwelle setzte, kehrte nicht wieder zurück. Besuchern präsentiert sich der Ort, an dem einer der grausamsten Völkermorde der Menschheitsgeschichte stattfand, noch heute fast genauso, wie ihn die vietnamesischen Befreier vorfanden.

Vor 1975 war der von einem Zaun umgebene Gebäudekomplex eine Schule. Aus Klassenzimmern wurden Gefängniszellen, der Schulhof zum Friedhof. Zu Beginn wurden hier vor allem Intellektuelle, Ärzte und andere Mitglieder der verhassten Bildungselite eingekerkert, zu abstrusen Geständnissen gezwungen und anschließend ermordet, entweder direkt an Ort und Stelle oder auf den **Killing Fields Choeung Ek** (S. 537).

⌚ 7–18 Uhr, Eintritt US$3; empfehlenswerter Audioguide US$3.

ÜBERNACHTUNG

An Übernachtungsmöglichkeiten mangelt es in Phnom Penh nicht: Vom einfachen Mehrbettzimmer bis hin zur Luxusunterkunft ist für jeden Geldbeutel und Geschmack etwas dabei. Selbst während der Hauptreisezeit im Dezember und Januar findet sich immer ein freies Zimmer, wenn auch vielleicht nicht im bevorzugten Guesthouse.

Beliebt bei **Budget-Travellern** ist die St. 172 hinter Wat Ounalom. Die Hotels sind günstig, es gibt Zimmer mit Ventilator oder AC, allerdings haben viele ein Fenster zum Gang. Die Straße ist quirlig, mehrere Bars warten in den Abendstunden auf Kundschaft. Die Gegend rund um die St. 278 und St. 51 im Bezirk Boeng Keng Kang (auch als NGO-Gegend bekannt) ist ebenfalls bei Reisenden beliebt: Hier gibt es einfache Guesthouses und schickere Boutique-Zimmer in angesagter Lage.

Alle Unterkünfte bieten kostenloses WLAN.

Nördliches Zentrum

Karte S. 516, sofern nicht anders angegeben.

Untere Preisklasse

Hometown Suite Hotel ⑫, 35 St. 172, ✆ 023-986 296, 💻 www.home-town-hotel.com, [10345]. Modern gestylte Räume in der quirligen St. 172. Einzel- bis 3-Bett-Zimmer, einige ohne Fenster. Schön, aber laut sind die Zimmer mit Balkon, AC, Warmwasser. Fahrstuhl, Restaurant, Tourangebot. ❷–❹

Me Mate's Place ①, 1B4 St. 90, Karte S. 515, ✆ 023-500 2497, 💻 www.matesplace.com, [10346]. Moderne Backpacker-Unterkunft: Schlafsäle mit 4 bis 14 Betten in minimalistischer Schwarz-Weiß-Optik. Restaurant. Beliebt, daher unbedingt reservieren. Dormbett US$5–7.

€ **Natural Inn Backpacker Hostel** ⑪, St. 172, ✆ 023-666 1442, [10347]. Zimmer mit 4–6 Stockbetten, wahlweise mit Ventilator oder AC. Frauenschlafsaal. Die untere Matratze liegt auf dem Boden. Die Zimmer sind sauber, die angrenzenden Bäder schick und neu gefliest. Dormbett US$4/5.

One Stop Hostel ④, 85 Sisowath Quay, ✆ 023-992 822, 💻 onestophostel.com, [9655]. Boutique-Hostel mit Mehrbettzimmern. Moderne, in Weiß gehaltene AC-Zimmer mit 4 Stockbetten und Flussblick oder 2 Stockbetten ohne Fenster (gemischte Zimmer und Frauenschlafräume). Saubere und in modernster Grau-Weiß-Optik gehaltene Bäder. Schließfächer im Zimmer. Eine halb offene Ebene als Aufenthaltsraum mit Flachbildschirm. Wäsche- und Ticketservice. Frühstück auf Wunsch. Dormbett US$7.

Royal Guesthouse ⑨, 91 St. 154, ✆ 023-218 026, ✉ lengphatra_hou@yahoo.com, [9659]. Wohnliche, teils renovierte Zimmer im oberen Stockwerk an einem Balkon mit toller Aussicht. Die günstigeren Zimmer haben nur ein Fenster zum Gang oder zur benachbarten Hauswand, TV, AC oder Ventilator. Im Restaurant wird gutes hausgemachtes Curry serviert. ❶–❸

SLA Boutique Hostel ⑬, 5 St. 174, ✆ 023-997 515, 💻 www.slahostel.com, [10348]. Zentral gelegenes stylisches Dormhotel mit hellen Räumen. Die schöne Bar im Erdgeschoss serviert einige Gerichte, Frühstück, gesunde Säfte, Smoothies. Dormbett ab US$6.

Velkommen Guesthouse ⑦, 18 St. 144, ✆ 077-757 701, 💻 www.velkommenguesthouse.com, [10349]. Beliebtes, angenehmes Haus unter norwegischer Leitung. Kleine Zimmer, dafür alle mit Fenster, AC, TV. Größere, hübsch möblierte Zimmer mit Balkon. Gegenüber das **Velkommen Backpackers** ⑥ mit einem Schlafsaal und AC/Ventilator-Zimmern. Dorm US$5. ❷–❸

Mittlere Preisklasse

Blue Lime ⑮, 42 St. 19Z, Off St. 19, ✆ 023-222 260, 💻 www.bluelime.asia, [5978]. In einer ruhigen Seitenstraße liegt diese kleine Anlage. Den Mittelpunkt bildet ein Pool, umschattet von viel Grün und kleinen Salas. Die angrenzenden 23 Zimmer sind gekonnt gestaltet: grauer Boden, Ablageflächen aus Beton, große Holzbetten mit Moskitonetz und bunte Dekorationsobjekte, die dem Zimmer ein gemütliches Flair verleihen. TV und Safe. 4 Zimmer mit eigenem kleinem Pool. Nichtraucherzimmer. Warmwasseraufbereitung über Solar. Keine Kinder unter 16 Jahren. ❹–❺

Harmony Hotel ⑧, 25 St. 148, ✆ 023-967 068, 💻 www.harmonyhotelpp.com, [10350]. Laminatboden, Schrank, Schreibtisch, Minibar, TV, Safe. Schöne Bäder mit begehbarer Dusche und kompletter Glasfront zum Zimmer, einige Zimmer mit Balkon. Auf der 11. Etage Infinity-Pool mit Blick auf den Tonle Sap. Gutes Restaurant. Für die Lage und Ausstattung sehr gutes Preis-Leistungs-Verhältnis. Freundlicher Service. Inkl. kleinem Frühstücksbuffet. ❺

Monsoon Boutique Hotel ⑤, 53-55 St. 130, ✆ 023-989 856, 💻 www.monsoonhotel.com, [9665]. Kleine, aber fein eingerichtete Zimmer im Boutique-Stil mit Rattanbett, Safe, Minibar und bemalten Wänden. Bäder mit dunkelgrauen Fliesen und grau verputzt mit Kieselsteindekoration. Die Deluxe-Zimmer liegen an einem begrünten Balkon. Standardzimmer leider nur mit Fenster zum offenen Gang. Inkl. Frühstück. ❹

The Artist Guesthouse ⑭, 69 St. 178, ✆ 023-213 930, 💻 theartistguesthouse.com, [9660]. Renoviertes kleines Stadthaus unter französischer Leitung. Einfache moderne Zimmer: teils Einbauduschen und separates WC und Handwaschbecken. Einige Zimmer mit Fenster zum Gang, dafür schick im Maisonette-Stil: Matratze auf der oberen Ebene. Schön sind die Zimmer mit Doppel- und Einzelbett inkl. Balkon mit Blick zur Universität der schönen Künste. Restaurant im Erdgeschoss. ❸–❹

The Billabong Hotel ⑩, 5 St. 158, ✆ 023-223 703, 💻 www.thebillabonghotel.com, [9666]. 20 großzügige und geschmackvoll möblierte Zimmer mit Holzfußboden und Chaiselongue rund um einen Pool. Die Zimmer im Erdgeschoss haben eine kleine Terrasse. ❺

Obere Preisklasse

Plantation Urban Resort & Spa ⑯, 28 St. 184, ✆ 023-215 151, 💻 www.theplantation.asia, [9680]. Eine grüne Oase mitten in der Stadt: Hinter der Mauer verbirgt sich ein liebevoll restauriertes Haus aus den 1930er-Jahren. Im Garten 2 moderne Wasserbecken. Um den großen Pool sind in neuen 2-stöckigen Gebäuden 70 Zimmer gruppiert. Farbige Sofas und Dekoration geben den Zimmern eine besondere Note. Minibar und Safe, zum Zimmer hin offene Bäder. Solarenergie, Nutzung ausschließlich einheimischer Produkte im Restaurant. ❻–❽

Raffles Le Royal ③, St. 92, Ecke Monivong Blvd., ✆ 023-981 888, 💻 www.raffles.com/phnompenh. Kolonialstil in Reinkultur. Das Gebäude wurde 1920 erbaut und fantastisch renoviert. Eines der Top-Hotels in Asien. Die Zimmer bieten einen stilvollen Kompromiss aus kolonialem Ambiente und modernem Luxus. Perfekt geschultes Personal. 2 Pools, Spa, Fitnessstudio, Bars, Geschäfte, Restaurants. ❽

Südliches Zentrum

Karte S. 518/519, sofern nicht anders angegeben.

Untere Preisklasse

Alibi Guesthouse ⑱, Sothearos Blvd., ✆ 023-695 9087, 💻 www.alibiguesthouse.com, [9651]. Von der Straße zurückversetztes ruhiges familiäres Haus unter französischer Leitung. Saubere Zimmer, geflieste Böden, einige mit Einbauschrank, Moskitonetz, TV, Minibar, Safe und ausreichend Lampen. Große Bäder mit Ablageflächen. Gemeinschaftsbalkon, begrünter Innenhof. Inkl. Frühstück. ❸–❹

Blue Dog Hostel ㉘, 13 St. 51, ✆ 023-678 9404, ✉ bluedogguesthouse@gmail.com. Beliebte

Schlaf- und Feierunterkunft. Wer zu den rückwärtig gelegenen Zimmern will, läuft durch eine große Bar – hier ist jeden Abend ein anderes Motto angesagt. Ventilator- und AC-Schlafsaal mit 4 bzw. 6 Einzelbetten. Weitere Zimmer mit AC oder Ventilator. Schöner Gemeinschaftsbereich und kleine Terrasse. Dormbett US$6. ❷

Mad Monkey ㉛, 26 St. 302, ✆ 023-987 091, 💻 www.madmonkeyhostel.com. [10351]. Hostel mit modernem Ambiente für feierfreudige Backpacker. Gut gekühlte, saubere AC-Schlafsäle mit 6–8 Stockbetten, zum Teil 2 Bäder. Schließfächer. Privatzimmer mit Fenster zum Flur. Zudem Familienzimmer und weitere Schlafsäle im neuen Gebäude gegenüber. Dormbett US$6–7. ❷–❹

Narin Guesthouse ㉑, 50 St. 125, ✆ 099-881 133, ✉ touchnarrin@hotmail.com, [9656]. Backpacker-Unterkunft im Boutique-Stil: graue Wände mit einer farbigen Wand oder Decke. Dezente Beleuchtung durch schicke Lampen (leider wenig Licht für Leseratten). Schöne Bäder. TV, einige Zimmer mit Safe. Rezeption und Restaurant auf der überdachten Gemeinschaftsterrasse in der 1. Etage. In der 2. Etage ist der kleine Balkon zur Straße als Theke gestaltet. Wahlweise mit Ventilator oder AC. PC auf der Terrasse, Touren, Wäscheservice, Mopedverleih. ❶–❷

Number 9 Hotel ⑲, 7C St. 258, ✆ 023-984 999, 💻 www.number9hotel.com, [9657]. Modern und sehr schick gestaltete Lobby, ebenso geschmackvoll ist das Restaurant in der 1. Etage (mit Billardtisch). Ansprechend sind die großen Zimmer mit Fenster, in denen die hellen Steinfliesen zur Geltung kommen. Eine weniger gute Wahl sind die kleinen Zimmer ohne Fenster (mit Waschbecken im Zimmer). Alle Zimmer mit Flatscreen. In der 2. Etage Whirlpool, Sonnenliegen und Bar. ❷–❸

Smiley's Hotel ㉒, 37 St. 125, Ecke St. 242, ✆ 012-365 959, ✉ smileyhotel.pp@gmail.com, [9661]. 40 saubere, geflieste Zimmer mit Fenster, AC, Kommode, TV, Kühlschrank. Nette kleine Bäder. Aufzug. Günstige Zimmer mit Ventilator und Kaltwasser. Freundlicher Service. Restaurant im Erdgeschoss. Die Zimmer in den oberen Stockwerken sind teurer. ❶–❷

Top Banana Guesthouse ㉕, 9 St. 278, Ecke St. 51, ✆ 012-885 572, 💻 www.topbanana.biz. Auf der Dachterrasse treffen sich Traveller, um Partys zu feiern. Hier ist jeden Abend etwas los, vor allem donnerstags bei Livemusik. Gemischte AC-Dorms, einfache Zimmer mit Bad. Oft ausgebucht. Im Schwesterhotel **Mini Banana** ㉙, 136 St. 51, ✆ 023-726 854, 💻 www.mini-banana.asia, eine Straßenecke weiter, gibt es weitere einfache Dorm-Zimmer und Zimmer mit Gemeinschaftsbad. Dormbett US$6. ❶–❸

Mittlere Preisklasse

Khmer Surin Boutique Guesthouse ㉖, 11A St. 57, ✆ 012-731 909, 💻 www.khmersurin.com.kh, [9670]. Dunkle Möbel, Bastmatten, Schnitzereien an den Wänden – das Haus besticht mit stilvollem asiatischem Boutique-Stil. Alle Zimmer mit Kühlschrank, Safe, Flachbildschirm und begrüntem Balkon. Die Standardzimmer ohne Fenster, Tageslicht gibt es dann nur bei geöffneten Balkontüren. ❹–❺

One Up Banana Hotel ㉚, Z9 132 St. 51, ✆ 023-211 344, 💻 www.1uphotelcambodia.com, [9667]. Modernes Haus mit großzügigen Zimmern, schön eingerichtet mit Kleiderschrank, Minibar, TV und Kitchenette. Fön, Bademäntel, Slipper. Die Bäder haben moderne Design-Sanitäranlagen. Dachterrasse. ❹

Rambutan Resort ㉜, 29 St. 71, ✆ 017-992 240, 💻 www.rambutanresort.com, [9671]. Hotel im Boutique-Stil. Die Waschbetonwände sind mit chinesischen Pop-Art-Motiven geschmückt. Pool mit kleinem Wasserfall im Innenhof. Die Zimmer sind minimalistisch ausgestattet: halb offene Bäder zum Zimmer, Betonboden, Safe, Minibar, einige mit kleiner Terrasse und Außenbadewanne. Halb überdachtes Restaurant und aufmerksamer Service. Inkl. Frühstück à la carte, Tee und Kaffee. ❺–❻

Tea House ㉓, 32 St. 242, ✆ 023-212 789, 💻 www.theteahouse.asia, [9672]. Schon die Lobby überzeugt mit japanischem Design. Die Zimmer sind recht einfach, aber wirkungsvoll dekoriert: eine orange-rote Wand mit goldenen Ecken, asiatische Motive an den Wänden, Flachbildschirm, Safe, Minibar, Ablagefläche und Spiegel. Bäder mit Design-Waschtisch und Dusche mit Glasabtrennung.

Kleiner Pool, Spa, Restaurant. Inkl. Frühstück. Die Tea-Lounge lockt mit einem Angebot von über 30 Teesorten. ❹–❻

The Kabiki ㉔, 22 St. 264, ✆ 023-222 290, 💻 www.thekabiki.com, [9673]. Familienhotel in Phnom Penh in einer autofreien Seitenstraße. Der große Garten mit den vielen (beschrifteten) Bäumen ist von einer Mauer umgeben und lockt zum Spielen. Großer Salzwasser-Pool für Erwachsene und ein kleines Becken für Kinder. Zimmer im Haupthaus oder im Garten mit eigener Terrasse. Die Familienzimmer haben ein zusätzliches Etagenbett. Safe, TV. ❺–❻

The Penh Guesthouse ⑰, 70B St. 244, ✆ 023-211 376, 💻 www.the-penh-guesthouse.com, [10352]. Das Stadthaus liegt in einer ruhigen Seitenstraße und wurde einfach, aber liebevoll in ein Hotel umgewandelt. Hübsche, helle Zimmer, teils mit hohen Decken, farbigen Wänden und Schwarz-Weiß-Fotografien. Hier gleicht kein Zimmer dem anderen. Terrassen laden zum Entspannen ein. ❹

Obere Preisklasse

Double Leaf Boutique Hotel ②, 32 St. 123, Karte S. 515, ✆ 023-226 288, 💻 www.doubleleafhotel.com, [10393]. Minimalistisch Grau, gemixt mit schicken Dekoelementen asiatischen Stils. Großzügige Zimmer, die teuren mit Balkon, Wandmalereien, Waschbecken im Zimmer, abgetrenntem WC und Dusche. Schatttiger Pool. Inkl. Frühstücksbuffet. ❻

Patio Hotel & Urban Resort ㉗, 134Z St. 51, ✆ 023-997 900, 💻 www.patio-hotel.com, [9682]. Schicke Stadtzimmer: modern minimalistisch, Farbtupfer durch moderne Gemälde und Dekokissen. Leider sind die Zimmer klein. Vom halboffenen Restaurant in der 7. Etage eröffnet sich ein toller Blick auf Wat Langka. Fast noch besser ist der Blick aus dem Infinity-Pool ein Stockwerk höher. Preisnachlässe bei mehr als einer Übernachtung. Inkl. Frühstück. ❺–❼

The Pavilion ⑳, 227 St. 19, ✆ 023-222 280, 💻 www.thepavilion.asia, [9684]. Die restaurierte Villa aus den 1920er-Jahren bietet sehr einladende Zimmer. Modern, aber mit kolonialem Flair eingerichtet. Teils wurden alte Fliesen erhalten, und einige Zimmer haben Holzfußböden. Im Garten gibt es recht kleine Standardbungalows. Wer mehr ausgeben kann, bezieht einen der großen Bungalows mit eigenem Jacuzzi. Der große Pool wird durch viele Bäume und Palmen beschattet. Spa. Keine Kinder unter 16 Jahren. ❺–❻

ESSEN

Phnom Penh bietet für jeden Geschmack und Geldbeutel die passende Küche – rund um die Uhr.

In den von Travellern frequentierten Straßen wie St. 172 und 258 servieren Guesthouses und Restaurants Pizza, Pasta und Asiatisches ab US$3, an der Uferpromenade Sisowath Quay sind die Preise etwas höher, Hauptgerichte US$5–8. In vornehmen und teuren Restaurants mit entsprechendem Service gibt es Gerichte ab US$10.

Nördliches Zentrum

Karte S. 516, sofern nicht anders angegeben.

Khmer-Küche

Bopha Phnom Penh (Titanic), Sisowath Quay, südlich des Bootsanlegers am Fluss, ✆ 023-427 209, 💻 www.bopha-phnompenh.com. Schwere, tempelartige Architektur und Einrichtung, die angrenzende Titanic Lounge ist in Bootsform gestaltet. Gekocht wird ohne Glutamat, auf der Karte stehen überwiegend Khmer-Gerichte, aber auch Westliches. Spezialität des Hauses: Wasserbüffel in verschiedenen Varianten. Apsara-Tanzvorführungen 12–14 und 19.30–21.30 Uhr. 🕒 6–22 Uhr.

Lemongrass, 14 St. 130, ✆ 023-222 705. Khmer- und authentische Thai-Küche in dem kleinen Restaurant mit der dunklen gemütlichen asiatischen Dekoration. WLAN. 🕒 9–23 Uhr.

Noodle House, 32 St. 130, Ecke St. 5, ✆ 077-919 110. In einem wunderschönen restaurierten kolonialen Eckgebäude untergebracht. Nudelsuppen im Khmer- und Thai-Stil. Die chinesische Suppe mit hausgemachten Nudeln ist ein echter Tipp, ebenso die Nudeln in gebratener Form oder *bor bor* (kambodschanische Reissuppe). 🕒 10–23 Uhr.

Sugar Palm Restaurant, 13 St. 178, ✆ 085-646 373. Hübsches kleines Restaurant in der

1. Etage. Tolle Vorspeisenplatte für 3–4 Pers. Authentische Khmer-Küche: Salate, Lok-Lak-Variationen und viele Gerichte mit gesundem Ingwer. Hauptgerichte US$7–8. WLAN. ⌚ Mo–Sa 11–15 und 18–22 Uhr.

Tinat Restaurant, St. 51, Ecke St. 154, ☏ 012-222 721. Ausgezeichnetes, preiswertes Restaurant mit einer riesigen Auswahl leckerer Khmer-Gerichte. Bei Einheimischen und Ausländern beliebt. ⌚ 6–22 Uhr.

Andere asiatische Küchen

€ **Lucky Pho**, 11 St. 178. Leckere Variationen der vietnamesischen Nudelsuppe *(pho)* mit frischer Minze, Chili und Limetten. ⌚ 8–21 Uhr.

Noodle Elements, 121 Sisowath Quay, ☏ 023-722 233. Reis- und Nudelgerichte hongkong-chinesischer Art. Liebhaber von Dim Sum kommen hier auch auf ihre Kosten. Gute Auswahl an Reis- und Nudelsuppen – alles im modern gestalteten AC-Restaurant. WLAN. ⌚ 7–24 Uhr.

Sher-e-Punjab, 16 St. 130, ☏ 023-216 360. Indische Küche, die viele indische Stammgäste anzieht. Große Auswahl vegetarischer Gerichte. WLAN. ⌚ 9–23 Uhr.

Aus aller Welt

FCC (Foreign Correspondent Club), 363 Sisowath Quay, ☏ 023-210 142, 💻 www.fcchotels.com. Eine Legende: Seit Jahrzehnten von Journalisten frequentiert (inzwischen allerdings hauptsächlich von Touristen), ist das Restaurant eines der schönsten im Kolonialstil. Hohe Decken und Ventilatoren, offene Balustraden und einige bequeme Ledersessel. Die Speisen sind westlich orientiert und nicht ganz günstig. Happy Hour (2 Getränke zum Preis von einem) von 17–19 und 22–24 Uhr. ⌚ 6–24 Uhr.

La Croisette, 241 Sisowath Quay, ☏ 023-220 554, 💻 www.lacroisette.asia. Der Schwerpunkt der Speisekarte ist italienisch. Angenehm hell gestaltetes Restaurant mit einem schönen Außenbereich, nicht ganz günstig. WLAN. ⌚ 7–1 Uhr (Küche bis 24 Uhr).

Mekong River Restaurant, 1 St. 118, Ecke Sisowath Quay, ☏ 023-991 150. Beliebtes Restaurant im 24-Std.-Dauerdienst. Von den Außentischen lässt sich herrlich das Treiben auf der Uferstraße beobachten. Western-, Khmer- und Thai-Gerichte. Während der fast durchgängigen Happy Hour von 7 bis 24 Uhr kostet ein frisch gezapftes Angkor-Bier US$0,75. ⌚ 24 Std.

Pop Da Giorgio, 371 Sisowath Quay, ☏ 012-562 892. Nicht nur bei italienischen Expats einer der beliebtesten Italiener in Phnom Penh. Es gibt Pizza und Nudelgerichte. ⌚ 11.30–14 und 18–22 Uhr.

The Blue Pumpkin, 245 Sisowath Quay, ☏ 023-998 153, 💻 www.tbpumpkin.com. Das Konzept ist ein voller Erfolg. Es gibt bereits 17 Filialen in Kambodscha. Große Frühstücksauswahl (französisches, englisches und amerikanisches Frühstück, zudem kambodschanische und vietnamesische Nudelsuppe). Gerichte aus der westlichen und der Khmer-Küche. Empfehlenswert ist *Fish Amok Ravioli.*

Wo man günstig isst

€ Günstiges Essen findet man an der **Westseite des Psar Thmei**. Einige der Stände haben bereits eine englische Speisekarte. Hier zahlt man 5000–6000 Riel für Nudelsuppen oder gebratenen Reis mit Fleisch und Gemüse. Die typisch asiatischen Süßspeisen aus Reis (meist in ein Bananenblatt gewickelt) kosten etwa 2000 Riel. Auch im **Psar Tuol Tom Poung (Russischer Markt)** gibt es eine Menge günstiger Foodstalls. Auf dem **Nachtmarkt** ist Gegrilltes für wenige tausend Riel zu bekommen.

In vielen Straßen bieten zudem am frühen Morgen und Abend **mobile Garküchen** einfache Wokgerichte ab 4000 Riel an. Am besten dort hinsetzen, wo viele Einheimische verkehren – sie wissen, wo das Essen gut ist. **Straßenverkäufer** fahren durch die Straßen und verkaufen frisches Obst, Fleischspieße oder belegte Baguettes. Vor den einschlägigen Nachtlokalen bauen sie ebenfalls ihre Stände auf.

Hygienisch ansprechender als auf den Märkten und der Straße und zudem klimatisiert sind die Essensstände in den **Shoppingcentern Sorya** und **Sovanna**: Hier kauft man Essensmarken und wählt dann auf den Schautafeln die Gerichte aus.

Lust auf vegetarisch?

Café Soleil, 22D St. 278, ✆ 012-923 371. Vegetarisch und ohne Glutamat-Zusatz: Fast 20 kambodschanische vegetarische Gerichte bietet das kleine Café zur Wahl. Gut und günstig. Erfrischend der Lemongrass-Tee. WLAN. ⌚ 7–21 Uhr.

Evergreen Vegetarian House, 109 St. 130, ✆ 012-222 155. Gerichte quer durch den asiatischen Kontinent ohne Fisch, Fleisch oder Geschmacksverstärker. Wunderbar gewürzt, besteht ein einfaches Gericht aus vielen einzelnen Geschmacksnoten. Vegetarischer Schinken und Tofu als Fleischersatz, der von Geschmack, Würze und Konsistenz tierischen Produkten überlegen ist. Mittagsmenüs. ⌚ 7–14 und 15.30–21 Uhr.

The Corn, Suramarit Blvd. (St. 268), ✆ 017-773 757, 💻 www.thecorn.com. In dem kleinen Haus mit Terrasse werden vegane Speisen wie *amok* oder thailändische Currys serviert. (Hier gibt es auch Angebote für Nicht-Veganer mit Fleisch oder Fisch.) ⌚ 11–22 Uhr.

€ **The Vegetarian**, 159 St. 19, ✆ 012-905 766. Kein Fleisch, kein Fisch, keine Eier – dafür eine großartige Auswahl vegetarischer asiatischer Gerichte. Von kambodschanischem *lok lak* über Nudeln malaysischer Art bis hin zu thailändischen *pad-thai*-Nudeln oder japanischem *tempura* – auch eingefleischte Nicht-Vegetarier werden im kleinen Bambusgarten fündig. Als Beilage wird weißer oder brauner Reis serviert. Gute, wenig gesüßte Fruchtshakes. Gerichte US$1,75–2. WLAN. ⌚ Mo–Sa 10.30–20.30 Uhr.

Gutes Eis und eine grandiose Auswahl an Kuchen. Einladende, ganz in Weiß gehaltene Lounge auf der 1. Etage mit bequemen Sofas. WLAN. ⌚ 6–23 Uhr.

Südliches Zentrum

Karte S. 518/519, sofern nicht anders angegeben.

Khmer-Küche

Khmer Surin Restaurant, 9 St. 57, ✆ 023-993 163, 💻 www.khmersurin.com.kh. Restaurant auf 3 Etagen in einem alten Holzhaus mit überdachter Veranda und ansprechendem asiatischen Ambiente. Thailändische Currys, *pad thai*, *laab*-Salat oder kambodschanische Klassiker von *lok lak* über *kha cheung jrouk* (Schweinefuß in Palmzucker) stehen auf der umfangreichen Speisekarte. ⌚ 17–22 Uhr.

Kravanh Restaurant, 112 Sothearos Blvd. und 67 St. 450, ✆ 012-539 977. Authentische Khmer-Küche im klimatisierten Restaurant mit passender musikalischer Untermalung. Toll zubereitet, munden z. B. die butterzarten rohen Rindfleischscheiben in Zitronenmarinade oder die Reisnudeln mit roter Currysauce *(num banh chok samla nam-ya)*. Gerichte US$4–8. ⌚ 11–14.30 und 17.30–21 Uhr.

La Table Khmère, 11E St. 278, ✆ 012-238 068, 💻 www.la-table-khmere.com. Klassische Khmer-Küche mit kreativer Note und fein abgestimmten Aromen, um US$6, Menüs für 2 Pers. US$18. Empfehlenswert sind die *Crying-Tiger*-Spieße. Kochkurse. ⌚ 11–23 Uhr.

Spark Cafe, Mao Tse Toung Blvd., Karte S. 515. Biergartenflair auf kambodschanisch: An den 10 Essensständen etwas Passendes aussuchen (englische Speisekarten liegen bereit) und dann dem Treiben an den Tischen zusehen. Sportübertragungen auf großer Leinwand. Wer mag, kann nebenan in der Mikrobrauerei ein Bier nach deutscher Brauart genießen (AC-Saal, manchmal Livemusik). ⌚ 16–2 Uhr.

St. 63 Restaurant, 179 St. 63, ✆ 015-647 062. Gute Zutaten, fein abgestimmte Aromen: die kambodschanischen Spezialitäten wie *chhar kdao* und *chhar kreung* sind nicht nur bei Einheimischen beliebt. Aber auch die angebotenen westlichen Speisen sind empfehlenwert. Das Rindfleisch ist zart, gerade beim Carpaccio ein Tipp! Gerichte um US$3,50. ⌚ 7–23 Uhr.

Andere asiatische Küchen

Magnolia, 55 St. 51, Ecke St. 242, ✆ 012-529 977. Vietnamesische Küche in ihrer ganzen Vielfalt: Suppen wie *pho* in verschiedenen Varianten für US$4, Gerichte mit Fisch oder Fleisch, *hot pot* für US$6–8. Für kleine Gäste

Ökologisch, sozial und Fair Trade

Phnom Penh bietet eine Menge Möglichkeiten, nicht nur den Hunger zu stillen, sondern dabei auch einen sozialen Beitrag zu leisten.

Café Yejj,170 St. 450, ✆ 092-600 750, 💻 www.cafeyejj.com. Frühstück, Sandwiches, Pasta. Die Zutaten stammen aus ökologischem Anbau, von lokalen Bauern oder sind Fair-Trade-Produkte. Hier erhalten Frauen und Jugendliche in Notsituationen eine Ausbildung. ⌚ 8–21 Uhr.

Daughters Visitors Center, 321 Sisowath Quay, ✆ 077-657 678, 💻 www.daughtersofcambodia.org. Unterstützt Frauen, die aus dem Sexgewerbe ausgestiegen sind. Suppen, Sandwiches, Salate und Kuchen. Ausgefallene Crêpes-Kreationen und Smoothies wie Kürbis-Ingwer-Espresso-Smoothie. Wechselnde Monatsangebote. WLAN. ⌚ Mo–Sa 9–17.30 Uhr.

Friends Creative Tapas, 215 St. 13, ✆ 012-802 072, 💻 www.mithsamlanh.org. Hervorragende Fusion-Tapas: vegetarisch oder mit Fisch/Fleisch. Außerdem wechselnde Wochenmenüs. Ehemalige Straßenkinder erhalten hier eine Ausbildung. Unbedingt reservieren. ⌚ 11–21.30 Uhr.

Romdeng, 74 St. 174, ✆ 092-219 565, 💻 www.mithsamlanh.org. Der Name bezeichnet eine Ingwerart, die oft in der kambodschanischen Küche verwendet wird. Das Restaurant ermöglicht ehemaligen Straßenkindern eine Ausbildung. Serviert werden sehr gute kreative authentische kambodschanische Gerichte in einem Kolonialgebäude. Mutige können als Snack frittierte Tarantel probieren. Auf der 1. Etage Souvenirs von Friends 'n' Stuff. ⌚ 11–21 Uhr.

Veiyo Tonle, 237 Sisowath Quay, ✆ 012-350 199, 💻 www.ncclaorphanage.org. Hübsches kleines Restaurant am Fluss. Frühstücksauswahl für US$3,95. Gute Khmer-Küche und Pizza. Die Gewinne gehen an ein Waisenhausprojekt. WLAN. ⌚ 7–23 Uhr.

stehen auch Pommes auf der Speisekarte. Draußen sitzt man in einem begrünten Innenhof unter hellen Schirmen. ⌚ 10–22 Uhr.

Mama Wong's, 41 St. 308, ✆ 097-850 8383, 💻 www.mamawongs.com. Gekonnte koreanisch-asiatische Fusionsküche. Sehr gute Dumplings und Tapas. ⌚ 11–22 Uhr.

Yakitori Jidaiya, 17 St. 278, ✆ 023-630 2254. Japanisch auf hohem Niveau. Es gibt kein Sushi auf der Karte. ⌚ 11–15 und 17–24 Uhr.

Aus aller Welt

Farm to Table, 16 St. 360, ✆ 078-899 722. Der ideale Platz für Kinder. Der Garten ist umzäumt; hier gibt es Kräuter und ein Schildkrötenbecken zu entdecken. Verkauft werden Früchte und Kräuter aus biologischem Anbau, und zur direkten Stärkung stehen Salate, Sandwiches und internationale Gerichte auf der Speisekarte. WLAN. ⌚ 8–22 Uhr.

Frizz, 67 St. 240, ✆ 012-524 801. Mix aus internationalen und einheimischen Gerichten, Fruchtshakes, Lassis. Hier treffen sich die Teilnehmer der Kochkurse der Cambodia Cooking Class (S. 532). ⌚ 10–22 Uhr.

Mr. Mab Global Street Food, 69 St. 123, Karte S. 515, ✆ 087-525 777. Wer nicht an einem Straßenstand essen mag, kann in diesem mit Bambus und alten Fensterläden geschmückten Restaurant unter einem hohen Blechdach beispielsweise die in Kambodscha überall erhältlichen *Lot-Char*-Nudeln oder Crêpes *Bahn Cheav* mit Shrimps probieren. Aber auch andere „Straßenküche" aus China, Italien, Indien oder Malaysia steht auf der Karte. Uns hat auch die deutsche Currywurst (etwas schärfer als gewohnt) überzeugt. US$2,50–4. Internationale Süßspeisen und gute Cocktails. ⌚ 10.30–22 Uhr.

Tamarind, 31 St. 240, ✆ 012-830 139. Empfehlenswerte mediterrane und nordafrikanische Küche. ⌚ 9–24 Uhr.

UNTERHALTUNG UND KULTUR

Aktuelle Veranstaltungstermine und Infos gibt es online unter **Phnom Penh Week**, 💻 www.phnompenhweek.com. Hier findet man eine ausführliche Übersicht über Filme, Konzerte, Ausstellungen und mehr.

Leng Pleng, 💻 www.lengpleng.com, veröffentlicht ab donnerstags die Live- und DJ-Auftritte der kommenden Woche. **The Advisor**, 💻 theadvisorcambodia.com, gibt wöchentlich eine kostenlos ausliegende Zeitung heraus, die umfangreiche Kulturtermine, Livemusik und andere Tipps zu Aktivitäten enthält.
Zahlreiche Bars mit weiblicher Unterhaltung reihen sich in der St. 104 und 136. Nachts wird es in den Clubs rund um die St. 51, zwischen St. 154 und 174, richtig voll. Meist wird es hier erst gegen 24 Uhr voll. Die Getränke sind etwas teurer, die Musik oft ohrenbetäubend. In den Straßen mischen sich das ausgehfreudige Publikum, Barmädchen und Prostituierte. Eleganter ist die angesagte winzige Gasse Bassac Lane und die umliegende St. 308.

Bars und Clubs

Bassac Lane, 6 winzige Cocktailbars in einer winzigen Gasse. Alle unterschiedlich geschmackvoll und aufwendig vom selben Designer gestaltet, könnten diese in jeder Hauptstadt der Welt zu finden sein. Jede Bar bietet eine andere kleine Auswahl an Drinks. Cocktails um US$5. 🕒 16–1 Uhr.
Blue Chilli, 36 St. 178. Beliebter Treffpunkt der Gay-Gemeinde. Fr und Sa ab 23 Uhr Travestieshow. 🕒 18–2 Uhr.
Dodo Rhum House, 42C St.178. Angenehme kleine Bar, beliebt bei französischen Expats. Der Besitzer importiert weißen Rum aus seiner Heimat Frankreich und veredelt diesen (z. B. mit Passionsfrucht, Schokolade oder Karamell). 🕒 17–1 Uhr.
Eclipse Bar im Phnom Penh Tower, 44 Monivong Blvd., ✆ 023-964 171. Die beste Aussicht über Phnom Penh lockt auf die 22. Etage, 360-Grad-Panoramablick aus dem offenen schicken Restaurant und der Bar. Die Preise für die international ausgerichtete Küche sind etwas teurer. An den Tischen kann man aber auch einfach einen Drink zu sich nehmen und den Sonnenuntergang genießen, während der Happy Hour von 17.30–19 Uhr 30 % auf Getränke. 🕒 17–2 Uhr.
Elephant Bar, im Raffles Le Royal Hotel, St. 92. Gediegener 1930er-Jahre-Schick mit dezenter Klavieruntermalung. Etwas störend wirkt in dem Ambiente nur der Billardtisch. Nicht ganz billig. Zur Happy Hour von 16–21 Uhr kosten die Getränke die Hälfte. 🕒 14–24 Uhr.
Heart of Darkness, 38 St. 51, 💻 www.heartofdarknessclub.com.kh. Immer noch mit der angesagteste Club in Phnom Penh. Gemischtes Publikum, das unter Angkor-Motiven tanzt. Ebenfalls beliebt bei jungen wohlhabenden Khmer, die gerne ihre Leibwächter mitbringen. Falls die zu vorgerückter Stunde und bei steigendem Alkoholpegel aggressiv werden, besser das Weite suchen. 🕒 21 Uhr bis zum Morgengrauen.
Pontoon, 80 St. 172, 💻 www.pontoonclub.com. DJs heizen in der loungeartig gestalteten Partylocation Touristen wie Einheimischen ein. Die Musikrichtung variiert je nach Gast-DJ. Eintritt je nach Veranstaltung. Großes Security-Aufgebot und Taschenkontrolle. 🕒 ab 22 Uhr, Ende offen.
Red Bar, 20 St. 308, ✆ 010-729 655. Kleine, engagiert geführte Bar – gut für einen Drink zu Reggae-Musik und nicht ganz so elegant wie die Bassac Lane. 🕒 16–24 Uhr.
Rooftop Reggae Bar, St. 172. In einem unscheinbaren Eingang gegenüber dem Pontoon geht es mit dem Fahrstuhl auf die 5. Etage. Auf 2 Dachterrassen hat man nachts einen super Blick auf die Ausgehmeile von Phnom Penh. Es läuft Reggae, auf der obersten Etage legen DJs auf. 🕒 17–5 Uhr.
The Lounge, St. 110, Ecke Sisowath Quay, auf der 1. Etage über dem Riverhouse. In den Abendstunden amüsiert sich junges, gut situiertes, meist kambodschanisches Publikum in der im Raubtierlook gestylten Bar mit Sitzecken. Später kommen westliche Besucher hinzu. Gefeiert wird zu lauten Beats wechselnder DJs. Der schmale, umlaufende Balkon ist zu einer Theke umfunktioniert und bietet einen schönen Blick auf den Tonle Sap und die Uferstraße. Ab etwa 20 Uhr ist hier etwas los. 🕒 15–3 Uhr.

Kino und Theater

In drei Shoppingcentern **Aeon Mall**, **Sorya Shoppingcenter** und **City Mall** gibt es auf der obersten Ebene moderne Kinokomplexe. Aktuelle Blockbuster, meist in englischer

Sprache, zwischen 9 und 21 Uhr, die Preise sind identisch: Tickets US$3–5 (2D/3D-Filme).

Plae Pakaa Cambodian Living Arts, im Nationalmuseum, ✆ 017-998 570, 💻 www.cambodianlivingarts.org. Sehenswerte traditionelle Tanz- und Gesangsvorführungen im Nationalmuseum. Okt–März Mo–Sa um 19 Uhr. US$15, Kinder bis 12 Jahre US$6.

Sovanna Phum Art Association, 166 St. 99, ✆ 012-846 020, 💻 www.sovannaphumtheatre.com, [4912] bietet traditionelles Schattenspiel. In einem Zelt werden vier unterschiedliche Vorführungen gezeigt. Ein Orchester begleitet bei allen Vorführungen die Tänzer mit traditioneller Musik. Fr, Sa um 19.30 Uhr, Tickets US$10, Kinder zahlen die Hälfte.

The Flicks 1, 2 und 3, St. 95, St. 136 und St. 258, ✆ 097-896 7827 oder 078-809 429, 💻 www.theflicks-cambodia.com. Nicht mehr ganz aktuelle Kinofilme, auch kleinere Produktionen, US$3,50 für den ganzen Tag.

EINKAUFEN

Phnom Penh ist ein Shoppingparadies. Am quirligsten geht es natürlich auf den **Märkten** zu. Weniger Trubel herrscht in den vier klimatisierten **Shoppingcentern** Aeon Mall, Sorya-, Sovanna Shoppingcenter und City Mall zu – die ausgezeichneten Preise sind Festpreise. Wunderbar bummeln lässt es sich auch in der St. 178 gegenüber dem Nationalmuseum und der Hochschule der schönen Künste. In dieser **Künstlerstraße** reiht sich Galerie an Galerie mit mehr und auch mal weniger hochwertigen Werken. Oft kann man den Künstlern bei der Arbeit zusehen. Kunsthandwerksläden wechseln sich ab mit kleinen Boutiquen, netten Cafés und Souvenirläden.

Auch im Boeng-Keng-Kang-Viertel, St. 51, St. 57 und St. 278, haben Geschäfte eröffnet, die zum Teil ausgefallene Stücke von einheimischen Designern verkaufen.

Shopping unter der Kuppel

Ein besonders auffälliges Beispiel des Art déco und geradezu ein Symbol für Phnom Penh ist der Zentralmarkt **Psar Thmei** im Herzen der Stadt. Der 1937 eröffnete und von 2009 bis 2011 renovierte, einzigartige gelbe Kuppelbau mit seinen vier Seitenarmen bietet alles, was das Herz begehrt – und noch ein bisschen mehr. Einen Bummel durch dieses belebte Einkaufsparadies sollte man sich nicht entgehen lassen. Es muss ja nicht gleich einer der teuren Edelsteine im zentralen Bereich sein: An den Ständen rund um das Gebäude lässt sich manches günstige Stück erwerben.

Märkte

Psar Chas (Alter Markt), St. 108/110, Ecke St. 13. Das Angebot richtet sich an die einheimische Bevölkerung. Hier gibt es Textilien, Schuhe, Schmuck, Devotionalien und Lebensmittel. Auf viele Reisende wirkt der Markt etwas schmuddelig, und ein Gang durch die Frischwarenabteilung ist ein olfaktorisches Erlebnis. 🕒 6–20 Uhr.

Psar Kandal, zwischen St. 144/154 und St. 5/13. Teils überdachter Markt und offene Stände unter Planen. Verkauf von Lebensmitteln und Haushaltsgeräten. Es gibt Schönheitssalons und einen Frisör. Im Steingebäude werden Schmuck, Elektronik und Textilien verkauft. Abends Essen zum Mitnehmen, an der Westseite einige gute, günstige Restaurants. 🕒 5–20 Uhr.

Psar Reatrey (Nachtmarkt), zwischen St. 108/106 und Sisowath Quay. Wer Nachtmärkte aus anderen asiatischen Ländern kennt, wird etwas enttäuscht sein. Die Stände mit Kleidung und Modeschmuck sprechen Einheimische an. Die einladenden Essensstände hinter der Karaoke-Bühne verkaufen Currys, Frühlingsrollen und viele nach Wahl frisch gegrillte Fleisch-, Gemüse- und Tofuspieße. Einfach zu den Einheimischen auf die Bastmatten setzen – eine prima Gelegenheit für ein Gespräch, oft mit Händen und Füßen. 🕒 Mi–So 17–22 Uhr.

Psar Thmei (Zentralmarkt), St. 53, Art-déco-Gebäude und das Wahrzeichen der Stadt (s. Kasten). An den Essensständen gibt es günstige einheimische Gerichte zu probieren.

Psar Tuol Tom Poung (Russischer Markt), südlich Mao Tse Toung Blvd./St. 450. „Russischer Markt" heißt er, weil er in den 1980er-Jahren von vielen Russen besucht

Einkaufen mit gutem Gewissen

In Phnom Penh gibt es eine Reihe von Geschäften, die mit den Erlösen Hilfsbedürftige unterstützen, ihnen Arbeit geben oder eine Ausbildung ermöglichen.

Colours of Life, 3 St. 178, ✆ 023-992 086. Schals, Taschen und andere kleine Accessoires in Pastellfarben. Fair in Handarbeit hergestellt. ⌚ 8–21 Uhr.

Daughters Visitors Center, 321 Sisowath Quay, ✆ 077-657 678, 💻 www.daughtersofcambodia.org. Aus biologisch angebauter Baumwolle und natürlichen Farben gefertigte Kleidung, Taschen und Schmuck; von ehemaligen Prostituierten hergestellt. Café und Massage im Obergeschoss. ⌚ Mo–Sa 9–17.30 Uhr.

Friends 'n' Stuff, 215 St. 13. Witzige Taschen aus recycelten Materialien wie Autoreifen, T-Shirts (u. a. auch für Kinder), Kleidung, *kramas* und Schmuck – gefertigt von Frauen, die aus den Erlösen ihre Kinder zur Schule schicken können. Weitere Filiale im Russischen Markt. Friends 'n' Stuff unterstützt ChildSafe – die praktischen Taschen mit dem Logo der Kinderschutzorganisation werden hier auch angeboten. Außerdem Kochbücher, u. a. mit Rezepten des Romdeng Restaurants, das ehemaligen Straßenkindern eine Ausbildung ermöglicht (S. 527). ⌚ 11–21 Uhr.

Mekong Quilts, 47-49 St. 240, ✆ 023-219 607, 💻 www.mekong-quilts.org. Wunderbare bunte Tagesdecken, Stofftiere für Kinder und Weihnachtsdekoration aus Stoff. Baumwolltagesdecken für ein Doppelbett um US$200. Unterstützt Frauen in Kambodscha und Vietnam. Gewinne werden in Schulen, Ausbildung und Mikrokredite investiert. ⌚ 9–19 Uhr.

Peace Handicrafts, St. 240 und St. 155, ✆ 023-993 331 💻 www.peacehandicraft.com. Figuren aus Holz oder Stein, Taschen aus Reissäcken oder glasierte Töpferwaren: schöne Andenken, hergestellt von Menschen mit Behinderungen. ⌚ 7–17.30 Uhr.

Rajana, 170 St. 450, ✆ 023-993 642, 💻 www.rajanacrafts.org. Toller Platz zum Stöbern. Hier gibt es fast alles, was das Herz begehrt: Schmuck, Taschen, Kleider, Grußkarten und vieles mehr. Die NGO Rajana kämpft für faire Löhne und eine gute Ausbildung. ⌚ Mo–Sa 7–18, So 10–18 Uhr.

Ta Prohm Souvenir, 49 St. 178, ✆ 023-224 729. Die Gründerin Chim Kong wurde als junges Mädchen von einer Landmine verletzt. Mittlerweile beschäftigt sie über 30 behinderte Mitarbeiter. Taschen und Schals aus Seide. Ausgefallene Taschen aus Zement- oder Reissäcken. ⌚ 8–20 Uhr.

Watthan Artisans Cambodia, 180 Norodom Blvd., auf dem Gelände des Wat Than, und St. 240, ✆ 023-216 321, 💻 www.watthanartisans.org. Von Menschen mit Behinderungen hergestellte Souvenirs wie Taschen, Stofftiere, Schals, Schmuck und Dekorationsartikel. ⌚ 8–18 Uhr.

wurde, die damals fast die einzigen Ausländer im Land waren. Typischer überdachter Markt: In den engen Gängen drängen sich die Verkaufsstände. Die Auswahl an Souvenirs, Klamotten, Imitaten – teils auch Zweite-Wahl-Markenware – ist hier noch größer als auf dem Zentralmarkt. Hier gibt es alles.

Shoppingcenter

Aeon Mall, St. 132, ✆ 096-677 98888, 💻 aeonphnompenh.com. Phnom Penhs neustes und modernstes Shoppingparadies. Im Erdgeschoss werden unter anderem Lebensmittel und wunderbare Backwaren verkauft. Niederlassungen bekannter Marken, aber auch ausgefallenere Kleidungsstücke für die Frau sind erhältlich, natürlich Kosmetikartikel und im 2. Obergeschoss eine fast unüberschaubare Auswahl an Restaurants. Kinokomplex Major Cineplex, Bowling und Eislaufbahn. ⌚ 8–22 Uhr.

Sorya Shopping Center, St. 63, zwischen St. 154 und St. 136. Kambodschas 1. Rolltreppe wurde hier eingebaut: Es gibt Kleidung, Schuhe, Kosmetik, Elektroartikel und viele Restaurants auf 5 Etagen, in der obersten ein moderner Kinokomplex.

Sovanna Shopping Center, St. 430. Beherbergt ein ähnliches Angebot wie Sorya. Auf der 3. Etage ein Food-Court.

Bücher

Bohr's Books, 3 Sothearos Blvd., ✆ 012-929 148. Gebrauchte Bücher, viele in deutscher Sprache, ab US$4. Große Auswahl. Ankauf gelesener Bücher für US$1–2. ⌚ 8–20 Uhr.
D's Books, 79 St. 240, ✆ 023-221 280. Secondhand-Bücher, auch in deutscher Sprache, US$5–7. Gelesene Bücher werden für US$1–3 angekauft. ⌚ 9–21 Uhr.
Monument Books, 111 Norodom Blvd., ✆ 023-223 622, 💻 www.monument-books.com. Gut sortierte Buchhandlung mit englischsprachigen Büchern und Zeitschriften. Viele Bücher zu Pol Pot und der Herrschaft der Roten Khmer. Auch Kochbücher, Kinderbücher und Bildbände. ⌚ 7–20.30 Uhr.

Malereien

In der St. 178 zwischen St. 13 und St. 19 gibt es zahlreiche Geschäfte, die Ölgemälde verkaufen.
Happy Painting Gallery, 363 Sisowath Quay, ✆ 023-221 732. Die farbenfrohen, naiven Gemälde des Künstlers Stéfane Delaprée machen einfach gute Laune. Kleinere Werke ab US$150. Der Künstler bemalt auch Tassen oder Wasserflaschen: ein tolles Mitbringsel. ⌚ 8–22 Uhr.
La Galerie, 13 St. 178, ✆ 023-722 252. Sehenswerte moderne, ausdrucksstarke Gemälde und Objekte des Künstlers EM Riem. ⌚ 13.30–18.30 Uhr.
Romeet Contemporary Art Space, 36 St. 178, über dem Blue Chilli Pub, ✆ 077-550 759. Die Galerie stellt aktuelle Kunst kambodschanischer Künstler aus – wechselnde, teils sehr gute Arbeiten. ⌚ 10–12 und 13–18 Uhr.
Space Four Zero, 40 St. 118, ✆ 069-571 100, 💻 www.spacefourzero.com. Limitierte Pop-Art-Motive kambodschanischer Musiker, Sehenswürdigkeiten oder Landschaften. Mittlere Größe US$60–100. ⌚ 10–19 Uhr.

Souvenirs, Schmuck und Textilien

Garden of Desire, 33 St. 178, ✆ 012-319 116, 💻 www.gardenofdesire-asia.com. Handgearbeiteter Silberschmuck mit Kunst-, Halb- oder Edelsteinen des kambodschanischen Designers Ly Pisith. ⌚ 9–18 Uhr.
Le Lezard Bleu, 369 Sisowath Quay und St. 240, ✆ 012-928 005. Kunst und Design: Statuen, Bilder, Seidenkissen – exklusive und wunderschöne Auswahl. ⌚ 8–19 Uhr.
Mekong Arts, 33 St. 178, ✆ 012-928 005. Filigrane Skulpturen, Seide und andere hochwertige Souvenirs. ⌚ 9–19 Uhr.
Senteurs d'Angkor, St. 178, ✆ 023-992 512, 💻 www.senteursdangkor.com. Feine Seifen, Düfte und Gewürzmischungen, hergestellt in Siem Reap. ⌚ 8–20 Uhr.
Spicy Green Mango, 2 Filialen in der Stadt: 52A St. 240 und 249 Sisowath Quay, ✆ 092-393 511, 💻 www.spicygreenmango.com. Originelle Kinderkleidung und ausgefallene Patchwork-Style-Kleidung für Damen. ⌚ 10–21 Uhr.
Starling Farm, 3 St. 178, ✆ 023-724 274, 💻 www.starlingfarm.com. Wer nicht bis Kampot kommt, kann den weltberühmten Pfeffer auch in Phnom Penh erstehen. Hier werden die Pfefferkörner sortiert und vakuumverpackt. Es gibt auch Pfeffermühlen oder Wodka mit Pfeffer. ⌚ 8–17 Uhr.

AKTIVITÄTEN

Fahrradfahren

Vicious Cycle & Grasshoper Adventures, 23 St. 144, ✆ 012-430 622, 💻 www.grasshopperadventures.com. Verleih guter Stadträder, Mountainbikes und Elektro-Räder – auch mit Kindersitzen. US$ 4–12/Tag, Fahrradhelm US$ 2/Tag. Organisierte Fahrradtouren als Tagestour zu den Inseln im Mekong oder nach Oudong für US$39/75 p. P. ⌚ 7–18 Uhr.

Fitness und Sport

Viele der großen Hotels haben ein Schwimmbad, einen Fitnessraum oder Tennisplatz, die gegen Zahlung einer Gebühr auch von Tagesgästen genutzt werden können, u. a. **Fitness One**, im Himawari Hotel. Für Fitnesscenter, Sauna, Tennisplatz, Außenpool zahlen Tagesgäste Mo–Fr US$7; Sa, So US$8. Auch Monatskarten. ⌚ 6.30–21.30 Uhr.
The Place, 11 St. 51, ✆ 023-999 799. Das modernste Fitnesscenter in Phnom Penh auf 3 Ebenen: edle Ausstattung in den Umkleideräumen, High-end-Fitnessgeräte von Techno-

KAMBODSCHA

gym, 20 Laufbänder, Stepper. Kurse wie Yoga, Pilates, Spinning oder gegen Aufpreis mit Personal Trainer. 25-m-Außenpool mit Liegen. WLAN. US$15/Tag. ⌚ Mo–Fr 6–21.30, Sa, So 6–21 Uhr.

Kochkurse

Cambodia Cooking Class, 67 St. 240, ☏ 012-524 801, 💻 www.cambodia-cooking-class.com. Kurse starten im Restaurant Frizz um 9 Uhr. Gemeinsam fahren die Teilnehmer mit dem Tuk-Tuk auf den Markt. Danach geht es auf der Dachterrasse der Kochschule an die Arbeit: 5 Gerichte (2 im Halbtagskurs) werden vorbereitet, gekocht und natürlich gegessen. Dann geht es zurück zum Restaurant Frizz. Anmeldung erforderlich. Halbtagskurs bis 13 Uhr für US$15; Tageskurs bis 16 Uhr US$23, inkl. Rezeptbuch. Teilnehmerzahl 2–16 Pers.

Meditation, Yoga und Wellness

Bodia Spa, Sothearos Blvd., Ecke St. 178, ☏ 023-226 199, 💻 www.bodia-spa.com. Tolles japanisch anmutendes Ambiente. Massage ab US$20. Packungen und Gesichtspflege mit hauseigener Kosmetiklinie. ⌚ 10–24 Uhr.

Daughters Visitors Center, 321 Sisowath Quay, ☏ 077-657 678, 💻 www.daughtersofcambodia.org. Massage, Maniküre und Pediküre im Obergeschoss, US$6–13. Unter-stützt ehemalige Prostituierte. ⌚ Mo–Sa 9–17.30 Uhr.

Kundalini Yoga, 42 St. 123, ☏ 092-429 835, 💻 www.kundaliniyogacambodia.org. 2–4 Yoga-Stunden pro Tag, US$9. Ausführliche Infos und Stundenplan auf der Website.

Nail Bar, 215 St. 13, 💻 www.mithsamlanh.org. Im Friends 'n' Stuff-Geschäft. Maniküre, Pediküre für US$5,50–7, Hand- und Fußmassage (30 Min. für US$5). Ehemalige Straßenkinder erhalten hier eine Ausbildung. ⌚ 11–21 Uhr.

€ **Wat Langka**, Sihanouk Blvd., Ecke St. 51. Im Obergeschoss des zentralen Vihears. Gemeinsame kostenlose einstündige Meditation. Mo, Do, Sa 18, So 8.30 Uhr.

Seeing Hands Massage, St. 278, Sothearos Blvd., St.13, St. 108, St. 118. Blinde Masseure geben Massagen und können sich und ihre Familien so eigenständig ernähren. Die Salons sind einfacher als die Wellnesstempel und ohne jeden optischen Schnickschnack. Ab US$6/Std. ⌚ 8–21 Uhr.

TOUREN

Reiseveranstalter

CTT Travel & Tours, 223 Sisowath Quay, ☏ 023-217 217, ✉ ctt-transport@yahoo.com. Bustickets, Taxivermittlung, Touren und Minibusflotte. Kompetentes, alteingesessenes Tourunternehmen. ⌚ 6.30–21 Uhr.

Palm Tours, 1B St. 278, ☏ 023-726 291, 💻 www.palmtours.biz. Umfangreiche Angebote, sehr hilfsbereite Besitzerin. Verkaufen Bustickets aller Gesellschaften, Flugtickets, Visaverlängerungen und Tourangebote. ⌚ 8–21 Uhr.

Tages- und Mehrtagestouren

Stadtführungen sind als Halbtagestour oder Tagestour inkl. Choeung Ek für US$15 zzgl. Eintrittspreise p. P. (bei mind. 4 Pers.) in Hotels und Guesthouses buchbar. Shuttle-Bus-Tour zu Choeung Ek und S21 als Halbtagestour US$15 zzgl. Eintritt.

Khmer Architecture Tours, 💻 www.ka-tours.org. Verschiedene geführte Touren zu Fuß oder mit dem Cyclo zu architektonisch interessanten Gebäuden der Khmer-Architektur zwischen 1953 und 1970. Jeden Sonntag ab 8.30 Uhr. Termine auf der Website, dort auch ein gezeichneter Stadtplan mit einem Routenvorschlag (kann ohne Probleme auf eigene Faust unternommen werden). US$8–15.

SONSTIGES

Apotheken

Pharmacie de la Gare, 81 Monivong Blvd., ☏ 023-526 855. Gut sortiert, Englisch sprechendes Personal. ⌚ 8.30–18 Uhr.

U-Care Pharma, Mehrere Filialen in der Stadt: Sisowath Quay, Sothearos Blvd., Sihanouk Blvd., Norodom Blvd., Monivong Blvd. Großes Sortiment und kompetente englischsprachige Beratung. Verkauf von Original-Medikamenten

Deutsch-kambodschanisches Kulturzentrum

Im Jahr 2007 wurde es von dem deutschen Filmemacher Nico Mesterharm gegründet: das **Meta House**, 37 Sothearos Blvd., 023-224 140, www.meta-house.com, ein deutsch-kambodschanisches Kulturzentrum. Es bietet ein Forum für zeitgenössische Kunst und dient der internationalen und kambodschanischen Kulturszene als Treffpunkt und zum Austausch. Im überdachten Kino auf der Dachterrasse laufen kostenlos ab 16 Uhr Dokumentationen, einheimische Produktionen, Kurz- oder Art-House-Filme. Im Art Café gibt es internationale und deutsche Gerichte, ab 21 Uhr legen DJs auf, an manchen Abenden gibt es auch Livemusik. Das aktuelle Programm steht auf der Website. WLAN. Di–So 15–24 Uhr. Die Art Gallery im Erdgeschoss bietet internationalen Künstlern die Möglichkeit, Gemälde, Fotos oder Skulpturen auszustellen. 10–22 Uhr, Eintritt frei.

und Drogerie-Produkten wie Sonnenmilch, Mückenschutz, Hautpflegeprodukten. 8–22 Uhr.

Diplomatische Vertretungen

Adressen und Öffnungszeiten ausländischer Botschaften S. 47.

Geld

In Banken, Schmuckgeschäften am Psar Thmei und im Russischen Markt sowie überall, wo der Tageskurs an der Ladentheke angeschlagen ist, werden Dollarnoten in Riel getauscht.
Es gibt zahlreiche Bankniederlassungen und fast an jeder Ecke einen Geldautomaten. Entlang der Street 114 und 110 zwischen Norodom und Monivong Blvd. haben weitere Banken ihre Hauptniederlassung. Die Auszahlung erfolgt immer in US-Dollar, die Transaktionsgebühren pro Auszahlung liegen bei US$5, akzeptiert werden Visa-, MasterCard und Cirrus, manche nehmen auch Diners Club.

Internet

Kostenloses WLAN in Hotels und zahlreichen Restaurants. 2 Rechner mit kostenlosem Internetzugang im Büro der **Tourist Information**, Sisowath Quay. Wenige Internetcafés im Stadtgebiet, 1000–2000 Riel/Std.

Medizinische Hilfe

Calmette Hospital, 3 Monivong Blvd., 023-426 948 und 427 792, h_chamreun@yahoo.com. Das staatliche Krankenhaus hat einen sehr guten Ruf. Angeschlossenes Herzzentrum: 023-430 768, admin@cardiocambodge.com.kh.
European Dental Clinic (Zahnklinik), 160 A, Norodom Blvd., 023-211 363. 3 europäische Zahnärzte praktizieren in der Zahnklinik. Mo–Fr 8–12 und 14–19, Sa 8–12 Uhr.
Royal Phnom Penh Hospital, 888 Russian Blvd., 023-991 000, www.royalphnompenhhospital.com. Bestens ausgestattete große Klinik mit internationalem Ärzteteam. Arbeitet mit dem Bankgok Hospital zusammen und kümmert sich um Kostenübernahmen der Krankenkasse. Erstkonsultation bis US$50. 24-Std.-Notfalldienst, 023-991 222, 099-991 222. 24 Std.
Tropical and Travellers Medical Clinic, 88 St. 108, 023-306 802, www.travellersmedicalclinic.com. Der Brite Dr. Scott behandelt in seiner Praxis kleinere Fälle wie Wunden und Geschlechtskrankheiten, bietet Gesundheits-Checks, Impfungen und Tests auf Infektionen. Mo–Fr 8.30–12 und 14–17, Sa 8.30–12 Uhr.

Motorradverleih

Es gibt viele Motorradverleiher in Phnom Penh. Als Sicherheit muss der Reisepass hinterlegt werden. Nur wirklich sichere Motorradfahrer sollten sich in das Gewühl der Stadt wagen. Die Maschinen immer abschließen oder auf einem bewachten Parkplatz abstellen. Motorraddiebstähle sind an der Tagesordnung.
Grease Monkey's, 62 St. 51, 012-555 496. Vermietet sehr gute Crossmaschinen ab 250 ccm, US$25–80/Tag inkl. Versicherung und Helm. 7–20 Uhr.

Wichtige Telefonnummern

Touristenpolizei: ✆ 012-942 484, 023-724 793

Feuerwehr: ✆ 023-723 555

Ambulanz (Calmette Hospital): ✆ 023-724 891

Landesweit: Polizei ✆ 117, Ambulanz ✆ 119

Vannak Motorcycle Shop, 46 St. 130, ✆ 012-220 970, 💻 www.vannakmotorcycle.com. Verleiht Motorräder zwischen 100 und 1500 ccm der Marken Suzuki, Kawasaki, Honda und Yamaha, US$5–50/Tag. Größere Crossmaschinen inkl. guter Helme. Verkauft auch gebrauchte Motorräder. 🕒 7.30–18 Uhr.

KAMBODSCHA

Post und Paketdienste

Hauptpost, St. 13, Ecke St. 102, ✆ 023-426 062. Paketdienst EMS, Fax, Telegramme, Postkarten und Briefmarken, Geldwechsler und *poste restante*. 🕒 7–18 Uhr.
DHL, Russian Blvd., ✆ 023-427 726, 💻 www.dhl.com. 🕒 7.30–17.30 Uhr.
EMS im Hauptpostamt, ✆ 023-427 428. Nach Deutschland kostet ein Paket US$45 für 1 kg (S. 88). 🕒 8–17 Uhr.

Visaangelegenheiten

Immigration, 332 Russian Blvd. (gegenüber Flughafen), ✆ 012-581 558, 💻 www.immigration.gov.kh. 🕒 Mo–Fr 7.30–10 und 14–16 Uhr. S. 102.
Die meisten Hotels, Guesthouses und Reisebüros kümmern sich um die einmalige 30-Tage-Verlängerung eines Touristenvisums für US$45–49. Business-Visa können unendlich oft für 1, 3, 6 oder 12 Monate verlängert werden, US$49/79/160/290, Bearbeitungszeit jeweils 4 Werktage.
Die Beantragung eines 30 Tage gültigen **Visums für Vietnam** übernehmen Reisebüros und Hotels für US$45. Bearbeitungszeit 1 Werktag.

NAHVERKEHR

Busse

Die grün-weißen City-Busse der **Linie 1** fahren zwischen 5.30 und 20.30 Uhr im 10-Min.-Takt über den Monivong Blvd. Der Bus hält 36x. **Linie 2 und 3** (über Flughafen) starten am Nachtmarkt und fahren bis Takmau und Chaom Chau. Ein Ticket für den City-Bus (Hin- und Rückfahrt) kostet 1500 Riel.

Cyclos

Die mit Muskelkraft betriebenen Fahrradrikschas mit Vordersitz sieht man immer seltener auf Phnom Penhs Straßen. Für Kurzstrecken innerhalb der Stadt zahlt man 2000–4000 Riel, für eine gemütliche Sightseeingtour US$8–10/Tag.

Motorradtaxis

Sie warten vor beliebten Unterkünften, Sehenswürdigkeiten und Lokalen.
Eine Kurzstrecke innerhalb der Stadt kostet etwa US$0,50–1, Betrag vorher aushandeln. Fahrer, die gut Englisch sprechen, bieten sich auch als Tourguide an, US$10–15/Tag für Sehenswürdigkeiten innerhalb der Stadt.

Tuk-Tuks

Tuk-Tuk-Fahrer stehen vor allen Unterkünften, Lokalen, Sehenswürdigkeiten und fahren in der Stadt umher, um ihre Fahrdienste anzubieten. Für kürzere Fahrten innerhalb der Stadt zahlt man US$2–3, nachts oder bei Regen wird es etwas teurer. In jedem Fall sollte der Preis vorher ausgehandelt werden. Eine Tagestour zu den Sehenswürdigkeiten innerhalb der Stadt kostet US$15–20.

TRANSPORT

Busse und Minibusse

Einen zentralen Busbahnhof gibt es nicht. Fast alle Busse fahren vor ihren Büros ab. Bustickets, die über Guesthouses und Reisebüros gebucht werden, sind etwas teurer. Alle Gesellschaften holen die Kunden am Hotel ab. Fast alle Verbindungen werden auch von Minibussen angeboten, die Preise sind in der Regel um US$1–2 teurer und die Fahrt je nach Strecke um gut 1 Std. kürzer. Dafür sind die Fahrer für ihre flotte Fahrweise bekannt und der Komfort auf den engen Sitzen ist eingeschränkt. An Feiertagen wie Khmer-Neujahr oder Bonn Phchum Ben erhöhen sich die

Fahrpreise um US$2–3, und der Abholservice wird eingestellt.
ANLONG VENG, mit Rith Mony um 8 und 9.30 Uhr für US$10 in 8 Std.
BANLUNG (RATTANAKIRI), mit Rith Mony um 6.30 Uhr für US$15 in 9 Std.
BATTAMBANG, mit Capitol Tours halbstündlich von 7–17.30 Uhr für US$5,50; mit Mekong Express um 5.30, 6,20, 7.30, 8,30, 13.30 und 23.30 Uhr für US$12; mit Rith Mony um 6, 7, 8, 9, 11, 12, 13, 14.30 und 20 Uhr für US$8; mit Phnom Penh Sorya um 7, 8, 9, 10, 11, 12, 13.30, 15.30 und 19.30 Uhr für US$6,50/abends US$8,50, Fahrzeit 6–7 Std.
KAMPOT, empfehlenswert mit Giant Ibis um 8 und 14.45 für US$9 und Phnom Penh Sorya um 7.30, 9.30 und 14,45 Uhr für US$7; mit Rith Mony um 7.30 und 13.30 Uhr für US$8; mit Capitol Tours um 7 und 13 Uhr für US$4,50; Fahrzeit 3–4 Std.
KEP, mit Phnom Penh Sorya um 7.30, 9.30, 12.30 und 14 Uhr für US$7 in 4 Std.
KOH KONG, mit Rith Mony um 7, 9, 11 und 13 Uhr für US$10 und Virak Buntham um 7.45 Uhr für US$9, in 6–7 Std.
KOMPONG CHAM, mit Capitol Tours um 8.15 und 14 Uhr für US$4,25; mit Phnom Penh Sorya um 7.15, 8.30, 9.45, 12.45 und 14.45 Uhr für US$5,50, in 3 Std.
KOMPONG CHHNANG, mit den Bussen Richtung Battambang/Bangkok für US$7 und mit Capitol Tours Richtung Battambang für US$5,50, in 2 Std.
KOMPONG THOM, mit den Bussen Richtung Siem Reap für ca. US$6–10 in 4 Std.
KRATIE, mit Phnom Penh Sorya um 6.45, 7.15, 9.30 und 9.45 Uhr für US$8 in 7 Std.; mit Rith Mony um 6.30 Uhr für US$11 in 6 Std.
PAILIN, mit Rith Mony um 7.30 Uhr für US$11 in 10 Std.
Die Busse bis POIPET sind eine gute Alternative für Fahrten nach Thailand, weil man gleich hinter der Grenze den schnellen Weitertransport organisieren kann, während man sonst unter Umständen lange auf den Anschlussbus warten muss. Mit Capitol Tours um 7, 8, 10 und 11.30 Uhr für US$8,25; mit Gold ViP um 7, 8, 9, 10 und 15 Uhr für US$10; mit Mekong Express um 5.30, 6,20, 7.30 und 23.30 Uhr für US$16; mit Rith Mony um 6, 8.30, 9, 11, 13.30 und 20 Uhr für US$10. Weniger empfehlenswert abends mit Virak Buntham 7x zwischen 20 und 1 Uhr für US$12; Fahrzeit 8 Std.
PURSAT, mit den Bussen Richtung Battambang in 4 Std. für den gleichen Preis.
SEN MONOROM (MONDULKIRI), mit Rith Mony um 7 und 13 Uhr für US$15 in 7 Std.
SIEM REAP, empfehlenswert mit Giant Ibis um 7.45, 8.45, 12.30, 22.30 und 23 Uhr für US$15, Nachtbusse mit Einzel- und Doppelbetten. Günstig mit Capitol Tours und Phnom Penh Sorya etwa stdl. zwischen 6.15 und 17.30 Uhr für US$5,50/7,25; mit Gold ViP um 7.30, 8.30, 9, 10 und 14 Uhr für US$11; mit Mekong Express um 7.30, 8.30, 12.30 und 14.25 Uhr für US$13; mit Rith Mony um 7.30, 8.30, 9.30, 10.30, 11.30, 12.30, 14.30, 15, 15.30, 17.30 und 20 Uhr für US$10; abends mit Virak Buntham um 18.30, 20, 23, 24 Uhr für US$11; in 6 Std.
SIHANOUKVILLE, empfehlenswert mit Giant Ibis um 8, 9.30 und 12.30 Uhr für US$11 und mit Phnom Penh Sorya stdl. zwischen 7 und 16 Uhr für US$6,75; günstig mit Capitol Tours um 7.15, 8.45, 9.15, 12.15, 14.30 Uhr für US$5; mit Mekong Express um 7, 8, 8.30, 13.30, 14.30 und 17 Uhr für US$12; mit Rith Mony um 7.30, 9.30, 12.30, 14.30 und 16.30 Uhr für US$8; abends mit Virak Buntham um 1.30 Uhr für US$10; in 4–5 Std.
SISOPHON (BANTEAY MEANCHEY), empfehlenswert mit Phnom Penh Sorya um 6.30, 8, 9, 10, 12 und 13.30 Uhr für US$8,50; mit Capitol Tours um 7, 8, 10, 11.30 und 12.30 Uhr für US$6,75; mit Mekong Express um 5.30, 6,20, 7.30, 8,30 und 23.30 Uhr für US$14; mit Rith Mony um 6, 8.30, 9, 11, 13 und 20 Uhr für US$8; in knapp 8 Std.
SRA EM (für Preah-Vihear-Tempel), mit Rith Mony um 8 Uhr für US$11 in 8 Std.
STUNG TRENG, mit Phnom Penh Sorya um 6.45, 7.45 und 10.30 Uhr für US$11.
TAKEO, mit allen Bussen Richtung Kampot zum gleichen Preis bis Ang Tasom, dann mit dem Tuk-Tuk oder Motorradtaxi 13 km bis Takeo-Stadt; in 2 Std.
TBENG MEANCHEY (PREAH VIHEAR), mit Rith Mony und Phnom Penh Sorya um 8.30 Uhr für US$8 in 7 Std.

In die Nachbarländer

Thailand: BANGKOK, die Grenze wird zu Fuß passiert, umsteigen hinter der thailändischen Grenze meist in Minibusse. Empfehlenswert mit Phnom Penh Sorya um 6.30 und 19.45 Uhr für US$2; mit Capitol Tours um 6.30 Uhr für US$18; mit Mekong Express um 5.30, 6.20, 7.30, 23.30 Uhr für US$25; mit Rith Mony um 6, 8.30, 9, 11, 13 und 20 Uhr für US$26; nachts die weniger empfehlenswerte Verbindung mit Virak Bunt-ham 7x zwischen 20 und 1 Uhr für US$24, Dauer ca. 14–15 Std.

Nur Nattakan wechselt nicht hinter der Grenze den Bus, um 6 Uhr für US$23 in 12 Std., u. a. buchbar in der **Tamarind Travel Agency**, 13 St. 106, ✆ 070-623 333, hier auch Abfahrt. S. auch oben, Busse nach Poipet.

Laos: PAKXE, für US$31 in 17 Std. (über Si Phan Don für US$27 in 13 Std.), bis nach VIENTIANE für US$51 in 27 Std. Ggf. Buswechsel in Stung Treng und/oder an der Grenze, mit Phnom Penh Sorya oder dem laotischen Schwesterunternehmen um 6.45 Uhr.

Vietnam: HO-CHI-MINH-STADT, Direktbusse, empfehlenswert mit Giant Ibis um 8 Uhr für US$18; mit Capitol Tours um 6.45, 8 und 13.30 Uhr für US$10; mit Gold ViP um 8.30, 9.30 und 12.45 Uhr für US$15; mit Mekong Express um 6.30, 7, 8.30, 14 und 15 Uhr für US$15; mit Rith Mony um 6.30, 7.30, 8.30, 10, 11.30 und 14 Uhr für US$13; mit Phnom Penh Sorya um 7.45, 9.45, 12.45 und 14.45 Uhr für US$10, nachts mit Virak Buntham um 1.30 und 2.30 Uhr für US$14; Fahrzeit 8 Std.

Sammeltaxis

Sammeltaxis und Minibusse warten am **Doeum-Kor-Markt**, nahe dem Intercontinental Hotel, an der Nordwest-Ecke des **Zentralmarktes** und am **Olympia-Markt** südlich des Olympiastadions. Sie fahren los, sobald genügend Passagiere da sind; für ein Sammeltaxi müssen bis zu 7 (!) Personen mitfahren wollen. Tipp: Genügend Platz hat man, wenn man die beiden vorderen Sitze bezahlt. Am Nachmittag kann es passieren, dass man bis zum nächsten Tag warten oder die restliche Sitzanzahl mitbezahlen muss.

Im Folgenden sind die **Preise** für ein ganzes Taxi aufgeführt, durch 6 Personen dividiert, erhält man den Preis für einen (engen) Einzelplatz. Die genannten Preise dienen der Orientierung, oft hängen sie nicht von den zurückgelegten Kilometern ab, sondern davon, ob der Fahrer eine Anschlussfahrt zurück nach Phnom Penh erhalten kann. Sammeltaxis können auch in den Hotels und Guesthouses mit Abholung organisiert werden.

Banlung US$120, Battambang US$60, Kampot US$50, Kep US$50, Koh Kong US$60, Kompong Cham US$80, Kompong Chhnang US$50, Kompong Thom US$70, Sen Monorom US$100, Siem Reap US$80, Sihanoukville US$50, Takeo US$50.

Eisenbahn

Als Pilotprojekt gestartet, fuhren zum Zeitpunkt der Drucklegung dieser Auflage Personenzüge am Wochenende und an Feiertagen von Phnom Penh um 7 Uhr über Takeo und Kampot bis SIHANOUKVILLE für US$6 (einfache Klasse) in 8 Std., aktuelle Infos auf 💻 royal-railway.com.

Boote

SIEM REAP, je nach Wasserstand und Auslastung, meist Nov–Feb, fahren verschiedene Gesellschaften, besser im Reisebüro nachfragen, empfehlenswert ist die lange und teure Fahrt über den Tonle Sap nicht.

Capitol Tours,14 St. 182, ✆ 023-217 627, um 6.45 Uhr für US$35 in 7 Std.

Hang Chau Speed Boat, Sisowath Quay, ✆ 023-631 4454, ✉ hangchauspeedboat2@yahoo.com, um 7.30 Uhr für US$35 in 7 Std.

Nach Vietnam

CHAU DOC, mit **Blue Cruiser**, Sisowath Quay, ✆ 016-868 887, 💻 bluecruiser.com, einem luxuriöseren jachtähnlichen Schnellboot, um 13 Uhr für US$35; mit **Delta Adventures**, ✆ 012-733 191, um 8 Uhr für US$29 inkl. Hotelabholung, buchbar über fast alle Reisebüros; mit **Hang Chau Speed Boat**, Sisowath Quay, ✆ 023-631 4454, ✉ hangchauspeedboat2@yahoo.com, um 12.30 Uhr für US$24; oder mit **Capitol Tours**, 14 St. 182, ✆ 023-217 627, um 8 Uhr für US$19; jeweils in 4 Std.

HO-CHI-MINH-STADT, mit **Delta Adventures** (s. o.), 1- bis 4-tägige Touren mit Übernachtun-

gen in Chau Doc, Can Tho oder Long Xuyen inkl. Sightseeing-Programm, wahlweise mit Homestay-Übernachtung. Von dort jeweils mit dem Bus nach Ho-Chi-Minh-Stadt. US$39–145. Buchbar über fast alle Reisebüros.
PHU QUOC, mit **Delta Adventures**, (s. o.), 2-tägige Tour. Mit dem Boot nach Chau Doc, Übernachtung. Am nächsten Morgen mit dem Bus nach Ha Tien, von dort mit dem Speedboot nach Phu Quoc, US$69.

Flüge

Der Flughafen **Phnom Penh International** liegt ca. 8 km westlich vom Stadtzentrum. Taxi/Tuk-Tuk in die Innenstadt US$12/9 in 20 Min. bis zu 1 Std. während der Rushhour. Wer über den Parkplatz bis zur Straße läuft, zahlt für ein Tuk-Tuk oder Motorradtaxi ins Zentrum US$6/4 (je nach Verhandlungsgeschick und Verkehrslage). Citybus Linie 3 pendelt zwischen Flughafen (Haltestelle an der Straße) und Nachtmarkt, Ticket 1500 Riel, ca. 5.30–20.30 Uhr.
Von Phnom Penh International tgl. **Flüge nach** Bangkok, Beijing, Doha, Ha Noi, Hongkong, Ho-Chi-Minh-Stadt, Kuala Lumpur, Kunming, Luang Prabang, Pakxe, Seoul, Shanghai, Singapore, Taipei und Vientiane.
Vom Inlandsterminal Verbindungen mit **Cambodia Angkor Air**, 💻 www.cambodiaangkorair.com, und **Cambodia Bayon Airlines**, 💻 www.bayonairlines.com, nach SIEM REAP, 4–6x tgl. in 45 Min., ab US$50.

Die Umgebung von Phnom Penh

Rund um Phnom Penh gibt es eine Reihe von Sehenswürdigkeiten, die bequem auf lohnenden Tagesausflügen besucht werden können.

Wer an der Geschichte des Landes interessiert ist, sollte die südwestlich der Stadt gelegenen Killing Fields in **Choeung Ek** besuchen: Die friedliche Anlage steht in großem Kontrast zu den dort einst verübten Gräueltaten.

Nahe der früheren Hauptstadt Oudong, etwa 40 km nördlich von Phnom Penh, ist **Phnom Oudong** eine beeindruckende Anlage auf zwei Hügeln: Tempel, Steinhäuser, Stupas und Pagoden stehen auf den Bergrücken.

35 km südlich von Phnom Penh befinden sich in **Tonle Bati** an einem See die beiden wunderbaren Tempel **Ta Prohm** und **Yeay Peau** – sie stammen aus der Angkor-Zeit und sind eine tolle Einstimmung auf einen Besuch in Angkor.

Einer der imposantesten Tempel ist der noch weiter südlich gelegene, von nur wenigen Touristen besuchte **Phnom Chisor** aus dem 11. Jh. Vom Haupteingang bietet sich eine beeindruckende Aussicht auf Reisfelder und Palmyrapalmen bis nach Takeo.

Wer früh aufbricht, kann Tonle Bati und Phnom Chisor in einem Tagesausflug miteinander verbinden.

Auf halbem Weg zwischen Phnom Penh und Kep befindet sich bei **Takeo** einer der ältesten Tempel des Landes. Die Fundstücke aus der Funan-Periode sind im Museum von **Angkor Borei** zu bewundern, Überreste der Tempelruinen auf der sehenswerten Insel **Phnom Da**. Als Tagesausflug ist die Strecke nur mit einem Taxi zu bewältigen; entspannter ist es, eine Übernachtung in Takeo einzuplanen.

Choeung Ek (Killing Fields)

Schätzungen zufolge wurden auf den insgesamt 300 Killing Fields des Landes zwischen 1975 und 1979 von den Roten Khmer rund 200 000 Menschen brutal ermordet. Choeung Ek, 12 km südwestlich von Phnom Penh, ist das bekannteste Killing Field Kambodschas.

Zwischen 1975 und 1978 wurden die des Landesverrats bezichtigten Männer, Frauen und Kinder aus dem berüchtigten Tuol-Sleng-Gefängnis in Phnom Penh (S. 520) nachts hierher gebracht und exekutiert. Die Toten verscharrte man anschließend in Massengräbern. Kaum vorstellbar, wenn man jetzt über die so friedvolle Anlage spaziert.

Heute ist **Choeung Ek Memorial** eine staatliche Gedenkstätte. 1988 errichtet, beherbergt der 39 m hohe weiße Stupa Schädel, Knochen und Kleiderreste. Überreste von 8985 Menschen stehen hier stellvertretend für geschätzte 17 000

Menschen, die alleine an diesem Ort dem Völkermord des Regimes der Khmer Rouge zum Opfer fielen. Insgesamt 129 Massengräber wurden auf dem Gelände lokalisiert, 86 Gräber sind bereits geöffnet worden.

Schilder informieren über die Schreckenstaten und die Gebäude, die hier einst standen. Einige der Massengräber sind umzäunt und überdacht.

In dem angrenzenden **Museum** sind einige der hier gefundenen Tötungswerkzeuge, Ketten und Kleidung ausgestellt.

⌚ 7.30–17.30 Uhr, Eintritt US$3. Für US$3 zusätzlich erhält man einen Audioguide, der auch in deutscher Sprache viele Zusatzinformationen bietet. Anfahrt mit dem Tuk-Tuk/Motorradtaxi für US$20/15 oder mit einer organisierten Tour der Guesthouses.

Phnom Oudong

Fast 250 Jahre – von 1618 bis 1866 – war Oudong („der Siegreiche") die Hauptstadt Kambodschas. Oudong wurde von König Srei Soryopor (Barom Reachea IV.) 1601 gegründet, unter König An Duon (reg. 1843–1860) erlebte die Stadt eine Blütezeit. 1866 entschied König Norodom die Hauptstadt ins etwa 40 km südlich gelegene Phnom Penh zu verlegen. Die Stadt Oudong, die überwiegend aus Holzhäusern bestand, wurde dem Verfall preisgegeben. Übrig geblieben sind die steinernen Stupas und Tempel auf den beiden Hügeln.

Der größere Hügel wird auch **Preah Reach Throap** („Berg des königlichen Vermögens") genannt, nach einem König aus dem 16. Jh., der hier seine Schätze versteckt haben soll. Die beiden Erhebungen sind durch einen Grat verbunden. Es gibt zwei Aufgänge, empfehlenswert ist der Aufstieg im Südosten, 160 Stufen führen auf den niedrigeren Hügel. Am Ende des Rundgangs, am Stupa **Preah Sakiamoni**, führen dann 500 steile Stufen wieder hinab.

Beim Rundgang – vom südöstlichen Aufgang kommend –, erblickt man links den beeindruckenden Tempel **Preah Athroes**, der schon im 13. Jh. von den Chinesen errichtet worden sein soll. Einer Legende zufolge hatten chinesische Gesandte am Berg einen Drachenabdruck an einer Höhle entdeckt. Sie folgerten daraus, dass der Berg Wohnsitz der mächtigen Drachen-Schlange Makara sei, die, sollte sie eines Tages aus ihrem Loch hervorkommen, China verschlingen würde. Kambodscha würde so zu einem großen und mächtigen Reich emporsteigen. Die Chinesen verzichteten daraufhin auf die Besetzung Kambodschas, errichteten aber vorsichtshalber noch eine große Buddhastatue und eine Pagode über besagtem Loch, wohl wissend, dass kein Kambodschaner es wagen würde, einen Buddha zu zerstören. Sie behielten Recht – bis zum Jahr 1977. Dann zerstörten die Roten Khmer große Teile der Statue und rissen den Tempel bis auf die sechs Grundpfeiler nieder. Heute wacht der 10 m hohe sitzende Buddha wieder in voller Größe über den Ort. Der Tempel ist fast vollständig wieder aufgebaut worden, und auch Makara wartet weiterhin im Berg. Gläubige schütten Wasser in die zwei Löcher vor der Buddhastatue, um das Ungeheuer am Leben zu erhalten.

Folgt man dem Pfad Richtung Norden, gelangt man zu zwei einfachen Steinhäusern: **Preah Ko** und **Preah Keo**, die den Zwillingen Ko und Keo gewidmet sind. Auch um die Zwillinge rankt sich eine Legende (s. Kasten). Im **Prak Neak** („naga-beschützt") sitzt ein meditierender Buddha unter einem Wellblechdach. Das letzte Haus auf dem kleinen Hügel ist einem weisen Mann namens **Ta Dambon Deik** gewidmet.

Dem Pfad aufwärts zum größeren Hügel folgend, gelangt man zu mehreren Stupas. Zu-

Preah Ko und Preah Keo

Die Legende besagt: Während der Schwangerschaft kletterte eine Frau auf einen Mangobaum, um die süßen Früchte zu ernten, stürzte dabei jedoch hinab. Sterbend gebar sie die Zwillinge Ko und Keo. Ko kam in Kuhgestalt zur Welt, Keo als Mensch. Im Alter von sieben Jahren verloren die beiden ihren Vater. Die Kuh Ko aber besaß magische Kräfte und kümmerte sich fortan um ihren Bruder. Als die Cham von den Fähigkeiten dieser Kuh erfuhren, entführten sie sie nach Thailand.

nächst erreicht man **Mak Proum**, die Grabstätte König Monivongs (reg. 1927–1941). Garudas, Blumenmotive, Elefanten und vier Gesichter schmücken diesen Ort. Etwas oberhalb folgt der Stupa **Tray Troeng**. Er wurde 1891 von König Norodom erbaut, um die Asche seines Vaters, König An Duon (reg. 1843–1860), hier beizusetzen. Die Gelehrten streiten aber bis heute, ob die Urne wirklich hier oder doch in der Silberpagode von Phnom Penh zu finden ist. Der Stupa ist mit glasierten Keramiken mit Blumenmotiven bedeckt.

Der folgende Stupa **Damrei Sam Poan** enthält die Asche von König Soryopor, dem Gründer von Oudong (reg. 1601–1618). Er ist von Elefantenköpfen umgeben – einige stark verwitterte Köpfe wurden bereits ausgetauscht.

Zuletzt erreicht man den 2001 erbauten **Stupa Preah Sakiamoni**. Er steht auf einem weißen Marmorboden, ist aus hellem Beton gegossen und auffällig reich verziert: Elefantenköpfe, Löwen, Garudas und Blumenmotive schmücken seine Spitze. Auch lohnt ein Blick in den unterhalb des Stupas gelegenen Raum, der über 4000 Buddhastatuen enthält.

Eintritt US$1. Phnom Oudong liegt an der N5 und ist mit den Bussen Richtung Kompong Chhnang und Battambang (bis Oudong) in 1 Std. von Phnom Penh aus zu erreichen. Von der Haltestelle nach Phnom Oudong sind es noch 2 km (US$2 mit dem Motorradtaxi). Alternativ von Phnom Penh mit dem Taxi/Tuk-Tuk/Motorradtaxi US$40/20/15 (hin und zurück) in 1 Std.

Tonle Bati

Tonle Bati bezeichnet eine Halbinsel am Tonle-Bati-See, 35 km südlich von Phnom Penh, der von einem Seitenarm des Bassac-Flusses gebildet. Das Seeufer ist am Wochenende ein beliebtes Ausflugsziel kambodschanischer Familien. In der Nähe des Sees lohnt der Besuch der beiden Tempel Ta Prohm und Yeay Peau.

Ta Prohm ist der beeindruckendere der beiden Tempel. Er wurde von Jayavarman VII. erbaut (reg. 1181– ca. 1220) und ist Shiva geweiht. An dieser Stelle befand sich vermutlich bereits ein Altar aus dem 6. Jh. (Funan-Periode). Die rechteckige Anlage ist aus Lateritsteinen erbaut und von einer Außengalerie umgeben; man betritt die Tempelanlage durch das Osttor.

Vorbei an zwei zerfallenen „Bibliotheken", gelangt man zu vier kreuzförmig angeordneten Gopurams, in deren Mitte das Zentralheiligtum liegt. Das Halbrelief eines liegenden Buddhas ziert den Eingang des ersten Durchgangs. Feine Basreliefs zieren die Außenseiten der Kammern. An der Südseite ist eine vierarmige, nördlich eine sechsarmige Lokeshvara zu erkennen. Ebenfalls an der nördlichen Außenseite sind folgende drei Überlieferungen in den Stein gearbeitet: Die „untreue Gemahlin" sitzt vor dem König; darunter ist ihre Bestrafung dargestellt, bei der sie von einem Pferd zu Tode getrampelt wird. Ein weiteres Bild zeigt Buddha, der einem Bettler seinen weißen Elefanten schenkt. In der „Geschichte der Hebamme" sind zwei Frauen und ein kniender Mann zu erkennen: Der kniende Mann trägt einen Korb mit Reis auf dem Kopf, um der Hebamme für die Hilfe bei der Geburt seines Kindes zu danken. Seine Frau steht hinter ihm.

Im 150 m nördlich gelegenen modernen Wat Tonle Bati lohnt der Tempel **Yeay Peau** einen Blick: Die Buddhastatue im Innern des kleinen Sandsteinturms trägt unverkennbar weibliche Züge und ist bis heute eine Stätte andächtiger Anbetung, an der die Kambodschaner um Gesundheit oder Glück ersuchen.

🕒 7–18 Uhr, Eintritt US$3.

Von Phnom Penh mit dem Tuk-Tuk/Motorradtaxi für US$20/15 in 1 Std. Die Busse Richtung Kampot (voller Fahrpreis) fahren zu dieser Abzweigung. Von hier sind es noch 2,5 km. Motorradtaxis stehen am Straßenrand, US$3.

Phnom Chisor

Der 130 m hohe Berg Phnom Chisor liegt 60 km südwestlich von Phnom Penh, ursprünglich hieß er Phnom Suryagiri („Berg des Sonnengottes").

Die Stimmung auf dem Gipfel ist herrlich ruhig. Nur wenige Besuchergruppen kommen hierher. Mönche genießen den Ausblick, Kühe grasen friedlich – Hobbyfotografen werden begeistert sein.

An der Ostseite der Tempelruine **Prasat Phnom Chisor** fällt der Berg steil ab und eröffnet eine grandiose Aussicht über Reisfelder und Palmyrapalmen bis hin nach Angkor Borei (S. 543). Der hinduistische Tempel stammt aus dem 11. Jh. und wurde von Suryavarman I. erbaut, weitere Inschriften deuten darauf hin, dass auch die nachfolgenden Könige Udayadityavarman II. und Suryavarman II. an der Fertigstellung beteiligt waren. Die Außengalerie besteht aus Lateritsteinen mit eingearbeiteten Fensteröffnungen aus Sandstein, das Eingangsportal ist mit Steinmetzarbeiten verziert. Auf der Innenseite zeigt der Türeingang Shiva auf seinem Reittier Nandi; seine Frau Uma sitzt auf seinem Bein. Bevor man den Innenbereich betritt, erkennt man rechter Hand einen Steinblock mit zwei Yoni-Darstellungen. Darauf stand früher ein Lingam, der heute im Zentralheiligtum aufbewahrt wird.

Im Tempelkomplex befinden sich rechts und links die Überreste zweier „Bibliotheken", deren Türstürze u. a. den Dämon Kala zeigen.

Die drei Türme im hinteren Teil des Tempelkomplexes sind den hinduistischen Gottheiten Vishnu, Shiva und Brahma gewidmet.

Eintritt auf dem Gipfel US$2, dort gibt es auch Getränkestände.

Mit dem Tuk-Tuk/Motorradtaxi von Phnom Penh für US$35/30 (hin und zurück). Alternativ: Sammeltaxi Richtung Takeo oder Bus Richtung Kampot bis zum Abzweig Phnom Chisor. Von der Straße sind es noch 3 km bis zum Berg. Mopedtaxi, US$2.

Takeo

Die Stadt Takeo [9646], ungefähr 70 km südlich von Phnom Penh gelegen, ist Hauptstadt der gleichnamigen Provinz, von der weite Teile während der jährlichen Regenzeit in den Fluten des Mekong und des Bassac-Flusses versinken. Takeo ist der perfekte Ausgangspunkt für Touren zur „Wiege Kambodschas", dem Museum von **Angkor Borei** und den Tempeln von **Phnom Da**. Es handelt sich dabei um die ältesten Tempel und Fundstücke aus der Funan-Periode in Kambodscha.

In Takeo-Stadt geht es geruhsam zu. Rund um den **Psar Thmei** im Süden der Stadt spielt sich das tägliche Leben ab, lebendig ist auch der Platz rund um das **Independence Monument**. Im Norden liegt der **Takeo-See** mit einer recht schönen Uferpromenade, die vor allem am späten Nachmittag zu einem Bummel einlädt. Rund um den **Psar Nat** im Nordosten stehen ein paar verfallene Ladenhäuser von morbidem Charme. Östlich liegt der schnurgerade **Kanal Nr. 15**, der zwischen 1986 und 1989 ausgebaut wurde und nun 19,7 km lang und 30 m breit ist. Im kleinen **Takeo-Museum** sind einige Fundstücke aus der Provinz Takeo zu sehen, ⌚ Mo–Fr 8–11 und 14–17 Uhr, Eintritt US$1.

Nach 20 Uhr wird es ruhig in Takeo. Wer abends noch unterwegs ist, sollte besser eine Taschenlampe mitnehmen, denn die Straßen sind nicht beleuchtet.

ÜBERNACHTUNG

Daunkeo Guesthouse and Restaurant, St. 9, ✆ 032-210 303, 💻 www.daunkeo.com, [9648]. Das Guesthouse besteht aus 2 imposanten Häusern und wirkt dank des hübsch begrünten Vorhofs einladend. Große saubere Zimmer mit Ventilator oder AC. Einfach möbliert mit Bett, Schrank und Schreibtisch. Kleine Bäder mit Kaltwasser und Toilettenartikeln. Hilfsbereites Personal. Bei Bedarf werden Tuk-Tuk-, Sammeltaxis oder Motorrad-Fahrer organisiert. Angeschlossen ist ein Restaurant. WLAN. ❶–❸

Mittapheap Guesthouse, St. 20, ✆ 032-931 205, [9649]. Hinter einer orangenen Einfahrt im Hinterhof gelegen. Das Guesthouse verfügt über einfache Zimmer mit Bett, Schreibtisch und TV. Kleine Bäder mit Warmwasser. Ventilator oder AC. Es gibt Zimmer mit 2 oder 3 Doppelbetten. WLAN. ❶–❷

€ **Nita Guesthouse**, St. 9, ✆ 012-955 527, [9650]. Recht große und schön geflieste Zimmer, mit Bett, Schrank, Schreibtisch und TV möbliert. Auch die kleinen Bäder sind sauber und ansprechend gefliest. Schöner Blick auf den See von den umlaufenden Balkonen. WLAN. Ventilator oder AC. ❶

OBEN LINKS STRASSE IN PHNOM PENH; **OBEN RECHTS** KUNSTSCHMIED, PHNOM PENH; **UNTEN LINKS** PHNOM CHISOR; **UNTEN RECHTS** SCHWIMMENDES DORF KOMPONG LUONG BEI PURSAT

ទូក.ទេស.ចរណ៍

ESSEN

Die Delikatesse in Takeo sind **Süßwasser-Langusten**. In den Restaurants am Psar Nat werden sie in Wasserbecken gehalten. Gut und günstig isst man im **Psar Nat** und **Psar Thmei**.
Zwischen Psar Thmei und dem Unabhängigkeitsdenkmal gibt es ein Dutzend einfacher Restaurants, die ab 10.30 Uhr Töpfe in die Auslage stellen. Einfach reinschauen und zeigen, was man essen möchte. Empfehlenswert z. B. das **Na Na**, St. 20. Zu erkennen ist das Restaurant an den Klinkerriemchen. Weder Namensschild noch Speisekarte auf Englisch, aber der Besitzer spricht Englisch. ⌚ 11–20 Uhr.

Steung Takeo Restaurant, St. 9, ✆ 016-404 929. Hier sitzt man exponiert auf der Terrasse über dem See. Wunderbar sind die beiden Tische mit Hängematten, denn hier kann man nach einem gelungenen Mahl herrlich entspannen. Es gibt in der Saison Süßwasser-Languste. Eine kleine Languste kostet etwa US$10, große Portionen US$15 (reicht für 2 Pers.). Neben Frühstück stehen auch Gerichte mit Fisch, Huhn und Rind auf der englischen Speisekarte. ⌚ 7–21 Uhr.

TRANSPORT

Öffentliche Busse fahren nicht ab Takeo, Reisende sind auf ein Motorradtaxi, Tuk-Tuk oder Taxi angewiesen.

Tuk-Tuks, Motorrad- und Sammeltaxis

KEP und KAMPOT, bis zum Verkehrsknotenpunkt ANG TASOM (13 km von Takeo) an der N3 mit dem Tuk-Tuk für US$6 oder Motorradtaxi für US$3. Von da aus einen Bus Richtung Süden anhalten (sofern Platz ist). Mit dem Taxi für US$40 (ganzes Taxi).
PHNOM PENH, mit dem Sammeltaxi US$25 für das ganze Taxi, US$4 für einen Sitzplatz (6–7 Pers. werden in ein Auto gequetscht). Abfahrt, sobald es voll ist, Fahrtzeit 2 Std. Alternativ mit dem Tuk-Tuk oder Motorradtaxi bis Ang Tasom. Von da aus einen Bus Richtung Phnom Penh anhalten.

Grenzübergänge nach Vietnam

Grenzübergang Bavet – Moc Bai

Reisende, die von Phnom Penh aus **Ho-Chi-Minh-Stadt** ansteuern, haben die Auswahl zwischen mehreren Buslinien, die beide Städte auf dem Direktweg verbinden. Grenze ⌚ 6–22 Uhr.

Grenzübergang Ka'm Samnar – Vinh Xuong

Die meisten Reisenden wählen das Boot als Transportmittel auf dem Weg nach **Chau Doc**. Am Grenzhafen in Ka'm Samnar wird ein Stopp eingelegt, hier wird das Visum abgestempelt.

Grenzübergang Phnom Den – Tinh Bien

Der dritte, wenig frequentierte Grenzübergang Phnom Den ⌚ 7–18 Uhr, liegt 40 km südlich von Takeo. Ab Takeo mit dem Taxi, Tuk-Tuk oder Motorradtaxi für US$35/20/15 in 1 1/2–2 Std. Hinter der Grenze Taxi oder Motorradtaxi bis **Chau Doc** (20 km).

Visabestimmungen s. S. 103 und [10362]
Einreise nach Kambodscha s. S. 855.

Eisenbahn

Als Pilotprojekt 2016 gestartet, sollen am Wochenende und an Feiertagen Personenzüge zwischen PHNOM PENH und SIHANOUKVILLE mit Haltestelle in TAKEO verkehren.

Phnom Da

Die Tempel-Insel Phnom Da liegt 8 km vor der vietnamesischen Grenze und ist mit dem kambodschanischen Festland über eine Brücke verbunden. Folgt man dem Weg linker Hand, erreicht man eine Treppe mit einem Naga-Handlauf. Der Weg führt hinauf zum Gipfel und zum quadratischen, 17 m hohen **Prasat Phnom Da**. Der Laterit-Ziegelsteinturm wurde von Suryavarman I. im 11. Jh. erbaut und ist Vishnu gewidmet. Er steht auf Überresten eines Tempels aus dem 7. Jh. Dekorative Sandsteinsäulen zieren den

Eingang, die übrigen Seiten sind mit falschen Türen versehen. 300 m in südwestlicher Richtung erreicht man den kleinen, gut erhaltenen Basalt-Tempel **Ashram Maha Russei** („Kloster des großen Eremiten"), den französische Experten auf das 5. oder 6. Jh. datieren. Die Architektur ist eine interessante Mischung aus indischen, javanesischen und kambodschanischen Einflüssen. Ein kleiner umlaufender Gang mit acht Fenstern umgibt das Hauptheiligtum. Das Dach symbolisiert eine geschlossene Lotosknospe.

Eintritt US$2. Die meisten Reisenden verbinden den Besuch von Phnom Da mit dem Besuch des Museums in Angor Borei. Anreise ab Takeo mit dem Speedboot für US$35 (max. 4 Pers.). Die 20 km lange Fahrt durch den Kanal dauert etwa 1 Std. Unbedingt Sonnenschutz und Kopfbedeckung mitnehmen. Alternativ mit dem Motorradtaxi von Takeo über den 65 km langen Landweg für US$20 (hin und zurück).

Angkor Borei

Die meisten Fundstücke von Angkor Borei stammen aus dem 6. und 7. Jh., obschon das Gebiet bereits ab dem 2. Jh. v. Chr. besiedelt war. Angkor Borei ist für Wissenschaftler auch deshalb so interessant, weil hier Inschriften in Sanskrit gefunden wurden – und nicht zuletzt die ältesten Inschriften aus dem Jahr 611 in Khmer-Sprache.

Heute sind die Fundstücke in dem kleinen tempelähnlichen **Angkor-Borei-Museum** nahe der Bootsanlegestelle zu sehen. Im Museum beeindrucken vor allem die großen dreigeteilten Lingams aus Phnom Da. Außerdem sind Buddhastatuen, Reliefs, Keramiken, Münzen, Perlen und Knochenreste sowie Fotos von den Grabungsarbeiten ausgestellt. Schautafeln geben Informationen zur Funan-Periode.

🕒 8–17 Uhr, Eintritt US$1. Falls die Türen verschlossen sein sollten: Das freundliche Ehepaar aus dem Kiosk neben dem Museum verwaltet die Schlüssel.

Anreise ab Takeo, s. o., Phnom Da. Mit dem öffentlichen Boot um 13 Uhr für 4000 Riel in 2 1/2 Std., zurück nach Takeo erst am nächsten Morgen um 8 Uhr.

Der Westen

Die Region erstreckt sich entlang dem Tonle-Sap-See bis zur Grenze nach Thailand und schließt im Nordwesten die Provinz Banteay Meanchey mit ihrer Hauptstadt Sisophon ein. Die viel befahrenen Nationalstraßen N5 und N6, auf denen der Transitverkehr von und nach Thailand rollt, sind in einem recht guten Zustand und funktionieren als Schlagadern des Gebietes.

Die meisten Touristen besuchen in dieser Region das Städtchen **Battambang**, das sich mit seinen sehenswerten Kolonial- und alten Handelshäusern sehr einladend präsentiert. Auch das bezaubernde **Kompong Chhnang** lohnt den Besuch. Die faszinierende Welt der schwimmenden Dörfer auf dem Tonle Sap hat einen unvergleichlichen Reiz. Nahe **Pursat** befindet sich die schwimmende Stadt **Kompong Luong**. Von **Sisophon** ist die eindrucksvolle angkorianische Tempelanlage **Banteay Chhmar** zu erreichen. **Poipet** ist der von Touristen am häufigsten frequentierte Grenzübergang nach Thailand und gilt heute dank seiner zahlreichen Kasinos als „Las Vegas des Ostens". Bei **Pailin** überqueren dagegen nur wenige Reisende die Grenze.

Battambang und Umgebung

13 HIGHLIGHT

Battambang

Battambang [4916] ist die Hauptstadt der gleichnamigen Provinz und kann mit einigen der am besten erhaltenen Handels- und Kolonialgebäude des Landes aufwarten. Langsam beginnt sich auch hier das städtische Leben zu entfalten. Etwa 140 000 Menschen leben hier. Bislang zieht es nur wenige Reisende in diese beschauliche Stadt am friedlich dahinfließenden Sangker-

Fluss, wenngleich zunehmend Traveller mit kleinem Budget hier ein paar Tage verweilen. In der Umgebung fasziniert die bezaubernde Landschaft am Sangker-Fluss: Felder und kleine Dörfer, in denen das Leben den Erntezeiten folgt. Neue farbenprächtige Pagoden und Ruinen aus der Zeit der Gottkönige von Angkor führen eine friedliche Koexistenz.

Den entspannten Stadtbummel beginnt man am besten im Zentrum Battambangs am **Psar Nat** (Versammlungsmarkt) aus den 1930er-Jahren. Nördlich des Marktes liegt eines der ältesten Klöster der Stadt, **Wat Piphettharam**, das bereits 1888 gegründet wurde. Beeindruckend ist zudem die gut erhaltene **Kolonialarchitektur** [5143] südlich des Psar Nat und am Fluss aus den Jahren 1907–1940. Herausragend ist der renovierte **Gouverneurspalast**. Er wurde 1905 von einem italienischen Architekten für den letzten thailändischen Gouverneur Apheuyvon Chhum gebaut, der das Gebäude jedoch nie bezog. Der **Chinesische Tempel** am Sangker-Fluss ist etwa 150 Jahre alt. Er ist der einzige verbliebene von ehemals drei chinesischen Tempeln in Battambang. Das **Battambang Provincial Museum** ist in einem 1968 erbauten traditionellen Khmer-Haus untergebracht. Es enthält sehenswerte Fundstücke, die bis ins 7. Jh. zurück datieren. ⌚ 8–11 und 14–17 Uhr, Eintritt US$1. Fotografierverbot. Eine friedliche Atmosphäre herrscht in der Klosteranlage **Wat Damrei Saa**, benannt nach den weißen Elefantenfiguren. Der Vihear wurde 1904 erbaut, die Außenwände zieren außergewöhnlich ausdrucksvolle Relief-Szenen aus dem Reamker-Epos.

ÜBERNACHTUNG

Here Be Dragons, St. 159D, ✆ 089-264 895, 💻 www.herebedragonsbattambang.com, [10267]. Beliebte und einladende Backpacker-Unterkunft unter westlicher Leitung. Einfache Zimmer und Betten im Dorm (mit und ohne AC für US$5 und US$3). Yoga (US$2) auf der Dachterrasse. ❶

Lux Guesthouse, 79 St. 3 1/2, ✆ 092-335 767, 💻 www.luxguesthouse.com, [9443]. 5 Stockwerke ohne Fahrstuhl. Saubere helle Zimmer mit vielen Möbeln, TV, Minibar. Wahlweise AC oder Ventilator. Helle Bäder mit Heißwasserdusche. Gäste können den Pool des Schwesterhotels Deluxe Villa [9448] (❹–❺) nutzen. ❷

Royal Hotel, St. 115, westlich des Marktes, ✆ 016-912 034, 💻 www.royalhotelbattambang.com, [9444]. Seit Jahren beliebte Unterkunft. Große, helle, geflieste Zimmer rund um ein Atrium. Die meisten Räume sind mit Schrank, Schreibtisch, Stuhl, TV und Kühlschrank ausgestattet und haben Balkon bzw. Terrasse. Restaurant und kleiner Whirlpool auf der Dachterrasse. Familienzimmer mit Doppel- und Einzelbett. ❶–❸

Bambu Hotel, St. 203, ✆ 053-953 900, 💻 www.bambuhotel.com, [10268]. 16 Zimmer rund um einen Pool. Besonders schön die aufwendig modern renovierten Zimmer in einem alten Haus. Aber auch die neuen Doppelbungalows haben asiatischen Charme. Inkl. Frühstück. ❺–❻

Battambang Resort, Wat Kor-Dorf, ✆ 053-666 7001, 💻 www.battambangresort.com, [9447]. Malerische Lage am Dorf Wat Kor. Ruhig gelegen, inmitten eines großzügigen Gartens mit Obstbäumen und einem natürlichen Teich. Bungalows im minimalistisch grauen Stil. Besucher zahlen US$5 für einen Pool-Tag. ❺

ESSEN

Es gibt zahlreiche einladende Lokale, die Khmer-Küche, Westliches und oft auch Thai-Küche anbieten. Ein Hauptgericht kostet etwa US$3–4. Günstiger kann man an den Essensständen im Psar Nat und Psar Leu essen. Jeden Abend wird ein großer Nachtmarkt am Flussufer (⌚ 16–24 Uhr) aufgebaut. Unzählige Imbissbuden bieten Nudelsuppen, Wokgerichte, Baguettes, Desserts und Fruchtsäfte an. Und auch am Fluss (auf der Ostseite) werden im Licht der untergehenden Sonne kleine Tischchen aufgestellt und Salate und andere Kleinigkeiten feilgeboten.

Chinese Noodle Restaurant, St. 121. Gute Nudelsuppen (Rind, Schwein, Ente) und andere chinesische Gerichte. Vor allem morgens rappelvoll. Englische Speisekarte. ⌚ 6–21 Uhr.

Flavours of India, 101/102 St. 121, ✆ 053-731 553. Authentische indische Küche zu vernünftigen Preisen. ⌚ 9.30–22.30 Uhr.

Jaan Bai, St. 2, ✆ 078-263 144, 💻 auf Facebook. Jaan Bai dient als gastronomisches Ausbildungszentrum für benachteiligte Jugendliche und bietet ein schickes Restaurant. Khmer- und Thai-Gerichte. Kein Glutamat und auch vegane Küche. WLAN. ⌚ 11–23 Uhr.

Kinyei, 1 1/2 St., ✆ 017-292 119, 💻 www.kinyei.org. Bemüht sich um nachhaltigen Tourismus, faire Löhne, Ausbildung. Berühmt aber vor allem wegen des guten Kaffees.

White Rose Restaurant, St. 2, ✆ 012-693 855. Schmackhafte und günstige Khmer-Küche auf 2 Etagen, bei Travellern erste Wahl, und auch Kambodschaner gehen hier gerne essen. Gute Shakes und Eiscreme. ⌚ 7.30–22 Uhr

UNTERHALTUNG UND KULTUR

Zirkus

Zirkus Phare Ponleu Selpak, 3 km westlich Richtung Sisophon, ✆ 077-554 413, 💻 www.phareps.org. Von einer französischen NGO geleitet, bietet dieses Projekt 1000 jungen

KAMBODSCHA

Essen und Einkaufen

In Ruhe stöbern, etwas zu essen bestellen und noch mal über das Angebot nachdenken? In Battambang kein Problem, gleich mehrere Restaurants haben einen angegliederten Souvenirshop oder sind Souvenirshop mit Restaurant.

Café Eden, 85 St. 1, ✆ 053-731 525, 💻 www.cafeedencambodia.com. In einem alten Handelshaus am Flussufer. Im Obergeschoss Balkon und AC-Raum. Frühstück, Salate, Sandwiches, Wraps und Pizza. Souvenirladen im EG. WLAN. 🕒 tgl. außer Di 7.30–21 Uhr.

Coconut Water Foundation, 91 St. 3, ✆ 053-630 0958, 💻 www.coconutwaterfoundation.org. Kunsthandwerk wie Taschen und Schmuck, hergestellt von Frauen aus den umliegenden Dörfern. Frühstück und Getränke. 🕒 Mo–Fr 8–21 Uhr.

The Lonely Tree Café, 134 St. 121, ✆ 053-953 123, 💻 www.thelonelytreecafe.com. Projekt der NGO S.A.U.C.E., 💻 www.sauceong.org. Im Restaurant auf der 1. Etage arbeiten unterprivilegierte Jugendliche. Pasta und Pizza und Klassiker der Khmer-Küche. Ausgefallene Kleidung und Schmuckstücke im EG. 🕒 ab 10 Uhr, Ende offen.

Menschen Ausbildung und Lebensperspektive. Benachteiligte junge Menschen erhalten ein qualifiziertes Training in Zirkusartistik, Musik und Malerei. Zweimal wöchentlich (Tage sind variabel, dazu im Hotel nachfragen) findet eine Zirkusvorstellung mit Akrobatik auf hohem Niveau statt. Wer es nicht zur Vorstellung schafft, kann meist beim Training zusehen (🕒 Mo–Fr 8–12 und 14–17 Uhr), US$5. Wechselnde Programme, aktuelle Infos auf der Webseite. Beginn 19 Uhr, US$14, Kinder US$7. Anfahrt mit Tuk-Tuk für US$5 (hin und zurück).

SONSTIGES

Diplomatische Vertretungen

Vietnamesisches Konsulat, St. 3, ✆ 053-952 894. Die Ausstellung eines 30-Tage-Visums benötigt 2–3 Werktage, US$60. Wer nur 15 Tage in Vietnam bleiben will, braucht kein Visum (s. dazu aktuelle Informationen der Vietnamesischen Botschaft). 🕒 Mo–Fr 8–11.30 und 14–16 Uhr.

Fahrrad- und Motorradverleih

Viele Guesthouses und Hotels verleihen Fahrräder, entweder für US$1–2 oder gar umsonst. Das **Royal Hotel** vermietet Fahrräder (ab US$2/Tag) und Mopeds (ab US$8/Tag).
Recht gute City-Räder gibt es bei **The Battambang Bike** für US$2, Mountainbikes US$4/Tag, bei **Eco Bike**, 1 1/2 St., für US$1,50 bzw. US$4, bei **Soksabike** kosten Mountainbikes US$5/Tag. Im **Gecko** Mopedverleih ab US$5 für den halben Tag bis US$8/Tag.

NAHVERKEHR

Überall im Stadtgebiet gilt: Eine Fahrt mit dem **Mopedtaxi** in der Stadt kostet etwa 2000 Riel, mit dem **Tuk-Tuk** US$1–2, je nachdem wie viele Leute mitfahren. Zum Busbahnhof geht es für US$1 bzw. US$2. Vom Busbahnhof transportieren einige Fahrer ankommende Gäste umsonst zur Unterkunft und hoffen auf einen Folgejob. Wer plant, Ausflüge auf eigene Faust zu unternehmen, sollte fairerweise die Fahrt zum Hotel bezahlen.

TRANSPORT

Per Dekret sind alle großen Busse aus dem Zentrum verbannt. Der **Busbahnhof** liegt 1,5 km außerhalb Richtung Sisophon an der N5; der **Busbahnhof der Gesellschaft Rith Mony** 2,5 km außerhalb in Richtung Phnom Penh, ebenfalls an der N5. Die für Touristen wichtigsten Gesellschaften haben ein Büro nahe dem **Psar Boeng Chhoeuk** (300 m nordwestlich des Psar Nat). Meist gibt es kostenl. Tuk-Tuk- oder Motorrad-taxi-Service vom Ticketbüro zum Busbahnhof. Sammeltaxis fahren ebenfalls nahe dem Psar Boeng Chhoeuk ab. Rith Mony holt Gäste 15 Min. vor Abfahrt am Hotel ab. Boote nach Siem Reap legen an der **Spean-Thmei-Brücke** ab.

Busse

BANGKOK (Thailand), umsteigen an der Grenze (mit Minibussen) mit Capitol Tours um

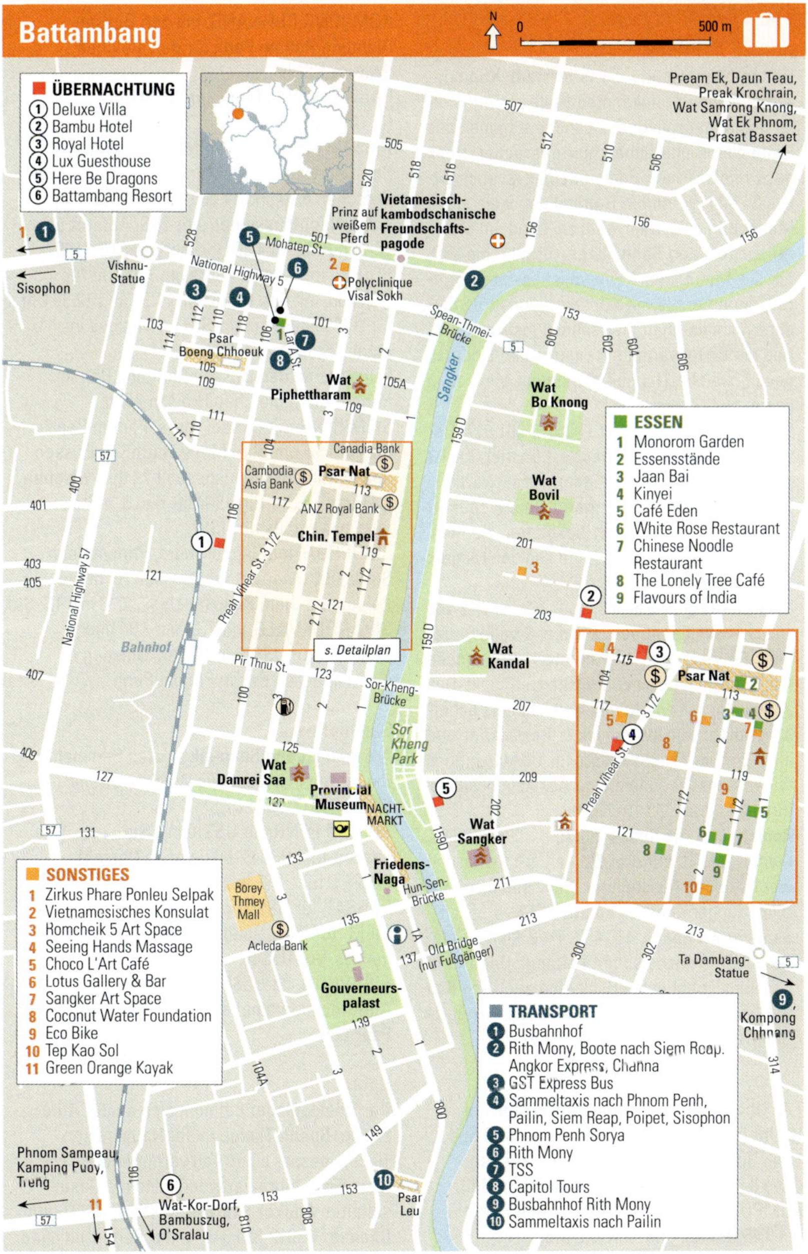

Battambang
N
0
500 m
ÜBERNACHTUNG
1 Deluxe Villa
2 Bambu Hotel
3 Royal Hotel
4 Lux Guesthouse
5 Here Be Dragons
6 Battambang Resort
ESSEN
1 Monorom Garden
2 Essensstände
3 Jaan Bai
4 Kinyei
5 Café Eden
6 White Rose Restaurant
7 Chinese Noodle Restaurant
8 The Lonely Tree Café
9 Flavours of India
SONSTIGES
1 Zirkus Phare Ponleu Selpak
2 Vietnamesisches Konsulat
3 Romcheik 5 Art Space
4 Seeing Hands Massage
5 Choco L'Art Café
6 Lotus Gallery & Bar
7 Sangker Art Space
8 Coconut Water Foundation
9 Eco Bike
10 Tep Kao Sol
11 Green Orange Kayak
TRANSPORT
1 Busbahnhof
2 Rith Mony, Boote nach Siem Reap, Angkor Express, Channa
3 GST Express Bus
4 Sammeltaxis nach Phnom Penh, Pailin, Siem Reap, Poipet, Sisophon
5 Phnom Penh Sorya
6 Rith Mony
7 TSS
8 Capitol Tours
9 Busbahnhof Rith Mony
10 Sammeltaxis nach Pailin
Pream Ek, Daun Teau, Preak Krochrain, Wat Samrong Knong, Wat Ek Phnom, Prasat Bassaet
Sisophon
Vishnu-Statue
National Highway 5
Mohatep St.
Prinz auf weißem Pferd
Vietamesisch-kambodschanische Freundschaftspagode
Polyclinique Visal Sokh
Spean-Thmei-Brücke
Sangker
Psar Boeng Chhoeuk
Lar A St.
Wat Piphettharam
Wat Bo Knong
Wat Bovil
Canadia Bank
Cambodia Asia Bank
Psar Nat
ANZ Royal Bank
Chin. Tempel
Preah Vihear St. 3 1/2
National Highway 57
Bahnhof
s. Detailplan
Pir Thnu St.
Sor-Kheng-Brücke
Sor Kheng Park
Wat Kandal
Wat Damrei Saa
Provincial Museum
NACHTMARKT
Wat Sangker
Friedens-Naga
Hun-Sen-Brücke
Borey Thmey Mall
Acleda Bank
Old Bridge (nur Fußgänger)
Gouverneurspalast
Ta Dambang-Statue
Kompong Chhnang
Phnom Sampeau, Kamping Puoy, Tieng
Wat-Kor-Dorf, Bambuszug, O'Sralau
Psar Leu

KAMBODSCHA

Kunst in Battambang

Battambang ist die Künstlerstadt Kambodschas. Viele der bekannten Maler, Schriftsteller und Schauspieler des Landes stammen aus Battambang und haben hier gearbeitet. Dank des Projekts Phare Ponleu Selpak (s. auch Zirkus S. 545) werden in Battambang viele junge Menschen aus dem ganzen Land in Malerei ausgebildet. Sehenswert für alle, die sich für die Menschen Kambodschas interessieren, denn gerade mit Künstlern und ihren Förderern kommt man hier schnell ins Gespräch. Und die Bilder vermitteln einen guten Eindruck davon, welche Themen die jungen Menschen bewegen.

Choco L'Art Café, 117 St., ✆ 010-661 617. Der aus der Region stammende Künstler Ke ist für die Kunst an den Wänden verantwortlich. Seine französische Partnerin Soline zaubert die in der ganzen Stadt bekannten Kuchen. Süße Verführungen fürs Auge und den Magen. ◷ 8–22 Uhr.

Lotus Gallery & Bar, 53 St. 2 1/2, ✆ 092-260 158, 💻 auf Facebook. Darren Swallow, der beim Phare Zirkus Theaterunterricht gegeben hat, betreibt jetzt einen Künstlertreffpunkt. Das aufwendig renovierte alte Handelshaus beherbergt nicht nur ein schickes Restaurant und eine Bar im Erdgeschoss. Im Obergeschoss finden Künstler zudem eine Ausstellungsplattform. ◷ außer Mo 15–21 Uhr.

Romcheik 5 Art Space, 201A, ✆ 089-373 683. Kleine Galerie auf drei Ebenen mit fester und wechselnder Ausstellung. Sehr sehenswerte Bilder junger Künstler. Eintritt US$2.

Sangker Art Space, 47/14 St. 1 1/2, kleine Galerie unter französischer Leitung. Bilder auf 2 Etagen. Lohnt einen Blick. Und auch **Tep Kao Sol**, St. 2, ✆ 017-982 992, ist eine lohnenswerte Galerie mit zeitgenössischer Kunst.

7.45 Uhr für US$13, Phnom Penh Sorya um 13 Uhr für US$15 und Rith Mony um 8.30 und 12.45 Uhr für US$15. Alle Busse brauchen etwa 8–9 Std. bis Bangkok (Khao Sarn Rd.).
KOMPONG CHAM, mit Phnom Penh Sorya um 9.45 Uhr für US$10 in 7–8 Std.
KOMPONG CHHNANG, mit den Bussen Richtung Phnom Penh für den gleichen Preis in 4 Std.
PAILIN, mit Rith Mony um 13.30 Uhr für US$5 in 2 Std.
PHNOM PENH, mit Capitol Tours, Phnom Penh Sorya und Rith Mony insgesamt 31x tgl. zwischen 6.30 und 17.30 Uhr für US$5–6 in 6 Std. Nachtbusse betreibt TSS, Abfahrt um 22 Uhr, Ankunft 4.30 Uhr morgens, für US$7.
POIPET, mit Capitol Tours um 7.45 Uhr für US$4,50, mit Rith Mony um 11.30 und 12.30 Uhr für US$5 im Bus und US$7 im Minibus in etwa 3 Std.
PURSAT, mit den Bussen Richtung Phnom Penh für den gleichen Preis in 2 Std.
SIEM REAP, mit Capitol Tours, Phnom Penh Sorya, TSS und Rith Mony in großen Bussen und in Minibussen insgesamt 7x tgl. zwischen 7.45 und 15 Uhr für US$4,50–5 in 3–4 Std., teils im Minibus für US$7.
SISOPHON, mit Capitol Tours, Phnom Penh Sorya, Rith Mony in den Bussen Richtung Poipet und Siem Reap für US$2,50–3 in 1 1/2 Std.
SIHANOUKVILLE, mit TSS um 7.30 und 22.30 Uhr für US$12 in 10 Std., Umstieg in einen anderen Bus in Phnom Penh.

Sammeltaxis

Am **Psar Boeng Chhoeuk** starten Sammeltaxis. Sie fahren los, wenn die Wagen voll sind.
PAILIN, für US$5 in 1 Std.
PHNOM PENH, für US$10 in 4 Std., ganzes Taxi US$45–60 (je nach Uhrzeit).
POIPET, für US$5 in 2 Std.
PURSAT, für US$10 in 1 1/2 Std.
SIEM REAP, für US$6 in 3 Std., ganzes Taxi US$40.
SISOPHON, für US$4 in 1 Std.
Außerdem Sammeltaxis nach Pailin am **Psar Leu**.

Boote

Der Bootsanleger befindet sich an der Autobrücke **Spean Thmei**. In der Hauptsaison Tickets besser einen Tag vorher kaufen. Nach Siem Reap fahren abwechselnd die Gesellschaften **Angkor Express**, ✆ 012-601 287, und **Channa**, ✆ 012-354 344. In der Regenzeit mind.

5 Std. In der Trockenzeit (etwa ab März) fährt ein Pick-up 1 Std. zu einer schiffbaren Stelle, die Reisezeit kann dann bis zu 9 Std. betragen. Abfahrt 7 Uhr für US$20.

Wat Ek Phnom

Die beachtenswerten Ruinen der hinduistischen Tempelanlage befinden sich 12 km nördlich von Battambang. Lohnenswert ist die etwas längere Anfahrt über die idyllischen Dörfer am Sangker-Fluss (16 km). Auf dem Gelände fällt als Erstes die neue buddhistische Pagode aus dem Jahr 2003 ins Auge. Auffällig sind die bunt bemalten Decken, die Wände und die zahlreichen Ornamente, die das Bauwerk zieren, auf der Außenmauer windet sich eine Naga-Schlange.

Dahinter erhebt sich die Ruine eines hinduistischen Tempels aus dem Jahre 1027, errichtet aus Laterit und Sandstein. Der Bau fällt in die Regierungszeit Suryavarmans I. (1011–1050). Nur wenige Touristen kommen hierher, daher ist die Atmosphäre sehr friedlich.

Der große sitzende Buddha wird wohl nicht fertiggestellt werden. Entweder ist er zu groß oder die Position im Lotosteich schlecht gewählt: Battambangs Stadtverwaltung will ihn entfernen, die Bevölkerung würde ihn jedoch gerne dort belassen. Es ist zu erwarten, dass die Figur unvollendet stehen bleiben wird.

Man erreicht Wat Ek Phnom mit dem Tuk-Tuk/Motorradtaxi für US$12/8 in 30 Min.

Phnom Sampeau (Bootsberg)

Die Pagoden auf dem Gipfel des länglich geformten Felsens sind schon von Weitem sichtbar, der Tempelberg liegt 15 km südwestlich von Battambang an der N57 Richtung Pailin. Der kleinere Hügel wird **Phnom Krapeau** („Krokodilberg") genannt. Tuk-Tuks stoppen am Fuß des Berges, und auch wer mit dem eigenen Moped kommt, muss hier, wo sich ein paar Restaurants befinden, halten. Nun geht es zu Fuß weiter. Wahlweise kann man sich auch von einem Moped für US$4 chauffieren lassen. Der Weg ist aber selbst für Kinder zu meistern, vor allem, wenn man den zwar steilen, aber nicht sehr langen Weg anstatt der Treppen wählt. Nach ein paar hundert Metern erreicht man den Krokodilberg. Linker Hand sieht man einen bunt bemalten Vihear. In der Zeit der Khmer Rouge war die Pagode komplett schwarz gestrichen und diente als Verhör- und Gefängnisraum. Hinter der Pagode führt ein Pfad zu zwei „Killing Caves", in denen die Leichen entsorgt wurden. Ein golden verzierter Glas-Stupa mit Schädel- und Knochenresten erinnert an die Gräueltaten.

Weiter auf der kurvenreichen Straße erreicht man **Phnom Sampeau**. Die beiden Kanonen kurz vor dem Gipfel – eine aus Deutschland – sind vermutlich Überbleibsel aus dem Kampf der Regierungstruppen gegen die Roten Khmer. 1994/1995 verlief hier die Frontlinie. Die Regierungstruppen standen auf Phnom Sampeau, die Roten Khmer auf dem Krokodilberg. Nahebei befindet sich eine Aussichtsplattform mit fantastischem Blick über die Ebene.

Die eigentliche Attraktion dieses Ausflugs ist das abendliche Spektakel bei Sonnenuntergang: 2–3 Mio. Fledermäuse verlassen in einem nicht enden wollenden Schwarm eine Höhle oben im Berg. Am besten sieht man das Schauspiel, wenn man am Fuße des Berges steht. Eintritt US$1. Man erreicht Phnom Sampeau mit dem Tuk-Tuk/Motorradtaxi für US$12/8 in 30 Min.

Zwischen Phnom Penh und Battambang

Kompong Chhnang und Umgebung

Die Provinzhauptstadt Kompong Chhnang (Hafen der Töpfe) [5138], 90 km nördlich von Phnom Penh, ist bekannt für die hier traditionell hergestellten Töpferarbeiten. Die Stadt, deren Einwohner einem freundlich begegnen, ist zweigeteilt: Der beschauliche Stadtkern erstreckt sich rund um den Markt **Psar Leu** – samt einem **Park** und der kleineren Ausgabe des **Independence Monument** ganz in der Nähe. Auf dem Gelände des

Rathauses lebt einer Horde wilder Affen. Rund 2 km nordöstlich liegt der **Fischereihafen** am Tonle-Sap-Fluss (s. u.). Verbunden sind die beiden Zentren über einen Damm, zu dessen Seiten sich Stelzenhäuser erstrecken. Lohnenswert ist ein Spaziergang zwischen den Häusern in der Trockenzeit. Die Bauten reichen teils mehrere Meter in die Höhe, die Bewohner bauen Gemüse und Salat an. Beschaulich ist das Leben hinter der befahrenen Hauptstraße. **Wat Yeary Tep** an der Straße zwischen dem Markt **Psar Krom** und dem Hafen ist eine schöne renovierte Pagode, von der man einen wunderbaren Blick auf den Fluss genießt.

Die **schwimmenden Dörfer Phoum Kandal** und **Chong Kos**, die sich übergangslos an die Ufer des Tonle-Sap-Flusses schmiegen, sind weit weniger touristisch als diejenigen bei Siem Reap. Spannend, da in die kleinen Kanäle gefahren wird, ist eine Fahrt mit einem Holzruderboot; 1 Std. für US$5 (Einzelperson), US$8 (2 Pers. pro Boot). Mit dem Motorboot US$10 p. P. Anfahrt mit dem Tuk-Tuk von den Guesthouses für US$4 (hin und zurück inkl. Wartezeit).

Sehenswert ist auch das Töpferdorf **Ondoung Rossey** [5139] rund 7 km nordwestlich von Kompong Chhnang. Tuk-Tuk/Motorradtaxi US$5/12 hin und zurück.

ÜBERNACHTUNG UND ESSEN

Chanthea Borint Hotel, Prison St., 250 m südwestlich des Independence Monuments, ✆ 026-988 622, [9453]. An einem begrünten Innenhof gelegen. Der hilfsbereite Besitzer spricht Englisch. Geflieste Zimmer, Schrank, Schreibtisch, Kühlschrank und TV. Kleine Bäder mit Warmwasser. Wahlweise AC oder Ventilator. Ruhige Lage und guter Service. Bustickets, Fahrrad- und Mopedverleih. Auf Wunsch Frühstück. ❶–❷

Garden Guesthouse, 400 m südwestlich des Independence Monuments, ✆ 012-550 633, ✉ Ssophea@ymail.com, [10272]. Ebenerdige Zimmer in mehreren Gebäuden im schön angelegten Garten. Einfache saubere Zimmer. Besitzerin Sophea kümmert sich äußerst liebevoll um ihre Gäste. Ventilator und AC. Fahrradverleih, Frühstück, Bustickets. ❶–❷

Es gibt jede Menge **Essensstände**, u. a. im Markt Psar Leu, am Kreisverkehr bei der Vishnustatue, rund um den Psar Krom sowie am Bootsanleger. Auch mehrere **einfache Restaurants** haben bis in den Abend geöffnet: einfach in die Töpfe schauen und auswählen. Eine Portion inkl. Reis kostet 5000–6000 Riel.

Der Bambuszug

Für viele ist die Fahrt mit der „Bambusbahn" eine der wichtigsten Attraktionen der Gegend. 5 km südöstlich von Battambang, in dem winzigen Dorf **O'Dambong** liegt der Bahnhof des Bambuszuges. Die selbst gebastelten Gefährte sind schnell zusammengebaut: Auf alten Panzerrädern wird eine Bambusplattform von etwa 3 x 2 m befestigt. Darauf nehmen die Passagiere Platz. Als Antrieb dienen alte Motoren aus Generatoren oder Booten. Genannt wird das Gefährt liebevoll Norry (aus dem Englischen für Lorry). In den abgelegenen Gegenden ohne Straßen kamen Reisbauern früher ohne die Bambusbahn nicht zu Arbeit, Frauen nicht auf den Markt, und Kranke bekamen keine Hilfe. Jetzt werden nur noch Touristen befördert. Kommt einem Bambuszug auf dem einspurigen Schienengleis ein Gefährt entgegen, gibt es klare Vorfahrtsregeln: Es wird kurzerhand dasjenige abgebaut, welches die wenigsten Passagiere befördert. Vorfahrt haben auch zwei Norrys hintereinander. Immerhin 15 km/h Höchstgeschwindigkeit erreicht der Bambuszug. Touristen fahren 6–7 km bis ins Dorf O'Sralau für US$5 p. P. (hin und zurück) in nicht ganz 1 Std.

Schon seit Jahren wird über das Ende der Bambusbahn spekuliert, jetzt ist es amtlich: Die Bahngleise werden saniert, der Auftrag ist an eine australisch-kambodschanische Kooperation vergeben. Wenn also künftig auf der Strecke regelmäßig Züge verkehren, müssen die Norrys weichen. Aber bis dahin kann noch Zeit vergehen – in den letzten Jahren ist noch nichts passiert.

Anfahrt mit dem Tuk-Tuk/Motorradtaxi für US$7/5 (hin und zurück) in 15 Min.

Van Soleap (kambodschanisches Schild), in derselben Straße wie das Garden Guesthouse. Bebilderte englische Speisekarte, auch das Personal spricht Englisch. Gute Hausmannskost um US$2,50. WLAN. ⌚ 6–20 Uhr.
Nach 20 Uhr wird es ruhig in der Stadt, dann haben nur noch ein paar Obst- und Saftverkäufer ihre Straßenstände aufgebaut.

SONSTIGES

Das Chanthea Borint Hotel vermietet **Fahrräder** (US$1/Tag) und **Mopeds** (US$7/Tag). Fahrradverleih im Garden Gh. für US$2/Tag.

NAHVERKEHR

Motorradtaxis warten überall im Stadtgebiet, 2000 Riel für eine Stadtfahrt. Ein Halbtagesausflug kostet etwa US$8, Tagesausflug US$15 (je nach Entfernung). **Tuk-Tuks** u. a. an der Sokimex-Tankstelle und am Bootsanleger, US$1 für eine Stadtfahrt, Tagesausflüge um US$20.

TRANSPORT

Busse

Einen Busbahnhof gibt es nicht. Busse zwischen Phnom Penh und Battambang/ Poipet halten an der Sokimex-Tankstelle bzw. am Büro der jeweiligen Busgesellschaft. Tickets über die Guesthouses oder an den mobilen Verkaufsständen an der Sokimex-Tankstelle.
BATTAMBANG, etwa stdl. zwischen 8.30 und 16 Uhr für US$6 in 4 Std.
PHNOM PENH, etwa stdl. zwischen 10 und 18 Uhr für US$5 in 2 Std.
POIPET, etwa stdl. zwischen 8.30 und 16 Uhr für US$14 in 5 1/2 Std.
PURSAT, etwa stdl. zwischen 8.30 und 16 Uhr für US$5 in 2 Std.
SISOPHON, etwa stdl. zwischen 8.30 und 16 Uhr für US$10 in 5 Std.

Sammeltaxis

Taxifahrer warten an der Sokimex-Tankstelle auf Kundschaft. Regulär wird nur PHNOM PENH für ca. US$4 in 1 1/2 Std. angefahren.

Pursat und Umgebung

Nur wenige Touristen zieht es nach Pursat [9459], 175 km nördlich von Phnom Penh am Ufer des Stoeng Pursat, denn der Ort selbst hat nicht viel zu bieten. Aber genau das übt einen Reiz auf jene aus, die das authentische Kambodscha abseits der Touristenpfade suchen. Ein netter Spaziergang führt über die Brücke auf die östliche Flussseite. Im Dorf **Banteay Dei** kann man Steinmetzen bei der Arbeit zuschauen. Der grünliche Marmor stammt aus dem Kardamom-Gebirge, die große Vasen-Skulptur auf der N5 zeugt von dessen Bedeutung.

In Pursat fährt noch ein **Bambuszug** (s. Kasten S. 550). Die Bevölkerung der umliegenden Dörfer nutzt das günstige Transportmittel, um Waren zum Markt zu bringen. Wer sich für eine Mitfahrgelegenheit interessiert, lässt am besten beim Zugführer anrufen, ✆ 088-620 7007, oder wendet sich an Frau Sina aus dem Pursat Pizza House.

ÜBERNACHTUNG UND ESSEN

KM Hotel, Uferstraße St. 101, ✆ 052-952 168, 💻 www.kmhotel.com.kh, [9462]. Vornehmstes Hotel am Platze. Spiegelnd helle Marmorböden, sauber, TV und Kühlschrank. Riesige Deluxe-Zimmer mit Flussblick. Spa, Fitnessraum. Großer Pool mit Kinderbecken (Tagesgäste zahlen US$2). ❸–❺

€ **Phnom Pech Hotel**, Uferstraße St. 101, ✆ 052-951 515, ✉ phnompechhotel@yahoo.com, [9463]. Einfache helle Zimmer, halbhoch gefliest. Kleine Bäder mit Warmwasser. Wahlweise Ventilator oder AC. Fahrrad- und Mopedverleih. ❶–❷

Pursat Century Hotel, N5, ✆ 052-951 446, ✉ pursatcenturyhotel@gmail.com, [9464]. Zurückversetztes Haus an der Nationalstraße. Recht schöne möblierte Zimmer, TV, Kühlschrank. Spa, sonniger Pool. ❷–❸

Günstig kann man bis 17 Uhr an den Essensständen am Markt essen.

Lam Siv Eng, N5. Das Restaurant ist gleichzeitig ein Verkaufsraum für schwere Schnitzereien und filigrane Marmorarbeiten. Hervorragende kambodschanische Küche. Westliches Frühstück. ⌚ 7–22 Uhr.

KAMBODSCHA

Pursat Pizza House, St. 202 Ecke St. 105, ✆ 010-270 997, ✉ pursatpizzahouse@gmail.com. Westliches oder kambodschanisches Frühstück, Burger, Schnitzel, Khmer und natürlich Pizza (je nach Größe US$5–15); sonst US$1,50–5. ◷ 8–21 Uhr.

SONSTIGES

Das Phnom Pech Hotel verleiht **Fahrräder** (US$3/Tag) und **Mopeds** (US$10/Tag). Hier können auch **Ausflüge** zum schwimmenden Dorf Kompong Luong per Motorradtaxi/Tuk-Tuk oder Taxi arrangiert werden (US$10/15/35).

TRANSPORT

Busse

Mehrere Busgesellschaften wie Phnom Penh Sorya, Rith Mony und Capitol Tours haben ein Büro an der N5, dort halten auch alle Busse.
BANGKOK (Thailand), umsteigen an der Grenze, mit Phnom Penh Sorya um 10.30 Uhr für US$18 in 12 Std.
BATTAMBANG, mind. halbstündl. zwischen 7.30 und 20 Uhr für US$3–4 in gut 2 Std.
KOMPONG CHAM, mit Phnom Penh Sorya um 12.30 Uhr (über Prek Gdam) für US$9 in 7 Std.
KOMPONG CHHNANG, mit den Bussen Richtung Phnom Penh für den gleichen Preis in 2 Std.
PHNOM PENH, halbstündl. zwischen 7.15 und 20 Uhr für US$4,25–5 in 4 Std.
POIPET, mind. halbstündl. zwischen 7.30 und 20 Uhr für US$5 in 4 1/2 Std.
SIEM REAP, Direktbus zwischen 7.15 und 9.30 Uhr für US$7–8 in 5–6 Std.; sonst umsteigen in Sisophon.
SISOPHON, halbstündl. zwischen 7.15 und 20 Uhr für US$5 in 4 Std.

Sammeltaxis

Sammeltaxi-Fahrer warten an der N5; Ziele im Kardamom-Gebirge ab Psar Chas (St. 105)
BATTAMBANG, für US$5 in 1 1/2 Std.
KOMPONG CHHNANG, für US$6 in 1 1/2 Std.
O'SOM (Kardamom-Gebirge), für US$20 in 6 Std.
PHNOM PENH, für US$6 in 3 1/2 Std.
POIPET, für US$8,50 in 4 Std.
SISOPHON, für US$7,50 in 3 1/2 Std.
VEAL VENG (Kardamom-Gebirge), für US$10 in 4 Std.

Pailin

Nahe der thailändischen Grenze liegt Pailin [9454], bekannt als letzter Rückzugsort der Roten Khmer und für die kostbaren Edelsteine, die in der gleichnamigen Provinz gefördert wurden. Große Flächen rund um Pailin werden heute landwirtschaftlich genutzt. Maniok wird angebaut, aber auch Mangos und Mais wachsen hier. Pailin ist Malaria-Gebiet; unbedingt sollte man in den Abend- und frühen Morgenstunden lange Kleidung tragen und sich gut schützen.

Nach der Machtübernahme der **Roten Khmer** Mitte der 1970er-Jahre war Pailin eine der Kommandozentralen. Nach dem Einmarsch der Vietnamesen zogen sich viele Rote Khmer hierher zurück, und die Region blieb bis zu Pol Pots Tod Rückzugsort der letzten Khmer Rouge. Viele ihrer Nachfahren leben bis heute hier.

ÜBERNACHTUNG UND ESSEN

Bamboo Guesthouse, 3 km in nordwestlicher Richtung, ✆ 012-405 818, [9456]. Ruhig und hübsch begrünt, gibt es hier freistehende charmante Holzbungalows und ggü. eine Reihe Steinzimmer. 27 identisch eingerichtete Räume: AC, TV, Kühlschrank, Warmwasser. Beliebtes Restaurant, viel Seafood. ◷ 6.30–22 Uhr. ❷–❹

Memoria Palace, 4,5 km nordwestlich des Zentrums, ✆ 015-430 014, 💻 www.memoriapalace.com, [9457]. Mitten in der Natur in einer großen Gartenanlage komfortable Bambushütten (Ventilator) und große Bungalows mit AC, Flachbildschirm und DVD-Spieler. Pool mit Bergblick. Im Restaurant Khmer-Küche und Internationales. ◷ 7–22 Uhr. ❸–❻

€ **Pailin Ruby Guesthouse**, im Zentrum an der N57, ✆ 055-666 6668, [9458]. Großes Haus mit ordentlichen Zimmern, TV, Schrank, Kühlschrank, Bad mit Warmwasser. Wahlweise Ventilator oder AC. Schön sind die Zimmer am umlaufenden Balkon, andere bieten nur

Grenzübergänge nach Thailand

Psar Prum (Pailin) – Ban Pakkad

Geöffnet hat die Grenze von 6–22 Uhr. Bei der Einreise von Thailand nach Kambodscha gilt: alle Schlepper ignorieren, das kambodschanische Touristenvisum für einen Monat kostet US$30. 22 km sind es vom kambodschanischen Grenzort Psar Prum bis nach Pailin. 100 m hinter der Grenze warten auf kambodschanischer Seite Motorrad- und Sammeltaxis (Motorradtaxi bis Pailin 100 Baht, Sammeltaxi 300 Baht bzw. 100 Baht p. P.; bis Battambang für 1500 Baht oder US$10 p. P.; bis Siem Reap für US$80–100).

Problemlos sind die Einreiseformalitäten in Thailand. Für deutsche Staatsbürger wird ein kostenloses 30-Tage-Visum in den Pass gestempelt. Auf der thailändischen Seite in Ban Pakkad fahren Minibusse nach Chantaburi für 150 Baht. Von dort Verbindungen nach Trat und Bangkok. Einreise nach Kambodscha S. 334.

Kamrieng – Ban Laem

Ein weiterer, wenig genutzter internationaler Grenzübergang ist der 40 km entfernte Grenzort Kamrieng (Ban Laem in Thailand), 🕒 6–22 Uhr. Mopedtaxis fahren nach Pailin.

Fenster zum Gang. Besitzer Kop Saly spricht gut Englisch und ist hilfsbereit. ❶–❷

Am Samaki-Markt gibt es zahlreiche **Essensstände** und Garküchen. Einfache Restaurants befinden sich auch an der Grenze.

Pipup Penh 70, N57, ✆ 012-666 467. Das Schild ist auf Kambodschanisch. Es ist ein erstaunlich modernes Restaurant. AC-Raum, draußen Terrasse. Der betonierte Innenhof wird abends zum Biergarten. Ab 19 Uhr Gegrilltes. Gute kambodschanische und thailändische Gerichte um US$4. WLAN. 🕒 6.30–23 Uhr.

SONSTIGES

Das **städtische Krankenhaus** ist nur im Notfall zu empfehlen. Der leitende Arzt in der **Khe Sokhom Clinic** spricht Englisch, ✆ 012-814 118. 🕒 Mo–Fr 8–17 Uhr.

NAHVERKEHR

Überall im Stadtgebiet und am Abzweig zum Markt findet man **Motorradtaxis**, Stadtfahrten für 1000–2000 Riel. Bis zur Grenze (22 km) für US$2,50.

TRANSPORT

Busse

Busse fahren vom Ticketschalter der Busgesellschaft ab.

BATTAMBANG, Ponleu-Angkor-Khmer-Transport um 8.40 Uhr für US$3,75 in 2 Std.; Rith Mony um 7.30 und 8.30 Uhr für US$3,75 in 2 Std.

PHNOM PENH, Ponleu-Angkor-Khmer-Transport um 8.40 Uhr für US$9,25 in 7 Std.; Rith Mony um 7.30 und 8.30 Uhr für US$9,50 in 7 Std.

Alle anderen Ziele wie Siem Reap, Sisophon und Poipet sind nur mit Umsteigen in Battambang erreichbar, durchgängige Bustickets sind nicht erhältlich.

Sammeltaxis

Sie stehen an der N57 gegenüber vom Markt. Bis zur Grenze 5000 Riel, bis BATTAMBANG für US$6 (ganzes Taxi US$30). Die Preise sind günstiger als bei den Fahrern, die direkt hinter der Grenze stehen.

Provinz Banteay Meanchey

Sisophon

Sisophon [9470] wird auch Svay oder nach der Provinz Banteay Meanchey genannt. Die Stadt liegt an einem Verkehrsknotenpunkt 48 km vom Grenzübergang Poipet, 66 km von Battambang und 105 km von Siem Reap entfernt. Reisende übernachten in der Regel hier, um sich die Tempelanlage Banteay Chhmar anzusehen. Zentraler Platz ist der große **Markt Serey Sophorn**, dessen Hauptgebäude ein tempelartiges Dach ziert.

Den **Wettikha-Park** rahmt auf der Nordwestseite eine schöne Balustrade, die das „Kirnen des Milchozeans" darstellt.

ÜBERNACHTUNG UND ESSEN

Botoum Hotel, 449 N5, ✆ 012-687 858, 💻 www.botoumhotel.com, [9472]. Gepflegtes Haus mit einem Innenhof. Zimmer mit viel Mobiliar (Schrank, Tisch, Sitzmöbel, TV, Kühlschrank). Schöne Bäder. Einige Zimmer mit Balkon. Ventilator- und AC-Zimmer. Der Besitzer spricht gut Englisch und ist sehr hilfsbereit. Kostenloser Fahrradverleih. Coffeeshop. ❷

Golden Crown Guesthouse, 150 m nördlich des Marktes, ✆ 054-958 444. Einfache, aber recht ordentliche große Zimmer über 2 leeren Hallen. Wahlweise Ventilator oder AC. ❶–❷

Groß ist die Auswahl an Restaurants mit englischer Speisekarte nicht. Am Markt gibt es einfache Straßenrestaurants. Die **Khmer-Restaurants** an der Ostseite des Wettikha-Parks haben bis nach Mitternacht geöffnet, es ist ein guter Platz für einen späten Snack oder ein kühles Bier. Das Restaurant des **Pyramid Hotels** [9473] (❷–❸) hat eine englische Speisekarte und offeriert Khmer- und thailändische Gerichte, ⏲ 15–23 Uhr.

Kim Heng Restaurant, N6. Günstige Khmer- und Thai-Gerichte. Biergartencharakter mit Musikberieselung. ⏲ 10–14.30 und 17–21 Uhr.

The Mirror Restaurant, 500 m nördlich des Marktes, nahe der Kreuzung mit der N6. AC-Restaurant, Eis, Pommes, Chicken-Wings, Khmer-BBQ, einfache Reis- und Nudelgerichte. Englische Speisekarte. Beliebt bei Familien. WLAN. ⏲ 10–21 Uhr.

NAHVERKEHR

Nur wenige Motorradtaxi- oder Tuk-Tuk-Fahrer sprechen Englisch. **Motorradtaxis** kosten überall im Stadtgebiet 1000–2000 Riel. **Tuk-Tuk-Fahrer** warten rund um den alten Busbahnhof auf Kundschaft. Eine Stadtrundfahrt kostet 2000–4000 Riel.

TRANSPORT

Bustickets gibt es in den Büros der Busgesellschaften rund um den alten Busbahnhof, von hier starten auch die Busse.

Busse

BATTAMBANG, mit Capitol Tours, GST, Phnom Penh Sorya und Rith Mony etwa halbstündl. zwischen 6.30 und 21.30 Uhr für US$2–2,50 in knapp 2 Std.
KOMPONG CHHNANG, mit den Bussen Richtung Phnom Penh für den gleichen Preis in 5 1/2 Std.
O'SMACH (Grenze Thailand), mit Rith Mony um 14 Uhr für US$6,25 in 4 1/2 Std.
PHNOM PENH, mit Capitol Tours, GST, Phnom Penh Sorya und Rith Mony insgesamt etwa halbstündl. zwischen 6.30 und 21.30 Uhr für US$5–6,25 in 8 Std.
POIPET, mit Capitol Tours, GST, Phnom Penh Sorya und Rith Mony zwischen 10 und 19 Uhr für US$1,25–2,50 in 1 Std.
PURSAT, mit den Bussen Richtung Phnom Penh für den gleichen Preis in 3 1/2 Std.
SIEM REAP, mit Capitol Tours, GST, Phnom Penh Sorya und Rith Mony etwa alle 2 Std. zwischen 9.15 und 14.15 Uhr für US$3,50–5 in 1 1/2 Std.

Sammeltaxis

Sammeltaxis warten am alten Busbahnhof.
BANTEAY CHHMAR, für US$5–7 in 1 1/2 Std.
BATTAMBANG, für US$5 in 1 Std.
PHNOM PENH, für US$15 in 5 Std.
POIPET, für US$2,50 in 45 Min.
SIEM REAP für US$5 in 1 Std.

Banteay Chhmar

Beeindruckend und bislang nur von wenigen Touristen besucht ist die Tempelanlage Banteay Chhmar [4942], 60 km nördlich von Sisophon und 20 km von der thailändischen Grenze entfernt. Die Anlage wurde von König Jayavarman VII. (reg. 1181–ca. 1220) Ende des 12. Jhs. an der Stelle eines Tempels aus dem 9. Jh. erbaut und ist Indravarman, dem Sohn Jayavarmans VII., und vier Soldaten gewidmet, die ihr Leben gaben, um den Kronprinzen in einem Kampf zu schützen. Warum eine derart große Stadt in dieser abgelegenen Region entstand, ist bis heute ungeklärt.

Um den mittig gelegenen Zentraltempel verlaufen ein 63 m breiter, viereckig angelegter innerer Wassergraben und eine dritte, kaum erhaltene Umfriedung. Die Dämme waren mit Naga-Balustraden geschmückt, deren eine Seite von Göttern, die andere von Dämonen flankiert war. Besucher betreten die Anlage von Osten, innerhalb des Wassergrabens. Hinter dem **Ticketschalter** steht rechter Hand ein recht gut erhaltenes Gebäude, das „House of Fire". An der Außenseite der zweiten Umfassungsmauer sind die meisten Basreliefs zu erkennen. Beeindruckend ist die Seeschlacht auf dem Tonle-Sap-See gegen die Cham an der östlichen, und die beiden 32- und 22-armigen Lokeshvaras an der westlichen Außenmauer.

In das von der ersten Umfassungsmauer umgebene **Zentralheiligtum** gelangt man am besten durch den nördlichen Gopuram. Zwei Türme im Bayon-Stil mit vier Gesichtern sind noch erhalten. Anhand der Trümmer ließ sich rekonstruieren, dass es einst in der gesamten Anlage bei Fertigstellung 50 Türme mit Gesichtern gab.

Insgesamt acht **Satelliten-Tempel** umgeben Banteay Chhmar. Am besten erhalten und gut zugänglich ist **Prasat Ta Prohm**.

Eintritt US$5 (wer im Homestay übernachtet und mehrtägige Besichtigungen plant, zahlt nur einmalig US$5).

ÜBERNACHTUNG UND ESSEN

Eine tolle Gelegenheit, am Dorfleben teilzuhaben und die Gemeinde zu fördern, ist eine **Homestay-Übernachtung** im Dorf Banteay Chhmar. Ein Teil der Erlöse aus dem **Banteay-Chhmar-Community-Based Tourism (CBT)** kommen der Gemeinde zugute. Das Büro liegt zwischen Markt und dem Eingang zur Tempelanlage. Tath Sophal vom Global Heritage Fund kümmert sich um touristische Belange, ☏ 012-237 605, 💻 www.visitbanteaychhmar.org. Übernachtet wird in traditionellen Stelzenhäusern in separaten Zimmern mit Matratze und Moskitonetz, Gemeinschaftsbad für US$7. Frühstück (US$2), Mittag- und Abendessen (US$4) gibt es bei Voranmeldung im CBT oder bei der Homestay-Familie für den gleichen Preis. Rund um den Markt sorgen zudem einfache **Essensstände** für das leibliche Wohl. In dem einzigen Restaurant **Cham Rom** werden Nudelsuppen und Reisgerichte serviert. Der Besitzer spricht Englisch.

TRANSPORT

Anfahrt mit dem **Taxi/Tuk-Tuk/Motorradtaxi** von SISOPHON für US$45–50/30–35/15–20 (inkl. Banteay Torp, jeweils hin und zurück) in gut 1 Std. über eine ausgebaute Straße. Wer eine Übernachtung einplant, kann auch mit dem Sammeltaxi ab Sisophon für US$5–7 p. P. fahren; zurück nach Sisophon geht es meist nur vormittags.

Poipet

Bis Mitte der 1990er-Jahre waren die Bewohner von Poipet [9474] den Kämpfen zwischen den Roten Khmer, die sich hier verschanzt hatten, und den Regierungstruppen ausgesetzt. Heute erstreckt sich die Grenzstadt über mehrere Kilometer rechts und links der N5. Für die meisten Reisenden ist Poipet eine Durchgangsstation auf dem Weg von oder nach Thailand, nur selten verschlägt es westliche Ausländer über Nacht hierher. Wer den Kreisverkehr vor der Grenze meidet und entlang der Hauptstraße zu dem großen Markt **Psar Akia** schlendert, erlebt eine typische kambodschanische Stadt mit freundlichen Bewohnern, die schüchtern grüßen.

Rund um den Kreisverkehr vor der Grenze und im Niemandsland der Grenze Kambodscha–Thailand sind mehrere **Kasino-Hotel-Komplexe** in Betrieb, in denen das überwiegend thailändische Publikum spielt (Glücksspiel ist in Thailand verboten).

ÜBERNACHTUNG UND ESSEN

City Poipet Hotel, N5, 1 km vor der Grenze in einer Seitenstraße, ☏ 054-967 576, ✉ citypoipethotel@gmail.com, [9476]. Große geflieste AC-/Ventilator-Zimmer, in denen die

KAMBODSCHA

Tricks am Grenzübergang von/nach Thailand

Der Grenzübergang **Poipet – Aranyaprathet** ist von 6–22 Uhr geöffnet. Die **Ausreise von Kambodscha nach Thailand** ist einfach. Die meisten Reisenden haben ein Ticket von Siem Reap oder Phnom Penh nach Bangkok oder einem anderen Ziel in Thailand in der Tasche. Jeder passiert die Grenze zu Fuß, fast immer wechselt man den Bus hinter der Grenze. Nachdem man sich den Ausreisestempel geholt hat, erreicht man wenige hundert Meter weiter die thailändische Immigration. Hier gibt es eine kostenlose 30-Tage-Aufenthaltsgenehmigung (für Deutsche) bzw. 15 Tage (Österreich, Schweiz). Nach dem Zoll geht die Fahrt weiter.

Die **Einreise von Thailand mit einer gebuchten Tour** bis Siem Reap oder Phnom Penh ist nervenaufreibender: Wer von Thailand aus ein Busticket zu einem Ziel in Kambodscha hat und die Grenze bei Aranyaprathet–Poipet überquert, wird in Aranyaprathet meist bis zu einem Restaurant oder einer offiziell aussehenden „Visastelle" gefahren. Dort wird versucht, von allen Reisenden, die noch kein Visum haben (E-Visa werden akzeptiert, S. 102), die Pässe einzusammeln, um ein überteuertes Visum zu beschaffen. Das Visum (Visa on Arrival) kann problemlos selbst organisiert werden und kostet US$30. Der beste Rat ist hier: warten, bis der Bus zur Grenze fährt und dann mit allen anderen über die Grenze laufen. Alle Angebote von Hilfe und offiziell aussehenden Visastellen ignorieren. Zuerst holt sich jeder den Ausreisestempel an der thailändischen Grenze. Dann sind es noch 100 m bis zu einem großen, reich verzierten Torbogen mit drei Angkor-Wat-Türmen und zwei Löwenstatuen. Rechter Hand befindet sich ein Steingebäude mit der Aufschrift: **„The Office of the international Border Check Point of Poipet"**. Dort gibt es das Einreiseformular. Ein Beamter vor dem Schalter verlangt 100 Baht „Bearbeitungsgebühr", wenn er das ausgefüllte Einreiseformular zusammen mit dem Reisepass, einem Passfoto und US$30 den hinter der Glasscheibe sitzenden Beamten reicht. Auch diese Gebühr kann man sich sparen, einfach ignorieren und die Unterlagen selber abgeben. Die Beamten kleben innerhalb von wenigen Minuten das Einreisevisum in den Pass. Dann folgt man weitere 100 m der Straße und holt sich vor dem Immigration-Schalter die Arrival/Departure-Karte. Ausfüllen, wieder anstellen, und der Beamte stempelt das Visum ab. Nach wenigen Metern wird man bis zum kostenlosen Shuttle-Bus dirigiert, ⌚ 7.30–20.30 Uhr, der zu dem etwa 7 km außerhalb liegenden Poipet Tourist International Terminal fährt. Dort geht die Fahrt mit einem kambodschanischen Busunternehmen weiter nach Siem Reap, Battambang oder Phnom Penh. Wartezeiten einkalkulieren, die Busse fahren los, sobald genug Passagiere zusammen sind. Bequemer sind die etwas teureren durchgehenden Busse z. B. der Gesellschaft Nattakan.

Eigene Einreise von Aranyaprathet nach Kambodscha: mit dem Tuk-Tuk oder Motorradtaxi bis zur Grenze. Wirklich alle Schlepper ignorieren. Es gibt kein Immigration Office vor der Ausreise aus Thailand, und solange der Ausreisestempel nicht im Pass ist, muss man sich nicht um das Kambodscha-Visum kümmern! Das Visum wird immer in US-Dollar bezahlt und kostet US$30. Geldumtausch (in Riel) ist nicht nötig. Wie oben beschrieben die Grenze passieren. Schlepper versuchen, die Reisenden in den kostenlosen Shuttle-Bus zu bugsieren. Der fährt nicht zum Busbahnhof in Poipet, sondern an den 7 km außerhalb liegenden Poipet Tourist International Terminal. Hier werden etwas teure **Bustickets** nach Sisophon, Battambang, Phnom Penh und Siem Reap verkauft. Die Busse am Poipet Tourist International Terminal folgen keinem festen Fahrplan, sie warten auf die Anschlussfahrt der Passagiere aus Thailand. Günstiger sind die Preise ab Poipet. Alle Schlepper ignorieren, die behaupten, es gebe nur das Terminal außerhalb. S. auch S. 315.

Möbel wie Bett, Schreibtisch, TV, Einbauschrank und Kühlschrank etwas verloren wirken. Großes Bad mit Toilettenartikeln für den Kurzurlauber ohne Gepäck. WLAN in der Lobby. ❶–❸

Good Luck Hotel, 200 m westlich vom Psar-Akia-Markt, ✆ 092-796 379, [9477]. Das knallgrün gestrichene Haus ist kaum zu übersehen. Auch innen dominiert die Farbe bei Möbeln und an den Wänden. Die AC-Zimmer sind ansprechend. Kleiner Supermarkt. ❷

Sophal Thavy Guesthouse, N5, 100 m vor der Grenze, ☏ 012-910 735, ✉ sophal.thavy@gmail.com. Einfache saubere Zimmer. TV und Kühlschrank. Ventilator oder AC. ❶–❷

Am Kreisverkehr vor der Grenze stehen am frühen Abend ein paar **Essensstände**. Eine größere Auswahl dieser mobilen Lokale öffnet ab 16 Uhr rund um den Psar Akia. Internationaler geht es in den Restaurants in den großen Kasinos zwischen der kambodschanischen und thailändischen Grenze zu. Im **Relax Corner** wird BBQ, Sea- und Fastfood ab nachmittags geboten. Der Burgerstand hat 24 Std. geöffnet.

Pass Hotel Restaurant, N5, ca. 1,5 km vor der Grenze. Einfaches, bei Einheimischen beliebtes Restaurant. Gebrutzelt werden leckere, frische Khmer-Gerichte an der Straße. ⌚ ab 17 Uhr.

GELD

In Poipet kann mit thailändischen Baht, US-Dollar oder Riel bezahlt werden. Die Wechselkurse an der Grenze sind schlecht, entweder bei den offiziellen Banken hinter der Grenze tauschen, bis zum nächsten Ziel warten oder die Geldautomaten zur US$-Beschaffung nutzen.

NAHVERKEHR

Motorradtaxis stehen im Kreisverkehr direkt hinter der Grenze. Innerhalb der Stadt und bis zum Busbahnhof in Poipet 2000 Riel.

TRANSPORT

Der **Busbahnhof** von Poipet befindet sich etwa 1,5 km von der Grenze entfernt am Psar-Akia-Markt. Die Busgesellschaften haben ein Büro entlang der N5 oder rund um den Busbahnhof.

Busse

Entlang der N5 hat eine fast unüberschaubare Anzahl an Bus- und Minibusanbietern einen Verkaufsstand. Hier aufgeführt sind die Gesellschaften, die sich schon länger auf dem Markt behaupten und deren Mitarbeiter etwas Englisch sprechen:

BATTAMBANG, mit allen Bussen Richtung Phnom Penh für US$5–8 in 2 1/2 Std.

KOMPONG CHHNANG, mit den Bussen nach Phnom Penh für den gleichen Preis in 6 Std.

PHNOM PENH, in ca. 8 Std. mit Gold VIP um 8.30, 12.30, 13.30,19.30 und 20.30 Uhr für US$10;
Mekong Express um 6.30, 7.30, 9, 12.30, 15.30 und 21 Uhr für US$16;
Phnom Penh Sorya um 6.30, 8.30 und 9.30 Uhr für US$10;
Rith Mony um 6.30, 7.30, 9, 12, 14 und 19.30 Uhr für US$10;
Virak Buntham um 7.30, 8.30, 9.30, 20 und 21 Uhr für US$10.

PURSAT, mit den Bussen nach Phnom Penh für den gleichen Preis in 5 Std.

SIEM REAP, mit den Bussen bis Sisophon, dort umsteigen oder direkt mit Mekong Express um 7.30 und 21 Uhr für US$9.

SISOPHON, mit den Bussen nach Phnom Penh für US$2–3 in 1 Std.

Sammeltaxis

Noch vor dem Shuttle-Bus versuchen Schlepper, überteuerte Taxifahrten zu verkaufen. Besser im Kreisverkehr oder am Busbahnhof Poipet sein Verhandlungsgeschick prüfen.

BATTAMBANG, für US$5 (ganzes Taxi: US$30) in 2 Std.

PHNOM PENH, für US$15 (US$100–120) in 6 Std.

SIEM REAP, für US$6 (US$35) in 2 Std.

SISOPHON, für US$5 (US$30) in 30 Min.

Siem Reap

Nahe den berühmten Tempeln von Angkor liegt Siem Reap (100 000 Einw.). Reisenden bietet diese Kleinstadt alle touristischen Annehmlichkeiten: Es gibt Unterkünfte aller Kategorien und Restaurants mit nationaler und internationaler Küche für jeden Geldbeutel. Kleine Boutiquen und Kunsthandwerksstände auf den Nachtmärkten laden zum Bummeln ein. Etwas ganz Besonderes ist das Old French Quarter rund um den Psar Chas, den alten Markt, mit seinen liebevoll renovierten Kolonial- und den alten

Warenhäusern. Abends flanieren die Besucher an den Außenständen des Psar Chas vorbei, über die Nachtmärkte auf beiden Seiten des Flusses und geben sich der Partystimmung in der Passage und der Pub Street hin, in der sich die Lokale aneinanderreihen.

Sehenswertes

Im **Psar Chas** (alter Markt) werden Kunsthandwerk, *kramas*, Sarongs und jede Menge anderer Souvenirs verkauft. Morgens ist ein guter Zeitpunkt für einen Besuch, dann bieten Marktfrauen in den Gängen frische Lebensmittel feil. 200 m weiter nordöstlich erblickt man am Fluss das buddhistische Kloster **Wat Preah Prohm Rath**, in dem gegenwärtig etwa 20 Mönche leben. Die Anfänge des Klosters gehen zurück auf König Ang Chan I. (reg. 1516–1566), der es Anfang des 16. Jhs. gründete. Einen Blickfang bildet am Eingang die Nachbildung des Kampfbootes Ang Chans, dem magische Kräfte zu hohen Geschwindigkeiten verholfen haben sollen.

Eine Oase der Ruhe sind die gepflegten **Royal Gardens** an der **Königlichen Residenz**, etwa 500 m dem Flussverlauf in nördlicher Richtung folgend. Hunderte von Flughunden, die sich von Früchten ernähren, hängen tagsüber in den Bäumen. Auf dem Gelände steht der **Schrein Preah Ang Chek – Preah Ang Chrom**. Die Pagode beherbergt die Schutzgöttinnen von Siem Reap. Zu sehen sind zwei Statuen der Schwester-Gottheiten, die vermutlich einst Prinzessinnen von Angkor waren. Gläubige überschütten die ausgestreckten Handflächen der im Schrein aufgestellten Figuren mit geweihtem Wasser, um Glück oder die Erfüllung eines Wunsches zu erbitten. Die beiden sollen außerdem frisch vermählten Paaren Glück bringen. Südlich angrenzend steht unter einem Baum der **Schrein Ya-Tep**. Er ist den Ahnengeistern *(neak ta)* gewidmet. Die Neak ta wachen über den Ort und die hier lebenden Menschen – solange ihnen genügend Respekt gezollt wird. Daher bringen insbesondere in den frühen Abendstunden viele Gläubige Opfergaben dar.

Wat Kesararam, 100 m westlich, wurde um 1970 erbaut, bunte Wände und Decken stellen Buddhas Leben dar. Unter dem Tempel liegen Knochenreste von Opfern der Roten Khmer.

Das aufwendig gestaltete Gebäude 200 m nördlich beherbergt das sehenswerte **Angkor Nationalmuseum**, 968 Charles de Gaulle Blvd., ✆ 063-966 601, 🖳 www.angkornationalmuseum.com, das sich dem Angkor-Reich und der Khmer-Kultur widmet. Es ist ein modern, informativ und interaktiv gestaltetes Museum. ⌚ 8.30–18.30 Uhr, Eintritt US$12, Kinder unter elf Jahren die Hälfte. Deutschsprachiger empfehlenswerter Audioguide US$3.

Wat Preah Enkosai, erbaut Ende des 10. Jhs. von Rajendravarman II. (reg. 944–968), liegt an der östlichen Flussseite. Von den ursprünglich drei Laterit-Türmen sind noch zwei erhalten, der Vihear steht auf den Resten des dritten Tempels. Sie sind das älteste Zeugnis der Angkor-Zeit in der Stadt. 130 Mönche leben im sehenswerten **Wat Bo**, dessen Klostergebäude noch aus dem 18. Jh. stammt. Die Eingänge und Fensterstürze zieren wunderbare Reliefs aus dem *Ramayana*-Epos. Gegen eine Spende schließt der Tempelwächter auf, sodass man die aus dem 19. Jh. stammenden Wandmalereien im Vihear bestaunen kann.

ÜBERNACHTUNG

Untere Preisklasse

Bou Savy Guesthouse ②, Seitengasse N6, Karte S. 560, ✆ 012-369 600, 🖳 www.bousavyguesthouse.com, [9690]. Großes rotes Haus in einem tropischen Garten. Die Zimmer sind sauber gefliest, haben Kühlschrank und TV und sind mit farbigen Seidenkissen dekoriert. 3-Bett-Zimmer. Inkl. Frühstück. Pool. ❷–❸

€ **Golden Takeo Guesthouse** ⑫, 123 Wat Bo Village, Karte S. 560, ✆ 012-785 424, 🖳 www.goldentakeoguesthouse.com, [9691]. Im Erdgeschoss Zimmer mit Doppelbetten, im oberen Stock mit 2 großen Betten. Recht hübsch gestaltet durch farbige Wände mit aufgemalten Blumenmotiven. Gutes Preis-Leistungs-Verhältnis. Inkl. Frühstück. ❷

Happy Guesthouse ⑪, 134 Wat Bo Village, ✆ 063-963 815, Karte S. 560, 🖳 www.happyangkorguesthouse.com, [9692]. 2 Häuser mit

Sozial und fair: Tipps zum Übernachten

Auch in Siem Reap unterstützen Hotels soziale Projekte und verantwortungsvollen Tourismus. Empfehlenswert sind:

Babel Guesthouse ⑨, Seitengasse St. 20, Karte S. 560, ✆ 078-858 469, 💻 www.babelsiemreap.com, [10246]. Die norwegische Leitung engagiert sich für verantwortungsvollen Tourismus. Toller Garten mit Korbsesseln. Die Zimmer sind einfach und geräumig. Viele 3-Bett-Zimmer. ❸–❹

European Guesthouse ⑩, Seitengasse St. 20, Karte S. 560, ✆ 097-848 6810, 💻 www.european-guesthouse.com, [9705]. Mitglied von Childsafe und ConCERT. Einfache große Zimmer mit AC, 4 davon sind Dormzimmer (10 und 6 Betten), Bett p. P. US$5–7. Sitzbereich mit Pool. ❷

La Noria Hotel & Restaurant ③, River Rd., Karte S. 560, ✆ 063-964 242, 💻 www.lanoriaangkor.com, [9706]. Doppelstöckige Bungalows in tropischem Garten. Die einfachen weiß getünchten Zimmer sind mit Schattenspielfiguren dekoriert. Großzügige Bäder. Alle Zimmer mit Terrasse/ Balkon. Familienzimmer. Pool. Auszubildende aus dem Krousar-Thmey-Waisenhaus servieren Khmer- und internationale Gerichte im Restaurant. ❺

Seven Candles Guesthouse ⑭, 307 Wat Bo St., Karte S. 560, ✆ 063-963 380, 💻 www.sevencandles guesthouse.com, [9707]. Ein Teil des Gewinns geht an die Ponheary-Ly-Stifung, 💻 www.theplf.org, die sich für Bildungs- und Ausbildungsprojekte engagiert. Zimmer mit Balkon, zudem ein überdachter Gemeinschaftsbalkon. ❷–❸

Shinta Mani ⑧, Oum Khun St., Ecke St. 14, Karte S. 560, ✆ 063-761 998, 💻 www.shintamani.com, [9708]. Das feine Boutiquehotel bildet benachteiligte Jugendliche aus. Ausgesuchte Antiquitäten schmücken die sonst nüchtern in Schwarz-Weiß gehaltene Einrichtung. Großer Pool. ❼–❽

Soria Moria Hotel ㉔, Wat Bo St., Karte S. 561, ✆ 063-964 768, 💻 www.thesoriamoria.com, [10249]. Die Angestellten erhalten faire Löhne, eine gute Aus- und Weiterbildung und sind am Hotel beteiligt. Geräumige Zimmer, Wasserkocher, Safe. Schöne Dachterrasse und Jacuzzi. Extrem kleiner Pool. White Bicycle-Ausleihe. ❺

günstigen kleinen Zimmern, in denen lediglich Bett und Fernseher stehen. Ventilator oder AC. WLAN nur im Restaurant. ❶–❷

Ivy Guesthouse ㉓, Central Market St., Karte S. 561, ✆ 012-800 860, 💻 www.ivy-guest house.com, [9727]. Einfaches Haus mit unterschiedlich gestalteten Zimmern. Vielfach alter Holzfußboden. Manchmal Bett, manchmal Holzpodest mit Matratze. Einladende Terrasse auf der 1. Etage, und auch das unten liegende Restaurant mit Billardtisch lädt zum Verweilen ein. White Bicycles können hier für US$2 ausgeliehen werden. Mit Ventilator ❶, AC ❷

Jasmine Garden Villa ㉗, Sok San St., Karte S. 572/573, ✆ 063-650 1626, 💻 www.jasminegardenvilla.com, [9693]. Hinter Bambus und Bananensträuchern verbirgt sich dieses gemütliche Guesthouse. Dunkelrote Wände strahlen eine heimelige und stilvolle Atmosphäre aus. Einfach möbliert mit Bett, Schrank, kleinem Tisch, TV, Kühlschrank, außerdem AC. Restaurant. Fahrradverleih. Pick-up vom Flughafen. ❸

Jasmine Lodge ①, 307 N6, Karte S. 560, ✆ 012-784 980, 💻 www.jasminelodge.com, [9694]. Geräumige saubere Zimmer und Bäder. Bett, Schreibtisch, Rattan-Ablage und TV. Familienzimmer. Kleiner Pool. Restaurant. Billard-Tisch. Wahlweise Ventilator oder AC. ❷–❸

Mad Monkey Hostel ⑮, Sivatha Blvd., Karte S. 560, ✆ 063-688 0008 (Buchungen nur über die Webseite), 💻 www.madmonkey hostels.com/siem-reap, [10248]. In diesem angesagten Partyhostel mit 100 Betten, im Schlafsaal und in Doppelzimmern, wird eigentlich jeden Abend in der Rooftopbar gefeiert. Unten gibt es zudem einen kleinen einladenden Pool (den auch jeder, der hier nicht wohnt, nutzen kann, wenn er etwas konsumiert). Bett im Dorm US$9, DZ ❸

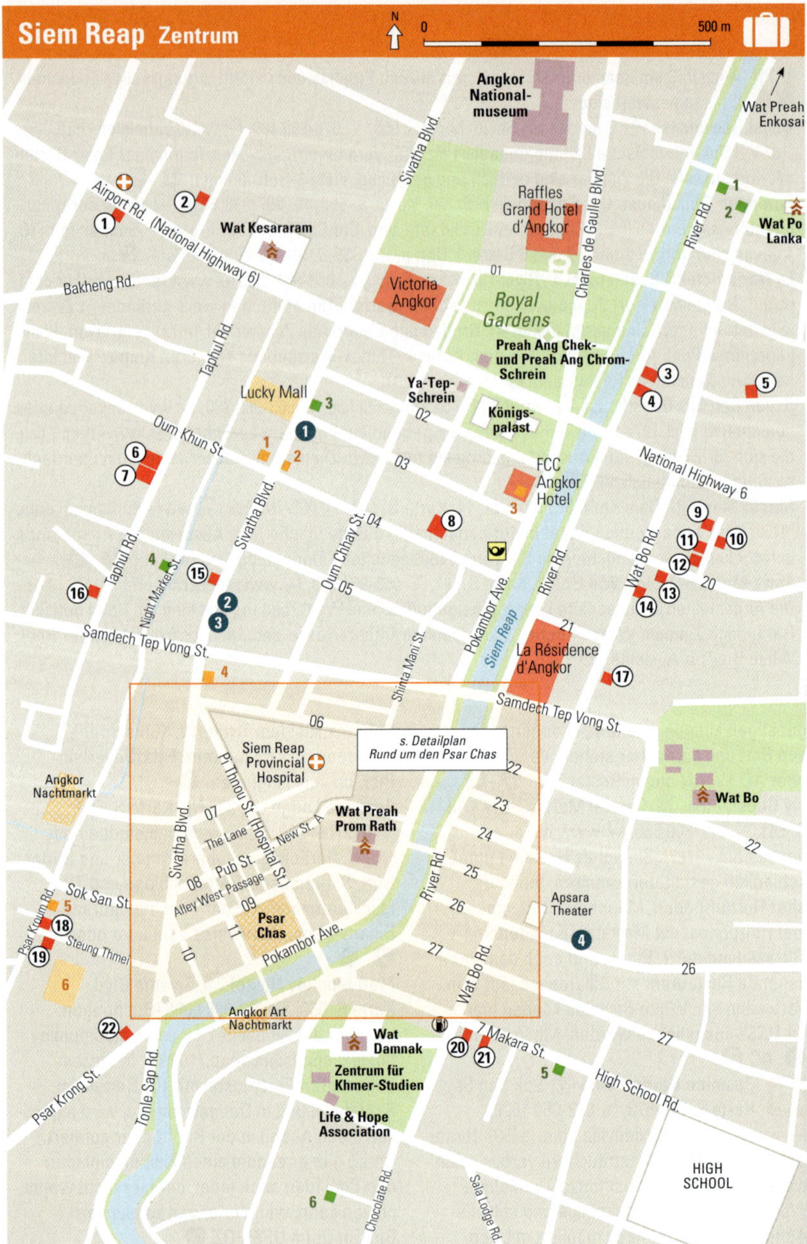
Siem Reap Zentrum
N
0
500 m
Angkor Nationalmuseum
Wat Preah Enkosai
Raffles Grand Hotel d'Angkor
Wat Po Lanka
Wat Kesararam
Airport Rd. (National Highway 6)
Bakheng Rd.
Victoria Angkor
Royal Gardens
Charles de Gaulle Blvd.
Sivatha Blvd.
River Rd.
Preah Ang Chek- und Preah Ang Chrom-Schrein
Ya-Tep-Schrein
Königspalast
Lucky Mall
Taphul Rd.
Oum Khun St.
FCC Angkor Hotel
National Highway 6
Oum Chhay St.
Night Market St.
Wat Bo Rd.
Pokambor Ave.
Siem Reap
Shinta Mani St.
Samdech Tep Vong St.
La Résidence d'Angkor
Siem Reap Provincial Hospital
s. Detailplan Rund um den Psar Chas
Angkor Nachtmarkt
Wat Preah Prom Rath
Wat Bo
Pi Thnou St. (Hospital St.)
The Lane
New St. A
Pub St.
Alley West Passage
Psar Chas
Sok San St.
Psar Kroum Rd.
Steung Thmei
Apsara Theater
Angkor Art Nachtmarkt
Wat Damnak
Zentrum für Khmer-Studien
Life & Hope Association
7 Makara St.
High School Rd.
Psar Krong St.
Tonle Sap Rd.
Chocolate Rd.
Sala Lodge Rd.
HIGH SCHOOL
01
02
03
04
05
06
07
08
09
10
11
20
21
22
23
24
25
26
27

Rund um den Psar Chas

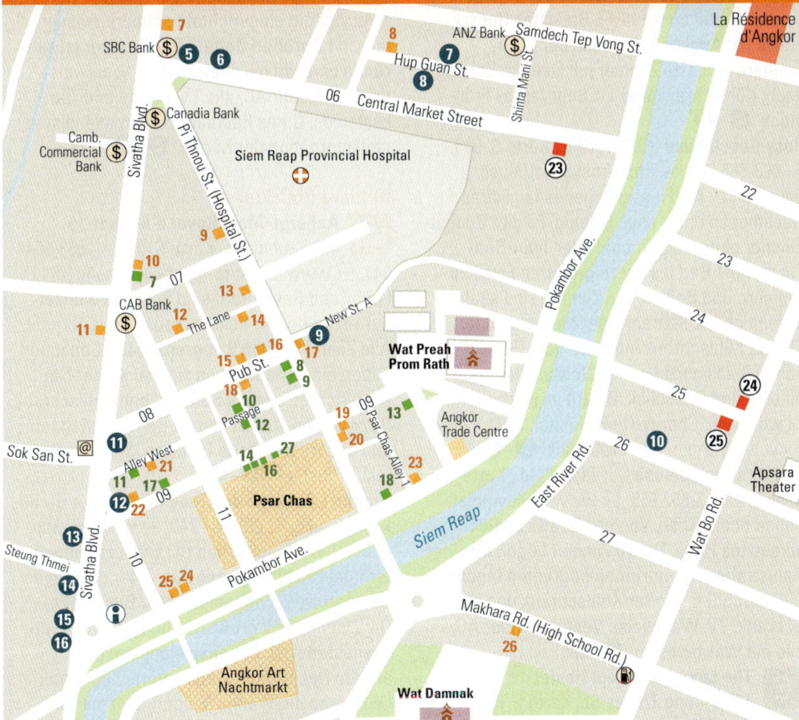

ÜBERNACHTUNG
1 Jasmine Lodge
2 Bou Savy Gh.
3 La Noria Hotel & Restaurant
4 Rosy Gh.
5 Borann L'Auberge des Temples
6 Sonyn Hotel
7 Smiley's Gh.
8 Shinta Mani
9 Babel Gh.
10 European Gh.
11 Happy Gh.
12 Golden Takeo Gh.
13 Two Dragons Gh.
14 Seven Candles Gh.
15 Mad Monkey Hostel
16 Auberge Mont Royal d'Angkor
17 Frangipani Villa Hotels
18 Golden Temple Villa
19 The Luxury Concept Hostel
20 The Siem Reap Hostel
21 Golden Temple Hotel
22 Popular Boutique Hotel
23 Ivy Gh.
24 Soria Moria
25 Shadow of Angkor Villa

ESSEN
1 Peace Café
2 Marum
3 The Hashi
4 Bugs Café
5 Kanell
6 Haven Training Restaurant
7 Le Malraux
8 The Soup Dragon
9 Little India
10 Cambodian BBQ
11 Little Italy
12 Amok
13 New Leaf Book Café
14 Einfache Khmer-Restaurants
15 Phsa Chas Restaurant
16 Joe to Go
17 Sister Srey Café

SONSTIGES
1 Verleih E-Bikes
2 Pou Leu Sokha
3 McDermott
4 Pou Leu Sokha
5 ConCERT
6 Artisans d'Angkor
7 DHL
8 Frangipani Spa
9 D's Bookshop
10 Rajana
11 Mekong Quilts
12 Three Seasons
13 Samatoa
14 Miss Wong
15 Temple Club & Sky Bar
16 Banana Leaf
17 U-care-pharma, Bodia Spa
18 Angkor What?
19 Laundry Bar
20 Senteurs d'Angkor
21 Smateria
22 Sopheng Art Gallery
23 Body Tune
24 Monument Books & Toys
25 Diwo Gallery
26 Alliance Café

TRANSPORT
1 Jet Star
2 Nattakan
3 Bangkok Airways
4 Sam Veasna
5 AirAsia
6 Green e-bike
7 AVT (Asia Van Transfer)
8 HNZ Helicopters Cambodia
9 The Adventure Story
10 Grasshoper Adventures
11 Beyond Unique
12 Escapes Capitol Tours
13 Phnom Penh Sorya
14 Virak Buntham
15 Rith Mony
16 Giant Ibis

Popular Boutique Hotel ㉒, Psar Krong St., Karte S. 560, 063-963 578, www.popularboutiquehotel.com, [9696]. Beliebtes Guesthouse mit Angkor-Motiven in der Lobby. Saubere geflieste Zimmer mit kleinem Schreibtisch, Kühlschrank und TV. Sehr teures Frühstück. ❷–❹

Rosy Guesthouse ④, River Rd., Karte S. 560, 063-965 059, http://rosyguesthouse.com, [9697]. Am Fluss gelegenes familiäres Guesthouse unter engl. Leitung. Es gibt Budget-Zimmer ohne Bad, Doppel oder Twin-Bett-Zimmer mit Bad bis hin zu größeren Familienzimmern und Balkon. Die Zimmer sind sauber, ordentlich mit Schrank oder Kleiderstange, TV und Kühlschrank möbliert. Vom Gemeinschaftsbalkon mit Lounge-Sesseln hat man einen tollen Flussblick. Billard im Restaurant, 2x wöchentl. Charity-Quiz, Bücher, DVD, White-Bicycles-Verleih. Inkl. Frühstück. ❶–❸

Smiley's Guesthouse ⑦, Taphul Rd., Karte S. 560, 012-852 955, www.smileyguesthouse.com, [9700]. Von der Straße zurückversetztes Haus. Die 70 Zimmer liegen an einer Balustrade rund um einen begrünten Innenhof. Holzfußboden, großer Kühlschrank und kleiner Schrank, TV. Wahlweise Ventilator oder AC, alle mit Warmwasser. ❶–❷

The Luxury Concept Hostel ⑲, 105 Steung Thmey St., Karte S. 560, 063-761 234, www.theluxuryconcepthostel.com, [9702]. Buntes Haus mit grünen (6 Betten), roten (8 Betten) und kiwifarbenen Dorms (12 Betten) zu jeweils US$6 p. P. Female-Dorm mit 10 Betten kostet frau US$7. Große Dachterrasse, auf der abends Partys stattfinden.

The Siem Reap Hostel ⑳, 7 Makara St., Karte S. 560, 063-964 660, www.thesiemreaphostel.com. Beliebte Backpacker-Unterkunft. Kleiner überdachter Pool. AC-Schlafsäle, 6 Betten mit Balkon US$11 p. P. (Mix und Female), Basic-Dorm (8–10 Betten) für US$9. Auch private DZ mit TV. Alle Zimmer haben AC. Besondere Angebote, wie Yogakurse und Filmabende, tragen zur Beliebtheit bei (auch für Tagesgäste). Poolnutzung für alle, die nicht hier wohnen, US$6. DZ ❸

Two Dragons Guesthouse ⑬, 110 Wat Bo Village, Karte S. 560, 063-965 107, www.twodragons-asia.com, [9701]. Von einem englisch-thailändischen Paar geleitet. Einfache, zweckmäßig eingerichtete saubere Zimmer, teils mit 2 großen Betten. Der Besitzer ist sehr rührig und hilft bei allen Fragen. Wahlweise Ventilator oder AC, alle TV. Kaffee und Tee kostenlos. Gutes Restaurant mit thailändischer und internationaler Küche. ❷–❸

Mittlere Preisklasse

Auberge Mont Royal d'Angkor ⑯, 497 Taphul Rd., Karte S. 560, 063-964 044, www.auberge-mont-royal.com, [9711]. Lobby und Restaurant sind in einem wunderbar restaurierten Kolonialhaus untergebracht. Alle Zimmer in den 3 angrenzenden Gebäuden haben einen Balkon und sind im Khmer-Stil eingerichtet, alle mit Safe, TV und Kühlschrank. Dazwischen stehen üppige Bananenstauden und andere tropische Pflanzen. Schöner Pool. Inkl. Frühstück. ❹–❺

Borann L'Auberge des Temples ⑤, Wat Bo Rd., Karte S. 560, 063-964 740, www.borann.com, [9712]. Im gleichen Stil wie das Schwesterhotel La Noria stehen hier unter schattigen Bäumen weiße doppelstöckige Bungalows. Die Zimmer sind großzügig und ansprechend ausgestattet: Schattenspielpuppen oder andere Dekorationen aus natürlichen Materialien zieren die Wände. Eingerichtet mit Bett, Schreibtisch, Sitzmöglichkeiten, Safe, aber kein TV. Alle Zimmer haben entweder eine große Terrasse oder Balkon mit großem Deckenventilator. Pool. Restaurant. ❺

Frangipani Villa Hotels ⑰, 603 Wat Bo Rd., Karte S. 560, 063-963 030, www.frangipanihotel.com, [9714]. Die Zimmer wirken luftig und hell dank der hellblau gestrichenen Wand. Große Betten mit Moskitonetz dominieren den Raum. Hübsche, aber recht kleine Bäder. Toll ist der Pool hinter dem Haus, der von duftenden Frangipani-Bäumen umgeben ist. ❹–❺

Golden Temple Villa ⑱, Steung Thmei, Karte S. 560, 012-943 459, www.goldentemplevilla.com, [9716]. Am Eingang begrüßt Shiva die Besucher. Prächtig begrünter Vorgarten mit Palmen. Die Zimmer sind alle im Khmer-Stil eingerichtet mit viel Holz und Seidentüchern. Toilettenartikel in den Bädern. Kostenlos gibt es 1 Std. Massage pro Aufenthalt, Fahrräder, Kaffee, Tee und Bananen sind tgl. kostenlos. ❸–❺

Shadow of Angkor Villa ㉕, Wat Bo Rd., Karte S. 561, ✆ 063-760 363, 💻 www.shadowangkorvilla.com, [9699]. Schöne, helle Zimmer mit dunklen schweren Möbeln: Schrank, Schreibtisch oder Beistelltisch. TV. Moderne Bäder mit Dusche und Glasduschabtrennung. Kleiner überdachter Pool. Die teuren Zimmer haben zusätzlich einen Balkon. ❸–❹

Sonyn Boutique Hotel ⑥, Taphul Rd., Karte S. 560, ✆ 063-968 767, 💻 www.sonynretreat.com, [9689]. Modernes Boutiquehotel im Betonschick. Safe, Kühlschrank, zum Teil mit Balkon. Kleiner, aber feiner Pool im Innenhof. ❹

The River Garden ㉖, West River Rd., Karte S. 572/573, ✆ 063-963 400, 💻 www.therivergarden.info, [9718]. In der großzügig begrünten Gartenanlage gibt es ganz einfache Zimmer, aber auch schön dekorierte in doppelstöckigen Holzbungalows. Pool. ❹–❻

Obere Preisklasse

Diamond D'Angkor ㉘, 55 Sok San St., Karte S. 572/573, ✆ 063-966 987, 💻 www.diamondangkor.com, [9721]. Villa mit geschmackvollen Balkon-Zimmern, die mit dem Holzboden und Holzmöbeln wohnlich-luxuriös wirken, auch dank der dekorativ eingesetzten Buddha- oder Ganeshastatuen. Kleiner Pool. ❺–❼

Golden Temple Hotel ㉑, 7 Makara St., Karte S. 560, ✆ 012-756 655, 💻 www.goldentemplehotel.com, [9723]. Die begrünte Anlage ist mit Angkor-Motiven geschmückt, ohne überladen oder gar kitschig zu wirken. Die rot gestrichenen Zimmer und Bäder sind edel im Khmer-Stil eingerichtet. Pool. Inkl. Frühstück, 1 Std. Massage pro Tag und Picknickkorb für einen Tempeltag. ❻–❼

ESSEN

Siem Reap bietet jede Menge Ausgehmöglichkeiten und Restaurants, die jegliche Geschmacksrichtungen bedienen. Besonders rund um die Pub St. und in der Passage reiht sich ein Restaurant an das andere. Tagsüber gibt es günstige authentische Küche im Psar Leu, abends öffnen auf der gegenüberliegenden Straßenseite einfache Garküchen.

Khmer-Küche

Amok, Passage, Karte S. 561, ✆ 063-965 407. Es wird nicht nur das namensgebende Nationalgericht serviert, doch sind vor allem die 5 Varianten des *amok* empfehlenswert. WLAN. ⌚ 10–23 Uhr.

Angkor Palm Restaurant, 115 Charles de Gaulles Blvd., Karte S. 572/573, ✆ 063-761 436, 💻 www.angkorpalm.com. Die „Angkor Palm Platter" mit 7 kambodschanischen Gerichten ist ein guter Einstieg in die kambodschanische Küche. Ein Großteil des Gemüses wird *organic* erwirtschaftet. Kochkurse. ⌚ 10–23 Uhr.

Cambodian BBQ, Passage, Karte S. 561, ✆ 063-966 052. Traditionelles BBQ für um die US$10 p. P. ⌚ 10–23 Uhr.

Kanell, 7 Makara St., Karte S. 560, ✆ 077-207 100, 💻 www.kanellrestaurant.com. Restaurant mit Pool. Im Garten oder im alten Holzhaus wird stilvoll westliche und Khmer-Küche serviert. Poolnutzung bei US$5 Mindestverzehr. ⌚ 10–22 Uhr.

€ **Phsa Chas Restaurant**, am alten Markt, Karte S. 561. Solide Khmerküche in großer Auswahl zu günstigen Preisen. ⌚ 7–23 Uhr.

Aus aller Welt

Le Malraux, 155 Sivatha Blvd., Karte S. 561, ✆ 063-966 041, 💻 www.le-malraux-siem-reap.com. Chefkoch David Martin zaubert französi-

Von Grashüpfern und Kakerlaken

Überall in Siem Reap werden diese Tierchen als Snacks angeboten, doch die wenigsten Touristen haben den Mut, etwas davon zu probieren. Um diese Scheu zu nehmen, hat das **Bugs Café**, Night Market St., Karte S. 560, ✆ 017-764 560, ein angenehmes Ambiente geschaffen, in dem die Gäste tatsächlich vermehrt Skorpione und andere Proteinträger kosten. ⌚ 17–23 Uhr.

KAMBODSCHA

Essen und Gutes tun

Eine ganze Reihe von Restaurants bildet benachteiligte Menschen aus oder spendet einen Teil ihrer Erlöse an Hilfsprojekte:

Haven Training Restaurant, Chocolate Rd., Karte S. 560, ☎ 078-342 404, 🖳 www.havencambodia.com. Das von Schweizern gegründete Restaurant bildet Waisen und missbrauchte Jugendliche aus. Khmer- und internationale Gerichte, dazu ein toller Service im Garten-Restaurant. Die Zutaten werden teils von anderen NGO-unterstützten Farmern bezogen. Abends reservieren. ⏲ außer So und Mi vormittags 11.30–15 und 17.30–22 Uhr.

Joe to Go, 9. St., Karte S. 561, ☎ 063-969 050, 🖳 www.joetogo.org. Leckerer Kaffee und kleine Gerichte in netter Atmosphäre. Zudem gibt es eine kleine Boutique mit Schmuck, Taschen und Kleidung und auf der 1. Etage wechselnde Kunstausstellungen. Der Gewinn geht an Global Child (🖳 www.theglobalchild.org). WLAN. ⏲ 7–21.30 Uhr.

Marum, Wat Bo Rd., Karte S. 560, ☎ 017-363 284, 🖳 www.marum-restaurant.org. Ehemalige Straßenkinder erhalten hier eine Ausbildung. In dem Gartenrestaurant sitzt man nicht nur sehr schön, auch der Service ist hervorragend. Serviert werden leckere, kreative Khmer-Gerichte. Rerservierung empfohlen. ⏲ außer So 11–22.30 Uhr.

New Leaf Book Café, St. 9, Karte S. 561, ☎ 063-766 016, 🖳 http://newleafbook.org. Alle Zutaten werden von Bauern aus der Region bezogen. In dem hübschen Café gibt es internationale Gerichte und guten Kaffee. Alle Erlöse gehen an Hilfsorganisationen. Wechselnde Kunstausstellungen, Khmer-Sprachkurse und Yoga. WLAN. ⏲ 8–21.30 Uhr.

Sala Bai, Tonle Sap Rd., Karte S. 572/573, ☎ 063-963 329, 🖳 www.salabai.com. Bietet unterprivilegierten Jugendlichen eine Ausbildung in der Gastronomie- und Hotelbranche. Im Restaurant gibt es tolles Frühstück, mittags Khmer- und internationale Gerichte. ⏲ Mo–Fr 7–9 und 12–14 Uhr. Vermieten 4 Zimmer. ❷–❸

Sister Srey Café, 200 Pokambor Ave., Karte S. 561, ☎ 097-723 8001, 🖳 auf Facebook. Das kleine Café serviert Frühstück und kleinere Gerichte, auch vegane Speisen. ConCERT (s. Kasten S. 566) hat hier einen Stand und informiert über Hilfsprojekte. ⏲ 7–19 Uhr.

sche Gerichte mit kambodschanischem Touch. Gemütliches Restaurant und große Terrasse. Gehobene Preise. ⏲ 7–23.45 Uhr.

Little India, Hospital St., Karte S. 561, ☎ 012-652 398. Das Ehepaar aus Sri Lanka serviert indische Küche, 1x pro Woche gibt es abends Spezialitäten aus Sri Lanka. Viel Vegetarisches. ⏲ 10–22 Uhr.

Little Italy, Alley West, Karte S. 561, ☎ 012-315 911. Italienische Gerichte: Pasta, Salate, gute Steinofenpizza. Pizzas um US$8. ⏲ 10–22 Uhr.

The Hashi, 86 Sivatha Blvd., Karte S. 560, ☎ 063-969 007, 🖳 www.thehashi.com. Der Edel-Japaner serviert nicht nur exzellentes Sushi und Sashimi, auch Kobe-Rind steht auf der Speisekarte. Gehobene Preise. ⏲ 11–15 und 18–23 Uhr.

The Soup Dragon, Pub St./Hospital St, Karte S. 561. Auf 3 Etagen wird in dem Holzhaus gute und beliebte vietnamesische Küche geboten, die auch von den hier lebenden Auslandsvietnamesen gelobt wird. WLAN. ⏲ 8–24 Uhr.

Vegetarisch und Vegan

Chamkar House Vegetarian, an einer Straße an der H6 Richtung Flughafen, Karte S. 572/573, ☎ 092-733 150. Serviert hervorragende vegetarische Khmer-Küche ohne Glutamat, etwas teurer, aber es lohnt. Auch Veganer werden hier satt. US$4. ⏲ 11–22.30 Uhr.

Peace Café, East River Rd., Karte S. 560, ☎ 063-965 210, 092-177 127, 🖳 www.peacecafeangkor.org. Café mit weitläufig im Garten verteilten Sitzgelegenheiten. Veganes und fair gehandeltes Essen und Trinken. Tgl. Yoga und vegetarische Kochkurse von 13–14 Uhr (US$20). Kostenloser Khmer-Unterricht Sa und So von 16–17. ⏲ 7.30–21 Uhr.

UNTERHALTUNG UND KULTUR

Bars und Kneipen

Die Pub Street macht ihrem Namen alle Ehre. Hier ist immer etwas los, die Straße wird abends für den Verkehr gesperrt. In der Hauptreisezeit drängen Menschenmassen durch die Amüsiermeile. Alternativ kann man in den schicken Hotelbars einen gepflegten Cocktail zu sich nehmen. Im **Victoria Angkor** lockt die Terrasse der **L'Explorateur Bar** (Happy Hour 17–19 Uhr, Cocktails für die Hälfte und kostenlos Canapés). Im **FCC Angkor** lässt sich in bequemen Sesseln und Kolonialflair (Happy Hour 17–19, 22–24 Uhr) von anstrengenden Tempelbesuchen entspannen, ähnlich wie in der gediegenen **Elephant Bar** im **Raffles Grand Hotel** (🕒 18–24 Uhr).

Angkor What?, Pub St. Eine halbe Generation von Travellern hat sich an den Wänden verewigt. Ein guter Platz, um draußen oder an der Bar einen Drink zu nehmen. 🕒 16–3 Uhr. Auch das **Banana Leaf** liegt in der Pub St., ✆ 063-964 813, 💻 www.restaurant-siemreap.com/html/bananaleaf.php. Kreative Cocktails wie Mojito mit Kampot-Pfeffer. 🕒 ab 10 Uhr, Ende offen. In der **Laundry Bar**, St. 9, ✆ 095-707 233, legen am Wochenende DJs auf. 🕒 ab 16 Uhr, Ende offen.

Miss Wong, The Lane, ✆ 092-428 332, 💻 www.misswong.net ist eine schicke Cocktailbar im Shanghai-Stil der 1930er-Jahre. 🕒 18–1 Uhr. In der **Tuk-Tuk Bar**, Sok San St., ✆ 092-909 686, kehren auch Einheimische ein. 🕒 10–1 Uhr.

Temple Club & Sky Bar, Pub St. Die beliebte Bar mit lauter Musik in den Abendstunden lockt mit ihrer zentralen Lage und drei Billardtischen viele Traveller an. Im Obergeschoss Restaurant und ganz oben eine Rooftop Skybar. 🕒 ab 7.30 Uhr – Ende offen.

Theater und Zirkus

Tanz und Schattentheater

Siem Reap ist neben Phnom Penh einer der wenigen Orte, an dem Touristen klassische **Apsara-Tänze** sehen können. Meist werden diese Aufführungen mit 2 Volkstänzen (Fischertanz und Kokosnusstanz) und einem weiteren klassischen Fragment des *Reamker* aufgeführt. Auch **Schattentheatervorführungen** sind sehenswert. Bei diesen Darbietungen werden kleine bewegliche oder bis zu 2 m große Schattenpuppen eingesetzt.

Apsara Theater, ggü. Angkor Village Hotel, St. 60, ✆ 063-963 561, 💻 www.angkorvillageresort.asia/apsaratheatre.php. Traditionelle Khmer-Gerichte um 19.30 Uhr, im Anschluss Apsara-Tanz bis 21.30 Uhr. Häufig durch Reisegruppen ausgebucht. US$25 inkl. Essen ohne Getränke, Kinder unter 12 Jahren die Hälfte. Tanz und Dinner auch im **Raffles Grand Hotel d'Angkor** und im **La Résidence d'Angkor**.

€ Kostenlose sehenswerte Aufführungen mit Livemusik und Gesang tgl. im **Temple Club & Sky Bar** (s. o.) von 19.30–21.30 Uhr, Verzehrzwang (mind. ein Getränk).

La Noria Hotel, ✆ 063-964 242, 💻 www.lanoriaangkor.com. Mi um 19.30 Uhr führen Kinder von **Krousar Thmey** Apsara-Tanz und Schattentheater vor. Der Eintritt kommt der NGO zugute, US$6. Mehr zur NGO unter 💻 www.krousar-thmey.org.

Weitere Shows

Beatocello im Kinderkrankenhaus Jayavarman VII., ✆ 063-964 803, 💻 www.beatocello.com. Der Schweizer Dr. Beat Richter setzt sich mit seiner **Kantha Bopha Foundation** für die Behandlung von Kindern ein. Die Organisation betreibt mittlerweile 5 Kinderkrankenhäuser, eines davon in Siem Reap. Jeden Sa um 19.15 Uhr gibt der Schweizer als Beatocello ein Konzert. Um Spenden wird gebeten. Unbedingt einen Pullover mitnehmen. Alle die mehr tun wollen, können auch Blut spenden.

Phare – The Cambodian Circus, Phare Circus Ring Road, nahe Sok San Rd., ✆ 015-499 480, 💻 www.pharecircus.org. Tgl. um 20 Uhr findet eine einstündige sehr sehenswerte Akrobatik-Show statt (Einlass ab 19.30 Uhr). Die Artisten stammen überwiegend aus unterprivilegierten Familien. Dem etwas unheimlich wirkenden Feuerschlucker begegnet fast jeder einmal auf den Straßen Siem Reaps, wenn er kleine Kostproben seines Könnens gibt. Ab US$18, Kinder 5–12 Jahre ab US$10.

Smile of Angkor, Grand Theater, ✆ 063-655 0168, 💻 www.smileofangkor.info. Bombastische Laser-3D-Show über den Aufstieg von

Angkor. Ab US$38, Kinder 4–12 Jahre die Hälfte. Inkl. Buffet; ohne Buffet US$8 weniger. Tgl. 19.30 Uhr, Buffet ab 17 Uhr.

EINKAUFEN

Märkte

Mehrere Märkte laden zum Bummeln und zur Suche nach Souvenirs ein. Die den Ausländern genannten Preise sind oft überteuert, also Handeln nicht vergessen!

Angkor Art Nachtmarkt, auf der anderen Flusssseite, gegenüber dem Psar Chas. Großes Angebot an Souvenirs. 11–24 Uhr.

Angkor Nachtmarkt, www.angkornightmarket.com. Über 240 Shops mit Kunsthandwerk, Seide, Schattenspielpuppen u. a. Souvenirs. Manches davon stammt allerdings aus asiatischen Nachbarländern. 16–24 Uhr.

Psar Chas, Holzschnitzereien, Silberarbeiten, Buddhafiguren, *kramas*, T-Shirts und andere Bekleidung, Seide, Objekte aus Rattan, Gewürze – hier sind der Einkaufslust keine Grenzen gesetzt. Bis zum späten Nachmittag frische Lebensmittel. 9–22 Uhr.

Bücher

D's Bookshop, Hospital St., Second-Hand-Bücher, auch in deutscher Sprache, um US$5. Für Bücher, die in Zahlung genommen werden, gibt es US$2. 10–22 Uhr.

Monument Books & Toys, Pokambor Ave., www.monument-books.com. Tolle Bildbände und englischsprachige Bücher. Große Auswahl zur jüngeren Geschichte Kambodschas oder Angkor. Daneben Kochbücher, Kinderbücher, Kinderspielzeug. 8–21 Uhr.

Galerien

Im Psar Chas und den beiden Nachtmärkten gibt es Ölgemälde zu kaufen – meist handelt es sich um naturalistische bunte Motive der Tempel von Angkor. Die Leinwände werden zum Transport vom Rahmen genommen und können gerollt gut transportiert werden.

Diwo Gallery, Pokambor Ave., nahe dem Markt, 092-930 799, www.diwo-gallery.com. Fotografien des Franzosen Thierry Diwo. Hochwertige Skulpturen, die Exponaten aus dem Nationalmuseum in Phnom Penh nachempfunden sind. Kostenloser Shuttle-Service zur größeren Diwo Gallery 2 Richtung Tonle Sap. 8–22.30 Uhr.

McDermott, www.asiaphotos.net. Sehenswerte künstlerische Schwarz-Weiß-Fotografien des bekannten Fotografen John McDermott im FCC. 9–22 Uhr.

Sopheng Art Gallery, St. 9, 063-964 322. Bunte, naiv bis kubistische Ölgemälde der kambodschanischen Künstlerin Sopheng, ab US$55. 8.30–21.30 Uhr.

AKTIVITÄTEN

Kochkurse

Mehrere Restaurants und Hotels vermitteln einen prima Einblick in die kambodschanische Küche, u. a.:

Cooks in Tuk Tuks, im The River Garden Hotel, 063-963 400, www.therivergarden.info. Täglich um 10 Uhr für US$25 p. P. ohne Voranmeldung. Vegetarier sollten vorher Bescheid geben.

Peace Café, s. o., Restaurants. Hier werden tgl. von 13–14 Uhr vegetarische Gerichte gekocht. US$20, inkl. Rezeptbuch, keine Voranmeldung.

Temple Club & Sky Bar, s. o., Unterhaltung. Bietet tgl. um 14 Uhr einen sehr günstigen Kochkurs für US$10 (Voranmeldung notwendig).

Wellness

Bodia Spa, Hospital St., 063-761 593, www.bodia-spa.com. Die Wellnessoase

Sinnvolles Engagement

ConCERT, 560 Psar Kroum Rd., 092-353 211, www.concertcambodia.org, nennt sich die Netzwerk- und Informationsstelle für Ökotourismusprojekte und ehrenamtliche Arbeit (Vermittlungsgebühr US$200). Interessierte, die z.B. in einem Waisenhaus arbeiten möchten, bekommen hier einen Einführungskurs. Wer innerhalb von drei Tagen keine passende Stelle erhält, bekommt das Geld zurück. Infos unter anderem auch beim Haven Trainingsrestaurant und dem New Leaf Café, Mo–Fr 9–17 Uhr.

Shoppingadressen mit Vorbildcharakter

Viele Shops unterstützen benachteiligte Menschen durch Ausbildung, Beschäftigung oder Spenden. Mekong Quilts, Rajana und Smateria sind auch in Phnom Penh vertreten. Und bei den meisten kann man bequem zu Hause online bestellen.

Artisans d'Angkor – Chantiers Écoles, Steung Thmei St., ✆ 063-963 330, 💻 www.artisansdangkor.com. Hochwertige Holz- und Steinmetzarbeiten, feine Lackarbeiten, wunderbare Seidenstoffe und ausgefallene Kleidung. Die angrenzenden Werkstätten können besichtigt werden. Hier werden benachteiligte Jugendliche in alten Handwerkstraditionen ausgebildet. Über 48 solcher Workshops befinden sich rund um Siem Reap.

Mekong Quilts, 5 Sivatha Blvd., ✆ 063-964 498, 💻 www.mekong-quilts.org. Schöne Sachen aus Stoff: Bettüberwürfe, Decken, Kinderspielzeug und Weihnachtsdekoration, gefertigt von Frauen aus ländlichen Gebieten in Kambodscha und Vietnam. ⌚ 8–22 Uhr.

Rajana, 153 Sivatha Blvd., 💻 www.rajanacrafts.org. Schöner Silberschmuck und Dekorationsobjekte. Die NGO Rajana setzt sich für faire Arbeitslöhne und -bedingungen ein. ⌚ 8–23 Uhr.

Samatoa, 98 Hospital St., ✆ 063-965 310, 💻 www.samatoa.com. Ausgefallene Seidenmode, die auch maßgefertigt wird. Setzt sich für fairen Handel und sozial verantwortliche Beschäftigung ein. ⌚ 8–23 Uhr.

Senteurs d'Angkor, Hospital St., ✆ 063-964 801, 💻 www.senteursdangkor.com. Asiatische Gewürze, Düfte und Tee; außerdem Kosmetik, Kerzen und Seidenartikel. Bildet die Landbevölkerung aus; die Zutaten werden regional eingekauft und wenn möglich biologisch angebaut, ⌚ 7.30–22 Uhr.

Smateria, Alley West, ✆ 063-964 343, 💻 www.smateria.com. Außergewöhnliche Taschen aus recycelten Materialien im italienischen Design. Unterstützt benachteiligte Frauen. Filiale auch am Flughafen. ⌚ 10–22 Uhr.

Three Seasons, The Lane, ✆ 012-415 989, 💻 www.keokjay.com. Fair-Trade-Mode, deren Verkauf HIV-positiven Frauen hilft. ⌚ 10–22 Uhr.

bietet Massage, Packungen, Waxing, Dampfsauna und Jacuzzi. Anwendungen mit eigenen Kräuterprodukten. ⌚ 10–24 Uhr, Buchungen bis 22 Uhr.

Body Tune, 293 Pokambor Ave., ✆ 063-764 141, 💻 http://bodytune.co.th/branch_siemreap.aspx. Thai-Massage ab US$14/Std. ⌚ 10–22.30 Uhr.

Frangipani, 615 Hup Guan St., ✆ 063-964 391, 💻 www.frangipanisiemreap.com. In einem EZ mit Dusche ab US$20 für 30 Min., darunter Anti-Stress-Massage oder 4-händige Massage. Gesichtsbehandlungen. ⌚ Di–So 10–20 Uhr, letzter Termin 19 Uhr.

TOUREN

Touranbieter

Bees Unlimited, ✆ 012-436 475, 💻 www.beesunlimited.com. Der Amerikaner Dani lebt seit 20 Jahren in Kambodscha und zeigt Besuchern das ländliche Leben. Er kommt ins Hotel und stellt eine individuelle Tour mit dem Tuk-Tuk zusammen.

Beyond Unique Escapes, Alley West, Ecke Sivatha Blvd., ✆ 063-969 269, 💻 www.beyonduniqueescapes.com. Außergewöhnliche und individuelle Touren. Etwa eine Tagestour zu den Dörfern, um den Alltag einer Familie zu erleben und z. B. bei der Reisernte zu helfen. Teile der Einnahmen gehen an die NGO HUSK, 💻 www.huskcambodia.org. ⌚ 7–22 Uhr.

Naturschutzzentrum Sam Veasna, 63 St. 26, ✆ 063-963 170, 💻 www.samveasna.org. Die NGO organisiert ökologisch verträgliche Vogelbeobachtungs-Touren. Ein Teil der Einnahmen geht an Projekte im Ort, wie z. B. die Ausbildung lokaler Führer. ⌚ 7–18 Uhr.

Tagestouren zu den Tempeln von Angkor

Die meisten Touristen nehmen ein Tuk-Tuk, um die **Tempel von Angkor** und die etwas weiter entfernten Anlagen zu erkunden. Der Preis richtet sich nach der Entfernung der Tempel und liegt für eine Tagesausfahrt zwischen US$10 und US$30. Wer abends gegen 16.30 Uhr nur für den Sonnenuntergang nach Angkor Wat fährt, zahlt US$8. Zwischen US$10 und US$15 kostet die **Kleine Runde** (Angkor Wat, Bayon/Angkor Thom, Ta Keo, Ta Prohm, Banteay Kdei, Prasat Kravan). US$15–20 zahlt der Gast für die **Große Runde** (kleine Runde ohne Ta Keo und Ta Prohm, dafür mit Pre Rup, Östlicher Mebon, Ta Som, Neak Poan und Preah Khan).
Ab US$20–25 wird man zum 35 km entfernten **Banteay Srei** gebracht. Noch weiter entfernt liegt **Kbal Spean**, wer hierhin will, zahlt etwa US$30. Für die anstrengende Fahrt bis **Phnom Kulen** ist mit ca. US$35 zu rechnen. Fahrten mit dem Motorradtaxi sind etwas günstiger. Der Preis ist relativ unabhängig davon, ob es morgens vor Sonnenaufgang losgeht, ein ganzer Tag bei den Tempeln verbracht wird, oder die Gäste nur kurz bei den Tempeln vorbeischauen und vor dem Mittag wieder zurück in Siem Reap sind. Man sollte bei den Termin- und Preisverhandlungen jedoch in etwa wissen, was man plant, damit der Tuk-Tuk-Fahrer nicht genervt wartet und zur Eile drängt oder der Gast an den Tempeln auf den Fahrer warten muss, weil dieser erstmal eine Mittagsverschnaufpause eingelegt hat.

Fahrrad- und Motorradtouren

Grasshopper Adventures, St. 26, ☎ 012-462 165, 💻 www.grasshopperadventures.com. Geführte Fahrradtouren zu den Tempeln (u. a. auch zum Beng Mealea) oder in die ländliche Region. Halb- und Tagestouren. 🕒 7–18 Uhr.
Siem Reap Dirt Bikes, ☎ 096-248 7224, 💻 www.siemreapdirtbikes.com. Vermietet für geführte Touren gute 250-ccm-Geländemaschinen. Trips als Tagestour zu Beng Mealea bis hin zu 10 Tagen quer durch Kambodscha. Fahrkönnen ist Voraussetzung.
The Adventure Story, New St., ☎ 069-801 705, 💻 www.theadventurestory.com. Geführte Fahrradtouren zu den Tempeln von Angkor oder in die ländliche Umgebung. Touren für Familien (Kindersitze und kleine Räder). 🕒 7.30–20 Uhr.

SONSTIGES

Apotheken

Filialen der Apotheken-Kette **U-care-pharma** befinden sich am Ende Pub St., Hospital St., ☎ 063-965 396, 🕒 8–24 Uhr, und im Shoppingcenter Lucky Mall, ☎ 063-966 683, 💻 www.ucarepharma.com, 🕒 8–21 Uhr.

E-Bikes und E-Roller

Eine entspannte Art, selbstbestimmt durch die Tempel zu fahren, bieten die E-Bikes. Mit 40 km/h Höchstgeschwindigkeit sind sie für jedermann zu fahren. Man braucht keinen Führerschein. **Green e-bike**, St. 6, ☎ 095-700 130, 💻 www.greene-bike.com. Die kleinen grünen Flitzer sind für eine Person geeignet und kosten US$10/24 Std., jede weitere Stunde US$1. Die Batterie reicht für etwa 40 km. Ladestationen in der Stadt und in Angkor. 🕒 7.30–19 Uhr.
Pou Leu Sokha, Sivatha Rd., ☎ 012-402 727. Vermietet werden weiße E-Roller für bis zu 2 Pers., die dank zweier Batterien bis zu 80 km schaffen. US$12/24 Std.

Fahrradverleih

Viele Hotels und Guesthouses vermieten einfache Fahrräder für US$2/Tag. Um nicht total erschöpft durch die Tempelanlage zu radeln, empfiehlt sich ein Mountainbike für etwa US$5–10 am Tag.
The Adventure Story und **Grasshopper Adventure** (s. Touren) verleihen Fahrräder für US$3 und Mountainbikes für US$5/Tag, bzw. für neue Modelle US$10. Inkl. Fahrradhelm und Schloss. Auch Kinderfahrräder und Kindersitze. 🕒 7.30–20 Uhr.
White Bicycles, ☎ 092-332 730, 💻 www.thewhitebicycles.org. Für einen guten Zweck radelt man mit den Fahrrädern von White Bicycles, US$2/Tag. Der Gewinn

geht an Dörfer, um dort sauberes Trinkwasser bereitzustellen und die Schulausbildung der Kinder zu ermöglichen. White Bicycles stehen u. a. vor dem Soria Moria Hotel, Ivy Guesthouse, La Noria Hotel und Rosy Guesthouse.

Informationen

Touristeninformation, Sivatha Blvd., ✆ 092-795 585. Sehr freundliches Personal, das bei Hotelbuchungen, Bus- und Flugtickets oder Visaverlängerungen hilft. Bietet die gleichen Informationen wie Guesthouses und Touranbieter. ⌚ 7–21 Uhr.

Khmer Angkor Tour Guide Association (KATGA), ✆ 095-828 248, 💻 www.khmerangkortourguide.com. Alle, die einen Deutsch sprechenden Führer durch die Tempel suchen, finden in diesem Zusammenschluss lizenzierter Tourguides.

Medizinische Hilfe

Royal Angkor International Hospital, N6, ✆ 063-761 888, Notfall-✆ 012-235 888, 💻 www.royalangkorhospital.com. Eine Privatklinik von internationalem Standard, arbeitet mit dem Bangkok Hospital zusammen. Konsultationen ab US$145. 24 Std. Notaufnahme. Kostenübernahme bei ernsten Fällen in der Regel direkt durch die Auslandskrankenkasse.

Kampuchea Dental Clinic, ✆ 063-555 5112, 092-714 858. Empfehlenswerte Zahnklinik. Führt u. a. Wurzelbehandlungen durch und fertigt Kronen an. Auslandskrankenkassen übernehmen nur Notfallbehandlungen.

Post und Paketdienst

Hauptpost, Pokambor Ave. Postkarten, Briefmarken, internationale Telefonate. ⌚ 7.30–17 Uhr. Im Gebäude **EMS-Kurierdienst** (S. 84). ⌚ 8–12 und 14–17 Uhr.

DHL, 14-18 Sivatha Blvd., ✆ 063 964 848.

Sicherheit und Betrügereien

Rund um die Pub St. und den Sivatha Blvd. häufen sich Betrügereien durch Frauen, die mit einem kleinen Baby im Arm umherlaufen, häufig im Eingangsbereich von Supermärkten. Sie fragen nach **Milch für ihr Kind**, lassen diese von den Touristen kaufen und geben sie anschließend wieder zurück. Das Geld wird dann mit dem Supermarktbesitzer geteilt, das Restgeld an eine wartende Person abgegeben.
Ähnliches kann bei Fahrten zu den schwimmenden Dörfern passieren. Entweder soll der Tourist einen überteuerten Sack Reis kaufen, oder der Lehrer bittet um Schulmaterialien für die Schüler. In beiden Fällen wird auch hier der Einkauf zurückgebracht. Weitere Informationen zum Thema Sicherheit ab S. 88.

Visaangelegenheiten

Die einmalige **Verlängerung** eines Touristenvisums für 30 Tage übernehmen die Touristeninformation, Hotels, Guesthouses und Touranbieter. US$50, Visum innerhalb von 3 Tagen. Business-Visa können für 1, 3, 6 oder 12 Monate verlängert werden, US$35/75/160/290.

Visa für Vietnam besorgen Guesthouses und Touranbieter für US$65 innerhalb von 3 Werktagen. Wer nur 15 Tage in Vietnam bleiben will, bekommt derzeit ein Visa on Arrival an der Grenze. Siehe auch Traveltipps S. 100.

NAHVERKEHR

Motorradtaxis

Motorradtaxis warten an Kreuzungen und an der Westseite des Psar Chas auf Fahrgäste. Fahrten innerhalb der Stadt US$0,50–1, nachts das Doppelte. Tagestouren zu den Tempeln US$10–15.

Wichtige Telefonnummern

Polizei
Touristenpolizei, Haupteingang Angkor Archäologie Park, ✆ 012-402 424; Englischsprachige Polizisten, ✆ 097-778 0002, ✆ 012-969 991

Feuerwehr
Sivatha Blvd., ✆ 063-784 464, ✆ 012-390 806, ✆ 012-784 464

ChildSafe
Hotline ✆ 012-311 112, ✆ 063-761 096, ✉ Kalimyanmith@friends-international.org

Taxis
Taxis bzw. Autos mit Fahrer vermitteln Hotels und Guesthouses: nach Banteay Chhmar US$70, Banteay Srei US$30, Beng Mealea US$40, Battambang US$50, Koh Ker US$60, Phnom Penh US$70, Poipet US$35, Sihanoukville US$120.

Tuk-Tuks
Tuk-Tuk-Fahrer stehen überall im Zentrum oder fahren umher auf der Suche nach Fahrgästen. Fahrten innerhalb des Bereichs um den Alten Markt für US$1–2, bei Regen oder nachts das Doppelte. Zu den Hotels etwas weiter draußen an den Ausfallstraßen, v. a. wenn es teure Unterkünfte sind, ab US$3. Tagesfahrten zu den Tempeln auf S. 568.

KAMBODSCHA

TRANSPORT

Busse
Der **Busbahnhof Chong Kov Sou** liegt ca. 4 km östlich der Stadt nahe dem Psar Leu. Jedoch nicht alle Busgesellschaften fahren hier ab. Am besten lässt man sich vom Hotel/Gästehaus bzw. vor dem Reisebüro abholen und zur Abfahrtstelle bringen. Dieser Service ist i. d. R. inklusive. Tickets gibt es am günstigsten direkt in den Büros. Auch Unterkünfte und Reisebüros verkaufen Tickets (geringfügig teurer). Wer auf eigene Faust zum Busbahnhof fährt, zahlt für das Motorradtaxi US$2, Tuk-Tuk US$3–4 und Taxi US$5. Neben den gelisteten Verbindungen bieten weitere Gesellschaften Busverbindungen (v. a. nach Phnom Penh) an.

Busgesellschaften
AVT, ✆ 012-505 673, 💻 www.asiatransfer.com. Minibusse unter westlichem Management nach Stung Treng und weiter nach Ban Lung oder Don Det (Laos).
Capitol Tours, St. 9, Ecke Sivatha Rd., ✆ 012-830 170, 💻 www.capitoltourscambodia.com. Busse nach Phnom Penh, Battambang (über Sisophon), Poipet, Sihanoukville, Bangkok und Ho-Chi-Minh-Stadt.
Giant Ibis, 252 Sivatha Blvd., ✆ Hotline: 023-999 333, 💻 www.giantibis.com. Tages- und Nachtbusse nach Phnom Penh. Kombiniert mit dem Nachtbus, kann man ab Phnom Penh nach Sihanoukville und Kampot weiterfahren.
Nattakan, 22 Sivatha Blvd., ✆ 078-795 333, 💻 www.daily-booking.com. Direktbusse nach Bangkok. Vermittelt zudem weitere Busgesellschaften.
Phnom Penh Sorya, Sivatha Blvd., ✆ 096-766 6577, 💻 www.ppsoryatransport.com. Neben Phnom Penh, Sihanoukville und Battambang (über Sisophon) fahren die Busse auch zu weniger frequentierten Zielen wie Banlung, Sen Monorom, Stung Treng und Krati. Zudem Kombitickets zu Zielen in Laos und Vietnam.
Rith Mony, Sivatha Blvd., Ecke Pokambor Ave., ✆ 017-525 377. Busse nach Battambang, Phnom Penh und Sihanoukville.
Virak Buntham, Sivatha Blvd., Ecke Pokambor Ave., ✆ 017-333 581, 💻 www.vet-travel.com. Busse nach Phnom Penh, Sihanoukville, Ko Kong, Mondulkiri, Thailand und Vietnam. Wahlweise mit dem großen Bus oder dem Minibus.

Fahrtziele
BANLUNG, mit Phnom Penh Sorya um 5.30 Uhr für US$16,50 in 10 Std. oder mit Minibussen von AVT um 8 Uhr für US$27 in 8 Std. (Umstieg in Stung Treng).
BATTAMBANG, mit Capitol Tours, Phnom Penh Sorya und Rith Mony mehrmals tgl. zwischen 6.30 und 13.30 Uhr für US$4,5–6,25 in 3–4 Std.
KAMPOT, umsteigen in Phnom Penh; mit Giant Ibis für US$21 (*Sleeper* s. u.) und Phnom Penh Sorya um 7 Uhr für US$12 in 10–13 Std.
KOH KONG, Virak Buntham um 7 Uhr mit dem VIP-11-Sitzer oder mit dem *Sleeper* um 24 Uhr für US$27 in 12 Std.
KRATIE, Phnom Penh Sorya um 6.45 und 7.30 Uhr für US$11 in 8–9 Std.
PHNOM PENH, die beste Option ist Giant Ibis, Abfahrt 7.45, 8.45 und 12.30 Uhr und mit den Nachtbussen um 22.30 und 23 Uhr in 6–7 Std. für US$15. Auch Capitol Tours, Phnom Penh Sorya, Rith Mony u. a. (es gibt etwas 49 Busse) tgl. zwischen 5.45 und 18 Uhr und nachts gegen Mitternacht für US$5–13.
POIPET, mit Capitol Tours um 8 Uhr für US$4 in 3 1/2 Std.

SEN MONOROM, mit Phnom Penh Sorya um 5 Uhr für US$16,50 in 10 Std.
SIHANOUKVILLE, Mekong Express, Phnom Penh Sorya und Rith Mony 11x tgl. zwischen 6.30 und 12 Uhr für US$10–24 in 11–12 Std. Rith Mony und Virak Buntham haben *Sleeper*-Busse, die gegen Mitternacht losfahren, US$15.
SISOPHON, mit den Bussen Richtung Poipet für den gleichen Preis in 2 Std.
SRA EM (für Preah Vihear), mit Rith Mony um 13.30 Uhr für US$5 in 6 Std.
STUNG TRENG, Minibusse: mit Phnom Penh Sorya um 7.30 und 8.30 Uhr für US$14 in 6 1/2 Std. oder mit AVT um 8 Uhr für US$15.

In die Nachbarländer

Thailand: BANGKOK, durchgehend mit Nattakan um 8 und 9 Uhr für US$28 in 8 Std. zum Mo Chit-Busterminal. Andere Gesellschaften bieten Verbindungen mit Umsteigen an der Grenze, z. B. Capitol Tours um 8 Uhr für US$10. Virak Buntham fährt um 2 Uhr nachts im *Sleeper*-Bus für US$15, Fahrzeit ca. 10–11 Std.
Laos: SI PHAN DON (8 Std.) für US$23 und PAKXE (16 Std.) für US$26, mit Phnom Penh Sorya um 7 und 8 Uhr. Nach Don Det fahren um 8 Uhr auch die Minibusse von AVT für US$30 in 8 Std., Umstieg in Stung Treng.
Vietnam: HO-CHI-MINH-STADT, mit Virak Buntham um 8.30 Uhr in 10 Std. für US$24. Nachtbusse um 19, 23 und 24 Uhr für um die US$18–22.

Sammeltaxis und Minibusse

Sammeltaxis stehen rund um den Busbahnhof und an der N6. Sie fahren los, sobald alle 6 Sitze verkauft sind. Besser am Morgen vorbeischauen, nachmittags kann die Weiterfahrt schwierig werden, wenn nicht genügend Passagiere zusammenkommen. Zur Not muss man die freien Sitze zusätzlich bezahlen.
ANLONG VENG US$6,50, BATTAMBANG US$8, O'SMACH (Grenze Thailand) US$6,50, PHNOM PENH US$10, SISOPHON US$6.
Minibusse stehen an der N6 und fahren ebenfalls los, sobald genug Passagiere zugestiegen sind. Der Sitzplatz ist etwas günstiger als im Sammeltaxi, es kann aber sehr eng werden, wenn der Wagen extrem voll beladen wird.

Boote

Die **Schnellboote** nach **Phnom Penh** sind zwar eine Alternative zur Busfahrt, jedoch ist die Fahrt über weite Strecken eher langweilig.
Die Flussfahrt nach **Battambang** lohnt mehr. Je nach Wasserstand bis zu 9 Std. Fahrt. Boote starten im **Hafen** nahe dem schwimmenden Dorfe **Chong Kneas**, etwa 13 km südlich von Siem Reap. Tickets bei Guesthouses und Touranbietern (Abfahrt im Hotel ab 5.30 Uhr). Tickets sollten einen Tag, in der Hauptsaison 2 Tage, vorher gekauft werden.
BATTAMBANG, um 7.30 Uhr für US$20 in 6–9 Std.
PHNOM PENH, um 7 Uhr für US$35 in 5–6 Std. (Nov–März).

Flüge

Der **Flughafen Siem Reap International** liegt etwa 7 km vom Stadtzentrum entfernt. Inlandflüge mit **Cambodia Angkor Air**, 💻 www.cambodiaangkorair.com, nach: PHNOM PENH, 4–6x tgl. in 45 Min., US$70–136; SIHANOUKVILLE, tgl. in der Hauptsaison, Mai–Okt 4x wöchentl. in 1 Std., ab US$116.
Internationale Flüge gehen u. a. nach China, Laos (Luang Prabang, Pakxe), Malaysia, Singapore, Thailand (Bangkok) und Vietnam (HCMC, Hanoi, Da Nang), Flugpläne unter 💻 www.cambodia-airports.com.
AirAsia verbindet u. a. Siem Reap mit Bangkok. Ein Sales-Büro befindet sich in der 6 St., ✆ 063-968 869, ✉ atsc.rep@mekong discovery.org.
Vietnam Airlines fliegt tgl. mehrmals nach HCMS und Ha Noi. Fluginformationen unter 💻 www.vietnamairlines.com.
Auch **Jet Star**, 💻 www.jetstar.com, und **Bangkok Airways**, 💻 www.bangkokair.com, fliegen Siem Reap an, u. a. aus Thailand und Vietnam.
Zum/am Flughafen: Vom Zentrum zum Flughafen oder in umgekehrter Richtung Minivans/ Taxis/Tuk-Tuks oder Motorradtaxis für US$10/ 7/5/2 für die 15- bis 20-minütige Fahrt.

KAMBODSCHA

Siem Reap und Angkor

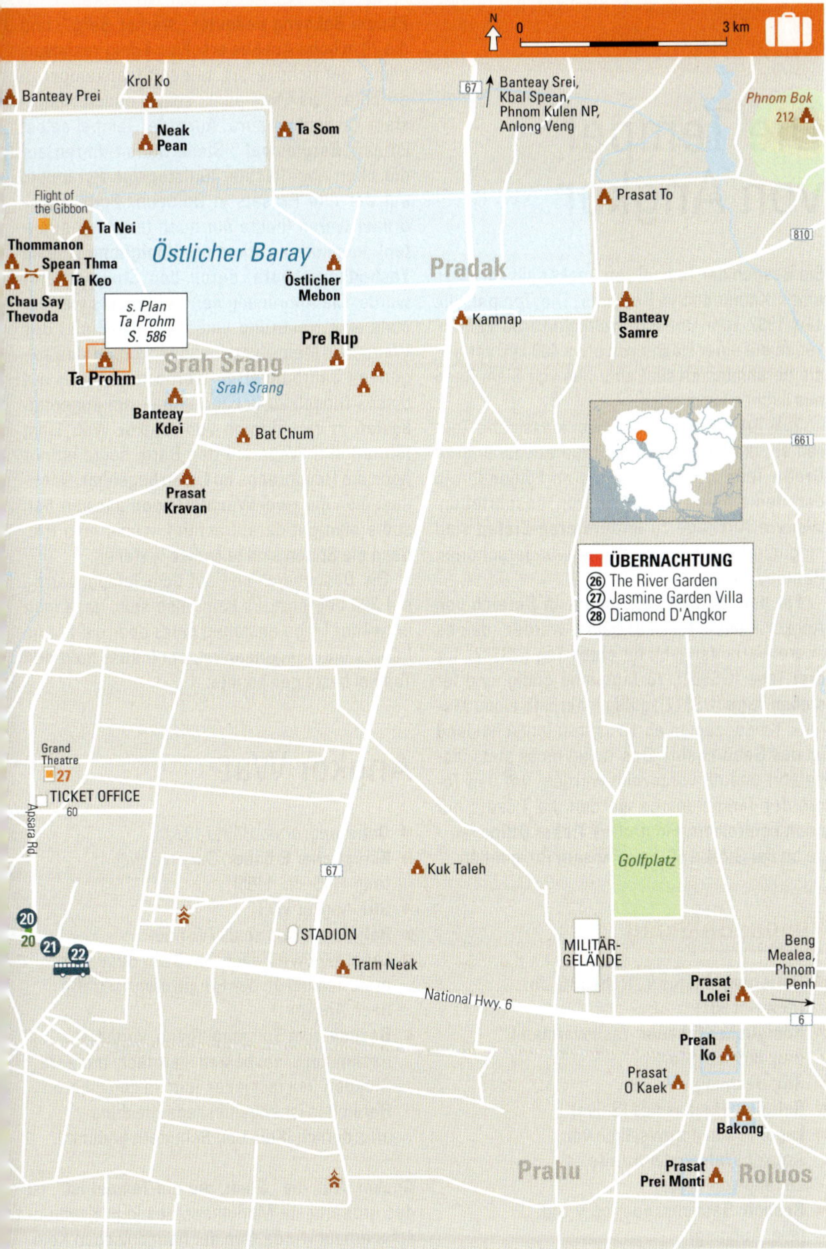
N
0
3 km
Banteay Prei
Krol Ko
Neak Pean
Ta Som
67
Banteay Srei, Kbal Spean, Phnom Kulen NP, Anlong Veng
Phnom Bok
212
Flight of the Gibbon
Ta Nei
Thommanon
Spean Thma
Ta Keo
Chau Say Thevoda
Östlicher Baray
Östlicher Mebon
Pradak
Prasat To
810
Kamnap
Banteay Samre
s. Plan Ta Prohm S. 586
Pre Rup
Srah Srang
Ta Prohm
Srah Srang
Banteay Kdei
Bat Chum
661
Prasat Kravan
ÜBERNACHTUNG
26 The River Garden
27 Jasmine Garden Villa
28 Diamond D'Angkor
Grand Theatre
27
TICKET OFFICE
60
Apsara Rd.
67
Kuk Taleh
Golfplatz
20
20
21
22
STADION
Tram Neak
MILITÄR-GELÄNDE
Beng Mealea, Phnom Penh
Prasat Lolei
National Hwy. 6
6
Preah Ko
Prasat O Kaek
Bakong
Prahu
Prasat Prei Monti
Roluos

14 HIGHLIGHT

Die Tempel von Angkor

Ein Besuch der Tempel von Angkor gilt als Muss eines Kambodscha-Besuchs. Die Tempel, die seit 1992 zum Unesco-Weltkulturerbe zählen, liegen auf einer Fläche von etwa 400 km² verteilt; die berühmtesten sind aber alle von Siem Reap aus leicht zu erreichen.

Tuk-Tuk-Fahrer bieten zwei klassische Touren an: die **Kleine Tour** und die etwas längere **Große Tour**. Die Tempel sind im Folgenden in der Reihenfolge dieser Touren beschrieben. Weitere Ausflüge zu **entfernteren Zielen** sind möglich, beispielsweise zum wunderschönen Banteay Srei.

Für den Besuch der Tempel im Bereich von Angkor muss ein Ticket gelöst werden, das es in drei Varianten gibt: für **einen Tag** (US$37), für **drei Tage** (US$62), 10 Tage lang gültig, und für **sieben Tage** (US$72), gültig innerhalb eines Monats. Kinder zahlen ab 12 Jahren (entscheidend ist das Geburtsjahr). Das Ticket muss stets mitgeführt und oft vorgezeigt werden. Vor den Toren der Tempelanlage werden die Tickets nur noch kontrolliert. Ein großes **Ticket Office** wurde an der Straße 60, Ecke Apsara Rd. gebaut.

Phnom Bakheng

- **Datierung**: spätes 9., frühes 10. Jh. (geweiht 907)
- **Königlicher Erbauer**: Yashovarman I. (reg. 889–ca. 915)
- **Stil**: Bakheng
- **Religion**: Hinduismus (Shiva)
- **Lage**: 1,7 km nordwestlich von Angkor Wat, an der Straße, Zugang von Osten
- **Besuch**: Besuchsdauer ca. 1 Std. (inkl. Aufstieg)

Phnom Bakheng bedeutet „starker Berg", und die 70 m hohe Anhöhe erschien König Yashovarman I. der richtige Ort, seinen Staatstempel zu errichten, als Mittelpunkt seiner neuen Hauptstadt Yashodharapura. Auch der Tempel selbst ist ein **„Bergtempel"**: Steile Stufen führen auf die oben abgeflachte, fünfstöckige Pyramide, auf der fünf Prasats in Quincunx-Form angeordnet waren (heute nur noch teilweise erhalten). Im mittleren stand der **Königliche Lingam Yashodhareshvara**, durch den Shiva verehrt wurde. Die Anordnung der fünf Prasats war damals eine Neuerung und sollte die Gipfel des Weltbergs Mehru versinnbildlichen. In den folgenden Jahrhunderten wurde noch öfter auf dieses Modell zurückgegriffen – am augenfälligsten in den Türmen von Angkor Wat. Einst führten drei Wege auf den Berg, heute ist nur noch die Haupttreppe im Osten begehbar. Nachdem man die **zwei Wächterlöwen** passiert hat, sollte man gut darauf achten, wohin man tritt, denn die Stufen sind teilweise verfallen.

Die Besucherzahlen auf dem Tempel wurde auf 300 begrenzt. Es kann also sein, dass man entweder lange anstehen muss oder die Sonne bereits untergegangen ist, ohne dass man den Tempel besteigen konnte.

Angkor Wat

- **Datierung**: erste Hälfte 12. Jh.
- **Königlicher Erbauer**: Suryavarman II. (reg. 1113–ca. 1155)
- **Stil**: Angkor Wat
- **Religion**: Hinduismus (Vishnu)
- **Lage**: 5,5 km nördlich von Siem Reap, der erste Tempel an der Hauptzufahrtsstraße nach Angkor
- **Besuch**: zum Sonnenaufgang, vormittags, nachmittags, am besten mehrfach; mehrere Stunden. Teil fast jeder Tour. In den inneren Bereichen ist angemessene Kleidung erforderlich (Knie und Schultern bedeckt).

Angkor Wat, die **„Stadt, die ein Tempel ist"**, ist das großartigste Monument, das je in Kambodscha erbaut wurde. Von der harmonischen Kom-

Die Gottkönige von Angkor und ihre Tempelanlagen

Als sich Jayavarman II. im Jahr 802 am Phnom Kulen (S. 594) zum ersten Gottkönig von Kambuja (Kambodscha) ausrufen ließ, legte er den Grundstein für den fast 600 Jahre andauernden **Devaraja-Kult** (von Sanskrit: *deva*, Gott; *raja*, König), mit dem die Könige des Reiches ihre Herrschaft sicherten und rechtfertigten. Als besonders beschützter Vertreter oder gar Inkarnation eines (aus der hinduistischen Glaubenswelt stammenden) Gottes auf Erden waren sie unantastbar – und ihre Macht unbeschränkt.

Äußeres Zeichen dieser Macht war der jeweilige **Staatstempel**, den ein König errichten ließ. Mehrere äußere Einfassungen umgeben den Tempel, der oft in mehreren Stufen oder pyramidenförmig angelegt ist. Ganz oben im Zentrum steht ein zentraler Turm, in dem ein Heiligtum verehrt wurde, das den König und seine Macht symbolisiert; meist ein Lingam, manchmal auch eine Statue. Fast alle Könige versuchten, ihre Vorgänger zu übertreffen; sei es in der Ausdehnung des Reiches, sei es in der Größe des Tempels. So kommt es, dass die Tempel immer größer und prächtiger wurden – mit Angkor Wat als Höhepunkt.

Die Staatstempel waren jedoch nicht die einzigen Bauwerke, die die Könige hinterließen. Oft errichteten sie weitere **Tempel zur Verehrung der Vorfahren**, und gründeten später, als der Hinduismus nicht mehr die vorherrschende Glaubensrichtung war, **buddhistische Klöster**. Große künstliche Seen (Khmer: *baray*), Wassergräben, Brücken und Anleger sind weitere Zeugen dieser Zeit. Von den Palästen und Wohnstätten, seinerzeit aus Holz gebaut, sind keine Spuren mehr vorhanden.

position der riesigen Anlage bis hin zu den feinsten Details seiner Reliefs – noch heute trifft zu, was der portugiesische Reisende Diogo de Couto vor fast einem halben Jahrtausend schrieb: „Dieser Tempel ist so besonders, dass man ihn mit Worten kaum beschreiben kann, und mit keinem anderen Gebäude der Welt vergleichen." Und: „Ein Land, das eine derartige architektonische Meisterleistung vollbracht hat, darf nicht untergehen!" – diese Worte von Louis-Adolpe Bonard, dem ersten Gouverneur von Cochinchina (1861–63), haben vielleicht dazu beigetragen, dass Kambodscha als Staat weiter existierte und nicht zwischen Thailand und Vietnam aufgeteilt wurde.

Die grundlegende **Architektur** ähnelt anderen kambodschanischen Tempeln: Mehrere Einfassungen umgeben ein zentrales Heiligtum, einen hohen Turm, der von vier weiteren Türmen umgeben ist; Symbol des Weltbergs Mehru. Ein großer Unterschied besteht jedoch zu allen anderen Tempeln in Angkor: Angkor Wat ist **nach Westen ausgerichtet**, nicht nach Osten. Über die Bedeutung dieser Tatsache rätseln die Forscher seit Generationen: War der Tempel vielleicht ein großes Grabmal? Die Reliefs der ersten Galerie verlaufen gegen den Uhrzeigersinn und zwingen den Besucher damit, das Heiligtum wie bei einer Totenprozession „verkehrt herum" zu umlaufen. Heute glaubt man, dass der Tempel zuerst als Staatstempel von Suryavarman II. und nach seinem Tode dessen Verehrung diente. Gesichert ist diese Interpretation aber nicht. Zu Lebzeiten von Suryavarman hatte Angkor Wat die Funktion eines **Staatstempels** und einer **Königsstadt** – mehrere zehntausend Menschen sollen auf dem Areal gelebt haben.

Die äußeren Bereiche

Der Besucher nähert sich dem Tempel über den Haupteingang im Westen. Zunächst wird der **Wassergraben** über einen 220 m langen Dammweg überquert. Dieser Graben diente zum Schutz der Stadt und als Wasserspeicher. Gespeist wird er bis heute durch den Siem-Reap-Fluss. Die **Umfassungsmauer** misst 1025 x 802 m. Der westliche Eingang ist der bei Weitem größte Zugang zu der Anlage. Insgesamt ist er 235 m breit. Mittig steht der dreiteilige **Gopuram**, der schon die Architektur des Haupttempels vorwegzunehmen scheint; ein zentraler Gipfel, flankiert von kleineren Erhebungen, die mit Galerien angeschlossen sind. Im südlichen (linken)

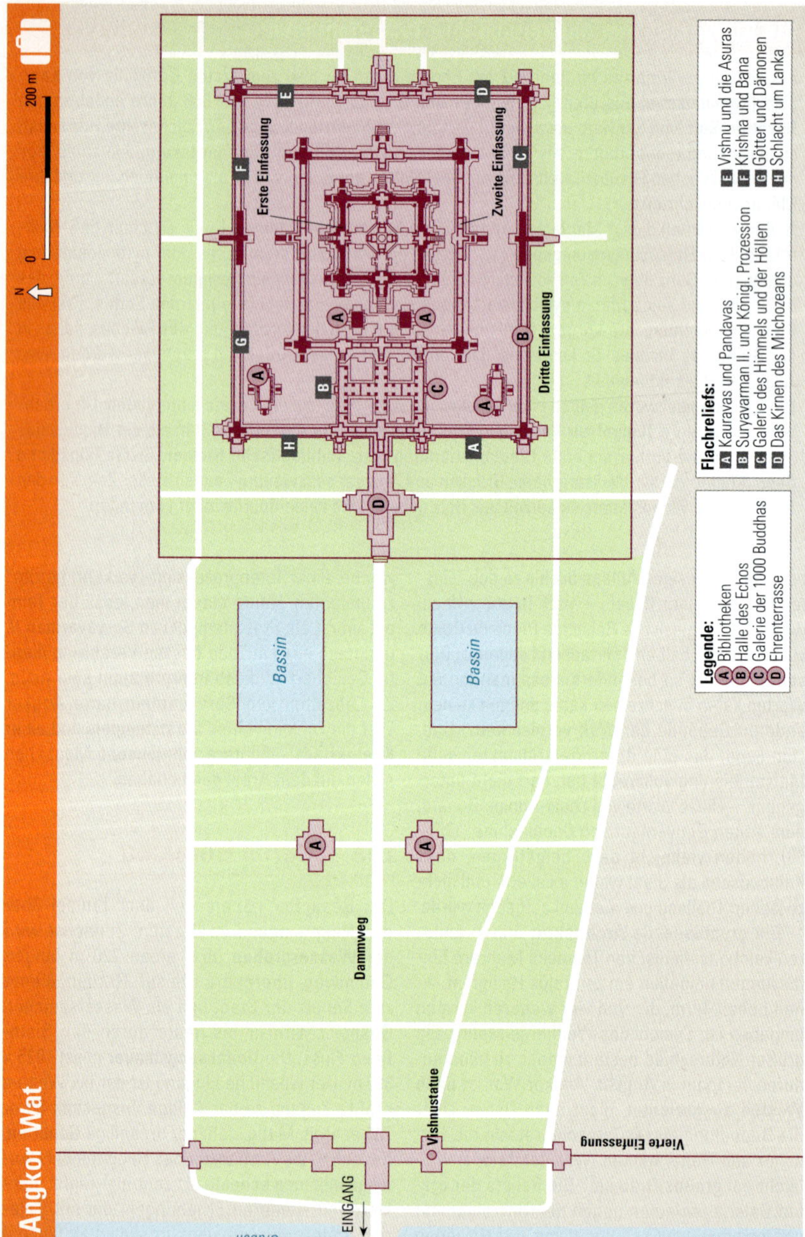
Angkor Wat
N
0
200 m
Erste Einfassung
Zweite Einfassung
Dritte Einfassung
Vierte Einfassung
Bassin
Bassin
Dammweg
Vishnustatue
EINGANG
Graben
A B C D E F G H
Legende:
A Bibliotheken
B Halle des Echos
C Galerie der 1000 Buddhas
D Ehrenterrasse
Flachreliefs:
A Kauravas und Pandavas
B Suryavarman II. und Königl. Prozession
C Galerie des Himmels und der Höllen
D Das Kirnen des Milchozeans
E Vishnu und die Asuras
F Krishna und Bana
G Götter und Dämonen
H Schlacht um Lanka

Teil steht eine sehr verehrte, 4 m hohe **Vishnustatue**. Möglicherweise war sie einst das zentrale Heiligtum und wurde erst später aus dem Haupttempel an diese Stelle versetzt.

Nach dem Durchqueren des Einganges entfaltet sich vor dem Auge des Betrachters das grandiose Panorama von Angkor Wat. Ein weiterer steinerner Dammweg von 350 m Länge führt zum Haupttempel. Bevor man ihn begeht, sollte man sich aber noch die Zeit nehmen, die wundervollen steinernen **Apsaras** an der Ostseite des Gopurams zu betrachten: Besonders schön sind die an der Südostecke des Hauptturm, und bemerkenswert (weil selten) ist eine an der Südostecke des Südturms, die beim Lächeln ihre Zähne zeigt.

Von dem von Naga-Balustraden gesäumten **Dammweg**, der zum Tempel führt, gehen auf jeder Seite in regelmäßigen Abständen sechs Treppen ab, die früher in ein Wegenetz mündeten, das die Stadt durchzog. Heute ist davon nichts mehr zu erkennen. Auf halber Strecke liegen zwei **„Bibliotheken"**, Nebengebäude unbekannten Zweckes, die aufwendig verziert sind. Dahinter befinden sich zwei **Wasserbecken**, wobei im linken meist auch in der Trockenzeit noch Wasser steht – das hier zu schießende Foto mit dem Tempel und seiner sich im Wasser spiegelnden Silhouette ist wohl eines der bekanntesten Bilder Südostasiens. Der Weg endet in einer **zweistufigen Terrasse**, die ebenfalls von steinernen Nagas gesäumt ist. Man kann sich vorstellen, dass hier früher Empfänge stattgefunden haben und der König von hier aus mit seinem Volk kommunizierte.

Die Galerien der Dritten Einfassung

Hinter der Terrasse führt eine Treppe zur **Dritten Einfassung**, die den Inneren Tempelbereich umfasst. Sie ist als offene Galerie angelegt und von einem Gewölbedach geschützt. An der Innenwand befinden sich die **berühmten Flachreliefs** von Angkor Wat, die mit einer Höhe von 2 m und auf einer Länge von 540 m mehr als 1000 m² bedecken. Bis hierhin und nicht weiter durfte sich das Volk dem Tempel nähern – und sich auf den Reliefs über die Größe und Macht ihres Gottkönigs und mythische Geschichten informieren. In acht Abschnitten (die vier Seiten sind jeweils von einem Tempelaufgang durchbrochen), die gegen den Uhrzeigersinn gelesen werden, sind jeweils einzelne Themen behandelt.

Westgalerie, südlicher Abschnitt

Hier tobt die **Schlacht von Kurukshetra**, der Höhepunkt der Auseinandersetzungen zwischen den Clans der **Pandavas** und der **Kauravas** – der Krieg zwischen diesen bildet den roten Faden des berühmten altindischen Epos *Mahabharata*. Von links marschiert die Armee der Kauravas; von rechts kommen die Pandavas. An den Außenseiten marschieren die Soldaten im unteren Bereich noch in Reih und Glied; darüber sieht man Generäle auf ihren Streitwagen. Etwa 5 m vom linken Rand entfernt oben erkennt man den Kaurava-Führer Bhishma, der von Pfeilen durchbohrt ist. Zur Mitte hin verdichtet sich die Szene zu einem dramatischen Kampfgetümmel. Im Zentrum treffen Arjuna und sein Wagenlenker, der vierarmige Krishna, die aufseiten der Pandava kämpfen, auf den an seinem Haarknoten zu erkennenden Brahmanen Dronacharya, der nun die Kauravas anführt. Dazwischen liegt ein verzweifelter Kaurava-Führer, dessen Pferde und Wagenlenker von Pfeilen getroffen sind. Überall sieht man Soldaten im Nahkampf. Die Schlacht endete nach 18 Tagen ohne Überlebende und markierte so das Ende eines *yuga*, eines Weltzeitalters.

Südwestlicher Eckpavillon

Szenen aus dem **Ramayana**, dem zweiten großen indischen Epos, und andere **hinduistische Legenden** sind im Pavillon an der Südwestecke dargestellt. Aus dem *Ramayana* stammt die Geschichte vom Kampf zwischen den Affenbrüdern Valin und Sugriva (Süddurchgang, Ostseite). Valin liegt sterbend in den Armen seiner Frau, umgeben von trauernden Affenkriegern. An der Südseite des Westdurchgangs schüttelt ein 20-armiger Ravana mit vielen Köpfen den Berg Kailash, auf dem Shiva sitzt. Die Nordseite des Ostdurchgangs zeigt das Wasserfest in Dvaravati; geschmückte Boote werden über fischreiches Gewässer gerudert.

Südgalerie, westlicher Abschnitt

Der erste Bereich dieses Reliefs (bis zur 6. Säule) zeigt den König **Suryavarman II.** (zwischen 4. und 5. Säule) bei einer Audienz, umgeben von Priestern, Hofdamen und Soldaten. Der zweite Abschnitt illustriert auf über 90 m eine **Königliche Prozession**. Der von 15 Schirmen beschützte Suryavarman II. (die größere Figur zwischen 14. und 15. Säule) wird begleitet von einem großen Heer und 18 Generälen. Bannerträger und eine Kapelle marschieren voran. Historisch interessant ist die Vorhut am Ende dieses Abschnitts: Sie besteht aus siamesischen Söldnern (zu identifizieren an ihren Schnurrbärten und Helmbüschen).

Südgalerie, östlicher Abschnitt

Die **Galerie des Himmels und der Höllen** war gewiss als Antrieb zu einem gottgefälligen Leben gedacht. Am Anfang der Galerie sieht man die guten Menschen auf dem Weg in eines der 37 Paradiese: Paläste, die von Garudas und Löwen getragen werden. Die himmlischen Paläste sind im oberen Bereich abgebildet. Grausam erscheinen die Strafen, die die 32 Höllen im unteren Bereich für Sünder bereithielten: Die Maßlosen werden in zwei Teile zersägt, den Reisdieben glühende Eisen in den Körper gedrückt, Jähzornige auf Scheiterhaufen geworfen. Über allen wacht der **vielarmige Gott des Todes Yama** auf einem Büffel (gegenüber der 7. Säule).

Ostgalerie, südlicher Abschnitt

Die Darstellung vom **„Kirnen des Milchozeans"** ist wohl das berühmteste Relief von Angkor Wat. Die ersten 5 m des 49 m langen Reliefs zeigen das Heer der Asuras (Dämonen) mit Elefanten und Streitwagen. Anschließend sieht man, wie 92 Asuras mit runden Augen und hohem Haarschmuck am Körper der Naga-Schlange Vasuki ziehen. Ihre fünf Köpfe werden vom Dämonenkönig Ravana gehalten. Dieser ist, ebenso wie der Affenkönig Hanuman auf der entgegengesetzten Seite, eine Hinzufügung der Khmer-Künstler zu der indischen Geschichte. Im Zentrum bildet ein Pfahl als Andeutung des Berges Mandara die Drehachse. Vishnu in seiner Verkörperung als Schildkröte Kurma verhindert, dass dieser im Meer versinkt. Oben versucht Indra, ihn vom Kippen abzuhalten. 88 Devas (Götter), mandeläugig und mit konischem Haarschmuck versehen, ziehen von der anderen Seite an der Schlange; auf den letzten 5 m sieht man ihr Heer. Unterhalb der Szene erblickt man das Meer, in dem Fische, Krokodile und Drachen leben. Oberhalb sind auf einer dritten Ebene die Wesen dargestellt, die beim Quirlen entstanden sind: die göttlichen Apsaras, oder in der Mitte der Elefant Airavata und das Pferd Uchaishrava.

Wer an dieser Stelle der Meinung ist, nun genug Reliefs gesehen zu haben, kann den Rundgang hier beenden und ins Tempelinnere fortschreiten: Die meisten Highlights hat man nun gesehen. Die folgenden Reliefs zeigen zwar noch durchaus sehenswerte Stellen, sind aber insgesamt – bis auf die Schlacht von Lanka im südlichen Abschnitt der Westgalerie – für viele Besucher weniger spannend.

Ostgalerie, nördlicher Abschnitt

Die Reliefs in diesem Abschnitt sind erst Mitte des 16. Jh. entstanden und von geringerer Qualität. Auf 52 m wird vermutlich ein **Sieg Vishnus über die Asuras** abgebildet. Er steht, von beiden Seiten attackiert, genau in der Mitte auf seinem Reittier Garuda. An Ende des Reliefs reitet eine Schar Krieger auf Pfauen heran.

Westgalerie, nördlicher Abschnitt

Die epische **Schlacht um Lanka** ist das Thema dieses 51 m langen Teilstückes. Analog zur nebenan liegenden Schlacht um Kurukshetra, erreicht hier das zweite große Hindu-Epos, das *Ramayana* (in Kambodscha: *Reamker*), seinen Höhepunkt. Es ist die wohl meisterzählte (und getanzte) Geschichte des Landes. Detailreich werden die Kämpfe der vielen Protagonisten illustriert. Dabei sind die Hauptdarsteller im mittleren Bereich versammelt: beginnend zwischen dem 8. und dem 9. Pfeiler mit Rama (Khmer: Ream), der von Hanuman getragen wird, und seinem Bruder Lakshmana (Leak) mit einem Bogen. Im Zentrum des Reliefs tobt eine wilde Schlacht zwischen den Heeren der Affen und der Dämonen. Zwischen dem 13. und dem 14. Pfeiler kann der Dämonenkönig Ravana (Reab) dann leicht an seinen 20 Armen und zehn Gesichtern iden-

 OBEN ANGKOR WAT; **UNTEN LINKS** CAFE, SIEM REAP; **UNTEN RECHTS** ANGKOR-TOUR MIT TUK TUK

Cafe Ph:097 723 0001

tifiziert werden. Zwischen dem 15. und dem 16. Pfeiler gibt es eine viel fotografierte Szene, bei der ein Affe in einen Pferdekopf beißt. Am schönsten wirkt die Galerie kurz vor Sonnenuntergang im Licht der tief stehenden Sonne.

Der innere Tempelbereich

Durch den westlichen Gopuram erreicht man über eine Treppe die **Erste Terrasse** der Tempelpyramide. Sie wird von kreuzförmigen Gängen unterteilt. Bassins füllen die Zwischenräume. In der nordwestlichen und südwestlichen Ecke stehen zwei „Bibliotheken". Viele Apsaras laden zu näherer Betrachtung ein, und die Säulen und Fenster sind aufwendig verziert. Die südliche Galerie ist als **Preah Poan (tausend Buddhas)** bekannt. Der Name stammt aus einer Zeit, als hier unzählige Buddhastatuen standen, zusammengetragen in den Jahrhunderten, als Angkor Wat als buddhistisches Kloster diente. Die meisten sind in den 1970er-Jahren von den Roten Khmer zerstört worden. Einige überlebten in den Archiven der Conservation d' Angkor. Heute sind einige Statuen jüngeren Datums dazugekommen.

14 Aufgänge führen auf die **Zweite Terrasse**, die 115 x 100 m misst. Die Türme an den Ecken sind nur noch teilweise erhalten. Die umlaufende Galerie und zwei „Bibliotheken" sind mit über 1500 Apsaras geschmückt, jede einzelne bis ins feinste Detail herausgearbeitet. Im weichen Licht des frühen Morgens oder späten Nachmittags wirken sie noch attraktiver.

Über eine steile Treppe erreicht man schließlich die **Dritte Terrasse**. Auch sie ist von einer Galerie (60 x 60 m) umgeben; zwei weitere Galerien verbinden sie mit dem Zentralheiligtum. Die vier Ecktürme und der erhöht stehende Hauptturm bilden zusammen die wohl bekannteste Silhouette Kambodschas und sind seit den 1950er-Jahren Bestandteil der Nationalflagge des Landes. Hier ist man nun angekommen – im mythischen Herzen des Landes. Auf die obere Etage gelangt man von 7–19 Uhr (an Feiertagen ganz geschlossen), die Zahl der Gäste ist jedoch begrenzt. Daher muss man teilweise bis zu einer Stunde anstehen.

Angkor Thom

- **Datierung**: spätes 12. Jh. und danach; einige Monumente sind auch älter
- **Königliche Erbauer**: Jayavarman VII. (reg. 1181–ca. 1220) und seine Nachfolger
- **Stil**: Bayon; einige Monumente frühere Stile
- **Religion**: Buddhismus
- **Lage**: 1,7 km nördl. von Angkor Wat
- **Besuch**: Kleine Tour; mehrere Stunden (vgl. die einzelnen Monumente)

Als Jayavarman VII. die Cham besiegt hatte, die 1177 bis ins Zentrum Kambodschas vorgedrungen waren und den König Tribhuvanadityavarman (reg. ca. 1165–1177) getötet hatten, schwor er sich, eine neue Hauptstadt zu bauen, die uneinnehmbar sein sollte: Angkor Thom. 3 km lang und 8 m hoch waren die Mauern, die an allen vier Seiten das quadratische Areal der Stadt umgaben. Ein 100 m breiter Wassergraben, über den vier breite Steinbrücken führten, die jeweils an dem massiven Gopuram endeten, durch den die Stadt betreten wurde, umschloss die Mauern. Im Zentrum der Stadt befanden sich der fantastische **Bayon**, der Staatstempel Jayavarmans, sowie weitere Tempel, Paläste, Terrassen und Türme. Und der groß angelegte Plan des Gründerkönigs ging auf: 250 Jahre lang blieb Angkor Thom die **Hauptstadt des Khmer-Reiches**.

Heute nähert sich der Besucher, von Angkor kommend, meist von Süden. Die **Brücke**, die zum südlichen Eingang führt, ist mit zwei Balustraden gesäumt: Eine Reihe von 54 Dämonen auf der rechten und 54 Götter auf der linken Seite ziehen an einer gewaltigen Naga-Schlange: eine Erinnerung an die Geschichte vom „Kirnen des Milchozeans". Die Köpfe sind Repliken. Vorsicht: auf keinen Fall anlehnen! Im Sommer 2014 hat ein koreanischer Tourist, der an eine Statue gelehnt für ein Foto posieren wollte, eines der Häupter von den Schultern geschubst. Die Beton-Nachbildungen halten nicht besonders gut auf den Sandsteinkörpern und sollen nach und nach durch Sandsteinköpfe ersetzt werden.

Angkor Thom

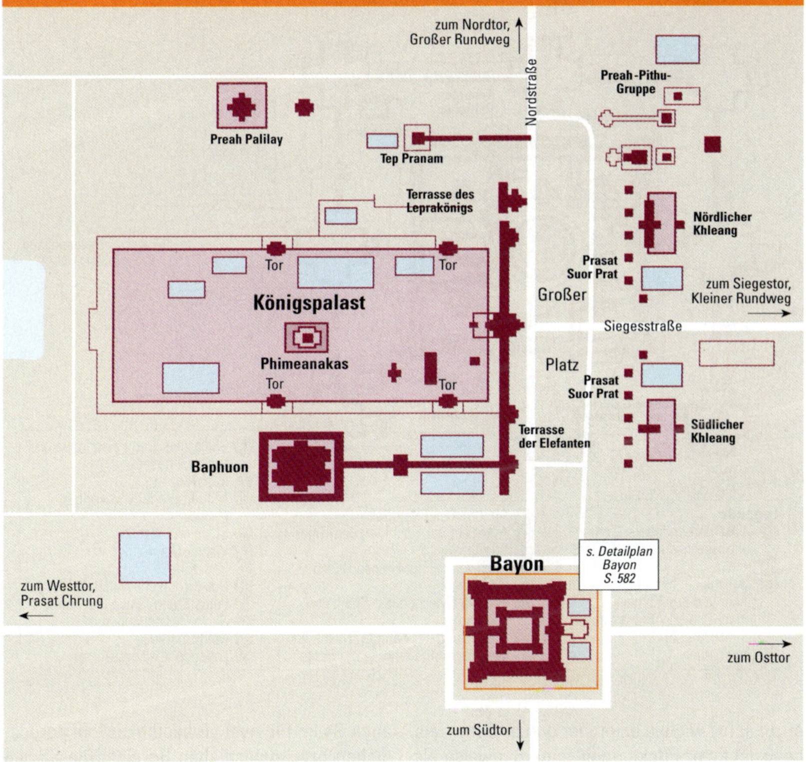

Schließlich passiert man den **südlichen Gopuram**, ein mächtiges, beeindruckendes Monument: 23 m hoch, mit vier riesigen Gesichtern gekrönt, die in die vier Himmelsrichtungen schauen – willkommen in der alten Hauptstadt.

Bayon

- **Datierung**: spätes 12. Jh. bis spätes 13. Jh.
- **Königliche Erbauer**: Jayavarman VII. (reg. 1181–ca. 1220) und seine Nachfolger
- **Stil**: Bayon
- **Religion**: Mahayana-Buddhismus, später Hinduismus
- **Lage**: im Zentrum von Angkor Thom
- **Besuch**: ganztags, 2 Std. Vormittags sind hier viele Tourgruppen anzutreffen; am späten Nachmittag ist es ruhiger, wenn die Gruppen Angkor Wat oder Phnom Bakheng zum Sonnenuntergang aufsuchen.

Der Bayon, Staatstempel von Jayavarman VII und seinen Nachfolgern, ist eines der interessantesten und geheimnisvollsten religiösen Gebäude der Welt. Die Anlage ist nicht allzu groß, aber äußerst komplex, sowohl in architektonischer als auch symbolischer Hinsicht. Der Bayon wurde im Laufe der Zeit mehrfach ergänzt und umgebaut, was dazu führt, dass er nun sehr kompakt wirkt, vor allem im Zentrum. Nähert man sich dem Bayon von der Ferne, so wirkt

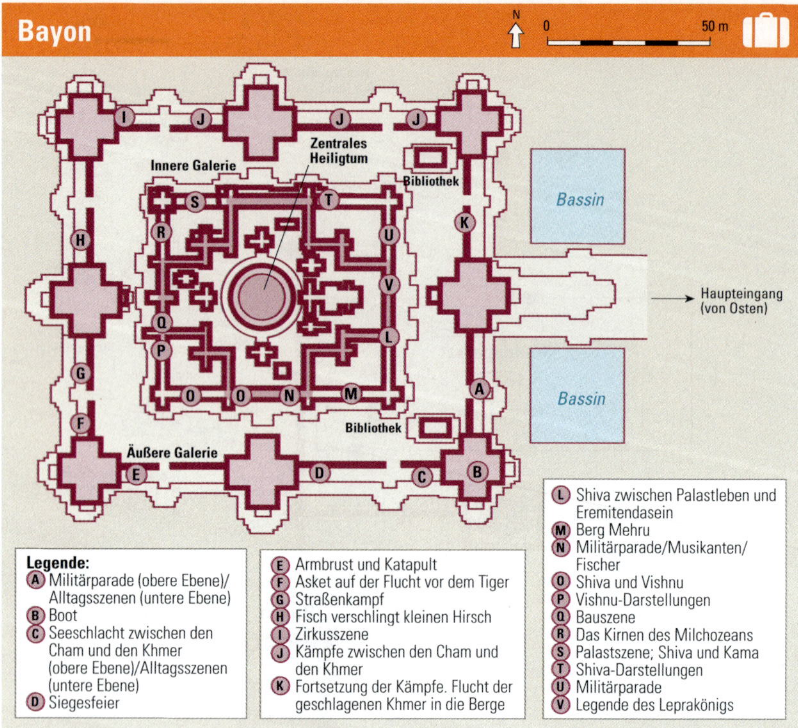

er zunächst wie ein amorpher grauer Berg – ein beabsichtigter Effekt, denn seine Bauweise als dreistufige Pyramide mit einem zentralen Turm und vielen niedrigeren Nebentürmen versinnbildlicht den Weltberg Mehru. Kommt man näher, sieht man an den Seiten der Türme zahllose große, **lächelnde Steingesichter** – wohl eine Darstellung des Bodhisattva Lokeshvara, mit dem Jayavarman VII. sich identifizierte. Die Gesichter, die in alle vier Himmelsrichtungen blicken, sollten dem ganzen Reich Schutz gewähren.

Der Zugang erfolgt von Osten über eine breite, 72 m lange **Terrasse**, die von Löwenfiguren bewacht wird. Der **innere Tempelbereich** ist von zwei umlaufenden, fast quadratischen Galerien umgeben. Beide weisen faszinierende Flachreliefs auf (s. u.). Die äußere misst 156 x 141 m und beinhaltet vier Gopurams und vier Eckpavillons. Sie umfasst die erste Ebene und bietet auch Raum für zwei „Bibliotheken" im nordöstlichen bzw. südöstlichen Bereich. Die Säulen sind mit tanzenden Apsaras und Medaillons fliegender Vögel geschmückt; ähnliche Darstellungen finden sich auch in Angkor Wat.

Die **innere Galerie** misst 80 x 70 m und steht auf der zweiten Ebene. Sie wurde mehrfach umgebaut und war zu Beginn wohl kreuzförmig. Erst später erhielt sie durch Anbauten ihren heute fast quadratischen Grundriss, der nun allerdings durch die vielen Vorsprünge recht verwinkelt wirkt. Nach innen gehen weitere Galerien und Gänge ab; ein enges Labyrinth, das sich an die dritte Ebene des Tempels schmiegt. Steile Treppen führen zu der annähernd kreuzförmigen Plattform empor. Darauf erhebt sich das **zentrale Heiligtum**. Die Basis hat einen Durchmesser von 25 m, die Gesamthöhe über Grund beträgt 43 m. Das Heiligtum war wohl ehemals kreuzförmig, wirkt heute durch die ergänzenden kleinen Kapellen an den Seiten jedoch fast rund.

Das ganze Arrangement wird dominiert durch die vielen mit Gesichtern geschmückten Türme, die sich zum Teil über den Gopurams oder den Eckpavillons aufbauen und zum Teil frei auf der Terrasse stehen. Sie erheben sich auf den verschiedenen Ebenen und in verschiedenen Höhen: ein Wald von Türmen, der zum großen Turm in der Mitte hinzustreben scheint.

Reliefs

Neben den Gesichtertürmen sind die Reliefdarstellungen eines der Highlights am Bayon. Sie sind zu unterschiedlichen Zeiten geschaffen worden; diejenigen an der Außengalerie stammen wohl vom Anfang des 13. Jhs. und haben Historikern viele Anhaltspunkte zum alltäglichen Leben zu Zeiten von Angkor geliefert.

Äußere Galerie

Ostseite, südlicher Abschnitt: Wendet man sich vom Ost-Gopuram nach Süden, so kann man eine Khmer-Armee marschieren sehen. Es folgen Szenen aus dem kambodschanischen Alltag um 1200 – erstaunlich, wie sehr manche Bilder der Gegenwart ähneln.

Südseite, östlicher Abschnitt: Hier wird eine Schlachtszene gezeigt, bei der die Heere der Khmer und der Cham aufeinandertreffen. Jayavarman VII. ließ hier wohl seine Erfahrungen beim Vertreiben der Feinde verewigen. Die Cham-Krieger sind an ihren Kopfbedeckungen zu erkennen, die an eine umgedrehte Blume erinnern. Die Khmer-Krieger sind barhäuptig.

Westseite, südlicher Abschnitt: Hier und auf den folgenden Abschnitten bis zum Erreichen der Ostgalerie sind die Reliefs nur teilweise fertiggestellt. Hinter der Zwischentür eine Szene auf erst drei, dann vier Ebenen, die Historiker für die Darstellung eines Bürgerkrieges halten, der 1182 in Malyang, südlich des heutigen Battambang, ausbrach.

Westseite, nördlicher Abschnitt: Fortsetzung der Kriegsgeschichte auf zwei Ebenen. Der König war siegreich, die feindliche Armee flüchtet.

Nordseite, westlicher Abschnitt: Im ersten Bereich schauen der König und sein Hofstaat Musikern und Akrobaten zu. Hinter der Zwischentür beginnen wieder Kämpfe zwischen den Cham und den Khmer.

Nordseite, östlicher Abschnitt: Fortsetzung der Kämpfe. Die Khmer werden geschlagen und flüchten in die Berge; vielleicht eine Erinnerung an die Niederlage von 1177.

Ostseite, nördlicher Abschnitt: Der Höhepunkt der Kämpfe zwischen den Cham und den Khmer. Sogar die Elefanten kämpfen miteinander: Einer hat seinen Rüssel um den Stoßzahn eines anderen geschlungen. Die Khmer-Armee, die von Süden heranmarschiert, ist eine direkte Fortsetzung derjenigen, die an der südlichen Hälfte zu sehen ist (Beginn des Rundgangs).

Innere Galerie

Ostseite, südlicher Abschnitt: Hier sieht man einen asketischen Shiva mit einem erhobenen Arm zwischen Darstellungen des Palastlebens (links) und des Daseins als Eremit (rechts).

Südseite, östlicher Abschnitt: Eine marschierende Armee, unterbrochen von zwei kämpfenden Prinzen. Auf einem Berg sitzt ein König oder Gott.

Südseite, westlicher Abschnitt: In verschiedenen Szenen wird Shiva dargestellt. Im mittleren Bereich sieht man einen vierarmigen Vishnu, umgeben von fliegenden Apsaras, zu dessen Füßen ein König kniet.

Westseite, südliche Hälfte: Mehrere Vishnu-Darstellungen, u. a. eine, die ihn auf Garuda sitzend einem feindlichen Heer entgegentreten lässt. An einer Stelle wird auf drei Ebenen der Bau eines Tempels gezeigt: Man sieht, wie sich Sklaven mit den schweren Steinen abmühen.

Westseite, nördliche Hälfte: Wieder marschiert eine Armee unter der Führung von zwei Königen oder Generälen in ihren Streitwagen, ergänzt durch eine Palastszene und eine Darstellung vom „Kirnen des Milchozeans".

Nordseite, westliche Hälfte: Hier sind neben einer Palastszene einige Hindugötter versammelt, die Trimurti Vishnu, Brahma und Shiva (tanzend in der Mitte), und weiter unten Ganesha und Rahu. Im linken Bereich sieht man einen meditierenden Shiva, auf den der Liebesgott Kama einen Pfeil abschießt. Der zornige Shiva verbrennt ihn daraufhin mit seinem dritten Auge;

sterbend sieht man den Liebesgott in den Armen seiner Gemahlin Rati liegen.

Nordseite, östliche Hälfte: In verschiedenen Szenen wird Shiva dargestellt, mit seiner Gefährtin auf dem Bullen Nandi reitend, Shiva und der Bogenschütze Arjuna auf der Jagd. Außerdem der Dämon Ravana, der den Berg Kailash erschüttert.

Ostseite, nördliche Hälfte: Eine marschierende Armee auf zwei Ebenen – unten die Soldaten, Musiker und Streitwagen, oben der König mit zwei Frauen auf einem großen Wagen mit sechs Rädern.

Phimeanakas

- **Datierung**: spätes 10. oder frühes 11. Jh., nach einigen Theorien auch früher
- **Königliche Erbauer**: Suryavarman I. (reg. 1011–ca. 1050) oder Rajendravarman II. (reg. 944–968)
- **Stil**: Khleang
- **Religion**: Hinduismus
- **Lage**: in Angkor Thom, auf dem Gelände des Königspalasts
- **Besuch**: ganztags, 30 Min. Achtung, steile Treppen: für Kinder unter sechs Jahren (und weniger sportliche ältere Menschen) nicht geeignet

Der Staatstempel von Suryavarman I. gibt einige Rätsel auf: Jüngste Ausgrabungen auf dem Gelände legen nahe, dass Vorläufer des heutigen Monuments bereits um 900 oder sogar noch früher errichtet wurden. Noch streiten sich die Gelehrten. Sicher ist jedoch, dass hier seit dem 11. Jh. über Jahrhunderte der Königspalast stand. Von den hölzernen Gebäuden ist jedoch nichts übrig geblieben. Umfasst wird das Areal von einer 5 m hohe Lateritmauer, 585 x 246 m lang. Den Zugang zum Palastgelände gewährten fünf Gopurams, zwei im Norden, zwei im Süden und ein größerer im Osten, der mit der Elefantenterrasse (s. rechts) und dem Siegestor (s. rechts) verbunden war.

Der Phimeanakas selbst ist relativ klein (35 x 28 m an der Basis) und schmucklos. Sehr steile, verwitterte Steinstufen führen nach oben; benutzt werden sollte die schmale Holztreppe an der Westseite. Hat man die **dreistufige Pyramide** erklommen, so lockt noch das **zentrale Heiligtum** zu einer Kletterpartie – auf eigene Gefahr! (Heraufkommen ist einfacher als herunter).

Die königlichen Terrassen

- **Datierung**: 13. Jh.
- **Königliche Erbauer**: Jayavarman VII. (reg. 1181–ca. 1220) und seine Nachfolger
- **Stil**: Bayon
- **Lage**: in Angkor Thom
- **Besuch**: unbedingt vormittags, denn nachmittags liegen die Reliefs im Schatten; ca. 30 Min.

Die 300 m lange **Elefantenterrasse** muss einst den Rand des Komplexes der königlichen Gebäude gebildet haben. Hier wurde Hof gehalten, hier gingen die großen Prozessionen vorbei. Ihren Namen hat die in Nord-Süd-Richtung verlaufende, 3 m hohe Terrasse, die sich im südlichen Bereich bis zum zweiten der fünf Treppenaufgänge zieht, von den abgebildeten Elefanten. Die Elefanten scheinen mit ihren Mahouts auf der Jagd zu sein; einige sind in Kämpfe mit Tigern verwickelt. Im zentralen Bereich folgen Löwen und Garudas, die die Plattform rund um den mittleren Aufgang auf erhobenen Armen zu tragen scheinen. Nördlich des mittleren Treppenaufgangs wiederholt sich dies spiegelbildlich. An allen Aufgängen wachen zu beiden Seiten dreiköpfige Elefanten (Airavatas), deren Rüssel auf Lotosblüten ruhen. Der weiter vorgezogene **Hauptaufgang** ist mit Naga-Balustraden und Wächterlöwen flankiert. Von ihm führt eine Straße geradewegs zum **Siegestor**, dem Osteingang von Angkor Thom.

Die sich anschließende **Terrasse des Leprakönigs** hat ihren Namen von einer Legende, der zufolge eine hier gefundene Statue von Yama, dem Herrscher der Unterwelt, den an Lepra erkrankten König Yashovarman I. (reg. 889–ca. 915) darstellten sollte. Die Statue, deren Original aus dem 14. oder 15. Jh. stammt und inzwischen im Nationalmuseum in Phnom Penh zu sehen ist, wurde an dieser Stelle durch eine Kopie ersetzt.

Die Tempel der „Kleinen Tour“

Angkor Wat und Angkor Thom werden bei fast jeder Tour angesteuert. Die folgenden Tempel sind die zusätzlichen Ziele der beliebten „small tour“ (17 km), die sich im Laufe der Jahre bei Tuk-Tuk-Fahrern und Reiseleitern etabliert hat.

Ta Keo

- **Datierung**: spätes 10. Jh.
- **Königlicher Erbauer**: Jayavarman V. (reg. 968–1001)
- **Stil**: Khleang
- **Religion**: Hinduismus (Shiva)
- **Lage**: zwischen Angkor Thom und Östlichem Baray, am Ostufer des Siem-Reap-Flusses
- **Besuch**: ganztags, ca. 45 Min.

Ta Keo ist einer der großen **„Tempel-Berge“** von Angkor, leider blieb die Anlage unvollendet. Vielleicht war der Tod des Königs der Grund, denn nach dem Ableben Jayavarmans V. folgte eine unruhige Zeit, und seine Nachfolger haben sich wohl eher um den Machtgewinn bzw. -erhalt gekümmert – und vielleicht um eigene Bauprojekte. Das ist schade: Die innovative Anlage würde sonst wohl zu den bedeutendsten Bauwerken von ganz Angkor zählen. Sie war die erste, die fast vollständig aus Sandstein errichtet wurde. Auch die Platzierung ist ungewöhnlich: Nicht, wie zuvor, im Zentrum seiner Hauptstadt, sondern an der westlichen Ecke des Östlichen Baray.

Die Abwesenheit von dekorativen Elementen und Reliefs reduziert die Betrachtung der Anlage auf das Wesentliche: Eine 22 m hohe, **quadratische Pyramide**, auf deren oberster Plattform fünf Türme stehen – Symbol des Weltberges Mehru, wie auch der Bakheng (S. 574). Zwei Einfassungen mit Gopurams aus Sandstein umgeben den Tempel: Die äußere misst 122 x 106 m; eine Mauer aus Laterit und Stein umgibt diese erste Ebene. Die innere Plattform liegt 5,5 m höher und misst 80 x 75 m. Sie ist von einer durchgehenden Galerie umgeben – zur Bauzeit eine architektonische Innovation. Geht man durch den östlichen Gopuram in den inneren Bereich des Tempels, fallen links und rechts **zwei „Bibliotheken“** auf. Die Tempelpyramide selbst erhebt sich nun in drei Stufen weitere 14 m. Am Fuß der Treppe steht eine Figur des Stieres Nandi, Shivas Reittier. Eine steile Treppe führt nach oben, wo das **zentrale Heiligtum** seine Satelliten-Prasats überragt, da es auf einer 4 m hohen Basis steht.

Ta Prohm

- **Datierung**: 1186
- **Königlicher Erbauer**: Jayavarman VII. (reg. 1181–ca.1220)
- **Stil**: Bayon
- **Religion**: Buddhismus
- **Lage**: südöstlich von Ta Keo, 1,7 km östlich der Stadtmauer von Angkor Thom
- **Besuch**: Der Zugang erfolgt meist über den Westeingang; man durchquert den Tempel und wird hinter dem Osteingang von seinem Fahrer wieder aufgepickt. Empfehlenswerter ist der Besuch vormittags von Osten aus durch den Haupteingang. Nach dem Durchqueren kann man sich hinter dem Westeingang wieder mit seinem Fahrer treffen. Besuchsdauer: ab 1 Std.

Ein Besuch im Ta Prohm („Ahnherr Brahma“) zählt zu den Highlights bei einer Rundfahrt durch die Tempel: Er ist noch fast im selben Zustand, in dem ihn die französischen Entdecker vorgefunden haben. Eingestürzte Gänge, von herabgefallenen Steinen versperrte Wege, wurzelumranktes Mauerwerk – kein Wunder, dass dieser romantische Ort als Kulisse für Lara Crofts verfilmte Abenteuer in Angkor diente. Letzteres ist auch ein Grund, warum seit Jahren immer mehr Touristen durch die alten Gemäuer strömen. Hölzerne Wege erleichtern das Gehen, und einige Teile wurden abgesperrt: Das erhöht die Sicherheit, vermindert aber etwas den Reiz. Einige der Baumriesen, die mit ihren Wurzel die Mauern umschlungen halten, wurden bereits gekappt – zu groß die Gefahr, dass sie umstürzen und schweren Schaden anrichten; sei es am Tempel

Ta Prohm

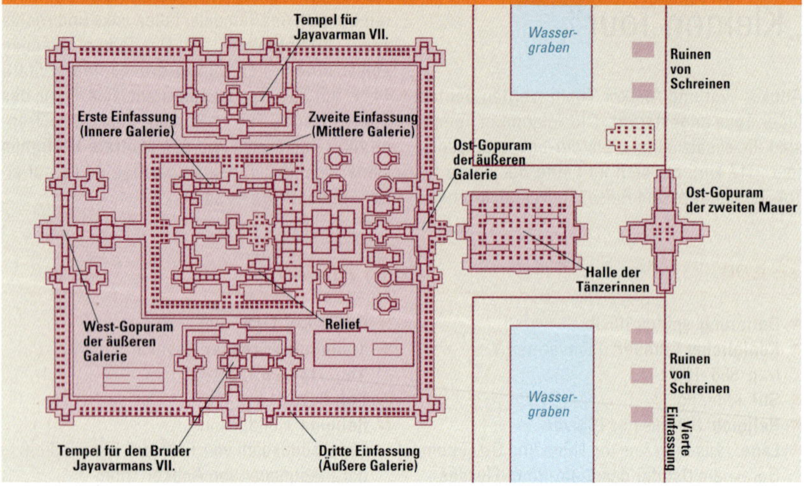

oder an den Besuchern. Zwei gekappte Bäume stürzten in den letzten Jahren tatsächlich um, es kam aber niemand zu Schaden. Zuletzt wurden im September 2014 vier betroffene Bäume gefällt; drei davon waren bereits abgestorben, der vierte drohte bei Wind die ihn haltende Wand einzureißen. Doch noch immer strahlt der Ort etwas Besonderes aus; und mancher kommt gern ein zweites Mal hierhin zurück.

Im Gegensatz zu den meisten großen Tempeln der Angkor-Zeit ist der Ta Prohm nicht einem Hindu-Gott gewidmet, sondern buddhistisch geweiht. Jayavarman VII., der ihn zum Gedenken an seine Mutter errichten ließ, widmete ihn dem weiblichen Bodhisattva Prajnaparamita. Der ursprüngliche Name des Komplexes war *rajavihara*, „königliches Kloster". Es muss ein wirklich bedeutender Ort gewesen sein: Inschriften zufolge „besaß" er 3140 Dörfer mit 79 365 Bewohnern, die für den Unterhalt sorgten. 18 hohe Priester, 2740 Beamte mit 2202 Assistenten und nicht weniger als 615 Tänzerinnen waren hier beschäftigt.

Der Gesamtkomplex ist von einer 700 x 1000 m langen Lateritmauer umgeben. Der Grundriss der Anlage ist wegen des Zustands der Ruine heute auf den ersten Blick nicht so leicht zu erkennen wie in anderen Tempeln. Kommt man von Osten, passiert man nach ungefähr 500 m zuerst die **vierte Einfassung** (250 x 220 m) durch einen kreuzförmigen Gopuram, der mit buddhistischen Motiven geschmückt ist, und stößt auf die Reste der **Halle der Tänzerinnen**. Ein Wassergraben umgab den dahinter liegenden inneren Bereich, der einen annähernd quadratischen Grundriss aufweist. Er ist von außen durch die **dritte Einfassung** abgetrennt, die 112 x 106 m misst. Innerhalb dieser Einfassung beginnt dann ein Irrgarten teilweise verfallener Gänge und Galerien, die das fast vollständig eingefallene zentrale Heiligtum umgeben.

Banteay Kdei

- **Datierung**: spätes 12.–frühes 13. Jh.
- **Königliche Erbauer**: Jayavarman VII. (reg. 1181–ca.1220), vergrößert von Indravarman II. (reg. 1220–1243)
- **Stil**: Bayon
- **Religion**: Buddhismus
- **Lage**: an der Straße, südöstlich des Ta Prohm, gegenüber Srah Srang
- **Besuch**: Zugang von Osten, am besten morgens oder spätnachmittags. 30–60 Min.

Banteay Kdei gehört wie Ta Prohm und Preah Khan (S. 589) zu den Gründungen von Jayavarman VII. und wirkt fast wie eine kleinere Ausgabe der beiden. Auch er ist als **„Flachtempel"** in einer Ebene angelegt, von einer äußeren Lateritmauer umgeben (720 x 475 m), die mit viergesichtigen Gopurams im Bayon-Stil durchbrochen sind, und hat eine Halle der Tänzerinnen auf der Ost-West-Achse. Das wenig auffällige **zentrale Heiligtum** ist von recht kompakt stehenden Galerien umgeben. Die innere Einfassung misst 31 x 36 m mit vier jeweils etwa gleich großen Gopurams und Ecktürmen. Die zweite Einfassung (50 x 58 m) hat einen größeren Gopuram im Osten, einen ähnlichen im Westen, und zwei kleinere an der Nord- und Südseite.

Die Anlage wurde 1946 vom Dschungel befreit, restauriert wäre zu viel gesagt. Daher besitzt sie recht viel Atmosphäre.

Die Tempel der „Großen Tour"

Auf der etwas längeren „big tour" (26 km) werden sehenswerte Monumente im Bereich des Östlichen Baray besucht.

Pre Rup

- **Datierung**: 10. Jh. (geweiht 961)
- **Königlicher Erbauer**: Rajendravarman II. (reg. 944–968)
- **Stil**: Pre Rup
- **Religion**: Hinduismus (Shiva)
- **Lage**: nordöstlich von Srah Srang, 500 m südlich des Östlichen Baray
- **Besuch**: am besten früher Morgen oder später Nachmittag, denn der Tempel wird nicht von Bäumen abgeschattet und wirkt im rötlichen Licht der tief stehenden Sonne besonders schön. 30–60 Min.

Pre Rup war der Staatstempel von Rajendravarman II. und wahrscheinlich auch das Zentrum seiner Hauptstadt. Mit seinem annähernd quadratischen Grundriss, seiner Pyramidenform und seinen fünf Türmen soll er den Weltberg Mehru symbolisieren. Der moderne Name Pre Rup bedeutet „Drehen des Körpers" und bezieht sich auf einen überlieferten Kremationsritus, bei dem der Körper des Toten gedreht wurde. Der Parkplatz des Tempels liegt östlich des Eingangs, und so betritt man das Heiligtum durch den **Haupteingang**, den östlichen Gopuram. Im umfassten Bereich befinden sich links drei und rechts zwei Türme (der dritte wurde wohl nicht fertiggestellt), die etwas hineingezwängt wirken und wohl später, vermutlich von Rajendravamans II., Sohn Jayavarman V., hinzugefügt wurden. Durch den nächsten Gopuram hindurch gelangt man zur **inneren Einfassung**; hier stößt man als Erstes auf die **legendäre „Wendestelle"**, einen ausgehöhlten Steinsockel. Zu beiden Seiten davon stehen zwei Ziegelstein-„Bibliotheken". Eine Treppe führt auf die **dreistufige Pyramide**. Auf der ersten Ebene befinden sich zwölf kleinere Heiligtümer; ähnlich wie beim Bakheng.

Auf der oberen Ebene stehen die die fünf Gipfel des Weltberges symbolisierenden **Türme**. Das wichtigste Heiligtum, Shivas Darstellung in Gestalt des Lingams Rajendrabhadreshvara, war im zentralen Turm untergebracht.

Östlicher Mebon

- **Datierung**: 10. Jh. (geweiht 953)
- **Königlicher Erbauer**: Rajendravarman II. (reg. 944–968)
- **Stil**: Pre Rup
- **Religion**: Hinduismus (Shiva und Eltern des Königs)
- **Lage**: in der Mitte des Östlichen Baray, 1,3 km nördlich von Pre Rup
- **Besuch**: früher Vormittag, später Nachmittag, 30–45 Min.

Nähert man sich heute dem Östlichen Mebon, so ist es schwer vorstellbar, dass er Mittelpunkt eines 7,5 x 1,8 km großen künstlichen Sees, des **Östlichen Baray**, war. König Yashovarman I. (reg. 890–ca. 915) hatte ihn zur Bewässerung seiner neuen Hauptstadt Yashodharapura anlegen lassen. Das 4 m tiefe Gewässer ist längst ausgetrocknet und durch seine Reisfelder von der Umgebung kaum zu unterscheiden.

Die Basis des Tempels besteht aus Laterit und misst 126 x 121 m. An allen vier Seiten gibt es kleine Landungsstege; an den vier Eckpunkten stehen **Wächterelefanten** aus Sandstein. Die äußere Umfassung (108 x 104 m) ist von einer Mauer umgeben, kreuzförmige Gopurams bilden die Eingänge. Auf dieser Ebene gab es an allen vier Seiten umlaufende Galerien. Der **innere Tempelbereich** steht auf einer 2,40 m hohen Terrasse. An den Aufgängen befinden sich acht paarweise angeordnete Heiligtümer. Die fünf größeren Gebäude („Bibliotheken") enthielten vielleicht die religiösen Gegenstände, die für die Verehrung der Götter in den fünf Türmen auf der obersten Plattform benötigt wurden. Diese oberste Ebene liegt weitere 3 m höher und misst an jeder Seite 33 m. Die **fünf Türme** sind in Quincunx-Form angeordnet. Sie wirken auf den ersten Blick recht schmucklos; und die vielen Löcher in der Ziegelwand zeigen an, dass hier einst eine Verkleidung angebracht gewesen sein muss.

Ta Som

- **Datierung**: spätes 12. und frühes 13. Jh.
- **Königlicher Erbauer**: Jayavarman VII. (reg. 1181–ca. 1220)
- **Stil**: Bayon
- **Religion**: Buddhismus
- **Lage**: 2 km nördlich vom Östlichen Mebon
- **Besuch**: vormittags; Zugang von Westen; 30–45 Min.

Der kleine Tempel Ta Som gehört wie auch Ta Prohm und Preah Khan (S. 589) zu den vielen Gründungen von Jayavarman VII. und unterscheidet sich kaum im Stil. Seine ursprüngliche Funktion ist unklar; keine Inschrift gibt darüber Auskunft. Seit einer vorsichtigen Restaurierung 1998–2012 durch ein kambodschanisches Team, das vom WMF (World Monuments Fund) der Unesco ausgebildet und finanziert wurde, ist der Tempel nun gut begehbar und eine recht ruhige Alternative zu seinen zwei größeren Brüdern.

Die Anlage ist umgeben von einer Außenmauer (240 x 200 m), die von zwei viergesichtigen Gopurams durchbrochen ist. Es folgen der Wassergraben und eine zweite Umfassung. Dahinter befindet sich eine Galerie (30 x 20 m), die das **zentrale Heiligtum** umgibt. Immer wieder stößt man auf schöne Details: Beachtenswert sind die anmutigen Devatas. Ein Highlight ist der von einem Baum umwachsene Osteingang. Um ihn zu sehen, muss man die Anlage einmal komplett durchqueren. Fotografen sollten unbedingt vormittags kommen, wenn der Gopuram im Licht der Sonne liegt.

Neak Pean

- **Datierung**: spätes 12. Jh.
- **Königlicher Erbauer**: Jayavarman VII. (reg. 1181–ca. 1220)
- **Stil**: Bayon
- **Religion**: Buddhismus
- **Lage**: östlich des Preah Khan, 300 m südlich der Straße
- **Besuch**: am besten Dezember–Januar, denn dann steht Wasser im Bassin; 30 Min.

Der Neak Pean ist ein ungewöhnliches, kleines Monument, das zur Zeit seiner Erbauung auf einer Insel mitten im heute längst trockenen Nördlichen Baray lag. Heute nähert man sich dieser Insel von der Straße aus über einen etwa 200 m langen hölzernen Steg, der über ein (je nach Jahreszeit) sumpfiges oder überflutetes Gebiet führt, aus dem abgestorbene Bäume ragen. An der Insel, auf der das Heiligtum liegt, sind noch die Reste einer Uferbefestigung oder eines Anlegers zu erkennen.

Das Heiligtum selbst ist ein einzelner **Turm**, der auf einer Basis steht, die durch zwei verschlungene Naga-Schlangen gebildet wird (Khmer: *neak pean*). Diese Basis bildet selbst wieder eine kreisrunde Insel inmitten eines quadratischen Teiches mit 70 m Seitenlänge. An allen vier Seiten dieses Gewässers sind mittig weitere quadratische Teiche mit jeweils 25 m Seitenlänge angelegt. Sie sind mit dem Hauptteich hydraulisch verbunden: Aus **steinernen Wasserspeiern** (im Osten ein menschliches Haupt, im Süden ein Löwen-, in Norden ein Elefanten- und im Westen ein Pferdekopf) spru-

Preah Khan

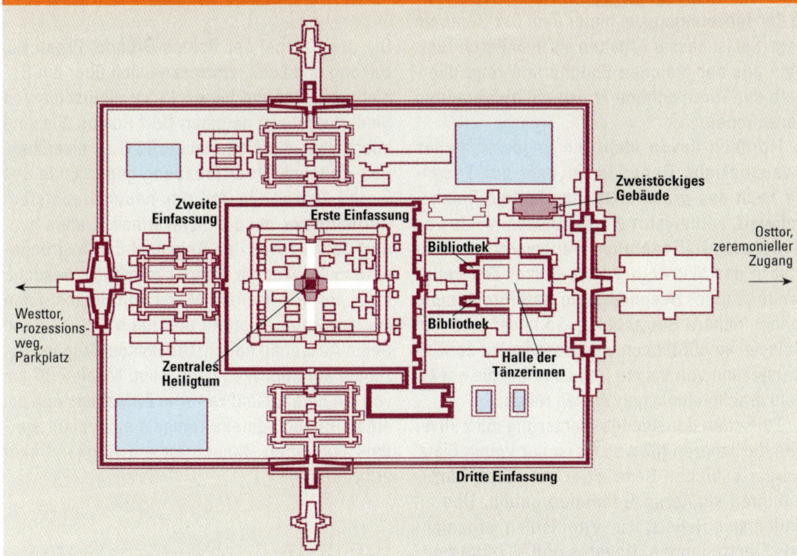

delte das Wasser des Zentralbecken in die vier Nebenbecken, an denen dann wohl rituelle Waschungen vorgenommen wurden.

Das **zentrale Heiligtum** hat eine Tür nach Osten, die anderen drei früher offenen Türen wurden nachträglich zugemauert. Heute ist nur noch der nördliche Teil der Anlage zugänglich: Ein Zaun hindert die Besucher daran, die bröckelnden Ufer dieses stillen Heiligtums als Picknickplatz zu missbrauchen.

Preah Khan

- **Datierung**: 2. Hälfte 12. Jh. (geweiht 1191)
- **Königlicher Erbauer**: Jayavarman VII. (reg. 1181–ca. 1220)
- **Stil**: Bayon
- **Religion**: Buddhismus (gewidmet dem Vater des Königs)
- **Lage**: nördöstlich von Angkor Thom
- **Besuch**: den ganzen Tag über; mind. 1 Std.; Zugang üblicherweise von Westen, also durch die Hintertür

Preah Khan („Heiliges Schwert") ist das Zentrum einer Gruppe von Tempeln (Ta Som, Neak Pean), die Jayavarman VII. anlegen ließ, als er das Reich wiederherstellte (S. 503). Preah Khan wurde recht früh in der Regierungszeit fertiggestellt; und seine großräumige Anlage als **Tempelstadt** mit vier Einfassungen und einem Wassergraben, über den breite Brücken mit Naga-Balustraden führen, legt einigen Forschern zufolge die Vermutung nahe, dass der König von hier aus dereinst regiert hat – bis seine neue Hauptstadt Angkor Thom und der Bayon fertiggestellt waren. Anschließend diente der Tempel als **großes Kloster** und **buddhistische Universität**.

Die **äußere Einfassung** des Tempels, die mit gigantischen Garudas geschmückt ist, misst 800 x 700 m. Innerhalb dieser Mauern lag die Tempelstadt. Hier lebten die Bewohner: neben dem Herrscher die aristokratischen Familien und die Brahmanen.

Die **dritte Einfassung**, wie die äußere aus Laterit gebaut, misst 200 x 175 m und ist von vier Gopurams durchbrochen; der im Osten ist der größte. Innerhalb dieser Einfassung befinden sich zum Tempel gehörige Gebäude wie die Halle der Tänzerinnen, die hinter dem Ost-Gopuram liegt. Sie ist besser erhalten als in anderen Tempeln aus der gleichen Epoche und zeigt oberhalb der Türen schöne Friese mit aufgereihten Tänzerinnen.

Nördlich davon steht ein ungewöhnliches zweistöckiges Gebäude, in dem der Legende nach das *preah khan*, das **heilige Reichsschwert**, aufbewahrt wurde. Dieses wurde von Generation zu Generation weitervererbt und ist erst in den Wirren der Rote-Khmer-Zeit verlorengegangen. Besonders die **Satellitentempel** lohnen nähere Betrachtung. So findet sich zum Beispiel im nördlichen eine ausgesucht schöne Darstellung von Vishnu und Lakshmi, die auf einem drachenähnlichen Wesen ruhen.

Zwischen der zweiten Einfassung (85 x 76 m) und der inneren (62 x 55 m) ist nur wenig Platz. An der östlichen Seite ist er mit später hinzugefügten kleineren Gebäuden gefüllt. Überall finden sich Reliefs; verzierte Säulen, ornamentale Darstellungen, Devatas und Wächterfiguren – und hastig in die Wand gekerbt wirkende Figuren mit gekreuzten Beinen. Sie sind stumme Zeugen des Bildersturms unter Jayavarman VIII. (reg. 1243–1295), als buddhistische Darstellungen mit hinduistischen Bildern überdeckt wurden.

Die Enge in diesem Bereich ist aber nichts im Vergleich zu der scheinbar konfusen Anordnung der Gebäude im **innersten Tempelbezirk**: Kleine Schreine und andere Gebäude drängeln sich in allen vier Ecken, getrennt durch axiale Galerien, die zum **zentralen Heiligtum** führen. Dieses Sanktuarium ist – im Vergleich zu anderen Bereichen des Tempels – in einem recht guten Zustand. Die Wände sind von innen mit Löchern übersät; man nimmt an, dass sie mit Metallplatten (Bronze oder Gold?) verkleidet waren. In der Mitte des Raumes stand einst die Statue des Lokeshvara Jayavarmeshvara, durch die Jayavarmans Vater Dharanindravarman II. (reg. 1155–1160 das Khmer-Reich Phanom Rung im heutigen Thailand) verehrt wurde. Sie steht heute im Nationalmuseum in Phnom Penh. An ihre Stelle rückte, vermutlich im 16. Jh., ein buddhistischer Stupa.

Die Roluos-Gruppe

Die drei Tempel der Roluos-Gruppe, Preah Ko, Bakong und Lolei, erstrecken sich über ein Gebiet von 3 km und liegen 13 km südöstlich von Siem Reap beim heutigen Dorf Roluos. Sie sind leicht über die Nationalstraße 6 zu erreichen. Zum Zeitpunkt ihrer Erbauung gegen Ende des 9. Jhs. waren sie Teil der neuen Hauptstadt **Hariharalaya**, mit der Jayavarman II. etwa hundert Jahre zuvor das Angkor-Reich begründete (S. 502). Wer die Tempel vormittags besucht, kann auf dem kleinen Markt von Roluos einen kurzen Stopp einlegen und nach Textilien und Seide Ausschau halten. Die Roluos-Gruppe liegt zudem auf dem Weg nach Beng Mealea (57 km von Siem Reap) und kann als Zwischenstopp bei einem Besuch dieses Tempels eingeplant werden. Für einen Besuch ist ein Angkor-Ticket erforderlich.

Preah Ko

- **Datierung**: spätes 9. Jh. (880)
- **Königlicher Erbauer:** Indravarman I. (reg. 877–889)
- **Stil**: Preah Ko
- **Religion**: Hinduismus (Shiva)
- **Lage**: Roluos, 400 m südlich der Straße
- **Besuch**: 30 Min.

Der Preah Ko („Heiliger Bulle") war der erste Tempel, den Indravarman I. in der Hauptstadt Hariharalaya anlegen ließ. Sechs elegante **Ziegelsteintürme** erheben sich auf einer Plattform, vor der drei Nandistatuen stehen – der Bulle, der Shivas Reittier ist, gab dem Tempel seinen Namen. Mehrere Mauern umgeben dieses Heiligtum; die äußere misst 500 x 400 m. Zwischen ihr und der zweiten Umfassung (97 x 94 m) war vermutlich Platz für die königliche Residenz und die Häuser seines Hofstaates.

Eine weitere Mauer grenzt den **inneren Bereich** ab. Die Türme, in zwei Reihen angeordnet, waren über und über mit aufwendigen Stuckreliefs geschmückt. Noch heute sind einige erhalten. Wächterfiguren (skt: *dvarapala*) stehen in Nischen neben den Eingängen (von denen nur die nach Osten geöffnet sind). Über den Eingängen erkennt man Ranken und das Gesicht des Dämonen Kala. An den Türrahmen befinden sich reich verzierte oktagonale Säulen und Inschriften.

Bakong

- **Datierung**: spätes 9. Jh. (881)
- **Königliche Erbauer:** Indravarman I. (reg. 877–889), Ergänzungen durch Yashovarman II. (reg. 1160–1165)
- **Stil**: Preah Ko
- **Religion**: Hinduismus (Shiva)
- **Lage**: Roluos, südlich von Preah Ko
- **Besuch**: 45–60 Min.

Der Bakong war der Staatstempel von Indravarman I., und er ist das beeindruckendste Monument dieser Gruppe. Er ist der erste bedeutende Pyramidentempel der Region; seine fünf Stufen symbolisieren den Weltberg Mehru. Gewidmet war es Shiva, der hier in Form des Lingams Sri Indresrava verehrt wurde. Das zentrale Heiligtum, wie es in seiner heutigen Form die oberste Plattform krönt, wurde vermutlich einige Jahrhunderte später durch Yashovarman I. hinzugefügt.

Die gesamte Anlage ist mit einer **äußeren Umfassungsmauer** von 900 x 700 m umgrenzt. Hinter dieser Lateritmauer befand sich ein Wassergraben, der heute an manchen Stellen zu erkennen ist. Er umgrenzt die **zweite Einfassung** (400 x 300 m), die ebenfalls aus Laterit gebaut ist. Innerhalb dieser Mauern liegen rechter Hand die Räumlichkeiten eines **modernen Klosters**, das sich auf dem Gelände befindet. Die Mönche und Novizen sind an ihren orangefarbenen Gewändern zu erkennen.

Die **innere Einfassung** misst 160 x 120 m. Ein mit Steinen begrenzter Weg, der vom Ost-Gopuram zum Tempel führt, ist von zwei lang gestreckten Bauten gesäumt. Sie sind im Angkor-Wat-Stil gebaut und werden der Zeit des späteren Umbaus zugesprochen. Acht Ziegelsteintürme in verschiedenen Stadien der Restaurierung (an einigen wird zurzeit gearbeitet) umgeben den Tempelberg. Bemerkenswert sind die Türrahmen, die nicht, wie sonst, aus zwei horizontalen und zwei vertikalen Steinen gebaut sind, sondern aus einem einzigen großen Stein geschlagen wurden.

Die fünfstufige **Tempelpyramide** hat einen fast quadratischen Grundriss. Die unterste Ebene misst 67 x 65 m, die oberste 20 x 18 m. An allen vier Seiten führen Stufen nach oben. Die untersten drei Ebenen sind an den Ecken mit Wächterelefanten bestanden, auf der vierten Ebene befinden sich zwölf kleinere Schreine. Der einzelne Turm auf der obersten ist im Angkor-Wat-Stil gebaut.

Es ist kaum vorstellbar, dass dieser heute so gut zu begehende Tempelberg vor rund hundert Jahren ein undefinierbarer Haufen Steine und Erde war. Nur durch die bewundernswerte Leistung des französischen Archäologen Maurice Glaize konnte dieser Tempel zwischen 1936 und 1943 in seiner heutigen Form wiederhergestellt werden.

Lolei

- **Datierung**: spätes 9. Jh.
- **Königlicher Erbauer**: Yashovarman I. (reg. 889–ca. 915)
- **Stil**: Übergang von Preah Ko nach Bakheng
- **Religion**: Hinduismus (Shiva)
- **Lage**: Roluos, 600 m nördlich der Straße
- **Besuch**: 15 Min.

Dass dieses Heiligtum einst auf einer künstlichen Insel in einem großen künstlichen See stand, würde man heute nicht mehr vermuten. Es lässt sich jedoch nachweisen, dass schon unter Indravarman I. (reg. 877–889) die Grundsteine für diese Anlage gelegt wurden. Es war jedoch seinem Sohn Yashovarman I. vorbehalten, die Deiche zu schließen und die Türme fertigzustellen. Es war dessen letzte Tat in Hariharalaya, wie die Hauptstadt beim heutigen Roluos damals hieß – kurz darauf zog er mit seinem gesamten Hof nach Angkor um und gründete eine neue Hauptstadt mit dem Bakheng als Zentrum.

Die Anlage liegt auf einer Plattform, die von großen Lateritblöcken begrenzt wird – die damalige Uferbefestigung. Die **vier Ziegelsteintürme** sind in keinem guten Zustand mehr: Auf den Dächern wächst Gras, und der südöstliche ist 1968 ganz zusammengestürzt. Im Jahr 2014 war der nordöstliche Turm eingerüstet; vorsichtig versucht man, ihn vom Pflanzenwuchs zu befreien und vor dem weiteren Verfall zu bewahren. Die wenigen erhaltenen Reliefs lassen erahnen, dass die Türme einst aufwendig dekoriert waren: Die Türstürze sowie die Wächterfiguren und Devatas neben den Türen sind mit großer Kunstfertigkeit gearbeitet. Beachtenswert auch die in Schönschrift ausgeführten Sanskrit-Inschriften.

Weitere Heiligtümer in der Umgebung

Abseits der zentralen Gebiete um Angkor Wat, Angkor Thom und den Östlichen Baray finden sich weitere interessante Bauwerke. Vor allem der Banteay Srei zieht viele Besucher an.

Banteay Srei

- **Datierung**: 2. Hälfte 10. Jh. (geweiht 967)
- **Erbauer**: gestiftet von einem Brahmanen namens Yajnavaraha zur Zeit von Rajendravarman II. (reg. 944–968) und Jayavarman V. (reg. 968–1001).
- **Stil**: Banteay Srei
- **Religion**: Hinduismus (Shiva)
- **Lage**: 37 km nördlich von Siem Reap
- **Besuch**: mind. 1 Std. (ohne Anfahrt, diese dauert ca. 45 Min.). Früh aufbrechen, um die großen Besuchergruppen zu vermeiden. Angemessene Kleidung erforderlich (Knie und Schultern bedeckt). 🕒 bis 17 Uhr

Banteay Srei ist der Lieblingstempel vieler Besucher und wird oft als das Juwel unter den Tempeln von Angkor bezeichnet. Sein Name bedeutet „Zitadelle der Frauen" und wird seiner zarten, unvergleichlichen Schönheit zugeschrieben. Eine Schönheit, die zerbrechlich ist: Um Schäden durch den wachsenden Besucherstrom zu vermeiden, ist der zentrale Teil der Anlage abgesperrt. Ein kleines Fernglas kann nützlich sein, um die Reliefs genauer zu betrachten.

Der hübsche Tempel wurde von französischen Archäologen 1914 „entdeckt", doch erst zehn Jahre später vom Dschungel befreit. Kurz vorher gab es einen großen Skandal, als eine Gruppe von Europäern unter der Leitung des französischen Schriftstellers André Malraux wertvolle Skulpturen und Türstürze zu rauben versuchte; sie wurden entdeckt, in Phnom Penh inhaftiert und erst nach Rückgabe der Stücke wieder freigelassen. Ironie der Geschichte: 1959 wurde der ehemalige Kunstdieb Malraux unter Charles de Gaulle französischer Kulturminister. Der Zwischenfall sorgte immerhin dafür, dass die archäologische Arbeit 1924 aufgenommen und der Tempel besser geschützt wurde. Er ist der erste, der anhand der Technik der Anastylosis wiederhergestellt wurde – so erfolgreich, dass die Technik seitdem auch für weitere Tempel angewandt wurde.

Der heutige Besucher muss zuerst ein **Besucherzentrum** mit Schautafeln und Souvenirshops (sowie Toiletten) passieren, ehe er nach einem kurzen Gang das Tempelgelände an dessen östlicher Seite erreicht. Durch einen üppig verzierten **Eingangspavillon**, dessen Giebel Indra auf einem dreiköpfigen Airavata zeigt, betritt man die 67 m lange **Prozessionsstraße**, die zum kreuzförmigen Gopuram der Außenmauer (110 x 95 m) führt. Dabei passiert man die Reste einiger Gebäude, deren Bedeutung unklar ist. Durch den **Gopuram der Außenmauer** (sein herabgefallener östlicher Tympanon ist auf dem Boden abgestellt und zeigt die Entführung von Sita) geht es weiter in einen Zwischenbereich, der von einem Wassergraben gefüllt ist. Er kann trockenen Fußes über den steinernen Weg überquert werden. Eine zweite Lateritmauer (42 x 38 m) umfasst nun den **inneren Tempelbereich**. Parallel dazu stehen sechs teilweise erhaltene Galerien; jeweils zwei an den von Gopurams durchbrochenen Ost- und Westseiten der Mauer, und jeweils eine im nördlichen und südlichen Abschnitt.

Banteay Srei

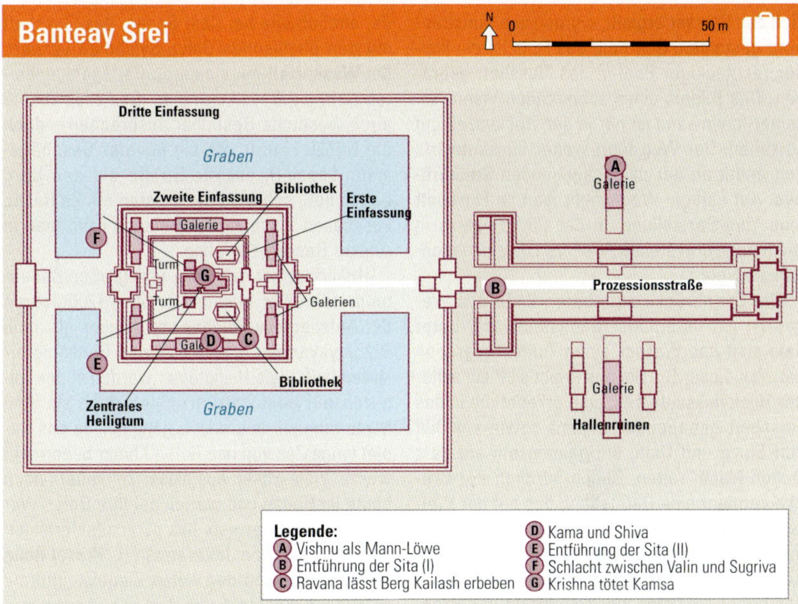

Von der inneren Mauer, die den Tempel einst umschloss, ist bis auf die Gopurams nur wenig erhalten. Stattdessen ist rund um den zentralen Bereich nun eine Absperrung, angebracht von der „Apsara Authority“ – naher heran geht es nur mit Fernglas oder Teleobjektiv. In der Mitte steht das T-förmige **Zentralheiligtum** auf einer Plattform. An den sechs Aufgängen knien Wächterfiguren: Affen, Löwen und Garudas. Darunter sind auch neuere Nachbildungen: Die Originale wurden gestohlen oder befinden sich heute im Museum. Der Wandschmuck hat, dank des harten Sandsteins, in den er tief eingearbeitet wurde, die Zeiten gut überdauert. Das Rankwerk und die hübschen weiblichen Figuren gehören zu den Ikonen der Khmer-Kunst.

Kbal Spean

- **Datierung**: 11. Jh.
- **Königlicher Erbauer**: Udayadityavarman II. (reg. ca. 1050–1066)
- **Stil**: Baphuon
- **Religion**: Hinduismus
- **Lage**: ca. 13 km nördlich von Banteay Srei, im westlichen Teil vom Phnom Kulen.
- **Besuch**: 1 Std. plus Aufstieg etwa 30 Min. Achtung: Minengefahr! Nicht von den markierten Wegen abweichen! Ein Besuch in der Regenzeit (Juli–Nov) verspricht die schönsten Eindrücke.
  🕒 bis 15 Uhr

Kbal Spean (Khmer: Steinbrücke) bietet etwas Abwechslung zu den vielen Tempeln, die in der Region Angkor besucht werden können. Hier ist die Hauptattraktion – ein Fluss. An seinen Ufern finden sich viele hinduistische Reliefs, und in das Flussbett wurden unzählige Lingams gearbeitet; **„der Fluss der tausend Lingams“** ist folgerichtig ein Beiname dieses Ortes.

Vom Parkplatz aus führt ein rund halbstündiger, zum Teil recht steiler Aufstieg zu dem bemerkenswerten, ungefähr 150 m langen Flussabschnitt. Zuerst wird ein etwa 7 m hoher **Wasserfall** erreicht. Teile der hinduistischen Motive, die den Sandstein geschmückt haben, über den sich das Wasser ergießt, wurden von Kunsträubern gestohlen. Oberhalb des Falls ist ein kleiner rechteckiger Pool in das Flussbett gegraben. Das Bildnis eines schlafenden Vishnu an seiner Innenwand ist nur in der Trockenzeit gut zu sehen. Der Weg führt weiter flussaufwärts und endet an der namensgebenden **Steinbrücke**. Auf halbem Wege sieht man im Flussbett eine Yoni-Darstellung, in der fünf Lingams in Quincunx-Form stehen. Weitere Lingams umgeben die Figur.

Die Steinbrücke am oberen Ende des Weges ist ein natürlicher Sandsteinblock, unter dem sich das Wasser einen Tunnel gegraben hat. Von dieser Brücke aus ergibt sich ein schöner Blick flussaufwärts; man erkennt die in das Flussbett gehauenen Lingams sowie ein Bild von Shiva und Uma, die gemeinsam auf dem Bullen Nandi reiten. Gleich nördlich der Brücke verdient eine Darstellung des auf der Weltenschlange Ananta ruhenden Vishnu Aufmerksamkeit. Vishnu lässt auf diesem Bild den Kosmos im Traum entstehen; aus seinem Nabel entspringt ein Lotos, der sich öffnet und Brahma freigibt: Symbol eines neuen Lebenszyklus. All diese Bilder und Lingams heiligen das Wasser, das über sie sprudelt. Der Fluss mündet schließlich in den Siem-Reap-Fluss, der wiederum die Bewässerungsanlagen von Angkor speiste – so segnete das geheiligte Wasser die ganze Stadt.

Phnom Kulen

- **Lage**: 50 km nördlich von Siem Reap
- **Besuch**: Eintritt US$20

Der Phnom Kulen ist für die Kambodschaner der heiligste Berg des Landes und an Wochenenden und Feiertagen ein beliebtes Ausflugsziel. Das Plateau mit einer Größe von 37,5 km² wurde 1993 zum Nationalpark erklärt. An der Südseite des Phnom Kulen genießt ein aus der Post-Angkor-Periode stammender, 5 m großer **liegender Buddha** („Preah An Thom"), der in den Sandstein geschlagen wurde, viel Verehrung. Im **Fluss der tausend Lingams** (rechts der Straße, die zum liegenden Buddha führt) wurde, ähnlich wie bei Kbal Spean, das Flussbett mit den phallischen Shiva-Symbolen verziert. Ein **Wasserfall** mit kleineren Badegelegenheiten zieht die Bevölkerung an. Das alles könnte auch westliche Besucher ansprechen – doch die US$20 Eintritt, die ein privater Geschäftsmann kassiert, der die Straße auf den Berg bauen ließ, schreckt die meisten ab. Zu Recht: Für diesen Einsatz (plus Anfahrt) kann man in Angkor Besseres erleben.

Historisch ist der Berg von großer Bedeutung, denn hier begann vor über 1200 Jahren der Aufstieg des Reiches von Angkor, als anno 802 Jayavarman II. sich hier zum Gottkönig erklären ließ. Viele Heiligtümer wurden in der Folgezeit auf dem Berg errichtet, doch sie sind heute nur sehr begrenzt zugänglich, da das Gebiet lange Zeit von den Roten Khmer beherrscht wurde. Viele Minen aus dieser Zeit lauern noch heute im Boden und warten auf ihre Opfer. Wer die wenigen Überreste des pyramidenförmigen Staatstempels von Jayavarman II., **Prasat Rong Chen**, oder einen der vielen Ziegelsteintürme aufsuchen möchte, sollte dies unbedingt nur in Begleitung eines einheimischen Führers tun. Und auch dies ist nicht 100 % sicher, denn in der Regenzeit werden viele Minen fortgeschwemmt und können so auch an schon als sicher geglaubten Wegen wieder auftauchen.

Tonle-Sap-See

Siem Reap liegt nicht nur vor den Toren Angkors, sondern auch am größten und einem der interessantesten Seen Südostasiens: dem Tonle Sap. Eine faszinierende Lebenswelt offenbart sich hier den Besuchern. Die Menschen, die auf und um den See leben, haben sich den extrem schwankenden Wasserständen angepasst. Für sie ist der See Wohnort, Verkehrsweg, Nahrungs- und Einkommensquelle in einem. Die Bewohner leben in Hausbooten oder haben ihre Häuser auf schwimmende Bambusplattformen gebaut. Andere Dörfer bestehen aus Stelzenhäusern. 170 schwimmende Dörfer gibt es insgesamt auf dem Tonle-Sap-See, rund 80 000

Menschen leben auf dem Wasser. Überwiegend sind es Vietnamesen, denen der Landbesitz untersagt ist. Aber nicht nur den Menschen bietet der Tonle Sap einen Lebensraum, auch unzählige Wasservögel nisten hier.

Schwimmende Dörfer

Von Siem Reap aus lassen sich vier schwimmende Dörfer bequem auf einem Halb- oder Tagesausflug erreichen. Manche Besucher sind fasziniert von dem Leben, das sich auf dem Wasser abspielt, andere empfinden den Ausflug als zu touristisch oder sogar voyeuristisch. In der Hauptsaison drängen Touristenboote durch die Kanäle, dicht vorbei an schwimmenden Wohnstätten. Weniger überlaufen sind das kleine Dorf Mechrey und die schwimmende Stadt Kompong Khleang.

Das schwimmende Dorf **Chong Khneas** liegt 13 km von Siem Reap entfernt. Viele Bewohner sind vom schwimmenden Dorf aufs Festland gezogen. Die kurzweilige Bootsfahrt zum schwimmenden Dorf führt vorbei an Wohn- und Geschäftshäusern auf dem Wasser.

Mit dem Tuk-Tuk oder Motorradtaxi gelangt man für US$15 bzw US$7 in 20 Min. nach Chong Khneas. Mit dem Fahrrad sind die 13 km ebenfalls gut zu bewältigen. 1 1/2-stündige Bootsfahrt inkl. Englisch sprechendem Guide für US$20 p. P. bei 2–4 Pers., ab 5 Pers. US$15 p. P. Organisierte Touren über Guesthouses ab US$15 p. P. inkl. Transport und Boot).

Interessanter gestaltet sich der Ausflug nach **Kompong Phluk** 20 km südöstlich von Siem Reap (2-stündige Bootstour US$20 p. P.). 700 Familien leben hier in Pfahlhäusern. In der Regenzeit steht das Wasser bis fast zur Türschwelle, während zur Trockenzeit die Stelzen 6–7 m aus dem Wasser ragen. Wer das Dorfzentrum und den überschwemmten Wald sehen möchte, steigt auf Holz-Einbäume um (US$5). Entlang den engen Kanälen in der Dorfmitte stehen einfache Bambushütten auf Pfählen, aber auch große Holzhütten mit Wellblechdach und blumengeschmückten Veranden. Daneben die Pagode des Dorfes, eine Krankenstation, Handyladen und ein Restaurant.

Naturphänomen am Tonle Sap

Der Tonle-Sap-See ist der größte und einer der fischreichsten Süßwasserseen in Südostasien. Er wird von mehreren Zuflüssen im Norden gespeist, der südliche Ablauf ist der Tonle-Sap-Fluss, der bei Phnom Penh in den Mekong mündet.

In der Regenzeit schwillt der See von 2500 km^2 auf über 10 000 km^2 an, die Seetiefe steigt von 2 m auf bis zu 14 m. Der Grund ist ein einzigartiges Naturphänomen: Die Fließrichtung des Tonle-Sap-Flusses ändert sich.

Der Beginn der Regenzeit im Juni fällt mit der Schneeschmelze im Himalaya-Gebirge zusammen, in dem der Mekong entspringt. Der Mekong führt zu dieser Zeit viermal mehr Wasser als üblich. Wo der Mekong auf den Tonle-Sap-Fluss trifft, drücken die Wassermassen des Mekong den Tonle-Sap-Fluss in die umgekehrte Fließrichtung und füllen so den See. Am Ende der Regenzeit, wenn die Wassermassen des Mekong geringer werden und der Druck nachlässt, kehrt sich die Fließrichtung wieder um.

Der nährstoffreiche Mekong, der Tonle Sap und der Fluss Bassac bilden ein einzigartiges Ökosystem, in dem über 300 verschiedene Fischarten leben. Mahr als die Hälfte der in Kambodscha verzehrten Fische stammen aus dem Tonle Sap.

Weit weniger touristisch ist das kleine schwimmende Dorf **Mechrey**, 20 km südwestlich von Siem Reap malerisch an einer Pagodeninsel gelegen. Hier leben etwa 250 Familien in schwimmenden Häusern, die sich mit dem Wasserspiegel bewegen. Die Häuser bestehen aus einfachen Palmmatten auf einer Bambusplattform. Die Bewohner halten Schweine und Hühner in Käfigen über dem Wasser. Das Dorf bietet einen schwimmenden Supermarkt, eine Krokodilfarm und ein Restaurant mit Aussichtsplattform.

Kompong Khleang liegt 50 km südöstlich von Siem Reap und ist die größte Stadt auf dem Tonle Sap. 10 000 Familien leben in den Stelzenhäusern über dem Wasser. Nur wenige Touristen besuchen die abgelegene Stadt. Bootstouren führen über den Hauptwasserweg mit Abstechern in die kleineren Kanäle. Hier bekommt man einen Eindruck vom Leben auf dem Wasser, ohne aufdringlich zu sein.

2-stündige Bootstour in Mechrey US$20 p. P., in Kompong Khleang US$20 p. Boot.

Zentral-kambodscha

Zentralkambodscha ist eine spärlich besiedelte Region, die sich nördlich von Phnom Penh bis zur thailändischen Grenze erstreckt. Hier befinden sich beeindruckende Tempelanlagen, die einen Besuch durchaus lohnen.

Die Stadt **Kompong Thom** liegt im Herzen Kambodschas an der N6 zwischen Phnom Penh und Siem Reap. Von hier aus lässt sich ein Ausflug nach **Sambor Prei Kuk**, einer Tempelstadt der Zhenla aus dem 7. Jh., gut organisieren.

Weitere sehenswerte Orte sind von Siem Reap einfacher zu erreichen. Dazu gehört die teils noch immer vom Dschungel überwachsene Tempelanlage **Koh Ker**. Ebenfalls als Tagestour kann **Prasat Preah Vihear** besichtigt werden. Der am Dangrek-Gebirge an der Grenze nach Thailand gelegene mächtige Bergtempel fasziniert Besucher aufgrund des einzigartigen länglichen Grundrisses und der Lage auf einem Bergkamm. Die kleine touristisch unerschlossene Stadt **Tbeng Meanchey** ist die Hauptstadt der Provinz Preah Vihear.

In der Provinz Oddar Meanchey ist **Anlong Veng** nahe der thailändischen Grenze als Rückzugsort der Roten Khmer in die Schlagzeilen geraten.

Kompong Thom

Viele Reisende erleben das knapp 180 km nördlich von Phnom Penh gelegene Kompong Thom [5149] nur während eines kurzen Busstopps auf ihrem Weg von der Hauptstadt nach Siem Reap. Dabei hat die Stadt am Fluss Stoeng Sen durchaus ihren Reiz. Besucher finden hier ein authentisches Kambodscha mit ausreichend touristischer Infrastruktur.

Das Zentrum bildet der geschäftige **Kompong-Thom-Markt**. Die südwestliche Flussseite ist zu einer Promenade ausgebaut worden. Entlang dieser Flussseite sind einige schöne Beispiele kolonialer Architektur erhalten geblieben, darunter der **Palast des ehemaligen französischen Gouverneurs**. In dessen Garten leben Hunderte von Flughunden, die sich gegen Sonnenuntergang auf Futtersuche begeben.

Zwei Brücken überspannen den Stoeng-Sen-Fluss, die schmale Steinbrücke wurde 1927 von den Franzosen erbaut. Am Flussufer liegt der „alte Markt" **Psar Chas**. Das Klostergebäude **Wat Kompong Thom** in den verblassenden Farben ähnelt fast einem von Gaudí entworfenen Gebäude. 2 km hinter der Brücke an der N6 befindet sich das **Kompong-Thom-Museum**. Die beiden Löwen vor dem tempelartigen Gebäude stammen aus Sambor Prei Kuk, genau wie die meisten Exponate im Inneren. ⌚ Mo–Fr 8.30–20 Uhr, Eintritt gegen Spende (US$1).

ÜBERNACHTUNG

Arunras Guesthouse, N6, ✆ 092-316 070, [9432]. Viele hübsche kleine Zimmer mit hellem Fliesenboden und modernen Bädern, Kaltwasser. Leider die meisten ohne Fenster (dafür auch ohne Straßenlärm). Ventilator oder AC. ❶–❷

Arunras Hotel, N6, ✆ 092-316 070, [9433]. 6 Stockwerke mit Fahrstuhl. Die Zimmer sind zwar nicht besonders modern, viele großzügig geschnitten und mit Holzmöbeln eingerichtet, manche mit großem Balkon. Wahlweise Ventilator, AC, Warm- oder Kaltwasserdusche. ❶–❷

Sambor Village Hotel, Democrat St., 600 östlich des Zentrums, ✆ 062-961 391, 💻 samborvillage.asia, [9437]. Fast schon ländliche, herrliche Lage am Stoeng-Sen-Fluss. 19 Bungalows im Boutique-Stil stehen zwischen tropischen Pflanzen. Großer Pool. Restaurant. Kostenloser Fahrradverleih. Organisieren Ausflüge und

Sonnenuntergangsfahrten auf dem Sen-Fluss. Wer im Restaurant speist, kann auch den Pool kostenlos nutzen. Inkl. Frühstück. ❹–❻

Vimean Sovann Guesthouse, St. 7, ✆ 087-220 333, **[10275]**. Großzügige und helle, geflieste Zimmer, viele davon mit 2 großen Betten. Die Bäder sind schwarz-weiß gekachelt und mit modernen Sanitärgegenständen ausgestattet. Kleine Balkone. AC oder Ventilator. Fahrradverleih für US$1/Tag. ❶–❷

ESSEN

Günstige, einfache **Essensstände** findet man bis zum frühen Abend an und auf den beiden Märkten Psar Chas und Kompong Thom. In der Seitenstraße gegenüber dem Arunras Hotel gibt es eine einfache Garküche, die Busreisende auf dem Zwischenstopp mit Essen versorgt (bis 21.30 Uhr).

Arunras Hotel und **Guesthouse** (s. o.). Hotel und Gh. haben zu Recht beliebte Restaurants. Es gibt nicht nur hervorragenden Kaffee, sondern auch eine große Auswahl authentischer und guter Khmer-Gerichte. Beliebt bei Einheimischen wie Touristen. Morgens werden gute Nudel- und Reissuppen, aber auch Westliches zum Frühstück serviert. ⌚ 6–21 Uhr.

Kompong Thom Restaurant, N6, ✆ 012-324 355. Das ansprechende Restaurant im Zentrum hat eine tolle kleine Terrasse mit Flussblick. Angeboten werden authentische Khmer-Gerichte wie Wasserbüffel mit Zitronengras, aber auch Vegetarisches und Westliches. Aufmerksamer Service, dafür etwas teurer (Hauptgerichte US$5–7). WLAN. ⌚ 7–21 Uhr.

€ **Prum Bayon**, Democrat St. Das Ecklokal ist mittags und abends immer gut besucht – aus gutem Grund. Leckere, frisch zubereitete Khmer-Gerichte für 9000 Riel. ⌚ 6–21 Uhr.

TOUREN

Sokhom Travel, St. 3, ✆ 012-691 527, ✉ guideimsokhom@yahoo.com. Mr. Im Sokhom betreibt ein kleines Büro in seinem Wohnhaus. Er hat viele Informationen auf Lager und organisiert 1- bis 4-tägige Touren zu den Tempeln Sambor Prei Kuk, Preah Khan, Koh Ker, Beng Mealea oder Preah Vihear mit dem Taxi. Fahrradverleih US$2/Tag, Motorräder US$8/Tag.

TRANSPORT

Busse

KOMPONG CHAM, um 10, 11 und 13 Uhr für US$6 in 2 Std. Von dort Verbindungen nach KRATIE (US$12), STUNG TRENG (US$20) und SEN MONOROM (US$20);
PHNOM PENH, mind. alle 30 Min. zwischen 8 und 17 Uhr für US$6 in 3 1/2 Std.;
SIEM REAP, mind. all 30 Min. zwischen 8 und 17 Uhr für US$5 in 3 Std. Von dort bestehen Verbindungen nach SISOPHON, POIPET und BATTAMBANG.
TBENG MEANCHEY, um 12.30 und 14 Uhr für US$10 in 3 Std.

Sammeltaxis

Warten an der Democrat St., Ecke N6 bis zum frühen Nachmittag.
KOMPONG CHAM, für US$5 in 2 Std.
PHNOM PENH, für US$6,25 in 3 Std.
SIEM REAP, für US$6 in 2 1/2 Std.
TBENG MEANCHEY, für US$5 in 2 1/2 Std. Von dort weiter nach Sra Em für Prasat-Preah-Vihear-Tempel.

Sambor Prei Kuk

Die beeindruckende Tempelstätte Sambor Prei Kuk [5150] befindet sich 35 km nordöstlich von Kompong Thom. Die Anfahrt hierher ist eine Reise durch das ländliche Kambodscha entlang palmengesäumter Dörfer und Reisfelder. Die Tempelgruppen liegen nur wenige hundert Meter auseinander, die Sandwege machen einen gepflegten Eindruck, und viele Bäume spenden Schatten.

Forscher der japanischen Universität Waseda belegten, dass bereits König **Bhavavarman I.** 598 in Sambor Prei Kuk eine bedeutende Stätte namens Bhavapura errichtete. Ab 610 hieß Sambor Prei Kuk, nun die Hauptstadt des Zhenla-Reiches, **Isanapura**, nach dem Namen von König **Ishanavarman I.** (reg. 610–628). Die meisten der Tempel gehen auf diese Zeit zurück.

Es werden drei Haupt-Tempelkomplexe unterschieden:

Prasat Sambor (Nordgruppe N)

Von den einst über 51 Tempeln (*sambor* bedeutet viele) stehen heute noch ganze elf Bauwerke. Als Erstes passiert man eine Yoni mit einem Lingam. Die Yoni ist eine Kopie, das Original steht im Museum von Kompong Thom (S. 596). Der nächste Tempel (Nr. 9) enthält eine Kopie der Statue der Göttin Durga (das Original befindet sich im Nationalmuseum von Phnom Penh, S. 514). Der **Haupttempel**, der einer Reinkarnation Shivas, Gambhireshvara, gewidmet ist, ist der einzige, der vier Öffnungen in alle Himmelsrichtungen aufweist. Hier sind noch Reste der ursprünglichen Verzierung aus Pflanzensäften zu erkennen. **Tempel Nr. 10** enthält die Kopie einer Statue, die halb Shiva, halb Vishnu darstellt und Harihara genannt wird (auch hier ist das Original in Phnom Penh zu bewundern). An der Südseite erkennt man einen achteckigen Turm, das **Oktagon**. Der Turm ist außen mit **„Fliegenden Palästen"** verziert. Legenden zufolge benutzen Götter diese Konstruktionen, um von Ort zu Ort zu fliegen.

Prasat Tao (Zentrale Gruppe C)

Diese Gruppe stammt ebenfalls aus dem 7. Jh., wurde jedoch von Jayavarman II. im Jahre 802 umgebaut. Sie bestand aus 42 Tempeln, heute steht nur noch ein Ziegelsteinturm. Der 35 m hohe Turm des zentralen Heiligtums wird wegen der beiden Löwen am Eingang **Löwentempel** genannt.

Prasat Yeay Puon (Südgruppe S)

Der in Größe und Schmuck beeindruckendste Bereich diente als Staatstempel Ishanavarmans I. Die erste äußere Umfassungsmauer ist aus Laterit gebaut, am Außeneingang befinden sich Steinplatten mit Inschriften. Die innere zweite Mauer ist besser erhalten, sie ist aus Ziegelsteinen gefertigt, auf deren Innenseite 80 Ziegelsteinmedaillons Geschichten aus dem Ramayana-Epos erzählen. Das 30 m hohe zentrale Heiligtum, dessen Türsturz mit einer Naga geschmückt ist, war Shiva gewidmet. Innen im

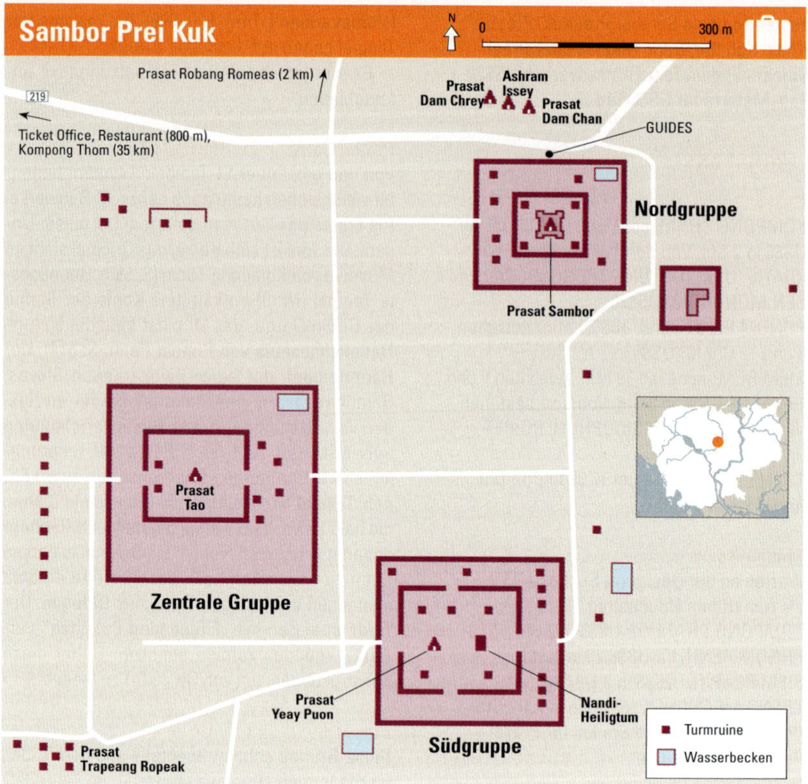

30 m hohen Ziegelsteinturm befindet sich eine große Yoni, auf der einst ein Lingam stand. Zur Gruppe gehören fünf achteckige Türme, deren Außenreliefs „fliegende Paläste" darstellen. Eine mächtige Würgefeige umfängt das Osttor.

⏲ 7–18 Uhr, Eintritt US$3. Führer für US$6 (1–2 Std., länger US$10). Anfahrt von Kompong Thom in 45–60 Min. mit dem Taxi/Tuk-Tuk/Motorradtaxi für US$25/15/10.

Koh Ker

Koh Ker, lange Zeit von dichtem Dschungel überwuchert, war einst für kurze Zeit die Hauptstadt des Khmer-Reiches. Jayavarman IV. (reg. 928–941) ließ einen Großteil der Tempel errichten. Dem hinduistischen Glauben anhängend, nannte er die Stadt Lingapura (Stadt der Lingas). Lingapura war zwischen 928 und 944 Hauptstadt des **Angkor-Reiches**, bis die nachfolgenden Könige nach Angkor zogen. Forscher konnten mittlerweile 184 Bauwerke auf 81 km² ausmachen.

Die unbefestigte Straße zwischen den Bauwerken sind in gutem Zustand. Viele Tempelruinen sind noch nicht restauriert und von Würgefeigen umschlungen – die Atmosphäre ist friedlich und manchmal regelrecht verwunschen.

Die Tempel werden im Allgemeinen in drei Gruppen eingeteilt:

Erste Gruppe

Hierzu gehören Prasat Thom und Prasat Krohom, die von einer gemeinsamen Außenumfriedung umgebenen ältesten Bauwerke der Anlage. Besucher werden als Erstes den **Prasat Krohom** („Roter Tempel") sehen, der aus drei Gopurams, die durch Säulengänge verbunden sind, besteht. Ein weiterer Damm führt zum Hauptheiligtum **Prasat Thom**. Beeindruckend ist die prachtvolle Pyramide **(Prang)**, die an ein aztekisches Bauwerk aus Mittelamerika erinnert. 36 m hoch, aus sieben Stufen bestehend, symbolisiert sie den Berg Mehru. Der **künstliche Hügel** außerhalb der Umfassungsmauer wird auch „Grab des weißen Elefanten" genannt. Sicher ist, dass dort Asche gefunden wurde. Wessen Grab oder Gräber dort liegen, ist nicht geklärt.

Zweite Gruppe

Sie liegt 2–3 km östlich und besteht aus über einem Dutzend Ziegelsteintürmen oder Heiligtümern, die mehrere hundert Meter auseinander stehen. Die schönsten darunter sind, von Prasat Thom kommend:

Prasat Leung, in dem halb verfallenen Sandsteinturm steht ein großer steinerner Lingam.

Prasat Sralao ist nach den Bäumen mit den weißen Stämmen benannt, die malerisch auf der Ruine wachsen. Der Tempel wird auch Prasat Andong Kuk genannt.

Prasat Banteay Pih Chean, die „Festung mit zwei Umfriedungen". In der Mitte steht ein schwarzer Turm aus Lavagestein, Inschriften zieren die Säulen.

Prasat Chrap besteht aus drei Laterittürmen in einer Reihe.

Prasat Damrei (Elefanten-Tempel) wird bewacht von Löwen und vier Elefantenstatuen an den Eckpunkten. Das zentrale Heiligtum ist ein 15 m hoher Ziegelturm, dessen östlichen Eingang ein Elefantenkopf ziert, auf dem Shiva thront.

Dritte Gruppe

Die Gruppe besteht aus mehreren Prasats und liegt südlich des Haupttempels und des Wasserbeckens. Die reizvollsten darunter sind von Norden nach Süden:

Prasat Chin (chinesischer Tempel). Die drei Laterittürme symbolisieren Brahma, Vishnu und Shiva. Der Turm linker Hand weist ein Relief über dem Türsturz auf, auf dem Garuda auf zwei dreiköpfigen Schlangen steht.

Prasat Neang Khmao (Tempel der schwarzen Damen). Sein Name stammt wahrscheinlich von dem schwarzen Lateritturm.

Prasat Pram ist einer der beeindruckendsten Tempel von Koh Ker. Von den fünf *(pram)* Türmen ist einer komplett von Würgefeigen umschlossen. Prasat Pram fasziniert mit der Symbiose von Natur und den vom Menschen erschaffenen Bauwerk die Besucher ähnlich wie Ta Prohm in Angkor.

Eintritt US$10, Anreise von Tbeng Meanchey (70 km) in knapp 3 Std.; von Siem Reap (100 km) in 2 1/2 Std. mit eigenem Fahrzeug. Mit dem Sammeltaxi (falls genügend Passagiere) von Siem Reap und Tbeng Meanchey bis Srayong für US$10 in 3 Std. Ab Srayong Rundfahrt mit dem Motorradtaxi für US$10.

KAMBODSCHA

Tbeng Meanchey

Die Provinzhauptstadt Tbeng Meanchey **[9485]**, rund 150 km nördlich von Kompong Thom, wird oft einfach Preah Vihear genannt. Die verschlafene Stadt hat keine besonderen Attraktionen zu bieten. Das Zentrum bildet der **Markt**. Nur die Hauptstraßen sind geteert, alle Querstraßen sind rote Staubpisten. Interessant ist ein Besuch der Webereiwerkstatt **Weaves of Cambodia**, 450 m östlich des Krankenhauses, ✆ 092-346 415, 💻 www.weavescambodia.com. In der Seidenweberei werden hochwertige Seidenschals und Sarongs von Menschen mit Behinderung hergestellt. 🕒 Mo–Sa 8–17 Uhr.

ÜBERNACHTUNG UND ESSEN

Heng Heng Hotel, Mlou Prey St., ✆ 097-777 7497, **[9488]**. Von außen wirkt das Hotel teurer und protziger, als es ist. Saubere kleine Zimmer mit TV, Ventilator oder AC. WLAN. ❶–❸

Home Vattanak Guesthouse, St. A14, ✆ 012-730 600, **[9487]**. Das Haus liegt in einer ruhigen Seitenstraße, 500 m vom Markt entfernt. Kaum zu glauben, dass in Tbeng Meanchey eine derart luxuriöse Unterkunft zu finden ist. 27 geschmackvolle AC-Zimmer. Tolle Bäder mit Dusche oder Wanne. An der Rezeption wird Englisch gesprochen. WLAN. ❷–❹

Günstige **Essensstände** gibt es rund um den Markt. Das **Phnom Tbeng Restaurant**, Mlou Prey St., ✆ 092-661 473, hat zwar nur ein kambodschanisches Schild, aber eine englische Speisekarte und einen Kellner, der Englisch spricht. Gute chinesische und Khmer-Gerichte, ab US$3. WLAN. ⌚ 6.30–22 Uhr.

TRANSPORT

Busse

KOMPONG THOM, mit den Bussen Richtung Phnom Penh, US$4 in 3 Std.;
PHNOM PENH, alle Gesellschaften fahren zwischen 6.30 und 8 Uhr für US$5 in 7 Std.;
SRA EM, mit GST um 15.30 Uhr für US$5 in 2 Std.

Sammeltaxis

KOH KER, Richtung Siem Reap nach Srayong für US$10 in 3 Std.;
KOMPONG THOM, für US$6 in 3 Std.;
SIEM REAP, unregelmäßig für US$10 in 5 Std.;
SRA EM (für Prasat Preah Vihear), für US$7 in 2 Std.
Ganzes Taxi nach Kompong Thom für US$45, nach Siem Reap für US$50 und Prasat Preah Vihear für US$50 (hin und zurück US$80).

Ende des Tauziehens?

Der kambodschanisch-thailändische Konflikt um Preah Vihear schwelte seit Anfang der 20. Jhs. Nach einem Urteil des IGH von 1962 gehörte der Tempel Preah Vihear zu Kambodscha. Unklar blieb jedoch die Hoheit über ein 4,6 km^2 großes Gebiet um den Tempel. Militärische Auseinandersetzungen ab 2008 forderten auf beiden Seiten das Leben von zahlreichen Soldaten und Zivilisten. Erst am 11. November 2013 entschied der IGH einstimmig, dass auch dieses Territorium zu Kambodscha gehört. Fraglich bleibt, ob das Urteil einen Schlussstrich unter die Auseinandersetzung ziehen wird. Reisende sollten sich vor einem Besuch über die Sicherheitslage informieren. **Vorsicht Landminen**! Unbedingt auf den gekennzeichneten Wegen bleiben. Das Tempelgelände selbst ist minenfrei.

Prasat Preah Vihear

Seit 2008 gehört der Tempel Preah Vihear zum Unesco-Weltkulturerbe. Die herrliche Lage auf einem 650 m hohen Gipfel im zerklüfteten Dangkrek-Gebirge macht ihn zu einem ganz besonders beeindruckenden Tempel. Preah Vihear unterscheidet sich maßgeblich von allen anderen angkorianischen Bauwerken in Kambodscha. Die vollständig aus Sandstein errichtete Anlage ist nicht konzentrisch angelegt, vier Ebenen liegen, von Nord nach Süd, hintereinander, durch Prachtstraßen sind sie miteinander verbunden. Der Tempel ist Shiva geweiht und trägt daher auch den Namen Shikhareshavara (Ort der Gottheit Shiva). Der Berg selbst symbolisiert dabei den heiligen Berg Mehru. Mit dem Tempelbau begonnen wurde vermutlich im Jahr 900 unter der Herrschaft von Yashovarman I. (reg. 889–ca. 915). Die nachfolgenden Könige erweiterten den Tempelkomplex. Unter Suryavarmann II., dem Erbauer von Angkor Wat, wurde der Bau im Jahr 1150 vollendet.

Rundgang

Vom Parkplatz auf dem Gipfel gelangt man zunächst zu einem Hof, der mit siebenköpfigen Naga-Statuen geschmückt ist. Die graue Sandsteintreppe aus 178 Stufen ist der ursprüngliche Nordaufgang und bildet heute den Zugang von Thailand aus (derzeit geschlossen). Dahinter befindet sich der **fünfte Gopuram**.

Die nachfolgende breite und 275 m lange **erste Prachtstraße** war wohl einst mit Laternen beleuchtet – in damaliger Zeit muss es ein beeindruckendes Bild gewesen sein. Linker Hand liegt das königliche Bad Srah Srang.

Auf dem Giebel des **vierten Gopuram** ist auf der Südseite eine Episode aus der Geschichte vom „Kirnen des Milchozeans" dargestellt: Der Gott Vishnu erscheint als Schildkröte, die den Berg Mehru auf dem Rücken trägt. Die um den Berg geschlungene Schlange Vasuki fungiert als Seil, an dem Götter und Dämonen ziehen, um das Unsterblichkeitselixier zu gewinnen. Der Türsturz linker Hand zeigt Vishnu, wie er eine Schlange tötet.

Dann folgt die 100 m lange **zweite Prachtstraße**, an deren Ende der kreuzförmige **dritte**

Gopuram steht. Den Giebel ziert eine Szene aus dem *Mahabarata*: Krishna hält einen Berg über die Menschen als Schutz vor den Sintfluten des Regengottes Indra. Der rückwärtige Giebel ist feiner ausgearbeitet: Shiva reitet auf dem Stier Nandi. Die beiden Steinhäuser rechts und links dienten vermutlich als Pilgerunterkünfte.

Am Ende der kürzeren **dritten Prachtstraße** steht der **zweite Gopuram**, an dessen Türpfosten Inschriften zu erkennen sind. Dann folgt das stark verfallene Zentralheiligtum auf dem Gipfel, eingefasst von einer Galerie aus Sandstein. Durch den Säulengang gelangt man zum Aussichtspunkt. Der Ausblick ist atemberaubend: Hinter der ebenen Fläche fällt der Bergrücken fast senkrecht in die Tiefe, und bei guter Sicht schweift das Auge kilometerweit über Reisfelder und Palmyrapalmen.

PRAKTISCHE TIPPS

Anfahrt: Von Anlong Veng gelangt man mit dem **Sammeltaxi** für US$6 in 1 1/2 Std. bis Sra Em. Von Tbeng Meachey mit dem Sammeltaxi für US$7 in 1 1/2 Std. oder mit dem **GST Bus** um 15.30 Uhr für US$5 in 2 Std., beide bis Sra Em. Von Sra Em sind es 25 km bis zum Ticketschalter, mit dem Motorradtaxi ab Kreisverkehr Sra Em für US$15 (hin und zurück). Als Tagesausflug von Siem Reap in 4 Std. mit einem gemieteten Auto um US$100.

Der **Ticketschalter** ist am Fuße des Berges. ⌚ 7–18.30 Uhr, Eintritt US$10. Nur mit Ausweisdokument möglich. **Unbedingt Reisepass mitnehmen!**

Wer nicht mit einem Allradfahrzeug anreist, bezahlt hier zusätzlich die Auffahrt zum Tempel: US$25 für einen Pick-up (6 Pers.) oder US$5 für ein Motorradtaxi (Hin- und Rückfahrt). Für normale Fahrzeuge ist der Weg zu steil. Hier werden englischsprachige **Tourguides** für US$10 vermittelt (Mr. Sopheap ✆ 088-987 4489).

Anlong Veng

Die staubige Grenzstadt liegt 124 km nördlich von Siem Reap. In Anlong Veng [9438] verschanzten sich Spitzenkader der Roten Khmer **Pol Pot**,

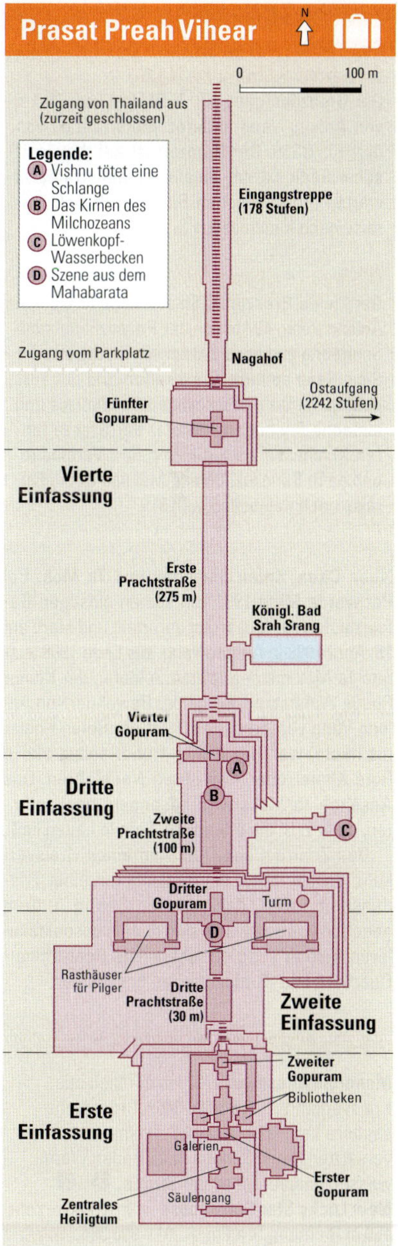

KAMBODSCHA

Grenzübergänge nach Thailand

Cho-Aam – Chong Sa Ngam

Der Grenzübergang (🕒 7–20 Uhr) liegt 20 km von Anlong Veng entfernt. Motorradtaxi von dort für US$5. Der Grenzort ist auf thailändischer Seite extrem abgelegen. Motorradtaxis warten auf Kundschaft Richtung Prasat. Einreise nach Kambodscha S. 315.

O'Smach – Chong Jom

Der kleine Grenzort O'Smach liegt 70 km von Anlong Veng, 40 km von der Provinzhauptstadt Samraong und etwa 200 km von Sisophon oder Siem Reap entfernt. Die Straßen sind gut ausgebaut. Im Ort gibt es einige Guesthouses und einfache Restaurants. Hinter der Grenze fahren Minibusse bis Surin, von dort Verbindungen nach Bangkok, Chiang Mai und Ubon. Einreise nach Kambodscha S. 315.

Nuon Chea, **Khieu Samphan** und **Ta Mok**. Pol Pot wurde Mitte 1997 von seinen einstigen Gefolgsleuten zu Hausarrest verurteilt und starb am 15. April 1998 in Anlong Veng. Bis Ende 1998 leistete Ta Mok mit den letzten Soldaten der Khmer Rouge Widerstand. Einige der Bewohner von Anlong Veng verehren die Führer der Roten Khmer bis heute, waren sie doch früher selbst aktive Rote Khmer oder sind deren Nachfahren. Das Ansehen Ta Moks wird besonders hochgehalten, da er z. B. die öffentliche Schule bauen ließ.

Das Zentrum liegt rund um einen Kreisverkehr, dessen Mitte ein Denkmal mit einer Friedenstaube ziert, das von Hun Sen in Auftrag gegeben wurde. Bisher sind in dem unspektakulären Anlong Veng nur ehemalige Rote-Khmer-Quartiere und -Grabstätten zu besichtigen.

ÜBERNACHTUNG UND ESSEN

Monorom Guesthouse, 300 m nördlich des Kreisverkehrs, ✆ 065-690 0468. Ordentliche, saubere Ventilator- oder AC-Zimmer im zurückversetzten Haus. Schöne helle Bäder, Warmwasser. Restaurant an der Straße. ❶–❷

New Lucky Star Guesthouse, vom Kreisverkehr 150 m Richtung Sra Em, ✆ 011-998 384, [9440]. Die zentrale Lage ist ein großer Vorteil dieses Hauses; an der Straße gibt es ein Restaurant und einen Supermarkt. Die Zimmer sind nichts Besonderes, doch ihre Größe ist ein weiteres Plus. Möbliert mit Schrank, Schreibtisch und TV. Wahlweise Ventilator oder AC. ❶–❷

Günstige **Essensstände** am Markt und Richtung Kreisverkehr. Im hübschen Restaurant des **New Lucky Star Guesthouse** auf der 1. Etage werden gute Khmer-Gerichte serviert. 🕒 6–21 Uhr.

Sieng Hai Restaurant, 100 m vom Kreisverkehr in nördlicher Richtung. Es gibt eine englische Speisekarte. Nicht ganz günstig. 🕒 7–21 Uhr.

TRANSPORT

Busse

BATTAMBANG, mit Liang U.S. Express um 8 Uhr für US$10 in 8 Std.;
PHNOM PENH, mit Liang U.S. Express um 8 Uhr für US$10 in 10 Std.;
mit Rith Mony um 7 Uhr für US$10 in 10 Std.;
SIEM REAP, mit Rith Mony um 7 Uhr für US$5 in 2 1/2 Std.;
SISOPHON, mit Rith Mony um 7 Uhr für US$10 in 6 Std.

Sammeltaxis

Fahrer warten am Kreisverkehr.
SIEM REAP, für US$5 in 2 Std.
SRA EM, für US$6 in 1 1/2 Std.
TBENG MEANCHEY, für US$12 in 2 1/2 Std.

Der Osten

Der Osten Kambodschas ist ein Eldorado für Naturliebhaber, die sich abseits der Haupttouristenströme bewegen wollen.

In der hübschen und ruhigen Stadt **Kompong Cham** kann man entspannte Tage am Fluss und auf der Mekong-Insel Koh Pbain verbringen. Interessante Ausflüge versprechen ein Tempelberg und ein angkorianisches Bauwerk.

In **Kratie** lässt sich am Mekong entlangschlendern, und auf ausgedehnten Fahrradtouren kann man die Wege des Mekong Discovery

Eine Reise zu den Wohn- und Grabstätten der Khmer Rouge

Das **Haus von Ta Mok** wird von den Dorfbewohnern oft besucht. Alles in dem zweistöckigen Holzhaus wurde geplündert. Von der Terrasse hat man einen spektakulären Blick auf den See, aus dem abgestorbene Baumstümpfe ragen. In der Mitte des Sees entdeckt man ein kleines Ziegelsteingebäude, es ist das Plumpsklo des ehemaligen Hauses von Pol Pot. Eintritt US$2.
Das **Grab von Ta Mok** befindet sich 7 km hinter seinem Haus im Dorf Tumnup Leu. Neben einer Pagode steht das eindrucksvolle, von seinem Enkel 2009 erbaute Beton-Mausoleum.
Richtung Grenze passiert man einen Felsbrocken in der Straßenmitte. Die Statuen einer Frau mit einem Bündel Bambus und zweier uniformierter Soldaten wurden von den Roten Khmer in den Fels gehauen, Letzteren haben Regierungstruppen die Köpfe abgeschlagen.
In Grenznähe liegt die **Einäscherungsstätte Pol Pots**. Seine Leiche wurde hastig, zusammen mit Autoreifen, alten Möbeln und Müll, verbrannt. Ein Schild weist zu dem überdachten Erdhügel, dessen Umzäunung aus alten Flaschen besteht.
Folgt man der sandigen Piste für 7 km, erreicht man die letzte **Zufluchtsstätte Ta Moks**. Von seinem Haus stehen nur noch drei Grundmauern. Spektakulär ist der Blick von der Klippe. Enthusiasten nehmen weitere 8 km über eine schlechte Straße durch dünn besiedelte Wald- und Grasflächen auf sich, um zur letzten **Zufluchtsstätte von Pol Pot** im Dschungel zu gelangen. Das bunkerartige, unterkellerte Steinhaus ist komplett geplündert. Wenige Meter davor weist ein Schild auf die nicht mehr vorhandenen Überreste von **Khieu Samphans Haus** hin.
Anfahrt: Rundfahrt mit dem Motorradtaxi für US$15, etwa 3 Std. Kaum einer der Motorradtaxifahrer spricht Englisch.

Trails erkunden. Die vom Aussterben bedrohten stupsnasigen **Irrawaddy-Delphine** können am besten in den Stromschnellen bei Kampi gesichtet werden. Das Provinzstädtchen **Stung Treng** bietet sich als Zwischenstopp auf dem Mekong-Trail Richtung laotische Grenze an.

In der nordöstlichsten Provinz **Rattanakiri** zieht das Städtchen **Banlung** mit seinem Wildwest-Flair Naturfreunde an. Besonders beliebt sind mehrtägige Trekkingtouren Richtung Virachey-Nationalpark.

Die Provinz **Mondulkiri** lockt ganzjährig mit kühlerem Klima. Die beschauliche Stadt **Sen Monorom** liegt inmitten von sanft geschwungenen Hügelketten. In einem Tagesausflug geht es zu dem beeindruckenden Bou-Sra-Wasserfall. Besucher können zudem domestizierte Elefanten in ihrer natürlichen Umgebung beobachten.

Kompong Cham und Umgebung

Zur Zeit des französischen Protektorats in den 1920er- und 1930er-Jahren war die Provinzhauptstadt Kompong Cham [9492] ein blühender Ort. Verblichene oder renovierte Kolonialbauten und breite Alleen lassen das einstige Flair der ehemals so kosmopolitischen Stadt noch erahnen. Zusammen mit der lässig-ruhigen Atmosphäre am Mekong macht dies den Reiz von Kompong Cham aus, das übersetzt „Hafen der Cham“ heißt.

Das Stadtzentrum liegt auf der westlichen Flussseite, den Mittelpunkt bildet der **Kompong-Cham-Markt**. Um den Markt drängen sich alte **Kolonialbauten** und zweistöckige **Handelshäuser**, die vom einstigen Wohlstand der Kautschuk- und Tabakmetropole zeugen.

Nördlich des Marktes führt eine Parkallee zur **Residenz des Gouverneurs**. Die neu gestaltete **Uferpromenade** am Mekong verlockt zum Bummeln, viele der Restaurants sind auf Traveller eingestellt. Auf der östlichen Flussseite können Schwindelfreie den 35 m hohen **Wachturm** aus der französischen Kolonialzeit erklimmen.

Ausflüge mit dem Fahrrad, Motorrad oder dem Tuk-Tuk sind ein tolles Erlebnis, malerische Dörfer reihen sich entlang des Weges. Beliebte Ausflüge führen zum Beispiel auf eine außergewöhnliche **Bambusbrücke** zur südlich gelegene

ländliche Mekong-Insel **Koh Pbain**, „Brückenmaut" US$1 p. P.

Wat Nokor liegt 3 km westlich von Kompong Cham an der N7. Erbaut wurde der Sandsteintempel im frühen 13 Jh., fast zur selben Zeit wie Angkor. So ähneln der Aufbau und die Apsaras denen bei Siem Reap. Anders als in Angkor trifft man beim Besuch der Anlage jedoch nur auf einige Einheimische oder Mönche. Das weitgehend eingestürzte Zentralheiligtum wurde durch einen modernen Tempel ergänzt (Eintritt US$2).

Der Berg des Mannes und der Berg der Frau, **Phnom Bros** und **Phnom Srey**, [4945] ragen 7 km westlich von Kompong Cham aus der Schwemmlandebene auf. Die beiden unterschiedlich großen Hügel sind einer Legende zufolge durch einen Wettstreit zwischen Männern und Frauen entstanden, wer den höheren Berg in einer Nacht errichten kann. (Eintritt US$2).

Rund um Kompong Cham erstrecken sich ausgedehnte Kautschukplantagen. 18 km östlich von Kompong Cham kann man die **Plantage von**

Chup mit dem kompletten Produktionsablauf besichtigen, ⌚ 7–17 Uhr, Eintritt US$2.

Die Klosteranlage **Wat Han Chey** liegt 21 km nördlich von Kompong Cham auf einem Hügel. Die Tempelanlage geht auf das 6. Jh. zurück und besitzt einen ganz eigenen Charme: Historische Zeugnisse stehen zwischen bunten Tempeln, Stupas, Buddhafiguren, riesigen Betonfrüchten und einem Zoo mit Tierfiguren aus Beton.

ÜBERNACHTUNG

Daly Hotel, Kromoun Sor St., ✆ 042-666 6631, 💻 www.dalyhotel.net, [9495]. Modernes Haus: elegant bis kühle Lobby und ebensolche Zimmer. Flatscreen, Kühlschrank. Große Bäder mit abgetrennter Glasdusche. ❷–❹

Mekong Crossing Guesthouse & Restaurant, 2 Vithel Pasteur, ✆ 017-801 788, [10276]. Einfache, ordentliche Zimmer, mit Ventilator oder AC, viele ohne Außenfenster. Schöner sind die Zimmer am umlaufenden Gemeinschaftsbalkon. TV, Warmwasser über Solarenergie. ❶–❷

€ **Mekong Sunrise Guesthouse & Restaurant**, Preah Bat Sihanouk St., ✆ 011-449 720, ✉ bong_thol@yahoo.com, [10277]. Seit Jahren beliebte Travellerunterkunft mit viel Service wie Bustickets, Ausflügen, Bootstouren. Die Zimmer sind günstig, etwas abgewohnt und die meisten ohne Fenster nach außen. Ventilator und Gemeinschaftsbad. 2 AC-Zimmer im Erdgeschoss. Außerdem mit einem Bettlaken vom Flur abgetrennte Betten für US$3. Billard. ❶–❷

Moon River Guesthouse & Restaurant, Preah Bat Sihanouk St., ✆ 016-788 973, ✉ moonrivermekong@gmail.com, [10278]. Freundlich gestaltetes Haus. Die Zimmer sind gefliest, größere 2-Bett-Zimmer mit vielen Möbeln (u. a. Tisch, Schrank, Beistelltisch) ausgestattet. Viele Zimmer haben nur ein Fenster zum Gang, schöne Zimmer mit Balkon zum Mekong. TV, Warmwasser. ❶–❷

Rana Homestay, 12 km Richtung Kratie, N7, ✆ 012-686 240, 💻 www.rana-ruralhomestay-cambodia.webs.com, [9497]. Frau Kheang bietet Homestay-Übernachtungen auf ihrem Grundstück. Man wohnt in 3 einfachen Hütten mit Gemeinschaftsbad. US$25 p. P. inkl. Essen und 2-Tages-Ausflügen. Minimum 2 Personen und 2 Übernachtungen. 2 Tage vorher reservieren. Kein Strom.

ESSEN

Günstig kann man an den **Straßenständen** und in **einfachen Restaurants** auf und rund um den Markt essen. Auf dem **Nachtmarkt** gibt es ebenfalls einfache Garküchen.

Beliebt sind die Restaurants der Guesthouses **Mekong Crossing** und das empfehlenswerte **Moon River** an der Mekong-Promenade.

Destiny Coffee, 12 Rue Pasteur, ✆ 092-998 937. In dem schicken AC-Café gibt es hausgemachten Kuchen und andere Süßigkeiten, Kaffee, Shakes, Smoothies, gute Salate und auch klassische Khmer-Gerichte. WLAN. ⌚ Mo–Sa 7–17 Uhr.

Smile Restaurant, Preah Bat Sihanouk St., ✆ 017-997 709, 💻 www.bsda-cambodia.org. Waisen und benachteiligte Jugendliche erhalten hier eine Ausbildung. Schickes Restaurant mit viel Bambus-Deko. Das Speisenangebot ist gut und bunt gemischt: Frühstück, Sandwiches, Salate, Internationales und Khmer-Gerichte. Kleiner Souvenirshop. WLAN. ⌚ 6.30–22 Uhr.

€ **Prash Chan Penvong Restaurant**, das gelbe Eckrestaurant hat nur ein kambodschanisches Namensschild, es gibt aber eine englische Speisekarte. Bei Einheimischen beliebt. Hier wird wirklich authentische Khmer-Küche serviert. Alle Gerichte 8000 Riel.

SONSTIGES

Fahrrad- und Motorradverleih

Fahrräder und Mopeds vermieten u. a. **Mekong Sunrise Guesthouse**, das Restaurant **Lazy Mekong Daze** und **Mekong Crossing Guesthouse**. Fahrräder US$1/Tag; Mopeds US$3–5/Tag.

Schwimmen

Der sonnige Pool des **7 Makara Hotels** nahe der Residenz des Gouverneurs steht Tagesgästen für US$2 zur Verfügung.

TRANSPORT

Busse

ANLONG VENG, mit Liang U.S. und Rith Mony um 7.30 und 8.30 Uhr für US$10 in 8 Std.
BANLUNG, mit Liang U.S. und Rith Mony um 7.30 bzw. 10 Uhr, um 13 Uhr mit Umsteigen bei Kratie, für US$10 in 9 Std.
BATTAMBANG, mit den Bussen Richtung Poipet für US$9 in 7 Std.
KOMPONG THOM, mit den Bussen nach Siem Reap für den gleichen Preis in 2 Std.
KRATIE, mit Phnom Penh Sorya (über Snuol in 4 Std.) und Rith Mony je um 10 Uhr, mit Liang U.S. Minibus um 13 Uhr für US$5–6 in 2 1/2 Std.
PHNOM PENH, mit allen Gesellschaften zwischen 7.45 und 14 Uhr etwa alle 2 Std. für US$4,25–5 in 3 Std.
POIPET, mit Liang U.S. und Rith Mony jeweils um 7.30 Uhr für US$11,25 in 8–9 Std.
SEN MONOROM, mit Rith Mony um 8 Uhr für US$9 in 6 Std.
SIEM REAP, mit Phnom Penh Sorya um 8.30 Uhr, mit Liang U.S. um 7.30 und 8.30 Uhr für US$6,50 in 5 Std.
SISOPHON, mit den Bussen Richtung Poipet für US$10 in 8 Std.
STUNG TRENG, mit Liang U.S. um 7.30 Uhr, Phnom Penh Sorya um 10 Uhr für US$9 in 6 Std.

Sammeltaxis

Sammeltaxis starten von zwei Haltepunkten.
KRATIE für US$5 in 2 Std.
PHNOM PENH für US$5 in 2 Std.
SEN MONOROM für US$8 in 4 Std.
SIEM REAP für US$8 in 4 Std.

Kratie

Die Provinzhauptstadt Kratie (gesprochen: Kratscheh) [9499] liegt an der N7 auf halbem Wege zwischen Phnom Penh und der laotischen Grenze. Das ehemalige Fischerdorf gewinnt bei Reisenden zunehmend an Beliebtheit: Die meisten Besucher übernachten in Kratie, um die seltenen Irrawaddy-Delphine bei Kampi, 15 km nördlich, zu sehen. Auch das überschaubare, ehemalige französische Kolonialstädtchen hat seine Reize. Das geruhsame Leben spielt sich in den wenigen Straßen zwischen Markt und Flussufer ab. Um den Markt stehen historische zwei- und dreistöckige **Handelshäuser**, die noch immer den Charme der Kolonialarchitektur verkörpern. Südlich des Zentrums kann man die einstige Pracht des Städtchens anhand der renovierten Kolonialvillen erahnen. Herausragendes Beispiel ist die **Residenz des Gouverneurs**.

ÜBERNACHTUNG

Le Tonlé Tourism Training Center, Rd. 3, ✆ 072-210 505, www.letonle.org, [9501]. 9 Zimmer in zwei toll renovierten und liebevoll geschmückten Holzhäusern. Einfache Zimmer mit Moskitonetz, Ventilator oder AC, helles Gemeinschaftsbad. Familienzimmer vorhanden. ❷

River Dolphin Hotel, 2 km außerhalb, ✆ 072-210 570, www.riverdolphinhotel.com, [10281]. Türkis gestrichene Zimmer mit schönen Bädern und viel Ausstattung wie Flachbildschirm, Minibar, Toilettenartikeln und Haartrockner. Zimmer von günstig und fensterlos bis großzügig mit 2 Doppelbetten und vielen Fenstern. Pool. ❶–❹

Silver Dolphin Guesthouse, Preah Soramarith Quay, ✆ 012-999 810, www.silverdolphin.com, [9505]. Beliebtes Haus mit einfachen Ventilator-Zimmern mit Bett, TV und Bad. Helles Dormzimmer mit 4 Etagenbetten und Schließfach (US$3). Dachterrasse mit Mekong-Blick, Restaurant. Bustickets, Ausflüge. ❶

Star Backpackers Guesthouse, Rd. 10, ✆ 011-564 922, [9504]. Unter Travellern beliebt sind die einfachen Ventilator-Zimmer, alle mit hübsch bemalter Wand. Übernachtun-

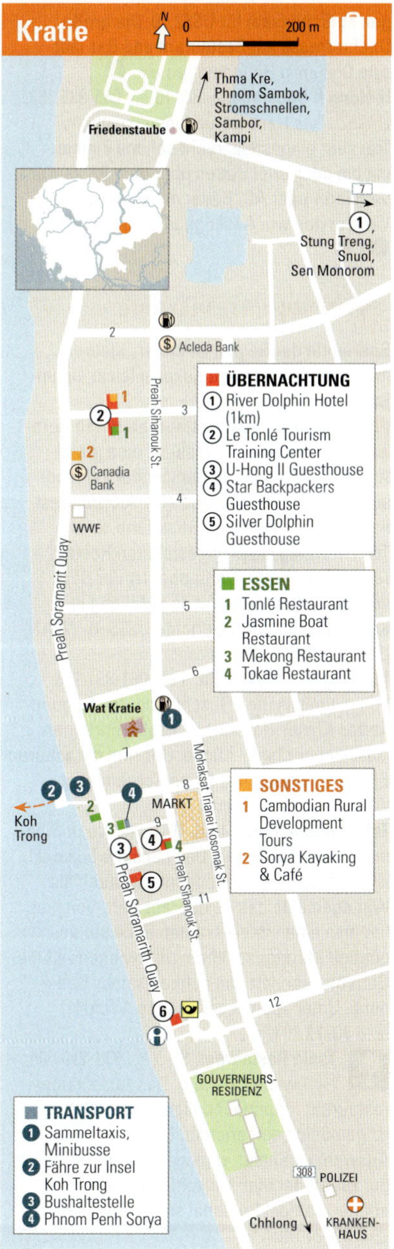

gen im Schlafsaal für US$2,50. Die große Dachterrasse mit Restaurant und Bar lädt zum Chillen in Hängematten ein. ❶

U-Hong II Guesthouse, Rd. 10, ✆ 085-885 168, [10282]. Das Haus ist auf junge westliche Traveller eingestellt: recht schöne Zimmer mit ein oder zwei Betten über dem Restaurant, Ventilator oder AC. Bäder mit Warmwasser. Viel Service wie Ausflüge und Bustickets. ❶–❷

ESSEN UND UNTERHALTUNG

Spezialität der Region ist *krolan*, Klebreis mit süßen Bohnen und Kokosmilch in einem Bambusrohr gekocht.

Jasmine Boat Restaurant, Preah Soramarith Quay. Frühstück, eine große Auswahl sehr guter authentischer kambodschanischer Gerichte und eine Anzahl Westliches stehen in dem in Bootsform, zum Teil ein wenig kitschig gestalteten Restaurant auf der Karte. Dafür aber ist der Blick von der Außentheke auf den Mekong in Kratie unschlagbar! Gerichte US$5–6. WLAN. ⏲ 6–22 Uhr.

Mekong Restaurant, Rd. 9, ✆ 061-331 168. Von einheimischen Geschäftsleuten frequentiertes Khmer-Restaurant. Große Portionen klassischer Khmer-Küche. Gut sind die „sauren Suppen". Westliches Frühstücksangebot. WLAN. ⏲ 6.30–21 Uhr.

Tokae Restaurant, 84 Rd. 10, Ecke Preah Sihanouk, ✆ 097-297 2118. Das hübsche Ecklokal ist nach dem Gecko benannt, der auch als Wandgemälde das Restaurant ziert. Von hier hat man einen interessanten Blick auf das quirlige Marktgeschehen. Überwiegend Khmer-Gerichte, serviert von aufmerksamer Bedienung. Unter spanischer Leitung. WLAN. ⏲ 6.30–22.30 Uhr.

Tonlé Restaurant, St. 3, ✆ 072-210 505, 💻 www.letonle.org. Das Ausbildungsrestaurant für benachteiligte Jugendliche ist gemütlich eingerichtet. Umfangreiche Auswahl an Khmer- und westlichen Gerichten, gut zubereitet und von schüchternem, aber aufmerksamem Personal serviert. WLAN. ⏲ 6.30–21 Uhr.

TOUREN

Cambodian Rural Development Tours (CRDT), Rd. 3, ✆ 099-834 353, 💻 www.crdtours.org. Die Mitarbeiter sprechen hervorragend Englisch und organisieren Übernachtungen und Transport entlang dem Mekong Discovery Trail, Homestays und Touren in Kambodscha.

Sorya Kayaking & Café, Preah Soramarith Quay, ✆ 090-241 148, 💻 www.soryakayaking.com. Delphinsichtungen mit dem Kajak und Halbtagestouren rund um die Mekong-Inseln.

TRANSPORT

Nur die Busgesellschaft **Phnom Penh Sorya** hat ein Büro in Kratie. Phnom Penh wird über 2 Routen angefahren. Minibusse fahren über Chhlong; die 90 km (1 1/2 Std.) längere Strecke über Snuol wird von den Phnom-Penh-Sorya-Bussen bedient.

Busse

KOMPONG CHAM, mit den Bussen nach Phnom Penh für US$6 in 4 Std.
PHNOM PENH, um 7.30 und 9.30 Uhr für US$8 in 7 Std. (über Snuol).
SIEM REAP, um 7.30 und 9.30 Uhr, umsteigen in Suong, für US$11 in 9 Std.
SEN MONOROM, um 7.30 Uhr für US$7 in 6 Std.
STUNG TRENG, um 14.30 Uhr für US$6 in 2 Std.
Nach Laos bei genügend Fahrgästen (evtl. nur jeden 2. Tag) um 12 Uhr über NAKASANG (für 4000 Inseln, US$14 in 3 Std.) nach PAKXE (US$17 in 8 Std.) bis VIENTIANE (US$43 in 25 Std.); sonst Transport per Minibus.
Nach Vietnam um 9.30 Uhr für US$25 inkl. Mittagessen in 7 Std. bis HO-CHI-MINH-STADT. Mit Tuk-Tuk oder Motorradtaxi 5 km bis zur N7 in Klastung (Transport im Preis enthalten), dort in den Bus aus Laos Richtung HCMS einsteigen.

Sammeltaxis und Minibusse

Minibusse organisieren die Guesthouses inkl. Hotelabholung (Achtung: hier „passen" mind. 4 Pers. auf 3 Sitze):
BANLUNG, um 8 und 13 Uhr für US$8 in 5 Std.

OBEN LINKS SAMBOR PREI KUK; **OBEN RECHTS** BOU-SRA-WASSERFALL, SEN MONOROM; **UNTEN** KOH TUI BEACH, KOH RONG

DELUXE
GUESTHOUSE

Grenzübergang nach Vietnam

Von Kratie fahren Busse (S. 610), die den Grenzübergang **Trapeang Sre–Loc Ninh**, 🕒 7–17 Uhr, passieren, direkt nach Ho-Chi-Minh-Stadt. Das Visum für Vietnam muss im Pass sein. Der äußerst selten von Travellern auf eigene Faust genutzte Grenzübergang ist auf vietnamesischer Seite recht abgelegen.

KOMPONG CHAM, um 7 und 12 Uhr für US$6 in 21/2 Std.
PHNOM PENH, um 6, 7, und 8 Uhr, um 12.30 Uhr VIP-Bus: 1 Pers. auf 1 Sitz, für US$7 in 4 Std.
SEN MONOROM, mit größeren Minibussen und eigenem Sitz um 7 und 8 Uhr für US$7 in 5 Std.
SIEM REAP, um 7 Uhr für US$12 in 7 Std.
STUNG TRENG, um 7, 9, 11 Uhr für US$7 in 2 Std.
TBENG MEANCHEY, um 8 Uhr für US$15 in 5 Std.
Nach Laos um 7 Uhr über DON DET und DON KHON (US$13/14 in 5/7 Std. inkl. Boot) nach PAKXE (US$17 in 8 Std.), umsteigen in Stung Treng um 14 Uhr und ggf. hinter der Grenze.
Sammeltaxis bei genügend Fahrgästen nach:
KOMPONG CHAM, für US$6 in 2 Std.
PHNOM PENH, nur ganzes Taxi für US$60–70 in 5 Std.
SIEM REAP, nur ganzes Taxi für US$100 in 6 Std.

Die Umgebung von Kratie

Koh Trong

Die Einwohner der idyllischen Insel, die sich bei Kratie aus den Fluten des Mekong erhebt, leben von der Landwirtschaft. Traditionelle Holzhäuser, Kokospalmen, Jackfruit-, Pomelo- und Mango-Bäume säumen die schattigen Wege. **Motorradtaxifahrer** warten auf Koh Trong am Fähranleger. Eine Inselrundfahrt kostet US$5.

Koh Trong Community Homestay I und II, [9506]. Übernachtet wird in einem klassischen Holzhaus auf Matratzen. Die nachts aufgespannten Vorhänge geben ein wenig Privatsphäre. Gemeinschaftsbad mit Schöpfdusche im Haus (US$3 p. P.).

Fähren pendeln für 1000 Riel p. P. (einfache Strecke) in 10 Min zur Insel Koh Trong; Abfahrt zwischen 6.30 und 17.30 Uhr, sobald genügend Passagiere zusammen sind.

Kampi

15 km nördlich von Kratie liegt das kleine Dorf Kampi. Von hier starten überdachte Boote, von denen aus die gefährdeten **Irrawaddy-Delphine** *(trey psaut)* beobachtet werden können. In der Trockenzeit, wenn der Mekong weniger Wasser führt, sieht man die seltenen Säuger oft schon von der Bootsanlegestelle aus. Nur noch etwa 30 Delphine leben im Fluss rund um Kampi. Im Gegensatz zu ihren Meeresverwandten springen sie nicht aus dem Wasser, sondern tauchen nur kurz mit der Schnauze auf, um dann in einem eleganten Bogen wieder unter Wasser zu gleiten.

Bootstouren 1–2 Pers. US$9 p. P.; ab 3 Pers. US$7, 1–1 1/2 Std. Mit dem Tuk-Tuk/Motorradtaxi ab KRATIE für US$10/5 (hin und zurück).

Sambor

35 km nördlich von Kratie liegt Sambor. Bekannt ist das Dorf aufgrund des nahe gelegenen **Wat Sarsar Muoi Roy** (100-Säulen-Pagode), der bereits im 16. Jh. erbaut, unter dem Pol-Pot-Regime jedoch weitgehend zerstört wurde. Erst 1997 wurde der Vihear wieder aufgebaut und

Flippers stupsnasiger Bruder

Seinen Namen hat der Irrawaddy-Delphin von dem Fluss Irrawaddy in Myanmar, in dem diese Delphin-Gattung ebenfalls lebt. Die lateinische Artbezeichnung *Orcaella brevirostris* (kurzschnäbelig) beschreibt das Aussehen des Delphins: Statt der typischen langen Schnauze haben Irrawaddy-Delphine eine kleine Stupsnase und eine hohe gewölbte Stirn. Ausgewachsen erreichen sie eine Länge von 2–2,80 m, werden bis zu 150 kg schwer und können fast 30 Jahre alt werden. Flussdelphine stehen auf der Roten Liste der IUCN, die Spezies gilt als stark gefährdet. Im Mekong, auf dem 190 km langen Abschnitt zwischen Kratie und der Grenze zu Laos, leben laut WWF noch maximal 85 Tiere.

rühmt sich, die meisten Säulen des Landes zu haben. Der große goldene Stupa auf dem Gelände ist das **Grabmal der Prinzessin Vorakpheak** aus dem Jahr 1529. Auf dem Gelände befindet sich außerdem das 2011 gegründete **Mekong Turtle Conservation Center** (MTCC), 💻 www.mekongturtle.com. Verschiedene Schildkrötenarten werden hier gepflegt, aufgezogen und wieder in den Mekong entlassen.

🕒 8.30–16.30 Uhr, Eintritt US$4 inkl. einer englischsprachigen Führung.

Stung Treng und Umgebung

Die meisten Reisenden legen in Stung Treng [9509] nur einen kurzen Stopp ein, um etwas zu essen und auf den nächsten Bus Richtung Laos, Banlung, Siem Reap oder Phnom Penh zu warten. Stung Treng hat keine besonderen Sehenswürdigkeiten zu bieten, aber die kleinstädtische Atmosphäre am Zusammenfluss von Sekong und Mekong ist entspannt.

Das Zentrum bildet der große **Markt**, in dem auch Textilien aus Laos zum Verkauf angeboten werden. Stung Treng kann mit ein paar hübschen **Kolonial- und Art-déco-Villen** entlang dem Sekong-Fluss aufwarten. Bekannt ist der Ort auch für eine lokale Delikatesse, den Pa-Si-Yi-Fisch. Das **Fischdenkmal** am Ufer stellt einen solchen Flussbewohner dar. Bis zu US$70 werden auf dem Markt für ein Kilogramm verlangt. Lohnend ist ein Besuch im **Mekong Blue – Stung Treng Women's Development Center**, 4 km östlich der Stadt 💻 www.mekongblue.com, in dem benachteiligte Frauen ausgebildet werden. Die kostenlose Führung in der Seidenweberwerkstatt zeigt den ganzen Entstehungsprozess eines Seidenartikels. 🕒 Mo–Sa 7.30–11.30 und 14–17 Uhr.

Mekong Discovery Trail I und II

Der **Mekong Discovery Trail** ist ein 180 km langes Netz aus Wanderwegen entlang dem Mekong bei Kratie und Stung Treng. Teilstrecken können zu Fuß, per Fahrrad, Moped oder im Kajak zurückgelegt werden, Touren sind als Tages- oder Mehrtagetour inkl. Homestays möglich.

Von Kratie: Der **Koh Trong Island Trail** ist ein 9 km langer Rundweg um die Insel, der am besten mit dem Fahrrad zu erkunden ist. Anspruchsvoller ist der **Kratie West to East Bank Trail**, ein 44 km langer Rundweg zu beiden Seiten des Mekong.

Wer von Kratie Touren inkl. Übernachtungen einplant, wendet sich zwecks Organisation am besten an **Cambodian Rural Development Tours** (CRDT), s. Kratie S. 610.

Von Stung Treng: auf dem 35 km langen Rundweg des **The Sticky Rice Trail** kann man die Feuchtgebiete zwischen dem Sekong-Fluss und dem Mekong erkunden. **North to the Laos Border** führt zu den beiden kleinen Mekong-Dörfern O'Svay und Preah Rumkel. Hier sind Homestay-Übernachtungen möglich. Touren sind am besten über **Xplore-Asia** in Stung Treng buchbar, 💻 www.cambodiamekongtrail.com, S. 615

ÜBERNACHTUNG

Golden River Hotel, St. 2, 📞 074-690 0029, 💻 www.goldenriverhotel.com, [9511]. Schöne saubere AC-Zimmer mit schweren Holzmöbeln TV, Kühlschrank und Wasserkocher. Große Bäder mit Badewanne und Marmorablage. ❷–❹

Mekong Bird Resort, 6 km nördlich, 📞 074-690 0885, ✉ mekongbird76@yahoo.com, [9513]. Die schöne Gartenanlage liegt oberhalb des Mekong. Alle 10 1- oder 2-Bett-Holzbungalows haben 2 Terrassen: Eine bietet einen fantastischen Ausblick über den Fluss, die andere liegt Richtung Garten. Kajakausleihe. Strom über Generator 17.30–23 Uhr. Toll zum Sonnenuntergang und zur Vogelbeobachtung. ❷

Riverside Guesthouse, St. 2, 📞 012-257 207, ✉ kimtysou@gmail.com, [9514]. Spartanische Zimmer mit AC oder Ventilator. Die günstigen Zimmer ohne Fenster. Bäder mit Kaltwasser. Beliebteste Travellerunterkunft mit Tourinfos und Restaurant, Büchertausch. Sehr hilfsbereiter Besitzer. WLAN nur im Restaurant. ❶–❷

Sampheap Guesthouse, St. 2, 📞 074-675 6333, [9515]. Großzügige Zimmer mit Ventilator oder AC. Schön sind die zur Flussseite gelegenen hellen Zimmer. Ordentliche Bäder mit Warmwasser. ❶–❷

ESSEN UND UNTERHALTUNG

Auf dem kleinen Nachtmarkt öffnen vom frühen Abend bis gegen 21 Uhr kleine Garküchen.

Ponika's Palace, St. 61, ✆ 012-916 441. Auf Traveller eingestelltes Restaurant: Die englische Speisekarte offeriert Frühstück, gute Khmer-Küche, viel Westliches und sehr gute indische Gerichte. Tolle Cocktails für US$2,50. Tourinfos, Wäscheservice. WLAN. ⌚ 6–22 Uhr.

Riverside Restaurant im gleichnamigen Guesthouse. Auf der Karte überwiegend Khmer-Gerichte, auf den westlichen Gaumen abgestimmt. Travellertreffpunkt an den 2 Außentischen. Hier gibt es viele Informationen, auch zu Minibussen, die direkt vor der Tür halten. WLAN. ⌚ 6.30–22.30 Uhr.

Saigon Restaurant, St. 14. Das vietnamesische Restaurant serviert köstliche vietnamesische Nudelsuppen *(pho)*. ⌚ 6.30–21 Uhr.

TOUREN

Xplore-Asia, ✆ 011-433 836, 🖳 www.xplore-cambodia.com. Mr. Theara bietet tolle Halb- bis Mehrtagestouren. Es gibt z. B. eine geführte halbtägige Rad- und Kajakfahrt für US$35 p. P. sowie Tages- und mehrtägige Touren entlang dem Mekong Discovery Trail (s. Kasten S. 613). ⌚ 8–17, So 8–12 Uhr.

Ziele auf dem Weg nach Laos

Richtung Laos lassen sich wunderbare Touren unternehmen, ob mit dem Fahrrad, Moped oder per Kajak. Besonders eindrucksvoll sind Flussfahrten auf dem Mekong bis zum tosenden **Khon-Phapheng-Wasserfall** an der Grenze zu Laos. Vorbei geht es an Feuchtgebieten und überfluteten Wäldern, deren Wipfel aus dem Wasser ragen. In der Trockenzeit bieten sich Sandbänke entlang dem mäandernden Flusslauf für eine Verschnaufpause und eine Abkühlung im Wasser an. Eine kleine Population der bedrohten Irrawaddy-Delphine (Kasten S. 612) lebt bei **Anlung Cheutal**. Geruhsam sind Ausflüge mit Homestay-Übernachtungen in den beiden Dörfern **O'Svay** oder **Preah Rumkel**.

Grenzübergang nach Laos

Der einzige, recht abgelegene internationale Grenzübergang zwischen Kambodscha und Laos, **Trapaeng Kriel–Nong Nok Khian**, hat zwischen 6 und 18 Uhr geöffnet. Auf kambodschanischer Seite gibt es nur ein paar Essensstände. Die kambodschanischen Beamten verlangen bei der Ausreise aus Kambodscha US$2 „Stempelgebühr". Bei der Einreise nach Laos gibt es Visa on Arrival, US$30 für deutsche Staatsangehörige; Österreicher und Schweizer zahlen US$35. Wer vor 8 oder nach 16 Uhr, am Samstag oder Sonntag die Grenze passiert, zahlt zusätzlich US$1. Für einen Einreisestempel werden US$2 verlangt. Hier können keine Passfotos gemacht werden (also unbedingt mitbringen), und es gibt keinen Geldautomaten. Hinter der Grenze ggf. Bus- bzw. Minibuswechsel, weiter nach Nakasang und Pakxe. Einreise nach Kambodscha S. 494.

TRANSPORT

Nur die Busgesellschaft Phnom Penh Sorya hat ein Büro in Stung Treng. Das Riverside Hotel und Ponica's Place Restaurant organisieren zuverlässig Minibusse, Abfahrt jeweils von dort.

Busse

KOMPONG CHAM, mit den Bussen Richtung Phnom Penh für US$8 in 7 Std.
KRATIE, mit den Bussen Richtung Phnom Penh für US$7 in 2 1/2 Std.
PHNOM PENH, mit Phnom Penh Sorya um 6.45 und 13 Uhr für US$12 in 10 Std.
Nach Vietnam um 8 Uhr ab Saigon Restaurant für US$25 in 9 Std. (über Snuol) bis HO-CHI-MINH-STADT.

Minibusse

Es „passen" mindestens 4 Pers. auf 3 Sitze, nachmittags VIP-Minibusse: eine Pers. pro Sitz.

BANLUNG, um 7.30 und 13 Uhr für US$7 in 2 1/2 Std.
SEN MONOROM, mit dem Minibus nach Kratie, dort umsteigen (evtl. ein zweites Mal in Snuol, je nach Minibus) für US$13 in 7 Std.
SIEM REAP, um 8.30 und 14 Uhr für US$15 in 5 Std.
TBENG MEANCHEY, mit den Minibussen in Richtung Siem Reap für US$9 in 2 1/2 Std.
Nach Laos um 14 Uhr (Buswechsel hinter der Grenze) bis NAKASANG (für 4000 Inseln) für US$11 in 3 Std., bis PAKXE für US$17 in 5 Std.

Provinz Rattanakiri

Die nordöstlichste Provinz Kambodschas grenzt an Laos und Vietnam. An die laotische Grenze im Norden schmiegt sich der **Virachey-Nationalpark**. Aber auch in Rattanakiri ist der Ausverkauf der Natur vorangeschritten. Wo früher noch dichter Dschungel das Landschaftsbild bestimmte, erstrecken sich heute Kautschuk-, Cashewnuss-, Pfeffer- und Kaffeeplantagen. Dennoch ist es für Naturliebhaber noch immer eine der schönsten Provinzen Kambodschas. Hier kann man ausgedehnte Trekkingtouren in den Dschungel unternehmen, an Wasserfällen baden und übernachten und Dörfer der ethnischen Minderheiten besuchen. Faszinierend sind die Gebräuche und Lebensgewohnheiten der ethnischen Minderheiten in Rattanakiri. Zahlreiche **indigene Völker**, auch Hochland-Khmer *(Khmer Loeu)* oder Chunchiet genannt, leben in den abgeschiedenen Regionen. Sie sprechen ihre eigenen Sprachen und pflegen ureigenste Traditionen und Bräuche, deren Kern im Geisterglauben liegt.

Außer den Nationalstraßen sind fast alle anderen Straßen Staubstraßen, die sich in der Regenzeit in rote Schlammpisten verwandeln. Die **beste Reisezeit** ist nach dem Ende der Regenzeit, dann sind alle Straßen passierbar, die Landschaft ist wunderbar grün, die Wasserfälle sind beeindruckend. Ausgangspunkt für Touren ist die Provinzhauptstadt **Banlung**.

15 HIGHLIGHT

Banlung

Bis auf die wenigen Hauptstraßen sind alle Wege in dem geschäftigen Ort Banlung [4933] noch Staubpisten, und in der Trockenzeit scheinen sämtliche Gebäude von einer rötlichen Schicht überzogen zu sein. Das Zentrum ist der lebhafte **Markt**. Bei Tagesanbruch kommen Frauen aus den Dörfern der ethnischen Minderheiten mit ihren Bastkörben *(khapa)* auf dem Rücken, um Obst, Gemüse, Blumen und verschiedene Wurzeln zu verkaufen und Waren einzukaufen, die sie in ihren Dörfern nicht selbst produzieren. Auch Zirkone, Amethyste und Saphire aus der Region werden hier angeboten. Vom **Phnom Eisay Patamak**, 1,5 km westlich des Marktes, eröffnen sich zum Sonnenuntergang traumhafte Blicke auf die Umgebung. Etwa 1 km nördlich des Zentrums liegt der **Kansaeng-See**, um den eine asphaltierte Straße führt. Zum Sonnenuntergang kommen viele Einheimische hierher, um auf den Bastmatten zu picknicken.

ÜBERNACHTUNG

Banlung Balcony Guesthouse, ✆ 097-809 7036, 💻 www.balconyguesthouse.net, [10283]. 1960er-Jahre Villa mit hohen Decken, große holzvertäfelte Halle und Gemeinschaftsterrasse. Unterschiedlichste Zimmer, alle sauber, sehr hell, mit Gemeinschaftsbad oder riesigem eigenem Marmorbad, Ventilator. Dormzimmer mit 4 Betten (US$2). Im Garten kann die eigene Hängematte aufgespannt werden (US$1). Restaurant. ❶
Sunset Village, 600 m östlich des Marktes, ✆ 088-857 5755, ✉ land.sky2009@gmail.com, [10284]. Dörflich gelegene Gartenanlage mit Fernblick. Einfache Holzbungalows mit Bett, Moskitonetz und Ventilator, teils mit Gemeinschaftsbad. Dormzimmer mit 2 Doppelbetten und Moskitonetz (US$2). Freundlicher Besitzer, Restaurant, Touren, Bustickets. ❶
Ratanak Resort, 3,5 km östlich von Banlung, ✆ 092-244 114, 💻 www.ratanakresort.com,

[9522]. Weitläufige Gartenanlage mit 16 großzügigen AC-Holzbungalows am Hang. Edle Inneneinrichtung aus Holz, TV, Kühlschrank und Safe. Schöne, geräumige Bäder. Infinity-Pool. Inkl. Frühstück. ❸–❺

Terres Rouges Lodge, St. 422, ✆ 012-770 650, 💻 www.terresrougescollection.com, [9523]. Die 1890 erbaute Gouverneursresidenz beherbergt nun ein Boutiquehotel. 23 Zimmer und Bungalows in der gepflegten Gartenanlage – alle mit schönen Kolonialmöbeln, Lampen und alten Bildern dekoriert, unterschiedlich aufgeteilt und gestaltet. Inkl. Frühstück. ❺–❻

€ **The Courtyard Guesthouse**, St. 29, ✆ 097-333 4626, 💻 www.luckytours4u.blogspot.com, [10285]. In einem Hinterhof einfache Zimmer mit Bett und manchmal auch einem Schrank. Gemeinschaftsbad oder einfaches Bad mit Schöpftoilette und Kaltwasserdusche, Ventilator. Dormbett (US$2,50). ❶

Tree Top Ecolodge, St. 78A, ✆ 012-490 333, 💻 www.treetop-ecolodge.com, [4935]. Anlage am Hang unter schattigen Bäumen. Schöne Holzzimmer oberhalb des Restaurants und großzügige Bungalows unter

Cashew- und Jackfruit-Bäumen, alle mit Ventilator, Balkon oder Terrasse. Das Restaurant mit fantastischem Ausblick eignet sich hervorragend für einen Drink zum Sonnenuntergang. WLAN nur im Restaurant. Besser reservieren! ❶–❷

ESSEN UND UNTERHALTUNG

Ab dem Vormittag gibt es schmackhafte Khmer-Küche in den einfachen Restaurants eine Querstraße vom Markt entfernt (einfach in die Töpfe schauen und auswählen).

Café Alee, St. 78A, ✆ 089-473 767. Die mit witzigen Sprüchen gespickte Speisekarte offeriert Khmer-Küche und Westliches, darunter auch vegane Gerichte. Gutes Müsli mit hausgemachtem Joghurt und vor-zügliche Spaghetti mit Bambus, Pizza und Vollkornbrot. ⌚ 7–23 Uhr.

Paradise Restaurant, St. 62, ✆ 097-775 2779. Liebhaber authentischer Khmer-Küche werden begeistert sein. Die Gerichte um 25 000 Riel sind nicht ganz günstig, aber dafür steht die persönliche Bedienung neben dem Tisch und sorgt für Reisnachschlag. ⌚ 7–22 Uhr.

€ **Pteas Reusey Restaurant**, St. 62, ✆ 012-469 043. Das Restaurant besteht aus einem Blechdach und umlaufenden Glasfenstern und ist eingerichtet mit Plastikstühlen und Klapptischen. Es gibt eine englische Speisekarte, und der Besitzer, der sehr gut Englisch spricht, kann von der schmackhaften kambodschanischen Hausmannskost etwas empfehlen. Alle Gerichte US$2,50. WLAN. ⌚ 7–21 Uhr.

Ta Nam Restaurant, St. 62. Das Restaurant ist tagsüber von Einheimischen gut besucht, und dies aus gutem Grund: Die englische Speisekarte offeriert hervorragende Nudelsuppen und vietnamesischen Kaffee. ⌚ 6–15 Uhr.

TOUREN

Die Anzahl der Touranbieter in Banlung ist groß, wobei sich die meisten Touren ähneln: Es geht mit dem Motorrad oder Auto bis nach **Voen Sai**, von dort mit dem Boot über den Tonle San Richtung Osten zum Kachoch-Dorf **Ko Phean** oder den O'Lalai flussaufwärts Richtung Norden zum Dorf **Kok Lak**, in dem Angehörige der Kavet leben. Meist starten die Touren von diesen Dörfern. Bei kombinierten Trekking-Rafting-Touren wird gemeinsam ein **Bambusfloß** gebaut, mit dem man über den Fluss fährt. Gemächlich ist die Floßfahrt auf dem **San-Fluss** (auch Sesan genannt), herausfordernder die Touren auf dem **O'Lalai**.

Ab Ende Januar kann der Wasserstand zu niedrig sein, sodass die Flussfahrten durch **Trekking** ersetzt werden. Gewandert wird maximal 6 Std. pro Tag. Bei 3-tägigen Touren schläft man eine Nacht in der Hängematte mit Moskitonetz, die andere Nacht im Zelt oder in einem indigenen Dorf im **Homestay** in einer einfachen Hütte.

Die aufgeführten Anbieter haben einen guten Ruf und werden von den Guesthouses bevorzugt gebucht. Die **Preise** liegen zwischen US$40–45 p. P. und Tag (Gruppe von 2 Pers. inkl. Transport, Essen, Unterkunft und Führer; bei größeren Gruppen gibt es Rabatte).

In der Nebensaison lohnt es besonders, bei verschiedenen Anbietern nach der nächsten Tour zu fragen und sich einer Gruppe anzuschließen. Das spart Kosten und macht meist auch mehr Spaß.

Da wir nicht mit allen Anbietern Touren unternehmen können, freuen wir uns über Bewertungen, Geschichten und Tipps unter [9518].

Banlung Nature Tours, ✆ 097-814 1229, 💻 banlungnaturetours.wordpress.com.

Parrot Tour, ✆ 097-403 5884, 💻 www.jungletrek.blogspot.com.

Smiling Tours, ✆ 097-236 4333, 💻 www.ratanakiri-smilingtours.com.

Trekkingtouren im Virachey-Nationalpark können über das **Virachey-Nationalpark-Informationszentrum** gebucht werden.

TRANSPORT

Busse

KOMPONG CHAM, mit dem Bus nach Phnom Penh um 6.30 Uhr für US$10 in 8 Std.

KAMBODSCHA

Grenzübergang nach Vietnam

Der Grenzübergang **O'Yadaw–Le Thanh** liegt ca. 70 km von Banlung entfernt. Zwischen Banlung und Plei Ku in Vietnam existieren Bus- und Minibusverbindungen (nach Vietnam evtl. Buswechsel an der Grenze, US$11 in 5 Std. bis Plei Ku). Das Visum für Vietnam muss im Pass sein. Einreise nach Kambodscha S. 781.

KRATIE, mit dem Bus nach Phnom Penh um 6.30 Uhr für US$9 in 6 Std.
PHNOM PENH, um 6.30 Uhr für US$12 in 11 Std.

Minibusse

Die lokalen Minibusse sind nichts für Komfortliebhaber: mind. 4 Pers. plus Gepäck „passen" auf 3 Sitze.
KOMPONG CHAM, um 6.30 Uhr für US$10 in 6 Std.
KRATIE, um 7.30 Uhr für US$9 in 6 Std.
PHNOM PENH, um 6.30 Uhr für US$13 in 9 Std.
SEN MONOROM, um 8 Uhr für US$10 in 3 Std.
SIEM REAP, um 7 Uhr für US$13 in 8 Std.
STUNG TRENG, um 7.30 Uhr für US$7 in 2 1/2 Std.
TBENG MEANCHEY, mit dem Minibus Richtung Siem Reap um 7.30 Uhr für US$12 in 6 Std.
Nach Laos um 7.30 Uhr für US$17 in 7 Std. inkl. Boot bis DON DET (in Stung Treng Wechsel in einen Minibus, der erst gegen 14 Uhr Stung Treng passiert).
Nach Vietnam um 7.30 Uhr für US$11 in 5 Std. bis PLEI KU (ggf. Buswechsel hinter der Grenze).

Die Umgebung von Banlung

Yeak-Laom-See

Der bezaubernde kreisrunde Vulkansee [4937] liegt 4 km östlich von Banlung und misst 800 m im Durchmesser, das Wasser ist bis zu 50 m tief. Die Khmer Loeu betrachten diesen See als heilig. Ein schöner, 3 km langer **Wanderweg** führt rund um den malerischen See, Holzterrassen laden zum Baden im blau schimmernden warmen Wasser ein. Am Wochenende kommen viele Einheimische, um eine der Hütten am Seeufer zu mieten, zu picknicken oder eine Party zu feiern. Westliche Touristinnen sollten den Aufforderungen der Schilder folgen und beim Baden zumindest ein T-Shirt überziehen.

Eintritt zum See US$2, Moped 2000 Riel. Den Eintritt erhält der Tompuon-Stamm, der See und Park verwaltet. Man erreicht den See zu Fuß von Banlung in 45 Min., mit dem Tuk-Tuk/Motorradtaxi für US$10/5 (Hin- und Rückfahrt inkl. Wartezeit) in 15 Min.

Wasserfälle

Im Süden und Nordwesten von Banlung liegen gleich vier Wasserfälle, die sich mit einem Motorrad bequem ansteuern lassen. Die schönsten, der **Katieng-** (Eintritt 2000 Riel) und der **Kachang-Wasserfall** (Eintritt 3000 Riel), liegen beieinander und sind auch auf einer Fahrradtour von Banlung aus erreichbar. Alle Wasserfälle sind einfach anzufahren, Wege führen bis ans Wasser. Besonders beeindruckend sind die Wasserfälle zur Regenzeit, aber auch in der Trockenzeit führen sie noch Wasser.

Virachey-Nationalpark

Der Virachey-Nationalpark ist mit 3325 km² der größte Nationalpark des Landes. Noch bedecken dichte Wälder und Grassteppen das Gebiet, dessen höchster Berg der 1500 m hohe **Phnom Yak Youk** ist. In dem Nationalpark sollen noch wilde Tiger, Bären und Elefanten leben. Trekkingtouren können nur von Banlung aus organisiert werden. Dort befindet sich das offizielle **Virachey-Nationalpark-Informationszentrum**, ✆ 088-884 5177 (Ranger Mr. Sokhoeun), 💻 viracheyecotourism.blogspot.com, 🕒 8–11

Einheitsname

Die Provinzhauptstädte **Banlung** und **Sen Monorom** werden von Einheimischen oft wie die gesamte Provinz mit dem Namen **Rattanakiri** und **Mondulkiri** bedacht. Auch auf Bussen ist fast immer die Provinz angeschlagen.

Tipps für Trekkingtouren

Rattanakiri ist **Malariagebiet**, daher müssen Besucher unbedingt an Mückenschutz denken und langärmelige Kleidung mitnehmen. Feste Schuhe sind bei Wanderungen ein Muss. Lange Hosen, in Strümpfe oder Schuhe gesteckt, schützen zudem vor Blutegeln. Auch die Sonneneinstrahlung sollte nicht unterschätzt werden: Eine **Kopfbedeckung** und **Sonnencreme** gehören in den Trekking-Rucksack. Nachts kann es in einer Hängematte oder den einfachen Homestay-Mattenbungalows kalt werden. Besser **wärmende Kleidung** mitnehmen.
Teile des von den Amerikanern bombardierten Ho-Chi-Minh-Pfades liegen im Virachey-Nationalpark. Die einheimischen Führer kennen die Wege, deshalb unbedingt den Führern folgen und nicht zu weit vom Weg abkommen, **keinesfalls Metallgegenstände im Boden anfassen**.
Die ideale **Trekkingzeit** ist im November/Dezember: Die Wälder erscheinen besonders grün, die Wege sind einfacher zu begehen. Von Ende März bis Juni können geplante Bootstouren wegen Niedrigwassers ausfallen, die Wasserfälle führen dann so gut wie kein Wasser mehr.

und 14–17 Uhr. Die Park-Ranger sind die Einzigen, die dort Touren führen dürfen, andere Touranbieter brauchen eine Genehmigung. Ein dreitägiger Trip kostet für zwei Personen US$231. Abenteuerlustige können bis zu sieben Tage im Virachey-Nationalpark bis zur **Phnom-Veal-Thom-Grassavanne** wandern.

Provinz Mondulkiri

Mondulkiri ist Kambodschas flächenmäßig größte und zugleich am dünnsten besiedelte Provinz. Eine abwechslungsreiche Landschaft aus sanft geschwungenen Hügeln, die mit Gras oder immergrünem Dschungel bewachsen sind, dazu zahlreiche Seen und noch mehr Wasserfälle kennzeichnen die Region.

In Mondulkiri lebt die ethnische Minderheit der **Bunong**, mit knapp 30 000 Angehörigen eines der größten indigenen Völker Kambodschas, sie stellen fast die Hälfte der Einwohner Mondulkiris.

Die Provinz ist bekannt für Avocados, Kaffee, Durian, Pfeffer und Honig. Exportgut Richtung Vietnam ist leider Tropenholz. Aus den Wäldern wird u. a. das begehrte und teure Rosenholz geschlagen. Die Provinzhauptstadt **Sen Monorom** liegt zwischen den Hügeln der Chhlong-Hochebene auf 800 m Höhe. Selbst im heißen Monat April sind die Temperaturen hier noch angenehm, das Thermometer klettert selten über 30 °C. Ende Dezember/Anfang Januar wird es dafür nachts recht kalt, die Temperaturen können bis auf 7 °C fallen.

Sen Monorom und Umgebung

Eine beschauliche Atmosphäre prägt Sen Monorom [9524]. Das überschaubare Zentrum erstreckt sich rund um den Markt und entlang der Hauptstraße, die Häuser ziehen sich über ein paar wenige Kilometer. Die meisten westlichen Reisenden kommen nach Sen Monorom, um Ausflüge zu den Bunong-Dörfern oder eine Trekkingtour mit Elefanten zu unternehmen. Auch mehrtägige Trecks mit Übernachtung im Dschungel oder als Homestay sind für viele ein faszinierendes Erlebnis. Schön ist ein Ausflug zu Kambodschas größtem Wasserfall, dem beeindruckenden **Bou Sra-Wasserfall**. Dieser liegt etwa 38 km nordöstlich von Sen Monorom. Die zwei breiten Kaskaden sind beeindruckend: 15 m und 25 m stürzen sie in die Tiefe. Bei Einheimischen ist der Wasserfall besonders zum Picknick beliebt. ⌚ ca. 7–17.30 Uhr, Eintritt US$2,50. Anfahrt über eine teilasphaltierte Straße, mit dem Motorradtaxi für US$20 in 1 Std.

ÜBERNACHTUNG

In dem ganzjährig kühleren Klima ist eine Klimaanlage nicht unbedingt notwendig, Warmwasser dagegen in der kälteren Jahres-

Elefanten in Sen Monorom

Knapp 300 wilde Elefanten sollen noch in den Wäldern Mondulkiris leben. In der Vergangenheit haben die Bunong Elefanten gefangen, domestiziert und dann als Arbeitskräfte eingesetzt.

Elefantentrekking und -reiten wird in den Bunong-Dörfern, darunter Pulung und Poutang, angeboten, aber auch jedes Guesthouse bietet Touren an. Auf einer Trekking-Tagestour kann man so das Verhalten der Dickhäuter im Dschungel beobachten, ihnen Futter geben oder ihnen bei einer Abkühlung im Fluss zusehen. Empfehlenswerte Elefantencamps:

Elephant Valley Project, www.elephantvalleyproject.org (EVP). Das 10 km von Sen Monorom gelegene Elefantencamp wurde von dem engagierten Jack Highwood aus England aufgebaut. Sein Ziel ist es, die Lebensbedingungen der als Arbeitselefanten eingesetzten Tiere zu verbessern. Das EVP bietet seinen Elefanten eine artgerechte Lebensweise und kümmert sich um kranke Tiere. Mahouts, die ihre Elefanten hierherbringen, wird ein Lohn gezahlt, wenn sie weiterhin ihre Tiere betreuen. Elefantenreiten bietet Jack nicht an. Aber dafür lernen Besucher eine Menge über Elefanten, deren natürliche Lebensweise und den Dschungel (US$85 p. P. für einen Tagesaufenthalt inkl. Transport und Mittagessen, zweitägiger Aufenthalt mit Freiwilligenarbeit ab US$125 p. P. inkl. Übernachtung und Essen). Die Nature Lodge hat das **Mondulkiri Elephant & Wildlife Sanctuary** www.mondulkirisanctuary.org ins Leben gerufen. Hier werden drei Elefanten in ihrer natürlichen Umgebung gehalten. Tages-Trekkingtouren (ohne Reiten) mit Elefanten durch den Dschungel und Elefantenbaden für US$50 p. P.

Ein weiteres Elefantencamp wird von den Eigentümern der Tree Lodge betrieben, das **Mondulkiri Project**, www.mondulkiriproject.org. Tagesausflug ins Camp mit Trekking und Elefantenbaden für US$50 p. P. Mr. Tree plant ein Zuchtprogramm. Bisher leben fünf Elefanten in seinem Camp; sie stammen von den Bunong, deren Überzeugung jedoch strikt gegen Elefantenzucht ist.

zeit durchaus angenehm. Fast alle Unterkünfte bieten inzwischen warmes Wasser. Alle haben kostenloses WLAN.

€ **Happy Elephant Bungalows**, 097-616 4011, www.mondulkiri-elephant.com, [9526]. Einfache Holzbungalows unterhalb des Restaurants am Hang, alle über einen Steg erreichbar. Ventilator, ein oder zwei Betten, Moskitonetz und Bad mit Kaltwasserdusche und Schöpftoilette. Am Ende des Stegs Dorm mit 6 Matratzen auf dem Boden und Moskitonetz (US$2). Restaurant, Bar, Billard. Unter französisch-kambodschanischer Leitung. ❶

Indigenous Peoples Lodge, 1 km außerhalb, 012-725 375, indigenouspeopleslodge@gmail.com, [10287]. In einem weitläufigen Gelände stehen 15 Nachbildungen der Hütten der indigenen Völker. Die Bungalows haben Ventilator, Moskitonetze und sind mit Bastmatten auslegt, teils riesige Bäder, alle Warmwasser. Restaurant. Tourangebote. ❶–❷

Mayura Hill Resort, 4 km außerhalb, 057-7 980 980, www.mayurahillresort.com, [9532]. Luxus in Mondulkiri: Außen minimalistischer Bauhausstil, innen sind die 10 Villen am Hang mit einer modern grauen Wand und viel warmem Holz ausgestattet, Terrasse, TV, DVD-Player, Minibar. 3 Familienvillas. Beheizter Infinity-Pool. Kinderspielplatz, Fitnesscenter, Restaurant. Inkl. Frühstück. ❻

Nature Lodge, 2 km außerhalb, 073-690 0442, www.naturelodgecambodia.com, [9527]. Großes Gartengrundstück am Hang. Gemütliche Holz-Dreieckshütten auf Stelzen, ausgestattet mit Terrasse und innen mit Bett, Moskitonetz und einem hübschen Bad mit Kieselsteinboden. Warmwasser mittels Gaskartusche. Großzügig sind die Deluxe-Holzbungalows mit Glastüren zur Terrasse. Das eigene Tourprogramm beschäftigt Bunong-Guides und unterstützt eine Dorfgemeinschaft. Besser reservieren. ❷–❹

Pich Kiri Motel, N76, 012-932 102, [9530]. Verschiedene Gebäude an einem begrünten Hof. Sauber. Mit vielen schweren Holzmöbeln, TV und Ventilator oder AC ausgestattet.

Familienzimmer mit 2 Doppelbetten. Im Zentrum eine gute Wahl. Bustickets, Trekkingangebote und Wäscheservice. ❶–❸

Tree Lodge, ✆ 097-723 4177, 💻 www.treelodgecambodia.com, [9529]. Einfache A-frame-Grasmatten-Bungalows mit Gemeinschaftsbad oder Holzbungalows mit Bad und Terrasse. Bett mit Moskitonetz, Ventilator. Bäder mit Warmwasser. Das gemütliche Restaurant mit Aussicht ist ein Travellertreffpunkt. Mr. Tree betreibt das Mondulkiri Project (s. Kasten). ❶–❷

ESSEN UND UNTERHALTUNG

Café Phka, ✆ 097-616 0514. Inmitten eines Gartens steht das entzückende kleine Holzhaus. Ruhig fließt ein Bach vor der Terrasse. In dieser romantischen Atmosphäre werden tgl. wechselnde, frisch zubereitete asiatische oder westliche Gerichte, Suppen und Sandwiches angeboten. WLAN. ⌚ 8–19 Uhr.

Chilli on the Rocks, die winzige Bar offeriert ein paar westliche Gerichte wie Pasta und ein empfehlenswertes Schnitzel mit Fritten. Fingerfood zum Drink. Gute Cocktails wie der hervorragende Lemongrass Mojito. WLAN. ⌚ 12–24 Uhr.

€ **Green House Bar**, ✆ 017-905 659. Gemütliches Restaurant und Bar aus Bambus und Holz. In dem beliebten Travellertreff werden günstige Khmer-Gerichte und Sandwiches serviert. WLAN, PC mit Internetzugang, Ausflüge und viele Informationen. ⌚ 7–22 Uhr.

Khmer Kitchen, ✆ 097-893 4560. Schmackhafte und authentische Khmer-Küche, die auch bei Einheimischen beliebt ist. Daneben gibt es internationales Frühstück, serviert von dem zuvorkommenden Mr. Lucky. ⌚ 6–21 Uhr

Mondulkiri Pizza, ✆ 097-522 2219. Das Gartengelände grenzt an einen Wasserlauf. Draußen wie drinnen sitzt man urgemütlich an rustikalen Holztischen. Es gibt nur Pizza, darunter die ausgefallenen Varianten *Amok Chicken*, *Kampuchea Krom* und *Buffalo*. Mittlere Größe für US$6. WLAN. ⌚ 10–22 Uhr.

TOUREN

Hefalump Café. Das hübsche 2-stöckige Café dient als Treffpunkt und Infobüro für Ökotourismus. WWF (World Wide Fund For Nature), WCS (World Conservation Society), ELIE (Elephants Livelihood Initiative Environmental, Elephant Valley Project) und WEHH (von der NGO Nomad gegründet, unterstützt das Projekt die Bunong in Dak Dam) stellen ihre Programme vor. Hier werden Kontakte für Touren, die indigene Dorfgemeinschaften unterstützen und Wildtiere schützen, hergestellt. ⌚ Mo–Fr 7–18, So 9–16 Uhr.

TRANSPORT

Sen Monorom wird nur noch von Minibussen der Gesellschaften Rithya, TNT, Virak Buntham oder KSE (Kim Seng Express) angefahren.

Minibusse

BANLUNG, mit dem lokalen Minibus um 8 Uhr für US$10 in 3 Std.

KOMPONG CHAM, mit dem lokalen Minibus um 8 Uhr für US$7 in 5 Std.

KRATIE, mit dem lokalen großen Minibus (eigener Sitz) um 8 und 13 Uhr für US$7 in 4 Std.

PHNOM PENH, mit dem Express-Minibus um 7 und 13 Uhr für US$11 in 5–6 Std. (über Snuol und Memot). Umsteigen in Phnom Penh für KAMPOT, SIHANOUKVILLE und VIETNAM.

Taxis

PHNOM PENH, für US$70 (US$9 p. P.).

Der Süden

Erst vor Kurzem wurden Kambodschas südliche Provinzen Sihanoukville, Kampot, Kep und Koh Kong aus ihrem touristischen Dornröschen-Schlaf geweckt. Dabei wartet die 435 km lange Küste, die sich am Golf von Thailand von Vietnam bis zur Provinz Trat in Thailand erstreckt, mit zauberhaften Naturlandschaften und herrlichen Stränden auf.

Der Süden

An die erschlossenen Strände von **Sihanoukville** zieht es schon seit vielen Jahren Reisende, fast ein Dutzend Strände erstreckt sich rund um die Stadt. Einem tropischen Paradies gleichen die beiden vorgelagerten Inseln **Koh Rong** und **Koh Rong Samloem**. Sie bieten sanft geschwungene Buchten mit weißen Sandstränden und türkisblauem Wasser vor grünen Hügeln.

Das einnehmende Städtchen **Kampot** besticht durch die entspannte Atmosphäre am Fluss und einen Mix aus französisch und chinesisch geprägten Baustilen. Im ruhigen Badeort **Kep** sind die frisch zubereiteten Krebse ein Muss!

Zwischen Sihanoukville und Koh Kong liegen die zwölf Inseln des **Koh-S'dach-Archipels**.

Der zu Unrecht kaum beachtete Ort **Koh Kong** an der thailändischen Grenze ist Ausgangspunkt für eine Reihe fantastischer Ausflüge. Im Hinterland erhebt sich das **Kardamom-Gebirge**. Hier etablieren sich beachtenswerte Ökotourismus-Projekte, so in **Chi Phat**, einem sehenswerten Dorf am Phi-Pot-Fluss.

Sihanoukville

Sihanoukville-Stadt

Sihanoukville-Stadt („Downtown") [8155] liegt rund 230 km von Phnom Penh entfernt auf einer kleinen Landzunge. Die Stadt dient Reisenden aber als Ausgangspunkt für Fahrten zu den Stränden und auf die Inseln. Da Sihanoukville-Stadt erst nach 1954 entstanden ist, kann die Stadt nicht mit typischer Kolonialarchitektur aufwarten. Die spärlichen Sehenswürdigkeiten liegen über das Stadtgebiet verstreut.

Das Wahrzeichen Sihanoukvilles ist die 1996 erbaute Statue der beiden Goldenen Löwen, das **Golden Lions Monument**, am Beginn der Serendipity Beach Road. Quirlig geht es auf dem „neuen" Markt, **Psar Leu**, zu, wo neben Fischen und Meeresfrüchten auch Dinge des täglichen Bedarfs den Besitzer wechseln. Anderthalb Kilometer nördlich führt eine asphaltierte Straße auf den 132 m hohen Sihanoukville-Berg, auf dem Plateau liegt **Wat Leu** (Wat Chotynieng). Die **Kirche St. Michael**, nahe Wat Leu, wurde 1962 von dem bekannten kambodschanischen Architekten Vann Molyvann entworfen und erbaut. Der Besuch lohnt wegen der ausgefallenen Architektur.

Sehenswert ist auch **Wat Krom** (Wat Utynieng), nördlich des Independence-Strandes. Die Atmosphäre ist wunderbar ruhig, Palmen und Bodhi-Bäume begrünen die Anlage. Eine Sehenswürdigkeit der ganz anderen Art sind die vielen **Affen** an der Küstenstraße auf der Rückseite des Independence Hotels. Die zutraulichen Tiere sitzen auf dem Zaun und erwarten gefüttert zu werden.

ÜBERNACHTUNG

Die Unterkünfte sind nicht günstiger als jene, die näher an den Stränden liegen. Aber Reisenden, die eine authentische Umgebung schätzen, ist eine Bleibe in „Downtown" zu empfehlen. Schließlich sind alle Strände mit dem Moped oder Tuk-Tuk in 5–20 Min. erreichbar. Alle Unterkünfte haben WLAN.

Pagoda Rocks Boutique Resort, 2 km außerhalb, ✆ 077-524 275, 💻 www.pagodarocks.com, [9537]. Die weit auseinander liegenden Holzbungalows sind in den Hang gebaut, alle mit Terrasse. Sie sind großzügig, sehr hell, mit dunklen Möbeln, Moskitonetz, Minibar und Flatscreen ausgestattet und verfügen über ansprechende Bäder mit Dusche oder Wanne. Infinity-Pool. Restaurant. Inkl. Frühstück. ❺

The Small Hotel, ✆ 034-630 6161, 💻 www.thesmallhotel.info, [9538]. Unter schwedisch-kambodschanischer Leitung. Mit seiner bewachsenen Fassade wirkt das Haus schon von außen gemütlich. 11 gut eingerichtete Zimmer mit Schreibtisch, Schrank, TV, Minibar, Safe, DVD-Player. Bad mit Warmwasser und Toilettenartikeln. Gemeinschaftsbalkon und Restaurant. Reservierung empfohlen. ❸

ESSEN

Einfache **Essensstände** gibt es am und im Psar Leu und am Psar Pinechikam.

Jean Jean Restaurant, 7 Makara St., gegenüber dem Psar Leu. Einfaches Restaurant unter einem Wellblechdach. Beliebt bei Einheimischen wegen der authentischen Khmer-Küche. Die englischsprachige Speisekarte bietet große und kleine (ausreichende) Portionen Fisch, Krebs, Frosch sowie Rinder- und Schweinefleisch. 🕒 8–21 Uhr.

Starfish Bakery Café, hinter dem Samudera-Supermarkt, ✆ 012-952 011, 💻 www.starfishcambodia.org. Allein schon das wunderbare Haus im Kolonialstil mit Garten und Springbrunnen ist einen Besuch wert. Dazu gibt es gutes Frühstück, Salate, Sandwiches. Gewinne gehen an die Starfish Foundation, die Menschen in Not unterstützt. Souvenirshop. WLAN. 🕒 7–17.30 Uhr.

TOUREN

Reiseveranstalter

Mottah Cambodia Travel, Ekareach St., ✆ 012-996 604, 💻 www.mottah.com. Besitzerin Nay spricht Deutsch und bietet viel Service und gute Informationen: Flüge, Bustickets, Inseltrips, Visa, Geldwechsel, Fax, Kopien, Internet US$1/Std. 🕒 7–21 Uhr.

Sihanoukville

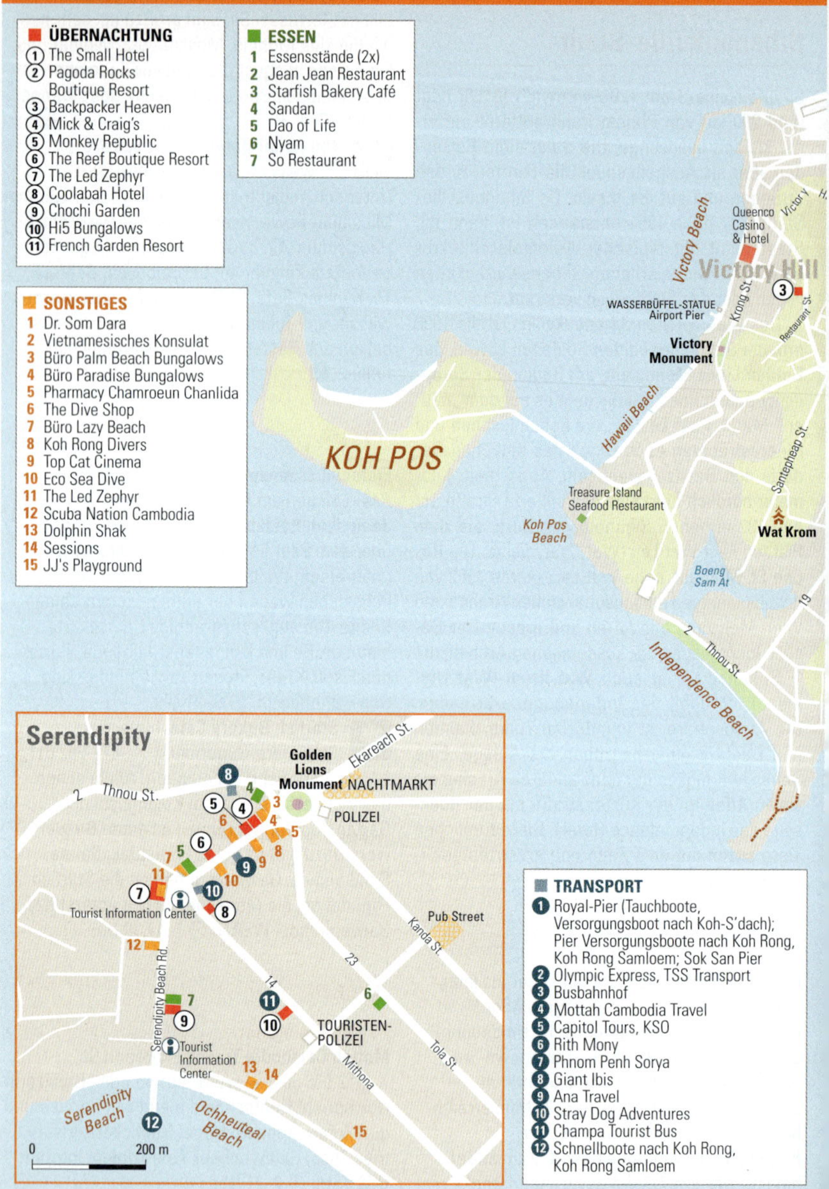

KAMBODSCHA

N
0
1
2 km
(500 m),
Hun Sen Beach (4 km)
HAFEN
Hut Sen Beach Drive
Bahnhof
Mittapheap Kampuchea Soviet St.
Kirche
St. Michael
Wat Leu
Independence
Monument
Boray Kamakor St.
Ekareach St.
CT Clinic
Sihanoukville
Psar
Pinechikam
POLIZEI
GEFÄNGNIS
Mithona St.
109
Sopheakmongkol St.
108
Makara St.
220
218
216
Omui St.
Psar
Leu
Sereypheap St.
Ekareach St.
s. Detailplan
oben rechts
s. Detailplan
unten links
Boeng
Sokha
Sokha
Beach Resort
Serendipity
Golden Lions
Monument
Sokha Beach
Thnou St.
Ochheuteal
14
23
Mithona St.
Tola St.
Serendipity
Beach
Ochheuteal Beach
Kanda St.
Omui St.
Veal Renh,
Phnom Penh,
Kampot
4
s. Detailplan
Otres Beach
S. 629
Phnom Penh
Psar
Pinechikam
Omui St.
108
109
Ekareach St.
CAB Bank
Canadia
Bank
Sopheamongkol St.
ABA Bank,
Acleda Bank
Makara St.
220
218
216
Psar
Leu
Ekareach St.
Sereypheap St.
Sihanoukville-Stadt
0
200 m
Sihanoukville
Interntl. Clinic

KAMBODSCHA

Stray Dog Adventures, 14 Mithona St., ✆ 017-810 125, 🖳 www.straydogasia.com. Geführte Motocrosstouren rund um Sihanoukville. Tagestour ab US$100. Mehrtagestouren ab US$260, ohne Benzin, Essen, Unterkunft oder Versicherung. Vermietet werden 250er-Geländemaschinen für US$25/Tag; 650er für US$35/Tag, inkl. Helm. ⌚ 9–19 Uhr.

Tagestouren

Nahezu alle Reisebüros und Guesthouses bieten die folgenden Touren an:

3 Insel-Tour: Schnorcheltour zu 3 nahe gelegenen Inseln. Auf Koh Ta Kieu legen die Boote für ein Mittagessen an. Inkl. Abholung, Frühstück, Mittagessen und Schnorchelausrüstung US$15 p. P.

Partyboot, ✆ 034-666 6106, 🖳 www.the partyboat.asia. Tagesausflug nach Koh Rong Samloem zur Saracen Bay inkl. Schnorchelstopp auf Koh Tas. 3 Decks mit Bar, Sonnendeck und DJ. Partyspaß pur – die Rückfahrt wird mit exzessiven Trinkspielen verkürzt. Hotelabholung ab 9.30 Uhr, zurück 17.30 Uhr. Inkl. Essen und Schnorchelausrüstung für US$25.

Tagesausflüge zum **Ream-Nationalpark** für US$25 p. P., inkl. Bootstour durch den Mangrovendschungel, Entspannung am Strand, Mittagessen, Getränke und Eintritt. Ream-Nationalpark inkl. **Kbal-Chhay-Wasserfall** für US$30 p. P.

SONSTIGES

Apotheken

Pharmacy Chamroeum Chanlida, Ekareach St., ✆ 034-934 748. Gute Auswahl an Original-Medikamenten und Kosmetikprodukten. Die Apothekerin spricht sehr gut Englisch. ⌚ 9–23 Uhr.

Geld

Filialen der **ABA**, **Acleda**, **CAB** und **Canadia Bank** in Sihanoukville-Stadt. Die Geldautomaten akzeptieren Visa-, MasterCard, Cirrus; Transaktionsgebühr US$5. Weitere Geldautomaten überall in Sihanoukville, Serendipity Beach Rd., Victory Hill und Otres-Strände.

Konsulat

Vietnamesisches Konsulat

310 Ekareach St., ✆ 034-933 466. Die Beamten stellen sofort ein 30-Tage-Visum für Vietnam aus, US$45. Ein Passbild ist nicht notwendig. ⌚ Mo–Fr 8–12 und 14–16, Sa 8–12 Uhr.

Medizinische Hilfe

CT Clinic, 47 Boray Kamakor St., ✆ 034-936 666, Notfall-✆ 081-886 666. Gute Adresse bei schweren Erkrankungen. Unfallversorgung, Evakuierungsflüge. Die CT Clinic akzeptiert Kreditkarten, kümmert sich um die Abrechnung mit Krankenkassen und arbeitet mit dem Royal Rattanak Hospital in Phnom Penh und dem Bangkok Hospital in Thailand zusammen. Erstkonsultation US$20. ⌚ 24 Std.

Dr. Som Dara, 92 Boray Kamakor St., ✆ 034-555 5161. Allgemein- und Tropenmediziner mit sehr gutem Ruf unter den Expats. ⌚ 7–21 Uhr, ab 11.45 Uhr ist der Arzt anwesend.

Visaangelegenheiten

Die einmalige Verlängerung des Touristenvisums übernehmen Guesthouses und Touranbieter für rund US$55 innerhalb von 5 Werktagen. Verlängerung des Business-Visums für 1/3/6/12 Monate US$55/85/165/295. Passfoto nötig. Ein Vietnam-Visum gibt es im Konsulat (s. o.) oder über die Guesthouses und Touranbieter gegen einen kleinen Aufpreis.

NAHVERKEHR

Motorradtaxifahrer und Tuk-Tuks stehen und fahren überall in der Stadt und an den Stränden.

Motorradtaxis

Eine einfache Fahrt im Stadtzentrum sollte nicht mehr als 2000 Riel kosten. Vom Zentrum zum Ochheuteal-Strand, Victory-Strand, Victory Hill und Serendipity-Strand etwa US$2, bis Otres-Strand US$3–4. Tagesmiete je nach Entfernung US$15.

Tuk-Tuks

Eine einfache Fahrt im Stadtzentrum kostet US$1. Vom Zentrum zum Ochheuteal-Strand,

Victory-Strand, Victory Hill und Serendipity-Strand etwa US$3, bis Otres-Strand US$5–6. Tagesmiete je nach Entfernung US$25.

TRANSPORT

Über die Büros der Busgesellschaften direkt gekaufte **Tickets** sind mind. US$1 günstiger als über das Reisebüro oder Guesthouse gekaufte, dafür ist bei Letzterem die Hotelabholung enthalten. Wir empfehlen für längere Strecken die großen Busse. Die Fahrt dauert etwas länger, ist aber deutlich komfortabler.
Die Busgesellschaft Virak Buntham bedient die Strecken nach Phnom Penh, Siem Reap, Battambang, Thailand und Vietnam mit **Nachtbussen**. Immer wieder berichten Reisende über Diebstähle im Bus ab Sihanoukville. Besser die Tagesbusse oder eine andere Gesellschaft wählen.

Busse und Minibusse

BATTAMBANG, mit allen Bussen Richtung Phnom Penh, dort umsteigen.
KAMPOT, mit CTT-, Kampot Tours- und Champa-Minibussen 8x tgl. zwischen 8 und 15.30 Uhr für US$5; mit KSO-Minibus um 12 und 14 Uhr für US$6 in 2 Std.
KEP, mit Kampot Tours- und Champa-Minibussen 4x tgl. zwischen 8 und 15.30 Uhr für US$8; mit KSO-Minibus um 12 und 14 Uhr für US$8 in 3 Std.
KOH KONG, mit KSO um 8.45 Uhr für US$9; mit Rith Mony um 8.15 und 9.30 Uhr für US$8 in 4 Std.
KOH TONSAY (Rabbit Island), mit Champa-Minibus um 8 Uhr inkl. Boot für US$20 in 5 Std.
PHNOM PENH, mit Capitol Tours, Phnom Penh Sorya und Rith Mony etwa stündl. zwischen 7 und 17.30 Uhr für US$5; mit KSO-Minibussen um 8.30, 9.30 Uhr für US$8; mit Giant Ibis (empfehlenswert) um 7.30, 9.30 und 13.30 Uhr für US$11, in 4–5 Std.
POIPET (über KOMPONG CHHNANG, PURSAT und SISOPHON), umsteigen in Phnom Penh, mit Phnom Penh Sorya um 7, 7.30 und 8 Uhr für US$16; mit Olympic Transport (*Sleeper*-Busse, fahren durch) um 19.30 und 20 Uhr für US$18 in 13 Std.
SIEM REAP, Direktbusse (30 Min. Aufenthalt in Phnom Penh) mit Rith Mony und Virak Buntham zwischen 7 und 8 Uhr für US$14; mit Olympic Transport (*Sleeper*-Busse) direkt um 19.30 und 20 Uhr für US$15 in 11 Std.

In die Nachbarländer

Thailand: BANGKOK, umsteigen an der Grenze, mit Rith Mony und Virak Buntham um 8.15 Uhr für US$25; mit Olympic Transport (*Sleeper*-Busse) um 19.30, 20 Uhr für US$25 in 17 Std.
KO CHANG, umsteigen an der Grenze (Bus, Minibus und Fähre) mit Rith Mony und Virak Buntham um 8 Uhr für US$25 in 9 Std.
KO SAMET, umsteigen an der Grenze (Bus, Minibus und Fähre) mit Rith Mony und Virak Buntham um 8 Uhr für US$28 in 10 Std.
TRAT, umsteigen an der Grenze, mit Rith Mony und Virak Buntham um 8 Uhr für US$18 in 7 Std.
Vietnam: Vietnamesische Grenze (HA TIEN), mit Champa-Minibussen um 8 und 13.30 Uhr für US$13 in 4 Std., weiter nach PHU QUOC für US$25 in 6 Std.
CAN THO, mit Champa-Minibussen um 8 und 13.30 Uhr für US$21/23 in 9 Std. (nachmittags Buswechsel hinter der Grenze, *Sleeper*-Busse).
CHAU DOC, mit Kampot Tours und Champa-Minibussen um 8 Uhr für US$20 in 7 Std.
HO-CHI-MINH-STADT, tagsüber mit Umsteigen in Phnom Penh, die Nachtbusse fahren durch: mit Phnom Penh Sorya, KSO und Rith Mony 5x tgl. zwischen um 7 und 9 Uhr für US$23; mit Giant Ibis um 7.30 Uhr für US$28; mit Olympic Transport und Rith Mony um 23 Uhr für US$23 in 10–13 Std.
PHU QUOC-Insel, mit Champa-Minibussen und Boot um 8 Uhr für US$25 in 6 Std.
RACH GIA, mit Champa-Minibussen um 8 Uhr für US$20 in 7 Std.

Sammeltaxis

Sammeltaxis stehen am **Busbahnhof** und **Psar Leu**. Sie starten, sobald genügend Passagiere für Ziele wie Phnom Penh, Kampot oder Koh Kong beisammen sind: 5–7 Pers. teilen sich den Pkw. Es ist eng, unbequem und kaum günstiger als eine Busfahrt. Als Richtpreis für einen Sitzplatz einfach den Gesamtpreis durch 6 Personen dividieren.

KAMPOT, US$35 in 2 Std.
KEP, US$40 in 2 1/2 Std.
KOH KONG, US$60 in 3 1/2 Std.
PHNOM PENH, US$55 in 3 1/2 Std.

Eisenbahn

2016 als Pilotprojekt gestartet, verkehren Personenzüge an Wochenenden und Feiertagen: ab Sihanoukville um 7 Uhr über KAMPOT und TAKEO bis PHNOM PENH für US$7 (2. und damit unterste Klasse – mit Ventilator) in 8 Std.

Boote

Über KOH RONG SAMLOEM (Saracen Bay) und KOH RONG (Koh Tui Beach), um 9, 12 und 15 Uhr mit Cambodia Island Speed Ferry (TBC) in 40 Min. (Koh Rong Samloem, dann weiter nach Koh Rong in 15 Min.) für US$20; um 9, 11 und 15 Uhr mit Speed Ferry (Koh Kong Divers) in 45 Min. für US$20. Zwei Boote fahren direkt nach Koh Rong oder Koh Rong Samloem (Saracen Bay; um 9 und 15 Uhr weiter nach M'pei Bay); beide vom Serendipity-Pier (jeweils hin und zurück). Optional kann man auch mit beiden Gesellschaften einen Rundtrip Koh Rong – Koh Rong Samloem buchen und auf einer Insel einen Stopp einlegen, US$25. Tipp: besser die Verbindung zwischen den Inseln vor Ort für US$5 buchen, dann kann man entscheiden, mit welcher Gesellschaft und zu welcher Zeit man fährt; um 8, 12, 14 und 15 Uhr mit der „Backpacker Ferry" für US$10 (hin und zurück) in 2 1/2 Std., ab Serendipity-Pier (Koh Rong Samloem, dann weiter nach Koh Rong in 30 Min.).
KOH S'DACH, um 12 Uhr mit dem Versorgungsboot für US$15 in 4 1/2 Std. ab Sihanoukville-Hafen, Royal-Pier.
KOH TA KIEU, um 9 Uhr mit der Fähre für US$10 in 1 1/2 Std. ab Serendipity-Pier (zurück 15 Uhr).

Flüge

Der **Flughafen Sihanoukville** liegt etwa 20 km vom Zentrum. In der Hauptsaison (Nov–April) tgl. Flüge direkt nach SIEM REAP, ab US$100 in 1 Std., und HO-CHI-MINH-STADT (1 1/4 Std.). Anfahrt: Vom Zentrum zum Flughafen Taxi/Tuk-Tuk für US$15 in 45 Min. Shuttle Bus US$7 p. P. in 45 Min. (u. a. über Tourist Information Serendipity buchbar).

Die Strände von Sihanoukville

Nicht nur Backpacker zieht es an die weit geschwungenen Buchten mit ihren feinen weißen, kasuarinengesäumten Stränden, auch Pauschal- und einheimische Touristen rollen hier ihr Badehandtuch aus. Dank der großen Auswahl findet fast jeder seinen eigenen Lieblingsstrand. Das touristische Herz schlägt an der **Serendipity Beach Road** [9539]. Reisende erwarten hier alle Annehmlichkeiten eines Strandortes. Der schmale westliche **Serendipity-Strand** ist überwiegend felsig.

Östlich des Piers schließt sich der 3 km lange **Ochheuteal-Strand** [9552] an. Viele Strandrestaurants, die ihre Tische, Liegestühle und Sonnenschirme dicht an dicht aufbauen, säumen den weißen Sandstreifen. Pausenlos laufen Verkäufer-/innen den Strand ab, die Obst, Essen, Schmuck, Bootstouren, Massage, Maniküre oder Beinenthaarung anbieten. Abends, wenn überall der Geruch von gegrilltem Fisch und Fleisch in der Luft liegt, herrscht hier eine tolle Atmosphäre, manch eine der Strandbuden hat bis zum Morgengrauen geöffnet.

Der 4 km lange **Otres Beach** liegt 6–10 km von Sihanoukville-Stadt entfernt Richtung Südosten, er teilt sich in **Otres I** [9561] im Westen und **Otres II** [9569] im Osten. Der mittlere Teil ist auf einer Länge von etwa 1,5 km bisher unbebaut. Zum Zeitpunkt der Drucklegung sollten alle Bungalowanlagen und Restaurants auf dem Strand abgerissen werden. Es bleibt abzuwarten, ob der Regierungserlass entsprechend umgesetzt wird. Wir haben uns daher für Otres I und II auf Empfehlungen jenseits der Staße beschränkt. Insgesamt geht es hier ruhig zu. Wassersportarten wie Segeln, Surfen, Kitesurfen, Wakeboarden oder Stehpaddeln werden am Otres I angeboten. **Otres Village**, ca. 1 km vom Strand entfernt in Flussnähe, ist eine Alternative zu den teuren Anlagen direkt am Strand. Die Atmosphäre am Fluss ist relaxt.

Hinter einer Felsen-Halbinsel westlich des Serendipity-Strandes liegt der von Palmen und Kasuarinen gesäumte weiße **Sokha Beach**. Richtung Westen schließt sich der 1 km lange, schmale und ruhige **Independence Beach** an. Benannt ist er nach dem exklusiven Indepen-

dence Hotel am Westende. Zahlreiche Restauranthütten oberhalb der Strandmauer sorgen für das leibliche Wohl. **Koh Pos Beach** ist eine winzige Bucht, an deren Sandstreifen Tische und Liegestühle des chinesischen Seafood-Restaurants Treasure Island stehen.

Die gigantische Brücke hinüber zur Insel **Koh Pos** (Schlangeninsel) ist für Besucher gesperrt. Mit internationalem Geld soll auf der Insel das **Morakot Island Resort**, 💻 www.morakot-island.com, errichtet werden. Am Fuße der Koh-Pos-Brücke Richtung Norden folgt der schmale **Hawaii Beach (Lamherkay Beach)**. An der Investitionsruine des Emario Beach Resorts vorbei, gelangt man zu dem mit Laubbäumen und von Dutzenden Restaurants gesäumten Strand. Überdachte Tische und Liegestühle stehen bis zur Wasserlinie. Die Einheimischen bevorzugen am Wochenende diesen Strand und gehen einer Lieblingsbeschäftigung nach: Essen, Trinken und aufs Wasser schauen. In der Woche ist wenig los.

Victory Beach [9575] ist ein kaum nennenswerter Sandstreifen zwischen dem Airport-Pier und der Zufahrt zum Victory Hill.

Etwa 4 km nördlich des Hafens liegt der breite, lang gestreckte, einsame **Hun Sen Beach (Prek Treng Beach)**. Bei unserem Besuch war ein kleiner begrünter Park zwischen Straße und Strand angelegt, der feine weiße Sand picobello gesäubert und gepflegt, Palmbäume erst kürzlich gepflanzt. Am Wochenende wird der Strand von Einheimischen frequentiert, in der Woche hat man die türkisfarbene Bucht fast für sich alleine. Das Wasser ist hier sehr flach.

ÜBERNACHTUNG

Serendipity

Karte S. 624/625

Irgendwo ist immer noch etwas los, die Gegend ist nichts für Lärmempfindliche.

Chochi Garden, Serendipity Beach Rd., ✆ 096-274 7674, ✉ chochiguesthouse@gmail.com,

Verhaltenstipps und Sicherheit

Gerade am Ochheuteal-Strand kommt es (leider) vermehrt zu **Diebstählen**. Deshalb gilt: Wertsachen, die man nicht im Hotelsafe deponieren will oder kann, **nie** aus den Augen lassen. Auch Raubüberfälle sind an der Tagesordnung – oft sind es mehrere Personen, die ein Ablenkungsmanöver starten, eine weitere Person entreißt dem Opfer die Tasche. Unbedingt achtgeben u. a. bei den nächtlichen Feuershows!

Hände weg von den **Drogen**, die am Strand verkauft werden! Die „Zutaten" der Pillen sind nicht kontrollierbar.

Vereinzelt wurden Ausländerinnen Opfer **sexueller Übergriffe** bei nächtlichen Strandspaziergängen – bitte unbedingt nachts nur in Begleitung an den Strand!

Am Ochheuteal Beach wimmelt es von Bettlern, nur zu oft sind es Kinder. M'lop Tapang, eine NGO, die sich um **Straßenkinder** kümmert, rät dringend davon ab, Kindern Geld oder Essen zu geben. Wer Kindern am Strand etwas abkauft oder ihnen Essen gibt, unterstützt nur ihr Leben auf der Straße.

Kambodschaner sind sehr konservativ. Frauen wie Männer springen oft komplett bekleidet ins Wasser. Für Frauen ist das Tragen eines **Bikinis** am Strand durchaus akzeptiert – aber bitte nur am Strand! Oben ohne in der Sonne zu liegen oder gar Nacktbaden sind ein absolutes Tabu.

[10288]. Unterhalb des Restaurants, schöne Reihenzimmer an einer Terrasse mit vielen Sitzmöglichkeiten und einem kleinen Garten, AC oder Ventilator. Die Zimmer sind möbliert mit einem Bett, manche haben auch TV, alle mit Bad. Angenehm anders sind die hübschen Wandtatoos oder ein bunt gestrichener Schrank. ❷

Mick & Craig's, Serendipity Beach Rd., ✆ 034-650 5000, 🖳 www.mickandcraigs.com, [9541]. 17 Zimmer im Innenhof mit Veranda oder im Obergeschoss an einem umlaufenden Balkon. Die Zimmer sind modern, klein und mit dem Nötigsten möbliert. Schönes Bad mit abgetrennter Dusche. Wahlweise Ventilator oder AC. Restaurant, Billard, Buchladen und Tourinfos. ❷

Monkey Republic, Serendipity Beach Rd., ✆ 092-000 000, 🖳 www.monkeyrepublic.info. Nach dem verheerenden Brand 2013 wurde die Anlage komplett neu aufgebaut. Schönes Restaurant im Hacienda-Stil. Die mit Kaltwasser und Ventilator ausgestatteten Zimmer sind dahinter um einen Innenhof angeordnet. Nach wie vor beliebt bei jungen Travellern. ❷–❸

€ **The Led Zephyr**, Serendipity Beach Rd., ✆ 034-698 2121, 🖳 www.theledzephyr.com, [10289]. Hinter dem Restaurant befinden sich rund um einen hübschen Hof mit Hängematten Dormzimmer mit je 6 eng stehenden Etagenbetten (AC, Ventilator, die teueren mit Vorhang für ein bisschen Privatsphäre US$4–7). AC-Zimmer mit Bad, Warmwasser, TV. ❷

The Reef Boutique Resort, Serendipity Beach Rd., ✆ 012-315 338, 🖳 www.reefresort.net. Hinter dem Seafood-Restaurant steht das einstöckige Gebäude am schönen Pool. Unterschiedlich große Reihenzimmer, alle aufgepeppt mit Farbe und dekorativen Gemälden. Minibar, Flatscreen, Poolblick. ❹

Ochheuteal

Karte S. 624/625

Coolabah Hotel, 14 Mithona St., ✆ 017-678 218, 🖳 coolabah-hotel.com, [9558]. In diesem geschmackvollen Boutiquehotel gibt es unterschiedlich gestaltete Zimmer an einem Balkon. Helle Fliesenböden, farbig gestaltete Wände, AC, Minibar. Schicke helle Bäder und Dusche mit Glasabtrennung. Familienzimmer mit 3 Betten. Im Innenhof befindet sich ein kleiner Pool. ❹–❺

French Garden Resort, 23 Tola St., ✆ 088-725 3056, 🖳 www.frenchgardenresort.com, [10291]. Angenehm ruhige Lage. Rund um den großen Pool freistehende AC-Bungalows.

Innen weiß gestrichen und mit Kommode, Flachbildschirm, Wasserkocher und modernen Bädern ausgestattet. Überdachte Gemeinschaftsterrasse. Inkl. kleinem Frühstück. ❹–❺

Hi5 Bungalows, 14 Mithona St., ✆ 034-644 4447, ✉ hi5bungalows@hotmail.co.uk, [10290]. Mittendrin und doch ruhig gelegen. Hinter dem Minimart stehen 5 AC-Bungalows in einem hübsch angelegten Garten zwischen Hibiskussträuchern und Palmen. Geflieste Böden, TV, Schrank, Tisch und Stühle. Safe, kleiner Kühlschrank und Wasserkocher vorhanden. Große Bäder mit Warmwasser. Terrasse. ❸

Otres

Karte S. 629

Eolia Beach Bungalows Resort, Otres I, ✆ 034-455 5333, 🖳 www.eoliabeach.com, [10301]. 31 eng, aber freistehende AC-Steinbungalows. Kein Design-Highlight, aber ordentliche Innenausstattung: Flachbildschirm, Safe, Bäder mit Warmwasser. Kleiner Pool. Restaurant an der Straße, Billard. ❹

Hacienda, Otres Village, ✆ 096-454 6971, ✉ haciendaotres@outlook.com, [10295]. In der schönen Anlage treffen sich die feier- und trinkfreudigen Traveller. Weiße, dekorativ bemalte Bungalows mit Bad oder Gemeinschaftsbad. Dormzimmer (US$5). ❶–❷

Harmony Home, Otres II, ✆ 088-992 7778, 🖳 www.harmony-home-cambodia.com, [10305]. Rund um einen großen Pool stehen auf dem Sand recht großzügige AC-Bungalows. Bäder mit großem Duschbereich. Kein TV. ❺

Jin Resort, Otres Village, ✆ 096-858 1059, [10296]. 6 Bungalows verteilen sich unter Bäumen. Einfach, aber modern gestaltet mit Bett und Moskitonetz, grau-braunen Fliesen in Holzoptik und kleinen hübschen Bädern, Warmwasser. Terrasse. Unter italienischer Leitung, italienisches Restaurant. ❸

Mushroom Point, Otres I, ✆ 097-712 435. Gepflegte witzige Anlage in Pilzform: Gartenanlage mit kleinen Bungalows und einem 7-Betten-Dorm (US$8, Doppelbett US$13). Nur Walk-in-Gäste. ❸

Otres Beach Resort, Otres II, ✆ 081-645 846, [10297]. 2 Reihen einfachster Holzbungalows auf Stelzen. Alle stehen unter großen schattigen Bäumen auf Sand. Ventilator, kleines Bad mit Warmwasser. Schön sind die Lage und die begrünte Umgebung. ❷

Otres Lodge, Otres I, ✆ 097-721 1820, [10298]. 2 Reihen eng stehender Holzbungalows mit Bambusdach. Innen ein bisschen dunkel, dafür mit Terrasse. Möbliert mit Bett, Moskitonetz und Ablage. Bäder mit Warmwasser. Wahlweise Ventilator oder AC. Kleiner Pool. ❸

Pacha Mama, Otres Village, ✆ 097-826 1402, 🖳 www.pachamamacambodia.com, [10299]. Liebevoll gestaltetes Resort, direkt am Fluss gelegen. Einfache Mattenbungalows, die sich mit wenigen Details vom Rest unterscheiden, wie schöne Spiegel oder eine Lichterkette. Alle mit Gemeinschaftsbad. Wechselnde Gerichte, vegan und vegetarisch, selbst gemachte Teesorten. Kostenloser Kajakverleih. ❸

Sahaa Beach Resort, Otres I, ✆ 070-218 607, 🖳 www.sahaabeach.com, [10304]. Exklusiv-moderne, weitläufige Anlage auf wundervoll weißem Sand. 16 minimalistisch schicke Bungalows. Waschbetonoptik am Boden und Sideboard-Ablagemöbel, TV, Safe. Halb offenes Bad mit Wasserfalldusche und großem Spiegel. Pool. ❻

Sea Breeze Resort, Otres I, ✆ 034-900 999, 🖳 seabreeze-sihanoukville.com, [10389]. 24 freistehende große weiße Steinbungalows mit kompletter Fensterfront zur Terrasse. Innen edel mit dunklen Holzmöblen und grau-weiß gestrichenen Wänden. Angeordnet rund um einen sehr großen Pool. Restaurant mit Bar auf der 1. Etage. ❺

Victory Hill und Victory Beach

Karte S. 624/625

€ **Backpacker Heaven**, ✆ 010-237 539, [10310]. In der großen Villa und im hinteren Anbau gibt es großzügige AC-Zimmer ohne viel überflüssige Einrichtung. Dafür fast alle sehr hell und mit ordentlichen Bädern ausgestattet. 4- und 6-Etagenbett-AC-Dormzimmer, Schließfächer vorhanden (US$6–6,50). Toll sind die vielen Balkone und Terrassen,

Tauchanbieter, Tauchspots und Unterwasserwelt

Kambodschas Küsten bieten tolle Tauchspots. Intakte Korallenriffe mit bunten Fischen direkt an der Küste locken Schnorchler und Taucher gleichermaßen an. Die Tauchtiefe beträgt max. 18 m, die Sichtverhältnisse liegen meist bei 10–15 m. Mehrere PADI-Tauchanbieter haben sich in Sihanoukville an der Serendipity Beach Road niedergelassen. Das Angebot der **Tauchschulen** ist fast identisch. Alle stehen unter ausländischer Leitung, das Equipment ist ordentlich. Neben Tagestrips bieten alle Tauchanbieter 3-Tages-PADI-Open-Water-Kurse um US$380 an.

Eco Sea Dive 💻 www.ecoseadive.com;
Koh Rong Divers, 💻 kohrong-divecenter.com;
Scuba Nation Cambodia, 💻 www.divecambodia.com oder
The Dive Shop, 💻 www.diveshopcambodia.com unter deutscher Leitung
Alle Anbieter s. Karte S. 624/625.

Als Tagesausflug von Sihanoukville werden die Riffe rund um **Koh Rong Samloem** und **Koh Rong** angefahren (um US$85, Schnorchler US$30). Zu sehen gibt es Korallen, insbesondere Weichkorallen, Trichterkorallen und Wälder von Stabkorallen, und deren Bewohner: Schwärme von Korallenfischen wie Papageien-, Kaiser- und Anemonenfische bevölkern die Riffe.
Erfahrene Taucher können bei *Liveaboards* Delphine, Stachelrochen und vielleicht sogar Walhaie beobachten. Ausgezeichnete Tauchreviere bieten die 4–8 Std. entfernten Inseln **Koh Tang**, **Koh Prins** und **Puolo Wai**. Von Sihanoukville in nordwestlicher Richtung liegen die selten angesteuerten Ziele wie **Condor Reef**, an dem Haie, Delphine, Schildkröten, Zackenbarsche und Barrakudas beobachtet werden können. Am Tauchrevier **Shark Island** leben Schwarzspitzen-Riffhaie und Königsfische, die Sichtverhältnisse liegen um 30 m. Mehrtägige Trips kosten ca. US$150 p. P. und Tag.
Zweiter Tauch-Hotspot ist das **Koh-S'dach-Archipel**. Die Wassertiefe beträgt max. 10 m, mit Sichtweiten bis 10 m. Bei entspannten Tauchgängen rund um die zwölf Inseln des Archipels lässt sich eine beeindruckende Korallenvielfalt bewundern, Korallenfische bevölkern die Riffe.

mit Sesseln und Sofas bestückt. Ein weiterer unschlagbarer Pluspunkt ist der Pool. Restaurant, Billard. ❸

ESSEN UND UNTERHALTUNG

Serendipity

Karte S. 624/625
Die Auswahl an Restaurants entlang der Serendipity Beach Rd. ist beachtlich. Rund um das Golden Lions Monument werden abends Essensstände aufgebaut, die angrenzenden einfachen Restaurants servieren Gerichte zwischen 6000 und 10 000 Riel.
Dao of Life, Serendipity Beach Rd. Veganes Restaurant, das ausgefallene Kombinationen an Frucht- und anderen Salaten serviert, aber auch Burger im Angebot hat. Viele Gerichte sind mit trendigen „Superfoods" wie Goji-Beeren, Chia-Samen oder Spirulina-Algen ergänzt. 🕒 8–22 Uhr.
Sandan, 2 Thnou St., 📞 087-544 540, 💻 www.mloptapang.org. Die NGO M'lop Tapang bildet hier Lehrlinge aus, die aus schwierigen Verhältnissen kommen. Serviert wird ausgezeichnete kreative Khmer-Küche. Kleiner Souvenirshop von M'lop Tapang mit Taschen und bunter Kinderkleidung. Spieleecke für Kinder. 🕒 8–22.30 Uhr.
So Restaurant, Serendipity Beach Rd., 📞 017-420 270. Gekonnte Fusion-Küche und ein ausnehmend schöner Platz im Garten und unter einem Bastdach. Wir können das Filet und die Creme Brulée empfehlen. Zwischen 17 und 18.30 Uhr 2-Gänge-Menü für US$5. 🕒 8–22 Uhr.

An Ausgehmöglichkeiten mangelt es wahrlich nicht. In den Guesthouses wie Monkey Republic herrscht fast rund um die Uhr Partystimmung. Etwas älteres Publikum zieht die kommunikative Theke des **The Led Zephyr** an. ⌚ 7–1 Uhr.

Top Cat Cinema, Serendipity Beach Rd., ☎ 012-790 630. Statt Stuhlreihen gibt es Korbsessel, Sofas oder Matratzen. Kleiner Kinosaal und 2- bis 3-Pers.-Zimmer. Kein Programm, dafür stehen über 6000 Videos zur Auswahl. US$4,50 p. P. für 2 Std. ⌚ 24 Std.

Ochheuteal

Karte S. S. 624/625

Die meisten Gäste zieht es abends zu den Restaurants entlang der Strandpromenade. Ein Teller frisch gegrilltes Seafood kostet rund US$4.

Abwechslung vom Strand bietet das folgende empfehlenswerte Restaurant:

Nyam, 23 Tola St., ☎ 092-995 074. Exzellente traditionelle Khmer-Küche, u. a. Pomelo-Salat mit Shrimps, Fisch-*amok* oder karamellisiertes Schweinefleisch. Die kleinen Portionen eignen sich prima, um mehrere Gerichte auszuprobieren, Hungrigen sind dagegen die großen Portionen anzuraten (US$3/4). ⌚ 17–22 Uhr.

Neben den Restaurants an der Strandpromenade gibt es auch eine Handvoll angesagter Strandbuden wie **Dolphin Shak**, **JJ's Playground** oder **Sessions**. Hier wird es ab etwa 23 Uhr voll. Bis in die Morgenstunden legen DJs auf.

Otres

Karte S. 629

Die Restaurantauswahl an beiden Stränden, Otres I und Otres II, war zum Zeitpunkt der Recherche groß – was davon bei Erscheinen dieser Auflage noch steht (S. 628), ist ungewiss. Alle Unterkünfte haben ein Restaurant. Jeden Samstag findet im Otres Village der sehenswerte **Otres Market** statt. Es gibt kleine Buden, in denen Schmuck, Kleidung, Getränke und diverse Speisen angeboten werden. Dazu Livemusik. Bänke und Bastmatten laden zum Chillen ein. ⌚ 16–24 Uhr.

16 HIGHLIGHT

Die Inseln vor Sihanoukville

Die hügeligen Inseln vor der Küste sind von Dschungel bedeckt, zahlreiche Strände und kleine unentdeckte Buchten säumen die Küstenlinie. Meist spenden Kasuarinen oder Laubbäume Schatten, hin und wieder ragen Kokospalmen bis zum türkisfarbenen Wasser. Die Inseln eignen sich perfekt für ein paar relaxte Strandtage. An den Stränden stehen einfache Holzhütten mit Palmdach, aber auch luxuriösere Bungalows wurden bereits errichtet. Südseeträume werden an den blütenweißen Stränden von **Koh Rong** und **Koh Rong Samloem** wahr. **Koh Ta Kieu** mit nur wenigen Bungalowanlagen ist für Ruhesuchende ideal. Mit Ausnahme der recht weit entwickelten Insel Koh Rong gibt es weder befestigte Straßen noch Mopeds, alle Strände werden von Booten angesteuert. Fast alle Bungalowanlagen sind ganzjährig geöffnet. Insgesamt sind die Übernachtungspreise recht hoch.

Koh Ta Kieu

Das 8 km² große Koh Ta Kieu [9583] ist mit dichtem Wald bewachsen, an der Westküste erstreckt sich ein schöner, 2,5 km langer Sandstrand mit wenigen Bungalowanlagen. Um die Mittagszeit wird dieser Strand von Booten mit Tagesausflüglern der 3-Insel-Tour angelaufen.

ÜBERNACHTUNG

Crusoe Island, ☎ 093-549 239, 💻 www.crusoeisland.asia, [10314]. 2-Personen-Zelte, überdacht und auf Plattformen, 4 schöne Bungalows, Dorm (US$8). Hängematten sind käuflich zu erwerben (US$15/25), wer die eigene aufspannt, zahlt US$3 Campinggebühr. Anreise mit dem Crusoe-Boot um 11.30 Uhr ab Otres I, zurück um 8.30 Uhr für US$13 (hin und zurück). ❷–❸

Ten 103 Treehouse Bay, ✆ 097-943 7587, 💻 www.ten103cambodia.com, [9585]. Sieben weit verstreute Baumhäuser oder Stelzenbungalows am felsigen Ufer, offen zur Meerseite und mit Gemeinschaftsbad. Es gibt einen Dormbetten mit Moskitonetz (US$8), ebenfalls in einem zum Meer hin offenen Holzhaus, oder Hängematten mit Moskitonetz (US$7). Anreise mit dem Ten-103-Boot ab Otres I um 10 Uhr, zurück um 9 Uhr in 1 Std. für US$13 (hin und zurück). ❸

Koh Rong

Mit 70 km² ist Koh Rong [9589] die größte Insel vor der Küste von Sihanoukville. Sie gleicht mit fast 20 weißen Sandstränden und den dahinter aufragenden bewaldeten Hängen einem tropischen Inseltraum. Eine befestigte Straße verbindet einen Teil der Strände.

Der 800 m lange **Koh Tui Beach** (auch: Koh Touch) im Südosten ist recht dicht bebaut, die malerisch geschwungene Bucht mit feinem weißen Sand zieht Backpacker in Feierlaune an. Im Dorf am südlichen Strandende sind aus den Fischerhäusern einfache Guesthouses geworden. Dort versorgen kleine Shops Touristen mit dem Nötigsten, in den Restaurants wird bis spät laute Musik gespielt.

Im Westen der Insel erstreckt sich der weiße Sand des **Sok San (Long) Beach** über 6 km, so fein, dass er unter den Füßen knirscht. Davor breitet sich das beinahe unwirklich schöne türkisfarbene Wasser der Bucht aus. Nur wenige flache Sträucher säumen diesen Strand, es gibt kaum Schatten. Am nördlichen Ende befindet sich das nette Fischerdorf Sok San, dessen Straße Palmen einrahmen. Es gibt ein paar wenige Restaurants, viele Dorfbewohner haben ihre Häuser zu Guesthouses umgestaltet oder ein paar Bungalows errichtet.

An den übrigen Stränden, **4K Beach**, **Nature**, **Coconut**, **Palm** und **Lonely Beach**, stehen nur vereinzelte Anlagen.

Insgesamt sind die Übernachtungspreise deutlich höher als auf dem Festland, für eine einfache Hütte mit Bad werden zwischen US$35 und US$50 verlangt. Zwischen Mitte Dezember und Mitte Januar sind fast alle Unterkünfte ausgebucht, die Übernachtungspreise schnellen dann nochmals in die Höhe.

ÜBERNACHTUNG

Koh Tui Beach

Alle Unterkünfte haben 24 Std. Strom über Generator und bieten kostenlos WLAN.

Monkey Island, ✆ 090-656 475, 💻 monkeyisland-kohrong.com, [9591]. 20 Holz- und Mattenbungalows bilden 2 Reihen parallel zum Strand. Entweder mit Gemeinschaftsbad, eigenem Bad oder als Familienbungalow zu mieten. Großes Restaurant ohne nennenswerten Service, serviert unter anderem Thai-Gerichte und einen exzellenten vietnamesischen Kaffee. ❸–❹

Paradise Bungalows, ✆ 092-548 883, 💻 www.paradise-bungalows.com, [9592]. Von dem Deutschen Rudi betrieben. Gäste aller Altersklassen wohnen in den 22 Bungalows. Die einfachen Holz-Palmdachbungalows am Hügel haben ein schönes offenes Bad und eine Veranda mit Matratzen oder Dreieckskissen. Die Deluxe-Bungalows stehen näher am Strand, ebenfalls mit großem offenem Bad. Büchertausch. Solarstrom, Auffüllen von Wasserflaschen mit aufbereitetem Quellwasser. Die Einnahmen daraus gehen an die Dorfgemeinschaft. ❹–❻

Treehouse Bungalows, ✆ 081-466 880, 💻 www.treehouse-bungalows.com, [10317]. Zugang vom Koh-Tui-Strand. Die Bungalows liegen an einer kleinen Bucht mit goldgelbem Sand. Am Strand stehen hohe Holz-Baumhäuser mit vielen Glasflächen, innen nur mit Bett möbliert, kleinem Bad und großer Terrasse. Unter den schattigen Bäumen und weitläufig verteilt gibt es einfache Mattenbungalows oder neuere aus Holz mit Glas-Terrassentüren. Kajak- und Schnorchelverleih. ❹–❺

White Beach Bungalows, ✆ 034-934 744, 💻 www.whitebeachkohrong.com, [10318]. Am Strand und im Hang 17 große Holzbungalows auf Stelzen mit Palmdach. Glastüren zur Veranda, 1 oder 2 Doppelbetten mit ausreichend großem Moskitonetz und ein ansprechendes Bad. Ventilator. ❺

Kleine Plagegeister

Je nach Jahreszeit quälen **Sandfliegen** die Sonnenhungrigen. Der Stich kann einen Juckreiz auslösen, der bis zu zwei Wochen anhält, selten kommt es auch zu allergischen Reaktionen. Auf jeden Fall sollte man dafür sorgen, dass sich die Stelle nicht durch heftiges Kratzen entzündet. Schutz bietet dick auf die Haut aufgetragenes Kokosnuss- oder Babyöl, durch die Ölschicht gelangen die winzigen Quälgeister nicht. Kokosnussöl wird in den Supermärkten in Sihanoukville und am Tui Beach auf Koh Rong verkauft. Babyöl gibt es in jedem gut sortierten Supermarkt auf dem Festland. Reisende berichten von kurzzeitigen Plagen auf Koh Rong, Koh Rong Samloem und der Insel Koh Kong.
Probleme mit **Bettwanzen** schildern Traveller aus den einfachen Unterkünften auf Koh Rong. Bei allergisch reagierenden Menschen schwillt die Stelle an, am besten hilft dann ein Antihistaminikum. Reisende können vor Bezug unter das Laken schauen, kleine schwarze Punkte auf der Matratze deuten auf Ausscheidungen der Wanzen hin – dann hilft nur noch das Bett wechseln. Kleidung sollte am besten immer im Rucksack aufbewahrt und dieser verschlossen sein. So wandern die diversen Kleinstlebewesen nicht mit ins nächste Zimmer oder gar mit nach Hause.

White Rose Guesthouse, ✆ 010-758 767, ✉ mengly007@gmail.com, [9593]. 10 Zimmer in einem typischen hölzernen Khmer-Haus im Fischerdorf. Alle Zimmer mit 1 oder 2 Betten, Moskitonetz, Fenster und Gemeinschaftsbad. Gemeinschaftsterrasse mit TV. ❷

Sok San (Long) Beach

Alle Anlagen haben 24 Std. Strom und kostenloses WLAN. Die Ausstattung der Bungalows im Fischerdorf ist identisch, die Preise ebenfalls und richten sich nach der Lage des Bungalows: am Strand, an der Dorfstraße oder am bisher wenig attraktiven Teich gleich hinter dem Village.

Sok San New Beach, im Dorf, ✆ 011-971 216, 🖳 www.soksannewbeach.com, [10322]. 38 Holzbungalows mit Bett, Moskitonetz, Bad mit Schöpfdusche und Toilette. Dorm (US$5). Schön sind Stelzenbungalows am Strand. ❷–❸

Three Stone Bungalow, im Dorf, ✆ 078-966 977, ✉ info@3stone-kohrong.com, [10323]. Großzügige Holzbungalows mit 2 großen Betten, Moskitonetz, einfachem Schöpfbad und Veranda. ❷–❸

ESSEN

Koh Tui Beach

Fast alle Bungalowanlagen haben ein Restaurant, empfehlenswertes Ambiente und Qualität im **Paradise Bungalows**. Am Fischerdorf wird überall abends **BBQ** angeboten: frischer Fisch mit Beilagen für US$4–6, ordentlich, aber wenig inspiriert. Bei **Chai Family** auf dem südlichen Steg, günstige Gerichte wie Nudelsuppen, Fried Rice oder Noodles für US$1. An dem Stand davor gibt es morgens gute Reissuppe mit Huhn für US$1,50.

Sok San (Long) Beach

Alle Bungalowanlagen haben ein Restaurant. Schön sitzt man im halb offenen **Angkor Chom Restaurant** am Pier. **The Moon** bietet gute Thai- und Khmer-Küche im stylischen Restaurant und am Strand, ⌚ 8.30–22 Uhr.

SONSTIGES

Geld

Es gibt keine Banken oder Geldautomaten. Im **Green Ocean Guesthouse** im Fischerdorf Koh Tui bekommt man Bargeld auf Visa- und MasterCard; im **Speed-Ferry-Informationsbüro** auf dem Pier gibt es Bargeld gegen Einbehalt des Reisepasses (bis zur Rückkehr und Rückzahlung in Sihanoukville), beide gegen 10 % Gebühr.

Medizinische Hilfe

Eine kleine Krankenstation auf dem Gelände des **Coco Resort Bungalows** am Koh-Rong-Divers-Pier, ⌚ 9.30–16 Uhr, bietet Hilfe bei kleineren Verletzungen, Schlangenbissen oder die Organisation des sofortigen Transports nach Sihanoukville bei ernsthaften Erkrankungen. Medikamente zur Grundversorgung in 2 Apotheken.

Tauchen

Koh Rong Divers, auf dem Koh-Rong-Divers-Pier, Koh Tui, ✆ 096-560 7362, 💻 www.kohrong-divecenter.com. Bietet u. a. tgl. Fundives um Koh Rong oder Koh Rong Samloem. Inkl. Ausrüstung, Transport und Mittagessen US$80. 3-tägige Open-Water-Tauchkurse für US$380 inkl. Übernachtung im Fischerdorf Koh Tui. ⌚ 8–18 Uhr.

KAMBODSCHA

TRANSPORT

Alle Boote fahren von den Piers am **Koh Tui Beach**. Taxiboot zum/vom **Sok San Beach** für US$5.

KOH RONG SAMLOEM, mit Cambodia Island Speed Ferry um 14 Uhr für US$5 in 1 Std. (Saracen Bay); mit Speed Ferry (Koh Rong Divers) um 8 Uhr (erster Stop M'pei Bay kostenlos, weiter bis Saracen Bay) in 1 Std. und 12 Uhr (Schnorchelzwischenstopp) für US$5 in 2 Std.

SIHANOUKVILLE, mit Speed Ferry um 10, 12 und 16 Uhr in 45 Min.; mit Cambodia Island Speed Ferry um 10.30, 13.30 und 16.30 Uhr in 45 Min.; jeweils für US$10 (Rundfahrt nach Koh Rong und Koh Rong Samloem US$20, S. 628, Boote Sihanoukville); mit der „Backpacker-Ferry" um 9 und 16 Uhr für US$5 in 2 1/2 Std. Tickets in der Hauptsaison besser mind. einen Tag im Voraus kaufen, Rückfahrten mit dem Rundticket ebenfalls mind. 24 Std. vorher bestätigen.

Koh Rong Samloem

Koh Rong Samloem [9417] liegt rund 30 km von Sihanoukville entfernt. Die Insel hat die Form eines Hufeisens und ist etwa 10 km lang. Während das Inselinnere hügelig und mit Dschungel bewachsen ist, säumen traumhafte Sandstrände die Küstenlinie.

Touristisch erschlossen ist die 3 km lange, leicht geschwungene **Saracen Bay** im Osten der Insel – mit dem weißen Sand und dem flachen helltürkisfarbenen Wasser ist sie ein tropischer Traumstrand.

An der Nordküste befindet sich das pittoreske Fischerdorf **M'pei Bay**. Wer keinen Sandstrand vor der Tür braucht, wohnt hier in den wenigen Bungalowanlagen mitten unter den Fischern. **Lazy Beach** und **Sunset Beach** mit ihren kleinen goldgelben Buchen und wenigen Bungalows liegen im Westen. Die Insel ist ruhig, es gibt keine Bars oder Nachtleben. Nur einmal im Monat findet mitten im Dschungel eine **Fullmoon-Party** statt.

ÜBERNACHTUNG

Die Übernachtungspreise sind für den gebotenen Standard sehr hoch. Erste Luxusanlagen mit AC-Bungalows und eine Anlage mit Pool haben bereits geöffnet. Die meisten Anlagen haben 24 Std. Strom, häufig über Solar, viele bieten im Restaurant kostenlos WLAN. An der Saracen Bay liegen:

Greenblue Beach Bungalow Resort, ✆ 086-862 032, 💻 www.greenblueresort.com, [10324]. Ausgefallene Holz/Bambusbungalows, versetzt am Strand und hinter dem schönen Restaurant. Bett, Moskitonetz, das kleine Bad hat eine offene Dusche, eine Leiter führt auf eine Terrasse auf der 1. Etage. Gepflegtes Dormzimmer mit Doppelbetten (US$12). ❺

€ **Rumi & Atmans Bungalow Resort**, ✆ 058-8429 3149, ✉ rumiislandresort@gmail.com, [9419]. Geräumige palmgedeckte Holz- und Mattenbungalows am Hang und am Strand. Schön schattig unter Bäumen gelegen. 4 einfache, aber einladende Baumhäuser direkt am Wasser und am Hang. Möbliert mit Bett (oftmals ein großes und ein kleines Bett), Moskitonetz und Rattanablage. Bäder mit Kaltwasser. 2 große, zum Meer offene Dormzimmer mit Einzelbetten und Moskitonetz (US$7,50). Der Strand vor der Anlage ist mit Steinen durchsetzt. ❸–❹

Saracen Bay Resort, ✆ 015-996 678, 💻 www.saracenbay-resort-cambodia.com, [9580]. Großzügige Holzbungalows mit riesiger Veranda. Innen mit schönem hellem Fliesenboden. Möbliert sind die Bungalows mit einem großen Bett, Moskitonetz und Tisch. Geräumiges Bad mit Toilettenartikeln und Marmorwaschbecken. ❺

The Beach Island Resort, 💻 www.thebeachresort.asia, [9581]. Verschiedenste Bungalow-Kategorien. Die günstigere Übernachtungsmöglichkeit sind runde Schilf-Holzbungalows mit Gemeinschaftsbad. Die runden 2-stöckigen Schilfhütten haben unten ein eigenes Bad. Außerdem stehen auf dem Strandabschnitt runde Stein-Kieselstein-Bungalows und ein offen zum Meer gestalteter 18-Zimmer-Dorm-Schlafsaal (US$13). ❷–❹

SONSTIGES

Einkaufen

Rumi & Atmans Bungalow Resort betreibt einen kleinen Minimart, im Restaurant des **Orchid** Restaurant am Haupt-Pier werden ebenfalls Drogerieartikel, Spirituosen oder Süßwaren verkauft.

Geld

Es gibt keine Banken oder Geldautomaten. Im **Greenblue Beach Bungalow Resort** Bargeld auf Kreditkarte, 10 % Gebühr.

Tauchen

Die Tauchschule **The Dive Shop**, ✆ 034-933 664, 💻 www.diveshopcambodia.com, hat eine Niederlassung am Saracen und Sunset Beach (s. S. 632, Sihanoukville); die Tauchschule **Coral Garden (Reef Dive Resort)**, ✆ 096-920 2380, 💻 www.coraldivers.org, eine Niederlassung an der Saracen Bay und M'pai Bay. 2 Tauchgänge US$80, Schnuppertauchen US$95.

Am Strand werden Schnorchelequipment (ab US$2) und Stehpaddel-Bretter (US$5) verliehen.

TRANSPORT

KOH RONG, mit der „Backpacker-Ferry" um 14 Uhr; mit dem Versorgungsboot um 16 Uhr für US$5 in 1 Std.

SIHANOUKVILLE, mit Speed Ferry um 10, 12 und 16 Uhr in 45 Min.; mit dem Partyboat um 15.30 Uhr in 2 Std.; mit Cambodia Island Speed Ferry um 10, 13 und 15.45 Uhr in 1 Std.; jeweils für US$10 (Rundfahrt nach Koh Rong und Koh Rong Samloem US$20, s. S. 628, Boote Sihanoukville); mit der „Backpacker-Ferry" um 9 und 15.30 Uhr für US$5 in 2 1/2 Std. Tickets in den Bungalowanlagen und Ticket-Büros auf dem Pier. Tickets in der Hauptsaison besser mind. einen Tag im Voraus kaufen, Rückfahrten mit dem Rundticket ebenfalls mind. 24 Std. vorher bestätigen.

Die Küste östlich von Sihanoukville

Kampot

Die lässig-ruhige Stimmung, die koloniale Architektur, dazu die herrliche Lage am Tek-Chhou-Fluss sind der Grund dafür, dass Reisende oft länger als geplant in Kampot [4922] bleiben. Bei einem Bummel durch die Kleinstadt stechen schöne Beispiele der **Kolonialarchitektur** ins Auge, einige Bauten sind renoviert, andere dem Verfall preisgegeben. Besonders sehenswert sind die **chinesischen Handelshäuser**, die nach 1950 entstanden sind. Viele der zweistöckigen Gebäude befinden sich rund um den Alten Markt. Der südliche Teil der **Uferpromenade** ist die baumgesäumte Flaniermeile, an der Restaurants und Bars zu einem Stopp einladen und die abends romantisch mit Laternen und Lichterketten beleuchtet ist. Die **Alte Brücke** wird auch Französische Brücke genannt, sie wurde von den Roten Khmer zerstört, später aber wieder aufgebaut. Weitere markante Gebäude sind das **Alte Kino** und die renovierte **Villa des ehemaligen Gouverneurs**. In dem Gebäude ist das neue **Kampot Museum** untergebracht.

ÜBERNACHTUNG

Blue Buddha Hotel, St. 730, ✆ 017-843 550, 💻 bluebuddhahotel.com, [10331]. Sehr gut ausgestattete große AC-Zimmer. Betten mit guten Matratzen, Schrank und Minibar, Flatscreen. Großzügige Bäder mit Warmwasser und großformatigen weiß-schwarzen Fliesen. Unter aufmerksamer und überaus hilfsbereiter englischer Leitung von Jessica. Kostenloser Fahrradverleih. Vergünstigung auf viele Aktivitäten oder Restaurants. Kein Restaurant. ❸

Ganesha Riverside Eco Resort, 4 km außerhalb, ✆ 092-724 612, 🖳 www.ganeshakampot.com, [9605]. Nahe einem moslemischen Dorf inmitten der Natur gelegen. 10 Hütten stehen weitläufig verteilt, 2 Rundjurten am Fluss mit eigener Terrasse über dem Wasser. Weitere Jurten und Stelzenbungalows im Garten. Alle sind aus Bambus und Palmblättern gefertigt mit Gemeinschaftsbädern im gleichen Stil. Naturschwimmbad. ❷

Green House, 4km außerhalb, ✆ 088-886 3071, 🖳 www.greenhousekampot.com, [10332]. Abgelegen inmitten von kleinen Obstplantagen an einer malerischen Flussbiegung. Namensgebend ist ein altes Khmer-Holzhaus, grün gestrichen, in dem Bar, Restaurant mit Terrasse und Flussblick untergebracht sind. Im Garten und am Fluss stehen einfache, geräumige Holz/Schilfbungalows mit Bett, Moskitonetz und schöner Terrasse. Im hervorragenden Restaurant werden viele Gerichte mit Kampot-Pfeffer geboten. Keine Kinder unter 12 Jahren. ❷–❹

Monkey Republic Kampot, St. 730, ✆ 012-848 390, ✉ monkeyrepublickampot@gmail.com. Ein weiterer Ableger der Kette jetzt auch in Kampot. Die beiden Häuser sind schick renoviert. Kleine AC- oder Ventilator-Zimmer mit Bad. Das AC-Dormzimmer sieht fast aus wie ein großzügiges Schlafwagenabteil: Etagenbetten mit eigener Leselampe, die mittels Vorhängen größtmögliche Privatsphäre erlauben (US$4). ❶–❷

Olly's Place, 1,5 km außerhalb, ✆ 092-605 837, 🖳 www.ollysplacekampot.com, [10333]. Holz/Mattenbungalows mit Schilfdach unter Kokospalmen und 2 Zimmer im Haupthaus. Ausgestattet mit Bett, Moskitonetz, Ventilator. Dorm mit 3 Einzelbetten unter dem Moskitonetz (US$4). Alle mit Gemeinschaftsbad. Gemütliches Restaurant am Fluss mit Liegeflächen und Bademöglichkeiten. Unter französischer Leitung. Achtung: Fr und Sa findet in den beiden Nachbaranlagen jeweils eine Party statt, in der Woche ist es dagegen ruhig und entspannt. ❶

Samon's Village, 2 km außerhalb, ✆ 096-426 6663, 🖳 www.samonvillagekampot.com, [10334]. Unter Bäumen und Bananensträuchern sind verschieden große Holz-/Bambusbungalows angeordnet, ebenerdig oder als Treehouse über eine Leiter erreichbar, manche mit einem eigenen Bad. Schön sind die hohen Bungalows direkt am Fluss. Großes gemütliches Restaurant mit vielen Liege- und Sitzflächen über dem Fluss. ❶–❸

Vibola Guesthouse, St. 730, ✆ 077-207 772, ✉ vibolaguesthouse@gmail.com, [10335]. Rund um den Pool liegen schicke AC-Zimmer in zwei 2-stöckigen Gebäuden. Graue Bodenfliesen, Schrank, Nachttisch, Tisch und Stuhl in dunklem Holz, schönes Bad in Grau-Braun-Tönen gefliest, Warmwasserdusche, Flachbildschirm. Die oberen Etagen mit Balkon. Kein Restaurant. ❷–❸

ESSEN

Darawin BBQ, St. 735. Bei Einheimischen wie Touristen beliebtes kambodschanisches BBQ-Restaurant. Gute kambodschanische Gerichte auf der Speisekarte, viele wählen aus dem BBQ-Angebot aus. 🕒 10–22 Uhr.

Epic Arts Café, St. 724, 🖳 www.epicarts.org.uk. Café, das von Gehörlosen betrieben wird. Es gibt westliches Frühstück, Kuchen und eine Auswahl kleinerer westlich-asiatischer Gerichte, gute Salate (mit Trinkwasser gewaschen). Epic Arts veranstaltet Workshops und betreibt Schulen, in denen Menschen mit Behinderungen Tanz, Musik oder Kunst erlernen. 🕒 7–16 Uhr.

Nudel-Restaurant, hier werden 4 frische, hausgemachte chinesische Nudelgerichte serviert. Besonders empfehlenswert sind die Teigtaschen, alle Gerichte für US$2,50. 🕒 11–21 Uhr.

The Fishmarket, am Flussufer, ✆ 092-253 062. Unübersehbar das einzige Restaurant direkt

am Fluss, 2-stöckig und äußerst schick hergerichtet. Die Speisekarte offeriert gute Sandwiches und eine Auswahl an Fisch- und Fleischgerichten, etwas teurer. ⌚ 7–23 Uhr.

Together Restaurant, St. 735, ☎ 097-633 8555. Gute und günstige Khmer- bzw.Thai-inspirierte Küche, gute Pizzas und eine kleine Auswahl französischer Gerichte. Tipp: das Khmer-Curry. Freundlicher Service. ⌚ 10–22 Uhr.

UNTERHALTUNG

Kampot hat kein ausschweifendes Nachtleben zu bieten. Immer wieder öffnen (und schließen) kleine Bars rund um den Alten Markt, am besten einfach schauen, wo es einem gefällt oder wo gerade etwas los ist.

Bars

Madi Bar, St. 735. Donnerstags wird Livemusik gespielt, aber auch sonst ist hier bis zu späterer Stunde etwas los. Billardtisch.

Moi Tiet-Bar, St. 724, ✆ 096-994 6743. Kleine Bar unter französischer Leitung, beliebt bei Travellern, ab und an Livemusik. Wechselnde Tagesgerichte für US$4. ⌚ ab 16 Uhr.

EINKAUFEN

Dorsu, St. 724, 💻 www.dorsu.org. Von Frauen aus der Umgebung unter fairen Bedingungen hergestellte uni- oder 2-farbige hochwertige T-Shirts und Kleider. ⌚ 8–17 Uhr.

Epic creations, St. 724, 💻 www.epicarts.org.uk. Ausgefallene Souvenirs, hergestellt von Menschen mit Behinderung, und Schmuck von einheimischen Künstlern. ⌚ 9–19 Uhr.

Kepler's Kampot Books, St. 724, im Alten Markt. Gebrauchte Bücher, einige sogar in deutscher Sprache. Eigene Bücher werden für US$1–1,50 entgegengenommen. Auch Souvenirs wie Pfeffer oder Salz aus der Region. ⌚ 8–19 Uhr.

Metaheap Mart, am Salzarbeiter-Denkmal. Ein gut sortierter Supermarkt, in dem es auch einige westliche Milchprodukte und eine große Spirituosensammlung gibt. ⌚ 8–21 Uhr.

AKTIVITÄTEN

Klettern

Climbodia, Nähe Phnom Slaptaon, ✆ 095-581 951, 💻 www.climbodia.com. Der Belgier David Van Hulle bietet Klettertouren, Abseilen und Höhlenklettern am Phnom Slaptaon an (s. auch S. 642). Halbtagestour US$40 p. P.

Wellness

Banteay Srey Women's Spa, 1,5 km außerhalb der Stadt, ✆ 012-276 621, 💻 banteaysreyspa.org. Herrliche Anlage direkt am Fluss. Massagen ab US$15/Std., Packungen und Behandlungen ab US$12. **Yoga-Stunden** kosten US$5 in der Hauptsaison. ⌚ außer Di 11–19 Uhr.

Mehrere Massagepraxen **„Seeing Hands"** mit blinden Masseuren, die japanische Shiatsu-Massage anwenden, u. a. St. 735, US$4/Std. ⌚ 7–22 Uhr.

TOUREN

Bart the Boatman, ✆ 092-174 280. Der Belgier ist eine Institution in Kampot und bietet individuelle informative Bootstouren flussaufwärts an, US$15.

Bison Tours, St. 730, ✆ 012-442 687, ✉ keusarun@yahoo.com. Hilfsbereite und kompetente Beratung, hier kann eine ganze Reihe von Tagesausflügen gebucht werden. ⌚ 7–20 Uhr.

Butterfly Tour, ✆ 093-775 592, 💻 www.butterflytour.asia. Geführte Halbtags- und Tagestouren mit dem Fahrrad oder Moped in die dörfliche Umgebung.

SONSTIGES

Fahrrad- und Motorradverleih

Viele Guesthouses vermieten Fahrräder ab US$1/Tag und Mopeds ab US$4/Tag. In der Tourist Information Fahrräder US$1, Mountainbikes US$2.

Sean Ly, St. 729, ✆ 012-944 687. Motorräder und Geländemaschinen für US$5–15/Tag. ⌚ 7–19 Uhr.

Medizinische Hilfe

Bokor Clinic & Maternity, St. 714, ✆ 033-632 0531. Englischsprachige Ärzte, Ultraschall, Röntgen und EKG-Geräte. ⌚ 24 Std.

Empfehlenswert ist außerdem das 6 km außerhalb gelegene, als Stiftung betriebene **Sonja Kill Memorial Hospital**, 💻 www.skmh.org. ⌚ Mo–Fr 8–17, Sa, So 8–16 Uhr. 24 Std. Notfalldienst, ✆ 078-265 782.

Visaangelegenheiten
Über Guesthouses und Touranbieter, empfehlenswert bei Champa Tourist Bus. Einmonatiges Visum für Vietnam für US$55 in 2 Tagen. Einmalige Verlängerung eines kambodschanischen Touristenvisums für einen Monat innerhalb von 3 Werktagen für US$55.

TRANSPORT

Busse
BATTAMBANG, am besten mit den Phnom-Penh-Sorya- oder Capitol-Bussen Richtung Phnom Penh (umsteigen in Phnom Penh) für US$13 in 14 Std.
KEP, mit Kampot- und Champa-Minibussen um 8, 10.30, 13.30, 15.30 und 17.30 Uhr für US$3 in 30 Min.
KOH KONG (umsteigen bei Sihanoukville), mit Champa-Minibussen um 8 Uhr für US$12 in 5 Std.
PHNOM PENH, mit Capitol Tours, Phnom Penh Sorya, TSS, Kampot- und Champa-Minibussen 15x tgl. zwischen 7 und 13.30 Uhr für US$5–8 in 4 Std.; bequem mit Giant Ibis um 8.30 und 14.45 Uhr für US$9.
SIEM REAP (umsteigen in Phnom Penh), mit allen Bussen Richtung Phnom Penh für US$12 in 10–12 Std.
SIHANOUKVILLE, mit Phnom Penh Sorya, Capitol Tours und TSS-Bussen 15x zwischen 7 und 13.30 Uhr für US$5 in 2 Std.; mit Champa- und Kampot-Minibussen um 8.30, 11 und 15 Uhr für US$4–5 in 2 Std.
TAKEO, mit den Bussen nach Phnom Penh bis Ang Ta Som für den gleichen Preis in 2 1/2 Std.

In die Nachbarländer
Thailand: BANGKOK, für US$32 in 14 Std.
KO CHANG, KO SAMET für US$32 in 7–9 Std.
Vietnam (umsteigen hinter der Grenze in große Busse): CAN THO, mit Kampot- und Champa-Minibussen um 10.30 und 15.30 Uhr für US$16–18 in 7 Std.
CHAU DOC, mit Kampot- und Champa-Minibussen um 10.30 Uhr für US$15 in 4 Std.
HA TIEN (Grenze Vietnam), mit Kampot- und Champa-Minibussen um 10.30 und 15.30 Uhr für US$8 in 1 1/2 Std.
HO-CHI-MINH-STADT, mit Champa-Minibussen um 10.30 und 15.30 Uhr für US$18/20 in 10 Std. (umsteigen in Ha Tien, zweite Verbindung mit *Sleeper*-Bussen hinter der Grenze).
PHU QUOC, Bus und Boot, mit Champa-Mekong-Travel um 10.30 und 15.30 Uhr für US$20 in 3 Std.

Sammeltaxis
Sammeltaxis fahren los, sobald der Pkw voll ist, d. h. 6 Personen teilen sich ein Auto. Die Preise sind p. P. und für ein ganzes Taxi angegeben.
KEP, für US$3 (US$20) in 30 Min.
KOH KONG, für US$10 (US$70) in 4 Std.
PHNOM PENH, für US$8 (US$45) in 3 Std.
SIHANOUKVILLE, für US$6 (US$40) in 1 1/2 Std.
TAKEO, für US$5 (US$30) in 2 Std.

Eisenbahn
Bei Drucklegung waren für Wochenenden und Feiertage Personenzug-Verbindungen zwischen PHNOM PENH und SIHANOUKVILLE mit Stopp in Kampot angekündigt.

Boote
KEP, mit dem **Crab-Shuttle-Boot**, ✆ 088-829 6644, um 9.30 Uhr nach Kep in 2 Std., zurück um 15.30 Uhr für US$9,50 einfache Fahrt, US$13,50 (hin und zurück).

Die Umgebung von Kampot

Bokor-Nationalpark und Bokor Hill Station
Mit 1580 km² ist der **Bokor-Nationalpark** eines der größten Schutzgebiete des Landes, in dem Elefanten, Leoparden, Malaienbären, Kappengibbons, Langschwanzmakaken, Plumploris und Schuppentiere in freier Wildbahn leben.

Ungeheure Anziehungskraft auf Besucher übte bis vor Kurzem vor allem die auf dem 1079 m hohem Gipfelplateau gelegene ehemalige französische **Bokor Hill Station** aus. Die Kolonialherren hatten die Station in den 1920er-Jahren errichtet, um hier oben der drückenden Schwüle an der Küste zu entfliehen. Nach

KAMBODSCHA

dem Einmarsch der Vietnamesen 1979 verfiel die einst so glamouröse Station in bester Lage, eine gespenstische Atmosphäre machte sich zwischen den zerbröckelnden Mauern breit. 2007 dann verpachtete Kambodschas Regierung unter Hun Sen den Bokor-Berg auf 99 Jahre an den Sokha-Sokimex-Konzern. Eine breite, sehr gut ausgebaute Straße schlängelt sich nun den Berg bis zum Gipfel hinauf. Fertiggestellt ist das bei Asiaten beliebte **Thansur Bokor Highland Resort**, ein Vier-Sterne-Hotel.

Immer noch skurril in dieser Umgebung wirkt die **Katholische Kirche**. Entlang der Straße sieht man die Überreste des alten Polizeigebäudes, einen Wasserturm und das ehemalige **Bokor Palace Hotel & Casino**. Die Fassade der beeindruckenden Ruine wurde kürzlich ausgebessert und verputzt, die alte Pracht ist noch zu erahnen. Hübsch ist **Wat Sampeau Pram** („fünf Schiffe"). Fünf Felsbrocken in Bootsform gaben der Pagode ihren Namen. Der 10 m hohe **Popokvil-Wasserfall** („wirbelnde Wolken") wird von asiatischen Reisegruppen geschätzt, ein riesiges überdimensioniertes Restaurant zeugt davon.

Straßennutzungsgebühr: Mopeds 2000 Riel, Pkw 10 000 Riel. Als ganztägige organisierte Tour für US$13, mit dem Motorradtaxi US$20. Tipp: Besser einen Pullover mitnehmen – bei der Anfahrt und auf dem Gipfel kann es empfindlich kalt sein.

Höhlen bei Kampot

Zwischen Kampot und Kep erheben sich, schon von Ferne sichtbar, inmitten der Reisfelder schroffe Kalksteinhügel, die zahlreiche Höhlen bergen.

Die bekannteste Höhle, **Phnom Chhnork** (sprich Dschnuk), liegt etwa 10 km von Kampot entfernt. Begleitung durch einen der Führer, die vor dem Höhleneingang warten, benötigt man für die leicht über Stufen erreichbare Höhle nicht unbedingt. Im zentralen Bereich der Höhle erblickt man den von Felsen gerahmten prä-angkorianischen Ziegelsteintempel **Roung Prasat** aus dem 7. Jh. Er ist Shiva geweiht, der Stalagmit im Inneren stellt einen Lingam dar. Eintritt US$1.

Phnom Slaptaon wird auch Phnom Kbal Romeas genannt und liegt 6 km nordöstlich von Kampot. Am Eingang ranken sich malerisch Bäume, die mit dem Stein verwachsen zu sein scheinen. Die 20 m hohe Haupthalle ist nach oben offen, sie wird von einem großen Felsbrocken halb verschlossen. Durch einen engen Spalt gelangt man in die zweite Halle, in deren Innerem die Überreste eines Altars aus Ziegelsteinen stehen.

15 km von Kampot Richtung Kep entfernt, befindet sich der Höhlenkomplex **Phnom Sorsir**. Am Fuße des Berges gibt es ein kleines Kloster. 101 Stufen geht es hinauf zum Eingang, die große erste Höhle trägt den Namen Roung Damrei Saa („Höhle des weißen Elefanten"). Namensgebend sind die hellen Stalaktiten, die einem Elefantenkopf ähneln. Die angrenzende Höhle hat eine Kuppel, in der zahlreiche Fledermäuse nisten (daher der Name „Fledermaushöhle"). Hier liegt auch die 100-Reisfelder-Höhle (Roung Srae Moi Roi). Durch ein Loch kann man terrassenförmige Kalkablagerungen erspähen, die an Reisfelder erinnern.

Von Kampot aus erreicht man Phnom Chhnork, Phnom Slaptaon oder Phnom Sorsir mit dem Tuk-Tuk/Motorradtaxi für US$15/10 in 20–40 Min.

Die beeindruckendste Höhle der Region, die **Phnom-Kampong-Trach-Höhle** liegt 26 km nordöstlich von Kep im Bezirk Kampong Trach. Der Höhleneingang ähnelt einem Drachenmaul, der tunnelartige Durchgang sind die Zunge und der Schlund des „Drachens". Dahinter gelangt man in einen großen runden offenen Innenraum von 40 m Durchmesser. Faszinierende 30 m hohe lianenbewachsene Wände umschließen diesen ruhigen, magischen Ort, der auch als **Wat Kiri Sela** bezeichnet wird. Ein überdachter, liegender Buddha neueren Datums befindet sich hier, die lilafarbene Stelle auf dem Erdboden wird als Blut Buddhas gedeutet. Eintritt US$1.

Anfahrt: Mit Tuk-Tuk/Motorradtaxi von Kampot für US$25/18 in 1 Std., von Kep für US$20/15 in 40 Min.

Kep

Rund 170 km südwestlich von Phnom Penh und knapp 40 km von der vietnamesischen Grenze entfernt, liegt der kleine Ort Kep [4957]. Er wurde 1908 von den Franzosen als exklusiver Badeort gegründet. Ein Zentrum im eigentlichen Sinne gibt es nicht. Vom 25 km entfernten Kampot kommend, biegt man auf die Zufahrtsstraße nach Kep ab. Hinter dem Abzweig mit einer Vishnu-Statue beginnt der Krebsmarkt **Psar K'Dam**. Für Kambodschaner sind die Krebse, die hier in den einfachen Restaurants angeboten werden, die Hauptattraktion und Grund, nach Kep zu fahren. Nach 1,5 km entlang der schönen Küstenstraße gelangt man zum **Kep Beach**, dem zentralen Stadtstrand. Dieser lädt mit flachem Wasser zum Faulenzen ein, bietet allerdings kaum Schatten. Restaurants, wenige Hotels und die Bushaltestelle liegen auf der gegenüberliegenden Straßenseite. Nach weiteren 2 km erreicht man **Kep-Dorf**. Vom Pier legen die Boote nach Koh Tonsay (S. 645) ab.

Der nur 50 km² große, dicht bewaldete **Kep-Nationalpark** schmiegt sich unmittelbar an Kep an. Die höchste Erhebung ist der Phnom Kep (286 m). Ein 8 km langer, breit ausgebauter Rundweg eignet sich zum bequemen Wandern oder Mountainbikefahren. Interessanter sind die schmalen Trails über die Hügel. Festes Schuhwerk ist hier nötig. Im Led Zep Café hängt eine Übersichtskarte, die auch im *Coastal Magazine* abgedruckt ist. 7–17 Uhr, Eintritt 4000 Riel.

ÜBERNACHTUNG

Bacoma, Straße zum Strand, 088-411 2424, bacoma@live.com, [9617]. Unter der engagierten Leitung des Schweizers Michael. In der Gartenanlage mit dem Seerosenteich stehen verschiedene Bungalows. Gemütliche, gemauerte Rundhütten mit Palmdach und sauberen Gemeinschaftsbädern mit Warmwasserdusche. Außerdem gibt es großzügige Steinbungalows mit Bad. Kostenloser Radverleih. ❷–❸

Kepmandou, im Dorf, 097-795 8723, kepmandou@gmail.com. In dem 2-stöckigen Khmer-Haus herrscht entspannte Traveller-Atmosphäre. Einfache, recht teure Ventilator-Zimmer mit Gemeinschaftsbad oder eigenem Bad mit Warmwasser. Meerblick vom Restaurant auf der 1. Etage. Billard, Fernsehecke, Büchertausch. Dorm (US$4–6). ❷–❸

Khmer Hands, 092-995 445, [10336]. 2 Reihen Ventilator-Bungalows: entweder als Holz/Stelzenbungalow oder als ebenerdiges Steinhaus. Mit Bett, Moskitonetz, Ablage oder Regalen möbliert. Manche Bäder mit Außendusche. Einfache Schilfbungalows mit Gemeinschaftsbad im rückwärtigen Bereich. ❶–❸

Mealea Resort, am Krebsmarkt, 077-907 365, www.mealearesort.com, [9626]. Sehr schöne Steinbungalows mit Ziegeldach im tropisch begrünten Garten. Innen mit Terrakottaböden oder gleichfarbig gestrichenem Betonboden, hohen Decken und Dachbalken. Edle dunkle Holzmöbel verleihen dem Raum Flair. Kleiner Pool. Inkl. Frühstück. ❹–❺

Reaksmey Krong Kep Guesthouse, am Krebsmarkt, 036-644 4476, www.reaksmeykrongkepguesthouse.com, [9625]. Großes Haus mit Meerblick an einem leider zubetonierten Platz. Die Zimmer sind sehr ansprechend: Großzügig und sauber, punkten sie mit hellem, glänzendem Fliesenboden, Schrank, Nachttisch, Ablagefläche, TV und Kühlschrank. Dazu sehr schöne Bäder mit Warmwasser und Toilettenartikeln. Ventilator oder AC. ❷–❸

Rega Guesthouse, im Kep-Dorf, 097-383 9064, www.keprega.net, [9619]. Eine kleine entspannte Oase unter französischer Leitung. Die 14 Zimmer liegen ebenerdig um einen wunderbar begrünten Garten. Möbliert sind alle Räume mit Bett, Schreibtisch und Rattanablage. Im 2-stöckigen offenen Holzhaus ist ein gemütliches Restaurant untergebracht. Wahlweise Ventilator oder AC. Moped- und Radverleih. ❷

Veranda Natural Resort, am Eingang Nationalpark, 036-638 8588, veranda-resort.asia, [9620]. Perfekt in die Natur eingepasst. Steinwege und Holzstege verbinden die rustikalen AC-Bungalows und Villas. Naturmaterialien wie Bruchsteine, Kieselsteine und Holz sind liebevoll kombiniert mit Seidendekoration und Kunst an den Wänden, alle Zimmer sind einzigartig und individuell. Spa, Garten- und Infinity-Pool, hauseigene Bäckerei, Minimart, Souvenirshop. Tagesgäste können die Pools für US$8 nutzen. Inkl. Frühstücksbuffet. ❺–❻

ESSEN UND UNTERHALTUNG

Günstige Gerichte gibt es tagsüber an einfachen **Essensständen am Krebsmarkt**.

Kimly Restaurant, gilt als bestes Restaurant am Krebsmarkt mit 26 verschiedene Krebs-Zubereitungsarten auf der Karte. Eine normale (und ausreichende) Portion sind 2 Krebse mittlerer Größe für US$7,90. Auf der umfangreichen Speisekarte gibt es aber auch Tintenfisch, Scampis oder Rochen und wer lieber Fleisch isst, wird ebenfalls fündig. 🕒 9–23 Uhr.

L'Epi d'Or, oberhalb des Strandes, 📞 036-636 3997. Die französische Bäckerei serviert Frühstück und verkauft verschiedene Brotsorten und gute Croissants. 🕒 7–17 Uhr.

Sailing Club, nahe Krebsmarkt, 📞 078-737 995, 💻 www.knaibangchatt.com. Das umgebaute Fischerhaus gleicht einem luftigen französischen Strandpavillon. Tolle überdachte Terrasse am Meer, auf der Salate, Snacks, viel Seafood und Fleischgerichte serviert werden. Etwas teurer. 🕒 10–22 Uhr.

Sokheang Restaurant, am Krebsmarkt. Gute Krebse mit frischem Pfeffer. Fisch, Scampis und Tintenfisch nach Angebot. Etwas günstiger. 🕒 9–22 Uhr.

Ausgehmöglichkeiten am Abend gibt es so gut wie keine, spätestens um 22 Uhr wirkt die Gegend wie ausgestorben.

SONSTIGES

Fahrrad- und Motorradverleih

In den Guesthouses kosten Fahrräder US$1–2/Tag, Mopeds US$5–8/Tag. Im **Sailing Club** werden 125-ccm-Motorräder und Mountainbikes für US$12/Tag vermietet.

Geld

Zwei **Geldautomaten** der ABA- und Acleda-Bank oberhalb des Strandes. Akzeptiert werden MasterCard, Visa, Cirrus. Die nächsten Bankfilialen befinden sich in Kampot.

Visaangelegenheiten

Über Guesthouses und Touranbieter, empfehlenswert bei Champa Tourist Bus. Einmonatiges Visum für Vietnam für US$55 innerhalb von 2 Tagen. Einmalige Verlängerung eines kambodschanischen Touristenvisums für einen Monat innerhalb von 3 Werktagen für US$55 (ohne Passfoto zzgl. US$1). 1/3/6/12-monatige Verlängerung des Geschäftsvisums für US$55/95/180/305.

NAHVERKEHR

An der Vishnu-Statue, vor dem Krebsmarkt, am Strand und am Pier warten **Tuk-Tuks** und **Motorradtaxis**. Zwischen Krebsmarkt und Pier mit dem Tuk-Tuk/Motorradtaxi für US$2/1, nach Kampot für US$12/8 in 30 Min.

TRANSPORT

Es gibt keinen Busbahnhof, die Haltestelle befindet sich oberhalb des Strandes.

Busse

BATTAMBANG (umsteigen in Phnom Penh), mit Phnom Penh Sorya um 7.30 und 8.30 Uhr für US$12 in 10 Std.

KAMPOT, mit Kampot- und Champa-Minibussen 7x tgl. zwischen 7.30 und 17 Uhr für US$3 in 30 Min.

KOH KONG, oft von lokalen Minibussen übernommen, mit Kampot- und Champa-Minibussen um 7.30 Uhr für US$15 in 6 Std.

PHNOM PENH, mit Phnom Penh Sorya um 7.30, 8.30, 9.30 und 13.30 Uhr für US$7 in 4 Std., mit Champa-Minibussen um 7.30, 10 und 15 Uhr für US$8 in 3 1/2 Std.

SIEM REAP (umsteigen in Phnom Penh), mit Phnom Penh Sorya um 7.30 und 8.30 Uhr für US$14, um 13.30 Uhr (ab Phnom Penh mit dem *Sleeper*-Bus) für US$18, reine Fahrzeit 11 Std.

SIHANOUKVILLE, mit Kampot- und Champa-Minibussen 7x tgl. zwischen 7.30 und 17 Uhr für US$8 in 3 Std.

TAKEO, mit den Bussen nach Phnom Penh bis Ang Ta Som für den gleichen Preis in 2 Std.

In die Nachbarländer

Thailand (umsteigen an der Grenze in Koh Kong): BANGKOK für US$35 in 12 Std.
KOH CHANG für US$35 in 8 Std.
TRAT für US$30 in 9 Std.

Grenzübergang nach Vietnam

Wer über **Ha Tien (Prek Chak – Xa Xia)** nach Vietnam einreist, muss ein Visum im Pass haben (ein kostenloses 15-Tage-Visum für deutsche Staatsbürger ist am Grenzübergang erhältlich). Die meisten Reisenden überqueren die Grenze, ◷ 6–18 Uhr, mit einem Busticket zur Weiterreise. Meist werden die Pässe eingesammelt, und der Fahrer übernimmt die Organisation. Das Gepäck bleibt im Idealfall im Bus. Ohne durchgehendes Busticket zahlt man für die 7 km von der Grenze bis zum vietnamesischen Ha Tien für das Motorradtaxi 50 000 Dong. Einreise nach Kambodscha S. 857.

Vietnam (umsteigen hinter der Grenze in große Busse): CAN THO, mit Kampot- und Champa-Minibussen um 10.30 und 15.30 Uhr für US$16–18 in 7 Std.
CHAU DOC, mit Kampot- und Champa-Minibussen um 10.30 Uhr für US$15 in 3 Std.
HA TIEN (Grenze Vietnam), mit Kampot- und Champa-Minibussen um 10.30 und 15.30 Uhr für US$8 in 1 Std.
HO-CHI-MINH-STADT, mit Champa-Minibussen um 10.30 und 15.30 Uhr für US$18/20 in 9 Std. (umsteigen in Ha Tien, zweite Verbindung mit *Sleeper*-Bussen hinter der Grenze).
PHU QUOC (Bus und Boot), mit Kampot- und Champa-Minibussen um 10.30 Uhr für US$18 in 3 Std.

Boote

KOH TONSAY, ab dem Pier in Kep-Dorf um 9 Uhr, zurück um 16 Uhr für US$7 in 25 Min. inkl. Hoteltransfer. Von Koh Tonsay zurück für Übernachtungsgäste mehrere Boote zwischen 6.30 und 13 Uhr für US$10 (hin und zurück).

Koh Tonsay (Rabbit Island)

Sieben Inseln liegen vor dem Küstenstreifen von Kep. **Koh Tonsay**, die wegen ihres Umrisses so genannte Kanincheninsel [4959], liegt 4,5 km von Kep entfernt und ist in einer rund 25-minütigen Bootsfahrt zu erreichen. Besucher erwarten hier eine 300 m breite, von Palmen gesäumte Hauptbucht mit einem muscheldurchsetzten Strand, hinter dem sich tropisch bewachsene Hügel erheben. Viele besuchen die Insel im Rahmen eines Tagesausflugs, entsprechend ruhig und idyllisch wird es hier nach 16 Uhr, wenn auch das letzte Boot wieder Richtung Festland losgetuckert ist. 7 Bungalowanlagen säumen den Strand, jede mit eigenem Restaurant, einige mit kleinem angegliedertem Shop. Strom gibt es von 18 bis 22 Uhr. Alle Bungalows sind einfachste Mattenbungalows mit Bett und Moskitonetz. Bungalows mit Bad (fast immer Hocktoilette) kosten zwischen US$7 (Doppelbett) und US$15 (mit 2 großen Betten).

An- und Abreise, s. o., Kep, Boote.

Die westliche Küstenprovinz Koh Kong

Koh-S'dach-Archipel

Die zwölf Inseln des Koh-S'dach-Archipels liegen vor der Küste des Nationalparks Botum Sakor, genauer gesagt vor der Südspitze. Die Inseln – die meisten davon unbewohnt – sind bewaldet, kleine Buchten mit goldgelbem Sand verstecken sich entlang der Küsten. Auf den beiden größten Inseln, Koh S'dach und Koh Totang, findet man Unterkünfte.

Koh S'dach (Königsinsel) [9610] ist die bevölkerungsreichste Insel des Archipels. Etwa 700 Familien (Khmer, Vietnamesen und Thai) wohnen hier. Das idyllische Fischerdorf Koh S'dach zieht sich entlang einer 1,5 km langen geteerten Hauptstraße und nimmt damit etwa die Hälfte der Ostseite der Insel ein. An der Westküste erstreckt sich die bezaubernde kleine naturbelassene Bucht **Coconut Beach**. Winzig ist die kleine steinige Bucht **Coral Beach** im Süden.

ÜBERNACHTUNG UND ESSEN

Ivonne, ✆ 012-450 925, [10342]. Unter französisch-kambodschanischer Leitung. Hinter dem Mean Chey Gh. am Strand. 6 ganz einfache

Holzhütten mit Bett und Kommode über dem Meer, dazwischen kleine Terrassen mit Hängematte. Gemeinschaftsbad. Ventilator. Kein WLAN. ❶

Mean Chey Guesthouse, ✆ 011-979 797, [9613]. Am Fischerdorf hinter der Eisfabrik (ab Hafen etwa 1,5 km, ausgeschildert). Keine Rezeption, nur telefonische Anmeldung. 10 blau gestrichene einfache große Stein-Reihenzimmer mit Bett, TV, Klapptisch. Großes Bad mit Schöpfdusche und Toilette. Ventilator oder AC. Am betonierten Strand gibt es außerdem 4 ordentliche Zimmer in ähnlicher Ausstattung und 10 nicht empfehlenswerte Betonhütten ohne Fenster mit hartem Bett. Kein WLAN. ❷

Im Fischerdorf gibt es ein **Restaurant** mit englischer Speisekarte. Bei **Ivonne** sitzt man hervorragend am Meer. Geboten werden westliches Frühstück und hervorragende französische oder einheimische Gerichte je nach Tagesangebot. ⌚ 7–21 Uhr.

AKTIVITÄTEN

Octopus Garden, ✆ 086-413 380, 💻 www.octopuscambodia.com. Die Tauchschule befindet sich an der Nordküste, über einen kleinen ausgeschilderten Pfad erreichbar. Organisierte Tauchausflüge zu den umliegenden Inseln wie Koh Chan und Koh Andeck („Schildkröteninsel"). Halbtagesausflug mit 2 Fundives für US$85, Shark Island und Condor Reef für US$120 (ab 4 Pers.), 4-Tages-Open-Water-Kurse für US$380.

TRANSPORT

Busse und Boote

Mit lokalen Minibussen von Sihanoukville und Koh Kong jeweils in 4 Std. für US$10 bis Poi Yopon. Von dort mit dem Boot für 5000–10000 Riel bis Koh S'dach in 10 Min. Ab Poi Yopon fahren um 8 Uhr morgens lokale Minibusse oder Taxis Richtung Phnom Penh (4 1/2 Std.), Koh Kong (3 1/2 Std.) oder Sihanoukville (umsteigen in Veal Reng, 3 1/2 Std.), alle Richtungen für US$10, ein ganzes Taxi kostet US$80.

Boote

SIHANOUKVILLE, mit dem Versorgungsschiff von Sihanoukville-Hafen (Royal-Pier) um 12 Uhr in 4 1/2 Std. für US$15 bis Koh S'dach. Zurück um 20 Uhr.

Koh-Kong-Stadt

Koh Kong ist nicht nur der Name der Provinz, sondern auch der Name der südlich vorgelagerten Insel und der Provinzhauptstadt. Koh-Kong-Stadt [9628] befindet sich 220 km nordwestlich von Sihanoukville und 290 km westlich von Phnom Penh am Prek-Koh-Pow-Fluss, der im Kardamom-Gebirge entspringt.

Sehenswürdigkeiten im eigentlichen Sinne hat Koh Kong nicht zu bieten und die meisten Touristen sehen den Ort nur auf der Durchreise von oder nach Thailand. Das Zentrum mit Busbahnhof, Restaurants, Hotels und Guesthouses befindet sich auf der östlichen Flussseite. Hier gibt es einen typisch kambodschanischen **Markt**. Die mit 1900 m längste Brücke des Landes wurde 2002 fertiggestellt und führt über den Fluss (Maut für Motorrad/Tuk-Tuk 1400 Riel, Pkw 5800 Riel) Richtung thailändische Grenze. Die Landzunge hat einen herrlichen weißen Sandstrand, den **Koh Yor-Strand**, der sich bis fast zur thailändischen Grenze zieht. Der **Grenzort Cham Yeam** liegt 12 km von Koh Kong entfernt.

ÜBERNACHTUNG

99 Guesthouse, 135 St. 6 im Zentrum, ✆ 035-660 0999, ✉ 99guesthouse@gmail.com, [9631]. Helle, saubere und kleine Zimmer. Alle mit Fliesenboden, Flachbildschirm an der Wand, gemauertem Schrank. Bad mit Heißwasser-Dusche. Wahlweise Ventilator oder AC. Der Sohn der Besitzerin Piseth spricht gutes Englisch und ist sehr hilfsbereit. Kostenloser Fahrradverleih. Alleinreisende zahlen US$1 weniger fürs Zimmer. ❶–❷

Koh Kong Bay Hotel, St. 1 am Flussufer, ✆ 035-936 367, 💻 www.kohkongbay.com, [9635]. Bestes Haus in der Stadt. Designorientierte, behagliche Moderne ganz in Weiß. Zur Ausstattung gehören ein Nachttisch mit

Lampe, Beistelltisch, Wasserkocher und Flachbildschirm. Abstrakte Kunst belebt die Wände. Restaurant, Bar am Fluss. Großer Pool, Spa. Tagesgäste können den schönen Pool für US$3/Tag nutzen. ❸–❺

Koh Kong City Hotel, St. 1 am Flussufer, ☎ 035-936 777, 💻 kkcthotel.netkhmer.com, [9633]. Große, saubere, geflieste AC-Zimmer, möbliert mit Bett, Schreibtisch, Spiegel und TV. Angenehmes Bad mit großer Marmorablage, Badewanne, Warmwasser. Betonierte Terrasse am Fluss. Familienzimmer mit 3 Betten. ❷–❸

€ **Paddy's Bamboo Guesthouse**, 500 m östlich des Marktes, ☎ 015-533 223, ✉ ppkohkong@gmail.com, [9634]. Zimmer in einem Khmer-Haus, unten in Stein und oben aus Holz gebaut. Im Erdgeschoss winzige Zimmer mit Bad (Schöpftoilette, Kaltwasserbrause). Im Obergeschoss gemütlichere Zimmer mit Gemeinschaftsbad für den gleichen Preis. Für Budget-Reisende sind ein einfacher Schlafsaal mit Matratzen (US$3) und ein Zimmer mit Hängematten vorhanden (US$2). Nette Veranda mit Billard, Schließfächer, Touren, Bustickets, Fahrradverleih. ❶

Ritthy's Retreat , St. 1 am Flussufer, ☎ 012-707 719, 💻 www.kohkongecoadventure.com, [10343]. Zimmer über dem beliebten Restaurant. Alle mit einem stabilen Bett aus dicken Holzstämmen möbliert, Bäder mit Warmwasser. Schön ist das Dormzimmer mit ebensolchen Etagenbetten (US$4), Zimmer wahlweise mit Ventilator oder AC. ❶–❷

ESSEN

Einfaches und günstiges Essen gibt es tagsüber auf dem **Markt**. 2 bei Einheimischen beliebte einfache **Restaurants** liegen an der Hauptstraße St. 3. Einfach in die Töpfe gucken: Suppen und Reisgerichte für 5000–6000 Riel.

Café Laurent, St. 1 am Flussufer, ☎ 016-373 737. Schickes Restaurant über dem Fluss. Nicht ganz günstig, dafür aber mit der besten Aussicht. Auf der Karte gibt es viel Seafood und Gerichte aus der Khmer-Küche, zudem Pizza, Pasta und Salate. WLAN. 🕒 außer Di 10.30–23 Uhr.

Fat Sams, am Kreisverkehr, ☎ 097-737 0707. Große Frühstücksauswahl und viele westliche Gerichte. Wirklich empfehlenswert sind die Hähnchenschnitzel (US$6–7). Sportübertragungen, Mopedverleih. Sam kümmert sich hervorragend um seine Gäste, das Restaurant ist abends ein beliebter Treffpunkt. WLAN. 🕒 Mo–Sa 9–22, Sa 16–22 Uhr.

Thmorda Crab House, an der westlichen Flussseite, ☎ 035-690 1252, 💻 www.thmordagarden.com. Überdachte Holzpavillons über dem Wasser mit Blick auf Mangroven. Frühstück und gute, authentische Khmer-Küche. Frische Krebse in unterschiedlicher Zubereitung für US$11. Kostenloser Kajakverleih für Gäste. 🕒 7–23 Uhr.

TOUREN

Ritthy Koh Kong Eco Adventure Tours, St. 1, ☎ 012-707 719, 💻 www.kohkongeco adventure.com. Mr. Ritthy ist der bekannteste Tourvermittler in Koh Kong. Er ist seit Jahren im Geschäft und hat den Ruf, zuverlässig und hilfsbereit zu sein. Ritthy steht für alle Fragen zur Verfügung. 🕒 7–21 Uhr.

TRANSPORT

Busse

BATTAMBANG, mit den Bussen nach Phnom Penh, dort umsteigen, für US$15 in mind. 12 Std. (reine Fahrzeit).

KAMPOT/KEP, mit allen Bussen Richtung Sihanoukville für den gleichen Preis (in Veal Renh umsteigen), von dort Sammeltaxis oder Minivan für US$2 bis Kampot, in 5 Std., bis Kep in 5 1/2 Std.; mit lokalen Minibussen ab Busbahnhof um 8 Uhr für US$8/10.

PHNOM PENH, mit Olympic Express, Rith Mony und Virak Buntham insgesamt 8x tgl. zwischen 7.30 und 14 Uhr für US$6–8 in 6–7 Std.; mit Virak Buntham um 13.30 Uhr im Minibus für US$12;

SIEM REAP, mit den Bussen nach Phnom Penh, dort umsteigen, für US$15 in mind. 12 Std. (reine Fahrzeit).

SIHANOUKVILLE, mit Olympic Express, Rith Mony und Virak Buntham 7x tgl. zwischen 7.30 und 14 Uhr für US$8–10 in 3 1/2 Std.

Grenzübergang nach Thailand

12 km von Koh Kong entfernt liegt die kleine Grenzstadt **Cham Yeam** (auf thailändischer Seite **Ban Hat Lek**). 🕒 6–22 Uhr.

Bei der **Ausreise nach Thailand**: an der Grenze wird die kostenlose einmonatige Aufenthaltsgenehmigung ausgestellt. Da alle Busunternehmen zweimal den Bus wechseln und ggf. auf zusätzliche Passagiere gewartet wird, ist die individuelle Ausreise oft die schnellere Alternative: Mit dem Tuk-Tuk/Motorradtaxi aus Koh Kong für US$8/4 (inkl. Brückenzoll) bis zur Grenze. Hinter der Grenze warten Minibusse nach Trat (alle 45 Min. in 1 1/2 Std. für 120 Baht). Von dort stdl. Busse nach Bangkok für 290 Baht in 4 1/2 Std.

Einreise nach Kambodscha S. 334.

Nach Thailand

BANGKOK, mit Minibussen oder Bussen der Busunternehmen bis zur Grenze, umsteigen in Minibusse bis Trat, dort umsteigen in große Busse, mit Rith Mony und Virak Buntham um 12/13 Uhr für US$20–22 in 7 Std.

KOH CHANG, umsteigen an der Grenze, Bus und Boot, mit Rith Mony und Virak Buntham um 12/13 Uhr für US$15–16 in 5 Std.

TRAT, mit Minibussen, umsteigen an der Grenze, mit Rith Mony und Virak Buntham um 12/13 Uhr für US$7–8 in 2 Std.

Sammeltaxis

Sammeltaxis können von den Guesthouses inkl. Abholung bestellt werden. Meistens passen 5–7 Pers. in einen Pkw; sie fahren los, sobald genügend Passagiere zusammen gekommen sind. Die Preise gelten p. P. und für ein ganzes Taxi.

AN DOUNG TUEK, für US$5 (US$30) in 2 Std.

KAMPOT, für US$10 (US$65) in 4 Std.

KEP, nur ganzes Taxi, US$70 in 4 1/2 Std.

O'SOM (nicht tgl.), US$10.

PHNOM PENH, nur ganzes Taxi, US$70 in 4 1/2 Std.

SIHANOUKVILLE, für US$10 (US$60) in 3 Std.

Die Umgebung von Koh-Kong-Stadt

Tatai-Wasserfall

Der schöne Wasserfall liegt 19 km östlich von Koh Kong. Der breite Tatai-Fluss [9637] stürzt über Felsen mehrere Meter in die Tiefe und speist mit seinem klaren Wasser, das aus dem Kardamom-Gebirge stammt, viele natürliche Becken. Selbst in der Trockenzeit führt der Fall so viel Wasser, dass man in den Pools schwimmen kann. Beeindruckend ist die Erkundung des Tatai-Flusses mit seiner immergrünen Flusslandschaft mit dem Boot oder einem Kanu stromabwärts (möglich von den Bungalowanlagen Neptune Adventure und Rainbow Lodge, s. u., oder über Ritthy Koh Kong Eco Adventure Tours, S. 647).

Eintritt US$1 (Kassenhäuschen, wenn besetzt, hinter dem Abzweig von der N48). Mit dem Tuk-Tuk/Motorradtaxi von Koh Kong für US$15/8 hin und zurück, inkl. Wartezeit.

ÜBERNACHTUNG

Die Unterkünfte am **Tatai-Fluss** sind nur mit dem Boot ab der Tatai-Brücke erreichbar.

Neptune Adventure Bungalows, ✆ 088-777 0576, 💻 www.neptuneadventure-cambodia.com, [9639]. Der Deutsche Thomas besitzt mit seiner Frau Sothea ein großes Stück bewaldeten Landes direkt am Fluss. In der familiär geführten Anlage laufen Hühner, Truthähne und 2 Hunde frei herum. Einfache Matten/Holzbungalows auf Stelzen. Sie sind mit Bett oder Matratze, Terrasse und Hängematte ausgestattet. Einfaches Bad mit Schöpfdusche neben den Bungalows. Genügsame können auch in Hängematten am Fluss übernachten (US$10). 24 Std. Solarstrom. ❸–❹

Rainbow Lodge, ✆ 012-160 2585, 💻 www.rainbowlodgecambodia.com, [9640]. 7 über Betonstege verbundene Bungalows 100 m vom Fluss. Die großen Beton-Holz-Hütten auf Stelzen sind mit einem Bett, Moskitonetz, Ventilator und Rattanablage möbliert. Großzügige gemauerte und geflieste Bäder mit abgetrennter Dusche. Inkl. Frühstück, Mittagessen, Wasser, Kaffee, Tee, ab US$40 p. P. ❺

Insel Koh Kong

Kambodschas größte Insel [9642] liegt 25 km südlich von Koh-Kong-Stadt und ist von dichtem Dschungel überzogen. An der Westküste erstrecken sich sechs Traumstrände, die der Einfachheit halber durchnummeriert wurden. Eine Bungalowanlage liegt an den malerischen Buchten von Strand Nr. 3. Das Wasser ist flach, klar und türkisfarben, doch gibt es fast immer Sandfliegen (Kasten S. 635). **Koh Kong White Sand Beach Resort**, ✆ 099-998 850, 💻 www.kohkongwhitesandbeach.com, [9644]. 7 schöne, gepflegte einfache Holz/Mattenbungalows. Matratze mit Moskitonetz auf dem Boden, Ventilator. Hübsche Bäder mit Waschbecken, WC und Duschbrause. 8 Reihenzimmer der gleichen Ausstattung, mit Gemeinschaftsbad. Kostenloser Schnorchel- und Kajakverleih. 24 Std. Solarstrom. Kein WLAN. Keine Mobilfunkverbindung. Restaurant. ❷–❸. Anreise mit den **Tagesausflugsbooten** ab Koh-Kong-Stadt um 8 Uhr in 2 1/2 Std. bis Strand Nr. 3, zurück um 14 Uhr für US$15 (hin und zurück).

Chi Phat

Ökotourismus-Projekte im Kardamom-Gebirge zielen darauf ab, den Dorfbewohnern in diesem Gebiet eine nachhaltige Lebensgrundlage zu schaffen, sodass sie nicht mehr wie bisher ihren Lebensunterhalt durch Abholzung, Wilderei oder Brandrodung bestreiten müssen. Das kleine Dorf Chi Phat [9609] ist federführend in Sachen Ökotourismus. 120 km südöstlich von Koh Kong und 20 km flussaufwärts von An Doung Tuek, liegt es am Phi-Pot-Fluss inmitten des Kardamom-Gebirges. Der malerische Ort zieht sich 3 km an einer Staubstraße entlang und ist Heimat von etwa 600 Familien. Alle Häuser beziehen Strom über Generator von 5 bis 9 und 17 bis 23 Uhr.

Das Ausflugsangebot für Touristen ist groß. Angeboten werden **Tages-Trekkingausflüge** in die nähere Umgebung zu Wasserfällen und Höhlen (um US$20). **Dschungelwanderungen** von zwei bis sieben Tagen mit Übernachtung in Hängematten (US$50–168) können arrangiert werden. Wir empfehlen, mindestens eine Nacht im Dschungel einzuplanen. Das Erlebnis ist faszinierend, die Übernachtung in Hängematten mit Moskitonetz ist bequemer, als es sich anhört, das einfache Essen vom Lagerfeuer ein Genuss. Alle Tourangebote inkl. Führer, Übernachtung und drei Mahlzeiten.

Übernachtung, Touren, Essen und Transport sind buchbar über **Chi-Phat-Community-Based Ecotourism (CBET)**, ✆ 092-720 925, 💻 www.chi-phat.org. Bei Ankunft muss man sich im CBET-Büro registrieren lassen. Die Unterkünfte werden dort verteilt, man kann zwischen Guesthouse (US$6–7) oder Homestay (US$5) wählen. Alle Zimmer sind sauber und gepflegt, haben ein Bett, Moskitonetz und Außenbad (Hock- oder Sitztoilette und Schöpfdusche). Im CBET-Restaurant gibt es auf Wunsch Frühstück (US$2,50) sowie Mittag- und Abendbuffet (US$3,50).

TRANSPORT

Alle **Busse** und **Sammeltaxis** kommen auf der Strecke zwischen Koh Kong und Phnom Penh bzw. Sihanoukville durch An Doung Tuek. Von An Doung Tuek sind es 20 km bis Chi Phat. Mit dem **Motorradtaxi** für US$7 in 45 Min. über eine nicht befestigte, aber intakte Straße. Schöner ist die Fahrt mit dem Community-Boot zwischen 12 und 13 Uhr für US$10 in 2 Std. (ganzes Boot US$40).

Zurück ab An Doung Tuek mit dem Bus nach Phnom Penh oder Sihanoukville um 9.30 Uhr für US$7; Koh Kong um 12 Uhr für US$6, Kampot um 9.30 Uhr für US$9,50 (Buswechsel in Veal Renh). Für eine Sitzplatzgarantie muss immer die gesamte Fahrstrecke des Busses bezahlt werden. Günstiger reist man in einem lokalen Minibus, einfach an der Straße heranwinken.

HOI AN, AM THU BON-FLUSS

Vietnam

Tropische Strände und wilde Berge, atemlos tosende Metropolen und verträumte Dörfer: Vietnam bietet eine faszinierende Vielfalt an Lebens- und Erlebniswelten auf engem Raum. Zwischen dem kargen Bergland an der chinesischen Grenze und den subtropischen Obstgärten im Mekong-Delta eröffnet sich ein einzigartiges Reiseland, das für jeden etwas bietet: Reich an Kultur und Geschichte, mit Action-Möglichkeiten und einer verführerischen Küche.

Stefan Loose Traveltipps

17 **Ha Noi** Quirlige Altstadt – Ruhe am Hoan Kiem-See. S. 666

Sa Pa Reisfelder, Berge, bunte Trachten: Vietnam wie aus dem Bilderbuch. S. 695

18 **Ha Long-Bucht** Die Karstinseln sind Teil des Unesco-Welterbes. S. 706

19 **Hue** Historische Hauptstadt und Sitz der letzten Kaiser. S. 736

20 **Hoi An** Die Handelsstadt mit ihren jahrhundertealten Häusern ist für viele der schönste Ort Vietnams. S. 753

Mui Ne Der lange Strand zieht Ruhesuchende und Wassersportler an. S. 790

Da Lat Im Lieblingsort der Vietnamesen lässt sich viel unternehmen. S. 801

21 **Ho-Chi-Minh-Stadt** In der modernsten Stadt des Landes scheinen alle ein Leben auf der Überholspur zu führen. S. 815

22 **Mekong-Delta** Schwimmende Märkte und Bootstouren. S. 841

23 **Phu Quoc** Trauminsel mit kilometerlangen Sandstränden. S. 860

KEIN GERICHT OHNE FRISCHE KRÄUTER UND GEMÜSE

CYCLO IN HO-CHI-MINH-STADT

Wann fahren Im Norden vier Jahreszeiten, im Süden tropisch – Vietnam kann das ganze Jahr über besucht werden.

Wie lange Zwei bis drei Wochen

Bekannt für die weltberühmte Ha-Long-Bucht, spannende Metropolen und das schmucke Städtchen Hoi An

Outdoor-Tipp Eine Entdeckungsreise im Phong Nha-Ke Bang Nationalpark

Unbedingt probieren Pho zum Frühstück, und dazu schwarzen Kaffee auf Eis

Beste Feste Zu Tet, dem Neujahrsfest, steht das Land Kopf – und der Verkehr still.

Vietnam
N
0
200 km
CHINA
Ha Giang
Nanning
Cao Bang
Lao Cai
Bac Ha
Hekou
3143 Fansipan
Sa Pa
Dong Dang
CHINA
Lai Chau
Roter Fluss
Tuyen Quang
Thai Nguyen
Lang Son
Dien Bien Phu
Da-Fluss
Mong Cai
Viet Tri
Sop Houn
Tay Trang
Son La
Ha Noi
Hai Duong
Campha
Zhanjiang
Hoa Binh
Ha Dong
Ha Long-Stadt
Hai Phong
Mai Chau
Thai Binh
Nameo
Ninh Binh
Nam Dinh
Golf von Tonkin
Luang Prabang
Than Hoa
Nong Het
Nam Can
HAINAN
2820
Do Luong
LAOS
Vinh
Cau Treo
Vientiane
Nam Phao
DucTho
Ha Tinh
Lak Xao
2286
Mekong
Nong Khai
Bien Dong (Ostmeer, Südchinesisches Meer)
Na Phao
Cha Lo
Dong Hoi
Udon Thani
Nakhon Phanom
Thakhek
Dong Ha
Mukdahan
Savannakhet
Dan Savan
Lao Bao
Hue
Da Nang
THAILAND
Mekong
Hoi An
Saravan
Tam Ky
Ubon Ratchathani
Korat (Nakhon Ratchasima)
Pakxe
2598
Quang Ngai
Attapeu
Phou Keua
Bo Y
Kon Tum
Mekong
Plei Ku
Aranyaprathet
O' Yadaw
Le Thanh
Quy Nhon
Siem Reap
StungTreng
Battambang
KAMBODSCHA
Tuy Hoa
Buon Ma Thuot
Pursat
Kompong Cham
Trapeang Sre
Lak-See
2287
Nha Trang
Trat
Trapeang Phlon Pir
Bonue
Da Lat
Phnom Penh
Xa Mat
Phan Rang
Golf von Thailand
Neak Leung
Tay Ninh
Moc Bai
K'am Samnar
Bavet
Thu Dau Mot
Mui Ne
Phnom Den
Vinh Xuong
Bien Hoa
Phan Thiet
Kampot
Chau Doc
Ho-Chi-Minh-Stadt (Sai Gon)
Sihanoukville
Ha Tien
Cao Lanh
Prek Chak
Tinh Bien
Sa Dec
My Tho
Long Hai
Duong Dong
Xa Xia
Long Xuyen
Vinh Long
Ben Tre
Vung Tau
PHU QUOC
Rach Gia
Can Tho
Tra Vinh
Soc Trang
Ca Mau
Kap Ca Mau
CON DAO-ARCHIPEL
Grenzübergänge für Ausländer

Vietnam lässt sich geografisch, klimatisch, geologisch und historisch in drei Regionen gliedern: Nordvietnam, Zentralvietnam und Südvietnam.

Nordvietnam, auf Vietnamesisch Bac Bo, ist geschichtlich betrachtet die Wiege der Viet-Nation. Die Viet siedelten im Delta des Roten Flusses und zogen von dort im Laufe der Jahrhunderte weiter Richtung Süden. Von den Kolonialherren (Chinesen und Franzosen) wurde diese Region Tonkin genannt. Hier leben seit der frühen Steinzeit verschiedene Bergvölker. Das Klima ist subtropisch, d. h. im Winter kann es richtig kalt werden, im Sommer ist es unerträglich heiß.

Zentralvietnam, auf Vietnamesisch Trung Bo, von den Chinesen und anschließend den Franzosen An Nam genannt, wurde ursprünglich von den Cham besiedelt. Die Vietnamesen wanderten erst ab dem 13. Jh. nach Süden. Im Gebirge leben Minderheiten. In Zentralvietnam siedelten im Hochmittelalter die Hue-Könige und herrschten fast 1000 Jahre über das Land – die längste unabhängige Zeit bisher. Dieser Landesteil ist wenig besiedelt und hat kaum Bodenschätze, dafür wunderschöne Strände, die einst auch die Amerikaner anlockten. Sie richteten hier Erholungsbadeorte und Militärbasen ein. In Zentralvietnam befindet sich auch die Klimascheide des Landes: der Wolkenpass. Er bildet zugleich die natürliche Grenze zwischen Nord- und Südvietnam.

Südvietnam, auf Vietnamesisch Nam Bo, war ab 1859 das französische Cochinchina und auch erst kurz zuvor, im 17.–18. Jh., von Vietnamesen besiedelt worden. Ursprünglich herrschten und lebten hier die Khmer. Die ehemaligen Gebiete des Angkor-Reichs (vornehmlich das Mekong-Delta) waren während des amerikanischen Kriegs Hochburgen der Vietcong. Im Süden herrscht tropisches Klima. Es ist nie richtig kalt hier (ausgenommen in den Bergen, wo es etwas kühler werden kann) und auch im Sommer meist erträglich (s. Klimatabelle S. 42). Das Mekong-Delta ist die Reiskammer des Landes – auch dem Export dieses Überschusses verdankt Vietnam seinen derzeitigen Wirtschaftsboom.

Die Silhouette des langgestreckten Landes erinnert an eine Tragestange, wie sie in Vietnam oft zum Transport von Waren benutzt wird. Oben „hängen" Ha Noi und das Rote Delta, unten Ho-Chi-Minh-Stadt und das Mekong-Delta. Das Schulterstück bildet Zentralvietnam. Vietnam schmiegt sich an seiner westlichen Seite wie ein langgezogenes „S" an Laos (im Nordwesten) und Kambodscha (im Südwesten). Im Norden grenzt das Land an China und im Osten und Süden ans Südchinesische Meer, von den Vietnamesen Bien Dong (Ostmeer) genannt. Hier befindet sich der Knotenpunkt des Schiffsverkehrs zwischen dem Pazifik und dem Indischen Ozean. Nur wenige Inseln gehören zum vietnamesischen Territorium, darunter Con Dao und die fast 570 km² große Insel Phu Quoc im Süden des Landes. Die Vietnamesen sind traditionell kein Seefahrervolk, viele Inseln in ihrem Hoheitsgewässer sind daher nicht bewohnt und kaum zu erreichen.

Bevölkerung

Obwohl Vietnam etwa 20 000 km² weniger Grundfläche hat als Deutschland und weniger Landfläche bewohnbar ist, haben beide Staaten fast gleich viele Einwohner. Die meisten Menschen bewohnen die Delta-Gebiete des Mekong und des Roten Flusses. In den Städten lebt bereits heute ein Viertel der Bevölkerung, und es werden täglich mehr. Die **Landflucht** treibt vor allem junge Menschen in die urbanen Zentren. Sie sind auf der Suche nach Bildung und Jobs. Zurück bleiben die Alten in vergreisenden Dörfern. Dieser Trend beeinflusst die Wirtschaftspolitik des Landes und wird in der Zukunft die Gewichtung der Einnahmequellen weiter deutlich verschieben – statt wie heute noch vorwiegend in der Landwirtschaft wird die nächste Generation voraussichtlich vermehrt in der Industrie und im Dienstleistungssektor tätig sein.

Die Gesamtbevölkerung Vietnams ist, bedingt durch die 30-jährigen Freiheitskriege, die erst 1975 endeten, sehr jung. Zwei Drittel der Bewohner sind jünger als 30 Jahre und über 50 % unter 15 Jahren. Etwa ein Drittel der Menschen sind Zeitzeugen des Krieges. Als Vietnam 1975 wiedervereinigt wurde, hatte das Land eine Bevölkerung von 48 Mio. Menschen. Heute sind es 90 Mio., also 42 Mio. Menschen mehr.

Ethnische Gruppen

In Vietnam leben 54 verschiedene ethnische Gruppen. Die **Viet** (auch Kinh genannt) stellen etwa 87 % der gesamten Bevölkerung. 3 % der Bevölkerung sind Hoa (Chinesen), die im Süden des Landes leben. Im zentralen Bergland und im Norden siedeln die restlichen 52 Gruppierungen. Einige Völker leben schon seit über 2000 Jahren auf vietnamesischem Territorium. Jene aus dem zentralen Hochland wurden durch die nach Süden wandernden Viet im Laufe der Jahrtausende in die Berge verdrängt. Andere sind erst in den letzten Jahrhunderten von China vor allem in den bergigen Norden eingewandert. Das wichtigste Unterscheidungsmerkmal der Völker ist ihre Ansiedlung im Tief- oder Hochland.

Gemeinsame Wurzeln

Betrachtet man die Herkunft der 54 Volksgruppen in Vietnam, reduziert sich die Vielfalt auf drei Sprachfamilien: die austronesische, die austro-asiatische und die sino-tibetische Gruppe. Die austronesische Gruppe kam einst aus Indonesien und den pazifischen Inselwelten nach Vietnam. Diese auch als Nam Dao benannte Gruppe siedelte an der Küste des Zentrallandes und stellte vermutlich die ersten Bewohner des Landes. Die austro-asiatische und die sino-tibetische Gruppe wanderten beide aus Südchina ein.

Im Laufe der Zeit differenzierten sich die Gruppen, es bildeten sich Unterethnien, die sich wiederum in kleinere Einheiten unterteilen. So besteht allein die Mon-Khmer-Gruppe aus 21 kleineren Völkern, von denen einige (wie die Odu und Romam) gerade einmal einige hundert Personen zählen.

Die Cham und die E De, die beide zur Nam Dao-Gruppe gehören, haben ihre matrilineare Gesellschaftsform bis heute beibehalten. In diesen Volksgruppen erben nur die Mädchen. Der Mann zieht zur Frau, und die Kinder nehmen den Familiennamen der Mutter an. Den Königsthron durften allerdings nur Männer besteigen.

Die **Bergvölker** im Hochland mögen die Tieflandbewohner (und damit die Viet) im Allgemeinen nicht besonders gern. In ihrer gesamten Geschichte sind sie bestrebt, jeweils in ihrem Volk oder Dorf so selbstbestimmt wie möglich zu leben. Das hat im Laufe der Zeit mal mehr, mal weniger gut funktioniert. Während sie bis zur französischen Kolonialzeit autonom und nur tributpflichtig waren, änderte sich die Situation mit dem Eintreffen der ersten Missionare, die mit den Franzosen ins Land kamen. Die französischen Kolonialherren gestanden den Bergvölkern zwar lokale Autorität zu, doch sie enteigneten die Landbesitzer, forderten hohe Zölle und Zwangsarbeit.

Im Laufe der Kriege stellten sich einige Gruppen gegen die Vietnamesen und kämpften an der Seite der Franzosen und der Amerikaner gegen die Viet Minh und Vietcong. Andere standen loyal an der Seite der nördlichen Viet und stellten sich gegen die christlichen Viet im Süden unter Diem, die Kolonialherren und die Amerikaner.

Seit Doi Moi hat sich die Situation der Bergvölker stetig gebessert. Laut Verfassung genießen sie alle Rechte vietnamesischer Staatsbürger. Es gibt eine eigens für die Bergvölker zuständige Regierungsbehörde. Heute sind die Angehörigen der wichtigsten und großen Ethnien in den politischen Gremien relativ gut vertreten. Obwohl sich die Regierung bemüht, die wirtschaftliche Situation zu verbessern, stehen die meisten Bergvölker noch am Anfang einer Entwicklung. 75 % der Menschen leben unterhalb der Armutsgrenze. Es kommt häufig zu Nahrungsmittelknappheit – nicht zuletzt deshalb, weil diese Völker im Zuge der Ansiedlung von Viet in den fruchtbaren Tälern in unwirtliche Ecken abgedrängt wurden. Oft sind auch die Bildungssituation und die Krankenversorgung schlecht. Positiv zu vermerken ist hingegen, dass in den Schulen wieder Minderheitensprachen gelehrt werden und auch Stipendien zur Verfügung stehen, die ärmeren klugen Köpfen eine Universitätsausbildung ermöglichen. Als Alternative zur Wilderei, zum illegalen Holzschlag und dem Anbau von Mohn zur Gewinnung von Opium wird der Anbau von Obst und Nutzholz forciert.

Geschichte

In seiner bewegten Geschichte wurde das Land der Viet und seiner Mitvölker mehr als einmal geteilt und wieder vereint. Es wurde von asiatischen und westlichen Mächten beherrscht und geprägt und ist heute einer der wenigen sozialistischen und wirtschaftlich erfolgreichen Einparteienstaaten der Welt.

Frühgeschichte

Das Gebiet des heutigen Vietnams wurde bereits in der Steinzeit besiedelt. In der Bronzezeit entwickelte sich am Delta des Roten Flusses die **Dong-Son-Kultur**, die für ihre reich verzierten Bronzetrommeln bekannt ist. Aus dieser Kultur gingen etwa 300 v. Chr. die ersten Reiche der Viet hervor: Van Lang und Au Lac.

Chinesische Besatzung

Um das Jahr 111 v. Chr. übernahm die chinesische Han-Dynastie die Kontrolle über das Viet-Reich und legte den Grundstein für eine über tausend Jahre währende Herrschaft Chinas. Mit strenger Hand setzten die Chinesen die Verhaltensnormen des **Konfuzianismus** durch, der Vietnam bis heute prägt.

Die **Trung-Schwestern** führten die Viet mit einem Aufstand für kurze Zeit in die Freiheit. Noch heute werden sie als Nationalheldinnen verehrt. Nach dem Untergang der Trang-Dynastie und dem Zerfall des chinesischen Reichs in zehn Königreiche gelang es den Viet, sich von der Kolonialherrschaft zu befreien. Bis 938 waren die letzten Chinesen vertrieben.

Die Königsdynastien

Um 968 etablierte sich das erste Großreich der Viet im Norden am Roten Fluss, das bald **Dai Viet** („Große Viet") genannt wurde. Der **Buddhismus** begann Fuß zu fassen. Regiert durch Königs- und Kaiserdynastien, breitete sich das Reich ab 1300 n. Chr. nach Süden aus und verdrängte bis 1471 das Volk der **Cham** aus dem heutigen Zentralvietnam. Wiederholte Angriffe der **Mongolen** aus dem Norden wurden erfolgreich abgewehrt, und als China im 15. Jh. erneut die Macht übernahm, konnten die Besatzer nach nur 20 Jahren vertrieben werden.

Die ersten christlichen **Missionare** machten sich um 1600 auf den Weg in die Region. 1619 gelangte der französische Jesuit **Alexandre de Rhodes** nach Vietnam und konnte nach eigenen Angaben fast 7000 Menschen taufen. Er war es auch, der das bis heute gebräuchliche Schriftsystem basierend auf lateinischen Buchstaben entwickelte, um ein Französisch-Lateinisch-Vietnamesisches Wörterbuch zu publizieren. 1630 musste er das Land verlassen, da den Trinh-Herrschern der wachsende Einfluss des Katholizismus ein Dorn im Auge war.

Unter den Klans der **Nguyen** und der **Trinh**, die sich die Herrschaft streitig machten, kam es zu einer instabilen Periode. Das Land wurde erstmals geteilt. Hungersnöte brachen aus und drei Brüder schrieben mit der **Tay Son-Rebellion** Geschichte. Unter ihrer Herrschaft gab es eine Landreform und ein gerechtes Steuersystem.

Mit Hilfe einer Garnison französischer Soldaten gelang es einem Spross der Nguyen, das Land wieder zu erobern und erneut zu einen. Kaiser **Gia Long** begründete damit 1802 die **Nguyen-Dynastie**, die letzte vietnamesische Kaiserdynastie. Unter ihm erhielt das Land erstmals den Namen **Viet Nam**. Der Kaiser wählte Hue als Hauptstadt und ließ eine Straße nach Thang Long und nach Gia Dinh bauen. Auch letztere Stadt benannte er um: Sie hieß ab jetzt Sai Gon. In Hue ließ er sich einen prunkvollen Palast nach dem Vorbild des Kaiserpalastes von Peking errichten. Er nahm Reformen der Tay-Son-Zeit zurück und baute sein Staatssystem wieder nach streng konfuzianischen Regeln auf.

Gia Long war den Franzosen zu Dank verpflichtet und zeigte sich tolerant gegenüber der christlichen Missionsarbeit, seinen Nachfolgern hingegen missfiel der Einfluss der fremden Religion: Sie vertrieben und töteten Missionare und Gläubige, und auch andere Kontakte zu den Europäern wurden beschnitten, der Handel stark eingeschränkt.

Französische Kolonialzeit und Freiheitskriege

Die Verfolgung der Missionare war für Frankreich ein willkommener Anlass, sich ab 1858 militärisch in Vietnam zu engagieren. Das eigentliche Ziel der Intervention aber war, einen Handelsweg nach China zu sichern. Nur ein paar Jahrzehnte nach der Französischen Revolution erzwangen die Franzosen die Kontrolle über die Provinzen Sai Gon, Bien Hoa, My Tho und die Insel Phu Quoc und fassten die Gebiete als Kolonie **Cochinchina** zusammen. Wenige Jahre später wurden Zentralvietnam (Annam) und der Norden (Tonkin) zu Protektoraten erklärt. Alle drei Gebiete zusammen bildeten ab 1887 die **Indochinesische Union**, in die auch das Khmer-Königreich (heute Kambodscha) und später Laos eingegliedert wurden.

Die Kolonialmacht stand von Anfang an einer widerstandsbereiten Bevölkerung gegenüber. Immer wieder kam es zu Aufständen, doch waren diese nicht zentral organisiert und wurden mit extremer Gewalt niedergeschlagen. Besonders die einst vom Kaiserhof protegierten hohen Beamten und Intellektuellen bildeten eine Opposition und entwickelten Ideen, wie ihr Land befreit und regiert werden sollte; auch einige der amtierenden Kaiser mischten sich ein.

Kurz nachdem **Bao Dai** als letzter Kaiser der Nguyen-Dynastie 1926 den Thron bestiegen hatte, gründete **Ho Chi Minh** am 3. Februar 1930 in Hongkong die **Kommunistische Partei Vietnams** (Dang Cong San Viet Nam). Aus ihr sollte 1941 die „Liga für die Unabhängigkeit Vietnams" hervorgehen, die **Viet Minh**.

Mit dem Zweiten Weltkrieg änderte sich die Situation auch in Asien dramatisch. Die Schwäche des von Deutschland besetzten Frankreichs machte sich Japan zunutze und übernahm ab 1940 die Kolonie Indochina.

Nach der Kapitulation Deutschlands am 7. Mai 1945 ging der Freiheitskampf in Vietnam weiter. Die Alliierten unterstützten nun die Viet Minh (u. a. mit Waffen), denn diese waren als einzige Kraft gegen Japan übrig geblieben. Unter dem Decknamen Lucius wurde Ho Chi Minh als Agent der Amerikaner geführt. Die Viet Minh organisierten auch in Zusammenarbeit mit antikommunistischen Kräften das **Nationale Befreiungskomitee**, das als provisorische Regierung fungierte. Im Juni schufen sie eine befreite Zone im Norden, die aus sechs Provinzen bestand.

Unabhängig von diesen Bewegungen im Land beschlossen die Siegermächte am Rande der **Potsdamer Konferenz** bereits im Juli 1945 die provisorische Teilung Vietnams am 17. Breitengrad. Das Land sollte weiter besetzt bleiben: im Norden durch China, im Süden durch britische Truppen. Das Potsdamer Abkommen beinhaltete keine Anerkennung der Republik Vietnam.

Als Japan am 15. August 1945 nach den amerikanischen Atombombenabwürfen auf Hiroshima und Nagasaki kapitulierte und seine Truppen auch aus Vietnam zurückzog, starteten die Viet Minh wenige Tage später am 19. August eine groß angelegte Offensive, die als **Augustrevolution** in die Geschichtsbücher eingehen sollte. Nach nur wenigen Tagen wurde Ha Noi erobert. Bao Dai, der sich den Japanern unterworfen hatte, verzichtete am 25. August 1945 auf den Thron und übergab die Macht offiziell an die Viet Minh. Am 2. September rief Ho Chi Minh die kommunistisch geführte **Demokratische Republik Vietnam (DRV)** aus und proklamierte den Anspruch auf Souveränität der gesamten Republik Vietnam. In seiner **Unabhängigkeitserklärung** bezog er sich auf die Prinzipien der amerikanischen Unabhängigkeitserklärung sowie auf die französischen Ideale von Freiheit, Gleichheit und Brüderlichkeit.

Die Viet Minh hatten zu diesem Zeitpunkt etwa 5000 Mitglieder, deren Ziel die Unabhängigkeit war. Bereits vier Jahre später nannten sich etwa 700 000 Personen Viet Minh.

Am 13. September setzten die Siegermächte die Beschlüsse der **Potsdamer Konferenz** in die Tat um. China drang in den Norden vor und britische Truppen besetzten Südvietnam. Sie befreiten die von Japan inhaftierten französischen Truppen und bewaffneten diese 6000 Mann. Da Frankreich die Kontrolle über Indochina nicht einfach abgeben wollte, übernahmen die frisch ausgerüsteten Truppen Sai Gon. Weitere Garnisonen folgten aus dem Heimatland. Die Viet Minh hatten sich im Norden fest etabliert und konnten dem Druck der Westmächte standhalten, sodass sich der ausländische Einflussbereich auf die großen Städte des Südens beschränkte. Ho Chi Minh fürchtete im Norden vor allem die Kontrolle durch China und sah in den Franzosen im Süden das kleinere Übel.

Der französische Krieg (1946–1954)

Zum ersten Mal in seiner Geschichte wurden in Vietnam Wahlen abgehalten. Die Kandidaten der Viet Minh gewannen die Wahl am 6. Januar 1946 mit absoluter Mehrheit (95 %). Im März trat die Nationalversammlung unter **Präsident Ho Chi Minh** zusammen. Frankreich betrieb derweil diesen Ergebnissen zum Trotz seine Strategie der Rückeroberung weiter: Bereits im Februar 1946 vereinbarten die Franzosen mit den Kuomintang, dass Frankreich den Norden übernehmen sollte. Auch die Briten zogen ihre Truppen zurück. Am 6. März 1946 erkannte Frankreich die neue Republik Vietnam offiziell als autonomen Staat innerhalb der Union Française an und schloss sogar einen **Friedensvertrag** mit den Viet Minh. Darin verpflichtete sich Frankreich, nur bis 1950 zu bleiben und dies auch nur an festgelegten Orten. Vorgesehen war ein Referendum, in dem die Südvietnamesen abstimmen sollen, ob sie sich dem Staat Ho Chi Minhs anschließen wollten. Frankreich hatte jedoch nicht vor, sich an diese Abmachungen zu halten. Und da beide Vertragsparteien andere Ziele anstrebten, kam es schnell zu einer Konfrontation. Im Juni erklärten die Franzosen Sai Gon zur Hauptstadt des neu ernannten Separationsstaates Cochinchina. Die Spannungen wuchsen. In der DRV verabschiedete die Nationalversammlung eine Verfassung und bestärkte darin noch einmal den Wunsch nach Einheit des Landes. Im November 1946 kam es aufgrund von Zollkonflikten zu schweren Auseinandersetzungen in Hai Phong. Französische Kriegsschiffe und Flugzeuge beschossen die Stadt, über 6000 Zivilisten starben. Frankreich erklärte, ab jetzt für die Kontrolle und Sicherheit der Region verantwortlich zu sein. Die Regierung der DRV rief daraufhin den nationalen Notstand aus und zog sich in die Berge des Nordens zurück. Dies war der Beginn des Ersten Indochinakriegs, in Vietnam französischer Krieg genannt.

Für die militärische Strategie der Viet Minh war General **Vo Nguyen Giap** verantwortlich, der sich für eine Guerillataktik entschied. Frankreich glaubte zunächst, das Land in einem Blitzkrieg erobern zu können, doch die Taktik Giaps führte die Viet Minh zu vielen Erfolgen und sollte Frankreich letztendlich für immer vertreiben.

Im September 1949 setzte Frankreich in Sai Gon erneut den ehemaligen Herrscher Bao Dai ein und rief die Gegenregierung zur DRV aus. Auch diese beanspruchte volle Kontrolle über das gesamte Land.

Im Januar 1950 konnte Ho Chi Minh einen Erfolg für sich verbuchen, als China, die Sowjetunion und Jugoslawien mit der DRV diplomatische Beziehungen aufnahmen. Amerika reagierte darauf bereits einen Monat später mit der Anerkennung der Regierung in Sai Gon und deren finanzieller Unterstützung. Der vietnamesischen Volksarmee gelang es Ende des Jahres, die Gebiete an der Grenze zu China zu kontrollieren. Anfang 1951 gründete Ho Chi Minh die Partei der Werktätigen Vietnams, Dang Lao Dong, als Nachfolgepartei der 1945 aufgelösten Kommunistischen Partei. Im Frühjahr 1951 startete das Heer der DRV eine Offensive und konnte fast zwei Drittel des Landes einnehmen. Die Taktik des Guerillakriegs an mehreren Fronten auf für den Feind nur unzulänglich bekanntem Gelände trug Früchte, auch wenn diese Offensive wegen des Einsatzes der ersten Napalmbomben noch einmal von den Franzosen gewonnen wurde.

Die Schlacht von Dien Bien Phu

Frankreich war entschlossen, eine Entscheidungsschlacht herbeizuführen. Sie wählten die als uneinnehmbar geltende Garnison **Dien Bien Phu** nahe der laotischen Grenze. 12 000 französische Fallschirmjäger wurden Ende 1953 auf den Hügel gebracht. Doch Giap ließ schweres Geschütz in die Berge bringen und zog einen Belagerungsring um die Festung. 57 Tage konnten die Franzosen die Garnison halten, dann mussten sie sich am 7. Mai 1954 ergeben. Trotz eindringlicher Bitte um Hilfe verweigerten die USA unter Eisenhower ihre Unterstützung. Damit war der französische Vietnamkrieg und mit ihm die Zeit der Kolonialmacht Frankreich in Indochina beendet. 93 000 tote Franzosen und Verbündete und 200 000 tote Viet Minh waren die traurige Bilanz.

Zwischen den Kriegen (1954–1964)

Das Genfer Abkommen und seine Folgen

Bereits einen Tag nach der französischen Niederlage in Dien Bien Phu begann am 8. Mai 1954 die Genfer Indochina-Konferenz. Es wurde der sofortige Stopp der Kampfhandlungen in Vietnam und im Gebiet von Laos und Kambodscha beschlossen. Zudem wurde festgelegt, dass alle drei Staaten als souveräne Staaten anerkannt werden sollten. Ferner wurde abgesprochen, dass im Juli 1956 in beiden vietnamesischen Landesteilen freie Wahlen abzuhalten seien, nach denen das Land wieder vereinigt werden sollte. Bis dahin sollte am 17. Breitengrad die provisorische Teilung erneuert werden. Der heute als entmilitarisierte Zone zum Touristenziel gewordene, etwa 5 km breite Streifen beiderseits der Grenze wurde als Pufferzone errichtet. Am 21. Juli unterzeichneten alle Beteiligten das Abkommen – mit zwei Ausnahmen: Die USA und die Regierung Bao Dais verweigerten die Unterschrift.

Der Norden unter Ho Chi Minh

Dem Genfer Abkommen folgend verließen die Franzosen 1954 Ha Noi, und am 9. Oktober zog Ho Chi Minh mit seinen Soldaten ein. Mit den abwandernden Franzosen gingen auch etwa 1 Mio. Vietnamesen aus dem Norden nach Süden.

Es waren vornehmlich Christen, die unter den Kommunisten Repressalien befürchteten und im Süden Protektion unter dem Katholiken Diem erwarten konnten. Auch in die entgegengesetzte Richtung begann eine kleine Völkerwanderung: Kommunistische Sympathisanten machten sich auf den Weg, um im Norden beim Wiederaufbau zu helfen. Etwa 5000–10 000 Viet Minh verblieben als Basis *undercover* im Süden.

Mit der radikalen Umgestaltung der Wirtschaft begannen die Kommunisten ihren Wiederaufbau. Eine **Bodenreform** enteignete die Großgrundbesitzer: Etwa zwei Millionen Bauern wurde ein Teil des Landes mit einer Gesamtausdehnung von 800 000 Hektar zugewiesen. Im Zuge dieser Umstrukturierung kam es zu Ausschreitungen und Repressionen gegenüber den Grundbesitzern und Unternehmern; etwa 15 000 Menschen starben. Tausende Menschen wurden in Umerziehungslager gebracht, Mönche verfolgt und aufrührerische Bauern mundtot gemacht. General Giap und Ho Chi Minh gestanden 1956 große Fehler ein und entschuldigten sich. Viele Gefangene wurden freigelassen, die Kollektivierungspolitik überdacht und Ende 1958 begann der Aufbau von Genossenschaften.

Der Süden unter Diem

Die Amerikaner sorgten dafür, dass der amtierende Kaiser Bao Dai ihren Wunschkandidaten **Ngo Dinh Diem** am 7. Juli 1954 zum Ministerpräsident ernannte. Im Dezember verstärkten sie ihren Einfluss auf Südvietnam, indem sie ihren Verbündeten Diem dazu bewogen, die einstigen Vorrechte der Franzosen auf die USA zu übertragen. Diem erklärte im Januar 1955, seine Regierung erkenne die Genfer Beschlüsse nicht an – auch die freien Wahlen im nächsten Jahr lehnte er ab. Stattdessen forderte er die Negierung der DRV.

In der konstitutionellen Monarchie unter Bao Dai und Diem wurde am 23. Oktober ein **Referendum** durchgeführt, in dem das Volk entscheiden konnte, ob es unter einem Kaiser oder in einer Republik leben wollte. Angeblich stimmten 98,2 % für Diem. Nach der Wahl rief er die souveräne Republik Vietnam aus und ließ sich zum Präsidenten wählen. Bao Dai zwang er zum Rücktritt. Amerika unterstützte Diem mit viel Geld: US$1,4 Milliarden für die Wirtschaft und US$508 Millionen für das Militär. Damit begann der Ausbau einer eigenen südvietnamesischen Streitmacht, der 1955 gegründeten **ARVN**.

Diem war auf amerikanischen Kurs getrimmt, verfolgte mit strenger Hand Kommunisten, und auch Buddhisten mussten den gläubigen Katholiken fürchten. Er bekämpfte erfolgreich die politisierten Religionen der Hoa Hao und der Cao Dai. Innerhalb seiner ersten beiden Regierungsjahre starben 12 000 politische Gegner. Eine neue Verfassung wurde verabschiedet, die Diems Amt mit autokratischen Befugnissen ausstattete. Die Vetternwirtschaft uferte immer mehr aus, die Unzufriedenheit wuchs. Der Polizeistaat war in Diems Reich allgegenwärtig. Immer zahlreicher wurden die Anhänger der Freiheitsbewegung, die sich Ende 1956 in einer eigenständigen südvietnamesischen Widerstandsbewegung formierten. Unterstützt wurden sie von den Regierenden des Nordens, die ab 1959 über den Ho-Chi-Minh-Pfad Menschen und Material in den Süden brachten mit dem Ziel, den Süden zu befreien und die Einheit des Landes wiederherzustellen. Im Dezember 1960 gründete sich auf Geheiß aus dem Norden die **Nationale Befreiungsfront (FNL)** des Südens.

Auf diese Bewegung reagierten die Amerikaner mit dem Abwurf der ersten Napalm- und Chemiebomben zum Zwecke der Vernichtung der Ernte in den Rückzugsgebieten der FNL. Verhaftungen und Verfolgung nahmen zu. Nachdem im Mai 1963 ARVN-Truppen in Hue auf Mönche schossen, die gerade Buddhas Geburtstag feierten, kam es zu heftigen Unruhen. Die Buddhisten reagierten mit dem extremen Mittel der öffentlichen Selbstverbrennung.

Die Bilder der brennenden Bonzen gingen um die Welt, und so erfuhr auch die Weltöffentlichkeit von den Zuständen unter dem Diem-Regime. Als dessen Frau ihre zynische Zunge nicht zügeln konnte und die brennenden Menschen als Barbecue bezeichnete, kam es zum Sturz des Despoten. Die Amerikaner ließen ihn fallen, billigten den Putsch buddhistischer Generäle und halfen nicht, den Mordanschlag auf Diem zu verhindern. Nach Diems Sturz dauerte es zwei Jahre, bis eine stabile Situation hergestellt war. Bis dahin gab es fast jede Woche Putsche und Gegenputsche. So kam es, dass zwischen 1963 und 1965 mindestens sieben Militär- und Zivilregierungen den Versuch unternahmen, den Süden zu regieren.

Erst mit der von Amerika unterstützten Machtergreifung durch General Nguyen Van Thieu Mitte 1965 beruhigte sich die Lage. Diese Regierung hatte den Rückhalt der Armee. Zu diesem Zeitpunkt war bereits der Vietnamkrieg ausgebrochen, der im Land selbst amerikanischer Krieg heißt. Nachdem China 1949 kommunistisch geworden war, befürchteten die USA, dass weitere Staaten wie Dominosteine umkippen würden. Der kalte Krieg, der Kampf gegen den Kommunismus, verwandelte Vietnam in eine heiße Hölle.

Der amerikanische Krieg (1964–1975)

Am Jahresende 1963 versprühten die USA zum ersten Mal Agent Orange. Nur kurze Zeit später betraten die ersten amerikanischen Bodentruppen das Land. Der Krieg begann 1964. Der amerikanische Präsident Lyndon B. Johnson traf im Februar auf Hawaii mit dem Ministerpräsidenten von Südvietnam zusammen. Dort unterstrich er die amerikanische Entschlossenheit zur Unterstützung Südvietnams in der „Deklaration von Honolulu". Auf keinen Fall wollte Johnson den Krieg verloren geben. Sicherheit und Ordnung sollten wiederhergestellt werden. Doch eine Lösung wurde nicht gefunden, stattdessen wurde von den USA weiter im südostasiatischen Raum aufgerüstet: Thailand wurde zum größten Stützpunkt amerikanischer Fliegerstaffeln.

Aufrüstung der Nationalen Befreiungsfront

Nicht nur das Süd-Regime rüstete auf. Aus dem Norden kamen über den Ho-Chi-Minh-Pfad unter dichtem Blätterwald Kämpfer und Waffen für die NLF im Süden. Der Zusammenschluss südvietnamesischer Freiheitskämpfer und oppositioneller Kräfte mit denen des Nordens einschließlich der regulären Truppen der DRV wurde in den Medien schnell zu einer Einheitsfront unter dem Namen **Vietcong** („vietnamesische Kommunisten"). Bereits im März 1964 kontrollierten die Vietcong 40 % des Südens. Unterstützung fanden sie bei China und Russland. Beide Länder halfen mit Geld und Waffen.

Getrieben vom Ehrgeiz, Südvietnam nicht den Kommunisten zu überlassen, verstärkte Amerika mit Beginn des Jahres 1964 seine Militärhilfe. Am 7. Februar begannen die USA mit ihren Bombardierungen. Ihr Ziel waren nordvietnamesische Städte. Ab April wurde zudem der Ho-Chi-Minh-Pfad in den Dschungelgebieten Zentralvietnams (einschließlich einiger Gebiete in Laos und Kambodscha) Ziel der Bomber. Am 2. August 1964 suchten und fanden die Amerikaner einen Vorwand zum Angriff, der als **Tonkin-Zwischenfall** in die Geschichte einging. Jetzt griffen die USA auch Häfen und Versorgungseinrichtungen in Nordvietnam mit Bombenfliegern an. 64 Bomben gingen direkt auf die Marinestützpunkte des Nordens nieder.

Im Kongress erhielt Präsident Johnson am 7. August 1964 nach diesen angeblichen Zwischenfällen mit der „Tonkin-Resolution" die Ermächtigung zur Entsendung von Kampftruppen. Die ersten Bodentruppen landeten am 8. März

1965 in Da Nang. Laut Geschichtsbüchern begann damit der **Zweite Indochinakrieg**. Als Reaktion darauf verkündete Nordvietnams Premierminister, die Bemühungen um eine friedliche Lösung aufzugeben. Bereits im September trafen reguläre DRV-Truppen in Südvietnam ein. Und im November griffen die Guerillas mit der Luftwaffenbasis Bien Hoa erstmals eine amerikanische Einrichtung an.

Die ersten Kriegsjahre (1965–1968)

Innerhalb weniger Jahre befanden sich mehr als 500 000 amerikanische Soldaten im Einsatz in Vietnam. Sie kämpften im Dschungel, bei unerträglicher Hitze und auf unbekanntem Boden. Sie erholten sich an den Sandstränden in Nha Trang und am China Beach nahe Da Nang. Militärisch waren die Amerikaner und die ARVN der Freiheitsfront der **FNL**, den Vietcong und den regulären Truppen der DRV überlegen – doch die Bevölkerung stand auf Seiten der Freiheitskämpfer.

Die Tet-Offensive 1968

General Giap eröffnete am 21. September ein Täuschungsmanöver und startete eine Offensive gegen eine strategisch wichtige Basis der Amerikaner auf den Hügeln von **Khe Sanh**. Das Bergdorf nahe der entmilitarisierten Zone nordwestlich von Hue an der laotischen Grenze wurde zeitweilig zu einem zweiten Dien Bien Phu. 40 000 NVA-Soldaten griffen an. Der auf Seiten der Amerikaner zuständige General Westmoreland ließ das Gebiet aus Angst vor einer Niederlage heftig bombardieren. 10 000 Kommunisten starben, aber das Ziel Giaps, militärische Kräfte der Amerikaner zu binden, wurde erreicht.

Am 31. Januar 1968 starteten die Vietcong die **Tet-Offensive**. In über 60 Städten griffen über 80 000 Mann gleichzeitig an. Trotz Waffenstillstand begann die Offensive am Neujahrs-Tet. Innerhalb kurzer Zeit drangen die Kämpfer bis in den Präsidentenpalast und die US-Botschaft in Sai Gon vor. Über 500 000 Vietcong und 2000 Amerikaner starben im Laufe der Offensive. Die Zitadelle von Hue konnten die Freiheitskämpfer einige Tage besetzen, doch dann mussten sie sich zurückziehen. Schockierend für Amerika war die Besetzung der US-Botschaft durch eine Vietcong-Eliteeinheit, bei der fünf Amerikaner starben.

Die Vietnamisierung des Krieges

Nach der Tet-Offensive stoppte Johnson die Entsendung neuer Truppen. Nixon versprach im laufenden Wahlkampf, den Krieg schnell zu beenden. Er gewann die Wahl 1968 und beschloss die „Vietnamisierung des Krieges". Das bedeutete den stufenweisen Abzug amerikanischer Truppen und die Aufrüstung der Südvietnamesen. Am 8. Juni 1969 erklärte die Nationale Befreiungsfront eine Provisorische Revolutionäre Regierung der Republik Südvietnam (PRRSV). Zahlreiche sozialistische Staaten erkannten diese an. Am 3. September 1969 starb Ho Chi Minh. Keiner konnte sein Erbe antreten, und so teilte sich eine Vierergruppe die Macht in Nordvietnam – darunter auch Giap. Bei den Friedensgesprächen wurde Ho Chi Minh von Le Duc Tho ersetzt. Nordvietnam bestand auf einer Koalitionsregierung aus Nord und Süd. Gemeint war die provisorische Revolutionsregierung. Eine Zusammenarbeit mit Präsident Thieu lehnten sie ab. Die USA forderten ebenfalls Unerfüllbares: den Abzug aller NVA-Soldaten in den Norden.

Einmarsch in Kambodscha

Im Westen wuchs unterdessen der Widerstand gegen den Krieg. Rund 2 Mio. Amerikaner protestierten in 200 Städten, demonstrierten für den Frieden und sangen die Hymne der Zeit, den Beatles-Song *Give peace a chance*.

1970 marschierten Truppen Südvietnams und der USA mit 20 000 Soldaten in **Kambodscha** ein, um die kommunistischen Stützpunkte zu zerstören. Die seit 13 Monaten laufenden Bombardierungen hatten die Nachschubbasis der DRV-Truppen nicht zerschlagen können. Das kämpfende Fußvolk sollte es nun richten. Tausende Amerikaner demonstrierten gegen den Krieg. Daraufhin verweigerte der Kongress die Mittel für einen Einmarsch in Laos. Die Aufrüstung Südvietnams und damit die Vietnamisierung des Kriegs schritt dennoch voran: Ende 1970 standen über eine Million Südvietnamesen unter Waffen und moderne Waffentechnik machte die Luftwaffe Südvietnams zur viertgrößten der Welt.

Die Nordvietnamesen auf dem Vormarsch nach Süden (1972–1975)

Im März 1972 durchbrachen die ersten nordvietnamesischen Soldaten die Grenzlinien Südvietnams und eroberten fünf Provinzen. Im Sommer mussten sie sich wieder kurz zurückziehen. Obwohl in Paris die Friedensverhandlungen weitergehen, kommt es im Dezember zu den schlimmsten Verwüstungen des ganzen Krieges. Diese Bombenangriffe der USA wurden in der Öffentlichkeit unter der Bezeichung **Weihnachtsbombardement** bekannt und sorgten für Empörung. Die Bombenangriffe auf den Nordteil Vietnams dauerten 11 Tage: Ha Noi sowie der Hafen Hai Phong wurden bombardiert. 20 000 t Bomben fielen, 16 000 Zivilisten starben.

Ende Januar 1973 wird das **Pariser Abkommen** verabschiedet. Unterzeichner sind die USA, die Republik Vietnam (unter Thieu), die DRV und die Republik Südvietnam (provisorische Revolutionäre Regierung). Das Abkommen legt die Beendigung des Krieges fest und sieht den Abzug der amerikanischen Truppen vor. Die Truppen der beiden Teile Vietnams bleiben in ihren Stellungen. Im März werden bis auf wenige Berater (etwa 9000 zivile Personen) alle amerikanischen Soldaten abgezogen. Südvietnamesen, die noch für das Regime kämpfen, laufen reihenweise über. Trotz Friedensabkommen halten die Kämpfe an.

Zwischen 1974 und 1975 übernahm die nordvietnamesische Armee Stadt für Stadt und drang über Zentralvietnam immer weiter in den Süden vor. Mit der sogenannten **Osteroffensive** ab März 1975 begannen die letzten Tage des amerikanischen Krieges. Am 25. März wurde Hue eingenommen, fünf Tage später Da Nang. Nicht einmal einen Monat später, am 25. April 1975, legte Präsident Thieu sein Amt nieder und setzte sich nach Taiwan ab. Sein Nachfolger wurde Duong Van Minh. Als würde sich die Domino-Theorie nun doch bestätigen, übernahmen auch in Laos und Kambodscha die Kommunisten die Macht.

Einen Tag, bevor die Soldaten der DRV in Sai Gon einmarschierten, begannen die Amerikaner mit einer schnell und hektisch organisierten Evakuierung ihrer noch im Land verbliebenen Staatsbürger und Verbündeten.

Am 30. April 1975 stürmten nordvietnamesische Soldaten den Präsidentenpalast. Präsident Van Minh kapitulierte im Namen Südvietnams. Der letzte amerikanische Militärhubschrauber hob vom Dach der amerikanischen Botschaft ab. Damit war nicht nur der amerikanische bzw. der Vietnamkrieg beendet, sondern auch die 30-jährige Zeit der Befreiungskriege.

Das unabhängige Vietnam (ab 1975)

Die Krise nach dem Krieg

Nachdem die regulären Truppen der DRV in Sai Gon einmarschiert waren, herrschte in der Bevölkerung Freude über das Kriegsende. Doch einen Plan für die Zeit nach der Übernahme schienen die neuen Machthaber nicht zu haben. Die Hoa Hao kämpften weiter. In der Stadt kam es zu Plünderungen in den Häusern derer, die geflohen waren. Vielfach folgten daraufhin standesrechtliche Erschießungen. Volkstribunale waren die erste Maßnahme, der Anarchie entgegen zu treten, wenngleich auch sie Todesurteile verhängten.

Anfänglich sprachen sich zahlreiche Parteimitglieder für einen langsamen Wiedervereinigungsprozess aus. Zu groß schien die Kluft zwischen den beiden Landesteilen. Die provisorische Revolutionsregierung verwaltete pro forma den Süden, doch die Weisungen erhielt sie aus dem Norden. Entgegen allen Hoffnungen der Südvietnamesen kam es bereits ein Jahr nach der Machtübernahme zu einer gemeinsamen Regierung.

Der Süden wird kommunistisch

Im April 1976 gewannen die Kommunisten in allen Teilen des Landes mit großer Mehrheit die Wahl. Die neue Nationalversammlung beschloss die **Wiedervereinigung**, die am 2. Juli 1976 in Kraft trat: Das Land nannte sich nun Sozialistische Republik Vietnam (SRV). Hauptstadt wurde Ha Noi. Zu Ehren des ersten Präsidenten wurde Sai Gon in Ho-Chi-Minh-Stadt umbenannt.

Auf dem kurz darauf stattfindenden 4. Parteitag beschlossen die Regierenden, in den nächsten vier Jahren die „Sozialistische Umgestaltung der Produktionsverhältnisse im Süden" zu vollziehen. Im Sommer 1977 begann die **Kollektivierung** der privaten Landwirtschaft. Das Land wurde verstaatlicht, die Menschen umgesiedelt und in Produktionsgenossenschaften zusammengeschlossen. 1978 wurde der private Handel verboten. Die Wirtschaft, die im Süden vielfach aus Dienstleistungen, u. a. auch Prostitution, bestand, brach zusammen. Folge der wirtschaftlichen Umgestaltung war eine ökonomische Krise. Wegen des amerikanischen Wirtschaftsboykotts bekam das Land keine internationalen Kredite und war allein von den Zahlungen der Sowjetunion abhängig (die 1991 eingestellt wurden). Viele Menschen flohen vor der Armut und dem Hunger aufs Meer und wurden in der Welt als Boat People bekannt. Andere litten unter der Umerziehung: Nach der Wiedervereinigung kam es zu keiner Versöhnung der Kriegsparteien aus Nord und Süd kam. Stattdessen wurden die ehemaligen Feinde in Umerziehungslager gesteckt. Im tiefen Dschungel lebten sie in ärmlichen Verhältnissen bei schlechter Ernährung. Viele mussten Bäume fällen und sich Schulungen durch nordvietnamesische Kader unterziehen.

Krieg in Kambodscha (1979)

Das Terrorregime Pol Pots, das sich im Zuge des amerikanischen Kriegs in Kambodscha etablieren konnte, begann drei Wochen vor dem Fall Sai Gons mit dem Einmarsch der Roten Khmer in Phnom Penh. Schon bald suchte Pol Pot an den Grenzen Streit mit Vietnam. Er wollte sich die Gebiete im Mekong-Delta und nördlich von Ho-Chi-Minh-Stadt, die einst zum Großreich von Angkor gehört hatten, einverleiben. Da Pol Pot international unter dem Schutz Chinas stand, mischte sich keine Macht ein – außer Vietnam, das seinen Herrschaftsbereich bedroht sah. Mit dem Ziel, Pol Pot zu stürzen und eine Regierung zu installieren, die die Grenzen akzeptierte, marschierte die vietnamesische Armee am Weihnachtstag 1978 in Kambodscha ein.

Am 7. Januar 1979 eroberten sie Phnom Penh. Bereits einen Tag später richteten sie den „Revolutionären Volksrat" ein, der von Vietnam abhängig regieren sollte. Pol Pot wurde in die Berge vertrieben und führte von hier aus einen Guerillakrieg. Truppen der Vietnamesen blieben bis 1989 in Kambodscha stationiert.

China protestiert mit Kampftruppen

China war dieses Engagement nicht recht. Es befürchtete einen zu starken vietnamesischen Staat. Die Volksrepublik reagierte auf den Einmarsch Vietnams in Kambodscha am 17. Februar 1979 mit einer Strafexpedition in den Norden Vietnam. Es kostete die Chinesen einige Zeit, in die Grenzorte vorzudringen. Nach drei Wochen war dieser Krieg vorbei. Einen Friedensvertrag über den Grenzverlauf gibt es bis heute nicht.

Von Doi Moi bis heute (ab 1986)

Wirtschaftsreformen

Angesichts der sich auflösenden sozialistischen Staaten in der Welt und der eigenen wirtschaftlichen Situation sah sich auch die Regierung Vietnams zu wirtschaftlichen Veränderungen gezwungen. Noch war die Sowjetunion wichtigstes Geberland, und jährlich flossen von dort 2 Mio. Dollar nach Vietnam, ohne die das Land nicht existieren konnte. 1985 kam es zu einer großen Hungersnot. Die Inflation kletterte auf 775 %, doch die amtierende Regierung widersetzte sich den Reformbestrebungen der jungen Generation. 1986 starb Le Duan und machte Platz für eine neue Riege von Politikern. Der Reformpolitiker Nguyen Van Linh übernahm das Amt des Generalsekretärs. Die neue Regierung leitete auf dem folgenden 6. Parteitag sogleich marktorientierte wirtschaftliche Reformen ein. **Doi Moi**, „Erneuerung", lautete das Ziel. Gesucht wurde ein Modell, das die Planwirtschaft mit der Marktwirtschaft koppelte, die Wirtschaft ankurbelte und damit den Lebensunterhalt der Menschen gewährleistete. Es wurde dezentralisiert und privatisiert. Die kollektive Landwirtschaft wurde durch die private Bewirtschaftung auf staatlichem Grund ersetzt. Doi Moi sagte auch der Korruption den Kampf an (ein Kampf, der bis heute nicht gewonnen ist) und die Presse bekam mehr Spielraum. Der Tourismus wurde als Einnahmequelle erkannt und forciert.

Der neue Weg hatte Erfolg. Das **Pro-Kopf-Einkommen** stieg von US$130 im Jahr 1991 auf etwa US$390 Ende der 1990er-Jahre an. Inzwischen

Flüchtlinge auf schwankenden Booten

Zwischen 1975 bis fast zur Jahrtausendwende flohen 840 000 Menschen aus Vietnam. Etwa 750 000 von ihnen fanden Asyl in Übersee, und viele sind heute amerikanische, australische oder auch deutsche Staatsbürger. Sie werden von den Vietamesen Viet Kieu genannt: Auslandsvietnamesen. Auf dem Höhepunkt der Flüchtlingswelle flohen die Menschen zu Hunderttausenden. In Fischerbooten gelangten etwa ein Drittel in die Häfen vor der Küste Hongkongs, anderer südostasiatischer Staaten oder Australiens. Der Rest wurde Opfer von Taifunen, skrupellosen Piraten oder verhungerte.

Die erste Fluchtwelle

Gleich nach der Wiedervereinigung verließen die ersten Menschen das Land über das Meer – die meisten von ihnen Verbündete des alten Regimes und der Amerikaner aus dem Süden. Auch einige Nationalisten und Vietcong, von der Skrupellosigkeit des neuen Regimes abgeschreckt, waren darunter. Als die Kommunisten 1978 mit der Verstaatlichung der Wirtschaft begannen, packten die Chinesen des Südens ihre Habseligkeiten zusammen und flohen. Die Stimmung gegen diese Volksgruppe wurde immer aufgeheizter. Spätestens als sich 1979 die Spannungen mit China verschärften, flohen auch die chinesischen Vietnamesen aus dem Norden. In den folgenden Jahren verschlimmerten Missernten die Lage, sodass sich viele als Wirtschaftsflüchtlinge auf den Weg in die Ferne machten. Die Vereinten Nationen organisierten ein Flüchtlingsprogramm, das **Orderly Departure Programm**, in dessen Rahnen etwa 500 000 Menschen umgesiedelt wurden, teils nach Amerika, teils in einen der anderen 40 Staaten, die bereit waren, die Menschen aufzunehmen.

Die Cap Anamur

Rupert Neudeck, ein deutscher Journalist, charterte mit Gleichgesinnten den Frachter *Cap Anamur* und richtete darauf ein Hospitalschiff ein. Dank zahlreicher Spenden und einem Team freiwilliger Helfer (Ärzte, Techniker, Pfleger) konnte das Schiff ab Mitte August 1979 den Bootsflüchtlingen im Südchinesischen Meer helfen. Neudeck plante nicht nur die Rettung, sondern auch die Aufnahme der Flüchtlinge in Deutschland. Die deutschen Behörden stellten sich anfangs quer, befürchteten sie doch, Neudeck würde mit seiner Aktion Menschen zur Flucht animieren. Der Druck der deutschen Bevölkerung führte jedoch zu einem tragbaren Kompromiss für beide Seiten: Ähnlich der heutigen Asylpraxis durften Menschen, die erstmals von der *Cap Anamur* aufgefischt wurden, Asyl beantragen. Hatte bereits ein Boot einer anderen Nation geholfen, konnten diese Menschen in Deutschland kein Asyl beantragen. In drei Jahren retteten Neudeck und sein Team 9500 Menschen. Als die BRD im Juli 1982 einen Aufnahmestopp verfügte, mussten sie die Arbeit vorübergehend einstellen. Prominente Unterstützer wie Heinrich Böll und Alfred Biolek und der Druck der Öffentlichkeit sorgten aber dafür, dass die Aktionen bis 1986 fortgeführt und weitere 1000 Menschen gerettet werden konnten.

Die zweite Flüchtlingswelle

Nach 1987 waren es vor allem verarmte Vietnamesen, die den Weg über das Meer in eine bessere Zukunft suchten. In Hongkong landeten erneut 34 000 Flüchtlinge. 1987 befanden sich dort insgesamt 56 000 Menschen in Lagern. Ein Verfahren musste gefunden werden, um Wirtschaftsflüchtlinge von Asylsuchenden zu unterscheiden. Die Regierungen setzten auf freiwillige Rückkehr – mit dem Versprechen, dass von Vietnam aus Ausreiseanträge nach Amerika gestellt werden könnten. 1998 wurde dieses Versprechen wahrgemacht und alle, die Beziehungen zu Amerika nachweisen konnten, durften sich dort ansiedeln. Bei den „freiwilligen" Rückführungsprogrammen kam es allerdings zu Auseinandersetzungen, denn nicht alle wollten nach Vietnam zurück. Da aber auch im Land selbst etwas unternommen wurde, hatten viele Rückkehrer durchaus eine Perspektive. Die EU etwa stellte Hilfe bei der Arbeitsbeschaffung und für Ausbildungsprogramme zur Verfügung. Ende 1997 waren dann fast alle Flüchtlinge umgesiedelt oder zurückgekehrt.

liegt es bei US$2100. Das Wirtschaftswachstum lag in den vergangenen Jahren zwischen 5 und 6 %. 1994 wurde das US-Embargo aufgehoben. Auch wenn die wirtschaftliche Öffnung keinen Politikwechsel bedeutete, so hat sie doch die Akzeptanz Vietnams auf der internationalen Handelsbühne verbessert.

1997 kam es zu einem Regierungswechsel, der mehr junge Politiker an die Macht brachte. Diese zeigen sich weltoffen und konnten den Anschluss an die Weltgemeinschaft weiter vorantreiben. Wichtig für das Ansehen Vietnams war im November 2006 auch das Treffen der APEC in Ha Noi. 2007 wurde Vietnam Mitglied der Welthandelsorganisation (WTO), sitzt nun als gleichberechtigter Staat am großen runden Tisch und befindet sich auf dem besten Wege, eine wichtige Rolle als industrialisierte Nation zu spielen.

Sprachführer

Hunderttausende Touristen sind bereits durch Vietnam gereist, ohne ein einziges Wort Vietnamesisch zu sprechen. Das funktioniert recht gut: Hotelangestellte, Reiseleiter, Taxifahrer – sie alle sprechen mehr oder weniger gut Englisch. Wer aber abseits der großen Touristenströme unterwegs ist, auf lokalen Märkten einkauft und mit öffentlichen Verkehrsmitteln reist, ist gut beraten, ein paar Brocken der Landessprache zu lernen. Die Anschaffung eines Sprachführers wird ausdrücklich empfohlen: Ein Schwätzchen mit der Fischverkäuferin oder Small Talk im Bus können Reiseerlebnisse sein, die dazu beitragen, einen Vietnam-Aufenthalt unvergesslich zu machen. Der radebrechende Gast sollte sich nicht entmutigen lassen, wenn der Kellner im Restaurant ihn beim ersten Versuch mit gerunzelter Stirn anblickt. Wahrscheinlich wundert er sich nur über das „komische Englisch" des Touristen. Ist ihm erst einmal klar, dass das, was da fabriziert wird, Vietnamesisch sein soll, ist er sicher gern behilflich, die Aussprache zu korrigieren. Und bei allen, die sich westlichen Besuchern nähern, um ihr Englisch zu verbessern, kann man einfach einmal den Spieß umdrehen – Völkerverständigung zum gegenseitigen Nutzen.

Wörter und Wendungen

Zahlen

0	*không*
1	*một*
2	*hai*
3	*ba*
4	*bốn*
5	*năm*
6	*sáu*
7	*bảy*
8	*tám*
9	*chín*
10	*mười*
11	*mười một*
12	*mười hai*
20	*hai mười*
21	*hai mười một*
22	*hai mười hai*
30	*ba mười*
100	*một trăm*
200	*hai trăm*
1000	*một nghìn*
2000	*hai nghìn*
10000	*mười nghìn*
20000	*hai mười nghìn*
1000000	*một triệu*
2000000	*hai triệu*

Das Wichtigste

Hallo	*xin chào*
Auf Wiedersehen	*Tạm biệt*
Bis bald!	*Hẹn gặp lại.*
Danke.	*Xin cảm ơn.*
Ja	*vâng*
Nein	*không*
Verstehen Sie?	*Có hiểu không?*
Ich verstehe.	*Tôi hiểu.*
Ich verstehe nicht.	*Tôi không hiểu.*

Entschuldigung!	*Xin lỗi.*
Wie ist Ihr Name?	*Tên ông (bà, anh, chị, Anrede) là gì?*
Mein Name ist ...	*Tên tôi là ...*
Ich bin Deutscher / Österreicher / Schweizer.	*Tội là người Đức / Áo / Thụy sĩ.*
Was kostet ...?	*Bao nhiêu ...?*
die Toilette	*vệ sinh*
Männer	*nam*
Frauen	*nữ*

Notfall

Es hat einen Unfall gegeben.	*Có một vụ tai nạn.*
Können Sie mir helfen?	*Có thể giúp tôi không?*
Bitte rufen Sie einen Arzt!	*Làm ơng gọi bác sĩ.*
Krankenhaus	*bệnh viện*
Polizei	*cảnh sát*

Unterwegs

Wo ist ...?	*Ớ đâu ...?*
... der Bahnhof	*... bến xe lưa*
... der Busbahnhof	*... bến xe buýt*
... der Flughafen	*... sây ban*
... eine Tankstelle	*... trạm xăng*
Wo fährt der Bus nach Hoi An?	*Ớ đâu đón xe đi Hội An?*
Wann fährt der Bus nach Hoi An?	*Khi nào xe Hội An chạy?*
Ich möchte eine Fahrkarte.	*Tội muốn một vé.*

Übernachten

Ich möchte ein Zimmer.	*Tội muốn thuê phòng.*
Wie viel kostet es pro Nacht?	*Tiền thuê một đêm là bao nhiêu?*
Hotel	*khách sạn*
billig / teuer	*rẻ/đắt*

Kulinarisches

Bitte geben Sie mir ...	*Xin cho tội ...*
... einen Teller ...	*... một đia ...*
... gebratenen Reis.	*... cơm rang.*
Suppe	*súp, canh*
gekochter Reis	*cơm*
Klebereis	*nếp*
belegtes Baguette	*bánh sandwich*
Fleisch	*thịt*
Rind	*thịt bò*
Schwein	*thịt lợn*
Huhn	*thịt ga*
Ente	*thịt vịt*
Fisch	*cá*
Shrimp	*tôm*
Ei	*trứng*
Gemüse	*rau*
dieses (Gericht) dort	*món kia*
Ich bin Vegetarier.	*Tội la người ăn chay.*
Ich möchte ...	*Tội muốn ...*
... ein Glas ...	*... một cốc ...*
... eine Flasche ...	*... một chai ...*
Mineralwasser	*nước suối*
Orangensaft	*nước cam*
Limonade	*nước chanh*
Bier	*bia*
Grüner Tee	*chè xanh*
Kaffee ...	*cà phê ...*
... schwarz	*đen*
... mit Eis	*đa*
... mit Milch	*sữa*
Bitte bringen Sie ...	*Xin mang ...*
... eine Gabel.	*... một niã.*
... ein Messer.	*... một dao.*
... Essstäbchen.	*... đũa.*
... die Rechnung.	*... hóa dơn.*
Das war lecker!	*Ngon tuyệt!*

17 HIGHLIGHT

Ha Noi

Ha Noi [3968], die Hauptstadt Vietnams, liegt am Ufer des Roten Flusses, etwa 100 km von der Küste entfernt. Der heutige Stadtname ist eine recht prosaische geografische Beschreibung: Er bedeutet schlicht und ergreifend „in der Flussbiegung". Der alte Name *thang long*, „aufsteigender Drache", ist zweifellos romantischer. Tatsächlich könnte er die aktuelle Situation der Stadt nicht treffender beschreiben: Der vietnamesische Wirtschaftsboom, der Ho-Chi-Minh-Stadt in eine glitzernde Metropole verwandelt, ist auch hier allgegenwärtig. Täglich drängeln sich mehr Mopeds in den engen Altstadtgassen, und auf den baumgesäumten Boulevards, die von den französischen Kolonialherren angelegt wurden, gleiten mehr und mehr Luxuskarossen dahin. Obwohl sich in diesem Ballungsraum mehrere Millionen Menschen drängen, wirkt das Zentrum von Ha Noi übersichtlich und lässt auch heute noch seinen Charme spielen: Ob im Gewusel der Altstadtgassen oder am friedlichen Ufer des Hoan Kiem-Sees – Ruhe und Bewegung, Chaos und Kontrolle, moderner Lifestyle und seit Generationen überlieferte Traditionen ergänzen sich zu einem typisch asiatischen Lebensgefühl, das auch den westlichen Besucher nicht unbeeindruckt lässt.

Orientierung

Das Zentrum von Ha Noi kann in unterschiedliche Bezirke mit jeweils ganz eigenem Flair eingeteilt werden: Die laute, lebendige **Altstadt** mit dem sich südlich anschließenden **Kathedralen-Viertel** besitzt viel Atmosphäre und bietet eine große Vielfalt an Unterkünften. Wer nicht hier wohnt, sollte nicht versäumen, zumindest einige Stunden durch die engen Straßen zu streifen.

Der **Hoan Kiem-See** ist nicht nur geografisch das Herz der Stadt. Sein Ufer mit den vielen Bänken und Sitzgelegenheiten und den tief auf das Wasser hinunterhängenden Trauerweiden ist ein friedliches Plätzchen inmitten des Trubels der Großstadt. Bei Sonnenaufgang beginnen die Älteren hier den Tag mit Tai Chi-Übungen. Im Laufe des Tages bevölkern Zeitungsleser, Schachspieler, Angler, Studenten, Liebespaare, Postkartenverkäufer und Schuhputzer die kleine parkähnliche Anlage, die den See umgibt.

Das **Französische Viertel** erstreckt sich südlich des Sees. Breite Boulevards und große Kolonialvillen mit einer ansprechenden Mischung aus europäischer und asiatischer Architektur schaffen ein weltstädtisches Ambiente. Weitere Seen und Parks bieten Erholung.

Die Region **südlich des Westsees** wird dominiert vom Ho-Chi-Minh-Mausoleum und der nicht zugänglichen Zitadelle, in der Regierungsgebäude untergebracht sind. Auf einer kleinen Landzunge im Westsee steht die Chua Tran Quoc, die älteste Pagode der Stadt. Der berühmte Literaturtempel Van Mieu in dieser Ecke der Stadt ist ebenfalls einen Besuch wert.

Sehenswürdigkeiten

Hoan Kiem-See

Der Hoan Kiem-See ist für die Bewohner von Ha Noi die Seele der Stadt. Sein Name bedeutet: „Der See des zurückgegebenen Schwertes" und bezieht sich auf eine alte Legende: Im 15. Jh. schlug der vietnamesische Held Le Loi einige erfolgreiche Schlachten gegen die Chinesen. Das Schwert, mit dem er in den Kampf zog, soll ihm zuvor beim Fischen im Hoan Kiem-See ins Netz gegangen sein. Nach zehn Jahren kehrte er zurück, um dem Geist des Sees zu danken. Während der Vorbereitungen zu der Danksagungszeremonie erschien plötzlich unter Blitz und Donner eine riesige Schildkröte – eine Inkarnation der Götter – und nahm ihm das magische Schwert wieder ab.

Tatsächlich lebte in dem See bis Anfang 2016 eine riesige Schildkröte. Am 19.1.2016 wurde sie tot aus dem See geborgen. Ein konserviertes Exemplar von beachtlicher Größe befindet sich im **Den Ngoc Son** (Jadeberg-Tempel): 2,10 m lang, 1,20 m breit, 250 kg schwer und angeblich 400 Jahre alt! Das Tier wurde 1968 im See gefunden. Es soll sich um das Exemplar einer besonderen Spezies von Weichpanzer-Schildkröten

Ha Noi

N
0
1 km
TRANSPORT
1 Luong Yen-Busbahnhof
SONSTIGES
1 Freewheelin Tours
2 The Hanoi Bicycle Collective
3 Hanoi Bike Tour
s. Detailplan Zitadelle und Westsee S. 672
s. Detailplan Altstadt S. 670
s. Detailplan Franz. Viertel S. 671
Westsee
Truc Bach-See
Roter Fluss
Cau Long Bien (Paul-Doumer-Brücke)
Cau Chuong Duong
Tran Quoc-Pagode
Yen Phu
Thanh Nien
Thuy Khue
Quan Thanh
Phan Dinh Phung
Hoang Hoa Tham
Onkel Hos Haus
Ho-Chi-Minh-Mausoleum
Alte Zitadelle
Ngoc Ha
Hung Vuong
Huang Dieu
Nguyen Tri Phuong
Einsäulen-pagode
Le Hong Phong
Dien Bien Phu
Tran Phu
Nguyen Thai Hoc
Literatur-tempel
Giang Vo
Cat Linh
Ngo Bai
Quoc Tu Giam
Hang Dao
Ly Nam De
Phung Hung
Hang Luoc
Hang Chieu
Hang Duong
Luong Van Can
Hang Dao
Tran Nhat Duat
Bach Ma-Tempel
Hang Bac
Hang Bo
Wasserpuppen-theater
Dinh Tien Hang
Bach Dang
Hang Gai
Nha Chung
Hang Bong
Kathe-drale
Hoan Kiem-See
Ly Thai To
Tran Ng. Han
Le Lai
Le Thach
Tran Quang Khai
Vietcom-bank
Quan Su
Trang Thi
Hang Khay
Trang Tien
Hai Ba Trung
Ly Thuong Kiet
Bahnhof
Quan Su-Pagode
Tho Nhuom
Ba Trieu
Hue
Ngo Quyen
Oper
Geschichts-museum
Le Thanh Tong
Tran Khanh Du
Hao Nam
Ton Duc Thang
Linh Quang-See
La Thanh
Kham Thien
Le Duan
Tran Quoc Toan
Nguyen Du
Quang Trung
Ngo Van So
Tran Hung Dao
Thien Quang-See
Le VanHuu
Tran Nhan Tong
Lo Duc
Thong Nhat-Park
To Hien Thanh
Hue
Nguyen Luong Bang
Xa Dan-See
Bay Mau-See
Co Viet
Tran Khat Chan
Thanh Nhan-See
Thanh Nhan
Phuong Mai
L'Hôpital Français de Hanoi
Le Thanh Nghi
Giap Bat-Busbahnhof (3 km)

handeln, von der es weltweit nun nur noch drei Tiere gibt: ein weiteres im Dong Mo-See im Westen der Stadt und zwei in China. Den seltenen Reptilien ist auch der dreistöckige **Schildkröten-Pavillon** auf der kleinen Insel im Süden des Sees gewidmet – das Wahrzeichen der Stadt.

Der Jadeberg-Tempel ist über die geschwungene, 1875 gebaute **The Huc-Brücke** („Brücke der aufgehenden Sonne") zu erreichen. Der 9 m hohe Turm am Ufer neben der Brücke, **Thap But**, auch „Schreibpinsel-Turm" genannt, ehrt die Dichter, und auch der Jadeberg-Tempel ist der Literatur geweiht: Besonders verehrt wird hier der taoistische Schriftsteller- und Poeten-Gott Vạn Xuong. Sein Abbild sitzt auf einem Thron hinter dem Hauptaltar, auf dem auch der Arzt La To und der Krieger Quan Vu verehrt werden. Ein weiterer Raum ist General Tran Hung Dao gewidmet. ◷ 7–17 Uhr, Eintritt 30 000 Dong.

Folgt man dem östlichen Seeufer von hier nach Süden, flaniert man zuerst durch einen kleinen Skulpturenpark und kann dann über die belebte Straße das **Denkmal des Ly Thai To** sehen. Auf dem Platz davor treffen sich abends und am Wochenende junge Leute zum Breakdance (bei Regen weichen sie gerne in den kleinen Pavillon dahinter aus).

Altstadt und Kathedralen-Viertel

Wenn der Hoan Kiem-See die Seele von Ha Noi ist, so ist die Altstadt das Herz: Der wilde Pulsschlag dieses Viertels pumpt täglich eine halbe Million Menschen mitsamt ihren fahrbaren Untersätzen durch die Straßen und Gassen, in denen moderne Boutiquen und Hotels neben jahrhundertealten Handwerksbetrieben und traditionellen Fachgeschäften angesiedelt sind.

Geografisch liegt die Altstadt zwischen dem Hoan Kiem-See im Süden und der Long Bien-Brücke im Norden. Einst befand sich als östliche Begrenzung eine Stadtmauer an der Tran Nhat Duat. Die Mauer der Zitadelle an der Ly Nam markiert die westliche Abgrenzung.

Oft wird das Gebiet der Altstadt auch „Die 36 Straßen" genannt, obwohl es mehr als 36 sind. Forscher glauben, dass diese Zahl noch aus der Zeit des 15. Jhs. stammt, als hier in etwa so viele Handwerkskünste anzutreffen waren. Die Handwerker waren zu Zünften zusammengeschlossen und wohnten nah beieinander in jeweils einer eigenen Gasse. Jede Zunft hatte ihre eigenen Schutzgeister und Patrone, die sie in ihren eigenen Tempeln verehrte.

Das **restaurierte Haus 87 Ma May**, ✆ 04-3928 5605, das besichtigt werden kann, stammt aus dem ausgehenden 19. Jh. und wurde 1999 aufwendig wiederhergestellt. Kochstelle und Schlafzimmer sind erhalten geblieben. Die einstigen Bewohner müssen sehr reich gewesen sein, so prachtvoll haben sie gelebt. Später wohnten hier nicht nur eine Familie, sondern fünf. Heute werden hier Handwerkskünste ausgestellt und die Waren zum Kauf angeboten. Die Ausstellung ermöglicht einen guten Überblick über die Künste, die im alten Ha Noi gepflegt wurden. ◷ 8.30–17 Uhr, Eintritt 10 000 Dong.

Der Name des **Bach Ma-Tempels** in der 76 Hang Buom bedeutet „Weißes Pferd". Das Heiligtum ist eben diesem Schutzgeist Ly Thai Tos gewidmet. Groß und majestätisch steht das weiße Pferd vor dem Altar des kleinen Tempels, der im 9. Jh. gegründet wurde und als ältester im Viertel gilt. Die Legende erzählt, das Pferd habe Ly Thai To beim Bau der Zitadellenmauern geholfen. ◷ Di–So 8–11 und 14–17 Uhr.

Neben den unzähligen kleinen Geschäften und Handwerksbetrieben gibt es mit dem **Dong Xuan-Markt** einen wichtigen Handelsplatz, der unter seinem Dach ein weites Spektrum an Waren vereint: von Textilien und Schuhen über Koffer, Rucksäcke und Taschen bis hin zu einem großen Sortiment an Souvenirs. Unweit davon erblickt man das **Osttor** (Quan Truong-Tor) von 1749. Einst war das Viertel von einer Mauer mit insgesamt 16 Toren umgeben.

Südlich der Altstadt, am Westufer des Hoan Kiem-Sees, erstreckt sich das **kleine Kathedralen-Viertel** mit der namengebenden St.-Joseph-Kathedrale als Mittelpunkt. Es ist hier in den vergangenen Jahren etwas „schicker" geworden: Das Viertel bietet Boutiquen, kleine, exklusive Hotels und Restaurants mit westlichen Speisen.

Die **Kathedrale** stammt von 1883 und erinnert mit ihren zwei wuchtigen Türmen und der neogotischen Architektur an ihre französischen Baumeister. Um sie zu errichten, musste die vorher an dieser Stelle stehende buddhistische Bau Thien-Pagode abgerissen werden. Sie war damals das größte und wichtigste Heiligtum der Stadt. Tagsüber sind die Türen oft verschlossen; meist wird gegen Abend geöffnet. Sollte der Haupteingang verschlossen sein, hilft vielleicht der Nebeneingang in der 40 Nha Chung.

Französisches Viertel

Lebensader des Französischen Viertels war die **Trang Tien**, damals Rue Paul Bert genannt, zu Ehren des französischen Generalkonsuls von 1886. Cafés, Restaurants, Hotels und Kaufhäuser säumten die Flaniermeile, und an ihrem östlichen Ende lag das Prunkstück der Kolonie, ein architektonisches Schmuckstück im Stil der berühmten Garnier-Oper in Paris. Die **Oper von Ha Noi** wurde 1911 nach zehnjähriger Bauzeit eingeweiht und ist bis heute das größte Theater Vietnams. Nach der vietnamesischen Revolution diente die Oper eine Zeit lang als Parlamentsgebäude. Seit ihrer Renovierung 1997 ist sie wieder ein Ort der Kultur, und wer eine Vorstellung besucht, kann im Inneren die Kristalllüster und Marmortreppen bewundern (S. 681).

Das nahe gelegene **Geschichtsmuseum**, 1 Trang Thien, ✆ 04-3824 1384, 💻 www.baotang lichsu.vn, ist in einem imposanten Gebäude untergebracht, das den Franzosen ab 1874 als Konsulat diente. Nach 1910 nutzte die École française d'Extrême-Orient (EFEO) das Haus erstmals als Museum. Noch heute ist das Emblem der EFEO an der Fassade des oktagonalen Turms zu sehen. Das Haus, das (in seiner jetzigen Gestaltung) 1932 fertiggestellt wurde, lohnt schon allein seiner Architektur wegen einen Besuch. Dank der ansprechenden und umfassenden Ausstellung ist aber auch das Innere äußerst sehenswert. Es ist noch dazu angenehm klimatisiert und mit zahlreichen Balkonen ausgestattet. 🕒 tgl. 8–12 und 13.30–17 Uhr, am ersten Mo jeden Monats geschl., Eintritt 40 000 Dong, Studenten 15 000 Dong, Schüler 10 000 Dong. Fotolizenz 15 000 Dong, wer filmen will, zahlt 30 000 Dong. Das Ticket gilt auch für das Revolutionsmuseum.

Südöstlich des Hoan Kiem-Sees befinden sich außerdem die beeindruckende **Außenhandelsbank**, einst die Banque de l'Indochine, und die ehemalige **Residenz des Gouverneurs**, ein palastähnliches, 1919 errichtetes neogotisches Bauwerk, das heute als Gästehaus der Regierung genutzt wird. Der Öffentlichkeit leichter zugänglich ist das nahe gelegene **Metropole Hotel**, das 1910 eröffnete. Als Sofitel Legend Metropole Hanoi ist es auch heute wieder eine der ersten Adressen am Ort.

Eine Unterkunft ganz anderer Art ist das zuerst als „Maison Central" und später „Hanoi Hilton" bekannte **Hoa Lo-Gefängnis**, 1 Hoa Lo, ✆ 04-3824 6358. Zwei Drittel des ehemaligen Gefängnisses aus der französischen Kolonialzeit sind einem großen, modernen Büro- und Wohnkomplex gewichen, den Hanoi Towers. Das letzte Drittel ist heute ein Museum. Hoa Lo war einst ein Handwerksdorf. 48 Familien wurden ab 1887 von den Franzosen umgesiedelt, um auf fast 13 000 m² das Gefängnis zu erbauen. Das Museum lässt die Härte des französischen Strafvollzugs und die menschenverachtende Gefangenenhaltung erahnen. Wissenschaftler nennen dieses Gefängnis „das Schlimmste, was Frankreich Vietnam angetan hat". Nachdem Ha Noi am 10. Oktober 1954 befreit wurde, diente das Gefängnis offiziell als Haftanstalt für ganz normale Straftäter. Anfang August 1964 änderte sich dies: Von da an wurden hier abgeschossene amerikanische Bomberpiloten inhaftiert. Ihnen ist ein Raum in der zweiten Etage des Museums gewidmet. 🕒 tgl. 8–17 Uhr, Eintritt 30 000 Dong, Studenten 15 000 Dong, Kinder unter 15 Jahren frei. Englischsprachiger Führer US$5. Ein kleines Handbuch kostet 20 000 Dong. Gruppen sollten sich unter ✆ 04-3824 6358 anmelden.

Das **Frauenmuseum** ein paar Straßen weiter östlich, 36 Ly Thoang Kiet, ✆ 04-3825 9936, 💻 www.womenmuseum.org.vn, dient der Darstellung der Rolle der Frau in der vietnamesischen Geschichte. Über 2000 Exponate zeigen ihre unterschiedlichen Funktionen in der Gesellschaft. 🕒 tgl. 8–17 Uhr, Eintritt 30 000 Dong, Schüler und Studenten 15 000 Dong. Nach Voranmeldung wird auf Wunsch ein englischsprachiger Führer organisiert.

Ein paar Querstraßen südlich des Hoan Kiem-Sees liegt an der Ecke Pho Hue, Tran Xuan Soan der **Hom-Markt**; im Untergeschoss gibt es u. a. Obst, Gemüse und andere frische Lebensmittel, im Obergeschoss ein weithin berühmter Stoffmarkt. Wer will, kann an den preiswerten Garküchen des Marktes einen Imbiss nehmen.

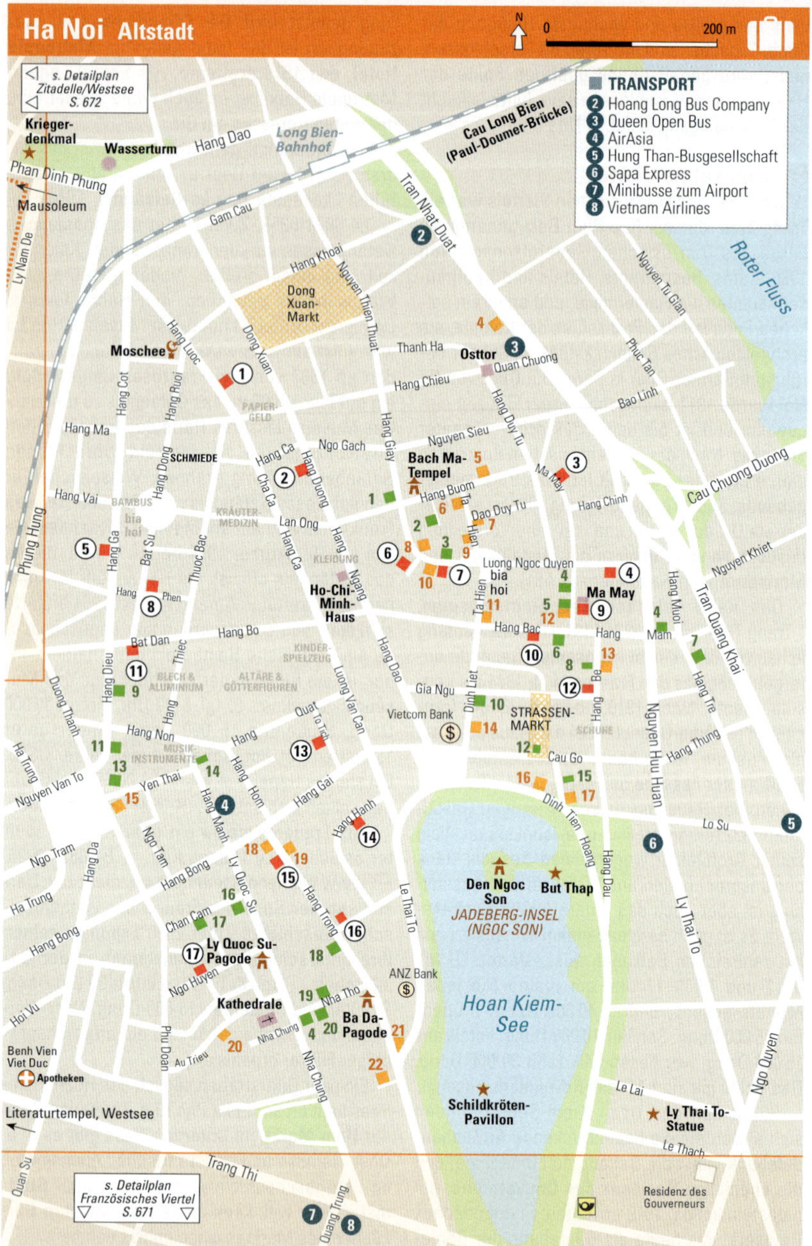

Ha Noi Altstadt
N
0
200 m
s. Detailplan Zitadelle/Westsee S. 672
TRANSPORT
2 Hoang Long Bus Company
3 Queen Open Bus
4 AirAsia
5 Hung Than-Busgesellschaft
6 Sapa Express
7 Minibusse zum Airport
8 Vietnam Airlines
Krieger-denkmal
Wasserturm
Hang Dao
Long Bien-Bahnhof
Cau Long Bien (Paul-Doumer-Brücke)
Phan Dinh Phung
Mausoleum
Ly Nam De
Gam Cau
Tran Nhat Duat
Roter Fluss
Hang Khoai
Dong Xuan-Markt
Nguyen Thien Thuat
Nguyen Tu Gian
Moschee
Hang Luoc
Dong Xuan
Thanh Ha
Osttor
Quan Chuong
Phuc Tan
Hang Cot
Hang Ruoi
Papiergeld
Hang Chieu
Bao Linh
Hang Ma
Hang Giay
Hang Duy Tu
Ngo Gach
Nguyen Sieu
Hang Dong
Schmiede
Hang Ca
Hang Duong
Bach Ma-Tempel
Ma May
Cau Chuong Duong
Hang Vai
Bambus
bia hoi
Cha Ca
Kräutermedizin
Lan Ong
Hang Buom
Ta Hien
Dao Duy Tu
Hang Chinh
Phung Hung
Hang Ga
Bat Su
Thuoc Bac
Hang Ca
Hang Ngang
Kleidung
Luong Ngoc Quyen
bia hoi
Nguyen Khiet
Hang Phen
Ho-Chi-Minh-Haus
Ta Hien
Ma May
Hang Muoi
Tran Quang Khai
Bat Dan
Hang Bo
Thiec
Kinderspielzeug
Hang Bac
Hang Mam
Hang Dao
Hang Dieu
Blech & Aluminium
Altäre & Götterfiguren
Luong Van Can
Hang Be
Hang Tre
Duong Thanh
Gia Ngu
Dinh Liet
Strassen-Markt
Vietcom Bank
Hang Non
Hang Quat
To Tich
Schuhe
Nguyen Huu Huan
Ha Trung
Musikinstrumente
Hang Thung
Cau Go
Nguyen Van To
Yen Thai
Hang Hom
Hang Manh
Hang Gai
Dinh Tien Hoang
Lo Su
Hang Hanh
Ngo Tram
Hang Da
Ngo Tam
Hang Bong
Ly Quoc Su
Hang Trong
Den Ngoc Son
But Thap
Jadeberg-Insel (Ngoc Son)
Hang Dau
Ha Trung
Chan Cam
Le Thai To
Ly Thai To
Hang Bong
Ly Quoc Su-Pagode
ANZ Bank
Ngo Huyen
Hoan Kiem-See
Hoi Vu
Kathedrale
Nha Tho
Ba Da-Pagode
Nha Chung
Benh Vien Viet Duc
Apotheken
Phu Doan
Au Trieu
Nha Chung
Le Lai
Ngo Quyen
Schildkröten-Pavillon
Ly Thai To-Statue
Literaturtempel, Westsee
Trang Thi
Le Thach
Quan Su
s. Detailplan Französisches Viertel S. 671
Quang Trung
Residenz des Gouverneurs

ÜBERNACHTUNG
1. Hanoi Kangaroo Hotel
2. Hanoi Rocks Hostel
3. Hanoi Backpackers' Hostel
4. Hanoi Youth Hostel
5. Little Hanoi Hostel
6. Prince II
7. Prince (I)
8. Rising Dragon Villa Hotel
9. Hanoi Guesthouse
10. Hotel Garden Queen
11. Little Hanoi Diamond Hotel
12. Bamboo Hotel
13. Prince Hotel
14. Viethouse
15. Lucky Hotel
16. Bao Khanh Hotel
17. Hanoi Backpackers' Hostel

ESSEN
1 Bit Tet Hai Ty
2 Bit Tet Ong Loi
3 King Café
4 Cong Caphe (3x)
5 Cuisine Viet Restaurant
6 Orchid
7 Highway 4 Restaurant
8 Tandoor Restaurant
9 Van Than – Hu Tieu-Lokal
10 Quan Bia Minh
11 Bun Bo Nam Bo-Lokal
12 Bun Rieu Cua-Lokal
13 Mien Luon-Lokal
14 Bun Cha-Lokal
15 Nom-Lokal
16 Pho 10 Ly Quoc Su
17 Madame Hien
18 Banh My-Lokal
19 Moca Café
20 Mediterraneo

SONSTIGES
4 The Sinh Tourist
5 Thang Long Ca Tru-Theater
6 Funky B
7 Mao's Red Lounge
8 Ethnic Travel
9 Stamp
10 The Sinh Tourist
11 Golden Bell Theater
12 Ocean Tours
13 Le Pub
14 The Real Stamp Shop
15 Hong Ha Theater
16 Wasserpuppentheater
17 Pham Bich Huong, Pham Chi Tinh
18 Thang Long-Wasserpuppentheater
19 Explore Indochina
20 Indochina Junk
21 Bong Sen Lotus-Wasserpuppentheater
22 Intimex Trading Centre

ÜBERNACHTUNG
18. Hilton Hanoi Opera
19. M.O.D. Palace
20. Army Hotel
21. Green Park Hotel

ESSEN
21 Quan An Ngon
22 Café Tadioto
23 Highway 4 Restaurant

SONSTIGES
23 Apotheken
24 Botschaft Thailand
25 Than Long Bookshop
26 Infostones Bookshop
27 Minh's Jazz Club
28 Botschaft Schweiz
29 Botschaft Kambodscha
30 Botschaft Laos
31 Botschaft Österreich
32 Institut für Traditionelle Medizin
33 Hapro-Markt

Ha Noi Zitadelle und Westsee

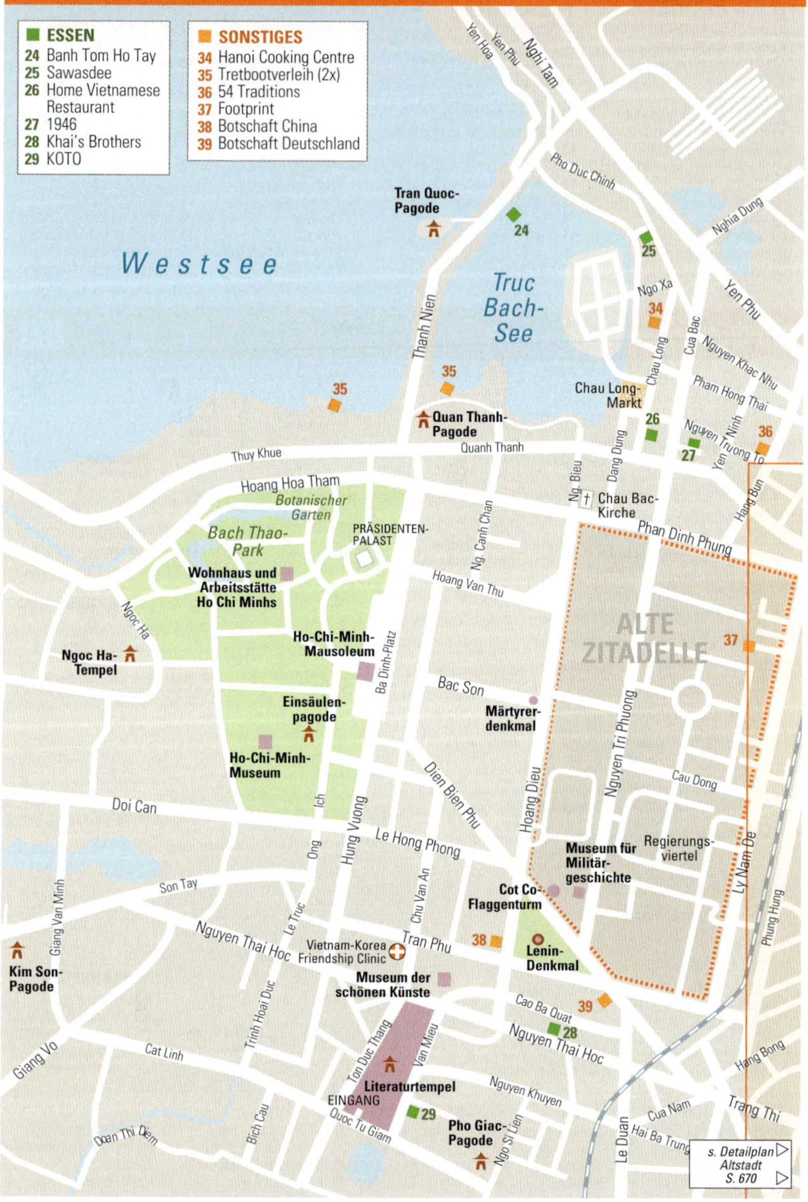

VIETNAM

Rund um die Zitadelle

Der Bereich der mittelalterlichen **Zitadelle**, die in den 1890er-Jahren von den Franzosen stark zerstört wurde, grenzt im Osten an die Altstadt und im Westen an die Parkanlagen beim Mausoleum. Heute werden einige Bereiche für Regierungsgeschäfte genutzt und sind *off limits*; an anderen Stellen in der zentralen Nord-Süd-Achse verhindern Ausgrabungen eine genauere Erkundung. Dieser mittlere Bereich der Zitadelle (20 ha von insgesamt 140) wurde 2010 von der Unesco zum Weltkulturerbe erklärt.

Einen Überblick verschaffen kann man sich vom **Cot Co-Flaggenturm** aus (fotografieren nicht erlaubt). Er ist eines der wenigen Überbleibsel der Zitadelle von Kaiser Gia Long aus dem frühen 19. Jh. Die Franzosen ließen ihn als Aussichtsposten stehen. Heute weht hier stolz der gelbe Stern auf rotem Grund. Lenin schaut zufrieden von seinem **Denkmal** an der Dien Bien Phu aus herüber, und erbeutete US-Waffen stehen im Innenhof des angegliederten **Museums für Militärgeschichte** Spalier: Panzer, Kanonen, Flugzeuge und ein Hubschrauber. Dort befindet sich auch die düstere, aus Flugzeugschrott zusammengestellte Skulptur eines in den Boden gerammten Kampfbombers, zusammen mit dem berühmten Bild der vietnamesischen Kämpferin, die ein Flugzeugteil mit dem US-Air-Force-Zeichen aus dem Wasser zieht. Ein Besuch ist unbedingt empfehlenswert für jeden, der sich für diese Geschehnisse interessiert.

28A Dien Bien Phu, ✆ 04-3823 4264, 🖳 www.btlsqsvn.org.vn. ⌚ tgl. außer Mo 8–11.30 und 13–16.30 Uhr, Eintritt 40 000 Dong, Studenten und Schüler 10 000 Dong.

Der Literaturtempel

Südlich der Zitadelle, westlich des Französischen Viertels, liegt der Literaturtempel Van Mieu. Er ist einer der wichtigsten und bekanntesten Tempel des ganzen Landes – und war zugleich Ha Nois erste Universität. Inmitten des Großstadttrubels bildet er eine Oase der Ruhe und Beschaulichkeit.

Die Geschichte des Van Mieu beginnt im Jahre 1070, als hier unter der Regentschaft von Ly Thanh Tong ein Altar zu Ehren von Konfuzius errichtet wurde. Fünf Jahre später ordnete sein

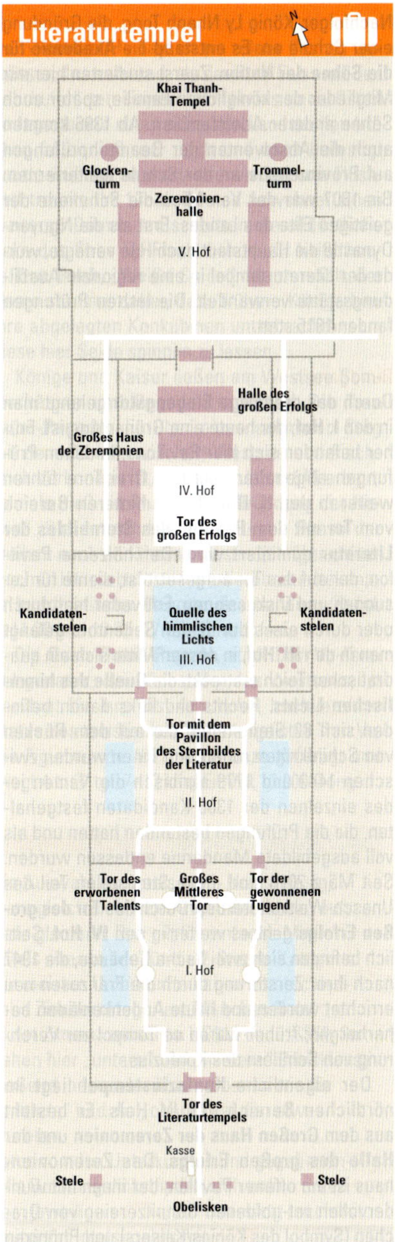

Ein fürstliches Verwirrspiel

Verwirrung beim Hotelnamen ist in Ha Noi nichts Ungewöhnliches. Kaum ist ein Haus beliebt, nennen sich gleich noch ein paar andere so. Oder mehrere Häuser desselben Besitzers werden durchnummeriert. Zu allem Überfluss wechseln Namen und Besitzer schnell ... Ein Beispiel sind etwa die zahllosen „Lucky Hotels", die „Little Hanoi"-Ho(s)tels, allerlei „Backpacker"-Varianten oder die beliebten „Prince"-Hotels, von denen wir hier drei empfehlenswerte nennen (Karte S. 670):

Prince Hotel ⑬, 8 To Tich, ✆ 04-3828 9465, 💻 www.princehanoihotel.com, [8935]. 12 gute Zimmer am Rande der Altstadt in relativ ruhiger Straße nahe dem See. Preise inkl. Frühstück und Internet im Zimmer. 3-Bett-Zimmer vorhanden. Freundliche Leute und gute Atmosphäre. ❷–❸

Der gleiche Besitzer betreibt weitere, recht gute Hotels in Ha Noi, darunter das:

Prince II Hotel ⑥, 42B Hang Giay, ✆ 04-3926 1203, [8936]. In einer ruhigen Seitenstraße ein wenig versteckt. Die Zimmer mit schicken Holzmöbeln auf Holzboden. Schreibtisch mit PC und Internetzugang. Bäder mit Wanne. Inkl. Frühstück. ❷–❹

Ein paar Häuser weiter liegt eine weitere Option mit gutem Preis-Leistungs-Verhältnis:

Prince (I) Hotel ⑦, 51 Luong Ngoc Quyen, ✆ 04-3828 0155, [7332]. Zimmer mit Holzfußböden und dunklen Möbeln, die für den Preis eine gute Wahl sind. Gute Lage mitten in der Altstadt nahe der beliebten *bia hoi*-Corner an der Ha Tien (s. Kasten S. 680). Erfahrenes, freundliches Personal. ❷

Altstadt

Karte S. 670

Untere Preisklasse

Bamboo Hotel ⑫, 32 Hang Be, ✆ 04-3926 2378, 💻 www.bamboohotelvietnam.net, [4631]. Ordentlich eingerichtete kleine Zimmer mit Bambusmöbeln, Badewanne. Beliebtes Haus mit eigenem Reisebüro. Café im hinteren Bereich mit dem klassischen Traveller-Angebot. ❷–❸

Hanoi Backpackers' Hostel ③, 9 Ma May, ✆ 04-3935 1891, 💻 www.vietnambackpackerhostels.com, [7326]. Remmi-Demmi in der Ma May: Wer Anschluss an den globalen Traveller-Trek sucht, ist hier genau richtig. Große Bar im Untergeschoss. Ableger des beliebten Hanoi Backpackers' Hostel ⑰ in der 48 Ngo Huyen, ✆ 04-3828 5372. Auch hier wird schon in der Lobby klar: Es findet jeder schnell Kontakt; tolle Gemeinschaftsatmosphäre. Übernachtet wird in einfachen Schlafräumen, in denen jeweils 4–5 Stockbetten stehen. Zudem ein Schlafraum nur für Frauen. Wer es lieber etwas privater mag, kann auch ein DZ nehmen. Bett im Dorm ab 10 €. DZ ❸

Hanoi Kangaroo Hotel ①, 71 Hang Luoc, ✆ 04-3825 8044, ✉ hanoikangaroohotel@yahoo.com, [8924]. Einfach, aber relativ sauber und sehr beliebt bei Travellern. Oft lange im Voraus ausgebucht. Die schmalen Zimmer haben AC, TV und Wanne, doch nur wenige verfügen über ein Fenster. Eine Option für alle, die wenig Geld ausgeben wollen und keine hohen Ansprüche stellen. ❶

€ **Hanoi Rocks Hostel** ②, 54 Hang Duong, ✆ 04-3923 0036, 💻 www.hanoirockshostel.com, [10162]. Günstiges, ansprechendes Hostel mit täglichem Room-Service. Bett ab US$5 inkl. einfachem Frühstücksbuffet. Zwei große Privatzimmer. Einladender Aufenthaltsbereich mit Bar. Nachts Party bis 24 Uhr (was man bis oben hört und je nach Musikstil auch fühlt). Beliebt sind die Open Mic-Veranstaltungen. Das Hostel hat 24 Std. geöffnet, und wer in aller Frühe ankommt, kann es sich auf Sofas bequem machen. Kostenl. „Locker Room" für alle, die hier eine Tour buchen. DZ ❸

Hanoi Youth Hostel ④, 5 Luong Ngoc Quyen, ✆ 04-9720 04080, 💻 www.hanoiyouthhostel.com, [4415]. Nicht so beliebt wie das Hanoi Backpackers' Hostel, aber mit ähnlichem Konzept. Geschlafen wird in sauberen Dorms mit 2–3 Stockbetten und angrenzendem Bad oder in großen DZ. Dormbett US$5, DZ ❶

Little Hanoi Hostel ⑤, 48 Hang Ga, ✆ 04-3828 4461, 💻 www.littlehanoihostel.com, [7331]. Sehr ordentliche Zimmer mit dunklen Möbeln und Holzimitat-Fußboden. Dormbetten (4er- und 6er-Schlafsaal) ab US$7. DZ ❶–❷

Schwimmen und wohnen im Staatshotel

Zwei direkt nebeneinander liegende Hotels nahe der Oper gehören dem Staat, der dafür sorgt, dass hier zwei Pools der Öffentlichkeit zugänglich sind. Westliche Hotelgäste sieht man eher selten, was wohl daran liegt, dass die Zimmer für den Standard einfach zu teuer sind, wenngleich sie Charme haben – irgendwie. **Army Hotel** ⑳, 33C Pham Ngu Lao (Karte S. 671), ✆ 04-3825 2896, ✉ armyhotel@fpt.vn, [10101]. Kinder zahlen 60 000 Dong, Erwachsene 90 000 Dong, es sei denn sie gehören zum Ministry of Foreign Affairs (dann haben sie freien Eintritt). Im **M.O.D. Palace** ⑲, 33A Pham Ngu Lao, ✆ 04-3826 5540, ✉ modpalace33a@yahoo.com.vn, [10102], ist es etwas günstiger. Hier zahlen Kinder 45 000 und Erwachsene 60 000 Dong. Das Kinderbecken bietet hier eine kleine Rutsche. Beide Bäder sind etwas in die Jahre gekommen, werden aber in Schuss gehalten. Die Bäder bieten die seltene Möglichkeit, in engen Kontakt mit der Bevölkerung zu kommen. Vor allem Kinder genießen den Kontakt zu Gleichaltrigen. ⌚ theoretisch 6–22 Uhr. Bilder der Hotels und Pools unter den [eXTras].

Mittlere Preisklasse

Bao Khanh Hotel ⑯, 22 Bao Khanh, ✆ 04-3928 7702, 🖳 www.baokhanhhotel.com.vn, [8938]. Gute Adresse in See-Nähe mit gepflegten Zimmern und z. T. etwas altmodischer Ausstattung. Aus einigen hat man einen schönen Ausblick auf den Hoan Kiem-See. ❸–❺

Hanoi Guesthouse ⑨, 85 Ma May, ✆ 04-3935 2572, 🖳 www.hanoiguesthouse.com, [10112]. Ansprechende Zimmer in sehr zentraler Lage. Die günstigsten leider wie so oft ohne Fenster. Die Ausstattung aber stimmt, und das Personal ist freundlich. ❸–❹

Little Hanoi Diamond ⑪, 11 Bat Dan, ✆ 04-3923 1781, 🖳 www.littlehanoidiamond.com, [10100]. Der „Diamant" unter den Little Hanoi-Häusern bietet ansprechende Zimmer mit Holzmöbeln und bequemen Betten. Die günstigen Zimmer haben keine Fenster, doch wer Deluxe wählt, hat gleich 2 Fenster und einen Balkon am riesigen Zimmer. Lediglich die Bäder sind hier etwas klein geraten. Freundliches Personal. ❸–❹

Lucky Hotel ⑮, 12 Hang Trong, ✆ 04-3825 1029, 🖳 www.luckyhotel.com.vn, [8940]. Nicht gerade geschmackvoll möblierte Zimmer, aber erwähnenswert wegen der Räume in den oberen Stockwerken (Aufzug); diese sind recht groß und haben teils kleine eigene Balkone mit Tisch und Stühlen und Aussicht über die Dächer der Stadt. Hat noch 2 etwas neuere Ableger in der 46 Hang Hom, ✆ 04-3928 8170, und der 81 Hang Bong, ✆ 04-3938 1988. Es gibt Familien- und 3-Bett-Zimmer. ❷–❹

Rising Dragon Villa Hotel ⑧, 43 Bat Su, ✆ 04-3923 2683, 🖳 www.risingdragonhotel.com, [6493]. Ansprechende Zimmer unterschiedlicher Kategorien; die besseren mit Balkon und großer Eckbadewanne, die günstigeren recht klein und teils ohne Fenster. ❸–❹

Obere Preisklasse

Hotel Garden Queen ⑩, 65 Hang Bac, ✆ 04-3826 0860, 🖳 www.azqueentravel.com, [10110]. 10 schöne Zimmer mit Holzfußboden in einem renovierten alten Haus in der Altstadt. Alle Zimmer haben eine Badewanne und TV. Auf dem Dach gibt's einen kleinen Dachgarten – hier wohnt seit 2011 eine kleine Schildkröte (was vor allem kleine Gäste erfreuen wird). Sehr freundliche Leute, familiäre Atmosphäre. ❹–❺

Viethouse ⑭, 23 Hang Hanh, ✆ 09-8606 1811, [9282]. Wer das Haus betritt, steht nicht etwa vor dem Tresen einer Lobby, sondern hat eher das Gefühl, in ein Wohnzimmer zu kommen. Die bequem eingerichteten Zimmer sind sehr gepflegt. Am schönsten ist die Suite ganz oben – vom kleinen Balkon hat man einen tollen Blick auf den Hoan Kiem-See. Diese kleine, exquisite Unterkunft wird geführt von Caroline Peter, der Tochter der Betreiber der Viethouse Lodge auf Tuan Chau; Infos und Tipps gibt es daher in deutscher Sprache. ❹–❺

Französisches Viertel

Karte S. 671

Das Viertel bietet in erster Linie teurere Unterkünfte. Für alle, die gerne in einen Pool hüpfen möchten, lohnt es sich jedoch, hier vorbeizuschauen (s. Kasten S. 677).

Green Park Hotel ㉑, 48 Tran Nhan Tong, ✆ 04-3822 7725, 🖳 www.greenparkhotelhanoi.com, [10103]. In der Nähe des Parks gelegenes 3-Sterne-Hotel, das den wohl flauschigsten Teppich von ganz Ha Noi bietet – zumindest im Flur. Die Zimmer haben Holzboden. Die Räume sind geräumig und sauber. Teils schöner Ausblick. Inkl. Frühstücksbuffet. ❹–❺

Hilton Hanoi Opera ⑱, 1 Le Thanh Tong, ✆ 04-3933 0500, 🖳 www.hilton.de/hanoi, [10104]. Nicht nur Geschäftsreisende wissen die bequemen, zweckmäßigen Zimmer und den guten Service in diesem komfortablen, direkt neben der Oper gelegenen Haus zu schätzen. Pool und Fitnesscenter. ❻

ESSEN

Ha Noi bietet für jeden Geschmack etwas und lädt zur kulinarischen Entdeckungsreise ein. Die meisten Restaurants haben tgl. mind. von 8 bis 23 Uhr geöffnet, nur die nobleren Restaurants schließen zwischen Mittag- und Abendessen. Viele sog. Cafés fungieren gleichzeitig als Restaurant und/oder Bar. Spannend ist es auch, an einem der vielen Straßenstände eine Kleinigkeit zu probieren. Siehe auch eXTra [4412].

Altstadt

Karte S. 670

Vietnamesisch

Bit Tet Hai Ty, 20 Hang Giay, ✆ 04-3202 0419, [7347]. Erst gen Abend öffnet dieses Grill-Restaurant am Straßenrand – tagsüber befindet sich hier ein kleines Open-Air-Geschäft. Nach Einbruch der Dunkelheit drängeln sich auf den niedrigen Plastikstühlen die (fast ausschließlich einheimischen) Schlemmer und genießen gebratene Tauben, gegrillte Frösche, Aal, Rind und anderes (englische Speisekarte vorhanden). Drumherum tobt das Treiben der belebten Straße: ein Erlebnis der besonderen Art. ⌚ 17–21 Uhr.

Bit Tet Ong Loi, 51 Hang Buom (Trong ngo), ✆ 04-3825 1211, [9283]. Das hauptsächlich auf vietnamesisches Beefsteak und gegrillte Tauben spezialisierte Restaurant liegt am Ende einer sehr engen, dunklen Gasse und ist äußerst beliebt bei einheimischen Gästen. Wer nicht früh genug kommt, findet oft keinen Platz mehr. Ein „Geheimtipp", und eine etwas ruhigere Alternative zum o. g. Bit Tet Hai Ty. ⌚ 17–21 Uhr.

Cong Caphe, mehrere Filialen in der Stadt. Zentral liegen die Filialen gegenüber der Kathedrale, an der Nguyen Huu Huan und Hang Mam, 🖳 www.congcaphe.com. Im Revolutionärsschick wird hier guter Kaffee ausgeschenkt. Es gibt auch Eis, wenngleich in kleinen Kugeln. Gute Atmosphäre, bei Reisenden wie Vietnamesen beliebt. ⌚ 7–23.30 Uhr.

Cuisine Viet Restaurant, 80 Ma May, ✆ 04-3935 2986, 🖳 www.cuisine-viet.com, [10159]. Großes, ansprechend gestaltetes Restaurant. Kein Glutamat und große vegetarische Speisekarte (neben der traditionellen Karte mit vielen Fleischgerichten). ⌚ 12–2 Uhr.

Highway 4 Restaurant, Hang Tre, ✆ 04-3926 4200, 🖳 www.highway4.com. Berühmt ist dieses Lokal vor allem für seine reichhaltige Auswahl an guten und ausgefallenen Likören. Das Restaurant hat 3 Etagen, unten sitzt man auf Stühlen, in der 2. Etage auf dem Boden und die 3. Etage auf der Dachterrasse ist wieder bestuhlt. Auch Kochkurse (S. 681). Weitere Ableger in der Stadt. ⌚ 10–23.30 Uhr.

King Café, 44 Luong Ngoc Quyen, ✆ 04-3828 1762, [8937]. Seit 1993 betreiben Mr. Hung und seine Frau dieses kleine Restaurant, in dem schon Generationen von Travellern satt und glücklich geworden sind. Es gibt schmackhafte vietnamesische Traveller-Küche, leckere frische Säfte und auch Pancakes und Müsli. ⌚ 8–23 Uhr.

Madame Hien, 15 Chan Cam, ✆ 04-3938 1588, 🖳 www.verticale-hanoi.com, [9225]. Das Restaurant des bretonischen Kochs Didier Corlou liegt in einem hübsch restaurierten alten Haus mit einem schönen Außenbereich. Fusion-Küche aus vietnamesischen Basiselementen mit einem französischen Touch. Gehobenes Preisniveau. ⌚ 11–23 Uhr.

Orchid, 25 Hang Bac, ✆ 04-3828 4864, [10160]. In dem kleinen Restaurant mit 6 Tischen in der 2. Etage gibt es liebevoll zubereitetes und

Garküchen und Straßenrestaurants: auf kulinarischer Entdeckungsreise

Ein Streifzug durch die einfachsten Restaurants der Stadt führt zu wahren kulinarischen Highlights: traditionelle Hausmannskost, preiswert und gut, ebenso frisch gekocht wie schnell verzehrt. Einige Läden schließen, wenn die Tagesvorräte aufgezehrt sind. Wo wann was am besten schmeckt, ist Geschmackssache und ein großes Experimentierfeld. Daher hier nur einige Tipps im Bereich der Altstadt zur Orientierung.

Banh My Sehr beliebt für den Snack zwischendurch: eine große Auswahl an unterschiedlichsten Sandwiches; etwa mit gegrilltem Schwein, gekochtem Rind, Trockenfleisch, Leberwurst *(paté)* oder Eiern. Je nach Tageszeit an verschiedenen Straßenecken.

Bun Bo Nam Bo Sehr lecker: gebratenes Rindfleisch auf kalten Reisnudeln, gewürzt mit gerösteten Erdnüssen und Knoblauch, dazu Salat. 67 Hang Dieu ist die bekannteste Adresse.

Bun Rieu Cua Nudelsuppe mit Krebsfleisch, Tomaten und Schalotten; sehr gut zum Frühstück. 34 Cau Go.

Mien Luon Nudeln mit gebratenen Mini-Aalen, als Suppe oder trocken erhältlich. 87 Hang Dieu.

Nom Leckeres „Fastfood" aus fein geschnittenen Papayastreifen, die mit Rind- oder Wachtelfleisch, Chili und Erdnüssen belegt sind. Dazu gibt es eine spezielle Sauce. Ab nachmittags in der Pho Hoam Kiem, einer kurzen Straße zwischen Hoan Kiem-See und Cau Go, nahe dem Wasserpuppentheater.

Soja-Milch Lecker und gesund: Das Trendprodukt aus dem Bioladen gibt es hier in seiner ursprünglichen Form für 5000 Dong. 51 Hang Dieu. Im selben Laden sollte man auch die leckere *banh my paté* probieren.

Van Than – Hu Tieu In Stärke gewendete Fleischbällchen, gekocht oder gebraten. Als Nudelsuppe, „trockene Suppe" (gleiche Zutaten, nur ohne Wasser) oder einzeln. 8000–12 000 Dong. 21 Hang Dieu.

Zu eigenen Erkundungstouren laden einige **Essensstraßen** ein, etwa die **Duong Thanh** gegenüber dem Hang Da-Markt mit kleinen Läden für Leute auf Einkaufstour; die **Hang Khoai** an der Nordseite des Dong Xuan-Marktes, wo es abends u. a. leckere *lau*-Töpfe (Hot Pot, Brühe-Fondue) gibt, die **Mai Hac De** mit ihren vielen Ständen oder das östliche Ende der Hang Bac, wo diese zur **Hang Mam** wird: Dort gibt es *bun cha, bun nem cua be*, *pho* und andere Klassiker.

Außerdem die **Tong Duy Tan** in der südwestlichen Ecke der Altstadt mit *chao*, Reisporridges und anderen Köstlichkeiten.

gekonnt präsentiertes Essen. Sehr schmackhaft und günstig. Wer Lassies und Shakes vermisst, wird hier ebenfalls glücklich. Extrem aufmerksamer Service. ⌚ 8–23 Uhr.

Pho 10 Ly Quoc Su, 10 Ly Quoc Su, ✆ 04-3825 7338, [4638]. Sehr gutes Nudelsuppen-Restaurant mit verschiedenen Rindfleischvariationen: *gau* (Rinderbrust) und *nam* (von der Flanke), jeweils *tai* (halb gar) oder *chin* (durchgegart). Sauber, hell und preiswert. Die englische Speisekarte erleichtert die Auswahl. ⌚ Von morgens bis zum Spätnachmittag geöffnet.

Quan Bia Minh, 7A Dinh Liet, ✆ 04-3934 5323. Traveller-Treffpunkt: tagsüber mehr *quan* (Restaurant), abends mehr *bia* (Bier). Es gibt Shakes, Eis und Pancakes, Nudel- und Reisgerichte, Gegrilltes, Frittiertes und Rohes (Salat). Keine Spitzenküche, aber gut genug, sodass viele wiederkommen. In der 2. Etage große überdachte Terrasse mit Aussicht ins Viertel. ⌚ 7 Uhr–spät.

Aus aller Welt

Döner Kebab „auf die Hand" gibt es an Ständen mit wechselnden Positionen, z. B. an einigen Straßenecken der Hang Bac (manchmal Sitzplätze) ab mittags für 20–30 000 Dong.

Mediterraneo, 23 Nha Tho, ✆ 04-3826 6288. Wer unbedingt eine Pizza oder Nudeln braucht, findet hier eine große Auswahl. Besonders schön sitzt man auf dem Balkon.

Moca Café, 14-16 Nha Tho, ✆ 04-3825 6334. Großes Kaffeehaus mit breiter Fensterfront und Backsteingemäuer in zentraler Lage an der Kathedrale. Einfache, recht günstige vietnamesische Küche.

Tandoor Restaurant, 24 Hang Be, ✆ 04-3824 5359, 💻 http://tandoorvietnam.com/hanoi. Beliebtes und gutes indisches Restaurant mit wechselnden Menüs und à la carte (Samosas, Tandoori und all die anderen indischen Köstlichkeiten). ⌚ 11–14.30 und 18–22.30 Uhr.

Französisches Viertel

Karte S. 671

Restaurants

Highway 4 Restaurant, 54 Mai Hac De, ✆ 04-3976 2647, 💻 www.highway4.com. Ableger des auch in der Altstadt ansässigen guten und originellen Restaurants, S. 678.

Quan An Ngon, 18 Phan Boi Chau, ✆ 04-3942 8162, 💻 http://ngonhanoi.com.vn, [10161]. Wer eine kulinarische Reise durchs ganze Land unternehmen will, ist in dieser alten französischen Villa richtig: In dem Innenhof brutzeln die Garküchen Spezialitäten aus allen Regionen des Landes – „Straßenessen ohne Straße". ⌚ 6.30–22 Uhr, letzte Bestellung 21.45 Uhr.

Café Tadioto, 24B Tong Dan, ✆ 04-6680 9124, 💻 www.tadioto.com. Eine Kneipe der besonderen Art: viele Ausstellungen, Platz für Künstler. Stylisch und ansprechend anders. ⌚ 7–23.45 Uhr.

Zitadelle und Westsee

Karte S. 672

1946, 3 Ngo Yen Thanh, Cua Bac, ✆ 04-6296 1946, Tischreservierungen unter ✆ 090-966 1946 und 0199-888 1946. In dem heimeligen kleinen Restaurant, das versteckt in einer Seitengasse liegt, wird die traditionelle Küche Ha Nois gepflegt. Nicht nur die Rezepte haben Geschichte; selbst das Geschirr ist alt und wurde in langer Kleinarbeit zusammengesammelt. Ableger des Restaurants gibt es am Dong Da-See, 50 Mai An Thuan, ✆ 04-6326 1946, und am Westsee in der 292 Nghi Tam, ✆ 04-6675 1946.

Banh Tom Ho Tay, am Ufer des Truc Bach-Sees. Süßwasser-Shrimps aus dem Westsee, im Teigmantel frittiert, kredenzt mit süßsaurer Fischsauce, die mit grünen Papayastückchen aufgepeppt ist – ein Genuss, der nur hier zu haben ist!

KOTO, 59 Van Mieu, ✆ 04-3747 0337, 💻 www.koto.com.au. Schickes Café/Bar/Restaurant nahe Literaturtempel. Gutes Essen und ebensolcher Service. Nebenbei unterstützt man eine gute Sache: Straßenkinder erhalten hier eine Zukunft. ⌚ 11–22 Uhr.

Sawasdee, Pho Duc Chinh. Ein kleines Eckrestaurant mit niedrigen Plastikstühlchen. Einige recht authentische Gerichte aus der Thai-Küche. ⌚ 6–23.30 Uhr.

UNTERHALTUNG

Bars, Kneipen, Clubs

Die meisten Bars und Clubs öffnen erst nach Einbruch der Dunkelheit und schließen je nach Betrieb und Willen der Obrigkeit um Mitternacht oder auch viel später.

Funky B, 2 Ta Hien. Laute, modern gestylte Bar mit vielen Cocktails und Live-DJ. Könnte auch in Berlin sein. (Karte S. 670)

Le Pub, 25 Hang Be, ✆ 04-3926 2104. Angesagte Restaurant-Bar mit kulturellen Events wie Ausstellungen oder Konzerten. Bierbänke im Außenbereich und 2 erhöhte Sitzgelegenheiten mit

Auf einem Hocker am Straßenrand ...

... so lässt es sich am besten genießen: **Bia hoi**, frisch gebrautes Bier, für 3000–5000 Dong pro Glas ausgeschenkt, ist nicht nur ein echt vietnamesisches Geschmackserlebnis (wenngleich das Rezept seinerzeit von tschechischen Aufbauhelfern mitgebracht wurde), sondern auch ein höchst soziales Medium: In einer *bia hoi*-Schenke bleibt man selten lange allein. Seien es andere Traveller oder die lustige vietnamesische (Herren-)Runde am Nachbartisch: Zuprosten genügt.

Bia hoi-Anfängern sei die Straßenkreuzung Ha Tien/Luong Ngoc Quyen in der Altstadt empfohlen, [4649] – hier mischen sich Vietnamesen und Besucher aus Übersee. Überwiegend Einheimische trifft man z. B. an der Hang Vai, Ecke Hang Dong (Karte S. 670).

Blick auf die belebte Hang Be. Es gibt *pho*, Pfannkuchen und Müsli zum Frühstück, Pizza und Burger den ganzen Tag. (Karte S. 670)

Mao's Red Lounge, 7 Ta Hien, ✆ 04-3926 3104, [4647]. Kleiner, angesagter Club mit schummriger Deko. Am späten Abend und besonders am Wochenende kann es ganz schön voll werden. In der 2. Etage ist es nur wenig ruhiger. Nur ein WC, also Wartezeit einkalkulieren! ⌚ 18 Uhr–spät. (Karte S. 670)

Minh's Jazz Club, 1 Trang Tien (hinter der Oper), ✆ 04-3942 0400, [4416]. „The place to be" für Jazz-Freunde. Relativ teure Getränke (gezapftes Bier ab 43 000 Dong), aber für die Kunst müssen halt Opfer gebracht werden. Livemusik von 21–23.15 Uhr, ⌚ bis 23.30 Uhr. (Karte S. 671)

Wasserpuppentheater, Klassische Musik und Theater

Wer sich für hohe Kunst begeistert, sollte die **Oper** besuchen. Die aktuell gastierenden Ensembles sind plakatiert. Die Vorstellung beginnt meistens um 20 Uhr. Eintrittskarten (ca. 400 000–500 000 Dong) gibt es dort ab 17 Uhr. Karten auch im Internet: 💻 www.ticketvn.com.

Bong Sen Lotus-Wasserpuppentheater, 16 Le Thai To St. (79 Hang Trong), ✆ 04-3938 1173, 💻 www.bongsenwaterpuppet.com. Vorstellungen um 17 und 18.30 Uhr, 100 000 Dong (Kinder zahlen voll) in einem imposanten Haus direkt am See. Recht viel Beinfreiheit.

Hong Ha Theater (Vietnam Tuong Theatre), 51 Duong Thanh, ✆ 04-837 0046, 💻 www.vietnamtuongtheatre.com. Mo und Do kann man hier einstündige Vorführungen der klassischen Tuong-Theaterform erleben. Beginn 18 Uhr, Tickets 150 000 Dong.

Thang Long Ca Tru-Theater, 28 Hang Buom, ✆ 01-223 266 897, 💻 www.catruthanglong.com. Darbietungen der klassischen *ca tru*-Musik, die seit 1000 Jahren in Ha Noi erklingt. Tgl. außer Mo von 20–21 Uhr. Eintritt 210 000 Dong/US$10.

Thang Long-Wasserpuppentheater, Le Tai To, Ecke Hang Trong, ✆ 04-3824 9494, 💻 www.thanglongwaterpuppet.org. Vorstellungen tgl. um 13.45, 15, 16.10, 17.20, 18.30, 20 und 21.15 Uhr, So morgens auch um 9.30 Uhr. 1. Klasse 100 000 Dong, 2. Klasse 60 000 Dong, Kinder zahlen die Hälfte.

The Golden Bell Show, Golden Bell Theater, 72 Hang Bac, ✆ 09-8830 7272, 💻 www.goldenbellshow.vn. In einer einstündigen Darbietung werden hier 8 verschiedene Kunstformen aufgeführt: eine Einführung in die verschiedenen Arten von Tanz, Theater und Gesang in Vietnam. Kurze Erläuterungen erleichtern den Zugang. Jeden Sa von 20–21 Uhr; Tickets (130 000 Dong, Kinder bis 6 Jahre frei) am Theater.

AKTIVITÄTEN

Kochkurse

Kochkurse bietet das **Cuisine Viet Restaurant** (s. Essen, S. 678), hier können auch Vegetarier und Veganer das Kochen köstlicher Gerichte erlernen.

Hanoi Cooking Centre, 44 Chau Long, Ba Dinh District, ✆ 04-3715 3277, 💻 www.hanoicookingcentre.com. Umfangreiches Programm von der Frühlingsrolle bis zur veganen Klosterküche, zudem Kochkurse für Kinder (alle 14 Tage Sa nachmittags; US$15).

Orchid Cooking Class, 25 Hang Bac, ✆ 04-3828 4864, 💻 www.cookingclass.vn. Das beliebte 2-geschossige Restaurant (s. o.) in der Altstadt bietet beliebte Kochkurse. Geübt wird 9–12.30 oder 15.30–18.30 Uhr.

EINKAUFEN

Märkte

Ein **Straßenmarkt** findet täglich in der Altstadt in der kleinen Gasse zwischen Cau Go und Gia Ngo statt. Es gibt Essen und viele sonstige Waren; manches leider extra teuer für Touristen, dafür aber fein säuberlich per Hand beschriftet und bereits abgepackt (z. B. Tee, Gewürze und Kaffee).

Am Wochenende (Fr–So) findet abends mitten in der Altstadt ein großer **Nachtmarkt** statt; er verläuft entlang der Hang Dao in nördlicher Richtung.

Weitere Märkte mit Alltagsdingen sind der **Dong Xuan-Markt** in der Altstadt und der

Hom-Markt an der Le Van Huu, Ecke Pho Hue, im Französischen Viertel.

Supermärkte

Hapro und andere Ketten betreiben kleine Märkte überall in der Stadt. Es gibt meist Wasser und andere Getränke, ein paar Kekse und Instantsuppen.

Größer, aber etwas versteckt in einer Seitenstraße liegt das **Intimex Trading Centre**, 22-32 Le Thai To. Im Untergeschoss finden sich Obst, Käse, Wurst, Brot, Süßes, Gewürze und Getränke, im Obergeschoss Toilettenartikel und Kleidung. Hier gibt es auch eine kleine Spielarena mit Rutsche und Bällen: Nett für alle, die mit Kind reisen und in Ruhe einkaufen wollen. ◷ tgl. 8.30–21.30 Uhr.

VIETNAM

Bücher

Infostones Bookshop, 41 Trang Tien, ☏ 04-3826 2993. Große Auswahl an englischsprachigen Bildbänden und Büchern; viele Koch-, Architektur- und Design-Titel aus aller Welt.

Than Long Bookshop, 53-55 Trang Tien. Hat ein besonders großes Sortiment an Stadtplänen und Karten.

Souvenirs

Zahlreiche Geschäfte in der Altstadt bieten **Lackwaren** an. Die Auswahl ist riesig: Teller, Vasen, Bilder und Tabletts sind fast immer im Angebot. Mal sind die Verzierungen aufwendig und stellen Szenen aus dem vietnamesischen Alltag dar, mal handelt es sich um schlichte, einfarbige Ware. Je nach Geschmack und Geldbeutel kann man sehr schöne Stücke erstehen.

Handgemachte **Stempel** mit dem eigenen Namen und einem traditionellen Motiv können ein sehr persönliches Souvenir sein.

The Real Stamp Shop, 5E Dinh Liet, ☏ 09-7563 1889. Hat einige Stempelvorlagen, aber der Mann mit dem Messer schnitzt auch auf Anfrage mitgebrachte Motive. Einfache Stempel mit Namen kosten um 100 000 Dong. Wirklich urig ist das winzige Geschäft **Stamp**, 2b Ta Hien, vollgestellt mit allen erdenklichen Stempeln.

Im Bereich der Hang Non/Hang Manh gibt es kleine Familienunternehmen, die seit Generationen **traditionelle vietnamesische Musikinstrumente** herstellen und Auftragsarbeiten annehmen. Siehe Karte S. 670, Altstadt, „Musikinstrumente“.

Pham Bich Huong, 11A Hang Non, ☏ 04-3828 7412. Der Familienbetrieb besteht seit sage und schreibe 800 Jahren. Daneben bietet **Pham Chi Tinh** eine ebenfalls ansehnliche Sammlung interessanter Instrumente.

In vielen Geschäften der Altstadt werden **Wasserpuppen** angeboten. Außerdem gibt es sie z. B. im Wasserpuppentheater und im Literaturtempel zu kaufen. Die Puppen kosten ab US$15 für kleine, einfache Versionen, US$30 für eine Menschenfigur und US$50–100 oder mehr für größere Puppen, beispielsweise Drachen.

Galerie 54 Traditions, 30 Hang Bun, ☏ 04-3715 1569, 💻 www.54traditions.com.vn. Eine ganz besondere Sammlung von Handwerksarbeiten der 54 ethnischen Minderheiten in Vietnam.

TOUREN

Von der Stadtrundfahrt bis zur wochenlangen Jeeptour, vom Ausflug ins Nachbardorf bis in die benachbarten Länder – bei dem vielfältigen Angebot bleiben kaum Wünsche offen. Tipps von Travellern s. **eXTra [6883]** – hier können auch eigene Bewertungen abgegeben werden.

Reiseveranstalter

Die meisten Minihotels und auch viele der besseren Unterkünfte betreiben eine eigene Reiseagentur, wobei sie Touren der bekannten Anbieter, wie die von Sinh Café, vertreiben. Gebucht werden können Überlandfahrten bis nach Ho-Chi-Minh-Stadt, aber auch Tagesausflüge in die Umgebung und Touren mit Übernachtung auf einem Boot in der Ha Long-Bucht. Jedes dieser Büros besorgt außerdem Zug- und Flugtickets, meist auch ein Visum für die angrenzenden Länder. In der Regel werden je nach Dienstleistung etwa US$2–10 auf den Originalpreis aufgeschlagen.

Die Buchung bei einer der unzähligen kleineren Agenturen oder im Hotel ist meist Glückssache. Oft lohnt es, ein paar Dollar mehr auszugeben: Bessere Guides oder gegebenenfalls schönere Übernachtungen und reichhaltigere Essensauswahl sind der Lohn – oder sollten es jedenfalls sein.
Daneben gibt es Reisebüros, die eigene Touren in die Umgebung organisieren und außerdem für die oben genannten Dienstleistungen zur Verfügung stehen.
Ethnic Travel, 35 Hang Giay, ✆ 04-3926 1951, 💻 www.ethnictravel.com.vn, [7348]. Gut geführte „low impact"-Touren zu den Minoritäten. Zudem Ausflüge in die Bai Tu Long-Bucht. Besonderheit: Übernachtung in Homestays bei lokalen Familien. Von vielen Lesern gelobt. (Karte S. 670)
Explore Indochina, 27 Hang Trong, ✆ 091-309 3159, 💻 www.exploreindochina.com. Mit der russischen Minsk geht es auf Abenteuertour durch Vietnam, auf dem Ho-Chi-Minh-Pfad oder anderen wenig ausgetretenen Pfaden.
Footprint, 30A Ly Nam De, ✆ 04-3933 2844, 💻 www.footprintsvietnam.com. Dieser Veranstalter hat neben den Standardangeboten auch umweltfreundliche Touren für Individualreisende im Programm.
Freewheelin Tours, 62 Duong Yen Phu, 2. Stock, ✆ 04-3926 2743, 💻 www.freewheelin-tours.com. Die Agentur, 1994 von einem französischen Vietnamesen gegründet, hat sich auf abenteuerliche und individuelle Motorradtouren – vor allem im Norden – spezialisiert.
Hanoi KulTour, im Goethe-Institut, 56-68 Nguyen Thai Hoc, 💻 www.hanoikultour.com. Ausgesprochen informative Stadtführungen, geleitet von dem deutschen Journalisten Christian Oster, ✆ 090-414 6240. Geschichten, Hintergründe und nicht zuletzt kulinarische Tipps von einem ausgewiesenen Kenner der Stadt. Und für Krimifans gibt es eine ganz besondere Tour: Auf den Spuren von Kommissar Ly (s. Literaturtipps, Nora Luttmer).
Ocean Tours Vietnam, 82 Ma May, ✆ 04-3926 0463, 💻 www.oceantours.com.vn, [10165]. Empfehlenswerte Option für Touren im Norden von Vietnam, z. B. Ausflug nach Sa Pa oder in die Ha Long-Bucht mit Übernachtung auf der eigenen Privatinsel. (Karte S. 670). Inhaber Mr. Chien arbeitet mit dem Hanoi Rock Hostel zusammen (gemanaged von seiner Frau Thuy) und bietet so neben Touren für Individualreisende mit etwas mehr Budget auch Low-Budget-Touren für Traveller an. Kompetent und individuell.

Stadtführungen

€ Bei den überall angebotenen Stadtrundfahrten im AC-Bus geht es zu den wichtigsten Sehenswürdigkeiten wie dem Ho-Chi-Minh-Mausoleum und -Museum, der Einsäulenpagode und dem Literaturtempel. Zudem ist meist ein Besuch der Altstadt inbegriffen. Los geht's gegen 8 Uhr, Ende ist gegen 16 Uhr. Individueller sind Touren der **Hanoi Kids**, 💻 www.hanoikids.org, und **Hanoi Free Walking Tour**, 💻 www.hanoifreewalkingtours.com. Stadtführungen von Schülern und Studenten – die damit nicht nur ihr Taschengeld, sondern auch ihr Englisch aufbessern wollen.

SONSTIGES

Diplomatische Vertretungen

Adressen und Öffnungszeiten ausländischer **Botschaften** S. 50.

Medizinische Hilfe

Benh Vien Viet Duc (Deutsch-Vietnamesisches Krankenhaus), 40-48 Trang Thi, Altstadt, ✆ 04-3825 3531, 3828 8431. Mit Unterstützung der DDR aufgebaut, daher sprechen noch heute einige Ärzte und Schwestern Deutsch. 24-Std.-Notaufnahme, Konsultationen ab US$15.
Family Medical Practice, 298 I Kim Ma, Van Phuc Compound, 💻 www.vietnammedicalpractice.com. Der 24-Std.-Dienst ist unter ✆ 04-3843 0748 zu erreichen. Eine Erstbehandlung kostet US$50. Notfallbehandlungen sind teurer. Die Klinik besitzt eine Krankenstation, sodass auch stationäre Behandlungen möglich sind. Für Transporte aus dem nördlichen Bergland steht ein Helikopter zur

Verfügung. Der Klinik angeschlossen ist eine **Family Dental Clinic**, ✆ 04-3823 0281 (24 Std.).

Institut für Traditionelle Medizin, 26-29 Nguyen Binh Khiem, ✆ 04-3943 1018. Für alternative Behandlungsmethoden. Physiotherapie, Bäder und Massage. ⌚ tgl. 8.30–11 und 14–21 Uhr.

International SOS Clinic, 31 Hai Ba Trung, ✆ 04-3934 0555 (24 Std.). Konsultation ca. US$60. Internationaler Standard.

L'Hôpital Français de Hanoi, 1 Phuong Mai, ✆ 04-3574 0740, Notruf 04-3574 1111, 💻 http://en.hfh.com.vn. Internationaler Standard, Konsultationen ca. US$50. Auch zahn- und augenärztliche Behandlungen.

Vietnam-Korea Friendship Clinic, 12 Chu Van An, Ecke Tran Phu, ✆ 04-3843 7231. Preisgünstige Konsultationen ab US$5. ⌚ Mo–Fr 9–12 und 14–17 Uhr.

Post

International Post Office, am Südende des Hoan Kiem-Sees, 87 Dinh Tien Hoang, ✆ 04-3825 2030. Bietet einen Packservice für Pakete nach Übersee. Die Prozedur umfasst das Ausfüllen einiger Papiere und das Erstellen einer Inventarliste. ⌚ tgl. 7–21 Uhr. Im Winter schließt das Postamt ein halbes Stündchen früher.

NAHVERKEHR

Cyclos

War eine Cyclo-Fahrt durch die Altstadt vor Jahren noch eine gemütliche Erfahrung mit echtem Indochina-Flair, so kann sie heute während der Stoßzeiten zu einem wahrhaft atemberaubenden Trip durch Abgaswolken und Menschenknäuel werden. Mit etwas Glück, bei wenig Verkehr und Sonnenschein, kann eine solche Fahrt aber auch heute noch für schöne Erinnerungen sorgen. 1 Std. kostet ab 50 000 Dong.

Fahrräder

Radler sind die schwächsten, rechtlosesten und verletzlichsten Teilnehmer des rollenden Verkehrs in Ha Noi: kein Wunder, dass sie immer seltener werden. Es gibt geführte Fahrradtouren rund um die Seen und/oder an historische Plätze.

Hanoi Bike Tour, 14 Yen Hoa, ✆ 04-6290 8825, 💻 www.hanoibiketour.com. Am Westsee gelegen. Halbtagstouren bis hin zu mehreren Tagen zu einem Nationalpark oder etwa nach Mai Chau. Es ist auch möglich, tageweise Räder zu mieten.

The Hanoi Bicycle Collective, 29 Nhat Chieu, ✆ 04-3718 3156, 💻 http://www.thbc.vn. Touren auf Stadträdern und/oder Mountainbikes. Es ist auch möglich, sich nur ein Fahrrad zu mieten und auf eigene Faust die Umgebung zu erkunden. Es gibt z. B. eine Beer-Tour. Sie führt nicht nur zu zahlreichen *bia hois*, sondern auch in eine Bierfabrik.

Stadtbusse

Ha Noi hat ein ausgeklügeltes Stadtbus-System mit mehr als 50 Linien. Wer die Menschenmengen im Bus nicht scheut, kann für wenig Geld (pro Fahrt 3000–5000 Dong) kreuz und quer durch die Stadt düsen und dabei, als bestaunter Exot, auch noch Spaß mit Mitreisenden haben.

Taxis

Taxis werden in der Regel von den Hotels bei Abfahrt zum Flughafen, Zug oder Bus organisiert. Bei Ankunft am Flughafen besteht kein Mangel an Taxis (s. u., Flüge). Bei Ankunft mit dem Zug warten viele Taxifahrer vor und im Bahnhof. Vorsicht bei Fahrern, die Kunden direkt nach dem Aussteigen abfangen. Hier wird man privat kutschiert, über den Hintereingang hinausgelotst und zahlt meist einen sehr überhöhten Preis.

Es ist zudem leider anzumerken, dass zahlreiche Taxifahrer (vor allem jene, die man auf der Straße anhält oder die am Bahnhof warten) ihre Taxameter manipuliert haben. Wer skeptisch wird, weil die Uhr zu schnell rattert, sollte den Fahrer bitten, anzuhalten, und aussteigen, sofern man nicht bereit ist, den überhöhten Preis zu zahlen. Der Grundpreis liegt meist bei 18 000 Dong, eine Fahrt bis zu 20 km kostet 8500 Dong pro Kilometer, ab 21 km 5000 Dong pro Kilometer. Eine Fahrt zum oder vom

Flughafen in die Altstadt kostet um die 300 000 Dong.
Hanoi Taxi, ✆ 04-3853 5353;
Airport Taxi, ✆ 04-3873 3333.

Xe om

Xe om sind Legion – und ihre Fahrer oft Legionäre, die sich bei dem täglichen Überlebenskampf auf der Straße mehr oder weniger bewährt haben. Wer mit einem Fahrer zufrieden war, sollte ihm treu bleiben: Schon der nächste könnte sich als Kamikaze-Pilot erweisen. Kürzere Strecken kosten ab 10 000 Dong, mittlere zwischen 30 000 und 50 000 Dong. Bei Fahrten von den äußeren Busbahnhöfen in die Innenstadt wird auch mehr verlangt.

TRANSPORT

Busse

Open Tour-Busse

Die Open Tour-Unternehmen verbinden Ha Noi mit den wichtigsten touristischen Zielen Vietnams. Tickets lassen sich in fast allen Hotels und vielen kleinen Reisebüros kaufen. Mit diesen Bussen geht es zu den Haupttouristenorten wie Mui Ne, Nha Trang, HCMS und Da Lat. Einige Unternehmen haben auch Ninh Binh und Phong Nha im Programm (Camel Travel, Queen Open Bus und Hung Thanh). Die Routen beinhalten oft: HA NOI, NINH BINH, HUE, HOI AN, DA NANG, NHA TRANG, DA LAT, MUI NE und HCMS. Ein Ticket ist 1 Monat gültig und kostet etwa 800 000 Dong. Informationen z. B. bei **Hung Than**, 162 Tran Quang Khai, ✆ 043-927 4284, 💻 www.hungthanhtravel.vn. Diese Gesellschaft betreibt auch „normale" Überlandbusse (s. u.). Bewährt hat sich **The Sinh Tourist**, 52 Luong Ngoc Quyen, ✆ 04-3926 1568, oder 64 Tran Nhat Duat, ✆ 04-3929 0394, 💻 www.thesinhtourist.vn.

Mit dem Bus nach Laos

Es ist eine von diesen Geschichten, die man ertragen muss, um sie hinterher erzählen zu können: eingepfercht in einen „Sleeper"-Bus in (mindestens) 20 Stunden von der vietnamesischen Hauptstadt in die laotische zu fahren. Oder in 24 Std. nach Luang Prabang. Nur wer nicht größer als 1,60 m ist oder erfahren ist in der Kunst des Selbst Origami, wird auf den Schlafsitzen vielleicht Ruhe finden – ansonsten ist die lange Fahrt eine ziemliche Leidensstrecke. Die schönen Ausblicke unterwegs bilden allerdigs einen kleinen Trost. Los geht's zwischen 17 und 19 Uhr für 700 000 Dong / 1 200 000 Dong, Tickets gibt's bei fast allen Reiseagenturen in der Altstadt oder über die Unterkunft.

Sapa Express

Nach SA PA fährt der private Anbieter Sapa Express, 12 Ly Thai To, ✆ 04-6682 1555, um 7 Uhr morgens in 5 1/2 Std. für 369 000 Dong (Kinder mit Sitzplatz zahlen je nach Alter 50–75 %). Zurück ab Sa Pa um 16 Uhr, Ankunft in Ha Noi gegen 21.30 Uhr. Auch Queen Open Bus fährt nach Sa Pa.

Öffentliche Busse

Wer sich etwas abseits des Touristenstroms bewegen will, nimmt einen der unzähligen lokalen Busse. Ha Noi hat mehrere große **Busbahnhöfe**, von denen aus die Stadt mit dem Rest des Landes verbunden wird:
Vom **Giap Bat**, Giai Phong, ✆ 04-3864 1467, gegenüber dem gleichnamigen Bahnhof etwa 6 km südlich des Hauptbahnhofs, verkehren hauptsächlich Busse gen Süden;
vom **Gia Lam**, ✆ 04-3827 1529, östlich des Roten Flusses, etwa 2 km von der Altstadt entfernt, geht es meist zu Zielen im Norden und Nordosten;
der **My Dinh**, 20 Pham Hung, ✆ 043-768 5548, knapp 10 km westlich des Zentrums, unterhält Busse nach Westen und weitere Langstreckenverbindungen.
Zentraler, nämlich am Ostrand des Französischen Viertels, liegt der **Luong Yen-Busbahnhof**, ✆ 04-3972 0477. Bei Bussen, die nicht ganztags verkehren, ist es sinnvoll, vorher an der Busstation anzurufen (oder anrufen zu lassen), um die Abfahrtszeit zu verifizieren – denn Änderungen sind hier nichts Ungewöhnliches.

Luong Yen
Direktbusse der Gesellschaft **Hoang Long Bus Company**, 28 Tran Nhat Duat, ✆ 031-392 0920, 🖳 www.hoanglongasia.com.
CAT BA (inkl. Fährverbindung), Abfahrt um 5.30, 7.30, 11.30 und 13.30 Uhr in 4 Std. für 210 000 Dong. Tickets am Busbahnhof oder am Office oberhalb des Osttors (Karte S. 670). Man sollte mind. eine halbe Stunde vor Abfahrt am Busbahnhof sein.
Richtung Süden bis HCMS: von 7–23 Uhr alle 2 Std. für 830 000 Dong; Fahrpreise: NINH BINH 160 000 Dong, VINH 220 000 Dong, HUE 370 000 Dong, DA NANG 430 000 Dong, NHA TRANG 710 000 Dong, sowie um 20.30 Uhr bis CAN THO für 910 000 Dong.

Weitere Regionalbusse:
CAI RONG, um 4.30, 13.30, ab 19.30 Uhr stdl. bis 22.30 Uhr in ca. 5–6 Std. für 160 000 Dong;
HA GIANG, um 3, 3.30 und 20.30 Uhr in 7–8 Std. für 150 000–180 000 Dong;
HAI PHONG, ständig zwischen 4.50 und 21.15 Uhr in 1 1/2 Std. für 75 000–80 000 Dong; die Zahl auf dem Ticket ist die Endziffer des Bus-Nummernschilds;
HO-CHI-MINH-STADT, um 8 und 14 Uhr in 38 1/2 Std. für 780 000 Dong, etwas günstiger als mit Hoang Long, s. o.
LAO CAI, um 8, 8.45, 9.15 und 19.30 Uhr in 9–10 Std. für 250 000–300 000 Dong;
MONG CAI, 8 Busse zwischen 9.30 und 22.30 Uhr alle 30 Min. in 7 Std. für 250 000–280 000 Dong;
NINH BINH, um 12 Uhr in 2–3 Std. für 70 000 Dong;
THAI NGUYEN, um 13.30 Uhr in 3 Std. für 40 000 Dong;

Gia Lam
BAI CHAY (HA LONG-STADT), alle 20–30 Min. zwischen 6 und 13 Uhr in 4 Std. für 100 000 Dong;
HA GIANG, um 3, 3.30, 4.10, 9 und 19 Uhr in 7 Std. für 170 000–200 000 Dong;
HAI PHONG, von 5–21 Uhr alle 20 Min. in etwa 2 Std. für 70 000 Dong;
LAO CAI, um 18.30 und 19 Uhr in 9–10 Std. für 250 000 Dong;
MONG CAI, zwischen 6 und 22 Uhr, etwa stdl., in 7–8 Std. für 200 000 Dong.

Giap Bat
CUC PHUONG, um 9 und 14.30 Uhr in 3 Std. für 70 000 Dong. Man kann aber auch stdl. nach Nho Quan und von dort mit dem Xe om in den Park fahren.
HAI PHONG, zwischen 5 und 17 Uhr alle 15–20 Min. in 2–3 Std. für 70 000 Dong;
NINH BINH, regelmäßig zwischen 5 und 16 Uhr in 3–4 Std. für 70 000 Dong;
SAM SON, zwischen 5 und 14 Uhr alle 20 Min. in 3–4 Std. für 100 000 Dong.

My Dinh
Viele Busse kann man spontan nehmen. Wer sichergehen will, holt sich tags zuvor ein Ticket.
BAI CHAY (HA LONG-STADT), 37 Busse alle 15 Min. zwischen 6 und 18 Uhr in 4 Std. für 100 000 Dong;
DIEN BIEN PHU, 5 und 6 Uhr und zwischen 17 und 21.30 Uhr alle 30 Min. in 12 Std. ab 350 000 Dong;
HA GIANG, von 5–22 Uhr etwa alle 30 Min., 6 Std. Tagsüber mit dem Kleinbus, nachts mit dem Liegebus in 8–9 Std. für 200 000–300 000 Dong. Wer sicher einen Platz vorbuchen will, muss einen Tag vorher zum Bahnhof gehen bzw. anrufen oder z. B. bei Hung Thanh buchen, Busse um 8 und 20 Uhr.
LANG SON, zwischen 6.15 und 17 Uhr alle 15 Min. in 4 Std. für 120 000–170 000 Dong;
LAO CAI, mit Hung Thanh um 7 und 22 Uhr in 9 Std. für 220 000–250 000 Dong;
MAI CHAU, um 9, 11, 12.30 und 13.30 Uhr in 3–4 Std. für 80 000 Dong;
NINH BINH, von 6–17 Uhr alle 30 Min. in 4 Std. für 80 000 Dong;
SON LA, von 5.30–20 Uhr alle 30 Min. in 8 Std. für 220 000 Dong;
TAM DAO, um 11, 11.20, 12.20, 13.15, 14.40, 15.15 und 16 Uhr in 2–3 Std. für 70 000 Dong.

Eisenbahn
Am **Hauptbahnhof** in der 120 Le Duan, ✆ 04-3942 3697, fahren tgl. über 200 Züge ab. Eine erste Orientierung bei der Übersicht

versprechen zudem die Fahrpläne in der Bahnhofshalle. Siehe zudem den **Fahrplan** S. 883. Weitere Infos zum Thema Zugfahren S. 54. Vor Ort kann man sich zudem an den **Informationsschalter** am Bahnhof wenden, 🕒 8–12.30 und 13.30–19.30 Uhr. Wer sein Ticket nicht (zu einem Aufpreis) über eine Reiseagentur besorgt, muss die Fahrkarte für eine längere Strecke spätestens 4 Std. vor Abfahrt am entsprechenden Schalter im Bahnhof kaufen. Dann sind aber oft schon alle Tickets weg: Es lohnt besonders für die begehrteren Schlafwagenplätze, 1–2 Tage vorher zu buchen. Fahrscheine für Kurzstrecken können bis 1 Std. vorher erworben werden.

In Richtung Süden nimmt man am besten einen der schnelleren SE-Züge.

LAO CAI (SA PA), die meisten Reisenden bevorzugen private **Schlafwagen** in einem der **Nachtzüge**. Die Tickets (US$30–40) werden am besten über ein Reisebüro gebucht; die Angestellten dort können schnell die verschiedenen verfügbaren Optionen der einzelnen Gesellschaften für den gewünschten Reisetag durchtelefonieren.

Flüge

Der internationale **Flughafen Noi Bai** befindet sich etwa 35 km nördlich des Zentrums. Der Flughafen ist mit dem Taxi in etwa 40 Min. zu erreichen (wenn kein Stau ist), Busse brauchen länger.

Ein **Flughafenbus** fährt von morgens früh bis ca.18 Uhr vom Flughafen in die Innenstadt (US$2, Tickets im Bus) und benötigt je nach Verkehr eine knappe Stunde. Die Bushaltestelle befindet sich, wenn man das Gebäude verlässt, rechter Hand etwa 100 m entfernt. An der gleichen Stelle startet auch tagsüber der hellrote öffentliche Bus von **Jetstar Airlines** (Tickets im Bus; 40 000 Dong, Endstation am Jetstar Airlines Office östlich des Hoan Kiem-Sees, 206 Tran Quang Khai, s. Karte S. 671).

Auch Vietnam Airlines bietet die Fahrt in einem Minibus für 40 000 Dong an (Ankunftsort s. u.).

Eine weitere Möglichkeit ist der **öffentliche Bus Nr. 17**, der ebenfalls rechts etwas weiter vom Eingang entfernt startet; von 5 bis 21 Uhr für 5000 Dong zum Long Bien Bahnhof nördl. der Altstadt, s. Karte S. 670.

Minibusse von **Vietnam Airlines** zum Flughafen, ☎ 04-3884 0496, starten gegenüber dem Vietnam Airlines Office in der 1 Quang Trung, Ecke Trang Thi, s. Karte S. 670.

Der erste Shuttle fährt um 4.45 Uhr, ab 6 Uhr stdl. bis 19 Uhr, letzter Bus 19.30 Uhr. Für die frühen Busse sollte man sich einen Tag vorher anmelden. 40 000 Dong p. P.

Wer am Flughafen ein **Taxi in die Innenstadt** nimmt, kann entweder einen Festpreis aushandeln oder den Taxameter einschalten lassen. Es muss mit ungefähr US$15 (etwa 350 000 Dong) gerechnet werden.

Inlandflüge

Zu den wichtigsten Zielen starten (oft mehrmals) tgl. Flüge. Es empfiehlt sich eine frühzeitige Planung und Buchung.

Von **Vietnam Airlines**, 1 Quang Trung, ☎ 04-3825 0888, 💻 www.vietnamairlines.com, werden u. a. folgende Destinationen angeflogen: BUON MA THUOT, DA LAT, DA NANG, HUE, HCMS, NHA TRANG. Der komplette Flugplan findet sich auf der Website des Unternehmens.

Jetstar Pacific, 206 Tran Quang Khai, ☎ 04-3855 0550, 💻 www.jetstarpacific.com.vn, fliegt tgl. nach DA NANG, HCMS und NHA TRANG. Die Preise sind oft günstiger als bei Vietnam Airlines. Auf der Website sind die aktuellen Angebote abrufbar.

Internationale Flüge

AirAsia, 9 Hang Manh, ☎ 04-3928 8282, 💻 www.airasia.com, verbindet Ha Noi mit dem benachbarten Ausland, darunter Bangkok (Don Muang). Umbuchungen von im Internet gebuchten Flügen sind bei einem persönlichen Besuch im Büro gegen Gebühr möglich.

Vietnam Airlines (s. o.) fliegt alle Hauptstädte der umgebenden Länder sowie viele weitere internationale Ziele an.

Lao Airlines , 💻 www.laoairlines.com, startet tgl. nach Vientiane (1 1/4 Std.) und Luang Prabang (1 Std.).

Viele **weitere Airlines** haben Ha Noi im Flugplan – s. hierzu **eXTra [4652]**.

Die Umgebung von Ha Noi

Tam Dao

Als die Franzosen zu Beginn des 20. Jhs. in den Bergen nördlich von Ha Noi einen Kurort einrichteten, um der sommerlichen Hitze in Ha Noi zu entkommen, suchten sie sich ein hübsches Plätzchen aus: Tam Dao bedeutet „Drei Inseln" – ein passender Name für die drei bis zu 1592 m hohen Bergspitzen, die oft aus einem Meer von Wolken emporragen.

Die ehemalige Sommerfrische, von den Kolonialherren nach einem nahe gelegenen Wasserfall „Cascade d'Argent" (Suoi Bac, „Silberfall") genannt und einst auch als „Da Lat des Nordens" bekannt, liegt auf 900 m Höhe. Von den ehemals zahlreichen prächtigen Villen sind nicht viele übrig geblieben.

Das Bergmassiv, auf dem Tam Dao liegt, befindet sich isoliert von den Bergen des Nordens in der Ebene. Wie auf einer ökologischen Insel hat sich hier eine einzigartige Flora und Fauna entwickelt. Um das dicht bewaldete Gebiet zu schützen, wurde es 1996 zum **Tam Dao-Nationalpark** erklärt. Mit einer Ausdehnung von 36 900 ha ist er einer der größten Nationalparks des Landes.

ÜBERNACHTUNG UND ESSEN

Insgesamt sind die Unterkünfte und Restaurants eher auf einheimische Reisende eingestellt: Die preiswerten Unterkünfte sind karg und schlicht; und auf den Speisekarten steht vornehmlich Wild. Vegetarier und Naturfreunde werden hier nicht glücklich. In einigen Hotelrestaurants ist jedoch auch „normale", das heißt gezüchtete oder angebaute Kost zu haben und hie und da auch internationale Küche, etwa im Bamboo Restaurant im Mela Hotel.

Ciao Bella Hotel, ✆ 0211-382 4559, 💻 www.ciaobella.vn. Kleines, ansprechend ausgestattetes Hotel mit 8 Deluxe-Zimmern und einem „Royal room". Da noch recht neu, ist alles noch gut in Schuss. Freundliches Personal. ❺–❻

Green World Hotel, Khu Nhi Mat, ✆ 0211-382 4315. Der grüne Riese ist eines der größten Hotels am Ort, die mehr als 100 Zimmer sind angenehm. Alle Räume mit Heizung und TV, die nach vorne heraus haben einen Balkon. ❷–❸

Huong Lien Hotel, Khu 1 Thi, ✆ 0211-382 4282. Zentrales, einfaches Hotel; schlichte Zimmer mit Balkon. In der näheren Umgebung des Hotels befinden sich einige Restaurants. Freundliche Leute, allerdings nicht englischsprachig. ❶

Mela Hotel, Thi Tran, ✆ 0211-382 4321. Ansprechendes Hotel mit etwas in die Jahre gekommenen, aber noch recht gepflegten Zimmern. TV und Heizung (Radiatoren), zum Teil mit großem Balkon. Schöner Swimming Pool. Gutes Restaurant (inkl. Frühstück bis 9 Uhr). Das Personal ist nicht zu jedem freundlich. ❹

TRANSPORT

Anreise über die N2: Erst Richtung Noi Bai-Flughafen, dann links Richtung Vinh Phuc und Vinh Yen, dort rechts nach Tam Dao (ausgeschildert); nach 14 km bergauf ist das Ziel erreicht.

Mit dem **Bus** aus HA NOI (My Dinh- und Gia Lam-Busbahnhof, ca. 60 000 Dong) bis Vinh Yen, von dort weiter mit dem Xe om für etwa 150 000 Dong oder einem Taxi für etwa 300 000 Dong. Es gibt dort leider viele Unfälle mit Xe om, wenn möglich also besser Taxi fahren.

Nach Süden zur Parfümpagode

Die „Parfümpagode" **Chua Huong** [4650], 70 km südlich von Ha Noi, ist eines der wichtigsten Pilgerziele des Landes. Hinter dem Begriff Chua Huong verbirgt sich mehr als „nur" eine Pagode: nämlich ein landschaftlich interessantes Gebiet, das auf romantischen Wasserwegen

VIETNAM

und steilen Bergpfaden erkundet werden kann und in dem die namengebende Pagode zwar das bekannteste, aber nur eines von mehreren Zielen ist. Jedes Jahr zu Tet strömen Hunderttausende Vietnamesen hierher, und in den ersten drei Monaten des Jahres herrscht reger Pilgerbetrieb.

Von Ha Noi aus ist nach knapp zweistündiger Fahrt entlang der N21B **Ben Duc** erreicht – die Pforte zum Huong Son-Gebiet. Nach einem Stopp am Ticketschalter (50 000 Dong) geht es an Bord eines kleinen Sampans etwa eine Stunde lang auf dem Yen Vi-Fluss durch eine schöne Landschaft. Kurz nach dem Ablegen kommt man am **Trinh-Tempel** vorbei, der den legendären Hung-Königen gewidmet ist. Einheimische Pilger machen hier Halt, um zu beten und Wunschzettel zu schreiben, die sie später in der Parfümpagode verbrennen. Nach ruhiger Fahrt erreicht man schließlich den Anleger **Ben Tro**. Hier bieten kleine Restaurants die Möglichkeit zu einer Stärkung, bevor es weitergeht. Die nahe gelegene **Thien Tru-Pagode** stammt eigentlich aus dem 15. Jh., wurde nach den Kriegen des letzten Jahrhunderts jedoch grundlegend erneuert. Thien Tru bedeutet „Himmelsküche", denn hier speisen die Pilger, bevor sie sich an den Aufstieg zur Parfümpagode machen.

Zu Fuß geht es weiter den Berg hinauf: vorbei an der „Quelle der Reinigung" **Giai Oan**, einer an den Fels gebauten Pagode und einigen anderen Sakralbauten, bis nach ungefähr 30 Minuten steilem Aufstieg (bei wenig Betrieb und zügigem Schritt) der Höhleneingang zur Parfümpagode erreicht ist. Die chinesischen Zeichen über dem Eingang bedeuten „Die schönste Höhle des Südens". Der Name „Parfümpagode" soll übrigens daher stammen, dass hier einst ein chinesischer Mönch lebte, der einen ganz besonderen Duft hinterließ. Im Inneren der Höhle wird die Göttin der Barmherzigkeit **Quan Am Nam Hai** verehrt. Um sie rankt sich eine besondere Legende, die vermutlich chinesischen Ursprungs ist, allerdings ihre eigene, vietnamesische Version hat.

Bequemere Naturen nehmen statt des Pilgerwegs die Seilbahn (40 000 Dong, hin und zurück 70 000 Dong) und genießen den Ausblick auf die großartige Natur aus der Gondel.

Westlich von Ha Noi

Thay- und Tay Phuong-Pagode

Die **Thay-Pagode** sieht aus wie eine Wirklichkeit gewordene Tuschezeichnung aus einem Buch über asiatische Kunst: geschwungene Dächer und überdachte Steinbrücken am Ufer eines stillen Sees, umgeben von Bäumen, im Hintergrund raue Felsen und Klippen. Die Pagode, deren Name übersetzt „Himmlischer Segen" lautet, besteht seit dem 11. Jh. und ist eines der beliebtesten Pilgerziele in der Region. Hier lebte im 12. Jh. der berühmte Mönch **Tu Dao Hanh**, dem man magische Kräfte nachsagte.

Im See, an dem die Pagode liegt und der den poetischen Namen „Drachensee" trägt, liegt ein kleiner Pavillon. An Festtagen werden hier Wasserpuppenspiele aufgeführt. Das größte Fest findet vom 5.–7. Tag des 3. Mondmonats statt. Die zwei überdachten Brücken stammen von 1602 und führen links (über die Sonnenbrücke) zu einem taoistischen Tempel, in dem der Jadekaiser, der Erdgott und der Wassergott verehrt werden, und rechts (über die Mondbrücke) zu einigen kleineren Heiligtümern. Der Berg hinter den Hauptgebäuden birgt außerdem einige Grotten, darunter die Thanh Hoa-Grotte, in der der verehrte Mönch nach siebenmonatiger Meditation verstorben sein soll.

Die **Tay Phuong-Pagode** („Westliches Land des vollkommenen Glücks") liegt ebenfalls in einer schönen Landschaft, auf einem kleinen Berg in den Reisfeldern. Sie ist viele hundert Jahre alt – wie viele, weiß niemand genau. Mehr als 200 Stufen sind zu erklimmen, ehe die Pagode erreicht ist. Im dreiteiligen Hauptgebäude befindet sich eine wertvolle Sammlung von Statuen, von denen die der 18 Nachfolger Buddhas (Arhats, *la han*) zu den bedeutendsten zählen.

Thay- und Tay Phuong Pagode liegen nur einige Kilometer auseinander und können nacheinander besucht werden. Man folgt der N32 Richtung Westen bis Dai Phung (Kilometerstein 20), überquert den Day-Fluss, hält sich am Kilometerstein 25 links und folgt der Straße entlang dem Quai Che-Deich für 9 km bis zur Tay Phuong-Pagode. Die Thay-Pagode liegt 5 km weiter südlich.

Nördliches Bergland

N
0
50 km
Pho hua
Duc bao
Sau Deng
Dong Van
Sa Phin
Meo Vac
Xin uy
Tinh Tay
Xeng Tau
Yen Minh
Tam Son
Niem Son
Hoa Tung
Pac Bo
Pac Bo-Höhle
Xin Chieu
Dao Uy
Xinh Uy
Sandieling-Wasserfall
Na Phong
Bao Lac
Ha Quang
Xia lay
Detian-Wasserfall
Ban Gioc-Wasserfälle, Nguom Ngao-Höhle
Ha Giang
Na Yen
Bao Lam
Man Coc
Hung Quoc
Trung Khanh
Hoang Su Phi
Ton Tha, Ha Thanh
Bac Me
Pia Da
1980
Lung Sung
Nuoc Hai
Bang Ca
Heiße Mineral-Quelle
Vi Xuyen
Song Gam-Gebirgskette
Na Roac
Song Bang Giang
Quang Uyen
Ha Lang
Tinh Tuc
Nguyen Binh
Cao Bang
HA GIANG
CAO BANG
Viet Quang
Vinh Ngoc
Cho Ra
BA BE-NATIONAL-PARK
Na Phac
Dong Khe
Longzhou
Lang Thiu
Na Hang
Bo Lu
That Khe
Phou Thong
Pan Xa
Vinh Tuy
Yen Lac
Ninhming
Natur-schutz-gebiet Kim Hy
1587
Yen The
Cham Chu
Song Lo
Song Gam
Bac Kan
Vinh Loc
Bang Lung
Song Ky Cung
TUYEN QUANG
BAC KAN
LANG SON
Na Sam
Pingxiang
Tan Yen
Ngan Son-Gebirgskette
Naturschutzgebiet Mo Re - Bac Son
Dong Dang
Thac Ba-Stausee
Cho Chu
Cao Loc
Mau A
Phuong Hoang-Höhle
Bac Son
Tam Thanh-Höhle
Lang Son
Yen Binh
Tuyen Quang
Van Quan
Thac Ba
Bac Son-Gebirgskette
BAC THAI
Dinh Ca
Loc Binh
Co Phuc
Son Duong
Giang Tien
Naturschutz-gebiet Huu Lien
Yen Bai
Dai Tu
Dong Chua
Na Duong
Doan Hung
Chi Lang
Ban Chieng
Ha Hoa
Thai Nguyen
Huu Lung
TAM DAO-NATIONAL-PARK
Cau Go
Van Chan
Phu Tho
Phong Chau
Bien Giua
Kep
Chu
Na Hin
Yen Lap
Vinh Yen
Xuan Hoa
Bich Dong
Viet Tri
Bac Giang
BAC GIANG
Phu Yen
Thanh Som
Phuc Yen
Bac Ninh
XUAN SON-NP
PHU THO
BA VI-NP
Son Tay
Sao Do
Dong Trieu
Mao Khe
Uong Bi
QUANG NINH
Ha Noi
Nhu Quynh
Troi
Doan Ket
Song Da
Hai Duong
Quang Yen
Ha Long
Ha Dong
Da Bac
Xuan Mai
Khoai Chau
Gia Loc
An Lao
Hai Phong
Hoa Binh
Kim Bai
Song Da-See
Puh Minh
Thanh Mien
CAT BA
Dong Bang
Phu Xuyen
Kien An
Cat Ba
Mai Chau
Ninh Giang
Tien Lang
Do Son
Ban Pom Coong
Don Loo
Naturschutz-gebiet Thuong Tien
Te Tieu
Hung Yen
Thanh Ha
Muong Khen
Phu Ly
Song Hong Ha
THAI BINH
Song Ma
Naturschutz-gebiet Pu Hu
Naturschutz-gebiet Pu Luong
Chi Ne
Hung Ha
Diem Dien
Thai Binh
Hang Tram
Tien Hai
Canh Nang
Nam Dinh
Nho Quan
CUC PHUONG-NP
Nong Het
Na Nghia
Quang Yen
Goi
Ngo Dong
DEN
Vinh Bac Bo
Ba Thuoc
Nameo
Ban Hao
Cam Thuy
Ninh Binh
Tam Diep
Pho Cat
Nam Hai
Yen Ninh
Yen Dinh
Lang Chanh
Ngoc Lac
Vinh Loc
Phat Diem
THANH HOA
Bien Son
Ha Trung
Thinh Long

Nördliches Bergland

Das nördliche Bergland ist eine der interessantesten, aber auch unzugänglichsten Regionen des Landes. Es ist die Heimat einer Vielzahl ethnischer Minderheiten, die in den unwegsamen Bergen und Tälern ihre Traditionen bewahren konnten. Wie vor Jahrhunderten beackern sie mit einfachstem Gerät ihre Felder, die über Generationen kunstvoll in die Berghänge terrassiert wurden. Die meisten Touristen zieht es nach **Sa Pa.** Das ehemalige Bergdorf, das schon die französischen Kolonialherren zu schätzen wussten, ist inzwischen zu einer kleinen Stadt gewachsen und gut von Ha Noi aus zu erreichen. Es bietet genügend Unterkünfte für jeden Geldbeutel und eine Anzahl guter Restaurants. Von hier aus sind unterschiedlich lange Treks in die Umgebung möglich, daneben Ausflüge auf einen der **Wochenmärkte** in der Umgebung, von denen der Sonntagsmarkt von **Bac Ha** der bekannteste ist.

Näher an Ha Noi liegt **Mai Chau**, wo sich in einem hübschen Tal einige von Reisfeldern umgebene Thai-Dörfer angesiedelt haben. Nicht ohne Grund ist es schon seit Jahren ein beliebtes Ausflugsziel von der Hauptstadt. Relativ leicht zu besuchen ist von Ha Noi aus der **Ba Be-Nationalpark**, wohin auch organisierte Touren angeboten werden.

Ein Besuch in **Dien Bien Phu** ist Pflichtprogramm für alle Geschichtsinteressierten. Hier wurde 1954 die französische Kolonialmacht in einer fast schon legendären Schlacht vernichtend geschlagen. Anhand vieler Überbleibsel wie Bunker, Stacheldrahtverhaue, Panzer etc. lässt sich der Schlachtverlauf nachvollziehen. Über Land geht es von hier auch weiter nach Laos. Internationale Grenzübergänge verbinden Vietnam zudem mit China: einer in **Lao Cai**, ein weiterer in Dong Dang bei **Lang Son**. Eisenbahnlinien führen von Ha Noi aus über die Grenze; sie stellen gleichzeitig die beiden Hauptschlagadern des ansonsten stellenweise sehr unwegsamen nördlichen Berglands dar.

Mai Chau

Das schöne Tal von Mai Chau [4417] liegt nur etwa 150 km südwestlich von Ha Noi und ist schon seit vielen Jahren ein beliebtes Ziel für Reisende, die wenig Zeit haben, aber dennoch in einem „echten" Bergdorf übernachten möchten. Und auch wenn schon Tausende Traveller vorher hier waren: Mai Chau ist immer noch ein Synonym für ein paar friedliche Stunden oder Tage in einem Dorf mit freundlichen Menschen und stilechten Übernachtungen im Stelzenhaus.

Die kleine vietnamesische Siedlung am Beginn des Tals ist Endstation für die wenigen Busse, die von Ha Noi hierher fahren, und Ausgangspunkt für Besuche der nahe gelegenen Thai-Siedlungen, in denen westliche Touristen gern gesehene Gäste sind – die nächstgelegenen Dörfer **Ban Pom Coong** und **Ban Lac** sind nur einen Katzensprung mit dem Xe om entfernt (2 km). Die Unterkünfte sind preiswert und schlicht: Die Spanne reicht von der Matratze im Schlafsaal für wenige Dollar bis zum kleinen Doppelzimmer, immer mit Gemeinschaftsbad. Familienanschluss ist dabei unausweichlich, und einfache Mahlzeiten (Frühstück, Mittag- und Abendessen) werden überall zubereitet.

ÜBERNACHTUNG UND ESSEN

Ban Lac und Ban Pom Coong

In den Dörfern sind die über 30 Gästehäuser der Einfachheit halber durchnummeriert. Am Ortseingang von **Ban Lac** liegt **Guest House 1 (Ha Thu Hoa)**, ✆ 091-583 3572, 💻 www.maichau-guesthouse.com. Schöne Sicht auf die Reisfelder, die Betreiber Ms. Hoa und Mr. Thu sind freundliche Leute. Zudem gibt es gute Küche (wenn man isst, was auf den Tisch kommt, und nicht die Köchin oder den Koch dazu verdonnert, etwas Westliches zu fabrizieren): Dies gilt auch für alle anderen Unterkünfte. Sie unterscheiden sich kaum. Vorsicht ist geboten, wenn im Schlafsaal der einzige Fernseher steht, wie etwa im **Guest House 5**, ✆ 0218-386 7075. Dann ist die abendliche Unterhaltung schon vorprogrammiert, und manch einer zieht in diesem Falle eines der ebenfalls vorhandenen Einzelzimmer vor.

Ähnlich stellt sich die Situation in dem nahe gelegenen Dorf **Ban Pom Coong** dar. Hier werden im **Guest House 1**, ✆ 0218-386 7318, abendliche Tanz- und Gesangsdarbietungen organisiert. Die zwei großen Schlafsäle und eine überdurchschnittlich große Anzahl von Duschen deuten darauf hin, dass man in diesem Haus eher auf Gruppen aus Ha Noi eingestellt ist. Alle Gh. ❶.

Schlafsäle mit bis zu 10 Betten und EZ mit Bambusmöbeln bietet das **Mai Chau Nature Place**, 38 **Ban Lac**. Dazu gehören das **Mai Chau Riverside Resort**, 2 Ban Lac, ✆ 094-688 8804, und die **Mai Chau Green Valley Bungalows**, 🖳 www.maichaunatureplace.com. Auch Tourorganisation. Die Unterkunft wird gerne direkt in Ha Noi gebucht. Office in der 17B Hang Ga. ❶–❺

Mai Chau

In der Ortschaft **Mai Chau**, in der der Busbahnhof liegt, gibt es das Hotel **Anh Dao**, Thieu Khu 4, ✆ 0218-386 7231, [4419], mit kleinen, aber hübschen Zimmern, im 1. Stock an einer großen Terrasse. ❷

Weitaus komfortabler ist die **Mai Chau Lodge**, ✆ 0218-386 8959, 🖳 www.maichaulodge.com, [4422]. Am Ortsausgang an der Straße zu den Dörfern Ban Pom Coong und Ban Lac gelegen, kann man es sich hier in luxuriöser Umgebung gut gehen lassen. Die Zimmer und Suiten sind modern und stilvoll ausgestattet. ❻

Im Dorf Nha Thia liegt die **Mai Chau Ecolodge**, ✆ 0218-381 9888, 🖳 www.ecolodge.asia. 42 Zimmer in 19 Bungalows, Pool mit Kinderbereich, 2-stöckiges Restaurant. Leih-Fahrräder sind im Preis inbegriffen. Es gibt Kochunterricht, Tanzvorführungen, und der Gast kann sich als Farmer versuchen. ❺

TRANSPORT

Busse von Mai Chau nach HA NOI zwischen 5.15 und 13 Uhr in 3–4 Std. für 100 000 Dong zum Giap Bat- oder My Dinh-Busbahnhof.

Wer weiter in den NORDWESTEN ziehen möchte, kann sich mit dem Xe om an den 6 km entfernten Abzweig an der N6 bringen lassen (Tong Dau-Junction) und dort einen der zahlreichen Busse Richtung Son La anhalten oder sich gleich bis nach MOC CHAU bringen lassen (die 3-stündige Fahrt kostet um die 300 000 Dong). Dort können an der Kreuzung westlich des Ortes Busse angehalten werden.

Dien Bien Phu

Dien Bien Phu [4426] liegt in einem weiten, Richtung Laos geöffneten Tal im äußersten Nordwesten Vietnams. Der Name ist Synonym für eine der großen Schlachten des vergangenen Jahrhunderts: Hier fand die französische Kolonialherrschaft ihr Ende. Touristen, die sich hierher verirren, kommen meist in Erinnerung an diese Geschehnisse, wandern durch die Hügel und besichtigen die konservierten Relikte des Kampfes: Panzer, Artillerie, befestigte Stellungen.

Ansonsten hat die Stadt nicht viel zu bieten, was es nicht anderswo im Bergland auch gäbe: einen Markt, auf dem neben den schönen Webarbeiten der Schwarzen Thai besonders die große Anzahl in Alkohol eingelegter Maden, Echsen und Krähen auffällt, gegrillte Hunde in den Straßenrestaurants und sehr fotoscheue Angehörige ethnischer Minderheiten, die am Straßenrand die wenigen Erzeugnisse ihrer Felder anbieten.

Die Anreise über Land, sei es von Tuan Giao oder Muong Lay aus, zählt zu den schönsten Bergstrecken des Nordens. Immer wieder ergeben sich überwältigende Ausblicke.

ÜBERNACHTUNG

Dien Bien Phu – Ha Noi Hotel, 279A Duong 7/5, ✆ 0230-382 5103, [4431]. Die Zimmer dieses Mittelklassehotels liegen um einen Innenhof und sind als Suiten eingerichtet mit Vorraum, Schlafraum und angrenzendem Bad mit Badewanne. Außerdem im Hotel: Restaurant, Bar, Sauna und Massage. Das Personal spricht gut Englisch. Inkl. Frühstück. ❸–❹

Phuong Nam Hotel, 211 Group 3, Tan Thanh Ward, Nguyen Giap, ✆ 023-0625 6256, 🖳 www.phuongnamhoteldienbien.vn, [10149]. Beliebtes, 2015 eröffnetes Haus mit einfachen, aber sauberen Zimmern. Die Standardzimmer

VIETNAM

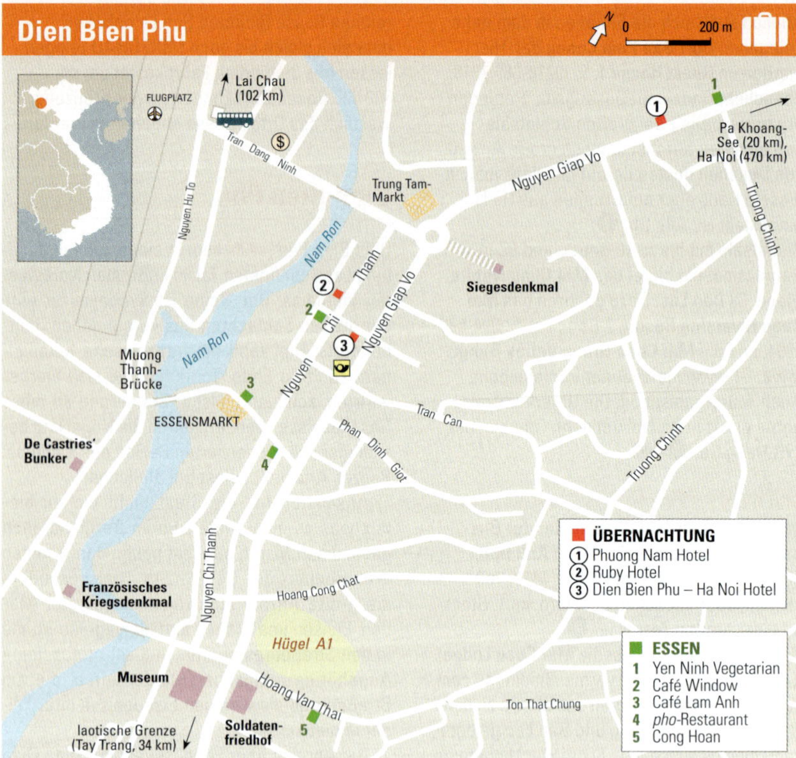

sind etwas klein geraten. Große Zimmer für 6 Pers. Etwas viel pinke Farbe, aber der nächste Anstrich kommt bestimmt. ❶–❷

Ruby Hotel, 43 Muong Thanh Ward, ✆ 023-0383 5568, 💻 www.rubyhoteldienbien.com, **[10150]**. Hotel mit knapp über 30 recht großen und ansprechend eingerichteten, sauberen Zimmern. Es gibt DZ mit einem oder 2 Betten und 3-Bett-Zimmer mit 3 Einzelbetten. Gute Lage. ❷

ESSEN

Ein gutes und bis mittags ständig volles *pho*-Restaurant befindet sich in der Muong Thanh. Gegenüber dem Busbahnhof findet man eine Reihe einfacher Restaurants, die Reis- oder Nudelgerichte servieren. Vor dem Trung Tam-Markt bekommt man an einigen Essensständen leckere Kleinigkeiten. Auf dem größeren Essensmarkt Richtung Fluss werden lokale Spezialitäten angeboten.

Café Lam Anh, 9 Muong Thanh, ✆ 0230-383 2649. Nettes Café mit vielen Tischen und kleinen Snacks: vor allem Sandwiches und Hamburger. 🕒 7–24 Uhr.

Café Window, 2 Nguyen Chi Thanh, ✆ 0230-383 3399. Ein wenig erhöht von der Straße, bietet das Eckcafé gemütliche Sitzplätze auch draußen unter der Markise. Der Kaffee und die frischen Shakes sind nicht nur bei den Einheimischen beliebt. 🕒 6.30–23 Uhr.

Cong Hoan, Hoang Van Thai, ✆ 0230-382 2062. Das große Restaurant gilt als das beste der Stadt; hier finden auch Hochzeiten und andere Feiern statt.

Yen Ninh Vegetarian Restaurant, So Nha 644, To 1, Nguyen Giap Vo, ✆ 098-988 7513. Fleisch-Ersatz *(fake meat)* in Perfektion. Auch Veganer werden hier richtig glücklich. Sehr frische Zutaten und auch für Fleischesser eine Erweiterung des kulinarischen Horizonts. Sehr empfehlenswert.

TRANSPORT

Busse

Der **Busbahnhof**, ✆ 0230-382 5776, befindet sich recht zentral auf der westlichen Flussseite und bietet u. a. Verbindungen nach:
LAI CHAU, von 5–13.15 Uhr etwa stdl. in 5–6 Std. für 150 000 Dong;
LAO CAI, 6.30–17.30 Uhr in 8 Std. für 170 000 bzw. 235 000 Dong; halten auch auf Wunsch in SA PA (an der Durchgangsstraße etwa 2 km vom Zentrum);
MUONG LAY, von 5–14 Uhr etwa stdl. in 2–3 Std. für 60 000 Dong;
NINH BINH (Busse Richtung Ha Tinh und Thai Binh), ab 4.30 Uhr in 10 Std. für 400 000 Dong;
SON LA, von 4.30–14 Uhr stdl. in 4–5 Std., ab 110 000 Dong;
in die abgelegenen Bergdörfer MUONG TE (6–7 Std.) um 5.30 und 10 Uhr für 120 000 Dong und SIN HO um 5.30 und 17.15 Uhr in 5 Std. für ca. 100 000 Dong.
Busse nach LAOS s. Kasten

Flüge

Der **Flughafen** befindet sich etwas nördlich des Zentrums.
Von hier aus fliegt **Vietnam Airlines**, Nguyen Huu Tho, ✆ 0230-382 4948, 💻 www.vietnamairlines.com, 🕒 7.30–11.30 und 13.30–17 Uhr, tgl. mit 2 Maschinen nach HA NOI für etwa US$80. Die Flüge sind oft bereits einige Tage vorher ausgebucht.

Grenzübergang nach Laos

Der Grenzübergang, 🕒 8–17 Uhr, liegt etwa 35 km von **Dien Bien Phu** und 80 km von **Muang Khoua** in Laos entfernt und ist seit einigen Jahren auch für Ausländer geöffnet. Wer will, kann also von Dien Bien Phu aus ins nördliche Laos weiterreisen – eine spannende Tour durch touristisch wenig erschlossenes Gebiet. Ein Laos-Visum ist an der Grenze erhältlich, die Bearbeitungszeit dauert etwa eine Stunde. Es gilt für 30 Tage und kostet US$30–35, je nach Nationalität.
Von Dien Bien Phus Busbahnhof fahren täglich Busse nach Muang Khoua (5.30 Uhr, 3–5 Std., 115 000 Dong), Luang Prabang (7.30 Uhr, 14 Std., 500 000 Dong), Oudomxai (6 Uhr, 6–7 Std., 230 000 Dong) und Phongsaly (7.15 Uhr, 12 Std., 350 000 Dong).
Einreise nach Vietnam S. 434.

Sa Pa

Die Bergstadt Sa Pa [4432] ist der größte Touristenmagnet des nördlichen Berglands. Das Herz der Stadt schlägt an der Cau May – vom Essensmarkt Richtung Südosten. Hierhin kommen täglich die Angehörigen der ethnischen Minderheiten, die in der Umgebung wohnen: hauptsächlich **Schwarze H'mong** und **Rote Dao**. Jeder Besucher wird mit ihnen in Kontakt kommen: Besonders die H'mong-Frauen sind überaus eifrige Händlerinnen, die Kleidung, Silberschmuck, Maultrommeln und andere hübsche Erzeugnisse ihrer Dörfer anbieten, und zwar nachdrücklich. Immer wieder sieht man Touristen, die von einer ganzen Traube Händlerinnen umgeben sind.

Über der Stadt erhebt sich der **Ham Rong-Berg**. Ein Spaziergang führt hinauf, über zahlreiche verschlungene Wege, vorbei an einem Orchideenwald *(rung lan)*, einem Blumengarten *(vuon hoa)*, Picknickplätzen und schönen Steinformationen. Eine Aussichtsplattform am Himmelstor („Heaven's Gate") bietet eine sehr schöne Aussicht auf die Stadt und die Umgebung 🕒 ganztags, Eintritt 70 000 Dong, Kinder zahlen 20 000 Dong.

Nordöstlich des alten Kerns, in dem sich vornehmlich das touristische Leben abspielt, liegt der **Sa Pa-See**, um den sich der neuere Teil der Stadt entwickelt.

Die wahre Sehenswürdigkeit von Sa Pa ist die Umgebung, aus der der **Fan Si Pan** (Phan

Xi Pang) hervorragt, mit 3143 m der höchste Berg des Landes. Er kann in einer längeren Tour bestiegen werden, einfacher geht es mit der Seilbahn.

Tagestouren in die nächstgelegenen Dörfer der ethnischen Minderheiten werden in fast allen Hotels angeboten: Ta Phin, Ta Van, Giang Ta Chai, Cat Cat, Coc Ly und Lao Cai sind in einer Tagestour zu erreichen; zwei- bis dreitägige Touren beinhalten den Besuch mehrerer Dörfer. In den meisten Fällen ist ein gemeinsames Abendessen und Reiswein-Trinken mit den Gastgebern inbegriffen.

Die beste **Reisezeit** sind Frühjahr und Herbst (April/Juni und Sep/Okt werden von den Einheimischen als schönste Zeit empfohlen). Im Sommer macht die Regenzeit die Wege in der Umgebung manchmal unpassierbar, im Winter wird es kalt. Eine dicke Jacke sollte man das ganze Jahr über im Gepäck haben (oder vor Ort kaufen). Im Winter sollte man ein Zimmer mit Kamin oder AC-Heizung beziehen.

ÜBERNACHTUNG

Am Wochenende wird es oft voll, und manchmal erhöhen sich dann die Preise. Einige Zimmer besitzen einen Kamin; das Holz wird extra bezahlt. Die meisten Zimmer verfügen nur über eine Heizdecke (beim Schlafen unbedingt ausstellen) im Bett. Mit etwas Glück wird im Winter ein Ofen bereitgestellt (ebenfalls extra berechnet). Die besseren Unterkünfte bieten AC mit Heizfunktion oder richtige Heizungen.

Untere Preisklasse

Fansipan View, Xuan Vien, ✆ 020-387 3579, 💻 www.fansipanview.com, [7249]. In einer kleinen Nebengasse gelegenes empfehlenswertes und beliebtes Minihotel. Teilweise toller Blick und ansprechende Einrichtung. ❸

Go Sapa Hostel, 25 Thac Bac, ✆ 020-387 1198, 💻 www.gosapahostel.com, [10113]. Beliebtes, gut gebuchtes Hostel mit Betten im Dorm und in DZ. Kamin im Gemeinschaftsraum. Betten ab 110 000 Dong (ohne Bad im Zimmer), 130 000 Dong mit Bad, DZ ❷

Lotus Hotel, 5 Muong Hoa, ✆ 020-387 1308, ✉ lotushotelsapa05@yahoo.com, [7239]. Großes Haus in zentraler Lage in der Stadt. Die Zimmer gewinnen keinen Designerpreis, aber sie sind geräumig und haben teils 2 große Betten, viele bieten im Winter noch einen Kamin und oft Badewanne. Bei Stromausfall springt hier schnell der Generator ein. ❶

€ **Mimosa Hotel**, 21 Tue Tinh, ✆ 020-387 1262, ✉ mimosahotelsapa67@gmail.com, [7240]. Direkt im Zentrum 20 einfache Zimmer auf 4 Stockwerken – ganz oben teils mit 2 Fenstern, Balkon und toller Aussicht. Walk-In bekommt man gute Preise, wenn nicht viel los ist. ❶

Mountain View Hotel, 54A Cau May, ✆ 020-387 1334, 💻 www.mountainviewhotelsapa.com, [7241]. Zentral im Dorf gelegenes Hotel mit zahlreichen Balkon-Zimmern, teils recht klein. Für ein paar Dollar mehr wohnt es sich hier gleich viel besser. ❶–❷

Queen Hotel, 9 Muong Hoa, ✆ 020-387 1123, [7243]. Preiswerte Zimmer in einem seit Jahren bekannten Haus, z. T. mit kleinen Balkonen. Es lohnt sich, verschiedene Zimmer anzusehen. Auch 4-Bett-Zimmer. Keine Heizung. ❶

Royal Hotel (Hoang Gia), 54B Cau May, ✆ 020-387 1313, 💻 www.royalsapahotel.com, [7244]. Zentral gelegenes Haus mit einfachen Zimmern. Einige bieten eine tolle Aussicht, andere sind eher zweite Wahl. Inkl. Frühstücksbuffet, welches am Wochenende schnell geräubert ist. Die AC funktioniert auch als Heizung, auf Wunsch gibt es aber ein weiteres Heizgerät. ❶–❷

Sapa Cozy Hotel, 31 Thach Son, ✆ 020-387 1960, [7245]. Kleines Hotel nahe dem Busbahnhof mit ansprechend hell möblierten Zimmern. Holzfußboden, TV und Wasserkocher. Die Zimmer mit Balkon sind besonders groß, aber leider ohne Bergblick. Ein paar Meter weiter befindet sich das **Sapa Cozy 2**, 50 Thach Son, mit ähnlichen Zimmern. Nahebei locken gute vietnamesische Restaurants. ❶–❷

Mittlere Preisklasse

Four Seasons Hotel, 8 Muong Hoa, ✆ 020-365 8668, 💻 www.fourseasonshotel.vn, [7254]. Vor allem im Winter ist dieses Haus eine gute Wahl, denn alle Zimmer haben eine AC-Heizung. Ein kleiner Balkon ist bei den meisten auch vorhanden, doch leider verstellt das Nebenhaus bei vielen den Blick. Tolle Duschen und geschmackvolle Einrichtung. ❸–❹

Panorama Hotel, 10 Hoang Dieu, ✆ 020-377 2535, 💻 www.sapapanoramahotel.com, [10117]. Am Hang gelegen. Helle Möblierung, einfach, aber geschmackvoll. Viele Zimmer mit einem großen und einem kleinen Bett. Meist Blick auf die Berge und mit Balkon. Zimmer mit Ausblick kosten etwa US$10–15 mehr – eine Ausgabe, die sich lohnt. ❸–❺

Sapa Elegance Hotel, 3 Hoang Dieu, ✆ 020-388 8668, 💻 www.sapa-elegance-vn.book.direct, [7251]. Ansprechendes Haus im Boutiquestil zu angemessenen Preisen. Alle Zimmer haben Balkon und Blick auf die Stadt und die umliegenden Berge. Familiensuiten mit 2 Zimmern und 4 Betten (US$60). Ruhige Lage in der Nähe der Kirche. Heizdecken, im Winter zusätzlich Elektro-Ofen. Oft ausgebucht. ❸

Sapa Elite Hotel, 12 Hoang Dieu, ✆ 020-388 8368, 🖳 www.sapaelitehotel.com, [10116]. Auf dem Hügel oberhalb der Kirche gelegen, bietet das Haus Zimmer mit teils tollem Ausblick. Wer spart, guckt allerdings an die Hangseite. Ansprechende Einrichtung, inkl. Frühstück. ❸–❺

Sapa Lodge, 18 A Muong Hoa, ✆ 020-377 2885, 🖳 www.sapalodgehotel.com, [10119]. Recht großes, beliebtes Haus mit vielen Bergblick-Zimmern. Ansprechende Einrichtung. Oft ausgebucht. Gutes Frühstücksbuffet. ❸–❺

Obere Preisklasse

Einige Hotels dieser Preisklasse haben Check-in ab 14 Uhr, was bei einer Ankunft mit dem Zug bedeutet, erst einmal sein Gepäck zur Aufbewahrung geben zu müssen. Bei vorbestelltem Early-Check-in wird eine Extranacht berechnet.

Bamboo Sapa Hotel, 18 Muong Hoa, ✆ 020-387 1075, [7255]. Die Suiten lohnen, doch die „günstigen" Standardzimmer sind ihren Preis nicht wert. Die Kamine sind hier nur noch Dekoration, gute Heizungen sorgen im Winter für ausreichend Wärme. ❺–❻

Holiday Sapa, 16 Muong Hoa, ✆ 020-387 3874, 🖳 www.holidaysapa.com, [7259]. Recht großes Haus mit geräumigen, komfortablen Balkonzimmern. Sauna, Massage, Fitnessraum, Pool. Auch Zimmer für Familien. Das Preis-Leistungs-Verhältnis stimmt. Gutes Restaurant. ❹–❻

Sapa View Hotel, 41 Muong Hoa, ✆ 020-387 2388, 🖳 www.sapaview-hotel.com, [7261]. Großes Haus mit hellen, geräumigen, ansprechend ausgestatteten Zimmern. Helles Holz, Wasserkocher und Kamin. Die teureren mit tollem Blick. Inkl. Frühstücksbuffet. ❺

In den Dörfern

H'mong Mountain Retreat, Ban Ho Rd., Lao Chai Commune, ✆ 020-650 5228, [10097]. Direkt in einem H'mong-Dorf zwischen den Reisfeldern wohnt man hier einfach, aber sozial verträglich – und sehr nah an der Lebensrealität der Bergvölker. Alle Speisen sind im Preis enthalten, die Zutaten stammen (soweit möglich) aus eigenem Anbau. Die Betten befinden sich in einfachen Bungalows. Einfachste Toiletten im Haupthaus. ❺

Topas Eco Lodge, bei Ban Ho, ✆ 020-387 1331, 🖳 www.topasecolodge.com, [10098]. Nach ökologischen und sozial verträglichen Gesichtspunkten gestaltetes Resort mit 25 Häuschen aus Granit und Palmblättern. Rund 15 km außerhalb der Stadt gelegen: Ruhe und Erholung sind garantiert. ❻

ESSEN UND UNTERHALTUNG

Die meisten Restaurants haben neben westlichen und vietnamesischen Standardgerichten (Spaghetti, Pizza, Burger, Frühlingsrollen, Fried Rice, Fried Noodles) auch Wild im Angebot: Wildschwein, Hirsch oder Kaninchen. Gute *pho* und andere einfache Gerichte der vietnamesischen Küche gibt es nahe dem Busbahnhof. Hier finden sich auch einige gut besuchte Hot Pot-Restaurants, in denen es v. a. am Wochenende kräftig dampft. Ebenso wird hier samstags oft Schwein am Spieß gegrillt – was v. a. hier urlaubende Vietnamesen anspricht. Zahlreiche gute vietnamesische Restaurants befinden sich auch nahe der Kirche auf dem **Essensmarkt (Quan Ngon)** westlich des Dorfplatzes. Hier findet man viele besonders bei einheimischen Touristen beliebte Hot Pot-Restaurants. Gut auch der Kaffee (vietnamesisch stark oder Café au lait) und die Schokocroissants direkt linker Hand oberhalb der Stufen.

Delta, Cau May, ✆ 020-387 1799. Seit 1999 etabliertes italienisches Restaurant, das erste des Ortes. Gute Weinkarte. Stilvolles Ambiente. Gerichte ab US$10. Mittlerweile gibt es viele weitere italienische Restaurants nahebei.

Highland Sapa Coffee, 36 Cau May, ✆ 098-855 5045. Ein sehr gelungenes Ambiente lockt im 2. Stock: statt Tisch und Stuhl gibt es Bett und Tisch. Dazu eine warme Decke. Vor allem im Winter ein toller Platz. In der warmen Jahreszeit ist das Eis empfehlenswert. Ansonsten Snacks, Kaffee, Shakes und Bier.

€ **Pho Tung**, Xuan Vien (neben Queen Open Bus), [7291]. Gute *pho* mit Huhn oder Rind in authentischer Atmosphäre. Manchen Besuchern ist es hier schon „zu lokal" – daher: **eXTra** anschauen.

Red Dao House, 4B Thac Bac, ✆ 020-387 2927. Die Mitarbeiter servieren in den Trachten der

Little Hanoi
BIA TƯƠI HALIDA - CO

Bergbevölkerung z. B. Müsli mit Joghurt und Früchten für 50 000 Dong oder einen Hot Pot für 130 000 Dong. Europäische und vietnamesische Gerichte um 100 000 Dong. Viele vietnamesische Besucher.

Sapa O'Chau Café, 08 Thac Bac, www.sapaochau.org. Kleines Café mit sozialem Anspruch. Die Preise sind nur unwesentlich höher als anderswo, doch unterstützt der Kaffeetrinker hier eine Schule für junge H'mong. Diese kann man auch besuchen, und wer will, kann sich als „Volunteer" bewerben. Oft sind „Students" von Sapa O'Chau im Café, mit denen man schnell ins Gespräch kommt. Die Organisation bietet auch Touren und Homestays an.

Street Food Restaurant und **Sapa Traditional** sind nur 2 von zahlreichen kleinen Restaurants, die sich gegenüber der Sapa Lodge angesiedelt haben. Immer gibt es 2 Plätze draußen mit Blick auf die Straße und einige Plätze innen. Die Karten sind nahezu identisch: vietnamesische Klassiker wie Frühlingsrolle und Westliches wie Burger und Pasta.

Suon Bac, 30 Tue Tinh, 094-724 6220. Kleines vietnamesisches Restaurant, das von Einheimischen wegen seiner preiswerten, guten Gerichte empfohlen wird und bei der Größe der Portionen nicht geizt. Lecker: Wildschwein mit Pilzen und Zwiebeln.

Viet Emotion, 27 Cau May, 020-387 2559, www.vietemotion.com. Kredenzt wird hier eine H'mong-Spezialität (Schweinefleisch mit Klebreis in Bambus). Zudem gibt es eine Auswahl westlicher und vietnamesischer Bio-Gerichte. Dazu Cocktails, Glühwein (!), lokaler Apfelwein und importierte Weine. Gerichte ohne Glutamat, aber es gibt einen Punkt Abzug für die Einwegstäbchen.

Bars und Kneipen

Sa Pa bietet kein nennenswertes Nachtleben. Am Wochenende lockt das Deck der **Artista Bar** in der Thac Bac, ein kleines steinernes Schiff inmitten der Häuser. Rastafari-Musik und Rattanmöbel sind das Markenzeichen der kleinen **Color Bar** in der Phan Xi Pang. Hier trifft man sich zum Abhängen oder Schachspielen (es gibt auch Essen). Schon länger im Ort ansässig ist der **H'mong Sisters Pub** in der Muong Hoa. Man sitzt an der Theke, hört laute Disco- oder Vietnam-Pop-Musik oder spielt Billard. In dem rustikalen Holzambiente mit Lichtshow sind auch viele kostümierte H'mong-Jugendliche anzutreffen. Gegen Mitternacht ist allerdings Schluss. Die kleine **Mountain Bar** in der Muong Hoa mit Theke und kleinen Tischen ist ein beliebter Treffpunkt, um noch ein Bier oder einen Cocktail zu sich zu nehmen und eine Shisha zu rauchen. Bleiben noch die beiden stilvollen Bars im **Victoria Hotel**, für die man allerdings eine gut gefüllte Geldbörse braucht.

SONSTIGES

Einkaufen

Überall in der Stadt verkaufen H'mong-Frauen ihre handgefertigten Stücke: schöne große Decken, Röcke, Mützen, Beutelchen, Handtaschen ... Eine große Decke kostet etwa 600 000 Dong, ein Rock 100 000–200 000 Dong, ein kleines Täschchen 50 000–100 000 Dong. Einige breiten die Ware auf dem Bürgersteig aus, andere wandern durch die Straßen und sprechen Touristen an. Leider ist das Angebot fast identisch. Die Tatsache, dass man nicht überall kaufen kann, nehmen die H'mong-Frauen, die bisweilen ein wenig aufdringlich wirken, mit Humor und sind ausgesprochen freundlich. Am Wochenende kommen besonders viele H'mong-Frauen, aber auch -Männer nach Sa Pa. Am Park erhält man auch Messer, Trommeln und Honig direkt vom Erzeuger.

Wer nicht schon auf der Straße dem Charme oder der Verkaufstaktik einer der H'mong-Frauen erlegen ist, kann in einem der **Souvenirgeschäfte** in Ruhe im Sortiment stöbern. Kissenbezüge, bestickte Decken oder gar ein komplettes H'mong-Outfit sind tolle Mitbringsel. Eine bekannte Adresse ist der **Mountain Town Handicraft**, 13 Cau May.

Sa Pa hat zahlreiche Läden, in denen Trekkingkleidung für Sie und Ihn angeboten wird. Hier gibt es auch Trekkingschuhe, Handschuhe und alles, was der nicht ausgerüstete Wanderer so benötigt. Vermehrt wird auch Kinderkleidung angeboten. Ein **Minimarkt** liegt zentral in der Cau May.

Der zentrale **Markt**, der einst mitten in Sa Pa lag, wurde an den neuen Busbahnhof nordöstlich des Sees verlegt. Er ist bisher kaum besucht, aber das kann sich ändern, wenn sich der neue Stadtteil etabliert. Die Stände unterscheiden sich nicht von jenen im Dorf und richten sich nur an Touristen.

Fahrrad- und Mopedverleih

Sowohl Mountainbikes als auch Mopeds kosten 100 000 Dong am Tag. Damit lassen sich einige Ziele in der näheren Umgebung erreichen. Vorsicht bei Motorrad-Fahranfängern: Die Straßenverhältnisse sind nichts für Ungeübte, und auch die anderen Fahrer stellen in den Serpentinenstraßen eine oft nicht einschätzbare Gefahr dar. Besser für alle ohne Moped-Führerschein ist es, sich herumfahren zu lassen (unbedingt auf einen Helm bestehen). Fahrten in die Dörfer (Hin- und Rückweg 70 000–160 000 Dong).
Eine Tankstelle befindet sich an der östlichen Ortsausfahrt Richtung Lao Cai an der Tach Phu.

Touranbieter

Die meisten Hotels und Gästehäuser und einige private Agenturen bieten Trekkingtouren in die Umgebung. Diese reichen von Tagestouren zu Fuß oder mit dem Fahrrad (oder beides) bis zu Mehrtagestouren mit Übernachtungen im Homestay. Wer also noch nicht mit einer Tour in Sa Pa ankommt, kann sich spontan (auch je nach Wetterlage) eine Tour aussuchen. Wir empfehlen, sich den Tourguide vorstellen zu lassen (spricht er/sie Englisch, stimmt die Chemie, wirkt der Tourguide ambitioniert oder eher gelangweilt?) und genau zu erfragen, was im Preis enthalten ist (z. B. Essen, Eintritte usw.). Eine Tagestour kostet ab 2 Pers. etwa US$45 p. P., 2 Tage mit Übernachtung ab 4 Pers. etwa US$90 p. P. Empfehlungen von Travellern unter **eXTra [7293]**.

TRANSPORT

Busse

CAT BA, HA LONG-STADT – Ab 17 Uhr mit dem Minibus nach Lao Cai, von dort um 19.30 Uhr mit dem *Sleeper*-Bus nach Ha Long-Stadt. Zusammen US$25. Ankunft dort 5 Uhr morgens. Mit dem Taxi zum 7 km entfernten Hafen Tuan Chau. Von hier ab 8 Uhr mit dem Boot für 70 000 Dong in 1 Std. nach Cat Ba. Weiter mit dem grünen Bus in die Stadt für 25 000 Dong in 30 Min. Als Komplettour im Reisebüro für 840 00 Dong. Ab Busbahnhof fahren zudem *Sleeper*-Busse direkt nach Ha Long, Abfahrt
11 und 17 Uhr in 8–9 Std. für 450 000 Dong.
Die Gesellschaft **Duy Long**, Kontakt unter anderem über Herrn Thang (spricht Englisch), 096-905 3398, http://xekhachduylong.com/en, fährt mit dem Minibus um 20 Uhr ab Sa Pa, Umstieg in Lao Cai in den *Sleeper*. Weiter bis Hai Phong. Von dort wieder im Minibus bis zum Bootsanleger und dann mit dem Boot nach Cat Ba in 10 Std. für US$26.
DIEN BIEN PHU, um 7.30 Uhr in 6–7 Std. für 260 000 Dong; zudem ein Minibus um 16 Uhr zum gleichen Preis.
HA NOI – Vermehrt fahren Touristen seit Fertigstellung des Highways mit dem Bus nach Sa Pa. Die privaten Busse starten in der Stadt, die anderen Fernbusse am Busbahnhof hinter dem See.
Zwischen Ha Noi und Sa Pa verkehren die privaten Gesellschaften **Sapa Express**, www.sapaexpress.com, und **Goodmorning Sapa**, www.goodmorningsapa.com. Beide bieten Busse mit sehr viel Platz. Ankunft und Abfahrt nahe der Kirche. Fahrzeit 5 1/2 Std., die Busse sind bequem und bieten viel Platz. Offices hatten die Gesellschaften z. Zt. der Recherche noch nicht. Gebucht werden sie über Reisebüros. Abfahrt Goodmorning Sapa 16 Uhr, Ankunft Ha Noi 21 Uhr, Sapa Express fährt um 17 Uhr, Ankunft 21.30 Uhr. Tickets um die 360 000 Dong.
Am See hat **Queen Café Open Bus** ein Büro, 69 Xuan Vien, 02-0387 1858, queenopenbus@gmail.com. Von hier starten Schlafbusse *(Sleeper)* nach Ha Noi (s. Karte Altstadt S. 670) um 8, 16 und 22 Uhr, Fahrzeit 6 Std., 220 Baht.
Ab Busbahnhof fährt **Hung Thanh**, 09-8929 4294, um 7.30, 8.30, 11, 16 und 22 Uhr in 6 Std. für 220 Dong zum My Dinh-Busbahnhof in Ha Noi.

LAO CAI – **Minibusse** fahren etwa stdl. zum Bahnhof/Busbahnhof in Lao Cai (40 000 Dong, bei Buchung im Hotel 50 000 Dong). Sie halten u. a. nahe der Kirche und sammeln auf ihrem Weg aus der Stadt Passagiere auf.

Eisenbahn

Reisende erreichen Sa Pa von Ha Noi aus traditionell mit dem **Zug** über LAO CAI; von dort geht es mit dem bereitstehenden **Touristenbus** (50 000 Dong) weiter in die Bergstadt. Wer nicht im Rahmen einer organisierten Tour Hin- und Rückfahrt gebucht hat, sollte sich frühzeitig um die Rückfahrt im Zug kümmern: Die Tickets für die Liegen im Schlafwagen sind je nach Saison und Tag (So und Mo) bis zu 4 Tage vorher bereits ausgebucht. Tickets (oder Gutscheine dafür, s. Kasten S. 704) können über das Hotel organisiert werden.

VIETNAM

Im offiziellen **Booking Office** (Phong Ve Tau) in der Duong Xuan nahe dem Busbahnhof, ✆ 020-371 7779, Hotline 097-206 2226, können Tickets für die staatlichen Waggons der Tages- und Nachtzüge nach HA NOI erstanden werden. Es lohnt sich, zusätzlich in den privaten Reisebüros nach Tickets für die Privatwaggons der verschiedenen Gesellschaften zu fragen.

Die Umgebung von Sa Pa

Wanderungen in die Umgebung

Auf verschieden langen Wanderungen können die H'mong-Dörfer der Umgebung erreicht werden. Ein kurzer Ausflug von etwa zwei Stunden führt ins nahe gelegene Dorf **Cat Cat**. Diesen Ausflug macht im Grunde jeder, und so ausgetreten fühlt er sich auch an. Lässt man auf der Straße von Sa Pa die Abzweigung nach Cat Cat links liegen, gelangt man nach etwa 4 km ins H'mong-Dorf **Sin Chai**, das aus rund hundert Haushalten besteht. Hier ist es noch etwas authentischer und weniger touristisch. Eintritt 30 000 Dong.

In längeren Tagestouren sind die Dörfer **Lao Chai**, **Ta Van** (ein überlaufenes Dorf mit Dutzenden von kommerziellen „Homestays") und **Giang Ta Chai** zu erreichen. Sie liegen im langen Muong Hoa-Tal, das sich südöstlich von Sa Pa erstreckt. Auch hier ist Eintritt zu entrichten: 40 0000 Dong, zahlbar in einem Häuschen an der Zufahrtsstraße.

Eine Wanderung talabwärts zu einem der Dörfer im Muong Hoa-Tal kann auf dem Rückweg verbunden werden mit einem Blick auf die **Gravierten Steine**, über deren Alter und Bedeutung sich die Gelehrten nicht einig sind – sie sehen aus wie Landkarten der terrassierten Hügel und Berge ringsum. Für den langen Weg bergauf zurück nach Sa Pa findet sich bestimmt ein motivierter Xe om-Fahrer.

Eine weitere Tagestour führt ins Rote Dao-Dorf **Ta Phin**, das sich über mehrere Hügel verteilt. Hier wird ein großer Teil des Kunsthandwerks hergestellt, das in Sa Pa verkauft wird. Die Wanderung ist landschaftlich nicht ganz so reizvoll wie die im Muong Hoa-Tal: Zuerst folgt man für ca. 7 km der Straße nach Lao Cai, dann geht es links ab, anschließend noch einmal etwa 3 km bis zu den Ruinen eines alten französischen Priesterseminars. Ab hier wird die Strecke schöner: Die letzten 4 km verlaufen durch eine hübsche Reisterrassen-Landschaft. Das Dorf selbst ist weniger überlaufen als diejenigen im Muong Hoa-Tal.

Zwei- bis dreitägige Touren führen in abgelegenere Dörfer: **Muong Huong**, **Cao Son** und **Coc Ly** sind beliebte Ziele; nach und nach kommen weitere Dörfer hinzu. Diese Touren sollten nicht ohne Führer unternommen werden, die von allen Hotels und Gästehäusern in Sa Pa vermittelt werden können.

Märkte

Lohnenswert ist der Besuch eines Marktes in einem der Dörfer der Umgebung. Diese Märkte finden wöchentlich an einem festgelegten Tag statt und ziehen jeweils die Bewohner der umliegenden Siedlungen an, die sich zu diesem Anlass im Sonntagsstaat präsentieren: ein farbenfrohes Ereignis, das man nicht verpassen sollte. Besonders beliebt sind die **Sonntagsmärkte**, allen voran der in **Bac Ha** (S. 704). Weitere Märkte u. a. in **Muong Khuong** (So), **Can Cau** (Sa), **Coc Ly** (Di) und **Lung Khau Nhin** (Do).

Silberfall und Wetterscheide

Der schöne **Thac Ba-Wasserfall (Silberfall)** nordwestlich von Sa Pa sollte vormittags besucht werden, da die Sonne mittags hinter dem Bergmassiv verschwunden ist. Er liegt etwa 20 Moped-Minuten von Sa Pa entfernt (Parkplatz an der Straße). Folgt man der N40 weiter, gelangt man zum **Deo Tram Ton**, der Wetterscheide 15 km westlich von Sa Pa. Der Pass ist mit 1900 m der höchste Gebirgspass in Vietnam. Während Sa Pa einer der kältesten Orte Vietnams ist, gilt **Lai Chau** auf der anderen Seite des Passes als einer der wärmsten. Der Pass trennt die zwei Klimazonen.

Fan Si Pan

Der Fan Si Pan ist mit seinen 3143 m der höchste Berg Vietnams. Er ist Teil des 30 000 ha großen **Hoang Lien-Nationalparks**, der 2002 angelegt wurde, um die reiche Biodiversität der Region zu bewahren. Für manche Arten war es bereits zu spät: Die Tiger und Leoparden, die hier früher durch die Wälder und Täler streiften, sind schon seit vielen Jahren nicht mehr gesehen worden. Dafür ist der Park immer noch Winterquartier für viele Zugvögel, die zwischen Dezember und Februar zu beobachten sind. Von November bis März blüht in den Tälern der Rhododendron – in höheren Lagen erst zwischen Juli und September. Die Sommermonate sind auch die Zeit der Reisernte, während im Winter (Dezember/Januar) Pflaumensaison ist.

Mehrtägige **Wanderungen** auf den Berg bieten sich vor allem im Frühling oder Herbst an. Im Sommer (Juni–August) sollte man von einer Besteigung absehen, da das Wetter zu unbeständig ist: Herausragende bergsteigerische Erfahrung ist nicht vonnöten, doch genügend Trittsicherheit und Ausdauer sollte man mitbringen. Eine geführte Tour, übers Hotel oder ein Reisebüro organisiert, kostet mind. US$30–35 pro Tag.

Alternativ geht es seit Februar 2016 mit der **Seilbahn** auf einer Strecke von 6,3 km den Berg hinauf. Erwachsene zahlen 600 000 Dong, Kinder von 1–1,30 m 400 000 Dong.

Lao Cai

Lao Cai [4435], die Grenzstadt zu China, sieht einen täglichen Strom von Touristen, die am Bahnhof aussteigen und mit einem der auf dem Vorplatz bereitstehenden Busse die Weiterreise nach Sa Pa antreten. Die Ausreise nach China ist ebenfalls möglich, gültiges Visum vorausgesetzt. Es ist derzeit nicht möglich, in Lao Cai oder an der Grenze ein Visum zu erhalten. Die **Grenze zu China** ist täglich von 7.30 bis 17 Uhr geöffnet. Auf der anderen Seite, in **Hekou**, geht es weiter mit dem Bus Richtung Kunming (5x tgl., 12 Std.). Vom Zentrum zur Grenze und zurück pendeln offene Golfkarren mit mehreren Sitzreihen für 30 000 Dong (Xe om 25 000 Dong).

ÜBERNACHTUNG UND ESSEN

Westliche Touristen übernachten kaum in Lao Cai. Wer ein einfaches Bett für die Nacht braucht, wird in einem der billigen Gasthäuser in der Nähe des Bahnhofs fündig, in deren Erdgeschoss sich meist ein Restaurant befindet. Zu den besseren Alternativen zählen:

Thien Hai Hotel, 306 Khanh Yen, ✆ 020-383 3666, 💻 www.thienhaihotel.com, [7294]. 45 gut eingerichtete Zimmer mit Polstermöbeln und Schminktisch. Manche Bäder mit freistehender Badewanne. Großes Restaurant auf der 2. und 3. Etage, schöner sitzt man auf der 10. Etage auf halb offener großer Terrasse und genießt einen Kaffee im stylisch modernen Ambiente und Ausblick. Gut geschulte Mitarbeiter; Bargeldwechsel. ❸–❹

Viet Hoa Guesthouse, 73 Phan Dinh Phung, ✆ 020-383 0082, [7295]. Die 18 Zimmer sind etwas besser ausgestattet als in den meisten umliegenden Gasthäusern. Großes Restaurant mit chinesischer und vietnamesischer Küche. Wer an der Rezeption in Gesichter voller Fragezeichen blickt, sollte sich nicht entmutigen lassen: Es gibt jemanden, der Englisch spricht – auch wenn er erst gesucht werden muss. ❶–❷

Rund um den Bahnhofsvorplatz gruppieren sich Restaurants, die oft auch Zimmer vermieten.

Hai Nhi Restaurant, am Bahnhofsvorplatz, 337 Quang Truong Ca Lao Cai, ✆ 020-383 5901. Unterscheidet sich in der Speisenauswahl kaum von seinen Nachbarn. Vermietet auch Mopeds. Im Obergeschoss gibt es ein Zimmer, in dem man vor Reiseantritt noch eine heiße Dusche nehmen kann.

Gutschein in Ticket tauschen

Die meisten Hotels in Sa Pa stellen nicht die Tickets selbst, sondern nur einen Gutschein darüber aus, der vor Fahrtantritt in das richtige Ticket umgetauscht werden muss. Es empfiehlt sich daher, nicht allzu knapp vor der Abfahrt im Bahnhof anzukommen, da dann meist ein ziemliches Gedränge herrscht. Oft übernimmt auch ein Angestellter der Reiseagenturen den Tausch.

Viet Emotion, 65 Phan Dinh Phung, ✆ 020-383 5354, [7297]. Angenehmes Restaurant, in dem man neben Lokalem auch eine Pizza bekommen kann, und einige saubere Zimmer im 1. Stock (besonders schön das familientaugliche Balkonzimmer).

VIETNAM

TRANSPORT

Busse

Wer mit dem Zug ankommt, kann direkt in einen der wartenden Touristenbusse steigen, die für die Fahrt ins 38 km entfernte SA PA etwa 1 1/4 Std. brauchen (50 000 Dong). Die schöne Aussicht bewundert man unterwegs am besten von einem der Plätze auf der linken Seite (in Fahrtrichtung gesehen).
Eine Auswahl an Busverbindungen vom **Busbahnhof Lao Cai**, ✆ 020-383 5433, 091-504 5275, nach:
BAC HA, von 5–16 Uhr stdl. über Si Ma Cai in 2 1/2 Std. für 70 000 Dong;
DIEN BIEN PHU, um 7 und 17 Uhr in 10 Std. für 200 000 Dong;
HAI PHONG, um 8 und 19 Uhr für 300 000 Dong;
HA NOI, von 5–22 Uhr bis My Dinh in 9 Std. für 170 000 Dong (Sitzplatz), ab 250 000 Dong (Liegeplatz);
LAI CHAU, von 5–16 Uhr stdl. in 4 Std. für 100 000 Dong;
SON LA, um 5 Uhr in 11 Std. für 150 000 Dong.
Die Liege-Busse der privaten Linien Richtung Ha Noi starten zwischen 19 und 21 Uhr vom Bahnhofsvorplatz. Dort befinden sich auch die Ticketbüros.

Eisenbahn

Täglich fahren **5 reguläre Nachtzüge** nach HA NOI, wobei der SP8 um 18.50 Uhr (Ankunft 3.52 Uhr) für US$26–31, der SP2 um 19.35 Uhr (Ankunft 4.10 Uhr) für US$31–35 und der SP4 um 20.20 Uhr (Ankunft 4.45 Uhr) für US$38–40 gute *Softsleeper*-Abteile bieten. Tickets bucht man am besten in Sa Pa vor. Es empfehlen sich die Schlafwagen der Privatgesellschaften – Touristen werden von den Verkäufern der Reiseagenturen meist automatisch dort eingebucht. Holzklasse sollte man nur in Ausnahmefällen buchen, sie ist wirklich unbequem.
Für den **Tageszug** erhält man morgens am Bahnhof i. d. R. Tickets am Schalter: Abfahrt 9.50 Uhr, Ankunft 20.15 Uhr, Ticket etwa US$17.

Bac Ha und Umgebung

Der sonntägliche **Markt der Blumen-H'mong** [4728] ist die große Attraktion in **Bac Ha** [4726], das unter der Woche nicht viel zu bieten hat. Nicht nur besagte Blumen-H'mong, die ihren Namen ihren bunten Trachten verdanken, kommen zum Markt. Auch Phu La, Dao Tuyen, Tay und La Chi wandern aus ihren Dörfern herbei, um an dem Treiben teilzuhaben. Überall wird gehandelt: Kleidung, landwirtschaftliche Produkte, alles, was hier oben zum Leben benötigt wird. Der Markt beginnt frühmorgens und erreicht seinen Höhepunkt mittags, wenn die Ersten, die aus den entfernteren Dörfern kommen, ihre Heimreise antreten müssen. Die jedes Jahr wachsende Anzahl westlicher Besucher verändert allerdings das Gesicht des Marktes: Die Souvenirstände und das „Hello, you buy from me" erinnern bereits an das Treiben in Sa Pa.

Wer etwas Zeit mitbringt, kann bei einem kleinen Streifzug durch den Ort den **Dinh Hoang A Tuong** [7298] sehen, den Palast des H'mong-Königs Hoang An Tuong, der 1924 von Frankreichs Gnaden eingesetzt wurde.

ÜBERNACHTUNG

Cong Fu Hotel, 52 Ngoc Uyen, ✆ 020-880 254, ✉ congfuhotel@gmail.com, [9181]. In diesem Haus lohnen besonders die Zimmer nach hinten raus. Denn ihre bis zum Boden reichenden Fenster bieten einen weiten Blick über den Markt, den Fluss und die Berge. ❷–❸

Ngan Nga Hotel & Restaurant, 133 Ngoc Uyen ✆ 020-388 0251, 🖳 www.ngannga bacha.com, [7301]. Größeres Hotel mit i.d.R. sehr ansprechenden Zimmern; im Restaurant westliche und vietnamesische Küche. ❶–❸

Sa House, außerhalb von Bac Ha, etwa 20 Min. Fußweg zum Markt, ✆ 098-482 7537. Homestay bei Familie Sa in einem separaten Stelzenhaus. Bis zu 40 Pers. können in den 3 Häusern auf einfachen Matratzen schlafen. Das Gemüse kommt direkt aus dem Garten und wird frisch zubereitet. Einfach und einladend. Bei Voranmeldung wird man natürlich mit dem Moped vom Bus abgeholt. Schöne Touren und familiäre Atmosphäre. ❶

Sao Mai Hotel, 20-9, ✆ 020-388 0288, 🖳 www. saomaibacha.com, [7303]. Die AC-Zimmer im neueren (Stein-)Haus mit Satelliten-TV und Badewanne sind die erste Adresse für westliche Tourgruppen. Preiswerter sind die einfacheren Zimmer im älteren (Holz-)Haus. Der routinierte Service könnte durchaus herzlicher sein. Organisiert Touren und Kochkurse. ❷–❹

ESSEN

Einige wenige Restaurants haben sich auf die Versorgung westlicher Touristen eingestellt, z. B. das nicht besonders gute **Thanh Son** an der Straße zum Markt und das **Restaurant 36**. Besser isst man im **Ngan Nga**, im **Hoang Yen** gegenüber dem Sao Mai Hotel oder in dem empfehlenswerten **Highlands** gegenüber der Haltestelle der Touristenbusse.

Freunde der lokalen Nudelsuppe finden die beste *pho bo* im **Spring Fair** und die beste *pho ga* (mit weißem oder schwarzem Huhn) in einem sehr „einheimischen" kleinen, versteckten Nudelsuppen-Restaurant (s. eXTra [7306]) schräg gegenüber dem Ngan Nga-Hotel.

Sonntags kann man natürlich auch direkt auf dem **Markt** essen. Die H'mong akzeptieren den Gast an ihren niedrigen Tischen ohne größeres Aufsehen. Die Einzigen, die einen anstarren, sind die anderen Touristen, die kaum glauben können, dass dort ein Westler isst.

SONSTIGES

Informationen und Touren

Ein guter Ansprechpartner ist **Herr Nguyen Tai Nghe (Mr. Nghe)** [7308], der oft im Highland Restaurant, im Hoang Vu Hotel (dessen Manager er ist) oder dem Hoang Yen Restaurant anzutreffen ist. Mr. Nghe organisiert ein- und mehrtägige Touren mit Homestays in Minderheiten-Dörfern und vermittelt u. a. Mopeds und ortskundige Guides. Er betreut die Hotline von **Bac Ha Tourist**, ✆ 020-378 0661, 🖳 www.bachatourist.com. Anfragen per Mail an: 🖂 hoangvutours@hotmail.com.

TRANSPORT

Viele Besucher kommen im Rahmen einer Tagestour aus SA PA. In den Kosten von US$10–15 ist oft auch eine kleine geführte Wanderung in die Umgebung und manchmal auch ein (schlichtes) Mittagessen enthalten. Sich einer solchen Tour anzuschließen, stellt den bequemsten Weg nach Bac Ha dar. Wer unabhängiger sein will, kann sich zum gleichen Preis mit dem Moped von Sa Pa bringen lassen. Fahrzeit in beiden Fällen etwa 3 Std. Vom **Busbahnhof** fahren Busse tgl. zwischen 6 und 14 Uhr in 2 1/2 Std. nach LAO CAI für 60 000 Dong. Direktbusse nach HA NOI starten um 8 Uhr, 11 Std. für 400 000 Dong.

Ba Be-Nationalpark

Der Ba Be-Nationalpark erstreckt sich über etwa 8000 ha Wald, in dessen Herzen der **Ba Be-See** liegt – der größte natürliche See des Landes, 7 km lang und bis zu 1 km breit. In dem maximal 35 m tiefen Gewässer tummeln sich um die 50 Fischarten, die die lokale Speisekarte bereichern. Sonst darf im Park nichts mehr gejagt werden: Die 300 Tierarten stehen ebenso unter Schutz wie die über 500 verschiedenen Pflanzenarten. Bootsausflüge auf dem See sind das Highlight eines Besuchs hier. Sie führen zu Wasserfällen, Dörfern und Höhlen.

Wer mit einer Tourgruppe aus Ha Noi anreist, wird möglicherweise in **Cho Ra** nächtigen, 18 km vom See entfernt, wo es einige einfache Hotels gibt. Von hier führt eine Bootstour über den Nang-Fluss nach **Hang Puon**, wo eine 300 m lange Höhle durchquert wird. Meist geht es dann zum **Dau Dang-Wasserfall** und weiter zum An Ma-Tempel (der 2007 an der Stelle eines älteren Tempels errichtet wurde, und dann zum Tay-Dorf **Pac Ngoi**.

Längere Touren können in Absprache mit der **Parkverwaltung**, ✆ 0281-389 4014, oder in den Unterkünften gebucht werden.

Keine Geldautomaten im Nationalpark – also genügend Bares mitbringen.

ÜBERNACHTUNG UND TOUREN

In **Cho Ra** gibt es einige Budget-Unterkünfte, z. B. das **Ba Be 1** und das **Viet Trinh**, ✆ 0281-387 6354, 091-226 7559 (Mr. Toan spricht Englisch), ✉ phamtuyenbabebk@gmail.com, das auch über ein Restaurant verfügt. Beide ❶–❷

Die Dörfer Pac Ngoi und Coc Toc sind über eine Straße zu erreichen und die bessere Wahl zum Übernachten, denn hier bieten viele Familien Gästezimmer an. Diese „Homestay" genannten Unterkünfte sind zwar eher einfache Gasthäuser als tatsächliche Übernachtungen im Kreis der Familie, doch man lebt recht nahe am Alltag der Einheimischen – und für viele Besucher ist das eigene Bett im abschließbaren Kämmerchen angenehmer als die abends ausgerollte Matratze im Wohnzimmer der Familie.

Direkt am See liegt das Ba Be Lakeview Homestay, Pac Ngoi Village, ✆ 097-666 1985, 💻 www.babelakeview.com. 10 Zimmer in traditionellen Stelzenhäusern, 4 mit Blick auf die Berge, 3 mit Blick auf die Straße und 3 ganz ohne Fenster. Einfach ansprechend. Gute Atmosphäre. ❶ Beliebt ist auch Mr Linh's Homestay, Coc Toc Village, ✆ 028-1389 4721, 💻 www.mrlinhhomestay.com. Betten im Schlafsaal (ab US$5), zudem DZ und 3-Bett-Zimmer. Moskitonetze. Freundliche Leute, Touren ab Ha Noi. ❷

Diese **Touren** vermittelt vor Ort auch **The B Tourist**, Bo Lu Village, ✆ 0281-389 4721, Hotline 098-958 7400, 💻 www.babecenter tourism.com.

TRANSPORT

HA NOI – Wer mit einer Tourgruppe anreist, muss sich um den Transport keine Gedanken machen. Wer auf eigene Faust anreist, fährt ab dem My Dinh-Busbahnhof in Ha Noi um 13.45 Uhr für 145 000 Dong direkt zum Ba Be NP. Wer in einem Homestay wohnen will, muss sich hier abholen lassen (etwa 50 000 Dong p. P.). Eine weitere Option sind zahlreiche Busse am My Dinh-Busbahnhof nach Cao Bang entlang der N3 über Thai Nguyen und Bac Kan. Wer um 5.50 Uhr aufbricht, erreicht in Bac Kan die Anschlussbusse zum NP um 10.55 bzw. 11.20 Uhr für 80 000 Dong. Wer später in Ha Noi losfährt, kann ab Bac Kan einen Bus nach CHO RA nehmen (25 000 Dong), dort schlafen oder mit dem Xe om bis PAC NGOI (ca. 120 000 Dong) oder Coc Toc (150 000 Dong) fahren.

18 HIGHLIGHT

Ha Long-Bucht

Die geheimnisvolle, mystische Landschaft der Ha Long-Bucht ist eines der beliebtesten Reiseziele in Vietnam. Geradezu unwirklich erscheint die Bucht bei Nebel, wenn sich die bizarren Felsen nur schemenhaft dahinter abzeichnen, paradiesisch schön dagegen bei Sonnenschein. Dann laden auf einigen Inseln weiße Strände zum Baden ein. Bei Bootstouren lernt man diese faszinierende Inselwelt kennen. Knapp 2000 kleine und kleinste Inseln ragen in bizarren Formationen aus dem Meer. In ihrem Inneren bergen sie oft Höhlen mit fantastischen Stalagmiten und Stalaktiten, die in grauer Vorzeit besiedelt waren und heute – teils mit Scheinwerfern illuminiert – zu einem Ausflug in eine Märchenwelt einladen. Andere Inseln sind mit wildem, undurchdringlichem Dschungel bewachsen, in dem gefährdete Tierarten eine Zuflucht gefunden haben. Wieder andere Inseln überraschen mit schönen Stränden oder Seen, die durch Kanäle mit dem Meer

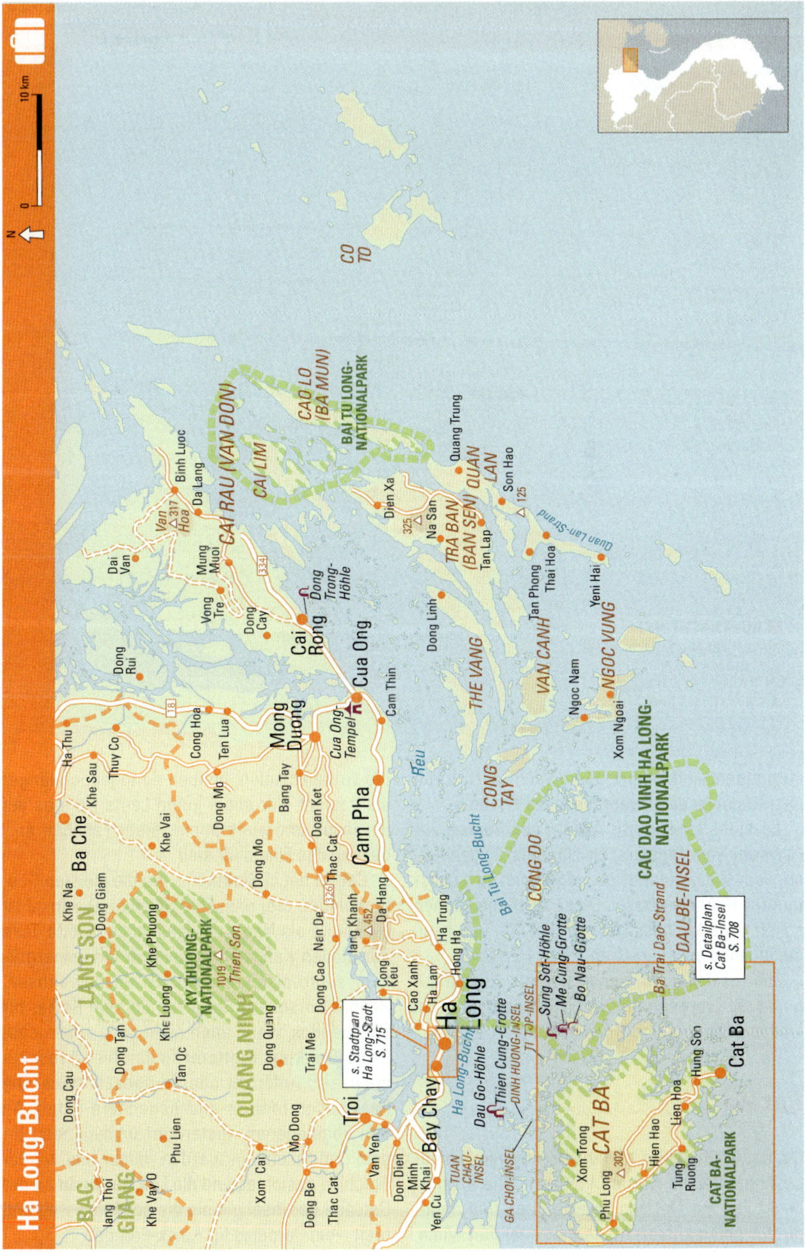
Ha Long-Bucht
N
0
10 km
Ha Long
Cam Pha
Cua Ong
Cai Rong
Mong Duong
Bay Chay
Troi
Cat Ba
Ba Che
CAT BA
CAT BA-NATIONALPARK
CAC DAO VINH HA LONG-NATIONALPARK
BAI TU LONG-NATIONALPARK
KY THUONG-NATIONALPARK
QUANG NINH
LANG SON
BAC GIANG
CAI RAU (VAN DON)
CAI LIM
CAO LO (BA MUN)
TRA BAN (BAN SEN)
QUAN LAN
THE VANG
VAN CANH
NGOC VUNG
CONG TAY
CONG DO
CO TO
DAU BE-INSEL
TUAN CHAU-INSEL
GA CHOI-INSEL
DINH HUONG-INSEL
TI TOP-INSEL
Ha Long-Bucht
Bai Tu Long-Bucht
Reu
Dong Trong-Höhle
Cua Ong-Tempel
Thien Cung-Grotte
Dau Go-Höhle
Sung Sot-Höhle
Me Cung-Grotte
Bo Nau-Grotte
Ba Trai Dao-Strand
Quan Lan-Strand
s. Stadtplan Ha Long-Stadt S. 715
s. Detailplan Cat Ba-Insel S. 708
Dong Cau
Dong Tan
Tan Oc
Phu Lien
Khe Vay O
Iang Thoi
Xom Cai
Mo Dong
Dong Be
Thac Cat
Van Yen
Don Dien Minh Khai
Yen Cu
Trai Me
Dong Quang
Dong Cao
Nen De
Iang Khanh
Cong Keu
Cao Xanh
Ha Lam
Hong Ha
Ha Trung
Da Hang
Thac Cat
Doan Ket
Bang Tay
Dong Mo
Khe Luong
Khe Phuong
Khe Na
Dong Giam
Khe Vai
Khe Sau
Ha Thu
Thuy Co
Cong Hoa
Ten Lua
Dong Rui
Dong Cay
Vong Tre
Mung Muoi
Dai Van
Van Hoa
Da Lang
Binh Luoc
Cam Thin
Dong Linh
Dien Xa
Na San
Tan Lap
Quang Trung
Son Hao
Thai Hoa
Tan Phong
Yeni Hai
Ngoc Nam
Xom Ngoai
Xom Trong
Phu Long
Hien Hao
Tung Ruong
Lien Hoa
Hung Son
Thien Son
1019
452
317
325
125
302
18
326
334

verbunden sind – kurz: Eine Schifffahrt durch das Gebiet ist ein unvergessliches Erlebnis.

Es steht eine große Anzahl von **Touren** zur Auswahl: vom Tagestrip bis zur mehrtägigen Reise, vom Billigangebot ab US$20 bis zur Luxustour für Hunderte Dollar. Diese Ausflüge können schon in Ha Noi gestartet werden. Wer will, kann auf eigene Faust losziehen.

Die Insel **Cat Ba** eignet sich als Ausgangspunkt für Touren in die Ha Long-Bucht und zum Trekken, Klettern und Höhlenerkunden.

Cat Ba

Cat Ba [4729] gehört zu den attraktivsten Stranddestinationen im Norden Vietnams. Die Insel ist leicht von Ha Noi aus zu erreichen und daher gut für einen kurzen Abstecher geeignet. Viele, die vorbeikommen, bleiben dann jedoch länger als geplant. Vor allem junge Leute zieht es auf die Insel, und auch immer mehr Familien entdecken das Eiland für sich.

Cat Ba hat in Stadtnähe, wo die meisten Gäste wohnen, drei passable Strände. Die Insel ist zur Hälfte als Naturpark geschützt: Große Teile der steilen Kalksteinfelsen sind mit immergrünem subtropischem Primärwald bewachsen, Heimat für seltene Tierarten und ein Revier für spannendes, wenn auch nicht ganz anspruchsloses **Trekking**. **Kletterer** finden hier ihresgleichen – ob Anfänger oder Fortgeschrittene: Die Karstfelsen fordern und begeistern jeden. An den abgelegenen Küsten der umliegenden Inseln und Inselchen werden immer mal wieder Delphine gesichtet, und die **Lan Ha-Bucht** an der Ostseite der Insel gilt als die schönste weit und breit – ein Paradies für Kajak-Freunde.

Die über 350 km² große Insel ist die größte Landmasse in dieser Küstenregion, in der sich Hunderte kleinerer Kalksteinfelsen aus dem Meer erheben. In den Sommermonaten wird Cat Ba-Stadt, das in einer Bucht im Süden liegt, von einheimischen Urlaubern überschwemmt. Dann steigen die Preise für einfache Zimmer extrem an. Lohnender ist daher ein Besuch im Frühling oder im Herbst (September/Oktober). Das Wetter ist dann meist noch gut und das Preisniveau moderat. Viele Touren in die Ha Long-Bucht beinhalten eine Übernachtung hier.

Etwa 30 Minuten Fußmarsch den Berg hinter Cat Ba-Stadt hinauf, befindet sich auf einem Gipfel die sehenswerte alte **Geschützstellung Cannon Fort** (Eintritt 40 000 Dong, Kinder 20 000 Dong). Abgesehen von den alten Bunkern und Kanonen (vor über hundert Jahren gefertigt und noch im amerikanischen Krieg eingesetzt) gibt es auch ein winziges Museum.

Cat Ba-Nationalpark

In den Bergen subtropische Wälder und Seen, an der Küste Mangroven und sogar einige Korallenriffe: Es gibt viel zu entdecken auf der Insel, von der 1986 etwa die Hälfte zum Nationalpark erklärt wurde und die 2004 von der Unesco in die Liste der schützenswerten Biosphären aufgenommen wurde. Wer im Nationalpark wandern will, zahlt 40 000 Dong, ein Führer kostet je nach Länge der Strecke ab 100 000 Dong.

Eine der beliebtesten Wanderungen führt vom Hauptquartier des Nationalparks zum **Froschsee Ao Ech**. Für die 6 km zum See über Stock und Stein benötigt man drei bis vier Stunden. Von dort geht es zwei bis drei Stunden weiter auf einer noch weniger erschlossenen Strecke bis zu einer Bucht mit der kleinen Siedlung **Viet Hai**, von wo man sich mit dem (vorher arrangierten) Boot zurück in die Stadt bringen lassen kann. Feste Schuhe, eine Regenjacke für alle Fälle, Moskitoschutz und genügend Wasser sollten zur Standardausrüstung gehören. Eine kürzere Wanderung (ca. 2 Std. hin und zurück) führt zu einem Aussichtsturm auf dem 225 m hohen Gipfel **Ngu Lam**. Der Aufstieg ist recht abenteuerlich und sollte nicht allein und nur mit festem Schuhwerk unternommen werden, s. **eXTra [6739]**. Viele nehmen einen Führer den Berg hinauf und wandern alleine wieder hinunter.

Nach Regenfällen sind die Strecken aufgrund der schlüpfrigen Pfade noch anstrengender. Besonders in der Regenzeit von Juli bis Oktober nerven Blutegel.

Höhlen

Sehenswert ist die recht nah an Cat Ba-Stadt liegende **Hospital-Höhle Quan Y** auf dem Weg Richtung Nationalpark. Zu Beginn der 1960er-Jahre kam Ho Chi Minh persönlich hierher und fand den Platz perfekt, um in der natürlich gut gekühlten Höhle ein Krankenhaus zu errichten. Die Höhle ist komplett beleuchtet. Eintritt inkl. Führer 15 000 Dong p. P.

Auch außerhalb des Nationalparks gibt es zwei Höhlen, in denen man Stalagmiten und Stalaktiten bestaunen kann. Dazu gehört die gut erschlossene **Hang Trung Trang** unweit des Nationalpark-Hauptquartiers. Einige Wege sind nicht beleuchtet, sodass man am besten eine eigene Taschenlampe mitbringt. Der Hauptweg ist ausgeleuchtet. Oft ist das Aufseher-Häuschen an der Straße nicht besetzt. Falls sich kein Aufpasser mit Schlüssel findet, muss man im Nationalpark nachfragen. Eintritt 15 000 Dong p. P., ein Führer ab 50 000 Dong.

Nahezu unbesucht und gerade auch deswegen sehenswert ist die kleine **Hoa Cuong-Höhle**; nach dem Nationalpark-Eingang weiter Richtung Norden. Der Schlüssel wird von einer Horde Jungs besorgt, die sich ein Taschengeld verdienen und mit Taschenlampe ausgerüstet den Besucher in die Höhlen geleiten. Es gibt kein fest installiertes Licht, aber gut begehbare Treppenstufen. Eintritt je nach Anzahl der Personen und Führer um die 30 000 bis 50 000 Dong.

Ebenfalls wenig besucht ist die **Minh Chau-Höhle** nordwestlich von Cat Ba-Stadt. Sie kostet keinen Eintritt, doch wer keine gute Taschenlampe hat, ist gut beraten, sich für etwa 20 000 Dong eine im Restaurant auszuleihen. Obwohl Licht verlegt ist, wird dies nur selten angeschaltet.

Lan Ha-Bucht

Die Bucht vor Cat Ba eignet sich perfekt für Touren mit dem **Kajak** (Tipps s. u.), zahlreiche kleine Strände locken den Entdecker.

VIETNAM

In der Nebensaison hat man diese oft ganz für sich allein – doch auch in der Hauptsaison macht ein Tagesausflug mit dem Kajak viel Spaß. Auf einigen Inseln kann man wohnen (s. u.), doch da hier abends oft Tourgruppen für Trubel sorgen, ist dies nicht jedermanns Sache.

ÜBERNACHTUNG

Die große Anzahl von Hotels sorgt für starke Konkurrenz und ein gutes Preis-Leistungs-Verhältnis. AC und TV gehören zur Grundausstattung. In der Hochsaison zwischen Juni und August und an Feiertagen wie dem 1. Mai, der Hauptreisezeit vietnamesischer Touristen, ziehen die Preise stark an: Ein Zimmer, das zu anderen Zeiten für US$6–8 zu haben ist, kann dann locker US$30 und mehr kosten. Fast alle Hotels haben WLAN, das allerdings nicht überall bis in die oberen Stockwerke vordringt. Wer gerne in Hostels übernachtet, sollte die Nebensaison meiden, denn dann ist nicht viel los und das Hostelleben erstirbt.

In der Stadt

Die schönsten Ausblicke gibt es aus den Frontzimmern direkt an der Promenade. Sollte hier alles voll sein, finden sich in den Nebenstraßen weitere Hotels zu ähnlichen Preisen. Die gelisteten Hotels befinden sich alle in der Duong 1-4, sofern nicht anders angegeben.

Ali Baba's Hotel (Phu Thanh Hotel), 175, ✆ 031-368 8468, [7104]. 9-stöckiges Hotel mit großen Zimmern. Bequeme Betten,

Flatscreen-TV, schöner Blick aus den Balkon-Zimmern. ❶–❸

Cat Ba Central Hostel, 240, ✆ 091-331 1006, [10120]. Großes Hostel mit 60 Betten nahe dem Hafen. Teils sehr große Schlafräume mit riesigen Fensterfronten zum Meer hin. 2 kleinere Zimmer mit 6 Betten sind den Frauen vorbehalten. Gemeinschaftsbäder. Schließfächer unter dem Bett. Inkl. Frühstück kostet das Bett US$5.

Cat Ba Dream Hotel, 226, ✆ 031-388 8274, [6740]. Gepflegte Zimmer, einige besonders hell mit Fenstern zu 2 Seiten (Endziffer 6). Schöner Blick auf den Platz am Anleger vom Gemeinschaftsbalkon. Vietnamesisch-westliches Restaurant, umfassender Tourservice. ❶–❷

Full Moon Party Hotel, 236, ✆ 096-779 4088, ✉ fullmoonpartyhotel@gmail.com, [10121]. Geräumige, saubere Zimmer, wenig Ausstattung: Bett, TV, Schrank, AC. Vorne mit schönem Blick in die Bucht. Nach hinten raus oder mit Fenster zum Gang weitaus weniger ansprechend. ❶–❷

Holiday View, 251, ✆ 031-388 7200, 💻 www.holidayviewhotel-catba.com, [9287]. Das Hochhaus am Ostende der Bucht beherbergt 120 3-Sterne-Zimmer. Teils mit Balkon, teils mit Badewanne, die Deluxe-Zimmer mit Fenstern nach 2 Seiten. Freundliches, professionelles Personal. ❹

Thao Minh New Star Hotel, 197, ✆ 031-388 8408, 💻 www.thaominhnewstarhotel.com, [9289]. Komfortabel ausgestattete Zimmer verschiedener Kategorien – man sollte sich eines mit Balkon leisten, denn die Lage bietet einen tollen Ausblick auf die Bucht. ❷–❹, am Wochenende teuer.

Tra My Hotel, 227, nahe dem Anleger, ✆ 031-388 8650, [9286]. Bequeme, recht kleine, gut ausgestattete Zimmer. Große Balkone für alle. Die Zimmer kosten alle dasselbe, egal ob mit Blick auf die Bucht oder in den Gang. Freundliche Leute. ❶

Auf den umliegenden Inseln

Karte S. 708

Die Anlagen auf den umliegenden Inseln werden häufig im Rahmen einer Tour besucht. Dabei kann es vorkommen, dass Individualisten hier ganz allein sind oder sich in einer Meute trinkender, singender Spaßmenschen wiederfinden. Beides hat Vor- und Nachteile. Strom gibt es in allen Anlagen dank eines Generators, der allerdings in der Nacht ausgestellt wird. Also Taschenlampe mitnehmen! Wer warm duschen möchte, kann dies zwischen 18 und 23 Uhr oder kurz am Morgen gegen 8 Uhr tun. Wer im Rahmen einer Tour bucht, hat das Essen meist frei (Getränke sind teuer und werden immer extra berechnet). Es kommt des Öfteren vor, dass Touren überbucht sind und das gewünschte Zimmer nicht verfügbar ist. Wer also individuell bucht, ist gut beraten, früh einzuchecken, damit der Wunschbungalow auch tatsächlich noch frei ist. Wer privat bucht, kann sich abholen und zum Hafen in Ben Beo zurückbringen lassen.

Castaway Resort, Tiger Beach, [7111]. Vor allem junge Leute zieht es hierher, denn die kleine, einfache Anlage gehört zum beliebten Backpackers' Hostel in der Ngo Huyen in Ha Noi (S. 676). Buchbar im Rahmen einer 3-Tage-2-Nächte-Tour über 💻 www.vietnambackpackerhostels.com.

Monkey Island Resort, auf Dao Khi, der „Affeninsel", ✆ 04-3926 1585, 090-401 6318, 💻 www.monkeyislandresort.com, [7112]. Hübsche Holzbungalows am eigenen Strand auf einer kleinen Insel 3 km vor Cat Ba-Stadt. Die billigsten Zimmer befinden sich in kleinen, einfachen Bambushütten mit alten Bädern. Es lohnt, etwas mehr für das Zimmer auszugeben und einen robusteren Typ mit einer besseren Sicht zu wählen. Die größten Bungalows haben schön gestaltete Zimmer, große Bäder und einen Panoramablick vom Bett und der großen Terrasse aufs Meer. ❷–❺

Nam Cat Sandy Beach Resort, auf Nam Cat, ✆ 091-331 7474, 💻 www.namcattourism.com, [7113]. Einfache Bambushütten im hinteren Teil, bessere Bungalows auf Stelzen an den Enden der Bucht. Dazwischen thront das Restaurant. Einfache Einrichtung in allen Bungalows, aber je teurer, desto größer und besser die Sicht und das Bad. ❷–❹

Ocean Beach Resort, auf Cat Ong, ✆ 031-321 2688, 💻 www.oceanbeachresort.com.vn, [7114]. Direkt gegenüber dem Trubel von Cat Ba-Stadt, etwa 5 km Luftlinie

VIETNAM

entfernt, liegt dieses wunderbare Privatrefugium, das einlädt, mal ein paar Tage auszuspannen. Die soliden Bungalows stehen an einem kleinen Strand; direkt dahinter beginnt der Dschungel. Das Resort gehört Mr. Le Van Chien von Ocean Tours (S. 683, Ha Noi), der die Insel für 50 Jahre gepachtet und mit unglaublicher Energie dieses Resort fast im Alleingang aufgebaut hat. ❺–❻

ESSEN

Die Auswahl in der kleinen Stadt ist groß: billiges Traveller-Essen, teure Fusion-Küche, Fisch, Krebse, Muscheln und weitere teils skurrile Meeresfrüchte in allen Variationen und daneben einfache traditionelle vietnamesische Küche. *Bia hoi* finden sich zeitweise an der Uferpromenade und fast immer im Bereich des Fischerhafens. Sofern nicht anders angegeben, liegen die Restaurants an der Uferstraße.

Bien Dong und **Vien Dong**, 8 und 12 Nui Ngoc, ✆ 031-388 7507 und ✆ 031-388 8839. Direkt nebeneinander stehen diese beiden großen Seafood-Restaurants. Aus den Bassins werden Fische, Muscheln, Krebse oder andere obskure, urzeitlich aussehende Krustentiere ausgesucht und frisch zubereitet.

Café Quang Hung, 179, ✆ 031-388 8222. Wer original vietnamesischen Kaffee liebt und eine Menge Zeit mitbringt (diese braucht der Kaffee, bis er durchgelaufen ist), kann hier wunderbar starken, aromatischen Kaffee genießen. Alle mit schwachem Herz und Magen sollten ein auf Westler eingestelltes Restaurant wählen, dort ist der Kaffee dünner.

Cat Ba Commons Café, 215, ✆ 016-3341 4669. Direkt neben dem Tour-Office von Hoa Long gelegenes ansprechendes Restaurant. Guter Kaffee, leckere Pancakes und Shakes. Zudem neben Hamburgern und anderem Traveller-Essen auch recht gute vietnamesische Küche.

Green Mango, Block 19, ✆ 031-388 7151, ✉ greenmangocatba@yahoo.com. Schickes Restaurant in zentraler Lage. Die Küche bietet internationale Speisen. Das Preisniveau ist recht hoch, aber die Küche auch entsprechend gut. Auf der Weinliste steht u. a. französischer Champagner.

Luong Son Quan, 10 Nui Ngoc, ✆ 016-3999 9668. Hier gibt es alles, von leckerer Pasta und Pizza über Bananenblütensalat und *pho* bis hin zu Cocktails und gutem Kaffee. Günstig. Nette Leute. Den Humburger (mit „u") haben wir nicht probiert, aber sicher ist, dass er aus Fleisch und nicht aus Humus ist.

Phuong Nhung, 181. Kleiner *pho*-Laden mit ausgezeichneter Nudelsuppe am Morgen von 7–10 Uhr. Öffnet auch abends und bietet dann neben *pho* ein paar wenige Reisgerichte. Offiziell von 7–22 Uhr geöffnet, aber immer mal wieder zu.

€ **Trong Tuan**, 11 Nui Ngoc, ✆ 031-660 5040. Kleiner *pho*- und *com*-Laden mit Tischen auf der Straße und innen. Einfache, günstige und leckere Küche. Gute Alternative zum Phuong Nhung.

UNTERHALTUNG

Bei einem abendlichen Bummel entlang der Duong 1-4 finden sich viele Plätze, um bei einem kalten Getränk den anderen Flaneuren zuzusehen. Neben den vielen Restaurants an der Promenade bieten sich besonders die abendlichen Open-Air-Läden an, die bei Einbruch der Dunkelheit ihre Klapptische direkt am Anleger aufstellen.

Flightless Bird Café, 198 Duong 1-4, ✆ 031-388 8517. Kneipenatmosphäre mit Bier und Cocktails. Von den 5 kleinen Tischen draußen kann man das Treiben auf der Straße beobachten. Es gibt wie überall auch etwas zu essen. 🕒 8–24 Uhr.

Oasis Bar, 228 Duong. Bar und Restaurant an der Strandpromenade. Innen Billard. Neben einem Bier kann man hier auch etwas zu essen genießen. 🕒 ab 8 Uhr, Ende offen.

Rose Bar, 15 Nui Ngoc, ✆ 031-388 8472. Gute Anlaufstelle für Nachtschwärmer: Drinks, Cocktails und ein Computer mit Webzugriff als Jukebox. 🕒 ca. 17–2 Uhr.

The Noble House, Duong 1-4, gegenüber dem Anleger, ✆ 031-388 8363, 💻 www.thenoblehousecatba.wordpress.com. Bis in die Nacht wird hier oft gefeiert, vor allem die Grand Bar im 2. Stock erfreut sich – mit Poolbillard und Meerblick – großer Beliebtheit. Und auch

VIETNAM

wer nach westlicher Küche sucht, wird hier fündig: sei es zum Frühstück oder mittags bzw. abends zu Pizza, Pasta und mehr. Vermieten auch Zimmer, beliebt, aber recht laut, ❶–❷. ⌚ Restaurant 6–22 Uhr, am Wochenende 1 Std. länger, die Bar öffnet am Wochenende um 17, in der Woche um 18 Uhr und schließt, wenn der letzte Gast gegangen ist.

AKTIVITÄTEN UND TOUREN

In Cat Ba-Stadt vermittelt nahezu jeder Hotelbesitzer Touren, die alle das Gleiche bieten. Es ist sehr ratsam, sich eine eigene Tour zu organisieren und sich diesen Spaß ggf. auch etwas mehr kosten zu lassen. Wer die Tour bereits in Ha Noi bucht, ist gut beraten, nicht die billigsten Anbieter zu wählen. In Cat Ba-Stadt empfiehlt sich:

Blue Swimmer Adventures, Ben Beo Harbour, ✆ 031-368 8237, 091-506 3737, 💻 www.blueswimmersailing.com, [7115]. Erfahrene Agentur. Verleiht Fahrräder. Organisiert individuell zusammengestellte Tages- oder mehrtägige Touren mit dem Kajak, auf einem alten Segelschiff oder auch mit dem Katamaran.

Cat Ba Ventures, 223 Duong 1-4, ✆ 091-246 7016, 💻 www.catbaventures.com. Bietet Touren mit dem Boot und Ausflüge auf der Insel an. Zudem Tickets auch für die Weiterfahrt. Beliebt und zuverlässig, und da direkt am Anleger gelegen, eine gute Anlaufstelle.

Klettern

Der fast unberührte, äußerst griffige Karstfels in dieser Region ist ideal zum Klettern. Sowohl Anfänger als auch Fortgeschrittene finden ansprechende Routen. Die junge, ambitionierte und gut geschulte Crew von **Asia Outdoors**, 222 Duong 1-4, im Noble House, ✆ 031-368 8450, 💻 www.asiaoutdoors.com.vn, [7116], bietet Tagestouren, die zum Höhepunkt einer Reise zählen werden. Das Team ist aus vielen Teilen der Welt zusammengekommen.

Mountainbike- und Motorradtouren

Ein Ausflug mit dem Mountainbike oder dem Motorrad über die Insel verspricht viel Spaß. In beiden Fällen sollte man auf jeden Fall einen Helm tragen. Ziele für Touren über die Insel sind v. a. die Höhlen (s. o.), die man gut an einem Tag besichtigen kann (mit dem Moped braucht man weniger Zeit). Beide Gefährte je nach Saison 80 000–100 000 Dong am Tag. Bei Einbruch der Dunkelheit oder sogar schon gegen 18 Uhr wollen die Besitzer ihre Maschinen zurückhaben. Private **Pkw** oder **Minibusse** kosten mit Fahrer ca. US$50 am Tag.

TRANSPORT

Kombitickets

Die wohl bequemste Option, nach HA NOI zu gelangen, bietet die **Hoang Long Company**, 217 Duong 1-4, ✆ 031-888 7224. Es geht in 4–5 Std. mit **Bus und Boot** (Bus ab Office, Boote ab Ang Coi-Hafen im Osten der Insel) in die Hauptstadt: um 7.15, 9.15, 13.15 und 15.15 Uhr. Tickets 210 000 Dong. Zudem Tickets nach NINH BINH um 9 Uhr für 230 000 Dong (5 Std. Fahrzeit). ⌚ des Büros jeweils etwa 1 Std. vor Abfahrt. Andere Gesellschaften fahren nach Ninh Binh zudem um 12.30, 13 und 15 Uhr. Weitere Ziele mit Open Tour-Bussen sind neben Ha Noi auch DONG HOI, HUE, DA NANG um 13 und 15 Uhr, für 500/600/650 000 Dong. SA PA mit der Gesellschaft Duy Long, ✆ 096-905 3398 (Herr Thang), 💻 www.xekhachduylong.com/en, für US$26 mit dem Minibus um 16 Uhr nach Hai Phong, von hier mit dem *Sleeper* nach Lao Cai, dann mit dem Minibus nach Sa Pa. Fahrtdauer insgesamt 10 Std.

Boote

Nach HAI PHONG mit dem Bus-/Fähr-Transfer der **Hadeco**-Gesellschaft ab Uferpromenade mind. 6x tgl. zwischen 7 und 16 Uhr für 180 000 Dong.
Wer nach BAI CHAY (HA LONG-STADT) möchte, kann in vielen Hotels für ca. 200 000 Dong eine **Mitfahrt auf einem Touristen-Ausflugsboot** arrangieren: Man sieht unterwegs noch ein paar Highlights der Bucht. Abfahrt 8 Uhr, Ankunft 12 Uhr. Weitertransport nach HA NOI per Bus möglich, Ankunft dann dort 16 Uhr. Weitere Boote starten um 7.30 (400 000 Dong) und 8.30 Uhr (180 000 Dong), 3 1/2 Std.

Nach TUAN CHAU vom Gia Luan-Hafen im Norden der Insel 1–2x vormittags, letzte Fähre um 16 Uhr für 60 000 Dong. Transport zum Hafen per Xe om für 100 000 Dong, Zubringerbus 20 000 Dong, 1 Std. vor Abfahrt. Die Insel Tuan Chau liegt vor BAI CHAY und ist durch einen 3 km langen Damm mit dem Festland verbunden; der Weitertransport nach Bai Chay (Ha Long-Stadt) oder zum Busbahnhof kann per Xe om geschehen.
Die meisten **Ausflugsboote** für Touristen benutzen den **Ben Beo-Anleger** nordöstlich der Stadt; dorthin wird man mit einem Minibus gebracht.

Ha Long-Stadt (Bai Chay und Hon Gai)

Ha Long-Stadt [4735] existiert unter diesem Namen seit 1994, als die beiden Orte Hon Gai und Bai Chay, die zu beiden Seiten des Cua-Luc-Kanals liegen, zur neuen Hauptstadt der Provinz Quang Ninh zusammengefasst wurden. Noch immer sind die alten Namen gebräuchlich, z. B. auf Bussen. Bai Chay ist der „touristische" Teil mit über hundert Hotels, vielen Restaurants und einem unspektakulären Strand. Hon Gai ist „einheimischer".

Das Highlight ist natürlich die weltberühmte Ha Long-Bucht, die der Stadt ihren Namen gab. Touren in die Bucht starten vom Touristenpier auf der vorgelagerten, über eine Brücke mit dem Festland verbundenen Insel **Tuan Chau**. Wer ab hier losfährt, kann in **Bai Chay** übernachten – wirklich lohnenswert ist dies aber nicht.

ÜBERNACHTUNG UND ESSEN

Individualreisende mit schmalem Geldbeutel steuern in Bai Chay die „Hotelstraße" **Vuon Dao** an, wo ein preiswertes Minihotel neben dem nächsten liegt – insgesamt mehr als 50, die sich alle nur marginal voneinander unterscheiden. Wer mehr ausgeben möchte, kann luxuriös in einem der Hoteltürme an der **Ha Long Road** nächtigen, die sich an der Küste entlangzieht.

€ **Alex Hotel (Hai Ninh)**, 28A Anh Dao, ✆ 083-930 8290, [10169]. Das günstige Hotel bietet ansprechend große Zimmer. Englisch sprechender Betreiber. ❶
The Ky Moi Minihotel, 27 Vuon Dao, ✆ 033-384 4314, 090-448 7145, [6756]. Saubere und geräumige Zimmer, die ihr Geld wert sind, und freundliche, gut Englisch sprechende Betreiber. 10 Zimmer mit (kleinem) Balkon zur Straße. Inkl. Frühstück. ❶–❷
The Light Hotel Halong, 108A Vuon Dao, ✆ 033-384 8518, www.thelighthalong.vn, [10168]. Das kleine, beliebte und moderne Hotel liegt nicht gerade zentral, aber das hält kaum jemanden von einer Buchung ab. Die Zimmer sind modern ausgestattet, das Personal ist freundlich, und die Preise sind niedrig. ❶–❷
Die meisten Restaurants sind eher mittelmäßig und bieten leicht überteuerte westliche und vietnamesische Küche frei nach dem Motto: „Die Gäste fahren ja eh morgen weiter".
Phuong Vi, 97 Ha Long Rd., ✆ 092-888 8618. Beliebtes Seafood-Restaurant.
Quang Vinh (Restaurant Asia), 24 Vuon Dao, ✆ 033-384 6927. Kleines, beliebtes Restaurant. Der hilfsbereite Besitzer hat 3 Jahre in Berlin gekocht und spricht Deutsch.
Yen Nhuan, 1 Vuon Dao. Preiswerte vietnamesische Hausmannskost.

SONSTIGES

Medizinische Hilfe

Bay Chay-Provinzkrankenhaus, ✆ 033-384 6557, www.benhvienbaichay.vn. Unter der Notrufnummer ✆ 033-382 5505 erreicht man nur Vietnamesisch sprechendes Personal – also am besten einen Vietnamesen anrufen lassen, wenn nötig. Das Krankenhaus liegt etwa 6 km westlich des Touristenpiers.

TRANSPORT

Busse

Der interprovinzielle **Busbahnhof Nga Tu Ao Ca**, ✆ 033-364 9230, benxebaichay@gmail.com, liegt etwa 5 km westlich des touristischen Zentrums und dient als Dreh-

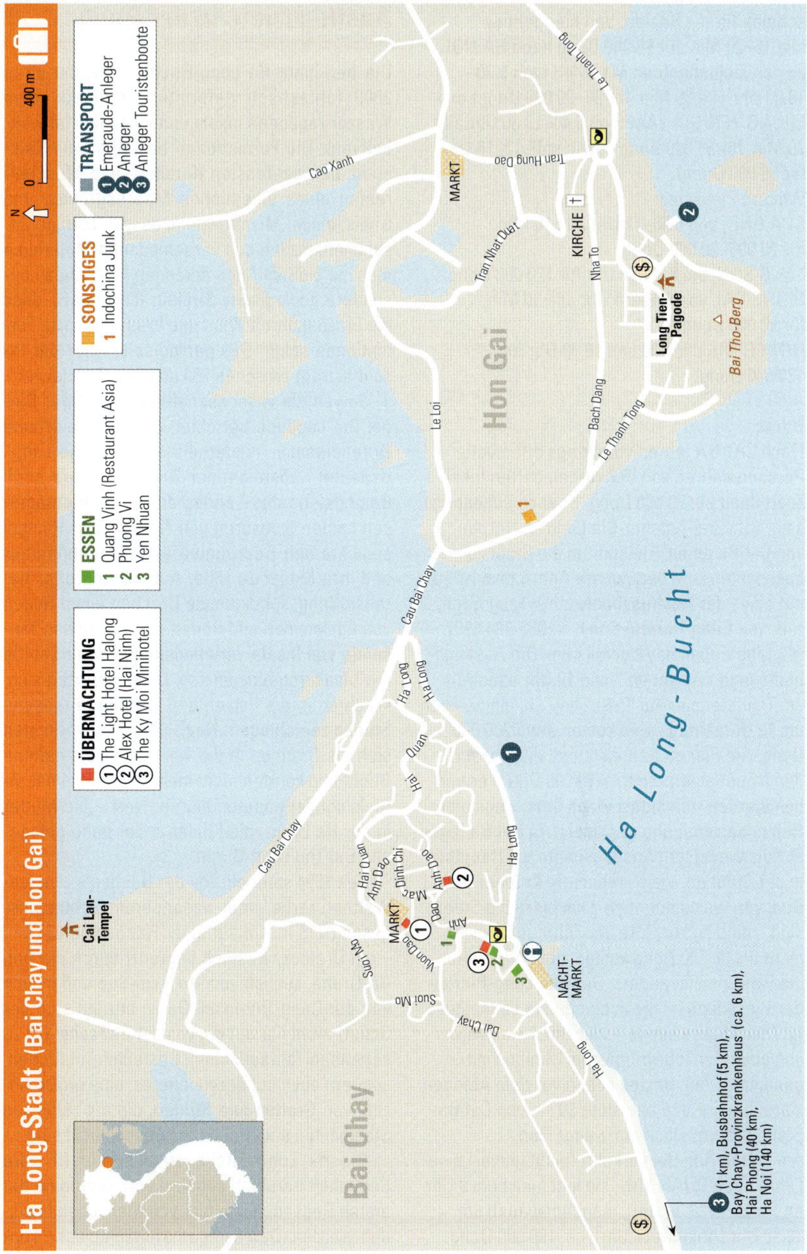
Ha Long-Stadt (Bai Chay und Hon Gai)
ÜBERNACHTUNG
1 The Light Hotel Halong
2 Alex Hotel (Hai Ninh)
3 The Ky Moi Minihotel
ESSEN
1 Quang Vinh (Restaurant Asia)
2 Phuong Vi
3 Yen Nhuan
SONSTIGES
1 Indochina Junk
TRANSPORT
1 Emeraude-Anleger
2 Anleger
3 Anleger Touristenboote
N
0
400 m
Cai Lan-Tempel
Bai Chay
Hon Gai
Ha Long-Bucht
Cau Bai Chay
Ha Long
Hai Quan
Anh Dao
Mac Dinh Chi
Vuon Dao
Suoi Mo
Dai Chay
MARKT
NACHT-MARKT
Le Loi
Cao Xanh
Tran Nhat Duat
Tran Hung Dao
Le Thanh Tong
Nha To
Bach Dang
KIRCHE
Long Tien-Pagode
Bai Tho-Berg
3 (1 km), Busbahnhof (5 km), Bay Chay-Provinzkrankenhaus (ca. 6 km), Hai Phong (40 km), Ha Noi (140 km)

scheibe für die Region. Von hier geht es alle 15–20 Min. für 90 000 Dong nach HA NOI zu den Zielbahnhöfen MY DINH (von 5.30–18.30 Uhr alle 30 Min. für 80–90 000 Dong) und LUONG YEN/GIA LAM (von 5.40–13.30 Uhr alle 20 Min. für 55 000 Dong sowie stdl. 12–16 Uhr für 90 000 Dong).
Weitere Ziele sind:
CUA ONG, von 5.50–17 Uhr alle 10 Min. für 20 000–30 000 Dong;
LANG SON, um 6, 12.30 Uhr für 120 000 Dong;
MONG CAI, von 6.40–14 Uhr alle 30 Min. für 80 000 Dong;
NINH BINH, um 5.30 und 16.30 Uhr für 120 000 Dong.

Boote

Nach CAT BA fahren vormittags öffentliche Personenfähren von der vorgelagerten Insel Tuan Chau ab; 70 000 Dong. Es kann schwierig sein, vom Ziel-Anleger **Gia Luan** im Norden von Cat Ba einen Transport in die Stadt zu bekommen. Eine bequemere Alternative ist es, auf eines der **Ausflugsboote** zurückzugreifen, z. B. von **Cang Tau Bai Chay**, ✆ 033-384 6592, ✉ cangtaubaichay@gmail.com. Die Ausflugsboote legen zwischen 7 und 10 Uhr ebenfalls am Touristenpier auf Tuan Chau ab, einige auch um 12 Uhr mittags, und kosten etwa 200 000 Dong. Am Pier muss meist noch ein Ticket für den Nationalpark-Eintritt (50 000 Dong) erworben werden, zumindest wenn unterwegs eine Höhlenbesichtigung geplant ist. In Cat Ba legen nur die wenigsten Ausflugsboote am Hauptpier in der Stadt an. Viele landen am **Anleger Ben Beo**, von wo es nur noch 2 km bis in die Stadt sind – eine so kurze Xe om-Fahrt sollte nicht mehr als 30 000 Dong kosten, doch das sehen die Fahrer meist anders. Der **Phu Long-Pier** an der Westküste ist die schlechteste Landestelle für Individualreisende – wer Glück hat, wird von einer der Tourgruppen im Minibus mitgenommen (am besten schon vor dem Ablegen klären); wer Pech hat, steht 30 km von Cat Ba-Stadt entfernt allein auf weiter Flur.
Am Pier in Hon Gai verkehrt (nicht immer) eine Fähre nach QUAN LAN; sie legt meist um 9 Uhr ab (Ankunft 12.30 Uhr), manchmal auch um 13.30 Uhr (Ankunft 17 Uhr), ca. 150 000 Dong.

Ausflugsziele in der Bucht

Die berühmte Ha Long-Bucht [4749] mit ihren 2000 fantastisch geformten, steil aus dem Wasser ragenden Inseln und Inselchen ist weltbekannt. Die Formationen bestehen aus Kalkstein, den gepressten Korallen- und Muschelresten eines urzeitlichen Meeresgrunds, und Gneis, einem Mischgestein, dessen körnige Zusammensetzung aus verschiedenen Mineralien man mit bloßem Auge erkennen kann. Diese besondere geologische Struktur führte dazu, dass die Erosion durch Wind und Wasser bizarre Formationen schuf. Das geologische Alter der Inseln beträgt zwischen 250 und 280 Mio. Jahren.

Soweit die wissenschaftliche Sicht der Dinge. Die Legende berichtet, dass sich hier eine Drachenfamilie niedergelassen hat („Ha Long" bedeutet „absteigender Drache"): Kurz nach Besiedelung des Landes durch die Vietnamesen kamen Invasoren von Norden. Der Himmel schickte den Bedrängten eine Drachenmutter und ihre Kinder zu Hilfe. Auf die Angreifer herabstoßend, spuckten die Drachen einen Regen von Edelsteinen und Perlen aus, die sich in **Tausende von Inseln** verwandelten und die Schiffe der Invasoren einsperrten. Diese verirrten sich, krachten in die Felsen und wurden in tausend Stücke zerschlagen. Nach dem Sieg verliebten sich die Drachen in die von ihnen geschaffene Bucht und kehrten nicht mehr in den Himmel zurück, sondern bauten hier ihr Nest – die Mutter in der Ha Long-, die Kinder in der nahe gelegenen Bai Thu Long-Bucht.

Seit 1994 steht ein Teil der Bucht als Unesco-Weltnaturerbe unter besonderem Schutz, insgesamt 775 Inseln auf einer Fläche von 434 km² – ein Dreieck, westlich begrenzt durch die Dau Go-Grotte, südlich vom Ba Ham-See und östlich von der Cong Tay-Insel. Dabei bezieht sich der Schutz nicht nur auf die von der Seeseite aus zu sehenden fantastischen Gesteinsformationen, sondern auch auf deren Inneres: eine große Anzahl von **Grotten und Höhlen**, die mit zahllosen Stalagmiten und Stalaktiten geschmückt sind.

Die Ha Long-Bucht ist nicht nur für ihre Schönheit berühmt, sondern war auch eine der ersten Gegenden, die hier von Menschen besiedelt wurden. Das belegen archäologische Funde in Soi Nhu, Thoi Gieng, Dong Mang und Xich Tho. Die tropischen Wälder, die manche Inseln begrünen, beherbergen Tausende von Tier- und Pflanzenarten, dazu gibt es wertvolle Mangroven-Ökosysteme und 163 verschiedene Arten Korallenriffe. Fisch-, Shrimp- und Tintenfisch-Arten ernähren die Menschen in den schwimmenden Dörfern, die in den Buchten treiben.

Zu den beliebtesten Zielen, die von den Ausflugsbooten angefahren werden, zählt die **Thien Cung-Grotte**. Sie befindet sich etwa 4 km vom Touristenpier entfernt und wurde 1993 entdeckt. Fünf Jahre später wurde sie für den Tourismus geöffnet, mit Treppen und Korridoren und einer großen Anzahl bunter Lampen versehen, die die Höhle in ein psychedelisches Licht tauchen. Vom Boot steigend, folgt man einem unter dichtem Blattwerk mäandernden Pfad etwa 30 m in die Höhe und beginnt zu verstehen, wie die Höhle so lange unentdeckt bleiben konnte. Das Innere zu betreten ist wie der Übergang in eine andere Welt: Kaskaden von beleuchteten Stalagmiten und Stalaktiten beflügeln die Fantasie, und wohin man den Blick auch wendet, erweist sich Mutter Natur als großartige Künstlerin.

Nur 300 m nördlich liegt die **Dau Go-Höhle**. Der Name dieser „Höhle der Holzpfähle" erinnert daran, dass General Tran Hung Dao hier im 13. Jh. seine angespitzten Holzpflöcke verbarg, mit denen er später die mongolische Flotte am Bach Dang-Fluss versenkte (s. **eXTra [7518]**). Noch heute sollen hier Reste dieser Pflöcke zu finden sein. Die Franzosen nannten das Eiland wegen seiner Höhle **L'Île des Merveilles**, „die Insel der Wunder". 90 Stufen gilt es zu erklimmen, ehe der Eingang der Höhle erreicht ist. Innen verbergen sich drei große Räume. Der erste führt zu einer langen, engen Passage, durch die der zweite erreicht wird. Dort bilden die Tropfsteine skurrile Figuren, die an Blumen, Tiere und Menschen erinnern. Im hinteren Raum gibt es einen tiefen Brunnen.

Die „Steinhund"-Insel **Cho Da** passiert man auf dem Weg von Dau Go Richtung Ti Top-Insel nach etwa zehn Bootsminuten: Der 8 m hohe Felsen erinnert an einen sitzenden Hund (mit dem Rücken zum offenen Meer) – seit Jahrtausenden ein treuer Wächter für ausfahrende Boote. Die **Dinh Huong-Insel** südwestlich von Dau Go erinnert an einen riesigen Räucherstäbchenhalter mitten im Meer und wird daher besonders geschätzt – fast wie ein natürliches heiliges Objekt zur Ehrung von Himmel und Meer.

Die **Ti Top-Insel** („Titov"-Insel) erinnert mit ihrem Namen an den sowjetischen Astronauten Gherman Stepanovich Titov (der zweite Mensch im All und mit 26 Jahren bis heute der jüngste), der sie im Jahre 1962 zusammen mit Ho Chi Minh besuchte. Sie ist auf der einen Seite sehr steil, auf der anderen flacher und hat dort einen schönen halbmondförmigen Strand, der gerne von Ausflugsbooten besucht wird. Die höchste Erhebung kann bestiegen werden und bietet einen tollen Ausblick über einen Teil der Bucht.

Die **Sung Sot-Höhle** liegt auf Bo Hon, etwas südöstlich der Ti Top-Insel. Sie ist eine der größten und schönsten in der Bucht. Ein etwa 500 m langer Weg führt durch die drei Kammern, in denen Tropfsteine wie Fantasieschlösser emporwachsen; andere erinnern an große Blumen und Bäume und wieder andere, so sehen es die Vietnamesen, an meditierende Drachen. Vom oberen Ausgang eröffnet sich ein schönes Panorama. Die Franzosen nannten die Insel **L'Île des Surprises**, „die Insel der Überraschungen", als Beschreibung für die vielen überwältigenden Formationen, die das Eiland bereithält: die **Luon-Grotte** im Nordosten, die mit dem Kajak erforscht werden kann, die „Jungfrauen-Grotte" **Trinh Nu**, ein romantischer Treffpunkt für Liebespaare, und 500 m entfernt die **Trong-Grotte** mit ihrer „männlichen Figur" im Eingang, die seit Äonen sehnsüchtig zur Jungfrauengrotte hinüberschaut.

Die **Me Cung-Grotte** liegt 2 km südöstlich der Ti Top-Insel auf Lom Bo. Hier wurden Reste einer steinzeitlichen Siedlung gefunden, die vor 7000–10 000 Jahren existierte: einfache Töpferwaren und massenhaft Schalen der Süßwassermuscheln, von denen sich die kleine Gemeinde ernährte. Der Eingang der Höhle ist so eng, dass nur ein Mensch hindurchpasst, und auch im Inneren ist es etwas beengt; die vielen kleinen Kammern erinnern an einen unterirdischen Palast mit einem Labyrinth von Zimmern. Am Ausgang der Höhle befindet sich ein runder See, in dem Fische, Oktopoden und Krustentiere leben. Ein alter Baumbestand am gegenüberliegenden Ufer ist die Heimat vieler Tier- und Pflanzenarten.

Ein anderes beliebtes Ziel ist die **Bo Nau-Grotte**, die ihren Namen „Pelikan-Höhle" ebendiesen Vögeln verdankt, die hier manchmal Schutz suchen. Die Grotte öffnet sich zum Meer hin und ist daher ein beliebtes Fotomotiv: im Vordergrund der Höhleneingang mit seinen Felsen und Stalaktiten, dahinter das türkisfarbene Meer mit, wenn man Glück hat, einer fotogenen Dschunke mit roten Segeln. Am Eingang der Höhle stehen drei große Steine, die an drei Mönche erinnern sollen, die sich über ein Schachspiel beugen. Je nach Jahreszeit, Wasserstand und Touristenzahl werden auch noch andere Grotten besucht – auf den fast 2000 Inseln ist die Auswahl groß.

Zwei kleine Inseln namens **Ga Choi** liegen 3 km von der Dau Go- und Thien Cung-Grotte entfernt und erinnern (mit etwas Fantasie) an zwei kämpfende Hähne; von Vietnam Tourism wurden sie zu einer Art Wahrzeichen der Ha Long-Bucht gewählt.

Der **Ba Trai Dao-Strand** („Drei-Pfirsiche-Strand") liegt an einer Gruppe von drei kleinen Inseln, deren Name von einer Legende herrührt: Einige Feen kamen aus dem Himmel hierher, um zu schwimmen. Die jüngste verliebte sich in einen Fischer und stahl im Himmel drei Pfirsiche für ihn, die, wenn er sie äße, ihm ewiges Leben schenken sollten. Aber während sie noch auf ihn wartete, bemerkte der Himmelskönig den Diebstahl und verwandelte die Pfirsiche in drei steinerne Inseln. Die ertappte Fee musste zurück in den Himmel, und dem Fischer blieben nur die Inseln.

Der **Ba Ham-See** befindet sich im Südwesten der Bucht auf der **Dau Be-Insel** („Kalbskopfinsel"). *Ba ham* bedeutet „drei Tunnel": Denn nur durch diese ist der See im Inneren der Insel zugänglich. Bei Ebbe sind die Tunnel etwa 4–5 m hoch und können mit flachen Booten oder Kajaks befahren werden. Bei Flut sind sie hingegen nicht schiffbar. Im noch vom Tageslicht erhellten Eingangsbereich des ersten Tunnels sind Stalagmiten und Stalaktiten zu erkennen. Weiter innen wird es dunkel, ehe nach einer Weile der Ausgang auftaucht. Der zweite Tunnel ist ähnlich. Auf einer Klippe südöstlich des Eingangs wächst ein alter Carambola-Baum, der Äffchen und Flughörnchen beheimatet. Im dritten Tunnel leben Schmetterlinge und Fledermäuse.

Über Nacht in der Ha Long-Bucht?

Die Übernachtung auf einem Boot zwischen den Felsen der Ha Long-Bucht gehörte bisher für viele Reisende zum Programm. Im Frühjahr 2016 verkündete jedoch der Vorsitzende des Volkskomitees von Ha Long, Pham Hong Ha: „Wir werden dort keine Übernachtungen mehr erlauben". Das Verbot solle „in Kürze" in Kraft treten und auch die benachbarte Bai Tu Long-Bucht betreffen. Ein genauer Termin wurde jedoch nicht genannt. Kurz zuvor hatte die Regierung bekannt gegeben, dass die Tage der hölzernen Dschunken in der Bucht gezählt seien. Die traditionell anmutenden Boote sollen in den nächsten fünf Jahren aufgrund von Sicherheitsbedenken ausgemustert werden. Zum Einsatz sollen dann nur noch Stahlschiffe kommen (Quelle: abl/dpa). Aktuelle Infos, wenn verfügbar, unter **eXTra [4749]**.

TOUREN

Tagestouren in die Ha Long-Bucht

Wer ohne organisierte Tour Richtung Ha Long gereist ist, kann am Touristenpier eine Tour buchen. Touren und Boote werden im **Boat Renting Office** im Zentrum des Geländes gebucht, ⌚ 6–18 Uhr. Neben Tickets für ein Boot müssen auch für bestimmte Ziele (Höhlen) Eintrittskarten gelöst werden (je 50 000 Dong). Die Preise der Touren variieren jeweils nach Zielen, Fahrtdauer (4–10 Std. oder mit Übernachtung) und Ausstattung der Boote. Eine 4-stündige Tour zur **Thien Cung-Grotte** und **Dau Go-Höhle** kostet 200 000 Dong (s. **eXTra [6761]**). Andere Touren beinhalten die **Sung Sot-Höhle**, die **Ti Top-Insel**, die **Me Cung-Grotte** und das **Fischerdorf Cua Van**. Abfahrt ist ab 7 Uhr, bei genügend Nachfrage fahren die Boote im Viertelstundentakt los.

Die Fahrten werden von verschiedenen lokalen Fährgesellschaften organisiert, die sich nicht groß unterscheiden; wer selbst ein Ticket löst, wird einem der Schiffe dieser Gesellschaften zugewiesen.

Auch das Mieten eines privaten Bootes ist möglich; je nach Schiff etwa 800 000 Dong pro Std.

Kreuzfahrten mit Übernachtung

Die Benutzung etwaiger mitgenommener Kajaks (nachfragen!) ist meist im Preis inbegriffen. Da die Verpflegung unterwegs häufig aus frischen Meeresfrüchten besteht, sollten Vegetarier/Veganer vorher Bescheid sagen. Weitere Agenturtipps s. Ha Noi, S. 683. Außerdem können Erfahrungen unter Tipps gepostet und gelesen werden, s. eXTra [4752].

Bai Tho Tourist Transportation Company, 11 Le Quy Don, Bach Dang, Ha Long-Stadt, ✆ 033-382 6898, 💻 www.baithojunks.com. Der Anbieter operiert seit 1991 und gehört zu den erfahrensten in der Bucht mit einer 30 Schiffe umfassenden Flotte. Besonders gelobt werden die Übernachtfahrten für die außergewöhnlich gute Küche, die manchmal bei einem Landgang als Buffet in einer Grotte serviert wird.

Buffalo Tours, 9-13 Hang Muoi, Ha Noi, ✆ 04-3828 0702, 💻 www.buffalotours.com. Betreibt 2 eigene, luxuriöse Schiffe in der Bucht. Sehr gute Paddel-Trips mit hochwertigen Kajaks. Tagestouren und Touren mit einer Übernachtung. Individuelle Lösungen sind möglich.

Emeraude Classic Cruises, Press Club Office Centre, Suite 401, 59A Ly Thai To, Ha Noi, ✆ 04-3935 1888, 💻 www.emeraude-cruises.com. Die luxuriöseste Option ist eine Fahrt mit der „Emeraude", der Rekonstruktion eines hundert Jahre alten Raddampfers.

Indochina Junk, 6A Le Thang Ton, Hong Gai, ✆ 033-384 8926, und 58 Au Trieu, Ha Noi (s. Karte S. 670), ✆ 04-3923 2559, 💻 www.indochina-junk.com. Die gut ausgestattete „Dragons Pearl" setzt mit ihren 80 Schwimmwesten, 14 Feuerlöschern, 4 Rettungsbooten und dem automatischen Alarmsystem Maßstäbe in Sachen Sicherheit und ist noch dazu eines der elegantesten Schiffe in der Bucht. Weitere neue Boote in der Flotte.

Ocean Tours, 22 Hang Bac, Ha Noi, ✆ 04-3926 0463, 💻 www.oceantours.com.vn. [10165]. 2- und 3-tägige Fahrten, s. auch Ha Noi und Cat Ba, Übernachtung, für Individualisten und für Backpacker.

Oriental Sails, 10 Hang Manh, Ha Noi, ✆ 04-3926 4009, 💻 www.orientalsails.com. Blitzblanke Dschunke mit 16 bequemen und modern ausgestatteten AC-Kabinen. Tagestouren bis hin zu 3-tägigen Touren mit 2 Übernachtungen.

Von Ha Noi nach Süden

Die meisten Touristen, die sich von Ha Noi aus Richtung Süden aufmachen, durchqueren (oder überfliegen) Hunderte von Kilometern, ohne einmal Halt zu machen. Die wenigen Traveller, die im nördlichen Zentralvietnam unterwegs sind, kommen oft über einen der Grenzübergänge aus Laos. Einige der regionalen Highlights, wie die **„Trockene Ha Long-Bucht"**, der **Cuc Phuong-Nationalpark** im Norden oder die **Demilitarisierte Zone (DMZ)** im Süden können auf Tagesausflügen von Ha Noi oder Hue aus besucht werden.

Die Region ist v. a. bei Backpackern beliebt. Es gibt viele günstige Unterkünfte, und die Pfade sind noch nicht so ausgetreten wie anderswo.

Ninh Binh und Umgebung

Ninh Binh [4767] ist die Hauptstadt der gleichnamigen Provinz und an sich nicht bemerkenswert. Doch von hier erreicht man zahlreiche sehenswerte Ziele: die Pagoden bei **Hoa Lu**, die schöne Landschaft von **Tam Coc**, die **Bich Dong Höhle**, die **Trang An-Grotte** und **Chua Bai Dinh**, die größte Pagode Vietnams. Zudem locken der **Cuc Phuong-Nationalpark** und die **Kathedrale von Phat Diem** in der weiteren Umgebung.

Die Region um Ninh Binh und weiter nördlich bis Nam Dinh war bis 1954 die mit dem höchsten Christen-Anteil in ganz Vietnam, was die große Anzahl an Kirchen erklärt. Ninh Binhs Kathe-

Von Ha Noi nach Süden

drale wurde bei amerikanischen Bombenangriffen zerstört. Heute steht an derselben Stelle eine weniger bemerkenswerte Kirche.

Tam Coc

Tam Coc bezeichnet die drei Höhlen **Hang Ca**, **Hang Hai** und **Hang Ba**, die alle auf dem Wasserweg zu erreichen sind. Die anderthalb- bis zweistündige Bootsfahrt geht vorbei an Reisfeldern, die umrahmt werden von steil aufragenden Karstfelsen. Hunderte von Booten befahren den Fluss; wenn es richtig voll ist, kann die Tour deshalb auch etwas länger dauern. Hang Ca, die erste Höhle, ist mit 127 m die längste. Die vielen Souvenir- und Getränkeverkäufer sollte man als Anlass nehmen, sich in freundlicher Gelassenheit zu üben. Eintritt 120 000 Dong, Kinder zahlen die Hälfte. Pro Boot zudem 150 000 Dong (für 2 Pers.), Familien mit zwei Kindern werden auch auf einem Boot transportiert. Boote fahren von 7–16 Uhr, ein Trinkgeld wird erwartet.

Bich Dong

Nach einigen Kilometern hinter dem Anleger von Tam Coc befindet sich die **Bich Dong-Grotte**. Sie wurde von König Tu Duc im 18. Jh. zur zweitschönsten von ganz Vietnam erklärt. Heute befindet sich am Fuße des Felsens eine Pagode. Der kurze Weg führt links hinauf am steilen Berg entlang. Die Grotte, in der drei schwarze Buddhafiguren verehrt werden, kann durchquert werden. Am Ausgang führt der Pfad steil hinauf zu einer weiteren kleinen Pagode. Von der vorgelagerten Plattform hat man einen schönen Ausblick. Erklimmt man nun die Felsen linker Hand, geht es weiter steil bergauf. Je weiter man nach oben kommt, desto waghalsiger wird die Kletterei. Eintritt frei, Parkgebühr 20 000 Dong.

Rechter Hand der Pagode führt ein Pfad ins „Verborgene Tal". Wer hinuntersteigt, gelangt zu einer kleinen **Höhle**. Ein Höhlenwärter, der in dem kleinen Haus am Taleingang wohnt, schließt meist auf und beleuchtet das Innere. Begeistert erklärt er die Stalagmiten und Stalaktiten – in fließendem Vietnamesisch. Auch wenn man nur wenig verstanden hat, hat sich der freundliche Mann eine Spende verdient.

Fährt man auf dem Weg zurück direkt rechts ab Richtung **Ben Thuyen**, ist man in Kürze abseits des Touristenpfades: Über Dämme und kleine Brücken geht es durch eine nordvietnamesische Bilderbuchlandschaft.

Hang Mua (Mua-Höhle)

Den sich auf dem Felsen schlängelnden Drachen sieht man bereits, wenn man auf dem Wasser nach Tam Coc unterwegs ist. Hang Mua befindet sich zwischen Tam Coc und der Trang An-Grotte an einem schmalen Pfad. Es geht etwa 500 Stufen hinauf zu einer Statue von Quan Am. Der Ausblick lohnt den schweißtreibenden Stufenmarathon. Unterhalb des Berges befindet sich ein Garten mit zwei kleinen Höhlen: der Tigerhöhle (Taschenlampe nötig) und der Pearl Spring-Höhle (beleuchtet). Auf dem Gelände wurde und wird immer wieder gebaut, richtig fertig ist es seit Jahren nicht. Geht man durch die Grotte hindurch, führt dahinter ein schmaler Pfad Richtung Tam Coc, der jedoch oft leider nicht passierbar ist. Eintritt 100 000 Dong. Wer nicht bei der Bich Dong-Pagode bis weit hinauf in die Felsen gestiegen ist, sollte sich den Ausblick gönnen. Der oftmals empfohlene Ausblick von der Grabstätte in Hoa Lu ist hingegen keine Alternative zu Hang Mau.

Trang An-Grotte

In **Trang An** [7280], einige Kilometer westlich von Ninh Binh, befördern kleine Ruderboote die Besucher auf dem Fluss Sao Khe durch eine üppig bewaldete Berglandschaft, grüne Täler und Wasserhöhlen. Die zwei- bis dreistündige Fahrt durch die neun Höhlen, die teilweise fast 400 m, im Schnitt etwa 250 m lang sind, ist nichts für Klaustrophobiker: Es wird sehr eng, und man muss sich stellenweise sehr klein machen. Das Höhlensystem ist das Highlight der „Trockenen Ha Long-Bucht" und zieht viele einheimische Touristen an. Während es an Wochenenden und Feiertagen richtig voll wird, geht es in der Woche beschaulicher zu. Eintritt Erwachsene 150 000, Kinder 80 000 Dong, inkl. Boot, auf dem 4 Pers. Platz finden. Unbedingt genügend Sonnenschutz (Hut, Sonnencreme) einpacken!

Hoa Lu

Der Straße nach Trang An folgend, erreicht man nach wenigen Kilometern die knapp 14 km nordwestlich von Ninh Binh zwischen Reisfeldern und steilen Bergen liegenden Reste der alten Hauptstadt Hoa Lu, die von 968 bis 1009 Machtzentrum des Landes war. Zwölf Jahre regierte hier die Dinh-Dynastie, gegründet von König Dinh Tien Hoang. Ihr folgte die Frühe Le-Dynastie, die mit König Le Dai Hanh begann. Im Jahre 1010 übernahm Ly Thai To die Macht und verlegte die Hauptstadt nach Thang Long – dem heutigen Ha Noi.

Zwei Tempel und die Reste der alten Zitadelle zeugen vom einstigen Glanz dieser Stätte. Linker Hand des Eingangs befindet sich der **Tempel des Dinh Tien Hoang**. Er wurde im 11. Jh. errichtet und 1696 renoviert. Er besteht aus einer Reihe von Gebäuden, die über Tore und Innenhöfe miteinander verbunden sind. Im inneren Heiligtum ist die Statue des Königs, ihm zur Seite seine Söhne. Mit ihnen ist die Geschichte des tragischen Untergangs der Dynastie verknüpft: Denn der Herrscher erwählte einen der jüngeren Söhne, Hang Lang, zu seinem Nachfolger, nicht den ältesten, Dinh Lien. Daraufhin ließ dieser den Bruder ermorden. Ein unheilvolles Schicksal hing über dem Königshaus, zu dessen Vollstrecker sich ein Höfling namens Do Thich machte: Er ermordete Vater und älteren Sohn, als sie einen Rausch ausschliefen. Do Thich wurde gefasst und exekutiert. Man sagt, sein Fleisch wurde anschließend an die Bauern der Umgebung verteilt.

Ein Abstecher führt zum **Grab von Dinh Tien Hoang**, das auf einem Hügel südlich des nach ihm benannten Tempels liegt. Der über 200 Stufen hohe Aufstieg wird mit einem Ausblick in die Landschaft belohnt (ein paar Schritte hinter dem Grab, die Felsen hoch gehen). Vorsicht – nach Regenfällen können die Stufen sehr rutschig werden.

Rechter Hand des Eingangs wird der Besucher zu einer Ausstellungshalle über den Resten des **alten Königspalastes** aus der Vor-Le Periode im 10. Jh. geführt. Die Bodenfliesen und Mauerreste sind jedoch wenig spektakulär. Direkt dahinter befindet sich der **Tempel von Le Dai Hanh**, der nicht nur den Thron, sondern auch die Frau seines Vorgängers übernahm. Die beiden haben, ebenso wie ihr ältester Sohn, Altäre im hinteren Teil dieses Tempels, in dem sich auch einige Waffen, Räucherstäbchengefäße und ähnliche

Artefakte finden. 2015 ist eine Komplettsanierung durchgeführt worden. Die alte Stadt endet jeweils an einem großen Tor. Eintritt 15 000 Dong.

Chua Bai Dinh

Von Hoa Lu zur Chua Bai Dinh [7281], dem größten Pagoden- und Tempelkomplex Vietnams, sind es noch einmal knapp 10 km. Diese Sehenswürdigkeit befindet sich in der Nähe der alten Bai Dinh-Pagode, die von dem Mönch Nguyen Minh Khong (1065–1141) errichtet wurde. Insgesamt umfasst die Anlage vier Tempel: Drei davon stehen für Vergangenheit, Gegenwart und Zukunft; der vierte ist der Göttin der Barmherzigkeit gewidmet. Von weither sichtbar ist der hier stehende große Turm. 🕒 7–17.30 Uhr, Ein-

Umgebung Ninh Binh

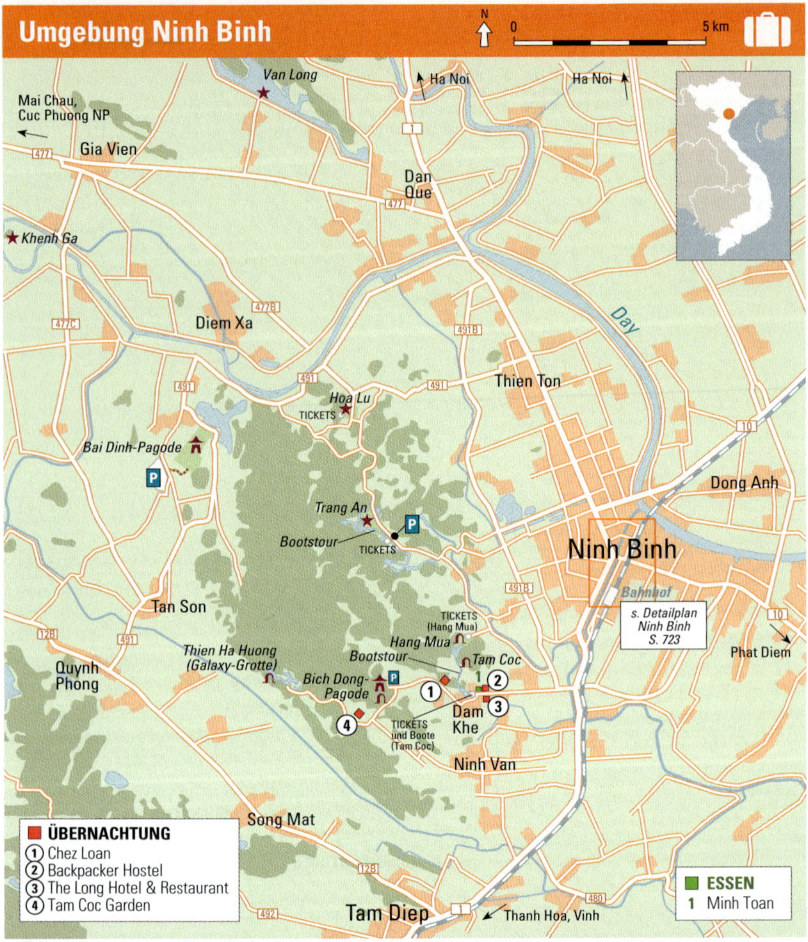

tritt frei. Mopedparkplatz 20 000 Dong. Hinauf am besten mit dem E-Mobil (30 000 Dong) und hinunter zu Fuß: Hinter dem mehrstufigen Turm führen Treppen zum Parkplatz.

Phat Diem

Die **Kathedrale** von Phat Diem [4769], erbaut 1887–1899, ist eine der beeindruckendsten katholischen Kirchen in Vietnam. Ihre Besonderheit ist – neben der Größe – ihr architektonischer Stil, eine Mischung aus europäischer Gotik und asiatischer Tempelbaukunst. Die Anlage umfasst neben der Kathedrale vier Kapellen und drei künstliche Grotten. Auf einer kleinen Insel inmitten eines rechteckigen Sees steht eine große weiße Christus-Statue. Noch heute ist die Kathedrale eine lebendige Stätte des Glaubens, und erstaunlich viele junge Menschen treffen sich hier. Beinahe täglich um 16 Uhr findet ein Gottesdienst statt.

Anfahrt mit dem Moped: In Ninh Binh überquert man, von der N1 kommend, die südliche

Brücke und folgt der Straße für knapp 30 km in südöstlicher Richtung. In Phat Diem dem Abzweig nach rechts folgen (ausgeschildert), nach wenigen hundert Metern ist das Gelände erreicht. Mit dem Bus: Fahrt mit dem Bus Nr. 2 ab Busbahnhof in Ninh Binh für 15 000 Dong. Zurück dann einen Bus auf der Straße anhalten an der Stelle, wo man auch ausgestiegen ist.

Schon bei der Anreise fallen die vielen alten Kirchen am Wegesrand auf. Besonders beeindruckend nach etwa 18 km, rechts hinter dem Ortsausgang von Ye Kanh, ist die Kathedrale der Gemeinde von Phuc Nhac, die fast ein wenig an Notre-Dame in Paris erinnert. Ein paar Kilometer weiter steht links an der Straße eine große graue Kirche mit schönen architektonischen Details – die Wasserspeier scheinen direkt aus dem europäischen Mittelalter importiert.

ÜBERNACHTUNG

Da schon seit Jahren Touristen hier übernachten, haben sich einige Unterkünfte ganz auf Besucher aus dem Ausland eingestellt. Entsprechend gut ist in der Regel der Standard. Sollten alle gelisteten Hotels voll sein, finden sich weitere Alternativen unter eXTra [6801].

In der Stadt

€ **New Queen Mini Hotel**, 6 Ngo 256, Ngo Gia Tu, ✆ 030-389 3118, ✉ queenminihotel@gmail.com, [7264]. Budget-Hotel nahe dem Busbahnhof, nicht zu verwechseln mit Queen Mini Hotel. Verschiedene und gut ausgestattete Zimmer, unschlagbar günstig der Schlafsaal für US$3 p. P. Fahrrad-, Moped-, Autoverleih, Touren, Open Tour-Tickets. Die freundliche Besitzerin Frau Tao hat in den 1980er-Jahren in Deutschland gelebt und freut sich daher besonders über deutsche Gäste. Ihre Kinder sprechen Englisch. ❶–❷

Ngoc Anh Hotel 1 und 2, 26 und 36 Luong Van Tuy, ✆ 030-388 3768, 💻 www.ngocanhhotel.com, [7266]. Es gibt 2 Ngoc Anh Hotels: das erste mit der Hausnummer 26, das zweite, neuere mit Nr. 36. Ein Dutzend saubere und ruhige Traveller-Zimmer, manche ohne Fenster. Moped und Fahrräder zur Ausleihe. Bei Anreise kostenfreier Abholservice innerhalb der Stadt. ❶–❷

Queen Hotel, 20-21 Hoang Hoa Tham, ✆ 030-389 3535, 💻 www.queenhotel.vn, [7267]. Nahe dem Busbahnhof, mit unterschiedlich großen, sauberen Zimmern: darunter einige sehr preiswerte, die sehr klein sind (diese nur Walk-In, nicht über Buchungsmaschinen). Die besseren Zimmer haben große Fensterfronten, Balkon, Badewanne und Flatscreen. ❶–❺

Thanh Thuy's Guest House & New Hotel, 53 Le Hong Phong, ✆ 030-387 1811, 💻 www.thanhthuyhotel.com, [7271]. Ordentliche Zimmer. Jene im Gästehaus vorne sind etwas einfacher, im hinteren Hotelgebäude etwas neuer und besser. Der Besitzer spricht Deutsch, sein Sohn gutes Englisch. Familienzimmer. Das Restaurant wird gelobt. ❶–❸

Thuy Anh Hotel, 55a Truong Han Sieu, ✆ 030-387 1602, 💻 www.thuyanhhotel.com, [7272]. Gute, beliebte Anlaufstelle mit ordentlichen Zimmern in verschiedenen Preisklassen: 19 preiswertere im älteren, 17 etwas teurere im neuen Flügel. Restaurant und Café mit toller Aussicht im 6. bzw. 7. Stock (Aufzug). Auto-, Moped- und Radverleih. ❷–❹

Tam Coc

Nahe dem Anleger bzw. direkt in der Natur befinden sich einige ansprechende Unterkünfte. Für alle, die nicht in der Stadt wohnen möchten, eine gute Option. An der Zufahrtsstraße zum Anleger entstehen immer mehr kleine und größere Hotels.

Chez Loan, Dam Khe, ✆ 030-361 8354, 💻 www.chezloantamcoc.com, [9284]. Ansprechende Anlage mit sauberen Zimmern in ruhiger Lage zwischen Anleger und Bich Dong. Manche mit Balkon, alle Fenster mit Aussicht auf die Reisfelder und Berge (teils aber auch auf das weniger schöne Nachbarhaus). Die meisten Gäste sind Franzosen. ❷

Tam Coc Garden, ✆ 096-603 2555, 💻 www.tamcocgarden.com/en, [10124]. Weit ab in den Feldern liegt dieses hochklassige Resort. 16 sehr schöne Bungalows. Kleiner schöner Pool. Alles sehr geschmackvoll. Inkl. Frühstück und Fahrrädern. Es gibt aus Prinzip kein TV, denn die Gäste sollen sich nicht ablenken lassen (WLAN ist jedoch vorhanden). Eintauchen in die vietnamesische

VIETNAM

Kultur wird hier möglich: Kalligrafiekurse, Kochkurse und viele weitere schöne Ideen für den etwas anderen Urlaub. ❻

The Long Hotel & Restaurant, gegenüber dem Bootsanleger, ✆ 030-359 5595, [10190]. Das in neovietnamesischem Barock erbaute Haus mit moderner Fassade bietet einfache Zimmer, z. T. mit Fenstern nach 2 Seiten. Von den oberen Balkonen mit tollem Blick auf das Treiben am Anleger (inkl. Sonnenuntergang) und in die weitere Umgebung. Gegenüber liegt das **Backpacker Hostel**, [10191], das zum Long Hotel gehört. Hier gibt es Betten im Dorm (US$5). Die Restaurants des Hauses sind etwas teurer als die der Umgebung. ❷–❹

ESSEN

In der Stadt

Viele preiswerte *com-* und *pho*-Restaurants befinden sich in der Nähe des Busbahnhofs und in der Luong Van Tuy.

Café Lo,16 Truong Dinh. Außen- und Innenbereich im Bistrostil. Guter Kaffee und einige Gerichte. Unter anderem auch Hamburger, diverse Nudelgerichte, Suppe. ⌚ 8–22 Uhr.

Chookie's, 17 Luong Van Tuy. Kleines AC-Restaurant mit Westernküche und vietnamesischen Gerichten. Bietet auch Touren an. ⌚ 11.30–22 Uhr.

Kinh Do Hotel-Restaurant, im Innenhof des gleichnamigen Hotels (s. o.). Recht gute vietnamesische Küche, eine ausgewogene Mischung ausländischer und vietnamesischer Gäste. ⌚ 7.30–22 Uhr.

Time Coffee, 1 Le Hong Phong. Großes Café auf 2 Ebenen. Neben gutem Kaffee gibt es Kuchen und Eis. Zudem Westernküche (Pizza, Hamburger und Pommes). ⌚ 24 Std. tgl.

Trung Tuyet, 18 Hoang Hoa Tham, neben dem Queen Hotel. Einfaches Restaurant mit relativ teuren Gerichten. Die Portionen sind ordentlich und das Essen soweit ganz schmackhaft. Man kann wählen zwischen kleinen, mittleren und riesigen Portionen. ⌚ 7–22 Uhr.

Tam Coc

Am Bootsanleger von Nam Toc haben sich neben den dominierenden Restaurants des Long Hotels und des Backpacker-Platzes des Long Hostels weitere **kleine Restaurants** etabliert. Freundlicher Service und recht gute günstige vietnamesische Küche bietet **Minh Toan**, ✆ 094-844 3268, direkt an der Ecke zum Anleger.

SONSTIGES

Fahrräder und Mopeds

Zweiräder mit und ohne Motor werden von fast allen Hotels und Gästehäusern verliehen. Mopeds kosten 100 000 Dong am Tag. Fahrräder sind einfache Drahtesel und relativ gut in Schuss. Es lohnt zu vergleichen und nicht das Erstbeste zu nehmen. Je nach Zustand ab 40 000 Dong pro Tag. Kinderräder gibt es noch nicht, aber für die ganz Kleinen einen Sitz auf dem Gepäckträger.

Touren

Fast alle Hotels der Stadt vermitteln Touren zu den Zielen in der Umgebung. Wer eine Agentur empfehlen will oder eine neue Tour gefahren ist, kann das im eXTra [6885] posten. Vermehrt aber fahren Touristen mit dem Moped auf eigene Faust, und auch wir empfehlen eine solche Tour.

TRANSPORT

Busse

Der **Busbahnhof**, Le Dai Hanh, ✆ 030-387 6158, liegt hinter der Brücke Richtung Phat Diem und verbindet Ninh Binh im Halbstundentakt, oft sogar noch häufiger, mit dem Rest des Landes.

BAI CHAY (Ha Long-Stadt), um 5.30, 11 und 12.15 Uhr in 4 Std. für 100 000 Dong;

CUA ONG, um 5, 12 und 16 Uhr in 5 Std. für 120 000 Dong;

HA NOI (Giap Bat), 90 km, in 1 1/2 Std. für 70 000–140 000 Dong (erster Bus 4.35, letzter Bus 17.20 Uhr), zum gleichen Preis nach My Dinh (5.40–17 Uhr);

HAI PHONG, um 6.30, 7, 13 und 14 Uhr in 3 Std. für 90 000 Dong.

Open Tour-Busse

Zuverlässige Touren vermittelt Mr. Khanh von **Backpackers Travel**, 46, 27/7 St., nahe Bahnhof,

Kontakt auch über das New Queen Mini Hotel, ✆ 091-258 0295. Tickets für Open Tour-Busse der Gesellschaften Queen Travel und Camel Travel. Er weiß eigentlich immer Rat, wann es wo hingeht und was es kostet. Mr. Khanh kennt auch die neusten Routen.
PHONG NHA, Queen Open Tours fährt direkt nach Son Trach im *Sleeper*. Abfahrt 21 Uhr, Ankunft 4.30 Uhr, 300 000 Dong;
SA PA, um 19 Uhr direkt für 400 000 Dong im *Sleeper*, Ankunft etwa 4 Uhr morgens.
Mit dem *Sleeper* über PHONG NHA oder DONG HOI weiter nach HUE, DA NANG, HOI AN bis nach HCMS.

Eisenbahn

Vom **Bahnhof**, 1 Hoang Hoa Tham, ✆ 030-367 3619, fahren tgl. Züge nach:
DA NANG, 18.03 Uhr (SE5, Ankunft 8.56 Uhr), 8.30 Uhr (SE7, Ankunft 21.41 Uhr) und 21.39 Uhr (SE19, Ankunft 13.55 Uhr) und weiter bis nach HCMS.
HA NOI, 13.07 Uhr (SE8, Ankunft 15.28 Uhr) und 8.05 Uhr (SE20, Ankunft 11.10 Uhr).

Cuc Phuong-Nationalpark

Der Cuc Phuong-Nationalpark ist eine grüne Schatztruhe für Naturfreunde und -forscher. Schon seit 1962 ist das Gebiet geschützt, somit handelt es sich um den ältesten Nationalpark des Landes. Ho Chi Minh persönlich hat sich damals dafür eingesetzt. Gleichzeitig ist der Park, etwa 120 km südlich von Ha Noi und ca. 50 km westlich von Ninh Binh, eines der am besten zu erreichenden Naturschutzgebiete des Landes.

Von den rund 30 000 Angehörigen des Volkes der Muong, die im Park lebten, wurden viele von der Regierung umgesiedelt, um illegale Jagd und Abholzung einzudämmen. Einige Dörfer blieben jedoch erhalten und können besucht werden. Besonders auffällig sind die riesigen Wasserräder, mit denen die Muong ihre Dörfer und ihre Felder mit dem kostbaren Nass versorgen.

Ein Highlight des Parks, das auf keiner Besuchsliste fehlt, ist das **Endangered Primate Rescue Center**, eine Rettungs-, Zucht- und Forschungsstation für bedrohte Primaten. ⏲ 9–11.30 und 13.30–16 Uhr, Eintrittspreise: Nationalpark 90 000 Dong inkl. Eintritt für das Endangered Primate Rescue Center.

ÜBERNACHTUNG UND ESSEN

Übernachten kann man am Hauptquartier in **AC-Bungalows** mit heißem Wasser und TV oder in einfachen Stelzenhäusern mit Ventilator und Warmwasser. Es ist auch möglich, hier ein Zelt aufzuschlagen. ❶–❹. Im Park selbst wohnt man am 2 km vom Hauptquartier entfernten **Mac-See** in Bungalows mit Ventilator und Warmwasser, ❷–❸. Große Gruppen schlafen im Dorm (nicht für Einzelpersonen buchbar) oder im **Zentrum des Parks** in Bungalows mit AC bzw. einfachen Stelzenhäusern. Hier gibt es nur nachts Strom, und die günstigen Zimmer bieten kein warmes Wasser, ❶–❸. Man kann direkt auf der Homepage ein Zimmer buchen: 💻 www.cucphuongtourism.com. An allen diesen Plätzen gibt es ein Restaurant.

AKTIVITÄTEN

Cuc Phuong ist ideal für **Wanderungen** und **Trekking-Touren**, die natürlich mit einem Führer unternommen werden müssen. Möglich ist eine Besteigung des Silver Cloud Peak, der höchsten Erhebung des Parks.
Auf dem Programm einer Tagestour steht der Besuch des Rettungszentrums für Primaten, der Steinzeithöhle und eines 1000 Jahre alten Baumes. Die mehrtägigen Touren führen tiefer in den Wald hinein. Ein Führer für ein paar Stunden kostet ab US$7, mit Übernachtung wird's teurer. Viele Besucher buchen bereits in Ha Noi eine Komplett-Tour.
Beliebt sind auch **Fahrradtouren**; wer keine große geführte Tour machen will, kann sich für kurze Wege auch Mountainbikes am Hauptquartier ausleihen. Ornithologen kommen zu **Vogelbeobachtungen**, und wer sich im Dunkeln in den Urwald traut, kann zum sogenannten **Night-Spotting** aufbrechen – und dabei vielleicht ein Flughörnchen entdecken oder der Spur eines Sambar-Hirsches folgen. Im Rahmen eines Öko-Touristik-Programms ist auch ein **Homestay** in einem Dorf der Muong möglich:

Ein bis zwei Übernachtungen im Dorf Khanh vermitteln tiefere Einblicke ins Leben der Dorfbewohner als ein kurzer Besuch bei einer Trekking-Tour. Inbegriffen ist meist eine abenteuerliche **Rafting-Tour** auf dem Bambus-Floß. Touren und Infos bietet u. a. **Vietnam Golden Holidays**, 242 H Minh Khai, ✆ 04-2243 1642, 💻 www.cucphuongnationalpark.com.

TRANSPORT

Von NINH BINH aus folgt man der N1 etwa 11 km nach Norden und biegt dann an der Beschilderung nach Cuc Phuong nach links ab. Nach weiteren 40 km ist der Eingang zum Nationalpark erreicht. Man sollte etwa 1 1/2–2 Std. Fahrzeit einplanen. Vom Parkeingang sind es noch einmal etwa 20 km zum Hauptquartier (1/2–1 Std.).

Von HA NOI aus benötigt man mit dem Auto für die 120 km etwa 2 1/2 Std. – es ist also auch möglich, von dort eine Tagestour zu machen. Gebucht werden kann eine solche Tour in fast jedem Hotel und bei allen Reisebüros in Ha Noi.

HA NOI, Gia Lam-Busbahnhof, zwischen 5.30 und 6 Uhr und um 12.30 Uhr in 3 Std. für 70 000 Dong. Oft holt ein Bus Gäste um 9 Uhr am Nationalparkbüro ab.

Thanh Hoa

Die Provinzhauptstadt **Thanh Hoa** wird von den meisten Vietnam-Besuchern nur bei einem zufälligen Blick aus dem Busfenster wahrgenommen. Sie präsentiert sich als architektonisch wenig interessante, mittelgroße Ansiedlung entlang der N1. Tatsächlich handelt es sich aber bei der Stadt und der sie umgebenden Provinz um historisch bedeutenden Boden. Nur 6 km entfernt, im Dorf **Dong Son**, wurden einige der ältesten Ausgrabungsstücke des Landes gefunden: Die nach dem Fundort benannte **Dong Son-Kultur** gilt als Vorläufer der vietnamesischen Zivilisation. In den Bergen im westlichen Teil der Provinz Richtung laotische Grenze leben heute noch Angehörige der **Muong**, die als erste Bewohner Vietnams gelten.

Wer in Thanh Hoa hängen bleibt oder den Morgenbus nach Laos nehmen möchte (s. Kasten), kann im großen Thanh Hoa Hotel, 25A Quang Trung, ✆ 037-385 2517, 💻 www.thanhhoatourist.com.vn, ❶–❹, übernachten. Hier befindet sich auch die örtliche Tourismusbehörde.

Da Thanh Hoa an der N1 und der Eisenbahnstrecke Ha Noi–Sai Gon liegt, bestehen permanent Verbindungen nach Norden und Süden. Der Flughafen befindet sich 45 km nordwestlich der Stadt.

Grenzübergang nach Laos

Der Grenzübergang **Na Meo – Xam Neua**, 🕒 7–17 Uhr, liegt etwa 175 km nordwestlich von Thanh Hoa an der Nationalstraße 217, nur gut 50 km vom laotischen Vieng Xai und den ehemaligen Höhlen der laotischen Revolutionäre entfernt. Von Thanh Hoa fährt jeden Morgen ein Bus direkt nach Xam Neua über Vieng Xai (10–11 Std.). Visa für Laos gibt es an der Grenze. Einreise nach Vietnam s. S. 442.

Vinh

Wenn es einen Wettbewerb um den Titel der hässlichsten Stadt Vietnams gäbe, würde Vinh [4450] bestimmt einen Spitzenplatz belegen. Das liegt nicht etwa an mangelndem ästhetischen Sinn seiner Bewohner: Schuld sind die französischen und amerikanischen Bombardierungen, die die Stadt zweimal weitgehend dem Erdboden gleichgemacht haben. Die Wiederaufbauhilfe, die daraufhin aus den sozialistischen Bruderländern in das Land floss, hat einige scheußliche architektonische Denkmäler hinterlassen.

Die meisten Traveller passieren Vinh nur auf der Durchreise. Auch wer aus **Laos** kommt, kann in den meisten Fällen noch mit einem Anschlussbus weiterfahren.

ÜBERNACHTUNG

Hoa Phuong Do, 72 Le Loi, ✆ 038-383 3352, [7465]. Dieses ruhige Hinterhof-Hotel wird leicht übersehen, da es hinter einer Sacombank versteckt liegt. Gepflegte preiswerte Zimmer inkl. Frühstücksbuffet (westlich und vietnamesisch). ❶–❷

Huu Nghi Hotel, 74 Le Loi, ✆ 038-384 4633, 💻 www.huunghina.com.vn, [7466]. 3-Sterne-Hotel mit gut eingerichteten, sehr großen Zimmern. 2 Restaurants mit vietnamesischen und europäischen Gerichten. Angegliedertes Vietnam-Airlines Büro. ❷–❹

Nghe An Green Hotel, 2 Mai Hac De, ✆ 038-384 4788, 💻 www.greenhotelnghean.com.vn, [7467]. Großes Mittelklassehotel mit 84 Zimmern, kleiner Pool. Bei schwacher Auslastung lohnt die Frage nach Rabatt. ❷–❸

ESSEN

Eine lokale Spezialität ist *chao luon*, Reissuppe mit Aal. An Straßenständen werden Erdnussbonbons *(keo cu do)* angeboten, ebenfalls eine Spezialität der Provinz. Im November und Dezember ist Erntezeit für die *xa doai*-Orangen – einheimische Besucher aus anderen Provinzen decken sich gleich kiloweise mit den leckeren Früchten ein.

Cong Phu, 7 Le Loi, [7472]. Vinhs beliebteste *bia hoi*-Schänke serviert neben dem gefragten Gerstensaft auch einheimische Gerichte. Abends oft rappelvoll. 🕒 9–22.30 Uhr.

Dung Men, 55 Le Loi. Gute *pho* mit Rind oder Huhn. Beliebt bei Einheimischen. 🕒 9–22 Uhr.

Lyna Café, 164 Nguyen Thai Hoc, ✆ 090-417 3737, [4455]. Netter Platz im Innenhof, um in Ruhe einen Kaffee zu genießen, geschützt vom Straßenlärm. 🕒 6–23 Uhr.

Minh Hong, 9B Mai Hac De, ✆ 091-627 2528, [7470]. Großes, beliebtes Restaurant mit einer Vielzahl von Gerichten. 🕒 10–20 Uhr.

TRANSPORT

Busse

Vinh besitzt **zwei Busbahnhöfe**. Über den nördlichen, 77 Le Loi, ✆ 038-384 4127, wird der größte Teil des Fernverkehrs abgewickelt, während der südliche am Markt für die nähere Umgebung zuständig ist. Ausnahmen bestätigen die Regel.

Grenzübergänge nach Laos

An allen drei Grenzübergängen werden bei der Ankunft 30-Tage-Visa ausgestellt (Deutsche US$30, Österreicher und Schweizer US$35, Passfoto nicht vergessen). Einreise nach Vietnam S. 456 und S. 450.

Cau Treo – Nam Phao

Der Grenzübergang, etwa 100 km westlich von Vinh und 35 km östlich vom laotischen Lak Xao gelegen, ist tgl. von 7–17 Uhr geöffnet. Wer sich die umständliche Anfahrt zur Grenze sparen möchte, nimmt einen der Busse, die Vinh tgl. direkt nach Thakhek oder Vientiane verlassen. Es gibt auch täglich Verbindungen von Ha Noi (S. 685) nach Vientiane (mind. 20 Std.) über diesen Grenzübergang.

Ky Son – Nong Het

Dieser Übergang, 🕒 7.30–16.30 Uhr, liegt ungefähr 240 km nördlich von Vinh und 130 km östlich von Phonsavan, Laos. Durchgehende Busse von Vinh nach Luang Prabang (18 Std., 700 000 Dong) und Phonsavan (11 Std., 450 000–650 000 Dong Schlafbus) starten frühmorgens am nördlichen Busbahnhof.

Cha Lo – Naphao

Nur sehr wenige Traveller nutzen diesen Übergang gut 150 km nordwestlich von Dong Hoi, 🕒 7–16 Uhr. In Dong Hoi starten Busse am Mo, Di, Fr und Sa um 6.30 Uhr für 300 000 Dong nach Thakhek. Es bestehen auch Verbindungen nach Vientiane (6.30 Uhr, 360 000 Dong) und Pakxe (Mo, Mi, Fr, 6.30 Uhr, 335 000 Dong), aber das sind anstrengende Tagesreisen.

Nördlicher Busbahnhof

Nach Süden:

DA NANG, im *Sleeper* um 19, 20, 20.30 und 21 Uhr für 230 000 Dong (der Busfahrer verlangt evtl. für „großes Gepäck" 30 000 Dong extra);

HUE, um 5.30, 6, 7, 8, 9, 10 und 12 Uhr, 370 km, 160 000 Dong für den Sitzplatz; Schlafbusse um 19, 19.30, 20, 21, 21.30 Uhr für 190 000 Dong.

Nach Norden:
HA NOI, von 5–23 Uhr alle 15 Min., 291 km, 190 000 Dong für den Sitzplatz; Schlafbusse um 6.30, 7, 7.30, 8, 8.30, 9, 12.30, 13, 13.30, 14, 22 Uhr für 190 000 Dong;
HAI PHONG, um 5.30, 6.30, 8, 9 und 10 Uhr, 396 km, 170 000 Dong für den Sitzplatz; Schlafbusse um 20.30, 21.30 und 22 Uhr für 210 000 Dong;
NINH BINH wird nicht eigens angefahren, aber man kann sich unterwegs absetzen lassen: Da immer der volle Fahrpreis entrichtet werden muss, empfiehlt sich für Sparer der Bus nach NAM DINH, um 5.30, 12.30, 13 Uhr, 230 km, für 120 000 Dong, oder nach THAI BINH, um 6 Uhr, 250 km, für 135 000 Dong.

Südlicher Busbahnhof
Neben vielen nahe gelegenen Zielen wird auch HA NOI angefahren: 6 Uhr, für 150 000 Dong, und 7 Uhr, Schlafplatz für 180 000 Dong; nach HUE um 5, 6, 16, 19.20 Uhr für 150 000 Dong. Alle Ziele etwa 5 Std.

Eisenbahn
Der **Bahnhof** liegt in der 1 Truong Chinh, ✆ 038-385 3302. Alle Ziele entlang der Nord-Süd-Route werden mehrmals tgl. mit Zügen verschiedener Klassen angefahren. Siehe Fahrplan S. 883.

Flüge
Der **Flughafen**, ✆ 038-385 2777, liegt etwas nördlich des Zentrums im Ortsteil Nghi Lien. **Vietnam Airlines**, 2 Le Hong Phong, ✆ 038-359 5777, 💻 www.vietnamairlines.com, verbindet Vinh tgl. mit HCMS und HA NOI. Auch **Jetstar**, 💻 www.jetstar.com, und **VietJet**, 💻 www.vietjetair.com, fliegen von und nach HCMS. VietJet sogar mehrmals tgl.

Dong Hoi

Dong Hoi [7475], die Hauptstadt der Provinz Quang Binh, liegt an der Mündung des Nhat Le-Flusses und war schon immer ein bedeutender Fischereihafen. Nachdem die Stadt im Vietnamkrieg fast völlig zerstört wurde, präsentiert sie sich heute als eine freundliche, ruhige Kleinstadt mit Uferpromenade. Nur wenig Verkehr knattert durch die Straßen abseits der N1, und wirklich belebt ist es nur auf dem Markt.

Nördlich und südlich der Stadt erstrecken sich lang gezogene Strände, die noch ihrer Entdeckung durch Traveller harren – allerdings ist z. B. der **Nhat Le-Strand** nördlich der Stadt für Touristen aus dem Inland schon kein Geheimtipp mehr. Außer einer Kirchenruine am Ufer des Flusses und kaum wahrnehmbaren Resten einer Zitadelle der Nguyen-Dynastie aus dem 19. Jh. gibt es kaum nennenswerte Sehenswürdigkeiten.

Einige Reisende übernachten hier, um einen Ausflug zur 50 km entfernten **Phong Nha-Höhle** zu unternehmen. Besser wohnt man dafür aber direkt in Son Trach.

ÜBERNACHTUNG

Hoa Binh Hotel, 52 Ly Thuong Kiet, ✆ 052-382 2347, 💻 www.hoabinhhotel.net, [7477]. Nichts Besonderes, aber die Zimmer sind sauber und ordentlich. ❶–❷
Nam Long Hotel, 22 Ho Xuan Huong, ✆ 052-382 1851, 💻 www.namlonghotels.com, [7478]. Haus mit großen, gut ausgestatteten Räumen, teils mit Balkon. 4-Bett-Zimmer gibt es ebenso wie Dormbett (US$5 p. P.). Nicht alle Zimmer haben ein Fenster. Tickets und Touren. Ausleihe von Fahrrädern, Mopeds und Autos. ❶–❷. Die Eigentümer betreiben auch das **Nam Long Plus Hotel**, 28 Phan Chu Trinh, Kontaktdaten s. o. bzw. im eXTra [10171]. Ansprechend und beliebt. Ebenfalls Dormbett (US$6), ❷–❸

ESSEN

7th Restaurant, 39 Duong Van An, ✆ 052-383 3856, 💻 www.7thheaven restaurant.com. Beliebtes, von Lesern gelobtes kleines Restaurant mit AC-Raum und ein paar Tischen draußen (westliches Management). Burger und Steak, aber auch Frühlingsrollen und anderes Asiatisches (vietnamesisch und ein paar Thai-Gerichte). Auch Angebot für Vegetarier. 🕒 10.30–21.30 Uhr.

 OBEN DIE „KÄMPFENDEN HÄHNE“, WAHRZEICHEN DER HA LONG-BUCHT; **UNTEN** BICH DONG-GROTTE

Quan 69, 20 Quang Trung, ☏ 097-840 2323, [7487]. Sauberes Straßenrestaurant mit günstigen lokalen Gerichten wie *bun bo gio* (Reisnudel-Suppe mit Rind und Eisbein). ⌚ 6–22 Uhr.

Thanh Hoa, 54 Ly Thuong Kiet. Einfaches Straßenrestaurant, in dem es eine schlichte *pho* gibt.

Tree Hugger, 30 Nguyen Du, ☏ 093-598 3831, 💻 www.treehugger-cafe.com. Kleines, einladendes Restaurant, das leckere Gerichte serviert. Gemütlich eingerichtet. Die Einnahmen dienen einem guten Zweck, denn die Betreiber engagieren sich für die lokalen Minderheiten und die nachhaltige Entwicklung der Stadt. Der Englisch-Club, in dem junge Dong Hoier Studenten die Weltsprache lernen, findet jeden Sonntag von 17–18.30 Uhr statt. Jeder ist willkommen. Ihre Fremdsprachenkenntnisse können zudem bei den kostenlosen Touren verbessert werden: interkultureller Austausch, der Spaß macht und jeden etwas lehrt.

INFORMATIONEN UND TOUREN

A2Z Company, 29 Ly Thuong Kiet, ☏ 052-384 5868, 097-316 0039 (Mrs. Hanh spricht Englisch), ✉ a2z.jsc@gmail.com, [7484]. Hier gibt es nicht nur Kaffee, sondern auch Infos, Flug- und Bustickets. Zudem Phong Nha-/Ke Bang-Touren. ⌚ 7–20 Uhr.

TRANSPORT

Busse

Der **Busbahnhof** von Dong Hoi befindet sich an der Tran Hung Dao, etwa 1 km westlich der Post, Tieu Khu 2, ☏ 052-882 2150. Hier fahren vormittags viele lokale Busse ab; z. B. nach:

DA NANG, 14x tgl. ab 4.30–21 Uhr für 150 000 Dong;

HUE, von 4.30–20 Uhr alle 15 Min. für 75 000 Dong;

VINH, 16x tgl. ab 5–17 Uhr für 95 000 Dong.

Die meisten Vietnam-Reisenden bevorzugen für die Weiterreise eine der Open Tour-Busgesellschaften. An welchem Café die Gesellschaften abfahren, bitte vor Ort checken. Wer hier erst sein Ticket kauft, ist bei der A2Z Company (s. o.) gut aufgehoben.

Busse nach HA NOI kommen um 18, 18.30 und 19 Uhr vorbei – Tickets 200 000 Dong.

Viele Linienbusse, die Dong Hoi nur passieren, lassen ihre Fahrgäste gleich hinter der Brücke an der Ecke Quang Trung/Huong Giang aussteigen.

Eisenbahn

Der **Bahnhof**, ☏ 052-383 6789, liegt etwa 3 km westlich des Flusses. Viele Züge entlang der Nord-Süd-Route, s. Fahrplan S. 883.

Flüge

Der **Flughafen** von Dong Hoi liegt ca. 6 km nordwestlich des Stadtzentrums.

Jetstar, 💻 www.jetstar.com, fliegt 4x wöchentl. nach HCMS und 3x pro Woche nach HA NOI.

VietJet, 💻 www.vietjetair.com, fliegt tgl. von und nach HCMS.

Vietnam Airlines, 💻 www.vietnamairlines.com, verbindet die Stadt mit HCMS und HA NOI.

Phong Nha und Ke Bang-Nationalpark

Die berühmte **Phong Nha-Höhle** [10126] und der sich anschließende **Ke Bang-Nationalpark**, der bis an die Grenze zu Laos reicht, wurden im Jahr 2003 von der Unesco zum Weltkulturerbe erklärt. In aller Munde war die Region, als 2009 die **Son Doong-Höhle** erforscht wurde, die mit bis zu 200 m Breite, 150 m Höhe und mindestens 6,5 km Länge als die größte Höhle der Welt gilt.

Die spektakulären Höhlenformationen haben eine Länge von rund 70 km – besucht werden kann allerdings nur ein Bruchteil. Schon die Cham hinterließen Inschriften und Altäre (heute leider in für Besucher nicht zugänglichen Bereichen), und für die Vietcong waren die Höhlen ein wichtiges Rückzugsgebiet. Bombenkrater in den Reisfeldern vor dem Höhleneingang sind stumme Zeugen dieser Vergangenheit.

Vor allem Backpacker zieht es in das kleine Dorf **Son Trach** nahe dem Pier. Touristen kommen erst seit Kurzem hierher, deshalb die Bitte an alle Besucher, sich nicht allzu offenherzig zu kleiden und auf die Traditionen Rücksicht zu nehmen. Die Kinder, die „Hello Hello"-rufend den Gast begrüßen, wollen i.d.R. Englisch üben. Geld geben sollte man ihnen auf keinen Fall. Achtung: Den Ho Chi Minh-Highway auf keinen Fall mit dem Motorrad befahren, die Gefahren sind unschätzbar groß (auch für geübte Fahrer).

Phong Nha-Höhle und Dong Tien Son-Höhle

Über einen Fluss geht es durch eine Spalte im Fels (*ham long*, „das Drachenmaul") ins Innere des Berges. Durch einen hohen Felsendom folgt der Weg dem Lauf des Gewässers, vorbei an angestrahlten Stalagmiten-Gruppen. Ein sandiges Ufer dient als Anlegestelle und Ausgangspunkt für eine kurze Expedition durch eine große Grotte, die von Lampen und den unzähligen Blitzlichtern sich fotografierender Vietnamesen erhellt wird. Besonders beliebt sind Erinnerungsfotos zwischen den zwei großen Stalagmiten-Säulen in der **Bi Ky-Grotte**. Wer in der Nebensaison kommt, hat die Höhle mit Glück jedoch oftmals fast für sich allein.

Eine weitere Höhle ist die **Dong Tien Son**. Der Eingang liegt etwa 130 Höhenmeter oberhalb des Flusses in der Felswand (etwas über 400 Stufen). Auch hier sind die Felsen, Stalagmiten und Stalaktiten, die auf einem etwa 1 km langen Rundweg entdeckt werden können, angestrahlt. Leider führt eine Metallbrücke durch die Höhle, was die Atmosphäre beeinträchtigt.

Der Eintritt beträgt für die Phong Nha-Höhle 150 000 Dong, für die Tien Son-Grotte 60 000 Dong. Die Eintrittsgelder sind am Bootsanleger in Bo Trach zu entrichten. Die letzten Boote fahren gegen 15 Uhr los. Ein Boot für 12 Personen kostet 320 000 Dong für den Besuch einer, bzw. 350 000 Dong für den Besuch beider Grotten.

Dark Cave

Die dunkle Höhle befindet sich etwa 20 km von der Phong Nha-Höhle entfernt im Nationalpark. Gefunden und als Lagerstätte für Kriegsmaterial genutzt wurde sie während des amerikanischen Krieges. Die Höhle ist 5 km lang und 80 m hoch. Mit dem Kajak geht es zum Eingang der Höhle. Auch mit einer **Zipline** gelangt man dorthin. Die meisten buchen dieses Abenteuer im Rahmen einer Tour ab Hue, Ha Noi oder Dong Hoi. Selbst organisiert kostet das Drachenboot ab Anleger in Son Trach 500 000 Dong (14 Pers.), Eintritt 350 000 Dong bzw. 150 000 für Kinder unter 1,40 m. Die Tour dauert fünf bis sechs Stunden.

ÜBERNACHTUNG

Entlang der Dorfstraße von Son Trach [7541], wo sich der Bootsanleger befindet, liegen einige Hotels und Gästehäuser. Viele haben im Erdgeschoss ein Restaurant. Immer mehr kleine Traveller-Lokale öffnen, selbst in der Nebensaison ist man hier noch gut versorgt. Wer in aller Frühe ankommt, kann bereits ein Early-check-in machen, was meist nur ein paar US$ mehr kostet.

Easy Tiger Hostel, Son Trach (gegenüber hält Queen Open Tour aus Ninh Binh/Ha Noi), ✆ 052-367 7844, 💻 www.easytigerphongnha.com, [10194]. Ansprechendes Hostel mit einladendem Aufenthaltsbereich (inkl. Billardtisch). Betten im 4er-Dorm für 160 000 Dong, inkl. Frühstück. Feuerstelle im Hof. Kleiner Pool.

Nha Nghi Thanh Dat, Son Trach, Bo Trach, ✆ 052-367 7328, [7543]. Etwas teurer, aber dafür große und helle Zimmer mit schönem Ausblick, und es wird sogar etwas Englisch gesprochen. Touren. ❶

Pepperhouse Homestay, 6 km von Son Trach entfernt in den Feldern, ✆ 016-7973 1560. Mit Stoffbahnen abgetrennte Betten im traditionellen Holzhaus. Was nicht traditionell ist, ist hingegen der Pool. Hier lebt man mitten in den Feldern ohne viel Luxus. US$20 inkl. Essen und Fahrrad.

Phong Nha Farmstay, Phong Nha, Dorf Cu Nam, ✆ 052-367 5135, 094-475 9864 (Ben), 097-642 5332 (Bich), 💻 www.phong-nha-cave.com, [7546]. 2-geschossiges Haus im Kolonialstil 8 km von Son Trach entfernt im Dorf Cu Nam. Zimmer mit AC und Moskitonetz. Schlafsaal für bis zu 10 Pers. mit Ventilator und Moskitonetz. Minipool, Billardtisch, Hängematten, Restaurant. Moped- und Fahrradverleih. Kajakfahren und „Tubing" auf dem Son Chay-Fluss. ❶–❸

Thien Thanh Hotel, Son Trach, Bo Trach, unweit der Open Tour-Busstopps und nahe dem Hafen, ✆ 052-367 7069. 3-geschossiges Hotel mit sauberen, einladenden Zimmern. Das Restaurant serviert sowohl westliches als auch vietnamesisches Essen. Problemloser Early-check-in, denn hier fahren frühmorgens auch oft Busse ab. ❶–❷

ESSEN

An der Straße liegen zahlreiche Restaurants, die ihr Angebot mehr und mehr dem Geschmack der Traveller anpassen. So gibt es mittlerweile auch Hamburger und Pizza, und man sitzt nicht mehr unbedingt nur auf Plastikstühlen.

Tam Coc Bar, schräg gegenüber dem Thien Thanh Hotel. Pizza, Burger und Fried Rice. Billardtisch und ein guter Platz zum abendlichen Bierchen.

Thang Nhung, nahe dem Markt und dem Pier. Einfaches Restaurant mit sehr leckerem belegten Baguette und anderen schmackhaften Gerichten. Wir bekamen zum Brot und zum Reis eine grandiose scharfe Zitronensauce mit vielen frischen Kräutern.

Gute ***pho*** bieten die einfachen Lokale am Ableger.

SONSTIGES

Moped-, Auto- und Fahrradverleih

Es ist möglich, ein Motorrad zu leihen, doch wir raten davon ab. Die Gegend ist nicht besonders gut erschlossen bzw. zu gut (Highway). Wer mit dem Zweirad oder Auto eine individuelle Tour machen möchte, findet Hilfe bei **Phong Nha Backpacker Services**, ✆ 098-828 9807. Fahrräder gibt es bei **Easy Tiger** (s. Übernachtung) für wenig Geld zu mieten.

Touren

Touren, auch zu den weniger besuchten Höhlen, und Trekking in die Umgebung organisiert **Oxalis Adventure Tours**, Son Trach, ✆ 052-367 7678, 💻 www.oxalis.com.vn. Wenn Touren wegen schlechten Wetters abgesagt werden, erhält der Kunde 100 % seiner Vorauszahlungen zurück.

Fahrradtouren führen nach einem Besuch der Phong Nha-Höhle und der Dark Cave über die Felder und durch die kleinen Dörfer der Region auf einem Teil des Ho-Chi-Minh-Pfads. Diese Touren kosten etwa 1 300 000 Dong.

Zudem Touren in den Nationalpark zur Wildlifeconservation (zu buchen u. a. bei Easy Tiger).

Die Hotels bieten üblicherweise 2 Touren: Phong Nha-Cave und Diamanten-Höhle oder

Grenzübergang nach Laos

Von Dong Ha [7489] führt die Nationalstraße 9 nach Westen ins 89 km entfernte **Lao Bao**, dem meistgenutzten Grenzübergang nach Laos, 🕒 7–21. Die Straße ist von großer wirtschaftlicher Bedeutung für Vietnams Nachbarn: Ganze Kolonnen von Lastwagen pendeln zwischen Dong Ha, Savannakhet (Laos) und Mukdahan (Thailand).

Lao Bao hat einen großen Grenzmarkt mit vielen Gütern aus Thailand und Geldmarkt *(cho tien)*: Man sieht geschäftstüchtige Frauen, die mit dicken Bündeln Geldscheinen unterwegs sind und das Devisengeschäft kontrollieren. Hier können vietnamesische Dong gegen laotische Kip getauscht werden. Dollar sind besonders beliebt, werden aber oft nur zu haarsträubenden Kursen gewechselt.

Wer spät in Lao Bao ankommt und dort eine Nacht verbringen muss, kann dies im Sepon Hotel tun, Khu KTTM DB Lao Bao, ✆ 053-377 7129, 💻 www.seponhotel.com.vn, ❷. *Com-* und *pho*-Restaurants befinden sich in der Umgebung des Marktes.

Von Hue (S. 743) und Da Nang (S. 752) besteht tgl. Anschluss nach Savannakhet und in andere laotische Mekongstädte. Außerdem pendeln regelmäßig Busse und Minibusse zwischen Dong Ha und der Grenze (2 Std.). Einige fahren nur bis ins Dorf Lao Bao, wo man für die letzten 3 km ein Motorradtaxi (ab 50 000 Dong) nehmen muss, ebenso nach dem Grenzübertritt für die kurze Fahrt nach Dan Savan. Dort starten um 7, 9 und 12 Uhr Busse nach Savannakhet (6–7 Std., 40 000 Kip).

Phong Nha-Cave und Dark Cave. Letztere sollte man bei schlechtem Wetter nur bei robuster Gesundheit unternehmen, da man ziemlich nass und dreckig wird.
Generell gilt: Die Regenzeit beginnt meist Mitte September und dauert bis Mitte November. In dieser Zeit sind nur eingeschränkt Ausflüge möglich.

TRANSPORT

Ein zuverlässiges Reisebüro ist **Tieps Transportation**, gegenüber dem Easy Tiger Hostel, ✆ 096-366 0515. Partner von Queen Travel.
DONG HOI, von Son Trach nach Dong Hoi kostet ein Taxi für 4 Pers. 500 000 Dong, für 7 Pers. 600 000 Dong. Es gibt auch lokale Busse, diese fahren ohne feste Abfahrtszeiten, genaue Infos in den Hotels.
Wer in Dong Hoi übernachtet, sollte mit seinem Fahrer auf jeden Fall Hin- und Rückfahrt vereinbart haben. Wer ohne Rücktransport dasteht, kann versuchen, ein Xe om zu bekommen oder sich einer Tourgruppe anzuschließen. Von der Busstation (Tran Hung Dao) gibt es zudem lokale Busse für 45 000 Dong nach Son Trach, allerdings ohne feste Abfahrtszeiten. Besser fährt man selbst mit dem Moped oder mit einem Xe om. Von DONG HOI aus kosten Hin- und Rückfahrt mit einem Xe om etwa 200 000 Dong.

Open Tour-Busse

Nach NINH BINH und HA NOI starten die Busse gegen 21 bzw. 21.30 Uhr. Ankunft in Ninh Binh gegen 4 Uhr in der Früh, in Ha Noi um 7 Uhr.
Richtung Süden fahren die Busse gegen 5 Uhr, manchmal auch etwas früher. Bis Hue 200 000 Dong, bis Hoi An ca. 300 000 Dong.

Nach Laos und Kambodscha

Busse starten um 6.30 Uhr und fahren über DONG HOI nach THAKHEK (Laos) Mo, Di, Fr und So. Nach VIENTIANE (Laos) Mo und Fr. Nach Kambodscha geht es über HCMS tgl. um 6.30, 8 oder 9 Uhr. Diese Touren sind nicht 100 % sicher, bitte vor Ort zeitnah nachfragen, z. B. bei Tieps Transportation Service (s. o.).

Die Demilitarisierte Zone (DMZ)

„Demilitarisierte Zone" – was für eine Bezeichnung für eine der am stärksten vom Krieg versehrten Regionen der Welt! Eingerichtet wurde die Zone 1954 nach der Genfer Konferenz, als Vietnam in Nord und Süd geteilt wurde: Die Grenze entlang des 17. Breitengrads sollte durch einen 10 km breiten Streifen Niemandsland geschützt werden, in dessen Mitte der Ben Hai-Fluss verlief. Brutale und (für Militärhistoriker) legendäre Schlachten wurden in dieser Region ausgefochten.

Der Besuch der **Tunnel von Vinh Moc** ist bedrückend – und von allen Zielen in der DMZ das beeindruckendste. Kleiner als das Tunnelsystem von Cu Chi, aber besser erhalten und im Originalzustand präsentiert sich diese unterirdische Welt. Eine kleine, belebte Stadt unter der Erdoberfläche, im Gegensatz zu den Cu Chi-Tunneln, die hauptsächlich für Kampfaktionen genutzt wurden. Das System wurde von 1965 bis 1966 geschaffen: auf drei Ebenen und bis zu 20 m tief. 🕒 ganztägig, Eintritt 25 000 Dong. Anschließend bietet ein Abstecher an den **Cua Tung-Strand** Erholung. Dort gibt es auch ein paar einfache Gästehäuser.

In **Khe Sanh** tobte die vielleicht erbittertste Schlacht des gesamten Vietnamkriegs. Amerikanische Marines hatten sich auf dem Berg in einer Festung verschanzt, als im Januar 1968 etwa 40 000 Vietnamesen mit einer 75 Tage langen Belagerung begannen und die Amerikaner zum Abzug zwangen. Wohl kein Platz der Welt wurde derart heftig bombardiert wie die Umgebung der Festung.

Auf dem Weg nach Khe Sanh passiert man **The Rockpile**, einen einzeln stehenden Berg, der den Amerikanern als Beobachtungsposten diente. Ein kurzer Stopp wird von Bustouren auch am **Ho-Chi-Minh-Pfad** eingelegt oder besser: an dem, was heute daraus geworden ist – ein geteerter Highway. Die **Dakrong-Brücke**, an der Halt gemacht wird, war im Krieg von größter strategischer Bedeutung und wurde viele Male zerstört und anschließend wieder aufgebaut.

VIETNAM

Die **Con Tien-Geschützstellung** etwa 10 km nordwestlich von Dong Ha ist noch ein „Highlight" auf dem Besichtigungsprogramm der DMZ. Am Ende einer DMZ-Tour steht meist der Besuch auf dem **Truong Son-Friedhof** ca. 25 km nordwestlich von Dong Ha. Die 15 000 Gräber enthalten die Überreste längst nicht aller in der Region gefallenen Vietnamesen, angeordnet nach ihrer Heimatprovinz. Nach dem Glauben der Vietnamesen finden nur diejenigen Seelen nach dem Tod Ruhe, deren irdische Hüllen ordentlich beerdigt und deren Gräber respektiert werden. Wie viele unerlöste Seelen mögen in den Weiten der DMZ herumirren?

Von Hue bis Hoi An

Auf halbem Wege zwischen Ha Noi und Sai Gon liegen einige der schönsten Ziele für Vietnam-Reisende. Die alte **Kaiserstadt Hue** [4677] mit ihrer Zitadelle und den Kaisergräbern ist ein lohnender Zwischenstopp. Auf dem Weg von Hue nach Da Nang unterquert der Reisende den **Wolkenpass** – die natürliche Grenze zwischen Süd- und Nordvietnam: Früher schlängelte sich die N1 über den Berg, heute erleichtert ein Tunnel die Reise. **Da Nang** mit seinem internationalen Flughafen ist eine wichtige touristische Drehscheibe. Die meisten reisen von hier direkt weiter nach **Hoi An**: zweifellos eines der Highlights jeder Vietnam-Reise.

19 HIGHLIGHT

Hue

Hue, die historische Hauptstadt von Vietnam (1802–1945) und Sitz der letzten Kaiser, schmiegt sich an die Ufer des Song Huong, des **Parfümflusses**. Am nördlichen Ufer liegt das Gebiet der alten **Zitadelle**, der kaiserlichen Befestigungsanlage. Zeitgeschehen und Krieg haben sie weitgehend ins Stadtbild integriert; heute liegen Wohnungen und Arbeitsstätten in dem Bereich der Stadt, der früher nur dem Kaiser und seinem umfangreichen Hofstaat zugänglich war. Auch einige Hotels und Restaurants sind hier angesiedelt.

Die weitaus meisten Hotels und andere touristische Einrichtungen befinden sich am Südufer des Parfümflusses.

Zitadelle

Die Zitadelle, die die Nguyen-Herrscher anlegen ließen, hat einen quadratischen Grundriss von knapp 10 km Umfang. Unter Gia Long wurde ein 23 m breiter Wassergraben um die Stadt gezogen, und als weitere Befestigung wurden Erdwälle aufgeschüttet, die ab 1818 durch eine 21 m dicke und 6,60 m hohe Mauer ersetzt wurden, welche heute noch existiert.

Nähert man sich der Zitadelle vom Fluss aus, so sieht man schon von Weitem den **Flaggenturm** (Co Cot), an dem die Nationalfahne weht. Er steht auf drei in die Festungsmauer integrierten Terrassen und befindet sich genau auf der Mittelachse der ganzen Anlage – eine gedachte Linie durch ihn, rechtwinklig zum Fluss, zerteilt die Zitadelle in zwei gleich große Hälften.

Die wichtigsten Gebäude sind entlang dieser Mittelachse angelegt. So etwa das Mittagstor, durch das Besucher heute das Innere der Anlage betreten. Auf dem Weg dorthin passiert man die **Neun Heiligen Kanonen** (Cuu Vi Than Cong), die der Gründer der Dynastie aus den erbeuteten Waffen der besiegten Tay Son gießen ließ.

Kaiserstadt und Purpurne Verbotene Stadt

Das **Mittagstor** (Ngo Mon-Tor), wo sich auch der Ticketsschalter befindet, ist das schönste der vier Eingangstore in die Kaiserstadt. Es wurde 1833 von Minh Mang im Stil des gleichnamigen Tors in Beijing errichtet. An dieser Stelle endete 1945 die Regentschaft der Nguyen-Dynastie, als der letzte Kaiser Bao Dai seine Insignien an Ho Chi Minh übergab.

Auf das u-förmige Tor ist ein hübscher, zweistöckiger Pavillon gesetzt, der **Pavillon der fünf**

Phönixe (Ngu Phung). Er kann über eine Treppe erreicht werden. Von dort hat man einen schönen Blick auf den rechteckigen Thai Dich-Teich, in dem sich eine gefräßige Bande dicker, roter Karpfen tummelt, über den Hof des Großen Empfangs (San Dai Trieu) zur **Halle der höchsten Harmonie** (Dien Thai Hoa). In dieser Halle fanden offizielle Zeremonien statt, die mit viel Pomp und nach einem genauen Ritual inszeniert wurden. Die 44 x 30 m große Halle stammt wie das Mittagstor aus dem Jahr 1833. 80 Säulen aus Eisenholz schützen das bemerkenswerte Dach: Im Gegensatz zu den sonst typischen, geschwungenen Walmdächern handelt es sich um ein „Paralleldach" *(trung thiem diep oc)* – zwei gestaffelte Satteldächer.

An die Halle der höchsten Harmonie grenzt der Bereich der **Purpurnen Verbotenen Stadt** (Tu Cam Thanh), die ausschließlich dem Kaiser und seinem Gefolge (hauptsächlich: seinen über hundert Konkubinen) vorbehalten war. Der Name stammt aus der chinesischen Astrologie, wo es im Himmel einen „purpurnen Bereich" gibt, an dem der Polarstern steht – eine Metapher für die Stellung des Kaisers als unverruckbarer Herrscher des Himmels auf Erden.

Der zweite Hof ist heute fast unbebaut. Nur wenige Überbleibsel erinnern an den **Phung Tien-Tempel** (Dien Phung Tien), der ebenfalls der dynastischen Ahnenverehrung gewidmet war. Im dritten und vierten Hof lebten die Mutter und Großmutter des Herrschers im **Palast der**

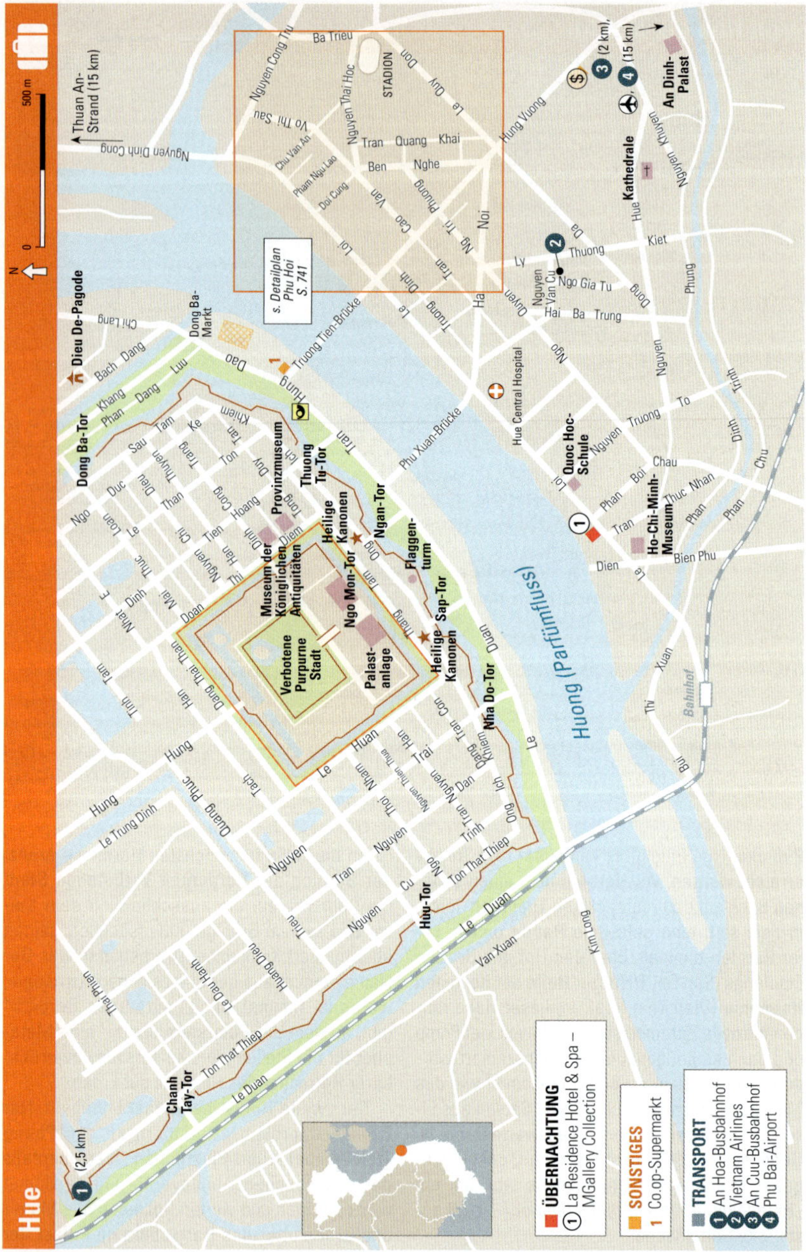
Hue
Verbotene Purpurne Stadt
Palastanlage
Museum der Königlichen Antiquitäten
Ngo Mon-Tor
Heilige Kanonen
Provinzmuseum
Thuong Tu-Tor
Ngan-Tor
Flaggenturm
Sap-Tor
Nha Do-Tor
Huu-Tor
Chanh Tay-Tor
Dong Ba-Tor
Dieu De-Pagode
Dong Ba-Markt
Truong Tien-Brücke
Phu Xuan-Brücke
Huong (Parfümfluss)
Hue Central Hospital
Quoc Hoc-Schule
Ho-Chi-Minh-Museum
Kathedrale
An Dinh-Palast
STADION
Bahnhof
s. Detailplan Phu Hoi S. 741
Thuan An-Strand (15 km)
(2,5 km)
(2 km)
(15 km)
500 m
ÜBERNACHTUNG
① La Residence Hotel & Spa – MGallery Collection
SONSTIGES
1 Co.op-Supermarkt
TRANSPORT
1 An Hoa-Busbahnhof
2 Vietnam Airlines
3 An Cuu-Busbahnhof
4 Phu Bai-Airport

Ewigkeit (Cung Dien Tho) bzw. dem **Palast des langen Lebens** (Cung Truong Sinh). Während der Großmutter-Palast noch seiner Wiederherstellung harrt, präsentiert sich der Palast der Ewigkeit mit seiner Mischung aus vietnamesischen und französischen Architekturstilen fast wieder so wie in den 1920er-Jahren, als der letzte Kaiser Bao Dai hier lebte. ⌚ Mo–Sa 7.30–17.30, So 6.30–17.30 Uhr, Eintritt 150 000 Dong.

Museen

Das **Museum der Königlichen Antiquitäten** (Bao Tang Lich Su Va Cach Mang), 3 Le Truc, liegt außerhalb der Kaiserstadt am Tor der Menschlichkeit (Cua Hien Nhon) im schön renovierten, hölzernen Long An-Palast. Das Gebäude befand sich bei seiner Erbauung durch Kaiser Thieu Tri 1845 noch innerhalb der Kaiserstadt; 1909 wurde es dort abgebaut und an seiner heutigen Stelle als Nationale Universitätsbibliothek wiedererrichtet. ⌚ Di–So 7.30–17 Uhr (Mitte April bis Mitte Oktober ein halbes Stündchen länger), Eintritt 40 000 Dong; Ticket gilt auch für das Provinzmuseum. Fotografieren im Innenraum verboten.

Direkt gegenüber liegt das **Provinzmuseum**, 23 Thang 8, das mit seiner Sammlung von Kriegsgerät im Park und seiner Dokumentation der grausamen Ereignisse des Krieges eher wie ein Militärmuseum wirkt. Nebenan ist die ehemalige Schule der Prinzen angesiedelt, zu der der 1808 erbaute **Di Luan-Pavillon** gehört, wo heute einige Funde aus vorvietnamesischer Zeit (Prähistorie und Cham) gezeigt werden. ⌚ tgl. 7.30–11 und 13.30–17 Uhr, Eintritt Museum 20 000 Dong.

Südlich des Flusses

Ein kaiserliches Gebäude außerhalb der Zitadelle ist der **An Dinh-Palast**, den Kaiser Khai Dinh 1918 für seinen Sohn und Nachfolger Bao Dai errichten ließ. Er liegt in einem schönen, über 23 000 m² großen Park am Südrand von Hue; angelegt als neobarockes, pastellgelbes Schlösschen, das vietnamesische und europäische Stilelemente vereint. Der letzte Kaiser wohnte zeitweise mit seiner Familie und einigen Dienstboten hier. Später waren in dem Haus Regierungsbeamte und Professoren der Universität von Hue untergebracht. 2001 wurde das Haus dem Hue Monuments Conservation Center unterstellt und einer aufwendigen Restauration unterzogen – unter Federführung eines deutschen Teams aus Potsdam. ⌚ Di–So 7.30–17 Uhr, Eintritt 30 000 Dong.

Im **Ho-Chi-Minh-Museum** (Bao Tang Ho Chi Minh) am südlichen Flussufer, 7 Le Loi, ✆ 054-382 2152, gedenkt man des Landesvaters, zu dem man hier eine ganz besondere Beziehung hat, denn einen großen Teil seiner Jugend verbrachte der spätere Präsident in Hue. Familienfotos und Bilder des alten Hue unterscheiden die Ausstellung von anderen Ho-Chi-Minh-Museen. ⌚ Di–So 7.30–11.30 und 13.30–16.30 Uhr, Eintritt 20 000 Dong.

Die mächtige katholische **Kathedrale** (Dong Cua Cuu The), Nguyen Hue, in ihrer eigentümlichen Architekturmischung aus europäischer Moderne und asiatischer Tradition wurde Anfang der 1960er-Jahre errichtet. Stahlbeton und massive Eisenträger, geliefert von der Firma Eiffel in Paris, machten eine selbsttragende Konstruktion möglich, sodass innen keine Säulen benötigt wurden. Der Altar ist aus Marmor, der aus den Marmorbergen bei Da Nang stammt. ⌚ meist zwischen 17 und 19 Uhr.

Stürmisches Jahresende

Hue zählt zu den regenreichsten Orten Vietnams. Besonders am Jahresende kann es tagelang wie aus Eimern schütten. Dann ist auch Taifun-Saison: Von Oktober bis Dezember können gefährliche Stürme heranbrausen, vor denen man sich rechtzeitig in Sicherheit bringen sollte – am besten frühzeitig in einen anderen Landesteil weiterreisen.

ÜBERNACHTUNG

Ein Mangel an Unterkünften herrscht nicht – außer zu Festivalzeiten. Den Rest des Jahres profitieren Besucher von einer mäßig starken Konkurrenz der Hotels untereinander, die zu einem recht guten Preis-Leistungs-Verhältnis führt; besonders, wenn man nicht auf die allerbilligsten Zimmer (US$8–10) angewiesen ist. Reisende mit großzügigem Budget haben die Auswahl unter einigen stilvollen Unterkünften.

Untere Preisklasse

Bao Minh Hotel, 8/66 Le Loi, ✆ 054-382 9953, ✉ ksbaominh@yahoo.com.vn, [7039]. Günstige Zimmer, einige mit kleinem Balkon. Freundlicher Service. Oft ausgebucht. ❶

Binh Duong 1 Hotel (Sunny Hotel), 17/34 Nguyen Tri Phuong, ✆ 054-382 9990, 💻 www.binhduonghotel.com, [7040]. Die großen Zimmer mit 2 Betten sind eine gute Option. Etwas weniger schön sind die kostengünstigeren kleinen Zimmer ohne Fenster. ❶–❷

Binh Duong 3 Hotel (Sunny Hotel), 4/34 Nguyen Tri Phuong, ✆ 054-383 0145, 💻 www.binhduonghotel.com, [9217]. In derselben ruhigen Seitengasse befindet sich ein weiteres Haus der kleinen Kette. Saubere, recht geräumige Zimmer, einfache Ausstattung. Einige mit Balkon, alle mit Fenster. Etwas hochwertiger als das Schwesterhaus. ❷

Canh Tien Gh., 9/66 Le Loi, ✆ 054-382 2772, [7042]. Einladendes Haus mit Zimmern verschiedener Preisklassen, von einem einfachen AC-Raum bis zum 3er-AC-Zimmer mit großem Balkon. ❶–❷

Hoang Huong Gh., 46/2 Le Loi, ✆ 054-382 8509, [9245]. Schlichte, preiswerte Traveller-Zimmer bei einer freundlichen Gastfamilie. ❶

Hong Thien Ruby Hotel, 35/12 Chu Van An, ✆ 054-383 7399, 💻 www.hongthienrubyhotel.com, [10186]. Ruhiges, gepflegtes Haus am Ende einer kleinen Sackgasse. Die Zimmer haben einen kleinen Balkon. Gutes Frühstück inkl. Freundliche Leute; Vermittlung von privaten Touren. ❶–❷

Hue Backpackers' Hostel, 10 Pham Ngu Lao, ✆ 054-382 6567, 💻 www.vietnambackpackershostel.com, [4679]. Das leuchtend gelbe Haus ist eine der beliebtesten Unterkünfte für Rucksackreisende. Grund ist neben den günstigen Betten im Schlafsaal sicher auch die gute Ausstrahlung. Besonders in den frühen Abendstunden ist unten in der Lobby und auf dem Bürgersteig davor immer etwas los. Vor den Zimmern lange Gemeinschaftsbalkone. Dormbett inkl. einfachem Frühstück US$8, wer ein Kingsize-Bett nimmt, zahlt US$12. ❶–❷

Hue Four Seasons Hotel, 5/14 Nguyen Cong Tru, ✆ 054-393 3232, 💻 www.huefourseasonshotel.com, [10185]. Lesertipp: Günstiges Hotel mit gepflegten Zimmern (allerdings etwas harten Matratzen), aber vor allem einer „irrsinnigen Gastfreundschaft und Herzlichkeit" (Thomas R.). ❶

Impression Hotel, 66/7 Le Loi, ✆ 054-382 8403, 💻 www.hueimpressionhotel.com, [4680]. Saubere, z. T. sehr große Zimmer und Pool. Empfehlenswert sind Doppel- und Triple-Zimmer mit eigenem Balkon. Einige der Zimmer im Untergeschoss sind stark verwohnt. ❶–❷

Thanh Thuy Gh., 66/6 Le Loi, ✆ 054-382 4585, ✉ thanhthuy.guesthouse@gmail.com, [7052]. Günstige, beliebte Unterkunft. Preislich unschlagbar, da es auch noch Zimmer ohne Badezimmer gibt. Wer direkt hier vorbucht und länger bleibt, wird auch vom Zug- oder Busbahnhof aufgepickt. ❶

Mittlere und obere Preisklasse

Holiday Diamond Hotel, 6/14 Nguyen Cong Tru, ✆ 054-381 9845, 💻 www.hueholidaydiamondhotel.com, [7046]. Ansprechendes Hotel in ruhiger Lage. Sehr schön eingerichtete Zimmer. Wasserkocher und bei Superior-Zimmern auch Computer. Preis inkl. Frühstück. Sehr freundliches Personal. ❷–❹

Hotel Saigon Morin, 30 Le Loi, ✆ 054-382 3526, 💻 www.morinhotel.com.vn. Ein französischer Geschäftsmann baute dieses stilvolle Hotel 1901 nahe dem Parfümfluss und der Trang Tien-Brücke. Die 180 Zimmer und Suiten sind elegant ausgestattet. Leser loben das Frühstücksbuffet. Pool. Oft ausgebucht. ❻

La Residence Hotel & Spa – MGallery Collection, 5 Le Loi, Karte S. 738, ✆ 054-383 7475, 💻 www.la-residence-hue.com, [9242]. Eines der besten Hotels der Stadt in den Räumen der renovierten Gouverneursvilla am Ufer des Parfümflusses: Schick und elegant eingerichtet, greift es koloniale Themen auf, ohne altmodisch zu wirken. Tolle Ausblicke auf den Fluss. ❻

Moonlight Hotel, 20 Pham Ngu Lao, ✆ 054-397 9797, 💻 www.moonlighthue.com, [9244]. Recht großes Hotel mit ansprechend geräumigen Zimmern, gutes Preis-Leistungs-Verhältnis. Kleiner überdachter Pool auf der 5. Etage, hier stehen auch ein paar Trainingsgeräte im Mini-Fitnesscenter. Abzuraten ist von den Superior-

Zimmern, denn diese haben kein Fenster. Für ein paar tausend Dong mehr blickt man mit Glück bis zum Fluss. Kleiner Safe. Inkl. Frühstück. ❹–❺

Orchid Hotel, 30A Chu Van An, ✆ 054-383 1177, 💻 www.orchidhotel.com.vn, [7048]. Ansprechendes Haus mit großzügigen, stilvoll eingerichteten Zimmern. Ausstattung und Service sind erstklassig. Einige Zimmer haben einen kleinen Balkon mit Sitzgelegenheit. Alle Zimmer sind mit PC, DVD-Spieler und DVDs ausgerüstet. Begrüßungsgetränk und Obstteller sind inkl., ebenso das umfangreiche Frühstücksbuffet. Alle Mitarbeiter sind äußerst hilfsbereit und zuvorkommend. ❸–❺

ESSEN

In Hue gibt es eine große Auswahl an Restaurants: Traveller-Cafés mit Pizza-Pasta-Pancake oder Lokale mit etwas gehobener internationaler Küche ebenso wie kleine, vietnamesische Familienbetriebe. In Letzteren ist es manchmal empfehlenswert, dem freundlichen jungen Mann, der sich zu einem an den Tisch gesellt, frühzeitig klarzumachen, dass man zum Essen gekommen ist und nicht, um sich eine Motorradtour aufschwatzen zu lassen.

Unbedingt probieren sollte man einige der „authentic hue dishes"; z. B. eines der Hot Pot-Gerichte *(lau)*; hauchdünne Scheiben Rindfleisch (oder Fisch, Huhn etc.), die man selbst am Tisch in einer heißen Brühe gart.

Café On Thu Wheels, 10/2 Nguyen Tri Phuong, ✆ 054-383 2241. Kleines Café, in dem Generationen von Travellern die Wände und Decken mit Sprüchen und Grüßen verziert haben. Die legendäre Wirtin Thu sorgt dafür, dass der Laden läuft. Gutes Essen von morgens bis abends. Sehr beliebt sind die hier angebotenen Touren. Außerdem gibt es Lesestoff (auch deutschen) in der Tauschbibliothek. Abends wird es voll und laut.

Crazy Buffalo Bar, 28 Tran Cao Van, ✆ 054-381 6868. Traveller-Treffpunkt mit bunt bemalten Wänden und Billardtisch im hinteren Bereich. Auf der Speisekarte steht überwiegend Vietnamesisches, aber auch Pizza und Pasta.

DMZ-Bar, 60 Le Loi, ✆ 054-382 3414. Seit der Eröffnung 1994 der Klassiker für alle, die abends nach dem Essen noch nicht gleich ins Hotel wollen. Große Auswahl an Cocktails. Neben Getränken bietet eine umfangreiche Speisekarte eine große Auswahl westlicher und vietnamesischer Gerichte, für die man sich am besten im ruhigeren Obergeschoss niederlässt. Billard. ⌚ tgl. bis 2 Uhr morgens.

Mandarin Café, 24 Tran Cao Van, ✆ 054-382 1281, 💻 www.mrcumandarin.com. Das Traveller-Café ist eine gute Anlaufstelle für westlich-vietnamesische Konsens-Küche und Tourbuchungen. Auf 2 Etagen mit Fotogalerie geschmackvoll eingerichtet. Empfehlenswert sind die Menüs, die einen Einblick in die Hue-Küche vermitteln.

Minh & Coco, 3 B Hung Vuong, ✆ 054-382 1822. Einfache, sättigende Hausmannskost bei den freundlichen Schwestern Minh und Coco.

Nina's Café, 16/34 Nguyen Tri Phuong, ✆ 054-383 8636. Etwas versteckt in einer Seitengasse der kleinen Hotelstraße. Gemütliches kleines Restaurant mit vietnamesischen Gerichten unter Ninas freundlicher Leitung. ⌚ 8.30–22.30 Uhr.

Stop and Go Café, 3 Hung Vuong, ✆ 054-382 7051, 090-512 6767, ✉ stopandgocafe@yahoo.com. Snacks und guter Kaffee. Der silberhaarige Herr Do ist die Seele des Ladens und vermittelt von Ex-Soldaten geführte Touren in die DMZ.

Why Not Bar, 26 Pham Ngu Lao, ✆ 054-382 4793, 💻 www.whynot.com.vn. Beliebter Bar-Restaurant-Hybrid. In der Straße gibt es vom gleichen Betreiber auch ein Restaurant und ein Hotel.

UNTERHALTUNG

Hue Festival

Im Jahr 2000 ging das erste große Hue Festival über die Bühne, eine Großveranstaltung über 12 Tage und Nächte, an der sich mehr als 30 Künstlergruppen aus Vietnam und Frankreich beteiligten – insgesamt über 1000 Künstler. Der große Erfolg ermutigte das Organisationsteam, das seitdem in 2-jährigem Abstand weitere Festivals organisiert. Infos unter 💻 www.huefestival.com. Wer zu Festival-Zeiten nach Hue fährt, sollte früh genug ein Hotel buchen und darauf gefasst sein, dass selbst einfachste Dinge wie eine Schale *pho* oder eine Cyclo-Fahrt das 3- bis 4-Fache kosten – da hilft auch kein Handeln, denn, so der Kommentar eines Cyclo-Fahrers: „Das Festival dauert ja nur ein paar Tage". Und an denen will jeder so viel verdienen wie möglich.

Traditionelle Musik und Tanz

Aufführungen der 2003 von der Unesco in die Liste des immateriellen Kulturerbes aufgenommenen **Nha Nhac-Musik**, die am kaiserlichen Hof von größeren Orchestern gespielt wurde, können ebenso wie Tanzaufführungen im **Kaiserlichen Theater** (Duyet Thi Duong) in der Purpurnen Verbotenen Stadt gesehen werden. Dort finden (in der Hauptsaison) mehrere Aufführungen täglich statt.

TOUREN

Eine große Zahl von **Touranbietern** bemüht sich in Hue um Kunden: freiberufliche Mopedtaxi-Fahrer ebenso wie viele kleinere und größere Reisebüros.
In fast jeder Hotellobby und vielen Restaurants werden Touren angeboten. Es ist schwierig, hier eine Empfehlung zu geben, aber als Faustregel gilt: Die billigsten Touren sind selten die besten. Einige Leser raten von den preiswerten **Drachenboot-Touren** ab, die an der **Tao Kham Boat Station**, 49 Le Loi, ✆ 054-384 6743, angeboten werden: Von den Anlegestellen ist es oft noch recht weit zu den Sehenswürdigkeiten und es fallen weitere schlecht kalkulierbare Kosten für Transportmittel an. Zudem sind die Zeiten an den Sehenswürdigkeiten oft zu knapp bemessen. Für andere hingegen war eine Drachenboot-Fahrt auf dem Parfümfluss ein schönes, entspanntes Erlebnis. Am besten hört man sich vor Ort bei anderen Reisenden um: Die Traveller-Cafés sind meist gute Info-Börsen.
Touren in die DMZ können sehr eindringlich sein, wenn sie von einem Ex-Soldaten geleitet werden.
In der Stadt bieten einige Mopedfahrer **Easy Rider-Touren** an, die z. B. nach Hoi An führen. In der Loose-Online-Community haben sich vor allem die **Le Family Riders** positioniert; vgl. dazu **eXTra [4687]**.

MEDIZINISCHE HILFE

Das **Hue Central Hospital**, 16 Le Loi, ✆ 054-382 2325, ist erste Anlaufstelle bei medizinischen Notfällen.

NAHVERKEHR

Cyclos

Kurze Fahrten innerhalb des Zentrums sollten 10 000–20 000 Dong kosten. Wer länger unterwegs sein will, muss mit etwa 100 000 Dong pro angefangener Stunde rechnen.

Mopeds und Fahrräder

Meist reicht es, einen der Hotelangestellten zu fragen: Sie vermieten ihr Bike dann bis zum späten Nachmittag für etwa 100 000 Dong. Fahrradfahren kann in Hue richtig Spaß machen: Der Verkehr ist einigermaßen überschaubar, und in der Umgebung locken ruhige Landstraßen und eine herrliche Landschaft. Räder gibt es in vielen Hotels ab 30 000 Dong pro Tag, bessere Mountainbikes sind teurer.

TRANSPORT

Busse

Open Tours

Nach DA NANG, HOI AN und zu entfernter liegenden Zielen im Süden starten die meisten Busse zwischen 8 oder 9 Uhr und gegen 13.30 oder 14 Uhr. Busse nach HA NOI fahren meist zwischen 17 und 18 Uhr ab und erreichen die Hauptstadt zwischen 8 und 10 Uhr am nächsten Morgen. Unterwegs werden Pausen eingelegt, z. B. in Dong Ha zum Abendessen und in Ninh Binh zum Frühstück.
Tickets gibt's in allen Reisebüros oder direkt bei den Gesellschaften, z. B. **The Sinh Tourist**, 37 Nguyen Thai Hoc, ✆ 054-384 5022, 💻 www.thesinhtourist.vn. Wer in Hue ankommt, wird oft am nahe der Zitadelle liegenden kleinen Busbahnhof rausgelassen und muss mit dem Taxi oder dem Xe om zum Hotel fahren. Eingestiegen wird aber i.d.R. nahe der Hotels. Wer durchgebuchte Open Tour-Tickets hat, sollte nachfragen, wo er wieder zusteigen kann.

Linienbusse

Am **südlichen Busbahnhof** (Ben Xe Phia Nam, auch An Cuu-Busbahnhof), ✆ 054-382 5070, an der 97 Hung Vuong stadtauswärts, starten Fahrzeuge nach:
BUON MA THUOT, zwischen 6.30 und 17 Uhr etwa ein halbes Dutzend Busse in 14 Std. für 300 000–360 000 Dong;
HCMS, zwischen 6 und 15 Uhr etwa stdl., bis zu 22 Std., ab 550 000 Dong. Diese Busse können auch für andere Ziele entlang der N1 genutzt werden, z. B. nach DA NANG, QUY NHON oder NHA TRANG.
KON TUM, 3 Busse zwischen 6 und 8 Uhr sowie einer gegen 17 Uhr in 8 Std. für 230 000 Dong.
Busse nach **Laos**: um 7 Uhr in 8–10 Std. für US$25 nach SAVANNAKHET. Ein weiterer Bus

VIETNAM

fährt um 16 Uhr – dieser ist nicht empfehlenswert, da eine Übernachtung an der Grenze nötig ist.
Hartgesottene Traveller können am späten Nachmittag in die aus Da Nang kommenden Busse nach PAKXE und VIENTIANE zusteigen (S. 752).

Vom **nördlichen Busbahnhof** (An Hoa Ben Xe Phia Bac), 132 Ly Thai To, ✆ 054-352 2716, etwa 4 km nordwestlich des Zentrums, fahren Busse nach:
DONG HA, zwischen 6 und 17 Uhr mind. jede halbe Stunde in 1 1/2 Std. für 40 000–50 000 Dong;
DONG HOI, zwischen 5.30 und 17 Uhr etwa jede halbe Stunde in 3 Std. für 80 000–90 000 Dong;
LAO BAO, 9 Busse zwischen 6.30 und 15 Uhr in 3 Std. für 80 000–90 000 Dong;
VINH, stdl. zwischen 5 und 14 Uhr in 7 Std. für 150 000–190 000 Dong.

Eisenbahn

Der **Bahnhof** liegt am Ende der Le Loi, südwestlich des Zentrums. Die wichtigsten Züge s. S. 883.

Flüge

Der **Phu Bai-Airport** liegt 15 km südlich der Stadt und ist mit einem Shuttlebus an die Stadt angebunden (Phu Bai Airport Bus, US$4 p. P.). Wer vorher Bescheid sagt, wird vom Hotel abgeholt. Ein Taxi kostet etwa US$15.
Vietnam Airlines, 23 Nguyen Van Cu, ✆ 054-382 4709, mehrmals tgl. nach HCMS und HA NOI. Abflugzeiten und Buchungen unter 💻 www.vietnamairlines.com.
VietJet, 💻 www.vietjetair.com, fliegt mehrmals tgl. nach HCMS; meist günstiger.

Die nähere Umgebung von Hue

Folgt man der Kim Long-Straße am Flussufer entlang etwa 4 km Richtung Westen, so gelangt man zur berühmten **Thien Mu-Pagode**, einem der Wahrzeichen von Hue. Sie wurde 1601 von Fürst Nguyen Hoang gegründet, nachdem ihm mehrfach eine alte Frau im Traum erschienen war und erklärt hatte, die Stelle habe magische Kräfte und solle durch eine Pagode markiert werden. Das dazugehörige Kloster ist das älteste in Hue. Der auffällige siebenstöckige, 21 m hohe **Turm der Freude und Anmut** (Thap Phuoc Duyen) wurde 1844 von Thieu Tri hinzugefügt. Dem oktagonalen Turm stehen zwei **Pavillons** zur Seite. Im rechten befindet sich eine Steinstele von 1715, die auf dem Rücken einer großen Schildkröte ruht. Ihre Inschriften erzählen von der Geschichte der Pagode. Die Glocke im linken Pavillon ließ Fürst Nguyen Phuc Chu im Jahr 1710 gießen. Sie wiegt mehr als 2 t.

Falls man zur Thien Mu-Pagode nicht über die Straße, sondern beschaulich per Drachenboot angereist ist, geht die Fahrt vielleicht noch weiter zur südlichen, 5 km flussaufwärts gelegenen **Dien Hon Chen**. Der **Tempel der Himmlischen Mutter** liegt an einem Berg und markiert die Stelle, wo schon zu vor-vietnamesischen Zeiten die Cham-Göttin Po Nagar verehrt wurde. Für die Vietnamesen wurde daraus ihre Himmlische Mutter, Thien Ya Na. Sie wird im Haupttempel Dien Hue Nam verehrt. 🕒 tgl. 8–17 Uhr, Eintritt 30 000 Dong.

Südwestlich von Hue

Um zu den südlich gelegenen Sehenswürdigkeiten und den Kaisergräbern zu gelangen, nimmt man am besten die Dien Bien Phu, die von der Le Loi in Höhe des Ho-Chi-Minh-Museums abzweigt. Nachdem die Bahnlinie überquert ist, führt rechts ein kleiner Weg zur **Bao Quoc-Pagode**, die im Laufe der Jahrhunderte mehrfach erneuert wurde, zuletzt 1957. Zu dieser Zeit war das angeschlossene Kloster ein bedeutendes buddhistisches Zentrum. Auch im Widerstand gegen Präsident Diem engagierte es sich. In der Haupthalle wird einiger bedeutender Äbte gedacht. Auf dem Altar erblickt man die Buddhas der Vergangenheit, Gegenwart und Zukunft. 🕒 tgl. 7–18 Uhr, Eintritt frei.

Etwa 500 m weiter südlich, an der Kreuzung mit der Tu Dam, liegt die **Tu Dam-Pagode**, die ebenfalls in die Geschichte des buddhistischen Widerstands einging, als ein katholischer Mob

Hue Umgebung
N
0
2 km
Thuan An-Strand (14 km), Dong No (6 km)
N1
Lai The
Co Bau
Hue
Zitadelle
s. Stadtplan Hue S. 738
Nhu Y
Bach Yin
Van Mieu-Tempel
Thien Mu-Pagode
Huyen Khong
Kim Long (Gartenhäuser)
(Parfümfluss)
Phu Hoi
Huong
Phuong Duc
Bao Quoc-Pagode
Tu Dam-Pagode
Grab von Duc Duc
Arena
Phu Sam
Huong
Quoc An
Tu Hieu-Pagode
Altar für Himmel und Erde
Grab von Tu Duc
Dieu Diem
Grab von Dong Khanh
Dien Hon Chen
Truc Lam
Tra Am
Grab von Thieu Tri
Thyen Ton
Thuy Tien-See
Huong
Kim Phung
427
Grab von Khai Dinh
Grab von Minh Mang
Ta Trach
Hini Trach
Grab von Gia Long

(angeblich speziell ausgesuchte Truppen des Diktators) im August 1963 in die heilige Stätte eindrang und 30 Mönche und Novizen tötete. ⌚ tgl. 7–18 Uhr, Eintritt frei.

Ein paar Schritte weiter befindet sich die **Gedenkstätte des Phan Boi Chau** (1867–1940), eines ehemaligen Mandarins, der zum Freiheitskämpfer wurde und als einer der Wegbereiter der Revolution gilt. Er wurde 1925 in Ha Noi zum Tode verurteilt, doch die Proteste der Bevölkerung waren so heftig, dass die Strafe in lebenslangen Hausarrest in Hue umgewandelt wurde. ⌚ tgl. 8–11.30 und 14–16 Uhr, Eintritt frei.

3 km weiter südlich stößt man auf eine kaiserliche Hinterlassenschaft, den **Altar für Himmel und Erde** (Dan Nam Giao). Hier fanden zwischen 1806 und 1945 jedes Jahr aufwendige, mehrere Tage dauernde Riten und Opferzeremonien statt, mit denen die Kaiser ihre Herrschaft untermauerten. Ab 1900, unter Thanh Thai, wurden sie aus Kostengründen nur noch alle drei Jahre durchgeführt. ⌚ tgl. 7–18 Uhr, Eintritt frei. Der Parkplatzwächter am Eingang verlangt einen kleinen Obolus für die Bewachung des Mopeds/Fahrrads.

Folgt man der Le Ngo Cat nach Westen, so zweigt nach etwa 1 km ein durch zwei Obelisken markierter Weg rechts ab zur **Tu Hieu-Pagode**, die für einige der am Hof lebenden Eunuchen der Altersruhesitz war. Die Pagode wurde 1843 als Einsiedelei gegründet und später von den Eunuchen erweitert. Noch heute finden täglich um 11 und 16 Uhr Gedenkzeremonien für sie statt. Überregional bekannt ist die Pagode auch deshalb, weil hier der berühmte Mönch Thich Nhat Hanh (geb. 1926) ordiniert wurde. ⌚ tgl. 7–18 Uhr, Eintritt frei.

Kaisergräber

Elf der 13 Ngyuen-Kaiser sind in sieben großen Grabanlagen südlich und südwestlich der Zitadelle beigesetzt. Die meisten planten und bauten schon zu Lebzeiten jahrelang an ihrer Anlage; bestes Beispiel ist Tu Duc, der sich immer wieder in seine spätere Grabanlage zurückzog, um sich dort in Gesellschaft seiner Konkubinen seinem Weltschmerz hinzugeben und melancholische Gedichte zu verfassen. Jedes der Gräber versinnbildlicht auch die Persönlichkeit seines Erbauers: Der Unterschied zwischen Tu Ducs poetischer Gartenanlage und Khai Dinhs emporstrebender Rokoko-Architektur könnte größer nicht sein.

Gemeinsam ist allen Gräbern, dass sie aus drei Hauptelementen bestehen: erstens einem zentralen Tempel zu Ehren des Herrschers und seiner ersten Frau, umgeben von Nebengebäuden, in denen die Konkubinen des Kaisers nach dessen Tode eine Zeit lang zu leben hatten (Tu Ducs 103 Konkubinen mussten zwei Jahre lang an dessen Grab ausharren); zweitens einem Stelenhaus, in dem die biografischen Einzelheiten auf Steinplatten verewigt sind und auf dessen Vorhof (genannt: Ehrenhof) oft steinerne Minister und Mandarine in Reih und Glied aufgestellt sind, und drittens dem eigentlichen Grab auf dem höchsten Punkt der Anlage.

Die beiden besonders attraktiven Anlagen von Tu Duc und Minh Mang können im Rahmen einer Bootstour besucht werden.

Grab von Duc Duc

Duc Duc regierte 1883 nach dem Tode von Tu Duc genau drei Tage, ehe er von seinen einflussreichsten Höflingen abgesetzt wurde. Ein Jahr später starb er im Gefängnis. Sein Sohn Thanh Thai bestieg 1889 den Thron. Als die Franzosen eine Verschwörung aufdeckten, an der der Kaiser beteiligt war, wurde er 1907 entmachtet. Thanh Thais Sohn Duy Tan wurde daraufhin im Alter von acht Jahren auf den Thron gesetzt. Mit 17 musste er fliehen – auch er ein Revolutionär gegen die Franzosen. Vater und Sohn wurden nach Réunion exiliert: Duy Tan starb 1945 bei einem Flugzeugabsturz in Zentralafrika, als er aufseiten der Alliierten im Zweiten Weltkrieg kämpfte. Thanh Thai konnte 1947 nach Vietnam zurückkehren und starb in den 1950er-Jahren in Sai Gon.

Großvater, Sohn und Enkel liegen nun für die Ewigkeit vereint in einer vergleichsweise kleinen Grabanlage in den südlichen Bezirken Hues: Duc Duc und seine Frau in einer eingefriedeten Anlage, die beiden anderen in Gräbern hinter dem 1899 erbauten Haupttempel. Das Grabmal liegt in der Duong Duy Tan auf der rechten Seite etwa 100 m nach dem Abzweig gegenüber der 74 Tran Phu. Es ist oft verschlossen, doch mit etwas Glück findet sich jemand, der einen herumführt: Zwei Enkel des letzten Kaisers Bao Dai leben heute bei der Anlage.

Grab von Tu Duc

Dieses Grab, auch Lang Khiem, **Grab der Bescheidenheit**, genannt, liegt etwa 5 km südwestlich der Stadt. Mehr als 4000 Gedichte verfasste der Kaiser hier, und die Theatervorstellungen, denen er hier beiwohnte, dauerten bis zu 100 Tage. Eine Seifenoper zur Entspannung nach einem anstrengenden Regierungstag? Weit gefehlt, es scheint vielmehr, als habe der Kaiser sich von der immer komplizierter werdenden Welt abgewandt und sich ganz der Poesie gewidmet. Schon als er 1847 die Macht ergriff (wobei er seinen älteren Bruder überging), drangen die Franzosen im Süden immer weiter vor, und als sie gegen Ende seiner Regentschaft zu Beginn der 1880er-Jahre auch Ha Noi erobert hatten, war es um sein Reich geschehen: Seine Nachfolger waren bloße Marionetten der Kolonialregierung, ansonsten wurden sie direkt ins Exil geschickt.

Man betritt das parkähnliche Gelände durch das **Tor des bescheidenen Ereignisses** (Vu Khiem) und sieht rechts den **See des bescheidenen Bewahrens** (Luu Khiem). Vorbei an der Stelle, wo linker Hand einst die Wohnräume der Konkubinen lagen, erreicht man einen Vorplatz, an dessen Seeufer der **Pavillon des bescheidenen Schwebens** (Du Khiem) steht, heute ein beliebter Picknickplatz.

Am gegenüberliegenden Seeufer sieht man den **Pavillon der bescheidenen Vorausschau** (Xung Khiem), wohin der Kaiser sich zum Dichten und Teetrinken zurückzog.

Über eine breite Treppe erreicht man durch das **Tor des Palastes der Bescheidenheit** (Khiem Cung Mon) und vorbei an zwei seitlichen Gebäuden, die der Verwaltung dienten, die **Halle des bescheidenen Friedens** (Hoa Khiem Dien), wo der Kaiser damals ein Büro hatte. Heute ist es ein Tempel zur Ahnenverehrung. Westlich davon liegt ein Innenhof, um den sich drei Gebäude gruppieren: im Süden die **Halle des bescheidenen Rückblicks** (On Khiem Duong), der ehemalige Speisesaal; im Westen die **Halle der bescheidenen Ehrlichkeit** (Luong Khiem Dien), einst das Schlafgemach, heute Gedenktempel für die Mutter des Kaisers; und im Norden die **Halle der bescheidenen Helligkeit** (Minh Khiem Duong), der ehemalige Theatersaal.

Der nördlich dieses Bereiches gelegene Grabkomplex wird über den Weg am See entlang erreicht. Im **Stelenpavillon** befindet sich die riesige Steinplatte, auf der die Biografie des Kaisers verzeichnet ist – entgegen den üblichen Gepflogenheiten von ihm selbst verfasst. Weiter westlich liegt hinter einem halbmondförmigen See die eigentliche **Grabstätte**. In ihrem Zentrum steht ein steinerner Sarkophag, der jedoch leer ist: Der Leichnam ruht versteckt in einem von elf Stollen, die im Gelände angelegt wurden.

Zwei weitere Grabstätten befinden sich im nördlichen Bereich des Geländes: Hier ruhen die erste Frau des Kaisers, Le Thien Anh (1828–1902), und sein Adoptivsohn Kien Phuc, der 1883/84 für sieben Monate regierte, ehe er vermutlich einer Palastintrige zum Opfer fiel.

⌚ Nov–Feb tgl. 7–17, März–Okt tgl. 6.30–17.30 Uhr, Eintritt 100 000 Dong.

Grab von Khai Dinh

Als Kaiser Khai Dinh drei Jahre vor seinem Tod Frankreich besuchte, war er beeindruckt von der dortigen Architektur, deshalb wirkt die jüngste kaiserliche Grabstätte wie eine Melange aus neobarockem Anwesen und vietnamesischem Palast. Sie ist zwar nach Feng-Shui-Prinzipien angelegt, lässt der Natur jedoch kaum noch Raum und steigt in steinernen Stufen zum Grabmal empor. Der Bau wurde 1920 von Khai Dinh begonnen und 1931 von seinem Sohn und Nachfolger Bao Dai beendet. Das Heiligtum ist noch im Originalzustand erhalten. Der dunkelgraue Beton, der verwendet wurde, könnte es schwer und bedrohlich wirken lassen – die elegant geschwungenen Drachen, vereinzelte Anleihen bei der Cham-Architektur und feinsinnige Rokoko-Anspielungen heben diesen Effekt jedoch auf.

Breite Treppen, die mit Drachengeländern versehen sind, führen auf eine erste Ebene mit zwei seitlichen Hallen. 30 Stufen höher liegen der Ehrenhof und der Pavillon mit der Grabstele, außerdem zwei hohe Obelisken. Noch drei Zwischenebenen sind zu überqueren, ehe die oberste Ebene erreicht ist, wo das aufwendig verzierte Mausoleum steht. Es lohnt sich, einen Blick ins Innere zu werfen: Durch den Vorraum mit seiner sinnenverwirrenden Fülle an Porzellan- und Glasscherben erreicht man die Ehrenhalle: Hier sitzt eine in Frankreich gefertigte, vergoldete Bronzestatue des Herrschers in Lebensgröße auf ihrem Thron. Ein verzierter Ahnenaltar befindet sich im dritten Raum.

🕒 Nov–Feb tgl. 7–17, März–Okt tgl. 6.30–17.30 Uhr, Eintritt 100 000 Dong.

Grab von Minh Mang

14 Jahre waren die Feng-Shui-Spezialisten des kaiserlichen Hofes damit beschäftigt, den richtigen Platz für die Grabanlage des Kaisers Minh Mang zu finden: Als es so weit war, verstarb er überraschend. So musste sein Sohn und Nachfolger Thieu Tri die Arbeiten beenden. Er verwandelte das Stück zugewucherte Wildnis in einen schönen Park. Im Gegensatz zu den meisten anderen Gräbern sind die Gebäude hier um eine zentrale, 700 m lange Ost-West-Achse gruppiert. Sie entlangzugehen und sich dem Grab zu nähern, versinnbildlicht den Übergang von der irdischen in die himmlische Sphäre.

Man betritt das Gelände durch das **Rechte Rote Tor** (Huu Hong Mon), denn das **Große Rote Tor** (Dai Hong Mon) ist seit der Begräbniszeremonie verschlossen. Über einen Seitenweg geht es zurück auf die Mittelachse, hier **Weg der Seelen** (San Chau) genannt. Nach dem Passieren einiger Steinfiguren gelangt man zum **Stelenpavillon** mit der in Stein gemeißelten Biografie des Herrschers. Drei Terrassen führen hoch zum **Tor der glorreichen Tugend** (Cua Hien Duc). Am Ende des sich öffnenden Hofes liegt der **Tempel der segensreichen Wohltat** (Dien Sung An), der Haupttempel zur Ahnenverehrung. Hier wird des Kaisers und seiner ersten Frau, die schon mit 17 Jahren verstarb, gedacht. Durchquert man den Tempel, geht es durch das einfachere **Tor des königlichen Weges** (Hoang Trach Mon) zum hübschen **Pavillon der Helligkeit** (Minh Lau), der inmitten von Frangipani-Bäumen steht. Etwas entfernt entdeckt man zwei Steingärten, deren Muster das chinesische Schriftzeichen für langes Leben ergeben. Es schließt sich der **See des Neumonds** (Ho Tan Nguyet) an, über den eine Brücke führt: An deren Ende liegt der **Grabhügel**, unter dem Minh Mang ruht.

🕒 Nov–Feb tgl. 7–17, März–Okt tgl. 6.30–17.30 Uhr, Eintritt 100 000 Dong.

Bach Ma-Nationalpark

Der Bach Ma-Nationalpark ist einer der schönsten und am einfachsten zu erreichenden in Vietnam. Er wurde 1991 gegründet und umfasst neben dem 22 000 ha großen Schutzgebiet einen ebenso großen Schutzgürtel, in dem die Siedlungen einiger ethnischer Minderheiten liegen. Der Park ist ein Paradies für Botaniker und Ornithologen. Mehr als 1400 Pflanzenarten sind hier gezählt worden: etwa ein Fünftel aller in Vietnam vorkommenden Arten. Vogelfreunde können sich an 350 verschiedenen Arten erfreuen.

Die Parkverwaltung hat einige schöne Wege durch das Naturreservat angelegt, z. B. den **Fasanenweg** (*pheasant trail*; 2,5 km), bei dem man die schönen Vögel allerdings weniger zu Gesicht als zu Gehör bekommt. Besonders nach vorherigen Regenfällen verstehen viele Besucher auch den besonderen Spitznamen des Pfads: *leech alley* („Blutegel-Gasse“). Gegen die kleinen Plagegeister ist kaum ein Kraut gewachsen, s. **eXTra [4694]**.

Beeindruckend ist ein Spaziergang durch den **Parashorea-Wald**; diese Hartholz-Urwaldriesen werden bis zu 70 m hoch. In höheren Lagen lockt der **Rhododendron-Weg** (*rhododendron trail*; 1,5 km), der besonders im Februar und März ein Tipp ist, wenn der Namensgeber in voller Blüte steht. Der **Fünf-Seen-Weg** (*five lakes trail*; 2 km) führt zu besagten fünf Wasserbecken, die von einem Wasserfall gespeist werden. Badesachen mitnehmen!

Der **Gipfelweg** (*summit trail*; 1 km) endet an der höchsten Stelle des Parks. Bei klarer Sicht bietet sich ein fantastischer Ausblick in die Berge und bis zur Cua Lai-Lagune. Für den Rückweg empfiehlt sich der **Naturkundeweg** *(nature exploration trail)*, der auch an den Ruinen einiger französischer Villen vorbeiführt.

Mehr Informationen zum Park unter 💻 www.bachmapark.com.vn, Eintritt ca. 100 000 Dong.

Wer auf eigene Faust anreist, nimmt einen der vielen **Busse**, die zwischen Hue und Da Nang/ Hoi An verkehren, und steigt in der kleinen Distrikthauptstadt **Cau Hai** aus. Die 3 km von dort bis zum Parkeingang können mit dem Xe om zurückgelegt werden (ca. 30 000 Dong). Wer selbst mit dem Moped gekommen ist, muss hier absteigen: Im Park dürfen nur noch die Jeeps der Verwaltung fahren. Sie bringen Gäste in 45 Min. auf den Gipfel: Einzelreisende zahlen etwa 350 000 Dong, Gruppen bis 4 Pers. 500 000 Dong (hin und zurück; bei Übernachtung teurer).

Die Parkverwaltung unterhält 2 **Gästehäuser am Parkeingang** ❶, die eigentlich nur infrage kommen, wenn man nach Einbruch der Dunkelheit ankommt und erst am nächsten Morgen auf den Gipfel will.

Der Wolkenpass

Der Wolkenpass (Deo Hai Van) ist die natürliche geografische Grenze zwischen Nord- und Südvietnam. Bis ins 16. Jh. war er auch die Grenze zwischen dem Reich der Champa und dem der Viet. Mitsamt den bis zu 2598 m hohen Truong Son-Bergen, die sich wie ein Gürtel bis nach Laos erstrecken, stellt der Pass eine Wetterscheide dar: Im Winter verhindert er das Vordringen der kalten Luftmassen nach Süden – schön für das nur 30 km entfernte Da Nang, weniger schön für Hue, wo sich die angestauten feuchten Luftmassen abregnen.

Der Pass verläuft über einen 496 m hohen Ausläufer der Truong Son-Berge. Heute passiert man den Pass nur noch, wenn man mit dem Motorrad unterwegs ist, denn ein 12 km langer Tunnel führt durch den Berg; seinerzeit eines der größten Bauprojekte des modernen Vietnam. Der Tunnel zählt zu den 30 längsten der Welt und ist der längste in Südostasien.

Da Nang

Da Nang [6773] ist mit etwa 1 Mio. Einwohnern die größte Stadt Zentralvietnams. Sie liegt am südlichen Ufer einer ausgedehnten, geschützten Bucht, wo sich der drittgrößte Hafen des Landes befindet. Die breite Promenade am Flussufer zeigt ebenso wie die emporwachsenden Hochhaustürme, wo es in Zukunft hingehen soll: in Richtung einer modernen Metropole mit Lebensqualität. Und Potenzial hat die Stadt, nicht nur aufgrund des Wirtschaftsbooms, sondern auch wegen des viele Kilometer langen **My Khe-Strands**, der sich von hier aus nach Süden Richtung Hoi An erstreckt und seit dem Krieg als **China Beach** bekannt ist.

Ein echtes Highlight ist auch das gut sortierte **Cham-Museum**, das einen umfassenden Einblick in diese untergegangene Kultur bietet. Beeindruckend sind die vielen nachts illuminierten Brücken, allen voran die 666 m lange **Dragon Bridge** nahe dem Cham-Museum. Am Wochenende zeigt um 21 Uhr der Drache sein Können und spuckt Feuer. Es lohnt, abends am Fluss entlang zu spazieren, wenn Musik aus den Lautsprechern leise dahindudelt und Da Nang zeigt, wie schön es sein kann.

Wer in Da Nang ist, sollte nicht versäumen, dem **Cham-Museum** einen Besuch abzustatten. Es liegt nahe dem Fluss etwas südlich des Zentrums am Kreisverkehr Bach Dang/Trung Nu Vuong. Gegründet wurde es 1915 von der Französischen Schule für Fernost-Studien (Ecole Française d'Extreme Orient). Es enthält mit 300 Exponaten die weltweit größte Sammlung an Cham-Kunst. Es ist die perfekte Ergänzung zu einem Besuch in My Son, denn viele der Ausstellungsstücke stammen von dort. Einige Räume zeigen aber auch Fundstücke aus verschiedenen anderen Regionen und unterschiedlichen Stilepochen. 🕒 tgl. 8–17 Uhr, Eintritt 40 000 Dong.

ÜBERNACHTUNG

In der Stadt

€ **Backpackers Hostel**, 26 Quang Trung, ✆ 0511-898 926, 🖳 www.danangbackpackershostel.com, [10135]. Sehr schönes Hostel mit über 30 Betten in Dorms (je 12 Pers. in einem Zimmer, Frauendorm 10 Pers.), zudem ein paar wenige DZ. Billard. TV-Zimmer. Inkl. Frühstück. Gute Atmosphäre. Dormbett mit Ventilator US$6, AC US$8, 3-Bett-Zimmer US$30, DZ ❷

Dai A Hotel, 51 Yen Bai, ✆ 0511-382 7532, 🖳 www.daiahotel.com.vn, [6776]. Alteingeses-

VIETNAM

senes Haus mit 49 gut in Schuss gehaltenen Zimmern. Das Haus liegt zentral und die Mitarbeiter sind freundlich. Mrs. Nghi, die Besitzerin, ist Katholikin und unterstützt einige soziale Projekte, die besucht werden können. ❷–❸

Funtastic Danang Hostel, 115 Hai Phong, ✆ 0903-561 777, 💻 www.funtasticdanang.com, [10134]. Fußläufig vom Bahnhof liegt dieses beliebte Hostel. Dormbett US$7, private DZ ❷

Happy Day Hotel, 160 Bach Dang, ✆ 0511-356 6555, 💻 www.happyday hotel.com.vn, [9291]. Saubere, ordentliche Zimmer direkt am Fluss. Zum Teil kleiner Balkon. Auch das **Hoang Linh Hotel**, 142 Bach Dang, ✆ 0511-388 6868, 💻 www.hoanglinh-hotel.com, [9292], nebenan ist eine gute Wahl. ❷–❹, wie auch das **Rainbow Hotel**, 220 Bach Dang, ✆ 0511-382 2216, 💻 www.rainbowhotel.com.vn, [9293]. ❷–❸

Sun River Hotel, 132-136 Bach Dang, ✆ 0511-384 9188, 💻 www.sunriverhoteldn.com.vn, [9294]. Glitzerndes Hotelhochhaus am Flussufer; allerdings haben nur die teureren Zimmer Blick auf das Wasser. Restaurant mit Aussicht im 8. Stock. Inkl. Frühstücksbuffet. ❺–❻

Pham Van Dong/My Khe-Strand

À La Carte, Vo Nguyen Gap, Ecke Duong Dinh Nghe, ✆ 0511-395 9555, 💻 www.alacarte living.com, [10193]. Top-Suiten, alle mit Meerblick, auf über 20 Etagen: moderne Möblierung, sehr sauber und geräumig, zum großen Teil mit Kochgelegenheit. Vom Pool auf dem Dach im 23. Stock hat man einen großartigen Blick auf den Strand und die Stadt. ❻

Gold Summer Hotel, 227 Duong Ho Nghinh, ✆ 094-341 1123, 💻 www.goldsummerhotel.com, [10136]. Eines der zahlreichen Minihotels in den beiden Strandstraßen. Recht große, saubere Zimmer, DZ mit Blick auf das Meer (ziemlich weit weg), 3-Bett-Zimmer mit Blick auf die Straße. Auch Zimmer ohne Fenster. Gute Wahl in der Nebensaison. ❷, in der Hauptsaison klettern die Preise bis auf ❹

Sofia Hotel, Lo I-11 Pham Van Dong, ✆ 0511-394 1669, ✉ info@sofiahoteldanang.com, [9295]. Große, einladende Zimmer 100 m vom Strand. Das Umfeld ist noch nicht eng bebaut. ❸–❹

ESSEN

Die Auswahl an Restaurants ist groß und die Qualität fast überall gut. Jede Menge kleine lokale Restaurants in den Straßen am Fluss und am Meer laden zu eigenen Entdeckungstouren ein.

Apsara Restaurant, 222 Tran Phu, ✆ 0511-356 1409. Touristen-Klassiker in der Nähe des Cham-Museums. Bietet Platz für 300 Gäste. Dekoriert im Cham-Stil, abendliche Tanz- und Gesangsvorführungen. Spezialität sind die hervorragenden Seafood-Gerichte, die alle recht teuer sind. 🕒 tgl. 10–14.30 und 17–22 Uhr.

Cong Café, 96/98 Bach Dang. Auch in Da Nang kann man nun stilecht im Schick der alten Militärzeit einen guten Kaffee genießen. Ableger der erfolgreichen Kette aus Ha Noi auf 2 Etagen mit Blick auf den Fluss.

HQ's Tai Food, 4 Tran Quoc Toan, ✆ 090-350 7468. Nettes kleines Restaurant mit vietnamesischer und – der Name ist Programm – thailändischer Küche. Na ja; so „richtig Thai" ist es nicht, aber es kommt dem Original sehr nahe. Alles ist recht preiswert und schmeckt. 🕒 11–22 Uhr.

Quan Chay Ngoc Chi, 60 Thai Phien, ✆ 093-535 6534. Einfaches, großes vegetarisches Restaurant; preiswert (alle Gerichte um die 25 000 Dong) und gut. Der ein oder andere mag es nicht glauben, aber das Fleisch in der *pho* ist *fake meat*. Nennt sich aber trotzdem *pho bo*. Auch im **An Lac**, 38 Quang Trung, ✆ 096-898 9567, wird komplett vegetarisch gut und günstig gekocht.

Auf dem Weg zum Strand – über die Brücke Cau Son Hang – gelangt man nach dem Kreisel zu vielen einfachen Lokalen – dort wird u. a. auch Hund gegrillt. An den Straßen am Strand gibt es viele Fisch-Restaurants. Traveller essen oft im **Family Restaurant** und im **Family Indian Restaurant**, 229 und 231 Duong Ho Nghinh. Traveller-Food à la Vietnam; Pizza, Shakes und Indisches.

SONSTIGES

Diplomatische Vertretungen

Konsulat von **Laos** s. S. 50.

Medizinische Hilfe

Family Medical Practice, 50-52 Nguyen Van Linh, Nam Duong Ward, 💻 www.vietnammedicalpractice.com. Ableger der renommierten Kliniken in HCMS und Ha Noi mit westlichen Ärzten. Erstbehandlung ab US$50, Nachuntersuchungen jeweils etwa US$30. Notfallbehandlungen sind teurer. Angeschlossen ist eine Zahnklinik. 24-Std.-Notfalldienst ✆ 0511-358 2699 oder 358 2700. Mobile Notrufnummer: ✆ 091-391 7303.

TRANSPORT

Da Nang ist die zentrale Verkehrs-Drehscheibe in Zentralvietnam, und entsprechend vielfältig sind die Möglichkeiten, ins ganze Land zu reisen.

Busse

Der **Busbahnhof für Langstrecken** (Ben Xe Tam Da Nang), ✆ 0511-376 7678, liegt etwa 3 km westlich des Zentrums. Regelmäßig fahren hier den ganzen Tag bis in die Nacht hinein Busse in alle Landesteile ab. Die Ziele und Fahrpreise sind an den Schaltern ausgeschildert. Der Busbahnhof ist einer der größten des Landes, und wer vormittags aufkreuzt, wird sicher einen Bus zum gewünschten Reiseziel bekommen. Die Preise variieren je nach Ausstattung des Busses. Z. B. nach:
HA NOI, in ca. 18 Std. für 380 000 Dong;
HCMS, in ca. 16 Std. für 380 000–430 000 Dong;
HUE, in 3 Std. für 60 000 Dong.

VIETNAM

Ins Zentrale Hochland (Provinz Gia Lai, Endziel PLEI KU) mit den Nachtbussen der Hong Hai Company, abends zwischen 19 und 21 Uhr 4 Busse, 200 000 Dong, Ankunft am nächsten Morgen.

Nach Laos

PAKXE mit der Lao Tien Company, ✆ 0511-224 5429, tgl. 6.30 Uhr, ca. 10 Std., 460 000 Dong.
VIENTIANE tgl. außer So. 14 und 15.30 Uhr, 940 000 Dong, ca. 20 Std.

Nach Hoi An

Entweder mit einem Taxi, einem der Open Tour-Busse oder mit dem lokalen Bus. Dieser fährt mind. stdl. zwischen 8 und 16 Uhr. Um einen solchen zu nehmen, muss man sich nicht eigens zum großen Busbahnhof begeben, denn die öffentlichen, leuchtend gelben Busse nach Hoi An fahren entlang der Tran Phu und können direkt gegenüber dem Han-Markt auf der anderen Straßenseite gestoppt werden. Die Fahrt dauert etwa 1 Std. und kostet ca. 20 000 Dong; Touristen wird gerne mehr abgenommen („for the luggage" oder auch einfach nur so). Der Bus stoppt in Hoi An am Busbahnhof etwas außerhalb des Zentrums, wo Xe om die Weiterfahrt zu den Hotels übernehmen.

Open Tours

The Sinh Tourist, 154 Bach Dang, ✆ 0511-384 3259, ✉ danang@thesinhtourist.vn. Bietet Busse nach Süden (*Sleeper* nach NHA TRANG, Abfahrt tgl. 16 Uhr, Ankunft nächster Morgen 6 Uhr; 438 000 Dong) und Norden (*Sleeper* nach HUE, tgl. 8.30 Uhr, Ankunft 12 Uhr; 89 000 Dong). Auch die anderen Open Tour-Busse halten in Da Nang und fahren zu ähnlichen Zeiten.

Eisenbahn

Eine große Anzahl Züge nach Norden und Süden hält Tag und Nacht am **Bahnhof Ga Da Nang**, 202 Hai Phong, ✆ 0511-382 3810. Auf dem Vorplatz lässt ein ausgemustertes altes Dampfross das Herz eines jeden Eisenbahnromantikers höherschlagen. Mehrere Züge fahren tgl. nach Norden und Süden, s. S. 883.

Flüge

Der **Da Nang Airport** ist neben dem Noi Bai Airport in Ha Noi und dem Tan Son Nhat Airport in Ho-Chi-Minh-Stadt der dritte **internationale Flughafen** des Landes. Er liegt am südlichen Stadtrand von Da Nang, etwa 10 Min. mit dem Taxi. Wer aus Hoi An anreist (US$10–15), sollte früh genug aufbrechen, da die Fahrt 30–60 Min. dauern kann. Aus Da Nang kostet ein Taxi zum Flughafen ab 80 000 Dong.
Jetstar Pacific verbindet Da Nang tgl. mit HCMS und HA NOI, zudem mehrmals wöchentl. Flüge nach CAN THO und NHA TRANG, 💻 www.jetstarpacific.com.vn.
Silk Air verbindet Da Nang 5x wöchentl. mit SINGAPORE, 💻 www.silkair.com.
Vietnam Airlines fliegt u. a. tgl. nach BUON MA THUOT, nach DA LAT, HAI PHONG, NHA TRANG und natürlich nach HA NOI und HCMS.

Die Marmorberge

Die fünf Kalksteinfelsen, die südlich von Da Nang unvermittelt emporragen, enthalten so reiche Marmorvorkommen, dass Kaiser Minh Mang sie bei einem Besuch 1825 **Nui Non Nuoc** taufte: „Marmorberge". Die einzelnen Berge sind den fünf Elementen der chinesischen Kosmologie zugeordnet: Wasser, Metall, Erde, Holz und Feuer.

Am häufigsten besucht wird der **Nui Thuy Son** („Wasserberg"), auf den zwei Aufgänge hinaufführen. Am hinteren Aufgang steht an der Stelle eines älteren Cham-Heiligtums die **Tam Thai-Pagode**. Minh Mang gründete sie bei seinem Besuch 1825. Dahinter liegt linker Hand die **Huyen Khong-Grotte**. Wenn man Quan Am passiert hat, öffnet sich die Grotte. Stufen führen hinab, die von vier Wächterfiguren flankiert sind. In der hohen Decke der Höhle befinden sich einige Löcher, durch die das Sonnenlicht einfallen kann, was zusammen mit den Schwaden von Räucherstäbchenqualm für eine mystische Stimmung sorgt. Kurz vor der Mittagszeit wird die zentrale Statue des Buddha Shakyamuni von einem Lichtstrahl illuminiert.

Die **Van Thong-Höhle** bietet Kletterfreunden einen interessanten Aufstieg. Direkt hinter der Buddhastatue geht es über ausgetretenen, rutschigen Marmor steil einen engen Gang hinauf. Oben angelangt, eröffnet sich ein wundervoller Blick über die Umgebung. Herunter geht es leichter über Stufen (diese kann man natürlich auch hinaufsteigen, was vor allem für diejenigen sinnvoll ist, die kein gutes Schuhwerk haben oder etwas beleibter sind).

Weitere Grotten und Pagoden sind über diesen und die vier Nachbarberge verteilt. Die Pagoden sind ganztägig geöffnet; Eintritt 15 000 Dong. Wer den Aufzug benutzt (🕒 7–17.30 Uhr), zahlt pro Fahrt weitere 15 000 Dong. Der Aufzug spart wenige schweißtreibende Stufen und lohnt nicht wirklich.

Von Da Nang oder Hoi An kann man einen der vielen Busse nehmen, die zwischen diesen Städten verkehren, oder per Xe om anreisen. Auch die eigene Anreise per Moped ist möglich; man kann sich hier kaum verfahren, und der Verkehr hält sich in Grenzen. „Private cars" von Hoi An kosten für 3 1/2 Std. (diese Zeit sollte man inkl. Anreise mind. einkalkulieren) ab 300 000 Dong.

Hoa's Place, an der Straße zum Strand unterhalb der Marmorberge, ✆ 0511-396 9216, ✉ hoasplace@hotmail.com, [4706]. Einigen Travellern ist der Platz vielleicht noch ein Begriff: Hoa und seine Frau haben über viele Jahre einen ganz besonderen Ort an diesem Strand geschaffen. Dann wurde das Haus (und all die anderen drum herum) abgerissen. Nun hat Hoa einen neuen Ort zugewiesen bekommen und beginnt von vorne. Zimmer sind geplant. Bitte schickt uns Bilder, wenn wieder Betten zur Verfügung stehen. Bisher gibt es gute günstige Küche und ein herzliches Lächeln. Für alle, die auf eigene Faust zu den Marmorbergen fahren, eine gute Option für eine Rast nach dem anstrengenden Aufstieg.

20 HIGHLIGHT

Hoi An

Das kleine Städtchen Hoi An [4703] lockt mit einer hübschen Altstadt, die die letzten 200 Jahre fast unverändert überdauert hat. Ein Besuch in Hoi An ist eines der großen Highlights jeder Vietnam-Reise. Über 800 einzelne Objekte in der Altstadt von Hoi An wurden 1999 in die Liste des Unesco-Weltkulturerbes aufgenommen, darunter die niedrigen, zweistöckigen Häuser, die eine interessante architektonische Mischung aus vietnamesischen, chinesischen und japanischen Einflüssen aufweisen. Abends verwandeln sich die engen Straßen der Altstadt in heimelige Gassen, verkehrsberuhigt und von zahllosen bunten Seidenlampen beleuchtet.

Das Gefühl, in eine andere Welt einzutauchen, hat der westliche Besucher vielerorts in Vietnam, doch wohl nirgendwo ist diese Welt so angenehm entspannend wie hier. Morgens von 8–11, mittags von 14–16 und abends von 18.30–21 Uhr ist es motorisierten Fahrzeugen verboten, in die Altstadt zu fahren. Besonders romantisch ist Hoi An am 14. Tag eines jeden Mondmonats (ein Tag vor Vollmond). Dann kleiden sich die Einheimischen in traditionelle Gewänder, die Stadt wird nur noch vom Licht der Seidenlaternen erhellt, und traditionelle Musik erklingt in den Gassen.

Hoi Ans bekannteste Sehenswürdigkeiten zu besuchen, kostet 120 000 Dong (Ticket 24 Std. für 5 Sehenswürdigkeiten gültig).

Alte Häuser und Familienschreine

Einige der alten Häuser, die sich besichtigen lassen, werden seit vielen Generationen von ein und derselben Familie bewohnt. Auf Altären oder

Hoi An

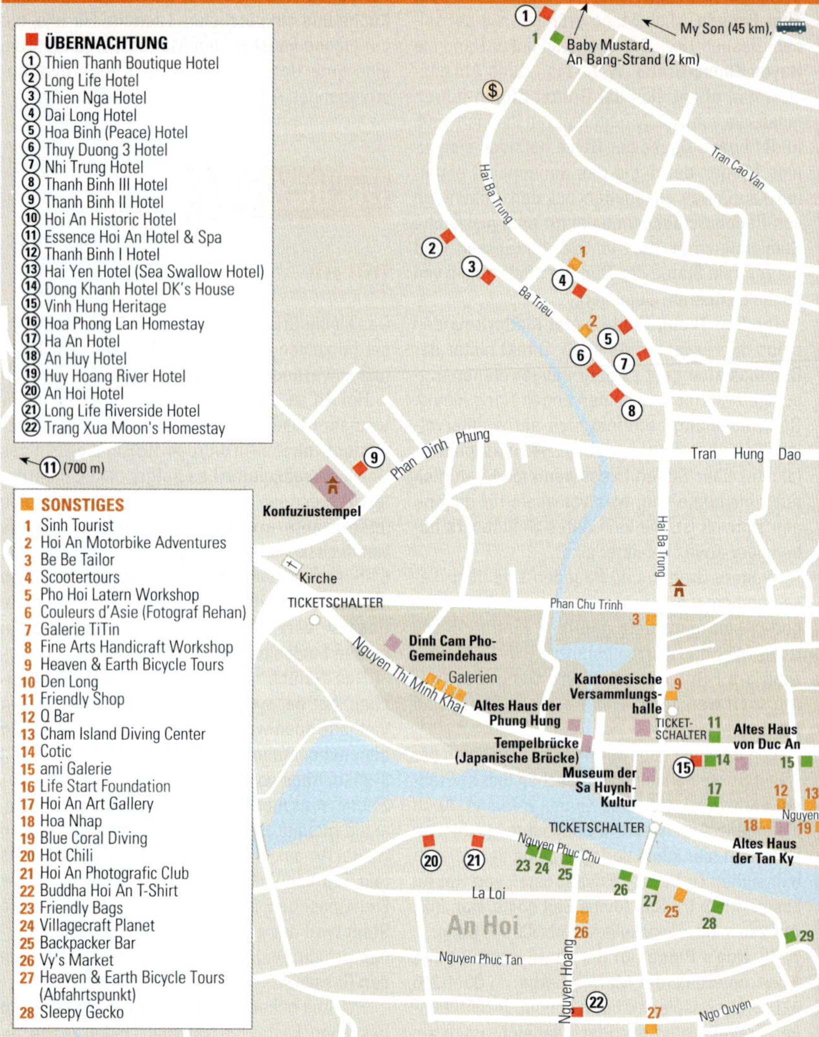

in größeren Familienschreinen werden die Vorfahren verehrt. Die Häuser sind bis zu 60 m lang und schmal (sog. „Tunnelhäuser"). Das Vorderhaus enthielt (bzw. enthält) oft einen Laden oder eine Werkstatt. Ein Innenhof dient dem Lichteinfall, der Belüftung und der Erholung. Das sich daran anschließende Hinterhaus mit Wohn-, Schlaf- und Wirtschaftsräumen hat oft einen Hinterausgang auf die nächste Parallelstraße. ⏲ alle: tgl. 8–12 und 13–17 Uhr – die Mittagsruhe

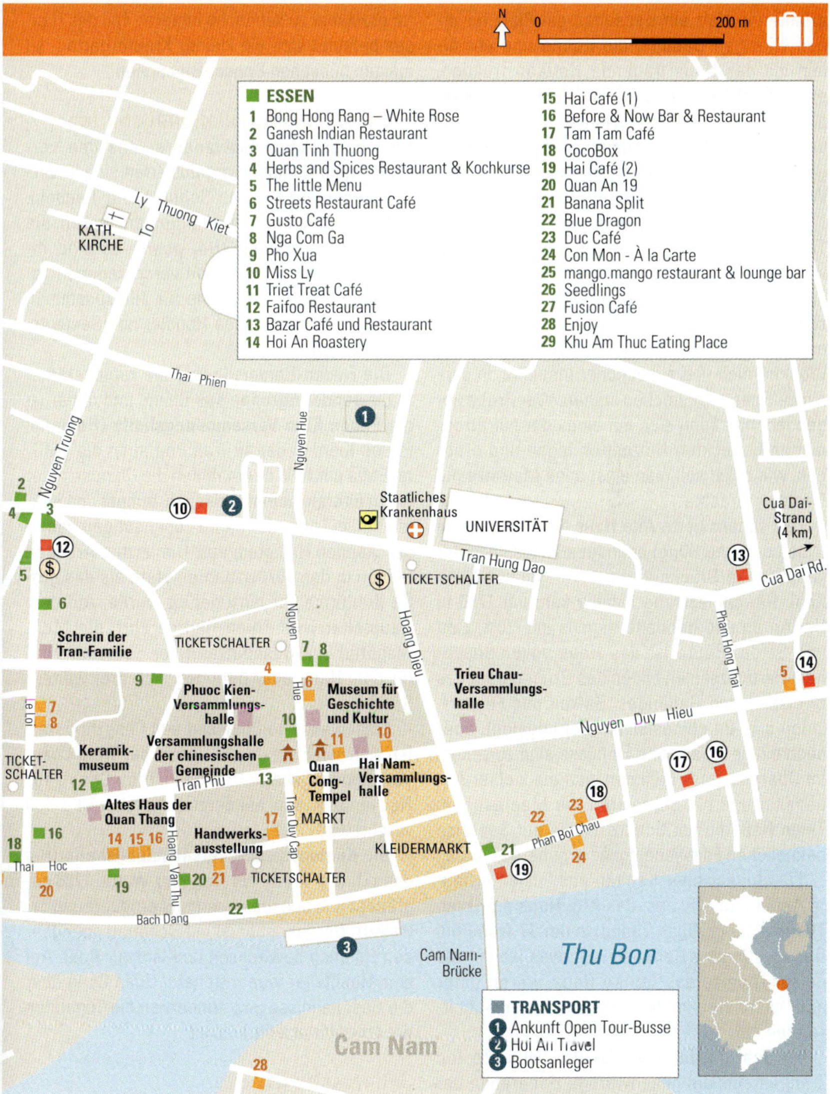

sollte bei allen Häusern in Privatbesitz eingehalten werden.

Im **Alten Haus der Tan Ky** (Nha Co Tan Ky) in der 101 Nguyen Thai Hoc leben heute – mittlerweile in der 7. Generation – die Nachfahren der Kaufmannsfamilie, die dieses Haus einst Ende des 18. Jhs. erbauen ließ. Zur Begrüßung wird ein Tee gereicht. Besichtigt werden kann nur der untere Bereich. Zu sehen sind neben alten Bildern, Keramik und wunderschönen Einlegearbeiten in Holz ein Hausaltar, ein Platz für einen winzigen Buddha, die Küche und vor allem die das Haus tragende Holzkonstruktion, eine Mischung aus vietnamesischem und japanischem Stil. An den Wänden sind die Wasserstände markiert. Deutlich wird: Das Untergeschoss steht bei Regenzeit fast immer unter Wasser, manchmal fast bis zur Decke.

Das **Alte Haus von Duc An**, in der 80 Nguyen Thai Hoc, wurde Ende des 19. Jhs. erbaut und wird heute in der 6. Generation bewohnt. Im Eingangsbereich sieht man direkt die letzte Bestimmung des Hauses: Hier war eine Apotheke untergebracht. Im Inneren zu sehen sind der Wohnbereich und ein schöner Innenhof, in dem einige Bonsai-Bäumchen stehen. Wer Probe liegen möchte, kann sich auf eines der mit Strohmatten bedeckten Holzbetten legen und erahnen, wie asketisch man einst ohne Matratze die Nacht verbrachte.

Das sehenswerte **Alte Haus der Phung Hung** (Nha co Phung Hung) befindet sich westlich der japanischen Brücke in der 4 Thi Nguyen Minh Khai. Die chinesische Familie kam um 1780 in Hoi An an und handelte damals mit Holz, Zimt und Seide. Heute ist das Haus voller Souvenirs. Hartholzsäulen bilden das Grundgerüst des zweistöckigen Gebäudes. Balkon und Fensterläden sind im chinesischen Stil angelegt, aber auch einige japanische Einflüsse sind zu sehen. Im Obergeschoss befinden sich ein kleiner Ahnenaltar und ein Schrein für die Meeresgöttin Thien Hau, die um Schutz für die auf Seereise befindlichen Familienmitglieder gebeten wurde.

Ein chinesischer Kapitän aus Fukien erbaute Anfang des 18. Jhs. das **Alte Haus der Quan Thang** (Nha co Quan Thang) in der 77 Tran Phu. Das einstöckige Gebäude ist etwas kleiner als beispielsweise das Tan Ky-Haus, wartet dafür aber im Inneren mit besonders schönen Schnitzereien auf.

Im **Schrein der Tran-Familie** (Nha tho toc Tran) verehrt die gegenwärtige Generation der Tran ihre Vorfahren. Zu jenen zählte ein wichtiger Mandarin unter Kaiser Minh Mang, der seinen Nachkommen einige wertvolle Elfenbeinschnitzereien und sein Zeremonienschwert mitsamt kaiserlichen Insignien hinterließ – heute ist es zusammen mit einem Porträt im Empfangszimmer zu sehen. Im hinteren Teil des Hauses befindet sich ein kleiner Kräutergarten mit einigen hübschen Bonsai-Bäumchen.

Chinesische Versammlungshallen

Die chinesischen Einwanderer aus den verschiedenen Regionen organisierten sich in Vereinigungen mit eigenen Schulen und Tempeln. Mittelpunkt dieser Vereinigungen waren die Versammlungshallen *(Hoi quan)*. Es sind ihrer fünf in Hoi An: vier von verschiedenen regionalen Gruppen und eine für alle zusammen sowie für durchreisende Händler und Seeleute. ◷ ganztägig.

Die Fukien-Gemeinde war die zahlenstärkste Einwanderergruppe aus China, und daher ist die **Phuoc Kien-Versammlungshalle** (Hoi quan Phuoc Kien) in der 46 Tran Phu auch die größte. Etwa um 1690 übernahmen die Chinesen hier einen älteren vietnamesischen Tempel und bauten ihn im Laufe der Jahre zum heutigen beeindruckenden Heiligtum aus: Die letzten Arbeiten fanden in den 1970er-Jahren statt, als das große dreitürige Tor hinzugefügt wurde. Auf dem Hauptaltar wird Thien Hau verehrt, die Meeresgöttin und Beschützerin der Seeleute. Hinter dem Hauptaltar befinden sich drei weitere Schreine.

Eingewanderte Chinesen aus Chaozhou treffen sich seit Ende des 18. Jhs. in der **Trieu Chau-Versammlungshalle** (Hoi quan Trieu Chau), 157 Nguyen Duy Hieu, auf deren Hauptaltar Ong Bon verehrt wird.

Die **Kantonesische Versammlungshalle** (Hoi quan Quang Trieu), 176 Tran Phu, wurde 1786 gegründet und seitdem mehrmals erneuert und erweitert. Der Innenhof ist mit Schatten spendenden Bäumen bewachsen und lädt zur Rast. Auf dem Hauptaltar wacht General Quan Cong über die Geschehnisse und erinnert an die Tugenden der Loyalität und Ehrlichkeit.

Japanische Brücke

Die 18 m lange, überdachte **Tempelbrücke** (Cau Nhat Ban), so genannt, weil sich auf der Mitte der Brücke ein kleiner Tempel befindet, wurde zwischen 1593 und 1595 erbaut und überspannt einen Seitenarm des Thu Bon-Flusses. Sie wird auch **Japanische Brücke** genannt, weil sie zur

Zeit ihrer Erbauung das chinesische mit dem japanischen Viertel verband. Die Hunde- bzw. Affen-Statuen an den beiden Enden erinnern an das Jahr des Baubeginns (Jahr des Affen) oder der Fertigstellung (Jahr des Hundes).

Auf dem Altar des Brückentempels steht Tran Vu, eine taoistische Gottheit, zu der die Bewohner beten, um von der Flut verschont zu werden. Leider klappt dies nicht immer. So wurde Hoi An beispielsweise 1999 von einer großen Flut heimgesucht, bei der die am Fluss stehenden Häuser nur noch im zweiten Stock begehbar waren. Auch 2006 stand das Wasser den Menschen hier bis zu den Hüften.

Museen

Das **Museum der Sa Huynh-Kultur** (Bao Tang Van hoa Sa Huynh) zeigt in zwei Räumen und zahlreichen Vitrinen einige Exponate aus der Zeit der Sa Huynh-Kultur, die in der Nähe von Hoi An ausgegraben wurden. Ausführliche Infos finden sich jeweils bei den Exponaten – auch in Englisch.

Im Obergeschoss ist das **Museum für Geschichte und Revolution** angesiedelt, das Bilder, Fotos und Waffen ausstellt. Die Bilder zeigen Reales, aber auch Gemaltes aus dem Krieg. Vieles ist nur in Vietnamesisch ausgeschildert. Zu sehen ist z. B., wie die Bewohner Hoi Ans 1954 gegen die Beschlüsse von Genf demonstrieren oder wie sie einen GI abführen und seinen Wagen im Meer versenken.

Das kleine **Museum für Geschichte und Kultur** (Bao tang lich su – Van hoa Hoi An), 7 Nguyen Hue, widmet sich der Geschichte Hoi Ans. Es ist in einem ehemaligen Quan Am-Tempel hinter dem Quan Cong-Tempel untergebracht.

Das **Keramikmuseum** (Bao Tang gom su mau dich Hoi An) in der Tran Phu stellt anhand von beispielhaften Exponaten die Geschichte und Herstellung der Keramik in Vietnam dar. Einige der Ausstellungsstücke wurden von Tauchern aus Schiffswracks geborgen.

Kultur

Ein guter Ort, um einen Überblick über die traditionellen Handwerkskünste in Hoi An zu gewinnen, ist die **Handwerksausstellung** in der Nguyen Thai Hoc. Im Vorraum findet täglich außer montags um 10.15 oder 15.15 Uhr eine **traditionelle Musikvorführung** statt, die kurzweilige 15 Minuten dauert. Sie beinhaltet traditionelle Musik, Tanz und Gesang. Wer etwas mehr sehen will und vorne sitzen möchte, sollte spätestens 15 Minuten vor der Aufführung kommen. Aufnahmen traditioneller Musik werden zum Verkauf angeboten.

ÜBERNACHTUNG

Hoi An bietet eine Vielzahl von Unterkünften für jeden Geldbeutel, bei den meisten ist Frühstück inkl. Eine interessante Möglichkeit, nahe Hoi An zu wohnen, bieten die nahe gelegenen Strände Cua Dai (S. 767) und An Bang (S. 769). Viele ziehen in Hoi An in ein Homestay (mehr S. 758).

Untere Preisklasse

An Huy Hotel, 30 Phan Boi Chau, ✆ 0510-386 2116, [6901]. Kleines Hotel nahe dem Markt. Die Zimmer sind ansprechend ausgestattet, die Angestellten freundlich. Standardzimmer liegen im Erdgeschoss und haben kein Fenster. Ab Deluxe empfehlenswert. ❷–❸

€ **Dai Long Hotel**, 680 Hai Ba Trung, ✆ 0510-391 6232, [7117]. Einfache, meist recht große Zimmer. Es lohnt, ein paar Dollar mehr für ein Zimmer mit Fenster oder Balkon auszugeben. Oft 2 große Betten. Freundliche Leute. ❶–❷

Dong Khanh Hotel – DK's House, 308 Nguyen Duy Hieu, ✆ 0510-391 4400, [7118]. Einfache, günstige Zimmer; ruhig und etwas abseits Richtung Strand gelegen. Es gibt private und für alle zugängliche Balkone und einen kleinen Pool. ❷

Hoa Binh (Peace) Hotel, 696 Hai Ba Trung, ✆ 0510-391 6838, 🖳 www.hoabinhhotelhoian.com, [7119]. Günstige Zimmer in unterschiedlich gutem Zustand. AC-Zimmer sind unwesentlich teurer; keinen Preisunterschied macht das Vorhandensein eines Fensters. Es lohnt, sofern möglich, mehrere Zimmer anzusehen. Junges Publikum. Kleiner überdachter Pool in der Lobby. ❷

Hoa Phong Lan Homestay, 2 C-D Phan Boi Chau, ✆ 0510-392 1879, 🖳 www.hoaphonglanhomestay.com, [10131]. Haus mit 10 ansprechenden

Homestay in Hoi An

Immer mehr Gäste übernachten in Hoi An in einem „Homestay", was dem Namen nach die Unterbringung bei einer Familie bedeutet. Manchmal ist dies auch so, vor allem bei den kleinen Häusern, die im Schnitt etwa 3 Zimmer anbieten. Meist sind Homestays aber eher Unterkünfte, die den Status des Hotels nicht erreichen, da sie zu wenige Zimmer bieten (ein Hotel muss mind. 25 Zimmer aufweisen). Sie könnten sich „Minihotel" nennen, aber das klingt zu einfach. Das gilt auch für den Begriff „Guesthouse". Und so nennen sich die meisten der neuen Minihotels nun Homestay. Der Standard ist meist gut, die Zimmer kosten ab US$20, manche bis US$100. Besser und noch teurer als Homestays sind „Villen".
Die Anzahl der Homestays ist unüberschaubar. Ihr Ranking in der Community ändert sich laufend – je nachdem, wer wie viele Leute motivieren kann, Kommentare in den Bewertungsportalen zu posten. Wir haben einige Homestays aufgenommen, möchten aber darauf hinweisen, dass dies nur eine Auswahl ist. Habt ihr ein Lieblings-Homestay? Dann empfehlt es unter eXTra [10132].

großen Zimmern, nahe der Altstadt gelegen. Inkl. Fahrrad. ❷–❸

Huy Hoang River Hotel, 73 Phan Boi Chau, ✆ 0510-386 1453, ✉ kshuyhoang1@dng.vnn.vn, [7121]. Beliebte Unterkunft nahe der Cam Nam-Brücke. Die 26 kleinen Zimmer sind modern ausgestattet (Badewanne, Wasserkocher). Kleine Fenster. ❷–❸

Nhi Trung Hotel, 700 Hai Ba Trung, ✆ 0510-386 3436, [9266]. Kleinhotel mit ansprechend eingerichteten Zimmern, einige mit Balkon zur Straße oder zum Garten. Vorsicht: Die günstigen Zimmer ohne Fenster ähneln einer Gefängniszelle. ❷–❸

Thanh Binh I Hotel, 1 Le Loi, ✆ 0510-386 1740, [7124]. Anfang der 1990er-Jahre eines der ersten Hotels in der Stadt, das westliche Touristen aufnahm. 16 Zimmer, recht groß, alle 2015 renoviert. Schöne Bäder mit Regendusche, gute Betten. Gäste dürfen den Pool des Thanh Binh III nutzen. Die Zimmer im 2. Stock sind wesentlich schöner, da man mehr Licht bekommt. 2 Zimmer mit Blick auf die Le Loi, davor Balkon für alle. ❷

Thanh Binh II Hotel, 712 Hai Ba Trung (Nhi Trung), ✆ 0510-386 3715, [7125]. Dieses Hotel der Thanh Binh-Kette bietet 32 saubere Zimmer mit guter Ausstattung. Teils sehr große Zimmer. Poolbenutzung und Frühstück im Haus Nr. III nebenan. ❷–❸

Thien Nga Hotel, 52 Ba Trieu, ✆ 0510-391 6330, 💻 www.thienngahotel.com, [4910]. Saubere, hell möblierte Zimmer mit TV und DVD. Dusche und teilweise Balkon mit Blick auf die Felder und die dahinter entstehenden Häuser oder direkt zur Straße. Das Frühstück bietet leider nur Western-Classics. ❷–❸

Mittlere und obere Preisklasse

Essence Hoi An Hotel & Spa, 132C Hung Vuong, ✆ 0510-391 5915, 💻 www.hoianessencehotel.com, [10192]. Am westlichen Ortsrand liegt das beliebte Haus. Komfortable Zimmer (vielfach mit Blick auf die Reisfelder vom Balkon), schöner Pool und guter Service. ❹–❺

Ha An Hotel, 6-8 Phan Boi Chau, ✆ 0510-386 3126, 💻 www.haanhotel.com, [7526]. Ansprechendes Hotel mit Vorgarten und angegliedertem Restaurant. Die günstigeren Zimmer mit Dusche sind etwas vollgestellt und befinden sich im Haupthaus, die schöneren mit Badewanne und viel mehr Platz im Nebengebäude. Inkl. Fahrrad. ❹–❺

Hoi An Historic Hotel, 10 Tran Hung Dao, ✆ 0510-386 1445, 💻 www.hoianhotel.com.vn, [7527]. 160 Zimmer in einem großen Haus im Kolonialstil. Großer Swimming Pool, der auch Tagesgästen gegen geringe Gebühr zur Verfügung steht. Tennisplätze, manchmal Musikvorführungen. ❺–❻

Long Life Hotel, 30 Ba Trieu, ✆ 0510-391 6696, 💻 www.longlifehotels.com, [7126]. Recht große Zimmer mit Moskitonetz, Wasserkocher und großer Eckbadewanne, viele mit kleinem

Balkon. Im Gartenrestaurant, in dem auch ein kleiner Pool zu finden ist, wird das Frühstück serviert. Das Haus hätte mehr Potenzial (wäre dann aber gewiss teurer). ❸–❹

Thanh Binh III Hotel, 98 Ba Trieu, ✆ 0510-391 6777, [4908]. Ziemlich großer und schön gestalteter Pool im Innenhof. Ansprechende, wenngleich recht kleine Zimmer. Balkone z. T. mit Blick auf den Pool oder nach draußen auf die Straße. ❸–❹

Thien Thanh Boutique Hotel, 16 Ba Trieu, ✆ 0510-391 6545, 💻 www.thienthanhhotel.com, [7127]. Geschmackvoll gestaltete Zimmer unterschiedlicher Größe. Im Garten befinden sich ein kleiner überdachter Pool und das Frühstücksrestaurant. Großes Frühstücksbuffet. Die günstigsten Zimmer ohne Fenster. ❹–❺

Thuy Duong 3 Hotel, 92-94 Ba Trieu, ✆ 0510-391 6566, 💻 www.thuyduonghotel-hoian.com, [7128]. 40 Zimmer, gepflegt und komfortabel. Pool. Safe. ❹–❺

Vinh Hung Heritage, 143 Tran Phu, ✆ 0510-386 1621, 💻 www.vinhhungheritagehotel.com, [7131]. Zentral in der Altstadt. Das Haus mit dem besonderen Charme – und altertümlich anmutender Einrichtung: Kein Wunder: Dieses 2-stöckige, ehemalige chinesische Handelshaus ist 125 Jahre alt. Besonders empfehlenswert sind die Zimmer im oberen Geschoss. Besucher können den Pool der Schwesterhotels mitbenutzen. ❺–❻

Insel An Hoi

An Hoi Hotel, 69 Nguyen Phuc Chu, ✆ 0510-391 1888, 💻 www.anhoihotel.com.vn, [6982]. Das kleine Hotel hat gut ausgestattete Zimmer, teils mit einem, teils mit 2 Betten (diese eignen sich auch für Familien). Restaurant mit Blick auf den Fluss. Kleiner Pool, eingeklemmt zwischen 2 Hausmauern. ❷

Long Life Riverside Hotel (Thanh Xuan Riverside Hotel), 61 Nguyen Phuc Chu, ✆ 0510-391 1696, 💻 www.longlifehotels.com, [7529]. 2-geschossiges Hotel mit großen, wenn auch vollgestellten Zimmern am Fluss. Neben einem großen Bett gibt es eine kleine Bar, eine Sofaecke und einen Computer (WLAN). Im großen Bad lockt eine stilechte Badewanne. Kleiner Pool im Innenhof. Einige Zimmer mit Blick auf den Fluss. Inkl. Fahrrad. ❹

Trang Xua Moon's Homestay, 82 Ngo Quyen, ✆ 0510-393 3333, 🖂 moonshomestay@gmail.com. Umrahmt von einer beeindruckenden Bougainvillea. Ansprechende Zimmer mit großen Betten, sauberen Bädern und TV. Besonders schön das 3-Bett-Zimmer mit Blick auf den Fluss. Freundliche Familie. ❷–❸

ESSEN

Viele der gastronomischen Unternehmen erfüllen eine Doppelfunktion: tagsüber Restaurant, abends Bar. Oftmals befinden sich diese beiden Bereiche auf getrennten Etagen. Damit hat Hoi An sogar eine Andeutung von Nachtleben: In einigen Lokalen ist auch spät abends noch was los.

Von morgens bis abends bieten **Foodstalls** in den Straßen und im Markt unterschiedlichste kleine Gerichte an, sei es die morgendliche *pho*, die beliebte Spezialität *cao lau* oder ein Wurstbrot. Man sollte sich die Speisen vorher genau ansehen und abschätzen, ob der eigene Magen robust genug dafür ist. Viele Garküchen dieser Art finden sich morgens in der Le Loi und ganztägig auf dem Markt.

€ **Banana Split**, 53 Hoang Dieu, ✆ 0510-386 1136. Beliebtes Traveller-Restaurant mit einfachster Ausstattung, aber fast immer voll. Das Essen ist italienisch und vietnamesisch inspiriert, aber es gibt auch Eis, Shakes, Pommes und Hamburger.

Preiswert und gut

€ **Com Ga (Chicken Rice)**: Einige Straßenrestaurants in der Altstadt bieten Reis mit Huhn und Gemüse zum sofortigen Verzehr (Stühle und Tische in Kinderzimmergröße) oder zum Mitnehmen an: für wenige Dong eine gut schmeckende und sättigende Mahlzeit. Der Reis ist mit Kurkuma gelb gefärbt und wird mit Ingwer gewürzt. Weitere *com ga*-Restaurants befinden sich in der Phan Chu Trinh, z. B. das **Nga Com Ga**.

VIETNAM

Bazar Café und Restaurant, 36 Tran Phu, ✆ 0510-391 1229. Stilvolles Restaurant in einem alten Haus im Zentrum der Altstadt. Besonders schön sind die Sitzgelegenheiten im Garten hinter dem Haus. Frederico, der italienische Besitzer, ist Archäologe und war viele Jahre in My Son tätig. Manche sagen, ihm sei es zu verdanken, dass die Stätte nun Weltkulturerbe ist.

CocoBox, 94 Le Loi, ✆ 0510-386 2000, www.cocoboxvietnam.com. Kleines, ansprechendes Restaurant. Vieles kommt aus ökologischem Anbau (nicht immer zertifizierte Bioware). Selbst gemachtes Eis. Wer Lust auf Schokolade hat, kann die Eigenkreation des Hauses probieren (mit Anis und schwarzem Pfeffer). Veganer aufgepasst: Hier gibt es 2 vegane Gerichte, einen Salat und ein Sandwich. ⏲ Mo–Sa 9–21 Uhr.

Faifoo Restaurant, 104 Tran Phu, ✆ 0510-386 1548. Traditionelle vietnamesische Gerichte, serviert in ansprechendem Ambiente.

Essen und helfen

Blue Dragon, 46 Bach Dang, ✆ 0510-391 0742. Gute Küche in netter Atmosphäre an wenigen Tischen. Schön sind die zwei Plätze mit Blick auf die Straße. Kein besonderes Ambiente, doch wer hier isst, unterstützt eine Organisation, die sich um entführte Kinder (bzw. deren Befreiung) kümmert (ein Teil des Gewinns wird gespendet). Mehr Infos zu diesem tollen Projekt unter: www.bluedragon.org.

Auch im **Streets Restaurant Café**, 17 Le Loi, ✆ 0510-391 1948, www.streetsinternational.org, isst man sozial korrekt. Das kleine Restaurant bietet gute Küche und eine nette Atmosphäre. Wer hier speist, unterstützt ein Projekt, welches Straßenkindern eine Ausbildung im Gastronomiebereich ermöglicht. „Set Menus" gibt es ab 150 000 Dong, einfachere Gerichte ab 50 000 Dong. ⏲ tgl. 12–21.30 Uhr.

Auf der Insel An Hoi lädt das Restaurant **Seedlings**, 41 Nguyen Phuc Chu, ✆ 0510-3921565, www.seedlingshoian.com, zum Mahl. Das Restaurant arbeitet mit NGOs zusammen und bildet junge Leute aus der Region aus.

Besonders schön sitzt man in der 2. Etage in der 1. Reihe (Reservierung in der Hauptsaison empfohlen). Wenn 2 Pers. jeweils ein Set ordern, kann man also alle traditionellen Gerichte einmal probieren.

Ganesh Indian Restaurant, 24 Tran Hung Dao, ✆ 0510-386 4538. Beliebtes indisches Lokal mit herzhaften Speisen. Scharfe Currys, Spezialitäten vom Lamm oder vegetarische Köstlichkeiten – zubereitet mit Zutaten aus der Region. Nord- und südindische Küche.

Gusto Café, 10 Phan Chu Trinh. Kleines Eckcafé mit richtig starkem Kaffee von guter Qualität. Beliebt bei jungen Vietnamesen.

Hai Café, 98 Nguyen Thai Hoc und 111 Tran Phu, ✆ 0510-386 3210, www.visithoian.com. Schönes Restaurant mit Korbsesseln im Hofgarten. Abends ab 18 Uhr BBQ. Gutes Seafood.

Hoi An Roastery, 135 Tran Phu, ✆ 0510-392 7772, www.hoianroastery.com. Der Himmel für Kaffee-Liebhaber: Über 200 Sorten, westliche und vietnamesische, dazu Milchshakes und Eis. Bequeme Sitzgelegenheiten. Das Haus verfügt über eine eigene Rösterei, und wer will, kann sich mit einem Vorrat für zu Hause eindecken.

Miss Ly, 22 Nguyen Hue, ✆ 0510-386 1603, 090-523 4864, ✉ lycafe22@yahoo.com. Die Namensgeberin betreibt hier erfolgreich eines der ältesten Restaurants der Stadt.

Pho Xua, 35A Phan Chu Trinh, ✆ 090-311 2237, [9267]. Kleines Restaurant mit einer recht großen Auswahl an leckeren typischen Hoi An-Gerichten zu fairen Preisen. ⏲ 7–21.30 Uhr.

Quan An 19, 19 Hoang Van Thu, ✆ 0510-391 0409. Kleines, preiswertes, nach seiner Hausnummer benanntes Restaurant mit guter vietnamesischer Küche. Hot Pot, Fisch im Bananenblatt oder gebratener Spinat sind allesamt zu empfehlen. Besonders lecker: das frisch gezapfte Bier aus Da Nang.

Quan Tinh Thuong, 51 Trang Hung Dao. Großes Gartencafé, in dem sich schon in aller Frühe Vietnamesen einfinden, um vor der Arbeit einen guten Kaffee zu genießen.

Tam Tam Café, 110 Nguyen Thai Hoc, ✆ 0510-386 2212. Westlich-vietnamesische Küche, Steaks aus Australien. Große CD-Sammlung,

Traditionelle Küche in Hoi An

Cao Lau besteht aus braunen Nudeln, die nach altem Familienrezept hergestellt werden. Dazu gibt es Scheiben vom Schwein, Mungobohnensprossen, viele Kräuter und knusprige Teig-Croutons, alles serviert mit einer dunklen aromatischen Sauce. Die Nudeln sind einzigartig in Vietnam und so nur in Hoi An zu bekommen. Es heißt, nur drei Familien kennen das Rezept. Dieses Gericht gibt es in vielen Restaurants, besonders günstig aber morgens zwischen 7 und 9 Uhr auf dem Markt.
Banh Bao/Banh Vac, auch „**White Roses**" genannt (den Namen gab dem Gericht wohl in den 1990er-Jahren ein französischer Tourist), gibt es ebenfalls nur in Hoi An. Die kleinen, mit Fleisch gefüllten Taschen erinnern an Ravioli, doch sie haben die Form einer Rose. Gefüllt sind sie mit Garnelen und Hackfleisch. Dazu gibt es frittierte Schalotten. Traditionell werden immer sieben Stück gereicht.
Aus dem gleichen Grundrezept bestehen die dazu servierten *banh vac*, in ihrem Inneren schmecken Garnelen, Zwiebeln, Pilze und Bohnensprossen. Das Restaurant **Bong Hong Rang – White Rose** der Familie Tran Tuan Ngai befindet sich in der 533 Hai Ba Trung.
Mi Quang ist eine kräftige Nudelsuppe mit Schweinefleisch und Garnelen, dazu gibt es gelbe Nudeln, frische Kräuter und Erdnüsse. Erinnert weniger an eine Suppe als an einen Salat, da nur sehr wenig Brühe dazugehört. Wird zum Frühstück und zum Mittag verspeist.

Billardtisch in der 2. Etage des schönen Altstadthauses – ein beliebter Traveller-Treffpunkt. Tagsüber vor allem bei Liebhabern von Kuchen beliebt. ⌚ tgl. 10–1 Uhr.

The little Menu, 12 Le Loi, ✆ 0510-393 9568. Kleines, feines Restaurant mit viel Gemüse aus dem Ökolandbau von Tra Que. Die Küche bietet hochwertige Qualität: kein Glutamat, und das Fleisch kommt, soweit möglich, von lokalen Farmern. Chefkoch Son Tran gibt auch Kochkurse (s. Aktivitäten, Herbs and Spices). Nachhaltiges Management.

Triet Treat Café, 158 Tran Phu, ✆ 0510-386 1125. Bar und Restaurant, auf Traveller zugeschnittene Gastronomie. Restaurant mit schönem Innenhof. Es gibt ordentliche Pasta, Burger und mehr; alles zu günstigen Preisen. Die vietnamesische Küche ist eher mäßig.

Insel An Hoi und Cam Nam

Auf der Insel An Hoi, entlang dem Fluss, haben viele Restaurants *(quan an)* geöffnet, von denen sich ein schöner Blick auf das Leben auf dem Fluss und die Fassaden der Altstadt eröffnet. Außerdem ist es hier noch etwas ruhiger als auf der Stadtseite.

Con Mon – À la Carte, 57b Nguyen Phuc Chu, ✆ 0935-89 8535. Hier gibt es sehr leckeres Essen, ohne Glutamat gekocht. Das Gemüse stammt aus ökologischem Landbau. Freundliche Leute, guter Service, relativ preisgünstig. Direkt daneben gibt es Ente, die nur mit Ökoreis gefüttert wurde, im **Duc Café**.

Enjoy, 13 Nguyen Phuc Chu, ✆ 0935-211 382. Die Eisdiele bietet mit etwa 60 Sorten Vietnams größte Auswahl unterschiedlicher Geschmacksrichtungen: von Schokolade über Himbeere, Grünen Tee bis zu Nutella. Dazu gibt es diverse Toppings. Alles in Selbstbedienung. Bezahlt wird nach Gewicht. 100 g kosten 60 000 Dong (das sind etwa 2 Kugeln). Zudem kleine Gerichte und gute Mojitos. Schöner Ausblick auf die Altstadt vom Balkon in der 2. Etage. ⌚ 8–23 Uhr.

€ **Khu Am Thuc Eating Place**, 1 Nguyen Phuc Chu, ✆ 0935-259 347. Von der Altstadt über die Brücke, dann links halten. Am Ende der Straße etwas rechts halten: einfache Foodstalls unter einem Steindach, die günstige Hoi An-Spezialitäten bieten. Die meisten Köchinnen bieten sehr individuelle Kochkurse an: Suche deine 5 Lieblingsgerichte und lerne sie in etwa 2 Std. zu kochen. Wer weniger lernen will, zahlt auch weniger. ⌚ tgl. 8–23 Uhr.

mango.mango restaurant & lounge bar, 45 Nguyen Phuc Chu, ✆ 0510-391 1863. Angesagtes, recht teures Restaurant mit Blick auf den Fluss und die Altstadt.

UNTERHALTUNG

Die meisten Restaurants und Cafés haben länger geöffnet. Auch wenn die Küche zu ist, sitzt man dort und trinkt noch einen Cocktail oder ein Bierchen.

Before & Now Bar & Restaurant, 51 Le Loi, ☏ 0510-391 0599, 💻 www.beforeandnow.net. Einladend in der Altstadt gelegen. Hier ist bis abends viel los. Die Wände sind mit großen, bunten Pop-Art-Werken lokaler Künstler geschmückt – echte Hingucker darunter. ⊕ tgl. 9–22 Uhr, oftmals ist aber auch bis 2 Uhr nachts in der Bar im Erdgeschoss etwas los. Es gibt Dart und Kicker. Die Küche ist okay, aber teuer für das Gebotene.

Fusion Café, 35 Nguyen Phuc Chu, und nur wenige Häuser weiter die **Backpacker Bar** locken allabendlich zum Drink und Blick auf die Altstadt. Im Fusion legen am Wochenende oftmals DJs auf.

Q Bar, 94 Nguyen Thai Hoc, ☏ 0510-391 1964. Gute Cocktails und ansprechende Atmosphäre bietet diese neue Bar im Herzen der Altstadt.

Sleepy Gecko Homestay, Cam Nam, 5 Thon Xuyen Trung, ☏ 090-842 6349. Nette 2-stöckige Bar mit Pooltischen und bequemen Rattansesseln. Schöner Blick auf den Fluss. Viele Cocktails und Whisky. Westliche Speisekarte. Bieten auch Fahrradtouren ins Umland. Ein kleiner Geheimtipp sind die wenigen Zimmer. ❷

AKTIVITÄTEN

Kochkurse

Fast alle Lokale bieten ihren Gästen Kochkurse an, Mindestteilnehmerzahl in der Regel 2–4 Pers., Kosten meist ab US$20. Wer also bestimmte Restaurants besonders mag, kann von den jeweiligen Köchen lernen, sein Lieblingsessen zuzubereiten. Meist werden zwar standardisierte Kurse abgehalten, aber nachfragen lohnt.

Herbs and Spices, 2/6 Le Loi, ☏ 0510-393 6886, 💻 www.herbsandspicesvn.com. Chefkoch Son Tran zeigt, wie man Papaya-Salat, Spring Rolls, Bun Cha und gegrillten Fisch im Bananenblatt zubereitet. Das kleine Restaurant hat eine tolle Atmosphäre. Ausgesuchte Qualität, soweit möglich Fleisch von lokalen Farmern. Das Gemüse kommt aus den Biogärten von Tra Que. Das Wasser zum Waschen des Gemüses ist gefiltert, die Putzmittel sind biologisch abbaubar. Ein Kurs kostet US$25 p. P., tgl. 2 Kurse: 10.30 und 16.30 Uhr. Um Voranmeldung wird gebeten.

Vy's Market, 3 Nguyen Hoang, ☏ 0510-392 6927, 💻 www.msvy-tastevietnam.com. Gelungene Mischung aus Kochschule und Restaurant. Hier geht es tatsächlich zu wie auf dem Markt: An allen Ecken und Enden wird geschnippelt und gebrutzelt, dass einem das Wasser im Mund zusammenläuft. Kochkurse US$25–200.

Tauchen

Während der Tauchsaison von März bis Oktober können interessante Tauchausflüge zu den vorgelagerten Cham-Inseln unternommen werden, die zur geschützten Zone (Marine Protected Area) erklärt wurden. Die verschiedenen Tauchstellen dort bieten für jeden etwas: Für **Schnorchler** und **Anfänger** gibt es flache Stellen, wo sich in 3–13 m Tiefe viele bunte Kleinfische und Weichkorallen entdecken lassen. Weitere Tauchstellen wie „The Junction" locken mit einer interessanten Unterwasserlandschaft; hier wurde auch schon ein Walhai gesichtet. **Fortgeschrittene** können an Stellen wie „The Crazy Pinnacle" und „The Hole" (45 bzw. 60 m tief) Großfische bei der Jagd beobachten (bitte bedenken: bei 40 m sollte Schluss sein).

Cham Island Diving Center, 88 Nguyen Thai Hoc, ☏ 0510-391 0782, 💻 www.chamislanddiving.com. Wer zum ersten Mal unter Wasser geht, kann einen Schnupperkurs, „Discover Scuba Diving Course", belegen. Es gibt aber auch Open Water-Kurse, die zum weltweiten Tauchen befähigen. Fundives mit 2 Tauchgängen sind ebenso im Programm. Cham Island Diving bietet zudem Ausflüge mit Übernachtung auf der großen Cham-Insel an; auch für **Schnorchler** interessant. Ein abendliches Lagerfeuer am Strand ist inbegriffen.

Blue Coral Diving, 77 Nguyen Thai Hoc, ✆ 0510-627 9297, 💻 www.divehoian.com. Bietet ähnliche Kurse, u. a. auch Camping auf den Cham-Inseln.

EINKAUFEN

Hoi An ist ein Paradies für alle, die gerne einkaufen und in den verschiedensten Läden stöbern. Hier kann man nach schönen Ao Dai oder maßgeschneiderten Anzügen und Kleidern Ausschau halten oder sich an den bunten Lampenschirmen erfreuen, Holzschnitzarbeiten suchen oder in einer der vielen Galerien zeitgenössische vietnamesische Kunst kaufen. Auch Freunde feiner Lackwaren sind hier am rechten Ort. Dutzende Hersteller und Verkäufer von Waren wetteifern um das Interesse der Kunden. Da es in einigen Werkstätten ohne Probleme (und ohne Kaufzwang) möglich ist, den Handwerkern bei der Arbeit zuzusehen, ist ein Bummel durch die Stadt nicht nur kurzweilig, sondern auch lehrreich.

Gemälde und Fotos

Die meisten Galerien haben sich in der Nguyen Thi Minh Khai hinter der japanischen Brücke angesiedelt. Die Bilder des in Da Nang lebenden Künstlers Tran Huu Duong werden in einigen Galerien gehandelt, u. a. in der **Galerie TiTin**, 33 Le Loi. Einen Besuch wert sind besonders 3 Galerien im Zentrum der Altstadt: zum einen das **Cotic**, 60 Nguyen Thai Hoc, ✆ 0510-391 6060, ⌚ 9–21 Uhr, wo verschiedene Künstler ihre Werke anbieten und Schmuck verkauft wird. Im Innenhof des alten Hauses gibt ein sehr nettes kleines Café. Nur ein paar Schritte weiter lohnt ein Blick in die **ami Galerie**, 46 Nguyen Thai Hoc, ✆ 090-313 2971. Ansprechend ist auch die **Hoi An Art Gallery**, 6 Nguyen Thai Hoc, ✆ 0510-392 5678, 💻 www.hoianartcenter.com. Diese kleine Galerie ist in einem alten restaurierten Tempelchen untergebracht. Beliebt ist auch die Fotoausstellung des **Hoi An Photografic Club**, 17 Nguyen Thai Hoc, ✆ 0510-386 3339. Einige Bilder zeigen Hoi An während des Hochwassers, andere die Porträts älterer Menschen.

Sehr schöne Fotografien verkauft der international bekannte französische Fotograf Rehan in seiner Galerie **Couleurs d'Asie**, 7 Nguyen Hue, ✆ 093-526 0176, 💻 www.rehahnphotographer.com. Das Buch des Künstlers ist ein Bestseller und wird in vielen Geschäften der Stadt verkauft.

Kleidung, Schuhe und Handtaschen

Es gibt so viele **Kleidergeschäfte**, dass man sich ruhig länger umschauen sollte, um Stoffe und Verarbeitung zu vergleichen. Auch ist es nicht unwesentlich, ob man sich gut beraten fühlt. Fast alles wird in 1–2 Tagen maßgeschneidert. Zentral liegen viele Geschäfte in der Le Loi bis hin zur Trang Hung Dao. Um den Markt herum gruppieren sich weitere Schuhläden und Schneidereien. Einen guten Ruf hat **Be Be Tailor**, mehrere Niederlassungen in der Stadt, unter anderem in der 95 Phan Chu Trinh, ✆ 0510-392 3678, 💻 www.bebetailor.com.

In den letzten Jahren haben einige **Boutiquen** eröffnet, die etwas anderes bieten wollen als all die anderen Kleidergeschäfte. Dazu gehören vor allem T-Shirt-Shops mit eigenen Designs.

Buddha Hoi An T-Shirt, 46 Phan Boi Chau. In Bioqualität gefertigte T-Shirts.

Hot Chili, 67 Nguyen Thai Hoc, ✆ 093-527 7712, 💻 www.hotchilifashion.com. Junge Mode mit eigenen, trendigen Designs für den Strand und die Stadt.

Villagecraft Planet, 37 Phan Boi Chau, ✆ 090-969 6578, 💻 www.villagecraftplanet.com. Ohne Einsatz von Chemie, aber nicht mit Biosiegel zertifizierte Ware. Handgefertigte Kleidung im Ethnostil, aufbereitet für den westlichen Geschmack. Etwas höherpreisig. Transparentes, faires Konzept.

Die Auswahl der **Schuhgeschäfte** ist fast überall identisch und reicht von Turnschuhen über Slipper bis hin zu Stiefeln. Wer sich mit Schuhwerk versorgen will, sollte nur Exemplare kaufen, die genäht sind. Geklebte Schuhe halten erfahrungsgemäß nicht lange. Viele Handwerker, die mit Leder arbeiten, haben nun auch die Ledertasche als Verkaufsschlager entdeckt. Ein besonderer Tipp ist der

Friendly Shop, 18 Tran Phu, ✆ 093-521 1382, 🖳 www.friendlyshophoian.com. Im Gegensatz zu allen anderen Konkurrenten wird hier eine einjährige Garantie auf die Schuhe gegeben. Bei Beanstandungen im Garantiezeitraum wird auch die deutsche Reparaturrechnung bezahlt. Außerdem gilt: „No like – no buy". Selbiges gilt für das Schwestergeschäft **Friendly Bags** in der 44 Phan Boi Chau, gleiche Telefonnummer, 🖳 www.friendlybaghoian.com.

Kunsthandwerk

Einen Blick wert ist in jedem Fall der **Fine Arts Handicraft Workshop**, 41 Le Loi, ✆ 0510-386 2164, ✉ quanghiep@dng.vnn.vn, [4900]. Im Eingangsbereich sticken Frauen aufwendige **Seidenbilder**, deren Fertigstellung teilweise Monate dauert.

Besondere Erwähnung verdient das Projekt **Hoa Nhap** *(reaching out)*, 103 Nguyen Thai Hoc, ✆ 0510-391 0168, 🖳 www.reachingoutvietnam.com. Es zielt auf die Ausbildung junger Kunsthandwerker. Das Besondere ist, dass sich die Initiative um behinderte Kinder kümmert und so nicht nur hilft, Wissen um die Handwerkskünste zu erhalten, sondern auch Benachteiligten die Chance gibt, sich selbst zu ernähren. Die Werkstätten liegen im hinteren Bereich. Zwischen 12 und 14 Uhr ist hier Mittagspause, der Verkauf geht jedoch weiter. Es wird gebeten, sich ordentlich zu kleiden, um den jungen Menschen ein Vorbild zu sein. ⏲ 8.30–21.30 Uhr.

Life Start foundation, 14 Nguyen Thai Hoc, ✆ 0176-355 9447, 🖳 www.lifestartfoundation.org.au. Vornehmlich behinderte Kinder und deren Familien werden unterstützt. Vorrangiges Ziel ist eine gute Ausbildung. Beliebt sind v. a. der Kunst-Workshop und der Latern-Workshop (s. u.). Jeden Morgen und jeden Abend finden zudem kostenlose halbstündige Sprachkurse in Vietnamesisch statt. Große Auswahl an Souvenirs.

Lampenschirme

Seidenlaternen gibt es in allen Größen und den verschiedensten Formen in zahlreichen Läden der Stadt. Ein ganz kleiner Schirm kostet ab 10 000 Dong, die mittleren um die 45 000 Dong bis hin zu ganz großen, ballonartigen Lampen für etwa 150 000 Dong.
Viele kleine Läden in der Stadt bauen die Lampen auch auf Anfrage nach genormten Größen. Wir gehen immer zu **Den Long**, 8 Tran Phu, ✆ 0510-221 2522, und haben hier stets gute Erfahrungen gemacht. Aber auch viele andere Familienbetriebe leisten sehr gute Arbeit.
Es gibt die Möglichkeit in etwa einstündigen Kursen die Lampen selbst herzustellen.
Recht privat geht es z. B. zu bei **Pho Hoi Latern Workshop**, 310 Nguyen Duy Hieu, ✆ 0510-392 4400. In einer kleinen Werkstatt kann man jederzeit für US$5 in etwa 1 Std. eine kleine Laterne basteln, die man natürlich auch mitnehmen kann.

Life Start Foundation, (s. Kunsthandwerk links), 🖳 www.lifestartfoundation.org.au. Professionell gemachte Kurse. Hier sind die Laternen etwas kleiner und die Preise etwas höher. Dafür gehen die Einnahmen aber in das Hilfsprojekt. Der Morgen- oder der Abendkurs, inkl. eines Bootstrips zur Werkstatt, kosten US$25.

AUSFLÜGE UND TOUREN

Fahrradtouren

Die Gegend um Hoi An lohnt für einen Fahrradausflug. Unbedingt empfehlenswert ist eine eigenständige **Fahrradtour** zum Cua Dai und/oder zum An Bang-Strand. Die Fahrt dauert 20–40 Min. Vor Ort lockt ein kilometerlanger toller, weicher und meist recht breiter Sandstrand (S. 767). Wer hier einen kleinen Umweg fährt (indem man einfach mal rechts Richtung Fluss abbiegt und durch die Gegend kurvt), sieht viel vom „normalen" Leben rund um Hoi An. Wer diesen Ausflug nicht alleine unternehmen möchte, kann sich einer geführten Tour anschließen. Dabei sieht man Reisfelder, kleine Dörfer und macht Pause zum Lunch bei einer Familie. Schöne Touren bietet **Heaven & Earth Bicycle Tours**, Hai Ba Trung, gegenüber der Nr. 720 (keine eigene Hausnummer), ✆ 0510-386 4362, 🖳 www.vietnam-bicycle.com,

DUY PHƯƠNG

🕒 8–22 Uhr. Abfahrt ist auf der Insel An Hoi, 57 Ngo Quyen. Halbtagstouren gibt es ebenso wie Ganztagstrips. Für alle, die mehr erleben wollen, geht es mit dem Mountainbike 45 km über Stock und Stein. Infos in den Heaven & Earth-Büros. Es sind auch Mehrtagestouren im Programm.

Scooter- und Mopedtouren

Einige Anbieter fahren den bequemen Gast mit **Scootern**. Touren starten gegen 8 Uhr und enden gegen 13.30 Uhr oder starten um 14.30 Uhr und enden im Sonnenuntergang. Besucht werden hier meist eine Pagode und eine Töpferwerkstatt. Mit Glück kann der Gast auf einem Wasserbüffel reiten. Etwas weniger konventionell sind die **Scootertours**, 9 Phan Chau Trinh, ✆ 090-942 8223, 💻 www.scootertoursvietnam.com, [9268]. Mit quietschorangefarbenen Elektroscootern geht es über Felder und Wiesenwege. Besucht werden ein Friedhof ebenso wie ein originelles Fitnesscenter, eine Bootswerft und eine Schuhwerkstatt. Alle Touren führen zu den Feldern des Ökolandbaus und beinhalten eine Rast am Meer.

Eine gute Adresse für Fans von Motorradtouren mit viel Action ist **Hoi An Motorbike Adventures**, 111 Ba Trieu, ✆ 0510-391 1930, 💻 www.motorbiketours-hoian.com. Gute Maschinen. Umfangreiche Ausrüstung (z. B. gutes Regenequipment für Mopedtouren) im Shop. Die Touren führen nach My Son, auf einer 2-tägigen Tour zu ethnischen Minderheiten, es geht durch Reisfelder in der Umgebung oder bis hinauf in bergige Regionen.

Klassische Ausflugstouren

Fast jedes Hotel bietet Touren an. Standards sind z. B. ein Besuch im **Holzschnitzerdorf Kim Bong**, dem **Töpferdorf Thanh Ha** und dem **Bronzedorf Phuoc Kieu**. Hier gehen die Handwerker ihren alten Berufen nach. Touristen werden meistens an *show rooms* abgeladen, wo die Produkte zum Verkauf stehen. Die Touren beinhalten oft ein Mittagessen und/oder eine Bootsfahrt auf dem Thu Bon-Fluss; verschiedene Kombinationen sind möglich.

Im Angebot ist auch ein **Bootsausflug zu den Cham-Inseln**. Auf der Hauptinsel der 20 km vor der Küste liegenden Inselgruppe befindet sich eine Siedlung mit einigen kleinen Tempelchen. Tagestouren mit dem Speedboot ab US$30 (Abholung am Hotel 7.30 Uhr, Rückkehr gegen 14 Uhr). Interessant ist eine Tour mit Cham Island Divers, die gutes Schnorchelequipment haben: Die Unterwasserwelt rund um die Cham-Inseln ist einen Blick wert (s. Tauchen).

Das etwa 45 km entfernte **My Son** kann im Rahmen einer Tagestour besucht werden, oft in Verbindung mit einem Handwerksdorf und einer Bootsfahrt.

Ein Besuch der **Marmorberge** wird meist mit einem Stopp am China Beach verbunden und ist am besten mit einem „private car" zu organisieren. Auch das **Cham-Museum** in Da Nang kann man auf diese Art sehr gut erreichen.

SONSTIGES

Medizinische Hilfe

Das staatliche **Krankenhaus** befindet sich gegenüber der Post, 4 Tran Hung Dao, ✆ 0510-391 4660. Bei ernsten Erkrankungen empfiehlt sich (wenn möglich) eine Fahrt nach Da Nang zur Klinik Family Medical Practice. Apotheken gibt es überall in der Stadt.

Reisebüros/Touren

In nahezu jedem Hotel gibt es ein Reisebüro, das sowohl Bahnfahrkarten und Bustickets als auch Tagesausflüge organisieren kann.

Hoi An Travel, 10 Tran Hung Dao, ✆ 051-0391 0911, 💻 www.hoiantravel.com. Viele Touren, Ausflüge ins ganze Land und Tagestouren in die Umgebung. In diesem Büro befinden sich auch die örtlichen Schalter von **Vietnam Airlines** und **Jetstar Pacific** (für Flüge ab Da Nang S. 752) und es gibt Tickets auch für AirAsia und VietJet Air. Zudem Zug- und Bustickets. Gute Beratung, freundliche und kompetente Angestellte. 🕒 tgl. 7–21 Uhr.

NAHVERKEHR

Fahrräder und Mopeds werden in fast allen Hotels verliehen. Fahrräder sind manchmal im Preis inbegriffen. Leihfahrräder gibt es

ab 30 000–100 000 Dong, Mopeds ab 80 000–150 000 Dong pro Tag.
Cyclos kosten pro Std. ab 150 000 Dong. Bei längeren Fahrzeiten kann man verhandeln.
Kleine **Fähren** fahren von der Anlegestelle nahe dem Markt ganztägig etwa alle 30 Min. zu den Dörfern am Thu Bon-Fluss (je nach Verhandlungsgeschick etwa 40 000 Dong). Wer sich 2 Std. rumfahren lässt, zahlt etwa 150 000–200 000 Dong.
Ein **Taxi** mit Taxameter kann man entweder anhalten, sich vom Hotel bestellen lassen oder selbst rufen. **Faifoo**, ✆ 0510-391 9191, **Mai Linh**, ✆ 0510-392 9292.

TRANSPORT

Busse

Open Tours
HUE, gegen 8 und 13.30 Uhr in 4 Std. für 90 000 Dong;
NHA TRANG, um 19 Uhr in 12 Std. für 220 000 Dong.
Sinh Tourist hat ein Büro in der 587 Hai Ba Trung, ✆ 0510-386 3948, 💻 www.thesinhtourist.vn.

Lokale Busse
Sie fahren mindestens stdl. zwischen 8 und 16 Uhr vom **Busbahnhof** in der Ly Thuong Kiet nach DA NANG (ca. 1 Std., 20 000 Dong regulär, oft wird mehr verlangt). Vom dortigen großen Busbahnhof bestehen den ganzen Tag über regelmäßige Verbindungen in alle Landesteile.

Taxis und Shuttlebusse

Von Hoi An zum **Bahnhof** oder dem **Flughafen** von DA NANG eignet sich ein Privattaxi. Je teurer die Agentur/das Hotel, desto teurer das Taxi. Einfache Reisebüros und freie Fahrer bieten Fahrten für US$14 (250 000 Dong). In Reisebüros kosten die Wagen manchmal bis zu US$23. Wagen mit Taxameter schlagen ebenfalls mit etwa US$25 zu Buche. Die Fahrt dauert in der Regel eine halbe Stunde. Wer in den Marmorbergen oder am China Beach eine Pause einlegen will, muss entsprechend mehr Zeit (und Dollar) einplanen.
Es fährt zudem ein Shuttlebus zum Flughafen Da Nang und zum Bahnhof für 110 000 Dong p. P. stdl. von 4–22 Uhr.

Cua Dai-Strand

Etwa 4 km östlich von Hoi An lockt der Cua Dai-Strand [7148] mit weichem weißem Sand. Schatten spendende Palmen säumen das Ufer: ein wunderbares Ziel für eine Tagestour mit dem Fahrrad. Am Strand und an der Zufahrtsstraße entlang gibt es zahlreiche Restaurants, die vornehmlich Fisch, aber auch andere vietnamesische Gerichte und Westliches wie Burger und Pommes feilbieten. Einige Unterkünfte verlocken, hier müßige Tage zu verbringen – doch leider gibt es bisher wenige Budget-Optionen, die meisten Zimmer sind sehr hochpreisig. Viele Budget-Reisende wohnen daher an der Straße zwischen Strand und Stadt.

ÜBERNACHTUNG

Zwischen Stadt und Strand

Hai Yen Hotel (Sea Swallow Hotel), 568 Cua Dai, ✆ 0510-386 2445, Karte S. 754/755, [7150]. Einfaches Haus mit 21 relativ großen Zimmern, teilweise mit Balkon zum gleichen Preis. Großer Pool mit Liegen. ❷
Hoi An Ancient House Resort, 377 Cua Dai, ✆ 0510-392 3377, 💻 www.ancienthouseresort.com, [7158]. 3-geschossige Häuser mit stilvoll eingerichteten Zimmern, teils mit 2 großen Himmelbetten. TV mit DVD, Wasserkocher, Safe und z. T. mit Laptop im Zimmer. Großer Pool im Garten, angenehmes Spa, inkl. Frühstücksbuffet. ❺–❻
Hoi An Lemongrass Homestay, 163 Nguyen Trai, ✆ 0510-392 6789, 💻 www.hoianlemongrass.com, [9296]. Zimmer im Boutiquestil in einem kleinen Gästehaus am Rande der Reisfelder – ein Ort zum Wohlfühlen. Pool vorhanden. ❹
Hoi An Riverside Resort & Spa, 175 Cua Dai, ✆ 0510-386 4800, 💻 www.hoianriverresort.com, [7536]. Die Doppelhaus-Villen liegen in einer üppigen Gartenanlage am Ufer des Flusses. Großer Pool, gutes Restaurant,

VIETNAM

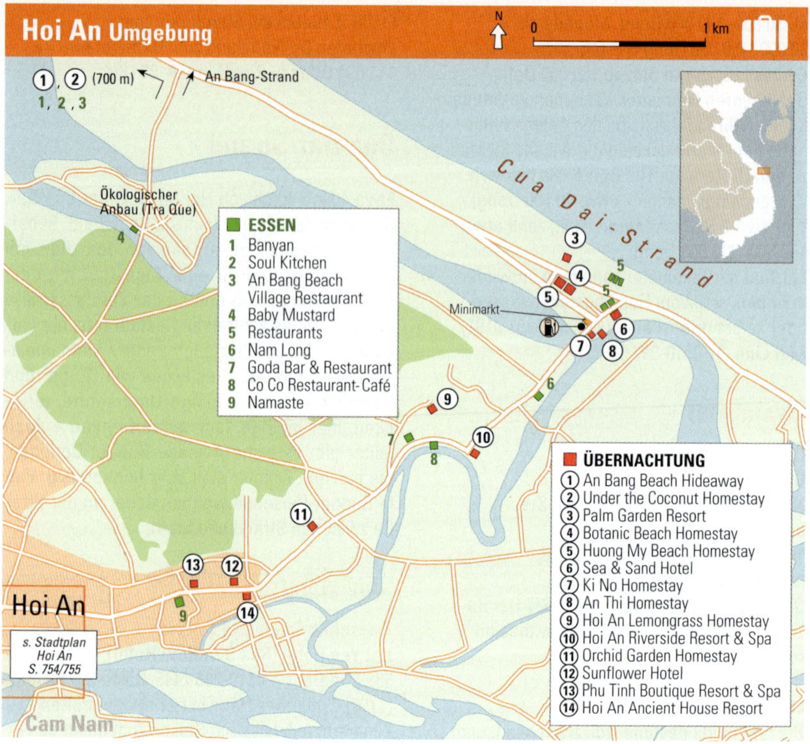

Wellnessangebote und Sportmöglichkeiten. Shuttle-Transfer zu Stadt und Strand. ❺–❻

Orchid Garden Homestay, 382 Cua Dai, ✆ 0510-386 3720, [7534]. Kleine Anlage an der Straße mit Zimmer im Haupthaus und Bungalows. Kleiner Pool. Die Küche können alle nutzen. ❸–❺

Phu Thinh Boutique Resort & Spa, 488 Cua Dai, ✆ 0510-392 3923, 💻 www.phuthinhhotels.com, [7155]. 3-geschossiges Haus mit über 50 Zimmern und recht kleinem Pool in einem tropischen Garten. Die Zimmer im Erdgeschoss haben keinen Balkon. Besser sind jene im 2. und 3. Stock mit Blick auf Pool und Reisfelder. ❹–❺

€ **Sunflower Hotel**, 397 Cua Dai, ✆ 0510-393 9838, 💻 www.sunflowerhotelhoian.com, [7152]. Einfache Zimmer, für den Preis aber eine gute Option. Teilweise mit Balkon. Kleiner Pool. Inkl. Frühstück. ❷–❸

Am Strand

€ **An Thi Homestay**, 27 Cua Dai, ✆ 091-201 6260, ✉ anthihomestay@gmail.com, [9260]. Im Hinterhaus einige Zimmer bei einer freundlichen Familie. Recht klein und nichts Besonderes, aber günstig. Für Familien eignet sich der Doppelraum mit Küche für US$40, alle anderen ❷

€ **Botanic Beach Homestay**, 29 Phan Tinh, ✆ 0510-392 2123, 💻 www.botanicbeachhomestay.com, [9261]. An der Straße gegenüber dem Strand, relativ großes Steinhaus mit einfachen, aber ansprechenden Zimmern, einige recht dunkel, andere mit Balkon. Inkl. Fahrrad. ❷–❸

Huong My Beach Homestay, 13 Phan Tinh, ✆ 0510-392 7176, 090-557 9325 (Ms. Nga), 💻 www.huongmybeachhomestay.com, [10189]. Lesertipp: „... unsere mit Abstand schönste Unterkunft ... " (Benedict K.) ist ein kleines, familiengeführtes Haus in Strandnähe. Modern ausgestattete, komfortable Zimmer und als besonderes Plus ein Frühstück mit selbst gebackenem Brot. ❹

Ki No Homestay, 27b Cua Dai, ✆ 0510-392 7747, ✉ kinohomestay@gmail.com, [9259]. Das kleine Haus an der Straße bietet schöne Zimmer und eine Küche für alle. Oben auf dem Dach lockt eine Sonnenterrasse. Das Wasser wird mit Sonnenenergie erhitzt. Mit Fahrrad und Frühstück US$5 mehr. Freundliche Leute. ❸–❹

Palm Garden Resort, Tan My Block, ✆ 0510-392 7927, 💻 www.palmgardenresort.com.vn, [7161]. Luxusanlage mit 160 Zimmern in steinernen 2-stöckigen Häusern und Bungalows. Vielfältige Wassersportangebote und ein Wellnessbereich. Großer Pool, Fitnesscenter. Kinderspielplatz. Hochzeitsfeiern am Strand. ❻

Sea & Sand Hotel, 15 Cua Dai, ✆ 0510-392 7666, 💻 www.seaandsandhotel.com, [7156]. Ganz nah am Strand im Dorf gelegenes Haus. Die recht großen Zimmer sind etwas in die Jahre gekommen, was aber durchaus seinen Charme haben kann. Balkone mit Blick auf die Straße. ❹

ESSEN

Am Strand gibt es zahlreiche Restaurants (hauptsächlich werden Fisch und anderes Seafood angeboten) mit Tischen im Sand. Das Angebot ist ähnlich und die Preise fast identisch. Auf dem Weg von Hoi An-Stadt zum Strand befinden sich u. a. folgende Lokale:

Co Co Restaurant-Café, ✆ 0510-350 1035. Das Open-Air-Restaurant auf Pfählen mit Blick auf den Fluss und die Reisfelder bietet eine friedliche und frische Atmosphäre. Leckere Shakes, guter Kaffee. Etwas teurer als anderswo.

Goda Bar & Restaurant, 308 Cua Dai, ✆ 0510-392 3644, 💻 www.godahoian.com. Etwas außerhalb der Altstadt. Speisesaal mit hohen Decken und Fenstern mit Gartenblick. Modernes, edles Ambiente mit viel Holz und Stein. Hochwertiges vietnamesisches Essen.

Namaste, 441 Cua Dai, ✆ 012-8905 4218. Sehr gutes indisches Restaurant. Große Auswahl, freundliche Leute, und die Schärfe des Essens kann man selbst bestimmen. ◷ 11.30–22.30 Uhr.

Nam Long, 103 Cua Dai, ✆ 0510-392 3723. Am Thu Bon-Fluss gelegen, nicht weit vom Cua Dai-Strand entfernt, bietet dieses Luxus-Restaurant vietnamesisches Essen mit Elementen der Hoi An-Küche, aufbereitet für den internationalen Gaumen.

An Bang-Strand

Etwa 3 km nördlich von Hoi An erstreckt sich der An Bang-Strand [7513], der zum selben langen Strandabschnitt gehört, der sich vom China Beach in Da Nang über den Non Nuoc bei den Marmorbergen bis zum Cua Dai in Hoi An erstreckt. Am An Bang ist es ruhiger als am Cua Dai. Lange Jahre gab es hier nur ein paar kleine Cafés, die vor allem Einheimische anlockten, und auch heute noch ist der Strand ein kleiner Geheimtipp – mittlerweile aber existieren hier ein paar wenige Unterkünfte.

Man erreicht den Strand, indem man der Hai Ba Trung stadtauswärts bis an ihr Ende folgt, bzw. wenn man die Straße parallel zum Meer vom Cua Dai-Strand Richtung Da Nang befährt. Zwischen Stadt und Strand befindet sich ein großes Gebiet, in dem ökologischer Landbau betrieben wird, ein Ziel zahlreicher Ausflugstouren. Wer mit dem Moped oder Fahrrad unterwegs ist, kann eine kleine Runde fahren: erst zum Cua Dai-Strand, dann weiter zum An Bang-Strand und schließlich durch die Felder zurück in die Stadt (bzw. andersrum).

ÜBERNACHTUNG UND ESSEN

Die Unterkünfte befinden sich im kleinen Dorf inmitten der ursprünglichen Dorfstruktur. Hier ist man weit weg vom Trubel.

An Bang Beach Hideaway, ✆ 091-769 8970 (Mrs. Le), ✆ 0122-942 0298 (Mrs. Lam), 090-535 6177 (Mrs. Thuan), www.anbangbeachhideaway.com, [9263]. In 5 verschiedenen Häusern am Meer wurden stilvolle Unterkünfte geschaffen. Mal mit Küche, mal ohne. Mal auf 2 Stockwerken, mal in nur einem Raum. Alle haben eine überdachte Terrasse und gemütliche Sitzgelegenheiten. ❹–❺

Under the Coconut Homestay, ✆ 0510-651 6666, www.underthecoconuttreehoian.com, [9265]. Der ganz besondere Homestay: einige wenige Holzbungalows, meistens mit etwa 10 Betten ausgestattet, sowie ein Raum mit 4 Betten. Alles offen gestaltet und schöne saubere Bäder. Die Leute sind freundlich, die Atmosphäre ist sehr gut. Bett US$7 p. P.

Direkt am Strand kann man im Liegestuhl sitzend bei diversen Anbietern aus der Karte Gerichte und Getränke auswählen. Die Preise liegen hier nur unwesentlich über denen im Restaurant. Noch vor dem Dorf befinden sich einige nette Lokale.

Seit Langem ansässig ist das **Banyan**, ✆ 093-510 0337, [7516]. Hier gibt es französische Weine und Tapas. In der Saison am Wochenende Veranstaltungen – auf Flyer achten.

Auch **Soul Kitchen**, ✆ 090-644 0320, [7515], ist sehr einladend. Überdachte Salas und gemütliche Sitzecken mit Strandblick. Etwas teurer als anderswo, aber der Service und vor allem die Location sind es wert.

Das **An Bang Beach Village Restaurant**, 6b Ang Bang, ✆ 090-354 2613, www.anbangbeachvillage, ist ein kleiner Familienbetrieb. Hier werden Kochkurse angeboten – auch für Veganer. Gekauft wird, was in der Saison frisch ist. Gekocht wird nach einfachen Familienrezepten.

Baby Mustard, Hai Ba Trung (an der Straße zum An Bang-Strand), ✆ 093-572 5740, [10133]. Gutes und beliebtes Restaurant auf dem Weg zum An Bang. Blick auf die Felder von Tra Que, wo auch das im Restaurant verwendete Biogemüse angebaut wird. Die Kochkurse von Mrs. Nguyet genießen einen guten Ruf.

Die Cham-Inseln

Seit die acht Cham-Inseln 2009 zum **Unesco-Biosphärenreservat** erklärt wurden, interessiert sich eine stetig steigende Zahl von Besuchern für diese Inselgruppe, die zuvor als Militärgebiet weitgehend *off limits* war. Um die Inseln zu schützen, wurde am 1. Juli 2015 offiziell eine Begrenzung der Besucherzahlen eingeführt; immerhin bis zu 3000 täglich. Die weitaus meisten kommen im Rahmen eines Tagesausflugs.

Cu Lao Cham liegt ungefähr 16 km vor der Küste und ist vom Cua Dai-Strand aus gut zu sehen. Die bergige Insel (höchste Erhebung 520 m) ist größtenteils von Wald überzogen, einem Rückzugsgebiet für viele Tierarten. „Trekking" ist nur erlaubt auf der Verbindungsstraße zwischen den zwei Ortschaften – zum Schutz des Waldes wie auch des Besuchers, denn nicht alle Waldbewohner sind ungefährlich. Die wohl größte Attraktion allerdings ist die Unterwasserwelt: Sie kann im Rahmen von Tauch- und Schnorcheltouren erkundet werden, die von den Anbietern in Hoi An (S. 762) organisiert werden.

Nur die Hauptinsel Cu Lao Cham ist dauerhaft bewohnt; Übernachtungen sind in den zwei Siedlungen **Bai Lang** (2500 Einw.), wo sich auch die einzige „Sehenswürdigkeit", der **Wal-Tempel Ong Ngu**, befindet, und dem kleineren **Bai Huong** (500 Einw.) möglich.

Im Rahmen von geführten Touren (Strand, Wal-Tempel, Mittagessen) wird Cu Lao Cham mit **Speedbooten** angefahren, die ab Hoi An etwa 30 Min. brauchen und hin und zurück ab US$30 kosten. Abholung im Hotel um ca. 7.30 Uhr; Rückfahrt gegen 14.30 Uhr.

My Son

Die Tempelanlage von My Son [4713] liegt etwa 45 km südwestlich von Hoi An. Das von der Unesco zum Weltkulturerbe erklärte Areal war die heiligste Stätte der Cham-Zivilisation. Heute stehen noch etwa 70 Gebäude des ursprünglich viel größeren Komplexes. Inschriften belegen, dass zwischen den Steingebäuden einst auch viele Häuser und Heiligtümer aus Hartholz und Bambus gestanden haben müssen.

My Son

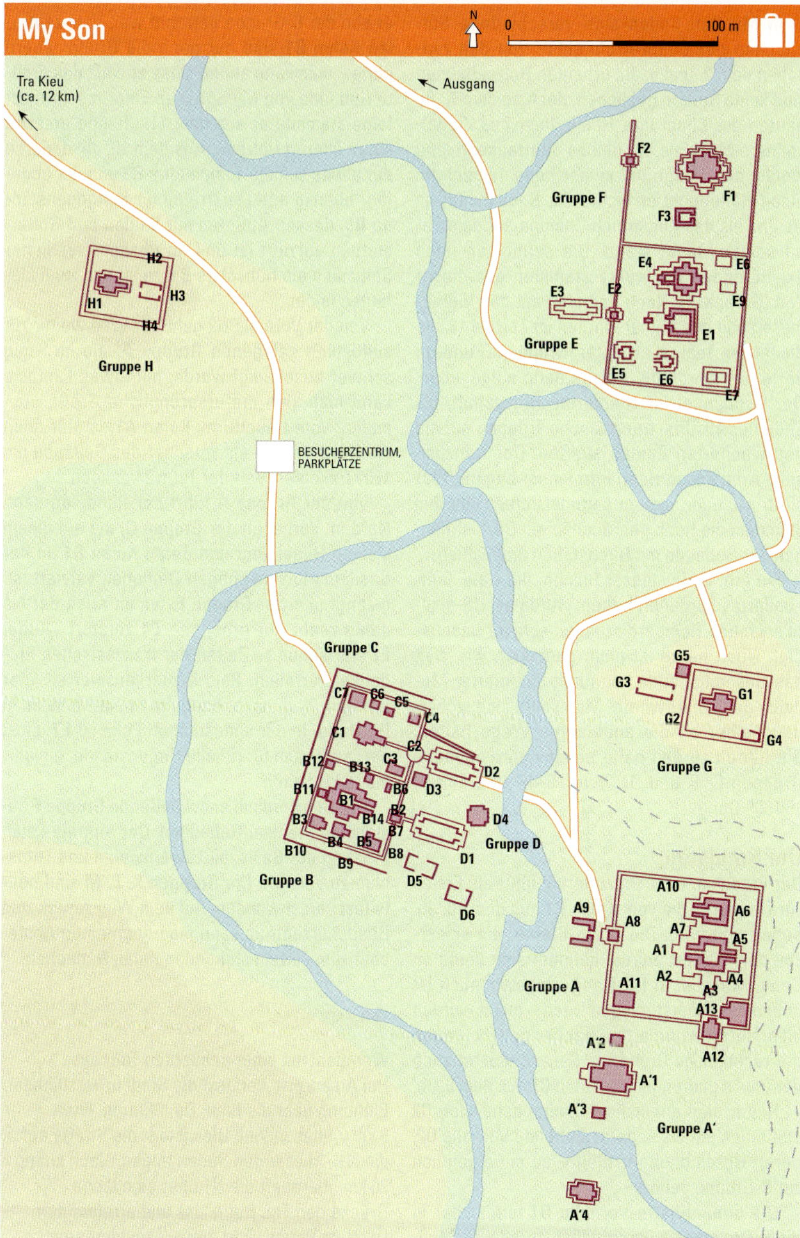

VIETNAM

In My Son finden sich verschiedene Stilepochen der Cham-Architektur. Von den zwischen dem 2. und 6. Jh. erbauten Holzgebäuden sind keine Spuren geblieben, doch ab dem 7. Jh. bauten die Cham ihre Heiligtümer aus Ziegelsteinen: Mehr als ein halbes Jahrtausend lang wuchs die Anlage um immer neue Tempel an. Einen Höhepunkt erreichte die Bauaktivität im 10. Jh., als das Königreich Champa auf dem Zenit seiner Macht stand. Die schönsten noch existierenden Bauwerke stammen aus dieser Zeit (Gruppe A). Nach Kämpfen mit den Vietnamesen und den Khmer wurden im 12. und 13. Jh. die letzten Tempel errichtet (Gruppen G und H); im 14. Jh. wurde die Anlage dann aufgegeben. Der Dschungel übernahm die Herrschaft, bis Ende des 19. Jhs. französische Truppen auf die überwucherten Ruinen stießen. Der französische Archäologe Henri Permentier begann 1901 sie freizulegen und zu katalogisieren: Von ihm stammen die noch gebräuchlichen Bezeichnungen der Gebäude mit Buchstaben und Zahlen.

Ein großer Teil dieser Ruinen, die viele Jahrhunderte überdauert hatten, wurde bei US-amerikanischen Bombardierungen schwer beschädigt. Noch heute ist nicht ganz klar, wie weit das Gesamtgelände von nicht detonierter Munition gesäubert wurde. Man sollte sich sicherheitshalber an die angelegten Wege halten. Sie führen zu den nahe beieinanderliegenden Gruppen C, B und D. ⌚ tgl. 8–18 Uhr, Eintritt 150 000 Dong.

Der Rundgang

Der Pfad vom Besucherzentrum führt als Erstes zur Gruppe C, die vom Kalan **C1** aus dem 10. Jh. beherrscht wird. Die Shiva-Statue, die seinerzeit dort verehrt wurde, befindet sich heute im Cham-Museum in Da Nang. Ungewöhnlich ist neben dem bootsförmigen Dach – meist wurden mehrstöckige turmartige Dächer gebaut – auch der rechteckige Grundriss. Sehenswert ist auch der etwas gedrungenere Kalan **C7** aus dem 9. Jh.

Hinter dem ehemaligen Eingangspavillon **C2** stößt man auf die separat stehende Vorhalle **D2**, deren Bezeichnung irreführt, da sie eigentlich zur C-Gruppe gehört.

Die benachbarte Vorhalle **D1** leitet über in die **B-Gruppe**, die ursprünglich durch eine Mauer von der C-Gruppe getrennt war. Vom zentralen Kalan **B1** sind nur noch die Grundmauern übrig – man kann ahnen, dass er einst das größte Gebäude von My Son war. Einer Inschrift zufolge stammte er aus dem 11. Jh. und ersetzte einen älteren Holzbau. Aus dem 10. Jh. datieren der etwas schiefe Tempelturm **B3** und der ungefähr ebenso alte Lagerraum für Kultgegenstände **B5**, dessen Äußeres mit Säulen und Götterstatuen verziert ist und an dessen westlicher Seite sich ein hübsches Basrelief von zwei Elefanten findet.

Von der Vorhalle D2 geht der Weg weiter zur südöstlich gelegenen **Gruppe A**, die im Krieg schwer beschädigt wurde; mit etwas Fantasie kann man sich die ursprüngliche Größe ausmalen. Vom Hauptturm, Kalan **A1**, ist nur noch die Basis übrig – als Forscher das Gebäude um 1901 freilegten, war der Turm 24 m hoch.

Von der Gruppe A führt der Rundweg nach Norden. Vorbei an der **Gruppe G**, die auf einem kleinen Hügel liegt und deren Kalan **G1** an der Basis mit löwenköpfigen Dämonen verziert ist, gelangt man zur **Gruppe E**, wo im Krieg der bis dahin recht gut erhaltene **E4** zerstört wurde; **E1** war schon zu Zeiten der französischen Entdecker zerfallen. Sein bemerkenswerter Altar aus dem 7. Jh. steht heute im Cham-Museum in Da Nang. In der südöstlichen Ecke ist **E7**, einst ein Lagerraum für rituelle Gegenstände, einigermaßen erhalten.

Die sich nördlich anschließende **Gruppe F** besteht aus weniger Gebäuden. Der zentrale Kalan **F1** ist an der Basis mit Löwenköpfen und Lotosblumen verziert. Die **Gruppen K, L, M** sind heute fast verschwunden. Auf dem Weg zurück zum Besucherzentrum kann man noch einen Abstecher zum einzeln stehenden Kalan **N** machen.

TRANSPORT

Wer nicht mit einer gebuchten Tour aus Hoi An anreist, verlässt die Stadt in westlicher Richtung über die Phan Dinh Phung. Etwa 8 km weiter, in Vinh Dien, stößt die Straße auf die N1 – dieser gen Süden folgen. Nach knapp 20 km überquert die N1 über eine lange Brücke den Thu Bon-Fluss und erreicht den Ort **Nam Phuoc**. Dort, etwa 2 km hinter der

Brücke, rechts abbiegen in die Straße nach **Tra Kieu**. Tra Kieu war die alte Cham-Hauptstadt **Simhapura**, was allerdings nicht mehr auffällt. Auf dem Hügel, auf dem einst das Cham-Zentralheiligtum lag, steht heute eine Marienkirche. Etwas weiter, in dem kleinen Ort **Kien Lam**, biegt links ein Sträßchen nach My Son ab (ausgeschildert). 8 km weiter ist der Parkplatz erreicht. Wer selbst anreist, sollte früh aufbrechen, um den Touristengruppen und der Hitze des Tages zu entgehen.

Hochland und Küste südlich von Hoi An

Wer nicht nur auf den Standardpfaden die Highlights von Vietnam abreisen möchte, sollte in dieser Region ein paar Tage verbringen. Interessante Touren führen zu indigenen Völkern, deren Riten und Kultur heute noch manche Rätsel aufgeben.

Von **Kon Tum** und vor allem von **Plei Ku** aus lassen sich mit unkomplizierten (wenn auch nicht immer bequemen) Busreisen der Süden von Laos und der Nordosten von Kambodscha erreichen – ebenso wie das südliche Zentralvietnam. Allesamt Reiseziele für unternehmungslustige Traveller, die man besuchen sollte, ehe sich der Massentourismus hier breitmacht.

Wer schöne **Strände** sucht, die noch nicht vom Massentourismus entdeckt wurden, wird am Küstenabschnitt zwischen Hoi An und Nha Trang sicher fündig. Etwas Zeit und Entdeckergeist sind allerdings Voraussetzung – mit Open Tour-Bussen kommt man hier nicht weit.

Quy Nhon

Quy Nhon **[4467]** ist mit einer Viertelmillion Einwohner das geschäftige Zentrum der Provinz Binh Dinh. Touristen kommen selten, doch wer den Weg hierhin findet, erfreut sich an dem herrlichen Strand und den sehr freundlichen Menschen. Im 11. Jh. war die Stadt ein wichtiger Hafen der Cham. Noch heute zeugen viele Cham-Türme in der Region von dieser Zeit. Zwei davon befinden sich nördlich des Stadtzentrums: **Thap Doi**, die „Zwillingstürme". Sie wurden renoviert und liegen in einem kleinen Garten. Die Dachform weist auf eine Verwandtschaft mit der Khmer-Architektur hin; daher werden die Türme ins 12. Jh. datiert. Um sie zu erreichen, folgt man der Tran Hung Dao am Bahnhof vorbei stadtauswärts. Nach etwas mehr als 2 km biegt rechts die Duong Thap Doi ab. Von dort sind es noch etwa 100 m. ⌚ 8–11 und 13–16 Uhr, geringer Eintritt.

ÜBERNACHTUNG

In Quy Nhon finden sich Hotels mit einem 3- bzw. 4-Sterne-Standard sowie einfache Gästehäuser. Egal wo man absteigt: In Gesellschaft anderer Westler ist man nur äußerst selten (Ausnahme sind die Tage, an denen Tourgruppen in der Stadt sind), und entsprechend bemüht ist das Englisch sprechende Personal um das Wohl der Gäste aus dem Westen. Auch wer eine preiswerte Unterkunft bevorzugt, kann im Saigon Quy Nhon für wenig Geld den Pool nutzen.

Au Co Mini Hotel by the Sea, 8A-24 An Duong Dong, ✆ 056-374 7699, **[4469]**. Am südlichen Strandabschnitt liegt dieses kleine, einladende Hotel. Schön sind die Erkerzimmer mit 3 großen Betten, Sitzecke und Balkon. Das Familienunternehmen betreibt noch 4 weitere Hotels im Umkreis. ❷

Barbara's – The Kiwi Connection, 12 An Duong Vuong, ✆ 056-389 2921, ✉ kimloan4696@yahoo.com, **[8922]**. Zimmer im einfachen Dorm und ein DZ mit TV und AC. Die Matratzen sind schon etwas älter, aber günstiger kann man als Einzelperson nicht wohnen. Der Platz ist ein toller Traveller-Treff. Wer hier nicht wohnen möchte, kommt aber sicher zum Essen (S. 775) vorbei. Die Begründerin Barbara, einst nach Vietnam ausgewandert und mittlerweile aus gesundheitlichen Gründen in die Heimat zurückgekehrt, hat ihre vietnamesischen Freunde gut

ausgebildet, und so lebt der Platz weiter. Dormbett US$4, DZ ❶

Quy Nhon Hotel, 8-10 Nguyen Hue, ✆ 056-389 2410, 💻 www.quynhonhotel.com.vn, [4473]. An der Straße nah am Hauptstrand gelegenes Mittelklasse-Hotel, das viele Tourgruppen beherbergt. Die 70 Zimmer sind geschmackvoll eingerichtet, geräumig und sauber. Auch die Standardzimmer bieten Fenster und Badewanne. Kein Safe, aber ein abschließbarer Schrank. Frühstück inkl. ❷–❹

Seagull Hotel (Kach San Hai Au), 489 An Duong Vuong, ✆ 056-384 6377, 💻 www.seagullhotel.com.vn, [4470]. Am südlichen Strandabschnitt. Relativ neu (das ältere Schwesterhotel liegt nebenan), daher sauber und gut in Schuss. Der Swimming Pool, ein gutes Restaurant und besonders der „eigene“ Strand sind ein Plus. ③–⑤

ESSEN

In Quy Nhon gibt es zahlreiche einfache *bun-*, *pho-* und *com-*Restaurants, daneben auch schon **KFC** (neben dem Einkaufscenter Co.op), in denen man den ganzen Tag etwas zu essen bekommt. Abends werden entlang dem Ufer am zentralen Strandabschnitt auf Höhe der Innenstadt (Hai Ba Trong) zahlreiche Stühle auf die Straße gestellt. Hier gibt es **traditionelle Küche**, vom Hot Pot bis zu Fischgerichten. Am besten gucken, was die anderen essen, und per Fingerzeig bestellen.

Vegetarische Restaurants befinden sich nahe der Long Khanh-Pagode, z. B. das **Tinh Tam**, 141 Tran Cao Van. Dort gibt es viele preiswerte Gemüse- und Soja-Gerichte.

Barbara's – The Kiwi Connection, s. Übernachtung. Abseits des Pancaketrails gibt es hier Traveller-Küche – besser als an vielen anderen Orten Vietnams: Pasta, Fried Rice und die obligatorischen, wirklich gelungenen Pancakes. Es gibt vornehmlich westliche, aber auch ein paar vietnamesische Gerichte.

Bun thit nuong, 232 Tran Hung Dao, ✆ 094-351 5444. Leckere, preiswerte kleine Reis- und Nudelgerichte an einem typischen *bun-*Restaurant mit Alu-Tischen und -Hockern. Besonderer Tipp ist das namensgebende Nudelgericht.

Enjoy, 334 Dien Hong, ✆ 056-352 3315. Deutsche und andere westliche Küche auf 4 Etagen. Alois, der deutsche Betreiber dieses Hauses, ist die neue Anlaufstelle für ausländische Besucher in Quy Nhon – aber auch für viele Einheimische. Besonders beliebt, wenn auch vielleicht etwas skurril in dieser Umgebung, ist der Biergarten in der 2. Etage, in der die vietnamesischen Bedienungen im Dirndl servieren.

TRANSPORT

Busse

Der **Busbahnhof Khach Lien Tinh** liegt nahe dem Zentrum an der Tay Son. Gleich mehrere Busgesellschaften operieren von hier, sodass von früh bis spät viel Verkehr herrscht.
HCMS (Phuong Trang, ✆ 056-394 6166), um 17.30 und 18.30 Uhr in 10 Std. für 250 000 Dong. Wer hier bucht, wird im Hotel abgeholt. Zudem wird die Strecke von Mai Linh Express, ✆ 056-393 9393 (17 und 19 Uhr in 10 Std. für 280 000 Dong), und Thuan Thao, ✆ 056-374 6647 (17 Uhr in 12 Std. für 240 000 Dong), bedient.
NHA TRANG (Thuan Thao, ✆ 056-374 6647), um 6.30 Uhr in 4 Std. für 95 000 Dong.

Weitere Ziele:
DA LAT, um 6.30 Uhr mit Thuan Thao in 10 Std. für 180 000 Dong;
DA NANG, mit Mai Linh Express um 7.30 und 14.15 Uhr in 6 Std. für 160 000 Dong;
GIA LAI (PLEI KU), mit Mai Linh Express um 7.30 und 14.30 Uhr in 3 Std. für 100 000 Dong;
KON TUM, um 3 und 12.40 Uhr in 4 Std. für 105 000 Dong;
TUY HOA, mit Thuan Thao um 6.30 Uhr in 2 Std. für 60 000 Dong.

Eisenbahn

Quy Nhons kleiner **Bahnhof**, ✆ 056-382 2036, stellt als Sackbahnhof eine Verbindung zum nächstgrößeren **Bahnhof Dieu Tri** dar, der an der Nord-Süd-Verbindung liegt und entsprechend belebt ist. Nur wenige Züge verlassen Quy Nhon mit dem Ziel DIEU TRI; sie brauchen für die 15 km fast 45 Min. Daher nehmen die meisten für diese Strecke ein Taxi (etwa 200 000 Dong) oder Xe om (um 80 000 Dong). Die Taxifahrt dauert ca. 20 Min.
Einige Abfahrtszeiten in Dieu Tri s. S. 883.
In beiden Fahrtrichtungen halten die Züge an diversen Bahnhöfen. Haltestellen und Abfahrtszeiten unter eXTra [8944].

Flüge

Der **Flughafen Phu Cat** liegt 35 km nördlich der Stadt. Täglich startet vormittags jeweils eine Maschine nach HCMS und nach HA NOI.

Das Büro von **Vietnam Airlines** befindet sich in der 272 Tran Hung Dao, ✆ 056-382 5313, ⌚ Mo–Fr 7.30–11.30 und 13.30–16.30 Uhr. Die Taxifahrt von und zum Flughafen dauert etwa 60 Min. und kostet um die 500 000 Dong. Bei Ankunft der Flüge wartet direkt am Eingang ein Flughafenbus für max. 20 Pers., Fahrpreis zum Büro von Vietnam Airlines 50 000 Dong (wenn man zu spät kommt und der Bus schon voll ist, muss man ein Taxi nehmen). Von der Stadt zum Flughafen am besten einen Tag vorher die Busgesellschaft anrufen (✆ 056-382 3125) und einen Platz bestellen. Wer kein Vietnamesisch spricht, sollte jemandem vom Hotel um Hilfe bitten.

Tuy Hoa

In Tuy Hoa **[4477]**, der kleinen Hauptstadt der **Provinz Phu Yen**, steigt kaum ein westlicher Tourist ab – umso herzlicher wird der seltene Gast hier willkommen geheißen. Tuy Hoas **Stadtstrand** zählt nicht gerade zu den allerschönsten in Vietnam, doch nördlich und südlich schließen sich einige Strände an, die von Schatten spendenden Pinien gesäumt und zum Schwimmen geeignet sind. Am schönsten liegt man am gepflegten **Thuan Tao** („Golden Beach") genannten Strandabschnitt und dem dazugehörigen **Schwimmbad** etwas nördlich des Zentrums. Wer ein paar Bahnen in dem 50-Meter-Becken ziehen will, ist mit 50 000 Dong dabei. Eine Bar ist ebenfalls vorhanden.

Am Nordufer des Da Rang-Flusses liegt der 64 m hohe Nhan-Berg, der vom gleichnamigen **Cham-Turm** gekrönt wird. Er wird auf das späte 11. oder frühe 12. Jh. datiert.

ÜBERNACHTUNG UND ESSEN

Der Standard der allermeisten Hotels in Tuy Hoa ist insgesamt niedriger als anderswo. Auch in den Mehr-Sterne-Häusern fehlt mangels Besuchern (Auslastung 20 %) oft das Geld für die nötigen Instandhaltungen.

Hoa Anh Dao Hotel, 250 Tran Hung Dao, ✆ 057-381 9944, ✉ khachsanhoa anhdao250@yahoo.com, **[4480]**. Recht zentral gelegenes Hotel mit sauberen Zimmern (AC, Satelliten-TV) mit Badewanne, ungefähr 1 km vom Strand. Die japanisch-vietnamesischen Betreiber sprechen gut Englisch und helfen gekonnt bei der Weiterfahrt und Touren. Leider sind sie nicht immer vor Ort. Frühstück möglich im vis-à-vis gelegenen, dazugehörigen Garden Coffee, 2 Le Quy Don. ❶–❷

Vinh Tuan Hotel, 227 Nguyen Tat Thanh, ✆ 057-383 8483. Großes Hotel neben dem Busbahnhof. Einfache Zimmer mit AC, TV und Kühlschrank. Leser raten von dem Massagesalon auf dem Hotelgelände ab – das preisgünstige Lockangebot hält nicht, was es verspricht. ❶–❷

Besonders beliebt bei den Einheimischen sind die **Restaurants am Flussufer** entlang der Cang Ca Phuong. Unter anderem werden hier sehr gute Fischgerichte und Muscheln serviert. Tuy Hoa bietet einige **Seafood-Spezialitäten**. Beliebt sind v. a. Thunfisch-Gerichte (vor der Küste werden jedes Jahr bis zu 2000 t Thunfisch gefangen) – als seltener und besonderer Hochgenuss gelten seine Augen. Experimentierfreudigere Esser können zwischen März und September frischen rohen Quallen-Salat probieren.

Eine gute Anlaufstelle für westliche Touristen ist das **Café American**, 43 Nguyen Dinh Chieu, ✆ 093-488 7362. Bob, der das Geschäft führt, bereitet nicht nur die besten Burger der Region zu (und gute Pizzas), sondern ist auch ein netter Gesprächspartner, der viele Tipps geben kann. ⌚ Di–So 15–21 Uhr.

Viele weitere **lokale Restaurants** finden sich in der Stadt, z. B.:

Dai Hoa, 359 Le Loi, ✆ 091-400 3976. Leckere gefüllte Pfannkuchen, die verlockend auf dem Gehweg vor dem kleinen Restaurant zubereitet werden.

TRANSPORT

Busse

Der **Busbahnhof**, 227 Nguyen That Thanh, ✆ 057-382 0303, verbindet Tuy Hoa mit Zielen an der Nationalstraße 1 und im zentralen und südlichen Bergland, z. B.:

DA LAT, um 8.30 und 18 Uhr in 8 Std. für 165 000 Dong;
DA NANG, um 7.30 und 19 Uhr in 10 Std. für 210 000 Dong;
HCMS, um 14.30 und 15 Uhr für 450 000 Dong und um 4.30, 17.30, 18.15 und 19.55 Uhr in knapp 11 Std. für 250 000–280 000 Dong;
NHA TRANG, um 5 Uhr in 2 Std. für 70 000 Dong;
PLEI KU, um 6.30 Uhr in 4 Std. für 130 000 Dong;
QUY NHON, um 7.30 und 13.30 Uhr in 2 Std. für 60 000 Dong.

Eisenbahn

Der **Bahnhof**, 149 N1, ✆ 057-382 4195, befindet sich in der Nähe des Busbahnhofs. Neben den Expresszügen (vgl. Fahrplan S. 883) fahren viele lokale Bummelzüge zu näher gelegenen Zielen in nördlicher und südlicher Richtung ab.

Flüge

Der **Flughafen** liegt südlich der Stadt im Vorort Phu Lam, ✆ 057-385 1951. Flüge nach HCMS und HA NOI starten täglich.
Ein Ticketbüro von **Vietnam Airlines** befindet sich in der 353 Tran Hung Dao, gegenüber dem Hoa Anh Dao Hotel, ✆ 057-382 6508.

Kon Tum

Der verschlafene Ort Kon Tum [4840] lag lange Zeit abseits der touristischen Standardrouten und wurde nur selten besucht. Das beginnt sich zu ändern, seit der Ho-Chi-Minh-Pfad zum Highway ausgebaut wird und im nahe gelegenen Bo Y ein internationaler Grenzübergang nach Südlaos eröffnet worden ist.

Das Highlight Kon Tums sind die weit über 500 Dörfer, die in der Umgebung verstreut liegen – darunter einige, in die noch nie ein Westler seinen Fuß gesetzt hat. Man darf sich deshalb auf spannende Touren und Wanderungen durch diese ursprüngliche Gegend freuen – anders als in anderen Regionen Vietnams, wo tausendundeine Tourgruppe den Pfad schon ausgetreten hat.

Die kleine Stadt am Dakbla-Fluss hat nur wenige Sehenswürdigkeiten aufzuweisen, die alle mit einem Spaziergang zu erreichen sind: Besonders schön ist die **Holzkirche** von 1913, die mehrfach restauriert wurde und in einen freundlichen, hellen Innenraum einlädt. Sie besteht aus Pinienholz, Bambus, Stroh und Lehm – fast wie ein Fachwerkbau. Die bunten Glasbilder an den Seitenfenstern sind besonders wirkungsvoll am späten Nachmittag, wenn die sinkende Sonne sie von hinten erleuchtet. Auf dem Grundstück befinden sich auch ein Besucherzentrum, ein Gemeinde- und ein Waisenhaus.

An „Kon Tum City" schließen sich östlich übergangslos zwei Bahnar-Dörfer an: Kontum K'pong und Kontum K'nam, was so viel wie Ober- und Unter-Kontum bedeutet. In Ober-Kontum befindet sich ein schönes **Rong-Haus**. Diese Häuser mit dem charakteristischen hohen Dach, das in seiner Form an eine Axtklinge erinnert, sind der Mittelpunkt jedes Bahnar-Dorfes und dienen als Versammlungshalle oder Gerichtssaal. Zu dem hoch liegenden Eingang des Stelzenhauses führen die typischen Treppen: Baumstämme mit eingekerbten Stufen. Das Dach ist eine komplizierte Konstruktion aus gespaltenem Bambus und wird mit trockenem Gras gedeckt.

ÜBERNACHTUNG

Dakbla Hotel, 2 Phan Dinh Phung, ✆ 060-386 3333, [4865]. War einmal das führende Hotel in Kon Tum, doch diese Zeiten sind lange vorbei. Die Lobby ist unmöbliert und wirkt auf den ersten Blick wie ein Geisterhaus, die 42 Zimmer mit Badewanne, AC und TV sind in die Jahre gekommen. Die Ange-stellten sind allerdings sehr freundlich. Das Dakbla Hotel ist auch Sitz des örtlichen Tourismus-Büros. ❶–❷

Konklor Hotel, 155 Bac Kan, ✆ 060-386 1555, ✉ konklorhotel@gmail.com. Etwas abgelegen am östlichen Stadtrand. Sehr schöner und ruhiger Bungalow-Komplex um einen Teich im tropischen Innenhof. Die Zimmer sind sauber und geräumig. Keine große Auswahl an Essen, dafür aber lecker und sättigend. Die Rezeption spricht Englisch. Das Mieten von Rädern und Rollern ist günstig. Top Preis-Leistungs-Verhältnis. ❶–❷

Tay Nguyen Hotel, 225 Tran Hung Dao, ✆ 060-370 1701, [4863]. Ein paar Schritte vom Family Hotel entfernt. Preiswerte Zimmer mit Fenster zum Gang, einige mit Balkon zur Straße und größere mit Wohnbereich und Sitzecke, alle mit TV. ❶

Thinh Vuong Hotel, 16 Nguyen Trai, ✆ 060-391 4729. Dieses beliebte Minihotel liegt an einer ruhigen, von Bäumen gesäumten Straße. Die Mitarbeiter an der Rezeption sind sehr hilfsbereit, freundlich und sprechen zudem auch gutes Englisch. Die Zimmer sind sauber und modern eingerichtet. Gute Restaurants und Cafés sind fußläufig erreichbar. ❶–❷

ESSEN

BiBi Pizza, 87 Thi Sach, ✆ 093-510 8030, ✉ raisduy@gmail.com. Die beste – naja, wohl auch einzige – Pizza der Stadt bietet eine nette Abwechslung zum Reis- und Nudel-Standard. Pasta, Sandwiches und Donuts ergänzen das Programm. ⌚ 8–21 Uhr.

Com Chay 33, 33 Le Loi, ✆ 060-386 5730. Vegetarisches Angebot. ⌚ 6.30–20 Uhr.

Dakbla's Restaurant, 168 Nguyen Hue, ✆ 060-386 2584, ✉ vandakbla@gmail.com. Ethno-authentisch mit Holzschnitzereien und Feldwerkzeugen dekoriertes Restaurant mit leckeren Gerichten von einer englischen Speisekarte. Es gibt auch Wildschwein oder Frosch (von der französischen Speisekarte). Daneben sind Souvenirs der Bergvölker erhältlich. ⌚ tgl. 7–20 Uhr.

Eva Café, 5 Phan Chu Trinh, ✆ 060-386 2944, ✉ evacoffee@ymail.com, [4842]. Nicht entgehen lassen sollte man sich einen Kaffee im Gartencafé von Herrn An. Eine kleine Auswahl an vietnamesischen Gerichten, Wein und ein Cocktail sind ebenso im Angebot. Der Künstler, der sein Café zusammen mit seiner Frau Cam und ihren drei Kindern betreibt, gestaltete eine hübsche kleine Landschaft, in der sogar ein Wasserfall plätschert. Das Haus ist mit ethnischen Motiven dekoriert. Herr An ist ein interessanter Gesprächspartner und unternimmt Touren in die Dörfer der Umgebung. Ein Bericht von einer solchen Tour s. eXTra [7057]. ⌚ 6–22 Uhr.

Hiep Thanh, 529 Nguyen Hue, ✆ 060-386 2470. Gutes, einfaches Restaurant. Klassiker wie *com ga* (Reis mit Huhn) sind schmackhaft und preiswert. Kleine englische Speisekarte. ⌚ 7–21 Uhr.

INFORMATIONEN

Highlands Eco Tours, 41 Ho Tung Mau, ✆ 060-391 2788, 090-511 2037, 💻 www.vietnamhighlands.com. Herr Nguyen Do Huynh spricht verschiedene Stammessprachen, gutes Englisch (und Französisch) und ist ein exzellenter und auskunftsfreudiger Führer. ⏲ Mo–Fr von 7–11 und 13–17 Uhr. Ein weiterer Ansprechpartner ist Herr An vom Eva Café (s. Essen).

NAHVERKEHR

Bei der Vermittlung von **Xe om-Fahrern** können die Hotels behilflich sein.
Taxis der Gesellschaft Mai Linh erreicht man unter ✆ 060-3838 3838.

TRANSPORT

Der **Busbahnhof**, ✆ 060-386 2205, liegt etwa 2 km nördlich des Zentrums, von hier starten lokale Busse und Minibusse verschiedener Gesellschaften nach:
DA LAT, um 5 und 16 Uhr in 8 Std. für 270 000 Dong;
DA NANG, von 5–17 Uhr alle 30 Min. in 5 Std. für 140 000 Dong;
HCMS, um 6, 10 und zwischen 15 und 18 Uhr ca. 10 Busse, 11 Std., zwischen 240 000 Dong Sitzplatz und 310 000 Dong *Sleeper*. Busse der Viet Tan Phat-Linie, ✆ 060-391 8555, fahren um 16.15 Uhr vor dem Dakbla Hotel ab für 310 000 Dong;
HUE, um 19 Uhr in 11 Std. für 190 000–210 000 Dong;
NHA TRANG, um 6 Uhr in 7 Std. für 170 000 Dong;
Busse nach **Laos**, um 8 Uhr, Ankunft in ATTAPEU um 14 Uhr (180 000 Dong), Ankunft in PAKXE um 17.30 Uhr (450 000 Dong).

Die Umgebung von Kon Tum

Mehrere Dutzend Dörfer befinden sich in der näheren Umgebung von Kon Tum. Die meisten können besucht werden, wobei sich die Mitnahme eines einheimischen Führers empfiehlt: um sich nicht in den Bergen zu verirren und auch, um einen Übersetzer dabeizuhaben, den man mit Fragen löchern kann.

Wer jedoch gern allein losziehen möchte, kann einen Ausflug nach **Kon Koi Tu** unternehmen, das etwa 5 km östlich von Kon Tum liegt. Die Bewohner des Bahnar-Dorfes sind an Ausländer gewöhnt; in dem großen Rong-Haus übernachten hin und wieder Reisegruppen. Die meisten Dörfer in der Region sind an Flussufern angesiedelt, und Kon Koi Tu liegt am Dakbla-Fluss. Um hinzukommen, folgt man der Tran Hung Dao östlich aus Kon Tum heraus und überquert den Dakbla über die Brücke in **Kon Klor**. Etwa 200 m hinter der Brücke geht es links ab nach Kon Koi Tu. Man folgt der Straße entlang den Flusswindungen einige Kilometer, ehe links das hohe Dach des Rong-Hauses von Kon Koi Tu auftaucht.

Touren in die weitere Umgebung von Kon Tum führen zu Dörfern der Jarai, Bahnar, Sedang und anderer Völker. Über 500 verschiedene Siedlungen liegen in den Bergen verstreut. Manchmal müssen schwankende Hängebrücken aus Bambus überquert werden. Oft ist ein Picknick oder eine Bootsfahrt in einem Schlauchboot bzw. Einbaum inbegriffen. Bei abendlichen Veranstaltungen wird Gong-Musik gespielt, getanzt und gemeinsam aus einem großen Fass Reiswein mit dem Strohhalm getrunken. Bei mehrtägigen Touren wird in den Gemeinschaftshäusern der Dörfer übernachtet – nicht immer sehr bequem –, und es ist mit längeren Marsch-Etappen zu rechnen.

Grenzübergang nach Laos

Der Grenzübergang **Bo Y – Phou Keua**, ⏲ 8–16 Uhr, gut 80 km nordwestlich von Kon Tum und 113 km östlich von Attapeu, öffnet den Weg in den untouristischen Südosten von Laos. Er gehört (noch) zur Kategorie „abgelegene Außenposten", Visa on Arrival für Laos sind erhältlich (30 Tage, US$30–35). Jeden Morgen bestehen Verbindungen von Kon Tum (s. links) und Plei Ku (S. 781) nach Attapeu und Pakxe. Einreise nach Vietnam S. 497.

Plei Ku

Plei Ku [4848] ist die 150 000 Einwohner zählende Hauptstadt der Provinz Gia Lai. Im Krieg wurde die Stadt dem Erdboden gleichgemacht und in den 1980er-Jahren mit sowjetischer Hilfe wieder aufgebaut. Plei Ku ist nicht schön und westliche Touristen werden es hauptsächlich auf der Durchreise erleben – denn es eignet sich hervorragend als **Sprungbrett nach Kambodscha**.

ÜBERNACHTUNG

Duc Long Gia Lai Hotel, 95-97 Hai Ba Trung, ✆ 059-387 6303, ✉ duclonghotel@duclong group.com, [9247]. Älteres, aber gut gepflegtes Haus mit geräumigen Zimmern mit sehr hohen Decken. Auch die Badezimmer sind recht groß. Freundliche Leute. ❷
Hoang Anh Gia Lai Hotel (HAGL), 1 Phu Dong, ✆ 059-371 8459, 💻 www.haglhotelpleiku.vn, [4854]. Große Bettenburg mit 150 schicken Zimmern; komfortabelste Unterkunft der Stadt. Saubere, hell eingerichtete Räume. Sauna, Tennisplatz und 2 Restaurants mit vietnamesischer, chinesischer und westlicher Küche. ❹
Hung Vuong Hotel, 2 Le Loi, ✆ 059-382 4270, [4951]. Im Innenhof gelegenes Hotel mit ordentlichen und sauberen Zimmern. Gutes Preis-Leistungs-Verhältnis. Nebenan ein gutes Restaurant mit großer Auswahl. ❶
Ngoc Se Hotel, 02 Nguyen Tat Thanh, ✆ 097-474 5274, 💻 www.ngocsehotel.com. Relativ neues Haus mit sehr gutem Preis-Leistungs-Verhältnis. Empfehlenswert sind die Zimmer mit Balkon. Englisch sprechendes Personal, Aufzug, Café im Untergeschoss. ❷–❸
Vinh Hoi Hotel, 39 Tran Phu, ✆ 059-382 4644, [4859]. Schön gestalteter Eingangsbereich. Von den umlaufenden Fluren Blick in die Lobby. Die Zimmer sind ordentlich eingerichtet mit TV, AC und Kühlschrank. Die günstigen Zimmer ohne Fenster. Kleines Café an der Straße mit Frühstücksangebot und Kaffee. ❶–❷

ESSEN

Wer in Plei Ku essen geht, ist hauptsächlich auf die lokale Küche angewiesen. Ausnahme: das Hotelrestaurant des Hoang Anh Gia Lai Hotels, wo es auch westliche Küche an ordentlich gedeckten Tischen gibt. Beliebt bei Einheimischen sind:
Ca Phe Thu Ha, 9 Nguyen Thai Hoc, ✆ 059-382 4877. Für die tägliche Dosis guten, starken Kaffees. Morgens ist hier oft nicht mal ein freier Tisch zu bekommen.
Hanh Dao, 20A Quang Trung, ✆ 059-382 7314. Eine gute Auswahl einfacher, preiswerter vietnamesischer Gerichte.
My Tam, 6 Quang Trung, ✆ 059-382 4730. Abends oft rappelvoll mit Gästen, die sich über die Brathähnchen hermachen.
Nem Ninh Hoa, 80 Nguyen Van Troi. Leckere Frühlingsrollen zum Selbstdrehen.

INFORMATIONEN

Gia Lai Eco-Tourist, 82 Hung Vuong, ✆ 091-315 7462, 💻 www.gialaiecotourist. com/en.
Hotline: Ms. Nga, ✆ 091-3157 462.
Ms. Nga spricht Englisch und ist sehr engagiert. Viele englische Touren, wie Trekking von Plei Ku nach Kontum (mit Übernachtung), oder längere Touren. Preise auf Anfrage mit exakten Terminen und Personenangaben. Auf Extrawünsche der Gäste kann eingegangen werden.

NAHVERKEHR

Bei der Vermittlung von **Xe om-Fahrern** können die Hotels behilflich sein.
Taxis der Gesellschaft Mai Linh erreicht man unter ✆ 059-3838 3838.

TRANSPORT

Busse

Vom **Duc Long-Busbahnhof**, ✆ 059-382 9021, der etwa 2,5 km südöstlich des Zentrums liegt, fahren Busse in alle Regionen des Landes. Empfehlenswert sind die Busse der **Thuan Tien**-Gesellschaft, Büro am Busbahnhof, ✆ 059-374 4777. Sie fahren u. a. nach:
DA NANG, um 19.30 Uhr in 9 Std. für 220 000 Dong;

HUE, um 10 Uhr in 7 Std. für 190 000 Dong;
SAI GON, um 16.30 Uhr in ca. 10 Std. für 270 000 Dong.
Weitere Orte werden von anderen Gesellschaften bedient:
BUON MA THUOT, Abfahrt wenn voll, in 4 Std. für 90 000 Dong;
DA LAT, um 17 Uhr in 8 Std. für 250 000 Dong;
DA NANG, um 6.30 und 19.30 Uhr in 6 Std. für 200 000 Dong;
HUE, um 4 und 18.10 Uhr in 10 Std. für 220 000–265 000 Dong;
KON TUM, mehrmals ab 6 Uhr, in etwa 1 Std. für 25 000 Dong;
NHA TRANG, um 6, 14 und 19 Uhr in 7 Std. für 170 Dong;
QUY NHON, 12 Busse zwischen 6.10 und 15.45 Uhr in 4 Std. für 100 000 Dong.
Busse nach **Laos** um 7.45 Uhr nach ATTAPEU (160 000 Dong) und PAKXE um 6.45 Uhr (260 000 Dong) mit der gleichen Gesellschaft in etwa 11 Std.

Flüge

Der **Flughafen** befindet sich etwa 10 km nördlich der Stadt.
Vietnam Airlines, 16 Tran Hung Dao, ✆ 059-375 8888, 🖳 www.vietnamairlines.com, fliegt 1–2x tgl. nach DA NANG, HA NOI und HCMS.

Grenzübergang nach Kambodscha

Der Grenzübergang **Le Thanh – O'Yadaw**, 90 km westlich von Plei Ku, eröffnet einen interessanten Reiseweg: Per Bus geht es von Plei Ku in nur fünf Stunden nach Banlung in der kambodschanischen Provinz Ratanakiri; von dort aus sind in einem Tag Siem Reap und die Tempel von Angkor zu erreichen. Visa sind an der Grenze problemlos erhältlich.
Das Reisen mit den kleinen lokalen Bussen von **Dien Hong**, ✆ 059-371 7428, die morgens um 8 Uhr in Plei Ku starten (120 000 Dong), ist eine Erfahrung: Sie dienen auch als Transporter. Unterwegs werden allerlei Güter ein- und ausgepackt, was die Fahrt nicht gerade beschleunigt, aber einen gewissen Unterhaltungswert hat. Einreise nach Vietnam S. 618.

Die Südküste

Nha Trang

Nha Trang [4715], die Hauptstadt der Provinz Khan Hoa, wird von Touristen aus aller Welt besucht. Größter Touristenmagnet ist der **Strand**, der sich über knapp 7 km in nord-südlicher Richtung erstreckt. Zudem liegen vor der Küste die besten **Tauchreviere** Vietnams. Zahlreiche Tauchschulen laden ein, die abwechslungsreiche Unterwasserwelt zu entdecken. Wer den Fisch lieber auf seinem Teller sieht, kann in Nha Trang im kulinarischen Himmel schweben: Snapper und Thunfisch, Tintenfisch, Garnelen und Hummer – sie alle werden jeden Morgen fangfrisch angeliefert, zusammen mit einer großen Auswahl an Muscheln.

In Nha Trang ist immer Saison, nur im November regnet es oft den ganzen Tag. Hauptsaison ist zwischen Juni und August. Dann ist der Strand brechend voll und die Bars verleiten mit lauter Musik vor allem junge Reisende dazu, sich ins Nachtleben zu stürzen. Nachts sollte man sich in Acht nehmen, da sich am Strand und in den Straßen neben Touristen, Partyvolk und einheimischen Reisenden auch allerlei Gesindel herumtreibt, das vom schnellen Geld angelockt wird.

Weit über tausend Jahre, genauer gesagt von 243 bis 1653, hieß das heutige Nha Trang *Aya Trang* („Schilf-Fluss") und war die Hauptstadt des Cham-Königreichs Kauthara. Aus dieser Zeit stammen die **Cham-Tempel Po Nagar** [4774], die sich auf einem kleinen Hügel am Nordufer des Flusses befinden und vor Ort auch **Thap Ba** genannt werden. Sie stehen auf der Liste von Vietnams Nationalheiligtümern und sind auch heute noch Pilgerstätte, nicht nur für einheimische und ausländische Touristen, sondern auch für Gläubige, die zum Gebet hierher kommen. Betritt man das Gelände, passiert man als Erstes eine Reihe von dicken achteckigen Säulen, die früher ein hölzernes Dach trugen: die ehemalige Meditations- und Eingangshalle. Das Tempelgelände befindet sich etwa 2 km nördlich des Zentrums. Man folgt der 2 Thang 4 und hält sich

VIETNAM

Südküste

hinter der zweiten Brücke links. Alternativ kann man auch die Tran Phu-Brücke nehmen und dann links in die Thap Ba abbiegen. ⌚ 6–18 Uhr, Eintritt 21 000 Dong.

Die **Long Son-Pagode** am Fuß des Trai Thui-Berges wurde Ende des 19. Jhs. errichtet und 1940 und 1975 größeren Erweiterungs- und Renovierungsarbeiten unterzogen. Sie ist Hauptsitz der Buddhistischen Organisation dieser Provinz und unterhält eine große Mönchsschule. Über ihr auf dem Berg, zu erreichen über eine 150 Stufen lange Treppe, die rechts der Pagode beginnt, thront ein 14 m großer, schneeweißer Buddha auf einer Lotusblüte und blickt über die Stadt. Außen am Sockel der Statue befinden sich von Flammen eingerahmte Porträts von

Mönchen und Nonnen, die sich 1967 aus Protest gegen die Buddhisten-Verfolgung des südvietnamesischen Diem-Regimes verbrannten. 🕒 7–18 Uhr, Eintritt frei.

ÜBERNACHTUNG

Nha Trang gehört seit Jahrzehnten zu Vietnams bekanntesten und beliebtesten Strandorten. Seit Jahren ist ein steter Zuwachs an Unterkünften zu verzeichnen. Dennoch kann es besonders zur Peakseason in den Sommermonaten voll werden. Dann ziehen auch die Preise kräftig an und können sich je nach Nachfrage verdoppeln. In der Nebensaison lohnt ein Besuch besonders, denn dann sind sehr gute Zimmer schon ab US$20 zu ergattern.

Untere Preisklasse

Backpackers House, 54G Nguyen Thien Thuat, ✆ 058-352 4500, [7203]. Für junge Rucksackreisende, die im Schlafsaal billige Betten belegen können (ab US$7, Mädchen-Dorm US$8) oder sich die Privatheit eines Zimmers leisten. Relativ laut, nicht gerade supersauber, aber für den Preis okay. Inkl. Frühstück im netten, zurückversetzten Green Apple Restaurant. Sollte kein Bett zu finden sein, kann man im danebenliegenden **Son & Daughter**, ✆ 058-352 1709, unterkommen. ❷

Ba Tu, 34G1 Nguyen Thien Thuat, ✆ 058-352 2466, ✉ marc_1967@hotmail.fr, [7204]. Das kleine Gästehaus *(nha nghi)* hat charmante Zimmer. Vor allem jene mit Balkon und riesiger Fensterfront laden zum Verweilen ein. Obwohl einige Zimmer kein Fenster haben, sind sie allein wegen ihrer Größe vielen anderen Unterkünften vorzuziehen. Besonders schön ist das geräumige Familienzimmer – mit einer großen Couch. Alle Zimmer haben AC, Kühlschrank, TV und einen Deckenventilator. ❶–❷

Palm Beach Hotel, 4B Biet Thu, ✆ 058-352 4333, 💻 www.palmbeachhotel-vietnam.com, [7206]. Zentral gelegenes, großes Hotel mit 60 Zimmern (AC, TV, Kühlschrank), die teureren mit Meerblick. Familienzimmer mit 3 großen Betten und 2 WCs. Safe im Zimmer. Im Erdgeschoss befindet sich ein kleiner Pool neben dem Restaurant. Aufzug. ❷

64 Tran Phu: Gasse der Gästehäuser

€ Zentral und ganz nah am Strand liegt Cum Khach San, die Gasse der Gästehäuser. Ein Dutzend Unterkünfte drängt sich hier nahe zusammen; einst eine gute erste Anlaufstelle, sind die Zimmer heute ihren Preis nicht mehr wirklich wert. Zumal es selten möglich ist, ohne einen „Vermittler" – und somit zu einem höheren Zimmerpreis – ein Bett zu finden. Wer die Stadt ohne vorgebuchtes Zimmer am Abend erreicht, wird oftmals hierher gefahren. Die Minihotels hier sind alle „same same but different" – so ist es schwer, eine Empfehlung zu geben. Oft sind die Zimmer klein und die Ausstattung arg verwohnt. Hauptvorteil: günstig und ganz nah am Strand. Einige Adressen in dieser Gasse s. eXTra [4780].

Truc Linh Hotel, 27B Hung Vuong, ✆ 058-352 2201, [4785]. Alteingesessenes Haus mit einfachen Zimmern zu reellen Preisen. Empfehlenswert sind die zur Straße hin mit Balkon. ❶–❷

White Lion 2, 4A Biet Thu, ✆ 058-352 4286, [8945]. Nettes Hotel mit großen Zimmern zu günstigen Preisen. Vor allem die Zimmer mit 2 Betten, Balkon und Blick auf das Meer sind ein echter Knüller. Sauber, gepflegt. ❷

Mittlere bis obere Preisklasse

Evason Ana Mandara, Tran Phu, ✆ 058-352 2222, 💻 www.sixsenses.com/evason-ana-mandara-nha-trang, [7220]. Im Südteil des Strandes liegt diese luxuriöse Bungalowanlage, deren Name Ana Mandara „schönes Zuhause für den Gast" bedeutet – zu Recht. Die bestens ausgestatteten Unterkünfte liegen direkt am Strand und sind somit die einzigen Bungalows direkt am Meer. Es wird viel Wert auf Umweltschutz gelegt – so wird z. B. das Wasser selbst gefiltert und in den eigenen Wasserkreislauf zurückgeführt. Im angeschlossenen Six Senses Spa werden Körper und Geist verwöhnt. Hier lässt es sich leben, allerdings nicht gerade preiswert. Wer auf den Geschmack gekommen ist, sollte sich einmal die Schwesteranlage anschauen:

VIETNAM

Evason Hideaway, [7496], in einer privaten Bucht nördlich von Nha Trang. ❻

Golden Summer Boutique Hotel, 1/22-23 Tran Quang Khai, ✆ 058-352 6662, [7216]. Einladendes Boutiquehotel mit modern ausgestatteten Zimmern auf 7 Etagen. Viel Platz, Wasserkocher, TV, Minibar und natürlich AC. Ohne Meerblick mit 2 großen Betten. Mit Meerblick und Veranda gibt´s ein großes Bett. Inkl. Frühstück im Restaurant im 8. Stock mit Meerblick. ❸–❹

Green Peace Hotel, 102 Nguyen Thien Thuat, ✆ 058-352 2835, [8946]. Minimalistisch in Weiß gehaltene Zimmer ohne Schnickschnack. Safe, Wasserkocher, Flatscreen-TV. Der Verzicht auf bunte Farben oder andere gut gemeinte Verschönerungen, wie sie in Vietnam so geliebt werden, machen dieses Haus zu etwas Besonderem. Inkl. Frühstück. Den Baum verdient sich das Haus, da das Warmwasser hier mit Solarenergie gewonnen wird. ❷–❸

Hoang Hai – Golden Sea, 27A Hung Vuong, ✆ 058-352 7988, 🖳 www.khachsanhoanghai.com, [7212]. Schmales, hohes Minihotel mit ansprechend ausgestatteten Zimmern. Helle Möbel und sauber. Safe. Einige Zimmer mit Balkon und einem großen und einem kleinen Bett. Die kleinen Zimmer sind winzig, aber immer noch eine gute Option. In der Hauptsaison oft lange im Voraus ausgebucht. ❷–❸

LeSimoLe, 120/35 Nguyen Thien Thuat, ✆ 091-621 8693, 090-932 7179, 🖳 www.boutiqueapartmentsnhatrang.com, [8947]. In einer angenehm ruhigen Seitenstraße gelegen versteckt sich ein Kleinod für Familien und jene, die länger bleiben und eine Heimat suchen. Unterschiedlich große, ansprechende Zimmer mit Küche und einige sogar mit Wohnzimmer. Auch eine kürzere Mietdauer ist möglich – doch wer hier einzieht, will meist nicht mehr weg. ❷–❹

Nhi Phi Hotel, 10 Biet Thu, ✆ 058-352 4585, 🖳 www.nhiphihotel.vn, [8948]. 3-Sterne-Hotel der besonderen Klasse. Die 80 Zimmer auf 11 Etagen sind modern in Weiß gehalten, alle mit Badewanne, kleinem Safe und Fenster (im Standardzimmer allerdings nur mit Blick auf die nächste Häuserwand). Schöner Pool auf dem Dach. Hier eröffnet sich der Blick auf die Umgebung von weit oben. Inkl. Frühstück. ❹–❻

ESSEN

In Nha Trang gibt es eine große Auswahl an Restaurants, die den westlichen Gaumen bedienen. Besonders im Viertel um die Biet Thu sind es immer nur ein paar Schritte bis zum nächsten Laden. Auf engem Raum sind fast alle internationalen Küchen vertreten, z. B. französisch, italienisch, indisch, mexikanisch, japanisch und was man Touristen als vietnamesisch verkauft. Aber auch Freunde der authentischen lokalen Küche werden fündig. Besonders am Markt finden sich viele einfache Läden mit schmackhafter Küche. Auch *pho* und *bun* gibt es eigentlich überall. Eine Reihe guter **Fischrestaurants** liegt an der Uferstraße nahe der Cham-Tempel. Sehr guten Kaffee bieten zahlreiche **Kaffeehäuser** – das beste Zeichen für originalen guten Geschmack sind viele vietnamesische Gäste. Besonders hübsch gestaltet ist das **Café Nhac Hoa Vien** in der 144 Vo Tru, s. eXTra [7502].

Café des Amis, 53 Tran Quang Khai, ✆ 058-352 1009, [8951]. Seit Jahrzehnten ist dieses einfache Restaurant ein Dauerbrenner bei Rucksacktouristen. Es gibt Vietnamesisches, Westliches, Shakes und Pancakes. Vegetarier werden auch gut bedient. Günstig. Der Besitzer ist Künstler; an den Wänden hängen seine Werke. ⌚ 7–22 Uhr.

Com Chay Au Lac, 28C Hoang Hoa Tham, ✆ 058-352 2942. Kleines vegetarisches Restaurant mit Tagesgerichten nach Auslage. Lecker und preiswert.

Fami Café („Peter's"), 19 A Hoang Hoa Ham, ✆ 058-352 1408. Winziges Restaurant in einer kleinen Gasse mit preiswerter Küche und gutem, frischen *bia tuoi* in Hell und Dunkel.

Lac Canh, 44 Ngyuen Binh Khiem, ✆ 058-382 1391. Weit über die Stadtgrenzen hinaus berühmt ist dieses seit über 40 Jahren bestehende Restaurant: Wenn abends an allen Tischen auf kleinen Holzkohlegrills Rindfleisch und Seafood brutzeln, ist das eine

Nha Trang
N
0
500 m
ÜBERNACHTUNG
1 Truc Linh Hotel
2 Hoang Hai-Golden Sea
3 Ba Tu
4 White Lion 2
5 Palm Beach Hotel
6 Nhi Phi Hotel
7 Gästehäuser
8 Backpackers House
9 Green Peace Hotel
10 Golden Summer Boutique Hotel
11 LeSimoLe
12 Evason Ana Mandara
ESSEN
1 Fischrestaurants
2 Lac Canh
3 Com Chay Au Lac
4 Fami Café („Peter's")
5 Café Nhac Hoa Vien
6 Truc Linh 2
7 Sailing Club
8 Why Not Bar & Restaurant
9 Café des Amis
SONSTIGES
1 Suoi Khoang nong Thap Ba - Thap Ba Spa
2 Rainbow Divers
3 Red Apple Club
4 Luisiana Brewhouse
TRANSPORT
1 The Sinh Tourist
2 Like Discovery-LD Tour
3 Vietnam Airlines
Vinh Tho
Tran Phu B
Thap Ba
Po Nagar Cham-Türme
2 Thang 4
Ha Ha
Nguyen Thai Hoc
Van Hoa
Ben Cho
Nguyen Binh Khiem
Sinh Trung
Ng. Hong Son
Ly Thuong Kiet
MARKT
Ngo Quyen
Pasteur
Han Thuyen
Phan Boi Chau
Le Loi
Phuong Cau
Phan Chu Trinh
Pasteur-Institut/ Alexandre Yersin-Museum
To Vinh Dien
Phuong Sai
Tran Quy Cap
Trung Nu Vuong
Long Son-Pagode
Thong Nhat
Hoang Van Thu
Yet Kieu
Trieu Au
Le Thanh Phuong
23 Thang 10
Thai Nguyen
Ly Thanh Ton
Quang Trung
Yersin
Ly Tu Trong
Bahnhof
KATHEDRALE
Le Hong Phong
Dong Nai
Lac Long Quan
Nguyen Trai
Dinh Tien Hoang
Hoang Hoa Tham
Nguyen Chanh
Tran Hung Dao
Tran Phu
Le Thanh Ton
Nguyen Trung Truc
Ngo Gia Tu
Cao Ba Quat
To Hien Thanh
(Ostmeer, Südchinesisches Meer)
Bien Dong
Nguyen Thi Minh Khai
s. Detailplan
Nguyen Thien Thuat
Hung Vuong
Biet Thu
EHEMALIGER FLUGHAFEN
Tue Tinh
Seilbahn zum Vinpearl, Ozeanografisches Institut, Cau Da-Pier
0
250 m
Tran Quang Khai

Die teuerste Suppe der Welt

Hon Yen bedeutet „Seeschwalbeninsel". Tausende dieser kleinen Vögel nisten auf dem felsigen Eiland und produzieren dabei die Zutat für die teuerste Suppe der Welt: die Schwalbennestersuppe. Die Seeschwalbe oder **Salangane** *(Collocallia esculenta gray)* hat lange, schmale Flügel und fliegt besonders schnell und wendig. Sie ernährt sich hauptsächlich von Insekten, außer kurz vor der Brutzeit: Dann stellt sie ihre Kost auf Seetang um, der ihren Speichel besonders zäh und klebrig macht. Bis zu vier Mal im Jahr brütet die Salangane und klebt dabei ihre Nester hoch oben an unzugängliche Felswände, indem sie dort mit ihrem Speichel einen künstlichen Vorsprung anbaut. Dieser wird innen mit Naturmaterialien ausgekleidet und bildet so einen bequemen und vor Räubern sicheren Nistplatz – vor fast allen Räubern!

Denn Vogelnestsammler haben es auf die Nistplätze abgesehen und riskieren ihr Leben, um mit wackeligen Bambusleitern in waghalsigen Kletteraktionen die Nester zu ernten. Die durchscheinend weißliche oder bräunliche Außenwand aus dem getrockneten Schwalbenspeichel ist ein wertvolles Gut. Für mehrere tausend Dollar pro Kilo werden die Nester nach China exportiert, wo sie die Hauptzutat der berühmten Schwalbennestersuppe sind. Die Nester werden dort weniger wegen ihres Geschmacks (der nicht sehr intensiv ist, entfernt an warme Spucke erinnert und daher durch die Beimengung vieler Gewürze überdeckt wird) als wegen ihrer angeblich sehr vitalisierenden Wirkung genossen (die vielleicht eher den vielen Gewürzen zugeschrieben werden kann). Ein teures Vergnügen ist ihr Genuss jedenfalls: Eine Schale Schwalbennestersuppe kostet in Hongkong bis zu US$300. In Nha Trang gibt es sie günstiger (aber immer noch nicht billig): Im Truc Linh 2 z. B. ist sie für 450 000 Dong zu haben.

verräucherte, laute, aber echt vietnamesische Angelegenheit – eine tolle Erfahrung. Es gibt Leute, die sagen: Dies ist das beste Restaurant von ganz Vietnam!

Truc Linh 2, 21 Biet Thu, ✆ 058-352 1089. Frisches aus dem Meer ist die Spezialität der Truc Linh-Restaurants. Ob Fisch, Lobster oder Muscheln, das Tagesangebot kann in der Auslage betrachtet werden. Dabei sind die Preise moderat und die Atmosphäre angenehm.

UNTERHALTUNG

Wer abends ausgehen will, ist in Nha Trang richtig. Das Nachtleben hier kann sich sehen lassen, und es gibt genügend Auswahl, um sich eine Nacht (oder mehrere) um die Ohren zu schlagen. Es sei jedoch daran erinnert: Im Zustand weitgehender Hilflosigkeit allein den Rückweg zum Hotel zu suchen, ist in dieser Stadt keine gute Idee. Ein nächtliches Nickerchen am Strand sollte man sich ebenfalls sparen.

Luisiana Brewhouse, 29 Tran Phu, ✆ 058-352 1948, [6899]. Große Bar mit eigener Brauerei direkt am Meer. Viele Liegen gruppieren sich um einen großen, tiefen Pool (40 000 Dong pro Liege. Der Pool eignet sich nur für Kinder, die schwimmen können). Neben Bier in vielen Varianten (dunkel und hell), das hier im Krug frisch gezapft gereicht wird, gibt es auch recht angesagte Küche (dünne gute Pizza, Seafood und mehr). Gehobenere Preise, aber das Ambiente ist es wert. 🕒 7–1 Uhr.

Red Apple Club, 54 Nguyen Thien Thuat, ✆ 058-352 4500. Den ganzen Abend Happy Hour; laute Musik und ein Pool-Tisch sorgen dafür, dass besonders zu späterer Stunde reger Party-Betrieb herrscht. 🕒 ab 15 Uhr, Ende offen.

Sailing Club Bar, 72-74 Tran Phu, s. Restaurants. Seit 1994 der Hotspot in Nha Trang für Feierfreudige und Tanzwütige direkt am Strand. Besonders am Wochenende ist hier oft richtig was los, wenn samstags ab 21.30 Uhr zur Beachparty geladen wird. Gute Location, gute Anlage, gut gemischtes Publikum. Ab etwa 23 Uhr kommen gewisse Damen mit ganz speziellen, selten lauteren Absichten dazu – Vorsicht!

Why Not Bar & Restaurant, 24 Tran Quang Khai. Nachtschwärmer-Hangout, oft bis in die frühen Morgenstunden geöffnet. Tagsüber ist in der AC-Bar nur was los, wenn Fußballspiele übertragen werden, gegen Mitternacht wird es voll. Restaurantbetrieb auf der Terrasse zur Straße hin bis 1 Uhr nachts.

AKTIVITÄTEN UND TOUREN

Touranbieter

Fast alle Hotels und jede Menge Reisebüros überschütten den Reisenden mit als Informationen getarnten Tour-Angeboten. Dabei unterscheiden sich die dahinter stehenden Aktivitäten oft nicht mal, denn viele der kleineren Anbieter sind bloß Vermittler für die größeren. Alles in allem scheinen die Kunden überall recht zufrieden, zumindest sind uns aus Nha Trang noch keine Beschwerden zugetragen worden. Wer mit einem Open Tour-Anbieter fährt, muss mit vielen Mitreisenden und langweiligen Standardtouren rechnen, Adressen s. u., Transport.

Like Discovery – LD Tour, 23B Biet Thu, ✆ 058-352 5251, 090-570 1700, ✉ ledongld@yahoo.com, [8956]. Touren mit bleibenden Erinnerungen: Herr Le Dong ist ein privater Guide, der interessante, individuell gestaltbare Minibus-Touren ins ganze Land zu reellen Preisen anbietet. Auch Tagestouren durch Nha Trang und Ausflüge in die nähere Umgebung sind möglich. Selbst typische Touren bekommen bei ihm einen individuellen Anstrich. Bei privat organisierten Touren gibt's im Anschluss von dem begeisterten Hobbyfotografen eine eigens erstellte Foto-DVD mit Reiseerinnerungen. Hier kann man auch sein Busticket für die Weiterfahrt buchen.

Mama Inseltouren/4-Island Boat Tour

Berühmt-berüchtigt sind die **Bootstouren zu den vorgelagerten Inseln** von Nha Trang, die einst von Reiseagenturen mit dem Begriff „Mama" im Namen angeboten wurden. Heute heißen sie vielfach nur noch 4-Island-Tour. Es geht i. d. R. feucht-fröhlich zu, und daher ist dieser Ausflug nichts für jene, die nur des Schnorchelns oder der Natur wegen mitfahren. Nahezu alle Reisebüros bieten diese Touren an. Eine gezielte Empfehlung lässt sich kaum aussprechen, da es zum großen Teil von den Mitreisenden abhängt, wie viel Stimmung aufkommt. Zu den beliebtestes Anbietern gehört unter anderem die alteingesessene, für besonders beschwipste Touren bekannte **Mama Linh**, Tickets bei LD – Like Discovery Tour, s. o.

Tauchen

Nha Trangs Tauchplätze zählen nicht gerade zu den spektakulärsten der Welt, aber zu den schönsten Vietnams. Inzwischen gibt es zahlreiche Tauchschulen, mit denen man die reizvollen Unterwassergebiete im Nationalpark entdecken kann. Wer das Tauchen erlernen will oder als lizenzierter Taucher mal wieder unter Wasser gehen möchte, kann ein paar schöne Ausflüge unternehmen. Die Sichtweiten betragen oft 15–20 m, auch 30 m sind möglich.

Alle **Tauchanbieter** haben ihre Büros im Traveller-Viertel um die Biet Thu:

Rainbow Divers, 90A Hung Vuong, ✆ 058-352 4351, 💻 www.divevietnam.com. Renommiertes Tauchunternehmen, eines der ersten in Vietnam. PADI National Geographic-Kurse. Die Schule von Jeremy Stein hat einen derart guten Ruf, dass sie es sich leisten kann, etwas teurer als die anderen zu sein. Das „Office" hat zudem eine Restaurant/-Bar mit einer großen Auswahl an importierten Dekompressions-Bieren. Rainbow Divers betreiben auch ein Divecenter im Whale Island Resort, 60 km nördlich. von Nha Trang, in wildnatürlicher Umgebung.

Sailing Club Divers, 72-74 Tran Phu, ✆ 058-352 2788, 💻 www.sailingclubdivers.com. Büro im Eingangsbereich des Sailing Club. Professionell und freundlich. Schnorcheltouren für UW-Einsteiger, Nitrox- und Tieftauchtouren für Fortgeschrittene.

NAHVERKEHR

Neben ganzen Schwärmen von Xe om bieten auch Cyclos ihre Dienste an. Wer selber fahren möchte, kann sich im Hotel ein **Moped** oder

VIETNAM

Fahrrad leihen, Ersteres für US$4–6, Letzteres für US$2–4, je nach Ausstattung und Zustand.
Taxis werden u. a. von Mai Linh, ✆ 058-3838 3838, Quoc The, ✆ 058-352 5252, und Taxi Asia, ✆ 058-3535 3535, betrieben.

TRANSPORT

Busse

Von Nha Trang fahren **Open Tour-Busse** nach Da Lat, Mui Ne oder Hoi An sowie über Mui Ne nach Sai Gon oder über Hoi An weiter nach Hue und Ha Noi.
DA LAT, um 8 Uhr in 5 Std. für US$6–7 (je nach Länge eines möglichen Stopps an den Cham-Türmen bei Phan Rang – je nach Auslastung fahren die Busse aber ohne Stopp oder Buswechsel);
HOI AN, um 19 Uhr in 11 Std. für US$11; weiter bis nach DA NANG für US$16;
HUE, mit dem Bus nach Ha Noi, für US$14–16;
MUI NE, mit dem Bus Richtung Sai Gon, 7.45 Uhr, für US$6–7.
The Sinh Tourist Nha Trang, 90C Hung Vuong, ✆ 058-352 4329, 💻 www.thesinhtourist.vn. Zuverlässige Open Tour-Busse Richtung HCMS über Mui Ne und nach Ha Noi über Hoi An, Da Nang und Hue.

Viele weitere Busse starten am interprovinziellen **Busbahnhof Ben Xe Lien Tinh Phia Nam**, 58/23 Thang 10, ✆ 058-382 0227, und verbinden Nha Trang den ganzen Tag über mit allen wichtigen Zielen in der näheren und ferneren Umgebung. Wer keinen Bus über ein Reisebüro vorbucht, kommt am besten früh an den Busbahnhof oder ersteht vormittags sein Ticket für einen Nachtbus.
DA LAT, mit Phuong Trang (FUTA), ✆ 058-381 2812, oder am Busbahnhof, ✆ 058-356 2626, fährt um 7, 8, 11, 13.30 und 15 Uhr in 4 Std. für 130 000 Dong;
DA NANG und HOI AN, 6 und 6.30 Uhr in 11 bzw. 12 Std. für 250 000 bzw. 220 000 Dong;
HCMS, zwischen 5.30 und 23.30 Uhr in 11 Std., ab 200 000 Dong;

Phuong Trang (FUTA), ✆ 058-381 2812, fährt nach HCMS in die Pham Ngu Lao (8 und 20 Uhr) für 220 000 Dong. Bei Buchung kostenlose Abholung am Hotel.
PHAN THIET, zwischen 10.30 und 14.30 Uhr halbstdl. in 5 Std. für 80 000 Dong;
QUY NHON, mit Thuan Thao, ✆ 058-356 0818, um 13.15 Uhr in 5 Std. für 111 000 Dong. Zudem mit dem lokalen Bus mehrfach zwischen 5.15 und 14.30 Uhr;
TUY HOA, mit Thuan Thao um 5.30, 8.30, 10.30 und 17.30 Uhr für 70 000 Dong.

Eisenbahn

Fahrplan s. S. 883.

Flüge

Der **Flughafen** liegt rund 40 Min. Fahrt von Nha Trang entfernt bei Cam Ranh. Taxis von dort in die Stadt kosten 380 000 Dong. Anders herum vom Hotel zum Flughafen ca. 250 000 Dong.
Jetstar Airlines, 💻 www.jetstar.com, fliegt tgl. nach HCMS.
Vietnam Airlines, 91B Nguyen Thien Thuat, ✆ 058-352 6678, ⏲ 7–11 und 13.30–16.30 Uhr, verbindet Nha Trang tgl. mehrmals mit HCMS, DA NANG und HA NOI.

Doc Let und Hon Heo-Halbinsel

30 km nördlich der Touristenhochburg Nha Trang ragt die große Halbinsel **Hon Heo** ins Meer – das Südufer der Van Phong-Bucht. Hier befindet sich der 10 km lange Strand von **Doc Let** [4800]. Doc Let war lange Zeit ein Garant für totale Ruhe und Abgeschiedenheit, und auch wenn inzwischen der Betrieb zunimmt – noch ist hier viel Platz. Das Meer lädt zum entspannten Schwimmen ein, denn aufgrund der geschützten Lage in der Bucht sind die Wellen meist nicht sehr hoch.

Wer sich vom Strand losreißen kann, hat nahe dem Fischerörtchen Dong Hai die Möglichkeit, vietnamesischen Alltag zu erleben. Vielen jedoch erscheint eine zwischen Palmen gespannte Hängematte als die bessere Alternative. Tagesbesucher, die am Doc Let Beach Resort an den Strand gehen, werden mit 15 000 Dong Kurtaxe zur Kasse gebeten.

Nha Trang Umgebung

ÜBERNACHTUNG

Zur Lage der Resorts s. Karte S. 789.

Doc Let Beach Resort, Ninh Hai, ✆ 058-384 9152, 💻 www.docletresort.com.vn, [4802]. Das älteste Resort an diesem Strand. Die teureren Bungalows mit Strandblick sind okay, die preiswerten Zimmer im zurückversetzten Langhaus wirken vernachlässigt. Bar, Karaoke und Massage sprechen eher die einheimische Kundschaft an. Großer Pool mit flachem Bereich für Kinder. ❷–❹

Some days of Silence Resort & Spa, Dong Hai, ✆ 058-367 0952, 💻 www.somedaysresort.com, [7494]. Sehr schöne Anlage, mit der sich die deutsch-vietnamesische Künstlerin Ki-Em einen Traum erfüllte. Die 8 Bungalows, darunter ein Familienbungalow, wurden von Ki-Em liebevoll gestaltet, und auch nachdem die Künstlerin den Ort verlassen hat, ist die Anlage etwas ganz Besonderes geblieben. ❻

Jungle Beach Resort, Beach Rd., Ninh Phuoc, ✆ 058-362 2384, 091-342 9144, 💻 www.junglebeachvietnam.com, [7493]. Ein Paradies aus Bambus: Diese abgelegene, entspannte kleine Anlage ist etwas Besonderes. Neben schlichten Zimmern in einfachen strohgedeckten Bambusbungalows gibt es einige geräumige, 2-stöckige Doppelhäuser. Besitzer Sylvio aus Kanada ist ein Naturfreund und hat einen schönen halbwilden Garten angelegt. In den dahinterliegenden dschungelbedeckten Bergen leben seltene Primaten, die mit dem Teleskop beobachtet werden können. Mahlzeiten sind im Preis inbegriffen. Auch für Familien geeignet. Da die Anlage nicht einfach zu finden und oft ausgebucht ist, empfiehlt sich unbedingt eine telefonische Voranmeldung. ❸–❺

Mui Ne

Das Fischerdorf Mui Ne und der gleichnamige schöne, touristisch voll erschlossene Strand [4714] liegen etwas mehr als 200 km nördlich von Ho-Chi-Minh-Stadt. Die Landschaft ist atemberaubend: schwarze und rote zerklüftete Felsen, türkisblaues Meer und Sanddünen, die an die Sahara erinnern. Palmen säumen den Strand und die Uferstraße und ragen zwischen den Dächern der Resorts und Restaurants empor.

Bis Mitte der 1990er-Jahre war Mui Ne ein armes Fischerdorf und der kilometerlange Strand verwaist, lediglich die nahe gelegenen Dünen waren bereits bei Profifotografen ein beliebtes Fotomotiv. Die Menschen lebten mehr schlecht als recht von der Produktion der berühmten Fischsauce *nuoc mam* und vom Fischfang. Erst als ein in Sai Gon lebendes deutsch-französisches Ehepaar 1995 das Coco Beach Resort eröffnete, begann die Erschließung des Strandes. Heute ist Mui Ne kein Geheimtipp mehr – Pauschaltouristen, in zunehmendem Maße aus Russland und China, haben den Strand für sich entdeckt. Mehr und mehr Mittelklasse- und Luxusanlagen eröffnen am Strand, während auf der anderen Straßenseite preiswerte Gasthäuser und kleine Bungalowanlagen entstehen.

Zunehmend zieht es auch Sportler an den Strand. Die Hochsaison der **Kitesurfer** beginnt im Oktober und endet Mitte Mai. Auch Surfer tummeln sich am Strand. Von August bis Dezember ist der starke Wellengang ideal für diese Wassersportarten. In Mui Ne herrscht ein besonderes Mikroklima: Es gibt nur wenig Niederschlag, selbst während der Regenzeit. Geschützt durch die Dünen, ist Mui Ne den Monsunen und dem Regen weniger stark ausgesetzt als die Nachbarstrände. Dennoch ist von Mai/Juni bis August/September nicht viel los am Strand; dann haben viele Resorts günstigere Preise.

Orientierung

Im **Osten** sind vor allem morgens noch viele Fischer am Strand und holen ihre Netze ein. In diesem Bereich, in Richtung des Fischerdorfes Mui Ne bei der Siedlung **Ham Tien** (alter Name: **Rang**), liegen auch die meisten preiswerteren Unterkünfte.

Etwa in der **Mitte des Strandes** befindet sich ein großer steinerner Deich (*bo ke*). Hier kann man den Strand, der bei Flut überspült ist, meist nur über Treppen erreichen.

Im **Westen** haben sich Kite- und Windsurfer-Resorts und -Schulen etabliert. Je weiter man in den Westen kommt, desto größer und teurer werden die Anlagen. Ganz im Westen befinden sich Felsen im Meer, sodass Schwimmen nicht möglich ist. Hier liegt **Sea Links**, ein riesiges Areal für Betuchte (ein Hotel ist bereits fertig, ein anderes ist noch im Aufbau). Hier wohnt man in luxuriösen Häusern und spielt Golf. Die Uferpromenade ist großflächig angelegt und lässt erahnen, was man hier Großes vorhat.

Weiter im **Osten** nahe den Sanddünen hinter dem Fischerdorf befindet sich der **Hon Rom-Strand**.

Die **Strandstraße** heißt im westlichen und im mittleren Abschnitt Nguyen Dinh Chieu und wird kurz vor dem Mui Ne Cottage im Osten zur Huynh Thuc Khang. Der Strand erstreckt sich von KM 10 im Westen bis KM 19 im Osten. In der Mitte, bei KM 15 und 16, also noch in der Nguyen Dinh Chieu, befinden sich einige Häuser der einheimischen Fischer. Hier findet jeden Morgen ein kleiner Markt statt.

Eine breite Umgehungsstraße entspannt den Verkehr an der Uferstraße zusehends. Noch sind hier nicht viele Plätze erschlossen, doch die Baukräne kündigen die Veränderungen bereits an.

Die Sanddünen

Die Sanddünen von Mui Ne bieten ein erstaunliches Bild: Wie aus dem Nichts ragen die sandigen Berge auf und erinnern an Bilder aus der Sahara. Nahe dem Strand von Mui Ne befinden sich die **Roten Sanddünen**, etwas weiter entfernt die **Weißen Sanddünen**, [4805]. Kinder umringen die Besucher und bieten Plastik-Unterlagen für eine sandige Rutschpartie an. Besonders an den roten Dünen können die Kids sehr nervig und unverschämt werden – wer keinen Ärger will, verzichtet auf die Rutschpartie, die eh nicht so spannend oder schnell ist, wie man erwarten könnte. An den weißen Dünen gibt es zudem Quads, mit denen Jung und Alt über die Dünen brausen.

Die weißen Dünen liegen am großen **Ban Ba-See**, was so viel wie „Lotussee" oder auch „weißer See" bedeutet. Nach der Anfahrt (S. 796, „Auf eigene Faust") geht es zu Fuß durch einen kleinen, schattigen Pinienwald, wo ein Restaurant kalte Getränke und kleine Mahlzeiten bietet. Dahinter erheben sich die weißen Sandberge, die auch tolle Fotomotive abgeben. Oft herrscht starker Wind und wirbelt Sand auf. Man sollte eine Tasche für die Kamera dabeihaben, um sie vor Flugsand zu schützen. Mittags wird der Sand nahezu unerträglich heiß und die Sonne brennt, daher sollten für einen Ausflug der frühe Morgen oder der späte Nachmittag gewählt werden. Quads kosten ab 200 000 Dong für eine kleine Maschine und 350 000 Dong für die schnellere und größere Variante. Direkt vorne bei den Souvenirständen am Wäldchen sind die Maschinen teurer als vor den Dünen. Eintritt 10 000 Dong.

Suoi Tien – Fairy Spring

Zu Fuß geht es linker Hand der Brücke bei KM 19 durch den Flusslauf vorbei an roten Dünen zu einem kleinen Wasserfall, dem Fairy Spring [8967]. Der Weg durch das kühle Nass hat seinen Reiz, der Wasserfall selbst ist eher unscheinbar. Gleich am Beginn gesellen sich Kinder zu den Wandernden, die auf Gefahren (z. B. Untiefen, Tiere, Steine etc.) aufmerksam machen. Sie erwarten vor der Rückkehr eine kleine Entlohnung. Vor allem abends kurz vor Sonnenuntergang muss an der Uferkante mit Schlangen gerechnet werden.

Hafen

Eine riesige Flotte kleiner Fischerboote kann am Fischerhafen von Mui Ne bewundert werden, [8962]. Wer die Treppen zum Strand hinuntersteigt, tritt unweigerlich auf die Schalen kleiner Muscheln, die hier zu Hunderten herumliegen. Abends verlassen die Boote den Hafen, um nach etwa zwei Tagen mit ihrem Fang wiederzukommen. Vor dem Hafen gibt es seit wenigen Jahren Fischfarmen, sodass nicht alle Fische hier aus der Freiheit kommen. Steigt man die zahlreichen Treppen von der Straße zum Strand hinab, kann man ein etwas anderes Muschelsuchen erleben: zahllose, in allen Farben schimmernde Muschelschalen liegen hier dicht an dicht, man muss sie nur noch aufpicken.

Red Canyon

Nachdem der ursprünglich beliebte Red Canyon geschlossen wurde, kann nun ein neuer roter Canyon [8984] besucht werden. Er befindet sich nahe den weißen Sanddünen, und der Weg hinein beginnt direkt an der Straße. Folgt man dem

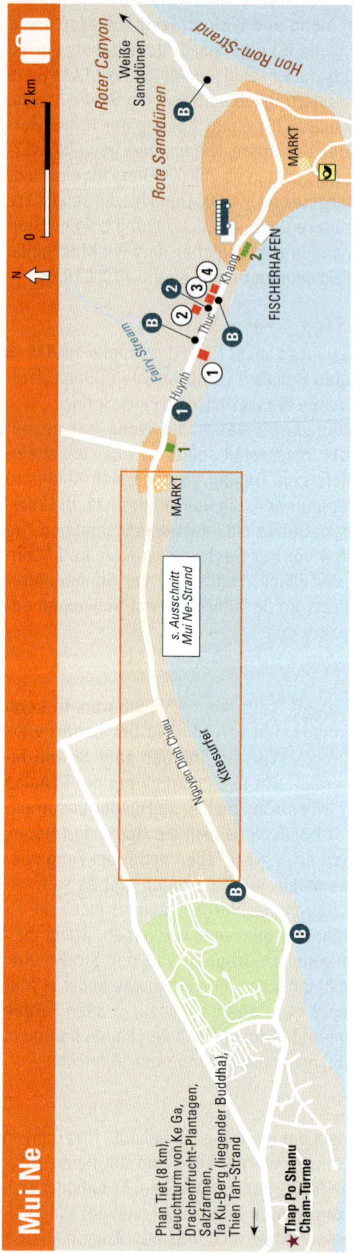
Mui Ne
2 km
N
Roter Canyon
Weiße Sanddünen
Hon Rom-Strand
Rote Sanddünen
MARKT
FISCHERHAFEN
Huynh
Thuc
Khang
Fairy Stream
MARKT
s. Ausschnitt Mui Ne-Strand
Nguyen Dinh Chieu
Kitesurfer
Phan Tiet (8 km), Leuchtturm von Ke Ga, Drachenfrucht-Plantagen, Salzfarmen, Ta Ku-Berg (liegender Buddha), Thien Tan-Strand
Thap Po Shanu Cham-Türme

Mui Ne-Strand
Dünen
Nguyen
Dinh
Chieu
ATM
Saigon Mui Ne Resort
DEICH
SCHULE
MARKT
ÜBERNACHTUNG
1 Nhat Quang
2 Duc Thao & Minh Anh Garden Hotel
3 Diem Lien
4 Duy An Guesthouse
5 Mia Resort
6 Terracotta Resort & Spa
7 Cham Villas
8 Swiss Village Resort
9 Ananda Resort
10 Sunsea Resort
11 Ngoc Bich
12 Hiep Hoa Resort
13 Salina Resort
14 Mui Ne Resort
15 La Marina Boutique Hotel
ESSEN
1 Le Ha Quan
2 Fischrestaurants
3 Ratinger Löwe
4 Shree Ganesh (Nha Hang An Do)
5 Be De 24 (79A)
6 Be De 24 (99B)
7 Rung Forest Restaurant
8 Bo Ke Quan
9 Sindbad
10 Quan An Y Thao
11 Quan An 375
12 Lau De Son Quynh
SONSTIGES
1 Windchimes
2 Hanh Café
3 sankara
4 Jibe's Beach Club
5 Dragon Beach
6 Pogo
TRANSPORT
1 Phuong Trang
2 Mr. Binh's Sahara Tours
3 The Sinh Tourist
B Bushaltestelle

Flusslauf, der nur bei viel Regen Wasser führt, gelangt man bis zum Meer. Eine Wanderung hier ist nett, wenngleich nicht extra eine Reise wert.

ÜBERNACHTUNG

Auf der einen Seite der Straße erstrecken sich auf etwa 9 km weißer Sandstrand, türkisblaues Meer und eine Vielzahl an Resorts und Hotels. Auf der anderen Straßenseite gibt es vermehrt Restaurants und immer mehr Unterkünfte, dahinter breiten sich rote und weiße Sanddünen aus. Das Meer ist mal spiegelglatt, mal peitschen hohe Wellen heran. Daher haben viele Resorts Wellenbrecher angebracht, was nicht immer schön aussieht und vor allem bei der Wahl von Strandbungalows zu berücksichtigen ist.
Am Strand von Mui Ne gibt es zahlreiche Bungalowanlagen mit unterschiedlichstem Preisniveau. Der Mittelteil des Strandes ist mit einem Deich zum Schutz des Hinterlandes versehen, sodass der Zugang zum Meer meist nur über Treppen möglich ist. Links und rechts dieses Abschnitts lockt weicher Sandstrand. Fast am gesamten Strand, außer vor den Luxusresorts im Westen, arbeiten morgens Fischerfamilien und ziehen ihren Fang an Land (Vorsicht: im Osten oft Sandfliegen). Im Westen sind fast das ganze Jahr über viele Kite- und Windsurfer auf dem Wasser. Schwimmbegeisterte sollten daher lieber die Mitte oder den Osten wählen.

Mui Ne-Strand

Untere Preisklasse

Diem Lien, 85 Huynh Thuc Khang, ✆ 062-384 7427, ✉ nhanghidiemlien@yahoo.com, [9005]. Reihenhauszimmer mit Blick auf einen schönen Garten und Sanddünen. Auch hier gibt es eine Waschmaschine und eine Küche für alle. ❶

Duc Thao, 81 Huynh Thuc Khang, ✆ 062-374 3551, [7166]. Bietet schöne Zimmer und familiäre Atmosphäre. In Reihenhäusern finden sich geräumige Zimmer mit TV, AC und 2 Betten. Auf Wunsch auch Moskitonetze. ❶–❷

Duy An Guesthouse, 87A Huynh Thuc Khang, ✆ 062-384 7799, 💻 www.duyanguesthouse.com, [10241]. Verschiedene Bungalows sowie Zimmer auf 3 Etagen im Haupthaus; Sitzgelegenheit im Garten und gemeinsame Küche. Man muss aber nicht selbst kochen – es gibt auch ein Restaurant ... ❶–❷

€ **Hiep Hoa Resort**, 80 Nguyen Dinh Chieu, ✆ 062-384 7262, 💻 www.muinebeach.net/hiephoa, [7164]. An einem schönen Strandabschnitt gelegen. Nett eingerichtete, grün getünchte Betonbungalows und Zimmer im 2-geschossigen Haus. Alle Zimmer haben AC und Warmwasser, einige TV. Das Restaurant liegt nach vorn zur Straße. 2 Bungalows direkt am Meer. Für diesen Strandabschnitt sehr gutes Preis-Leistungs-Verhältnis. Freundliche Leute und gute Atmosphäre. Oft mangelhafter Zimmerservice. ❶–❸

Minh Anh Garden Hotel, ✆ 062-384 7465, 💻 www.nhanghiminhanh.com, [8931]. Direkt gegenüber dem Duc Thao. Das Plus hier: Es gibt eine Küche, die jeder Gast nutzen kann; eine Waschmaschine für alle. Zu den beiden Gästehäusern geht es direkt neben Mr. Binh (s. Tipp Touren S. 796), dem Bruder der Eigentümer. ❶

Nhat Quang (Bungalow of my family), 46 Huynh Thuc Khang, ✆ 062-384 7248, 💻 http://nhatquanghotel.webs.com, [7195]. Angenehme Anlage mit geschmackvollen Reihenbungalows. Die Zimmer sind gut möbliert und haben Moskitonetz, TV. Wahlweise AC. Einige mit einem Doppelbett, andere mit 2 Betten. Ganz vorne gibt es sehr große Zimmer in einem 2-geschossigen Haus mit großer Fensterfront und 2 großen Betten. Schöner Pool. Zugang zum Strand, dort Liegen im Schatten. Kitesurfing. ❷–❸

Mittlere bis obere Preisklasse

Ananda Resort, 48 Nguyen Dinh Chieu, ✆ 062-374 1692, 💻 www.ananda.vn, [8928]. Sehr schöne Anlage, zentral gelegen. Weitläufig verteilte Bungalows, ab Deluxe mit großer Fensterfront. Kleiner, aber immer noch eine gute Wahl, sind die Zimmer im Reihenbungalow. Kleiner, schöner Pool am Meer. ❸–❻

Cham Villas, 32 Nguyen Dinh Chieu, ✆ 062-374 1234, 💻 www.chamvillas.com, [7185].

VIETNAM

Hochwertig ausgestattete Bungalows mit als Himmelbett gestalteten Moskitonetzen. In der gepflegten Gartenanlage stehen Skulpturen im Cham-Stil. Schöner Strandabschnitt. Restaurant mit sehr guter deutscher Küche (s. Restaurants). Gutes Management. ❻

La Marina Boutique Hotel, 246/2b Nguyen Dinh Chieu, ☎ 062-374 3848, 💻 www.marinamuine.com, [8930]. Das kleine weißgetünchte Hotel steht nahe dem Dorf noch inmitten einfacher Häuser. Die Zimmer sind farblich ansprechend bunt gestaltet, tolle Ausstattung (großer TV, Tisch und Stuhl, kleiner Safe, großer Kühlschrank). Sauberer Pool, groß genug zum Schwimmen. Wer hier nicht wohnt, kann für 50 000 Dong den Pool nutzen. Freundliche Leute. ❸–❹

Mia Resort, 24 Nguyen Dinh Chieu, ☎ 062-384 7440, 💻 www.miamuine.com, [7064]. Der ehemalige „Sailing Club" bietet 30 Zimmer mit gemütlichen Sitzgelegenheiten in schöner Gartenanlage. Pool mit Meerblick. Guter Service, zahlreiche Wassersportangebote (Kitesurfen usw.). Inkl. Frühstück. ❺–❻

Ngoc Bich, 52 Nguyen Dinh Chieu, ☎ 062-384 7032, 💻 www.ngocbichbungalow.com, [7175]. Kleine, schmale, lang gezogene Anlage am schönen Strandabschnitt. Recht geräumig und angenehm möbliert, wenn auch nicht mehr ganz neu. Badewanne, AC und TV. Teils 2 große Betten. Zimmer in Steinhäusern oder im Haupthaus. ❹–❺

Salina Resort, 132 Nguyen Dinh Chieu, ☎ 062-374 3666, 💻 www.salinaresort.net, [7176]. Das „Resort" ist eine Villa mit zu vermietenden Zimmern. Große Räume, Riesenschränke, teils Bett mit Blick direkt aufs Meer. Leider ist nur bei Ebbe ein Streifen Strand hinter dem Wellenbrecher frei. Im Erdgeschoss befindet sich eine große offene Küche und ein ebenfalls offener Kamin, vor dem eine schwere Polstergarnitur und ein Fernseher stehen. Preis je nach Nachfrage. ❷–❹

Sunsea Resort, 50 Nguyen Dinh Chieu, ☎ 062-384 7700, 💻 www.sunsearesort-muine.com, [7181]. Gepflegter Luxus: Diese ansprechende und gepflegte Anlage bietet 12 Zimmer in Cottages und im Reihenhaus (dort mit Zugang direkt zum Pool). Die Zimmerausstattung ist geschmackvoll, mit TV, CD- und DVD-Spieler, AC und Minibar. Im Restaurant unter anderem gute Thai-Küche. Schöner Strandabschnitt. ❺–❻

Terracotta, 28 Nguyen Dinh Chieu, ☎ 062-384 7610, 💻 www.terracottaresort.com, [7190]. Große Zimmer in geschmackvollen Steinbungalows in schöner, weitläufiger Gartenanlage mit großem Pool am Meer. Die Tonfiguren im Garten machen es vor: Arme hinterm Kopf verschränken und ausspannen. Schöner Strandabschnitt. ❻

ESSEN

Die meisten Gäste essen im Restaurant ihres Resorts oder Hotels. Man kann sich das Essen und die Getränke oft auch an den Strand bringen lassen oder in kleinen Pavillons speisen. Wer etwas Abwechslung sucht, findet zahlreiche Restaurants entlang der Strandstraße, wobei sich die meisten nicht direkt am Strand, sondern auf der anderen Straßenseite befinden. Die Restaurants öffnen in der Regel gegen 8 Uhr und schließen gegen 22 Uhr – ausgenommen sind gut besuchte Lokale und Bars im Westen, dort ist länger geöffnet.

Be De 24, 79A und 99B Nguyen Dinh Chieu, ☎ 091-645 1430, [8978]. Ansprechende kleine Restaurants mit einer kleinen, aber feinen Speisekarte. Die Preise sind günstig, das Essen authentisch und die Atmosphäre entspannt. Es gibt Kaffee in der Frühe, Lunch zu Mittag und bis in den tiefen Abend hinein Dinner. Die beiden Lokale liegen recht nah beieinander, 🕒 rund um die Uhr, außer in der absoluten Nebensaison.

Bo Ke Quan, die Restaurants *(quan)* auf dem Deich *(bo ke)* in der Mitte des Strandes. Dicht an dicht drängelt sich eine Reihe vietnamesischer Lokale mit Blick aufs Meer, z. B.

Lau De Son Quynh, 260 Nguyen Dinh Chieu. Wer nach einem authentisch vietnamesischen kulinarischen Erlebnis sucht, sollte hier den Ziegen-Eintopf *(lau de)* probieren. Unter Wellblech und Neonlicht dampfen auf den Alutischen den ganzen Abend die Töpfe – lecker und mittendrin im lokalen Geschehen.

Nebenan ein weiteres oft volles Lau De-Restaurant.

Le Ha Quan, 8B Huynh Thuc Khang, Ham Tien, ☎ 016-6645 3721. In diesem unscheinbaren Restaurant gibt es hervorragende *nem nuong*, Frühlingsrollen zum Selberdrehen. Eingelegtes Gemüse, frische Kräuter, gegrilltes Schweinefleisch und Reispapier – fertig ist die selbst gewickelte Delikatesse.

Quan An Y Thao und **Quan An 375**, Nguyen Dinh Chieu, nahe dem Markt. Gute *pho* bekommt man fast nur noch in dieser Gegend rund um den kleinen Markt, wo sich auch die Lau De-Restaurants angesiedelt haben. Die beiden *pho*-Restaurants liegen sich gegenüber. Jeden Morgen bis etwa 9 Uhr treffen sich hier viele Einheimische am Suppentopf.

Ratinger Löwe, 32 Nguyen Dinh Chieu (gehört zu den Cham Villas), ☎ 062-374 1234. Wird nicht nur von Deutschen gelobt, die hier ihr Heimweh gekonnt mit deutscher Kost in bekannter Atmosphäre vertreiben, sondern wurde uns auch von Menschen anderer Nationen wärmstens empfohlen. Einigen gilt es sogar als bestes Restaurant in Mui Ne.

Rung Forest Restaurant, 65A Nguyen Dinh Chieu, ☎ 062-384 7569. Schönes Restaurant der oberen Kategorie; geschmackvolle Dekoration im Cham-Stil, abends wird traditionelle Musik gespielt. Gute Küche. ⏲ 10–15 und 18–23 Uhr.

Shree Ganesh (Nha Hang An Do), 57 Nguyen Dinh Chieu, ☎ 062-374 1330, 💻 www.ganesh.vn. Für alle Liebhaber der indischen Küche lädt hier Ganesh im 2-geschossigen Restaurant zu leckerem Essen.

€ **Sindbad**, 233 Nguyen Dinh Chieu, ☎ 091-819 6689, 💻 www.sindbad.vn, [8981]. Junge Reisende lieben dieses kleine Holzhaus an der Straße. Hier trifft man sich, schwatzt ein bisschen und verzehrt einen der angebotenen Döner Kebabs. Vegetarier müssen auf einen Besuch nicht verzichten, denn es gibt auch eine Vielzahl Salate. ⏲ 10–0.30 Uhr.

UNTERHALTUNG

Wegen des Nachtlebens kommen immer mehr junge Leute nach Mui Ne. Abends wird es hier nicht langweilig. Mui Ne ist kein Partystrand, aber einige Bars punkten mit tollen Partys und angenehmer Atmosphäre.

Dragon Beach, 120/1 Nguyen Dinh Chieu, ☎ 090-304 2566, 💻 auf Facebook. Der Party-Hotspot für junge Besucher – doch auch einige andere Nationen kommen hierher an den Strand zum Feiern. An vielen Abenden Special Events, die überall auf Flyern und Plakaten beworben werden. Recht teure Getränke. ⏲ 17–3 Uhr.

Pogo, 138 Nguyen Dinh Chieu, ☎ 090-947 9346, [4813]. Die offen gestaltete Kneipe hat ein sehr schönes Ambiente. Es gibt Snacks, Bier und Cocktails. Sitzkissen im Sand oberhalb des Meeres an der Deichmauer. In der Saison wird am Wochenende ein vietnamesisches Buffet angeboten. Billard. Manchmal finden Beachpartys statt.

sankara, 78 Nguyen Dinh Chieu, ☎ 062-374 1122, 💻 www.sankaraclub.com, [4829]. Stylische Bar mit Pool für alle, die gediegen abhängen wollen. Küche von früh bis spät. Zudem gute Cocktails und meist freundliche Mitarbeiter. Etwas gehobenes Preisniveau, aber das Ambiente kostet natürlich. Zum Zeitpunkt der Recherche wären allerdings ein paar Renovierungsarbeiten nötig gewesen.

AKTIVITÄTEN

Kitesurfen

Mui Ne ist während der Hauptsaison zwischen Oktober und Mai ein Paradies für Kitesurfer, die vor allem den westlichen Strandabschnitt für sich in Anspruch nehmen. Es gibt zahlreiche Schulen, die auch Equipment ausleihen oder verkaufen. Ende Dezember startet die Peakseason, dann ziehen die Preise für Unterkünfte an, und wer einen Kurs belegen möchte, sollte sich frühzeitig darum kümmern.

Die meisten Kitesurfer wohnen auf Höhe des Full Moon Resort und der angrenzenden Anlagen. Hier ist der Strand besonders fürs Surfen geeignet, das Hotel wird in Kooperation mit der alteingesessenen Kitesurfschule **Jibe's Beach Club** betrieben, 90 Nguyen Dinh Chieu, ☎ 062-384 7405, 💻 www.windsurf-vietnam.com. Hier werden Schulungen im Kitesurfen angeboten, es gibt Boards zum Ausleihen für Fort-

VIETNAM

geschrittene und einen Shop mit einer großen Auswahl an Equipment. Zudem ein Restaurant mit Bar und netter Atmosphäre. Die Schule hat einen guten Ruf, sowohl Betreiber als auch Angestellte sind sehr freundlich.

Windchimes, 56 Nguyen Dinh Chieu, im Saigon Mui Ne, ✆ 090-972 0017, www.kiteboarding-vietnam.com, [8983]. Kiter aus aller Welt schwören auf die Qualität. Das Material und das Team machen einen sehr guten Eindruck, alle sind mit Spaß bei der Sache. Kurse in Gruppen oder Einzelunterricht. Vom Schnupperkurs in 1–2 Std. bis zur professionellen Ausbildung, die 3–4 Tage dauert.

VIETNAM

TOUREN

Geführte Touren

Zahlreiche Veranstalter haben eine Kombination verschiedener Sehenswürdigkeiten im Angebot. Dazu gehören neben den bekannten Adressen auch vermehrt kleinere Agenturen, die als Familienbetrieb aufgezogen sind.

Mr. Binh's Sahara Tours, gegenüber vom Canary Resort, 81 Huynh Thuc Khang, ✆ 098-929 7648, bensaharatour@outlook.com, [7507]. Ein Guide für alle Fälle: Mr. Binh ist ausgesprochen freundlich, und seine Touren bestechen durch den persönlichen Einsatz. Neben den Halb- und Ganztagstouren ins Umland (Letztere US$25 p. P. inkl. Essen, welches oftmals persönlich zubereitet wird und dem ein individueller Einkauf am Markt vorausgeht) bietet das kleine Team um Mr. Binh auch empfehlenswerte Touren ins südliche und zentrale Hochland sowie ins Mekong-Delta (ab US$65, inkl. Fahrt, Übernachtung und Essen). Abholung am Flughafen in HCMS möglich.

Auf eigene Faust

In Mui Ne kann man **Motorräder und Fahrräder** leihen (S. 798, Nahverkehr). Auf eigene Faust lassen sich viele Sehenswürdigkeiten erkunden. Es sei allerdings noch einmal darauf hingewiesen, dass zum Fahren eines Mopeds eigentlich ein vietnamesischer Führerschein erforderlich ist. Außerdem besteht Helmpflicht. Ziemlich häufig gibt es eine Polizeikontrolle auf langen Geraden zwischen Phan Thiet und Mui Ne. Ein letzter Tipp: Nachtfahrten auf der N1 sind unbedingt zu vermeiden! Die Unfallgefahr ist einfach zu groß.

Die Sanddünen kann man sehr gut mit dem geliehenen Moped besuchen. Die **Roten Dünen** erreicht man sogar mit dem Fahrrad problemlos über die Küstenstraße. Einfach im Fischerdorf Mui Ne an der ersten großen Kreuzung links abbiegen. Nach ein paar Kilometern ragen die Dünen linker Hand auf.

Die Fahrt zu den **Weißen Sanddünen** dauert mit dem Motorrad etwa 40–60 Min. Der Weg führt den Highway entlang; nach dem großen Abzweig in Mui Ne folgt man immer der Straße. Nach etwa 15 Min. ändert sich die Landschaft: Dünen sind nicht mehr zu sehen, dafür bestimmen viel Grasland und zahlreiche Kühe das Bild. Hier liegt, etwa 10 km von Mui Ne entfernt, der „neue" **Red Canyon**. Dann kommen rechts die weißen Dünen ins Blickfeld, zu denen eine breite Staubpiste führt. Das Parken des Mopeds kostet 5000 Dong.

SONSTIGES

Geld

Am Strand gibt es einige Geldautomaten. Wenn ein Geldautomat eine 6-stellige Geheimnummer abfragt, besser den Automaten wechseln. In die Nebenstelle der Post im Westen des Strandes kann man sich per Western Union Geld anweisen lassen.

Medizinische Hilfe

Nahe dem Denkmal und dem Markt an der Strandstraße ist eine kleine **Krankenstation (Health Care Post)**, ✆ 062-384 7203. Von morgens bis in den frühen Abend kann man sich hier bei kleinen Problemen behandeln lassen (auch Behandlungen mit alternativer Medizin und Akupunktur). Im Westen haben einzelne kleine Polikliniken mal auf, mal sind sie zu. Sie bieten u. a. Ultraschall an. Bei ernsteren Problemen wendet man sich am besten an das Krankenhaus in Phan Thiet, bei richtig ernsten Problemen fährt man sofort nach HCMS in eine internationale Klinik.

OBEN LINKS LONG SON-PAGODE, NHA TRANG; **OBEN RECHTS** KITESURFER, MUI NE; **UNTEN LINKS** SANDDÜNEN, MUI NE **UNTEN RECHTS** PONGOUR-WASSERFALL NAHE DA LAT

Ein Arzt steht auch im **Swiss Village Resort** [7189], 44 Nguyen Dinh Chieu, zur Verfügung. Eine Konsultation kostet US$20. ⏲ 9–21 Uhr. Notfallnummer ☎ 091-821 0504. Eine Apotheke gibt es neben dem Markt, außerdem neben Mr. Binh Sahara Tours und im Westen vereinzelt zwischen den Geschäften. Salben, Sonnencreme und Mückenschutz werden auch in den Touristenläden feilgeboten.

NAHVERKEHR

Fahrräder und Motorräder

Einige Anlagen vermieten **Fahrräder**, mit denen man kurze Ausflüge in die Umgebung machen kann. Oft handelt es sich um einfache Räder aus chinesischer Produktion, doch es werden auch immer mehr Mountainbikes angeschafft, Leihgebühr US$1–8 am Tag. In jedem Fall Bremsen checken und auch den Rahmen, die Kette und die Bereifung in Augenschein nehmen.

Motorräder werden sowohl von Mopedverleihern als auch von Resorts und freien Mopedfahrern vermietet. Ein Tag kostet bis zu US$7. Was die Probleme mit Reparaturen anbelangt, so sind die Erfahrungen der Reisenden sehr unterschiedlich. Einige fühlten sich übers Ohr gehauen, andere hatten überhaupt keine Probleme. In jedem Fall ist es ratsam, das Motorrad bei der Übergabe genau zu überprüfen und bei bereits vorhandenen Schäden auf selbige hinzuweisen. Selbstverständlich sollte jeder vor der Abfahrt Bremsen und Lenkverhalten testen. Unbedingt muss man auf die Vermietung eines Helmes bestehen. In jüngerer Zeit wurden manchmal gar keine Mopeds vermietet (außer gegen Vorlage eines vietnamesischen Führerscheins) – das hängt von den Aktivitäten der örtlichen Polizei ab.

Benzin gibt es an kleinen privaten Tankstellen, die das Benzin meist in Plastikflaschen gefüllt vor der Tür stehen haben. Tankstellen mit Zapfsäulen auf dem Weg nach Phan Thiet und hinter dem Dorf Richtung weiße Sanddünen.

Jeeps

Lange Jahre war ein Besuch der Sanddünen nur mit einem Jeep möglich. Heute ist es eher das Safarigefühl, das einen Jeep attraktiv macht, denn wegen der gut ausgebauten Straße ist er nicht mehr wirklich notwendig. Nur die letzten Meter sind noch Staubpiste (besucht man allerdings die wenig erschlossenen Dünen etwa 5–10 km weiter die Straße entlang, macht ein Jeep durchaus Sinn, es wird aber teurer, s. dazu Sehenswürdigkeiten). Ein Jeep kostet etwa US$30 (bei Fahrten in Mui Ne). Wer sich einer Gruppe anschließt und eine Halbtagestour bucht, zahlt US$7 p. P. Touren zum Ta Ku-Berg ab US$50.

Bus

Zwischen den Stränden bis nach Phan Thiet fährt tagsüber bis in den frühen Abend hinein etwa jede halbe Stunde ein kleiner Bus, der an den auf der Karte eingezeichneten Bushaltestellen hält. Der Fahrpreis beträgt 3000–9000 Dong. Bis Phan Thiet für 30 000 Dong oder mit dem roten Bus bis zum Bahnhof für 35 000 Dong. Die Busse haben zwar feste Haltestellen, aber man kann sie auch heranwinken (Handfläche nach unten).

Taxis

Zuverlässig ist Mai Linh, ☎ 062-3838 3838.

Vorsicht: Taxifahrer einiger anderer Unternehmen versuchen immer wieder, Touristen mehr Geld abzunehmen, als das Taxameter anzeigt. Es ist vorgekommen, dass ein Fahrer für eine Fahrt von Phan Thiet nach Mui Ne auch den Preis für die Rückfahrt eingefordert hat, was natürlich jeder Grundlage entbehrt. Am besten man hat einige kleine Scheine und Münzen parat, sodass man passend zahlen kann und sich auf keine Diskussion um Wechselgeld einlassen muss. Eine Fahrt am Strand entlang kostet 80 000 Dong, nach Phan Thiet etwa 280 000–320 000 Dong.

Motorradtaxis

Zahlreiche Fahrer bieten ihre Dienste an. Gerne helfen sie auch herumirrenden Reisenden weiter, die vollbepackt eine Unterkunft suchen. Da die Fahrer meist Provision kassieren, ist die Auswahl natürlich nicht immer unvoreingenommen. Vor allem Reisende, die nachts mit dem Bus aus Ho-Chi-Minh-

Stadt ankommen, werden gern in überteuerte Anlagen geführt. Dennoch sind diese Fahrer oft eine angenehme Hilfe. Kurze Strecken sollten nicht über 20 000 Dong kosten. Am besten spricht man den Preis vor der Fahrt ab.

TRANSPORT

Busse

DA LAT, in 4–5 Std. inkl. Essenspause für US$6. Die Open Bus-Touren starten zwischen 7 und 8 und um 12 Uhr. Einige fahren über PHAN RANG, andere nehmen den direkten Weg.
HCMS, gegen 8, 13/14 und 24/1 Uhr in 5 Std. für US$5–7;
NHA THRANG, in 5–6 Std. für US$6. Die Open Bus-Touren fahren mittags gegen 13 Uhr; einige Gesellschaften starten auch um Mitternacht bzw. 1 Uhr nachts. Mit diesen Bussen geht es weiter bis nach HOI AN, HUE und HA NOI.
Empfehlenswerte Gesellschaften: nach HCMS mit **Phuong Trang (Futa Buslines)**, 20 Huynh Thuc Khang, ✆ 062-374 3113. Fährt um 8.45 und um 14.30 Uhr.
Empfehlenswerter **Open Tour**-Anbieter ist **The Sinh Tourist**, 144 Nguyen Dinh Chieu, ✆ 062-384 7542, 💻 www.thesinhtourist.vn. Busse nach HCMS und in Richtung Ha Noi bzw. Da Lat. Nach DA LAT 13 Uhr, NHA TRANG 13.30 Uhr, HCMS 7.30 und 13.30 Uhr. Aktueller Fahrplan unter: 💻 www.thesinhtourist.vn/busschedule. Wer ein Open Tour-Ticket hat, sollte einen Tag vorher per Internet einen Platz reservieren oder im Office vorbeigehen. Immer die Ticket-Nr. angeben. Das Office der Gesellschaft liegt im überteuerten **Mui Ne Resort**, 144 Nguyen Dinh Chieu, [7171], ❸–❺. Hier halten die Busse der Gesellschaft. 🕒 7–22 Uhr.
Auch **Hanh Café**, 117 Nguyen Binh Chieu, ✆ 062-384 7597, 💻 www.hanhcafe.vn/detail/from-mui-ne/12, bietet recht gute Busse zu den typischen Touristenorten.

Eisenbahn

Es bestehen tgl. Zugverbindungen zwischen HCMS und dem Bahnhof bei Phan Thiet (S. 883). Dank des roten Shuttlebusses ist dies eine sehr günstige und komfortable Reisevariante von und nach HCMS.
Wer Richtung HA NOI fahren will, muss ins 14 km von Phan Thiet entfernte Binh Thuan fahren. Abfahrtszeiten ab Phan Thiet s. S. 800.

Phan Thiet

Wer sich Phan Thiet [4823] nähert, dem wird gleich ein charakteristischer Geruch in die Nase steigen: ein würziges, modrig-fischiges Aroma, das auf eine Spezialität der Region hinweist, und zwar die in ganz Vietnam sehr beliebte Fischsauce, die hier in großen Mengen hergestellt wird.

Die große Fischereiflotte im Hafen macht deutlich: Das Haupteinkommen in dieser Region ist der Fischfang. Landwirtschaftlich ist die Region fast nur zum Anbau von Drachenfrüchten geeignet: Die Kakteen-Art verträgt die trockene Hitze gut.

ÜBERNACHTUNG UND ESSEN

Fast alle westlichen Touristen zieht es ein paar Kilometer weiter an den Mui Ne-Strand, deshalb sind die meisten Hotels in Phan Thiet eher auf einheimische Gäste eingestellt, am Wochenende daher immer voll und in der Woche fast ausgestorben.
Ca Ty Hotel, 40 Phan Boi Chau, ✆ 062-381 5900, 💻 www.catyhotel.com, [7508]. 2-Sterne-Hotel im Stadtzentrum, am Flussufer gelegen. Die 41 Zimmer bieten ein gutes Preis-Leistungs-Verhältnis. Hier trifft man Tourgruppen und Geschäftsreisende. ❷–❸
Doi Duong Hotel, 209 Le Loi, ✆ 062-382 1579, 💻 www.doiduonghotel.com, [8995]. An der Strandpromenade: 76 Zimmer, alle mit TV, Kühlschrank etc., in etwas kühler Atmosphäre. Pool mit Kinderbecken. ❸–❹
Einige kleine Restaurants, in denen es Seafood, besonders Muscheln, und dazu frisches *bia hoi* gibt, befinden sich am Fischereihafen am östlichen Ufer des Ca Ty-Flusses.
Ein Tipp für kulinarische Entdecker sind die **Essensstände** im Innenbereich des zentralen Marktes, wo allerlei lokale Spezialitäten zubereitet werden: kräftige Suppen (die Schale ab 10 000 Dong), Kurzgebratenes, Frühlings-

VIETNAM

rollen und Süßigkeiten. Wer auf einem der winzigen Stühle Platz nimmt und hier isst, sollte seinen Magen allerdings bereits ein wenig mit der vietnamesischen Küche (außerhalb der Hotelanlagen) vertraut gemacht haben.

TRANSPORT

Busse

Der **Busbahnhof** liegtnahe dem Zentrum. Von hier starten jeden Tag mehrere Busse u. a. nach HCMS, PHAN RANG, DA LAT, BEN TRE und BUON MA THUOT und zu weiteren Orten. Alle Verbindungen s. eXTra [8994].

Nach HCMS mehrmals tgl. von 2 Uhr nachts bis 18 Uhr abends in 5–6 Std., 90 000–150 000 Dong. Empfehlenswert ist **Phuong Trang (FUTA)**, ✆ 062-383 3179. Busse um 8 und 14.30 Uhr nehmen Mitfahrer auch vom Mui Ne-Strand mit.

Phuong Dung, ✆ 062-384 8353, fährt um 7 Uhr nach Vung Tau (pickt gebuchte Reisende am Mui Ne-Strand ab 5 Uhr morgens auf).

Busse zum Mui Ne-Strand halten u. a. am Busbahnhof/Markt und am Bahnhof (roter Bus). Eine Fahrt mit den kleinen blauen Bussen kostet 30 000 Dong, mit dem roten Bus 35 000 Dong.

Eisenbahn

Der kleine **Bahnhof** nördlich des Zentrums verbindet Phan Thiet direkt mit HCMS. Früher machte eine Reise nach/von Mui Ne mit dem Zug wenig Sinn, heute lohnt es darüber nachzudenken. Ab HCMS mit dem SPT2 um 6.50 Uhr (Ankunft 10.28 Uhr) oder mit dem SPT4 um 17.30 Uhr (Ankunft 21.28 Uhr). Mittags kann man den Bus nach Mui Ne nehmen, abends ein Taxi. Nach HCMS um 13.10 Uhr (Ankunft 17.14 Uhr) und 0.10 Uhr (Ankunft 10.55 Uhr). Ein *Softseat* auf dieser Strecke kostet etwa 175 000 Dong. Fernzüge s. S.883.

Tien Thanh-Strand und Leuchtturm von Ke Ga

Der **Tien Thanh-Strand** [4826], einige Kilometer südlich von Phan Thiet, ist der längste durchgehende Strand der Region, der zu stundenlangen Spaziergängen einlädt. Es gibt allerdings kaum Schatten, sodass es hier viel heißer ist als in Mui Ne. Wer Einsamkeit sucht, ist hier richtig. Die Landschaft ist in der Trockenzeit, wenn die schroffen Felsen nicht von dichtem Grün bedeckt sind, atemberaubend schön. Leider stören die Ruinen alter und nicht fertig gebauter Hotels das Bild. Im Westen ist Vorsicht geboten: Es wird dringend davon abgeraten, hier zu schwimmen, denn die Strömungen und Steine im Wasser sind unberechenbar.

Der Strand endet am **Leuchtturm**, der etwa 30 km von Phan Thiet entfernt auf einer kleinen Insel vor der Küste steht und der älteste und mit 54 m höchste Leuchtturm Vietnams ist. Er wurde von den Franzosen 1897 erbaut. Boote zum Leuchtturm müssen gechartert werden. Je nach Verhandlungsgeschick und Uhrzeit kostet die Fahrt in einem der kleinen runden Fischerboote zwischen 50 000 und 300 000 Dong.

Ta Ku-Berg

Dieser fast 700 m hohe Berg erhebt sich etwa 26 km (Luftlinie) südlich von Mui Ne inmitten einer Ebene. Große alte Bäume und Bambushaine begrünen seine Hänge. Ein knapp 12 000 ha großes Gebiet, in dessen Nordwesten sich der Berg erhebt, wurde per Regierungsdekret zur „Nature Reserve" erklärt. Es erstreckt sich im Süden von der Küstenlinie etwa 20 km landeinwärts und wird im Westen vom Phan-Fluss und im Norden vom Tre-Fluss begrenzt. Abholzung zur Erschließung von landwirtschaftlich nutzbarem Land, Kohleproduktion und Jagd bedrohen das Ökosystem.

Mit der Seilbahn geht es ungefähr 400 m hinauf auf den Berg, wo man die **Thruong Tho Phat Nam-Pagode** besichtigen kann, erbaut zwischen 1861 und 1878. Am Treppenaufgang rechts, kurz vor Erreichen der Pagode, liegt das Grab des Mönchs Ta Huu Duc (1812–1872), der als Begründer der Pagode gilt. An seinem Grab steht die Figur eines Tigers. Die Legende erzählt, dass der Mönch in trauter Zweisamkeit mit einem wilden, weißen Tiger lebte. Die beiden sollen sich gegenseitig beschützt haben. Als der Mönch verstarb, schied drei Tage später auch der Tiger aus dem Leben. Er wurde neben dem Mönch beigesetzt.

Hinter der Pagode führen Treppen zu einem 49 m langen und 12 m hohen **liegenden Buddha** hinauf. Er wurde 1964/1965 inmitten grüner Baumriesen errichtet. Dieser Buddha ist nicht nur der längste in ganz Vietnam, er gehört inzwischen auch zu den wichtigsten buddhistischen Pilgerstätten des Landes. Dargestellt ist Siddharta Gautama, der historische Buddha, der als Begründer des Buddhismus gilt.

Die Fahrt mit der Seilbahn (sie stammt aus Österreich, die Gondeln aus der Schweiz) kostet inkl. kleinem Zubringerbus 75 000 Dong, Fahrzeit etwa zehn Minuten. Man kann den Weg natürlich auch laufen. Der Aufstieg dauert je nach Konstitution etwa ein bis zwei Stunden. Unterwegs laden Erfrischungsstände zur Rast ein. Ohne Seilbahn beträgt der Eintritt 30 000 Dong, Kinder zahlen die Hälfte. Die Seilbahn fährt werktags von 7–11 und 13.30–17, Sa, So und an Feiertagen 7–11.30 und 12.30–17.30 Uhr.

Das südliche Hochland

Ob Trekking, Radtouren, Elefantenritte, Einbaumfahrten, nächtliche Safaris im Nationalpark, Baden unter einem Wasserfall oder eine Partie Golf in toller Umgebung: Das südliche Hochland bietet Raum für einzigartige Aktivitäten. Kaffeetrinker werden sich am besten Kaffee des Landes erfreuen. Der Anbau der aromatischen Bohne prägt das Landschaftsbild ganzer Regionen. Das Klima ist in zwei klar definierte Jahreszeiten getrennt: Die Regenzeit dauert von Mai bis November. Heftigste Regenfälle führen dann bisweilen zu Überflutungen und unpassierbaren Straßen. In der Trockenzeit von Dezember bis April herrscht mildes Klima. Die Tageshöchsttemperaturen liegen bei 18–25 °C. Abends kann es, besonders in Da Lat, überraschend frisch werden.

Die Anreise kann bequem per Flugzeug nach **Da Lat** oder **Buon Ma Thuot** erfolgen. Open Tour-Busse fahren nur nach Da Lat. Lokale Busse stellen das wohl preiswerteste Transportmittel dar und verbinden regelmäßig alle Ziele. Viel teurer, aber bequemer, sind Touren im Minibus, wie sie von vielen Agenturen angeboten werden. Wer es abenteuerlicher mag, fährt auf dem Rücksitz eines Motorrads mit einem Easy Rider durch die Berge (s. Kasten S. 806).

Da Lat

Der ehemalige französische Kurort Da Lat [4523] ruft bei den Besuchern sehr unterschiedliche Reaktionen hervor. Während sich die einen angesichts der voll gebauten Straßenzüge, die jegliche Bergdorf-Romantik vermissen lassen, an China erinnert fühlen, denken andere eher an Paris – zumindest beim Anblick des hell beleuchteten Funkturms, der wie ein kleiner Eiffelturm aussieht. Und für fast eine Million Vietnamesen, die jedes Jahr hierher kommen, ist Da Lat der schönste Ort Vietnams.

Strahlend flanieren die Besucher aller Nationen durch diese Stadt der Blumen, und alle scheinen nur eines zu wollen: die Kühle der Berge genießen und die Seele baumeln lassen. Besonders voll ist es am Wochenende – abends von 19 bis 22 Uhr werden dann die Straßen um den Hoa Binh-Platz für Fahrzeuge gesperrt. Aus dem Kino-Lautsprecher scheppert *I had a dream* von Abba, und die gepflegten Straßen, die Silhouette des „Eiffelturms" (der eigentlich der Funkturm der Post ist), das Treiben am Markt und die vielen glücklichen Vietnamesen schaffen eine einzigartige Atmosphäre.

In jüngster Zeit hat sich Da Lat außerdem zu Vietnams bester Action-Sport-Destination entwickelt: Für das Klettern, Wildwasserfahren, Abseiling und andere Outdoor-Sportarten bietet die Umgebung perfekte Möglichkeiten.

Turbulent geht's am **Markt** von Da Lat zu. Hier zeigt sich, dass die Stadt ihren Beinamen „Blumenstadt" zu Recht trägt: Viele frische Schnittblumen sind im Angebot, ebenso Obst und Gemüse bester Qualität. Die Umgebung von Da Lat ist fruchtbar und bringt viele Produkte hervor, die in ganz Vietnam verkauft werden und sogar in den Export gehen. Rund um den Vorplatz stehen Kleinhändler, die ihre Waren feilbieten. Die

Das südliche Hochland

hier von Ausländern geforderten Preise sind oft sehr hoch und nicht verhandelbar. Das gilt für Obst ebenso wie für Kleidung oder Blumen. Je weiter man in den Markt vordringt, desto realistischer werden die geforderten Preise.

Der 1919 angelegte **Xuan Huong-Stausee**, (übersetzt „Frühlingsduft" oder auch „Wohlgeruch der Jugend") ist das Zentrum Da Lats. Das Gewässer ist von einer 6 km langen Straße umgeben: morgens eine schöne Jogging-Strecke, abends eine Flaniermeile mit eine paar einladenden Restaurants. Einige alte Pferdekutschen haben sich gehalten, die heute zwar nicht mehr den Nahverkehr organisieren, aber immerhin noch Besucher um den See kutschieren.

Im **Botanischen Garten**, 2 Tran Nhan Tong, werden Orchideen, Rosen und allerlei exotische Pflanzen gezüchtet. Am Wochenende haben einige Fahrgeschäfte geöffnet, und ein Besuch lohnt allein wegen der guten Stimmung. In der Woche ist es hingegen sehr einsam und nur für absolute Blumenfans ein Tipp. 🕒 tgl. 6.30–18 Uhr, Eintritt 20 000 Dong, Kinder unter 1,20 m zahlen die Hälfte.

Bahnhof (Ga Da Lat)

Der restaurierte Bahnhof, 1 Quang Trung, etwa 3 km östlich des Zentrums, ✆ 063-383 4409, mit seiner charakteristischen Fassade und dem parkähnlichen Vorgarten ist der älteste in ganz

Vietnam und wurde vom Kultusministerium 2001 zum Nationaldenkmal erklärt. Von 1928 bis 1964 verlief eine Eisenbahnverbindung von Da Lat nach Thap Cham. Heute ist nur noch eine kurze Strecke befahrbar, und der Besucher fühlt sich wie in einem Museum. Zu sehen sind eine Dampflok aus dem Jahr 1936 und ein Waggon aus den 1950er-Jahren. Im Souvenirshop gibt es Kleidung der Minderheiten und T-Shirts mit einem Spezialdruck des Bahnhofs zu kaufen.

Täglich fahren fünf Züge ins 7 km entfernte **Trai Mat**, ein K'Ho-Dorf, wo man die sehenswerte **Linh Phuoc-Pagode** (s. Pagoden) besuchen kann. Abfahrten 8, 9.50, 11.55, 14 und 16 Uhr. Der Ausflug dauert etwa 1 1/2 Stunden, das Ticket kostet für Ausländer US$6, allerdings müssen sich mind. 15–20 Reisende einfinden.

Hang Nga Gallery and Guesthouse (Crazy House)

Das „verrückte Haus" [7019] etwas südlich des Zentrums, 3 Huynh Thuc Khang, ✆ 063-382 2070, 💻 www.crazyhouse.vn, ist ein skurriles Hotel, das Besuchern zur Erkundung offensteht. Verschiedene Gebäude mit organisch anmutenden Strukturen sind durch Treppchen und Übergänge miteinander verbunden, die ständig erweitert werden. Das Ganze wirkt wie die Kulisse eines Fantasy-Films. Mal schlängelt man sich durch enge Gänge, mal balanciert man weit über der Stadt über schmale Treppen. Die einzelnen Zimmer haben alle einen eigenen Charakter. Die Architektin Dang Viet Nga ist die Tochter eines ehemaligen Präsidenten Vietnams, Truong Chinh (reg. 1981–1988) – so lässt sich erklären, dass die Behörden den Bau dieses auffälligen Hauses erlaubten. Wer will, kann hier übernachten. Ein Zimmer kostet US$35–US$70 für 2 Pers. 🕒 tgl. 8.30–19 Uhr, Eintritt 40 000 Dong.

Dinh 3 (Bao Dais Sommerpalast)

Dieser Palast, 1 Trieu Viet Vuong, ✆ 063-382 6858, eigentlich eher eine Villa, ist die letzte für Touristen zugängliche Residenz von Kaiser Bao Dai. Sie diente dem Herrscher als Sommersitz. In den 1930er-Jahren, als das Haus erbaut wurde, muss es das Maximum an Moderne dargestellt haben. Vor allem das kleinere Thronzimmer, in dem der Besucher sich heute als Kaiser oder Kaiserin verkleiden und davon ein Foto machen lassen kann, ist sehr beliebt bei den zahlreichen vietnamesischen Besuchern. Im Obergeschoss befinden sich die Schlafzimmer und Privatgemächer der kaiserlichen Familie. 🕒 tgl. 7–17 Uhr, Eintritt 15 000 Dong.

ÜBERNACHTUNG

Es gibt weit über hundert Hotels in Da Lat, und so sollte es eigentlich kein Problem sein, ein Zimmer zu bekommen. Wer jedoch an einem vietnamesischen Feiertag anreist, wird eines Besseren belehrt: „Sorry, we are full", heißt es dann, und das ist keine Übertreibung: Da Lat ist als Ferienziel bei Vietnamesen derart beliebt, dass viele sogar bereit sind, auf dem Boden zu schlafen, um überhaupt unterzukommen. Außerdem ziehen die Preise dann gewaltig an. AC oder Heizung sind selten, da beides nicht wirklich nötig ist, denn fast nie wird es hier richtig heiß oder richtig kalt.

Untere Preisklasse

Chu's House, 65 Truong Cong Dinh, ✆ 063-382 5097, 💻 www.chuhouse.com, [9027]. Große, nicht mehr ganz neue, aber ansprechende Zimmer, einige mit Balkon oder einer Dachterrasse (die sich 2 Zimmer teilen) mit Sitzgelegenheit. Teppichboden, TV und alles, was man braucht. Die günstigsten Zimmer unten sind ein bisschen muffig und weniger einladend. ❶–❷

Hoan Hy, 14-16 Duong 3/2, ✆ 063-351 1288, ✉ hoanhyhotel@yahoo.com, [9047]. Mitten in der Stadt nahe dem Markt steht dieses imposante Haus mit schönen Zimmern und einem guten Preis-Leistungs-Verhältnis. Viele Zimmer mit 2 großen Betten, geräumig und gut ausgestattet. ❶–❸

Peace Guesthouse, 64 Truong Cong Dinh, ✆ 063-382 2787, [4527]. Eine alteingesessene Traveller-Unterkunft mit einfachen Zimmern; z. T. Balkon mit Blick auf den belebten Patz und – bei gutem Wetter – auf den Lang Bian. Unten im Haus Traveller-Küche (s. Restaurants) im Peace Café. Etwas den Hügel hinauf liegt auf der anderen Straßenseite das **Peace 2 Backpackers Homestay**, 67 Truong Cong Dinh,

063-383 1823, [9028]. Hier sind die Zimmer größer, und das Haus liegt etwas ruhiger nicht direkt an der großen Straße. ❶–❷

Phung Nghi Hotel, 64 Nguyen Chi Thanh, 063-383 4330, [7023]. Hier wird zwar kaum bis kein Englisch gesprochen, aber die Zimmer sind schön geräumig und mit den Glaserkern nicht nur hell, sondern bieten auch eine schöne Aussicht. Wer hier kein Zimmer findet, kann auf das nahe gelegene **Tan Anh** [8923] ausweichen. ❶–❷

Pink House Villa Hotel, 7 Hai Thuong, 091-395 3300, ahomeawayfromhome_dalat@yahoo.com, [9035]. Hier gibt es recht geräumige einfache Zimmer. Jedes Zimmer hat ein Fenster, einige sind sehr klein, andere bieten einen unvergleichlichen Blick auf Da Lat. Vor allem das Zimmer unter dem Dach mit 3 Betten und Balkon ist sein Geld wert. Bekannt vor allem wegen der tollen Secret-Touren von Mr. Roth (s. Touren). Inkl. Frühstück. ❷

€ **YOLO Hostel**, 31 Truong Cong Dinh, 096-818 9113, auf Facebook, [10188]. Nettes kleines Hostel in guter Lage mit 3 Dorms (6–15 recht eng stehende Betten) und einem DZ („Love Room") sowie Dachterrasse und Café. Nette Leute, gute Stimmung. Vorbuchen empfohlen. ❶

Mittlere bis obere Preisklasse

Dai Loi (Fortune) Hotel, 3A Bui Thi Xuan, 063-383 7333, [4538]. Saubere, gut ausgestattete Zimmer mit dunklen, nobel wirkenden Möbeln. Auch die Standardzimmer haben Fenster. Sehr großer Safe und abschließbare Schränke. Minibar, TV, z. T. Balkon. Inkl. Frühstück. Wenige Minuten Fußweg von Markt und See entfernt. ❸–❺

Dalat Hotel du Parc, 7 Tran Phu, 063-382 5777, www.dalatresorts.com, [4739]. Angenehmes 4-Sterne-Hotel mit 144 sauberen Zimmern. Neben kleinen Standardräumen, in denen Holzfußböden und große Fenster eine wohnliche Atmosphäre schaffen, gibt es 12 große Suiten für den anspruchsvolleren Gast. Das Haus öffnete erstmals 1932 seine Pforten, der alte Aufzug ist noch in Betrieb. Frühstück mit französischem Flair gegenüber im Café de la Poste. ❺–❻

Dreams Hotel (1), 164B Phan Dinh Phung, 063-383 3748, dreams@hcm.vnn.vn, [4533]. Beliebte, nicht weit ab vom Zentrum gelegene hochwertige Budget-Unterkunft. Es gibt Massage-Duschen und ansprechende Zimmer. Etwas teurer und größer und mit Aufzug ausgestattet, ist das **Dreams Hotel (2)** ein paar Meter weiter in der 141 Phan Dinh Phung, [9054]. Beide Häuser haben AC (was meist unnötig ist), Safe und TV. Und: Beide verwöhnen den Gast mit Sauna und Whirlpool (16–19 Uhr). Eine wunderbare Entspannung nach einem Action-Tag. Familiäres Frühstück am großen Tisch mit Erdnussbutter, Früchten und Marmelade. ❷–❸

Thien An Hotel, 364 (alte Nummer 272A) Phan Dinh Phung, 063-352 0607, www.thienanhoteldalat.com, [4536]. Beliebtes Haus mit 14 Zimmern auf 3 Etagen. Die Zimmer liegen ruhig, haben AC, TV, Safe und Kühlschrank; Frühstück inkl. Vermietet Mopeds und kostenlos Fahrräder, mit denen man schnell in der Stadt ist. Der Schwester des Besitzers gehört das Dreams Hotel, von dort kann man sich bringen lassen. Inkl. ausladendem gemeinschaftlichem Frühstück am großen Tisch. ❷–❸

Trung Cang Hotel, 4A Bui Thi Xuan, 063-382 2663, www.thesinhtourist.vn, [4532]. 27 Zimmer in einem gut geführten Hotel, das zur Sinh Tourist-Gruppe gehört: Wer mit einem dieser Busse kommt, wird hier abgesetzt. Inkl. Frühstücksbuffet. ❷–❸

ESSEN

Die Restaurants sind in der Regel von morgens bis abends durchgehend geöffnet. Gegen 23 Uhr gehen meist auch die letzten Gäste nach Hause. Immer mehr Cafés entstehen, und vor allem junge Vietnamesen verbringen hier ihre Nachmittage oder Abende. Die meisten Cafés haben auch kleine Speisen im Angebot. Eine Vielzahl kleiner **Cafés und Restaurants**, deren Angestellte es gewohnt sind, westliche Gäste zu bedienen, reiht sich südlich des Marktes die Le Dai Hanh bzw. Nguyen Chi Thanh entlang. ***Pho- und com-*****Lokale** befinden sich ebenfalls zahlreich in

der Stadt, u. a. oberhalb des Marktes an der Phan Boi Chau.

13 Café-Bar, 13 Tang Bat Ho, ✆ 062-8533 3732, [9042]. Ein ganz besonderer Platz: tolle Atmosphäre, gute Musik, ansprechendes Ambiente, gepflegt und freundliches Personal. Der perfekte Ort für ein Glas Wein oder ein Bier. Kleine Speisekarte und gute Küche (Shakes, Thai-Curry, Frühlingsrollen – Burger und Pommes sollen nicht so lecker sein). ⌚ ab 14 Uhr, Ende offen.

Backpackers-Tourists Café, 61 Duong 3/2, ✆ 090-364 0643, ✉ dalatbackpackercafe@yahoo.com, [9043]. Das ist nicht nur der Treffpunkt einiger Easy Rider, es gibt auch günstige Traveller-Küche mit europäischen und vietnamesischen Gerichten.

Café Tung, 6 Khu Hoa Binh, ✆ 063-382 1390, [4543]. Kleines, legendäres Café nahe dem Markt. Der Kaffee allein ist den Besuch wert, das Ambiente erst recht. Man sitzt wie eh und je an kleinen Tischchen, wartet, bis der Kaffee durch den Filter läuft, und unterhält sich mit seinem Nachbarn.

Da Quy – Wild Sunflowers, 49 Truong Cong Dinh, ✆ 063-351 0883, ✉ locanh2000@yahoo.com, [4544]. Familiäre Atmosphäre im kleinen Restaurant. Neben der obligatorischen Pizza-

und Pasta-Auswahl sind die vietnamesischen Gerichte gut und günstig; z. B. frische Wraps in Reispapier oder das Curry mit Erdnüssen. Kein Glutamat. Oft voll.

Hoa Sen Vegetarian Restaurant, 62 Phan Dinh Phung, ☏ 063-356 7999, [9045]. Großes Restaurant mit englischer Speisekarte und allerlei schmackhaften vegetarischen Gerichten. ◷ 6–14 und 16–21 Uhr.

V Café, 1 Duong Bui Thi Xuan, ☏ 063-352 0215, 💻 www.vcafedalatvietnam.com, [4549]. Beliebtestes westliches Restaurant der Stadt. Burritos, Tacos, Pizza, dazu Salate und vegetarische Gerichte. Calcutta-Curry und Phuket-Hühnchen würzen die Karte mit asiatischem Flair. Gehobene Preise. Livemusik unterschiedlicher Richtungen ab 19.30 Uhr.

Vinh Loi, 10A Hai Thuon, ☏ 063-382 1837. Auf 2 Etagen verteilen sich viele 6er-Tische, die um die Mittags- und Abendzeit von Einheimischen belegt sind. Auf der englischen Speisekarte gibt es verschiedenste günstige Reis- und Nudelgerichte mit Fisch oder Fleisch.

AKTIVITÄTEN

Abseiling und Canyoning ist ein Angebot für alle Abenteurer, die sich an einem Wasserfall abseilen können oder Lust haben, das einmal auszuprobieren. Es gibt eine einfachere und eine schwierige Route. Generell sollten die Teilnehmer körperlich fit sein und sich nicht vor schäumender Gischt und luftiger Höhe fürchten.

Beschauliche Fahrten mit einem **Leichtkajak** auf den Seen und Flüssen in Da Lats Umgebung versprechen Natur pur. Es geht z. T. zu Fuß, aber meist auf dem Wasser durch eine faszinierende Landschaft. Keine Wasserfälle oder sonstige Gefahren.

Kletterpartien unterschiedlicher Schwierigkeitsgrade sind eines der Highlights in Da Lats Action-Sport-Programm. Wer das Klettern lernen will, kann dies in den Bergen der Umgebung. Täglich gibt es Kurse für Anfänger und Ausflüge für Könner in die faszinierende Landschaft der Umgebung. Das Equipment, inkl. Kletterschuhen, wird vom Veranstalter gestellt. Einige Touren sind mit Abseiling-Aktionen gepaart.

Täglich können **Mountainbike-Touren** organisiert werden. Es gibt verschiedene Routen und Schwierigkeitsgrade, die ab US$38 p. P. kosten. Betreute Touren gibt es auch nach Mui Ne, Nha Trang und bis nach Ho-Chi-Minh-Stadt (inkl. Begleitfahrzeug, Führer und Übernachtung). Gestellt werden das Fahrrad, ein Helm und Handschuhe sowie Verpflegung,

Auf dem Motorrad durch das Hochland

Eine bei vielen Travellern beliebte Option für eine Weiterfahrt ab Da Lat ist eine Tour mit einem der **Dalat Easy Rider**. Hierbei handelt es sich um einen Zusammenschluss von Motorradfahrern, die, ausgerüstet mit großen, verlässlichen Maschinen, Tages- und mehrtägige Touren anbieten. Bei Ausflügen in die Umgebung werden etwa US$30, bei längeren Touren über Land US$65–75 am Tag berechnet. Dabei sind Übernachtungen und Eintrittsgelder inbegriffen. Viele Reisende berichten, dass eine mehrtägige Tour durch die Highlands zu den absoluten Höhepunkten ihres Vietnam-Trips gehörte – und die Schmerzen im Hinterteil am zweiten Tag vergehen würden ... Zweifellos hat man auf dem Rücksitz eines Motorrads ein weit intensiveres Reise-Erlebnis als in einem Bus. Zielpunkt für solche Touren sind oft Nha Trang oder Hoi An, sodass es auch möglich ist, die Tour in umgekehrter Richtung von dort nach Da Lat zu machen.

Die Dalat Easy Rider, von denen es etwa 50 gibt, sprechen gutes Englisch und haben eine blauschwarze Uniform mit der Webadresse auf dem Rücken. Die Mitglieder findet man im Easy Rider Café, 70 Phan Dinh Phung, und im Backpackers Tourists Café, 61 Duong. Vor einiger Zeit wurde die Gruppe verkleinert, um die Qualität sichern zu können. Teamchef Mr. Quan, ☏ 09-0364 0643, betreibt eine strenge Auswahl; gibt es zweimal schlechtes Feedback von Reisenden, droht der Ausschluss. Mehr Infos unter 💻 www.vietnam-motorcycle-easyriders.com.

oft ist auch die Unterkunft im Komplettpreis enthalten. Man sollte sich vor Beginn der Fahrt vom ordnungsgemäßen Zustand des Fahrrades überzeugen.
Trekking-Touren werden von allen Veranstaltern mit und ohne Übernachtung angeboten. Alle Tourpreise beinhalten die Begleitung durch einen Führer, Transfer, Eintrittsgebühren und Mittagessen. Tagestouren und Touren mit ein oder zwei Übernachtungen werden angeboten. Auch die Open Tour-Veranstalter (s. u., Transport) bieten Trekking-Touren an; deren Pfade sind wohl die am stärksten ausgelatschten.
Es gibt zahlreiche Reisebüros, die Touren verkaufen, und einige Anbieter, bei denen man direkt buchen und auch die Ausrüstung und die Fahrräder in Augenschein nehmen kann. Neben den gelisteten finden sich etliche vor allem in der Truong Cong Dinh.
Groovy Gecko Adventure Tours, 65 Truong Cong Dinh, ✆ 063-383 6521, 💻 www.groovygeckotours.net. Verschiedene Action-Sport-Angebote, z. B. Klettern, Mountainbiken und mehr.
Phat Tire Ventures, 109 Nguyen Van Troi, ✆ 063-382 9422, 091-843 8781 (Brian), 💻 www.phattireventures.com. Der erfahrene Anbieter ist seit Jahren vor Ort und organisiert Trekking, Kajakfahren, Mountainbiking u. a. Touren. Auf Sicherheit wird sehr viel Wert gelegt. Auf der Website kann man prima vorbuchen und sich genau über die Angebote informieren.
Pine Track Adventures, 72B Truong Cong Dinh, ✆ 063-383 1916, 💻 www.pinetrackadventures.com. Erfahrener Anbieter, gute Beratung. Bietet Abenteuertouren vom Mountainbikefahren bis zum Wildwasserkajak. Sei es einen Tag oder gleich eine ganze Woche. Seien es einfache Touren mit Kindern oder Herausforderungen für erfahrene Abenteurer.

TOUREN

Die Open Tour-Busbetreiber (Adressen s. Transport) bieten Stadtrundfahrten und Ausflüge in die Umgebung an. Diese Touren eignen sich nur für Leute, die auch in einer zusammengewürfelten Gruppe ihren Spaß haben. Die meisten Touren sind mit viel obligatorischem Besichtigungsprogramm verbunden. Man wandert daher auf ausgetretenen Pfaden, was aber nicht unbedingt jeder nachteilig findet. Es lohnt sich, die aktuellen Prospekte durchzublättern oder nach speziellen Touren zu fragen, denn die Betreiber passen ihr Angebot immer wieder den Wünschen der Kunden an.
Es gibt verschiedene Kombinationsmöglichkeiten für Touren in die Umgebung: Eine Wanderung auf den Lang Bian-Berg kann z. B. durch eine Besteigung des Mt. Pinhatt ersetzt werden. Zudem besteht die Möglichkeit, Dörfer der ethnischen Minderheiten der Lat, Lach und Chil zu besuchen. Die Preise beinhalten den (englischsprachigen) Führer, die nötigen Permits, Mahlzeiten und ggf. die Übernachtung.
Secret Tour mit Roth, ✆ 091-395 3300, [8928], wohnhaft und anzutreffen im Pink House Villa Hotel (s. Übernachtung). Roth, ursprünglich ein Junge aus den Bergen, wurde als eines von 11 Kindern adoptiert, kam nach Da Lat und genoss eine gute Ausbildung. Heute spricht der junge Mann gut Englisch, Vietnamesisch und die Sprache seines Volkes, der K'Ho. Seine Touren in die Berge, in sein Heimatdorf, sind etwas ganz Besonderes. Wer Zeit hat, sollte sich diesen Ausflug nicht entgehen lassen. Transport mit dem Moped oder dem Auto, max. 12 Pers., Preis p. P. US$30.
Es werden zudem Touren in den **Nam Cat Tien-Nationalpark** angeboten, die man z. B. bei einer 3-tägigen Tour mit einer Weiterfahrt nach Ho-Chi-Minh-Stadt verbinden kann.
Eine kurze Tour durchs Zentrale Hochland führt über den Lak-See nach Nha Trang. Eine weitere Option ist eine Fahrt vom Lak-See nach Buon Ma Thuot und Plei Ku. Von dort geht es weiter nach Kon Tum. Die Reise endet in Hoi An. Kosten auf Anfrage beim Veranstalter; sie variieren je nach Saison und Anzahl der Gäste.

SONSTIGES

Einkaufen

Der Markt von Da Lat ist ein Shopping-Paradies für Liebhaber von **frischen Früchten** und **Blumen**. Doch auch die weiterverarbeiteten Produkte sind nicht zu verachten: Beim **Da Lat-Wein** sollte man allerdings eher zu einer der teureren Flaschen (ab 65 000 Dong) greifen, um nicht enttäuscht zu werden. Wer vom Klima überrascht ist und etwas **Warmes zum Anziehen** braucht, wird in den Geschäften links vom Haupteingang des Marktes fündig. Billiger ist der Secondhand-Kleidermarkt, der abends in der Straße an der östlichen Seite des Marktes aufgebaut wird. Allerdings kann es schwierig sein, die passende Größe zu finden. Weitere lohnenswerte Produkte der Region sind **Kaffee** und **Tee**, die es auf dem Markt in guter Qualität zu kaufen gibt.

Mopeds und Fahrräder

Mopeds und Fahrräder gibt es in fast allen Hotels und Gästehäusern für etwa US$6 (Moped) bzw. US$3 (Fahrrad) pro Tag zu mieten. Tandems werden meist stundenweise vermietet und kosten 20 000 Dong.

TRANSPORT

Busse

Die Busse in der Nähe des Marktes dienen hauptsächlich dem Nahverkehr. Da Lats **Fernbusbahnhof** (Ben Xe Lam Dong) liegt 3 km vom Zentrum entfernt an der 3 Thang 4. Eine Fahrt mit dem Xe om dorthin kostet etwa 30 000 Dong.

Wer seinen Platz bei der Phuong Trang-Gesellschaft (FUTA) vorbucht, wird von Shuttlebussen am Hotel abgeholt. Ein Büro der Phuong Trang-Linie befindet sich in der 11A/2 Le Quy Don. Reservierung unter ✆ 063-358 5858.

CAN THO, um 7 und 19 Uhr mit dem *Sleeper* in 13 Std. für 320 000 Dong;
DA NANG, um 14 und 16.30 Uhr mit dem *Sleeper* in 12 Std. für 270 000 Dong;
HCMS, ab 5 bis 13 Uhr stdl. mit dem *Sleeper* in 7 Std. für 220 000 Dong;
NHA TRANG, um 7, 8, 11, 12, 13, 15 und 16 Uhr in 5 Std. für 135 000 Dong.

Open Tours

In der Regel holen die Tourbusse die Passagiere von ihrem Hotel ab.

HCMS: tgl. mehrere Busse der Gesellschaften Hanh, Sinh und T. M. Brothers. Abfahrt 7.30 Uhr, Ankunft in Ho-Chi-Minh-Stadt ca. 15 Uhr. Preis um 180 000 Dong.
MUI NE: Die frühen Busse starten gegen 7.30 Uhr, kosten um 110 000 Dong und brauchen etwa 5 Std. für die Strecke. Mittags fahren einige Gesellschaften gegen 13 Uhr los, Ankunft im 300 km entfernten Mui Ne um 17 Uhr.
NHA TRANG: Bustouren starten um 7 und 13.30 Uhr und meistern die 220 km in etwa 5 Std. Preis um 110 000 Dong.
Die Busse nach Nha Trang und Mui Ne treffen sich bei einigen Gesellschaften an den Po Klong Garai Cham-Türmen. Hier müssen einige Reisende ihren Bus wechseln, je nachdem, ob sie nach Mui Ne oder nach Nha Trang wollen.
Das Büro der zuverlässigen Gesellschaft **Sinh-Travel** ist im Trung Cang Hotel angesiedelt, 22 Bui Thi Xuan, ✆ 063-382 2663, 💻 www.thesinhtourist.vn.

Flüge

Der kleine **Flughafen Cam Ly** etwa 5 km westlich der Stadt wird fast nur von Militärmaschinen genutzt. Die zivile Luftfahrt landet auf dem **Flughafen Lien Khuong** etwa 30 km südlich.
Von hier geht's mit Vietnam Airlines und VietJet tgl. nach DA NANG, HA NOI und HCMS.

Die Umgebung von Da Lat

Beliebt sind Bootsfahrten auf dem **Da Thien-See**, um den sich viele traurige Legenden ranken, die alle damit enden, dass sich ein verliebtes Mädchen im See ertränkt. Auch am idyllischeren **Tuyen Lam-See** (auch: Quang Trung Reservoir) südlich von Da Lat gibt es Bootstouren zum gegenüberliegenden Ufer (200 000 Dong für ein Boot, das bis zu 5 Pers. fasst). Zum See kommt man am besten mit der Seilbahn *(cap treo)*, deren eine Station auf dem **Robin Hill** nahe dem Fernbusbahnhof zu finden ist (einfache Fahrt 35 000 Dong, hin und zurück 50 000 Dong). Achtung: Die Seilbahn macht werktags

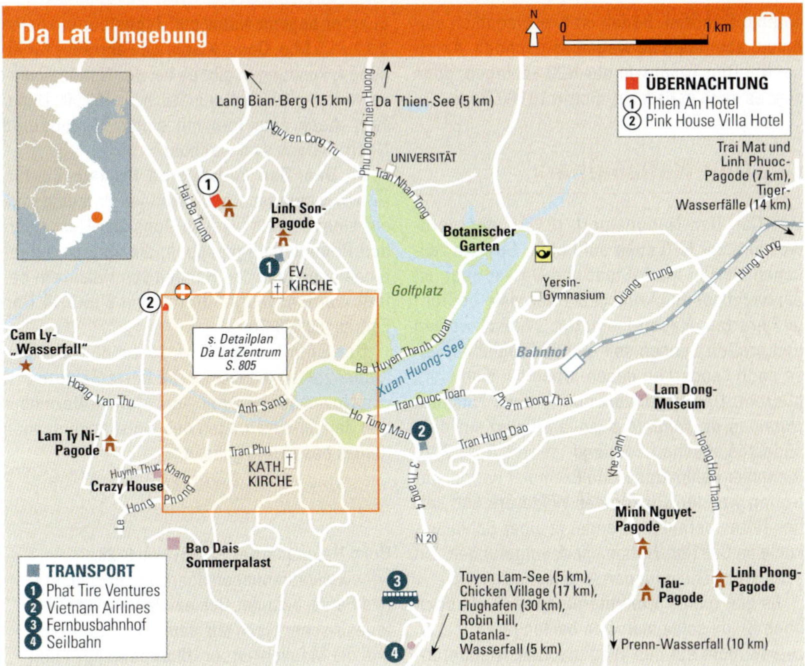

eine Mittagspause von 11.30–13.30 Uhr. Eine andere Möglichkeit: der N20 stadtauswärts nach Süden folgen, nach etwa 5 km rechts abbiegen und auf dieser Straße weitere 2 km fahren.

Ein Besuch des **Datanla-Wasserfalls**, 5 km südlich des Stadtkerns, lässt sich gut mit einem Ausflug zum Tuyen Lam-See verbinden. Der Wasserfall liegt an der N20, knapp 400 m von der Straße entfernt. Für die Anreise über die N20 einige hundert Meter nach dem Abzweig zum Tuyen Lam-See rechts abbiegen und dem Waldweg folgen. ⌚ tgl. 6–18 Uhr, Eintritt 10 000 Dong.

Das berühmte **Chicken Village** (Lang Ga) ist eine Ansammlung von Häusern an der Straße nach Nha Trang. Das etwa 17 km von Da Lat entfernte K'Ho-Dorf verdankt seinen Namen einem 5 m hohen Betonhuhn, das ohne ersichtlichen Grund auf dem Dorfplatz hockt – niemand weiß genau, was es mit dem Huhn auf sich hat, wenngleich es viele Theorien gibt: vom verliebten Mädchen, das bei der Hühnerjagd starb, bis zur sozialistischen Ehrung für die tapferen Hühner-Bauern. Auf jeden Fall ist es seit vielen Jahren Fotomotiv für Busladungen voller Touristen. Entsprechend viele Souvenirgeschäfte reihen sich aneinander. Die meisten Arbeiten wurden von Cham-Handwerkern aus der Gegend um Phan Rang/Thap Cham angefertigt.

Die **Tiger-Wasserfälle** liegen 14 km östlich von Da Lat. Der Name erinnert daran, dass bis vor 50 Jahren in der Umgebung noch viele Tiger, Elefanten und anderes Großwild lebten. Doch schon Kaiser Bao Dai und seine Jagdgesellschaften sorgten dafür, dass dies nicht so bleiben sollte. Der **Gougah-Wasserfall** (Elephant Falls) knapp 40 km südlich von Da Lat ist 17 m hoch und teilt sich in zwei Kaskaden. Anreise über die N20, von der der Fall einen halben Kilometer entfernt liegt. Will man ihn von unten sehen, ist etwas Kletterei vonnöten – nichts für Kinder und Ältere. 10 km weiter erreicht man den spektakuläreren **Pongour-Wasserfall**. Er ist 40 m hoch. Das Wasser donnert mit viel Getöse in einen See zu seinen Füßen, sein Rauschen ist weithin zu hören. Baden ist hier eigentlich verboten, aber manche wagen es dennoch. Anreise: Bei Duc Trong von der N20 abbiegen, dann sind es noch etwa 8 km. Eintritt 10 000 Dong.

Cat Tien-Nationalpark

Der Cat Tien-Nationalpark **[9318]**, der nordwestlich der N20 etwa auf halber Strecke zwischen Ho-Chi-Minh-Stadt und Da Lat liegt, ist ein wichtiges Rückzugsgebiet für viele bedrohte Tierarten. Neben Elefanten, Wildschweinen und großen Echsen soll es hier möglicherweise noch Leoparden geben. Doch sie sind stark bedroht. Das sagenumwobene **Java-Nashorn** *(Rhinoceros sondaicus annamiticus)* auf dem südostasiatischen Festland ist seit April 2010 für immer dahin: Das letzte Exemplar wurde, getroffen von der Kugel eines Wilderers und seines Horns beraubt, verendet in einer Schlammkuhle im Cat Tien-Nationalpark aufgefunden. Ein schwerer Schlag für den Artenschutz.

Es gibt einige **Trekkingrouten** im Park, doch ohne Guide sollte man sich bei längeren Touren zu Fuß nicht auf den Weg machen. Markierungen fehlen völlig, und direkt hinter dem Hauptquartier beginnt Natur pur. Tagestouren kosten bis zu 1,5 Mio. Dong. Klapprige Fahrräder für eigene Erkundungen gibt es bei der Nationalparkverwaltung (30 000 Dong/Std. bzw. 150 000 Dong/Tag). Auch eine Tour mit einem Minibus und Nacht-Safaris sind machbar.

Im **Dao Tien Endangered Primate Center**, www.go-east.org, unweit des Parkeingangs auf einer kleinen Insel im Dong Nai-Fluss, werden Primaten aufgepäppelt, die verletzt aufgefunden oder aus den Händen von Wilderern befreit wurden. Touren dorthin um 8 und 14 Uhr. Eintritt 150 000 Dong.

Der Eintritt in den Park kostet 40 000 Dong, Kinder zahlen die Hälfte. Die beste Reisezeit ist von November bis April – die Monate Dezember und Januar sind wegen des meist angenehmen Klimas besonders günstig.

ÜBERNACHTUNG UND ESSEN

Beim **Hauptquartier**, 061-366 9228, www.cattiennationalpark.vn, am Eingang des Parks, befindet sich ein **Restaurant** (Tipp: tagesfrischer Fisch aus dem Dong Nai-Fluss) und die Möglichkeit zur **Übernachtung** in den **Bungalows der Nationalparkverwaltung**.

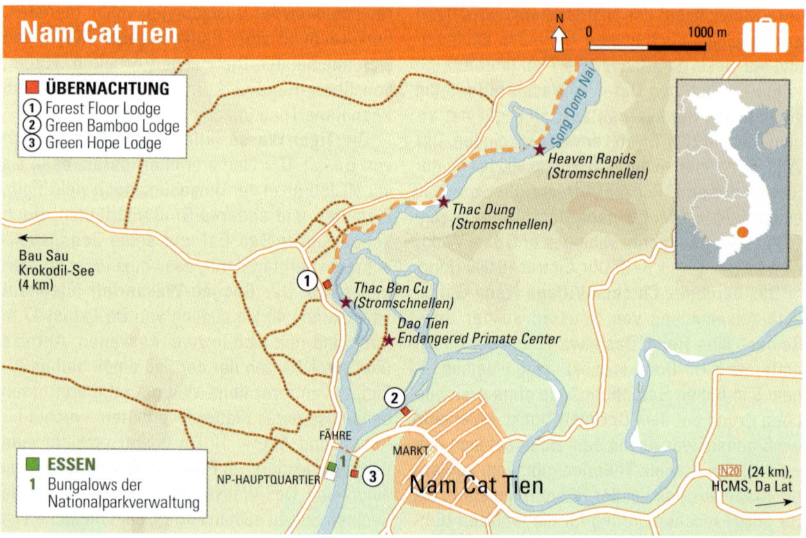

Das Gästehaus besteht aus 4 Gebäuden mit verschiedenen Optionen: 3-Bett-Zimmer, 2-Bett-Zimmer und EZ. ❷–❸
Empfehlenswerter sind die privaten Unterkünfte. Im Park liegt die

Forest Floor Lodge, im Park am Dong Nai-Fluss, ✆ 061-366 9890, 💻 www.vietnamforesthotel.com, [9320]. „Ecolodge" mit Wohnmöglichkeiten in komfortablen, fest auf Plattformen installierten Zelten, im schönen, rekonstruierten Holzhaus oder in Zimmern im steinernen Gästehaus. Die sympathischen Betreiber, ein britischer Biologe und seine vietnamesische Frau, sind um einen kleinen ökologischen Fußabdruck bemüht. ❺–❻

Auf der anderen Seite des Flusses, im Nam Cat Tien Village, gibt es weitere empfehlenswerte Unterkünfte:

Green Bamboo Lodge, ✆ 097-334 6345 (Mr. Vung), ✉ cattien_vung@yahoo.com, [9321]. Familiäre kleine Anlage am Ufer des Flusses mit 7 Bungalows und einem Langhaus; alles, soweit möglich, aus Bambus erbaut und mit Solarstrom betrieben. Ein Pavillon auf Stelzen ragt über das steile Flussufer und dient als Restaurant und Treffpunkt. 2 Steinbungalows im hinteren Bereich des Gartens werden vom gleichen Betreiber vermietet und firmieren unter dem Namen **River Lodge**. ❷–❸

Green Hope Lodge, Hamlet 4, ✆ 061-366 9919, ✉ bookroomonlinegreenhopelodge@gmail.com, [9322]. Am Flussufer liegen 7 Zimmer in hübschen Steinbungalows, mit oder ohne AC, locker verteilt in einem Garten, in dem Cashew- und Pomelo-Bäume wachsen. ❷–❸

TRANSPORT

Bei der **Anreise** über die N20 (Bus HCMS–Da Lat oder Da Lat–HCMS) kann man sich in TAN PHU nahe der Post absetzen lassen und von dort ein Xe om für die letzten 24 km bis zum Park (um die 250 000 Dong) nehmen. Viele Xe om-Fahrer verlangen jedoch stark überhöhte Preise, und es kam bereits zu einigen Unfällen auf der Strecke. Empfehlenswerter ist daher die direkte Anreise:

Von HCMS fahren tgl. um 6.45, 7.40, 8.30 und dann etwa stdl. bis 15 Uhr **lokale Direktbusse** ab Mien Dong-Busbahnhof – und für einige Traveller war schon diese etwa 4-stündige Busfahrt im engen Kontakt zur Bevölkerung ein Highlight ihrer Reise. Tickets gibts am Mien Dong-Bahnhof, Schalter 6, für 85 000 Dong. Alternativ können für US$45 bzw. US$70 **private Transporte** ab HCMS organisiert werden. Kontakt über Mr. Vung von der Green Bamboo Lodge.

Weiterreise:
DA LAT, Direktbus um 6.30 Uhr in ca. 5 Std. für 130 000 Dong;
HCMS, mehrere Busse vormittags in ca. 4 Std. für 85 000 Dong.
Den Bus bucht man am besten über die Unterkunft, dann wird man dort auch abgeholt.

Buon Ma Thuot

Buon Ma Thuot [4782] ist die Hauptstadt der Provinz Dak Lak, die einige landschaftliche Schönheiten und interessante, von kleinen Ethnien bewohnte Dörfer aufweist. Die Stadt hat selbst nicht allzu viele Attraktionen zu bieten, ist jedoch Durchreise- und Übernachtungsstopp auf vielen Hochland-Touren und Ausgangspunkt zu einigen Zielen in der Umgebung.

Der zentrale Punkt von Buon Ma Thuot ist das **Siegesmonument**, um das der Kreisverkehr braust. Viele Hotels und Cafés befinden sich in der Nähe, ebenso zwei Museen: das **Revolutionsmuseum**, 1 Le Duan, ⌚ Mo–Fr 7.30–11 und 14.30–17 Uhr, Eintritt 10 000 Dong, dessen Besuch durchaus verzichtbar ist, und das sehr sehenswerte **Ethnografische Museum**, 12 Le Duan, ⌚ tgl. außer Mo 8–16 Uhr, Eintritt 20 000 Dong.

Ein längerer Spaziergang führt ins **Dorf Akho Dong**, das am Rande der Stadt einigen Angehörigen der ethnischen Minderheit der E De Heimat bietet. Es handelt sich eigentlich nur um einen Straßenzug, an dem sich etwa 30 Langhäuser befinden. Einige E De sind bereits in vietnamesische Betonhäuser umgezogen. Wer Glück hat, wird noch einige traditionelle Weber bei der Arbeit sehen.

Absolutes Highlight in der Stadt ist der **Kaffee** – zweifellos der beste in Vietnam und für alle, die den vietnamesischen Kaffee besonders schätzen, einer der besten der Welt.

ÜBERNACHTUNG

Die Hotels in Buon Ma Thuot sind nicht überragend, doch die meisten Reisenden bleiben – wenn überhaupt – sowieso nur für eine Nacht.

Bach Ma (White Horse), 9-11 Nguyen Duc Canh, ✆ 0500-381 5656, 💻 www.bachmahotel.com.vn, [4796]. Einst eines der Vorzeigehotels der Stadt, inzwischen in die Jahre gekommen; 58 Zimmer, Pool, Karaoke, Disco und Massage. ❸–❹

Damsan Hotel, 212-214 Nguyen Cong Tru, ✆ 0500-385 1234, 💻 www.damsanhotel.com.vn, [4797]. Etwas abseits des Zentrums gelegen, bietet dieses ruhige, auch nicht mehr ganz neue Hotel einladende Zimmer und geräumigere Suiten, ein gutes Restaurant, einen Swimming Pool, Massage und einen Tennisplatz. Freundliche, sehr hilfsbereite Angestellte. Frühstück inkl. ❸–❺

Eden Hotel, 228 Nguyen Con Tru, ✆ 0500-384 0055, [4788]. Gemütliche, saubere Standardzimmer und modern gestaltete VIP-Räume mit Balkon und guter Ausstattung in einem schönen Hotel etwas abseits des Zentrums in ruhiger Lage. Ms. Minh Hue, die freundliche Tochter des Eigentümers, spricht ein wenig Englisch und leitet das Haus. Restaurant. ❶–❷

ESSEN

Kulinarisch hat die Stadt einiges zu bieten; es ist jedoch schwer, ein Restaurant mit englischer Speisekarte zu finden. Lohnend ist auf jeden Fall ein Besuch in einem der vielen **Cafés**, denn den Kaffee sollte man sich nicht entgehen lassen. Bierfreunde finden eine Reihe billiger ***bia hoi*-Läden** an der Kreuzung Mac Thi Buoi/Phan Boi Chau. Meist dauert es nicht lange bis zum ersten „Hello, you!" vom Nachbartisch.

Cay Bang, 9-11 Quyen Ngo. Eines der beliebten Fischrestaurants in der Straße. Leckere Garnelen zum Selbergrillen auf einem kleinen Tisch-Kohleofen. Die Speisekarte ist zwar nicht in Englisch, dafür aber mit Bildern. 🕒 12–23 Uhr.

Thanh Tram, 22 Ly Thuong Kiet, ✆ 0500-385 4960. Eines von mehreren guten *nem*-Restaurants in dieser Straße: Die leckeren Frühlingsrollen werden in Einzelteilen serviert und vom Kunden selbst nach Geschmack zusammengerollt. In die Erdnusssauce dippen – köstlich. Ein preiswertes, sättigendes Essvergnügen. Eine Speisekarte braucht man hier nicht, alle Zutaten werden einfach auf den Tisch gestellt.

INFORMATIONEN UND TOUREN

Vietnam Highland Travel, 24 Ly Thuong Kiet, im Thanh Binh Hotel, ✆ 0500-385 5009, 💻 http://vietnamhighlandtravel.com, bietet Touren in die Umgebung an; von der City-Tour bis zum mehrtägigen Ausflug ins Hochland. Der lizenzierte **Guide** Mr. Vu, ✆ 090-505 7890, 💻 www.dakviettravel.com.vn, bietet auch individuell konzipierte Touren an.

TRANSPORT

Busse

Der **nördliche Busbahnhof (Ben Xe Phia Bac)**, ✆ 0500-387 6833, befindet sich 3 km östlich des Zentrums an der Ausfallstraße nach Plei Ku und Kon Tum. Mehrere Busgesellschaften operieren von hier aus.

Mai Linh Express, Nguyen Tat Thanh, ✆ 0500-387 7078, schickt seine grünen Sprinter nach:

DA NANG, um 17 Uhr in etwa 10 Std. für 290 000 Dong;

HCMS, um 20, 21 und 21.40 Uhr für 215 000 Dong.

Weitere Busse anderer Gesellschaften:

DA NANG, 9x tgl. zwischen 5.30 und 13.30 Uhr in 10 Std. für 250 000 Dong;

HUE, um 5, 6, 6.30, 8 und 13 Uhr in 14 Std. für 265 000 bzw. 320 000 Dong;

KON TUM, um 6.30, 7, 7.30 und 8 Uhr in 5 Std. für 100 000 bzw. 110 000 Dong;

NHA TRANG, 10x tgl. zwischen 5 und 10.30 Uhr in 4 Std. für 105 000 Dong;

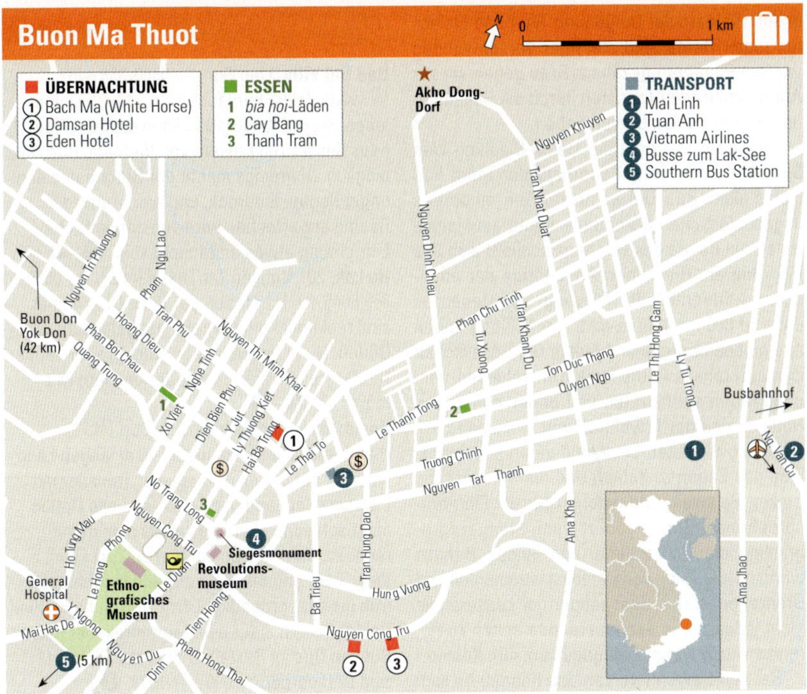

PLEI KU (GIA LAI), um 6.30, 7, 7.30 und 8 Uhr in 4 Std. für 95 000 Dong; QUY NHON, um 6 und 6.30 Uhr in 6 Std. für 145 000 Dong.

5 km außerhalb an der Le Duan befindet sich das neue, großzügige Terminal der **Southern Bus Station, Ben Xe Phia Nam** am Ende der Le Duan, ✆ 0500-399 9999. Busse fahren nur nach HCMS, Ca Mau und Kien Giang (Rach Gia), z. B.
Hong Hai Bus, Büro in der 30 Le Duan, ✆ 0500-398 9898, SAI GON um 21 Uhr für 200 000 Dong, Ankunft nächster Morgen. Weitere private Kleinbus-Gesellschaften haben ihre Büros und Abfahrtsstellen an der Nguyen Van Cu, der Ausfallstraße nach Nha Trang. Nach DA LAT fährt z. B. **Tuan Anh**, 36 Nguyen Van Cu, ✆ 0500-386 6144, um 6, 7.30, 9, 13 und 15 Uhr in ca. 5 Std. für 110 000 Dong.

Busse zum LAK-SEE fahren den ganzen Tag etwa jede halbe Stunde nahe dem Siegesmonument neben der TV-Station ab, Fahrzeit etwa 1 Std., 35 000 Dong.

Flüge

Der **Flughafen** befindet sich 5 km südöstlich an der Nguyen Luong Bang.
Vietnam Airlines, 4 Le Thanh Tong, ✆ 0500-366 9966, 💻 www.vietnamairlines.com, 🕒 tgl. 7–11 und 13–22 Uhr, fliegt tgl. nach DA NANG, wo Anschluss nach HA NOI besteht, sowie HCMS, bis zu 4x tgl.

Lak-See

Der friedliche Lak-See [4866], der mit seinen 500 ha Fläche der zweitgrößte des Landes ist, war schon ein Ausflugsziel für Vietnams letzten Kaiser Bao Dai, der bis in die 1950er-Jahre in den Wäldern der Umgebung Tiger und Elefanten jagte. Heute sind die Tiger verschwunden und die Elefanten gezähmt: Brav gehen sie zur Arbeit und tragen Touristen durch die Reisfelder und Hügel, die den See umgeben.

Direkt am See liegt die kleine Siedlung **Lien Son**. Auf einem Hügel oberhalb der Stadt ließ sich Kaiser Bao Dai seinerzeit ein modernes Jagdschlösschen errichten – heute ein kleines Hotel. Am Rande des Örtchens schließt sich das Dorf **Jun** an. Hier leben Angehörige der ethnischen Minderheit der **M'Nong**, von denen es etwa 10 000 im Distrikt gibt. Die M'Nong haben ihre eigene Sprache und Kultur. Die Gesellschaft ist matriarchalisch: Die Frauen entscheiden, welchen Mann sie heiraten und bauen selber das Haus, in das der Erwählte dann einziehen darf. Bei allen wichtigen Entscheidungen scheint die Frau das Sagen zu haben. Und die Männer? Die trinken Reiswein und machen Musik. Eine entsprechende Show gehört zum Standardprogramm vieler Touranbieter und Guides. Benutzt werden viele Arten von Bambusinstrumenten und Bronzegongs. Das Geschepper der Letzteren ist nicht jedermanns Sache; Freunde selten zu hörender Musik kommen dagegen auf ihre Kosten.

Bei den Bewohnern von Jun handelt es sich um M'Nong Rlam, die im Gegensatz zu den M'Nong Gar in auf Stelzen gebauten Langhäusern leben. Die Bambus-Stroh-Konstruktion ruht auf Holzpfeilern – kein einziger Nagel ist beim Bau nötig. Heutzutage sind allerdings schon die ersten Beton-Langhäuser zu sehen. Das Dorf Jun wird relativ oft von Touristen besucht, und so gibt es ein Restaurant, Souvenirs etc. Hier ist auch der Startpunkt für Elefantenritte (Abmarsch bis spätestens 15 Uhr, US$25 pro Elefant und Stunde). Die Tour führt meist über einen flachen Teil des Sees ins gegenüberliegende Fischer- und Bauerndorf **M'Lieng**.

Wer eine Tour mit dem **Fahrrad** oder **Moped** unternehmen will, kann auf eigene Faust die Gegend südlich des Sees erkunden. Die schöne Landschaft mit ihren freundlichen Bewohnern lädt zum Wandern und Radfahren geradezu ein. Vor der Einfahrt zum Jun-Dorf kann man im Café Duc Mai bei Herrn Bui Van Duc auch **Kanus** mit Guide zur Erkundung des Sees mieten; US$10 für eine Stunde.

ÜBERNACHTUNG

Bao Dai Villa, Lien Son, ✆ 0500-358 6767, 💻 www.daklaktourist.com.vn, [4869]. Einmal leben wie ein Kaiser: Das ist in diesem Jagdhaus des letzten Kaisers von Vietnam, Bao Dai, möglich. Allerdings macht der Betonbau einen ungepflegten Eindruck, und wer prunkvolle Räume erwartet hat, wird von der einfachen Einrichtung etwas enttäuscht sein. ❸–❹

Ho Lak, 201 Nguyen Tat Thanh (N 27), ✆ 0500-358 6045, [7031]. Neben der Post. Die Zimmer sind funktional eingerichtet mit gefliesten Böden. Nicht besonders geräumig, aber sauber. Häufig steigen hier Easy Rider und ihre Mitfahrer ab. ❶–❷

Homestay ist möglich im Jun-Dorf [4871]: Hier übernachtet man in den 20 m langen Langhäusern der Einheimischen. Für Traveller mit Interesse für Land und Leute ist diese Option nicht schlecht, allerdings muss man damit rechnen, dass der Schlaf hier zu kurz kommt. Viele Tiere und auch die Jugend machen von früh bis spät ordentlich Lärm. Vorbuchung über Daklak Tourist, oder man fährt direkt bei Herrn Bui Van Duc im Restaurant vor der Einfahrt zum Dorf vorbei, ✆ 090-537 1633. ❶

Lak Resort, Lien Son, ✆ 0500-358 6184, 💻 www.daklaktourist.com.vn, [4870]. Das Resort am Ufer des Lak-Sees bietet unterschiedliche Unterkünfte in einer weitläufigen Anlage: billige Schlafplätze im Langhaus, einfache Zimmer (ohne TV) im Gästehaus und besser ausgestattete Bungalows mit viel Platz und Seeblick. Leider wirkt alles etwas heruntergekommen. Frühstück inkl. Die Rezeption dient auch als Daklak Tourist-Office. Wer einen Elefantenritt bucht oder ein Kanu leiht, zahlt etwas mehr als im Jun-Dorf. Fahrradverleih. ❶–❸

ESSEN

Neben den üblichen *com*-Shops in der Nähe des Marktes hat das kleine Lien Son nicht allzu viele kulinarische Alternativen zu bieten. Gut essen kann man im großen Restaurant des **Lak Resorts**.

Das Restaurant der **Bao Dai Villa** serviert eine kleine Auswahl vietnamesischer Gerichte.

Im Jun-Dorf gibt es eine erfrischende, leichte **Zwischenmahlzeit**: **Dau Hu**, frischen warmen Sojabohnenquark, über den etwas Zucker-Ingwer-Wasser gegossen wird – nach einer Dame mit einer runden Frischhaltebox für den Quark und einer eckigen Kiste fürs Geschirr Ausschau halten. Vietnamesisches serviert auch das **Café Duc Mai** an der Einfahrt zum Dorf.

INFORMATIONEN

Daklak Tourist, Lak Resort, ✆ 0500-358 6550. Die örtliche Tourismusbehörde regelt sämtliche Buchungen und Reservierungen. Es gibt einen Ableger im Jun-Dorf (Elefantenreiten).

TRANSPORT

Busse nach BUON MA THUOT, 50 km, 1 Std., 35 000 Dong, verkehren den ganzen Tag über zwischen 5.30 und 17 Uhr in etwa halbstdl. Abständen. Am besten an der Post warten und Ausschau nach einem der blauweißen Gefährte halten, die sich mit der Handfläche nach unten heranwinken lassen.
Auch DA LAT, 150 km, ca. 5 Std., 120 000 Dong, wird mehrfach vormittags angefahren.
Ein **Moped** zum LAK-SEE kostet von Buon Ma Thuot etwa US$20, ein **Taxi** US$50.

21 HIGHLIGHT

Ho-Chi-Minh-Stadt

Sai Gon, heute Ho Chi Minh-Stadt [4717], nach 1975 lange Zeit zur Stagnation verdammt, hat sich inzwischen seinen einstigen Ruf als eine der dynamischsten Metropolen Asiens zurückerobert. Seit Anfang der 1990er-Jahre zieht die Stadt wieder Besucher aus aller Welt an, denn sie hat eine einzigartige Atmosphäre, die vietnamesisch und kosmopolitisch zugleich ist. Es sind die Gegensätze, die die Metropole prägen: verräucherte Tempel und glitzernde Einkaufszentren, Tai Chi im Park und der ununterbrochene Verkehrsstrom, bedrückende Kriegsmuseen und ein neongeschminktes Nachtleben, Essen am Straßenstand oder in internationalen Gourmet-Tempeln.

Sai Gon

Bei einem Bummel durch die Straßen des alten Sai Gon wird der Besucher an jeder Ecke mit einem anderen Ausschnitt aus der Geschichte der Stadt konfrontiert: mystische Tempel, Gebäude aus der Kolonialzeit und Kriegsmuseen. Wer will, kann sich ein abwechslungsreiches Besuchsprogramm zusammenstellen.

Unbedingt empfiehlt sich ein Spaziergang über die von Boutiquen und Cafés gesäumte **Dong Khoi**. Sie erstreckt sich vom Ufer des Sai Gon-Flusses bis zur 1890 von den Franzosen erbauten **Kathedrale Notre Dame**. Hier wandert man auf den Spuren der Kolonialzeit: vom berühmten, 1925 fertiggestellten **Majestic Hotel** am Flussufer, in dem in den 1950er-Jahren Graham Greene seinen Roman *Der stille Amerikaner* entwarf, vorbei am Stadttheater (der alten französischen Oper, S. 816) und dem **Continental Hotel** von 1880, bis zur Kathedrale und dem rechts daneben liegenden, 1891 eröffneten **Hauptpostamt**.

Auf halber Strecke trifft im rechten Winkel die **Le Loi** auf die Dong Khoi. Sie endet an der Oper am Lam Son-Platz. Dreht man dem Opernhaus den Rücken zu und folgt der Le Loi, so kommt man, vorbei an Souvenirhändlern, Buchläden, Eiscafés und Dutzenden anderer Geschäfte zu einem Platz rechter Hand, auf dem sich eine Statue von Onkel Ho befindet. Das großartige weiße Gebäude mit rotem Dach im Hintergrund ist das **Alte Rathaus**, erbaut 1901–1908. Hier residiert heute das Volkskomitee – und bleibt beim Regieren lieber ungestört. So muss es beim Blick von außen bleiben.

An der nächsten Straßenecke liegt das **Rex Hotel**, dessen Dachterrasse schon von Generationen von Touristen besucht wurde. Weiter führt die Straße bis zu einem großen Kreisver-

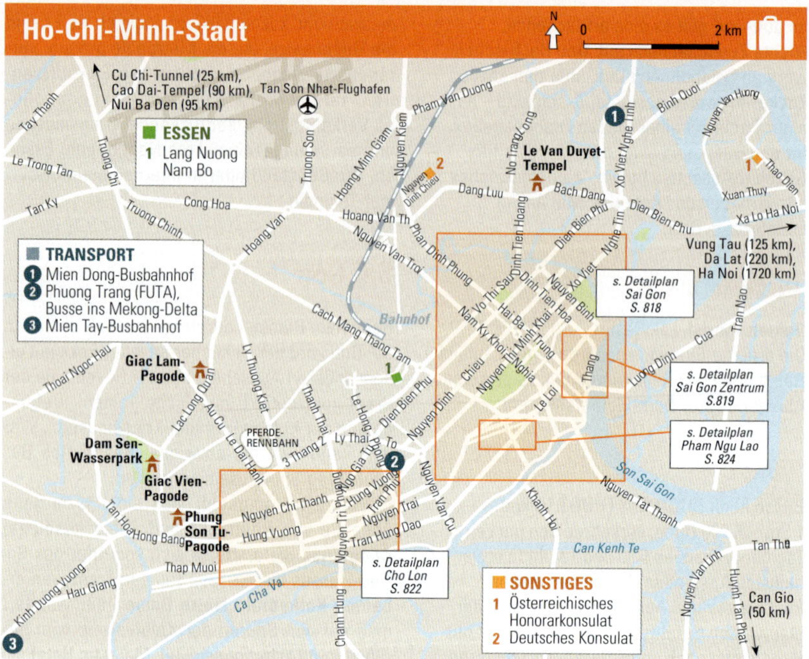

kehr. Dort lädt der **Ben Thanh-Markt**, der mitsamt seinem Uhrturm eines der Wahrzeichen der Stadt ist, zum Stöbern ein. Vom Touristenkitsch für den heimischen Wohnzimmerschrank bis zum getrockneten Seepferdchen für die vietnamesische Hausfrau findet sich ein wirklich umfassendes Angebot (S. 832). Das Denkmal auf dem Kreisverkehr erinnert an **Tran Nguyen Han**, einen General, der im 15. Jh. im Krieg gegen China als Erster Brieftauben einsetzte, um seine Truppen zu koordinieren.

Stadttheater (Nha Hat Thanh Pho)

Das alte **Opernhaus** aus der französischen Kolonialzeit in der 7 Cong Truong Lam Son, ✆ 08-3829 9976, wurde am 17. Januar 1900 eröffnet und bietet 800 Besuchern Platz. Nachdem es ab 1956 auch einmal Sitz des Unterhauses des Saigoner Parlaments war, ist es seit 1975 wieder der Präsentation von Kultur gewidmet. Die wöchentlich wechselnden Programme beinhalten Theater, Ballett und Musik. Die Vorstellungen beginnen abends um 20 Uhr. Das Programm wird in Schaukästen im Eingangsbereich angekündigt; s. auch S. 830, Theater.

Notre Dame-Kathedrale

Die neoromanische Kathedrale in der Nguyen Du, am Ende der Dong Khoi, mit ihren zwei 40 m hohen Türmen wurde von 1877 bis 1883 erbaut. 1900, als die beiden Turmspitzen aufgesetzt wurden, wuchs sie um 17 m. Erst 1959 wurde das Gebäude mit der Einwilligung des Vatikans zu einer Marien-Kathedrale geweiht. Im stillen, nicht übertrieben prunkvollen Inneren befindet sich in einer Ecke eine neonbeleuchtete Statue der Mutter Gottes, die von unzähligen Dankesplaketten mit der Aufschrift *merci* oder *cam on* umgeben ist – die Gnadenreiche scheint schon viele Gebete erhört zu haben. Auf dem Platz vor der Kathedrale, der nach dem französischen Missionar Pigneau de Béhaine (1742–1799) benannt wurde, befindet sich eine weitere, große Statue der Jungfrau.

Die Kathedrale ist, ebenso wie die Oper, ein beliebter Foto-Hintergrund für vietnamesische Brautpaare. Mittags von 12–15 Uhr ist das Gotteshaus meist geschlossen.

Wiedervereinigungspalast (Hoi Truong Thong Nhat)

Der „Palast" an der 106 Nguyen Du, ✆ 08-3829 4117, ist ein typisches Beispiel für die 60er-Jahre-Architektur und mit seiner Original-Sixties-Inneneinrichtung durchaus sehenswert. Sein Grundriss soll dem chinesischen Schriftzeichen Hung ähneln, was „Ewiger Wohlstand für die Nation" bedeutet. Das heutige Gebäude wurde 1963 errichtet. Zuvor stand an derselben Stelle ein älterer Palast, der lange Zeit dem französischen Generalgouverneur als Wohnung diente und 1954 vom südvietnamesischen Präsidenten Ngo Dinh Diem und seiner Familie übernommen wurde.

1962 wurde der Palast von der südvietnamesischen Luftwaffe bombardiert, um Präsident Diem auszuschalten – der überlebte jedoch, ließ das beschädigte Gebäude abreißen und gab den Auftrag für das heutige Bauwerk; damals Independence Palace („Unabhängigkeitspalast") genannt. An der Außenfassade verkleiden stilisierte Bambussegmente die hohen Fenster.

Unterhalb des Palastes befindet sich ein System von Tunneln, durch die Diem 1963 vor einem Putsch flüchtete – er erreichte die Oberfläche im heutigen Ho-Chi-Minh-Stadt-Museum, wo einer der Tunnel endet. Von dort konnte er noch bis Cho Lon in die Cha Tam-Kirche fliehen, wurde jedoch am nächsten Tag dort aufgespürt und ermordet. So erlebte er die Fertigstellung seines Präsidentenpalastes 1966 nicht mehr mit.

Der Palast war bis Kriegsende die Residenz des südvietnamesischen Präsidenten. Der Moment, als am 30. April 1975 Panzer der nordvietnamesischen Armee durch das Gittertor brachen, markiert das symbolische Ende des Krieges. Zwei Doubles dieser stählernen Ungetüme stehen heute im Garten, nebst eines F5E-Kampfflugzeugs; mit einer Maschine dieses Typs wurde am 8. April 1975 der Palast von einem nordvietnamesischen Agenten bombardiert, der sich in die südvietnamesische Luftwaffe eingeschlichen hatte.

Das Gebäude hat zwei Kellergeschosse und drei Stockwerke mit zwei Zwischen- und einem Obergeschoss, zudem eine Dachterrasse. Zu den etwa hundert Zimmern gehören ein großer Ballsaal für festliche Anlässe und ein kleines Kino. Bei einer Besichtigung kann man Privatgemächer und Räume für offizielle Anlässe sehen, sowie im Keller den Funkraum und andere Zimmer, die während des Krieges für strategische Besprechungen genutzt wurden. ◷ tgl. 8–11.30 und 13.30–16.30 Uhr, Eintritt 30 000 Dong.

Ho-Chi-Minh-Stadt-Museum (Bao Tang Thanh Pho Ho Chi Minh)

Das koloniale Gebäude in der 65 Ly Tu Trong, ✆ 08-3829 9741, 💻 www.hcmc-museum.edu.vn, in dem sich das Museum befindet, hat schon viele Verwandlungen durchgemacht.

Von 1885 bis 1890 wurde es als Ausstellungsraum erbaut: Damals war es ein Handelsmuseum. Später wohnte hier der Gouverneur der Kolonie Cochinchina. 1945 war es Hauptsitz fünf verschiedener Verwaltungen: Nachdem der französische Gouverneur ausziehen musste, folgte ihm kurz sein japanischer Amtsbruder, dann verschiedene Vertreter des Regimes von Bao Dai, darauf südvietnamesische Revolutionstruppen und schließlich der englische Colonel B. W. Roe. 1947 löste ihn der französische Hochkommissar ab, und nach 1954 okkupierte das Diem-Regime

Ganz Sai Gon zu Füßen

Atemberaubenden Weitblick verspricht ein Besuch im Saigon Skydeck des **Bitexco Financial Tower**, 36 Ho Tung Mau. Das weithin sichtbare Hochhaus mit insgesamt 68 Etagen soll an eine Lotusknospe – die vietnamesische Nationalblume – erinnern. Unterhalb des aus dem Gebäude ragenden Helikopterlandeplatzes befindet sich auf der 49. Etage das Saigon Skydeck. Durch die rundumverglasten Flächen bieten sich atemberaubende Ausblicke auf den Sai Gon-Fluss und Ho-Chi-Minh-Stadt. ◷ So–Do 9.30–21.30, Fr, Sa 10–22 Uhr, Eintritt 200 000 Dong, Kinder 130 000 Dong. Auf der 50. Etage lockt ein Café mit guter Aussicht. Dies kostet keinen Eintritt.

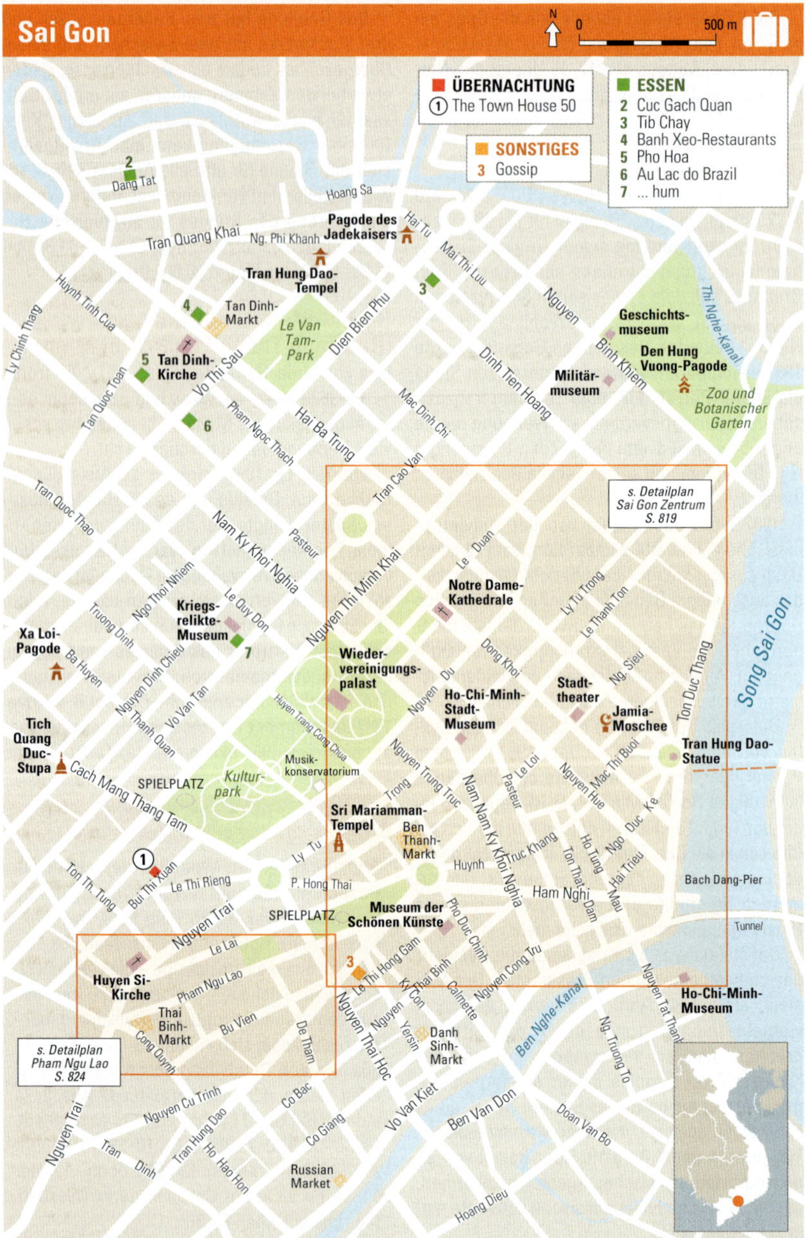
Sai Gon
N
0
500 m
ÜBERNACHTUNG
1 The Town House 50
SONSTIGES
3 Gossip
ESSEN
2 Cuc Gach Quan
3 Tib Chay
4 Banh Xeo-Restaurants
5 Pho Hoa
6 Au Lac do Brazil
7 ... hum
s. Detailplan Sai Gon Zentrum S. 819
s. Detailplan Pham Ngu Lao S. 824
Pagode des Jadekaisers
Tran Hung Dao-Tempel
Tan Dinh-Markt
Le Van Tam-Park
Tan Dinh-Kirche
Geschichts-museum
Den Hung Vuong-Pagode
Militär-museum
Zoo und Botanischer Garten
Notre Dame-Kathedrale
Kriegs-relikte-Museum
Xa Loi-Pagode
Wieder-vereinigungs-palast
Ho-Chi-Minh-Stadt-Museum
Stadt-theater
Jamia-Moschee
Tran Hung Dao-Statue
Tich Quang Duc-Stupa
SPIELPLATZ
Kultur-park
Musik-konservatorium
Sri Mariamman-Tempel
Ben Thanh-Markt
Museum der Schönen Künste
Huyen Si-Kirche
Thai Binh-Markt
Danh Sinh-Markt
Russian Market
Bach Dang-Pier
Tunnel
Ho-Chi-Minh-Museum
Song Sai Gon
Thi Nghe-Kanal
Ben Nghe-Kanal
Dang Tat
Hoang Sa
Tran Quang Khai
Ng. Phi Khanh
Hai Tu
Mai Thi Luu
Nguyen Dinh Chieu
Dien Bien Phu
Huynh Tinh Cua
Ly Chinh Thang
Tan Quoc Toan
Vo Thi Sau
Pham Ngoc Thach
Hai Ba Trung
Mac Dinh Chi
Dinh Tien Hoang
Binh Khiem
Tran Cao Van
Tran Quoc Thao
Nam Ky Khoi Nghia
Pasteur
Le Duan
Nguyen Thi Minh Khai
Ly Tu Trong
Le Thanh Ton
Dong Khoi
Ng. Sieu
Ton Duc Thang
Ngo Thoi Nhiem
Le Quy Don
Truong Dinh
Ba Huyen Thanh Quan
Vo Van Tan
Nguyen Du
Huyen Tran Cong Chua
Nguyen Trung Truc
Le Loi
Nguyen Hue
Mac Thi Buoi
Ngo Duc Ke
Cach Mang Thang Tam
Ly Tu Trong
Truc Khang
Ton That Dam
Ho Tung Mau
Hai Trieu
Huynh
Ham Nghi
Ton Th. Tung
Bui Thi Xuan
Le Thi Rieng
P. Hong Thai
Nguyen Trai
Le Lai
Pham Ngu Lao
Bu Vien
De Tham
Cong Quynh
Le Thi Hong Gam
Ky Con
Nguyen Thai Binh
Calmette
Pho Duc Chinh
Nguyen Cong Tru
Nguyen Tat Thanh
Nguyen Thai Hoc
Yersin
Ng. Truong To
Nguyen Cu Trinh
Co Bac
Co Giang
Vo Van Kiet
Ben Van Don
Doan Van Bo
Tran Hung Dao
Tran Dinh
Ho Hao Hon
Hoang Dieu

Sai Gon Zentrum
N
0
200 m
ÜBERNACHTUNG
2 Ho Sen Hotel
3 Hotel Continental Saigon
4 Rex Hotel
5 Saigon River Boutique Hotel
6 Bong Sen Hotel
7 Huong Sen Hotel
8 Grand Hotel
9 Riverside Hotel
10 Duxton Hotel
11 Majestic Hotel
ESSEN
8 Mandarine
9 Pho 24
10 Bo Tung Xeo Restaurant Luong Son Quan
11 Au Parc
12 Huong Lai
13 La Fenetre Soleil
14 Vy Da Quan
15 Gartenstadt
16 warda
17 Jaspas
SONSTIGES
4 Apocalypse Now
5 Sax'n'Art
6 Seventeen Saloon
TRANSPORT
4 Mai Linh Tourism
5 Saigon Tourist
6 Bach Dang-Pier
Dinh Tien Hoang
Nguyen Trung Ngan
Chu Manh Trinh
Nguyen Thi Minh Khai
N.V. Chiem
Le Duan
Diamond Plaza
Pasteur
Alex de Rhodes
Ng. Hau
Hai Ba Trung
Ly Tu Trong
Ngo Van Nam
Le Méridien
Notre Dame-Kathedrale
Nguyen Dinh Chieu
Nam Ky Khoi Nghia
Han Thuyen
Le Thanh Ton
Thai Van Lung
Ton Duc Thang
Wieder-vereinigungs-Palast
Dong Khoi
Vincom Center
Parkson
Ng. Sieu
Thi Sach
Altes Rathaus
Nguyen Du
Stadt-theater/ Oper
Jamia-Moschee
Dong Du
Buoi
Tran Hung Dao-Statue
Ho-Chi-Minh-Stadt-Museum
Nguyen Hue Boulevard (Fußgängerzone)
Le Loi
Mac Thi
Hem 71
Thu Kh.
Huan
Nguyen Trung Truc
Le Thanh Ton
An Giao-Pagode
T. Th.
Thiep
Sun Wah Tower
Ngo Duc Ke
Ly Tu Trong
Ph. B. Chau
Ho Tung Mau
Ben Thanh Markt
Sri Mariamman-Tempel
Ton That Dam
Pasteur
Truc Khang
Huynh
Bitexco Financial Tower
Hai Trieu
Harbour View Tower
Song Sai Gon
P. Hong Thai
Le Loi
Ham Nghi
Tran Hung Dao
Pho Duc Chinh
Le Cong Kieu
Tunnel
Pham Ngu Lao
Le Thi Hong Gam
Museum der Schönen Künste
Nguyen Thai Binh
Al Rahim-Moschee
Nguyen Cong Tru
Ben Chuong Duong
Ben Nghe-Kanal
Ho-Chi-Minh-Museum
Yersin
Ky Con
Calmette

den Palast. Nach dessen Sturz 1963 tagte hier das Oberste Gericht. 1975 schließlich wurde das Revolutionsmuseum eingerichtet, das Ende 1999 seinen heutigen Namen erhielt.

Unterhalb des Gebäudes befindet sich ein Netz von Tunneln und Gängen, die bis zum Wiedervereinigungspalast reichen. Sie können nicht besichtigt werden. Im Museum sind verschiedene Ausstellungen zu sehen. Ein Schwerpunkt liegt auf der Stadtgeschichte, ein weiterer auf der Geschichte des Befreiungskampfes im 20. Jh., die anhand unzähliger Fotos erzählt wird. Dazu kommen einige ethnische und archäologische Ausstellungsstücke sowie Sonderausstellungen zu verschiedenen kulturellen, soziologischen und ökologischen Themen. Über das aktuelle Programm informiert die Webseite des Museums. ⌚ tgl. 8–17 Uhr, Eintritt 20 000 Dong.

Die Pagode des Jadekaisers

Phuoc Hai Tu bedeutet „Schildkröten-Heiligtum", doch im Volksmund heißt diese sehenswerte Pagode **Chua Ngoc Hoang – Die Pagode des Jadekaisers**. Das Heiligtum in der 73 Mai Thi Luu ist eines der wichtigsten von Ho-Chi-Minh-Stadt; sowohl für die Gläubigen als auch für die Touristen, die hier in Scharen hin eilen. Man muss sich schon über die Geduld und Nachsicht der Gläubigen wundern, wenn wieder einmal eine Gruppentour wenig respektvoll und wild fotografierend die **Haupthalle** stürmt – wahrscheinlich verbietet es sich, in Gegenwart der Götter schlechte Gefühle aufkommen zu lassen. Bei Betreten des Tempels wird man hinter dem Eingang von Tho Than, dem Erdgott (links), und Mon Quan, dem Türgott (rechts), begrüßt. Im darauffolgenden Vorraum, in dem Shakyamuni, der historische Buddha, verehrt wird, stehen links und rechts des Altars zwei riesige Statuen furchteinflößender Generäle, die den Blauen Drachen (der Osten; das Zeugen) und den Weißen Tiger (den Westen; das Sterben) gezähmt haben.

Der Jadekaiser, dem die um 1900 von Kanton-Chinesen errichtete Pagode gewidmet ist, gilt als Wächter des Tors zum Himmel. Er wacht zentral hinter dem mittleren Altar über die Haupthalle. Beschützt wird er von seinen vier Wächtern „Die vier Diamanten" – nur die Stärksten und Reinsten dürfen in die Nähe des Kaisers. Auf dem Altar rechts des Jadekaisers steht die 18-armige, dreigesichtige Phat Mau Chuan De, zur Linken eine Reinkarnation des Kaisers als Ong Bac De.

Wer vom Jadekaiser, der höchsten Gottheit des Taoismus, in den Himmel gelassen werden will, muss ein Leben voller Verdienste geführt haben – ansonsten geht es ab in eine der zehn Höllen, die in der **Halle links der Haupthalle** anhand geschnitzter Holzbilder eindrucksvoll dargestellt werden. Rechts, hinter dem Altar, beobachtet der König der Hölle, Thanh Hoang, das Treiben. Gläubige streichen seinen hinter dem Durchgang stehenden Pferden über den Kopf und dann sich selbst, um Glück zu erbitten. An den Wänden in der **Halle vor dem Altarbereich** demonstrieren Holzschnitzereien die Foltern der zehn Höllen: Die Höllenrichter haben alle bösen Taten in ihren Büchern verzeichnet, und detailgetreu wird dargestellt, was den Sünder erwartet.

Vor dem Eingang zum Gelände verkaufen Frauen gefangene Vögel: einen freizulassen, soll Glück bringen. Manchmal werden auch Schildkröten verkauft, die im Tempel freigelassen werden können: Das soll Glück und ein langes Leben verheißen. ⌚ tgl. 7–18 Uhr, an Feiertagen 5–19 Uhr.

Geschichtsmuseum (Bao Tang Lich Su)

Da Ho-Chi-Minh-Stadt ein eigenes Kriegsrelikte-Museum und ein Militärmuseum besitzt, kann es sich ein Geschichtsmuseum leisten, das sich mit Vietnam seit prähistorischer Zeit beschäftigt und dessen Darstellung mit der Gründung der kommunistischen Partei endet. Eine große, über 10 000 Objekte umfassende Sammlung mit Stücken aus der Bronzezeit (Dong Son-Periode, etwa 1200–100 v. Chr.) und der Funan-Zeit (Oc Eo-Periode, etwa 100–600 n. Chr.), dazu einige Belege aus der Cham-Zeit (etwa 800–1300 n. Chr.; manche davon stammen aus Angkor Wat in Kambodscha); mehr Cham-Exponate befinden sich im Cham-Museum in Da Nang.

Das großartige Gebäude in der 2 Nguyen Binh Khiem, ✆ 08-3829 8146, wurde 1929 von der Französischen Gesellschaft für Südostasien-

Studien im chinesisch-europäischen Stil errichtet. Es schließt direkt an das Zoo-Gelände an. ⌚ Di–So 8–11, 13.30–16 Uhr, Eintritt 15 000 Dong.

Kriegsrelikte-Museum (War Remnants Museum, Bao Tang Chung Tich Chien Tranh)

In der 28 Vo Van Tan liegt Sai Gons meistbesuchtes Museum – jede Stadtrundfahrt macht hier Halt, und auch Ausflüge in die Umgebung werden oft mit einem Stopp am Kriegsrelikte-Museum gekoppelt. Der einstige Name „Museum der amerikanischen und chinesischen Kriegsverbrechen" beschrieb die Exponate besser, schreckte jedoch viele Besucher ab. 1990 wurde das „chinesischen" weggelassen, und vier Jahre später der ganze Name geändert. Nun strömen die Touristen hierher, auch aus den USA, und verlassen das Museum oft in Tränen aufgelöst. Tatsächlich kann einem das Studium der auf Fotos dokumentierten Grausamkeiten ganz schön nahegehen. Für die einen ist der Besuch hier ein Muss – andere wollen sich das nicht antun.

Das Museum wurde kurz nach Kriegsende im September 1975 eröffnet. Auf dem Außengelände befinden sich Panzer, Flugzeuge, Hubschrauber, Bomben und anderer Kriegsschrott. Innen verdeutlichen drastische Fotos die Brutalität der Auseinandersetzungen: Folter- und Napalm-Opfer, von Agent Orange deformierte Babys, zerstückelte Leichen. Immerhin werden auch Fotos von Anti-Kriegs-Demonstrationen in den USA gezeigt, doch Hinweise auf Gewalttaten der Vietcong und der Nordvietnamesischen Armee bleiben natürlich ausgespart. ✆ 08-3930 5587, ⌚ tgl. 7.30–12 und 13.30–17 Uhr (letzter Einlass: 16.30 Uhr), Eintritt 15 000 Dong.

Cho Lon

Das chinesische Zentrum von Ho-Chi-Minh-Stadt ist leicht mit dem Bus, dem Cyclo oder auch einem ausgedehnten Spaziergang zu erreichen und einen Besuch wert: Nicht nur wegen des großen Binh Tay-Marktes oder der sehenswerten Pagoden, die zu den schönsten der Stadt zählen. Cho Lon bedeutet „Großer Markt", und so fühlt sich das Viertel auch an: ein quirliger, lebendiger Bezirk, in dem alle geschäftig durcheinandereilen, an jeder Ecke ein Händler steht und fast jede Straße eine Einkaufsstraße ist. Fast eine halbe Million chinesischer Einwanderer lebt hier, die meisten schon seit vielen Generationen. Dennoch haben sie ihre Sprache und ihre kulturelle und religiöse Identität bewahrt. Die meisten Einwohner sind bilingual und wechseln problemlos zwischen Vietnamesisch und ihrem jeweiligen chinesischen Heimatdialekt hin und her. So wird dieser Stadtteil wohl für immer seinen speziellen chinesischen Geist bewahren.

Märkte

Das Herz von Cho Lon ist der **Binh Tay-Markt**, einer der schönsten Märkte der Stadt, auf dem man stundenlang herumstöbern kann und immer etwas Nützliches oder Schönes findet. Neben Lebensmitteln gibt es Kleidung, Elektrogeräte und Haushaltswaren. Wer sich traut, im Erdgeschoss auf einer der Bänke bei den offenen Garküchen Platz zu nehmen, kann gut und preiswert essen. Englische Speisekarten sucht man vergeblich.

Rund um den Markt haben sich allerlei Handwerker angesiedelt. Der Gründer des Marktes, Quach Dam, war ein angesehener Geschäftsmann, der sich vom Altglas sammelnden Jungen zum mächtigen Mogul hocharbeitete. Er baute u. a. 1925 das Majestic Hotel, bevor er drei Jahre später den Markt gründete. Auch das Gebäude, in dem heute das Museum der schönen Künste untergebracht ist, verdankt die Stadt diesem erfolgreichen Mann (einst diente es ihm als Wohnhaus). Die Händler bringen seiner Bronzestatue, die in einem Schrein im Innenhof des Marktes steht, regelmäßig Opfergaben dar. Anschließend informieren sie sich mit ihrem Smartphone auf 💻 www.chobinhtay.gov.vn über den aktuellen Preis für ein Kilo Reis oder Schweineleber.

Spaß macht auch ein Bummel über die kleinen Straßenmärkte wie z. B. den **Xa Tay-Markt** in einer Gasse nahe der Moschee und der Nghia An Hoi Quan-Pagode. Andere Straßenzüge sind speziellen Warengruppen gewidmet; z. B. die **Hai Thuong Lan Ong**, in der traditionelle chinesische Medizin gehandelt wird.

VIETNAM

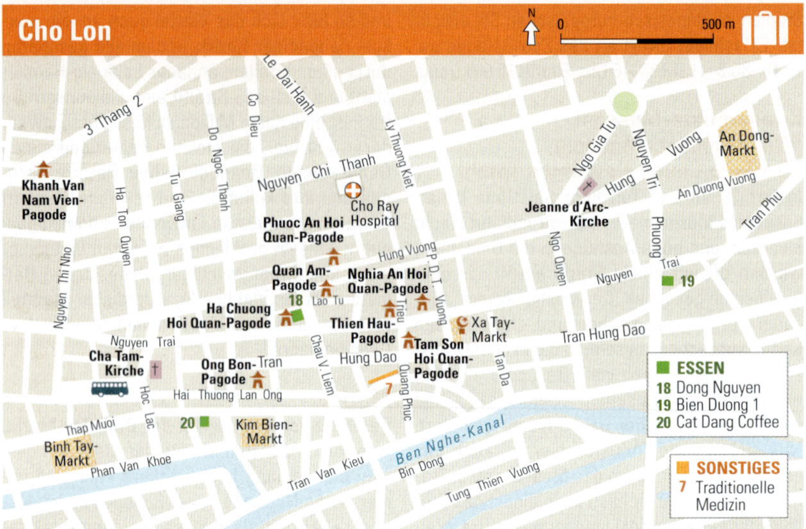

Nghia An Hoi Quan-Pagode

Diese mit aufwendigen Schnitzarbeiten versehene Pagode, 678 Nguyen Trai, ist dem chinesischen General Quan Cong gewidmet, dessen Abbild hinter dem Altar über das Geschehen wacht. Flankiert wird er von seinen Assistenten; links Chau Xuong und rechts Quan Binh. Die Figur rechts vom Altar stellt Thien Hau dar. Quan Congs Pferd, dem Gläubige vor Antritt einer Reise ein Opfer bringen, ist links vom Eingang der Pagode. Rechts vom Eingang steht ein Altar, auf dem Quang Bon, der Glücksgott, verehrt wird.

Der Name *Hoi Quan* kennzeichnet den früheren Verwendungszweck der Gebäude als Versammlungshallen – diese hier war der Treffpunkt der chinesischen Einwanderer aus Chaozhou. Über dem Eingang hängt ein geschnitztes, vergoldetes Schiff; vielleicht eine Erinnerung an die lange Reise, die die Chaozhou-Chinesen hinter sich hatten, ehe sie sich hier niederließen und die Pagode als ihr spirituelles Zentrum gründeten. ⌚ tgl. 4–18 Uhr.

Tam Son Hoi Quan-Pagode

Diese Pagode, 118 Trieu Quang Phuc, D. 3, wurde im 19. Jh. von chinesischen Einwanderern aus Fukien erbaut und ist seither kaum verändert worden. Sie ist Ba Me Sanh, der Göttin der Fruchtbarkeit, geweiht und daher ein beliebtes Ziel kinderloser Frauen. Ihr Abbild (in Weiß, umgeben von ihren Töchtern) befindet sich rechts von der Thien Hau-Statue hinter dem Hauptaltar. Ong Bon, der Glücksgott, und Quan Cong samt seiner zwei Begleiter und seinem Pferd sind ebenfalls vertreten. Auch diese Pagode begann als Versammlungshalle und wurde erst nach und nach zu einem reinen Sakralbau. Heute herrscht hier ein ständiges Kommen und Gehen.

Thien Hau-Pagode

Die Göttin Thien Hau, der diese Pagode in der 710 Nguyen Trai gewidmet ist, wurde als Mädchen von ihrem Vater vor dem Ertrinken gerettet und gilt seither als Beschützerin der Seeleute. Nach 1975 beteten und opferten viele Chinesen aus Cho Lon hier, ehe sie vor den neuen Herrschern über das Meer flüchten mussten. Viele von denen, die die gefährliche Reise überlebten, schickten später Spenden und Geschenke, sodass die Pagode sich reich geschmückt und in gutem Zustand präsentiert. Die Wände sind mit Seidenbildern verziert, und aufwendige Reliefs zeigen Szenen aus den chinesischen Mythen, speziell der Zeit der Drei Königreiche.

Noch heute herrscht in dieser Pagode ein ständiges Kommen und Gehen, und die Luft ist geschwängert vom Qualm der Räucherstäbchen. Erbaut wurde die Pagode von der kantonesischen Gemeinde.

ÜBERNACHTUNG

Ho-Chi-Minh-Stadt bietet eine Vielzahl an Übernachtungsmöglichkeiten für jeden Geldbeutel und jeden Geschmack:
Die günstigsten Unterkünfte der Stadt finden sich in den „Rooms for Rent" und den älteren Minihotels im Traveller-Viertel der Pha Ngu Lao [4849]. Typischerweise gibt es hier 2 Zimmerkategorien: klein und mit wenig Licht (meist ohne Fenster) die günstigen; teurer, größer, mit Fenster oder Balkon die bessere Variante. Preiswert und im Trend sind zudem immer mehr Hostels mit Zimmern ab US$5 im Dorm. Etwas teurer und mit dem Flair der französischen Kolonialzeit lebt es sich an der Dong Khoi [4850] in großen Hotels nahe der Notre Dame-Kathedrale. Continental, Majestic und Grand Hotel sind klassische Kolonialhotels, die liebevoll und fachgerecht renoviert wurden. Auch in Chinatown (Cho Lon) finden sich Unterkünfte. Sie sind nicht unbedingt die erste Wahl für westliche Reisende, aber wer einmal mit den Chinesen der Stadt leben möchte, verbringt hier bestimmt ein paar intensive Tage.

Pham Ngu Lao und Umgebung

Karte S. 824
Entlang der ehemaligen Bahnhofsstraße, in der das US-Militär während des amerikanischen Krieges wohnte, hat sich ein eigenes Viertel etabliert, in dem Minihotels, Hostels, Restaurants, Bars und Reiseagenturen um Kundschaft werben. Die billigsten Gästehäuser sind naturgemäß die verwohntesten. Ab etwa US$18 sind relativ gute Zimmer im Angebot, meist mit AC, Minibar oder Kühlschrank, (Mini-) Fernseher und eigenem Bad. Bessere Zimmer ab US$25 bieten manchmal einen Balkon, meist eine Badewanne und sind in der Regel ansprechender und moderner ausgestattet. Ab US$40 wird es dann komfortabel. Alle Hotels haben WLAN.

Room for Rent im Gassengewirr

€ Im den Gassen, die von der Pham Ngu Lao, der Bui Vien und der De Tham abzweigen, vermieten mehr und mehr Familien Zimmer an Reisende. Diese preiswerten Unterkünfte (um die US$10) garantieren näheren Kontakt zur Bevölkerung: Wer morgens früh aufsteht, muss auf dem Weg nach draußen vorsichtig um die im Vorraum schlafenden Familienmitglieder manövrieren, und wer abends noch ein wenig im Zimmer entspannen möchte, sollte sich darauf einstellen, dass das Lärmen in den engen Gassen erst lange nach Mitternacht aufhört. Wer mit seinem Rucksack zögerlich über die De Tham stromert, wird sicherlich von einer der Zimmer vermietenden Frauen angesprochen. Ansonsten einfach von der Bui Vien in die **Hem 84** oder von der De Tham in die **Hem 217** abbiegen – hier wird man schnell fündig. Zur Orientierung und als Beispiel ist in der Karte auf S. 824 das **Kim My Room for Rent** ㉕ eingezeichnet: 217/45 De Tham, ✆ 08-3836 4201, [7440]. Aufgepasst: In den Gassen kann man sich leicht verlaufen, und abends kann das enge Labyrinth manchmal etwas unheimlich wirken.
Eine weitere Gasse voller Rooms for Rent und Minihotels ist die **Hem 283**, [7441], die in einem Winkel zwischen der Pham Ngu Lao und der Do Quang Dau verläuft. Seit Jahren beliebt außerdem die **Hem 185/Hem 40** zwischen Pham Ngu Lao und Bui Vien – Beispielunterkünfte im Fließtext. Besonders im Bereich der Hem 40 ist es abends aufgrund der nahen Bars ziemlich lange laut. Etwas ruhiger ist es in der Hem 241; hier liegen z. B. das **Mai Gh.** und das **Saigon Youth Hostel** (S. 825).

Untere Preisklasse
Eco Backpackers Hostel ⑯, 264 De Tham, ✆ 08-3836 5836, [9112]. Hostel mit 60 Betten. Die Dormbetten sind angenehm privat gestaltet. Pro Schlafsaal gibt es für 10 Pers. 2 Duschen, 2 WC und ein Waschbecken. Außerdem Privatzimmer mit einem großen Stockbett. Aufzug. Kein Kühlschrank, auch die sonst obligatorische

VIETNAM

Pham Ngu Lao
0 200 m
N
ÜBERNACHTUNG
12 La Felix Hotel
13 The Hideout Hostel & Bar Saigon
14 Elios Hotel
15 Beautiful Saigon 3 Hotel
16 Eco Backpackers Hostel
17 Hotel New York – Thien Phuc Hotel
18 Yen's Hotel
19 Kim Hotel
20 Bich Duyen Hotel
21 Blue River Hotel
22 Saigon Inn
23 Saigon Youth Hostel
24 Mai Guesthouse
25 Kim My Room for Rent
26 Quang Room for Rent
27 An An Hotel
28 An An 2 Hotel
29 Saigon Backpackers Hostel
30 Hello Hotel
TRANSPORT
7 Ann Tours
8 Phuong Trang Travel (Futa Buslinie)
9 YTC Tours
10 The Sinh Tourist
11 Tourbusse nach Kambodscha
12 Sapaco Tourist
13 Sinhbalo Adventures
ESSEN
21 Taj Mahal
22 Chi's Café
23 Pho Hai Thien
24 Asian Kitchen
25 Pho Quynh
26 Baba's Kitchen
27 Tung Hung
28 Saigon Vegan Cuisine
29 Nam Giao
SONSTIGES
8 H'Mong
9 Le Pub
10 Blue Dragon
11 Go2
12 Co.op Markt
Nguyen Thai Hoc
An Lac-Pagode
Tran Hung Dao-Theater (Nha Hat Kich TPHCM)
De Tham
Tran Hung Dao
Pham Ngu Lao
Bui Vien
Do Q. Dau
Le Lai
Nguyen Trai
Ton That Tung
Huyen Si-Kirche
Thai Binh-Markt
Cong Quynh
Hem 175
Hem 185
Hem 40
Hem 28
Hem 35
Hem 57
Hem 84
Hem 104
Hem 269
Hem 219
Hem 217
Hem 199
Hem 241
Hem 16
Hem 148
Hem 265
Hem 26
Hem 186
Hem 283
Hem 28
Hem 30
Hem 27
Hem 242
Hem 353
Hem 373
P

Zahnbürste und Seife fehlten. Handtücher werden gestellt. ❶

Hello Hotel ㉚, 373/49 Pham Ngu Lao, ✆ 08-3920 9049, ✉ Hello_hotel_vn@yahoo.com, [7436]. In einer Seitengasse liegt das ansprechende Minihotel mit kleinen, sauberen, hell möblierten Zimmern. Ein großer Vorteil ist die relativ ruhige Lage. Beliebt und oft voll. ❷

Hotel New York – Thien Phuc Hotel ⑰, 175/14 Pham Ngu Lao, ✆ 08-3837 3004, 💻 www.newyorkthienphuchotel.com, [9106]. Minihotel mit Aufzug und Zimmern in 2 Kategorien: groß und ansprechend mit 2 großen Betten und großem Fenster, teils sogar Balkon. Oder kleiner und weitaus weniger Platz. Erstere sind eine gute Wahl. ❷

Mai Guesthouse ㉔, 241/41 Pham Ngu Lao, ✆ 08-3836 9176, ✉ maiguesthouse@yahoo.com.vn, [7437]. In der Hem (Gasse) 241 gibt es viele einfache Unterkünfte. Das Mai Gh. ist eines davon: Die freundliche Familie bietet kleine und auch geräumige Zimmer (jene mit Balkon). Falls belegt ist, gibt es noch ausreichend Alternativen in wenigen Schritten Entfernung. ❶–❷

Quang Room for Rent ㉖, 40/7 Bui Vien, ✆ 08-3836 9079, ✉ quanghotel@hcm.vnn.vn, [7439]. Mit einigen frisch renovierten Zimmern behauptet sich dieses kleine, alteingesessene Guesthouse immer noch gegen die wachsende Anzahl von Neubauten in dieser Gasse. AC, TV, Kühlschrank. Am besten sind die großen Familienzimmer mit bis zu 3 Betten und Balkon. ❷

Saigon Backpackers Hostel ㉙, 373/20 Pham Ngu Lao, ✆ 08-3837 0230, 💻 www.saigonbackpackershostel.com, [9113]. Mit einem Namen wie diesem zieht man schnell das Interesse junger Rucksackreisender auf sich. So ist, wer mit solchen in einem Schlafraum mit Stockbetten übernachten möchte, hier gut aufgehoben. Küche mit Wasserkocher. Bietet auch DZ mit TV und Kühlschrank. Dormbett US$9. DZ ❷

€ **Saigon Youth Hostel** ㉓, 241/32 Pham Ngu Lao, ✆ 08-3920 3665, [10260]. Funktionale Dormzimmer mit Stockbetten für kleines Geld. Gute Atmosphäre. Falls hier voll ist, gibt es um die Ecke ähnliche Zimmer im **Saigon Inn** ㉒, 265/7/55 Pham Ngu Lao, ✆ 08-3837 4233, [10258]. ❶

€ **The Hideout Hostel & Bar Saigon** ⑬, 281 Pham Ngu Lao, ✆ 083-838 9147, 086-681 7891, 💻 www.vietnamhideouthostels.com, [10256]. „Chillout, hangout, hideout" – unter diesem Motto kann man hier in bequemen Dormbetten alle Viere von sich strecken, im Gemeinschaftsraum an der Playstation spielen oder eines der 2 täglichen Freibiere trinken. Inkl. Frühstück. US$8. Oft voll – vorbuchen. ❶

Yen's Hotel ⑱, 185/34 Pham Ngu Lao, ✆ 08-3837 2115, [9108]. Schmales Haus mit kleinen, aber doch ansprechenden Zimmern. Es lohnt, ein Deluxe-Zimmer zu wählen, die Standardzimmer haben kein Fenster. Inkl. Frühstück. Kein Aufzug: Wer weit oben wohnt, bekommt kostenl. Fitnesstraining. Nette Leute. ❷–❸

Mittlere bis obere Preisklasse

An An Hotel ㉗, 40 Bui Vien, ✆ 08-3837 8087, 💻 www.anan.vn, [9109]. Beliebtes, modern ausgestattetes Haus mit 20 großen, sauberen Zimmern. Je teurer desto schöner, aber bereits die günstigste Variante ist eine gute Wahl. Ein Lift ist vorhanden, sodass ein Zimmer in einer der 10 Etagen immer gemütlich zu erreichen ist. Ähnlich ausgestattet ist **An An 2** ㉘ in der 216 De Tham. Wer inkl. Frühstück bucht, zahlt etwas mehr. ❸–❹

Beautiful Saigon 3 Hotel ⑮, 40/27 Bui Vien, ✆ 08-3920 4874, 💻 www.beautifulsaigon3hotel.com, [9110]. Eines der 4 nahe beieinanderliegenden Häuser mit modernen, neuen Zimmern in ansprechendem Design mit dunklen Holzmöbeln. Aufzug, Safe, Flachbildschirm und sogar ein PC vorhanden. ❸–❹

Bich Duyen Hotel ⑳, 283/4 Pham Ngu Lao, ✆ 08-3837 4588, ✉ bichduyenhotel@yahoo.com, [9111]. Sauberes Hotel in ruhiger Lage neben dem Blue River Hotel. Neben normalen DZ gibt es auch 3-Bett-Zimmer. Ob mit oder ohne Fenster zahlt man den gleichen Preis – wer vorbucht, sollte dies bedenken und ggf. nachfragen. Inkl. Frühstück. Kein Safe. ❷–❸

Blue River Hotel ㉑, 283/2B-2C Pham Ngu Lao, ✆ 08-3837 6483, 💻 www.blueriverhotel.com, [9114]. Komfortable Zimmer

VIETNAM

mit AC, TV, Safe und Kühlschrank in 2 Häusern in einer kleinen Gasse. Besonders schön ist Zimmer 401 mit Terrasse im 4. Stock (kein Aufzug). Inkl. Frühstück. Wer hier kein Zimmer bekommt, findet weitere Gästehäuser und Minihotels nebenan. ❷–❸

Elios Hotel ⑭, 231-235 Pham Ngu Lao, ✆ 08-3838 5585, 💻 www.elioshotel.vn, [9120]. 3-Sterne-Haus mit komfortabel ausgestatteten Zimmern. Alle Zimmer mit Safe. Inkl. Frühstücksbuffet im hochgelegenen Restaurant. Kleiner Fitnessbereich. ❹–❺

Kim Hotel ⑲, 40/18 Bui Vien, ✆ 08-3836 7495, 098-959 9416, 💻 www.kimhotel.com. Einladende Unterkunft in der beliebten Minihotel-Gasse. Gepflegte Zimmer mit AC, TV, Kühlschrank, teilweise mit Balkon. Badezimmer mit Wanne. Aufzug. Freundliche Leute. ❷–❸

La Felix Hotel ⑫, 287-289 Pham Ngu Lao, ✆ 08-3838 6972, 💻 www.lafelixhotel.com, [7445]. 3-Sterne-Standard, doch die günstigsten Zimmer ohne Fenster sind sehr klein. Für wenige Dollar mehr gibt es gute Zimmer, die sich dank der Größe auch für Familie eignen. Alle Zimmer mit Safe. Toll ist das Buffetfrühstück im Rooftop-Restaurant mit toller Aussicht. ❸–❻

The Town House 50 ①, 50 Bui Thi Xuan, ✆ 08-3925 0210, 💻 www.townhousesaigon.com, [9119] (Karte S. 818, Sai Gon). Das kleine Boutiquehotel liegt versteckt am Ende einer kleinen Gasse. Sehr ansprechend und mal etwas ganz anderes: Die Zimmer sind recht klein, aber einladend. Große Bäder. Auch Dormbetten (US$10 pro Bett). In einigen Zimmern nach hinten raus kann es bis in die Nacht etwas lauter werden, aber alle, die selber abends ausgehen, stört das wenig. ❸

Sai Gon Zentrum / Dong Khoi und Umgebung

Karte S. 819

Mittlere Preisklasse

Bong Sen Hotel ⑥, 117-123 Dong Khoi, ✆ 08-3829 1721, 💻 www.hotelbongsen.com, [9137]. 3-Sterne-Unterkunft in zentraler Lage. Sauna und Whirlpool. ❺

Ho Sen Hotel ②, 4B-4C Thi Sach, ✆ 08-3824 1695, 💻 www.hosenhotel.com.vn, [7016]. Auch die günstigeren Superior Zimmer alle mit Fenster, teils Flussblick. Ruhige Lage. Große Bäder mit Whirlpool-Badewanne. Kühlschrank und TV, europäisch-asiatisches Frühstücksbuffet inkl. ❸–❺

Hotel Continental Saigon ③, 132-134 Dong Khoi, ✆ 08-3829 9201, 💻 www.continentalsaigon.com, [9138]. Das älteste Hotel Vietnams existiert seit 1880. Eigentlich ein schönes Kolonialgebäude in bester Lage an der Dong Khoi, doch die altbackene Ausstattung trifft nicht jeden Geschmack. ❺–❻

Huong Sen Hotel ⑦, 66-70 Dong Khoi, ✆ 08-3829 1415, 💻 www.huongsenhotel.com.vn, [9151]. Beliebte 3-Sterne-Herberge in guter Lage an der Ecke zur Mac Thi Buoi. Die besseren Zimmer gehen zur Straße hinaus, bekommen aber eine Menge Verkehrslärm ab. Fitnesscenter, kleiner Pool. Ein Plus ist die schöne Open-Air-Bar. ❺–❻

Saigon River Boutique Hotel ⑤, 58 Mac Thi Buoi, ✆ 08-3822 8558, 💻 www.saigonriverhotel.com, [7015]. Dass man im Herzen von Sai Gon teurer wohnt als in der Pham Ngu Lao-Gegend, belegt dieses Hotel stellvertretend für viele andere: Die billigsten Zimmer sind ordentlich ausgestattet und sauber, haben jedoch kein Fenster. Das gibt es dann in der mittleren Klasse, und die teuersten haben einen Balkon. Inkl. Frühstück. ❸–❺

Obere Preisklasse

Duxton Hotel ⑩, 63 Nguyen Hue, ✆ 08-3822 2999, 💻 www.duxtonhotels.com, [9139]. Saubere, mit komfortablen Möbeln und vietnamesischer Kunst eingerichtete Zimmer. Kleiner Pool, Spa, zentrale Lage. ❻

Grand Hotel ⑧, 8 Dong Khoi, ✆ 08-3823 0163, 💻 www.grandhotel.vn, [9150]. Das 1930 erbaute Hotel ist eines der ältesten der Stadt und versprüht im alten Flügel dank Holzfußböden und antiken Möbeln eine Menge kolonialer Atmosphäre. Die Zimmer im neuen Flügel sind bequem, aber wenig bemerkenswert. Pool im Atrium. Tolles Frühstücksbuffet. ❻

Majestic Hotel ⑪, 1 Dong Khoi, ✆ 08-3829 5517, 💻 www.majesticsaigon.com.vn, [9159]. Ein Klassiker, der sich zum 5-Sterne-Hotel herausgeputzt hat – als erstes staatliches

Hotel in dieser Kategorie. 1925 in bester Lage am Flussufer erbaut. Pool, Spa, hervorragend geschulte Mitarbeiter und geschmackvoll eingerichtete Zimmer machen es heute zu einer Top-Adresse in Sai Gon. Bietet auch Kochkurse an. Schöne offene Bar in der 8. Etage mit Flussblick. Abends Livemusik. ❻

Rex Hotel ④, 141 Nguyen Hue, ✆ 08-3829 2185, 💻 www.rexhotelvietnam.com, [9155]. Während des amerikanischen Krieges trafen sich hier Journalisten, Diplomaten und Offiziere zum Meinungsaustausch; und ein Whisky in der Hotelbar gehört heute noch zum Programm vieler Reisender. Die Zimmer sind bequem und komfortabel, aber nicht gerade luxuriös ausgestattet. Neuer und alter Flügel bieten zusammen fast 300 Zimmer. ❻

Riverside Hotel ⑨, 18-20 Ton Duc Thang, ✆ 08-3823 1117, 💻 www.riversidehotelsg.com, [9156]. Wer einen Blick in die luxuriöseren Nachbarhäuser geworfen hat, wird hier etwas enttäuscht. Immerhin gibt es etwas Kolonialatmosphäre und Flussblick für den nicht ganz so großen Geldbeutel. ❺–❻

ESSEN

In Sai Gon gibt es eine Vielzahl unterschiedlicher Restaurants, die ihr Angebot am Geschmack und Geldbeutel der dort verkehrenden Ausländer, aber auch der Vietnamesen ausgerichtet haben. Man kann beim Milchkaffee nahe der Notre Dame-Kathedrale mit den Gewinnern der Marktwirtschaft den Tag beginnen, in einer *pho*-Küche Suppe mit Stäbchen essen und in kleinen Restaurants Frühlingsrollen selber wickeln. Den Kleinhandel unterstützt, wer in einer kleinen Garküche am Straßenstand eine Suppe testet und zum Nachtisch bei der Dame nebenan eine verzehrfertige Ananas ersteht.

In der Pham Ngu Lao [4849] gibt es nahezu überall Frühlingsrollen, Pizza und Pasta, Burger und Pommes. Die meisten Restaurants sind mind. von 9 bis 23 Uhr geöffnet. In der Dong Khoi [4850] finden sich gute vietnamesische Restaurants mit französischem Einschlag und teurere Restaurants mit z. T. exquisiter Küche. Hier essen neben Touristen vor allem neureiche Vietnamesen. Straßenstände, die Obst, Getränke und Nudelsuppen anbieten, sind über die ganze Stadt verteilt.

Pham Ngu Lao

Karte S. 824

Asian Kitchen, 185/22 Pham Ngu Lao, ✆ 08-3836 7397, und 241/10 Pham Ngu Lao, ✆ 083-6675 2835, [9170]. Asia-Küche für Einsteiger: Nicht immer authentisch, aber auf der umfangreichen Speisekarte werden die verschiedensten Geschmäcker bedient. Indische Currys, vietnamesisches Allerlei und Kleinigkeiten aus der japanischen Küche. Auch Vegetarier werden hier satt. Westliches Frühstück. 🕒 6.30–23 Uhr.

Baba's Kitchen, 164 Bui Vien, ✆ 08-3838 6661. Recht beliebtes Restaurant mit indischer Küche aus dem Norden und dem Süden des Landes; viele vegetarische Gerichte.

Chi's Café, 40/27 Bui Vien, ✆ 08-3920 4874. Netter Bar-Café-Restaurant-Hybrid mit kunstbehangenen orangefarbenen Wänden und gefliesten Tischen; durch die hohe Decke und den breiten Mittelgang ein freieres Raumgefühl als in vielen vergleichbaren Läden. An der Küche ist nichts auszusetzen; westlich-vietnamesische Gerichte, ergänzt durch Salate und vegetarische Burger. Das Chicken-Curry auf Kokosnussbasis schmeckt allen, die Ähnliches aus Thailand kennen.

Nam Giao, 248 Bui Vien, ✆ 08-3836 9446. Die beste *bun bo hue* im Viertel – seit 1991. Das leckere Rindfleisch-Nudel-Gericht bestellt man am besten per Fingerzeig, denn Englisch wird hier nicht gesprochen.

Pho Hai Thien, 14 Bui Vien, ✆ 08-6271 1201. Dass sich die klassische Allerwelts-Nudelsuppe auch kreativ variieren lässt, zeigt sich in diesem klimatisierten *pho*-Restaurant: mit Shrimps, bunten Nudeln, gebraten oder als Frühlingsrolle. Natürlich gibt es auch die Klassiker *pho bo* und *pho ga*; mit Rind bzw. Huhn. Letztere ab 60 000 Dong.

💼 **Pho Quynh**, 323 Pham Ngu Lao, Ecke Do Quang Dau. Ein Lichtblick für alle, die eine Alternative zum Pizza-Pasta-Pseudo-Vietnamesisch des Traveller-Viertels suchen: Sehr gute *pho* (Huhn oder Rind) in einem der

VIETNAM

letzten verbliebenen authentischen Nudelsuppen-Restaurants. Wer es deftiger mag, sollte eine Schale *bo kho* versuchen.

Saigon Vegan Cuisine, 240 Bui Vien, ✆ 08-3837 2686. Gute Auswahl veganer Gerichte – hier kommen auch Tierprodukt-Abstinenzler mal zu einer guten Schale *pho*. Sitzmöglichkeiten auf 2 Etagen. Mehrfach von Lesern gelobt.

Taj Mahal, 241, 265/1 Pham Ngu Lao, ✆ 08-6273 8496. Authentische nordindische Küche.

Tung Hung, 174A Tran Hung Dao, ✆ 08-3920 7920. Traditionsreicher Laden (seit 1968) mit nur einem Gericht in verschiedenen Variationen: *hu tieu*, eine leckere Suppe aus frischen Reisnudeln mit allerlei Einlagen. Empfehlenswert: *hu tieu mi thap can*, mit Fleischbällchen, Wontons, Shrimps etc.

VIETNAM

Sai Gon Zentrum/Dong Khoi und Umgebung

Karten S. 818, S. 819 und S. 824

Vietnamesisch

An kaum einem Ort in Vietnam finden sich so viele, so gute und so unterschiedliche Restaurants wie in und um das alte Sai Gon. Alle Regionalküchen sind vertreten; es gibt fantastische Straßenrestaurants ebenso wie luxuriöseste Gourmet-Tempel. Vom kleinen Snack zwischendurch bis zum opulenten Festessen – immer wieder katapultiert einen die vietnamesische Küche in Sai Gon direkt in den Genießerhimmel. Man muss dafür nur eines tun: das Traveller-Viertel rund um die Pham Ngu Lao verlassen.

Bo Tung Xeo Restaurant Luong Son Quan, 31 Ly Tu Trong, ✆ 083-3825 1330, [7452]. Authentisch und lecker: qualmende Tischgrills, kaltes Neonlicht. Nicht gerade gemütlich, aber abends oft so voll, dass man Glück haben muss, um einen Tisch zu bekommen (Reservierungen unter lsq.reservation@gmail.com). Der Grund ist einfach – die herausragende Qualität des Essens. Unbedingt probieren: das namensgebende Hausgericht *bo tung xeo*: mariniertes Rindfleisch, das man sich am Tischgrill selbst zubereitet. Aber auch die anderen Speisen sind nicht zu verachten. Experimentierfreudigere Naturen können sich auch an Krokodilfleisch oder gegrillten Skorpionen versuchen.

Cuc Gach Quan, 10 Dang Tat, Tan Dinh, ✆ 08-3848 0144, 016-5710 1010, 💻 www.cucgachquan.com.vn/en, [7454]. Geheimtipp für Genießer: Versteckt in einer Querstraße nahe der Tan Dinh-Kirche liegt dieses kleine kulinarische Juwel, das, seitdem Angelina Jolie und Brad Pitt hier eingekehrt sind, nicht mehr ganz so geheim ist wie früher. Feine vietnamesische Küche in einem verwinkelten winzigen Haus. Steile Treppen und niedrige Türen machen schon das Erkunden der Architektur zum Erlebnis. Nur mit Reservierung!

...hum, 32 Vo Van Tan, ✆ 08-3930 3819, 💻 www.hum-vegetarian.vn. Ein erstklassiges vegetarisches Restaurant nahe des Kriegsrelikte-Museums. Nicht ganz billig, aber Qualität und Setting sind den Preis wert.

Huong Lai, 38 Ly Tu Trong, ✆ 08-3822 6814, 💻 www.huonglai2001saigon.com. Wer hier isst, speist nicht nur gut, sondern tut auch noch ein gutes Werk: Denn hier wird ehemaligen Straßenkindern und Waisen zu einer Zukunft verholfen. Daher etwas teurer: 6 Frühlingsrollen um die 100 000 Dong. 🕒 12–15 und 18–22 Uhr.

Mandarine, 11A Ngo Van Nam, ✆ 08-822 9783. Luxusrestaurant, in dem schon Präsidenten und Könige speisten. Jedes Gericht ist ein kulinarisches und gestalterisches Kunstwerk: fast zu schön zum Essen (aber es lohnt sich). Seit vielen Jahren unverändert auf der Karte: *vit nau cam*, Ente in Orangensauce – ein Gedicht. 🕒 tgl. 11.30–14 und 17.30–23 Uhr.

Tib Chay, 89-91 Phan Ke Binh, ✆ 08-3911 5455, 💻 www.tibrestaurant.com.vn. Hochklassiges vegetarisches Restaurant mit angenehmer Atmosphäre. Die gute Küche in Hue-Stil und das gediegene Ambiente haben allerdings ihren Preis. 🕒 11–14 und 17–22 Uhr.

Vy Da Quan, 62 Ly Tu Trong, ✆ 08-3822 1599. Einfaches Restaurant, bei Einheimischen so beliebt, dass abends kaum ein freier Tisch auf dem Bürgersteig zu ergattern ist. Neben den hervorragenden Fisch- und Fleischgerichten ein prima Platz, um dem abendlichen Treiben zuzuschauen. Ähnliches Angebot in den

Restaurants die Straße hinunter. Einer *der* In-Plätze in Sai Gon, nicht nur für den jungen Underground: Hier cruist auch schon mal ein Ferrari vorbei.

Aus aller Welt

Au Lac do Brazil, 238 Pasteur, ✆ 08-3820 7157, 💻 www.aulacdobrazil.com. Wen es nach typisch brasilianischem Essen und einem richtigen Steak gelüstet, der ist hier richtig. Dazu gibt es leckeren Caipirinha. 🕒 tgl. 11–14 und 17–23 Uhr.

Au Parc, 23 Han Thuyen, ✆ 08-3829 2772, 📧 auparc@gmail.com. Französisches Flair auf zweieinhalb Etagen. 4 Tische draußen mit Parkblick. Frühstück gibt es ganztägig: wahlweise englisch, schweizerisch oder türkisch. Auf der Karte stehen viele Baguettes, Sandwiches und Salate. Eine ganze Seite ist den Kindermenüs vorbehalten, wie Spaghetti mit Bolognese- oder Tomatensauce und Kartoffelpüree mit Würstchen. 🕒 tgl. 7–22 Uhr.

Gartenstadt, 34 Dong Khoi, ✆ 08-3822 3623. Wer an Heimweh leidet, kann sich hier an einem Wiener Schnitzel mit Spätzle und Rotkohl, einem Kassler mit Sauerkraut und Kartoffelecken oder einer deftigen Schlachtplatte satt essen. Dazu gibt es Krombacher vom Fass oder Schneider Weiße (Happy Hour von 14–20 Uhr). Einen Garten hat das Lokal allerdings nicht. 🕒 ganztägig.

Jaspas, 33 Dong Khoi, ✆ 08-3822 9925. Globalisierte Küche: mexikanische Tacos und australische Steaks, mongolisches Lamm, malaysisches Roti … dazu jede Menge Salate. 🕒 tgl. 8.30–24 Uhr.

La Fenetre Soleil, 44 Ly Tu Trong, ✆ 08-3824 5994. Die gehobene Küche ist eine Mixtur aus vietnamesischen und japanischen Elementen und wird in stilvollem Ambiente kredenzt, das sich ebenfalls aus Elementen verschiedener Kulturkreise zusammensetzt. Liegt in der 2. Etage und ist ein schöner Rückzugsort vom Treiben der Straße. 🕒 10–24 Uhr.

warda, 71/7 Mac Thi Buoi, ✆ 08-3823 3882. Shisha-Lounge im orientalischen Stil. In der kurzen Gasse **Hem 71**, die von der Mac Thi Buoi abzweigt, haben sich einige wenige sehr gute kleine Lokale angesiedelt; vgl. **eXTra [7459]**.

Großraum Sai Gon

Karten S. 816 und S. 818

***Banh Xeo*-Restaurants**, Dinh Cong Trung, nördlich des Tan Dinh-Marktes. Die knusprigen Reismehl-Crêpes mit einer Füllung aus Shrimps oder Schweinefleisch, Sojasprossen und Kräutern gibt es hier gleich in mehreren kleinen Läden, die augenscheinlich darum wetteifern, wer die leckersten macht. Den Kunden freut's: Ähnlich gute findet man nur weit draußen im Mekong-Delta.

Lang Nuong Nam Bo, 285/C145 Cach Mang Thang Tam, Q.10, ✆ 08-3863 2309, **[7461]**. Das größte Restaurant der Stadt mit dem sachlichen Namen „Grillrestaurant des Südens“ fasst mehrere hundert Gäste – und dennoch fällt es an manchen Tagen schwer, einen freien Tisch zu finden. Auf der umfangreichen Speisekarte wird sicher jeder fündig – es muss ja nicht gleich der gegrillte Ziegeneuter *nhu de nuong* sein. Sehr lecker: *goi cu hu dua tom muc*, ein Salat aus Kokospalme (den jungen Trieben, nicht den Nüssen) mit Shrimps und Squid. Ein besonderer Tipp: der in einem länglichen, hübsch verzierten Kürbis gegarte Fisch *ca chem hap bau*. Wer bei all der Auswahl unbedingt etwas „Westliches“ probieren will, wird überrascht: Pommes frites werden mit Zucker serviert – eine südvietnamesische Spezialität.

Pho Hoa, 260C Pasteur. Beliebtes *pho bo*-Restaurant, in dem von morgens bis abends Hochbetrieb herrscht, weshalb man sich oft irgendwo dazusetzen muss.

Cho Lon

Karte S. 822

Wer authentische chinesische Küche genießen möchte, sollte nach Cho Lon fahren und dort etwas probieren. Ein Tipp sind die Essensstände im hinteren Bereich des Binh Tay-Marktes. Wer durch das Viertel streift, findet in einfachen Restaurants leckere Gerichte.

Bien Duong 1, 103-105 Nguyen Tri Phuong, ✆ 08-3858 2474. Tagsüber ist hier nicht viel los – aber nach Einbruch der Dunkelheit, wenn der breite Bürgersteig mit Tischen zugestellt wird, ist es hier rappelvoll, und das bis weit nach Mitternacht. Das liegt wohl an der leckeren chinesischen Küche und den fleißigen Biermädchen, die ständig das Glas nachfüllen. Besser mit ortskundiger Begleitung aufsuchen; mit Englisch kommt man hier nicht weit.

Cat Dang Coffee, 279 Hai Thuong Lang Ong. Schickes, großes Café, dessen klimatisierter Innenbereich eine Oase der Ruhe für alle ist, die eine Pause vom Wirbel auf den Straßen brauchen. Guter Kaffee, Snacks. ⌚ 5.30–19 Uhr.

Dong Nguyen, 87-91 Chau Van Liem, ✆ 083-3855 7662. Beliebtes, alteingesessenes Restaurant, das seine Kunden seit 1945 bewirtet. Spezialität *com ga*, Reis mit Huhn: sehr gut als Variante mit Ingwer und Pilzen. Experimentierfreudigere Esser bevorzugen vielleicht Schweinehirn mit Kräutern.

UNTERHALTUNG

Kneipen, Bars und Discos

Apocalypse Now, 2D Thi Sach, ✆ 090-290 2302. *Der* Klassiker in Sai Gons Nightlife-Szene zieht Touristen wie Einheimische gleichermaßen an. Der DJ pumpt aktuelle Tunes auf den Dancefloor, und das Publikum versucht möglichst cool auszusehen oder sich gegenseitig beim Tanzen zu beeindrucken. ⌚ tgl. 19–2 Uhr.

Go2, 187 De Tham, Ecke Bui Vien. Strategisch günstig gelegene Bar mit Snacks und guter Aussicht. Ziemlich teuer. ⌚ rund um die Uhr.

Le Pub, 175/22 Pham Ngu Lao, ✆ 08-3837 7679. Kleine Bar mit einer großen Auswahl an Cocktails und Snacks (Burger, Pizza, Salate). Am Wochenende oft drängend voll mit jungen Vietnamesen. ⌚ tgl. 19–24 Uhr.

Sax'n'Art, 28 Le Loi, ✆ 08-3822 8472, 💻 www.saxnart.com. Der bekannte vietnamesische Saxofonist Tram Manh Tuan eröffnete diese Bar und spielt jeden Abend ab 21 Uhr mit seiner Band modernen Jazz mit vietnamesischen Einflüssen. Jazzfans sollten sich einen Besuch nicht entgehen lassen – die einzige Möglichkeit, in der Stadt guten Jazz zu hören. Nicht ganz billig; zudem fallen bei der Rechnung zusätzlich 10 % Steuern und US$3 „Cover Charge" an. ⌚ tgl. 17–24 Uhr.

Saigon Saigon (Caravelle Hotel), 19 Lam Son-Platz, ✆ 08-3823 4999. Die Bar auf dem Dach des Luxushotels serviert hervorragende Sandwiches und Burger (mit Ei und Käse: US$10), spektakuläre Eisbecher (US$13) und exzellente Cocktails, z. B. den Cool Cyclo Driver und den Saigon Saigon Slammer. Dazu spielt abends die hauseigene Kapelle. ⌚ tgl. ab 11 Uhr, Ende offen.

Seventeen Saloon, 103A Pham Ngu Lao, ✆ 08-3914 0007, 💻 www.seventeensaloon.com.vn. Auf 2 Etagen sieht alles wie in einem Western-Saloon aus – etwas gewöhnungsbedürftig in Vietnam. Ab 21 Uhr tgl. Livemusik, über Jazz, Country, Latin und Rock. ⌚ tgl. 19–2 Uhr.

Theater

Stadttheater, Lam Son-Platz, Dong Khoi, Ecke Le Loi, ✆ 08-3829 1249. Hier gibt es regelmäßig wechselnde Veranstaltungen. Termine und Programm an den Anschlagtafeln am Eingang. Beginn ist meist um 20 Uhr, Tickets ab etwa 20 000 Dong.

Tran Hung Dao-Theater (Nha Hat Kich TPHCM), 136 Tran Hung Dao, ✆ 08-3836 9718. Dies ist der letzte Ort in Sai Gon, um einer *cai luong*-Vorstellung beizuwohnen. Vor Jahren waren es noch fast ein Dutzend Plätze, wo diese Theaterform zu sehen war – nach und nach schlossen alle wegen zurückgehender Besucherzahlen. Hier wird die Tradition am Leben erhalten: Jedes Wochenende werden klassische oder etwas modernisierte *cai luong*-Stücke aufgeführt. Beginn Sa und So um 20 Uhr, Eintritt 30 000–100 000 Dong; s. auch **eXTra [7463]**.

Klassische vietnamesische Musik

In mehreren der auf Touristen ausgerichteten vietnamesischen Restaurants in der Innenstadt wird leichte klassische und traditionelle Musik zum Essen gespielt – von wechselnder Qualität. Eine gute Truppe spielt seit vielen Jahren im **Cung Dinh Restaurant (Rex Hotel)**, 141 Nguyen Hue. Das Restaurant, gestaltet wie ein kleines Theater, beherbergt das Phu Dong Ensemble, das hier die klassische Hofmusik aus Hue, *nha nhac*, vorträgt, und darüber hinaus ein breites Spektrum an traditioneller

OBEN LINKS PAGODE DES JADEKAISERS, HO-CHI-MINH-STADT; **OBEN RECHTS** BINH TAY-MARKT, HO-CHI-MINH-STADT; **UNTEN LINKS** CAI RANG-MARKT, MEKONG-DELTA; **UNTEN RECHTS** PHU QUOC

Musik aus dem Norden und Süden des Landes beherrscht. Trommeln, Gongs und hölzerne Glocken geben den Rhythmus vor, Flöten, *k'long put* (aus Bambusröhren) und *ko ni* spielen die Melodien. Konzerte tgl. von 12–13 und 19.30–21 Uhr.
Im **Musikkonservatorium**, 112 Nguyen Du, ✆ 08-3824 3774, 💻 www.hcmcons.vn, finden regelmäßig Aufführungen klassischer vietnamesischer Musik statt. Konzerttermine siehe Aushang am Eingang.

EINKAUFEN

Sai Gon und Cho Lon sind echte Einkaufsparadiese: Wer gern shoppen geht, kann dies hier ausgiebig und intensiv. Ein Bummel über die Dong Khoi mit ihren vielen kleinen Läden und Boutiquen gehört ebenso zum Pflichtprogramm wie ein Besuch auf einem der vielen Märkte: Sei es der touristische Ben Tanh-Markt in Sai Gon oder der belebte Binh Tay-Markt in Cho Lon. Interessante Läden gibt es außerdem entlang der Le Loi und im Traveller-Viertel in der De Tham und Bui Vien.

Kunst und Kunsthandwerk

Zahlreiche kleinere Ateliers und größere Galerien befinden sich in der Dong Khoi und der Bui Vien bzw. De Tham. Hier gibt es Kopien vieler klassischer und bekannter Gemälde sowie buddhistische Motive in unterschiedlichen Abmessungen. Auf Anfrage malen die Künstler auch das eigene Lieblingsbild in jeder gewünschten Größe (Foto mitbringen).
Kunsthandwerk wie Lackteller, Tassen und Vasen findet man in den zahlreichen kleinen **Souvenirshops** in der Pham Ngu Lao, der Dong Khoi und nahe dem Ben Thanh-Markt. Hier gibt es auch aufwendig gebastelte Schiffsmodelle. Diese sind nur im Handgepäck zu transportieren und sollten daher eher am Ende einer Reise erstanden werden. Eingepackt kann man sie recht gut tragen, sofern sie nicht zu groß sind. Im Trend sind Taschen aus alten Futtersäcken und andere Recycling-Kunst. Eine große Auswahl bietet **Blue Dragon**, 1B Bui Vien, ✆ 08-2210 2084. Das Motto hier: *recycled, handmade, ethnic.*

Märkte

Der 1914 von den Franzosen errichtete **Ben Thanh-Markt** [9172] befindet sich auf dem Weg zwischen Pham Ngu Lao und Dong Khoi am Denkmal von Tran Nguyen Han. So zentral gelegen, ist der Besuch des Ben Thanh-Marktes ein Muss für alle Besucher der Stadt. Das quirlige Marktzentrum bietet neben zahlreichen Souvenirs, die eigens für Touristen gemacht sind, auch traditionelle Marktstände mit Alltagskleidung, Essen und Haushaltswaren. Die Preise sind relativ hoch, v. a. je weiter man ins Innere vordringt. Ganz außen befinden sich Stände mit Festpreisen. 🕒 tgl. 6–18 Uhr.
Ein riesiges Sortiment unterschiedlichster Waren findet sich im **Binh Tay-Markt** (S. 821) in Cho Lon, dem geschäftigen Chinesenviertel. Dort liegt auch der moderne **An Dong-Markt**, und viele Straßen und Gassen laden zum Stöbern ein .
Am Rande des Traveller-Viertels findet sich der **Thai Binh-Markt**, der die nahe Umgebung mit allem versorgt, was man zum Leben braucht. Die Essensstände und Bürgersteig-Restaurants dort sind eine authentisch vietnamesische Alternative zu den Pizza-Pasta-Pancake-Läden in den nahe gelegenen Straßen.
Viel frisches Obst und Gemüse bekommt man auf dem **Tan Dinh-Markt** nahe der Tan Dinh-Kirche an der Hai Ba Trung. Hier kann man ebenfalls gut eine Kleinigkeit essen (S. 829, *banh xeo*-Restaurants).
Ein gemischtes Warenangebot hat auch der **Danh Sinh-Markt** südlich der Pham Ngu Lao-Area, an der Nguyen Cong Tru nahe dem Ben Nghe-Kanal. Hier gibt es u. a. Gegenstände aus der Armee-Ausrüstung.
Der 2012 neu eröffnete **Russian Market** in der 328 Vo Van Kiet nahe dem Ben Nghe-Kanal hält auf über 150 Ständen ein großes Angebot an Kleidung bereit – darunter auch Winterbekleidung und vieles in „westlichen" Größen. 🕒 10–18 Uhr.

TOUREN

Reiseveranstalter

Es gibt in Sai Gon zahlreiche kleinere und größere Reiseveranstalter, von denen hier nur eine kleine Auswahl genannt werden kann. Die kleineren Reisebüros vertreiben Tickets der größeren Tour-Gesellschaften, bieten aber zum Teil auch selbst organisierte Touren und vermitteln Mietwagen mit Fahrer. Manchmal besteht das Angebot, sich vom Hotel abholen zu lassen. Sicherer ist es aber, sich spätestens eine halbe Stunde vor Abfahrt in dem Reisebüro einzufinden, in dem man das Ticket erstanden hat.

Pham Ngu Lao

Ann Tours, 58 Ton That Tung, ✆ 08-3925 3636, 💻 www.anntours.com. 1989 als eines der ersten privaten Tourunternehmen gestartet, ist dieses Reisebüro eines der zuverlässigsten und erfahrensten, aber nicht der billigsten. Die Touren sind jedoch ihren Preis wert.

Phuong Trang Travel (FUTA), 272 De Tham, sowie um die Ecke in der 205 Pham Ngu Lao, ✆ 08-3837 5570, 💻 www.futabus.vn. Die orangefarbenen Liegebusse der Gesellschaft sind die erste Wahl, was Open Bus-Touren ins Delta (S. 841) sowie nach Mui Ne, Nha Trang und Da Lat angeht.

Sinhbalo Adventures, 283/20 Pham Ngu Lao, ✆ 08-3837 6766, 💻 www.sinhbalo.com. Empfehlenswertes Unternehmen mit gut geführten Touren im ganzen Land. Besonders interessant auch für Radfahrer, s. 💻 www.cyclingvietnam.net. 🕒 Mo–Fr 7.30–12 und 13.30–17.30 Uhr. Sa nur vormittags.

The Sinh Tourist, 246-248 De Tham, ✆ 08-3838 9597, 💻 www.thesinhtourist.vn. Preiswerter, alteingesessener Anbieter (ehemals: Sinh Café) mit viel Durchlauf, der Bustickets und 08/15-Touren ins ganze Land anbietet.

YTC, 267 De Tham, ✆ 08-3920 2112, 💻 www.ytc267.com. Günstige Touren im Delta-Gebiet. Bieten auch Reisen über den Mekong bis nach Kambodscha an. War zuvor als „Delta Adventure Tours" bekannt und genoss am Ende nicht mehr den allerbesten Ruf. Neuer Name, neues Glück?

Dong Khoi

Mai Linh Tourism, 65-68 Hai Ba Trung, ✆ 08-3825 8888, 💻 www.mailinhtourism.vn. Touren, Flüge, Visa-Service – und Fahrzeuge in jeder Größe: vom „kleinen" Mercedes bis zum 41-sitzigen Bus.

Saigon Tourist, 35-45 Le Thanh Ton, Ecke Dong Khoi, im Parkson, ✆ 08-3827 9279, 💻 www.saigontourist.net. Diese staatliche und seit vielen Jahren tätige Reiseagentur bietet viele Touren, die meist gut organisiert sind. 🕒 7.30–18.30 Uhr.

SONSTIGES

Diplomatische Vertretungen

Ausländische **Konsulate** s. S. 50

Informationen

Informationen zu aktuellen Veranstaltungen, Konzerten und den gerade angesagtesten Plätzen der Stadt finden sich in den **Monatsmagazinen** *The Word*, 💻 www.wordhcmc.com, und *Asia LIFE HCMC*, 💻 www.asialifemagazine.com. Die Hefte liegen in Restaurants und Hotels aus.

Medizinische Hilfe

Im **Notfall** bieten zahlreiche internationale private Kliniken einen 24-Std.-Notfallservice. Diesen lassen sie sich teuer bezahlen,

Unterwegs mit dem Saigon-Insider

SaigonKultour, Ralf Dittko, ✆ 090-377 0953, ✉ dittko@hanoikultour.com. „Anstiftung zu kleinen Fluchten" – unter diesem vielversprechenden Motto bietet Ralf Dittko von SaigonKultour sehr individuelle Stadtführungen für alle, die zwar nichts „Wichtiges" verpassen wollen, aber auch an ein paar Geschichten drumherum interessiert sind. Der ehemalige Rheinländer lebt schon seit rund 20 Jahren in Ho-Chi-Minh-Stadt, spricht fließend Vietnamesisch und kennt viele Winkel und Gassen, die man allein nie finden würde – weit abseits des Programms der Cyclo-Fahrer. Eine Tour mit Ralf ist zudem ein guter Start ins Land überhaupt: Allgemeine Tipps, etwa zum Essen an der Straße oder zum Verhalten im Land, sind inbegriffen. Nicht billig, aber den Preis wert.

aber wer gut versichert ist, kann sich die Kosten erstatten lassen, sofern der Einsatz notwendig war.
Die privaten internationalen Kliniken sind in jedem Fall den staatlichen Krankenhäusern vorzuziehen. Wer dennoch in einem staatlichen Krankenhaus landet, dem sei empfohlen, die Diagnose und gegebenenfalls Behandlung in einer internationalen Klinik oder zu Hause noch einmal prüfen zu lassen.
Empfehlenswert ist die internationale Klinik **Family Medical Practice im Diamond Plaza**, 34 Le Duan, direkt hinter der Notre Dame-Kathedrale, ✆ 08-3822 7848, 💻 www.vietnammedicalpractice.com. Unter der Telefonnummer ist der 24-Std.-Notdienst erreichbar. Eine Erstbehandlung kostet US$50, alle weiteren Nachuntersuchungen jeweils US$30. Notfallbehandlungen sind teurer. Die Klinik verfügt über eine Krankenstation, sodass stationäre Behandlungen möglich sind. Diese Klinik ist auch auf Kinder eingestellt: Es gibt einen Kinderarzt und sogar eine Spielecke. Der Klinik angeschlossen ist **Family Dental Practice**, ✆ 08-3822 4711, für Zahnbehandlungen.
Nahe der Notre Dame liegt auch die **International Clinic 24**, 1 Thanh Nguyen, ✆ 08-3827 2366, 24-Std.-Notruf ✆ 08-865 4025.
Wer **ohne Versicherung** unterwegs ist und sich die teuren internationalen Kliniken in Sai Gon nicht leisten kann oder will, sollte nach Cho Lon ins **Cho Ray Hospital** gehen: 201B Nguyen Chi Thanh, ✆ 08-3855 4137, 3855 4138, 3856 3534, 💻 www.choray.vn. Das 1900 von den Franzosen gegründete Haus hat eine internationale Abteilung und deutlich geringere Behandlungskosten als die privaten Hospitäler in Sai Gon.

Polizei

Notruf ✆ 113. Darüber hinaus gibt es eine 24-Std.-Service-Nummer, an die man sich auch bei Problemen mit der Polizei wenden kann: ✆ 08-3838 7255.

Post

Die **Hauptpost**, ein altes Kolonialgebäude, befindet sich rechts neben der Notre Dame-Kathedrale am Ende der Dong Khoi. Rechter Hand befindet sich ein Schalter von **DHL**, wo man per Luftpost Pakete verschicken kann. Internationale Pakete können aber auch bei der regulären vietnamesischen Paketpost aufgegeben werden. Das Paket wird jedoch vor Annahme erst einmal gecheckt, also am besten nicht zukleben. Je nachdem, was man verschicken will, stößt man auf ungewohnte Einschränkungen. Es ist z. B. nicht erlaubt, CDs und DVDs zu verschicken. Vom Postamt aus lassen sich auch **internationale Telefongespräche** führen. Die Hauptpost ist auch für Bewohner der Pham Ngu Lao die nächstgelegene Poststelle. 🕒 tgl. 7–19 Uhr.

Visaverlängerungen

Werden von fast allen Reisebüros vermittelt und dauern etwa 1–2 Tage, manchmal auch länger.

NAHVERKEHR

Cyclos

Das gute alte Cyclo ist in dieser Stadt eine aussterbende Art. Deshalb sollte man damit fahren, solange es noch geht. Die Stadtregierung hat Pläne in der Schublade, die pedalgetriebenen Dreiräder endgültig aus dem Straßenbild zu verbannen; schon jetzt sind viele Straßen für Cyclos gesperrt, was die Fahrer oft dazu zwingt, Umwege zu nehmen oder ihre Gäste nur in der Nähe des gewünschten Ziels herauszulassen, aber nicht mehr direkt davor. Mitleid haben die Offiziellen mit den Pedalisten wohl nicht – handelt es sich bei den Fahrern doch oftmals um Ex-Mitglieder der Südvietnamesischen Armee oder ehemalige Angestellte der US-Streitkräfte. Das ist auch der Grund dafür, dass die Fahrer in den meisten Fällen ein passables Englisch sprechen. Die **Fahrpreise** sind Verhandlungssache: Mindestens 50 000 Dong für die (angefangene) Stunde sind ein grober Richtwert. Für einen ganzen Tag (vormittags bis nachmittags) können US$15 kalkuliert werden. Die Fahrer, die im Traveller-Viertel auf Kundenfang gehen, haben meist schon einen Fahrplan, der die wichtigsten Sehenswürdigkeiten einschließt.

Warnung: In letzter Zeit häufen sich die Klagen über Missverständnisse beim Fahrpreis – Reisende wurden von den Pedalisten wüst beschimpft. Natürlich ging es ums Geld. Es ist auf jeden Fall empfehlenswert, sich vor der Fahrt klar und deutlich über den Fahrpreis zu einigen, und diesen vor Fahrtantritt ruhig mehrfach zu verifizieren (am besten aufschreiben). Außerdem gilt weiterhin: Nach Einbruch der Dunkelheit wird vom Cyclo-Fahren abgeraten.

Stadtbusse

HCMS verfügt über ein dichtes Netz an Stadtbussen, sodass man fast alle Ziele mit öffentlichen Nahverkehrsmitteln anfahren kann. Das ist bei einer Stadtrundfahrt zwar mühsam, doch der ein oder andere findet Gefallen daran, sich die Stadt auf diese Weise zu erschließen. Da fast nie ein Tourist mit einem Stadtbus unterwegs ist, kann man sich auf ein paar nette Begegnungen gefasst machen. Preiswert ist es außerdem: 5000 Dong sind für Stadtfahrten meistens ausreichend. Tickets werden im Bus gelöst.

Vom **Busbahnhof Ben Thanh** gegenüber dem gleichnamigen Markt fährt z. B. die Nr. 1 zum Binh Tay-Markt in CHO LON, die Nr. 2 zum MIEN TAY-Busbahnhof, die Nr. 34 gen Süden nach PHU MY HUNG und die Nr. 152 zum Flughafen TAN SON NHAT.

Vom **Busbahnhof Mien Dong** aus kommt man mit der Nr. 14 zum MIEN TAY-Busbahnhof (und umgekehrt).

Vom **Busbahnhof Cho Lon** aus kann man mit der Nr. 94 bis nach CU CHI fahren.

Stadtpläne mit eingezeichneten Busrouten *(so do tuyen xe buit moi)* gibt es in fast jeder Buchhandlung in der Kartenabteilung.

Taxis

Es gibt zahlreiche Taxiunternehmen in Sai Gon, und nahezu alle Fahrer schalten den Taxameter ohne Anfrage ein. Die Kilometerpreise sind fest und sowohl außen am Fahrzeug als auch innen am Armaturenbrett gut lesbar angebracht. Fast immer findet sich innerhalb von 5 Min. ein freies Taxi. Wer früh zum Flughafen muss oder einfach nur auf Nummer sicher gehen will, bittet an der Rezeption um die Bestellung eines Wagens oder ruft selber eines der folgenden Unternehmen an:

Mai Linh Taxi, ✆ 08-3838 3838;

Vinasun, ✆ 08-3827 2727.

Vorsicht vor manipulierten Taxametern: Wenn nach wenigen Metern der Fahrpreis kometenhaft in die Höhe schnellt, sollte man sofort anhalten und aussteigen und wenn möglich nur einen Bruchteil des geforderten Preises bezahlen.

Xe om

Auf dem Rücksitz eines Motorrads ist man in der Stadt oft am schnellsten unterwegs. Touristen werden dabei gerne großzügig zur Kasse gebeten. Richtwerte: Einfache Fahrt von der Pham Ngu Lao zum Phuong Trang-Büro in District 10 regulär 30 000 Dong; von der Pham Ngu Lao zum Mien Tay-Busbahnhof an die 100 000 Dong.

Wer viel Gepäck hat, ist mit einem Taxi besser beraten. Obgleich der Fahrer große Lasten gewohnt ist und auch mit einem Rucksack vor sich, der ihm bis ans Kinn geht, lenken kann, steigert das nicht gerade die Fahrsicherheit. Und die Fahrer nehmen lieber ein höheres Risiko in Kauf, statt auf die Fahrt zu verzichten.

TRANSPORT

Open Tour-Busse nach Norden

Tickets für die preisgünstigen Open Tour-Busse gibt's im Traveller-Viertel an jeder Ecke. Mehrere Gesellschaften bedienen die Standardrouten – die Busse fahren meist morgens zwischen 7 und 8 Uhr und abends gegen 20 Uhr (Letztere sind etwas teurer).

DA LAT, in ca. 6 Std., ab 160 000 Dong;

MUI NE, in ca. 4–5 Std. für 135 000 Dong, *Sleeper* 220 000 Dong. Wer den Nachtbus nimmt, kommt in Mui Ne nach Mitternacht an: Hotelreservierung empfohlen;

NHA TRANG, in ca. 10 Std. für 190 000 Dong.

Ins Delta

Ins Mekong-Delta fährt man am bequemsten mit den Bussen der **Phuong Trang**-Gesell-

VIETNAM

Von Ho-Chi-Minh-Stadt nach Kambodscha

Busse nach **Phnom Penh** starten tgl. jede Stunde zwischen 4 und 16 Uhr und kosten ab ca. US$12; bessere Busse sind teurer. Busse bis nach **Siem Reap** kosten ab US$22, nach **Sihanoukville** um die US$20 (s. eXTra [4928]). Es werden auch 3- bis 5-Tage-Reisen zu den Tempeln von Angkor angeboten; all inclusive je nach Dauer und Gruppengröße etwa zwischen US$250 und US$400.
Sapaco Tourist, 325 Pham Ngu Lao, ✆ 08-3920 3623 (Busse), 08-3920 6706 (Touren), 💻 www.sapacotourist.com. Tgl. Busse nach Kambodscha jede Stunde zwischen 6 und 15 Uhr. Die Busse können telefonisch vorgebucht werden. Busse fahren direkt nach Phnom Penh, nach Siem Reap (Angkor) oder bis zur Grenze nach Moc Bai. Zudem Mehrtagestouren nach Kambodscha: Entweder zu den Tempel von Angkor oder auf Shoppingtour nach Phnom Penh. Mehrere weitere Anbieter ein paar Schritte östlich an der Pham Ngu Lao.
Es gibt **längere Delta-Touren**, die 2 bzw. 3 Tage dauern und über My Tha, Vinh Long, Cai Be und Chau Doc nach Phnom Penh führen.

schaft (FUTA); die Fahrten dorthin starten vor dem zweiten Büro der Gesellschaft in der 328A Le Hong Phong, District 10, ✆ 08-3830 9309, s. Karte S. 824.
Alternativ kann man sich auch einfach zum **Mien Tay-Busbahnhof** bringen lassen und dort einen der vielen Busse nehmen.

Fernbusse

Ho-Chi-Minh-Stadt hat zwei große **Fernbusbahnhöfe**: den **Ben Xe Mien Dong**, 292 Dinh Bo Linh, ✆ 08-3898 4893, etwa 6 km nördlich des Zentrums, für Ziele im Norden und an der Küste, von VUNG TAU (Fahrzeit: 2 1/2 Std.) bis HAI PHONG (Leidenszeit: bis zu 43 Std.), und den **Ben Xe Mien Tay**, 395 Kinh Duong Vuong, ✆ 08-877 6593, etwa 10 km vom Zentrum am westlichen Stadtrand, für Ziele im Mekong-Delta.
Die einzelnen Fahrtziele sind an den Ticketschaltern angeschrieben; oft werden gleiche Ziele von verschiedenen Gesellschaften bedient.
An den Bahnhöfen herrscht viel Betrieb, und es gilt: Eigentlich kann man von morgens früh bis mind. zum späten Nachmittag sämtliche Ziele des Landes ansteuern. Den Fahrplan auch nur annähernd korrekt wiederzugeben, würde viele Seiten füllen, die wir uns sparen. Die weitaus meisten Reisenden verlassen die Stadt sowieso mit einem Open Tour-Bus, der Bahn oder dem Flugzeug. Wer jedoch einen Linienbus benutzen will – vielleicht, weil das Ziel abseits der Touristenpfade liegt, oder weil die Open Tour-Busse voll sind – fährt einfach zum entsprechenden Busbahnhof. Wer ganz sicher sein will, wegzukommen (und beim Fahren was sehen möchte), sollte am frühen Vormittag starten.
Vom **Busbahnhof von Cho Lon**, 84 Trang Tu, ✆ 08-3855 7719, fahren einige Busse in das nördliche Delta. Auch in die westliche, untouristische Provinz Long An startet man von hier.

Eisenbahn

Tickets gibt es von den Reisebüros (natürlich gegen Aufpreis) oder am Bahnhof **Ga Sai Gon**, 1 Nguyen Thong, D. 3, ✆ 08-3843 6528, 3931 0666, am dortigen Reservierungsschalter, 🕒 tgl. 7.30–18.30 Uhr, Mittagspause 12–13 Uhr. Fahrplan s. S. 883.

Flüge

Der **internationale Flughafen Tan Son Nhat** befindet sich nördlich des Zentrums und ist mit dem Taxi in ca. 30 Min. zu erreichen (bei normalem Stadtverkehr). Bus Nr. 152 ab Ben Thanh-Markt fährt im 20-Min.-Takt zum Flughafen (5000 Dong regulär, manchmal 10 000 bei viel Gepäck) und benötigt je nach Verkehr 30–60 Min. Er verkehrt bis ca. 18 Uhr. Wer am Flughafen ein Taxi in die Innenstadt nimmt und nicht schon an einem der Schalter im Inneren ein Ticket kauft, kann entweder den Taxameter einschalten lassen (zuverlässig sind Taxis der Mai Linh Company) oder einen Festpreis aushandeln. Realistisch ist ein Betrag um US$10 (200 000 Dong, inkl. der 10 000 Dong Flughafengebühr).

Ein 2016 eingeführter neuer **Flughafenbus** („Route 109") fährt von der Pham Ngu Lao (Busstation im Park gegenüber des Thai Binh-Marktes) über den Ben Thanh Markt zum Airport. Tickets für die gelben Busse 12 000–20 000 Dong.

Mehrere Gesellschaften starten zu den wichtigsten Zielen, oft mehrmals tgl.

Jetstar Pacific, 💻 www.jetstarpacific.com.vn, fliegt nach BUON MA THUOT, DA LAT, DA NANG, HA NOI, HAI PHONG, HUE, NHA TRANG und VINH.

VietJet, 💻 www.vietjetair.com, verbindet HCMS mit HAI PHONG, DA NANG, HA NOI, NHA TRANG, HUE, VINH, PHU QUOC, QUY NHON und fliegt zudem nach Bangkok.

Vietnam Airlines, ✆ 08-3832 0320, 💻 www.vietnamairlines.com. ⌚ Mo–Sa 7.30–16, So 8.30–12.30 Uhr. Angeflogen werden fast alle Flughäfen des Landes, z. T. mit Zwischenlandung und/oder Anschlussflügen.

Vietnam Airlines fliegt zudem von HCMS nach BANGKOK (1 1/2 Std.), SIEM REAP (1 Std.), PHNOM PENH (45 Min.) und YANGON.

Mit **Lao Airlines**, 💻 www.laoairlines.com, geht's 3x wöchentlich nach Pakxe (1 1/2 Std.).

Die Umgebung von Ho-Chi-Minh-Stadt

Die Tunnel von Cu Chi

25 km nordwestlich von Ho-Chi-Minh-Stadt liegt das berühmte Tunnelsystem von Cu Chi, das über 220 km lang ist und während der Kriege gegen die Franzosen und die Amerikaner unzähligen Kämpfern mitsamt ihren Familien viele Jahre Unterschlupf gewährt hat. Hier konnten die Widerstandskämpfer direkt vor den Toren der südvietnamesischen und amerikanischen Truppen nach Guerillataktik Anschläge und Sabotageaktionen durchführen und immer wieder untertauchen, weil das Labyrinth an Gängen nur ihnen bekannt war.

Als vor über 20 Jahren die ersten westlichen Touristen nach Vietnam kamen, waren die Tunnel eine der Hauptattraktionen auf ihrem Reiseplan; geschockt erinnerte sich die Welt an die Leidensfähigkeit des vietnamesischen Volkes.

Auch heute noch zieht die Anlage viele Besucher an. Sie bekommen ein kleines Areal zu sehen, in dem die Tunnel etwas erweitert wurden, damit auch westliche Touristen durchpassen. Dennoch ist ein Besuch unter der Erde nur etwas für Leute ohne klaustrophobische Ängste. Entlang eines Rundwegs ist ein kleiner Themenpark aufgebaut; mitsamt lebensgroßer Figuren, die den Vietcong bei der Arbeit zeigen: etwa beim lebensgefährlichen Zersägen von nicht detonierten amerikanischen Fliegerbomben oder dem Anspitzen von Bambusspießen, die in Fallgruben ihr tödliches Werk verrichteten. Ein 1970 zerstörter amerikanischer M41-Panzer dient als Hintergrund fürs Erinnerungsfoto, und wer will, kann in ein winziges Erdloch steigen, das gerade groß genug für einen Kämpfer oder Flüchtling ist.

Geschmacklos wird es am Schießstand, wo man selber eine AK47 oder eine andere Mordwaffe aus Kriegszeiten ausprobieren kann: ein Schuss ein Dollar. Vorsicht mit den Maschinengewehren: Das kann teuer werden.

Am Eingang des Geländes **Benh Dinh** befindet sich ein Informationszentrum, wo Besuchergruppen anhand eines Films und einiger Ausstellungsstücke in die Thematik eingeführt werden. Interessant sind die Modelle und Zeichnungen, die die ausgefeilte Architektur des Systems mit verschiedenen Ebenen und Verbindungstunneln verdeutlichen. Manchmal wird auch die 15 km weiter nordwestlich gelegene Gedenkstätte **Benh Duoc** besucht, wo sich ein Tempel und ein Mahnmal für die gefallenen Helden befinden. ⌚ beide Stätten tgl. 7.30–17 Uhr.

Über die **Anreise** braucht man sich nicht den Kopf zu zerbrechen, wenn man es so hält wie alle Besucher: einfach eine Tagestour von Sai Gon aus buchen. Die kostet nur wenige Dollar und beinhaltet auf dem Hinweg meist auch noch einen Stopp in einer Andenken-Fabrik in einem Industrievorort, wo Lackwaren u. Ä. hergestellt und verkauft werden.

Wer auf eigene Faust anreisen will, kann am Busbahnhof Cho Lon mit der Linie 94 nach Cu Chi fahren, vom dortigen Busbahnhof fast 20 km weiter mit dem Xe om. Eintritt 90 000 Dong.

Tay Ninh

Die Provinz Tay Ninh nordwestlich von Ho-Chi-Minh-Stadt an der Grenze zu Kambodscha wird selten von Touristen besucht. Eigentlich gibt es nur zwei Ziele, die per Tagesausflug von Sai Gon aus angesteuert werden: der große Cao Dai-Tempel und, seltener, der heilige Berg Nui Ba Den.

Der heilige Stuhl der Cao Dai

Der größte Tempel der synkretistischen Cao Dai-Religion befindet sich etwa 90 km nordwestlich von HCMS in der Provinzhauptstadt Tay Ninh; dort etwa 5 km östlich des Zentrums nahe dem Long Tan-Markt.

Das farbenprächtige, barock verzierte Gebäude wurde zwischen 1933 und 1935 errichtet. Durch das Eingangstor erreicht man das Tempelgelände und steht kurz darauf vor den quadratischen, von zwei Balkonen gesäumten Türmen des pastellgelben Heiligtums. Das lange Kirchenschiff mit seinen Arkaden und den drei geschwungenen roten Dächern ist eine harmonische Mischung aus westlichen und orientalischen Architekturstilen und verkörpert so ganz den Geist dieser Religion.

In dem reich verzierten Inneren tragen drachengeschmückte Säulen das Dach. Am Eingang ein Bild mit drei Heiligen des Caodaismus: Der französische Schriftsteller Victor Hugo (1802–1885), der chinesische Revolutionsführer und als Gründer des modernen chinesischen Staates verehrte Sun Yat-sen (1866–1925, links) und der vietnamesische Poet Nguyen Binh Khiem (1492–1587) beschriften eine Tafel: „Gott und Menschheit", heißt es dort, und: „Liebe und Gerechtigkeit".

Die zum Altar hin ansteigenden Stufen verdeutlichen die neun Schritte zum Himmel. Wendeltreppen führen auf eine Galerie, von der aus man einen Gottesdienst beobachten kann. Deckenbilder symbolisieren die vielen Medien, anhand derer der Mensch mit dem Himmel kommunizieren kann: Gebet, Musik, Literatur usw. Das innere Heiligtum verbirgt sich hinter einem blauen Vorhang. Hier befinden sich Bildnisse der „göttlichen Agenten": der historische Buddha, Laotse, Konfuzius und Jesus Christus. Das Zentralheiligtum wird von einem riesigen Allsehenden Auge dominiert, dem Symbol des Höchsten Geistes.

Zeremonien finden alle sechs Stunden um 6, 12, 18 und 24 Uhr statt. Die Laien kommen weiß gekleidet. Höherrangige Mitglieder der Gemeinde haben farbige Gewänder, die für einzelne Glaubensrichtungen und Zuständigkeitsbereiche innerhalb der Gemeinde stehen. Es gibt eine caodaistische Hierarchie, die der katholischen ähnelt, inklusive Papst, doch dessen Stuhl ist seit 1934 nicht besetzt.

Vung Tau

Vung Tau [4754] bedeutet „Bucht der Boote", und schon im 15. Jh. ankerten hier die portugiesischen Schiffe auf dem Weg nach Macao und China. Die französischen Kolonialherren nannten den Ort Cap Saint Jacques und bauten sich hier ein Seebad, das bald als die „Riviera von Cochinchina" berühmt wurde.

Auch heute noch zieht es die Bewohner von Sai Gon jedes Wochenende in Scharen hierher. Das sorgt für hohe Hotelpreise und volle Strände. Inzwischen wird vor der Küste Öl gefördert: Daher ist die Stadt auch die zweite Heimat für die Angestellten internationaler Energiekonzerne, die hier ihr Geld ausgeben wollen. Die Stadt ist nichts für Ruhesuchende oder Kulturinteressierte – hier geht es um Konsum und Vergnügen.

Wahrzeichen der Stadt ist seit ihrer Erbauung 1971 die von innen begehbare 28 m hohe **Jesus-Statue** [9159] auf der Südspitze der Landzunge. Nachdem man Hunderte Stufen hinaufgestiegen ist, vorbei an zahlreichen Darstellungen biblischer Szenen, ist die Statue erreicht. Hier führt eine Wendeltreppe 129 Stufen empor zu den Balkonen in ihrem Schulterbereich. ⌚ tgl. 7.30–11.30 und 13.30–17 Uhr, Eintritt frei. Wer einen kurzen Rock oder ein schulterfreies

Top trägt, darf nicht in das Heiligtum. Folgt man der westlichen Küstenstraße nach Norden, kommt man an einer ähnlich hohen **Marien-Statue** (Quan Am Bo Tat Tu) vorbei.

Auf den 250 m hohen **Tuong Ky-Berg** [7003] führt eine moderne Seilbahn (made in Österreich). Auf dem Berg eröffnet sich nicht nur ein fantastischer Blick auf die Landzunge, es gibt den Vergnügungspark Ho May Ecological Park, mit Wanderwegen zwischen Rehgehegen, Reitstall, einem kleine See und Restaurants. Gehmuffel können sich mit mehrsitzigen Golfcarts fahren lassen. ⌚ Seilbahn 8–22, Sa und So 7.30–22.30 Uhr, Seilbahn 100 000 Dong, Kinder zahlen die Hälfte. Komplettpaket inkl. Freizeitpark: 300 000 Dong, Kinder unter 1,30 m 150 000 Dong.

Wer nur zum Schwimmen und Sonnenbaden nach Vung Tau kommt, wird von den Stränden etwas enttäuscht sein, denn von einem Tropenparadies ist man hier weit entfernt. Aber auf einer der Strandliegen am 5 km langen „hinteren" Strand **Bai Sau** kann man es schon aushalten.

ÜBERNACHTUNG

Vung Tau verfügt über eine große Anzahl an Unterkünften, wobei nur die im mittleren und oberen Preissegment auch westliche Touristen zu ihrer Zielgruppe zählen. Backpacker werden hier nicht wirklich glücklich. Am Wochenende schnellen die Preise in die Höhe.

Vorderer Strand – Bai Truoc

Grand Hotel, 2 Nguyen Du, ✆ 064-385 6888, 🖳 www.grandhotel.com.vn, [4757]. Große Zimmer mit allem Komfort in diesem angenehmen Haus, das seinem Namen weitgehend gerecht wird. Fitnessraum, Tennis, Pool. ❻
Lucy's Sports Bar & Hotel, 138 Ha Long, ✆ 064-385 8896, 🖳 www.lucyssportsbar.com, [9188]. Über der Bar gelegene schöne und geräumige moderne Zimmer mit Meerblick. Alle bieten einen Safe. ❸–❹
Valley Mountain Hotel, 108 Tran Phu, ✆ 064-355 3660, 🖳 www.valleymountainhotel.com, [9189]. Ansprechendes Hotel nahe der Marienstatue mit Blick ins Grüne. Schöner Pool, gute Zimmer. Tandems für Fahrten in die Stadt. ❹–❻

Hinterer Strand – Bai Sau

Entlang der Strandstraße liegt ein Hotel neben dem anderen. Günstiger sind die Hotels rund um das Ngoc Thuy. Alle sind ähnlich ausgestattet zum ähnlichen Preis.
Intourco Resort, 1A Thuy Van, ✆ 064-358 5325, 🖳 www.intourcoresort.com.vn, [6997]. An einem eigenen, 250 m langen Strandabschnitt liegt dieses Resort mit sauberen Standardzimmern (lohnend: der Meerblick für US$5 Aufpreis), hübschen Bungalows und familientauglichen Häuschen. Pool, Fitnesscenter. ❹–❻
Romeliess Hotel, 31-33 Thuy Van, ✆ 064-361 3366, 🖳 www.romeliesshotel.com, [9190]. Minihotel im Süden des Strandes mit ansprechenden Zimmern. Das Personal spricht recht gut Englisch. ❷–❸
Sammy Hotel, 157 Thuy Van, ✆ 064-385 4755, 🖳 www.sammyhotel.com.vn, [6999]. Saubere, große, etwas kahl eingerichtete Zimmer. Frühstück inbegriffen. Großer Pool (Tagesgäste zahlen 80 000 Dong). ❸–❹

ESSEN UND UNTERHALTUNG

Die vielen in Vung Tau lebenden Ausländer haben eine Reihe von westlich orientierten Restaurants entstehen lassen, die sich im Zentrum am vorderen Strand befinden.
Wer nach einem einfachen Reisgericht oder einer *pho* sucht, findet diese in einem der unzähligen kleinen Restaurants an der Thuy Van entlang des hinteren Strands.
Lucy's Sports Bar, 138 Ha Long, ✆ 064-385 8896, [9187]. Pool-Bar mit hochpreisigem Essen; sowohl westliche als auch asiatische Küche.
Quan An 95, 36 Tran Hung Dao, ✆ 064-359 5595, [9186]. Auf Plastikstühlen sitzt man hier unter Neonlicht; dafür ist es immer voll. Günstige und große Auswahl an Meeresfrüchten und Fisch. Aber auch Frosch und Fleischiges findet sich auf der (englischen) Karte. ⌚ 7.30–23 Uhr.
San Vuon – Bien Ganh Hao, 3 Tran Phu. Etwas außerhalb; lohnt die Anreise wegen der ausgezeichneten Fischgerichte und der tollen Aussicht aufs Meer. ⌚ 11.30–22.30 Uhr.

TRANSPORT

Busse

Der Busbahnhof befindet sich an der 52 Nam Ky Khoi Nghia. Hier starten Busse ins Delta, nach HCMS und Richtung Norden. Die Fahrt nach HO-CHI-MINH-STADT führt zum Mien Dong-Busbahnhof, kostet ab 90 000 Dong, dauert etwa 3 Std. Eine gute Wahl ist die Buslinie Phuong Trang, ✆ 064-352 5354, Abfahrt 20 Uhr. Bilder von Busverbindungen am Bahnhof s. **eXTra [9193]**.

Boote

Zur vorgelagerten Insel CON DAO fahren etwa 2x wöchentl. von innen nicht unbedingt einladend aussehende Fähren (s. **eXTra [7386]**) für 400 000 Dong, die etwa 10–12 Std. unterwegs sind. Tickets und Auskünfte über die aktuellen Abfahrtszeiten bei Vung Tau Tourist. Die Schiffe legen an einem Pier im Norden der Halbinsel ab. Der Transport dorthin muss selbst organisiert werden.

22 HIGHLIGHT

Das Mekong-Delta

Das Mekong-Delta ist eines der größten Deltas der Welt. Über 4500 km hat der Mekong aus Tibet kommend schon zurückgelegt, ehe er sich in Kambodscha in zwei große Arme teilt: den Oberen Mekong und den parallel fließenden Unteren Mekong. Zusammen mit vielen Nebenflüssen und Kanälen formen sie im Süden Vietnams eine einzigartige amphibische Landschaft. Eine Bootstour gehört zu den Highlights eines Delta-Besuchs.

In der Trockenzeit fließt das Wasser träge dahin, in der Regenzeit dagegen sind große Regionen überschwemmt. Mit seinen braunen Fluten trägt der Mekong so zur besonderen Fruchtbarkeit dieser Landschaft bei. Die drei Reisernten im Jahr versorgen nicht nur große Teile Vietnams mit dem Grundnahrungsmittel, sondern sichern dem Land auch den zweiten Platz unter den weltgrößten Reis-Exporteuren. Obst und Fisch sind weitere wichtige Produkte der Region. Kaum ein Besucher versäumt es, davon zu probieren: sei es die selbst gepflückte Mango oder der beliebte gebratene Elefantenohrfisch.

Viele Besucher bereisen das Mekong-Delta im Rahmen einer in Sai Gon gebuchten Tour. Das Angebot reicht von Tagesausflügen, die eine Bootsfahrt einschließen, bis hin zu mehrtägigen Reisen, bei denen auch Übernachtungen auf Obstplantagen („Homestay") oder Ausflüge in Naturparks möglich sind. Vorteil ist, dass man sich um nichts zu kümmern braucht und die Standard-Highlights bequem auf dem Tablett serviert bekommt – wenngleich nicht unbedingt auf dem silbernen, denn die Qualität solcher Touren ist sehr unterschiedlich.

Es ist allerdings ebenso gut möglich, das Delta auf eigene Faust zu bereisen; sei es mit einem Xe om von Sai Gon aus oder einfach mit dem lokalen Bus. Wer mit dem Xe om unterwegs ist, hat den Vorteil, dass der Fahrer als Übersetzer helfen kann. Wer den Bus nimmt, genießt maximale Entscheidungsfreiheit und engen Kontakt zur Bevölkerung.

Zu den Highlights einer Tour durchs Delta zählen ein Besuch in **Can Tho**, der heimlichen Hauptstadt der Region: Von hier kann man einen riesigen schwimmenden Markt besuchen. Auch von **My Tho**, **Ben Tre** oder **Vinh Long** aus lassen sich schöne Ausflüge zu schwimmenden Märkten und auf einige Flussinseln unternehmen, auf denen Obstplantagen und lokale Manufakturen zu sehen sind – besonders beliebt sind Besuche in Kokosnuss-Bonbonmachereien.

Chau Doc, nahe der Grenze zu Kambodscha, ist für viele auf dem Landweg Reisende eine wichtige Station auf ihrer Etappe und durchaus eine Übernachtung wert. Gleiches gilt für **Ha Tien** im Südwesten, wo der nahe gelegene Grenzübergang für Ausländer geöffnet wurde und sich eine interessante Reiseroute ins benachbarte Kambodscha und nach Thailand eröffnet.

My Tho

My Tho [4489] ist die Hauptstadt der Provinz Tien Giang und als solche ein wichtiger Markt- und Verwaltungsort. Von Sai Gon aus fährt man etwa zwei Stunden, oft Stoßstange an Stoßstange, auf der N1 durch eine wenig inspirierende Landschaft – und auch My Tho selbst ist nicht gerade eine Schönheit. Für einige Reisende ist die Stadt dennoch das Einzige, was sie vom Delta sehen, denn wer nicht viel Zeit hat, kann hier einen Blick auf den legendären Mekong werfen. Er hat sich bereits flussaufwärts in seine Mündungsarme unterteilt und wälzt sich hier als sein nördlicher Arm (Tien-Fluss) in Richtung Meer. Vormittags wird es am Flussufer betriebsam, wenn die Gäste aus HCMS anreisen, um eine der typischen Mekong-Bootstouren zu unternehmen; Besuch in einer Kokosnuss-Bonbonmanufaktur inbegriffen.

ÜBERNACHTUNG

My Tho verfügt über eine Anzahl preiswerter, einfacher Hotels; dazu ein paar etwas bessere Häuser mit etwas mehr Komfort. Wer nicht

Mekong-Delta

nur zum Schlafen aufs Zimmer geht, sollte auf ein Fenster oder besser einen Balkon mit Flussblick achten.

Cong Doan (Trade Union Hotel), 61 Duong 30/4, ✆ 073-387 4324, [4493]. Sehr einfache Zimmer mit Ventilator im Erdgeschoss, oben die besseren mit Flussblick, Gemeinschaftsbalkon und AC. ❶

Minh Tai, 1 Nguyen Hue/L.C. Uan, ✆ 073-397 4858, [4495]. Schlichte Zimmer mit Gemeinschaftsbalkon, TV und Kühlschrank, nahe dem Markt. ❶

Rang Dong Hotel, 24 Duong 30/4, ✆ 073-387 4400, [4498]. Etwas verwohntes, aber noch beliebtes Haus. Die AC-Zimmer sind recht groß, einige Zimmer wirken mit dem abgetrennten Aufenthaltsbereich fast wie kleine Suiten. ❶

Song Tien Annex Hotel, 33 Trung Trac, ✆ 073-387 7883, [9218]. Einladende Zimmer in einem großen Eckhaus. Ansprechende Möblierung und moderne Bäder, zum Teil mit freistehender Wanne. Von den umlaufenden Balkonen hat man einen weiten Blick über den Fluss. ❷

VIETNAM

ESSEN UND UNTERHALTUNG

Neben den Restaurants der größeren Hotels kann My Tho mit ein paar passablen Lokalen aufwarten. Beliebt ist die hier servierte *hu tieu*, ein Nudelgericht in Brühe mit Meeresfrüchten, Huhn, Fleisch und Kräutern, welches sehr gern zum Frühstück gegessen wird.

Hu Tieu 44, 44 Nam Ky Khoi Nghia. Eines von mehreren auf *hu tieu* spezialisierten Geschäften in dieser Straße. Nur vormittags geöffnet.

Oc 283, 283 Tet Mau Than. Auf Schalen- und Krustentiere spezialisiertes Restaurant.

Weiter südlich in der gleichen Straße weitere Restaurants, z. B. das **Quan Chay Hue Tam**, 181 Tet Mau Thanh, ein Tipp für Vegetarier.

TOUREN

Ein- und Mehrtagestouren der **Reiseveranstalter aus Ho-Chi-Minh-Stadt** halten in My Tho. Von hier geht es mit dem Boot zu den kleinen Inseln im Mekong. Ziele sind ein Fischereihafen und ein Kokosnuss-Handwerker-Shop, wo es u. a. Kokosnussbonbons gibt. Mit dem Ruder-

boot geht es über schmale Flussarme in Dörfer, wo Bienen gezüchtet werden.
Hier kann man Honig-Reis-Wein probieren. Manche Anbieter besuchen auf den Tagestouren den Früchtemarkt von My Tho und machen Halt bei Bootsbauern.
Mehrtägige Touren führen von hier meist mit dem Bus weiter nach Chau Doc.
Wer auf eigene Faust eine Tour in My Tho unternehmen möchte, kann sich entweder an Tien Giang Tourist wenden oder sich einem der **privaten Bootsführer** anvertrauen, die am Fluss ihre Dienste anbieten. Vorteil: Mit den kleineren Booten kann man besser in die flachen Kanäle hineinfahren, besonders bei Niedrigwasser. Man sollte darauf achten, dass die Verständigung mit dem Bootsführer einigermaßen klappt – und nicht nur mit dem Vermittler, der einen auf der Straße angesprochen hat. Für eine mehrstündige Tour ist mit etwa US$25–30 zu rechnen.

SONSTIGES

Informationen

Tourist Operation Center, 8 Duong 30/4. Mehrere Touranbieter organisieren und verwalten hier die Touren in die Umgebung.

Medizinische Hilfe

General Hospital, 2 Hung Vuong, ✆ 073-387 2360.

TRANSPORT

Der **Busbahnhof Ben Xe Tien Giang**, ✆ 073-385 6132, befindet sich 3 km außerhalb des Zentrums an der Ap Bac.
BEN TRE, alle 30 Min. in 20 Min für 15 000 Dong;
CAN THO, stdl. in ca. 1 1/2 Std. ab 50 000 Dong;
HCMS (Mien Tay Busbahnhof), alle 30 Min. in ca. 2 Std., ab 40 000 Dong.

Die Umgebung von My Tho

Vier Inseln im Tien-Fluss werden von Ausflugsbooten angesteuert: **Con Tan Long**, die Dracheninsel, ist die am nächsten gelegene (nur wenige Bootsminuten entfernt) und auch die am dichtesten besiedelte der Flussinseln. Es gibt ein Fischerdorf, und Obstbauern hegen hier ihre Gärten. Besonders gerühmt wird die Insel für ihre Longan-Früchte.

Con Lan, die Einhorn-Insel, ist die größte der vier und hat gleich mehrere *Tourist Spots*, an denen neben einem Restaurant auch Souvenirs und lokale Spezialitäten angeboten werden. Auf dem 11 km² großen Eiland leben etwa 300 Familien, die die Insel in einen großen tropischen Garten verwandelt haben. Erst seit etwa 40 Jahren wohnen hier Menschen – vorher war die Insel ein Paradies für Affen, Schlangen, Krokodile und sogar Tiger.

Con Phung, die Phönix-Insel, liegt nahe dem gegenüberliegenden Flussufer und gehört ebenfalls zur Nachbarprovinz Ben Tre. Am östlichen Zipfel des lang gestreckten Eilands befinden sich die Überbleibsel vom **Tempel des Kokosnuss-Mönches**. Offizielle Ausflugsboote von Tien Giang Tourist steuern die Insel nicht an, um nicht in den Gefilden von Ben Tre Tourist zu wildern. Wer allerdings mit einem privaten Boot unterwegs ist, kann hier problemlos einen Stopp einlegen. Dann ist es auch möglich, ein paar hundert Meter weiter in die **Provinz Ben Tre** einzudringen: Vom dortigen Flussufer führen Kanäle ins Innere, an denen sich einige **Coconut-Candy-Fabriken** angesiedelt haben.

Der **schwimmende Markt von Cai Be** gehört ebenfalls noch zur Provinz Tien Giang und wird daher von Tien Giang Tourist bedient. Die Fahrt zum Markt entlang des Tien-Flusses dauert etwa eine Stunde. Er liegt in etwa an der Stelle, an der der Fluss die Grenze zwischen den Provinzen Tien Giang, Ben Tre und Vinh Long markiert. Täglich von 5 Uhr morgens bis zum späten Vormittag ankern fast 500 Boote an dieser Stelle des Flusses, beladen mit Früchten, Gemüse und anderen Gütern. Besser zu erreichen ist der Markt von Vinh Long-Stadt (S. 849) aus.

Can Tho

Can Tho **[4576]** ist die größte und wichtigste Stadt des Mekong-Deltas. Trotz ihrer Bedeutung als Industriezentrum und Drehscheibe des

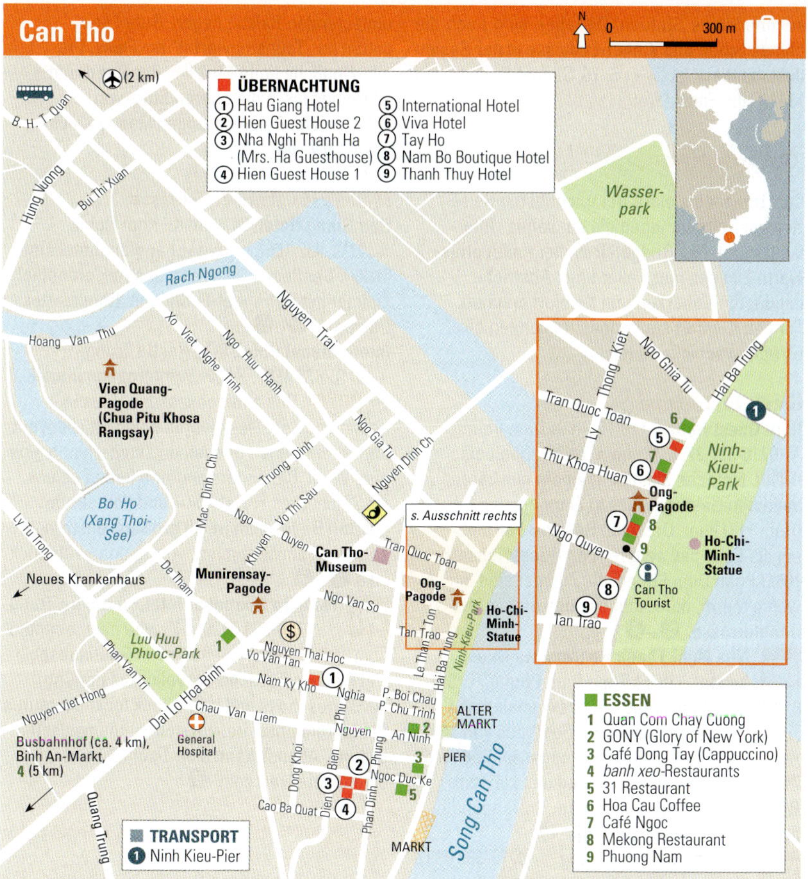

Deltas wirkt sie sehr einladend auf Besucher. Das liegt am überschaubaren Stadtkern am Flussufer, in dem eine entspannte Atmosphäre herrscht: Keine aufdringlichen Straßenhändler behelligen den Reisenden, und einige gute Restaurants laden zum Verweilen ein. Das Highlight für die meisten Besucher ist ein Besuch auf dem schwimmenden Markt von **Cai Rang** – er ist der größte seiner Art im Delta (S. 848).

Freunde des Theravada-Buddhismus können einen Abstecher in die **Vien Quang-Pagode** (auf Khmer: Chua Pitu Khosa Rangsay; „Ort der Vervollkommnung der Erkenntnis") unternehmen. Der von 1946 bis 1948 erbaute Tempel wurde 1969 bei einem Hubschrauberangriff der Amerikaner fast vollständig zerstört. Erst ab 1996 kam es zu umfangreichen Renovierungsarbeiten. Ab 2008 wurde am neuen mehrstöckigen Haupttempel gebaut, der, im April 2012 eröffnet, nun in neuem Glanz erstrahlt. Das angeschlossene Kloster dient der Khmer-Gemeinde von Can Tho als spirituelles Zentrum und etwa 50 Mönchen und Novizen als Wohnsitz.

Im **Can Tho-Museum**, 1 Hoa Binh, ✆ 0710-382 0955, sind im Erdgeschoss verschiedene Zeugnisse der Eo Oc-Kultur zu sehen, darunter einige schöne kleine Statuen. Daneben sind auch die chinesischen und Khmer-Einflüsse in der Region dokumentiert. ⌚ Di–Fr 6–20, Sa und So 7–11 und 13–17 Uhr, Eintritt frei.

ÜBERNACHTUNG

Can Tho hat als eines der wichtigsten Reiseziele im Delta für jeden die passende Unterkunft parat. Der Budget-Traveller findet preiswerte Zimmer, muss allerdings Abstriche in puncto Sauberkeit und Komfort machen. Für den Komfort suchenden Reisenden gibt es richtig schicke Hotels.

Untere Preisklasse

Hien Guest House, 118/10 Phan Dinh Phung, ✆ 0710-381 2718, ✉ hien_gh@yahoo.com, [7410]. Einfache Zimmer in einem familiären, beliebten Gasthaus, das in einer kleinen Gasse (Hem 118) liegt. Derselbe Besitzer betreibt um die Ecke das neuere Hien Guest House 2, 106/3 Phan Dinh Phung; die Zimmer sind ein wenig teurer, dafür gibt es oben eine große Dachterrasse. ❶–❷

Nha Nghi Thanh Ha (Mrs. Ha Guesthouse), 118/14 Phan Dinh Phung, ✆ 091-818 3522, ✉ mshaguesthouse@gmail.com, [10237]. Das nette, einfache Gasthaus von Mrs. Ha liegt in einer ruhigen Seitengasse. Saubere Zimmer mit Flachbildschirmen und kleinem Balkon. Familiäre Atmosphäre, Tourangebote, beliebt bei vielen Lesern. ❶–❷

Tay Ho, 42 Hai Ba Trung, ✆ 0710-382 3392, ✉ tay_ho@hotmail.com, [4582]. Zentral gegenüber der Onkel-Ho-Statue am Fluss gelegenes Hotel mit sauberen AC-Zimmern mit Kühlschrank, Flachbild-TV, bequemen Betten und – wenn man ein Zimmer nach vorne heraus erwischt – einem tollen Blick vom langen Balkon. Freundliche Angestellte. ❷

Thanh Thuy Hotel, 68 Hai Ba Trung, ✆ 0710-246 4464, ✉ khachsanthuthuy@gmail.com, [7411]. Ordentliche, preiswerte Standardzimmer in bester Lage am Fluss. Freundliches, hilfsbereites Personal. ❶–❷

Viva Hotel, 26 Hai Ba Trung, ✆ 0710-381 8485, 093-937 2646 (Mr. Loi), [9228]. Recht schicke, gut ausgestattete Zimmer, die an einem umlaufenden Balkon liegen. Gute Lage mitten im „Touristenviertel" am Fluss. Die allabendliche laute Musik in der Bar dringt allerdings bis in die oberen Stockwerke. Telefonische Reservierungen klappen nicht immer. ❷–❸

Mittlere bis obere Preisklasse

Hau Giang Hotel, 34 Nam Ky Khoi Nghia, ✆ 0710-382 1851, 🖳 www.haugianghotel.com, [9227]. Gepflegtes Mittelklassehotel; ordentliche Zimmer mit Holzimitat-Fußböden. Routiniertes Personal. ❸–❺

International Hotel, 6-12 Hai Ba Trung, ✆ 0710-625 4567, 🖳 www.internationalhotel.vn, [10238]. Das alteingesessene Haus in bester Lage am Fluss wurde komplett renoviert und ist mit seinen bequemen Zimmern nun eine gute Wahl. Besonders angetan haben es uns die Zimmer mit Flussblick – und lichtdurchfluteten Badezimmern mit großen Fenstern zu 2 Seiten. Familienzimmer vorhanden. Frühstück inkl. ❸–❻

Nam Bo Boutique Hotel, 50 Hai Ba Trung, ✆ 0710-381 9139, 🖳 www.nambocantho.com, [9230]. 7 schöne Suiten im Boutiquestil; viel Platz und geschmackvolle Ausstattung. Im Erdgeschoss und im 1. Stock lockt ein teures Restaurant unter französisch-vietnamesischer Leitung. Abends kann eine Tischreservierung empfehlenswert sein. ❻

ESSEN

In Sachen Essen kann Can Tho sich sehen lassen: Gute, preiswerte einheimische Restaurants gibt es ebenso wie europäische Küche.

31 Restaurant, 31 Ngoc Duc Ke, im Erdgeschoss des Hotel 31, [9226]. Abends voll mit Einheimischen, die sich in diesem schmucklosen kleinen Restaurant an lokalen Spezialitäten erfreuen. Tagsüber auch bei Travellern beliebt für einen preiswerten Teller Nudeln. ⌚ tgl. 9–22 Uhr.

Café Dong Tay (Cappuccino), 138 Hai Ba Trung, gegenüber vom alten Markt, ✆ 0710-246 1981, [4591]. Anlaufstelle für europäische Gerichte: hauptsächlich italienisch beeinflusste Küche. ⌚ tgl. 9.30–22 Uhr.

Café Ngoc, 22 Hai Ba Trung, ✆ 093-8477102. Schräg gegenüber der Ho-Chi-Minh-Statue befindet sich ein schönes Plätzchen, um bei einem guten Eiskaffee den vorbeifließenden Verkehr zu betrachten – am besten von einem der Tische auf dem Bürgersteig. Ein Block weiter nördlich ist das größere **Hoa Cau Coffee**, 4 Hai Ba Trung, ✆ 0710-365 6999, eine gute, aber teurere Alternative. ⌚ beide tgl. 7–22 Uhr.

GONY (Glory Of New York) Lounge Café & Spa, 8-12 Nguyen Anh Ninh, ✆ 0710-381 0299, [7583]. Minimalistischer Schick mit AC, stylischem Dekor und ausführlicher Speise- und Getränkekarte. Gute Küche. Der 2. Stock beherbergt ein Spa. ⌚ Café tgl. ab 6 und Spa 8–22 Uhr.

Mekong Restaurant, 38 Hai Ba Trung, ✆ 0710-382 1646. Ein Klassiker: seit 1965 an dieser Stelle ansässig. Inzwischen sitzen hier allerdings keine Einheimischen mehr – die wissen, dass man besser woanders isst! Ist aber aufgrund der Lage okay für ein Bier und um andere Reisende zu treffen. ⌚ tgl. 15–22 Uhr.

Phuong Nam, 48 Hai Ba Trung, ✆ 0710-381 2077. Vietnamesische und andere Gerichte für Touristen; besser, aber auch teurer als im benachbarten Mekong Restaurant. ⌚ tgl. 10–22 Uhr.

€ **Quan Com Chay Cuong**, 9 De Tham, ✆ 0710-360 1781, [9229]. Ein Tipp für Vegetarier – und Sparsame: Riesige Auswahl leckerer, preisgünstiger Gerichte, fertig zubereitet in der Glasvitrine zur Auswahl hergerichtet. Man bekommt einen Teller Reis und dann eine oder mehrere der Speisen obendrauf; je einzelne Auswahl um die 15 000 Dong. ⌚ tgl. 5–22 Uhr.

Eine ganze Reihe gut besuchter lokaler Restaurants mit *nem nuong* und anderen Gerichten befinden sich an der De Tham, zwischen dem Com Chay Cuong und dem Café („Ca Phe") EMI. Viele davon haben nur abends geöffnet.

Die besten ***banh xeo*** der Region findet man etwas außerhalb, etwa 5 km südwestlich des Stadtzentrums nahe dem Binh An-Markt; s. eXTra [7412].

SONSTIGES

Informationen und Touren

Can Tho Tourist Travel Service Center, 50 Hai Ba Trung, ✆ 0710-382 4221, www.canthotourist.vn/en. Die unterschiedlich stark motivierten Mitarbeiter vermitteln Homestays sowie Boots- und Fahrradtouren und helfen auch weiter mit Infos zur Gegend und bei der Ticketreservierung – sowohl für Busse in andere Delta-Städte als auch für Vietnam-Airlines-Flüge, ✆ 0710-382 4088, und Züge ab HCMS, ✆ 0710-382 7675. ⌚ tgl. 7–17 Uhr.

Viele **private Touranbieter** suchen am Ufer des Flusses und in den Hotels nach Kunden. Ein Beispiel ist **Mrs. Ha**, ✆ 091-818 3522, die schon seit Anfang der 1990er-Jahre in Sachen Bootstouren aktiv ist. Erfahrungen mit ihr und anderen Anbietern können unter eXTra [9231] weitergegeben werden.

Medizinische Hilfe

Das alte **General Hospital** liegt in der 4 Chau Van Liem, ✆ 0710-382 8202. Das **neue Krankenhaus** (Benh Vien Da Khoa Moi) befindet sich westlich des Zentrums an der N91B. Man folgt der Tran Hung Dao, die dann zur 3 Thang 2 wird, in südwestlicher Richtung und biegt rechts in die breite Nationalstraße ab.

Taxi

VipTaxi, ✆ 0710-381 4814;
Mai Linh, ✆ 0710-382 8282.

TRANSPORT

Busse

Der **Busbahnhof für Fernbusse** liegt etwa 4 km vom Zentrum in südwestlicher Richtung, Lo 91B, Nguyen Van Linh, ✆ 0710-382 5371, 0710-373 9820. Xe om zum Zentrum ca. 70 000 Dong.

Der **Busbahnhof für die Weiterreise im Delta** liegt etwa 2 km nordwestlich des Zentrums an der Nguyen Trai (Xe om ab Zentrum etwa 30 000 Dong).

Schalter von **FUTA Buslines** (Phuong Trang), ✆ 0710-376 9768, befinden sich an beiden Bahnhöfen. Fast alle FUTA-Busse starten

VIETNAM

jedoch am Bhf. für Fernbusse. Wer über sein Hotel vorbucht, kann sich vor der Haustür abholen lassen. Mit FUTA nach:
CA MAU, mehrmals zwischen 3 und 15 Uhr in 2 1/2 Std. für 80 000 Dong;
CHAU DOC, mehrmals zwischen 3 und 15 Uhr in 2 Std. für 70 000 Dong;
DA LAT, um 6.15, 7 und 23 Uhr in ca. 10 Std. für 320 000 Dong;
HCMS, ganztags halbstdl. zwischen 1 und 23 Uhr in ca. 3 Std. für 90 000–200 000 Dong;
RACH GIA, mehrmals zwischen 3 und 17 Uhr in knapp 2 Std. für 65 000 Dong.
Viele **lokale Busse** starten am Bahnhof nordwestlich des Zentrums; u. a. nach:
CHAU DOC, zwischen 3 und 15 Uhr in 2 Std. für 70 000 Dong;
LONG XUYEN, um 6, 8, 9 und 10 Uhr in 1 1/2 Std. für für 35 000 Dong;
MY THO, um 10 Uhr in 2 Std. für 55 000 Dong;
SOC TRANG, tagsüber stdl., 1 Std. zwischen 6.30 und 17 Uhr, für 50 000 Dong;
TRA VINH, 120 km, zwischen 9 und 16 Uhr in 2 Std. für 55 000 Dong.
Kurzstreckenbusse nach Vinh Long starten etwa alle 30 Min. an der Hoa Binh, Ecke Nguyen Thai Hoc für 23 000 Dong.
Ein **Direktbus nach Kambodscha** (PHNOM PENH) startet tgl. um 5.30 Uhr (5 Uhr da sein) am Busbahnhof für Fernbusse, Lo 91B. Tickets sollten vorher gesichert werden, ✆ 0710-376 1232. Der Bus passiert die Grenze bei Tinh Bien; die Grenzformalitäten werden in Begleitung des Buspersonals abgewickelt, das hierfür einen Aufschlag auf die Visagebühr verlangt (US$25 ist bei fast allen Gesellschaften Standard, hier wurde jedoch bereits deutlich mehr verlangt; bis zu US$35. Passfoto nicht vergessen). Buchung und Zubringer können an der Hotelrezeption geklärt werden. Dauer ca. 8 Std.; 330 000 Dong (US$16).

Flüge

Der **Flughafen**, 179B Le Hong Phong, ✆ 0710-384 4301, 💻 www.canthoairport.com, liegt etwa 10 km nordwestlich des Zentrums (Taxi 150 000 Dong). Vietnam Airlines fliegt von hier tgl. nach HA NOI (2 Std. 10 Min.) und PHU QUOC (50 Min.).

Die Umgebung von Can Tho

Der **schwimmende Markt von Cai Rang** [4884] liegt etwa 6 km südwestlich, den Can Tho-Fluss hinauf. Da morgens am meisten los ist, empfiehlt es sich, zeitig aufzubrechen. Am besten startet man vor Sonnenaufgang um ca. 5.30 Uhr: Dann erlebt man nicht nur einen tollen Sonnenaufgang über dem Fluss, sondern vermeidet auch die Anwesenheit allzu vieler Ausflugsschiffe, die die Atmosphäre doch etwas beeinträchtigen können. Die meisten von Reiseveranstaltern angebotenen Standardtouren starten um 7 Uhr. Wer früher los will, muss sich selbst um ein Boot kümmern, was nicht weiter schwierig ist: Schon ein kurzer Aufenthalt an der Uferpromenade genügt, um von einem Bootsführer oder Vermittler angesprochen zu werden. Die Kosten betragen um die US$5 pro Stunde, sodass ein Ausflug über den Daumen gepeilt US$20–30 pro Boot (max. 4 Pers.) kostet.

Es gibt die (empfehlenswerte) Möglichkeit, zum **Phong Dien-Markt** weiterzufahren: Dieser schwimmende Markt ist zwar kleiner als der von Cai Rang, aber die Boote drängeln sich dichter zusammen, und wenn man sich mitten ins Gewühl manövrieren lässt, kommt man dem Mekong-Leben schon ziemlich nahe. Auch das geht nur von einem kleinen Privatboot aus – größere Boote können nur außen vorbeifahren. Außerdem kann man auf einer solchen Tour in die kleinen Kanäle hineinfahren und je nach Jahreszeit beim Reispflanzen oder -ernten zuschauen und einen Imbiss in einem privaten Gartenrestaurant zu sich nehmen.

Wer sich in die Hände einer Reiseagentur begeben will, wendet sich am besten an Can Tho Tourist, die täglich unterschiedliche Touren im Programm haben. Auch Transmekong, 💻 www.transmekong.com, bietet morgens einen Besuch des schwimmenden Marktes inklusive Frühstück an Bord und abends eine Sonnenuntergangs-Fahrt auf einem komfortablen Holzboot an. Start- und Zielpunkt sind der Bootsanleger am vom selben Eigner betriebenen Sao Hom-Restaurant.

Eine andere Option ist eine Markt-Tour mit einer der **Bootsfrauen**, die Touristen den ganzen Tag über auf der Uferpromenade ansprechen.

Eine etwa vierstündige, beschauliche Bootsfahrt zum Cai Rang-Markt kostet etwa US$20, eine längere mit Weiterfahrt zum Phong Dien-Markt etwa US$30. Dabei kann man unterwegs auch in die kleinen Kanäle einbiegen.

Vinh Long, Cai Be und die Insel An Binh

Vinh Long [4503], die Hauptstadt der gleichnamigen Provinz, liegt am Co Chien-Fluss und ist für Besucher meist nur Ausgangspunkt für eine Bootstour auf dem Fluss. Von hier geht es entweder zum schwimmenden Markt nach Cai Be oder zur Insel An Binh, wo Besucher in den dortigen Obstplantagen willkommen sind – sei es für einen Spaziergang oder eine Übernachtung im Homestay.

Zentrum des Geschehens in Vinh Long ist der nordöstliche Zipfel der Stadt, wo der Mekong-Arm Co Chien sich mit dem breiten Kanal östlich der Stadt vereinigt. Hier schlürfen die Einheimischen in aller Ruhe ihren Kaffee, und der Besucher mit etwas Zeit sollte es ihnen gleichtun. In der Nähe liegt außerdem der **Markt**, der zu den bestsortierten des Deltas gehört. Neben allerlei Gegenständen des täglichen Gebrauchs fällt besonders das reiche Angebot an Früchten auf. Orangen, Mandarinen, Pomelos, Rambutans, Mangos und Longans – die Auswahl an vitaminreichem Reiseproviant ist riesig. Jede Menge Essensstände locken mit preiswerten Gerichten zum Sofortverzehr.

Es sind nicht viele Touristen, die in der Stadt oder im Homestay übernachten. Die meisten Besucher kommen morgens mit einer gebuchten Tour aus Sai Gon an, fahren für ein paar Stunden zum schwimmenden Markt nach Cai Be (s. rechts), essen einen Happen und sind am Nachmittag schon wieder weg. Und damit haben sie eine Menge verpasst, denn wirklich hier war man erst, wenn man in einem Homestay gewohnt und gelebt hat.

Insel An Binh

Das **Cai Cuong Ancient House** [9210], am Cai Muoi-Kanal gelegen, wurde 1885 erbaut und gehörte der reichen Familie Pham Van Bon. Die Architektur ist eine gelungene Mischung aus europäischen und orientalischen Einflüssen; viele Materialien wurden dafür sogar aus Europa herangeschafft. Die meisten Touren machen an diesem Haus Halt, einige Gäste können auch einer musikalischen Darbietung beiwohnen. Gäste, die über Nacht bleiben wollen, dürfen keine Annehmlichkeiten erwarten. Es gibt nur zwei sehr einfache Zimmer. Aber die Atmosphäre ist wirklich einzigartig. Übernachtungen buchbar über Cuu Lung Tourist (s. u., Touren).

Weitere Ziele auf der Insel sind der **Bonsai-Garten** und eine der zahlreichen **Gärtnereien**. Vietnamesische Touristen fahren zu einem der Vergnügungsparks, wo sie Krokodile füttern, auf Straußen reiten und anderen Vergnüglichkeiten nachgehen.

Cai Be

Auf dem **schwimmenden Markt** von Cai Be ist von 5 Uhr morgens bis zum späten Vormittag Betrieb. Er ist ein beliebtes Ausflugsziel für Tourgruppen aus Sai Gon und kann von dort als Tagestour gebucht werden – eine Option für Reisende mit wenig Zeit. Andere Besucher kommen über My Tho, das etwa eineinhalb Stunden mit dem Boot entfernt liegt. Von Vinh Long benötigt man etwa 45 Minuten für eine Strecke.

Bis zu 500 Boote versammeln sich hier täglich – ein echter „Großmarkt", zu dem Händler aus dem ganzen Delta anreisen. Besonders voll ist es im Januar, in den Wochen vor dem Tet-Fest. Jedes Boot hat meist nur ein einziges Produkt im Angebot. Am Bug der Schiffe befindet sich eine lange, senkrecht stehende Stange, an deren Spitze ein Beispiel für das jeweilige Obst oder Gemüse befestigt ist. So können sich die Händler in dem unüberschaubaren Gewimmel der Bootsrümpfe orientieren.

Achtung: Es kann manchmal vorkommen, dass hier nur eine Handvoll Boote herumdümpelt – dann ist ein Besuch ziemlich enttäuschend. Trost kann dann vielleicht eine Weiterfahrt durch die kleinen Kanäle bieten, bei der man dem Alltag der Menschen ganz nahe kommt. Das geht natürlich nur, wenn man mit einem kleinen Boot angereist ist, und nicht in einer großen Gruppe.

VIETNAM

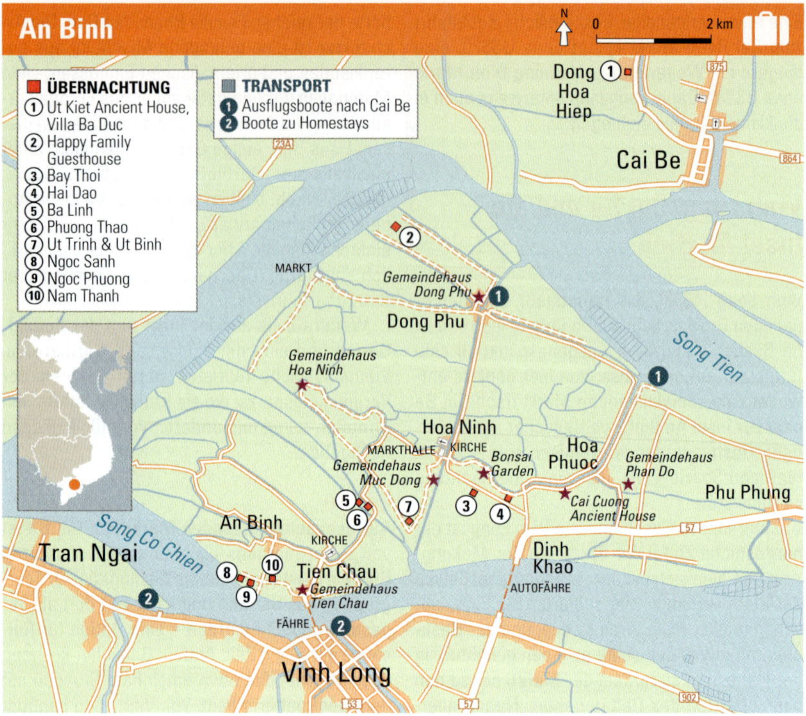

ÜBERNACHTUNG

In der Stadt

Cuu Long Hotel, Duong 1/5, ✆ 070-382 3656, 🖳 www.cuulongtourist.com, [4505]. Die zentrale Lage und die modernen AC-TV-Zimmer, z. T. mit schönem Flussblick, machen das Hotel zu einer beliebten Unterkunft – auch bei Tourgruppen. Die Zimmer mit Blick zum Park sind nicht nur preiswerter, sondern auch ruhiger. Inkl. Frühstück. ❸

Van Tram Guesthouse, 4 Duong 1/5, ✆ 070-382 3820, [9197]. Ein halbes Dutzend große ansprechende einfache Zimmer am Fluss. Gegenüber ist es in der Bar zwar erst etwas lauter, aber gegen 22 Uhr ist Schluss. ❷

Das ältere **Lac Long**, und die beiden danebenliegenden Gästehäuser **Phuong Hoang**, 2G, 2H und 2R Hung Vuong, sind nahezu identisch: einfach und recht abgewohnt. Wer günstig wohnen will, sollte sich einige Zimmer ansehen. Es gibt auch Zimmer für 3–5 Pers.

Lac Long, ✆ 070-383 6846, [9196], **Phuong Hoang 1**, ✆ 070-382 5185, und **Phuong Hoang**, ✆ 070-382 2156, beide [4506]. ❶

Homestays auf An Binh

Beliebt sind Übernachtungen in einem „Homestay" auf der Mekong-Insel An Binh. Hier wohnt man in Mehrbettzimmern oder in einfachen Doppelzimmern (teils bereits mit eigenem Bad). Es gibt keine AC und kein warmes Wasser aus der Leitung. Zu einem Aufenthalt gehören immer ein gemeinschaftliches Abendessen (welches gemeinsam gekocht wird) und ein Frühstück. Die Hotels der Stadt sind allenfalls für Spätankömmlinge interessant.

Ba Linh, 95 An Thanh, ✆ 070-385 8683, 🖂 balinhhomestay@gmail.com, [9202]. Dieses

Homestay ist seit Langem bei Tourgruppen aus HCMS beliebt. In dem Haus leben noch heute 3 Generationen, und der Gast bekommt trotz zahlreicher Gäste noch immer einen guten Eindruck vom Leben der Menschen. Toll sind der antike Herd und vor allem die kunstvollen Dekorationen, die hier aus Gemüse geschnitzt werden. 300 000 Dong p. P.

Bay Thoi, Binh Thuan II, ✆ 070-385 9019, 💻 auf Facebook, [9203]. Ziel vieler Billigtouristen. Keine Atmosphäre. US$15 p. P.

Hai Dao, Binh Thuan II, ✆ 070-395 4544, ✉ haidaohomestayvl@gmail.com, [9204]. Viele Zimmer aus Beton. Die neueren Zimmer sind etwas atmosphärischer. Mrs. Thi ist hilfsbereit und freundlich. Man sollte Abendbrot gleich mit buchen, da es abends in der Umgebung sehr ruhig ist. Inkl. Fährräder. US$15 p. P.

Happy Family Guesthouse, Phu My, Dong Phu, ✆ 091-922 0282. Einfaches Guesthouse, das von einer freundlichen Familie geleitet wird. Ein großes Plus für alle, die nicht im Mekong baden wollen (was hier geht): der kleine Pool. Gute Küche. ❶–❷

€ **Nam Thanh**, 172/9 Binh Luong, ✆ 070-385 8883, ✉ namthanhhomestayvn@gmail.com, [9205]. Nah am Pier gelegenes einfaches Homestay mit günstigen Zimmern, alle Gemeinschaftsbad. Sauber. Nette Leute, US$12 p. P.

Ngoc Phuong, 118C/10 Binh Luong, ✆ 070-395 0857, ✉ homestay.ngocphuong@yahoo.com.vn, [9206]. Günstig, zentral und neue Zimmer. Eine gute Wahl ist dieses Haus mit Doppel- und Mehrbettzimmern in einem geschmackvoll neu gebauten Haus aus roten Backsteinen und Holz. Nette Leute. Recht moderne Küche mit etwas weniger Atmosphäre, aber viel Platz. Fahrräder inkl., US$12 p. P.

Verwohnter ist das vormals beliebte Haus der Familie **Ngoc Sanh**. Noch immer kommen Gäste hierher, doch die Zimmer sind ziemlich heruntergekommen.

Phuong Thao, An Binh, ✆ 070-383 6854, 💻 www.phuongthaohomestay.com, [9207]. Die neuen Doppel- und Mehrbettzimmer sind einladend. Das Haus besteht vorwiegend aus Holz – kaum Beton. Alle mit Gemeinschaftsbad. Weitab von der Straße, dank kostenloser Fahrräder kann man die Gegend bequem erkunden, US$15 p. P.

Ut Trinh & Ut Binh, 8 Duong 1/5, Vinh Long ✆ 091-900 2505, ✉ vinhlongmekongtravel@yahoo.com, [9208]. Gelungenes Konzept: Um das alte Haus, in dem noch immer 3 Generationen leben, wurden neue Zimmer errichtet, alles aus den typischen roten Backsteinen. Jedes Zimmer hat ein eigenes Bad. Große Küche und gute Köche. Hinter dem Haus befinden sich größere überdachte Essbereiche in einem Bio-Garten. Aus diesem gepflegten Garten stammen auch soweit möglich Gemüse und Obst für die Küche. Inkl. Fahrrad. US$20 p. P. Kontakt über Mekong Travel (s. Touren), kostenfreier Transport ab diesem Büro.

Homestay mit Historie

In der Umgebung von Cai Be gibt es zwei berühmte alte Häuser, die auch Gäste aufnehmen. Beliebt ist die koloniale Villa **Ba Duc** im 15 Bootsminuten nordöstlich von Cai Be gelegenen Dorf Dong Hoa Hiep. Genächtigt wird in einfachen, aber gut ausgestatteten Zimmern im Neubau (der dem Stil der Villa nachempfunden wurde). Viele größere Gruppen machen hier Halt. Sehr eindrucksvoll ist das **Ut Kiet Ancient House**, ebenfalls im Dorf Hoa Hiep gelegen [9213]. Das Haus wurde 1838 erbaut und im Jahr 2003 mit japanischer Hilfe originalgetreu restauriert. Die meisten Besucher kommen nur zur Besichtigung, einige essen hier. Genächtigt wird ggf. im Schlafsaal auf dünnen Matratzen oder Matten. Die Übernachtung in einem dieser Häuser kostet um die US$25 p. P. und ist wirklich etwas Besonderes, denn in den ehrwürdigen Häusern mit ihrem z. T. antiken Mobiliar umweht einen tatsächlich der Atem der Vergangenheit. Weitere Informationen und Buchungen über Cuu Long Tourist.

ESSEN

Wer in einem Homestay wohnt, kann abends beim Kochen helfen und bekommt auch ein Frühstück inkl., Tagestouristen erhalten ein Mittagessen. Ansonsten muss das Essen (das Trinken immer) bezahlt werden, und man ist auf die Küche des Homestays angewiesen. In der Stadt gibt es neben den **Essensständen** südlich des Marktes einige Restaurants.

Hoa Nang Café, Duong 1/5. Tagsüber gut für einen Kaffee am Fluss; sehr nett auch für ein Kaltgetränk zum Sonnenuntergang. Abends laut; Vietnam-Pop und Karaoke-Beschallung.

Nem Nuong, Duong 1/5. Leckere und preiswerte *nem nuong* (gegrillte Fleischbällchen mit Reisnudeln) – so beliebt, dass manchmal jeder Platz besetzt ist.

Phuong Thuy, Duong 1/5, ✆ 070-382 4786. Der „Wasserdrache" gehört zum Cuu Long Hotel und bewirtet seine Gäste mit westlichen und vietnamesischen Gerichten, die auf einer englischsprachigen Speisekarte verzeichnet sind. Die ungemütliche Innenausstattung wird vom Blick auf den Fluss wettgemacht. ⏲ tgl. 6–21 Uhr.

TOUREN

Touren zum schwimmenden Markt von **Cai Be** werden von den Reisebüros angeboten. Das Gleiche gilt für Fahrten auf die Mekong-Insel **An Binh**. Mopedtouren auf der Insel, Bootstouren und Homestay werden auch von vielen privaten Bootsleuten bzw. ihren Vermittlern offeriert.

Eine empfehlenswerte Reiseagentur ist **Mekong Travel**, 8 Duong 1/5, ✆ 070-383 6252, 091-900 2505, 💻 www.mekongtravel.com.vn, [9199]. Das Team rund um Mrs. Trinh (ausgesprochen wie engl. „Gin") bietet gute Touren zu fairen Preisen. Mrs. Trinh spricht gut Englisch, und so ist es möglich, ganz individuelle Touren zu erstellen. Sie betreibt zudem mit ihrer Familie ein sehr gutes Homestay (Ut Trinh & Ut Binh Homestay, s. o.).

TRANSPORT

Busse

Busse aus anderen Regionen lassen einen manchmal an einer Kreuzung etwas außerhalb aussteigen; von dort sollte die Strecke mit dem Motorradtaxi in die Innenstadt nicht mehr als etwa 50 000 Dong (nachts etwas mehr) kosten.

Der **Busbahnhof**, Dinh Tien Hoang, ✆ 070-382 5235, liegt ca. 3 km westlich des Zentrums und ist mit dem Xe om für 15 000 bis max. 30 000 Dong zu erreichen.

CAN THO, 23 000 Dong;

HCMS, Tag und Nacht alle 30 Min. in 3 Std. zum Busbahnhof Mien Tay für 95 000–130 000 Dong. Empfehlenswert sind die Busse von **Phuong Trang (FUTA)**, ✆ 070-387 9777. Bei Buchung Abholung am Hotel, Abfahrt stdl. von 1 bis 20 Uhr, 3 Std., 105 000 Dong.

Mai Linh Express, ✆ 070-387 8878, bedient die Strecke ab 4.30 bis 20 Uhr mit Minibussen für 95 000 Dong. Mai Linh fährt zudem nach SOC TRANG für 75 000 Dong, nach BAC LIEU für 100 000 Dong und nach CA MAU für 125 000 Dong um 11, 13 und 15 Uhr.

MY THO, in 2 1/2 Std. für 85 000 Dong;

TRA VINH, 3 Busse zwischen 5 und 11.30 Uhr für 40 000 Dong.

Boote

Die Fähre nach AN BINH legt ungefähr alle 10 Min. ab; das Ticket kostet 1000 Dong.

Chau Doc

Viele Reisende nutzen Chau Doc [4513] als Transit-Ort auf der Reise von oder nach Kambodscha, das von hier auf dem Fluss oder auf dem Landweg zu erreichen ist. Einige Sehenswürdigkeiten und Ausflugsziele können aber auch zu einem längeren Aufenthalt verleiten. Gute preiswerte Unterkünfte sind ebenso vorhanden wie ein schönes Luxushotel am Flussufer.

Die Lage am Hau-Fluss (Bassac) macht Chau Doc von jeher zu einem bedeutenden regionalen Handelsort. Wichtige Kanäle treffen sich hier: Der Vinh Te-Kanal führt in südwestlicher Richtung an der kambodschanischen Grenze entlang nach Ha Tien und somit zum Meer, und der Vinh An-Kanal, der sich in nordöstlicher Richtung erstreckt, mündet bei Tan Chau in den Tien-Fluss, den breitesten Arm des Mekong im Delta. In der näheren Umgebung liegt ein **heiliger Berg**, der **Nui Sam**. Dieser brachte immer schon Pilger in die Stadt – auf dem Höhepunkt der Pilgersaison, zum Ba Chua Xu-Fest im Mai, sollen es in

den letzten Jahren bis zu 2 Mio. gewesen sein! Möglicherweise übertreibt die Tourismusbehörde hier ein wenig. Sicher ist, dass ohne langfristige Buchung in dieser Zeit kein Bett zu bekommen ist.

Auf dem großen **Markt** gibt es aufgrund der Grenznähe zusätzlich zu den üblichen Waren des täglichen Bedarfs auch Schmuggelware aus Kambodscha.

Der 6 km entfernte, 230 m hohe **Sam-Berg** (Nui Sam) ist für die Menschen der Umgebung ein heiliger Ort – und das schon seit langer Zeit. Wer den Berg besteigt, findet oben die Reste eines alten Shiva-Heiligtums, erkennbar an einem in den Boden eingelassenen Stein mit einer quadratischen Aussparung. Er symbolisiert das weibliche Geschlechtsorgan, das einst einen phallischen Stein aufnahm, in dessen Gestalt Shiva verehrt wurde. Noch heute herrscht auf dem Berg ein reger Pilger-Betrieb. Allerdings ragt hier gegenwärtig ein Phallus ganz anderer Art in den Himmel: Ein hoher Funkmast nutzt die exponierte Stelle für eher weltliche Kommunikationsaufgaben. Kambodscha ist nicht weit und vom Berg aus zu sehen. Grund genug für die vietnamesische Armee, hier oben einen Beobachtungsposten einzurichten.

ÜBERNACHTUNG

Ob abgewohntes Traveller-Zimmer, heimelige Mittelklasse oder komfortabler Luxus: Chau Doc hat für jeden etwas zu bieten.

Be Noi Mekong Floating Hotel & Restaurant, 443 Le Loi, ✆ 076-355 0838, 🖳 www.saigon mekong.info, [9234]. Die schlichten Zimmer des Floating Hotels werden viel von Tourgruppen genutzt, die vom Betreiberunternehmen Delta Adventure Tours aus HCMS hergeschickt werden. Das dazugehörige schwimmende

Restaurant hat eine große Auswahl an Gerichten, und die Tische an der Brüstung ermöglichen einen schönen Blick auf das Treiben auf dem Mekong. ❶

Murray Guesthouse, 11-15 Truong Dinh, ✆ 076-356 2108, ✉ nhanghimurrayy@gmail.com, [9232]. Guesthouse mit wohnlichem Ambiente. Zwar liegt es etwa 1,5 km vom Stadtzentrum entfernt, doch die schön ausgestatteten Zimmer und die freundliche Atmosphäre machen das allemal wett. Pool-Table, Bar, Fahrradverleih. Versucht mit Energiespar-AC, Mülltrennung und Solar-Heißwasser zumindest einige Schritte in Richtung Umweltschutz zu gehen. Unbedingt vorbuchen; Schnäppchen bei agoda möglich (s. eXTra). ❷–❸

Song Sao Hotel, 12-13 Nguyen Huu Canh, ✆ 076-356 1777, ✉ songsaohotel@yahoo.com, [4516]. Saubere und komfortable Zimmer mit Holzmöblierung, die ihren Preis wert sind. Die etwas teureren Balkonzimmer sind größer und bieten einen schönen Blick auf den belebten Platz. ❷

Trung Nguyen Hotel, 86 Bach Dang, ✆ 076-386 6158, [4519]. Ordentliche, wenn auch zum Teil nicht allzu große Zimmer in einem beliebten Haus in zentraler Lage. Wer ein Balkonzimmer hat, kann wunderbar das Treiben am Markt beobachten. Mit das beste Preis-Leistungs-Verhältnis in der Stadt. ❷

Vinh Phuoc Hotel & Restaurant, 12-14 Quang Trung, ✆ 076-356 3013, ✉ vinhphuochotel@yahoo.com, [4518]. Alteingesessene Traveller-Absteige mit teilweise recht großen, preiswerten Zimmern mit Balkon, westlich-vietnamesischem Restaurant und routiniertem Tour-Service. Wahlweise Ventilator oder AC. Hat auch 3-Bett-Zimmer. ❶

ESSEN

Memory Delicatessen, 57 Nguyen Huu Canh, ✆ 091-777 7791. Zu den „Delikatessen" zählen Pizza und Currys – dieses Restaurant richtet sich an ausländische Besucher und Einheimische, die mal etwas Abwechslung suchen. ⌚ 7–22 Uhr.

My Hue, 92 Bach Dang, ✆ 076-356 4778. Nudelgerichte, Hot Pot und Suppen; in dem kleinen und einfachen Restaurant sind oft alle Plastikhocker besetzt, was immer ein gutes Zeichen ist. ⌚ tgl. 6–21 Uhr.

Thanh Tinh, 13 Quang Trung. Sehr gutes vegetarisches Restaurant mit vielen Fake-Meat-Speisen: Lecker z. B. das scharfe mongolische „Hühnchen", dem man sein Vorleben als Sojaquark kaum anmerkt; ebenso die „Ziege" im Tontopf. Englische Speisekarte. Ein Tipp auch für Nicht-Vegetarier.

Vinh Phuoc, 12-14 Quang Trung, in dem gleichnamigen Traveller-Hotel. Hier gibt's die übliche standardisierte westlich-vietnamesische Küche für den weniger experimentierfreudigen Reisenden.

In der Nähe des großen Platzes an der Nguyen Huu Canh, Ecke Phan Van Vang, gibt es einige Stände mit frisch gepresstem **Fruchtsaft** *(sinh to)*. Die Säfte sind eine köstliche und gesunde Erfrischung. Günstige **Straßenrestaurants** finden sich tagsüber an der Tran Hung Dao im südlichen Marktbereich und abends an der Quang Trung vor den Markthallen sowie an der Uferpromenade zwischen Markt und Victoria Hotel.

SONSTIGES

Fahrräder und Motorräder

Sie werden von einigen Hotels vermietet, so dem Trung Nguyen, Victoria Hotel und dem Vinh Phuoc.

Informationen und Touren

Das für diese Provinz zuständige Touristenbüro **An Giang Tourist** liegt in der Provinzhauptstadt Long Xuyen. In Chau Doc helfen die Angestellten der Unterkünfte weiter. Viel Erfahrung und Routine haben die Leute hinter dem Reiseschalter im **Vinh Phuoc Hotel**. Hier werden auch Touren in die Umgebung organisiert. Angeboten werden u. a. Fahrten in **Khmer-Dörfer**, wo traditionelle Seidenweber arbeiten.

Eine örtliche Reiseagentur ist **Mekong Tours**, 14 Nguyen Huu Canh, ✆ 076-386 8222. Bietet Flussfahrten, geführte Touren zum Nui Sam und in die Umgebung; schwankende Qualität.

Der freundliche **Herr Long Nguyen-Van**, ✆ 076-386 7817, 091-377 7978, ✉ longnguyen49@

yahoo.com, ist der Ehemann von Frau Ngoc Anh aus dem English Bookstore und bietet schöne, interessante Touren auf dem Rücksitz seines Motorrads an.

Medizinische Hilfe

Das **General Hospital** befindet sich gegenüber dem Victoria Hotel in der 5 Le Loi, ✆ 076-386 7184.

NAHVERKEHR

Private Touristenboote für den lokalen Nahverkehr werden an der Uferpromenade für etwa 50 000 Dong/Std. angeboten, **lokale Fähren** fahren an verschiedenen Stellen über den Fluss. Eine Fahrtmöglichkeit ins **Cham-Dorf** auf der gegenüberliegenden Flussseite besteht etwa 250 m südlich des Victoria-Hotels; Kosten: 2000 Dong für die einfache Fahrt.

TRANSPORT

Busse

Der **Busbahnhof**, ✆ 076-386 7171, befindet sich etwa 2 km südöstlich des Zentrums an der Le Loi. Von hier fahren den ganzen Tag über Busse in alle Ecken des Deltas und nach Ho-Chi-Minh-Stadt.

CA MAU, um 5.30 und 7 Uhr in fast 7 Std. für 120 000 Dong;
CAN THO, stdl. zwischen 3.20 und 18 Uhr in 3 Std. für 70 000–100 000 Dong;
HA TIEN, um 5, 6.20, 7.30 und 9 Uhr in knapp 3 1/2 Std. für 80 000 Dong;
HCMS, von morgens bis 24 Uhr stdl. in 5–6 Std., ab 100 000–145 000 Dong;
LONG XUYEN, um 5.30 Uhr in 1 1/2 Std. für 25 000–35 000 Dong;
RACH GIA, um 5.30 Uhr in 4 Std. für 55 000 Dong.

Boote

Schnellboote starten von Chau Doc nach **Kambodscha** zwischen 7 und 8 Uhr. Passiert wird die Grenze in Vinh Xuong – Ka'm Samnar. Ankunft in PHNOM PENH um ca. 14 Uhr. Tickets (ca. US$ 25) vermitteln die Unterkünfte oder der English Bookshop (Hang Chau; Transfer zum Anleger inkl.). Für US$55 fährt zudem „Blue Cruiser" mit etwas bequemeren Booten, doch der Unterschied ist nicht allzu groß.
Ein weiteres Boot Richtung Kambodscha startet um 7.30 Uhr, manchmal zusätzlich um 13.30 Uhr, und hält in NEAK LUONG, von wo es mit dem Bus nach PHNOM PENH weitergeht; mit US$15 das günstigste Angebot, mit mind. 8 Std. Fahrzeit und Fahrzeugwechsel aber auch das mit Abstand unbequemste.
Das Victoria Hotel betreibt ein eigenes, teureres Schnellboot nach Phnom Penh – allerdings nur für Hotelgäste.
Nach CAN THO vormittags mit dem Schnellboot für ca. 550 000 Dong oder Blue Cruiser für US$29.

Grenzübergänge nach Kambodscha

Von Chau Doc aus sind zwei Grenzübergänge nach Kambodscha erreichbar: Per Boot der in **Vinh Xuong – Ka'm Samnar** (s. Transport), wo es auch Visa on Arrival für US$30 gibt (zzgl. Bearbeitungsgebühr US$4–5; wird vom Transportunternehmen einbehalten), und per Straße der in **Tinh Bien – Phnom Den**. Dieser etwa 20 km von Chau Doc entfernte, an der N91 gelegene Grenzposten wird kaum von Touristen frequentiert (Busse von Can Tho s. S. 848). Visum erhältlich. Hinter der Grenze geht die Straße weiter als Highway 2 bis Phnom Penh. Die Grenzen sind von 7–18 Uhr geöffnet.

Ha Tien

Die kleine Stadt Ha Tien [7430] im äußersten Südwesten Vietnams war jahrzehntelang ein abgelegener Grenzposten abseits aller touristischen Pfade. Das hat sich geändert: Mit dem neuen Markt und den ihn umgebenden Häuserblocks wurde der Stadt ein neues Herz eingepflanzt, das schnell und laut im Takt der neuen Zeit pocht.

Seit der Öffnung der nahe gelegenen Grenze zu Kambodscha für den internationalen Verkehr wird ein wachsender Strom ausländischer Besucher in die Stadt gespült. Bis ins kambod-

VIETNAM

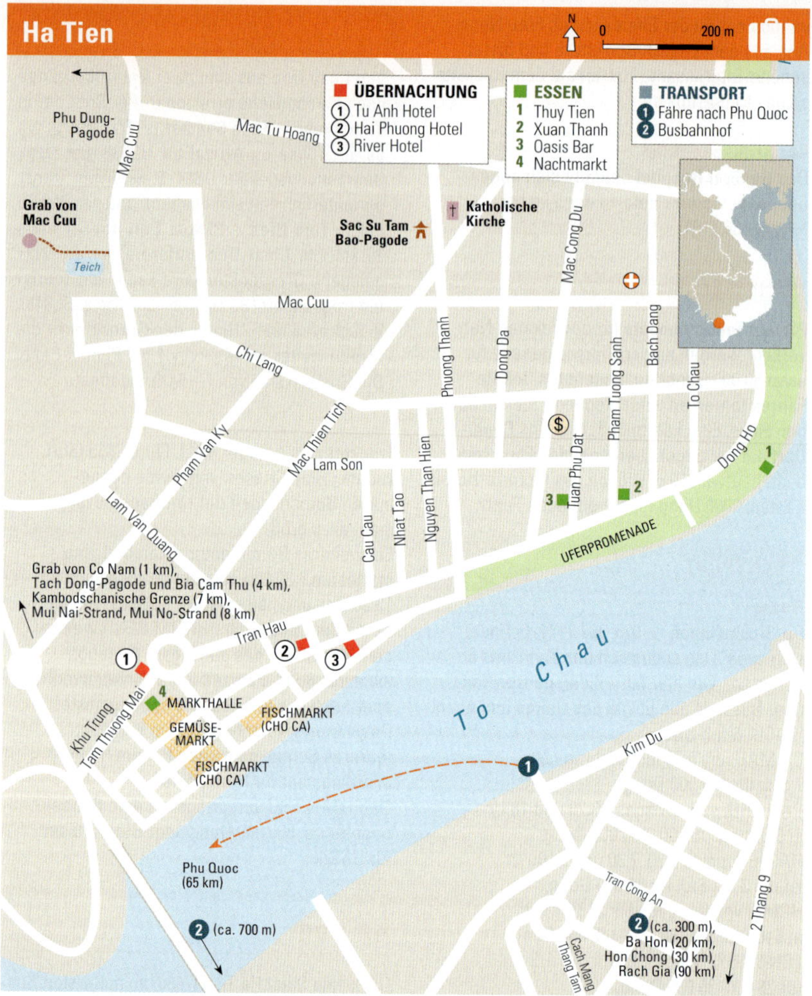

schanische Kampot sind es nur 45 km, und von dort ist es über Sihanoukville und Koh Kong nicht mehr weit bis nach Trat in Thailand.

Gegründet wurde die Stadt 1708 von dem chinesischen Einwanderer **Mac Cuu**, der sich hier, unterstützt von den vietnamesischen Herrschern, mit seinem Familienclan ansiedelte und den ersten wichtigen Hafen schuf. Zuvor gehörte das Gebiet zu Kambodscha.

ÜBERNACHTUNG

Die meisten Hotels in Ha Tien sind nicht speziell auf westliche Besucher eingestellt. Dennoch finden sich in diesem Grenzposten ausreichend bequeme und saubere Zimmer, sodass kaum Abstriche gemacht werden müssen – außer vielleicht bei der Verständigung mit den Angestellten.

Hai Phuong Hotel, 52 Dang Thuy Tram, ✆ 077-385 2240, ✉ hotelhaiphuong@yahoo.com.vn, [9325]. Große, luftige Zimmer; viele davon mit Balkon. Große Betten, freundliche Leute, Restaurant mit Traveller-Food und zuverlässiges Reisebüro mit Transport-angeboten ins Delta, nach Phu Quoc, nach HCMS und Kambodscha. ❷

River Hotel, Block B3, Tran Hau Business Center, ✆ 077-395 5888, 💻 www.riverhotelvn.com, [7434]. Großes 4-Sterne-Hotel in schöner Lage am Fluss nahe dem neuen Markt. Die Zimmer sind bequem und mit allen Annehmlichkeiten ausgestattet, die man in dieser Preisklasse erwarten darf. ❹–❻

Tu Anh Hotel, 170 Mac Thien Tich, ✆ 077-385 2622, [7433]. Saubere Zimmer, sehr zentral gegenüber dem Nachtmarkt gelegen. ❶–❷

ESSEN

An der Tran Hau liegen einige Cafés und vietnamesische Restaurants, die zu den Haupt-Essenszeiten oft rappelvoll sind. Abends sei ein Besuch des **Nachtmarktes** an der Nordseite des neuen Marktes empfohlen – hier gibt es sehr gutes Seafood und mehr.

Ha Tien Hotel. Das Hotelrestaurant steht auch Nichtgästen offen und ist ein guter Tipp für alle, die beim Essen nicht unbedingt zu tief ins vietnamesische Alltagsleben eintauchen wollen. Dabei hat die Küche den umliegenden Essensständen nicht viel voraus. Der Trubel der Straße wird jedoch von einem kleinen Geländer und weißen Tischdecken auf Distanz gehalten. Lecker ist z. B. der gekochte Fisch im Tontopf *(simmered fish in clay pot)*.

Oasis Bar, 42 Tuan Phu Dat, ✆ 077-370 1553, 💻 www.oasisbarhatien.com. Einziges „westliches" Lokal in der Stadt: Getränke, Snacks und den ganzen Tag über englisches Frühstück. 🕒 9–21 Uhr.

Thuy Tien, Dong Ho, ✆ 077-385 1828. An der Uferpromenade, lädt zu einem Kaffee oder einem Kaltgetränk mit schöner Aussicht auf das Treiben auf dem Wasser ein.

Xuan Thanh, 20 Tran Hau, ✆ 077-385 2197. Die leckeren, recht preiswerten Gerichte verspeist man mit einer guten Aussicht auf die Straße.

SONSTIGES

Medizinische Hilfe

Das **Krankenhaus** Benh Vien Da Khoa befindet sich an der Mac Cuu, Ecke Bach Dang.

Touren

Für Infos und Touren sind die Rezeptionisten der Hotels erste Ansprechpartner. Es gibt einige Xe om-Fahrer, die auf westliche Besucher „spezialisiert" sind. Die muss man nicht lange suchen – sie finden einen! Sie bieten Touren zu allen Zielen in der Umgebung an; vom Ausflug zum Gräberhügel bis zur Tagestour nach Hon Chong. Der Preis ist Verhandlungssache.

TRANSPORT

Busse

Der **Busbahnhof**, ✆ 077-385 1830, liegt einen knappen Kilometer südöstlich des Zentrums auf der anderen Seite des Flusses nahe den Bootsanlegern.

RACH GIA, mit der **Mai Linh Company** stdl. bis 20.15 Uhr für 70 000 Dong.

Weitere lokale Busse von 4–18.30 Uhr alle 10 Min. in Richtung RACH GIA für 50 000–70 000 Dong.

Grenzübergang nach Kambodscha

Die 7 km entfernte Grenze nach Kambodscha in **Xa Xia** ist für Ausländer geöffnet. Von 7 bis 18 Uhr kann dort ins Land der Khmer eingereist werden – ein Visum gibt es an der Grenze. Das Xe om nach Xa Xia kostet ca. 50 000 Dong.

Auf der anderen Seite landet man in **Prek Chak**. Die etwa 30 km lange Weiterfahrt nach Kampot kostet auf dem Motorrad ungefähr US$25, nach Kep US$8–10.

Aus diesen Orten kann man nach Sihanoukville weiterreisen, das mit einigen Stränden und vorgelagerten Inseln lockt. Über Koh Kong ist von Sihanoukville aus innerhalb eines Reisetages Thailand erreicht. All diese Varianten lassen sich bequem als **durchgebuchte Tour** in Ha Tien oder von Phu Quoc aus arrangieren, s. S. 869. Einreise nach Vietnam S. 645.

CHAU DOC, 4 Busse vormittags, um 9.40, 10.10, 11.30 und 13.15 Uhr in etwa 2 Std. für ca. 70 000 Dong;
HCMS, von 6–23 Uhr in ca. 9 Std. für 170 000 Dong.

Boote

Von Ha Tien starten tgl. Fähren nach PHU QUOC (Ham Ninh bzw. Bai Vong). Die Boote verlassen den Pier in Ha Tien um 8 und 13 Uhr (in der Nebensaison manchmal nur eine Fähre) und kosten ab 250 000 Dong. Ticketschalter am Anleger. Die Autofähre mit dem Zielhafen Da Chong ist nicht zu empfehlen, da man von diesem Anleger auf Phu Quoc ohne eigenes Auto oder im Vorfeld organisierten Transport nur sehr schlecht wegkommt.

Rach Gia und Umgebung

Die lebendige Hafenstadt **Rach Gia** [4554] ist für die meisten Besucher nur das Sprungbrett nach Phu Quoc. Die Fähren zu der Insel legen morgens ab, sodass die meisten Reisenden in Rach Gia zumindest eine Nacht verbringen werden, was dank einer Auswahl akzeptabler Hotels und Restaurants kein Problem darstellt.

Das alte Stadtzentrum liegt auf einer Insel in der Mündung des Cai Lon-Flusses. Nördlich befinden sich der Busbahnhof und der Fähranleger. Südlich erstreckt sich die Stadt noch mehrere Kilometer an der Küste entlang. Bis auf ein paar Tempel gleich nahe dem Flussufer ist diese Gegend touristisch uninteressant.

Als Hafenstadt hatte in Rach Gia von jeher der Handel eine große Bedeutung – legale und geschmuggelte Güter aus Kambodscha und Thailand wurden hier umgeschlagen. Ausgrabungen haben ergeben, dass hier (bzw. etwas landeinwärts) schon vor 2000 Jahren eine wichtige Siedlung existierte.

ÜBERNACHTUNG UND ESSEN

Kim Co Hotel, 141 Nguyen Hung Son, ✆ 077-387 9610, [4560]. Etabliertes Hotel mit großen, gut möblierten, sauberen AC-Zimmern mit TV, Kühlschrank, Badewanne. ❷

Thanh Dat Guesthouse, 18 Nguyen Cong Tru, ✆ 077-387 9961, [7435]. Am Anleger nach Phu Quoc haben sich einige Gasthäuser angesiedelt. Dieses gefällt besonders wegen der recht großen Zimmer, von denen einige einen Balkon mit schönem Ausblick auf den Flussarm haben. Kaum Englisch. ❶

Thien Trang Guesthouse, 24-26 Nguyen Cong Tru, ✆ 077-386 9795, [10240]. Unweit des Thanh Dat liegt dieses neuere, größere Haus; ebenfalls recht geräumige Zimmer, allerdings ohne Balkon. An der Rezeption wird etwas Englisch gesprochen. ❶–❷

Neben einigen Restaurants gibt es preiswerte Mahlzeiten vom Essensstand in der Hung Vuong nahe dem nördlichen Flussarm und weitere beim großen Markt nördlich vom Zentrum. Abends öffnen Stände mit süßen Desserts in der Nguyen Cong Tru nahe dem Fähranleger. Viele moderne Cafés, z. T. mit Livemusik, liegen an der Uferstraße ca. 1–2 km südlich des Zentrums.

Ao Dai Moi Restaurant, 26 Ly Tu Trong. Bei Einheimischen sehr beliebtes Frühstücks-Restaurant, das mittags schließt – die meisten Gerichte sind schon morgens um 9 Uhr ausverkauft.

Quan Com Nam Long, Nguyen Hung Song. Einfache, solide Reisgerichte und als *dac biet* („Spezialität"): *bia lanh* („Flaschenbier").

SONSTIGES

Informationen

Kien Giang Tourist (Cong Ty Co Phan Du Lich Kien Giang), 11 Ly Tu Trong, ✆ 077-396 2024. Wenig Englisch; aber es reicht, um ein Vietnam Airlines-Ticket nach Phu Quoc oder HCMS zu buchen. 🕒 Mo–Fr 7–17 Uhr.

Medizinische Hilfe

Ein **Krankenhaus** befindet sich südlich des Zentrums an der Phanh Dinh Phung, Ecke Nguyen Trung Truc.

TRANSPORT

Busse

Es gibt zwei öffentliche **Busbahnhöfe**. Von dem nördlich des Zentrums gelegenen

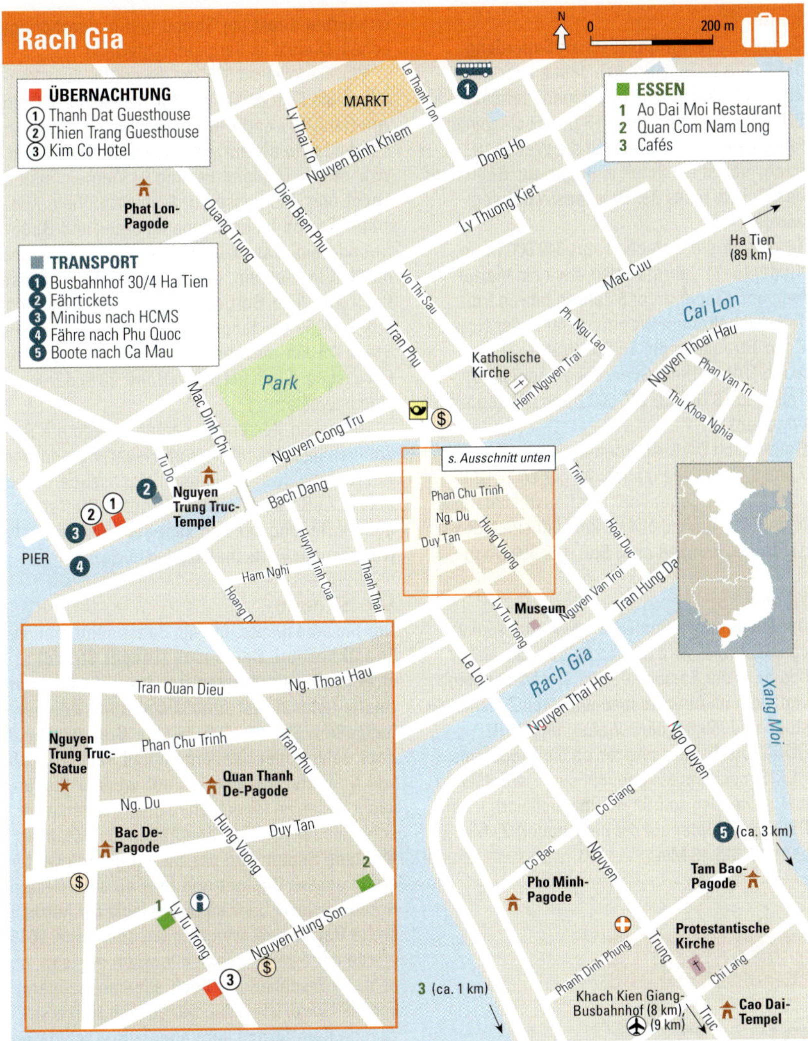

Ben Xe 30/4 Ha Tien verkehren Busse zu den nähergelegenen Zielen im Delta, z. B. nach HA TIEN, stdl. von 7 bis 10 Uhr für 50 000 Dong. Vom etwa 8 km südlich in Rach Soi gelegenen **Ben Xe Khach Kien Giang**, 61 Quoc Lo, ✆ 077-386 4086, fahren fast den ganzen Tag über Busse in alle weiteren Regionen des Deltas und nach HCMS. Empfehlenswert sind die Busse von Phuong Trang (FUTA), ✆ 077-369 1691. Fast alle Busse aus HCMS u. a. Regionen, die nach Rach Gia (Destination: „Kien Giang") fahren, haben hier ihre Endstation. Ein Xe om in die Stadt kostet eigentlich 50 000, aber oft genug 100 000 Dong.

Boote

Schnellboote der Gesellschaft **Superdong** befördern Passagiere von dem an der nördlichen Flussmündung gelegenen Pier nach PHU QUOC; gegen 8 und 13 Uhr. Nicht immer fahren alle Boote: Mal sind die Wellen zu hoch, mal ist ein Schiff in Reparatur. Beim Kauf des Tickets muss der Reisepass vorgelegt werden.

Tickets für die einfache Fahrt 340 000 Dong, Kinder (5–11 Jahre) zahlen etwa ein Viertel weniger, Kinder unter 5 Jahren fahren frei. Ticketschalter am Weg zum Pier in der Nguyen Cong Tru- und in der Tu Do-Straße.

Nach NAM DU mit Superdong oder Ngoc Thanh um 8 Uhr für 210 000 Dong (Reisepass vorlegen).

Boote nach CA MAU vormittags zwischen 7 und 9 Uhr sowie manchmal gegen 14 Uhr vom Ableger gegenüber der Hausnummer 566 in der Ngo Quyen, etwa 3 km südöstlich des Zentrums, Fahrzeit ca. 3 Std., 180 000 Dong.

Flüge

Der **Flughafen** in Rach Soi, etwa 9 km südlich von Rach Gia, wird tgl. von HCMS aus angeflogen; in der Saison auch 2x. Die Maschinen von Vietnam Airways machen einen Zwischenstopp und fliegen dann weiter nach PHU QUOC. Die Tickets sind rar, da die Flieger aus HCMS meistens ausgebucht sind – wer fliegen will, sollte also so früh wie möglich vorbuchen. Der kurze Hüpfer auf die Insel dauert 20 Min., nach HCMS 40 Min.

23 HIGHLIGHT

Phu Quoc

Die Insel Phu Quoc [4593] im äußersten Südwesten Vietnams war vor einigen Jahren noch ein Geheimtipp. Diese Zeiten sind zwar vorbei, doch noch immer lockt das Eiland mit wunderschönen Stränden, freundlichen Menschen, Unterkünften direkt am Strand und undurchdringlichem Urwald im bergigen Hinterland.

Phu Quoc ist mit 576 km² die größte Insel Vietnams. Sie liegt 45 km von Ha Tien sowie 120 km von Rach Gia entfernt – und deutlich näher an Kambodscha als am vietnamesischen Festland. Wer etwas Thailand-Feeling in Vietnam sucht, findet hier das passende Ambiente. Viele Kilometer Strand laden Sonnenanbeter und Badefreunde ein. Das Meer ist weniger rau als anderswo in Vietnam, und der Strand fällt meist flach ab. Viele Berge und Hügel erheben sich auf dem 50 km langen und an der breitesten Stelle 25 km messenden Eiland. Der höchste Berg ist der Chua mit 603 m Höhe. 70 % der Insel sind bewaldet.

Bevor die Reisenden kamen, lebten die Bewohner hauptsächlich vom Fischfang und der Herstellung ihrer berühmten Fischsauce (*nuoc mam*). Außerdem wird sehr guter Pfeffer angebaut. In jüngster Zeit kam der Tourismus als wachsender Wirtschaftszweig hinzu.

Die Strände

Der meistbesuchte und als Sonnenuntergangsstrand beliebte **Bai Truong (Langer Strand)** erstreckt sich im Westen der Insel. Er ist zwar relativ schmal, hat aber wunderbar weichen, hellgelben Sand, meist seichte Brandung und dank zahlreicher Kasuarinen und Palmen auch viel Schatten. Es gibt, bis auf wenige Stellen, kaum Steine im Meer. Zahlreiche Anlagen unterschiedlicher Preisklassen haben sich etabliert. Richtung Süden wird der Strand gerade weiter erschlossen. Geplant und im Bau sind riesige Hotelkomplexe. Ganz im Süden lockt der herrlich breite **Bai Sao** mit weichem weißem Sand. 2015 wurde der Strand an einen Investor verkauft; ob er nach Erschließung noch allgemein zugänglich sein wird, ist unklar. Der südlich sich erstreckende **Kem-Strand** wird ebenfalls erschlossen und war zur Zeit der Recherche nicht öffentlich zugänglich.

Im Nordwesten der Insel liegt der schöne **Ong Lang-Strand**, an dem sich ein paar Anlagen befinden. Weiter gen Norden werden die Strände immer einsamer. Doch auch hier rollen die Bagger; große Anlagen sind bereits gebaut, noch im Bau oder zumindest geplant. Ganze

Dörfer müssen den Baggern weichen, und es ist bisher nicht abzusehen, ob und, wenn ja, wann der Bauboom stoppen wird.

Im Osten lädt der **Bai Vong-Strand** zu einem Picknick ein. Nahebei, im Dorf Ham Ninh, legen die Fähren vom Festland an. Weitere Strände sollen auch hier erschlossen werden.

Duong Dong

Die Inselhauptstadt Duong Dong **[4619]** liegt als administratives und ökonomisches Zentrum an der mittleren Westküste. „Duong Dong" bedeutet „dichte Pappeln", und noch immer zieren einige der schlanken Bäume das Stadtbild.

Am Hafen drängeln sich die Fischerboote, und auf dem geschäftigen **Markt** ist den ganzen Tag Betrieb. Noch herrscht eine recht entspannte Atmosphäre, doch der Verkehr nimmt zu, und damit auch der Lärm. Am Markt ist wegen der vielen Motorräder oft kein Durchkommen mehr.

ÜBERNACHTUNG UND ESSEN

Nur wenige Touristen wohnen in der Stadt. Die meisten Hotels sind daher bislang auf den vietnamesischen Geschmack ausgerichtet.

Huong Bien Hotel, 1 Vo Thi Sau, ✆ 077-384 6113, 🖳 www.huongbienhotel.com.vn, [4618]. Wer unbedingt in Duong Dong bleiben will, ist mit diesem Hotel am Strand recht gut beraten. Die Zimmer sind zwar nüchtern ausgestattet, haben aber AC, TV, Kühlschrank und Balkon. Zudem gibt es einen Pool. ❹–❺

Besonders leckeres Essen, dazu noch recht günstig, bietet der täglich stattfindende **Nachtmarkt**. Hier gibt es vor allem Fisch und Meerestiere.

Buddy Ice Cream & Info Café, 6 Bach Dang, ✆ 077-399 4181, 🖳 www.visitphuquoc.info, [4627]. Im ersten „westlichen" Lokal von Duong Dong gibt es seit 2006 neben Eis auch Fruchtsäfte, guten Cappuccino, Shakes und westliche Snacks (Clubsandwiches, Pancakes). Viele Informationen über die Insel. ⏲ 8–22 Uhr.

Com Chay Thanh Dieu, 33 Ba Muoi Thang Tu, ✆ 091-739 6069. Einfaches vegetarisches Restaurant. ⏲ morgens bis nachmittags.

Pho Sai Gon, 31 Ba Muoi Thang Tu, ✆ 077-384 6338. Wer auf der Suche nach einer guten *pho* ist, wird hier satt und glücklich. Im Angebot außerdem *bokho* und *bunbohue*. ⏲ vormittags, bis nichts mehr da ist.

AKTIVITÄTEN

Schnorcheln

Schnorcheltouren zu den An Thoi-Inseln und zur Schildkröteninsel (und viele weitere Tourangebote) bietet **John's Boat Tour**,

4 Tran Hung Dao, 091-910 7086 (Mr. John), 077-399 6449, www.johnsislandtours.com. Touren ab US$15.

Tauchen

Flipper Diving Club, 60 Tran Hung Dao, 077-399 4924, www.flipperdiving.com. Kurse und Ausflüge mit oftmals (je nach Saison) auch deutschen Instruktoren. Wer seinen Kurs oder einen Ausflug unbedingt mit Deutsch sprechenden Divemastern absolvieren möchte, sollte frühzeitig Kontakt aufnehmen.
Rainbow Divers, Vo Thi Sau, Ecke Tran Hung Dao, 091-400 964, www.divevietnam.com. Geboten werden Touren und Kurse: Für die Kleinen ab 8 Jahren gibt es den Bubble Maker, Erwachsene können das Tauchen mit der Graduierung Open Water bis zum Divemaster (nach vorheriger Absprache) abschließen.

MEDIZINISCHE HILFE

Das **Inselkrankenhaus**, 077-384 8075, 384 6074, liegt in Duong Dong an der 30 Thang 4 etwas stadtauswärts Richtung Ham Ninh.
Vin Mec Phu Quoc International Hospital s. S. 867.

Bai Truong (Langer Strand)

Der gelbsandige, 20 km lange Bai Truong (Langer Strand) [4596] erstreckt sich südlich von Duong Dong an der Westküste. Bai Truong ist einer der ganz wenigen Plätze in Vietnam, an denen man einen Sonnenuntergang über dem Meer genießen kann. Die ersten 4 km ab der kleinen Hafenstadt Duong Dong sind bereits erschlossen. Je weiter man nach Süden spaziert, desto mehr Baustellen sind zu sehen. Große Hotelkomplexe der Luxusklasse samt Spa entstehen hier.

Etwa 3 km vom Dorf entfernt befinden sich die bekanntesten, bei Travellern und Flashpackern beliebten Unterkünfte. Zwar gibt es ein paar Steine im Meer, doch stören diese weder das Schwimmvergnügen noch das Spielen der Kinder im meist recht flachen Wasser. Gerne klettern sie auch auf dem kleinen Kap herum, das die Vietnamesen zum Angeln nutzen.

Ausflüge

Wer von der Insel mehr sehen möchte als den Strand aus der Perspektive der privaten Hängematte (was für viele ausreichend ist), kann die Insel im Rahmen einer Tour erkunden. **Organisierte Touren** besuchen meist eine **Fischsaucenfabrik** und eine **Perlenfarm** (die allerdings nur ein Ausstellungs- und Verkaufsraum für Perlenprodukte ist). Auch ein Stopp bei einer **Pfefferplantage** und ein Besuch des **Coconut Prison** stehen i. d. R. auf dem Programm. Manchmal wird auch bei einer lokalen **Weinfabrik** eingekehrt, in der Myrtenwein hergestellt wird. Möglich ist auch der Besuch einer **Hundezucht** oder eine **Wanderung** am **Tranh-Fluss**.
Auf eigene Faust: Neben den oben genannten Ziele, die man am besten mit dem Moped oder einem Taxi besucht, können geübte Mopedfahrer vor allem im Nordosten noch richtige Abenteuer erleben. Ein ausgetretener Pfad im Norden der Insel nahe Ganh Dau (bekannt als **Forest Walk**) führt in den Dschungel. Nach einer kurzen Wanderung erreicht man hier das Haus einer älteren Dame. Wer mit etwas Glück den Englisch sprechenden Sohn antrifft, kann ggf. mit ihm eine richtig abenteuerliche Tour durch den ihm sehr vertrauten Dschungel arrangieren. Vorsicht: auf keinen Fall alleine loslaufen, schnell hat man die Orientierung verloren.

ÜBERNACHTUNG

Generell sind die Preise recht hoch, doch in der Nebensaison gibt es kräftige Preisnachlässe. Und wer dann etwa eine Woche bleibt, bekommt oft Rabatt. Hochpreisige Resorts sind oft über Buchungsportale günstig vorzubuchen, u. a. zu finden über unsere eXTras. Zur Zeit der Recherche war noch unklar, wie für die Resorts an der Straße der Zugang zum Strand geregelt werden soll. Derzeit kann man durch das Moon Resort zum Strand gelangen sowie über Zugangswege neben dem Saison Phu Quoc Resort, dem Phuong Binh House und dem Long Beach Resort. Weitere Zugänge sollen

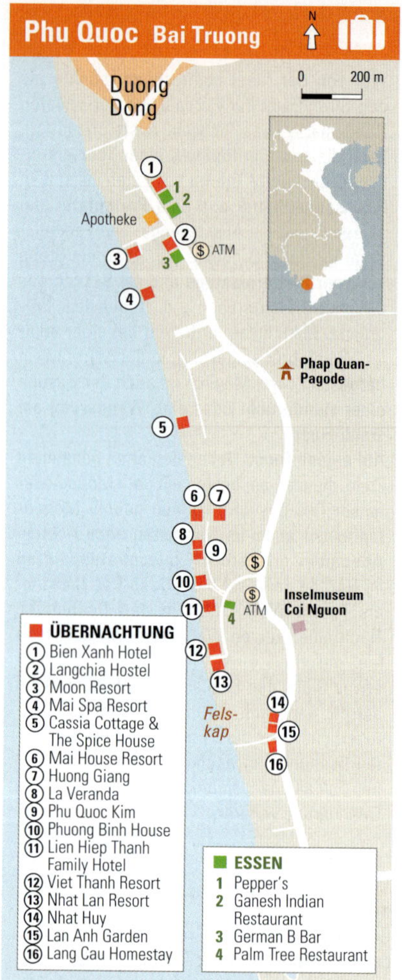

folgen. Markierungen zeigen an, ab wann der Strand als „privat" gilt und wo er „public beach" ist (etwa 5 m ab Wasser).

Untere Preisklasse

Bien Xanh Hotel, 077-398 1733, www.bienxanhhotel.com.vn, [7224]. An der Straße gelegenes Hotel mit 4 Stockwerken. Geräumige Zimmer, zum Teil mit 2 großen Betten, großes Badezimmer, TV, Wasserkocher und Kühlschrank. 3

Huong Giang, 077-384 8166, [4601]. In einem ruhigen Garten (vor dem Eingang zum Mai House Resort) liegen 20 einfache Steinbungalows, die von einer netten Familie bewirtschaftet werden. Mal mit AC und TV, mal nur mit Ventilator. Alle mit Hängematte auf der Veranda und Moskitonetzen. 2

Lang Cau Homestay, 077-384 7166, [9248]. Einfache, hellhörige Holzreihenhäuser mit vergleichsweise großen Zimmern (meist mit 2 Betten) und großen Badezimmern. Einige mit AC und TV – andere nur mit Ventilator. Viel Bambus und Holz, zahlreiche Materialien wurden wiederverwertet. Viele Ablagen und Moskitonetze. Sehr nette Familie. Alle Zimmer haben warmes Wasser. 2

Langchia Hostel, 84 Tran Hung Dao, 094-611 3300, www.langchia-village.com, [10156]. Schönes Hostel mit 2 einladenden großen Dorm-Zimmern, alle Betten mit Moskitonetz. Aufenthalts- und Gartenbereich mit kleinem Pool. 3 DZ-Bungalows mit Ventilator und eigenem Bad. Bett US$7–11, je nach Saison. DZ 2–3

Lien Hiep Thanh Family Hotel, 077-384 7583, 091-375 8034, lienhiepthanh@yahoo.com.vn, [4611]. Bungalows, die sich den Hang hinauf erstrecken. Die preiswerteren mit Ventilator und Kühlschrank liegen im hinteren Bereich, auch günstigste Zimmer im Haus. Richtung Strand AC-Bungalows, nur wenige mit Meerblick. 2–4

Moon Resort, 82 Tran Hung Dao, 077-399 4520, www.moonresort.vn, [9253]. Einfache Mattenhütten in exquisiter Lage. Einige Hütten sind nur verkleidet und innen aus Beton (dafür aber mit AC und teils 2 Betten). Vorne angesagte Bar am Strand. Verwohnt – muss man mögen. Bitte Bilder im eXTra checken, um Enttäuschungen zu vermeiden. 2–3

Nhat Huy, an der Straße, 077-399 2545, nhathuygarden.guesthouse@gmail.com, [10139]. Günstige Option für alle, die einen Pool wünschen und nicht unbedingt am Strand wohnen müssen. Einfache saubere Zimmer, teils AC und TV, teils nur Ventilator. 2–3

Phuong Binh House, ✆ 077-399 4101, 🖳 www.phuongbinhhouse.com, [7225]. Steinbungalows in 3 Reihen. Einfache Einrichtung. Moskitonetze. Beliebtes Restaurant am Strand, viele junge Leute und gute Stimmung. ❷–❹

Viet Thanh Resort, ✆ 077-399 2048, 097-946 3607, deutscher Ansprechpartner Andre Timmer ✆ 016-5594 3727, 🖳 www.vietthanhresort.com, [4607]. Einfache, große Steinbungalows mit Ventilator und Kühlschrank auf einem in Stufen zum Meer abfallenden Gelände. Einige mit Meerblick. Die billigsten, kleinen Zimmer liegen hinten am Haupthaus. ❸

Mittlere Preisklasse

Lan Anh Garden, Tran Hung Dao (nicht am Strand), ✆ 091-8440 076, 🖳 www.lananhphuquoc.com.vn, [10138]. Ansprechend große Bungalows um einen recht großen Pool. Alle haben AC, Wasserkocher und Moskitonetze. Gute Ausstattung, gepflegt. Familienzimmer. Freundliches Personal. Inkl. Frühstück. ❸–❹

Mai Spa Resort, ✆ 077-3981 8888, 🖳 www.maispa.vn, [4616]. Zimmer im stilechten Holzhaus und in Bungalows in einem üppigen Garten. Vorne am Strand zudem Steinbungalows mit Meerblick. Inkl. einer Massage im Spa. ❺

Nhat Lan Resort, ✆ 077-384 7663, 091-846 4127, ✉ nhanghinhatlan@yahoo.com, [4603]. Steinbungalows und Zimmer im Haupthaus, AC und TV. Besonders beliebt sind die 2 Bungalows direkt am Strand. Einige Zimmer haben 2 große Betten. Das Restaurant punktet vor allem durch seine Lage direkt am Strand auch bei Gästen anderer Anlagen. ❸–❺

Phu Quoc Kim, ✆ 077-399 6829, [10140]. Bungalowanlage am Strand. Es gibt Zimmer für 3 Pers., sonst ein großes Bett. Relativ teuer, aber eine Option, wenn nebenan das Phuong Binh belegt ist. ❹

Obere Preisklasse

Cassia Cottage, ✆ 077-384 8395, 🖳 www.cassiacottage.com, [4608]. Gut eingerichtete, moderne Bungalows, die sich in einer schönen Anlage im gepflegten Garten gruppieren. 2 Pools mit Meerblick. Einige Bungalows sind recht eng, andere hingegen punkten sogar mit einem eigenen kleinen Garten. ❻

La Veranda, ✆ 077-398 2988, 🖳 www.laverandaresort.com, [4643]. Eine sehr schöne Luxusanlage in eleganter Kolonialarchitektur mit Standardzimmern bis zur Deluxe-Villa: alle bestens ausgestattet. Abends BBQ am Strand mit dezenter Livemusik. Di und Do Kochkurse für die Gäste. Spa. Großer Pool. ❻

Mai House Resort, ✆ 077-384 7003, 🖳 www.maihousephuquoc.com, [4612]. Zwischen Kokospalmen und Rasenflächen verteilen sich 14 strohgedeckte Bungalows mit Deckenventilator, Safe, AC und großen Terrassen. ❺–❻

ESSEN

Ganesh Indian Restaurant, 97 Tran Hung Dao, ✆ 077-399 4917. Große Auswahl nord- und südindischer Gerichte.

German B Bar, 92 Tran Hung Dao, ✆ 016-6405 3830. Vom Frühstück (Kaffee, Baguette, Käse und Wurst vom deutschen Fleischer) über Kuchen und Eis (je nach Saison), Currywurst und selbst gemachtem Rotkohl bis zum Absacker (über 100 Cocktails) versorgen Dennis und seine Frau Thao ihre Gäste mit viel Einsatz. Infos, Mopedvermietung (nur mit Führerschein). Dennis lebt schon seit einigen Jahren auf der Insel, kennt sich sehr gut aus und hilft gerne mit Tipps weiter.

Nhat Lan Restaurant, vor allem abends zum Fisch- und Seafood-BBQ eine gute Wahl für alle, die günstig am Strand essen wollen.

Palm Tree Restaurant, 118/11 Tran Hung Dao, ✆ 097-898 8027. Einfaches Restaurant mit ein paar westlichen Gerichten (Pommes, Hamburger), Traveller-Food (leckere Shakes) und typisch Asiatischem (Papaya-Salat, *luc lac*). In der Saison frischer Fisch, den man sich lebend aussucht.

Pepper's, 89 Tran Hung Dao, ✆ 077-384 8773. Pizza, Pasta, Schnitzel, Burger, BBQ und andere westliche Gerichte stehen hier auf der Speisekarte. Bietet auch Lieferservice im Umkreis von 3 km an. Deutsche Leitung.

The Spice House, auf dem Gelände des Cassia Cottage, ✆ 077-384 8395. Seit 1999 existiert dieses stilvolle Open-Air-Restaurant am Strand. ⌚ 11–21.30 Uhr.

Ong Lang

Etwa 6 km nördlich von Duong Dong beginnt der **Ong Lang-Strand**. Zur Zeit der Recherche wurde im Hinterland viel gebaut; dort scheinen eher kleinere Resorts zu entstehen. Nur wenige Unterkünfte haben hier einen eigenen Strandbereich; die meisten liegen an felsigen Küstenabschnitten. Der Sand ist weich und hellgelb, an manchen Stellen weiß und sehr fein. Der Strand fällt teils steil ab und eignet sich prima zum Schwimmen. Schatten spenden zahlreiche Kasuarinen. Der erste schöne Bereich beginnt am Ende des Hauptzufahrtswegs rechter Hand hinter dem vietnamesischen Restaurant. Ein Schild weist den Strand als „private property" aus, was bisher jedoch kein Problem darstellt. Der zweite, sehr lange Bereich erstreckt sich nördlich des Bo Resorts.

ÜBERNACHTUNG

Bo Resort, ✆ 029-7370 2446, 💻 www.boresort.com, [4662]. 14 Holz- und ein Steinbungalow mit Bad (Warmwasser, generell mit Sonnenenergie erhitzt), Ventilator und Moskitonetzen verteilen sich an einem Hang mit Blick aufs Meer. Inkl. Frühstück. ❹–❻

Freedomland, ✆ 012-2658 6802, 💻 www.freedomlandphuquoc.com, [4665]. Große Holzbungalows in einem kleinen urigen Garten. Alle Bungalows mit Ventilator und Warmwasser (Solar). Abends gibt es ein gemeinsames Community-Essen. Die Anlage liegt nicht direkt am Meer: Zum Strand sind es etwa 15 Min. zu Fuß. Gäste müssen per Mail anfragen und können nur direkt bei den Betreibern Rita & Peter buchen. ❹–❻

Mango Bay Resort, ✆ 077-398 1693, 💻 www.mangobayphuquoc.com, [4661]. Weitläufige Anlage mit nachhaltigem Management (solarbeheiztes Warmwasser, keine AC) an einem mit schwarzen Felsen durchsetzten Strandabschnitt. Holz- und Steinbungalows; alle groß und gepflegt, z. T. wie traditionelle Phu Quoc-Fischerhäuser gestaltet. Die billigsten Zimmer im Reihenhausstil. Inkl. Frühstück. In der Hochsaison oft ausgebucht. Gutes Spa. ❺–❻

Weitere Strände im Norden der Insel

Folgt man der Küstenstraße vom Ong Lang nach Norden, wird es noch einsamer. Der **Cua Can-Strand** bietet weichen Sand und ist noch unberührt – bisher findet sich hier nur eine hochpreisige Unterkunft. Die Strandstraße, bis hier asphaltiert, wird nun zur Schlammpiste (bei Regen) oder zur hubbeligen Sandpiste bei Trockenheit. Nicht immer ist sie gut passierbar, vor allem seit die regen Bautätigkeiten und die damit einhergehenden Schwerlasttransporte die Piste beanspruchen. Es bleibt abzuwarten, wie lange die Sandpiste noch befahren werden kann oder ob auch hier Land verkauft wird und man auf die asphaltierte Straße weiter im Inland ausweichen muss. Bis dahin ist die Fahrt direkt am Meer zwischen Chez Carole und Vung Bau-Strand noch empfehlenswert.

Es folgen die **Vung Bau-Bucht** und das **Mong Tay-Kap**. Der Strand ist recht schön, das Meer jedoch oft rau. Am anschließenden **Bai Dai** entsteht das große Projekt von Vinpearl, bisher gibt es einen Wasserpark (s. u.), einen Zoo und die ersten Hotelkomplexe. Ein Zoo ist geplant. Daneben soll ein weiterer riesiger Hotelkomplex entstehen. Vor der Küste liegt die **Schildkröteninsel** (Hon Doi Moi), die als eines der besten Tauch- und Schnorchelreviere der Insel gilt.

ÜBERNACHTUNG

Wer nicht das nötige Kleingeld hat, um ständig mit dem Taxi zu fahren, sollte eher nicht hierher ziehen – sofern er nicht absolute Ruhe sucht. Wer einen Motorradführerschein besitzt, kann sich alternativ ein Moped leihen (ohne Führerschein bekommt man keins!).

Bamboo Cottages, Vung Bau-Strand, ✆ 077-281 0345, 💻 www.bamboophuquoc.com, [4663]. 14 ansprechende und geräumige Steinhäuser und 2 Suiten mit halb offenen Bädern und großer Fensterfront mit Meerblick. Warmwasser durch Solaranlagen. Offenes Restaurant. ❹–❺

Chez Carole, Cua Can-Strand, ✆ 077-653 4679, 💻 www.chezcarole.com.vn, [7235]. Stilvolle Anlage mit Bungalows im Hang und direkt am Wasser. Die Zimmer punkten mit einer Ausstattung aus Holz und hochwertigen Materialien. AC, TV und Wasserkocher. Neben der Dusche lockt meist eine steinerne Badewanne mit Meerblick. Infinity-Pool. Schöner, künstlich aufgeschütteter Strand. Gutes, aber hochpreisiges Restaurant. Gäste von außerhalb, die hier essen, können den Pool nutzen. ❻

Vung Bau Resort, Vung Bau-Strand, ✆ 077-627 2011, 090-384 4934, 💻 www.vungbauresort.com, [9252]. Bungalows mit großen Betten, Ventilator, und Warmwasser, Moskitonetzen und Meerblick. Außerdem 4 günstigere Zimmer mit 2 Betten in einem Reihenhaus (hier hat nur das vordere Zimmer Meerblick). Ganz vorne gibt es zudem luftige Mattenhütten für vietnamesische Jugendgruppen. Nachts sehr einsam. ❸–❹

Wild Beach Resort, Vung Bau-Strand, ✆ 077-663 3336, 090-939 7282, 💻 www.wildbeachphuquoc.com, [10142]. Schöne Anlage direkt am Strand. Bungalows rund um eine große Rasenfläche, die meisten mit Meerblick – zumindest von der Veranda aus. Schönes Strandrestaurant und Liegen am Meer. ❹–❺

ESSEN

Wer die Auswahl liebt, empfindet es oft als Nachteil, dass man auf das Essen im Resort angewiesen ist. Andere nehmen diese Einschränkung allein der Ruhe wegen gerne in Kauf.

Bei einer Moped-Tour in den Norden der Insel bieten einige wenige Restaurants die Möglichkeit für ein erfrischendes Getränk oder eine kleine vietnamesische Mahlzeit. Für eine Rast am Vung Bau-Strand bietet das **Vung Bau Restaurant** (s. o., Vung Bau Resort) das perfekte Angebot: einfache Küche im überdachten Strandrestaurant oder an Tischen im Sand unter schattigen Kasuarinen. Liegen am Sandstrand und Duschen für Tagesgäste. Freunde der Meeresfrüchte zieht es in das Restaurant des **Mai Phuong Beach Resort**. Im Mai Phuong 2 werden vorwiegend Gruppen verköstigt. Auch das **Lanh Chai Ganh Dau-Restaurant** neben dem Peppercorn erfreut Fischliebhaber: Hier gibt es frisches Seafood, aber naturgemäß auch andere Gerichte auf Reis- und Nudelbasis.

SONSTIGES

Vin Mec Phu Quoc International Hospital, direkt neben Vinpearl, Notrufnummer: ✆ 077-398 5511, 💻 http://phuquocen.vinmec.com. Neues internationales Krankenhaus im Norden der Insel.

Im Süden der Insel

Ganz im **Süden** befindet sich das quirlige Städtchen **An Thoi**. Es gibt eine komplette Infrastruktur mit Markt, einigen wenigen Gästehäusern und lokalen Restaurants. Es macht Spaß, ein wenig herumzustreifen: Touristen sind hier selten zu sehen.

Vor der Südspitze Phu Quocs befinden sich 15 kleinere und größere Eilande, die **An Thoi-Inseln**, die mit Ausflugsbooten zu erreichen sind. Sie sind ein beliebtes Ziel für Schnorcheltrips und Tauchgänge. Insgesamt ragen 105 Inseln verschiedener Größe aus den Gewässern um Phu Quoc; einige nur Felsbrocken, andere größer und dicht bewohnt wie Hon Tre und Kien Hai, 25 km von Rach Gia entfernt.

Der **Bai Sao** („Sternenstrand") am Südostzipfel der Insel zählt mit seinem weißen breiten Sand und dem türkisfarbenen Wasser zu den schönsten der Insel. Mittags kommen die Tourgruppen zum Baden und Essen, zu den anderen Zeiten ist der Sternenstrand ein noch einsames Paradies. Eine Infotafel mit den detaillierten Plänen kündet vom Bau eines großen Hotels. Wird dies Wirklichkeit werden, dann wird es mit der

Ruhe vorbei sein. Vorsicht: Hier gibt es Sandfliegen. Kajak-Verleih und Jetski.

Der benachbarte **Bai Kem** („Eiscremestrand") ist noch etwas schöner – jahrelang war er verbotenes Paradies, denn das Militär beanspruchte den Platz für sich. Jetzt ist der Strand verkauft worden, ein Hotel wird hier entstehen. Südlich schließt sich das **Kap Ong Doi** an, wo einst Gia Long und seine Truppen ihr Lager aufgeschlagen hatten. Ein Stein in Form eines Stuhls wird von den Einheimischen „Der Thron von König Gia Long" genannt. Das Kap ist von An Thoi über einen Fußweg oder vom Bai Sao per Boot zu erreichen.

Ganz im Süden steht das **Coconut-Prison** (Nha Lao Cay DuaPrison). Noch heute sind einige Gefangene hier eingesperrt (keine Kriegsgefangenen natürlich), doch die alten Verschläge aus der Besatzungszeit und ein Museum können besichtigt werden. ⌚ 7.30–11 und 13.30–17 Uhr.

ÜBERNACHTUNG UND ESSEN

Der Süden war lange Zeit touristisch wenig erschlossen – das ändert sich gerade in rasantem Tempo. Vermehrt stehen bereits größere Hotels an der Straße, recht weit ab vom Strand. Große Werbetafeln für geplante neue Hotelburgen stehen auch direkt am Strand – die Bagger rollen bereits.

Noch kommen die meisten Gäste als Tagestouristen. Wie lange man noch an die Strände darf oder ob sie bald als Privatstrände genutzt werden, bleibt abzuwarten. Alle Anlagen am Bai Sao sollen abgerissen werden. Wann und ob dies passiert, war zur Zeit der Recherche noch unklar.

Bai Sao, ✆ 077-384 4333, [10143]. Steinhäuser am Strand und ein paar wenige in der 2. Reihe. Bett, Tisch, TV. Daneben ein riesiges Restaurant mit Hot Pot-Köstlichkeiten. ❹–❺

My Lan Resort & Restaurant, Bai Sao, ✆ 077-399 0779, [4673]. Steinbungalows in 3 Reihen. Vorne versperren die Salas der Mittagsgäste den Blick aufs Meer. 2 Betten, TV und Sitzgelegenheit im Zimmer und auf dem Balkon. Warmwasser. Mittags, wenn die Besuchergruppen aus Bai Truong zum Essen kommen, wird es voll. ❺

The Beach House – Lang Toi, Bai Sao, ✆ 077-397 2123, ✉ thebeachhouse.phuquoc@gmail.com, [4674]. 4 schöne Zimmer im Holzhaus, 2 mit Gartenblick, 2 mit Veranden zum Meer hin. Eckbadewanne mit Panoramafenster, AC. Am Strand davor kann man Kajaks und Jetski ausleihen. ❹–❺

Das **Beach House Restaurant** [10144] bietet vietnamesische, aber vor allem westliche Küche. Pizza, Pasta, Burger und: Sauerkraut und Currywurst. Relativ günstig, verglichen mit anderen Optionen am Strand.

Nette Atmosphäre, wenn auch etwas teure Küche, bietet das **Paradiso Restaurant** ganz im Norden der Bucht.

NAHVERKEHR

Taxis und Xe om

Am Flughafen und an den Fährhäfen bei Ham Ninh (Fähren aus Ha Tien) bzw. Bai Vong (Fähren aus Rach Gia) stehen Taxis mit Taxa-meter, Minibusse und Xe om bereit, die einen zum gewünschten Ziel bringen. Eine Fahrt mit dem Taxi kostet zum Bai Truong und Duong Dong etwa 150 000 Dong, weiter in den Norden oder in den Süden bis zu 450 000 Dong. Zumindest am Bai Truong und in Duong Dong kann man Taxis mit Taxameter an der Straße anhalten. **Sasco Taxi**, ✆ 077-376 7676, **Mai Linh Taxi**, ✆ 077-397 9777.

Vom und ab Flughafen gibt es außerdem die Sammeltaxis von **Jetstar**. Die Strecke Flughafen–Duong Dong (Abholung bzw. Halt am gewünschten Resort am Bai Truong) kostet 50 000 Dong p. P. Wer den Service zur Anreise zum Flughafen nutzen will, muss telefonisch buchen, ✆ 077-1900 1550.

Motorräder und Fahrräder

Eine Warnung vorweg: Auf Phu Quoc werden Mopedfahrer vermehrt nach ihrem Führerschein gefragt. Wer keinen internationalen Führerschein (mit Eintragung für Motorrad) hat, muss mit einer Strafe in Höhe von 2 400 000 Dong rechnen. Da auch der Verleiher eine solche Gebühr zahlen muss, vermieten immer weniger Anlagen Mopeds an Gäste ohne Führerschein. Der Preis eines Mopeds hängt von Zustand und Art der Maschine ab; verlangt werden 120 000–170 000 Dong. Es empfiehlt sich, auf jeden Fall Probe zu fahren, um sich von einem akzeptablen Zustand der Bremsen und der Schaltung zu überzeugen. Zunehmend gibt es auch Fahrräder (oft Mountainbikes) zur Ausleihe. Am Tag kosten gute Fahrräder um die 100 000 Dong.

TRANSPORT

An- und Abreise nach Phu Quoc ist mit Bus und Fähre via Rach Gia oder Ha Tien möglich. Viele wählen auch den Flug aus Ho-Chi-Minh-Stadt, Rach Gia oder Ha Noi. Die Weiterreise von Phu Quoc ist einfach und bequem. Kaum jemand nimmt nur eine Fähre ans Festland und schaut sich dort nach dem Weitertransport um (was natürlich weiterhin möglich ist) – allzu komfortabel ist es, in einem der vielen Reisebüros ein durchgehendes Boot/Bus-Ticket an ein Ziel im Mekong-Delta, nach Ho-Chi-Minh-Stadt oder nach Kambodscha zu buchen. Der Transport zum Fähranleger ist bei dieser Option i.d.R. inbegriffen. Mehr dazu s. eXTra [9276].

Boot/Bus

Vietnam

CA MAU, via Rach Gia, um 8 Uhr in 8 1/2 Std. für US$30. Via Ha Tien in 10 1/2 Std. für US$25;
CAN THO, via Rach Gia, um 8 und 13 Uhr in 7 1/2 Std. für US$29; via Ha Tien um 8 und 10.30 Uhr in 9 1/2 Std. für US$22;
CHAU DOC, via Ha Tien, um 8 und 10.30 Uhr in 5 1/2 Std. für US$19;
HCMS, via Rach Gia, um 8 und 13 Uhr in 10 Std. für US$30 – die bequeme Variante mit Weitertransport an Land durch die Phuong Trang Company (Futa); via Ha Tien, um 8 und 13 Uhr in 11 Std., ggf. im Liegebus (Abfahrt 22 Uhr, Ankunft 6 Uhr am nächsten Morgen), US$25;
VINH LONG, via Rach Gia, um 8 und 13 Uhr in 10 Std. (die Nachmittagsvariante ist offiziell 2 Std. schneller) für US$30; via Ha Tien um 8 Uhr in 10 Std. für US$25.

Kambodscha

Alle Fahrten via **Ha Tien**, Abfahrt jeweils um 8 und 10.30 Uhr. Wer das späte Boot nimmt, zahlt mehr, kommt aber zur selben Zeit in Kambodscha an. Das Visum on Arrival gibt es an der Grenze für US$25 plus ca. US$5 für den Transportunternehmer, der die Grenzformalitäten übernimmt:
KAMPOT, Ankunft 14 Uhr, US$18/21;
KEP, Ankunft 13.30 Uhr, US$16/19;
KOH KONG, Ankunft nächster Tag 15.30 Uhr, US$38 inkl. Übernachtung in Kampot;
PHNOM PENH, Ankunft 18 Uhr, US$20/23;
SIEM REAP, Ankunft 22.30 Uhr, US$34;
SIHANOUKVILLE, Ankunft 17.30 Uhr, US$20/23.
Wer über Kambodscha weiter nach Thailand (Pattaya, Bangkok, Ko Samet) bucht, hat im Ticket eine Übernachtung in Kambodscha inkl.

Fähren ans Festland

Boote ab Bai Vong

HA TIEN, um 8.30, 9.45 und 13 Uhr in 1 Std. 20 Min. für 215 000 Dong;
RACH GIA, um 8, 9, 12.40 und 13 Uhr in 2 Std. 20 Min. für 385 000 Dong.
Zudem gibt es die Thanh Toi-**Autofähre** nach Ha Tien; tgl. 9 und 15 Uhr in 2 1/2 Std., 180 000 Dong, die am Kap Da Chong an der Ostküste anlegt. Die Benutzung ist nur empfehlenswert, wenn man mit einem eigenen Fahrzeug unterwegs ist, denn der Hafen ist sehr abgelegen und schlecht zu erreichen.

Flüge

Jetstar, 💻 www.jetstar.com.
3x tgl. von und nach HCMS;
VietJet Air, 💻 www.vietjetair.com.
2x tgl. von und nach HCMS.
Vietnam Airlines, 💻 www.vietnamairlines.com. Nach CAN THO, RACH GIA, HCMS, HA NOI. Viele Verbindungen mit einem Zwischenstopp auch zu anderen Zielen möglich (z. B. DA NANG).

Anhang

ANHANG

Glossar

Viele der Wörter stammen aus den altindischen Sprachen Pali oder Sanskrit (Skt.). Bei der phonetischen Umschrift wurde auf die diakritischen Zeichen (etwa für lange Vokale) verzichtet.

A

Agent Orange Entlaubungsgift, das von den USA während des Zweiten Indochinakriegs eingesetzt wurde

Airavata (Skt.) dreiköpfiger weißer Elefant; Reittier von Indra; in Thailand Symbol der königlichen Macht

Amitabha (Skt.) „Unermessliches Licht"; Buddha des Reinen Landes, im Mahayana einer der fünf Meditations-Buddhas

Ao dai (Viet.) traditionelles vietnamesisches Kleidungsstück für Frauen, besteht aus einer weiten Hose und einer langen, seitlich geschlitzten Tunika

Aow (Kamb.) traditionelle Oberbekleidung für Männer und Frauen

Apsara (Skt.) tanzende Nymphe im Himmel des Gottes Indra

Arhat (Skt.) „Ehrwürdiger"; asketische buddhistische Heilige. In Vietnam meist in Gruppen von 18 Figuren dargestellt

ASEAN (Association of Southeast Asian Nations) politischer und wirtschaftlicher Verband südostasiatischer Staaten

Avalokiteshvara (Skt.) „Herr, der die Welt betrachtet"; Bodhisattva des umfassenden Mitgefühls

B

Ban (Laos, Thai.) Dorf; tritt in vielen Ortsbezeichnungen auf, wie z. B. in Ban That

Banteay (Kamb.) Zitadelle

Barang (Kamb.) umgangssprachliche Bezeichnung für Franzosen, die jedoch auch generell für Ausländer angewendet wird

Baray (Kamb.) Wasserreservoir, Stausee, künstliches Becken

Boat People (Viet.) Flüchtlinge, die nach der Machtergreifung durch die Nordvietnamesen das Land auf Booten verließen. Anfangs flohen vor allem Chinesen, später kamen vietnamesische Armutsflüchtlinge hinzu

Bodhi-Baum *Ficus religiosa*, heiliger Baum, unter dem Buddha zur Erleuchtung gelangte

Bodhisattva (Skt.) buddhistischer Heiliger, der aus Mitgefühl zu den Menschen auf das Nirvana verzichtet hat

Bot (Thai.) heiligstes Gebäude in einem Tempelkomplex

Boun (Laos) Fest; im Buddhismus auch „Verdienst"

Brahma (Skt.) Schöpfergott, eine der drei zentralen Gottheiten des Hinduismus

Brahmane Angehöriger der höchsten Kaste des Hinduismus, hinduistischer Priester

Busabok (Thai.) Holzthron mit gestaffeltem Dach; Sitzplatz eines Königs oder einer heiligen Statue

C

Chakra (Skt.) Rad; Symbol für die buddhistische Lehre und eines der Attribute von Vishnu

Champa indisiertes hinduistisches Königreich, das bis ins 17. Jh. weite Teile Südvietnams beherrschte

Chao Thi (Thai.) Geisterhäuschen für den Schutzgeist des Hauses

Chedi (Thai., Laos, Kamb.) von *caitya* (Skt.) Heiligtum. Wurde zum Synonym von Stupa.

Chua (Viet.) buddhistischer Tempel

Chunchiet (Kamb.) Angehörige der Bergvölker

Cyclo dreirädrige Fahrradrikscha

D/E

Dag bat frühmorgendlicher Almosengang der buddhistischen Mönche

Den (Viet.) Tempel zur Verehrung von Gottheiten, die auf mythische oder historische Persönlichkeiten zurückgehen

Deva (m), **Devi** (w), (Skt.) „strahlend", allg. Bezeichnung im Hinduismus für eine Gottheit; Devi ist auch der Name der höchsten Göttin und Frau von Shiva

Dewanagari (Thai.) die Thai-Schrift

Dharma, Dhamma (Skt./Pali) „Gerechtigkeit, Gesetz"; im Hinduismus auch Naturprinzip, im Buddhismus Bezeichnung für die Lehre Buddhas

Dinh (Viet.) Gemeindehaus, oft mit Raum oder Tempel für den Schutzgeist eines Dorfes

DMZ (Demilitarized Zone) Entmilitarisierte Zone entlang des 17. Breitengrades bzw. entlang der Grenze zwischen Nord- und Südvietnam

Doi moi (Viet.) „Erneuerung"; die 1986 beschlossene Liberalisierung der Wirtschaft Vietnams

Dvarapala (Skt.) Wächterfiguren am Eingang zu einem Heiligtum

Erawan (Thai.) s. Airavata

F/G

Farang (Thai., Laos) westlicher Ausländer

Gamelan traditionelles indonesisches Instrumentalensemble, zu dem Gongs, Xylophone und Trommeln gehören.

Ganesh (Skt.) elefantenköpfiger Gott der Weisheit; Sohn von Shiva und Parvati

Garuda (Skt.) mythischer Vogel und Reittier von Vishnu

Gopura (Skt.) Turm als Eingang zu einem hinduistischen Tempel

H

Heng (Kamb.) mythischer Vogel

Ho (Laos) Saal, Halle

Hoa in Vietnam lebende ethnische Chinesen

Ho chek (Laos) Unterrichts- und Versammlungsraum eines Klosters

Ho-Chi-Minh-Pfad Nachschubweg, den zuerst die Viet Minh, später die nordvietnamesische Armee nutzten, um via Laos und Kambodscha Truppen und Waffen in den Süden Vietnams zu transportieren

Ho tai (Laos) Klosterbibliothek, in der die Palmblattmanuskripte und die Tipitaka aufbewahrt wurden

Honda om (Viet.) wörtlich „Honda-Umarmung", ein Motorradtaxi

I/J

Indochina Kambodscha, Laos und Vietnam

Indra (Skt.) König der Götter und Beschützer des Ostens

Jataka (Skt.) ein Kanon von 550 Erzählungen aus den Leben und Existenzen Buddhas; oft im Innern von Tempeln bildlich dargestellt

K

Kabun (Kamb.) Kombination aus Oberteil und Rock

Kala (Skt.) Gott der Zeit und damit des Todes und Verfalls, meist mit vorstehenden Augen und Klauen, ohne Unterkiefer dargestellt

Kalan (Skt.) Turmheiligtum eines Cham-Tempels, mit Götterstatue oder Lingam

Khmer die einheimische Bevölkerung Kambodschas (austauschbar mit „Kambodschaner") und zugleich der Name ihrer Sprache

Khon (Thai.) Maskentanz der Götter und Dämonen, nach der thailändischen Version des *Ramayana*

Kinh (Viet.) ethnische Vietnamesen

Kinnara (m), **Kinniri** (w) (Skt.) im Himmel lebende, halb menschliche, halb vogelartige Musikanten und Sänger

Kompong (Kamb.) Dorf an einem Fluss oder See

Krishna (Skt.) „der Dunkle"; achte Inkarnation Vishnus und der Held in dem Epos *Mahabharata*

Kuti (Laos, Thai.) Mönchsunterkunft

Kylin (Viet.) mythisches, Tau trinkendes Tier (oft als Einhorn übersetzt); ein Friedensbringer

L

Lak Muang (Thai., Laos) Tempel für den Schutzgeist eines Ortes; Stadtsäule

Lakshmi Göttin des Reichtums und Gefährtin Vishnus

Lau lao (Laos) Reisschnaps

Lau hai (Laos) Reiswein

Lingam (Skt.) phallischer Stein, der die Schöpfungskraft Shivas repräsentiert

Lokeshvara (Skt.) „Herr der Welt"; s. Avalokiteshvara

Luang (Laos) „verehrt, erhaben"; Ehrentitel für bedeutende Personen, eine Stadt oder einen Ort

M

Mae Chi (Thai.), **Mae Si** (Laos) „weiße Mutter", buddhistische Nonne

Mahabharata eines der beiden bedeutendsten altindischen Epen (das zweite ist das *Ramayana*); wichtige Quelle des Hinduismus; erzählt von den Auseinandersetzungen der Familienclans Kaurava und Pandava um die Macht im Norden Indiens

Mahout Elefantenführer

Makara (Kamb.) mythisches Meeresungeheuer mit dem Leib eines Krokodils und einem Elefantenrüssel, Stilelement der Bildhauerei

Mak beng (Laos) Opfergabe; aus Bananenblatt geflochtene und mit Tagetes geschmückte Pyramide

Mandapa (Skt.) zum Sanktuarium führende Vorhalle, manchmal separat stehend

Mekhong (Thai.) Thai-Whisky, aus Reis gebrannt

Meru (Skt.) goldener Berg als Heimat der Götter; Zentrum des Universums der hinduistischen Kosmologie

Montagnards französischer Begriff für die Angehörigen der Minderheitenvölker Vietnams

Muang, muong (Laos/Thai.) befestigte Siedlung

Muay Thai (Thai.) Thai-Boxen

Mudra (Skt.) Hand- und Fingerhaltung in der buddhistischen Ikonografie

Mukha-Lingam (Skt.) Lingam mit einem oder mehreren Gesichtern

N

Naga (Skt.) mythische, oft vielköpfige Schlange; ein Schutz gewährendes Symbol, das in der Architektur von Angkor häufig verwendet wird

Nandi (Skt.) Stier; Reittier von Shiva

Ngoc Hoang (Viet.) Jadekaiser; höchster Gott des daoistischen Pantheons

Nop (Laos) traditionelle Begrüßung mit vor der Brust gefalteten Händen

O/P

ODP (Orderly Departure Programme) Flüchtlingshilfsprogramm der UNO zur Regelung der legalen Auswanderung vietnamesischer Flüchtlinge

Pali Sprache, in der die buddhistischen Texte niedergeschrieben wurden; sozusagen „das Latein" des Theravada-Buddhismus

Parvati (Skt.) „Tochter des Himalaja"; Gemahlin von Shiva

Pathet Lao (Laos) wörtlich „Land Laos"; seit den 50er-Jahren Sammelbegriff für die kommunistischen Kräfte in Laos

Phra, Pha, Preah (Thai., Laos, Kamb.) von *brah* (Skt.), bedeutet „heilig" und wird als Ehrentitel von wichtigen Buddha-Statuen, Tempeln und auch Personen verwendet

Phra Lak Phra Lam (Laos) laotische Version des *Ramayana*-Epos

Prang (Thai.) Typ des thailändischen Stupa, entwickelt aus dem Tempelturm der Khmer

Prasat (Skt.) von *prasada*; Turmheiligtum

Puang Ma Lai (Thai.) Girlanden aus Jasmin, Orchideen und anderen Blumen, die als Opfergabe dienen

Q/R

Quan Am (Viet.) Göttin der Barmherzigkeit; Avalokiteshvara (s. o.)

Quan Cong (Viet.) daoistische Gottheit; basiert auf der historischen Gestalt von General Guan Yu zur Zeit der drei Reiche (220–265). Wird mit rotem Gesicht und Pferd dargestellt

Quoc ngu (Viet.) vom französischen Missionar Alexandre de Rhodes im 17. Jh. entwickelte Umschrift des Vietnamesischen; die offizielle vietnamesische Schrift

Rahu (Skt.) körperloser Dämon; verantwortlich für Sonnen- und Mondfinsternis

Rama (Skt.) siebte Inkarnation Vishnus und Held des *Ramayana*

Ramakien (Thai.) thailändische Version des altindischen *Ramayana*-Epos

Ramayana eines der beiden bedeutendsten altindischen Epen (das zweite ist das Mahabharata), das etwa um 300 v. Chr. verfasst wurde. Es erzählt die Geschichte von König Rama und seiner Gemahlin Sita

S

Sampan (Viet.) kleines Boot mit Flachkiel

Sampot (Kamb.) traditioneller Seidenrock

Sangha Theravada-buddhistischer Mönchsorden

Sangka (Kamb.) gebildeter Mönch

Shakyamuni (Skt.) „Weiser aus dem Sakya-Stamm"; Ehrentitel des historischen Gautama Buddha

Shiva (Skt.) gleichzeitig Zerstörer und Erneuerer; eine der drei zentralen Gottheiten des Hinduismus

Sim (Laos) Pali *sima*, Ordinationshalle; wichtigstes Gebäude eines buddhistischen Klosters mit Heiligtum, in dem Mönche auch ordiniert werden.

Sin (Laos) traditioneller, knöchellanger Rock für Frauen; aus Baumwolle oder Seide

Singha (Thai.) Löwe, der die Tempeleingänge bewacht (vor allem in Nord-Thailand)

Songkran (Thai.) thailändisches Neujahrsfest vom 13.–15. April

Sita (Skt.) Gemahlin des Rama im *Ramayana*, die nach Lanka entführt und wieder befreit wurde

Songthaew (Laos, Thai.) gesprochen „song-täo", privat betriebener Kleinlaster zur Personenbeförderung

SRVN Sozialistische Republik Vietnam; aus der DRV und RVN im Zuge der Wiedervereinigung entstandener Staat und offizieller Name des heutigen Vietnam

Stupa (Skt.) ursprünglich Grabhügel. Monument zur Aufbewahrung der Reliquien Buddhas; auch Symbol für Buddha selbst

T

Talad (Thai.), **Talat** (Laos) Markt; Talat sao = Morgenmarkt, Talat leng = bis abends geöffnet

Tet (Viet.) vietnamesisches, sich nach dem Mondkalender richtendes Neujahrsfest

That (Laos, Thai.) von *dhatu* (Skt.), „Reliquien", heute die Bezeichnung eines verehrten Stupas

Thien Hau (Viet.) Himmelskönigin und Schutzgöttin der Fischer

Tipitaka (Pali) „drei Körbe"; die klassischen buddhistischen Schriften über *vinaya* (Ordensregeln), *sutta* (Lehrreden Buddhas) und *abhidhamma* (philosophische Erweiterung der Lehrreden)

Trimurti (Skt.) Hindu-Trinität mit Brahma, dem Schöpfer, Vishnu, dem Erhalter, und Shiva, dem Zerstörer und Erneuerer

Tuk Tuk (Thai., Laos) Nahverkehrsmittel: dreirädriger Motorroller mit überdachter Sitzbank

U/V/W

UXO Unexploded Ordnance: nicht-detonierte Sprengkörper

Vahana (Skt.) Begleit- oder Reittier einer Hindugottheit

Viet Cong (Viet.) wörtlich „vietnamesische Kommunisten"; von den US-Amerikanern benutzter Sammelbegriff für die südvietnamesischen Guerillakämpfer

Viet Kieu (Viet.) im Ausland lebende Vietnamesen

Viet Minh kurz für Viet Nam Doc Lap Dong Minh, die 1941 von Ho Chi Minh gegründete Liga für die Unabhängigkeit Vietnams

Viharn, Vihaan, Vihear (Thai./Laos/Kamb.) von *vihara* (Skt.) für „Aufenthaltsort"; Sammelbegriff für Versammlungsstätte

Vishnu (Skt.) Erhalter des Universums; manifestiert sich immer wieder in irdischer Gestalt

Wat, Vat (Laos/Thai./Kamb.) Buddhistisches Kloster und angeschlossene religiöse Bauwerke

X/Y

Xe om (Viet.) im Norden gebräuchliches Wort für ein Motorradtaxi; entspricht *honda om*

Yaksha (m), **Yakshi** (w) (Skt.) Sammelbezeichnung für Dämonenwesen; ursprünglich Naturgottheiten

Yoni (Skt.) Symbol für die Vulva und Basis des Lingam

Yuan (Kamb.) geringschätzige Khmer-Bezeichnung für Vietnamesen

Lesestoff für den Südostasien-Trip

Über die Region

In Buddhas Gärten (Farovik, Tor; 2009). Der Autor versteht es meisterhaft, den Leser mitzunehmen auf seine Reise durch Vietnam, Kambodscha, Thailand und Myanmar.

Gebrauchsanweisung für Vietnam, Laos und Kambodscha (Prüfer, Benjamin; 2011). Persönlich, unterhaltsam und informativ zugleich, vor allem das Kapitel über Kambodscha ist gelungen.

Thailand

A History of Thailand (Baker, Chris; Phongpaichit, Pasuk; 2014). Aktuell gehaltenes Standardwerk zur Geschichte des Königreichs.

Banana Pancake Trail (Mattheis, Philipp; 2012). Ein humorvolles Buch über die Traveller von einst, die Flashpacker von heute und die Suche nach dem besten Strand der Welt.

The Brotherhood of Kaeng Khoi (Haemamool, Uthis, 2012). Der preisgekrönte Roman über den in einem Dorf heranwachsenden Lap Lae erzählt mehr über Thailand als jeder Kulturführer.

Der Jadereiter, *Bangkok Tattoo, Der buddhistische Mönch, Vulture Peak* (Burdett, John; 2007–2012). Deftige Krimis mit viel Insider-Wissen über das Drogen- und Rotlichtmilieu in Bangkok.

Sightseeing (Lapcharoensap, Rattawut; 2006). Sieben Kurzgeschichten eines jungen thailändischen Autors über das Alltagsleben jenseits der Sandstrände: Humorvoll, präzise, tiefgründig.

Laos

A Short History of Laos (Evans, Grant; 2002). Gut zu lesende Landesgeschichte mit Schwerpunkt auf dem 20. Jh. Akademischer, aber ebenso interessant: die Werke von Martin Stuart-Fox.

Dr. Siri und seine Toten u. a. (Cotterill, Colin; 2009). Witzige Krimi-Reihe um Dr. Siri Paiboun, den einzigen Leichenbeschauer von Laos. Neun Titel sind bislang auf Deutsch erschienen. Cotterills neue Reihe über die Kriminalreporterin Jimm Juree verbindet spannende Rahmenhandlung mit Hintergrundinfos zu Thailand.

Geister der gelben Blätter (Schoeneberg, M. G.; 2007). Lebendiger Roman über die Forschungsreise eines Berliners nach Laos und Thailand.

Lesereise Laos. Vom Schwinden der Silberfäden. (Lorenz, Erik; 2014). Lesenswerte Reportagen über das moderne Laos. Auch die **Lesereise Kambodscha** (2015) vom selben Autor lohnt.

Kambodscha

Der weite Weg der Hoffnung, (Ung, Loung; 2002). Loung Ung ist fünf Jahre alt, als die Roten Khmer in Phnom Penh einmarschieren. Ein ergreifendes Buch über eine verlorene Kindheit.

In der Mitte des Flusses (Echlin, Kim; 2011). Fiktive Geschichte, die die Ereignisse während der Khmer-Rouge-Herrschaft und die ebenfalls nicht unproblematische Zeit danach spannend darstellt.

Kambodscha fürs Handgepäck (Kober, Reinhard; 2013). Märchen, Legenden, Kurzgeschichten und Erlebnisberichte von Reisenden und Kambodschanern. Perfekt als Urlaubslektüre.

Milchozean – Angkors Fesseln (Erhard, Jan; 2013). Historischer Abenteuerroman, der kurz vor Erbauung der Tempel von Angkor spielt.

Sitten in Kambodscha. Über das Leben in Angkor im 13. Jahrhundert (Ta-Kuan, Chou; 2006). Übersetzung des einzigen Augenzeugenberichtes aus Angkor. Lesenswert vor dem Besuch!

Vietnam

Der Klang der Fremde (Thuy, Kim; 2010). Pointiert und poetisch beschreibt die Autorin Stationen ihres Lebens als Flüchtlingskind.

Der stille Amerikaner (Greene, Graham; 2003). Der Klassiker über die Zeit des ersten Indochinakrieges hat schon Generationen von Lesern in den Bann geschlagen.

Fettnäpfchenführer Vietnam (Wick, Anemi, Frogier de Ponlevoy, David; 2013). Dieses gelungene Buch macht vieles klarer, was man ohne einen Hinweis gar nicht wahrgenommen hätte.

Schwarze Schiffe, *Der letzte Tiger, Totenkranz* (Luttmer, Nora; 2013–2015). Drei lesenswerte Krimis, die viel über Vietnam erzählen.

Roman ohne Titel (Duong Thu Huong 1995). Die Geschichte des Soldaten Quan ist eines der eindringlichsten Bücher zum Thema Krieg.

Sonntagsmenü (Pham Thi Hoai; 2009). Poetische Kurzgeschichten aus dem Vietnam der 1990er.

Reisemedizin zum Nachschlagen

Bilharziose (Schistosomiasis)

Bilharziose ist eine Wurmerkrankung, die man sich im Uferbereich von stehendem oder langsam fließendem Süßwasser zuziehen kann. Der erste Wirt des Parasiten ist eine Wasserschnecke. In ihr entwickeln sich die Eier zu kleinen Larven, den sogenannten Zerkarien, die anschließend ins Wasser abgegeben werden. Dort machen sie sich auf die Suche nach ihrem zweiten Wirt.

Zerkarien gelangen in den menschlichen Organismus, indem sie sich durch die Haut, bevorzugt an den Fußsohlen, bohren. Von dort bahnen sie sich den Weg in den Darm oder die Blase, wo sie heranwachsen und neue Eier produzieren.

Manchmal tritt um die Stelle, an der die Larven in den Körper eingedrungen sind, eine leichte Rötung auf. Deutlichere Symptome machen sich aber in der Regel erst nach sechs bis zehn Wochen bemerkbar. Dann kann es zu Fieber, Durchfall und einem allgemeinen Krankheitsgefühl kommen. Im schlimmsten Fall treten nach einigen Monaten Unterleibsschmerzen und Blut im Stuhl oder Urin auf.

Cholera

Die Cholera wird vom Bakterium *Vibrio cholerae* verursacht und durch Kontakt mit infizierten Personen, deren Ausscheidungen oder durch verunreinigte Nahrungsmittel übertragen. Die Symptome – wässrige Durchfälle und Erbrechen – treten nach ein bis fünf Tagen auf und führen schnell zur Dehydrierung. Wer erkrankt, muss sofort zum Arzt und die verlorene Flüssigkeit ersetzen.

Wer auf eine saubere Umgebung und hygienische Nahrungsmittel achtet und nicht geschwächt ist, wird kaum gefährdet sein. Bei Aufenthalten über vier Wochen ist eine orale Impfung möglich (Dukoral) und sollte mit dem Reisearzt abgesprochen werden.

Dengue-Fieber

Dengue-Fieber ist eine Viruskrankheit, die epidemieartig auftreten kann, am ehesten während der Regenzeit. Das Risiko hat in den vergangenen Jahren stark zugenommen.

Der Virus wird durch die tagaktive *Aedes aegypti*-Mücke übertragen, die an ihren weiß-schwarz gebänderten Beinen zu erkennen ist. Nach der Inkubationszeit von bis zu einer Woche kommt es zu plötzlichen Fieberanfällen, Kopf- und Muskelschmerzen. Nach drei bis fünf Tagen kann ein Hautausschlag am ganzen Körper auftreten. Bei dieser Erstinfektion klingen die Krankheitssymptome in der Regel nach ein bis zwei Wochen ab. Gefährlich kann die Krankheit bei einer Zweitinfektion werden. Dann kann es zu inneren und äußeren Blutungen kommen.

Wie bei der Malaria ist der Schutz vor Mückenstichen die beste Vorsorge. Es gibt keine Impfung oder spezielle Behandlung. Schmerztabletten, fiebersenkende Mittel und kalte Wadenwickel lindern die Symptome. Keinesfalls sollten ASS, Aspirin oder andere acetylsalicylsäurehaltige Medikamente genommen werden, da diese einen lebensgefährlichen hämorrhagischen Verlauf begünstigen können.

Durchfall und Verstopfungen

Das Hauptübel, mit dem sich Asienreisende herumplagen, ist Durchfall (Diarrhöe). Die Verursacher sind meist verdorbene Lebensmittel, nicht kontinuierlich gekühlter Fisch, zu kurz gegartes Fleisch, ungeschältes, schon länger liegendes, aufgeschnittenes Obst (Wassermelonen), Salate, kalte Getränke oder schlecht gekühlte Eiscreme. Eine **Elektrolyt-Lösung** (Elotrans; für Kinder Oralpädon), die die verlorene Flüssigkeit und Salze ersetzt, reicht bei harmlosen Durchfällen völlig aus. Wer selbst eine Lösung herstellen möchte, nimmt 4 Teelöffel Zucker oder Honig, 1/2 Teelöffel Salz und 1 l Orangensaft oder abgekochtes Wasser. Bei längeren Erkrankungen einen Arzt aufsuchen – es könnte auch etwas Ernsteres sein.

Verstopfungen können durch eine große Portion geschälter Früchte, darunter Ananas oder Papaya (mit Kernen essen), verhindert werden.

Geschlechtskrankheiten

Gonorrhoe und die gefährlichere **Syphilis** sind in Asien weit verbreitete Infektionskrankheiten, vor allem bei Prostituierten. Bei den ersten Anzeichen einer Erkrankung (Ausfluss/Geschwüre) unbedingt ein Krankenhaus aufsuchen.

Hauterkrankungen

Bereits vom Schwitzen kann man sich Hautpilze holen. Für andere Erkrankungen sind häufig Kopf-, Kleider-, Filzläuse, Flöhe, Milben oder Wanzen verantwortlich. Nicht selten treten an Stellen, an denen die Kleidung eng aufliegt, Hitzepickel auf, die man mit Prickly Heat Powder behandeln kann. Gegen Kopfläuse hilft Organoderm, oder, in Deutschland, Nyda L.

Hepatitis

Hepatitis ist eine Infektion der Leber, die von verschiedenen Virus-Typen verursacht wird (inzwischen sind die Typen A–G bekannt). Für Reisende spielen v. a. die ersten beiden eine Rolle:

Hepatitis A, auch Reisegelbsucht genannt, wird durch infiziertes Wasser und Lebensmittel übertragen. Die Symptome ähneln anfangs denen einer Grippe: Übelkeit, Erbrechen, gelegentliche Durchfälle und allgemeine Abgeschlagenheit. Später kommt es zu einer Gelbfärbung der Haut, der Stuhl wird heller und der Urin dunkler. Einen guten Schutz bietet die Impfstoffe Havrix und Vaqta. Reisemediziner raten in der Regel dazu, sich vor einer Asienreise gegen Hepatitis A oder kombiniert gegen Hepatitis A und Typhus (ViATIM oder Hepatyrix) impfen zu lassen.

Hepatitis B wird genau wie HIV vor allem durch Intimkontakte oder Blut übertragen. Die Symptome ähneln denen einer Hepatitis A, jedoch kann eine Hepatitis B chronisch werden. Im schlimmsten Fall führt sie nach einigen Jahren zu einer schweren Leberzirrhose und zum Tod. Eine vorbeugende Impfung, etwa mit Gen H-B-Vax, Engerix oder Twinrix (Kombi-Impfung gegen Hepatitis A und B), ist bei langen Aufenthalten zu erwägen.

HIV/Aids

Die Übertragungswege von HIV *(Human Immunodeficiency Virus)* sind jedem bekannt: ungeschützter Geschlechtsverkehr, verschmutzte Injektionsnadeln, Bluttransfusionen – kurz gesagt alle Wege, auf denen infiziertes Blut oder andere Körperflüssigkeiten in den eigenen Blutkreislauf gelangen können.

In Thailand, Kambodscha und Vietnam stellt HIV/Aids ein großes Problem dar. Laos ist wegen seiner langjährigen Isolation noch nicht so stark betroffen, aber auch hier ist die Krankheit auf dem Vormarsch.

Japanische Enzephalitis

Diese Virusinfektion, die zu einer schweren **Hirnentzündung** führt, wird durch nachtaktive Moskitos übertragen und kann in ländlichen Regionen, vor allem während der Regenzeit, vorkommen. Die Symptome entwickeln sich nach vier bis zehn Tagen und umfassen Fieber, Kopfschmerzen, Nackensteife und Erbrechen. Die Vermeidung von Mückenstichen ist die beste Vorbeugung.

In Deutschland gibt es jetzt auch einen Impfstoff. Ixiaro ist ab einem Lebensalter von zwei Monaten zugelassen und wird zweimal im Abstand von vier Wochen gespritzt. Eine Impfung ist für Reisende zu erwägen, die einen langen Aufenthalt in gefährdeten Regionen oder Endemie-Gebieten planen.

Malaria

Malaria kommt in der gesamten Mekong-Region vor. Am höchsten ist das Risiko während und kurz nach der Regenzeit. Als malariafrei gelten Bangkok, Chiang Mai, Pattaya, Vientiane, Phnom Penh, Ha Noi, das Delta des Roten Flusses und die vietnamesische Küste nördlich von Nha Trang. Die Frage, welche Schutzmaßnahmen die richtigen sind, sollte mit Hilfe eines Reisemediziners individuell auf Reiseart, -dauer und gesundheitliche Verfassung abgestimmt werden.

Die häufigste Form der Malaria in Laos, Kambodscha und Vietnam ist die *Malaria tropica*, die unbehandelt zum Tod führen kann. Die Anopheles-Mücke, die den Erreger *Plasmodium falciparum* übertragen kann, sticht zwischen Beginn der Dämmerung und Sonnenaufgang.

Ein konsequenter Mückenschutz ist unerlässlich (**Expositionsprophylaxe**): Am Abend schützen helle Kleidung, lange Hosen, langärmlige Hemden, engmaschige lange Socken und ein Mücken abweisendes Mittel auf der Basis von DEET, das auf die Haut aufgetragen wird und die Geschmacksnerven stechender Insekten lähmt. Bewährt hat sich der Wirkstoff Permethrin, mit dem Kleidung und Moskitonetz eingesprüht werden. Er geht eine Verbindung mit dem Gewebe ein und bleibt wochenlang wirksam. Als gutes Mückenmittel auf dem deutschen Markt gilt das österreichische No Bite. Einige Apotheken und Bioläden bieten sanftere Mittel an, die auf Zitronella- und Nelkenöl basieren. Wer über Bangkok einreist, kann dort das ziemlich giftige Sketolene kaufen. Einige Hotelzimmer haben Mückengitter an Fenstern und Türen oder ein Moskitonetz über dem Bett. Wer ganz sicher gehen will, bringt ein eigenes Netz mit. Löcher verschließt man am besten mit Klebeband. In klimatisierten Räumen sind Mücken weniger aktiv, aber keineswegs ungefährlich.

Über die beste **medikamentöse Prophylaxe** ist immer wieder heftig debattiert worden. Allen Mitteln gemein ist, dass sie unangenehme Nebenwirkungen hervorrufen können. Zu den am häufigsten verschriebenen Präparaten gehören Lariam (Wirkstoff Melfloquin) und Malarone (Wirkstoff Atovaquon/Proguanil).

Wer sich in einem Gebiet ohne ärztliche Versorgung infiziert hat, kann zur Überbrückung mit einer **Standby-Therapie** mit Lariam, Malarone oder Artemisinin beginnen. Wer aus Asien zurückkehrt und an einer nicht geklärten fieberhaften Erkrankung leidet, auch wenn es sich nur um leichtes Fieber und Kopfschmerzen handelt und erst Monate nach der Rückkehr auftritt, sollte dem Arzt unbedingt vom Tropenaufenthalt berichten. Die ersten Symptome einer Malaria können denen eines banalen grippalen Infektes ähneln.

Pilzinfektionen

Frauen leiden im tropischen Klima häufiger unter Pilzinfektionen im Genitalbereich. Vor der Reise sollten sie sich entsprechende Medikamente verschreiben lassen. Eine Creme oder Kapseln sind besser als Zäpfchen, die bei der Hitze schmelzen. Ungepflegte Swimming Pools in den Tropen sind Brutstätten für Pilze aller Art.

Poliomyelitis (Kinderlähmung)

Der Name ist irreführend, denn auch Erwachsene können an Kinderlähmung erkranken. Die Ansteckung mit dem Virus geschieht oral über infiziertes Essen und Wasser. Die Krankheit kann bleibende Lähmungen verursachen. Die Grundimmunisierung gehört in Deutschland zu den Standard-Impfempfehlungen für Kinder und sollte – auch unabhängig von einer Asienreise – alle zehn Jahre aufgefrischt werden.

Schlangen und Skorpione, giftige Meerestiere

Die Angst vor **Schlagen** steht in keinem Verhältnis zur realen Gefahr, denn Giftschlangen greifen nur dann an, wenn sie attackiert werden. Gefährlich ist eventuell die Zeit nach Sonnenuntergang zwischen 18 und 20 Uhr, vor allem bei Regen. Da Schlangen im Gelände leicht zu übersehen sind, sollten beim Wandern knöchelhohe Schuhe und lange Hosen getragen werden. Oft ist nach einem Biss die schnelle Verabreichung des richtigen Gegenmittels wichtig. Das Krankenhaus, in das der Betroffene schnellstens gelangen sollte, muss sofort vorab informiert werden, damit ein Arzt und das Gegenmittel beim Eintreffen bereit stehen. Ideal ist, die getötete Schlange mitzubringen, allerdings sollte man sich keiner Gefahr aussetzen.

Skorpionstiche sind in dieser Region generell nicht tödlich. Kräutertabletten und Ruhigstellen des Körperteils lindern den Schmerz, Wasserkontakt meiden. Normalerweise lassen die anfangs starken Schmerzen nach 1–2 Tagen nach.

Durchaus real ist in den Tropen die Gefahr, mit nesselnden und giftigen Meerestieren in Kontakt zu kommen. Nur zwei Arten von Fischen können gefährlich werden: zum einen **Stachelrochen**, deren Gift fürchterliche Schmerzen verursacht, zum anderen **Steinfische**, die sehr giftige Rückenstacheln besitzen. Beide sind nur schwer vom Meeresboden zu unterscheiden.

Beim Schnorcheln führt die Berührung von **Feuerkorallen** zu stark brennenden Hautreizungen, während giftige Muränen, Rotfeuerfische und Seeschlangen nur ganz selten gefährlich werden. **Seeigel** sind zwar nicht giftig, ein eingetretener Stachel ist aber sehr schmerzhaft und verursacht lang eiternde Wunden.

Wie überall auf der Welt breiten sich auch im Südchinesischen Meer und im Golf von Thailand vermehrt **Quallen** aus, sodass Badende immer häufiger ihre giftigen Tentakel streifen. Gehen die schmerzhaften Bläschen nach der Behandlung mit hochprozentigem Essig, Cortisonspray oder säurehaltigem Pflanzenbrei nicht innerhalb einer Stunde zurück, muss ein Arzt aufgesucht werden. Menschen, die unter einer Allergie leiden, sind besonders gefährdet.

Sonnenbrand und Hitzschlag

Selbst bei bedecktem Himmel ist die Sonnenstrahlung unglaublich intensiv. Also: regelmäßig mit Sonnenschutzmittel eincremen, Hut und Sonnenbrille tragen und viel trinken.

Erschöpfungszustände bei Hitze äußern sich durch Kopfschmerzen, Übelkeit, Benommenheit und erhöhte Temperatur. Um die Symptome zu lindern, sollte man unbedingt in den Schatten und genügend trinken. Erbrechen und Orientierungslosigkeit können auf einen Hitzschlag hindeuten, der potenziell lebensbedrohlich ist – dann sofort zum Arzt.

Tetanus (Wundstarrkrampf)

Verletzungen sind nie auszuschließen, und Wundstarrkrampf-Erreger finden sich überall auf der Erde. Die Grundimmunisierung erfolgt über zwei Impfungen im Abstand von vier Wochen, die nach einem Jahr aufgefrischt werden müssen. Danach genügt eine Impfung alle zehn Jahre. Gut ist die Impfung mit dem Tetanus-Diphterie-Pertussis-Impfstoff (für Personen ab fünf Jahre). So erhält man gleichzeitig einen Schutz vor Diphtherie und Keuchhusten.

Thrombose

Eine Thrombose kann bei Bewegungsmangel auftreten, etwa bei langen Flugreisen. Der verringerte Blutfluss, vor allem in den Beinen, kann zur Bildung von Blutgerinnseln führen, die, wenn sie durch den Körper wandern, eine akute Gefahr darstellen (Lungenembolie). Gefährdet sind vor allem Personen mit Venenerkrankungen oder Übergewicht, aber auch Schwangere, Raucher oder Frauen, die die Pille nehmen. Das Risiko reduzieren Bewegung, viel trinken (aber keinen Alkohol) und eventuell Kompressionsstrümpfe.

Tollwut

Theoretisch können alle Säugetiere mit dem Tollwutvirus infiziert sein. Das Virus wird meist durch einen Biss mit dem Speichel übertragen, aber auch Kratzen kann ausreichen. Wer von einem Hund, einer Katze oder einem Affen gekratzt oder gebissen wurde, muss sich sofort immunisieren lassen, da eine Infektion mit Tollwut tödlich endet. Als Sofortmaßnahme sollte die Wunde mit viel Wasser und Seife (oder einem anderen Detergens) mindestens 15 Minuten lang ausgewaschen und, wenn möglich, anschließend desinfiziert werden. Eine vorbeugende Impfung gegen Tollwut ist nur bei längerem Aufenthalt in ländlichen Gegenden oder bei vorhersehbarem Umgang mit Tieren sinnvoll.

Tuberkulose

Diese Infektionskrankheit der Bronchien wird durch Tröpfchen übertragen, die infizierte Personen aushusten. In leichten Fällen heilt die

Krankheit ohne Medikamente aus. In schweren Fällen können die Erreger die Lunge infizieren. In diesem Stadium leidet der Erkrankte an Fieber, Husten und manchmal Atemnot. Die Tuberkulose ist dann hochgradig ansteckend. Besonders gefährlich ist Tuberkulose für Säuglinge, weshalb für sie eine Schutzimpfung anzuraten ist.

Typhus

Typhus ist nach Hepatitis A die häufigste Tropenkrankheit. Es wird vom Bakterium *Salmonella typhi* verursacht und oral übertragen. Typische Symptome sind ansteigendes Fieber einhergehend mit einem eher langsamen Puls und Benommenheit. Später folgen evtl. Hautausschlag, Verstopfung oder Durchfall und Bauchschmerzen. Empfehlenswert für Reisende ist die gut verträgliche Schluckimpfung mit Typhoral L. Drei Jahre lang schützt eine Injektion der neuen Typhus-Impfstoffe Typhim VI oder Typherix.

Vogelgrippe

Die Vogelgrippe trat erstmals 2003 bei Geflügel in Südostasien auf. Das unter frei lebenden Vögeln und Geflügel vorkommende Virus ist unter den Tieren hoch ansteckend und tödlich. Auf den Menschen kann es sich durch Kontakt mit infizierten Vögeln übertragen. In den meisten bekannten Fällen wurde das Virus von Vögeln auf Menschen übertragen. Nach Ansicht von Experten nehmen aber auch Fälle zu, in denen es von Mensch zu Mensch übertragen wird. Bisher wurden aber nur engste Familienmitglieder von betroffenen Personen infiziert. Die Symptome ähneln denen der Grippe.

Das Virus hat in allen vier Ländern Todesopfer gefordert, die letzten Fälle gab es Anfang 2014 in Kambodscha. Dennoch gilt das Risiko für Touristen nach wie vor als gering. Sie können sich schützen, indem sie den Kontakt mit Federvieh (und Schweinen) meiden, auf Besuche von Tiermärkten verzichten und Geflügelfleisch und Eier nur gut durchgegart essen. Ebenfalls ratsam ist es, sich häufiger die Hände zu waschen, insbesondere vor dem Essen.

Über die neusten Entwicklungen informiert die Website: 💻 www.who.int/influenza/human_animal_interface/en/

Wundinfektionen

Unter unhygienischen Bedingungen können sich schon aufgekratzte Moskitostiche zu beträchtlichen Infektionen auswachsen. Wichtig ist, dass jede noch so kleine Wunde desinfiziert, sauber gehalten und eventuell mit einem Pflaster geschützt wird. Antibiotika-Salben, im feuchtwarmen Klima noch besser Antibiotika-Puder, unterstützen den Heilungsprozess.

Wurmerkrankungen

Würmer können überall lauern: in rohem oder halbgarem Fleisch und Fisch, verunreinigtem Wasser oder auf Gemüse. Sie setzen sich an verschiedenen Organen fest und sind oft erst Wochen nach der Rückkehr festzustellen. Die meisten sind harmlos und durch eine einmalige Wurmkur zu vernichten. Nach einer Reise in abgelegene Gebiete ist es sinnvoll, den Stuhl auf Würmer untersuchen zu lassen. Das wird auch dann notwendig, wenn man über einen längeren Zeitraum auch nur leichte Durchfälle hat.

Eine unangenehme Erscheinung sind **Lungen- und Leberegel**, die in rohem Süßwasserfisch, fermentierter Fischsoße und Schalentieren vorkommen können. Die Symptome hängen von der Schwere des Befalls ab. Bei Leberegeln kann es zu Fieber und Gelbsucht kommen, Lungenegel verursachen Husten (zum Teil mit rötlichem Auswurf), Fieber und Brustschmerzen. Die Diagnose erfolgt anhand einer Stuhlprobe. Die beste Prävention ist, auf rohe oder halbgare Süßwassertiere und Fischsoße zu verzichten.

Züge: Bangkok <–> Nordthailand

Zugnummer	RAP 111	SP EXP 7	ORD 201	SP EXP 3	RAP 109	SP EXP 1	SP EXP 13	RAP 107	RAP 105	EXP 51
Klasse	**2-3**	**2**	**2-3**	**2**	**2-3**	**1-2**	**1-2**	**2-3**	**2-3**	**2-3**
Bangkok	07.00	08.30	09.25	10.50	13.45	18.10	19.35	20.10	21.00	22.00
Don Mueang	07.49	09.14	10.31	11.40	14.34	18.57	20.23	21.00	21.42	22.50
Bang Pa-in	08.25	.	11.14	.	.	.	.	.	22.23	.
Ayutthaya	08.38	09.48	11.28	12.16	15.19	19.45	21.07	21.44	22.23	23.36
Lopburi	09.44	10.29	12.41	13.00	16.23	20.42	22.00	22.39	23.16	00.31
N. Sawan	11.24	11.40	15.11	14.07	18.27	22.17	23.31	00.06	00.50	02.24
Phitsanulok	13.45	13.22	17.55	16.04	20.37	00.18	01.49	02.38	03.09	04.40
Sawankhalok	.	.	.	18.01	.	.	.	.	.	.
Uttaradit	15.24	14.27	.	19.07	22.23	.	03.08	04.05	04.34	06.06
Denchai	16.30	15.24	.	.	23.42	02.51	04.19	05.15	.	07.20
Lampang	.	17.33	.	.	02.04	05.01	06.33	.	.	10.01
Khun Tan	.	18.23	.	.	02.58	06.06	07.37	.	.	11.05
Lamphun	.	19.15	.	.	03.44	06.51	08.21	.	.	11.50
Chiang Mai	.	19.30	.	.	04.05	07.15	08.40	.	.	12.10

Zugnummer	SP EXP 4	RAP 108	EXP 52	SP EXP 14	SP EXP 2	ORD 202	RAP 106	RAP 112	SP EXP	RAP 102
Klasse	**2**	**2-3**	**2-3**	**1-2**	**1-2**	**2-3**	**2-3**	**2-3**	**2**	**2-3**
Chiang Mai	.	.	15.30	17.00	18.00	.	.	.	08.50	06.30
Lamphun	.	.	15.48	17.20	18.20	.	.	.	09.05	06.52
Khun Tan	.	.	16.50	18.24	19.21	.	.	.	09.47	07.36
Lampang	.	.	18.04	19.27	20.17	.	.	.	10.41	08.37
Denchai	.	19.05	20.26	21.41	22.36	.	.	07.30	12.39	10.46
Sawankhalok	18.01	.	.	.	.	.	.	.	.	.
Uttaradit	20.00	20.19	21.37	22.42	.	.	07.35	08.33	13.32	11.53
Phitsanulok	21.40	22.09	23.01	00.01	00.50	06.05	08.55	10.03	14.44	13.18
N. Sawan	00.06	00.48	01.14	01.59	02.41	08.35	10.49	12.42	16.22	15.56
Lopburi	01.30	02.28	02.45	03.24	04.05	10.56	12.20	14.39	17.28	18.06
Ayutthaya	02.27	03.21	03.39	04.24	04.59	12.14	13.11	15.59	18.06	19.26
Bang Pa-in	.	.	.	.	.	12.29	13.23	16.16	.	.
Don Mueang	03.10	04.14	04.30	05.18	05.58	13.14	13.53	17.03	18.40	20.13
Bangkok	04.00	05.10	05.25	06.15	06.50	14.05	14.40	18.00	19.25	21.10

Langsame Personenzüge (ORD.) halten auch in kleineren Orten.
Die Züge Richtung Nordosten fahren auf zwei verschiedenen Linien: Die Ubon-Linie führt über Pak Chong, Korat und Surin, die Nong Khai-Linie über Khon Kaen und Udon. Nur die Sprinter Richtung Nong Khai fahren über Korat. Beide Linien halten in Ayutthaya und Saraburi.

Von Thung Song führt eine Stichlinie über Trang nach Kantang, südwestlich von Trang. Eine weitere Stichlinie zweigt in Hat Yai ab und führt über Yala zur malaysischen Grenze (Sungai Golok). Die Hauptlinie verläuft von Hat Yai über Padang Besar (Grenzort) nach Butterworth.

Aktueller Fahrplan im Internet unter www.railway.co.th

Züge: Bangkok <-> Nordostthailand

Zugnummer	SP EXP 21	RAP 135	EXP DRC 75	EXP DRC 71	ORD 233	RAP 145	EXP DRC 77	RAP 139	EXP 69	EXP 67	RAP 133	EXP DRC 73	RAP 141	SP EXP 913	SP EXP 917
Klasse	**2**	**2-3**	**2-3**	**2-3**	**3**	**2-3**	**2-3**	**2-3**	**1-2**	**1-2**	**2-3**	**2-3**	**2-3**	**3**	**3**
Bangkok	05.45	06.40	08.20	10.05	11.40	15.20	18.35	18.55	20.00	20.30	20.45	21.50	22.25	.	.
Ayutthaya	06.59	08.26	09.42	11.25	13.07	16.57	20.02	20.26	21.41	21.51	22.18	23.09	23.54	.	.
Saraburi	07.34	09.10	10.18	12.04	13.53	18.01	20.40	21.10	22.23	22.32	23.02	23.45	00.35	.	.
Pak Chong	08.53	10.56	.	13.27	15.24	19.49	21.58	22.49	.	00.17	.	01.05	02.26	.	.
Korat	10.11	12.24	.	14.43	17.05	21.25	23.33	00.23	.	01.53	.	02.31	03.52	.	.
Buri Ram	11.37	14.22	.	16.17	19.16	23.41	.	02.26	.	03.44	.	04.28	06.05	.	.
Surin	12.11	15.10	.	17.11	20.00	00.32	.	03.17	.	04.32	.	05.16	07.01	.	.
Ubon	14.00	18.00	.	.	.	03.35	.	06.15	.	07.25	.	.	10.20	.	.
Khon Kaen	.	.	15.37	.	.	.	02.06	.	04.19	.	05.35	.	.	.	.
Udon Thani	.	.	17.10	.	.	.	03.36	.	05.58	.	07.40	.	.	.	.
Nong Khai	.	.	17.45	.	.	.	04.15	.	06.45	.	08.35	.	.	09.00	14.45
Thanaleng (Laos)	.	.	.	.	.	.	.	.	.	.	.	.	.	09.15	15.00
Zugnummer	**RAP 142**	**SP EXP 74**	**EXP 68**	**RAP 140**	**ORD 234**	**EXP DRC 72**	**RAP 136**	**RAP 146**	**SP EXP 22**	**EXP DRC 78**	**EXP 70**	**RAP 134**	**EXP DRC 76**	**SP EXP 914**	**SP EXP 918**
Klasse	**2-3**	**2-3**	**1-2**	**2-3**	**3**	**2-3**	**2-3**	**2-3**	**2**	**2-3**	**1-2**	**2-3**	**2-3**	**3**	**3**
Thanaleng (Laos)	.	.	.	.	.	.	.	.	.	.	.	.	.	11.15	17.00
Nong Khai	.	.	.	.	.	.	.	.	.	18.15	19.10	18.30	07.00	11.30	17.15
Udon Thani	.	.	.	.	.	.	.	.	.	18.52	19.59	19.19	07.38	.	.
Khon Kaen	.	.	.	.	.	.	.	.	.	20.19	21.38	21.06	09.12	.	.
Ubon	16.50	.	18.30	19.30	.	.	07.00	08.45	14.50	.	.	.	.	.	.
Surin	19.31	20.25	20.59	22.02	05.20	07.49	09.39	11.30	16.41	.	.	.	.	.	.
Buri Ram	20.28	21.10	21.43	22.50	06.05	08.35	10.27	12.26	17.15	.	.	.	.	.	.
Korat	22.34	22.54	23.37	00.51	08.22	10.18	12.33	14.54	18.47	23.04	.	.	.	.	.
Pak Chong	00.06	00.24	01.27	02.28	10.09	11.27	14.00	16.35	19.48	00.42	.	.	.	.	.
Saraburi	01.48	02.10	03.04	04.12	11.51	12.41	15.45	18.05	21.05	02.35	03.21	02.52	14.55	.	.
Ayutthaya	02.37	02.54	03.55	05.25	12.40	13.17	16.37	19.05	21.42	03.15	04.04	03.48	15.35	.	.
Bangkok	04.25	04.35	05.50	07.30	14.15	14.55	18.40	21.00	22.55	05.00	06.00	05.45	17.10	.	.

Alle Züge 3. Klasse

Züge: Ha Noi <–> Ho-Chi-Minh-Stadt

(+1) = nächster Tag; (+2) = übernächster Tag
(auf vietnamesischen Fahrplänen: „ngay+1“ = nächster Tag; „ngay+2“ = übernächster Tag)

Von Ha Noi nach Ho-Chi-Minh-Stadt

Station	Km	SE7	SE5	TN1	SE1	SE3	SE19
Ha Noi	0	06:00	09:00	13:10	19:30	22:00	20:10
Nam Dinh	87	07:47	10:46	15:10	21:14	23:40	
Ninh Binh	115	08:22	11:21	15:48	21:49	00:13 (+1)	22:25
Thanh Hoa	175	09:33	12:37	17:11	22:58	01:16 (+1)	23:39
Vinh	319	12:08	15:11	19:50	01:41 (+1)	03:32 (+1)	2:25 (+1)
Dong Hoi	522	16:36	19:40	00:39 (+1)	05:50 (+1)	07:40 (+1)	6:39
Dong Ha	622	18:34	21:23	02:20 (+1)	07:36 (+1)	09:18 (+1)	
Hue	688	19:55	22:50	03:47 (+1)	08:56 (+1)	10:35 (+1)	9:50
Lang Co	755			05:27 (+1)			
Da Nang	791	22:47	01:43 (+1)	07:09 (+1)	11:41 (+1)	13:15 (+1)	12:20
Quang Ngai	928	01:21 (+1)	04:23 (+1)	10:10 (+1)	14:34 (+1)	15:35 (+1)	
Tuy Hoa	1198	06:20 (+1)	09:43 (+1)	15:33 (+1)	19:21 (+1)	20:14 (+1)	
Nha Trang	1315	08:35 (+1)	11:44 (+1)	17:55 (+1)	21:22 (+1)	22:12 (+1)	
Thap Cham	1408	10:11 (+1)	13:40 (+1)	19:36 (+1)	22:56 (+1)	23:45 (+1)	
Sai Gon	1726	16:05 (+1)	20:03 (+1)	02:30 (+2)	04:39 (+2)	05:20 (+2)	

Von Ho-Chi-Minh-Stadt nach Ha Noi

Station	Km	SE8	SE6	TN2	SE2	SE4	SE19
Sai Gon	0	06:00	09:00	13:10	19:30	22:00	
Thap Cham	318	11:48	14:51	19:39	01:43 (+1)	03:24 (+1)	
Nga Ba	362			20:25			
Nha Trang	411	13:26	16:29	21:29	03:21 (+1)	05:00 (+1)	
Tuy Hoa	528	15:30	18:29	23:52	05:21 (+1)	06:56 (+1)	
Quang Ngai	798	20:18	00:11 (+1)	05:21 (+1)	10:07 (+1)	11:27 (+1)	
Da Nang	935	22:59	03:02 (+1)	08:35 (+1)	12:46 (+1)	14:13 (+1)	18:40 (+1)
Lang Co	971			10:16 (+1)			
Hue	1038	01:36 (+1)	05:39 (+1)	12:14 (+1)	15:31 (+1)	16:47 (+1)	21:33 (+1)
Dong Ha	1104	02:53 (+1)	06:56 (+1)	13:32 (+1)	16:48 (+1)	18:02 (+1)	
Dong Hoi	1204	04:50 (+1)	09:16 (+1)	15:35 (+1)	18:45 (+1)	19:52 (+1)	00:49 (+1)
Vinh	1407	09:26 (+1)	13:27 (+1)	20:33 (+1)	22:51 (+1)	23:53 (+1)	05:53 (+2)
Thanh Hoa	1551	11:54 (+1)	16:11 (+1)	23:36 (+1)	01:19 (+2)	02:17 (+2)	08:23 (+2)
Ninh Binh	1611	13:14 (+1)	17:27 (+1)	01:06 (+2)	02:30 (+2)	03:21 (+2)	09:56 (+2)
Nam Dinh	1639	13:50 (+1)	18:03 (+1)	01:43 (+2)	03:05 (+2)	03:53 (+2)	
Ha Noi	1726	15:33 (+1)	19:58 (+1)	03:30 (+2)	04:50 (+2)	05:30 (+2)	12:33 (+2)

Züge: Ha Noi <–> Hai Phong

Von Ha Noi nach Hai Phong

Station	HP1	LP3	LP5	HP3	LP7
Ha Noi	6:00		15:20	17:00	18:27
Long Bien		9:20	15:30	17:10	18:38
Hai Phong	8:22	12:00	18:00	19:28	21:50

Von Hai Phong nach Ha Noi

Station	LP2	HP4/HD2	LP6	LP8	HP2
Hai Phong	6:50	8:00	9:50	15:00	18:45
Long Bien	8:36	10:18	11:29		
Ha Noi		10:26	11:37	17:45	21:10

Index

C

ANHANG

S

T

ANHANG

Notizen

Notizen

So funktioniert der Loose Travel Club auf www.stefan-loose.de

Login-Box: Hier anmelden, um eigene Bewertungen zu schreiben

eXTra: Hier den Code aus dem Buch eingeben und los geht's

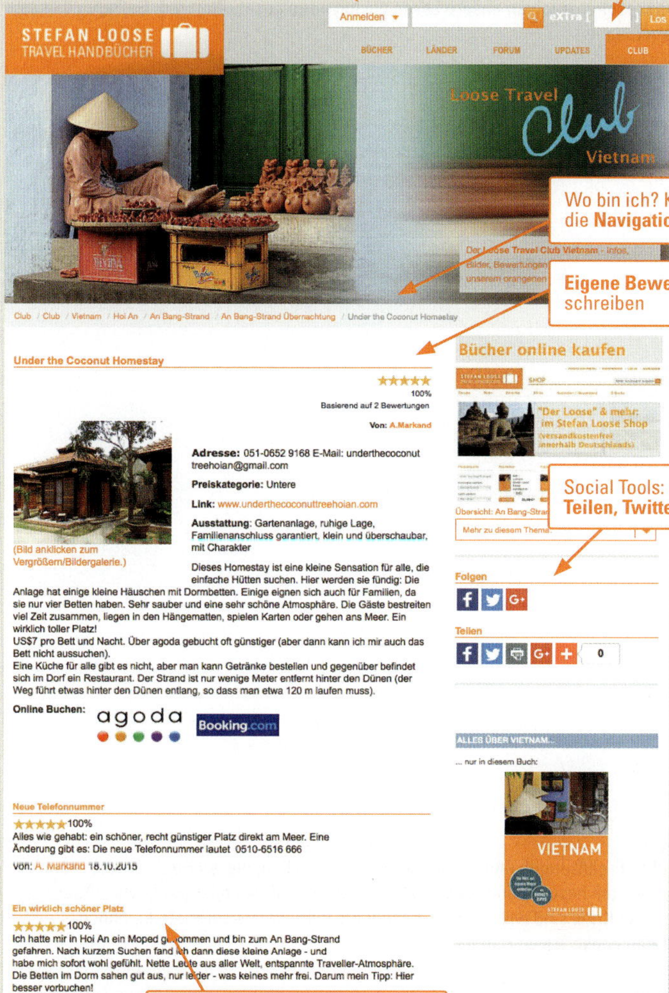

Wo bin ich? Klickpfad für die **Navigation**

Eigene Bewertungen schreiben

Social Tools: **Folgen, Teilen, Twittern** …

Bewertungen und **Kommentare** anderer Reisender lesen

ANHANG

Danksagung

Wir danken allen, die uns mit Informationen versorgt und geholfen haben, allen voran Moritz Jacobi, Katharina Iffland, Sebastian Koch, Michael Kramer, Erik Lorenz, Nhu Quynh Nguyen Thi, Max Priebe, Nicole Sonderer, Oliver Tappe und Nipaporn Yanklang. Ein herzliches Dankeschön auch an unsere Leser, die mit ihren Zuschriften zum Gelingen dieses Buches beigetragen haben.

ANHANG

Schreiben Sie uns!
Wir freuen uns über Ergänzungen und Korrekturen, die uns helfen, dieses Buch zu verbessern und aktuell zu halten, am besten unter www.stefan-loose.de/updates oder per E-Mail. Auch Anregungen, Lob und Kritik sind willkommen. Besonders hilfreiche Leserbriefe belohnen wir mit einem Stefan Loose Travel Handbuch.

Zuschriften bitte an:
Stefan Loose Travel Handbücher
Zossener Str. 55/2, D-10961 Berlin
info@stefan-loose.de

Bildnachweis

Umschlag

Titelfoto mauritius images/Urs Flüeler; Bootsrennen auf dem Mekong, Vientiane, Laos
Umschlagklappe hinten Mark Markand; Straßenleben in Ha Noi, Vietnam

Highlights

S. 8 laif/Martin Kirchner
S. 9 laif/Katja Hoffmann (oben); laif/Alex Robinson/robertharding (unten)
S. 10 Renate Loose (oben)
S. 10/11 laif/Gregor Lengler (unten)
S. 11 laif/Kirchner (oben)
S. 12 laif/Geilert/Gaff (oben); Renate Loose (unten)
S. 13 Lookphotos/age fotostock
S. 14 Oliver Tappe (oben); laif/Bruno Morandi (unten)
S. 15 Jan Düker
S. 16 laif/Hilger
S. 17 laif/hemis.fr/Franck Guiziou (oben); huber-images.de/Pipe Ben (unten)
S. 18/19 Lookphotos/age fotostock
S. 20 mauritius images/Alamy/Sergi Reboredo (oben); mauritius images/imageBROKER/Olaf Schubert (unten)
S. 21 Marion Meyers (oben); mauritius images/Alamy/Andy Selinger (unten)
S. 22 Mark Markand (2)
S. 23 Getty Images/Bill Hatcher
S. 24 Mark Markand (oben); Andrea Markand (unten)
S. 25 Mark Markand (oben); DuMont Bildarchiv/Martin Sasse (unten)
S. 26 Mark Markand (2)

Regionalteil

Sabine Bösz S. 35, 189 (unten)
Jan Düker S. 44, 81 (unten), 336, 337 (2), 369 (oben), 403 (2), 437 (oben links), 469 (3)
DuMont Bildarchiv Martin Sasse S. 731 (unten), S. 797 (oben (2))
Fotolia stockphoto mania S. 301 (oben); worldwide_stock S. 369 (unten)
Getty Images/Jason Hosking S. 151 (oben)
iStock.com anandoart S. 765 (unten); fototrav S. 765 (oben rechts); FredFroese S. 263 (unten links); kksteven S. 579 (unten); oneclearvision S. 437 (unten); sihasakprachum S. 579 (unten)
Moritz Jacobi S. 34, 111 (oben), 227 (oben)
Volker Klinkmüller S. 301 (unten)
Mischa Loose S. 81 (oben rechts), 110, 151 (unten), 189 (oben links), 227 (unten), 263 (oben (2), unten rechts)
Erik Lorenz S. 30, 437 (oben rechts)
Mark Markand S. 33, 39, 81 (oben links), 498, 499 (oben), 541 (oben rechts), 579 (oben), 650, 651 (2), 699 (3), 731 (oben), 765 (oben links), 797 (unten (2)), 831 (4)
Marion Meyers S. 499 (unten), 541 (oben links, unten (2)), 611 (3)
Uyen Nguyen S. 111 (unten), 189 (oben rechts)

ANHANG

Impressum

Südostasien – Die Mekong-Region
Stefan Loose Travel Handbücher
7., vollständig überarbeitete Auflage **2017**

Die in diesem Buch enthaltenen Angaben wurden von den Autoren nach bestem Wissen erstellt und vom Lektorat im Verlag mit großer Sorgfalt auf ihre Richtigkeit überprüft. Trotzdem sind, wie der Verlag nach dem Produkthaftungsrecht betonen muss, inhaltliche und sachliche Fehler nicht vollständig auszuschließen.
Deshalb erfolgen alle Angaben ohne Garantie des Verlags oder der Autoren. Der Verlag und die Autoren übernehmen keinerlei Verantwortung und Haftung für inhaltliche und sachliche Fehler. Alle Landkarten und Stadtpläne in diesem Buch sind von den Autoren erstellt worden und werden ständig überarbeitet.

ANHANG

Gesamtredaktion und -herstellung
Bintang Buchservice GmbH
Zossener Str. 55/2, 10961 Berlin
www.bintang-berlin.de
Redaktion: Sabine Bösz, Jan Düker, Silvia Mayer
Satz und Bildredaktion: Anja Linda Dicke, Jan Düker
Karten: Klaus Schindler

Printed in Poland

Kartenverzeichnis

Fortsetzung auf S. 904

ANHANG

Fortsetzung von S. 903

ANHANG